Imprimerie MIGNE, au Petit-Montrouge.

DICTIONNAIRE
DE
THEOLOGIE DOGMATIQUE.

D

DAGON, divinité et idole des Philistins, dont il est parlé dans l'Ecriture sainte, surtout dans le premier livre des Rois, c. v. Les interprètes sont partagés sur la figure et sur le nom de ce faux dieu. Les uns disent que c'était une figure d'homme avec une queue de poisson, comme on représente les sirènes, parce que *dag* en hébreu signifie poisson : c'est le sentiment de plusieurs rabbins. L'Ecriture parle des mains de cette idole, mais elle ne dit rien de ses pieds (*I Reg.* v, 4). D'autres pensent que c'était le dieu du labourage et des moissons, parce que *dagan* signifie du blé ou du pain. Les Philistins étaient agriculteurs, et leur pays était fertile, nous le voyons par l'histoire de Samson, qui brûla leurs moissons ; il était donc naturel que ce peuple se fût forgé un dieu semblable à la *Cérès* des Grecs et des Latins, pour présider à ses travaux. Il n'est pas fort important de savoir laquelle de ces deux conjectures est la plus vraie. *Voy.* la dissertation sur ce sujet, dans la *Bible d'Avignon*, tom. IV, pag. 45.

Il est dit (*I Reg.* v, 4) que les Philistins s'étant rendus maîtres de l'arche du Seigneur, et l'ayant placée dans leur temple d'Azot, à côté de l'idole de *Dagon*, l'on trouva le lendemain cette idole mutilée, et sa tête avec ses deux mains sur le seuil de la porte. *C'est pour cela*, dit l'auteur sacré, *que les sacrificateurs de Dagon et tous ceux qui entrent dans son temple, ne marchent point sur le seuil de la porte jusqu'aujourd'hui.* De là quelques incrédules ont conclu, 1° que le livre des Rois n'a été écrit que longtemps après cet événement ; 2° que l'auteur ignorait les coutumes des Syriens et des Phéniciens, qui consacraient le seuil de la porte de tous les temples, de manière qu'il n'était pas permis d'y poser le pied, et qu'on le baisait en entrant dans un temple ; c'était l'usage des Grecs et des Romains. — On répond à ces critiques si instruits que ces mots *jusqu'aujourd'hui* ne désignent pas toujours un temps antérieur fort long, et on peut le prouver par un très-grand nombre de passages. Y aurait-il à présent de l'inconvénient à dire qu'en 1768 les Fran-

çais se sont rendus maîtres de l'île de Corse, et l'ont conservée jusqu'aujourd'hui ? Samuel, qui a écrit les livres des Rois dans un âge avancé, a pu parler de même d'un événement arrivé pendant sa jeunesse.

On ne peut pas prouver que, du temps de Samuel, la coutume était déjà établie chez les Syriens et les Phéniciens de ne pas marcher sur le seuil de la porte des temples; nous ne connaissons les usages des Grecs et des Romains que par des auteurs qui ont écrit sous le règne d'Auguste, ou plus tard, par conséquent plus de mille ans après Samuel ; quelle conséquence peut-on en tirer, pour savoir ce qui se pratiquait dans la Palestine mille ans auparavant? Il est absurde de vouloir nous persuader que ce vieillard, qui avait gouverné sa nation pendant cinquante ou soixante ans, ne savait pas ce qui se faisait chez les Philistins, à dix ou douze lieues de sa demeure. La plupart des objections que font nos critiques incrédules contre l'histoire sainte, ne sont pas plus sensées que celles-là.

* DALAI-LAMA, grand chef de la religion du Thibet. — Bouddha, fondateur de la religion des Indes, fut soumis comme les simples mortels, à la loi de la métempsycose. Après avoir, à diverses reprises, reparu dans l'Indoustan et propagé sa religion avec succès, il vit son étoile pâlir vers le v° siècle de notre ère. Il revint encore ; mais, chassé de sa patrie, il parcourut la Chine, le Japon, le Tonquin, Siam et la Tartarie. Il fut environné de grands honneurs dans ces pays. Les Thibétains lui donnèrent les titres les plus magnifiques : ils l'appelèrent le grand roi de la précieuse doctrine, le Dieu vivant resplendissant comme la flamme d'un grand incendie. Lorsque les Mongols conquirent le Thibet, loin de méconnaître le culte du grand Lama, ils lui donnèrent plus de magnificence. Le royaume du Lama fut comparé à l'Océan (Dalaï). On voulut désigner par là, non la domination temporelle du Lama, mais la vaste étendue de ses facultés.

« A l'époque où les patriarches bouddhistes s'établirent dans le Thibet, les parties de la Tartarie qui avoisinent cette contrée étaient remplies de chrétiens. Les Nestoriens y avaient fondé des métropoles et converti des nations entières. Plus tard, les conquêtes des enfants de Gengis appelèrent des étrangers de tous les pays : des Géorgiens, des Arméniens, des Russes, des Français, des Musulmans envoyés par le calife de Bagdad, des moines catholiques chargés de missions importantes par le Pape et par saint Louis. Ils célébrèrent les cérémonies de la religion devant les princes tartares. Ceux-ci leur donnèrent asile dans leurs tentes, et permirent qu'on élevât des chapelles jusque dans l'enceinte de leurs palais. Un archevêque italien, établi dans la ville impériale par Clément V, y avait bâti une église, où trois cloches appelaient les fidèles aux offices, et il avait couvert les murailles de peintures représentant des sujets pieux. Chrétiens de Syrie, romains, schismatiques, musulmans, idolâtres, tous vivaient mêlés et confondus à la cour des empereurs mongols toujours empressés d'accueillir de nouveaux cultes, et même de les adopter. Les Tartares passaient d'une secte à une autre, embrassaient aisément la foi, et y renonçaient de même pour retomber dans l'idolâtrie. C'est au milieu de ces variations que fut fondé au Thibet le nouveau siège des patriarches bouddhistes. Doit-on s'étonner qu'intéressés à multiplier le nombre de leurs sectateurs, occupés à donner plus de magnificence au culte, ils se soient appropriés quelques usages liturgiques, quelques-unes de ces pompes étrangères qui attiraient la foule; qu'ils aient introduit même quelque chose de ces institutions de l'Occident, que les ambassadeurs du souverain pontife leur faisaient connaître ce que les circonstances les disposaient à imiter?

« Il n'est personne, dit encore M. Abel Rémusat, qui n'ait été frappé de la ressemblance surprenante qui existe entre les institutions, les pratiques et les cérémonies qui constituent la forme extérieure du culte du grand Lama et celle de l'Eglise romaine. Chez les Tartares, en effet, on retrouve un pontife, des patriarches chargés du gouvernement spirituel des provinces, un conseil de lamas supérieurs qui se réunissent en conclave pour élire un pontife et dont les insignes mêmes ressemblent à ceux de nos cardinaux, des couvents de moines et de religieuses, des prières pour les morts, la confession auriculaire, l'intercession des saints, le jeûne, le baisement des pieds, les litanies, les processions, l'eau lustrale. Tous ces rapports embarrassent peu ceux qui sont persuadés que le christianisme a été autrefois répandu dans la Tartarie : il leur semble évident que les institutions des lamas, qui ne remontent pas au delà du XIII° siècle de notre ère, ont été calquées sur les nôtres. L'explication est un peu plus difficile dans le système contraire, parce qu'il faudrait avant tout prouver la haute antiquité du pontificat et des pratiques lamaïques (a). »

DALMATIQUE. *Voy.* HABITS SACRÉS OU SACERDOTAUX.

DAM, DAMNATION. *Voy.* ENFER.

DAMASCÈNE (saint Jean), Père de l'Eglise, a vécu au VIII° siècle, sous la domination des Sarrasins mahométans, desquels il s'attira le respect et la confiance. Après avoir été gouverneur de Damas, sa patrie, il se retira dans un monastère à Jérusalem, où il mourut vers l'an 780. Il a écrit principalement contre les manichéens, contre les monophysites et contre les iconoclasies; il a fait quelques traités contre les mahométans, et plusieurs sur le dogme et sur la morale; ses quatre livres *de la Foi orthodoxe* sont un abrégé de la théologie. Ses ouvrages ont été recueillis par le père Lequien, dominicain, et publiés à Paris en 1712, en 2 vol. *in-fol.* Ils ont été réimprimés à Vérone, avec des additions, en 1748.

Plusieurs critiques protestants ont rendu justice à l'érudition, à la science de la théologie, à la netteté et à la précision qui se font remarquer dans les ouvrages de ce Père; mais il leur aurait été douloureux de ne pas avoir quelque reproche à faire contre un défenseur du culte des images. — 1° Ils lui savent mauvais gré d'avoir mêlé à la théologie la philosophie d'Aristote. Nous leur répondons que si les hérétiques n'avaient pas employé les arguments de cette philosophie pour attaquer nos dogmes, les Pères n'auraient pas été obligés d'employer les mêmes armes pour les défendre. C'est pour donner aux théologiens un moyen de démêler les sophismes des sectaires, que saint Jean *Damascène* a fait un traité de logique. Il tient chez les Grecs le même rang que Pierre Lombard, et saint Thomas parmi nous. — 2° Ils le blâment d'avoir été attaché aux superstitions qui régnaient de son temps, parce qu'il a défendu, contre les iconoclastes, le culte des images, et d'avoir poussé à l'excès le respect pour les anciens, parce qu'il s'est sert de la tradition pour combattre les hérétiques. Sur ces deux points, le saint docteur n'a pas besoin d'apologie. — 3° Ils disent que ce Père n'a pas fait scrupule d'employer le mensonge pour défendre la vérité. C'est une calomnie. On ne doit point taxer de mensonge un écrivain qui est quelquefois mal servi par sa mémoire, ou qui cite de bonne foi des faits apocryphes, mais communément reçus comme vrais : il peut pécher par défaut d'exactitude, sans manquer pour cela de sincérité. — Nous n'entreprendrons pas de prouver la vérité du fait rapporté par l'auteur de la vie de saint Jean *Damascène*, qui dit que les mahométans lui firent couper la main, et qu'elle lui fut miraculeusement rendue par la sainte Vierge. Ce n'est pas lui qui raconte ce miracle, qui n'a été publié que cent ans après sa mort. — 4° Basnage a poussé la témérité plus loin : il accuse ce saint docteur de pélagianisme, ou du moins de semi-pélagianisme, parce qu'il a enseigné, 1° que Dieu détermine, par ses décrets, les événements qui ne dépendent pas de nous, comme la vie et la mort, et ceux qui dépendent de notre libre arbitre, comme les vertus et les vices. 2° Que si l'homme n'était pas maître de ses actions, Dieu lui aurait donné inutilement la faculté de délibérer. 3° Que Dieu est l'auteur et la source de toutes les bonnes œuvres, mais que l'homme est maître de suivre ou de ne pas suivre Dieu qui l'appelle; que Dieu nous a créés maîtres de notre sort, et qu'il nous donne le pouvoir de faire le bien, afin que les bonnes œuvres viennent de lui et de nous. 4° Que ceux qui veulent le bien, reçoivent le secours de Dieu, et que ceux qui se servent bien des forces de la nature, obtiennent par ce moyen les dons surnaturels, comme l'immortalité et l'union avec Dieu. Voilà, dit Basnage, le pélagianisme pur. De là il conclut que saint

(a) Ce passage est extrait de l'édition Lefort art. DALAI-LAMA.

Jean *Damascène* est honoré très-mal à propos comme un saint. Selon lui, du dogme de la prédestination s'ensuit qu'il faut une grâce efficace qui convertisse nécessairement l'homme, et le conduise sûrement au ciel. (*Histoire de l'Église*, l. XII, c. 6, § 10 et 11.) — Il suffit d'avoir la moindre connaissance du pélagianisme pour voir que Basnage en impose sur saint Jean *Damascène*. Ce Père suppose évidemment que l'homme ne fait le bien que quand il suit *Dieu qui l'appelle*; donc il entend que l'homme a besoin d'être prévenu par la vocation de Dieu ou par la grâce; donc lorsqu'il parle de ceux *qui se servent bien des forces de la nature*, il entend qu'ils s'en servent bien avec le secours de la grâce; et il n'est pas vrai que, par ce *secours*, il entende seulement nos forces naturelles, comme le prétend Basnage. Il est singulier que ce critique regarde comme pélagien ou semi-pélagien quiconque n'admet pas avec lui une grâce qui convertisse nécessairement l'homme, et qui détruise le libre arbitre. *Voy.* PÉLAGIANISME. — Il s'est efforcé de tourner en ridicule la manière dont saint Jean *Damascène* a parlé de la présence de Jésus-Christ dans l'eucharistie: il en a conclu que ce Père ne croyait pas la transsubstantiation; mais il l'a aussi mal prouvé que le prétendu pélagianisme de ce saint docteur.

DAMIANISTES, nom de secte : c'était une branche des acéphales sévériens. *Voy.* EUTYCHIENS. Comme le concile de Chalcédoine, en 451, avait également condamné les nestoriens, qui supposaient deux personnes en Jésus-Christ, et les eutychiens, qui n'y reconnaissaient qu'une seule nature, un grand nombre de sectaires rejetèrent ce concile, les uns par un attachement au sentiment de Nestorius, les autres par prévention pour celui d'Eutychès. La plupart de ceux qui n'attachaient pas une idée nette aux mots *nature*, *personne*, *substance*, se persuadèrent que l'on ne pouvait condamner l'une de ces hérésies, sans tomber dans l'autre; quoique catholiques dans le fond, ils ne savaient s'ils devaient admettre ou rejeter le concile de Chalcédoine. D'autres enfin firent semblant de s'y soumettre, mais en donnant dans une autre erreur : ils nièrent, comme Sabellius, toute distinction entre les trois personnes divines, regardèrent les noms de Père, de Fils et de Saint-Esprit, comme de simples dénominations. Comme ils n'eurent d'abord point de chef à leur tête, ils furent appelés *acéphales*. Sévère, évêque d'Antioche, se mit ensuite à la tête de ce parti, qui se divisa de nouveau. Les uns suivirent un évêque d'Alexandrie, nommé Damien, et furent nommés *damianistes*; les autres furent appelés *sévériens pétrites*, parce qu'ils s'étaient attachés à Pierre Mongus, usurpateur du siège d'Alexandrie. Il est clair que ces sectaires ne s'entendaient pas les uns les autres, qu'ils étaient animés par la fureur de disputer, plutôt que conduits par un véritable zèle pour la pureté de la foi. *Voy.* Nicéphore Calixte, l. XVIII, c. 49.

DANIEL, l'un des quatre grands prophètes, était sorti de la race royale de David. Il fut mené à Babylone, dans sa première jeunesse, avec un grand nombre d'autres Juifs, sous le règne de Joakim, roi de Juda. Il prophétisa pendant la captivité de Babylone, et parvint au plus haut degré de faveur sous les monarques assyriens et mèdes. On montre encore son tombeau dans la Susiane.

Des quatorze chapitres dont sa prophétie est composée, les douze premiers sont écrits partie en hébreu et partie en chaldéen; les deux derniers, qui renferment l'histoire de Susanne, de Bel et du dragon, ne se trouvent plus qu'en grec. *Daniel* parle hébreu lorsqu'il récite simplement, mais il rapporte en chaldéen les entretiens qu'il a eus en cette langue avec les mages, avec les rois Nabuchodonosor, Balthasar, et Darius le Mède. Il cite, dans la même langue, l'édit que Nabuchodonosor fit publier, après que *Daniel* lui eut expliqué le songe que ce prince avait eu, et dans lequel il avait vu une grande statue de différents métaux. Ce qui montre l'exactitude extrême de ce prophète à rendre jusqu'aux propres paroles des personnages qu'il introduit. Dans le chap. III, le verset 24 et les suivants, jusqu'aux 91e, qui contiennent le cantique des trois enfants dans la fournaise, ne subsistent plus qu'en grec, non plus que les chap. XIII et XIV, qui renferment l'histoire de Susanne, de Bel et du dragon. — Tout ce qui est écrit en hébreu ou en chaldéen, dans ce prophète, a été généralement reconnu pour canonique, soit par les Juifs, soit par les chrétiens; mais ce qui ne subsiste plus qu'en grec a souffert de grandes contradictions, et n'a été unanimement reçu comme canonique, même par les orthodoxes, que depuis la décision du concile de Trente. Les protestants ont persisté à le rejeter. Du temps de saint Jérôme, les Juifs eux-mêmes étaient partagés à cet égard; ce Père nous l'apprend dans sa préface sur *Daniel*, et dans ses remarques sur le chap. XIII. Les uns recevaient toute l'histoire de Susanne, d'autres la rejetaient, plusieurs n'en admettaient qu'une partie. Josèphe l'historien n'a rien dit de l'histoire de Susanne, ni de celle de Bel; Joseph Ben-Gorion rapporte ce qui regarde Bel et le dragon, et ne dit rien de l'histoire de Susanne.

Plus d'un siècle avant saint Jérôme, vers l'an 240, Jules Africain avait écrit à Origène, et lui avait exposé toutes les objections que l'on faisait contre cette partie du livre de *Daniel*. Origène en soutint l'authenticité, et répondit à toutes les objections : ce sont encore les mêmes que les protestants renouvellent aujourd'hui (*Orig. Opt.*, tom. 1er). — 1° Origène pense que les trois fragments contestés étaient autrefois dans le texte hébreu, mais que les anciens de la synagogue les en avaient ôtés, à cause de l'opprobre que jetait sur eux l'histoire de Susanne. En effet, les deux derniers chapitres de *Daniel* étaient dans la version des Septante, ils sont dans l'édition que l'on a donnée à Rome, en 1772, de la traduction de *Daniel* par les Septante, copiée sur les tétraples d'Origène; et le manuscrit, qui appartenait au cardinal Chigi, a plus de huit cents ans d'antiquité. *Daniel* y est en quatorze chapitres, comme dans la version de Théodotion et dans la Vulgate, sans omettre le cantique des trois enfants. Or, il a été plus aisé aux anciens de la synagogue de retrancher du texte hébreu, dont ils étaient seuls dépositaires, qu'à un Grec d'interpoler tous les exemplaires de la version des Septante, pour y mettre ces trois fragments; et il faut que Théodotion les ait encore trouvés dans l'exemplaire hébreu sur lequel il a fait sa version, puisqu'en cet endroit il n'a pas copié les Septante. — 2° Africain disait que le style de l'histoire de Suzanne lui paraissait différent de celui du reste du livre; Origène répond que pour lui il n'y avait aucune différence. — 3° Dans cette histoire, continuait Africain, *Daniel* parle par inspiration, au lieu que partout ailleurs il parle d'après une vision. Origène lui oppose le mot de saint Paul (*Hebr.* 1, 1) : *Dieu a parlé autrefois à nos Pères, par les prophètes*, EN PLUSIEURS MANIÈRES. — 4° Au jugement de ce même critique, cette histoire n'est point conforme à la gravité ordinaire des écrivains sacrés. « Je m'étonne, répond Origène, de ce qu'un homme aussi sage et aussi religieux que vous, ose blâmer la manière de narrer de l'Ecriture; si cela était permis, l'on tournerait en ridicule, avec plus de raison, l'histoire des deux femmes qui disputèrent devant Salomon, au sujet d'un enfant. » — 5° La plus forte objection était le jeu de mots que fait l'historien sur le nom de deux arbres, et qui ne peut avoir lieu qu'en grec. Origène avoue que comme l'hébreu n'existe plus, il ne peut pas y montrer la même allusion ; mais saint Jérôme, dans son prologue sur *Daniel*, fait voir que l'on pourrait en faire voir une à peu près semblable en latin. — 6° Les protestants nous objectent aujourd'hui qu'Eusèbe, Apollinaire et saint Jérôme ont rejeté cette histoire *comme fabuleuse*. Saint Jérôme atteste le contraire (*Contra Rufin*, l. II, *Op.*, tom. IV, col 431). « Je n'ai fait, dit-il, que rapporter les objections des Juifs et de Porphyre ; et si je n'y ai pas répondu, c'est que je ne voulais pas faire un livre.... Méthodius, Eusèbe, Apollinaire, se sont contentés de répondre à Porphyre que ce morceau ne se trouve point dans l'hébreu ; je ne sais pas s'ils ont satisfait la curiosité des lecteurs. » C'est donc avec raison que l'Eglise catholique, au concile de Trente, a jugé que les fragments de *Daniel* sont authentiques. Les protestants ne fondent l'opinion contraire que sur les objections de Juifs et de Porphyre, rapportées par Africain, et auxquelles on a répondu il y a plus de seize cents ans.

Mais toutes les prophéties de *Daniel* sont suspectes aux incrédules. Comme ses prédictions leur paraissent trop claires, ils prétendent, comme Porphyre et Spinosa, que *Daniel* n'a vécu qu'après la persécution d'Antiochus, qu'il en fait l'histoire et non la prophétie. — Mais il est prouvé que *Daniel* a véritablement vécu à Babylone, sous les rois assyriens, mèdes et perses, et qu'il a écrit son livre près de quatre cents ans avant le règne d'Antiochus. Ezéchiel, son contemporain, parle de lui comme d'un prophète, c. xiv, v. 14 et 20, c. xxviii, v. 3. L'auteur du premier livre des Machabées, c. I, v. 57, et c. II, v. 59, le nomme encore, et cite deux traits de ses prophéties. L'historien Josèphe fait de même (*Antiq.*, l. x, c. 12, et l. xi, c. 8). Il est certain d'ailleurs que le canon des livres saints était formé plus de trois siècles avant le règne d'Antiochus, et que depuis cette époque les Juifs n'y ont ajouté aucun livre (Josèphe, *contra App.*, l. I); cette tradition est constante chez eux. Il y a de plus une réflexion à faire à laquelle les incrédules ne répondront jamais. Selon les remarques astronomiques de M. Cheseaux, sur le livre de *Daniel*, il faut ou que ce prophète ait été l'un des plus habiles astronomes qui aient jamais existé, ou qu'il ait été divinement inspiré, pour trouver les cycles parfaits qu'il a indiqués. Donc ce livre a été écrit dans le temps que l'astronomie était cultivée avec le plus de succès chez les Chaldéens ; sous le règne d'Antiochus, aucun juif n'était ni astronome ni prophète.

M. de Gébelin, dans ses *Dissertat. sur l'Hist. orientale*, page 34 et suivantes, a donné une chronologie exacte de la prophétie de *Daniel* : il a fait voir que le livre de ce prophète, non plus que ceux d'Ezéchiel et de Jérémie, ne peuvent pas être des livres supposés ; il a très-bien concilié la narration de ces prophètes avec celle des historiens profanes. Ces savantes observations sont d'un tout autre poids que les conjectures frivoles de quelques incrédules ignorants. — Ezéchiel, c. xxx, prédit que Nabuchodonosor subjuguera *Chus*, *Phut*, *Lud*, tout le *Warb*, le *Chub*, la terre d'Alliance et l'Egypte. M. de Gébelin prouve que *Chus* est l'Arabie, *Phut* l'Afrique, qui est à l'occident de l'Egypte, ou la Cyrénaïque, *Lud* la Nubie, *Chub* la Maréotide ; que *tout le Warb*, ce sont les côtes occidentales de l'Afrique, et les côtes méridionales de l'Espagne ; qu'en effet Nabuchodonosor a parcouru toutes ces parties du monde en conquérant, après avoir ravagé la Judée et l'Egypte. C'est lui qui fit assiéger Tyr et Jérusalem, qui détruisit le temple, et transplanta les Juifs dans la Chaldée ; c'est lui qui est l'objet des prophéties de *Daniel*. Notre savant critique observe que, dans le chapitre I. de ce prophète, v. 21, le nom de Cyrus a été mis mal à propos dans le texte, par une fausse comparaison de ce verset avec le 28° du chapitre VI. *Daniel* a seulement voulu faire entendre qu'il était à Babylone la première année du règne de Nabuchodonosor. — Chap. II, v. 31, le prophète explique à ce prince un songe qu'il avait eu et qu'il avait oublié. Sous la figure d'une grande statue, composée de quatre métaux différents, Dieu avait voulu lui annoncer le sort de sa monarchie, et de trois autres qui devaient y succéder, savoir, celle des Mèdes, que *Daniel* appelle un règne d'argent ; celle des Perses, qui est nommée un royaume d'airain ; celle d'Alexandre et des Grecs, semblable au fer, et qui devait briser toutes les autres. Le prophète n'oublie pas de faire remarquer les divisions qui devaient régner entre les successeurs d'Alexandre ; enfin, il promet l'avénement du royaume des cieux ou du Messie, qui devait commencer après la destruction des précédents, subjugués par les Romains. Les incrédules ont confondu ce songe prophétique avec celui qui est rapporté dans le chapitre iv, et ont prétendu qu'il y a contradiction entre l'un et l'autre ; nous verrons dans un moment que ce sont deux songes très-différents, et qui n'ont aucun rapport. — Chap. iii, Nabuchodonosor fait jeter dans une fournaise ardente trois compagnons de *Daniel*, qui avaient refusé d'adorer la statue d'or de ce prince ; ils en furent sauvés par miracle, et ce prodige est raconté entièrement dans le texte hébreu ; c'est seulement le cantique d'action de grâces de ces trois jeunes hébreux qui ne s'y trouve point. — Chap. iv, Dieu envoie à ce prince un autre songe prophétique, où il lui révèle sa propre destinée ; sous la figure d'un grand arbre que l'on coupe et que l'on dépouille, mais dont la racine est conservée. *Daniel*, pour le lui expliquer, lui annonce qu'il sera banni de la société des hommes, qu'il demeurera parmi les bêtes sauvages, qu'il mangera de l'herbe comme un bœuf, mais qu'après sept années de châtiment, il sera rétabli sur son trône. Cette prophétie fut accomplie. Pour la rendre ridicule, les incrédules ont supposé qu'elle annonçait que Nabuchodonosor serait changé en bête. Mais les expressions du prophète signifient seulement que, par un effet de la puissance de Dieu, Nabuchodonosor tomba dans la maladie nommée *lycanthropie*, dans laquelle un homme s'imagine qu'il est devenu loup, bœuf, chien ou cerf, prend les manières et les goûts de ces animaux, fuit dans les forêts, hurle, frappe, dévore, etc. Cette maladie n'est ni inconnue aux médecins, ni incurable ; mais pour en prédire les accès, la durée, la guérison, comme le fait *Daniel*, il fallait être éclairé d'une lumière surnaturelle. Voy. le chap. v, v. 21. Quand aucun auteur profane n'aurait parlé de cette maladie de Nabuchodonosor, cela ne serait pas étonnant, puisque presque toutes les anciennes histoires des Chaldéens sont perdues ; mais parmi les fragments qu'Eusèbe en a conservés, *Prép. ev.* l. 9, il rapporte, d'après Abydène et Mégasthène, que Nabuchodonosor, saisi d'une fureur divine, annonça aux Babyloniens la destruction de son empire par un mulet persan ; et qu'après cette prédiction il disparut de la société des hommes. (*Dissertation sur la métamorph. de Nabuchodonosor. Bible d'Avignon*, tome II,

p. 33. — Chap. v, *Daniel* explique à Balthasar, fils et successeur de Nabuchodonosor, l'inscription tracée sur un mur, par une main invisible qui lui prédisait sa chute et sa mort prochaine. Le prince est nommé, par les auteurs grecs, *Evil-Mérodach*, ou *Mérodac l'insensé*. — Chap. vi, Darius le Mède, meurtrier de Balthasar, et qui est appelé *Nériglissor* par les auteurs profanes, fait jeter *Daniel* dans la fosse aux lions, à l'instigation des grands de son royaume, jaloux du crédit et de la faveur de ce prophète — Chap. vii, *Daniel* a un songe prophétique, dans lequel il voit de nouveau quatre monarchies qui se succèdent, sous la figure de quatre animaux qui se dévorent successivement ; ensuite il voit descendre sur les nuées, le *Fils de l'homme*, à qui Dieu a donné la puissance, la gloire et la royauté, dont le pouvoir est éternel, dont le royaume est celui des saints, etc. — Chap. viii, l'ange Gabriel apprend au prophète que le premier des animaux qu'il a vus est le roi des Mèdes et des Perses ; le second le roi des Grecs, qui aura quatre successeurs moins puissants que lui ; qu'après eux viendra un roi cruel, qui persécutera le peuple saint, et ôtera la vie à plusieurs. Dans le premier de ces princes, on ne peut méconnaître Cyrus, Alexandre dans le second, Antiochus dans le troisième. *Daniel* les désigne de nouveau, ch. ii, et les caractérise par leurs exploits. Il prédit que le roi de la dernière monarchie sera attaqué et vaincu par des peuples qu'il nomme *Kittim* ou Occidentaux ; ce sont évidemment les Romains, qui se sont rendus maîtres de la Syrie, et en ont dépouillé les Antiochus. C'est la clarté de cette prophétie, et l'exactitude avec laquelle elle a été accomplie, qui ont fait dire aux incrédules que celui qui l'a faite est un imposteur, qu'il a vécu après l'événement, et qu'il l'a raconté d'une manière prophétique, pour faire illusion à ses lecteurs. Tel est l'entêtement des incrédules ; quand on leur cite des prophéties qui ont quelque chose d'obscur, ils disent que ces prédictions ne prouvent rien, parce qu'on peut les appliquer à divers événements et à des personnages différents ; quand elles sont claires, et qu'il n'est pas possible d'en méconnaître le véritable objet, ils soutiennent qu'elles ont été faites après coup. — Chap. ix, le prophète marque le temps auquel doit commencer le royaume des saints et du Fils de l'homme dont il a parlé, ch. vii. Il dit qu'en lisant Jérémie, il vit que la désolation de Jérusalem ne devait durer que soixante-dix ans, par conséquent la captivité de Babylone allait finir ; *Daniel* demande à Dieu l'accomplissement de sa parole. L'ange Gabriel, envoyé pour l'instruire, lui apprend que ces soixante-dix ans sont *l'abrégé de soixante-dix semaines qui regardent son peuple et la ville sainte, pour mettre fin aux prévarications et au péché, effacer les iniquités, faire naître la justice éternelle, accomplir les visions et les prophéties, et oindre le Saint des saints, ou le Saint par excellence. Sachez donc, continue l'ange, et faites attention que* du moment auquel la prédiction du rétablissement de Jérusalem sera accomplie, jusqu'au Christ, chef du peuple, il s'écoulera sept semaines et soixante-deux : or les places publiques et les murs seront rebâtis dans peu de temps. Et après soixante-deux semaines, le Christ sera mis à mort. NON PAS POUR LUI. Alors un peuple, qui doit venir avec un chef, ruinera la ville et le sanctuaire, et la guerre finira par une destruction et une désolation entière. Pendant une semaine, l'alliance sera conclue avec plusieurs ; au milieu de cette semaine, les victimes et les sacrifices cesseront, l'abomination sera dans le temple, et cette désolation durera jusqu'à la fin et à la consommation de toutes choses. Le paraphraste chaldéen et les anciens docteurs juifs, aussi bien que les chrétiens, ont entendu par le Christ, chef du peuple, le Messie ; tous sont convenus que cette prédiction marque le temps auquel il doit arriver. Lui seul est le Saint des saints, il doit faire cesser les péchés, effacer les iniquités, faire régner la justice, accomplir les prophéties. Tous conviennent encore que les semaines dont parle Daniel, sont des semaines d'années, puisque 70 ans en sont l'abrégé : or 70 semaines d'années font 490 ans, après lesquels la ville de Jérusalem et le temple doivent être détruits pour toujours. — La difficulté est de savoir à quelle époque on doit commencer à compter ces 490 ans. On sait qu'il y a eu trois édits des rois de Perse, portant permission de rétablir Jérusalem : le premier, accordé à Esdras par Cyrus, qui permet aux Juifs de rebâtir le temple ; le second, donné par Darius Hystaspes, la quatrième année de son règne, qui permet d'achever cet édifice, dont la construction avait été interrompue ; le troisième, accordé à Néhémie par Artaxercès Longue-Main, la vingtième année de son règne, et qui permet de rebâtir les murs de Jérusalem. Il paraît que ce troisième édit est celui que le prophète a eu en vue, puisqu'il parle de la reconstruction des murs et des places publiques ; mais il est encore difficile de fixer l'année à laquelle on doit compter la vingtième d'Artaxercès.

Sans nous embarrasser d'aucun calcul, il nous suffit de remarquer, 1° que l'époque précise de la reconstruction des murs de Jérusalem par Néhémie ne pouvait pas être ignorée au temps de Jésus-Christ ; lui-même a dit que l'abomination et la désolation, prédites par Daniel, étaient prochaines (Matth. XXIV, 15). En effet, la ruine de Jérusalem et du temple est arrivée moins de 40 ans après sa mort, et cette désolation dure depuis plus de 1700 ans. 2° Que quand Jésus-Christ a paru dans la Judée, on était persuadé que la prophétie de Daniel, touchant la venue du Messie, allait s'accomplir ; Tacite, Suétone, Josèphe, font mention de cette persuasion des Juifs ; plusieurs prétendus messies parurent en effet, et séduisirent les peuples. 3° De tous ceux qui se sont donnés pour tels, nous demandons quel est celui qui a rempli les fonctions que Daniel lui attribue, qui a fait cesser les péchés et fait régner la justice, qui a effacé les iniquités, accompli les prophéties, qui a été mis à mort, non pas pour lui, mais pour le peuple, selon l'expression même du pontife juif, qui a condamné Jésus-Christ à la mort (Joan. II, 49 ; XVII, 14). 4° Quand nous ne pourrions pas faire cadrer exactement le nombre des années avec l'événement, ni résoudre toutes les difficultés de chronologie, il ne s'ensuivrait pas moins que le Messie est arrivé depuis plus de 1700 ans ; qu'ainsi les Juifs ont tort de prétendre qu'il n'est pas encore venu. Ils ont cherché vainement dans leur histoire un personnage auquel on pût adapter les caractères tracés par Daniel ; ils n'en ont point trouvé, et les incrédules n'y réussiront pas mieux. Voyez la Dissert. sur ce sujet, Bible d'Avignon, tom. XI, pag. 110 (1).

Dans le chap. II, Daniel annonce la conquête du royaume de Perse par les Grecs, sous Alexandre, les guerres qui devaient régner entre les successeurs de ce conquérant, la destruction de leurs royaumes par les Romains ; le chap. XII, v. 7, 11 et 12, renferme les cycles astronomiques dont nous avons parlé ; le chap. XIII, l'histoire de Suzanne, et le XIV° celle de l'idole de Bel et du dragon.

Les Juifs mettent Daniel au rang des hagiographes, et non des prophètes ; mais ils n'en ont pas moins de respect pour ses prophéties, et jamais ils n'ont douté de l'authenticité de ce livre.

DANSE. Si nous voulons en croire la plupart de nos littérateurs modernes, la danse, chez presque tous les peuples, a fait partie du culte divin. Les hommes, disent-ils, rassemblés au pied des autels, sous les yeux de la Divinité, pénétrés de joie, de reconnaissance, de sentiments de fraternité, ont exprimé naturellement leurs transports par les accents de leurs voix et par les mouvements du corps les plus animés. On ne peut pas douter que les païens n'aient souvent dansé autour des statues de leurs dieux. Chez les sauvages, la danse est encore un exercice important qui fait partie de toutes les cérémonies ; ils s'y livrent pour faire honneur à un étranger, pour cimenter une alliance, pour entamer une négociation, pour faire la paix, pour se préparer à la guerre, même pour honorer les morts ; et l'on peut citer plusieurs exemples de cet exercice religieux parmi les adorateurs du vrai Dieu.

Suivant l'opinion d'un savant écrivain, les plus anciens monuments poétiques sont des

(1) « Huit ou neuf ans au plus, dit Bossuet, (Discours sur l'histoire universelle, II° partie), dont on pourrait disputer sur un compte de quatre cent quatre-vingt-dix ans, ne feront jamais une importante question. Mais pourquoi discourir davantage ? Dieu a tranché la difficulté, s'il y en avait une, par une décision qui ne souffre aucune réplique. Un événement manifeste nous met au-dessus de tous les raffinements des chronologistes ; et la ruine totale des Juifs, qui a suivi de si près celle de Notre-Seigneur, fait entendre aux moins clairvoyants l'accomplissement de la prophétie. »

chants. Chanter et parler furent, dans les premiers temps, une seule et même chose. La *danse*, qui exigeait des vibrations plus fortes, appela les instruments sonores au secours de la voix : ainsi le pas, la voix, le son, allèrent toujours d'accord. Lorsque les événements astronomiques furent devenus religieux par l'influence du sabisme, on les chanta dans les grandes fêtes, dans les jeux, dans les mystères. La *danse*, à laquelle cette musique servait d'accompagnement, fut par conséquent une cérémonie religieuse ; et puisque c'est ici une expression de joie aussi naturelle que le chant, il n'est pas étonnant que les anciens aient cru pouvoir honorer leurs dieux par des pas symétriques aussi bien que par des sons cadencés. — Si tout cela est vrai, c'est une réfutation complète du préjugé des incrédules, qui ont prétendu que la religion, dans son origine, est née des sentiments de tristesse et de la crainte des fléaux qui ont souvent affligé la terre ; que la plupart des fêtes et des cérémonies étaient destinées à rappeler le souvenir des malheurs du genre humain ; que la joie et le contentement du cœur sont incompatibles avec la piété. Certainement la *danse* ne fut jamais l'expression de la tristesse, de la crainte ou de la douleur.

Mais nous n'avons pas besoin de suppositions arbitraires ni de vaines conjectures pour réfuter les incrédules. Ce que pratiquent les Sauvages, ce qui s'est fait chez les païens, ne conclut rien pour ni contre les adorateurs du vrai Dieu : nous soutenons que parmi ceux-ci la *danse* n'a jamais fait partie du culte divin. Les religions fausses ont été l'ouvrage des passions humaines, la vraie religion a toujours eu Dieu pour auteur : or, Dieu n'a jamais commandé la *danse* à ses adorateurs, et il n'y a aucune preuve positive qu'il l'ait formellement approuvée dans son culte. — On ne peut en citer aucun exemple parmi les patriarches, sous la loi de nature, pendant un espace de deux mille cinq cents ans ; cela serait étonnant si la *danse* avait été un exercice naturellement inspiré par les sentiments de religion.

Avant que Moïse eût publié ses lois, immédiatement après le passage de la mer Rouge, les Israélites, sauvés par un miracle, chantèrent un cantique d'actions de grâces. Il est dit que Marie, sœur d'Aaron, prit un tambour, et que, suivie par toutes les femmes, elle répétait en grand chœur le refrain du cantique (*Exod.* xv, 20) ; mais l'historien n'ajoute point qu'elles dansèrent : du moins le mot hébreu *mecholah* ne signifie pas toujours la *danse*, quoique les Septante et Onkélos l'aient ainsi entendu. Quand les femmes auraient dansé, il ne s'ensuivrait pas que les hommes firent de même, et que la *danse* était une pratique ordinaire de religion. A la vérité, il paraît que les Israélites dansèrent autour du veau d'or (*Exod.* xxxii, 6 et 19) ; mais ce fut une profanation, et une imitation des *danses* que ce peuple avait vu pratiquer par les Egyptiens autour du bœuf Apis. Cet exemple n'est pas propre à prouver la thèse que nous attaquons, mais plutôt à la détruire.

Le seul que l'on puisse nous opposer est celui de David. Il est dit que, quand ce roi fit transporter l'arche du Seigneur de la maison d'Obédédom dans la ville de David, il dansait de toutes ses forces devant le Seigneur (*II Reg.* vi, 14) ; mais on ajoute mal à propos qu'*il se joignit aux lévites*, pour donner à entendre que les lévites dansèrent avec lui ; le texte n'en dit rien, et le reproche que Michol, épouse de David, lui fit d'avoir dansé et de s'être dépouillé de ses ornements devant ses sujets, prouve que ce n'était ni un usage commun, ni un usage pieux. — Il est probable, dit-on, que plusieurs des psaumes de David ont été composés pour être chantés par des chœurs de musique et accompagnés de *danses*. Nous répondons qu'il est beaucoup plus probable que cela n'est point. Dans tous les psaumes il n'est question de *danses* que dans un seul endroit (*Ps.* LXVII, 26), et ce sont des *danses* de jeunes filles ; le texte même peut signifier simplement des chœurs de musique. Dans tous les autres endroits de l'*Ancien Testament*, il n'est fait mention de la *danse* que comme un exercice purement profane. Moïse, en parlant aux Israélites de leurs fêtes, leur dit : *Vous vous réjouirez devant le Seigneur votre Dieu*. Il n'ajoute point : Vous exprimerez votre joie par des *danses*. Ainsi, quoique les filles juives aient dansé les jours de fêtes (*Jud.* xxi, 21), il ne s'ensuit point que cet exercice ait été un acte de piété.

On nous allègue le témoignage de Philon, qui nous apprend que les thérapeutes d'Egypte, après leur repas, pratiquaient une *danse sacrée*, dans laquelle les deux sexes se réunissaient ; mais il faudrait prouver que les thérapeutes avaient pris cet usage des anciens Juifs, et non des Egyptiens, au milieu desquels ils vivaient.

Puisque l'on ne peut pas faire voir que la *danse* a jamais fait partie du culte religieux chez les Juifs, beaucoup moins en trouvera-t-on des vestiges dans le culte des chrétiens. — Au IIe siècle, un célèbre imposteur nommé *Leuce Carin*, qui professait l'hérésie des docètes et celle des marcionites, forgea une histoire intitulée les *Voyages des Apôtres*, dans laquelle il racontait, qu'après la dernière cène du Sauveur, la veille de sa mort, les apôtres chantèrent avec lui un cantique, et *dansèrent en rond autour de lui*. Beausobre, qui avoue que cette imagination paraît extravagante, prétend néanmoins que Leuce n'était point un insensé ; qu'ainsi il faut que son récit n'ait rien eu de contraire aux bienséances du temps et du lieu où cet auteur écrivait, d'où il donne à conclure que la *danse* pouvait être regardée pour lors comme un exercice sacré (*Hist. du Manich.*, l. II, c. 4, § 6). — Si un Père de l'Eglise, ou un écrivain catholique, avait rêvé quelque chose de semblable, Beausobre l'aurait couvert d'ignominie ; mais comme il s'agissait d'un hérétique dont les priscillianistes respectaient les écrits, ce critique a cru devoir les excuser. Mais n'est-il pas absurde d'imaginer qu'au II° siècle, lorsque les chrétiens étaient obligés de se cacher pour s'assembler et pour célébrer les saints mystères, ils y mêlaient des chants bruyants et des *danses*; que les repas de charité, nommés *agapes*, finissaient ordinairement par une *danse*, etc.? Tout cela est faux et avancé sans preuve.— Au contraire, dès que l'Eglise chrétienne a eu la liberté de donner de l'éclat à son culte extérieur, les conciles ont défendu aux fidèles de danser, même sous prétexte de religion. Le concile de Laodicée, l'an 367, can. 54; le troisième concile de Tolède, l'an 589; le concile *in Trullo*, l'an 692, et plusieurs autres dans la suite des siècles, ont absolument défendu la *danse*, surtout les jours de fête. Les Pères de l'Eglise ont montré le danger de la *danse*, par l'exemple de la fille d'Hérodiade, dont le funeste talent fut cause de la mort de saint Jean-Baptiste.— Ainsi nous n'ajoutons aucune foi à ce que disent nos dissertateurs, savoir, que les anciens cénobites, dans leurs déserts, se livraient à l'exercice de la *danse* les jours de fête, par motif de religion; que l'on voit encore à Rome et ailleurs d'anciennes églises, dont le chœur, plus élevé que la nef, est disposé de manière que l'on pouvait y danser aux grandes solennités; que, dans l'origine, le mot de *chœur* signifiait plutôt une assemblée de danseurs qu'une troupe de chantres et de musiciens, etc. Rien de tout cela n'est fondé sur des preuves positives, et ce sont des suppositions formellement contraires aux lois ecclésiastiques. Il est absolument faux que la *danse* ait fait partie du rituel mozarabique, rétabli dans la cathédrale de Tolède par le cardinal Ximénès.

Les abus qui se sont souvent introduits au milieu de l'ignorance et de la grossièreté des mœurs qui ont régné dans les bas siècles, ne prouvent rien, puisque cela s'est fait au mépris des lois de l'Eglise. Peu nous importe de savoir s'il est vrai que, dans plusieurs villes, les fidèles passaient une partie de la nuit, la veille des fêtes, à chanter des cantiques et à danser devant la porte des églises; qu'en Portugal, en Espagne et en Roussillon, cela se fait encore par les jeunes filles, la veille des fêtes de la Vierge; que vers le milieu du dernier siècle on dansait encore à Limoges, dans l'église de Saint-Martial; que le père Ménétrier a vu, dans quelques cathédrales, les chanoines danser avec les enfants de chœur, le jour de Pâques. Toutes ces indécences doivent être mises au même rang que la fête des fous, et les processions absurdes que l'on a faites, pendant si longtemps, dans les villes de Flandre et ailleurs.

Quand il serait vrai que les *danses* prétendues religieuses ont été sans inconvénient lorsque les mœurs étaient simples et pures, et lorsque les peuples ne pouvaient point trouver de consolation ailleurs que dans les pratiques de religion, elle ne peut entrer décemment dans le culte divin, dès qu'elle sert sur le théâtre à exciter les passions. Les pasteurs, bien convaincus des désordres qu'elle peut produire, font tous leurs efforts pour en détourner les jeunes gens, et l'on ne peut trop applaudir à leur zèle.

On a beau dire que la *danse* est un des exercices qui contribuent à former le corps des jeunes gens; on pourrait le former sans imiter les gestes efféminés et les attitudes lascives des acteurs de théâtre. Il en est de cet art comme de celui de l'escrime, qui aboutit souvent à produire des spadassins et des meurtriers. Plusieurs laïques sensés ont pensé sur ce sujet comme les Pères de l'Eglise; le comte de Bussi-Rabutin, que l'on ne peut accuser d'une morale trop sévère, dans son traité *de l'Usage de l'adversité*, adressé à ses enfants, leur représente, dans les termes les plus forts, les dangers de la *danse*, il va jusqu'à dire qu'un bal serait à craindre, même pour un anachorète; que les jeunes gens courent le plus grand risque d'y perdre leur innocence, quoi qu'en puisse dire la coutume; que ce n'est point un lieu que doive fréquenter un chrétien. L'historien Salluste, dont les mœurs étaient d'ailleurs très-corrompues, dit d'une dame romaine nommée Sempronia, qu'elle dansait et chantait trop bien pour une honnête femme. Un historien anglais a fait l'application de ces paroles à la reine Elisabeth. Ce qui est dit des *danses religieuses* dans le *Dictionnaire de Jurisprudence* à besoin de correctif.

DANSEURS. Dans l'*Histoire ecclésiastique de Mosheim*, XIV° siècle, deuxième partie, c. 5, § 8, il est fait mention d'une secte de *danseurs* qui se forma, l'an 1373, à Aix-la-Chapelle, d'où ils se répandirent dans le pays de Liége, le Hainaut et la Flandre. Ces fanatiques, tant hommes que femmes, se mettaient tout à coup à danser, se tenaient les uns les autres par la main, et s'agitaient au point qu'ils perdaient haleine, et tombaient à la renverse, sans donner presque aucun signe de vie. Ils prétendaient être favorisés de visions merveilleuses pendant cette agitation extraordinaire. Ils demandaient l'aumône de ville en ville comme les flagellants; ils tenaient des assemblées secrètes, et méprisaient, comme les autres sectaires, le clergé et le culte reçu dans l'Eglise. Les circonstances de cette espèce de frénésie parurent si extraordinaires, que les prêtres de Liége prirent ces sectaires pour des possédés, et employèrent les exorcismes pour les guérir.

* DARBYSME. C'est une secte nouvelle qui vient s'ajouter aux mille et une sectes qui divisent le protestantisme en France. Darby, son premier et principal auteur, pose le radicalisme le plus absolu pour principe de sa doctrine. « Le vent de discorde, dit un journal protestant, qui souffle avec tant de violence sur la société civile, est entré dans l'Eglise, et il y suscite les plus irritants conflits et les plus funestes déchirements.

« D'après les renseignements que nous avons sous les yeux, le *Darbysme* a fait des ravages plus ou moins considérables dans la Drôme, l'Ardèche, le Gard et l'Hérault. Il a tenté, nous croyons le savoir, de s'introduire aussi dans l'église dissidente de Sainte-Foy et des environs; il n'y est pas parvenu, M. le pasteur Henriquet l'ayant dès le début combattu très-vivement. On sait qu'il a réussi, à Orthez, à diviser de la manière la plus déplorable un troupeau que nous regrettons de voir séparé, mais dont nous nous plaisons à reconnaître le zèle et la piété. Il a bien essayé de se glisser dans d'autres églises encore du Béarn, mais sans succès. A Montpellier, il a envahi une réunion fort connue, ainsi que la chapelle wesleyenne. Depuis le Vigan jusqu'à Nîmes et les environs, on nous assure que les nouveaux sectaires ont ravagé toutes les réunions plus ou moins nombreuses de chrétiens, disloqué les petits troupeaux, et semé la division parmi des pasteurs et des fidèles jusqu'alors unis. »

DAVID, fils d'Isaïe ou Jessé, de Bethléem, successeur de Saül dans la dignité de roi des Juifs. Il est souvent appelé *le roi prophète*, parce qu'il a réuni ces deux qualités, et *le Psalmiste*, à cause des psaumes qu'il a composés. Les manichéens, Bayle, les incrédules de notre siècle, ont formé contre ce roi d s accusations dont l'odieux retombe sur les historiens sacrés ; les théologiens sont donc forcés d'y répondre.

David, disent ces censeurs bilieux, fut rebelle envers Saül et usurpateur de sa couronne, chef de brigands, perfide envers Achis, qui lui avait donné retraite, infidèle à son ami Jonathas, cruel envers les Ammonites, après les avoir vaincus ; adultère et homicide ; voluptueux dans sa vieillesse ; vindicatif à l'article de la mort. Ce malfaiteur est cependant appelé dans l'Ecriture *un homme selon le cœur de Dieu*, proposé aux rois comme un modèle ; la prospérité dont il a joui semble avoir justifié tous ses crimes. — Nous supprimons les termes indécents et grossiers dans lesquels la plupart de ces reproches ont été faits ; nous y répondrons le plus brièvement qu'il nous sera possible. 1° En quoi David fut-il rebelle ? Par sa victoire sur Goliath, il donna de la jalousie à Saül ; celui-ci, attaqué de mélancolie, veut tuer David, après lui avoir donné sa fille en mariage. David s'enfuit. Maître d'ôter la vie à Saül, qui le poursuivait à main armée, il l'épargne et se justifie. Saül confondu reconnaît son tort, pleure sa faute et s'écrie : *David, mon fils, vous êtes plus juste que moi ; vous ne m'avez fait que du bien, et je vous rends le mal* (*I Reg.* XXIV.) Il n'y a point là de rébellion. — 2° Dans sa fuite, il se met à la tête d'une troupe de brigands et fait avec eux des incursions chez les ennemis de sa nation. Mais, dans les premiers âges du monde, cette guerre privée était regardée comme une profession honorable, c'était le métier des braves ; les philosophes grecs ne l'ont point désapprouvé ; ils l'ont considéré comme une espèce de chasse. Une connaissance plus exacte du droit des gens nous le fait envisager bien différemment ; mais il ne faut pas chercher au siècle de *David* des idées dont nous sommes redevables à l'Evangile, et qui ne font lui que chez les nations chrétiennes. Il n'est dit nulle part que *David* n exercé des violences contre les Israélites. David, prêt à tirer vengeance de la brutalité de Nabal, remercie Dieu d'en avoir été détourné par la prudence et par les prières d'Abigaïl. Après la mort de Nabal, à laquelle il n'eut aucune part, il épouse cette femme : Saül lui avait enlevé celle qu'il lui avait donnée, et l'avait mariée à un autre (*I Reg.* XXV, 44). Dans tout cela nous ne voyons aucun crime. — 3° Réfugié chez Achis, il fait des incursions chez les Amalécites, qui étaient autant ennemis d'Achis que des Israélites, puisqu'ils ravagèrent les terres des uns et des autres (*I Reg.* XXX, 16). Il ne garde point pour lui les dépouilles qu'il enlève aux Amalécites, il les envoie aux différentes personnes chez lesquelles il avait séjourné avec son monde, afin de les dédommager (*Ibid.*, 31) ; à la vérité il trompe Achis, en lui persuadant qu'il fait des expéditions contre les Israélites ; mais un simple mensonge, quoique répréhensible, ne doit pas être nommé une perfidie. Il servit utilement ce roi même en le trompant. — 4° Il n'est pas vrai que *David* ait usurpé la couronne. Il fut sacré par Samuel, sans l'avoir prévu et sans avoir rien fait pour attirer sur lui le choix de Dieu. Pendant la vie de Saül, il ne montra aucun désir de remplir sa place ; ou le calomnie sans preuve, quand on suppose que les larmes qu'il répandit sur la mort funeste de ce roi ne furent pas sincères. Il fut élevé sur le trône par le choix libre de deux tribus ; il n'y avait aucune loi qui rendît le royaume héréditaire : il laissa régner pendant sept ans Isboseth, fils de Saül, sur dix tribus : il ne fit aucun effort pour s'emparer du royaume entier : après la mort d'Isboseth, les tribus vinrent d'elles-mêmes se ranger sous l'obéissance de *David*. — 5° On l'accuse encore injustement d'avoir été perfide envers Saül son beau-père, ingrat et infidèle à son ami Jonathas : il n'a été ni l'un ni l'autre. A la conquête de la Palestine par Josué, les Gabaonites le trompèrent : ils feignirent que leur pays était fort éloigné, et il leur promit par serment de ne pas les détruire. Il leur tint parole ; mais pour les punir de leur imposture, il les condamna à l'esclavage, à couper du bois et à porter de l'eau pour le service du tabernacle. Il les sauva même de la fureur des autres Chananéens qui voulaient les détruire (*Jos.* IX et X). Ainsi les Gabaonites furent conservés parmi les Israélites pendant quatre cents ans et jusque sous les rois. — Saül, par un trait de cruauté, en extermina une partie contre la foi de l'ancien traité ; après sa mort, Dieu envoya la famine dans Israël, et déclara que c'était en punition de ce crime. Les Gabaonites exigèrent qu'on leur livrât ce qui restait des descendants de Saül, pour user sur eux de représailles ; *David* fut forcé d'y consentir (*II Reg.* II). — Il n'est pas vrai qu'il eût juré à Saül de n'ôter la vie à aucun de ses enfants ; il lui avait seulement promis de ne point détruire sa race, de ne point effacer son nom (*I Reg.* XXIV, 11). Il fut fidèle à sa parole, il ne voulut point livrer aux Gabaonites Miphiboseth, fils de Jonathas et petit-fils de Saül : il garda donc exactement ce qu'il avait juré à l'un et à l'autre. Sans l'ordre exprès de Dieu, *David* ne pouvait avoir aucun intérêt à détruire les autres descendants de

Saül, puisqu'aucun d'eux n'avait ni droit ni prétention à la royauté. — 6° Il condamne les Ammonites vaincus aux travaux des esclaves, à couper et à scier du bois, à traîner les chariots et les herses de fer, à façonner et à cuire les briques (*II Reg.* xii, 31; *I Paralip..*xx, 3). C'est ainsi que l'on traitait les prisonniers de guerre. Ici nos versions ne rendent pas exactement le sens du texte; mais il ne s'ensuit rien : le texte de l'histoire est très-susceptible du sens que nous lui donnons, et l'on ne peut y opposer aucune raison solide. — 7° *David* fut adultère et homicide, l'Ecriture ne le dissimule point; un prophète lui reprocha ces deux crimes de la part de Dieu; *David* les confessa et en fit pénitence toute sa vie; il les expia par une suite de malheurs que Dieu fit tomber sur lui et sur sa famille. Ferons-nous à Dieu un reproche d'avoir pardonné au repentir ? — 8° Ce ne fut point par volupté que dans sa vieillesse *David* mit une jeune personne au nombre de ses femmes : l'Ecriture sainte nous fait remarquer qu'il ne la toucha pas (*III Reg.* 1, 4). Dans ce temps la polygamie n'était pas défendue. *Voy.* POLYGAMIE. — 9° *David*, à l'heure de sa mort, n'ordonna ni vengeance ni supplice; il avertit seulement Salomon son fils des dangers qu'il pouvait courir de la part de Joab et de Séméi, deux hommes d'une fidélité très-suspecte. Salomon ne s'en défit dans la suite que parce que l'un et l'autre se rendirent coupables.

David a commis deux grands crimes; l'Ecriture les lui reproche avec toute la sévérité qu'ils méritaient; elle nous montre la vengeance éclatante que Dieu en a tirée; mais ce roi ne les avait pas encore commis lorsqu'il est appelé *homme selon le cœur de Dieu*; cela signifie que pour lors il était irrépréhensible, et non qu'il l'a toujours été.

En parlant des personnages de l'Ancien Testament, l'Ecriture en dit le bien et le mal, sans exagérer l'un et sans atténuer l'autre. La manière dont elle parle nous montre deux grandes vérités, la perversité de l'homme et la miséricorde infinie de Dieu. De tous les exemples qu'elle nous propose, il n'en est aucun de parfait, et nous sommes obligés de conclure avec *David* : *Seigneur, si vous examinez à la rigueur nos iniquités, qui pourra tenir devant vous* (*Ps.* cxxix, 3)?

DAVIDIQUES, DAVIDISTES, ou DAVID GEORGIENS, sorte d'hérétiques, sectateurs de *David George*, vitrier, ou, selon d'autres, peintre de Gand, qui en 1525, commença de prêcher une nouvelle doctrine. Après avoir été d'abord anabaptiste, il publia qu'il était le Messie, envoyé pour remplir le ciel, qui demeurait vide faute de gens qui méritassent d'y entrer.

Il rejetait le mariage comme les adamites; il niait la résurrection comme les sadducéens; il soutenait, avec Manès, que l'âme n'est point souillée par le péché; il se moquait de l'abnégation de soi-même que Jésus nous recommande dans l'Evangile; il regardait comme inutiles tous les exercices de piété, et réduisait la religion à une pure contemplation : telles sont les principales erreurs qu'on lui attribue.

Il se sauva de Gand, se retira d'abord en Frise, ensuite à Bâle, où il changea de nom, et se fit appeler Jean Bruch; il mourut en 1556. Il laissa quelques disciples, auxquels il avait promis de ressusciter trois ans après sa mort; mais au bout de trois ans les magistrats de Bâle, informés de ce qu'il avait enseigné, le firent déterrer et brûler avec ses écrits par la main du bourreau. On prétend qu'il y a encore des restes de cette secte ridicule dans le Holstein, surtout à Fridérichstadt, et qu'ils y sont mêlés avec les arminiens.

Il ne faut pas confondre ce *David George* avec David de Dinant, sectateur d'Amauri, et qui a vécu au commencement du xiii° siècle, ni avec François Davidi, socinien célèbre, mort en 1579.

Mosheim nous apprend que le fanatique dont nous parlons a laissé un assez grand nombre d'écrits, dont le style est grossier, mais où il y a du bon sens; il a de la peine à se persuader que cet ignorant ait enseigné toutes les erreurs qu'on lui attribue. Ce doute ne nous paraît pas trop bien fondé. On voit, par l'exemple de plusieurs autres sectes de ces temps-là, de quoi l'ignorance jointe au fanatisme était capable.

* DÉCADI. Les athées révolutionnaires, voulant détruire la religion, substituèrent le décadi ou dixième jour au dimanche. Cette tentative impie contraire à la loi de Dieu et à la pratique de tous les peuples. Elle était aussi contraire au bien-être de l'homme : « Le calcul décimal, dit l'auteur du *Génie du Christianisme*, peut convenir à un peuple mercantile; mais il n'est ni beau, ni commode dans les autres rapports de la vie, et dans les équations célestes. La nature l'emploie rarement : il gêne l'année et le cours du soleil .... On sait maintenant par expérience que le cinq est un jour trop près, et le dix un jour trop loin pour le repos. La Terreur, qui pouvait tout en France, n'a jamais pu forcer le paysan à remplir la décade, parce qu'il y a impuissance dans les forces humaines, et même, comme on l'a remarqué, dans les forces des animaux. Le bœuf ne peut labourer neuf jours de suite; au bout du sixième, ses mugissements semblent demander les heures marquées par le Créateur pour le repos général de la nature.

DÉCALOGUE, dix commandements que Dieu donna aux Hébreux par le ministère de Moïse, et qui sont l'abrégé des devoirs de l'homme. Ils étaient gravés sur deux tables de pierre, dont la première contenait les commandements qui ont Dieu pour objet, la seconde ceux qui regardent le prochain ; ils sont rapportés dans le vingtième chapitre de l'Exode, et sont répétés dans le cinquième du Deutéronome. Comme ils subsistent encore dans le christianisme, et qu'ils sont la base de la morale évangélique, il n'est aucun chrétien qui ne les connaisse.

Plusieurs moralistes ont démontré que ces commandements ne nous imposent aucune obligation dont la droite raison ne sente la justice et la nécessité, que ce n'est rien autre chose que la loi naturelle mise par écrit; Jésus-Christ en a fait l'abrégé le plus simple en les réduisant à deux, savoir, d'aimer Dieu sur toutes choses et le prochain comme nous-mêmes. — Dieu s'était fait connaître aux Hébreux comme créateur et souverain Seigneur de l'univers, et comme leur bienfaiteur particulier; c'est à ce double titre qu'il exige leurs hommages, non qu'il en ait besoin, mais parce qu'il est utile à l'homme d'être reconnaissant et soumis à Dieu. Conséquemment il leur défend de rendre un culte à d'autres dieux qu'à lui, de se faire des idoles pour les adorer, comme faisaient alors les peuples dont les Hébreux étaient environnés. — Il leur défend de prendre en vain son saint nom, c'est-à-dire, de jurer en son nom contre la vérité, contre la justice et sans nécessité. Le serment fait au nom de Dieu est un acte de religion, un témoignage de respect envers sa majesté suprême; mais s'en servir pour attester le mensonge, pour s'obliger à commettre un crime, pour confirmer de vains discours qui ne servent à rien, c'est profaner ce nom vénérable. — Dieu leur ordonne de consacrer un jour de la semaine à lui rendre le culte qui lui est dû, et il désigne le septième qu'il nomme *sabbat* ou repos, parce que c'est le jour auquel il avait terminé l'ouvrage de la création. Il était important de conserver la mémoire de ce fait essentiel, de graver profondément dans l'esprit des hommes l'idée d'un Dieu créateur; l'oubli de cette idée a été la source de la plupart des erreurs en fait de religion. Dieu fait remarquer que le *sabbat*, commandé dès le commencement du monde (*Gen.* II, 3), est non-seulement un acte de religion, mais un devoir d'humanité; qu'il a pour objet de procurer du repos aux esclaves, aux mercenaires et même aux animaux, afin que l'homme n'abuse point de leurs forces et de leur travail. — Pour imprimer aux Hébreux le respect pour ses lois, Dieu déclare qu'il est le Dieu puissant et jaloux, qu'il punit jusqu'à la quatrième génération ceux qui l'offensent, mais qu'il fait miséricorde jusqu'à la millième à ceux qui *l'aiment* et lui obéissent. Les incrédules, qui ont objecté que Moïse n'a pas commandé aux Hébreux l'amour de Dieu dans le *Décalogue*, n'ont pas vu qu'il suppose l'amour et la reconnaissance comme la base de l'obéissance à la loi. Ceux qui ont été scandalisés du terme de *Dieu jaloux*, n'ont pas montré beaucoup de sagacité. *Voy.* Jalousie. Tels sont les commandements de la première table.

Dans la seconde, Dieu ordonne d'honorer les pères et mères. On conçoit que, sous le terme *d'honorer*, sont compris tous les devoirs de respect, d'amour, d'obéissance, d'assistance, que la reconnaissance peut nous inspirer pour les auteurs de nos jours; et que la reconnaissance doit s'étendre à tous ceux dont l'autorité est établie pour notre avantage: sans cette subordination, la société ne pourrait pas subsister. — Dieu défend le meurtre, par conséquent tout ce qui peut nuire au prochain dans sa personne; l'adultère, et l'on doit sous-entendre toute impudicité qui de près ou de loin peut porter à ce crime: le vol, conséquemment toute injustice, qui dans le fond se réduit toujours à un vol; le faux témoignage, et celui-ci comprend la calomnie et même la médisance qui produisent à peu près le même effet sur la réputation du prochain; enfin les désirs injustes de ce qui appartient à autrui, parce que ces désirs mal réprimés portent infailliblement à violer le droit du prochain. — Dans la suite de ses lois, Moïse détaille plus au long les différentes actions qui peuvent blesser la justice, nuire au prochain, troubler l'ordre et la paix de la société; il les défend, établit des peines pour les punir, et des précautions pour les prévenir; mais toutes ces lois, soit celles qui commandent des vertus, soit celles qui proscrivent des crimes, peuvent se rapporter à quelqu'un des préceptes du *Décalogue*. Là se trouve concentrée, pour ainsi dire, toute la législation; dès qu'il réprime la cupidité, la jalousie, la volupté, la vengeance, passions terribles, il suffit pour arrêter tous les crimes.

Ce code de morale, si court, si simple, si sage, si fécond dans ses conséquences, a été formé environ l'an 2500 du monde, près de mille ans avant la naissance de la philosophie chez les Grecs. Quiconque voudra le comparer avec tout ce qu'ont produit dans ce genre les législateurs philosophes, appelés les sages par excellence, verra aisément si ce *Décalogue* est parti de la main de Dieu ou de celle des hommes. Moïse ne le donne point comme son ouvrage, il le montre pratiqué déjà par les patriarches longtemps avant lui. Dans le livre de Job, que plusieurs savants croient plus ancien que Moïse, nous voyons ce saint homme suivre exactement cette morale dans sa conduite. A proprement parler, le *Décalogue* est aussi ancien que le monde, c'est la première leçon que Dieu a donnée au genre humain. — Pour le faire observer par les Hébreux, Dieu y ajoute la sanction des récompenses et des peines temporelles; mais cette sanction particulière pour la nation juive ne dérogeait point à la sanction primitive des peines et des récompenses éternelles que Dieu y avait attachées pour tous les hommes. Par la destinée d'Abel, Dieu avait assez fait voir que les récompenses de la vertu ne sont point de ce monde, et la prospérité des méchants avertissait assez qu'il y a, pour le crime des peines dans une autre vie. Les incrédules qui ont accusé Moïse de les avoir laissé ignorer aux Hébreux, se sont trompés lourdement; nous le prouverons ailleurs.

Mais il y a ici d'autres remarques à faire. 1° Malgré l'évidence de cette loi divine, elle n'a jamais été bien connue que par la révélation. Aucun philosophe ne l'a exactement suivie dans ses leçons de morale, tous l'ont attaquée et contredite dans quelque article. Fait essentiel, qui prouve combien les déistes se trompent, lorsqu'ils supposent qu'il ne faut point de révélation pour apprendre à l'homme des vérités spéculatives ou pratiques conformes à la lumière naturelle ou à la droite raison. Autre chose est de les découvrir sans autre secours que la lumière naturelle, et autre chose d'en avoir l'évidence lorsque la révélation nous les a découvertes; c'est sur cette équivoque sensible que sont fondées la plupart des objections que font les déistes contre la révélation. Les anciens philosophes avaient-ils une faculté de raisonner moins parfaite que la nôtre? Non, sans doute; cependant quelques-uns ont jugé que la communauté des femmes, la prostitution publique, les impudicités contre nature, le meurtre des enfants mal conformés, la vengeance, le droit de vie et de mort sur les esclaves, les guerres cruelles faites aux peuples qu'ils nommaient barbares, le brigandage exercé chez les étrangers, ne sont pas contraires au droit naturel. Où avons-nous puisé les lumières qui nous en font juger autrement, sinon dans la révélation, dans la morale de l'Ancien et du Nouveau Testament? — 2° Moïse a mis une très-grande différence entre les lois morales naturelles renfermées dans le *Décalogue*, et les lois cérémonielles, civiles, politiques, qu'il a aussi données aux Juifs de la part de Dieu. Le *Décalogue* fut dicté par la bouche de Dieu même au milieu des feux du Sinaï, avec un appareil redoutable; les lois cérémonielles furent données à Moïse successivement et à mesure que l'occasion se présenta. La loi morale fut imposée d'abord après la sortie d'Égypte; c'est par là que Dieu commence; la plupart des cérémonies ne furent prescrites qu'après l'adoration du veau d'or, et comme un préservatif contre l'idolâtrie. Moïse renferma dans l'arche d'alliance les préceptes moraux gravés sur deux tables; il n'y plaça point les ordonnances du cérémonial. A l'entrée de la terre promise, le *Décalogue* fut gravé sur un autel de pierres, il n'en fut pas de même des autres lois. Les prophètes ont souvent répété aux Juifs que Dieu faisait fort peu de cas de leurs cérémonies, mais qu'il exigeait d'eux l'obéissance à sa loi, la justice, la charité, la pureté des mœurs. Par là est réfuté l'entêtement des Juifs pour leur loi cérémonielle, à laquelle ils donnent la préférence sur la loi morale. — 3° Lorsque Jésus-Christ donne des lois morales dans l'Évangile, il ne les oppose point aux lois du *Décalogue*, telles que Dieu les a données, mais aux fausses interprétations des docteurs juifs. *Vous avez ouï dire qu'il a été dit aux anciens : Tu aimeras ton prochain,* ET TU HAÏRAS TON ENNEMI *(Matth.* v, 20 et 43). Ces dernières paroles ne se trouvant point dans la loi, c'était une glose fausse des scribes et des pharisiens. Le dessein de Jésus-Christ n'est donc point de montrer des erreurs de morale dans la loi, mais de réfuter les commentaires erronés des Juifs. — 4° Les conseils de perfection qu'il y ajoute, loin de nuire à l'observation de la loi, tendent au contraire à en rendre la pratique plus sûre et plus facile à déraciner les passions qui nous portent à l'enfreindre. *Voy.* CONSEILS. Si les docteurs juifs et les incrédules avaient daigné faire toutes ces observations, ils se seraient épargné la peine de faire plusieurs objections très-déplacées.

* DÉCLARATION DU CLERGÉ DE FRANCE de 1682. La déclaration du clergé de France de 1682 a été longtemps regardée par le clergé français comme l'une de ses règles incontestables et comme le palladium de ses libertés. Il y a peu de points doctrinaux qui aient été l'objet d'une plus vive et d'une plus longue discussion. Pour traiter avec ordre ce qui concerne la Déclaration de 1682, nous en rapporterons d'abord le texte; ensuite nous en ferons l'histoire; enfin nous péserons la valeur de la doctrine qu'elle contient.

ARTICLE PREMIER.
Texte de la déclaration de 1682.

« Plusieurs s'efforcent de ruiner les décrets de l'Église gallicane, et ses libertés que nos ancêtres ont soutenues avec tant de zèle, et de renverser leurs fondements, appuyés sur les saints canons et sur la tradition des Pères. Il en est aussi qui, sous prétexte de ces libertés, ne craignent pas de porter atteinte à la primauté de saint Pierre et des pontifes romains, ses successeurs, instituée par Jésus-Christ; à l'obéissance qui leur est due par tous les chrétiens, et à la majesté si vénérable aux yeux de toutes les nations, du siège apostolique où s'enseigne la foi et se conserve l'unité de l'Église. Les hérétiques, d'autre part, n'omettent rien pour présenter cette puissance, qui maintient la paix de l'Église, comme insupportable aux rois et aux peuples, et pour séparer, par cet artifice, les âmes simples de la communion de l'Église de Jésus-Christ. C'est dans le dessein de remédier à de tels inconvénients, que nous, archevêques et évêques assemblés à Paris par ordre du roi, avec les autres députés, qui représentons l'Église gallicane, nous avons jugé convenable, après une mûre délibération, d'établir et de déclarer :

« I. Que saint Pierre et ses successeurs, vicaires de Jésus-Christ, et que toute l'Église même, n'ont reçu de puissance de Dieu que sur les choses spirituelles et qui concernent le salut, et non point sur les choses temporelles et civiles; Jésus-Christ nous apprenant lui-même que *son royaume n'est pas de ce monde,* et en un autre endroit, qu'il faut *rendre à César ce qui est à César, et à Dieu ce qui est à Dieu ;* et qu'ainsi ce précepte de l'apôtre saint Paul ne peut en rien être altéré ou ébranlé : *Que toute personne soit soumise aux puissances supérieures ; car il n'y a point de puissance qui ne vienne de Dieu, et c'est lui qui ordonne celles qui sont sur la terre ; celui donc qui s'oppose aux puissances, résiste à l'ordre de Dieu.* Nous déclarons, en conséquence, que les rois et les souverains ne sont soumis à aucune puissance ecclésiastique, par l'ordre de Dieu, dans les choses temporelles; qu'ils ne peuvent être déposés, ni directement ni indirectement par l'autorité des clefs de l'Église; que leurs sujets ne peuvent être dispensés de la soumission et de l'obéissance qu'ils leur doivent, ni absous du serment de fidélité; et que cette doctrine, nécessaire pour la tranquillité publique, et non moins avantageuse à l'Église qu'à l'état, doit être inviolablement suivie, comme conforme à la parole de Dieu, à la tradition des saints Pères, et aux exemples des saints.

« II. Que la plénitude de puissance que le saint-siège apostolique et les successeurs de saint Pierre, vicaire de Jésus-Christ, ont sur les choses spirituelles, est telle, que néanmoins les décrets du saint concile œcuménique de Constance, contenus dans les sessions 4 et 5, approuvés par le saint-siège apostolique, confirmés par la pratique de toute l'Eglise et des pontifes romains, et observés religieusement dans tous les temps par l'Eglise gallicane, demeurent dans leur force et vertu, et que l'Eglise de France n'approuve pas l'opinion de ceux qui donnent atteinte à ces décrets, ou qui les affaiblissent, en disant que leur autorité n'est pas bien établie, qu'ils ne sont point approuvés, ou qu'ils ne regardent que les temps du schisme.

« III. Qu'ainsi l'usage de la puissance apostolique doit être réglé suivant les canons faits par l'Esprit de Dieu et consacrés par le respect général : que les règles, les coutumes et les constitutions reçues dans le royaume et dans l'Eglise gallicane doivent avoir leur force et vertu, et les usages de nos pères demeurer inébranlables; qu'il est même de la grandeur du saint-siége apostolique que les lois et coutumes établies du consentement de ce siége respectable et des églises subsistent invariablement.

« IV. Que le pape a la principale part dans les questions de foi; que ces décrets regardent toutes les églises, et chacune en particulier; mais que cependant son jugement n'est pas irréformable, à moins que le consentement de l'Eglise n'intervienne.

« Nous avons arrêté d'envoyer à toutes les églises de France, et aux évêques qui y président par l'autorité du Saint-Esprit, les maximes que nous avons reçues de nos pères, afin que nous disions tous la même chose, que nous soyons tous dans les mêmes sentiments, et que nous suivions tous la même doctrine. »

Article II.
Histoire de la fameuse Déclaration.

Il s'était élevé une fâcheuse affaire relativement à la régale. L'évêque de Pamiers en appela à la cour de Rome, Innocent XI soutint vivement la cause de l'appelant. De là un conflit fâcheux entre le roi et le pape. « La plupart des évêques, dit Fénelon, se précipitent d'un mouvement aveugle du côté où le roi incline, et l'on ne doit pas s'en étonner; ils ne connaissent que le roi seul de qui ils tiennent leur dignité, leur autorité, leurs richesses; tandis que, dans l'état présent des choses, ils pensent n'avoir rien à espérer, ni rien à craindre du siége apostolique. Ils voient toute la discipline entre les mains du roi, et on les entend répéter souvent que, même en matière de dogme, soit pour établir, soit pour condamner, il faut consulter le vent de la cour. Il y a néanmoins encore quelques pieux évêques qui affermiraient dans la droite voie la plupart des autres, si la foule n'était entraînée du mauvais côté par des chefs corrompus dans leurs sentiments. »

« Bossuet, dit M. de Lamennais, qu'on ne soupçonnera pas d'avoir partagé ces viles passions (celles des évêques qui se précipitent d'un mouvement aveugle du côté où le roi incline), mais qui n'était pas non plus tout à fait exempt d'une certaine faiblesse de cour, Bossuet essaya de modérer la chaleur de ses confrères. Il les voyait près de s'emporter aux plus effrayants excès; et il se jeta comme médiateur entre eux et l'Eglise, oubliant ce qu'en toute autre rencontre, et plus maître de lui-même, il aurait aperçu le premier, que l'Eglise n'accepte point de semblable médiation; que, n'ayant rien à céder, elle ne traite jamais, et qu'à quelque degré qu'on altère sa doctrine, si elle attend avec patience le repentir, le moment vient où la charité appelle elle-même la justice et la presse de prononcer sa sentence irrévocable.

« Afin de laisser aux esprits le temps de se calmer, Bossuet essayait de traîner en longueur; il proposa d'examiner la tradition sur le sujet soumis aux délibérations de l'assemblée. On ne l'écouta point. Le roi voulait une décision prompte; ses ministres s'opposaient vivement à toute espèce de délai, et les prélats, de leur côté, ne montraient pas moins de zèle à complaire au monarque; dès lors Bossuet ne songea plus qu'à éloigner le schisme imminent dont la France était menacée, en adoucissant au moins par les formes de l'expression, les maximes qu'il ne pouvait empêcher qu'on ne proclamât; trompé par le louable désir d'éviter un mal présent, et grand homme ne prévit pas qu'il en préparait de plus dangereux dans l'avenir. Quelque chose cependant le tourmentait, et de vagues inquiétudes s'élevaient dans son âme, ainsi que l'attestent plusieurs passages de son sermon sur l'*Unité*. En effet, l'art des paroles ne pouvait changer le fond de la doctrine que le clergé avait l'ordre d'adopter solennellement...... La Déclaration du clergé de France fut reçue avec une sorte de stupeur par les Eglises étrangères. Le pape Innocent XI fut profondément affligé, il parla vivement de cette fâcheuse affaire, la blâma, mais il était réservé à Alexandre VIII de la condamner. Le 30 janvier 1691, se voyant sur le point de comparaître au tribunal du souverain Juge, et, comme il le dit lui-même, ne voulant pas être trouvé coupable de négligence, il fit publier la bulle *Inter multiplices* en présence de douze cardinaux; voici un extrait de cette pièce si importante :

« Après avoir entendu un très-grand nombre de
« nos vénérables frères, nos cardinaux de la sainte
« Eglise romaine, et après avoir vu les résolutions
« de plusieurs docteurs en théologie et en droit
« canon, qui spécialement désignés par nous pour
« examiner cette cause, l'ont discutée avec tout le
« soin possible et nous en ont mis tout le détail sous
« les yeux ; en marchant sur les traces d'Innocent
« XI, notre prédécesseur, d'heureuse mémoire, qui
« a réprouvé, annulé et cassé tout ce qui s'est fait
« en ladite assemblée, dans l'affaire de la régale,
« avec tout ce qui s'en est suivi ; voulant en outre
« qu'on regarde comme bien spécifiés ici les actes
« de l'assemblée de 1682, tant en ce qui concerne
« l'extension du droit de régale qu'en ce qui touche
« la Déclaration, sur la puissance ecclésiastique,
« de même que tous les mandats, arrêts, édits :
« Nous déclarons, après une mûre délibération et
« en vertu de la plénitude de l'autorité apostolique,
« que toutes les choses et chacune des choses qui
« ont été faites dans la susdite assemblée du clergé
« de France de 1682, tant touchant l'extension du
« droit de régale, que touchant la Déclaration sur
« la puissance ecclésiastique et les quatre propo-
« sitions qu'elle contient, avec tous les mandats,
« arrêts, édits, etc., ont été de plein droit nulles,
« invalides, illusoires, pleinement et entièrement
« destituées de force et d'effet dès le principe ;
« qu'elles le sont encore et le seront à perpétuité,
« et que personne n'est tenu de les observer ou d'ob-
« server quelques-unes d'elles, fussent-elles même
« munies du sceau du serment. Nous déclarons
« encore qu'on doit les regarder comme non avenues
« et comme si elles n'avaient jamais existé. Et
« néanmoins, pour plus grande précaution et pour
« autant que besoin, de notre propre mouvement,
« de science certaine, après une mûre délibération
« et en vertu de la plénitude de notre pouvoir, nous
« improuvons, cassons, invalidons, annulons, et
« dépouillons pleinement et entièrement de toute
« force et effet les actes et dispositions susdits et
« toutes les autres choses susmentionnées, et nous
« protestons devant Dieu contre elles et de leur nul-
« lité. »

Nous n'entrerons pas ici dans l'exposition des mesures adoptées par le chef de l'Eglise relativement aux privilèges des ambassadeurs. Frappés des maux qui allaient fondre sur l'Eglise de France, les prélats écrivirent cette lettre au pape Innocent XII :

« Prosternés aux pieds de votre Béatitude, nous professons et nous déclarons que nous sommes ex trêmement fâchés, et au delà de tout ce qu'on peut dire, de ce qui s'est fait dans l'assemblée susdite qui a souverainement déplu à Votre Sainteté et à vos prédécesseurs. Ainsi tout ce qui a pu être censé ordonné dans cette assemblée, concernant la puissance ecclésiastique et l'autorité pontificale, nous le tenons et déclarons qu'on doit le tenir pour non ordonné. *Quidquid in iisdem comitiis circa ecclesiasticam potestatem et pontificiam auctoritatem decretum conscribi potuit, pro non decreto habemus et habendum esse declaramus.* » Bossuet avait déjà prononcé le fameux *ebeat quo libuerit.* — Louis XIV y joignit une lettre très-respectueuse « Très-saint-père, disait-il, j'ai toujours beaucoup espéré de l'élévation de Votre Sainteté au pontificat, pour l'avantage de l'Eglise et pour l'ornement de notre sainte religion ; j'en éprouve maintenant les effets avec bien de la joie, dans tout ce que votre Béatitude fait de grand et d'avantageux pour le bien de l'une et de l'autre. Cela redouble mon respect filial envers Votre Sainteté ; et comme je tâche de le lui témoigner par les preuves les plus fortes dont je suis capable, je suis aise de faire savoir à Votre Sainteté que j'ai donné les ordres nécessaires, afin que les ordres contenus dans mon édit du 2 mars 1682 concernant la Déclaration faite par le clergé du royaume, à quoi les conjonctures d'alors m'avaient obligé, n'aient point de suite ; et comme je souhaite, non-seulement que Votre Sainteté soit informée de mes sentiments, mais aussi que tout le monde sache, par un témoignage public, la vénération que j'ai pour vos grandes qualités, je ne doute pas que Votre Sainteté n'y réponde par toutes sortes de preuves et de témoignages de son affection paternelle envers moi. Cependant je prie Dieu qu'il conserve Votre Sainteté heureusement pendant plusieurs années. »

Louis XIV, croyant sans doute en avoir assez fait, ne pensa plus aux quatre articles : il avait alors des soins qui lui semblaient plus importants ; et il eut, à la fin de son règne, tant d'affaires sur les bras, qu'on ne saurait presque lui faire un crime de n'avoir pas veillé davantage aux suites funestes de sa négligence sur ce point. Ses successeurs et surtout les parlements poursuivirent de nouveau l'exécution de la fameuse déclaration, et tous les professeurs de théologie, en prenant possession de leurs chaires, furent obligés de prêter serment d'enseigner les quatre articles. Espérons que la véritable liberté religieuse ne mettra plus d'entraves à la liberté des opinions.

Article III.
Autorité de la Déclaration.

Ayant été cassée par Innocent XI, Alexandre VIII et Pie VI, la Déclaration est sans valeur. Cependant un homme convaincu des doctrines qu'elle renferme ne doit pas être inquiété pour cela. Voici la question qui a donné lieu à cette décision :

« Très-saint Père, N....., confesseur en France, consulte très-humblement V. S. pour savoir s'il peut et doit absoudre les ecclésiastiques qui refusent de se soumettre à la condamnation prononcée par le saint-siége contre les quatre fâcheux articles du clergé de France. Par là on retranchera bien des questions, et on apaisera bien des troubles de conscience. »

Réponse : « La sacrée Pénitencerie, après avoir mûrement examiné la question proposée, a cru devoir répondre, qu'à la vérité, la Déclaration du clergé de France de 1682 a été fortement improuvée par le saint-siége, et ses actes cassés, déclarés nuls et de nul effet ; que cependant aucune note de censure théologique n'a été attachée à la doctrine qu'elle renferme ; qu'en conséquence on peut absoudre sacramentalement les prêtres qui adhèrent encore à cette doctrine de bonne foi et avec une intime persuasion ; pourvu, que d'autre part, on les juge dignes d'absolution. »

Nous allons maintenant examiner l'autorité de chacun des quatre articles.

§ 1. *Premier article de la Déclaration.*

L'article premier que nous avons rapporté ci-dessus, peut se diviser en deux parties ; dans la première on déclare que les rois et les souverains ne sont soumis à aucune puissance ecclésiastique, par l'ordre de Dieu, dans les choses temporelles. D'après cette maxime, l'Eglise n'aurait aucune autorité pour régler les affaires de morale et de conscience qui concernent les choses temporelles. Ce serait donc soustraire les puissances de la terre à l'autorité de l'Eglise dans les plus importantes et les plus nombreuses affaires de conscience. Les saints Pères ne l'ont pas compris ainsi : nous avons vu saint Ambroise fermer l'entrée de l'église à l'empereur Théodose à cause du massacre de Thessalonique. L'action du grand empereur était certainement dans le domaine de sa puissance temporelle. La Déclaration tendrait donc à accuser saint Ambroise d'avoir fait excès de pouvoir. — La seconde partie du premier article porte, que *les rois et les souverains ne peuvent être déposés directement ni indirectement par les chefs de l'Eglise, et que leurs sujets ne peuvent être déliés du serment de fidélité.* Cette question a été autrefois vivement controversée. Au moyen âge, la papauté était à l'apogée de sa puissance. Elle donnait des couronnes, déposait les rois, marquait les limites des empires. Quels étaient les titres d'un tel pouvoir ? Les uns les ont trouvés dans le droit public alors en vigueur ; les autres dans les droits accordés par Jésus-Christ à son vicaire. La pensée des premiers concerne l'histoire du droit canonique, celle des seconds va nous occuper.

Nous croirions inutile d'observer que, par le droit de sa charge, le pape a le pouvoir d'instruire les princes, de leur infliger des peines canoniques, lorsqu'ils commettent des fautes graves dans le gouvernement de la république, si quelque amis des rois n'avaient essayé de les soustraire à toute juridiction extérieure des souverains pontifes, car pourquoi ne pourraient-ils être excommuniés pour le fait de leur charge puisqu'ils peuvent y excéder (Fleury).

La question précise est donc de savoir si le pape a le droit de déposer les rois.

Quelques théologiens ont accordé au pape un pouvoir sur tout l'univers, tant dans les choses ecclésiastiques que politiques, en sorte qu'il pourrait faire passer le domaine temporel d'un prince à un autre. Cette opinion est si peu fondée, que nous ne nous arrêterons pas à la discuter. Tout en rejetant le pouvoir direct, Bellarmin reconnaît un pouvoir indirect. Il consiste dans le droit de disposer du bien des fidèles et des couronnes des rois chrétiens, lorsque le bien de la société l'exige. Le chef de l'Eglise est l'interprète de la justice et de la vérité ; il doit donc pouvoir régler les intérêts mondains selon la justice et la vérité. Conséquemment à ces principes, le pape doit être juge des divisions qui arrivent entre les rois et les peuples. Il peut déclarer quand il y a abus de pouvoir de la part du souverain, et délier les sujets du serment de fidélité quand le bien de la justice, de la vérité et de la religion l'exige. Il serait bien beau et bien utile pour le repos du monde, si les rois et les peuples acceptaient le pape pour souverain arbitre. Aujourd'hui, on confesse que les papes qui, au moyen âge, exercèrent si largement le droit de déposer les rois, rendirent un service immense à la société.

Nonobstant l'opinion qui paraît généralement admise, que le pape n'a aucun pouvoir direct ni indirect sur le temporel des rois, en 1826, le clergé d'Irlande et les vicaires apostoliques d'Angleterre professèrent la même doctrine. En 1789, les facultés de théologie de Paris, de Douai, de Louvain, de Salamanque, d'Alcala, déclarèrent que l'Église n'a pas le droit de délier les sujets du serment de fidélité.

Nous croyons devoir ajouter l'opinion de quelques théologiens de grand nom. « Il n'y a point d'argument, dit Fénelon, par lequel les critiques excitent une haine plus violente contre l'autorité du siège apostolique, que celui qu'ils tirent de la bulle *Unam sanctam*, de Boniface VIII. » Ils disent que ce pape a défini dans cette bulle que le souverain pontife, en qualité de monarque universel, peut ôter et donner à son gré tous les royaumes de la terre. Mais Boniface, à qui on faisait cette imputation, à cause de ses démêlés avec Philippe le Bel, s'en justifia ainsi dans un discours prononcé en 1302 devant le consistoire : « Il y a quarante ans que nous sommes versé dans « le droit et que nous savons qu'il existe deux puis-« sances ordonnées de Dieu ; qui donc pourrait croire « qu'une si grande sottise, une si grande folie soit « jamais entrée dans notre esprit ? » Les cardinaux, eux aussi, dans une lettre écrite d'Anagnie aux ducs, comtes et nobles du royaume de France, justifièrent le pape en ces termes : « Nous voulons que vous te-« niez pour certain que le souverain pontife, notre « seigneur, n'a jamais écrit audit roi qu'il dût lui « être soumis temporellement à raison de son « royaume, ni le tenir de lui. » Gerson s'exprime ainsi sur la puissance pontificale relativement aux choses temporelles : « On ne doit pas dire que les « rois et les princes tiennent du pape et de l'Église « leurs terres et leurs héritages, de sorte que le pape « ait sur eux une autorité civile et juridique, comme « quelques-uns accusent faussement Boniface VIII « de l'avoir pensé. Cependant tous les hommes, prin-« ces et autres, sont soumis au pape autant qu'ils « voudraient abuser de leur juridiction, de leur tem-« porel et de leur souveraineté contre la loi divine « et naturelle ; et cette puissance supérieure du pape « peut être appelée directive et régulatrice, plutôt « que civile et juridique. *Et potest superioritas illa « nominari potestas directiva et ordinativa, potius quam « civilis vel juridica.* » Et en effet, « c'était, dit Fé-« nelon, chez les nations catholiques, un principe « reçu et profondément gravé dans les esprits que « le pouvoir suprême ne pouvait être confié qu'à un « prince catholique, et que c'était une loi ou une « condition du contrat tacite entre les peuples et le « prince : que les peuples n'obéiraient au prince « qu'autant que le prince obéirait lui-même à la re-« ligion catholique. En effet de cette loi tous pen-« saient que la nation était déliée du serment de fi-« délité, lorsqu'au mépris de ce pacte le prince se « tournait contre la religion. »

§ 2. *Deuxième article de la Déclaration.*

Le deuxième article établit la supériorité du concile général sur le pape. Conséquent avec lui-même, le gallicanisme ayant déclaré le pape faillible, devait lui chercher un juge. Ce juge ne pouvait être autre que le concile général. Si le concile général est juge du pape, il est nécessairement son supérieur.

Les ultramontains distinguent entre un pape douteux et celui dont les droits sont incontestables. Dans le cas de doute des pouvoirs réels d'un pape, il est impossible de laisser à une autorité incertaine un pouvoir dont la valeur des actes dépend absolument de sa légitimité. Or, qui peut être juge ? Il n'y a que le concile général. Aussi les conciles de Bâle et de Constance et la pratique de l'Église nous montrent le concile général supérieur au pape douteux. Mais, dans le cas où l'autorité du pape est certaine, mettre le pape au-dessous du concile, c'est mentir à l'Écriture, qui établit positivement, et sans condition, la supériorité du pape sur toute l'Église (*Voy.* PRIMAUTÉ). C'est constituer une assemblée, car le pape est la tête, le président d'un concile général. Vouloir que le corps agisse sans tête, n'est-ce pas une anomalie ? plus que cela, une absurdité ? C'est contredire la doctrine des conciles généraux qui, probablement, devaient être aussi zélés défenseurs de leurs droits que l'assemblée de 1682. Or, voici ce que dit le deuxième concile général de Lyon : *Le pape a une primauté suprême et entière avec la souveraineté et la plénitude de puissance sur tout l'univers. Toutes les églises lui sont soumises, et les évêques de toutes les églises lui doivent respect et obéissance. La prérogative de l'Église romaine ne peut être violée, ni dans les conciles généraux, ni dans les autres conciles.* Plus tard, à Florence, il fut déclaré, de concert avec les Grecs, que le pape, *a une pleine puissance pour paître, régir et gouverner l'Église universelle.* Certes ! dans de telles maximes il est impossible de trouver le droit d'appel du pape au concile général ! Le cinquième concile général de Latran déclare expressément que *l'autorité du pontife romain est au-dessus de tous les conciles* (AUCTORITATEM HABET SUPER OMNIA CONCILIA). Nous ne citerons pas les diverses constitutions des papes qui déclarent leurs *sentences irréformables*, qui défendent toute espèce d'appel de leurs jugements (Gélase, Nicolas Ier, *Voy.* Labbe, t. IV, col. 1169).

Nous avons déjà discuté l'autorité du concile de Constance. Nous croyons toutefois ajouter ici une page écrite par les auteurs de la *Dissertation historique sur les libertés de l'Église gallicane.*

« Pour reconnaître que tout ce second article porte à faux, rappelez-vous que le pape Martin V n'a approuvé le concile de Constance, que dans les matières dogmatiques, et seulement lorsqu'il représentait l'Église universelle : *Omnia et singula determinata, conclusa et decreta in* MATERIIS FIDEI *per præsens concilium conciliariter tenere..... ipsaque sic* CONCILIA-LITER *facta approbare et ratificare, et* NON ALITER *nec alio modo* (Martin. V, sess. 45 concil. Constant.). Or, sans parler des difficultés qui naissent du *conciliariter*, c'est-à-dire de la représentation réelle ou non de l'Église universelle dans la quatrième session, n'est-il pas vrai que la supériorité des conciles généraux sur le souverain pontife, de l'aveu de tout le monde, est dans la classe des opinions ? Martin V n'a donc pas approuvé le concile de Constance, en ce point. Il est donc évident qu'on ne peut, sans aller contre la vérité du fait, donner comme approuvé par les papes et par l'Église en général, les décrets de ce concile que Martin V, ses successeurs et l'Église en général n'ont jamais approuvés. Autrement, M. Bossuet n'aurait pas dit, dans son ouvrage intitulé : *Defensio Cleri Gallicani*, qu'il ne demandait pour le système du clergé de France, que la liberté d'opinion. Du reste, que les Pères de Constance n'aient parlé que pour un temps de schisme, il me semble qu'on peut le conclure de leur décret même, qui ne parle du concile que comme étant assemblé pour l'extirpation du schisme. Mais la conduite qu'ils tinrent après ne laisse guère lieu d'en douter, puisque dans tout le pays de la chrétienté on a toujours soutenu depuis, sans qu'il y ait eu de leur part aucune réclamation que je sache, la supériorité du pape sur les conciles généraux. Et tel était même encore le sentiment d'une très-grande partie du clergé de France en 1682. Il est donc bien étonnant que l'assemblée ait prononcé que l'Église gallicane n'approuvait pas ceux qui révoquaient en doute ces décrets. Car de quel droit les prélats de cette assemblée notaient-ils de l'improbation d'une Église particulière, le jugement de toutes les autres Églises du monde ? Ne croyez pas que l'Église gallicane les en eût chargés. Ils adressèrent une lettre aux autres évêques du royaume, où ils marquèrent formellement que leur démêlé avec Innocent XI ne concernait point du tout les dogmes de la foi. Lettre inutile, si ces évêques n'eussent été aussi peu instruits que le reste des Français, de ce que l'assemblée, qu'on croyait occupée de la réforme, devait publier avant de se séparer. Ce n'était donc pas l'Église gallicane qui parlait par la bouche des prélats assemblés, mais ceux-ci qui faisaient parler leur église, comme ils trouvaient bon pour la circonstance, et l'en avertissaient ensuite pour prévenir ses inquiétudes.

« Je ne dirai pas qu'on s'est plu à faire naître des difficultés où il n'y en avait pas. Mais il est certain que pour lever celle dont il s'agit, nous sommes, non-seulement éclairés par les premiers siècles de l'Eglise, mais investis de lumières; prenons les actes du concile œcuménique d'Ephèse, tenu l'an 431, sous le pontificat de Célestin Ier.

« Le pape saint Célestin, dans l'Epître qu'il adressa aux Pères de ce concile, leur dit : « En vertu de votre sollicitude, nous avons envoyé vers vous nos saints frères.... Arcade et Projecte, évêques, et Philippe, notre prêtre, pour être présents à tout ce qui se fera, et pour mettre à exécution ce que nous avons précédemment ordonné. » *Direximus pro nostra sollicitudine sanctos fratres..... Arcadium et Projectum, episcopos, et Philippum, presbyterum nostrum, qui iis quæ aguntur intersint et quæ a nobis antea statuta sunt exsequantur* (Concil. Lab., t. III, pag. 618).

« Figurez-vous deux cent soixante-quatorze patriarches, archevêques et évêques assemblés. Deux évêques et un simple prêtre entrent au milieu d'eux; ce sont les légats du pape : les lettres dont ils sont porteurs les établissent les présidents du concile. Le pape dit qu'il les envoie pour tenir la main à l'exécution de ce qu'il a déjà décrété, et non pas des membres de cette assemblée ne révoque en doute la supériorité du pontife romain sur le concile; pas un ne représente qu'il doit, au contraire, soumettre ses décrets au concile.

« Projecte, évêque et légat de saint Célestin, ne dit pas aux Pères d'Ephèse que ce pape leur envoie ses décrets pour les examiner, mais pour que, partant du point où il est resté, et suivant la même ligne, ils achèvent ce qu'il a commencé. *Ut ea quæ a dudum ante definire, et nunc in memoriam revocare dignatus est, juxta communis fidei regulam, Catholicæque Ecclesiæ utilitatem, ad finem numeris omnibus absolutum deduci jubeatis* (Ibid.).

« Le concile ayant répondu par acclamation à la lecture des lettres du pape, Philippe, prêtre et aussi légat, remercie les Pères d'avoir adhéré à saint Célestin, non par une déférence de simple honnêteté, mais de devoir; « car votre béatitude n'ignore pas, leur dit-il, que le bienheureux Pierre, apôtre, est le chef de toute la foi et même des apôtres. » *Non enim ignorat vestra beatitudo, totius fidei, vel etiam apostolorum caput esse beatum apostolum Petrum...* « Il a vécu jusqu'à présent, ajoute-t-il, et vivra toujours dans ses successeurs, et c'est par eux qu'il exerce son jugement. » *Qui ad hoc usque tempus et semper in suis successoribus vivit et judicium exercet* (Ibid.). Pas un des Pères du concile ne trouva ce langage nouveau, ne se récria contre ces prérogatives du siège apostolique.

« Ce qui se passa au concile de Chalcédoine, en 451, n'est pas moins décisif. Paschasin et Lucence, évêque, et Boniface, prêtre, y présidèrent au nom de saint Léon, pape. Or, ces légats étant au milieu du concile, composé de six cent trente-six évêques, Paschasin dit que le souverain pontife, dont ils portaient les ordres, avait défendu que Dioscore, évêque d'Alexandrie, prît séance dans l'assemblée, et qu'il voulait qu'il fût simplement appelé pour être ouï; il faut que nous observions cet ordre, ajouta-t-il sur-le-champ : qu'il sorte donc, si vous voulez bien; sinon, nous nous retirons. *Hoc nos observare necesse est, si ergo, præcipit vestra magnificentia, aut ille egrediatur, aut nos eximus* (Conc. Lab. tom. IV, pag. 494). Les mêmes légats ayant lu la sentence de déposition, le concile rendit son décret; mais comme il s'agissait de le proclamer, et que les légats s'étaient aperçus que la définition ne renfermait pas exactement la lettre que le pape avait adressée à Flavien, patriarche de Constantinople, ils dirent avec fermeté

si on n'adhérait point à la lettre du souverain pontife, le concile leur fît rendre leurs commissions, pour qu'ils s'en retournassent et que le concile fût transféré ailleurs. *Si non consentiunt epistolæ apostolici et beatissimi papæ Leonis, jubete nobis rescripta dari, revertamur et alibi synodus celebretur* (Ibid., pag. 557). Et les Pères du concile ayant sommé ensuite les évêques d'Egypte de répondre nettement s'ils recevaient la lettre de Léon; dès que ceux-ci eurent répondu qu'ils la recevaient et qu'ils y souscrivaient : Eh bien! dirent les Pères, que l'on insère ce qu'elle contient dans la définition : *Ergo quæ in ea continentur inserantur definitioni* (Ibid.). Et comme il y avait encore des mécontents, on finit par les renvoyer par-devant le pape : *Qui contradicunt Romam ambulent* (Ibid.).

« Je vous prie de me dire s'il est possible de montrer plus de soumission que les Pères de Chalcédoine aux décrets et à l'autorité du souverain pontife. Or, si deux des conciles les plus célèbres qui se soient jamais tenus dans l'Eglise, ont reconnu d'une manière si éclatante la supériorité du pape, quelle force pourraient avoir les raisons sur lesquelles on prétend se fonder pour les combattre? Comment imaginer, en effet, sans se donner une entorse à la tête, que les membres puissent être au-dessus du chef et lui faire la loi? »

§ 5. *Troisième article de la Déclaration.*

Le troisième article porte que le pape ne peut user de son pouvoir que conformément aux saints canons. — Dans un temps ami du progrès, vouloir enchaîner la volonté du saint-siège à l'observation exacte des anciens canons, c'est dire que la discipline de l'Eglise est essentiellement stationnaire, qu'elle ne doit tenir aucun compte des besoins, des nécessités nouvelles. Il n'y a jamais eu folie semblable. Le pape Pie VII a donné par le Concordat le soufflet le plus vigoureux qu'il ait été possible donner à l'article 3 de la Déclaration. La raison et les faits condamnent donc cette disposition de l'assemblée de 1682. Nous croyons devoir tirer les conséquences malheureuses qui peuvent se déduire de cette maxime.

La première de ces conséquences fut de brouiller toutes les notions dans la dispute : sans cette confusion, en effet, il est impossible de soutenir longtemps une opinion fausse. L'on prétendit donc que les doctrines romaines mettaient la pure et simple volonté du pape à la place de toutes les lois, attribuaient au pontife romain le droit de dispenser des canons sans raison, de les abroger sans motif comme sans utilité, et de leur substituer telles autres règles qu'il lui plaisait. En un mot, on s'imagina, ou du moins on cria bien haut que le pape ne se croyait pas même soumis aux lois naturelles et divines, puisque Fleury, qui *est à mon gré*, dit M. Frayssinous, *celui de nos écrivains qui a mieux connu le fond de nos libertés et qui en a donné une plus juste idée* (a), Fleury fait consister l'une des libertés gallicanes à repousser toute dispense en pareille matière. Cette confusion d'idées est allée tellement loin, que, même de nos jours, les rédacteurs de la *Gazette de France* ont osé dire que les théologiens romains attribuaient au pape le droit d'*abroger ou de modifier les dogmes.*

D'aussi étranges rêveries fermentèrent dans la tête des laïques, et produisirent à l'égard du saint-siège ces ombrages, ces aversions haineuses dont nous voyons encore aujourd'hui les funestes suites. Une fois qu'on eut perdu l'habitude de regarder le souverain pontife comme un père, on le qualifia de souverain étranger, et l'on crut avoir le droit d'examiner ses actes, de les juger, de résister à ses ordres les plus formels, et d'obliger le clergé à faire de même. Or, quelles raisons pouvait-on alléguer pour ne pas être du parti qu'on pourrait appeler de l'opposition

---

a) *Vrais principes de l'Eglise gallic.*, p. 51.

contre le saint-siége, lorsque l'on faisait hautement profession de regarder les prétentions pontificales comme exagérées, destructives d'une sage discipline, et contraires aux saines traditions de l'antiquité? On se trouva donc dans un état de faiblesse déplorable contre les ennemis de l'Eglise romaine, auxquels on fournissait des armes dont ils ne surent que trop bien se servir.

Une autre conséquence du gallicanisme des évêques fut de les laisser sans force pour se défendre eux-mêmes, quand on voulut les asservir. En effet, les principes les plus destructifs de toute autorité ayant été mis en avant par les membres du clergé les plus haut placés, les laïques s'en emparèrent, et ne tardèrent pas à les appliquer à leur profit. De là ces sentences multipliées des parlements pour entraver l'exercice de la juridiction ecclésiastique. Après qu'on les eut accoutumés à examiner des bulles et à en empêcher la publication, ils durent trouver tout simple d'examiner les mandements et de les supprimer. On s'était prêté de bonne grâce à exécuter les sentences de proscription contre saint Grégoire VII, et à retrancher du bréviaire romain l'office de cet illustre et courageux défenseur des droits de l'Eglise : quoi de plus naturel, après cela, que d'obliger les évêques à donner la sépulture aux hérétiques?

Bossuet avait dit : « Les libertés de l'Eglise gallicane sont toutes dans ces précieuses paroles de saint Louis : *Le droit commun et la puissance des ordinaires selon les conciles généraux et les institutions des saints Pères* (a). » Or, les parlements s'emparèrent de *ces précieuses paroles*, et ils en firent un usage un article qui correspondait exactement au troisième de la célèbre déclaration ; puis ils firent le petit raisonnement que voici : En déclarant que la puissance pontificale doit être réglée par les conciles et les institutions des Pères, vous refusez au pape le droit d'expliquer seul ces conciles et ces institutions, comme aussi de prononcer, s'il y a lieu à faire quelque exception, et vous avez parfaitement raison : car, sans cela, à quoi vous servirait la barrière que vous élevez au-devant de la puissance du saint-siége? Mais, en même temps, par votre bienveillante adoption de la pragmatique, vous ajoutez que la puissance des ordinaires, c'est-à-dire la vôtre, sur les laïques, doit être réglée de la même manière ; vous nous autorisez donc à agir envers vous comme vous faites à l'égard du pape; les parlements pourront, par conséquent, examiner vos mandements, s'assurer si vous respectez *les canons faits par l'esprit de Dieu, les règles, les coutumes et les constitutions reçues dans le royaume et dans l'Eglise gallicane*, ainsi que *les usages de nos Pères, qui*, de votre aveu, *doivent demeurer inébranlables*. Si les inférieurs du pape ont le droit d'examiner ses décrets, et de les regarder comme nuls quand ils ne les trouvent pas conformes aux règles, pourquoi nous, vos inférieurs, ne pourrions-nous pas faire de même à l'égard de vos mandements?

Pour répondre à une pareille logique, il eût fallu ou poser en principe que, dans toute espèce de conflit entre les évêques et leurs inférieurs, le pape était le juge suprême auquel tous devaient obéissance, ou s'ériger soi-même en tribunal sans appel : or le premier moyen était en opposition manifeste avec la *déclaration*; le second était contraire aux premiers principes du catholicisme. On resta donc dans une position fausse ; les parlements continuèrent à faire la guerre aux évêques, ceux-ci réitérèrent leurs inutiles remontrances, et le tout finit, comme on sait,

(a) *Sermon sur l'Unité de l'Eglise*. Edit. de Versailles, tom. XV, p. 534. Faisons observer ici que la pragmatique dite de saint Louis a été démontrée apocryphe. Voir une solide discussion de M. Thomassy dans le *Correspondant* du 10 novembre 1844.

DICT. DE THÉOL. DOGMATIQUE. II.

par la constitution civile du clergé et le bannissement de tout l'épiscopat. Alors ces mêmes évêques qui, dans leur détresse, n'avaient pas voulu appeler le pontife suprême à leur secours, ces évêques qui avaient cru qu'il suffisait de négocier avec les rois de la terre pour conjurer un orage suscité par l'enfer contre l'Eglise, entendirent de loin le coup qui frappa le monarque dont ils avaient imploré la protection, et ils comprirent que le salut ne pouvait leur venir que de cette Eglise éternelle, à laquelle toutes les autres ont été confiées.

En effet, le pontife romain releva bientôt les ruines des églises de France; et, comme si la Providence se fût plue à condamner énergiquement le passé, elle voulut que le pape travaillât seul au rétablissement de la religion parmi nous; elle lui imposa même la nécessité non-seulement de ne pas appeler les évêques à son aide, mais de les priver de leurs siéges malgré l'héroïsme de leur conduite et leur titre de confesseurs de la foi. Voilà quels ont été en dernier lieu les résultats du gallicanisme.

§ 4. *Quatrième article de la Déclaration.*

« Les jugements du pape ne sont pas irréformables, à moins que le consentement de l'Eglise n'intervienne. » — Nous avons combattu cette maxime dans notre article : INFAILLIBILITÉ DU PAPE. Nous nous contentons de donner ici un extrait de la *Dissertation* citée plus haut :

« Il appartient principalement au pape de décider, en matière de foi ; et ses décrets obligent toutes les églises....

« Les fidèles s'en tenaient là en Espagne, en Italie, en Allemagne et ailleurs ; et par là leur foi était soumise et inébranlable, quand le pape avait prononcé. Mais l'assemblée ajoute : « Ses décisions, néanmoins, ne sont absolument sûres, qu'après avoir été acceptées de l'Eglise. »

« Cette addition donne à penser qu'il pourrait se faire que ce que le pape aurait décidé, en matière de foi, ne fût point accepté de l'Eglise ; ce qui n'est jamais arrivé, et ce qui n'était pas encore venu à l'esprit de personne. Cette addition rend la foi indécise : et qu'est-ce qu'une foi qui n'est pas ferme? Qu'est-ce que la foi d'un homme qui croit tout, pensant qu'il pourrait arriver qu'il ne fallût pas croire? Sa foi peut-elle être plus forte que son motif, qui la tient en suspens et pour ainsi dire en l'air, jusqu'à ce que l'acceptation de l'Eglise soit constatée? D'ailleurs, si les décisions du souverain pontife ne sont absolument sûres, qu'après avoir été acceptées par l'Eglise, pourquoi commence-t-on par dire qu'elles obligent toutes les églises? N'y a-t-il pas une sorte de contradiction?

« Le clergé de France, dit-on, n'a pas donné la doctrine de sa Déclaration comme une règle de foi, dont il ne fût point permis de s'écarter ; et cependant, dans l'année même, un bachelier, l'ayant combattue à la face de la Faculté de Paris, fut chassé de l'assemblée comme un parjure sans pudeur, qui foulait aux pieds publiquement le serment qu'il avait prêté dans ses actes précédents. Il y avait donc un acte préliminaire à l'entrée des grades, où le candidat prenait un engagement aussi sacré et plus solennel, s'il se peut, que les promesses de son baptême, puisqu'on rejetait avec ignominie celui qui y manquait. Certes, voilà bien des affaires pour une doctrine dont on ne prétendait point qu'il ne fût pas permis de s'écarter. Il faut convenir que la situation du candidat assermenté devenait bien pénible, quand, après avoir feuilleté les écrits des Bernard, des Albert le Grand, des Bonaventure, des Thomas d'Aquin, des Richard, des Hugues de saint Victor, et de tant d'hommes justement célèbres, soit nationaux, soit étrangers, qui ont illustré les écoles et l'Eglise de France, il n'y avait rien trouvé qui ressemblât à plusieurs de ces articles : quand il lisait, dans le sayant

Duval, sénieur de Sorbonne, et doyen de la Faculté de Théologie de Paris, antagoniste intrépide du fameux Richer, que, quoi que ses adversaires prétendissent, il était évident que les anciens évêques de France avaient toujours reconnu l'infaillibilité sur les matières de foi, dans les successeurs de saint Pierre. *Velint, nolint adversarii, liquido constat veteres Ecclesiæ gallicanæ proceres hanc in summis pontificibus infaillibilitatem semper agnovisse.* Sans doute que de pareilles autorités étaient bien propres à balancer, dans l'esprit du candidat, celles des docteurs modernes, qui, sur leur parole, lui avaient fait jurer le contraire.

« Tout ce que le clergé dit de plus fort, ajoute-t-on, c'est qu'il s'est déclaré *pour ce qu'il a regardé comme le vrai sentiment des catholiques.*

« Et comment le clergé pouvait-il tenir ce langage, après ce que nous venons de voir ? Les députés des jansénistes en avaient jugé bien autrement à leur retour de Rome, puisqu'ils étaient convenus de l'infaillibilité du pape devant un ministre de Zurich, de crainte qu'il ne les regardât comme séparés de la foi romaine, s'ils la combattaient : tant cette opinion était connue comme généralement établie chez les catholiques. Voici le fait tel qu'il est rapporté par Leydecker, dans la vie de Jansénius.

« Ces députés étant arrivés à Zurich, en 1655, quelques mois après la condamnation des cinq propositions, par Innocent X, furent reçus avec toute sorte de démonstrations d'amitié, par le célèbre Henri Hottinger, ministre à Zurich. Pendant le souper, ce ministre les mit sur le malheureux succès de leur députation : dans le cours de la conversation, il leur fit une objection qui ne laissa pas de les embarrasser : Vous ne doutez pas, leur dit-il, que les propositions que vous avez soutenues à Rome, et qui y ont été condamnées, ne soient très-orthodoxes? Comment, après cela, osez-vous soutenir l'infaillibilité du pape dans ses jugements? L'abbé de Valcroissant, qui était l'oracle de la troupe, répondit que c'était une erreur de fait de la part du pape. Une erreur de fait! reprit le ministre ; quoi, le souverain pontife, juge infaillible des disputes qui s'élèvent dans la religion, agit avec tant de précipitation dans une chose de cette importance? Certes, je ne voudrais jamais, en matière de foi, recevoir comme un jugement irréfragable le jugement d'un petit homme si téméraire. Ici ces messieurs montrèrent assez par leur contenance qu'ils ne savaient plus que dire. *Vita Jans.* p. 659. Ce sentiment de l'infaillibilité du pape, en matière de foi, était donc alors bien enraciné dans l'esprit des catholiques, puisqu'on aurait rougi d'en soutenir un autre. Comment donc l'assemblée de 1682 pouvait-elle déclarer que le contraire lui avait paru être le vrai sentiment des catholiques?

« Mais remontons à l'époque où la bulle d'Innocent X, contre le livre de Jansénius, fut arrivée en France. Les évêques qui se trouvaient à Paris (c'était en 1655), s'assemblèrent chez le cardinal Mazarin, au nombre de trente (t. 22, p. 84.). Quatre jours après avoir conclu unanimement l'acceptation, ils écrivirent au pape, pour l'assurer de leur adhésion sincère. Ces prélats, dans leur lettre datée du 15 juillet, disent qu'ils reçoivent le décret qu'Innocent X venait de porter contre l'hérésie de Jansénius, dans le même esprit qu'on avait reçu autrefois la condamnation de l'hérésie contraire par Innocent Ier ; que l'Eglise de ce temps-là s'était empressée de souscrire à la décision émanée de la chaire dont la communion fait le lien de l'unité : bien instruite et par les promesses faites à Pierre, et par ce qui s'était passé sous tant de pontifes,... que les jugements rendus par le vicaire de Jésus-Christ, pour affermir la règle de la foi, sur la consultation des évêques, soit que leur avis y soit inséré ou qu'il ne le soit pas, sont appuyés sur *l'auto-*

rité divine et souveraine qu'il a sur toute l'Eglise, et à laquelle tous les chrétiens sont obligés de soumettre leur raison. Ces prélats convenaient donc que les décrets du souverain pontife, sur pareille matière, étaient irréformables, et sans doute qu'ils n'exigeaient pas qu'il eût toujours été consulté ; car ce n'est pas cette consultation qui fait son autorité, et il serait ridicule de prétendre que la demande des évêques, qui consultent, rend le pape, qui répond, infaillible.

« Avant ce temps-là, l'assemblée du clergé, tenue en 1626, quatre ans avant la mort du fameux Richer, distinguant bien l'Eglise romaine de la personne même du pape, s'exprimait ainsi dans une lettre adressée à tous les évêques et archevêques du royaume.

« C'est donner une grande preuve de notre amour pour Dieu, que d'honorer ceux qu'il a établis ses vicaires sur la terre, et qu'il a revêtus du pouvoir de nous tracer des règles certaines, dans ce qui intéresse notre salut. Comme cette prérogative n'a été donnée sur tous qu'au souverain pontife, *cum super omnes soli data sit summo pontifici*, il est bien juste qu'eux-mêmes (les archevêques et évêques), reconnaissant qu'ils sont ses sujets, lui rendent avec humilité toutes sortes d'honneurs et de respects ; d'où il arrivera que le reste des fidèles suivra sans difficulté le grand exemple du corps épiscopal. C'est pourquoi nous exhortons les évêques à honorer le saint-siège apostolique et l'Eglise romaine appuyée sur les promesses infaillibles de Dieu et fécondée par le sang des apôtres et des martyrs, laquelle, pour nous servir des termes de saint Athanase, est la tête sacrée d'où toutes les autres églises, qui sont ses membres, tirent leur vigueur et leur vie.

« Nous les exhortons aussi à honorer le souverain pontife, notre père, chef visible de toute l'Eglise, vicaire de Dieu sur la terre, évêque des évêques et des patriarches ; en un mot, successeur de saint Pierre, en qui l'apostolat et l'épiscopat a commencé, sur qui Jésus-Christ a fondé son Eglise, lui donnant les clefs du royaume des cieux et l'indéfectibilité dans la foi, laquelle est restée jusqu'à ce jour, par la vertu divine, ferme et inébranlable dans ses successeurs ; ce qui a fait que tous les orthodoxes ont cru devoir leur rendre, et aux saintes constitutions émanées d'eux, toute sorte d'obéissance ; et encore une fois nous exhortons les évêques à continuer de faire de même, à réprimer les réfractaires qui osent révoquer en doute une autorité aussi sacrée, affermie par tant de lois divines et humaines, et à marcher dans la route qu'ils auront tracée aux fidèles, qui ne manqueront pas de les y suivre. » (*Convent. Cler. Gall. ad Regn. Arc. et Episc.* 20 janv. 1626, art. 137.).

« Comment donc concilier l'assemblée de 1682 avec celle de 1626? Cherchera-t-on une misérable défaite dans le mot *indéfectibilité*? Je le demande à quiconque a le sens droit et dégagé de tout préjugé. L'assemblée de 1626 reconnaît que la prérogative de tracer des règles certaines dans ce qui intéresse le salut, n'a été donnée sur tous qu'au souverain pontife ; que l'indéfectibilité dans la foi est restée jusqu'à ce jour ferme et inébranlable dans les successeurs de saint Pierre ; elle motive sur cette indéfectibilité l'obéissance entière que tous les orthodoxes ont cru devoir leur rendre, et aux saintes constitutions émanées d'eux ; c'est encore cette indéfectibilité qu'elle fonde la soumission dans laquelle elle exhorte les évêques à persévérer, et les punitions à infliger à ceux qui oseraient révoquer en doute une autorité aussi sacrée. Que signifie donc là le mot *indéfectibilité*, s'il ne dit pas la même chose qu'infaillibilité? Et cette assemblée a-t-elle le moins du monde songé à faire dépendre la certitude d'une bulle dogmatique de l'acceptation de l'Eglise, puisqu'elle pose pour principe, que cette acceptation a toujours eu lieu chez les orthodoxes, et qu'elle exhorte les prélats à se maintenir dans la même soumission, et à réprimer ceux qui entreprendraient de s'en écarter? En ajoutant à son quatrième article, que les décisions des papes, en matière de foi, ne sont absolument sûres qu'après avoir été acceptées de l'Eglise, l'assemblée de 1682 n'a donc fait que jeter du louche dans ce qui était très-clair, et fournir un aliment perpétuel aux esprits inquiets.

« J'ai eu occasion de voir ici une histoire ecclésiastique, que je crois écrite par l'abbé Fantin des Odoarts : toujours est-elle d'un auteur qu'on ne soupçonnera pas, en lisant son ouvrage, de partialité en faveur des papes. On y trouve un fait qui ne souffre pas de réplique. Othon, légat du saint-siége, tint, dit-il, t. 2, p. 259, un concile à Quedlinbourg, après les fêtes de Pâques, avec les évêques et les abbés qui reconnaissaient le pape Grégoire. On y produisit les décrets des Pères touchant la primauté du saint-siège. Ils en inférèrent que le jugement du pape n'est point sujet à révision, et que personne ne peut juger après lui : ce que tout le concile approuva et confirma. Ce concile est relaté dans la liste de ceux du XI° siècle, sous l'année 1085, dans la collection de l'imprimerie royale.

« Mais un autre fait qu'on trouve dans la même histoire ecclésiastique, et qui n'est pas moins concluant, c'est qu'en 1580, le clergé de France fit les plus grands efforts pour y faire recevoir la bulle *in Cœna Domini*, qui condamnait ceux qui soutenaient que le concile général est au-dessus du pape, et frappait d'excommunication ceux qui appelaient ou favorisaient les appels du jugement du pape au futur concile. Le parlement arrêta qu'on intimiderait les évêques qui publieraient cette bulle, et que néanmoins on saisirait leur temporel. Toujours est-il clair que le clergé de France, en 1580, avait, sur l'autorité du souverain pontife, une opinion diamétralement opposée à celle de l'assemblée de 1682.

« M. le cardinal de Noailles, dans une lettre à Clément XI, s'exprimait en ces termes : « Très-saint père, lorsque le clergé a dit que les constitutions des souverains pontifes, *acceptées par le corps des évêques*, obligent toute l'Eglise, *il n'a point prétendu que la formalité d'une pareille acceptation fût nécessaire, pour qu'elles dussent être tenues pour règle de foi et de doctrine*; mais il a cru qu'il était d'une grande importance de renverser tout-à-fait le dernier retranchement des jansénistes, et de leur ôter tout moyen d'échapper dans nos quartiers, par un principe qu'ils accordent eux-mêmes. Le clergé n'a point eu la présomption de vouloir soumettre à son jugement et examen les ordonnances des souverains pontifes. » (Lett. de S. E. M. le card. de Noailles, arch. de Paris, à Clément XI.)

« Mais le clergé aurait-il eu besoin de ces explications, pour ôter tout subterfuge aux jansénistes, si l'assemblée de 1682 ne leur avait pas elle-même fourni le retranchement qu'il se voyait obligé de renverser?

« Le même cardinal signa encore une déclaration toute semblable avec les archevêques de Toulouse et de Bourges (à Paris, le 10 mars 1710) : « Les novateurs, qui abusent de tout, disaient ces prélats, peuvent abuser de quelques expressions du procès-verbal de l'assemblée de 1705..... Et il est à propos, pour prévenir leurs mauvaises interprétations, d'expliquer la véritable intention de cette assemblée : ainsi, nous, comme ayant eu part à toutes les délibérations, et étant témoins de tout ce qui s'est passé, déclarons... 4° Qu'enfin, elle n'a point prétendu que les assemblées du clergé eussent le pouvoir d'examiner les décisions dogmatiques des papes, pour s'en rendre les juges et s'élever en tribunaux supérieurs.

« N'est-il pas clair que cette assemblée eût beaucoup mieux fait de ne pas employer ces expressions dont les novateurs abusaient, et que c'était fort mal à propos que la déclaration de 1682 les avait, en quelque sorte consacrées? »

DÉCOLLATION. Ce mot n'est d'usage en français que pour exprimer le martyre de saint Jean-Baptiste, à qui Hérode fit couper la tête. Il se dit même moins fréquemment du martyre de ce saint, que de la fête qu'on célèbre en mémoire de ce martyr, ou des tableaux de saint Jean dans lesquels la tête est représentée séparée du tronc.

L'historien Josèphe, parlant du saint précurseur, dit : « C'était un homme d'une grande vertu, qui exhortait les Juifs à la justice et à la piété, à recevoir le baptême et joindre la pureté de l'âme à celle du corps. Hérode, qui redoutait son pouvoir, l'envoya prisonnier dans la forteresse de Machérus, où il le fit mourir. » Josèphe ajoute que les Juifs attribuèrent à cette injustice les malheurs qu'Hérode éprouva. Peu de temps après, son armée fut taillée en pièces par Arétas, roi de l'Arabie Pétrée, qui se rendit maître du château de Machérus et d'une partie des États d'Hérode (*Antiq. Jud.*, l. XVIII, c. 7).

DÉCRET DE DIEU. *Voy.* VOLONTÉ DE DIEU, PRÉDESTINATION.

DÉCRET DES CONCILES. *Voy.* CONCILES.

DÉCRETS DÉCRÉTALES. On peut voir, dans l'article CONCILE, la différence qu'il y a entre les *décrets* qui regardent le dogme et ceux qui concernent la discipline. Quant aux *décrétales* des papes, le soin de distinguer celles qui sont vraies ou fausses appartient aux canonistes plutôt qu'aux théologiens. Il suffit de remarquer que personne n'est plus assez ignorant, pour vouloir fonder un point de croyance ou de discipline sur les fausses *décrétales*, forgées sur la fin du VIII° siècle.

Quelques censeurs fort mal instruits ont attribué ces fausses *décrétales* à l'ambition des papes. Mais celui qui les a fabriquées n'a été suscité ni payé par les papes; il les a faites en Espagne et non en Italie; il a voulu étayer, par de faux titres, une jurisprudence établie avant lui. Comme tous les romanciers, il a prêté aux personnages des quatre premiers siècles de l'Eglise les idées et le langage du VIII° siècle. Le pouvoir temporel des papes sur tout l'Occident avait commencé longtemps avant cette époque, et ç'a été l'ouvrage de la nécessité plutôt que de l'ambition. Quand on examine de sang-froid l'histoire de ces temps-là, on voit que ce pouvoir, quoique porté à l'excès et devenu abusif, a fait beaucoup plus de bien que de mal.

DÉCRÉTALES (1). Les *décrétales* sont des lettres des souverains pontifes qui, répondant aux consultations des évêques, ou même de simples particuliers, décident des points de discipline. On les appelle *décrétales* parce qu'elles sont des résolutions qui ont force de loi dans l'Église. Elles étaient

(1) Cet article est reproduit d'après l'édition de Liége.

fort rares au commencement, et on s'en tenait à l'autorité des canons des premiers conciles : aussi voyons-nous que les anciens recueils de canons ne renferment aucune de ces *décrétales.* Denis le Petit est le premier qui en ait inséré quelques-unes dans sa collection, savoir, celles depuis le pape Sirice jusqu'à Anastase II, qui mourut en 498: la première *décrétale* que nous ayons du pape Sirice est datée du 11 février de l'an 385, et est adressée à Hymérius, évêque de Tarragone. Les compilateurs qui ont succédé à Denis le Petit jusqu'à Gratien inclusivement, ont eu pareillement l'attention de joindre aux canons des conciles les décisions des papes : mais ces dernières étaient en petit nombre. Dans la suite des temps, diverses circonstances empêchèrent les évêques de s'assembler, et les métropolitains d'exercer leur autorité : telles furent les guerres qui s'élevèrent entre les successeurs de l'empire de Charlemagne, et les invasions fréquentes qu'elles occasionnèrent. On s'accoutuma donc insensiblement à consulter le pape de toutes parts, même sur les affaires temporelles ; on appela très-souvent à Rome, et on y jugea les contestations qui naissaient non-seulement entre les évêques et les abbés, mais encore entre les princes souverains. Peu jaloux alors de maintenir la dignité de leur couronne, et uniquement occupés du soin de faire valoir par toutes sortes de voies les prétentions qu'ils avaient les uns contre les autres, ils s'empressèrent de recourir au souverain pontife, et eurent la faiblesse de se soumettre à ce qu'il ordonnait en pareil cas, comme si la décision d'un pape donnait en effet un plus grand poids à ces mêmes prétentions (1). Enfin, l'établissement de la plupart des ordres religieux et des universités qui se mirent sous la protection immédiate du saint-siège, contribua beaucoup à étendre les bornes de sa juridiction ; on ne reconnut plus pour loi générale dans l'Eglise, que ce qui était émané du pape, ou président à un concile, ou assisté de son clergé, c'est-à-dire, du consistoire des cardinaux. Les *décrétales* des souverains pontifes étant ainsi devenues fort fréquentes, elles donnèrent lieu à diverses collections dont nous allons rendre compte.

La première de ces collections parut à la fin du XIIe siècle : elle a pour auteur Bernard de Circa, évêque de Faenza, qui l'intitula *Breviarium extra,* pour marquer qu'elle est composée de pièces qui ne se trouvent pas dans le décret de Gratien. Ce recueil contient les anciens monuments omis par Gratien, les *décrétales* des papes qui ont occupé le siège depuis Gratien, et surtout celles d'Alexandre III ; enfin les décrets du troisième concile de Latran, et du troisième concile de Tours, tenus sous ce pontife. L'ouvrage est divisé par livres et par titres,

(1) On ne comprend pas de pareilles maximes ; comme si le souverain pontife n'était pas le conseiller-né de toute la Chrétienté !

à peu près dans le même ordre que l'ont été depuis les *décrétales* de Grégoire IX. On avait seulement négligé de distinguer par des chiffres les titres et les chapitres : mais Antoine-Augustin a suppléé depuis à ce défaut. Environ douze ans après la publication de cette collection, c'est-à-dire au commencement du XIIIe siècle, Jean de Galles, né à Volterra, dans le grand duché de Toscane, en fit une autre, dans laquelle il rassembla les *décrétales* des souverains pontifes, qui avaient été oubliées dans la première, ajouta celles du pape Célestin III, et quelques autres beaucoup plus anciennes, que Gratien avait passées sous silence. Tancrède, un des anciens interprètes des *décrétales,* nous apprend que cette compilation fut faite d'après celles de l'abbé Gilbest et d'Alain, évêque d'Auxerre. L'oubli dans lequel elles tombèrent fut cause que le recueil de Jean de Galles a conservé le nom de *seconde collection :* au reste, elle est rangée dans le même ordre que celle de Bernard Circa, et elles ont encore cela de commun l'une et l'autre, qu'à peine virent-elles le jour, qu'on s'empressa de les commenter : ce qui témoigne assez la grande réputation dont elles jouissaient auprès des savants, quoiqu'elles ne fussent émanées que de simples particuliers, et qu'elles n'eussent jamais été revêtues d'aucune autorité publique. La troisième collection est de Pierre de Bénévent ; elle parut aussi au commencement du XIIIe siècle par les soins du pape Innocent III, qui l'envoya aux professeurs et aux étudiants de Bologne, et voulut qu'on en fît usage tant dans les écoles que dans les tribunaux : elle fut occasionnée par celle qu'avait faite Bernard, archevêque de Compostelle, qui, pendant son séjour à Rome, avait ramassé et mis en ordre les constitutions de ce pontife : cette compilation de Bernard fut quelque temps appelée la *Compilation romaine ;* mais comme il y avait inséré plusieurs choses qui ne s'observaient point dans les tribunaux, les Romains obtinrent du pape qu'on en fît une autre sous ses ordres, et Pierre de Bénévent fut chargé de ce soin : ainsi, cette troisième collection diffère des deux précédentes en ce qu'elle est munie du sceau de l'autorité publique. La quatrième collection est du même siècle ; elle parut après le quatrième concile de Latran, célébré sous Innocent III, et renferme les décrets de ce concile et les constitutions de ce pape, qui étaient postérieures à la troisième collection. On ignore l'auteur de cette quatrième compilation, dans laquelle on a observé le même ordre de matières que dans les précédentes. Antoine-Augustin nous a donné une édition de ces quatre collections, qu'il a enrichies de notes. La cinquième est de Tancrède de Bologne, et ne contient que les *décrétales* d'Honoré III, successeur immédiat d'Innocent III. Honoré, à l'exemple de son prédécesseur, fit recueillir toutes ses constitutions ; ainsi, cette compilation a été faite par l'autorité publique. Nous sommes redevables de l'édition qui en parut à Toulouse en 1645 à M. Ciron, professeur en droit, qui y a joint des notes savantes. Ces cinq collections sont aujourd'hui appelées les *anciennes collections*, pour les distinguer de celles qui font partie du corps de droit canonique. Il est utile de les consulter, en ce qu'elles servent à l'intelligence des *décrétales* qui sont rapportées dans les compilations postérieures, où elles se trouvent ordinairement tronquées, et qui par là sont très-difficiles à entendre, comme nous le ferons voir ci-dessous.

La multiplicité de ces anciennes collections, les contrariétés qu'on y rencontrait, l'obscurité de leurs commentateurs, furent autant de motifs qui firent désirer qu'on les réunit toutes en une nouvelle compilation. Grégoire IX, qui succéda au pape Honoré III, chargea Raimond de Pennafort d'y travailler ; il était son chapelain et son confesseur ; homme d'ailleurs très-savant, et d'une piété si distinguée, qu'il mérita dans la suite d'être canonisé par Clément VIII. Raimond a fait principalement usage des cinq collections précédentes ; il y a ajouté plusieurs constitutions qu'on y avait omises, et celles de Grégoire IX, mais pour éviter la prolixité, il n'a point rapporté les *Décrétales* dans leur entier ; il s'est contenté d'insérer ce qui lui a paru nécessaire pour l'intelligence de la décision. Il a suivi dans la distribution des matières le même ordre que les anciens compilateurs ; eux-mêmes avaient imité celui de Justinien dans son code. Tout l'ouvrage est divisé en cinq livres, les livres en titres, les titres non en chapitres, mais en capitules, ainsi appelés de ce qu'ils ne contiennent que des extraits de *Décrétales*. Le premier livre commence par un titre sur la Sainte-Trinité, à l'exemple du code de Justinien ; les trois suivants expliquent les diverses espèces du droit canonique, écrit et non écrit : depuis le cinquième titre jusqu'à celui des pactes, il est parlé des élections, dignités, ordinations et qualités requises dans les clercs ; cette partie peut être regardée comme un traité des personnes : depuis le titre des pactes jusqu'à la fin du second livre, on expose la manière d'intenter, d'instruire, et de terminer les procès en matière civile ecclésiastique, et c'est là que nous avons emprunté, suivant la remarque des savants, toute notre procédure. Le troisième livre traite des choses ecclésiastiques, telles que sont les bénéfices, les dîmes, le droit de patronage : le quatrième, des fiançailles, du mariage, et de ses divers empêchements ; dans le cinquième, il s'agit des crimes ecclésiastiques, de la forme des jugements en matière criminelle, des peines canoniques, et des censures.

Raimond avait mis la dernière main à son ouvrage, le pape Grégoire IX lui donna le sceau de l'autorité publique, et ordonna qu'on s'en servît dans les tribunaux et dans les écoles, par une constitution qu'on trouve à la tête de cette collection, et qui est adressée aux docteurs et aux étudiants de l'université de Bologne : ce n'est pas néanmoins que cette collection ne fût défectueuse à bien des égards. On peut reprocher avec justice à Raimond de ce que, pour se conformer aux ordres de Grégoire IX, qui lui avait recommandé de retrancher les superfluités dans le recueil qu'il ferait des différentes constitutions éparses en divers volumes, il a souvent regardé et retranché comme inutiles des choses qui étaient absolument nécessaires pour arriver à l'intelligence de la *Décrétale*. Donnons-en un exemple. Le chap. 9, *Extra de Consuetud.*, contient un rescrit d'Honoré III, adressé au chapitre de Paris, dont voici les paroles : *Cum consuetudinis ususque longævi non sit levis autoritas, et plerumque discordium pariant novitates, auctoritate vobis præsentium inhibemus, ne absque episcopi vestri consensu, immutetis Ecclesiæ vestræ constitutiones et consuetudines approbatas, vel novas etiam inducatis ; et quas forte fecistis, irritas decernentes.* Le rescrit, conçu en ces termes ne signifie autre chose sinon que le chapitre ne peut faire de nouvelles constitutions sans le consentement de l'évêque : ce qui étant ainsi entendu dans le sens général, est absolument faux. Il est arrivé de-là que ce capitule a paru obscur aux anciens canonistes ; mais il n'y aurait point eu de difficulté, s'ils avaient consulté la *Décrétale* entière, telle qu'elle se trouve dans la cinquième compilation, chap. 1, *eod. tit.* Dans cette *décrétale*, au lieu de ces paroles, *si quas forte* (constitutiones) *fecistis, irritas decernentes*, dont Raimond se sert, on lit celles-ci : *Irritas decernentes* (novas institutiones) *si quas forte fecistis in ipsius episcopi præjudicium, postquam est regimen Parisiensis Ecclesiæ adeptus*. Cette clause omise par Raimond ne fait-elle pas voir évidemment que Honoré III n'a voulu annuler que les nouvelles constitutions faites par le chapitre sans le consentement de l'évêque, au préjudice du même évêque ? et alors la décision du pape n'aura besoin d'aucune interprétation. On reproche encore à l'auteur de la compilation d'avoir souvent partagé une *décrétale* en plusieurs ; ce qui lui donne un autre sens, ou du moins la rend obscure. C'est ainsi que la *Décrétale* du chap. 5, *de Foro competenti*, dans la troisième collection, est divisée par Raimond en trois différentes parties, dont l'une se trouve au chap. 10, *Extra de Const.* ; la seconde, dans le chap. 3, *Extra Ut lite pendente nihil innovetur* ; et la troisième, au chap. 4, *ibid.* Cette division est cause qu'on ne peut entendre le sens d'aucun de ces trois capitules, à moins qu'on ne les réunisse ensemble, comme ils le sont dans l'ancienne collection. De plus, en rapportant une *décrétale*, il omet quelquefois la précédente ou la suivante, qui, jointe avec elle, offre un sens clair, au lieu qu'elle n'en forme point, lorsqu'elle en est séparée. Le chap. 3, *Extra de Constit.*, qui est tiré du chap. *eod. in prima compilat.*, en est une preuve. On lit dans les deux textes ces paroles : *Translato sacerdotio, necesse est ut legis translatio fiat ; quia enim simul et ab eodem, et sub eadem sponsione, utraque data sunt, quod de uno dicitur, necesse est ut de altero intelligatur.* Ce passage, qui se trouve isolé dans Raimond, est obscur, et on ne comprend pas en quoi consiste la translation de la loi; mais si on compare le même texte avec les chap. 3 et 5 de la première collection, que Raimond a omis dans la sienne, alors on aura la véritable espèce proposée par l'ancien compilateur, et le vrai sens de ces paroles, qui signifient que les préceptes de l'ancienne loi ont été abrogés par la loi de grâce, parce que le sacerdoce et la loi ancienne ayant été donnés en même temps, et sous la même promesse, comme il est dit dans notre capitule, et le sacerdoce ayant été transféré, et un nouveau pontife nous étant donné en la personne de Jésus-Christ, il s'ensuit de là qu'il était nécessaire qu'on nous donnât aussi une nouvelle loi, et qu'elle abrogeât l'ancienne quant aux préceptes mystiques et aux cérémonies légales, dont il est fait mention dans ces chap 3 et 5, omis par Raimond. Enfin il est répréhensible pour avoir altéré les *décrétales* qu'il rapporte, en y faisant des additions, ce qui leur donne un sens différent de celui qu'elles ont dans leur source primitive. Nous nous servirons pour exemple du chap. 1, *Extra de Judiciis,* où Raimond ajoute cette clause : *Donec satisfactione præmissa fuerit absolutus,* laquelle ne se trouve ni dans le canon 87 du Code d'Afrique, d'où originairement la *décrétale* est tirée, ni dans *l'ancienne Collection,* et qui donne au canon un sens tout à fait différent. On lit dans le *canon* même et dans *l'ancienne collection : Nullus eidem Quod-Vult-Deo communicet, donec causa ejus; qualem potuerit terminum sumat ;* ces paroles font assez connaître le droit qui était autrefois en vigueur, comme le remarque très-bien M. Cujas sur ce capitule. Dans ces temps-là on n'accordait à qui que ce soit l'absolution d'une excommunication, qu'on n'eût instruit juridiquement le crime dont il était accusé, et qu'on n'eût entièrement terminé la procédure. Mais dans les siècles postérieurs, l'usage s'est établi d'absoudre l'excommunié qui était contumacé, aussitôt qu'il avait satisfait, c'est-à-dire donné caution de se représenter en jugement, quoique l'affaire n'eût point été discutée au fond; et c'est pour concilier cet ancien canon avec la discipline de son temps que Raimond en a changé les termes. Nous nous contentons de citer quelques exemples des imperfections qui se rencontrent dans la collection de Grégoire IX; mais nous observerons que dans les éditions récentes de cette collection, on a ajouté en caractères italiques ce qui avait été retranché par Raimond, et ce qu'il était indispensable de rapporter pour bien entendre l'espèce du capitule. Ces additions qu'on a appelées depuis dans les écoles *pars decisa,* ont été faites par Antoine le Comte, François Pegna, Espagnol, et dans l'édition romaine : il faut avouer néanmoins qu'on ne les a pas faites dans tous les endroits nécessaires, et qu'il reste encore beaucoup de choses à désirer; d'où il résulte que, nonobstant ces suppléments, il est très-avantageux non-seulement de recourir aux anciennes *décrétales,* mais même de remonter jusqu'aux premières sources, puisque les anciennes collections se trouvent souvent elles-mêmes mutilées, et que les monuments apocryphes y sont confondus avec ceux qui sont authentiques : telle est en effet la méthode dont MM. Cujas, Florent, Jean de la Coste, et surtout Antoine-Augustin, dans ses notes sur la première collection, se sont servis avec le plus grand succès.

Grégoire IX, en confirmant le nouveau recueil des *décrétales,* défendit par la même constitution, qu'on osât en entreprendre une autre sans la permission expresse du saint-siége, et il n'en parut point jusqu'à Boniface VIII; ainsi pendant l'espace de plus de soixante-dix ans, le corps de droit canonique ne renferma que le décret de Gratien et les *décrétales* de Grégoire IX. Cependant, après la publication des *décrétales,* Grégoire IX et les papes ses successeurs donnèrent en différentes occasions de nouveaux rescrits; mais leur authenticité n'était reconnue, ni dans les écoles, ni dans les tribunaux; c'est pourquoi Boniface VIII, la quatrième année de son pontificat, vers la fin du XIII° siècle, fit publier sous son nom une nouvelle compilation; elle fut l'ouvrage de Guillaume de Mandagotto, archevêque d'Embrun, de Bérenger Fredoni, évêque de Béziers, et de Richard de Senis, vice-chancelier de l'Eglise romaine, tous trois élevés depuis au cardinalat. Cette collection contient les dernières épîtres de Grégoire IX, celles des papes qui lui ont succédé ; les décrets des deux conciles généraux de Lyon, dont l'un s'est tenu en l'an 1245, sous Innocent IV, et l'autre en l'an 1274, sous Grégoire X, et enfin les constitutions de Boniface VIII. On appelle cette collection le *Sexte,* parce que Boniface voulut qu'on la joignit au livre des *décrétales,* pour lui servir de supplément. Elle est divisée en cinq livres, sous-divisés en titres et en capitules, et les matières y sont distribuées dans le même ordre que dans celle de Grégoire IX. Au commencement du XIV° siècle, Clément V, qui tint le saint-siége à Avignon, fit faire une nouvelle compilation des *décrétales,* composée en partie des canons du concile de Vienne, auquel il présida, et en partie de ses propres constitutions ; mais, surpris par la mort, il n'eut pas le temps de la publier, et ce fut par les ordres de son successeur Jean XXII qu'elle vit le jour en 1317. Cette collection est appelée *Clémentines,* du nom de son auteur, et parce qu'elle ne renferme que des constitutions de ce souverain pontife; elle est également divisée en cinq livres, qui sont aussi sous-divisés en titres et en capitules, ou Clémentines. Outre cette collection, le même pape Jean XXII, qui siégea pareillement à Avignon, donna différentes constitutions pendant l'espace de dix-huit ans que dura son pontificat, dont vingt ont été recueillies et publiées par un auteur anonyme, et c'est ce qu'on appelle les *Extra-*

vagantes de Jean XXII. Cette collection est divisée en quatorze titres, sans aucune distinction de livres, à cause de son peu d'étendue. Enfin, l'an 1484, il parut un nouveau recueil qui porte le nom d'*Extravagantes communes*, parce qu'il est composé des constitutions de vingt-cinq papes, depuis le pape Urbain IV (si l'inscription du chap. 1. *de Simonia*, est vraie), jusqu'au pape Sixte IV, lesquels ont occupé le saint-siège pendant plus de deux cent vingt ans, c'est-à-dire, depuis l'année 1262 jusqu'à l'année 1483. Ce recueil est divisé en cinq livres ; mais, attendu qu'on n'y trouve aucune *décrétale* qui regarde le mariage, on dit que le quatrième livre manque. Ces deux dernières collections sont l'ouvrage d'auteurs anonymes, et n'ont été confirmées par aucune bulle, ni envoyées aux universités ; et c'est par cette raison qu'on les a appelées *Extravagantes*, comme qui dirait *vagantes extra corpus juris canonici*, et elles ont retenu ce nom, quoique par la spite ils les y aient été insérées. Ainsi le corps du droit canonique renferme aujourd'hui six collections, savoir, le décret de Gratien, les *décrétales* de Grégoire IX, le Sexte de Boniface VIII, les Clémentines, les Extravagantes de Jean XXII et les Extravagantes communes. Nous avons vu, dans l'article DÉCRET, de quelle autorité est le recueil de Gratien, nous allons examiner ici quelle est celle des diverses collections des *décrétales*.

Nous avons dit, en parlant du décret de Gratien, qu'il n'a par lui-même aucune autorité, ce qui doit s'étendre aux Extravagantes de Jean XXII et aux Extravagantes communes, qui sont deux ouvrages anonymes et destitués de toute autorité publique. Il n'en est pas de même des *décrétales* de Grégoire IX, du Sexte et des Clémentines, composés et publiés par ordre des souverains pontifes ; ainsi, dans les pays d'obédience, où le pape réunit l'autorité temporelle à la spirituelle, il n'est point douteux que les *décrétales* des souverains pontifes et les recueils qu'ils en ont fait faire, n'aient force de loi ; mais dans les autres pays libres, même catholiques, dans lesquels les constitutions des papes n'ont de vigueur qu'autant qu'elles ont été approuvées par le prince, les compilations qu'ils font publier ont le même sort, c'est-à-dire, qu'elles ont besoin d'acceptation pour qu'elles soient regardées comme lois. Cela posé, les jurisconsultes français demandent si les *décrétales* de Grégoire IX ont jamais été reçues en France. Charles Dumoulin, dans son *Commentaire sur l'édit d'Henri II*, vulgairement appelé l'*Edit des petites dates*, observe, glosé 15, num. 250, que dans les registres de la cour on trouve un conseil donné au roi par Eudes, duc de Bourgogne, de ne point recevoir dans son royaume les nouvelles constitutions des papes. Le même auteur ajoute qu'en effet elles ne sont point admises dans ce qui concerne la juridiction séculière, ni même en matière spirituelle, si elles sont contraires aux droits et aux libertés de l'Église gallicane ; et il dit que cela est d'autant moins surprenant, que la cour de Rome elle-même ne reçoit pas toutes les *décrétales* insérées dans les collections publiques. Conformément à cela, M. Florent, dans sa préface *de Auctoritate Gratiani, et aliarum collectionum*, prétend que les *décrétales* n'ont jamais reçu en France le sceau de l'autorité publique, et quoiqu'on les enseigne dans les écoles, en vertu de cette autorité, qu'il n'en faut pas conclure qu'elles ont été admises, mais qu'on doit les regarder du même œil que les livres du droit civil qu'on enseigne publiquement, par ordre des rois de France, quoiqu'ils ne leur aient jamais donné force de loi. Pour preuve de ce qu'il avance, il cite une lettre manuscrite de Philippe le Bel, adressée à l'université d'Orléans, où ce monarque s'exprime en ces termes : *Non putetur igitur aliquis nos recipere vel primogenitores nostros recepisse consuetudines quaslibet sive leges ex eo quod eas in diversis locis et studiis regni nostri per scholasticos legi sinatur : multa namque eruditioni et doctrinæ proficiunt licet recepta non fuerint, nec Ecclesia recepit quamplures canones qui per desuetudinem abierunt, vel ab initio non fuere recepti, licet in scholis a studiosis propter eruditionem legantur. Scire namque sensus, ritus et mores hominum diversorum locorum et temporum valde proficit ad cujuscumque doctrinam*. Cette lettre est de l'année 1312. On ne peut nier cependant qu'on ne se soit servi des *décrétales*, et qu'on ne s'en serve encore aujourd'hui dans les tribunaux, lorsqu'elles ne sont pas contraires aux libertés de l'Église gallicane ; d'où l'on peut conclure que, dans ces cas-là, elles sont reçues, du moins tacitement, par l'usage, et parce que les rois de France ne s'y sont pas opposés : et il ne faut point, à cet égard, séparer le Sexte de Boniface VIII des autres collections, quoique plusieurs soutiennent que celle-là spécialement n'est point admise, à cause de la fameuse querelle entre Philippe le Bel et ce pape. Ils se fondent sur la glose du capitule 16, *de Elect.*, *in Sexto*, où il est dit nommément que les constitutions du *Sexte* ne sont point reçues dans le royaume ; mais nous croyons, avec M. Doujat (*Lib.* IV prænot. canon., *cap.* 24, *num.* 7) devoir rejeter cette opinion comme fausse ; premièrement parce que la compilation de Boniface a vu le jour avant qu'il eût eu aucun démêlé avec Philippe le Bel. De plus, la Bulle *Unam sanctam*, où ce pape aveuglé par une ambition démesurée (1), s'efforce d'établir que le souverain pontife a droit d'instituer, de corriger et de déposer les souverains, n'est point rapportée dans le *Sexte*, mais dans le chap. 1, *de Majoritate et obedientia, extravag. comm.*, où l'on trouve en même temps, chap. 2, *ibid.*, la Bulle *Meruit* de Clément V, par laquelle il déclare qu'il ne prétend point que la constitution de Boniface porte aucun préjudice au roi ni au

---

(1) Quoique Boniface VIII ait mérité des reproches dans ses démêlés avec Philippe le Bel, c'est se montrer injuste que d'en parler comme le fait ici l'auteur.

royaume de France, ni qu'elle les rende plus sujets à l'Eglise romaine, qu'ils l'étaient auparavant. Enfin, il est vraisemblable que les paroles attribuées à la glose sur le chap. 16, *de Electione*, *in Sexto*, ne lui appartiennent point, mais qu'elles auront été ajoutées après coup, par le zèle inconsidéré de quelque docteur français. En effet, elles ne se trouvent que dans l'édition d'Anvers, et non dans les autres, pas même dans celle de Charles Dumoulin, qui certainement ne les aurait pas omises, si elles avaient appartenu à la glose.

Au reste, l'illustre M. de Marca dans son traité *de Concordia sacerdotii et imperii*, lib. III, cap. 6, prouve la nécessité et l'utilité de l'étude des *décrétales*. Pour réduire en peu de mots les raisons qu'il en apporte, il suffit de rappeler ce que nous avons déjà remarqué au commencement de cet article ; savoir, que l'autorité des conciles provinciaux ayant diminué insensiblement, et ensuite ayant été entièrement anéantie, attendu que les assemblées d'évêques étaient devenues plus difficiles, après la division de l'empire de Charlemagne, à cause des guerres sanglantes que ses successeurs se faisaient les uns aux autres, il en était résulté que les souverains pontifes étaient parvenus au plus haut degré de puissance, et qu'ils s'étaient arrogé le droit de faire des lois, et d'attirer à eux seuls la connaissance de toutes les affaires ; les princes eux-mêmes, qui souvent avaient besoin de leur crédit, favorisaient leur ambition. Ce changement a donné lieu à une nouvelle manière de procéder dans les jugements ecclésiastiques : de là tant de différentes constitutions touchant les élections, les collations des bénéfices, les empêchements du mariage, les excommunications, les maisons religieuses, les priviléges, les exemptions, et beaucoup d'autres points qui subsistent encore aujourd'hui ; en sorte que l'ancien droit ne suffit plus pour terminer les contestations, et qu'on est obligé d'avoir recours aux *décrétales* qui ont engendré ces différentes formes. Mais s'il est à propos de bien connaître ces collections et de les étudier à fond, il est encore nécessaire de consulter les auteurs qui les ont interprétées ; c'est pourquoi nous croyons devoir indiquer ici ceux que nous regardons comme les meilleurs. Sur les *décrétales* de Grégoire IX, nous indiquerons Van-Espen (1), tome IV de ses OEuvres, édit. de Louvain 1753. Cet auteur a fait d'excellentes observations sur les canons du concile de Tours et ceux des conciles de Latran III et IV, qui sont rapportés dans cette collection. Nous ajouterons M. Cujas, qui a commenté le second, troisième et quatrième livres presque en entier ; MM. Jean de la Coste et Florent, qui ont écrit plusieurs traités particuliers sur différents titres de cette même collection ; Charles Dumoulin, dont on ne doit pas négliger les notes tant sur cette collection que sur les suivantes ; M. Ciron, qui a jeté une grande érudition dans ses Paratitles sur les cinq livres des *décrétales* ; M. Hauteserre, qui a commenté les *décrétales* d'Innocent III. On y peut joindre l'édition qu'a faite M. Baluze des épîtres du même pape, et celle de M. Bosquet, évêque de Montpellier ; enfin Gonzalès, dont le grand commentaire sur toute la collection de Grégoire IX est fort estimé ; cet auteur néanmoins étant dans les principes ultramontains, doit être lu avec précaution. Sur le *Sexte*, nous nous contenterons d'indiquer Van-Espen, tome IV, *ibid*, qui a fait également des observations sur les canons des deux conciles généraux de Lyon, qu'on trouve répandus dans cette collection ; sur les *Clémentines*, le commentaire qu'en a fait M. Hauteserre. A l'égard des deux dernières collections, on peut s'en tenir à la lecture du texte et aux notes de Charles Dumoulins.

DÉCRÉTALES (Fausses). Les *fausses décrétales* sont celles qu'on trouve rassemblées dans la collection qui porte le nom d'*Isidore Mercator* ; on ignore l'époque précise de cette collection, quel en est le véritable auteur, et on ne peut à cet égard que se livrer à des conjectures. Le cardinal d'Aguirre, tome I des Conciles d'Espagne, dissertat. 1, croit que les *fausses décrétales* ont été composées par Isidore, évêque de Séville, qui était un des plus célèbres écrivains de son siècle ; il a depuis été canonisé, et il tient un rang distingué parmi les docteurs de l'Eglise. Le cardinal se fonde principalement sur l'autorité d'Hincmar de Reims, qui les lui attribue nommément, epist. 7, cap. 12 ; mais l'examen de l'ouvrage même, réfute cette opinion. En effet, on y trouve plusieurs monuments qui n'ont vu le jour qu'après la mort de cet illustre prélat ; tels sont les canons du sixième concile général, ceux des conciles de Tolède, depuis le sixième jusqu'au dix-septième ; ceux du concile de Mérida, et du second concile de Brague. Or, Isidore est mort en 636, suivant le témoignage unanime de tous ceux qui ont écrit sa Vie, et le sixième concile général s'est tenu l'an 680 ; le sixième de Tolède, l'an 638, et les autres sont beaucoup plus récents. Le cardinal ne se dissimule point cette difficulté ; mais il prétend que la plus grande partie, tant de la préface où il est fait mention de ce sixième concile, que de l'ouvrage, appartient à Isidore de Séville, et que quelque écrivain plus moderne y aura ajouté ces monuments. Ce qui le détermine à prendre ce parti, c'est que l'auteur dans sa préface annonce qu'il a été obligé à faire cet ouvrage par quatre-vingts évêques et autres serviteurs de Dieu. Sur cela, le cardinal demande quel autre qu'Isidore de Séville a été d'un assez grand poids en Espagne, pour que quatre-vingts évêques de ce royaume l'engageassent à travailler à ce recueil ; et il ajoute qu'il n'y en a point d'autre sur qui on puisse jeter les yeux, ni porter ce jugement. Cette réflexion est bientôt

---

(1) La plupart des canonistes cités ici étant plus ou moins hostiles au saint-siége, doivent être consultés avec défiance.

détruite par une autre qui s'offre naturellement à l'esprit, savoir, qu'il est encore moins probable qu'un livre composé par un homme aussi célèbre et à la sollicitation de tant de prélats, ait échappé à la vigilance de tous ceux qui ont recueilli ses œuvres, et qu'aucun d'eux n'en ait parlé. Secondement, il paraît que l'auteur de la compilation a vécu bien avant dans le VIIIe siècle, puisqu'on y rapporte des pièces qui n'ont paru que vers le milieu de ce siècle; telle est la lettre de Boniface Ier, archevêque de Mayence, écrite l'an 744 à Ethelbald, roi des Merciens en Angleterre, plus de cent années par conséquent après la mort d'Isidore. De plus, l'on n'a découvert jusqu'à présent aucun exemplaire qui porte le nom de cet évêque. Il est bien vrai que le cardinal d'Aguirre dit avoir vu un manuscrit de cette collection dans la bibliothèque du Vatican, qui paraît avoir environ 830 années d'ancienneté, être du temps de Nicolas Ier, où il finit, et qu'à la tête du manuscrit on lit en grandes lettres : *Incipit præfatio Isidori episcopi :* mais comme il n'ajoute point *Hispalensis,* on ne peut rien en conclure ; et quand bien même ce mot y serait joint, il ne s'ensuivrait pas que ce fut véritablement l'ouvrage d'Isidore de Séville : car si l'auteur a eu la hardiesse d'attribuer faussement tant de *décrétales* aux premiers papes, pourquoi n'aurait-il pas eu celle d'usurper le nom d'Isidore de Séville, pour accréditer son ouvrage? Par la même raison, de ce qu'on trouve dans la préface de ce recueil divers passages qui se rencontrent au cinquième livre des étymologies d'Isidore, suivant la remarque des correcteurs romains, ce n'est pas une preuve que cette préface soit de lui, comme le prétend le cardinal. En effet, l'auteur a pu coudre ces passages à sa préface, de même qu'il a cousu différents passages des saints Pères aux *décrétales* qu'il rapporte. Un nouveau motif de nous faire rejeter le sentiment du cardinal, c'est la barbarie du style qui règne dans cette compilation, en cela différent de celui d'Isidore de Séville, versé dans les bonnes lettres, et qui a écrit d'une manière beaucoup plus pure. Quel sera donc l'auteur de cette collection ? Suivant l'opinion la plus généralement reçue, on la donne à un Isidore surnommé *Mercator,* et cela à cause de ces paroles de la préface *Isidorus Mercator, servus Christi, lectori conservo suo :* c'est ainsi qu'elle est rapportée dans Yves de Chartres, et au commencement du premier tome des Conciles du P. Labbe ; elle elle est un peu différente dans Gratien sur le canon 4 de la distinction 16, où le nom de *Mercator* est supprimé ; et même les correcteurs romains, dans leur seconde note sur cet endroit de Gratien, observent que dans plusieurs exemplaires, au lieu du surnom de *Mercator,* on lit celui de *Peccator:* quelques-uns même avancent, et de ce nombre est M. de Marca, lib. III *de Concordia sacerd. et imp.*, cap. 5, que cette leçon est la véritable, et que celle de Mercator ne tire son origine que d'une faute des copistes. Ils ajoutent que le surnom de *Peccator* vient de ce que plusieurs évêques souscrivant aux conciles, prenaient le titre de *pécheurs,* ainsi qu'on le voit dans le premier concile de Tours, dans le troisième de Paris, dans le second de Tours, et dans le premier de Mâcon ; et dans l'Eglise grecque, les évêques affectaient de s'appeler ἁμαρτωλοι. Un troisième système des *fausses décrétales* est celui que nous présente la Chronique de Julien de Tolède, imprimée à Paris dans le siècle dernier, par les soins de Laurent Ramirez, Espagnol. Cette Chronique dit expressément que le recueil dont il s'agit ici a été composé par Isidore Mercator, évêque de Xativa (c'est une ville de l'île Majorque, qui relève de l'archevêché de Valence en Espagne) ; qu'il s'est fait aider dans ce travail par un moine, et qu'il est mort l'an 805 ; mais la foi de cette chronique est suspecte parmi les savants, et avec raison. En effet, l'éditeur nous apprend que Julien, archevêque de Tolède, est monté sur ce siège en l'an 680, et est mort en 690 ; qu'il a présidé à plusieurs conciles pendant cet intervalle, entre autres au douzième concile de Tolède, tenu en 681. Cela posé, il n'a pu voir ni raconter la mort de l'évêque de Xativa, arrivée en 805, non-seulement suivant l'hypothèse où lui Julien serait décédé en 690, mais encore suivant la date de l'année 680, où il est parvenu à l'archevêché de Tolède ; car alors il devait être âgé de plus de trente ans, selon les règles de la discipline, et il aurait fallu qu'il eût vécu au delà de cent cinquante-cinq ans pour arriver à l'année 805, qui est celle où l'on place la mort de cet Isidore Mercator : et on ne peut éluder l'objection en se retranchant à dire qu'il y a faute d'impression sur cette dernière époque, et qu'au lieu de l'année 805, on doit lire 705 ; car ce changement fait naître une autre difficulté. Dans la collection il est fait mention du pape Zacharie, qui néanmoins n'est parvenu au souverain pontificat qu'en 741. Comment accorder la date de l'année 705, qu'on suppose maintenant être celle de la mort d'Isidore, avec le temps où le pape Zacharie a commencé à occuper le saint-siége? Enfin David Blondel, écrivain protestant et habile critique, soutient dans son ouvrage intitulé : *Pseudo-Isidorus,* chap. 4 et 5 de ses prolégomènes, que cette collection ne nous est point venue d'Espagne. Il insiste sur ce que, depuis l'an 850 jusqu'à l'an 900, qui est l'espace de temps où elle doit être placée, ce royaume gémissait sous la cruelle domination des Sarrasins, surtout après le concile de Cordoue tenu en 852, dans lequel on défendit aux chrétiens de rechercher le martyre par un zèle indiscret, et d'attirer par-là sur l'Eglise une violente persécution. Ce décret, tout sage qu'il était, conforme à la prudence humaine, que la religion n'exclut point, étant mal observé, on irrita si fort les Arabes, qu'ils brûlèrent presque toutes les églises, dispersèrent ou firent mourir les évêques, et ne souffrirent point qu'ils fussent remplacés. Telle fut la déplorable situation des Espagnols jusqu'à l'année 1221, et il est hors de toute vraisemblance, selon Blondel, que dans le temps même où ils avaient à peine celui de respirer, il se soit trouvé un de leurs compatriotes assez insensible aux malheurs de la patrie, pour s'occuper alors à fabriquer des pièces sous les noms des papes du IIe et du IIIe siècle. Il soupçonne donc qu'un Allemand est l'auteur de cette collection, d'autant plus que ce fut Riculphe, archevêque de Mayence, qui la répandit en France, comme nous l'apprenons d'Hincmar de Reims dans son opuscule des cinquante-cinq chapitres contre Hincmar de Laon, chap. 4. Sans adopter précisément le système de Blondel, qui veut que Mayence ait été le berceau du recueil des *fausses décrétales*, nous nous contenterons de remarquer que le même Riculphe avait beaucoup de ces pièces supposées. On voit au livre VII des Capitulaires, chap. 205, qu'il avait apporté à Worms une épître du pape Grégoire, dont jusqu'alors on n'avait point entendu parler, et dont par la suite il n'est resté aucun vestige. Au reste, quoiqu'il soit assez constant que la compilation des *fausses décrétales* n'appartient à aucun Isidore, comme cependant elle est connue sous le nom d'*Isidore Mercator*, nous continuerons de l'appeler ainsi.

Cette collection renferme les cinquante canons des apôtres, que Denis le Petit avait rapportés dans la sienne ; mais ce n'est point ici la même version. Ensuite viennent les canons du second concile général, et ceux du concile d'Éphèse, qui avaient été omis par Denis. Elle contient aussi les conciles d'Afrique, mais dans un autre ordre et beaucoup moins exact que celui de Denis, qui les a copiés d'après le code des canons de l'Église d'Afrique. On y trouve encore dix-sept conciles de France, un grand nombre de conciles d'Espagne, et entre autres ceux de Tolède jusqu'au dix-septième, qui s'est tenu en 694. En tout ceci Isidore n'est point répréhensible, si ce n'est pour avoir mal observé l'ordre des temps, sans avoir eu plus d'égard à celui des matières, comme avaient fait avant lui plusieurs compilateurs. Voici où il commence à devenir coupable de supposition. Il rapporte sous le nom des papes des premiers siècles, depuis Clément Ier jusqu'à Sirice, un nombre infini de *décrétales* inconnues jusqu'alors, et avec la même confiance que si elles contenaient la vraie discipline de l'Église des premiers temps. Il ne s'arrête point là, il y joint plusieurs autres monuments apocryphes : tels sont la fausse donation de Constantin ; le prétendu concile de Rome sous Sylvestre ; la lettre d'Athanase à Marc, dont une partie est citée dans Gratien, distinct. 16, canon 12 ; celle d'Anastase, successeur de Sirice, adressée aux évêques de Germanie et de Bourgogne ; celle de Sixte III, aux Orientaux. Le grand saint Léon lui-même n'a point été à l'abri de ses téméraires entreprises ; l'imposteur lui attribue faussement une lettre touchant les privilèges des chorévêques. Le P. Labbé avait conjecturé la fausseté de cette pièce, mais elle est démontrée dans la onzième dissertation du P. Quesnel. Il suppose pareillement une lettre de Jean Ier à l'archevêque Zacharie, une de Boniface II à Eulalie d'Alexandrie, une de Jean III adressée aux évêques de France et de Bourgogne, une de Grégoire le Grand, contenant un privilège du monastère de Saint-Médard, une du même, adressée à Félix, évêque de Messine ; et plusieurs autres qu'il attribue faussement à divers auteurs. *Voy.* le recueil qu'en a fait David Blondel dans son *Faux Isidore*. En un mot, l'imposteur n'a épargné personne.

L'artifice d'Isidore, tout grossier qu'il était, en imposa à toute l'Église latine. Les noms qui se trouvaient à la tête des pièces qui composaient ce recueil étaient ceux des premiers souverains pontifes, dont plusieurs avaient souffert le martyre pour la cause de la religion. Ces noms ne purent que le rendre recommandable, et le faire recevoir avec la plus grande vénération. D'ailleurs, l'objet principal de l'imposteur avait été d'étendre l'autorité du saint-siège et des évêques. Dans cette vue il établit que les évêques ne peuvent être jugés définitivement que par le pape seul, et il répète souvent cette maxime. Toutefois on trouve dans l'*Histoire ecclésiastique* bien des exemples du contraire ; et, pour nous arrêter à un des plus remarquables, Paul de Samosate, évêque d'Antioche, fut jugé et déposé par les évêques d'Orient et des provinces voisines, sans la participation du pape. Ils se contentèrent de lui en donner avis après la chose faite, comme il se voit par leur lettre synodale, et le pape ne s'en plaignit point (Euseb., l. VII, c. 30). De plus, le faussaire représente comme ordinaires les appellations à Rome. Il paraît qu'il avait fort à cœur cet article, par le soin qu'il prend de répandre dans tout son ouvrage, que non-seulement tout évêque, mais tout prêtre, et en général toute personne opprimée, peut en tout état de cause, appeler directement au pape (1). Il fait parler sur ce sujet jusqu'à neuf souverains pontifes, Anaclet, Sixte Ier, Sixte II, Fabien, Corneille, Victor Zéphirin, Marcel et Jules. Mais saint Cyprien qui vivait du temps de saint Fabien et de saint Corneille, non-seulement s'est opposé aux appellations, mais encore a donné des raisons solides de n'y pas déférer (*Epist.* 59). Du temps de saint Augustin, elles n'étaient point encore en usage dans l'Église d'Afrique, comme il paraît par la lettre du concile tenu en 426, adressée au pape Célestin ; et si, en vertu du concile de Sardique, on en voit quelques exemples, ce n'est jusqu'au IXe siècle, que de la part des évêques des grands sièges qui n'avaient point d'autre supérieur que le pape. Il pose encore un principe incontestable, qu'on ne

(1) L'esprit complètement hostile au pape et aux évêques qui se manifeste dans tout le reste de cet article, est contraire à la saine doctrine. *Voy.* Dict. de Théol. morale, art. APPELS. JURIDICTION, etc.

peut tenir aucun concile, même provincial, sans la permission du pape. Nous avons démontré ailleurs qu'on était bien éloigné d'observer cette règle, pendant les neuf premiers siècles, tant par rapport aux conciles œcuméniques, que nationaux et provinciaux.

Les *fausses décrétales* favorisant l'impunité des évêques et plus encore les prétentions ambitieuses des souverains pontifes, il n'est plus étonnant que les uns et les autres les aient adoptées avec empressement, et s'en soient servis dans les occasions qui se présentèrent. C'est ainsi que Rotade, évêque de Soissons, qui dans un concile provincial tenu à Saint-Crespin de Soissons en 861, avait été privé de la communion épiscopale pour cause de désobéissance, appela au saint-siége. Hincmar de Reims, son métropolitain, nonobstant cet appel, le fit déposer dans un concile assemblé à Saint-Médard de Soissons, sous le prétexte que depuis il y avait renoncé et s'était soumis au jugement des évêques. Le pape Nicolas 1er, instruit de l'affaire, écrivit à Hincmar et blâma sa conduite. « Vous deviez, dit-il, honorer la mémoire de saint Pierre, et attendre notre jugement, quand même Rotade n'eût point appelé. » Et dans une autre lettre au même Hincmar sur la même affaire, il le menace de l'excommunier s'il ne rétablit pas Rotade. Ce pape fit plus encore; car Rotade étant venu à Rome, il le déclara absous dans un concile tenu la veille de Noël en 864, et le renvoya à son siége avec des lettres. Celle qu'il adresse à tous les évêques des Gaules est digne de remarque ; c'est la lettre 47 de ce Pontife : voici comme le pape y parle : « Ce que vous dites est absurde (nous nous servons ici de M. Fleury) que Rotade, après avoir appelé au saint-siége, ait changé de langage pour se soumettre de nouveau à votre jugement. Quand il l'aurait fait, vous deviez le redresser et lui apprendre qu'on n'appelle point d'un juge supérieur à un inférieur. Mais, encore qu'il n'eût pas appelé au saint-siége, vous n'avez dû en aucune manière déposer un évêque sans notre participation, au préjudice de tant de *décrétales* de nos prédécesseurs ; car si c'est par leur jugement que les écrits des autres docteurs sont approuvés ou rejetés, combien plus doit-on respecter ce qu'ils ont écrit eux-mêmes pour décider sur la doctrine ou la discipline. Quelques-uns de vous disent que ces *décrétales* ne sont point dans le code des canons; cependant quand ils les trouvent favorables à leurs intentions, ils s'en servent sans distinction, et ne les rejettent que pour diminuer la puissance du saint-siége. Que s'il faut rejeter les *décrétales* des anciens papes, parce qu'elles ne sont pas dans le code des canons, il faut donc rejeter les écrits de saint Grégoire et des autres papes, même des saintes Écritures. » Là-dessus M. Fleury fait cette observation, que, quoiqu'il soit vrai que de n'être pas dans le corps des canons ne fût pas une raison suffisante pour les rejeter, il fallait du moins examiner si elles étaient véritablement des papes dont elles portaient les noms ; mais c'est ce que l'ignorance de la critique ne permettait pas alors. Le pape ensuite continue et prouve par l'autorité de saint Léon et de saint Gélase, que l'on doit recevoir généralement toutes les *décrétales* des papes. Il ajoute : « Vous dites que les jugements des évêques ne sont pas des causes majeures ; nous soutenons qu'elles sont d'autant plus grandes, que les évêques tiennent un plus grand rang dans l'Église. Dites-vous qu'il n'y a que les affaires des métropolitains qui soient des causes majeures? Mais ils ne sont pas d'un autre ordre que les évêques, et nous n'exigeons pas des témoins ou des juges d'autre qualité pour les uns et pour les autres ; c'est pourquoi nous voulons que les causes des uns et des autres nous soient réservées. » Et ensuite : « Se trouvera-t-il quelqu'un assez déraisonnable pour dire que l'on doive conserver à toutes les églises leurs priviléges, et que la seule Église romaine doit perdre les siens ? » Il conclut en leur ordonnant de recevoir Rotade et de le rétablir (1). Nous voyons dans cette lettre de Nicolas 1er, l'usage qu'il fait des *fausses décrétales* ; il en prend tout l'esprit et en adopte toutes les maximes. Son successeur Adrien II, ne paraît pas moins zélé dans l'affaire d'Hincmar de Laon. Ce prélat s'était rendu odieux au clergé et au peuple de son diocèse par ses injustices et ses violences. Ayant été accusé au concile de Verberie, en 869, où présidait Hincmar de Reims, son oncle et son métropolitain, il appela au pape et demanda la permission d'aller à Rome, qui lui fut refusée. On suspendit seulement la procédure, et on ne passa pas outre. Mais sur de nouveaux sujets de plaintes que le roi Charles le Chauve et Hincmar de Reims eurent contre lui, on le cita d'abord au concile d'Attigni, où il comparut, mais bientôt après il prit la fuite ; ensuite au concile de Douzi, où il renouvela son appel. Après avoir employé divers subterfuges pour éviter de répondre aux accusations qu'on lui intentait, il y fut déposé. Le concile écrivit au pape Adrien une lettre synodale, en lui envoyant les actes dont il demande la confirmation, ou que du moins si le pape veut que la cause soit jugée de nouveau, elle soit renvoyée sur les lieux, et qu'Hincmar de Laon demeure cependant excommunié : la lettre est du 6 septembre 871. Le pape Adrien, loin d'acquiescer au jugement du concile, désapprouva, dans les termes les plus forts, la condamnation d'Hincmar de Laon, comme il paraît par ses lettres, l'une adressée aux évêques du concile, et l'autre au roi de France, tome VIII des Conciles, pag. 932 et suiv. Il dit aux évêques que, puisque Hincmar de Laon criait dans le concile qu'il voulait se défendre devant le saint-siége, il ne

---

(1) « M. Guizot, quoique protestant, rend justice à l'acte de Nicolas 1er en faveur de Rotade. *Il soutenait la justice et l'opinion populaire.* (Hist. de la civilisation en France, 27e leçon.)

fallait pas prononcer de condamnation contre lui. Dans sa lettre au roi Charles, il répète mot pour mot la même chose, touchant Hincmar de Laon, et veut que le roi l'envoie à Rome avec escorte. Nous croyons ne pouvoir nous dispenser de rapporter la réponse vigoureuse que fit le roi Charles. Elle montre que ce prince, justement jaloux des droits de sa couronne, était dans la ferme résolution de les soutenir. Nous nous servirons encore ici de M. Fleury. « Vos lettres portent, dit le roi au pape, *nous voulons et nous ordonnons par l'autorité apostolique, qu'Hincmar de Laon vienne à Rome, et devant nous, appuyé de votre puissance*. Nous admirons où l'auteur de cette lettre a trouvé qu'un roi obligé à corriger les méchants, et à venger les crimes, doive envoyer à Rome un coupable condamné selon les règles, vu principalement qu'avant sa déposition il a été convaincu dans trois conciles d'entreprises contre le repos public, et qu'après sa déposition il persévère dans sa désobéissance. Nous sommes obligés de vous écrire encore, que nous autres, rois de France, nés de race royale, n'avons point passé jusqu'à présent pour les lieutenants des évêques, mais pour les seigneurs de la terre. Et, comme dit saint Léon et le concile romain, les rois et les empereurs que Dieu a établis pour commander sur la terre ont permis aux évêques de régler les affaires suivant leurs ordonnances, mais ils n'ont pas été les économes des évêques ; et si vous feuilletez les registres de vos prédécesseurs, vous ne trouverez point qu'ils aient écrit aux nôtres comme vous venez de nous écrire. » Il rapporte ensuite deux lettres de saint Grégoire, pour montrer avec quelle modestie il écrivait non-seulement aux rois de France, mais aux exarques d'Italie. Il cite le passage du pape Gélase dans son *Traité de l'Anathème*, sur la distinction des deux puissances spirituelles et temporelles, où ce pape établit que Dieu en a séparé les fonctions. « Ne nous faites donc plus écrire, ajoute-t-il, des commandements et des menaces d'excommunication contraires à l'Ecriture et aux canons ; car, comme dit saint Léon, le privilége de saint Pierre subsiste quand on juge selon l'équité ; d'où il s'ensuit que quand on ne suit pas cette équité, le privilége ne subsiste plus. Quant à l'accusateur que vous ordonnez qui vienne à Hincmar, quoique ce soit contre toutes les règles, je vous déclare que si l'empereur mon neveu m'assure la liberté des chemins, et que j'aie la paix dans mon royaume contre les païens, j'irai moi-même à Rome pour me porter accusateur, et avec tant de témoins irréprochables, qu'il paraîtra que j'ai eu raison de l'accuser. Enfin, je vous prie de ne me plus envoyer à moi ni aux évêques de mon royaume de telles lettres, afin que nous puissions toujours leur rendre l'honneur et le respect qui leur convient. » Les évêques du concile de Douzi répondirent au pape à peu près sur le même ton ; et quoique la lettre ne soit pas restée en entier, il paraît qu'ils voulaient prouver que l'appel d'Hincmar ne devait pas être jugé à Rome, mais en France par des juges délégués, conformément aux canons du concile de Sardique.

Ces deux exemples suffisent pour faire sentir combien les papes dès lors étendaient leur juridiction à la faveur des *fausses décrétales*: on s'aperçoit néanmoins qu'ils éprouvaient de la résistance de la part des évêques de France. Ils n'osaient pas attaquer l'authenticité de ces *décrétales*, mais ils trouvaient l'application qu'on en faisait odieuse et contraire aux anciens canons. Hincmar de Reims surtout faisait valoir que, n'étant point rapportées dans le code des canons, elles ne pouvaient renverser la discipline établie par tant de canons et de décrets des souverains pontifes, qui étaient, et postérieurs, et contenus dans le code des canons. Il soutenait que lorsqu'elles ne s'accordaient pas avec ces canons et ces décrets, on devait les regarder comme abrogées en ces points-là. Cette façon de penser lui attira des persécutions. Flodoar, dans son Histoire des évêques de l'Eglise de Reims, nous apprend, liv. III, c. 21, qu'on l'accusa auprès du pape Jean VIII de ne pas recevoir les *décrétales* des papes ; ce qui l'obligea d'écrire une apologie que nous n'avons plus, où il déclarait qu'il recevait celles qui étaient approuvées par les conciles. Il sentait donc bien que les *fausses décrétales* renfermaient des maximes inouïes ; mais, tout grand canoniste qu'il était, il ne put jamais en démêler la fausseté. Il ne savait pas assez de critique pour y voir les preuves de supposition, toutes sensibles qu'elles sont, et lui-même allègue ces *décrétales* dans ses lettres et ses autres opuscules. Son exemple fut suivi de plusieurs prélats. On admit d'abord celles qui n'étaient point contraires aux canons plus récents ; ensuite on se rendit encore moins scrupuleux : les conciles eux-mêmes en firent usage. C'est ainsi que dans celui de Reims, tenu l'an 992, les évêques se servirent des fausses *décrétales* d'Anaclet, de Jules, de Damase et des autres papes, dans la cause d'Arnoul, comme si elles avaient fait partie du corps des canons. *Voy.* M. de Marca, lib. II *de Concordia sacerdot. et imper*. cap. 11, § 2. Les conciles qui furent célébrés dans la suite, imitèrent celui de Reims. Les papes du XI° siècle, dont plusieurs furent vertueux et zélés pour le rétablissement de la discipline ecclésiastique, un Grégoire VII, un Urbain II, un Pascal II, un Urbain III, un Alexandre III, trouvant l'autorité de ces *fausses décrétales* tellement établie que personne ne pensait plus à la contester, se crurent obligés en conscience à soutenir les maximes qu'ils y lisaient, persuadés que c'était la discipline des beaux jours de l'Eglise. Ils ne s'apperçurent point de la contrariété et de l'opposition qui règne entre cette discipline et l'ancienne. Enfin, les compilateurs des canons, tels que Bouchard de Worms, Yves de Chartres et Gratien, en remplirent leur collection. Lorsqu'une fois on eut commencé à enseigner le décret publiquement dans les écoles et à le commenter, tous les théologiens polémiques et scolastiques, et tous les interprètes du droit canon, employèrent à l'envi l'un de l'autre ces *fausses décrétales*, pour confirmer les dogmes catholiques, ou établir la discipline, et en parsemèrent leurs ouvrages. Ainsi, pendant l'espace de huit cents ans, la collection d'Isidore eut la plus grande faveur. Ce ne fut que dans le xvi° siècle que l'on conçut les premiers soupçons sur son authenticité. Érasme et plusieurs avec lui la révoquèrent en doute, surtout M. le Comte, dans sa préface sur le décret de Gratien, de même Antoine-Augustin, quoiqu'il se soit servi de ces *fausses décrétales* dans son *Abrégé du droit canonique*, insinue néanmoins dans plusieurs endroits qu'elles lui sont suspectes ; et sur le capitule 36 de la collection d'Adrien Ier, il dit expressément que l'épître de Damase à Aurélius de Carthage, qu'on a mise à la tête des conciles d'Afrique, est regardée par la plupart comme apocryphe, aussi bien que plusieurs épîtres des papes plus anciens. Le cardinal Bellarmin, qui le défend dans son traité *de Romano Pontifice*, ne nie pas cependant, liv. II, cap. 14, qu'il ne puisse s'y être glissé quelques erreurs, et n'ose avancer qu'elles soient d'une autorité incontestable. Le cardinal Baronius, dans ses *Annales* et principalement *ad annum.* 865, num. 8 et 9, avoue de bonne foi qu'on n'est point sûr de leur authenticité. Ce n'étaient encore là que des conjectures ; mais bientôt on leur porta de plus rudes atteintes : on ne s'arrêta pas à telle ou telle pièce en particulier, on attaqua la compilation entière : voici sur quels fondements on appuya la critique qu'on en fit. 1° Les *décrétales* rapportées dans la collection d'Isidore, ne sont point dans celles de Denis le Petit, qui n'a commencé à citer les *décrétales* des souverains pontifes qu'au pape Sirice. Cependant il nous apprend lui-même dans sa lettre à Julien, prêtre du titre de Saint-Athanase, qu'il avait pris un soin extrême à les recueillir. Comme il faisait son séjour à Rome, étant abbé d'un monastère de cette ville, il était à portée de fouiller dans les archives de l'Église romaine ; ainsi elles n'auraient pu lui échapper si elles y avaient existé. Mais si elles ne s'y trouvaient pas, et si elles ont été inconnues à l'Église romaine elle-même, à qui elles étaient favorables, c'est une preuve de leur fausseté. Ajoutez qu'elles l'ont été également à toute l'Église ; que les Pères et les conciles des huit premiers siècles, qui étaient alors fort fréquents, n'en ont fait aucune mention. Or, comment accorder un silence aussi universel avec leur authenticité ? 2° La matière de ces épîtres que l'imposteur suppose écrites dans les premiers siècles, n'a aucun rapport avec l'état des choses de ce temps-là : on n'y dit pas un mot des persécutions, des dangers de l'Église, presque rien qui concerne la doctrine : on n'y exhorte point les fidèles à confesser la foi : on n'y donne aucune consolation aux martyrs : on n'y parle point de ceux qui sont tombés pendant la persécution, de la pénitence qu'ils doivent subir. Toutes ces choses néanmoins étaient agitées alors, et surtout dans le III° siècle, et les véritables ouvrages de ces temps-là en sont remplis : enfin on ne dit rien des hérétiques des trois premiers siècles, ce qui prouve évidemment qu'elles ont été fabriquées postérieurement. 3° Leurs dates sont presque toutes fausses : leur auteur suit en général la chronologie du livre pontifical, qui, de l'aveu de Baronius, est très-fautive. C'est un indice pressant que cette collection n'a été composée que depuis le livre pontifical. 4° Ces *fausses décrétales*, dans tous les endroits des passages de l'Écriture, emploient toujours la version des livres saints appelée *Vulgate*, qui, si elle n'a pas été faite par saint Jérôme, a du moins pour la plus grande partie été revue et corrigée par lui : donc elles sont plus récentes que saint Jérôme. 5° Toutes ces lettres sont écrites d'un même style, qui est très-barbare, et en cela très-conforme à l'ignorance du VIII° siècle. Or, il n'est pas vraisemblable que tous les différents papes dont elles portent le nom, aient affecté de conserver le même style. Il n'est pas encore vraisemblable qu'on ait écrit d'un style aussi barbare dans les deux premiers siècles, quoique la pureté de la langue latine eût déjà souffert quelque altération. Nous avons des auteurs de ces temps-là qui ont de l'élégance, de la pureté, et de l'énergie, tels sont Pline, Suétone, et Tacite. On en peut conclure avec assurance, que toutes ces *décrétales* sont d'une même main, et qu'elles n'ont été forgées qu'après l'irruption des barbares et la décadence de l'empire romain. Outre ces raisons générales, David Blondel nous fournit dans son *Faux Isidore* de nouvelles preuves de la fausseté de chacune de ces *décrétales ;* il les a toutes examinées d'un œil sévère, et c'est à lui principalement que nous sommes redevables des lumières que nous avons aujourd'hui sur cette compilation. Le P. Labbe, savant jésuite, a marché sur ses traces dans le tome I de sa *Collection des conciles.* Ils prouvent tous deux sur chacune de ces pièces en particulier, qu'elles sont tissues de passages de papes, de conciles, des Pères et d'auteurs plus récents que ceux dont elles portent le nom ; que ces passages sont mal cousus ensemble, sont mutilés et tronqués pour mieux induire en erreur les lecteurs qui ne sont pas attentifs. Ils y remarquent de très-fréquents anacronismes ; qu'on y fait mention des choses absolument inconnues à l'antiquité : par exemple, dans l'épître de saint Clément à saint Jacques, frère du Seigneur, on y parle des habits dont les prêtres se servent pour célébrer l'office divin, des vases sacrés, des calices et autres choses semblables, qui n'étaient pas en usage du temps de saint Clément. On y parle encore des portiers, des archidiacres et autres ministres de l'Église, qui n'ont été établi que depuis. Dans la première *décrétale* d'Anaclet, on y décrit les cérémonies de l'Eglise d'une façon qui alors n'était point encore usitée : on y fait mention d'archevêques, de patriarches, de primats, comme si ces titres étaient connus dès la naissance de l'Eglise. Dans la même lettre on y statue qu'on peut appeler des juges séculiers aux juges ecclésiastiques ; qu'on doit réserver au saint-siége les causes majeures, ce qui est extrêmement contraire à la discipline de ce temps. Enfin chacune des pièces qui composent le recueil d'Isidore porte avec elle des marques de supposition qui lui sont propres, et dont aucune n'a échappé à la critique de Blondel et du P. Labbe : nous ne pouvons mieux faire que d'y renvoyer le lecteur.

Au reste, les *fausses décrétales* ont produit de grandes altérations et des maux, pour ainsi dire, irréparables dans la discipline ecclésiastique ; c'est à elles qu'on doit attribuer la cessation des conciles provinciaux. Autrefois ils étaient fort fréquents : il n'y avait que la violence des persécutions qui en interrompit le cours. Sitôt que les évêques se trouvaient en liberté, ils y recouraient, comme au moyen le plus efficace de maintenir la discipline : mais depuis qu'en vertu des *fausses décrétales*, la maxime se fut établie de n'en plus tenir sans la permission du souverain pontife, ils devinrent plus rares, parce que les évêques souffraient impatiemment que les légats du pape y présidassent, comme il était d'usage depuis le XIIe siècle ; ainsi on s'accoutuma insensiblement à n'en plus tenir. En second lieu, rien n'était plus propre à fomenter l'impunité des crimes, que ces jugements des évêques réservés au saint-siége. Il était facile d'en imposer à un juge éloigné, difficile de trouver des accusateurs et des témoins (1). De plus, les évêques cités à Rome n'obéissaient point, soit pour cause de maladie, de pauvreté ou de quelque autre empêchement, soit parce qu'ils se sentaient coupables. Ils méprisaient les censures prononcées contre eux ; et si le pape, après les avoir déposés, nommait un successeur, ils le repoussaient à main armée ; ce qui était une source intarissable de rapines, de meurtres et de séditions dans l'Etat, de troubles et de scandales dans l'Eglise. Troisièmement, c'est dans les *fausses décrétales* que les papes ont puisé le droit de transférer seuls les évêques d'un siége à un autre, et d'ériger de nouveaux évêchés (2). A l'égard des translations, elles étaient en général sévèrement défendues par les canons du concile de Sardique et de plusieurs autres conciles : elles n'étaient tolérées que lorsque l'utilité évidente de l'Eglise les demandait, ce qui était fort rare ; et dans ce cas, elles se faisaient par l'autorité du métropolitain et du concile de la province. Mais depuis qu'on a suivi les *fausses décrétales*, elles sont devenues fort

fréquentes dans l'Eglise latine. On a plus consulté l'ambition et la cupidité des évêques, que l'utilité de l'Eglise ; et les papes ne les ont condamnées que lorsqu'elles étaient faites sans leur autorité, comme nous le voyons dans les lettres d'Innocent III. L'érection des nouveaux évêchés, suivant l'ancienne discipline, appartenait pareillement au concile de la province, et nous en trouvons un canon précis dans les conciles d'Afrique : ce qui était conforme à l'utilité de la religion et des fidèles, puisque les évêques du pays étaient seuls à portée de juger quelles étaient les villes qui avaient besoin d'évêques, et en état d'y placer des sujets propres à remplir dignement ces fonctions. Mais les *fausses décrétales* ont donné au pape seul le droit d'ériger de nouveaux évêchés ; et, comme souvent il est éloigné des lieux dont il s'agit, il ne peut être instruit exactement, quoiqu'il nomme des commissaires et fasse faire des informations de la commodité et incommodité, ces procédures ne suppléant jamais que d'une manière très-imparfaite à l'inspection oculaire et à la connaissance qu'on prend des choses par soi-même. Enfin, une des plus grandes plaies que la discipline de l'Eglise ait reçue des *fausses Décrétales*, c'est d'avoir multiplié à l'infini les appellations au pape : les indociles avaient par là une voie sûre d'éviter la correction, ou du moins de la différer. Comme le pape était mal informé, à cause de la distance des lieux, il arrivait souvent que le bon droit des parties était lésé ; au lieu que dans le pays même, les affaires eussent été jugées en connaissance de cause et avec plus de facilité. D'un autre côté, les prélats, rebutés de la longueur des procédures, des frais et de la fatigue des voyages, et de beaucoup d'autres obstacles difficiles à surmonter, aimaient mieux tolérer les désordres qu'ils ne pouvaient réprimer par leur seule autorité, que d'avoir recours à un pareil remède. S'ils étaient obligés d'aller à Rome, ils étaient détournés de leurs fonctions spirituelles : les peuples restaient sans instruction, et pendant ce temps-là l'erreur ou la corruption faisait des progrès considérables. L'Eglise romaine elle-même perdit le lustre éclatant dont elle avait joui jusque alors par la sainteté de ses pasteurs. L'usage fréquent des appellations attirant un concours extraordinaire d'étrangers, on vit naître dans son sein l'opulence, le faste et la grandeur : les souverains pontifes qui d'un côté enrichissaient Rome et de l'autre la rendaient terrible à tout l'univers chrétien, cessèrent bientôt de la sanctifier. Telles ont été les suites funestes des *fausses décrétales* dans l'Eglise latine ; et par la raison qu'elles étaient inconnues dans l'Eglise grecque, l'ancienne discipline s'y est mieux conservée sur tous les points que nous venons de marquer. On est effrayé de voir que tant d'abus, de relâchement et de désordres, soient nés

---

(1) Il y a sans doute eu des abus dans les appels. On ne peut cependant contester le principe sans porter atteinte à l'autorité des pontifes.

(2) On ne peut, sans être schismatique, contester au pape le droit d'ériger de nouveaux évêchés.

de l'ignorance profonde où l'on a été plongé pendant l'espace de plusieurs siècles : et l'on sent en même temps combien il importe d'être éclairé sur la critique, l'histoire, etc. Mais si la tranquillité et le bonheur des peuples, si la paix et la pureté des mœurs dans l'Eglise, se trouvent si étroitement liés avec la culture des connaissances humaines, les princes ne peuvent témoigner trop de zèle à protéger les lettres et ceux qui s'y adonnent, comme étant les défenseurs nés de la religion et de l'Etat. Les sciences sont un des plus solides remparts contre les entreprises du fanatisme, si préjudiciables à l'un et à l'autre, et l'esprit de méditation est aussi le mieux disposé à la soumission et à l'obéissance. (Extrait du *Dictionnaire de Jurisprudence.*)

DÉDICACE, cérémonie par laquelle on voue ou l'on consacre un temple, un autel à l'honneur de la Divinité.

L'usage des *dédicaces* est très-ancien. Les Hébreux appelèrent cette cérémonie *Hanuchah*; ce que les Septante ont rendu par ἐγκαίνια, *renouvellement*. Il est pourtant bon d'observer que ni les Juifs ni les Septante ne donnent ce nom qu'à la *dédicace* du temple faite par les Machabées, qui y renouvelèrent l'exercice de la religion interdit par Antiochus, qui avait profané le temple, — Les Juifs célébrèrent cette fête pendant huit jours avec la plus grande solennité. (*I Machab*, IV, 36 et seq.). Ils la célèbrent encore aujourd'hui. Jésus-Christ honora cette fête de sa présence. (*Joan.* x, 22) ; mais il ne paraît pas qu'ils aient jamais fait l'anniversaire de la première *dédicace* du temple qui se fit sous Salomon, ni de la seconde, qui fut célébrée après sa reconstruction sous Zorobabel. (Reland, *antiq. vet. Hebræor.*, IV part., c. 10, § 6; Prideaux, *Hist. des Juifs,* liv. II, tom. II, pag. 79).

On trouve dans l'Ecriture des *dédicaces* du tabernacle, des autels du premier et du second temple, et même des maisons de particuliers, de prêtres, de lévites. Chez les chrétiens, on nomme ces sortes de cérémonies consécrations, bénédictions, ordinations, et non *dédicace*, ce terme n'étant usité que lorsqu'il s'agit d'un lieu spécialement destiné au culte divin.

La fête de la *dédicace* dans l'Eglise romaine est l'anniversaire du jour auquel une église a été consacrée. Cette cérémonie a commencé à se faire avec solennité sous Constantin, lorsque la paix fut rendue à l'Eglise. On assemblait plusieurs évêques pour la faire, et ils solennisaient cette fête, qui durait plusieurs jours, par la célébration des saints mystères, et par des discours sur le but et la fin de cette cérémonie. Eusèbe nous a conservé la description des *dédicaces* des églises de Tyr et de Jérusalem. Sozomène (*Hist. ecclés.*, liv. II, c. 26), nous apprend que tous les ans l'on en célébrait l'anniversaire à Jérusalem pendant huit jours. — On jugea depuis cette consécration si nécessaire, qu'il n'était pas permis de célébrer dans une église qui n'avait pas été dédiée, et que les ennemis de saint Athanase lui firent un crime d'avoir tenu les assemblées du peuple dans une pareille église. Depuis le quatrième siècle, on a observé diverses cérémonies pour la *dédicace*, qui ne peut se faire que par un évêque ; elle est accompagnée d'une octave solennelle. Il y a cependant beaucoup d'églises, surtout à la campagne, qui ne sont pas dédiées, mais seulement bénites : comme elles n'ont point de *dédicaces propres*, elles prennent celles de la cathédrale ou de la métropole du diocèse dont elles sont. On faisait même autrefois la *dédicace* particulière des fonts baptismaux, comme nous l'apprenons du pape Gélase dans son Sacramentaire. (Ménard, *Notes sur le Sacrement.*, p. 205).

Les protestants ont affecté de remarquer que l'on ne trouve aucun vestige de la *dédicace* des églises avant le IVe siècle. N'est-ce donc pas là une assez haute antiquité, pour qu'elle ait dû leur paraître respectable? Dans ce siècle, qui a été incontestablement l'un des plus éclairés et des plus fertiles en grands évêques, on faisait profession comme aujourd'hui de suivre la doctrine et les usages des trois siècles précédents ; c'en est assez pour nous faire présumer que la consécration ou la *dédicace* des églises n'était pas alors une nouveauté. Dans un moment nous verrons les conséquences qui s'ensuivent. — Ils ont encore observé que l'on ne dédiait pas pour lors les églises aux saints, mais à Dieu seul. Nous le savons, et quoi qu'ils en pensent, cet usage dure encore. Parce que l'on dédie une église à Dieu sous l'invocation d'un tel saint, il ne s'ensuit pas qu'elle est dédiée ou consacrée au saint ; et lorsque l'on dit: *l'église de Notre-Dame ou de saint Pierre*, on n'entend pas qu'elle est destinée au culte de ces patrons plutôt qu'au culte de Dieu. Les anglicans même ont conservé ces dénominations vulgaires ; les luthériens et les calvinistes donnent encore à leurs temples les mêmes noms qu'ils portaient lorsque c'étaient des églises à l'usage des catholiques. S'ils doutent de l'intention de l'Eglise romaine, ils n'ont qu'à ouvrir le pontifical; ils verront que les prières que l'on fait pour la *dédicace* d'une église sont adressées à Dieu et non aux saints. Bingham, qui a tant étudié l'antiquité, et qui a fait la remarque dont nous parlons, nous apprend aussi que, dès les premiers siècles, les églises furent non-seulement appelées *Dominicum*, la maison du Seigneur, mais encore *Martyria*, *Apostolœa* et *Prophetœa*, parce que la plupart étaient bâties sur le tombeau des martyrs, et parce que c'étaient autant de monuments qui conservaient la mémoire des apôtres et des prophètes. (*Orig. ecclés.*, liv. VIII, c. 1, § 8 ; c. 9, § 8.)

De tout cela, il s'ensuit que les chrétiens des premiers siècles n'avaient pas de leurs églises la même idée que les protestants ont de leurs temples. Ceux-ci sont simplement des lieux d'assemblée, où il ne se passe rien que l'on ne puisse faire partout ailleurs ; conséquemment les protestants ont supprimé les bénédictions, les consécrations, les *dédicaces*, comme autant de superstitions du papisme; qu'en est-il besoin, en effet, pour un lieu profane? C'est autre chose, quand on croit, comme les premiers chrétiens, que les églises sont consacrées par la présence réelle et corporelle de Jésus-Christ; qu'il daigne y habiter aussi véritablement qu'il est dans le ciel; alors on est en droit de dire comme Jacob: *C'est ici la maison de Dieu et la porte du ciel*; d'en faire une consécration, comme il consacra, par une effusion d'huile, la pierre sur laquelle il avait eu une vision mystérieuse. Il est à propos d'en renouveler chaque année la mémoire, afin de faire souvenir les fidèles du respect, de la modestie, de la piété, avec lesquels ils doivent y entrer et s'y tenir. Quelques incrédules ont dit que c'est une cérémonie empruntée des païens; mais les païens l'avaient dérobée aux adorateurs du vrai Dieu. *Voy.* Consécration, Eglise.

DÉFAUT. *Voy.* Imperfection.

DÉFENSE DE SOI-MÊME. Cet article appartient directement à la philosophie morale; mais comme certains censeurs de l'Evangile ont prétendu que Jésus-Christ interdit la *défense de soi-même*, et déroge ainsi à la loi naturelle, un théologien doit prouver le contraire.

Dans saint Mathieu, v, 38, Jésus-Christ dit: *Vous savez ce qui a été ordonné par la loi de talion, que l'on rendra œil pour œil et dent pour dent; et moi je vous dis de ne point résister au méchant; mais si quelqu'un vous frappe sur la joue droite, tendez-lui l'autre; s'il veut plaider contre vous et vous enlever votre tunique, abandonnez-lui encore votre manteau*, etc. Il est évident que Jésus-Christ avertissait ses disciples de ce qu'ils seraient obligés de faire, lorsque le peuple et les magistrats, conjurés contre eux à cause de l'Evangile, voudraient leur ôter non-seulement tout ce qu'ils avaient, mais leur arracher la vie. *Le moment viendra*, leur dit-il, *où tout homme qui pourra vous ôter la vie, croira faire une œuvre agréable à Dieu* (Joan. xvi, 2). — Il aurait été alors fort inutile de vouloir opposer la force à la force, ou d'implorer la protection des lois et des magistrats; mais ce qui était alors une nécessité pour les disciples du Sauveur, est-il encore une obligation pour le commun des fidèles, dans un état policé et sagement gouverné? La loi qui nous oblige à supporter, pour la religion et pour la foi, les injustices et la violence des persécuteurs, ne nous commande pas de céder de même à l'audace d'un voleur ou d'un assassin.

En général, le conseil de souffrir l'injustice et la violence plutôt que de poursuivre nos droits à la rigueur, est toujours très-sage; l'opiniâtreté à les défendre, à plaider, à exiger des réparations, n'a jamais réussi à personne, les victoires que l'on peut remporter en ce genre ont ordinairement des suites très-fâcheuses; — A la vérité, les sociniens ont poussé le rigorisme jusqu'à décider qu'un chrétien est obligé, par charité, de se laisser ôter la vie par un agresseur injuste, plutôt que de le tuer lui-même; mais nous ne voyons pas sur quelle loi ni sur quel principe peut-être fondée cette décision. Lorsque Jésus-Christ ordonnait à ses disciples de souffrir la violence, ce n'était pas pour conserver la vie des agresseurs, mais parce qu'il savait que cette patience héroïque était le moyen le plus sûr de convertir les infidèles; c'est ce qui est arrivé. — Comme Bayle avait fait cet objection, Montesquieu lui reproche de n'avoir pas su distinguer les ordres donnés pour l'établissement du christianisme d'avec le christianisme même, ni les conseils évangéliques d'avec les préceptes. Une preuve que les leçons données par Jésus-Christ à ses apôtres ne sont ni impraticables ni pernicieuses à la société, c'est que les apôtres les ont pratiquées à la lettre; et sans ce courage ils n'auraient pas réussi à établir le christianisme.

Barbeyrac, appliqué à décrier la morale des Pères de l'Eglise, les accuse d'avoir condamné, d'un sentiment presque unanime, la *défense de soi-même*. La vérité est que la plupart se sont bornés à répéter les maximes de l'Evangile, que par conséquent il faut donner aux uns et aux autres la même explication. En effet, ceux qui se sont exprimés le plus fortement sur la patience absolue et sans bornes prescrite aux chrétiens, sont Athénagore (*Légat. pro. Christ.*, c. 1); Tertullien, dans son *Livre de la patience*, c. 7, 8, 10; saint Cyprien (*Epist.* 57. p. 95, et de *Bono Patient.*, p. 250); Lactance (*Instit. divin.*, l. vi, c. 18). Or, ces quatres auteurs ont vécu dans les temps de persécution; et pour peu qu'on les lise avec attention, l'on voit évidemment qu'ils parlent de la patience du chrétien dans ces circonstances. Barbeyrac lui-même est forcé de convenir que, dans ce cas, les chrétiens devaient tout souffrir sans se défendre, parce que leur patience héroïque était nécessaire, soit pour amener les païens à la foi, soit pour y confirmer ceux qui l'avaient embrassée. Les Pères des trois premiers siècles n'ont donc pas eu tort d'en faire un devoir pour les chrétiens. — Supposons que ceux du ive et des suivants, comme saint Basile, saint Ambroise et saint Augustin aient décidé, en général, qu'un chrétien, attaqué par un agresseur injuste, doit plutôt se laisser tuer que de tuer son adversaire; cette morale est-elle aussi évidemment fausse que Barbeyrac le prétend? De son propre aveu, Grotius, aussi bon moraliste que lui, pour le moins, regarde cette patience d'un chrétien comme un trait de charité héroïque (*Annot. in Matth.* v, 40). Les Pères ont donc pu penser de même, sans mériter une censure rigoureuse. — Barbeyrac décide le contraire pour trois raisons: c'est qu'il n'est pas juste qu'un innocent meure plutôt qu'un coupable, autrement la condition des scélérats serait meilleure que celles des gens de bien, et ce serait un moyen d'enhardir les premiers au crime. Cela est très-bien; mais cet oracle de morale passe sous silence un inconvénient terrible, c'est que si le meurtre vient à être découvert, et que celui qui l'a commis ne puisse pas prouver qu'il l'a fait uniquement pour sauver sa propre vie, *cum moderamine inculpatæ tutelæ*, il sera puni comme meurtrier : dans ce cas, l'innocence ne se présume point, il faut la prouver. Voilà donc le danger inévitable auquel se trouve exposé un innocent.

Si l'on veut se donner la peine d'examiner dans le *Dictionnaire de Jurisprudence* toutes les conditions qui sont nécessaires pour qu'en pareil cas un meurtrier soit innocent, et soit déclaré tel, on verra si l'opinion que Barbeyrac blâme avec tant de hauteur est aussi mal fondée qu'il le prétend. Heureusement le cas dont nous parlons est très-rare, et quand les Pères se seraient trompés en le décidant, il n'y aurait encore là aucun danger pour les mœurs. Le premier mouvement d'un homme attaqué sera toujours de se défendre, et l'on sait bien qu'il ne lui est pas possible d'avoir pour lors assez de sang-froid pour mesurer ses coups.

De là même nous concluons, contre les déistes et contre tous les censeurs de la morale chrétienne, qu'il n'est pas vrai que la loi naturelle et le droit naturel soient fort aisés à connaître dans tous les cas, et qu'il en est plusieurs dans lesquels les deux partis sont exposés à peu près aux mêmes inconvénients. Ce qu'il y a de certain, c'est que, dans tous les cas, la charité héroïque d'un chrétien sera toujours un excellent exemple, et ne produira jamais aucun mal.

DÉFENSEURS, hommes chargés par état de soutenir les intérêts des autres ; ç'a été autrefois un nom d'office et de dignité.

La distinction à faire entre les *défenseurs* des Eglises, les *défenseurs* des villes et des cités, les *défenseurs* du peuple, les *défenseurs* des pauvres, regarde principalement les historiens et les canonistes ; mais il nous est permis d'observer que ces titres et ces commissions ont été souvent confiés aux évêques, aux pasteurs, non-seulement sous les empereurs, mais sous la domination de nos rois, et qu'en cette qualité les évêques étaient obligés, autant par justice que par charité, à représenter au souverain les besoins et les griefs des sujets de leur diocèse. Et comme il y avait une portion d'autorité civile attachée à la charge de *défenseur*, les évêques s'en sont trouvés revêtus par cette marque de confiance. Ç'a été là une des sources de l'autorité du clergé en matière civile, source de laquelle il n'a point à rougir, et qui lui sera toujours très-honorable.

DÉFINITEUR (1), *definitor seu consultor*, est le titre que l'on donne, dans certains ordres religieux, à ceux qui sont choisis dans le nombre des supérieurs et religieux du même ordre, assemblés pour le chapitre général ou provincial, à l'effet de régler les affaires de l'ordre ou de la province ou congrégation. Pendant la tenue du chapitre, toute l'autorité est commise aux *définiteurs*

(1) Cet article et le suivant sont reproduits d'après l'édition de Liége.

DICT. DE THÉOL. DOGMATIQUE. II.

pour faire les règlements, définitions, statuts, décrets, qu'ils jugeront convenables au bien du corps : ce sont eux aussi qui font les élections des supérieurs pour les maisons de leur ordre.

Le lieu où s'assemblent les *définiteurs* s'appelle le *définitoire* ; on donne aussi quelquefois ce nom à l'assemblée des *définiteurs* : c'est proprement le tribunal de l'ordre par lequel toutes les affaires purement régulières sont jugées.

Il y a deux sortes de *définiteurs*, savoir : les *définiteurs généraux* et les *définiteurs particuliers*. Les *définiteurs généraux* sont ceux que chaque chapitre provincial députe au chapitre général pour régler les affaires de tout l'ordre ; l'assemblée de ces *définiteurs* s'appelle le définitoire général. Les *définiteurs particuliers* sont ceux que chaque monastère députe au chapitre provincial, pour y tenir le *définitoire* dans lequel se règlent les affaires de la province.

L'usage des différents ordres religieux n'est pas uniforme pour l'élection, ni pour le nombre et les prérogatives des *définiteurs*. — Dans plusieurs ordres et congrégations, les *définiteurs* sont ordinairement choisis en nombre impair de sept, neuf, quinze, et plus grand nombre : dans l'ordre de Cîteaux, il y en a vingt-cinq ; dans celui de Cluny, quinze ; dans la congrégation de Saint-Maur, neuf ; dans celle de Saint-Vanne il n'y en a que sept. — Dans cette dernière congrégation, ils sont choisis par tous ceux qui composent le chapitre, soit supérieurs, soit députés des communautés ; mais ces derniers ne peuvent être élus *définiteurs* : ils n'ont que voix active. — L'élection des *définiteurs*, dans la congrégation de Saint-Maur, se fait par les seuls supérieurs, qui sont députés au chapitre général par des assemblées particulières qui se font avant la tenue du chapitre, et qu'on appelle diètes. — Dans l'ordre de Cluny, ils sont choisis par ceux qui étaient *définiteurs* au chapitre précédent, et ainsi successivement d'un chapitre à l'autre : en sorte que ceux qui étaient *définiteurs* au chapitre précédent n'ont plus au chapitre suivant que voix active, et ne peuvent être choisis pour être de nouveau *définiteurs*. Comme il y a deux observances dans l'ordre de Cluny, des quinze *définiteurs*, huit sont de l'ancienne observance, et sept de l'étroite. Ils s'unissent tous pour connaître des affaires communes à l'ordre, et se séparent pour connaître ce qui regarde chaque observance. Tous les règlements, statuts, etc., sont rapportés ensuite dans un seul corps au définitoire commun, et sont signés de tous les *définiteurs*. Dans l'intervalle d'un chapitre à l'autre, il n'y a ni droit ni prérogative attachée au titre de *définiteur*, si ce n'est celui d'assister au chapitre suivant.

Les chanoines réguliers de la congrégation de France s'assemblent tous les trois ans, par députés, dans l'abbaye de Sainte-Geneviève, pour y faire l'élection d'un abbé général. Ce chapitre, composé de vingt-huit députés, est partagé en trois chambres. La première et principale, qu'on appelle le *définitoire*, et à laquelle préside l'abbé, est composée de dix *définiteurs* choisis par suffrages secrets parmi les députés. Ils sont ainsi nommés, parce qu'ils mettent la dernière main aux règlements qui doivent être observés dans cette congrégation, et nomment les supérieurs des maisons. Leur fonction ne dure, de même que dans les autres ordres dont on a parlé, que pendant la tenue du chapitre, qui est ordinairement d'environ douze ou quinze jours. La seconde chambre, appelée *des décrets*, est celle où l'on forme d'abord les règlements, qui sont ensuite portés au définitoire, lequel les adopte ou rejette, et y met la dernière main. La troisième chambre enfin, qu'on appelle *chambre des comptes*, est celle où l'on examine les comptes des maisons. Les députés qui composent cette chambre, après un examen des comptes, en font le rapport au définitoire, c'est-à-dire en la chambre des *définiteurs*, lesquels règlent ces comptes. — Pour être *définiteur* dans cette congrégation, il faut avoir au moins neuf années de priorature. Les *définiteurs* ont la préséance sur les autres députés pendant la tenue du chapitre.

Suivant les constitutions de l'étroite observance pour les réformés de l'ordre des Carmes, approuvées et confirmées par Urbain VIII, avec les articles ajoutés par Innocent X, publiées par décret du chapitre général tenu à Rome en 1645, dont la troisième partie traite du chapitre provincial, après avoir parlé de la manière en laquelle doit être tenu ce chapitre provincial, voici ce qui s'observe par rapport aux *définiteurs*, suivant le chap. 3, intitulé *de Electione definitorum*. — Il est dit que l'on élira pour *définiteurs* ceux qui seront les plus recommandables par leur prudence, expérience, doctrine et sainteté; qu'ils seront les aides du provincial, lequel sera tenu de se servir de leur secours et de leur conseil pour le gouvernement de la province, de manière qu'il ne pourra point sans raison s'écarter de leur avis; que cette élection sera faite par tous ceux qui sont *de gremio*; que les suffrages seront secrets; et que l'on choisira quatre des religieux, aussi du même ordre, qui n'aient point été *définiteurs* au dernier chapitre; que celui qui aura le plus de voix sera le premier, celui qui en aura ensuite le plus sera le second, et ainsi des autres; que si plusieurs se trouvent avoir égalité de suffrages, le plus ancien en profession sera *définiteur*. — L'élection étant faite, elle doit être publiée par le président du chapitre, lequel déclare que les *définiteurs* élus ont autorité de décider toutes les affaires qui se présenteront pendant la tenue du chapitre; en sorte que ces *définiteurs* ainsi élus ont tout pouvoir de la part du chapitre, excepté lorsqu'il s'agit de faire des règlements qui concernent toute la province; car, en ces matières, tous ceux qui sont du chapitre ont droit de suffrage; et l'on y doit même procéder par suffrages secrets si cela paraît plus convenable. — Les *définiteurs* ainsi élus et annoncés commencent aussitôt à être comme assistants auprès du provincial et du président. On publie aussi les noms de ceux qui ont eu après eux le plus de suffrages, et on les inscrit dans le livre de la province, selon le nombre des suffrages que chacun d'eux a eu, afin que l'on puisse en prendre parmi eux pour suppléer le nombre des *définiteurs*, si quelqu'un d'eux venait à être élu provincial ou à décéder, ou se trouvait absent par quelque autre empêchement. — Aucun ne peut être élu *définiteur* qu'il ne soit prêtre, qu'il n'ait cinq années accomplies de profession, qu'il ne soit âgé de trente ans au moins.

Pendant le chapitre et les congrégations ou assemblées annuelles, les *définiteurs* tiennent le premier rang après le provincial; hors le chapitre, ils ont rang après le prieur, le sous-prieur et le maître des novices; dans leurs couvents, ils sont néanmoins soumis en tout, et doivent recevoir de leurs prieurs les monitions et corrections, comme les autres religieux, auxquels ils doivent l'exemple. Les constitutions ne veulent pas qu'on les appelle *définiteurs* dans le couvent; mais ce dernier article ne s'observe pas. — Ceux qui ont eu voix dans l'élection du discret ou religieux qui accompagne le prieur ou vicaire au chapitre provincial ne peuvent avoir voix dans le chapitre pour l'élection des *définiteurs*, excepté le président et son assistant; qu'il choisira lui-même selon sa conscience, pourvu qu'il soit de la province et du nombre de ceux qui observent ces statuts. Enfin le président et son assistant doivent avoir voix et séance dans le chapitre, quoiqu'ils aient eu voix dans l'élection de quelque discret.

Telles sont les règles prescrites pour les *définiteurs* par les constitutions dont on vient de parler. On n'entrera pas ici dans un plus grand détail de ce qui se pratique à cet égard dans les autres ordres: les exemples que l'on vient de rapporter suffisent pour en donner une idée. (Extrait du *Dictionnaire de Jurisprudence*.)

DÉGRADATION D'UN ECCLÉSIASTIQUE, est lorsque, étant condamné pour crime à subir quelque peine afflictive ou infamante, on le dégrade avant l'exécution; c'est-à-dire qu'on le dépouille de toutes les marques extérieures de son caractère.

La *dégradation* des personnes consacrées au culte divin a été en usage chez différents peuples, dans les temps les plus reculés; il n'y avait pas jusqu'aux Vestales, chez les païens, qui ne pouvaient être exécutées à mort qu'elles n'eussent été solennellement dégradées par les pontifes, qui leur ôtaient les bandelettes et autres ornements du sacerdoce. — Chez les Juifs, les prêtres convaincus de crime étaient dégradés. L'Écriture sainte nous en fournit un premier exemple bien remarquable en la personne d'Aaron, que Dieu, ayant condamné à mort pour son incrédulité, ordonna à Moïse de dégrader auparavant du sacerdoce, en le dépouillant pour cet effet de la robe de grand prêtre, et d'en revêtir Eléazar, fils d'Aaron, ce que Moïse exécuta comme Dieu le lui avait ordonné (*Nombres*, xx).

Il y avait aussi une autre sorte de *dégradation*, semblable à celle que les Romains appelaient *regradatio*, dont l'effet était seulement de reculer la personne à un grade plus éloigné, sans la priver totalement de son état. C'est ainsi que dans Ezéchiel, chap. 44, il est dit que les lévites qui auront quitté le Seigneur pour suivre les idoles seront employés, dans le sanctuaire de Dieu, à l'office de portiers. — Saint Jérôme, *in Chronicis*, fait mention de cette *dégradation* ou *regradation* ; il dit qu'Héraclius, d'évêque fut réduit à être simple prêtre : *In presbyterum regradatus est*.

Pour ce qui est de la *dégradation* telle que nous l'entendons présentement, c'est-à-dire celle qui emporte privation absolue de la dignité ou office, on a pensé, dès les premiers siècles de l'Eglise, qu'il était nécessaire avant de livrer un prêtre à l'exécuteur de la justice, à cause de l'onction sacrée qu'il avait reçue par l'ordination. On croyait aussi que cette raison cessait par la *dégradation*, parce qu'alors l'onction leur était ôtée et essuyée, et que l'Eglise elle-même les rendait au bras séculier pour être traités selon les lois, comme le commun des hommes. — Au commencement, les évêques et les prêtres ne pouvaient être déposés que dans un concile ou synode ; mais comme on ne pouvait pas toujours attendre la convocation d'une assemblée si nombreuse, il fut arrêté, au second concile de Carthage, qu'en cas de nécessité, ou si l'on ne pouvait pas assembler un si grand nombre d'évêques, il suffirait qu'il y en eût douze pour juger un évêque, six pour un prêtre, et trois avec l'évêque du lieu pour dégrader un diacre. — Boniface VIII, chap. 2 *de Pœnis*, *in Sexto*, décide que, pour exécuter la *dégradation*, il faut le nombre d'évêques requis par les anciens canons. — Mais cette décision n'a jamais été suivie parmi nous, et l'on a toujours pensé, avec raison, qu'il ne fallait pas plus de pouvoir pour dégrader un prêtre que pour le consacrer. Aussi le concile de Trente (*Sess.* 13, *cap.* 4) décide-t-il qu'un seul évêque peut dégrader un prêtre, et même que le vicaire général de l'évêque, *in spiritualibus*, a le même pouvoir, en appelant toutefois six abbés, s'il s'en trouve assez dans la ville, sinon six autres personnes constituées en dignité ecclésiastique. — La novelle 83 de Justinien ordonne que les clercs seront dégradés par l'évêque avant d'être exécutés. Il était d'usage, chez les Romains, que l'ecclésiastique dégradé était incontinent *curiæ traditus*; ce qui ne signifiait pas qu'on le livrait au bras séculier pour le punir, comme quelques ecclésiastiques ont autrefois voulu mal à propos le faire entendre ; puisque ce criminel était déjà jugé par le juge séculier ; mais cela voulait dire qu'on l'obligeait de remplir l'emploi de décurion, qui était devenu une charge très-onéreuse, et une peine surtout pour ceux qui n'en avaient pas les honneurs, comme cela avait lieu pour les prêtres dégradés et pour quelques autres personnes. En effet, Arcadius ordonna que quiconque serait chassé du clergé serait pris pour décurion ou pour collégiat, c'est-à-dire du nombre de ceux qui, dans chaque ville, étaient choisis entre les assistants pour servir aux nécessités publiques.

En France, suivant une ordonnance de l'an 1571, les prêtres et autres promus aux ordres sacrés ne pouvaient être exécutés à mort sans *dégradation* préalable. — Cette *dégradation* se faisait avec beaucoup de cérémonies. L'évêque ôtait en public les habits et ornements ecclésiastiques au criminel, en proférant certaines paroles pour lui reprocher son indignité. La forme que l'on observait alors dans cet acte paraît assez semblable à ce qui est prescrit par le chapitre *de Pœnis*, *in Sexto*, excepté par rapport au nombre d'évêques que ce chapitre requiert. Juvénal des Ursins rapporte un exemple d'une *dégradation* de deux augustins, qui, ayant trompé le roi Charles VI, sous prétexte de le guérir, furent condamnés à mort en 1398, et auparavant dégradés en place de Grève en la forme qui suit. On dressa des échafauds devant l'Hôtel-de-Ville et l'église du Saint-Esprit, avec une espèce de pont de planches qui aboutissait aux fenêtres de la salle du Saint-Esprit, de manière qu'une de ces fenêtres servait de porte ; l'on amena par là les deux augustins habillés comme s'ils allaient dire la messe. L'évêque de Paris, en habits pontificaux leur fit une exhortation, ensuite il leur ôta la chasuble, l'étole, le manipule et l'aube ; puis en sa présence on rasa leurs couronnes. Cela fait, les ministres de la juridiction séculière les dépouillèrent, et ne leur laissèrent que leur chemise et une petite jaquette par-dessus ; ensuite on les conduisit aux halles, où ils furent décapités.

M. le Prêtre tient qu'un ecclésiastique condamné à mort pour crime atroce, peut être exécuté sans *dégradation* préalable, ce qui est conforme aux sentiments des canonistes, qui mettent l'assassinat au nombre des crimes atroces. Quelques évêques prétendaient que pour la *dégradation* on devait se conformer au chapitre *de Pœnis*, et qu'il fallait qu'elle fût faite par le nombre d'évêques porté par ce chapitre ; d'autres faisaient difficulté de dégrader en conséquence du jugement de la justice séculière, prétendant que, pour dégrader en connaissance de cause, ils devaient juger de nouveau, quoiqu'une sentence confirmée par arrêt du parlement suffise pour déterminer l'Eglise à dégrader le condamné, autrement ce serait ériger la justice ecclésiastique au-dessus de la justice séculière. Comme toutes ces difficultés retardaient beaucoup l'exécution du criminel, et que par là le crime demeurait souvent impuni, les magistrats ont pris sagement le parti de supprimer l'usage de la *dégradation*, laquelle au fond n'était qu'une cérémonie superflue, attendu que le criminel est suffisamment dégradé par le jugement qui le condamne à une peine afflictive.

Les dernières *dégradations* qui aient eu lieu en France sont celles des nommés Bellon, Michel et Martin, prêtres des diocèses de Saint-Malo, d'Apt et d'Aix. Elles sont des années 1607, 1613 et 1633. Borellus, dans son traité *de Præstantia regis Catholici*, assure que la *dégradation* ne précède plus le supplice des clercs en Espagne, lorsque leurs crimes sont si atroces que leur énormité les dépouille des priviléges de leur état. Cette cérémonie est encore en usage en Portugal. Le jugement des inquisiteurs de Lisbonne, du 20 septembre 1761, qui condamne Malagrida au supplice du feu, ordonne qu'il serait préalablement dégradé de ses ordres selon la disposition et la forme des sacrés canons : sa *dégradation* fut exécutée le même jour par l'archevêque de Lacédémone.

On ne doit point confondre la *dégradation* avec la simple suspension, qui n'est que pour un temps, ni même avec la déposition qui ne prive pas absolument de l'ordre ni de tout ce qui en dépend, mais seulement de l'exercice. (Extrait du *Dictionn. de Jurisprudence*.)

DEGRÉ, en théologie, est un titre que l'on accorde aux étudiants dans une université, comme un témoignage du progrès qu'ils ont fait dans leurs études ; ces *degrés* sont au nombre de trois, celui de bachelier, celui de licencié et celui de docteur. Nous ne parlerons ici que des formalités nécessaires pour les obtenir dans l'université de Paris.

Un candidat, reçu maître ès arts, après deux ans de philosophie, est obligé d'en employer trois à l'étude de la théologie. Pour obtenir le *degré* de bachelier, il doit subir deux examens de quatre heures chacun, l'un sur la philosophie, l'autre sur la première partie de la *Somme de saint Thomas*, et soutenir pendant six heures une thèse nommée *tentative*. S'il la soutient avec honneur, la faculté lui donne des lettres de bachelier. — Le *degré* suivant est celui de licencié. La licence s'ouvre de deux en deux ans ; elle est précédée de deux examens pour chaque candidat, sur la seconde et la troisième partie de la *Somme de saint Thomas*, l'Ecriture sainte, l'histoire ecclésiastique. Dans le cours de ces deux ans, chaque bachelier est obligé d'assister à toutes les thèses, sous peine d'amende, d'y argumenter souvent, et d'en soutenir trois, dont l'une se nomme *mineure ordinaire* ; elle concerne les sacrements et dure six heures ; la seconde, qu'on appelle *majeure ordinaire*, dure dix heures ; son objet est la religion, l'Ecriture sainte, l'Eglise, les conciles et divers points de critique de l'histoire ecclésiastique ; la troisième, qu'on nomme *sorbonique*, parce qu'elle se soutient toujours en Sorbonne, traite des péchés, des vertus, des lois, de l'incarnation et de la grâce : elle dure depuis six heures du matin jusqu'à six heures du soir. Ceux qui ont soutenu ces trois actes, et disputé aux thèses pendant ces deux années, pourvu qu'ils aient d'ailleurs les suffrages des docteurs préposés à l'examen de leurs mœurs et de leur capacité, sont *licenciés*, c'est-à-dire renvoyés du cours d'études, et reçoivent la bénédiction apostolique du chancelier de l'Eglise de Paris. — Pour le *degré de docteur*, le licencié soutient un acte appelé *vespéries*, depuis trois heures après midi jusqu'à six ; ce sont des docteurs qui disputent contre lui. Le lendemain, après avoir reçu le bonnet de docteur de la main du chancelier de l'université, il préside, dans la salle de l'archevêché de Paris, à une thèse nommée *aulique*, *ab aula*, du lieu où on la soutient. Six ans après, il est obligé de faire un acte qu'on nomme *résumpte*, c'est-à-dire récapitulation de toute la théologie, s'il veut jouir des droits et des émoluments attachés au doctorat. *Voy*. BACHELIER, etc.

DÉICIDE. On ne se sert de ce mot qu'en parlant de la mort à laquelle Pilate et les Juifs ont condamné le Sauveur du monde. Il est formé de *Deus*, Dieu, et de *cædo*, je tue. *Déicide* signifie mort d'un Dieu, comme *homicide* le meurtre d'un homme, *parricide*, celui d'un père, et autres semblables composés. A la vérité, c'est en tant qu'homme, et non en tant que Dieu, que Jésus-Christ est mort ; mais, en vertu de l'incarnation, l'on doit attribuer à la personne divine toutes les qualités et les actions de la nature divine et de la nature humaine ; conséquemment il est vrai dans toute la rigueur des termes, en parlant de Jésus-Christ, qu'un Dieu est né, mort, ressuscité, etc. *Voy*. INCARNATION.

Les rabbins, qui ont voulu faire l'apologie de leur nation, se sont efforcés de prouver qu'elle ne s'est point rendue coupable d'un *déicide*, et que l'on ne peut l'en accuser sans injustice ; ils en concluent que l'état d'opprobre et de souffrance où elle est réduite, depuis dix-sept siècles, ne peut pas être une punition de ce crime prétendu. Les incrédules, toujours prêts à faire cause commune avec les ennemis du christianisme, ont répété les raisons des rabbins ; ils les ont principalement puisées dans l'ouvrage du juif Orobio, et dans le recueil de Wagenseil, *Philippi a Limborch amica collatio cum erudito Judæo. Tela ignea Sutanæ*, etc.

1° Ce ne sont pas les Juifs, disent-ils, mais les Romains, qui ont crucifié Jésus ; quand ce seraient les Juifs, leurs descendants n'en sont pas responsables ; il y aurait de l'injustice à les punir du crime de leurs pères. Les Juifs, dispersés par tout le monde, n'eurent point de part à ce qui se passait à Jérusalem, et cependant l'on suppose que leurs descendants sont punis aussi bien que les autres. Pour que l'on pût accuser d'un *déicide* les meurtriers de Jésus, il faudrait qu'ils l'eussent connu pour Fils de Dieu : or ils ne l'ont jamais regardé comme tel ; Jésus lui-même, en demandant pardon pour eux, a dit : *Ils ne savent ce qu'ils font*, et saint Paul dit que s'ils avaient connu le Seigneur de gloire, ils ne l'auraient pas crucifié (*I Cor*., II, 8). — *Réponse*. Les apologistes des Juifs oublient que Jésus fut condamné à mort par le grand prêtre et par le conseil souverain de la nation ; que ce furent ses juges mêmes qui demandèrent à Pilate l'exécution de leur sentence, qui engagèrent le peuple à crier : *Crucifige; que son sang tombe sur nous et sur nos enfants.* Leurs descendants applaudissent encore à cette conduite, ils maudissent Jésus-Christ et blasphèment contre lui aussi bien que leurs pères ; ils sont encore aussi obstinés que ceux de Jérusalem, après dix-sept cents ans de punition. Ceux qui étaient dispersés hors de la Judée, et qui eurent connaissance de la condamnation et de la mort de Jésus, l'approuvèrent ; ils rejetèrent la grâce de l'Évangile lorsqu'elle leur fut annoncée ; ils persécutèrent les apôtres ; ils se rendirent donc complices, autant qu'ils le purent, du crime commis à Jérusalem, et leurs descendants font de même : c'est donc ici un crime national, s'il en fut jamais ; ces derniers ne sont pas punis du péché de leurs pères, mais de leur propre crime. — Pour qu'il soit justement nommé *déicide*, soit dans les pères, soit dans les enfants, il n'est pas nécessaire qu'ils aient connu Jésus-Christ pour ce qu'il était, il suffit qu'ils aient pu le connaître s'ils avaient voulu ; or Jésus-Christ avait prouvé si clairement sa divinité par ses miracles, par ses vertus, par la sainteté de sa doctrine, par les anciennes prophéties, par celles qu'il fit lui-même, que l'incrédulité des Juifs est inexcusable. Par un excès de charité, Jésus-Christ a cherché à l'excuser ; saint Paul a fait de même, mais il ne s'ensuit pas que ces meurtriers aient été innocents. Il aurait fallu une malice diabolique pour crucifier un Dieu connu comme tel.

2° Les Juifs, continuent leurs apologistes, ne nous paraissent pas fort coupables pour n'avoir pas reconnu dans Jésus la qualité de Messie et de Fils de Dieu. Les anciennes prophéties semblaient annoncer plutôt aux Juifs un libérateur temporel, un conquérant, qu'un prophète, un docteur ou un rédempteur spirituel ; ils n'étaient pas obligés de deviner que tous ces anciens oracles devaient être entendus dans un sens figuré et métaphorique. Quelque nombreux que fussent les miracles de Jésus, on pouvait y soupçonner du naturalisme ou de la fraude ; d'ailleurs les Juifs étaient persuadés qu'un faux prophète pouvait en faire. S'il montrait des vertus, sa conduite n'était cependant pas à couvert de tout reproche : il violait le sabbat ; il ne faisait aucun cas des cérémonies légales ; il traitait durement les docteurs de la loi ; sa doctrine paraissait, en plusieurs points, contraire à celle de Moïse. — *Réponse.* Tout cela prouve très-bien que quand les hommes veulent s'aveugler, ils ne manquent jamais de prétextes ; c'est ce que font encore les incrédules, parfaits imitateurs des Juifs. Ceux-ci ne prenaient les prophéties dans un sens grossier, que parce qu'ils étaient plus attachés aux biens de ce monde qu'à ceux de l'autre vie, et qu'ils faisaient plus de cas d'une délivrance temporelle que d'une rédemption spirituelle. Il est prouvé d'ailleurs que la plupart des prédictions des prophètes ne pouvaient absolument s'accomplir dans le sens que les Juifs y donnaient. *Voy.* PROPHÉTIES. Leurs soupçons contre les miracles de Jésus-Christ, renouvelés par les incrédules, sont évidemment absurdes. Quand on aurait pu avoir quelque défiance de ceux qu'il fit pendant sa vie, que pouvait-on alléguer contre les prodiges qui arrivèrent à sa mort, surtout contre sa résurrection, contre la descente du Saint-Esprit sur les apôtres, etc. ? Le prétendu pouvoir des faux prophètes de faire des miracles n'est prouvé par aucun passage de l'Écriture sainte, ni par aucun exemple. *Voy.* MIRACLE. — Jésus-Christ ne détourna jamais personne d'accomplir les cérémonies légales ; au contraire, en les comparant aux devoirs de la loi naturelle, il disait qu'il faut accomplir les uns et ne pas omettre les autres (*Matth.* XXIII, 23). Mais il blâmait, avec raison, l'entêtement des Juifs qui attachaient plus de mérite aux cérémonies qu'aux vertus, et qui poussaient la démence jusqu'à prétendre que Jésus-Christ violait la loi du sabbat, en guérissant des malades. Josèphe, quoique juif, est convenu que, dans ce temps-là, les chefs, les prêtres et les docteurs de sa nation étaient des hommes très-corrompus ; Jésus-Christ, qui avait authentiquement prouvé sa mission, était donc en droit de leur reprocher leurs désordres. Jamais l'on ne prouvera que sa doctrine ait été opposée à celle de Moïse.

3° Moïse, dit Orobio, n'a jamais averti les Juifs que leur incrédulité au Messie leur ferait encourir la malédiction de Dieu, et que, pour l'avoir rejeté, ils seraient dispersés, haïs, persécutés par toutes les nations. Si leur captivité présente était une punition de ce crime, ils ne pourraient rendre leur sort meilleur qu'en adorant Jésus ; mais soit qu'un juif se fasse mahométan, païen ou chrétien, il se soustrait également à l'opprobre jeté sur sa nation. — *Réponse.* Dieu avait suffisamment averti les Juifs de leur sort futur, lorsqu'il leur dit par la bouche de Moïse (*Deut.* XVIII, 19) : *Si quelqu'un n'écoute pas le prophète que j'enverrai, j'en serai le vengeur.* Cette menace n'était-elle pas assez terrible pour les intimider et les rendre dociles? Dans l'article DANIEL, nous avons vu que ce prophète a distinctement prédit qu'après la mort du Messie sa nation serait réduite à l'excès de la désolation, et que ce serait pour toujours ; les Juifs ont donc tort de chercher ailleurs la cause de leur malheur présent. De ce qu'un juif s'y soustrait en embrassant une autre religion, vraie ou fausse, il s'ensuit que leur état est plutôt une punition nationale qu'un châtiment personnel et particulier, ou plutôt qu'il est l'un et l'autre, et nous en convenons. Au mot CAPTIVITÉ, nous avons fait voir qu'il n'est pas vrai que cet état soit une continuation et une extension de la captivité de Babylone.

DÉISME. Si l'on veut apprendre des déistes mêmes en quoi consiste leur système, on doit s'attendre à être trompé par un tissu d'équivoques. Ils disent qu'un déiste est un homme qui reconnaît un Dieu et professe la religion naturelle.

1° Il faut ajouter : *Et qui rejette toute révélation;* quiconque en admet une n'est plus déiste. Voilà déjà une réticence qui n'est pas fort honnête. — 2° Il reconnaît un Dieu; mais quel Dieu? Est-ce la nature universelle de Spinosa, ou l'âme du monde des stoïciens?, un dieu oisif comme ceux d'Épicure, ou vicieux comme ceux des païens? un dieu sans providence, ou un Dieu créateur, législateur et juge des hommes? On ne trouvera peut-être pas deux déistes qui s'accordent sur cet unique article de leur symbole. — 3° Qu'entendent-ils par *religion naturelle?* C'est, disent-ils, le culte que la raison humaine, *laissée à elle-même,* nous apprend qu'il faut rendre à Dieu. Mais la raison humaine n'est jamais laissée à elle-même, si ce n'est dans un sauvage, abandonné dès sa naissance, et élevé seul parmi les animaux; nous voudrions savoir quelle serait la religion d'une créature humaine ainsi réduite à la stupidité des brutes. Tout homme reçoit une éducation bonne ou mauvaise; la religion qu'il a sucée avec le lait lui paraît toujours la plus naturelle et la plus raisonnable de toutes. S'il y en a une qui soit plus naturelle que les autres, pourquoi Platon, Socrate, Épicure, Cicéron, ne l'ont-ils pas aussi bien connue que les déistes d'aujourd'hui? Nous ne voyons pas en quel sens on peut appeler *religion naturelle* une religion qui n'a existé dans aucun lieu du monde, et qui n'a pu être forgée que par des philosophes éclairés dès l'enfance par la révélation chrétienne. — 4° Lorsqu'on demande en quoi consiste cette prétendue religion naturelle, ils disent : *A adorer Dieu et à être honnête homme.* Nouvel embarras; *adorer Dieu,* de quelle manière? Par un culte purement intérieur, ou par des signes sensibles? par les sacrifices des Juifs, ou par ceux des païens? selon le caprice des particuliers, ou suivant une forme prescrite? tout cela est-il indifférent aux yeux des déistes? Dans ce cas, toutes les absurdités et tous les crimes pratiqués par motif de religion, chez les infidèles anciens et modernes, sont la religion naturelle. — *Être honnête homme,* en quel sens? Tout particulier est censé honnête homme lorsqu'il observe les lois de son pays, quelque injustes et quelque absurdes qu'elles soient. Un Chinois est honnête homme en vendant, en exposant, en tuant ses enfants; un Indien, en faisant brûler les femmes sur le corps de leurs maris; un Arabe, en pillant les caravanes; un corsaire barbaresque, en infestant les mers, etc. Si tout cela est honnête, suivant les déistes, leur morale n'est pas plus gênante que leur symbole.

Disons donc que le *déisme* est la doctrine de ceux qui admettent un Dieu sans le définir, un culte sans le déterminer, une loi naturelle sans la connaître, et qui rejettent les révélations sans les examiner. Ce n'est qu'un système d'irréligion mal raisonné, ou le privilége de croire et de faire tout ce qu'on veut.

Si l'on se figure que les déistes ont de forts arguments pour l'établir, on se trompe encore; ils n'ont que des objections contre la révélation; presque toutes se réduisent à un sophisme aussi frauduleux que le reste de leur doctrine. — Une religion, disent-ils, dont les preuves ne sont point à la portée de tous les hommes raisonnables, ne peut être établie de Dieu pour tous. Or, de toutes les religions qui se prétendent révélées, il n'en est aucune dont les preuves soient à portée de tous les hommes raisonnables; donc aucune n'est établie de Dieu pour tous. Les déistes concluent qu'une révélation qui serait accordée à un peuple et non à un autre, serait un trait de partialité, d'injustice, de méchanceté de la part de Dieu. On a fait des livres entiers pour étayer cet argument. — Nous commençons par le rétorquer contre les déistes; nous soutenons qu'un homme raisonnable, mais sans instruction, est incapable de se former une idée juste de Dieu, du culte qui lui est dû, des devoirs de la loi naturelle; cela est prouvé par une expérience aussi ancienne que le monde. Donc la prétendue religion naturelle des déistes n'est point établie de Dieu pour tous les hommes. Selon leur principe, il est absurde de dire que Dieu prescrit une religion à tous les hommes, et que tous ne sont pas en état de la connaître. — Un particulier simple et ignorant est encore plus incapable de démontrer que Dieu n'a donné et n'a pu donner aucune révélation; que quand il y en aurait une, nous serions en droit de ne pas nous en informer. Donc le *déisme* n'est pas fait pour tous les hommes. — Il y a plus : les deux premières propositions de l'argument des déistes sont captieuses et fausses. Pour qu'une religion soit censée établie de Dieu pour tous les hommes, il n'est pas nécessaire que tous soient capables d'en deviner, par eux-mêmes, la croyance et les preuves, sans que personne les leur propose; il suffit que tous puissent en sentir la vérité lorsqu'on la leur proposera. Dès ce moment ils seront obligés, sous peine de damnation, de l'embrasser, parce que c'est un crime de résister à la vérité connue. Ceux qui sont dans une ignorance invincible n'en seront pas punis; mais ceux qui peuvent connaître ce que Dieu a révélé et ne le veulent pas, sont certainement punissables. — Or nous soutenons que les preuves du christianisme sont tellement évidentes, que tout homme raisonnable, auquel on les propose, est en état de en sentir la vérité. Il est donc établi de Dieu pour tous ceux qui peuvent en avoir connaissance; l'ignorance invincible peut seule excuser les autres. Ainsi l'a décidé Jésus-Christ lui-même (*Matth.* xxv, 41 et suiv.; *Joan.* ix, 41 ; xv, 22 et 24; *Luc.* xii, 48). — Un déiste est forcé d'avouer, de son côté, qu'un homme, qui serait assez stupide pour être dans l'ignorance invincible de la religion naturelle, né serait pas punissable; s'ensuit-il de là que la religion naturelle n'est pas faite pour tous les hommes? L'argument des déistes n'est donc qu'un sophisme; nous le réfuterons encore plus directement ci-après.

Ils ne sont pas mieux fondés à prétendre qu'il y aurait de la partialité, de l'injustice, de la malice, si Dieu mettait la religion révélée plus à portée de certains hommes que d'autres. Leur prétendue religion naturelle est précisément dans le même cas; il y a certainement des hommes qui sont plus en état que d'autres de la saisir, de la comprendre, d'en concevoir et d'en goûter les preuves. — De même que Dieu peut, sans partialité, mettre de l'inégalité dans la distribution qu'il fait des dons naturels de l'âme, il peut en mettre aussi légitimement dans le partage des dons surnaturels; dans l'un et l'autre cas, il ne fait point d'injustice, parce qu'il ne demande compte à un homme que de ce qu'il lui a donné. — Aristide et Socrate étaient nés avec un meilleur esprit et un cœur plus droit que les cyniques; les Antonins étaient naturellement plus hommes de bien que Néron, Tibère et Caligula; faut-il blasphémer contre la Providence, à cause de cette inégalité? Si Dieu a daigné accorder encore plus de grâces surnaturelles aux uns qu'aux autres, il n'y a pas plus d'injustice dans le second cas que dans le premier.

Selon les déistes, pour qu'un homme puisse être assuré de la vérité d'une religion révélée, telle que le christianisme, il faut qu'il en ait comparé les preuves et les difficultés avec celles de toutes les fausses religions. Autre absurdité. Un homme, convaincu de l'existence de Dieu par des preuves évidentes, est-il obligé de les comparer aux objections des athées, des matérialistes, des pyrrhoniens? Non, disent les déistes; un ignorant ne comprend rien à ces objections; il est dispensé de s'en occuper. Mais un simple fidèle, convaincu de la vérité du christianisme par les preuves de fait, ne comprend pas mieux les objections des mécréants; il est donc aussi dispensé de s'en occuper. — Il est faux d'ailleurs qu'un ignorant ne comprenne rien aux objections des athées; leur plus forte objection contre l'existence de Dieu et contre sa providence est tirée de l'origine du mal: or cette difficulté vient d'elle-même dans l'esprit des hommes les plus grossiers. Un nègre, à qui l'on voulait prouver que Dieu est bon, répondait: *Mais si Dieu est bon, pourquoi ne fait-il pas venir des patates, sans que je sois obligé de travailler?* Nous prions les déistes de donner à ce nègre une réponse plus aisée à comprendre que son objection. — Mais ils ne répondent à rien, ils ne savent faire autre chose que rassembler des doutes, accumuler des difficultés; il nous est donc permis de leur en opposer à notre tour.

1° Dès que l'on admet sincèrement un Dieu, il est absurde de lui prescrire un plan de providence, de vouloir décider de ce qu'il peut accorder ou refuser aux hommes; nos faibles idées sont-elles la mesure de sa puissance, de sa sagesse, de sa bonté, de sa justice? — 2° Si Dieu a donné une révélation, c'est un fait; il est ridicule d'argumenter contre les faits par des conjectures, par des convenances ou des inconvénients, par de prétendues impossibilités; cette philosophie est celle des ignorants et des opiniâtres. — 3° Quand la révélation ne serait pas absolument nécessaire aux philosophes, aux hommes dont la raison est éclairée et droite, elle serait encore nécessaire à ceux dont la raison n'a pas été cultivée, ou a été pervertie par une mauvaise éducation. Les premiers ne sont qu'une très-petite partie du genre humain; ce que disent les déistes de la suffisance de la raison et de la lumière naturelle pour tous les hommes, est une vision ridicule. — 4° Les anciens philosophes sont convenus de la nécessité d'une révélation en général; on peut citer à ce sujet les aveux de Platon, de Socrate, de Marc-Antonin, de Jamblique, de Porphyre, de Celse et de Julien; croirons-nous les déistes modernes plus éclairés que tous ces anciens? — 5° Le *déisme* ou la prétendue religion naturelle des déistes n'a existé nulle part, n'a été la religion d'aucun peuple. Tous ceux qui ont adoré le vrai Dieu l'ont fait ou en vertu de la révélation primitive, ou par le secours de celle qui a été donnée aux Juifs, ou à la lumière du flambeau de l'Évangile. Les polythéistes ont été tous égarés par de faux raisonnements, et ensuite par de fausses traditions. Selon le système des déistes, ce serait le polythéisme qui serait la seule religion naturelle. — 6° La prétendue religion des déistes est impossible; ceux qui ont voulu en construire le symbole n'ont jamais pu s'accorder, et ils ne s'accorderont jamais ni sur le dogme, ni sur la morale, ni sur le culte. Il est impossible de concilier tous les hommes par le secours de la raison seule. — 7° Le *déisme* n'est qu'un système d'irréligion mal raisonné, un palliatif d'incrédulité absolue. Il autorise tous les sectateurs des fausses religions à y persévérer, sous prétexte qu'elles leur sont démontrées, et que la raison leur en fait sentir la vérité. C'est aussi ce que prétendent les incrédules; ils approuveront volontiers toutes les religions, excepté la véritable, afin d'être autorisés à n'en avoir aucune. — 8° Les athées même leur ont prouvé que, dès qu'ils admettent un Dieu, ils sont forcés d'admettre des mystères, des miracles, des révélations. Ils leur ont objecté que leur prétendue religion naturelle est sujette aux mêmes inconvénients que les religions révélées, qu'elle doit faire naître des disputes, des sectes, des divisions, par conséquent l'intolérance, et qu'elle doit nécessairement dégénérer. Les déistes n'ont pas osé entreprendre de prouver le contraire. — 9° Nous ne devons donc pas être surpris de ce que les partisans du *déisme* sont presque tous tombés dans l'athéisme; ce progrès de leurs principes était inévitable, puisque l'on ne peut faire contre la religion révélée aucune objection qui ne retombe de tout son poids sur la prétendue religion naturelle. Aussi tous nos philosophes incrédules, après avoir prêché le *déisme* pendant cinquante ans, ont professé encore l'athéisme dans presque tous leurs ouvrages.

Lorsqu'à toutes ces objections, accablantes pour les déistes, nous joignons les preuves directes et positives de la révélation, un esprit sensé peut-il être encore tenté de donner dans le *déisme?* — Les partisans de ce système ne conviendront pas, sans doute, qu'ils sont obligés de croire des mystères; il faut donc le leur démontrer.

1° S'ils admettent un Dieu en réalité, et non en apparence, ils sont obligés de lui attribuer une providence, de juger qu'il y a en lui des décrets libres et des actions contingentes; que cependant il est éternel et immuable : c'est un mystère rejeté par les sociniens. — 2° Ou Dieu est créateur, ou la matière est éternelle : d'un côté, la création paraît inconcevable aux déistes, et les athées soutiennent qu'elle est impossible; de l'autre, une matière éternelle serait un être immuable comme Dieu; cependant elle change continuellement de forme. — 3° Que Dieu soit créateur, ou seulement formateur du monde, il faut concilier l'existence du mal avec la puissance et la bonté infinie de Dieu : grande difficulté que la plupart des incrédules jugent insoluble, mais qui ne l'est point. *Voy.* MAL. — 4° Jusqu'où s'étend la Providence? prend-elle soin des créatures en détail, surtout des êtres intelligents, ou seulement de l'univers en gros? Pendant deux mille ans les philosophes se sont querellés sur ce mystère; et ils cherchent vainement une démonstration pour terminer la dispute. — 5° Si Dieu n'a pas distribué les biens et les maux avec une pleine liberté, nous ne lui devons aucune reconnaissance ni aucune soumission; dans ce cas, en quoi consistera la religion? S'il a été libre, il faut faire un acte de foi sur la sagesse et la justice de cette distribution : les raisons nous en sont inconnues. — 6° Ou l'homme est libre, ou il ne l'est pas. Dans le premier cas, il faut expliquer comment Dieu peut prévoir avec certitude nos actions libres; dans le second, il faut nous faire comprendre comment l'homme peut être digne de récompense ou de châtiment.— 7° Suivant l'opinion des déistes, il est indifférent de savoir quel culte nous devons rendre à Dieu : qu'un homme admette un seul Dieu ou plusieurs, qu'il soit sagement religieux ou follement superstitieux, cela est égal; dès qu'il suit le degré de lumière qu'il a reçu de la nature, il est irrépréhensible. Il est indifférent à Dieu de sauver l'homme par des vertus réfléchies, ou par des crimes involontaires; conséquemment c'est un bonheur pour l'homme d'être né sauvage, stupide, abruti; il a moins de devoirs à remplir et moins de dangers à courir pour son salut que le savant le plus éclairé : cela est plus qu'inconcevable. — 8° Suivant un autre principe, Dieu n'exige de l'homme que la religion naturelle, c'est-à-dire une religion telle que chaque particulier est capable de la forger. Cependant tous les peuples ont eu la fureur de supposer des révélations, et d'y croire; comment Dieu, qui n'a jamais daigné se révéler à aucun, a-t-il souffert ce travers universel? C'est un défaut de la nature, sans doute, puisqu'il est général; Dieu en est donc l'auteur : il a intimé la religion naturelle à l'homme, de manière qu'elle n'a jamais été pratiquée ni connue d'aucun peuple. A Dieu ne plaise que nous admettions jamais un mystère aussi absurde. — 9° Non-seulement, selon les déistes, Dieu ne s'est jamais révélé, mais il n'a pas pu le faire, tout-puissant qu'il est; il n'a pas pu revêtir une révélation de signes assez sensibles ni assez évidents, pour que des imposteurs ne pussent les contrefaire; à cet égard, son pouvoir, quoique infini, est borné. Mystère sublime! le comprendra qui pourra. — 10° Si Dieu, dit-on les déistes, avait donné une révélation à un peuple, sans la donner à tous, ce serait de sa part un trait de partialité, d'injustice et de malice. Cependant il y a des peuples qui sont moins aveugles et moins corrompus, en fait de religion, que les autres : ou Dieu n'a point eu de part à cette différence, et sa providence n'y est entrée pour rien; ou il a été partial, injuste, malicieux envers ceux dont la religion est la plus absurde et la plus mauvaise. Savants raisonneurs, tirez-vous de là. Il y a plus : au jugement des déistes, ils sont les seuls hommes sur la terre auxquels il a été donné de connaître le vrai culte qu'il faut rendre à Dieu, et la religion pure de toute superstition; heureux mortels, à qui Dieu a fait une grâce qu'il refuse à tant d'autres, dites-nous comment vous l'avez méritée? Dieu n'est-il bon, juste et sage que pour vous? — 11° Ils n'oseraient nier que le christianisme n'ait opéré une révolution salutaire dans les idées et les mœurs des nations qui l'ont embrassé; il faut donc que Dieu se soit servi d'une imposture pour les instruire et les corriger. Une sagesse infinie devait leur donner plutôt le *déisme*, cette religion si sainte et si pure; Dieu n'a pas trouvé bon de le faire. — 12° Enfin, puisque toutes les religions sont indifférentes, il doit être aussi permis aux chrétiens qu'aux autres peuples de suivre la leur : cependant les apôtres du *déisme* ne vont point le prêcher aux Turcs, aux Indiens, aux Chinois, aux idolâtres, aux sauvages; ils n'ont de zèle que pour pervertir les chrétiens. Si c'est Dieu qui le leur inspire, il devrait, pour ne pas faire les choses à moitié, nous donner aussi la docilité nécessaire pour écouter leurs leçons charitables. Si ce n'est pas Dieu, nous sommes dispensés d'y avoir égard.

Nous pourrions pousser plus loin l'énumération des mystères du *déisme*, mais c'en est assez pour faire voir que le symbole des déistes est plus chargé de mystères que le nôtre. — Ils diront, sans doute, que sur toutes ces questions ils ne prennent aucun parti, qu'ils demeurent dans un doute respectueux sur tout ce qui n'est pas clair;

Donc ils ne sont pas déistes, car enfin le *déisme* et le scepticisme absolu ne sont pas la même chose. Comment des hommes qui ne savent pas si Dieu a une providence ou s'il n'en a point, s'il exige de nous un culte ou s'il n'en veut aucun, s'il prépare ou ne prépare pas des récompenses pour la vertu et des châtiments pour le crime, si le christianisme est une religion vraie ou fausse, etc., ont-ils le front de professer le *déisme?* Disons hardiment que ce sont des fourbes, que leur prétendue religion naturelle n'est qu'un masque sous lequel ils cachent une irréligion absolue. *Voy.* INCRÉDULES, RELIGION NATURELLE, etc.

Les protestants ne sauraient se justifier du reproche d'avoir donné naissance au *déisme* en Europe en y faisant éclore le socinianisme, puisque le système des déistes n'est qu'une extension de celui des sociniens. Dès que les protestants eurent posé pour principe que la seule règle de notre foi est l'Écriture sainte, entendue dans le sens que chaque particulier juge le plus vrai, les sociniens conclurent que tous les passages de l'Écriture qui concernent la trinité des Personnes en Dieu, l'incarnation, le péché originel, la rédemption du genre humain, etc., ne doivent pas être pris à la lettre, parce qu'il en résulterait des dogmes contraires à la raison, et que c'est la raison qui doit nous servir de guide pour l'intelligence de l'Écriture sainte. En suivant toujours ce principe, il est évident que tout ce que nous appelons *mystère* doit être rejeté, puisqu'il paraît contraire à la raison, et c'est pour cela même que les protestants nient la transsubstantiation dans l'eucharistie. C'est donc à la raison qu'il appartient de juger souverainement si tel dogme est révélé, ou s'il ne l'est pas; par conséquent de décider si Dieu a révélé ou non ce qui nous paraît enseigné dans l'Écriture sainte. Or, en écoutant le jugement de leur raison, les déistes décident qu'il n'y eut jamais de révélation, et qu'il ne peut point y en avoir. Ils reconnaissent les protestants pour leurs pères; mais ils disent que ce sont des raisonneurs pusillanimes, qui se sont arrêtés en beau chemin sans savoir pourquoi. Ainsi un protestant ne peut réfuter solidement un déiste, sans abandonner le principe fondamental de la prétendue réforme. — La généalogie de ces systèmes est prouvée d'ailleurs par les faits et par les dates. Les premiers déistes ont paru immédiatement après les sociniens, et ils avaient commencé par être protestants. En Angleterre, ils firent du bruit sous Cromwell, au milieu des débats des anglicans, des puritains et des indépendants. C'est de cette source impure que le *déisme* a passé en Hollande et en France, pour dégénérer bientôt en athéisme (1). *Voy.* CALVINISME, ERREUR, PROTESTANTS, etc.

(1) M. de Lamennais a parfaitement caractérisé cette filiation dans son *Essai sur l'indifférence.*

« Luther, choqué de quelques abus réels, au lieu d'y reconnaître l'inévitable effet des passions humaines, s'en prend à la doctrine même. Il attaque un point en apparence peu important de la foi catholique : faible esprit qui n'apercevait pas la liaison vigoureuse des vérités du christianisme! Il n'a pas plus tôt détaché un anneau de cette chaîne que la chaîne entière lui échappe. Une erreur appelle une autre erreur. Ce n'est plus seulement quelques dogmes isolés qu'il conteste, il ébranle d'un seul coup le fondement de tous les dogmes. La tradition l'embarrasse, il rejette la tradition; l'Église proscrit ses maximes, il nie l'autorité de l'Église, et déclare qu'il n'admet d'autre règle de foi que l'Écriture; enfin l'Écriture elle-même le condamne, il retranche audacieusement des livres saints une Épître apostolique tout entière (l'Épitre de saint Jacques); quand on lui demande de quel droit, il répond avec arrogance : « Moi, Martin Luther, ainsi je le veux, ainsi je l'ordonne; que ma volonté tienne lieu de raison. » *Ego Martinus Luther, sic volo, sic jubeo; sit pro ratione voluntas.* Ainsi, Martin Luther n'était pas seulement le fondateur, le chef de la réforme; il en était encore le dieu, puisque sa volonté, sans autre raison, prévalait contre les révélations divines consignées dans un authentique et sacré monument.

« Toutefois, plusieurs de ses disciples secouent le joug de fer qu'il prétendait leur imposer. Opposant leurs opinions à ses opinions, leur orgueil à son orgueil, ils bravent ses fureurs et morcellent son empire. De nouvelles sectes s'élèvent, se divisent aussitôt se subdivisent à l'infini. On enseigne toute doctrine, et l'on nie toute doctrine : la confusion de l'enfer n'est pas plus grande, ni son désordre plus effrayant. Alors, désespérant d'établir la paix dans son sein, et de se soutenir par ses propres forces, la réforme appelle à son secours l'ancienne Église qu'elle a répudiée; elle appelle les hérétiques de tous les siècles; elle appelle ses nombreux enfants, et les rassemble autour d'elle avec leurs haines implacables, leurs ardentes animosités, leurs symboles contradictoires; et de cet incohérent amas de vérités et d'erreurs, elle essaie de former une seule religion; de cette anarchie monstrueuse de sectes, qui se repoussent mutuellement, de partis irréconciliables, elle essaie de former une seule Église. O éternelle honte de la raison humaine! Oui, voilà la vraie religion, comme les pensées inconstantes de l'homme sont les immuables pensées de Dieu; voilà l'Église, comme l'empire divisé de Satan est le royaume de Jésus-Christ. Mais enfin ces idées avaient prévalu dans la réforme. Elle cédait, en dépit d'elle-même, à l'insurmontable ascendant de ses maximes; et offrant la paix à toutes les erreurs, tolérant tout, même la vérité, elle s'avançait à grands pas vers l'indifférence absolue des religions; où nous allons voir que le système des articles fondamentaux conduit inévitablement...

« Le système des articles fondamentaux une fois admis, les divisions cessent, non par l'accord des doctrines, mais par leur anéantissement. La discordance des opinions, la diversité infinie des croyances, remplissent tout l'espace qui sépare la religion catholique de l'athéisme : l'unité ne se rencontre qu'à ces deux termes extrêmes, *unité de foi* dans la religion catholique, parce qu'elle renferme la plénitude de la vérité; dans l'athéisme, *unité d'indifférence,* parce que l'athéisme n'est au fond que la plénitude de l'erreur.

« En vain les protestants s'efforcent de se maintenir à une distance égale de ces deux termes extrêmes, la raison ne souffre pas qu'on s'arrête entre deux. Tolérer dogmatiquement une seule erreur, c'est s'engager à les tolérer toutes. Le problème à résoudre est alors celui-ci : Conserver le christianisme sans exiger la foi spéciale d'aucun dogme.

peut être la religion établie de Dieu pour les simples et pour les ignorants : or, de toutes les religions qui se prétendent révélées, il n'en est aucune dont les preuves soient à la portée de tous les hommes raisonnables ; donc aucune de ces religions ne peut être *établie de Dieu pour les simples et pour les ignorants.* » — D'abord la première

L'on n'a jamais pu et l'on ne pourra jamais y trouver d'autre solution que celle de Chillingworth, qui réduit les articles fondamentaux « à une foi implicite en Jésus-Christ et en sa parole. » (*La religion des protestants, une voie sûre au salut.* Rép. à la Préf. de son advers., n. 26.) Mais ce symbole si court, Bossuet forçait encore le ministre anglais à l'abréger ; et sans qu'il pût s'en défendre, il le poussait jusqu'à la tolérance de l'athéisme. « Cette foi dont il est content, disait l'évêque de Meaux, je crois ce que veut Jésus-Christ, ou ce qu'enseigne son Ecriture, n'est autre chose que dire : Je crois tout ce que je veux, et tout ce qu'il me plaît d'attribuer à Jésus-Christ et à sa parole, sans exclure de cette foi aucune religion et aucune secte de celles qui reçoivent l'Ecriture sainte, pas même les Juifs, puisqu'ils peuvent dire comme nous : Je crois tout ce que Dieu veut et tout ce qu'il a fait dire du Messie par ses prophètes ; ce qui renferme autant toute vérité, et en particulier la foi en Jésus-Christ, que la proposition dont notre protestant s'est contenté. On peut encore former sur ce modèle une autre foi implicite, que le mahométan et le déiste peuvent avoir comme le juif et le chrétien : Je crois tout ce que Dieu sait ; ou si l'on veut encore pousser plus loin, et donner jusqu'à l'athée, pour ainsi parler, une formule de foi implicite : Je crois tout ce qui est vrai, tout ce qui est conforme à la raison, ce qui implicitement comprend tout, et même la foi chrétienne, puisque sans doute elle est conforme à la vérité, et que *notre culte*, comme dit saint Paul, est raisonnable. » (*Sixième Avert. aux Protest.*, troisième partie, n. 109.)

« Bayle, quoique intéressé, comme protestant, à justifier le système des points fondamentaux, n'en portait pas un autre jugement que Bossuet. Il prouve (*Janua cælorum omnibus reserata.* Œuvres de Bayle, tom. II.) que, selon les principes de Jurieu, on ne peut exclure du salut aucun hérétique, ni les Juifs, ni les Mahométans, ni les païens, c'est-à-dire, qu'abolissant la vérité en tant que loi des intelligences, on proclame la liberté absolue de croyance, et l'on établit autant de religions qu'il peut monter de pensées dans l'esprit de l'homme. Car le principe d'où l'on part n'admettant point de limites, c'est en vain que l'on tâcherait d'en imposer à ses conséquences. A quelque point qu'on les arrête, le principe d'où elles sortent réclame, pour ainsi dire, contre la violence qu'on lui fait, et triomphe de la conscience même au tribunal de l'inflexible logique.

« Je l'ai déjà dit, toutes les erreurs se tiennent, comme toutes les vérités se tiennent ; ainsi, tolérer quelques erreurs, et n'en pas tolérer d'autres qui dérivent, c'est, dans un système religieux fondé sur le seul raisonnement, absoudre une certaine classe d'hommes à cause de leur inconséquence, et condamner une autre classe d'hommes, parce qu'ils ont mieux raisonné. On aura beau se raidir contre le bon sens, il l'emportera, et la tolérance universelle, loi générale et nécessaire de l'erreur, établira son règne sur les ruines de toutes les vérités.

« En effet, partons du principe qui sert de base au protestantisme, et spécialement au système des points fondamentaux. L'Ecriture étant l'unique règle de foi, et Jésus-Christ n'ayant laissé sur la terre aucune autorité vivante pour interpréter l'Ecriture, chacun est obligé de l'interpréter pour soi, ou d'y chercher la religion dans laquelle il doit vivre. Son devoir se borne à croire ce qui lui semble que l'Ecriture enseigne clairement, et qui ne contredit point sa raison ; et comme nul homme n'a le droit de dire aux autres hommes : « J'ai plus de raison que vous, mon jugement est plus sûr que le vôtre, » il s'ensuit que chaque homme doit s'abstenir de condamner l'interprétation d'autrui, et doit regarder toutes les religions comme aussi sûres, aussi bonnes que la sienne. D'ailleurs, quand on se persuaderait qu'on a seul et infailliblement raison, comme personne n'est maître de se donner cette infaillibilité, on ne pourrait pas encore exclure du salut ceux qui, par hypothèse, se tromperaient en faisant le meilleur usage possible de la raison qu'ils ont reçue.

« Par le même motif, on ne peut pas davantage exclure du salut ceux à qui la raison ne montre pas clairement que l'Ecriture est inspirée, et qui par conséquent doutent de la révélation, ou même la nient formellement, parce qu'après un mûr examen, ils s'imaginent qu'il y a contre elle des objections péremptoires. La raison, interprète et juge de l'Ecriture, étant en dernière analyse le fondement de la foi, il serait absurde, contradictoire même, de les obliger de croire ce qui répugne à leur raison.

« Voilà donc déjà les protestants ou les indifférents mitigés, contraints de tolérer, non-seulement toutes les sectes qui reçoivent l'Ecriture, les ariens, les sociniens, les indépendants, mais les déistes mêmes, qui la rejettent, ou plutôt qui rejettent les interprétations humaines des protestants ; car, au fond ils admettent l'Ecriture au même titre que ceux-ci, l'interprètent selon la même méthode, et, comme eux, ne refusent de croire que ce qui leur paraît obscur et contraire à la raison. Rousseau loue magnifiquement les livres saints ; on sait qu'il les lisait sans cesse ; et *la sainteté de l'Evangile parlait*, disait-il, *à son cœur*. (*Emile*, tom. III.) Lord Herbert de Cherbury appelle le christianisme *la plus belle des religions* (*Relig. laici*, pag. 28). Tous les déistes tiennent le même langage, et prétendent, en niant la révélation, comme les sociniens en niant la divinité de son auteur, mieux entendre l'Ecriture que les réformés ne l'entendent, et obéir plus fidèlement à Jésus-Christ, qui n'a prêché, suivant eux, que la religion naturelle.

« L'athée se présente à son tour, et dit : Je ne reconnais, comme vous, d'autre autorité que celle de la raison : comme vous, je crois ce que je comprends clairement, et rien autre chose. Le calviniste ne comprend point la présence réelle, il la rejette, et il a raison : le socinien ne comprend pas la Trinité, il la rejette, et il a raison : le déiste, ne comprenant aucun mystère, les rejette tous, et il a raison. Or, la Divinité est à mes yeux le plus grand, le plus impénétrable mystère. Ma raison, ne pouvant comprendre Dieu, ne saurait l'admettre. Je réclame donc la même tolérance que le calviniste, le socinien, le déiste. Nous avons tous la même règle de foi, nous excluons tous également l'autorité ; de quelle autorité donc oserait-on me condamner ? Et si je dois renoncer à ma raison, si vous me jugez coupable d'écouter ce qu'elle me dicte, renoncez donc vous-même à votre raison, qui n'est pas plus infaillible que la mienne : adjurez votre règle de foi, et déclarez nettement que tout ce que vous avez enseigné jusqu'ici, d'après cette règle, ne repose sur aucune base, et que, si la vérité existe, vous êtes encore à savoir par quel moyen on peut la trouver.

« A moins d'abandonner leurs maximes, les protestants ne sauraient donc refuser leur tolérance à l'athée. Diront-ils qu'il use mal de sa raison, qu'il manque de bonne foi ? Autant en peut-on dire du déiste, du socinien, de tous les hérétiques sans exception. Ce reproche est sans force dans la bouche

proposition de ce syllogisme est captieuse; elle renferme deux équivoques. Une preuve peut être *à la portée* des ignorants dans ce sens que tous la comprendront dès qu'elle leur sera proposée en termes clairs. Elle peut être aussi *à leur portée* dans ce sens qu'elle viendra à l'esprit de tous, dès qu'ils feront usage de leur raison, sans qu'il soit besoin de leur suggérer cette preuve d'ailleurs. Dans le premier sens, la proposition est vraie; dans le second, elle est fausse. Quoique la religion chrétienne soit révélée de Dieu pour tous les hommes, il y en a cependant beaucoup qui en ignoreront les preuves pendant toute leur vie, parce qu'elles ne leur seront pas proposées; ainsi ils ne seront jamais *à portée* de les connaître. Cette religion est cependant établie de Dieu *pour eux* dans ce sens qu'ils seraient coupables s'ils refusaient de l'embrasser dans le cas que ces preuves leur fussent proposées, parce qu'ils sont capables de les comprendre. Mais elle n'est pas *établie pour eux* dans ce sens qu'ils seront damnés pour en avoir invinciblement ignoré les preuves. Voilà déjà deux supercheries de logique assez remarquables. — En second lieu, un athée peut tourner contre la religion naturelle l'argument des déistes; il peut leur dire : Une religion, dont les preuves ne sont pas à la portée de tous les hommes raisonnables, ne peut pas être établie de Dieu pour tous : or les preuves de votre prétendue religion naturelle ne sont pas à la portée de tous les hommes raisonnables; donc, etc. Ma première proposition est la vôtre; je prouve la seconde. 1° Plusieurs déistes célèbres ont enseigné qu'un sauvage peut ignorer invinciblement les preuves de l'existence de Dieu, et n'y rien comprendre. 2° Tous les polythéistes, par conséquent les trois quarts du genre humain, n'y ont rien compris, puisqu'ils ont admis non un Dieu, mais une multitude de dieux; le théisme, que vous appelez *religion naturelle*, et le polythéisme, sont-ils la même chose ? — Si vous dites que le théisme fait abstraction de savoir s'il faut admettre un seul Dieu ou plusieurs, alors votre prétendue théisme n'est lui-même qu'une abstraction, une chimère, qui n'a existé chez aucun peuple, et qui n'a été la religion d'aucun. Direz-vous que tous ceux dont je parle ne sont pas raisonnables ? Moi, répondra l'athée, je vous soutiens que les seuls hommes raisonnables sont ceux qui ne connaissent point Dieu, et qui font profession de ne rien comprendre aux preuves de son existence ni de ses attributs.

C'est donc aux déistes de répondre à leur propre argument. Mais qu'est-il arrivé ? Un défenseur de la religion, en y répondant, a

bien voulu supposer que la première proposition était prise dans le sens vrai qu'elle peut avoir; il ne s'est pas donné la peine d'en démontrer les équivoques; il s'est seulement attaché à prouver, contre la seconde proposition, que les preuves du christianisme sont *à la portée* des simples et des ignorants, c'est-à-dire que les ignorants sont capables de comprendre ces preuves et d'en sentir la force, lorsqu'elles leur sont proposées. — Quelques déistes ont triomphé de cette complaisance; un mauvais raisonneur a fait en très-mauvais style un gros et mauvais livre, chargé de deux cent quarante-deux notes énormes, pour prouver qu'un ignorant mahométan peut avoir de la mission divine de Mahomet les mêmes preuves qu'a un ignorant chrétien de la mission divine de Jésus-Christ; par conséquent être aussi fermement convaincu de la vérité de sa religion qu'un chrétien l'est de la divinité de la sienne. A l'article MAHOMÉTISME, nous démontrerons le contraire; mais accordons pour un moment à cet écrivain ce qu'il veut; qu'en résulte-t-il en faveur de l'argument des déistes ? Rien. Parce que les preuves du christianisme, faites pour les ignorants, sont telles que d'autres ignorants peuvent en faire une mauvaise application à une religion fausse, s'ensuit-il que ces preuves ne sont pas à la portée des simples et des ignorants ? Il s'ensuit précisément le contraire.

Pour raisonner conséquemment, voici l'argument qu'auraient dû faire les déistes : « Toute preuve alléguée en faveur d'une religion prétendue vraie, qui peut, par un faux raisonnement être appliquée à une religion fausse, est une preuve nulle : or telles sont toutes les preuves du christianisme qui sont à la portée des ignorants; donc toutes sont nulles. » Alors la première proposition de ce syllogisme serait évidemment fausse et absurde. — En effet, il n'est aucune preuve, aucune démonstration, qui, par une fausse application, ne puisse devenir un sophisme, non-seulement entre les mains d'un ignorant, mais dans la bouche ou sous la plume d'un savant. Témoin Cicéron, qui, dans son livre *de la Nature des dieux*, prouve le polythéisme par la démonstration physique de l'existence de Dieu; témoin Ocellus Lucanus, qui, dans son *Traité de l'univers*, au lieu de prouver qu'il y a un Être nécessaire, conclut que tout ce qui existe est nécessaire; témoin les philosophes anciens et modernes, qui, en méditant sur le mélange des biens et des maux en ce monde, concluent qu'il n'y a point de Providence, c'est précisément la conséquence contraire de celle qu'il faut en tirer.

A cause de cet abus du raisonnement, sommes-nous obligés d'avouer que les démonstrations de l'existence de Dieu, tirées de l'ordre physique du monde, de la nécessité d'une première cause, du mélange des biens et des maux, sont nulles et fausses ? Les déistes, sans doute, n'en conviendront pas. N'avons-nous pas vu de nos jours les

des sectaires, parce qu'ils ont tous un égal droit de se l'adresser. Ce que le luthérien dit de l'athée, l'athée le dira du luthérien. Qui sera juge entre eux ? La raison ? Mais c'est son jugement que l'on conteste, chacun prétend qu'elle décide en sa faveur. L'appeler pour terminer ce différend, c'est résoudre la question par la question même; c'est clairement se moquer du sens commun. »

fatalistes affirmer du ton le plus intrépide, que par le sentiment intérieur ils sont convaincus qu'ils ne sont pas libres? Par respect pour eux, nous défierons-nous du sentiment intérieur, qui est la plus forte de toutes les démonstrations? C'est la folie des sceptiques, et cette folie même prouve ce que nous soutenons. — Il n'est cependant pas une seule question sur laquelle les déistes n'aient pas renouvelé le même sophisme. Parce que, pour prouver de faux miracles, les païens alléguaient de faux témoignages, et parce que de nos jours on a fait le même abus pour prouver des miracles imaginaires, les déistes ont conclu qu'aucun témoignage ne peut être admis en fait de miracles. Parce que les païens, pour excuser les souffrances de leurs dieux, ont eu recours à des allégories, on nous dit que nous n'avons pas de meilleures raisons pour justifier les souffrances de Jésus-Christ, etc.; ensuite on établit pour maxime irréfragable que toute preuve, toute raison qui est également alléguée par deux partis opposés, ne prouve rien pour l'un ni pour l'autre. Peut-on déraisonner d'une manière plus étonnante?

Les déistes argumentent constamment sur trois principes faux. Le premier, que les preuves d'une religion révélée sont insuffisantes, à moins qu'elles ne viennent d'elles-mêmes à l'esprit des ignorants, sans qu'il soit besoin de les leur proposer. Le second, que Dieu n'a point établi cette religion pour tous les hommes, puisqu'il ne la fait pas prêcher et prouver actuellement à tous. Le troisième, qu'une preuve est nulle, dès que l'on peut en abuser pour établir une erreur. Ces trois paradoxes prouveraient autant contre la religion naturelle que contre la religion révélée.

DÉIVIRIL. *Voy.* INCARNATION.

DÉLECTATION VICTORIEUSE, terme faux dans le système de Jansénius, qui, par cette expression, entend un sentiment doux et agréable, un attrait qui pousse la volonté à agir et la porte vers le bien qui lui convient ou qui lui plaît.

Jansénius distingue deux sortes de *délectations*: l'une pure et céleste, qui porte au bien et à l'amour de la justice; l'autre terrestre, qui incline au vice et à l'amour des choses sensibles. Il prétend que ces deux *délectations* produisent trois effets dans la volonté: 1° un plaisir indélibéré et involontaire; 2° un plaisir délibéré qui attire et porte doucement et agréablement la volonté à la recherche de l'objet de la *délectation*; 3° une joie qui fait qu'on se plaît dans son état. — Cette *délectation* peut être *victorieuse* ou absolument, ou relativement, en tant que la *délectation* céleste, par exemple, surpasse en degrés la *délectation* terrestre, et réciproquement. — Jansénius, dans tout son ouvrage *de Gratia Christi*, et nommément liv. IV, c. 6, 9 et 10; liv. V, c. 5, et liv. VIII, c. 2, se déclare pour cette *délectation* relativement *victorieuse*, et prétend que, dans toutes ses actions, la volonté est soumise à l'impression nécessitante et alternative des deux *délectations*, c'est-à-dire, de la concupiscence et de la grâce. D'où il conclut que celle des deux *délectations*, qui, dans le moment décisif de l'action, se trouve actuellement supérieure à l'autre en degrés, détermine nos volontés, et les décide nécessairement pour le bien ou pour le mal. Si la cupidité l'emporte d'un degré sur la grâce, le cœur se livre nécessairement aux objets terrestres. Si au contraire la grâce l'emporte d'un degré sur la concupiscence, alors la grâce est *victorieuse*, elle incline nécessairement la volonté à l'amour de la justice. Enfin, dans le cas où les deux *délectations* sont égales en degrés, la volonté reste en équilibre sans pouvoir agir. Dans ce système, le cœur humain est une vraie balance, dont les bassins montent, descendent ou demeurent au niveau l'un de l'autre, suivant l'égalité ou l'inégalité des poids dont ils sont chargés.

Il n'est pas étonnant que de ces principes Jansénius infère qu'il est impossible que l'homme fasse le bien, quand la cupidité est plus forte que la grâce; qu'alors l'acte opposé au péché n'est pas en son pouvoir; que l'homme, sous l'empire de la grâce plus forte en degrés que la concupiscence, ne peut non plus se refuser à la motion du secours divin, dans l'état présent où il se trouve; que les bienheureux qui sont dans le ciel ne peuvent se refuser à l'amour de Dieu (Jansén., l. VIII; *de Grat. Christi*, c. 13, l. IV; *de Statu Nat. lapsæ*, c. 24). — Mais les bienheureux dans le ciel méritent-ils une récompense par leur amour pour Dieu? C'est cet amour même, auquel ils ne peuvent se refuser, qui est leur récompense. Si donc l'homme, mû par la grâce, était dans la même impossibilité d'y résister que les bienheureux à l'amour de Dieu, il ne serait pas plus capable de mériter qu'eux. Cet exemple même démontre la fausseté de la proposition condamnée dans Jansénius; savoir, que pour mériter ou démériter, dans l'état de nature tombée où nous sommes, il n'est pas nécessaire d'être exempt de nécessité, mais seulement de coaction. S'avisa-t-on jamais de penser que le désir de manger, dans un homme tourmenté d'une faim violente, est un acte moralement bon ou mauvais?

Indépendamment de l'absurdité de ce système, on pouvait demander à l'évêque d'Ypres, qui lui avait révélé ces belles choses. Loin d'éprouver en nous le phénomène de la *délectation victorieuse*, nous sentons très-bien que quand nous obéissons aux mouvements de la grâce, nous sommes maîtres de résister; que, quand nous cédons à un mauvais penchant, il ne tiendrait qu'à nous de le vaincre; autrement nous n'aurions jamais de remords. Lorsque nous résistons par raison à un penchant violent, nous n'éprouvons certainement point de *délectation*. Il est difficile de nous persuader que Dieu fait en nous un miracle continuel, pour tromper le sentiment intérieur.

Le principe de saint Augustin, sur lequel Jansénius se fonde, savoir, que *nous agissons nécessairement selon ce qui nous plaît davantage*, n'est qu'une équivoque; et si l'on prend à la rigueur le terme *plaire*, ce principe est faux. Où est le plaisir que nous éprouvons lorsque nous résistons à un penchant violent qui nous porte à une action sensuelle? Nous n'y résistons pas par *plaisir*, mais par raison, en faisant un effort sur nous-mêmes. C'est donc une expression très-impropre de nommer *plaisir* le motif réfléchi qui nous fait vaincre le *plaisir* que nous aurions à nous satisfaire. Ce principe ne signifie donc rien, sinon que nous agissons nécessairement en vertu du motif auquel nous donnons librement la préférence; et de là il ne s'ensuit rien, puisque c'est nous-mêmes qui nous imposons librement cette nécessité. Il est bien absurde de fonder un système théologique sur l'abus d'un terme. — Dans le fond, la dissertation de saint Augustin et de Jansénius sur le mot *délectation* n'est qu'un jeu d'esprit. Quand on dit que la grâce et la concupiscence sont deux *délectations* contraires, cela signifie seulement que ce sont deux mouvements qui nous entraînent alternativement sans nous faire violence. Mais la nécessité de céder à celle qui prévaut pour le moment est faussement supposée; elle est contredite par le sentiment intérieur, qui est pour nous le souverain degré de l'évidence. Nous ne croirons jamais que saint Augustin ait été assez mauvais raisonneur pour soutenir le contraire, après avoir fait usage lui-même de cette preuve invincible pour établir le dogme de la liberté. *Voy.* JANSÉNISME.

DÉLUGE UNIVERSEL, inondation générale du globe terrestre, que l'Écriture sainte nous dit être arrivée dans le premier âge du monde, vers l'an 1656 depuis la création, suivant le calcul ordinaire. Cet événement, qui tient tout à la fois à l'histoire sainte, par conséquent à la théologie, à l'histoire profane, à l'histoire naturelle et à la physique, est un des articles les plus intéressants que nous ayons à traiter, non-seulement à cause des efforts que les incrédules ont faits pour en ébranler la certitude, mais à cause de la multitude des systèmes et des hypothèses qui ont été imaginés pour l'expliquer, par ceux qui font profession de croire à l'Écriture sainte. — Nous avons donc à prouver, 1° que le *déluge* a été universel dans toute la rigueur du terme, qu'il a couvert d'eau non-seulement une partie de la face de la terre, mais le globe tout entier; 2° à faire voir que les incrédules n'ont encore opposé à ce fait mémorable aucune objection solide; 3° nous ajouterons quelques réflexions sur l'inconstance et la bizarrerie des opinions que nous avons vu successivement éclore sur ce sujet.

I. La première preuve et la plus convaincante de l'universalité du *déluge* est la manière dont Moïse le rapporte, avec ce qui a précédé et ce qui a suivi. Chap. VI de la *Génèse*, v. 7, Dieu dit à Noé : *Je détruirai toute créature vivante sur la face de la terre, depuis l'homme jusqu'aux animaux, depuis les reptiles jusqu'aux oiseaux du ciel.* Cette menace ne pouvait être exécutée à la lettre, à moins que l'inondation ne fût générale, et ne couvrit tous les lieux dans lesquels des animaux, tels que les oiseaux, auraient pu se réfugier. Vers. 13 : *La fin de toute chair vient devant moi (est près d'arriver); je détruirai la terre et ses habitants. Faites-vous une arche pour vous y retirer.* Vers. 17 : *Je ferai tomber les eaux du* DÉLUGE *sur la terre, pour détruire toute créature vivante sous le ciel; tout ce qui est sur la terre périra.* La prédiction ne pouvait pas être plus formelle, ni plus générale. Si Dieu avait voulu laisser à sec quelque partie du globe, sans doute il y aurait fait retirer Noé, sa famille et les animaux qui devaient être conservés, plutôt que de faire bâtir une arche pour les y enfermer.

La description que Moïse fait du *déluge* n'en énonce pas moins clairement l'universalité; chap. VII, lorsque Dieu eut renfermé dans l'arche les hommes et les animaux qu'il voulait sauver, les réservoirs du grand abîme se rompirent, et les pluies tombèrent du ciel. Vers. 17 : *Les eaux s'élevèrent sur la terre, et firent surnager l'arche; les plus hautes montagnes sous le ciel furent inondées, les eaux surpassèrent de quinze coudées les sommets les plus élevés; toute chair vivante sur la terre, tous les animaux, les oiseaux, les quadrupèdes, les reptiles, tous les hommes, périrent sans exception; tout ce qui respirait sur la terre perdit la vie. Dieu détruisit tout ce qui subsistait sur le globe, depuis l'homme jusqu'au dernier des animaux; tout fut anéanti. Noé seul et ceux qui étaient avec lui dans l'arche furent conservés.* Quand l'écrivain sacré aurait épuisé tous les termes de sa langue, il n'aurait pas pu exprimer avec plus d'énergie l'universalité de l'inondation et de ses effets sur toute la face du globe terrestre. — Il atteste encore la même vérité, en rapportant la fin du *déluge* et ses suites. Il dit, chap. VIII, v. 5, que les sommets des montagnes ne commencèrent à reparaître que le premier jour du dixième mois; v. 17, et chap. IX, v. 1 et 7, Dieu parle à Noé et à ses enfants, comme aux seuls hommes qui subsistaient encore sur la terre; il leur répète les mêmes paroles qu'il avait dites à Adam et à son épouse, au moment de la création : *Croissez, multipliez-vous, peuplez la terre, dominez sur les animaux*, etc.; v. 11 et 15 : *On ne verra plus de* DÉLUGE *qui désole la terre et qui détruise toute chair*; v. 19, l'historien ajoute que les trois enfants de Noé sont la souche de laquelle est sorti tout le genre humain qui est dispersé sur toute la terre; et, chap. X, il expose le partage de toute la terre habitable, que les descendants de Noé ont fait entre eux. — Lorsqu'un écrivain marche avec autant de précaution, rassemble toutes les circonstances qui peuvent fixer le sens de sa narration, soutient le même ton d'un bout à l'autre, ne donne aucun signe d'exagération, il ne craint pas d'être contredit; il faudrait de fortes démonstrations pour le combattre, pour oser l'accuser d'avoir forgé un événement aussi étonnant, ou de ne l'avoir pas fidèlement rapporté.

On ne manquera pas d'objecter que dans l'Ecriture sainte, même dans le Nouveau Testament, ces mots, *toute la terre, tout le globe, tout l'univers*, ne doivent pas toujours se prendre à la rigueur ; que souvent ils signifient seulement une contrée, un pays, un empire. *Gen.* 41, 54, il est dit que la famine régnait dans le monde entier, *in universo orbe*, c'est-à-dire dans tous les pays voisins de la Palestine. *Esther*, IX, 28, *toutes les provinces de l'univers* ne signifient que toutes les provinces de l'empire d'Assyrie, etc. On ne peut donc pas conclure des expressions de Moïse l'universalité absolue du déluge. — *Réponse*. On ne peut pas nier non plus que ces mêmes termes ne signifient beaucoup plus souvent le monde entier. Lorsque le roi-prophète dit (*Ps.* XXIII, 1) : *La terre et tout ce qu'elle renferme, l'univers et tous ceux qui l'habitent sont au Seigneur* ; *Ps.* XLIX, 12 ; *La terre et tout ce qu'elle renferme est à moi, dit le Seigneur* ; *Ps.* XCVII, 7 : *Que la mer et tout ce qu'elle contient, que l'univers et tous ses habitants soient en mouvement devant le Seigneur*, etc., il ne désigne certainement pas une contrée particulière : nous pourrions citer vingt exemples semblables. C'est donc par les circonstances et par toute la suite de la narration, qu'il faut juger du vrai sens de l'auteur sacré. Or Moïse ne dit pas seulement que *toute la terre* fut inondée, que *tout le globe* fut submergé, mais que les plus hautes montagnes qu'il y eut sous le ciel furent couvertes d'eau, que l'eau surpassa de quinze coudées les sommets les plus élevés, qu'ils ne recommencèrent à paraître qu'au dixième mois. Il dit que tout ce qui respirait sous le ciel, tous les animaux vivants sur la terre, sans excepter les oiseaux, périrent ; que Noé seul, sa famille et tout ce qui était dans l'arche, fut conservé. Tout cela serait absolument faux, s'il n'était question que d'un *déluge* particulier, quelque étendu qu'il eût pu être ; ce n'était point là le cas d'user d'aucune exagération ; Moïse était historien et non poëte ou orateur : donc on doit l'entendre d'un *déluge* universel. — Ceux qui veulent restreindre la signification des termes ne font pas attention qu'un *déluge* particulier, capable de produire tous les effets dont Moïse fait mention, est naturellement aussi impossible qu'un *déluge* universel. Supposerons-nous, par exemple, qu'il est arrivé seulement dans la Mésopotamie ? Pour vérifier la narration de Moïse, il faut que les eaux aient surpassé de quinze coudées le sommet du mont Ararat, l'un des plus élevés de l'univers, et toute la chaîne des montagnes de la Gordienne. Mais elles n'ont pas pu s'élever à cette hauteur, sans s'écouler dans les quatre mers voisines, savoir, la mer Caspienne, le Pont-Euxin, la Méditerranée et le golfe Persique, par conséquent dans tout l'Océan. D'autre part, les eaux des mers n'ont pas pu s'amonceler sur une contrée particulière de la terre, sans perdre leur niveau, sans détruire la rondeur du globe, sans en troubler l'équilibre et le mouvement. Il aurait donc fallu, dans ce cas, que Dieu déplaçât l'axe de la terre, tout comme on suppose qu'il l'a fait pour produire le *déluge* universel. Dès que l'on est obligé de recourir à la toute-puissance divine, et à un dérangement des lois physiques du monde, il n'en a pas coûté davantage à Dieu pour l'inonder tout entier, que pour en noyer seulement une partie. Dans quelque lieu de l'univers que l'on suppose arrivé un *déluge* capable de surpasser de quinze coudées les plus hautes montagnes, l'on retombe dans le même inconvénient. Encore une fois, ou la narration de Moïse est absolument fausse, ou elle est entièrement vraie, dans toute l'étendue du sens que ces termes peuvent avoir.

La seconde preuve de l'universalité du *déluge* est le témoignage de l'histoire profane et des écrivains de toutes les nations. Le savant Huet a rassemblé ce qu'ils en ont dit (*Quæst. Alnet.*, l. II, c. 12, § 5). — Josèphe, Eusèbe, Alexandre Polyhistor, Le Syncelle, rapportent, d'après Bérose et Abydène, la tradition des Assyriens et des Chaldéens touchant le *déluge*; elle s'accorde parfaitement avec l'histoire que Moïse en a faite. Abydène nomme *Xisuthrus* le patriarche qui fut sauvé des eaux avec sa famille dans une arche construite à ce dessein en vertu d'un ordre du ciel. Le nom du personnage principal est indifférent, lorsque l'histoire est la même. Abydène n'a point oublié la circonstance des oiseaux lâchés après le *déluge*, pour savoir si la terre était desséchée, ni le sacrifice offert par Noé ou Xisuthrus au sortir de l'arche. Si cet historien n'avait pas mêlé des idées de polythéisme et des circonstances fabuleuses à son récit, on croirait qu'il a copié Moïse. (Eusèbe, *Præparat. évang.*, l. IX, c. 11 et 12 ; le Syncelle, p. 30 et suiv.; saint Cyrille *contra Julien*, l. I). Josèphe cite encore les antiquités phéniciennes de Jérôme l'Egyptien, Mnaséas et Nicolas de Damas (*Antiq. Jud.*, l. I, c. 3). La tradition de l'arche, arrêtée sur les montagnes d'Arménie, est demeurée constante chez les peuples des environs. — La croyance d'un *déluge* universel n'était pas moins établie chez les Egyptiens. Quelques-uns de leurs philosophes dirent à Solon, qui les interrogeait sur leurs antiquités, ces paroles remarquables : « Après certaines périodes de temps, une inondation, envoyée du ciel, changea la face de la terre ; le genre humain a péri plusieurs fois de différentes manières ; voilà pourquoi la nouvelle race des hommes manque de monuments et de connaissances des temps passés. » (Platon, dans le *Timée*.) L'auteur de l'*Histoire véritable des temps fabuleux*, tome I, p. 125 et 126, nous paraît avoir prouvé jusqu'à la démonstration, que l'histoire de Ménès, que l'on suppose avoir été le premier roi d'Egypte, n'est autre que celle de Noé et du *déluge*. Les Egyptiens, malgré leur ambition de s'attribuer une antiquité excessive, n'ont pas pu remonter plus haut que cette époque célèbre. — On trouve la même opinion d'un ancien *déluge* chez les Syriens. Dans un ancien temple de Junon, ils montraient la bouche d'une caverne profonde, par laquelle ils prétendaient que les eaux du *déluge* s'étaient écoulées. Lucien, qui l'avait vue, dit que, selon la tradition des Grecs, la première race des hommes avait été détruite par un *déluge*; que Deucalion avait été sauvé par le secours d'une arche dans laquelle il était entré avec ses enfants et avec les différentes espèces d'animaux. Lucien, *de Dea Syria*. Le nom de *Deucalion*, que les Grecs donnaient à ce personnage, prouve qu'ils n'avaient point emprunté cette narration des livres de Moïse, non plus que les Chaldéens. — Dans l'histoire chinoise, le *déluge* arrivé sous Yao est célèbre; il est dit que les eaux couvraient les collines de toutes parts, surpassaient les montagnes, et paraissaient aller jusqu'au ciel (*Chou-King*, pag. 8 et 9). Quoique le livre classique des Chinois place ce *déluge* sous Yao, il paraît par d'autres livres que ce peuple n'en connaissait pas l'époque certaine, non plus que celle du règne d'Yao (*Ibid., Disc. prélim.*, c. 6 et 12). Nous ne prétendons pas affirmer que les Chinois ont regardé ce *déluge* comme universel; ils n'en avaient qu'une notion confuse, et ils n'ont jamais connu que leur propre pays dans l'univers : mais une inondation, de laquelle on a parlé d'un bout du monde à l'autre, ne peut pas être arrivée dans un seul pays. — Selon les livres des Indiens, la première race des hommes a été exterminée par un *déluge* (*Ezour-Védam*, tom. II, pag. 206). Enfin, l'on prétend que chez les sauvages des îles Antilles, il s'est conservé un souvenir confus d'anciennes inondations, qui ont changé la face de toute cette partie du monde. M. Bailly, dans son *Histoire de l'ancienne Astronomie, Eclaircissem.*, l. 1, n. 13 et 14, a fait voir que toutes les nations qui ont des annales ont supposé un *déluge*; qu'elles ont nommé *temps fabuleux* les siècles qui ont précédé cette époque mémorable, et *temps historiques* ceux qui l'ont suivie. On ne peut pas excuser la témérité des incrédules qui ont osé soutenir qu'il n'est point fait mention du *déluge* de Noé dans l'histoire profane; que les Juifs seuls en ont eu connaissance.

Comment cette opinion a-t-elle pu se répandre d'un bout de l'univers à l'autre? Ce n'est point par l'inspection du sol de la terre, des différentes couches dont elle est composée, des corps marins qu'elle renferme dans son sein; aucun des auteurs anciens n'a fait usage de cette preuve, et les traditions, conservées par les historiens, remontent plus haut que la naissance de la philosophie, et que les connaissances acquises par l'étude de la nature. C'est donc par d'anciens témoignages que les peuples ont su cet événement. Or, ces témoignages n'auraient pas pu se trouver les mêmes dans les quatre parties du monde, si le *déluge* n'était arrivé que dans l'une de ces parties: dans ces premiers temps les peuples ne sortaient pas de chez eux. Il faut donc que les enfants de Noé, témoins oculaires de cet événement, en aient imprimé le souvenir à leurs descendants dans tous les lieux où ils se sont dispersés. — Depuis deux mille cinq cents ans, l'histoire des principaux peuples de l'univers est connue, du moins quant aux événements principaux; depuis cette époque, il n'a plus été question d'un *déluge* très-considérable arrivé dans aucun pays du monde. Comment a-t-on pu imaginer qu'il en était arrivé un général environ deux mille ans plus tôt, s'il n'y a rien eu de semblable? Depuis cette même époque, le cours de la nature a été constant et uniforme; comment a-t-il été interrompu du temps de Noé, sinon par l'action immédiate de la toute-puissance de Dieu?

Nous ne mettrons point au nombre des preuves historiques du *déluge* les usages civils ou religieux des nations qui semblent faire allusion à ce terrible événement, et qui ont été remarqués par l'auteur de l'*antiquité dévoilée par ses usages*, parce que ce système ne nous paraît pas solidement établi. — Ce qu'il y a de certain, c'est que jusqu'à présent, malgré toutes les recherches et toutes les observations possibles, on n'a pu encore découvrir un seul monument, ni un seul vestige d'industrie humaine antérieur au *déluge*; rien ne remonte au delà : il faut donc que pour lors le genre humain tout entier ait été détruit et renouvelé, comme le raconte l'histoire sainte.

La troisième preuve du *déluge* universel est l'inspection du globe terrestre. Dans les quatre parties du monde l'on voit des vallons étroits, bordés de part et d'autre par des rochers coupés perpendiculairement, ou par des hauteurs escarpées, qui forment des angles saillants et rentrants, et qui donnent à ces vallons la figure du cours d'une rivière. Les naturalistes sont persuadés que ces profondeurs ont été creusées par les eaux. Ainsi, en examinant le canal de Constantinople, Tournefort a jugé que ce canal a été formé par une éruption violente des eaux du Pont-Euxin, dans la Méditerranée, et d'autres observateurs l'ont vérifié comme lui. Selon l'ancienne tradition de la Grèce, le fleuve Pénée, enflé par les pluies, avait franchi les bornes de son lit et de sa vallée, avait séparé le mont Ossa du mont Olympe, et s'était fait une ouverture pour se jeter dans la mer. Hérodote, curieux d'éclaircir ce fait, alla visiter les lieux, et fut convaincu, par leur aspect, de la vérité de cette tradition. De même dans la Béotie, le fleuve Colpias a fait, dans les premiers temps, une rupture au mont Ploüs, et, par un éboulement des terres, s'est creusé une embouchure. Welher, voyageur intelligent, a reconnu par l'inspection que la chose a dû arriver ainsi. Les fables grecques, attribuaient à Hercule ces travaux de la nature; c'était lui, suivant les poëtes, qui avait séparé les montagnes de Calpé et d'Abyla, c'est-à-dire les deux montagnes qui bordent le détroit de Gibraltar, et qui avait ainsi introduit les flots de l'Océan dans la Méditerranée. — Mais l'histoire ni la fable n'ont pu fixer la date de ces événements; l'Ecriture seule nous indique la grande révolution qui a pu les produire. Dans tous les pays du monde, surtout dans les chaînes de montagnes, l'on trouve de ces vallons étroits et tortueux, bordés de rochers de part et d'autre; donc les eaux ont travaillé de même sur toute la face du globe, et leur effet a été trop considérable pour être causé par des *déluges* particuliers. M. de Buffon attribue la formation de ces vallons étroits, profonds, escarpés, qui sont ordinairement le lit d'une rivière, et qui ont souvent un cours très-étendu, à un affaissement de terres qui s'est fait des deux côtés. Or cet affaissement n'a pu se faire que par un mouvement violent des eaux sur toute la terre; et puisque ce même phénomène se rencontre dans les quatre parties du monde, il n'a pu arriver que par un *déluge* universel. — En second lieu, l'on voit sur toute la face du globe des preuves de l'universalité de l'inondation, savoir, une quantité prodigieuse de coquillages, de dents de poissons, d'os et de dépouilles de monstres marins, qui se trouvent dans les entrailles de la terre, à une très-grande distance de la mer, jusque dans le sein des rochers les plus durs. Parcourez les montagnes les plus élevées, les Alpes, l'Appennin, les Pyrénées, les Andes, l'Atlas, l'Ararat, partout, depuis le Japon jusqu'au Mexique, vous trouverez des preuves démonstratives d'un transport des eaux de la mer au-dessus des lieux les plus hauts de la terre. Fouillez dans ses entrailles, vous verrez qu'il n'est point d'endroit de notre globe que les ondes du *déluge* n'aient bouleversé. L'on trouve des éléphants d'Asie et d'Afrique ensevelis dans la Grande-Bretagne, les crocodiles du Nil enfoncés dans les terres de l'Allemagne, les os des poissons de l'Amérique et les squelettes des baleines, abîmés au fond des sables de notre continent; partout des feuilles, des plantes, des fruits dont les espèces nous sont inconnues, ou qui ne se trouvent que dans les climats les plus éloignés du nôtre. — Les coquilles fossiles viennent certainement de la mer; les plus fragiles sont brisées, et les plus solides montrent qu'elles ont été roulées, il y en a de tous les âges; des jeunes et des vieilles, de très-petites et de très-grandes; quelques-unes sont chargées de coquillages parasites. Les poissons, les crabes, les vers marins pétrifiés, se trouvent mêlés avec des animaux et des végétaux terrestres, qui ne subsistent aujourd'hui que dans des pays fort éloignés de nous. Dans le nord de la Sibérie, l'on trouve une grande quantité d'ivoire fossile, presque à la superficie de la terre, et l'on a déterré des squelettes entiers d'éléphants dans le nord de l'Amérique. Quelques naturalistes prétendent que l'ivoire fossile de Sibérie est le produit du morse, animal marin; mais outre que ce fait n'est pas encore suffisamment constaté, les os du morse ne se trouveraient pas dans les terres, s'ils n'y avaient été déposés par les eaux. Puisque, parmi les coquillages et les autres corps marins fossiles, il se trouve des feuilles d'arbres, des plantes, des fruits, du bois percé par les vers, et ensuite pétrifié, il faut que le sol duquel on les tire ait déjà été habité ou habitable, avant que se formassent les pierres qui les renferment. (Lettres sur *l'Histoire de la terre et de l'homme*; tom. I, lettre 20, pag. 326; tom. II, lettre 40, pag. 247; lettre 53, p. 517; tom. V, lettre 137, p. 456, etc.) — Plusieurs physiciens, frappés de ce phénomène, ont imaginé que ces corps marins n'ont point été transportés dans le sein des terres par une inondation subite et par un mouvement rapide des eaux, mais par un séjour très-long de la mer sur nos continents. Ils ont dit que la mer a couvert successivement toutes les parties du globe et s'en est retirée par un mouvement insensible; que les montagnes dont notre hémisphère est hérissé aujourd'hui ont été formées par les eaux, pendant ce séjour qui a duré plusieurs siècles. Mais ce système, qui n'est qu'un rêve d'imagination, a été réfuté sans réplique, et nous rapporterons ailleurs les raisons démonstratives qui les détruisent. *Voy.* MER, MONDE. — Quand il serait vrai que le fait du *déluge* universel ne peut pas expliquer comment il y a dans les entrailles de la terre, et jusqu'au sommet des montagnes, une si énorme quantité de coquillages et de corps marins, et comment ils ont été déposés dans le sein des rochers les plus durs; il est aussi vrai qu'aucun des systèmes imaginés jusqu'à présent par les naturalistes n'a pu nous le mieux faire concevoir. Des suppositions fausses ne servent à rien pour expliquer les phénomènes de la nature; il est plus simple de nous en tenir à un fait positif, fondé sur des preuves, et contre lequel on ne peut alléguer aucun argument solide.

S'il n'était question que d'établir la possibilité physique du *déluge* universel par les eaux dont la terre est couverte, on l'a démontrée par une machine fort simple. On renferme un globe terrestre creux et plein d'eau, concentriquement dans un globe de verre. Le premier n'est pas plutôt agité par un mouvement de turbination, que les eaux qu'il renferme sortent des soupapes et remplissent le grand globe de verre; si le mouvement est ralenti, l'eau rentre par sa pesanteur. Or le globe de la terre a un mouvement de turbination, et il pourrait pirouetter plus vite; alors les eaux monteraient par la force centrifuge, et contre leur propre pesanteur : l'expérience confirme la théorie. (*Explication physico-théologique du déluge et de ses effets*. Journal des Beaux-Arts, mars 1767.)

II. *Objections des philosophes incrédules contre l'universalité du déluge*. Avant de les examiner et d'y répondre, il est à propos de faire quelques réflexions sur la narration de Moïse. 1° Cet historien n'a pu avoir aucun motif d'inventer ce fait : plus il est étonnant en lui-même et dans ses circonstances, moins il y a lieu de penser que Moïse l'ait forgé. Il ne pouvait s'attendre à autre chose qu'à révolter ses lecteurs, perdre toute croyance auprès d'eux, et à décréditer toute son histoire. Il écrivait pour des hommes qui avaient été instruits, aussi bien que lui, par les descendants des patriarches, et qui ne lui auraient ajouté aucune foi, s'ils n'avaient jamais ouï raconter à leurs aïeux les événements qu'il rapportait. 2° Son style n'est point celui d'un enthousiaste, d'un poëte ou d'un romancier; il ne cherche ni à étonner, ni à faire de pompeuses descriptions, ni à satisfaire la curiosité de ses lecteurs; il rapporte froidement et simplement les faits, il supprime plusieurs circonstances que nous voudrions savoir, mais dont l'ignorance ne nous cause aucun préjudice ; son seul dessein est d'apprendre aux hommes à redouter la justice divine. 3° Il fallait que Moïse fût bien assuré qu'il n'y avait sur la terre aucun peuple, aucun monument, aucun vestige d'industrie humaine, antérieur à l'époque du *déluge*, pour oser affirmer que cette inondation avait fait périr tous les hommes, à l'exception de Noé et de sa famille, et avait changé toute la face du globe. Cependant, malgré le désir qu'ont eu les incrédules de tous les siècles de le contredire, ils n'ont encore pu rien découvrir qui soit capable de le convaincre de faux. 4° Dès que Moïse nous donne le *déluge* universel pour un miracle de la toute-puissance divine, c'est une inconséquence de la part des incrédules d'y opposer de prétendues impossibilités physiques. Dieu qui a établi très-librement l'ordre physique de l'univers, tel que nous le connaissons, est sans doute le maître d'y déroger de la manière, à tel point, et autant de fois qu'il lui plaît. Parce que nous ne voyons pas comment et par quel moyen telle chose a pu se faire, il ne s'ensuit pas qu'elle est impossible, mais seulement que nos connaissances physiques sont très-bornées, et que Dieu n'a pas trouvé bon de nous rendre aussi savants que nous le voudrions. Quand on dit qu'il ne faut pas multiplier les miracles, on ne fait pas attention que ce qui nous semble les multiplier est souvent ce qui les diminue, et que Dieu fait tout par un acte simple et unique de sa volonté. Aussi verrons-nous que la plupart des objections des incrédules sont de pures suppositions, qu'il est plus aisé de nier que de prouver.

Ire *Objection*. Il n'y a pas assez d'eau dans la nature pour submerger tout le globe de la terre, jusqu'à quinze coudées au-dessus des plus hautes montagnes. Par une estimation moyenne de la profondeur de la mer, il paraît qu'en général on ne peut lui supposer plus de mille pieds de profondeur, et il y a sur la terre des montagnes qui ont au moins dix mille pieds de hauteur. Il faudrait donc dix océans pour submerger les plus hautes montagnes ; et comme la circonférence du globe augmente à mesure que l'on suppose les eaux plus élevées, il faudrait au moins vingt fois autant d'eau qu'il y en a dans toutes les mers du monde, pour qu'elles pussent s'élever à la hauteur dont parle Moïse. Il ne peut pas en tomber assez de l'atmosphère pendant quarante jours et quarante nuits, pour suppléer à cette immense quantité. Vainement l'on supposerait que Dieu a créé des eaux exprès, il aurait fallu ensuite les anéantir ; Moïse ne parle point de ce prodige, il ne fait mention que de la pluie et de la rupture des réservoirs du grand abîme. — *Réponse*. Cette objection, que l'on faisait déjà du temps de saint Augustin, n'est qu'un amas de suppositions fausses. Il est faux que la mer n'ait pas en général plus de mille pieds de profondeur. Il n'y aurait aucune proportion entre une cavité aussi légère et la solidité d'un globe qui a trois mille lieues de diamètre. Il est donc faux qu'il ait fallu dix océans pour couvrir les montagnes du globe, et il l'est que l'on puisse estimer la quantité des eaux suspendues dans l'atmosphère. « L'homme, dit un auteur très-sensé, l'homme qui sait arpenter ses terres et mesurer un tonneau d'huile ou de vin, n'a point reçu de jauge pour mesurer la capacité de l'atmosphère, ni de sonde pour sentir les profondeurs de l'abîme. A quoi bon calculer les eaux de la mer, dont on ne connaît pas l'étendue? que peut-on conclure de leur insuffisance, s'il y en a une masse peut-être plus abondante, dispersée dans le ciel, etc. » (*Spectacle de la nature*, t. III, à la fin.) — Moïse lui-même est allé au-devant de cette objection; il nous apprend qu'au moment de la création, le globe entier était noyé dans les eaux ; que, pour les séparer, Dieu en renferma une partie dans les mers, et fit monter le reste dans l'étendue des cieux, (*Gen*. 1, 2, 6, et 7). Il y en avait donc assez pour submerger la terre tout entière.

La plupart de nos adversaires supposent que c'est la mer qui a formé les montagnes dans son sein, qu'elle a pétries de coquillages jusqu'au sommet ; lorsqu'elle faisait cette opération sur le Chimboraço du Pérou, qui est élevé de trois mille deux cent vingt toises au-dessus du niveau de la mer, ou sur le Mont-Blanc des Alpes, qui est encore plus haut, n'avait-elle que mille pieds de profondeur? Il est bien singulier que des calculateurs, qui trouvent assez d'eau dans la nature pour fabriquer des montagnes dans leur sein, n'en trouvent plus pour les submerger pendant le *déluge*. — Puisqu'il y a sur la terre des montagnes hautes de plus de dix mille deux cents toises, pourquoi n'y aurait-il pas dans la mer des profondeurs égales, et même plus considérables? Encore une fois, ces hauteurs et ces profondeurs ne sont que de très-légères inégalités sur la superficie d'un globe dont la solidité est de trois mille lieues de diamètre; ce sont comme des grains de poussière sur un boulet de canon. Sur cette présomption seule, le calcul de nos physiciens doit déjà être rejeté. — L'auteur des *Études de la nature*, tom. 1, p. 240 et suivantes, a fait voir que la fonte des glaces qui sont sous les deux pôles, et qui couvrent les hautes chaînes de montagnes dans les quatre parties du monde, suffirait presque seule pour inonder tout le globe, à plus forte raison lorsqu'on la suppose réunie à toutes les eaux des mers, dont l'étendue surpasse de beaucoup celle des continents. Il observe que Moïse peut avoir eu en vue ce phénomène, lorsqu'il a dit que *les sources ou les réservoirs du grand abîme furent rompus*, puisqu'en effet les glaces fondues sont les sources qui renouvellent continuellement les eaux de l'Océan et des autres mers. Il fait remarquer les effets terribles que dut produire l'effusion de ces eaux, et le bouleversement qu'elle causa dans toute la nature; il démontre ainsi la puérilité des calculs de nos naturalistes enfants, qui ne voient pas assez d'eau sous le ciel pour noyer le globe entier, comme si Dieu, qui a créé les éléments par un *fiat*, avait perdu depuis ce moment une partie de sa puissance. — Nous soutenons qu'en partant des suppositions même de nos adversaires, il s'est trouvé assez d'eau pour couvrir tout le globe à la hauteur dont parle Moïse.

Pour rendre raison des corps marins qui se trouvent dans le sein de la terre et sur le sommet des montagnes, ils soutiennent que la mer a noyé *successivement* tout le globe pendant une longue suite de siècles; elle a donc pu aussi le couvrir successivement pendant les dix mois du *déluge*. Or, Moïse ne dit point que toute la terre a été couverte, à la même hauteur et au même instant, par des eaux tranquilles et stagnantes; il nous fait entendre le contraire. En parlant du moment auquel les eaux commencèrent à décroître, il nous apprend qu'elles se retirèrent en allant et en revenant, *euntes et redeuntes* (Gen., VIII, 5), par conséquent par un flux et reflux. Donc, lorsqu'elles couvrirent chaque partie du globe à la plus grande hauteur, ce fut aussi par un flux e un reflux, et par un mouvement très-violent. Donc, pour vérifier le texte, il n'est pas nécessaire de supposer que les eaux se sont trouvées dans le même instant au même degré de hauteur sur les deux hémisphères opposés; il suffit de concevoir que Dieu a changé successivement le point du flux et du reflux, ou le point de la plus grande hauteur des eaux, de même que ce point change en effet tous les jours, relativement aux différentes positions de la lune. — Ainsi l'a conçu saint Augustin. Pour répondre à ceux qui ne voulaient pas que les eaux eussent pu s'élever à une si grande hauteur pendant le *déluge*, il dit: « Ces hommes, qui mesurent et pèsent les éléments, voient des montagnes qui demeurent élancées vers le ciel depuis une longue suite de siècles; quelle raison peuvent-ils avoir pour ne pas admettre que les eaux, qui sont beaucoup plus légères, ont fait la même chose pendant un court espace de temps? » (*De Civ. Dei*, l. xv, c. 27, n. 2.) — L'on est forcé de supposer ce mouvement violent des eaux pendant le *déluge*, pour rendre raison des effets qu'il a produits, des vallons étroits et profonds qu'il a creusés, des crevasses énormes qu'il a faites, des montagnes qu'il a composées de matériaux de différentes espèces, des corps marins ou terrestres qu'il a transportés d'un hémisphère à l'autre : tous ces phénomènes sont donc autant de preuves du mouvement impétueux des eaux que Moïse a eu soin de nous faire remarquer.

Qu'a-t-il fallu pour répandre sur notre continent toutes les eaux de l'Océan? changer l'axe de la terre, par conséquent le centre de gravité. Dès ce moment le lit de l'Océan, qui est le lieu du globe le plus bas ou le plus près du centre, est devenu le plus haut, et le sol que nous foulons aux pieds est devenu le plus bas; tout le reste s'ensuit en vertu des lois de la statique. Nos adversaires eux-mêmes sont forcés d'admettre un changement du centre de gravité dans le globe, du moins un changement lent et successif, lorsqu'ils veulent persuader que la mer a successivement couvert toutes les parties de la terre habitable, y a construit les montagnes, etc., et que ce déplacement de la mer dure encore; ce qui est absolument faux. *Voy.* MER.

II° *Objection*. La supposition d'un *déluge* universel ne suffit pas pour nous faire concevoir comment les eaux de la mer ont pu transporter une si énorme quantité de coquillages et de corps marins dans tous les continents, les placer dans la terre à une profondeur très-considérable, les élever jusqu'au sommet des montagnes, les faire pénétrer dans le cœur des rochers. On ne peut expliquer ce phénomène, qu'en supposant que la mer a couvert successivement les deux hémisphères pendant une longue suite de siècles, et que les montagnes ont été fabriquées dans son sein. — *Réponse*. Nous avons déjà dit, et nous le prouverons dans son lieu, que le déplacement successif de la mer est faux, contraire à toutes les lois de la physique, contredit par les observations des naturalistes sur la structure des montagnes, et qu'il est impossible que celles-ci aient été formées dans le sein des eaux. *Voy.* MER. — En second lieu, quand on admettrait cette hypothèse, elle ne nous ferait pas concevoir comment les animaux, les plantes, les coquillages des Indes ou de l'Amérique ont été transportés dans nos terres; ce transport n'a pu être fait que par un mouvement des flots violent et répété plusieurs fois, tel qu'il a dû arriver pendant le *déluge*. Cette même supposition ne peut pas expliquer comment et pourquoi, dans une même suite de montagnes, il y en a qui sont entièrement construites de sable pur, de granit, de pierres, de grès et de matières vitrescibles, d'autres qui sont toutes composées de marbre et de matières calcaires; pourquoi il y a ordinairement dans celles-ci des coquillages et des corps marins, et pourquoi il ne s'en trouve jamais dans les autres, lors même que les lits de pierres sont posés horizontalement comme ceux de marbre. Elle ne nous apprendra pas pourquoi, dans les lits de marne, on ne voit jamais qu'une ou deux espèces de coquillages, pendant qu'il y en a d'autres dans les lits de pierres ou de terres voisines; pourquoi les carrières d'une certaine province sont farcies de petites vis, sans qu'il y en ait de grosses, et pourquoi dans d'autres cantons il y en a une infinité de grosses et point de petites; pourquoi certaines espèces de coquilles ne se rencontrent que dans les pierres d'un certain grain, pendant qu'il n'y en a aucune dans les lits voisins et contigus, qui sont d'un grain différent; pourquoi, dans quelques endroits, l'on voit beaucoup de l'espèce d'oursins qui vivent dans la mer Rouge, et aucun de ceux qui sont dans nos mers, etc. Il y a bien d'autres observations à faire sur les coquillages et les pétrifications, que nos naturalistes n'ont pas encore faites, et qu'ils ne viendront jamais à bout d'expliquer. — En troisième lieu, si la mer n'avait couvert le globe que successivement, par un mouvement progressif imperceptible, ce déplacement n'aurait pas détruit la race des hommes, il n'aurait fait que la transplanter. Les peuples, assaillis à l'orient par la mer, auraient reculé leurs habitations vers l'occident; leur transmigration n'aurait détruit ni les connaissances, ni les monuments de l'histoire des siècles précédents. Cependant l'on ne voit rien dans l'univers qui soit antérieur aux époques fixées par Moïse. Pourquoi l'histoire, les monuments, les arts, les sciences, les traditions, l'état de civilisation des peuples se trouvent-ils d'accord pour attester la nouveauté du genre humain? Les Tartares, les Chinois, les Indiens, peuples les plus orientaux, et dont on nous vante l'antiquité, n'ont aucune notion des progrès de la mer sur leur continent; jamais ils n'ont entendu dire à leurs pères, que leurs habitations étaient autrefois plus avancées vers l'orient, et nous, peuples occidentaux, ne voyons aucuns vestiges des conquêtes que notre continent a faites sur les flots de l'Océan.

Il n'est pas étonnant qu'en examinant les différentes circonstances du *déluge*, on ne puisse pas expliquer tous les faits particuliers. Dans un bouleversement tel qu'il a dû se faire par une inondation aussi forte et aussi subite, il ne pouvait manquer d'arriver des phénomènes singuliers et inconcevables. Dans des inondations, même particulières, il y a souvent des circonstances dont les physiciens seraient fort embarrassés d'expliquer les causes immédiates, et la manière dont ces effets ont été opérés. Quand on a vu, dans les montagnes, les ravages terribles qu'un seul torrent peut causer, on n'est plus étonné de ceux qui ont dû avoir lieu pendant le *déluge*. Ce grand événement peut seul expliquer les faits pris en masse, quoiqu'on ne puisse pas suivre, dans le détail, les différents phénomènes (*Lettres américaines*, lettres 4 et 5).

III° *Objection*. Il est impossible que Noé ait pu rassembler toutes les espèces d'animaux qui vivent sur la terre; que ceux de l'Amérique aient pu se rendre dans les plaines de la Mésopotamie: celui que l'on nomme *aï* ou *le paresseux* aurait demeuré vingt mille ans pour y arriver, quand il aurait pu faire le voyage par terre. Il est impossible que l'arche, suivant les dimensions que Moïse lui donne, ait contenu la famille de Noé, toutes les espèces d'animaux, et tout ce qu'il fallait pour les nourrir pendant dix mois, les fourrages pour les quadrupèdes, les graines pour les oiseaux, les viandes pour les animaux carnassiers. Plusieurs ne peuvent vivre que dans certains climats, parce qu'ils ne trouvent point ailleurs les aliments qui leur conviennent. Il est impossible qu'au sortir de l'arche ils aient trouvé de quoi se nourrir, les productions de la terre ayant dû périr pendant le *déluge*. Enfin il l'est, qu'après cette inondation, l'Amérique se soit repeuplée d'hommes et d'animaux; elle est séparée de tous les continents par un long trajet de mer; par quel moyen les hommes et les animaux ont-ils pu le franchir? Il faut donc multiplier à l'infini les miracles, pour croire tous ces faits. — *Réponse*. Quand il serait nécessaire d'en admettre encore un plus grand nombre, l'entêtement des incrédules ne serait pas moins ridicule. Nous sommes déjà convenus que le *déluge*, avec toutes ses circonstances, n'a pu arriver naturellement. Dieu qui a voulu l'opérer, s'est chargé sans doute de la substance du fait et de la manière, de la cause et des effets. Les miracles ne lui coûtent pas davantage que le cours ordinaire de la nature, puisque c'est lui qui a tout fait comme il lui a plu, et par un seul acte de sa volonté. Sans doute il n'est pas plus difficile à Dieu de conserver les animaux et les plantes, que de les faire naître; de rassembler les animaux des extrémités du monde, que de leur donner la puissance de marcher. Il nous semble qu'il aurait été plus simple que Dieu fît mourir tous les hommes et tous les animaux dans une seule nuit, que d'envoyer un *déluge* sur la terre; il aurait pu changer la face du monde de cent manières, dont nous n'avons pas seulement l'idée: lui demanderons-nous pourquoi il n'a pas pris un moyen plutôt qu'un autre? De quelque manière qu'il agisse, des esprits gauches, des philosophes pointilleux et entêtés y trouveront toujours à redire. Il est fort étrange que de prétendus savants, incapables de rendre raison des phénomènes les plus communs, exigent que nous leur rendions un compte aussi exact des opérations extraordinaires de Dieu, que si nous avions assisté à ses conseils éternels.

1° Ils ne savent pas, non plus que nous, quels sont les animaux qui peuvent vivre longtemps dans l'eau et quels sont ceux qu'il a été absolument nécessaire de renfermer dans l'arche. On en voit plusieurs demeurer six mois dans la terre, sans respiration sensible et sans mouvement, qui cependant revivent au printemps. On a trouvé dans les lacs du nord, sous les glaces d'hiver, une quantité d'hirondelles attachées les unes aux autres, dans lesquelles il restait un germe de vie, et prêtes à se ranimer par la chaleur. En fendant de gros arbres, en cassant des masses de pierres, on y a trouvé des grenouilles qui y avaient vécu pendant un grand nombre d'années, sans aucune nourriture et sans aucune communication avec l'air extérieur. Attendons que la nature soit mieux connue, avant de décider de ce qui peut ou ne se peut pas faire sans miracle. — 2° A l'article ARCHE DE NOÉ, nous avons fait voir que, suivant les calculs de plusieurs savants, et selon les dimensions données par Moïse, il y avait suffisamment d'espace dans l'arche pour loger toutes les espèces d'animaux connus, avec la quantité d'aliments nécessaires pour les nourrir. Mais il n'a pas été besoin d'y renfermer toutes les variétés de ces espèces, puisqu'il est prouvé que la plupart ont changé prodigieusement, par la différence des climats que les animaux sont allés habiter, et par la diversité des aliments auxquels ils se sont accoutumés. Ainsi, selon les observations de M. Buffon, un seul couple de chiens a pu être la souche de trente-cinq ou trente-six ordres ou variétés de chiens. L'ours, dans les glaces du nord, vit de poissons, pendant qu'ailleurs il mange des végétaux; il pourrait en être de même de la plupart des animaux carnassiers : il en est très-peu qui ne puissent changer de nourriture en cas de besoin. C'est une observation que n'ont pas faite ceux qui ont compté les espèces d'animaux qu'il a fallu renfermer dans l'arche, et les aliments qu'il a fallu leur donner. Il est faux que les productions de la terre aient dû périr pendant les dix mois du *déluge*. — 3° Il n'est pas besoin de miracle pour apprendre aux oiseaux nés dans le nord, qu'ils doivent partir sur la fin de l'automne pour aller vivre dans un climat plus chaud, sauf à revenir au printemps prochain : quand les autres animaux auraient fait une fois, pour venir dans l'arche, ce que les oiseaux font tous les ans, ce phénomène ne serait miraculeux qu'en ce qu'il n'arrive pas ordinairement. Nous ne savons pas si, avant le *déluge*, l'Amérique était séparée des autres continents, comme on croit qu'elle l'est aujourd'hui. — 4° Dans l'état même actuel; il est faux que cette partie du monde n'ait pas naturellement pu se repeupler d'hommes et d'animaux. Il n'est pas plus difficile de concevoir comment ils ont pu y être portés, que comment ils ont pu passer d'une île à une autre. On sait que les animaux traversent souvent à la nage un espace de mer assez considérable, et les courants ont pu les entraîner beaucoup plus loin qu'ils n'avaient envie d'aller. Par les derniers voyages que les Danois ont faits en Islande, il est prouvé que la mer y amène des bois qui sont tirés des forêts de l'Amérique, et qu'elle y voiture des glaçons énormes, sur lesquels sont portés des ours. Il n'est donc aucun animal qui n'ait pu être transporté de même d'un hémisphère à l'autre. Les nouvelles découvertes que les Russes et les Anglais ont faites au delà du Kamschatka, de plusieurs terres et de plusieurs îles qui s'étendent jusqu'à la partie de l'ouest du continent de l'Amérique, ne laissent plus aucun doute sur la possibilité de la communication, et ces découvertes se confirment de jour en jour par de nouvelles relations.

IV° *Objection*. De quoi a servi le *déluge* ? disent les incrédules. N'était-il pas plus aisé à Dieu de changer, par sa toute-puissance, les dispositions criminelles de ses créatures, que de submerger le globe et de bouleverser la nature ? Cette révolution terrible n'a pas corrigé les hommes ; à peine ont-ils commencé à se multiplier, qu'ils sont devenus idolâtres, injustes, acharnés à se détruire : malgré toutes ses rigueurs, Dieu est méconnu et outragé. Peut-on reconnaître à cette conduite, un père sage et tout-puissant? — *Réponse*. Cet ancien argument des manichéens peut être appliqué à toutes les circonstances dans lesquelles Dieu a permis des crimes ; il suppose que Dieu, après avoir créé l'homme libre, n'a jamais dû permettre qu'il abusât de sa liberté : c'est une inconséquence palpable (saint August., *contra Adv. legis et prophet.*, l. 1, c. 16 et 21). — Une autre absurdité est de supposer qu'une chose est plus facile ou plus difficile à Dieu qu'une autre : lui en a-t-il donc plus coûté pour interrompre quelquefois la marche de la nature, que pour l'établir au moment de la création ? —Changer, par un acte de toute-puissance, les dispositions criminelles de tous les hommes, c'est un miracle opéré sur les esprits, tout comme le *déluge* est un miracle produit sur les corps. Il est contraire à la marche de la nature, que tous les hommes se trouvent tout à coup dans les mêmes dispositions d'esprit et de cœur, soient dociles à la même grâce, changent également de mœurs et d'habitude. On ne prouvera jamais que Dieu doit faire tel miracle plutôt que tel autre.

Quelques incrédules ont répliqué qu'il aurait été bien plus utile à l'homme d'être privé du libre arbitre, que de pouvoir en abuser. Mais un être, privé du libre arbitre, serait aussi incapable de vertu que de vice; si alors il se trouvait dans des *dispositions criminelles*, Dieu seul serait l'auteur du crime, on ne pourrait plus l'imputer à l'homme. La question est encore de prouver que Dieu a été obligé de suivre le plan qui devait être *le plus utile* aux créatures, par conséquent de leur accorder *le plus grand bien* qu'il pouvait leur faire : c'est tomber en contradiction à l'égard d'un Être tout-puissant. *Voy*. BIEN, MAL.—Il est faux que le *déluge* ait été absolument inutile. Les vestiges qui en subsisteront jusqu'à la fin des siècles, serviront toujours à prouver, contre les incrédules, deux grandes vérités : savoir, qu'il y a une providence et une justice divine; et que Dieu, quand il lui plaît, peut faire des miracles. La corruption et la malice opiniâtre de l'homme servent à en démontrer une autre; savoir, qu'il est libre, qu'il peut, quand il le veut, résister aux châtiments, de même qu'aux bienfaits. Que les incrédules rendent hommage à ces deux vérités, qu'ils renoncent à leurs erreurs, dès ce moment il sera prouvé que le *déluge* n'est pas inutile, puisqu'il aura servi à les convertir.

III. *Bizarrerie des opinions des philosophes au sujet du déluge.* Un petit nombre d'entre eux ont regardé ce fait miraculeux comme indubitable; les autres, plutôt que de l'admettre, se sont tournés et retournés de toutes manières. Ils ont commencé d'abord par fouiller dans tous les monuments de l'histoire, dans les annales de toutes les nations, des Chinois, des Indiens, des Chaldéens, des Egyptiens. Ils ont triomphé, lorsqu'ils ont cru apercevoir une date ou une observation qui remontait plus haut que le *déluge*. Réfutés sur toutes leurs prétendues découvertes en ce genre, ils ont eu recours à la physique, pour renverser les monuments de l'histoire. A présent nous sommes obligés de les suivre dans les entrailles de la terre, sur le sommet des montagnes, sur les côtes des mers, bientôt, peut-être, ils nous conduiront avec eux parmi les corps célestes. Dans cette nouvelle carrière, sont-ils mieux d'accord entre eux qu'auparavant? — Les uns nient ce que les autres s'efforcent de prouver; ceux-ci jugent vraisemblable ce que ceux-là trouvent absurde. Il en est qui ont changé plus d'une fois d'opinion touchant le *déluge*, ou qui ont opposé à ses circonstances des phénomènes qui les prouvaient. Quelques-uns ont mieux aimé supposer plusieurs *déluges* particuliers, que d'en admettre un seul général; mais ils n'ont pu citer aucune cause naturelle qui ait été capable de les produire. Après avoir longtemps disputé, la plupart se sont réunis à supposer que, par un mouvement insensible d'orient en occident, les eaux de la mer ont couvert successivement toutes les parties du globe terrestre, qu'elles y ont séjourné assez longtemps pour fabriquer les montagnes dans leur sein, et pour pétrir de coquillages et de corps marins toute la superficie du sol, jusqu'à une très-grande profondeur; qu'ainsi ces coquillages ne viennent point du *déluge*. C'est le système qui semble prévaloir aujourd'hui parmi nos physiciens.

M. de Luc, qui a parcouru avec des yeux observateurs les principales chaines des montagnes de l'Europe, a prouvé la fausseté de ce prétendu mouvement insensible de la mer. Il a fait voir que le déplacement successif des eaux de l'Océan est supposé sans cause, qu'il est contraire aux lois générales du mouvement, qu'il ne peut pas rendre raison de la fabrique des montagnes, et qu'il est contredit par toutes les observations. Il a montré qu'il y a sur le globe des montagnes de deux espèces, les unes qu'il nomme *primitives*, à la formation desquelles les eaux n'ont contribué en rien; elles sont composées de matières vitrescibles, ou qui, par la fusion, peuvent être changées en verre, comme sont le porphyre, le granit, le caillou, la pierre de grès, le sable pur, matières qui ne sont point disposées par lits, mais jetées par bloc, sans aucun ordre, et parmi lesquelles il ne se trouve point de corps marins. Les autres, qu'il appelle *montagnes secondaires*, sont faites de matières calcaires disposées par lits, rangées horizontalement, parmi lesquelles on trouve des coquillages et des corps marins, qui semblent par conséquent avoir été formées par les eaux de la mer. Il a observé que ces montagnes secondaires se trouvent souvent mêlées parmi les montagnes primitives, et paraissent composées de débris de celles-ci. Ainsi, le système qui attribuait la formation des montagnes en général aux eaux de la mer, se trouve déjà pleinement réfuté; c'est un fait que M. de Buffon lui-même a été forcé de reconnaître, contre son premier sentiment, puisque, dans ses *Epoques de la nature*, il a distingué aussi deux espèces de montagnes, au lieu que, dans sa *Théorie de la terre*, il les croyait toutes en général construites par les eaux. — Ces deux grands physiciens s'accordent donc à supposer que les eaux ont séjourné sur notre hémisphère assez longtemps pour bâtir, parmi les montagnes primitives, des montagnes secondaires. Mais M. de Luc soutient et prouve que la mer ne s'est point retirée de dessus notre continent par un mouvement lent et progressif, mais par un mouvement violent des eaux, tel qu'il a dû se faire par le *déluge*. Suivant cette hypothèse, le sol que nous habitons aujourd'hui n'est pas celui qu'habitaient les hommes avant le *déluge*; Dieu a détruit celui-ci par l'inondation, et Moïse l'a donné à entendre, lorsqu'il a mis dans la bouche du Seigneur ces paroles: *Je détruirai les hommes avec la terre* (Gen. vi, 13).

S'il nous est permis de contredire o aussi grands maitres, nous observerons que les paroles du texte peuvent signifier seulement, *Je détruirai les hommes sur la terre*; ce sens paraît le plus vrai, puisque, dans la description du paradis terrestre, Moïse a nommé quatre grands fleuves qui ont encore subsisté après le *déluge*. Il n'est donc pas absolument vrai que les hommes antédiluviens aient habité un sol entièrement différent de celui que nous voyons aujourd'hui. D'ailleurs, la supposition de montagnes formées par les eaux de la mer, de quelque manière que ce soit, ne nous paraît ni prouvée ni probable. — 1° Il n'est pas prouvé que des matières vitrifiées, ou simplement vitrescibles, puissent, par l'action des eaux, être changées en matières calcaires; le contraire nous paraît supposé par tous les physiciens: on ne peut donc pas concevoir que du débris des montagnes primitives, composées de matières vitrescibles, il se soit formé des montagnes secondaires, construites de matières calcaires, il y serait du moins resté quelques amas de sables purs: or, on connait des chaînes entières de montagnes dans lesquelles il ne s'en trouve point, telles que le Mont-Jura. 2° Dans toute la chaîne des Vosges qui est assez longue, et toute composée de matières vitrescibles, on n'a point encore remarqué de montagnes composées ou mélangées de matières calcaires. Si jamais elles avaient été couvertes par la mer, les eaux auraient dû y travailler comme partout ailleurs. 3° Dans une partie des Vosges, les carrières de pierres de grès sont couchées par lits aussi réguliers et posés aussi horizontalement que les bancs de pierres calcaires le sont ailleurs; quelques-unes même se lèvent par feuilles assez minces: cette position ne prouve donc pas l'opération des eaux. 4° Le porphyre d'Egypte, matière vitrescible, et qui est couchée par lits, paraît à plusieurs physiciens être pétri de pointes d'oursin; s'il a été formé par les eaux, sa nature n'a pas changé pour cela, elles ne l'ont pas rendu calcaire. 5° Il n'est pas possible que les eaux aient pu disposer les matériaux des montagnes par couches parfaitement horizontales jusqu'au sommet. Qu'elles aient ainsi placé les premiers lits des montagnes, cela se conçoit; mais dès que la superficie d'une couche a commencé à devenir convexe, il a fallu que la convexité des suivantes augmentât toujours pour former enfin un sommet de montagne isolé ou un cône, sans cela il ne s'en trouverait aucun formé en pic ou en pain de sucre.

De tout cela nous concluons qu'il est beaucoup plus simple de nous en tenir au fait du *déluge* universel attesté par l'histoire sainte, confirmé par l'ancienne tradition des peuples et par l'inspection du globe, que d'avoir recours aux hypothèses très-incertaines, et qui ne peuvent rendre raison de tous les phénomènes. Nous n'avons garde de blâmer les efforts que font les physiciens pour expliquer la narration des livres saints, et pour l'accorder, autant qu'il est possible, avec les observations d'histoire naturelle; nous y applaudissons au contraire, lors même que leurs hypothèses nous paraissent insuffisantes et fautives. Mais on ne peut trop censurer l'entêtement des incrédules, qui sont toujours prêts à embrasser aveuglément un système dès qu'il leur semble contredire l'histoire sainte. Jamais ils n'ont mieux montré cette disposition folle et vicieuse qu'au sujet du *déluge* universel (1).

(1) La preuve la plus sensible de l'existence du déluge est celle qui est tirée de la géologie. Monseigneur Wiseman l'a présentée d'une manière complétement démonstrative dans ses discours sur les rapports entre la science et la religion révélée.

« Il est clair, dit-il, que si l'on peut découvrir sur la terre quelques traces des événements primitifs, la dernière catastrophe qui s'est passée à sa surface doit nécessairement avoir laissé les marques les plus visibles de ses ravages. La courte durée du déluge et la nature convulsive de son action destructive sont incompatibles avec la lente opération des dépôts successifs, mais doivent avoir laissé des traces d'une puissance de destruction, plutôt que de formation, de bouleversement, de dislocation, de transport, d'une tendance à excaver et à sillonner, plutôt qu'à organiser un système par l'agrégation et l'assimilation. Nous devons nous attendre à suivre la trace de son cours, non pas comme nous retrouvons le lit d'un lac desséché, mais bien plutôt comme nous reconnaissons

DÉMARCATION.

Ce terme est devenu célèbre dans les écrits des censeurs modernes pendant l'été le passage d'un torrent d'hiver, aux débris qu'il a arrachés de ses rives, à l'action corrosive qu'il a exercée sur le flanc des montagnes, à l'accumulation de matériaux désaggrégés sur les points où ses tournoiements étaient les plus forts; peut-être à des dépouilles plus précieuses, aux débris des plantes et des animaux, qu'en franchissant ses limites ordinaires il a entraînés dans le gouffre de ses eaux. L'universalité de son action doit avoir produit une telle uniformité dans ses effets, qu'ils doivent être retrouvés identiques dans les pays les plus éloignés; et le *torrent océan* se précipitant par les écluses ouvertes de l'abîme, doit avoir laissé la marque de ses ravages, dans une direction semblable, sur le continent d'Amérique et sur celui de l'Europe. Sans doute il doit être difficile de fixer l'époque où un pareil fléau passa sur des contrées que bien des siècles de végétation ont recouvertes d'un produit annuel de décomposition, que la main de l'homme et son industrie ont labourées et travaillées de tant de manières diverses, que l'action corrosive du temps a aplanies, déguisées et transformées, que des catastrophes locales moins profondes ont d'époque en époque complétement défigurées et bouleversées. Cependant, en dépit de toutes ces causes d'altération, il peut y avoir des signes indicatifs de sa date, soit dans l'état des ruines qu'il a laissées, soit dans les effets d'agents progressifs qui ne peuvent dater que de ce moment-là, et qui du moins suffiraient pour nous guider dans un calcul vague et approximatif de l'époque où il a eu lieu.

« En examinant la lumière que la géologie moderne a répandue sur ces trois points, l'existence, l'unité et la date d'un déluge, ou dévastation du globe par les eaux, je suivrai principalement le sommaire rapide donné par le docteur Buckland à la fin de ses *Vindiciæ geologicæ*, et ensuite répété dans ses *Reliquiæ diluvianæ* (a). C'est cet ouvrage que j'aurai principalement en vue dans l'exposition abrégée que je vais essayer de vous faire de ce que la géologie moderne a décidé relativement aux preuves physiques de cette catastrophe.

« Le premier phénomène qui, on peut le dire, a été attentivement observé et proposé comme preuve d'une inondation soudaine et complète, telle que le déluge, c'est ce que l'on connaît dans les ouvrages modernes sous le nom de *vallées de dénudation*. Catcott, dans son ouvrage sur le déluge, fut le premier à remarquer ce phénomène; mais on l'a examiné depuis avec plus d'attention et d'exactitude. Par ce nom on entend des vallées creusées entre des collines dont les couches se correspondent exactement, en sorte que ces vallées ont évidemment été creusées dans leurs masses. Pour expliquer par un exemple familier, si vous découvriez parmi les ruines de cette ville des fragments de murailles reparaissant par intervalles et situés sur la même ligne; si, par un examen plus attentif, vous reconnaissiez que ces différentes portions furent bâties avec les mêmes matériaux, précisément dans le même ordre, comme si, par exemple, des rangées de briques, de travertin et de tuf calcaire se succédaient les unes aux autres à des intervalles égaux d'une extrémité à l'autre, et avec des dimensions correspondantes, assurément vous concluriez que ces divers fragments ont originairement formé une muraille continue, et que les brèches intermédiaires sont le résultat du temps ou de la violence. Le même raisonnement devra nous amener à conclure que les vallées qui ont manifestement coupé les collines en deux ont été excavées par quelque agent proportionné à un pareil effet. Le docteur Buckland a réussi particulièrement

(a) *Vindiciæ*, p. 36. — *Reliquiæ*. Lond. 1823, p. 226.

du christianisme. Les rois d'Espagne et de Portugal ne pouvaient pas s'accorder sur les limites de leurs conquêtes respectives dans le nouveau monde; plutôt que d'en

dans l'examen de ce phénomène sur la côte de Devon et de Dorset, dont il a donné des planches explicatives. D'après ces planches, et aussi d'après sa description, il paraît que la côte entière est coupée par des vallées s'ouvrant sur la mer et qui divisent les couches des collines, de manière à ce que l'on reconnaisse leur correspondance parfaite. Sur les côtés de ces vallées on voit des accumulations de gravier manifestement déposées sur les flancs des collines et au fond de la gorge par la force qui a creusé cette excavation. Ce ne peut avoir été aucun agent opérant actuellement, car aucune rivière ne coule dans la plupart de ces vallées, et dans le gravier ainsi déposé, on trouve des restes d'animaux pareils à ceux qu'une inondation soudaine aurait pu détruire dans l'ordre présent de la création (a). Des exemples semblables pourraient être produits d'après les recherches d'autres géologues.

« Je puis rapporter à cette classe de preuves un autre phénomène singulier qu'on peut attribuer, ce me semble, à l'action dévastatrice des eaux sur le flanc des montagnes. Je veux parler de ces énormes masses de granit ou d'autres roches dures, qui semblent détachées et comme isolées des montagnes voisines. Le mont Cervin, dans le Vivarais, présente une pyramide qui s'élève de 3,000 pieds au-dessus des plus hautes Alpes. Saussure en parle ainsi : *Quelque partisan zélé que je sois de la cristallisation, il m'est impossible de croire qu'un semblable obélisque soit sorti directement sous cette forme des mains de la nature; la matière qui l'environnait a été brisée et enlevée; on ne voit dans les environs rien que d'autres aiguilles, qui, comme celle-ci, s'élèvent du sol d'une manière abrupte, et aussi, comme elle, ont les côtés dénudés par une action violente.* A Greiffenstein, en Saxe, on trouve un nombre considérable de prismes granitiques s'élevant sur une plaine à la hauteur de 100 pieds et au-dessus. Chacun de ces prismes est divisé par des fissures horizontales en autant de blocs, et ils font naître l'idée d'une grande masse de granit dans laquelle les parties les plus molles, qui soudaient ensemble les plus dures, ont été enlevées violemment (b).

« Une autre classe de phénomènes qui conduit aux mêmes résultats peut être justement comprise, comme de la Bèche l'a proposé, sous le nom de groupe de blocs erratiques (c). Le docteur Buckland avait proposé précédemment une distinction entre les formations d'*alluvion* et de *diluvium* : il entendait par les premières les dépôts que les marées, les rivières ou autres causes existantes produisent par leur action ordinaire; et par les dernières ceux qui semblent dus à l'action d'une cause plus puissante que celles qui sont maintenant en activité, par exemple, à une vaste et profonde inondation. Les éléments constitutifs de cette classe peuvent se réduire à deux; d'abord les dépôts de sable et de gravier dans les lieux où l'eau n'agit pas maintenant et ne pourrait pas facilement avoir agi dans l'ordre actuel des choses; secondement, ces masses plus grandes qui varient depuis quelques pouces de diamètre jusqu'au poids de plusieurs tonneaux, et qui sont connues sous le nom technique de *cailloux roulés* (boulder stones). Quand ils sont petits, ils sont généralement mêlés avec du gravier; mais souvent ils surprennent par leurs masses énormes et se trouvent seuls, isolés sur le flanc d'une montagne, de manière à vérifier la belle description du poète :

As a huge stone is some times seen to lie
Couched on the bald top of an eminence,
Wonder to all who do the same espy,
By what means it could hither come or whence,
So that it seems a thing endued with sense,
Like a sea-beast crawled forth, that on a shelf
Of rock or sand reposeth, there to son itself (a).

(Wordsworth.)

« De la Bèche a donné une attention particulière aux circonstances dans lesquelles se rencontrent les dépôts de gravier, et il montre qu'elles sont incompatibles avec la théologie qui les présente comme des effets des causes actuelles. Ainsi nous trouvons souvent que les strates ont été rompues en formant ce qu'on appelle une *faille*, sur laquelle le gravier transporté repose en dépôt tranquille et non brouillé; montrant ainsi qu'il a été déposé là par une action différente de celle qui a causé la fracture des strates. De même partout où il a été possible d'examiner le terrain sous ces dépôts, on a trouvé les roches, quelque soit leur nature, creusées en sillons, comme si un vaste courant, entraînant des masses pesantes, avait passé sur leur surface. Ce savant raisonne ainsi sur ces faits : *Nos limites ne nous permettent pas de plus grands détails, qui exigeraient des cartes, mais ils appuieraient encore mieux l'hypothèse que des masses d'eau ont passé sur la terre. Pour nous renfermer dans l'examen d'un seul district, nous observerons que les dislocations sont beaucoup trop considérables, et les failles évidemment produites par une seule fracture beaucoup trop étendue pour qu'on puisse les expliquer par nos tremblements de terre modernes. Il n'est donc pas irrationnel d'inférer qu'une plus grande force, faisant vibrer et brisant les rochers, aurait imprimé un mouvement plus violent à de plus grandes masses d'eau, et que les vagues lancées sur la terre, ou pénétrant dans son sein à des profondeurs comparativement petites, auraient eu une élévation et une puissance d'entraînement et de destruction proportionnée à la force perturbatrice employée.*

« Ici s'élève une autre question : *Existe-t-il d'autres marques que des masses d'eau aient passé sur la terre?* A cela on peut répondre que les formes des vallées sont arrondies et adoucies d'une manière qu'aucune complication imaginable de causes météoriques n'aurait pu produire, ce semble; que de nombreuses vallées se trouvent dans la ligne des failles, et que des détritus sont dispersés d'une façon qui ne peut s'expliquer par l'action présente des eaux purement atmosphériques (b).

« Le docteur Buckland a suivi avec beaucoup de soin la trace des cailloux quartzeux, depuis le Warwickshire jusqu'à l'Oxfordshire et jusqu'à Londres, de manière à ne pas permettre de douter qu'ils n'aient été entraînés par une violente irruption des eaux dans la direction du nord au sud. Car lorsque nous les rencontrons, d'abord dans le voisinage de Birmingham et de Lichfield, ils forment des lits énormes subordonnés au grès rouge. De là ils ont été balayés en descendant principalement le long des vallées de l'Evenlode et de la Tamise, mêlés avec des fragments des roches situées dans l'Yorkshire et le Lincolnshire, mais nulle part *in situ* auprès des lieux où les cailloux se trouvent maintenant. La

(a) *Reliquiæ*, pag. 247. *Geological Transactions*, v. I, p. 96.
(b) Saussure, *Voyages dans les Alpes*, t. IV, p. 41. Ure, *New system of geology*. Lond. 1829, p. 570.
(c) Pag. 181.

(a) Ainsi l'on rencontre quelquefois une pierre énorme couchée sur le sommet aride d'une éminence; tous ceux qui l'aperçoivent se demandent avec surprise d'où elle est venue et comment elle a pu arriver jusque-là, en sorte qu'elle paraît une chose douée de sens, comme un monstre marin qui s'est traîné hors de l'eau et qui sur un lit de pierre ou de sable se repose au soleil.
(b) Pag. 184; dans la première édition, le savant auteur est plus explicite, car il emploie le mot *déluge* là où nous lisons maintenant *des masses d'eau*, au commencement du second paragraphe.

venir à une rupture ouverte, ils prièrent le pape Alexandre VI d'être l'arbitre de leur différend, et de tracer la ligne de *démarca-* *tion* qui devait servir de borne à leurs possessions.

Nos philosophes demandent à quel titre le

quantité décroît à mesure que l'on s'éloigne du lit originaire; en sorte que dans les sablonnières de Hyde-Park et de Kensington ils sont moins abondants qu'à Oxford. Mais ces cailloux roulés se trouvant aussi sur les hauteurs qui bordent ces vallées, on peut, ce semble, en conclure naturellement que la cause qui les a jetés là est la même qui a aussi excavé les vallées; quoique d'après la supposition du savant professeur, c'est plutôt dans la retraite des eaux que dans leur premier mouvement d'invasion que cela a eu lieu. Une seule action, qui suffit ainsi pour produire tous les effets donne certainement une base très-solide à l'hypothèse de ce savant (*a*).

« De la Bêche a trouvé au sommet de la colline du grand Haldon, élevée d'environ 800 pieds au-dessus du niveau de la mer, des fragments de rochers qui doivent être provenus de terrains inférieurs. J'ai trouvé là, ajoute-t-il, *des morceaux de porphyre rouge quartzifère, de grès rouge compacte et de roche siliceuse compacte aussi, qui ne sont pas rares dans la Granswacke du voisinage, où toutes ces roches se trouvent à des niveaux plus bas que le sommet du Haldon, et certainement ils ne peuvent pas avoir été charriés là par les pluies et les rivières*, à moins de supposer que ces dernières remontent les collines. Le docteur Buckland a recueilli dans le comté de Durham, à peu de milles de Darlington, des cailloux de plus de vingt variétés de serpentine et de schiste, qu'on ne trouve nulle part plus près que dans le district des lacs de Cumberland; et un bloc de granit dans cette ville ne peut être venu d'aucun lieu plus près que Shap, près de Penrith. Des blocs semblables se trouvent aussi sur la plaine élevée de Sedgfield, dans le sud-est de Durham. Le point le plus rapproché d'où ces blocs et ces cailloux puissent provenir est le district des lacs de Cumberland, dont ils sont séparés par les hauteurs de Stainmoor; et si l'on trouve trop de difficultés à supposer qu'ils soient venus de là, on n'a que le choix de leur donner une origine norwégienne et de supposer qu'ils ont été transportés à travers la mer actuelle. M. Conybeare a remarqué qu'il ne serait pas difficile de recueillir une série géologique presque complète des roches d'Angleterre, dans le voisinage de Market-Harborough, ou dans la vallée de Shipston-on-Stour, avec les fragments et les cailloux roulés que l'on trouve dans ces endroits. Le professeur Sedgwich a observé que les cailloux roulés qui accompagnent le détritus ou le gravier, en Cumberland, doivent venir de Dumfriesshire, et par conséquent doivent avoir traversé le bras de Solway. La découverte de M. Philipps est encore plus frappante : il a remarqué que le *diluvium* de Holderness contient des fragments de roches, non-seulement de Durham, de Cumberland et du nord du Yorkshire, mais même de la Norwège; et de semblables fragments de roches norwégiennes existent nt, dit-on, dans les îles Shetland. Le même écrivain rapporte un singulier phénomène de la même espèce. *Dans la vallée du Wharf, le substratum de schiste est couvert d'une couche de calcaire au sommet de laquelle, à une hauteur de 50 ou de 100 pieds, nous trouvons d'énormes blocs de schiste transportés en grande abondance, et plus loin sur les falaises, à une élévation de 150 pieds, les blocs sont encore plus nombreux. Ils paraissent avoir été chassés sur un point particulier par un courant vers le nord, et ensuite charriés sur la surface du calcaire* (*b*). Ainsi nous avons un dépôt évident de calcaire sur du schiste, et ensuite une translation violente de blocs de cette roche sur la surface du dépôt.

« On observe précisément les mêmes apparences sur le continent. En Suède et en Russie on rencontre de larges blocs que tout prouve avoir été transportés du nord au sud. Le comte Rasoumousky observe que les blocs semés entre Saint-Pétersbourg et Moscou viennent de la Scandinavie, et sont disposés en lignes courant du nord-est au sud-ouest. Les blocs erratiques depuis la Dwina jusqu'au Niémen sont attribués par le professeur Pusch à la Finlande, au lac Onega et à l'Esthonie; ceux de la Prusse orientale et d'une partie de la Pologne appartiennent à trois variétés, qui toutes trois se trouvent dans les environs d'Abo, en Finlande (*a*). En Amérique il en est de même; le docteur Bigsby, décrivant l'aspect géologique du lac Huron, observe *que les rives et le lit de ce lac paraissent avoir été soumis à l'action d'une irruption violente des eaux et de matières flottantes venues du nord*. L'existence de ce débordement impétueux est prouvée non-seulement par l'état d'érosion de la surface du continent septentrional et des îles éparses de la chaîne Manitouline, mais par les immenses dépôts de sable et les masses de roches roulées que l'on trouve sur chaque plateau, tant sur le continent que dans les îles; car ces fragments sont presque exclusivement primitifs et peuvent dans plusieurs cas être identifiés avec les roches primitives, *in situ*, sur la côte septentrionale; et comme en outre le pays au sud et à l'ouest est de formation secondaire jusqu'à une grande distance, la direction de ce courant du nord au sud paraît être très-bien attestée (*b*).

« Il est juste cependant de noter l'hypothèse soutenue avec tant de subtilité et d'érudition par quelques géologues modernes très-habiles : que tous ces phénomènes peuvent s'expliquer par des causes actuellement agissantes. Fuchsel fut le premier qui présenta cette assertion, que l'on peut dire avoir plus tard formé la base de la théorie de Hutton. Cette théorie, comme plusieurs autres sectes philosophiques, doit sa célébrité plutôt aux disciples qu'au fondateur; et Playfair et Lyell ont certainement fait pour la soutenir tout ce qu'une vaste accumulation de faits intéressants et une suite de raisonnements fort ingénieux pouvaient effectuer. Il faut le reconnaître, ce dernier particulièrement a ajouté immensément à la collection des observations géologiques. Selon cette théorie, toutes les vallées ont été creusées par les rivières ou les ruisseaux qui les parcourent; tout ce qui exige une action convulsive est attribué à des tremblements de terre, du caractère et de l'étendue de ceux que nous voyons encore maintenant; tout transport de roches ou de gravier peut avoir été effectué par les marées, les rivières, les torrents ou les glaces flottantes. Les auteurs que j'ai cités, et beaucoup d'autres éminents dans la science, sont naturellement opposés à cette théorie. Brongniart, par exemple, réfute cette partie qui attribue à l'eau une force de division assez grande pour que des vallées profondes et des ravins aient été ainsi creusés à travers les rochers par l'action d'un faible courant. La riche végétation des mousses à la surface des rochers, soit au niveau de l'eau, soit même au-dessous, prouve que la roche sur laquelle elle pousse n'est pas constamment enlevée par le courant; car s'il en était ainsi, elles devraient aussi être constamment entraînées avec le dur sol auquel elles s'attachent; le Nil et l'Orénoque, malgré l'immense force que leur donne leur volume, lorsqu'ils rencontrent une barrière de rochers qui intercepte leur cours, bien loin de l'user par leur frottement,

(*a*) *Reliquiæ*, p. 249.
(*b*) *Geolog. Trans.* v. III, p. 15.

(*a*) De la Bêche, *ubi sup.* Buckland, *Reliquiæ*, p. 192 et suiv.
(*b*) *Geolog. Trans.* vol. I, p. 203.

pape disposait ainsi d'un bien qui ne lui appartenait pas, donnait à deux rois des terres et des nations sur lesquelles ils n'avaient foncièrement aucun droit ; quelques-uns ont

l'enduisent seulement d'un riche vernis brun d'une nature particulière (a). Greenough a observé que l'action des rivières tend plutôt à remplir qu'à excaver les vallées ; car elles élèvent leur lit, bien loin de se creuser des canaux plus profonds : l'observation a prouvé en effet, lorsqu'on a creusé des puits sur leurs bords, que le dépôt de sédiment descend plus bas que leur lit. *L'action des rivières, continue-t-il, doit consister soit à remplir, soit à creuser, mais elle ne peut pas faire les deux à la fois; si leur action consiste à excaver, elles n'ont pas formé ces lits de gravier ; si c'est à remplir, elles n'ont point excavé la vallée (b).* Le transport des graviers et des cailloux roulés à de si immenses distances et à de si grandes hauteurs ne peut pas davantage s'expliquer par les causes existantes. Car on a observé que les rivières mêmes, à moins qu'elles ne soient excessivement fortes, ne charrient pas leurs cailloux à une grande distance, puisque les différentes parties de leur cours se trouvent pavées de cailloux de diverses sortes. On a calculé ainsi que pour qu'un torrent des Alpes pût entraîner quelques-uns des blocs épars au pied de cette chaîne de montagnes, on devrait lui donner une inclinaison telle que sa source se trouverait placée au-dessus de la ligne des neiges perpétuelles. Le bloc erratique, appelé *Pierre-à-Martin*, contient 10,296 pieds cubes de granit ; un autre, à Neufchâtel, pèse 38,000 quintaux ; à Lage il y a un bloc de granit, appelé *Johannis-Stein* (la pierre de Jean), de 24 pieds de diamètre. Un énorme bloc erratique, sur la côte d'Appin, dans l'Argyleshire, en Ecosse, a été décrit par M. Maxwell : c'est un composé granitique d'une forme irrégulière, mais dont les angles sont arrondis ; il a une circonférence verticale de 42 pieds et une horizontale de 38. D'autres blocs granitiques en grand nombre se rencontrent en différentes parties de l'Ecosse, mais il n'y a point dans le pays de granit *in situ* d'où ils puissent provenir.

« Avant de quitter ce sujet des blocs erratiques, je ne dois pas omettre de parler de la singulière apparence qu'ils présentent dans les Alpes ; elle a été particulièrement examinée par Elie de Beaumont, et plus récemment par De la Bêche. Elle est précisément celle que leur donnerait l'impulsion d'un immense courant d'eau, roulant à travers les vallées, emportant avec lui des fragments des montagnes près lesquelles il passe, et remplissant entièrement des cavités ou des ruines qu'il entraîne ; lorsqu'un escarpement ou quelque saillie de terrain obstrue sa marche, il dépose une plus grande accumulation de matériaux. Les blocs sont d'autant plus gros qu'ils sont plus près du lieu d'où ils ont été arrachés, tandis qu'ils diminuent de volume et sont plus usés par le frottement à mesure qu'ils s'éloignent.

« Le géologue que j'ai suivi de si près dans cette exposition se demande jusqu'à quel point la dispersion des blocs des Alpes peut avoir été contemporaine du transport supposé des fragments erratiques de la Scandinavie. A quoi il répond, après une observation préliminaire, que, *dans les deux cas, les blocs paraissent jusqu'à un certain point superficiels, et ne sont recouverts par aucun dépôt qui puisse nous fournir des données, relativement à la différence de leur âge, et qu'il est possible qu'une grande élévation des Alpes et la distribution des blocs des deux côtés de la chaîne aient été contemporaines, ou à peu près, d'une convulsion dans le nord (c).* Dans un autre ouvrage, il entre un peu plus avant dans la distinction entre ces deux grandes dispersions de blocs erratiques, celle des Alpes et celle du nord, et il pense qu'on peut les attribuer toutes deux à une période comparativement récente. *Quel espace de temps, dit-il, a pu séparer les évènements qui ont produit ces deux dispersions de blocs, c'est ce que nous ne savons pas ; mais nous sommes certains que ces deux époques géologiques doivent être fort récentes, puisque tous les blocs reposent sur des roches qui elles-mêmes ont peu d'antiquité relative.* Ensuite il conclut des phénomènes observés en Europe et en Amérique, que quelque cause située dans les régions polaires s'est développée de manière à produire cette dispersion sur une certaine partie de la surface de la terre. Nous ne connaissons d'autre agent capable de produire un pareil effet qu'un vaste courant d'eau (d). Cet auteur pense que la même cause si simple proposée par M. de Beaumont, pour expliquer toutes les révolutions précédentes de la surface de la terre, peut aussi expliquer fort bien cette dernière. Une élévation du sol sous les mers polaires chasserait l'Océan vers le sud par-dessus les continents avec une force proportionnée à l'intensité de son action.

« Ici, je dois l'observer, nous trouvons une nouvelle preuve que la tendance de plusieurs géologues du continent n'est pas vers l'incrédulité, car ils montrent avec certitude une sorte d'anxiété pour ranger leurs hypothèses de manière que la narration de l'Ecriture puisse y trouver place, et que leur solution du grand problème géologique puisse être en partie justifiée en renfermant le grand fait historique rapporté par l'historien sacré. En effet, Elie de Beaumont observe en concluant ses *Recherches* que l'élévation d'une chaîne de montagnes, en produisant les violents effets qu'il a décrits sur les pays situés dans son voisinage immédiat, causerait dans les régions plus éloignées une violente agitation des mers et un dérangement dans leur niveau : *Evènement comparable à l'inondation soudaine et passagère dont nous trouvons l'indication, avec une date presque uniforme, dans les archives de toutes les nations ;* puisqu'il ajoute dans une note, qu'en considérant cet événement historique comme étant simplement la dernière révolution de la surface du globe, il inclinerait à supposer que les ondes furent soulevées à cette époque ; et par ce soulèvement on peut expliquer tous les effets concurremment nécessaires pour produire un déluge (e).

« J'arrive maintenant à un autre point encore plus intéressant, mais que je n'aborde qu'avec hésitation à cause des hypothèses variées et des opinions contradictoires qui s'y rattachent. Je veux parler des débris d'animaux découverts en différentes parties du globe et dans des circonstances extrêmement variées. J'ai observé précédemment que, dans les couches supérieures ou plus meubles, que nous pouvons supposer déposées pendant une submersion temporaire de la terre sous une violente et impétueuse invasion des eaux, on trouve des ossements ou des corps d'animaux appartenant dans presque tous les cas à des genres encore existant, quoique d'espèce par fois un peu différente. A juger par analogie, nous pourrions conclure qu'ils ont été déposés dans leur situation présente par la dernière convulsion qui a agité le globe, puisqu'il n'y a point de traces qu'aucune autre ait passé sur eux ; et il semble presque impossible de douter que l'eau ait été l'agent employé pour les conserver d'une manière aussi remarquable.

(a) *Dict. des sciences natur.*, vol. XIV, p. 53.
(b) *Critical examination of the first principles of geology.* Lond. 1819, p. 139.
(c) De la Bèche, p. 194.

(d) *Researches in theoretical geology*, p. 590.
(e) *Ubi supr.* et *Annales des sciences natu.*, t. XIX, p. 252.

poussé l'éloquence jusqu'à dire que c'est là un des plus grands crimes commis par Alexandre VI.

« On peut considérer ce sujet comme épuisé par le docteur Buckland jusqu'à l'époque de la publication de ses *Reliquiæ diluvianæ*; et les découvertes faites depuis semblent, sauf quelques exceptions dont je vais parler, avoir seulement présenté des répétitions des phénomènes déjà observés par lui, et avoir confirmé plusieurs de ses conclusions.

« Les restes d'animaux découverts à la superficie du globe peuvent se classer en trois divisions : premièrement, ceux qu'on trouve entiers, ou à peu près, dans les régions du nord, et auxquels il faut joindre ceux dont la situation semblable ne peut s'expliquer que par une hypothèse analogue; secondement, ceux qu'on trouve dans des cavernes; troisièmement, ceux qui existent dans ce qu'on appelle les *brèches osseuses*, ou qui sont mêlés avec du gravier ou des détritus dans les fissures des rochers.

« Dans la première classe nous pouvons comprendre d'abord les cadavres d'éléphants et de rhinocéros trouvés dans la glace, ou peut-être plus exactement dans de la boue gelée, sous les latitudes septentrionales. En 1709, Schumachoff, chef tongouse, observa une masse informe dans la glace, sur la péninsule de Tamset, à l'embouchure de la Lena : en 1804, elle se détacha et tomba sur le sable. Il se trouva que c'était un éléphant si entier, que les chiens et même les hommes mangèrent de sa chair. Les défenses furent coupées et vendues, et le squelette avec un peu de poil fut envoyé au musée impérial de Saint-Pétersbourg où il est encore conservé. Un rhinocéros décrit par Pallas en 1770, et découvert dans de la boue gelée sur les bords du Viluji était pareillement recouvert d'une peau garnie de poils (*a*). L'expédition du capitaine Beechey dans le nord de l'Asie a fait connaître beaucoup de faits semblables; car les ossements de ces deux espèces d'animaux ont été trouvés en fort grand nombre enclavés dans du sable glacé (*b*). Les animaux que l'on trouve ainsi ont été considérés comme appartenant à des espèces différentes de celles qui existent aujourd'hui, principalement à cause du poil dont ils sont recouverts. Peut-être cependant la variété ne va-t-elle pas au delà de ce qu'on remarque dans des animaux bien connus, lesquels en certains pays ont la peau entièrement ou presque dénudée, tandis que dans d'autres contrées ils sont velus; tel est le chien dont l'espèce glabre est bien connue. M. Fairholme a cité un passage de l'évêque Héber qui indique que des éléphants couverts de poils existent encore aujourd'hui dans l'Inde; et il soutient que l'expérience prouve la tendance de l'éléphant à devenir velu dans des climats plus froids (*c*). Quoi qu'il en soit, laissant ce point de côté, il est indubitable que ces animaux doivent avoir été surpris par quelque catastrophe soudaine qui les a détruits et embaumés ainsi dans un seul et même moment. Il est tout à fait étrange à notre sujet de rechercher si ces animaux habitaient le pays où ils se trouvent maintenant ensevelis, et comment, dans ce cas, ils pouvaient vivre sous un climat aussi froid, ou si le climat n'a pas subi un changement. Il paraît, à la vérité, très-probable qu'ils ont vécu et qu'ils sont morts dans le pays où ils sont maintenant gisants, au lieu d'avoir été transportés d'ailleurs; et que le climat a subi une modification telle, que sa température n'est plus convenable pour des animaux qui

---
(*a*) Voyez les *Mémoires de l'Académie impériale de Saint-Pétersbourg*, v. VII,
(*b*) Voyez l'essai de Buckland sur ce sujet, à la fin du voyage du capitaine Beechey.
(*c*) *Ubi sup.*, p. 356.

Nous les prions d'observer qu'il n'était pas question de décider si les conquêtes des rois d'Espagne et de Portugal étaient légitiauparavant pouvaient non seulement la supporter, mais encore trouvaient dans sa végétation leur nourriture nécessaire. Ce changement aussi doit avoir été si soudain, du moins, selon toute apparence, que la décomposition n'a pas eu le temps de s'opérer; et le froid doit avoir subitement gelé ces animaux presque aussitôt après leur mort. Comment tout cela a-t-il pu se faire? Cette question est une matière à systèmes et à conjectures; mais assurément tous ces faits s'accordent très-bien avec l'idée d'un fléau destiné non-seulement à faire disparaître toute vie de dessus la terre, mais aussi à compléter la malédiction originelle, en causant des modifications si profondes dans le climat et dans les autres agents qui influent sur la vitalité, que l'immense longévité de l'espèce humaine fut réduite des longues périodes antédiluviennes au terme plus raccourci de la vie patriarcale.

« Quelles que soient donc les difficultés encore insolubles dans la classe de phénomènes que je viens d'exposer, il est évident que bien loin d'être en opposition avec le caractère de la dernière révolution générale, ils paraissent au contraire bien plus faciles à expliquer en l'admettant que par toute autre hypothèse. Aussi Pallas a-t-il avoué que, *jusqu'à ce qu'il eût exploré ces parties et vu de ses propres yeux des monuments aussi frappants, il n'avait jamais été persuadé de la vérité du déluge* (*d*)

« La seconde classe, comprenant les ossements des animaux conservés dans des cavernes, a plus d'intérêt que la première. Si je voulais énumérer tous les lieux où se trouvent ces sépulcres de l'ancien monde, soit en Angleterre, soit sur le continent, j'excéderais de beaucoup les limites dans lesquelles je dois me renfermer. Je me contenterai donc de vous en donner une idée générale, d'après l'exacte description de Buckland. Celle qui la première excita l'attention générale est à Kirkdale, dans le Yorkshire. Elle fut découverte dans une carrière en 1821, et présentait une très-petite ouverture à travers laquelle on était obligé de ramper. Le sol était couvert à sa surface de stalagmite ou de dépôt calcaire formé par l'eau qui dégouttait de la voûte. Sous cette croûte supérieure était un riche terreau ou une sorte de vase, où étaient incrustés les os d'une grande variété d'animaux et d'oiseaux. La plus grande partie des dents appartenait au genre hyène, et on y trouvait des échantillons indiquant tous les âges. Il faut y ajouter des os d'éléphant, de rhinocéros, d'ours, de loup, de cheval, de lièvre, de rat d'eau, de pigeon, d'alouette, etc.; indépendamment des autres circonstances qui indiquent que cette caverne a été le repaire de hyènes pendant plusieurs générations successives, les os étaient presque tous rongés, brisés et broyés, à l'exception de quelques-uns plus solides et plus durs qui avaient pu résister à l'action de la dent. Et dans le fait on retrouva sur plusieurs des os des impressions de dents qui correspondaient exactement avec les dents de hyènes découvertes dans la caverne. En comparant ces traces avec les habitudes actuelles de ces animaux, en examinant l'étendue et le caractère de cette accumulation d'ossements, et en tenant compte de la position et des accessoires de la caverne, le docteur Buckland arriva à cette intéressante conclusion, qu'elle doit avoir été pendant des siècles un repaire de hyènes qui y entraînaient les os des animaux qu'elles avaient tués et là les rongeaient à loisir; et qu'une irruption des eaux a charrié dans la caverne la vase dans laquelle ils sont maintenant ensevelis, et qui les a

---
(*d*) *Essai sur la formation des montagnes*.

mes ou non, mais de prévenir entre eux une guerre qui n'aurait certainement pas rendu le sort des Américains meilleur. Pour servir d'arbitre entre deux prétendants, il n'est

préservés de la destruction. Une pareille conclusion s'accorde exactement avec le caractère du déluge (a). Cette description peut s'appliquer en général aux plus célèbres de ces cavernes, telles que celles de Torquay, Gailenreuth, Küloch, etc.; il faut remarquer seulement que dans les cavernes de l'Allemagne ce sont surtout les os d'ours qui prédominent.

« Les faits exposés par le docteur Buckland sont admis partout le monde, comme ayant été observés avec une scrupuleuse exactitude, et exposés avec une parfaite impartialité : son raisonnement cependant et ses conclusions n'ont pas échappé à la critique. M. Granville Penn en particulier a attaqué l'ensemble de cette explication, d'une manière très-ingénieuse et très-pressante, et il a soutenu que les os doivent avoir été entraînés dans la caverne par le courant qui les enleva dans le voisinage et les poussa de force dans l'étroite ouverture de la montagne. Mais comme il est d'accord avec son adversaire sur le point le plus important, c'est-à-dire en ce qu'il regarde ceci comme une forte preuve du déluge, il n'est pas nécessaire d'examiner ses arguments. Il suffira de dire que les géologues n'ont pas été convaincus par ses raisons, et que Cuvier, Brongniart et autres ont continué d'admettre l'explication de Buckland.

« Mais il y a une autre question plus importante, qui peut-être ne pourrait pas être aussi aisément résolue, quand le savant professeur publia son intéressante découverte. A-t-on trouvé des ossements humains, tellement mêlés avec les débris d'animaux, que nous puissions en conclure que l'homme a été sujet à la même catastrophe qui a enlevé ces animaux à l'existence? Certainement le cas qu'il a pu observer étaient de nature à justifier la conclusion à laquelle il arriva : que, partout où des ossements humains ont été découverts mêlés à ceux des animaux, ils ont été introduits dans la caverne à une époque plus récente ; mais il paraît y avoir un ou deux cas dans lesquels les circonstances sont un peu différentes.

« La caverne de Durfort, dans le Jura, fut visitée d'abord en 1795 par M. Hombres Firmas, qui toutefois ne publia rien à ce sujet jusqu'à ce qu'il l'eût examinée de nouveau, vingt-cinq ans plus tard. Son essai parut sous le titre de *Notices sur des ossements humains fossiles*. En 1823 M. Marcel de Serres en publia une description plus détaillée. La caverne est située dans une montagne calcaire, environ trois cents pieds au-dessus du niveau de la mer, et on y entre par un puits perpendiculaire de vingt pieds de profondeur. En entrant dans la caverne par ce puits et par un passage étroit, on trouve un espace de trois pieds en carré, contenant des ossements humains incorporés, comme les débris de Kirkdale, dans une pâte calcaire (b).

« Mais une observation encore plus exacte, accompagnée des mêmes résultats, a été faite par M. Marcel de Serres sur les ossements trouvés dans le calcaire tertiaire à Pondres et Souvignargues dans le département de l'Hérault. Là M. de Cristolles a découvert des ossements humains et de la poterie mêlés à des débris de rhinocéros, d'ours, de hyènes et de plusieurs autres animaux. Ils étaient ensevelis dans la boue durcie et des fragments de la roche calcaire du voisinage. Sous cette accumulation de treize pieds d'épaisseur en quelques endroits se trouvait le sol primitif de la caverne. Par une analyse rigoureuse on a reconnu que les ossements humains avaient perdu leur matière animale aussi complètement que ceux des hyènes qui les accompagnaient ;

ils sont aussi fragiles les uns que les autres et adhèrent aussi fortement à la langue. Pour s'assurer de ce point, MM. de Serres et Ballard les comparèrent avec des os tirés d'un sarcophage gaulois, et que l'on supposait avoir été enterrés il y a quatorze cents ans, et le résultat fut que les ossements fossiles doivent être beaucoup plus anciens (a).

« Dans ce cas, cependant, la découverte de la poterie rend possible la supposition que les ossements humains auraient été introduits postérieurement. Car, tandis que d'un côté, nous ne pouvons admettre que des hommes aient occupé la caverne en compagnie de hyènes, de l'autre on ne peut imaginer que ces animaux, en s'abandonnant, aux dépens de l'homme, à leur goût pour ronger les os, aient introduit de la poterie dans leur repaire ou essayé leurs dents sur elle. Un accident ou un dessein prémédité aurait donc enseveli quelque habitant plus récent du voisinage dans la demeure plus ancienne des bêtes féroces; et pourtant il nous reste encore à expliquer comment les ossements humains peuvent se trouver enveloppés dans la même pâte que les autres. Dans toute hypothèse, néanmoins, nous avons, ce semble, une preuve satisfaisante qu'une violente révolution causée par une irruption soudaine des eaux, a détruit les animaux qui habitaient les parties septentrionales de l'Europe ; et les phénomènes analogues dans les parties méridionales, corroborés par de semblables découvertes en Asie et en Amérique, indiquent que son influence s'étendit encore plus loin. Au milieu du dernier siècle, quelques ossements humains furent, dit-on, trouvés incrustés dans une roche très-dure, et regardés comme un témoignage d'une action diluvienne (b).

« La troisième classe de débris animaux dont j'ai parlé, consiste dans les brèches osseuses, comme on dit, trouvées généralement dans les fissures des rochers ou même dans de larges cavernes. Elles sont formées d'os fortement cimentés ensemble et avec des fragments des roches environnantes. De la Bèche a examiné minutieusement celle qui se trouve dans le voisinage de Nice, et le docteur Buckland a recueilli des détails particuliers sur celle qu'on a découverte à Gibraltar (c). Cette espèce d'incorporation est généralement considérée comme ayant différentes dates, dans différentes circonstances ; mais quelques-unes doivent être regardées peut-être comme contemporaines, dans leur formation, des autres dépôts que j'ai décrits.

« Je termine ici la première partie de mon argumentation, ou plutôt de mon exposition, en ce qui regarde les plus récentes conclusions de la géologie, sur la dernière révolution qui a bouleversé la surface de la terre. Mais, avant d'aller plus loin, je dois prévenir d'une objection qu'on peut facilement soulever. Il y a beaucoup et de très-savants géologues qui attribuent plusieurs des phénomènes que j'ai décrits, à des révolutions plus anciennes que le grand cataclysme ou déluge mentionné dans l'Écriture ; et même quelques écrivains d'un sens droit distinguent le déluge géologique du déluge historique, qu'ils considèrent seulement comme une inondation partielle (d) ; et ils attribuent au premier tous les phénomènes que j'ai exposés.

« A ces réflexions je répondrais diversement.

(a) Lyell, vol. II, p. 225.
(b) *A very curious and particular account of some skeletons of human bodies discovered in an ancient tomb, translated from the french ; as also a circumstantial account of some petrified human bodies found last february standing upright in a rock.* Lond. 1760. — Voyez la lettre à la fin de l'ouvrage.
(c) Geol. Trans., vol. III, p. 175; Reliquiæ, p. 156.
(d) Boubée, p. 13, cf. p. 205.

(a) Reliquiæ, pp. 1-51.
(b) Granville Penn, *Comparative estimate of the mineral and mosaical geologies*, 2e édit. 1825, vol. II, p 391.

pas nécessaire d'avoir autorité sur eux ou sur la chose qu'ils se disputent, il suffit que l'un et l'autre consentent à s'en rapporter à la décision. Il n'est donc pas vrai que, dans

« D'abord, je dirais que la découverte des ossements humains doit en dernière analyse décider ce point; car, si l'on peut prouver qu'ils existent dans des situations semblables ou sous les mêmes circonstances que ceux des animaux dans les cavernes, nous devons admettre que la cause de leur destruction est la catastrophe décrite par l'histoire. Car, si l'histoire sacrée ou profane représente les hommes et les animaux comme également privés de l'existence par une invasion des eaux, et si la géologie présente les effets d'une catastrophe précisément semblable, et donne en même temps la preuve qu'aucune révolution plus récente n'a eu lieu, il serait tout à fait irrationnel de disjoindre ces deux catastrophes; car le concours de leurs témoignages est comme celui d'un document écrit avec une médaille' ou un monument. L'arc de triomphe qui rappelle la victoire de Titus sur les Juifs, par la représentation de leurs dépouilles, sera toujours, bien que sans date, rapporté par tout homme de bon sens à la conquête décrite avec tant de détails par Josèphe. Mais supposons qu'on puisse prouver que tous les phénomènes que j'ai décrits appartiennent à une ère antérieure, aurais-je du regret de cette découverte? Non, assurément non, car je ne craindrai jamais, et par conséquent je ne regretterai jamais les progrès de la science. S'il était possible de découvrir un système exact de chronologie géologique, et de montrer que quelques-uns de ces phénomènes appartiennent à une époque plus éloignée, je les abandonnerais sans hésiter, parfaitement assuré, d'abord, qu'on ne peut rien prouver de contraire à l'histoire sacrée; et ensuite une pareille destruction des preuves que nous venons de voir serait seulement un préliminaire à la substitution d'autres preuves beaucoup plus décisives. Qui regrette, par exemple, que l'homme témoin du déluge (homo diluvii testis), de Scheuchzer, se soit trouvé n'être qu'une partie d'un animal du genre des Salamandres? Lui, en vérité, le croyait une preuve des plus importantes; mais assurément aucun ami de la vérité ne s'affligera de ce qui a été découvert, et ne pourra se plaindre de ce que cette faible épreuve ait été remplacée par les faits si bien liés ensemble que j'ai réunis. *La religion chrétienne*, dit Fontenelle, *n'a eu besoin dans aucun temps de fausses preuves pour soutenir sa cause, et c'est plus que jamais le cas à présent, par le soin que les grands hommes de ce siècle ont pris de l'établir sur ses vrais fondements, avec une plus grande force que les anciens ne l'avaient fait. Nous devons être remplis d'une telle confiance dans notre religion, qu'elle nous fasse rejeter les faux avantages qu'une autre cause pourrait ne pas négliger (a).* Quoi que nous puissions penser des opinions de cet écrivain, son jugement sur la confiance sincère que nous devons avoir en notre cause est parfaitement exact. J'ajouterai de plus que je suis seulement l'historien de cette science et des autres, considérées dans leurs rapports avec les preuves du christianisme; j'ai seulement à constater en général les opinions des hommes instruits dans leurs études respectives, en comparant le passé avec le présent. Le terrain change perpétuellement sous nos pieds; et nous devrons être contents d'une science quelconque, si l'expérience prouve que son développement progressif est favorable à notre sainte cause.

« Nous arrivons maintenant à une question intéressante : jusqu'à quel point les phénomènes géologiques tendent-ils à prouver l'unité de cette catastrophe ? En d'autres termes : les observations récentes nous conduisent-elles à supposer une multitude d'inondations locales, ou un seul grand fléau se déployant sur une vaste et imposante échelle ? Or, pour répondre à cette question , je dirai que les apparences indiquent la dernière hypothèse.

« Car, en premier lieu, vous ne pouvez avoir manqué d'observer que , dans l'esquisse que je vous ai tracée de la course parcourue par les blocs erratiques et les autres matières entraînées, ils présentent une direction presque uniforme du nord au sud. Les cailloux roulés de Durham et du Yorkshire viennent du Cumberland , ceux du Cumberland , de l'Ecosse, ceux de l'Ecosse, de la Norwége. Des cailloux du même pays se trouvent à Holderness ; la vallée de la Tamise en est garnie , et nous les offre disposés en forme de lits de torrents, à partir des environs de Birmingham. La même chose existe sur le continent ; car les blocs erratiques de l'Allemagne et de la Pologne peuvent être suivis jusqu'en Suède et en Norwége. Brongniart a aussi remarqué qu'ils descendent en ligne parallèle du nord au sud , variant quelquefois légèrement dans leur direction , mais toujours présentant , dans leur ensemble, l'apparence d'avoir été entraînés du nord par un courant irrésistible. Vous vous rappellerez aussi que les observations du docteur Big-by lui ont démontré que, dans l'Amérique septentrionale, les détritus venaient toujours de points plus rapprochés du nord. Il semble qu'on retrouve les traces du même courant à la Jamaïque ; car de la Bêche remarque que la grande plaine de Liguanea, sur laquelle est située Kingston, « est en- « tièrement composée de gravier diluvien, consistant « principalement en détritus des montagnes de Saint- « André et Port-Royal , et produit évidemment par « des causes qui ne sont plus en activité, mais arra- « ché de ces montagnes de la même manière et pro- « bablement à la même époque que les nombreux « lits de gravier européen, qui résultent de la des- « truction partielle des roches européennes. » Or, ces montagnes sont au nord de la plaine. De plus, la plaine de Vere et du Bas-Clarendon est diluvienne, et ces matériaux paraissent venir des districts trappéens dans les montagnes de Saint-Jean et de Clarendon , qui sont situées vers le nord (a).

« Cette coïncidence de direction dans la course suivie par le courant de l'Océan en des parties du monde si éloignées , soit que nous mesurions leur distance du nord au sud, ou de l'est à l'ouest, semble indiquer clairement l'opération d'un courant uniforme. Car si nous supposons que la mer ait fait irruption sur la terre à différentes époques, cela aurait pu être une fois, par exemple, la Baltique , une autre fois la Méditerranée, puis l'Atlantique ; et dans chaque cas, la direction du fléau , indiquée par ses traces, aurait naturellement varié. Tandis que maintenant, non-seulement l'admission d'un seul déluge est l'explication la plus simple, et partant la plus philosophique de ces phénomènes constants et uniformes ; mais une variété de semblables catastrophes peut à peine être admise sans supposer que chacune aura bouleversé les effets de la précédente, en sorte que nous devrions avoir des lignes croisées de matières entraînées et des directions variées dans les blocs erratiques, de manière à déconcerter tous les calculs. Cependant rien de pareil n'a été découvert dans les régions explorées jusqu'ici ; une science sage devra donc en conclure que la cause a été unique. Et ce raisonnement ne pourrait pas être rejeté légitimement, quand même les investigations subséquentes dans des contrées plus éloignées conduiraient à des résultats différents ; car nous devons naturellement supposer que , outre l'Océan septentrional, d'autres océans auront été lancés sur la

(a) *Histoire des oracles*, p. 4, édit. Amst. 1687.

(a) *On the geology of Jamaica*, Geol. Trans., vol. II, p. 182, 184.

cette occasion, le pape ait donné ce qui n'était pas à lui, ait décidé du sort des Américains, ait disposé des États et des possessions de deux souverains, etc.

terre pour produire sa grande et dernière purification ; et par leur action les lignes des masses devraient courir dans une autre direction.

« Si le trajet de ces matières transportées indique une direction uniforme, nous pouvons supposer que la route sur laquelle elles ont passé sera usée d'une manière correspondante. Le premier qui ait remarqué ce phénomène est, comme je l'ai dit, sir James Hall. Il observa que, dans le voisinage d'Édimbourg, les roches portent l'empreinte d'ornières ou de lignes creusées, selon toute apparence, par le passage de masses fort pesantes, roulées dans la direction de l'est à l'ouest. M. Murchison a décrit en détail les mêmes apparences observées dans le district de Brora dans le Sutherlandshire. « J'ai remarqué, dit-il, dans mon premier écrit, que ces collines doivent probablement leur origine à la dénudation ; cette supposition est maintenant confirmée par la découverte sur leur surface d'une innombrable quantité de sillons parallèles, et de cavités irrégulières plus ou moins profondes ; ces cavités et ces sillons ne peuvent que très-difficilement avoir été produits par une autre cause que le mouvement impétueux de blocs emportés par quelque vaste courant. Ils paraissent avoir été faits par des pierres de toutes dimensions et conservent un parallélisme général dans la direction nord-ouest ou sud-est, sauf l'exception assez rare de lignes légèrement divergentes, produites vraisemblablement par des pierres plus petites qui s'heurtaient contre les plus grosses (a). » Cette coïncidence est certainement remarquable, et ne permet guère de garder des doutes sur l'unité de la cause qui a produit des résultats si uniformes.

« Je n'insisterai pas sur la coïncidence des autres apparences, comme la conformité de distribution du diluvium et de ses débris organiques dans les différentes parties du monde ; car les remarques que j'ai déjà faites suffiront pour vous montrer que les probabilités sont grandement en faveur d'une seule et unique cause productrice de tous ces phénomènes ; et je ne vous arrêterai pas non plus à une autre conclusion importante, qui résulte manifestement de tout ce qui a été dit : c'est que la dernière inondation ne fut pas, comme celles qu'on suppose l'avoir précédée, une longue immersion sous la mer, mais seulement un flot temporaire et passager, exactement comme le peint l'Écriture. D'après l'aspect des cavernes à ossements, il paraît qu'avant cette inondation la terre était, en partie du moins, la même qu'à présent ; et il semble qu'elle n'a dû rester sous les eaux que pendant une période très-courte, d'après l'absence de tout dépôt supposant une dissolution ; car son sédiment est composé de matériaux sans cohésion, de graviers, de brèches et de débris mêlés, tels qu'une rivière ou la mer, sur une échelle gigantesque, peuvent être supposées les avoir enlevés et ensuite abandonnés.

« Nous arrivons enfin à une autre question encore plus intéressante. La géologie a-t-elle quelques données pour déterminer avec une précision satisfaisante l'époque de cette dernière révolution ? Nous pouvons, je pense, répondre en toute sûreté, et quelques-unes des autorités citées précédemment le disent d'une manière très-expresse : L'impression générale, l'impression vague, si vous voulez, produite sur des observateurs exacts par les faits géologiques, est que la dernière révolution est d'une date comparativement moderne. La surface de la terre présente l'apparence d'avoir été tout récemment modelée, et les effets des causes actuellement en activité paraissent trop peu importants pour n'être pas restreints à une période très-limitée. Ainsi, si nous examinons l'insignifiante accumulation de fragments ou de débris qui entourent le pied des hautes chaînes de montagnes, ou le progrès si peu sensible fait par les rivières pour combler les lacs à travers lesquels elles passent, malgré le limon qu'elles déposent journellement et d'heure en heure, nous sommes nécessairement forcés de reconnaître que quelques milliers d'années suffisent amplement pour expliquer l'état présent des choses.

« Mais une tentative a été faite pour arriver à une approximation beaucoup plus exacte ; c'est en mesurant les effets périodiques des causes que j'ai mentionnées incidemment, de manière à déterminer avec quelque précision la longueur du temps qui s'est écoulé depuis qu'elles ont commencé à agir. Deluc fut le premier qui se donna quelque peine pour observer et recueillir ces données, qu'il appelait des *chronomètres*. Il a été, à la vérité, traité sévèrement pour cette tentative par les écrivains d'une école opposée (a). Et néanmoins il est juste de remarquer que ses conclusions, et même en grande partie leurs prémisses, furent adoptées par Cuvier, dont la sagacité et les immenses connaissances géologiques ne seront attaquées par personne. C'est donc comme étant admises par lui, plutôt que comme proposées par Deluc, que je vais brièvement vous exposer les preuves adoptées dans ce système. Les résultats généraux que l'on veut en déduire sont, premièrement, que les continents actuels n'indiquent rien qui ressemble à l'existence presque indéfinie, supposée ou exigée par les partisans des causes actuellement agissantes ; secondement, que toutes les fois qu'on peut obtenir une mesure exacte et définie du temps, elle coïncide à peu près avec celle que Moïse assigne pour l'existence de l'ordre actuel des choses. En considérant l'immense distance de l'époque à laquelle il nous faut remonter, vous devez vous attendre à trouver des différences considérables entre les diverses dates ; mais elles ne sont pas plus grandes que celles des tables chronologiques des différents peuples, ou même de celles d'une nation données par différents auteurs.

« Une méthode pour arriver à la date de notre dernière révolution consiste à mesurer l'accroissement des deltas des rivières, c'est-à-dire du terrain gagné par la mer, à l'embouchure des rivières, par le dépôt graduel de terre et de vase qu'elles entraînent avec elles dans leur cours. En examinant l'histoire, nous pouvons déterminer à une époque donnée la distance de la tête du delta à la mer, et calculer ainsi exactement l'accroissement annuel. En comparant cet espace avec l'étendue totale du territoire qui doit son existence à la rivière, nous pourrions estimer depuis combien de temps elle coule dans son lit actuel. Mais jusqu'à présent ces mesures n'ont été prises que vaguement, en conséquence on n'a guère obtenu par là qu'une conclusion négative opposée aux siècles sans nombre exigés par quelques géologues. Ainsi l'avancement du delta du Nil est très-sensible ; car la ville de Rosette qui, il y a mille ans, était située sur le bord de la mer, en est maintenant éloignée de deux lieues. Selon Demaillet, le cap qui est en avant de cette ville s'est prolongé d'une demi-lieue en vingt-cinq ans ; ceci doit avoir été un cas très-extraordinaire. Quoi qu'il en soit, il n'est pas nécessaire de supposer une immense longueur de temps depuis le commencement de cette formation. Le delta du Rhône, comme Astruc l'a prouvé en comparant son état présent avec les récits de Pline et de Pomponius Méla, a augmenté de neuf milles depuis l'ère chrétienne. Celui du Pô a été examiné scienti-

---

(a) *Geol. Trans*, vol. II, p. 357.

(a) Lyell, vol. I, pp. 224-300.

DÉMÉRITE; c'est ce qui rend un homme digne de blâme ou de châtiment; c'est l'opposé de *mérite*. Ni l'un ni l'autre ne pourraient

fiquement par M. Prony, par ordre du gouvernement français. La plupart d'entre vous connaissent probablement les hautes digues entre lesquelles coule cette rivière. Cet ingénieur s'est assuré que le niveau du fleuve est plus élevé que les toits des maisons de Ferrare, et qu'il a gagné six mille toises sur la mer depuis 1604, à raison de cent cinquante pieds par an. De là il est arrivé que la ville d'Adria, qui autrefois a donné son nom à l'Adriatique, est reculée de la mer de dix-huit milles? Ces exemples ne nous permettent pas d'accorder une très-longue période à l'action de ces rivières. Un fleuve qui entraîne avec lui des dépôts si énormes, que leur augmentation annuelle peut presque s'appeler visible, ne saurait avoir exigé tant de milliers d'années pour atteindre son niveau actuel (*a*).

« Selon Gervais de la Prise, la retraite de la mer, ou l'extension de la terre par les dépôts de l'Orne, peut se mesurer exactement par des monuments érigés à différentes époques connues, et on trouve en résultat qu'il peut y avoir plus de six mille ans que ces dépôts ont commencé (*b*).

« Un chronomètre plus intéressant est celui des *dunes*. Par ce terme on entend des monceaux de sable, qui d'abord accumulés sur le rivage, sont ensuite par l'action des vents chassés sur les terres cultivées qu'ils désolent et même ensevelissent. Ces dunes s'élèvent souvent à des hauteurs presque incroyables, et poussent devant elles les étangs d'eau de pluie dont elles empêchent l'écoulement vers la mer. Deluc a donné une attention particulière à celles de la côte de Cornouailles, et en a décrit plusieurs avec beaucoup de détail. Ainsi dans le voisinage de Padstow, une de ces dunes menaçait d'engloutir l'église qu'elle recouvrait complètement jusqu'au faîte, de sorte que tout accès aurait été impossible, si la porte ne se fût trouvée à l'extrémité opposée. Plusieurs maisons avaient péri, et de mémoire d'homme, été détruites par le sable (*c*). En Irlande ces sables mouvants ne sont pas moins destructeurs. La vaste plaine sablonneuse de Rosa Penna sur la côte de Donegal, était, il n'y a guère de cinquante ans, un magnifique domaine appartenant à lord Boyne. Il n'y a que quelques années que le toit de la maison de maître était encore un peu au-dessus du sol, tellement que les paysans descendaient dans les salles comme dans un souterrain; et maintenant il n'en reste que le plus léger vestige. Mais aucune partie de l'Europe ne souffre autant de ce fléau dévastateur que le département des Landes, en France. Dans sa course irrésistible il a enseveli des plaines fertiles et de hautes forêts; non-seulement des maisons, mais des villages entiers, mentionnés dans l'histoire des siècles passés, ont été recouverts, sans qu'il reste d'espoir de les jamais retrouver. En 1802, les marais envahirent cinq fermes de grande valeur; on compte maintenant, ou du moins on comptait, il y a peu d'années, cinq villages menacés de destruction par ces sables ambulants. Quand Cuvier écrivait, un de ces villages appelé Mémisou luttait depuis vingt ans contre une dune de 60 pieds de haut avec peu de chances de succès.

« Or, M. Bremontier a étudié ce phénomène avec une attention particulière, dans le but de soumettre ses lois au calcul. Il s'est assuré que ces dunes avancent de 60 à 72 pieds par an ; et en mesu-

(*a*) Cuvier, *Discours préliminaire*, 3ᵉ édit. Paris, 1825, p. 144. Deluc, *Lettres à Blumenbach*, p. 256. *Abrégé de géologie*. Paris, 1816, p. 97.
(*b*) *Accord du livre de la Genèse avec la géologie*. Caen, 1805, p. 75.
(*c*) *Abrégé*, p. 102.

avoir lieu si l'homme n'était pas libre, maître de son choix et de ses actions : tel est le sentiment commun du genre humain. Sans avoir besoin de le consulter, notre propre conscience nous atteste cette vérité. Elle ne

rant l'espace entier qu'elles ont parcouru, il conclut qu'il ne peut y avoir beaucoup plus de 4,000 ans que leur action a commencé (*a*). Deluc était déjà arrivé à la même conclusion en mesurant les dunes de la Hollande, où les dates des digues lui fournissaient le moyen de déterminer leurs progrès avec une exactitude historique (*b*).

« Je ne ferais que répéter les mêmes conclusions, si je vous détaillais ses recherches sur l'accroissement de la tourbe ou de l'accumulation des détritus à la base des montagnes, ou sur la croissance des glaciers et les phénomènes qui les accompagnent (*c*). Je me contenterai donc de citer les opinions d'observateurs éminents des faits généraux de la géologie, en faveur de ses conclusions.

« *Cette observation*, dit Saussure, parlant de l'éboulement des roches de glaciers de Chamouny, *qui s'accorde avec plusieurs autres que je ferai plus tard, nous donne lieu de penser, avec M. Deluc, que l'état actuel de notre globe n'est pas aussi ancien que certains philosophes l'ont imaginé* (*d*).

« Dolomieu écrit de même : *Je veux défendre une autre vérité, qui me paraît incontestable, sur laquelle les ouvrages de M. Deluc m'ont éclairé, et dont je crois voir les preuves à chaque page de l'histoire de l'homme et partout où des faits naturels sont consignés. Je dirai donc avec M. Deluc que l'état actuel de nos continents n'est pas très-ancien* (*e*).

Cuvier a non-seulement approuvé ces conclusions, mais il les a exprimées en termes beaucoup plus positifs ; *C'est, dans le fait*, dit-il, *un des résultats les plus certains, quoique les plus inattendus, de toutes les saines recherches géologiques, que la dernière révolution qui a bouleversé la surface du globe n'est pas très-ancienne*; et ailleurs il ajoute : *Je pense donc avec MM. Deluc et Dolomieu, que s'il y a quelque chose de démontré en géologie, c'est que la surface de notre globe a été la victime d'une grande et soudaine révolution, dont la date ne peut pas remonter beaucoup plus haut que 5 ou 6 mille ans* (*f*). Et permettez-moi de faire observer que Cuvier dit assez clairement que dans ses recherches il ne s'est laissé influencer par aucun désir de justifier l'histoire mosaïque (*g*). » (Mᵍʳ Wiseman, *Discours III sur les sciences naturelles*, dans les *Démonstrations évangéliques*, tom. XV, édit. Migne.)

(*a*) Cuvier, p. 161. Voyez D'Aubuisson, *Traité de géognosie*. Strasbourg, 1819, t. II, p. 468.
(*b*) *Abrégé*, p. 100.
(*c*) Cuvier, p. 162. — Knight, *Facts and observations*, p. 216. — Deluc, *Traité élémentaire de géologie*. Paris, 1809, p. 129 ; *Abrégé*, p. 116, 134. — *Correspondance particulière entre M. le docteur Teller et J. A. Deluc*. Hanovre, 1805, p. 161. — Un écrivain français, auteur d'une géologie populaire, parlant des accumulations de détritus que les glaciers produisent dans les lieux où ils fondent, et que l'on connaît en français sous le nom de murèmes, termine ainsi : « Leur formation dépendant de causes périodiques et à peu près constantes, il n'est pas très-difficile d'évaluer quel temps a dû être nécessaire pour leur donner le volume qu'on leur connaît; et comme elles datent certainement du commencement de l'ordre actuel, elles fournissent un nouveau moyen d'arriver à une connaissance approximative du temps qui s'est écoulé depuis le dernier cataclysme. Cette évaluation conduit encore au même résultat, et nous donne cinq ou six mille ans tout au plus pour l'âge de notre monde. » Il continue ensuite à montrer, comme Cuvier, que ces faits s'accordent exactement avec le récit de Moïse et les annales de toutes les autres nations antiques. — Dʳ Bertrand, *Révolutions du globe*, lettre 18ᵉ.
(*d*) *Voyage dans les Alpes*, § 625.
(*e*) *Journal de physique*. Paris, 1792, part. 1, p. 12.
(*f*) *Discours*, p. 159, 232. — (*g*) P. 552.

nous reproche jamais une action que nous n'avons pas été maîtres d'éviter, elle ne nous inspire aucun mouvement de vanité pour une bonne action que nous avons faite par hasard.

DEMI-ARIENS. *Voy.* ARIENS.

*DÉMOCRATIE (*Du catholicisme dans ses rapports avec la*). Pendant longtemps on a fait peser sur la religion une grande accusation : on a présenté le catholicisme, non-seulement comme l'allié naturel de l'aristocratie et du pouvoir absolu, mais encore comme le fauteur de leurs abus et de leurs crimes. C'est une accusation qu'il importe de détruire. Le christianisme, sans doute, peut vivre en bonne harmonie avec toutes les formes de gouvernement. Fait pour tous les lieux et pour tous les temps, son principe se prête merveilleusement au génie et aux institutions des divers peuples, et c'est là une des plus belles preuves de la divine origine et de l'infinie sagesse de Celui qui nous a laissé, dans son Évangile, un code aussi large dans ses préceptes qu'il est sublime dans son unité, un code propre à régir tout à la fois les peuples de l'Orient et de l'Occident, du Nord et du Midi, en se, prêtant à leurs mœurs, à leurs habitudes, à leurs aristocraties, à leurs royautés, à leurs démocraties. Tout cela est vrai : personne ne le conteste. Toutefois il y a des hommes graves, des esprits éminents qui, après avoir suivi avec la plus grande attention les diverses phases de développement de la vie des nations européennes, ont acquis la conviction de ce double fait, que tous les mouvements politiques, en Europe, tendent à la démocratie, et que le christianisme, qui d'ailleurs se prête à merveille aux formes aristocratiques et monarchiques, a pour la forme démocratique une affinité naturelle qui a sa source dans l'Évangile même, dans la vie toute populaire du Christ, dans son populaire entourage, dans ses paroles, dans ses maximes et surtout dans ses institutions qui respirent la fraternité et l'égalité les plus touchantes. Si tout cela est certain, et l'on ne saurait en douter raisonnablement, serait-il vrai, comme le prétendent les ennemis du clergé, que perdant de vue les leçons divines il se soit oublié au point de consacrer par une adhésion directe et explicite tous les abus, tous les priviléges qui ressortent naturellement des formes monarchiques et aristocratiques ? Non, assurément, et s'il y a quelque chose de bien avéré dans l'histoire, c'est qu'il a toujours défendu son indépendance contre les entreprises de la royauté, ne voulant pas se laisser confondre avec elle. Prévoyant que cette forme sociale s'userait à la longue, il s'est bien gardé de faire dépendre sa destinée de la sienne, et il recueille aujourd'hui les fruits de cette prudente réserve.

Il y a plus : non-seulement la religion n'a pas consacré par son adhésion les abus et les priviléges aristocratiques et monarchiques, mais elle n'a pas cessé de les combattre, et depuis saint Bernard, adressant les réprimandes les plus sévères aux rois et aux princes de son temps, à raison de leurs injustices, jusqu'à Fénelon, enseignant à son royal disciple, dans son *Télémaque* et dans son *Traité du gouvernement*, les éléments de la plus pure démocratie, on peut dire, en toute vérité, que si l'Église a adhéré à la forme monarchique, ce n'a été qu'à condition qu'elle pourrait la ramener aux mœurs chrétiennes, mœurs démocratiques par excellence. En effet, nous ne saurions concevoir une démocratie digne d'être patronée par des hommes religieux en dehors du christianisme ; et puis ne sont-ce pas les docteurs de l'Église qui professaient ce principe de la souveraineté du peuple, alors que les légistes, par esprit d'hostilité, enseignaient, dans les écoles ou dans les parlements, le principe du droit divin*

DÉMON, esprit, génie, intelligence. Le nom grec δαίμων vient de δαίω, *connaître*; il signifie un être doué de connaissance : ainsi ce terme n'a rien d'odieux dans son origine. Un préjugé universellement répandu chez tous les peuples a été de croire toute la nature animée, remplie de génies ou esprits qui en dirigeaient les mouvements. Comme on leur supposait une force et des connaissances supérieures à celles de l'homme, que l'on éprouvait de leur part du bien et du mal, on crut que ces génies étaient les uns bons, les autres mauvais ; on en conclut qu'il fallait, par des respects, par des prières, par des offrandes, gagner l'affection des premiers, apaiser la colère et la malignité des seconds. De là le polythéisme ; l'idolâtrie, les pratiques superstitieuses, la divination, etc. *Voy.* PAGANISME.

Cette opinion ne fut pas seulement celle du peuple et des ignorants, mais celle des philosophes, des pythagoriciens, des platoniciens, des Orientaux. Tous admirent des dieux, des génies ou des *démons* de plusieurs espèces, des esprits mitoyens entre la divinité et l'âme humaine, les uns bons, les autres mauvais. Il paraît que ces philosophes ne regardaient pas ces êtres comme de purs esprits, mais comme des intelligences revêtues au moins d'un corps aérien et subtil ; quelques-uns les croyaient mortels, d'autres les supposaient immortels, et on leur attribuait une nature et des inclinations à peu près semblables à celles des hommes. Sur un fait aussi obscur et auquel l'imagination avait la plus grande part, les opinions ne pouvaient pas être uniformes. On voyait dans l'univers une infinité de phénomènes, qu'il n'était pas possible d'expliquer par un mécanisme ; d'autre côté, l'on ne concevait pas que Dieu les produisît immédiatement par lui-même, quelques-uns ne s'accordaient pas avec ses divines perfections ; l'on était donc forcé de recourir à des agents intermédiaires plus puissants que l'homme, mais inférieurs à Dieu.

Les Juifs trouvaient cette opinion fondée sur les livres saints ; l'on y voit la distinction d'esprits des deux espèces ; les uns bons et fidèles à Dieu, sont nommés ses *anges* ou ses *messagers*; les autres méchants, sont représentés comme ennemis des hommes. A la vérité, Moïse n'en parle pas dans l'histoire de la création ; mais il nous apprend que la première femme fut engagée à désobéir à Dieu par un ennemi perfide, caché sous la forme du serpent (*Gen.* III, 1). Dans le *Deut.*, c. XXXII, 17, il dit que les Israélites ont immolé leurs enfants aux esprits méchants et malfaisants, *schedim*, le Psalmiste en dit autant (*Ps.* CVI, 37) ; toutes les anciennes versions traduisent ce terme *démons*. Dans le livre de Job, c. I, 12, *Satan*, ou l'ennemi auquel Dieu permet d'affliger ce saint homme, est un esprit malin ; le prophète Zacharie, c. III, v. 1 et 2, le nomme aussi *Satan*. C'est le synonyme du grec διάβολος, celui qui nous croise et nous traverse (III *Reg.* XXII, 21). Dieu permet à un esprit menteur de se placer dans la bouche des faux prophètes. C'est un *démon* qui tue les sept premiers maris de Sara (*Tob.* III, 18).

Quelques incrédules ont assuré que les Juifs n'avaient aucune idée des *démons* avant d'avoir fréquenté les Chaldéens; mais les livres de Moïse, celui de Job, ceux des Rois, ont été écrits longtemps avant que les Juifs pussent consulter les Chaldéens, et dans un temps où ces deux peuples étaient ennemis déclarés (*Job*, 1, 17). Est-ce chez les Chaldéens que les Chinois, les Nègres, les Lapons, les Sauvages de l'Amérique, ont puisé la notion des esprits bons ou mauvais? Cette idée est commune à tous les peuples; elle ne leur est pas venue par emprunt, mais par l'inspection des phénomènes de la nature et par la révélation primitive (1).

Dans le Nouveau Testament, le nom de *démons* est toujours pris en mauvaise part, excepté *Act.* XVII, 18; partout ailleurs il signifie un esprit méchant, ennemi de Dieu et des hommes. Jésus-Christ et ses apôtres lui attribuent les grands crimes, l'incrédulité des Juifs, la trahison de Judas, l'aveuglement des païens, les maladies cruelles, les possessions et les obsessions. Ils le nomment le père du mensonge, le prince de ce monde, le prince de l'air, l'ancien serpent, Satan ou le diable; ils nous font entendre qu'il était l'objet du culte des païens (*I Cor.* x, 20, etc.). Jésus-Christ souffrit d'être tenté par le *démon*, mais il le chassait du corps des possédés, et il donna le même pouvoir à ses disciples; il déclara que, par sa mort, le prince de ce monde serait chassé et désarmé, etc. Saint Pierre, saint Jude et saint Jean nous apprennent que les *démons* sont des anges prévaricateurs que Dieu a chassés du ciel, qu'il a précipités dans l'enfer, où ils sont tourmentés, et qu'il les réserve pour le jour du jugement (*II Petr.* II, 4; *Jud.*, vers. 6; *Apoc.* XII, 9; XX, 2, etc.).

L'opinion des Juifs, qui attribuaient au *démon* les maladies extraordinaires et terribles, comme l'épilepsie, la catalepsie, la frénésie, les convulsions des lunatiques, etc., n'était donc pas absolument mal fondée; loin de la combattre, Jésus-Christ l'a plutôt confirmée en commandant aux *démons* de sortir des corps, en leur permettant de s'emparer d'un troupeau de pourceaux, en donnant à ses disciples le pouvoir de les chasser, en attribuant à ces esprits impurs des discours et des actions qui ne pouvaient pas convenir à des hommes. Si cette persuasion des Juifs avait été une erreur, Jésus-Christ, sagesse éternelle, envoyé pour instruire les hommes, n'aurait pas voulu les y entretenir; il aurait cherché plutôt à les détromper. Les Pères de l'Eglise ont fait remarquer qu'à la venue du Sauveur, Dieu avait permis au *démon* d'exercer son empire et sa malignité d'une manière plus sensible qu'auparavant, parce que la victoire éclatante que Jésus-Christ et ses disciples de-

(1) Cette révélation nous montre de bons et de mauvais anges, comme il est facile de le constater par les premiers livres de la Bible. *Voy.* ANGES.

vaient remporter sur lui était le moyen le plus capable de confondre les sadducéens, de dissiper l'aveuglement des païens, de leur apprendre que le *démon* était l'ennemi de leur salut, et non une divinité digne de leur culte; c'est en effet ce qui est arrivé.—Aussi, en faisant l'apologie du christianisme et en écrivant contre les philosophes, les Pères de l'Eglise ont souvent insisté sur ce point; ils ont fait valoir contre les païens le pouvoir qu'avait tout chrétien de chasser le *démon* du corps des possédés, de déconcerter ses prestiges et les opérations des magiciens, de le forcer même à confesser ce qu'il était. Nous ne voyons pas qu'aucun des défenseurs du paganisme ait essayé de répondre à cet argument.

Cependant l'on en fait aujourd'hui un crime aux Pères de l'Eglise; ils ont cru, comme les païens, disent nos critiques modernes, que les *démons* étaient des êtres corporels, qu'ils recherchaient le commerce des femmes, qu'ils étaient avides de la fumée des victimes et des parfums, que c'était pour eux une espèce de nourriture, qu'ils excitaient les persécuteurs à sévir contre les chrétiens, parce que ceux-ci travaillaient à faire retrancher les sacrifices et les offrandes. Ainsi ont pensé saint Justin, Tatien, Minutius-Félix, Athénagore, Tertullien, Julius-Firmicus, Origène, Synésius, Arnobe, saint Grégoire de Nazianze, Lactance, saint Jérôme, saint Augustin, etc. Ce préjugé a fait conserver dans le christianisme une partie des superstitions du paganisme, les conjurations, les exorcismes, la confiance aux formules de paroles, conséquemment la théurgie, la magie, les sortilèges, les amulettes, etc. Cette plainte, qui retentit dans les écrits des plus habiles protestants, est-elle sensée?

1° La divination, les sortilèges, la magie, la confiance aux paroles efficaces, la croyance aux enchantements et aux amulettes, régnaient parmi les païens avant la naissance du christianisme; on les retrouve encore chez les nations ignorantes et barbares, d'un bout de l'univers à l'autre. Ce ne sont certainement ni les philosophes platoniciens, ni les Pères de l'Eglise qui les y ont fait éclore; ainsi la conjecture de nos savants critiques est fausse à tous égards. Les Pères se sont opposés de toutes leurs forces à tous ces abus, ils en ont fait rougir les philosophes de leur temps: c'est donc une injustice et une absurdité de prétendre que les Pères ont contribué à les entretenir; nous soutenons, au contraire, qu'ils ne pouvaient mieux s'y prendre pour les déraciner.—2° En effet, que devaient-ils faire? Fallait-il soutenir, comme les épicuriens, les sadducéens et les matérialistes, que les *démons* sont des êtres imaginaires; que, s'il y en a, ils n'ont aucun pouvoir, qu'ils ne peuvent agir ni sur les hommes, ni sur la nature? Il fallait donc contredire l'Ecriture sainte, blâmer la conduite de Jésus-Christ et des apôtres, s'exposer à la dérision des philosophes, qui avaient puisé dans les écrits des anciens leur croyance sur l'existence et sur la nature des *démons*, et qu'il était impossible de réfuter par des arguments philosophiques. Nos savants disputeurs y auraient encore moins réussi que les Pères. Le plus court était donc de s'en tenir aux leçons et aux exemples de Jésus-Christ et des apôtres, qui ont exorcisé, chassé et confondu les *démons*, puisque encore une fois les philosophes n'ont pu rien opposer à ce fait incontestable. Si c'est une superstition, ce ne sont pas les Pères qui en sont les auteurs, mais Jésus-Christ et les apôtres. Aussi les incrédules, meilleurs logiciens que les protestants, ne s'en prennent pas aux Pères de l'Eglise, mais à Jésus-Christ lui-même; et c'est ainsi qu'en toutes choses les protestants sont les précepteurs des incrédules. Mosheim, dans ses *Notes sur Cudworth*, c. 5, § 82, fait vainement tous ses efforts pour prouver que ce qu'il dit contre les Pères ne favorise point les incrédules. Lui-même, § 84 et 89, est forcé d'avouer qu'il n'y a aucune raison démonstrative qui prouve que jamais Dieu n'a permis au *démon* de rendre aucun oracle, ni de faire aucun prodige pour confirmer les païens dans leur fausse religion. Donc il a tort de blâmer les Pères. — 3° Supposons que les Pères ont mal raisonné sur les passages de l'Ecriture sainte, où il est question des opérations corporelles des *démons*, qu'ils ont eu tort d'attribuer à ces esprits des corps légers, les goûts et les inclinations de l'humanité. Cette erreur, purement spéculative sur une question très-obscure, ne déroge à aucun dogme de la foi chrétienne: il ne s'ensuit pas que les *démons* sont, par leur nature, des êtres matériels, ou sortis du sein de la matière; mais qu'ils ont besoin d'être revêtus d'un corps subtil, lorsque Dieu leur permet d'agir sur les corps. — 4° Nous savons très-bien que, dans toutes les questions philosophiques ou autres, il y a un milieu à garder; mais nous ne voyons pas que les protestants l'aient mieux trouvé que les Pères. Sur la fin du dernier siècle, Becker, ministre protestant, fit un livre intitulé *Le monde enchanté*, où il entreprit de prouver que les esprits ne peuvent agir sur les corps; que tout ce que l'on dit de leurs apparitions, de leurs opérations, de la magie, des sorciers, des possédés, etc., sont ou des délires de l'imagination, ou des fables forgées par des imposteurs pour tromper les ignorants; que le *démon*, depuis sa chute, est renfermé dans les enfers, d'où il ne peut sortir pour venir tenter ni tourmenter les hommes. Cet auteur fut non-seulement censuré par le consistoire d'Amsterdam et interdit de ses fonctions, mais réfuté par plusieurs protestants. On lui fit voir qu'il tordait le sens des passages de l'Ecriture sainte pour les ajuster à son système, qu'il accusait d'imposture les personnages les plus respectables, que ses principes touchant l'influence des esprits sur les corps allaient droit au matérialisme. Cela n'a pas empêché que Becker ne trouvât des imitateurs et des défenseurs, soit en Hollande, soit en Angleterre. Si les Pères

DICT. DE THÉOL. DOGMATIQUE. II.

ont donné dans l'excès opposé, ils sont beaucoup plus excusables que tous ces raisonneurs, qui se jouent de l'Ecriture sainte comme il leur plaît. Nous examinerons leurs raisons dans l'article suivant.

On objecte que Dieu ne peut pas permettre aux *démons* de nuire à des créatures qu'il destine au bonheur. Il ne peut pas, sans doute, leur laisser une liberté absolue et sans bornes, telle que les païens l'attribuaient à leurs prétendus dieux ou *démons*; il restreint cette liberté et ce pouvoir comme il lui plaît; il donne à l'homme, par sa grâce, les forces nécessaires pour combattre et pour vaincre. Il n'est pas plus indigne de Dieu de punir les pécheurs, ou d'éprouver les justes par les opérations du *démon*, que de le faire par les fléaux de la nature. En général, les lumières de la philosophie sont trop courtes pour savoir ce que Dieu peut ou ne peut pas permettre; c'est à lui de nous apprendre ce qu'il fait et ce que nous devons croire.

Depuis que Jésus-Christ a détruit par sa mort l'empire du *démon*, il ne convient plus d'exagérer le pouvoir de cet esprit impur, surtout à l'égard d'un chrétien consacré à Dieu par le baptême, et soustrait ainsi à la puissance des ténèbres; cette imprudence est capable de produire deux effets pernicieux (1): l'un de persuader aux imaginations faibles que le *démon* les obsède; l'autre, de leur faire conclure que leurs péchés ne sont pas libres... *Chacun*, dit saint Jacques, *est tenté par sa propre convoitise... Résistez au démon, et il s'enfuira.* Ch. 1, v. 14; c. IV, v. 7. « Jésus-Christ, dit saint Clément d'Alexandrie, nous a délivrés, par son précieux sang, des maîtres cruels auxquels nous étions autrefois assujettis, et en nous délivrant de nos péchés, à cause desquels les malices spirituelles nous dominaient. » (*Eclog. Prop.*, n. 20.) Saint Augustin enseigne que quand l'Ecriture nous exhorte à résister au *démon*, et à combattre contre lui, elle entend que nous devons résister à nos passions et à nos appétits déréglés, parce que c'est par là que le *démon* nous subjugue. (*De Agone Christ.*, n. 1 et 2.)

La rêverie de l'Anglais Gale, qui a prétendu que l'idée du *démon* et de ses opérations a été formée sur la notion du Messie, est trop absurde pour qu'elle vaille la peine d'être réfutée. Dans l'histoire de la chute de l'homme, l'Ecriture fait mention du tentateur, avant de parler du Fils de la femme, qui doit lui écraser la tête. Les Juifs n'en eu la notion des génies ou esprits, soit bons, soit mauvais, dès qu'ils ont commencé à connaître les prétendus dieux de leurs voisins, et ces êtres réels ou fantastiques n'avaient aucun rapport au Messie. Les divi-

(1) Ce qui est constant, c'est que Dieu ne permettra jamais au démon de nous tenter au-dessus de nos forces. *Fidelis autem Deus est qui non patietur vos tentari supra id quod potestis.* Il est encore certain que, quel que soit le pouvoir des démons sur la matière, ils ne peuvent faire de véritables miracles, qui sont l'œuvre de Dieu seul. *Voy.* MIRACLES.

nités cruelles auxquelles ces Juifs, devenus païens, immolaient leurs enfants, n'étaient certainement pas amies des hommes; on ne pouvait les envisager autrement que comme des *démons* malfaisants, ni leur offrir ces sacrifices abominables par un autre motif que par la crainte de leur colère.

On ne doit pas faire plus de cas du reproche des incrédules modernes, qui ont dit qu'en admettant un ou plusieurs *démons*, appliqués à traverser les desseins de Dieu et à nuire aux hommes, on adopta l'erreur des manichéens, et que le manichéisme est ainsi la base de toutes les religions. Les manichéens supposaient deux principes éternels, incréés, indépendants, l'un bon, l'autre mauvais; ce dernier n'a aucune ressemblance avec les esprits créés de Dieu, qui sont devenus méchants par leur faute, que Dieu punit, et dont il réprime le pouvoir comme il lui plaît. (*Dissert. sur les bons et les mauvais Anges, Bible d'Avignon*, tome XIII, page 255.)

DÉMONIAQUE, possédé, homme dont le démon s'est emparé, qu'il fait agir et qu'il tourmente. On distingue la *possession* d'avec l'*obsession*: par la première, le démon agit au dedans de la personne de laquelle il s'est rendu maître; par la seconde, il agit seulement au dehors. Les possédés sont aussi appelés *énergumènes*, c'est-à-dire agités au dedans.

Nous avons vu, dans l'article précédent, que Becker et d'autres incrédules ont soutenu que le démon ne peut agir sur le corps; que toutes ses prétendues opérations sont illusoires; qu'il n'y eut jamais, par conséquent, ni possession, ni obsession réelle; que les démoniaques sont des hommes dont le cerveau est troublé, qui s'imaginent faussement être tourmentés par le démon; que c'est une maladie très-naturelle, qui doit être guérie, non par des exorcismes, mais par les remèdes de l'art: il paraît que c'est le sentiment commun des protestants à l'égard de tous les *démoniaques* modernes; conséquemment ils tournent en ridicule les exorcismes de l'Église. Cette opinion est déjà suffisamment réfutée par les passages de l'Écriture sainte que nous avons déjà cités, touchant le pouvoir et les opérations des démons en général; mais ce qui regarde les *démoniaques* ou possédés a été solidement traité dans une dissertation sur ce sujet, qui remplit le troisième volume de l'ouvrage de Stackouse sur *le sens littéral de l'Écriture sainte*, etc. Sans nous assujettir à la copier, nous donnerons d'abord les preuves de la réalité des possessions; nous répondrons ensuite aux objections par lesquelles on a voulu éluder les conséquences de ces preuves.

1° Comme les protestants ne tiennent point pour authentique le livre de Tobie, ils ont passé sous silence ce qui y est dit du démon qui obsédait Sara, fille de Raguel, c. III, v. 8; c. VI, v. 8; c. VIII, v. 3; c. XII, v. 14; mais le sentiment des protestants n'est pas une loi pour nous: il résulte de cette histoire que c'était véritablement un démon, nommé *Asmodée*, qui affligea cette vertueuse fille, qui mit à mort les sept premiers hommes qui l'épousèrent, et qu'elle en fut délivrée par l'ange Raphaël. — Lorsque les Juifs accusèrent Jésus-Christ de chasser les démons par le pouvoir de Béelzébub, prince des esprits de ténèbres, il leur répondit: *Si Satan se chasse lui-même, il est donc son propre ennemi; comment son empire se soutiendra-t-il? Si je chasse les démons par Béelzébub, par qui vos enfants les chassent-ils? Pour cela même ils serviront à votre condamnation; si au contraire je les chasse par l'esprit de Dieu, le royaume de Dieu vous est donc arrivé..... Lorsque l'esprit impur est sorti de l'homme, il est errant et ne trouve point de repos; il dit: Je retournerai dans le séjour d'où je suis sorti; il prend avec lui sept autres esprits plus méchants que lui; ils y rentrent et y habitent; le dernier état de cet homme devient pire que le premier* (Matth. XII, 26, 43). — Le Sauveur parle et commande aux démons; ils lui répondent et obéissent, ils confessent qu'il est le Fils de Dieu. Lorsqu'il veut les chasser du corps d'un possédé, ils lui demandent de ne pas les renvoyer dans l'abîme, mais de leur permettre d'entrer dans un troupeau de pourceaux; Jésus y consent, et le troupeau va se jeter dans les eaux (*Luc*, VIII, 27). — Il donne à ses apôtres le pouvoir de guérir les maladies et de chasser les démons, c. IX, v. 1; quelque temps après ils lui disent: *Seigneur, les démons nous sont soumis en votre nom*; il leur répond: *J'ai vu tomber Satan du ciel comme l'éclair*. Ch. X, v. 17. Il promet que ceux qui croiront en lui auront le même pouvoir, et il le distingue formellement d'avec celui de guérir les maladies (*Marc*. XVI, 17). — Si les possessions sont des maladies naturelles, Jésus-Christ, par ses discours et par sa conduite, confirme le faux préjugé dans lequel étaient les Juifs, que c'était véritablement un esprit malin qui faisait agir et souffrir les *démoniaques*; il induit ses apôtres en erreur, et il travaille à faire durer l'illusion parmi tous ceux qui croiront en lui: ce procédé serait indigne du Fils de Dieu, qui était la sagesse et la vérité même, et qui avait promis à ses apôtres que le Saint-Esprit leur enseignerait toute vérité.

2° Les apôtres ont pris à la lettre ce que leur maître avait dit touchant les *démoniaques*, et ils ont, à son exemple, exorcisé et chassé les démons. Dans la ville de Philippes, saint Paul guérit par un exorcisme, au nom de Jésus, une fille possédée, qui procurait à ses maîtres un gain considérable en découvrant les choses cachées; il dit au mauvais esprit: *Je te commande, au nom de Jésus-Christ, de sortir de cette fille; et le démon sortit sur-le-champ* (*Act.* XVI, 16). Saint Paul fut maltraité pour avoir fait ce miracle, et il en opéra un semblable à Éphèse, cap. XIX v. 12 et 15. Si la connaissance que cette fille avait des choses cachées était un talent naturel ou un artifice, comment un exorcisme fait par saint Paul a-t-il pu le faire cesser?

3° L'on ne peut récuser le témoignage unanime des Pères des quatre premiers siècles, sans donner dans un pyrrhonisme absurde; ils attestent constamment que les exorcismes chrétiens chassaient les démons du corps des païens qui en étaient possédés, qu'ils forçaient ces esprits impurs d'avouer ce qu'ils étaient; les Pères prennent à témoin de ces faits les païens eux-mêmes; ils disent que plusieurs de ceux qui ont été ainsi guéris se sont faits chrétiens. L'on ne peut supposer ici ni influence de l'imagination, puisque ces possédés, étant païens, ne pouvaient avoir aucune confiance aux exorcismes des chrétiens; ni collusion entre eux et les exorcistes pour favoriser les progrès du christianisme; ni maladie naturelle, puisqu'alors des paroles n'auraient pas pu la guérir; ni crédulité, ni exagération, ni mensonge de la part des Pères, puisqu'ils parlaient de faits publics, et qu'ils invitaient leurs ennemis à venir s'en convaincre par leurs propres yeux. — Saint Paulin, dans la Vie de saint Félix de Nole, atteste qu'il a vu un possédé marcher contre la voûte d'une église, la tête en bas, sans que ses habits fussent dérangés, et que cet homme fut guéri au tombeau de saint Félix. « J'ai vu, dit Sulpice Sévère, un possédé élevé en l'air, les bras étendus, à l'approche des reliques de saint Martin. » (*Dial.* 3. c. 6.) Voilà des témoins oculaires qu'il est difficile de réfuter, et des faits que nos adversaires ne parviendront pas à concilier avec leur système. — Encore une fois, il est absurde de vouloir soutenir, contre les incrédules, que tout ce qui a été dit par les écrivains du Nouveau Testament est vrai, et que ce qui a été attesté par les Pères est faux.

4° Au témoignage des Pères, nous pouvons ajouter celui des auteurs profanes. Fernel, médecin de Henri II, et Ambroise Paré, protestant, font mention d'un possédé qui parlait grec et latin, sans avoir jamais appris ces deux langues. On pourrait citer d'autres exemples de même espèce. Cudworth (*Syst. intell.*, c. 5, § 82) en allègue plusieurs.

Voilà des preuves positives; que peuvent y opposer nos adversaires? Des conjectures, de prétendues probabilités, des suppositions sans fondement. — Pour se débarrasser de l'Ecriture sainte, ils disent que chez les Juifs, comme chez les païens, *démon* signifiait seulement génie, fortune, sort bon ou mauvais, malheur, maladie; que la mélancolie noire, l'épilepsie, la frénésie, les attaques de folie périodique, sont appelées dans l'Ecriture *mauvais esprits* : Jésus-Christ, ajoutent-ils, par condescendance, parlait comme le peuple; il se conformait à l'imagination blessée des malades, afin de les guérir plus aisément; il ne disputait pas sur les termes, il guérissait. Il ne fallait pas moins un pouvoir divin pour guérir des maladies naturelles par une parole ou par un simple attouchement, que pour chasser les démons; le miracle est égal dans l'un et l'autre cas. — Mais les Juifs, ni les païens, se sont-ils jamais avisés d'appeler une maladie naturelle. Satan, *diable; Béelzébub, prince des démons, légion de démons, esprit impur,* de lui adresser la parole, de supposer que c'est un personnage qui parle et qui agit, comme fait Jésus-Christ dans vingt endroits? il n'était pas question de disputer, mais de ne pas induire en erreur les Juifs, les malades, les apôtres et tous les croyants. Ici l'erreur était pernicieuse, puisque, selon nos adversaires, elle a introduit dans l'Eglise les superstitions païennes. Jésus-Christ, revêtu de la toute-puissance divine, avait-il besoin de tromper l'imagination des malades pour la guérir? Il ne s'agit pas de savoir si les miracles de Jésus-Christ étaient plus ou moins grands, mais si les discours et la conduite qu'on lui prête s'accordent avec la sincérité qu'il recommandait lui-même, avec la charité d'un médecin tout-puissant, avec la sagesse et la sainteté divine; et nous soutenons que cela ne se peut pas. — On ne justifiera pas mieux la conduite des apôtres. Dès qu'ils avaient reçu le Saint-Esprit et le pouvoir de faire des miracles, pourquoi exorciser les démons, et leur commander au nom de Jésus-Christ? Il ne leur en aurait pas coûté davantage pour guérir les *démoniaques* sans cérémonie. Saint Pierre (*Act.* x, 38) dit que Jésus-Christ a guéri tous ceux qui étaient opprimés par le diable. Saint Paul emploie indifféremment les mots *démon, Satan, diable* pour signifier l'esprit malin; il lui attribue les prestiges, les tentations, les obstacles au progrès de l'Evangile, et les maladies corporelles; il menace un pécheur public de le livrer à Satan, pour faire mourir en lui la chair et sauver l'esprit (*I Cor.* v, 5). Si les apôtres n'ont entendu par là que des maladies naturelles, ces façons de parler sont inexcusables.

Pour éluder le témoignage des Pères, leurs censeurs ont dit que les Pères, imbus du platonisme, étaient, sur le pouvoir et sur l'opération des démons, dans le même préjugé que les peuples; que la plupart croyaient les démons corporels, qu'ils attribuaient les opérations dont ils parlent au pouvoir naturel des démons, que probablement ils ont exagéré les faits. Ainsi ont raisonné non-seulement les incrédules et les protestants, mais encore les défenseurs des convulsions qui se faisaient à Paris pour accréditer des erreurs condamnées par l'Eglise. — Nous prétendons au contraire que les Pères ont puisé dans l'Ecriture sainte, et non dans Platon, l'opinion qu'ils ont eue touchant le pouvoir et les opérations du démon, puisqu'ils citent l'Ecriture sainte, sans faire aucune mention de Platon ni de sa doctrine. Ce n'est point le platonisme qui leur a suggéré le sens qu'ils ont donné à l'Ecriture sainte, mais la force et l'énergie des termes tels qu'ils sont, et la comparaison des divers passages. Que les Pères aient cru les démons corporels ou incorporels, qu'ils leur aient attribué un pouvoir naturel ou surnaturel, cela ne fait rien à la question ni à la réalité des faits qu'ils ont attestés, et dont ils ont pris leurs ennemis même à témoin. Dire qu'ils les ont exagérés, c'est suspecter leur sincérité sans raison et sans fondement; ceux qui les accusent leur prêtent le défaut dont ils sont eux-mêmes atteints et convaincus.

Ce qu'ils allèguent contre les attestations des médecins et des naturalistes n'est pas plus solide: ils disent que ces auteurs étaient mal instruits, et qu'on l'est beaucoup mieux aujourd'hui. Depuis que la médecine s'est perfectionnée, on ne voit plus de possessions que parmi les peuples superstitieux, et cet accident n'arrive qu'à des personnes d'un esprit faible et d'un tempérament mélancolique. Lorsque les hommes se sont crus changés en loups, en bœufs, être de verre ou de beurre, etc., on n'a pas attribué cette maladie au démon, mais à une bile noire, à une chaleur excessive du cerveau, et au déréglement de l'imagination; ils ont été guéris par des remèdes: on réussirait de même à l'égard des possédés ou *démoniaques*. — Nous n'avons garde de contester les progrès de la physique et de la médecine; cependant nous ne voyons pas que l'on guérisse beaucoup mieux les malades qu'autrefois, ni que l'on soit parvenu à faire vivre les hommes plus longtemps. Que prouvent les faits que l'on nous oppose? Qu'en ce qui regarde les possédés ou *démoniaques*, il y a souvent eu de l'ignorance, de la crédulité, du dérangement, de l'imagination, quelquefois de l'imposture et de la fourberie; on en a vu des exemples dans tous les siècles, même dans le nôtre: tout récemment les exorcismes de Gasner ont fait du bruit, et il n'en est plus question. Mais, quand ces exemples seraient en plus grand nombre, on aurait encore tort d'en conclure en général que jamais il n'y eut rien de réel en ce genre, et que tous ceux qui ont attesté le contraire étaient dans l'erreur. La saine logique ne permet point de tirer une conclusion générale d'un certain nombre de faits particuliers; il s'ensuit seulement que, dans cette matière, il faut juger avec beaucoup de circonspection, et n'y supposer du surnaturel qu'après un examen très-réfléchi; nous verrons, dans un moment, qu'il y a des signes indubitables d'une vraie possession.

Il reste encore quelques objections à résoudre. Il est impossible, disent nos adversaires, que, sans miracle, le démon suspende les fonctions de l'âme d'un possédé, et qu'il soit l'auteur de ses opérations: or, si l'on accorde au démon un pouvoir miraculeux, la preuve que l'on tire des miracles devient absolument nulle. D'un côté, si le démon avait naturellement le pouvoir de s'emparer des corps, il remplirait le monde de possédés et de possessions; de l'autre, si Dieu voulait le lui permettre, il ne le ferait sans doute qu'à l'égard de quelques impies pour les punir: or nous voyons que cette maladie est arrivée à des personnes très-innocentes. Enfin, quand l'efficacité des exorcismes de l'Eglise serait incontestable, elle ne prouverait encore rien, puisqu'il y a eu des exorcistes dans toutes les religions, vraies ou fausses: il y en avait chez les Juifs, l'Evangile atteste qu'ils réussissaient, qu'ils chassaient véritablement les démons, et Jésus-Christ ne voulait pas qu'on les en empêchât, lorsqu'ils le faisaient en son nom (*Matth.* xii, 27; *Marc.* ix, 37; *Act.* xix, 13).
— Nous répondons qu'il n'est pas nécessaire que le démon agisse sur l'âme d'un possédé pour être cause de ses opérations: il suffit qu'il dérange l'organisation du corps; Clarke, Locke, Mallebranche et d'autres philosophes, ont fait voir que cela est très-possible. Que ce pouvoir soit naturel ou surnaturel, peu importe, dès que le démon ne peut l'exercer sans une permission de Dieu: or Dieu peut le permettre non-seulement pour punir des pécheurs, mais pour éprouver des justes, et c'est ainsi qu'il le permit à l'égard de Job et de Sara, fille de Raguel, dont l'Ecriture atteste la vertu. Que des exorcistes juifs, convaincus de la puissance de Jésus-Christ, aient chassé les démons en son nom, et que le Sauveur ne l'ait pas trouvé mauvais, cela n'est pas étonnant; mais il n'y a aucune preuve qu'ils aient réussi autrement: on peut encore moins prouver qu'il y a eu des exorcismes efficaces dans les religions fausses, à l'égard de gens véritablement possédés.

Supposons, pour un moment, que les exorcismes de l'Eglise n'ont point d'autre vertu que de calmer l'imagination de ceux qui se croient possédés, c'est encore une injustice d'en blâmer l'usage: nos adversaires eux-mêmes supposent que Jésus-Christ et les apôtres les ont employés par ce seul motif; comment peuvent-ils faire un crime à l'Eglise de suivre cet exemple? l'Eglise n'a pas le pouvoir de faire des miracles et de guérir les maladies comme Jésus-Christ et les apôtres; elle a donc une raison de plus de recourir aux prières. Parmi les pauvres et les ignorants des campagnes, les Esculapes ne sont pas fort communs; l'Eglise est donc louable d'accorder aux malheureux, par charité, le seul secours qui soit en son pouvoir.

De l'aveu des physiciens et des naturalistes les plus habiles, une possession est indubitable lorsque l'on y voit quelques-uns des signes suivants: 1° lorsque les possédés ou obsédés demeurent suspendus en l'air pendant un temps considérable, sans que l'art puisse y avoir aucune part; 2° lorsqu'ils parlent différentes langues sans les avoir apprises, et répondent juste aux questions qu'on leur fait dans ces langues; 3° lorsqu'ils révèlent ce qui se passe actuellement dans des lieux éloignés, sans que l'on puisse attribuer cette connaissance au hasard; 4° lorsqu'ils découvrent des choses cachées qui ne peuvent être naturellement connues, comme les pensées, les désirs, les sentiments intérieurs de certaines personnes. Lorsqu'une prétendue possession n'est accompagnée d'aucun de ces caractères, il est très-permis de la regarder comme fausse.

Voyez les *Lettres de M. de Saint-André sur les possédés*, les *Lettres théologiques de D. la Taste aux défenseurs des convulsions*, la *Dissertation de D. Calmet sur les obsessions et les possessions du démon*, *Bible d'Avignon*, tom. XIII, p. 293.

Entre les divers *démoniaques* dont l'Evangile rapporte la guérison, celui de Gadara ou Gérasa, dont il est parlé, *Matth.* VIII, 28 ; *Marc.* V, 1 ; *Luc.* VIII, 26, a prêté le plus à la critique des incrédules. Les uns ont voulu en faire disparaître le merveilleux, les autres y ont trouvé du ridicule et de l'injustice. Saint Marc et saint Luc ne parlent que d'un seul possédé ; saint Matthieu suppose qu'il y en avait deux ; mais saint Marc et saint Luc n'ont fait mention que du plus remarquable, avec lequel Jésus-Christ conversa, et ils n'ont rien dit de l'autre ; ce n'est pas là une contradiction. Ils disent que ce furieux brisait les chaînes dont on le garrottait, ne voulait souffrir aucun vêtement, se retirait dans les lieux déserts et les tombeaux, hurlait et se frappait à coups de pierre ; qu'il maltraitait ceux qu'il rencontrait, et répandait la terreur aux environs : l'on sait que les Juifs enterraient souvent les morts dans les cavernes des montagnes. En voyant Jésus-Christ, le possédé s'écria : Jésus, Fils du Dieu très-haut, qu'y a-t-il entre vous et moi ? ne me tourmentez pas. Jésus demanda au démon : Quel est ton nom ? Je me nomme *Légion*, répondit l'esprit impur, parce que nous sommes ici en grand nombre, ne nous envoyez pas dans l'abîme, laissez-nous entrer dans ce troupeau de pourceaux qui paît dans la campagne. Jésus le permit, et sur-le-champ ces animaux, au nombre de près de deux mille, allèrent se précipiter dans le lac de Génésareth. Les Géraséniens, effrayés de ce prodige, prièrent Jésus de se retirer de cette contrée.

Cet homme, disent nos critiques, était un insensé qui se croyait possédé d'une légion de démons ; Jésus, par condescendance, lui parle sur le même ton, et lui accorde ce qu'il demande. Les gardiens des pourceaux, effrayés à la vue du *démoniaque*, se sauvent ; les pourceaux épouvantés de ce mouvement, s'enfuient d'un autre côté, et vont se précipiter ; le *démoniaque* imaginaire se trouve guéri de sa folie ; il n'y a point là de miracle. Mais de quel droit Jésus fait-il périr près de deux mille pourceaux qui ne lui appartenaient pas ? — *Réponse*. Nous avons déjà remarqué que si la possession n'avait pas été réelle, la prétendue condescendance de Jésus-Christ aurait autorisé une erreur très-grave, et que cette conduite ne convenait pas au Sauveur du monde, qui n'avait pas besoin de feintes pour opérer des miracles ; il est d'ailleurs impossible qu'une frénésie naturelle ait donné à un homme assez de force pour briser des chaînes, et un simple mouvement de frayeur n'engage point un troupeau de deux mille animaux à se précipiter. Tout ce prétendu naturalisme est absurde. — Il ne faut pas oublier que Gadara ou Gérasa était dans la Décapole, pays qui avait fait autrefois partie du royaume de Basan, célèbre par ses forêts de chêne, propre par conséquent à nourrir des pourceaux, et qui était habité par des Juifs et par des païens. Comme les pourceaux étaient les victimes les plus ordinaires dans les sacrifices du paganisme, il était défendu aux Juifs non-seulement d'en manger, mais d'en nourrir et d'en faire commerce. Si le troupeau dont il est ici question appartenait à des Juifs, ils étaient transgresseurs de la loi ; Jésus-Christ, en qualité de prophète et de Messie, avait droit de les punir ; s'il appartenait à des païens, le Sauveur, en exerçant un empire absolu sur les démons, démontrait l'absurdité et l'impiété du culte qu'on leur rendait ; cette leçon frappante devait en désabuser les Géraséniens ; il n'y a donc ni ridicule, ni injustice. Comme ce miracle confond tout à la fois les Juifs sadducéens et les matérialistes, qui n'ont jamais cru aux esprits, les païens qui les adoraient, les philosophes incrédules qui nient la réalité des possessions ; il n'est pas étonnant qu'ils soient blessés et déconcertés par cette narration de l'Evangile.

DÉMONSTRATION. Ce terme est souvent pris par les théologiens dans un sens différent de celui que lui donnent les philosophes. Ceux-ci entendent par *démontrer*, faire voir la vérité d'une proposition par la notion claire des termes dont elle est composée : ainsi ils démontrent *que le tout est plus grand que sa partie*, *que les trois angles d'un triangle sont égaux à deux droits* : alors l'évidence de la proposition est *intrinsèque*, tirée de la nature même de la chose, ou de la signification des termes qui l'énoncent.

Les théologiens soutiennent qu'une proposition, qui est obscure en elle-même, peut être démontrée par des témoignages auxquels il nous est impossible de ne pas acquiescer. Ainsi ils disent que l'existence des couleurs, d'un miroir, d'une perspective, est démontrée aux aveugles-nés, quoique ces objets soient incompréhensibles pour eux, parce qu'il y aurait autant d'absurdité, de leur part, de nier cette existence qui leur est prouvée par le témoignage de ceux qui ont des yeux, qu'il y en aurait à nier une proposition démontrée en elle-même. Mais cette espèce d'évidence ou de certitude invincible, qui résulte du témoignage, est une évidence extrinsèque et non tirée de la nature de la chose. — Dans le même sens, nous disons que la vérité des dogmes de notre religion nous est démontrée par la certitude des preuves de la révélation, ou par le témoignage de Dieu même ; qu'il y aurait de notre part autant d'absurdité à les nier ou à les révoquer en doute, qu'à douter des propositions desquelles nous avons une *démonstration* rigoureuse ou une évidence intrinsèque.

A l'exception des vérités de géométrie, de calcul et de quelques principes métaphysiques, toutes les autres vérités ne nous sont démontrées que par des preuves extrinsèques. Nous sommes évidemment convaincus, par le sentiment intérieur, que notre âme remue notre corps, quoique nous ne concevions pas quelle liaison il peut y avoir entre une volonté et un mouvement. Nous sommes certains qu'un corps mû communique le mouvement à un autre, quoique nous n'apercevions pas pourquoi cela se fait, ni la liaison qu'il y a entre le mouvement de l'un et celui de l'autre; ce phénomène nous est évident par le témoignage de nos sens. Nous sommes invinciblement persuadés de la réalité de plusieurs phénomènes physiques que nous n'avons jamais vus, dont nous ne concevons pas la cause ni le mécanisme; nous les croyons sur le témoignage irrécusable de ceux qui les ont constatés par l'expérience.

Rien n'est donc plus absurde que de prétendre, comme font certains incrédules, qu'à l'exception des vérités démontrées en rigueur par une évidence intrinsèque, il n'y a rien de certain, d'absolument incontestable, dont il ne soit permis de douter. — Nos droits, nos possessions, notre état, nos devoirs civils et moraux, ne sont fondés que sur des *démonstrations* morales, sur des preuves de fait, qui ne sont point susceptibles d'une évidence métaphysique. Nous ne laissons pas d'en être invinciblement persuadés; inutilement les philosophes entreprendraient d'ébranler cette certitude par leurs sophismes. Eux-mêmes y donnent leur confiance comme le reste des hommes; pourquoi exigent-ils une plus grande certitude pour les vérités de la religion ? Le commun des hommes n'est pas fait pour argumenter, mais pour agir. Les philosophes les plus entêtés sont convenus que, s'il fallait toujours nous conduire par des raisonnements, le genre humain périrait bientôt, et que la société ne pourrait subsister. *Voy.* ÉVIDENCE.

* DENDERAH, ancienne ville d'Égypte. — Pendant l'expédition de Bonaparte, les savants qui le suivaient découvrirent dans un temple de cette ville deux zodiaques accompagnés d'un grand nombre de signes hiéroglyphiques. Se persuadant qu'ils représentaient l'état du ciel au moment où ils furent faits, ils en conclurent qu'ils remontaient à une antiquité beaucoup plus grande que celle donnée au monde par Moïse; mais il a été constaté que le temple qui contenait les zodiaques a été bâti sous Tibère. Ainsi s'est écroulé l'échafaudage des impies. Nous donnerons de plus amples développements sur ce point au mot ZODIAQUES.

DENIS (saint) l'Aréopagite. Il est dit dans les *Actes des apôtres*, c. XVII, v. 34, que saint Paul, prêchant dans la ville d'Athènes, convertit *Denis* l'Aréopagite et quelques autres personnes. Eusèbe (*Hist. ecclés.*, l. III, c. 4, et l. IV, c. 23) nous apprend que ce disciple de l'apôtre fut fait évêque d'Athènes, et c'est une opinion constante qu'il souffrit le martyre. Pendant longtemps on l'a confondu avec saint Denis, premier évêque de Paris, et plusieurs auteurs ont soutenu que c'était le même personnage; mais on convient aujourd'hui que ce sont deux hommes qui n'ont pas vécu dans le même temps, que l'un est mort sur la fin du 1er siècle, l'autre vers le milieu du III°.

Il n'est pas moins certain que les ouvrages qui portent le nom de *saint Denis* l'Aréopagite ne sont pas du saint évêque d'Athènes, mais on ignore quel en est le véritable auteur; les critiques mêmes ne sont pas d'accord sur le temps précis auquel ils ont commencé à paraître : les uns pensent qu'ils ont été composés avant la fin du IVe siècle; d'autres, au commencement du Ve; quelques-uns soutiennent qu'ils sont seulement du VIe. Le premier écrit authentique où il en soit fait mention est la conférence qui se tint, l'an 532, dans le palais de l'empereur Justinien, entre les catholiques et les sévériens; ceux-ci les citèrent en leur faveur, les catholiques en soutinrent l'orthodoxie, et depuis ce temps-là plusieurs Pères de l'Église en ont allégué l'autorité. La Croze avait prétendu prouver que Synésius, évêque de Ptolémaïde, était l'auteur de ces ouvrages. Brucker (*Hist. de la philos.*, tom. III, pag. 507) a réfuté cette opinion; il pense que c'est la production d'un philosophe de l'école d'Alexandrie, postérieur à Synésius.

Ces ouvrages ne furent connus en Occident qu'au IXe siècle. L'an 824, Michel le Bègue, empereur grec, en envoya une copie à Louis le Débonnaire, qui les fit traduire en latin, et ils sont devenus célèbres dans l'Église latine depuis ce temps-là, parce que l'on crut, par erreur, qu'ils avaient été réellement composés par le disciple de saint Paul, et que c'était le même que le premier évêque de Paris. La dernière et la meilleure édition qui en ait été faite, est celle de Paris, de l'an 1634, en deux volumes *in-folio*, en grec et en latin. Ils renferment quatre traités, l'un *de la Hiérarchie céleste*, l'autre *des Noms divins*; le troisième, *de la Hiérarchie ecclésiastique*; le quatrième, *de la Théologie mystique*, et dix lettres écrites à différentes personnes. Celui *de la Hiérarchie ecclésiastique* est le plus utile, parce que l'auteur y rend compte des rites et des cérémonies qui étaient en usage de son temps, et l'on y voit que le secret des mystères était encore observé pour lors. C'est pour cela même que ce livre déplaît aux protestants. — Mais celui qui leur a donné le plus d'humeur est le *Traité de la Théologie mystique*; ils en ont dit tout le mal qu'ils ont pu. Si nous voulons les croire, l'auteur est un platonicien fanatique, qui a introduit dans la théologie chrétienne l'inintelligible jargon du platonisme; qui, au lieu de la religion raisonnable de l'Évangile, a fait adopter, par les imaginations vives et les esprits mélancoliques, une dévotion chimérique, qui leur a persuadé que le meilleur moyen d'élever l'âme à Dieu est d'exténuer le corps par les jeûnes, les veilles, les prières et les macérations, et que la perfection chrétienne consiste dans une oisive contemplation doctrine absurde, disent-ils, qui a défiguré le christianisme et a produit des abus infinis dans l'Église. Pour nous, il nous semble que cette déclamation tient un peu du fanatisme que l'on reproche au prétendu aréopagite. C'est ainsi cependant qu'en parlent Brucker, Mosheim et son traducteur. Du moins il ne fallait pas ajouter que la confusion de *saint Denis* de Paris avec l'aréopagite a fait une impression si durable sur l'esprit des Français, qu'on n'a jamais pu les en désabuser. Il est constant que personne n'a écrit contre cette opinion avec plus de force que les Français, et qu'il n'y a plus personne en France qui s'avise de la soutenir. Tillemont, t. IV, p. 710. — C'est une autre injustice, de la part de ce traducteur, d'ajouter de son chef que le moine Hilduin a inventé cette fable avec une hardiesse sans égale. Hilduin a pu se tromper sans avoir aucun dessein de tromper les autres; la seule ressemblance du nom a suffi pour faire confondre deux personnages très-distingués; l'ignorance et le défaut de critique ne sont pas des preuves de mauvaise foi. Quand Hilduin serait le premier qui a écrit cette fable il ne s'ensuivrait pas qu'il en est l'auteur.

DÉNOMBREMENT. A l'occasion de ce terme nous avons deux faits à éclaircir.

I. Il est dit, dans le second livre des Rois, c. XXIV, que David fit faire le *dénombrement* du peuple, et, en punition de cette faute, Dieu fit périr par la peste soixante-dix mille âmes. Etait-ce une faute de la part d'un roi, de vouloir savoir le nombre de ses sujets? Si c'en était une, pourquoi punir le peuple de la faute de son roi? — Remarquons 1° que, selon l'historien, la colère du Seigneur *continua* de s'irriter contre Israël, et qu'elle excita David à faire ce *dénombrement*. Si le Seigneur était déjà irrité, il fallait que le peuple fût coupable, quoique l'auteur sacré ne nous apprenne point quelle était sa faute; il ne fut donc pas puni de la faute de son roi, mais de la sienne. — 2° Selon le texte hébreu et selon la version des Septante, David ne vint pas à bout de faire dénombrer les jeunes gens au-dessous de vingt ans (*I Paral.* XXVII, 22). Son intention avait donc été de les faire comprendre dans le *dénombrement*, et l'ordre qu'il avait donné n'exceptait personne. Or Dieu avait défendu de comprendre dans les *dénombrements* les jeunes gens au-dessous de vingt ans (*Exod.* XXX, 14). David semblait se défier de la promesse que Dieu avait faite de multiplier la race d'Israël comme les étoiles du ciel (*I Paral.* XVII, 22). Voilà pourquoi Joab représenta que le Seigneur serait irrité de ce *dénombrement* (*Ibid.* XI, 3). David s'obstina et voulut que ses ordres fussent exécutés. — 3° Le savant Michaëlis, dans une dissertation sur le *dénombrement* des Hébreux, prouve, par l'énergie du texte original, et par la comparaison de divers passages, que le dessein de David n'était pas seulement de faire dénombrer ses sujets, mais de les faire enrôler, soit pour porter les armes, soit pour leur imposer des corvées; que c'est pour cela qu'il en donna la commission à Joab, son général d'armée, et non à un officier civil. Cet ordre était un acte de despotisme qui devait paraître très-dur au peuple, et déplaire à Dieu. — 4° Si la Vulgate semble dire que la colère de Dieu excita David à commettre cette faute, elle rectifie l'expression ailleurs, et dit que ce fut un *mauvais esprit* qui excita David à *dénombrer* le peuple (*I Paral.* XXI, 1).

II. Il est dit, dans saint Luc, c. II, v. 1, qu'Auguste ordonna de faire le *dénombrement* de tout l'empire; que ce premier *dénombrement* fut fait par Cyrinus, ou Quirinus, président de Syrie, et que Jésus vint au monde à cette occasion. — Les censeurs de l'Evangile objectent que les historiens d'Auguste ne font aucune mention de ce *dénombrement* général; que, s'il y en eut deux dans la Judée, Jésus-Christ n'est point né à l'occasion du premier, mais du second; que Cyrinus n'a été président ou gouverneur de Syrie que plus de dix ans après le premier *dénombrement*. — Il faut observer que le texte de saint Luc peut se traduire à la lettre : *ce dénombrement fut fait premier que*, ou *avant que Cyrinus fût gouverneur de Syrie*; Herwart, le cardinal Noris, le P. Pagi, le P. Alexandre, ont fait cette observation, et l'on peut citer vingt exemples de la même expression; alors le texte ne donne aucune prise à la censure. — L'empereur Julien fait mention du *dénombrement* dont parle saint Luc, il ne le révoque point en doute. Saint Justin le cite à l'empereur Antonin, saint Clément d'Alexandrie le suppose certain; Tertullien dit qu'il est dans les archives de Rome; Eusèbe le rappelle dans son histoire, et Cassiodore dans ses lettres; Suidas en parle au mot ἀπογραφή. Ce fait est donc incontestable. Saint Luc en cite deux, l'un dans son Evangile, l'autre dans les Actes; Josèphe ne parle que du second, fait par Cyrinus, et qui excita une sédition. Il ne faut pas s'étonner de ce que saint Luc parle d'un *dénombrement de toute la terre*; cette expression signifie seulement tout le pays ou toute la Judée. Saint Luc l'emploie dans ce sens, non-seulement dans son Evangile, chap. IV, v. 25; c. XXIII, v. 44, mais encore dans les Actes, c. XI, v. 28. Le cens, imposé aux Juifs par les Romains, se payait par tête, et Jésus-Christ le paya lui même (*Matth.* XVII, 23). Il confondit les Juifs, qui lui firent à ce sujet une question captieuse (*Matth.* XXII, 17). Il avait donc fallu un *dénombrement* pour l'établir. C'est un trait d'opiniâtreté de la part des incrédules de vouloir le contester. Prideaux (*Hist. des Juifs*, l. XVII, tom. II, pag. 250) le prouve par des monuments irrécusables.

DÉPÔT DE LA FOI. Saint Paul écrit à Timothée : *Conservez avec foi et charité en Jésus-Christ les vérités que vous avez reçues de moi, gardez ce* DÉPÔT *par le Saint-Esprit qui habite en vous... Ce que vous avez appris de moi devant plusieurs témoins, confiez-le à des hommes fidèles et capables d'enseigner les autres* (*II Tim.* I, 13; II, 2). Vincent de Lérins dit à ce sujet : « Qu'est-ce qu'un *dépôt*? C'est ce qui vous a été confié et non ce que vous avez inventé; vous l'avez reçu et non imaginé. Ce n'est point le fruit de vos réflexions, mais des leçons d'autrui ; ni votre opinion particulière, mais la croyance publique. Il a commencé avant vous et il vous est parvenu ; vous en êtes non l'auteur, mais le gardien ; non l'instituteur, mais le sectateur ; vous ne montrez aux autres le chemin qu'en le suivant vous-même. » *Quid est depositum ? Id est quod tibi creditum est, non quod a te inventum ; quod accepisti, non quod excogitasti ; rem non ingenii, sed doctrinæ ; non usurpationis privatæ, sed publicæ traditionis ; rem ad te productam, non a te prolatam ; in qua non auctor debes esse, sed custos ; non institutor, sed sectator ; non ducens, sed sequens* (Commonit., n° 22). Les apôtres disent aux Juifs : *Nous ne pouvons nous dispenser de publier ce que nous avons vu et entendu* (Act. I, 22). *Nous vous annonçons et nous vous attestons ce que nous avons vu et entendu* (I Joan. I, 1). Telle est la mission et la fonction des pasteurs de l'Eglise, d'enseigner aux autres ce qu'ils ont eux-mêmes reçu par tradition.

Ceux qui ont voulu rendre cet enseignement odieux ont donc eu tort de dire que les pasteurs sont les arbitres de la foi des fidèles, puisqu'ils sont assujettis eux-mêmes à la tradition et sont chargés de la perpétuer. Si quelques-uns entreprenaient de la changer, les fidèles, dont plusieurs sont plus âgés que leurs pasteurs, et ont été instruits par des leçons plus anciennes, seraient en droit de réclamer contre la doctrine nouvelle, et d'en appeler à la croyance universelle de l'Eglise. — En effet, lorsqu'une doctrine est révélée de Dieu, ce n'est point aux hommes de la changer, d'y déroger, de l'entendre comme il leur plaît ; la révélation serait inutile, si elle n'était pas transmise dans toute sa pureté par une tradition sûre et inaltérable. Les livres de l'Ecriture ne suffiraient pas, parce que le laps des siècles, le changement des langues et des mœurs, la succession des opinions philosophiques, l'animosité des disputes, répandent nécessairement de l'obscurité sur les textes les plus clairs.

Pour conserver le *dépôt de la foi* dans toute son intégrité, l'Eglise catholique réunit trois moyens qui se tiennent et s'appuient l'un l'autre : le texte de l'Ecriture, l'enseignement uniforme des pasteurs, le sens du culte pratiqué sous les yeux des fidèles. Celui-ci est un langage très-énergique, entendu par les plus ignorants. Lorsque ces trois signes sont d'accord, il y aurait de la démence à soutenir qu'ils ne nous donnent pas une certitude plus entière que le texte de l'Ecriture seul. Lorsque ce dernier a besoin d'explication, et que le sens en est contesté, c'est aux deux autres signes qu'il faut recourir pour terminer la dispute.

Quand la divinité de Jésus-Christ ne serait exprimée dans l'Ecriture sainte que par des textes équivoques, comme le prétendent les sociniens, la croyance constante des Pères, les signes du culte suprême ou de l'adoration rendue à Jésus-Christ, les prières et les cantiques de l'Eglise, suffiraient pour rendre le sens de l'Ecriture indubitable. Socin lui-même est convenu que, s'il fallait consulter la tradition, le triomphe des catholiques était assuré. Ce que nous disons de la divinité de Jésus-Christ est applicable à chacun de nos dogmes en particulier. *Voy.* DOCTRINE CHRÉTIENNE.

DÉPRÉCATIF, se dit de la manière d'administrer un sacrement en forme de prière.

Chez les Grecs, la forme de l'absolution est déprécative, et conçue en ces termes : *Seigneur Jésus-Christ, remettez, oubliez, pardonnez les péchés*, etc. Dans l'Eglise latine, et dans quelques-unes des sectes réformées, on dit en forme indicative : *Je vous absous*, etc. — Ce n'est qu'au commencement du XII siècle que l'on commença de joindre la forme indicative à la forme déprécative dans le sacrement de pénitence, et c'est au XIII° que la forme indicative seule eut lieu dans tout l'Occident. Jusqu'à la première de ces époques on avait toujours employé la forme déprécative, comme le prouve le P. Morin, liv. VIII *de Pœnit.*, c. 8 et 9. — On aurait cependant tort de faire à l'Eglise latine un crime de ce changement ; elle y a été forcée par différentes sectes d'hérétiques qui lui contestaient le pouvoir de remettre les péchés, et qui regardaient l'absolution comme une simple prière. Puisque Jésus-Christ dit à ses apôtres : Les péchés seront remis à ceux auxquels vous les remettrez, il n'y a pas plus d'inconvénient à dire à un pénitent, *Je vous absous*, qu'à un catéchumène, *Je vous baptise ;* cette forme indicative paraît même plus conforme à l'énergie de la promesse de Jésus-Christ. — Bingham n'a pas pu en disconvenir, quoiqu'il soutienne, comme les autres protestants, que l'absolution du prêtre est seulement déclarative, qu'elle n'a point d'autre force ni d'autre effet que d'annoncer au pénitent que Dieu lui remet ses péchés. Mais Jésus-Christ n'a pas dit : Lorsque vous déclarerez que les péchés seront remis, ils le seront en effet ; il a dit : Lorsque vous les remettrez. La simple commission de déclarer ou d'annoncer une rémission ne suppose aucun pouvoir, la fonction de l'accorder est fort différente. Bingham convient que celui qui a juridiction peut dire avec vérité, *je vous absous*, à un homme duquel il lève l'excommunication, et c'est alors un acte judiciaire ; pourquoi n'en est-ce pas un lorsqu'il l'absout de ses péchés ? Jésus-Christ a donné à ses apôtres la qualité de *Juges* (Matth. XIX, 28). Bingham, *Orig. ecclés.*, liv. XIX, 2, § 6. *Voy.* ABSOLUTION.

* DESCARTES. Descartes a opéré une grande révolution dans la philosophie. Avant lui on se livrait peut-être trop à l'idéal ; mais croit-on qu'il ait résolu le grand et redoutable problème du principe des connaissances humaines ou de la certitude ? Pense-t-on qu'il ait autant servi la religion que certains prôneurs ont osé l'avancer ? Nous avons répondu à ces diverses questions en jugeant Descartes dans notre *Histoire de la Théologie*. Nous nous contentons d'y renvoyer. *Voy.* le *Dictionnaire de Théologie morale*, tom II, *circa finem*.

DÉSERT. Plusieurs incrédules ont demandé pourquoi Dieu avait retenu pendant quarante ans les Israélites dans le *désert*: Dieu, disent-ils, avait promis qu'au bout de quatre cents ans, à compter depuis la naissance d'Isaac, la postérité d'Abraham serait mise en possession de la terre de Chanaan; mais au moment qu'ils se disposaient à y entrer, ils sont battus par les Amalécites, et forcés d'errer dans le *désert* pendant quarante ans. Voilà donc au moins un très-long retard à l'accomplissement de la promesse divine. — Mais Dieu déclare formellement qu'il met ce retard pour punir les Israélites de leurs murmures (*Num.* xiv, 22 et suiv.). Il était d'ailleurs nécessaire de guérir ce peuple des mauvaises habitudes qu'il avait contractées en Egypte, surtout de l'esprit séditieux et du penchant à l'idolâtrie; il fallait une nouvelle génération élevée et formée par les lois de Moïse. Quarante ans de miracles, pour faire ainsi subsister cette nation, auraient dû sans doute l'attacher pour jamais à Dieu et à ses lois.

La promesse de Dieu est mal rendue par les censeurs de l'histoire sainte. Dieu promet à Abraham, dans la Palestine, qu'il aura un fils et une postérité nombreuse, que ses descendants seront voyageurs et habitants d'un pays qui ne leur appartiendra pas, pendant quatre cents ans; qu'ils seront réduits en servitude, mais que Dieu punira leurs oppresseurs; qu'ils seront mis en liberté avec des richesses considérables; qu'à la quatrième génération, ou plutôt au quatrième âge, ils reviendront dans la Palestine (*Gen.* xv, 13 et 16). En quel temps doit-on commencer les *voyages de la postérité d'Abraham?* Sans doute à la mort de ce patriarche. Or, depuis la mort d'Abraham, 1821 ans avant Jésus-Christ, jusqu'à la conquête de la Palestine, en 451, il n'y a que 370 ans. Il est donc exactement vrai que les descendants d'Abraham sont rentrés dans la Palestine pendant la durée du quatrième âge ou du quatrième siècle de leurs voyages. S'il y a des commentateurs qui calculent autrement, cela ne nous fait rien; nous nous en tenons à la lettre du texte. Mais il est faux que les Amalécites aient battu les Israélites; il est dit seulement qu'ils tuèrent les traîneurs, et ceux que la fatigue empêchait de suivre leur troupe; qu'ils furent mis en fuite par Josué et passés au fil de l'épée (*Exod.* xvii, 13; *Deut.* xxv, 18).

Il n'est pas étonnant que le séjour des Israélites dans le *désert* pendant quarante ans donne de l'humeur aux incrédules; ils sentent bien qu'une nation, composée de plus de six cent mille hommes en état de porter les armes (*Num.* ii, 32), n'a pas pu subsister dans un *désert* stérile autrement que par miracle; et un miracle de quarante ans est un peu difficile à expliquer. Mais si l'on veut se donner la peine de jeter un coup d'œil sur les tours, les retours et les campements que les Israélites ont faits dans ce *désert*, on verra évidemment que l'histoire n'en a pu être faite que par un témoin oculaire.

Quant à la tentation de Jésus-Christ dans le *désert*, voy. TENTATION.

DÉSESPOIR DU SALUT. Il n'arrive que trop souvent à des personnes timides, scrupuleuses, mal instruites, de désespérer de leur salut, de se persuader qu'elles seront infailliblement damnées. C'est la plus triste situation dans laquelle puisse se trouver une âme chrétienne. Ce malheur arriverait peut-être moins fréquemment, si les écrivains ascétiques et les prédicateurs étaient plus circonspects, et s'exprimaient dans toute l'exactitude théologique, lorsqu'ils parlent de la justice de Dieu, de la prédestination, du nombre des élus, de l'impénitence finale, etc. — Mais quelques livres de piété ont été faits avec plus de zèle que de prudence, par des hommes qui n'étaient rien moins que théologiens. Tout chrétien, médiocrement instruit, doit savoir que le *désespoir du salut* est injurieux à Dieu et à sa bonté, à la rédemption et aux mérites de Jésus-Christ, à la sainteté de la religion chrétienne; qu'il vient ou de faiblesse d'esprit, ou d'un fond de mélancolie naturelle, ou des opinions de quelques docteurs atrabilaires. Les leçons des apôtres et des anciens Pères de l'Eglise ne tendent qu'à nous inspirer la confiance, la reconnaissance envers Dieu, l'espérance et le courage. C'est une fausse sagesse de prétendre mieux instruire qu'eux, et de s'imaginer que dans le siècle même le plus pervers l'on fera plus de bien par la terreur qu'on n'en ont fait par des vérités consolantes.

Selon le langage des livres saints, Dieu nous a créés, non par haine, mais par bonté (*Sap.* xi, 25); non dans le dessein de nous perdre, mais dans la volonté de nous sauver (*I Tim.* i, 4.) Par ces bienfaits, il démontre qu'il nous aime; il veut que nous l'appelions *notre Père*: nous refusera-t-il des grâces, après nous avoir ordonné de lui en demander? En nous donnant son Fils unique, ne nous a-t-il pas donné tout avec lui (*Rom.* viii, 32)? Un don si précieux n'était pas nécessaire, s'il n'avait pas voulu sauver le monde entier (*I Joan.* ii, 2). — Celui qui me voit, dit ce divin Sauveur, voit mon Père; je suis en lui, et il est en moi; c'est lui-même qui agit par moi (*Joan.* xiv, 9); Dieu est donc tel qu'il a paru dans Jésus-Christ, bon, compatissant, miséricordieux, patient, charitable, indulgent pour les pécheurs, toujours prêt à les recevoir et à leur pardonner. Jamais il n'a dit à personne: Craignez et tremblez; mais, *ayez confiance, ne craignez point, venez à moi, je vous soulagerai et vous donnerai la paix*. Il attend la Samaritaine et la prévient, il appelle le publicain et veut manger chez lui, il pardonne à la pécheresse convertie et prend sa défense; il ne condamne point la femme adultère; mais il l'exhorte à ne plus pécher. Le pasteur qui court après la brebis égarée et la rapporte, le père qui reçoit le prodigue et l'embrasse: quels traits! quelles images!

La crainte sans espérance ne convertit personne : elle accable et décourage. Selon saint Paul, les païens se sont livrés au crime par *désespoir*. (*Ephes.* iv, 19). Ce n'est point à la crainte, mais à la confiance, qu'une grande récompense est réservée (*Hebr.* x, 35).

Quelques incrédules, après Calvin, ont osé dire que Jésus-Christ sur la croix a donné des marques de *désespoir*, parce qu'il a dit : *Mon Dieu, pourquoi m'avez-vous délaissé ?* Ces censeurs téméraires n'ont pas vu que ces paroles sont le premier verset du psaume 21, qui est une prophétie des souffrances du Messie. Jésus-Christ s'en est fait l'application sur la croix, pour montrer qu'il l'accomplissait à la lettre. C'est un nouveau trait de lumière qu'il faisait briller aux yeux des Juifs, mais auquel ils furent encore insensibles, dignes en cela de servir de modèle aux incrédules.

DÉSIR. Nos *désirs*, dit très-bien un auteur moderne, sont des prières que nous adressons aux objets qui semblent nous promettre le bonheur. Ainsi tout *désir* est un culte, et c'est le culte du cœur, par conséquent le principe de la religion naturelle. Ceux qui ne remontent point à la première cause de tous les biens ont autant de dieux qu'il y a d'êtres capables de leur procurer le bien-être ; dès que l'homme a des *désirs*, il sait se faire des divinités. Saint Paul a eu la même idée, lorsqu'il a dit que les hommes sensuels se font un dieu de leur ventre (*Philipp.* iii, 19), et que l'avarice est une idolâtrie (*Coloss.* iii, 5).

C'est avec raison que Dieu défend, dans sa loi, les *désirs* injustes et déréglés. Celui qui désire le bien d'autrui ne manquera pas de s'en emparer, s'il en trouve le moyen ; le seul *désir* réfléchi des voluptés sensuelles est condamnable, parce que celui qui s'y livre cherche dans ce *désir* même une partie de la satisfaction qu'il se promet dans la consommation du crime. *Je vous déclare*, dit le Sauveur, *que celui qui regarde une femme pour exciter en lui-même de mauvais* DÉSIRS, *a déjà commis l'adultère dans son cœur* (*Matth.* v, 28). — Il ne faut pas conclure de là que les *désirs*, même indélibérés, auxquels nous ne consentons point, sont des péchés. Saint Paul (*Rom.* vii, 7 et suiv.) donne le nom de *péché* à la concupiscence, à tout *désir* indélibéré du mal ; mais il est évident, par la suite même de ce chapitre, que, par *péché*, il entend un vice, un défaut, une imperfection, et non un crime punissable. Il appelle la concupiscence un *péché*, parce que c'est l'effet du *péché originel* avec lequel nous naissons, et qu'elle est la cause du *péché*, lorsque nous ne lui résistons pas. C'est la remarque de saint Augustin, lib. i *de Nupt. et Concup.*, c. 23, n. 25 ; lib. ii *contra Jul.*, c. 9, n. 52 ; *Op. imperf.*, lib. ii, c. 226, etc. Si dans d'autres endroits ce saint docteur semble envisager la concupiscence comme un *péché* imputable et punissable, il faut les rectifier par l'explication qu'il a donnée lui-même. On aurait tort de conclure de là que, selon saint Augustin, une action peut être un *péché* sans être libre, ou que, pour être libre, il n'est pas besoin d'être exempt de nécessité.

DESPOTISME, gouvernement d'un seul avec une autorité absolue et illimitée.

Les incrédules soutiennent, très-mal à propos, que le *despotisme* est né de la religion. Il est venu naturellement du pouvoir paternel, qui, dans les sociétés naissantes, n'est limité par aucune loi civile ; il n'est borné que par la loi naturelle, et celle-ci est nulle dans un homme sans religion. L'on a faussement imaginé que le *despotisme* était né du gouvernement théocratique ; les Romains, les Grecs, les Egyptiens, les Chinois, les Nègres, n'ont point connu ce gouvernement ; cependant le *despotisme* s'est établi chez eux, parce qu'une société naissante et encore mal policée, ne peut être gouvernée que par un pouvoir absolu. L'homme, une fois constitué en autorité, veut naturellement être seul maître, et écarter toute barrière capable de gêner son pouvoir ; il est donc impossible qu'il ne devienne despote, à moins que la religion ou la force ne mette un frein à sa puissance.

La religion primitive, loin d'autoriser le *despotisme* des pères, ou l'abus du pouvoir paternel, leur a enseigné que leurs enfants sont un fruit de la bénédiction de Dieu (*Gen.* i, 28 ; iv, 25) ; que tous les hommes sont enfants d'un même père, et doivent se respecter les uns les autres comme les images de Dieu, c. i, 27. L'Écriture représente les premiers hommes qui ont été puissants sur la terre, comme des impies qui ont abusé de leurs forces pour assujettir leurs semblables, c. vi, 4. Nous ne voyons point dans la conduite des patriarches les excès insensés que se permettent les despotes chez les nations infidèles. — Chez les Israélites, il y avait un code de lois très-complet, très-détaillé et très-sage ; les prêtres, les juges, les rois, ne pouvaient y déroger ; le gouvernement n'était donc livré ni au caprice ni des uns ni des autres. Le vrai *despotisme* n'a lieu que quand la volonté du souverain a, par elle-même, force de loi, comme on le voit à la Chine et ailleurs ; chez les Hébreux, au contraire, ce n'était pas l'homme qui devait régner, c'était la loi. Elle avait fixé les droits légitimes du roi comme ceux des particuliers, et les avait bornés (*Deut.* xvii, 16). Si Samuel annonce aux Israélites des abus et des vexations comme *les droits du roi* (*I Reg.* viii, 11), il est clair qu'il parle des droits illégitimes que s'attribuaient les souverains des autres nations, puisque la loi de Moïse, loin de les accorder au roi, les lui interdisait. Diodore de Sicile, très-instruit de la nature des gouvernements, dit que Moïse fit de sa nation *une république* (Traduction de *Terrasson*, t. VII, pag. 147) ; et c'est la première qui ait existé dans le monde.

Dira-t-on sérieusement, comme les incrédules, que le christianisme autorise le *despotisme*, parce qu'il commande aux peuples l'obéissance passive (*Rom.* xiii) ? S'il avait conseillé la révolte, ce serait le cas de déclamer. Mais ses dogmes, son culte, ses lois tendent à inspirer l'esprit de charité, de fraternité, de justice, d'égalité morale entre tous les hommes : comment tirera-t-on de là des leçons de *despotisme* pour les princes, et d'esclavage pour les peuples ? Le *despotisme* pur n'est établi chez aucune nation chrétienne, et il n'y a aucun peuple de l'univers qui ait un gouvernement aussi modéré que celui des peuples soumis à l'Evangile : contre un fait aussi éclatant, les spéculations et les raisonnements sont absurdes. Constantin, premier empereur chrétien, est aussi le premier qui, par ses propres lois, ait mis des bornes au *despotisme* établi par ses prédécesseurs (1).

Suivant nos politiques sans religion, le droit divin que les rois chrétiens prétendent leur appartenir, et l'obéissance passive illimitée que le clergé assure leur être due, tendent au même but, qui est de les rendre despotes et de légitimer la tyrannie ; mais y eut-il jamais un roi chrétien assez insensé pour entendre par *droit divin* le droit de violer les règles de la justice et d'enfreindre la loi naturelle ? Il n'est point de droit plus divin que le droit naturel, et jamais on ne pourra citer une loi divine positive, qui autorise les rois à le violer. Nous soutenons que le droit divin des rois n'est autre que le droit naturel, fondé sur l'intérêt général de la société, ou sur le bien commun qui est la loi suprême, et que les lois divines positives n'ont rien fait autre chose que le confirmer. *Voy.* AUTORITÉ, ROI, etc.

Quant à l'obéissance passive, il est faux que le clergé enseigne qu'elle doit être illimitée, puisqu'il décide qu'un sujet ne devrait pas obéir si le souverain commandait quelque chose de contraire à la loi de Dieu.

(1) L'Eglise ne s'inquiète pas de la forme des gouvernements : elle accepte la monarchie et la république, prêche à toutes les puissances des principes de justice et d'amour fraternel. Mais, loin d'être ennemie des intérêts des peuples, elle s'est toujours montrée sur la brèche pour les défendre. Nous avons vu de notre temps une école éminemment catholique enseigner que *le christianisme est la démocratie*. Sa formule est peut-être trop absolue ; elle renferme cependant un fond de vérité.

« Oui, le christianisme est la démocratie, dit M. Arnaud dans l'*Ere nouvelle*. Ai-je besoin de faire observer qu'il ne s'agit ici du christianisme que dans ses rapports avec la société temporelle ? L'Eglise vit et se perpétue jusqu'à la consommation des siècles, avec ses dogmes, ses préceptes, son organisation, sa hiérarchie, toujours elle-même, quels que soient les régimes politiques qu'elle rencontre dans sa marche..... Mais, tout en s'associant à tous les régimes, même aux régimes aristocratiques, elle dépose dans les mœurs des principes de liberté qui sont des germes de mort pour l'absolutisme ; et des principes d'égalité qui sont incompatibles avec toute idée d'aristocratie..... C'est donc une erreur de prétendre que le christianisme est indifférent aux régimes politiques. La vérité, c'est que le christianisme ne s'associe au régime aristocratique que pour le transformer par la vertu démocratique de son principe ; et qu'au contraire il s'unit à la démocratie pour la conserver et la féconder. »

Si on veut la limiter d'une autre manière, qui posera la borne où elle doit s'arrêter ?

Ce n'est pas le clergé qui a dicté à Hobbes les principes de *despotisme* qu'il a établis, qui lui a enseigné que la souveraineté, de quelque manière qu'elle soit acquise, est inamovible ; qu'elle n'est point fondée sur un contrat ; que le souverain ne peut faire à ses sujets aucune injure pour laquelle il doive en être privé ; qu'il ne peut commettre une injustice ; que c'est à lui seul de juger de ce qu'il doit ou ne doit pas faire, de la doctrine et des opinions qu'il doit bannir ou permettre, de l'extension ou des limites qu'il doit donner au droit de propriété, ou aux tribus qu'il peut exiger ; que sans lui ou contre lui la société n'a aucun droit, etc. (*Leviathan*, II° part., c. 18 et 20.) S'il a voulu fonder cette doctrine sur l'Ecriture sainte, le clergé n'est pas responsable de cet abus.

On peut accuser, à plus juste titre, les incrédules de travailler à inspirer le *despotisme* aux princes, soit en les affranchissant de toute crainte de Dieu et de tout respect pour le droit divin, soit en déclamant mal à propos contre l'autorité souveraine. Les principes séditieux qu'ils répandent dans leurs ouvrages sont un avertissement pour les rois de renforcer leur autorité, et de subjuguer par la crainte ceux qui ne sont plus soumis par la religion. — Comment peut-on tenir aucun compte de la doctrine de nos politiques incrédules, quand on en considère les contradictions ? D'un côté, ils accusent le clergé d'attribuer aux rois un droit divin illimité ; de l'autre, ils lui reprochent de mettre une barrière à l'autorité des rois, en disant qu'il faut obéir à Dieu plutôt qu'aux hommes. Lorsqu'ils veulent prouver qu'il faut tolérer de fausses religions dans le royaume, ils décident que le souverain n'a rien à voir à la croyance de ses sujets, ni aucun droit de gêner leur conscience ; que quand une fois la tolérance a été accordée à des mécréants, c'est un titre sacré auquel il ne peut plus toucher. — S'agit-il de détruire ou de restreindre l'autorité et les droits du clergé ? Autres principes : alors le souverain est le maître d'admettre dans ses états ou d'en exclure telle religion qu'il lui plaît ; les ministres d'une religion ne peuvent exercer aucun pouvoir quelconque sur les sujets que sous le bon plaisir du prince ; après quinze siècles de possession, ils peuvent encore être légitimement dépouillés de tous leurs privilèges, et gênés dans l'exercice des pouvoirs qu'ils ont reçus de Dieu. En un mot, à l'égard des fausses religions, le souverain a les mains liées ; à l'égard de la vraie, il est tout-puissant et despote absolu.

Il y a du moins un fait incontestable, c'est que jamais un prince n'a visé au *despotisme* sans commencer par avilir et par écraser le clergé.

DESSEIN. *Voy.* INTENTION.

DESTIN, DESTINÉE. Ce n'est point à

nous de réfuter les visions des stoïciens, des mahométans, des matérialistes, sur le *destin*; l'on comprend assez que cette doctrine ne peut subsister avec la notion d'une Providence divine qui gouverne le genre humain par un pouvoir absolu, mais avec douceur, bonté et sagesse, en laissant aux hommes toute la liberté dont ils ont besoin, pour que leurs actions soient imputables, dignes de récompense ou de châtiment. Par le *destin*, un chrétien ne peut entendre autre chose que les décrets de cette Providence paternelle; loin d'en avoir de l'inquiétude, il trouve sa consolation à se reposer sur elle, à lui abandonner le soin de son sort pour ce monde et pour l'autre: c'est à quoi Jésus-Christ nous exhorte dans l'Evangile (*Matth.*, VI, 25). Cette leçon est d'un meilleur usage que toutes les maximes de la philosophie. *Voy.* FATALISME.

Mais à quoi servirait de combattre le *destin*, si l'on s'obstinait à le ramener sur la scène sous le nom de *prédestination absolue*? Que notre sort éternel soit fixé par une nécessité à laquelle Dieu lui-même soit soumis, ou par des arrêts irrévocables de Dieu, auxquels nous n'avons pas le pouvoir de résister, cela est fort égal pour nous. Il vaudrait encore mieux, dit Epicure, vivre sous l'empire de la divinité la plus capricieuse, que dans les chaînes d'un *destin* inexorable; mais Dieu n'est ni capricieux, ni inexorable; il est bon, et il aime ses créatures. Lorsque Jésus-Christ nous recommande la tranquillité de l'esprit, il ne donne pas pour raison la puissance absolue du Dieu que nous servons, et l'impossibilité de résister à ses décrets, mais sa bonté paternelle: *Votre père céleste*, dit-il, *sait ce dont vous avez besoin*. Or nous présumons que Dieu ne sait pas moins ce qu'il nous faut pour l'autre vie que pour celle-ci, et qu'il n'est pas moins disposé à nous donner des secours pour l'une que pour l'autre.

DEUTÉRO-CANONIQUE; c'est le nom que donnent les théologiens à certains livres de l'Ecriture sainte, qui ont été mis dans le canon plus tard que les autres, soit parce qu'ils ont été écrits les derniers, soit parce qu'il y a eu d'abord des doutes sur leur authenticité.

Les Juifs distinguent dans leur canon des livres qui n'y ont été mis que fort tard. Ils disent que sous Esdras une grande assemblée de leurs docteurs, qu'ils nomment *la grande synagogue*, fit le recueil des livres hébreux de l'Ancien Testament tel qu'ils l'ont aujourd'hui, qu'elle y plaça les livres qui n'y étaient pas avant la captivité de Babylone, en particulier ceux de Daniel, d'Ezechiel, d'Aggée, d'Esdras et de Néhémie. Mais cette opinion des Juifs n'est appuyée sur aucune preuve solide. — L'Eglise chrétienne a placé dans son canon plusieurs livres qui ne sont point dans celui des Juifs, et qui n'ont pas pu y être selon leur système, puisque plusieurs n'ont été composés que depuis le prétendu canon fait sous Esdras; tels sont la Sagesse, l'Ecclésiastique, les Machabées. D'autres y ont été mis fort tard, parce que l'Eglise n'avait pas encore examiné, rassemblé et comparé les preuves de leur canonicité. Jusqu'alors il a été permis d'en douter; mais depuis qu'elle a prononcé, personne n'est plus en droit de les rejeter; les livres *deutéro-canoniques* ne sont pas moins sacrés que les *proto-canoniques*; le retard du jugement de l'Eglise ne le rend que plus respectable, puisqu'il n'a été porté qu'avec pleine connaissance de cause.

Nous ne voyons pas pourquoi l'on refuserait à l'Eglise chrétienne un privilége que l'on accorde à l'Eglise Juive; pourquoi est-elle moins capable que la synagogue de juger que tels livres sont inspirés, ou parole de Dieu, et que tels autres ne le sont pas? S'il y a un point de fait ou de doctrine nécessaire à l'enseignement de l'Eglise, c'est de savoir quels sont les livres qu'elle doit donner aux fidèles comme règle de leur croyance. — Nous ignorons sur quelle preuve les Juifs se sont fondés pour dresser leur canon, pour y admettre certains livres et en rejeter d'autres; si ce point a été décidé par une assemblée solennelle des docteurs juifs, ou s'il s'est établi insensiblement par une croyance commune; si cette opinion a été d'abord unanime, ou contestée par quelque docteurs, etc. Nous voyons seulement que les Juifs ont eu de la répugnance à recevoir, comme divins, les livres dont le texte hébreu ne subsistait plus, et dont il ne restait qu'une version, de même que ceux qui ont été d'abord écrits en grec. Mais cette prévention des Juifs en faveur de l'hébreu sent un peu trop le rabbinisme moderne; nous admirons la confiance avec laquelle les protestants l'ont adoptée; les Juifs ont pu savoir certainement qui était l'auteur de tel ou tel livre, mais nous ignorons sur quelle preuve et par quel motif ils ont jugé qu'Esdras, par exemple, était inspiré de Dieu plutôt que l'auteur du livre de la Sagesse; c'était néanmoins la première question à décider, avant de savoir si tel livre devait être mis dans le canon plutôt qu'un autre. — Pour nous, qui croyons la canonicité et l'inspiration des livres saints, non sur l'autorité ou le témoignage des Juifs, mais sur la parole de Jésus-Christ et des apôtres, que nous avons reçue par l'organe de l'Eglise, nous pensons que c'est à elle que nous devons nous en rapporter pour savoir avec certitude quels sont les livres sacrés de l'Ancien Testament, aussi bien que ceux du Nouveau. *Voy.* ECRITURE SAINTE.

Les livres que les Juifs n'admettent point dans leur canon de l'Ancien Testament, sont Tobie, Judith, les sept derniers chapitres d'Esther [depuis le verset 4, chap. X, jusqu'au v. 24, chap. XVI], la prophétie de Baruch, la Sagesse, l'Ecclésiastique, les deux livres des Machabées. — Les livres *deutéro-canoniques* du Nouveau Testament sont l'Epître aux Hébreux, celle de saint Jacques et de saint Jude, la seconde de saint Pierre, la seconde et la troisième de saint Jean, et l'Apocalypse. Les parties *deutéro-canoniques* de quelques livres sont, dans le prophète Daniel, le cantique des trois enfants, l'oraison d'Azarie, les histoires de Suzanne, de Bel et du Dragon ; dans saint Marc, le dernier chapitre ; dans saint Luc, la sueur de sang de Jésus-Christ, rapportée chap. XXII, v. 44 ; dans saint Jean, l'histoire de la femme adultère, chap. VIII, v. 1.

Parmi ces livres, les protestants ont trouvé bon d'en recevoir quelques-uns et de rejeter les autres ; les luthériens, les calvinistes et les anglicans ne sont pas entièrement d'accord sur ce point. Mais il y a une remarque essentielle à faire. Les critiques, même protestants, ont vanté avec raison l'antiquité et l'excellence de la version syriaque de l'Ancien et du Nouveau Testament ; elle a été faite, disent-ils, ou du temps des apôtres, ou immédiatement après, pour l'usage des Eglises de Syrie. Or cette version renferme les livres *deutéro-canoniques* admis par l'Eglise romaine. Ils étaient donc admis comme livres sacrés par les Eglises de Syrie, immédiatement après le temps des apôtres, et ils ont continué jusqu'à présent d'être regardés comme tels, soit par les Syriens maronites ou catholiques, soit par les Syriens jacobites ou eutychiens. Ils sont reçus de même par les chrétiens cophtes d'Egypte, par les Ethiopiens et par les nestoriens. Ces différentes sectes hérétiques n'ont pas emprunté cette croyance de l'Eglise romaine, de laquelle elles sont séparées depuis plus de douze cents ans. Donc l'Eglise romaine n'a pas été mal fondée à déclarer ces livres canoniques. (*Perpét. de la Foi*, tome V, l. VII, c. 7 ; Assémani, *Biblioth. Orient.*, tome III et IV, etc.) (1).

(1) « Les Juifs, dit M*gr* Gousset (*Théol. dogm.*, tom. I, pag. 137), admettent et ont toujours admis comme divins tous les livres proto-canoniques de l'Ancien Testament, qui se trouvent dans le canon d'Esdras, c'est-à-dire dans le canon qui a été formé par Esdras sous les auspices de la synagogue et des prophètes qui vivaient de son temps. Voici ce que dit Josèphe en parlant de ces livres : « On ne voit pas parmi nous un grand nombre de livres qui se contrarient ; nous n'en avons que vingt-deux, qui comprennent tout ce qui s'est passé, en ce qui nous regarde, depuis le commencement du monde ; et c'est avec fondement que nous les considérons comme divins..... On a toujours eu pour ces livres un tel respect, que personne n'a jamais été assez hardi pour entreprendre d'en ôter, d'y ajouter ou d'y changer la moindre chose. Nous faisons profession de les observer inviolablement, et de mourir avec joie, s'il en est besoin, pour les maintenir (*a*). »

(*a*) Apud nos nequaquam innumerabilis est librorum multitudo dissentium, atque inter se pugnantium ; sed duo duntaxat et viginti libri, totius praeteriti temporis historiam complectentes, qui merito creduntur divini : ex his quinque quidem sunt Moysis, qui et leges continent, et seriem rerum gestarum a conditu generis humani usque ad ipsius interitum. Atque hoc spatium temporis tria fere annorum millia comprehendit. A Moysis autem interitu ad imperium usque Artaxerxis, qui post Xerxem regnavit apud Persas, prophetae qui Moysi successere res sua aetate gestas tredecim libris complexi sunt : quatuor vero reliqui hymnos in Dei laudem, et praecepta vitae hominum exhibent utilissima... Quanta porro veneratione libros nostros prosequamur, reipsa apparet. Cum enim tot jam saeculi

Si les réformateurs avaient été plus instruits, s'ils avaient connu les anciennes versions et la croyance des différentes sectes

« Quant aux livres deutéro-canoniques qui concernent les Juifs, on ne les trouve point dans le canon d'Esdras, soit parce que les uns, comme l'*Ecclésiastique*, la *Sagesse* et les *Machabées*, n'avaient pas encore paru lorsque ce canon a été clos, soit parce que les autres n'avaient peut-être pas encore été retrouvés depuis le retour du peuple de la captivité de Babylone, soit enfin parce que la synagogue n'avait pas encore tous les renseignements nécessaires pour prononcer solennellement sur leur origine. Quoi qu'il en soit, sans leur accorder tout à fait la même autorité qu'aux proto-canoniques, les Juifs les lisaient avec respect (*a*). On les trouve même dans la version des *Septante*, qui était à l'usage des Juifs hellénistes à l'époque de la naissance de Jésus-Christ (*b*).

« Les protestants ne s'accordent pas entre eux sur le nombre des livres sacrés. Les luthériens rejettent tous les livres deutéro-canoniques de l'Ancien Testament ; ils n'admettent point non plus l'Epître de saint Paul aux Hébreux, ni la seconde de saint Pierre, ni la seconde et troisième de saint Jean, ni celles de saint Jacques et de saint Jude, ni l'Apocalypse. Les calvinistes, au contraire, reçoivent les livres deutéro-canoniques du Nouveau Testament ; mais ils rejettent ceux de l'Ancien. Ce n'est pas le seul point sur lequel les calvinistes sont en désaccord avec les luthériens.

« Les catholiques reconnaissent comme sacrés tous les livres de l'Ancien et du Nouveau Testament énumérés dans le décret du concile de Trente, c'est-à-dire, tous les livres proto-canoniques et deutéro-canoniques dont nous venons de parler. « Si quelqu'un, dit ce concile, n'admet pas comme sacrés et canoniques dans leur entier, et avec toutes leurs parties, les livres qu'on a coutume de lire dans l'Eglise catholique, et tels qu'ils se trouvent dans l'ancienne Vulgate latine... qu'il soit anathème. » L'Eglise grecque, séparée du saint-siége, s'accorde sur ce point avec l'Eglise latine. Voici la réponse qu'elle fit aux protestants dans un concile tenu à Jérusalem en 1670, sous le patriarche Dosithée : « Nous regardons tous ces livres (les mêmes qui sont contenus dans le canon du concile de Trente) comme des livres canoniques ; nous les reconnaissons pour être de l'Ecriture sainte, parce qu'ils nous ont été transmis par une ancienne coutume, ou plutôt par l'Eglise catholique (*c*). » Or un concert aussi unanime entre les différentes Eglises de l'Orient et de l'Occident prouve évidemment que la croyance à l'inspiration divine des livres canoniques remonte, de siècle en siècle, jusqu'aux temps apostoliques, et qu'elle ne peut être fondée que sur l'enseignement des apôtres. En effet, sans parler du décret d'Eugène IV aux Arméniens, où se trouvent énumérés les mêmes livres que dans le décret du concile de Trente, nous pourrions citer le concile de Rome, célébré par le pape Gélase en 494 ; la lettre d'Inno-

effluxerint, nemo adhuc nec adjicere quidquam illis, nec demere, aut mutare aliquid est ausus. Sed omnibus Judaeis statim ab ipso nascendi exordio hoc insitum atque innatum est, Dei ut haec esse praecepta credamus, iisdemque constanter adhaerescamus, et eorum causa, si opus fuerit, libentissime mortem perferamus. *Lib.* I *contra Apionem*, n. VIII ; version de Jean Hudson, édit. d'Amsterdam, 1726.

(*a*) Caeterum, dit Josèphe, ab imperio Artaxerxis ad nostram usque memoriam sunt quidem singula litteris mandata ; sed nequaquam tantum fidem et auctoritatem meruerunt, quam superiores ii libri, propterea quod minus explorata fuit successio prophetarum. *Ibidem*.

(*b*) Voyez l'*introduction aux liv. de l'Anc. et du Nouv Test.*, par M. l'abbé Glaire, tom. I, ch. 4, art. 1, etc.

(*c*) Voyez la *Perpétuité de la foi*, tom. V, ch. 7.

des chrétiens orientaux, sans doute ils auraient été moins téméraires ; mais leurs successeurs, mieux informés, devaient être moins opiniâtres. — Selon le témoignage d'Eusèbe (*Hist. ecclés.*, liv. IV, 26), Méliton, évêque de Sardes, qui vivait au milieu du II° siècle, dans le catalogue qu'il donne des livres de l'Ancien Testament, ne comprend point Tobie, Judith, Esther, la Sagesse, l'Ecclésiastique, les Machabées. Le concile de cent à Exupère, évêque de Toulouse, de l'an 405; le concile de Carthage, de l'an 397, qui motive son adoption en disant : « Nous tenons ces livres de nos pères comme devant être lus dans l'Eglise : *A Patribus ista accipimus in Ecclesia legenda* (a). » Nous trouvons enfin les livres deutéro-canoniques dans l'ancienne *version Italique,* qui a été en usage dans les Eglises latines dès les premiers temps du christianisme jusqu'à saint Jérôme.

« Une autre preuve en faveur de la divinité des livres deutéro-canoniques, c'est que les Pères et les auteurs ecclésiastiques les plus anciens les ont mis au nombre des livres saints ; ils les citent comme contenant la parole de Dieu. Nous avons pour le *livre de Tobie* Clément d'Alexandrie, Origène, saint Cyprien, saint Ambroise, saint Basile et saint Augustin ; pour le *livre de Judith*, saint Augustin, saint Jérôme, saint Ambroise, Origène, Clément d'Alexandrie, Tertullien, et l'auteur des Constitutions apostoliques ; pour le *livre d'Esther*, saint Jean Chrysostome, saint Augustin, saint Epiphane, saint Basile, l'auteur des Constitutions apostoliques, saint Hilaire de Poitiers et Origène ; pour le *livre de Baruch*, saint Chrysostome, saint Cyrille de Jérusalem, saint Basile, Eusèbe de Césarée, saint Athanase, saint Hippolyte de Porto et saint Denys d'Alexandrie ; pour le *livre de la Sagesse*, saint Clément de Rome, saint Irénée, Tertullien, Clément d'Alexandrie, saint Denys, évêque de cette ville, saint Hippolyte, Origène, saint Cyprien, Eusèbe de Césarée, saint Hilaire, Lactance, saint Basile, saint Epiphane et Didyme d'Alexandrie ; pour l'*Ecclésiaste*, Tertullien, Clément d'Alexandrie, Origène, saint Cyprien, saint Athanase, saint Basile, saint Ephrem, saint Epiphane, saint Ambroise, saint Augustin, saint Paulin et saint Fulgence ; pour les *trois articles de Daniel*, tous les Pères qui ont mis le livre de ce prophète parmi les livres saints sans aucune restriction ; et pour ce qui regarde spécialement l'*histoire de Suzanne*, l'auteur des Constitutions apostoliques, saint Ignace d'Antioche, Origène, saint Athanase, saint Grégoire de Nazianze, saint Fulgence et Ruffin d'Aquilée ; pour les *livres des Machabées*, Tertullien, Clément d'Alexandrie, Origène, saint Cyprien, Lucifer de Cagliari, saint Grégoire de Nazianze, saint Ambroise et saint Augustin.

« Quant aux parties deutéro-canoniques du Nouveau Testament, nous pourrions citer pour le *dernier chapitre de saint Marc*, l'auteur des Constitutions apostoliques, saint Irénée et saint Augustin ; pour le *passage de saint Luc touchant l'agonie de Jésus-Christ*, les mêmes docteurs ; pour l'*histoire de la femme adultère*, Ammonius d'Alexandrie, saint Ambroise, saint Jérôme et saint Augustin ; pour l'*Epitre aux Hébreux*, l'auteur des Constitutions apostoliques, Clément d'Alexandrie, saint Denys, évêque de cette même ville ; Origène, les Pères du concile d'Antioche de l'an 264 ; saint Athanase, Eusèbe de Césarée, saint Epiphane et Didyme d'Alexandrie ; pour la *seconde Epître de saint Pierre*, saint Irénée, Origène, Firmilien, saint Athanase, Eusèbe de Césarée, saint Cyrille de Jérusalem, Didyme d'Alexan-

(a) Labbe, *Concile,* tom. II, col. 1177.

drie, saint Macaire, saint Epiphane, saint Jérôme et saint Augustin ; pour la *seconde et troisième lettre de saint Jean*, saint Irénée, Tertullien, Clément d'Alexandrie, saint Athanase, saint Cyrille de Jérusalem, saint Jérôme et saint Augustin ; pour *celle de saint Jacques*, l'auteur des Constitutions apostoliques, saint Irénée, Tertullien, Clément d'Alexandrie, Origène, saint Hilaire, saint Athanase, Eusèbe de Césarée, saint Ambroise, saint Jérôme, saint Augustin, saint Chrysostome et saint Paulin ; pour *celle de saint Jude*, saint Augustin, saint Jérôme, Ruffin d'Aquilée, saint Epiphane, saint Grégoire de Nazianze, saint Cyrille de Jérusalem, Origène, Clément d'Alexandrie, Tertullien ; pour l'*Apocalypse* enfin, saint Paulin, saint Augustin, saint Epiphane, Didyme d'Alexandrie, saint Grégoire de Nazianze, saint Basile Eusèbe de Césarée, saint Hilaire, saint Cyprien, Origène, saint Hippolyte, Clément d'Alexandrie, Tertullien et saint Irénée.

« Il est donc constant que les plus anciennes Eglises de l'Orient et de l'Occident regardaient les livres deutéro-canoniques comme des livres sacrés. Aussi voyons-nous que, dès le V° siècle, l'Eglise latine s'accorde avec l'Eglise grecque à mettre tous ces livres au nombre des livres divinement inspirés. Il est vrai qu'avant cette époque quelques Eglises particulières ont douté plus ou moins de temps, les unes de la canonicité de celui-ci, les autres de la canonicité de celui-là ; mais ce doute fortifie plutôt qu'il n'affaiblit la tradition apostolique ; il prouve que les livres deutéro-canoniques n'ont été reçus par ces Eglises qu'après un mûr examen, et que lorsque la croyance des principales Eglises a été reconnue et constatée partout. Il ne faut pas être étonné que la croyance catholique n'ait pas été aussitôt fixée sur l'inspiration des livres deutéro-canoniques que sur l'inspiration des livres proto-canoniques, ceux-ci étant, sous le point de vue religieux, plus importants que les premiers. Concluons donc qu'on doit admettre comme sacrés tous les livres contenus dans le *canon* du concile de Trente : les mêmes raisons qu'on allègue pour les uns militent en faveur des autres ; nous avons pour ceux-ci, comme pour ceux-là, la tradition qui remonte jusqu'aux apôtres, la croyance des Grecs et des Latins, l'autorité de l'Eglise catholique, sans laquelle nous ne pourrions pas même croire à l'inspiration des Evangiles : *Ego vero,* comme le dit saint Augustin, *Evangelio non crederem, nisi me Ecclesiæ catholicæ commoveret auctoritas.* »

Laodicée, tenu entre l'an 360 et 370, n'y place pas non plus ces livres, excepté celui d'Esther. L'auteur de la *Synopse* attribuée à saint Athanase paraît avoir copié le concile de Laodicée. Dans le 76° ou le 85° canon des apôtres, il n'est pas fait mention de celui de Tobie ; mais il est parlé de trois livres des Machabées. Le troisième concile de Carthage, tenu, l'an 397, donne une liste semblable à la nôtre : elle se trouve la même dans un autre catalogue très-ancien, cité par Béveridge, et il y est parlé de quatre livres des Machabées. Pour le Nouveau Testament, Eusèbe, liv. III, ch. 3 et 25, dit que quelques-uns ont rejeté du canon l'épître de saint Paul aux Hébreux ; que l'on a douté des épîtres de saint Jacques, de saint Jude, de la seconde et de la troisième de saint Jean, et de l'Apocalypse ; le concile de Laodicée n'omet que ce dernier ouvrage dans son catalogue ; le concile de Carthage l'a compris dans le sien ; le 76° canon des apôtres n'en parle pas, il met à sa place les deux épîtres de saint Clément et les Constitutions apostoliques. Enfin, le catalogue cité par Bévéridge compte l'Apocalypse et les deux lettres de saint Clément. On nous demande si ce concile avait reçu une inspiration divine pour mettre au nombre des livres saints plusieurs écrits que l'Église primitive ne regardait pas comme tels.

Si nous avions à répondre à des protestants, nous leur demanderions à notre tour quelle inspiration nouvelle ils ont reçue pour choisir entre ces divers catalogues anciens celui qui leur a plu davantage, et pourquoi les trois sectes protestantes n'ont pas été inspirées de même; comment ils sont sûrs que Méliton a été mieux instruit de la croyance universelle de l'Église que ceux qui ont dressé le 76ᵉ canon des apôtres, etc. Mais, sans faire attention à la bizarrerie des protestants, nous disons qu'en matière de faits, il n'est pas besoin d'une inspiration pour être mieux informé que ceux qui nous ont précédés, il suffit d'avoir acquis de nouveaux témoignages; et c'est le cas dans lequel s'est trouvé le concile de Carthage à l'égard de celui de Laodicée et à l'égard de Méliton. L'Église romaine, instruite immédiatement par les apôtres et par leurs premiers disciples, a pu recevoir d'eux des instructions qui n'avaient pas été données aux Églises d'Orient; c'est elle qui a fait savoir à l'Église d'Afrique que les apôtres tenaient pour authentiques et pour livres sacrés les écrits dont nous parlons, et qu'ils les lui avaient donnés comme tels. Les protestants, qui ne veulent pour règle de foi que des livres, n'avoueront pas que les choses aient pu se passer ainsi; mais les variétés mêmes qui se trouvent entre les catalogues des différentes Églises prouvent contre eux. *Voy.* CANON.

Nous parlerons de chacun des livres *deutéro-canoniques* sous son titre particulier.

DEUTÉRONOME, livre sacré de l'Ancien Testament, et le dernier de ceux que Moïse a écrits. Ce mot grec est composé de δεύτερος, *second*, et de νομος, *règle* ou *loi*; parce que le *Deutéronome* est la répétition des lois comprises dans les premiers livres de Moïse; pour cette raison les rabbins le nomment quelquefois *mischna*, c'est-à-dire répétition de la loi. — Il est évident que cette répétition était nécessaire. De tous les Israélites qui étaient sortis de l'Égypte, tous ceux qui étaient pour lors agés de vingt ans et au-dessus étaient morts pendant les quarante ans qui venaient de s'écouler dans le désert, en punition de leurs murmures, excepté Caleb et Josué (*Num.* XIV, 29). Tous ceux qui avaient moins de vingt ans à cette époque en avaient près de soixante lorsqu'ils entrèrent dans la Terre promise. Il était donc à propos que Moïse leur rappelât la mémoire des événements dont ils avaient été témoins oculaires dans leur jeunesse, et des lois qu'il avait publiées pendant cet intervalle de quarante ans. Aussi fait-il l'un et l'autre dans le *Deutéronome*; il renouvelle les lois, et il prend à témoin ces hommes, déjà avancés en âge, de tous les événements qui se sont passés sous leurs yeux et en présence de leurs pères; précaution sage, à laquelle les censeurs de Moïse n'ont jamais fait attention.

De tous les livres de Moïse, c'est celui qui est écrit avec le plus d'éloquence et de dignité, et dans lequel cet homme célèbre soutient le mieux le ton de législateur inspiré. Il y rappelle en gros les principaux faits dont les Israélites devaient conserver la mémoire; il confirme ce qu'il avait dit dans les livres précédents, et y ajoute quelquefois de nouvelles circonstances. Il y rassemble les lois principales, y répète les commandements du Décalogue, et, par les exhortations les plus pathétiques, il tâche d'engager son peuple à observer fidèlement cette législation divine. Les derniers chapitres sont surtout remarquables, et le cantique du chapitre XXXII est du style le plus sublime.

On y voit un vieillard cassé de travaux, mais dont l'esprit conserve toute sa force, qui, à la veille de sa mort, dont il sait le jour et l'heure, porte encore sa nation dans son sein, qui s'oublie lui-même pour ne s'occuper que de la destinée d'un peuple toujours ingrat et rebelle. Il ranime ses forces, serre son style, relève ses expressions, pour mettre sous les yeux de ce peuple assemblé les bienfaits de Dieu, et les grands événements dont il a été lui-même l'instrument, les motifs les plus capables de faire impression sur les esprits et les cœurs. Il lit dans l'avenir; la crainte, l'espérance, la piété, le zèle, la tendresse, l'agitent et le transportent; il presse, il encourage, il menace, il prie, il conjure; il ne voit dans l'univers que Dieu et son peuple. Si quelques traits peuvent caractériser un grand homme, ce sont certainement ceux-là.

Le livre du *Deutéronome* fut écrit la quarantième année après la sortie d'Égypte, dans le pays des Moabites, *au delà du Jourdain*. Cette expression équivoque en hébreu a donné lieu à des critiques pointilleux de douter si Moïse en était véritablement l'auteur, parce qu'il est certain qu'il n'a pas passé ce fleuve et qu'il est mort dans le pays des Moabites. On leur a fait voir que l'expression traduite par *au delà*, peut être également rendue par *en deçà*, ou plutôt, qu'elle signifie *au passage*. En effet, dans Josué, chap. XII, il est parlé des peuples qui habitaient Béhéber, *au delà* du Jourdain, du côté de l'orient, et de ceux qui demeuraient *au delà* du côté de l'occident; l'on pourrait citer plusieurs autres exemples. Il suffit de lire attentivement le *Deutéronome*, pour sentir qu'un autre que Moïse n'a pas pu en être l'auteur.

Sa mort, qu'on y lit à la fin, formerait une difficulté plus considérable, si l'on ne savait pas que la division des livres de l'Ancien Testament est très-moderne. Ce morceau fut ajouté par Josué à la narration de Moïse, ou plutôt, c'est le commencement du livre de Josué. Il est aisé de s'en apercevoir, en comparant le premier verset de celui-ci, selon la division présente, avec le dernier verset du *Deutéronome*. C'est donc une faute de la part de ceux qui ont fait la division de ce livre d'avec celui de Josué, qui y était anciennement joint sans aucune division; il fallait commencer celui-ci douze versets plus haut, et il n'y aurait point eu de difficulté.

Dans l'hébreu, le *Deutéronome* contient onze *paraches* ou divisions, quoiqu'il n'y en ait que dix dans l'édition que les rabbins en ont donnée à Venise; celle-ci n'a que 20 chapitres en 955 versets : mais dans le grec, le latin et les autres versions, ce livre contient 34 chapitres et 952 versets. Au reste, ces divisions ne font rien pour l'intégrité du livre, qui a toujours été reçu pour canonique par les Juifs et par les chrétiens.

Dans la préface qui est à la tête du tome III, p. 6 de la *Bible d'Avignon*, il y a une concordance abrégée des lois de Moïse rangées dans leur ordre naturel; il est bon de la consulter pour avoir une idée juste de la législation juive.

Josué, chap. VIII de son livre, v. 30; l'auteur des Paralipomènes. l. II., c. XXV, v. 4; celui du quatrième livre des Rois, c. XIV, v. 6; Daniel, c. IX, v. 12 et 13; Baruch, c. I, v. 20; c. II, v. 3; Néhémie, c. I, v. 8 et 9; c. XIII, v. 1; l'auteur du second livre des Machabées, c. VII, v. 6, citent des paroles et des lois de Moïse qui ne se trouvent que dans le *Deutéronome;* ainsi, de siècle en siècle, ce livre du Pentateuque se trouve rappelé par les divers écrivains de l'Ancien Testament. Par là on voit combien on doit se fier à un critique incrédule qui n'a pas hésité d'affirmer qu'aucun des livres juifs ne cite une loi, un passage du Pentateuque, en rappelant les phrases dont l'auteur du Pentateuque s'est servi. — Ce même critique a brouillé exprès la chronologie et la géographie, pour trouver des faussetés dans le *Deutéronome;* il a changé le sens de plusieurs expressions pour y montrer des absurdités, mais elles ne tombent que sur lui. On a répondu solidement à toutes ses objections dans la *Réfutation de la Bible expliquée*, l. VI, c. 2.

DEUTÉROSE. C'est ainsi que les Juifs nomment leur *Mischna* ou seconde loi; le grec δευτέρωσις a la même signification.

Eusèbe accuse les Juifs de corrompre le vrai sens de l'Ecriture par les vaines explications de leurs *deutéroses*. Saint Epiphane dit que l'on en citait quatre espèces, les unes sous le nom de Moïse, les autres sous le nom d'Akiba; les troisièmes portaient le nom d'Adda ou de Juda, les quatrièmes celui des enfants des Asmonéens ou Machabées.

Il n'est pas aisé de savoir si la *Mischna* des Juifs d'aujourd'hui est la même que ces *deutéroses*, si elle les contient toutes, ou seulement une partie. Saint Jérôme dit que les Hébreux les rapportaient à Sammaï et à Hillel; si cette antiquité était bien prouvée, elle mériterait attention, puisque Josèphe parle de Sammias qui vivait au commencement du règne d'Hérode, et qui est le même que Sammaï. Mais saint Jérôme parle toujours des *deutéroses* avec un souverain mépris : il les regardait comme un recueil de fables, de puérilités et d'obscénités. Il dit que les principaux auteurs de ces belles décisions sont, suivant les Juifs, Barakiba, Siméon et Hilles. Le premier est probablement le père ou l'aïeul du fameux Akiba : Siméon est le même que Sammaï, et *Hilles* est mis pour Hillel. (Euseb., *in Isai*. I; Epiphan., *Hæres.*, 33, n° 9; Hieron., *in Isai*. VIII; Josèphe, *Ant. Jud.*, l. XIV, c. 17; l. XV, c. 1.) *Voy*. TALMUD.

DEVIN, DIVINATION. L'on a nommé en général *devin* un homme auquel on a supposé le don, le talent ou l'art de découvrir les choses cachées; et comme l'avenir est très-caché aux hommes, l'on a nommé *divination* l'art de connaître et de prédire l'avenir.

La curiosité et l'intérêt, passions inquiètes, mais naturelles à l'humanité, sont la source de la plupart de ses erreurs et de ses crimes. L'homme voudrait tout savoir; il s'est imaginé que la Divinité aurait la complaisance de condescendre à ses désirs. Souvent il lui importe de connaître des choses qui sont au-dessus de ses lumières; il s'est flatté que Dieu, occupé de son bonheur, consentirait à les lui révéler. — Il n'a donc pas été nécessaire que des imposteurs vinssent lui suggérer cette confiance; ses désirs ont été la source de son erreur. Il a cru voir des révélations et des prédictions dans tous les phénomènes de la nature; c'est une des raisons qui ont fait imaginer partout des esprits, des génies, des intelligences prêtes à faire du bien ou du mal aux hommes. Tout événement surprenant a été regardé comme un présage et un pronostic de bonheur ou de malheur. — Un peu de réflexion suffit pour faire concevoir que cette démangeaison de tout savoir est une espèce de révolte contre la Providence divine. Dieu n'a voulu nous donner que des connaissances très-bornées, afin de nous rendre plus soumis à ses ordres, et parce qu'il a jugé que des lumières plus étendues nous seraient plutôt pernicieuses qu'utiles. Ainsi la *divination* n'est point un acte de religion, ni une marque de respect envers Dieu, mais une impiété; elle suppose que Dieu secondera nos désirs les plus injustes et les plus absurdes. Les patriarches consultaient le Seigneur; mais ils n'usaient d'aucune *divination*, et nous verrons que Dieu la défendait sévèrement aux Juifs (*Lévit*. XIX, *et Deut*. XVIII).

Il serait à peu près impossible de faire l'énumération de tous les moyens qui ont été mis en usage pour découvrir les choses cachées et pour présager l'avenir, puisqu'il n'est point d'absurdités auxquelles on n'ait eu recours. Mais pour montrer que la fourberie des faux inspirés a eu beaucoup moins de part à ce désordre que les faux raisonnements des particuliers, il nous suffira de parcourir les différentes espèces de *divination* dont il est parlé dans l'Ecriture; elles ont été à peu près les mêmes chez tous les peuples, parce que les mêmes causes y ont contribué partout.

La première se faisait par l'inspection des astres, des étoiles, des planètes, des nuées; c'est l'astrologie judiciaire ou apotélesmatique, c'est-à-dire efficace, que Moïse nomme *méonen*. Comme on s'aperçoit que les divers aspects des astres annoncent souvent d'avance les changements de l'air, ce phénomène, joint à leur cours régulier et à l'influence qu'ils ont sur les productions de la terre, persuada aux hommes que les astres étaient animés par des esprits, par des intelligences supérieures, par des *dieux*; qu'ils pouvaient donc instruire leurs adorateurs; que dans leur marche et leurs apparences tout était significatif; de là les horoscopes, les talismans, la crainte des éclipses et des météores, etc. — Une connaissance parfaite de l'astronomie ne suffisait pas pour détromper les hommes de ce préjugé, puisque les Chaldéens, qui étaient les meilleurs astronomes, étaient aussi les plus infatués de l'astrologie judiciaire; ce n'est pas seulement le peuple, mais les philosophes qui ont cru que les astres étaient animés. Moïse, plus sage, avertit les Hébreux que les astres du ciel ne sont que des flambeaux que Dieu a faits pour l'utilité des hommes (*Deut.* iv, 19). Un prophète leur dit de ne point craindre les signes du ciel, comme font les autres nations (*Jerem.* x, 2).

La seconde est nommée *mecatscheh*, que l'on traduit par *augure*: c'est la *divination* par le vol des oiseaux, par leurs cris, par leurs mouvements et par d'autres signes: les oiseaux font souvent pressentir le beau temps ou la pluie, le vent ou l'orage; ils préviennent l'hiver par leur fuite, ils annoncent le printemps par leur retour. On a cru qu'ils pouvaient annoncer de même les autres événements. Sur ce point, les Romains ont poussé la superstition jusqu'à la puérilité: cet abus était défendu aux Juifs (*Deut.* xviii, 10). Un savant critique pense que le mot hébreu peut signifier aussi la *divination* par le serpent, parce que *nahhasch* signifie un serpent (*Mémoire de l'Académie des Inscriptions*, tom. LXX, in-12, p. 104).

La troisième, appelée *mecatscheph*, est exprimée dans les Septante par *pratiques occultes* et *maléfices*. Ce sont peut-être les drogues que prenaient les *devins*, et les contorsions qu'ils faisaient pour se procurer une prétendue inspiration. Il y a plusieurs espèces de plantes et de champignons, qui causent à ceux qui les mangent un délire dans lequel ils parlent beaucoup, et font des prédictions au hasard: des hommes simples ont pris aisément le délire pour une inspiration. Il était encore défendu aux Juifs de les consulter et d'y ajouter foi (*Ibid.*).

La quatrième est celle des *hobberim* ou enchanteurs, de ceux qui employaient des formules de paroles et des chants pour recevoir l'inspiration. Personne n'ignore jusqu'où a été portée la superstition des *paroles efficaces* ou des formules magiques, pour opérer des effets surnaturels. C'est une suite de la confiance que l'on avait à la prière en général. Moïse interdit cette pratique (*Deut.* xviii, 11).

5° Il ne veut pas que l'on interroge les esprits pythons, *oboth*, que l'on croit être les ventriloques. On sait aujourd'hui que le talent de parler du ventre est naturel à certaines personnes; mais ceux qui en étaient doués autrefois ont pu fort aisément étonner les ignorants, en faisant entendre des voix dont on n'apercevait pas la cause, et qui semblaient venir de fort loin. La voix, renvoyée par les échos, a donné lieu à la même illusion. Le même critique que nous avons déjà cité est d'avis que *ob* signifie esprit, ombre, mânes des morts, puisque la pythonisse d'Endor est appelée *Bahhalath ob*, celle qui commande aux *ob*, aux esprits; dans ce cas, c'est la nécromancie que Moïse défend dans cet endroit.

6° Il proscrit les *jiddéonim*, les voyants, ceux qui prétendaient être nés avec le talent de deviner et de prédire, ou l'avoir acquis par leur étude. Ces deux dernières espèces de *divination* sont les seules dont l'origine vienne certainement de la fourberie des imposteurs.

La septième est l'évocation des morts, nommée par les Grecs *nécromancie*. Elle fut quelquefois pratiquée par les Juifs, malgré la défense de Moïse (*Deut.* xviii, 11). On se souvient que Saül voulut interroger Samuel après sa mort, pour apprendre de lui l'avenir, et que Dieu fit paraître en effet ce prophète, pour annoncer à Saül sa mort prochaine (*I Reg.* xviii). Ceux qui rendaient un culte aux morts supposaient qu'ils étaient devenus plus savants et plus puissants que les vivants, et pouvaient leur être utiles. Les rêves, dans lesquels on croyait avoir vu des morts et les avoir entendus parler, ont inspiré naturellement cette confiance.

La huitième consistait à mêler ensemble des baguettes ou des flèches marquées de certains signes, et à juger de l'avenir par l'inspection de celle que l'on tirait au hasard. On appelait cet art *bélomancie* ou *rabdomancie*; il en est parlé dans Osée et dans Ézéchiel.

La neuvième était l'*hépatoscopie*, ou la science des *aruspices*, l'inspection du foie et des entrailles des animaux. Par cette inspection, l'on pouvait juger de la salubrité de l'air, des eaux, des pâturages de tel canton, par conséquent de la prospérité future d'une métairie ou d'une colonie que l'on voulait y établir. Mais on poussa la folie jusqu'à croire que cette inspection pouvait faire prévoir les événements de toute espèce. Pour comble de démence, on imagina que l'avenir devrait être marqué encore plus clairement sur les entrailles des hommes que sur celles des animaux. Nous ne pouvons penser, sans frémir, aux horribles sacrifices auxquels cette frénésie a donné lieu; mais nous n'en voyons aucun vestige chez les Juifs.

10° Enfin, Moïse leur avait défendu de prendre confiance aux songes (*Deut.* XVIII, 11). Cette faiblesse n'a pas été seulement la maladie des ignorants, mais aussi celle des personnes instruites; dans tous les temps et chez toutes les nations; il n'a pas été nécessaire que les imposteurs travaillassent à en infecter les hommes — Il faut y ajouter la *divination* par les lignes tracées, par des caractères jetés au hasard, par les serpents, etc.

Ce détail, que l'on pourrait pousser plus loin, démontre qu'une mauvaise physique, des expériences imparfaites de médecine, des observations fautives sur l'influence des astres, sur l'instinct des animaux, sur des événements fortuits, ont été la cause de toutes les erreurs et de toutes les superstitions possibles; que le polythéisme, ou la confiance aux prétendus génies moteurs de la nature, a dû nécessairement les produire; que la folle curiosité des peuples y a eu beaucoup plus de part que la fourberie des faux inspirés. — Moïse n'en avait épargné aucune, il les avait toutes proscrites sous le nom général de *divination*. D'ailleurs, l'histoire de la création, la croyance d'un seul Dieu, d'une Providence générale et particulière, devaient en préserver tous les adorateurs du vrai Dieu. Moïse promet aux Hébreux que Dieu leur enverra des prophètes, il leur ordonne de les écouter et de fermer l'oreille aux vaines promesses des *devins* et des faiseurs de prestiges (*Ibid.*). Un législateur, qui prend tant de précautions pour prémunir son peuple contre toute espèce d'imposture, ne peut pas être lui-même un imposteur. Mais les Juifs ont souvent oublié les leçons et les lois de Moïse; en se livrant à l'idolâtrie, ils retombaient dans toutes les folies dont elle fut toujours accompagnée.

Cependant quelques incrédules prétendent que le patriarche Joseph avait appris et pratiquait en Egypte l'art de la *divination*. Il fait dire à ses frères, par son envoyé (*Gen.* XLIV, 3): *La coupe que vous avez prise est celle dans laquelle monseigneur boit, et dont il se sert pour tirer des augures.* Vers. 15, il leur dit lui-même: *Ignorez-vous qu'il n'y a personne qui m'égale dans la science de deviner?* Il est clair, par ces paroles, que Joseph pratiquait la *divination par les coupes*, qui consistait à jeter des caractères magiques dans une coupe remplie d'eau, et à y lire ce qui en résultait. Mais un écrivain récent, qui entend très-bien l'hébreu, a fait voir qu'il faut traduire ainsi ces deux versets: *N'avez-vous pas la coupe dans laquelle mon maître boit? Voilà qu'il fait et qu'il fera encore des recherches à cause d'elle..... Ne conceviez-vous pas qu'un homme comme moi la cherchait et rechercherait avec soin?* Le même terme qui signifie *augurer* ou *deviner*, signifie aussi *rechercher*, et ce sens ne laisse aucune difficulté.

Malgré les progrès des sciences naturelles, malgré les défenses et les menaces de la religion, il est encore des esprits curieux, frivoles, ignorants, opiniâtres, qui ajoutent foi à la *divination*, qui seraient tout prêts à renouveler les superstitions du paganisme, parce que les passions qui les ont fait naître sont toujours les mêmes. Vainement l'on nous vante la philosophie comme un préservatif assuré contre toutes ces espèces de démence: les Grecs et les Romains, qui se piquaient de philosophie, n'étaient pas plus sages sur ce point que les autres peuples. Suivant le témoignage de Xénophon, Socrate regardait la *divination* comme un art enseigné par les dieux; il consultait gravement l'oracle de Delphes, et conseillait aux autres de faire de même. On sait quel fut l'entêtement de Julien et des autres nouveaux platoniciens pour la théurgie; en cela ils ne faisaient qu'imiter les stoïciens. L'incrédulité même n'est pas un remède fort efficace contre la superstition, puisque les épicuriens ont été souvent aussi superstitieux que les femmes. Il n'est pas impossible de trouver des hommes qui croient à la magie sans croire à Dieu.

Cicéron reproche à tous les philosophes en général d'avoir contribué plus que personne à égarer les esprits. « Autant il est nécessaire, dit-il, d'étendre et d'affermir la religion par la connaissance de la nature, autant il faut déraciner la superstition. Ce monstre, toujours attaché sur nos pas, nous poursuit, nous tourmente; si on entend un *devin*, si un présage frappe nos oreilles, si on offre un sacrifice, si on élève les yeux vers le ciel, si on rencontre un astrologue ou un augure, s'il fait un éclair, s'il tonne, si la foudre tombe, s'il arrive quelque chose d'extraordinaire qui ait l'air d'un prodige, et il est impossible qu'il n'en arrive pas souvent, jamais on n'a l'esprit en repos. Le sommeil même, destiné à être le remède et la fin de nos travaux et de nos inquiétudes, devient, par les songes, une nouvelle source de soucis et de terreurs. L'on y ferait moins d'attention, l'on parviendrait à les mépriser, s'ils ne trouvaient un appui chez les philosophes même les plus éclairés et qui passent pour les plus sages. » (*De Divinat., lib.* II, n. 149.)

Thiers (*Traité des superst.*, première partie, liv. III, c. 1 et suiv.), Bingham (*Orig. Eccles.*, liv. XVI, c. 5), rapportent les décrets des conciles et les passages des Pères de l'Eglise, qui condamnent et proscrivent toute espèce de *divination*. *Voy.* MAGIE, SUPERSTITION, PRÉSAGE.

DEVOIR, obligation morale. Selon les principes de la théologie, tout *devoir* est fondé sur une loi, et la loi n'est autre chose que la volonté d'un législateur, d'un supérieur revêtu d'autorité, parce qu'à toute loi il faut une sanction. Où il n'y a point de loi, dit saint Paul, il n'y a point de prévarication (*Rom.* IV, 5). Donc il n'y a point non plus de *devoir* ou d'obligation; mais Dieu n'a pas pu créer l'homme tel qu'il est sans lui donner des lois.

Les matérialistes, qui ont voulu fonder nos obligations morales sur la constitution de la nature humaine telle qu'elle est, sans remonter plus haut, ont abusé de tous les termes pour en imposer à ceux qui ne réfléchissent pas. L'homme a des besoins sans doute, il ne peut y pourvoir sans le secours de ses semblables; mais s'il se trouve assez fort ou assez habile pour contraindre ses semblables à pourvoir à ses besoins, sans rien faire en leur faveur, comment prouvera-t-on qu'il a violé un *devoir*? La première nécessité pour lui, et par conséquent le premier *devoir*, est de pourvoir à ses besoins par tous les moyens qui se trouvent en son pouvoir; en satisfaisant à cette nécessité, il suit l'impulsion de la nature; quand il nuirait aux autres par là, en quoi peut-il pécher? Confondre la nécessité physique avec l'obligation morale est un sophisme grossier. En résistant à la nécessité physique, nous souffrons, sans nous rendre pour cela coupables; en résistant à l'obligation morale, nous sommes coupables, quand même nous ne souffririons pas. Faire violence à notre sensibilité physique n'est pas toujours un crime; c'est souvent un acte de *vertu* ou de force de l'âme; et souvent nous y sommes obligés, pour ne pas résister au sentiment moral ou à la voix de la conscience. La sensibilité physique, le besoin et la nécessité qui en résultent, sont souvent une passion que la raison désavoue; le sentiment moral et la nécessité qui nous impose, viennent de la loi; confondre toutes ces idées, ce n'est plus raisonner.

Plusieurs de ceux qui admettent un Dieu disent que les *devoirs* de l'homme découlent de sa nature même, telle que Dieu l'a faite. Cela est très-vrai, puisque Dieu n'a pas pu donner à l'homme la nature qu'il lui a donnée, la raison, la liberté, la conscience, sans le destiner à telle fin, et sans lui imposer telles lois : mais il est absurde de faire ici une abstraction, de mettre d'un côté la nature humaine, de l'autre la volonté divine; de dire que nos obligations viennent de la première et non de la seconde. La nature humaine elle-même ne vient-elle pas de la volonté divine? La volonté que Dieu a eue de créer l'homme tel, a été libre et arbitraire; la volonté de lui imposer telles lois ne l'était plus; elle a été nécessairement conforme à la première volonté, parce que Dieu est sage et ne peut pas se contredire. Mais le principe immédiat de nos *devoirs* ou de nos obligations est la *loi* ou la volonté divine conforme à la nature qu'il nous a donnée.

Dirons-nous que les *devoirs* de l'homme sont fondés sur la *raison*? — La raison, ou la faculté de réfléchir, nous fait voir la sagesse de la loi qui nous est imposée, par conséquent la justice de nos *devoirs*; la conscience nous applique à nous-mêmes cette loi, nous fait sentir qu'elle est pour nous et qu'elle nous oblige : en violant la loi, nous nous écartons de la raison et nous résistons à la voix de la conscience; mais la raison et la conscience ne sont pas la *loi* ni le fondement de l'obligation; elles n'en sont que les interprètes, ou, si l'on veut, le héraut qui la publie et la fait connaître. — Cicéron semble avoir reconnu cette vérité dans son *Traité des Devoirs, de Officiis;* il avait fondé nos obligations morales sur le *dictamen* de la raison; mais il a compris que cela ne suffirait pas : aussi, dans son second livre *des Lois*, il a établi le droit en général sur la loi suprême, qui est, dit-il, la raison éternelle du Dieu souverain. Or, puisque nos *devoirs* et nos *droits* sont toujours corrélatifs, ils doivent avoir le même fondement. C'est aussi ce qu'a reconnu un célèbre philosophe moderne (*Esprit de Leibnitz*, tom. I, page 383). *Voy.* Droit naturel.

On ne saurait pousser trop loin la précision sur cette matière, parce que les incrédules abusent de tous les termes pour fonder une *moralité* de nos actions, indépendamment de la loi de Dieu. — Leurs raisonnements ne sont qu'un verbiage vide de sens, quand on l'examine de près. « Pour nous imposer des *devoirs*, disent-ils, pour nous prescrire des lois qui nous obligent, il faut sans doute une autorité qui ait droit de nous commander. Refusera-t-on ce droit à la *nécessité*? Disputera-t-on les titres de cette *nature* qui commande en souveraine à tout ce qui existe? L'homme a des *devoirs*, parce qu'il est homme, c'est-à-dire parce qu'il est sensible, aime le bien et fuit le mal, parce qu'il est forcé d'aimer l'un et de haïr l'autre, parce qu'il est *obligé* de prendre les moyens nécessaires pour obtenir le plaisir et pour éviter la douleur. La nature, en le rendant sensible, le rendit sociable. » (*Politique naturelle*, tom. I, disc. 4, § 7; *Système social*, première partie, c. 7, etc.)

Ainsi, en confondant la nécessité physique avec l'obligation morale, les lois physiques de la nature avec les lois de la conscience, le plaisir et la douleur avec le bien et le mal moral, on peut déraisonner à son aise. 1° Je nie que la nécessité ou la nature me commande ou me force de rechercher le plaisir présent, et de fuir une douleur présente, de préférer l'un ou l'autre à un plaisir ou à une douleur future et que je prévois, ou de faire le contraire; ni de préférer un plaisir physique et corporel à un plaisir d'imagination, ou de m'exposer à une douleur corporelle, plutôt qu'à une douleur spirituelle, causée par les remords. Confondre les différentes espèces de plaisirs et de douleurs, c'est une supercherie absurde. 2° Si j'étais *forcé* à un de ces choix, mon action ne serait pas libre ni susceptible de moralité; elle ne serait ni louable, ni blâmable, elle ne pourrait mériter ni récompense ni punition; il est absurde de regarder comme vice ou vertu ce qui se fait par nécessité de nature. 3° Il est faux que l'homme ait des *devoirs*, parce qu'il est *sensible*; les animaux sont sensibles aussi bien que nous; la nature leur fait rechercher, comme à nous, le plaisir et fuir la douleur; sont-ils pour cela sociables ou susceptibles d'une obligation morale? Les incrédules sont les maîtres de s'abrutir tant qu'il leur plaira, ils ne nous forceront pas de les imiter. 4° Dire que la *nature* ou la *nécessité* nous impose des lois, c'est un autre abus des termes; la *loi*, proprement dite, est la volonté d'un être intelligent, revêtu d'une autorité légitime; cela peut-il s'entendre d'une nature aveugle, qui, selon les incrédules, n'est rien autre chose que la matière?

Ils soutiennent que la crainte de perdre l'estime et l'affection de nos semblables fait beaucoup plus d'impression sur nous que celle des supplices éloignés, dont la religion nous menace dans une autre vie, puisque les hommes les oublient toutes les fois que des passions fougueuses ou des habitudes enracinées les portent au mal. La plupart en doutent, ou ils savent qu'on peut les éluder. Tout cela est faux. 1° Ceux qui sont emportés par des passions fougueuses ne tiennent pas plus de compte de la haine et du mépris de leurs semblables, que des menaces de la religion, ils bravent également ces deux objets de crainte. 2° Il est encore plus aisé d'éluder les jugements des hommes que ceux de Dieu, puisque l'on peut cacher aux hommes ce que l'on ne peut pas cacher à Dieu. 3° Chez les nations dont les *mœurs* sont perverties, rien de plus injuste que le jugement du public; tout homme vertueux est forcé de le braver, et c'est ce qu'ont fait tout ceux qui ont mieux aimé endurer les supplices que de trahir leur conscience. 4° L'exemple de quelques forcenés, tels que les duellistes, qui craignent plus de passer pour lâches que d'être homicides, ne prouve rien, puisqu'ils bravent les lois humaines aussi bien que les lois divines, et que la plupart sont très-capables des crimes les plus ignominieux et les plus lâches. *Voy.* Loi. Au mot Droit, nous prouverons que nos *devoirs* et nos *droits* sont corrélatifs, et sont toujours en même proportion.

DÉVOT, DÉVOTION. La piété, le culte rendu à Dieu avec ardeur et sincérité, est ce que l'on nomme *dévotion*; un chrétien *dévot* est celui qui honore Dieu de cette manière, qui est attendri et consolé intérieurement par les exercices de piété, et qui s'en acquitte régulièrement. Il est vrai que cette fidélité ne suffit pas pour constituer la vraie piété, la solide *dévotion*; il faut qu'elle soit accompagnée des vertus morales et chrétiennes, mais il est aussi certain que la piété ne peut pas se soutenir sans les pratiques qui l'excitent et l'entretiennent.

Prier, méditer la loi de Dieu, faire des lectures instructives et édifiantes, assister aux offices de l'Église, fréquenter les sacrements, aimer la retraite, faire quelques austérités, renoncer aux amusements bruyants et dangereux du monde, sont des choses bonnes et louables; mais la piété solide ne se borne pas là: les vrais *dévots* sont charitables, compatissants aux maux du prochain, attentifs à les connaître et à les soulager, patients, résignés, soumis à Dieu; si la réunion de tous ces caractères ne rend pas un chrétien *vertueux*, nous ne savons plus ce qu'il faut entendre par ce terme.

Les premiers qui ont cherché à déprimer la *dévotion*, sont les protestants; ils ont traité de superstition toutes les pratiques de piété, ils les ont supprimées tant qu'ils ont pu; ils ont dit que la confiance à ces œuvres extérieures détruit la foi aux mérites de Jésus-Christ, et l'estime des vertus morales; que l'assiduité aux choses de surérogation nous détourne d'accomplir les devoirs nécessaires. C'est à peu près comme s'ils avaient soutenu que la prière nous détourne de penser à Dieu et que l'aumône détruit la charité. — Il est singulier que ces censeurs si éclairés prétendent prendre mieux l'esprit du christianisme que Jésus-Christ lui-même; ce divin Sauveur a été un modèle de piété ou de *dévotion*: Il a dit qu'il faut prier continuellement et ne jamais se lasser; il employait les nuits à ce saint exercice; il a passé quarante jours dans le désert; à quoi y était-il occupé, sinon à la méditation? Il rendait à Dieu ses adorations dans le temple, il célébrait les fêtes juives; il a loué la piété d'Anne la prophétesse, les offrandes de la pauvre veuve, la prière humble et l'extérieur pénitent du publicain; en parlant des œuvres de charité et des observances de la loi, il a dit qu'il fallait faire les unes et ne pas omettre les autres (*Matth.* XXIII, 23). Saint Paul dit que la piété est utile à tout; cela serait-il vrai, si elle nuisait à la vraie vertu? — Nous en appelons à l'expérience. Où trouve-t-on le plus ordinairement de la charité, de la douceur, de la probité, du désintéressement, de la patience, etc.? Est-ce chez les *dévots* ou parmi les impies? S'il y a encore dans le monde quelques personnes recommandables par la réunion de toutes les vertus morales, on n'en trouvera pas une seule d'entre elles qui fasse peu de cas de la piété. Or, pour juger sainement d'une vertu, il nous paraît que l'on doit plutôt s'en rapporter à ceux qui la pratiquent qu'à ceux qui n'en ont point. On dit qu'il y a une fausse *dévotion*; mais il y a aussi une fausse charité, une fausse humilité, une fausse sagesse, etc., et cela ne prouve rien.

Il peut y avoir, sans doute, des hommes qui se persuadent que les pratiques de piété tiennent lieu de vertus; qui se flattent que Dieu, touché de leur culte, ne les punira pas de leurs déréglements; qui cherchent à voiler, sous un extérieur religieux, des habitudes criminelles, afin de conserver leur réputation. Ces divers abus de la *dévotion* méritent la censure la plus rigoureuse; mais c'est une malignité très-gratuite, de la part des incrédules, de vouloir persuader que tous les *dévots* sont dans ce cas, et qu'il n'est point dans le monde de piété sincère. — La *dévotion*, l'exactitude à remplir tous les devoirs de religion, n'a pas la vertu d'étouffer entièrement les passions, mais elle contribue à les réprimer. Dira-t-on qu'un homme, qui tous les jours réfléchit sur ses défauts, sur les vices auxquels il est porté, sur ses chutes, qui se reconnaît coupable, qui se propose de se corriger, etc., n'en viendra pas à bout plus aisément que celui qui n'y pense jamais, qui ajoute à ses passions naturelles l'oubli de Dieu et des vérités de la religion? Ce serait supposer que les réflexions ne servent de rien à la vertu.

On dit que la *dévotion* est le partage des petits esprits, des femmes qui font semblant d'être dégoûtées du monde, parce qu'elles en sont rebutées, des caractères mélancoliques et sauvages. Soit, pour un moment. Lequel vaut mieux, que ces gens-là s'obstinent à vivre dans le monde auquel ils sont à charge, ou qu'ils s'en retirent pour servir Dieu qui daigne les accueillir et les consoler? Leur vie retirée, pieuse, édifiante, ne nuit à personne; elle les porte à des œuvres de charité et d'humanité que les indévots ne font pas ; ils y apprennent à prier pour ceux qui les insultent et les calomnient. Un jour, peut-être, ces derniers se trouveront fort heureux de les imiter: c'est ce qui peut leur arriver de mieux. — Mais les *dévots* sont soupçonneux, injustes, tracassiers, opiniâtres, vindicatifs, etc. Une accusation générale est toujours fausse. Il est absurde de soutenir, ou que la *dévotion* par elle-même donne tous ces défauts, ou que ceux qui sont nés avec eux sont plus portés à la *dévotion* que les autres. Il y a des *dévots* de tous les caractères, comme il y a des impies et des incrédules de toutes les espèces. Lorsque ceux-ci montrent des vices et font de mauvaises actions, à peine y fait-on la moindre attention, ils semblent avoir acquis le privilége d'être vicieux impunément. Si un *dévot* fait une faute, la société retentit de clameurs ; on veut que la *dévotion* rende l'homme impeccable. — Ceux qui l'aiment doivent se consoler; la philosophie les autoriserait à rendre mépris pour mépris, la religion leur ordonne de rendre le bien pour le mal. Ils sont avertis que tous ceux qui veulent vivre pieusement et selon Jésus-Christ, souffriront persécution (*II Tim.* III, 12); qu'ils doivent se rendre irrépréhensibles et sans reproche, comme les enfants de Dieu, au milieu d'une nation méchante et dépravée, dans laquelle ils brillent comme les flambeaux du monde (*Philipp.* II, 15).

Dans le langage ordinaire, *faire ses dévotions*, c'est recevoir la sainte communion.

DIABLE, mauvais esprit, ennemi des hommes. On donne ce nom à ces anges qui ont été précipités du ciel dans les enfers, pour s'être révoltés contre Dieu (*II Petri*, II, 4). Le grec διάβολος est formé de διαβάλλω, *je croise, je traverse*; c'est le même que l'hébreu *Sathan*, celui qui s'élève contre nous.

Les païens, qui n'avaient aucune connaissance de la chute des anges, ne pouvaient avoir du *diable* la même idée que nous; ils admettaient cependant des démons méchants, ennemis du bonheur des hommes. Les Chaldéens, les Perses, les manichéens; qui ont admis deux principes de toutes choses, l'un bon, l'autre mauvais, ne regardaient point le second comme un ange dégradé, mais comme un être éternel et indépendant, dont le pouvoir ne pouvait être détruit par le bon principe. Les Caraïbes et les autres peuples américains, qui adorent de même un être malfaisant qu'ils tâchent d'apaiser, en ont à peu près la même idée que les manichéens; l'on ne parle pas exactement quand on dit qu'ils adorent le *diable*.

Une absurdité, de la part des incrédules, est de nous accuser de tomber dans la même erreur, quand nous supposons un être méchant qui s'oppose aux desseins de Dieu. Nous ne le regardons que comme une créature de laquelle Dieu borne à son gré le pouvoir et les opérations. Nous voyons, dans le livre de Job, que Satan ne put nuire à ce saint homme que par une permission divine ; et Dieu le permit pour éprouver la vertu de Job et lui faire mériter une plus grande récompense. — Dans l'Évangile, Jésus-Christ nous fait entendre qu'il est venu pour vaincre le *fort armé*, et lui enlever ses dépouilles (*Luc.* XI, 15, 21). Il dit : *Le monde va être jugé, et le prince de ce monde en sera chassé* (*Joan.* XII, 31). Dieu l'avait prédit par Isaïe : *Je lui livrerai la multitude de ses ennemis ; il partagera les dépouilles des forts, parce qu'il a livré son âme à la mort*, etc. (*Isaï.* LIII, 12). Saint Paul nous assure que la victoire de Jésus-Christ a été complète; qu'il a enlevé les dépouilles des principautés et des puissances, et les a menées en triomphe (*Coloss.* II, 4); que par sa mort il a détruit celui qui avait l'empire de la mort, c'est-à-dire le démon (*Hebr.* II, 14). Dans l'Apocalypse, il est appelé le lion de Juda qui a vaincu, c. V, v. 5. Saint Augustin a opposé les paroles de saint Paul aux blasphèmes des manichéens, l. XIV *contra Faustum*, c. 4. *Voy.* Démon.

DIACONAT, ordre et office de diacre. Les protestants prétendent que, dans son origine, le *diaconat* n'était qu'un ministère extérieur, qui se bornait à servir aux tables dans les agapes, et à prendre soin des pauvres, des veuves et de la distribution des aumônes. Quelques catholiques, comme Durand et Cajetan, ont soutenu que ce n'était pas un sacrement ; le commun des théologiens soutient le contraire.

Dès que les protestants ont nié la présence réelle de Jésus-Christ dans l'eucharistie, le sacrifice de la messe, et qu'ils n'ont plus regardé cette cérémonie que comme une *cène* ou un souper commémoratif, il n'est pas étonnant qu'ils aient envisagé la fonction de servir à l'autel comme un ministère purement profane : l'une de ces erreurs est une suite naturelle de l'autre. Mais ce n'est point ainsi qu'on a jugé l'Église primitive, qu'en ont parlé saint Paul (*I Tim.* III, 8), et saint Ignace dans ses lettres. L'Apôtre n'aurait pas exigé des diacres tant de vertus s'ils n'avaient été que de simples serviteurs des fidèles et du clergé. Voyez les *Notes de Béveridge* sur le deuxième canon des apôtres.

Les sectes chrétiennes séparées de l'Église romaine depuis plus de douze cents ans n'ont jamais regardé le *diaconat* comme un ministère purement profane, duquel toute personne puisse faire les fonctions, mais comme un ordre sacré; elles ont été, de tout temps, dans l'usage de donner l'*ordination* aux diacres, aussi bien qu'aux prêtres et aux évêques. De même qu'il n'a jamais été permis aux diacres de faire les fonctions des prêtres ni des évêques, on n'a pas permis non plus aux clercs inférieurs de faire les fonctions des diacres. Le quatrième canon des apôtres défend à ces derniers de se charger d'aucune affaire séculière; l'on sait que ces canons nous ont conservé la discipline du II° et du III° siècle de l'Eglise.

Voici les principales cérémonies qu'on observe en conférant le *diaconat*. D'abord l'archidiacre présente à l'évêque celui qui doit être ordonné, disant que l'Eglise le demande pour la charge du *diaconat*. *Savez-vous qu'il en soit digne?* dit l'évêque. *Je le sais et le témoigne,* dit l'archidiacre, *autant que la faiblesse humaine permet de le connaître.* L'évêque en remercie Dieu; puis, s'adressant au clergé et au peuple, il dit: *Nous élisons, avec l'aide de Dieu, ce présent sous-diacre pour l'ordre du diaconat : si quelqu'un a quelque chose contre lui, qu'il s'avance hardiment pour l'amour de Dieu, et qu'il le dise, mais qu'il se souvienne de sa condition.* Ensuite il s'arrête quelque temps. Cet avertissement marque l'ancienne discipline de consulter le clergé et le peuple pour les ordinations: car, encore que l'évêque ait tout le pouvoir d'ordonner, et que le choix ou le consentement des laïques ne soit pas nécessaire sous peine de nullité, il est néanmoins très-utile de s'assurer du mérite des ordinands. On y pourvoit aujourd'hui par les publications qui se font au prône, et par les informations et les examens qui précèdent l'ordination; mais il a été fort saintement institué de présenter encore dans l'action même les ordinands à la face de toute l'Eglise, pour s'assurer que personne ne leur peut faire aucun reproche. L'évêque, adressant ensuite la parole à l'ordinand, lui dit: *Vous devez penser combien est grand le degré où vous montez dans l'Eglise. Un diacre doit servir à l'autel, baptiser et prêcher. Les diacres sont à la place des anciens lévites; ils sont la tribu et l'héritage du Seigneur; ils doivent garder et porter le tabernacle, c'est-à-dire défendre l'Eglise contre ses ennemis invisibles, et l'orner par leur prédication et par leur exemple. Ils sont obligés à une grande pureté, comme étant ministres avec les prêtres, coopérateurs du corps et du sang de Notre-Seigneur, et chargés d'annoncer l'Evangile.* L'évêque, ayant fait quelques prières sur l'ordinand, dit entre autres choses: *Nous autres hommes, nous avons examiné sa vie autant qu'il nous a été possible : vous, Seigneur, qui voyez le secret des cœurs, vous pouvez le purifier et lui donner ce qui lui manque.* L'évêque met alors la main sur la tête de l'ordinand, en disant: *Recevez le Saint-Esprit, pour avoir la force de résister au diable et à ses tentations.* Il lui donne ensuite l'étole, la dalmatique, et enfin le livre des évangiles. Quelques-uns ont cru que la *porrection de ces instruments,* comme parlent les théologiens, était la matière du sacrement conféré dans le *diaconat ;* mais la plupart des théologiens pensent que l'imposition des mains est la matière, et que ces mots: *Accipe Spiritum sanctum,* etc., ou les prières jointes à l'imposition des mains, en sont la forme. *Voy.* le *Pontifical romain;* Fleury, *Instit. au Droit ecclés.*, tom. I, part. I, c. 8; Bingham, *Orig. ecclésiast.*, l. II, c. 20, tom. I, et l'article DIACRE, ci-après.

DIACONESSE, terme en usage dans la primitive Eglise, pour signifier les personnes du sexe qui avaient dans l'Eglise une fonction fort approchante de celle des diacres. Saint Paul en parle dans son Epître aux Romains; Pline le Jeune, dans une de ses lettres à Trajan, fait savoir à ce prince qu'il avait fait mettre à la torture deux *diaconesses* qu'il appelle *ministræ.*

Le nom de *diaconesses* était affecté à certaines femmes dévotes, consacrées au service de l'Eglise, et qui rendaient aux femmes les services que les diacres ne pouvaient leur rendre avec bienséance; par exemple, dans le baptême, qui se conférait par immersion aux femmes, aussi bien qu'aux hommes. *Voy.* BAPTÊME. — Elles étaient aussi préposées à la garde des églises ou des lieux d'assemblée, du côté où étaient les femmes, séparées des hommes, selon la coutume de ce temps-là. Elles avaient soin des pauvres, des malades de leur sexe, etc. Dans le temps des persécutions, lorsqu'on ne pouvait envoyer un diacre aux femmes pour les exhorter et les fortifier, on leur envoyait une *diaconesse. Voy.* Balsamon, sur le deuxième canon du concile de Laodicée, et les *Constitutions apostoliques,* l. II, c. 57. (Assémani, *Biblioth. orient.*, tom. IV, chap. 13, p. 847.) — Lupus, dans son *Commentaire sur les Conciles,* dit qu'on les ordonnait par l'imposition des mains, et le concile *in Trullo* se sert du mot χειροτονεῖν, *imposer les mains,* pour exprimer la consécration des *diaconesses.* Néanmoins Baronius nie qu'on leur imposât les mains, et qu'on usât d'aucune cérémonie pour les consacrer; il se fonde sur le dix-neuvième canon du concile de Nicée, qui les met au rang des laïques, et qui dit expressément qu'on ne leur imposait point les mains. Cependant le concile de Chalcédoine régla qu'on les ordonnerait à quarante ans, et non plus tôt; jusque-là, elles ne l'avaient été qu'à soixante, comme saint Paul le prescrit dans sa première épître à Timothée, et comme on le peut voir dans le *Nomocanon* de Jean d'Antioche, dans Balsamon, le *Nomocanon* de Photius et le code théodosien, et dans Tertullien, *De velandis Virgin.* Ce même Père, dans son traité *Ad uxorem,* l. I, c. 7, parle des femmes qui avaient reçu l'ordination dans l'Eglise, et qui, par cette raison, ne pouvaient plus se marier, car les *diaconesses* étaient des veuves qui n'avaient plus la liberté de se marier, et il fallait même qu'elles n'eussent été mariées qu'une fois pour pouvoir devenir *diaconesses*; mais, dans la suite, on prit aussi des vierges : c'est du moins ce que disent saint Epiphane, Zonaras, Balsamon et d'autres.

Le concile de Nicée met les *diaconesses* au rang du clergé, mais leur ordination n'était point sacramentelle: c'était une cérémonie ecclésiastique. Cependant, parce qu'elles prenaient occasion de là de s'élever au-dessus de leur sexe, le concile de Laodicée défendit de les ordonner à l'avenir. Le premier concile d'Orange, en 441, défend de même de les ordonner, et enjoint à celles qui avaient été ordonnées, de recevoir la bénédiction avec les simples laïques.

On ne sait point au juste quand les *diaconesses* ont cessé, parce qu'elles n'ont point cessé partout en même temps : le onzième canon du concile de Laodicée semble à la vérité les abroger; mais il est certain que longtemps après il y en eut encore en plusieurs endroits. — Le vingt-sixième canon du premier concile d'Orange, tenu l'an 441; le vingtième de celui d'Epaone, tenu l'an 517, défendent de même d'en ordonner; et néanmoins il y en avait encore du temps du concile *in Trullo*. — Atton de Verceil rapporte, dans sa huitième lettre, la raison qui les fit abolir; il dit que, dans les premiers temps, le ministère des femmes était nécessaire pour instruire plus aisément les autres femmes, et les désabuser des erreurs du paganisme; qu'elles servaient aussi à leur administrer le baptême avec plus de bienséance; mais que cela n'était plus nécessaire depuis qu'on ne baptisait plus que des enfants. Il faut encore ajouter maintenant, depuis qu'on ne baptise plus par infusion dans l'Eglise latine.

Le nombre des *diaconesses* semble n'avoir pas été fixé. L'empereur Héraclius, dans sa lettre à Sergius, patriarche de Constantinople, ordonne que, dans la grande église de cette ville, il y en ait quarante, et six seulement dans celle de la Mère de Dieu, qui était au quartier des Blaquernes.

Les cérémonies que l'on observait dans la bénédiction des *diaconesses* se trouvent encore présentement dans l'eucologe des Grecs. Matthieu Blastares, savant canoniste grec, observe qu'on fait presque la même chose pour recevoir une *diaconesse* que dans l'ordination d'un diacre. On la présente d'abord à l'évêque, devant le sanctuaire, ayant un petit manteau qui lui couvre le cou et les épaules, et qu'on nomme *maforium*. Après qu'on a prononcé la prière qui commence par ces mots *la grâce de Dieu*, etc., elle fait une inclination de tête, sans fléchir les genoux. L'évêque lui impose ensuite les mains en prononçant une prière; mais tout cela n'était point une ordination, c'était seulement une cérémonie religieuse semblable aux bénédictions des abbesses. On ne voit plus de *diaconesses* dans l'Eglise d'Occident depuis le XIII° siècle, ni dans celle d'Orient passé le XIII°. Macer, dans son *Hierolexicon*, au mot DIACONESSE, remarque qu'on trouve encore quelque trace de cet office dans les églises où il y a des *matrones*, qu'on appelle *vétulones*, qui sont chargées de porter le pain et le vin pour le sacrifice à l'offertoire de la messe, selon le rite ambrosien. Les Grecs donnent encore aujourd'hui le nom de *diaconesses* aux femmes de leurs diacres, qui, suivant leur discipline, sont ou peuvent être mariés; mais ces femmes n'ont aucune fonction dans l'Eglise, comme en avaient les anciennes *diaconesses*. (Bingham, *Orig. ecclés.*, t. II, l. II, c. 22.)

DIACONIE, en latin *diaconia* ou *diaconium*. C'était, dans l'Eglise primitive, un hospice ou hôpital établi pour assister les pauvres et les infirmes. On donnait aussi ce nom au ministère de la personne préposée pour veiller sur les besoins des pauvres, et c'était l'office des diacres pour les hommes, et des diaconesses pour le soulagement des femmes.

DIACONIE, est le nom qui est resté à des chapelles ou oratoires de la ville de Rome, gouvernées par des diacres, chacun dans la région ou le quartier qui lui est affecté. — A ces *diaconies* était joint un hôpital ou bureau pour la distribution des aumônes; il y avait sept *diaconies*, une dans chaque quartier, et elles étaient gouvernées par des diacres appelés pour cela *cardinaux-diacres*. Le chef d'entre eux s'appelait *archidiacre*. — L'hôpital, joint à l'église de la *diaconie*, avait pour le temporel un administrateur nommé *le père de la diaconie*, qui était quelquefois un prêtre, et quelquefois aussi un simple laïque; à présent il y en a quatorze affectés aux cardinaux-diacres; Ducange nous en a donné les noms, ce sont les *diaconies* de Sainte-Marie dans la voie large, de Saint-Eustache auprès du Panthéon, etc.

DIACONIQUE, lieu près des églises, dans lequel on serrait les vases et les ornements sacrés pour le service divin : c'est ce que nous nommons aujourd'hui *sacristie*.

DIACRE, un des ministres inférieurs de l'ordre hiérarchique, celui qui est promu au second des ordres sacrés. Sa fonction est de servir à l'autel dans la célébration des saints mystères. Il peut aussi baptiser et prêcher avec permission de l'évêque. — Ce mot est formé du grec διάκονος, qui signifie *ministre, serviteur*.

Les *diacres* furent institués au nombre de sept par les apôtres (*Act.* VI). Ce nombre fut longtemps conservé dans plusieurs églises. Leur fonction était de servir dans les agapes, d'administrer l'eucharistie aux communiants, de la porter aux absents, et de distribuer les aumônes. — Selon les anciens canons, le mariage n'était pas incompatible avec l'état et le ministère des *diacres*; mais il y a longtemps qu'il leur est interdit dans l'Eglise romaine, et le pape ne leur accorde des dispenses que pour des raisons très-importantes, encore ne restent-ils plus alors dans leur rang et dans les fonctions de leur ordre; dès qu'ils ont dispense et qu'ils se marient, ils rentrent dans l'état laïque. — Anciennement il était défendu aux *diacres* de s'asseoir avec les prêtres. Les canons leur défendent de consacrer : c'est une fonction sacerdotale. Ils défendent aussi d'ordonner un *diacre*, s'il n'a un titre, s'il est bigame, ou s'il a moins de vingt-cinq ans. L'empereur Justinien, dans sa novelle 133, marque le même âge de vingt-cinq ans : cela était en usage lorsqu'on n'ordonnait les prêtres qu'à trente ans ; mais à présent il suffit d'avoir vingt-trois ans pour pouvoir être ordonné *diacre*. Sous le pape Sylvestre, il n'y avait qu'un *diacre* à Rome ; depuis on en fit sept, ensuite quatorze, et enfin dix-huit qu'on appelle *cardinaux-diacres*. pour les distinguer de ceux des autres Églises. — Leur charge était d'avoir soin du temporel et des rentes de l'Église, des aumônes des fidèles, des besoins des ecclésiastiques, et même de ceux du pape. Les sous-diacres faisaient les collectes, et les *diacres* en étaient les dépositaires et les administrateurs. Ce maniement qu'ils avaient des revenus de l'Église accrut leur autorité à mesure que les richesses de l'Église augmentèrent. Ceux de Rome, comme ministres de la première Église, se donnaient la préséance ; ils prirent même à la fin le pas sur les prêtres. Saint Jérôme s'est fort récrié contre cet abus, et prouve que le *diacre* est au-dessous du prêtre.

Le concile *in Trullo* qui est le troisième de Constantinople ; Aristinius, dans sa *Synopse* des canons de ce concile ; Zonaras, sur le même concile ; Siméon Logothète, et OEcuménius, distinguent les *diacres* destinés au service des autels de ceux qui avaient soin de distribuer les aumônes des fidèles. — Les *diacres* récitaient dans les saints mystères certaines prières, qui à cause de cela s'appelaient *prières diaconiques*. Ils avaient soin de contenir le peuple à l'église dans le respect et la modestie convenables : il ne leur était point permis d'enseigner publiquement, au moins en présence d'un évêque ou d'un prêtre : ils instruisaient seulement les catéchumènes et les préparaient au baptême. La garde des portes de l'église leur était confiée ; mais dans la suite les sous-diacres furent chargés de cette fonction, et ensuite les portiers, *ostiarii*. — Parmi les maronites du Mont-Liban, il y a deux *diacres*, qui sont de purs administrateurs du temporel. Dandini les nomme *li signori deaconi*, et dit que ce sont deux seigneurs séculiers qui gouvernent le peuple, jugent de tous les différends, et traitent avec les Turcs de ce qui regarde les tributs, et de toutes les autres affaires. En cela le patriarche des maronites semble avoir voulu imiter les apôtres, qui se déchargèrent sur les *diacres* de tout ce qui concernait le temporel de l'Église. *Il ne convient pas*, dirent les apôtres, *que nous laissions la parole de Dieu pour servir aux tables* ; et ce fut là, en effet, ce qui occasionna le premier établissement des *diacres*. Mais il est constant que, dès leur première origine, ils ont assisté les prêtres et les évêques dans la célébration du saint sacrifice et dans l'administration des sacrements. *Voy*. Bingham, *Orig. ecclés.*, t. I, liv. II, chap. 20.

Il n'est presque aucun fait de l'histoire ecclésiastique que les protestants n'aient entrepris de déguiser et d'arranger à leur manière ; c'est ce qui leur est arrivé à l'égard de l'institution des *diacres*. Mosheim, dans l'*Hist. ecclés., premier siècle, 2ᵉ partie*, c. 2, § 10, et dans son *Hist. chrét., premier siècle*, § 37, note 5, prétend que l'on a tort de chercher cette institution dans le chapitre VI des *Actes des apôtres*, qu'il en est parlé déjà dans le chapitre 5 ; que les *jeunes gens* qui ensevelirent les corps d'Ananie et de Saphire étaient des *diacres* ; il observe que comme le nom *presbyteri*, des anciens, n'a point de rapport à l'âge, mais seulement à l'office ou au ministère des prêtres, ainsi le mot *juvenes* ne désigne point des jeunes gens dans l'Évangile et dans les Épîtres de saint Paul, mais ceux qui servaient les prêtres. Ainsi, dit-il, il s'ensuit seulement du chapitre VI des Actes, que les apôtres, afin que la distribution des aumônes se fît plus exactement, établirent dans l'Église de Jérusalem sept nouveaux *diacres*, outre ceux qui y étaient déjà. — Cela pourrait être, mais nous ne voyons pas où est la nécessité de changer ici la signification commune des termes, de contredire l'opinion des Pères les plus anciens et des commentateurs, de faire violence aux paroles du sixième chapitre des Actes, qui semblent indiquer une institution nouvelle faite par les apôtres. Jésus-Christ (*Luc*, XXII, 26) dit : *Que celui d'entre vous qui est le plus grand et le chef, devienne comme le dernier et le serviteur.* Si cela signifie : que celui qui fait l'office de prêtre ne se croie pas supérieur aux serviteurs ou aux *diacres*, il s'ensuivra que Jésus-Christ n'a point voulu établir de subordination entre ses disciples. C'est ce que voudrait Mosheim ; son intention est d'ailleurs de persuader que l'institution des prêtres et des *diacres* n'a rien de sacré ni d'extraordinaire, que c'est simplement un ordre politique et économique, tel qu'il le faut dans une famille et dans une société nombreuse. — Mais il est évident que le soin d'assister les pauvres et de servir aux tables dans les assemblées chrétiennes, ne fut pas regardé par les apôtres comme une fonction purement temporelle : ils voulurent pour cela des hommes *remplis du Saint-Esprit*, ils leur imposèrent les mains avec des prières. Saint Justin nous apprend que, dans les assemblées chrétiennes, les *diacres* distribuaient l'eucharistie aux assistants, et la portaient aux absents.

Basnage a fait mieux : dans son *Hist. de l'Église*, liv. XIV, c. 9, § 8, il soutient que les *diacres* consacraient l'eucharistie aussi bien que les prêtres ; il le prouve, 1° parce que saint Ambroise (*De Off.*, l. 1, c. 41) rapporte que saint Laurent, *diacre* de Rome, dit à saint Sixte, que l'on conduisait au supplice : « Vous qui m'avez confié la consécration du sang de Jésus-Christ, me refusez-vous la liberté de répandre mon sang avec le vôtre ? » 2° Parce que le concile d'Arles, tenu au commencement du quatrième siècle, can. 15, défendit aux *diacres* d'*offrir*; or, dit Basnage, *offrir* est la même chose que *consacrer*. Le concile d'Ancyre, tenu en même temps, can. 2, impose peine aux *diacres* tombés de n'*offrir* plus le pain ni la coupe. 3° Parce que saint Jérôme a écrit que les *diacres* avaient été privés du pouvoir de consacrer par le concile de Nicée. Donc ils en jouissaient avant le IV° siècle. — Mais pour peu que l'on soit instruit de la discipline observée pendant les trois premiers siècles de l'Église, on est convaincu que les fonctions des évêques, celles des prêtres et celles des *diacres*, n'ont jamais été confondues. Saint Clément de Rome, dans sa *première lettre aux Corinthiens*, n° 40, suppose que les évêques, les prêtres et les *diacres* ont été établis par Jésus-Christ sur le modèle du pontife, des prêtres et des lévites de la loi ancienne: or, jamais la fonction des lévites ne fut d'*offrir* les sacrifices, mais d'assister les prêtres dans ce ministère. (Béveridge, *sur les canons de l'Église primitive*, liv. II, c. 11, § 9.)

Basnage n'a pas cité fidèlement le passage de saint Ambroise; il y a: « Vous qui m'avez confié la consécration du sang du Seigneur et *la participation à la consommation des sacrements*, me refuserez-vous, etc. » Il est donc clair qu'ici *la consécration du sang du Seigneur* signifie la chose consacrée au sang du Seigneur, pour la distribuer aux fidèles. C'était, en effet, la fonction des *diacres* de distribuer au peuple le pain et le vin consacrés, mais non de faire l'action de les consacrer; nous le prouverons dans un moment. De même que dans l'Écriture une chose offerte à Dieu est nommée *oblation*, une chose consacrée à Dieu peut être aussi appelée *consécration*, et nous le voyons en effet, *Lévit.*, c. XXVII, v. 29. — A la vérité, quand on parle des évêques ou des prêtres, *offrir* est la même chose que *consacrer*, parce que l'oblation fait partie essentielle de la consécration: nous aurons soin d'en faire souvenir Basnage en temps et lieu; mais en parlant des *diacres*, *offrir* l'eucharistie au peuple, ce n'est pas la consacrer. « Après la cérémonie finie, dit saint Cyprien (*De Lapsis*, p. 189), le *diacre* commença à *offrir* le calice à ceux qui étaient présents. » Certainement, dans ce passage, *offrir* n'est pas la même chose que *consacrer*. Ainsi, lorsque le concile d'Ancyre ne veut plus que les *diacres* tombés *offrent* le pain ni la coupe, il faut l'entendre dans le même sens que saint Cyprien. Cela est prouvé par le 18° canon du concile général de Nicée, tenu peu de temps après celui d'Ancyre, qui ne veut pas que les *diacres* donnent aux prêtres la communion. « Il n'est ni d'usage, ni de règle, dit ce concile, que ceux qui n'ont pas le pouvoir d'*offrir* donnent le corps de Jésus-Christ à ceux qui l'*offrent*. » Aussi saint Jérôme ne dit point que le concile de Nicée a *privé* les *diacres* du pouvoir de consacrer, mais il a décidé qu'ils ne l'ont point, et l'on ne peut pas prouver qu'ils l'aient jamais eu. — Nous convenons qu'au IV° siècle quelques *diacres* poussaient leurs prétentions à l'excès, et voulaient l'emporter sur les prêtres; il n'est donc pas étonnant que, *dans plusieurs endroits*, quelques-uns aient eu la témérité d'*offrir* l'eucharistie à l'autel et de la consacrer; c'est ce qu'a défendu le concile d'Arles, avec raison, puisque cette fonction ne leur appartenait pas: ce concile n'établissait pas une nouvelle discipline, il ne faisait que confirmer l'ancienne.

Supposons pour un moment que, dans les passages cités, *offrir* et *consacrer* doivent être pris dans le même sens, il n'en résultera encore rien en faveur des *diacres*. Il est vrai, à la rigueur, qu'ils ont toujours eu part, et qu'ils l'ont encore aujourd'hui, à l'oblation et à la consécration de l'eucharistie, puisqu'ils assistent les prêtres dans cette fonction. Le *diacre* fait avec le prêtre l'oblation du calice, et récite la prière avec lui; pour la consécration, il couvre et découvre le calice, et peut-être qu'autrefois il le tenait avec lui. Saint Laurent pouvait donc dire, dans ce sens, que la *consécration* lui était confiée aussi bien que la participation à la *consommation* du sacrifice; conséquemment le concile d'Ancyre a privé de l'une et de l'autre de ces fonctions les *diacres* tombés. Mais lorsque les *diacres* se sont avisés de vouloir les faire seuls, comme s'ils avaient été prêtres, le concile d'Arles le leur a défendu, et celui de Nicée a décidé qu'ils n'avaient point ce pouvoir. Tout cela s'accorde, et il ne s'ensuit rien en faveur des protestants. (Bingham, *Orig. eccles.* l. II, c. 20, § 8.)

Il y a encore eu d'autres contestations entre les protestants, au sujet des fonctions primitives des *diacres*, mais il ne nous paraît pas nécessaire d'y entrer. Quand il y aurait eu à ce sujet quelque changement dans la discipline, il ne s'ensuivait rien contre l'usage actuel de l'Église catholique.

Dans certains monastères, on a quelquefois donné aux économes ou dépensiers le nom de *diacres*, quoiqu'ils ne fussent pas ordonnés *diacres*.

DIEU (1). Nous entendons sous ce terme le créateur et le gouverneur souverain de l'univers, législateur des hommes, vengeur du crime, et rémunérateur de la vertu. Nous laissons aux philosophes le soin de prouver l'existence de *Dieu* par les raisonnements que la lumière naturelle peut fournir (2); notre devoir est de montrer que *Dieu*

(1) *Criterium de la foi catholique sur ce sujet.* — Il est de foi qu'il y a un seul Dieu, pur esprit, éternel, immense, tout-puissant, immuable, incompréhensible, ineffable, qui gouverne toute chose par sa providence (*Concil. Later.* IV). — L'Église catholique croit et confesse qu'on ne doit admettre aucune distinction réelle entre l'essence divine et ses attributs (*Concil. Trid.*, Sess. XVIII). — Il est de foi qu'il y a en Dieu trois personnes: le Père, le Fils et le Saint-Esprit. *Voy.* TRINITÉ.

(2) Quoique les motifs tirés de la raison en faveur de l'existence de Dieu soient plus du ressort de la philosophie que de la théologie, le théologien doit les connaître. Déjà nous avons développé au mot

n'a pas attendu les recherches de la philosophie pour se faire connaître aux hommes, que les preuves philosophiques ne sont justes et solides qu'autant qu'elles se trouvent conformes aux notions que nous fournit la révélation; et que les philosophes

CRÉATION, l'argument tiré de l'être nécessaire : il ne nous reste donc à présenter ici que les preuves tirées du consentement du genre humain et du spectacle de l'univers. Avant d'exposer ces preuves, qu'il nous soit permis d'apprécier l'argument du père de la philosophie moderne. Cette appréciation est de M. L.-F. Jéhan, qui attaque vigoureusement, comme on va le voir, la doctrine panthéistique.

« Avant d'avoir prouvé l'existence de Dieu et sa véracité, le monde extérieur n'existe pas pour Descartes.

« Nous le demandons, est-ce conformément à ce procédé que Dieu a disposé les choses et l'homme dans ce monde? Parcourez la terre, interrogez les innombrables générations qui s'y succèdent; trouverez-vous un seul homme qui s'avise de mettre en doute l'existence du monde matériel ? Qui jamais a pu parvenir à vaincre le penchant irrésistible qui nous porte à croire à la réalité des corps et de notre propre corps? N'est-ce pas là une loi essentielle et constitutive de notre nature? N'est-ce pas une croyance invincible, inébranlable, marquée de ce caractère d'invariabilité, de nécessité, d'universalité, qui la constitue un fait primitif, une de ces vérités premières, qui sont d'autant plus certaines qu'elles sont indémontrables et qu'elles n'ont pas par conséquent besoin d'être prouvées?

« De bonne foi, quelle évidence les principes qui servent de base aux prétendues démonstrations de la réalité du monde physique ajoutent-ils à l'évidence du fait même qu'ils ont pour but de prouver? Quand Descartes nous conseille de nous appuyer sur la véracité divine, comme garantie de la véracité du penchant qui nous fait croire à l'existence des corps, nous rend-il cette existence plus certaine ? Détermine-t-il en nous une adhésion plus ferme, plus invincible à la réalité de ce que nous touchons et de ce que nous voyons ? Notre raison, qui nous dit que *Dieu ne peut nous tromper*, est-elle plus croyable que nos sens, qui nous disent qu'*il existe hors de nous des choses solides, étendues, impénétrables* ? Et si leur témoignage est absolument de même valeur, chacun dans la sphère des réalités qui sont de son ressort, comment l'un peut-il servir de preuve à l'autre ? La raison elle-même ne nous fait-elle pas comprendre son incompétence absolue à l'égard de l'existence des corps, puisqu'évidemment elle ne peut raisonner dans l'ordre des sciences physiques qu'en s'appuyant sur les données qui lui sont fournies par les sens?

« Mais nous avons à examiner la valeur de la démonstration que Descartes a donnée de l'existence de Dieu?

« Descartes ne pouvait démontrer cette existence par l'idée de la cause universelle et souverainement intelligente qui nous est suggérée par le spectacle des merveilles de la nature et de l'ordre qui éclate dans toutes ses parties : la preuve cosmologique, cet argument si beau, si accessible à tous les hommes, si frappant pour les intelligences les plus bornées, Descartes n'y pouvait recourir, puisqu'il ne tient aucun compte de la réalité du monde extérieur. Où va-t-il donc puiser sa certitude sur l'existence réelle de Dieu? Dans le *moi*, dans la conscience, dans l'idée, c'est-à-dire dans la conception purement idéale du rapport qui lie, selon lui, la notion d'*infini* avec celle de *réalité*. Mais cette idée, d'où lui vient-elle ?

« Ici il est nécessaire de rappeler en peu de mots quelle fut la théorie de Descartes sur la nature et l'origine de nos idées.

« L'esprit pense, connaît, conçoit les objets; les objets, en tant qu'ils sont pensés, sont des idées.

Mais les idées n'existent pas par elles-mêmes; elles n'ont aucune forme; elles ne sont que des manières de considérer ou de désigner soit les objets comme pensés, soit l'esprit comme pensant aux objets. Les idées n'ont pas plus d'existence substantielle que les facultés. Mais comment s'opère le commerce entre l'esprit et les objets? La difficulté de résoudre cette question a donné naissance à mille inventions systématiques.

« Quel fut à cet égard le sentiment de Descartes? Descartes crut que les idées étaient quelque chose, indépendamment de l'esprit, et qu'elles lui arrivaient au moyen d'une *entité intermédiaire* entre l'esprit et l'objet. « Il y a, dit-il, entre le moi et les objets, une faculté de produire des idées. Cette faculté active ne peut être en moi. » (*Méditation* VI.) Ainsi, dans la production des idées, il réduit l'esprit à un rôle passif. De là tous les raisonnements de Descartes sur *l'entité* qui se retrouve dans l'idée comme dans l'objet qu'elle représente, sur la réalité *éminente* ou *formelle*, sur la réalité *objective*, qui est d'autant plus grande dans l'idée qu'il y a plus de réalité et pour ainsi dire plus d'être dans l'objet. De là enfin toutes ces argumentations qui prouvent l'existence par l'idée et qui supposent une analogie de nature entre l'une et l'autre comme entre la cause et l'effet.

« Cette théorie à demi scolastique, pure hypothèse depuis longtemps condamnée sans retour, devait conduire Descartes à la doctrine des idées innées. Comment en effet expliquer autrement l'origine de celles de ces idées qui ne peuvent en aucune manière être rapportées à ces espèces d'émanations d'objets placés à la portée de notre sensibilité nerveuse, telle que l'idée de Dieu, etc.? Aussi Descartes admit-il les idées innées, et de ce nombre était, selon lui, l'idée de Dieu ou de l'Être infini.

« Cette idée, dit-il, ne peut venir de moi, car encore que l'idée de substance soit en moi de cela même que je suis une substance, je n'aurais pas néanmoins l'idée d'une substance infinie, moi qui suis un être fini, si elle n'avait été mise en moi par quelque substance qui fût véritablement infinie. » (*Médit.* III.) « Cette idée est en moi, dit-il encore, comme la marque de l'ouvrier empreinte sur son ouvrage. »

« Ainsi donc, l'unique démonstration que puisse donner Descartes de l'existence de Dieu n'aurait d'autre fondement qu'une hypothèse, l'hypothèse des idées innées, système qui répugne à la raison et que dément l'expérience. Nous ne nous arrêterons pas à présenter la réfutation de ce système universellement abandonné; cette réfutation est partout. Non, la notion de l'infini n'est pas innée dans notre âme, elle n'est point primitive dans notre raison, elle n'a point Dieu pour cause dans le sens cartésien ; mais de l'idée des facultés ou des qualités qui se trouvent en nous à un degré fini, nous nous élevons par la raison à la conception d'une intelligence infinie, d'une puissance infinie, d'une bonté et d'une justice infinies, en un mot, à l'idée d'un être infiniment parfait, et c'est ainsi que l'idée du fini est la condition nécessaire de l'acquisition de l'idée de l'infini.

« À présent, nous le demandons, que devient, dans Descartes, la démonstration de l'existence de Dieu, privée de l'appui apparent de l'hypothèse en question, et, par suite, que devient la preuve de l'existence du monde matériel qu'il fait reposer sur la véracité de Dieu?

« Nous ne pousserons pas plus loin cet examen du cartésianisme. Ce que nous en avons dit suffira sans doute pour rendre manifeste :

n'ont fait que balbutier en comparaison des écrivains sacrés. Ceux-ci nous donnent les preuves, non-seulement de l'existence de Dieu, mais de l'unité de Dieu et de ses attributs : d'où il résulte que c'est Dieu lui-même qui a daigné se révéler aux hommes.

« 1° Que Descartes a servi la cause soit du scepticisme, soit de l'idéalisme, en affaiblissant les ressorts de la certitude et particulièrement de celle du monde extérieur ;

« 2° Qu'il a fourni, par sa théorie de l'idée, des armes au matérialisme d'une part, en procédant, pour la perception externe, du dehors au dedans, et laissant entendre que la matière a le pouvoir d'*informer* notre esprit ; et d'autre part, au panthéisme et au fatalisme, par son hypothèse de l'idée innée qui absorbe en Dieu l'homme et sa liberté.

« Les conséquences d'un principe viennent d'un pas quelquefois lent, toujours sûr, comme une justice tardive peut-être, mais infaillible. L'esprit humain est ainsi arrivé depuis Descartes, de système en système, au panthéisme de Hégel. Avec la raison seule, impossible de ne pas arriver là, impossible d'aller plus loin. C'est la forme la plus savante, la plus achevée de la philosophie logique. La raison y est tout : Dieu n'est qu'elle..... (Alex... Lebre, *Revue des deux Mondes*, 22 juillet 1847.) »

Cette citation est un peu longue ; elle apprendra à se défier de certaines preuves qui ont quelque apparence de vérité, et qui conduisent dans l'abîme.

ARTICLE PREMIER.

Preuve tirée du consentement de tous les peuples.

« Cette preuve, dit M. de la Luzerne (*Dissert. sur l'existence de Dieu*), consiste en deux propositions, l'une de fait, l'autre de droit, qui vont faire le sujet des deux articles suivants. La première est que l'universalité des nations a de tout temps reconnu l'existence de la divinité. La seconde est que cette doctrine unanime de tout le genre humain est du plus grand poids pour prouver l'existence de Dieu.

« Cette question peut être considérée relativement aux nations anciennes et relativement aux modernes.

« I. Par rapport aux peuples de l'antiquité, nous avons les témoignages de tous les écrivains des temps les plus reculés. Sans parler de Moïse, le plus ancien historien qui existe, et des autres écrivains hébreux, nous voyons Hérodote, le premier entre les historiens profanes, et tous ceux qui l'ont suivi, faire mention de la religion de tous les peuples dont ils parlent, quoiqu'ils remontent quelquefois jusqu'aux temps fabuleux. Il en est de même des poëtes de la plus haute antiquité. Hésiode, Homère, tous les autres, chantent la religion des peuples, et en parlent comme d'une chose existante de tout temps. Il y a quelquefois des contradictions entre ces divers auteurs sur les mœurs, les lois, le gouvernement de ces peuples ; il n'y en a point sur leur théisme. Aux écrivains, nous pouvons joindre les monuments qui nous restent des temps antérieurs même à l'histoire : les hiéroglyphes, les statues, les vases égyptiens, étrusques et autres ; les ruines de plusieurs temples. Tous ces témoins muets attestent que l'homme de tous les siècles a eu une religion, comme il a eu un corps et une raison.

« Veut-on des témoignages plus positifs encore? Nous avons rapporté un texte de Platon, qui donne pour preuve de l'existence des dieux, d'abord l'ordre du monde, ensuite le consentement universel de tous les hommes, grecs et barbares. Le même philosophe dit, dans un autre endroit, qu'il n'y a jamais eu personne qui, depuis la jeunesse jusqu'à la vieillesse, ait persévéré dans l'opinion qu'il n'y a pas de Dieu. Cicéron, dans le premier livre de son ouvrage sur la nature des dieux, présente un épicurien établissant sur ce fondement l'existence de la divinité. Au second livre, un académicien emploie le même raisonnement. Parlant en son nom dans le Traité des lois, il déclare qu'il n'y a pas de nation tellement barbare, tellement féroce, que, même ignorant quel Dieu elle doit adorer, elle ne reconnaisse cependant qu'elle doit en adorer un. Sénèque n'est pas moins précis. Il dit positivement que la doctrine de l'existence des dieux est celle de tous les hommes, et qu'il n'y a pas une nation tellement dépourvue de mœurs et de lois, qu'elle ne reconnaisse quelque Dieu. Plutarque dit que, si on veut parcourir la terre, on pourra trouver des villes sans murs, sans lettres, sans lois, sans maisons, sans richesses, sans monnaies, qui ne connaissent ni les gymnases, ni les théâtres ; mais quant à une ville n'ayant point de temples et de dieux, ne faisant point usage de prières, de serments, d'oracles, n'implorant pas le bien par des sacrifices, ne détournant pas les maux par des actes religieux ; que personne n'en a jamais vu une telle.

« A ces autorités, il serait facile d'en ajouter beaucoup d'autres, tirées des seuls auteurs païens ; mais il n'y en aurait pas de plus graves que celles des auteurs célèbres que je viens de citer : je crois leur témoignage plus que suffisant pour établir la vérité du fait dont il s'agit.

« Nous avons cependant quelque chose de plus démonstratif encore. Ce qui prouve le plus complétement une vérité, c'est l'aveu de ceux qui seraient intéressés à la contester. Lucrèce loue Epicure d'avoir été le premier à combattre la religion parmi les hommes : tous les hommes antérieurs à Epicure avaient donc une religion ! Lucien, autre ennemi de toute religion, dans un de ses dialogues, introduit Timoclès, religieux, disant que s'il n'y a pas de dieux tous les hommes sont trompés, et Damis, incrédule ; ne contestant pas le fait de cette universalité de doctrine, et niant seulement la conséquence qu'en tire son adversaire. Deux écrivains aussi éclairés que Lucrèce et Lucien n'auraient pas avoué que le théisme est la doctrine de tout le genre humain, si ce n'eût pas été une vérité tellement reconnue qu'elle était incontestable. Ils n'ont pas nié le fait si contraire à leur système ; ils en deviennent par là les témoins les plus irrécusables.

« II. « Ce n'est pas seulement chez les Grecs et les Romains, dit Mgr Gousset, (*a*) qu'on trouve le dogme de l'existence de Dieu ; cette croyance s'est transmise fidèlement à toutes les nations dont les noms nous sont parvenus. Les anciens Perses, les Chaldéens et les Assyriens, les Phéniciens et les Chananéens, les Egyptiens, les Arabes, les anciens Chinois, les peuples du Nord perdus dans leurs forêts, les Germains, les Gaulois, les habitants de l'Afrique, tous les peuples qu'on aperçoit dans les vieux monuments, y apparaissent avec leurs autels et leurs dieux, avec leurs sacrifices et leurs expiations, par conséquent avec la croyance d'une divinité quelconque. Nous trouvons la même foi parmi les peuples les plus sauvages. Il n'y a jamais eu aucun barbare, dit Elien, qui n'ait respecté la Divinité, ou qui ait révoqué en doute s'il y a des dieux, et s'ils prennent soin des choses d'ici-bas. Jamais aucun homme, soit Indien, soit Celte ou Egyptien, n'a pensé sur cette matière comme Emérus le Messénien, Diogène le Phrygien, Hippon, Diagoras, Susias, Epicure. Ces peuples, tombés depuis des temps si reculés dans un état d'ignorance et de brutalité, ne devraient-ils pas, ce semble, avoir perdu le souvenir de toutes les traditions de la société ? Et cependant la croyance de Dieu a survécu à leur profonde barbarie, et les voyageurs l'ont retrouvée dans toutes les contrées les plus ignorées de l'ancien et du nouveau monde. Le P. Tachart (*Relat. du cap de Bonne-Espérance*,

(*a*) Dictionnaire de Bergier, édition de Besançon.

I. La première vérité que nous apprennent les livres saints est le fondement de toutes les autres. *Au commencement Dieu a* tom. 1, c. 8) affirme que, dans une conférence qu'il eut avec les principaux de la nation des Hottentots, il reconnut qu'ils croyaient à l'existence d'un Dieu, et cette opinion est confirmée par M. Kolben, qui, ayant passé plusieurs années au cap, s'instruisit du fondement de leur religion et de leurs mœurs. Les voyageurs rapportent de même l'espèce de sacrifice et de prière que les nègres de Guinée adressaient à leurs divinités. (*Relat. de Guinée*, par Salmon.) Les Indiens croient à un Être suprême, et ils rendent des honneurs et un culte particulier à des dieux subalternes. (*Relat. des miss. danois.*) Les habitants de Ceylan reconnaissaient un dieu souverain qui avait d'autres dieux sous ses ordres. (*M. Knox.*) Les peuples de l'Amérique, selon le récit de Joseph Acosta (*De proc. Ind. Salut.*, l. v), avaient la croyance d'un dieu maître souverain de toutes choses, et parfaitement bon. Le P. Lafitau, dans son livre des *Mœurs des Sauvages*, observe qu'ils reconnaissent un être, ou esprit suprême, quoiqu'ils le confondent avec le soleil, auquel ils donnent le titre de grand esprit, d'auteur et d'arbitre de la vie. D'autres peuples de l'Amérique avaient une idée plus parfaite de la Divinité, et Garcilasso de la Véga nous apprend qu'avant l'arrivée des Incas au Pérou, les Sauvages habitants de ces contrées croyaient qu'il existait un Dieu suprême, auquel ils donnaient le nom de *Pacha-Kamak*; qu'il donnait la vie à toutes les choses, qu'il conservait le monde, qu'il était invisible et qu'ils ne pouvaient le connaître. (*Nouv. Démonst. évang.* de Leland, 1re part., ch. 2.) Qui comptera les voix qui s'élèvent ainsi par toute la terre pour proclamer cette universelle croyance des hommes? On la trouve partout, dans les monuments publics, dans les livres des historiens, dans les rêveries des philosophes, dans les fictions des poètes; et ce serait une recherche curieuse, et digne à la fois de frapper l'attention des vrais philosophes, que celle de tous les témoignages épars dans les ouvrages les plus différents par leur objet et par la pensée de leurs auteurs, en faveur de cette immortelle tradition du genre humain, qui, remontant à l'origine des sociétés, les suit dans leur développement, et ne les abandonne pas même dans leur barbarie. »

ARTICLE II.
Preuve de l'existence de Dieu par l'ordre du monde.

« La démonstration de l'existence de Dieu par l'ordre admirable de la nature et le magnifique tableau qu'elle nous présente est si simple et si naturelle, dit M. de la Luzerne (*Ibid.*); elle saisit si vivement l'esprit aussitôt qu'on la lui présente; elle le satisfait si pleinement quand il l'approfondit, qu'il est étonnant qu'on soit obligé de la développer, et qu'il se soit rencontré des hommes qui aient entrepris de la combattre. Ils traitent de vaine déclamation tout ce que, sur cette si belle matière, ont dit de plus éloquent les plus grands génies, soit du christianisme, soit même du paganisme. Il serait glorieux sans doute, à la suite de ces illustres personnages, de mériter un pareil reproche. Mais ici la chose parle bien plus éloquemment que tous les hommes. Quelle voix humaine peut égaler la voix de la nature entière, criant de toutes ses parties, et proclamant la grande vérité que nous défendons? Langage sublime! langage universel! tous les temps, tous les pays, tous les âges, toutes les conditions l'ont entendu. L'enfant et l'homme mûr, le sauvage et le citoyen policé, l'ignorant et le savant, tout homme qui ne ferme pas volontairement les yeux, comme l'athée, lit, tracée en lettres de feu dans les cieux, l'existence de leur auteur. Quant à nous, *créé le ciel et la terre. Dieu* était donc seul, rien n'existait que lui, il est éternel : comment aurait pu commencer d'être celui avant n'oublions pas que c'est à ces aveugles volontaires que nous parlons; que ce que nous leur devons est une pure et simple démonstration. Ainsi, nous bornant à la sécheresse du raisonnement, nous nous arrêterons à deux propositions simples et claires : la première, qu'il existe dans la nature un ordre admirable; la seconde, que cet ordre n'a pu être établi que par Dieu. Ce seront les sujets de deux articles, auxquels nous en joindrons un troisième, dans lequel nous répondrons à quelques difficultés.

§ 1. Il existe dans la nature un ordre admirable.

« 1. Selon les athées, l'ordre n'est rien en soi. « Ce mot, disent-ils, dans sa signification primitive, ne représente qu'une façon d'envisager et d'apercevoir avec facilité l'ensemble et les rapports d'un tout, dans lequel nous trouvons, par sa façon d'être et d'agir, une certaine convenance ou conformité avec la nôtre..... L'ordre et le désordre, dans la nature, n'existent point : nous trouvons de l'ordre dans tout ce qui est conforme à notre nature, et du désordre dans ce qui lui est contraire. »

« Tout, dans cette prétendue notion de l'ordre, est faux. On commence par confondre l'ordre en lui-même avec l'idée que nous en avons; notre façon d'envisager l'ordre, avec l'ordre que nous envisageons. L'idée de l'ordre en général est une idée abstraite, comme toutes nos autres idées générales, comme les idées de vertu, de beauté, etc. Mais, pour être abstraites, elles n'en ont pas moins un fondement hors de nous; et de même qu'il y a, dans le monde, de la vertu, de la beauté, de même il y a de l'ordre. Il faut considérer aussi que l'ordre étant une qualité des êtres, de même que toutes les autres qualités, n'a pas une existence propre et isolée : il n'existe que dans les choses; il n'est que les choses mêmes réglées et ordonnées plus ou moins parfaitement. Telles sont la divisibilité, la mobilité, la solidité : ce ne sont pas des êtres existants en eux-mêmes, ce ne sont que les corps divisibles, mobiles et solides : ces qualités ne sont cependant pas moins réelles et existantes. Ainsi, l'idée de l'ordre en général est une abstraction de notre esprit; l'idée de l'ordre appliquée à un objet particulier, est l'idée de cet objet disposé avec ordre. Mais de ce que l'idée de l'ordre est telle dans notre esprit, l'athée a tort de conclure que hors de notre esprit il n'existe pas d'ordre.

« II. Il y a quelque difficulté à donner de l'ordre une définition précise, parce que l'idée d'ordre est simple et plus claire que toutes celles par lesquelles on entreprendrait de l'expliquer. Il n'y a personne qui, en voyant une chose, ne sente qu'il y a de l'ordre ou du désordre. Quand on voit les diverses parties d'un tout situées dans des places convenables, correspondre entre elles, et tendre à un même but, tout homme qui n'est pas dépourvu de raison dira que là il y a de l'ordre. Je demanderai à l'athée lui-même s'il ne trouve pas plus d'ordre dans la façade symétrique d'un beau palais, que dans un amas de pierres jetées confusément sur la terre; dans un concert harmonieux, que dans les cris confus d'un troupeau de divers bestiaux. Si l'ordre n'est qu'une fiction de notre esprit, s'il n'a pas hors de nous de réalité, le pays où il n'y a ni lois ni gouvernement, où les hommes se dépouillent, s'assassinent impunément, où tout est dans le trouble et la confusion, est donc aussi bien ordonné que celui où des lois sages et un gouvernement ferme assurent aux citoyens leur sûreté, leur propriété et leur liberté. Si l'ordre n'est qu'un nom, il n'y a de différence que de nom entre la vérité et l'erreur, entre la sagesse et la folie, entre la vertu et le vice.

lequel rien n'existait? — Si nous ignorons en quel sens *Dieu* est *créateur*, l'auteur sacré nous l'apprend : *Dieu* opère par le seul vouloir; il dit : *Que la lumière soit, et la lumière fut.* Ici aucune équivoque ne peut avoir lieu. — Voilà la base de toutes les démon-

« C'est avec aussi peu de vérité que l'on avance que nous faisons consister l'ordre et le désordre dans les choses qui nous sont favorables ou contraires. Nous reconnaissons l'un et l'autre dans les choses qui sont les plus éloignées de nous, les plus indifférentes à notre bien-être; nous les reconnaissons jusque dans celles qui nous nuisent. Je souffre dans une ville assiégée; je ne vois pas moins que le siège se fait avec ordre et régularité.

« III. La réalité, l'existence de l'ordre, étant établies, il n'est assurément pas difficile de prouver que rien au monde ne présente un ordre plus admirable, plus parfait, que le monde lui-même. Quatre choses contribuent spécialement à le rendre plus merveilleux. D'abord, son étendue, c'est-à-dire la multiplicité et la variété des rapports qui le constituent ; ensuite, l'exactitude et la juste correspondance de ces rapports entre eux ; après cela, leur constante stabilité ; enfin, la fécondité, la diversité, l'apparente contrariété des moyens qui l'établissent et le conservent.

« IV. En premier lieu, la multiplicité et la variété des rapports de ce monde matériel sont telles, que notre esprit ne peut s'en former l'image. En essayant d'approfondir cette idée, il s'y confond comme dans l'idée de l'infini. Il n'y a pas un atome de matière qui ne se combine avec d'autres : c'est leur réunion qui forme les corps, et leur séparation en opère la dissolution, pour aller ensuite recomposer d'autres corps. Si des éléments nous passons aux êtres qu'ils composent, d'abord nous découvrons leur nombre immense, leur prodigieuse diversité. Depuis ces globes de feu qui roulent sur nos têtes, dont nous avons peine à calculer l'énorme grandeur, et en comparaison desquels le globe que nous habitons, qui nous semble si vaste, est cependant si petit, jusqu'à l'immense multitude de ces êtres microscopiques devant lesquels un grain de sable est une montagne ; quelle immense quantité de substances, ayant chacune son existence propre et individuelle! Le mot innombrable est trop faible pour l'exprimer. De tous ces êtres considérés en particulier, il n'y en a pas un seul qui ne soit formé de parties dont l'assemblage le constitue, et dans lequel il n'y ait une relation de toutes ces parties, soit entre elles, soit avec le tout. Si on considère les êtres divers sous un rapport plus général, on découvre qu'il n'y en a aucun qui n'ait des rapports avec un grand nombre d'autres. Depuis la dernière particule de matière jusqu'à l'univers entier, c'est une chaîne d'êtres qui font successivement partie les uns des autres ; tous servent à d'autres, tous sont servis par d'autres ; tous sont à la fois les deux termes de la relation ; tous sont et moyen et objet. Dans les ouvrages de l'homme, l'ordre est simple; c'est-à-dire que chaque chose n'a de relation qu'à une seule autre, ou du moins à un petit nombre d'autres ; chaque cause ne produit que peu d'effet. Dans la nature, quelle complication inimaginable de rapports : il n'y a pas un être qui ne soit en relation avec une multitude d'autres, soit comme cause concomitante avec eux, soit comme effet résultant de leur concours ; c'est une influence générale et réciproque de presque tous sur presque tous.

« V. En second lieu, outre cette immense multiplicité de rapports, nous devons spécialement admirer leur exactitude et la justesse avec laquelle tous ces êtres divers correspondent entre eux. Je n'entreprendrai point de décrire cette magnifique harmonie des êtres ; ce serait un travail infini, et toujours incomplet, sur un objet qui excède visiblement la capacité de l'esprit humain : il est impossible que de ces relations si multipliées, si variées, souvent si éloignées de nous, quelquefois si minutieuses, le plus grand nombre n'échappe à nos recherches. Contentons-nous de quelques indications sommaires sur l'objet que nous sommes le plus à portée de connaître, sur la terre que nous habitons. Dans la marche qu'elle suit autour du soleil, elle se tient constamment à une distance proportionnée aux influences qu'elle doit en recevoir, et, lui présentant successivement ses diverses faces, elle tire de lui une variété de température nécessaire à sa fécondité. Les combinaisons variées à l'infini du feu, de l'air, de l'eau et de la terre, forment tous les corps, en les entretiennent, fournissant à chacun, dans une juste mesure, ce qui lui est nécessaire. La structure des plantes est analogue à leur manière d'être, de se développer, de s'accroître et de se reproduire. Chacun des animaux a une conformation adaptée à ses besoins, qui varie dans eux comme leurs différentes manières de subsister. Jetons les yeux sur nous-mêmes : il n'est pas un de nos membres dont la construction, la correspondance des différentes parties, ne soit un prodige. La relation de nos membres entre eux, l'utilité dont ils sont les uns aux autres, leur mesure exactement calquée sur nos besoins, le résultat de leur ensemble, sont de nouveaux sujets d'admiration. Depuis les vastes parties du grand tout, jusqu'aux minutieuses parcelles des plus petits êtres, tout est proportionné, tout est à sa place, tout a ce qu'il lui faut, ni plus, ni moins, pour concourir à son but, et pour l'atteindre.

« VI. En troisième lieu, la constante permanence de cet ordre si admirable, qui frappe sans cesse nos regards de la même manière, fait que nous n'en sommes pas très-étonnés. Et cependant cette stabilité, cette perpétuité du même ordre doit augmenter de plus en plus notre étonnement et notre admiration. Il faut que tous les ressorts qui font mouvoir cette immense machine, et dans son ensemble, et dans la multiplicité de ses parties, soient bien fortement constitués, bien sagement ordonnés, pour que, depuis un si grand nombre de siècles, l'ordre qu'ils établissent se maintienne toujours le même, sans éprouver le plus léger dérangement. Nous voyons les astres suivre toujours la même course à travers l'espace, sans jamais se rencontrer ; et les comètes, qui suivent une marche opposée, ne se trouver sur la route d'aucun autre corps. Depuis six mille ans, le soleil ne cesse de verser des torrents de lumière, sans s'épuiser ; la terre de faire germer de nouvelles productions, sans altérer sa fécondité ; la mer de recevoir le tribut des fleuves et des pluies, sans déborder. Après un si grand nombre de siècles, l'ordre du monde, le concert de ses parties est le même qu'il était dans les premiers jours. Sa constante perpétuité est telle, qu'elle est le fondement de la certitude physique, et que le plus léger dérangement qui y arriverait serait regardé comme un miracle, dont l'incrédulité rejetterait avec mépris la possibilité.

« VII. En quatrième lieu, ce qui doit achever de donner une grave et extraordinaire idée de cet ordre, c'est la singularité et la contrariété apparente des moyens par lesquels il se conserve sans interruption. Tous les éléments de la matière sont dans une continuelle opposition ; et c'est leur combat qui maintient leur union. Le mouvement régulier des astres est le résultat de deux mouvements opposés. En décomposant des minéraux, on y trouve des principes contraires, et la même mine donne des substances de natures absolument opposées. L'accroissement des plantes est l'effet d'une combinaison de froid et de chaud, d'humidité et de sécheresse. Le corps des animaux, le nôtre, est un composé de solides et de fluides : de solides tous divers, les uns durs, les autres mous, et ayant une différente mé-

strations de l'existence de Dieu, la nécessité d'un créateur, d'un premier principe de toutes choses : de là découlent, par autant sure de densité; de fluides de natures contraires, doux et amers, alcalins et acides, qui s'unissent merveilleusement, sans se confondre. Tout ce que nous découvrons dans la nature est en opposition ; et tout, depuis des siècles, se tient dans le plus parfait concert. On ne voit jamais ces éléments, dont les effets sont quelquefois si prodigieux, excéder leurs limites et venir absorber les autres. C'est de leur combat continuel que naît leur paix constante. Ce n'est pas tout : cet ordre que nous voyons dans une constante régularité est, dans plusieurs de ses parties, l'effet de continuelles variations. Voyez sur la face de la terre une multitude d'êtres tomber en dissolution, pour que de leur ruine il s'en reforme d'autres : les générations de minéraux, de plantes, d'animaux, disparaissent successivement, pour être immédiatement remplacées par d'autres êtres. Toutes ces parties de la nature deviennent sans cesse différentes, la nature restant toujours la même. La constante régularité de leurs mouvements, dans une prodigieuse variété, donnant des résultats toujours les mêmes, et partout différents, maintient le tout dans le même état, par la continuelle succession de ses changements : c'est leur mobilité perpétuelle qui produit son immobile permanence.

« Tel est donc l'ordre que nous ne pouvons nous empêcher de reconnaître dans l'univers soumis à nos observations. Incommensurable dans l'immense multiplicité des êtres qu'il comprend; impossible à suivre dans la prodigieuse variété de leurs rapports; merveilleux dans leur exacte correspondance ; étonnant dans sa perpétuelle stabilité ; confondant toutes nos pensées par les moyens contraires entre eux qui le maintiennent ; un tel ordre, je le demande, a-t-il pu se former, pourrait-il se soutenir, s'il n'était l'ouvrage de la toute-puissance ? La réponse à cette question va être l'objet de l'article suivant. »

§ 2. L'ordre du monde est l'ouvrage de Dieu.

« L'ordre du monde, continue M. de la Luzerne, est évidemment l'effet d'une cause intelligente. Cette cause est évidemment Dieu.

« VIII. Prenons d'abord la première de ces propositions. Je dis qu'elle est d'une telle évidence, que tout ce que les athées ont pu imaginer pour obscurcir cette vérité n'a jamais fait, au jugement de tous les hommes raisonnables, que lui donner un nouveau degré de clarté. Ce ne sont pas seulement les auteurs chrétiens qui l'ont soutenue ; les simples lumières de la raison en avaient fait voir l'évidence aux plus sages des philosophes païens.

« Les athées anciens et modernes se réunissent en un point : c'est que la disposition du monde n'a point d'auteur ; que toutes les relations que nous voyons n'ont point été établies dans certaines vues, pour certaines fins, et qu'il n'y a pas de cause finale. Il est nécessaire d'expliquer ce mot.

« IX. Comme les causes efficientes sont les seules qui produisent véritablement les effets, ce sont les seules qui, dans le sens strict, méritent le nom de causes. Cependant, dans un sens plus étendu, on a appelé causes les choses qui avaient de l'influence dans la production des effets : ainsi, on a nommé causes occasionnelles les choses à l'occasion desquelles la cause efficiente agit ; et de même on a appelé causes finales les fins, le but qu'elle se propose dans son opération. La cause efficiente de la construction d'une maison est l'architecte ; la cause finale, l'habitation des hommes. La cause finale suppose donc une intelligence, une volonté, un but dans la cause efficiente. Les athées soutiennent tous qu'il n'y a point de cause efficiente dans l'ordre du monde ; et que les diverses relations des êtres, leur concours aux mêmes effets, ne sont nullement un indice de conséquences évidentes, les attributs de Dieu, attributs qui ne conviennent et ne peuvent convenir qu'à lui. Les philosophes causes finales. Mais quand il s'agit d'assigner le principe de cet ordre, l'origine de toutes ces diverses relations, ils se divisent au moins dans les termes. Les anciens attribuaient au hasard les phénomènes de la nature ; les modernes disent que ce sont les résultats de la nécessité. Il n'a pas été imaginé, par aucun d'eux, de troisième cause de l'ordre du monde ; ainsi, quand nous aurons montré l'absurdité de ces deux systèmes, nous les aurons tous réfutés, et il restera certain que les merveilles de la nature sont l'œuvre d'une puissance supérieure.

« X. En premier lieu, le hasard ne peut être une raison suffisante de l'ordre du monde. Le hasard suppose un effet, et par conséquent une cause ; mais il suppose une cause qui ignore l'effet qui résultera de son action, et qui n'en a pas le projet. Je jette avec un cornet trois dés : ce n'est point par hasard que ces dés sortent du cornet, puisque j'ai su et voulu cette sortie ; mais c'est par hasard que j'amène rafle de six, puisque j'ignorais ce que produirait la projection des dés. Si je m'étais servi de dés pipés, il n'y aurait plus aucun hasard, parce que la combinaison aurait été prévue et arrangée par moi. Le hasard n'est donc pas un être ; il n'est autre chose que la négation de connaissance et de dessein dans une cause ; on ne peut donc pas dire qu'il est la raison suffisante de l'existence de quoi que ce soit; une pure négation ne peut pas être un principe d'existence ; il est absurde d'imaginer que ce qui n'est pas procure l'être.

« XI. En second lieu, le système des athées modernes, qui attribue à la nécessité l'admirable disposition de cet univers, est aussi contraire à la raison que celui de leurs devanciers. Il s'agit ici d'une nécessité antécédente et absolue, et non d'une nécessité hypothétique et conséquente. S'ils veulent se réduire à cette seconde espèce de nécessité, nous serons d'accord avec eux sur ce point : les mouvements variés et réguliers qui forment l'ordre du monde, sont en effet nécessités en ce sens. Mais dès lors ils supposent une cause dont ils émanent, et qui les rend nécessaires.

« Ce qui est nécessaire d'une nécessité absolue l'est tellement, qu'il est impossible de le concevoir non existant ou existant autrement ; que l'hypothèse qu'on voudrait en faire impliquerait contradiction, présenterait l'être et le non-être. Mais certainement je conçois un ordre différent dans le monde : il n'impliquerait pas contradiction qu'il existât un univers dans lequel les astres prendraient leur cours d'occident en orient ; dans lequel il y aurait quelques genres de plantes, quelques espèces d'animaux de plus ou de moins que dans celui-ci ; qui serait en un mot autrement ordonné. Cette supposition ne présente nullement l'être et le non-être. Il est donc clair que l'ordre du monde n'est pas nécessaire d'une nécessité absolue.

« XII. La seconde proposition, savoir, que cette cause ne peut être que Dieu, est également certaine. Elle n'a pas même besoin d'être discutée, parce que les athées n'en disconviennent pas : ils reconnaissent que si l'ordre de la matière est l'effet d'une cause pensante et voulante, cette cause ne peut être autre que celle qui aura créé la matière elle-même. Il faut que cet effet soit produit par l'être créateur ou par un être créé ; mais, dans ce second cas, la créature n'aura pu recevoir la puissance d'ordonner la matière que de son créateur ; ce sera donc, même dans cette hypothèse, du créateur que viendra l'ordre du monde ; non pas immédiatement, à la vérité, mais médiatement, et cette assertion ne favoriserait nullement l'athéisme. »

les ont méconnus, parce qu'ils ont rejeté l'idée de *création*. — Dieu, en créant l'univers, donne le branle à toutes les parties;

« § 3. La croyance universelle prouve l'existence de Dieu.

« Pour prouver cette proposition (la Luzerne, *loc. cit.*), j'en établis deux : 1° L'accord unanime de tous les hommes a en soi-même une très-grande force pour opérer la persuasion. 2° Spécialement sur la question de l'existence de Dieu, ce consentement universel a une autorité absolument décisive.

« XIII. D'abord, je dis qu'il n'y a pas d'homme qui, par ses seules lumières, puisse contrebalancer l'autorité universelle et perpétuelle de tout le genre humain. Ce serait un privilége personnel qui supposerait une force d'esprit supérieure à celle de tous les hommes réunis : celui qui se vanterait de la posséder devrait démontrer métaphysiquement la vérité de son opinion, opposée à celle des hommes de tout temps et de tout pays.

« Il est reconnu de tout le monde qu'une opinion adoptée par un certain nombre de sages acquiert, par là même, un degré de probabilité. Si la majeure partie des sages y acquiescent, la probabilité devient plus grande ; elle le sera encore plus quand elle réunira le suffrage de tous; enfin, elle s'élève au plus haut degré, si elle est adoptée par tous les hommes, savants et ignorants. En effet, s'il n'y avait que les ignorants qui adhérassent à cette opinion, on pourrait dire que le suffrage des savants est supérieur à celui-là, et la ranger parmi les erreurs populaires ; si, au contraire, il n'y avait dans ce sentiment que des savants, on pourrait prétendre qu'ils s'égarent dans de vaines spéculations, et que le peuple, qui suit simplement la nature, est moins sujet à se tromper que les philosophes. Mais qu'objecter à la réunion des uns et des autres ; à cette unanimité de tous les hommes, qui ont des préjugés, des affections, des intérêts, non-seulement divers, mais opposés? Aussi la doctrine générale et constante de tous les hommes a-t-elle été regardée par les plus beaux génies comme une marque certaine de la vérité.

« XIV. Je viens de considérer le témoignage du genre humain en général, et indépendamment des objets sur lesquels il porte: en conséquence, je ne l'ai présenté que comme établissant la plus forte probabilité. Il est en effet absolument possible que, sur certains objets, tous les hommes soient entraînés dans une erreur générale. La raison en est que sur quelques objets il peut y avoir des causes générales d'erreur que les hommes, pendant des siècles, ne soient point à portée de reconnaître. Mais sur les points sur lesquels il ne peut pas y avoir de cause générale d'erreur, le consentement unanime de tous les temps et de tous les pays donne non-seulement une souveraine probabilité, mais une véritable certitude. Il n'y a point d'effet sans cause ; point d'effet absolument et sans exception, universel : il n'y a donc point d'erreur unanime, dans tout le genre humain, qui n'ait une cause commune à tout le genre humain. Or, je dis, et ceci va former la preuve de ma seconde proposition, que la doctrine unanime de toutes les nations sur l'existence de Dieu n'a pu ne peut avoir pour origine une cause d'erreur ; et je prouve cette vérité de deux manières : d'abord, en montrant les causes réelles dont a pu procéder cette universalité, lesquelles n'ont pu établir que la vérité ; ensuite, en reprenant les diverses causes de préjugé auxquelles les incrédules ont imaginé d'attribuer cette unanimité de persuasion, et en faisant voir qu'il est absurde de l'en faire découler.

« XV. On ne peut assigner de vraie cause de la doctrine générale de l'existence de Dieu, que l'une des trois suivantes : ou une idée innée, infuse par notre nature, par Dieu lui-même ; ou le raisonnement naturel, que le monde n'a pu exister et être arrangé aussi admirablement qu'il l'est, que par un créateur et il souffle sur les eaux, fait rouler les astres, donne par le mouvement la vie et la fécondité à toute la nature : par là nous un ordonnateur ; ou enfin une tradition originaire.

« XVI. Quand je parle d'idées innées, mon intention n'est pas d'assurer qu'il en existe, ou que l'idée de la divinité soit telle ; je ne prononce point entre Descartes et Locke : je laisse à la métaphysique ses disputes. Ce n'est point sur des opinions d'école que nous fondons la certitude de l'existence de Dieu. Je dis seulement que si on veut admettre le système de Descartes, et regarder l'idée de Dieu comme innée, infuse par lui, et faisant partie de notre nature, on aura une cause très-simple de l'universelle diffusion du théisme, une cause commune à tous les hommes, une cause qui suppose la vérité de ce dogme. Cela est tellement évident, que les incrédules nous imputent de vouloir faire de la notion de la divinité une idée innée, et qu'ils la rejettent, comme on le sent facilement, avec un souverain mépris.

« XVII. Mais nous sommes bien éloignés de raisonner ainsi nous n'avons pas besoin de recourir au système des idées innées pour donner à l'universalité du théisme une cause qui en é ablisse la vérité. Locke lui-même, le grand ennemi des idées innées, la présente, et c'est la seconde que nous avons indiquée : « Telle est, dit-il, l'idée de Dieu ; car les marques éclatantes d'une sagesse et d'une puissance extraordinaires paraissent si visiblement dans tous les ouvrages de la création, que toute créature raisonnable, qui voudra y faire une sérieuse réflexion, ne saurait manquer de découvrir l'auteur de toutes ces merveilles ; et l'impression que la découverte d'un tel être doit faire nécessairement sur l'âme de tous ceux qui en ont entendu parler une seule fois, est si grande et entraîne avec elle une suite de pensées d'un si grand poids, et est si propre à se répandre dans le monde, qu'il me parait tout à fait étrange qu'il puisse se trouver sur la terre une nation entière d'hommes assez stupides pour n'avoir aucune idée de Dieu : cela, dis-je, me semble aussi surprenant que d'imaginer des hommes qui n'auraient aucune idée des nombres et du feu. » Nous te d rons donc avec ce philosophe : s'il n'y a pas d'idées innées, il y en a de tellement naturelles qu'elles se présentent d'elles-mêmes à l'esprit, et qu'aussitôt qu'elles lui sont offertes, il ne peut pas ne pas les saisir. Ainsi, la vue d'une machine artistement travaillée inspire tout de suite l'idée d'un ouvrier. Ce même jugement, à l'inspection de l'admirable machine du monde, a dû nécessairement produire la persuasion générale de la divinité. Il y a une connexion si intime, si immédiate, si évidente, entre l'ordre du monde et son ordonnateur, que d'elle-même elle frappe subitement, infailliblement, fortement, tous les esprits. Comme partout le spectacle du monde est le même, partout le même jugement a dû se répéter. Ainsi se soutiennent et se confirment, mutuellement les preuves des grandes vérités. Cette démonstration si simple de l'existence de Dieu a produit l'universalité de la croyance de ce dogme ; et réciproquement l'universalité de cette croyance ajoute un nouveau poids à la démonstration, en faisant voir qu'elle a persuadé, non pas quelques personnes, mais la totalité absolue du genre humain.

« XVIII. Enfin, une troisième cause naturelle de la diffusion du théisme sur toute la terre est une tradition qui remonte aux premiers temps. Ce dogme n'a pas pu passer d'une nation à l'autre, puisqu'on le retrouve chez les peuples qui n'avaient avec les autres aucune relation. Cette profession générale d'une même croyance doit donc être antérieure à leur dispersion ; elle doit remonter à un temps où, réunis dans un même pays, les pères de ceux qui existent aujourd'hui ne faisaient qu'une seule nation. Aussi n'y a-t-il aucun temps antérieur à cette doc-

concevons l'inertie de la matière et la nécessité d'un premier moteur. — Non-seulement *Dieu* crée, mais il arrange, il met de l'ordre dans ce qu'il fait. Il n'agit point avec l'impétuosité aveugle d'une cause nécessaire, mais successivement, avec réflexion, librement et par choix ; la *sagesse* préside à son ouvrage, il déclare que *tout est bien* : par là nous apercevons la nécessité d'une intelligence souveraine pour établir et pour maintenir l'ordre physique du monde. — *Dieu* crée non-seulement des corps inanimés et passifs, mais des êtres animés et actifs, qui ont en eux-mêmes un principe de vie et de mouvement ; il leur ordonne de croître et de se multiplier. En vertu de cet ordre suprême, les générations se succèdent, la vie se perpétue, la nature se renouvelle. C'est de *Dieu* que viennent la vie et la fécondité. La matière, tombée en pourriture, ne sera donc jamais par elle-même un principe de vie et de reproduction ; en dépit des visions philosophiques, rien ne naîtra sans un germe que *Dieu* a formé. — L'être pensant sortira-t-il du sein de la matière ? Non, c'est le chef-d'œuvre de la sagesse du Créateur : *Faisons l'homme à notre image et à notre ressemblance, et qu'il préside à la nature entière*. Homme, voilà la source de ta grandeur et de tes droits ; si tu l'oublies, la philosophie te remettra au niveau des brutes soumises à ton empire. Vois si tu veux préférer ses leçons à celles de ton Créateur. — *Dieu* ne parle point aux animaux, mais il parle à l'homme, il lui impose des lois ; il lui donne une compagne, et lui ordonne de la regarder comme une portion de lui-même. Il les bénit, leur accorde la fécondité et l'empire sur les animaux : ainsi commence, avec le genre humain, le gouvernement paternel d'un *Dieu* législateur. De cette loi primitive découleront dans la suite toutes les lois de la société naturelle, domestique et civile, que *Dieu* vient de former. — Pour compléter son ouvrage, *Dieu bénit le septième jour et le sanctifie*; bientôt nous voyons les enfants d'Adam offrir à *Dieu* les prémices des dons de la nature ; la religion commence avec le monde, et c'est *Dieu* qui en est l'auteur.

Nous osons défier tous les philosophes anciens et modernes de trouver, je ne dis point de meilleures démonstrations que celles-là, mais aucune démonstration de l'existence de *Dieu* qui ne revienne à celles-là. La nécessité d'une cause première et d'un premier moteur, d'une intelligence souveraine pour établir et maintenir l'ordre physique de l'univers, d'un principe qui donne la vie, la fécondité, le sentiment aux êtres animés, d'un esprit créateur des âmes, auteur des lois de la morale et de la religion, d'un juge équitable, rémunérateur de la vertu et vengeur du crime. Telles sont les leçons que *Dieu* avait données à nos premiers pères ; elles n'ont été écrites que deux mille cinq cents ans après ; mais *Dieu* les avait empreintes sur la face de la nature, et Adam, qui les avait reçues, en rendait encore témoignage à l'âge de neuf cent

trine. On connaît les chefs des sectes, l'origine de beaucoup de sciences et d'arts : la notion de la divinité précède tout cela : dans quelque temps qu'on voie les hommes, on les voit honorant *Dieu*. Le plus ancien des historiens nous explique cette antiquité, cette universalité, en remontant à un premier homme, de qui sont descendus tous ceux qui ont peuplé la terre. Si, comme Moïse le rapporte, un seul homme créé de Dieu a été le père de tout le genre humain, il a dû laisser à sa postérité la reconnaissance de son créateur ; et réciproquement, si toute sa postérité a eu cette connaissance, il est tout simple qu'elle lui soit venue de cette source. L'antiquité du théisme, qui se perd dans la nuit des siècles, et son universalité, qui se répand partout où il y a des hommes, sont rendues faciles à comprendre par la narration de Moïse, et respectivement confirment sa narration.

« Ainsi, sans nous arrêter aux idées innées, nous pouvons assigner pour cause générale primitive et pour principe de l'antiquité de ce dogme, la tradition venant du premier homme ; et pour cause générale plus immédiate, et pour principe de la constante perpétuité de cette persuasion universelle, l'évidence résultant de l'ordre du monde.

« XIX. Sur ces causes du consentement général, nous disons deux choses : la première est d'une telle évidence, que je ne m'attacherai pas même à la prouver ; c'est que ce ne sont pas là des causes d'erreur ; et que si c'est à elles qu'est due la diffusion universelle du théisme, cette universalité absolue n'est pas l'effet d'un faux préjugé. La seconde, qui nous reste à prouver, c'est que ce sont là les seules causes auxquelles on puisse raisonnablement attribuer la croyance générale d'un Dieu. Tous les athées anciens et modernes ont épuisé leur imagination à rechercher d'autres causes de cette universalité, et des causes propres à introduire des préjugés : ils n'ont jamais pu, avec tous leurs efforts, en inventer que quatre : l'éducation, l'ignorance, la crainte et la politique. . . . »

1° On ne peut attribuer la croyance en Dieu au préjugé de l'éducation : car nous voyons qu'elle a existé dans tous les temps et dans tous les lieux, tandis que ce qui tient à l'éducation varie avec les temps et les pays. Ce n'est pas parce que la connaissance de Dieu est inculquée dans l'enfance qu'elle est universellement répandue ; c'est, au contraire, parce qu'elle est universellement répandue qu'en tout temps on l'a inculquée, et qu'en tout pays on l'inculque à l'enfance. — 2° Si l'ignorance était la cause de la croyance en Dieu, les savants seraient tous des athées. Qu'on parcoure l'histoire : combien peut-on compter d'athées ? Un très-petit nombre ; encore ne sont-ils pas des savants de premier ordre. — 3° En assurant que c'est la terreur qui a produit le théisme, il faudrait appuyer cette assertion de quelques raisons ; sans cela, on met en principe ce qui est en question, nous pouvons nier aussi gratuitement qu'on affirme, nous sommes même fondés à avancer deux propositions contraires à celle-là : 1° Il est plus probable que c'est la persuasion de la Divinité qui en a imprimé la crainte, qui en a inspiré la persuasion. 2° C'est bien plutôt l'athéisme que le théisme qui est l'effet de la crainte : on ne nierait pas Dieu si on ne le redoutait pas. C'est la terreur de sa justice, c'est le besoin de se soustraire aux remords pour persévérer dans ses vices, qui fait rejeter le vengeur du vice. — On dit enfin que les législateurs ont fondé le théisme. Qu'on daigne donc les nommer ! Quand Minos et Numa donnaient leurs lois religieuses, ils ne croyaient certainement pas parler à des peuples athées. La croyance en Dieu précède toute législation humaine : l'histoire en fait loi.

trente ans. — Nous défions encore les philosophes d'imaginer un plan d'instruction plus propre à faire connaître les attributs, les desseins, les opérations de *Dieu*, la nature, la destinée, les obligations de l'homme; plus capable de prévenir toutes les erreurs, si les hommes avaient toujours été fidèles à le garder et à le suivre. Dès qu'ils ont été une fois égarés, la philosophie n'a jamais pu renouer la chaîne de ces vérités précieuses; il a fallu une révélation nouvelle pour dissiper les ténèbres dans lesquelles la raison humaine s'était volontairement plongée.

II. De la notion de *Créateur* nous déduisons, par une chaîne de conséquences évidentes, tous les attributs essentiels de la Divinité, toutes les perfections de *Dieu*, que les philosophes ont très-mal connues. — 1° Déjà il s'ensuit que *Dieu* est incréé, qu'il n'a aucune cause, aucun principe extérieur de son existence; il existe de soi-même, par la nécessité de sa nature : c'est l'attribut que les théologiens nomment *aséité*, et la même chose que l'*éternité* en tout sens, qui n'a ni fin ni commencement. *Dieu* s'est ainsi caractérisé lui-même en disant : *Je suis l'Etre*, Ego Jehovah, *c'est mon nom pour l'éternité* (*Exod.*, III, 14 et 15). Vainement nous voudrions concevoir l'*éternité*, soit successive, soit sans succession; c'est l'infini, et notre esprit est borné; mais cet attribut du Créateur est démontré. — 2° *Dieu*, qui n'est borné par aucune cause, ne peut l'être par aucun temps, par aucun lieu, ni dans aucune de ses perfections : il est *infini* en tout sens, *immense* aussi bien qu'éternel. — 3° Le Créateur est *esprit*, puisqu'il a tout fait avec intelligence et par sa volonté; il n'a point de corps, parce que tout corps est essentiellement borné : tout être borné est contingent, un corps ne peut donc pas être éternel. Il aurait fallu que *Dieu*, esprit, créât son propre corps; et ce serait un obstacle plutôt qu'un secours à ses opérations; L'Ecriture, à la vérité, semble souvent attribuer à *Dieu* des membres et des actions corporelles, mais c'est qu'il n'est pas possible de nous faire concevoir autrement l'action d'un pur esprit. *Voy.* ANTHROPOLOGIE. — 4° *Dieu*, pur esprit, est un être *simple*, exempt de toute composition, parfaitement *un*; une distinction réelle entre ses attributs les supposerait bornés. Cependant notre faible entendement est forcé de distinguer en *Dieu* divers attributs, pour nous en former une idée du moins imparfaite, par analogie avec les facultés de notre âme; dans la nature divine, tout est éternel; on ne peut y supposer ni modifications accidentelles, ni pensées nouvelles, ni vouloirs successifs. — 5° De là il s'ensuit que *Dieu* est *immuable*, et cette immutabilité n'est dans le fond que la nécessité d'être éternellement ce qu'il est. *Je suis l'Etre*, dit-il, *je ne change point* (*Malach.* III, 6). *Vous changerez, Seigneur, le ciel et la terre comme on retourne un vêtement; mais vous êtes toujours le même, rien ne change en vous* (*Psal.* CI, 27, 28). Comment con-

cilier cette perfection de *Dieu* avec ses actions libres? Nous n'en savons rien; cependant la *liberté* de *Dieu* n'en est pas moins démontrée que son immutabilité, puisqu'aucune cause ne peut déterminer ses volontés, ni gêner ses opérations. — 6° *Dieu* a donc créé librement le monde dans le temps, sans qu'il lui soit arrivé une nouvelle action ou un nouveau dessein; il l'a voulu de toute éternité, et l'effet s'est ensuivi dans le temps. Le temps n'a commencé qu'avec le monde; il renferme l'idée de révolution et de changement, *Dieu* en est incapable. « J'avoue, dit saint Augustin, mon ignorance sur tout ce qui a précédé la création, mais je n'en suis pas moins convaincu qu'aucune créature n'est co-éternelle à *Dieu*. » (*De Civit. Dei*, l. XI, c. 4, 5, 6; liv. XII, c. 14 et 16.) *Dieu* n'a donc pas donné l'existence aux créatures par besoin, ni par la nécessité de sa nature; libre, indépendant, souverainement *heureux*, il se suffit à lui-même, il ne peut rien perdre ni rien acquérir, aucun être ne peut augmenter ni diminuer son bonheur. — 7° Dans le Créateur, la *puissance* est infinie, comme tous ses autres attributs; par quelle cause, par quel obstacle pourrait-elle être bornée? Il n'est point de puissance plus grande que de produire des êtres, par le seul vouloir. *Dieu* sans doute ne peut pas faire ce qui renferme contradiction, ce qui répugne à ses perfections; c'est en cela même que consiste l'excellence de son pouvoir. Tous ses ouvrages sont nécessairement bornés, parce que rien de créé ne peut être infini; quoi qu'il fasse, il peut toujours faire davantage, il peut créer d'autres mondes, rendre celui-ci meilleur, augmenter à l'infini les perfections et le bonheur de ses créatures, etc. — 8° La sagesse préside à tous ses ouvrages : *il a vu ce qu'il a fait, et tout était bien* (*Gen.* I, 31); cela ne signifie pas qu'il ne pouvait faire mieux. L'Etre souverainement intelligent et puissant ne fait rien sans raison; mais nos lumières sont trop courtes pour voir ses raisons : nous n'en savons que ce qu'il a daigné nous apprendre.

Tels sont les attributs de *Dieu*, ou les perfections que nous appelons *métaphysiques*, pour les distinguer d'avec les attributs *moraux*, qui établissent, entre Dieu et les créatures intelligentes, des relations morales, qui imposent par conséquent à celles-ci des devoirs envers *Dieu* : telles sont la bonté, la justice, la sainteté, la miséricorde. — *Dieu*, sans en avoir besoin, a tiré du néant les créatures; il a donné à tous les êtres sensibles et intelligents quelque mesure de perfection, et quelque degré de bonheur ou de bien-être; il les a donc produits par *bonté* pure, il a été bon, et il l'est encore à leur égard; il les a créés, dit saint Augustin, afin d'avoir à qui faire du bien, *ut haberet quibus benefaceret*. Il pouvait leur en faire davantage, il pouvait aussi leur en faire moins, sans déroger à sa bonté, puisqu'il était le maître de les tirer du néant ou de les y laisser. La condition meilleure, dans laquelle il pouvait les placer, ne prouve pas que celle dans laquelle ils sont est un mal, un malheur, un sujet légitime de plainte. — La *justice de Dieu* est une conséquence naturelle de sa bonté; dès qu'il a produit des agents libres, capables de bien et de mal moral, de vice et de vertu, il n'a pu, sans se contredire, se dispenser de leur donner des lois, de leur commander le bien, de leur défendre le mal, de leur proposer des récompenses et des châtiments; cet ordre moral était aussi nécessaire au bien général des créatures que l'ordre physique du monde; *Dieu* ne serait pas bon s'il ne l'avait pas établi. La constance avec laquelle *Dieu* maintient cet ordre est appelée *sainteté*; amour du bien, haine et aversion du mal. — Mais il est dans l'ordre qu'à l'égard d'une créature aussi faible que l'homme, la justice ne soit pas inexorable : aussi, dans nos livres saints, *Dieu* ne cesse de nous témoigner sa *miséricorde*, sa patience à l'égard des pécheurs, la facilité avec laquelle il pardonne au repentir. Nous en voyons le premier exemple à l'égard du premier coupable; *Dieu* le punit, mais lui promet un Rédempteur.

Comme il n'est aucun des attributs de *Dieu* contre lequel les incrédules n'aient vomi des blasphèmes, nous parlerons de chacun sous leur titre particulier; nous les prouverons par l'Ecriture sainte et par la conduite de *Dieu*, et nous répondrons aux objections. Nous ne pouvons concevoir ces attributs divins que par comparaison avec ceux de notre âme, ni les exprimer autrement. Cette comparaison n'est ni juste ni exacte, et le langage humain ne nous fournit pas des expressions propres au besoin ; de là la difficulté de concilier ces attributs, et le reproche que nous font les incrédules de faire *Dieu* à notre image. Mais eux-mêmes font continuellement cette comparaison fautive, et c'est là-dessus que sont fondées toutes leurs objections. *Voy.* ANTHROPOLOGIE, ANTHROPOMORPHISME, etc.

III. Pour n'avoir pas admis la création, les philosophes n'ont pas su démontrer en rigueur l'unité de *Dieu*; ils n'ont pas senti la différence essentielle qu'il y a entre l'Etre nécessaire, existant de soi-même, éternel, incréé, infini, et l'Etre contingent, produit, dépendant et borné. Il y a de l'aveuglement à donner à l'un et à l'autre de ces êtres le nom de *Dieu;* la distinction entre le *Dieu* suprême et les *dieux* secondaires ou subalternes est déjà une absurdité. Le titre seul de *Créateur*, titre incommunicable, sape par le fondement tous les systèmes de polythéisme et la notion de tout autre être co-éternel à *Dieu* (1). — En effet, puisque par le seul

(1) Dans son *Essai sur l'indifférence*, M. de Lamennais observe que « le nom de *dieux* avait chez les anciens une signification fort étendue. On le donnait à tous les êtres qui semblaient avoir reçu une participation plus abondante de la nature ou des perfections divines. On le trouve employé plusieurs fois en ce sens dans l'Ecriture. Les esprits célestes sont appelés dieux saints dans Daniel. L'ombre de Samuel,

vouloir le Créateur donne l'être à ce qui n'était pas, pour quelle raison admettrait-on une matière éternelle? Le Créateur n'en a pas eu besoin; si elle n'est pas nécessaire, elle est contingente : c'est un être créé. Une matière éternelle, existante par nécessité de sa nature, serait indépendante de *Dieu* et immuable comme lui ; il est absurde de supposer qu'un être qui existe nécessairement, peut être changé : or, *Dieu* a borné, divisé, arrangé la matière à son gré, et lui a donné telle forme qu'il lui a plu. — A plus forte raison le monde n'est pas éternel, puisque *Dieu* l'a créé. *Dieu* n'est donc pas l'âme du monde, comme l'entendaient les stoïciens ; *Dieu*, en créant le monde, ne s'est pas donné un corps qu'il n'avait pas avant la création, et duquel il n'avait pas besoin. *Dieu*, esprit incorporé au monde, serait affecté par tous les changements qui arrivent dans les corps ; il ne serait pas plus maître du sien que notre âme n'est maîtresse de celui auquel elle est unie : souvent ce corps la fait souffrir et l'empêche d'agir. C'est pour cela même que les stoïciens supposaient la Divinité soumise aux lois du destin ; ils comprenaient que *Dieu*, incorporé au monde, n'est ni tout-puissant, ni libre, ni heureux. *Voy.* AME DU MONDE.

Dieu créateur, qui a tout produit par son seul vouloir, n'a pas eu besoin non plus d'intelligences secondaires, d'esprits subalternes, pour fabriquer le monde, comme le

au Livre des Rois, dans l'Exode et dans les psaumes, des hommes même vivants, sont aussi nommés dieux. On ne peut donc rien conclure de cette expression contre les païens, ni les blâmer toujours de l'usage qu'ils en ont fait, puisqu'il est incontestable qu'au moins plusieurs nations n'adoraient pas seulement les mauvais esprits, mais encore les bons.

« Il est difficile de penser qu'on s'entende soi-même, quand on prétend que les païens attachaient à ces divers esprits la vraie notion de la Divinité. Qu'on veuille bien y réfléchir : l'unité n'entre-t-elle pas dans cette notion ? Il faudrait donc dire que les hommes croyaient à la *pluralité* d'un Dieu *unique*. A-t-on une véritable idée de ce Dieu, si on ne le conçoit pas comme infini, éternel, souverainement intelligent et indépendant ? Cicéron lui-même répond que non (*De Nat. deorum*, lib. I, cap. 10, 11 et 12). Or, s'il y a quelque chose d'avéré, c'est que les dieux du paganisme formaient une vaste hiérarchie de puissances limitées dans leurs attributions, et subordonnées les unes aux autres. Comment donc aurait-on conçu chacune d'elles comme indépendante ? Qu'est-ce que ces divinités supérieures et inférieures, si elles sont toutes égales, toutes infinies, si elles ne sont toutes qu'une seule et même divinité? Soyons justes envers ceux mêmes dont nous déplorons le criminel aveuglement : jamais ils ne tombèrent dans ces énormes contradictions, et l'on peut justement douter qu'un renversement si prodigieux du sens humain, nous ne disons pas ait existé, mais soit possible.

« Les écrivains qui parlent des divinités païennes nous apprennent quels étaient le rang, les fonctions, la nature particulière de chacune d'elles. Si l'on excepte les fictions poétiques, ils ne disent rien que de conforme à l'idée qu'ils avaient et que nous avons nous-mêmes d'esprits de différents ordres ; et lorsqu'ils traitent des dieux, si l'on cherche dans leurs paroles la notion réelle de Dieu, loin de l'y trouver, on verra qu'elles l'excluent formellement. »

pensait Platon, faible philosophe, qui s'est laissé subjuguer par le polythéisme populaire. Si *Dieu* a donné l'être à ces prétendus esprits, par un acte libre de sa volonté, ce sont des créatures et non des *dieux*; leur créateur est responsable de tous les défauts que ses ouvriers mal habiles ont mis dans la fabrique du monde, comme s'il l'avait fait par lui-même. Si ces esprits sont sortis de la substance de *Dieu* par émanation et sans qu'il l'ait voulu, ce sont des parties détachées de la substance de *Dieu* : cette substance en était composée, Dieu n'est pas un pur esprit; à force d'en détacher des parties, il pourrait être réduit à rien. Si, par une autre absurdité, l'on fait sortir ces esprits du sein d'une matière éternelle, qui leur a donné le pouvoir de la changer et de l'arranger à leur gré?

Puisque, selon Platon, le *Dieu* suprême n'a ni une puissance sans bornes, ni une entière liberté, sans doute les intelligences secondaires en jouissent encore moins : elles ont été gênées dans la construction du monde par les défauts essentiels de la matière, soumises par conséquent aux lois du destin. Oserons-nous en affranchir les hommes, beaucoup moins puissants que les *dieux*? Dans cette hypothèse chimérique, l'homme privé de liberté n'est plus susceptible de lois morales, capable de vice ni de vertu : il est asservi à l'instinct comme les brutes. Sous le joug d'une fatalité immuable, tous les êtres sont nécessairement ce qu'ils sont, il n'y a plus ni bien ni mal. Ainsi, pour résoudre la question de l'origine du mal, les platoniciens se jetaient dans un chaos d'absurdités.

Les philosophes orientaux, suivis et par les marcionites et par les manichéens, ne s'en tiraient pas mieux, en admettant deux premiers principes co-éternels, dont l'un était bon par nature, l'autre mauvais. Quoi qu'en dise Beausobre, il n'était pas possible, dans cette hypothèse, d'attribuer à l'homme une liberté; elle ne pouvait lui avoir été donnée ni par le bon, ni par le mauvais principe, puisque ni l'un ni l'autre n'était libre lui-même. Si donc les manichéens supposaient le libre arbitre de l'homme, c'était dans leur système une contradiction grossière. *Voy.* MANICHÉISME.

En admettant un Créateur tout-puissant, libre, indépendant, la difficulté tirée de l'existence du mal, qui a étourdi tous les philosophes, est beaucoup plus aisée à résoudre. Le mal d'imperfection vient de la nature même de tout être créé, essentiellement borné, par conséquent imparfait; le mal moral, dont les souffrances sont le châtiment, est l'abus de la liberté ; et si l'homme n'était pas libre, il n'y aurait plus ni bien ni mal moral. Le *bien* et le *mal* sont des termes purement relatifs, dont on ne juge que par comparaison; les philosophes ont eu tort de les prendre dans un sens absolu; de là leur embarras et leurs erreurs. *Voy.* BIEN et MAL.

Dans les divers systèmes dont nous venons de parler, la *providence* était un terme abusif. Les stoïciens en imposaient au vulgaire, en nommant *providence* le destin ou la fatalité; dans l'hypothèse des deux principes, c'était un combat perpétuel entre deux pouvoirs, dont le plus fort l'emportait nécessairement : suivant la croyance populaire, suivie par les platoniciens, le *Dieu* suprême, endormi dans l'oisiveté, ne se mêlait de rien, et ses lieutenants s'accordaient fort mal : c'était tantôt l'un, tantôt l'autre qui décidait du sort des hommes pour lesquels il avait conçu de l'affection ou de la haine. Aucun de ces raisonneurs ne comprenait que le Créateur, qui a tout produit et tout arrangé par son seul vouloir, gouverne tout avec une égale facilité, qu'il a tout prévu, tout résolu, tout réglé de toute éternité, sans nuire à la liberté de ses créatures. Sa providence est celle d'un père : *Tua, Pater, providentia gubernat* (*Sap.* XIV, 3). — Il nous importe donc fort peu d'examiner si, parmi les anciens philosophes, il y en a quelques-uns qui aient admis *un seul Dieu*, et en quel sens. La question essentielle est de savoir si l'on peut en citer un qui ait admis un seul gouverneur de l'univers, un seul distributeur des biens et des maux de ce monde, auquel seul l'homme doit adresser ses vœux, son culte, ses hommages. Or, il n'y en a certainement point ; et lorsque ce dogme sacré fut annoncé par les Juifs et par les chrétiens, il fut attaqué et tourné en dérision par les philosophes.

Nous ne devons pas néanmoins blâmer les Pères de l'Eglise qui ont prouvé aux païens l'unité de *Dieu* par des passages tirés des philosophes les plus célèbres : c'était un argument personnel et solide, puisque les païens tiraient vanité de ce que leur croyance avait été celle des sages de toutes les nations ; il était donc nécessaire de leur prouver le contraire. Plusieurs modernes ont fait de même, comme le savant Huet, *Quæst. Alnet.*; Cudworth, *Syst intell.*, tom. I, c. IV, §.10; M. de Burigny, dans sa *Théologie des païens*, etc. : on doit leur en savoir gré. Mais les variations, les incertitudes, les contradictions des philosophes, nous laissent toujours, sur leurs véritables sentiments, dans un doute qu'il est impossible de dissiper. *Voy.* RÉVÉLATION PRIMITIVE

Il y a peut-être plus d'avantage à tirer de la notion vague d'un seul *Dieu*, qui a toujours subsisté et qui subsiste encore parmi les nations polythéistes les plus ignorantes et les plus grossières. Quelques écrivains de nos jours en ont recueilli les preuves : elles nous paraissent frappantes, mais il faudrait presqu'un volume entier pour les rassembler.

IV. La notion d'un *Dieu* créateur est la preuve incontestable d'une révélation primitive. En effet, comment les anciens patriarches, qui n'avaient pas cultivé la philosophie, qui n'avaient médité, ni sur la nature des choses, ni sur la marche du monde, ont-ils eu de *Dieu* une idée plus vraie, plus auguste, plus féconde en conséquences importantes, que toutes les écoles de philosophie? Où l'ont-ils puisée, sinon dans les leçons que *Dieu* lui-même a données à nos premiers pères? Quand l'histoire sainte ne nous attesterait pas d'ailleurs cette révélation, elle serait déjà prouvée par cette notion même. — En second lieu, comment, malgré la pente générale de toutes les nations vers le polythéisme, et malgré leur opiniâtreté à y persévérer, ont-elles néanmoins conservé une idée confuse de l'unité de *Dieu?* Il faut, ou que cette idée ait été gravée dans tous les esprits par le Créateur lui-même, ou que ce soit un reste de tradition qui remonte jusqu'à l'origine du genre humain, puisqu'on la retrouve dans tous les temps aussi bien que dans tous les pays du monde. — En troisième lieu, comment les philosophes, qui craignaient d'attaquer la religion dominante et le polythéisme établi par les lois, ont-ils professé quelquefois cette même vérité? Elle ne leur est pas venue par le raisonnement, puisque plus ils ont raisonné sur la nature divine, plus ils se sont égarés; il faut qu'ils l'aient reçue des anciens sages, puisqu'elle se trouve plus clairement chez les premiers philosophes que chez les derniers, chez les Chinois, les Indiens, les Chaldéens, les Egyptiens, que chez les Grecs. A mesure que ces nations se sont éclairées et policées, leur croyance est devenue plus absurde, et leur religion plus monstrueuse; donc chez elles la vérité a précédé l'erreur, et cette vérité n'a pu venir que de *Dieu. Voy.* PAGANISME.

Cependant les incrédules nous disent qu'il est étonnant que *Dieu* ait attendu plus de deux mille ans depuis la création, avant de se révéler aux hommes; qu'il est probable que la première religion du genre humain est le polythéisme; que malgré la prétendue révélation donnée aux Hébreux par Moïse, ils n'ont eu de la Divinité que des idées grossières et très-imparfaites; qu'ils l'ont envisagée comme un *Dieu* local, national, rempli de partialité et de caprices, tel que toutes les nations concevaient leurs *dieux;* que, sous l'Évangile même, les chrétiens n'en ont pas une idée plus juste, puisqu'ils le représentent comme un maître injuste, trompeur, dur, beaucoup plus terrible qu'aimable. Ces reproches sont assez graves pour mériter une discussion sérieuse.

1° Loin d'attendre deux mille cinq cents ans avant de se faire connaître, l'Ecriture sainte nous atteste que *Dieu* s'est révélé de vive voix à nos premiers parents. Selon l'Ecclésiastique, c. XVII, v. 5 et suivants, *Dieu les a remplis de la lumière de l'intelligence, leur a donné la science de l'esprit, a doué leur cœur de sentiment, leur a montré le bien et le mal; il a fait luire son soleil sur leurs cœurs, afin qu'ils vissent la magnificence de ses ouvrages, qu'ils bénissent son saint nom, qu'ils le glorifiassent de ses merveilles et de la grandeur de ses œuvres. Il leur a prescrit des règles de conduite, et les a rendus dépositaires de la loi de vie. Il a fait avec eux une alliance éternelle, leur a enseigné les préceptes de sa justice. Ils ont vu l'éclat de sa gloire, et ont été honorés des leçons de sa voix; il a dit: Fuyez toute iniquité; il a ordonné à chacun d'eux de veiller sur son prochain.* Ce n'est donc pas par nécessité de système que nous supposons une révélation primitive. — Ce fait essentiel est confirmé par l'histoire que Moïse a faite du premier âge du monde et de la conduite des patriarches. Nous y voyons qu'ils ont connu *Dieu* comme créateur du monde, père, bienfaiteur et législateur de tous les hommes sans exception, fondateur et protecteur de la société naturelle et domestique, arbitre souverain du sort des bons et des méchants, vengeur du crime et rémunérateur de la vertu. Ils l'ont adoré seul. Le premier qui ait parlé de *dieux* ou d'idoles, plus de mille ans après la création, est Laban, et il est représenté comme un méchant homme (*Gen.* XXX, 30, 31). Pour exprimer un homme de bien, cette histoire dit qu'il a marché avec *Dieu* ou devant *Dieu* (*Genes.* v, 22, 24; XVII, 1, etc.). Elle appelle les justes *les enfants de Dieu.* — Dans leurs pratiques de religion, il n'y a rien d'absurde, d'indécent ni de superstitieux, rien de semblable aux abominations des polythéistes; dans leur conduite, rien de contraire au droit naturel, relatif à l'état de société domestique. Qui a donné à ces premiers habitants de la terre une sagesse si supérieure à tout ce qui a paru dans la suite chez les nations les plus célèbres? — Il est donc faux que le polythéisme ait été la religion des premiers hommes, encore plus faux que la révélation n'ait commencé que sous Abraham ou sous Moïse; elle a commencé par Adam. Si la religion primitive avait été l'ouvrage de la raison humaine, le fruit des réflexions philosophiques, elle se serait perfectionnée sans doute comme les autres connaissances; elle serait devenue plus pure, à mesure que les hommes auraient été plus instruits; le contraire est arrivé: l'Ecriture sainte nous montre les premiers vestiges du polythéisme chez les Chaldéens et chez les Egyptiens, deux peuples qui ont passé pour les plus éclairés de l'univers. Cet abus est né de l'oubli des leçons de nos premiers pères, de la négligence du culte divin qui leur était ordonné, des passions mal réglées.

2° Le premier dépôt de la révélation n'était pas absolument perdu chez les Hébreux; lorsque Moïse a paru, ils en avaient hérité de leurs ancêtres; Moïse n'a pu que le renouveler et le mettre par écrit. En Egypte, il leur a parlé du *Dieu* d'Abraham, d'Isaac et de Jacob, le seul que ces patriarches aient connu. Il leur a rappelé l'histoire de ces grands personnages, et les promesses divines attestées par les os de Joseph, que ses descendants conservaient. Sans ce préliminaire essentiel, les Hébreux n'auraient ajouté aucune foi à la mission de Moïse. — S'il leur avait représenté *Dieu* sous des traits inconnus à leurs pères, aurait-il été écouté? Il leur a dit que *Dieu* les avait choisis pour son peuple particulier, et voulait leur faire plus de grâces qu'aux autres; mais il ne leur a pas dit que *Dieu* abandonnait les autres, cessait de veiller sur eux et de leur faire du bien. Au contraire, avant de punir les Egyptiens de leur cruauté, *Dieu* récompense les sages-femmes qui n'avaient pas voulu y prendre part (*Exod.* I, 17, 21). Par les plaies de l'Egypte, *Dieu* voulait apprendre aux Egyptiens qu'il est le Seigneur, c. VII, v. 5, etc. Son dessein était donc de les éclairer, s'ils avaient voulu ouvrir les yeux. Lorsque Pharaon promettait de mettre en liberté les Israélites, Moïse priait *Dieu* de faire cesser les fléaux, et il était exaucé, c. VIII, v. 8, etc. S'il y a une vérité que Moïse ait constamment professée, c'est la providence de *Dieu* sur tous les hommes et sur toutes les créatures sans exception. — Mais cette Providence générale et bienfaisante à l'égard de tous est maîtresse d'accorder à un homme ou à un peuple telle mesure qu'il lui plaît de dons, soit naturels, soit surnaturels. Ceux qu'elle a départis aux Juifs n'ont diminué en rien la portion des autres peuples, et ceux-ci en auraient reçu davantage, s'ils n'avaient pas méconnu *Dieu*. Où est donc la partialité, où est l'injustice que les incrédules lui reprochent à cause du choix qu'il a fait de la postérité d'Abraham? Eux-mêmes se croient plus sages, plus éclairés, plus sincèrement vertueux que les autres hommes, et ils s'en vantent; c'est de *Dieu* sans doute qu'ils ont reçu cette supériorité de mérite : a-t-il été injuste ou capricieux, en les traitant mieux que les autres hommes? — Loin de mettre le *Dieu* d'Israël sur la même ligne que les *dieux* des autres nations, Moïse nomme le vrai *Dieu*, *celui qui est*; les autres ne sont point, ne sont rien; ce sont des *dieux* ou plutôt des démons imaginaires, des *dieux* nouveaux, inconnus aux patriarches (*Deut.* XXXII, 17, 21, etc.). Les incrédules parlent du *Dieu* des Juifs sans le connaître, de leur religion sans l'avoir examinée, de Moïse et de ses écrits sans les entendre, et souvent sans les avoir lus.

3° C'est sur ces deux révélations précédentes que le christianisme est fondé; il a été annoncé aux hommes depuis la création, par la promesse d'un rédempteur (*Gen.* I, I, 15). Jésus-Christ a déclaré qu'il n'était pas venu détruire la loi ni les prophètes, mais les accomplir (*Matth.* v, 17). Il a prêché le même *Dieu*, et il l'a fait mieux connaître; la même morale, et il l'a perfectionnée; le même culte, mais il l'a rendu moins grossier et plus analogue à l'état et au génie des peuples civilisés. Ce divin maître n'a pas effacé un seul des traits sous lesquels *Dieu* a été connu des patriarches, n'a pas retranché un seul des préceptes de la loi morale, n'a supprimé aucun des signes d'adoration que tous les hommes peuvent pratiquer; il n'a changé que ce qui ne s'accordait plus avec l'état actuel du genre humain.

Les incrédules abusent de tous les termes, lorsqu'ils disent que *Dieu* est injuste, parce que depuis la création il n'a pas également favorisé tous les peuples, et a fait plus de bien aux uns qu'aux autres; qu'il est capricieux, parce qu'il ne les a pas gouvernés dans leur enfance, comme il les conduit dans un âge plus mûr, et qu'il a fait marcher l'ouvrage de la grâce du même pas que celui de la nature, qu'il est terrible et non aimable, parce qu'il punit le crime afin de corriger les pécheurs, et qu'il exerce sa justice sur ceux qui se refusent à ses miséricordes. Nous voudrions savoir de quelle manière *Dieu* devrait se présenter aux yeux des incrédules, pour qu'ils le jugeassent digne de recevoir leurs hommages.

Pour nous qui faisons profession de connaître *Dieu* tel qu'il a daigné se révéler, nous admirons le plan de providence qu'il a suivi depuis le commencement du monde jusqu'à nous, et que Jésus-Christ nous a dévoilé; nous n'y voyons que sagesse, bonté, justice, sainteté, et nous nous sentons engagés à servir *Dieu* par reconnaissance et par amour (1). *Voyez* RELIGION, RÉVÉLATION.

DIEUX DES PAÏENS. *Voy.* PAGANISME.

DIMANCHE, jour du Seigneur. Le *dimanche*, considéré dans l'ordre de la semaine, répond au jour du soleil chez les païens; considéré comme fête consacrée à Dieu, il répond au sabbat des Juifs, qui était célébré le samedi. Les premiers chrétiens transportèrent au jour suivant le repos que Dieu avait commandé, et cela pour honorer la résurrection du Sauveur, qui arriva ce jour-là : jour qui commençait la semaine chez les Juifs et chez les païens, comme il la commence encore parmi nous.

Il est fait mention du *dimanche* dans les écrits des apôtres et de leurs disciples. (*I Cor.* XVI, 2 ; *Apoc.* I, 10 ; *Epist. Barnabæ*, n° 15). Ainsi, ce monument de la résurrection de Jésus-Christ a été établi par les témoins oculaires, à la date même de l'événement, et célébré par ceux qui ont été le plus à portée d'en savoir la vérité. Les incrédules n'ont jamais fait attention à cette circonstance (2).

Le jour qu'on appelle du soleil, dit saint Justin dans son Apologie pour les chrétiens, *tous ceux qui demeurent à la ville ou à la campagne, s'assemblent en un même lieu, et là on lit les écrits des apôtres et des prophètes, autant que l'on a de temps.* Il fait ensuite la description de la liturgie, qui consistait pour lors en ce qu'après la lecture des livres saints, le pasteur, dans une espèce de prône ou d'homélie, expliquait les vérités qu'on venait d'entendre, et exhortait le peuple à les mettre en pratique; puis on récitait les prières qui se faisaient en commun, et qui étaient suivies de la consécration du pain et du vin, que l'on

(1) Pour compléter l'article de Bergier, nous devrions exposer les divers attributs de Dieu, mais nous leur consacrerons à chacun un article. *Voy.* BONTÉ, SAINTETÉ, LIBERTÉ, PUISSANCE (*Toute-*), SAGESSE, UNITÉ, PROVIDENCE, etc.

(2) En traçant les obligations imposées relativement au saint jour du dimanche, nous avons exposé, dans la partie morale de ce Dictionnaire, l'influence physique et morale que l'observation de ce saint jour peut avoir sur les peuples.

distribuait ensuite à tous les fidèles. Enfin on recevait les aumônes volontaires des assistants, lesquelles étaient employées, par le pasteur, à soulager les pauvres, les orphelins, les veuves, les malades, les prisonniers, etc. C'est ce qui se fait encore aujourd'hui.

On distingue, dans les bréviaires et autres livres liturgiques, des *dimanches* de la première et de la seconde classe : ceux de la première sont les *dimanches* des Rameaux, de Pâques, de *Quasimodo*, de la Pentecôte, la Quadragésime ; ceux de la seconde sont les *dimanches* ordinaires. Autrefois tous les *dimanches* de l'année avaient chacun leur nom, tiré de l'introït de la messe du jour; on n'a retenu cette coutume que pour quelques *dimanches* du carême, qu'on désigne, pour cette raison, par les mots de *Reminiscere, Oculi, Judica*.

L'Eglise ordonne, pour le *dimanche*, de s'abstenir des œuvres serviles, suivant en cela l'invitation du Créateur ; elle prescrit encore des devoirs et des pratiques de piété, un culte public et connu. Elle défend les spectacles, les jeux publics, et tous les divertissements capables de nuire à la pureté des mœurs. Cette discipline est aussi ancienne que le christianisme. Constantin, premier empereur chrétien, ordonna de cesser, le *dimanche*, toutes les fonctions du barreau, excepté celles qui étaient d'une nécessité urgente, ou qui étaient dictées par la charité chrétienne, telles que l'affranchissement des esclaves. Dans la suite, lorsque les travaux de la campagne et ceux des arts et métiers furent défendus, on excepta toujours ceux qui étaient d'une nécessité absolue, et que l'on ne pouvait différer sans danger (*Cod. Theod.*, l. II, tit. 8, *de Feriis*, leg. 1; *Cod. Justin.*, l. III, tit. 12, *de Feriis*, leg. 3). La défense des spectacles publics et des jeux du cirque n'est pas moins expresse pour les *dimanches* et les fêtes solennelles (*Cod. Theod.*, l. XV, *de Spectaculis*, tit. 5, leg. 2, n. 5 ; *Cod. Just.*, l. III, tit. 13, *de Feriis*, leg. 11). Les Pères de l'Eglise du quatrième siècle joignirent aux lois des empereurs les exhortations les plus fortes pour engager les fidèles à sanctifier le *dimanche*, à s'abstenir de tous les divertissements comme d'une profanation ; plusieurs conciles ont fait des décrets pour empêcher ce désordre. *Voy.* Bingham, *Origin. ecclés.*, tome IX, l. XX, c. 2, § 4.

L'abbé de Saint-Pierre, qui a tant écrit sur la science du gouvernement, ne regarde la prohibition de travailler le *dimanche* que comme une règle de discipline ecclésiastique, laquelle suppose que tout le monde peut chômer ce jour sans s'incommoder notablement. Sur cela, non content de remettre toutes les fêtes au *dimanche*, il voudrait qu'on accordât aux pauvres une partie considérable de ce grand jour, pour l'employer à des travaux utiles, et pour subvenir par là plus sûrement aux besoins de leurs familles. Au reste, on est pauvre, selon lui, dès qu'on n'a pas assez de revenu pour se procurer six cents livres de pain ; à ce compte, il y a bien des pauvres parmi nous. — Quoi qu'il en soit, il prétend que si on leur accordait, tous les *dimanches*, la liberté du travail après midi, supposé la messe et l'instruction du matin, ce serait une œuvre de charité bien favorable à tant de pauvres familles, et conséquemment aux hôpitaux : le gain que feraient les ouvriers et les laboureurs, par cette simple permission, se monte, suivant son calcul, à plus de vingt millions par an. *Voy.* Œ*uvres politiques*, tom. VIII, page 73 et suiv.

Cette spéculation ne pouvait manquer d'être applaudie par nos politiques modernes, qui font du culte de Dieu une affaire de finance et de calcul. Ils disent que la loi du Seigneur : *Vous vous reposerez le septième jour* (*Exod.* XXIII, 12, et *Deut.* v, 14), est moins dans son institution une observance religieuse qu'un règlement politique, pour assurer aux hommes et aux bêtes de service un repos qui leur est nécessaire pour la continuité des travaux. Ils le confirment par les paroles du Sauveur (*Marc.* II, 27): *Le sabbat est fait pour l'homme, et non l'homme pour le sabbat*. Ils en concluent que l'intention du Créateur, en instituant un repos de précepte, a été non-seulement de réserver un jour pour son culte, mais encore de procurer quelque délassement aux travailleurs, esclaves ou mercenaires, de peur que des maîtres barbares et impitoyables ne les fissent succomber sous le poids d'un travail trop continu. — On en conclut encore que le sabbat, dès qu'il est établi pour l'homme, ne doit pas lui devenir dommageable ; qu'ainsi l'on peut manquer au précepte du repos sabbatique, lorsque la nécessité ou la grande utilité l'exige pour le bien de l'homme ; qu'on peut, par conséquent, au jour du sabbat, faire tête à l'ennemi, pourvoir à la nourriture des hommes et des animaux, etc. Nos politiques charitables concluent enfin que l'artisan, le manouvrier, qui en travaillant ne vit d'ordinaire qu'à demi, peut employer une partie du *dimanche* à des opérations utiles, tant pour éviter le désordre et les folles dépenses, que pour être plus en état de fournir aux besoins d'une famille languissante, et d'éloigner de lui, s'il le peut, la disette et la misère ; ne peut-on pas, disent-ils, employer quelques heures de ce saint jour, pour procurer à tous les villages et hameaux certaines commodités qui leur manquent assez souvent : un puits, une fontaine, un abreuvoir, un lavoir, etc. ; pour rendre les chemins plus aisés qu'on ne les trouve d'ordinaire dans les campagnes éloignées ? La plupart de ces choses pourraient s'exécuter à peu de frais ; il n'y faudrait que le concours unanime des habitants, et, avec un peu de temps et de persévérance, il en résulterait, pour tout le monde, des utilités sensibles.

Après les instructions et les offices de paroisse, que peut-on faire de plus chrétien que de consacrer quelques heures à des entreprises si utiles et si louables ? De telles occupations ne vaudraient-elles pas bien les délassements honnêtes qu'on nous accorde sans difficulté, pour ne rien dire des excès et des abus que l'oisiveté des fêtes entraîne infailliblement? Sur toutes ces spéculations, il y a quelques remarques à faire.— 1° En voulant pourvoir à la subsistance du pauvre, il faut aussi avoir égard à la mesure de ses forces; et, en général, les écrivains qui n'ont jamais travaillé des bras, ne sont pas fort en état d'en juger. Il est absurde de reconnaître, d'un côté, que Dieu a institué le sabbat pour donner du repos à l'homme, et de prétendre ensuite que ce repos lui est dommageable. Dieu a-t-il donc eu moins de prévoyance que nos philosophes?— 2° Il ne faut pas prendre ce qui se fait à Paris pour règle de ce qui se doit faire dans tout le royaume. Dans les campagnes, où l'on ne connaît guère d'autres travaux que ceux du labourage, à quel travail lucratif peut-on occuper les pauvres dans l'après-midi des *dimanches*? Croit-on qu'ils consentiront à faire des corvées sans être payés! — 3° Lorsque les habitants de la campagne ont assez de mœurs *et de bonne volonté* pour s'attacher à des travaux d'utilité publique, après avoir satisfait au service divin, non-seulement les pasteurs ne s'y opposent point, mais les y encouragent; la difficulté est de leur inspirer cette bonne volonté unanime. Nous supplions les philosophes d'en aller faire l'essai, et d'y employer leur éloquence. — 4° A plus forte raison, lorsque les récoltes sont en danger, on permet aux laboureurs de sauver, le *dimanche*, tout ce qui peut être mis en sûreté. L'abbé de Saint-Pierre et ses copistes semblent avoir ignoré ces faits qui sont cependant de la plus grande notoriété. — 5° Lorsqu'il sera permis de travailler le *dimanche*, qui nous répondra que les maîtres avares et durs n'abuseront pas des forces de leurs domestiques? En voulant soulager les uns, il ne faut pas s'exposer à écraser les autres.— 6° Il n'y a déjà que trop de relâchement dans les villes sur la sanctification du *dimanche*; et ce ne sont pas seulement les ouvriers qui en abusent, ce sont les fainéants, les débauchés et les incrédules. Est-ce à ceux qui ne font rien toute la semaine, de savoir ce que les habitants des campagnes peuvent ou ne peuvent pas faire le *dimanche*? — 7° Parce que les *dimanches* et les fêtes sont profanées par la débauche, ce n'est pas une raison de les profaner par le travail, et de corriger un abus par un autre. Il n'y a qu'à faire observer également les lois de l'Eglise et celles des princes chrétiens ; tout rentrera dans l'ordre, et il n'en résultera plus aucun inconvénient. *Voy.* FÊTES.

DIMESSES, congrégation de personnes du sexe, établie dans l'état de Venise. Elles ont eu pour fondatrice Déjanira Valmarana, en 1572. On y reçoit des filles et des veuves ; mais il faut qu'elles soient libres de tout engagement, même de tutelles d'enfants. On y fait, à proprement parler, cinq ans d'épreuves; on ne s'y engage par aucun vœu; on y est habillé de noir ou de brun, et l'on s'occupe à enseigner le catéchisme aux jeunes filles, et à servir dans les hôpitaux les femmes malades.

DIMOERITES. *Voy.* APOLLINARISTES.

DIOCÈSE, étendue de la juridiction d'un évêque. Quoique la division de l'Eglise chrétienne en différents *diocèses* soit une affaire de discipline, il paraît qu'elle est d'institution apostolique. Saint Paul prescrit à son disciple Tite d'établir des pasteurs *dans les villes* de l'île de Crète; et quoiqu'il les désigne sous le nom de *presbyteros*, on a toujours entendu par là des évêques (*Tit.* 1, 5). Cette division était nécessaire pour que chaque évêque pût connaître et gouverner son troupeau particulier sans être troublé ou inquiété par un autre dans ses fonctions (1).

Il est constant que le partage des *diocèses* et des provinces ecclésiastiques fut fait, dès l'origine, relativement à la division et à l'étendue des provinces de l'empire romain, et de la juridiction du magistrat des villes principales : cette analogie était égale à tous égards. Mais il s'est trouvé des circonstances, dans la suite, qui ont donné lieu à un arrangement différent (2).

La plupart des critiques protestants ont contesté pour savoir quelle fut d'abord l'étendue de la juridiction immédiate des évêques de Rome : dispute assez inutile, pour ne rien dire de plus. Quand ils n'auraient pas eu d'abord une juridiction aussi étendue qu'ils l'ont eue dans la suite, on aurait été forcé de la leur attribuer, pour conserver un centre d'unité dans l'Eglise, surtout lorsque l'empire romain s'est divisé en plusieurs royaumes. Leibnitz, en homme sensé, est convenu que la soumission d'un *diocèse* à un seul évêque, celle de plusieurs évêques à un seul métropolitain, la subordination de tous au souverain pontife, est le modèle d'un parfait gouvernement.

DIPTYQUES, terme grec qui signifie *dou-*

(1) Nous avons appuyé cette vérité d'une longue citation de Mᵍʳ de la Luzerne, au mot CONSTITUTION CIVILE DU CLERGÉ.

(2) L'établissement et la circonscription à donner aux diocèses sont évidemment de la compétence de la seule autorité ecclésiastique. C'est au pape que ce pouvoir est remis, c'est lui qui l'exerce sans conteste dans toute l'étendue du monde catholique. L'Assemblée nationale de 1790 osa s'attribuer ce droit : le pape Pie VI flétrit ainsi cet acte d'usurpation : « Un des articles les plus répréhensibles de la Constitution civile du clergé, dit ce pape, est celui qui anéantit les anciennes métropoles, supprime quelques évêchés, en érige de nouveaux, et change toute la distribution des diocèses. La distribution du territoire, fixée par le gouvernement civil, n'est point la règle de l'étendue et des limites de la juridiction ecclésiastique. Saint Innocent Iᵉʳ en donne la raison. *Vous me demandez*, dit-il, *si, d'après la division des provinces établies par l'empereur, de même qu'il y a deux métropoles, il faut aussi nommer deux évêques métropolitains ; mais sachez que l'Eglise ne doit point souffrir des variations que la nécessité introduit dans le gouvernement temporel, ni des changements que l'empereur juge à propos de faire pour ses intérêts. Il faut, par conséquent, que le nombre des métropolitains reste conforme à l'ancienne description des provinces.*

ble, pue en deux. C'était un double catalogue, dans l'un desquels on écrivait le nom des vivants; et dans l'autre, celui des morts, dont on devait faire mention dans l'office divin. Il répondait au *memento* des vivants et au *memento* des morts, qui font partie du canon de la messe. On effaçait de ce catalogue le nom de ceux qui tombaient dans l'hérésie; c'était une espèce d'excommunication.

Il est bon de se souvenir que l'on ne récitait pas le nom des morts, uniquement pour honorer leur mémoire, mais que l'on y ajoutait des prières pour leur salut éternel; nous le voyons par la manière dont Tertullien et saint Cyprien en parlent au troisième siècle. La prière pour les morts n'est donc pas une invention nouvelle, comme le soutiennent les protestants.

Basnage (*Histoire de l'Eglise*, l. XVIII, c. 10, § 1) prétend que l'Eglise des deux premiers siècles ne connaissait point les *diptyques*. Ce fut Hégésippe, dit-il, qui donna lieu à cet usage, environ l'an 170, en dressant le catalogue et la succession des évêques des lieux dans lesquels il voyageait, particulièrement de ceux de Corinthe et de Rome : voilà probablement ce qui donna lieu de réciter, dans la liturgie, le nom de ces évêques, et d'y joindre ensuite celui des fidèles. Si saint Jean Chrysostome a pensé que cet usage venait des apôtres, c'est que, selon le style de son siècle, il a cru qu'une coutume établie pour lors dans toute l'Eglise était d'institution apostolique. Voilà comme, sur une simple conjecture, les protestants récusent le témoignage des auteurs les plus respectables. — Dodwel, mieux instruit, a fait voir (*Dissert. Cyprian.*, 5) que l'usage des *diptyques* est aussi ancien que l'Eglise chrétienne, et qu'il est probablement venu des Juifs; que saint Ignace, martyr, y fait allusion dans plusieurs de ses lettres aussi bien que l'auteur de l'Apocalypse, et que cet usage sert à nous faire prendre le vrai sens de plusieurs passages du Nouveau Testament. — Nous convenons avec Basnage que le style du IVᵉ siècle était de rapporter aux apôtres toutes les institutions qui étaient alors observées généralement dans l'Eglise; cela prouve, contre les protestants, que ces rites et ces coutumes n'étaient pas de nouvelles institutions, comme ils le prétendent; que les pasteurs du IVᵉ siècle ne se sont pas crus en droit de changer à leur gré ce qui avait été pratiqué avant eux; que l'on tenait déjà pour la maxime établie dans la suite par saint Augustin (*Lib.* IV, *de Bapt. contra Donat.*, c. 24, n. 31) : « L'on a raison de croire que ce qui est observé par toute l'Eglise, qui n'a point été institué par les conciles, mais toujours pratiqué, ne vient point d'ailleurs que de l'autorité des apôtres. » Ainsi, rien n'est plus frivole que l'argument sans cesse répété par les protestants : le rite, tel usage ne se voit dans aucun monument antérieur au IVᵉ siècle; donc il a été établi pour lors. — Nous avouons encore à Basnage que l'action de mettre le nom d'un mort dans les *diptyques* n'était pas une canonisation, mais nous n'accordons point à Dodwel que l'on récitait les noms des morts dans la liturgie, uniquement afin de rendre grâces à Dieu pour eux, et non afin de prier pour eux; nous ferons voir le contraire à l'article MORTS.

DIRECTEUR DE CONSCIENCE, homme que l'on suppose éclairé et vertueux, qu'un chrétien consulte sur sa conduite, dont il suit les conseils et les décisions. Comme un confesseur est censé le *directeur* de ses pénitents, l'on confond ordinairement ces deux termes.

Sans vouloir donner des leçons à personne, nous pouvons observer combien cette fonction est difficile et redoutable. Plus un *directeur* sera sage et instruit, plus il craindra de donner de fausses décisions à ceux qui le consultent, de ne pas assez connaître le caractère personnel de ceux qu'il est chargé de conduire, de ne pas observer un sage milieu entre le rigorisme outré et le relâchement. Saint Grégoire a dit avec raison que la conduite des âmes *est l'art des arts*, par conséquent, le plus difficile de tous : mais s'il fallait, pour l'exercer, qu'un homme fût exempt de tous les défauts de l'humanité, personne ne serait assez téméraire pour s'en charger. — Cependant Dieu a voulu que les hommes fussent conduits par d'autres hommes, les pécheurs sanctifiés par des pécheurs, que les saints même fussent soumis à des guides beaucoup moins vertueux qu'eux.

☞ DISCIPLE, dans l'Evangile et dans l'histoire ecclésiastique, est le nom qu'on a donné à ceux qui suivaient Jésus-Christ comme leur maître et leur docteur.

Outre les apôtres, on en compte à Jésus-Christ soixante-douze, qui est le nombre marqué dans le chapitre X de saint Luc. Baronius reconnaît qu'on n'en sait point les noms au vrai. Le P. Riccioli en a donné un dénombrement, fondé seulement sur quelques conjectures. Il cite pour garants saint Hippolyte, Dorothée, Papias, Eusèbe et quelques autres, dont l'autorité n'est pas également respectable. Plusieurs théologiens pensent que les curés représentent les soixante-douze disciples, comme les évêques représentent les douze apôtres. Il y a aussi des auteurs qui ne comptent que soixante-dix disciples de Jésus-Christ. Quoi qu'il en soit de leur nombre, les Latins font la fête des *disciples* du Sauveur le 15 de juillet, et les Grecs la célèbrent le 4 de janvier.

N'oublions pas de remarquer que les apôtres et les premiers *disciples* de Jésus-Christ ont été en trop grand nombre, pour que l'on puisse supposer entre eux un complot formé et un projet conçu de tromper les hommes sur les miracles, sur la mort, sur la résurrection et l'ascension de Jésus-Christ. Saint Pierre dit qu'immédiatement après cet événement, les *disciples* étaient rassemblés au nombre de près de six vingts (*Act.* I, 15). Saint Paul nous assure que Jésus-

Christ ressuscité s'est fait voir à plus de cinq cents *disciples* ou *frères* rassemblés (*I Cor.* xv, 6). Les deux premières prédications convertirent à Jérusalem huit mille hommes. Tous étaient à portée de vérifier sur le lieu même, si les apôtres en imposaient sur les faits arrivés cinquante jours auparavant. L'on ne peut imaginer aucun motif d'intérêt temporel qui ait pu les engager tous à trahir leur conscience et à reconnaître pour Fils de Dieu et Sauveur des hommes un personnage que les Juifs avaient crucifié. *Voy.* APÔTRES, PENTECÔTE.

DISCIPLINE ECCLÉSIASTIQUE (1). Il

(1) *Criterium de l'enseignement de l'Église sur les lois disciplinaires.* — Il y a dans l'Église des lois disciplinaires qui ne sont que l'expression des lois et des conseils évangéliques. Ces lois, n'étant que l'expression des maximes de Jésus-Christ, sont aussi vraies que celles-ci. Ce serait donc un blasphème de dire que les lois qui concernent la pénitence et le célibat ecclésiastique sont contraires à la morale et à la religion. Mais toutes les lois disciplinaires n'intéressent pas à un aussi point la foi et les mœurs. Si ces règlements généraux moins essentiels avaient été portés dans un concile général, seraient-ils marqués du sceau de l'infaillibilité, en sorte qu'on puisse dire qu'ils sont pour le plus grand bien ?

Selon M. de la Hogue, il est communément admis que l'Église peut abuser de son autorité en ces matières, ou que du moins elle peut ne pas en user avec assez de prudence. Si l'on en croit Melchior Cano, les faits viendraient déposer en faveur de cette opinion : « Je n'approuve pas, dit-il, toutes les lois de l'Église, je ne loue pas toutes les censures, toutes les irrégularités, toutes les excommunications, qu'elle a portées, parce qu'il y a quelques-unes de ces lois qui, si elles n'ont rien de répréhensible, devraient être plus prudentes. » Il ajoute qu'en voulant tout approuver dans l'Église, on compromet son autorité au lieu de la fortifier. Muratori tient à peu près le même langage. — Il faut toutefois remarquer que nous ne connaissons aucune loi disciplinaire, *acceptée par toute l'Église*, qui ait eu un caractère d'inutilité ou d'imprudence, dans le temps où elle a été portée. C'est pourquoi l'enseignement de ces docteurs doit être reçu avec une certaine défiance. Nous admettons plus volontiers la doctrine de Mgr Gousset, qui est peut-être un peu absolue. « La discipline, il est vrai, peut changer ou varier suivant les temps et les lieux ; mais ce qui ne change pas, ce qui ne varie pas, c'est le droit que l'Église a toujours exercé en matière de discipline, à l'exemple des apôtres. Tel ou tel règlement n'est point un article de foi, puisqu'il n'a pas pour objet une vérité révélée ; mais il est de foi que l'Église ne se trompe pas en portant tel ou tel règlement qu'elle juge utile à la conservation du dogme catholique ou des bonnes mœurs, ou du respect dû aux choses saintes. Il est de la foi qu'elle n'enseigne rien, qu'elle n'approuve rien, et qu'elle ne fait rien contre la doctrine de Jésus-Christ, qui comprend le dogme et la morale : *Quæ sunt contra fidem aut bonam vitam, nec approbat, nec tacet, nec facit* (*). » De toutes les lois générales ecclésiastiques, il n'en est aucune qui, eu égard au temps où elle a paru et à la fin que se proposait l'Église, n'ait été vraiment utile à la religion ; aucune qui n'ait plus ou moins de rapport ou avec le dogme, ou avec la morale évangélique, ou avec la piété chrétienne. Aussi, l'immortel Pie VI, réfutant les erreurs de la Constitution civile du clergé, décrétée par l'Assemblée nationale de France de l'année 1790, enseigne, dans un bref, aux évêques de cette Assemblée que la discipline tient souvent au dogme, et

* Saint Augustin, lettre 119.

est clair que le mot latin *disciplina* signifie l'état des *disciples* à l'égard de leur maître. Comme Jésus-Christ a établi ses apôtres pasteurs et docteurs des fidèles, ceux-ci leur doivent docilité et obéissance ; et comme, d'autre côté, les maîtres doivent l'exemple à leurs disciples, ils doivent aussi observer des règles pour le succès de leur ministère. Ainsi la *discipline de l'Église* est sa police extérieure, quant au gouvernement ; elle est fondée sur les décisions et les canons des conciles, sur les décrets des papes, sur les lois ecclésiastiques, sur celles des princes chrétiens, et sur les usages et coutumes du pays. D'où il s'ensuit que des règlements, sages et nécessaires dans un temps, n'ont plus été de la même utilité dans un autre ; que certains abus ou certaines circonstances, des cas imprévus, etc., ont souvent exigé qu'on fît de nouvelles lois, quelquefois qu'on abrogeât les anciennes, et quelquefois aussi celles-ci se sont abolies par le non-usage. Il est encore arrivé qu'on a introduit, toléré et supprimé des coutumes ; ce qui a nécessairement introduit des variations dans la *discipline* de l'Église. Ainsi la *discipline* présente de l'Église pour la préparation des catéchumènes au baptême, pour la manière même d'administrer ce sacrement, pour la réconciliation des pénitents, pour la communion sous les deux espèces, pour l'observation rigoureuse du carême, et sur plusieurs autres points qu'il serait trop long de parcourir, n'est plus aujourd'hui la même qu'elle était dans les premiers siècles de l'Église. Cette sage mère a tempéré sa *discipline* à certains égards, mais son esprit n'a point changé ; et si cette *discipline* s'est quelquefois relâchée, on peut dire que, surtout depuis le concile de Trente, on a travaillé avec succès à son rétablissement. Nous avons, sur la *discipline* de l'Église, un ouvrage célèbre du P. Thomassin de l'Oratoire, intitulé : *Ancienne et nouvelle discipline de l'Église touchant les bénéfices et les bénéficiers*, où il a fait entrer presque tout ce qui a rapport au gouvernement ecclésiastique, et dont M. d'Héricourt, avocat au parlement, a donné un abrégé, accompagné d'observations sur les libertés de l'Église gallicane.

La *discipline* tient de plus près au droit canonique qu'à la théologie ; ainsi nous ne devons l'envisager que relativement au dogme, et nous borner à montrer la sagesse avec laquelle l'Église s'est toujours conduite à cet égard. — De savoir si les pasteurs de l'Église ont reçu de Jésus-Christ le droit et l'autorité de faire des lois de *discipline*, c'est une question que nous traiterons au mot LOIS ECCLÉSIASTIQUES.

En fait de *discipline*, il faut distinguer les qu'elle ne contribue pas peu à en conserver la pureté. *Præmittendum ducimus quantum sacra disciplina cohæreat dogmati, et ad ejus puritatis conservationem influat* (*). »

* Bref du 10 mars 1791, aux évêques de l'Assemblée nationale, concernant la Constitution dite civile du clergé de France.

usages qui tiennent aux dogmes de la foi d'avec ceux qui regardent seulement la police extérieure : or, tout ce qui concerne le culte divin a un rapport essentiel au dogme. Pour savoir, par exemple, si l'usage d'honorer les saints, leurs images, leurs reliques, est louable ou superstitieux, il faut examiner si Dieu l'a défendu ou non, s'il déroge ou ne déroge point au culte suprême dû à Dieu : c'est une question de dogme et non de pure police. Pour décider s'il est permis ou défendu de réitérer le baptême donné par les hérétiques, ou les ordinations qu'ils ont faites, il faut savoir si ces sacrements, administrés par eux, sont nuls ou valides. Nous ne pouvons affirmer que la communion sous les deux espèces est nécessaire ou indifférente, à moins que nous ne sachions si Jésus-Christ est ou n'est pas tout entier sous chacune des espèces consacrées, etc. — Il n'en est pas de même des usages de pure police. La loi imposée aux premiers chrétiens par les apôtres de s'abstenir du sang et des viandes suffoquées, les épreuves auxquelles on soumettait les catéchumènes avant le baptême, la coutume de leur interdire l'assistance au saint sacrifice avant d'avoir reçu ce sacrement, de donner aux enfants la communion immédiatement après le baptême, de soumettre les pécheurs scandaleux à la pénitence publique, etc., sont des lois de simple police, elles n'intéressent point le dogme; elles ont pu être utiles dans un temps, et peu convenables dans un autre; on a donc pu les changer sans inconvénient. Ici la tradition, ou l'usage des siècles précédents, ne fait pas loi ; mais il faut s'en tenir à la tradition dans tout ce qui tient au dogme de près ou de loin.

Quelquefois une coutume, qui n'était point liée au dogme en elle-même, s'y trouve attachée par l'entêtement des hérétiques. Ainsi, lorsque les protestants ont attaqué la loi du carême, sous prétexte que l'abstinence des viandes est une superstition judaïque, que l'Eglise n'a pas le droit d'imposer aux fidèles des jeûnes ni des mortifications ; lorsqu'ils ont exigé la communion sous les deux espèces, en soutenant qu'elle est nécessaire à l'intégrité du sacrement ; lorsque les sociniens ont blâmé l'usage de baptiser les enfants, parce que, selon leur opinion, le baptême ne produit point d'autre effet que d'exciter la foi, etc.; ils ont mêlé le dogme avec la *discipline*, et ces deux choses sont devenues inséparables. Il est évident que, dans ces circonstances, l'Eglise ne pourrait changer sa *discipline*, sans donner aux hérétiques un avantage, duquel ils abuseraient pour établir leurs erreurs.

Quand il est question de savoir si tel point de *discipline* est plus ou moins ancien, l'argument négatif ne prouve absolument rien ; car enfin le défaut de preuves positives n'est pas une preuve, et le silence d'un auteur n'est pas la même chose que son témoignage. Pendant les trois premiers siècles de l'Eglise, les pasteurs, loin d'écrire et de publier les pratiques du culte et la *discipline* du christianisme, les cachaient aux païens; ils n'en ont parlé que quand ils y ont été forcés pour répondre aux calomnies de leurs ennemis. que prouve donc le silence qu'ils ont gardé sur les rites et les usages que l'on observait pour lors? Ainsi, lorsque les protestants ou leurs copistes viennent nous dire : On ne voit aucun vestige de tel usage avant le IVe siècle ; donc il ne remonte pas plus haut que cette époque : ce raisonnement est faux. Il y a une preuve positive générale qui supplée au défaut des preuves particulières, savoir : la règle toujours suivie dans l'Eglise de ne rien innover sans nécessité, de s'en tenir à la tradition et à la pratique des siècles précédents. Au IIIe, lorsque les évêques d'Afrique voulurent réitérer le baptême donné par les hérétiques, ils se fondaient sur des arguments théologiques plus apparents que solides; le pape saint Etienne leur opposa la tradition, *Nihil innovetur nisi quod traditum est*. Au IIe siècle, saint Irénée argumentait déjà de même. Dans la question de *discipline* touchant la célébration de la Pâque, les évêques d'Asie se fondaient sur leur tradition, et les Occidentaux y opposaient la leur ; la dispute ne fut terminée qu'au concile général de Nicée, et ce fut l'usage du plus grand nombre des Eglises qui décida. On ne croyait donc pas, au IVe siècle, qu'il fût permis d'inventer et d'établir de nouveaux rites, un nouveau culte, des usages et des coutumes inconnues depuis les apôtres. Au Ve, saint Augustin voulait encore que l'on s'en tînt à cette règle, et l'on y a persévéré dans les siècles suivants. Si, dans la multitude des monuments du IVe, nous trouvons des usages desquels il n'est pas parlé dans ces deux siècles précédents, il ne faut pas en conclure qu'avant ce temps-là ces usages n'étaient pas encore introduits. C'est néanmoins sur ce raisonnement faux que les protestants ont fondé toutes leurs dissertations pour prouver que le culte, les usages, les dogmes mêmes de l'Eglise romaine, sont de nouvelles inventions, qui n'ont pris naissance pour le plus tôt qu'au IVe siècle.

Nous ne prétendons pas dire que les pasteurs du IVe n'ont fait aucune loi nouvelle, aucun nouveau règlement en fait de police et de mœurs ; le contraire est prouvé par les décrets des conciles tenus pour lors. Mais enfin on les connaît, on en sait l'époque et les raisons, et l'on voit que ces conciles ont pris pour règle et pour modèle ce qui avait été établi avant eux, et qu'ils se sont proposé de n'y pas déroger. On peut s'en convaincre en comparant ces décrets du IVe siècle avec ceux que l'on appelle *canons des apôtres*, qui avaient été dressés dans les trois siècles précédents.

Quand nous trouverions un grand nombre de nouveaux usages établis au IVe siècle, faudrait-il s'en étonner? Pendant trois siècles de persécution, les pasteurs de l'Eglise n'avaient pas eu la liberté de s'assembler quand ils l'auraient voulu, ni de mettre une uniformité parfaite dans la police extérieure des Eglises ; ils ne purent le faire que quand Constantin eut autorisé la profession publique du christianisme, et que l'on put espérer que les lois ecclésiastiques seraient protégées par les empereurs. Mais les protestants eux-mêmes sont-ils venus à bout de mettre d'abord l'uniformité dans leur prétendue réforme ? Non-seulement les différentes sectes se sont fort mal accordées, mais chacune d'elles a changé ses dogmes et ses lois comme il lui a plu. Ils disent que les lois de *discipline* n'étant établies que par une autorité humaine, chaque société chrétienne a dû être maîtresse de régler son régime comme elle le jugeait à propos. Mais, 1° nous ne voyons point cette liberté régner chez les sociétés chrétiennes des trois premiers siècles, auxquelles les protestants ne cessent de nous renvoyer ; les canons des apôtres étaient des lois générales, dont plusieurs portaient la peine de suspense ou de dégradation pour les clercs, et d'excommunication pour les laïques. 2° Plusieurs de ces lois tenaient au dogme et y étaient relatives ; on ne pouvait y déroger sans mettre le dogme en danger. Il en a été de même chez les protestants ; ils n'ont été engagés à quitter la *discipline* de l'Eglise catholique, que parce qu'ils en avaient abjuré la croyance. 3° Ils n'ont point laissé à chaque petite société de leur secte la liberté de changer cette nouvelle *discipline ;* ils ont recueilli les décrets de leurs synodes, afin qu'ils fussent suivis par tous leurs ministres et leurs consistoires, et plusieurs de ces décrets portent la peine d'excommunication. (*Discipline des calvinistes*, c. 5 et 6.) Ainsi, ils se sont attribué l'autorité législative qu'ils refusaient à l'Eglise catholique.

Mais un point de *discipline* que l'on ne doit pas oublier, parce qu'il est de tous les siècles, ce sont les lois observées dans les premiers temps de l'Eglise, touchant les mœurs du clergé. On ne peut, sans être édifié, lire ce qui en est rapporté dans les canons des apôtres, dans ceux des anciens conciles, dans les Pères, tels qu'Origène, saint Cyprien, saint Jean Chrysostome, saint Jérôme, saint Augustin, etc. Leur témoignage est confirmé par celui des païens. L'empereur Julien, par jalousie, aurait voulu introduire parmi les prêtres du paganisme les vertus qui rendaient recommandables les ministres de la religion chrétienne ; ses regrets, ses plaintes, ses exhortations à ce sujet, sont un éloge non suspect des mœurs du clergé. *Voy.* sa lettre 49 à Arsace, pontife de Galatie, et les fragments recueillis par Spanheim. Ammien Marcellin rend justice de même aux vertus des évêques, liv. XXVII, p. 525 et 526.

Les lois ecclésiastiques ne se bornaient pas à défendre aux clercs les crimes, les désordres, les indécences, les divertissements dangereux ; elles leur commandaient toutes les vertus, l'application à l'étude, la chasteté, la modestie, le désintéressement, la prudence, le zèle, la charité, la douceur. Un ecclésiastique était dégradé de ses fonctions pour des fautes qui ne paraîtraient pas aujourd'hui mériter une peine aussi rigoureuse.

Cette sage *discipline* fut confirmée dans la suite par les lois des empereurs. Ils comprirent qu'un corps tel que le clergé devait être régi par ses propres lois ; qu'il fallait, pour y maintenir l'ordre, que les premiers pasteurs eussent l'autorité de châtier et de corriger leurs inférieurs. Bingham, qui a rassemblé les monuments de l'ancienne *discipline*, voudrait qu'elle fût remise en vigueur. Il rend ainsi hommage, sans y penser, aux efforts qu'a faits le concile de Trente pour la rétablir (*Orig. ecclés.*, tome II, liv. VI). L'ouvrage serait plus avancé, si l'Eglise de France avait encore la liberté de tenir des conciles, comme elle le faisait autrefois ; il n'y a pas de moyen plus efficace pour réformer le clergé (1).

DISCIPLINE, est aussi le châtiment ou la peine que souffrent les religieux qui ont failli, ou que prennent volontairement ceux qui veulent se mortifier.

Dupin observe que, parmi les austérités que pratiquaient les anciens moines et solitaires, il n'est point parlé de *discipline ;* il ne paraît pas même qu'elle ait été en usage dans l'antiquité, excepté pour punir les moines qui avaient péché. On croit communément que c'est saint Dominique l'Encuirassé et Pierre Damien qui ont introduit les premiers l'usage de la *discipline;* mais, comme dom Mabillon la remarqué, Guy, abbé de Pomposie ou de Pompose, et d'autres encore, le pratiquaient avant eux. Cet usage s'établit dans le XI° siècle, pour racheter les pénitences que les canons imposaient aux péchés ; et on les rachetait non-seulement pour soi, mais pour les autres. *Voy.* Dom Mabillon.

DISCIPLINE, se dit encore de l'instrument avec lequel on se mortifie, qui ordinairement est de cordes nouées, de crin, de parchemin tortillé, etc. On peint saint Jérôme avec des *disciplines* de chaines de fer, armées de molettes d'éperons. Il ne s'ensuit pas de là que ce saint vieillard en ait fait usage ; il avait assez dompté son corps par le jeûne, par les veilles, par un travail assidu, pour n'avoir pas besoin d'autres mortifications. *Voy.* FLAGELLATION.

DISPENSE. Quelque sages et nécessaires que soient les lois, il y a souvent de justes motifs de dispenser certains particuliers de les observer dans tel ou tel cas : ainsi, les supérieurs ecclésiastiques accordent souvent *dispense* des empêchements de mariage, des inhabilités à recevoir les ordres sacrés et à exercer les fonctions ecclésiastiques ; et ces grâces ne prouvent point que les lois de l'Eglise, portées à ce sujet, soient injustes ou superflues : souvent un souverain est obligé de dispenser de ses propres lois.

---

(1) La faculté de tenir des conciles, quand elle le juge convenable, est pour l'Eglise un moyen puissant de maintenir la discipline. Espérons que notre République lui donnera cette liberté. L'Allemagne a donné sur ce point l'exemple à l'Église de France.

Il a été très-convenable de défendre le mariage entre les proches parents, soit afin de favoriser les alliances entre les différentes familles, soit afin de prévenir la trop grande familiarité entre des jeunes gens de même famille, qui vivent ensemble, et qui pourraient espérer de s'épouser. Il était encore plus nécessaire d'empêcher que l'adultère ne devint un titre aux deux coupables pour contracter un mariage, lorsqu'ils seraient libres, etc. De même, le respect dû aux fonctions augustes du culte divin a été un juste sujet de déclarer certaines personnes incapables de les exercer. Mais il est des cas où l'observation rigoureuse de la loi pourrait porter préjudice au bien commun, causer du scandale, empêcher un grand bien; alors il est de la sagesse des pasteurs de l'Église de s'en relâcher. Par exemple, lorsqu'une famille se trouve malheureusement notée d'infamie, ses membres ne peuvent espérer de s'allier avec d'autres familles; il n'est pas juste que, déjà trop affligés d'ailleurs, ils soient encore privés de la consolation de s'épouser au moins les uns les autres. Il en est de même d'une personne qui, par des soupçons bien ou mal fondés, se trouverait frustrée de toute espérance d'établissement, si on ne lui permettait pas d'épouser un parent, etc.

Mais quelques censeurs de la discipline ecclésiastique sont étonnés de ce que les *dispenses* des degrés de parenté les plus prochains, sont réservées au saint-siège; de ce que, pour les obtenir, il faut payer une somme. Ils ont imaginé que cet usage était un effet du despotisme des papes, et venait d'un motif d'avarice et d'ambition : plusieurs écrivains satiriques, à l'exemple des protestants, ont pris de là occasion de déclamer.— S'ils avaient été mieux instruits des événements et des raisons qui ont donné lieu à cette discipline, ils en auraient parlé plus sensément. Dans le temps que l'Europe était partagée entre une multitude de petits souverains despotes, toujours armés, et qui ne respectaient aucune loi, les évêques n'avaient plus assez d'autorité pour faire observer celles qui concernaient le mariage : aussi la plupart de ces princes se firent un jeu de cet engagement sacré, et donnèrent ainsi à leurs sujets le plus pernicieux exemple. Il a donc été absolument nécessaire que les papes, qui n'étaient pas dans la dépendance de ces princes, veillassent sur cette partie essentielle de la discipline, se réservassent les *dispenses*, afin que l'embarras de recourir à Rome modérât l'ambition qu'avaient les particuliers de s'affranchir des lois ecclésiastiques sur le moindre prétexte. Ensuite, lorsque l'Église s'est trouvée dans quelque besoin extraordinaire, il a semblé juste que ceux qui recouraient à ses grâces contribuassent à la soulager par leurs aumônes. Les fréquents malheurs de l'Europe ayant rendu ces besoins presque continuels, il a fallu établir une taxe, selon les différentes conditions : cet usage n'a donc rien eu d'odieux dans son origine. Si des esprits ombrageux et prévenus s'imaginent que cela s'est fait à dessein de faire passer à Rome une partie de l'argent de la chrétienté, et que l'on a multiplié exprès les lois prohibitives afin d'avoir occasion de faire payer un plus grand nombre de *dispenses*, ils se trompent, et quand ils osent l'affirmer, ils trompent ceux qui leur ajoutent foi. En établissant les lois, on ne pensait qu'au besoin présent, et l'on ne pouvait pas prévoir l'avenir; en faisant une taxe pour les *dispenses*, on était affecté par d'autres besoins, et l'on ne pouvait pas prévenir tous les abus. D'ailleurs, ce que l'on paie à Rome pour les *dispenses* ne tourne point au profit de la cour romaine; il est employé à l'entretien des missions pour la propagation de la foi, et il s'en faut beaucoup que les sommes que l'on en tire soient aussi considérables que l'imaginent les censeurs de cet usage.

Ceux qui ont accusé les papes de s'attribuer le pouvoir de dispenser du droit naturel et du droit divin positif, et d'avoir accordé en effet à plusieurs personnes des *dispenses* de cette espèce, sont encore plus coupables; ils ont confondu malicieusement deux choses très-différentes. Autre chose est de déclarer que telle loi naturelle ou positive n'est pas applicable à tel cas, et qu'elle n'oblige personne en telle circonstance, et autre chose de dispenser quelqu'un de cette loi, en supposant qu'elle oblige. Tous les jours les tribunaux de magistrats interprètent les lois civiles, déclarent que telle loi n'est pas applicable dans telles circonstances; mais ils ne dispensent personne d'y obéir quand elles obligent; le souverain seul peut dispenser quelqu'un d'obéir à ses lois. Les souverains pontifes, magistrats-nés et pasteurs de l'Église universelle, consultés pour savoir si telle loi divine obligeait dans telles circonstances, ont décidé qu'elle n'obligeait pas, et ils en ont déterminé le sens, mais ils n'en ont pas pour cela dispensé : une *dispense* s'accorde à un particulier et ne regarde que lui ; une interprétation de la loi concerne tout le monde. Les casuistes, les confesseurs, les jurisconsultes, sont dans le cas d'interpréter le sens des lois, sans avoir aucun pouvoir d'en dispenser.

Les papes ont accordé et accordent encore la rémission des fautes grièves commises contre la loi divine, desquelles l'absolution leur a été réservée ; mais ils ne dispensent pas pour cela les pénitents d'observer cette loi dans la suite ; il en est de même des confesseurs. Avec de l'ignorance et de la malignité, on peut donner une tournure odieuse aux choses les plus innocentes. Au reste, il est absolument faux que la cour de Rome accorde toutes sortes de *dispenses* pour de l'argent et sans aucune raison ; ceux qui les demandent peuvent tromper, en alléguant des raisons fausses, mais elle n'en est pas responsable.

Quant aux conditions requises pour la validité des *dispenses*, aux formalités qu'il faut y observer, aux abus qui peuvent s'y glisser, on doit consulter les canonistes.

DISPERSION DES PEUPLES. Il faut que

Moïse ait été bien sûr de l'histoire du premier âge du monde, pour tracer avec autant de fermeté qu'il l'a fait le plan de la *dispersion des peuples* et de leurs migrations (*Gen.* x). Cependant, malgré toutes les recherches et les conjectures des critiques les plus hardis, on n'a encore pu le convaincre d'aucune erreur. Le dixième chapitre de la Genèse est reconnu pour le plus ancien monument de géographie et le plus exact qu'il y ait dans l'univers. Ceux qui ont écrit après lui n'ont pas pu remonter assez haut pour nous instruire de l'origine des premières colonies qui ont peuplé les différentes parties du monde (1).

Les écrivains qui veulent faire la généalogie des nations en comparant leurs opinions, leurs mœurs, leurs usages, nous paraissent suivre une fausse route et raisonner sans fondement. Parce que tel peuple a les mêmes idées, les mêmes rites civils et religieux que tel autre, il ne s'ensuit pas que l'un a instruit l'autre ou lui a servi de modèle. On a trouvé des ressemblances entre des peuples qui n'ont jamais pu se fréquenter ; ils avaient sans doute puisé leurs usages et leurs préjugés dans la même source, savoir, dans les besoins de l'humanité et dans le spectacle de la nature. Ainsi, malgré la prévention dans laquelle ont été plusieurs savants, il n'est pas certain que les Phéniciens ni les Égyptiens soient les auteurs de la religion et des fables des Grecs. 1° Lorsque la Grèce n'était encore habitée que par quelques peuplades de Pélasges errants et sauvages, quel motif aurait pu engager les Phéniciens ou des Égyptiens à venir s'y établir ? Leur sol était meilleur que celui de la Grèce ; il n'était pas encore assez peuplé pour avoir besoin d'envoyer des colonies ailleurs, et la Grèce n'offrait encore aucun objet de commerce. 2° Les nations encore sauvages ne sont rien moins que disposées à recevoir les leçons des étrangers ; elles les regardent comme des ennemis : leur premier mouvement est de les chasser ou de les détruire. Les nations éloignées, chez lesquelles les Européens vont former des établissements pour le commerce, ne sont pas, en général, fort empressées de recevoir notre langage, nos mœurs, notre religion ; et nos négocians pensent à autre chose qu'à les instruire et à les policer ; ils laissent ce soin aux missionnaires : probablement il en fut de même autrefois, et nous n'avons aucune raison de supposer le contraire.

DISPERSION DES APOTRES. Plusieurs Eglises font une fête ou un office en mémoire de la *dispersion* des apôtres pour prêcher l'Evangile. Nous devons observer à ce sujet que, quand même on pourrait supposer de la part des apôtres un complot ou un projet de tromper le monde et d'en imposer sur le caractère et sur les actions de Jésus-Christ, il serait impossible que le secret eût été gardé avec une égale fidélité par douze hommes ainsi dispersés, qui ne pouvaient plus avoir aucun intérêt commun, dont la plupart même ne pouvaient conserver aucune relation directe avec leurs collègues. Il n'y a donc que la vérité qui ait pu être assez puissante pour les assujettir tous à rendre le même témoignage, à prêcher la même doctrine, à former une seule Eglise de tous les adorateurs de Jésus-Christ. D'autre part, il leur eût été impossible de réussir dans leur projet, s'ils avaient senti qu'on pouvait les convaincre de faux sur quelques-uns des faits qu'ils annonçaient. *Voy.* APÔTRES, DISCIPLES.

L'intention de Jésus-Christ n'avait pas été que les apôtres se dispersassent d'abord ; en les élevant à l'apostolat, il leur avait défendu de prêcher pour lors aux Gentils et aux Samaritains (*Matth.* x, 5) ; il voulait que leur mission commençât par les Juifs ; et il avait dit dans le même sens qu'il n'était venu que pour ramener les brebis perdues de la maison d'Israël, c. xv, v. 24 ; mais avant de monter au ciel, il leur ordonna de prêcher l'Evangile à toutes les nations, c. xxviii, v. 19. — Après la descente du Saint-Esprit, les apôtres attendirent encore l'ordre du ciel avant de travailler à la conversion des païens, et ils le reçurent en effet dans la personne de saint Pierre, lorsqu'il fut envoyé pour instruire et pour baptiser le centurion Corneille avec toute sa maison (*Act.* x et xi). La descente du Saint-Esprit sur ces nouveaux chrétiens fit comprendre aux apôtres que le moment était venu de prêcher l'Evangile aux Gentils aussi bien qu'aux Juifs.

Cette timidité sage et cette circonspection des apôtres démontre qu'ils n'étaient animés par aucun motif d'intérêt, d'ambition, ni de vaine gloire. Lorsque les hommes sont conduits par les passions, leurs démarches ne sont pas si mesurées et leur zèle n'est pas aussi patient.

DISPUTE, DISSENSION, DIVISION. Les incrédules ont souvent écrit que la révélation n'avait servi qu'à causer des *disputes*. Ils ignorent ou font semblant d'ignorer que les hommes ont disputé depuis le commencement du monde ; ils feront de même jusqu'à la fin ; et que les nations qui ne disputent point ignorantes et stupides. Les *disputes* viennent de l'orgueil, de l'ambition, de l'opiniâtreté ; ce n'est pas la révélation qui a donné aux hommes ces maladies. Les philosophes ont disputé pour leurs systèmes, les peuples pour leurs lois, pour leurs coutumes, pour leurs prétentions, aussi bien que pour leur religion ; les incrédules *disputent* pour se donner un relief de capacité et d'érudition ; ils combattent entre eux avec autant de chaleur que contre nous ; il n'en est pas deux qui aient les mêmes principes et les mêmes opinions.

En général, il n'est pas vrai que ce soit la religion qui a divisé les peuples et qui a fait naître entre eux les haines nationales ; c'est

---

(1) Au mot BABEL, nous avons montré que les traditions de tous les peuples et les découvertes scientifiques de notre temps confirment ce passage de l'Ecriture.

au contraire parce que les peuplades ont été portées, dès l'origine, à se haïr mutuellement, que la religion, destinée à les réunir, a opéré souvent un effet contraire. Tout peuple non civilisé regarde un étranger comme un ennemi. Ce travers d'esprit, aussi ancien que la nature humaine, règne encore, autant que jamais, chez les Sauvages: tout objet avec lequel ils ne sont point familiarisés leur inspire de la crainte et de la défiance, et ce sentiment n'est pas loin de l'aversion. Dès qu'une peuplade est voisine d'une autre, la jalousie, les prétentions touchant la chasse, la pêche, les pâturages, une querelle survenue par hasard entre deux particuliers, etc., ne tardent pas de les mettre aux prises. Dès l'origine du monde, nous voyons les peuplades naissantes se battre, se chasser, se déposséder, et les plus fortes, toujours ambitieuses, asservir et dépouiller les plus faibles. Dans cette disposition d'esprit, il était impossible qu'elles s'accordassent en fait de religion; chacune voulut avoir des divinités locales et indigètes, des génies tutélaires, nationaux et particuliers; elle se persuada qu'autant ses dieux étaient portés à la protéger, autant ils étaient ennemis des autres peuplades. L'inimitié naturelle avait donc précédé les *dissensions* en fait de religions; celles-ci n'en étaient pas la cause.

Une des premières vérités que Dieu avait révélées aux hommes est qu'ils sont tous frères, sortis du même sang et d'une même famille; cette leçon, loin de les diviser, aurait dû les réunir. Une autre vérité que Dieu fit enseigner aux Hébreux par Moïse, est qu'il a donné lui-même à tous les peuples le pays qu'ils habitent, qu'il en a tracé les dimensions et posé les bornes (*Deut.* xxxii, 8). Il leur abandonne le pays des Chananéens pour punir ceux-ci de leurs crimes ; mais il leur défend de toucher aux possessions des Iduméens, des Moabites, des Ammonites, etc. Il ne leur ordonne ni d'aller renverser les idoles de ces peuples, ni de leur faire la guerre pour cause de religion. Comment peut-on soutenir que ce sont les prétendues révélations qui ont divisé les hommes et les nations ? Que l'on attribue, si l'on veut, ce pernicieux effet aux fausses révélations, telles que celles de Zoroastre et de Mahomet, qui ont établi leur doctrine le fer et le feu à la main ; nous ne nous y opposerons pas ; mais il y a de la démence à faire le même reproche à la révélation que Dieu lui-même a donnée aux hommes.

Jésus-Christ a donné pour sommaire de sa morale l'amour de Dieu et du prochain, par conséquent la charité et l'affection envers tous les hommes sans exception ; ce grand commandement était-il destiné à les rendre ennemis les uns des autres ? A la vérité, il a prévu et prédit que sa doctrine serait parmi eux un sujet de *division*, parce qu'il savait que les incrédules opiniâtres ne manqueraient pas de persécuter avec fureur ceux qui embrasseraient l'Evangile ; c'est ce qui est arrivé en effet. Mais, de peur de les diviser, fallait-il les laisser dans l'aveuglement, dans l'erreur, dans les désordres où ils étaient généralement plongés? *Quiconque fait le mal*, dit-il, *hait la lumière et la fuit* (*Joan.* iii, 20). Il déteste par conséquent ceux qui veulent la lui montrer ; mais ce n'est pas la religion qui lui inspire cette aversion. — En effet, dès que le christianisme eut fait des progrès, quelques philosophes voulurent le connaître. Frappés de la sublimité de ses dogmes, de la sainteté de sa morale, des vertus de ses sectateurs, des prodiges qu'ils opéraient, ils feignirent de l'embrasser ; mais, au lieu de se soumettre au joug de la foi, ils voulurent régenter l'Eglise : de là les *disputes*, les *divisions*, les hérésies qui en troublèrent la paix. Mais ce n'est pas notre religion qui donna aux philosophes la vaine curiosité, l'esprit de contradiction, l'ambition de dominer sur les esprits ; ils avaient tous ces vices avant d'être chrétiens, et nous les voyons encore chez leurs successeurs qui ont renoncé au christianisme.

Les protestants ont souvent exagéré les *disputes* qui règnent entre les théologiens de l'Eglise romaine. Nous voyons, disent-ils, que malgré l'unité de foi prétendue et la concorde dont elle se vante, elle ne cesse pas d'être agitée et divisée par les *disputes* les plus vives entre les franciscains et les dominicains, entre les scotistes et les thomistes, entre les jésuites et leurs adversaires, et plusieurs de ces contestations roulent sur des objets très-graves.

Avant d'examiner chacun de ces objets, il y a une observation essentielle à faire. Malgré ces altercations si vives, tous les théologiens catholiques conviennent néanmoins d'une même profession de foi ; il n'en est aucun qui ne souscrive aux décrets du concile de Trente, en matière de doctrine, et qui ne soit prêt à signer de même les décisions de l'Eglise dès qu'elle aurait prononcé sur les objets actuellement contestés ; jusqu'alors ils conviennent que ces questions ne tiennent point à la foi, ne sont, de part ni d'autre, des erreurs dangereuses, ne sont pas un sujet légitime de schisme ni de séparation. — Il n'en est pas de même des *divisions*, en fait de doctrine, qui règnent parmi les protestants; elles les ont séparés d'abord en trois sectes principales, sans compter celles qui sont nées dans la suite, sectes qui n'ont entre elles aucune liaison, qui sont à peu près aussi ennemies les unes des autres qu'elles le sont des catholiques. Dans aucune de ces sectes tous les théologiens qui y tiennent ne voudraient, d'un consentement unanime, signer la même profession de foi, quoique leur recueil en contienne au moins dix ou douze. Aujourd'hui aucun luthérien ne reçoit purement et simplement la confession d'Augsbourg ; aucun calviniste n'adopte, sans restriction, celles qui ont été faites du vivant de Calvin; aucun anglican ne s'en tient à ce qui a été décidé sous Henri VIII ou sous la reine Elisabeth. Tous cependant prétendent avoir, pour seule et unique règle de foi, l'Ecriture sainte. Il s'en faut donc beaucoup qu'ils aient entre eux la même unité de foi et de croyance que les catholiques.

Pour en venir au détail, Mosheim (*Hist. ecclés. du* XVI*e siècle,* sect. 3, 1re part., c. 1, § 32) réduit les *disputes* de ces derniers à six chefs principaux : Le premier, dit-il, regarde l'étendue de la puissance et de la juridiction du pontife romain ; les ultramontains prétendent que le pape est infaillible ; les théologiens français et d'autres soutiennent qu'il ne l'est pas, et que son jugement, en matière de doctrine, n'est point irréformable ; mais tous conviennent que ce jugement, une fois confirmé par l'acquiescement exprès ou tacite du plus grand nombre des évêques, est censé le jugement de l'Eglise universelle, et que tout catholique lui doit la même soumission qu'à la décision d'un concile général. Qu'importe à la foi le surplus de la contestation ? *Voy.* PAPE.—Le second regarde l'autorité même de l'Eglise : les uns soutiennent qu'elle ne peut se tromper dans ses décisions, soit sur les points de doctrine, soit en matière de fait ; les autres sont d'avis qu'elle n'est point infaillible sur les questions de fait. Il y a dans cet exposé une équivoque frauduleuse. Tout théologien, vraiment catholique, reconnaît l'infaillibilité de l'Eglise en matière de *faits dogmatiques,* parce que ces sortes de faits tiennent essentiellement au dogme ou à la doctrine ; si quelques novateurs ont soutenu le contraire, ils ont été condamnés et ont cessé d'être catholiques. *Voy.* FAIT DOGMATIQUE.— Lorsque Mosheim ajoute que quelques théologiens promettent l'héritage éternel à des nations qui ne connaissent ni Jésus-Christ, ni la religion chrétienne, et à des pécheurs publics, pourvu qu'ils professent la doctrine de l'Eglise, il invente une double calomnie. Autre chose est de soutenir que ces derniers ne cessent pas d'être membres du corps extérieur de l'Eglise pendant leur vie, et autre chose d'imaginer qu'ils peuvent être sauvés s'ils meurent dans le péché ; aucun théologien catholique n'a été assez insensé pour enseigner une de ces erreurs. *Voy.* EGLISE, § 3.— Le troisième sujet de contestation cité par Mosheim concerne la nature, la nécessité et l'efficacité de la grâce divine, et la prédestination. Or, tous les théologiens catholiques conviennent que la grâce est absolument nécessaire pour toute bonne œuvre méritoire et utile au salut, même pour former de bons désirs ; que la grâce, cependant, n'impose à la volonté humaine aucune nécessité d'agir ; que l'action faite par l'impulsion de la grâce est parfaitement libre. Ceux qui ont voulu soutenir le contraire, aussi bien que les protestants, ont été condamnés comme eux. On *dispute* seulement pour savoir en quoi consiste l'efficacité de la grâce, comment cette efficacité se concilie avec le libre arbitre de l'homme, et on convient de part et d'autre que c'est un mystère ; par conséquent la contestation n'est pas fort importante, et l'on pourrait très-bien s'en abstenir. *Voy.* GRACE, § 5. — Sur la prédestination, un théologien, s'il est catholique, enseigne que Dieu fait des grâces à tous les hommes ; que s'il en accorde plus à l'un qu'à l'autre, c'est l'effet d'un décret ou d'une prédestination de Dieu purement gratuite, indépendante de tout mérite de la part de l'homme. Quant à la prédestination au bonheur éternel, que nous importe de savoir si ce décret est absolu ou conditionnel ; si, selon notre manière de concevoir, il est antécédent ou subséquent à la prévision des mérites de l'homme ; s'il faut envisager ce bonheur plutôt comme la fin vers laquelle Dieu dirige ses décrets, que comme récompense de nos œuvres, etc. ? *Voy.* PRÉDESTINATION. — Un quatrième sujet de *dispute* est ce que les jésuites ont enseigné touchant l'amour de Dieu, la probabilité, le péché philosophique, etc. Comme les jésuites ne sont plus, le procès est censé terminé. Nous nous contentons d'observer que les propositions fausses, en fait de morale, ont été condamnées, soit que des jésuites, ou d'autres, en fussent les auteurs, et que les jésuites n'ont jamais résisté à la censure avec autant d'opiniâtreté que leurs adversaires. — Le cinquième regarde les dispositions nécessaires pour participer avec fruit aux sacrements. Suivant Mosheim, les théologiens qui enseignent que ces divins mystères produisent leur effet par leur vertu intrinsèque, *ex opere operato,* ne croient pas que Dieu exige la pureté de l'âme, ni un cœur épris de son amour, pour en recevoir le fruit ; d'où il suit, dit le traducteur, que l'humilité, la foi et la dévotion ne contribuent en rien à l'efficacité des sacrements. Calomnie grossière : c'est ainsi que de tout temps les hérétiques ont travesti la doctrine des catholiques pour les rendre odieux. Autre chose est d'enseigner que la foi, l'humilité, la componction, la dévotion, etc., sont des *dispositions absolument nécessaires* pour recevoir l'effet des sacrements ; autre chose de prétendre que ces dispositions sont la *cause immédiate* de la grâce, et que le sacrement n'en est qu'un signe. Cette seconde opinion est l'erreur des protestants ; la première est la doctrine des théologiens catholiques. *Voy.* SACREMENT. — Le sixième enfin regarde la nécessité et la méthode d'instruire le peuple. Il est faux d'abord qu'aucun théologien catholique ait jamais enseigné qu'il vaut mieux laisser le peuple dans l'ignorance que de l'instruire ; qu'il lui suffit d'avoir une foi implicite et une obéissance aveugle aux ordres de l'Eglise. Il est faux que certains docteurs pensent que toutes les traductions de la bible en langue vulgaire sont dangereuses et pernicieuses. En général, les traductions et les explications de l'Ecriture sainte, les catéchismes, les expositions de la foi, les livres de piété et d'instruction sont plus communs et plus répandus parmi nous que chez les protestants. Ceux-ci prétendent qu'il leur suffit de lire la bible, à laquelle ils n'entendent rien : ils ne savent autre chose qu'en citer au hasard des passages isolés pour étayer les erreurs de leur secte. On a condamné avec raison certains docteurs qui voulaient introduire parmi nous la même méthode, rendre les femmes et les ignorants aussi disputeurs et aussi hargneux que les protestants. *Voy.* ECRITURE SAINTE. Il y a plus de foi implicite et de prévention aveugle parmi ces derniers que parmi nous, puisqu'ils croient fermement toutes les calomnies qu'il plaît à leurs docteurs d'inventer pour noircir les catholiques.

En voici encore un exemple. Mosheim affirme, avec la plus grande confiance, que les controverses, au sujet de la grâce et du libre arbitre, que Luther avait entamées, ne furent *ni examinées ni décidées* par l'Eglise romaine, mais suspendues et ensevelies dans le silence par l'effet de son adresse ordinaire; qu'à la vérité elle condamna les sentiments de Luther, mais qu'elle ne donna aucune règle de foi sur les points contestés. Pour se convaincre du contraire, il suffit de jeter un coup d'œil sur la 6ᵉ session du concile de Trente touchant la justification ; on y verra que ce concile a non-seulement condamné les erreurs de Luther, mais qu'il a établi tous les points de doctrine contraires sur des passages de l'Ecriture sainte, et que ses décrets sur cette matière de la grâce, du libre arbitre, de la justification et de la prédestination, sont clairs, précis, solides, et portent avec eux la conviction. — Mais admirons la sagesse et la brillante logique des protestants. D'un côté, ils disent que la *tolérance* est le seul remède pour empêcher le mauvais effet des *disputes;* de l'autre, ils reprochent à l'Eglise romaine sa *tolérance* à supporter les *disputes* de ses théologiens, qui n'intéressent en rien la doctrine chrétienne, et dont la décision ne pourrait contribuer ni à l'éclaircissement de cette doctrine, ni à l'avancement de la piété et de la vertu.

Nous ne devons pas être surpris de trouver la même injustice parmi les incrédules, leurs élèves. Ce ne sont point les théologiens qui ont provoqué les incrédules à la *dispute*, ces derniers sont les agresseurs. Ils renouvellent contre la religion les arguments et les calomnies des anciens philosophes et des hérétiques de tous les siècles. Si les théologiens ne répondaient pas, on triompherait de leur silence, on dirait qu'ils se sentent confondus. Lorsqu'ils répondent, et qu'ils mettent au grand jour l'ignorance et la mauvaise foi de leurs adversaires, on les accuse d'être querelleurs, brouillons, jaloux, calomniateurs, etc. Cependant ils sont chargés par état d'enseigner la religion et de la défendre; ils y sont engagés par l'intérêt qu'ils prennent au bien général de l'humanité ; mais qui a donné aux incrédules la charge et la commission d'attaquer la religion ?

S'il n'est pas permis de prêcher la vérité pour détromper les hommes de leurs erreurs, de peur de causer des *disputes,* les incrédules ont très-grand tort de dogmatiser et de renouveler des questions sur lesquelles on a disputé depuis la création. — Ajoutons que les *disputes* et les *divisions* qui sont nées parmi les fidèles, du vivant même des apôtres, sont une preuve certaine qu'il n'y a point eu de collusion entre les divers partis, pour en imposer au reste du monde sur les faits qui servent de fondement au christianisme. — Quant aux *disputes* suscitées par les hérétiques des siècles suivants, Tertullien, saint Augustin, Vincent de Lérins et d'autres ont fait voir que ça été un mal nécessaire ; qu'elles ont donné lieu d'étudier plus exactement l'Ecriture sainte et les monuments de la tradition ; qu'elles ont contribué, par conséquent, à mieux expliquer la doctrine chrétienne.

Il serait à souhaiter, sans doute, qu'il n'y eût plus de *disputes* ni de divers systèmes parmi les théologiens ; qu'uniquement occupés à établir le dogme contre les hérétiques, et à développer les preuves de la religion contre les incrédules, ils supprimassent entre eux toutes les questions problématiques ; mais cette réforme est à peu près impossible. Les jeunes gens surtout ont besoin de la dispute comme d'un aiguillon qui les excite à l'étude ; plusieurs, en s'occupant de questions inutiles, se rendent capables de traiter des matières plus importantes. Mais on ne saurait trop recommander la douceur et la modération à tous ceux qui s'occupent de controverse ; c'est mal servir la religion que de la défendre avec les armes de l'humeur et de la passion ; il faut laisser les accusations personnelles, les sarcasmes, les traits de malignité à ses ennemis, à plus forte raison les moyens que la probité réprouve, comme les fausses citations, les fausses traductions, les passages tronqués, les ouvrages supposés, etc.

DISQUE. *Voy.* PATÈNE.

DISSENTANTS ou OPPOSANTS, nom général qu'on donne en Angleterre à différentes sectes qui, en matière de religion, de discipline et de cérémonies ecclésiastiques, sont d'un sentiment contraire à celui de l'Eglise anglicane, et qui néanmoins sont tolérées dans le royaume par les lois civiles. Tels sont en particulier les presbytériens, les indépendants, les anabaptistes, les quakers ou trembleurs. On les nomme aussi *non conformistes. Voy.* ANGLICANS.

Cette tolérance, dont on veut faire un mérite à l'Eglise anglicane, ne nous paraît pas digne de si grands éloges. De quel droit cette Eglise refuserait-elle aux autres sectes le privilège de se séparer d'elle, comme elle s'est séparée elle-même de l'Eglise romaine ? Le principe fondamental de la réforme a été que tout chrétien doit suivre la doctrine qui lui paraît clairement enseignée dans l'Ecriture sainte, et ne recevoir la loi d'aucune puissance humaine : or, toutes les sectes protestent qu'elles s'en tiennent fidèlement à ce principe. Quand même, dans une nation entière, il ne se trouverait pas deux hommes qui entendissent de même l'Ecriture sainte, il ne serait pas permis de gêner, par des lois, la croyance d'aucun ; tout fidèle est seul juge de sa foi ; la même raison qui l'autorise à ne recevoir la loi de personne, lui défend aussi de l'imposer aux autres. A moins que le gouvernement anglais ne veuille contredire ouvertement la croyance dont il fait profession, il est forcé à une tolérance générale et absolue. *Voy.* CALVINISTES, PROTESTANTS.

DISSIDENTS. L'on nomme ainsi en Pologne ceux qui font profession des religions luthérienne, calviniste et grecque. Ils doivent jouir dans ce royaume du libre exercice de leur religion, qui, suivant les constitutions, ne les exclut point des emplois. Le roi de Pologne promet, par les *pacta conventa*, de les tolérer et de maintenir la paix et l'union entre eux; mais les *dissidents* ont eu quelquefois à se plaindre de l'inexécution de ces promesses. Les ariens et les sociniens ont aussi voulu être mis au nombre des *dissidents*, mais ils en ont toujours été exclus.

DITHÉISME. *Voy.* MANICHÉISME.

DIURNAL, livre ecclésiastique qui contient l'office du jour. Il est différent du bréviaire en ce que celui-ci renferme aussi l'office de la nuit.

DIVIN, qui appartient à Dieu, qui a rapport à Dieu, qui provient de Dieu, etc.: ainsi l'on dit la science *divine*, la *divine* Providence, la grâce *divine*, etc. Une doctrine *divine* est une doctrine révélée de Dieu; un livre *divin* est un livre qui a été écrit par inspiration de Dieu; une mission *divine* est celle qui est prouvée par des signes surnaturels qui ne peuvent venir que de Dieu.

L'on a nommé hommes *divins* ceux qui ont été inspirés de Dieu, ou éclairés par une lumière surnaturelle : en citant les apôtres, les théologiens disent *divus Paulus*, etc.; de même en citant les Pères de l'Eglise, *divus Augustinus*, etc. Ceux qui ont conclu de là que nous rendons à des hommes les honneurs *divins*, ou que nous en faisons des espèces de divinités, auraient pu s'épargner ce trait de ridicule.

Les incrédules ont accusé Moïse de vanité, parce qu'il se nomme un *homme divin*, ou plutôt l'*homme de Dieu* (*Deut.* XXXIII, 1). Cela ne signifie rien autre chose que l'*envoyé de Dieu*. Moïse l'était véritablement, et il était obligé de rendre témoignage de sa mission. Saint Paul nomme son disciple Timothée *homme de Dieu* (*II Tim.* VI, 11). Il n'avait certainement aucun dessein de lui inspirer de la vanité.

DIVINATION. *Voy.* DEVIN.

DIVINITÉ, nature ou essence de Dieu. Les théologiens la font consister dans la notion d'*Etre nécessaire* ou *existant de soi-même*. *Voy.* DIEU. La *divinité* n'est ni multipliée ni séparée dans les trois Personnes de la sainte Trinité, elle est une et indivise dans toutes les trois. *Voy.* TRINITÉ. La *divinité* et l'humanité sont réunies dans la personne de Jésus-Christ.

Quand on dit la *divinité*, sans addition, l'on entend l'intelligence et la volonté suprême qui régit l'univers, sans examiner si elle est unique ou partagée entre plusieurs êtres : c'est ce que les Latins exprimaient par *Numen*, et les Grecs par Θεῖον.

DIVINITÉ DE JÉSUS-CHRIST. *Voy.* JÉSUS-CHRIST, et FILS DE DIEU.

DIVORCE (1), dissolution ou rupture du mariage. Le mariage est-il dissoluble selon la loi naturelle? Moïse, en permettant le *divorce*, a-t-il péché contre cette loi? Jésus-Christ a-t-il poussé trop loin la rigueur, en déclarant que le mariage est indissoluble dans tous les cas? Voilà trois questions auxquelles nous sommes obligé de satisfaire.

Lorsque les pharisiens demandèrent à Jésus-Christ s'il était permis à l'homme de répudier sa femme pour quelque raison que ce soit : *N'avez-vous pas lu*, répondit le Sauveur, *que Dieu, qui a créé l'homme et la femme, a dit : L'homme abandonnera son père et sa mère pour s'attacher à son épouse, et ils seront deux dans une seule chair..... Que l'homme ne sépare donc point ce que Dieu a uni.* Pourquoi donc, répliquèrent les pharisiens, Moïse a-t-il permis de faire *divorce*, et de renvoyer une femme? *Il l'a fait*, dit Jésus-Christ, *à cause de la dureté de votre cœur; mais il n'en a pas été de même dès le commencement. Pour moi, je vous dis que tout homme qui renvoie sa femme pour toute autre cause que l'impudicité, et en épouse une autre, est adultère : et que celui qui épouse une femme ainsi répudiée est coupable du même crime* (*Matth.* XIX, 3 et suiv.). — Par cette réponse, Jésus-Christ a-t-il décidé qu'il est absolument permis de répudier une femme pour cause d'impudicité ou d'infidélité, et d'en épouser une autre, comme le prétendent les protestants? Nous soutenons que ce n'est point là le sens. Jésus-Christ décide que cela était permis *par la loi de Moïse* : c'est dé quoi il s'agissait; mais il ajoute qu'il n'en était pas de même avant cette loi; que l'homme ne doit pas séparer ce que Dieu a uni.

Il est évident, 1° que Jésus-Christ oppose la loi primitive à la loi de Moïse. 2° Il justifie la permission que Moïse avait donnée. 3° Il montre l'abus que les Juifs avaient fait de cette permission. 4° Il rappelle le mariage à son indissolubilité primitive. — En effet, on ne voit aucun exemple de *divorce* avant la loi de Moïse. Lorsque les disciples renouvelèrent à Jésus-Christ la même question, il décida, sans restriction, que l'un et l'autre des conjoints, qui, après s'être quittés, se marient à un autre, commettent un adultère (*Marc.* X, 11 et 12; *Luc.* XVI, 18). Il n'était plus question pour lors de la loi de Moïse. Cette loi est conçue en ces termes (*Deut.* XXIV, 1) : *Si un homme épouse une femme, et qu'ensuite elle ne trouve pas grâce à ses yeux, A CAUSE DE QUELQUE TURPITUDE, il lui écrira une lettre de répudiation, la lui mettra en main, et la renverra hors de chez lui.* — Le Sauveur ajoute que Moïse avait permis le *divorce* aux Juifs *à cause de la du-*

---

(1) Nous avons traité dans la partie morale de ce *Dictionnaire* la question du divorce dans ses rapports avec la loi sociale et la loi morale.

reté de leur cœur, c'est-à-dire de peur qu'ils ne se portassent aux dernières extrémités contre une femme infidèle, et parce qu'ils se seraient révoltés contre une défense absolue du *divorce*, pendant qu'il était permis chez les autres nations. — D'ailleurs, la loi de Moïse condamnait à la mort une femme adultère; au lieu de l'envoyer au supplice, c'était de la part du mari un acte d'humanité de se borner à la répudier.

Nous ne pouvons douter de l'intention de Moïse lorsque nous voyons les restrictions qu'il avait mises à cette permission. 1° Il ordonne qu'un mari qui accuse faussement son épouse de n'avoir pas été vierge, soit battu de verges, condamné à une amende, obligé à garder cette femme sans pouvoir jamais la renvoyer (*Deut.* XXII, 13). 2° Lorsqu'une femme avait été répudiée et mariée à un autre homme, son premier mari ne pouvait la reprendre, même après la mort du second, *parce qu'elle était impure* (XXIV, 4). 3° Le grand prêtre des Juifs, ni les autres prêtres, ne pouvaient épouser une femme répudiée, *parce qu'ils étaient consacrés à Dieu* (*Levit.* XXI, 7 et 13). Donc Moïse n'avait permis le *divorce* en cas d'infidélité de l'épouse, que pour prévenir un plus grand mal. Il est vrai que les Juifs abusèrent de cette permission; les prophètes le leur reprochent (*Mich.* II, 9; *Malach.* II, 14; *Prov.* V, 18, 19). Mais cet abus ne doit pas être imputé au législateur.

L'on s'est donc trompé dans la plupart des écrits faits sur ce sujet. Lorsqu'on a dit, 1° Que la loi de Moïse permettait au mari de répudier sa femme *quand il lui plaisait*, c'était une fausse interprétation des docteurs juifs. 2° Que les Pères ont mal pris le sens des paroles de Jésus-Christ, lorsqu'ils ont pensé que le mariage n'était point dissous par le *divorce*, même fait pour cause d'adultère, et que les deux époux ne pouvaient se marier à d'autres : en cela les Pères ne se sont point trompés. 3° L'on a dit encore que Jésus-Christ se serait contredit en permettant la dissolution du mariage pour cette cause, et en défendant aux conjoints de se marier à d'autres. Mais il est faux que Jésus-Christ ait permis, même dans ce cas, la dissolution du mariage; il n'a permis que la séparation des époux. 4° L'on a cité à faux saint Clément d'Alexandrie, en lui faisant dire (*Strom.* liv. III, c. 6) qu'un homme qui a répudié sa femme pour cause d'adultère, peut en épouser une autre : cela ne se trouve point dans l'endroit cité. Saint Clément semble avoir enseigné le contraire, liv. II, c. 23, p. 506.

Les passages des Pères, que Bingham a rassemblés sur ce sujet (*Orig. ecclés.*, tome IX, l. XXII, c. 5, § 1), prouvent très-bien que, selon le sentiment de ces saints docteurs, il est permis à un chrétien de renvoyer une épouse infidèle, et de se séparer d'elle; mais aucun d'eux n'a dit expressément qu'il pouvait en épouser une autre.

Comme les lois romaines étaient très-relâchées sur le *divorce*, elles permettaient pour des causes très-légères, les lois de Constantin et de ses successeurs se sentent encore de cet abus. La multitude même de ces lois démontre qu'il n'y avait point d'autre moyen de faire cesser absolument le désordre, que d'en revenir à la sévérité de l'Évangile, et de n'autoriser le *divorce* pour aucune cause quelconque. *Voy.* Bingham (*Ibid.*, § 3 et suivants).

L'on a beaucoup écrit de nos jours pour prouver que la loi qui rend le mariage indissoluble dans tous les cas, est trop rigoureuse; que le *divorce* devrait être permis dans le cas d'infidélité de l'un ou de l'autre des conjoints, et pour d'autres raisons; que, selon la loi naturelle, le mariage pourrait être dissous, lorsque les enfants n'ont plus besoin du secours ni de la tutelle de leur père et mère. Mais qui décidera en quel temps les enfants n'ont plus besoin de ce secours ? Nous soutenons qu'ils ont toujours besoin de vivre avec leurs père et mère dans un commerce mutuel de tendresse et de bienfaits. Or, dans le cas du *divorce*, il serait impossible que cette tendresse réciproque pût subsister. Le *divorce* serait une source continuelle de haines et de divisions entre les familles, au lieu que le mariage est destiné à les réunir. La possibilité d'obtenir le *divorce* par l'adultère est un attrait pour le faire commettre : cela est prouvé par l'expérience des Anglais, chez lesquels la faculté de faire *divorce* a multiplié les adultères. La crainte seule de ces inconvénients suffirait pour altérer la tendresse et la confiance mutuelle des époux. Il est donc faux que la loi, qui permettrait le *divorce*, pût être conforme, ni à l'intérêt des conjoints, ni à celui des enfants, ni à celui de la société.

Dans les premiers âges du monde, et dans l'état de société purement domestique, le *divorce* aurait été, envers les femmes, un acte de cruauté. Quelle aurait été la ressource d'une femme renvoyée, qui n'avait plus d'autre patrie que la tente de son époux, ni d'autre famille prête à la recevoir ? Agar, renvoyée par Abraham, aurait été en danger de périr avec son enfant, si Dieu n'avait veillé sur l'un et sur l'autre avec un soin particulier. Aussi Abraham ne les éloigna-t-il que malgré lui, et par un ordre exprès de Dieu (*Gen.* XXI, 10 et suiv.). — Sous la loi donnée par Moïse, l'état de la société avait changé, les inconvénients n'étaient plus les mêmes; outre les restrictions que ce législateur avait mises à la permission de faire *divorce*, Dieu y avait encore pourvu par les autres lois qui regardaient le mariage, et par la constitution particulière de la république juive. L'on ne peut plus dire que, dans cet état des choses, le *divorce* était encore contraire à la loi naturelle. Il ne s'ensuit pas de là que le bien et le mal moral dépendent de la volonté arbitraire de Dieu, comme certains censeurs ont voulu le conclure; il s'ensuit seulement que ce qui était essentiellement mauvais et pernicieux dans tel état de la société, peut cesser de l'être dans un autre état, lorsque Dieu a pourvu d'ailleurs au bien et à l'intérêt général. Ce n'est point alors une dispense ni une dérogation au droit naturel, puisque ce droit naturel ne subsiste plus. Chez les Juifs, le mari seul avait droit de renvoyer sa femme ; une femme n'avait pas le droit de quitter son mari malgré lui (Joseph., *Antiq.*, l. xxv, c. 11). Aujourd'hui nos politiques incrédules voudraient que la liberté fût égale pour les deux sexes.

Pour savoir quels seraient les effets du *divorce*, dans l'état de société civile et politique établi aujourd'hui chez les nations, il ne faut pas consulter les vaines imaginations des philosophes, mais l'histoire et les faits. Denis d'Halicarnasse fait l'éloge des anciennes lois romaines, qui interdisaient le *divorce* : Alors, dit cet historien, il régnait entre les époux une amitié constante, produite par l'union inséparable des intérêts. Il n'était pas besoin pour lors de lois pour engager les Romains à se marier. Sous Auguste, au contraire, lorsque le *divorce* fut devenu commun, l'on fut obligé de forcer les patriciens à prendre des épouses. Sénèque dit que, de son temps, le principal attrait du mariage était l'espérance de faire *divorce*. Juvénal exerce sa verve poétique contre les dames romaines, qui trouvaient le secret de changer huit fois de maris dans cinq ans. Saint Jérôme rapporte qu'il a vu enterrer, à Rome, une femme qui avait eu vingt-deux maris ; Jésus-Christ reprochait à la Samaritaine d'en avoir eu cinq. Est-ce à tort que ce divin Sauveur a retranché un principe de lubricité aussi affreux ?

Dès que le *divorce* est une fois admis, les causes qui le font juger légitime se multiplient de jour en jour, et les argumentations par analogie ne finissent plus. La stérilité d'une femme, l'incompatibilité prétendue des caractères, le plus léger soupçon d'infidélité, une infirmité habituelle, la longue absence de l'un des époux, un crime déshonorant commis par l'un ou par l'autre, etc., il n'en fallait pas tant chez les Romains pour autoriser un mari à répudier sa femme : rien ne peut plus arrêter la licence, dès qu'elle est une fois introduite. De même que la facilité de faire *divorce* pour cause d'adultère a multiplié ce crime chez nos voisins, ainsi les autres crimes deviendraient plus communs, s'ils pouvaient produire le même effet.

Aussi David Hume, philosophe anglais, dans ses *Essais moraux et politiques*, t. 1, vingt-deuxième Essai, après avoir allégué toutes les raisons par lesquelles on voudrait autoriser le *divorce*, y en oppose de plus solides. Premièrement, dit-il, lorsque les parents se séparent, que deviendront les enfants ? Faut-il les abandonner aux soins d'une marâtre ; et, au lieu des tendresses maternelles, leur faire essuyer toute l'indifférence d'une étrangère, toute la haine d'une ennemie ? Ces inconvénients se font assez sentir parmi nous, lorsqu'une femme qui a des enfants vient à mourir, et que leur père en prend une seconde. Faut-il laisser aux caprices des parents le pouvoir de rendre leur postérité malheureuse ? — En second lieu, quoique le cœur humain désire naturellement la liberté et déteste toute contrainte, il lui est cependant tout aussi naturel de céder à la nécessité, et de renoncer à une inclination qu'il ne peut satisfaire. La passion folle et capricieuse de l'amour veut la liberté, sans doute ; mais l'amitié, plus sage et plus calme, n'est jamais plus forte que quand un grand intérêt ou la nécessité en a formé le lien : or, lequel de ces deux sentiments doit dominer dans le mariage ? Le premier ne peut pas durer longtemps ; le second, s'il est sincère, se fortifie avec les années. — En troisième lieu, rien n'est plus difficile que de confondre l'intérêt de deux personnes, à moins que leur union ne soit indissoluble ; dès que les intérêts peuvent se séparer, il en naîtra des disputes et des jalousies continuelles. Quel attachement peut prendre une épouse pour une famille dans laquelle elle n'est pas sûre de demeurer toujours ? Un mariage sujet à être dissous ne peut pas plus contribuer à la félicité des familles ni à la pureté des mœurs, qu'un concubinage habituel. — Ajoutons que le privilège de faire *divorce* ne serait que pour les grands et pour les riches, pour ceux qui n'ont déjà que trop de facilité d'ailleurs de secouer le joug des bienséances et de braver toutes les lois ; le peuple n'en a pas besoin, et il serait tenté rarement d'en profiter. Cet abus ne servirait qu'à favoriser le vice et à couvrir d'opprobre la vertu. Il faudrait, sans doute, le consentement des deux conjoints : celui qui serait assez vertueux pour ne pas le donner serait exposé à une persécution continuelle de la part de l'autre. C'est tout l'effet que produit déjà parmi nous la facilité des séparations.

Quand on a lu l'histoire avec réflexion, et que l'on connaît les divers usages des peuples anciens et modernes, l'on est indigné de la confiance avec laquelle nos dissertateurs téméraires osent écrire que la permission du *divorce* remédierait en grande partie à la corruption des mœurs, et qu'elle inspirerait aux époux plus de retenue ; l'expérience prouve précisément le contraire. Ils disent qu'il y a de la cruauté à forcer deux époux qui se haïssent et se méprisent, à demeurer ensemble jusqu'à la mort, dans le chagrin et la discorde. Mais c'est leur crime de se haïr et de se mépriser : s'ils n'étaient pas vicieux et bien résolus de ne se corriger jamais, ils apprendraient à s'estimer et à s'aimer. — Aussi, en quel temps s'avise-t-on de déclamer et d'écrire contre l'indissolubilité du mariage ? c'est lorsque les mœurs d'une nation sont portées au plus haut degré de la dépravation. Alors les mariages sont nécessairement malheureux, parce que deux caractères vicieux ne peuvent pas se supporter longtemps. On ne peut plus souffrir aucun joug, on veut la liberté (c'est-à-dire l'indépendance, la licence, le libertinage) ; comme si les deux sexes, également corrompus, étaient capables d'user sagement de la liberté : c'est justement alors qu'il leur faut des entraves et des chaînes. Si, semblables aux Romains, ils ne peuvent plus supporter ni leurs vices, ni leurs remèdes, qu'ils se corrigent, et tout le mal sera réparé.

DOCÈTES, hérétiques du Ier et du IIe siècle de l'Église, qui enseignaient que le Fils de Dieu n'avait eu qu'une chair apparente ; qu'il était né, avait souffert, était mort seulement en apparence. C'est ce que signifie leur nom, dérivé du grec δοχεῖν, *je semble, je parais*.

Ce nom général de *docètes* a été donné à plusieurs sectes, aux disciples de Simon, de Ménandre, de Saturnin, de Basilide, de Carpocrate, de Valentin, etc., parce que tous donnaient dans la même erreur, quoiqu'ils fussent divisés d'ailleurs sur plusieurs points de doctrine. Tous prenaient aussi le nom de *gnostiques*, savants ou illuminés, parce qu'ils se croyaient plus éclairés que le commun des fidèles. Ils se flattaient d'avoir trouvé un moyen de concilier ce qui est dit de Jésus-Christ, par les apôtres, avec le respect dû à la Divinité, en soutenant que les humiliations, les souffrances, la mort du Fils de Dieu, n'avaient été qu'apparentes. — C'est pour les réfuter que saint Jean dans son Évangile et dans ses Épîtres, saint Ignace et saint Polycarpe dans leurs lettres, établissent avec tant de soin la vérité du mystère de l'incarnation, la réalité de la chair et du sang de Jésus-Christ. *Nous vous annonçons,* dit saint Jean aux fidèles, *ce que nous avons vu et entendu, ce que nous avons considéré attentivement, ce que nos mains ont touché au sujet du Verbe vivant* (I Joan. I, 1). Ce témoignage ne pouvait pas être suspect, ce n'était point une illusion. — Saint Irénée les réfute de même par les termes de *corps*, de *chair*, de *sang*, dont les apôtres se servent continuellement en parlant du Fils de Dieu fait homme; par sa généalogie, que saint Matthieu et saint Luc nous ont donnée, et parce que Jésus-Christ a été un homme semblable aux autres hommes en toutes choses, excepté le péché. Autrement, dit-il, Jésus-Christ ne pourrait être appelé *homme*, ni *Fils de l'homme* : ce serait en vain, et pour nous tromper, qu'il aurait pris à l'extérieur tous les signes et les caractères de l'humanité; il ne serait pas vrai qu'il nous a rachetés, qu'il est notre Sauveur, s'il n'avait pas réellement souffert; il ne serait pas celui qui a été prédit par les prophètes, mais un imposteur ; nous ne pourrions plus espérer la résurrection de notre chair, nous ne recevrions pas, dans l'eucharistie, sa chair et son sang, etc. (*Adv. hær.*, l. III, c. 22; l. IV, c. 18; l. V, c. 2, etc.) — Cette erreur fut renouvelée, dans le VIe siècle , par quelques eutychiens ou monophysites, qui soutenaient que le corps de Jésus-Christ était incorruptible et inaccessible aux souffrances : on les nomme *docètes, aphtartodocètes, phantasiastes,* etc.

Si l'on veut y faire attention, cette erreur, commune aux hérétiques les plus anciens, est une preuve invincible de la sincérité des apôtres et de la certitude de leur témoignage. Aucun de ces sectaires n'a osé accuser les apôtres d'en avoir imposé; ils sont convenus que ces témoins vénérables ont vu, entendu, touché Jésus-Christ, comme ils le disent, soit avant, soit après sa résurrection ; mais ils prétendent que Dieu leur a fait illusion, et a trompé leurs sens. Ils ont préféré de mettre la supercherie sur le compte de Dieu même, plutôt que de l'attribuer aux apôtres, et cela pour n'être pas forcés d'admettre que le Fils de Dieu a pu se faire homme, naître d'une femme, souffrir et mourir.

Les incrédules oseront-ils encore nous dire que les actions de Jésus-Christ n'ont été crues que par des ignorants séduits et prévenus? Tous ces hérétiques, qui se paraient du nom de *gnostiques*, ou de docteurs éclairés, n'étaient pas séduits par les apôtres, puisqu'ils se prétendaient plus habiles et plus clairvoyants qu'eux ; ils n'avaient aucun intérêt commun avec les apôtres, puisqu'ils leur étaient opposés, et que les apôtres les regardaient comme des *séducteurs* et des *antechrists* : c'est le nom qu'ils leur donnent (*II Joan.*, 7). Ces disputeurs étaient à portée de trouver, dans la Judée et ailleurs, des témoignages contraires à celui des apôtres, si ceux-ci en avaient imposé. L'aveu que les premiers ont fait de l'*apparence* des événements publiés par les apôtres, en prouve invinciblement la réalité. Nous sommes très-bien fondés à juger que Dieu a permis cette multitude d'hérésies qui ont affligé l'Église naissante, pour rendre plus incontestables les faits annoncés par les apôtres. *Voy.* GNOSTIQUES.

Nous apprenons encore des anciens Pères que les *docètes* avaient des mœurs très-corrompues ; leur doctrine même en est une preuve. Comme les souffrances du Fils de Dieu nous sont proposées pour modèle dans l'Évangile, il était naturel que des hommes qui voulaient se livrer à la volupté sans remords et sans scrupule, enseignassent que le Fils de Dieu n'avait souffert qu'en apparence. Mais les apôtres ne l'ont pas entendu ainsi : *Jésus-Christ*, dit saint Pierre aux fidèles, *a souffert pour nous, et vous a laissé un exemple, afin que vous suiviez ses traces* (*I Petri*, II, 21). Ainsi, de tout temps, la vraie source de l'incrédulité a été la corruption du cœur.

Beausobre, dans son *Histoire du manichéisme*, l. II, c. 4, a beaucoup parlé des *docètes*, et a voulu tirer de leurs erreurs plusieurs arguments contre la doctrine de l'Église. « Remarquons, dit-il, que ces anciens hérétiques défendaient leur erreur par les mêmes témoignages de l'Écriture, et par les mêmes raisons dont on s'est servi, dans les siècles suivants, pour défendre la présence réelle du corps de Jésus-Christ dans l'eucharistie. » En effet, pour prouver que le corps de Jésus-Christ n'était pas réel, mais apparent, les *docètes* alléguaient les passages de l'Évangile dans lesquels il est dit que Jésus-Christ marchait sur les eaux, qu'il disparut aux yeux des deux disciples d'Emmaüs, qu'il se trouva au milieu de ses disciples assemblés, les portes de la maison étant fermées; et l'on se sert de ces mêmes passages pour prouver que le corps de Jésus-Christ peut être réellement dans l'eucharistie, sans avoir la solidité, la pesanteur, l'impénétrabilité des autres corps. — Si tel avait été, continue Beausobre, le sentiment de l'Eglise, les *docètes* auraient pu en tirer une objection invincible ; ils auraient dit à leurs adversaires : « Tout ce qui subsiste, sans aucune propriété du corps humain, ne peut pas être un corps humain : or, vous convenez que le corps de Jésus-Christ est dans l'eucharistie, sans aucune des propriétés du corps humain ; donc ce n'est plus un corps humain. » — Il nous paraît que les Pères n'auraient pas été fort embarrassés de répondre à cet argument redoutable ; ils auraient dit : Tout ce qui subsiste sans aucune propriété sensible ou insensible du corps humain, n'est plus un corps humain : soit. Or, le corps de Jésus-Christ, dépouillé des propriétés sensibles d'un corps humain dans l'eucharistie, en conserve néanmoins les propriétés insensibles, donc c'est un corps humain, sinon dans son état naturel, du moins dans un état surnaturel et miraculeux.

Les *docètes*, dit encore Beausobre, auraient insisté ; ils auraient représenté qu'il n'y a pas plus d'absurdité à supposer que Jésus-Christ, pendant le cours de son ministère, a paru être ce qu'il n'était pas, qu'à soutenir que dans l'eucharistie il a toutes les apparences du pain et du vin, sans être ni l'un ni l'autre. A quoi pensaient donc les Pères ? En cherchant dans l'eucharistie un argument contre les *docètes*, *ils se jetaient dans le feu pour éviter la fumée.* — Nous répondons pour les Pères, que si nous croyons la présence réelle de Jésus-Christ dans l'eucharistie, pendant que nous rejetons l'opinion des *docètes*, ce n'est pas parce que l'un est moins absurde ou moins impossible à Dieu que l'autre ; mais c'est, 1° parce que la présence réelle est formellement enseignée dans l'Ecriture sainte, au lieu que l'opinion des *docètes* y est formellement réprouvée ; 2° parce que le dogme de la présence réelle n'entraîne point les conséquences fausses et impies qui s'ensuivraient de l'opinion des *docètes* touchant le corps apparent et fantastique de Jésus-Christ.

Les Pères pensaient donc très-bien, lorsqu'ils disaient que si la chair de Jésus-Christ n'étaient qu'apparente, nous ne recevrions pas, dans l'eucharistie, sa chair et son sang (Saint Irénée, liv. iv, c. 18, *olim* 34, n° 5 ; liv. v, c. 2, n° 2, etc.), et ils n'avaient pas peur des arguments de Beausobre. — Mais n'est-ce pas lui qui se jette dans le feu pour éviter la fumée ? Il voudrait nous persuader que, du temps des *docètes*, l'Eglise ne croyait pas la présence réelle, et il allègue pour preuve un raisonnement des Pères qui serait absurde, si ce dogme n'avait pas été la croyance commune de l'Eglise : on ne peut pas pousser plus loin l'aveuglement systématique.

DOCTEUR, homme qui enseigne, ou qui a commission d'enseigner en public. Suivant saint Paul (*I Cor.* xii, 28), *c'est Dieu qui a établi dans l'Eglise les uns apôtres, les autres prophètes, les uns docteurs, les autres doués du pouvoir d'opérer des miracles ; mais il n'a pas accordé ces dons à tous.* Il le répète (*Ephes.* iv, 11) : *Jésus-Christ,* dit-il, *a établi les uns apôtres, les autres prophètes, les uns évangélistes, les autres pasteurs et docteurs, pour perfectionner les saints, pour exercer le ministère, pour édifier le corps de Jésus-Christ, jusqu'à ce que nous parvenions tous à l'unité de la foi et de la connaissance du Fils de Dieu ;.... afin que nous ne soyons pas chancelants comme des enfants, et emportés à tout vent de doctrine.* De ces paroles nous tirons deux ou trois conséquences importantes.

1° Il n'est pas vrai que tout homme qui se sent ou se croit capable d'enseigner, ait le droit et le pouvoir de le faire, comme le prétendent la plupart des protestants. Ils ont été forcés de le soutenir ainsi, lorsqu'on leur a demandé qui avait donné la mission pour enseigner, et le caractère de *docteur* aux prétendus réformateurs, dont la plupart ont été ou des laïques ou de simples particuliers. Mosheim, qui a senti les inconvénients de la prétention des protestants, est convenu qu'elle est mal fondée ; il a prouvé que, même dans l'origine du christianisme, personne ne s'est érigé en *docteur*, en évangéliste ou en prédicateur, que ceux qui étaient députés ou avoués par les apôtres, par les pasteurs, ou par les Eglises chrétiennes : il a répondu à tous les faits par lesquels les autres protestants ont voulu faire voir le contraire ; il a même ajouté qu'agir autrement ce serait le moyen de nourrir le fanatisme, et de mettre la confusion dans l'Eglise, puisque souvent les hommes les plus ignorants et les plus insensés se croient les plus capables de régenter les autres (*Instit. Hist. christ.*, ii° part., c. 2, § 18). Mais il n'a pas satisfait à l'argument terrible que l'on tire de là contre les fondateurs de la réforme. — 2° Puisqu'en établissant des pasteurs et des *docteurs*, le dessein de Jésus-Christ a été de perfectionner et d'achever son propre ouvrage, d'édifier son Eglise, d'y maintenir l'unité de la foi, ce divin maître serait le plus mal habile et le plus imprudent de tous les fondateurs, s'il avait laissé introduire dans son Eglise, immédiatement après les apôtres, des pasteurs et des *docteurs* tels que les protestants et Mosheim lui-même ont coutume de les représenter, les uns ignorants et très-peu propres à enseigner les fidèles, les autres philosophes entêtés, qui ont mêlé à la doctrine chrétienne les visions des Orientaux, les opinions judaïques ou païennes ; les autres des ambitieux, qui n'ont travaillé qu'à se donner, sur le troupeau de Jésus-Christ, une autorité et une domination que ce divin législateur leur avait défendue, etc. On ne peut pas lui faire une plus grande injure que de supposer qu'il a ainsi oublié et négligé son Eglise pendant quinze siècles entiers ; et qu'enfin, réveillé de son sommeil au seizième, il a suscité des réformateurs pour réparer le mal qu'il avait laissé faire : on sait comment ils ont réussi. — 3° Il nous a prescrit la manière de distinguer les vrais d'avec les faux prophètes, les *docteurs* légitimes d'avec les usurpateurs de cette fonction : *Vous les connaîtrez*, dit-il, *par leurs fruits* (*Matth* vii, 16). Il avait établi les pasteurs et les *docteurs* pour nous conduire à l'*unité de la foi*. Cette unité se maintient en effet dans l'Eglise catholique : les *docteurs*, aussi bien que les simples fidèles, sont soumis à l'enseignement commun et général de l'Eglise universelle, aucun ne se croit permis de s'en écarter. Les *docteurs* protestants n'ont voulu dépendre de personne, ne suivre que leurs propres lumières ; quiconque s'est cru capable d'enseigner, en a usurpé le droit, et quand il a réussi à se faire un nombre de prosélytes, il a formé une société particulière et a dit anathème à ceux qui n'ont pas voulu se ranger à son parti. — 4° Saint Paul réunit le caractère de *docteur* à celui de *pasteur*, pour nous apprendre que la fonction d'enseigner appartient essentiellement aux pasteurs de l'Eglise, que c'est une partie de leur mission : aussi l'apôtre, après avoir instruit Timothée, et l'avoir établi pasteur d'une Eglise, lui recommande de ne confier le dépôt de la doctrine qu'à des hommes fidèles, et qui seront capables d'enseigner les autres (*II Tim.* ii). Il n'est donc pas vrai que les pasteurs de l'Eglise catholique aient été des usurpateurs injustes, lorsqu'ils se sont attribué le droit d'enseigner et de juger du mérite de ceux qui pouvaient exercer cette fonction, et qu'ils ont réprouvé l'enseignement des hérétiques de tous les siècles.

DOCTEUR DE L'EGLISE. *Voy.* PÈRE.

DOCTEUR EN THÉOLOGIE, titre qu'on donne à un ecclésiastique qui a pris le degré de *docteur* dans une faculté de théologie, et dans quelque université. *Voy.* DEGRÉ.

Dans la faculté de théologie de Paris, le temps d'études nécessaire est de sept années : deux de philosophie, après lesquelles on reçoit communément le bonnet de maître-ès-arts ; trois de théologie, qui conduisent au degré de bachelier en théologie ; et deux de licence, pendant lesquelles les bacheliers sont dans un exercice continuel de thèses et d'argumentations sur l'Ecriture sainte, la théologie scolastique, et l'histoire ecclésiastique. — Lorsque les bacheliers ont reçu du chancelier de l'université la bénédiction de licence, ceux d'entre eux qui veulent prendre le bonnet de *docteur* vont demander jour au chancelier, qui le leur assigne. Il faut être prêtre pour prendre le bonnet. Le licencié pour lors a deux actes à faire, l'un le jour même de la prise du bonnet, l'autre la veille. Dans celui-ci il y a deux thèses : la première, soutenue par un jeune candidat que l'on appelle *aulicaire. Voy.* AULIQUE. Deux bacheliers du second ordre disputent contre lui ; le licencié est auprès de lui, et le grand maître d'études, qui a ouvert l'acte en disputant contre le candidat, préside à cette thèse qu'on nomme *expectative*, et qui dure environ deux heures. Le second acte, qui suit immédiatement, se nomme *vespérie*, *actus vesperiarum*, parce qu'il se fait toujours le soir. Deux *docteurs*, qu'on appelle l'un, *magister regens*, et l'autre, *magister terminorum interpres*, y disputent contre le licencié, chacun pendant une demi-heure, sur un point de l'Ecriture sainte ou de la morale. L'acte est terminé par un discours que fait le grand maître d'études, et qui roule ordinairement sur l'éloge du savoir et des vertus du licencié. — Le lendemain matin, sur les dix heures, le licencié, revêtu de la fourrure de *docteur*, précédé des massiers de l'université (et dans les maisons de Sorbonne et de Navarre, du cortège des bacheliers en licence, revêtus de leurs fourrures), et accompagné de son grand maître d'études, se rend à la salle de l'archevêché : il se place dans un fauteuil, le chancelier ou le sous-chancelier à sa droite, et le grand maître d'études à sa gauche. La cérémonie commence par un discours que prononce ou lit le chancelier ou le sous-chancelier. Le récipiendaire y répond par un autre discours, après lequel le chancelier lui fait prêter les serments accoutumés, et lui met son bonnet sur la tête. Il le reçoit à genoux, se relève, reprend sa place, et préside à une thèse qu'on nomme *aulique*, parce qu'on la soutient dans la salle (dite *aula*) de l'archevêché. Le nouveau *docteur* y dispute pendant environ une heure contre son *aulicaire* ; ensuite il va dans l'Eglise de Notre-Dame, à l'autel des martyrs, jurer sur les saints Evangiles qu'il répandra son sang, s'il est nécessaire, pour la défense de la religion. Enfin, son cortège le reconduit à sa maison. — Au *prima mensis* suivant, c'est-à-dire, à la plus prochaine assemblée de la faculté, il paraît, prête les serments accoutumés, et dès lors il est inscrit au nombre des *docteurs*. Mais il ne jouit pas encore pour cela de tous les privilèges, droits, émoluments, etc., attachés au doctorat ; il ne peut ni assister aux assemblées, ni présider aux thèses, ni exercer les fonctions d'examinateur, censeur, etc., qu'au bout de six ans. Alors il soutient une dernière thèse, qu'on nomme *résumpte*, et il entre en pleine jouissance de tous les droits du doctorat. *Voy.* RÉSUMPTE.

Les fonctions des *docteurs en théologie*, dans l'intérieur de la faculté, sont d'examiner les candidats, d'y présider aux thèses, d'y assister avec droit de suffrage en qualité de censeurs, qu'on nomme par semaine et en certain nombre, de diriger les études des jeunes théologiens, de veiller sur les mœurs des bacheliers en licence, d'assister aux assemblées ordinaires et extraordinaires de la faculté, d'y opiner, suivant leurs lumières et leur conscience, sur la censure des livres, et les autres affaires dont on y agite, etc. — Leurs fonctions, par rapport à la religion et à la société, sont de travailler, dans le saint

ministère, à instruire les peuples, d'aider les évêques dans le gouvernement de leurs diocèses; d'enseigner la théologie, de consacrer leurs veilles à l'étude de l'Ecriture, des Pères et du droit canon ; de décider des cas de conscience, de défendre la foi contre les hérétiques, et d'être par leurs mœurs l'exemple des fidèles, comme par leurs lumières ils en sont les guides dans les voies du salut.
— Les frais de la prise de bonnet de *docteur* montent à environ cent écus pour les réguliers, au double pour les séculiers-ubiquistes, et à près de cent pistoles pour les *docteurs* des maisons de Sorbonne et de Navarre.

Si l'on se persuadait que les *docteurs*, sortis des écoles catholiques, sont moins instruits et moins habiles que ceux qui ont été formés dans les écoles protestantes, on pourrait se détromper par un fait public. Il y a en Allemagne des universités mi-parties, où les luthériens occupent des chaires de théologie aussi bien que les catholiques ; il en est ainsi à Strasbourg. Toutes les fois que les catholiques soutiennent des thèses publiques, ils ne manquent jamais d'y inviter les *docteurs* luthériens, et de les y laisser argumenter tant qu'il leur plaît ; les luthériens, au contraire, soutiennent leurs thèses à huis clos, et si un catholique s'avise d'y paraître, on le met dehors. — Nous examinerons ailleurs les reproches que l'on fait aux *docteurs scolastiques*.

DOCTRINAIRES, prêtres de la doctrine chrétienne, congrégation d'ecclésiastiques, fondée par le B. César de Bus, natif de la ville de Cavaillon en Provence, dans le comtat Venaissin. La fin de cet institut est de catéchiser le peuple, et d'imiter les apôtres en enseignant aux ignorants les mystères de notre foi.

Le pape Clément VIII approuva cette congrégation par un bref solennel ; Paul V, par un autre, en date du 9 avril 1616, permit aux *doctrinaires* de faire des vœux, et unit leur congrégation à celle des somasques, pour former avec eux un corps régulier sous un même général. Depuis, par un troisième bref du pape Innocent X, donné le 30 juillet 1647, les prêtres de la doctrine chrétienne furent désunis d'avec les somasques, et formèrent une congrégation séparée sous un général particulier et français. Cette grâce leur fut accordée à la sollicitation de Sa Majesté très-chrétienne. — Il paraît que cet institut avait été en quelque manière jugé nécessaire, même avant sa naissance ; car le pape Pie V, par une bulle du 6 octobre 1571, avait ordonné que, dans tous les diocèses, les curés de chaque paroisse feraient des congrégations de la *doctrine chrétienne*, pour l'instruction des ignorants, ce qui avait été réglé ou insinué au concile de Trente, sess. 24, ch. 4. On trouvera, dans le *Dictionnaire de Jurisprudence*, l'extrait des lettres patentes données pour l'établissement de celle-ci. — Les vœux, même simples, des *doctrinaires*, ont été supprimés depuis dix ou douze ans.

De toutes les sociétés chrétiennes, il n'en est aucune dans laquelle on ait fait autant d'établissements et d'institutions que dans l'Eglise catholique, pour l'instruction des ignorants : il n'en est par conséquent aucune dans laquelle l'ordre qu'a donné Jésus-Christ, de faire connaître l'Evangile à *toute créature*, soit mieux exécuté. L'expérience ne prouve que trop que le vice et la corruption ne tardent pas de marcher à la suite de l'ignorance ; la religion n'aurait plus d'ennemis, si elle était mieux connue. L'esprit apostolique, auquel les incrédules donnent le nom de *prosélytisme*, et dont ils font un crime au clergé, est dans le fond le vrai caractère d'un disciple de Jésus-Christ. Celse dans Origène, le païen Cécilius dans Minutius-Félix, le reprochaient déjà aux chrétiens de leur temps : le clergé catholique doit se féliciter d'encourir encore, par cette raison, la haine des incrédules.

DOCTRINE. La *doctrine* d'une religion quelconque est ce qu'elle enseigne, tant sur le dogme que sur la morale. Les déistes, qui rejettent toutes les preuves historiques de la révélation, soutiennent que c'est par l'examen de la doctrine que l'on doit juger si une religion vient de Dieu ou des hommes, si elle est véritablement révélée ou forgée par des imposteurs. Ils en prennent droit de conclure que toute *doctrine* incompréhensible, et qui semble renfermer contradiction, ne vient point de Dieu. Nous prétendons que cette méthode est fausse, vicieuse, impraticable pour la plupart des hommes, et nous le démontrons :

1° La religion est faite non-seulement pour les savants, mais pour les ignorants ; donc ses preuves doivent être à portée des uns et des autres. Or, l'examen de la *doctrine* est certainement impraticable aux ignorants ; ce n'est donc pas par ce moyen qu'ils peuvent s'assurer de la vérité ou de la fausseté d'une religion qui leur est annoncée. Les preuves de faits, au contraire, sont à la portée des hommes les plus grossiers ; il ne faut avoir que des sens pour les constater, et le moindre degré de raison suffit pour voir s'ils sont suffisamment prouvés. — 2° Toute religion doit nous donner une idée de la Divinité et de sa conduite. Puisque Dieu est un être infini, il est impossible que ce qu'il daigne nous révéler soit assez clair, assez analogue à nos idées naturelles, pour que nous puissions juger s'il a pu et dû faire ou permettre telle chose, ou s'il ne l'a pas pu. C'est en raisonnant à perte de vue, que les hérétiques de toutes les sectes ont conclu que Dieu n'a pas pu révéler telle ou telle *doctrine* ; les déistes, qu'il n'a pu rien révéler du tout ; les athées, qu'il n'a pas pu permettre le mal, ni créer le monde tel qu'il est. Cette méthode est dans le fond la source de toutes les erreurs en fait de religion. — 3° En raisonnant de même, les philosophes païens ont rejeté le christianisme, parce qu'il n'admet qu'un seul Dieu ; en comparant cette *doctrine* avec celle du paganisme, ils ont préféré la dernière ; ils ont donc réprouvé notre religion, précisément à cause du dogme le plus évident, et qui aurait dû les persuader le plus efficacement : tel a été le résultat de l'examen qu'ils ont fait de la *doctrine*. — 4° Depuis la création jusqu'à nous, Dieu a voulu éclairer les hommes, non par l'examen de la *doctrine* qu'il a daigné révéler, mais par les caractères dont il a revêtu l'autorité qu'il lui a plu d'établir ; il les a enseignés, non par des raisonnements, mais par des faits. Ainsi, sous les patriarches, la religion primitive s'est conservée par la tradition domestique des faits importants de la création, de la chute de l'homme, du déluge universel, des leçons que Dieu avait données à Noé, etc. ; sous la loi juive, par la tradition nationale des miracles de Moïse, preuves éclatantes de sa mission ; sous l'Evangile, par la *tradition universelle* des miracles opérés par Jésus-Christ et par les apôtres, et des dogmes qu'ils ont enseignés. Une religion révélée ne peut se transmettre ni se perpétuer autrement. — 5° Il serait absurde de vouloir enseigner au commun des hommes la religion d'une autre manière que les devoirs et les usages de la société ; ils n'apprennent point ceux-ci par des raisonnements spéculatifs sur ce qu'ils ont de bon ou de mauvais, mais par l'éducation et par imitation. Tel est l'enseignement général du genre humain, le seul qui convienne à des êtres sociables. Si l'on faisait plus d'attention à la manière de discourir du peuple, on verrait qu'il ne se fonde presque jamais sur des raisonnements, mais sur des faits, sur des témoignages. Il répète ce qu'il a ouï dire à ses pères, aux vieillards, aux hommes pour lesquels il a conçu de l'estime et du respect ; et, n'en déplaise aux philosophes de nos jours, cette conduite est plus sensée que la leur. *Voy.* FAIT.

A la vérité, la comparaison que nous faisons entre la *doctrine* révélée dans nos livres saints et celle des fausses religions, est une preuve très-forte de la divinité de la première et de l'imposture de toutes les autres ; mais cette preuve ne peut avoir lieu qu'à l'égard de ceux qui sont déjà convaincus de la révélation par les preuves de fait, et qui sont d'ailleurs très-instruits. La vraie manière d'y procéder n'est pas d'examiner d'abord spéculativement la vérité ou la fausseté de la *doctrine* en elle-même, mais de considérer l'influence qu'elle a sur les mœurs. C'est ainsi que nos anciens apologistes et les Pères de l'Église en ont agi, en disputant contre les philosophes païens ; ils leur ont soutenu qu'une *doctrine* aussi sainte que celle du christianisme, aussi capable de rendre l'homme vertueux, ne pouvait pas être fausse, et jamais leurs adversaires n'ont pu rien répliquer de solide. *Voy.* EXAMEN.

DOCTRINE CHRÉTIENNE, *doctrine* enseignée par Jésus-Christ et par ses apôtres. Que Jésus-Christ et ses apôtres aient enseigné tel ou tel point de *doctrine*, c'est un fait qui est susceptible des mêmes preuves et de la même certitude que tout autre fait quelconque (1).

1° C'est un fait sensible et public. La *doctrine chrétienne* n'a jamais été renfermée dans le secret d'une école, confiée à un petit nombre de disciples, ni bornée à un seul lieu ; elle a toujours été prêchée publiquement dans les assemblées des fidèles depuis les apôtres jusqu'à nous. Pour peu qu'un chrétien ait d'intelligence, il voit si on lui enseigne, dans l'âge mûr, les mêmes dogmes qui lui ont été inculqués dès l'enfance. Change-t-il de séjour ? il aperçoit d'abord si l'on prêche, dans le lieu où il arrive, la même *doctrine* que dans sa patrie. Plus les communications sont devenues fréquentes entre les divers peuples du monde, plus il a été aisé de se convaincre de la diversité ou de la conformité de doctrine entre les différentes Eglise de l'univers. — 2° C'est un fait susceptible de la même certitude que tous les autres faits. Dans les tribunaux l'on interroge les témoins, non-seulement sur ce qu'ils ont vu, mais encore sur ce qu'ils ont entendu, et on leur accorde la même croyance sur l'un et l'autre chef. Ils sont encore plus dignes de foi, lorsque ce sont des personnes publiques revêtues de caractère et de commission spéciale pour attester une chose. Tels sont les pasteurs de l'Eglise ; ils ont caractère et mission pour enseigner aux autres ce qu'ils ont appris eux-mêmes, sans qu'il leur soit permis d'y ajouter ni d'en rien retrancher. — 3° La chaîne de ces témoins n'a jamais été interrompue, leur succession a été constante depuis les apôtres. Leur enseignement public est surveillé par les fidèles même qu'ils sont chargés d'instruire, et qui savent qu'il n'est pas permis d'innover. Ils ont à répondre de leur *doctrine* au corps dont ils sont les membres, tous se servent mutuellement d'inspecteurs et de garants. Il n'est jamais arrivé à un seul de se départir de la croyance commune, sans que cet écart ait fait du bruit et causé du scandale. — 4° La *doctrine chrétienne* est consignée dans des monuments aussi anciens que le christianisme, dans les évangiles, dans les lettres des apôtres, dans les écrits de leurs successeurs, dans les professions de foi, dans les décrets des conciles. C'est sur la conformité de ces monuments entre eux, et avec l'enseignement vivant des pasteurs, que l'Eglise se repose, affirme et enseigne que sa *doctrine* est perpétuelle et inviolable. — 5° Cette *doctrine* est intimement liée aux cérémonies de l'Eglise, aux pratiques du culte public ; ces cérémonies sont dans le fond une profession de foi. Il est donc impossible que la *doctrine* change, sans que le culte extérieur s'en ressente, et celui-ci ne peut changer sans que l'on s'en aperçoive. Peut-on citer dans l'univers deux Eglises qui aient une foi différente, et qui aient cependant conservé le même culte extérieur ; ou qui, réunies par la même croyance, aient cependant un culte

---

(1) La sublimité de la doctrine de J.-C. est une preuve constante de sa divinité ; nous développons cette preuve au mot LOI ÉVANGÉLIQUE.

extérieur tout différent? On n'a qu'à voir les retranchements énormes que les protestants ont été obligés de faire dans l'extérieur du culte, lorsqu'ils ont voulu établir une *doctrine* différente de celle de l'Eglise catholique.

Voilà donc trois règles dont le concert parfait donne à toute église particulière et à tout fidèle une certitude invincible de l'antiquité et de l'immutabilité de sa foi, les monuments écrits, le culte extérieur, l'enseignement public et uniforme des pasteurs. S'il y a, en matière de faits, une certitude morale poussée au plus haut degré, c'est assurément celle-là : elle est la même pour les faits évangéliques, pour le dogme, pour la morale. — Que l'on compare cette méthode d'enseignement de l'Eglise catholique avec celle que suivent les protestants et les autres sectes hérétiques, on pourra juger par là laquelle de ces différentes sociétés remplit le mieux les devoirs de mère à l'égard de ses enfants, laquelle mérite le mieux d'être regardée comme la véritable Eglise de Jésus-Christ.

Les variations de ces sociétés dans la *doctrine* ont été mises dans le plus grand jour par M. Bossuet; et lorsqu'elles ont voulu reprocher à l'Eglise catholique qu'elle avait changé la *doctrine* reçue des apôtres, on leur a prouvé non-seulement que cela n'est point, mais que cela ne peut pas être. — De là même il s'ensuit que la *doctrine chrétienne* est nécessairement catholique ou universelle, et que toute *doctrine* qui n'a pas ce dernier caractère, quand même elle serait vraie d'ailleurs, n'appartient point à la foi chrétienne. *Voy.* CATHOLIQUE. — Par la même raison, cette *doctrine* est nécessairement *apostolique*, ou venue des apôtres; jamais l'Eglise n'a cru qu'il lui fût permis de changer ce que les apôtres ont enseigné. « Il ne nous est pas permis, dit Tertullien, de rien enseigner de notre propre choix, ni de recevoir ce qu'un autre a forgé de lui-même. Nous avons pour auteurs les apôtres du Seigneur; eux-mêmes n'ont rien imaginé, ni rien tiré de leur propre fonds, mais ils ont fidèlement transmis aux nations la *doctrine* qu'ils avaient reçue de Jésus-Christ. » (*De præscript.*, c. 6.) « Dans chaque ville, ils ont fondé des Eglises, d'où les autres ont reçu, par tradition, leur croyance et leur foi; c'est ainsi qu'elles la reçoivent encore pour être de véritables Eglises; par là elles sont *apostoliques*, puisqu'elles sont les filles des Eglises fondées par les apôtres, c. 20. En un mot, la vérité est la *doctrine* primitive, celle-ci est ce que les apôtres ont enseigné; nous devons donc recevoir comme venant des apôtres ce qui est sacré dans leurs Eglises. » (*Adv. Marcion.*, l. IV, c. 4.) — Au V° siècle, Vincent de Lérins donnait la même règle; il cite les paroles de saint Ambroise, qui regardait comme un sacrilége de changer quelque chose à la foi consacrée par le sang des martyrs, et celles du pape saint Etienne qui répondait aux rebaptisants d'Afrique : *N'innovons rien, tenons-nous-en à la tradition.* « L'usage de l'Eglise a toujours été, dit-il, que plus un homme était religieux, plus il avait horreur de toute nouveauté. » (*Commonit.*, c. V. et 6). *Voy.* APOSTOLICITÉ.

De là nous concluons que la *doctrine chrétienne* est immuable, et que toute *doctrine* nouvelle est une erreur; nous ne concevons pas comment les pasteurs de l'Eglise, en protestant toujours qu'il ne leur est pas permis de rien changer à la *doctrine* qu'ils ont reçue, pourraient cependant l'altérer, ou par surprise et sans s'en apercevoir, ou par un dessein prémédité. — Avant les contestations des hérétiques, et avant la décision de l'Eglise, cette *doctrine* peut n'être pas enseignée aussi clairement, et d'une manière aussi propre à prévenir les erreurs, qu'elle l'est après; mais il ne s'ensuit pas qu'elle n'était ni crue ni connue auparavant. C'est le sophisme que font continuellement les protestants.

DOGMATIQUE, ce qui appartient au dogme, ce qui concerne le dogme. On dit un jugement *dogmatique*, pour exprimer un jugement qui roule sur des dogmes ou sur des matières qui ont rapport au dogme; *fait dogmatique*, pour dire un fait qui tient au dogme, par exemple, pour savoir quel est le véritable sens de tel ou tel auteur. On a vivement disputé, dans ces derniers temps, à l'occasion du livre de Jansénius, sur l'infaillibilité de l'Eglise, quant aux *faits dogmatiques*. Les défenseurs de ce livre ont prétendu que l'Eglise ne peut porter des jugements infaillibles sur cette matière, qu'elle ne peut condamner telle proposition dans *le sens de l'auteur*, et qu'en ce cas le silence respectueux est toute l'obéissance que l'on doit à ces sortes de décisions.

Il est clair que, pour jeter de la poussière aux yeux des ignorants, ces théologiens ont joué sur une grossière équivoque. Lorsque l'Eglise condamne une proposition, *dans le sens de l'auteur*, elle ne prétend pas décider que l'auteur a véritablement eu tel sens dans l'esprit en écrivant; c'est là un fait purement personnel, qui n'intéresse en rien les lecteurs; mais elle entend que la proposition a naturellement et littéralement tel sens. Cela s'appelle *le sens de l'auteur*, parce que l'on doit présumer qu'un écrivain a eu dans l'esprit le sens que ses expressions présentent d'abord à tout lecteur non prévenu. Quand on dit : *Consultez tel auteur*, cela signifie, *consultez son livre*; si l'on ajoute : *Vous entendez mal cet auteur*, c'est comme si l'on disait, *vous ne prenez pas le sens naturel et littéral de ses termes.* — Or, si l'Eglise pouvait se tromper sur le sens naturel et littéral d'une proposition ou d'un livre, elle pourrait proscrire, comme hérétique, un livre qui est véritablement orthodoxe; elle pourrait mettre dans la main des fidèles un livre hérétique qu'elle aurait faussement jugé exempt d'erreur. Autant valait dire sans détour que l'Eglise peut enseigner aux fidèles l'hérésie et l'erreur. C'est dommage que les défenseurs des livres d'Origène, de Pélage, de Nestorius, de Théodoret, etc., ne se soient pas avisés de cet expédient pour esquiver l'excommunication; il en serait résulté que toute censure de livres faite par l'Eglise peut être bravée impunément.

On ne doit pas être surpris si les souverains pontifes (Alexandre VII et Clément XI) ont condamné ce subterfuge; il n'est aucun théologien catholique qui ne croie que l'Eglise a une **autorité infaillible** pour approuver et condamner les livres, et que tout fidèle doit à ce jugement, non-seulement un silence respectueux, mais un acquiescement d'esprit et de cœur.

Il est évident qu'une partie essentielle de l'enseignement est de donner aux fidèles les livres propres à les instruire, et de leur ôter ceux qui sont capables de les tromper et de les pervertir. Si donc l'Eglise pouvait se tromper elle-même dans le jugement qu'elle porte d'un livre quelconque, il serait impossible aux fidèles de s'en rapporter à elle pour savoir ce qu'ils doivent lire ou rejeter. — Ce n'est pas au xvii⁰ siècle que l'Eglise a commencé de censurer ou d'approuver les livres, elle l'a fait depuis sa naissance et dans tous les temps, et il y a plus que de la témérité à penser qu'en cela elle a passé les bornes de son autorité. C'est en vertu de son jugement que nous distinguons encore aujourd'hui les livres canoniques de l'Ecriture sainte d'avec ceux qui ne le sont pas. Si ce jugement était sujet à l'erreur, sur quoi serait fondée notre croyance? Il est étonnant que les théologiens qui ont contesté son infaillibilité sur ce point n'aient pas vu les conséquences énormes qui s'ensuivaient de leur opinion, et il n'est que trop prouvé d'ailleurs qu'à la faveur de ce subterfuge, ces mêmes théologiens ne se sont fait aucun scrupule d'enseigner la doctrine erronée que l'Eglise avait voulu condamner.

* DOGMATIQUES (Faits). Depuis l'origine du christianisme, l'Eglise s'est attribué le droit de juger les livres, d'indiquer ceux que les fidèles peuvent suivre avec avantage et ceux qui peuvent leur devenir funestes. Le concile d'Ephèse approuva la lettre de saint Cyrille et condamna celle de Nestorius. Celui de Chalcédoine signa, comme une profession de foi, l'épître de saint Léon, et frappa d'anathème ceux qui refusaient de le faire. Personne n'ignore le sort des écrits de Théodore de Mopsueste, de Théodoret et d'Ibas, si connus sous le nom des *Trois Chapitres*. Le ii⁰ concile de Constantinople les flétrit. Les conciles de Latran, sous Martin V, et de Constance, ne traitèrent pas autrement les écrits hérétiques. L'Eglise jouissait en paix du pouvoir de juger les faits dogmatiques, lorsque, pour le détruire une hérésie appela la subtilité et l'hypocrisie à son aide. Les disciples de Jansénius établirent que la révélation est la limite des jugements doctrinaux de l'Eglise. Tout ce qui s'étend au delà fut à leurs yeux une grave usurpation. Une telle doctrine souleva contre elle l'Eglise de Rome et l'Eglise de France. La bulle d'Alexandre VII, *Ad sacram*, établit par le fait le droit de l'Eglise. Les jansénistes consentirent à garder un silence respectueux, comme si le mépris pour l'Eglise, qui réside dans l'esprit, n'était pas un crime. Sur la demande du clergé de France, Clément XI exigea un assentiment intérieur. Ce court exposé nous fait déjà comprendre.

Qu'est-ce qu'un fait dogmatique? C'est un fait qui, quoique en dehors de la révélation, est cependant intimement lié avec les vérités à croire; en sorte que l'admission de ce fait emporte la croyance de quelque dogme. Il concerne particulièrement les écrits. Pour juger de la doctrine d'un livre, il faut en connaître le véritable sens. Cette connaissance s'acquiert en l'interprétant d'après les règles ordinaires du langage. Il peut arriver qu'il ne soit pas entièrement conforme à celui que l'auteur avait dans l'esprit en composant son livre. L'ignorance des règles du langage, l'emploi d'expressions inexactes, auront pu fausser sa pensée. Ce n'est point de la pensée que l'auteur a dans l'esprit que l'Eglise doit s'inquiéter. Elle ne peut avoir aucune influence sur la foi et sur les mœurs. Les doctrines consignées dans un livre doivent exciter son attention. Elle doit le juger, non point d'après les pensées de l'auteur, qu'il ne lui est pas donné de pénétrer, mais d'après le sens qu'il présente en s'expliquant d'après les lois du langage. L'Eglise est-elle infaillible dans de tels jugements? Tel est l'objet des graves débats qui ont tourmenté l'Eglise pendant des siècles. Aujourd'hui encore la cause n'est pas finie; mais il nous semble que celui qui ne veut pas ravir à l'Eglise une arme qui lui est nécessaire pour forcer ses ennemis, doit admettre que l'Eglise est infaillible dans ces sortes de causes.

Ce n'est pas seulement dans l'Ecriture que se forment la foi et les mœurs des fidèles, mais plus encore dans les livres qui sont remis entre leurs mains. Composés avec art, s'ils sont mauvais, ils peuvent leur être très-funestes. Gardienne des saines doctrines, l'Eglise pourrait-elle les protéger suffisamment si elle n'avait aucune inspection sur ces livres? Son action serait-elle suffisante si ses jugements n'étaient pas infaillibles en cette matière? Faisons ici une supposition que nos adversaires ne peuvent rejeter sans se condamner. Supposons que l'Eglise approuve comme orthodoxe un livre contenant le principe de toutes les erreurs, et le suc pestilentiel des plus honteux vices. Croit-on qu'une froide exposition des règles dogmatiques et morales résisterait à l'action dissolvante d'un tel livre, remis avec confiance entre les mains des fidèles, recommandé peut-être à l'égal de l'Ecriture? Ce serait méconnaître la nature humaine. La doctrine de nos adversaires est donc une doctrine immorale. Avons-nous besoin de rappeler qu'elle a contre elle les décisions des papes et des conciles? Nous avons dit, en faisant l'histoire de la question, les anathèmes multipliés qu'ils ont lancés contre les écrits mauvais. Sur quoi s'appuierait-on pour combattre une proposition si bien établie? Dira-t-on que l'Eglise ne peut juger infailliblement que des vérités qui sont du domaine de la révélation? Mais Jésus-Christ ne lui aurait donc pas donné le pouvoir nécessaire de conserver intact le dépôt qu'il lui a confié? Elle n'aurait donc pas le pouvoir de juger les symboles, de décider des jugements de ses conciles? Ce sont des écrits composés sans inspiration. Si elle est infaillible en jugeant un symbole, pourquoi ne pourrait-elle juger un écrit concernant la religion d'une égale étendue? Qui oserait révoquer en doute que l'Eglise a décidé infailliblement que la Vulgate contient le sens naturel de l'Ecriture? Cependant c'est une traduction faite sans le secours de l'inspiration. — Citerait-on contre nous les conciles généraux? Nous dirait-on qu'en anathématisant les écrits on anathématisait aussi les personnes? Ajoutez aussi les erreurs. Ces trois choses étaient presque toujours inséparables. Prétendrait-on par hasard que l'Eglise n'était pas plus infaillible pour condamner les erreurs que les personnes? Qu'on mette donc la condamnation des écrits sur la même ligne que la condamnation des erreurs : la raison et la tradition l'exigent. Avancera-t-on que le concile de Constantinople condamna les trois chapitres que le concile de Chalcédoine avait déclarés orthodoxes? Une telle assertion n'e fondée que sur l'ignorance des faits. » Le concile de Chalcédoine admit Ibas à la communion catholique, mais il n'y a pas un jugement qui ait prononcé sur la catholicité de ses écrits : les décisions du concile sont entièrement opposées. Alors il s'éleva une longue discussion pour attester la vérité que nous défendons. L'examen du fait d'Honorius nous entraînerait beaucoup trop loin. Il est très-peu probable qu'il soit tombé dans l'erreur, il est moins probable encore que sa personne et ses écrits aient été condamnés comme hérétiques. (Pour plus de développements, voir le *Cursus completus Theologiæ*.)

Toutefois, il faut reconnaître que des théologiens d'un grand nom, et des docteurs qui ont pénétré toute la profondeur du dogme catholique, ont rejeté notre proposition ou ne l'ont admise que d'une manière dubitative. Baronius, Bellarmin, Pallavicin, Véron, Chrysmann, Muratori, etc., sont des noms révérés pour la profondeur de la science et la pureté de la foi. Cependant notre thèse ne leur paraît pas établie sur des fondements inexpugnables. (*Cursus compl. Theol.*, tom. I, col. 1320 ; tom. IV, col. 694 ; t. VI, col. 946.)

Nonobstant ces graves autorités, nous pensons qu'on ne peut sans audace rejeter la proposition que nous avons établie, et nous regardons comme une conséquence nécessaire de nos principes, que tout fidèle doit une soumission intérieure et absolue aux décisions que l'Église porte concernant les faits dogmatiques.

Nous n'entrerons pas ici dans les vaines subtilités de quelques théologiens, pour savoir quelle est la nature de la foi sur ces sortes de jugements. Qu'on croie fermement que ce qui a été condamné par l'Église l'a été légitimement, on aura par là satisfait à l'obligation que nous impose l'autorité de l'Église sur ce point. Vouloir se contenter d'un silence respectueux, ce n'est pas là remplir l'idée de la soumission que l'Église exige de ses enfants. Théodoret s'offrait à garder le silence sur les faits de Nestorius : l'Église le condamna. Les jansénistes recoururent au même subterfuge : un pape, et avec lui toute l'Église, le rejeta.

Si l'on nous demande quelle conduite il faudrait tenir avec celui qui tient une opinion contraire à la nôtre, qui recevrait avec un respect intérieur les décisions de l'Église comme venant d'une grande autorité, qui, cependant, au fond de sa conscience, ne voudrait pas abdiquer entièrement sa pensée sur un écrit condamné, nous avouons que nous serions fort embarrassé. D'après ce que dit Feller, à l'article MURATORI, il semble qu'on pourrait l'absoudre. La question ne nous paraît pas assez éclaircie pour la décider.

DOGMATISER, *enseigner*; ce terme se prend aujourd'hui en mauvaise part et dans un sens odieux, pour exprimer l'action d'un homme qui sème des erreurs et des principes pernicieux. Ainsi l'on dit que Calvin et Socin commencèrent à *dogmatiser* en secret, et qu'enhardis par le nombre des personnes séduites, ils répandirent leurs opinions plus ouvertement.

Lorsqu'un homme n'enseigne que ce qui est communément cru et professé dans l'Église, ou lorsqu'il propose ses opinions sans prétendre les faire adopter, prêt à les rétracter et à les corriger si l'Église les juge condamnables, on ne peut pas l'accuser de *dogmatiser*; il mériterait ce reproche, s'il avait l'ambition de faire des prosélytes, et s'il écrivait dans la résolution de ne point se soumettre à la censure de l'Église.

DOGME, du grec δόγμα, *maxime*, *sentiment*, proposition ou principe établi en matière de religion. Ainsi nous disons les *dogmes* de la foi, pour exprimer les vérités que Dieu a révélées, et que nous sommes obligés de croire : tel *dogme* a été décidé par tel concile, etc. L'Église ne peut pas créer de nouveaux *dogmes*; mais elle nous fait connaître, avec une certitude infaillible, quels sont les *dogmes* que Dieu a révélés.

Ce qui est *dogme* dans une société chrétienne est souvent regardé dans une autre comme une erreur : ainsi la consubstantialité du Verbe et la présence réelle de Jésus-Christ dans l'eucharistie, qui sont deux *dogmes* pour les catholiques, sont rejetés comme deux erreurs par les sociniens et par les sacramentaires.

Un reproche ordinaire des incrédules est de dire que les *dogmes* spéculatifs, qui n'obligent les hommes à rien et ne les gênent en aucune manière, leur paraissent quelquefois plus essentiels à la religion que les vertus qu'elle prescrit; que souvent même ils se persuadent qu'il leur est permis de soutenir et de défendre les *dogmes* aux dépens de la probité et de la charité. — Mais ils devraient nous dire quels sont les *dogmes* qui n'obligent les hommes à rien et ne les gênent en rien ; nous ne connaissons aucun *dogme* enseigné par la vraie religion, duquel il ne s'ensuive des conséquences morales, et qui ne soit un motif de vertu. S'il en est un qui puisse paraître purement spéculatif, c'est celui de la Sainte-Trinité; mais sans ce mystère, celui de l'Incarnation et de la rédemption du monde par le Fils de Dieu ne peuvent pas subsister. Soutiendra-t-on que le bienfait de la rédemption ne nous engage à rien, que ce n'est point un motif de reconnaissance envers Dieu, de zèle pour notre propre salut et pour celui du prochain ? L'expérience prouve que ceux qui ne font aucun cas du *dogme* ne respectent pas davantage la morale; que l'affectation de donner la préférence à celle-ci n'est qu'un masque sous lequel on cache une indifférence égale pour l'un et pour l'autre. En fait de probité, nous ne voyons pas que les incrédules soient plus scrupuleux que les croyants sur le choix des moyens, pour défendre leurs opinions.

Quelques-uns disent que la meilleure religion serait celle qui proposerait peu de *dogmes*; d'autres prétendent qu'il n'en faut point du tout, parce que les *dogmes* sont par eux-mêmes une source de disputes et de divisions parmi les hommes. — S'il n'y avait point de *dogmes* à croire, sur quoi porterait la morale? On sait de quelle manière les athées ont réussi à forger une morale pour ceux qui ne croient pas en Dieu. Ce n'est point à nous, mais à Dieu, de fixer le nombre des *dogmes* nécessaires; dès qu'il en a révélé, il est absurde de juger qu'ils sont superflus, et que nous pouvons nous dispenser de les croire.

On dispute sur la morale aussi bien que sur le *dogme*, et il n'y a pas moins d'erreurs sur l'un que sur l'autre de ces chefs dans les écrits des incrédules. Une vérité spéculative ou pratique n'est jamais un sujet de dispute *par elle-même*, mais par l'indocilité et l'opiniâtreté de ceux qui la contestent; un incrédule même est convenu que si les hommes y avaient quelque intérêt, ils disputeraient sur les éléments d'Euclide. — De tout temps les philosophes ont eu l'ambition d'ériger en *dogmes* leurs opinions les plus fausses; comme ils n'avaient enseigné aux hommes que des erreurs, il a fallu, pour réparer le mal qu'ils avaient fait, que Dieu révélât des *dogmes* vrais, et forçât les philosophes même à plier sous le joug de la foi. Saint Paul nous le fait remarquer. Il dit: *Parce que le monde, avec toute sa prétendue sagesse, n'avait pas connu Dieu, ni la sagesse de sa conduite, il a plu à Dieu de sauver les croyants par la folie de la prédication,* c'est-à-dire, par la foi à ces mêmes *dogmes*, que les incrédules regardent comme une folie (*I Cor.* I, 21).

A quoi servent, disent les incrédules, les *dogmes* de la Trinité, de la création, de la chute de l'homme, de l'incarnation, de la satisfaction de Jésus-Christ, de sa présence dans l'eucharistie, de la nécessité de la grâce, etc. Ce sont des mystères, des propositions incompréhensibles et révoltantes, desquelles on a souvent tiré des conséquences pernicieuses, qui n'aboutissent qu'à diviser les chrétiens en une infinité de sectes, et à les rendre ennemis les uns des autres. — Nous répondons d'abord que, puisque Dieu a révélé ces vérités, il est absurde de demander à quoi elles servent; si elles étaient inutiles ou pernicieuses, Dieu ne les aurait pas enseignées aux hommes. Il faut bien qu'elles soient utiles, puisque la croyance de ces vérités a fait éclore des vertus dont la nature humaine ne paraissait pas capable, et des mœurs qui ne se trouvent point ailleurs que chez les nations chrétiennes; contre un fait aussi incontestable, il est ridicule d'alléguer de prétendus inconvénients. Voilà ce que nos anciens apologistes ont répondu aux philosophes ennemis du christianisme. Il faut que ces *dogmes* soient utiles, puisque, faute de les connaître, ces mêmes philosophes, si éclairés d'ailleurs, n'ont enseigné que des absurdités sur la nature divine, sur celle de l'homme et sur sa destinée, sur les règles des mœurs, etc. Ils sont non-seulement utiles, mais nécessaires, puisqu'en refusant de les croire, nos philosophes retombent dans le chaos des anciennes erreurs. Enfin, les *dogmes* mystérieux sont inévitables; Dieu, pour se faire connaître, ne peut se montrer que tel qu'il est, par conséquent comme incompréhensible. *Voy.* MYSTÈRE. — Parce que les anciens n'admettaient pas la création, ils n'ont pu démontrer l'unité, ni la spiritualité, ni la providence de Dieu; ils ont approuvé le polythéisme, l'idolâtrie et les superstitions populaires. En niant la Sainte-Trinité, les sociniens ont réduit le christianisme à un pur déisme, et le déisme a conduit nos raisonneurs à l'athéisme; les protestants, en abjurant le mystère de l'eucharistie, ont ébranlé la foi de tous les autres mystères, ont changé tout l'extérieur du christianisme, et ont frayé le chemin aux erreurs dont nous venons de parler. Ainsi, tous nos *dogmes* forment une chaîne indissoluble; si l'on veut en rompre un seul anneau, l'on met à leur place une chaîne d'erreurs, dans laquelle on ne sait plus où s'arrêter. — Dans ce système de religion, chef-d'œuvre de la sagesse divine, il n'y a pas une seule vérité qui ne contribue à nous faire comprendre la dignité de notre nature, le prix de notre âme, la volonté sincère que Dieu a de nous sauver, et ce que nous devons faire pour y correspondre. Quand on nous demande à quoi tout cela sert, c'est comme si l'on demandait à un noble de quoi lui servent ses titres et les droits de sa naissance. Quiconque les perd de vue est bientôt tenté de se confondre avec les plus vils animaux.

Mais ces *dogmes* sont un sujet de disputes, de divisions, de haines et de préventions nationales; qui en doute? Il en est de même de toute autre vérité. Les hommes ne disputent pas seulement sur les *dogmes* que Dieu a révélés, mais encore sur ceux que la raison nous enseigne, ils disputent sur leurs propres rêveries et sur tous les objets de leurs passions. Si l'on voulait étouffer toutes les semences de disputes, il faudrait supprimer tous les droits, toutes les lois et les prétentions, toutes les institutions civiles et sociales; il faudrait nous abrutir, et encore les brutes se disputent-elles leur proie.

C'est une question théologique de savoir comment l'on peut distinguer un *dogme de foi*, que personne ne peut nier sans tomber dans l'hérésie, d'avec une autre vérité quelconque. Melchior Canus (*De Locis Theol.*; lib. XII, cap. 6) réduit les *dogmes* à deux espèces; savoir, ceux que Dieu a révélés expressément, et ceux qui s'en déduisent par une conséquence évidente et immédiate; parce que l'on ne peut pas nier cette conséquence sans donner atteinte au principe d'où elle s'ensuit. Or, Dieu nous a révélé des vérités qui nous sont connues, non-seulement par l'organe des auteurs sacrés qu'il a inspirés, mais encore par l'enseignement traditionnel de l'Eglise; et cette tradition nous est transmise par le témoignage unanime ou presque unanime des saints Pères, par les décrets des conciles généraux et reconnus pour tels, par les décisions des souverains pontifes, reçues dans toute l'Eglise, par le sentiment commun et général des théologiens, par les pratiques et les usages religieux universellement adoptés. — Ainsi, l'Eglise catholique soutient contre les protestants, que l'on doit regarder comme *dogme de foi*, non-seulement les vérités clairement et formellement révélées dans l'Ecriture sainte, mais encore celles que l'Eglise a toujours crues et croit encore, quand même on n'en trouverait pas l'expression claire et formelle dans l'Ecriture. Elle soutient même que, comme l'on dispute tous les jours sur le sens des passages de l'Ecriture, ces passages ne peuvent faire règle de foi qu'autant que le sens en est fixé et déterminé par la croyance commune et universelle de l'Eglise. *Voy.* ÉCRITURE SAINTE, TRADITION, FOI, § 2, etc.

Pour prouver que cette méthode de l'Eglise romaine est fautive, les protestants lui ont reproché d'avoir forgé de nouveaux *dogmes* de foi, qui n'étaient ni connus ni professés par l'Eglise des premiers siècles ; ils ont dit que la présence réelle de Jésus-Christ dans l'eucharistie n'était devenue un *dogme* qu'au VIII° ou au IX° siècle ; que la transsubstantiation avait été inventée par le pape Innocent III, dans le concile de Latran, au XIII°, etc. Nous prouverons la fausseté de cette accusation, en traitant de chacun des articles que les protestants ont rejetés comme nouveaux. — Nous ajoutons que, quand cela serait vrai, les protestants auraient encore tort d'objecter cet inconvénient ; puisqu'il est le même parmi eux. En effet, ils tiennent aujourd'hui des *dogmes* que les premiers réformateurs n'avaient pas vus dans l'Ecriture sainte, puisqu'ils avaient enseigné le contraire ; vingt fois ils ont varié dans leurs professions de foi, et ils se sont réservé le pouvoir de varier encore toutes les fois qu'il leur semblera voir dans l'Ecriture sainte un sens qu'ils n'y voyaient pas auparavant. Nous voudrions savoir pourquoi il n'a pas été permis à l'Eglise romaine de faire de même dans tous les siècles. Nous avouons qu'elle a toujours renoncé à ce privilége, et qu'elle l'a laissé tout entier aux hérétiques ; elle a été si peu tentée d'innover, que toutes les fois qu'elle a vu éclore dans son sein une doctrine nouvelle, elle n'a pas hésité de la condamner. — Dans tous les *dogmes*, dit le savant Bossuet, on marche toujours entre deux écueils, on semble tomber dans l'un, lorsqu'on s'efforce d'éviter l'autre, jusqu'à ce que les disputes et les jugements de l'Eglise, intervenus sur les questions, fixent le langage, déterminent l'attention et assurent la marche des théologiens. Mais l'on se trompe beaucoup, lorsqu'on imagine que la doctrine, ainsi déterminée et plus clairement expliquée, est une doctrine nouvelle.

C'est principalement aux Pères de l'Eglise des premiers siècles que les protestants attribuent la témérité de forger de nouveaux *dogmes* : Cela est venu, disent-ils, de plusieurs causes. 1° Les Pères n'entendaient pas l'hébreu ; de là ils ont traduit le mot *schéol*, le tombeau, le séjour des morts, par le grec ᾅδης, *l'enfer*, et par le latin *infernus*, qui ont une signification toute différente. Ainsi, l'on a imaginé la descente de Jésus-Christ aux enfers, dont on a fait un article du symbole. 2° Les Pères ont donné trop légèrement croyance à de fausses traditions apostoliques ; ainsi l'on a prétendu que Jésus-Christ a vécu plus de quarante ans, qu'il reviendra régner sur la terre pendant mille ans, qu'il ne faut pas célébrer la pâque avec les Juifs. 3° Par attachement à la philosophie de Platon, ils ont adapté à la trinité platonicienne ce qui est dit dans l'Ecriture des trois personnes divines. 4° Pour se rapprocher des opinions païennes, ils ont attaché au mot *sacrement* la même idée que les païens avaient de leurs *mystères*, etc. — En examinant tous ces points de doctrine sous leur titre particulier, nous ferons voir que ceux qui sont des *dogmes* sont fondés sur l'Ecriture sainte ; que les autres n'ont été que des opinions particulières et passagères, ou des usages indifférents ; qu'ainsi la prétention des protestants est fausse à tous égards. *Voy.* TRADITION.

DOMINATION. Jésus-Christ, dans l'Evangile, a défendu à ses apôtres l'esprit de domination. *Vous savez,* leur dit-il, *que les princes des nations exercent l'empire sur elles, et que les plus grands jouissent du pouvoir. Il n'en sera pas de même entre vous ; mais il faut que celui qui veut être le premier et le plus grand, soit le serviteur des autres* (*Matth.* xx, 23). Saint Pierre recommande aux pasteurs de ne point dominer sur le clergé, mais d'être en toutes choses les modèles du troupeau (*I Petri*, v. 3). De là les ennemis de la hiérarchie, les calvinistes, les sociniens, les indépendants, ont conclu que Jésus-Christ avait défendu, non-seulement toute inégalité entre les ministres de l'Eglise, mais toute prééminence à l'égard des simples fidèles ; que l'autorité dont les pasteurs sont revêtus dans l'Eglise catholique est une usurpation de leur part.

Mais n'y a-t-il point de différence entre une autorité douce et paternelle et une *domination* impérieuse, armée de menaces et de châtiments ? Jésus-Christ voulait réprimer l'ambition de deux apôtres, qui pensaient que leur maître allait établir sur la terre un royaume temporel, et qui demandaient d'y occuper les premières places ; il leur fait sentir leur erreur. Loin d'établir l'anarchie dans son Eglise, il promet à ses apôtres qu'ils seront assis sur douze siéges, pour juger les douze tribus d'Israël (*Matth.* xix, 28). Il leur attribue donc une autorité. — Saint Paul, en instruisant Timothée des devoirs d'un évêque, lui suppose de même une prééminence et une autorité sur les prêtres et sur les simples fidèles, puisqu'il lui prescrit l'usage qu'il en doit faire et la manière dont il doit l'exercer. Il dit que les pasteurs sont dignes d'un double honneur (*I Tim.* v, 17). Il leur adresse à tous cette leçon : *Veillez sur vous-mêmes et sur tout le troupeau sur lequel le Saint-Esprit vous a établis* ÉVÊQUES *ou* SURVEILLANTS, *pour gouverner l'Eglise de Dieu, qu'il s'est acquise par son sang* (*Act.* xx, 18). Peut-on *gouverner* sans avoir un degré d'autorité ? Il dit à tous les fidèles : *Obéissez à vos* PRÉPOSÉS, *ou à vos pasteurs, et soumettez-vous à eux, parce qu'ils veillent sur vos âmes, comme étant chargés d'en rendre compte,* etc. (*Hebr.* xiii, 17). Ils ne pourraient rendre compte de rien s'ils n'avaient point d'autorité pour se faire obéir.

Aucune société ne peut subsister sans subordination ; il faut donc nécessairement que les uns commandent et que les autres obéissent. En général, c'est une morale pernicieuse et une mauvaise politique, que de chercher à rendre odieuse toute espèce d'autorité: les hommes ne sont déjà que trop portés à en secouer le joug; elle ne leur est jamais plus nécessaire que quand tout le monde veut disserter pour en rechercher l'origine, pour en fixer les bornes, pour y mettre des entraves. Il en faut une dans l'ordre civil; on ne peut pas s'en passer dans une société religieuse: toutes deux doivent se réunir et se prêter la main pour mettre un frein à la licence, dans un siècle raisonneur et très-corrompu. — Ajoutons que les sages, qui, malheureusement, sont le petit nombre, jugent qu'il est plus aisé d'obéir que de commander. Il n'est point de plus dur esclavage que celui des dignités les plus éminentes, et, dans un sens, la maxime de Jésus-Christ se vérifie toujours, que les plus grands sont les serviteurs, et souvent les esclaves de leurs inférieurs.

DOMINATIONS, anges du premier ordre de la seconde hiérarchie. Ils sont ainsi nommés, parce qu'on leur attribue une espèce d'autorité sur les anges inférieurs.

Saint Paul (*Ephes.* I, 20) dit que Dieu, en plaçant Jésus-Christ à sa droite dans le ciel, l'a établi sur toute principauté, toute puissance, toute vertu céleste, toute *domination*, et sur tout nom qui est prononcé dans le siècle présent et dans le siècle futur. Il dit (*Coloss.* I, 16) qu'en Jésus-Christ et par lui tout a été créé dans le ciel et sur la terre, les choses visibles et invisibles, les trônes, les *dominations*, les principautés, les puissances, que tout subsiste en lui. Les Pères de l'Église et les interprètes ont jugé que cela doit s'entendre des divers chœurs des anges. Si, en général, Dieu nous a révélé peu de chose sur la distribution, le rang, les fonctions de ces esprits bienheureux, c'est qu'il ne nous est pas nécessaire d'en savoir davantage.

DOMINICAIN, ordre religieux, dont les membres sont appelés en plusieurs endroits *frères prêcheurs*, et en France plus communément *jacobins*, parce que leur premier couvent de Paris fut bâti dans la rue Saint-Jacques, où il subsiste encore aujourd'hui.

Les *dominicains* ont tiré leur nom de leur fondateur saint Dominique de Gusman, gentilhomme espagnol, né l'an 1170, à Calaruéga, bourg du diocèse d'Osma, dans la vieille Castille. Il fut d'abord chanoine et archidiacre d'Osma. Il vint en France pour combattre les Albigeois qui faisaient beaucoup de bruit en Languedoc; il prêcha contre eux avec zèle et avec succès, et en convertit un très-grand nombre. Ce fut là qu'il jeta les fondements de son ordre, qui fut approuvé, l'an 1215, par Innocent III, et confirmé l'année suivante par Honorius ou Honoré III, sous la règle de saint Augustin et sous des constitutions particulières; ce pontife le nomme *l'ordre des Frères prêcheurs.*

Plusieurs incrédules, copistes des protestants, ont déclamé contre saint Dominique de la manière la plus indécente. Ils l'ont peint comme un prédicateur fougueux et fanatique, qui préféra d'employer contre les hérétiques le bras séculier plutôt que la persuasion; qui fut l'auteur de la guerre que l'on fit aux Albigeois, et des cruautés dont elle fut accompagnée; qui, pour perpétuer dans l'Église le zèle persécuteur, suggéra le tribunal de l'inquisition. — La vérité est que saint Dominique n'employa jamais, contre les Albigeois, que les sermons, les conférences, la charité et la patience. En arrivant dans cette mission, il représenta aux abbés de Cîteaux qui y travaillaient, que le seul moyen d'y réussir était d'imiter la douceur, le zèle et la pauvreté des apôtres; il leur persuada de renvoyer leurs équipages et leurs domestiques, et leur donna l'exemple de la charité apostolique. — Il n'eut aucune part à la guerre que l'on fit aux Albigeois. Ces hérétiques l'avaient eux-mêmes provoquée, en prenant les armes sous la protection des comtes de Toulouse, de Foix, de Comminges et de Béarn, en chassant les évêques, les prêtres et les moines; en pillant et en détruisant les monastères et les églises, et en répandant le sang des catholiques. Saint Dominique prêcha contre les excès que commirent les croisés, aussi bien que contre les cruautés des Albigeois. — L'inquisition avait été résolue avant qu'il pût y avoir part, puisque l'on en rapporte l'origine au concile de Vérone, tenu l'an 1184. Elle fut établie, non pour forcer les hérétiques à quitter leurs erreurs, mais pour découvrir et punir leurs crimes. Jamais saint Dominique, ni les autres missionnaires n'ont jugé qu'il fallait punir l'erreur comme un forfait; mais les séditions, le pillage, les meurtres commis par les hérétiques, ne sont pas des erreurs.

On trouvera la preuve de tous ces faits dans les *Vies des Pères et des Martyrs*, tom. VII, page 106 et suiv.

Le premier couvent des *dominicains* en France fut fondé à Toulouse par l'évêque de cette ville, et par le comte Simon de Monfort: deux ans après, ces religieux eurent une maison à Paris, près de celle de l'évêque, et ensuite leur couvent de la rue Saint-Jacques. Ils furent reçus de bonne heure dans l'université de Paris. — Saint Dominique ne donna d'abord à ses religieux que l'habit de chanoines réguliers, savoir, une soutane noire et un rochet: mais, en 1219, il le changea en celui que les jacobins portent encore aujourd'hui. Cet habit consiste en une robe, un scapulaire et un capuce blanc, pour l'intérieur de la maison, et une chape noire avec un chaperon de même couleur, pour sortir au dehors. — Cet ordre est répandu par toute la terre; il a quarante provinces, sous un général qui réside à Rome, et douze congrégations particulières de réformés, gouvernées par des vicaires généraux. Il a donné à l'Église un grand nombre de saints, trois papes, plus de soixante cardinaux, plusieurs patriarches, six cents archevêques, plus de mille évêques, des légats, des nonces, des maîtres du sacré palais, à compter depuis saint Dominique, qui le premier a exercé cette fonction. La théologie, la chaire, les missions, la direction des consciences et la littérature ont assez fait connaître leurs talents. Ils tiennent pour la doctrine de saint Thomas, opposée à celle de Scot et de quelques autres théologiens plus modernes : ce qui leur a fait donner dans l'école le nom de *thomistes*. Ils ont été autrefois inquisiteurs en France, et il y a toujours à Toulouse un de leurs religieux revêtu de ce titre, mais sans fonction. Ils l'exercent dans différents pays où est établi le tribunal de l'inquisition. — Les *dominicains* n'observent plus les constitutions de saint Dominique dans la grande rigueur; mais, en 1650, le P. Le Quien, né à Paris en 1601, vint à bout, après beaucoup d'opposition de la part de son ordre, d'établir en Provence une congrégation de *dominicains* réformés, qui ont repris l'étroite observance de la règle de saint Dominique; elle ne possède que six couvents situés en Provence et dans le comtat d'Avignon. *Voy.* l'*Hist. des Ordres monast.* [du P. Hélyot, édit. Migne].

Les PP. Quétif et Echard ont donné, en 1719 et 1721, la bibliothèque des écrivains de leur ordre, en deux volumes *in-folio*. Cet ouvrage passe pour l'un des plus savants et des mieux faits qu'il y ait en ce genre.

Jamais les protestants ne pardonneront à saint Dominique le zèle dont il fut animé pour la conversion des hérétiques, ni à ses religieux les fonctions d'inquisiteurs et leur attachement au saint-siège. Ils disent que les *dominicains* et les franciscains contribuèrent, plus que personne, à entretenir les peuples dans une superstition grossière et dans une foi implicite à l'autorité des papes; que par reconnaissance ceux-ci les comblèrent de privilèges contraires à la discipline ecclésiastique et à la juridiction des évêques; que cette abus causa dans l'Eglise du trouble et des désordres. Ils affectent de rappeler le souvenir des contestations que les *dominicains* soutinrent, en 1228, contre l'université de Paris, au sujet des chaires de théologie, et qui exercèrent la plume de Guillaume de Saint-Amour; contre les franciscains, touchant la prééminence de leur ordre; contre les évêques, à cause de l'abus qu'ils faisaient de leurs privilèges; contre l'université, en 1384, au sujet de l'Immaculée Conception; enfin, contre les jésuites, en 1602 et les années suivantes, touchant l'efficacité de la grâce. Les incrédules de notre siècle, plagiaires serviles, ont répété les invectives des protestants; on dirait, à les entendre, que ces moines ont mis l'Eglise en combustion. — La vérité est que ce furent des guerres de plume, renfermées dans la poussière des écoles, et qui se terminèrent à faire des livres; que le bruit n'en était pas entendu chez les autres nations. Nous convenons que les moines ont souvent poussé trop loin leurs prétentions contre le clergé séculier, et que c'était une atteinte donnée à la discipline; mais cet abus n'a pas duré, et il ne subsiste plus nulle part. Les protestants exagèrent le mal, afin de persuader aux ignorants la nécessité qu'il y avait, au seizième siècle, de réformer l'Eglise; mais leur prétendue réforme, loin d'apaiser les disputes, en a fait naître de beaucoup plus sanglantes. Les apôtres du nouvel Evangile se sont encore moins accordés que les moines, et ont porté beaucoup plus loin la révolte contre les pasteurs de l'Eglise.

Ils ont publié et répété plus d'une fois l'histoire d'une fourberie qu'ils prétendent avoir été commise, en 1509, par les *dominicains* de Berne. C'est un mélange de profanation, d'impiété, de cruauté et de malice diabolique; mais la multitude de circonstances incroyables dont on charge cette narration, fait présumer que c'est une des fables inventées par les ennemis des moines, pour les rendre odieux. Ils en ont tant forgé de semblables, que l'on ne peut plus ajouter foi à aucune. Quand le fait dont nous parlons serait vrai, il s'ensuivrait seulement que, l'an 1509, il s'est trouvé quatre scélérats parmi les *dominicains* de Berne; ils portèrent la peine de leurs forfaits, puisque, selon la même histoire, ils furent brûlés vifs. On punissait donc les moines coupables et déréglés, avant que les réformateurs eussent paru. C'est encore une injustice de donner à conclure de là que l'ordre entier de ces religieux était composé en grande partie de pareils sujets. *Voy.* la *Traduction française de l'Histoire ecclés. de Mosheim*, t. IV, p. 20.

DOMINICAINES, religieuses de l'ordre de Saint-Dominique. On les croit plus anciennes de quelques années que les dominicains; car saint Dominique avait fondé à Prouilles, en 1208, une congrégation de religieuses. Les *dominicaines* ont été réformées par sainte Catherine de Sienne.

A Paris, les filles de Saint-Thomas, rue Vivienne, et les filles de la Croix, rue de Charonne, sont de cet ordre. — Il y a aussi un tiers ordre de *dominicains* et de *dominicaines*, qui forme en plusieurs endroits des congrégations soumises à certaines règles de dévotion. *Voy.* TIERS-ORDRE.

DOMINICAL. Un concile d'Auxerre, tenu en 578, ordonne que les femmes communient avec leur *dominical*; quelques-uns pensent que c'était un voile dont les femmes se couvraient la tête. Il y a encore des paroisses en Picardie et ailleurs, où les personnes du sexe n'entrent jamais à l'Eglise qu'avec un voile sur la tête. D'autres croient, avec plus de vraisemblance, que c'était un linge ou mouchoir dans lequel on recevait le corps de Notre-Seigneur, et on le conservait dans le temps des persécutions, pour pouvoir communier à la maison; usage dont parle Tertullien, dans son livre *ad Uxorem*. Le *dominical* dont il est question dans le concile d'Auxerre pouvait être une espèce de nape de communion que les femmes portaient à l'Eglise, lorsqu'elles voulaient faire leurs dévotions.

DOMINICALE, est le nom que l'on a donné anciennement dans l'Eglise aux leçons qui étaient lues et expliquées tous les dimanches, et que l'on tirait tant de l'Ancien que du Nouveau Testament, mais particulièrement des évangiles et des épîtres des apôtres : ces explications étaient autrement nommées *homélies*. Dans les premiers siècles de l'Eglise, on commença d'y lire publiquement et par ordre les livres entiers de l'Ecriture sainte, comme nous l'apprenons de saint Justin, martyr; d'Origène, dans l'*homélie* 15 sur Josué ; de Socrate, liv. v ; de l'*Hist. ecclésiast.*, et d'Isidore, de l'*Office ecclés.*; ce qui a duré longtemps, comme on peut le voir aussi dans le décret de Gratien, dist. 15, canon *Sancta rom. Eccles.* Depuis, on prit peu à peu la coutume de tirer de l'Ecriture des textes et des passages particuliers pour les expliquer aux fêtes de Noël, de Pâques, de l'Ascension et de la Pentecôte, parce qu'ils s'accommodaient mieux au sujet de ces grands mystères, que la lecture ordinaire, dont on interrompait la suite durant ces jours-là : ce qui se voit dans saint Augustin, *sur la première épître de saint Jean*, au commencement. Dans la suite, on en fit autant les jours des fêtes des saints, et enfin tous les dimanches de l'année, auxquels, selon les temps, on appliquait ces textes ou leçons, qui, pour cette raison, furent appelées *dominicales*. Cet ordre des leçons *dominicales*, tel qu'on le voit aujourd'hui, est attribué par quelques-uns à Alcuin, précepteur de Charlemagne, et par d'autres, à Paul, diacre, mais sans autre fondement que parce qu'il a accommodé certaines homélies des Pères à ces passages, qu'on avait tirés de l'Ecriture ; d'où l'on peut juger que cette distribution est plus ancienne. (Saint Augustin, de *Temp. Serm.* 256 ; saint Grégoire, *lib. ad Secund.*, et le vénérable Bède, *Atting. prob. Theol.*, loc. 2.) — De là, il a passé en usage de dire qu'un prédicateur prêche la *dominicale*, quand il fait chaque dimanche un sermon dans une église ou paroisse. On appelle aussi *dominicale*, un recueil de sermons sur les évangiles de tous les dimanches de l'année. — Dans plusieurs chapitres où il y a un théologal, celui-ci est chargé de prêcher ou de faire prêcher tous les dimanches.

DONATISTES, anciens schismatiques d'Afrique, ainsi nommés de Donat, chef de leur parti.

Ce schisme, qui affligea longtemps l'Eglise, commença l'an 311, à l'occasion de l'élection de Cécilien, pour succéder à Mensurius dans la chaire épiscopale de Carthage. Quelque légitime que fût cette élection, une brigue puissante, formée par une femme nommée Lucille, par Botrus et Célésius, qui avaient eux-mêmes prétendu à l'évêché de Carthage, la contesta, et lui en opposa une autre en faveur de Majorin, sous prétexte que l'ordination de Cécilien était nulle, ayant, disaient ses compétiteurs, été faite par Félix, évêque d'Aptonge, qu'ils accusaient d'être traditeur, c'est-à-dire d'avoir livré aux païens les livres et les vases sacrés pendant la persécution. Les évêques d'Afrique se partagèrent pour et contre ; ceux qui tenaient pour Majorin, ayant à leur tête un nommé Donat, évêque de Cases-Noires, furent appelés *donatistes*. — Cependant la contestation ayant été portée devant l'empereur, il remit le jugement à trois évêques des Gaules ; savoir, Maternus de Cologne, Rétitius d'Autun, et Marin d'Arles, conjointement avec le pape Miltiade. Ceux-ci, dans un concile tenu à Rome, composé de quinze évêques d'Italie, et dans lequel comparurent Cécilien et Donat, chacun avec dix évêques de leur parti, décidèrent en faveur de Cécilien. Ceci se passa en 313 ; mais la division ayant bientôt recommencé, les *donatistes* furent de nouveau condamnés par le concile d'Arles, en 314, et enfin par un édit de Constantin, du mois de novembre 316. — Les *donatistes*, qui avaient en Afrique jusqu'à trois cents chaires épiscopales, voyant que toutes les autres Eglises adhéraient à la communion de Cécilien, se précipitèrent ouvertement dans le schisme, et, pour le colorer, ils avancèrent des erreurs. Ils soutinrent : 1° que la véritable Eglise avait péri partout, excepté dans le parti qu'ils avaient en Afrique, regardant toutes les autres Eglises comme des prostituées qui étaient dans l'aveuglement ; 2° que le baptême et les autres sacrements conférés hors de l'Eglise, c'est-à-dire hors de leur secte, étaient nuls ; en conséquence, ils rebaptisaient tous ceux qui, sortant de l'Eglise catholique, entraient dans leur parti. Il n'y eut rien qu'ils n'employassent pour répandre leur secte : ruses, insinuations, écrits captieux, violences ouvertes, cruautés, persécutions contre les catholiques, tout fut mis en usage, et à la fin réprimé par la sévérité des édits de Constantin, de Constance, de Théodose et d'Honorius.

Ce schisme au reste était formidable à l'Eglise par le grand nombre d'évêques qui le soutenaient ; et peut-être eût-il subsisté plus longtemps, s'ils ne se fussent d'abord eux-mêmes divisés en plusieurs petites branches, connues sous le nom de *claudianistes*, *rogatistes*, *urbanistes*, et enfin par le grand schisme qui s'éleva entre eux à l'occasion de la double élection de Priscien et de Maximien, pour leur évêque, vers l'an 392 ou 393 ; ce qui fit donner aux uns le nom de *priscianistes*, et aux autres celui de *maximianistes*. Saint Augustin et Optat de Milève les combattirent avec avantage ; cependant ils subsistèrent encore en Afrique, jusqu'à la conquête qu'en firent les Vandales, et l'on en trouve aussi quelques restes dans l'*Histoire ecclésiastique* des vi° et vii° siècles. — Ces sectaires ont été quelquefois nommés *pétiliens*, à cause d'un de leurs chefs ainsi appelé, qui était évêque de Cirthe en Afrique.

C'est principalement dans ses écrits contre les *donatistes*, que saint Augustin a établi les vrais principes sur l'unité, l'étendue et la perpétuité de l'Eglise. Il y fait voir, 1°

qu'il est faux que les pécheurs ne soient pas membres de l'Eglise. Jésus-Christ la compare à un filet jeté dans la mer, qui rassemble des poissons dont les uns sont bons, les autres mauvais; à un champ dans lequel l'ivraie se trouve parmi le bon grain; à une aire où la paille est mêlée avec le froment, et il dit que la séparation s'en fera à la consommation du siècle. Les sacrements qu'il a institués pour purifier les pécheurs supposent que ceux-ci ne sont pas exclus de l'Eglise. 2° C'était une erreur de supposer que l'Eglise catholique ou universelle fût concentrée dans une poignée de *donatistes* et dans une partie de l'Afrique, pendant que le reste de l'univers avait péri. Saint Augustin leur demande qui a pu enlever à Jésus-Christ les brebis qu'il a rachetées par son sang. 3° Il n'était pas moins absurde de penser que les sacrements étaient nuls, parce qu'ils étaient administrés par des prêtres et des évêques prévaricateurs. La vertu du sacrement ne dépend point des dispositions intérieures de celui qui le donne. C'est Jésus-Christ lui-même qui baptise et qui absout par l'organe d'un ministre pécheur et vicieux. 4° Saint Augustin soutient que l'unité de l'Eglise consiste dans la profession d'une même foi, dans la participation aux mêmes sacrements, dans la soumission aux pasteurs légitimes; qu'il n'y a jamais une juste raison de rompre cette unité par un schisme. — Ces principes, posés par saint Augustin, sont les mêmes pour tous les siècles, et applicables à toutes les différentes sectes qui se sont séparées de l'Eglise.

Quelques auteurs ont accusé les *donatistes* d'avoir adopté les erreurs des ariens, parce que Donat, leur chef, y avait été attaché; mais saint Augustin, dans son épître 185 au comte Boniface, les disculpe de cette accusation. Il convient cependant que quelques-uns d'entre eux, pour se concilier les bonnes grâces des Goths, qui étaient ariens, leur disaient qu'ils étaient dans les mêmes sentiments qu'eux sur la Trinité : mais en cela ils étaient convaincus de dissimulation par l'autorité de leurs ancêtres. Les *donatistes* sont encore connus, dans l'*Histoire ecclésiastique*, sous le nom de *circoncellions*, *montenses*, *campitæ*, *rupitæ*, dont le premier leur fut donné à cause de leurs brigandages, et les trois autres, parce qu'ils tenaient à Rome leurs assemblées dans une caverne, sous des rochers, ou en pleine campagne. *Voy.* CIRCONCELLIONS, etc.

A l'occasion des *donatistes*, on a reproché à saint Augustin d'avoir changé de principes et de conduite à l'égard des hérétiques. Il n'avait pas voulu que l'on usât de violence envers les manichéens; il avait même trouvé bon, dans les commencements, que l'on traitât les *donatistes* avec douceur; dans la suite, il fut de l'avis de ceux qui imploraient contre eux le secours du bras séculier. — Mais il est faux que saint Augustin ait changé de principes; il a toujours enseigné qu'il ne fallait point employer la violence à l'égard

DICT. DE THÉOL. DOGMATIQUE. II.

des hérétiques, lorsqu'ils sont paisibles et ne troublent point l'ordre public; mais lorsqu'ils prennent les armes, exercent le brigandage, commettent des meurtres et des crimes de toute espèce, comme faisaient les *donatistes* par leurs circoncellions, saint Augustin a pensé, comme tout le monde, qu'il faut les réprimer, les traiter comme des ennemis et des animaux féroces.

Bayle, Basnage, Le Clerc, Barbeyrac, Mosheim, et plusieurs autres protestants, ont fait tous leurs efforts pour rendre odieuse la conduite des évêques d'Afrique à l'égard des *donatistes*, et les lois des empereurs qui les condamnaient à des peines afflictives. Le Clerc surtout, dans ses *Notes sur les ouvrages de saint Augustin*, p. 492 et suiv., a prétendu réfuter les raisons par lesquelles ce Père a justifié les unes et les autres; il nous paraît important d'examiner s'il y a réussi; cela est d'autant plus nécessaire, que plusieurs de nos controversistes ont comparé la manière dont les *donatistes* furent traités en Afrique, avec la conduite que l'on a tenue en France à l'égard des protestants. — Sur la lettre 89 de saint Augustin, *ad Festum*, n° 2, Le Clerc soutient que les *donatistes* étaient punis, non comme malfaiteurs, mais comme hérétiques schismatiques; que l'on en voulait, non à leurs crimes, mais à leurs erreurs; il prétend le prouver par une loi de Théodose, de l'an 392, qui condamnait tout hérétique quelconque à des amendes et à des confiscations, et les esclaves au fouet et à l'exil. — Mais il dissimule plusieurs faits incontestables. 1° Il n'y eut aucune loi pénale portée contre les *donatistes*, avant qu'ils eussent commencé à user de violence contre les catholiques; cela leur était arrivé déjà sous Constantin, par conséquent avant l'an 337, près de soixante ans avant la loi de Théodose; ils avaient continué sous le règne de Constant et sous Gratien; l'on avait été obligé d'envoyer contre eux des soldats, l'an 348. 2° Leurs crimes sont connus et avérés; ils avaient pillé, incendié, rasé des églises, ils avaient attaqué des évêques et des prêtres jusqu'à l'autel; ils les avaient chargés de coups, blessés, tués ou laissés pour morts; ils avaient poussé la cruauté jusqu'à leur crever les yeux avec de la chaux vive et du vinaigre. Avant l'arrivée de saint Augustin à Hippone, leur évêque Faustin avait empêché les boulangers de cuire du pain pour les catholiques; Crispin, autre évêque *donatiste*, avait rebaptisé par force quatre-vingts personnes près d'Hippone, etc. Voilà les faits que saint Augustin leur reproche dans ses lettres et dans ses livres, en particulier dans sa lettre 88 à Januarius, primat *donatiste* de Numidie, et on les en fit souvenir dans les différentes conférences que l'on eut avec eux. Nous ne voyons point de réplique ni de dénégation de leur part. 3° Les plaintes portées aux empereurs par les évêques catholiques ont toujours eu pour objet les violences des *donatistes* et les fureurs de leurs circoncellions, et non leur schisme ni leurs erreurs; cela est prouvé par les mêmes monuments; quelques évêques allèrent montrer à l'empereur Honorius les cicatrices des blessures qu'ils avaient reçues de ces furieux. Donc les lois pénales portées contre les *donatistes* avaient pour objet de punir leurs crimes et non leurs erreurs. — En second lieu, Le Clerc soutient que l'empressement des évêques d'Afrique à ramener les *donatistes* était moins l'effet d'un véritable zèle pour le salut de leurs âmes, que de l'ambition qu'avaient ces évêques d'augmenter leur propre troupeau, d'y dominer avec plus d'empire, d'avoir plus de richesses et de crédit. Outre l'injustice qu'il y a de prêter des motifs vicieux à des évêques qui ont pu en avoir de louables, cette accusation maligne est encore réfutée par les faits. 1° Ces évêques n'avaient négligé ni les instructions, ni les prières, ni les conférences amiables, pour ramener les *donatistes* par la persuasion. En 397, saint Augustin en eut une avec Fortunius, évêque *donatiste*, mais pacifique, de Tubursic; il en eut de même avec quelques autres, l'an 400. Comme ces conférences produisaient toujours des conversions, les *donatistes* entêtés ne voulaient plus s'y prêter; il fallut un ordre exprès d'Honorius, pour les faire venir à la conférence de Carthage, et ils y furent confondus. 2° Avant cette conférence, les évêques catholiques consentirent à quitter leur place, si leurs adversaires venaient à bout de se justifier; ceux-ci ne firent pas de même: il est aisé de voir par là de quel côté il y avait le plus de désintéressement. 3° Dans un concile d'Hippone, de l'an 393; dans un autre de Carthage, en 397; dans celui de toute l'Afrique, l'an 401; dans un quatrième, de l'an 407; dans la conférence de Carthage, en 411; il fut constamment décidé que les évêques *donatistes* qui reviendraient à l'Église catholique seraient conservés dans leur dignité, et continueraient de gouverner leur troupeau. Cela fut exécuté. Dans cette conférence de Carthage, il se trouva plusieurs évêques qui avaient été *donatistes*, et des prêtres furent élevés à l'épiscopat, pour avoir ramené les peuples à l'unité. Où sont donc les preuves d'ambition de la part des évêques catholiques? 4° Plusieurs, et en particulier saint Augustin, intercédèrent plus d'une fois auprès des empereurs et des magistrats, pour faire remettre aux *donatistes* les amendes qu'ils avaient encourues, et pour empêcher qu'aucun ne fût puni de mort pour ses crimes; la charité la plus pure pouvait-elle aller plus loin? 5° L'an 313 et 314, dès l'origine de leur schisme, les *donatistes* avaient demandé pour juges des évêques gaulois; Constantin les leur accorda, et ils furent condamnés par ces arbitres. Cet empereur voulut encore que leur cause fût examinée dans un concile de Rome et dans un concile d'Arles; ils y furent également condamnés. Pouvaient-ils se plaindre d'un défaut de charité et de complaisance pour eux? Les évêques italiens et gaulois qui les condamnaient n'y avaient certainement aucun intérêt.

On conçoit que Le Clerc, en argumentant constamment sur deux suppositions fausses et calomnieuses, n'a opposé que des sophismes aux raisons de saint Augustin. En effet, dans la lettre 95 à Vincent, évêque *donatiste* de la faction de Rogat, qui se plaignait de la rigueur que l'on exerçait contre son parti, saint Augustin lui représente qu'il est très-permis de réprimer un frénétique et de le garrotter; que le laisser faire, ce serait lui rendre un très-mauvais service. Le Clerc répond que cette comparaison ne vaut rien. Les frénétiques, dit-il, sont évidemment tels, et troublent la société; mais dans une dispute de religion, lorsque deux partis également vertueux sont également soumis aux lois civiles, aucun des deux n'a droit de juger l'autre et de le regarder comme frénétique. Si saint Augustin avait vécu plus longtemps, il aurait vu les Vandales ariens traiter à leur tour les catholiques comme des frénétiques et leur reprocher leurs violences, comme il reprochait aux *donatistes* les fureurs de leurs circoncellions. Rien n'est plus pitoyable qu'un argument duquel deux partis opposés peuvent également se servir lorsqu'ils sont les maîtres. — Nous répliquons, 1° que la frénésie des circoncellions était prouvée par leurs forfaits, et Le Clerc n'a pas osé en disconvenir; le gros des *donatistes*, loin de les désapprouver, les honorait comme martyrs, lorsqu'ils étaient tués ou suppliciés; tout ce parti était donc évidemment coupable. De quel front Le Clerc ose-t-il supposer que les deux partis étaient également vertueux, également soumis aux lois civiles? 2° Les ariens ont-ils jamais pu reprocher aux catholiques les fureurs, le brigandage, les crimes avérés des circoncellions? Ce sont les ariens eux-mêmes qui les imitèrent en partie, lorsqu'ils se sentirent appuyés par les empereurs Constance et Valens. 3° Dès qu'un séditieux, un malfaiteur frénétique, aura poussé l'impudence jusqu'à reprocher le même crime à ses accusateurs et à ses juges, il s'ensuivra du raisonnement de Le Clerc que l'on a perdu le droit de le punir.

Dans le même endroit, saint Augustin dit que plusieurs circoncellions, devenus catholiques, pleurent et détestent leur vie passée, et bénissent l'espèce de violence qu'on leur a faite pour les convertir. Qui croira, répond Le Clerc, que des malfaiteurs aient ainsi changé tout à coup de croyance, non par la force des raisons auxquelles ils n'avaient jamais voulu prêter l'oreille, mais par la crainte des peines? Il est évident que leur langage n'était pas sincère, qu'ils l'affectaient uniquement pour plaire au parti le plus puissant. Mais les persécuteurs africains s'embarrassaient peu de convertir les *donatistes*, pourvu qu'ils pussent les subjuguer. Les ariens auraient pu se vanter de même d'avoir converti les catholiques, lorsque, par la crainte des supplices, ils eurent fait abjurer à plusieurs la foi de Nicée. Dans ces sortes d'occasions, les hypocrites et les hommes les plus vils sont les mieux traités, pendant que les âmes honnêtes et courageuses portent tout le poids de la persécution. — *Réponse.* Ainsi, au jugement de Le Clerc, tout hérétique ou schismatique converti est une âme vile ou un hypocrite ; les seules âmes honnêtes et courageuses sont celles qui persistent dans l'entêtement et refusent toute instruction. Mais enfin, il est constant par l'histoire que les lettres, les livres, les conférences de saint Augustin, firent revenir à l'Eglise, non-seulement une multitude de *donatistes*, mais encore plusieurs de leurs évêques; que toute la ville d'Hippone fut de ce nombre; qu'avant sa mort ce saint docteur eut la consolation de voir le plus grand nombre de ces schismatiques réunis aux catholiques. Tous ces gens-là étaient-ils des âmes viles et hypocrites? Ils n'avaient donc pas été convertis par la crainte des peines, mais par la force et l'évidence des raisons.

Ibid., n° 3. Si l'on se bornait à effrayer les *donatistes* sans les instruire, dit saint Augustin, ce serait une tyrannie injuste; si on les instruisait sans leur faire peur, ils s'obstineraient dans leurs préjugés. Mais, reprend Le Clerc, les motifs de crainte rendent la doctrine fort suspecte, cela fait croire que, si elle n'était pas soutenue par la force, elle tomberait d'elle-même, et qu'elle ne pourrait persuader personne sans le secours des lois. Saint Augustin lui-même aurait fait aux ariens cette observation, s'il avait été témoin de ce qu'ils firent en Afrique après sa mort.—*Réponse.* Nous avons déjà remarqué que les ariens n'employèrent point l'instruction, mais la violence seule et les supplices, pour pervertir les catholiques ; ainsi la comparaison que fait le censeur de saint Augustin porte absolument à faux. Pour ramener les *donatistes*, il était moins question de discuter la doctrine que d'éclaircir le fait qui avait donné lieu au schisme. Ce fut le seul objet de la conférence de Carthage, en 411, et dès que ce fait fut mis une fois en évidence, les *donatistes* sentirent l'injustice de leur procédé. La circonstance des lois pénales ne faisait donc rien à la vérité ni à la fausseté de la doctrine.

N° 4. Saint Augustin fait remarquer à Vincent que Dieu ne se sert pas toujours des bienfaits, mais souvent des châtiments, pour nous ramener à lui. Le Clerc se récrie encore contre cette comparaison : Dieu, dit-il, a sur nous des droits que les hommes n'ont point sur leurs semblables; il est exempt d'erreurs et de passions, les hommes sont sujets aux unes et aux autres; leur prétendue charité est donc toujours fort suspecte. —*Réponse.* Suivant cette réflexion, aucun homme ne peut avoir droit de punir ni de corriger son semblable, parce qu'il doit toujours craindre d'être conduit par la passion, ou trompé par l'erreur. Mais c'est Dieu lui-même qui a donné aux chefs de la société le droit de punir les malfaiteurs, et qui leur commande d'en user; il est donc permis à ceux qui souffrent violence de la part des séditieux d'implorer la protection et l'appui des ministres de la justice.

N° 5. Le saint docteur cite l'exemple du père de famille, qui ordonne à ses serviteurs de forcer ou de contraindre les convives à entrer dans la salle du festin; et celui de saint Paul, à qui Jésus-Christ a fait une espèce de violence pour le convertir. *Contraindre*, répond Le Clerc, dans cet endroit de l'Evangile et ailleurs, signifie seulement engager par des invitations et des instances, et non forcer par violence; la conversion de saint Paul fut un miracle, qui n'a rien de commun avec la persécution exercée contre les *donatistes*. Si les Vandales, devenus persécuteurs, avaient voulu se prévaloir de ces exemples, saint Augustin les aurait accusés de blasphémer.—*Réponse.* nous convenons de la signification du mot *contraindre*, employé dans l'Evangile ; mais si les serviteurs du père de famille avaient essuyé une résistance brutale et des mauvais traitements de la part des convives, leur aurait-il été défendu de demander la protection des lois et la punition des coupables? C'était le cas dans lequel se trouvaient les évêques d'Afrique. Saint Augustin ne cesse d'exhorter les fidèles à demander à Dieu, en faveur des *donatistes*, le même miracle qu'il opéra sur saint Paul ; il fit plus, en intercédant auprès des officiers du prince pour que les *donatistes* criminels ne fussent pas condamnés à mort. Encore une fois, les Vandales ont-ils fait de même ?

N° 6. Saint Augustin soutient, qu'à proprement parler, ce sont les *donatistes* qui persécutent l'Eglise, et non l'Eglise qui persécute les *donatistes*; il applique à ce sujet ce que dit saint Paul, qu'Israël selon la chair persécute ceux qui sont Israélites selon l'esprit. Le Clerc prétend que c'est une dérision d'appeler *persécution* la résistance que les *donatistes* opposaient au clergé d'Afrique, pendant qu'ils étaient dépouillés de leurs biens, exilés, maltraités, mis à mort. On ne peut pas douter de ce fait, dit-il, puisque dans sa lettre centième à Donat, proconsul d'Afrique, saint Augustin demande que cela ne se fasse plus. Mais si les ariens, devenus les maîtres, avaient argumenté de même, qu'aurait-il dit? Il commence par supposer ce qui était en question ; savoir, que les catholiques, et non les *donatistes* étaient la véritable Eglise; c'est comme s'il avait dit : Lorsque je suis le plus fort, c'est à moi de juger ma cause; mais si mes adversaires le deviennent à leur tour, cela ne devrait pas leur être permis.—*Réponse.* C'est bien plutôt Le Clerc lui-même qui fait une dérision, en appelant *résistance au clergé d'Afrique* le brigandage, les meurtres, les incendies des circoncellions ; a-t-il osé nier ces crimes? Il insulte donc lui-même à saint Augustin, en l'accusant d'insulter aux *donatistes*. Ce Père ne demande pas à Donat que ces forcenés *ne soient plus* condamnés à mort, mais qu'ils ne le soient pas. Il dit qu'il ne faut pas les mettre à mort, mais les réprimer ; qu'il faut pardonner le passé, pourvu qu'ils se corrigent pour l'avenir, de peur qu'en souffrant pour leurs forfaits, ils ne se vantent encore de souffrir pour leur religion, etc. C'est donc une malice obstinée de la part de Le Clerc, de supposer toujours que les lois des empereurs prononçaient la peine de mort contre les *donatistes* en général, à cause de leurs erreurs, pendant que cette peine était seulement portée contre des incendiaires et des meurtriers. Saint Augustin avait prouvé vingt fois que le parti des *donatistes* n'était pas la véritable Église ; il ne supposait donc pas ce qui était en question, et il n'avait pas à redouter un argument semblable de la part des Vandales ariens.

N° 7. Sous le Nouveau Testament, continue le saint docteur, dans le temps qu'il fallait montrer le plus de charité, et que Jésus-Christ ne voulait pas que l'on tirât l'épée pour le défendre, Dieu, sans blesser sa miséricorde, a cependant livré son propre Fils au supplice de la croix. Il faut donc considérer l'intention plutôt que la conduite extérieure, pour distinguer les ennemis d'avec les véritables amis. Mais il est absurde, réplique notre adversaire, de comparer la conduite du clergé d'Afrique, qui excitait les magistrats contre les *donatistes*, à la miséricorde que Dieu a exercée envers les hommes, en livrant pour eux son Fils à la mort. Il fallait être bien impudent pour vouloir persuader aux *donatistes* que le clergé d'Afrique les tourmentait par charité. Dieu n'avait rien à gagner au salut des hommes ; mais les évêques d'Afrique avaient d'autant plus de relief, d'autorité et de richesses, que leur troupeau était plus nombreux ; telle était sans doute la véritable cause de la persécution. — *Réponse.* Des calomnies répétées dix fois n'en deviennent pas meilleures. Les évêques d'Afrique, loin d'animer les magistrats contre les *donatistes*, intercédaient pour eux. En effet, saint Augustin, dans sa lettre à Donat, ne demande pas grâce en son propre nom, mais au nom de tous ses collègues, et atteste qu'ils pensaient comme lui. Nous avons cité les preuves irrécusables de leur désintéressement et de leur charité. Le Clerc suppose malicieusement que ce sont les évêques qui avaient sollicité la peine de mort contre les *donatistes* ; c'est une fausseté : ils avaient exposé aux empereurs les excès de ces furieux, ils en avaient produit les preuves, ils avaient demandé qu'on les réprimât ; mais ils n'avaient ni dicté les lois, ni déterminé les peines. Or nous soutenons que leur conduite était une vraie miséricorde, non-seulement à l'égard des catholiques qu'il fallait mettre à couvert des attentats de leurs ennemis, mais à l'égard même des *donatistes* en général, puisqu'ils ne pouvaient être détournés du crime que par la crainte. L'inaction et la connivence, en pareil cas, auraient été une véritable cruauté. Jamais les évêques d'Afrique n'ont été assez insensés pour imaginer que ce serait pour eux un grand

avantage de réunir les schismatiques à leur troupeau, à moins qu'ils ne fussent sincèrement convertis et changés. Les imaginations de Le Clerc sont donc fausses et absurdes.

N° 8. S'il suffisait, dit saint Augustin, de souffrir persécution pour être digne d'éloge, lorsque Jésus-Christ a dit : *Heureux ceux qui souffrent persécution*, il n'aurait pas ajouté, *pour la justice.* Mais, suivant Le Clerc, les *donatistes* croyaient souffrir persécution pour la justice ; cette disposition est louable, même dans ceux qui se trompent : c'est donc une tyrannie criminelle de les forcer d'agir contre leur conscience. — *Réponse.* Nous soutenons que jamais les évêques d'Afrique n'ont voulu forcer les schismatiques d'agir contre leur conscience, mais les réduire à se laisser instruire pour corriger leur fausse conscience ; et c'est ce qui arriva lorsqu'il y eut des conférences tenues à ce sujet. L'erreur de la conscience n'excuse du péché que quand elle est invincible : or l'erreur ne pouvait pas être invincible à l'égard de crimes aussi évidents que ceux des *donatistes* ; elle ne l'était pas, puisqu'elle fut vaincue.

Les prophètes, continue saint Augustin, ont été mis à mort par les impies ; mais ils en ont aussi puni de mort quelques-uns ; les Juifs ont flagellé Jésus-Christ, et lui-même s'est servi du fouet pour en châtier plusieurs ; les apôtres ont été livrés au bras séculier, mais ils ont aussi livré des pécheurs au pouvoir de Satan. Le Clerc s'inscrit encore en faux contre ces comparaisons. Les prophètes, dit-il, n'ont puni de mort des impies que pour des crimes évidemment contraires à la loi de Moïse ; mais il n'était pas évident que les erreurs des *donatistes* fussent des crimes. D'ailleurs, ce qu'ont fait les prophètes ne doit pas être imité sous l'Évangile ; Jésus-Christ a repris ses disciples, qui voulaient faire tomber le feu du ciel sur les Samaritains (*Luc* IX, 55). Il s'est servi du fouet contre les animaux que l'on tenait à l'entrée du temple, plutôt que contre les hommes. Livrer à Satan les pécheurs, est un pouvoir miraculeux ; saint Augustin l'aurait fait, sans doute, s'il l'avait pu ; mais il était forcé de se borner à livrer les *donatistes* aux bourreaux ; ce qui est fort différent. — *Réponse.* Pour la troisième fois, nous répétons que les *donatistes* n'ont point été livrés aux bourreaux pour leurs erreurs, mais parce qu'ils étaient turbulents, séditieux, voleurs, incendiaires et meurtriers ; ces crimes étaient tout aussi évidents que ceux des impies punis par les prophètes. Les apôtres même ont imité cette conduite, puisque saint Pierre frappa de mort Ananie et Saphire pour un mensonge (*Act.* V, 5), et saint Paul punit par l'aveuglement le magicien Elymas (XIII, 11). L'Évangile dit formellement que Jésus-Christ se servit du fouet contre les marchands et les changeurs qui profanaient le temple, et non contre les animaux (*Joan.* II, 15). Il est faux que livrer le pécheur à

Satan, par l'excommunication, soit un pouvoir miraculeux; saint Augustin avait ce pouvoir en qualité d'évêque; mais loin de livrer les *donatistes* aux bourreaux, il intercédait pour eux. Rien de plus touchant que les expressions de son zèle envers ces révoltés; il faut être aussi forcené qu'eux pour regarder ce langage comme une hypocrisie.

N° 9. Ce saint docteur dit que si, dans les écrits du Nouveau Testament, l'on ne voit point de lois portées contre les ennemis de l'Église, c'est qu'alors les souverains n'étaient pas chrétiens. Le Clerc soutient que ce n'est point la vraie raison: que c'est parce que le royaume de Jésus-Christ n'est pas de ce monde. Ce divin Sauveur et ses apôtres auraient pu, s'ils l'avaient voulu, susciter par miracle des légions pour les défendre. — *Réponse*. Qui en doute? Mais ils n'ont pas ôté aux souverains, devenus chrétiens, le droit et le pouvoir de punir les malfaiteurs, lorsque ceux-ci se couvrent du prétexte de la religion et de la conscience. Saint Paul ordonne de prier Dieu pour les souverains, afin, dit-il, que nous menions une vie paisible et tranquille, dans la piété et la chasteté (*I Tim.* II, 2): donc il espérait que les souverains protégeraient un jour les fidèles. Lui-même, pour se soustraire à un tribunal injuste, en appelle à César (*Act.* xxv, 11). Ce n'est donc pas un crime d'implorer la protection du bras séculier. Le souverain, dit-il, est le ministre de Dieu, pour exercer la vengeance contre celui qui fait le mal (*Rom.* XIII, 4). Or les *donatistes* faisaient le mal. Le Clerc en convient: donc les empereurs faisaient bien de les punir, donc les évêques qui le demandaient n'avaient pas tort. — Ce calomniateur des évêques d'Afrique aurait dû se souvenir que le protestantisme n'a dû son établissement qu'à l'autorité, et souvent à la violence des souverains; plusieurs protestants célèbres l'ont avoué, ils oubliaient alors que le royaume de Jésus-Christ n'est pas ce monde; ils l'oubliaient bien davantage, lorsqu'ils prenaient les armes contre leur souverain, et qu'ils voulaient se rendre indépendants de toute puissance humaine. Mais Le Clerc sentait la ressemblance parfaite qu'il y a entre la conduite des *donatistes* et celle des huguenots: pour justifier ceux-ci, il a fallu, contre toute justice, prendre la défense des premiers.

N° 11. Le *donatiste* Vincent avait représenté que les rogatistes, du parti desquels il était, ne faisaient aucune violence; saint Augustin lui répond que c'était plutôt par impuissance que par bonne volonté. Le Clerc, offensé de cette repartie, dit qu'elle est malhonnête, et contraire à la charité chrétienne; qu'il n'est pas permis de fouiller dans les intentions secrètes des hommes. — *Réponse*. Qu'a-t-il donc fait autre chose lui-même, en attribuant le zèle des évêques d'Afrique à l'intérêt, à l'ambition, à l'envie de dominer sur un troupeau plus nombreux? C'est ainsi que la passion se trahit. On sait que les rogatistes étaient un parti très-faible, que cependant ils avaient sévi contre les maximianistes, autre faction qui leur était opposée, et saint Augustin le leur a souvent reproché; leur caractère, porté à la violence, était donc assez prouvé, sans qu'il fût besoin de fouiller dans leurs intentions.

N° 17. Le saint docteur avoue qu'autrefois son sentiment avait été de n'opposer aux *donatistes* que des raisons et des instructions, de peur d'en faire des catholiques hypocrites; mais que ses collègues lui avaient fait changer d'opinion, par les exemples qu'ils lui avaient cités, en particulier de la ville d'Hippone, que la crainte des lois impériales avait fait entièrement rentrer dans le sein de l'Église. Il est très-mal, reprend Le Clerc, de changer ainsi d'avis suivant les circonstances, de considérer plutôt ce qui est utile que ce qui est juste. Si les empereurs avaient favorisé les *donatistes*, saint Augustin leur aurait opposé ce que les premiers fidèles disaient aux persécuteurs païens. — *Réponse*. Voilà donc saint Augustin coupable parce qu'il n'a pas été opiniâtre; il a considéré ce qui était juste, encore plus que ce qui était utile, puisqu'il a constamment soutenu aux *donatistes* qu'ils avaient mérité, et au delà, les rigueurs dont on usait contre eux. Si les empereurs avaient favorisé ces sectaires et vexé les catholiques, ceux-ci auraient eu droit de dire, comme les premiers fidèles: Nous sommes paisibles, obéissants et soumis aux lois, nous ne faisons violence à personne, nous ne demandons que la liberté de servir Dieu, et de n'être pas forcés par les supplices à rendre un culte aux idoles. Les *donatistes* ont-ils jamais pu avoir le front de tenir ce langage?

N° 18. Saint Augustin a beau soutenir la sincérité de la conversion d'un très-grand nombre de *donatistes*, Le Clerc s'obstine à prétendre que ces dehors de conversion n'étaient pas sincères. Ainsi agissent toujours, dit-il, les âmes viles qui cherchent à plaire au parti le plus puissant, et qui sont prêtes à tout faire pour conserver en paix leur état et leur fortune. Comment Augustin, qui pensait que la conversion du cœur ne peut venir que d'une grâce intérieure, a-t-il pu imaginer que cette grâce ne pouvait rien opérer que par le moyen des amendes, de l'exil et des supplices? N'est-ce pas là se jouer de la prétendue force de la grâce? Si l'on me répond que sans ces moyens les *donatistes* ne voulaient pas prêter l'oreille aux instructions des catholiques, je demanderai à mon tour si ces sectaires ne lisaient pas le Nouveau Testament, et si la grâce divine n'était pas plutôt attachée à la parole de Dieu qu'aux paroles et aux écrits des évêques d'Afrique. De tout cela, continue Le Clerc, je conclus que la passion a eu plus de part à toute cette affaire que le vrai zèle. — *Réponse*. Suivant ce beau raisonnement, toute conversion est suspecte, et doit être censée fausse, dès que, pour l'opérer, Dieu a voulu se servir d'une affliction, d'une maladie, d'un revers de fortune, etc. Dieu n'est-il donc pas le maître d'attacher sa grâce à quoi il lui plaît? Si, lorsque Le Clerc faisait des livres pour convaincre les incrédules, un raisonneur lui avait dit : La grâce divine est plutôt attachée à la lecture du Nouveau Testament qu'à celle de vos ouvrages, vous feriez mieux de vous tenir en repos; qu'aurait-il répliqué? Les *donatistes* ne croyaient pas, non plus que nous, le dogme sacré des protestants, que la connaissance de toute vérité est attachée à la lecture du Nouveau Testament; ils se souvenaient que, selon saint Paul, *la foi vient de l'ouïe*, et non de la lecture, et que cet apôtre ordonne aux évêques de prêcher : chose fort inutile, si le Nouveau Testament seul suffit. La plupart des Africains ne savaient pas lire; et nous ne voyons pas que l'Évangile ait jamais été traduit en langue punique. Le principal fondement du schisme des *donatistes* était une erreur de fait, une accusation fausse intentée contre Cécilien, évêque de Carthage, et contre Félix d'Aptonge, qui l'avait sacré : est-ce en lisant le Nouveau Testament que l'on pouvait éclaircir ce fait? Il le fut dans les conférences tenues entre les *donatistes* et les catholiques, et dès ce moment tout ce qu'il y avait d'hommes sensés parmi les premiers comprirent que toutes leurs prétentions étaient insoutenables.

Dans sa lettre centième, saint Augustin a écrit à Donat, proconsul d'Afrique : « Nous souhaitons qu'on les corrige, et non qu'on les mette à mort; qu'on les assujettisse à la police, et non qu'on leur fasse subir les supplices qu'ils ont mérités. » A ce sujet, Le Clerc cite la loi d'Honorius, de l'an 408, par laquelle il est dit : « S'ils entreprennent quelque chose qui soit contraire au parti catholique, nous voulons qu'ils soient condamnés au supplice qu'ils ont mérité. » Si cet empereur, dit Le Clerc, n'avait ordonné de punir que les séditieux, sans inquiéter ceux qui vivaient paisiblement dans leur erreur, il n'y aurait pas lieu de le blâmer; mais il brouille tout, en confondant les errants avec les malfaiteurs, et saint Augustin fait de même. D'ailleurs, les lois de Théodose et de ses enfants n'étaient déjà que trop cruelles, puisqu'elles ordonnaient la confiscation des biens de tous ceux qui seraient convaincus d'avoir rebaptisé, et se déclaraient incapables de tester tous ceux qui auraient contribué à cet attentat. Les *donatistes* étaient tellement tourmentés par l'exécution de ces lois, que plusieurs aimèrent mieux mourir que de vivre dans la misère. On comprend que les évêques souhaitaient de réunir à leur troupeau les riches *donatistes*, plutôt que de les voir enterrer, après que leurs biens avaient été réunis au fisc; voilà tout le motif de leur intercession charitable. — *Réponse*. C'est Le Clerc lui-même qui brouille tout, afin de calomnier plus commodément; ni Honorius, ni saint Augustin, n'ont fait de même. 1° Il est clair qu'en parlant de ceux *qui auront entrepris quelque chose* contre le parti catholique, Honorius entend les séditieux, et non ceux qui seraient paisibles; on ne peut citer aucune loi qui ordonne de punir ces derniers. 2° Saint Augustin, dans sa lettre, après avoir parlé des *scélérates entreprises* des ennemis de l'Église, dit : « Nous vous supplions, lorsque vous jugez les causes de l'Église, quoique vous voyiez qu'elle a été attaquée et affligée *par des injustices atroces*, d'oublier que vous avez le pouvoir de condamner à mort. » Il n'était donc question de juger que des malfaiteurs. 3° La loi de Théodose, qui confisquait les biens de ceux qui *avaient rebaptisé*, *ou contribué à cet attentat*, ne pouvait regarder que les évêques, les prêtres et les clercs qui les assistaient, puisque ce sont les évêques et les prêtres qui baptisaient. L'exécution de cette loi ne pouvait donc contribuer en rien à rendre misérable le peuple et le commun des *donatistes*. 4° Ceux qui se faisaient tuer, se précipitaient, ou périssaient par les supplices, étaient des forcenés qui croyaient mourir martyrs, et non des particuliers paisibles, dépouillés de leurs biens. Encore une fois, on ne prouvera jamais qu'aucun de ces derniers ait été condamné à aucune peine.

Dans la lettre 105, écrite aux *donatistes*, n° 3 et 4, saint Augustin parle de plusieurs prêtres convertis et d'un évêque que ces furieux auraient tués, si ces victimes ne leur avaient échappé par une espèce de miracle. Le Clerc dit que ces meurtriers méritaient d'être punis, mais qu'il ne fallait pas traiter de même les autres pour les opinions; que l'on pardonnait tout à ceux qui revenaient à l'Église catholique, et qu'il y avait une loi qui l'ordonnait ainsi. — *Réponse*. Cette indulgence est-elle encore une preuve de cruauté? Dans toute cette lettre, saint Augustin soutient aux *donatistes* qu'ils sont punis pour leurs crimes, pour leurs attentats, pour leurs excès, et non pour leurs opinions; mais Le Clerc, aussi opiniâtre qu'eux, ne veut, comme eux, rien voir ni rien entendre. On pardonnait tout aux convertis, parce que l'on était sûr qu'ils ne retomberaient plus dans les mêmes désordres.

Ibid., n° 6. Saint Augustin reproche aux *donatistes* d'avoir publié faussement un prétendu rescrit de l'empereur, qui leur faisait grâce. Si c'était là un mensonge, dit Le Clerc, il ne faudrait pas le reprocher à ces malheureux; mais il est certain que dans ce temps-là il y avait eu une loi qui défendait de forcer personne à embrasser le christianisme malgré lui. Il cite la *Vie de saint Augustin*, l. VI, c. 7, § 2. — *Réponse*. Quoi qu'en dise cet avocat des *donatistes*, c'était un mensonge formel de leur part; la loi dont il parle ne fut portée que l'an 410, et la lettre de saint Augustin est de l'année précédente. D'ailleurs, forcer quelqu'un à embrasser le christianisme malgré lui, et forcer des schismatiques à ne pas vexer les catholiques, ce n'est pas la même chose; les *donatistes* ne pouvaient donc tirer aucun avantage de cette loi. Aussi, lorsque Honorius apprit qu'ils en abusaient, il la révoqua la même année. *Vie de saint Augustin*, ibid.

Pour avoir lieu de blâmer saint Augustin, Bayle et Barbeyrac soutiennent que les violences dont il accuse les *donatistes* sont exagérées, qu'elles ne sont connues que par ses écrits et par ceux d'Optat de Milève, aussi prévenu que lui contre les *donatistes*. — *Réponse*. Si saint Augustin avait parlé de la fureur des *donatistes*, en écrivant à l'empereur ou aux magistrats, dans le dessein de les aigrir et d'en obtenir des lois sévères, on pourrait le soupçonner d'avoir exagéré; mais c'est dans des lettres à ses amis, où il n'avait aucun intérêt à déguiser les faits; c'est dans son ouvrage contre Crescouius, qu'il lui reproche les excès de sa propre secte; c'est dans la conférence qu'il eut à Carthage avec les évêques *donatistes*; dans les sermons qu'il fait aux catholiques, pour les exhorter à la patience et à la charité envers ces furieux; enfin, dans les lettres qu'il écrit aux officiers de l'empereur pour les supplier de ne point répandre le sang des circoncellions, quoique ces forcenés eussent mérité le dernier supplice. Exagérer leurs crimes dans ces circonstances, c'aurait été un moyen de ne pas obtenir ce qu'il demandait. — Aussi Barbeyrac a trouvé bon de soutenir que cette modération de saint Augustin n'était qu'une feinte, que dans le fond il approuvait la peine de mort portée contre les *donatistes*, puisqu'il ne blâme point les lois qui défendaient les sacrifices des païens sous peine de mort. (*Traité de la morale des Pères*, c. 16, § 33 et 34.) Il aime mieux supposer que saint Augustin était un fourbe et un insensé, que d'avouer que les *donatistes* et leurs circoncellions étaient des frénétiques. Mais il y a du moins un fait qu'il ne niera pas, c'est que saint Augustin obtint des évêques d'Afrique, malgré la sévérité des anciens canons, que quand les évêques *donatistes* se réuniraient à l'Église catholique, ils conserveraient leurs siéges et ne perdraient aucune de leurs prérogatives. Ce n'est point là le manège d'un fourbe qui cherche à déguiser sa haine contre les hérétiques.

Barbeyrac objecte que les lois des empereurs portées contre les *donatistes* ne font aucune mention des crimes que saint Augustin leur reproche. Cela n'est pas fort étonnant : les lois des empereurs ne sont pas des narrations historiques ; celles qui regardent les *donatistes* comprennent aussi d'autres sectes, telles que les manichéens, les encratites, etc. Ce n'était pas là le lieu d'exposer les griefs que le gouvernement pouvait avoir contre ces sectes différentes.— Quand il n'y aurait pas des preuves positives du brigandage et des violences exercées en Afrique par les *donatistes*, nous serions assez autorisés à en croire saint Augustin, par l'exemple de ce qu'ont fait les protestants pour s'établir, lorsqu'ils ont été les maîtres : l'histoire en est trop récente pour qu'on ait déjà pu l'oublier.

Bingham, qui a été de meilleure foi que Barbeyrac, rapporte en abrégé les différentes lois portées par les empereurs contre les diverses sectes d'hérétiques; il observe qu'elles ne furent pas exécutées à la rigueur; que souvent les évêques catholiques, ou d'autres personnes, intercédèrent et obtinrent grâce pour les coupables. *Orig. ecclés.*, l. xvi, c. 6, § 6, t. VII, pag. 288.

Dans le *Dictionnaire des hérésies* de l'abbé Pluquet [Tom. XI de l'Encyclopédie, édition Migne], on trouvera une histoire du schisme des *donatistes*, par laquelle on pourra juger si la manière dont ils furent traités était injuste, et s'il était possible d'en agir autrement à leur égard.

On doit nous pardonner la longue et ennuyeuse discussion dans laquelle nous venons d'entrer ; un théologien catholique ne peut voir un des plus respectables Pères de l'Église aussi indignement traité par les protestants, et sur des raisons aussi frivoles. Mais, comme ils sentent la conformité parfaite qu'il y a entre la conduite de leurs pères et celle des *donatistes*, et que nos controversistes la leur ont reprochée plus d'une fois, ils ont un intérêt capital à détruire les raisons que saint Augustin opposait à ces anciens schismatiques. D'ailleurs, ceux d'entre eux qui, comme Le Clerc, penchent au socinianisme, ont adopté les sentiments des pélagiens ; ils ne peuvent digérer la victoire complète qu'a remportée saint Augustin sur ces ennemis de la grâce. Bayle, dans son *Commentaire philosophique*, avait déjà opposé à saint Augustin les mêmes sophismes que Le Clerc, mais avec plus de décence et de modération dans les termes. Comme les incrédules veulent encore les renouveler, il nous a paru essentiel de n'en laisser aucun sans réponse.

DONS DU SAINT-ESPRIT. Sous ce nom, les théologiens entendent certaines qualités surnaturelles que Dieu donne par infusion à l'âme d'un chrétien par le sacrement de confirmation, pour la rendre docile aux inspirations de la grâce. Ces *dons* sont au nombre de sept, et ils sont distingués dans le chap. xi d'Isaïe, v. 2 et 3 ; savoir, le *don de sagesse*, qui nous fait juger sainement de toutes choses, relativement à notre fin dernière; le *don d'intelligence* ou *d'entendement*, qui nous fait comprendre les vérités révélées, autant qu'un esprit borné en est capable ; le *don de science*, qui nous apprend à connaître les divers moyens de nous sanctifier et de parvenir au salut éternel ; le *don de conseil* ou *de prudence*, qui nous fait prendre en toutes choses le meilleur parti, relativement à notre salut ; le *don de force*, ou le courage de résister à tous les dangers, et de surmonter toutes les tentations, le *don de piété*, qui nous fait aimer les pratiques du service de Dieu; le *don de crainte de Dieu*, qui nous détourne du péché et de tout ce qui peut déplaire à notre souverain maître. Saint Paul, dans ses lettres, parle souvent de ces *dons* différents.—On entend encore par les *dons du Saint-Esprit*, les *dons* surnaturels que Dieu accordait aux premiers fidèles, comme celui de prophétiser, de faire des miracles, de connaître les secrètes pensées des cœurs, etc.

Il est évident que ces *dons* miraculeux ont été très-nécessaires au commencement de la prédication de l'Evangile, pour convertir les Juifs et les païens. 1° C'est de toutes les preuves d'une mission divine, la plus frappante, et celle qui fait le plus d'impression sur le commun des hommes; nous voyons par les *Actes des apôtres*, et par d'autres monuments du 1er et du 11e siècle, que ç'a été la principale cause de la propagation rapide du christianisme. 2° Rien n'était alors plus commun que la magie; une multitude d'imposteurs séduisaient les peuples par des prodiges apparents; il fallait leur en opposer de plus réels, et dont le surnaturel ne pût être contesté; c'est ainsi que Dieu avait déjà confondu autrefois les prestiges des magiciens d'Egypte par les miracles éclatants de Moïse. 3° Plusieurs de ces séducteurs prétendaient être le Messie promis aux Juifs; quelques-uns se vantaient d'être plus grands que Jésus-Christ lui-même; tous se donnaient pour prophètes et pour envoyés de Dieu : le moyen le plus simple de détromper les peuples était de leur faire voir que Jésus-Christ avait donné à ses disciples le pouvoir de faire des miracles semblables à ceux qu'il avait opérés lui-même, pouvoir que ne pouvaient pas donner ceux qui osaient se préférer à lui. Le Sauveur l'avait ainsi promis, il fallait que sa parole fût accomplie.

Vainement les incrédules veulent nous faire douter de la réalité de ces miracles, parce que le monde était alors rempli d'imposteurs qui prétendaient en faire; les fourbes n'auraient pas été si communs, si l'on n'avait pas vu Jésus-Christ et ses disciples opérer des miracles réels et en grand nombre. Comme les mécréants ne voulaient pas se persuader que Jésus-Christ et les apôtres avaient agi par un pouvoir véritablement divin et surnaturel, ils imaginèrent que, par le moyen de l'art et de certaines pratiques, l'on pouvait parvenir à en faire autant, et ils s'efforcèrent de les imiter. Les philosophes même étaient dans ce préjugé; c'est ce qui engagea ceux du IIIe et du IVe siècle à pratiquer la magie ou la théurgie, et à soutenir que Jésus-Christ et ses disciples n'avaient été que des magiciens plus habiles que les autres; mais ce préjugé n'aurait pas eu lieu, si jamais l'on n'avait rien vu de réel dans ce genre.

A mesure que le christianisme s'étendit, les *dons* miraculeux devinrent moins nécessaires; il n'est donc pas étonnant que peu à peu ils soient devenus plus rares. *Voy.* MIRACLES.

DORDRECHT (Synode de). *Voy.* ARMINIENS.

DOSITHÉENS, ancienne secte parmi les Samaritains.

On connaît peu les dogmes ou les erreurs des *dosithéens*. Ce que nous en ont appris les anciens se réduit à ceci : que les *dosithéens* poussaient si loin le principe qu'il ne fallait rien faire le jour du sabbat, qu'ils demeuraient dans la place et dans la posture où ce jour les surprenait, sans se remuer, jusqu'au lendemain; qu'ils blâmaient les secondes noces, et que la plupart d'entre eux, ou ne se mariaient qu'une fois, ou gardaient le célibat.

Il est fait mention dans Origène, saint Epiphane, saint Jérôme, et plusieurs autres Pères grecs et latins, d'un certain Dosithée, chef de secte parmi les Samaritains; mais ils ne sont point d'accord sur le temps où il vivait. — Plusieurs pensent qu'il fut le maître de Simon le Magicien, et qu'il prétendit être le Messie. La multitude des imposteurs qui usurpèrent ce titre à peu près dans le même temps, prouve que quand Jésus-Christ a paru, on était bien persuadé que le temps marqué par les prophéties, touchant l'arrivée du Messie, était accompli.

Mosheim, qui a recueilli et comparé tout ce que les anciens ont dit au sujet de cette secte et de son auteur, pense que Dosithée avait d'abord vécu parmi les esséniens, et y avait contracté l'habitude de la vie austère qu'ils pratiquaient; qu'il donna dans le fanatisme, et voulut être pris pour le Messie. Excommunié par les Juifs, il se retira parmi les Samaritains, quelque temps après l'ascension du Sauveur. Il adopta leur haine contre les Juifs et leur prévention contre les prophètes, desquels ces schismatiques n'ont jamais voulu recevoir les écrits, puisqu'ils n'ont gardé que ceux de Moïse; il eut même l'audace de vouloir corriger ces derniers, ou plutôt, de les corrompre. Il nia la résurrection future des corps, la destruction future du monde et le jugement dernier. Il n'admettait point l'existence des anges, et il ne voulait point admettre d'autres démons que les idoles des païens. Il s'abstenait de manger d'aucun être animé, ses disciples faisaient de même; plusieurs gardaient la continence, même dans le mariage, lorsqu'ils avaient eu des enfants. Dosithée poussait l'observation du sabbat jusqu'à la superstition. Ainsi, cette secte a été plutôt juive que chrétienne. (*Institut. Historiæ Christianæ*, seconde partie, c. 5, § 11.)

DOUTE en fait de religion. Un homme peut douter de la religion, parce que, par légèreté, par dissipation, ou autrement, il n'a pas cherché à s'instruire. S'il est de bonne foi, et qu'il veuille examiner les preuves de la religion, son doute ne durera pas longtemps. Pour ceux qui ont cherché des *doutes*, qui, par une curiosité téméraire, ont voulu lire les livres des incrédules, sans avoir fait les études nécessaires pour démêler le faux de leurs sophismes, ils sont bien plus criminels. — A plus forte raison doit-on condamner ceux qui demeurent, par choix et de propos délibéré, dans le *doute* ou dans le scepticisme touchant la religion, sous prétexte que, si elle a des preuves, elle a aussi ses difficultés, et qu'il faut attendre que toutes les objections soient résolues avant de prendre parti. Ce *doute* est une irréligion formelle et réfléchie (1).

(1) Pascal, dans ses admirables *Pensées*, a vivement attaqué ceux qui se laissent traîner à la remorque d'un doute irréfléchi ou intéressé. Nous allons rapporter ses paroles.

« Que ceux qui combattent la religion apprennent au moins ce qu'elle est avant de la combattre. Si cette religion se vantait d'avoir une vue claire de Dieu, et de le posséder à découvert et sans voile, ce serait la combattre que de dire qu'on ne voit rien dans le monde qui le montre avec cette évidence. Mais puisqu'elle dit au contraire que les hommes sont dans les ténèbres et dans l'éloignement de Dieu, qu'il s'est caché à leur connaissance, et que c'est le même nom qu'il se donne dans les Ecritures, *Deus absconditus* : et enfin si elle travaille également à établir ces deux choses, que Dieu a mis des marques sensibles dans l'Église pour se faire reconnaître à ceux qui le chercheraient sincèrement, et qu'il les a couvertes néanmoins de telle sorte, qu'il ne sera aperçu que de ceux qui le cherchent de tout leur cœur ; quel avantage peuvent-ils tirer, lorsque dans la négligence, où ils font profession d'être, de chercher la vérité, ils crient que rien ne la leur montre ; puisque cette obscurité où ils sont et qu'ils objectent à l'Église, ne fait qu'établir une des choses qu'elle soutient, sans toucher à l'autre, et confirme sa doctrine bien loin de la ruiner.

« Il faudrait, pour la combattre, qu'ils criassent qu'ils ont fait tous leurs efforts pour la chercher partout, et même dans ce que l'Église propose pour s'en instruire, mais sans aucune satisfaction. S'ils parlaient de la sorte, ils combattraient, à la vérité, une de ses prétentions ; mais j'espère montrer ici qu'il n'y a point de personne raisonnable qui puisse parler de la sorte, et j'ose même dire que jamais personne ne l'a fait. On sait assez de quelle manière agissent ceux qui sont dans cet esprit. Ils croient avoir fait de grands efforts pour s'instruire, lorsqu'ils ont employé quelques heures à la lecture de l'Ecriture, et qu'ils ont interrogé quelque ecclésiastique sur les vérités de la foi. Après cela, ils se vantent d'avoir cherché sans succès dans les livres et parmi les hommes. Mais, en vérité, je ne puis m'empêcher de leur dire ce que j'ai dit souvent, que cette négligence n'est pas supportable ; il ne s'agit pas ici de l'intérêt léger de quelque personne étrangère, il s'agit de nous-mêmes et de notre tout.

« L'immortalité de l'âme est une chose qui nous importe si fort, et qui nous touche si profondément, qu'il faut avoir perdu tout sentiment pour être dans l'indifférence de savoir ce qu'il en est. Toutes nos actions et toutes nos pensées doivent prendre des routes si différentes, selon qu'il y aura des biens éternels à espérer, ou non, qu'il est impossible de faire une démarche avec sens et jugement, qu'en la réglant par la vue de ce point, qui doit être notre dernier objet…

« La négligence de quelques hommes en une affaire où il s'agit d'eux-mêmes, de leur éternité, de leur tout, m'irrite plus qu'elle ne m'attendrit ; elle m'étonne et m'épouvante, c'est un monstre pour moi. Je ne dis pas ceci par le zèle pieux d'une dévotion spirituelle ; je prétends, au contraire, que l'amour-propre, que l'intérêt humain, que la plus simple lumière de la raison nous doit donner ces sentiments. Il ne faut voir pour cela que ce que voient les personnes les moins éclairées.

« Il ne faut pas avoir l'âme fort élevée pour comprendre qu'il n'y a point ici de satisfaction véritable et solide, que tous nos plaisirs ne sont que vanité, que nos maux sont infinis, et qu'enfin la mort, qui nous menace à chaque instant, doit nous mettre en peu d'années, et peut-être en peu de jours, dans un état éternel de bonheur, ou de malheur, ou d'anéantissement. Entre nous, le ciel et l'enfer, ou le néant, il n'y a donc que la vie qui est la chose du monde la plus fragile ; et le ciel n'étant pas certainement pour ceux qui doutent si leur âme est immortelle, ils n'ont à attendre que l'enfer ou le néant.

« Il n'y a rien de plus réel que cela, ni de plus terrible. Faisons tant que nous voudrons les braves : voilà la fin qui attend la plus belle vie du monde.

« C'est en vain qu'ils détournent leur pensée de cette éternité qui les attend, comme s'ils la pouvaient anéantir en n'y pensant point. Elle subsiste malgré eux, elle s'avance ; et la mort qui la doit ouvrir les mettra infailliblement, dans peu de temps, dans l'horrible nécessité d'être éternellement ou anéantis, ou malheureux.

« Voilà un doute d'une terrible conséquence, et c'est déjà assurément un très-grand mal que d'être dans ce doute ; mais c'est un devoir indispensable de chercher quand on y est. Ainsi celui qui doute et qui ne cherche pas, est tout ensemble et bien injuste, et bien malheureux. Que s'il est avec cela tranquille et satisfait, qu'il en fasse profession, et enfin qu'il en fasse vanité, et que ce soit de cet état même qu'il fasse le sujet de sa joie et de sa vanité, je n'ai point de termes pour qualifier une si extravagante créature.

« Où peut-on prendre ces sentiments ? Quel sujet de joie trouve-t-on à n'attendre plus que des misères sans ressource ? Quel sujet de vanité, de se voir dans des obscurités impénétrables ! Quelle consolation, de n'attendre jamais de consolateur !

« Ce repos, dans cette ignorance, est une chose monstrueuse, et dont il faut faire sentir l'extravagance et la stupidité à ceux qui y passent leur vie, en leur représentant ce qui se passe en eux-mêmes, pour les confondre par la vue de leur folie. Car voici comment raisonnent les hommes quand ils choisissent de vivre dans cette ignorance de ce qu'ils sont, et sans en rechercher d'éclaircissement :

« Je ne sais qui m'a mis au monde, ni ce que c'est que le monde, ni que moi-même. Je suis dans une ignorance terrible de toutes choses. Je ne sais ce que c'est que mon corps, que mes sens, que mon âme ; et cette partie de moi-même qui pense ce que je dis, et qui fait réflexion sur tout, et sur elle-même, ne se connaît non plus que le reste. Je vois ces effroyables espaces de l'univers, qui m'enferment, et je me trouve attaché à un coin de cette vaste étendue, sans savoir pourquoi je suis plutôt placé en ce lieu qu'en un autre, ni pourquoi ce peu de temps qui m'est donné à vivre, m'est assigné à ce point plutôt qu'à un autre de toute l'éternité qui m'a précédé et de toute celle qui me suit. Je ne vois que des infinités de toutes parts, qui m'engloutissent comme un atome, et comme un ombre qui ne dure qu'un instant sans retour. Tout ce que je connais, c'est que je dois bientôt mourir ; mais ce que j'ignore le plus, c'est cette mort même que je ne saurais éviter.

« Comme je ne sais d'où je viens, aussi ne sais-je où je vais ; je sais seulement qu'en sortant de ce monde, je tombe pour jamais, ou dans le néant, ou dans les mains d'un Dieu irrité, sans savoir à laquel1e de ces deux conditions je dois être éternellement en partage.

« Voilà mon état plein de misère, de faiblesse, d'obscurité. Et de tout cela, je conclus que je dois donc passer tous les jours de ma vie sans songer à ce qui me doit arriver ; et que je n'ai qu'à suivre mes inclinations sans réflexion et sans inquiétude, en faisant tout ce qu'il faut pour tomber dans le malheur éternel, au cas que ce qu'on en dit soit véritable. Peut-être que je pourrais trouver quelque éclaircissement dans mes doutes, mais je n'en veux pas prendre la peine, ni faire un pas pour le cher-

1° Il est absurde de regarder la religion comme un procès entre Dieu et l'homme.

comme un combat dans lequel celui-ci a droit de résister tant qu'il peut, de défendre cher; et en traitant avec mépris ceux qui se travailleraient de ce soin, je veux aller sans prévoyance et sans crainte tenter un si grand événement, et me laisser mollement conduire à la mort dans l'incertitude de l'éternité de ma condition future.

« Rien n'est si important à l'homme que son état, rien ne lui est si redoutable que l'éternité. Et ainsi, qu'il se trouve des hommes indifférents à la perte de leur être, et au péril d'une éternité de misère, cela n'est pas naturel. Ils sont tout autres à l'égard de toutes les autres choses : ils craignent jusqu'aux plus petites, ils les prévoient, ils les sentent; et ce même homme qui passe les jours et les nuits dans la rage et le désespoir pour la perte d'une charge, ou pour quelque offense imaginaire à son honneur, est celui-là même qui sait qu'il va tout perdre par la mort, et qui demeure néanmoins sans inquiétude, sans trouble et sans émotion. Cette étrange insensibilité pour les choses les plus terribles dans un cœur si sensible aux plus légères, est une chose monstrueuse ; c'est un enchantement incompréhensible, et un assoupissement surnaturel.

« Un homme, dans un cachot, ne sachant si son arrêt est donné, n'ayant plus qu'une heure pour l'apprendre ; et cette heure suffisant, s'il sait qu'il est donné, pour le révoquer, il est contre la nature qu'il emploie cette heure-là non à s'informer si cet arrêt est donné, mais à jouer et à se divertir. C'est l'état où se trouvent ces personnes, avec cette différence que les maux dont ils sont menacés sont bien autres que la perte simple de la vie, et un supplice passager que ce prisonnier appréhenderait. Cependant ils courent sans souci dans le précipice, après avoir mis quelque chose devant leurs yeux pour s'empêcher de le voir, et ils se moquent de ceux qui les en avertissent.

« Ainsi, non-seulement le zèle de ceux qui cherchent Dieu prouve la véritable religion ; mais aussi l'aveuglement de ceux qui ne le cherchent pas, et qui vivent dans cette horrible négligence. Il faut qu'il y ait un étrange renversement dans la nature de l'homme pour vivre dans cet état, et encore plus pour en faire vanité. Car quand ils auraient une certitude entière, qu'ils n'auraient rien à craindre après la mort que de tomber dans le néant, ne serait-ce pas un sujet de désespoir plutôt que de vanité? n'est-ce donc pas une folie incontestable, n'en étant pas assurés, de faire gloire d'être dans ce doute? Et néanmoins il est certain que l'homme est si dénaturé, qu'il y a dans son cœur une semence de joie en cela. Ce repos brutal, entre la crainte de l'enfer et du néant, semble si beau, que non-seulement ceux qui véritablement doutent dans ce doute malheureux, s'en glorifient; mais que ceux mêmes qui n'y sont pas, croient qu'il leur est glorieux de feindre d'y être. Car l'expérience nous fait voir que la plupart de ceux qui s'en mêlent sont de ce dernier genre, que ce sont des gens qui se contrefont, et qui ne sont pas tels qu'ils veulent paraître. Ce sont des personnes qui ont ouï dire que les belles manières du monde consistent à faire ainsi l'emporté. C'est ce qu'ils appellent avoir secoué le joug, et la plupart ne le font que pour imiter les autres.

« Mais s'ils ont encore tant soit peu de sens commun, il n'est pas difficile de leur faire entendre combien ils s'abusent en cherchant par là de l'estime. Ce n'est pas le moyen d'en acquérir, je dis même, parmi les personnes du monde qui jugent sainement des choses, et qui savent que la seule voie d'y réussir, c'est de paraître honnête, fidèle, judicieux et capable de servir utilement ses amis; parce que les hommes n'aiment naturellement que ce qui peut leur être utile. Or quel avantage y a-t-il pour nous à ouïr dire à un homme qu'il a secoué le joug, qu'il ne croit pas qu'il y ait un Dieu qui veille sur ses actions, qu'il se considère comme maître de sa conduite, qu'il ne pense à en rendre compte qu'à soi-même? Pense-t-il nous avoir portés par là à avoir désormais bien de la confiance en lui, et à en attendre des consolations, des conseils et des secours dans tous les besoins de la vie? Pense-t-il nous avoir bien réjouis, de nous dire qu'il doute si notre âme est autre chose qu'un peu de vent et de fumée, et encore de nous le dire d'un ton de voix fier et content? Est-ce donc une chose à dire si gaiement? Et n'est-ce pas une chose à dire au contraire tristement, comme la chose du monde la plus triste?

« S'ils y pensaient sérieusement, ils verraient que cela est si mal pris, si contraire au bon sens, si opposé à l'honnêteté, et si éloigné en toute manière de ce bon air qu'ils cherchent, que rien n'est plus capable de leur attirer le mépris et l'aversion des hommes, et de les faire passer pour des personnes sans esprit et sans jugement. Et en effet, si on leur fait rendre compte de leurs sentiments, et des raisons qu'ils ont de douter de la religion, ils diront des choses si faibles et si basses, qu'ils persuaderont plutôt du contraire. C'était ce que leur disait un jour fort à propos une personne : Si vous continuez à discourir de la sorte, leur disait-elle, en vérité, vous me convertirez. Et il avait raison ; car qui n'aurait horreur de se voir dans des sentiments, où l'on a pour compagnons des gens si méprisables?

« Ainsi, ceux qui ne font que feindre ces sentiments sont bien malheureux de contraindre leur naturel pour se rendre les plus impertinents des hommes. S'ils sont fâchés dans le fond de leur cœur, de n'avoir pas plus de lumières, qu'ils ne le dissimulent point ; cette déclaration ne sera pas honteuse. Il n'y a de honte qu'à n'en point avoir : rien ne découvre davantage une étrange faiblesse d'esprit, que de ne pas connaître quel est le malheur d'un homme sans Dieu. Rien ne marque davantage une extrême bassesse de cœur, que de ne pas souhaiter la vérité des promesses éternelles. Rien n'est plus lâche que de faire le brave contre Dieu. Qu'ils laissent donc ces impiétés à ceux qui sont assez mal nés pour en être véritablement capables ; qu'ils soient du moins honnêtes gens, s'ils ne peuvent être chrétiens ; et qu'ils reconnaissent enfin qu'il n'y a que deux sortes de personnes qu'on puisse appeler raisonnables : ou ceux qui cherchent Dieu de tout leur cœur parce qu'ils le connaissent, ou ceux qui le cherchent de tout leur cœur parce qu'ils ne le connaissent pas encore. (*Pensées de Pascal*, art. 2).

légitimité de notre naissance ; quelle démonstration en avons-nous ? C'est à Dieu seul de nous prescrire la manière dont il veut être adoré ; donc il faut que la religion soit révélée : or, le fait de la révélation ne peut être prouvé que comme tout autre fait, par des preuves morales, par des témoignages, et non par des démonstrations géométriques ou métaphysiques. — 3° Jamais un sceptique n'a cherché les preuves de la religion avec autant d'ardeur que les objections. C'est assez qu'un livre soit fait pour la défendre, pour exciter le dédain et le dégoût de tous ceux qui veulent *douter*, ils le condamnent et le décrient même sans l'avoir lu ; et, selon leur jugement, tout livre qui attaque la religion est un chef-d'œuvre de sagesse et de bon sens. — 4° Ceux qui aiment la religion et la pratiquent, en trouvent les preuves au fond de leur cœur ; ils n'ont besoin ni de livres, ni de disputes, ni de démonstrations. La foi est tranquille et paisible ; l'incrédulité est pointilleuse, n'est jamais satisfaite. Mettrons-nous en question, pendant toute la vie, un devoir qui naît avec nous, et qui doit décider de notre sort éternel ? Si nous mourons avant d'avoir vidé la *dispute*, en serons-nous quittes pour dire que nous n'avons pas vécu assez longtemps pour la terminer ? — 5° La religion est faite pour les ignorants aussi bien que pour les philosophes ; si c'était une affaire de discussion, d'érudition, de critique, les premiers seraient condamnés à n'avoir jamais de religion. Il est absurde de penser que Dieu a dû pourvoir au salut des savants autrement qu'à celui du peuple. Lorsqu'il est question d'intérêt temporel, les philosophes prennent leur parti sur les mêmes raisons, par les mêmes motifs, avec le même degré de certitude que les autres hommes ; la religion est la seule chose sur laquelle ils sont disputeurs et opiniâtres. — 6° Depuis dix-sept siècles la religion n'a pas cessé d'être attaquée ; malgré les volumes immenses d'objections et de sophismes que l'on a faits contre elle dans tous les temps, elle a cependant été crue et pratiquée. Osera-t-on soutenir que, parmi ceux qui tiennent pour elle, il n'y a pas un seul homme éclairé, instruit, de bon sens et de bonne foi, pas un seul qui ait pesé les objections et les preuves ? S'il y en a pour le moins autant que d'incrédules, donc toute la différence qu'il y a entre eux, c'est que les premiers aiment la religion, au lieu que les seconds la redoutent et la détestent. — 7° Il y a des siècles remarquables par la multitude de ceux qui doutent de la religion, et qui s'occupent à rassembler des nuages pour en obscurcir les preuves. Le nôtre est dans ce cas. Est-ce parce qu'il y a plus de pénétration, de droiture, de zèle pour s'instruire, de crainte de tomber dans l'erreur, que dans les siècles précédents ? Mais lorsque le luxe, la fureur du plaisir, les fortunes suspectes, les banqueroutes frauduleuses, les sophismes de la friponnerie, le mépris des bienséances, sont portés à leur comble, ce ton général des mœurs n'est pas fort propre à inspirer l'amour de la vérité. Elle aurait beau se montrer, lorsque l'on est disposé d'avance à la méconnaître et à l'éconduire. — 8° Si ceux qui *doutent* étaient sincèrement fâchés de n'être pas persuadés, chercheraient-ils à inspirer aux autres la maladie de laquelle ils sont atteints ? Ce trait de malice serait détestable. Leur zèle à faire des prosélytes démontre qu'ils aiment leur incertitude, qu'ils en font gloire, qu'ils seraient fâchés de penser autrement. Ils tâchent de se faire un nouvel appui dans la multitude de ceux qu'ils auront séduits ; leur dernière ressource sera de dire : *Il faut bien que j'aie raison, puisque tant d'autres pensent comme moi*. *Voy.* Scepticisme, Objections, Preuves.

DOXOLOGIE, nom que les Grecs ont donné à l'hymne angélique ou cantique de louange que les Latins chantent à la messe, et qu'on nomme communément le *Gloria in excelsis*, parce qu'il commence en grec par le mot δόξα, gloire.

Ils distinguent dans leurs livres liturgiques la grande et la petite *doxologie*. La grande *doxologie* est celle dont nous venons de parler. La petite *doxologie* est le verset *Gloria Patri, et Filio*, etc., par lequel on termine la récitation de chaque psaume dans l'office divin, et qui commence en grec par le même mot. — Philostorge, historien suspect et trop favorable aux ariens, dans son troisième livre, n° 13, nous donne trois formules de la petite *doxologie*. La première est *gloire au Père, et au Fils, et au Saint-Esprit*. La seconde, *gloire au Père, par le Fils, dans le Saint-Esprit*. La troisième, *gloire au Père, dans le Fils et le Saint-Esprit*. Sozomène et Nicéphore en ajoutent une quatrième ; savoir, *gloire au Père et au Fils, dans le Saint-Esprit*. La première des *doxologies* est la plus ancienne, et a toujours été en usage dans les Eglises d'Occident. Théodoret prétend qu'elle vient des apôtres, *Hist.* liv. iv, ch. 1. Les trois autres furent composées par les ariens, vers l'an 341, au concile d'Antioche, où les ariens, qui commençaient à n'être plus d'accord entre eux, voulurent avoir des *doxologies* relatives à leurs divers sentiments. — Les catholiques, de leur côté, conservèrent l'ancienne *doxologie* comme une profession de foi opposée à l'arianisme. Ainsi l'ordonna le concile de Vaisons, l'an 529. *Voy.* Fleury, *Hist. ecclés.*, l. xxxii, tit. 12, p. 268.

Cette preuve de l'ancienne croyance de l'Eglise est d'autant plus forte, que l'on ne peut pas assigner la première origine de cette manière de louer Dieu. — Au reste, comme le remarque Bingham, la petite *doxologie* n'a pas toujours été uniforme, quant aux termes, dans les Eglises catholiques ; mais elle n'a pas varié quant au sens. Le quatrième concile de Tolède, tenu en 523, s'exprime ainsi à cet égard : *In fine omnium psalmorum dicimus : Gloria et honor Patri, et Filio, et Spiritui sancto, in sæcula sæculorum, amen*. Walafrid Strabon, *de Reb. ecclés.*, c. 25, rapporte que les Grecs la conçurent en ces termes : *Gloria Patri, et Filio, et Spiritui sancto, et nunc, et semper, et in sæcula sæculorum, amen.* Outre cette *doxologie* qui terminait les psaumes, Bingham observe qu'il y en avait anciennement une dont il cite un exemple tiré des *Constitutions apostoliques*, l. VIII, c. 12, par laquelle on terminait les prières : *Omnis gloria, veneratio, gratiarum actio, honor, adoratio, Patri, et Filio, et Spiritui sancto, nunc et semper, et in infinita ac sempiterna sæcula sæculorum, amen.* Ou cette autre : *Per Christum quo tibi et Spiritui sancto gloria, honor, laus, glorificatio, gratiarum actio in sæcula, amen.* Et enfin celle-ci, par laquelle on concluait les sermons ou homélies : *Ut obtineamus æternam vitam, per Jesum Christum; cui cum Patre et Spiritu sancto, gloria et potestas in sæcula sæculorum, amen.* (Bingham, *Orig. ecclés.*, t. VI, l. XIV, c. 2, § 1.)

Quant à la grande *doxologie* ou au *Gloria in excelsis*, excepté les premières paroles que les évangélistes attribuent aux anges qui annoncèrent aux bergers la naissance de Jésus-Christ, on ignore par qui le reste a été ajouté; et quoiqu'on appelle toute la pièce l'*hymne angélique*, les Pères ont reconnu que tout le reste était l'ouvrage des hommes. C'est ce qu'on voit dans le treizième canon du quatrième concile de Tolède. Ce qu'il y a de certain, c'est que ce cantique est très-ancien, et n'est pas une profession de foi moins claire que la précédente. Saint Chrysostome observe que les ascètes le chantaient à l'office du matin. Mais, de toute antiquité, on l'a chanté principalement à la messe, non pas cependant tous les jours. La liturgie mozarabique veut qu'on le chante le jour de Noël avant les leçons, c'est-à-dire avant la lecture de l'épître et de l'évangile. Dans les autres Eglises, on ne le chantait que le dimanche, à Pâques et aux autres fêtes les plus solennelles; encore aujourd'hui, dans l'Eglise romaine, on ne le dit point à la messe les jours de férie et de fêtes simples, non plus que dans l'Avent, ni depuis la Septuagésime jusqu'au samedi saint exclusivement. (Bingham, *Orig. ecclés.*, t. VI, l. XIV, c. 11, § 2.)

Il y a beaucoup d'apparence que depuis la naissance de l'arianisme, l'Eglise rendit l'usage des deux *doxologies* plus commun, et fit une loi de ce qui n'était auparavant qu'une coutume, afin de prémunir les fidèles contre l'erreur; mais l'une et l'autre sont plus anciennes que l'arianisme, et prouvent que les ariens étaient des novateurs. Il est même probable qu'Eusèbe avait en vue ces deux formules, lorsqu'il dit que les *cantiques des fidèles* attribuaient la divinité à Jésus-Christ, et qu'ils avaient été composés dès le commencement. *Hist. ecclésiast.*, l. V, c. 28. En effet Pline le Jeune, *Epist.* 97, l. X, écrit à Trajan que les chrétiens, dans leurs assemblées, chantaient des hymnes à Jésus-Christ comme à un Dieu. Lucien le témoigne de même dans le *dialogue* intitulé *Philopatris*. (Lebrun, *Explic. des cérém. de la messe*, t. I, p. 163. [Reproduit dans le Dictionnaire des Rites et cérémonies sacrées, tom. XV à XVII de l'Encyclopédie, édition Migne]).

DRAPEAU (Bénédiction des). Cette cérémonie se fait avec beaucoup d'éclat, au bruit des tambours, des trompettes et même de la mousqueterie des troupes qui sont sous les armes. Si la bénédiction a lieu dans une ville, elles se rendent en corps dans l'église principale ; là l'évêque ou quelque ecclésiastique de marque bénit et consacre les *drapeaux*, qui y ont été portés pliés, par des prières, des signes de croix et l'aspersion de l'eau bénite : alors on les déploie, et les troupes les remportent en cérémonie. *Voy.* le *détail* dans les *Eléments de l'art militaire*, par M. d'Héricourt.

Quelques incrédules ont conclu de là que l'Eglise approuve la guerre et l'effusion du sang. Il n'en est rien ; mais par cette cérémonie elle fait souvenir les militaires que c'est Dieu qui accorde la victoire, ou punit les armées par des défaites; qu'il faut bannir des armées les désordres capables d'attirer sa colère, s'abstenir de tout acte de cruauté qui n'est pas absolument nécessaire pour vaincre l'ennemi, respecter le droit des gens, même au milieu du carnage. *Voy.* GUERRE. — « Les soldats, dit le maréchal de Saxe, doivent se faire une religion de ne jamais abandonner leur *drapeau*, il doit leur être sacré ; et l'on ne saurait y attacher trop de cérémonies pour le rendre respectable et précieux. Si l'on peut y parvenir, on peut aussi compter sur toutes sortes de bons succès ; la fermeté des soldats, leur valeur en seront les suites. Un homme déterminé, qui prendra en la main leur *drapeau*, leur fera braver les plus grands dangers. » Cela est prouvé par l'exemple des Romains ; ils rendaient aux enseignes militaires un culte idolâtre et superstitieux, et cet excès leur a été reproché par nos anciens apologistes. « La religion des Romains est toute militaire, disait Tertullien ; elle adore les enseignes, jure par elles, et les met à la tête de tous les dieux. » (*Adv. gentes*, c. 16.) Le christianisme, en détruisant le culte idolâtre attaché aux *drapeaux*, n'a pas voulu détruire une vénération si utile au service militaire ; l'usage de les bénir est fort ancien. Sur la fin du IXe siècle, l'empereur Léon le Philosophe recommande aux capitaines de faire bénir leurs enseignes par des prêtres, un ou deux jours avant de partir pour une expédition. (*Mém. de l'Acad. des Inscript.*, t. LXIII, in-12, p. 2 et 10.)

Comme les images des dieux étaient peintes ou sculptées sur les enseignes des Romains, que les soldats croyaient combattre sous la protection de ces fausses divinités, et leur rendaient un culte idolâtre, les premiers chrétiens eurent pendant quelque temps de la répugnance à exercer la profession des armes : ils craignirent de paraître prendre part à ce culte superstitieux. C'est à cause de ce danger que Tertullien décida, dans son livre *de Corona militis*, qu'il n'était pas permis à un chrétien d'être soldat. Mais il faut qu'il ait jugé lui-même cette décision trop sévère, puisque dans son *Apologétique*, c. 37, il atteste que les camps étaient remplis de chrétiens, et il ne les désapprouve point. *Voy.* ARMES.

DROIT. Nous ne pouvons parler du *droit* divin sans donner une notion du *droit* en général. Nous entendons sous ce nom toute prétention conforme à la loi; ou, si l'on veut, c'est ce que l'homme peut faire lui-même, ou exiger des autres pour son bien, en vertu d'une loi. S'il n'y avait point de loi, il n'y aurait ni *droit*, ni *tort*. C'est la loi divine qui est le fondement, la règle et la mesure de tous nos *droits*.

Quand on suppose que l'homme est de même nature que les brutes, et soumis aux mêmes lois, sur quoi ses *droits* peuvent-ils être fondés? Sur ses besoins, sans doute, et sur ses forces. Mais toutes les manières de pourvoir à nos besoins et d'exercer nos forces ne sont pas légitimes; il en est desquelles il ne nous est jamais permis de nous servir. Quoique nous ayons le besoin et la force de conserver notre vie, nous n'avons pas *droit* de le faire aux dépens de la vie de nos semblables : le degré de nos besoins et de nos forces ne peut donc pas être la mesure de nos *droits*. Les animaux ont des besoins égaux et souvent des forces supérieures à celles de l'homme; on ne s'est pas encore avisé de leur attribuer des *droits* à l'égard de l'homme ou envers leurs semblables. — Le vrai fondement des *droits* de l'homme est donc cette loi primitive du Créateur : *Croissez, multipliez, dominez sur les animaux et sur les productions de la terre* (Gen. 1, 28). Toute faculté et toute action qui n'est pas comprise dans le sens de ces paroles n'est plus un *droit*, mais une injustice et une usurpation.

La plupart des philosophes modernes ont voulu tirer la notion du *droit* et de la justice des sensations. Lorsqu'un homme nous fait violence, disent-ils, la sensation que nous éprouvons est jointe à l'idée d'injustice; nous sentons que cet homme n'a pas le *droit* de nous faire violence, qu'au contraire il blesse le droit que nous avons de ne pas la souffrir. — 1° Cette théorie même suppose que nous avons déjà l'idée du *droit*, avant d'éprouver une violence. 2° Lorsqu'un coup de vent nous renverse, nous éprouvons la même sensation que quand un brutal nous jette par terre. Dans le premier cas, cependant, elle ne nous donne point l'idée de tort ni d'injustice. Si elle nous donne cette idée dans le second cas, c'est que nous supposons celui qui agit doué de connaissance et de liberté; autre idée qui ne vient point des sensations. Dire que celui qui nous blesse n'en a pas le *droit*, et dire qu'il y a une *loi* qui le lui défend, c'est la même chose. Ainsi la notion de *droit* et de *tort* est essentiellement liée à celle de loi. 3° Nous ne voyons pas pourquoi le bien que nous recevons de nos semblables ne nous donnerait pas l'idée de *droit*, comme le mal que nous en éprouvons nous donne l'idée de *tort* ou d'injustice. Cette théorie est fausse à tous égards.

De même que sans la notion de *loi* nous ne pouvons pas avoir celle de *devoir* ou d'obligation morale, nous ne pouvons former non plus l'idée de *droit* et de *justice*. — Il ne faut cependant pas confondre l'une de ces idées avec l'autre. Le *devoir* est ce que Dieu nous ordonne de faire; le *droit* est ce qu'il nous permet et ce qu'il commande aux autres de faire pour nous. Il est de notre *devoir* d'assister nos semblables dans le besoin, et nous avons *droit* d'exiger d'eux l'assistance en pareil cas. Ce n'est pas pour nous un *devoir* d'exercer nos *droits* dans toute leur étendue et dans la rigueur; nous pouvons en relâcher par indulgence, ou renoncer à un *droit* quelconque, pour en acquérir un autre qui nous paraît plus avantageux. — *Droit* et *devoir* sont donc corrélatifs; la loi ne peut me donner un *droit* à l'égard de mes semblables sans leur imposer le *devoir* de me l'accorder, et sans m'imposer aussi des *devoirs* à leur égard : autrement elle me favoriserait à leur préjudice. Ainsi nos *devoirs* sont toujours proportionnés à nos *droits*.

Si l'on n'avait pas confondu ces notions, l'on n'aurait pas décidé que c'est un *devoir* pour l'homme de se marier et de mettre des enfants au monde, puisqu'il en a le *droit* : on n'aurait pas conclu que l'état de continence est contraire au *droit* naturel; *Droit* et *devoir* ne sont pas la même chose. Où est la loi qui ordonne à l'homme de se marier? Personne n'a droit de l'en empêcher pour toujours et dans tous les cas; mais personne non plus ne peut lui en imposer le *devoir*, sinon dans le cas de nécessité. Il a le *droit* de choisir l'état de vie qui lui paraît le plus avantageux, lorsqu'il ne porte aucun préjudice à ses semblables. Or, il est des hommes qui, par goût, par caractère, par tempérament, jugent que le célibat est plus avantageux pour eux que l'état du mariage. Loin de porter aucun préjudice à la société en préférant le premier, ils s'abstiennent de mettre au monde des enfants qui probablement seraient malheureux et à charge à la société. — En général, les théologiens ne sauraient trop se défier des notions que les philosophes modernes veulent nous donner des *êtres moraux*. C'est avec raison que la faculté de théologie de Paris a condamné leur théorie sur l'origine des idées de *droit*, de justice, de devoir et d'obligation morale; elle n'a été forgée que pour favoriser le matérialisme.

Il n'est pas besoin d'une longue discussion pour réfuter le sentiment de Hobbes, qui est aussi celui de Spinosa; savoir : que tout *droit* est fondé uniquement sur la puissance; que l'un est toujours en proportion de l'autre; que Dieu lui-même n'a *droit* de commander aux hommes que parce qu'il est tout-puissant; qu'ainsi l'obligation d'obéir n'est autre chose que l'impuissance de résister. D'où il s'ensuit que si un homme était assez puissant pour subjuguer l'univers entier, il en aurait le *droit*, et que tout le monde serait dans l'obligation de lui obéir. Mais il s'ensuit aussi que tout homme qui a le pouvoir de résister impunément en a aussi le *droit*, et que, dans le fond, l'obligation morale est absolument nulle; que la force seule règne parmi les hommes, comme parmi les animaux. *Voy.* Cudworth, *Syst. intel.*, chap. 5, sect. 5, § 33, et les *Notes* de Mosheim. — Ces conséquences, et beaucoup d'autres qu'entraîne ce système, suffisent pour en démontrer l'absurdité et pour en inspirer de l'horreur. Dieu n'a point créé le monde pour faire ostentation de sa puissance, mais pour exercer sa bonté, puisqu'il n'avait besoin d'aucune créature. De même que c'est par bonté qu'il a donné l'être aux hommes, et qu'il les a faits tels qu'ils sont, c'est aussi par bonté qu'il les a destinés à l'état de société. *Il n'était pas bon que l'homme fût seul* (*Gen.* II, 18); conséquemment, il a fallu qu'il leur imposât des lois et des obligations mutuelles, et c'est ainsi qu'il leur a donné des *droits* les uns à l'égard des autres; *il a ordonné à chacun d'eux d'aider son prochain* (*Eccl.* XVII, 12). Une liberté illimitée, loin d'être un avantage pour eux, ferait leur malheur et tournerait à leur destruction. David n'avait pas tort de dire : *Votre loi, Seigneur, est un bien pour moi* (*Ps.* CXVIII, 72). Sur cette loi éternelle sont fondées toutes les autres lois, et ce que nous nommons *droit* et *justice*. *Voy.* SOCIÉTÉ.

De là résulte que le *droit* de commander, dont Dieu a revêtu certains hommes, est destiné, comme celui de Dieu même, à procurer le bien de la société humaine. Ainsi Dieu n'a donné à aucun homme une autorité absolue, despotique, illimitée, affranchie de toute loi, parce que, vu les passions auxquelles tout homme est sujet, une telle autorité serait destructive de la société et ne pourrait tourner qu'à son malheur. Quand un homme aurait le pouvoir de se la procurer, il n'en aurait pas le *droit*; il serait injuste et punissable de vouloir l'exercer. Mais lors même que celui qui est revêtu d'une autorité légitime abuse de son droit, il n'est permis de résister que quand ce qu'il commande est formellement contraire à la loi de Dieu ; c'est alors seulement qu'*il faut obéir à Dieu plutôt qu'aux hommes* (*Act.* IV, 19). Un *droit* absolu et illimité de résistance rendrait l'autorité nulle, établirait l'anarchie, et serait aussi contraire au bien de la société qu'une autorité despotique et illimitée. — Dès que l'on perd de vue ces principes, dont la vérité est palpable, et que la raison nous dicte aussi bien que la révélation, l'on ne peut plus enseigner que des absurdités touchant le *droit*, la justice, l'autorité, le gouvernement, etc.

DROIT NATUREL. C'est ce qu'il nous est permis de faire pour notre bien, et ce qu'il est ordonné aux autres de faire en notre faveur, par la loi générale que Dieu a imposée à tous les hommes en les destinant à l'état de société. — Dieu avait décidé qu'il n'est pas avantageux à l'homme d'être seul (*Gen.* II, 18). Il avait formé deux individus, et il les unit en les bénissant par ces paroles : *Croissez, multipliez*, etc. Cette société naturelle et domestique est l'origine et le fondement de toutes les autres, du *droit naturel* dans toute son étendue.

Nous convenons que le *droit naturel* est fondé sur la nature de l'homme, tout comme la loi naturelle. Mais si l'homme était l'ouvrage du hasard ou de la matière aveugle, comme le prétendent tant de philosophes, quel droit, quelle loi pourrait-on fonder sur sa nature? Tout serait nécessaire : donc rien ne serait ni bien ni mal; il n'y aurait ni *droit* ni tort, ni vice ni vertu. — Mais dès que l'homme, tel qu'il est, est l'ouvrage de Dieu, ce Créateur intelligent, sage et bon, ne s'est pas contredit lui-même en donnant à l'homme le besoin et l'inclination de vivre en société; il lui a imposé les devoirs de l'état social, et a fondé les *droits* de l'homme sur la loi même qui lui prescrit ses devoirs. — La fin du *droit naturel*, dit très-bien Leibnitz, est le bien de ceux qui l'observent; l'objet de ce droit est tout ce qu'il importe à autrui que nous fassions, et qui est en notre puissance ; la cause efficiente est la lumière de la raison éternelle que Dieu a allumée dans nos esprits. Ainsi le fondement de ce *droit* n'est point une volonté arbitraire de Dieu, mais une volonté dirigée par les vérités éternelles, qui sont l'objet de l'entendement divin. C'est aussi ce qu'a pensé Cicéron. *Voy.* DEVOIR.

Quelques philosophes ont défini le *droit naturel*: *ce qui est conforme à la volonté générale de tous les hommes.* Cette définition n'est pas juste. La volonté générale est, sans doute, un signe certain pour connaître ce qui est ou n'est pas de *droit naturel*; mais ce n'est pas elle qui constitue ce *droit*. Toutes les volontés particulières, desquelles résulte la volonté générale, ne sont justes, légitimes, capables de faire *loi* par leur réunion, qu'autant qu'elles sont l'expression de la volonté de Dieu. Puisque, selon les philosophes même, aucun homme n'est mon supérieur par nature, et n'a aucune autorité sur moi, tous les hommes réunis n'ont d'autre pouvoir sur moi que la force ; et la *force* ne fait pas le *droit* : leurs volontés réunies ne sont pas une *loi* pour moi, à moins que je ne les envisage comme l'organe de la volonté de Dieu, mon seul supérieur. Quand, par une supposition impossible, tous les hommes se réuniraient pour m'accorder un *droit* contraire à la volonté de Dieu ou à la loi qu'il a portée, leur volonté générale n'aurait aucun effet, et ce prétendu *droit* serait absolument nul. — D'autres disent que le *droit naturel* est *ce qui est conforme au bien général de l'humanité*. Nous admettons volontiers cette notion ; mais elle ne suffit pas pour que les autres hommes aient *droit* d'exiger quelque chose de moi : il faut qu'il y ait une *loi* qui m'oblige à leur rendre ce devoir, et cette loi n'aurait point de force si elle n'était revêtue d'une sanction. — L'égalité physique n'existe point entre les hommes : l'égalité morale ne peut donc y avoir lieu qu'en vertu d'une loi. Dieu, qui est le père de tous, n'a donné à aucun particulier le *droit* de se procurer son propre bien aux dépens du bien de ses semblables : ce seraient deux volontés contradictoires. Telle est l'*égalité morale* que Dieu a établie entre tous les hommes, et de laquelle il faut partir pour avoir des notions exactes du *droit*, de l'équité, de la justice.

Il est évident que le bien général de la société n'a pas pu être absolument le même dans les divers états par lesquels le genre humain a dû nécessairement passer : par conséquent, le *droit naturel* n'a pas toujours été le même non plus ; c'est-à-dire que la loi naturelle n'a pas dû commander ou défendre les mêmes choses dans ces différentes circonstances. Lorsque la race humaine était encore bornée à une seule famille, son intérêt était l'intérêt général ; tout ce qui contribuait au bien-être de cette famille lui était permis, puisqu'il ne pouvait nuire à personne. Lorsque plusieurs familles formèrent différentes peuplades, l'une ne pouvait légitimement procurer son bien en nuisant à celui d'une autre, parce que chacune avait un *droit naturel* de jouir en paix de son bienêtre ; mais chacune pouvait, sans blesser la loi naturelle, se permettre ce qui ne portait aucun préjudice aux autres. Enfin, dès le moment que plusieurs peuplades eurent formé ensemble une société civile et nationale, certains usages, qui n'avaient point nui au bien de chaque peuplade séparée, ont pu devenir nuisibles à la société civile, et dès lors ont cessé d'être conformes au *droit naturel*. Ainsi le mariage des frères avec leurs sœurs, qui était non-seulement permis, mais nécessaire, dans la famille d'Adam, a cessé de l'être dans les générations suivantes, lorsqu'il a été utile au bien commun de former les alliances entre les différentes familles. Ainsi la polygamie, qui était utile dans les peuplades séparées, a cessé de l'être dans les sociétés nombreuses ; les inconvénients qu'elle a entraînés pour lors l'ont rendue contraire au *droit naturel*.

Il n'a donc pas été nécessaire que Dieu dispensât les patriarches de la loi naturelle, pour leur permettre d'épouser leurs sœurs ou leurs proches parentes, ou d'avoir plusieurs femmes. Dans les circonstances où ils l'ont fait, il n'en résultait aucun inconvénient contraire à l'intérêt général : par conséquent, la loi naturelle ne le défendait pas. *Voy.* POLYGAMIE. — De même certains usages ont pu être conformes à l'intérêt d'une société nationale, et devenir ensuite contraires au bien de la société universelle et au *droit des gens*. Dans ces trois états si différents, le *droit* respectif des deux époux, le pouvoir des pères sur les enfants, l'autorité des maîtres sur les esclaves, ont nécessairement varié ; ils ont dû être plus ou moins étendus, selon le besoin des sociétés.

On aura beau dire que le *droit naturel* est immuable, cela demande une explication. Quoique la nature humaine soit toujours essentiellement la même, ses besoins, ses intérêts, ses droits, ses mœurs, changent et sont relatifs au degré de civilisation ; la loi naturelle ne peut donc pas prescrire absolument les mêmes choses dans les différents états. Autrement les lois civiles, pour être justes, devraient aussi être invariables ; tout changement de ces lois serait contraire au *droit naturel*.

Voilà ce que les philosophes ne se sont jamais donné la peine de considérer ; on ne doit donc pas être surpris si les anciens ont si mal raisonné sur le *droit naturel*; il n'en est pas un seul qui n'ait approuvé des usages qui lui étaient évidemment contraires. Les modernes ne réussissent pas mieux, lorsqu'ils s'obstinent à fermer les yeux à la lumière de la révélation.

Ce qui nous est permis, ou ne nous est pas défendu par la loi naturelle, peut nous être interdit par une loi positive. Comme l'état de la société civile ne peut subsister sans lois positives, Dieu, en nous destinant à cet état, nous a imposé l'obligation d'obéir aux lois établies pour le bien commun, quoique ces lois gênent en plusieurs choses notre liberté naturelle. La raison est que les avantages qui résultent de l'état de société sont pour nous un plus grand bien qu'une liberté illimitée de faire ce qui nous plaît. — Faute de saisir ces principes, on a déraisonné de nos jours sur l'inégalité qui est une suite nécessaire de l'état de société. Selon les maximes posées par de profonds raisonneurs, il semble que Dieu ait péché dès la création contre le *droit naturel*, en mettant de l'inégalité entre l'homme et la femme, entre le père et les enfants. Pour conduire cette belle morale à sa perfection, il a fallu soutenir sérieusement que l'état de société est contraire à la nature de l'homme ; qu'il est moins vicieux et plus heureux dans l'état sauvage, parce qu'il est alors plus rapproché de l'état des brutes.

Dieu, en accordant à l'homme les fruits et les plantes pour nourriture, ne parla point de la chair des animaux ; dans le paradis terrestre, il lui défendit de toucher à un fruit particulier, et le punit pour en avoir mangé. Après le déluge, il permit à Noé et à ses enfants la chair des animaux, mais il leur défendit d'en manger le sang (*Gen.* IX, 5). Quand nous ne pourrions donner aucune raison de ces défenses positives qui gênaient la liberté naturelle de l'homme, nous ne serions pas tentés de les regarder comme des attentats commis contre ses droits. — Plusieurs déistes ont soutenu cependant que Dieu ne peut pas nous imposer des lois positives, que ces lois seraient contraires à la loi naturelle. Ils n'ont pas vu qu'en raisonnant sur ce faux principe, il s'ensuivrait que toute loi civile est aussi un attentat contre le *droit naturel*.

DROIT DES GENS. C'est ce qu'une nation peut exiger d'une autre nation, en vertu de la loi naturelle. L'état de guerre entre deux peuples ne leur ôte point la qualité d'hommes ; la guerre n'autorise donc pas un peuple à violer le *droit* général de l'humanité. Le droit d'attaque et de défense ne donne point celui de commettre des violences et des cruautés superflues qui ne peuvent contribuer en rien au succès de l'attaque ni de la défense. Tels sont les principes sur lesquels Dieu avait réglé les lois militaires chez les Juifs (*Deut.* xx). Mais les Chananéens devaient être exterminés sans miséricorde. *Voy.* CHANANÉENS. — Avant la publication de l'Evangile, le *droit* naturel et le *droit des gens* ont été très-mal connus : il n'est aucun des anciens législateurs, aucun des philosophes, qui n'ait établi à ce sujet des maximes injustes et fausses. S'il arrive encore souvent aux nations chrétiennes de violer l'un ou l'autre de ces *droits*, c'est que les passions exaltées ne connaissent et ne respectent aucune loi ; mais ce désordre est infiniment moins commun parmi nous, que chez les peuples infidèles.

Nos philosophes modernes, très-persuadés de la supériorité de leurs lumières, ont décidé que jusqu'à présent le bien général, ou l'intérêt général, n'a pas été suffisamment connu, que de là sont nées toutes les erreurs dans lesquelles on est tombé en fait de morale et de politique. De là même nous concluons qu'ils le connaissent euxmêmes très-mal, puisque personne n'a enseigné une morale ni une politique plus détestable que la leur. — Nous pensons encore que le bien général ne sera jamais mieux connu qu'il l'est, parce que les passions empêcheront toujours les hommes de voir les choses telles qu'elles sont, de distinguer leur intérêt solide et durable, d'avec leur intérêt présent et momentané. Toute nation se regardera toujours comme le centre de l'univers, et préférera son intérêt particulier à celui du genre humain tout entier. Nous ajoutons que quand les peuples et les gouvernements pèchent en morale et en politique, ce n'est pas ordinairement par défaut de connaissance. Un homme placé à la tête des affaires ne peut pas voir les objets du même œil qu'un philosophe qui rêve tranquillement dans son cabinet ; celui-ci, mis à la place du premier, ne manquerait pas, à la première occasion, de contredire les pompeuses maximes qu'il écrit. Aussi tant de livres déjà faits sur ces matières, n'ont pas encore produit beaucoup de fruits, et ceux qui se font aujourd'hui en produiront encore moins. Les philosophes qui se flattent de réformer l'univers avec des brochures sont des enfants qui croient enseigner l'architecture en bâtissant des châteaux de cartes. l'Evangile, l'Evangile !... voilà le code de morale et de politique de toutes les nations et de tous les siècles ; quiconque n'en écoute pas les leçons est incapable de profiter d'aucune autre.

DROIT DIVIN POSITIF. Par là on n'entend pas le *droit* de Dieu, ou son souverain domaine sur les créatures : mais les *droits* qu'il a donnés aux hommes les uns envers les autres par les lois positives qu'il leur a intimées, soit dans les premiers âges du monde, soit par le ministère de Moïse, soit par la bouche de Jésus-Christ et des apôtres. Ainsi la soumission des enfants à l'égard de leurs parents, n'est pas seulement de *droit* naturel, elle est encore de droit *divin positif*, puisqu'elle est formellement commandée par cette loi : *Honore ton père et ta mère*, etc. (*Exod.* xx, 12 ; *Deut.* iv, 16). L'autorité des pasteurs sur les fidèles est de *droit divin positif*, ou établi par Jésus-Christ luimême, puisqu'il a établi ses apôtres *juges* et conducteurs du troupeau (*Matth.* xix, 28, etc.) — Quand on considère la multitude des erreurs dans lesquelles les philosophes et les législateurs sont tombés à l'égard du *droit* naturel, on comprend combien il a été nécessaire que Dieu le fît connaître par la révélation, et les instruisît par des lois positives. Il est donc absolument faux que celles-ci soient contraires au *droit* naturel, puisqu'elles tendent au contraire à le faire mieux connaître et mieux observer. On ne niera pas, sans doute, que le polythéisme et l'idolâtrie ne soient contraires à la loi naturelle ; où sont, parmi les sages du paganisme, ceux qui ont compris cette vérité ? *Voy.* LOI POSITIVE.

* DROIT DIVIN POLITIQUE. Il y a peut-être peu d'expression dont les ennemis du catholicisme aient plus abusé en France que de celle-ci. Ils regardent l'Eglise comme la parasite des monarchies. Quoique nous ayons déjà exposé notre opinion à ce sujet au mot AUTORITÉ (*Dict. de Théol. mor.*), nous devons rappeler en peu de mots quel est l'enseignement de l'Eglise sur l'origine du pouvoir.

Les théologiens distinguent dans cette question ces deux points fondamentaux : 1° la puissance civile vient elle de Dieu ? 2° de quelle manière est-elle communiquée aux hommes qui gouvernent ?

Sans doute, ils déclarent tous que Dieu seul est le principe de toute puissance légitime, et tous regardent ce point comme un article de foi, exprimé en termes formels dans la sainte Ecriture, *Non est potestas nisi a Deo*. Mais comment expliquent-ils que cette puissance, dont la source est en Dieu, ait été communiquée aux hommes ? Ici commence le champ des opinions libres, et je vous défie de citer une seule autorité qui transforme l'une quelconque de ces opinions en dogme proprement dit. Voici les deux opinions opposées dans les écoles : Les uns soutiennent que Dieu donne immédiatement la puissance à ceux qui gouvernent ; les autres prétendent que cette puissance réside dans le peuple, et que c'est par le consentement et l'élection du peuple que Dieu donne le pouvoir à ceux qui sont choisis pour gouverner.

Mais au moins, direz-vous, c'est bien la première de ces opinions qui domine dans les écoles catholiques ? Vous vous trompez ; c'est la seconde. Et pour qu'aucune de ces assertions ne vous soit suspecte, nous allons essayer de vous convaincre, pièces en mains.

Ecoutons d'abord saint Jean-Chrysostome commentant ces fameuses paroles de saint Paul : *Il n'y a point de puissance qui ne vienne de Dieu*. « Que dites-vous ? Tout prince est donc constitué de Dieu ? Je ne dis point cela, puisque je ne parle d'aucun prince en particulier, mais de la chose en elle-même. J'affirme que l'existence des pouvoirs est l'œuvre de la divine sagesse, et que c'est elle qui fait que toutes choses ne soient pas livrées à un téméraire hasard. C'est pourquoi l'Apôtre ne dit pas qu'*il n'y a pas de prince qui ne vienne de Dieu* ; mais il dit, parlant de la chose en elle-même : *Il n'y a pas de pouvoir qui ne vienne de Dieu*. » (Hom. 23 sur l'Epître aux Romains.)

Voici maintenant la théorie frappante de clarté et sublime de simplicité du théologien surnommé l'Ange de l'école et dont l'enseignement a été presque exclusivement suivi pendant six siècles. « Si l'homme devait vivre seul, ainsi que beaucoup d'animaux, il n'aurait besoin de personne pour le conduire à sa fin : chaque homme serait à lui-même son propre roi, sous la royauté suprême de Dieu, et se dirigerait lui-même par la lumière de la raison que lui a donnée le Créateur. Mais il est dans la nature de l'homme d'être social et politique, vivant en communauté, chose que le besoin même de la nature montre clairement... Pour obtenir ce dont il a besoin, un homme seul ne se suffit pas, et il ne pourrait pas tout seul conserver sa propre vie..... Mais s'il est nécessaire à l'homme de vivre en société, il est nécessaire qu'il y ait parmi les hommes quelqu'un qui dirige la multitude ; car beaucoup d'hommes étant réunis, et chacun d'eux faisant ce qui lui semblerait bon, la multitude se dissoudrait, si quelqu'un n'avait soin du bien commun.... Il doit donc y avoir dans toute la multitude quelque chose qui gouverne. » (*De Regimine principum*, lib. I, cap. 1.)

A cette question, si les infidèles peuvent avoir autorité pour le temporel sur les fidèles, saint Thomas répond : « Le domaine ou la supériorité se sont introduits *de droit humain* ; tandis que la distinction entre les fidèles et les infidèles est de droit divin : or le droit divin, qui provient de la grâce, ne détruit pas le droit humain, qui provient de la raison naturelle. » (2, 2, quest. 10. art. 10.) « L'infidélité n'empêche pas le pouvoir temporel ; car le pouvoir temporel a été introduit par le droit des gens, qui est un droit humain. *Dominium introductum est jure gentium, quod est jus humanum.* » (2-2, quest. 12, art. 2.)

Écoutons Bellarmin exprimant, plusieurs siècles après, la même doctrine, quoique attachant un sens différent aux mots droit divin et droit humain. — « Il est certain que la puissance publique vient de Dieu, de qui seul émanent les choses bonnes et licites » (suivent les preuves de ce principe par l'Écriture) ; puis il continue ainsi : « Mais il faut faire ici quelques observations. La puissance politique, considérée en général et sans descendre en particulier à la monarchie, à l'aristocratie ou à la démocratie, émane immédiatement de Dieu seul. Car elle est une conséquence nécessaire de la nature de l'homme, et procède par conséquent de l'auteur de cette nature. De plus cette puissance est de droit naturel, puisqu'elle ne dépend pas du libre consentement des hommes, et que bon gré, mal gré, à moins de vouloir anéantir le genre humain, il faut que les hommes soient gouvernés par quelqu'un ; mais ce qui est de droit naturel est de droit divin : donc la puissance publique a été introduite par droit divin. Et c'est là précisément ce que semble avoir voulu exprimer l'Apôtre, lorsqu'il dit : « Qui résiste à la puissance, résiste à l'ordre de Dieu. » (*De Laicis*, l. III, c. 6.)

Mais cette puissance qui est de droit divin en ce sens que Dieu la veut et qu'il l'a rendue nécessaire à la nature humaine, laquelle ne peut se passer ni de société, ni d'un gouvernement, comment Dieu la communique-t-il à celui qui est chargé de l'exercer? Voici la réponse de Bellarmin, qui résume l'enseignement des anciens théologiens : « Cette puissance réside *immédiatement* dans la multitude entière, *in tota multitudine*. En effet, cette puissance est de droit divin ; or le droit divin n'a donné cette puissance à aucun homme en particulier : donc il l'a donnée à la multitude. De plus, en dehors du droit positif (*sublato jure positivo*), il n'y a pas de raison pour qu'entre plusieurs hommes égaux ce soit l'un plutôt que l'autre qui commande : donc la puissance appartient à toute la multitude.

« La multitude transfère cette puissance à une ou à plusieurs personnes par le même droit de nature ; car la république ne peut exercer par elle-même ce pouvoir : elle est donc obligée de le confier à un ou à quelques-uns, et dans ce sens le pouvoir des princes, considéré en général, est aussi de droit naturel et divin ; et le genre humain lui-même, même en se réunissant tout entier, ne pourrait établir le contraire, c'est-à-dire qu'il n'existât ni princes ni gouvernants.

« L'espèce particulière de gouvernement dépend du droit des gens et non du droit naturel. Car c'est au consentement de la multitude qu'il appartient d'établir un roi, ou des consuls, ou d'autres magistrats, cela est évident ; et moyennant une cause légitime, elle peut changer la monarchie en aristocratie ou en démocratie, *et vice versa*.

« Il suit de là que ce pouvoir particulier qui a été établi est bien de Dieu, mais par l'intermédiaire de l'élection humaine. (*Ibid.*)

« De là (continue Bellarmin) deux différences entre la puissance civile et la puissance ecclésiastique : l'une du côté du sujet dans lequel elles résident ; car la puissance civile est dans la multitude, tandis que la puissance ecclésiastique réside immédiatement dans un seul homme : l'autre du côté de leur principe ; car la puissance civile n'est de droit divin que considérée en général, et elle est du droit des gens considérée dans ses formes particulières ; tandis que la puissance ecclésiastique est en toute manière de droit divin et dérive immédiatement de Dieu. (*Ibid.*) »

On sait que, parmi les anciens théologiens, Suarez est un des plus célèbres, et qu'on le cite toujours quand on veut savoir ce qui était admis de son temps par les hommes les plus graves et les plus judicieux. Voici comment il explique l'origine du pouvoir civil :

« En ceci l'opinion commune paraît être que ce pouvoir vient immédiatement de Dieu, en tant qu'auteur de la nature ; de telle sorte que les hommes disposent, pour ainsi dire, la matière et forment le sujet en qui doit résider ce pouvoir, tandis que Dieu y met la forme en donnant ce pouvoir. » (*De Leg.*, l. III, c. 3.)

... « Il suit de ce qui vient d'être dit, que la puissance civile, toutes les fois qu'on la trouve dans un homme ou dans un prince, est émanée de droit légitime et ordinaire du peuple et de la communauté, soit immédiatement, soit d'une manière éloignée, et que, pour qu'elle soit juste, on ne peut l'avoir autrement. »

Ce Suarez que nous venons de citer n'a pas craint, quoique jésuite et espagnol, de soutenir contre le roi d'Angleterre en personne la doctrine que les princes reçoivent le pouvoir *médiatement* de Dieu et *immédiatement* du peuple ; et ce livre intitulé *Défense de la foi catholique et apostolique contre les erreurs de la secte anglicane*, l'auteur l'adresse à tous les rois et princes de la catholicité. Dans l'endroit de cet ouvrage (liv. III, c. 2) où il examine la question si le pouvoir des princes vient *immédiatement* de Dieu, ou en d'autres termes, s'il est d'institution divine, l'auteur s'exprime ainsi :

« Le sérénissime roi (Jacques Ier, roi d'Angleterre) ne se contente pas d'émettre ici une opinion nouvelle et singulière ; il attaque avec acrimonie le cardinal Bellarmin pour avoir affirmé que les rois n'ont pas reçu de Dieu l'autorité *immédiatement* comme les pontifes. Quant à lui, il soutient que le roi ne tient pas son pouvoir du peuple, mais de Dieu *immédiatement* ; et il s'efforce de persuader son opinion par des arguments et des exemples dont j'examinerai la valeur dans le chapitre suivant. Quoique cette controverse n'appartienne pas directement aux dogmes de foi (puisqu'on n'y peut rien montrer qui ait été défini par l'Écriture sainte ni par la tradition des Pères), néanmoins il convient de le traiter et de l'expliquer soigneusement, soit parce qu'elle peut être une occasion d'errer dans d'autres dogmes, soit parce que la susdite opinion du roi, telle qu'il l'établit et l'explique, est nouvelle, singulière, et paraît inventée pour exagérer la puissance temporelle et affaiblir la puissance spirituelle, soit aussi parce que nous pensons que l'opinion de l'illustre Bellarmin est *ancienne, reçue, véritable et nécessaire.* »

On lit dans la Théologie dogmatique et morale du dominicain Concina (liv. 1er, dissert. 4, c. 2, édit. de 1768) : « Communément, tous les écrivains font dériver de Dieu l'origine du pouvoir suprême, selon la parole de Salomon : *Per me reges regnant*... Ce qui est en contestation parmi les théologiens et les jurisconsultes, c'est de savoir si ce pouvoir suprême vient de Dieu immédiatement ou seulement d'une manière éloignée. Plusieurs soutiennent qu'il vient immédiatement de Dieu, parce qu'il ne peut résider dans les hommes, soit qu'on les considère collectivement, soit qu'on les considère isolément. Les pères de famille, dit cette opinion, sont tous égaux et n'ont chacun de pouvoir que sur leur famille. Aucun d'eux, pris en particulier, n'ayant la puissance civile, ne peut donc la conférer à d'autres. D'un autre côté, si le souverain pouvoir résidait dans la communauté, et n'était conféré que par elle à un ou à plusieurs, il s'ensuivrait que la communauté pourrait le retirer à son gré, ce qui causerait un grave dommage à la société.

« Ceux de l'opinion contraire répondent, et certainement *avec plus de probabilité et de vérité*, sans doute tout pouvoir vient de Dieu, mais que la puissance civile n'est pas conférée immédiatement à certains hommes, mais par le consentement de la société civile ; que cette puissance réside immédiatement non dans un seul, mais dans toute la collection. C'est ce qu'enseignent expressément saint Thomas, et après lui Dominique Soto, Ledesma et Covarruvias. La raison en est évidente. Les hommes naissent libres par rapport au pouvoir civil, donc nul ne possède par lui-même de puissance sur un autre. Le pouvoir civil n'est donc ni dans chacun ni dans un en particulier ; il faut donc qu'il réside dans toute la collection. Dieu ne confère pas ce pouvoir par une action distincte de celle de la création. Il est comme une propriété qui découle de la droite raison, en ce sens que la droite raison prescrit aux hommes réunis en grand nombre de déterminer par un consentement exprès ou tacite une manière de gouverner, de conserver et de défendre la société... Il suit de là que la puissance qui réside dans un roi ou dans plusieurs, soit nobles, soit plébéiens, émane de la communauté elle-même, soit directement, soit d'une manière éloignée ; car ce pouvoir ne leur vient pas immédiatement de Dieu : il faudrait, pour qu'il en fût ainsi, que nous en fussions assurés par une révélation particulière, comme nous savons que cela a eu lieu pour Saül et David, que Dieu voulut élire lui-même... Aussi nous regardons comme fausse l'opinion de ceux qui font dériver la puissance civile immédiatement de Dieu... Elle vient de Dieu comme auteur de la nature, en ce sens que Dieu veut que la communauté confie le souverain pouvoir à un ou à plusieurs, et après cette obligation d'un ou de plusieurs pour gouverner, Dieu veut que la communauté leur obéisse ; et c'est dans ce sens qu'on doit expliquer les textes des Ecritures : *Qui resistit potestati, ordinationi Dei resistit*, etc. »

Billuart enseigne la même doctrine. Mais, dans l'impossibilité de prolonger ces citations, nous nous contentons, parmi les modernes, de rapporter l'opinion de saint Liguori (Lib. 1, tract. 2, cap. 1, *de Obligatione legis*) : « Il est certain que le pouvoir de faire des lois existe chez les hommes ; mais, en ce qui est des lois civiles, ce pouvoir n'appartient naturellement à personne ; il appartient à la communauté des hommes, laquelle le transfère à un ou à plusieurs, afin que ceux-ci gouvernent la communauté elle-même. »

Concluons : Si on ne veut pas s'aveugler, il faut convenir, après ces autorités : 1° que l'Eglise n'a pas encore défini expressément si la puissance civile vient ou non *immédiatement* de Dieu ; 2° que l'opinion la plus générale des théologiens catholiques est que tout pouvoir civil provient du consentement même de la collection qui forme la société.

Bien plus, parmi les auteurs qui soutiennent que le pouvoir des princes vient *immédiatement* de Dieu, la plupart l'entendent en ce sens que le consentement du peuple n'est qu'une condition requise, après laquelle Dieu lui-même confère immédiatement par lui-même le pouvoir aux princes élus, au lieu de le conférer à la multitude elle-même et par elle aux gouvernants. Or, ce sentiment se confond, quant à l'essentiel, avec le premier, puisque dans l'un et dans l'autre il n'y a de pouvoir légitime qu'à la suite du consentement et de l'élection de la multitude.

Il en résulte que les auteurs qui entendent le droit divin dans le sens si souvent reproché aux catholiques par l'ignorance ou la mauvaise foi de quelques républicains prétendus avancés, sont en très-petit nombre, et appartiennent à peu près tous, ou aux sectes protestantes, qui ont eu intérêt à flatter le pouvoir temporel, ou à l'hérésie janséniste, ou à l'opinion gallicane, dont on connaît les complaisances pour les rois.

DROIT ECCLÉSIASTIQUE OU CANONIQUE. De même que le *droit* civil est le recueil des lois portées par les souverains pour la police de leurs états, le *droit ecclésiastique* est le recueil des lois que les premiers pasteurs ont faites en différentes occasions, pour maintenir l'ordre, la décence du culte divin et la pureté des mœurs parmi les fidèles ; ce sont les décrets des papes et des conciles qui regardent la discipline, les maximes des saints Pères, et les usages qui ont acquis force de loi.

Nos politiques incrédules ont travaillé de leur mieux à saper par le fondement tout *droit ecclésiastique*, en enseignant que les pasteurs de l'Eglise n'ont point le droit de faire des lois ; que le pouvoir législatif, même en fait de religion, appartient exclusivement au souverain seul : nous prouverons le contraire à l'art. LOIS ECCLÉSIASTIQUES. — S'il existe, disent-ils, un *droit canonique* dans l'Eglise chrétienne, c'est dans l'Ecriture sainte seule qu'il aurait dû être puisé ; toute autre source est fausse ou suspecte. On sait assez quel respect ces déclamateurs ont pour l'Ecriture sainte. S'ils l'avaient lue, ils y auraient vu que Jésus-Christ a promis à ses apôtres de les placer sur douze sièges pour *juger* les douze tribus d'Israël ; que le Saint-Esprit a établi les pasteurs pour *gouverner* l'Eglise de Dieu ; que saint Paul exhorte les évêques non-seulement à enseigner, mais à *commander* ; que, dans le concile de Jérusalem, les apôtres ont porté des lois ; que, quand le sénat des Juifs, qui jouissait encore de l'autorité civile, leur défendit de prêcher l'Evangile, ils répondirent qu'ils devaient obéir à Dieu plutôt qu'aux hommes.

Quand on consulte l'histoire, on voit que pendant près de trois siècles l'Eglise chrétienne a gémi sous le joug des empereurs païens, qui en avaient juré la destruction. Elle avait besoin de lois de discipline; aussi en a-t-elle fait dans ces temps-là, et en grand nombre. Il est absurde de prétendre qu'elle devait les recevoir des empereurs païens, et qu'elle a commis un attentat contre leurs droits, en dressant une législation. — Il est à présumer que le premier empereur qui embrassa le christianisme connaissait les droits de la souveraineté, et qu'il était jaloux de les conserver: or, loin de trouver mauvais que les pasteurs fissent des lois de discipline, il les appuya souvent de son autorité, et ses successeurs ont fait de même. Julien, quoique païen et philosophe, trouva cette discipline si sage, qu'il aurait voulu l'introduire parmi les prêtres du paganisme. Cent ans auparavant, Aurélien, qui n'était pas plus chrétien que lui, ne voulut pas décider à qui devait appartenir la maison épiscopale de Paule de Samosate; il renvoya cette décision au pape et aux évêques d'Italie. Il est étonnant que des hommes, élevés dans le sein du christianisme, entreprennent de dépouiller l'Eglise d'un pouvoir que des souverains païens et despotes ont trouvé bon de lui laisser. — Au v° siècle, l'Eglise tomba sous la puissance des Goths, des Bourguignons, des Vandales, qui professaient l'arianisme; était-ce de ces souverains hérétiques qu'elle devait attendre une législation?

Il y a plus: ces mêmes politiques, qui déclament contre les lois ecclésiastiques, voudraient que l'on accordât aux calvinistes le libre exercice de leur religion; cependant ces sectaires ont toujours prétendu avoir le droit de régler leur propre discipline, sans consulter le souverain; le recueil de leurs lois ecclésiastiques forme un volume entier. Nos philosophes politiques veulent donc que l'on rétablisse, chez les calvinistes, un abus qui leur paraît monstrueux chez les catholiques. Mais peu leur importe de se contredire, pourvu qu'ils exhalent leur bile contre l'Eglise.

Selon la raison, disent-ils, selon les droits des rois et des peuples, la jurisprudence ecclésiastique ne peut être que l'exposé des privilèges accordés aux ecclésiastiques par les souverains, *représentant la nation*. — Quels hommes, pour fixer les droits des rois et des peuples! Suivant leurs avis, les souverains ne sont que les représentants de la nation, la royauté n'est qu'une simple commission, et sans doute elle est révocable à volonté. Bientôt cependant l'on nous dira: *Dieu par qui les rois règnent*; ils sont donc les représentants de Dieu, et non de la nation. Mais passons encore sur cette contradiction, ce ne sera pas la dernière. Déjà, de la notion qu'ils nous donnent de la jurisprudence ecclésiastique, il résulte que depuis quinze cents ans les pasteurs de l'Eglise jouissent du privilège de faire des lois, et qu'ils l'ont exercé pendant toute cette suite de siècles; y a-t-il aujourd'hui quelque possession plus ancienne et plus respectable? Mais c'est de Jésus-Christ que les pasteurs ont reçu ce privilège, et non des souverains ni des nations; et en le leur donnant, Jésus-Christ a commandé aux souverains et aux peuples de leur être soumis: *Obedite præpositis vestris.*

S'il est deux autorités suprêmes, continuent nos adversaires, deux puissances, deux administrations qui aient leurs droits séparés, l'une sera sans cesse effort contre l'autre, il en résultera nécessairement des chocs perpétuels, des guerres civiles, l'anarchie, la tyrannie, malheurs dont l'histoire nous présente trop souvent l'affreux tableau. — Ces malheurs arriveraient, sans doute, si les deux puissances étaient de même espèce et avaient le même objet; mais quelle opposition y a-t-il entre *ce qui est à César et ce qui est à Dieu*? Jésus-Christ lui-même a posé la barrière qui sépare les deux puissances; elles ne se croiseront jamais, lorsque l'on n'entreprendra pas de la franchir. D'ailleurs, où est le tableau des prétendus malheurs dont on nous parle? De toutes les nations de l'univers il n'en est aucune dont les lois soient plus fixes, le gouvernement plus modéré et plus à couvert des révolutions, les souverains plus respectés, les sujets plus paisibles, que les nations chrétiennes et catholiques. S'il y a eu des contestations autrefois entre les deux puissances, il est absurde de les appeler *des guerres civiles*, puisqu'il n'y a point eu de sang répandu; elles ne seraient pas arrivées si des politiques inquiets, mal instruits, peu religieux, semblables à ceux d'aujourd'hui, n'avaient pas travaillé à brouiller les deux puissances, afin de profiter des troubles, de satisfaire leur ambition, et de se mettre à la place de l'une des deux. Enfin, un souverain sage, vertueux, respecté et aimé de ses sujets, n'a jamais été obligé de lutter contre la puissance ecclésiastique; l'histoire atteste que ceux qui ont été dans ce cas étaient de fort mauvais princes: il était donc de l'intérêt des peuples que ces maîtres redoutables trouvassent une barrière à leurs volontés arbitraires.

Les ennemis de la puissance ecclésiastique trouvent bon que les empereurs de la Chine et du Japon, les souverains de la Russie et de l'Angleterre, le pape même dans ses Etats, réunissent l'autorité civile et religieuse; alors, disent-ils, le pouvoir n'est point divisé, l'unité essentielle de puissance est conservée. — Voilà donc les souverains renvoyés à l'école des Chinois, des Japonais, des Russes et des Anglais, pour apprendre quels sont leurs véritables droits. Mais chez les trois premières de ces nations, le souverain est despote absolu; il en a été de même en Angleterre, lorsque le souverain s'est rendu tout à la fois chef suprême de l'Eglise et de l'Etat. Y eut-il jamais autorité plus despotique que celle de Henri VIII et de la reine Elisabeth? Or, nos politiques modernes ne cessent de déclamer contre le despotisme, et de nous faire peur de ce monstre. Pour l'enchaîner, il a fallu que les Anglais soumissent la double autorité du roi à celle du parlement, et le réduisissent à être le simple représentant de la nation. Voilà ce que les rois d'Angleterre ont gagné en s'attribuant une autorité qui ne leur appartenait pas. Mais depuis cette institution, les Anglais ont-ils été plus contents, plus tranquilles, plus exempts de troubles qu'auparavant? Sans cesse ils vantent leur constitution, et sans cesse ils déclament et murmurent.

Toute religion, disent enfin nos dissertateurs, est dans l'État, tout prêtre est dans la société civile, tout ecclésiastique est sujet du souverain. Une religion qui le rendrait indépendant, ne saurait venir de Dieu, auteur de la société, de Dieu *par qui les rois règnent*, de Dieu source éternelle de l'ordre. — Tout cela est vrai, et il ne s'ensuit rien. Tout ecclésiastique est dépendant du souverain dans l'ordre civil; comme tout autre sujet il doit être soumis à toutes les lois civiles; il doit même prêcher l'obéissance sur ce point, et en donner l'exemple comme les apôtres. Mais, encore une fois, l'ordre civil et l'ordre religieux sont deux ordres très-différents, et le second, loin de nuire au premier, lui sert d'appui. Nos politiques antichrétiens les plus ardents à soutenir que le souverain n'a rien à voir à la religion de ses sujets, que tous ont le droit naturel de servir Dieu selon leur conscience, etc., et ils veulent que le souverain ait le droit naturel de prescrire aux ministres de la religion ce qu'ils doivent enseigner, prescrire et pratiquer. Troisième contradiction.

L'on conçoit que ces raisonneurs, en partant ainsi de principes faux et contradictoires, ne peuvent établir que des erreurs et des absurdités touchant les fonctions ecclésiastiques, l'enseignement des dogmes, l'administration des sacrements, les peines canoniques, les biens, les immunités, la juridiction des ecclésiastiques. Nous traiterons ces divers objets chacun en son lieu, et l'on y trouvera la réponse à leurs autres objections. *Voy.* Discipline, Lois ecclésiastiques, Hiérarchie (1).

DUALISME ou DITHÉISME. *Voy.* Manichéisme.

DUEL, combat singulier, ou d'homme à homme, pour venger une injure. Le P. Gardil, barnabite, actuellement cardinal, a fait un très-bon traité contre les combats singuliers, imprimé à Turin, in-8°; nous nous bornerons à en faire un court extrait.

Ce n'est pas, dit le savant auteur, chez les peuples éclairés et polis qu'il faut chercher l'origine des *duels*, ils sont nés chez les barbares du Nord; c'est un des usages cruels que ces conquérants introduisirent dans les contrées dont ils se rendirent les maîtres. On en voit les premiers vestiges dans la loi des Bourguignons, rédigée au commencement du vi° siècle; elle ordonnait le combat entre les plaideurs, lorsqu'ils refusaient de se purger par serment : le même abus était autorisé par la loi des Lombards.

Si l'on veut remonter à la cause de cet usage barbare, on verra que ce fut, 1° une indépendance et une liberté sauvage, en vertu de laquelle tout homme se prétendait en droit de se faire justice à soi-même, ou plutôt ne connaissait d'autre droit que la force; 2° le point d'honneur mal entendu, fondé sur une fausse notion de la valeur et du courage, qui faisait consister tout le mérite d'un homme dans la force du corps; 3° une superstition aveugle, qui regardait l'issue d'un combat comme un témoignage de la Divinité, puisque l'on nommait ces épreuves *le jugement de Dieu*; comme si Dieu devait toujours se déclarer d'une manière sensible en faveur de l'innocence et du bon droit. Aucun de ces préjugés absurdes n'est propre à rendre moins odieux l'usage des combats singuliers. Quand il serait possible de les excuser par l'ignorance, lorsqu'ils se faisaient par autorité publique et en vertu d'une loi, aucune raison ne pourrait encore les justifier dans une société policée, où c'est un attentat contre toutes les lois divines et humaines. — En effet, le *duel* est évidemment contraire, 1° à la loi divine, qui interdit le meurtre et la violence, et qui défend à tout particulier de se venger; 2° aux lois ecclésiastiques, qui ont lancé l'excommunication contre les *duellistes*, et défendent d'accorder la sépulture ecclésiastique à ceux qui sont tués dans ces combats; 3° aux lois civiles, qui condamnent à la mort tout meurtrier, sans excepter ceux qui ont commis ce crime dans un *duel*, qui veulent même que l'on demande grâce pour un homicide involontaire et imprévu; 4° c'est une révolte contre l'autorité publique, qui a établi des juges et des tribunaux pour rendre justice à tout homme offensé, et qui défend à tout particulier de se la faire à soi-même; 5° c'est une preuve de valeur très-équivoque, puisqu'il est prouvé par l'expérience que les spadassins de profession ne sont pas les plus braves dans une expédition militaire, où il est besoin d'un courage réfléchi; aussi les plus grands capitaines et les meilleurs politiques ont-ils blâmé et méprisé cette fausse bravoure; 6° la cause de ces combats est presque toujours odieuse, puisque c'est la brutalité, l'insolence, le libertinage, le mépris de la discipline et de la subordination; il est peu de *duellistes* qui ne soient capables de faire une bassesse pour satisfaire une passion déréglée; 7° comment un homme sensé peut-il s'en faire honneur, après que l'on a vu cette fureur se communiquer au plus vil peuple, et jusqu'à des femmes?

Vainement quelques raisonneurs ont prétendu que le *duel* pouvait être autorisé en certains cas par la loi naturelle, qui permet la juste défense de soi-même; ils ont grossièrement confondu toutes les notions. La défense de soi-même n'est juste que quand un homme est attaqué par un ennemi sans l'avoir provoqué et sans s'y être exposé vo-

---

(1) Les développements que cet article demanderait se trouvent dans le *Dictionnaire de Théologie morale*.

lontairement; mais la défense est aussi injuste que l'attaque, lorsque l'un a proposé le combat, et que l'autre l'a accepté, qu'ils sont convenus du temps, du lieu, des armes, etc. ; ou plutôt c'est une attaque mutuelle préméditée, et non une défense forcée par la nécessité. On le comprend si bien, que, pour excuser le crime d'un *duel*, on tâche de le faire passer pour une rencontre fortuite.

Mais celui qui refuse le combat sera déshonoré..... Il le sera peut-être chez les insensés, qui n'ont ni raison, ni religion, ni véritable idée de l'honneur; leur mépris est-il un malheur assez grand, pour qu'il faille l'acheter par un crime, quand on est sûr d'être approuvé et estimé par les sages? Un homme dont le courage est prouvé d'ailleurs, n'a pas besoin de l'approbation des insensés pour conserver sa réputation.

Il est constant que la fureur des *duels* se multiplia principalement en France sous le règne de François Iᵉʳ, que la valeur romanesque et peu sage de ce prince en fut la cause. Ses successeurs donnèrent inutilement des édits pour arrêter la contagion de cette frénésie; leur gouvernement n'était pas assez ferme pour les faire exécuter. Le duc de Sully a blâmé hautement son maître Henri IV de la facilité avec laquelle il accordait l'abolition de la peine des *duels*. Aussi en 1607, un secrétaire d'Etat supputa que depuis l'avénement de ce prince au trône, dans un espace de dix-huit ans, il avait péri quatre mille gentilshommes par le *duel*. Un autre auteur rapporte qu'il y eut au moins trois cents victimes de cette manie sous la minorité de Louis XIV; et selon le calcul de Théophile Raynaud, dans trente années, le *duel* en fit périr un assez grand nombre pour composer une armée. C'est ce qui força Louis XIV de renouveler les anciens édits touchant ce désordre, et d'en aggraver les peines : la fermeté avec laquelle il les fit exécuter diminua beaucoup le nombre des *duels*.

Dans un discours fait en 1614, le chancelier Bacon nous apprend que cette fureur faisait alors autant de ravages en Angleterre que partout ailleurs ; aujourd'hui elle y est presque inconnue, sans que les Anglais aient rien perdu du côté de la bravoure militaire ; il y a donc des moyens efficaces pour réprimer cette épidémie, sans aucun préjudice pour le bien de l'État. — Ceux que le même Bacon propose, sont. 1° de faire exécuter rigoureusement les édits, et de ne jamais user d'indulgence envers un coupable, fût-il de la plus haute qualité ; 2° de priver de toute distinction, de toute charge, de toute marque d'honneur, ceux qui ont violé la loi ; 3° de prévenir les causes du *duel*, en faisant punir avec sévérité toutes les insultes et les injustices qui pourraient y donner lieu; 4° plusieurs écrivains ont prétendu que la loi serait mieux observée, si la peine de mort était supprimée, et si le châtiment se bornait à quelque espèce d'infamie. Ce n'est point à nous de prescrire au gouvernement les moyens dont il peut et doit user pour faire cesser un désordre qui, de tout temps, a fait gémir les sages.

On dit que tous les moyens seront inutiles, que le préjugé du point d'honneur sera toujours plus fort que la raison, que les lois et que les peines. Si cela était vrai, où serait donc l'*honneur* de préférer l'empire du préjugé à celui de la raison et des lois ? Mais l'expérience prouve que cela est faux ; puisque la raison et les lois ont enfin prévalu ailleurs, nous ne voyons pas sur quel fondement l'on suppose que notre nation est plus intraitable et plus incorrigible que les autres.

Quelques philosophes ont voulu se servir de la fureur des *duels* (1), pour prouver que les motifs de religion font beaucoup moins d'impression sur les hommes que le point d'honneur ; mais il en résulte aussi que ce préjugé est plus puissant que les lois civiles et que la crainte de la mort ; en conclura-t-on que les lois civiles et les peines sont inutiles et ne produisent aucun effet? L'on n'a pas compté le nombre de ceux qui ont refusé hautement et hardiment le *duel* par motif de religion.

DULCINISTES. *Voy.* APOSTOLIQUES.

DULIE, service; ce mot vient du mot δοῦλος, *serviteur*. C'est un terme usité parmi les théologiens, pour exprimer le culte qu'on rend aux saints, à cause des dons excellents et des qualités surnaturelles dont Dieu les a favorisés. Les protestants ont affecté de confondre ce culte, que les catholiques rendent aux saints, avec le culte d'adoration qui n'est dû qu'à Dieu seul. Ceux-ci, en expliquant leur croyance, se sont fortement récriés sur l'injustice et la fausseté de cette imputation. L'Église a toujours pensé sur cet article, comme saint Augustin le remontrait aux manichéens : Nous honorons les martyrs, dit ce Père, d'un culte d'affection et de société, tel que celui qu'on rend en ce monde aux saints, aux serviteurs de Dieu. Mais nous ne rendons qu'à Dieu seul le culte suprême nommé en grec *latrie*, parce que c'est un respect et une soumission qui ne sont dus qu'à lui (*Lib.* xx, *contra Faust.*, c. 21).

Daillé convient que les Pères du IVᵉ siècle ont mis une différence entre le culte de *latrie* et celui de *dulie*; mais il ne faut pas croire que le culte rendu aux saints n'a commencé qu'à cette époque. Les Pères du IVᵉ siècle n'ont fait que suivre la croyance et les pratiques des siècles précédents. Dès le IIᵉ, saint Justin (*Apol.* 2, n. 6) dit que les chrétiens adorent Dieu le Père, le Fils et l'Esprit prophétique, et qu'ils honorent les anges. Ainsi Barbeyrac a fait à ce Père un grave reproche à ce sujet, parce que c'est une réfutation des fausses allégations des protestants. Quoique les liturgies, suivant l'opinion com-

(1) Les raisons qui viennent d'être développées contre le duel en font incontestablement une condamnation expresse. Un philosophe les a présentées dans un magnifique langage que tout le monde connaît. Nous les avons reproduites dans notre *Dictionnaire de Théologie morale*.

mune, n'aient été mises par écrit qu'au iv⁰ siècle, elles étaient en usage depuis les apôtres : or, les plus anciennes renferment l'invocation des saints. Dans l'Apocalypse, nous trouvons le premier plan de la liturgie chrétienne; il y est fait mention des anges qui présentent à Dieu les prières des fidèles, c. v, v. 8; c. viii, v. 3. Dans la lettre de l'Eglise de Smyrne au sujet du martyre de saint Polycarpe, qui est de l'an 169, il est dit, n° 17, que les païens et les Juifs voulaient empêcher que les restes de son corps ne fussent livrés aux chrétiens, de peur que ce martyr ne fût adoré par eux au lieu du crucifié. Cette crainte chimérique n'aurait pas pu avoir lieu, si les chrétiens n'avaient rendu aucun honneur religieux aux martyrs. Ils déclarent qu'il leur est impossible de rendre un culte à un autre qu'à Jésus-Christ, bien entendu qu'ils parlent d'un culte suprême, puisqu'ils ajoutent : « Nous l'adorons comme Fils de Dieu, et nous aimons les martyrs comme ses disciples et ses imitateurs. » Mais les aimer, et témoigner cet amour par des marques extérieures de respect, n'est-ce pas leur rendre un culte ? Julien, qui a écrit au iv⁰ siècle, pense qu'avant la mort de saint Jean, les tombeaux de saint Pierre et de saint Paul étaient déjà honorés, quoiqu'en secret; dans saint Cyrille, l. x, p. 227 ; et que les chrétiens ont appris des apôtres cette pratique, qu'il appelle *une magie exécrable (Ibid.*, p. 339).

Nous convenons que, dans l'origine et dans le sens grammatical, les termes *dulie* et *latrie* sont synonymes. Il ne s'ensuit pas que nous servions les saints comme nous servons Dieu. Dieu est notre souverain maître, les saints ne sont que nos protecteurs auprès de lui. *Voy.* CULTE, SAINTS.

* DUNKERS ou TUNKERS. Le protestantisme se fractionne en une multitude de sectes. Après avoir pendant longtemps déclamé contre les institutions monastiques des catholiques, les protestants ont eu eux-mêmes leurs moines. Conrad Seysel se sentit porté à se retirer dans la solitude. Il se rendit à vingt lieues de Philadelphie, se bâtit une cellule, planta des mûriers et quelques arbrisseaux. Il fut bientôt suivi de dévots de l'un et de l'autre sexe. Dès 1777, on comptait cinq cents cellules. On assure que la colonie a aujourd'hui plus de trente mille sectaires. Ils mettent tout en commun, portent la barbe longue, sont vêtus d'une robe traînante, avec ceinture et capuchon. Ils ne mangent de viande que dans les grandes réunions communes. Leur symbole est bien loin de celui des catholiques. Ils nient l'éternité des peines, ne reconnaissent pas le péché originel; en conséquence, ils ne donnent le baptême qu'aux seuls adultes; il est conféré par immersion : c'est pour cela que ces sectaires sont nommés *Dunkers*, qui signifie *tremper, plonger.* La morale des *Dunkers* est belle. Ils gardent le célibat; ceux qui se marient sont séparés de la colonie. Ils condamnent la guerre, les procès, l'esclavage. Ils ont pour lien la fraternité. Tout cela est fort beau de loin ; mais il parait qu'il y a de grands vices solitaires dans les cellules des *Dunkers.*

DYSCOLE, du grec δύσκολος, *dur et fâcheux.* Il n'est guère d'usage qu'en controverse. Saint Pierre veut que les serviteurs chrétiens soient soumis à leurs maîtres, non-seulement lorsqu'ils ont le bonheur d'en avoir de doux et d'équitables, mais encore lorsque la Providence leur en donne de fâcheux et d'injustes, ou *dyscoles.*

E

EAU. Dans l'Ecriture sainte, les *eaux* sont souvent prises dans un sens métaphorique et dans deux significations opposées. 1° Les *eaux* désignent quelquefois les bienfaits de Dieu (*Num.* xiv, 7). *Les eaux couleront de son vase,* c'est-à-dire il aura une postérité nombreuse. Une *eau* qui rafraîchit et qui désaltère est le symbole des consolations divines (*Ps.* xxii, 2, etc.). Jésus-Christ appelle sa doctrine et sa grâce une *eau vive,* parce qu'elle produit dans nos âmes le même effet que l'*eau* qui rend la terre féconde. — 2° Dans un sens contraire, les fléaux de la colère de Dieu sont comparés aux *eaux* débordées qui ravagent une contrée (*Ps.* xvii, 17) : *le Seigneur m'a tiré d'un abîme d'eau,* c'est-à-dire des malheurs qui avaient fondu sur moi. Dans le style prophétique, les *eaux* désignent quelquefois une armée ennemie prête à se répandre comme un torrent ou un fleuve débordé, et à tout ravager sur son passage (*Isaï.* viii, 7, etc).

Il est dit dans l'histoire de la création (*Gen.* i, 6) que Dieu fit un firmament pour diviser les *eaux ;* qu'il sépara celles qui étaient au-dessus du firmament d'avec celles qui étaient au-dessous, et qu'il nomma ce firmament le ciel. De là quelques incrédules ont pris occasion de dire que Moïse et les Hébreux concevaient le ciel comme une voûte solide sur laquelle portent des *eaux*, et qu'il y a des ouvertures dans cette voûte pour les laisser tomber en pluie. C'est chercher du ridicule où il n'y en a point. Au mot CIEL, nous avons déjà observé que le mot hébreu, rendu par *firmamentum,* signifie seulement une étendue ; par conséquent Moïse a dit simplement que Dieu fit un espace très-étendu pour diviser les *eaux* qui sont dans les mers et dans les rivières d'avec celles qui sont réduites en vapeur et qui demeurent suspendues dans l'atmosphère; en quoi il n'y a rien de contraire à la physique.

Nous lisons dans l'Evangile (*Matth.* xiv ; *Marc.* vi; *Joan.* vi) que Jésus-Christ marcha sur les *eaux* du lac de Génésareth, et y fit marcher saint Pierre ; que ce miracle causa le plus grand étonnement à ses disciples, et les convainquit de la divinité de leur Maître. Pour réduire à rien ce prodige, un critique a dit que probablement les disciples virent seulement l'ombre de Jésus à côté de leur barque, et que la frayeur leur fit croire qu'il avait marché sur les *eaux.* — Mais si

Jésus-Christ n'y avait pas marché réellement, il n'aurait pas pu se trouver à ce moment près de ses disciples, puisqu'il était demeuré de l'autre côté du lac, lorsqu'ils s'embarquèrent pour le traverser. C'était vers la quatrième veille de la nuit, c'est-à-dire au point du jour; alors les corps ne donnent point d'ombre. Les disciples ne furent point effrayés, mais étonnés, puisque saint Pierre lui dit : *Seigneur, si c'est vous, ordonnez-moi d'aller à vous sur les eaux;* et il y alla en effet sur la parole de Jésus-Christ. Cet apôtre n'a pas pu rêver qu'il marchait sur les *eaux*, qu'il craignit d'enfoncer, que Jésus lui tendit la main, lui reprocha son peu de foi, etc. Ou il faut soutenir que toute cette narration est une fable inventée par trois évangélistes, ou il faut convenir que c'est un miracle.

EAU CHANGÉE EN VIN. *Voy.* CANA.

EAU DE JALOUSIE. *Voy.* JALOUSIE.

EAU employée dans les cérémonies de religion. Un sentiment de gratitude a porté les hommes à faire à Dieu l'offrande de leurs aliments et de leur boisson, comme un hommage de soumission et de reconnaissance; de là est né l'usage de faire des libations dans les sacrifices, ou de répandre de l'*eau* sur les victimes. Lorsque l'on sut faire du vin et d'autres liqueurs, on en répandit au lieu d'*eau*, et l'on en fit des libations. — L'auteur de l'*Antiquité dévoilée par ses usages* a cru que ces effusions d'*eau* étaient un signe commémoratif du déluge universel : c'est une imagination sans fondement. Il fallait de l'*eau* pour laver les victimes, comme il fallait du feu pour les consumer; on n'en mangeait pas la chair sans boire : l'eau n'avait pas plus de rapport au déluge que le feu à l'embrasement de Sodome. — Il est dit (*I Reg.* VII, c. 6) qu'à l'invitation de Samuel, les Israélites s'assemblèrent à Maspha, qu'ils puisèrent et répandirent l'eau devant le Seigneur, et jeûnèrent tout le jour pour expier leurs fautes. Cela paraît signifier qu'ils portèrent la rigueur du jeûne jusqu'à s'abstenir de toute boisson; et que pour y obliger tout le monde, ils épuisèrent les puits et les citernes de Maspha. — Nous voyons, par plusieurs exemples, que les jours de jeûne solennel, les Juifs s'abstenaient de boire aussi bien que de manger (*Esdras,* I, c. X, v. 6 ; *Esth.* IV, 16 ; *Joan.* III, 7). Il ne s'ensuit donc pas que les Juifs crurent expier leur idolâtrie en versant des cruches d'*eau*, comme quelques incrédules ont trouvé bon de l'imaginer.

EAU BÉNITE. C'est une coutume très-ancienne dans l'Eglise catholique de bénir, par des prières, des exorcismes et des cérémonies, de l'eau dont elle fait une aspersion sur les fidèles, et sur les choses qui sont à leur usage. Par cette bénédiction, l'Eglise demande à Dieu de purifier du péché ceux qui s'en serviront; d'écarter d'eux les embûches de l'ennemi du salut et les fléaux de ce monde. Dans les *Constitutions apostoliques*, rédigées sur la fin du IVᵉ siècle, l'*eau bénite* est appelée un moyen d'expier le péché et de mettre en fuite le démon. Le P. Lebrun (*Explic. des cérém.*, tom. I, pag. 76) a prouvé, par le témoignage des anciens Pères, que l'usage de l'*eau bénite* est de tradition apostolique, et il a été conservé chez les Orientaux, séparés de l'Eglise romaine depuis plus de douze cents ans. — On l'a jugé nécessaire, surtout dans les premiers siècles, lorsque la magie, les sortilèges et les autres superstitions du paganisme avaient fasciné tous les esprits; un chrétien qui se servait d'*eau bénite* et sanctifiée par l'Eglise, faisait profession, par ce signe même, de renoncer à toutes ces absurdités, et de les rejeter comme injurieuses à Dieu. Nous ne concevons pas comment les protestants et leurs copistes peuvent appeler *superstitieux* un usage destiné à bannir les superstitions païennes.

Dans toutes les religions, l'on a compris que, pour rendre notre culte agréable à Dieu, il faut nous purifier du péché par des sentiments de componction, puisque Dieu a promis de pardonner au pécheur lorsqu'il se repentirait. Or, se reconnaître coupable, sentir le besoin que l'on a d'être purifié, et en faire l'aveu, est déjà un commencement de pénitence. Le témoigner par le signe extérieur de purification, afin d'exciter en nous le regret d'avoir péché et le désir de nous corriger, est donc une pratique religieuse, utile et louable ; et c'est la leçon que l'Eglise fait aux fidèles en bénissant de l'eau, afin qu'ils s'en servent dans ce dessein. — Conséquemment l'usage de faire sur soi-même une aspersion d'*eau bénite* en entrant dans l'église, a été observé dans les premiers siècles. Eusèbe (*Hist. ecclés.*, l. x, c. 4) dit que Paulin fit placer à l'entrée de l'église de Tyr, une fontaine, *symbole d'expiation sacrée*. Saint Jean Chrysostome reprend ceux qui, en entrant dans l'église, lavent leurs mains et non leurs cœurs (*Hom. 71 in Joan.*). Synésius (*Epist.* 121) parle d'une *eau lustrale* placée à l'entrée des temples, et dit que c'est pour les expiations de la ville.

Bingham et d'autres protestants prétendent que cette ablution pratiquée par les anciens n'était point une purification, mais une cérémonie indifférente, ou tout au plus un signe extérieur de la pureté de l'âme avec laquelle il fallait entrer dans le temple du Seigneur ; ils soutiennent que l'usage actuel de l'*eau bénite* est un abus, une corruption de l'ancien usage, une superstition du paganisme, renouvelée par l'Eglise romaine. — Etrange manière de raisonner ! Pratiquer un signe extérieur de purification, afin de nous souvenir de la pureté d'âme que nous devons avoir pour honorer Dieu, est-ce une cérémonie indifférente ? Si elle eût été superstitieuse, les anciens Pères l'auraient blâmée. Un chrétien qui se persuaderait que l'*eau* seule peut le purifier, serait un insensé ; l'Eglise en faisant l'aspersion de l'*eau bénite*, met à la bouche des fidèles ces paroles du psaume L : *Vous ferez sur moi, Seigneur, une aspersion, et je serai pu-*

rifié: vous me laverez vous-même, et vous me rendrez blanc comme la neige. C'est donc de Dieu, et non de l'eau que nous devons attendre la pureté d'âme, et c'est pour la lui demander que nous employons le signe extérieur qui la représente.

Les païens avaient un vase d'*eau* lustrale à l'entrée de leurs temples, nous le savons; cette pratique n'était pas mauvaise en elle-même, mais elle était mal appliquée: ils imaginaient que cette *eau* par elle-même les purifiait, sans qu'il fût besoin de se repentir et de changer de vie: ils étaient dans l'erreur. Si un chrétien pensait comme eux, il aurait tort aussi bien qu'eux. Les Juifs avaient aussi une *eau* d'expiation, dont il est parlé dans *Nombres*, c. XIX; ils en faisaient des aspersions, et il ne s'ensuit rien. L'*eau bénite* n'a pas plus de relation au paganisme et au judaïsme qu'à la religion des Noachides. Jacob, prêt à offrir un sacrifice à Dieu, dit à ses gens: *Purifiez-vous, et changez d'habits* (*Gen.* XXXV, 2). Dans tous les temps et chez tous les peuples, les ablutions religieuses ont été en usage; pourquoi l'Eglise chrétienne aurait-elle supprimé un rite aussi ancien que le monde? S'il fallait bannir tout ce qui a été pratiqué par les païens, il faudrait retrancher tout culte extérieur, ne plus se mettre à genoux, s'incliner, se prosterner, parce qu'ils ont fait tout cela devant leurs idoles.

Pendant les Rogations, l'on bénit l'eau des puits, des citernes, des fontaines, des rivières, en priant Dieu d'en rendre l'usage salutaire aux fidèles.

Dans l'*Histoire de l'Académie des Inscriptions*, tom. VI, in-12, p. 4, il y a l'extrait d'un savant mémoire sur le culte que les païens rendaient aux eaux, à la mer, aux fleuves, aux fontaines, sur les divinités qu'ils avaient forgées pour y présider, sur les raisons naturelles ou imaginaires qui avaient fait naître ce culte, sur les superstitions et les abus dont il était accompagné. Quand on y fait réflexion, l'on conçoit que la bénédiction des *eaux*, faite par l'Eglise, était très-propre à convaincre les fidèles que cet élément n'est ni une divinité, ni le séjour des prétendus dieux inventés par les païens; que Dieu l'a créé pour l'utilité des hommes, et que c'est à lui seul qu'il faut en consacrer l'usage. Mais les réformateurs, très-mal instruits de l'antiquité, et des raisons qu'a eues l'Eglise d'instituer ses cérémonies, ont pris aveuglément pour des restes du paganisme les pratiques établies exprès pour déraciner toutes les idées et toutes les erreurs des païens. Aujourd'hui leurs successeurs, moins ignorants, devraient se souvenir qu'au quatrième siècle, qui est l'époque à laquelle ils fixent la naissance de la plupart de nos rites, les philosophes faisaient tous leurs efforts pour soutenir l'idolâtrie chancelante, pour en justifier les notions et les usages, pour en pallier l'absurdité; c'était donc le moment de prendre toutes les précautions possibles, et de multiplier les leçons, pour prémunir les peuples contre le piège qu'on leur tendait.

Beausobre n'a donc fait que se rendre ridicule, lorsqu'il a dit que cette sanctification de l'*eau* est une cérémonie superstitieuse, fondée sur deux erreurs: la première, que les mauvais esprits infestent les éléments, et qu'il faut les en chasser par l'exorcisme; la seconde, que le Saint-Esprit, appelé par la prière, descend dans l'*eau*, et la pénètre d'une vertu divine et sanctifiante. Je voudrais, dit-il, pour l'honneur des orthodoxes, que l'on trouvât cette pratique dans des actes certains et incontestables (*Histoire du manichéisme*, l. II, c. 6, § 3). — Il ne tenait qu'à lui de le voir dans saint Paul (*I Tim.* IV, 4). Cet apôtre dit, en parlant des aliments, que toute créature est bonne, qu'elle est sanctifiée par la parole de Dieu et par la prière. Saint Paul a-t-il cru que sans cela les aliments étaient infestés par les mauvais esprits? Dans son Epître aux Ephésiens, chap. V, vers. 25, il dit que Jésus-Christ s'est livré pour son Eglise, afin de la sanctifier, en la purifiant par un baptême d'*eau* et par la parole de vie. Voilà donc une *eau* qui a une vertu divine et sanctifiante, et ce n'est pas une superstition de le croire.

Nous avouons que le peuple ignorant et grossier, toujours prêt à tout pervertir, a souvent fait un usage superstitieux de l'*eau bénite*: mais Thiers lui-même, qui a traité cette matière avec exactitude, a remarqué que certains usages, regardés comme superstitieux par des critiques trop sévères, ne le sont pas en effet (*Traité des superstitions*, tom. II, l. I, c. 2, n. 6). D'ailleurs, si l'on opine à retrancher toutes les pratiques dont il est possible d'abuser, c'est comme si l'on voulait bannir tous les aliments dont l'abus peut causer des maladies. *Voy.* SUPERSTITION.

EAU DU BAPTÊME. Dans l'Eglise romaine, la bénédiction de l'*eau* solennelle est celle des fonts baptismaux, qui se fait la veille de Pâques et de la Pentecôte. L'Eglise demande à Dieu de faire descendre sur cette *eau* la puissance du Saint-Esprit, de la rendre féconde, de lui donner la vertu de régénérer les fidèles. C'est une profession de foi des effets que produit le baptême. La formule de cette bénédiction se trouve dans les *Constitutions apostoliques*, liv. VII, c. 43, et elle est conforme à celle dont on se sert encore aujourd'hui. Tertullien et saint Cyprien en parlent déjà au troisième siècle. Bingham a cité leurs paroles et celles de plusieurs autres Pères (*Orig. ecclés.*, tom. IV, liv. XI, c. 10). Il n'a pas osé traiter de superstition cette cérémonie que les protestants ont trouvé bon de retrancher. — Mais pour ne pas laisser échapper une occasion d'attaquer l'Eglise romaine, il prétend que les Pères de l'Eglise ont parlé de cette consécration de l'*eau baptismale*, comme de celle de l'eucharistie, et dans les mêmes termes; d'où il conclut que les Pères n'ont pas supposé plus de changement ou de transsubstantiation dans le pain et le vin, par les paroles de la consécration, que dans l'eau des fonts baptismaux (*Ibid.*, § 4) ; mais il en impose. Les Pères n'ont jamais dit de cette *eau* qu'elle est le sang de Jésus-Christ, qu'elle le renferme, qu'elle est changée en ce sang précieux, qu'il faut l'adorer, etc., comme ils l'ont dit de l'eucharistie.

Dans l'Église grecque, les évêques ou leurs grands vicaires font, le 5 janvier sur le soir, l'*eau bénite*, parce qu'ils croient que Jésus-Christ a été baptisé le 6 de ce même mois. Le peuple boit de cette *eau*, en fait des aspersions dans les maisons. Le lendemain, jour de l'Épiphanie, les papes font encore une nouvelle *eau bénite*, qui sert à purifier les églises profanées et à exorciser les possédés. — Les prélats arméniens ne font l'*eau bénite* qu'une fois l'année, le jour de l'Épiphanie, et appellent cette cérémonie le *baptême de la croix*, parce qu'après avoir fait plusieurs oraisons sur l'eau, ils y plongent le pied de la croix qui se met sur l'autel. On ajoute qu'ils tirent de la distribution de cette *eau* un revenu considérable. Le P. Lebrun a décrit cette cérémonie, tom. V, pag. 360.

EAU mêlée avec le vin dans l'eucharistie. L'usage de mettre de l'*eau* dans le vin que l'on consacre à la messe est aussi ancien que l'institution de l'eucharistie ; il est remarqué par les Pères du second et du troisième siècle, tels que Justin, saint Clément d'Alexandrie, saint Irénée, saint Cyprien, et il en est fait mention dans les plus anciennes liturgies. Les Pères donnent pour raison de cet usage, non-seulement que Jésus-Christ a fait ainsi en instituant l'eucharistie, mais que l'*eau mêlée au vin* est le symbole de l'union du peuple chrétien avec Jésus-Christ, et la figure de l'*eau* et du sang qui sortirent de son côté sur la croix.

Les ébionites et les encratites, disciples de Tatien, furent condamnés, parce qu'ils consacraient l'eucharistie avec de l'*eau seule*, ce qui les fit nommer *hydroparastes* par les Grecs, et *aquariens* par les Latins. Les Arméniens, qui ne consacrent que du vin pur, furent de même censurés pour cette raison dans le concile *in Trullo*, qui leur opposa la pratique ancienne attestée par les liturgies, et ils sont encore blâmés de cet abus par les autres sociétés de chrétiens orientaux. *Voy.* Lebrun, *Explic. des cérém.*, tom. V, p. 123 et suiv. Nous ne voyons pas pourquoi les protestants ont retranché ce rite dans leur *cène* : l'ont-ils encore regardé comme une superstition ?

Dans les usages même qui paraissent les plus indifférents, l'Église catholique a toujours eu pour principe de ne s'écarter en rien de la tradition, de s'en tenir à ce qui a toujours été fait, aussi bien qu'à ce qui a toujours été enseigné. La sagesse de cette conduite n'est que trop bien prouvée par la multitude des erreurs, des abus, des absurdités dans lesquels sont tombées toutes les sectes qui ont suivi une autre méthode. La règle, *Nihil innovetur, nisi quod traditum est*, sera toujours la meilleure sauvegarde de la religion.

EBIONITES, hérétiques du Ier ou du IIe siècle de l'Église. Les savants ne conviennent ni de l'origine du nom de ces sectaires, ni de la date de leur naissance. Saint Épiphane (*Hær.* 30) a cru qu'ils étaient ainsi appelés, parce qu'ils avaient pour auteur un Juif nommé *Ébion*. D'autres ont pensé que ce personnage n'exista jamais ; que comme *ébion* en hébreu signifie *pauvre*, on nomma *ébionites* une secte de chrétiens judaïsants, dont la plupart étaient pauvres, ou avaient peu d'intelligence. Plusieurs critiques ont été persuadés que ces sectaires ont paru dès le premier siècle, vers l'an 72 de Jésus-Christ ; que saint Jean les a désignés dans sa première lettre, chap. IV et V, et que ce sont les mêmes que les nazaréens ; quelques anciens semblent, en effet, les avoir confondus. D'autres jugent, avec plus de vraisemblance, que les *ébionites* n'ont commencé à être connus qu'au IIe siècle, vers l'an 103, ou même plus tard, sous le règne d'Adrien, après la ruine entière de Jérusalem, l'an 119 ; qu'ainsi les *ébionites* et les nazaréens sont deux sectes différentes ; c'est le sentiment de Mosheim (*Hist. Christ.*, sæc. I, § 58 ; sæc. II, § 39) : il paraît le plus conforme à celui de saint Épiphane et des autres Pères plus anciens qui en ont parlé. — Cet historien conjecture qu'après la ruine entière de Jérusalem, une bonne partie des Juifs qui avaient embrassé le christianisme, et qui avaient observé jusqu'alors les cérémonies judaïques, y renoncèrent enfin, lorsqu'ils eurent perdu l'espérance de voir jamais le temple rebâti, et afin de ne pas être enveloppés dans la haine que les Romains avaient conçue contre les Juifs. Eusèbe le témoigne (*Hist. ecclés.*, l. III, c. 35). Ceux qui continuèrent de judaïser formèrent deux partis : les uns demeurèrent attachés à leurs cérémonies, sans en imposer l'obligation aux gentils convertis au christianisme ; on les toléra comme des chrétiens faibles dans la foi, qui ne donnaient d'ailleurs dans aucune erreur ; ils retinrent le nom de *nazaréens* qui avait été commun jusqu'alors à tous les juifs devenus chrétiens. Les autres, plus obstinés, soutinrent que les cérémonies mosaïques étaient nécessaires à tout le monde ; ils firent un schisme, et devinrent une secte hérétique : ce sont les *ébionites*. — Les premiers recevaient l'évangile de saint Matthieu tout entier ; ils confessaient la divinité de Jésus-Christ et la virginité de Marie ; ils respectaient saint Paul comme un véritable apôtre ; ils ne tenaient point aux traditions des pharisiens. Les seconds avaient retranché les deux premiers chapitres de saint Matthieu, et s'étaient fait un évangile particulier ; ils avaient forgé beaucoup de livres sous le nom des apôtres, ils regardaient Jésus-Christ comme un pur homme né de Joseph et de Marie ; ils étaient attachés aux traditions des pharisiens ; ils détestaient saint Paul comme un juif apostat et déserteur de la loi. Ces différences sont essentielles. Mais comme il n'y eut jamais d'uniformité parmi les hérétiques, on ne peut pas assurer que tous ceux qui passaient pour *ébionites* pensaient de même. — Outre ces erreurs, saint Epiphane les accuse encore d'avoir soutenu que Dieu avait donné l'empire de toutes choses à deux personnages, au Christ et au diable ; que celui-ci avait tout pouvoir sur le monde présent, et le Christ sur le siècle futur ; que le Christ était comme l'un des anges, mais avec de plus grandes prérogatives : erreur qui a beaucoup de rapport à celle des marcionites et des manichéens. Ils consacraient l'eucharistie avec de l'eau seule dans le calice ; ils retranchaient plusieurs choses des saintes Ecritures ; ils rejetaient tous les prophètes depuis Josué ; ils avaient en horreur David, Salomon, Isaïe, Jérémie, etc. ; ils ne mangeaient point de chair, parce qu'ils la croyaient impure. On dit enfin qu'ils adoraient Jérusalem comme la maison de Dieu ; qu'ils obligeaient tous leurs sectateurs à se marier, même avant l'âge de puberté ; qu'ils permettaient la polygamie, etc. (Fleury, *Hist. ecclés.*, tom. I, l. 2, tit. 42). Mais la plupart de ces reproches sont révoqués en doute par les critiques modernes. En effet, saint Epiphane n'attribue point toutes ces erreurs à tous les *ébionites*, mais à quelques-uns d'entre eux.

Le Clerc, qui, dans son *Histoire ecclésiastique des deux premiers siècles*, soutient que les *ébionites* et les nazaréens ont été toujours la même secte, distingue ceux qui parurent l'an 72 d'avec ceux qui firent du bruit l'an 103 : il croyait avoir découvert les opinions de ces derniers dans les *Clémentines*, dont l'auteur, dit-il, était *ébionite*. Or, celui-ci rejette le Pentateuque, prétendant qu'il n'a pas été écrit par Moïse, mais par un auteur beaucoup plus récent. 2° Il dit qu'il n'y a de vrai dans l'Ancien Testament que ce qui est conforme à la doctrine de Jésus-Christ. 3° Que ce divin Maître est le seul vrai prophète. 4° Il cite non-seulement l'Evangile de saint Matthieu, mais encore les autres. 5° Il parle quelquefois de Dieu d'une manière orthodoxe ; mais il soutient ailleurs que Dieu est corporel, revêtu d'une forme humaine et visible. 6° Il n'ordonne point l'observation de la loi de Moïse. Ajoutons que cet imposteur ne croyait point la divinité de Jésus-Christ, et qu'il en parle comme d'un pur homme. Mais Le Clerc, socinien déguisé, n'a pas voulu faire cette remarque ; il reproche avec aigreur à saint Epiphane de n'avoir pas su distinguer les anciens *ébionites* d'avec les nouveaux (*Hist. ecclés.*, pag. 476, 535 et suiv.). — Mosheim a réfuté complétement cette opinion (*Dissert. de turbata per recentiores Platonicos Ecclesia*, § 34 et suivants). Il attribue les *Clémentines* à un platonicien d'Alexandrie, qui n'était, à proprement parler, ni païen, ni juif, ni chrétien, mais qui voulait, comme les autres philosophes de cette école, concilier ces trois religions, et réfuter tout à la fois les Juifs, les païens et les gnostiques. Il pense que cet ouvrage a été fait au commencement du III° siècle, et qu'il est utile pour connaître les opinions des sectaires de ce temps-là. Par conséquent il persiste à distinguer les *ébionites* d'avec les nazaréens, comme nous l'avons vu ci-dessus ; il observe, avec raison, que de simples conjectures ne suffisent pas pour contredire le témoignage formel des anciens touchant un fait historique : il serait à souhaiter que lui-même n'eût pas oublié si souvent cette maxime. *Voy.* NAZARÉENS.

Beausobre (*Hist. du Manich.*, liv. II, c. 4, § 1) a comparé les *ébionites* aux docètes, et il en a montré la différence : les premiers niaient la divinité de Jésus-Christ, les seconds son humanité. L'*ébionisme* fut embrassé principalement par des juifs convertis au christianisme : élevés dans la foi de l'unité de Dieu, ils ne voulurent pas croire qu'il y eût en Dieu trois Personnes, et que le Fils fût Dieu comme son Père. Ils soutinrent que le Sauveur était un pur homme, et qu'il était devenu Fils de Dieu dans son baptême, par une communication pleine et entière des dons du Saint-Esprit : ce n'était là par conséquent qu'une filiation d'adoption. Le docétisme, au contraire, régna principalement parmi les gentils qui avaient reçu l'Evangile ; ils ne firent aucune difficulté de reconnaître la divinité du Sauveur, mais ils ne voulurent pas croire qu'une Personne divine eût pu s'abaisser jusqu'à se revêtir d'un corps et des faiblesses de l'humanité ; ils prétendirent qu'elle n'en avait pris que les apparences. *Voy.* DOCÈTES. — Mais l'on peut tirer de l'erreur même des *ébionites* des conséquences importantes. 1° Quoique juifs opiniâtres, ils reconnaissent cependant Jésus-Christ pour le Messie ; ils voyaient donc en lui les caractères sous lesquels il avait été annoncé par les prophètes. 2° Ceux même qui n'avouaient pas qu'il fût né d'une vierge, prétendaient qu'il était fils de Joseph et de Marie ; sa naissance était donc universellement reconnue pour légitime. 3° On ne les accuse point d'avoir révoqué en doute les miracles de Jésus-Christ, ni sa mort, ni sa résurrection ; saint Epiphane atteste, au contraire, qu'ils admettaient tous ces faits essentiels ; ils étaient cependant nés dans la Judée, avant la destruction de Jérusalem ; plusieurs avaient été sur le lieu où ces faits s'étaient passés ; ils avaient eu la facilité de les vérifier.

Quelques incrédules ont écrit que les *ébionites* et les nazaréens étaient les vrais chrétiens, les fidèles disciples des apôtres, au lieu que leurs adversaires ont embrassé un nouveau christianisme forgé par saint Paul, et sont enfin demeurés les maîtres. Cette calomnie sera réfutée à l'article PAUL, § 12

ECCLÉSIARQUE ; c'est ce qu'on appelle à présent *marguillier*, et, dans quelques provinces, *scabin* ; mais les fonctions des *ecclésiarques* étaient plus étendues : ils étaient chargés de veiller à l'entretien, à la propreté, à la décence des églises ; de convoquer les paroissiens, d'allumer les cierges pour l'office divin, de chanter, de quêter, etc.

ECCLÉSIASTE, nom grec qui signifie *prédicateur* ; c'est le titre d'un des livres de l'Ecriture sainte, parce que l'auteur y prêche contre la vanité et la fragilité des choses de ce monde.

Le plus grand nombre des savants l'attribue à Salomon, parce que l'auteur se dit fils de David et roi de Jérusalem, et parce que plusieurs passages de ce livre ne peuvent être appliqués qu'à ce prince. Grotius pense qu'il a été fait par des écrivains postérieurs qui le lui ont attribué : « On y trouve, dit-il, des termes qui ne se rencontrent que dans Daniel, dans Esdras, et dans les *Paraphrases chaldaïques*. » Allégations frivoles. Salomon, prince très-instruit, a pu avoir connaissance du chaldéen. Dans le livre de Job, il y a plusieurs mots dérivés de l'arabe, du chaldéen et du syriaque; il ne s'ensuit rien. Selon d'autres, Grotius jugeait que, pour le temps de Salomon, l'auteur de l'*Ecclésiaste* parle trop clairement du jugement de Dieu, de la vie à venir et des peines de l'enfer; mais ces mêmes vérités se trouvent aussi clairement énoncées dans les livres de Job, dans les psaumes, dans le Pentateuque, livres certainement antérieurs à Salomon. — Quelques anciens hérétiques ont cru au contraire que l'*Ecclésiaste* avait été composé par un impie, par un sadducéen, par un épicurien, ou par un pyrrhonien, qui ne croyait point d'autre vie; c'est aussi l'opinion de plusieurs incrédules : soupçon très-mal fondé.

Après avoir fait l'énumération des biens et des plaisirs de ce monde, l'*Ecclésiaste* conclut que tout est vanité pure et affliction d'esprit; ce n'est point là le langage des épicuriens anciens ni modernes. — Parce qu'un écrivain raisonne avec lui-même et propose des doutes, il n'est pas pour cela pyrrhonien, surtout lorsqu'il en donne la solution; c'est ce que fait l'*Ecclésiaste*. Il rapporte les différentes idées qui lui sont venues à l'esprit sur le cours bizarre des événements, sur la conduite inconcevable de la Providence, sur le sort des bons et des méchants dans ce monde; il conclut que Dieu jugera le juste et l'impie, et qu'alors tout sera dans l'ordre. Si ses réflexions semblent souvent se contredire, si quelquefois il semble préférer le vice à la vertu, et la folie à la sagesse, il enseigne bientôt après qu'il vaut mieux entrer dans une maison où règne le deuil, que dans la salle d'un festin; dans la première, dit-il, l'homme apprend à penser à la destinée qui l'attend, et, quoique plein de santé, il envisage sa fin dernière (*Eccl.*, c. III, v. 17; c. VII, v. 3, etc.). — Plus loin, il conseille à un jeune homme de se livrer à la joie et aux plaisirs de son âge; mais à l'instant même il avertit que Dieu entrera en jugement avec lui, et lui en demandera compte; il lui représente que la jeunesse et la volupté ne sont qu'une pure illusion. Il l'exhorte, dans le chapitre suivant, à se souvenir de son Créateur dans sa jeunesse, avant qu'il soit courbé sous le poids des années. Parlant de la mort, il dit : *L'homme ira dans la maison de son éternité; la poussière rentrera dans la terre d'où elle a été tirée, et l'esprit retournera à Dieu qui l'a donné*. La conclusion du livre est surtout remarquable : *Craignez Dieu et gardez ses commandements, c'est la perfection de l'homme. Dieu jugera toutes nos actions bonnes ou mauvaises* (Chap. XI, v. 9; c. XII, v. 1, 7, 13). Un épicurien, un homme qui ne croit point d'autre vie, un pyrrhonien, qui affecte d'être indécis et indifférent sur le présent et sur l'avenir, n'ont jamais parlé de cette manière.

ECCLÉSIASTIQUE, nom d'un des livres de l'Ancien Testament, que l'on appelle aussi *la Sapience de Jésus, fils de Sirach*.

L'an 245 avant Jésus-Christ, sous le règne de Ptolémée Evergète, fils de Ptolémée Philadelphe, Jésus, fils de Sirach, juif de Jérusalem, s'établit en Egypte, y traduisit en grec le livre que Jésus, son aïeul, avait composé en hébreu, et qui porte, dans nos bibles, le nom d'*Ecclésiastique*. Les anciens le nommaient *Panareton*, trésor de toutes les vertus. Jésus l'Ancien l'avait écrit vers le temps du pontificat d'Onias Ier; le fils de ce pontife, nommé *Simon le Juste* par Josèphe, est loué dans le chapitre cinquantième de ce même livre. L'original hébreu est perdu; mais il subsistait encore du temps de saint Jérôme : ce Père dit dans sa *Préface des livres de Salomon*, et dans sa lettre 115, qu'il l'avait vu sous le titre de *Paraboles*. — Les Juifs ne l'ont point mis au nombre de leurs livres canoniques, soit parce que le canon était déjà formé lorsque l'*Ecclésiastique* a été écrit, soit parce qu'il parle trop clairement du mystère de la sainte Trinité, ch. I, v. 9; ch. XXIV, v. 5; ch. LI, v. 14. Grotius a soupçonné que ces passages pouvaient être des interpolations faites par les chrétiens; mais ce soupçon est sans fondement. — Dans les anciens catalogues des livres sacrés reconnus par les chrétiens, celui-ci est seulement mis au nombre de ceux qu'on lisait dans l'Eglise avec édification; saint Clément d'Alexandrie et d'autres Pères des premiers siècles le citent sous le nom d'*Ecriture sainte*; saint Cyprien, saint Ambroise et saint Augustin le tiennent pour canonique; il a été déclaré tel par les conciles de Carthage, de Rome sous le pape Gélase, et de Trente.

Plusieurs critiques pensent, mais assez légèrement, qu'il y a dans la traduction grecque des choses qui n'étaient pas dans l'original; que la conclusion du ch. L, v. 26 et suiv., et la prière du dernier chapitre, sont des additions du traducteur. Ce qu'il dit du danger qu'il a couru de perdre la vie par une fausse accusation portée au roi contre lui, ne peut pas, disent-ils, regarder le grand-père de Jésus, qui demeurait à Jérusalem, et qui n'était pas sous la domination d'un roi. Ils ne se souviennent pas que Ptolémée Ier, roi d'Egypte, prit Jérusalem et maltraita beaucoup les Juifs. *Voy.* Josèphe, *Antiq.*, l. XII, c. 1. La version latine contient aussi plusieurs choses qui ne sont point dans le grec; mais ces additions ne sont pas de grande importance.

On a coutume de citer ce livre par la note abrégée *Eccli.*, pour le distinguer de l'*Ecclésiaste*, qu'on désigne par *Eccle.*, ou *Eccl.*

ÉCLECTIQUES, philosophes du IIIe et du IVe siècle de l'Eglise, ainsi nommés du grec ἐκλέγω, *je choisis*, parce qu'ils choisissaient les opinions qui leur paraissaient les meilleures dans les différentes sectes de philosophie, sans s'attacher à aucune école; ils furent aussi nommés *nouveaux platoniciens*, parce qu'ils suivaient en beaucoup de choses les sentiments de Platon. Plotin, Porphyre, Jamblique, Maxime, Eunape, l'empereur Julien, etc., étaient de ce nombre. Tous furent ennemis du christianisme, et la plupart employèrent leur crédit à souffler le feu de la persécution contre les chrétiens.

Le tableau d'imagination que nos littérateurs modernes ont tracé de cette secte, les impostures qu'ils y ont mêlées, les calomnies qu'ils ont hasardées à cette occasion contre les Pères de l'Eglise, ont été solidement réfutées dans l'*Histoire critique de l'Eclectisme*, en deux volumes *in-12*, qui a paru en 1756.

Il ne nous paraît pas fort nécessaire d'examiner en détail tout ce que Mosheim, dans son *Histoire chrétienne*, IIe siècle, § 26, et Brucker, dans son *Hist. crit. de la philos.*, tome II, ont dit du célèbre Ammonius Saccas, qui passe pour avoir été le fondateur de la philosophie *éclectique* dans l'Ecole d'Alexandrie. Ce philosophe a-t-il été constamment attaché au christianisme ou déserteur de la foi; chrétien à l'extérieur, et païen dans le cœur? Y a-t-il eu deux Ammonius, l'un chrétien et l'autre païen, que l'on a confondus? A-t-il enseigné tout ce que ses disciples ont écrit dans la suite, ou ont-ils changé sa doctrine en plusieurs choses? A-t-il puisé ses dogmes chez les Orientaux ou dans les écrits des philosophes grecs? Toutes ces questions ne nous paraissent pas aussi importantes qu'à ces deux savants critiques protestants; et, malgré toute leur érudition, ils n'ont rassemblé sur tout cela que des conjectures. Nous ferons même voir qu'ils les ont poussées trop loin, lorsqu'ils ont voulu prouver que la philosophie *éclectique* ou le nouveau platonisme, introduit dans l'Eglise par les Pères, a changé en plusieurs choses la doctrine et la morale des apôtres; c'est une calomnie que Mosheim s'est attaché à prouver dans sa dissertation *De turbata per recentiores platonicos Ecclesia*, mais que nous aurons soin de réfuter. *Voy.* PLATONISME et PÈRES DE L'EGLISE.

Il semble que Dieu ait permis les égarements des *éclectiques* pour couvrir de confusion les partisans de la philosophie incrédule. On ne peut pas s'empêcher de faire à ce sujet plusieurs remarques importantes, en lisant l'histoire que Brucker en a faite, et que nos littérateurs ont travestie. — 1° Loin de vouloir adopter le dogme de l'unité de Dieu, enseigné et professé par les chrétiens, les *éclectiques* firent tout leur possible pour l'étouffer, pour fonder le polythéisme et l'idolâtrie sur des raisonnements philosophiques, pour accréditer le système de Platon. A la vérité, ils admirent un Dieu suprême, duquel tous les esprits étaient sortis par émanation; mais ils prétendirent que ce Dieu, plongé dans une oisiveté absolue, avait laissé à des génies ou esprits inférieurs, le soin de former et de gouverner le monde; que c'était à eux que le culte devait être adressé, et non au Dieu suprême. Or, de quoi sert un Dieu sans Providence, qui ne se mêle de rien, et auquel nous n'avons point de culte à rendre? Par là nous voyons la fausseté de ce qui a été soutenu par plusieurs philosophes modernes, savoir, que le culte rendu aux dieux inférieurs se rapportait au Dieu suprême. — 2° Brucker fait voir que les *éclectiques* avaient joint la théologie du paganisme à la philosophie, par un motif d'ambition et d'intérêt, pour s'attribuer tout le crédit et tous les avantages que procuraient l'une et l'autre. La première source de leur haine contre le christianisme fut la jalousie : les chrétiens mettaient au grand jour l'absurdité du système des *éclectiques*, la fausseté de leurs raisonnements, la ruse de leur conduite; comment ceux-ci le leur auraient-ils pardonné? Il n'est donc pas étonnant qu'ils aient excité, tant qu'ils ont pu, la cruauté des persécuteurs : saint Justin fut livré au supplice sur les accusations d'un philosophe nommé Crescent, qui en voulait aussi à Tatien (*Tatiani Orat.*, n° 19). Lactance se plaint de la haine de deux philosophes de son temps, qu'il ne nomme pas, mais que l'on croit être Porphyre et Hiéroclès. (*Inst. divin.*, l. v, c. 2). — 3° Pour venir à bout de leurs projets, ils n'épargnèrent ni les fourberies ni le mensonge. Comme ils ne pouvaient nier les miracles de Jésus-Christ, ils les attribuèrent à la théurgie ou à la magie, dont ils faisaient eux-mêmes profession. Ils dirent que Jésus avait été un philosophe théurgiste qui pensait comme eux, mais que les chrétiens avaient défiguré et changé sa doctrine. Ils attribuèrent des miracles à Pythagore, à Apollonius de Tyane, à Plotin; ils se vantèrent d'en faire eux-mêmes par la théurgie. On sait jusqu'à quel excès Julien s'entêta de cet art odieux, et à quels sacrifices abominables cette erreur donna lieu. Les apologistes même de l'*éclectisme* n'ont pas osé en disconvenir. — 4° Ces philosophes usèrent du même artifice pour effacer l'impression que pouvaient faire les vertus de Jésus-Christ et de ses disciples : ils attribuèrent des vertus héroïques aux philosophes qui les avaient précédés, et s'efforcèrent de persuader que c'étaient des saints. Ils supposèrent de faux ouvrages sous les noms d'Hermès, d'Orphée, de Zoroastre, etc., et y mirent leur doctrine, afin de faire croire qu'elle était fort ancienne et qu'elle avait été suivie par les plus grands hommes de l'antiquité. — 5° Comme la morale pure et sublime du christianisme subjuguait les esprits et gagnait les cœurs, les *éclectiques* firent parade de la morale austère des stoïciens, et la vantèrent dans leurs ouvrages. De là les livres de Porphyre sur l'*abstinence*, où l'on croit entendre parler un solitaire de la Thébaïde ; la *Vie de Pythagore* par Jamblique ; les *Commentaires* de Simplicius *sur Epictète*, d'Hiéroclès *sur les vers dorés*, etc. *Voy.* Brucker, *Hist. de la Philos.*, tom. II, p. 370, 380 ; tom. VI, *Appendix*, pag. 361. — Ceux qui voudront faire le parallèle de la conduite des *éclectiques* avec celle de nos philosophes modernes, y trouveront une ressemblance parfaite. Si l'on excepte les faux miracles et la magie, dont ces derniers n'ont pas fait usage, ils n'ont négligé aucun des autres moyens de séduction. Quand on n'a pas lu l'histoire, on s'imagine que le christianisme n'a jamais essuyé des attaques aussi terribles qu'aujourd'hui : l'on se trompe ; ce que nous voyons n'est que la répétition de ce qui s'est passé au quatrième siècle de l'Eglise. — 6° Plusieurs d'entre les philosophes qui embrassèrent le christianisme ne le firent pas de bonne foi ; ils y portèrent leur caractère fourbe et leur esprit faux. Ils voulurent accommoder la croyance chrétienne avec leurs systèmes de philosophie. Les savants ont remarqué que les *éons* des valentiniens et des différentes branches de gnostiques, n'étaient rien autre chose que les intelligences ou génies forgés par les platoniciens ou les *éclectiques*.

Nous n'avouerons pas néanmoins ce que prétendent Brucker, Mosheim et d'autres critiques protestants, qui paraissent trop enclins à favoriser les sociniens. Ils disent que les *éclectiques*, même sincèrement convertis, tels que saint Justin, Athénagore, Hermias, Origène, saint Clément d'Alexandrie, etc., ont porté leurs idées philosophiques dans la théologie chrétienne. Jusqu'à présent nous ne voyons pas quel dogme de l'*éclectisme* a passé dans notre symbole ; nous voyons au contraire les Pères dont nous venons de parler, très-attentifs à réfuter les philosophes, sans faire plus de grâce aux platoniciens qu'aux autres. — Quand il serait vrai que toutes les erreurs attribuées à Origène sont nées de la philosophie *éclectique*, que s'ensuivrait-il ? Ces erreurs n'ont jamais fait partie de la théologie chrétienne, puisqu'elles ont été réfutées et condamnées. Les trouve-t-on dans les écrits des autres Pères qui ont vécu du temps d'Origène, ou immédiatement après lui ?

Lorsque Brucker veut nous persuader que la manière dont Origène a conçu le mystère de la Sainte-Trinité, et ce qu'il dit du Verbe éternel, est emprunté du platonisme, tom. III, p. 446, il montre une teinture de socinianisme qui ne lui fait pas honneur. Il ne lui restait plus qu'à dire, comme les incrédules, que le premier chapitre de l'Evangile selon saint Jean a été fait par un platonicien. — Quelques-uns de ces critiques se sont bornés à soutenir que les Pères ont emprunté du paganisme plusieurs de nos cérémonies ; c'est une autre imagination que nous avons soin de réfuter en traitant de chacun de ces rites en particulier : nous prétendons au contraire que ces cérémonies ont été sagement instituées pour servir de préservatif aux fidèles contre les superstitions du paganisme. — Enfin, d'autres ont pensé, avec plus de vraisemblance, que les *éclectiques* s'appliquèrent à imiter plusieurs rites de notre religion, et à rapprocher, tant qu'ils le pouvaient, le paganisme du christianisme. Comment trouver le vrai au milieu de tant de conjectures opposées ?

Nous n'approuvons pas davantage ce que dit Brucker des Pères de l'Eglise en général, qu'ils n'ont pas été exempts de l'esprit fourbe des *éclectiques*, et qu'ils ont cru, comme eux, qu'il était permis d'employer le mensonge et les fraudes pieuses pour servir utilement la religion, tom. II, p. 389. C'est une calomnie hasardée sans preuve. Est-on bien sûr que les ouvrages apocryphes et supposés qui ont paru dans les quatre ou cinq premiers siècles, ont été forgés par des Pères de l'Eglise, et non par des écrivains sans aveu ? Ils sont presque tous marqués au coin de l'hérésie ; donc ils n'ont pas été faits par les Pères, mais par des hérétiques. — Il est fâcheux que dans les discussions, même purement littéraires, et qui ne tiennent ni à la théologie ni à la religion, les auteurs protestants laissent toujours percer leur prévention contre les Pères de l'Eglise, et semblent affecter de fournir des armes aux incrédules.

Au mot PLATONISME, nous achèverons de justifier les Pères, et nous ferons voir qu'ils n'ont été ni platoniciens ni *éclectiques*. *Voy.* ECONOMIE et FRAUDE PIEUSE (1).

(1) L'éclectisme a pris une très-large place dans la philosophie moderne, et s'est donné comme le *nec plus ultra* de la science. Le théologien doit pouvoir le juger.

« L'éclectisme, dit M. Riambourg, a signalé la détresse du rationalisme antique ; il est le signe précurseur de la fin du rationalisme moderne. C'est une lutte, au fond, du rationalisme contre son principe. Naturellement, le rationalisme tend à diviser : l'*éclectisme* veut ramener à l'unité. L'*éclectisme* alexandrin s'appuyait sur un mensonge : « Les systèmes ne sont point contraires. » L'*éclectisme* moderne se fonde sur une absurdité : « Bien qu'ils soient contraires, les systèmes peuvent s'accorder. »

« L'éclectisme au XIXᵉ siècle, dit M. Bautain, *Psychologie expérimentale* (préface), est ce qu'il a été dans tous les temps, un syncrétisme, un recueil d'opinions ou de pensées humaines qui s'agrègent sans se fondre, ou, autrement, un assemblage de membres et d'organes pris çà et là, ajustés avec plus ou moins d'art, mais qui ne peuvent constituer un corps vivant. La vérité, a-t-on dit, n'appartient à aucun système, car elle ne serait pas la vérité pure et universelle si elle se laissait formuler dans une théorie particulière. Ce n'est ni dans les ouvrages de tels philosophes, ni dans les opinions de tel siècle ou de tel peuple, qu'il faut chercher la philosophie ; c'est dans tous les écrits, dans toutes les pensées, dans toutes les spéculations des hommes, dans tous les faits par lesquels se manifeste et s'exprime la vie de l'humanité. La philosophie n'est donc pas à faire ; ce n'est point le génie de l'homme qui la fait : elle se fait elle-même par le développement actuel du monde, dont l'homme est partie intégrante ; elle se fait tous les jours, à tout instant, c'est la marche progressive du genre humain, c'est l'histoire : la tâche du philosophe est de la dégager des formes périssables sous lesquelles elle se produit, et de

ÉCLIPSE. Saint Matthieu, saint Marc et saint Luc disent qu'à la mort de Jésus, il se répandit des ténèbres sur toute la terre depuis la sixième heure du jour jusqu'à la neuvième, c'est-à-dire, depuis midi jusqu'à trois heures ; saint Matthieu ajoute que la terre trembla, et

constater ce qui est immuable et nécessaire au milieu de ce qui est variable et contingent. — C'est fort bien ! mais pour faire cette distinction, pour opérer cette séparation, il faut un œil sûr, un regard ferme et exercé ; il faut le critérium de la vérité ; il faut une mesure, une règle infaillible ; et où la philosophie éclectique ira-t-elle la prendre ? Ce n'est point dans une doctrine humaine, puisque aucune de ces doctrines ne renferme la vérité pure, et que c'est justement pour cela qu'il faut de l'*éclectisme* : aussi en appelle-t-on à la raison *universelle*, à la raison *absolue* ! et ce serait très-bien encore si cette raison absolue se montrait elle-même sous une forme qui lui fût propre, et nous donnait ainsi la conviction que c'est elle qui nous parle ; mais il n'en va pas ainsi dans l'étude des choses naturelles : là, la raison universelle ne nous parle que par des raisons privées ; là, il y a toujours des hommes entre elle et moi ; c'est toujours un homme qui s'en déclare l'organe, l'interprète ; et quand le philosophe vous dit : Voici ce que dit la raison absolue ! cela ne signifie rien, sinon : Voici ce que moi, dans ma conscience et dans ma raison propre, j'ai jugé conforme à la raison universelle. L'*éclectisme* ne possédant point ce critérium si nécessaire de la vérité, il ne se peut que son enseignement ne soit obscur, vague, incohérent ; il n'a point de doctrine proprement dite ; c'est un tableau brillant où toutes les opinions humaines doivent trouver place ; vraies ou fausses, elles expriment des pensées humaines, et ainsi elles ont droit aux égards du philosophe ; il ne faut point les juger par leurs conséquences morales, utiles ou nuisibles, bienfaisantes ou pernicieuses ; elles ont toutes, à les considérer philosophiquement, la même valeur : ce sont des formes diverses de la vérité une. Mais, si toutes les doctrines sont bonnes en tant qu'expressions formelles de la raison de l'homme, toutes les actions le seront également comme manifestations de son activité libre ; il n'y a ni ordre, ni désordre pour un être intelligent qui ne connaît point de loi ni de fin. Le crime est un fait comme la vertu ; bien qu'opposés dans leurs résultats pour l'individu et pour la société, ils se ressemblent en ce qu'ils expriment l'un et l'autre un mode de la liberté, et voilà seulement ce qui leur donne une valeur philosophique. Les actions humaines n'ont d'importance qu'à proportion qu'elles aident ou entravent le développement de l'humanité, qui doit toujours aller en avant, n'importe en quel sens ou vers quel terme, conduite par la raison universelle, qui ne peut s'égarer, parce qu'il n'y a pas deux voies de perfectionnement : il ne s'agit que d'être, d'exister et de se mouvoir. Les sociétés ne savent pas plus où elles vont que les individus ; elles naissent et périssent, manifestant pendant leur durée une portion de la vie générale, et servant de point d'appui aux générations futures, comme celles-ci sont sorties elles-mêmes de ce qui les a précédées : elles jouent leur rôle sur la scène du monde, et puis elles passent. Un siècle, si perverti qu'il paraisse, porte en soi sa justification : c'est qu'il était destiné à représenter telle phase de l'humanité ; l'impression pénible qu'il produit sur nos âmes est une affaire de sentiment ou de préjugé. Vu philosophiquement et en lui-même, il n'est pas plus mauvais qu'un autre, et devant la vérité, il vaut dans son existence les siècles de vertu et de bonheur ; c'est l'événement qui décide du droit ; c'est le succès qui prouve la légitimité ; la justice est dans la nécessité, car tout ce qui existe est un fait, et tout fait est ce qu'il doit être par cela seul qu'il est. Telles sont les désolantes conséquences de la philosophie *éclectique* dans la science comme dans la morale ; voilà où aboutit le grand mouvement philosophique

de notre siècle ; c'est là qu'il est venu se perdre, laissant dans les esprits qu'il a agités, et comme dernier résultat, d'un côté, une espèce d'indifférence pour la vérité, à laquelle ils ne croient plus, parce qu'à force de la leur montrer partout, ils en sont venus à ne l'apercevoir nulle part ; et d'un autre côté, dans la conduite de la vie, avec une grande prétention au sublime, au dévouement, avec tous les semblants de l'héroïsme ; un laisser-aller aux passions, l'aversion pour tout ce qui gêne et contrarie, l'abandon à la fatalité, la servitude de la nécessité sous les dehors de l'indépendance. Cette philosophie si riche en promesses, mais si pauvre en effets, comme l'histoire le dira, est jugée aujourd'hui, et ce n'est plus à cette école qu'une jeunesse généreuse ira chercher de grandes idées, des sentiments profonds, de hautes inspirations. »

M. Cousin, le coryphée de la philosophie de notre temps, peut être regardé comme le chef de l'éclectisme moderne. Ses doctrines philosophiques ont été jugées par M. Gatien Arnould, qui appartient lui-même à la même école, mais qui ne professe pas sans doute les mêmes principes. L'appréciation est sévère ; mais ce n'est pas à nous que M. Cousin devra s'en prendre : c'est un élève de son école qui le juge.

« Après avoir été successivement disciple de Condillac, de M. Laromiguière, de M. Royer-Collard, des Ecossais, de Kant, de Platon et de Proclus, M. Cousin, méditant sur ces variations de son esprit, pensa qu'elles venaient de ce que tous les systèmes sont en partie vrais et en partie faux. Il prononça, dès lors, le mot d'*éclectisme*, comme il le raconte lui-même.

« *Eclectisme* signifie *choix*. En thèse générale, choisir suppose cinq choses, savoir : que l'objet cherché est au nombre des objets actuellement existants ; que ces objets sont à notre disposition ; que nous savons quel objet nous cherchons ; que nous savons comment il faut le chercher ; que nous savons enfin à quels signes le reconnaître. Dans l'ordre particulier de la philosophie, l'*éclectisme* suppose : 1° que la vérité philosophique est au nombre des opinions émises jusqu'à ce jour ; 2° que ces opinions nous sont toutes connues ; 3° que nous savons bien quel est l'objet de la philosophie ; 4° que nous savons quelle est la méthode philosophique ; 5° enfin, que nous savons à quel signe se reconnaît la vérité philosophique.

« Or, premièrement, si M. Cousin a affirmé que la vérité philosophique est au nombre des opinions émises jusqu'à ce jour, il ne l'a nullement prouvé ; car sa théorie de l'erreur, qui lui sert de première preuve *a priori*, outre qu'elle n'est pas la vraie théorie de l'erreur, ne prouve pas ; car son tableau historique des opinions passées, qui est sa seconde preuve *a posteriori*, outre qu'il est très-incomplet et souvent infidèle, ne prouve pas ; car son tableau du présent, dans lequel il montre les peuples d'Europe s'accordant pour chercher à concilier tous les éléments du passé dans un système de politique pondérée, mêlée d'anarchie, d'aristocratie et de démocratie, qui est sa troisième preuve, ne prouve pas. Secondement, M. Cousin a dit lui-même plusieurs fois qu'il ne connaissait pas les opinions de l'Orient, antérieures au temps de la Grèce. Les premiers temps de la Grèce ne sont guère moins inconnus. On discute tous les jours sur les véritables opinions de Platon et d'Aristote. Tous les sophistes donnent lieu à autant de discussions qu'ils en soutenaient eux-mêmes autrefois. Les Alexandrins, les Pères de l'Eglise, les Scolastiques, sont souvent cités ; mais qui les lit ? Quand on veut dire avec vérité ce que

que les rochers se fendirent. A moins que ces évangélistes n'aient été trois insensés, il n'a pu leur venir à l'esprit de publier un fait que l'on a sérieusement pensé, l'on est forcé de proclamer qu'une grande partie des opinions philosophiques est une vaste inconnue. Troisièmement, il n'est pas très-facile de savoir quel est l'objet même de la philosophie, tel que M. Cousin le donne à concevoir en ses derniers ouvrages. « Car, selon lui, les idées sont les seuls objets propres de la philosophie, et les idées sont la pensée sous sa forme naturelle, la forme adéquate de la pensée, la pensée elle-même se comprenant et se connaissant ; les idées n'ont qu'un seul caractère, c'est d'être intelligibles, et elles sont seules intelligibles ; elles ne représentent rien, absolument rien qu'elles-mêmes, et seules elles existent ; les idées sont Dieu ; et la philosophie est le culte des idées seules, et elle est essentiellement identique à la religion. » Quatrièmement, M. Cousin ne dit que quelques mots sur la manière d'étudier l'histoire de la philosophie. En revanche, il s'étend longuement sur la méthode à suivre pour découvrir en soi et par soi la vérité philosophique. Cinquièmement, enfin, M. Cousin ne dit nulle part à quel signe on peut reconnaître la vérité philosophique, parmi les opinions mêlées de vrai et de faux.

« Donc, trois conséquences suivent de là : — La première, c'est que M. Cousin n'a pas démontré la vérité du principe fondamental de l'*éclectisme*. Soumis à l'analyse, ce principe paraît vrai seulement dans ce sens : que l'homme n'adopte aucune erreur qui n'ait quelque affinité avec la vérité. Il est faux dans les autres sens. — La seconde conséquence est que M. Cousin n'a pu appliquer son principe d'*éclectisme* ; car il avoue n'avoir étudié qu'une partie de l'histoire de la philosophie, et peut-être que, quelquefois, même celle-là, il l'a étudiée dans un esprit un peu systématique : *son siège était fait*. — La troisième conséquence est que M. Cousin n'a pas voulu appliquer son principe d'*éclectisme*. Cela est démontré par l'analyse de la méthode recommandée par M. Cousin, par l'indication de la marche qu'il suit habituellement, et surtout par l'exposé du système qu'il a enseigné en dernier lieu... En voici la charpente (a) :

Exposition méthodique du système de M. Cousin.

« I. *Définitions*. La substance est ce qui ne suppose rien au delà de soi relativement à l'existence, ou ce qui est en soi et par soi, suivant l'étymologie, *ens in se et per se subsistens* (*substans*, *substantia* (b)).

« Ce qui ne suppose rien au delà de soi, relativement à l'existence, est dit absolu ou infini.

« *Axiome*. Deux absolus ou infinis sont absurdes.

« *Syllogisme*. La substance est absolue ou infinie, suivant la définition. Or, l'absolu ou l'infini est un, suivant l'axiome. Donc, la substance est une, ou il n'y a qu'une seule substance (c).

« *Scholie*. Substance et être sont deux termes synonymes.

« II. *Définitions*. Dieu est l'être, comme l'a si

(a) Les quelques remarques dont j'accompagne ici l'exposition méthodique du système de M. Cousin ne sont pas toutes les objections qu'on peut lui faire ; mais elles sont fondamentales. On fera bien cependant de lire l'exposition du système d'un seul trait et de ne s'occuper de ces remarques qu'à une seconde lecture.

(b) En définissant ainsi la substance, M. Cousin a donné à ce mot un sens différent de celui qu'on lui donne ordinairement ; il en avait le droit. Mais dans la suite il s'en est servi dans le sens ordinaire ; il ne le devait pas. Cette duplicité de sens pour le même mot engendre l'une de ses erreurs fondamentales, le *panthéisme*.

(c) Cette doctrine n'est autre que le panthéisme de Spinosa. De plus, il est à remarquer que le principe logique de la doctrine de Spinosa fut aussi une définition de la substance, que M. Cousin n'a guère fait que répéter.

tout le monde pouvait contredire, s'il n'était pas véritablement arrivé. La circonstance du tremblement de terre est encore attestée bien dit Moïse : Je suis celui qui suis, c'est-à-dire l'être en soi et par soi absolu.

« L'absolu ou infini est dit nécessaire.

« *Axiome. Modus essendi sequitur esse.* L'être a ses modes, qui sont de même nature que lui.

« *Syllogisme*. Dieu est l'être nécessaire, suivant la définition. Or, l'être nécessaire a des modes nécessaires, suivant l'axiome. Donc, Dieu a des modes nécessaires (a).

« III. *Définition*. Les modes de Dieu sont des idées.

« Or, 1° en tant qu'être infini et un, Dieu a nécessairement l'idée d'unité et d'infini. 2° Dieu n'a pas cette idée sans le savoir ; mais il sait nécessairement son mode comme il se sait lui-même. En tant qu'être sachant en même temps qu'être su, Dieu est deux. La dualité est variété. Le divers est fini. L'idée de variété et de fini est la seconde idée de Dieu. 3° Ces deux idées n'existent pas en Dieu sans lien ni union ; mais un intime rapport les unit nécessairement, procédant de l'une et de l'autre, et coexistant à toutes deux. L'idée de ce rapport de l'unité et de la variété et de l'infini au fini est la troisième idée de Dieu.

« Et ces trois idées sont les modes nécessaires de l'être nécessaire, absolu, infini, qui est l'être en soi et par soi, ou l'unique substance. Pour désigner ces idées à ceux qui écoutent, on est obligé de les nommer l'une après l'autre, successivement ; mais, en réalité, il n'y a point de succession entre elles ; elles existent simultanément ; et tout ensemble, Dieu est *unité, variété et rapport de l'unité à la variété* ; ensemble, il est *infini, fini et rapport du fini à l'infini* ; *unité qui se développe en triplicité, et triplicité qui se résout en unité* ; *unité de triplicité qui est seule réelle, mais qui périrait tout entière, sans une seule de ces trois idées*. Car ces trois idées sont les modes de Dieu, nécessaires comme lui, ayant tous même valeur et constituant ensemble une unité indécomposable. Tel Dieu, et ce Dieu n'est pas autre que le Dieu de Platon, le Dieu de l'orthodoxie chrétienne, le Dieu qui prêche le catéchisme aux plus pauvres d'esprit et aux plus petits d'entre les enfants (b).

« IV. *Définitions*. Le phénomène est ce qui sup-

(a) M. Cousin tombe encore, au sujet du mot *nécessaire*, dans la même faute qu'il a commise sur le mot *substance*. Cette seconde faute amène sa seconde erreur fondamentale, le *fatalisme universel*.

(b) Sur tout ceci, voici trois remarques : 1° Il y a d'abord un sophisme peu contestable. M. Cousin dit : Les idées sont les modes de Dieu, *concedo*. Or, les idées d'infini, de fini, et de rapport du fini à l'infini sont en Dieu, *concedo*. Donc Dieu est infini, fini, et rapport du fini à l'infini, *nego*. C'est comme si je disais : les idées sont les modes de l'esprit humain : or, les idées de Dieu, du monde et du rapport du monde à Dieu sont dans l'esprit humain. Donc l'esprit humain est Dieu, le monde et le rapport du monde à Dieu. Mais cette dernière proposition n'est nullement incluse dans les prémisses. La conclusion légitime est seulement que les idées de Dieu, du monde et du rapport de Dieu au monde sont dans l'esprit humain ; 2° Dieu, à la fois infini, fini et rapport du fini à l'infini, est un assemblage de mots dont les idées répugnent à se concilier. — D'un autre côté, le Dieu, à la fois infini, fini et rapport de l'infini au fini ne peut guère être que l'univers dont il ne se distingue pas. Un Dieu qui n'est pas distinct de l'univers ressemble fort à la négation de Dieu, comme un esprit qui n'est pas distinct des organes ressemble fort à la négation de l'esprit. Le panthéisme de M. Cousin est au moins frère de l'athéisme. 3° Quoiqu'on puisse faire voir beaucoup de choses dans Platon et surtout dans un mystère, il est cependant permis de douter que la Trinité, selon M. Cousin, puisse jamais être montrée ni dans la prétendue trinité platonicienne, ni dans la Trinité catholique.

aujourd'hui par la manière dont les rochers du Calvaire sont fendus. *Voy.* Calvaire. — D'autre côté, Eusèbe, dans sa Chronique, et

pose quelque chose au delà de soi, relativement à l'existence, en quoi et par quoi il est (*a*).

« La cause est ce qui fait que le phénomène existe.

« *Scholie.* Ce qui fait que le phénomène existe est la même chose que ce que le phénomène suppose au delà de soi, relativement à l'existence. Ces deux propositions sont synonymes.

« Phénomène et effet sont aussi deux termes synonymes.

« *Axiome.* Tout phénomène suppose au delà de soi la substance.

« *Corollaire.* La substance est cause.

« *Syllogisme.* Les objets dont l'ensemble est le monde, et ceux dont l'ensemble est l'humanité, sont des phénomènes, suivant la définition ; car chacun d'eux suppose quelque chose au delà de soi, relativement à l'existence. Or, les phénomènes se rapportent à la substance et à la cause qui est Dieu, suivant l'axiome et ce qui précède. Donc, le monde et l'humanité sont les phénomènes de Dieu.

« V. L'apparition des phénomènes de Dieu est la création.

« Les phénomènes de Dieu ont le même caractère que lui.

« C'est pourquoi la création est nécessaire, absolue et infinie (*b*).

« VI. La création, manifestation de Dieu, le manifeste nécessairement tel qu'il est avec ses idées ou ses modes.

« C'est pourquoi, 1° le monde en général, première partie de la création, est nécessairement un. L'idée d'un et d'infini, qui est un mode nécessaire de Dieu, est aussi un mode nécessaire du monde. 2° Le monde est nécessairement divers. L'idée de variété et d'infini, qui est un mode nécessaire de Dieu, est aussi un mode nécessaire du monde. 3° Le monde est nécessairement alliance d'unité et de variété (un et divers, *uni-vers*).

« L'idée du rapport de la variété à l'unité et du fini à l'infini, qui est un mode nécessaire de Dieu, est aussi un mode nécessaire du monde.

« Cette unité, cette variété, et ce rapport de l'unité à la variété, est la vie du monde, sa durée, son harmonie et sa beauté : c'est aussi ce qui fait le caractère bienfaisant de ses lois.

« De même, dans l'astronomie, la physique et la mécanique, il y a nécessairement : 1° Loi d'attraction : c'est l'idée d'unité et d'infini ; 2° loi d'expansion : c'est l'idée de variété et de fini ; 3° rapport de l'attraction à l'expansion : c'est l'idée du rapport de l'unité à la variété, et de l'infini au fini.

« De même dans la chimie et la physiologie végétale et animale, il y a nécessairement : 1° Loi de cohésion et d'assimilation : c'est l'idée d'unité et d'infini ; 2° loi d'incohésion et de dissimilation : c'est l'idée de variété et de fini ; 3° rapport de la cohésion et de l'assimilation à leurs contraires : c'est l'idée du rapport de l'unité à la variété, et du fini à l'infini.

« De même, enfin, dans la simple géographie, il y a nécessairement : — 1° de grandes mers, de grands fleuves, et des plaines immenses : unité et infini ; — 2° de petites mers, des ruisseaux, des collines et des vallées : variété et fini ; 3° le rap-

(*a*) Cette définition du *phénomène*, par M. Cousin, donne lieu à la même remarque que la définition de la substance, ainsi que l'usage qu'il fait ensuite de ce mot. Ces deux fautes n'en font qu'une et engendrent la même erreur, le panthéisme.

(*b*) Les idées de *création* et d'*infini* sont contradictoires. Une création infinie ne serait pas une créature ; un infini créé ne serait pas un infini. Le panthéisme supprime de fait la création. M. Cousin a supprimé la chose, tout en laissant le mot.

d'autres auteurs ecclésiastiques citent un passage de Phlégon, qui dit, dans son *Histoire des Olympiades*, que *la quatrième année de la*

port de toutes ces choses : rapport de l'unité à la variété, et de l'infini au fini.

« Tel est le monde, manifestation nécessaire de Dieu, dont il représente nécessairement les modes ou les idées (*a*).

« VII. Il n'en est pas autrement de l'humanité, seconde partie de la création.

« C'est pourquoi, 1° la vie de l'humanité s'écoule nécessairement suivant des lois immuables et générales : c'est l'idée d'unité et d'infini ; 2° les lois se développent nécessairement en faits changeants et particuliers : c'est l'idée de variété et de fini ; 3° les faits se rapportent nécessairement aux lois : c'est l'idée du rapport de l'unité à la variété, et de l'infini au fini.

« Ainsi l'humanité a traversé deux civilisations : elle voit la troisième. 1° La première civilisation a été celle de l'immobile Orient : idée d'unité et d'infini ; 2° la seconde a été celle de la mobile Grèce : idée de la variété et de fini ; 3° la troisième est la civilisation moderne : idée du rapport de l'infini au fini. — Par une suite nécessaire, la première de ces civilisations s'est écoulée aux lieux qui représentent eux-mêmes l'idée d'un et d'infini ; la seconde dans ceux qui représentent l'idée de variété et de fini ; la troisième a son siége principal dans la terre de France, mélange d'unité et de variété, qui représente l'idée du rapport de l'infini au fini.

« Ainsi, au sein de l'humanité, les peuples, 1° tantôt vivent sous un ordre despotique : unité et infini ; 2° tantôt sont emportés au souffle d'une liberté anarchique : variété et fini ; 3° ou bien s'arrêtent dans un état qui concilie la liberté et l'ordre : rapport de l'unité et de l'infini à la variété et au fini, etc. (*b*)

« Ainsi, au sein des peuples, ceux qu'on appelle les grands hommes, 1° sont les représentants du peuple : unité et infini ; 2° sont eux-mêmes individus : variété et fini ; 3° sont à la fois représentants du peuple et individus : rapport de l'unité à la variété. — Le grand homme est peuple et lui tout ensemble ; il est l'identité de la généralité et de l'individualité dans une mesure telle que la généralité n'étouffe pas l'individualité, et qu'en même temps l'individualité ne détruit pas la généralité en lui donnant une force nouvelle. Il n'est pas seulement un individu, mais se rapporte à une idée générale qu'il détermine et réalise... Le grand homme est l'harmonie de la particularité et de la généralité ; il n'est grand homme qu'à ce prix, à cette double condition de représenter l'esprit général de son peuple, et de le représenter sous la forme de la réalité, de telle sorte que la généralité n'accable pas la particularité, et que la particularité ne dissolve pas la généralité ; que la particularité et la généralité, l'infini et le fini, se fondent dans cette vraie grandeur humaine.

« Ainsi, tous les individus, grands ou petits, ont nécessairement trois facultés : 1° la raison, dont le caractère est l'universalité et l'absolu : unité et infini ; 2° la sensibilité, dont le caractère est l'opposé : variété et fini ; 3° la liberté dont l'office est de con-

(*a*) Ce n'est qu'un jeu d'imagination ; des idées flottantes avec des mots dorés. Sans doute les grands faits naturels, cités par M. Cousin, sont vrais ; mais s'il demandait sérieusement à un physicien ce qu'il pense de sa raison de la loi d'attraction des corps, ou à un chimiste ce qu'il pense de sa raison de la loi de cohésion, que répondraient ces savants ?

(*b*) Plusieurs des faits humanitaires et sociaux cités ici ne sont pas vrais ; d'autres ne le sont qu'avec des restrictions. Mais, quand même ils le seraient tous complétement, la raison qu'en donne M. Cousin n'en est pas moins imaginaire que dans le cas précédent.

deux cent deuxième olympiade, il y eut la plus grande éclipse qui fut jamais; qu'il fut nuit à la sixième heure, et que l'on vit les étoiles; il ajoute qu'il y eut un tremblement de terre dans la Bithynie. Ces auteurs n'ont pas douté que *l'éclipse* dont parle Phlégon, n'ait été

cilier la raison et la sensibilité : rapport du fini à l'infini (*a*).

« Ainsi, dans la sensibilité, il y a nécessairement : 1° l'égoïsme, qui est puissance de concentration : unité et infini ; 2° la sympathie, qui est puissance d'expansion : variété et fini ; 3° l'alliance de l'égoïsme et de la sympathie : rapport de l'unité à la variété.

« Ainsi, dans la raison, il y a nécessairement : 1° la spontanéité, qui voit l'objet entier d'une vue totale ou synthétique : unité et infini ; 2° la réflexion, qui le voit partiellement en détail ou analytiquement : variété et fini ; 3° l'alliance de la spontanéité et de la réflexion : rapport de l'infini au fini. — La spontanéité est révélation primitive, foi, religion, poésie et inspiration ; la réflexion est examen de la révélation, science, philosophie, prose et méditation ; la troisième est alliance de l'inspiration et de la méditation, de la révélation et de l'examen, de la science et de la foi, de la religion et de la philosophie, de la poésie et de la prose.

« Ainsi, parmi les systèmes philosophiques nés de la raison, il y a nécessairement : 1° l'idéalisme, qui ne voit que l'esprit simple et un : unité et infini ; 2° le matérialisme, qui ne voit que la matière multiple et plurielle : variété et fini ; 3° la conciliation du matérialisme et de l'idéalisme : rapport du fini et de l'infini.

« Ainsi enfin les lois de la raison, ses éléments ou ses idées sont nécessairement : 1° l'un et l'infini ; 2° le varié et le fini ; 3° le rapport de l'un au varié, de l'infini au fini, et toutes les connaissances ou sciences humaines ne sont que le développement nécessaire de ces idées, de ces éléments et de ces lois (*b*). Car la raison qu'on appelle humaine ou de l'homme ne peut pas être distincte de la raison qu'on appelle divine ou de Dieu. Elle lui est nécessairement identique, et elle n'est humaine que par cela seulement qu'elle fait son apparition dans l'homme, phénomène nécessaire de Dieu.

« VIII. L'apparition de Dieu dans l'homme, par sa raison, λόγος, ou son verbe, est l'objet du dogme de Dieu fait homme, ou de la raison incarnée, ou du Verbe fait chair. Cette incarnation est nécessaire, perpétuelle, universelle ou *catholique* ; elle a toujours eu lieu dans le passé, en chaque homme, à chaque instant de la vie de chaque homme ; elle a de même toujours lieu dans le présent, elle aura de même toujours lieu dans l'avenir. Tous les hommes sont frères du Christ, c'est-à-dire que ce que le catéchisme enseigne de lui seul et rigoureusement vrai de chacun d'eux.

« Sans l'apparition du Verbe divin dans la chair humaine, ou sans l'incarnation de la divinité dans l'humanité, celle-ci serait vile, petite, dégradation et néant. Mais le Verbe, s'incarnant en elle, l'anoblit, l'agrandit, la relève et la rachète. Ce rachat est l'objet du dogme de la rédemption, identique à l'incarnation, comme elle nécessaire, perpétuelle, universelle ou catholique.

« Et ce Verbe rédempteur et incarné, à la fois Dieu et homme, substance divine dans une forme humaine, être infini, éternel, immense, dans un phénomène fini, passager et local, est aussi le médiateur nécessaire entre l'homme et Dieu. Nul ne peut aller à Dieu que par le Christ : c'est-à-dire que chaque homme se rattache à Dieu par la *raison*, qui est le λόγος ou le Verbe. Mais le Verbe était bien avant qu'Abraham fût né, et il continue d'être avec chaque homme jusqu'à la fin des siècles ; car le Verbe est l'homme même, et l'homme et le Verbe sont Dieu.

« Tel est le système de M. Cousin.....

« A combien d'objections ce système ne donne-t-il pas prise ? Elles sont telles qu'il ne peut guère être soutenu dans aucune de ses parties....

« Un grand mal intellectuel, fait par M. Cousin, a été, sans contredit, de fortifier, dans la jeunesse qui l'écoutait ou le lisait, la tendance, commune aujourd'hui, à se contenter de grands mots qu'on ne comprend pas, à ne parler que par formules ou principes absolus, et à préférer en tout ces aperçus vagues et généraux, qui ne sont pas sans beauté, mais beauté stérile, et qui cache trop souvent une ignorance réelle sous un faux semblant de science, haillons de misère sous les oripeaux dorés du charlatan... M. Cousin, qui avait si bien tout ce qu'il fallait pour lutter avantageusement contre ce despotisme, a courbé la tête ; il a sacrifié à la mode : et, en lui sacrifiant, dans sa haute position, il a augmenté la réputation du faux dieu, et rendu plus difficile d'abattre son idole. Que le vrai Dieu lui pardonne !

« Les résultats de son enseignement ont encore été funestes à la morale par quelque point. Sa doctrine du panthéisme fataliste et optimiste ne tend à rien moins qu'à tuer la vertu dans son principe, qui est la croyance aux devoirs de lutter contre le malheur et le mal. C'est dans cette lutte, noblement soutenue, que consiste la beauté du caractère ; trop de gens ont cru apprendre de M. Cousin à la regarder comme une chimère et une niaiserie ; ils agissent en conséquence.

« Enfin, sous le point de vue religieux, il n'est parvenu qu'à faire des athées, parlant mal chrétien, et parodiant le catholicisme. Beaucoup de ceux qui avaient été ses disciples se sont faits Saint-Simoniens.

Monseigneur Clausel de Montals a montré, dans une suite de lettres, tous les dangers de la philosophie de M. Cousin. Nous allons en citer un fragment.

« Et d'abord, dit le prélat, l'auteur se récrie sur ce qu'on a taxé sa doctrine de panthéisme. Il assure, du ton le plus ferme et le plus tranchant, qu'il l'a, au contraire, toujours combattu. Ce premier différend est aisé à vider par l'inspection de ses ouvrages.

« Consultons ses *Fragments* (Préf. pag. XL, 1re édit.) ; voici ses paroles, pour lesquelles je demande une grande attention : « Le Dieu de la conscience n'est pas un Dieu abstrait, un roi solitaire, relégué par delà la création, sur le trône désert d'une éternité silencieuse et d'une existence absolue qui ressemble au néant même de l'existence : c'est un Dieu à la fois vrai et réel, à la fois substance et cause, toujours substance et toujours cause, n'étant substance qu'en tant que cause, et cause qu'en tant que substance, c'est-à-dire étant cause absolue ; un et plusieurs ; éternité et temps, espace et nombre, essence et vie, indivisibilité et totalité, principe, fin et milieu ; au sommet de l'être, et à son plus humble degré ; infini et fini tout ensemble ; triple enfin, c'est-à-dire à la fois Dieu, nature et humanité. En effet, si Dieu n'est pas tout, il n'est rien ; s'il est absolument indivisible en soi, il est inaccessible, et

(*a*) Cette théorie des facultés de l'esprit, extrêmement vague et générale, n'a vraiment pas de valeur scientifique. Elle ne s'adapte aux faits qu'en les torturant et en les torturant eux-mêmes.

(*b*) Si l'on reste dans le vrai, cela veut dire seulement que les objets perçus par nous sont finis ; que chacun d'eux nous suggère l'idée de quelque chose d'infini, et que nous concevons les objets finis comme existant dans l'infini et par l'infini ; mais qu'il y a loin de ces propositions à celles qui font les sciences humaines !... et comme elles ne les aident guère !... Elles sont d'ailleurs le principal fondement du système de M. Cousin.

les ténèbres dont les évangélistes font mention.

1° La date est la même ; la quatrième année de la deux cent deuxième olympiade commença au solstice d'été de l'an 32 de l'ère chrétienne, et finit au solstice d'été de l'an 33 ;

par conséquent il est incompréhensible, et son incompréhensibilité est pour nous sa destruction. »

« Pesons tous les mots de cette période, à l'exception des premières paroles qui sont presque énigmatiques et surtout fort suspectes. Les membres de phrases suivants, qui sont parfaitement clairs, nous dispensent de cet examen. *Dieu est temps, espace et nombre.* On le décide avec beaucoup d'assurance, quelle preuve en donne-t-on? Aucune. Mais comme le temps, l'espace et le nombre sont limités, et ne peuvent entrer dans une substance simple, on commence à déclarer, par là le panthéisme qu'on a dans l'esprit..... *Dieu est au sommet de l'être, et à son plus humble degré.* Peut-il donc y avoir divers degrés d'être, les uns supérieurs aux autres dans la perfection souveraine? D'une autre part, quel est le plus humble degré de l'être? C'est évidemment celui qu'occupent les corps grossiers et matériels répandus dans l'univers. Ces corps font donc partie de l'Être divin. Même erreur..... *Dieu est infini et fini tout ensemble.* Voilà assurément l'alliance de mots la plus monstrueuse et la plus révoltante dont il y ait peut-être d'exemple ; car il est évident qu'un être fini sous un rapport n'est point infini dans son essence. Mais quand on prétend que Dieu est engagé dans la matière, et qu'elle fait partie de son essence, l'union de ces deux mots paraît, au premier coup d'œil, un peu moins choquante. Au-si, est-ce à cet état que l'auteur réduit la divinité. Suivent des expressions si hardies, qu'on n'en croirait pas à ses yeux, si la netteté et la précision des termes ne rendaient pas la méprise impossible : *Dieu est triple enfin, c'est à-dire à la fois Dieu, nature et humanité.* La doctrine du Dieu-univers jaillit de ces paroles d'une manière si vive et si saisissante, qu'elle ne demanderait pas un commentaire, même pour un enfant. Le premier être est *à la fois Dieu, nature et humanité.* Comment mieux expliquer que toutes les choses existantes ne font qu'un tout unique? Cependant l'auteur sait trouver de nouvelles expressions pour rendre la même pensée. *Si Dieu n'est pas tout, il n'est rien.* C'est là comme la devise et le mot d'ordre des panthéistes. Oui, si Dieu n'est pas reptile, tigre, panthère, il n'est rien. Détestable blasphème, que doit pourtant nécessairement proférer celui qui soutient l'opinion dont il s'agit ici. *L'incompréhensibilité de Dieu est pour nous sa destruction.* Or, c'est précisément tout le contraire, de l'aveu de tout homme capable de la plus légère réflexion.

« Quel esprit en effet n'est frappé de cette vérité, que des vues finies comme les nôtres sont trop courtes pour pénétrer toutes les profondeurs de l'infini? D'où il suit que si Dieu était compris par nous, il ne serait pas infini, il ne serait pas Dieu. Mais non, l'auteur des *Fragments*, comme on le voit dans tous ses livres, ne veut point qu'il y ait de mystères pour la raison humaine. Il soutient qu'elle peut embrasser l'infini tout entier. Hélas ! que résulte-t-il de là ? C'est qu'il égale notre intelligence à la sagesse incréée, qu'il en fait l'apothéose, et que, sans y songer sans doute, il relève l'exécrable autel de la *déesse Raison*.

« Voilà donc le sens bien clair dans tous ses détails de cette longue période. J'affirme avec confiance que jamais on n'a énoncé le panthéisme d'une manière plus explicite, plus nette, plus catégorique. Il n'a pu échapper à aucun lecteur, que notre philosophe était insatiable de répétitions et de figures pour mettre plus vigoureusement en relief cette déplorable doctrine. Ajoutons fort inutilement quelque autre preuve.

« *Dieu*, suivant le même écrivain, *tire le monde*

non du néant qui n'est pas, mais de lui qui est l'existence absolue. (Introd. à *l'Histoire de la Philosophie*, v° leçon, page 27.) Puisque Dieu ne tire pas le monde du néant par la raison *qu'il n'est pas*, il le tire donc d'une chose *qui est*, c'est-à-dire, d'une substance effective, réelle. Or, dans l'instant qui a précédé la création, il n'y avait d'autre substance que la substance divine. Il s'ensuit que Dieu a tiré toutes les choses créées de sa substance ; et comme cette substance adorable est simple, indivisible, immuable, inaltérable, incapable, en un mot, de se transformer, il faut nécessairement en conclure que toutes les choses produites par lui participent à sa substance, sont sa substance même ; de sorte que tout est Dieu dans l'univers. Qu'on imagine toutes les subtilités qu'on voudra, on n'échappera jamais à cette conséquence.

Finissons sur cet article par un indice très-frappant. Personne n'ignore que Spinosa a donné son nom au panthéisme moderne. Or, le chef de l'école philosophique actuelle montre pour ce Juif hollandais une prédilection ou plutôt un enthousiasme qui marque une vive sympathie. Il porte sur cet homme un jugement qui ne peut qu'exciter une extrême surprise. Il ne lui trouve, ce me semble, d'autre défaut que d'avoir été trop religieux : *Loin d'être un athée*, dit-il, *Spinosa a tellement le sentiment de Dieu, qu'il en perd le sentiment de l'homme* ; c'est un excès dont on ne l'aurait pas cru capable. Notre écrivain ajoute : *Son livre est au fond un hymne mystique, un élan et un soupir de l'âme vers celui qui, seul, peut dire légitimement : Je suis celui qui suis.* Oui, sans doute, Spinosa chante *celui qui est*, mais *qui est* à la manière des panthéistes ; quand il s'agit de Dieu, le Juif d'Amsterdam n'en connaît point d'autre. Il semble évident que celui qui est flatté, presque ravi par ce chant mystique, ne peut être qu'un philosophe attaché à la même école. Enfin voici les paroles les plus extraordinaires, je crois, que j'aie jamais lues ; assurément il y a peu de personnes qui ne puissent en dire autant. Le même écrivain, en parlant de Spinosa, s'exprime en ces termes : *L'auteur auquel ressemble le plus ce prétendu athée, est l'auteur inconnu de l'Imitation de Jésus-Christ.* (*Fragm.* tom. II, pages 164, 166.) Quoi ! cet homme si vénérable, si pieux, et en même temps d'une âme et d'un esprit si élevés, sur lequel Fontenelle a dit un mot connu de tout le monde, que Leibnitz admirait, était donc comme une image et un portrait anticipé du Juif apostat ! Peut-on porter plus haut la gloire de cet impie, abhorré depuis deux siècles de tous les peuples civilisés ? Et comment se refuser à croire que celui qui le loue avec une effusion si vive et de si pieux transports, approuve et même partage ses sentiments ?

« On dira peut-être qu'il a plusieurs fois désavoué ce système du Dieu-univers. Mais d'abord, dire le pour et le contre, n'est pas se rétracter, surtout quand on persiste à dire le pour et le contre sur le même sujet..... Il s'est rétracté, mais comment ! qui le croirait ? Quelquefois, même en prétendant désavouer sa profession de croyance panthéiste, il la renouvelle et la confirme. En voici un exemple propre à piquer vivement la curiosité. Dans une des préfaces qui sont en tête de la 3° édition, page 19, le philosophe qui nous occupe repousse d'abord avec une extrême vivacité l'accusation de panthéisme. Il jette en passant ces mots qui nous ont tristement frappé, savoir, que son Dieu n'est pas le *Dieu mort de la scolastique* (comme si l'École avait jamais reconnu un autre Dieu que le Dieu vivant des chrétiens) ; et après une explication pleine de chaleur, en forme d'apologie, il fait une horrible rechute,

c'est précisément l'année dans laquelle le très-grand nombre des savants placent la mort de Jésus-Christ. 2° Ces ténèbres arrivè-c'est-à-dire qu'il rappelle la grande période citée plus haut, qu'il s'appuie sur ce passage, qu'il l'avoue authentiquement de nouveau. A la vérité, par un demi-remords, il s'arrête avant ces expressions fatales : *triple enfin, c'est-à-dire à la fois Dieu, nature et humanité* ; mais il cite tout ce qui précède. Or, quand on dit que *Dieu est temps, espace et nombre, qu'il est fini et infini,* etc., on exprime surabondamment la doctrine du panthéisme. C'est ainsi qu'il retombe dans l'abîme auquel il prétend avoir toujours échappé, et qu'il y est rentraîné par un engagement de système, et par l'impérieux ascendant de sa secrète et profonde pensée.

« Voilà, il faut en convenir, une bien étrange manière de se corriger. Les autres rétractations de l'auteur, lesquelles ne méritent guère ce nom, sont, il est vrai, d'un autre caractère ; mais elles sont vagues, indirectes, mal appuyées, nullement concluantes. De là que s'ensuit-il ? C'est que, si ces modifications énervent un peu la force de la grande période, par exemple, que j'ai citée plus haut, et où le panthéisme est professé avec tant de précision, de solennité et d'éclat, d'une autre part, cette période, avec la lucidité extrême et la vigueur de ses expressions, détruit toute la valeur de ces désaveux pâles et incomplets, dans lesquels on a dès lors le droit de ne plus voir que des palliatifs, des palinodies concertées et très-peu dignes de confiance. Cette observation est, ce me semble, d'un fort grand poids ; et lors même que les deux termes opposés de ces contradictions seraient d'une égale énergie, qu'en résulterait-il ? C'est que l'auteur laisserait à chacun le choix des deux partis divers ou contraires. Mais n'est-il pas évident que, de ces deux doctrines, dont l'une blesse toutes les passions, et l'autre les flatte, entre le théisme, par exemple, qui place sur nos têtes un maître, un juge formidable, et le panthéisme qui montre un Dieu engagé dans la matière, et par là même impuissant et comme stupide, n'est-il pas évident que, dans cette alternative, un grand nombre d'hommes, ou livrés aux illusions de la jeunesse, ou peu instruits, ou peu touchés de ce qui a rapport à Dieu et au salut de l'âme, laisseront le système qui les contrarie, et embrasseront avec ardeur celui qui lâche la bride à leurs inclinations, et en autorise tous les excès, tous les emportements, tous les caprices ?

« Il est donc incontestable que le panthéisme domine toutes ces doctrines qu'on veut bien appeler philosophiques ; et ce qui ajoute beaucoup à la prépondérance donnée à cette doctrine dans les livres de l'auteur, c'est une circonstance qu'il est très-essentiel de remarquer. En effet, s'il avait abjuré cette monstrueuse opinion, il semble qu'il se serait étonné lui-même d'avoir pu l'embrasser et la défendre, qu'il aurait gémi profondément à la vue de ces lignes qu'il aurait eu le malheur d'écrire dans cette vue, qu'il aurait voulu les effacer de ses larmes, et qu'il se serait hâté d'en faire disparaître toutes les traces. Mais c'est précisément le contraire qui est arrivé : il a fait réimprimer la grande période déjà mentionnée, dans toutes les éditions de ses œuvres ; elle se trouve du moins dans la 3° édition qui a paru douze ans après la première, et que j'ai sous les yeux. Il n'y a pas touché, il n'y a pas changé un seul mot, une seule syllabe. Comment concilier sa résipiscence avec ce soin si persévérant de remettre sous les yeux du public un texte qu'il aurait dû attacher tant de prix à lui dérober, et à lui faire, s'il était possible, oublier pour jamais ?

« On voit ces choses, on les rapproche, et on en tire de bien tristes inductions ; n'est-il pas visible, en effet, que l'impression produite par ces livres

rent à la sixième heure ou en plein midi. 3° Elles furent accompagnées d'un tremblement de terre. 4° Ce fut un miracle ; il ne peut est mesurée sur toutes ces circonstances ? Et combien il est difficile qu'un jeune homme surtout, qui les a lus de bonne foi, et qui les prend pour règle de ses jugements et de ses croyances, ne sorte pas de cette lecture avec le panthéisme dans le cœur, ou du moins avec une prédilection marquée pour ce système détestable ?

« Cette conséquence est désolante ; mais elle l'est bien plus encore quand on considère que le panthéisme est, dans un sens, plus dangereux et plus funeste à la société que l'athéisme lui-même. L'athée se borne à regarder le crime comme indifférent ; son aveuglement ne va pas plus loin : mais l'opinion du panthéiste, qui croit être une portion de l'éternelle essence, rend respectables, à ses yeux, tous ses actes ; elle consacre ses erreurs, elle sanctifie tous ses excès, elle divinise ses attentats les plus odieux et les plus noirs. Qui ne frémirait ici, qui ne verrait un effroyable danger dans ces impressions reçues par tant de lecteurs ? Et comment calculer les maux qui attendent une société au sein de laquelle les doctrines dont je viens de parler seraient, même avec quelque déguisement, répandues par mille canaux, et à l'abri d'un titre spécieux et honorable ?

« Si les vérités les plus hautes, les plus révérées, ont été si dangereusement, si audacieusement attaquées par les philosophes du jour, ai-je besoin de dire qu'ils n'ont pas plus ménagé d'autres vérités dont les premières sont la source ? ai-je besoin de montrer de quelle manière ils traitent le christianisme ? Il est aisé d'en juger par ce qu'on a déjà vu. L'article le plus auguste de notre foi, la Trinité, dans l'unité de laquelle nous adorons le Père, le Fils et le Saint-Esprit, qu'est-elle pour eux ? Je vous l'ai déjà dit, ils n'y voient que *le Dieu triple*, qui est tout *à la fois Dieu, nature et humanité*. Que devient après cela l'incarnation de la seconde personne, la rédemption, et notre religion tout entière ? Ce n'est pas tout.

« Quel disciple de l'Evangile ne gémirait profondément en lisant les paroles suivantes : *La philosophie est patiente, heureuse de voir les masses entre les bras du christianisme, elle se contente de lui tendre doucement la main, et de l'aider à s'élever plus haut encore.* (*Introd. à l'Histoire de la Philosophie,* n° leçon, page 38.) Quelle compassion insultante et dérisoire ! Vous le voyez, il veut bien jeter un regard d'intérêt sur la religion chrétienne ; il se proportionne, il se rapetisse pour descendre jusqu'à elle ; il daigne prêter son appui au christianisme si digne de pitié, qui a produit si peu de vertus éclatantes, qui a été défendu par si peu d'hommes d'un génie éminent, qui a fait si peu de conquêtes dans l'univers. Il lui tend la main *doucement,* avec bonté, avec une touchante condescendance : et pourquoi ? *pour l'élever plus haut.* Et jusqu'où donc veut-il le faire monter ? on le présume assez : jusqu'à la hauteur de sa philosophie. Hélas ! vous la connaissez déjà. Peut-on se jouer, avec un oubli si incroyable de toute retenue, d'une religion crue et révérée dans le monde entier ?

« Faisons-nous violence pour continuer un examen si douloureux et si blessant pour notre foi. A les en croire, la révélation véritable, c'est la raison, c'est le spectacle de la nature et l'impression qu'il fait sur nos âmes. (*Essai sur l'Hist. de la Philosophie en France au* XIX° *siècle,* par M..... profes. de philos.) *La raison,* disent-ils, *est, à la lettre, une révélation ; elle est le médiateur nécessaire entre Dieu et l'homme, elle est ce Verbe fait chair, qui sert d'interprète à Dieu et de précepteur à l'homme, homme à la fois et Dieu tout ensemble.... le Dieu du genre hu-*

pas naturellement y avoir une *éclipse* centrale du soleil à la pleine lune, et, selon les tables astronomiques, il n'y a point eu d'*éclipse* de main. Or, il ne peut pas y avoir deux médiateurs divins (leur duplicité serait inutile, et ils s'embarrasseraient en quelque sorte l'un l'autre) ; il ne peut pas y avoir deux verbes faits chair ; l'empire du genre humain ne peut pas être partagé entre deux différents dieux. Il s'ensuit que la raison est tout, qu'elle supplante Jésus-Christ, et que le culte de ce Dieu sauveur n'est plus qu'une allégorie, une fiction, un *mythe*. Cette déification de la raison, et l'anéantissement du christianisme, qui en est la suite, voilà le fond de tout leur système. On retrouve partout dans leurs livres cette intention bien ou mal déguisée... Ils s'efforcent donc de cacher, du moins à demi, ces imaginations monstrueuses... Oui, ils ont dans ce but inventé un stratagème, mais bien grossier ; le voici :

« Sous le nom de *mysticisme*, terme *convenu* par lequel ils désignent la croyance au surnaturel et aux *mystères*, et qu'ils étendent au culte protestant, parce qu'on y a la faiblesse de croire en Jésus-Christ ; sous la voile de cette dénomination ils insultent la religion du Christ, ils la jouent, ils la nient, ils l'avilissent, ils la calomnient, ils la relèguent dans le peuple et dans les *masses* ; ils en font le terme opposé à la *raison*, à la *réflexion* ; ils décident qu'elle a fait son temps (d'où il faudrait conclure que Jésus-Christ qui lui a promis une durée sans fin, a trompé le monde) ; enfin, quand ils veulent lui faire le plus d'honneur, ils déclarent avec faste qu'elle est l'avant-coureur, la figure vide, l'enveloppe de leur propre philosophie, laquelle bientôt triomphante ouvrira une ère fortunée de liberté sans entrave, de bonheur sans mélange, et formera la seule religion véritable. Je m'abstiens de qualifier cette présomption et ce délire.

« Comment envisagent-ils ce qui a rapport à l'existence et à l'immortalité de l'âme ? Avant de répondre, je dois remarquer qu'ils ont inventé une *méthode* qu'on a nommée *psychologique*. Cette vaine et pernicieuse nouveauté consiste à transporter le grand moyen de connaître que Dieu nous a donné, de l'esprit au cœur et de l'entendement à la conscience. Ils ont interverti par là l'ordre et la destination des facultés dont le Créateur nous a pourvus. Dieu venge son ouvrage quand on y touche ; ils ont demandé des lumières à cette méthode, et ils n'en ont obtenu que des méprises, des erreurs et d'épais nuages. Un exemple décisif, j'ose le dire, et qui a rapport à la vérité dont il s'agit en ce moment, c'est-à-dire à la spiritualité de l'âme, confirme cette observation. Le philosophe renommé, dont on déplore la perte récente (Jouffroi), a confessé ouvertement que le dogme dont nous parlons ne trouvait ni preuve ni appui dans la science philosophique actuelle. On n'a pu, sans une assurance incroyable, nier, comme on l'a fait, la réalité de cet aveu conçu dans des termes aussi formels que ceux-ci : *Il faut laisser dormir cette question* (celle de l'immatérialité et de l'immortalité de l'âme) ; *dans l'état présent de la science, on ne peut pas même l'aborder.* (*Esquiss. de Phil. morale*, Préf. du traduct., pag. cxxxvi.) Nous en savons bien plus aujourd'hui, et des révélations faites après la mort de l'auteur que je viens de désigner, nous ont appris que cette méthode psychologique n'avait pu le retenir, ou même qu'elle l'avait placé sur la pente d'un pyrrhonisme universel, au sein duquel s'est éteinte cette vie toute de méditation et d'étude.

« Parlerai-je de la morale ? Qu'en font-ils ? quelle base lui donnent-ils ? Ah ! ils lui enlèvent toute force, toute sanction. Ainsi désarmée, quelle vertu peut-elle faire éclore ? quels vices peut-elle réprimer ? quels excès est-elle en état de prévenir ? Un soleil dans l'année dont parle Phlégon, ou dans la trente-troisième année de notre ère ; mais il y en eut une le 24 novembre de l'an 29, horrible fléau désole notre France ; c'est le suicide. Opposent-ils quelque digue, quelque préservatif à cet acte affreux de désespoir ? Non, ils le facilitent, ils l'encouragent au contraire. Avec leur panthéisme, leur matérialisme, ou, si l'on veut, avec leur spiritualisme qui n'entraîne aucune obligation morale, ils mettent le poignard dans la main du malheureux qui déchire son sein, poussé plutôt par leur fatale doctrine que par de vains chagrins, auxquels ils auraient bien souvent trouvé un facile remède, En veut-on la preuve ? On la trouvera dans ces révoltantes paroles du professeur philosophe cité plusieurs fois : « Le corps tient à l'âme par des rapports trop intimes, il lui est trop nécessaire comme instrument d'action, pour être traité avec indifférence. Non qu'en lui-même il ait des droits à des soins qui lui soient propres ; en lui-même il n'est que physique. Effet de l'ordre, partie du monde, il y aurait sans doute de la folie et par conséquent quelque mal à le détruire sans raison, à le mutiler par caprice. Cependant, après tout, il n'y aurait pas crime et injure ; ce serait une atteinte à la nature, et non à un être moral. » (*Essai sur l'Hist. de la phil. en France au* XIXe *siècle*, t. II, p. 257.) C'est ainsi qu'une doctrine repoussée avec horreur par la religion, par tous les siècles et par tous les peuples, par l'instinct même des animaux ; qu'une doctrine qui plonge dans la désolation des familles sans nombre, et nous rend en ce moment le scandale de l'univers, est consacrée, est scellée par les enseignements de ceux qui se flattent d'avoir seuls parmi nous la suprême direction de la pensée, et sur qui reposent les futures destinées de la France. Oui, ils déchirent, ou plutôt ils souillent le code entier de la morale, ils détruisent toute la sainteté de ses préceptes, ils corrompent tous les principes de bonheur qu'il renferme, ils en font une source de sang et de larmes. Voici donc à quoi se réduit toute cette philosophie. Elle n'est qu'un amas de témérités intolérables, de principes faux qui portent une atteinte sacrilège à l'essence de Dieu à ses perfections, qui font évanouir le dogme de l'immortalité de l'âme, qui anéantissent le christianisme, qui bannissent du monde la vertu, et mettent en pièces la règle des mœurs.

« Je le demande à présent : le caractère de ces écrivains, considérés comme écrivains et comme philosophes (car je suis loin de toucher à leurs qualités privées), leur caractère, dis-je, mérite-t-il qu'on remette aveuglément dans leurs mains les plus précieux trésors de la patrie, sa félicité et sa grandeur à venir, le sort d'une religion qui fut si longtemps son appui, sa gloire, l'objet de son respect et de son amour ? Quelle est leur manière de philosopher ? où est leur logique ? où est l'enchaînement, la gravité, l'utilité de leurs maximes ? Quel respect ont-ils pour les lois qui ont toujours dirigé la raison ? Ceux qui les ont lus avec discernement, le savent. En général, ils se croient dispensés de prouver ce qu'ils avancent, et bien souvent ils mettent à la place de la démonstration un torrent d'assertions tranchantes, d'expressions inintelligibles, de figures violentes pour étourdir le lecteur, de logomachie, de phraséologie vide et fastueuse, de tours sophistiques pour montrer, cacher, reproduire, celer encore des propositions contraires aux opinions générales et vraies. Après cette flexibilité et cette souplesse, ce qui distingue le plus leurs ouvrages, c'est une obscurité plus ou moins profonde. Aussi n'est-il pas rare de trouver des hommes de sens, qui, après avoir étudié leurs livres avec un vrai désir de s'instruire, ont avoué que cette lecture avait fatigué horriblement leur cerveau, et qu'ils n'en

à neuf heures du matin, au méridien de Paris, qui ne peut avoir rien de commun avec celle dont nous parle Phlégon. — C'est donc très-mal à propos que plusieurs incrédules ont confondu ces deux *éclipses*, pour prouver que les évangélistes s'étaient trompés ou en avaient imposé. Vainement ils ont observé qu'il n'y a pas pu avoir d'*éclipse* de soleil l'année de la mort du Sauveur, surtout dans le temps de la pâque, ou à la pleine lune de mars. Les évangélistes ne parlent point d'*éclipse* naturelle, mais de ténèbres, sans en indiquer la cause. Ces ténèbres étaient miraculeuses, sans doute ; c'est aux incrédules de prouver que Dieu n'a pas pu les produire.

Origène, qui connaissait le récit de Phlégon, remarque fort judicieusement que nous n'en avons pas besoin pour confirmer celui des évangélistes; que les ténèbres, dont parlent ces derniers ne se firent probablement sentir que dans la Judée; qu'ainsi ces mots, *toute la terre*, ne doivent pas être pris dans la rigueur (*Traduct.*, 35 *in Matth.*, n° 134). Nous en convenons. Mais il est toujours bon de faire voir que les incrédules, qui argumentent sur tout, et cherchent de toutes parts des objections contre l'histoire évangélique, raisonnent ordinairement fort mal. *Voy.* TÉNÈBRES.

ÉCOLATRE. C'est un ecclésiastique pourvu d'une prébende dans une église cathédrale, à laquelle est attaché le droit d'institution et de juridiction, sur ceux qui sont chargés d'instruire la jeunesse. — On l'appelle en quelques endroits, *maître d'école*, en d'autres *escolat*, *scolastic*, en latin *scholasticus*; en d'autres, on l'appelle *chancelier*. Dans l'acte de dédicace de l'abbaye de la Sainte-Trinité de Vendôme, qui est de l'an 1040, il est parlé du scolastique, qui est nommé *Magister, scholaris, scholasticus*; ce qui fait connaître qu'anciennement l'*écolâtre* était lui-même chargé du soin d'instruire gratuitement les jeunes clercs et les pauvres écoliers du diocèse ou du ressort de son église; mais depuis, tous les *écolâtres* se contentent de veiller sur les maîtres d'école. — Dans quelques églises il était chargé d'enseigner la théologie, aussi bien que les humanités et la philosophie ; dans d'autres, il y a un théologal chargé d'enseigner la théologie seulement ; mais la dignité d'*écolâtre* est ordinairement au-dessus de celle de théologal. — La direction des petites écoles lui appartient ordinairement, excepté dans quelques églises, où elle est attachée à la dignité de chantre, comme dans l'église de Paris. L'intendance des écoles n'est pourtant pas un droit qui appartienne exclusivement aux églises cathédrales dans toute l'étendue du diocèse : quelques églises collégiales jouissent du même droit dans le lieu où elles sont établies. Le chantre de l'église de Saint-Quirace de Provins fut maintenu dans un semblable droit par arrêt du 15 février 1633, rapporté dans les *Mémoires du clergé*. — L'écolâtre ne peut pas non plus empêcher les curés d'établir dans leurs paroisses des écoles de charité, et d'en nommer les maîtres indépendamment de lui.

La fonction d'*écolâtre* est une dignité dans plusieurs églises, et dans d'autres ce n'est qu'un office. — L'établissement de l'office ou dignité d'*écolâtre* est aussi ancien que celui des écoles, qui se tenaient dans la maison même de l'évêque, et dans les abbayes, monastères et autres principales églises. — On trouve dans les II°, IV° conciles de Tolède, dans celui de Mérida, de l'an 666, et dans plusieurs autres fort anciens, des preuves qu'il y avait déjà des ecclésiastiques qui faisaient la fonction d'*écolâtres* dans plusieurs églises. — Il est vrai que dans les premiers temps ils n'étaient pas encore désignés par le terme de *scholasticus* ou *écolâtre*; mais ils étaient désignés sous d'autres noms.

Le synode d'Augsbourg, tenu en 1548, marque que la fonction du scolastique était d'instruire tous les jeunes clercs, ou de leur donner des précepteurs habiles et pieux, afin d'examiner ceux qui devaient être ordonnés. — Le concile de Tours, en 1583, charge les scolastiques et les chanceliers des églises cathédrales d'instruire ceux qui doivent lire et chanter dans les offices divins, et de leur faire observer les points et les accents. Ce concile contient plusieurs règlements par rapport aux qualités que doivent avoir ceux qui étaient préposés sur les écoles. — Le concile de Bourges, en 1584, titre 33, can. 6, voulut que les scolastiques ou *écolâtres* fussent choisis d'entre les docteurs ou licenciés en théologie ou en droit canon. Le concile de Trente ordonne la même chose, et veut que les places ne soient données qu'à des personnes capables de les remplir par elles-mêmes, à peine de nullité des provisions. Quoique ce concile ne soit pas suivi en France quant à la discipline, on suit néanmoins cette disposition dans le choix des *écolâtres*. — Barbosa et quelques autres canonistes ont écrit que la congrégation établie pour l'interprétation des décrets de ce concile a décidé que l'on ne doit pas comprendre dans ce décret l'office ou dignité d'*écolâtre* dans les lieux où il n'y a point de séminaire, ni même dans

---

avaient rapporté qu'une lassitude accablante et des ténèbres. Malheureusement ces ténèbres ne sont pas toujours impénétrables, et les passions ne savent que trop bien lire à travers les nuages. Non, ces doctrines ne méritent point le nom de philosophie. Au lieu d'éclairer l'esprit, elles n'y produisent que des doutes, des perplexités cruelles, qu'une horrible confusion d'idées. Je puis emprunter à ce sujet les paroles de saint Paul : *Videte ne quis vos decipiat per philosophiam et inanem fallaciam* (Coloss. II, 8): *Prenez garde de vous laisser égarer par une philosophie trompeuse et vide des lumières et des biens qu'elle promet*. Tel est le vrai caractère de ces systèmes, qu'on pare aujourd'hui d'un nom qui ne leur appartient pas. Ils sont semblables à ces vases sur lesquels on a inscrit un nom pompeux, pour persuader qu'ils renferment des essences rares et précieuses, mais qui ne cachent en effet qu'une vaine poussière mêlée aux plus mortels poisons. »

ceux où il y en a, lorsqu'on y a établi d'autres professeurs que les *écolâtres* pour y enseigner; mais cela est contraire à la discipline observée dans toutes les églises cathédrales qui sont dans le ressort des parlements où l'ordonnance de 1606, a été vérifiée, et où l'*écolâtre* est une dignité. — Le concile de Mexique, tenu en 1585, les oblige d'enseigner par eux-mêmes, ou par une personne à leur place, la grammaire à tous les jeunes clercs et à tous ceux du diocèse. — Celui de Malines, en 1607, titre 20, can. 4, les charge de visiter, tous les six mois, les écoles de leur dépendance, pour empêcher qu'on ne lise rien qui puisse corrompre les bonnes mœurs, ou qui ne soit approuvé par l'ordinaire. — L'*écolâtre* doit accorder gratis les lettres de permission qu'il donne pour tenir école. — Dans les villes où on a établi des universités, on y a ordinairement conservé à l'*écolâtre* une place honorable, avec un pouvoir plus ou moins étendu, selon la différence des lieux : par exemple, le scolastique de l'église d'Orléans et le maître d'école de l'église d'Angers sont tous deux chanceliers-nés de l'Université.

On ne doit pas confondre la dignité ou l'office d'*écolâtre* avec les prébendes préceptoriales instituées par l'article 9 de l'ordonnance d'Orléans, confirmée par celle de Blois : car, outre que les *écolâtres* sont plus anciens, la prébende préceptoriale peut être possédée par un laïque.

L'indult de Clément IX, accordé au roi en 1668, a donné lieu à la question de savoir si l'écolâtrerie de l'Eglise de Verdun devrait être à la nomination du roi, ou si cette dignité est à la collation du chapitre, comme étant un bénéfice servitorial et dont le chapitre a le dernier état. Cette difficulté fut jugée au grand conseil, le 28 mai 1694, en faveur du chapitre. Le nommé par Sa Majesté s'étant pourvu en cassation contre cet arrêt, il a été débouté (1). (*Extrait du Dictionnaire de Jurisprudence.*)

ECOLE. *Les savants*, dit un prophète, *brilleront comme la lumière du ciel, et ceux qui enseignent la vertu à la multitude jouiront d'une gloire éternelle.* (Dan. XII, 3). Jésus-Christ dit de même que celui qui pratiquera sa doctrine et l'enseignera, sera grand dans le royaume des cieux (*Matth.* V, 19). Le dernier ordre qu'il a donné à ses apôtres a été d'enseigner toutes les nations (*Matth.* XXVIII, 19). Saint Paul regarde le talent d'enseigner comme un don de Dieu (*Rom.* XII, 7). — Aussi n'est-il aucune religion qui ait inspiré à ses sectateurs autant de zèle que le christianisme pour l'instruction des ignorants, aucune qui ait produit un aussi grand nombre de savants; excepté les nations chrétiennes, presque toutes les autres sont encore ignorantes

et barbares ; celles qui ont e e malheur de renoncer au christianisme sont retombées dans la barbarie. Quand notre religion n'aurait point d'autre marque de vérité, celle-là devrait suffire pour nous la rendre chère.

Nous avons des preuves que, dès le 1ᵉʳ siècle, saint Jean l'Evangéliste établit à Ephèse une *école* dans laquelle il instruisait des jeunes gens; saint Polycarpe, qui avait été son disciple dans sa jeunesse, imita son exemple dans l'Eglise de Smyrne; et nous ne pouvons pas douter que les plus saints évêques n'aient fait de même (Mosheim, *Inst. Hist. Christ.*, sæc. I, IIᵉ part., c. 3, § 11). — Comme la fonction d'enseigner leur était principalement confiée, nous voyons dès le IIᵉ et le IIIᵉ siècle des *écoles* et des bibliothèques placées à côté des églises cathédrales. L'*école* d'Alexandrie fut célèbre par les grands hommes qui l'occupèrent ; Socrate parle de celle de Constantinople, dans laquelle l'empereur Julien avait été instruit, Bingham cite deux canons du sixième concile général de Constantinople, qui ordonnent d'établir des *écoles* gratuites, même dans les villages, et recommandent aux prêtres d'en prendre soin. (*Orig. eccl.*, l. VIII, c. 7, § 12, tom. III, p. 273.) Outre la fameuse bibliothèque d'Alexandrie, les historiens ecclésiastiques citent celles de Césarée, de Constantine en Numidie, d'Hippone et de Rome. Celle de Constantinople contenait plus de cent mille volumes : elle avait été fondée par Constantin et augmentée par Théodose le Jeune ; elle fut malheureusement incendiée sous le règne de Basilisque et de Zénon. *Ibid.*

Lorsque les peuples du Nord eurent dévasté l'Europe et détruit presque tous les monuments des sciences, les ecclésiastiques et les moines travaillèrent à en recueillir les restes et à les conserver ; il y eut toujours dans les églises cathédrales et dans les monastères des *écoles* pour l'instruction de la jeunesse; c'est là que furent élevés plusieurs enfants de nos rois. Au VIᵉ siècle, un concile de Vaisons et un de Narbonne ordonnèrent aux curés de vaquer à l'instruction des jeunes gens, surtout de ceux qui étaient destinés à la cléricature. Au VIIIᵉ, un concile de Cloveshow, en Angleterre, imposa aux évêques la même obligation. Sur la fin de ce même siècle, Charlemagne fonda l'université de Paris. Au IXᵉ, Alfred le Grand, roi d'Angleterre, aussi pieux que sage, établit celle d'Oxford. Au XIIᵉ, Louis le Gros favorisa l'établissement de plusieurs *écoles*, et le goût pour les études fut le premier fruit de la liberté qu'il accorda aux serfs. Le troisième concile de Latran, tenu l'an 1179, ordonna aux évêques d'y veiller et d'en faire un des principaux objets de leur sollicitude. Dès lors il s'est formé plusieurs congrégations de l'un et de l'autre sexe, qui se sont consacrées à cette œuvre de charité, à enseigner non-seulement les hautes sciences, mais les premiers éléments des lettres et de la religion. Le célèbre Gerson, chancelier de l'Eglise de Paris, ne dédaignait pas cette fonction ; aujourd'hui le chantre de cette

---

(1) Cet article, reproduit d'après l'édition de Liége, nous montre une dignité ecclésiastique d'autrefois. Nous n'avons plus d'*écolâtre* aujourd'hui. On nous fait une loi sur l'instruction où le clergé doit avoir une faible part dans la direction de l'enseignement (février 1850).

Eglise est encore chargé de l'inspection sur les *petites écoles*.

Il a fallu toute la malignité des incrédules pour rendre suspect et odieux ce courage des ministres de la religion. C'est, disent-ils, l'effet d'un caractère inquiet, de l'ambition qu'ont les prêtres d'amener tout le monde à leur façon de penser, de la vanité et du désir de se rendre importants, etc. ; pourquoi ne serait-ce pas plutôt l'effet des leçons de Jésus-Christ, de l'esprit de charité qu'inspire le christianisme ? Si toute espèce de zèle pour l'enseignement est suspect, nous voudrions savoir quelle est l'origine de l'empressement des incrédules de notre siècle à s'ériger en précepteurs du genre humain. Des leçons aussi mauvaises que les leurs ne peuvent pas venir d'une source bien pure ; dès que l'on cessera de leur prodiguer l'encens, leur zèle ne tardera pas à se ralentir. Mais si la religion ne commençait pas par donner aux hommes les premières instructions de l'enfance, où les philosophes trouveraient-ils des disciples ?

ÉCOLES DE CHARITÉ. Il n'est peut-être point de ville dans le royaume, dans laquelle on n'ait établi des *écoles de charité* pour les deux sexes, et surtout pour les filles. Dans la seule ville de Paris, le nombre de ces établissements est immense. Outre les maisons des Ursulines, des religieuses de la Congrégation, des sœurs de la Charité, on connaît les communautés de Sainte-Anne, de Sainte-Agnès, de Sainte-Marguerite, de Sainte-Marthe, de Sainte-Geneviève, de l'Enfant-Jésus, les Mathurines ou filles de la Sainte-Trinité, les filles de la Croix, de la Providence, etc. Il en est de même partout ailleurs. Dans plusieurs diocèses il y a des congrégations particulières formées pour aller rendre ce service dans les paroisses de la campagne. L'on nous permettra de remarquer que ce n'est ni la philosophie, ni la politique, mais la religion qui a fondé et qui maintient ces établissements utiles.

ÉCOLES CHRÉTIENNES. Les frères des *écoles chrétiennes*, appelés vulgairement *ignorantins* ou *frères de Saint-Yon*, sont une congrégation de séculiers, instituée à Reims en 1659, par M. de la Salle, chanoine de la cathédrale, pour l'instruction gratuite des petits garçons. Leur chef-lieu est la maison de Saint-Yon, située à Rouen dans le faubourg de Saint-Sever ; ils ont des établissements dans plusieurs provinces du royaume, et ne font que des vœux simples. Il leur est défendu, par leur institut, d'enseigner autre chose que les principes de la religion et les premiers éléments des lettres. Dans notre siècle philosophe, on a poussé le fanatisme jusqu'à écrire qu'il faut se défier de ces gens-là ; que c'est un corps qui peut devenir redoutable.

ÉCOLES PIES. Il y a en Italie un ordre religieux consacré à l'éducation de la jeunesse, que l'on nomme les *clercs des écoles pies*. Ils ont eu pour fondateur Joseph Calazana, gentilhomme aragonais, mort en odeur de sainteté, le 15 août 1648. Ils formèrent d'abord une congrégation de prêtres, qui fut approuvée par le pape Paul V en 1647 ; Grégoire XV l'érigea en ordre religieux quatre ans après. Ils s'obligent, par un quatrième vœu, à travailler à l'instruction des enfants, surtout à celle des pauvres.

ÉCOLES DE THÉOLOGIE. Sous ce terme l'on n'entend pas seulement le lieu où des professeurs enseignent la théologie dans une université ou dans un séminaire, mais les théologiens qui se réunissent à enseigner les mêmes opinions : dans ce dernier sens, les disciples de saint Thomas et ceux de Scot forment deux *écoles* différentes. Quelquefois par l'*école*, on entend les *scolastiques*. *Voy.* ce terme.

Dans la primitive Eglise, les *écoles de théologie* étaient la maison de l'évêque, c'était lui-même qui expliquait à ses prêtres et à ses clercs l'Écriture sainte et la religion. Quelques évêques se déchargèrent de ce soin, et le confièrent à des prêtres instruits ; c'est ainsi que, dès le IIe siècle, Panténe, saint Clément d'Alexandrie, et ensuite Origène, furent chargés d'enseigner. De là sont venues, dans les églises cathédrales, les dignités de *théologal* et d'*écolâtre*. — Jusqu'au XIIe siècle ces *écoles* ont subsisté dans les cathédrales et dans les monastères ; alors parurent les scolastiques. Pierre Lombard, Albert le Grand, saint Thomas, saint Bonaventure, Scot, etc., firent des leçons publiques ; les papes et les rois fondèrent des chaires particulières, et attachèrent des priviléges aux fonctions de professeurs de théologie.

Dans l'université de Paris, outre les *écoles des réguliers* agrégés à la faculté de théologie, il y a deux *écoles* célèbres, celle de Sorbonne et celle de Navarre. Autrefois l'une et l'autre n'avaient point de professeurs fixes et permanents. Ceux qui se préparaient à la licence, y expliquaient l'Écriture sainte, les *Sentences* de Pierre Lombard, ou la *Somme de saint Thomas*. Ce n'a été qu'au renouvellement des lettres, sous le règne de François Ier, que les *écoles de théologie* ont pris la forme qu'elles ont encore aujourd'hui. La première chaire de théologie de Navarre n'a été fondée que sous Henri III, et fut occupée par le fameux René Benoit, depuis curé de Saint-Eustache. On sait que, depuis cinquante ans surtout, les professeurs se sont beaucoup plus attachés à la théologie positive qu'à la scolastique. Ils dictent des traités sur l'Écriture sainte, sur la morale, sur la controverse, les expliquent à leurs auditeurs, les interrogent et les font argumenter sur les différentes questions. — Dans quelques universités étrangères, surtout en Flandre, comme à Louvain et à Douai, l'on suit encore l'ancienne méthode. Le professeur lit un livre de l'Écriture, ou la *Somme de saint Thomas*, ou le *Maître des sentences*, et fait de vive voix un commentaire sur ce texte. C'est ainsi que Jansénius, Estius et Sylvius ont enseigné. Les commentaires du premier sur les Évangiles, ceux du second sur les quatre livres des *Sentences*, sur les Épîtres de saint Paul, etc. ; ceux de Sylvius, sur la *Somme de saint Thomas*, ne sont autre chose que leurs explications recueillies, que l'on a fait imprimer.

Les *écoles de théologie* de la Minerve et du collège de la Sapience à Rome, celles de Salamanque et d'Alcala en Espagne, sont célèbres parmi les catholiques. Les protestants ont eu autrefois celles de Saumur et de Sedan; celles de Genève, de Leyde, d'Oxford, de Cambridge, ont encore aujourd'hui beaucoup de réputation parmi eux. *Voy.* THÉOLOGIE.

*ÉCOLE ÉCOSSAISE. Au lieu de s'attacher avec simplicité à la vérité révélée, l'homme crée tous les jours de nouvelles écoles qui se persuadent qu'elles vont déposséder toutes celles qui ont existé. L'école écossaise, en rejetant le pur idéalisme, a voulu s'appuyer sur les faits psychologiques. Par la méthode d'analyse et d'induction, elle est parvenue à obtenir des résultats, même de grands résultats. Mais ils sont loin d'être pleinement satisfaisants. Elle est forcée de s'arrêter devant les causes. Avec la seule raison elle ne parviendra jamais à constituer le grand édifice dogmatique et moral. *Voy.* RATIONALISME. Qu'elle fasse un pas de plus, qu'elle demande à la révélation la vérité qu'elle cherche, et sa méthode d'analyse et d'induction prendra de plus fortes proportions.

ÉCONOME. On appela ainsi, au IVe et au Ve siècle, les administrateurs des biens de l'Eglise. Dans les siècles précédents, ces biens étaient entièrement à la disposition des évêques; mais comme ce soin leur était fort à charge, et leur dérobait une partie du temps qu'ils devaient donner aux fonctions de leur ministère, ils cherchèrent à s'en délivrer. Saint Augustin offrit plus d'une fois de rendre les fonds que son Eglise possédait; mais son peuple ne voulut jamais les recevoir. (Possidius, *in Vita sanct. August.*, cap. 24.) Saint Jean Chrysostome reprochait aux chrétiens, que, par leur avarice et leur négligence à secourir les pauvres, ils avaient contraint les évêques de faire aux églises des revenus assurés, et de quitter la prière, l'instruction et les autres occupations saintes, pour s'occuper de soins qui ne convenaient qu'à des receveurs et à des fermiers. (*Hom.* 85 *in Matth.* XXVII, 10). Ainsi, de même que les apôtres s'étaient déchargés sur les diacres du soin de distribuer les aumônes, les évêques confièrent l'administration des biens de l'Eglise aux archidiacres, et ensuite à des *économes* qui devaient en rendre compte au clergé — Quelques évêques furent même accusés d'avoir laissé par négligence, ou par défaut d'intelligence, dépérir les biens de leur Eglise; ce fut une nouvelle raison qui engagea les Pères du concile de Chalcédoine à ordonner que chaque évêque choisirait, parmi ses clercs, un *économe*, pour lui remettre l'administration des biens de l'Eglise, parce que les archidiacres étaient assez occupés d'ailleurs, et qu'il était à propos de mettre le sacerdoce à couvert de tout soupçon. L'élection de ces *économes* se faisait à la pluralité des suffrages du clergé. (Bingham, *Orig. eccl.*, l. III, c. 12. Fleury, *Mœurs des chrétiens*, § 50).

Cette discipline prouve évidemment qu'en général les évêques de ces temps-là n'étaient pas fort attachés à leur temporel; que c'est injustement qu'on les accuse d'avoir cherché, dans tous les siècles, à l'augmenter par toutes sortes de moyens. *Voy.* BÉNÉFICES.

ÉCONOMIE, gouvernement. L'on se sert quelquefois de ce terme pour désigner la manière dont il a plu à Dieu de gouverner les hommes dans l'affaire du salut; dans ce sens, l'on distingue l'ancienne *économie*, qui avait lieu sous la loi de Moïse, d'avec la nouvelle, qui a été établie par Jésus-Christ; il est employé par saint Paul (*Eph.* I, 10, etc.). Plus communément l'Apôtre s'en sert pour exprimer le gouvernement de l'Eglise confié aux pasteurs. (*Coloss.* I, 25, etc.). Il est ordinairement rendu dans la Vulgate par *dispensatio*. Il suffit d'en sentir l'énergie, pour comprendre que le ministère des pasteurs ne se borne pas simplement à enseigner ou à prêcher, et qu'il n'est permis à personne de l'exercer sans une mission spéciale de Dieu.

Quelquefois les anciens Pères de l'Eglise ont usé du terme d'*économie* dans une signification très-différente, du moins les protestants le prétendent ainsi. Ils disent que les platoniciens et les pythagoriciens avaient pour maxime qu'il était permis de tromper, et même d'user de mensonge, lorsque cela était avantageux à la piété et à la vérité; que les Juifs, établis en Egypte, apprirent d'eux cette maxime, et que les chrétiens l'adoptèrent. Conséquemment, au second siècle, ils attribuèrent faussement à des personnages respectables une grande quantité de livres dont on a reconnu la supposition dans la suite; au troisième, les docteurs chrétiens, qui avaient été élevés dans les écoles des rhéteurs et des sophistes, employèrent hardiment l'art des subterfuges, qu'ils avaient appris de leurs maîtres, en faveur du christianisme; et uniquement occupés du soin de vaincre leurs ennemis, ils se mirent peu en peine des moyens qu'ils employaient pour remporter la victoire: on nomme cette méthode *parler par économie*, et elle fut généralement adoptée, à cause du goût que l'on avait pour la rhétorique et la fausse subtilité.

Daillé paraît être le premier qui a intenté cette accusation contre les Pères (*De vero usu Patrum*, l. I, c. 6); elle a été répétée par vingt autres protestants, et nos incrédules modernes n'ont eu garde de la négliger; un des plus célèbres en a fait un long chapitre, et a lancé contre les Pères des sarcasmes sanglants. — Avant de triompher, il aurait fallu examiner si elle est fondée sur de fortes preuves. Daillé ne l'appuie que sur un passage de saint Jérôme, duquel il force le sens; il n'en a cité aucun dans lequel les Pères se soient servis de l'expression *parler par économie*; nous ignorons sur quel fondement l'on prétend qu'elle était, pour ainsi dire, consacrée parmi ces respectables écrivains.

Saint Jérôme, dans sa *lettre 30 à Pammachius*, dit : « qu'autre chose est de disputer, et autre chose d'enseigner. Dans la dispute, le discours est vague; celui qui répond à un adversaire propose tantôt une chose et tantôt une autre ; il argumente comme il lui plaît ; il avance une proposition et en prouve une autre, il montre, comme on dit, du pain, et tient une pierre. Dans le discours dogmatique, au contraire, il faut se montrer à front découvert, et agir avec la plus grande candeur; mais autre chose est de chercher, autre chose de décider; dans un de ces cas il est question de combattre, dans l'autre d'enseigner..... » Après avoir cité l'exemple des philosophes, il dit : « Origène, Méthodius, Eusèbe, Apollinaire, ont beaucoup écrit contre Celse et Porphyre ; voyez par quels arguments, par quels problèmes captieux ils renversent les ruses du démon ; comme souvent ils sont forcés de dire, non ce qu'ils pensent, mais ce qui est nécessaire, contre ce que soutiennent les païens. Je ne parle point des auteurs latins, de Tertullien, de Cyprien, de Minutius, de Victorin, d'Hilaire, de Lactance, de peur que je ne paraisse accuser les autres, plutôt que me défendre moi-même. » (Op., t. IV, IIᵉ part., col. 255.) — S'ensuit-il de là que, suivant le sentiment de saint Jérôme, ces Pères ont usé de fraude, de mensonge, d'équivoques affectées, de restrictions mentales, pour tromper leurs adversaires? *Aliud loqui, aliud agere; loqui, non quod sentiunt, sed quod necesse est*, expressions dont on abuse, signifient *ne pas dire ce que l'on pense*, et non *dire le contraire de ce que l'on pense*. Or, nous soutenons que les Pères, en disputant contre les païens, ont pu ne pas dire ce qu'ils pensaient, c'est-à-dire ne pas exposer la croyance chrétienne, parce que ce n'était pas le lieu; mais se servir des opinions régnantes parmi les païens, pour prouver à leur adversaire qu'il raisonnait mal, qu'il avait tort de faire un crime aux chrétiens d'une opinion suivie par lui-même ou par le commun des païens. Ils ont pu, sans fraude, avancer une proposition, dans le dessein d'en prouver une autre, par un circuit auquel leur adversaire ne s'attendait pas. Ils ont pu, pour abréger la dispute, passer sur quelques propositions fausses, sans les relever, afin de faire à leur antagoniste un argument plus direct et plus propre à lui fermer la bouche. Ils ont pu, en un mot, se servir de tout ce que l'on nomme *argument personnel*, ou *ad hominem*, pour lui montrer qu'il avait tort. Ces arguments n'instruisent point un adversaire de ce qu'il faut penser ou croire, ils lui montrent seulement qu'il est mauvais raisonneur. Voilà ce qu'ont fait les Pères, et c'est tout ce que saint Jérôme a voulu dire. Nous examinerons de nouveau cette accusation, au mot FRAUDE PIEUSE.

Or, nous demandons aux protestants s'ils ont jamais fait scrupule de se servir contre nous de ces ruses de guerre; nous n'aurions rien à leur reprocher, s'ils s'étaient bornés là. Mais citer des passages faux, tronqués ou altérés ; des livres dont nous reconnaissons aussi bien qu'eux la supposition, et dont personne ne soutient plus l'authenticité; des auteurs obscurs ou inconnus, comme si c'avaient été les oracles de l'Église, donner une tournure odieuse à tous nos dogmes, et leur prêter un sens qu'ils n'ont jamais eu ; rejeter tous les monuments qui incommodent, sans s'embarrasser si c'est justement ou injustement ; attribuer des intentions noires aux écrivains les plus respectables, lorsqu'ils peuvent en avoir eu de très-innocentes, etc. : voilà ce qu'ont fait de tout temps les protestants, et ils ne prouveront jamais que les Pères en ont agi de même.

Quant aux suppositions de livres apocryphes dont on accuse les Pères, c'est une calomnie. Mosheim lui-même est forcé de convenir que la plupart de ces ouvrages apocryphes furent la production de l'esprit fertile des gnostiques ; mais je ne saurais assurer, dit-il, que les vrais chrétiens aient été entièrement exempts de ce reproche (*Hist. ecclés.*, IIᵉ siècle, IIᵉ part., c. 3, § 15). S'il ne peut pas l'assurer, en est-ce assez pour supposer qu'ils en ont été réellement coupables? Origène, au troisième siècle, chargeait de ce crime les hérétiques, et non les vrais chrétiens ; il était plus à portée de savoir la vérité que les protestants du XVIᵉ et du XVIIIᵉ siècle. — Nous convenons que les Pères ont cité plus d'une fois ces livres apocryphes, mais alors on les regardait comme vrais ; les Pères, sans examiner la question, ont suivi l'erreur commune, mais ils n'en sont pas les auteurs. C'est d'ailleurs un entêtement ridicule de supposer que toutes ces suppositions sont des *fraudes pieuses*; une erreur et une fraude ne sont pas la même chose. Il y a eu plusieurs auteurs nommés Clément; on ne sait pas lequel est celui qui a écrit les *Récognitions*, les *Clémentines*; quelques écrivains mal instruits ont imaginé que c'était saint Clément de Rome, ils l'ont ainsi supposé, et on l'a cru d'abord ; est-il bien certain que les premiers qui l'ont assuré l'ont fait malicieusement et dans le dessein de tromper ? De même plusieurs auteurs des premiers siècles ont porté le nom de *Denis*; l'un d'entre eux composa, au cinquième siècle, les livres *de la Hiérarchie* : on se persuada que c'était saint Denis l'aréopagite, et cette erreur a duré longtemps; mais il n'est pas prouvé que, dans l'origine, ç'a été une fraude. Les protestants ne disconviennent pas aujourd'hui que leurs réformateurs ne soient tombés dans plusieurs erreurs ; si nous soutenions qu'ils l'ont fait malicieusement, on nous accablerait d'injures. *Voy.* APOCRYPHES.

ECRITURE SAINTE, ou simplement l'*Ecriture*, est le nom général des livres de l'Ancien et du Nouveau Testament composés par les écrivains sacrés, et inspirés par le Saint-Esprit (1). Outre les questions concer-

---

(1) *Criterium de la foi catholique sur l'Ecriture.* Les vérités révélées de la religion chrétienne sont principalement contenues dans nos livres sacrés.

Toute doctrine renfermée dans nos livres sacrés et canoniques, et révélée par Dieu aux apôtres, aux prophètes, aux évangélistes et aux autres écrivains sacrés, est parole de Dieu dans le sens le plus rigoureux, et, conséquemment, vérité divine et catholique.

Nous ne sommes tenus de croire de foi catholique

nant l'*Ecriture sainte*, que l'on a déjà traitées dans les articles. BIBLE, CANON, CANONIQUE, etc., il en est encore plusieurs qui restent à éclaircir; I. l'authenticité des livres saints; II. la divinité de leur origine; III. la distinction des divers sens du texte; IV. l'autorité de ces livres en matière de doctrine; V. les plaintes que forment à ce sujet les protestants contre l'Eglise catholique. Nous ne pouvons traiter toutes ces questions que très-succinctement. Quant à la vérité historique de ces mêmes livres, *voy.* HISTOIRE SAINTE et ÉVANGILES.

§ Ier. *De l'authenticité de l'Ecriture sainte* (1).

que ce qui est contenu dans nos livres saints comme doctrine révélée. *Voy.* FOI, RÈGLE DE LA FOI CATHOLIQUE.

Il faut croire de foi divine les vérités contenues dans nos livres saints, qui ont été révélées à d'autres personnages qu'aux écrivains sacrés, mais que ceux-ci attestent avoir apprises de personnes dignes de foi. Telles sont, par exemple, les vérités que saint Marc dit avoir apprises de la bouche de saint Pierre.

Les livres purement historiques sont pleins de l'esprit de Dieu. Nous développerons davantage cette proposition au mot INSPIRATION, où nous dirons dans quel sens les livres historiques sont Ecriture sainte.

Les faits qui se trouvent dans l'Ecriture, mais qui n'ont été révélés ni au moment où les auteurs sacrés écrivaient, ni auparavant, ne sont pas l'objet de la foi proprement dite. Ainsi, lorsque saint Paul dit : *Luc est avec moi; j'ai envoyé Tychicum à Éphèse*, ceci n'est pas objet de la foi prise dans sa rigueur.

Tout ce qui est renfermé dans nos livres saints est vrai et très-certain. Cette vérité n'est pas révélée, elle est purement catholique.

Le corps de nos Ecritures saintes est renfermé dans le canon du concile de Trente, qui a frappé d'anathème quiconque ne les recevrait pas tous sans distinction de protocanoniques et de deutérocanoniques. Nous sommes aussi obligés d'admettre l'authenticité de la Vulgate. *Voy.* VULGATE. (*Concil. Trid.*, sess. 4.)

1) Pour traiter complètement la question, nous aurions à exposer l'authenticité, l'intégrité et la véracité du Pentateuque, des autres livres de l'Ancien Testament, des Evangiles; nous croyons que ces points de théologie seront mieux développés aux mots PENTATEUQUE et ÉVANGILES. Nous nous contenterons de citer un court passage de Bossuet, qui expose magnifiquement la question.

« Les livres que les Egyptiens et les autres peuples appelaient divins, sont perdus il y a longtemps, et à peine nous en reste-t-il quelque mémoire confuse dans les histoires anciennes. Les livres sacrés des Romains, où Numa auteur de leur religion en avait écrit les mystères, ont péri par les mains des Romains mêmes, et le sénat les fit brûler comme tendant à renverser la religion. Ces mêmes Romains ont à la fin laissé périr les livres sibyllins, si longtemps révérés parmi eux comme prophétiques, et où ils voulaient qu'on crût qu'ils trouvaient les décrets des dieux immortels sur leur empire, sans pourtant en avoir jamais montré au public, je ne dis pas un seul volume, mais un seul oracle. Les Juifs ont été les seuls dont les Ecritures sacrées ont été d'autant plus en vénération, qu'elles ont été plus connues. De tous les peuples anciens, ils sont le seul qui ait conservé les monuments primitifs de sa religion, quoiqu'ils fussent pleins des témoignages de leur infidélité et de celle de leurs ancêtres. Et encore aujourd'hui, ce même peuple reste sur la terre pour porter à toutes les nations où il a été dispersé, avec

Un chrétien n'a pas besoin d'une autre preuve pour être convaincu de l'authenticité des livres saints, que du sentiment constant et la suite de la religion, les miracles et les prédictions qui la rendent inébranlable.

« Quand Jésus-Christ est venu, et qu'envoyé par son Père pour accomplir les promesses de la loi, il a confirmé sa mission et celle de ses disciples, par des miracles nouveaux, ils ont été écrits avec la même exactitude. Les actes en ont été publiés à toute la terre, les circonstances des temps, des personnes et des lieux, ont rendu l'examen facile à quiconque a été soigneux de son salut. Le monde s'est informé, le monde a cru ; et si peu qu'on ait considéré les anciens monuments de l'Eglise, on avouera que jamais affaire n'a été jugée avec plus de réflexion et de connaissance.

« Mais dans le rapport qu'ont ensemble les livres des deux Testaments, il y a une différence à considérer : c'est que les livres de l'ancien peuple ont été composés en divers temps. Autres sont les temps de Moïse, autres ceux de Josué et des Juges, autres ceux des Rois, autres ceux où le peuple a été tiré de l'Egypte et où il a reçu la loi, autres ceux où il a conquis la terre promise, autres ceux où il a été rétabli par des miracles visibles. Pour convaincre l'incrédulité d'un peuple attaché aux sens, Dieu a pris une longue suite de siècles durant lesquels il a distribué ses miracles et ses prophètes, afin de renouveler souvent les témoignages sensibles par lesquels il attestait les vérités saintes. Dans le nouveau Testament il a suivi une autre conduite. Il ne veut plus rien révéler de nouveau à son Eglise après Jésus-Christ. En lui est la perfection et la plénitude; et tous les livres divins qui ont été composés dans la nouvelle alliance, l'ont été au temps des apôtres.

« C'est-à-dire que le témoignage de Jésus-Christ et de ceux que Jésus-Christ même a daigné choisir pour témoins de sa résurrection, a suffi à l'Eglise chrétienne. Tout ce qui est venu depuis l'a édifié; mais elle n'a regardé comme purement inspiré de Dieu que ce que les apôtres ont écrit, ou ce qu'ils ont confirmé par leur autorité.

« Mais dans cette différence qui se trouve entre les livres des deux Testaments, Dieu a toujours gardé cet ordre admirable, de faire écrire les choses dans le temps qu'elles étaient arrivées, ou que la mémoire en était récente. Ainsi, ceux qui les savaient les ont écrites ; ceux qui les savaient ont reçu les livres qui en rendaient témoignage : les uns et les autres les ont laissés à leurs descendants comme un héritage précieux : et la pieuse postérité les a conservés.

« C'est ainsi que s'est formé le corps des Ecritures saintes, tant de l'Ancien que du Nouveau Testament : Ecritures qu'on a regardées dès leur origine comme véritables en tout, comme données de Dieu même, et qu'on a aussi conservées avec tant de religion, qu'on n'a pas cru pouvoir sans impiété y altérer une seule lettre.

« C'est ainsi qu'elles sont venues jusqu'à nous, toujours saintes, toujours sacrées, toujours inviolables ; conservées, les unes par la tradition constante du peuple juif, et les autres par la tradition du peuple chrétien, d'autant plus certaine qu'elle a été confirmée par le sang et par le martyre, tant de ceux qui ont écrit ces livres divins, que de ceux qui les ont reçus.

« Saint Augustin et les autres Pères demandent sur la foi de quoi nous attribuons les livres profanes à des temps et à des auteurs certains. Chacun répond aussitôt que les livres sont distingués par les différents rapports qu'ils ont aux lois, aux coutumes, aux histoires d'un certain temps, par le style même qui porte imprimé le caractère des âges et des auteurs particuliers ; plus que tout cela, par la foi pu-

uniforme de l'Eglise. Qui peut mieux en répondre qu'une société nombreuse et répandue dans tout l'univers, à laquelle ces livres ont été donnés par Jésus-Christ et par les apôtres, comme les titres de sa croyance, à la conservation desquels elle s'est toujours crue essentiellement intéressée? Mais un incrédule exige qu'on lui prouve, par les règles ordinaires de la critique, que ces livres ont été véritablement écrits par les auteurs dont ils portent les noms, qu'ils n'ont été ni supposés, ni altérés dans aucun temps. — La grande difficulté, selon lui, est que ces livres n'ont jamais été connus que chez les Juifs et chez les chrétiens; les uns et les autres étaient intéressés à les diviniser pour appuyer des dogmes qui révoltent la raison, et une morale contraire à l'humanité. Quel vestige trouve-t-on dans l'antiquité profane de ces livres relégués dans un coin du monde? Qui nous répondra qu'ils n'ont pas été altérés, tronqués, falsifiés, par intérêt, par esprit de parti, par mauvaise foi, etc.? Manque-t-on d'exemples en ce genre?

blique et par une tradition constante. Toutes ces choses concourent à établir les livres divins, à en distinguer les temps, à en marquer les auteurs ; et plus il y a eu de religion à les conserver dans leur entier, plus la tradition qui nous les conserve est incontestable.

« Aussi a-t-elle toujours été reconnue non seulement par les orthodoxes, mais encore par les hérétiques, et même par les infidèles. Moïse a toujours passé dans tout l'Orient, et ensuite dans tout l'univers, pour le législateur des juifs et pour l'auteur des livres qu'ils lui attribuent. Les Samaritains qui les ont reçus des tribus séparées, les ont conservés aussi religieusement que les Juifs : leur tradition et leur histoire est constante, et il ne faut repasser que sur quelques endroits de la première partie pour en voir toute la suite.

« Deux peuples si opposés n'ont pas pris l'un de l'autre ces livres divins : tous les deux les ont reçus de leur origine commune dès le temps de Salomon et de David. Des anciens caractères hébreux, que les Samaritains retiennent encore, montrent assez qu'ils n'ont pas suivi Esdras, qui les a changés. Ainsi le Pentateuque des Samaritains et celui des Juifs sont deux originaux complets, indépendants l'un de l'autre. La parfaite conformité qu'on y voit dans la substance du texte justifie la bonne foi des deux peuples : ce sont des témoins fidèles qui conviennent sans s'être entendus, ou, pour mieux dire, qui conviennent malgré leurs inimitiés, et que la seule tradition, immémoriale de part et d'autre, a unis dans la même pensée.

« Ceux donc qui ont voulu dire, quoique sans aucune raison, que ces livres étant perdus, ou n'ayant jamais été, ont été ou rétablis, ou composés de nouveau, ou altérés par Esdras, outre qu'ils sont démentis par Esdras même, le sont aussi par le Pentateuque, qu'on trouve encore aujourd'hui entre les mains des Samaritains, tel que l'avaient lu, dans les premiers siècles, Eusèbe de Césarée, saint Jérôme et les autres auteurs ecclésiastiques, tel que ces peuples l'avaient conservé dès leur origine : et une secte si faible semble ne durer si longtemps que pour rendre ce témoignage à l'antiquité de Moïse.

« Les auteurs qui ont écrit les quatre Evangiles ne reçoivent pas un témoignage moins assuré du consentement unanime des fidèles, des païens et des hérétiques. Ce grand nombre de peuples divers qui ont reçu et traduit ces livres divins aussitôt qu'ils ont été faits, conviennent tous de leur date et de leurs auteurs. Les païens n'ont pas contredit cette tradition : ni Celse, qui a attaqué ces livres sacrés presque dans l'origine du christianisme; ni Julien l'apostat, quoiqu'il n'ait rien ignoré ni rien omis de ce qui pouvait les décrier, ni aucun autre païen, ne les a jamais soupçonnés d'être supposés ; au contraire, tous leur ont donné les mêmes auteurs que les chrétiens. Les hérétiques, quoique accablés par l'autorité de ces livres, n'osaient dire qu'ils ne fussent pas des disciples de Notre-Seigneur. Il y a eu pourtant de ces hérétiques qui ont vu les commencements de l'Eglise, aux yeux desquels ont été écrits les livres de l'Evangile. Ainsi la fraude, s'il y en eût pu avoir, eût été éclairée de trop près pour réussir. Il est vrai qu'après les apôtres, et lorsque l'Eglise était déjà étendue par toute la terre, Marcion et Manès, constamment les plus téméraires et les plus ignorants de tous les hérétiques, malgré la tradition venue des apôtres, continuée par leurs disciples et par les évêques à qui ils avaient laissé leur chaire et la conduite des peuples, et reçue unanimement par toute l'Eglise chrétienne, osèrent dire que trois Evangiles étaient supposés, et que celui de saint Luc, qu'ils préféraient aux autres, on ne sait pourquoi, puisqu'il n'était pas venu par une autre voie, avait été falsifié. Mais quelles preuves en donnaient-ils ? de pures visions, nuls faits positifs. Ils disaient, pour toute raison, que ce qui était contraire à leurs sentiments devait nécessairement avoir été inventé par d'autres que les apôtres, et alléguaient pour toute preuve les opinions mêmes qu'on leur contestait; opinions d'ailleurs si extravagantes et si manifestement insensées, qu'on ne sait encore comment elles ont pu entrer dans l'esprit humain. Mais certainement, pour accuser la bonne foi de l'Eglise, il fallait avoir en main des originaux différents des siens, ou quelque preuve constante. Interpellés d'en produire, eux et leurs disciples, ils sont demeurés muets, et ont laissé par leur silence une preuve indubitable qu'au IIe siècle du christianisme, où ils écrivaient, il n'y avait pas seulement un indice de fausseté, ni la moindre conjecture qu'on pût opposer à la tradition de l'Eglise.

1° Nous demandons à ceux qui font cette objection, si tout peuple policé ne conserve pas, dans ses archives, les titres de son histoire et de sa religion? s'il doit aller les chercher dans les actes publics d'une autre nation, qui ne peut y prendre aucun intérêt? Serions-nous recevables à dire à un musulman que l'Alcoran n'est pas authentique, qu'il a été forgé longtemps après la mort de Mahomet, parce que personne ne l'a connu, dans l'origine, que les musulmans, et que nous n'avons commencé à le connaître que plusieurs siècles après? Il en est de même des livres de Confucius, de Zoroastre, des shasters indiens. Jusqu'à notre siècle, ces livres n'avaient pas été plus connus des Européens, que ceux des Juifs ne l'avaient été des Grecs ni des Egyptiens. Personne cependant ne s'est avisé d'en constater l'authenticité sur un prétexte aussi frivole.

2° Nous voudrions savoir quel intérêt les Juifs ont pu avoir à fabriquer leurs livres pour se faire une religion particulière qui les rendait odieux à tous leurs voisins, qui les gênait beaucoup dans toutes leurs actions, de laquelle ils ont dix fois secoué le joug pour se livrer à l'idolâtrie, et à laquelle ils ont été forcés autant de fois de revenir. Ont-ils commencé par recevoir de Moïse leur religion et

leurs lois sans motifs, sauf à forger ensuite des livres pour justifier leur crédulité? Il n'y a point d'exemple d'un délire semblable dans l'univers. Si les enfants ont cru de bonne foi que la religion qui leur avait été enseignée par leurs pères était divine, ils n'ont pas pu croire qu'il leur fût permis de l'arranger à leur gré, d'en falsifier les titres, ou de leur en substituer de nouveaux. Les livres de Moïse étaient écrits, sa législation civile et religieuse était établie avant que les autres livres de l'Ancien Testament eussent paru, les derniers supposent les premiers; on n'a pas pu en forger ni en en altérer un seul, sans s'exposer à être confondu par les précédents, ou par d'autres auteurs plus fidèles et mieux instruits. *Voy.* PENTATEUQUE, HISTOIRE SAINTE. — De même les premiers chrétiens n'ont pu avoir aucun intérêt de renoncer au judaïsme ou au paganisme, pour embrasser une nouvelle religion détestée et persécutée partout; il a fallu commencer par croire la vérité des faits publiés par les apôtres, leur mission divine, par conséquent la divinité de cette religion. Les différentes Églises ou sociétés formées par les apôtres, une fois imbues de cette croyance, et dispersées en différents pays, ont-elles pu être réunies, par un même intérêt, à commettre une même fraude, qu'elles ont dû regarder comme une impiété ? Si l'une d'elles, ou si un imposteur particulier l'avait entrepris, aurait-il réussi à tromper toutes ces sociétés?
— Nous concevons que de nouveaux docteurs, ambitieux d'établir une doctrine opposée à celle des apôtres, ont été personnellement intéressés à faire des livres sous le nom de ces personnages respectés, afin de tromper plus aisément leurs prosélytes; mais ceux qui l'ont fait ont été bientôt démasqués et confondus. Quant aux livres supposés de bonne foi, et sans aucun dessein de tromper, nous verrons ailleurs qu'ils ne dérogent en rien à l'authenticité des écrits véritablement apostoliques. *Voy.* APOCRYPHE.

3° L'authenticité d'un livre ne dépend point de la nature des choses qu'il renferme; qu'elles soient vraies ou fausses, raisonnables ou absurdes, claires ou inintelligibles, cela ne fait rien à la question de savoir s'il a été réellement écrit par tel ou tel auteur. Dirons-nous que les écrits d'Homère, d'Hésiode, de Tite-Live, de Plutarque, ne peuvent être partis de la plume de ces divers auteurs, parce que les uns ne renferment que des fables, les autres des histoires prodigieuses et incroyables?

4° Le silence des auteurs profanes, au sujet des livres des Juifs, est faussement supposé (1). M. Huet, dans sa *Démonstration*

(1) Duvoisin a réuni un bon nombre d'auteurs profanes qui ont eu connaissance des livres sacrés des Juifs.

« Malgré le peu de commerce des Juifs avec les étrangers, une multitude d'écrivains égyptiens, grecs et latins, ont connu Moïse et ses lois. On peut voir dans Josèphe, saint Justin, Tatien, Clément d'Alexandrie, Athénagore, Eusèbe de Césarée, etc., ce que disaient du législateur des Hébreux, Manéthon, Philo-

évangélique, Grotius, dans son *Traité de la vérité de la Religion chrétienne*, et vingt autres écrivains, ont cité les passages des

locorus d'Athènes, Eupolème, Apollonius-Molon, Ptolémée-Ephestion, Appion d'Alexandrie, Nicolas de Damas, Alexandre Polyhisthor, Artapan et plusieurs autres dont les ouvrages ne sont pas venus jusqu'à nous.

« Diodore de Sicile, parlant des plus célèbres législateurs de l'antiquité, fait mention de Moïse, « qui laissa aux Juifs des lois qu'il prétendait avoir reçues du Dieu Iao (*Histor.*, lib. I), c'est-à-dire du Dieu Jéhovah, car le mot hébreu est susceptible de ces deux prononciations, et l'on voit que les basilidiens et quelques autres gnostiques avaient adopté la première, ainsi que Diodore de Sicile ; le même Diodore dit ailleurs (Fragm. ap. Phot., *Biblioth.*) que Moïse était chef d'une colonie sortie de l'Égypte, qu'il partagea son peuple en douze tribus, qu'il défendit le culte des images, persuadé que la divinité ne pouvait être représentée sous une forme humaine ; qu'il prescrivit aux Juifs une religion et une manière de vivre toutes différentes de celles des autres nations. Strabon (lib. XVI) parle à peu près dans les mêmes termes ; il fait l'éloge de Moïse et de ses institutions. Dans la manière dont Justin, d'après Trogue Pompée (lib. XXXVI) et Tacite (*Histor.*, l. V), décrivent l'origine des Juifs, on reconnaît le fond de l'histoire de Moïse, à travers les fables et les calomnies qui la défigurent. Ces deux histoires s'accordent à nommer Moïse comme le fondateur et le législateur de la nation juive. Juvénal parle de Moïse, de la vénération que les Juifs avaient pour ses livres, de leur aversion pour les cultes étrangers, de l'observance du sabbat, de la circoncision, de l'abstinence de la chair de porc (*Satir.* 14). Le rhéteur Longin connaissait les livres de Moïse. Il cite en exemple du sublime une pensée de la Genèse. « Ainsi, dit-il, le législateur des Juifs, qui n'était pas un homme ordinaire, ayant fort bien conçu la grandeur et la puissance de Dieu, l'a exprimée dans toute sa dignité au commencement de ses lois, par ces paroles : Dieu dit que la lumière se fasse, et la lumière se fit ; que la terre se fasse, et la terre fut faite. » (*De sublimi*, cap. 7.)

« Je pourrais encore rapporter des passages non moins exprès de Pline le Naturaliste, d'Apulée, de Gallien, de Numénius le Pythagoricien, et de plusieurs autres. Mais j'en ai dit assez pour montrer que Moïse et ses écrits ont été célèbres dans l'antiquité profane. Cependant, selon Voltaire (*Philos. de l'hist.*, chap. 28), « aucun auteur grec n'a cité Moïse avant Longin, qui vivait sous l'empereur Aurélien ; et tous avaient célébré Bacchus : » et comme d'ailleurs il insinue que Moïse et Bacchus ne sont qu'un même personnage, il laisse conclure à son lecteur que tout ce que les Juifs ont dit de leur législateur, est copié de l'histoire ou de la fable de Bacchus. Il y a plus de malignité que d'érudition dans cette remarque du philosophe. 1° Il est faux que Moïse n'ait été cité par aucun auteur grec plus ancien que Longin. Diodore de Sicile et Strabon, sans parler de ceux dont les ouvrages sont perdus, ont vécu avant le règne d'Aurélien. D'ailleurs le témoignage des Latins, tels que Tacite, Justin, Juvénal, etc., a-t-il moins de poids que celui des Grecs ? 2° Il n'est pas étonnant que Bacchus ait été plus connu des Grecs que Moïse. Le premier était devenu une de leurs principales divinités, l'autre était un homme étranger à leur religion et à leur histoire. 3° Voltaire prétend établir l'identité de Moïse et de Bacchus par l'autorité des vers orphiques. Or les anciens vers, supposés sous le nom d'Orphée, ne disent point ce que leur fait dire Voltaire. 4° Quand nous admettrions avec l'illustre M. Huet, dont le philosophe parle avec autant d'indécence que de mauvaise foi, l'identité de Moïse et de Bacchus, il ne s'ensuivrait pas que l'his-

auteurs égyptiens, phéniciens, chaldéens, grecs et romains, qui ont parlé des livres des Juifs. Dès que ces livres ont été traduits en grec, ils ont été très-connus, et dès que l'on a pu avoir le texte hébreu, l'on n'a pas manqué d'en faire la comparaison la plus exacte avec la traduction. La conformité de l'un avec l'autre démontre que ni l'un ni l'autre n'ont été falsifiés ou corrompus.

5° Lorsqu'il est question d'un livre indifférent, sans conséquence, qui est de pure curiosité, qui n'intéresse personne, il peut sans doute être falsifié et interpolé; mais quand il s'agit d'un livre qui intéresse toute une nation, qui est tout à la fois le monument de son histoire, le code de sa croyance, de sa morale et de ses lois, le titre des possessions de chaque famille, peut-on y toucher sans conséquence? Si, après la mort de Moïse, par exemple, toute la nation des Hébreux avait conspiré à changer quelque chose à ses livres, y aurait-elle laissé les traits déshonorants qui pouvaient la couvrir d'infamie aux yeux de ses voisins; les crimes de ses pères, ses défaites, ses malheurs? Si les prêtres avaient formé ce complot, les particuliers et les familles qui en avaient des copies, et qui étaient forcés d'en avoir, les tribus, jalouses de celle de Lévi, auraient-elles gardé le silence? Que l'on cite un exemple d'une pareille conspiration formée par une nation tout entière. — Après le schisme des dix tribus, la conspiration est devenue encore plus impossible; les Israélites ont été divisés en deux peuples presque toujours ennemis et armés l'un contre l'autre, jamais cependant l'un n'a reproché à l'autre l'attentat dont on les croit capables. Jamais les prophètes qui ont mis au grand jour tous les crimes de leur nation, ne l'ont soupçonnée d'avoir changé une seule syllabe dans ses livres sacrés. Après la captivité, lorsque les Juifs ont été dispersés dans la Perse, dans la Syrie, dans l'Egypte, toute altération faite de concert a été d'une impossibilité absolue. Si Esdras ou un autre avait osé y toucher, le Pentateuque samaritain, plus ancien que lui, aurait déposé et déposerait encore contre lui.

Les mêmes raisons sont encore plus fortes pour les livres du Nouveau Testament. Les divers écrits dont il est composé, n'ont point été livrés tous, dans leur origine, à une société particulière, par exemple, à l'Eglise de Jérusalem ou d'Antioche, mais adressés aux différentes Eglises de la Judée, de la Syrie, de l'Egypte, de la Grèce, de l'Italie. Ce sont ces différentes sociétés qui se les sont communiqués les unes aux autres; chacune en particulier était intéressée à ce que les copies fussent exactement conformes aux originaux. Toutes les fois qu'une secte d'hérétiques a eu la témérité d'en altérer seulement un mot, les Eglises, qui avaient reçu ces écrits de la main des apôtres, ont élevé la voix, ont reproché à ces sectaires leur infidélité; saint Irénée, dès le II° siècle, saint Clément d'Alexandrie, Origène, Tertullien, en sont témoins, et réclament l'attestation de ces mêmes Eglises.

Il a encore été plus impossible de les supposer ou de les forger en entier, que de les falsifier en partie ou de les interpoler. Nous pouvons donc affirmer hardiment qu'il n'est aucun livre profane et ancien, dont l'authenticité et l'intégrité soient prouvées plus invinciblement que celles de nos livres saints. Lorsque le P. Hardouin a fait ironiquement ou sérieusement son *Pseudo-Virgilius*, il n'a fait qu'appliquer à l'Énéide les mêmes objections que les incrédules allèguent contre l'authenticité des livres de l'Ecriture sainte; s'est-il trouvé quelqu'un d'assez insensé pour adopter son sentiment?

§ II. *De la divinité de l'Ecriture sainte.* Nous sommes certains de la *divinité* de nos *Ecritures*, parce qu'elles ont été données comme *parole de Dieu* à l'Eglise chrétienne, par Jésus-Christ et par ses apôtres : ce fait est incontestable, puisque les apôtres les citent comme telles dans leurs propres écrits, et que l'Eglise les a toujours regardées comme telles. Sur un fait aussi simple et aussi important, la société chrétienne n'a pu tromper personne ni être trompée.

Depuis son établissement, dans toutes les disputes qui sont survenues, l'Eglise s'est servie de l'autorité des livres de l'Ancien et du Nouveau Testament, pour prouver la vérité de sa croyance, pour la défendre contre les hérétiques qui osaient l'attaquer. Toutes les contestations se réduisaient à savoir si tel dogme était enseigné ou non dans nos livres saints, ou si les Eglises, fondées par les apôtres, avaient reçu d'eux ce dogme de vive voix. L'*Ecriture sainte*, la tradition : tels sont les deux oracles auxquels on a toujours cru devoir s'en rapporter pour savoir si tel dogme était révélé ou non. Les hérétiques, aussi bien que l'Eglise, regardaient donc ces livres comme le dépôt de la révélation divine. Nous le voyons par l'histoire de toutes les hérésies nées depuis la fondation de l'Eglise jusqu'à nous. La divinité ou l'inspiration des *Ecritures* est donc appuyée sur les mêmes preuves que la mission divine de Jésus-Christ et des apôtres. Nous avons indiqué sommairement ces preuves aux mots CRÉDIBILITÉ et CHRISTIANISME.

Les protestants s'y prennent comme nous pour prouver l'*authenticité* des livres saints; quant à la *divinité* de ces livres, il est bon

---

toire de Bacchus est plus ancienne que celle de Moïse, la liaison des faits, la perpétuité de la tradition qui les atteste, l'antiquité du livre où ils sont rapportés, montrent assez que l'histoire de Moïse est l'histoire originale. D'un autre côté, l'incertitude où nous sommes du temps et du pays où Bacchus a vécu, et les fables absurdes dont son histoire est chargée, ne nous permettent pas de le regarder comme le type de Moïse. S'il faut absolument que l'un des deux soit un personnage imaginaire, ce que je n'ai garde d'assurer, la question sera bientôt décidée par les monuments que Moïse nous a laissés dans la religion et les mœurs de la nation juive. » (*L'autorité des livres de Moïse établie*, etc., par M. Duvoisin.)

de voir l'embarras dans lequel ils se jettent, et le défaut essentiel de leur méthode (1).

Beausobre, dans un discours sur ce sujet,

(1) Les protestants qui rejettent l'autorité de l'Eglise et la tradition, ont essayé de prouver le dogme de l'inspiration indépendamment de ces deux moyens. Pour cela, ils ont imaginé différents moyens que nous allons réfuter.

Première tentative des protestants. Ils ont tâché de prouver l'inspiration de l'Ecriture par la nécessité même de cette inspiration, et voici comment ils argumentent : « Dieu ayant révélé aux hommes des vérités surnaturelles qui devaient se perpétuer a dû leur procurer des moyens suffisants pour en perpétuer la connaissance ; or une Ecriture inspirée est le seul moyen de conserver ces vérités révélées, car une Ecriture non inspirée pourrait mal les conserver et être le canal de l'erreur comme de la vérité ; car la tradition seule ne serait pas suffisante ; « Donc pour la vérité de la révélation l'Ecriture doit être inspirée. »—*Réfutation.* 1° Il est faux que la tradition ne puisse conserver les vérités révélées, puisque les vérités depuis Adam se sont conservées jusqu'à Moïse par la seule tradition. 2° Quand même nous accorderions aux protestants que la tradition est insuffisante, il ne s'ensuivrait pas que Dieu a accordé l'inspiration aux auteurs de l'Ecriture ; car Dieu pouvait établir un autre moyen qu'une autorité infaillible, 3° enfin, l'argumentation des protestants prouverait tout au plus l'inspiration des parties de l'Ecriture qui contiennent des vérités réelles, et l'on ne pourrait s'en servir pour démontrer l'inspiration des autres parties de l'Ecriture.

Seconde tentative. Ils se sont servis du caractère intrinsèque de l'Ecriture : « Ces livres sont, inspirés qui contiennent une doctrine plus sublime, une morale plus pure que des hommes et surtout les apôtres n'auraient pu en inventer, qui ont produit des effets extraordinaires et qui contiennent une onction intérieure et surnaturelle, preuve qu'ils ne peuvent être que l'œuvre de Dieu ; or tels sont les livres saints. Donc leur inspiration est manifeste par leurs seuls caractères intrinsèques. » — *Réfutation.* Tous les caractères intrinsèques prouvent, il est vrai, que la doctrine contenue dans ces livres est divine ; mais la question est de savoir si leurs auteurs ont été continuellement inspirés. D'ailleurs l'Imitation de J. C., quoique composée sans l'inspiration, a à peu près les mêmes caractères, plus marqués même que dans certains livres de l'Ecriture, tels que le Cantique des cantiques, les Paralipomènes, etc. Donc l'argument ne prouve rien.

Troisième tentative. « Les livres saints se manifestent d'eux-mêmes en écoutant le témoignage de l'Esprit-Saint ; or ceci est une marque certaine de leur inspiration. Donc il n'est pas nécessaire de recourir à la tradition ou à l'autorité. »—*Réfutation.* Ce prétendu témoignage intérieur est une chimère ; en effet, Luther et Calvin eux-mêmes n'ont pas le même témoignage intérieur, puisque le premier rejette l'Apocalypse tandis que Calvin l'admet, et comment la foule des protestants sera-t-elle d'accord ? D'ailleurs si un homme muni de son témoignage intérieur venait proposer l'Emile comme inspiré, comment le réfuterait-ils ? Donc le système est absurde et mène au tolérantisme.

Quatrième tentative tirée des miracles. « Les miracles prouvent la véracité de celui qui les inspire ; or les écrivains sacrés ont opéré des miracles pour prouver la doctrine enseignée dans leurs livres ; donc leur doctrine venait de Dieu et leur avait été révélée. »—*Réfutation.* Les miracles prouvent la divinité de la doctrine enseignée dans l'Ecriture ; mais ils ne prouvent pas que les écrivains sacrés aient été inspirés pour la mettre par écrit. Les miracles opérés par les apôtres prouvent sans doute la vérité de la doctrine qu'ils prêchaient, mais ils ne prouvent point qu'ils fussent inspirés en l'écrivant ; donc ce nouveau moyen est nul. On remarque que les miracles qui ont été opérés pour prouver l'infaillibilité de l'Eglise peuvent prouver également l'inspiration des Ecritures, puisque c'est un des dogmes de l'Eglise.

Cinquième tentative. « Les miracles prouvent au moins la véracité de celui qui les opère ; car Dieu ne fait pas de miracles en faveur des imposteurs ; or les écrivains sacrés qui ont opéré des miracles, tous témoignent qu'ils ont été inspirés : ainsi, quant à l'Ancien Testament, saint Paul assure qu'il a été écrit par inspiration : *Omnis scriptura divinitus inspirata*, et saint Pierre dit la même chose : *Spiritu sancto inspirati locuti sunt sancti Dei homines* ; enfin Jésus-Christ lui-même rend témoignage à l'inspiration de l'Ancien Testament, puisqu'il le cite partout comme ayant une autorité divine. Quant au Nouveau Testament, Jésus-Christ a promis aux apôtres de leur envoyer son esprit qui leur suggérera ce qu'ils auront à dire, etc. Donc les apôtres, en consignant la doctrine dans leurs écrits, devaient d'après la promesse de Jésus-Christ être inspirés en l'écrivant. Donc l'inspiration du Nouveau comme du Vieux Testament se prouve par des preuves inébranlables indépendamment de la tradition et de l'autorité de l'Eglise. »—*Réfutation.* Cet argument est suffisant pour nous assurer de l'inspiration du Vieux Testament, et les catholiques admettent qu'on peut prouver cette inspiration par le seul témoignage des écrivains sacrés ; mais nous prétendons qu'on doit regarder comme incomplet et insuffisant l'argument par lequel les protestants veulent prouver l'inspiration du Nouveau Testament ; car on doit regarder comme insuffisante une preuve au moyen de laquelle on ne peut démontrer l'inspiration de certains livres, par exemple les Evangiles de saint Luc et de saint Marc, et les Actes des apôtres dont l'inspiration n'est pas démontrée par le témoignage de Jésus-Christ, puisque saint Luc et saint Marc n'étaient pas du nombre de ceux à qui Jésus-Christ a promis de parler par leur bouche ; et d'ailleurs les protestants admettent que ces promesses ne regardaient que les matières doctrinales, mais non historiques. Donc cette preuve est insuffisante.

Sixième tentative. Un grand nombre de protestants, fatigués de tant de tentatives infructueuses, finirent par avouer qu'il fallait beaucoup accorder en cette matière à la tradition de la véritable Eglise, mais ils se retranchèrent à dire : « que cette tradition devait être unanime ; que selon eux, l'Eglise ne pouvait mettre dans le canon des livres de l'inspiration desquels on avait douté dans les premiers siècles. Par là ils se réservèrent le moyen de ne pas admettre les livres deutérocanoniques, déclarés inspirés par le concile de Trente ; puisque l'inspiration de ces livres n'avait pas toujours été admise unanimement dans l'Eglise. »—*Réfutation.* Cette dernière tentative, outre qu'elle doit avoir à leurs yeux le désavantage de se rapprocher de la doctrine catholique, est encore tout à fait insuffisante pour démontrer le dogme de l'inspiration ; en effet, ils reconnaissent la nécessité de la tradition, mais ils veulent qu'elle soit unanime, or par tradition unanime ils entendent une tradition absolument unanime, c'est-à-dire sur laquelle personne ne se soit jamais élevé, ou seulement une tradition moralement unanime. Dans le premier cas ils sont forcés de rejeter les livres les plus respectables soit de l'Ancien, soit du Nouveau Testament, puisqu'ils ont tous été combattus dans le second cas, et donnent gain de cause aux catholiques ; ils le sentent bien, aussi se retranchent-ils dans l'unanimité absolue, et par là ils rejettent presque tous les livres de l'Ecriture sainte. Ainsi

certaines. La première a été de comparer la doctrine d'un ouvrage quelconque avec celle qui avait été prêchée par les apôtres dans toutes les Églises, et qui s'y était conservée sans altération, puisqu'elle était uniforme partout. « On ne doit pas néanmoins, dit-il, conclure de là que la tradition est la règle de la doctrine, et qu'il faut juger encore à présent de l'*Écriture* par la tradition, et non au contraire. Car il y a bien de la différence entre une tradition toute fraîche, attestée dans toutes les Églises, reçue immédiatement des apôtres ou de leurs disciples, et des traditions éloignées de la source, qui ne sont pas certifiées par l'Église universelle. » Nous verrons ci-après si cette différence est réelle. La deuxième règle qu'ont suivie les Pères, a été d'examiner si les livres en question avaient été reçus comme authentiques dès le commencement par toutes les Églises; le témoignage uniforme de celles-ci forme une démonstration certaine de la vérité d'un fait: d'où l'on a conclu que les livres qui n'en étaient pas munis étaient supposés ou incertains. La troisième a été de confronter la doctrine des livres douteux, avec celle des livres déjà reçus pour authentiques. *Hist. du manich.*, t. 1, p. 438. Basnage semble avoir adopté ces mêmes règles. *Hist. de l'Égl.*, l. VIII, c. 5, § 9.

On accuse témérairement les protestants, continue Beausobre, de renoncer à cette méthode, pour suivre les suggestions d'un certain *esprit particulier*. Il y a deux questions concernant les livres du Nouveau Testament. La première, qui est une question de fait, est de savoir s'ils sont véritablement des apôtres ou des hommes apostoliques dont ils portent les noms; la seconde, qui est une question de droit ou de foi, est de savoir si ces livres sont divins, canoniques, inspirés, ou parole de Dieu. Lorsque les réformés ont dit, dans leur confession de foi, qu'ils reconnaissent les livres du Nouveau Testament pour canoniques, *non tant par le commun accord et consentement de l'Église, que par le témoignage et intérieure persuasion du Saint-Esprit*, ils ont eu en vue la seconde question seulement; quant à la première, ils conviennent qu'ils croient

Ainsi toutes leurs tentatives sur le dogme de l'inspiration étant infructueuses, ils devaient naturellement abandonner ce dogme si difficile à prouver par leurs principes; aussi c'est ce qu'ils ont fait comme on le sait. Ce fut surtout en 1772 qu'ils changèrent de doctrine, à la persuasion de *Saule*, qui à cette époque mit au jour son ouvrage intitulé *De examine canonis*.

Les naturalistes, ainsi appelés de ce qu'ils nient toute révélation surnaturelle, soutiennent avec Semler que les livres saints ne sont appelés divins que parce qu'ils contiennent une doctrine excellente: quant à Jésus-Christ et aux apôtres dont les témoignages sont si formels, ils les attribuent à leur condescendance, disant qu'ils n'avaient d'autre motif que de s'accommoder aux sentiments des Juifs de leur temps. C'est là ce qu'on nomme en Allemagne la *théorie de l'accommodation*. On peut voir dans l'ouvrage du baron de Starh les progrès du système.

l'authenticité de ces livres sur le témoignage de l'Église primitive. Ainsi, dit-il, les mahométans sont témoins compétents pour attester que l'Alcoran est véritablement de Mahomet, mais leur autorité est nulle pour prouver que c'est un livre divin; autrement ils seraient juges dans leur propre cause. Lorsque saint Augustin a dit: *Je ne croirais point à l'Évangile, si je n'y étais porté par l'autorité de l'Église*, il parlait sans doute de *l'authenticité* de l'Évangile, et non de sa *divinité*, autrement son raisonnement serait ridicule; cette *authenticité* était aussi la seule question contestée entre lui et les manichéens. Dans le fond, dit-il encore, la seule différence qu'il y ait entre les catholiques et les protestants, est que les premiers n'attribuent qu'aux évêques l'inspiration du Saint-Esprit, pour juger de la divinité des livres du Nouveau Testament; au lieu que, selon les réformés, cette grâce appartient en général à tous les fidèles; c'est un privilège de la foi et non de la charge. « Je voudrais bien savoir laquelle de ces deux opinions est la mieux fondée sur l'*Écriture sainte*. »

C'est donc à nous de le satisfaire et de démontrer que les protestants raisonnent fort mal. — 1° La première question, qu'il appelle *question de fait*, renferme évidemment une question de droit. Selon lui, pour savoir si un livre était authentique ou apocryphe, les Pères en ont comparé la doctrine à celle qui avait été prêchée par les apôtres dans toutes les Églises, et à celle qui était enseignée dans les livres universellement reconnus pour authentiques. Or, comparer doctrine à doctrine, en juger la ressemblance ou la différence, est-ce une question de fait? Si nous ne sommes pas certains que les Pères ou les pasteurs de l'Église ont été assistés du Saint-Esprit pour porter ce jugement, comment pouvons-nous y fier? — 2° La seconde question, que Beausobre nomme *question de droit ou de foi*, n'est évidemment qu'une question de fait. Pour savoir si tel livre est divin ou inspiré de Dieu, il s'agit uniquement de savoir s'il a été donné comme tel à l'Église par Jésus-Christ, ou par les apôtres, ou par les hommes apostoliques. C'est certainement un fait. Tout pasteur d'une Église apostolique a été témoin compétent pour dire sans danger d'erreur: Ce livre a été donné comme divin à mon Église par son fondateur, par l'apôtre ou par le disciple de Jésus-Christ, qui m'a ordonné et instruit. Ce témoignage était aussi irrécusable que quand il disait: Ce livre m'a été donné par tel apôtre ou par tel disciple. Et nous soutenons que ce témoignage, transmis par tradition, n'a pas diminué de force par le laps des temps, qu'il est absurde en pareil cas de distinguer entre une tradition fraîche ou récente, et une tradition ancienne. — 3° En effet, si cette distinction était solide, il faudrait dire aussi que le témoignage rendu par les apôtres et par leurs successeurs à la vérité des faits évangéliques, des faits fondamentaux du christianisme, a perdu de son poids ou de sa certitude par le cours des siècles ; que nous ne sommes plus aujourd'hui aussi certains de ces faits que l'étaient les premiers fidèles. C'est une prétention des incrédules ; il est fâcheux de la voir confirmée par le suffrage des protestants. — 4° Il s'ensuit évidemment que la croyance de ces derniers, sur la divinité de nos livres saints, se réduit à un pur enthousiasme semblable à celui des mahométans. A quel titre un protestant prétend-il être plutôt éclairé par le Saint-Esprit pour juger de la divinité de ces livres, qu'un musulman pour affirmer la divinité de l'Alcoran? C'est que nos livres promettent ce secours aux fidèles. Mais Mahomet, dans son livre, promet aussi à ses disciples que Dieu les éclairera ; cent fois il répète que la foi est un don de Dieu, et que Dieu l'accorde à qui il lui plaît. Nous défions un protestant d'alléguer aucun motif duquel un mahométan ne puisse se prévaloir. La nullité du témoignage de ce dernier ne vient point de ce qu'il est juge dans sa propre cause, il l'est à bon droit lorsqu'il s'agit d'attester l'*authenticité* de l'Alcoran ; mais de ce qu'il n'a aucune preuve de la mission divine de Mahomet, au lieu que nous avons des preuves invincibles de la mission divine de Jésus-Christ, des apôtres et des hommes apostoliques. — 5° La méthode des protestants est vicieuse et sophistique. Ils savent que nos livres sont divins, par l'assistance qu'ils reçoivent eux-mêmes du Saint-Esprit ; et ils sont assurés de cette assistance, parce que ces livres la leur promettent. Mais avant de compter sur cette promesse, il faut être déjà certain que le livre qui la renferme est divin, et que c'est Dieu lui-même qui y parle. Ils préjugent donc la divinité des livres avant d'être convaincus de la vérité de la promesse; ils prennent pour principe ce qui ne doit être que la conséquence : peut-on déraisonner plus complètement? Aussi parmi eux une secte admet comme canoniques des livres qu'une autre secte rejette du canon: le Saint-Esprit n'a pas trouvé bon de les inspirer toutes de même. — 6° Il est faux que la seule question discutée entre saint Augustin et les manichéens fût *l'authenticité* des livres de l'Evangile ; il s'agissait également de la *divinité* de ces écrits ; et saint Augustin fait profession de croire l'une et l'autre sur l'autorité de l'Eglise, parce que l'une et l'autre sont une question de fait qui doit être décidée par des témoignages : déjà nous l'avons prouvé, et nous y reviendrons encore dans un moment. Le passage de ce Père est clair d'ailleurs. *Lib. contra Epist. fundam.*, c. 5, n. 6. « Pour moi, dit-il, je ne croirais pas à l'Evangile, si je n'y étais engagé par l'autorité de l'Eglise. Puisque j'ai acquiescé à ceux qui me disaient : *Croyez à l'Evangile*, pourquoi leur résisterais-je, lorsqu'ils me disent : *Ne croyez pas aux manichéens?* » Ces mots, *croyez à l'Evangile*, signifient-ils seulement *croyez à l'authenticité de l'Evangile?* Les manichéens pouvaient-ils croire à la *divinité* de ces livres, en supposant qu'ils avaient été falsifiés? (*Contra Faustum*, l. XVII, c. 1 et 3, etc.) — 7° Au mot EGLISE, § 5, nous prouverons qu'en matière de foi l'assistance du Saint-Esprit a été promise au corps des pasteurs, et non aux simples fidèles ; mais, sans entrer ici dans cette discussion, l'on voit déjà que c'est une absurdité de supposer que ces promesses regardent plutôt ceux auxquels il est simplement ordonné d'être dociles, et de croire, que ceux qui sont chargés d'enseigner et d'établir la foi. C'en est une autre de confondre la grâce nécessaire pour croire, avec la grâce d'état promise aux pasteurs pour remplir leurs fonctions : la première est donnée aux fidèles pour leur utilité particulière ; la seconde est accordée aux pasteurs pour l'utilité de leur troupeau. — 8° La méthode de Beausobre ne peut pas servir à prouver l'authenticité des livres de l'Ancien Testament ; aussi n'a-t-il parlé que de ceux du Nouveau. Les Juifs ne savent pas, non plus que nous, par quels auteurs plusieurs de ces anciens livres ont été écrits ; c'est cependant sur la parole des Juifs que les protestants en croient l'authenticité : accordent-ils à la synagogue l'assistance du Saint-Esprit qu'ils refusent à l'Eglise catholique? Pour nous, nous les croyons authentiques et divins, parce qu'ils ont été donnés comme tels à l'Eglise chrétienne par les apôtres, et nous sommes assurés de ce fait par le témoignage qu'en rend l'Eglise.

Le Clerc, tout habile qu'il était, n'a pas mieux réussi que Beausobre à prouver l'authenticité et la divinité des livres saints. Il ne lui paraît pas croyable que saint Matthieu n'ait écrit son Evangile que l'an 61, vingt-huit ans après la mort de Jésus-Christ ; saint Luc, l'an 64, et qu'il n'y ait point eu d'Evangile authentique avant ce temps-là, comme on le croit communément. C'était donc à lui de fournir des preuves du contraire, et il n'y en a point : que prouve son incrédulité contre le témoignage des anciens? (*Hist. ecclés.* à l'an 61, § 9.) — Il dit que les chrétiens n'ont pas eu besoin de l'autorité de l'Eglise pour être assurés que les Evangiles et les Epîtres des apôtres étaient authentiques, puisque plusieurs avaient vécu avec les auteurs même : saint Jean, dit-il, qui a vécu jusqu'à la fin du premier siècle, a sans doute dissipé, par son témoignage, toutes les incertitudes que l'on pouvait avoir sur ce fait important. (*An.* 69, § 6, n. 5; *an.* 100, § 3.)

Tout ceci n'est encore qu'un rêve systématique. 1° Où est le témoin qui a vécu avec tous les différents auteurs des écrits du Nouveau Testament, et qui a pu apprendre d'eux que toutes ces pièces étaient leur ouvrage? Saint Jean lui-même n'a pas été dans ce cas. Depuis la dispersion des apôtres, on ne voit pas qu'ils se soient rassemblés, et il n'y a aucune preuve que saint Jean ait connu tous les écrits de ses collègues, ni qu'il en ait attesté l'authenticité ; plusieurs ont été faits dans des lieux très-éloignés de la demeure de saint Jean, et il n'en avait pas besoin pour instruire ses ouailles. — 2° Nous voudrions savoir encore qui est le contemporain des apôtres qui a parcouru toutes les Eglises déjà fondées, ou qui leur a écrit pour les informer du nombre des livres authentiques du Nouveau Testament. Avant la fin du premier siècle, il y a eu des sociétés chrétiennes établies dans la Grèce et dans l'Asie mineure, dans la Perse, en Egypte et en Italie; il n'était pas aisé de donner à toutes la même instruction, pendant qu'elles ne parlaient pas toutes la même langue. — 3° Quand un disciple des apôtres se serait chargé de ce soin, il y aurait encore de l'imprudence à préférer le seul témoignage de ce particulier à celui que pouvait rendre chacune des Eglises apostoliques, touchant les écrits dont elle était dépositaire. C'était sans doute à l'Eglise de Rome qu'il appartenait d'attester l'authenticité de la lettre que saint Paul lui avait écrite; à celles de Corinthe, d'Ephèse, de Philippes, etc., de certifier la vérité de celles qui leur avaient été adressées par ce même apôtre ; à celle d'Alexandrie, d'affirmer que l'Evangile attribué à saint Marc était véritablement de lui, et ainsi des autres. C'est aussi au témoignage de ces Eglises que Tertullien, au troisième siècle, en appelait, pour constater l'authenticité de ces divers écrits. Or il a fallu du temps pour réunir et comparer ces différentes attestations, et nous soutenons qu'il n'a pas été possible de le faire avant la fin du premier siècle : aussi les anciens ont-ils été persuadés que cela s'est fait beaucoup plus tard. Mais en quel sens peut-on dire qu'un fait, constaté par le témoignage des Eglises apostoliques, a été connu et cru indépendamment de l'*autorité de l'Eglise*, et indépendamment de la tradition ? L'*Eglise* n'est autre chose que l'assemblage des sociétés qui la composent, la *tradition* n'est autre chose que le témoignage de ces mêmes sociétés, et l'*autorité de l'Eglise*, en matière de fait et de dogme, n'est que la certitude du témoignage qu'elle rend de ce qui lui a été enseigné. Ici comme ailleurs, Le Clerc et les protestants semblent ignorer la signification des termes. *Voy*. Eglise, § 5. — 4° Quel a pu être l'organe de ces Eglises, pour rendre le témoignage dont nous parlons, sinon leurs pasteurs ? C'est à ceux-ci que les apôtres ont donné la charge d'enseigner, et c'est pour cela qu'ils les ont instruits avec plus de soin que les simples fidèles ; nous le voyons par les lettres de saint Paul à Tite et à Timothée. C'est aux pasteurs que saint Jean écrit dans l'Apocalypse, pour les avertir de leur devoir ; ce sont certainement eux qui ont été les dépositaires et les gardiens des écrits apostoliques, pour les lire au peuple et les lui expliquer dans le besoin; personne n'a pu être mieux informé qu'eux de ce qui était authentique ou apocryphe.

Lorsque Le Clerc ajoute qu'il n'a pas été nécessaire que cela fût décidé par aucune assemblée ecclésiastique, il cherche à faire illusion ; le témoignage d'un évêque, placé à la tête de son troupeau, n'a pas moins de poids que quand il est rendu dans une assemblée ecclésiastique ou dans un concile : dans l'un et l'autre de ces deux cas, c'est le témoignage, non d'un simple particulier, mais d'une Eglise entière. Voilà ce que les protestants n'ont jamais voulu comprendre. — Notre critique en impose encore, en disant que les premiers chrétiens auraient été très-blâmables s'ils avaient négligé de recueillir tous les livres du Nouveau Testament. Peut-on les blâmer de n'avoir pas fait l'impossible? L'Evangile et l'Apocalypse de saint Jean n'ont été écrits que sur la fin du premier siècle. Les fidèles d'Ephèse les ont conservés soigneusement, sans doute ; mais ceux de Rome ont-ils été obligés de le savoir d'abord, et d'en demander des copies ? Ils se sont crus suffisamment instruits par saint Pierre et saint Paul, aucune loi ne leur imposait le devoir de s'informer si d'autres apôtres avaient laissé des écrits dans d'autres parties du monde. Il en a été de même des fidèles d'Alexandrie, enseignés par saint Marc ; de ceux de Jérusalem, gouvernés par saint Jacques, etc. — Enfin, Le Clerc calomnie sans raison les savants, soit catholiques, soit anglicans, lorsqu'il les accuse d'avoir imputé de la négligence aux premiers chrétiens, afin de pouvoir attribuer aux *traditions incertaines* du second siècle autant d'autorité qu'aux livres du Nouveau Testament. Appeler *tradition incertaine* le témoignage rendu par les Eglises apostoliques sur l'authenticité des écrits qu'elles avaient reçus des apôtres, c'est parler sans réflexion. Quoi qu'en disent les protestants, il n'a pas été possible de discerner autrement les livres authentiques d'avec les pièces apocryphes. — Mais l'authenticité d'un écrit, quoique indubitable, ne prouve pas encore que c'est un ouvrage divin, la parole de Dieu, une règle de foi. Saint Clément a été disciple de saint Pierre, aussi bien que saint Marc, et saint Barnabé l'a été de saint Paul, de même que saint Luc : pourquoi les lettres de saint Clément et celles de saint Barnabé n'ont-elles pas été mises au rang des livres inspirés, comme l'Evangile de saint Marc, celui de saint Luc et les Actes des apôtres ? Le Clerc dit que les premiers chrétiens ont regardé ceux-ci comme divins, parce qu'ils ont vu que ces livres ne renferment rien qui soit indigne d'écrivains inspirés, rien qui soit contraire à l'Ancien Testament, ni à la droite raison, rien qui caractérise des auteurs plus récents que les apôtres. (*An*. 100, § 3, page 520.)

Voilà donc les simples fidèles érigés en juges de la doctrine des livres du Nouveau Testament, réduits à examiner si elle est digne ou indigne d'écrivains inspirés, si elle est conforme ou contraire à l'Ancien Testament, etc. Nous demandons si des païens nouvellement convertis, qui ne connaissaient pas l'Ancien Testament, dont la raison avait été pervertie par les erreurs du paganisme, ou qui ne savaient pas lire, étaient fort en état de porter ce jugement, qui partage encore aujourd'hui plusieurs sociétés chrétiennes. N'oublions pas que, suivant l'opinion de Le Clerc, les premiers chrétiens, en général, n'étaient pas fort instruits, et que les apôtres n'exigeaient pas qu'ils le fussent avant de leur administrer le baptême, an. 57, § 4 et suivants. Il est donc évident que, sans une assistance spéciale du Saint-Esprit, ces premiers fidèles étaient absolument incapables de l'examen dont il s'agit. A plus forte raison leur était-il impossible de discerner dans l'Ancien Testament les livres authentiques d'avec les apocryphes, et les ouvrages inspirés d'avec les profanes. Mais les protestants, qui refusent au corps de l'Eglise l'assistance du Saint-Esprit, l'accordent libéralement à chaque particulier.

Cette discussion, quoique un peu longue, nous a paru nécessaire pour démontrer que les plus habiles même d'entre les protestants n'ont jamais pu réussir à prouver l'authenticité ni la divinité des livres saints, et que cela est impossible, à moins que l'on n'admette l'autorité de l'Eglise (1).

Notre méthode est plus simple et plus sûre ; nous disons : Les apôtres ont donné aux Eglises qu'ils ont fondées tels et tels livres, et non d'autres, comme *Ecriture sainte* et parole de Dieu ; nous sommes convaincus de ce fait par le témoignage uniforme de ces Eglises, énoncé par la bouche de leurs pasteurs. Ce témoignage ne peut être faux, touchant un fait aussi aisé à saisir : donc nous devons y croire. — Ce témoignage est d'autant plus fort, que c'est aux pasteurs que Jésus-Christ et les apôtres ont donné mission pour enseigner : or une partie essentielle de l'enseignement est de nous apprendre quels sont les livres que nous devons regarder comme règle de foi. Cet enseignement ne suffirait pas encore pour rendre notre foi certaine, si les pasteurs n'avaient en même temps mission et assistance du Saint-Esprit pour nous donner le vrai sens de ces livres ; sans cela, celui que nous y donnerions ne serait que notre opinion particulière : une foi fondée sur une base aussi peu solide ne serait qu'un enthousiasme de prétendus illuminés.

Indépendamment de toute citation de l'*Ecriture*, nous sommes certains de la mission divine des pasteurs de l'Eglise, par leur succession et leur ordination, qui sont venues des apôtres par une chaîne non interrompue ; autre fait sensible et public, dont cette société entière rend témoignage. De même que cette mission est divine dans son origine, elle l'est aussi dans sa succession, parce que cela est absolument nécessaire pour rendre la foi solide aussi longtemps que durera l'Eglise. — Lorsque nous prouvons ces mêmes vérités aux protestants par l'*Ecriture sainte*, nous ne faisons pas un cercle vicieux, parce qu'ils admettent d'ailleurs la divinité de l'*Ecriture*, qu'ils récusent même toute autre preuve ; c'est donc un argument personnel que nous leur faisons. Mais ils tombent eux-mêmes dans ce cercle, en prouvant la divinité de l'*Ecriture* par une prétendue *persuasion intérieure du Saint-Esprit*, ensuite cette persuasion par la divinité de l'*Ecriture*, qui la leur promet, et en fixant encore le sens de cette promesse, que nous leur contestons par cette même persuasion.

Après avoir prouvé la divinité des livres saints, ou l'inspiration de ceux qui les ont écrits, il faut examiner en quoi consiste cette inspiration. Sans discuter ici les divers sentiments des théologiens, dont nous parlerons au mot INSPIRATION, nous pensons, 1° que Dieu a *révélé* aux écrivains sacrés ce qu'ils ne pouvaient pas savoir par les lumières naturelles ; mais il n'a pas été nécessaire qu'il leur révélât les faits dont ils étaient témoins oculaires, ou dont ils avaient toute la certitude morale possible, ni les leçons qu'ils avaient reçues de leurs pères ; 2° que, par un mouvement de sa grâce, Dieu leur a *inspiré* ou suggéré le dessein et la volonté de mettre par écrits les faits, les dogmes, la morale, et le désir de nous les transmettre avec la plus exacte fidélité ; 3° Dieu leur a donné une *assistance* ou un secours particulier pour les préserver d'erreur, sans rien changer néanmoins au degré de capacité naturelle que chaque écrivain pouvait avoir d'écrire plus ou moins élégamment et clairement. Ces trois choses sont nécessaires et suffisantes, pour que nous soyons obligés d'ajouter foi à leurs écrits, de les regarder comme *parole de Dieu* et comme la règle de notre croyance. Nous ne prodiguons point ici les miracles ; nous n'admettons que ce qui suit naturellement des paroles de Jésus-Christ et des apôtres. — Si quelques théologiens ont poussé plus loin l'inspiration des auteurs sacrés, rien ne nous oblige d'embrasser leur sentiment.

Les incrédules disent que ces livres ne portent point en eux-mêmes l'empreinte ni le sceau de la divinité, que le fond des choses et le style annoncent évidemment qu'ils sont l'ouvrage des hommes, et même quelquefois d'écrivains assez médiocres. — Mais ces censeurs si éclairés sont-ils en état d'assigner le style, le ton, la manière dont Dieu doit se servir pour parler aux hommes ? Ce qui paraissait beau, sublime, divin aux Orientaux, nous semble froid, obscur ou gigantesque ; auquel de ces goûts divers Dieu était-il obligé de se conformer ? La parole de Dieu est adressée à tous les hommes, au peuple comme aux savants ; qu'a besoin le peuple des prestiges de l'éloquence ou des finesses de l'art, auxquelles il n'entend rien ? Nos adversaires n'oseraient nier qu'il n'y ait dans Moïse, dans les historiens, dans les prophètes, des morceaux d'éloquence qui ont paru sublimes dans toutes les langues, chez tous les peuples et dans tous les siècles ; mais ce n'est point

---

(1) Voy. ci-dessus, la note de la col. 355.

là-dessus qu'est fondé le respect que l'on doit aux livres saints.

§ III. *Des divers sens de l'Ecriture sainte.* Dans l'*Ecriture sainte*, comme dans tout autre livre, le texte peut avoir un sens littéral et un sens figuré. Le premier est celui qui résulte de la force naturelle des termes et de leur usage ordinaire; le second est celui que l'auteur a voulu cacher sous les expressions dont il s'est servi. Le sens littéral se sous-divise en sens propre et en sens métaphorique. Lorsqu'il est dit que Jésus-Christ a été baptisé par saint Jean dans le Jourdain, il ne faut point chercher d'autre sens dans ces paroles que le fait historique, qui se présente d'abord à l'esprit. Mais lorsque saint Jean nomme Jésus-Christ l'*Agneau de Dieu*, on comprend que c'est une métaphore; elle exprime non-seulement la douceur de Jésus-Christ, dont l'agneau est le symbole; mais qu'il était destiné à être la victime de la rédemption du monde. Quand l'*Ecriture* attribue à Dieu, Être purement spirituel, des yeux, des mains, des pieds, on conçoit que *les yeux* signifient la connaissance, *les mains* la toute-puissance, *les pieds* le pouvoir de se rendre où il lui plait, ou plutôt sa présence immédiate en tout lieu.

Le sens figuré, mystique ou spirituel, est celui que l'auteur sacré paraît avoir en vue, outre le sens littéral. Si un fait historique fait allusion à Jésus-Christ et à son Eglise, c'est une *allégorie*; si on peut en tirer une leçon pour les mœurs, c'est une *tropologie*; s'il nous donne une idée du bonheur éternel, c'est une *anagogie*. Ainsi Isaac portant le bois qui doit servir à son sacrifice est, dans un sens *allégorique*, Jésus-Christ portant sa croix. La loi de ne pas lier la bouche du bœuf qui foule le grain (*Deut.* xxv, 4) désigne, selon saint Paul, l'obligation dans laquelle sont les chrétiens de fournir la subsistance aux ministres de l'Evangile; c'est le sens moral ou *tropologique*. Les biens temporels promis aux observateurs de l'ancienne loi sont l'emblème des biens éternels réservés à la vertu: ils les désignent dans le sens *anagogique*. *Voy.* ALLÉGORIE, etc.

On comprend déjà que, dans la recherche et dans l'examen de ces divers sens, il y a deux excès à éviter, l'un de vouloir tout prendre à la lettre, l'autre de vouloir tout entendre dans un sens mystique. — Selon les partisans obstinés du sens littéral, ces paroles du psaume CIX: *Le Seigneur a dit à mon Seigneur, Asseyez-vous à ma droite*, s'entendent à la lettre de David, lorsqu'il désigna Salomon pour son successeur. Ils ne font pas attention que Jésus-Christ s'est appliqué à lui-même ce passage (*Matth.* xxii, 43), que d'ailleurs la plupart des expressions de ce psaume sont trop sublimes, pour s'être vérifiées à la lettre dans Salomon. Il n'est donc pas étonnant que les anciens Juifs aient appliqué constamment ce psaume au Messie. *Voy.* Galatin, liv. 8, ch. 24.

On doit donc rejeter le sentiment de Grotius, qui pense que la plupart des prophéties ont été accomplies *à la lettre* et dans *le sens propre*, avant Jésus-Christ; mais qu'elles ont été accomplies en lui dans un sens plus parfait et plus sublime. Nous soutenons qu'un grand nombre de prophéties ne peuvent être appliquées qu'à lui dans le sens propre et littéral, et n'ont été accomplies qu'en lui. *Voy.* PROPHÉTIE. — D'autre part, saint Paul dit (*Rom.* x, 4) que Jésus-Christ est la fin ou le terme de la loi (*I Cor.* x, 4); que tout ce qui est arrivé aux Juifs était une *figure*, et a été écrit pour notre instruction. De là il s'est formé une secte de figuristes, qui prétendent que dans l'*Ecriture* tout est symbolique et allégorique. — Non-seulement ce système est outré, dégénère en fanatisme, donne lieu aux incrédules d'insulter au christianisme; mais ses partisans abusent évidemment des paroles de saint Paul. Jésus-Christ est la fin de la loi, puisqu'il a donné aux hommes la grâce et la vraie justice que la loi ne pouvait donner; ainsi l'explique saint Jean dans son Evangile, c. i, v. 17. Saint Paul ne dit pas que Jésus-Christ est le seul objet de la loi. L'incrédulité des Juifs, leurs révoltes, leur punition, dont parle l'Apôtre dans l'endroit cité, sont sans doute un exemple, un modèle, une *figure* de ce qui doit nous arriver à nous-mêmes, si nous les imitons: tel est le sens. Il est absurde d'en conclure qu'il en est de même de tous les événements de l'histoire juive, de toutes les lois, de toutes les narrations de l'Ancien Testament.

On ne doit pas blâmer les Pères de l'Eglise d'avoir tourné en allégorie la plupart de ces faits et d'en avoir tiré des leçons morales pour l'édification de leurs auditeurs; cette manière d'instruire était au goût de leur siècle. Il ne faut pas en conclure que c'est la meilleure, et qu'il faut encore faire de même aujourd'hui. Saint Jérôme, saint Augustin, et d'autres Pères, sont convenus que le sens mystique ne prouve rien en rigueur, à moins qu'il n'ait été formellement indiqué par Jésus-Christ et par les apôtres. *Voy.* FIGURE, FIGURISME. — Ce qu'il y a de singulier, c'est que les sociniens, qui ont blâmé hautement les Pères de l'Eglise d'avoir eu trop d'attachement pour le sens figuré de l'Ancien Testament, tombent eux-mêmes continuellement dans ce défaut à l'égard du Nouveau. Lorsqu'un passage semble les favoriser, ils le prennent dans la plus grande rigueur des termes; lorsqu'il leur est contraire, ils ont recours au sens métaphorique: preuve évidente que l'interprétation de l'*Ecriture sainte* ne doit point être abandonnée à la critique téméraire et toujours inconséquente des hérétiques, qu'il faut absolument s'en tenir au sens autorisé et prouvé par la tradition. *Voy.* SOCINIENS.

Sur les divers sens de l'*Ecriture*, les protestants ne s'accordent pas mieux entre eux qu'avec nous. Mosheim, bon luthérien, après avoir accusé les Pères de l'Eglise et les commentateurs de tous les siècles, d'avoir corrompu plutôt qu'expliqué l'*Ecriture sainte*, par leur attachement au sens allégorique, prétend que l'on n'a commencé qu'au xvi⁰ siècle à rechercher le vrai sens des livres saints, en suivant la règle d'or établie par Luther ; savoir qu'*il n'y a qu'un sens attaché aux mots de* l'Ecriture, *dans tous les livres du Vieux et du Nouveau Testament*. Mais son traducteur anglais observe très-bien que cette prétendue règle d'or est fausse, qu'il y a évidemment dans les prophètes et ailleurs des passages susceptibles de plusieurs sens. Nous ajoutons que cette règle est formellement contraire aux paroles de saint Paul, que nous venons d'alléguer ; elle n'a été imaginée que pour étayer la maxime favorite des protestants, savoir, que l'*Ecriture* est claire, qu'il suffit de la lire attentivement pour en prendre le vrai sens. Enfin, le fait avancé par Mosheim est absolument faux, puisqu'il est constant que les nestoriens ont toujours rejeté les explications allégoriques de l'*Ecriture sainte* (Assémani, *Bib. orient.*, tom. III, c. 198); et il y en a très-peu dans les commentaires de Théodoret. — Aussi plusieurs savants anglais se sont attachés à prouver qu'il est ridicule de vouloir prendre toujours les passages de nos livres saints à la lettre. Ils observent, 1° qu'il y a dans ces livres de la prose et de la poésie, de l'histoire, des prophéties et des leçons de morale ; que les poëtes et les orateurs grossissent les objets et en chargent la peinture ; que souvent les écrivains sacrés parlent le langage vulgaire, et s'accommodent aux idées du peuple, sans les adopter. 2° Si l'on s'attachait à la précision philosophique, il serait ridicule de dire que du cœur sortent les mauvaises pensées ; que Dieu sonde, éclaire, échauffe, tourne les cœurs, etc. Ce sont là des images empruntées des corps pour exprimer les choses spirituelles, et ces expressions ne peuvent être vraies dans la rigueur des termes. De ce que Dieu exerce un empire absolu sur nous, il ne s'ensuit pas qu'il nous gouverne comme des machines. 3° Souvent l'*Ecriture* fait allusion aux rites, aux usages, aux mœurs des anciens peuples, que nous ne connaissons presque plus; cela doit nécessairement y jeter beaucoup d'obscurité pour nous. — L'un d'entre eux soutient qu'aucun livre ne peut nous servir de règle dans toutes les circonstances ; il cite Flaccius Illyricus, qui a donné cinquante et une raisons de l'obscurité de l'*Ecriture*. Les écrits des prophètes, dit-il, et des apôtres sont remplis de tropes, de métaphores, de types, d'allégories, de paraboles, d'expressions obscures ; ils sont autant et plus inintelligibles que les anciens auteurs profanes. Il se moque de Daillé, qui, dans son livre *de l'Usage des Pères*, a voulu infatuer le peuple de la prétendue clarté de l'*Ecriture*. Bayle lui-même soutient qu'il est impossible aux ignorants, et même aux savants, de s'assurer jamais, avec une pleine certitude, du vrai sens des livres saints. Il observe que la prétendue grâce du Saint-Esprit, dont les protestants se flattent, n'augmente point l'esprit, la mémoire, la pénétration naturelle, qu'elle ne nous apprend ni l'hébreu, ni le grec, ni les règles du raisonnement, ni les solutions des sophismes, ni les faits historiques ; il faudrait, dit-il, une grâce semblable au don miraculeux de prophétie : s'en flatter, c'est donner dans le quakérisme et l'enthousiasme. Enfin, l'on prétend que Luther, à l'article de la mort, déclara que personne ne doit se flatter d'entendre les saintes lettres, à moins qu'il n'ait gouverné les Eglises pendant cent ans avec des prophètes tels que Elie, Elisée, Jean-Baptiste, Jésus-Christ et les apôtres ; et que cette anecdote a été recueillie et publiée par un témoin oculaire. (*Abrégé chron. de l'Hist. de France*, an. 1546.)

Cependant, lorsque les théologiens catholiques ont voulu faire ces mêmes réflexions, les protestants les ont accusés de blasphémer contre les oracles du Saint-Esprit. Ils se sont rebattus à dire que l'*Ecriture* est claire et très-intelligible sur les choses nécessaires, sur les articles fondamentaux ; qu'ainsi tout ce qui est obscur n'est pas nécessaire. On sait comme les sociniens ont fait usage de ce merveilleux principe, et jusqu'où il a été poussé par les déistes. Mais c'est encore un cercle vicieux et une absurdité ; il s'ensuit qu'un dogme n'est plus nécessaire à croire, dès qu'il plaît à un incrédule d'y trouver de l'obscurité. Nous défions les protestants de citer un seul passage de l'*Ecriture* touchant le dogme, dont le sens n'ait été obscurci et perverti par quelque mécréant, ou une seule erreur que l'on n'ait fondée sur quelques passages de l'*Ecriture*. Mosheim lui-même, parlant du principe des sociniens, savoir, que l'on doit entendre ce que nous enseigne l'*Ecriture sainte* conformément aux lumières de la raison, dit que, suivant cette règle, il doit y avoir autant de religions que d'individus. (xvi⁰ *siècle*, sect. 3, seconde part., c. 4, § 16.) Cela est vrai ; mais en est-il autrement de la règle des protestants ? Est-il plus difficile à un homme de prétendre qu'il a une inspiration du Saint-Esprit pour bien entendre tel passage, que de se flatter d'avoir une raison plus pénétrante et plus droite que ses adversaires ?

§ IV. *De l'autorité de l'Ecriture sainte en matière de foi*. Une quatrième question, très-importante, est de savoir quelle est l'autorité de l'*Ecriture sainte* en matière de doctrine, ou plutôt quel est l'usage que l'on doit faire de cette autorité. — En général, les protestants soutiennent que l'*Ecriture sainte* est la *seule règle de foi*, le seul dépôt des vérités révélées ; et que c'est la raison, la lumière naturelle, aidée de la grâce du Saint-Esprit, qui nous fait discerner le vrai sens du texte sacré ; d'où il résulte qu'en dernière analyse, c'est la raison, ou ce qu'on nomme l'*esprit particulier*, qui est l'unique arbitraire de la croyance de chaque fidèle. — Les anglicans ont senti cette conséquence, et ont pris un parti plus modéré ; leurs plus habiles thélogiens, Bullus, Fell, évêque d'Oxford, Poarson, évêque de Chester, Dodwel, Bingham, etc., ont fait voir par de solides raisons, et par leur conduite, que pour prendre le vrai sens de l'*Ecriture sainte*, il faut consulter les Pères de l'Eglise, surtout ceux des quatre premiers siècles, fidèles organes de la tradition. Ils ont été forcés d'en agir ainsi, pour pouvoir réfuter les sociniens. — Ces derniers, nés dans le sein du protestantisme, ont poussé le principe posé par les réformateurs, aussi loin qu'il pouvait aller. Selon eux, c'est la raison ou la lumière naturelle seule qui doit décider du sens de l'*Ecriture sainte*. Conséquemment, lorsque l'*Ecriture* nous paraît enseigner des dogmes contraires à la raison, tels que la Trinité, l'incarnation, la rédemption, la présence réelle, etc., on doit donner aux expressions dont elle se sert le sens qui paraît s'accorder le mieux avec les lumières de la raison. Dieu, disent-ils, qui nous a donné la raison pour guide, ne peut avoir révélé des vérités qui la contredisent. — Fondés sur ce dernier principe, les déistes concluent que, puisque toutes les révélations enseignent des dogmes contraires à la raison, il ne faut en admettre aucune. Cette gradation d'erreurs et de conséquences inévitables démontre déjà la fausseté du système des protestants. — Les catholiques soutiennent que l'*Ecriture sainte* est règle de foi, mais qu'elle n'est pas la seule, qu'elle ne suffit point pour fixer notre croyance ; que pour en prendre le vrai sens, il faut consulter la tradition de l'Eglise, tradition attestée par les décrets des conciles, par les Pères, par la liturgie et par les prières publiques, par les pratiques du culte divin. Voici les preuves qu'ils allèguent :

1° Nous ne pouvons mieux connaître la manière dont les fidèles doivent être enseignés, qu'en considérant ce qu'ont fait Jésus-Christ, les apôtres et leurs successeurs. Or Jésus-Christ, après avoir dit à ses disciples : *Comme mon Père m'a envoyé, je vous envoie*, leur ordonne d'enseigner toutes les nations ; il ne leur ordonne pas de rien écrire, lui-même n'a rien écrit ; parmi ses apôtres, il y en a au moins six qui n'ont laissé aucun ouvrage, et l'on ne peut pas prouver qu'ils aient commandé aux fidèles de se procurer les écrits des autres apôtres, encore moins qu'ils les aient exhortés à lire l'Ancien Testament. De même que Jésus-Christ avait dit : *Je vous ai fait connaître tout ce que j'ai reçu de mon Père* (Jean, xv, 15) ; saint Paul dit aux Corinthiens : *J'ai reçu du Seigneur ce que je vous ai donné par tradition* (I Cor. xi, 25). Et il dit à un pasteur qu'il charge d'enseigner : *Ce que vous avez entendu de moi devant plusieurs témoins, confiez-le à des hommes fidèles, qui seront capables d'enseigner les autres* (II Tim. ii, 2). Il aurait été plus court de leur dire : Mettez-leur l'*Ecriture* à la main. — Il est croyable, dit Le Clerc (*Hist. Ecclésiastiq.*, sous l'an 57, n° 4), que les apôtres n'instruisaient pas seulement les fidèles de vive voix, mais qu'ils leur mettaient aussi l'histoire évangélique entre les mains. — Cela est croyable, sans doute, à un protestant qui a intérêt de le supposer ; mais cela n'est pas croyable à un homme instruit, et qui cherche la vérité de bonne foi. 1° Ce fait est contraire aux leçons mêmes des apôtres que nous citons. 2° Les livres du Nouveau Testament n'ont été entièrement écrits qu'à la fin du 1ᵉʳ siècle, soixante-sept ans après la mort de Jésus-Christ. 3° Un apôtre, qui était allé prêcher dans la Perse, dans les Indes, en Italie ou dans les Gaules, ne pouvait pas avoir sous la main les écrits faits en Egypte, dans la Palestine, ou dans l'Asie Mineure, ni en avoir assez d'exemplaires pour les laisser dans toutes les sociétés chrétiennes qu'il formait. 4° L'usage des lettres était fort rare parmi le peuple, et il y avait très-peu d'hommes qui sussent lire. 5° Saint Irénée atteste que de son temps il y avait encore des Eglises ou des sociétés chrétiennes qui n'avaient point d'*Ecriture sainte*, et qui, cependant, conservaient une foi pure par tradition. Voilà des faits positifs, plus forts que les conjectures des protestants.

Immédiatement après la mort des apôtres, saint Clément et saint Polycarpe, instruits par eux, recommandent aux fidèles d'écouter leurs pasteurs ; ils ne les exhortent point à vérifier, par l'*Ecriture*, si la doctrine qu'on leur prêche est vraie ou fausse. Saint Ignace fait de même au second siècle ; saint Irénée rend témoignage à Florin de l'exactitude avec laquelle il écoutait les paroles de ceux qui avaient entendu les apôtres ; il réfute les hérétiques par cette tradition aussi bien que par l'*Ecriture* ; il atteste que pour lors plusieurs Eglises conservaient la foi par tradition, sans avoir encore aucune *Ecriture*. Au troisième, Tertullien ne voulait pas que l'on admît les hérétiques à disputer par l'*Ecriture*. Voilà d'insignes prévaricateurs aux yeux des protestants. — Mais ces derniers nous fournissent eux-mêmes des armes contre eux. Pour la commodité de leur système, ils ont trouvé bon de supposer que l'*Ecriture sainte* fut d'abord traduite dans la plupart des langues, et que ces traductions contribuèrent merveilleusement à la propagation de l'Evangile. C'est une belle imagination. Les Juifs n'entendaient plus l'hébreu, et les *Paraphrases chaldaïques* ne sont pas très-fidèles. Les Syriens l'entendaient encore moins, et l'on ne sait pas précisément à quelle époque il faut rapporter la version syriaque. Les apôtres paraissent avoir fondé des Eglises dans l'Arménie, en Perse, et même chez les Parthes ; point de version dans les langues de ces peuples pendant les premiers siècles. Saint Paul avait prêché et fondé des Eglises en Arabie ; la version arabe n'est pas de la plus haute antiquité. Saint Marc avait établi celle d'Alexandrie ; et il n'a paru que tard une traduction égyptienne ou cophtique. L'on n'en a connu aucune en langage africain ou punique, aucune en ancien espagnol, dans l'idiome des Celtes ni des Bretons. Nous ne savons pas précisément la date de la Vulgate latine ou italique ; elle était faite sur le grec des Septante, et ce grec était très-fautif, puisque c'est à cette version que les protestants attribuent la plupart des erreurs dont ils chargent les anciens Pères. — Ils disent que le grec était entendu partout; cela est faux : il était entendu des personnes instruites et polies, mais non du peuple; autrement les apôtres n'auraient pas eu besoin du don des langues; il leur aurait suffi de savoir le grec. Dans les *Actes des apôtres*, chap. II, v. 9, il est fait mention de seize langues différentes qu'ils eurent le don de parler.

Un autre obstacle était l'incertitude de savoir quels livres de l'*Ecriture* étaient authentiques ou supposés, divins ou purement humains. Le Clerc a prétendu que le canon ou le catalogue de ces livres fut dressé par les apôtres mêmes avant la mort de saint Jean; Mosheim est d'avis que ce fut au II° siècle; mais Basnage soutient que, pendant les cinq ou six premiers siècles, il n'y eut jamais de canon généralement reçu; que chaque Eglise avait la liberté d'y placer tel livre qu'il lui plairait; qu'au VII° et au VIII°, on doutait encore si l'Epître de saint Paul aux Hébreux, l'Apocalypse, et plusieurs livres de l'Ancien Testament, étaient ou n'étaient pas canoniques. Peu nous importe de savoir lequel de ces auteurs a raison ; cela ne serait pas arrivé, dit Basnage, si l'on avait reconnu pour lors un tribunal infaillible, auquel il appartint de décider la question. — Cela serait encore moins arrivé, si l'on avait cru pour lors, comme les protestants, que la lecture des livres saints était absolument nécessaire aux fidèles pour former leur foi ; mais on était persuadé, comme nous le sommes encore, qu'il leur suffisait d'écouter la voix de l'Eglise. La réflexion de ce critique prouve plus contre les protestants que contre nous.

Mais supposons, si l'on veut, pour un moment, que le canon eût été formé d'abord, et que les versions de l'*Ecriture* fussent très-communes, en serons-nous plus avancés ? Dans les temps dont nous parlons, de vingt personnes il n'y en avait pas deux qui sussent lire; les livres étaient très-rares; il fallait presque la vie d'un homme pour copier un exemplaire complet de l'*Ecriture*, et ce livre devait coûter au moins mille francs de notre monnaie. Avant l'impression de la Bible arménienne, un exemplaire coûtait quinze cents francs. *Quel obstacle à la connaissance des livres saints !* s'écrie à ce sujet Beausobre. Nous en convenons, mais cet obstacle a duré jusqu'à nous dans l'Orient, et il y subsiste encore; l'ignorance des lettres y est universellement répandue; faut-il, par cette raison, s'abstenir d'y prêcher le christianisme? Mais, toujours, pour leur commodité, les protestants supposent que, dans les deux ou trois premiers siècles, l'érudition était aussi commune qu'elle l'a été depuis l'invention de l'imprimerie, et ils ont accumulé les fables pour étayer leur système.

2° Il est impossible que des livres très-anciens, écrits dans des langues mortes, et qui nous sont étrangères, par des auteurs qui n'avaient ni les mêmes mœurs ni le même tour d'esprit que nous, pour des peuples qui aimaient les allégories et le style figuré, soient assez clairs pour fixer notre croyance, sans aucun autre guide. Cette vérité a été démontrée, non-seulement par les controversistes catholiques, mais par plusieurs protestants ; nous avons cité leurs aveux. Livrer les saintes *Ecritures* à l'esprit particulier, à l'interprétation arbitraire de chaque lecteur, c'est ne leur attribuer pas plus d'autorité qu'à tout autre livre, et vouloir qu'il y ait autant de religions que de têtes. Dans le fond, ce n'est pas la lettre du texte qui est notre foi, mais c'est le sens que nous y donnons. Si ce sens vient de nous et non de Dieu, ce n'est plus Dieu qui nous enseigne, c'est nous qui sommes notre propre guide.

3° Plusieurs dogmes enseignés dans les livres saints sont des mystères, des vérités supérieures à l'intelligence humaine ; il est contre la nature des choses, de vouloir que la raison en soit le juge et l'arbitre. Sur quel principe de la lumière naturelle jugerons-nous de ce que Dieu peut ou ne peut pas faire ? Quand on suppose que Dieu n'a pas pu nous révéler des vérités incompréhensibles, c'est comme si l'on soutenait qu'il n'a pas pu révéler aux aveugles-nés l'existence de la lumière et des couleurs.

4° Si l'*Ecriture sainte* est la seule règle de foi, elle l'est pour les ignorants aussi bien que pour les savants, puisque la foi est un devoir que Dieu commande à tous. Le simple peuple, un ignorant qui ne sait pas lire, est-il capable de consulter le texte original de l'*Ecriture sainte*, de se démontrer l'authenticité et l'intégrité de ce texte, de s'assurer de la fidélité de la version? S'il doit s'en tenir à ce que l'Eglise lui atteste sur ces trois chefs, il est absurde de soutenir qu'il ne doit pas se fier à elle sur le sens qu'il faut donner à chaque passage. — L'entêtement des protestants sur ce point est inconcevable. Il est, disent-ils, beaucoup plus facile de juger si un dogme est ou n'est pas enseigné dans l'*Ecriture sainte*, que de discuter toutes les preuves de la vérité de la religion chrétienne : or cette seconde discussion est certainement à la portée des fidèles les plus ignorants, autrement leur foi ne serait fondée sur rien, ce serait un pur enthousiasme : donc, à plus forte raison, ils sont capables de la première. — Faux raisonnement. Un simple fidèle n'a pas besoin d'examiner *toutes les preuves* que l'on peut donner de la vérité du christianisme ; une seule bien saisie lui suffit pour fonder sa foi ; tels sont, par exemple, les miracles de Jésus-Christ et des apôtres : or ce sont des faits dont la certitude est évidente au chrétien le plus ignorant. Pour savoir, au contraire, si tel dogme est enseigné dans l'*E-*

criture sainte, il faut être certain, 1° que cette *Ecriture* est la parole de Dieu, et que c'est Dieu qui en est l'auteur; 2° que tel livre, dans lequel on trouve ce dogme, est canonique et non apocryphe; 3° que le passage dont il s'agit n'est pas une interpolation, et qu'il n'est pas corrompu; 4° qu'il est fidèlement traduit; 5° que l'on en prend le véritable sens, et que ceux qui l'entendent autrement sont dans l'erreur; 6° que ce sens n'est contredit par aucun autre passage de l'*Ecriture*. Lorsque nous citons l'*Ecriture sainte* aux protestants, ils nous font toutes ces exceptions; l'on est donc aussi en droit de les leur opposer. Où est le simple fidèle capable de satisfaire à toutes ces difficultés?

5° L'*Ecriture sainte*, au lieu de fixer par elle-même la croyance et les doutes de chaque particulier, est au contraire le sujet de toutes les disputes. Entre les hérétiques et les orthodoxes, il est toujours question de savoir quel est le vrai sens de tels ou tels passages, chaque secte prétend les entendre mieux que ses rivales : qui décidera la contestation? S'il n'y a aucun moyen de la terminer, Jésus-Christ a donc fait son Testament, pour qu'il fût une pomme de discorde dans son Eglise. Toutes les fois que les protestants se sont trouvés aux prises avec les sociniens, ils ont été forcés de recourir à la tradition, pour prouver que ceux-ci tordaient le sens de l'*Ecriture*, y donnaient des interprétations inouïes. On comprend bien que les sociniens se sont moqués d'un rempart ruiné d'avance par les protestants. (*Apol. pour les catholiques*, tom. II, ch. 7.)

6° Ceux mêmes qui font profession de s'en rapporter au texte seul de l'*Ecriture* démentent ce principe par leur conduite. Pourquoi des catéchismes, des professions de foi, des décisions de synode chez les protestants, s'ils n'ont point d'autre règle de croyance que l'*Ecriture*? Pourquoi condamner les arminiens, les anabaptistes, les sociniens, qui ne l'entendent pas comme eux? N'est-il permis qu'à eux de suivre l'instinct de l'esprit particulier? Avant de lire l'*Ecriture sainte*, la foi d'un protestant est déjà formée par son catéchisme, par la tradition, et par l'enseignement commun de sa secte particulière; aussi ne manque-t-il presque jamais de trouver dans l'*Ecriture sainte* le sens que l'on y donne communément dans sa secte; il a reçu, dès le berceau, l'inspiration du Saint-Esprit, pour l'entendre ainsi. Un critique anglais nous assure que dans les pays où le luthéranisme, le calvinisme ou le socinianisme sont dominants, l'on emploie la violence et la ruse pour empêcher qu'aucun particulier ne donne à l'*Ecriture* un autre sens que celui de sa secte; que si cela lui arrive, il est regardé comme hérétique. *Esprit du Clergé*, n° 27. Les sociniens font le même reproche aux protestants en général. (*Apol. pour les catholiques*, t. II, chap. 4.)

7° Il est absurde qu'un livre soit tout à la fois la loi que l'on doit suivre, et le juge des contestations qui peuvent s'élever sur le sens de la loi. Chez tous les peuples policés, l'on a senti la nécessité d'avoir des tribunaux et des juges pour faire l'application de la loi aux cas particuliers, pour en fixer le vrai sens, pour condamner les opiniâtres. Si Jésus-Christ avait fait autrement, il aurait été le plus imprudent de tous les législateurs. — Ces raisons évidentes, que l'on ne peut éluder que par des sophismes, sont confirmées par la pratique constante de l'Eglise depuis les apôtres. Toutes les fois que les hérétiques ont attaqué sa doctrine par des passages de l'*Ecriture*, qu'ils entendaient à leur manière, elle s'est crue en droit de condamner leur interprétation, d'assigner le vrai sens du texte, de dire anathème aux opiniâtres. A-t-elle commencé à se tromper, dès le temps des apôtres, sur la règle de sa foi? Elle n'aurait pas pu tomber dans une erreur dont les conséquences fussent plus terribles. « Que les sectaires, dit saint Jérôme, ne se vantent point de ce qu'ils citent l'*Ecriture sainte* pour prouver leur doctrine; le démon lui-même en a cité des passages; l'*Ecriture* ne consiste point dans la lettre, mais dans le sens. Si nous nous en tenions à la lettre, il ne tiendrait qu'à nous de forger un nouveau dogme, et d'enseigner que l'on ne doit point recevoir dans l'Église ceux qui ont des souliers et deux habits. » (*Dial. adv. Lucifer.*, *in fine*.)

8° Enfin, la prétendue vénération des protestants pour l'*Ecriture sainte* n'est qu'une hypocrisie; dans la pratique, ils ont pour elle moins de respect que pour un livre profane. En premier lieu, les frères de Walembourg, après avoir compulsé les différentes Bibles des protestants, les ont convaincus de douze falsifications essentielles dans le sens des passages concernant les questions controversées entre eux et nous (*De Controv.*, tract. 4, sect. 2, etc.). En second lieu, l'on ne peut leur opposer aucun passage si clair, qu'ils ne trouvent le moyen d'en tordre le sens à leur gré; nous le ferons voir particulièrement, lorsque nous prouverons contre eux l'autorité de l'Eglise en matière de foi, et nous démontrerons l'absurdité de leurs gloses. Déjà ils ont été battus par leurs propres armes; dans toutes les disputes qu'ils ont eues avec les sociniens, ceux-ci leur ont fait voir qu'ils avaient appris à leur école l'art de se jouer de l'*Ecriture sainte*. Mais nous n'en sommes pas moins obligés de répondre à tous leurs reproches, et d'en démontrer l'injustice.

§ V. *Reproches que font les protestants aux catholiques, touchant* l'Ecriture sainte. — Ils disent, 1° que nous prenons pour règle de foi, non l'*Ecriture sainte*, mais la tradition : c'est une imposture. L'Eglise a constamment enseigné et professé le contraire; elle a encore déclaré, dans le concile de Trente, sess. 4, que « l'Evangile est la source de toute vérité salutaire et de toute règle des mœurs; que ces vérités et ces règles sont contenues dans l'*Ecriture* et dans les traditions non écrites, qui, reçues de la bouche de Jésus-Christ par les apôtres, ou communiquées par eux de main en main, sous la direction du Saint-Esprit, sont parvenues jusqu'à nous. » Donc elle reconnaît pour règle de foi l'*Ecriture sainte* aussi bien que la tradition ; mais elle déclare que l'*Ecriture* n'est pas *la seule règle*, et cela, pour deux raisons convaincantes. La première, parce qu'il y a des vérités et des pratiques qui ont été enseignées de vive voix par Jésus-Christ et par les apôtres, et qui ne sont point écrites dans les livres qu'ils nous ont laissés. Nous sommes assurés de ce fait, soit par leurs propres écrits, soit par le témoignage de leurs disciples et de leurs successeurs. La seconde, parce que les vérités écrites dans nos livres saints n'y sont pas toujours couchées assez clairement pour qu'il n'y ait plus lieu d'en douter et de disputer. Nous sommes donc alors obligés de recourir à la tradition, c'est-à-dire au sens que les disciples et les successeurs des apôtres ont donné à ces passages, sens que nous découvrons par leurs écrits ou par les usages qu'ils ont établis, et auxquels l'Eglise a toujours fait profession de s'en tenir. — « Ç'a toujours été, dit Vincent de Lérins, *Comm.*, cap. 29, et c'est encore aujourd'hui la coutume des catholiques, de prouver la foi de ces deux manières : 1° par l'autorité de l'*Ecriture sainte* ; 2° par la tradition de l'Eglise universelle : non que l'*Ecriture* soit insuffisante en elle-même, mais parce que la plupart interprètent à leur gré la parole divine, et enfantent ainsi des opinions et des erreurs ; il est donc nécessaire d'entendre l'*Ecriture sainte* suivant le sens de l'Eglise, surtout dans les questions qui servent de fondement à tout le dogme catholique. » Cette règle, suivie au V° siècle, est-elle devenue fausse par treize siècles qu'elle a duré de plus ? — Déjà nous avons remarqué que les protestants, en réclamant sans cesse l'*Ecriture* comme *seule règle* de foi, en imposent encore aux ignorants. Leur véritable règle est l'interprétation qu'ils y donnent de leur chef, et quel que soit le motif qui la leur suggère, c'est une impiété d'appeler cette interprétation *la parole de Dieu*, puisque ce n'est souvent que la rêverie d'un ignorant, d'un visionnaire, ou d'un docteur entêté. — L'Eglise traite l'*Ecriture sainte* avec plus de respect ; elle ne se donne la liberté ni d'en retrancher tel livre qu'il lui plaît, ni d'en corriger le texte par intérêt de système, ni d'en altérer le sens par les versions, ni d'en expliquer arbitrairement les passages ; elle laisse ces divers attentats aux hérétiques, qui ne rougissent pas de s'en attribuer le droit, et de s'en vanter.

2° Ils disent qu'en nous tenant à la tradition, nous mettons la parole des hommes à la place et même au-dessus de la parole de Dieu : double fausseté. En premier lieu, la tradition n'est point la parole des hommes, mais la parole de Jésus-Christ et des apôtres, aussi bien que celle qui est écrite : qu'elle nous soit venue de vive voix ou par écrit, cela n'en change point la nature. La parole, même écrite, a passé par la main des hommes, puisque nous n'avons plus les originaux des écrivains sacrés, mais seulement des copies et des traductions ; et les protestants n'ont pu recevoir ces copies que de la main des pasteurs de l'Eglise catholique. Si ceux-ci ont été capables d'altérer la parole qu'ils ont prêchée, ils n'ont pas été moins capables de corrompre celle qu'ils ont copiée ou traduite. Il serait absurde de supposer que Dieu a veillé à ce qu'il ne s'y fît plus aucun changement en copiant, ou en traduisant, et qu'il n'a pas trouvé bon d'empêcher qu'il n'en arrivât en enseignant de vive voix. Suivant la réflexion de saint Paul, confirmée par une expérience de dix-sept siècles, *la foi vient de l'ouïe, et de la prédication de la parole de Dieu*, beaucoup plus que de la lecture ; il était donc de la sagesse divine de veiller encore de plus près sur la prédication ou sur la tradition que sur l'*Ecriture*. — Comment les protestants ne voient-ils pas qu'ils sont les vrais coupables du crime qu'ils nous reprochent, puisqu'ils mettent leur propre interprétation, leur propre sens, à la place de l'*Ecriture* ; et qu'ils osent appeler *parole de Dieu* ce qui n'est dans le fond que leur propre parole ? — En second lieu, lorsque l'Eglise interprète l'*Ecriture sainte* suivant la tradition, elle ne met pas plus sa décision au-dessus de la parole de Dieu, qu'un tribunal de magistrats qui détermine le sens d'une loi ne met ses arrêts au-dessus de la loi. Lorsqu'il suit pour règle les usages et les coutumes, l'avis des jurisconsultes, les arrêts de ses prédécesseurs, il est bien assuré de ne pas aller contre l'intention du législateur. Ainsi, l'*Ecriture sainte* expliquée par les décisions de l'Eglise est précisément dans le même cas que le texte de la loi expliqué par les arrêts. La différence est que, pour enseigner ainsi les fidèles, l'Eglise est assurée de l'assistance du Saint-Esprit ; mais quelle assurance peut avoir un protestant d'être inspiré, lorsqu'il s'arroge le droit d'entendre l'*Ecriture* comme il le juge à propos ?

3° Les protestants répètent sans cesse que nous laissons de côté l'*Ecriture*, pour ne consulter que la tradition. Ici la notoriété des faits suffit pour confondre la calomnie. Que l'on compare les ouvrages des théologiens et des controversistes catholiques avec ceux de leurs adversaires, on verra lesquels sont les plus exacts à prouver leur doctrine par l'*Ecriture*. Que l'on ouvre seulement le concile de Trente, pour voir si les Pères et les théologiens de cette assemblée ont manqué à ce devoir. A la vérité, un docteur catholique ne se donne pas, comme les protestants, la liberté de rassembler au hasard des passages qui ne prouvent rien, d'en tordre le sens à son gré, de donner son commentaire comme parole de Dieu ; il regarde comme une absurdité et une impiété d'attribuer plus de poids à son opinion personnelle qu'au sentiment général de l'Eglise catholique. — D'ailleurs, lorsque, sur une question de doctrine ou de pratique, l'*Ecriture* garde le silence, ce n'est pas la laisser dé côté que de consulter la tradition, puisqu'en général le silence ne prouve rien. Avant de vouloir en tirer des conséquences, comme font les protestants, il faut commencer par démontrer, 1° que les apôtres et les évangélistes ont dû tout écrire ; où est l'ordre qu'ils en avaient reçu ? — 2° Qu'ils ont défendu à leurs successeurs de rien prêcher de plus. Or ils leur disent le contraire : *Préchez la parole, gardez le dépôt, conservez la formule des saines paroles que vous avez reçues de moi en présence de plusieurs témoins, et confiez-les à d'autres ; retenez les traditions que vous avez apprises, soit par mes discours, soit par ma lettre*, etc. Quant à l'*Ecriture*, ils la nomment les *saines lettres*, donc la parole, le dépôt, la formule, la tradition, ne sont pas l'*Ecriture*. Voyez TRADITION. Les protestants croient, comme nous, la création des âmes, et non leur préexistence à la formation des corps, comme quelques-uns l'ont pensé ; dans quel texte de l'*Ecriture sainte* ont-ils trouvé ce dogme, que les anciens n'y voyaient pas ?

4° Un reproche plus grave, et encore plus faux, est que nous suivons des traditions contraires à l'*Ecriture*. Où sont-elles ? L'abstinence, disent nos adversaires, le culte des saints et des images, la hiérarchie, les prières dans une langue qui n'est pas entendue du peuple, etc. À chacun de ces articles, nous ferons voir qu'ils sont fondés sur l'*Ecriture*, et que les passages prétendus contraires, allégués par les protestants, sont pris par eux dans un sens faux et opposé au texte même.

5° L'on accuse l'Eglise romaine d'interdire aux fidèles la lecture de l'*Ecriture sainte*. Les faits déposent encore contre cette calomnie. Il n'est aucune langue de l'Europe dans laquelle les livres saints n'aient été traduits par les catholiques. Ces versions n'ont pas été faites pour les ecclésiastiques, qui ont toujours lu la Vulgate ; donc elles l'ont été pour les simples fidèles. Elles n'ont point été condamnées lorsqu'elles étaient exactes, et il n'y a point eu de défense générale de les lire. Mais lorsque les novateurs ont glissé des erreurs dans les versions et les explications de l'*Ecriture sainte*, lorsque, pour engager les fidèles à lire ces livres infectés, ils ont voulu imposer à tous une loi de lire l'*Ecriture sainte*, l'Eglise a condamné avec raison ces auteurs et leurs ouvrages, afin de prévenir ses enfants contre le poison qu'on leur présentait. A-t-elle eu tort ? — Il ne faut pas oublier que la même chose est arrivée chez les protestants. L'an 1543, après la naissance de la réforme en Angleterre, le roi et le parlement furent obligés d'interdire au peuple la lecture de la Bible, « parce que plusieurs personnes ignorantes et séditieuses, ayant abusé de la permission qu'on leur avait accordée de la lire, une grande diversité d'opinions, des animosités, des désordres, des schismes, avaient été causés par la perversion qu'elles avaient faite du sens des *Ecritures*. » (D. Hume, *Hist. de la maison de Tudor*, t. II, p. 426.) On peut voir dans la même histoire l'abus énorme que les puritains faisaient de la Bible en Ecosse, pour souffler dans tous les esprits le feu de la sédition et de la rébellion. Un auteur anglais a cité l'évêque Branhall, et d'autres théologiens anglicans, qui disent que « la liberté que l'on accorde indifféremment aux protestants de lire la Bible est plus préjudiciable et plus dangereuse que la rigueur avec laquelle on défend cette lecture dans l'Eglise romaine. » (L'*Esprit du clergé*, n. 37.) Mosheim avoue que le même accident est arrivé parmi les luthériens, sur la fin du siècle dernier, et que les magistrats furent obligés d'abolir les leçons qui se donnaient dans les collèges, que l'on appelait *bibliques*. (XVII° siècle, tom. II, 2° part., c. 1, § 27.) — Quelques déistes même ont eu la bonne foi de convenir qu'il y a certains livres de l'*Ecriture sainte* dont la lecture peut produire de mauvais effets, d'autres dont l'obscurité peut être un piège pour les simples et les ignorants. Si le texte des livres saints est intelligible à tout le monde, à quoi bon cette multitude de commentaires faits par des protestants ? *Se flattent-ils de mieux instruire les fidèles que Dieu lui-même ?* Ils nous font cette leçon, et ils ne daignent pas s'en faire l'application.

6° Ils disent que nous faisons tous nos efforts pour inspirer au peuple de l'indifférence et du mépris pour l'*Ecriture sainte* ; que nous en parlons comme d'un ouvrage imparfait, altéré et corrompu par les Juifs et par les hérétiques, comme d'un livre obscur et impénétrable, dont la lecture peut être dangereuse, qui n'a par lui-même aucun caractère de divinité, et qui ne peut avoir d'autre autorité que celle qu'il plaît à l'Eglise de lui attribuer. — La fausseté de ces imputations est déjà suffisamment prouvée par ce que nous venons de dire ; il serait inutile de nous arrêter à les réfuter en particulier. Nous nous contentons d'observer que presque tous les reproches faits à l'Eglise romaine par les protestants ont été rétorqués contre eux par les sociniens, dans les disputes qu'ils ont eues ensemble. Incapables de réfuter, par l'*Ecriture* seule, les interprétations captieuses données par leurs adversaires, les protestants ont voulu leur opposer le sentiment des anciens Pères de l'Eglise, par conséquent la tradition : ce ridicule les a couverts de honte ; on leur a demandé sur un ton insultant s'ils étaient redevenus papistes.

7° Enfin, ils nous reprochent de ne pas observer ce que l'*Ecriture* commande, de pratiquer même ce qu'elle défend expressément ; nous soutenons que ces accusations retombent de tout leur poids sur les protestants.

En premier lieu, Jésus-Christ (*Matth.* v, 23) approuve les offrandes faites à Dieu ; les protestants les ont abolies. Vers. 40, il dit : *Si quelqu'un veut plaider contre vous et enlever votre robe, abandonnez-lui encore votre manteau.* Chap. vi, v. 17 : *Lorsque vous jeûnez, parfumez-vous la tête et lavez-*

vous le visage. Chap. xxiii, v. 1 : *Les scribes et les pharisiens sont assis sur la chaire de Moïse, observez et faites tout ce qu'ils vous diront.* Vers. 23 : *Vous payez les dîmes des légumes, et vous négligez les œuvres de justice et de miséricorde ; il fallait faire les unes et ne pas omettre les autres.* Chap. xix, v. 21 : *Si vous voulez être parfait, vendez ce que vous avez, et donnez-le aux pauvres.* Luc, c. xii, v. 33 : *Vendez ce que vous possédez, et faites l'aumône.* Vers. 35 : *Ayez une ceinture sur les reins et une lampe allumée à la main.* Saint Pierre et saint Paul répètent ce précepte de se ceindre les reins, et les Orientaux l'observent à la lettre. *Joan.* c. xiii, v. 14 : *Si je vous ai lavé les pieds, moi qui suis votre Seigneur et votre Maître, vous devez aussi vous laver les pieds les uns aux autres ; je vous ai donné l'exemple, afin que vous fassiez ce que j'ai fait.* Nous voudrions savoir comment les protestants peuvent prouver, par l'*Ecriture*, que ce ne sont pas là des préceptes rigoureux, et qu'il ne faut pas les prendre à la lettre. Pour donner la mission à ses apôtres, Jésus-Christ souffle sur eux et leur dit : *Recevez le Saint-Esprit ; les péchés seront remis à ceux auxquels vous les remettrez*, etc. Les protestants ont proscrit cette cérémonie comme une superstition. — Saint Paul (*Ephes.*, v, 16 ; *Coloss.*, iii, 16) ordonne aux fidèles de s'édifier les uns les autres par des psaumes, par des hymnes et par des cantiques spirituels ; les protestants chantent des psaumes ; ils ont supprimé les hymnes et les cantiques. Saint Jacques, ch. v, v 14, recommande aux malades de se faire oindre d'huile par les prêtres, avec des prières ; les protestants prétendent que c'est une superstition.

En second lieu, ils font ce que l'*Ecriture* défend expressément. *Matth.* c. iii, v. 34, Jésus-Christ condamne toute espèce de jurement ; c'est pour cela que les quakers refusent de jurer en justice. Vers. 39, le Sauveur défend de résister au mal, ou au méchant. Chap. vi, v. 1 et 6, il défend de faire l'aumône au grand jour, et de prier Dieu en public. Vers. 34, il ne veut pas que l'on se mette en peine du lendemain ; chap. xxiii, v. 9, que l'on donne à quelqu'un le nom de père ou de maître. *Act.* c. xv, v. 20, les apôtres ordonnent aux fidèles de s'abstenir du sang, des viandes suffoquées. Les protestants n'observent aucune de ces lois. Ils baptisent les enfants nouveau-nés, les anabaptistes et les sociniens soutiennent que cela est contraire à l'*Ecriture* ; ils célèbrent le dimanche, malgré le Décalogue, qui ordonne de chômer le sabbat ou le samedi ; où est le texte de l'*Ecriture* qui l'a ainsi réglé ? Saint Paul défend d'observer les jours (*Gal.*, xlii, 10). — Un catholique est en droit de n'entendre tous ces passages des livres saints que conformément à la tradition, au sentiment et à la pratique de l'Eglise ; c'est sa règle, il y trouve une entière sûreté. Un protestant se flatte de les entendre selon la droite raison ; est-il bien sûr que sa raison est plus éclairée que celle des catholiques et des autres sectes protestantes, ou qu'il a une inspiration du Saint-Esprit meilleure que la leur ? Ce n'est donc pas l'*Ecriture*, mais sa raison, son propre jugement, ou l'autorité de sa secte, qui est la vraie règle de sa foi.

On se tromperait beaucoup, si l'on imaginait que c'est la lecture des livres saints qui a fait naître le protestantisme. Luther, Calvin et les autres réformateurs citèrent, à la vérité, l'*Ecriture sainte*, pour prouver que l'Eglise romaine était dans l'erreur ; on les crut sur leur parole ; leurs déclamations contre le clergé catholique firent le reste. La multitude des ignorants qu'ils séduisirent était-elle capable de consulter et d'entendre le texte sacré ? Leurs disciples, déjà préoccupés, ont lu l'*Ecriture*, non dans l'intention pure de découvrir la vérité, mais afin d'y trouver, à force de gloses, de commentaires et de sophismes, de quoi autoriser les opinions desquelles ils étaient déjà persuadés.

Les catholiques ne sont pas les seuls qui démontrent aux protestants les inconséquences et les contradictions de leur conduite. Richard Stèele, dans une lettre satirique au pape Clément XI, après avoir observé que chaque ministre protestant s'attribue l'*autorité interprétative* de l'*Ecriture sainte*, ajoute : « Nous réussissons aussi bien par cette méthode, que si nous défendions la lecture de l'*Ecriture sainte* ; et comme cela laisse aux particuliers tout le mérite de l'humanité, cela passe doucement sans qu'ils y fassent attention. Le peuple demeure toujours persuadé que nous admettons l'*Ecriture* comme règle de foi, que tous peuvent la lire et la consulter quand il leur plaît. Ainsi, quoique par nos paroles nous conservions à l'*Ecriture* toute son autorité, nous avons cependant l'adresse d'y substituer réellement nos propres explications. De là il nous revient un grand privilège, c'est que chaque ministre, parmi nous, est revêtu de l'autorité plénière d'un ambassadeur de Dieu ; ce qui a été dit à chaque ministre en particulier, et ce préjugé une fois établi, il n'y aura point de simple ministre ou pasteur qui ne soit un pape absolu sur son troupeau. Cela fait voir combien nous sommes subtils et adroits dans le changement des mots, suivant l'occasion, sans rien changer au fond des choses. »

Mosheim, dans son *Hist. ecclés. du* xvi*siècle*, sect. 3, 2ᵉ part., c. 1, où il fait l'histoire du luthéranisme, nous apprend, § 2, que les ministres luthériens sont obligés de se conformer au catéchisme de Luther ; qu'à près l'an 1583, l'on employa la prison, l'exil, les peines afflictives, pour faire recevoir le formulaire d'union dressé à Torgau et à Berg en 1576 ; qu'en 1691, Crellius, premier ministre de l'électeur de Saxe, fut mis à mort pour avoir favorisé la doctrine contraire, § 43. De quel front Mosheim peut-il donc soutenir que l'*Ecriture sainte* est la seule règle de croyance et de morale des protestants?—Tout le monde sait que les calvinistes ont fait de même à l'égard des décrets du synode de Dordrecht : un déiste célèbre leur a fait ce reproche, et les a couverts de confusion.

ÉCRIVAINS SACRÉS, ou auteurs inspirés ; ce sont ceux qui ont écrit les livres que nous nommons l'*Écriture sainte*. Tels ont été Moïse, Josué, Samuel, David, Salomon, les prophètes, etc. Nous avons vu, dans l'article précédent, en quoi consiste l'inspiration qu'on leur attribue. Quoiqu'il y ait quelques livres de l'Ancien Testament dont les auteurs ne sont pas nommément connus avec une pleine certitude, cela ne forme aucune difficulté contre l'inspiration de ces livres, du moins pour les catholiques. Nous ne croyons la divinité d'aucun livre en vertu des règles de la critique, mais sur le témoignage de l'Eglise, à laquelle les livres qui composent l'Ecriture sainte ont été donnés comme parole de Dieu, par Jésus-Christ et par les apôtres. C'est l'affaire des protestants de dire sur quel fondement ils croient la divinité ou l'inspiration du livre des Juges, par exemple, sans savoir certainement par quel auteur ce livre a été écrit, si cet auteur était inspiré ou non.

La croyance de la Synagogue ne suffirait pas pour fonder la nôtre, si ce point essentiel n'avait pas été confirmé par Jésus-Christ et par les apôtres : or nous ne sommes certains de ce fait que par le témoignage ou la tradition de l'Eglise, puisque cela n'est écrit nulle part. — Dire, comme les protestants, que nous sommes convaincus de l'inspiration de tel livre par un goût surnaturel, ou par une grâce intérieure du Saint-Esprit, c'est donner dans le fanatisme. Si un homme trouve autant de goût à lire les livres des Machabées qu'à lire celui des Juges, qui pourra lui prouver qu'il a tort ? Un musulman juge par son goût que l'Alcoran est le plus beau, le plus sublime, le plus divin de tous les livres ; comment prouvera un protestant que son goût vient du Saint-Esprit, et que celui d'un Turc n'est qu'un préjugé de naissance ?

Pour ôter toute croyance aux *écrivains sacrés*, les incrédules ont calomnié leurs mœurs, leur conduite ; ils les ont peints comme des malfaiteurs : nous répondons à leurs invectives dans chaque article où nous parlons de ces *écrivains* en particulier, comme *David*, *Moïse*, *Salomon*, etc.

ÉCRIVAINS ECCLÉSIASTIQUES. Outre les Pères de l'Eglise des six ou sept premiers siècles, il est un grand nombre d'auteurs qui ont traité des matières théologiques dans les siècles postérieurs ; il y en a eu dans tous les temps. Quoiqu'ils n'aient pas autant d'autorité que les Pères, ils prouvent cependant la continuité de la tradition, et l'uniformité de la croyance de l'Eglise dans les différents siècles. Saint Jérôme a fait un catalogue des Pères et des *écrivains ecclésiastiques* qui avaient vécu jusqu'à son temps ; Photius, au neuvième siècle, donna une *Bibliothèque*, ou une liste et des extraits de tous les auteurs qu'il avait lus, au nombre de deux cents quatre-vingts. Cet ouvrage est d'autant plus précieux, qu'une bonne partie des auteurs dont il parle sont perdus. Parmi les modernes, Tillemont, Dupin, Cave, dom Ceillier, bénédictin, ont travaillé à nous faire connaître les auteurs *ecclésiastiques*, à distinguer les ouvrages authentiques d'avec ceux qui sont supposés ou douteux (1). Cette partie de la critique est aujourd'hui beaucoup plus éclaircie qu'elle ne l'était dans les siècles passés, surtout depuis les belles éditions que l'on a données des Pères et des *écrivains ecclésiastiques*. — Les travaux immenses qu'il a fallu entreprendre pour arriver au point où nous sommes démontrent que les théologiens catholiques ont toujours procédé de bonne foi, que leur intention ne fut jamais de fonder la doctrine sur des titres faux ou douteux. Ceux qui ont écrit dans les bas siècles peuvent avoir manqué de défiance et de sagacité ; ils citaient avec sécurité des pièces qui passaient pour authentiques, et contre lesquelles on ne formait aucun soupçon. Avant l'invention de l'imprimerie, avant la formation des grandes et riches bibliothèques, il n'était pas aisé de confronter les auteurs, d'examiner les manuscrits, de discerner ce qui est ou n'est pas de tel siècle, etc. Il ne faut pas faire un crime à ceux qui nous ont précédés, de n'avoir pas eu les mêmes secours que nous. — On ne peut pas nier que les protestants n'aient contribué beaucoup à perfectionner ce genre d'érudition ; mais les motifs de leurs travaux n'étaient pas assez purs pour nous inspirer de la reconnaissance. Ils ont commencé par rejeter tout ce qui les incommodait ; ils ont attaqué personnellement tous les auteurs qui leur étaient contraires. Mauvaise méthode. En fin de cause, leurs soupçons, leur défiance, leurs censures, leurs reproches sont retombés non-seulement sur les Pères les plus anciens, mais sur les *écrivains* sacrés. Il a fallu travailler à tout conserver, parce qu'ils voulaient tout détruire.

ECTHÈSE. Exposition ou profession de foi. *Voy.* MONOTHÉLITES.

* EDDA. « Les Allemands septentrionaux et les Saxons possédaient, aussi bien que les Scandinaves, la mythologie d'*Odin*, car ils ne formaient tous originairement qu'un peuple. Cette mythologie fit naître, vers la fin du neuvième ou dans le cours du dixième siècle, un poëme où nous puisons nos principales données sur le culte du Nord. Ce poëme est l'*Edda des Islandais*.

« *Sa nature*. — L'*Edda des Islandais* est le monument le plus remarquable des antiquités du Nord. Le culte symbolique rendu à la nature, dit un au-

(1) Nous avons vu M. Guillon nous donner une belle idée des Pères dans la *Bibliothèque ecclésiastique*. Mais ce que notre temps a produit de plus complet en ce genre est la collection des saints Pères par M. l'abbé Migne. Il n'y a rien au monde de plus parfait. Cette collection contient non seulement tous les écrivains ecclésiastiques, mais elle est encore enrichie d'une prodigieuse quantité de notes de nature à faire comprendre le sens et la valeur des écrivains qu'elle reproduit.

leur qui en a fait une profonde étude, ressort de toutes parts de l'*Edda*, comme d'une source pleine et abondante, sous le voile de mystérieuses sentences, de chants prophétiques. Reconnaissable du reste, quoique sous des couleurs plus ternes et plus grossières, dans quelques parties évidemment analogues du Zendavesta des Perses, ce culte symbolique de la nature, lorsqu'on l'oppose à la mythologie plus légère, plus belle dans ses formes extérieures, mais au fond tout à fait matérielle, des nations grecques, mérite qu'on le regarde comme un paganisme moins impur, moins sensiblement altéré, moins déraisonnable, plus austère et plus rigoureux : c'est le même, d'ailleurs, que professaient nos ancêtres de Germanie. Le système religieux des Celtes l'emportait de beaucoup sur celui des Grecs. S'ils avaient leurs démons, aussi bien que les derniers, dont toutes les divinités populaires n'étaient que des démons, du moins ils croyaient que l'*Allfadur* (auteur de toutes choses), était un Dieu unique; ils admettaient l'immortalité de l'âme.

« *Dogmes divers.* — Suivant Tacite, les anciens Germains ne pensaient pas qu'il fût convenable à la grandeur et à la majesté des dieux de les circonscrire dans l'enceinte des temples, de les limiter sous des formes humaines. Ils consacraient des forêts et des bocages; ils attribuaient des noms divins à l'être mystérieux que personnifiait leur vénération.

« Ce témoignage de Tacite nous apprend quelles idées pures et sublimes de la Divinité se développaient chez les habitants du Nord. Or elles dérivaient de l'Orient, de la Perse surtout; car sous le double rapport de la religion, puis de la langue, des habitudes de la vie et des mœurs, on remarque une intime affinité entre les Perses et les peuples de Germanie.

« L'*Edda* contient une allusion directe au dogme de la Trinité, puisqu'il nous rapporte qu'un roi de Suède aperçut, sur trois trônes élevés les uns au-dessus des autres, trois êtres à forme humaine, dont l'un se nommait *Har* (sublime), l'autre *Zaphnar* (l'égal du sublime), le dernier *Tredix* (troisième).

« L'*Edda* renferme encore la doctrine du retour de l'ordre et de la paix, tel que le décrit si poétiquement la quatrième églogue de Virgile.

« *Balder, emblème du Messie.* — Il rapporte également l'histoire du dieu qui, spécialement, daigne habiter parmi les hommes, histoire reproduite par toutes les traditions orientales. Il parle de *Balder*, que les Scandinaves honoraient dans le soleil, et qui se confond originairement avec le *Bel* des Chaldéens, le *Mithra* des Perses, le *Hélios* des Grecs : c'est un être bienveillant, doux, favorable aux hommes, objet de leurs louanges. Comme l'Osiris des Égyptiens, il remplit les fonctions de juge; sa sentence est sans appel. Les colonnes de son palais dans le ciel sont couvertes de caractères runiques (lettres sacrées, auxquelles les anciens Allemands et les Scandinaves attribuaient un pouvoir magique) qui ont la vertu d'évoquer les morts. A l'instigation du mauvais esprit, que l'*Edda* nomme *Loke*, source du mensonge et de la discorde, idée à laquelle répond exactement le mot grec διάβολος, Balder, ce dieu bon, ami des hommes, les délices des habitants du ciel, fut privé de la vie; mais, dit l'*Edda*, lors du *crépuscule* des dieux [a] (le dernier jour), il sortira de l'empire de la mort pour vivre dans le ciel avec Allfadur (auteur de toutes choses, le père des dieux), et les âmes des hommes justes. Il est inutile de remarquer que cette mystérieuse doctrine, qui se retrouve dans toutes les traditions païennes, dans les histoires de tous les peuples, n'est autre que l'idée d'expiation, modifiée diversement suivant la différence des pays.

« Si l'on néglige ce fil conducteur, en expliquant et interprétant les croyances générales des peuples, l'on s'égare dans un labyrinthe inextricable.

« *Insuffisance de toute autre interprétation de l'Edda.* — Rappelons ici une autre version à laquelle prêta cette histoire fabuleuse. L'*Edda*, dit un de ses plus savants appréciateurs, est un récit tout à fait tragique, parce que le culte et la contemplation de la nature, isolés de la pleine connaissance de la Divinité, conduisent nécessairement à considérer l'univers sous un point de vue triste et décourageant. C'est ainsi que les plus grands poètes de l'antiquité, nonobstant la pureté, l'éclat, la sérénité de leurs descriptions, se trouvaient intérieurement subjugués par un sentiment pénible. La poésie même et les jeux de l'imagination, quelle que soit la puissance de l'art, ne sauraient se vivifier à la lumière de l'espérance et d'une satisfaction véritable, si les rayons de cette lumière ne partent directement du soleil de justice, de vérité et d'amour, et l'antiquité n'entrevoyait que d'une manière confuse, qui se dérobait même presque entièrement à ses yeux. La mythologie du Nord est donc empreinte d'une sorte de tristesse, mais d'une tristesse tout à fait distincte de la sombre mélancolie qui caractérise Ossian, poète toujours nébuleux et souvent vide de pensées.

« Balder, le plus aimable des enfants d'Odin, a succombé sous les coups d'une mort inévitable. Odin même, l'aïeul des héros, le père des dieux et de la lumière, succombera dans la dernière lutte contre le pouvoir triomphant des ténèbres : c'est ce que prédisent d'anciens prophètes, tandis que lui-même, rappelant à lui, par une mort prématurée, les plus illustres héros de la terre, les rassemble dans son Walhalla, et s'assure ainsi un plus grand nombre de combattants pour ce jour décisif, qu'il prévoit sans qu'il puisse l'éviter. Assurément les tragiques détails de la mythologie du Nord ne causent une impression si profonde, si douce, si touchante, que parce que cette fable réunit elle-même un puissant intérêt, en un mot tout ce que l'amour a de tendresse et de beauté, ce que le printemps et la nature ont de sérénité et de grandeur, ce que le monde des héros a de charme et le courage.

« Une si ingénieuse interprétation de l'*Edda* pourrait suffire, si ces fictions se trouvaient circonscrites dans le sein d'un peuple. Mais comment se fait-il, au contraire, qu'elles se reproduisent, à peu près sous les mêmes traits, chez toutes les nations de l'antiquité, et comment expliquer ce phénomène? Supposera-t-on que la contemplation de la nature, sous ce triste point de vue, a fait naître dans tous les pays les mêmes idées, et les mêmes fictions? Cette hypothèse une fois admise, pourquoi les livres sacrés des Indiens, des Chinois, des Perses, attachaient-ils tous à cette fiction une si grande importance? Pourquoi cette opinion populaire, de préférence à toute autre, formait-elle la base des mystères de l'Égypte et de la Grèce, des livres sibyllins à Rome, de l'Edda chez les peuples du Nord? Pourquoi les traditions de l'Orient tendent-elles à s'en rapprocher, comme de leur centre? Cet accord universel doit faire raisonnablement soupçonner, doit même nous convaincre que la fable recèle dans son sein une vérité céleste ; que cette vérité est la même à laquelle se rapportent plus ou moins directement les révélations de l'ancienne alliance, et qui concerne celui que l'Écriture sainte nomme le Désiré des peuples. » (Schmitt, *La rédemption annoncée par les traditions;* dans les *Démonstrations évangéliques*, t. XIII, édit. Migne.)

(a) C'est-à-dire des divinités *inférieures*, soit bonnes, soit mauvaises, qui retomberont en combattant dans le sein de la *grande* divinité, d'où toutes choses sont émanées et qui survit à toutes choses. Après cela, le monde devient la proie des flammes, destinées plutôt à le purifier qu'à le détruire, puisqu'il reparaît dans la suite plus beau, plus agréable et plus fécond. Voyez la traduction de Mallet, 3ᵉ édition, page 241. (*Note du traducteur de Schmitt.*)

EDEN. *Voy.* PARADIS.

ÉDITS DES EMPEREURS. *Voy.* EMPEREURS.

ÉDUCATION. Les philosophes de notre siècle ont souvent déclamé contre l'usage de donner aux enfants une éducation chrétienne, de leur enseigner la religion de la même manière qu'on leur apprend les lois, les mœurs, les usages de la société civile. Il s'ensuit de là, disent-ils, que c'est par hasard si un homme est plutôt chrétien que juif, mahométan ou païen : sa religion n'est point le résultat d'un choix libre et réfléchi : prévenu de préjuges religieux dès l'enfance, il n'aura pas dans la suite la liberté d'esprit ni le désintéressement nécessaire pour juger avec impartialité si la religion est vraie ou fausse.

A ces réflexions, nous répondons, 1° que c'est aussi par hasard si un homme reçoit dans l'enfance de bonnes leçons, de bons exemples, de bonnes mœurs, des idées justes sur les lois et les usages de la société, ou des impressions toutes contraires : s'ensuit-il qu'on ne doit lui donner dans l'enfance aucune notion de toutes ces choses, le laisser croître et grandir comme le petit d'un animal? — 2° Un enfant élevé sans aucune idée religieuse serait aussi incapable de se forger dans la suite une religion vraie que l'enfant d'un Sauvage l'est de se faire un système de lois, d'usages civils, de mœurs conforme à la droite raison. Nos philosophes peuvent-ils citer un seul exemple du contraire? — 3° Il est faux qu'un homme élevé dans une religion quelconque n'ait pas, dans la suite de sa vie, la liberté suffisante pour en examiner les principes et les preuves; le contraire est démontré par l'exemple de tous ceux qui, dans un âge mûr, changent de religion, ou qui, après avoir été élevés dans le christianisme, tombent dans l'irréligion. Ou l'examen qu'ils prétendent avoir fait de leur religion a été libre et impartial, ou il ne l'a pas été : s'il l'a été, leur objection est fausse ; s'il ne l'a pas été, leur incrédulité ne prouve rien ; ils jugent aussi mal de l'*éducation* qu'ils ont jugé de la religion. — 4° Un incrédule, s'il était sincère, conviendrait qu'il l'est devenu par hasard, ou plutôt par une curiosité criminelle. Si, au lieu de lire les ouvrages des ennemis de la religion, il avait consulté ceux de ses défenseurs, il aurait persévéré dans la croyance chrétienne, comme ont fait ceux qui ont pris cette précaution. Mais il a voulu voir les productions célèbres de nos philosophes, il a été séduit par leur éloquence, et surtout par leur ton impérieux; les passions ont fait le reste. Il est déiste, athée, matérialiste ou pyrrhonien, selon qu'il est tombé, par cas fortuit, sur des livres de déisme ou d'athéisme. Il lui est donc arrivé ce que Cicéron reprochait déjà aux anciens philosophes, qui étaient stoïciens, épicuriens ou académiciens, selon que le goût, le hasard, les conseils d'un ami, les avaient conduits dans les écoles de Zénon, d'Épicure ou de Carnéade. — Ceux qui seront assez insensés pour ne donner à leurs enfants aucune *éducation* religieuse auront certainement lieu de s'en repentir; et malheureusement la société recevra le contre-coup de leur démence.

Mais nos censeurs philosophes ont principalement exhalé leur bile contre les instituteurs chargés, par état et par choix, de l'*éducation* de la jeunesse. Dans tous les pays, disent-ils, l'instruction du peuple est abandonnée aux ministres de la religion, bien plus occupés d'éblouir les esprits par des fables, par des merveilles, des mystères, des pratiques, que de former les cœurs par les préceptes d'une morale humaine et naturelle. Bien loin d'avoir la volonté et la capacité de développer la raison humaine, ils n'ont pour objet que de la combattre pour la soumettre à leur autorité. Le prêtre ne connaît rien de plus important que d'inspirer à ses élèves un respect aveugle pour ses propres idées ; il les forme pour une autre vie, pour les dieux, ou plutôt pour lui-même; il leur défend de s'attacher à leurs semblables, de rechercher leur estime, de s'applaudir du bien qu'ils font. Il ne leur prêche que des vertus qui n'ont rien de commun avec la vie sociale; il se garde bien de leur inspirer l'amour des sciences utiles, le désir d'examiner les choses. Incapable de connaître lui-même la vraie nature de l'homme, il ignore l'usage que l'on peut faire des passions, et les moyens de les faire servir à l'utilité publique. L'*éducation* sacerdotale ne semble avoir pour but que d'avilir les hommes, de leur ôter toute énergie, d'empêcher leur raison d'éclore, d'en faire des membres inutiles de la société. Au sortir des mains de ses instituteurs, un jeune homme ne sait ni ce qu'il est, ni s'il a une patrie, ni ce qu'il doit faire pour elle. Toute sa morale consiste à croire fermement ce qu'il ne comprend pas ; il croit en avoir rempli tous les devoirs, lorsqu'il a satisfait à des paroles machinales auxquelles il est habitué. (*Syst. social*, III° partie, chap. 9.)

Voilà une éloquente déclamation, examinons-la de sang-froid. 1° Nous n'en relèverons pas l'impiété; il nous suffit d'attester la notoriété publique pour démontrer la fausseté de toutes ces accusations. Malgré l'imperfection vraie ou prétendue des leçons qui se donnent dans les collèges, malgré la brièveté du temps que l'on y passe ordinairement, l'on en voit encore sortir tous les jours des jeunes gens qui ont au moins une première teinture de littérature, de physique, de mathématiques, d'histoire naturelle et civile, de géographie : sciences très utiles s'il en fut jamais, et très-capables de développer la raison. Il est faux qu'on ne leur donne aucune leçon d'équité, d'humanité, de générosité, de modération, d'amour pour leurs parents, pour leur famille, pour la patrie, vertus très-nécessaires; et ces semences produiraient plus de fruit si le ton général de nos mœurs, empoisonnées par les philosophes, n'étouffait pas promptement le germe de toutes les affections sociales. Il est faux que l'on n'emploie point le fond d'amour-propre naturel à tous les jeunes gens, pour exciter en eux l'émulation et l'envie de se distinguer parmi leurs égaux, par conséquent, le désir de s'en faire estimer et respecter. Il est faux que les instituteurs publics, en inspirant à leurs élèves des principes de religion, puissent avoir l'intention de les former pour eux-mêmes, puisque ce sont souvent des étrangers qu'ils ne reverront peut-être jamais, et que c'est de tous les services que l'on peut rendre à la société, celui pour lequel il y a le moins de reconnaissance à espérer.

2° Puisque l'*éducation* publique est en si mauvaises mains, pourquoi le zèle dont nos philosophes sont embrasés pour le bien de l'humanité, ne leur a-t-il pas encore inspiré le courage de se consacrer à cette importante fonction et le désir de prouver, par de brillants succès, la supériorité de leurs lumières et de leurs talents? N'est-ce pas parce que la religion seule est capable de donner du goût pour un travail aussi difficile, aussi ingrat et aussi rebutant? Pourquoi, du moins, ces éloquents réformateurs n'ont-ils rien dit pour démontrer l'injustice et l'absurdité du préjugé commun, qui fait envisager la pédagogie comme un métier vil et méprisable? Ce n'est certainement pas là un moyen fort propre à y engager les hommes les plus capables d'y réussir. — A la vérité, comme les philosophes se flattent de gouverner l'univers par des brochures, ils ont publié des plans d'*éducation* nationale, philosophique, patriotique, scientifique; qu'ont-ils opéré? Rien. Les hommes, instruits par l'expérience ont vu que ces plans merveilleux étaient impraticables, ou n'étaient propres qu'à former des fats et des libertins; et ceux qui ont voulu en faire l'essai ont été forcés de les abandonner. Aussi l'*éducation* n'a jamais été plus mauvaise, que depuis que les philosophes se sont mêlés d'en discourir, et le nombre des ignorants présomptueux n'a jamais été plus grand que depuis que l'on a flatté les jeunes gens de la folle ambition de tout apprendre à la fois. — Il y a parmi nous un vice essentiel d'*éducation* qui ne dépend point des instituteurs, mais des parents : on a la fureur d'abréger le temps de l'enfance, au lieu qu'il faudrait le prolonger. Autrefois un jeune homme de dix-huit ans était encore censé enfant, et demeurait sous la férule de ses maîtres; aujourd'hui on veut qu'il soit homme fait à quinze ans, et jouisse de sa liberté. Dès le plus bas âge, on se flatte de conduire par la raison des enfants qui ne sont encore que des machines; on surcharge leur mémoire, et l'on affaisse des organes encore trop tendres par des connaissances prématurées; ces petits prodiges de six ans, sur lesquels on voit les sots s'extasier, ne sont, dans le fond, que des champignons avortés; à quinze ans ils seront ou à peu près imbéciles, ou dégoûtés de rien apprendre, parce qu'ils croiront déjà tout savoir.

3° L'on sait avec quelle fureur les ennemis des prêtres ont déclamé contre la société d'hommes qui se dévouaient par religion à l'*éducation* de la jeunesse, avec quelle ardeur ils en ont désiré la destruction, avec quelle insolence ils y ont applaudi. Aujourd'hui l'on éprouve combien il est difficile de la remplacer. Le gouvernement a été fatigué par la multitude de plaintes et de mémoires qui lui ont été adressés à ce sujet, et l'on s'occupe encore assez vainement à trouver les moyens de remplir le vide que les proscrits ont laissé. Jamais l'occasion ne fut si belle pour les philosophes de développer leur génie fécond en ressources, et ils n'en ont encore indiqué aucune. Un moment suffit pour détruire, il faut des siècles pour édifier.

4° Il nous paraît que les hommes du siècle passé valaient, pour le moins, ceux du siècle présent; ils avaient cependant été instruits par des prêtres, par ceux même que l'on a le plus amèrement condamnés, et selon la méthode qui paraît si défectueuse à nos philosophes. Le grand Condé avait été élevé au collége de Bourges, et il voulut que son fils, le duc d'Enghien, fût élevé de même au collége de Namur. Il connaissait par expérience, dit son historien, le prix et les avantages de l'*éducation* publique; il attribuait l'ignorance, la faiblesse, le stupide orgueil de la plupart des grands, à cette *éducation* solitaire, où ils ne voient souvent que des esclaves dans ceux qui les servent, et des courtisans dans ceux qui les instruisent. Un incrédule anglais convient que l'irréligion est née en Angleterre de l'*éducation* négligée, surtout parmi les gens de distinction. (*Fable des Abeilles*, tom. IV, p. 203.)

5° Dans leurs livres, nos philosophes ont pris le contre-pied des prêtres; ils ont enseigné aux jeunes gens qu'il n'y a point de Dieu, ni d'autre vie; que la religion est une fable, que l'homme n'est qu'un animal, que toute la morale consiste à rechercher le plaisir et à fuir la douleur. Ce cours d'*éducation* est bientôt fait, il ne faut ni colléges, ni instituteurs, pour s'y rendre habile; aussi nos jeunes libertins en sont bientôt su autant que leurs maîtres, et tous les jours nous voyons éclore les fruits de cette morale humaine, naturelle, philosophique, ou plutôt animale, plus digne des étables d'Épicure que d'une école d'*éducation*.

6° Nos réformateurs modernes n'ont pas été moins éloquents à décrier l'*éducation* que reçoivent les filles dans les couvents de religieuses. De quoi sert en effet la religion aux femmes? C'est aux hommes mariés de nous peindre le bonheur dont ils jouissent dans la société des épouses élevées selon les maximes de la nouvelle philosophie. Pour peu que l'on consulte la chronique scandaleuse, on voit aisément d'où vient la multitude des mariages désunis et malheureux.

On ne pourrait peut être pas citer un seul philosophe qui se soit dévoué, par son zèle du bien public, à l'instruction des ignorants. Jésus-Christ n'a dit qu'un mot : *Allez, enseignez toutes les nations;* dès ce moment une multitude de personnes des deux sexes se sont consacrées par religion à ce soin pénible, et ont choisi, par préférence, les enfants des pauvres. Rougissez, philosophes, d'avoir osé prêter des motifs odieux à une charité aussi héroïque. *Voy.* LETTRES, SCIENCES, ÉCOLES, etc.

EFFICACE, EFFICACITÉ. *Voy.* GRACE.

EFFICACITÉ DES SACREMENTS. *Voy.* SACREMENTS.

EFFRONTÉS, hérétiques qui parurent en 1534; ils prétendaient être chrétiens sans avoir reçu le baptême. Selon eux, le Saint-Esprit n'est point une Personne divine, le culte qu'on lui rend est une idolâtrie; il n'est que la figure des mouvements qui élèvent l'âme à Dieu. Au lieu de baptême, ils se raclaient le front avec un fer, jusqu'au sang, et le pansaient avec de l'huile, ce qui leur fit donner le nom d'*effrontés*.

ÉGALITÉ. *Voy.* INÉGALITÉ.

* **ÉGALITÉ NATURELLE.** L'égalité joue un grand rôle dans nos institutions modernes. Le théologien ne peut ignorer en quoi elle consiste. Le cardinal Gerdi a fait sur ce sujet un discours qui nous paraît en donner une notion complète; le voici :

« Je vois un grand nombre d'écrivains qui discourent de l'égalité que la nature a mise entre tous les hommes, et peu qui la définissent.

« Tous les arbres sont également arbres; mais tous les arbres sont-ils égaux? C'est ainsi que la question de l'égalité présente deux aspects qu'il importe de ne pas confondre.

« Tous les hommes sont également hommes; ils participent tous à la même nature et à la même origine. La dignité de la nature humaine et sa supériorité sur le reste des animaux est la même en tous. Cette égalité est inaltérable, elle subsiste malgré les différences que l'ordre civil peut introduire. En ce sens le dernier des esclaves est l'égal des rois. Le monarque le plus absolu, qui voudrait méconnaître cette égalité, qui s'estimerait plus par la qualité de roi que par la qualité d'homme, montrerait une âme basse et se dégraderait. Ainsi, malgré les différences introduites par l'ordre civil, tout homme doit respecter dans tout autre homme son semblable et son égal.

« Par cette raison tous les hommes apportent en naissant un droit égal à leur subsistance, à la conservation de leur vie et de leurs membres, au libre usage des facultés dont la nature les a pourvus, conformément à leur destination.

« Il suit encore de là que, dans l'état de nature les hommes ne naissent ni maîtres, ni esclaves, ni nobles, ni roturiers, ni plus riches, ni plus pauvres; puisque la nature n'a fait aucun partage, et qu'elle offre à tous en commun ses productions et ses richesses.

« Mais par le droit de la nature les hommes sont-ils également indépendants? C'est au fait le plus constant et le plus universel à décider cette question. Tous les hommes naissent enfants, et tous les enfants naissent dans la dépendance de leurs pères et de leurs mères. Cette dépendance n'est pas uniquement fondée sur la faiblesse des uns, et sur la force des autres. Un enfant ne dépend pas de son père de la même façon qu'un jeune homme dépendrait d'un brigand qui l'aurait enlevé pour en faire son esclave. Il est un sentiment naturel qui porte les pères et mères à soigner l'éducation de leurs enfants; éducation qui comprend non-seulement les soins nécessaires pour les faire vivre, mais aussi les instructions convenables pour leur apprendre à bien vivre. Cette éducation si conforme à la nature ne l'est pas moins à la raison. On loue les pères qui élèvent bien leurs enfants, on blâme ceux qui les négligent : ce devoir est attesté par le sentiment unanime de tous les hommes, et en matière de sentiment l'autorité du genre humain doit l'emporter dans l'esprit des sages sur toutes les subtilités des sophistes.

« Si c'est un devoir aux pères et aux mères d'élever leurs enfants, ils ont donc le droit de les élever, c'est-à-dire le droit de les gouverner, de les instruire et de les corriger. Un enfant indocile peut dès l'âge de huit ou dix ans s'imaginer follement qu'il est en état de se conduire et d'aller de lui-même à la pâture. Fera-t-on passer le père pour un tyran parce qu'il refuse d'abandonner cet enfant à sa conduite, et qu'il le retient malgré lui? Un père qui remarque dans son enfant les premiers traits d'un caractère porté à la violence, à la cruauté, à la fainéantise, à la dissipation, agit-il contre nature et raison, s'il use de réprimandes, de menaces, de châtiments pour le contenir et le modérer? Voilà donc une supériorité d'un côté, une subordination de l'autre, établie sur l'ordre de la nature, et approuvée par la raison.

« Il ne faut pas croire que les liens de l'affection réciproque qui unissent les pères et les enfants n'aient d'autre objet que de pourvoir aux besoins indispensables de l'enfance et de la vieillesse. On peut dégrader l'homme tant qu'on voudra, mais le sophiste le plus outré ne saurait contester que l'homme n'ait par-dessus tous les animaux une sorte d'esprit et d'intelligence, capables de saisir le vrai et de sentir le prix des vertus sociales. Les efforts d'esprit que fait le sophiste pour se ravaler, sont fort au-dessus de la capacité des bêtes, et plus ses raisonnements sont spécieux, mieux ils détruisent ce qu'il s'efforce de prouver. En un mot, la puissance de connaître et de goûter la vérité et la vertu est dans l'homme, et elle n'est pas dans la bête. Les lois de la société des hommes ne sauraient donc être bornées aux besoins et aux fonctions purement animales, sans quoi il n'y aurait rien dans cette société qui répondît à l'intelligence et à la raison, c'est-à-dire à ce qu'il y a de plus social dans l'homme et qui porte de sa nature à une plus étroite communication. Si les Galilée, les Képler, les Newton avaient pu vivre sur la terre, dégagés des besoins du corps et comme de purs esprits, nous concevons pourtant que ces esprits auraient cherché à s'unir et à se rapprocher pour se communiquer leurs idées. Il en est de même de tous les hommes : quelque peu relevés que soient ou que paraissent les objets sur lesquels ils exercent leur faculté de raisonner (car en cela il n'y a que du plus et du moins), ils aiment naturellement à se communiquer leurs pensées, et c'est un des liens de leur société.

« Il faudrait donc s'aveugler pour croire que la société que la nature a établie entre les pères et les enfants, société cimentée par l'affection mutuelle qu'elle leur inspire, n'eût d'autre objet que les besoins de la vie purement animale. Ainsi quand en quelque cas particulier un père n'aurait aucun besoin de son fils, ni le fils aucun besoin de son père, cela seul ne détruirait ni leur affection réciproque, ni l'ordre de société que la nature a établie entre eux.

« Jetons encore un coup d'œil sur ces demeures champêtres, où des familles entières ne connaissent d'autre règle de société que l'impression des sentiments que la nature leur inspire. Les enfants croissent dans la famille sous les yeux du père et de la mère; ils parviennent à la vigueur de l'âge et de la virilité sans songer à quitter leurs foyers ni le sol natal où ils sont nourris. L'autorité paternelle ne les effarouche point, ils y sont accoutumés dès l'enfance. C'est le père qui règle tout, qui ordonne le travail, qui distribue la nourriture et le vêtement. Il apaise les querelles, et décide les différends qui s'élèvent, et maintient ainsi l'ordre et la paix; les enfants ne voient rien en cela que de naturel et de légitime, ils se soumettent volontairement à un empire si chéri et si respectable, mais ils sont bien éloignés de penser que l'autorité paternelle tire sa force de leur consentement et de leur soumission. Ils regarderaient comme impie ou ridicule tout homme qui oserait demander à quel titre un père prétend gouverner sa maison; et si un des enfants était assez malheureux pour se révolter contre l'autorité paternelle, tous les autres s'élèveraient contre lui, et le forceraient à rentrer dans le devoir.

« Tel est l'ordre établi sur les premières impressions de la nature. Je ne dis point que cet ordre ne puisse être perverti par des passions particulières qui porteront le trouble et la désolation dans les familles; mais je dis que ils sont les premiers sentiments que la nature inspire aux êtres humains sont des sentiments de bienveillance et d'affection, tels qu'on les remarque entre les pères et les enfants: ces sentiments subsistent et se perpétuent jusqu'à ce qu'ils soient affaiblis ou altérés par des causes étrangères de concurrence et de rivalité. Les premiers (ce qu'il importe de remarquer) naissent du fond de la nature. La commisération naturelle aux hommes en est une preuve évidente: tout homme est naturellement porté à soulager, ou à secourir un autre homme, quoiqu'il ne le connaisse pas, et qu'il n'ait aucune liaison avec lui, au lieu que les sentiments contraires ne naissent que de quelque cause accidentelle, qui excite les passions et fait succéder la haine à la bienveillance. Cette réflexion suffit pour détruire le système connu d'Hobbes. Je dis enfin que l'ordre de famille établi sur les premières impressions de la nature est un ordre naturel de société, et qu'en vertu de cet ordre tous les hommes naissent dans la dépendance d'une autorité naturelle et légitime.

« L'égalité d'indépendance dans l'état de nature ne peut donc se trouver qu'entre les différentes familles, et les individus respectifs qui les composent.

« Mais cette égalité n'exclut pas les autres sources d'inégalité naturelle, qui se tirent de la différence de l'âge, des qualités du corps et de l'esprit, des tempéraments, du caractère, des différents genres de vie, des habitudes, du climat, et des accidents même fortuits.

« 1. Un enfant de dix ans et un vieillard infirme ont-ils la même force qu'un jeune homme dans la vigueur de l'âge? Si celui-ci les rencontre dans une campagne écartée, comme il arrivait souvent dans l'état de nature, ne seront-ils pas à sa merci? Je défie Hobbes de trouver ici cette égalité de pouvoir qu'il attribue à tous les hommes dans l'état de nature, en ce que l'un peut suppléer par la ruse à ce qui lui manque du côté de la force.

« 2. Dans la vigueur même de l'âge quelle différence de force, d'adresse et d'agilité la nature n'a-t-elle pas mise entre les différents individus?

« Quelle variété de tempéraments et de caractères! L'un flegmatique et paisible, l'autre ardent et impétueux: l'un actif et vigilant, l'autre indolent et paresseux: l'un triste et mélancolique, l'autre gai et pétulant.

« Le différent genre de vie mettra une différence notable entre des familles occupées de la chasse, exercées à combattre les bêtes féroces, et des familles uniquement occupées du labourage, et du soin de leurs troupeaux: entre celles qui sont obligées de faire valoir un sol ingrat à force de travail et d'industrie, et celles à qui de fertiles terres fournissent une subsistance aisée. Je ne ferai pas un plus long dénombrement des inégalités qui peuvent avoir lieu entre les hommes dans l'état de nature, elles se présentent d'elles-mêmes et ne sont pas sujettes à contestation. Concluons que tous les hommes sont égaux par nature, et qu'ils apportent tous en naissant un égal droit à leur subsistance, à la conservation de leur vie et de leurs membres, au libre exercice de leurs facultés, *conformément à la droite raison*. C'est l'expression même de Hobbes.

« Que cette égalité de nature et de droit n'exclut aucunement la dépendance et la subordination attachées à l'état de famille, dans lequel tous les hommes naissent par loi de nature.

« Que, malgré l'égalité de droit commune à toutes les familles et aux individus qui les composent, l'état de nature ne laisse pas que de donner lieu à une très-grande inégalité de forces ou de pouvoir physique dans les uns préférablement aux autres. Que l'égalité de droit serait sans cesse exposée à être enfreinte, et violée par la facilité que l'inégalité du pouvoir physique donnerait aux plus forts vis-à-vis des plus faibles de leur ravir leur subsistance, d'attenter à leur vie, de gêner le libre exercice de leurs facultés.

« Que pour maintenir l'égalité de droit, et la mettre à l'abri des insultes de l'inégalité du pouvoir physique, la droite raison persuade de substituer ou opposer à l'inégalité physique une autre sorte d'inégalité morale et politique, beaucoup plus forte, par l'union de plusieurs familles sous une autorité commune, qui, étant armée des forces de tous et d'un chacun, puisse réprimer l'inégalité du pouvoir dans chaque particulier, et assurer à tous cette égalité de droit qu'ils ont à leur subsistance, à leur conservation, au légitime exercice de leur liberté.

« Que la nature même offre l'idée de cette inégalité morale dans l'état de famille, où l'autorité paternelle maintient tout en règle, prévient les injustices et fait régner la concorde et la paix.

« Que la manière de vivre de certains peuples ou même de certains villageois isolés et vivant dans la plus grande simplicité, nous offre une image sensible de l'impression qui porte les hommes à introduire et à imiter l'état de famille dans leur association. Un vieillard vénérable par ses cheveux blancs, par une longue expérience, par une réputation soutenue d'intégrité et d'intelligence, devient naturellement l'arbitre de ses égaux; on s'empresse de le consulter; ses décisions sont reçues comme des oracles; et le cri public étoufferait bientôt la voix téméraire qui oserait murmurer.

« Telle est la première ébauche de gouvernement que la nature a présentée aux hommes. L'empire de la Chine est, de l'aveu de tout le monde, le plus ancien de tous les gouvernements connus dans l'histoire profane. *Cet empire*, dit l'auteur de l'Esprit des Lois, *est formé sur l'idée du gouvernement d'une famille*. L'autorité paternelle fut aussi le modèle de l'ancien gouvernement des Egyptiens. L'histoire ancienne en fournira d'autres exemples. Ainsi les élégants écrivains qui plaisantent sur cette idée montrent peut-être moins d'esprit que d'ignorance ou de passion. » (Gerdil, *Discours philosophiques sur l'homme*, Disc. 2. Dans les *Démonstrations évangéliques*, t. XI, édit. Migne.)

EGLISE, mot grec qui signifie assemblée. Dans les *Actes*, chap. xix, il est dit d'une assemblée tumultueuse du peuple d'Éphèse. Dans les autres passages du Nouveau Testament, il signifie tantôt le lieu dans lequel les fidèles s'assemblent pour prier (*I Cor.* xiv, 34); tantôt la société des fidèles répandus sur toute la terre (*Ephes.* v, 24 et 26); quelquefois les chrétiens d'une seule ville ou d'une seule province (*I Cor.* i, 1 et 2; *II Cor.* viii, 1); quelquefois une seule famille de chrétiens (*Rom.* xvi, 5); enfin les pasteurs et les ministres de l'*Eglise* (*Matth.* xviii, 11); conséquemment l'*Eglise* se prend fréquemment pour le clergé, ou pour l'état ecclésiastique (1)

(1) *Critérium de la foi catholique sur l'Eglise.* — Nous nous contentons de prendre dans l'*Exposition de la foi catholique* de Bossuet le chapitre qui concerne l'Eglise.

« L'Eglise étant établie de Dieu pour être gardienne des Ecritures et de la Tradition, nous recevons de sa main les Ecritures canoniques ; et, quoi que disent nos adversaires, nous croyons que c'est principalement son autorité qui les détermine à révérer comme des livres divins le Cantique des cantiques, qui a si peu de marques sensibles d'inspiration prophétique ; l'Epître de saint Jacques, que Luther a rejetée, et celle de saint Jude, qui pourrait paraître suspecte, à cause de quelques livres apocryphes qui y sont allégués. Enfin ce ne peut être que par cette autorité qu'ils reçoivent tout le corps des Ecritures saintes, que les chrétiens écoutent comme divines, avant même que la lecture leur ait fait ressentir l'esprit de Dieu dans ces livres.

« Etant donc liés inséparablement, comme nous le sommes, à la sainte autorité de l'Eglise, par le moyen des Ecritures que nous recevons de sa main, nous apprenons aussi d'elle la tradition et, par le moyen de la tradition le sens véritable des Ecritures. C'est pourquoi l'Eglise professe qu'elle ne dit rien d'elle-même, et qu'elle n'invente rien de nouveau dans la doctrine ; elle ne fait que suivre et déclarer la révélation divine par la direction intérieure du Saint-Esprit qui lui est donné pour docteur.

« Que le Saint-Esprit s'explique par elle, la dispute qui s'éleva sur le sujet des cérémonies de la loi, du temps même des apôtres, le fait paraître ; et leurs actes ont appris à tous les siècles suivants, par la manière dont fut décidée cette première contestation, de quelle autorité se doivent terminer toutes les autres. Ainsi, tant qu'il y aura des disputes qui partageront les fidèles, l'Eglise interposera son autorité ; et ses pasteurs assemblés diront après les apôtres : *Il a semblé bon au Saint-Esprit et à nous* (Act. xv, 28). Et quand elle aura parlé, on enseignera à ses enfants qu'ils ne doivent pas examiner de nouveau les articles qui auront été résolus, mais qu'ils doivent recevoir humblement ses décisions. En cela on suivra l'exemple de saint Paul et de Silas, qui portèrent aux fidèles ce premier jugement des apôtres, et qui, loin de leur permettre une nouvelle discussion de ce qu'on avait décidé, allaient par les villes, leur enseignant de garder les ordonnances des apôtres (*Act.* xvi, 4).

« C'est ainsi que les enfants de Dieu acquiescent au jugement de l'Eglise, croyant avoir entendu par sa bouche l'oracle du Saint-Esprit ; et c'est à cause de cette croyance, qu'après avoir dit dans le symbole : Je crois au Saint-Esprit, nous ajoutons incontinent après, la sainte Eglise catholique : par où nous nous obligeons à reconnaître une vérité infaillible et perpétuelle dans l'Eglise universelle, puisque cette même Eglise, que nous croyons dans tous les temps, cesserait d'être Eglise, si elle cessait d'enseigner la vérité révélée de Dieu. Ainsi ceux qui appréhendent qu'elle n'abuse de son pouvoir pour établir le mensonge, n'ont pas de foi en celui par qui elle est gouvernée.

« Et quand nos adversaires voudraient regarder les choses d'une façon plus humaine, ils seraient obligés d'avouer que l'Eglise catholique, loin de se vouloir rendre maîtresse de sa foi, comme ils l'en ont accusée, a fait au contraire tout ce qu'elle a pu pour se lier elle-même et pour s'ôter tous les moyens d'innover : puisque non-seulement elle se soumet à l'Ecriture sainte, mais que pour bannir à jamais les interprétations arbitraires qui font passer les pensées des hommes pour l'Ecriture, elle s'est obligée de l'entendre, en ce qui regarde la foi et les mœurs, suivant le sens des saints Pères dont elle professe

DICT. DE THÉOL. DOGMATIQUE. II.

En général, ce terme signifie la société des adorateurs du vrai Dieu. Dans ce sens, on peut distinguer l'*Eglise* primitive des patriarches ou des anciens justes ; et c'est ainsi que quelques-uns entendent le mot de saint Paul, *Ecclesiam primitivorum* (*Hebr.* xii, 23) ; l'*Eglise* judaïque, qui était composée de tous ceux qui suivaient la loi de Moïse, et il en est souvent parlé dans l'Ancien Testament ; l'*Eglise* chrétienne, qui est la société de ceux qui professent la religion de Jésus-Christ : c'est de celle-ci que nous devons principalement nous occuper. On appelle *Eglise militante*, la société des fidèles sur la terre, et *Eglise triomphante* la société des saints dans le ciel.

La matière de l'*Eglise* est devenue très-étendue par les controverses qui ont été agitées entre les théologiens catholiques et les protestants ; nous nous bornerons à indiquer les questions que l'on a coutume de renfermer dans un traité complet sur l'*Eglise*, et nous renverrons à des articles particuliers celles qui demandent une plus longue discussion. Il faut, 1° donner une idée juste de la société que l'on nomme l'*Eglise* de Jésus-Christ ; 2° indiquer les notes ou les caractères par lesquels on peut la distinguer de celles qui s'attribuent faussement ce titre ; 3° connaître qui sont les membres qui la composent, et savoir s'il y a entre eux quelque distinction ; 4° de quelle nature est le gouvernement de l'*Eglise*, si on doit y reconnaître un chef, quels sont ses droits, ses priviléges, sa juridiction ; 5° quelles sont les propriétés qui résultent de la constitution de ce corps, tel que Jésus-Christ l'a institué ; 6° donner une courte notion des principales *Eglises* particulières.

§ I. *Définition de l'Eglise.* Les théologiens catholiques définissent l'*Eglise, la société de tous les fidèles, réunis par la profession d'une même foi, par la participation aux mêmes sacrements et par la soumission aux pasteurs légitimes, principalement au pontife romain.*

de ne se départir jamais, déclarant par tous ses conciles et par toutes les professions de foi qu'elle a publiées, qu'elle ne reçoit aucun dogme qui ne soit conforme à la tradition de tous les siècles précédents.

« Au reste, si nos adversaires consultent leur conscience, ils trouveront que le nom d'Eglise a plus d'autorité sur eux qu'ils n'osent l'avouer dans les disputes ; et je ne crois pas qu'il y ait parmi eux aucun homme de bon sens, qui se voyant tout seul d'un sentiment, pour évident qu'il lui semblât, n'eût horreur de sa singularité : tant il est vrai que les hommes ont besoin en ces matières d'être soutenus dans leurs sentiments par l'autorité de quelque société qui pense la même chose qu'eux. C'est pourquoi Dieu qui nous a faits, et qui connaît ce qui nous est propre, a voulu pour notre bien que tous les particuliers fussent assujettis à l'autorité de son Eglise, qui de toutes les autorités est sans doute la mieux établie. En effet, elle est établie, non-seulement par le témoignage que Dieu lui-même rend en sa faveur dans les saintes Ecritures, mais encore par les marques de sa protection divine, qui ne paraît pas moins dans la durée inviolable et perpétuelle de cette Eglise, que dans son établissement miraculeux.

Si cette notion est juste, elle doit fournir la solution de la plupart des questions que nous avons à traiter.

Un théologien connu par la témérité de sa critique a écrit que cette définition est une nouvelle invention des scolastiques, que les Pères se sont bornés à dire que l'*Eglise* est la *société des fidèles*. S'il avait mieux senti la force du mot *fidèle*, il aurait vu que les théologiens n'ont fait qu'en développer la signification, afin d'écarter les sophismes des hérétiques. Saint Paul a ordinairement entendu par *la foi*, non-seulement la croyance à la parole de Dieu, mais la confiance en ses promesses, et la soumission à ses ordres; c'est ainsi qu'il peint la foi des patriarches (*Hebr.* xi). Le nom de *fidèle* emporte donc ces trois choses, la fidélité à croire ce que Dieu enseigne, à user des moyens auxquels il a daigné attacher ses grâces, à suivre les lois qu'il a établies. Donc les *fidèles*, pour former entre eux une société, doivent être réunis par les trois liens que renferme la définition de l'*Eglise*.

On ne peut pas nier que Jésus-Christ ne soit venu au monde pour fonder une religion, pour enseigner aux hommes la manière dont Dieu veut être honoré, et les moyens de parvenir au bonheur éternel; or, toute religion emporte l'idée de société entre ceux qui la professent. Les mots *Religion*, *Eglise*, *Société*, nous font déjà comprendre que comme il y a entre tous les chrétiens un seul et même intérêt, qui est le salut éternel, il doit y avoir aussi entre eux une union aussi étroite que l'exige cet intérêt commun. Puisque Jésus-Christ a établi, pour les moyens de salut, la foi, les sacrements, la discipline qui règle les mœurs, il s'ensuit que les membres de l'*Eglise* doivent être unis dans la profession de la même foi, dans la participation aux sacrements que Jésus-Christ a institués, dans la soumission et l'obéissance aux pasteurs qu'il a établis. La désunion, dans l'un de ces chefs, produirait l'anarchie et la différence des religions, elle détruirait toute société; nous le voyons dans les différentes sectes séparées de l'*Eglise*.

Toutes ces sectes ont donné de l'*Eglise* une notion conforme à leurs préjugés et à leur intérêt. Au iiie siècle, les montanistes et les novatiens entendaient par l'*Eglise* la société des justes qui n'ont pas péché grièvement contre la foi; au ive c'était, selon les donatistes, l'assemblée des personnes vertueuses qui n'ont pas commis de grands crimes; au ve, Pélage voulait que ce fût la société des hommes parfaits, qui ne sont souillés d'aucun péché. Wiclef, au xive, et Jean Hus, au xve, décidèrent que c'est l'assemblée des saints et des prédestinés; Luther adopta cette idée, et soutint que, par le défaut de sainteté, les pasteurs de l'*Eglise* catholique avaient cessé d'en être membres; Calvin fut du même avis. De nos jours nous avons vu renaître la même erreur dans le livre de Quesnel, qui fait consister la catholicité ou l'universalité de l'*Eglise*, en ce qu'elle renferme tous les anges du ciel, tous les élus et tous les justes de la terre et de tous les siècles. Il dit qu'un homme qui ne vit pas selon l'Evangile se sépare autant du peuple choisi dont Jésus-Christ est le chef, que celui qui ne croit pas à l'Evangile (*Prop.* 72-73). — Tous ces docteurs ont, de leur autorité, retranché du corps de l'*Eglise* tous les pécheurs; mais ils ont eu aussi grand soin de soutenir que l'excommunication ne peut en séparer personne. *Voy.* § III, ci-après.

On voit aisément que l'idée qu'ils se sont formée de l'*Eglise* a été de leur part un effet d'orgueil et d'hypocrisie. Tous se sont vantés d'être plus vertueux et plus saints que les membres et les pasteurs de l'*Eglise* catholique, tous ont séduit les peuples par les apparences et par les promesses d'une prétendue perfection, tous ont exagéré et censuré avec aigreur les vices et les scandales qui régnaient dans la société, sur les ruines de laquelle ils voulaient établir la leur. Si un accès d'enthousiasme a mis d'abord un peu plus de régularité parmi eux, ce prodige n'a pas duré longtemps; bientôt ces réformateurs de l'*Eglise* ont été réduits à déplorer les désordres qu'ils ont vus naître parmi leurs sectateurs. Depuis quinze siècles, les esprits faibles et légers se sont laissé prendre au même piège.

§ II. *Notes ou caractères de l'Eglise.* Toutes les sectes qui font profession de croire en Jésus-Christ, prétendent que leur société est la véritable *Eglise* formée par le divin Sauveur: toutes ont-elles également raison ou tort? Puisque Jésus-Christ nomme l'*Eglise* son royaume, son bercail, son héritage, sans doute il nous a donné des marques pour le reconnaître. Selon le symbole dressé au concile général de Constantinople, et qui n'est qu'une extension de celui de Nicée, l'*Eglise* est *une, sainte, catholique* et *apostolique.* C'est à nous de faire voir qu'il y a en effet dans le monde une société chrétienne qui réunit tous ces caractères, et qu'ils ne se trouvent point ailleurs; tous sont une conséquence de la notion que nous avons donnée de l'*Eglise* (1).

(1) Le cardinal de la Luzerne a bien développé la nature de l'unité de l'Eglise et les preuves sur lesquelles elle repose.

« L'Eglise de Jésus-Christ est *une*, dit-il; elle a une double unité de foi et de communion.

« ... L'unité de foi est la croyance commune de tous les articles de foi, sans distinction et sans exception, qui ont été révélés par Jésus-Christ, et qui sont déclarés tels par l'Eglise. L'unité de communion est la réunion de tous ceux qui professent cette foi dans une même société, avec la participation aux mêmes sacrements et aux mêmes prières, sous la conduite des pasteurs légitimes, et spécialement du pontife romain, qui est leur chef sur la terre. L'unité de communion maintient l'unité de foi: l'union et la soumission aux pasteurs et au pape conservent l'unité de communion. Il me paraît utile de développer ces principes qui présentent tout l'admirable plan de la divine Providence dans la constitution de son Eglise.

« Il n'y a et il ne peut y avoir qu'une vraie foi. En tout genre la vérité est une: tout ce qui est opposé est erreur; et il y a un grand nombre d'erreurs, parce qu'il y a beaucoup de manières d'être

Déjà nous avons observé que, sans *unité*, il n'y a point de société proprement dite. Jésus-Christ confirme cette vérité lorsqu'il peint l'*Eglise* comme un royaume dont il est le chef souverain : et il nous avertit qu'un royaume divisé au dedans sera détruit (*Matth.*

opposé à la vérité. Dieu, en donnant aux hommes la vraie foi, a voulu qu'ils l'adoptassent et qu'ils ne se livrassent pas aux erreurs ; ce n'est que pour cela qu'il la leur a révélée. Il a donc voulu établir dans tout le genre humain l'unité de foi. Pour former et maintenir cette unité entre des hommes séparés les uns des autres par de grandes distances, et différant entre eux de langage, d'usages, de mœurs, de gouvernement, etc., il a établi l'unité de communion : c'est-à-dire qu'il a fondé une société dont tous les hommes qui professeraient sa foi seraient membres, et dans laquelle ils seraient réunis par un même culte, par des prières et par des rites communs. Cette société est l'Eglise de Jésus-Christ. Comme elle est formée de la double unité de foi et de communion, il y a deux manières de cesser d'en faire partie : l'une d'abandonner la foi, et c'est l'hérésie ; l'autre de se séparer de la communion de rites et de prières, et c'est le schisme.

« Pour maintenir cette précieuse unité, tant de foi que de communion, entre tant d'hommes et de peuples divers, la sagesse suprême a institué un ministère répandu dans toutes les parties de son Eglise, et le même partout, qu'elle a chargé de prêcher et d'enseigner la foi, d'administrer les sacrements, de célébrer les saints rites, et enfin de régir l'Eglise. Elle a divisé ce ministère en divers ordres, qui forment une hiérarchie. Dans chaque lieu habité, ville, bourgade ou autre, elle a voulu qu'il y eût un ministre de l'ordre inférieur, et dans chaque région un ministre de la classe supérieure, que l'on a appelé évêque, auquel sont soumis les pasteurs inférieurs, et qui communique avec les évêques des autres régions. Ainsi ce ministère forme, entre les catholiques répandus sur la terre, un lien d'union. Tous, étant unis à leurs pasteurs qui le sont entre eux, le sont nécessairement les uns aux autres.

« Mais ces pasteurs, qui sont eux-mêmes très-multipliés et répandus dans des contrées très distantes, pourraient se divider entre eux, enseigner des doctrines diverses, former des sociétés différentes. La Providence a encore obvié à cet inconvénient, en donnant un chef au ministère ecclésiastique. Elle l'a revêtu d'une primauté d'honneur, afin qu'élevé au-dessus de toute l'Eglise, il pût être aperçu de toutes parts, et être un centre commun d'unité auquel on se rapportât de toutes parts. Elle l'a investi d'une primauté de juridiction, afin que, par son autorité, il pût ou séparer de l'unité les errants, ou y ramener les égarés.

« Cette hiérarchie d'ordres et de pouvoirs garantit pleinement la double unité de foi et de communion.

« D'abord l'unité de foi. Il ne peut pas se glisser d'erreur sur un point de doctrine, dans quelque partie de l'Eglise que ce soit, qu'elle ne soit aussitôt aperçue par quelqu'un des évêques, comme les sentinelles d'Israël veillent sur le dépôt de la foi confiée à leurs soins. Découverte par l'un d'eux, elle est ou arrêtée par ses soins, ou dénoncée aux autres, et même, s'il est nécessaire, au chef, afin que, par leurs efforts, elle soit réprimée dans sa naissance ; ou que, s'ils ne peuvent y réussir, on empêche l'errant opiniâtre de diviser l'unité, en l'en retranchant lui-même. Il n'y a plus deux doctrines dans l'Eglise, quand celui qui apportait une doctrine différente de celle de l'Eglise est chassé de son sein, et n'en fait plus partie.

« L'unité de communion trouve aussi une assurance dans la hiérarchie. Le catholique le plus simple et le moins instruit ne peut ignorer qu'il est uni de communion avec son pasteur immédiat, celui-ci avec son évêque, l'évêque avec le souverain pontife. Ainsi, il a un garant certain qu'il fait partie de l'Eglise catholique, et qu'il est en société de prières et en communauté de sacrements avec tous les catholiques répandus sur la terre (*voy.* ÉVÊQUE, MISSION, PAPE, PASTEURS, SCHISME).

« ... Dans plusieurs endroits de ses Epîtres, l'apôtre saint Paul établit clairement cette doctrine : *Je vous prie, mes frères*, dit-il aux Romains, *d'observer ceux qui font des dissensions et des scandales contre la doctrine que vous avez apprise, et de vous éloigner d'eux* (c. xvi, v. 17). Nous trouvons ici l'unité de communion fondée sur l'unité de foi. L'Apôtre, en recommandant aux fidèles de s'éloigner de ceux qui combattent la saine doctrine, a certainement en vue de leur interdire la communication religieuse. C'est la séparation de la communion dont il leur parle. Or, quels sont ceux de qui ils doivent se séparer ? Ce sont ceux qui sont en dissension contre la doctrine que les Romains ont apprise. Mais dira-t-on que les fidèles de Rome n'avaient été instruits que des articles de foi fondamentaux, et qu'on avait négligé de leur enseigner les autres ? On ne peut soupçonner ni les apôtres de cette omission coupable, ni les premiers fidèles de cette ignorance crasse. C'est donc, selon saint Paul, toute dissension contraire à la doctrine révélée, et non pas celles qui ne sont contraires qu'à tel ou tel point de cette doctrine, qui entraîne la séparation de communion ; et on perd l'une et l'autre unité quand, sur quelque point que ce soit, on contrarie la foi que nous ont enseignée les apôtres.

« Dans sa première Epître aux Corinthiens, saint Paul leur dit : *Je vous conjure, mes frères, au nom de Notre-Seigneur Jésus-Christ, d'avoir tous un même langage, de ne point avoir parmi vous de schisme, mais d'être tous parfaits dans une même pensée et dans un même sentiment* (ch. i, v. 13). L'Apôtre montre ici clairement en quoi consiste le schisme ou la scission de l'unité, par la chose à laquelle il l'oppose : c'est à l'unité de langage, de pensée, de sentiment. Je demande à ceux qui diffèrent entre eux sur les articles de foi qu'ils appellent non fondamentaux, s'ils croient avoir tous le même langage, la même idée, le même sentiment. D'après l'Apôtre, toutes ces sectes sont dans un état de schisme manifeste, non-seulement avec l'Eglise romaine, mais entre elles-mêmes.

« Il serait bien difficile à un protestant de bonne foi de prétendre, dans ses principes, que l'erreur sur la nécessité de la circoncision, ou même, si l'on veut, des observances judaïques, fût une erreur de la première classe, une erreur fondamentale, une erreur aussi grave que celle sur les principaux mystères ; que l'addition de quelques cérémonies dans le culte chrétien fût aussi importante que l'est, par exemple, l'adoration de Jésus-Christ dans l'eucharistie, sur laquelle les luthériens et les calvinistes, quoique d'avis différents, se tolèrent, et n'en communiquent pas moins ensemble. Saint Paul avait lui-même, quelques années auparavant, circoncis son disciple Timothée, par égard pour les Juifs qui savaient que Timothée était né d'un père païen. Cependant, après la décision du concile de Jérusalem, le même saint Paul déclare aux Galates que *s'ils se font circoncire, Jésus-Christ ne leur sera d'aucune utilité* (c. v, v. 2). Il croyait donc, ce grand docteur des nations, qu'une seule erreur sur la foi, et sur un point même qui peut n'être pas de la plus haute importance, suffit pour faire perdre le salut. Sa doctrine à cet égard est encore confirmée par ce qu'il ajoute très-peu après : et en continuant de parler du même sujet : *Il suffit d'un peu de ferment pour corrompre toute la masse* (*Ibid.*), ce qui signifie évi-

xii, 25). Il demande que ses disciples soient unis comme il l'est lui-même avec son Père (Joan. xvii, 11). Il dit : *J'ai encore des brebis qui ne sont point de ce bercail, il faut que je les y amène, et alors il n'y aura plus qu'un bercail sous le même pasteur* (Joan. x, 16). Il se re-demment qu'une seule erreur doctrinale, puisque c'est de cela qu'il est question, fait perdre la vraie foi et le salut. Que devient, devant ce principe, le système des articles de foi nécessaires ou non nécessaires ?

« L'apôtre saint Jean établit aussi les principes catholiques sur l'unité de foi et de communion. *Quiconque se retire, et ne demeure pas dans la doctrine de Jésus-Christ, ne possède point Dieu. Celui qui demeure dans la doctrine, possède le Père et le Fils. Si quelqu'un vient à vous, n'apportant pas cette doctrine, ne le recevez pas dans votre maison, et ne le saluez pas* (II Joan. ix, 10). Les protestants conviennent, et il leur serait impossible de le nier, que la défense, faite par saint Jean, de recevoir et de saluer, est la séparation de communion prononcée contre les hérétiques ; il s'agit donc ici seulement de savoir quelle est l'erreur doctrinale qui entraîne cette excommunication. Il est clair que l'Apôtre ne parle pas d'une partie de la doctrine sainte, de tels ou tels articles de cette doctrine ; il parle indéfiniment, généralement : il parle de la doctrine de Jésus-Christ. Les articles, traités par nos adversaires de non fondamentaux, font partie, comme les autres, de la doctrine de Jésus-Christ ; ils ont été comme les autres révélés par lui : ainsi ils sont compris dans l'expression générale, *doctrina Christi* : ils sont donc comme les autres appelés fondamentaux, l'objet de l'intention de saint Jean ; et soit qu'on erre sur le uns ou sur les autres, on doit, selon lui, ou plutôt selon l'Esprit-Saint, qui l'inspirait, être retranché de la communion.

« Passons aux premiers siècles de l'Église, dont les protestants reconnaissent la doctrine pure. Leur autorité est d'autant plus considérable sur ce point, que, dans le temps où l'Église venait d'être formée, on ne pouvait pas ignorer ce qui constitue sa formation.

« Saint Irénée, parlant de la prédication évangélique et de la foi, dit que l'Église, quoique répandue sur toute la terre, la conserve avec un soin et un zèle extrême, comme si elle n'habitait qu'une seule maison ; qu'elle y adapte sa foi de la même manière, comme n'ayant qu'un même esprit et qu'un même cœur ; et que, par un consentement admirable, elle professe, enseigne ces vérités, comme si elle n'avait qu'une seule bouche. Car, quoique les langues du monde soient différentes, la force de la tradition est partout une et la même. Les Églises de Germanie, d'Espagne, des Gaules, de l'Orient, de l'Égypte, celles des régions méditerranées, ne pensent pas, n'enseignent pas de différentes manières (*Adv. hæres.*, lib. i, c. 10, n. 2). C'est de la totalité de la foi que parle le saint docteur, c'est la prédication apostolique entière, et non une partie ou une autre de cette prédication, qui est crue unanimement, enseignée uniformément par toutes les églises du monde. Les églises luthérienne, calviniste et autres, qui communiquent entre elles, malgré leur dissonance sur divers points de foi, peuvent-elles prétendre que leur unité de foi, qui n'est que la tolérance réciproque de leurs erreurs sur la foi, est celle que saint Irénée attribue à toute l'Église? Soutiendraient-elles qu'elles adaptent toutes, de la même manière, leur foi aux prédications apostoliques? *His æque fidem accommodant* ; qu'elles sont, sur les vérités révélées, comme n'ayant qu'une âme et qu'un cœur ? *Velut unianimam unam idemque cor habens* ; qu'il y a entre elles toutes un merveilleux consentement, et qu'elles parlent toutes comme si elles n'avaient qu'une seule bouche ? *Miro consensu quasi uno ore prædita hæc prædicat*. L'Église catholique seule, après seize siècles, peut tenir le même langage que saint Irénée, parce qu'il n'y a qu'elle qui ait conservé constamment et sans interruption l'unité de foi universelle sur tous les points, comme elle l'est dans tous les pays dont parle le saint docteur ; parce qu'il n'y a qu'elle qui ait conservé ce merveilleux accord sur tous les points de foi, et qui les professe partout de la même manière ; parce qu'il n'y a qu'elle qui, sur la foi qu'elle professe, n'ait dans toutes les parties de la terre qu'un esprit et qu'un cœur ; et qui, de tous ces lieux si distants, fasse entendre le même enseignement, comme si elle parlait par une seule bouche.

« Tertullien dit que ce que Jésus-Christ a institué, il faut le chercher, et qu'il est nécessaire de le croire (*De Præscript.* ch. 10). Ce n'est donc pas, selon lui, une partie de l'enseignement du divin Maître, dont la croyance est nécessaire ; c'est un enseignement tel que Jésus-Christ l'a donné, et tout entier. Dans un autre endroit que j'ai déjà cité, parlant des variations de doctrine parmi les hérétiques, il dit qu'elles sont telles qu'ils ne respectent pas même les principes de leurs chefs ; ce qui fait qu'entre les hérétiques il n'y a en quelque sorte point de schismes. Car, quoiqu'il y en ait réellement, il ne paraît pas y en avoir, et tout cela forme une sorte d'unité (*Ibid.*, c. 13). Ce tableau des hérésies du temps de Tertullien ne représente-t-il pas au naturel celles du nôtre ? et l'unité que les protestants se vantent d'avoir, n'est-elle pas précisément la même que Tertullien reproche aux hérétiques, et qu'il dit être de véritables schismes ?

« La véritable doctrine, dit saint Athanase, est celle que les Pères ont transmise. La marque des véritables docteurs est lorsqu'ils s'accordent tous entre eux, mais non lorsqu'ils sont en dispute, soit entre eux, soit avec leurs pères » (*De decr. syn. Nic.*, n. 4). Ainsi, selon ce saint docteur comme selon nous, l'unité de doctrine, l'accord unanime sur la foi, est la note de la vraie doctrine, de la vraie foi. Au contraire, ceux qui, comme les protestants, disputent entre eux sur des points de foi, n'ont pas la foi enseignée par les Pères. Saint Athanase ne distingue pas les dissensions sur les points fondamentaux de celles sur les points non fondamentaux. Son expression est générale et absolue.

« Saint Grégoire de Nazianze est plus précis encore. Selon lui, les hérétiques les plus dangereux sont ceux qui, conservant sur tout le reste l'intégrité de la doctrine, par un seul mot, comme par une goutte de venin, tuent la vraie et simple foi catholique reçue des apôtres par tradition (*Tract. de Fide*). En vain, sur presque tous les points, professera-t-on la vraie doctrine, une seule goutte, un seul mot, une seule erreur sur la foi, est une goutte de venin qui tue toute la foi. Ce grand théologien, c'est le nom que l'antiquité lui avait donné par excellence, était donc bien éloigné de croire que la vraie foi, que la foi nécessaire pour être membre de l'Église militante sur la terre, et pour le devenir de l'Église triomphante dans le ciel, subsiste avec la tolérance réciproque des erreurs sur quelques articles de foi.

« Saint Basile, au rapport de Théodoret, disait : que ceux qui sont instruits dans les saintes lettres ne souffrent pas que l'on abandonne une seule syllabe des dogmes divins ; mais que, pour leur défense, ils n'hésitent pas, s'il est nécessaire, de se livrer à tout genre de mort (*Hist. eccles.*, lib. iv, cap. 49). S'il n'est pas permis d'abandonner une seule syllabe des dogmes divins, la croyance entière et sans exception de tous ces dogmes est donc indispensable pour le salut. Si c'est un devoir d'affronter la mort plutôt que d'abandonner une syllabe de ces

présente comme un père de famille qui envoie des ouvriers travailler dans sa vigne, qui fait rendre compte à ses serviteurs, etc.

dogmes, c'est donc une obligation stricte de les croire absolument tous. On n'est pas obligé de mourir pour une doctrine qu'on n'est pas obligé de croire.

« Saint Jérôme, consulté sur des observances de simple discipline, répond qu'à son avis les traditions ecclésiastiques, surtout celles qui ne contrarient point la foi, doivent être observées telles qu'elles ont été transmises par les prédécesseurs, et que la coutume des uns n'est pas détruite par l'usage des autres (*Epist.* 38, *ad Lucianum*). Dire qu'on doit observer diversement certains points de discipline, pourvu qu'ils ne contrarient pas la foi, c'est évidemment dire que, dans tout ce qui touche à la foi, il ne doit pas y avoir de diversité ; que, par conséquent, toutes les vérités de foi doivent être crues uniformément, et qu'il n'y en a pas sur lesquelles on soit libre d'adopter un sentiment ou un autre : ce qui est la doctrine catholique est le condamnation de la doctrine protestante.

« Saint Augustin établit encore plus formellement le même principe. Il veut qu'il n'y ait qu'une seule et même foi dans l'Eglise répandue sur toute la terre, et que cette unité de foi ne soit point altérée par quelques observances diverses, qui n'attaquent en aucune manière ce qu'il y a de vrai dans la foi (*Epist.* 36, *al.* 86, *ad Calasanum*, cap. 9, n. 22). Tout ce qu'il y a de vrai dans la foi, voilà ce qui forme une seule et même foi dans l'Eglise : tout ce qui contrarie ce qu'il y a de vrai dans la foi altère l'unité de foi. Les articles que les protestants appellent non fondamentaux, selon eux-mêmes, 1° sont vrais, 2° font partie de la foi. Ainsi d'abord, saint Augustin enseigne, comme nous, que l'unité de foi consiste à croire tous les articles de foi, sans distinction, sans exception ; ensuite, il établit, contre les protestants, que l'unité de foi est détruite quand on attaque quelque article de foi que ce soit.

« Ceux, dit ce saint docteur, qui, dans l'Eglise de Jésus-Christ, ont des sentiments erronés et mauvais, si, ayant été avertis de revenir à des idées saines et droites, ils résistent opiniâtrement et défendent leurs erreurs ; au lieu de s'en corriger, deviennent hérétiques, et, sortant de l'Eglise, sont regardés comme ses ennemis (*De Civ. Dei,* lib. xviii, c. 51). Il n'y a point là de distinction entre les articles fondamentaux ou non fondamentaux. C'est, ainsi que nous le professons, toute opinion contraire à la foi opiniâtrement soutenue, qui rend hérétique et fait déclarer ennemi de l'Eglise.

« Dans son livre à *Quodvultdeus,* saint Augustin fait l'énumération de quatre-vingt-huit hérésies. Avant lui, saint Epiphane n'en avait compté que soixante-dix ; et depuis, Théodoret fait mention seulement de cinquante-deux. Les protestants ne prétendront certainement pas que toutes ces erreurs eussent pour objet des articles qu'ils regardent comme fondamentaux. L'inspection seule de ces catalogues montre un grand nombre de ces sectes errant sur des points moins importants en eux-mêmes que ceux malgré lesquels ils se reçoivent réciproquement à la communion. Cependant tous ces Pères traitent formellement d'hérétiques, et regardent comme étant hors de l'Eglise, tous ceux qui adoptaient ces erreurs. Après avoir fait un détail des hérésies, saint Augustin ajoute : « L'homme qui ne croit pas ces erreurs ne doit pas pour cela se dire chrétien catholique ; car il peut y avoir ou se former d'autres hérésies, qui ne sont pas mentionnées dans cet ouvrage. Quiconque en adopte quelqu'une n'est point chrétien catholique. » (*De Hæres., ad Quodvultdeus,* in fine.)

« Vincent de Lérins semble avoir prévu, dès le

Toutes ces idées de royaume, de bercail, de famille, n'emportent-elles pas l'union la plus étroite entre les membres ? — Saint Paul

cinquième siècle, les inconvénients qui résultent nécessairement du système protestant, et montre le danger évident de laisser introduire une seule fausseté en matière de foi. « Une fois admise, dit-il, cette licence impie de la fraude, j'ai horreur de dire quel grand danger s'ensuivra de mettre en pièces et de détruire la religion. Car si on abandonne une partie quelconque du dogme catholique, bientôt une autre, puis une autre, après cela encore une autre, et toujours une autre, seront abandonnées, comme par coutume et avec permission. Mais toutes les parties étant ainsi délaissées en détail, que restera-t-il à la fin, sinon que tout le sera ? Si on commence une fois à mêler les choses nouvelles aux anciennes, les étrangères aux domestiques, les profanes aux sacrées, cet usage se propagera nécessairement sur tout ; en sorte qu'il ne restera plus dans l'Eglise rien d'intact, rien de sain, rien d'immaculé ; mais on verra désormais un infâme repaire d'impies et de honteuses erreurs où était auparavant le sanctuaire de la chaste et incorruptible vérité » (*Commonit.,* cap. 23). Je demande à tout homme de bonne foi si ce n'est pas là l'histoire fidèle, racontée onze siècles d'avance ; de ce qui est arrivé dans la prétendue réforme ? Quand Luther se fut une fois emporté à contester la validité des indulgences, il fut conduit, par cette première erreur, à nier la réalité du purgatoire : de là, amené à se soulever contre l'autorité du souverain pontife ; de là, entraîné à se révolter contre celle de l'Eglise, et, successivement à toutes ses autres assertions contraires à la doctrine catholique. Ceux qui le suivirent, imitant son exemple, enchérirent sur ses innovations. Calvin nia la présence réelle, les anabaptistes l'utilité du baptême aux enfants, les sociniens tous les mystères ; et de degré en degré la foi chrétienne se trouva dans les mains des novateurs, réduite à rien, comme l'avait annoncé Vincent de Lérins. Telle a été la suite prévue et infaillible du système protestant, d'articles de foi, les uns nécessaires, les autres non nécessaires, qu'on n'a jamais pu discerner les uns des autres.

« Je ne pousserai pas plus loin ce détail. Voilà, je crois, plus d'autorités qu'il n'en faut pour établir que, dans les premiers siècles du christianisme, reconnus par les protestants purs dans la doctrine, il était admis que, pour être membre de l'Eglise et avoir droit au salut éternel, il était nécessaire de croire absolument tous les articles de la foi, sans distinction d'articles plus ou moins importants, et que l'erreur opiniâtre sur un point de foi quelconque rend hérétique, exclut de l'Eglise et du paradis. »

M. de Lamennais a considéré l'unité sous le point de vue philosophique. « Nous laissons aux protestants, dit-il (*Essai sur l'indifférence,* t. I, c. 7), à examiner sur quel fondement ils se tranquillisent dans leurs principes antichrétiens. Ce n'est pas sur l'Ecriture, ce n'est pas sur l'autorité des premiers siècles, nous l'avons prouvé ; ce n'est pas non plus sur la raison, comme nous allons le faire voir, en considérant sous un point de vue plus philosophique ou plus général le système des articles fondamentaux.

« Que font les partisans de ce système pour démontrer, contre les déistes, la nécessité d'une révélation ? S'appuyant des aveux des déistes mêmes, ils prouvent qu'une religion est nécessaire, et qu'il existe, par conséquent, une vraie religion. Les annales de la philosophie à la main, ils montrent ensuite qu'on ne saurait, par la raison seule, s'assurer pleinement d'aucun dogme ; qu'en la prenant pour unique guide, on ne fait qu'errer de doutes en doutes, d'incertitudes en incertitudes, et que, loin de parvenir à une croyance fixe, on est contraint de to-

enchérit encore, lorsqu'il compare l'*Eglise chrétienne* au corps humain, et les fidèles aux membres qui la composent. Nous avons lérer l'athéisme même, ou la négation de tout dogme, l'exclusion de tout culte, la destruction de toute morale. Si donc, concluent-ils, une vraie religion est nécessaire, il est nécessaire aussi que Dieu révèle cette vraie religion

« Mais voici une chose étrange : Dieu révèlera aux hommes des vérités nécessaires à l'homme, et les hommes ne seront pas obligés de croire Dieu, et ils resteront maîtres de rejeter les vérités que Dieu leur révèle? Alors à quoi bon une révélation ? Mieux valait que Dieu gardât le silence, si l'on est libre de démentir, de réformer ses enseignements , de lui dire : Nous te connaissons mieux que tu ne te connais toi-même. Or, telle est la liberté que consacre la tolérance. Car de s'étayer du prétexte d'obscurité pour tenir en suspens l'autorité de la révélation, ou d'une partie de la révélation, dont l'objet est de dissiper les doutes de l'esprit humain sur les vérités qu'il doit croire, c'est visiblement se contredire, c'est se moquer des hommes et de leur auteur.

« J'entends les disciples de Jurieu qui m'a répondent : « Nous ne prétendons pas qu'on puisse nier, sans s'exclure du salut, tous les dogmes révélés, mais seulement ceux de ces dogmes qui ne sont pas fondamentaux. » On verra bientôt que cette distinction est complétement illusoire. Mais je veux bien l'admettre en ce moment, et prendre le système tel qu'on nous l'offre, avec les restrictions arbitraires qu'une sorte de pudeur chrétienne s'efforce d'y apporter. Toujours est-il vrai que nos objections conservent toute leur force à l'égard des dogmes non fondamentaux, c'est-à-dire à l'égard de la plus grande partie des dogmes révélés. De plus, demanderai-je aux indifférents mitigés, comment savez-vous que Dieu ait révélé des vérités non nécessaires ? Cette hypothèse gratuite, répugne à la sagesse de Dieu, et renverse le principe sur lequel vous avez établi la nécessité d'une révélation. Mais ce n'est pas tout, et je soutiens qu'il est infiniment plus absurde de prétendre qu'il soit permis de nier une partie seulement de la révélation, que la révélation tout entière ; ou en d'autres termes, que le système des points fondamentaux est plus déraisonnable, plus inconséquent, plus injurieux à la Divinité, et plus désespérant pour l'homme que le déisme.

« Le déiste rejette la révélation, parce qu'il ne croit pas que Dieu ait parlé ; le chrétien de Jurieu permet de rejeter une partie de la révélation qu'il croit divine. L'un, se persuadant que le christianisme est fondé sur une autorité purement humaine, ne l'admet qu'autant qu'il le juge conforme à la raison ; l'autre, convaincu que le christianisme repose sur l'autorité de Dieu, nie l'obligation de se soumettre en tout et toujours à cette autorité. Il attribue à l'homme le droit de préférer, en une foule de circonstances, sa propre raison à la raison du souverain Etre, et de désobéir à ses lois. Le déiste enfin, sentant lui-même l'insuffisance de la raison pour établir inébranlablement un dogme quelconque, ne fait dépendre le salut de la croyance d'aucun dogme. Jurieu déclare, au contraire, que la foi des dogmes fondamentaux est d'une indispensable nécessité ; et comme ni lui, ni ses disciples, n'ont jamais pu définir nettement quels sont ces dogmes fondamentaux, comme il n'est pas un point de doctrine sur lequel les protestants soient moins d'accord, il n'est pas non plus un seul d'entre eux qui puisse être certain de croire tout ce qu'il est nécessaire de croire pour être sauvé : incertitude si affreuse, en supposant la foi dans la balance, qu'on ne saurait concevoir d'état plus désespérant.

« Or, voilà où l'on arrive inévitablement dès qu'on

été baptisés, dit-il, *pour former un seul corps et avoir un même esprit..... Il ne doit point y avoir de division dans ce corps, mais tous les* veut forcer le christianisme de capituler avec la raison humaine, avec ses caprices inconstants et ses dédaigneuses répugnances. On ignore ce qu'on peut céder et ce qu'on doit retenir. Les principes manquent pour faire une distinction, je ne crains point de le dire, sacrilège : car s'imaginer que Dieu parle en vain, qu'il révèle des dogmes superflus, c'est outrager sa sagesse, et s'accuser soi-même de folie, en censurant les décrets de son impénétrable conseil. Qui ne voit d'ailleurs que tous les points de la foi chrétienne s'enchaînent étroitement l'un à l'autre ? Or, où tout se tient, tout est essentiel. L'objet de la religion est de montrer à l'homme sa place dans l'ordre des êtres, et de l'y maintenir, en réglant ses pensées, ses affections, ses actions, par les deux grandes lois de la vérité et de la justice, dont les dogmes et les préceptes sont l'expression. Que peut-il donc y avoir d'indifférent dans ces lois ? et à quel titre la vérité serait elle moins inviolable que la justice ? Elles se confondent dans leur source, et les séparer c'est les détruire ; car la justice n'est que la vérité même rendue sensible dans les actions, suivant cette profonde parole d'un apôtre : « Celui qui *fait la vérité*, agit à la lumière, afin qu'il soit manifeste que ses œuvres viennent de Dieu » (Joan., c. III, v. 21). Dieu ne peut donc pas plus tolérer l'erreur qu'il ne peut tolérer le crime ; et la tolérance du crime est le résultat nécessaire de toute doctrine qui consacre la tolérance de l'erreur.

« Remarquez cependant l'inconséquence de ses partisans : admettre la révélation, c'est croire les vérités révélées sur l'autorité de Dieu qui nous les révèle : or, cette autorité étant la même, quelle que soit l'importance relative des vérités révélées, l'obligation de croire est aussi la même ; et rejeter une seule de ces vérités divines, c'est nier l'autorité sur laquelle elles sont toutes fondées, c'est renverser la base de la révélation, et la livrer sans défense aux déistes.

« Mais, pour mieux faire sentir l'intime liaison de la doctrine de Jurieu avec le déisme, examinons les principes et les conséquences de l'un et de l'autre système.

« Puisqu'il y a des dogmes qu'on peut nier sans s'exclure du salut, et d'autres dogmes qu'on est absolument obligé de croire pour être sauvé, la première chose que doivent faire les protestants est de donner « une règle sûre, pour juger quels sont les points fondamentaux, et les distinguer de ceux qui ne le sont pas : question, ajoute naïvement Jurieu, si épineuse et si difficile à décider. » (*Le vrai Système de l'Eglise*, p. 237.) Ainsi, dès les premiers pas, il se voit arrêté par une difficulté terrible ; car enfin le salut dépend, au moins pour un grand nombre d'hommes, de la solution de cette *question épineuse et si difficile à décider*. Les articles fondamentaux se trouvent dans l'Ecriture, je le veux, mais, « outre les vérités fondamentales, l'Ecriture contient cent et cent vérités de droit et de fait dont l'ignorance ne saurait damner » (Jurieu, *Axis. Tr.* 1, art. 1, p. 19, *Tabl. lett.* 3), et nulle part elle ne spécifie ce qui est fondamental et ce qui ne l'est pas ; nulle part elle ne donne de règle pour faire ce discernement. Il faut donc que les protestants s'en forment eux-mêmes d'arbitraires, et les voilà déjà maîtres de leur foi, puisqu'ils le sont des règles par lesquelles ils la déterminent.

« Jurieu en propose trois entièrement inadmissibles, et qu'aussi la réforme a depuis longtemps mises au rebut. La première peut s'appeler *une règle de sentiment*. Selon Claude et Jurieu, on *sent* les vérités fondamentales « comme on sent la lumière quand on la voit, la chaleur quand on est près du feu, le

membres doivent s'aider mutuellement; si l'un souffre, tous doivent y compatir: si l'un est en honneur, c'est un sujet de joie pour tous. Vous êtes le corps de Jésus-Christ, et membres les uns des autres. (I Cor. XII, 13 et 15; Rom. XII, 5; Ephes. IV, 15, etc.)

doux et l'amer quand on mange » (Le vrai syst. de l'Eglise, l. II, c. 25, p. 153). Les déistes en disent autant; écoutez Rousseau : C'est le sentiment intérieur qui doit me conduire (Emile, t. III, p. 129). Ma règle est de me livrer au sentiment plus qu'à la raison (Ibid., p. 42). J'aperçois Dieu partout dans ses œuvres, Je le sens en moi, je le vois autour de moi (Ibid., p. 63). Je sens mon âme, je la connais par le sentiment et par la pensée » (Ibid., p. 87). La différence est que les déistes ne sentent que la religion naturelle, et que Jurieu sentait de plus la religion révélée. L'athée qui ne sent rien du tout peut être à plaindre; mais enfin on ne saurait le condamner selon cette règle, car personne n'est maître de se donner un sentiment qu'il n'a pas. Dans le sein même de la réforme, chacun ayant sa manière de sentir, l'arminien, par exemple, ne sentant point la nécessité de la grâce, le socinien ne sentant point la Trinité ni la divinité de Jésus-Christ, le luthérien sentant la présence réelle que le calviniste ne sentait point, il fallut bientôt abandonner cette règle extravagante et propre seulement à nourrir un fanatisme insensé.

« La seconde règle de Jurieu, pour discerner les articles fondamentaux, se tire de leur liaison avec le fondement du christianisme. Or, jamais les protestants n'ont pu convenir entre eux de ce qui constitue le fondement du christianisme. Ainsi cette règle devient inutile; car qui peut juger de la liaison d'un dogme avec un autre dogme qu'on ne connaît pas? De plus, il est évident que Jurieu se fait à lui-même, ou veut faire aux autres une illusion grossière. Qu'est-ce en effet que le fondement du christianisme, si ce n'est certaines vérités de foi qu'il est nécessaire de croire pour être chrétien? Le fondement ou les vérités fondamentales ne sont donc qu'une seule et même chose, et la règle du ministre se réduit à cet aphorisme : on reconnaît le fondement par sa liaison avec le fondement.

« Cette règle n'ayant pas paru, même à Jurieu, d'un fort grand secours dans la pratique, il en propose une troisième en ces termes : « Tout ce que les chrétiens ont unanimement cru et croient encore partout, est fondamental et nécessaire au salut. Je crois, dit-il, que c'est encore ici la règle la plus sûre » (Le vrai Système de l'Eglise, p. 257). Le plus sûr alors est de ne croire rien, ou de ne croire que ce qu'on veut; car, comme il n'est pas un seul dogme qui n'ait été nié par quelque hérétique, il s'ensuit qu'il n'existe point de vérités fondamentales, et que c'est perdre le temps que de les chercher. Le plus sûr est de penser qu'on peut faire son salut dans toutes les sectes, même dans le mahométisme; car puisque les mahométans ne sont, suivant Jurieu, qu'une secte du christianisme (Ibid., p. 148), rien de ce qu'ils nient ne saurait être fondamental; et le déiste Chubb a raison de soutenir que passer du mahométisme au christianisme, ou du christianisme au mahométisme, c'est uniquement abandonner une forme extérieure de religion pour une autre forme (Chubb's Posthumous Works, vol. II, p. 40). »

« Quand on ne serait point effrayé de ces conséquences, la règle d'où elles se déduisent n'en serait pas moins inadmissible dans les principes des protestants. Leur maxime principale est de ne reconnaître aucune autorité humaine en matière de foi. Or, le consentement de tous les chrétiens, de quelque façon qu'on l'entende, ne forme qu'une autorité humaine, par conséquent sujette à l'erreur, et dès lors insuffisante pour déterminer avec certitude ce qui est fondamental et ce qui ne l'est pas, et pour servir de base à la foi.

« Il y a dans tous les esprits une rectitude naturelle qui, lors même qu'ils s'égarent, les force à s'égarer, si on peut le dire rigoureusement. Il n'était donc pas possible que la réforme, restant ce qu'elle est, adoptât les règles arbitraires de Jurieu. Elle s'en forma de différentes, qui ont universellement prévalu parce qu'elles sortent du fond même de sa doctrine. Jurieu les vit s'établir, et Bossuet lui prouva qu'il ne pouvait en contester aucune. (Sixième Avertiss. aux protest., 3ᵉ part. n. 17 et suiv.)

« La première, c'est qu'il ne faut reconnaître d'autre autorité que l'Ecriture interprétée par la raison. Cette règle étant le fondement même du protestantisme, on ne peut la rejeter sans cesser d'être protestant. La seconde, c'est que l'Ecriture, pour obliger, doit être claire. Le bon sens favorise cette règle; car autrement on croirait sans savoir ce qu'on croit, ce qui est absurde; ou sans être certain que l'Ecriture oblige à croire, c'est-à-dire sans raison, contre la première règle. La troisième, c'est qu'où l'Ecriture paraît enseigner des choses inintelligibles, et où la raison ne peut atteindre, il faut la tourner au sens dont la raison peut s'accommoder, quoiqu'on semble faire violence au texte. Cette règle est encore une conséquence ou un développement de la première. Dès que la raison est le seul interprète de l'Ecriture, elle ne saurait l'interpréter contre ses propres lumières, et lui attribuer un sens dont l'esprit serait choqué. En un mot, les interprétations de la raison doivent être évidemment raisonnables; car si elles étaient à la fois claires, d'après la seconde règle, et absurdes par supposition, il en résulterait l'obligation de croire une claire absurdité.

« Le principe fondamental du protestantisme étant admis, il faut donc admettre nécessairement les règles que les indifférents en déduisent. Mais aussi qui ne voit qu'alors l'autorité de l'Ecriture devient l'autorité de la raison seule, de sorte qu'au fond ces règles se réduisent à celle-ci : chacun doit croire ce que sa raison lui montre clairement être vrai….

« Pour éviter qu'on ne me soupçonne d'exagérer les conséquences du système que je combats, j'ajouterai à l'autorité du raisonnement, l'incontestable autorité des faits.

« Jurieu, le moins tolérant des hommes par caractère, et le plus tolérant par ses maximes, refusa d'admettre les sociniens au nombre des sectes qui ont conservé le fondement du christianisme. Mais aussitôt on lui demanda de quel droit il excluait du salut des hommes qui recevaient comme lui l'Ecriture? De quel droit il mettait sa raison au-dessus de leur raison? De quel droit enfin il décidait ce que l'Ecriture ne décidait pas, en déterminant les dogmes qu'il fallait nécessairement croire pour être sauvé? Il n'était pas facile de répondre à ces questions. La réforme le sentit, et les sociniens furent admis à la tolérance. Il fut permis de nier la divinité de Jésus-Christ, la Trinité, l'éternité des peines, tout ce qu'on voulut.

« Dès lors à quoi servaient les confessions de foi, qu'à gêner la raison et la liberté qu'ont tous les hommes d'interpréter par elle l'Ecriture? l'enseignement même le plus simple, en préoccupant de certaines opinions l'esprit des peuples, tendait à substituer l'autorité des ministres à l'examen particulier, absolument indispensable, selon les maximes protestantes. Frappés de ces inconvénients, les brownistes ou indépendants, rejetèrent toutes les formules, les catéchismes, les symboles, même celui des apôtres, pour s'en tenir, disaient-ils, à la seule parole de Dieu. C'étaient, sans contredit, les plus conséquents des réformés.

« Cependant le fanatisme, abusant du texte sacré,

Or en quoi consiste cette *unité*, sinon dans les trois liens dont nous avons parlé, dans la foi, dans l'usage des sacrements, dans la subordination envers les pasteurs? Si l'un vient à manquer, comment subsistera la vie des membres et la santé du corps? Toute partie qui se sépare de l'un de ces trois chefs, ne tient plus au corps de l'*Eglise*. Saint Paul nous le fait assez comprendre, lorsqu'après avoir dit qu'il ne doit y avoir qu'un seul corps et un seul esprit, il ajoute qu'il n'y a qu'un Seigneur, *une foi*, un baptême, que Dieu a établi des apôtres, des pasteurs et des docteurs, pour nous amener à *l'unité de la foi* (*Ephes.* IV, 4, 13). — En effet, si Jésus-Christ a enseigné telle doctrine, s'il a institué tel nombre de sacrements, s'il a établi des pasteurs et les a revêtus de telle autorité, personne ne peut se soustraire à l'une de ces institutions sans résister à l'ordre de Jésus-Christ, par conséquent sans perdre *la foi* telle que saint Paul l'exige. Il est assez prouvé par l'expérience, que tout parti qui fait schisme sur l'un de ses chefs, ne tarde pas de tomber dans l'erreur et dans l'hérésie.

On dira, sans doute, que l'*unité* dont parle saint Paul consiste principalement dans la charité, dans la paix, dans la tolérance mutuelle. Mais jamais saint Paul n'a ordonné de tolérer l'erreur ni la révolte contre l'ordre établi dans l'*Eglise* ; il a commandé le contraire. Il est absurde de prétendre que la tolérance des opinions opère l'unité de croyance, et que la tolérance des abus produit l'unité des usages. A-t-on déjà vu ré-

multipliait les religions au gré de ses folles rêveries, et la réforme se peuplait de mille sectes bizarres qui, quelque absurdes, quelque contradictoires qu'elles fussent, avaient toutes un droit égal à la tolérance. Ainsi s'établit peu à peu le *latitudinarisme* le plus excessif. Ses progrès étaient encore singulièrement favorisés par une disposition d'esprit devenue générale parmi ceux des protestants que leur caractère éloignait des excès du fanatisme. La chaleur avec laquelle certains sectaires soutenaient des dogmes évidemment impies ou insensés, leur inspirait un secret dégoût pour toute espèce de dogmes. Incapable de porter seule le poids des mystères, la raison abaissait toutes les hauteurs du christianisme, et à force de creuser pour en découvrir le fondement, elle finit par n'y pas laisser pierre sur pierre. En retranchant toujours, la réforme en est venue à cette religion de *plain-pied* que Jurieu accusait les indifférents de vouloir introduire, et qui, sous un autre nom, n'est qu'un déisme timide et mal déguisé. Tel est l'état auquel Hoadly et ses disciples ont réduit le christianisme en Angleterre. Contraints par leur principe de tolérer même les mahométans, *Voyez* MILNERS, même les déistes, même les païens, ils ont ouvert un abîme où toutes les religions viennent se réunir, ou plutôt se perdre ; car aucune religion ne peut subsister qu'en repoussant toutes les autres : elles expirent en s'embrassant. Aussi, en renversant la barrière qui sépare le christianisme des cultes inventés par l'homme, on a détruit jusqu'au signe distinctif du chrétien. Le baptême, dont l'Evangile enseigne si clairement la nécessité (*Joan.* III, 5), n'est, aux yeux d'Hoadly, qu'un vain rit, une puérile cérémonie : et, en quelques états protestants, l'autorité civile a été forcée d'intervenir pour en empêcher l'entière abolition. Si l'enfant, dans ces états, est encore un être sacré, si la religion environne encore son berceau de sa protection puissante, il faut en rendre grâces à la politique, qui a défendu l'humanité contre l'inexorable indifférence d'une barbare théologie.

« Ces doctrines antichrétiennes ont passé d'Angleterre en Amérique. La jeunesse va les puiser à l'université de Cambridge, d'où elle les rapporte dans toutes les provinces de ce vaste continent. Elles y germent, elles s'y développent avec une telle promptitude, que déjà la vieille réforme semble presque étouffée sous leur ombre. Là, comme en Europe, les ministres des diverses sectes évitent de se choquer mutuellement en prêchant des dogmes contestés ; et comme tous les dogmes sont contestés, l'on n'enseigne plus aucun dogme : on se contente de disserter vaguement sur la morale, qu'à l'exemple des déistes, on regarde comme seule essentielle ; la Bible dégagée de toute explication, est mise à grands frais entre les mains du peuple, dernier juge des controverses qui ont épuisé la sagacité et lassé la patience de ses docteurs ; et en lui donnant un livre qu'il ne lit point, ou qu'il lit sans le comprendre, on croit lui donner une religion.

« L'Allemagne protestante offre un spectacle peut-être encore plus déplorable. On semble y avoir pris spécialement à tâche de détruire toute l'*Ecriture*, sans néanmoins cesser de la reconnaître pour l'unique règle de foi. On soutient que Jésus-Christ n'eut jamais dessein d'établir une religion distincte du judaïsme ; que l'Eglise, ouvrage du hasard, ne fut d'abord qu'une aggrégation fortuite d'individus ou de petites sociétés particulières, dont quelques hommes ambitieux, secondés par les circonstances, formèrent une confédération générale à l'aide de ce qu'on appelle l'exégèse biblique, c'est-à-dire d'une critique sans frein ; on nie les prophéties, on nie les miracles, on nie la vérité du récit de Moïse ; et la Genèse, au jugement de ces doctes interprètes, devient un tissu d'allégories ou, pour parler leur langage, de *mythes* ou de pures fables.

« Or, qui prouvera que ces interprétations commodes, aujourd'hui presque universellement reçues, blessent le fondement du christianisme ? Elles paraissent opposées à l'*Ecriture*, il est vrai ; mais, si on les rejetait sous ce prétexte, il faudrait rejeter en même temps la règle qui prescrit, en certains cas, de *faire violence au texte sacré*. On ne saurait donc refuser de les tolérer, et, même, si l'on est conséquent, de les admettre comme plus claires et plus satisfaisantes à la raison.

« C'est ainsi qu'on arrive au *christianisme rationnel*, si vanté en Allemagne et en Angleterre. On élague de la religion tout ce que la raison ne conçoit pas, par conséquent, tous les *mystères*, par conséquent, tous les dogmes ; car il n'est pas un seul dogme qui ne renferme quelque mystère, parce qu'il n'est point qui ne tienne à l'infini par quelque côté. Alors que reste-t-il que le déisme ? Mais on ne s'arrête pas même au déisme : le principe entraîne au delà ; on est forcé de *faire violence*, non seulement à l'*Ecriture*, mais à la raison, à la conscience, au témoignage unanime du genre humain : on est forcé de nier Dieu, puisqu'on est contraint d'avouer que des *mystères inconcevables l'environnent* (*Emile*, t. III, p. 155). Parvenu à ce point, les divisions cessent, non par l'accord des doctrines mais par leur anéantissement. La discordance des opinions, la diversité infinie des croyances, remplissent tout l'espace qui sépare la religion catholique de l'athéisme : l'unité ne se rencontre qu'à ces deux termes extrêmes : *unité de foi*, dans la religion catholique, parce qu'elle renferme la plénitude de la vérité ; dans l'athéisme, *unité d'indifférence*, parce que l'athéisme n'est au fond que la plénitude de l'erreur. »

gner la charité et la paix où dominent l'indépendance et l'indocilité? Jamais l'Eglise n'a eu d'ennemis plus terribles que ses enfants révoltés. On sait comment les schismatiques, après avoir prêché la tolérance lorsqu'ils étaient faibles, l'ont observée dès qu'ils ont été les maîtres.

Vainement encore les protestants ont voulu réduire l'unité de la foi à la profession de certains dogmes qu'ils ont nommés *fondamentaux;* comme s'il était indifférent au salut de croire ou de ne pas croire les autres. Tout ce que Jésus-Christ a révélé est fondamental dans ce sens, qu'il n'est pas permis d'en rejeter un seul article par indocilité et par opiniâtreté. Il nous avertit lui-même que quiconque ne croira pas à l'Evangile sera condamné (*Marc.* XVI, 16): or, l'*Evangile* est toute la doctrine de Jésus-Christ sans exception. Il dit à ses apôtres: Apprenez à toutes les nations à garder *toutes les choses que je vous ai ordonnées* (*Matth.* XXVIII, 20); rien n'est excepté. Lorsque saint Paul dit que quelques-uns ont fait naufrage dans la foi, sont déchus de leur foi, ont renversé la foi de plusieurs, etc., il n'entend pas qu'ils ont rejeté tous les articles de foi, ou l'un des articles fondamentaux; il regarde comme hérétiques Hyménée, Philète, qui enseignaient que la résurrection était déjà faite (*II Timoth.* II, 18). *Voy.* FONDAMENTAL. — Les protestants ont eu recours à ce système, parce qu'ils ont bien senti qu'il était impossible d'établir entre eux aucune espèce d'*unité*. Le principe dont ils ont fait la base de leur schisme, savoir que l'Ecriture sainte est la seule règle de foi, que tout particulier a droit de l'interpréter comme il l'entend, et de s'en tenir à la doctrine qu'il y trouve, est une source de division et non de réunion. Les luthériens, les calvinistes, les anglicans, les sociniens, qui sont les quatre branches principales du protestantisme, n'ont jamais pu convenir entre eux de la même confession de foi, ni former ensemble *une seule Eglise*. Il en est de même des Grecs schismatiques, des jacobites, des nestoriens et des arminiens; toutes ces sectes se détestent autant qu'elles haïssent l'*Eglise* romaine. — Celle-ci seule, qui prend pour règle de la foi et de l'interprétation de l'Ecriture la tradition constante, universelle et perpétuelle de toutes les *Eglises* particulières, peut maintenir et maintient, parmi ses membres, l'unité de croyance, suit la même confession de foi, pratique le même culte, observe les mêmes lois. Il n'est aucun catholique, dans aucun lieu du monde, qui n'adopte et ne signe le symbole de la foi et les canons dressés par le concile de Trente.

Le second caractère de l'*Eglise* est la sainteté. Saint Paul dit que Jésus-Christ s'est livré pour son *Eglise*, afin de la sanctifier et de se former une *Eglise* pure sans tache (*Ephes.* v, 26); et il lui a promis d'être avec elle jusqu'à la consommation des siècles (*Matth.* VIII, 20). Il y aurait de l'impiété à croire que Jésus-Christ n'accomplit ni son dessein, ni sa promesse. Il suffit de jeter les yeux sur un martyrologe ou sur un calendrier, pour voir la multitude de saints qui se sont formés dans l'*Eglise*, et il y en a eu dans tous les siècles. Mais, outre ce nombre infini de saints qui se sont fait admirer par des vertus héroïques; et auxquels les peuples n'ont pu refuser leurs hommages, il en est une plus grande multitude qui se sont sanctifiés par des vertus obscures et cachées aux yeux des hommes. Aujourd'hui encore, malgré la corruption des mœurs publiques, il se fait dans l'*Eglise* autant de bonnes œuvres et d'actes de vertus que dans les siècles précédents. Or, tous ces justes se sont sanctifiés par la foi, par l'usage des sacrements, par la soumission à la discipline et aux lois de l'*Eglise* romaine. — Malgré leur animosité contre elle, les protestants n'oseraient plus l'accuser de professer une doctrine qui porte au crime, de fomenter les vices par les sacrements, de corrompre les mœurs par ses lois; cette calomnie ne se trouve plus que dans les écrits des premiers prédicants et des incrédules. Si, dans les premiers moments de fougue, les réformateurs lui ont reproché l'idolâtrie, et ont soutenu qu'il était impossible de se sauver dans son sein, leurs successeurs, plus modérés, se sont désistés de cette prétention; ils se bornent à dire que nous ne sommes pas plus saints qu'eux. Mais il y a une différence; ceux qui sont vicieux parmi nous contredisent la doctrine qu'ils professent, négligent les sacrements ou les profanent, violent les lois que l'*Eglise* leur impose. Pour être vicieux parmi les protestants, il n'est besoin que de suivre à la lettre la doctrine des premiers réformateurs; ce qu'ils ont enseigné sur la foi justifiante, sur l'inamissibilité de la justice, sur le mérite des bonnes œuvres, sur l'effet des sacrements, sur l'inutilité des mortifications, etc., est plus propre à fomenter les vices qu'à les réprimer. Ils ont retranché du culte les pratiques les plus capables d'inspirer la piété, le respect pour la Majesté divine, la reconnaissance, la confiance en Dieu, l'esprit d'humilité et de pénitence; eux-mêmes, loin d'avoir été des modèles de vertu, ont donné l'exemple de vices très-grossiers.

Quelques-uns ont été assez raisonnables pour convenir qu'il y a eu des saints dans l'*Eglise* romaine, non-seulement pendant les premiers siècles, mais dans les derniers temps; la plupart néanmoins n'ont pas cessé de décrier la doctrine, la conduite, les intentions les vertus des saints mêmes pour lesquels l'*Eglise* a le plus de respect; ils ont ainsi fourni des armes aux incrédules, pour attaquer la sainteté des apôtres et celle de Jésus-Christ même. *Voy.* PÈRES DE L'EGLISE, SAINTS, etc.

Les schismatiques orientaux ont mis au nombre de leurs saints plusieurs de leurs évêques et de leurs docteurs; mais quand ces personnages auraient eu les vertus qu'on leur attribue, leur opiniâtreté dans le schisme, leur haine et leurs déclamations contre l'*Eglise* romaine sont des vices plus que suffisants pour les priver de la couronne des saints. Lorsque les donatistes vantaient les vertus de leurs pasteurs ou la constance de leurs martyrs, les Pères de l'*Eglise* ont soutenu que, hors de l'unité de l'*Église*, il ne pouvait y avoir de vraie sainteté.

Le troisième signe pour discerner la véritable *Eglise*, et le plus visible de tous, est la *catholicité*, c'est-à-dire l'universalité. Jésus-Christ a envoyé ses apôtres enseigner toutes les nations (*Matth.* XXVIII, 19), et prêcher l'Evangile à toute créature (*Marc.* XVI, 15); d'autre côté, il a voulu que ses brebis fussent dans un bercail, sous un même pasteur (*Joan.* X, 16). Il faut donc que la doctrine, les sacrements, le culte, soient partout les mêmes : c'est en cela que consiste l'*unité*, comme nous l'avons fait voir. Or, cette uniformité dans l'universalité même est ce que nous appelons la *catholicité*. Aussi saint Paul faisait profession d'enseigner la même chose *partout et dans toutes les Eglises* (*I Cor.* IV, 17; VII, 17). — Telle est la notion que nous ont donnée de l'*Eglise* les Pères les plus anciens. « Semblables, dit' saint Irénée, à une seule famille qui n'a qu'un cœur, qu'une âme, qu'une même voix, elle croit, enseigne et prêche partout de même, d'un consentement unanime. » (*Adv. Hær.*, l. I, c. 10, n. 1 et 2.) Tertullien, dans son livre des *Prescriptions* contre les hérétiques, leur opposait le témoignage des *Eglises* apostoliques, auquel toutes les autres *Eglises* s'en rapportaient. Saint Cyrille raisonnait de même contre les schismatiques, dans son *Traité sur l'unité de l'Eglise catholique*, et saint Augustin dans ses divers ouvrages contre les donatistes. Tous ont regardé la croyance uniforme des différentes *Églises* du monde comme une règle inviolable de foi et de conduite. Tel est le sens que donne M. Bossuet au mot CATHOLIQUE (*Ire Instruction pastorale sur les promesses de l'Eglise*, n. 29). — C'est aussi selon cette tradition constante et universelle de toutes les *Eglises* chrétiennes, que les conciles de tous les siècles ont décidé les dogmes contestés par les hérétiques. Le concile de Nicée opposa cette règle aux ariens, tout comme le concile de Trente s'en est servi contre les protestants. On leur a dit : Toutes les *Eglises* chrétiennes ont cru et croient encore de cette manière : donc c'est la véritable foi.

Loin de disputer à l'*Eglise* romaine la *catholicité* ainsi entendue, les autres sectes la lui reprochent comme une erreur; elles ne veulent point d'autre règle de leur foi que l'Ecriture sainte ; elles accusent les catholiques d'opposer à la parole de Dieu la parole et l'autorité des hommes. Parmi nous, le fidèle le plus ignorant ne peut donc pas ignorer que le titre de *catholique* appartient exclusivement à l'*Eglise* romaine ; il entend parfaitement le sens de ce terme, lorsqu'en récitant le symbole il dit : Je crois la sainte Eglise *catholique*. Il veut dire : Je reconnais pour la véritable *Eglise* de Jésus-Christ celle qui prend la croyance universelle pour règle de la sienne. — Nous n'en soutenons pas moins que la catholicité ou l'universalité convient aussi à l'*Eglise* romaine, dans ce sens qu'elle a des membres dans tous les pays du monde, et qu'à tout prendre elle est la plus universelle ou la plus étendue de toutes les *Eglises*. Mais un simple fidèle n'a pas besoin de vérifier ce fait pour former sa foi : il lui suffit de comprendre et de sentir que la règle de foi que l'*Eglise* lui propose est la seule qui soit à sa portée et qui convienne à sa faible capacité. — A la vérité, les sectes des chrétiens orientaux font profession, aussi bien que nous, de s'en tenir à la tradition, quoique les protestants aient voulu contester ce fait ; mais elles n'ignorent pas que sur plusieurs points cette tradition ne s'étend pas plus loin que leur secte particulière, et elles savent bien en quel temps elle a commencé. Elles en ont coupé le fil en se séparant de l'*Eglise* universelle au Ve, au VIe et au IXe siècle. Alors elles ont diminué l'étendue de l'*Eylise*; mais elles ne lui ont pas ôté sa catholicité. Dès ce moment elle a été dispensée de les consulter, puisqu'elles ont cessé de faire corps avec elle. Si aujourd'hui nous opposons aux protestants la croyance de ces sectes sur les articles de foi qu'ils rejettent, c'est qu'ils ont prétendu faussement que ces anciennes *Eglises* étaient d'accord avec eux, et qu'ils ont ainsi cherché fort inutilement à se donner des ancêtres et des frères. *Voy.* CATHOLIQUE, CATHOLICISME, CATHOLICITÉ.

Une quatrième marque de la véritable *Eglise* est d'être *apostolique*. Ainsi le prétend saint Paul, lorsqu'il compare l'*Eglise* à un édifice bâti sur le fondement des apôtres et des prophètes, et duquel Jésus-Christ est la pierre angulaire (*Ephes.* II, 20). C'est en effet aux apôtres que Jésus-Christ a donné mission pour établir sa doctrine : *Je vous envoie*, leur dit-il, *comme mon Père m'a envoyé* (*Joan.* XX, 21) ; et il leur promet d'être avec eux jusqu'à la consommation des siècles. Il a donc voulu que cette mission fût perpétuelle et durât autant que son *Eglise*; qu'elle fût transmise à d'autres par les apôtres, telle qu'ils l'avaient reçue. Aussi les apôtres ont établi des pasteurs à leur place; et saint Paul regarde ces derniers comme venant de Dieu, aussi bien que les apôtres (*Ephes.* IV, 11). Leur succession continue dans l'*Eglise* par l'ordination : c'est donc toujours le corps apostolique qui persévère; c'est la doctrine et la tradition des apôtres qui continue sans interruption et qui se perpétue, de même que la tradition historique passe dans la société d'une génération à l'autre. Elle ne peut pas changer, puisque tous ceux qui sont chargés d'enseigner la doctrine des apôtres font serment d'y demeurer inviolablement attachés, et de la prêcher telle qu'ils l'ont reçue. Quand plusieurs voudraient l'altérer, ils seraient contredits par les autres ; et quand tous les pasteurs l'entreprendraient, le corps entier des fidèles se croirait en droit de leur résister. Jamais un novateur n'a paru sans exciter du scandale et des réclamations. — En vain les hétérodoxes soutiennent que leur doctrine est véritablement apostolique, puisqu'ils la puisent dans les écrits des apôtres. Quelle certitude ont ces docteurs si nouveaux qu'ils entendent ces écrits dans leur vrai sens, pendant que le corps entier des successeurs des apôtres leur soutient qu'ils les interprètent mal; que ces écrits ont toujours été entendus autrement, et l'on donne pour preuve de ce fait le témoignage actuel de toutes les *Eglises* du monde? Il ne reste aux hérétiques que de démontrer qu'ils ont reçu de Dieu une inspiration particulière et une mission extraordinaire, indubitable, pour mieux prendre le sens de l'Ecriture sainte que l'*Eglise* universelle, à laquelle Dieu a confié ce dépôt. C'est ce que l'on a vainement demandé aux prétendus réformateurs du XVI⁰ siècle. Ils ne tenaient pas plus aux apôtres qu'aux prophètes de l'Ancien Testament.

Nous ne contestons point aux pasteurs des *Eglises* orientales leur ordination, ni leur succession continuée depuis les apôtres; mais ils l'ont de fait et non de droit. Au moment de leur schisme, ils ont perdu leur mission légitime, puisqu'ils ont levé l'étendard contre le corps apostolique. Jamais ce corps n'a prétendu donner mission à personne pour agir contre lui et pour diviser l'*Eglise*. Dès ce moment, leur mission n'est plus qu'une usurpation. Une doctrine ne peut plus être apostolique dès qu'elle est contraire à celle qui est enseignée par le corps entier des successeurs des apôtres : c'est l'argument que Tertullien opposait déjà aux hérétiques il y a quinze cents ans (*De Præscript.*, etc.).

Au lieu de ces caractères évidents et sensibles, que le concile de Constantinople donne à la véritable *Eglise*, et qui sont fondés sur l'Ecriture sainte, les protestants ont été forcés à en imaginer d'autres : ils ont dit que leur société est la seule *Eglise* véritable, parce qu'elle enseigne la vraie doctrine de Jésus-Christ et l'usage légitime des sacrements. Mais toutes les sectes protestantes se flattent de posséder ces deux avantages. Elles ne sont pas cependant une seule et même *Eglise*; elles n'enseignent point la même doctrine et ne prennent pas de même sur les sacrements. A laquelle devons-nous donner la préférence? — D'ailleurs, pour que ces deux choses soient certaines, il faut, selon le système du protestantisme, qu'elles soient prouvées par l'Ecriture sainte. Pour être tranquille sur son salut, tout protestant doit se démontrer que chaque article de sa profession de foi est exactement conforme au vrai sens de l'Ecriture sainte, et que Jésus-Christ n'a point institué d'autres sacrements que le baptême et la cène. Nous demandons si, parmi les protestants, il y en a un grand nombre qui soient capables de cette discussion et qui prennent la peine d'y entrer. C'est bien pis lorsqu'il est question de convertir un infidèle au christianisme. Le missionnaire en fera-t-il un profond théologien, avant que cet homme sache s'il doit se faire chrétien dans une société protestante plutôt que dans l'*Eglise* catholique? — Mais ce n'est point ainsi qu'en agissent les pasteurs protestants, ni à l'égard de ceux qui naissent parmi eux, ni à l'égard des étrangers. Chez eux, un enfant est instruit par son catéchisme avant de commencer à lire l'Ecriture sainte, et longtemps avant d'être en état de l'entendre. Il est donc déjà imbu de la doctrine qu'il doit y trouver; il est déjà persuadé, par habitude et par préjugé de naissance, que la société dans laquelle il est né est la véritable *Eglise*; il le croit par tradition, ou plutôt par présomption, sans en avoir aucune preuve par l'Ecriture; et il est très-probable qu'il n'ira jamais plus loin. — Quand ils veulent convertir un Indien ou un sauvage, se contentent-ils de lui mettre en main l'Ecriture sainte? Elle n'est pas traduite dans toutes les langues, et souvent il est bien certain que le nouveau prosélyte ne la lira jamais.

Nous avons vu qu'un catholique, dès qu'il est parvenu à l'âge de raison, ne croit point à l'*Eglise* catholique sur une simple présomption, mais sur une preuve très-solide; il sent qu'il ne peut être mieux conduit que par un guide qui lui donne pour règle de foi le consentement général ou la tradition universelle et constante de toutes les *Eglises* dont cette grande société est composée. Il comprend par là même que cette foi est une, qu'elle n'a pas pu changer depuis les apôtres jusqu'à nous; qu'elle vient par conséquent de Jésus-Christ; qu'en suivant cette règle il est assuré de faire son salut. [Nous avons consacré un article à chacune des notes de l'Eglise. *Voy.* UNITÉ, CATHOLICITÉ, SAINTETÉ, APOSTOLICITÉ, PERPÉTUITÉ, VISIBILITÉ.]

§ III. *Des membres de l'Eglise.* Par la définition que nous avons donnée de l'*Eglise*, et par les caractères que nous lui avons assignés, il est déjà prouvé que, pour être membre de cette société sainte, il faut croire la doctrine qu'elle enseigne, participer aux sacrements dont elle est la dispensatrice, être soumis aux pasteurs qui la gouvernent. La première de ces conditions en exclut les infidèles, les hérétiques, les apostats; la seconde en sépare les excommuniés et les catéchumènes qui ne sont pas encore baptisés; la troisième donne l'exclusion aux schismatiques. Nous avons vu que les donatistes, les pélagiens, Luther et Quesnel, en ont retranché les pécheurs; que Wiclef, Jean Hus et Calvin n'ont pas voulu y renfermer les réprouvés ou ceux qui ne sont pas prédestinés. Cette témérité de leur part est inexcusable.

Il est certain que le baptême est absolument nécessaire pour qu'un homme qui croit en Jésus-Christ soit membre de son *Eglise*. Ainsi l'enseigne saint Paul, lorsqu'il dit : *Nous avons tous été baptisés pour former un seul corps* (*I Cor.* XIII, 12). Nous lisons, dans les *Actes des Apôtres*, que ceux qui se rendirent au discours de saint Pierre, furent baptisés et mis au nombre des fidèles, cap. II, v. 51, etc. Les catéchumènes, qui n'ont pas encore reçu ce sacrement, sont dans la voie du salut, sans doute, puisqu'ils désirent d'entrer dans l'*Eglise*, mais ils n'y entrent en effet que lorsqu'ils le reçoivent : c'est le baptême qui leur donne droit aux autres sacrements. — Quant aux infidèles, qui n'ont ni la connaissance du christianisme, ni la volonté de l'embrasser, l'*Eglise* prie pour leur conversion, mais elle ne les reconnaît point pour ses enfants. Jésus-Christ parlant de ces étrangers, disait : *J'ai d'autres brebis qui ne sont pas encore de ce bercail ; il faut que je les y amène* (Joan. x, 16). Pour y entrer, il leur fallait la foi et le baptême. — A plus forte raison l'*Eglise* rejette-t-elle hors de son sein les apostats qui abjurent le christianisme, et les hérétiques qui résistent à l'enseignement de cette sainte mère ; les uns et les autres font profession de se séparer d'elle. Saint Jean, parlant des premiers, dit : *Ils sont sortis d'entre nous, mais ils n'étaient pas des nôtres ; s'ils en avaient été, ils seraient demeurés avec nous* (*I Joan*. II, 19). Saint Paul défend de faire société avec un hérétique, lorsqu'il a été repris une ou deux fois (*Tit*. III, 10). L'Apôtre suppose par conséquent que cet hérétique est reconnu publiquement comme tel ; si son hérésie était cachée, il continuerait de tenir au corps de l'*Eglise*.

Il en est encore de même des schismatiques qui refusent de reconnaître les pasteurs légitimes et de leur obéir, qui se séparent de la société des fidèles pour faire bande à part ; ce sont des enfants révoltés que l'*Eglise* a droit de désavouer et de déshériter. Au concile de Nicée, l'on consentit à recevoir à la communion ecclésiastique les maléciens, qui n'étaient accusés d'aucune erreur, mais qui demeuraient opiniâtrément attachés à un évêque légitimement déposé ; on ne leur offrit la paix que sous condition qu'ils renonceraient à leur schisme, et seraient plus soumis. Un schismatique est toujours coupable d'une espèce d'hérésie, en refusant de reconnaître l'autorité dont Jésus-Christ a revêtu les pasteurs, et l'obligation qu'il a imposée aux fidèles de leur obéir (*Luc*. x, 16 ; *Hebr*. XIII, 17, etc.). — C'est le crime de tous les obstinés, qui, par leur résistance aux lois de l'*Eglise*, attirent sur eux une sentence d'excommunication. *Si quelqu'un*, dit Jésus-Christ, *n'écoute pas l'Eglise, regardez-le comme un païen et un publicain* (*Matth*. XVIII, 17). On connaît la haine que les Juifs avaient pour ces deux espèces d'hommes. Saint Paul, parlant d'un incestueux public, blâme les Corinthiens de ce qu'ils le souffraient parmi eux : il menace de le livrer à Satan, ou de le retrancher de la société des fidèles (*I Cor*. v, 2). Ainsi en ont agi les pasteurs de l'*Eglise* dans tous les siècles. —

Mais tous les crimes ne sont pas un juste sujet d'excommunication ; l'*Eglise* n'en vient à cette rigueur qu'à la dernière extrémité, et lorsqu'elle juge que son indulgence envers un pécheur opiniâtre mettrait en danger le salut des autres fidèles. Elle tolère donc les pécheurs et les supporte dans son sein tant qu'elle peut espérer leur conversion.

Jésus-Christ dit qu'à la fin des siècles il enverra ses anges qui ramasseront, dans son royaume, tous les scandales et tous ceux qui font le mal, et qu'ils les jetteront dans la fournaise ardente (*Matth*. XIII, 41 et 49). Il compare ce royaume à un champ semé de bon grain et d'ivraie, à un filet qui rassemble de bons et de mauvais poissons, à une salle de festin dans laquelle on fait entrer les convives de toute espèce. *Dans une grande maison*, dit saint Paul, *il y a des meubles d'or et d'argent, de bois et de terre ; les uns sont pour l'ornement, les autres sont destinés à de vils usages* (*II Tim*. II, 20). Saint Augustin a souvent allégué tous ces passages pour prouver aux donatistes que l'*Eglise* compte au nombre de ses membres les pécheurs aussi bien que les justes. — Ces mêmes textes ne prouvent pas moins évidemment que l'*Eglise* renferme dans son sein les réprouvés de même que les prédestinés, puisque la séparation des uns et des autres n'a lieu qu'à la fin des siècles. Dieu seul connaît les prédestinés ; comment pourraient-ils former sur la terre une société, sans se connaître les uns les autres, surtout une société visible, dans laquelle tout homme doit entrer pour faire son salut ? Aussi le concile de Trente a prononcé l'anathème contre tous ceux qui enseignent que les prédestinés seuls reçoivent la grâce de la justification, sess. 6, can. 17.

Nous avons déjà vu quel est le motif qui a dicté aux hérétiques le sentiment qu'ils ont embrassé ; frappés d'une excommunication très-légitime, ils ont prétendu n'être pas retranchés pour cela du corps de l'*Eglise*, ni du nombre des prédestinés.

[*Voy*. INFIDÈLES, JUIFS, APOSTATS, SCHISMATIQUES, EXCOMMUNIÉS, HÉRÉTIQUES.]

§ IV. *Des pasteurs et du chef de l'Eglise.* C'est une grande question entre les protestants et les catholiques, de savoir si tous les membres de l'*Eglise* sont égaux, s'ils ont les mêmes droits et les mêmes pouvoirs, s'ils peuvent exercer les mêmes fonctions, s'il n'y a aucune différence à mettre entre le pasteur et les ouailles ; si, pour remplir le ministère ecclésiastique, un laïque n'a besoin que du choix et du consentement des fidèles.

Les protestants ont été forcés de le soutenir ainsi ; révoltés contre leurs pasteurs légitimes, il leur a fallu en créer d'autres, et ils ont prétendu avoir ce droit ; selon leur avis et leur discipline, un homme, pour être pasteur, n'a besoin ni de mission divine, ni d'ordination, ni de caractère ; il peut légitimement prêcher, administrer les sacrements, juger de la doctrine, dès qu'il en a la capacité, et que la société de laquelle il est membre y consent. Luther, Mélanchthon, Calvin, etc., n'ont pas eu besoin de mission pour réformer l'*Eglise* universelle, et pour former de nouvelles sociétés contre son gré. — Cependant l'Ecriture enseigne formellement le contraire. Jésus-Christ dit à ses apôtres : *Ce n'est pas vous qui m'avez choisi, mais c'est moi qui ai fait choix de vous, et qui vous ai établis pour faire fruc-*

tifier ma doctrine (*Joan.* xv, 16). *Priez le maitre de la moisson, afin qu'il envoie des ouvriers moissonner son champ* (*Matth.*, ix, 28). *Comme mon Père m'a envoyé, je vous envoie* (*Joan.* xx, 21). Il dit qu'il est la porte par laquelle le pasteur doit entrer ; il nomme mercenaire, larron et voleur, celui auquel les brebis n'appartiennent point, c. x, v. 1, 9 et 12. Saint Paul déclare que personne ne peut prétendre au sacerdoce, s'il n'y est appelé de Dieu comme Aaron, que Jésus-Christ lui-même n'en a été revêtu, que parce qu'il y a été par son Père (*Hebr.*, v, 4). Selon lui, c'est Dieu qui a établi les uns pasteurs et les autres docteurs (*Ephes.* iv, 11). C'est le Saint-Esprit qui a établi les évêques pour gouverner l'*Eglise* de Dieu (*Act.* xx, 28). Il fait profession de tenir son apostolat ou sa mission, non des hommes, mais de Jésus-Christ même (*Gal.*, i, 1 et 12). — Les apôtres ont fidèlement suivi cette discipline ; après la mort de Judas, ils demandent à Dieu de faire connaître celui qu'il a choisi pour remplacer ce perfide, et ils le tirent au sort (*Act.* i, 24). Saint Paul choisit Tite et Timothée pour évêques, il les ordonne par l'imposition des mains, il leur recommande d'établir des prêtres dans la même forme. Il conjure Timothée de ne pas imposer trop tôt les mains à personne, de peur de prendre part aux péchés d'autrui, c'est-à-dire à la témérité et aux vues humaines des fidèles, qui auraient choisi un sujet peu propre au saint ministère (*I Tim.* v, 22). Il ne croyait donc pas que le choix des fidèles fût suffisant pour établir un pasteur. *Voy.* la *Synopse des Crit.*, sur ce passage. — Pendant longtemps on s'en est rapporté à leur choix ; mais souvent aussi les évêques d'une province ont obligé le peuple à désigner trois sujets, parmi lesquels ils choisissaient eux-mêmes, et jamais le choix n'a tenu lieu d'ordination. Saint Clément le Romain (*Epist.* 1, *ad Cor.*, n. 44) dit que les évêques ont été établis d'abord par les apôtres, ensuite par les personnages les plus respectables, avec le consentement et l'approbation de toute l'*Eglise* ; que telle est la règle selon laquelle leur succession doit se faire. Les *Eglises* orientales reconnaissent, aussi bien que l'*Eglise* romaine, la nécessité du sacrement de l'ordre, et les anglicans ont conservé l'ordination, sinon comme un sacrement, du moins comme une cérémonie absolument nécessaire. *Voy.* CLERGÉ, ORDINATION, PRÊTRE, etc.

Quelques protestants ont voulu prouver, par l'exemple de l'*Eglise* de Jérusalem, que les apôtres n'ordonnaient rien touchant le gouvernement de l'*Eglise*, que du consentement et selon l'avis des fidèles (*Act.* i, 15 ; vi, 3 ; xv, 4 ; xxi, 22) : mais ils en ont imposé. Nous voyons, à la vérité, les apôtres s'en rapporter au témoignage des fidèles sur les qualités personnelles des hommes qu'il fallait associer au saint ministère ; mais les apôtres ne consultèrent point le peuple pour savoir s'il était bon de donner un successeur à Judas, ou de laisser sa place vacante ; s'il fallait établir des diacres ou s'il n'en fallait point ; si l'on devait observer ou non les cérémonies judaïques ; s'il fallait aller prêcher l'Evangile dans telle ville plutôt que dans une autre, etc. Il n'est donc pas vrai que, dans l'*Eglise* primitive, les fidèles eussent la principale part au gouvernement, comme le prétend Mosheim (*Hist. ecclés.*, sect. 1, part. ii, § 5). Il reconnaît lui-même que les apôtres avaient le droit de faire des lois, *ibid.*, § 3. Nous ne voyons pas que saint Paul ait consulté les Corinthiens pour réformer les abus qui s'étaient introduits chez eux. — Quand la discipline de l'*Eglise* de Jérusalem aurait été telle que les protestants la supposent, elle ne pouvait plus avoir lieu lorsque le christianisme fut plus étendu, lorsqu'un diocèse fut composé de plusieurs paroisses, et que l'*Eglise* universelle renferma une multitude d'évêchés, situés dans les différentes parties du monde. C'est donc par nécessité que, dès le iie siècle, les évêques se sont assemblés en concile, pour décider de ce qui intéressait toutes les *Eglises*. Lorsque les ministres protestants ont tenu des synodes, ils n'y ont pas appelé le peuple pour prendre son avis.

Une autre question non moins importante, est de savoir si, parmi les pasteurs de l'*Eglise*, il y a un chef qui ait une prééminence, des droits et une juridiction supérieure aux autres ; les protestants n'en veulent point reconnaître : nous en appelons encore à leur propre règle de foi, à l'Ecriture sainte, à l'institution de Jésus-Christ. — Ce divin Sauveur dit à ses apôtres, que dans son royaume ils seront assis sur douze sièges, pour juger les douze tribus d'Israël (*Matth.* xix, 28) ; mais il dit en particulier à saint Pierre : *Vous êtes la pierre sur laquelle je bâtirai mon Eglise, et les portes de l'enfer ne prévaudront point contre elle ; je vous donnerai les clefs du royaume des cieux*, etc. (*Matth.* xix, 28). Avant sa passion, il dit à tous : *Je vous prépare mon royaume comme mon Père me l'a préparé.* Mais il dit personnellement à saint Pierre : *J'ai prié pour vous, afin que votre foi ne défaille point ; ainsi, une fois converti, affermissez vos frères* (*Luc.* xxii, 32). Après sa résurrection, il lui demande trois fois le témoignage de son amour, et lui dit : *Paissez mes agneaux et mes brebis* (*Joan.* xxi, 15). Voilà donc saint Pierre établi pasteur de tout le troupeau ; il est le centre d'unité sur lequel porteront la solidité, la perpétuité, l'indéfectibilité de l'*Eglise*, il est le premier ministre du royaume dont Jésus-Christ lui donne les clefs ; c'est à lui de soutenir la foi de ses frères. *Voy.* PAPE. — Cela devait être ainsi. Sans un chef, point de gouvernement possible dans un royaume très-étendu ; sans un centre d'unité, point de certitude ni de solidité dans la foi ; sans un siége principal, point de concert ni d'harmonie entre les pasteurs. Il faut que la constitution de l'*Eglise* soit bien solide, puisque, malgré les plus terribles orages, elle subsiste depuis dix-sept siècles. — Mais de quoi aurait servi à la solidité de cet édifice le privilége accordé à saint Pierre, s'il lui avait été purement personnel, s'il n'avait pas dû passer à ses successeurs? Comment la foi de saint Pierre peut-elle empêcher les portes de l'enfer de prévaloir contre l'*Eglise*, si cette foi ne lui a pas survécu?

Nous ne finirions pas s'il nous fallait rapporter tout ce que les Pères de l'*Eglise* ont dit à ce sujet, et les conséquences qu'ils ont tirées des passages de l'Ecriture que nous venons de citer. Déjà, sur la fin du IIe siècle, saint Irénée opposait aux hérétiques la tradition de l'*Eglise* romaine, tradition garantie par la succession de ses évêques, dont la chaîne remontait jusqu'aux apôtres; il soutenait que toute l'*Eglise* devait s'accorder avec celle-là à cause de sa prééminence et de sa primauté (*Contra hæres.*, l. III, c. 3). Au IIIe, saint Cyprien argumentait de même contre les schismatiques; il leur alléguait les passages qui attribuent à saint Pierre la qualité de chef de l'*Eglise*, et qui en prouvent par là même l'unité (*Lib. de Unit. Eccles.*). Les Pères des siècles suivants ont tenu le même langage, et ont insisté sur la même preuve.

Nous verrons ci-après, § V, les subtilités, les sophismes, les explications forcées par lesquelles les protestants ont cherché à l'obscurcir; Leibnitz, plus raisonnable que le commun des hétérodoxes, convenait que la réunion de plusieurs évêchés sous un seul métropolitain, et la subordination de tous les évêques sous un seul souverain pontife, était le modèle d'un parfait gouvernement. Sans autre preuve, cela suffirait pour nous faire présumer que c'est le plan que Jésus-Christ a choisi. — Quand on supposerait faussement que c'est une institution purement humaine, il y aurait encore de la témérité à vouloir la renverser après dix-sept siècles de durée. Qu'ont gagné les sectes orientales à en secouer le joug? Tombées dans l'ignorance et dans l'esclavage sous les mahométans, elles penchent constamment vers leur ruine, quelques-unes semblent y toucher. L'*Eglise* d'Occident, toujours unie au saint-siége, a réparé insensiblement ses malheurs: l'inondation des Barbares n'a pu la faire périr; le schisme des protestants semble lui avoir donné plus de force pour faire de nouvelles conquêtes. Dieu continue d'accomplir à son égard la prophétie que saint Jacques appliquait déjà à l'*Eglise* dans le concile de Jérusalem: *Je rebâtirai la maison de David qui est tombée, j'en relèverai les ruines, et je la rétablirai, afin que le reste des hommes y cherche le Seigneur, et que toutes les nations y inroquent son saint nom* (*Act.* XV, 16). — A peine les protestants en ont-ils été séparés, qu'ils se sont divisés en plusieurs sectes; elles se seraient détruites les unes les autres, si l'intérêt politique n'avait établi entre elles, sous le nom de *tolérance*, une apparence d'union. Elles pourront subsister tant qu'il sera utile aux princes de les soutenir; mais si cet intérêt venait à changer, elles subiraient le même sort que les Orientaux. A présent, la plupart de leurs docteurs sont plus sociniens que calvinistes ou luthériens.

§ V. *Conséquences qui s'ensuivent de la constitution de l'Eglise*. Une société dont tous les membres ont une même foi, reçoivent les mêmes sacrements, sont soumis aux mêmes pasteurs, et ont un seul chef, est certainement une société visible. Il faut qu'elle le soit, puisque, selon la prophétie que nous venons de citer, c'est là que toutes les nations doivent chercher le Seigneur et invoquer son saint nom. Ce n'est pas assez d'avoir une foi purement intérieure, il faut la professer et en rendre témoignage. *On croit de cœur*, dit saint Paul, *pour avoir la justice; mais on confesse de bouche pour obtenir le salut* (Rom. X, 10). Jésus-Christ menace de désavouer, devant son Père, non-seulement ceux qui le renient devant les hommes, mais ceux qui rougissent de lui et de sa doctrine (*Luc.* IX, 26). Les sacrements sont la partie principale du culte public, et la soumission aux pasteurs doit être aussi connue que l'est l'exercice de leur ministère et de leur autorité.

Qui croirait que des vérités aussi palpables ont été contestées? Lorsqu'on a demandé aux protestants en quel lieu du monde se trouvait leur *Eglise* avant que Luther et Calvin l'eussent formée, ils ont dit que dans tous les siècles il y avait eu des sectes séparées de l'*Eglise* romaine, qui soutenaient quelques-uns des articles de la doctrine protestante; que, dans le sein même de cette *Eglise*, il y avait toujours eu des hommes instruits qui, dans le fond du cœur, n'approuvaient ni ses dogmes, ni ses pratiques; que c'étaient là les élus dont l'*Eglise* de Jésus-Christ était composée. Ils ont ainsi trouvé des ancêtres chez les hussites, les wicléfites, les vaudois, les albigeois, les manichéens, les prédestinatiens, les pélagiens, les donatistes, les ariens, chez les sectes même du second et du Ier siècle, qui remontent immédiatement jusqu'aux apôtres: quiconque s'est révolté contre l'*Eglise* était protestant. — Troupeau respectable, sans doute; il était composé d'abord d'hérétiques condamnés et réprouvés par les apôtres mêmes, ensuite de sectaires, qui non-seulement s'anathématisaient les uns les autres, mais qui enseignaient des dogmes que les protestants font profession de rejeter; enfin de catholiques hypocrites et perfides, qui faisaient semblant de professer des dogmes qu'ils ne croyaient pas, qui recevaient des sacrements auxquels ils n'avaient aucune confiance, qui pratiquaient un culte qu'ils savaient être superstitieux, qui obéissaient extérieurement à des pasteurs qu'ils regardaient comme des loups dévorants. Tel sont les élus dont Jésus-Christ a trouvé bon de former son royaume, et que les protestants nomment *l'assemblée des saints*. — M. Bossuet, dans son XVe livre de l'*Histoire des Variations*, dans son 3e *Avertissement aux protestants*, et dans sa 1re *Instruction pastorale sur l'Eglise*, a réfuté avec sa force accou-

..umée cette chimère d'*Eglise invisible*, forgée par les protestants, et qui est leur dernier retranchement. Il fait voir, non-seulement l'absurdité, mais l'impiété de ce système, dans lequel on se joue évidemment des paroles de l'Ecriture sainte, et des promesses que Jésus-Christ a faites à son *Eglise*. Est-ce donc avec des révoltés ou avec des hypocrites qu'il a promis d'être jusqu'à la consommation des siècles? Est-ce là l'*Eglise* sainte, pure, sans tache et sans ride, pour laquelle il s'est livré à la mort.

Si, pendant quinze cents ans, les catholiques dissimulés et fourbes ont été les élus, il est à présumer que les catholiques sincères et de bonne foi, l'étaient à plus forte raison. Dans ce cas, nous ne voyons pas où était la nécessité de former une société à part, comme ont fait les protestants. — Une seconde conséquence des vérités que nous avons établies, est que l'*Eglise* est perpétuelle et indéfectible; non-seulement elle ne peut pas périr en abandonnant absolument toute la doctrine de Jésus-Christ, mais elle ne peut pas cesser d'enseigner un seul article de cette doctrine, ni professer aucune erreur. Dans l'un et l'autre de ces cas, il serait vrai de dire que les portes de l'enfer ont prévalu contre elle, que Jésus-Christ n'a point tenu la parole qu'il lui avait donnée d'être avec elle jusqu'à la consommation des siècles, de lui donner l'esprit de vérité *pour toujours* et pour lui enseigner *toute vérité*.

Malgré l'énergie de toutes ces promesses, les protestants n'en soutiennent pas moins que l'*Eglise* tout entière peut tomber dans l'erreur. Un simple fidèle, disent-ils, ou une *Eglise* particulière, peuvent errer dans quelques points, sans cesser pour cela d'être membres de l'*Eglise universelle* : donc cette dernière peut tomber aussi généralement dans l'erreur, sans cesser d'être une véritable *Eglise*, car enfin la corruption d'un corps et sa destruction ne sont pas la même chose. — *Réponse*. Lorsqu'un fidèle, ou une *Eglise* particulière, tombent dans l'erreur, ils peuvent être corrigés par l'*Eglise universelle*; et s'ils n'étaient pas soumis de cœur et d'esprit à cette correction, ils seraient hérétiques et cesseraient d'être membres de cette *Eglise*. Mais si celle-ci était généralement plongée dans l'erreur, qui la réformerait? Quelques particuliers? elle n'est point soumise à leur correction, et ils le sont à la sienne; il est absurde que quelques membres aient autorité sur tout le corps : à moins qu'ils ne prouvent qu'ils sont revêtus d'une mission divine, l'*Eglise* est en droit de les traiter comme des rebelles, des imposteurs ou des hérétiques. Une *Eglise* généralement corrompue dans sa foi, dans son culte, dans sa discipline, telle que les protestants peignent l'*Eglise* romaine, est-elle encore cette *Eglise* glorieuse, *sans tache et sans ride*, que Jésus-Christ a voulu se former? — Si nous voulons en croire nos ennemis, son époux n'a pas demeuré longtemps sans l'abandonner. Dès le II° siècle, immédiatement après la mort des apôtres, la fonction d'enseigner fut dévolue à des docteurs, qui n'avaient ni capacité, ni pénétration, ni justesse dans le raisonnement, et dont la sincérité était très-suspecte; c'est ainsi que les critiques protestants, Scultet, Daillé, Barbeyrac, Le Clerc, Mosheim, Brucker, etc., ont peint les Pères de l'*Eglise*. De même que les hérétiques corrompirent la doctrine de Jésus-Christ, en y mêlant les rêveries de la philosophie orientale, ainsi les Pères en altérèrent la pureté, en voulant la concilier avec les idées de Platon et des philosophes grecs. Et comme, selon l'opinion de ces profonds observateurs, le mal est allé en augmentant de siècle en siècle, il était impossible qu'au XV° le christianisme fût encore le même qu'il était au premier. Quelques-uns, plus modérés, ont dit qu'à la vérité le fond subsistait encore, mais qu'il était obscurci et presque étouffé par la multitude d'erreurs, de superstitions et d'abus que l'*Eglise* romaine y avait ajoutés. D'autres se sont bornés à soutenir que, du moins au IV° siècle, la très-grande partie de l'*Eglise* était tombée dans l'arianisme. — Nous réfuterons en leur lieu toutes ces visions et ces calomnies. Si elles étaient vraies, ce serait bien inutilement que Jésus-Christ aurait fait tant de miracles, aurait versé son sang et fait répandre celui des martyrs, aurait changé la face de l'univers, pour établir sa doctrine. Etait-ce la peine de bâtir un édifice à si grands frais, pour qu'il tombât sitôt en ruine? Nous serions fondés à douter, non-seulement s'il est le Fils de Dieu, mais si ça été un sage législateur. C'est du tableau de l'*Eglise*, tracé par les protestants, et adopté par les sociniens, que les déistes sont partis pour blasphémer contre son fondateur : tel est le prodige qu'a opéré *la bienheureuse réformation*.

Mais rien n'est capable de faire ouvrir les yeux à nos adversaires. Vos raisonnements, nous disent-ils, ne servent à rien, il y a un fait positif qui les détruit tous, c'est qu'au XVI° siècle l'*Eglise* romaine, qu'il vous plaît d'appeler l'*Eglise universelle*, enseignait des dogmes, prescrivait des pratiques, imposait des lois, desquelles non-seulement il n'est fait aucune mention dans les livres saints, mais qui sont formellement contraires au texte de ces livres : donc elle a changé la doctrine de Jésus-Christ et des apôtres; donc elle a pu faire ce changement, de quelque manière qu'il soit arrivé : contre une preuve de fait, toute argumentation est ridicule. — *Réponse*. FAIT POSITIF, PREUVE DE FAIT; cela est-il vrai? Quoi! le silence supposé des écrivains sacrés est une *preuve positive*? une interprétation arbitraire de quelques passages est une *preuve de fait*? En vérité c'est une dérision. 1° Pour que le silence de l'Ecriture fût une *preuve positive*, il faudrait faire voir que Jésus-Christ a ordonné à ses disciples de coucher par écrit toute sa doctrine, ou qu'il a défendu aux fidèles de rien dire de plus que ce qui serait écrit; les protestants peuvent-ils montrer dans l'Ecriture ce commandement ou cette défense? Nous leur y avons fait voir le contraire. *Voy.* ÉCRITURE SAINTES, § v. 2° Sur plusieurs points contestés entre eux et nous, ils supposent faussement le silence de l'Ecriture, puisque nous leur en alléguons des passages formels ; mais ils en tordent le sens, ou ils rejettent comme apocryphe le livre d'où ils sont tirés. En ont-ils le droit? 3° Les textes dont ils se prévalent ne prouvent contre nous qu'autant qu'ils leur donnent un sens conforme à leurs préjugés ; sommes-nous obligés d'y souscrire ? Voilà où se réduisent les *preuves de fait*, l'argument triomphant par lequel les protestants démontrent que l'*Eglise romaine* a changé la doctrine de Jésus-Christ et des apôtres. — Les hérétiques du II° et du III° siècle faisaient déjà de même : c'est pour cela que Tertullien ne voulut pas qu'on les admit à disputer de l'Ecriture sainte, *de Præscript.*, c. 15, et il avait raison. L'on va voir l'indigne abus qu'en font les protestants, sur la question même que nous traitons.

1° Lorsque nous alléguons la promesse que Jésus-Christ a faite à ses apôtres, d'être avec eux jusqu'à la consommation des siècles (*Matth.* XXVIII, 20), cela signifie seulement, disent les protestants, que Jésus-Christ serait avec eux pour opérer des miracles, jusqu'à la ruine de Jérusalem et de la république juive ; c'est ce que signifie ordinairement dans l'Evangile la *consommation du siècle*. Il leur a dit (*Joan.* XIV, 15: *Si vous m'aimez, gardez mes commandements; je prierai mon Père, et il vous donnera un autre consolateur, afin qu'il demeure avec vous pour toujours; l'Esprit de vérité, que le monde ne peut pas recevoir*, etc.). Mais ces mots, *pour toujours*, n'expriment souvent qu'une durée indéterminée. D'ailleurs, cette promesse est évidemment conditionnelle ; il en est de même de toutes les autres. — *Réponse.* Jésus-Christ ne s'est pas borné là, il a effectué sa promesse. Après sa résurrection, il dit à ses apôtres (*Joan.* XX, 21 et 22): *Comme mon Père m'a envoyé, je vous envoie*; il souffle sur eux en leur disant: *Recevez le Saint-Esprit, les péchés seront remis à ceux auxquels vous les remettrez*, etc. Il n'y a point ici de condition. La mission de Jésus-Christ ne devait-elle durer que jusqu'à la ruine de Jérusalem, et la prédication des apôtres devait-elle cesser à cette époque ? Saint Jean y a survécu au moins trente ans, et il n'a écrit que sur la fin de sa vie ; douterons-nous si son Evangile, ses lettres, son Apocalypse, ont été écrits avec l'assistance du Saint-Esprit ? Le don des miracles a persévéré dans l'*Eglise* après la mort des apôtres : donc l'assistance de Jésus-Christ n'y a pas fini à cette époque. — L'Esprit de vérité, le don des miracles, le pouvoir de remettre les péchés, n'étaient pas promis aux apôtres pour leur utilité personnelle, mais pour l'avantage de l'*Eglise* et pour le salut des fidèles ; donc il est faux que ces promesses aient été conditionnelles, ou bornées à un certain temps. Les protestants se sont récriés, lorsque l'*Eglise* a décidé que la validité des sacrements dépend de l'intention du ministre ; ils ont dit que c'était faire dépendre le salut des fidèles de la bonne ou mauvaise foi du prêtre : ici ils font dépendre la certitude de la foi d'une condition imposée aux apôtres. D'un côté, ils prétendent que la promesse de l'assistance du Saint-Esprit, faite à chaque particulier pour juger du sens de l'Ecriture sainte, est illimitée et absolue; qu'elle n'est restreinte à aucun temps, ni à aucune condition ; de l'autre, ils soutiennent que les promesses faites aux apôtres et à l'*Eglise* étaient conditionnelles et limitées à un certain temps; ils se croient, par conséquent, mieux assistés de Dieu et plus favorisés que les apôtres même. N'est-ce pas une impiété?

2° Jésus-Christ, en disant qu'il bâtira son *Eglise* sur saint Pierre, ajoute que les portes de l'enfer ne prévaudront point contre elle (*Matth.* XVI, 18) ; cela signifie, disent nos adversaires, qu'il y aura toujours une *Eglise*, qui croira et professera, comme saint Pierre, que Jésus-Christ est le Fils de Dieu. — *Réponse.* Double altération du sens. En premier lieu, Jésus-Christ ne dit point qu'il bâtira son *Eglise* sur la confession de saint Pierre, mais sur cet apôtre lui-même, et il ajoute qu'il lui donnera les clefs du royaume des cieux. En second lieu, si pour être de l'*Eglise* il suffit de confesser, comme saint Pierre, que Jésus-Christ est le fils de Dieu, les sociniens ne doivent pas en être exclus ; ils professent hautement cette vérité, les protestants qui ne veulent pas fraterniser avec eux sont des schismatiques. Jamais l'*Eglise* romaine n'a cessé d'enseigner ce même dogme ; cependant, suivant l'avis des protestants, elle n'est plus la véritable *Eglise* de Jésus-Christ ; il a fallu absolument s'en séparer pour pouvoir faire son salut. Jésus-Christ a très-mal pourvu aux affaires de son royaume. En troisième lieu, il n'a pas seulement chargé les apôtres de prêcher qu'il est le Fils de Dieu, mais de prêcher l'*Evangile* à toutes les nations, et de leur apprendre à garder *tout ce qu'il a commandé* (*Matth.* XXVIII, 20). Qu'importe que l'on persiste à croire qu'il est le Fils de Dieu, si l'on est dans l'erreur sur tout le reste? — D'autres disent que, par ces paroles, Jésus-Christ promet à son *Eglise* qu'elle ne sera jamais détruite, et non qu'elle sera infaillible, ou à couvert de toute erreur ; cependant ils ont soutenu que par les erreurs, les abus, les superstitions de l'*Eglise* romaine, la véritable *Eglise* de Jésus-Christ était tombée en ruine, qu'il fallait la réformer ou la reconstruire de nouveau. Ils ont donc supposé que l'indestructibilité de l'*Eglise* emporte nécessairement son infaillibilité. Mais vingt contradictions ne leur coûtent rien pour tordre le sens de l'Ecriture. — Le Clerc fait consister la protection et la vigilance de Jésus-Christ sur son *Eglise*, en ce que, malgré les erreurs et les vices qui y ont régné, il y a conservé et y conservera toujours en entier les écrits des apôtres et les lumières de la raison, deux moyens par lesquels on pourra toujours connaître sa vraie doctrine. Mais des écrits interprétés au gré de la raison humaine sont-ils donc l'Esprit de vérité que Jésus-Christ a promis, et qui devait demeurer avec les apôtres *pour toujours?* Ce sont ces deux prétendus moyens qui ont produit toutes les hérésies, et qui ont fait enfin naître le déisme. *Voy.* RAISON.

3° Jésus-Christ a dit : *Si quelqu'un n'écoute pas l'Église, regardez-le comme un païen et un publicain* (*Matth.* XVIII, 17). Il est seulement question là, disent nos subtils interprètes, d'une correction en fait de mœurs, et non de la prédication des dogmes. — *Réponse.* Faux commentaire, contraire à l'Évangile. Jésus-Christ dit ailleurs aux apôtres et aux soixante et douze disciples : *Celui qui vous écoute m'écoute, et celui qui vous méprise me méprise... Lorsqu'on ne vous écoutera pas, secouez la poussière de vos pieds,* etc. (*Luc* x, 10 et 16). Conséquemment saint Jean (*Epist. I*, IV, 6) dit de même : *Celui qui connaît Dieu nous écoute, celui qui n'est pas de Dieu ne nous écoute pas: c'est par là que nous reconnaissons l'esprit de vérité et l'esprit d'erreur* (*Epist. II*, v. 10). *Si quelqu'un vient à vous et n'apporte pas la doctrine que je vous enseigne, ne le recevez point, ne le saluez seulement pas.* Saint Paul ordonne à Timothée d'éviter les faux docteurs (*II Tim.* III, 5), et à Tite d'éviter un hérétique après l'avoir repris une ou deux fois (*Tit.* III, 10). Saint Pierre avertit les fidèles que, dans les derniers temps, de faux prophètes et des imposteurs viendront pour les séduire, et il les avertit de s'en garder (*II Petr.* III, 3 et 17). Il est certainement question, dans tous ces passages, de la prédication des dogmes : c'est l'explication des paroles de Jésus-Christ donnée par les apôtres mêmes.

4° Suivant saint Paul (*Ephes.* IV, 11), c'est Jésus-Christ qui a donné des apôtres, des prophètes, des évangélistes, des pasteurs et des docteurs ; mais, disent les protestants, il n'a pas promis de les donner toujours, puisqu'il n'y a plus à présent ni apôtres, ni prophètes. — *Réponse.* Saint Paul a donc tort, lorsqu'il assure que *Jésus-Christ les a donnés pour édifier le corps de Jésus-Christ, jusqu'à ce que nous soyons tous réunis dans l'unité de la foi et de la connaissance du Fils de Dieu, et parvenus à la perfection de l'âge mûr, tel que celui de Jésus-Christ.* Ce grand ouvrage a-t-il été fini du temps des apôtres, et n'est-il plus besoin qu'ils aient des successeurs pour le continuer? Cependant ils se sont donné des successeurs, et saint Paul leur dit que c'est le Saint-Esprit qui les a établis surveillants, pour gouverner l'*Eglise* de Dieu (*Act.* XX, 28). A la vérité, ce n'est ni Jésus-Christ, ni le Saint-Esprit, qui a donné des pasteurs et des docteurs aux protestants ; mais cela ne prouve rien contre ceux qui tiennent des apôtres leur mission et leur succession.

5° Saint Paul dit à Timothée, c. III, v. 14 et 15: *Je vous écris ces choses, afin que vous sachiez comment il faut vous comporter dans la maison de Dieu, qui est l'Eglise du Dieu vivant, la colonne et le soutien de la vérité.* Il n'est question là, selon les protestants, que de l'*Eglise* particulière d'Ephèse, et non de l'*Eglise* universelle. D'ailleurs, en changeant la ponctuation, *colonne et soutien de la vérité* ne se rapportent point à l'*Eglise*, mais au mystère de piété dont saint Paul parle immédiatement après. — *Réponse.* L'*Eglise* particulière d'Ephèse n'était-elle donc pas partie de l'*Eglise* universelle? Elle n'était pas schismatique. Or, à laquelle des deux convenait mieux le titre que saint Paul donne ici à l'*Eglise* du Dieu vivant? Voilà ce qu'il faut nous apprendre. Nous n'admettrons jamais un changement de ponctuation qui ferait déraisonner saint Paul. Les sociniens ont eu recours à cet expédient pour pervertir le sens des premiers versets de l'Evangile de saint Jean, et les protestants se sont récriés avec raison ; mais ils trouvent bon d'y revenir, lorsque cela leur est commode Avec leur méthode, il n'est point d'absurdité que l'on ne puisse trouver dans l'Ecriture, point d'erreur que l'on ne puisse soutenir, point de preuve qu'il ne soit aisé d'esquiver C'est ainsi que les protestants ont répondu à nos controversistes, qui leur avaient objecté les passages que nous venons d'examiner.

Une troisième conséquence de ce que nous avons dit est *l'autorité de l'Eglise.* Elle a reçu de Jésus-Christ le pouvoir et le droit de décider de la doctrine, de régler l'usage des sacrements, de faire des lois pour maintenir la pureté des mœurs, et tout fidèle est dans l'obligation de s'y conformer ; cela est prouvé par ces mêmes passages. — En effet, lorsque Jésus-Christ a dit à ses apôtres : *Allez enseigner toutes les nations,* il a entendu que cet enseignement serait perpétuel ; nous l'avons fait voir. Or, l'enseignement se fait, non-seulement de vive voix et par écrit, mais par des pratiques et des usages qui inculquent le dogme et la morale ; et ce dernier moyen d'enseignement est le plus à portée des simples et des ignorants. Il faut donc que le dogme, la morale, le culte extérieur, les pratiques, la discipline, forment un tout dont chaque partie soit d'accord avec les autres ; la même autorité doit présider aux unes et aux autres.

Mais au seul nom d'*autorité*, les esprits ardents se révoltent, comme si l'on voulait mettre l'autorité des hommes à la place ou à côté de celle de Dieu. Eclaircissons les termes, le scandale sera dissipé. — Il est d'abord bien absurde d'appeler *autorité humaine* une autorité reçue de Jésus-Christ ; mais il y a plus. En quoi consiste l'autorité de l'*Eglise* en matière de doctrine? « Toute question dans l'*Eglise*, dit très-bien M. Bossuet, se réduit toujours, contre les hérétiques, à un fait précis et notoire, duquel il faut rendre témoignage. *Que croyait-on quand vous êtes venus?* Il n'y eut jamais d'hérésie qui n'ait trouvé l'*Eglise* actuellement en possession de la doctrine contraire. C'est un fait constant, public, universel et sans exception. Ainsi la décision est aisée ; il n'y a qu'à voir en quelle foi on était quand les hérétiques ont paru; en quelle foi ils avaient été élevés eux-mêmes dans l'*Eglise*, et à prononcer leur condamnation sur ce fait, qui ne peut être ni caché, ni douteux. » Il le montre par l'exemple de Luther (*Première Instruct. pastor. sur les promesses de l'Eglise*, n° 35). — De même, lorsqu'il est question du sens de l'Ecriture, il s'agit de savoir comment tels et tels passages ont été constamment entendus; si c'est un point de morale, a-t-il ou n'a-t-il pas été enseigné jusqu'à nous? etc. Voilà des faits publics, s'il en fut jamais. Dira-t-on que les évêques assemblés ou dispersés, chargés par état d'enseigner aux peuples la doctrine chrétienne, ne sont pas témoins compétents pour attester la vérité ou la fausseté de ces faits? Lorsque, dans les différentes parties du monde, ils attestent que tel a été l'enseignement dans leur *Eglise*, ce témoignage est-il irrécusable? — Or, voilà ce qu'ils font constamment depuis dix-sept siècles. Lorsqu'ils ont décidé à Nicée que le Fils de Dieu est consubstantiel à son Père, ils ne disent point : Nous avons découvert et nous jugeons, pour la première fois, qu'il faut ainsi croire; mais ils disent, *nous croyons*; ce n'est pas une nouvelle foi qu'ils établissent, c'est l'ancienne croyance qu'ils professent. De même, lorsque les évêques assemblés à Trente ont condamné les erreurs de Luther et de Calvin, ils ont fondé leurs décrets, non-seulement sur l'Ecriture sainte, mais sur les décisions des conciles précédents, sur le sentiment constant des Pères, sur les pratiques établies de tout temps dans l'*Eglise*. Ces sortes de décisions, acceptées sans réclamation par le corps entier des fidèles, sont incontestablement la voix et le témoignage de l'*Eglise* universelle. — Est-ce ici un acte de despotisme ou d'autorité absolue exercée par les évêques? n'est-ce pas plutôt de leur part un acte de docilité et de soumission à une autorité plus ancienne qu'eux? Ils reçoivent la loi avant de l'imposer aux autres; et si l'un d'entre eux refusait de plier sous ce joug, il encourrait lui-même l'anathème, et serait déposé. Le simple fidèle qui se soumet à la décision ne cède donc pas à l'autorité personnelle des pasteurs, mais à celle du corps entier de l'*Eglise* de laquelle il est membre: le corps, sans doute, a le droit de subjuguer chacun des membres; mais aucun membre, quel qu'il soit, n'a le pouvoir de dominer sur le corps. — Déjà saint Paul disait aux fidèles : *Nous ne dominons point sur votre foi* (*II Cor.* 1, 23), et saint Jean leur disait : *Nous vous annonçons ce que nous avons vu et entendu, et ce qui était dès le commencement* (*I Joan.* 1, 1). Telle est la fonction que Jésus-Christ avait imposée à ses apôtres, en leur disant : *Vous me servirez de témoins.* (*Act.* 1, 8). De même que Jésus-Christ parlait par la bouche des apôtres, le corps entier de l'*Eglise*, formé et instruit par les apôtres, parle par la bouche de ses pasteurs.

Ce sont les novateurs qui veulent dominer sur la foi et sur l'*Eglise*, qui exercent sur l'Ecriture et sur la doctrine une autorité usurpée, et qui ne leur appartient pas. Aussi Tertullien les réfutait par la voie de *prescription* : Nous sommes en possession, leur disait-il, et cette possession est plus ancienne que vous, puisqu'elle nous vient des apôtres. Il leur opposait cet argument, non-seulement pour savoir si tel livre était Ecriture sainte et parole de Dieu, si le texte était entier ou corrompu, mais encore pour décider en quel sens il fallait entendre tel passage, par conséquent pour savoir si tel dogme avait ou n'avait pas été enseigné par Jésus-Christ. Quinze siècles de possession de plus n'ont pas rendu sans doute le droit de l'*Eglise* plus mauvais. — Dans notre siècle même, quelques théologiens ont voulu ériger en dogmes de foi leurs opinions sur la grâce; ils ont dit : C'est la croyance de l'*Eglise*, puisque c'est la doctrine de saint Augustin, toujours approuvée et embrassée de l'*Eglise*. Sans entrer dans aucune discussion, l'on a pu se borner à leur demander : Avant Baïus, Jansénius et Quesnel, croyait-on ainsi dans l'*Eglise*? en étiez-vous persuadés vous-mêmes avant d'avoir lu les ouvrages de ces nouveaux docteurs? Quand cela serait, il faudrait encore voir si cette doctrine a été enseignée par les Pères qui ont précédé saint Augustin, puisque lui-même a fait profession de s'en tenir à ce qui était cru et professé avant lui, et a prescrit cette règle à tous les fidèles. — Nous convenons que quand le corps des pasteurs fait des lois, cet acte d'autorité ne se borne point à un simple témoignage; mais puisqu'aucune société ne peut subsister sans lois, il faut absolument qu'il y ait dans l'*Eglise* une autorité législative. Or, cette autorité ne peut pas être exercée par le corps entier des fidèles dispersés dans les différentes parties du monde, il faut donc qu'elle le soit par les pasteurs que Jésus-Christ a chargés de la conduite du troupeau. C'est à eux, par conséquent, de statuer ce qui est nécessaire pour maintenir l'intégrité de la foi, l'usage salutaire des sacrements, la décence du culte, la pureté des mœurs, l'ordre et la police de l'*Eglise*; les hérétiques même ont accordé ce pouvoir à leurs propres pasteurs, après l'avoir refusé à ceux de l'*Eglise* catholique. *Voy.* AUTORITÉ DE L'EGLISE et LOIS ECCLÉSIASTIQUES.

Dès à présent l'on conçoit l'évidence d'une quatrième conséquence, savoir que l'*Eglise* est infaillible; cette infaillibilité, comme l'observe encore M. Bossuet, n'est autre chose que la certitude invincible du témoignage qu'elle rend de sa doctrine, et l'obligation dans laquelle est chaque fidèle d'acquiescer et de croire à ce témoignage (1).

Il est impossible qu'une grande multitude de pasteurs dispersés dans les divers diocèses de la chrétienté, ou rassemblés dans un concile, aient le même tour d'es-

(1) Nous donnerons les preuves de cette prérogative, nous en déterminerons l'objet et le mode par lequel elle peut s'exercer, au mot INFAILLIBILITÉ.

prit, le même caractère, des passions, des préjugés, des intérêts semblables; il est donc impossible que tous se trompent sur un fait palpable, ou veuillent tous en imposer sur ce fait. Lorsqu'ils disent : voilà sur telle question la croyance crue et professée dans nos *Eglises*, croyance que nous y avons trouvée établie, et que nous avons continué d'enseigner sans réclamation; s'ils avaient faussement porté ce témoignage, il serait impossible qu'ils ne fussent pas contredits par la réclamation de leurs ouailles. S'il y a donc un fait public, porté au plus haut degré de notoriété et de certitude morale, c'est celui-là.

On dira peut-être que du temps de l'arianisme, des conciles assez nombreux ont professé et signé cette hérésie; ils en imposaient donc sur le fait de la croyance des *Eglises*, mais nous osons défier nos adversaires d'en citer un seul dans lequel les évêques ariens aient osé affirmer qu'avant Arius, leur troupeau ne croyait ni la divinité du Verbe, ni sa coéternité avec Dieu le Père, ni sa consubstantialité. Il y en eut même très-peu qui osassent exprimer dans leur confession de foi que le Verbe était une créature, que Jésus-Christ n'était pas *Dieu* dans le sens propre et rigoureux de ce terme. Le très-grand nombre s'obstinèrent seulement à supprimer le terme de *consubstantiel*, sous prétexte qu'il était susceptible d'un mauvais sens. Le fait de la croyance ancienne et universelle des *Eglises* n'a donc jamais été douteux : et si les ariens avaient voulu s'y tenir, la contestation aurait été finie. — Quand l'attestation des pasteurs serait envisagée comme un témoignage purement humain, il y aurait déjà de la folie à ne vouloir pas y déférer; mais il n'en est pas ainsi. Un autre fait incontestable est que les *apôtres* ont été *envoyés* par Jésus-Christ, leur nom même en dépose, et qu'ils ont fait des miracles pour prouver leur mission. Il n'est pas moins certain qu'à leur tour ils ont établi des pasteurs; que chaque évêque, par l'ordination et par voie de succession, a reçu sa mission des apôtres, par conséquent de Jésus-Christ. La formule de l'ordination, *Recevez le Saint-Esprit*, et la profession que fait chaque évêque d'avoir besoin de cette mission, atteste qu'il ne s'attribue pas le droit de rien inventer de son chef. C'est donc un témoin revêtu de caractère et de mission divine pour attester la doctrine de l'*Eglise*, des apôtres et de Jésus-Christ. La croyance que l'on donne à ce témoignage ne porte donc pas sur un fondement humain, mais sur la perpétuité de la mission que Jésus-Christ a donnée à ses envoyés; ce n'est plus une foi humaine, mais une foi divine.

Ces mêmes vérités sont évidemment prouvées par les textes de l'Ecriture sainte que nous avons alléguées; lorsque nous les opposons aux protestants, ils nous accusent de tomber dans un cercle vicieux, de prouver l'autorité infaillible de l'*Eglise* par l'Ecriture, et ensuite l'Ecriture par l'autorité de l'Eglise. Ils en imposent évidemment; nous leur citons l'Ecriture, parce qu'ils ne veulent point d'autre preuve ni d'autre règle de foi; c'est un argument personnel contre eux, tiré de leurs propres principes : mais indépendamment de l'Ecriture, l'autorité infaillible de l'*Eglise* est démontrée par la mission divine des pasteurs et par la constitution du christianisme. *Voy.* INFAILLIBILITÉ.

Ce sont les protestants mêmes qui tombent dans un cercle vicieux. Ils soutiennent que l'Ecriture est la seule règle de foi; que tout particulier, quelque ignorant qu'il soit, a droit d'y donner le sens qui lui paraît le plus vrai; que Dieu lui a promis la lumière nécessaire pour le découvrir, et ils prétendent le prouver par des passages de l'Ecriture. D'autre côté, l'*Eglise* catholique entière leur soutient qu'ils prennent mal le sens de ces passages, que de tout temps on les a entendus autrement. Comment les protestants prouveront-ils le contraire? Sera-ce encore par l'Ecriture?

De là les incrédules tirent un sophisme spécieux. Les catholiques, disent-ils, prouvent contre les protestants, que chez eux un simple fidèle ne peut pas être certain de la divinité ni du sens de tel passage de l'Ecriture sainte. D'autre part, les protestants font voir aux catholiques qu'il est pour le moins aussi difficile de s'assurer de l'autorité de l'*Eglise* que de celle de l'Ecriture sainte. Donc, chez les uns et les autres, la foi est aveugle et se réduit à un enthousiasme pur. — Mais il est faux qu'un simple fidèle catholique n'ait à sa portée aucune preuve de l'autorité de l'*Eglise*: il en est convaincu par la succession et la mission des pasteurs, fait public et indubitable; par leur union dans la foi avec un seul chef, union qui constitue la catholicité de l'*Eglise*; il comprend que cette voie d'enseignement est la seule proportionnée à la capacité de tous les fidèles, par conséquent celle que Jésus-Christ a choisie.

Les protestants soutiennent, qu'en établissant l'*Eglise* juge du sens de l'Ecriture, nous lui attribuons une autorité supérieure à celle de Dieu; et ils attribuent eux-mêmes cette autorité à chaque particulier. *Voy.* FOI, § I; ECRITURE SAINTE, § V.

Enfin, une cinquième conséquence de nos principes, est que *hors de l'Eglise point de salut*, c'est-à-dire, que tout infidèle qui connaît l'*Eglise* et refuse d'y entrer, que tout homme élevé dans son sein, et qui s'en sépare par l'hérésie ou par le schisme, se met hors de la voie du salut, se rend coupable d'une opiniâtreté damnable. Jésus-Christ ne promet la vie éternelle qu'aux brebis qui écoutent sa voix, celles qui fuient son bercail seront la proie des animaux dévorants (*Joan.* x, 12, etc.) [1].

(1) Il y a peu de maximes qui aient été l'objet de plus vives attaques que celle-ci : *Hors de l'Eglise point de salut*. L'opinion de M. Frayssinous résume très-bien notre croyance sur ce point important : pour ne pas scinder ce qui concerne le salut, nous remettons à la rapporter au mot *Salut*; nous citerons ce-

Pour rendre cette maxime odieuse, les hérétiques et les incrédules supposent que, suivant notre sentiment, ceux qui sont dans le schisme ou dans l'hérésie, par le malheur de leur naissance, par une ignorance invincible, et sans qu'il y ait de leur faute, pendant ici l'opinion de M. de Ravignan sur ce sujet.

« Pour ceux, dit-il, qui nous accusent de barbarie, nous montrerons la sainteté, la bonté de ce dogme, c'est-à-dire sa conformité avec les attributs divins. Nous vengerons Dieu et son Église, outragés et méconnus.

« Pour ceux qui s'élèvent contre le moindre dogme défini et positif, nous montrerons la justice et la nécessité de cette unité exclusive de l'Église.

« A l'égard de l'indifférence ou systématique ou sceptique, nous établirons la vérité du dogme : *Hors de l'Église point de salut :* vérité de foi et même de raison, bien digne d'être méditée sérieusement.

« Enfin, pour ceux qui veulent retrouver une sorte d'unité parmi les débris flottants de la réforme, nous rappellerons exactement le sens et l'application du principe de l'unité catholique, du dogme si mal connu et si ardemment combattu de la nécessité exclusive. »

Voici comment il prouve et développe ces différentes parties.

« 1° *Sens du dogme.* C'est l'opinion d'excellents esprits, que la meilleure démonstration de la religion, la meilleure défense de l'Église, serait, de nos jours surtout, une exposition fidèle, claire et forte de ses dogmes et de sa foi tout entière. Il y a tant d'ignorance en matière de catholicisme, même parmi ceux qui se piquent de savoir et d'étude, que c'est une découverte souvent, et une invention nouvelle pour plusieurs, que la vieille et simple vérité catholique. Quelque chose de semblable n'arrivera-t-il pas pour un certain nombre, après l'explication exacte et vraie de ce dogme terrible : *Hors de l'Église point de salut?*

« Le point de départ est celui-ci. Dieu lui-même a révélé la loi d'entrer dans l'Église, il en a imposé la nécessité pour le salut. Nul ne sera sauvé s'il n'appartient à l'Église, ou de fait et en réalité, ou de désir et par le vœu du cœur. Ce désir n'a pas besoin d'être explicite et formel, d'être le produit d'une connaissance positive de l'Église véritable; il suffit qu'il y ait une disposition du cœur, contenant implicitement le vœu d'appartenir à l'Église.

« Ce désir suffisant pour remplacer la réalité, suppose comme condition nécessaire ou *l'erreur de bonne foi*, ou, ce qui revient au même, *l'impossibilité de connaître l'Église.* Ainsi, le protestant de bonne foi qui se croit sincèrement dans la vérité, sera sauvé, si d'ailleurs il n'a commis aucun de ces péchés graves qui excluent du ciel. L'ignorance invincible n'est donc jamais en soi une cause de damnation. Saint Paul l'enseigne, et l'Église l'a défini contre Baïus. L'infidèle, le païen ne seront certainement pas réprouvés pour ce qu'ils n'ont pu connaître, pour ce qu'ils ont ignoré invinciblement. Qu'est-ce donc qui tombe sous l'exclusion prononcée : *Hors de l'Église point de salut?* Le voici bien positivement. *L'erreur volontaire et coupable en elle-même ou dans sa cause; la séparation volontaire et coupable de l'unité; la résistance à la vérité connue, ou au moins déjà aperçue; le doute volontairement gardé, sans effort aucun pour en sortir; la négligence à rechercher la vérité.* Voilà ce que proscrit et condamne le dogme catholique : *Hors de l'Église point de salut.*

« Si l'on fait l'hypothèse de l'innocence et de la bonne foi au sein de l'erreur avec l'absence du baptême et de l'ignorance des vérités premières et nécessaires de la religion, nous répondons après saint Thomas et tous les théologiens catholiques : « Il faut tenir pour très-certain, *certissime tenendum*, que, pour sauver l'infidèle, par exemple, qui, nourri dans les forêts et parmi les bêtes sauvages, a suivi la direction naturelle et vraie de sa raison, Dieu lui manifestera ce qui est nécessaire pour former au moins le vœu et le désir du baptême et de l'Église. » Qu'a donc de si étrange, de si cruel, de si intolérant une pareille doctrine ? Et c'est tout le sens du principe : *Hors de l'Église point de salut.*

« Nous nous gardons aussi d'affirmer jamais positivement la réprobation de personne en particulier, qu'elles qu'aient été la patrie, la religion, la conduite même. Dans l'âme sur le seuil de l'éternité, il se passe des mystères divins de justice sans doute, mais aussi de miséricorde et d'amour. Nous nous abstenons de sonder indiscrètement les conseils divins. En résumé, l'erreur, le doute, la négligence, volontaires et coupables, excluent du salut. Tel est pour l'Église catholique le sens du principe d'unité exclusive. Qu'en pensez-vous? Ceux qui crient savent-ils bien ce qu'ils ont voulu combattre ? »

Passant ensuite à la seconde partie, M. de Ravignan s'exprime ainsi :

« 2° *Vérité du dogme.* Le christianisme, c'est l'Église avec sa souveraineté et son infaillibilité dans la foi, avec la papauté : comment voulez-vous dès lors, puisqu'il y a obligation d'embrasser le christianisme, qu'il n'y ait pas devoir absolu de se soumettre et de s'unir à l'Église divine est infaillible ? Donc, le principe d'unité exclusive est nécessairement vrai. Aussi, dans les origines de l'Église et de la foi chrétienne, rien de plus formel que le dogme : *Hors de l'Église point de salut.* L'Église dans l'Évangile est le royaume, la cité, la maison, le berceau, le corps. Hors du royaume, de la cité, de la maison, nul droit aux biens du dedans ; hors du corps, le membre séparé n'a plus de vie. Il en est donc de même hors de l'Église. Si l'on n'écoute pas l'Église, on est comme le païen, dit Jésus-Christ. Mille passages de l'Écriture proclament l'obligation d'obéir à l'Église, à ses pasteurs enseignants, pour faire partie du corps de Jésus-Christ, pour éviter le retranchement et l'anathème que prononça saint Paul. Toujours l'Église exerça le droit de condamner et de retrancher de tous les biens et de tous les droits spirituels ceux qui opiniâtrément persévéraient dans l'erreur. Cette conduite de l'Église est, en exercice et en action, le principe : *Hors de l'Église point de salut.* Saint Irénée, au II° siècle, écrivait : *Le Seigneur viendra juger tous ceux qui sont hors de la vérité, c'est-à-dire hors de l'Église.* Saint Cyprien écrivait à Pomponius, ép. 52 : *Ils ne peuvent point vivre au-dehors, car la maison de Dieu est une ; il n'y a de salut pour personne, si ce n'est dans le sein même de l'Église.* Saint Augustin disait aussi : *Nul ne parvient au salut, s'il ne fait partie du corps de Jésus-Christ qui est l'Église.* Or, l'Église de saint Irénée, de saint Cyprien, de saint Augustin, nous l'avons vu, c'est l'Église romaine. Niez donc le christianisme, ou acceptez le dogme *hors de l'Église point de salut*, tel que nous l'avons expliqué.

« Vérité de foi, il est aussi vérité de raison. Dans la science, la politique, la philosophie, la vérité est une et exclusive ; on procède par l'absolu : on soutient le vrai, on exclut le faux. L'exclusivisme, ce n'est pas moi qui ai inventé le mot, est partout, et il ne serait pas en religion et dans l'Église! Là tout serait vrai ou indifférent, le oui et le non! Il n'y aurait aucune vérité absolue! Tout plairait à Dieu ! »

M. de Ravignan s'attache ensuite à venger ce dogme du reproche de cruauté et d'intolérance qu'on lui adresse si souvent.

« 3° *Sainteté du dogme.* Par sainteté, il faut entendre la conformité avec les attributs divins, types du saint et du bon. Que dit le dogme que nous défendons ? Que l'Église, étant suffisamment proposée et connue, il y a obligation absolue d'y entrer pour

sont exclus du salut. C'est une accusation fausse. « Tous ceux qui n'ont point participé, par leur volonté et avec connaissance

être sauvé. Or, ce dogme est saint; car j'y vois d'abord l'obligation de rendre un culte social à Dieu, auteur de la société. L'homme est arraché à l'individualisme : c'est l'union des hommes proclamée, leur qualité de frères restituée et organisée. De plus, s'imposer elle-même pour l'Eglise, c'est imposer la sainteté ; car en elle, préceptes et dogmes, tout est saint, on est bien obligé d'en convenir. Et l'on sent qu'en devenant catholique fidèle, on contracterait l'obligation de devenir meilleur. N'est-ce pas même pour se soustraire à cette obligation, si sainte cependant, qu'on crie à l'intolérance? Enseigner le dogme de l'unité exclusive, c'est arracher l'homme à l'erreur volontaire et coupable , au doute, à la mauvaise foi, à l'ignorance consentie; c'est vouloir soumettre la liberté, la raison au joug de l'autorité, pour les sauver d'un déluge d'erreurs et de fluctuations, pour les fixer, pour les arracher au malaise et à l'angoisse; c'est offrir la consolation dans tous les maux, protéger la pauvre humanité contre le désespoir et la fureur. Les liens pratiques de l'Eglise peuvent seuls obtenir ce résultat immense, en unissant l'homme à Dieu et à ses semblables, en le réconciliant avec lui-même. Tous, sans exception, ont dit : Le catholicisme est une voie sûre pour le salut. Hors de l'Eglise catholique, tout ce qu'on peut faire, c'est d'arriver au doute, disait et démontrait Pascal. Donc unité obligée de l'Eglise, c'est l'obligation du plan sacré imposée à l'homme ; obligation sainte évidemment, que proclament la conscience et la raison.

« C'est l'intolérance théologique ; soit, mais cette intolérance est sainte ; c'est un droit, un devoir, le caractère essentiel et inséparable de la vérité, qui, par sa nature, exige qu'on l'embrasse en repoussant le faux. Mais cette intolérance théologique devait produire la tolérance des personnes, la tolérance civile, les ménagements de la charité. Elle l'a fait dans l'Eglise. Saint François de Sales, saint François Xavier, saint Vincent de Paul et Fénelon avaient au souverain degré l'intolérance théologique ; ils croyaient à l'Eglise une et exclusive; et ce fut le principe de leur ardent amour pour leurs frères égarés, le mobile, la cause des immenses bienfaits qu'ils versèrent au sein de l'humanité. Connaissant l'esprit de la véritable Eglise, ils conseillère,nt aux rois et aux peuples la tolérance civile et la douceur. Dans l'énergie et dans la franchise de notre zèle, tel est encore notre esprit. Le principe de l'unité exclusive, je crois l'avoir assez prouvé, est saint. L'indifférence permise à l'homme entre toutes les religions, n'est pas sainte. C'est lui, et lui seul, qui fait Dieu cruel, contradiction absurde. Suivant ce principe, Dieu aurait livré l'homme sans guide, sans certitude, à toutes les aberrations de l'esprit et des sens, se forgeant ici-bas des religions. Et Dieu approuverait tout, justifierait tout, sauverait tout ! »

M. de Ravignan place ici une pensée aussi profonde que vraie :

« Messieurs, méditez cette pensée. Pourquoi donc proclame-t-on le salut obtenu dans toutes les Eglises et par tous les genres de croyances? Pourquoi? Il n'y en a qu'une raison possible, c'est qu'on n'a pas en soi une conviction réelle de la vérité. Si on l'avait, à l'instant le contraire serait l'erreur. Un remords secret qu'on n'avoue pas, qu'on ne s'avoue pas à soi-même, avertit sans cesse qu'on est hors de la voie, et alors on cherche excuse et pardon dans une indifférence universelle de toute vérité. Nous, catholiques, avec le sentiment intime et doux que crée la possession de la vérité, nous excluons et condamnons tout ce qui n'est pas la foi : et notre amour pour des frères égarés puise

de cause, au schisme et à l'hérésie, font partie de la véritable Eglise. » (Nicole, Traité de l'unité de l'Eglise, liv. II, c. 3). Ainsi l'enseignent saint Augustin, lib. de Unit. Eccles., c. 25, n. 73; lib. I de Bapt. contra Donatist., c. 4, n. 5; lib. IV, c. 1, c. 16, n. 23 ; Epist. 43, ad Gloriam, n. 1, etc.; S. Fulgence, lib. de Fide. ad Petrum , c. 39 ; Salvian., de Gubern. Dei, lib. v, cap. 2. Si quelques théologiens mal instruits se sont exprimés autrement, leur avis ne prouve rien ; loin de ramener les hérétiques par un rigorisme outré, on ne fait que les aigrir davantage. Voy. IGNORANCE, HÉRÉSIE.

§ VI. *Notions des différentes Eglises.* Quoique tous les catholiques répandus sur la terre composent une seule et même société, que l'on nomme l'*Eglise* universelle, on y distingue cependant plusieurs *Eglises* particulières ; et l'on nomme toujours *Eglises chrétiennes*, les sociétés séparées de l'*Eglise* catholique par le schisme et par l'hérésie. Nous parlerons des principales, sous leur article propre.

En Orient, il y a l'*Eglise* grecque et l'*Eglise* syriaque ; dans l'étendue de l'une et de l'autre, il y a des catholiques réunis à l'*Eglise* romaine. On y connaît les sociétés des jacobites, des cophtes, des Ethiopiens ou Abyssins, des nestoriens et des Arméniens.

Autrefois l'*Eglise* grecque et l'*Eglise* latine ne formaient qu'une seule et même société ; mais le schisme, commencé au neuvième siècle par Photius, consommé dans le onzième par Michel Cérularius, patriarches de Constantinople, a malheureusement

dans notre conviction même exclusive ses plus compatissantes et ses plus charitables ardeurs. »

Enfin, M. de Ravignan montre que ce dogme est parfaitement juste.

« 4° *Justice du dogme.* Le dogme catholique est vrai, il est saint, pourrait-il ne pas être juste ? Ici l'erreur volontaire et coupable est condamnée, condamnée seule ; c'est justice. Les devoirs les plus évidents sont imposés, celui par exemple de la voie la plus sûre pour arriver à l'éternelle vie, c'est justice. C'est justice d'arracher l'homme au gouffre de l'indifférence et du doute où s'engloutiraient l'intelligence et l'instinct religieux, les plus nobles facultés de l'âme. Contre ce mal n'existe qu'un seul remède, l'unité exclusive. Sans elle, l'homme est libre, ou plutôt l'erreur et les passions sont libres, et l'homme est asservi. C'est justice, puisqu'une révélation fut faite, de pourvoir à son dépôt et à sa conservation. Le libre examen n'y pourvoit pas, il le détruit : voyez plutôt autour de vous. C'est justice d'organiser la société religieuse, de lui donner des lois, de veiller à leur observation ; sans Eglise reçue, rien de tout cela ; sans l'obligation absolue d'y entrer, tout cela est vain.

« Le ciel est l'unité, Dieu y règne ; l'enfer est le désordre ; mais Dieu y règne encore, l'homme coupable y souffre. La terre doit commencer le ciel : elle doit donc garder l'unité. Gardons-nous d'un esprit étroit et de basses idées. Pauvre intelligence, bornée à tous les points du plus court horizon, nous prétendons bien mesurer Dieu ! On cite l'infini à sa barre, on toise, on pèse, on coupe, puis on adopte ou l'on rejette. Alors c'en est fait de l'ordre du monde, du gouvernement de la Providence ; car on trouvera certainement qu'on aurait mieux fait soi même. »

séparé ces deux grandes parties de l'*Eglise* universelle. Quoique l'on ait tenté de les réunir dans le deuxième concile de Lyon et dans celui de Florence, les Grecs se sont obstinés à demeurer dans le schisme, et ils y ont ajouté une hérésie formelle sur la procession du Saint-Esprit. Les *Eglises* de Russie et quelques-unes de celles de Pologne sont dans les mêmes sentiments.—Depuis la séparation, l'on connaissait très-peu, en Occident, les opinions, les rites, la discipline des *Eglises* orientales ; mais comme les protestants ont prétendu que ces *Eglises* avaient la même croyance qu'eux, il a fallu prouver le contraire ; on a consulté et publié leurs liturgies et leurs rituels ; il en est principalement question dans les 4ᵉ et 5ᵉ volumes de la *Perpétuité de la Foi*, composée par l'abbé Renaudot ; et le savant maronite Asséméni a fourni de nouvelles preuves dans sa *Bibliothèque orientale*, en 4 vol. in-fol.

Les protestants disent que, depuis le schisme de ces sectes orientales, le préjugé, tiré du consentement unanime de toutes les *Eglises* apostoliques, ne subsiste plus. Au contraire, cette preuve, qui n'est pas un simple préjugé, puisqu'elle porte sur des faits, en est devenue plus forte. En effet, nous disons aux protestants : Les *Eglises* orientales, fondées par les apôtres, avaient la même croyance que l'*Eglise* romaine, avant leur séparation ; depuis douze cents ans qu'elles ont fait bande à part, elles n'ont certainement pas emprunté de l'*Eglise* romaine les dogmes que vous lui reprochez comme des nouveautés ; donc ces dogmes étaient universellement crus et enseignés avant le schisme ; donc ce sont des leçons venues des apôtres et de leurs successeurs. [Les sectes protestantes n'ont d'ailleurs aucune des notes ou caractères de l'Eglise, comme nous le prouvons en traitant de chacune des Notes de l'Eglise.]

Cela ne prouve rien, répondront sans doute nos adversaires. Quoique ces *Eglises* aient toujours fait profession de garder la doctrine des apôtres, elles s'en sont néanmoins écartées sur le mystère de l'incarnation, et sur d'autres points que vous taxez d'erreurs ; donc, au IVᵉ siècle, malgré la même profession que faisait l'*Eglise* universelle de s'en tenir à la doctrine des apôtres, le même accident a pu lui arriver ; à plus forte raison à l'*Eglise* romaine, dans les siècles suivants.—*Réponse*. L'écart des sectes orientales a été sensible, public, éclatant, puisqu'il a causé un schisme ; c'est une partie de l'*Eglise* universelle qui s'est séparée du corps, et ce corps à réclamé contre la séparation et contre l'innovation qui en était la cause. Donc toute innovation qui se serait faite plus tôt ou plus tard aurait produit le même effet. Or, de quel corps plus nombreux qu'elle l'*Eglise* romaine s'est-elle séparée dans aucun siècle ? Voilà ce que les protestants doivent nous apprendre, avant d'affirmer que cette *Eglise* a changé la doctrine des apôtres.

L'*Eglise* d'Occident, ou l'*Eglise* latine, comprenait autrefois les *Eglises* d'Italie, d'Espagne, d'Afrique, des Gaules et des pays du Nord ; depuis près de deux siècles, l'Angleterre, une partie des Pays-Bas, plusieurs parties de l'Allemagne, et presque tout le Nord, ont formé des sociétés à part, qui se sont nommées *Eglises réformées*, mais qui sont dans un schisme aussi réel que celui des Grecs, et qui n'ont entre elles aucun lien d'unité que leur aversion pour l'*Eglise* romaine. Les luthériens, les calvinistes, les anglicans, les anabaptistes, les sociniens, les quakers, les frères moraves, etc., sont aussi peu unis entre eux qu'avec les catholiques. *Voy.* PROTESTANTISME.

Pendant que l'Eglise romaine souffrait ces pertes en Europe, elle faisait aussi des conquêtes dans les Indes, au Japon, à la Chine, en Amérique. L'indéfectibilité est promise à l'*Eglise* universelle (*Matth.* XVI, 18), mais elle n'est promise à aucune *Eglise* particulière ; la première peut être plus ou moins étendue ; mais d'ici à la fin des siècles elle ne sera pas entièrement détruite. La plus grande plaie qu'elle ait reçue depuis son origine est celle que lui a faite le mahométisme au VIIᵉ siècle.

L'*Eglise* romaine est aujourd'hui toute la société des catholiques unis de communion avec le souverain pontife, successeur de saint Pierre. Dès le IIᵉ siècle, temps auquel vivait saint Irénée, l'*Eglise* de Rome était déjà nommée *la mère et la maîtresse des autres Églises* ; elle est à présent la seule des *Eglises* apostoliques qui subsiste ; toutes les autres ont été détruites. Fondée par les apôtres saint Pierre et saint Paul, elle a envoyé porter la lumière de l'Evangile dans tout l'Occident, et a toujours été regardée comme le centre de l'unité catholique ; quiconque n'est point soumis au pontife romain, pasteur de l'*Eglise* universelle, n'appartient plus au troupeau de Jésus-Christ.

On voit, par l'histoire des donatistes, que l'*Eglise* d'Afrique renfermait près de huit cents chaires épiscopales ; mais les diocèses de ces évêques n'étaient pas fort étendus. Elle a donné à l'*Eglise* des docteurs célèbres, saint Cyprien, saint Augustin, saint Fulgence. Les Goths et les Vandales, infectés de l'arianisme, en bannirent la religion catholique au Vᵉ siècle : les Sarrasins, qui se sont rendus maîtres de l'Afrique sur la fin du VIIᵉ siècle, y ont absolument détruit le christianisme.

L'*Eglise* gallicane a été de tout temps l'une des portions les plus florissantes de l'*Eglise* universelle. Elle a conservé constamment son attachement au saint-siège, sans s'écarter de l'ancienne discipline de l'*Eglise* ; elle a montré un zèle égal contre les hérésies, contre les schismes, contre les innovations opposées aux anciens canons ; sa fidélité inviolable envers nos rois, la protection et les encouragements qu'elle a donnés aux lettres, la multitude de saints et de savants qu'elle a produits seront à jamais les monuments de sa gloire. On connaît l'histoire qu'en a donnée le Père de Longueval, jésuite, et qui a été continuée par les Pères de Fontenay, Brumoy et Berthier. *Voy.* GALLICAN.

Si l'on veut connaître en détail les progrès qu'a faits l'*Eglise* de Jésus-Christ, et les pertes qu'elle a essuyées dans les différentes parties du monde, depuis son origine jusqu'à nos jours, il faut consulter l'ouvrage de Fabricius, intitulé : *Salutaris Lux Evangelii toti orbi per dirinam gratiam exoriens*, in-4°, Hambourg, 1731.

* EGLISE TRIOMPHANTE. C'est l'Eglise du ciel. *Voy.* CIEL, SAINTS.

* EGLISE SOUFFRANTE. C'est l'Eglise du PURGATOIRE. *Voy.* ce mot.

* EGLISE MILITANTE. C'est l'Eglise de la terre, dont il est parlé dans l'art. EGLISE.

* EGLISE CATHOLIQUE FRANÇAISE. L'alliance de la religion et du pouvoir sous la restauration avait créé un grand nombre d'ennemis au clergé. Lorsque la révolution de Juillet éclata, les ecclésiastiques furent dans une espèce d'état de suspicion d'hostilité à la cause du peuple. Le moment paraissait parfaitement choisi pour créer une église nationale. L'abbé Chatel, né à Gannat, alors aumônier dans un régiment de carabiniers de la garde royale, se mit à réclamer par la voie des journaux et des affiches la réforme de l'Eglise. Le 23 janvier 1831, il ouvrit, avec l'autorisation de M. Odilon Barrot, préfet de la Seine, une chapelle sous le nom d'*Eglise catholique française*, titre qui renfermait des termes contradictoires, puisque le mot *catholique* signifie *universel*, tandis que *français* désigne un seul peuple.

Chatel ne pouvait former un clergé à lui seul. Il appela à lui tous les prêtres interdits des diocèses. Il recruta aussi quelques individus chassés des séminaires, tels que Auzou et Blachère. Il les fit ordonner par Juste Thomas Poulard, ancien évêque de Saône-et-Loire. Chatel désirait pour lui-même le caractère épiscopal. Il s'adressa vainement à Grégoire et à de Pradt, et même à Poulard; ils refusèrent de se prêter à ce ministère sacrilège. Chatel se lia avec Fabre-Palaprat, ancien prêtre constitutionnel, alors médecin, et grand-maître des templiers, qui voulait établir en France le culte des Joannites; il pensa qu'en se liant avec Chatel, il réussirait plus facilement. En sa qualité de grand-maître des templiers, il se crut au moins le pouvoir de faire un évêque : il parodia sur Chatel quelques cérémonies du sacre. Celui-ci parut, le dimanche suivant, dans sa chapelle, la mitre en tête et la crosse à la main. Il prit le titre de *Primat des Gaules*, fit des ordinations, conféra la confirmation. Il annonça qu'il était prêt à fournir des prêtres à toutes les paroisses qui lui en demanderaient. Il y eut plusieurs communes qui acceptèrent de ses prêtres. Mgr de Quelen tenta inutilement de ramener Chatel; celui-ci demeura sourd à sa voix et se glorifia de sa résistance. Cependant son église, dépourvue de toutes ressources, se traînait dans la fange. Il pensa lui donner un peu de vie en changeant ses chapelles en clubs incendiaires. La police, qui n'avait rien fait pour protéger le catholicisme, intervint alors. Les prétendus temples de l'Eglise catholique française furent fermés à Paris et dans toute la France. Après l'inauguration de la république, Chatel essaya de ressusciter son église; personne ne répondit à son appel. L'Eglise catholique française est morte : nous espérons que c'est pour toujours.

* EGLISE DISPERSÉE. L'Eglise est dépositaire de la vérité chrétienne. Elle la conserve et la proclame aussi bien dispersée que réunie en concile. On peut voir aux mots AUTORITÉ ECCLÉSIASTIQUE, CONSTITUTIONS DOGMATIQUES, comment l'Eglise dispersée définit les dogmes.

* EGLISE EVANGELIQUE CHRETIENNE. Lorsqu'on établit pour principe religieux l'interprétation particulière de chaque individu on arrive à former autant de croyances que de personnes. Avec le principe protestant il est donc impossible de former une société chrétienne. Aussi les pays où le protestantisme a dominé ont vu pulluler une multitude de sectes, qui s'attaquant mutuellement, sont nécessairement une source de désordres. Une saine politique commandait d'essayer de ramener en un seul corps toutes les sectes divisées. Un Etat pouvait encore retirer un grand avantage de l'union; car il est constant que l'unité religieuse sert infiniment à réunir les peuples autour d'un principe, et, dans le cas d'une guerre étrangère, centuple les forces d'un empire.

Pénétrés de ces grandes maximes politiques, deux ministres ayant persuadé au duc de Nassau d'opérer la réunion des sectes qui divisaient ses Etats, on convoqua les ministres des cultes dissidents du duché. Il leur fut présenté un symbole tellement large, que chacun put l'accepter, sauf à chacun d'y ajouter en son particulier tout ce qu'il jugerait convenable. L'essentiel était d'établir un rite extérieur admis par tout le monde. On s'arrêta sur ce point. Tous les protestants présents calvinistes et luthériens firent la cène ensemble, malgré la diversité de leurs croyances sur la présence réelle. Jamais on n'avait vu un exemple aussi exorbitant d'indifférence religieuse. Les politiques se réjouirent. Le roi de Prusse crut la mesure excellente. Quelques mois après, le 27 septembre 1817, il réunit ainsi les ministres de toutes les sectes de ses états et forma une Eglise nationale dite *Evangélique chrétienne*. Il s'appliqua ensuite à lui donner une liturgie. C'était une sorte de messe des catéchumènes, à laquelle il ajouta le *Sanctus*, le *Memento des vivants* et le *Pater*. Il n'y eut ni offertoire, ni consécration, ni communion. L'union fut consommée. Si quelques sectes ou quelques individus faisaient Eglise à part, on essayait de les ramener dans le giron de l'*Evangélique* par des menaces et des récompenses.

L'Eglise évangélique, établie contrairement aux principes du protestantisme, devait succomber sous le poids de l'inconséquence. Le *Rongisme*, en voulant déchirer le sein de l'Eglise catholique d'Allemagne, porta de bien plus rudes coups à l'évangélisme : car la plupart des disciples de Ronge étaient des évangélistes qui abandonnaient l'Eglise nationale pour embrasser le parti des nouveaux sectaires. L'Eglise évangélique était en pleine dissolution, lorsque le mouvement révolutionnaire de 1848 a éclaté. Les souverains d'Allemagne ont autre chose à faire qu'à s'occuper de sectes religieuses. Le catholicisme acquiert de nouvelles forces dans ces contrées. L'évangélisme, qui était destiné à le tuer, n'aura probablement servi qu'à lui donner une nouvelle vie.

* EGLISE (PETITE-). Nous avons vu, aux articles ANTICONCORDATAIRES, BLANCHARD, l'opposition que firent au Concordat un grand nombre d'évêques et de prêtres, mus peut-être plus par une pensée politique que par un sentiment religieux. Il n'en résulta pas moins un schisme connu sous le nom de PETITE EGLISE. Il se forma en Angleterre, et passa de là sur le continent. Il se fortifia surtout dans les provinces qui défendaient le principe de la légitimité. La Bretagne et la Vendée virent des communes tout entières se soustraire à l'autorité des évêques et des prêtres nommés sous l'empire du Concordat. Nous avons vu que le schisme ne cessa pas même sous la Restauration; il compta alors fort peu d'évêques, et finit par ne plus en avoir aucun; mais il eut encore un certain nombre de prêtres qui étaient suivis avec zèle par les ardents ennemis du Concordat. La Petite-Eglise est aujourd'hui anéantie. S'il y a encore des prêtres et des fidèles qui y tiennent au fond du cœur, ils n'ont pas d'Eglise, et ne rencontrant pas d'écho, leurs croyances sont solitaires : ils n'osent les manifester à haute voix.

Le fondement sur lequel reposait le schisme est que le pape Pie VII n'a pu, sans jugement canonique, priver les titulaires de leur juridiction. Tout ce qui s'est fait en vertu du Concordat est donc nul et de nul effet. Mgr Doney réfute très-bien cette difficulté dans son édition du Dictionnaire de Bergier.

« En principe, dit-il, et en thèse générale, il est vrai qu'on ne saurait forcer un évêque à donner sa démission, et que le seul moyen légitime de lui ôter la juridiction qu'il a de droit divin sur son diocèse, c'est un jugement canonique, un jugement conforme aux lois et aux règles qui sont en usage dans l'Eglise, de temps immémorial. Mais il faut bien remarquer que jamais il ne s'était présenté une question pareille à celle que firent naître les circonstances dans lesquelles le Concordat fut conclu. On n'avait jamais demandé si l'autorité supérieure, dont le pape est revêtu dans l'Eglise, s'étend assez loin pour déposer tout d'un coup tous les évêques d'un grand royaume, et nulle règle canonique n'avait dû être établie pour diriger le souverain pontife dans un pareil exercice de sa puissance. L'Eglise ne pose pas ainsi des questions oiseuses ; elle ne porte pas des canons *à priori* pour tous les cas possibles ou imaginables ; elle se contente d'agir ou de décider à mesure que les événements le demandent, et conformément aux circonstances, développant son pouvoir selon les besoins, mais ne l'étendant jamais au delà des bornes que Jésus-Christ y a mises. Mais enfin la question est tout à fait mal posée par les *anticoncordatistes*. Il s'agissait de savoir s'il y a ou s'il peut y avoir des cas où il soit nécessaire, pour le bien de l'Eglise, qu'un évêque donne sa démission ; si, en ce cas, c'est pour l'évêque une obligation de conscience de la donner ; et s'il appartient tellement à cet évêque de juger et de la nécessité et de l'obligation dont nous parlons, que son consentement soit absolument indispensable pour légitimer ce qui aurait été décidé par le chef suprême de l'Eglise.

« Que le bien d'une église puisse demander quelquefois qu'un évêque en abandonne le gouvernement, en donnant sa démission, et que dans ce cas cela devienne pour lui d'une obligation rigoureuse de conscience, même en supposant qu'il n'y ait aucun reproche canonique à lui faire, ou encore qu'il soit l'objet de préventions injustes, ou d'une persécution inique, c'est ce que personne ne révoque en doute. Qu'il y ait dans l'Eglise une autorité compétente pour prononcer dans ces circonstances critiques et difficiles, on ne saurait le nier non plus, ni, en droit ni en fait, puisqu'on voit plusieurs exemples de faits pareils dans l'histoire ecclésiastique, spécialement lorsqu'il s'est agi de réconcilier des schismatiques et des hérétiques, et que d'ailleurs on ne saurait supposer que Notre-Seigneur n'ait pas donné à son Eglise toute l'étendue d'autorité nécessaire pour pourvoir à tous ses besoins. Seulement, dans la plupart des circonstances, on a suivi des règles, des usages établis ; ce sont des conciles provinciaux ou autres qui ont prononcé ordinairement, et toujours on a demandé le consentement des parties intéressées. Mais ici quelle réunion d'évêques eût été possible ? Les circonstances étaient si impérieuses, que si le pape eût hésité ou refusé d'agir comme il le fit, le schisme pouvait être établi pour toujours en France. Nous convenons que tous les actes et toutes les mesures adoptées par un souverain pontife ne sont pas essentiellement infaillibles, essentiellement conformes au droit et au bien : Pie VII lui-même se repentit plus tard d'avoir cédé aux exigences de l'empereur, dans l'espèce de concordat qu'il conclut avec lui à Fontainebleau en 1813, et il rétracta sa signature. Mais l'Eglise universelle approuva la conduite qu'il avait tenue dans la circonstance dont il s'agit ici ; et la chose est si vraie, que les évêques non-démissionnaires demeurèrent avec leurs prêtres dans un isolement complet. Ils avaient d'ailleurs un bel et noble exemple dans l'histoire de l'Eglise. Saint Grégoire de Nazianze, placé sur le siége de Constantinople par Théodose, ayant entendu murmurer quelques évêques de ce qu'il avait abandonné l'Eglise qu'il gouvernait auparavant, et s'était laissé transférer, contre l'usage, à un siége plus élevé, se présenta au milieu du concile qui se tenait alors dans cette ville, et dit à ses collègues ces paroles remarquables : « Si c'est à cause de moi que s'est soulevée cette tempête, je ne vaux pas mieux que le prophète Jonas. — Qu'on me jette à la mer, et que l'Eglise soit en paix ! » Et le grand homme se démit sans regret, avec joie même, heureux de déposer un fardeau dont il sentait toute la pesanteur, et de rentrer dans le calme de la vie privée.

« Les pouvoirs conférés par Jésus-Christ à son Eglise eussent donc été insuffisants, si dans les circonstances extraordinaires où elle se trouvait au commencement de ce siècle en France, elle n'avait pu pourvoir au gouvernement légitime et régulier des diocèses, sans obtenir préalablement le consentement des anciens évêques, donné ou forcé selon des règles qui n'existaient pas ou qui évidemment étaient inapplicables. Mais à supposer même que, dans le droit rigoureux, leur juridiction ne leur eût point été enlevée par le souverain pontife, il n'en est pas moins vrai, 1° que le souverain Pontife pouvait, en usant de sa suprématie, pourvoir au gouvernement des églises de France par des vicaires apostoliques qui les administreraient provisoirement et jusqu'à nouvel ordre ; 2° que dans cette hypothèse, admise en effet par quelques-uns des non-démissionnaires, mais qu'ils devaient admettre tous, puisqu'elle n'est que l'expression en fait d'un pouvoir que personne ne refuse au chef de l'Eglise catholique, l'exercice de la juridiction des anciens évêques par eux-mêmes ou leurs grands vicaires dans leurs diocèses, devenait illégitime, schismatique, et une source des troubles religieux les plus graves ; 3° qu'ils abusèrent de ce qu'il pouvait y avoir de plausible dans leurs prétentions, en s'attribuant une juridiction qu'ils étendaient hors des limites de leurs anciens diocèses, en supposant que l'autorité du souverain pontife avait pu et dû cesser par le fait même du Concordat, qu'il n'y avait plus qu'une intrusion générale dans l'Eglise, au moins dans l'Eglise de France, et en se regardant, eux et leurs adhérents du second ordre, comme suffisamment autorisés par là à exercer tous les pouvoirs ecclésiastiques dans toute l'étendue du royaume. »

EGLISE, édifice dans lequel s'assemblent les chrétiens pour rendre à Dieu leur culte. On voit, par saint Isidore de Damiette, que chez les Grecs, ἐκκλησία signifiait l'assemblée des fidèles, et que le lieu de l'assemblée se nommait ἐκκλησιαστήριον. Il se nommait aussi κυριακόν, *dominicum*, mot qui semble s'être conservé dans les noms kerk, kirk, churc, *église*, dans la plupart des langues du Nord. Tertullien nomme cet édifice *domus columbæ* : plus souvent on l'appelait basilique, palais du Roi des rois. On trouve, dans plusieurs Pères, les noms *synodi*, *concilia*, *conventicula*, *martyria*, *memoriæ*, *apostolæa*, *prophetæa*, etc., dont il est aisé de voir le sens et l'origine. Dans les quatre premiers siècles, on évita soigneusement de nommer les églises, *templa*, *delubra*, *fana*, termes particulièrement affectés aux édifices du paganisme. Enfin, on les appelait encore *tropæa*, et *tituli*, à cause du tombeau des martyrs, et du nom des saints que portaient la plupart de ces *églises*. Dans les bas siècles, on les voit quelquefois nommées *tabernacula* et *monasteria*, parce que la plupart étaient desservies par des religieux. *Voy.* Bingham, *Origines ecclésiastiques*, tom. III, l, viii, c. 1.

On a mis en question si, dès l'origine du christianisme, les fidèles ont eu des *églises* ou des édifices destinés spécialement au culte du Seigneur. Ce qui a donné lieu à plusieurs critiques d'en douter, c'est qu'Origène, Minutius Félix, Arnobe et Lactance, en répondant aux reproches des païens, disent formellement que les chrétiens n'ont ni temples ni autels. — Mais il est évident que ces anciens prenaient le nom de *temple* dans le sens des païens, qui croyaient leurs dieux tellement renfermés dans ces édifices, qu'on ne pouvait les honorer ni les prier ailleurs. Nos apologistes disent au contraire que le vrai Dieu a pour temple l'univers entier ; qu'il n'y a pour lui point de sanctuaire plus agréable que l'âme d'un homme de bien. Mais ils ont parlé eux-mêmes des *églises* dans lesquelles les chrétiens s'assemblaient. — On ne peut pas douter qu'il n'y en ait eu dès le temps des apôtres. Saint Paul parle de l'*Eglise de Dieu* (*I Cor.* xi, 22). Dans ce passage, saint Basile, saint Jean Chrysostome, saint Jérôme, saint Augustin et d'autres, ont entendu par *église* non-seulement l'assemblée des fidèles, mais le lieu où ils s'assemblaient. On a cru, par une tradition constante, que le cénacle dans lequel Jésus-Christ avait institué l'Eucharistie, avait été changé en *église*, et que les apôtres même avaient continué de s'y assembler. Saint Cyrille de Jérusalem paraît l'avoir eu en vue, lorsqu'il a parlé de l'*église des Apôtres* (*Catéch.* 16, c. 2) ; et du temps de saint Jérôme, on l'appelait l'*église de Sion* (Hieron., *epist.* 27). — Saint Clément de Rome (*Epist.* 1, n° 40) dit que Dieu a déterminé le temps et *le lieu* de son service, afin que tout se fasse avec l'ordre et la piété convenables. Saint Ignace invite les fidèles à se rassembler dans le temple de Dieu (*Ad Magnes.*, n° 7). Le pape saint Pie Ier écrivit, vers l'an 150, à Justus, évêque de Vienne, qu'une dame nommée *Euprepia* avait donné aux pauvres sa maison dans laquelle il célébrait la messe, t. Ier, *Concil.*, pag. 576. Saint Clément d'Alexandrie (*Strom.*, liv. vii) dit qu'il nomme *église*, non le lieu, mais l'assemblée des fidèles. — Au iii° siècle, Tertullien nomme le temple des chrétiens *la maison de Dieu, la maison de la Colombe, l'Eglise* (*De Idol.*, c. 7, *advers. Valent.* c. 3 ; *de Corona militis*, cap. 3). Lampride raconte qu'Alexandre Sévère adjugea aux chrétiens, pour honorer Dieu, un lieu dont les cabaretiers voulaient se saisir, ch. 49. Saint Cyprien appelle l'*église*, *dominicum*. Eusèbe (*Hist. ecclés.*, l. viii, c. 1) dit qu'avant la persécution de Dioclétien, les chrétiens, auxquels leurs anciens édifices ne suffisaient plus, avaient bâti des *églises* dans toutes les villes. La plupart furent démolies pendant cette persécution. Lactance, l. ii, c. 2 ; l. v, c. 11, et Arnobe, l. iv, p. 152, nous l'apprennent ; mais il en resta plusieurs qui furent dans la suite rendues aux chrétiens. (Eusèbe, *Vie de Constantin*, l. ii, c. 46). Origène (*Homil.* 10 *in Josue*) blâme ceux qui avaient plus de soin d'orner les *églises* et les autels, que de changer de vie. Au iv° siècle, après la conversion de Constantin, plusieurs temples des païens furent changés en *églises*. On peut voir d'autres preuves de ces faits dans Bingham (*Orig. ecclés.*, t. III, l. viii, c. 1 et suivants, et dans le P. Lebrun, tom. III, pag. 101).

Deux écrivains, Fleury (*Mœurs des chrétiens*, n. 33) et l'auteur des *Vies des Pères et des Martyrs*, tom. II, p. 62, ont décrit la manière dont les anciennes *églises* étaient construites, et les divers édifices qui en faisaient partie. Comme les premiers chrétiens priaient ordinairement le visage tourné vers l'orient, afin de témoigner leur foi à la résurrection future, on plaça aussi l'autel, dans les *églises*, du côté de l'orient ; mais cet usage n'était pas sans exception. (*Constit. apost.*, l. iv, c. 57 ; Socrate, *Hist.*, l. ii, c. 22.) — Les anciennes *églises* avaient un parvis ou enceinte environné de murs, et devant la porte d'entrée il y avait une fontaine ou une citerne, dans laquelle ceux qui entraient dans l'*église* se lavaient le visage et les mains, symbole de la pureté de l'âme qu'il fallait apporter dans le lieu saint. (Tertull. *de Orat.*, c. 11 ; saint Paulin, *Epist.* 12.) — Devant l'entrée des *églises* était un portique ou cour couverte et soutenue par des colonnes, dans laquelle se tenait la première classe des pénitents, que l'on nommait *flentes*, les pleurants, qui imploraient les prières des fidèles. — Quant aux parties intérieures de l'*église*, l'espace le plus voisin de la porte était appelé *narthex*, verge ou bâton, parce qu'il était oblong ; c'est là qu'étaient placés les catéchumènes et les pénitents, nommés *audientes*, écoutants, parce qu'ils entendaient de là les instructions des pasteurs. Venait ensuite la nef, *naos*, ou le corps de l'*église*. La partie inférieure était occupée par la troisième classe des pénitents, appelés *prostrati*, parce qu'ils priaient prosternés ; le reste l'était par les laïques des deux sexes, rangés des deux côtés, les femmes derrière les hommes. (*Constit. Apost.*, l. ii, c. 57 ; saint Cyrille, *Praef. Catech.*, c. 8 ; saint Jean Chrysost., *Hom.* 74 *in Matth.* ; saint Aug., *de Civit. Dei*, l. ii, c. 28 ; l. xxii, c. 28.) — Au milieu était l'*ambon* ou pupitre, assez large pour contenir plusieurs lecteurs ou plusieurs chantres. Les évêques prêchaient ordinairement sur les marches de l'autel ; mais saint Jean Chrysostome préférait de se placer sur l'*ambon*, afin d'être mieux entendu du peuple. (*Vales. in Socrat.*, l. vi, c. 5.) — Le chœur était séparé de la nef par une balustrade, *cancelli*. En Orient, l'empereur priait ordinairement dans le chœur, mais ce n'était pas l'usage en Occident ; c'est pour cela que saint Ambroise en refusa l'entrée à Théodose : son trône était placé au-dessus de la nef, près de la balustrade. L'impératrice, Hélène, mère de Constantin, ne refusa pas de se placer parmi les femmes. (Socrate, *Hist.*, l. I, c. 17.)—Dans le chœur, appelé aussi *bema* ou sanctuaire, était l'autel, le trône de l'évêque et les sièges des prêtres ; et comme il se terminait en demi-cercle, cette partie était nommée *absis*. Un rideau, tendu au chancel ou à la balustrade, dérobait la vue de l'autel aux catéchumènes et aux infidèles, et empêchait qu'on ne vît les saints mystères dans le temps de la consécration ; l'on n'ouvrait le rideau que quand les diacres avait fait sortir les catéchumènes. C'est ce qui faisait dire à saint Jean Chrysostome (*Homil. 4 in Ep. ad Ephes.*) : « Quand on en est au sacrifice, quand Jésus-Christ, l'agneau de Dieu, est offert, quand vous entendez donner le signal, réunissez-vous tous pour prier. Lorsque vous voyez tirer le rideau, pensez que le ciel s'ouvre et que les anges en descendent. » *Voy.* AUTEL, CHOEUR, etc.

Si l'on veut comparer ce plan des *églises* chrétiennes, avec celui des assemblées des fidèles que saint Jean nous a représenté sous l'emblème de la gloire éternelle (*Apoc.* IV, VI et VII), et avec celui qu'a donné saint Justin (*Apol.* 1, n. 66 et suivants), on verra que le tout est tracé sur le même modèle ; ainsi cette forme date du temps même des apôtres. En effet, saint Jean parle d'un trône sur lequel est assis le président de l'assemblée ou l'évêque ; des sièges rangés des deux côtés pour vingt-quatre vieillards ou prêtres, c'est le chœur. Au milieu et devant le trône, il y a un autel sur lequel est un agneau en état de victime ; sous l'autel sont les reliques des martyrs. Devant l'autel un ange offre à Dieu, sous le symbole de l'encens, les prières des saints ou des fidèles, et les vieillards prosternés chantent des cantiques à l'honneur de l'agneau ; saint Jean parle encore d'une source d'eaux qui donnent la vie, ce sont les fonts baptismaux. *Voy.* BAPTISTÈRE. Cette forme de culte et de liturgie n'est donc pas de l'invention des évêques du IVᵉ siècle ou des temps postérieurs.

Fleury (*Mœurs des Chrétiens*, n° 36) rapporte la magnificence avec laquelle ces anciennes *églises* ou basiliques étaient ornées, les dons immenses que les empereurs et les grands y avaient faits en embrassant le christianisme, les richesses qui appartenaient aux *églises* de Rome, de Constantinople, d'Alexandrie, etc. : les dépenses énormes que les païens avaient faites auparavant pour les sacrifices, pour les jeux, pour les spectacles, furent consacrées à augmenter la pompe du culte que l'on rendait au vrai Dieu ; les superbes édifices que l'on avait élevés à l'honneur des fausses divinités furent employés à un usage plus saint et plus pur. — Bingham rapporte aussi les marques de respect que donnaient les fidèles, en entrant dans les temples du Seigneur ; les rois déposaient leur couronne ; il n'était permis à personne d'y porter des armes ; on baisait la porte et les colonnes ; on s'inclinait profondément devant l'autel. Ces édifices ne servaient jamais à aucun usage profane ; les diacres étaient chargés d'empêcher qu'il ne s'y commît aucune indécence, et les clercs inférieurs d'y entretenir la plus grande propreté.

Toutes ces attentions nous paraissent démontrer la haute idée qu'avaient conçue les chrétiens des premiers siècles, de la sainteté des mystères qui s'opéraient dans nos *églises*. Nous n'avons pas besoin d'un témoignage plus éloquent de leur foi. Les protestants, qui ne pensent pas de même, en ont aussi agi très-différemment ; ils ont poussé l'esprit de contradiction contre les catholiques, jusqu'à supprimer le nom d'*église* ; ils ont mieux aimé nommer le lieu de leurs assemblées *prêche*, terme inconnu à toute l'antiquité, ou *temple*, comme faisaient les Juifs et les païens. Ils en ont banni tous les ornements capables d'imprimer le respect ; ils ont traité de superstition l'usage dans lequel nous sommes de regarder les *églises* comme des lieux saints, et d'en faire la bénédiction ou la consécration avant d'y célébrer le culte divin. — En effet, quand on ne les envisage que comme des lieux d'assemblée, destinés uniquement à prier et à louer Dieu, à prêcher la doctrine chrétienne, il est difficile de les croire fort respectables ; tout cela peut se faire partout ailleurs. C'est autre chose, quand on croit que Jésus-Christ en personne daigne s'y rendre présent et y habiter, se placer sur l'autel en état de victime, s'offrir à Dieu pour nous par les mains des prêtres, y renouveler tous les jours le sacrifice de notre rédemption, nous y nourrir de sa chair et de son sang. Il faut bien que les chrétiens des premiers siècles en aient eu cette idée, puisqu'ils ont témoigné tant de respect pour les *églises*.

Jacob, favorisé d'une vision céleste à Béthel, s'écrie : *Ce lieu est terrible, c'est la maison de Dieu et la porte du ciel* (*Gen.* XXVIII, 17). Dieu, pour imprimer à Moïse un respect religieux pour sa présence, lui dit : *Déchausse-toi, le lieu où tu es est une terre sainte* (*Exod.* III, 5). Il nomme *sa maison, son trône, son sanctuaire, son lieu saint*, le tabernacle et le temple dans lequel il veut être adoré ; il ordonne aux Juifs de n'en approcher qu'avec une frayeur religieuse (*Levit.* XXVI, 2). Les temples de la loi nouvelle sont-ils moins dignes de vénération ? Il dit, par un prophète : *Je remplirai de gloire cette maison*, parce que le Messie devait y paraître un jour (*Aggæi* II, 8). Jésus-Christ s'est armé de zèle contre ceux qui en faisaient un lieu de commerce (*Joan.* II, 16). Il a honoré de sa présence la dédicace que l'on en célébrait, c. X, v. 22. Il a dit qu'il est lui-même plus grand que le temple (*Matth.* XII, 6). Et on nous défendra d'honorer le lieu où il est ? Puisque les protestants nous renvoient sans cesse à l'Écriture, qu'ils nous permettent au moins d'en parler le langage, et d'en suivre les leçons.

Dieu avait voulu que son temple fût magnifiquement orné : il le fallait, disent nos doctes censeurs, parce que les Juifs, sensibles à l'appareil du culte que les païens rendaient aux faux dieux, avaient besoin d'une pompe semblable pour être retenus dans leur religion. Nous le savons ; mais les Juifs étaient-ils le seul peuple sensible à la pompe du culte extérieur? C'est le goût du genre humain tout entier, on le trouve jusque chez les sauvages ; Dieu ne l'a condamné nulle part. De quel droit les Pères du IV° siècle l'auraient-ils réprouvé, lorsque la foule des païens abandonna les temples des idoles, pour accourir aux *églises* du vrai Dieu? — Avant de le blâmer, nos adversaires auraient dû s'accorder entre eux. Les calvinistes ne veulent dans leurs temples que les quatre murs, une chaire pour le prédicateur, et une table de bois pour leur cène ; ils ont brisé, détruit, brûlé tous les ornements des *églises* catholiques. Les luthériens, moins fougueux, ont conservé dans les leurs un crucifix et quelques peintures historiques ; souvent dans un village la même *église* sert pour eux et pour les catholiques. Les anglicans conviennent que l'affectation des calvinistes est indécente et ridicule ; mais ils disent que nous donnons dans l'excès opposé. Ont-ils reçu de Dieu commission pour planter la borne au-delà de laquelle la pompe du culte devient un abus? *Voy*. CULTE, DÉDICACE.

La structure et la décoration des *églises* ont dû suivre naturellement, chez toutes les nations, les progrès et la décadence du luxe et des arts. Ils étaient encore à un très-haut degré dans l'empire romain, au IV° siècle ; après l'inondation des Barbares, ils furent presque anéantis ; c'est le culte religieux qui a le plus contribué à en conserver un faible reste. Lorsque les peuples du Nord, tous pauvres et à demi-sauvages, se convertirent, les *églises* furent chez eux des cabanes de chaume, comme les maisons des particuliers. Dans le XI° siècle, on avait repris une faible teinture des arts dans les pèlerinages d'outre-mer ; on commença de rebâtir avec plus de magnificence les *églises* ruinées par les ravages des siècles précédents. Enfin, après la renaissance des lettres, l'architecture a pris un nouvel essor en étudiant l'antiquité, et elle a fait ses premiers essais par la construction des *églises*. Il en sera de même dans tous les temps, malgré la folle censure des hérétiques et des incrédules ; parce qu'il serait absurde que chez les nations riches, polies, industrieuses, les temples du Seigneur fussent moins somptueux et moins ornés que les palais des grands. Une autre absurdité est d'attribuer ce progrès de magnificence à l'ambition des ecclésiastiques, plutôt qu'au goût naturel et à la piété des peuples. *Voy*. ARTS.

EGYPTE, EGYPTIENS. La seule chose qui intéresse un théologien à l'égard de ce peuple est de savoir quelle a été sa religion primitive, comment elle s'est altérée, quels étaient ses dieux et sa croyance, quelle a été en *Egypte* la destinée du christianisme.

Il paraît certain que la première religion de l'*Egypte* a été le culte du vrai Dieu. Lorsque Abraham y fit un séjour, il est dit dans l'Ecriture que Dieu punit Pharaon, parce qu'il avait enlevé Sara, et que ce roi la rendit à son époux (*Gen*. XII, 17, 19). Il sut donc que Dieu le châtiait. Lorsque Joseph parut devant un autre Pharaon, et lui expliqua ses songes, ce prince reconnut que Joseph était rempli de l'esprit de Dieu, et que Dieu lui avait révélé l'avenir (*Gen*. XLI, 38.) Environ deux cents ans après, lorsque l'ordre fut donné aux *Egyptiens* de faire périr tous les enfants mâles des Hébreux, il est dit que les sages-femmes *égyptiennes* craignirent Dieu, et n'exécutèrent pas cet ordre cruel (*Exod*. I, 17). A la vue des miracles de Moïse, les magiciens disent : *Le doigt de Dieu est ici* ; et Pharaon : *Le Seigneur est juste, mon peuple et moi sommes des impies* (*Exod*. VIII, 19 ; IX, 27.) Près de périr dans la mer Rouge, les *Egyptiens* s'écrient : *Fuyons les Israélites, le Seigneur combat pour eux contre nous* (x:v, 25). — Cependant les *Egyptiens* étaient déjà polythéistes pour lors, puisque Dieu dit à Moïse : *J'exercerai mes jugements sur les dieux de l'Egypte* (XII, 12). Mais cette erreur n'avait pas encore étouffé entièrement chez eux la notion du vrai Dieu. La même vérité est confirmée par les auteurs profanes. (Plutarque, *de Iside et Osiride*, c. 10 ; Synésius, *Calvit. Encom.* ; Jamblique, *de Myst. Ægypt.* ; Eusèbe, *Præpar. evangel.*, liv. III, c. 11.)

Nous ne pouvons adopter l'opinion de ceux qui ont pensé que le Dieu unique des anciens *Egyptiens* était l'âme du monde, comme l'enseignaient les stoïciens ; l'âme du monde est un rêve de la philosophie, et il n'en était pas encore question du temps d'Abraham et de Moïse. Pourquoi les *Egyptiens* n'auraient-ils pas conservé pendant longtemps la croyance d'un seul Dieu créateur, qui avait été portée en *Egypte* par les enfants de Noé? — Il paraît encore que le polythéisme a commencé en *Egypte*, comme partout ailleurs, parce que l'on a supposé que toutes les parties de la nature étaient animées par des intelligences, par des génies, dont le pouvoir était supérieur à celui des hommes, et qui étaient les dispensateurs des biens et des maux de ce monde. Les peuples, par intérêt et par crainte, ont rendu un culte à ces dieux prétendus, et insensiblement ont oublié le vrai Dieu. *Voy*. PAGANISME. Ce culte superstitieux ne pouvait donc avoir aucun rapport au vrai Dieu, puisqu'il l'a fait oublier et méconnaître ; aussi plusieurs philosophes décidèrent qu'il ne fallait faire aucune offrande au Dieu suprême, ni s'adresser à lui pour aucun besoin, mais seulement aux dieux secondaires. (Porphyre, *de Abstin.*, l. II, n° 34, 37, 38.)

Dès que l'imagination des hommes a placé des esprits, des intelligences agissantes dans toutes les parties de la nature, il n'est pas surprenant que l'on en ait supposé dans les animaux ; leur instinct, leurs opérations, leur industrie, sont un mystère qui souvent nous cause de l'admiration. Les Grecs et les Romains leur ont attribué l'esprit prophétique; quelques philosophes ont soutenu sérieusement que les animaux sont d'une nature supérieure à la nôtre, et sont dans une relation plus étroite que nous avec la Divinité. *Orig. contra Cels.*, lib. IV, n° 88. Il n'est donc pas étonnant que les *Egyptiens* aient rendu un culte à plusieurs animaux dont ils admiraient l'instinct, desquels ils tiraient des services, ou qu'ils croyaient animés par un génie dont ils redoutaient la colère. On a remarqué qu'ils honoraient principalement les animaux purificateurs de l'*Egypte*, et qu'ils les consultaient gravement, pour apprendre d'eux l'avenir. — Par la même raison, ils ont rendu un culte à certaines plantes dans lesquelles il's avaient reconnu une vertu particulière : telle est la *scille*, ou l'oignon marin, à cause de ses propriétés. On ne doit pas être plus surpris de voir les *Egyptiens* loger une divinité dans une plante, que de voir les Romains honorer une nymphe dans une fontaine, ou consulter gravement les poulets sacrés. Lorsque les beaux esprits de Rome s'égayaient aux dépens des *Egyptiens*, ils ne voyaient pas que leurs propres superstitions étaient exactement les mêmes.

Avec une religion aussi monstrueuse, les *Egyptiens* ne pouvaient avoir des mœurs pures; aussi voyons-nous que les leurs étaient très-corrompues. Les philosophes modernes qui n'ont pas su démêler la première origine du polythéisme et de l'idolâtrie, n'ont rien compris à la religion des *Egyptiens*; les anciens n'en savaient pas davantage; mais l'Ecriture sainte nous montre clairement la source de l'erreur et ses progrès. *Voy.* Paganisme, § 1er.

On ne peut pas douter que les *Egyptiens* n'aient cru l'immortalité de l'âme et la résurrection future; de là était venu leur usage d'embaumer les corps. Il paraît certain que les caveaux pratiqués dans l'intérieur des pyramides étaient destinés à la sépulture des rois. Ce dogme important a été dans tous les siècles la foi du genre humain.

Si les savants critiques protestants, tels que Cudworth, Mosheim, Brucker, qui ont traité fort au long de la théologie des *Egyptiens*, avaient fait plus d'attention à ce qui en est dit dans l'Ecriture sainte, et surtout dans le livre de la Sagesse, c. XII, 13, et 14, ils auraient peut-être vu plus clair dans ce chaos, et leurs recherches seraient plus satisfaisantes. Mais comme ils ne veulent pas recevoir ce livre pour canonique, ils ont craint de lui donner quelque autorité. Cependant l'auteur de ce livre a vécu longtemps avant les écrivains profanes que nos critiques ont cités; il était instruit, et il avait peut-être écrit en *Egypte*; son témoignage nous paraît avoir plus de poids qu'aucun autre; or, il ne suppose point, comme les critiques dont nous parlons, que les premiers dieux des polythéistes ont été des hommes déifiés, mais les astres et les éléments; et jamais les hommes ne leur auraient rendu un culte, s'ils ne les avaient pas crus animés.

Nous pensons volontiers, comme Mosheim, 1° que, par les différentes révolutions arrivées en *Egypte*, il est survenu du changement dans la religion de ce peuple. Nous voyons déjà, par l'Ecriture sainte, qu'après avoir adoré un seul Dieu, les *Egyptiens* sont devenus polythéistes; qu'après avoir commencé l'idolâtrie par le culte des astres, des éléments et des différentes parties de la nature, ou plutôt des génies dont ils les croyaient animées, ils en sont venus jusqu'à encenser des hommes après leur mort, et même à honorer des animaux. Nous apprenons aussi, par les auteurs profanes, que les prêtres *égyptiens* ont cherché dans la suite à pallier, par des allégories et par des systèmes philosophiques, l'absurdité de ce culte insensé, et n'ont fait qu'embrouiller leur mythologie. — 2° Que la croyance et le culte n'étaient pas absolument les mêmes dans les divers cantons de l'*Egypte*, parce que dans le paganisme il n'y avait aucune règle générale et certaine à laquelle toute une nation fût obligée de se conformer. Dans la Grèce, chaque ville avait ses traditions et ses fables particulières; suivant le privilège de tous les philosophes, les savants *égyptiens* ont raisonné et rêvé chacun à sa manière. De là est venue la diversité des récits que nous ont faits les Grecs qui sont allés en *Egypte* en différents temps pour en connaître les idées et les mœurs. — 3° Qu'il faut distinguer la croyance ancienne et populaire des *Egyptiens* d'avec les explications et les commentaires que les prêtres de ce pays ont imaginés pour en déguiser l'absurdité, et qu'on leur fait trop d'honneur quand on suppose qu'ils avaient caché, sous des enveloppes allégoriques, des connaissances profondes et des réflexions fort importantes. Mais en voulant remonter plus haut, sans consulter l'Ecriture sainte, on ne peut former que des conjectures qui n'aboutissent à rien. — Par la même raison, nous ne croyons pas non plus que ces prêtres, par intérêt politique et afin de se rendre plus respectables, aient caché exprès sous des hiéroglyphes les secrets de leur mythologie; c'est un soupçon sans preuve et qui n'a aucune vraisemblance. En premier lieu, il suppose que l'idolâtrie et les fables *égyptiennes* sont, dans l'origine, une invention des prêtres, au lieu que c'est un effet de la stupidité des peuples. Puisque dans tous les pays du monde, jusque chez les nègres, les Lapons et les Sauvages, nous retrouvons les idées qui ont fait naître le polythéisme et l'idolâtrie, pourquoi veut-on qu'en *Egypte* ce travers n'ait pas eu la même cause qu'ailleurs? En second lieu, les philosophes grecs ont eu aussi recours à des mystères et à des allégories, pour donner une apparence de raison et de bon sens à la mythologie grecque; leur préterons-nous le même intérêt et les mêmes motifs qu'aux prêtres *égyptiens*? En troisième lieu, il est ridicule d'attribuer à un artifice ce qui a évidemment été l'ouvrage de la nécessité. Avant l'invention de l'écriture alphabétique, l'on a été forcé de peindre les objets par des figures et par des symboles; les sauvages en usent encore ainsi et il en fut de même des anciens *Egyptiens*. Après l'invention des lettres, les anciens hiéroglyphes furent moins en usage, on oublia la signification de plusieurs; lorsque les savants voulurent les expliquer, ils y donnèrent un sens arbitraire, sans avoir aucune intention de tromper.

Quelques incrédules ont dit encore plus mal à propos que Moïse, en donnant aux Juifs des lois et des cérémonies, n'avait fait que copier le rituel des *Egyptiens*. Dans la vérité, il s'appliqua plutôt à le contredire et à détourner sa nation de l'égyptianisme; on le voit par plusieurs de ses lois. D'ailleurs les auteurs profanes, qui ont parlé des superstitions *égyptiennes*, ont vécu plus de douze cents ans après Moïse; comment peut-on savoir quels étaient les rites et les usages de l'*Egypte* du temps de ce législateur?

Il y a dans le prophète Ezéchiel, c. xxx, v. 13, touchant l'*Egypte*, une prédiction célèbre, qui s'accomplit constamment depuis plus de deux mille ans: *J'exterminerai*, dit le Seigneur, *les statues*, *et j'anéantirai les idoles de Memphis; il n'y aura plus à l'avenir de prince qui soit du pays d'Egypte*. En effet, peu de temps après cette prophétie, les rois de Babylone, et ensuite ceux de Perse, firent la conquête de l'*Egypte*. Elle n'avait plus de rois de race *égyptienne*, longtemps avant Alexandre, qui la subjugua. Des mains de Cléopâtre, héritière des Macédoniens, elle passa dans celles des Romains, et successivement dans celles des Parthes, des Sarrasins et des Turcs, desquels elle est encore aujourd'hui tributaire. Où trouvera-t-on sur la terre un excellent pays qui ait été deux mille ans de suite sous une domination étrangère, et auquel cette destinée ait été prédite?

L'*Egypte* se convertit au christianisme de très-bonne heure, puisqu'il passe pour constant que saint Marc, envoyé par saint Pierre, fonda l'*Eglise* d'Alexandrie l'an 49 de Jésus-Christ, et répandit l'Evangile non-seulement dans le reste de l'*Egypte*, mais dans la Libye, dans la Numidie et la Mauritanie, ou par lui-même, ou par les prédicateurs qu'il y envoya. Les Pères de l'Eglise, comme saint Athanase, saint Cyrille de Jérusalem, saint Jean Chrysostome, Eusèbe, etc., ont été persuadés que ce progrès étonnant de l'Evangile en *Egypte* était un effet des bénédictions que Jésus-Christ y avait répandues lorsqu'il y fut porté dans son enfance: ils ont cité à ce sujet la prophétie d'Isaïe, ch. xix, v. 1: *Le Seigneur entrera en Egypte, et toutes les idoles des Egyptiens seront ébranlées par sa présence*. Ils ont fait remarquer le grand nombre de martyrs, de vierges, de solitaires, qui ont rendu célèbre l'Eglise d'*Egypte*. Il n'est pas étonnant que le siège d'Alexandrie soit devenu l'un des quatre patriarcats de l'Orient; sa juridiction était très-étendue, puisqu'elle comprenait, outre l'*Egypte* et l'Ethiopie, une bonne partie des côtes de l'Afrique. — Le christianisme y a subsisté dans sa pureté jusqu'au milieu du v° siècle, car il ne paraît pas que l'arianisme, quoique né dans Alexandrie, ait fait de grands progrès en *Egypte*. Mais en 449, Dioscore, patriarche d'Alexandrie, prélat ambitieux et violent, qui avait beaucoup de crédit dans son patriarcat, donna dans les erreurs d'Eutychès, prit cet hérétique sous sa protection, osa prononcer une sentence d'excommunication contre le pape saint Léon. Quoique condamné et déposé dans le concile de Chalcédoine, en 451, il persista dans ses erreurs, et mourut en exil. Le plus grand nombre des évêques d'*Egypte* lui demeurèrent attachés, élurent un patriarche pour lui succéder; depuis cette époque, l'*Egypte* a été séparée de l'Eglise catholique, et a persévéré dans l'hérésie d'Eutychès, dont les partisans ont été nommés dans la suite *jacobites*. — Dans le vii° siècle, lorsque les mahométans se présentèrent pour conquérir l'*Egypte*, ces schismatiques préférèrent d'être soumis aux musulmans plutôt qu'aux empereurs de Constantinople; ils favorisèrent les conquérants, et en obtinrent le libre exercice de leur religion. Mais ils ont eu le temps d'expier ce crime, par les vexations continuelles qu'ils ont essuyées de la part de ces maîtres farouches. On prétend qu'ils sont aujourd'hui réduits au nombre de quinze mille tout au plus, et ils sont connus sous le nom de COPHTES. *Voy.* ce mot (1).

(1) « La nation extraordinaire des Egyptiens, dit Mgr Wiseman, a de tout temps excité l'attention des érudits. Son origine semblait avoir été un problème pour elle-même, et par conséquent devait l'être pour tout le monde. Les allégories mystérieuses de son culte, la sombre sublimité de sa morale, et, par-dessus tout, l'énigme impénétrable de ses monuments écrits, jetaient un voile mythologique sur son histoire. Les savants s'approchaient d'elle comme s'ils eussent eu, dans les faits même les plus clairs, une légende hiéroglyphique à déchiffrer; nous étions portés à croire que ce peuple avait conservé, même dans ses derniers temps, la teinte obscure et les traits vagues d'une haute antiquité, et pouvait en conséquence s'attribuer un âge qui dépassait les limites de tout calcul. Nous étions presque tentés de le croire, quand il nous disait que ses premiers monarques étaient les dieux du reste du monde.

« Quand, après tant de siècles d'obscurité et d'incertitude, nous voyons l'histoire perdue de ce peuple revivre et prendre place à côté de celle des autres empires de l'antiquité; quand nous lisons les inscriptions où ses rois racontent leurs hauts faits et leurs merveilleuses qualités; quand nous contemplons leurs monuments avec la pleine intelligence des événements qu'ils rappellent; alors l'impression que nous ressentons n'est guère moins profonde que celle qu'éprouverait le voyageur, si, en traversant les catacombes silencieuses de Thèbes, il voyait tout à coup ces momies, préservées de la corruption depuis tant de siècles par l'art de l'embaumeur, se dégager de leurs bandelettes et s'élancer du fond de leurs niches.

« Lorsque des ténèbres si épaisses couvraient l'histoire de l'Egypte, il n'était pas étonnant que les ennemis de la religion s'y retirassent comme dans

EGYPTIENS (Évangile des), ou selon les *Égyptiens*. C'est un des *Évangiles* apocryphes qui ont eu cours parmi les hérétiques du second siècle de l'Église. Saint Clément d'Alexandrie, Origène, saint Épiphane, saint Jérôme, en ont parlé ; mais ils en disent très-

une forteresse, et fissent de là de vigoureuses sorties. Ils recueillirent les lambeaux épars de ses annales, comme Isis les membres déchirés d'Osiris ; et, en rapprochant ces débris, ils s'efforçaient de reconstruire leur idole favorite, c'est-à-dire une chronologie dont les proportions démesurées dépassaient toutes les limites de l'histoire mosaïque. Volney n'hésitait pas à placer la formation des collèges sacerdotaux en Égypte 13,300 ans avant Jésus-Christ ; encore n'était-ce là que la seconde période de l'histoire égyptienne (*Recherches*, t. II, p. 440) ! La troisième période, dans laquelle il suppose que le temple d'Esneh avait été bâti, remonterait à 4000 ans avant notre ère, c'est-à-dire presque au temps où nous plaçons la création ! Les mystérieux monuments de l'Égypte présentaient à ces ennemis de la foi des retranchements presque inexpugnables. Ils en appelaient à ces colosses immenses à demi ensevelis, et à ces temples maintenant enfoncés sous terre, comme à des témoins de la civilisation antique et primitive du peuple qui les éleva ; ils en appelaient aux compositions astronomiques, inscrites sur les débris, comme à des preuves irrécusables d'une science n'ôtée par des siècles d'observation. Mais surtout ils montraient dans ces légendes hiéroglyphiques les dates vénérables de souverains déifiés longtemps avant les âges modernes de Moïse ou d'Abraham ; et, d'un air triomphant, ils nous indiquaient du doigt les caractères mystérieux qu'une main invisible avait tracés sur ces vieilles murailles ; à les entendre, il ne manquait qu'un nouveau Daniel pour les déchiffrer et pour démontrer que les preuves du christianisme avaient été pesées, qu'elles étaient trop légères, et que son empire allait être divisé entre les incrédules et les libertins. Vaine espérance ! Les temples égyptiens ont enfin répondu à cet appel dans un langage plus clair qu'on ne pouvait le prévoir ; car des recherches ingénieuses et persévérantes ont produit un nouveau Daniel. Après une si longue interruption, Young et Champollion sont venus reprendre la robe de lin du hiérophante, et les monuments du Nil ont été dévoilés par leurs mains bien plus complètement que la formidable idole de Saïs : et cela, sans que leur tentative hardie ait amené autre chose que des résultats salutaires et consolants. » (Mgr Wiseman, *Discours sur l'histoire primitive*, dans les *Démonstrations évangéliques*, t. XV, édit. Migne.)

Pour résoudre toutes les difficultés amoncelées par les impies à l'occasion de l'Égypte contre la vérité de l'histoire sainte, il faut, 1° en étudier la chronologie et les dynasties ; 2° en examiner les monuments ; 3° et surtout les zodiaques ; 4° répondre aux difficultés tirées de quelques passages épars de l'Écriture. Au mot Zodiaques, nous répondons à l'objection tirée des monuments astronomiques des Égyptiens. Nous nous occupons ici des autres difficultés.

I. *De la chronologie et des dynasties des Égyptiens.*

La chronologie des Égyptiens faisait remonter ce peuple à une très-haute antiquité. Voici quelques observations de Para du Phanjas, qui serviront à l'apprécier :

« Tous les siècles et toutes les nations ont eu leur manie particulière, leur folie propre : celle des Égyptiens, qui paraissent avoir donné le ton en ce genre aux Chaldéens et aux Indiens, était de porter l'origine de leur nation dans une immense antiquité. Le plus ignoble Égyptien (comme nous l'apprend Platon dans son *Timée* et dans son *Critias*) dédaignait et méprisait un sage de la Grèce, un Thalès,

un Solon, un Platon, un Hécatée de Milet, un Hérodote, un Diodore de Sicile, qui venaient en Égypte pour y débrouiller le chaos de la législation et de l'histoire, parce que tout Égyptien avait l'honneur d'être membre d'une nation qui se croyait ou qui se disait plus ancienne que la nation grecque de plusieurs myriades, c'est-à-dire de plusieurs dixaines de milliers d'années ; et, plus il augmentait cette ancienneté, plus il s'imaginait croître en mérite et en excellence.

« C'est ainsi, pour comparer une folie moderne à une folie ancienne, qu'on a vu et qu'on voit peut-être encore en France quelques *familles illustres*, peu contentes de l'honneur réel de descendre d'un comte ou d'un baron du XII° ou du XIII° siècle, se décorer d'une généalogie imaginaire, se faire descendre fabuleusement, de père en fils, de quelqu'un de ces conquérants des Gaules, qui suivaient Pharamond et Clovis. C'est ainsi encore qu'un gentillâtre allemand, qui se vante de compter soixante-quatre ou cent vingt-huit quartiers de noblesse, daigne à peine regarder un haut et puissant seigneur de la même nation qui n'en compte que trente-deux : que serait-ce si ce même seigneur ne pouvait remonter au-delà de seize bien prouvés ?

« Dans cette manie d'antiquité, il fut facile à la nation égyptienne, qui divisait son histoire en temps historiques et en temps mythologiques, de se donner tant d'ancienneté qu'elle voulut : tout lui en fournit et lui en facilita les moyens.

« 1° Dans les *temps historiques*, elle avait eu successivement des années civiles d'un mois, de trois mois, de quatre mois, de douze mois. Il est clair qu'en mettant bout à bout ces années, en les comptant toutes indifféremment pour ce qu'elles avaient valu dans les derniers temps, ou faisait bien du chemin dans l'antiquité. En mettant encore bout à bout, comme l'observent l'historien Josèphe, le chevalier Marshan, l'académicien Fréret, les règnes contemporains de différentes dynasties qui régnèrent en même temps sur différentes parties de l'Égypte, on reculait avec un brillant succès l'origine de la nation (a).

« 2° Par le moyen des *temps mythologiques*, des fabuleuses généalogies et des règnes fabuleux de leurs dieux et de leurs demi-dieux, il est clair qu'il était facile aux Égyptiens de marcher à pas de géant vers l'antiquité, et de faire des progrès divins dans l'art merveilleux d'illustrer leur nation, en éloignant de plus en plus les premiers temps de son existence.

« 3° Les *monuments nationaux*, fabuleusement expliqués, étaient mis en œuvre pour donner une espèce de certitude ou de vraisemblance à leur histoire et à leur chronologie. Par exemple : les Égyptiens avaient conservé dans leurs annales ou dans leurs traditions, au rapport de Diogène Laërce, la mémoire de 373 éclipses de soleil, et de 852 éclipses de lune, arrivées avant le siècle ou le règne d'Alexandre. *C'est assez bien* (dit le savant et judicieux auteur de l'Histoire des mathématiques) *la proportion qui règne entre les éclipses de ces deux astres, vus sur un même horizon ; et de là on pourrait conclure que ces éclipses ne sont point fictives, et qu'elles*

(a) « Les prêtres égyptiens (dit M. Fréret, dans sa Défense de la chronologie contre le système chronologique de Newton) mettaient au nombre de leurs rois tous les princes qui avaient régné en Égypte, et dont le nom se trouvait dans les annales sacrées ; et c'est par là qu'Hérodote compte en Égypte 341 ; et Manéthon, quelques siècles après, 352 rois. Mais ces princes, que Manéthon divise en trente et une dynasties, ne composaient pas une suite de rois successifs. » Pages 223 et 314.

peu de chose. Origène dit que c'est un *Evangile* des hérétiques; saint Épiphane nous apprend que les valentiniens et les sabelliens s'en servaient: saint Clément d'Alexandrie en a cité un passage auquel il tâche de donner un sens orthodoxe (*Strom.*, liv. III, n° 13,

avaient été réellement observées. Mais ce qu'ils ajoutaient, continue le même auteur, savoir, que ces phénomènes étaient arrivés dans une durée de 48,853 ans, n'est qu'une fable mal concertée : car ce nombre d'éclipses a dû être vu dans douze ou treize cents ans (Tom. I, pages 64 et 65). Les Égyptiens avaient une période chez eux célèbre, qu'ils appelaient la grande année, l'année de Dieu, le cycle ou l'année caniculaire, la période sothique. Cette grande année commençait lorsque Syrius, dans son lever héliaque, sortait des rayons du soleil le premier jour du mois thot ou de l'année civile, et elle durait environ mille quatre cent soixante ans. De là ils concluaient que cette période, pour devenir connue, avait dû nécessairement être observée plusieurs fois, un grand nombre de fois, par la nation, et que par conséquent leur astronomie remontait à une immense antiquité. Fausse conclusion, puisqu'il suffisait d'avoir observé avec quelque attention et avec quelque réflexion une seule portion de cette période pour la connaître en entier avec le peu de précision qu'elle avait chez les Égyptiens. — La grande révolution du zodiaque autour des pôles de l'écliptique ne fut connue chez les Égyptiens qu'au temps d'Hipparque, environ deux cent cinquante ans avant Jésus-Christ. N'importe : on la fit entrer, dans la suite, dans les anciennes découvertes de l'Égypte, et elle y fonda la période de trente-six-mille ans environ (a). — Une fable singulièrement chère aux Égyptiens, la fable du fameux *cercle d'or* de trois cent soixante-cinq coudées de circonférence et d'une coudée de largeur, qui décorait anciennement, disait-on, le tombeau du roi Osymandias, et qui était dès lors destiné à diviser l'année en trois cent soixante-cinq jours et à diriger les observations qu'on faisait dans le ciel sur les mouvements relatifs des planètes et des étoiles, venait à l'appui de leurs prétentions d'antiquité. Un tel cercle, un tel monument, dont l'existence est évidemment fabuleuse, était, selon les prêtres égyptiens, une preuve décisive que la nation égyptienne avait déjà, au temps du roi Osymandias, des observations et des connaissances astronomiques, qui ne pouvaient être le fruit que d'une longue suite de siècles. — Les statues, les obélisques, les pyramides qu'on admirait dans l'Égypte, *anciens monuments* du despotisme et de la folie des souverains de cette nation, mais dont aucun ne remonte au-delà de quinze ou seize cents ans avant l'ère chrétienne, devaient leur existence à tel roi ou à tel demi-dieu qu'il plaisait arbitrairement aux prêtres mystérieux et enthousiastes de cette nation de leur attribuer et de leur assigner.

« 4° C'est sur de pareils fondements qu'était établie l'histoire et la chronologie égyptienne, telle que l'apprirent des prêtres de cette nation, Hérodote, Solon, Platon et quelques autres historiens

(a) La révolution dont il s'agit ici est ce que les astronomes nomment la *précession des équinoxes*.
Soit une ligne droite, menée du centre de la terre à l'intersection occidentale de l'écliptique et de l'équateur, et prolongée indéfiniment dans la région des étoiles. L'étoile qui est à l'extrémité de cette ligne cette année, au moment de l'équinoxe du printemps, sera plus orientale de 50 secondes et 20 tierces de degré, au moment de l'équinoxe du printemps prochain; de 100 secondes et 40 tierces, au moment de l'équinoxe du printemps suivant; et ainsi de suite : de sorte qu'il faudra à cette étoile, 25,740 ans, pour revenir dans la même intersection de l'écliptique et de l'équateur, à l'équinoxe du printemps.
Cette révolution, inconnue aux anciens Égyptiens, découverte par Hipparque, peu exactement connue encore au temps de Ptolémée, fut évaluée par ce dernier astronome à environ 36,000 ans, quoiqu'elle ne soit que de 25,740 ans.

ou philosophes de la Grèce, et telle que la donna dans la suite, dans son histoire de l'Égypte, peu de temps après la mort d'Alexandre, Manéthon, grand prêtre d'Héliopolis, et garde des archives sacrées de la ville (a). Mais dans ces rapports ou récits faits aux anciens sages de la Grèce et consignés dans les anciennes histoires de cette nation, combien de fables, d'absurdités, d'oppositions contradictoires, qui leur ôtent presque toute certitude. Par exemple, d'après ces récits, Hérodote donne onze mille trois cent quarante ans de durée au règne des hommes, depuis Ménès, premier roi d'Égypte, jusqu'à Séthon, contemporain de Sennachérib. Diodore de Sicile, suivant en cela Hécatée de Milet, donne neuf mille cinq cents ans de durée au même règne des hommes, depuis Ménès jusqu'à Cambyse, qui régnait cinq cent trente-huit ans avant Jésus-Christ, et il réduit ensuite ces 9509 ans qu'il ne prenait pas pour des années solaires, à 4700 ans environ. Selon Diogène Laërce, Nilus, le premier auteur de la philosophie égyptienne, passait pour avoir vécu 48,863 ans avant Alexandre; et selon Dicéarchus, ce même Nilus ne vivait que 436 ans avant les olympiades, ce qui ne remonte qu'à environ 1200 ans avant Jésus-Christ. Platon donne 9,000 ans d'ancienneté à la ville de Saïs, postérieure aux villes de Thèbes et de Memphis. Manéthon compte, depuis la fondation de la monarchie égyptienne jusqu'au règne d'Alexandre, environ 5540 ans selon Jules Africain, environ 4260 ans selon Eusèbe, environ 3510 ans selon Syncelle, environ 10,000 ans selon d'autres auteurs. L'ancienne chronique égyptienne, rapportée par Syncelle, compte 36,510 ans, depuis le règne du Soleil jusqu'au règne d'Alexandre : elle embrassait fabuleusement, comme on voit, le règne des dieux et des hommes.

« Tel est le fond et la substance de tout ce qu'on a de meilleurs monuments, pour fixer les idées sur l'ancienneté de la nation égyptienne. De tout cela que conclure au sujet de l'histoire et de la chronologie de cette nation, sinon qu'elles renferment évidemment beaucoup de fables et bien peu de certitude. » (Para du Phanjas, dans les *Démonst. évang.*, t. X.)

« Il est bien vrai que les Égyptiens ont eu un grand nombre de dynasties qui semblent donner une très-haute antiquité à cette nation; mais, comme l'ont observé les savants, l'Égypte était divisée en plusieurs royaumes qui avaient chacun leurs rois. En en donnant la liste, les historiens n'ont pas observé à la tête de quelle partie de l'Égypte elles avaient commandé, de là est née la confusion. Les nouvelles découvertes qui ont été faites sur l'histoire de l'Égypte ont constaté une identité complète entre l'histoire sainte et l'égyptienne, comme nous le verrons dans le paragraphe suivant.

II. *Combien l'examen des monuments égyptiens a servi à fortifier la véracité de nos livres saints.*

Au mot HIÉROGLYPHES, nous dirons comment on est parvenu à les lire. Nous devons seulement constater ici que ce qui avait effrayé quelques hommes religieux n'a servi qu'à fortifier notre foi. M. de Champollion assure que le monument le plus ancien des Égyptiens ne remonte pas à 2,200 ans avant

(a) Cette histoire de Manéthon n'existe plus : elle s'est perdue; et il y a apparence que cette perte n'a pas immensément rétréci la sphère des connaissances humaines. Eusèbe, auteur du quatrième siècle, et Jules Africain, auteur du troisième siècle, nous en ont donné deux extraits différents : l'historien Josèphe, contemporain des apôtres, et George Syncelle, auteur du huitième siècle, nous en ont conservé quelques fragments.

p. 552). C'est tout ce que nous en savons: — Quelques-uns ont pensé que cet *Evangile* était très-ancien, qu'il avait même été écrit J.-C., antiquité qui n'offre rien de contradictoire aux traditions sacrées.

Pour faire connaître les résultats de nouvelles découvertes historiques, nous allons donner le bel exposé que Mgr Wiseman en a fait.

« Le premier point de l'Ecriture sur lequel les travaux de Rosellini ont jeté une nouvelle lumière, est l'origine et la vraie signification du titre de Pharaon, quoique sur ce point on puisse dire qu'il a été mis sur la voie par nos savants compatriotes Wilkinson et le major Félix. Par diverses analogies entre les lettres hébraïques et égyptiennes, il montre que ce titre est identique avec lui de *Pura* ou *Phre*, le Soleil, qui précède les noms des rois sur leurs monuments. Descendant à une période plus récente, nous remarquons une coïncidence extraordinaire entre les faits rapportés dans l'histoire de Joseph, et l'état de l'Egypte à l'époque où ils y entrèrent, lui et sa famille. Il est dit, au livre de la Genèse, que Joseph, lorsqu'il présenta son père et ses frères à Pharaon, eut soin de l'avertir qu'ils étaient des bergers, que leur profession était de paître des troupeaux, et qu'ils avaient amené avec eux leurs troupeaux de bétail (*Gen.* XLVI, 33, 34 ; XLVII, 1). Mais il semble y avoir entre ceci et les instructions qu'il leur donna une étrange contradiction : *Quand Pharaon, leur dit-il, vous fera venir et vous demandera : Quelle est votre occupation? vous lui répondrez : Vos serviteurs sont pasteurs depuis leur enfance jusqu'à présent, et nos pères l'ont toujours été comme nous. Vous direz ceci pour pouvoir demeurer dans la terre de Gessen, parce que tous les pasteurs sont en abomination aux Egyptiens* (*Ibid.* XLVI, 34, *cf.* XLII, 6, 11). Or, pourquoi Joseph met-il tant d'importance à faire savoir à Pharaon que tous les membres de sa famille étaient pasteurs, puisque tous les pasteurs étaient en abomination aux Egyptiens? Cette contradiction disparaît dès qu'on vient à réfléchir à cette circonstance : qu'à l'époque où Joseph était en Egypte, la majeure partie de ce royaume était sous la domination des Hyk-Shos, ou rois pasteurs, race étrangère, probablement d'origine scythe, qui s'était emparée de l'Egypte. Ainsi nous apercevons tout d'un coup comment des étrangers, dont les Egyptiens étaient si jaloux, purent être admis au pouvoir ; comment le roi dut même être satisfait de voir venir de nouveaux habitants occuper une étendue considérable de son territoire, et comment leur profession de pasteurs, tout en les rendant odieux au peuple, leur dut attirer les bonnes grâces d'un souverain dont la famille exerçait la même industrie. Champollion suppose que ce sont ces Hyk Shos qui sont représentés par les figures peintes sous les semelles des pantoufles égyptiennes, en signe de mépris (*a*) Cette situation dans laquelle se trouvait alors l'Egypte, nous explique aussi plus aisément les mesures prises par Joseph pendant la famine, pour constituer toutes les terres et les personnes des Egyptiens dans une dépendance féodale de leur souverain (*b*). Et, avant de quitter cette époque, je vous ferai observer que le nom donné à Joseph, de *Sauveur du monde*, a été fort bien expliqué par Rosellini, d'après la langue égyptienne.

« Après la mort de Joseph, l'Ecriture dit qu'il s'éleva un roi qui ne connaissait point Joseph. Il serait difficile d'appliquer cette expression énergique à un successeur par ligne de descendance d'un monarque qui avait reçu de lui tant de signalés bienfaits; cela nous conduirait plutôt à supposer qu'une nouvelle dynastie, hostile à la précédente, s'était emparée du trône. L'Ecriture, dit Jacques d'Edesse, ne veut point parler d'un Pharaon particulier quand elle dit un nouveau roi, mais de toute la dynastie de cette génération (*a*).

Or, telle est l'exacte vérité. En effet, quelques années après, les Hyk-Shos, ou rois-pasteurs, qui correspondent à la 17e dynastie égyptienne, furent chassés de l'Egypte par Amosis, appelé Amenophtiph sur les monuments, et qui fut le fondateur de la 18e dynastie, ou dynastie diospolitaine. Ce roi devait naturellement refuser de reconnaître les services rendus par Joseph, et considérer nécessairement tous les membres de sa famille comme des ennemis : par là aussi nous comprenons ses craintes qu'ils ne se joignissent aux ennemis de l'Egypte s'il survenait quelque guerre entre eux (*b*). Car les Hyk-Shos, après leur expulsion, continuèrent longtemps encore à harceler les Egyptiens, par les tentatives qu'ils essayèrent pour recouvrer le pouvoir qui leur était échappé (*c*). L'oppression fut, comme on l'imagine, le moyen employé pour affaiblir d'abord, et ensuite éteindre entièrement le peuple hébreu. On employa les enfants d'Israël à bâtir les villes de l'Egypte. Il a été observé par Champollion que plusieurs des édifices bâtis par la 18e dynastie, sont élevés sur les ruines de bâtiments plus anciens, qui évidemment avaient été détruits (*d*). Cette circonstance, jointe à l'absence totale de monuments plus anciens dans les parties de l'Egypte occupées par les Hyk-Shos, confirme le témoignage des historiens, qui disent que ces usurpateurs détruisirent les monuments des princes légitimes et naturels, et fournit ainsi aux restaurateurs de la souveraineté nationale, l'occasion d'employer ceux qu'ils regardaient comme les alliés de leurs ennemis, à réparer les désastres qu'ils avaient causés. A cette époque appartiennent les magnifiques édifices de Karnak, Luxor et Medinet-Abu. Dans le même temps, nous avons le témoignage exprès de Diodore de Sicile, qui déclare que les rois égyptiens se faisaient gloire de ce qu'aucun Egyptien n'avait mis la main à ces ouvrages, et que c'étaient des étrangers qui avaient été contraints de les faire (*e*).

Ce fut sous un roi de cette dynastie, selon Rosellini, de celle de Ramsès, que les enfants d'Israël sortirent de l'Egypte. Le récit de l'Ecriture fait concourir cet événement avec la mort d'un Pharaon ; et, de même, le calcul chronologique adopté par Rosellini le ferait coïncider avec la dernière année du règne de ce monarque (*f*).

(*a*) Cod. vat. Syr. 104, fol. 44.
(*b*) *Exod.*, 1, 10. Voyez aussi Manéthon dans Josèphe, contre Appion, liv. 1.
(*c*) Rosellini, p. 291.
(*d*) Champollion, 2e *Lett.*, pp. 7, 10, 17.
(*e*) 14. Tom. II, p. 445, éd. d'Havercamp, lib. 1, p. 66, éd. Wesseling.—Je ne reproduirai pas l'opinion professée autrefois par Josèphe et d'autres (*ubi sup.*), et répétée par plusieurs écrivains modernes, tels que Marsham (*Canon. Egypt.*, Lips. 1676, pp. 94, 106) et Rosenmüller (*Scholia in Vet. Test.* part. 1, vol. II, p. 8, éd. 3), et soutenue même encore depuis la découverte de l'alphabet hiéroglyphique, par un petit nombre d'auteurs, tels que M. Bovet et Wilkinson (*Materia hierogl.*, Malte, 1826, 2e partie, p. 80), que les rois-pasteurs n'étaient autres que les enfants d'Israël. Cette opinion paraît aujourd'hui tout à fait insoutenable, et il n'est pas probable qu'elle trouve désormais de défenseurs. Les Hyd-Shos, tels que les représentent les monuments, ont les traits, le teint et les autres marques distinctives des tribus scythes.
(*f*) Comme l'Ecriture parle avec le ton d'un morceau poétique de la destruction de l'armée de Pharaon, plutôt que de la mort du monarque lui-même, quelques écrivains, comme Wilkinson (P. 4. Remarques, à la fin de sa *Mater. hieroglyph.*) et Creppo, dont je ne puis en ce mo-

(*a*) Champollion, *Lettr.* I. pp. 57, 58.
(*b*) Rosellini, *ibid.*, p. 180.

critiques modernes ont cru que cet *Evangile des Egyptiens* avait été cité par saint Clément de Rome (*Epist.* 2, n° 12). Il nous paraît qu'ils se sont trompés. 1° Les paroles de Jésus-Christ citées par saint Clément, pape, ne sont point conformes au texte que saint

« Ici se présente une difficulté sérieuse. Les historiens anciens parlent de Sésostris comme d'un fameux conquérant qui, sorti de l'Egypte, et côtoyant les rivages de la Palestine, soumit à son sceptre des nations innombrables. L'Ecriture ne parle pas une seule fois de cette grande invasion, qui doit avoir traversé le pays habité par les Israélites. On s'est prévalu de ce silence contre l'histoire sacrée ; on l'a regardé comme une omission grave qui en compromet l'authenticité. Pendant longtemps on supposa que le *Sethos Ægyptus* de Manéthon ne faisait qu'un avec le Sésostris d'Hérodote ; Champollion même, faute de documents suffisants, est tombé dans l'erreur sur ce point ; mais il a, dans la suite, changé d'opinion. Rosellini s'est donné beaucoup de peines pour prouver que ce sont deux personnages distincts, et, par cette découverte, il lève entièrement toute difficulté. Il prouve en effet que le grand conquérant Ramsès Sethos Ægyptus, personnage tout à fait différent de Ramsès Sésostris, ou du Sésoosis d'Hérodote et de Diodore, est le souverain qui marcha à la tête de cette fameuse expédition, et qui fonda la 19° dynastie égyptienne. Comme les Israélites avaient quitté l'Egypte peu de temps avant la fin de la 18°, il s'ensuit que les exploits de ce conquérant et son passage à travers la Palestine eurent lieu précisément dans l'espace des quarante années qu'ils errèrent dans le désert, et ne purent, par conséquent, influer en rien sur l'état de ce peuple : d'où il résulte évidemment qu'il ne devait pas en être fait mention dans leurs annales nationales (*a*).

« Il se rattache à ce que nous venons de dire un curieux et intéressant monument, qui, pendant un certain temps, a été un objet de discussion parmi les antiquaires romains, et qui mérite une courte digression. Hérodote rapporte que le grand conquérant Sésostris marqua la route suivie par son armée par une série de monuments dont il a vu lui-même quelques-uns en Palestine, tandis qu'il en existait d'autres en Ionie (*b*). Maundrell fut le premier à reconnaître *quelques figures étranges d'hommes, taillées dans le roc brut, en demi-relief, et de grandeur naturelle*, sur la montagne qui domine le gué par lequel on traverse le fleuve du Lycus, ou Nahr-el Kelb, non loin de Beirouth.

« Champollion, dans son *Précis*, signale ce monument comme égyptien, et comme appartenant à Ramsès ou Sésostris. Il paraît qu'il en avait pris connaissance au moyen d'une esquisse qui en avait été tracée par M. Bankes ; mais une esquisse plus ancienne par M. Wyse avait de même conduit sir W. Gell à la découverte du héros que représente ce monument. M. Levinge, à la demande de sir William, l'examina, et déclara que la légende hiéroglyphique était entièrement effacée (*c*). Une autre note a été publiée par M. Lajard, d'après une esquisse de M. Guys ; mais c'est sur les monuments persans qui sont sur le même roc, qu'il a tourné principalement son attention. Depuis, il a recueilli tous les renseignements possibles de M. Callier, qui cependant n'avait aucuns dessins pour expliquer sa propre description (*d*). Enfin M. Bonomi a étudié à fond cette intéressante matière, et ses observations, publiées à la fois avec les dessins qui les accompagnent indiquer le passage, soutiennent que rien ne nous force à supposer que la mort du roi concourre avec la sortie d'Egypte. Dans le plan de Rosellini, il n'est pas besoin de s'écarter ainsi de l'interprétation reçue.

(*a*) Rosellini, p. 303.
(*b*) Lib. ii, c. 105.
(*c*) *Bulletino dell' Instituto di corrispondenza archeologica*. Gennaro, 1834, n° 1, p. 30 ; n° 6, Luglio, p. 135.
(*d*) *Ibid.*, et *Bulletino*, n° 5, a, Marzo, 1825, p. 23.

DICT. DE THÉOL. DOGMATIQUE. II.

gnent, par M. Landseer, laissent peu à désirer.

« Il paraît donc que, sur le côté de la route qui longe le flanc d'une montagne bordée par le Lycus, il se trouve dix monuments anciens. Deux d'entre eux offrent peu d'intérêt en comparaison des autres ; ce sont deux inscriptions, l'une latine et l'autre arabe, qui ont trait à des réparations faites à la route. Voici en quels termes M. Bonomi parle des autres : *Les plus anciens, mais malheureusement les plus détériorés de ces restes de l'antiquité, sont trois tablettes égyptiennes. Sur ces tablettes on peut reconnaître, en plus d'un endroit, le nom, exprimé en hiéroglyphes, de Ramsès II ; c'est à l'époque de son règne que tout connaisseur dans l'art égyptien les aurait attribuées, quand même elles ne porteraient pas pour preuve incontestable de leur origine le nom de ce roi, à cause de leurs belles proportions et de la courbure de leurs formes* (*a*). Je me contenterai de dire qu'il y a, de plus, un bas-relief persan, représentant un roi avec des emblèmes astronomiques, et couvert d'une inscription surmontée d'une flèche. M. Bonomi n'est arrivé qu'avec de grandes difficultés à mouler ce précieux monument (*b*). M. Landseer croit qu'il représente Salmanasar, ou quelque autre conquérant assyrien des temps antiques (*c*). Le chevalier Bunsen, sans avoir examiné le moule ou le dessin, conjecture, avec grande apparence de raison, que le héros auquel il a trait est Cambyse (*d*).

« Mais, pour en revenir à nos Egyptiens, Champollion et, après lui, Wilkinson considéraient le Sésostris de l'histoire comme le même personnage que Ramsès II, à qui Bonomi attribue la légende hiéroglyphique qui se lit sur le monument syriaque (*e*) ; mais il est probable qu'il n'ajouta le nombre II un nom du roi, qu'à cause de cette idée reçue. Champollion a, je crois, changé d'opinion avant sa mort, et son opinion a été suivie, comme vous l'avez vu, par Rosellini. Mais M. Bunsen, qui s'est longtemps occupé des moyens de débrouiller le chaos de la chronologie égyptienne, a fait observer que Ramsès III est incontestablement le Sésostris des Grecs, et qu'il y a une erreur de trois ou quatre siècles dans la date assignée par Champollion au commencement de son règne (*f*).

« En descendant dans l'ordre des temps, Rosellini, avec tous les autres chronologistes, place la cinquième année du règne de Roboam au moment où Shishak conduit le royaume de Juda et conquit Jérusalem en l'an 971 avant J.-C. (*g*). Or, les monuments égyptiens nous apprennent que Sheshonk commença son règne avec la 21° dynastie, précisément à la même époque (*h*).

« Rosellini a publié plusieurs monuments de Shishak, dont on fournit principalement la confirmation la plus frappante qu'on ait nulle part découverte jusqu'ici, de l'histoire sacrée par l'histoire profane. Mais ce matin je ne dois m'occuper que de pure chronolo-

(*a*) *Continuation des recherches sabéennes de Land ecr.* Lond., 1825, p. 5. Voyez la gravure qui est en tête de son *Essai*.
(*b*) Le moule original est maintenant en la possession de mon ami W. Scoles.
(*c*) *Ibid.*, p. 14.
(*d*) *Bulletino*, n. 5, *a*, 1835, p. 21.
(*e*) *Lettres écrites d'Egypte et de Nubie* en 1828 et 1829. Paris, 1833, pp. 362, 453. *Topographie de Thèbes*, par Wilkinson, Lond., 1835, p. 51 ; et aussi *Materia hieroglyph.*
(*f*) *Bulletino*, ibid., p. 23.
(*g*) III *Reg.*, xiv, 25.
(*h*) Rosell. p. 83. — Voyez aussi la 2° lettr. de Champollion ; p. 120, 161 ; de plus, sa *Lettre à M. G. A. Brown, dans les principaux monuments égyptiens du Musée Britannique*, par le T. H. Charles Yorke et M. le col. M. Leage. Lond., 1827, p. 23.

Clément d'Alexandrie a vu dans « *Evangile des Égyptiens*; il y a dans ce dernier une interpolation qui vient évidemment des hérétiques docètes, qui condamnaient le mariage et approuvaient l'impudicité; doctrine formellement contraire à celle de saint Clément, et, par conséquent, je réserverai cet intéressant monument pour notre prochaine réunion, où nous traiterons d'archéologie.

« Greppo et d'autres ont supposé que le Zarach du second livre des Paralipomènes (xiv, 9-15) est l'Osorchon des monuments. Rosellini cependant rejette cette opinion; mais je ne trouve pas, je l'avoue, ses raisons très-satisfaisantes; elles consistent dans une légère différence de nom, et en ce qu'il est appelé éthiopien, circonstance qui confirme plutôt la coïncidence, puisque la dynastie à laquelle il appartenait était la dynastie bubastienne, considérée comme éthiopienne par Champollion (*a*).

« Rosellini a néanmoins ajouté de nouveaux monuments à ceux déjà fournis par Champollion, comme rappelant la mémoire de deux autres rois dont il est parlé plus tard dans l'histoire sacrée, Sua, le Sevechus des Grecs, et le Shabak des monuments, dont on retrouve le souvenir dans les palais de Luxor et de Karnak, et dans une statue de la Villa-Albani; enfin Teraha qu'on retrouve à Médinet-Abu, sous le nom de Tahrak (*b*).

« Pour en finir avec ces détails chronologiques, il nous reste encore à produire une des preuves les plus frappantes de l'exacte vérité des Ecritures. Il est dit dans Ezéchiel, XXIX, 30-32, et dans Jérémie, XLIV, 30, que Dieu livrera à Nabuchodonosor Pharaon et son royaume, et qu'*il n'y aura plus de prince de la terre d'Egypte*. Nous voyons cependant Hérodote et Diodore faire encore mention d'Amazis, comme roi d'Egypte, depuis cette époque.

« Comment concilier ensemble ces deux choses? Par les monuments de ce roi, publiés pour la première fois par Wilkinson. Sur ces monuments on ne donne jamais à Amasis les titres dont la royauté en Egypte était toujours accompagnée; et, au lieu d'un prénom, il porte le titre sémitique de *Melek*, qui montre qu'il régnait pour le compte d'un maître étranger (*c*). Deux circonstances mettent, on peut bien le dire, ce fait hors de doute. Premièrement, Diodore dit qu'Amasis était de basse extraction, et que, par conséquent, il n'avait pas *hérité* du trône; secondement, un fils d'Amasis semble avoir gouverné l'Egypte sous Darius, puisqu'il porte le même titre. Or, assurément, sous la domination des Perses, il n'y eut pas de roi national en Egypte; car les monuments portent les noms des monarques persans. Cela prouve que le titre de *Melek* indique une vice-royauté; et c'est ce que confirme encore davantage un monument publié par Rosellini, qui ne paraît pas avoir fait attention à la remarque de Wilkinson. Il s'agit d'une inscription trouvée à Kosséir, qui se rapporte au temps de la domination des Perses, et dans laquelle il est parlé du *Melek de la Haute et Basse-Egypte* (*d*). On lève ainsi une difficulté sérieuse: Amasis n'était pas un roi, ce n'était qu'un vice-roi. » (Mgr. Wiseman, *Discours sur l'histoire primitive*, dans les *Démonst. évang.*, t. xv.)

III. *Objection tirée de quelques passages de l'Ecriture concernant les usages égyptiens.*

« Dans le siècle dernier, dit Mgr Wiseman (*Disc. sur l'archéologie*), les livres de Moïse furent souvent attaqués, parce qu'il y est fait mention de *raisins* (Gen. xl, 9; xliii, 13), de *vignes*, de *vin* même peut-être (*Num.* xx, 5), comme de choses en usage dans l'Egypte (*e*). Car Hérodote dit expressément qu'il n'y avait point de vignes en Egypte (*a*), et Plutarque nous assure que les naturels de ce pays abhorraient le vin comme étant le sang de ceux qui avaient fait rébellion contre les dieux (*b*). On a trouvé ces autorités si concluantes, que les assertions contraires de Diodore, de Strabon, de Pline et d'Athénée ont été considérées par le savant auteur des *Commentaires sur les lois de Moïse*, comme entièrement contre-balancées par le témoignage du seul Hérodote (*c*). D'où il conclut que le vin était commandé dans les sacrifices des Juifs, dans le but exprès de détruire toutes les préventions des Egyptiens à cet égard, et de détacher de plus en plus le peuple choisi de son affection toujours renaissante pour ce pays et ses institutions. Il fut suivi dans cette opinion par plusieurs hommes de talent. Le docteur Prichard cite les oblations de vin parmi ceux des rites hébreux qui se trouvent, *soit en relation directe, soit en contradiction, avec les lois d'Egypte* (*d*). Mais comme ce rite ne peut certainement pas entrer dans la première de ces classes, on doit, je le présume, regarder ce docteur comme partageant l'opinion de Michaelis. Tant que l'autorité d'Hérodote fut ainsi placée au-dessus des témoignages contraires des autres écrivains, on ne put nécessairement opposer à cette objection que des réponses faibles et de peu de poids. Aussi voyons-nous les auteurs qui entreprirent d'y répondre, ou recourir à des conjectures puisées dans l'invraisemblance d'une pareille supposition, ou imaginer une différence chronologique de circonstances, et un changement d'usages entre les temps de Moïse et ceux d'Hérodote.

« Mais les monuments égyptiens ont mis un terme à cette question, et l'ont, comme on pouvait bien le prévoir, décidée en faveur du législateur des juifs. Dans la grande description de l'Egypte publiée par le gouvernement français après l'expédition faire en ce pays, M. Costaz décrit dans tous ses détails la vendange égyptienne dans toute son étendue, depuis la taille de la vigne jusqu'au pressurage du vin, telle qu'il l'a trouvée peinte dans l'Hypogée ou souterrains d'Eilithyia; et il tance sévèrement Hérodote pour avoir nié l'existence de la vigne en Egypte (*e*).

« En 1825, cette question fut agitée de nouveau dans le *Journal des Débats*, où un critique, rendant compte d'une nouvelle édition d'Horace, en prit occasion de faire observer que le *vinum mareoticum* dont il est parlé dans la trente-septième ode du premier livre, ne pouvait être un vin d'Egypte, mais devait provenir d'un district de l'Epire appelé Maréotis. Cet article parut dans le numéro du 26 juin. Le 2 et le 6 du mois suivant, Malte-Brun examina la question dans le même journal, par rapport principalement à l'autorité d'Hérodote; mais ses preuves ne remontaient pas plus haut que les temps de la domination romaine ou grecque. M. Jomard cependant en prit occasion de discuter plus à fond le point en question; et, dans une Revue littéraire, plus propre à des discussions de genre qu'un journal quotidien, il poussa ses recherches jusqu'aux temps des Pharaons. Outre les peintures déjà citées par Costaz, il en appelle aux restes d'amphores ou vases à vin trouvés dans les ruines d'antiques cités égyptiennes et qui sont encore imprégnés du tartre

---

(*a*) *Ubi sup.*, p. 122.
(*b*) *Ibid.*, pp. 107, 199. Wilkinson, pp. 98, 99.
(*c*) *Materia hieroglyph.*, pp. 100, 101.
(*d*) Pag. 243.
(*e*) Voyez Bullet, *Réponses critiques*. Besançon, 1819, tom. II, pag 112; *Bible vengée* de Duclot. Brescia, 1821, tom. II, p. 214.

(*a*) Lib. ii, cap. 77.
(*b*) *De Iside et Osiride*, § 6.
(*c*) Vol. III, p. 121 et suiv. de la traduction anglaise.
(*d*) *Analyse de la méthode égypt.*, p. 442; Guénée, *Let tres de quelques Juifs*. Paris, 1821, tom. I, p. 192.
(*e*) *Description de l'Egypte antiq., Mém*, tom. V, Paris 1809, p. 62.

pape. 2° L'*Evangile des Egyptiens* était cité par Jules Cassien, chef des docètes, pour appuyer ses erreurs. Donc cet *Evangile* avait été forgé par cette secte même, et pour la favoriser. Or, les dorètes n'ont commencé à paraître que sur la fin du second siècle, au lieu que saint Clément de Rome a écrit cent ans auparavant. Il est fâcheux que les critiques n'aient pas fait cette remarque, et qu'ils aient donné lieu, sans le vouloir, à quelques incrédules de soutenir que les *Evangiles* apocryphes sont aussi anciens que les nôtres, et ont été cités par les Pères apostoliques.

EICÉTES, hérétiques du vii° siècle. Ils faisaient profession de la vie monastique, et croyaient ne pouvoir mieux honorer Dieu qu'en dansant. Ils se fondaient sur l'exemple des Israélites, qui, après le passage de la mer Rouge, témoignèrent à Dieu leur reconnaissance par des chants et par des danses.

ELCÉSAITES ou HELCÉSAITES, hérétiques du ii° siècle, qui parurent en Arabie, dans le voisinage de la Palestine. Elcésaï ou Elxaï, leur chef, vivait sous le règne de Trajan; il était juif d'origine, mais il n'observait pas la loi judaïque. Il se donnait pour inspiré, n'admettait qu'une partie de l'Ancien et du Nouveau Testament, et contraignait ses sectateurs au mariage. Il soutenait que l'on pouvait sans pécher céder à la persécution, dissimuler sa foi, adorer les idoles, pourvu que le cœur n'y eût point de part. Il disait que le Christ était le grand roi; mais on ne sait pas si sous le nom de *Christ* il entendait Jésus-Christ ou un autre personnage. Il condamnait les sacrifices, le feu sacré, les autels, la coutume de manger la chair des victimes; il soutenait que tout cela n'était ni commandé par la loi, ni autorisé par l'exemple des patriarches. On prétend cependant que ses sectateurs se joignirent aux ébionites, qui soutenaient la nécessité de la circoncision et des autres cérémonies judaïques. Elxaï donnait au Saint-Esprit le sexe féminin, parce que le mot *rouach*, esprit, est féminin en hébreu. Il enseignait à ses disciples des prières et des formules de juremens absurdes. — Saint Epiphane, Eusèbe et Origène ont parlé des *elcésaïtes*; le premier les nomme aussi *samséens*, du mot hébreu *sames* ou *schemech*, le soleil; mais il ne paraît pas que ces hérétiques aient adoré le soleil. D'autres les ont appelés *osséens* ou *osséniens*; il ne faut cependant pas les confondre avec les *esséniens*, comme a fait Scaliger. — On voit pourquoi les Pères de l'Eglise du ii° siècle ont fait de grands éloges du martyre, de la continence, de la virginité, et ont posé, à ce sujet, des maximes qui paraissent outrées aujourd'hui; cela était nécessaire pour prémunir les fidèles contre les erreurs des *elcésaïtes* et d'autres hérétiques (Fleury, l. iii, n° 2; l. vi, n° 21).

ELECTION, choix des ministres de l'Eglise. Pendant les quatre premiers siècles, les évêques ont été ordinairement choisis par le clergé inférieur et par le peuple, dont ils devaient être les pasteurs. Il en est peu qui ne soient parvenus à l'épiscopat par voie d'*élection*. Il ne faut cependant pas se persuader que ce moyen ait été indispensable, et que sans cela l'ordination aurait été illégitime. Il y a plusieurs cas dans lesquels l'*élection* du peuple ne pouvait pas avoir lieu, dans lesquels le métropolitain et les suffragans choisissaient eux-mêmes, sans consulter personne.

1° Lorsqu'il fallait envoyer un évêque à des peuples qui n'étaient pas encore couvertis : c'est ainsi que les premiers évêques furent choisis et ordonnés par les apôtres. 2° Si les fidèles d'une Eglise étaient tombés dans l'hérésie ou dans le schisme, on ne les consultait pas pour leur donner un évêque orthodoxe. 3° Lorsqu'ils étaient divisés en factions et ne s'accordaient pas sur le choix d'un sujet ou lorsque celui qu'ils préféraient ne paraissait pas convenable. 4° Dans ce

---

déposé par le vin (*a*). Mais à partir de la découverte de l'alphabet hiéroglyphique par Champollion, on peut regarder la question comme définitivement décidée, puisqu'il paraît certain maintenant, non-seulement que le vin était connu en Egypte, mais même qu'on s'en servait dans les sacrifices. En effet, dans les peintures qui représentent les offrandes, on voit, entre autres dons offerts à la Divinité, des flacons colorés de rouge jusqu'au goulot, qui est resté blanc et comme transparent; et à côté on lit en caractères hiéroglyphiques le mot ερπ, qui, en copthe, signifie *vin* (*b*).

« Rosellini a donné, dans les planches de son magnifique ouvrage, des représentations de tout ce qui concerne la vendange et la fabrication du vin. Auparavant, il avait publié à Florence un bas-relief égyptien, de la galerie du grand-duc, contenant une prière en hiéroglyphes qui s'adressait, à ce qu'il suppose, à la déesse Athyr. On la conjure de répandre sur le défunt du vin, du lait et autres bonnes choses. Ces objets sont figurés par des vases qui sont censés les contenir, et autour desquels les noms se trouvent écrits en hiéroglyphes. Autour du premier vase on voit la plume, la bouche et le carré, qui sont les caractères phonétiques des lettres ερπ (*c*). Je dois faire observer ici que le savant Schweighæuser, dans ses observations sur Athénée, semble révoquer en doute l'exactitude des assertions de Casaubon, qui dit que le mot égyptien employé pour désigner du vin était ἔρπις (*d*), quoique la chose ait été clairement démontrée par Eustathe et Lycophron. S'il eût écrit après la découverte de ce mot dans les hiéroglyphes, il aurait, sans aucun doute, changé d'opinion; d'un autre côté, je ne doute pas non plus que Champollion et Rosellini n'eussent appuyé leur interprétation de l'autorité de ces antiques écrivains, si leur témoignage était parvenu à leur connaissance. »

(*a*) Bul'etin universel, 7° sect., tom. IV, p. 78.
(*b*) Lettres à M. le duc de Blacas, prem. lettre, p. 57.
(*c*) Di un basso-relievo Egiziano della I. è R. galleria di Firenze, ibid., 1826, p. 40. Wilkinson a lu aussi le même mot. Materia hierogl., p. 16, note 5.
(*d*) Athénée, *Deipnoso h. Epit.*, lib. ii, T. I, p. 148, éd. Schweighæuser, emploie le mot ἔρπις dans une citation de Sapho, quoique, dans un autre passage (lib. x, tom. IV, p. 53), il lise ἄκνω. Le savant critique paraît avoir prouvé que la vraie leçon est la dernière (*Animadv. in Athen.*: Argentor., 1801, tom. V, p. 575). Cependant la découverte du nom égyptien donné au vin par les anciens écrivains, en caractères hiéroglyphiques, dans les circonstances rapportées dans le texte, doit être considérée comme une puissante confirmation de l'exactitude du système phonétique.

même cas, les empereurs interposèrent leur autorité, et désignèrent celui qu'il fallait ordonner. 5° L'on obligea quelquefois le peuple à choisir un des trois sujets qu'on lui proposait. 6° L'empereur Justinien, par ses lois, déféra les *élections* aux personnes les plus considérables de la ville épiscopale, à l'exclusion du peuple. — Dans la suite, lorsque l'empire eut été démembré par les conquérants du Nord, ces nouveaux souverains voulurent avoir part au choix des évêques : ceux qui avaient doté les Eglises s'en attribuèrent le droit de patronage. Comme les évêques eurent beaucoup d'autorité dans le gouvernement, il parut naturel que le souverain choisît ceux auxquels il voulait donner sa confiance. Cela devint encore plus nécessaire lorsque les évêques possédèrent des fiefs (1).

Quand on consulte l'histoire, on n'est pas fort tenté de regretter les *élections :* le choix du peuple n'a pas toujours été sage; il a donné lieu à la brigue, aux tumultes, aux séditions. C'est pour les prévenir que les papes se sont maintenus longtemps dans la possession de nommer aux évêchés, et qu'ils ont conservé le droit de confirmer le choix des souverains. Il est juste que le chef de l'Eglise ait une grande part au choix des pasteurs qui doivent la gouverner. *Voy.* Bingham. *Orig. ecclés.*, liv. IV, c. 3, tome II, pag. 108.

Comme les protestants voudraient persuader que l'autorité de laquelle jouissent à présent les pasteurs de l'Eglise est une usurpation, ils ont imaginé que, dans le 1er siècle, le choix de tous les ministres de l'Eglise s'était fait par les suffrages du peuple. Mosheim prétend que saint Mathias fut ainsi choisi pour remplacer Judas dans l'apostolat, de même que les sept diacres, et que cela se faisait encore ainsi à l'égard des prêtres (*Hist. Christ.*, sæc. I, § 14 et 39). Mais nous prouverons en son lieu qu'il a voulu en imposer, et que le seul intérêt de système lui a dicté ses conjectures. *Voy.* saint MATHIAS, DIACRE, ÉVÊQUE, etc.

ELEVATION, partie de la messe où le prêtre élève, l'un après l'autre, l'hostie consacrée et le calice, afin de faire adorer au peuple le corps et le sang de Notre-Seigneur Jésus-Christ, après les avoir adorés lui-même par une profonde génuflexion.

Cette cérémonie n'a été introduite dans l'Eglise latine qu'au commencement du XIIe siècle, et après l'hérésie de Bérenger, afin de professer d'une manière éclatante la croyance de la présence réelle et de la transsubstantiation, qu'il avait attaquée. — De là les protestants ont prétendu que jusqu'alors on n'adorait pas l'eucharistie, que le dogme de la présence réelle et de la transsubstantiation n'avait commencé à s'établir que sur la fin du XIe siècle ; ils ont allégué pour preuve que l'*élévation* de l'hostie après la consécration n'a pas lieu chez les Grecs, ni chez les autres sectes de chrétiens orientaux. — Mais on leur a fait voir, 1° que les Pères de l'Eglise du IIIe et du IVe siècle parlent expressément de l'adoration de l'eucharistie. Origène (*Hom.* 13 *in Exod.*) dit qu'il faut révérer les paroles de Jésus-Christ comme l'eucharistie ; c'est-à-dire comme Jésus-Christ même. Saint Jean Chrysostome (*Hom.* 16 *ad pop. Antioch.*) dit aux fidèles : « Considérez la table du roi, les anges en sont les serviteurs ; le roi y est ; si vos vêtements sont purs, adorez et communiez. » Saint Ambroise témoigne que nous adorons dans les mystères la chair de Jésus-Christ que les apôtres ont adorée (*De Spiritu sancto*, l. III, c. 11). Selon saint Augustin, personne ne mange cette chair sans l'avoir adorée auparavant (*In Ps.* XCVIII). Saint Cyrille de Jérusalem et Théodoret s'expriment de même. S'ils n'avaient pas cru que Jésus-Christ est véritablement et corporellement présent sur l'autel, ils auraient jugé, comme les protestants, que l'adoration de l'eucharistie est une superstition et un acte d'idolâtrie. — 2° Les protestants se sont trompés ou en ont imposé, lorsqu'ils ont assuré que cette adoration n'est pas en usage chez les Orientaux : on leur a prouvé le contraire, soit par les liturgies des Grecs, des Cophtes, des Ethiopiens, des Syriens et des nestoriens, soit par le témoignage exprès des écrivains de ces différentes communions. (*Perpét. de la Foi*, tom. IV, liv. III, ch. 3, etc.; Lebrun, *Explication des cérémonies de la messe*, t. II, pag. 463.) — A la vérité, l'*élévation* de l'eucharistie ne se fait point chez eux comme dans l'Eglise latine, immédiatement après la consécration, mais avant la communion : le prêtre ou le diacre, en élevant les dons sacrés, adresse au peuple ces paroles : Les choses saintes sont pour les saints, *sancta sanctis*, et alors le peuple s'incline ou se prosterne pour adorer l'eucharistie. Ces différentes sectes de chrétiens n'ont certainement pas emprunté cet usage de l'Eglise romaine, de laquelle elles sont séparées depuis plus de douze cents ans. Dans plusieurs de

---

(1) En France, le gouvernement a généralement fait un si louable usage du droit de présentation aux évêchés, qu'il est rare d'entendre s'élever quelques voix qui demandent la modification du régime réglé par les Concordats ; mais il n'en a pas été de même dans les pays étrangers. M. l'abbé Rosmini, aussi dévoué à l'Eglise qu'il est profond philosophe, a déploré ainsi le malheur du droit de présentation.

« Les évêques nommés par l'Etat ne peuvent avoir qu'une faible influence sur les peuples ; ils conservent aux yeux des peuples un péché d'origine. Il est douloureux d'ajouter que les évêques dépouillés de toute influence au profit du prince qui les a nommés, ne peuvent en avoir qu'une faible pour la conservation de la religion. Or, est-il de l'intérêt des princes que les peuples soient dépouillés de leur esprit religieux ? Cet affaiblissement de la foi n'est utile ni aux princes ni à personne ; c'est là le chemin par lequel les princes ont été renversés de leur trône, foulés aux pieds des populations. Si la justice est le fondement unique des trônes, les princes pratiquent cette justice vis-à-vis de l'Eglise, que plutôt ils devraient traiter avec générosité, de cette Eglise qui existait avant eux, et existera après eux ; qu'ils reconnaissent avec sincérité que la société exige des arbitres impartiaux, pacifiques, influents, aimés et estimés de part et d'autre..... »

leurs liturgies, la communion est précédée d'une confession de foi sur la présence réelle.

Bingham et d'autres protestants ont répliqué que les Pères, en parlant d'adorer la chair de Jésus-Christ, ont entendu qu'il fallait l'adorer dans le ciel et non sur l'autel : les passages que nous avons cités témoignent évidemment le contraire ; il y est question de Jésus-Christ présent ; de sa chair que l'on reçoit, de l'eucharistie même. — Ils ont dit que les témoignages de respect, de culte, de vénération, ne sont pas toujours un signe d'*adoration* ou de culte suprême. Mais ces théologiens ne s'accordent pas avec eux-mêmes. Lorsque nous faisons cette réflexion pour justifier le culte que nous rendons aux saints et aux reliques, ils la rejettent avec hauteur ; ils soutiennent que le culte religieux ne doit être adressé qu'à Dieu seul ; selon leur maxime, tout culte religieux adressé aux symboles eucharistiques serait superstitieux et criminel ; il ne peut être légitime qu'autant que l'on croit Jésus-Christ véritablement présent sous ces symboles. — Pour esquiver les conséquences que nous tirons des passages des Pères, ils en ont allégué d'autres où les Pères semblent n'admettre aucun changement réel dans les dons consacrés, mais seulement un changement mystique, comme celui qui se fait dans l'eau du baptême, dans le saint chrême, dans un autel, par leur consécration. D'où ils concluent que quand les Pères leur ont parlé d'adorer l'eucharistie, ils n'ont pas pu l'entendre d'une adoration proprement dite. (Bingham, l. xv, c. 5, § 4, t. VI, p. 451.) — Mais les Pères n'ont jamais dit que l'eau du baptême, le saint chrême, était le Saint-Esprit comme ils ont dit que le pain et le vin consacrés sont le corps et le sang de Jésus-Christ ; ils n'ont point ordonné aux fidèles d'*adorer* l'eau, le chrême, ni un autel consacré. Au mot EUCHARISTIE, nous ferons voir que les Pères ont cru Jésus-Christ aussi réellement présent sur l'autel après la consécration, qu'il l'est dans le ciel. Dans toutes les liturgies, les prières et les signes d'adoration sont adressés à Jésus-Christ comme présent ; donc les Pères qui ont fait les liturgies que nous avons, ou qui s'en sont servis, ont parlé d'une adoration proprement dite, ou d'un culte suprême. — Donc, lorsque les Pères semblent supposer que la *nature* ou la *substance* du pain et du vin de l'eucharistie ne sont pas changés, ils ont entendu par *nature* et *substance* les qualités sensibles du pain et du vin, parce que lorsqu'il est question des corps, nous ne pouvons concevoir ni expliquer ce que c'est que leur *nature* ou leur *substance* distinguée d'avec leurs qualités sensibles.

Si l'on veut comparer les prières que fait l'Eglise pour consacrer l'eau du baptême, le saint chrême, les autels, on verra qu'elles sont fort différentes de celles qu'elle emploie pour l'eucharistie : dans les premières, on demande à Dieu de faire descendre dans les fonts baptismaux *la vertu du Saint-Esprit*, sa force de régénérer les âmes, etc. Par les secondes, l'on demande à Dieu que par la consécration le pain et le vin deviennent le corps et le sang de Jésus-Christ. Sur ce point essentiel, il n'y a aucune différence entre les liturgies ; toutes s'expriment de même. Or ces liturgies, qui datent des premiers siècles, sont le témoignage, non d'un ou de deux auteurs, mais la voix de l'Eglise entière. Toutes font mention d'une *élévation* des symboles et d'une *adoration :* donc toutes nous attestent la présence réelle et substantielle de Jésus-Christ. *Voy.* LITURGIE.

Luther avait d'abord conservé à la messe l'*élévation* et l'adoration des symboles eucharistiques, parce qu'il a toujours cru la présence réelle ; ensuite il la supprima, parce qu'il rejetait la transsubstantiation. Carlostad fit de même. Pour Calvin et ses disciples, ils ont constamment réprouvé l'*élévation* et l'adoration, parce qu'ils ne croient point que Jésus-Christ soit présent dans l'eucharistie. Lorsque le moment de la communion est passé, ils ne regardent les restes du pain qui y a servi que comme du pain ordinaire ; dans toutes les sociétés chrétiennes, au contraire, on a toujours pris les plus grandes précautions pour que ces restes ne fussent pas profanés. La coutume générale de conserver l'eucharistie, de la porter aux absents et aux malades, de la respecter même hors de l'usage, démontre qu'aucune société chrétienne n'a jamais pensé comme les protestants. *Voy.* EUCHARISTIE, § IV.

ÉLIE, prophète qui a vécu sous le règne d'Achab, roi d'Israël, et de Josaphat, roi de Juda. Comme il fut suscité de Dieu pour reprocher au premier son idolâtrie et ses autres crimes, et pour lui en prédire la punition, plusieurs incrédules ont affecté de peindre ce prophète comme un homme vindicatif, cruel, séditieux ; d'attribuer à son mauvais caractère les calamités qu'il annonça, et qui arrivèrent en effet. Mais la plupart étaient des fléaux de la nature, le prophète ne pouvait donc en être l'auteur que par miracle : Dieu s'est-il servi d'un méchant homme pour opérer des prodiges surnaturels ?

Élie annonça d'abord trois années de sécheresse, et l'événement confirma sa prédiction ; à ce sujet l'on reproche à Dieu d'avoir puni des innocents avec les coupables. Est-il bien sûr qu'il y eût beaucoup d'innocents parmi les sujets d'Achab ? Presque tous avaient imité son idolâtrie. D'ailleurs, Dieu peut dédommager, quand il lui plaît, ceux qu'il afflige dans cette vie ; il peut donc, sans injustice, envoyer des calamités générales desquelles tout le monde souffre, et il est absurde de s'en prendre au prophète qui les a prédites. — A la troisième année, *Élie* vient trouver Achab, et lui propose d'assembler les prêtres de Baal, de préparer un sacrifice, et de reconnaître pour seul Dieu celui qui fera tomber le feu du ciel sur la victime. Les prêtres idolâtres invoquent inutilement leur dieu ; *Élie* prie le Seigneur à son tour, le feu tombe du ciel à la vue de tout le peuple, et consume le sacrifice. Le roi et ses sujets reconnaissent leur faute et adorent le Seigneur. Les incrédules ont lancé quelques traits au hasard contre la conduite d'*Élie*; mais ont-ils prouvé que ce miracle ne fût pas réel? Comment le prophète aurait-il fasciné les yeux d'un peuple entier, au point de lui persuader qu'il voyait descendre le feu du ciel sur un autel, que ce feu brûlait le bois, les pierres, et tout l'appareil du sacrifice? S'il y avait eu le moindre soupçon de fraude, *Élie* aurait été victime de la fureur des idolâtres. — Il exige que les prêtres de Baal, qui séduisaient le peuple, soient mis à mort, et il les fait tuer; il annonce que la pluie va tomber du ciel, elle tombe en effet (*III Reg.* xvii et xviii). Nouvelles clameurs contre la cruauté du prophète. Mais il faut se souvenir que Jézabel, épouse d'Achab, et encore plus criminelle que lui, avait fait mettre à mort tous les prophètes du Seigneur; ceux de Baal qu'elle protégeait y avaient contribué sans doute: ils méritaient la mort (*Ibid.*, xviii, 4). Le peuple fut de cet avis, et Achab n'osa s'y opposer (*Ibid.*, v, 40). Il ne faut pas croire qu'*Élie* seul ait mis à mort quatre cent cinquante hommes (*Ibid.*, v. 19). — Il reçoit de Dieu l'ordre d'aller sacrer Hazaël pour roi de Syrie, et Jéhu pour roi d'Israël; on demande de quel droit ce prophète fait des rois. Par le droit fondé sur une mission de Dieu, qui était prouvée par des miracles (*Ibid.*, xix, 15 et 16). — Ochozias, roi d'Israël, imite l'impiété de son père Achab, *Élie* prédit sa mort. Ce roi envoie deux fois un détachement de cinquante hommes pour se saisir du prophète; *Élie* fait tomber sur eux le feu du ciel, qui les consume (*IV Reg.* 1). Voilà encore un trait de cruauté. Mais lorsque les incrédules auront prouvé que Dieu ne doit jamais punir les idolâtres obstinés, ni les exécuteurs d'un ordre injuste, qu'il doit abandonner ses prophètes à leur fureur, nous conviendrons qu'il y a eu de la cruauté dans les châtiments dont parle l'histoire sainte.

Plusieurs commentateurs ont soutenu qu'*Élie* doit revenir sur la terre à la fin du monde; ils se fondent sur ces paroles du prophète Malachie, c. iv, v. 5: *Je vous enverrai le prophète Elie, avant que le jour du Seigneur vienne et répande la terreur*, etc.; et sur celles de Jésus-Christ (*Matth.* xvii, 11): *A la vérité, Elie viendra et rétablira toutes choses*. Mais le Sauveur ajoute: Elie *est déjà venu, mais on ne l'a point connu, et on l'a traité comme on a voulu*. Il parlait de saint Jean-Baptiste. En effet, lorsque l'ange prédit à Zacharie qu'il aurait un fils, il dit de lui: *Il précédera le Seigneur avec l'esprit et le pouvoir d'Elie, pour rendre aux enfants le cœur de leurs pères*, etc. (*Luc.* i, 17). Il n'est donc pas absolument sûr que les paroles de Malachie doivent s'entendre d'un second avénement d'*Élie* sur la terre; en soutenant cette opinion, l'on s'expose à nourrir l'entêtement des Juifs, qui prétendent que le Messie n'est pas encore venu,

puisque *Elie* n'a pas encore paru. Nous ne parlons pas des fanatiques, qui, dans ces derniers temps, ont osé prédire son arrivée prochaine. — Si l'on veut se donner la peine de lire la Préface sur Malachie, *Bible d'Avignon*, tome II, et la Dissertation sur le sixième âge de l'Eglise, tome XVI, art. 2, pag. 748, ou verra que ceux qui soutiennent que *Elie* reviendra réellement sur la terre avant la fin du monde, se fondent sur un sens très-arbitraire qu'ils donnent à plusieurs prophéties, et sur le rapprochement de plusieurs prédictions qui n'ont évidemment entre elles aucune liaison; c'est une opinion de figuriste, et rien de plus. Elle ne tirerait à aucune conséquence, si elle n'avait pas déjà servi à nourrir l'entêtement de quelques fanatiques, si elle n'autorisait pas celui des Juifs, si elle ne donnait pas lieu aux incrédules de dire que, par des interprétations mystiques, l'on trouve dans les prophéties tout ce que l'on veut. *Voy.* MALACHIE.

ELIPAND. *Voy.* ADOPTIENS.

* ELISABETH, REINE D'ANGLETERRE. Les Anglicans ont souvent accusé le catholicisme d'être barbare et persécuteur. Nous croyons qu'il est utile de connaître ce que fut la principale fondatrice de leur religion. Nous n'entrerons pas dans le détail de sa vie, nous dirons seulement ce qu'elle fit contre le catholicisme; nous rapporterons le sommaire des lois qu'elle porta contre l'Eglise romaine, et les exécutions des catholiques romains sous cette partie du code sanguinaire de la reine Elisabeth. Nous emprunterons à Butler les détails qui suivent.

« *Sommaire des lois rendues sous le règne d'Elisabeth contre les catholiques romains*. Je parlerai d'abord, aussi succinctement qu'il me sera possible, des lois principales qui furent rendues contre les catholiques romains pendant le règne de la reine Elisabeth, et je ferai voir ensuite comment elles furent exécutées.

« I. Par un acte passé dans *la première année de son règne*, et ordinairement appelé l'*acte de suprématie*, les archevêques, les évêques et tous autres officiers ecclésiastiques et ministres, et généralement toutes les personnes salariées par la reine, devaient être tenues de prêter le serment de suprématie prescrit par cet acte; ceux qui s'y refuseraient deviendraient incapables d'exercer aucunes fonctions publiques; et tous ceux qui ne reconnaîtraient pas la suprématie de la reine, seraient, la première fois, punissables par la confiscation de leurs biens et propriétés; pour la seconde, sujets aux peines d'un emprisonnement avec confiscation (*premunire*); et la troisième, déclarés coupables de haute trahison.

« Il convient d'observer ici que le serment de suprématie prescrit par cet acte était essentiellement différent du serment de suprématie, tel qu'il est exigé aujourd'hui. Par ce dernier, la personne jure négativement qu'aucun prince étranger ou potentat n'a d'autorité dans le royaume; par l'ancien serment, il lui fallait affirmativement jurer que la reine était le chef de l'Eglise. Le serment actuel est prêté sans aucun scrupule par les protestants dissidents; et ce fût en leur faveur que la formule négative fut adoptée sous le règne de Guillaume III. La formule affirmative était aussi incompatible avec les principes des protestants dissidents qu'avec les principes des catholiques romains.

II. Par un autre acte passé *dans la première année du règne de la reine Elisabeth*, communément appelé de son temps, l'*acte d'uniformité*, il était enjoint à tous ministres de l'Eglise, sous certaines peines, de faire usage du livre des prières communes; d'autres peines étaient infligées à ceux qui parleraient contre, ou s'opposeraient à son usage : ceux qui s'absenteraient de l'église étaient sujets à une amende d'un schelling en faveur des pauvres, pour chaque dimanche d'absence ; et de 20 pounds (400 francs) envers le roi, si l'absence durait un mois; et si l'on gardait dans sa maison un locataire coupable d'une telle négligence, on était condamné à une amende de 10 pounds pour chaque mois : chaque quatrième dimanche était censé compléter le mois; en sorte que par rapport à ces amendes, l'année était supposée composée de treize mois.

« III. Par un acte de la *cinquième année du règne de la reine*, ceux qui soutiendraient l'autorité du pape devaient être soumis aux peines d'un *premunire*; et les ecclésiastiques, les membres des collèges dans l'université, et les officiers des cours de justice, étaient forcés de prêter le serment de suprématie, sous la même peine du premunire, pour la première offense, et sous peine de haute trahison, en cas de récidive ; quant aux personnes qui diraient ou entendraient la messe, on pourrait leur offrir le serment, et en cas de refus de leur part, elles seraient soumises à des peines semblables.

« IV. L'acte de la *treizième année du règne de Sa Majesté* portait que les personnes qui affirmeraient que Elisabeth n'était pas la souveraine légitime; qu'aucun autre avait un meilleur titre ; qu'elle était hérétique, schismatique ou infidèle ; ou que le droit à la couronne et à la succession ne pouvait pas être déterminé par la loi ; et que les personnes qui apporteraient ou recevraient des bulles, des brefs ou des absolutions du pape, seraient traitées comme coupables de haute trahison, leurs fauteurs soumis aux peines d'un *premunire*; ceux qui les recèleraient punis pour *misprision of treason* (défaut de révélation) ; et les prêtres qui apporteraient des *agnus Dei* ou articles semblables, bénits par le pape, sujets aux peines du premunire (emportant emprisonnement et confiscation des biens).

« Les amendes pécuniaires pour délit de non-conformité furent réclamées avec beaucoup de rigueur. L'argent ainsi levé sur les catholiques romains monta à des sommes considérables ; ces amendes frappèrent principalement les pauvres ; les riches achetaient d'Elisabeth des dispenses de présence au service protestant, M. Andrews (*Continuation de l'Histoire de Henry*, vol. II, p. 35), estime le montant annuel des sommes perçues de cette manière par Elisabeth, pour le prix des dispenses, à près de 20 mille pounds (500,000 fr.).

« V. L'acte de la *vingt-troisième année du règne de la reine Elisabeth*, assujétissait toutes les personnes qui prétendraient s'arroger le pouvoir de dispenser les sujets de Sa Majesté de leur allégeance, ou de les détourner de la religion établie, ou qui les engageraient à promettre obéissance au siége de Rome ou à tout autre potentat, à la peine de haute trahison. Les citoyens ainsi détournés de leur devoir, leurs fauteurs et instigateurs, et tous ceux qui ayant connaissance de telles pratiques ne les révéleraient pas, étaient déclarés coupables de *misprision of treason* (défaut de révélation). Tout prêtre qui dirait la messe était condamné à une amende de deux cents marcs ; toute personne qui entendrait cette messe, à une amende de cent marcs ; et l'un et l'autre à un emprisonnement d'une année, qui devait durer jusqu'à parfait paiement de l'amende. Ce statut aggravait aussi les peines pour non-conformité, et contenait plusieurs autres sévères dispositions.

« VI. L'acte encore plus sévère de la *vingt-septième année du règne de Sa Majesté* portait, 1° que tous les jésuites, séminaristes et autres prêtres, qui se trouveraient dans le royaume, seraient tenus d'en sortir, sous peine d'être considérés comme traîtres, jugés comme tels et condamnés à mort comme pour cause de trahison ; les jésuites, les séminaristes et autres prêtres qui s'introduiraient dans le royaume, étaient sujets aux mêmes peines ; 2° les personnes qui les recevraient ou les soutiendraient seraient considérées comme félons, sans pouvoir exciper du bénéfice du clergé ; 3° les personnes qui enverraient de l'argent aux séminaires, ou à aucun de leurs habitants, étaient soumises aux peines d'un premunire ; 4° les personnes qui connaîtraient quelque prêtre et qui ne le dénonceraient pas, dans le délai de douze jours, devaient être mises à l'amende et emprisonnées au bon plaisir du roi. On doit observer que la punition d'un *premunire*, mentionnée dans ce statut et dans tous les autres dont j'ai parlé, établissait que, du moment du jugement de conviction, le condamné devait être hors de la protection du roi, et ses terres et biens confisqués ; et que son corps demeurait à la disposition du roi.

« VII. A toutes ces dispositions pénales nous devons ajouter la *cour de haute-commission*, établie par la reine Elisabeth, sous les provisions d'un acte passé dans la première année de son règne. Hume (*Hist. d'Angl.* c. 12) et Neale (*Histoire des Puritains*, vol. I, p. 10), qui sont rarement d'accord, reconnaissent également l'inconstitutionnalité, les formes arbitraires et les actes illégaux de ce tribunal. « C'était, dit le premier de ces écrivains, un véritable office de l'inquisition, accompagné de toutes les iniquités » et de toutes les cruautés inséparables d'un tel tri-» bunal. » Il était dirigé contre tous dissidents de la religion établie ; mais les catholiques romains furent ceux qui en souffrirent le plus. Permettez-moi de témoigner quelque surprise de ce que je ne trouve dans ce chapitre de votre ouvrage *aucun mot* contre ce tribunal inconstitutionnel, aussi inique que cruel.

« Vous dites que « les mesures du gouvernement « d'Elisabeth, tant envers les papistes que les puri- « tains, étaient fondées sur ses principes : que la « conscience ne peut pas être contrainte, mais ga- « gnée par la force de la vérité, avec l'aide du temps « et par l'emploi de moyens de persuasion ; et que « les opinions religieuses, quand elles cessent d'être « renfermées dans la conscience de l'homme, servent « de texte aux factions, changent de nature, que « quelque couleur qu'ils empruntent au prétexte de « la religion, on doit alors les comprimer et les « punir. »

« Mais avait-on convaincu personne de révolte, quand les premières lois rendues contre la non-conformité furent promulguées, ou quand la cour de haute commission fut établie ? Pour justifier les peines infligées à la non-conformité, n'adoptez-vous pas ici, sans vous en douter, les principes de la plus odieuse intolérance, c'est-à-dire que l'opinion théologique doit être la pierre de touche de la fidélité civile ? et ne tendez-vous pas à justifier cette proposition, qu'il faut inférer de ce qu'une personne soutient une opinion théologique contraire à la religion de l'Etat ; que sa fidélité à l'Etat est douteuse, et qu'elle doit en conséquence être punie à cause du peu de sûreté de cette fidélité ? qu'on doit lui infliger des peines, et lui imposer des incapacités civiles d'une extrême gravité ? Ce fut par suite de l'adoption de ce principe, que les catholiques romains et les presbytériens souffrirent en Angleterre, pendant le règne d'Elisabeth et de ses trois successeurs immédiats, et les presbytériens en Ecosse, sous le règne de Charles II. Vous dites que les puritains dégénérèrent en factieux ; mais, dites-nous, est-ce la faction qui précéda la loi, ou la loi qui précéda la faction ?

« Vous traitez comme des bagatelles les points de dissidence entre l'Eglise établie et les puritains ; c'est-à-dire que vous appelez, d'après Calvin, des dissidences, de *pures niaiseries* ; mais, qui doit juger en pareil cas, de ce qui est important, ou de ce qui est bagatelle et niaiserie? Si vous dites que ce jugement appartient à l'État, alors il faudra convenir que c'est avec justice que le magistrat romain punissait les chrétiens de la dissidence aussi niaise que ridicule de leur culte avec le culte établi à Rome. Si vous refusez ce pouvoir au magistrat romain, tout en l'accordant au parlement d'Angleterre, je vous somme de déclarer le fondement de cette distinction : est-ce parce que le dernier avait la Bible, que le gouvernement de Rome ne possédait pas ? alors je vous demanderai pourquoi l'interprétation que les catholiques romains ou les puritains font de la Bible, ne serait pas jugée aussi saine que celle qu'a faite l'Église établie ?

« Élisabeth, prétendez-vous, a prévu le danger des principes des puritains. Mais des principes qui sont restés stériles peuvent-ils justifier la persécution ? — En outre, les principes des puritains étaient-ils autre chose que les principes professés par tous les protestants, et qui forment la base de leur foi religieuse : qu'on ne doit reconnaître d'autre loi divine que les saintes Écritures ; qu'il n'est d'autre interprète de ces saintes Écritures que l'intelligence et la conscience de celui qui les lit ?

« Vous parlez de quelques calomnies et de quelques histoires sur ouï-dire, imprimées par deux moines espagnols ou portugais ; mais que devons-nous dire des calomnies contre les catholiques romains, à l'égard du « feu de Londres, du complot « d'Oates, et des milliers de protestants noyés par « les rebelles à Portadown-Bridge, qui, » ainsi que l'assure Temple, dans son histoire de la Rébellion irlandaise, « furent vus dans la rivière, se dressant « sur l'eau, et à qui on entendit demander vengeance « contre les rebelles irlandais ? On vit, » ajoute-t-il, « l'un d'eux lever les mains au ciel, et demeurer « dans cette posture, depuis le 29 décembre jusqu'à « la fin du mois suivant. »

« Il est temps assurément, que ces contes ridicules et frivoles, mais pleins de méchanceté, aient un terme.

« VIII. Exécutions des catholiques romains, sous « l'empire de cette partie sanguinaire du Code pénal « de la reine Élisabeth. » — J'ai brièvement exposé leurs souffrances, en parlant des lois portées contre la non-conformité ; je vais maintenant parler des supplices qu'ils ont subis par suite des dispositions sanguinaires de plusieurs de ces lois.

« Le nombre total de ceux qui ont souffert la peine capitale s'est élevé, selon Dodd, dans son Histoire de l'Église, à cent quatre-vingt onze : les nouvelles recherches du docteur Milner portent ce nombre à deux cent quatre. Quinze d'entre eux, dit-il, furent condamnés pour avoir nié la suprématie de la reine ; cent vingt-six, à cause de l'exercice des fonctions de la prêtrise ; et les autres, pour être rentrés dans la foi catholique, ou pour avoir aidé ou assisté les prêtres. Dans cette liste, il n'y a de compris, pour complot réel ou imaginaire, que onze individus qui périrent pour le prétendu complot de Reims ou de Rome ; complot qui, ainsi que l'observe justement le docteur Milner, était une invention si audacieuse, que Camden lui-même, le biographe partial d'Élisabeth, convient que les accusés ont été des victimes politiques.

« Le nombre des condamnés ainsi établi, nous devons éprouver quelque surprise, quand nous lisons dans l'histoire de Hume, que « la peine de mort ne « fut mise en usage qu'avec réserve contre les prê-« tres, sous le règne d'Élisabeth ; » ou quand nous lisons l'éloge que vous faites de la tolérance des principes et des actes de cette reine.

« Il faut observer que la loi anglaise, dans le châtiment établi pour trahison, veut que le coupable soit conduit au gibet, pendu par le cou, ses entrailles arrachées pendant qu'il vit encore, et qu'il soit décapité ensuite. L'humanité de la nation s'est montrée si contraire à ce surcroît de châtiments qui accompagne la peine principale, qu'en général on a toujours laissé mourir le coupable sur le gibet ; mais cette grâce a plus d'une fois été refusée aux catholiques qui ont été exécutés en vertu de ces lois. Ils ont souvent été dépendus vivants, éventrés, et ont eu les entrailles arrachées.

« En outre des victimes dont nous avons parlé, on fait mention, dans le même ouvrage, de quatre-vingt dix prêtres catholiques, ou laïques, morts en prison sous le même règne ; et de cent cinq autres, qui furent bannis à perpétuité. « Je ne dis rien, » continue l'écrivain, « de beaucoup d'autres encore qui « furent fouettés, mis à l'amende (l'amende à cause « de non-conformité était de 400 francs), ou privés « de leurs propriétés, jusqu'à la ruine entière de leurs « familles. En une même nuit, cinquante gentlemen « catholiques furent arrêtés dans le comté de Lan-« castre, et jetés en prison, parce qu'ils n'allaient pas « à l'église. Vers le même temps, il y avait un nom-« bre égal de gentlemen du Yorkshire confinés dans « le château d'York, pour le même motif ; la plupart « d'entre eux y périrent. Pendant une année, chaque « semaine ils étaient traînés de force pour entendre « le service établi dans la chapelle du château. »

« Quelque peu croyable que cela puisse paraître à un lecteur anglais, il est avéré que plusieurs de ceux qui souffrirent la mort, et plusieurs autres qui ne subirent pas la peine capitale, furent, avant leur jugement, mis à la question, et inhumainement torturés sur la sellette, où leurs membres étaient tiraillés et allongés d'une manière barbare ; ou placés dans le cerceau, appelé la fille du boueur (scavenger's daughter), et courbés au point que leurs têtes venaient toucher à leurs pieds ; ou enfermés dans le little-ease, cachot si étroit, qu'on ne pouvait s'y tenir ni debout, ni assis, ni couché ; ou avaient aux mains les menottes de fer, espèce de vis qui leur serrait les poignets jusqu'à leur faire craquer les os ; des aiguilles enfoncées dans les ongles ; ou étaient privés pendant longtemps de nourriture.

« Ce qui ajoute encore à l'atrocité de ces supplices, c'est qu'en plusieurs occasions, quand les victimes furent mises en jugement, il n'y avait aucune preuve légale contre elles ; et que, dans beaucoup de cas, il n'y avait pas seulement de témoignage légal admis pour constater le délit dont on accusait. « On peut assurer, » dit feu lord Auckland « (Prin-« cipes de la loi pénale), que jusqu'à la fin du sei-« zième siècle, les preuves judiciaires les plus « essentielles étaient ou inconnues ou totalement « négligées. Des dépositions de témoins étaient ad-« mises au besoin, mais on ne permettait pas que « les témoins fussent confrontés avec le prisonnier. « Des interrogatoires écrits de complices vivants, « et qu'on aurait pu confronter avec le prévenu ; des « aveux de condamnés récemment pendus pour les « mêmes offenses, des ouï-dire de ces mêmes con-« damnés répétés par des tiers ; tout cela formait « autant de classes de témoignages évidents, et cela « était reçu dans les jugements les plus solennels, « par des juges très-instruits. C'était parmi les « shérifs une pratique très-ordinaire et très-lucra-« tive, de composer des jurys tellement infectés de « préjugés et de partialité, que, selon l'observation « du cardinal Wolsey, on aurait pu leur faire trou-« ver Abel coupable du meurtre de Caïn. Le juge « tenait sa commission et ses émoluments sous le bon « plaisir du prosécuteur : et il obéissait souvent à « un zèle ardent et à un désir violent de voir ad-« mettre l'accusation, comme si la colère que lui « causait l'offense avait étouffé en lui toute commi-« sération envers le prévenu.

« Ignorant ainsi et les formes et le langage de la « procédure, privés de l'appui d'un conseil, ne pou-« vant faire entendre de témoins, effrayés par l'ap-

« pareil de la cour, et tombant dans les pièges qui « leur étaient tendus par les avocats de la couronne, « les malheureux prisonniers perdaient la tête, et « regardaient comme une dernière grâce d'être « promptement condamnés. »

« On avait eu recours aux tortures, afin de suppléer au défaut d'évidence légale pour convaincre les accusés, et en même temps, afin de trouver des preuves contre d'autres prévenus. A la fin de *Cecil's Execution of Justice*, on trouve ordinairement imprimé *a declaration of the favourable dealing of her majesty's commissioners, appointed for the examination of certain traitors, and of tortures injustly repored to be done upon them for matters of religion.* Cet écrit a, pour la première fois, été imprimé en lettres noires, en 1583, et il est contenu en six pages in-quarto. On admet l'usage de la torture dans ces cas, et l'on rapporte les raisons par lesquelles elle était justifiée. Tout cela est inséré dans le second volume des *Harleian miscellany*, imprimé en 1808.

« Pour preuve de la manière dont les lois que j'ai citées étaient exécutées contre les catholiques romains, j'insérerai ici le récit de l'arrestation, du jugement et de l'exécution du père Campian.

« Le compte le plus exact qui en ait été rendu se trouve dans les *Mémoires du docteur Challoner sur les prêtres missionnaires, tant réguliers que séculiers, et autres catholiques des deux sexes, qui ont souffert la mort en Angleterre, à cause de leur religion, depuis l'an de Notre-Seigneur 1577 jusqu'à 1684*, en deux vol. in-8°, imprimés pour la première fois en 1741, et souvent réimprimés depuis. Une nouvelle édition de cet ouvrage est actuellement sous presse, chez M. Ambrose Cuddon, Carthusian-street, Charter-House square : il contient plusieurs gravures, qui font voir la manière dont les tortures étaient infligées ; il est impossible d'y jeter les yeux sans frémir (a). M. Cuddon a inséré dans cette édition une traduction, faite du latin, d'un journal tenu par le révérend M. Rushton, qui a été prisonnier à la Tour depuis l'année 1580 jusqu'à 1585, et qui donne la description des modes variés de tortures infligées aux prisonniers catholiques pendant ces quatre années, et fait mention des noms des personnes qui y furent soumises. Ce journal a été, pour la première fois, publié en latin à la fin de *Sanderus de Schismate anglicano, Coloniæ Agrippinæ*, 1678, in-8° (b).

« Le 15 juillet 1581, Le père Campian fut arrêté dans une chambre secrète de la maison d'un *gentleman* catholique. Après être resté deux jours dans la prison du shérif de Berkshire, il fut conduit à petites journées à Londres, à cheval, les jambes attachées sous le ventre de sa monture, les mains attachées derrière le dos, avec un écriteau sur son chapeau, portant ces mots : *Le séditieux jésuite Campian*, écrits en grosses lettres. Le 25, il fut remis au lieutenant de la Tour. Il fut fréquemment interrogé par le lord chancelier et les autres membres du conseil, et par des commissaires nommés par eux. On lui demanda de dénoncer les maisons qu'il avait fréquentées, les individus qui l'avaient secouru, ceux qu'il avait ramenés à sa croyance, de faire connaître quand, de quelle manière, dans quel dessein et à

(a) La vue de ces instruments de torture produisit sur Gordon de Earlston, une perte subite de sa raison, occasionnée par l'horreur et le désespoir. — Hist. d'Ecosse, de Laing, vol. IV, p. 141. Le *Livre de l'Eglise* contient-il un seul mot de réprobation sur l'emploi de ces tortures à l'égard des malheureux prêtres?

(b) Voyez aussi *doctor Bridgewater's Concertatio*, déjà citée dans le texte, et *Mise en accusation de Edmund Campian, Sherwin, Bosgrave, Cottam, Bristow, Kinber et autres, pour cause de haute trahison*, dans la vingt-quatrième année du règne d'Elisabeth, imprimé pour la première fois dans le *Phenix Britannicus*, et, plus tard, dans la *Collection complète des jugements d'Etat* de Cobbett, vol. I, p. 1050. Voyez encore, *Annales de Strype*, vol. II, c. 3, 4, p. 613, 616.

l'instigation de qui il était venu dans le royaume, comment, où, et par qui il avait fait imprimer ses livres. A toutes ces questions, il refusa de répondre. En conséquence, pour lui arracher des aveux, on le plaça d'abord sur la sellette, on lui distendit un peu les membres, pour lui apprendre, à ce que lui dit l'exécuteur, ce que c'était que la torture. Il persista dans son silence. — Alors pendant plusieurs jours consécutifs, sa torture fut graduellement augmentée : et lors des deux dernières épreuves, il fut si cruellement disloqué et déchiré, qu'il espérait que la mort terminerait ses tourments. Pendant qu'il était sur la sellette, il invoqua continuellement le Seigneur, et pria avec ferveur pour ses bourreaux et pour ceux aux ordres de qui ils obéissaient.

« Dans votre quinzième lettre, vous dites que, sous le règne d'Elisabeth, une controverse publique fut établie, non pas, comme sous le règne de Marie, en brûlant ceux d'avec lesquels le pouvoir suprême différait d'opinion, mais avec pleine liberté d'argumentation et parfaite sûreté pour les controversants catholiques. » Pendant que le père Campian se trouvait en prison, il s'établit une controverse entre lui et quelques théologiens protestants, nommés à cet effet par le gouvernement : la conséquence du dissentiment d'avec le pouvoir suprême fut la même que sous le règne de Marie, peu de jours après la dispute Campian fut exécuté.

« Le 12 novembre, lui et ses compagnons furent déférés pour haute trahison. L'acte d'accusation (indictment) portait « que dans les mois de mars et d'avril derniers, à Reims en Champagne, à Rome, et en d'autres lieux d'outre-mer, ils avaient conspiré la mort de Sa Majesté, le renversement de la religion professée en Angleterre, la subversion de l'Etat, et que, pour réussir dans cet attentat, on avait excité les étrangers à envahir le royaume : qu'en outre, le 8 mai suivant, ils s'étaient mis en route pour l'Angleterre, dans l'intention de séduire les sujets de la reine et de les gagner, à la religion de Rome et à l'obéissance au pape, en les détournant de leur fidélité envers Sa Majesté ; que telles étaient leurs intentions lorsqu'ils étaient arrivés dans ce pays le 1ᵉʳ juin. » Quand l'indictment lui eut été lu : « Je proteste devant Dieu (dit Campian) et devant les anges ; devant le ciel et la terre, et devant ce tribunal, à qui je prie Dieu d'inspirer le jugement qui doit intervenir, que je ne suis pas coupable de ces trahisons, ni d'aucune autre : il est impossible de les prouver contre moi. » Les prisonniers furent alors sommés (*arraigned*), et chacun séparément se déclara innocent. Le 20 nov., ils furent amenés à la barre pour être jugés. Six d'entre eux furent *arraigned* en même temps que Campian ; sept autres le furent le jour suivant ; tous, à l'exception d'un seul, étaient des prêtres. Quand, selon l'usage, on demanda à Campian de lever la main, — *ses deux bras*, écrit une personne présente à ce jugement, « étant engourdis par les tortures fréquentes qu'il avait subies précédemment, et se trouvant comprimés dans une manchette, il lui fut impossible de lever la main aussi haut que les autres et qu'on le lui demandait ; mais l'un de ses compagnons, baisant ses mains, si maltraitées pour avoir confessé le Christ, ôta sa manchette, et parvint ainsi à élever les bras de Campian le plus haut possible, et Campian cria : *innocent*, comme tous les autres. »

« Le premier témoin produit par la couronne, nommé Caddy ou Craddock, déposa contre tous les prisonniers en général, que, « se trouvant outre-mer, il avait entendu parler du vœu sacré fait entre le pape et des prêtres anglais pour restaurer et établir le culte primitif en Angleterre ; que, dans ce dessein, deux cents prêtres devaient débarquer en Angleterre. Qu'il avait été déclaré à sir Ralph Shelly, chevalier anglais, et capitaine au service du pape ; et que ce chevalier devait conduire une armée en Angleterre, pour subjuguer le royaume, le réduire sous l'obéissance du pape, et pour détruire les hérétiques ; à quoi sir Ralph avait répondu qu'il aimerait mieux avaler du poison, comme Thémistocle, que d'être témoin du bouleversement de son pays ; et avait ajouté qu'il croyait que les catholiques d'Angleterre prendraient plutôt les armes contre le pape, que de se joindre à lui dans une telle entreprise. »

« Vous devez vous étonner, qu'un tel témoignage ait été reçu : témoignage qui ne regarde en rien les prisonniers, et qui ne prouvait qu'une chose tout au plus, la *bonne disposition* du corps général des catholiques en faveur du gouvernement. »

« Le conseil de la reine allégua les faits suivants : que Campian avait eu des entretiens avec le cardinal de Sicile et l'évêque de Ross, relativement à la bulle de Pie V. Les particularités de ces conversations n'étaient pas rapportées, et il n'y eut pas le plus petit témoignage tendant à prouver qu'elles avaient eu lieu. — La seconde allégation contre Campian établissait qu'il était allé de Prague à Rome, et avait eu une conférence secrète avec le docteur Allen, laquelle avait pour objet de détourner le peuple de sa fidélité envers son souverain ; il n'y eut aucune preuve d'administrée pour établir la vérité de ces inculpations : Campian avoua ingénument son voyage, une conversation qu'il avait eue avec le docteur Allen, et sa mission dans ce pays ; mais il fit observer que le seul et unique objet de cette mission avait été d'administrer des secours spirituels aux catholiques ; et que le cardinal Allen l'avait prié, lui avait même commandé de ne s'immiscer dans aucune affaire d'état ou de gouvernement. — On produisit alors une lettre écrite par Campian, dans laquelle il gémissait d'avoir nommé, étant à la torture, quelques gentlemen catholiques romains qui l'avaient accueilli ; mais il se consolait en pensant que qu'il n'avait découvert aucun des secrets qui lui avaient été confiés. — Campian répondit, « que tout prêtre était tenu, par ses vœux, sous peine de malédiction et de damnation éternelle, de ne jamais découvrir aucun péché ou aucune infirmité qui aurait été révélée sous le sceau de la confession. Qu'en conséquence de son caractère sacré, il était habitué à être instruit des secrets de beaucoup de gens, non pas de ceux qui concernaient l'État ou la société, mais de ceux qui affectaient l'âme ou la conscience, et pour lesquels il avait les pouvoirs d'absolution. » — Le greffier produisit alors certaines formules de serment, qui devaient être présentées au peuple, pour exiger qu'il renonçât à l'allégeance de Sa Majesté et pour recevoir sa soumission au pape ; on prétendit avoir trouvé ces papiers dans la maison où Campian avait séjourné. Il ne paraît cependant pas qu'on ait offert aucun témoignage, soit sur la découverte de ces papiers, soit sur les lieux où on disait qu'ils avaient été trouvés. Campian observa qu'il n'y avait rien qui prouvât que ces papiers le concernassent en aucune manière ; que beaucoup d'autres personnes que lui, avaient fréquenté les maisons où l'on disait qu'il avait paru : en sorte que rien ne pouvait l'atteindre dans cette accusation. Quant à prêter un serment quelconque, il déclara qu'il ne voudrait pas *commettre un péché si contraire à son caractère, pour tous les biens et les trésors du monde.* — Vint enfin l'accablante accusation : « *Vous refusez*, (dit le conseil de la couronne), de prêter le serment de la prématie. — Je reconnais (répondit Campian) Sa Majesté comme ma reine et ma souveraine ; je reconnais en présence des commissaires Sa Majesté, et (de facto) et (de jure), pour ma reine ; je confesse que je dois obéissance à la couronne, comme à mon chef et primat temporel : c'est ce que j'ai dit, et c'est ce que je dis encore maintenant. Quant à l'excommunication de Sa Majesté, elle m'a été arrachée ; en admettant que l'excommunication pût avoir de l'effet, et que le pape eût

des pouvoirs suffisants à cet égard, me suis-je trouvé dégagé de mon allégeance ou non ? J'ai dit que c'était là une dangereuse question, et que ceux qui me la faisaient demandaient mon sang : mais je n'ai jamais rien admis de semblable ; et je ne devrais pas être torturé sur de simples soupçons. Eh bien ! puisqu'il faut encore y répondre, je dis qu'en général ces matières ne sont que des points de doctrine purement spirituelle, sur lesquels on peut disputer dans les écoles, mais qu'on ne pouvait introduire dans aucune partie de mon indictment, ni apporter comme témoignage contre moi ; et que rien de semblable ne doit être discuté devant la cour du trône du roi. Pour en finir, ce ne sont pas là des points de fait ; ces matières n'ont aucun rapport avec la jurisprudence du pays. Le jury ne doit y avoir aucun égard. — Le juge s'occupa ensuite des autres prisonniers : le témoignage porté contre eux était de même nature que celui contre Campian. Le jury se retira, et après une heure de délibération, ils furent tous déclarés coupables.

« Le premier jour de décembre suivant, Campian fut conduit au lieu de l'exécution ; on l'y traîna sur une claie ; son visage fut souvent couvert de boue, et le peuple par pitié l'essuyait. Il monta sur l'échafaud ; là, il protesta contre toutes les trahisons dont il avait été accusé. On lui dit de demander pardon à la reine. Il répondit avec douceur : *En quoi l'ai-je offensée ? je suis innocent ! Voilà mon dernier soupir ; croyez-moi à ce dernier moment ; j'ai prié et je prie Dieu pour elle.* Lord Charles Howard lui demanda pour quelle reine il priait ? si c'était pour la reine Élisabeth ? Campian répondit : « Oui, pour la reine Élisabeth, votre reine et la mienne. » Il dit alors adieu aux spectateurs, et jetant les yeux au ciel, le chariot fut tiré. « Sa mort, avec une attitude aussi résignée (dit l'écrivain auquel ce récit a été emprunté), émut si fort le peuple, et lui arracha tant de larmes, que les adversaires des catholiques tâchèrent de s'excuser de ce supplice. » Hollingshed avoue que Campian « avait acquis une merveilleuse réputation, et qu'on croyait qu'il n'y avait pas un homme aussi savant, qu'il avait la vie pieuse et toutes les autres qualités pussent faire autant d'honneur à l'humanité. » — Tous les partis (dit M. Chalmers, dans son Dictionnaire Biographique), reconnaissent qu'il a été un homme très-extraordinaire, doué de talents admirables ; que c'était un orateur élégant, un controversiste adroit, un prédicateur exact, en latin comme en anglais, et un homme doux dans ses paroles comme dans son caractère. »

« Il est très-certain, dites-vous, que Campian et ses compagnons souffrirent pour des matières d'État, et non pas pour des matières de foi. » Je vous supplie de lire leurs jugements : vous les trouverez dans le premier volume des jugements d'État. Je vous adjure très-solennellement de citer un seul crime de trahison contre la reine, qui ait été prouvé dans ces jugements ; de vagues accusations dans de semblables matières sont une véritable atrocité.

« Vous faites un effroyable tableau des jésuites. Il est peu de personnes, je crois, qui aient pesé les jugements pour ou contre avec plus d'attention ou une plus grande impartialité que je ne l'ai fait. J'en ai offert le résultat au public dans mes *Mémoires sur les catholique anglais, irlandais et écossais* (ch. 26), et dans un ouvrage séparé (*Mémoires hist. de la compagnie de Jésus,* in-8°, 1825). J'ai revu plus d'une fois ces divers écrits, et je n'y ai rien trouvé dans le blâme ou la louange de la Société, que je doive rétracter (1).

(a) D'après deux ouvrages remarquables : *Societas Jesu, usque ad sanguinem et vitæ profusionem militans, pro Deo, fide, Ecclesia et pietate ; sive vita et mors eorum qui ex Societate Jesu in causa, fidei et virtutis propugnatæ, violenta morte sublati sunt ; auctore R. P. Tanner, e Societ. Jesu,*

« Vous terminez ce que vous en dites, en nous apprenant que, « le quatrième et le principal vœu « des jésuites les mettait comme missionnaires, à la disposition du Vieux de la Montagne, » en faisant allusion à ce célèbre et peut-être fabuleux prince des assassins, dont ont fait mention quelques-uns des historiens des croisades. « Les papes, continuez-vous, méritaient « bien ce titre de Vieux de la Montagne : car le dogme « de l'assassinat a été sanctionné par les deux plus « puissants des rois catholiques et par le chef de l'É- « glise catholique. Il a été mis en pratique en France « et en Hollande : des récompenses ont été publique- « ment offertes pour le meurtre du prince d'Orange; et « les fanatiques qui entreprirent de faire périr Elisabeth « avaient été encouragés par une rémission plénière « de leurs péchés, accordée pour ce service spécial. »

« Ici vous faites allusion en premier lieu, je suppose, à la Saint-Barthélemy ordonnée par Charles IX. Mais comment ce massacre, ou le meurtre du prince d'Orange, dont vous faites mention ensuite, pourraient-ils être imputés avec justice à aucun principe de la foi catholique ? *Le prétexte de Charles IX* fut que l'amiral de Coligny et son parti avaient été coupables de trahison et de rébellion, et se trouvaient alors engagés de fait dans des machinations séditieuses, qu'en conséquence de ces trahisons ils avaient mérité la mort comme traîtres, qu'ils auraient été condamnés à la peine capitale si le roi avait été assez puissant pour pouvoir les traduire en jugement devant un tribunal compétent, et que n'ayant pu le faire, les circonstances dans lesquelles il se trouvait légitimaient leur meurtre sans jugement ; ce qui n'était qu'un acte de défense naturelle nécessaire et par conséquent justifiable.

« C'est sous ce point de vue qu'il présenta sa conduite à la cour de Rome et à d'autres cours étrangères. Je prociis cette défense autant que vous ; est-il surprenant cependant que, dans l'état de fermentation et d'exaltation où tous les esprits se trouvaient alors, il y ait en des gens qui l'aient admise ? Mais enfin comment tout cela prouve-t-il que le principe de l'assassinat soit un dogme de l'Église catholique romaine ? L'ordre donné par le gouvernement épiscopal d'Écosse pour le massacre général des presbytériens non-conformistes, le massacre de Glenco, le massacre de Munster, l'assassinat de Beaton, ou celui de l'évêque Sharp, ou celui de François, duc de Guise, prouvent-ils que le principe de l'assassinat soit un des dogmes de la foi protestante ? Loin de moi et des miens l'aveuglement qui admettrait un pareil argument, ou la perversité qui, en le rejetant pour soi, voudrait le faire admettre pour d'autres ! Vous devez vous rappeler les mots sublimes du duc de Guise à son assassin huguenot : « Votre religion vous a appris à me poignarder, la mienne m'ordonne de vous pardonner. »

Quant au meurtre du prince d'Orange, il n'a rien de commun avec l'assassinat dans l'acception ordinaire du mot. Le prince avait été jugé comme un rebelle, et condamné par contumace. S'il avait professé la religion catholique et s'il s'était conduit comme il l'avait fait envers un souverain protestant, la sentence aurait été la même dans tous les états protestants. La conséquence de cette conduite fut qu'un ordre (ce qui était alors en usage dans les États du continent) fut publié dans toutes les possessions espagnoles, offrant une récompense à quiconque exécuterait la sentence portée contre ce prince. Qu'est-ce que cela a de commun, je le répète encore, avec le principe de l'assassinat ?

« Vous dites que les fanatiques qui entreprirent de

S. S. theol. profess. Pragæ, 1675 ; et *Fasti Societatis Jesu* opera et studio, R. P. Joan-Drewe, S. S. Pragæ, anno 1750, il paraît qu'en Afrique, 68 jésuites, en Asie 131, en Amérique 55, avaient, avant le milieu du siècle dernier, souffert la mort, et souvent à la suite de grands tourments, pour la propagation de la foi chrétienne. Le nombre de ceux qui depuis ont souffert la mort pour le Christ ne peut manquer d'être considérable.

« faire périr Elisabeth furent encouragés par une ré- « mission plénière de leurs péchés, accordée pour ce « service spécial. Je nie le fait de la manière la plus « formelle ; » je vous somme de nommer ces fanatiques, ou aucun d'entre eux, et de produire un témoignage de la rémission de leurs péchés qui leur aurait été accordée. Si vous avez en vue la lettre de Como à Parry, lisez-la, ainsi que son jugement ; et alors, dites-moi de bonne foi, si vous pensez que Parry ait produit le plus léger témoignage qui pût faire raisonnablement soupçonner que le pape ou le cardinal fussent instruits d'un projet d'assassinat contre Elisabeth. Permettez-moi de vous renvoyer à ce que j'ai écrit sur ce sujet dans les Mémoires historiques sur les catholiques anglais, irlandais et écossais (*Chap.* 32, sect. 5). — Pour corroborer votre accusation d'assassinat, vous nous apprenez que le père Campian, dans un sermon prêché à Douai, dit : « Quant à ce qui concerne les jésuites, nous tous, « disséminés en grand nombre sur la surface du glo- « be, avons-fait une ligue, et nous sommes liés, par « un serment sacré, à ne jamais cesser, par tous nos « moyens, et par tous nos efforts, par toutes nos « délibérations et par tous nos conseils, tant qu'il « de nous vivra, de troubler votre repos et d'attenter « à votre sûreté. » Permettez-moi de vous faire observer que le document auquel vous référez n'est pas un sermon prêché à Douai, mais que c'est, comme le dit avec raison Strype, « la lettre de Campian au « conseil privé, par laquelle il offrait de prouver la « vérité de la religion catholique en présence de « tous les docteurs et de tous les maîtres de deux uni- « versités, et par laquelle il demandait une contro- « verse. » Cette seule différence de circonstances en fait déjà une grande dans le fond ; mais ce qu'il y a plus important, c'est que les mots, *pour troubler votre repos et attenter à votre sûreté*, ne sont qu'une *interpolation effrontée*. Ils ne se trouvent pas dans Strype (*Annales de Strype*, 3, App. 6), ni dans la version que le docteur de Bridgewater a donnée de la lettre : « Omnes qui sumus de societate Jesu per « totum terrarum orbem longe lateque diffusi, san- « ctum fœdus inesse, ut curas quam nobis injecistis, « magno animo feramus, neque unquam de vestra sa- « lute desperemus, quamdiu vel unus quisquam de no- « bis supersit, qui Tyburno vestro fruatur, atque « suppliciis vestris excarnificari, carceribusque squa- « lere et consumi possit (*a*) » (Butler, *Défense de l'Église romaine*, dans les *Démonst. évang.*, tom XII, édit. Migne.)

ELISÉE, disciple et successeur d'Élie dans la fonction de prophète, a essuyé, de la part des incrédules, les mêmes reproches que son maître.

— Des enfants le nommèrent, par dérision, *tête chauve : Élisée* les maudit au nom du Seigneur ; deux ours, sortis d'une forêt voisine, dévorèrent ces enfants au nombre de quarante-deux. (*IV. Reg.* II, 23). On trouve la peine trop rigoureuse pour une faute si légère. Il paraît que Dieu n'en jugea pas de même ; il lui plut de donner un exemple de sévérité dans une terre idolâtre pour faire respecter ses prophètes. *Maudire* ne signifie pas ici souhaiter du mal, mais en prédire. *Voy.* IMPRÉCATION. — Naaman, officier du roi de Syrie, affligé de la lèpre, vient demander à *Élisée* sa guérison ; il l'obtient en se lavant dans le Jourdain. En témoignant

(*a*) « Epistola Edmundi Campiani, sacerdotis societatis Jesu, ad reginæ Angliæ consiliarios, quæ profectionis suæ in Angliam institutum declarat, et adversarios in certamen provocat, ex anglico sermone latine tradita. » (Bridgewater's concertatio, p. 1 et 2.)

au prophète sa reconnaissance, il lui dit : *Demandez au Seigneur une grâce pour votre serviteur ; lorsque le roi mon maître ira dans le temple de Remmon, et qu'appuyé sur mon bras il adorera ce dieu ; si je me courbe aussi, que le Seigneur me le pardonne.* Le prophète lui répond : *Allez en paix* (*Ibid.*, v. 18). Nos incrédules concluent qu'*Élisée* a permis à Naaman un acte d'idolâtrie. Il n'en est rien. L'action de se courber pour soutenir le roi, n'était point un acte de religion, ni un signe du culte, mais un service que cet officier devait à son maître. Naaman avait dit à Élisée : *Votre serviteur n'offrira plus de sacrifice aux dieux étrangers, mais seulement au Seigneur.* Il ne voulait donc plus être idolâtre. *Voy.* la Dissertation sur ce sujet, *Bible d'Avignon*, t. IV, p. 390. — Bénadab, roi de Syrie, malade, envoie Hazaël avec des présents pour demander à *Élisée* s'il guérira; *Élisée* répond : *Dites-lui qu'il guérira; mais le Seigneur m'a révélé qu'il mourra.... Dieu me révèle encore que vous serez roi de Syrie; et je déplore d'avance les maux que vous ferez à mon peuple* (*IV. Reg.* VIII, 10). De là on prend occasion de dire qu'*Élisée* a voulu tromper le roi de Syrie, après avoir reçu ses présents; qu'il a inspiré à Hazaël le dessein de tuer son maître et d'usurper la royauté, comme il le fit en effet. Mais on suppose faussement qu'*Élisée* accepta les présents : il avait déjà refusé ceux de Naaman. Il ne veut point tromper le roi, mais il prédit la réponse qu'Hazaël ne manquera pas de lui faire. Par quel motif le prophète aurait-il désiré la royauté à un homme qu'il savait devoir être le plus grand ennemi des Israélites ? Quand on veut supposer à un homme des intentions criminelles, il faut avoir au moins des raisons probables.

Nous lisons dans l'*Ecclésiastique*, c. XLVIII, v. 14, que le corps d'*Élisée* prophétisa encore après sa mort; c'est-à-dire que la résurrection d'un mort, opérée par l'attouchement de ses os, prouva qu'*Élisée* était véritablement un prophète du Seigneur (*IV Reg.* XV, 21).

ÉLU, *choisi*; ÉLECTION, *choix*. Ces termes, dans le Nouveau Testament, sont employés dans deux sens différents. *Élus* désigne communément les fidèles, ceux que Dieu a choisis pour en composer son Église, auxquels il a daigné accorder le don de la foi (*Joan.* XV, 16; *Act.* XIII, 17; *Ephes.* I, 4; I *Petri*, I, 1, etc.). Ce nom est aussi appliqué à ceux que Dieu a choisis pour les placer dans le bonheur éternel, qui sont sauvés en effet, et que l'on appelle les *prédestinés*.

Nous n'entrerons pas dans la question de savoir dans lequel de ces deux sens l'on doit entendre le mot de Jésus-Christ (*Matth.*, XX, 16, et XXII, 14). Il y a en faveur de l'un et de l'autre des autorités si nombreuses et si respectables, qu'il n'est pas aisé de voir lequel des deux mérite la préférence. Nous devons donc nous borner à quelques réflexions (1).

(1) La maxime de l'Écriture : *Pauci electi*, « Il y a

Un esprit solide et suffisamment instruit ne se laisse point ébranler par une opinion problématique, et sur laquelle l'Église n'a peu d'élus, » est bien propre à jeter le découragement dans une âme chrétienne, si on veut l'entendre dans le sens des rigides, aux yeux desquels l'entrée du ciel est pour ainsi dire impossible. Mais il ne faut pas prendre l'enseignement de quelques docteurs pour la doctrine de l'Église. Bergier s'est assez longuement expliqué sur ce point dans son grand *Traité de la Religion*. Ses paroles sont remarquables, nous allons les citer.

« La question, dit-il, est de savoir si par les *élus* on doit entendre ceux qui sont sauvés ou seulement ceux qui sont dans la voie du salut, les fidèles. Pour le décider, il faut consulter les commentateurs, les Pères, l'Écriture elle-même, l'analogie de la foi.

« Parmi les commentateurs, point d'uniformité. Pour ne parler que des catholiques, Cajetan, Mariana, Tostat, Luc de Bruges, Maldonat, Corneille de la Pierre, Ménochius, le père de Picquigny, admettent l'une et l'autre explication ; entendent par *élus*, ou les hommes sauvés, ou les fidèles. Jansénius de Gand pense que ce dernier sens est le plus naturel : Stapleton le soutient contre Calvin; Sacy, dans ses *Commentaires*, juge que c'est le sens littéral; dom Calmet semble lui donner la préférence. Euthymius n'en donne point d'autre ; il suivait saint Jean Chrysostome. Le père Hardouin soutient que c'est le seul sens qui s'accorde avec la suite du texte; le père Berruyer exclut aussi tout autre sens ; c'est pour cela qu'il a été condamné ; mais la faculté de théologie n'a certainement pas voulu censurer les interprètes catholiques que nous venons de citer, et ils sont suivis par beaucoup d'autres. Quel dogme peut-on fonder sur un passage susceptible de deux sens si différents ?

« La même variété règne parmi les Pères de l'Église : pour rassembler leurs passages, il faudrait un volume entier. Les compilateurs qui voulaient le petit nombre des fidèles sauvés, ont cité soigneusement les textes qui semblaient favoriser leur opinion; mais ils ont laissé de côté ceux qui y sont contraires (*De paucitate fidel. salvand.*, etc. Quelquefois, par les *élus*, les Pères entendent les fidèles; d'autres fois ils entendent, non simplement les hommes sauvés, mais ceux qui le sont en vertu de leur innocence, d'une vie sainte et sans tache. Ces derniers, sans-doute, sont en très-petit nombre; mais cela ne conclut rien contre le salut de ceux qui sont moins parfaits. Lorsque Pélage osa décider qu'au jugement de Dieu tous les pécheurs seront condamnés au feu éternel, saint Jérôme et saint Augustin s'élevèrent hautement contre cette témérité. (Saint Jérôme, Dial. 1 *contra Pelag.*, c. 9. Saint Aug., *l. de Gestis Pelagii*, c. 3, n. 9.)

« Mais le meilleur commentaire de l'Évangile est l'Évangile même. Dans vingt passages du Nouveau Testament, *electi* désigne évidemment les fidèles, ceux qui croient en Jésus-Christ, par opposition à ceux que Dieu laisse dans l'infidélité; *élection* est la même chose que vocation à la foi.

« La maxime, *Il y a beaucoup d'appelés et peu d'élus*, se trouve deux fois dans saint Matthieu, savoir, chap. XV, v. 16, et c. XXII, v. 14. Ces deux chapitres, et tout ce qui précède depuis le chap. XIX, v. 30, se rapportent au même but, à montrer le petit nombre de Juifs dociles aux leçons de Jésus-Christ; à leur prédire que les gentils seraient moins incrédules et leur seraient préférés. La comparaison du chameau, les ouvriers de la vigne, les deux enfants du père de famille, l'héritier tué par les vignerons, le festin des noces, sont autant de paraboles qui confirment la même vérité. La conclusion est que les gentils appelés les derniers seront *élus* ou choisis en plus grand nombre que les Juifs appelés les premiers

point prononcé, telle qu'est celle du grand nombre ou du petit nombre des *élus*. Quand cette dernière serait la plus vraie, il s'ensuivrait seulement que le très-grand nombre sera de ceux qui ne veulent pas se sauver, qui résistent aux grâces que Dieu leur fait, qui meurent volontairement dans l'impénitence finale. Si la damnation des réprouvés venait de leur faiblesse naturelle, ou du défaut de secours de la part de Dieu, comme les théologiens dont nous avons parlé semblent le penser, nous aurions sans doute sujet de présumer que le même sort nous est réservé; mais cette double supposition est une erreur, puisque Dieu ne permet pas que nous soyons tentés au-dessus de nos forces, qu'il donne des grâces à tous, et pardonne les fautes de faiblesse. De même, si le salut était une affaire de chance et de hasard, au succès de laquelle nous ne pussions contribuer en rien, le petit nombre des prédestinés devrait nous faire trembler et nous jeter dans le désespoir. Mais il n'en est pas ainsi: notre salut est notre propre ouvrage, avec le secours de la grâce; c'est une récompense, et non un coup de hasard, comme la chance d'une loterie, sur laquelle nos désirs ni nos efforts n'ont aucune influence. Le malheur de ceux qui n'ont pas voulu mériter cette récompense n'ôte à personne le pouvoir de l'obtenir, puisque Dieu la destine à tous, et la multitude infinie de ceux qui l'ont déjà reçue démontre qu'il ne tient qu'à nous d'y parvenir à notre tour. Tous les sophismes que l'on peut faire sur des comparaisons fausses sont absurdes et ne prouvent rien. D'autre part, quand il serait vrai que le très-grand nombre des fidèles sera sauvé, il ne s'ensuivrait pas que nous pouvons nous endormir sur l'affaire de notre salut, persévérer impunément dans le péché, négliger les bonnes œuvres, nous reposer sur la miséricorde de Dieu, puisqu'il nous avertit que personne ne sera couronné s'il n'a combattu, et ne sera sauvé s'il ne persévère dans le bien jusqu'à la fin. Si un sentiment de componction à la mort peut nous sauver, un sentiment de désespoir ou d'impénitence peut aussi nous saisir alors et nous damner. Un seul chrétien réprouvé sur mille devrait suffire pour nous faire trembler.

puisque parmi ceux-ci il y en a très-peu qui répondent à leur vocation, chap. xxii, v. 14.

« Jésus-Christ, interrogé pour savoir s'il y a peu de gens qui soient sauvés, répondit: Tâchez d'entrer par la porte étroite, parce que plusieurs chercheront à entrer et ne le pourront pas (*Luc.* xiii, v. 24). La porte étroite était sa morale sévère, peu de gens avaient le courage de l'embrasser. Lorsque la Judée eut été ravagée par les Romains; plusieurs Juifs dispersés se repentirent, sans doute, de n'avoir pas ajouté foi aux prédictions et aux leçons de Jésus-Christ; c'était trop tard, ils cherchèrent à entrer et ne le purent.

« Si les paraboles de l'Évangile peuvent servir de preuve, on en doit plutôt conclure le grand nombre que le petit nombre des hommes sauvés; Jésus-Christ compare la séparation des bons d'avec les méchants au jugement dernier, à celle que l'on fait du bon grain d'avec l'ivraie (*Matth.* xiii, v. 24). Or, dans un champ cultivé avec soin, l'ivraie n'a jamais été plus abondante que le bon grain. Il la compare à la séparation des mauvais poissons d'avec les bons: à quel pêcheur est-il arrivé de prendre moins de bons poissons que de mauvais? De dix vierges appelées aux noces, cinq sont admises à la compagnie de l'époux. Dans la parabole des talents, deux serviteurs sont récompensés, un seul est puni; dans celle du festin, un seul des convives est chassé......

« Mais supposons qu'il faille absolument prendre le mot *peu d'élus* dans le sens le plus rigoureux; que s'ensuivra-t-il? Que le plus grand nombre est de ceux qui n'ont pas voulu être sauvés, qui ont résisté à la grâce, qui sont morts volontairement dans l'impénitence finale, sans contrition et sans remords. L'obstination de ces malheureux peut-elle influer en quelque chose sur le sort d'un chrétien qui désire sincèrement de se sauver et de correspondre à la grâce? Si le salut était une affaire de chance et de hasard, le grand nombre de ceux qui se perdent serait capable d'effrayer les autres; mais c'est l'ouvrage de notre volonté aussi bien que de la grâce, et celle-ci ne nous est point refusée; la réprobation ne vient donc jamais du défaut de la grâce, mais du défaut de volonté dans l'homme. En quel sens la malice des réprouvés peut-elle ébranler la confiance d'un juste ou d'un pécheur pénitent? »

Pour fixer un peu plus cette discussion, nous disons qu'il y a trois opinions sur le nombre des catholiques prédestinés. Quelques docteurs pensent qu'il y aura plus de catholiques élus que de réprouvés; ils se fondent sur ce qu'il n'y a eu qu'un seul convive exclu du banquet nuptial. D'autres croient qu'il y aura autant de réprouvés que d'élus. Ils se fondent sur le passage des vierges, dont cinq étaient sages et cinq folles. — La plupart des théologiens enseignent qu'il y aura plus de réprouvés que d'élus. Ils s'appuient sur ces paroles: *Pauci vero electi.* Il n'y a donc rien de certain à ce sujet. Le savant Suarès regarde la première opinion comme plus probable. *Voyez* Benoît XIV, *Institutions ecclésiastiques*, inst. xxvi.

Le prétendu triomphe que Bayle attribue au démon sur Jésus-Christ au jour du jugement dernier, en conséquence du grand nombre des damnés, est absurde à tous égards. Il suppose, 1° que le démon a autant de part à la réprobation des méchants que Jésus-Christ en a au salut éternel des saints; que les premiers sont perdus, parce que le démon a été le plus fort et Jésus-Christ le plus faible; c'est un trait de démence et d'impiété. Ils sont damnés, non par la malice du démon, mais par leur propre malice, puisque, encore une fois, Dieu n'a pas permis au démon de les tenter au-dessus de leurs forces, et qu'avec le secours de la grâce il n'a tenu qu'à eux de vaincre l'ennemi de leur salut. 2° Une autre absurdité est d'envisager le sort des bons et des méchants comme un combat entre Jésus-Christ et le démon, dans lequel Jésus-Christ fait tout ce qu'il peut pour sauver une âme, sans en venir à bout, comme si le salut était l'ouvrage de la seule puissance du Sauveur, sans la coopération libre de l'homme. Le démon a-t-il donc plus de pouvoir qu'il ne plaît à Dieu de lui en accorder? 3° Il suppose que par la perte d'une âme Jésus-Christ perd quelque chose de son bonheur ou de sa gloire, qu'il en a du regret, comme le démon a du dépit lorsqu'il n'a pas réussi à pervertir un juste; que Jésus-Christ est trompé dans ses mesures, comme Satan est confondu dans ses projets. Parallèle insensé : Jésus-Christ, en tant que Dieu, a su de toute éternité quel serait le nombre des élus et celui des réprouvés ; quand le genre humain tout entier périrait, le Sauveur n'y perdrait rien pour lui-même, et le démon n'en serait pas moins malheureux pour l'éternité.

La victoire de Jésus-Christ sur le démon n'a donc pas dû consister en ce qu'aucun homme ne puisse se damner par sa faute : alors la vertu ne serait d'aucun mérite, et le salut ne serait plus une récompense. Mais elle consiste en ce que le genre humain, banni entièrement du ciel par le péché d'Adam, a recouvré, par la rédemption, le pouvoir d'y rentrer; et que chaque particulier reçoit, par les mérites de Jésus-Christ, toutes les grâces dont il a besoin pour se sauver, de manière qu'il est inexcusable lorsqu'il se damne.

Si quelques Pères de l'Eglise et quelques auteurs ascétiques ont fait à peu près la même supposition que Bayle, pour couvrir de honte les pécheurs et les faire rougir de leur turpitude, il ne faut point prendre à la lettre ce qu'ils ont dit par un mouvement de zèle, et les incrédules ne peuvent en tirer aucun avantage.

ÉMANATION, terme devenu célèbre dans les ouvrages des critiques protestants qui ont parlé de l'ancienne philosophie, des opinions des premiers hérétiques, et de la doctrine des Pères qui les ont réfutés, surtout dans les écrits de Beausobre, de Mosheim et de Brucker. Le premier a traité cette matière avec beaucoup de soin, dans son *Hist. du Manichéisme*, l. III, c. 10.

Comme les anciens philosophes n'admettaient point la création, ils étaient obligés de soutenir ou que les substances spirituelles étaient éternelles comme Dieu, ou qu'elles étaient sorties de l'essence divine par *émanation*, et il s'agissait encore de savoir si cela s'était fait nécessairement, ou si c'était par un acte libre de la volonté de Dieu. Mosheim, dans une Dissertation sur la création, qui se trouve à la suite du *Système intellectuel* de Cudworth, tom. II, p. 342, prétend que les anciens philosophes ont aussi enseigné que le monde est sorti de Dieu par *émanation*; mais il faut que par là ils aient seulement entendu l'âme du monde : autrement cette opinion ne s'accorderait pas avec l'éternité de la matière, qui est un dogme de l'ancienne philosophie. — Suivant notre manière de concevoir, une substance ne peut émaner d'une autre substance, à moins qu'elle n'en fasse partie ; lorsqu'elle s'en détache et s'en sépare, il faut que la substance produisante soit diminuée d'autant ; et comme l'esprit est une substance simple et indivisible, nous ne comprendrons jamais qu'un esprit puisse émaner d'un autre esprit : d'où nous concluons évidemment qu'un esprit n'a pu commencer d'être que par *création*.

Mais les anciens, dit Beausobre, ne l'entendaient pas ainsi. Platon enseigne que Dieu est le *formateur* des corps, mais qu'il est le *Père* des intelligences. C'est de lui qu'émane immédiatement l'esprit que les Grecs ont nommé νοῦς et les Latins *mens*, cette lumière spirituelle qui éclaire tous les êtres raisonnables; c'est aussi le sentiment de Chalcidius, de Porphyre et de Philon. Ces écrivains ne doutent cependant pas que la nature divine ne soit une substance simple et indivisible; ils ne pensent point que par l'*émanation* des esprits l'essence divine ait été partagée ni diminuée ; ils disent que Dieu a produit les intelligences comme un flambeau en allume un autre, sans rien perdre de sa lumière ; ou comme un maître communique ses idées à son disciple, sans les détacher de lui-même. Suivant ce que dit Mosheim, ils se sont servis de la même comparaison pour expliquer l'*émanation* du monde. — Les philosophes, continue Beausobre, ont donc pensé que les esprits ont existé de toute éternité ; parce que, selon Platon, Dieu, qui est le souverain bien, ne peut être sans se communiquer, ni l'esprit sans agir : cependant ils n'ont attribué aux esprits qu'une *éternité seconde*, parce qu'ils ont une cause, au lieu que celle de Dieu, qui n'a point de cause, est l'*éternité première*. Ils ont dit enfin que ces esprits sont *consubstantiels* à Dieu, c'est-à-dire de même genre et de même nature que Dieu ; ils n'ont pas avoué néanmoins que ces êtres fussent égaux à Dieu, parce que Dieu ne communique ses perfections qu'autant qu'il veut. Aussi ne les ont-ils point nommés des *dieux*, mais des *éons*, c'est-à-dire des êtres d'une durée toujours égale : sans accroissement et sans diminution. Tel a été le système des valentiniens et des autres gnostiques, de Manès et des manichéens, qui l'avaient pris des Orientaux. Brucker, à son tour, dit que c'est la base et la clef de la philosophie de ces derniers.

Pour nous, après y avoir mûrement réfléchi, nous soutenons que le système exposé par Beausobre est de sa composition, que ce n'est ni celui de Platon, ni celui d'aucun des nouveaux platoniciens ; nous oserions le défier de nous en montrer toutes les pièces, ni dans Philon, ni dans Chalcidius, ni dans Porphyre, ni chez aucune secte de gnostiques. — 1° Il est faux que Platon ait enseigné que Dieu a opéré de toute éternité : ce prétendu principe, que le souverain bien ne peut être sans se communiquer, ni l'esprit sans agir, ne se trouve dans aucun de ses ouvrages ; il n'attribue à Dieu aucune action antérieure à la formation du monde ; loin d'avoir mis une distinction entre l'éternité première et l'éternité seconde, il dit formellement qu'une nature ou une substance qui a commencé d'être ne peut être éternelle. Dans le *Timée*, m. p. 520, D.— 2° Ce philosophe n'admet point d'autres esprits que Dieu et l'âme du monde, encore nous laisse-t-il ignorer si Dieu a tiré cette âme de lui-même ou du sein de la matière Suivant son opinion, les âmes des astres, de la terre et des autres parties de l'univers sont des portions de l'âme du monde ; il appelle tous ces êtres des *dieux*, et non des *éons* ; il pense que ce sont ces *dieux visibles*, ces *dieux célestes*, qui ont engendré les démons ou génies, qui étaient les dieux des païens, sans que le Dieu formateur du monde y soit intervenu pour rien : c'est à ces derniers, dit-il, que Dieu a donné la commission de faire les hommes et les animaux, et les âmes de ceux-ci sont des parcelles détachées de celles des astres. Il appelle Dieu *le père du monde, le père des dieux célestes*, et non le père des esprits ou des intelligences (*Timée*, p. 530, H ; p. 555, G). Il n'a donc eu aucune notion des *éons*, ni de leurs généalogies ridicules. Aussi Beausobre avoue que les gnostiques ont emprunté ces *éons* des philosophes orientaux, et non de Platon. — 3° Ce critique attribue donc très-mal à propos à Platon les rêves des nouveaux platoniciens que l'on a nommés *éclectiques* ; il y avait au moins quatre cents ans que Platon était mort, lorsque l'éclectisme a pris naissance. Aussi Brucker a reproché à Beausobre d'avoir confondu les époques et les différents âges de la philosophie, et d'avoir souvent méconnu la vérité par cette inadvertance. Les gnostiques ont pu emprunter leurs *éons* des philosophes orientaux ; mais il est fort incertain s'ils n'ont pas forgé le système des *émanations* sur ce qui est dit, dans le Nouveau Testament, de la génération éternelle du Verbe et de la procession du Saint-Esprit, en le défigurant à leur manière. — 4° Ce système, tel qu'il est arrangé, renferme une contradiction palpable. Suivant leur principe, le souverain bien ne peut pas être sans se communiquer, et l'esprit ne peut pas exister sans agir ; donc il est faux que Dieu ait produit les *éons* par un acte libre de sa volonté, et qu'il ne leur ait communiqué de ses perfections *qu'autant qu'il l'a voulu*. Une cause qui agit nécessairement agit de toute sa force, elle n'est point maîtresse de modifier à volonté son action. Si les *éons* sont émanés de Dieu de toute éternité, ce sont des êtres nécessaires, ils sont égaux à Dieu : la *coéternité* emporte nécessairement la *coégalité*. Il est étonnant que Beausobre ne l'ait pas compris. — 5° Une témérité inexcusable de sa part, est d'avoir attribué aux Pères de l'Eglise, à Tatien, à Origène et à d'autres, ce système absurde des *émanations*, et d'avoir cité le témoignage du père Pétau (*Dogm. théol.*, liv. IV, c. 10, § 8 et suiv.). Dans ce chapitre même, § 15, ce théologien fait voir que les Pères, en parlant des *êtres participants et émanés de Dieu*, ont entendu des qualités abstraites, et non des substances ou des personnes ; et encore n'attribue-t-il ce système qu'au prétendu Denys l'Aréopagite, auteur du cinquième ou du sixième siècle, et à saint Maxime, son interprète. Nous verrons ci-après, qu'au lieu d'adopter cette hypothèse, les Pères l'ont réfutée par des raisons démonstratives. — 6° Le motif qui a dicté cette accusation à Beausobre est encore plus odieux ; il l'a forgée afin de persuader, en premier lieu, que les Pères n'ont pas admis la création des esprits, ce qui est absolument faux ; en second lieu, qu'ils ont conçu la génération du Verbe divin et la procession du Saint-Esprit de la même manière que les platoniciens et les gnostiques expliquaient *l'émanation des éons* ; qu'ainsi leur doctrine sur la Trinité n'est rien moins qu'orthodoxe ; en troisième lieu, que l'on a eu tort de reprocher aux manichéens comme une erreur un système adopté par les plus respectables docteurs de l'Eglise ; mais le projet de ce critique ne peut tourner qu'à sa confusion.

En effet, au mot CRÉATION, nous avons fait voir qu'elle a été admise et enseignée par les Pères ; Beausobre lui-même en est convenu et l'a prouvé, t. II, ch. liv. v, c. 5, p. 230, sans distinguer entre la création des corps et celle des esprits. Or, le dogme de la création sape par le fondement le système des *émanations* ; de l'aveu de notre auteur, les philosophes n'avaient imaginé cette dernière hypothèse que parce qu'ils soutenaient qu'une substance ne peut pas être tirée du néant. D'autre côté, Brucker prétend que les anciens Pères n'ont pas eu l'idée du système des *émanations*, et que par cette raison ils n'ont pas bien compris les opinions des gnostiques, autre imagination sans fondement, mais qui contredit celle de Beausobre : — Celui-ci a cité un passage de Tatien, *Contra Gentes*, n. 5 ; mais cet auteur y parle de la génération du Verbe divin ; il dit qu'elle se fait sans partage et sans diminution de la substance du Père. « Ce qui est retranché, continue-t-il, est séparé du tout ; mais ce qui est communiqué par participation n'ôte rien au principe qui le communique. » Il se sert de la comparaison du flambeau qui en allume un autre, sans rien perdre de sa lumière, et de la pensée qui, par la parole, se communique aux éditeurs, sans être ôtée à celui qui parle. Si quelques platoniciens se sont servis de la même comparaison pour expliquer la prétendue *émanation* des esprits, chose très-douteuse, il ne s'ensuit pas que Tatien a conçu la génération du Verbe comme les rêveurs entendaient la naissance des esprits. Loin d'admettre cette *émanation*, Tatien dit formellement, n. 7, que le Verbe divin a *créé* les hommes et les anges. — Beausobre a beau dire que les théologiens ont distingué deux espèces d'*émanations*, les unes qui se terminent dans l'essence divine, telles sont la génération du fils et la procession du Saint-Esprit ; les autres qui sortent de cette essence, et c'est, dit-il, la procession des êtres participants. Nous soutenons que les Pères, qui sont nos seuls théologiens, ont admis la première espèce dans le mystère de la sainte Trinité, et qu'ils ont rejeté la seconde, comme un rêve des platoniciens et des gnostiques ; jamais il ne leur est arrivé d'appeler les anges ou les âmes humaines des *êtres participants*.

Saint Justin, *Cohort. ad Græcos*, n. 22 ; fait remarquer que Platon n'a pas appelé Dieu *créateur*, mais *ouvrier* de ses prétendus dieux, δημιουργὸν, parce que le Créateur, qui n'a besoin de rien, fait, par son seul pouvoir, *tout ce qui est*, au lieu que l'ouvrier a besoin de matière. *Dial. cum Tryph.*, n. 5, il dit que l'âme humaine n'est pas incréée, non plus que le monde ; c'est pour cela qu'il ne la croit pas immortelle par nature, mais par grâce. — Athénagore, *de Resurr. mort.*, n. 18, observe que ceux qui croient Dieu créateur de *toutes choses*, doivent aussi admettre sa providence sur toutes choses, en particulier sur l'âme humaine. — Saint Théophile, ad *Autolycum*, n. 10, enseigne que Dieu ayant son Verbe dans son sein, l'a engendré avec sa sagesse, et a créé *toutes choses* par lui. — Saint Irénée a réfuté expressément le système des *émanations* (*Adv. Hær.*, lib. II, c. 13 et 17) ; il aurait été de la bonne foi de Beausobre de ne pas passer ce fait sous silence. — Origène, *de Princip.*, l. I, n. 1, dit que « Dieu étant à tous égards une parfaite *monade* ou unité, il est la source d'où toutes les natures intelligentes prennent leur commencement et leur origine ; » mais il nous apprend lui-même que c'est par création, et non par *émanation*, puisqu'il soutient que les esprits ont été créés, aussi bien que la matière, *ibid.*, lib. II, c. 9. Cela n'a pas empêché Brucker d'attribuer à ce Père et à saint Irénée le système des *émanations*, *Hist. Crit. Philosophiæ*, t. III, p. 406 et 444. Voilà comme on doit se fier aux accusateurs des Pères. Quoi qu'ils en disent, saint Augustin et saint Jean Damascène ont eu raison d'objecter aux manichéens que, si les esprits ou les *éons* et les âmes humaines sont émanés de la nature divine, celle-ci est divisée en autant de parties qu'il y a d'*émanations ;* c'est un des arguments de saint Irénée *contre les gnostiques*, liv. II, c. 13, n. 5. Vainement tous ces hérétiques auraient répondu qu'ils niaient cette conséquence, comme faisaient les platoniciens ; les Pères auraient répliqué que tous raisonnaient mal ; que puisqu'il est ici question d'*émanations* qui ne se terminent point dans l'essence divine, mais au dehors, il est absurde de prétendre que *ce qui est sorti* n'a été ni séparé, ni retranché. Si les manichéens avaient osé dire que des docteurs chrétiens avaient pensé comme les platoniciens, les Pères auraient nié le fait, parce qu'il est faux. Ils auraient ajouté que les comparaisons tirées d'un flambeau, et de la pensée qui se communique, ne prouvent rien ; la lumière est un corps ; la pensée n'est ni une personne ni une substance, comme les esprits et les âmes humaines. Lorsque les docteurs chrétiens s'en sont servis en parlant de la génération et de la procession des Personnes divines, ils n'ont pas prétendu expliquer par là un mystère essentiellement inexplicable ; mais ils n'ont jamais parlé de même de la naissance des esprits. Le mystère de la sainte Trinité est révélé, la prétendue *émanation* des esprits ne l'est pas ; elle est même contraire au dogme essentiel de la création, que les Pères ont soutenu contre les philosophes.

Ils ont encore été bien fondés à objecter aux manichéens que si les *éons* et les âmes humaines sont des *émanations* de la nature divine, ce sont autant d'êtres consubstantiels à Dieu, et autant de dieux : ainsi le soutient saint Irénée, *ibid.*, c. 17, n. 3. Et il est faux que les manichéens aient été autorisés par l'ancienne théologie à nier cette conséquence. Encore une fois, pour la nier, il faut tomber en contradiction, soutenir, d'un côté, que les esprits sont de toute éternité, que Dieu n'a pas pu exister sans les produire, qu'il les a donc produits nécessairement ; de l'autre, qu'il a été le maître de ne leur communiquer ses perfections qu'autant qu'il l'a voulu librement. Si les philosophes ont digéré cette contradiction, comme tant d'autres, les Pères de l'Église, qui sont nos *anciens théologiens*, n'ont pas été assez stupides pour ne pas l'apercevoir. Tertullien a raisonné sur ce sujet en métaphysicien profond (*L. contra Hermogen.*, c. 3 et suiv).

Beausobre leur attribue d'autres erreurs encore plus grossières ; il prétend que les Pères ont exprimé la génération du Verbe par le mot grec προβολὴ, qui signifie la même chose qu'*émanation*, parce qu'ils ont cru Dieu corporel ; que tel a été le sentiment non-seulement des Pères grecs, mais encore des Latins. Liv. III, c. 1, § 5, 6, 8 ; c. 7, § 6 et 7. Il n'en excepte que Origène, qui avait appris de Platon, et non de l'Écriture sainte, que Dieu est incorporel. Il dit que, touchant la nature de Dieu, les docteurs chrétiens suivaient le sentiment des maîtres qui les avaient instruits, et des écoles philosophiques d'où ils sortaient, parce que l'Écriture sainte ne s'exprime point clairement sur ce sujet. Cependant, c. 10, § 7 du même livre, il nous fait observer que, selon les principes des anciens théologiens, aussi bien que des philosophes, dans tous les êtres vivants et *incorporels* les *émanations* se font sans que les sources ou les causes en souffrent aucune diminution, et que les auteurs chrétiens se sont servis de cette métaphysique, touchant les *natures spirituelles*, pour expliquer leurs mystères. En quel sens ces auteurs se sont-ils servis de la métaphysique qui concerne les *êtres incorporels*, ou les *natures spirituelles*, s'ils ont cru que Dieu était corporel ? Dans quelle école de philosophie les Pères ont-ils pris la notion d'un Dieu corporel, s'il est vrai, comme le prétend Beausobre, que Platon et les platoniciens, les philosophes orientaux, les valentiniens, les gnostiques et les manichéens ont tous distingué les *émanations des êtres incorporels* d'avec les générations ou les *émanations des corps* ? Mais peu importe à ce critique de se contredire, pourvu qu'il réussisse à calomnier les Pères : nous le réfuterons au mot ESPRIT. — Ce n'est pas tout. Selon lui, les philosophes qui ont cru que les esprits étaient sortis de Dieu par *émanation*, ne leur ont attribué qu'une *éternité seconde*, parce qu'ils ont une cause ; ils ont réservé à Dieu seul l'*éternité première*, parce qu'il n'a point de cause. Par conséquent, si les Pères ont conçu la génération du Verbe et la procession du Saint-Esprit, comme les philosophes concevaient l'*émanation* des esprits, ils n'ont pu attribuer à ces deux Personnes divines qu'une *éternité seconde*, et non l'*éternité première*, qui ne convient qu'à Dieu le Père. C'est aussi ce que prétend Beausobre ; il va même plus loin : il affirme que les anciens ont cru généralement que le Père n'a produit ou engendré le Verbe qu'immédiatement avant de créer le monde ; qu'auparavant le Verbe était dans le Père, mais qu'il n'était point encore hypostase ou personne, puisqu'il n'était point encore engendré (L. III, c. 5, § 4). — Suivant cette doctrine, en admettant le système des *émanations*, les Pères n'ont pas su attribuer au Verbe divin la même antiquité que les philosophes attribuaient aux esprits ou aux *éons* ; ceux-ci étaient émanés de Dieu de toute éternité, au lieu que le Verbe n'est émané du Père qu'immédiatement avant la création du monde. Les premiers sont sortis de Dieu nécessairement, parce que Dieu ne pouvait exister sans agir; mais c'est très-librement, sans doute, que Dieu a retardé la génération de son Verbe jusqu'au moment de créer le monde. Puisque les *éons* ne sont pas des dieux, parce que le Père a été le maître de ne leur communiquer ses perfections qu'autant qu'il l'a voulu, à plus forte raison le Verbe n'est pas Dieu, puisque le Père a usé, sans doute, à son égard, de la même liberté.

Bullus, dans sa *Défense de la foi de Nicée*, M. Bossuet, dans son I*er Avertissement aux protestants*, ont réfuté démonstrativement toutes ces accusations absurdes. Beausobre ne l'a pas ignoré ; pourquoi n'a-t-il rien opposé aux preuves de ces deux célèbres théologiens ? Comment n'a-t-il pas rougi de supposer que, dès le second siècle, et immédiatement après la mort des apôtres, les dogmes les plus essentiels du christianisme, la parfaite spiritualité de Dieu, son immensité, la génération éternelle du Verbe, la divinité du Fils et du Saint-Esprit, etc., ont été méconnues et défigurées par ceux mêmes qui devaient les enseigner aux fidèles ? Comment Jésus-Christ a-t-il abandonné son Eglise sitôt après son ascension dans le ciel ? Mais Beausobre voulait disculper tous les anciens hérétiques aux dépens des Pères de l'Eglise, il voulait esquiver l'argument que M. Bossuet a tiré contre les protestants de leurs variations dans la foi : pour en venir à bout, il a fallu accumuler les paradoxes et les calomnies, abandonner même le principe fondamental du protestantisme, savoir : que l'Ecriture sainte est claire sur toutes les vérités essentielles à la foi. — Le Clerc n'a pas été plus équitable en faisant l'extrait des ouvrages des Pères du premier et du second siècle de l'Eglise, dans son *Histoire ecclésiastique*.

Si Beausobre avait daigné se souvenir que les Pères ont cru et professé le dogme de la création, prise en rigueur, et qu'il leur a rendu lui-même cette justice, à la réserve de deux ou trois qu'il a exceptés très-mal à propos, il se serait épargné toutes ces absurdités. Meilleurs logiciens que lui, ces saints docteurs ont non-seulement admis le dogme, mais ils en ont très-bien senti toutes les conséquences. Ils ont compris que Dieu n'avait pas un corps avant d'avoir créé les corps ; que l'Etre souverain, qui opère par le seul vouloir, n'a pas besoin de corps pour faire ce qu'il veut ; que tout corps étant essentiellement borné, serait plutôt un obstacle qu'un secours à l'exercice de la puissance divine. Ils ont vu dans l'Ecriture : Dieu dit, *que la lumière soit*, et la lumière fut ; ils n'ont pas eu besoin d'y lire encore : Dieu dit, *que les esprits soient*, et les esprits furent, pour concevoir que Dieu a créé les esprits aussi bien que la matière, que l'un ne lui a pas été plus difficile que l'autre, et que l'*émanation* des esprits est aussi absurde que l'*émanation* de la matière. Ils ont dit que Dieu n'a jamais été sans son Verbe, qui est sa raison ou sa sagesse ; que le Verbe éternel n'est point émané du silence, qu'il est coéternel et parfaitement égal au Père, etc. ; ils n'ont donc pas été assez insensés pour imaginer que le Verbe n'a commencé d'être une Personne qu'immédiatement avant la création du monde. — S'ils se sont servis des termes *parabole*, *émanation*, *génération*, *prolation*, *émission*, *production*, etc., c'est que le langage humain n'en fournissait point d'autres ; il est injuste d'en conclure qu'ils ont conçu la naissance des esprits comme celle des corps, ou la génération et la procession des Personnes divines comme celles des esprits créés, puisqu'ils ont déclaré que cette génération et cette procession sont des mystères ineffables, incompréhensibles, dont nous ne pouvons avoir aucune notion par ce qui se fait à l'égard des créatures.

Nous n'ignorons pas que, suivant l'avis de Beausobre et de ses pareils, les Pères ne se sont pas toujours accordés avec eux-mêmes, qu'il y a une infinité d'inconséquences dans leurs écrits ; qu'ils tombent souvent en contradiction ; mais c'est lui-même qui se contredit à cet égard, puisqu'il ne leur attribue que *par la voie de conséquence* la plupart des erreurs dont il les charge. *Voy.* Pères de l'Eglise, Platonisme.

Quand on dit que nos actes spirituels, nos pensées, nos vouloirs, *émanent* de notre âme, c'est une métaphore : ces actes ne sont ni des substances, ni des corps, ni des personnes. En parlant de la sainte Trinité, il n'est pas à propos d'appeler *émanation* la génération du Verbe et la procession du Saint-Esprit, à cause de l'erreur des hérétiques et des philosophes dont nous avons parlé ; il faut s'en tenir scrupuleusement aux termes dont se sert l'Eglise, si l'on veut éviter tout danger d'erreur.

EMBAUMEMENT. *Voy.* Funérailles.

EMMANUEL, terme hébreu qui signifie *Dieu avec nous*. Il se trouve dans la célèbre prophétie d'Isaïe, chap. VII v. 14. Une

Vierge concevra et enfantera un Fils, et il sera nommé EMMANUEL, *Dieu avec nous.* Nous soutenons, contre les Juifs modernes et contre les incrédules, que cette prophétie regarde le Messie, et ne peut être appliquée à un autre personnage. — 1° Il n'est pas possible de l'attribuer au fils d'Isaïe. *Emmanuel* devait naître d'une *Vierge* : ainsi l'a entendu Jonathan, dans sa *Paraphrase chaldaïque*, et les anciens Juifs ont conclu de là que le Messie devait avoir une vierge pour mère. *Voy.* Galatin, l. VII, c. 15. Le fils d'Isaïe devait être nommé *Maher Schalal*, et non *Emmanuel*. — 2° Ch. VIII, v. 8, *Emmanuel* est désigné comme un personnage auquel la Judée appartient : cela ne peut convenir au fils d'Isaïe. Dans le chap. IX, v. 6, ce même enfant est nommé le Dieu fort, le Père du siècle futur : le paraphraste chaldaïque applique encore ces titres au Messie. Vainement quelques rabbins ont voulu les entendre du fils d'Ezéchias ; ils ne lui conviennent pas mieux qu'au fils d'Isaïe. — 3° Le dessein du prophète n'était pas seulement de tranquilliser Achaz sur l'entreprise des rois d'Israël et de Syrie, mais d'assurer la famille de David qu'elle ne serait détruite ni par ces deux rois, ni par les ravages des Assyriens, c. VIII., v. 10. Or, ni le fils d'Isaïe, ni celui d'Ezéchias, ne pouvaient être le gage de la protection du Seigneur contre ces ennemis de la Judée ; mais la venue du Messie, qui devait naître du sang de David, était une preuve que ce sang subsisterait, du moins, jusqu'à ce grand événement. — 4° Isaïe offrait de la part du Seigneur un prodige, un miracle, pour rassurer Achaz et les princes du sang de David : la naissance du fils d'Isaïe, ni du fils d'Ezéchias, qui n'était plus un enfant, n'avait rien de miraculeux. — 5° Ce qui est dit dans le ch. XI, v. 1 et suiv. : *Il sortira un rejeton du tronc de Jessé, l'esprit de Dieu se reposera sur lui*, etc., est appliqué au Messie par les Juifs mêmes. Or, il est évident que depuis le chap. VII jusqu'au chap. XII, Isaïe ne perd point de vue son objet, et que ces six chapitres se rapportent au même personnage ; il ne peut donc pas y être question d'un autre que du Messie.

Puisque la race de David ne subsiste plus, il est évident que les Juifs se flattent d'une vaine espérance, lorsqu'ils pensent que le Messie n'est pas encore arrivé, mais qu'il viendra un jour accomplir les promesses que Dieu a faites à David. *Voy.* la Dissert. sur ce sujet, *Bible d'Avignon*, tom. IX, pag. 455.

EMPÊCHEMENTS de *Mariage* (1). Le Mariage est un contrat auquel la nature appelle, que les lois civiles règlent, et que la religion consacre ; il est tout à la fois contrat naturel, contrat civil et sacrement. La nature, la loi civile et la religion peuvent donc y mettre des obstacles qui le rendent nul ou illicite. Les obstacles qui le rendent nul, sont ce qu'on appelle *empêchements dirimants;* ceux qui le rendent seulement illicite, se nomment *empêchements prohibitifs*. Parmi les *empêchements* dirimants, il en est qui ne doivent leur existence qu'à des lois positives et humaines, d'autres à des lois naturelles et divines. On peut obtenir des dispenses des premiers ; les seconds n'étant point établis par les hommes, il n'est point de puissance sur la terre qui ait droit de les anéantir. D'après ces notions générales, cet article sera divisé en trois parties : dans la première, on traitera des *empêchements* dirimants ; dans la seconde, des *empêchements* prohibitifs ; et dans la troisième, on examinera quels sont les *empêchements* dont on peut obtenir des dispenses, et quels sont ceux qui peuvent les accorder.

Mais avant d'entrer dans la discussion de ces trois parties, nous croyons devoir traiter une question qui a longtemps agité les théologiens et les jurisconsultes, et sur laquelle les idées sont enfin fixées parmi nous. On demande qui est-ce qui a le droit d'établir des *empêchements* de mariage. Les ultramontains, à l'exception de Soto et de quelques autres, soutiennent que l'Eglise a seule ce droit, parce que seule elle a le pouvoir de régler ce qui concerne les sacrements. En France et dans plusieurs autres Etats catholiques, on pense que les princes peuvent également porter des lois irritantes sur les mariages, et qu'en cela ils ne mettent point la main à l'encensoir, parce qu'ils ne statuent que sur le contrat civil, qui est de l'essence du mariage. Dans cette opinion, le pouvoir de l'Eglise et celui du prince sont très-distincts et très-séparés : l'un ne porte que sur le sacrement, et l'autre que sur le contrat civil. L'Eglise tient le sien de Jésus-Christ, et celui des princes dérive nécessairement de la puissance publique, dont ils sont revêtus. Si ces questions ont été obscurcies pendant longtemps par des écrits multipliés, c'est qu'on avait perdu le fil de l'ancienne législation et de l'ancienne tradition sur le mariage (1).

Depuis que les sociétés ont été formées et régies par des lois, le mariage a toujours été regardé par les législateurs comme un des objets qui méritaient le plus leur attention. Lorsque l'Eglise fut reçue dans l'empire, il y avait des lois existantes sur le mariage. Ces lois ont continué à recevoir leur exécution, et à dépendre du prince seul. Il s'est même écoulé un temps assez long, sans que les ministres de l'Eglise aient eu aucune part à la célébration des mariages. Justinien nous apprend qu'avant lui, et en conséquence de ses propres lois, ils se contractaient par le seul consentement des parties, donné en présence de témoins. Les anciennes solennités observées chez les Romains, et qui faisaient partie de leur culte public,

---

(1) Cet article est reproduit d'après l'édition de Liége. Nous avons spécialement traité la question des empêchements de mariage dans notre *Dictionnaire de Théologie morale*.

(1) Nous avons examiné avec soin, dans notre *Dict. de Théologie morale*, si les empêchements des princes sont véritablement dirimants.

avaient été abolies avec le paganisme ; et sans prendre de nouvelles mesures pour assurer la vérité du contrat de mariage, on s'était contenté de ce qui en forme la substance, c'est-à-dire, du consentement des parties. Mais rien n'était plus facile que de se procurer des témoins qui attestaient ou niaient, suivant les circonstances, avoir vu donner le consentement. C'était un abus intolérable, et qui jetait nécessairement la plus grande incertitude dans l'état des familles, et dans l'ordre des successions. — L'empereur Justinien chercha à remédier à cet abus ; il déclara nuls tous les mariages des personnes constituées en dignité, qui ne seraient pas précédés d'un contrat, contenant une stipulation de dot, et une donation à cause de noces. — Quant aux citoyens d'un état moins relevé, mais cependant honnête, *quantum vero in militiis honestioribus et negotiis, et omnino professionibus dignioribus est*, le législateur leur donne l'alternative, ou de passer un contrat dans les formes prescrites, ou de se rendre en telle église qu'ils jugeraient à propos, et de déclarer, en présence du desservant, *illius ecclesiæ defensori*, et de trois ou quatre clercs attachés à la même église, qu'ils se prenaient mutuellement pour époux. Le prêtre était tenu de dresser un acte de ce consentement, et de le dater de l'indiction, du mois, du jour du mois, de l'année du règne de l'empereur et du consulat : *quia sub illa indictione, illo mense, illa die mensis, illo imperii nostri anno, illo consule, venerunt apud illum in illam orationis domum, ille et illa, et conjuncti sunt alterutri*. Cet acte devait être signé par des clercs, au moins au nombre de trois. Ces formalités étaient requises à peine de nullité du mariage, dans le cas où il n'y aurait point de contrat portant constitution de dot, et donation à cause de noces. — A l'égard des soldats, des laboureurs et des personnes d'une condition abjecte, il leur fut permis de continuer à se marier, sans être obligés de passer aucun contrat, ni d'observer aucune des formalités qui viennent d'être détaillées, sans que pour cela on pût refuser la légitimité à leurs enfants : *Sic ut in vilibus personis, in militibus armatis, obscuris et agricolis licentia sit eis et ex non scripto convenire, et matrimonia celebrare inter alterutros : sintque filii legitimi, quia patrum mediocritatem, aut militares, aut rusticas occupationes et ignorantias adjuvent* (L. xxiii, § 7, *Cod. de Nuptiis*).

On voit par ces lois que, jusqu'à Justinien, l'intervention de l'Eglise n'était point nécessaire pour la validité du mariage, comme contrat civil. Plus d'un siècle auparavant, les empereurs Théodose et Valens avaient déclaré valable le mariage contracté entre personnes d'une égale condition, et prouvé par le témoignage de leurs amis, malgré le défaut de donation à cause de noces, ou de contrat portant constitution de dot, et quoiqu'il n'eût été accompagné d'aucune pompe, ni d'aucune cérémonie : *Inter pares honestate personas nulla lege impediente consortium quod ipsorum consensu, atque amicorum fide firmatur*. Si Justinien autorise une certaine classe de citoyens à se marier devant un prêtre, ce n'est pas qu'il veuille unir le sacrement de l'Eglise au contrat civil ; il considère le prêtre comme un témoin respectable, dont l'attention devait faire preuve que le mariage avait été réellement contracté. — Le mariage, comme sacrement, et comme contrat civil, n'avait donc encore aucune liaison, et l'un n'influait point sur l'autre. Cela est si vrai que, quoique l'Eglise ait toujours regardé le nœud que formaient entre eux deux époux, comme indissoluble, cependant les anciennes lois romaines qui autorisaient le divorce et la répudiation, subsistaient toujours dans l'empire, et furent renouvelées ou modifiées par Justinien (Liv. viii, *Cod. de Repud.* et nov. 23, præf., cap. 1, qui est de Justin, son prédécesseur).

Pendant les premiers siècles de l'Eglise, le mariage était donc, aux yeux des empereurs chrétiens, un contrat purement civil, indépendant des lois ecclésiastiques : ils en disposaient comme de tous les autres contrats : leurs sujets ne s'engageaient que dans les liens d'un contrat civil ; ils pouvaient, à la vérité, le faire sanctifier par le sacrement, et le rendre indissoluble par cette cérémonie religieuse. Mais l'indissolubilité était un devoir de religion, et nullement une obligation dérivant de la loi civile. On pouvait dissoudre le mariage sans violer la loi civile, sauf à l'Eglise à faire subir les peines qui sont à sa disposition, et à venger, par les armes spirituelles, des règlements qui n'avaient pour but que la sanctification des âmes, sans aucun rapport à l'ordre politique.

Il était sans doute difficile que les choses restassent longtemps dans cet état ; il y avait trop d'opposition entre la loi civile qui réglait le contrat, et la loi ecclésiastique qui régissait le sacrement : c'était une espèce de contradiction que les lois de l'Etat permissent ce que défendait la religion reçue dans l'Etat. On crut donc devoir réunir le contrat civil au sacrement ; et l'empereur Léon, qui monta sur le trône en 886, mit la bénédiction nuptiale au nombre des formalités nécessaires pour valider le mariage, même aux yeux de la loi civile : *Sic sane etiam sacræ benedictionis testimonio matrimonia confirmari jubemus* (*Constit. imp. Leon.* 89). Mais cet empereur, en unissant et le contrat civil et le sacrement, ne permit pas que le sacrement produisit tous ses effets, du moins quant à l'indissolubilité. Il continua à regarder l'adultère comme un motif de dissolution, ainsi que les Grecs le regardent encore aujourd'hui. Il y ajouta plusieurs autres motifs adoptés par la loi civile, avant que l'administration du sacrement fût devenue une formalité nécessaire pour la validité du mariage. Il permit, par exemple, que si l'un des deux époux devenait fou, l'autre pût rompre son mariage, et en contracter un nouveau. Il fit plus, il rejeta, par une loi publique, le canon du sixième concile général, connu sous le nom de concile in *Trullo*, qui avait déclaré que, si une fiancée se marie avec un autre que son fiancé, avant la mort de celui-ci, elle commet un adultère : *Qui alteri desponsam mulierem, eo adhuc vivo cui desponsa est, in nuptiarum ducit societatem, adulterii crimini subjicitur.* Le législateur civil se contente de défendre de donner la bénédiction nuptiale à quiconque n'aura pas l'âge requis pour se marier : *quod in maribus decimum quintum, in feminis decimum tertium exspectat annum* (*Constit. imper. Leon.*, 31, 32, 74, 111, 112, etc.).

Ces lois émanées de l'autorité temporelle, et contre lesquelles l'Eglise ne réclama jamais, prouvent incontestablement que le sacrement n'était point nécessaire pour donner au mariage ses effets civils, et que s'il en est devenu par la suite une condition essentielle, ce n'a été qu'en vertu des ordonnances des empereurs, et des autres souverains qui ont reçu la religion dans leurs Etats, et parce que la constitution de l'empereur Léon a été admise et pratiquée par tous les chrétiens, et a continué d'être observée dans tous les Etats catholiques. — C'est ainsi que le contrat civil et le sacrement n'ont plus fait qu'un seul et même acte, et que le mariage est enfin devenu un lien indissoluble pour tous les catholiques. Mais si l'union du contrat civil et du sacrement est l'ouvrage des souverains, ils n'ont certainement pas consenti à se dépouiller de leurs droits sur le mariage, comme contrat civil. Leur consentement n'eût pas même suffi, ils ne pouvaient ni perdre, ni aliéner, ce qui appartient essentiellement à la puissance publique, et qui tient à l'harmonie de toutes les sociétés. D'un autre côté, l'Eglise a également conservé son autorité sur le mariage comme sacrement ; de là il résulte que les princes, ainsi que l'Eglise, peuvent établir des *empêchements* du mariage, quoique sous deux points de vue différents. Le mariage forme actuellement un tout composé de deux parties soumises à deux puissances qui influent sur son existence, avec cette différence, cependant, que l'Eglise est obligée de se soumettre aux *empêchements* établis par le prince, et que ceux établis par l'Eglise ne peuvent avoir lieu qu'autant qu'ils sont admis par le prince.

Telle est l'opinion de tous nos jurisconsultes, et de nos théologiens les plus éclairés, comme Marca, de Launoi, Gerbais, l'auteur des *Conférences de Paris*, etc. Cette opinion est suivie en France, et l'on n'y doute point, dans tous les tribunaux, que le prince ne puisse établir des *empêchements* pour les mariages des chrétiens, qui sont ses sujets. Jusqu'à présent on a vu les princes et l'Eglise agir de concert pour l'établissement des *empêchements* du mariage. Il n'y a parmi nous qu'un seul point sur lequel cet accord et cette harmonie semblent avoir cessé : c'est sur les mariages des enfants de famille, contractés sans le consentement des pères et des mères. Le concile de Trente les a déclarés valides, et ils sont nuls d'après les ordonnances du royaume (1). Cette diversité ne tient qu'à la discipline, qui peut varier dans les différents siècles, comme dans les différents Etats. Alexandre III a reconnu des *empêchements* dirimants dans les églises d'Italie, auxquels les autres églises n'avaient point d'égard, et qu'un mariage reconnu à Rome pour légitime, pouvait être nul en France.

L'Eglise assemblée a seule le pouvoir d'établir des *empêchements* canoniques. Chaque supérieur ecclésiastique n'a pas droit d'en introduire de nouveaux ou d'abroger ceux qui se trouvent introduits. Il en est que la coutume et l'usage ont admis, la même coutume et le même usage peuvent les faire cesser. Après ces observations préliminaires, revenons à la division que nous avons annoncée, et suivons-la dans chacune de ses parties.

Empêchements dirimants. Ce sont, comme nous avons déjà dit, ceux qui empêchent que le mariage ne soit valablement contracté. Les canonistes en comptent ordinairement quatorze, qu'ils ont compris dans les vers suivants :

> *Error, conditio, votum, cognatio, crimen,*
> *Cultus disparitas, vis, ordo, ligamen, honestas,*
> *Si sit affinis, si forte coire nequibis,*
> *Si parochi et duplicis desit præsentia testis,*
> *Rapta loco mulier si non sit reddita tuto,*
> *Hæc facienda vetant connubia, facta retractant.*

Les lois du royaume, en adoptant les *empêchements*, en ont ajouté d'autres qu'on appelle civils, et qui sont aussi dirimants que ceux qui sont établis par l'Eglise (2). Parmi ces *empêchements*, il en est qui sont absolus, d'autres qui ne sont que relatifs, d'autres enfin qui ne tiennent qu'aux formalités prescrites à peine de nullité.

Empêchements dirimants absolus. Ce sont ceux qui empêchent la personne en qui ils se rencontrent de contracter aucun mariage ; c'est-à-dire, qui la rendent absolument inhabile à se marier. On en compte ordinairement six : le défaut de raison ; le défaut de puberté ; l'impuissance ; un premier mariage subsistant ; la profession religieuse ; l'engagement dans les ordres sacrés.

1° *Le défaut de raison.* Le mariage étant un véritable contrat synallagmatique qui produit des obligations réciproques de la part des deux époux, il est évident que pour en être capable il faut jouir de l'usage de sa raison. Il ne faut donc être ni absolument fou, ni absolument imbécile : dans ces cas il n'y a, et ne peut y avoir de véritable consentement et par conséquent de contrat. — On dit *absolument fou* ou *absolument imbécile*, car si une personne a des intervalles lucides, pendant lesquels elle jouisse réellement de sa raison, il n'est pas douteux que le mariage qu'elle contracterait pendant ce temps

---

(1) L'empêchement ne concerne que les effets civils. *Voy.* le *Dict. de Théol. mor.*, art. Empêchement.
(2) C'est une assertion hasardée. *Voy.* notre *Dict. de Théol. mor.*, art. Empêchement.

serait valable; tout dépend donc du degré de folie ou d'imbécillité. Ces sortes de mariages ne sont ordinairement que l'effet de la cupidité ou de l'ambition : ils ne devraient être favorisés dans aucune législation : quel intérêt la religion ou l'Etat peuvent-ils avoir à ce qu'un fou ou un imbécile se donne des successeurs ? — Les sourds et muets de naissance ne sont pas mis au rang des personnes qui ne jouissent point de leur raison, ils peuvent se marier. C'est la décision d'Innocent III, au chapitre *Cum apud*, ext., *de Spons.*, et un arrêt du 26 janvier 1658, rapporté par Soefve, l'a ainsi jugé. Des sourds et des muets de naissance, instruits à des écoles comme celle de M. l'abbé de l'Epée, ne sont pas incapables de contracter.

2° *Le défaut de puberté*. Tous les auteurs regardent le défaut de puberté comme un *empêchement* absolu ; et ils entendent par impubère, celui en qui le temps n'a pas encore assez perfectionné la nature, pour le rendre capable de consommer l'acte qui est une des principales fins du mariage. L'époque de la puberté varie selon les climats et les tempéraments. Cette époque a été fixée parmi nous à quatorze ans accomplis pour les garçons, et à douze ans accomplis pour les filles. On y suit la loi de Justinien, *Inst. tit. de Nup.*, quoique l'empereur Léon, dans la constitution que nous avons citée il n'y a qu'un instant, exige quinze ans pour les garçons, et treize ans pour les filles. — Cependant, malgré ces lois, l'âge de la puberté ne peut être irrévocablement fixé à l'effet de faire déclarer un mariage nul. La nature, de qui seule elle dépend, est au-dessus des lois des hommes. On a vu des filles devenir enceintes avant qu'elles eussent atteint leur douzième année : alors la loi n'est qu'une présomption, qui est détruite par le fait ; alors les tribunaux abandonnent la présomption pour la vérité. C'est l'espèce d'un arrêt rapporté par Bouguier. Les parents d'un mari décédé avaient attaqué l'état de son épouse restée veuve à onze ans neuf mois ; ils demandaient la nullité du mariage, comme fait avant l'âge fixé par les lois, et contestaient les conventions matrimoniales. La jeune veuve ayant prouvé qu'elle était enceinte, il fut jugé que son mariage était valable, et qu'elle devait en conséquence jouir de son douaire, et des autres avantages qui lui étaient assurés par son contrat de mariage. Le pape Innocent III, consulté sur une pareille question, avait donné une décision semblable à celle de l'arrêt rapporté par Bouguier : *Si ita fuerint œtate proximi quod potuerint copula carnali conjungi, minoris œtatis intuitu separari non debent, cum in eis œtatem supplevisse malitia videtur.* (*Cap. de Illis,* 9, ext. *de Despons. imp.*). — Si les deux conjoints, ayant atteint la puberté, continuent d'habiter ensemble comme mari et femme, cette cohabitation rétablit le mariage. Le consentement tacite, donné dans un temps où les deux époux peuvent contracter, couvre le défaut du consentement donné dans un âge où l'on est incapable de s'obli-

ger, *minorem annis duodecim nuptam, tunc legitimam uxorem fore, cum apud virum explesset duodecim annos* (L. 4, ff. *de Tit. nup.*); c'est aussi la décision du chapitre *Attestationes*, 10, ext. *de Despons. impub.* C'est la doctrine de nos auteurs, entre autres, de Mornac et de Fevret. — De là ne doit-il pas résulter que le défaut de puberté a été mis, à tort, au rang des *empêchements* dirimants absolus du mariage ? Il ne le rend pas absolument nul, puisque la nullité qu'il produit peut se couvrir et s'effacer par la cohabitation des conjoints devenus pubères, *quod ab initio nullum est ex post facto convalescere nequit* (1).

3° *L'impuissance*. Personne n'est plus inhabile à contracter mariage qu'un impuissant. L'*empêchement* qui dérive de l'impuissance, est trop important pour qu'il ne fasse pas dans cet ouvrage, le sujet d'un article séparé. *Voy.* IMPUISSANCE.

4° *Un premier mariage subsistant*. Depuis l'union du contrat civil avec le sacrement, autorisée par la loi de l'Etat, il n'est pas douteux qu'un premier mariage subsistant est un *empêchement* dirimant pour en former un second : cet *empêchement* est une suite nécessaire de la défense que fait la religion chrétienne, d'être à la fois le mari de plusieurs femmes. Les lois ecclésiastiques contre la polygamie sont devenues des lois de l'Etat. L'Eglise défend de s'unir à une femme lorsqu'on en a déjà une vivante, et le prince punit, par des peines temporelles, celui qui violerait cette règle. — Cet *empêchement* est-il de droit naturel, ou n'est-il que de droit positif divin ? Cette question conduirait à examiner si la polygamie est contraire à la nature. Nous n'entreprendrons point de la traiter ici. Nous nous contenterons de dire que les auteurs qui paraissent les plus sages pensent que si la polygamie n'est pas contraire au droit naturel, ni à l'essence du mariage, elle l'est du moins à son institution, *et erunt duo in carne una* : c'est sous ce point de vue qu'elle a été envisagée par le divin auteur de la religion chrétienne, et par les souverains qui l'ont embrassée. Les deux puissances ont concouru à consacrer cette maxime de l'Evangile : *Omnis qui dimiserit uxorem suam et aliam duxerit, mœchatur.* Les Romains n'ont pas eu de peine à adopter la doctrine enseignée par Jésus-Christ, ils avaient en horreur la polygamie. Chez eux un bigame encourait de plein droit l'infamie par l'édit du préteur (L. 1, ff. *de his qui not. infam.*). On doit donc tenir pour certain que si l'*empêchement* dérivant d'un premier mariage encore subsistant n'est pas de droit naturel, il est au moins de droit divin. Le concile de Trente (Sess. 24, can. 2) l'a ainsi décidé en frappant d'anathème ceux qui diraient qu'il est permis aux chrétiens d'avoir plusieurs femmes. — Nous n'avons, jusqu'à présent, entendu parler que de l'espèce de polygamie par laquelle un homme aurait en même temps plusieurs femmes ; il ne faut

(1) *Voy.* notre *Dict. de Théol. morale.*

point appliquer ce que nous venons d'en dire, à ce qu'on appelle *polyandrie*, c'est-à-dire, à cette polygamie par laquelle une femme aurait plusieurs maris à la fois. Tout le monde convient qu'elle est également contraire et au droit naturel et à l'essence même du mariage : au droit naturel, *ob perturbationem sanguinis*; à l'essence du mariage, qui a pour une de ses fins principales la propagation de l'espèce humaine, *Crescite et multiplicamini*; propagation à laquelle la polyandrie serait un véritable obstacle. *Voy.* POLYANDRIE et POLYGAMIE. — L'*empêchement* d'un premier mariage subsistant ne reçoit ni modification ni exception : l'erreur involontaire, ni la bonne foi, ne peuvent en arrêter les effets. L'absence d'un des deux époux, quelque longue qu'elle soit, la présomption la plus forte de son décès, n'autorisent point l'autre à contracter validement un second mariage. Il ne peut convoler à d'autres noces qu'autant que la mort aura rompu ses premiers liens. Le fameux Jean Maillard ne reparut qu'après quarante années d'absence : sa femme ne le reconnaissait point, on feignait de ne pas le reconnaître ; elle s'était remariée sur la foi d'un certificat de sa mort. Cependant le second mariage fut déclaré nul par arrêt du 4 août 1674, rapporté au *Journal des Audiences*, tom. III. La seule faveur que la loi civile accorde à ces sortes de mariages, lorsque la bonne foi y a présidé, c'est de ne pas imprimer aux enfants qui en sont nés, la tache flétrissante de la bâtardise. — Suivant la loi romaine, l. vi, ff. *de Divort.*, lorsqu'un des conjoints avait été emmené en captivité, et qu'il avait laissé écouler un laps de cinq ans sans donner de ses nouvelles, il était présumé mort, et l'autre conjoint avait la faculté de passer à de secondes noces. Justinien abrogea cette loi par la novelle 117, cap. 11. — Au reste, un mariage subsistant ne produit un *empêchement* dirimant pour en contracter un second, qu'autant qu'il est valable, *quod nullum est nullum producit effectum*. Mais pour être admis à de secondes noces, il faut auparavant avoir fait prononcer sur l'invalidité des premières, personne ne pouvant être juge dans sa propre cause. Cependant si on contractait un second mariage avant d'avoir fait prononcer la nullité du premier, le second n'en serait pas moins déclaré valable, si on établit par la suite que le premier était nul ; ainsi jugé par un arrêt du 28 juillet 1691, sur les conclusions de M. de Lamoignon. *Journal des Audiences*, tom. V.

5° *La profession religieuse*. Les vœux solennels de religion forment dans le religieux profès, un *empêchement* dirimant qui le rend absolument incapable de contracter aucun mariage. Mais il est nécessaire, pour que les vœux produisent cet effet, qu'ils aient été émis dans un ordre reçu dans l'Etat (1),

(1) L'empêchement de la profession religieuse ne dépend nullement de la reconnaissance de l'ordre par l'autorité temporelle.

et approuvé par les lois du royaume ; il faut qu'ils aient été faits publiquement, librement, après une année de probation ou noviciat, et à l'âge fixé par la loi. Le défaut d'une de ces conditions laisse à celui qui les a émis la liberté de réclamer pendant cinq ans, et de se faire rendre au siècle ; mais s'il laisse écouler ce temps sans aucune réclamation, son silence pris pour un consentement tacite, couvre le vice de ses vœux. On le déclare non recevable à les vouloir faire annuler, et l'*empêchement* du mariage qui en provient subsiste dans toute sa force. — Cet *empêchement* n'a pas toujours été dirimant. On ne l'a regardé, pendant plusieurs siècles, que comme prohibitif. Pothier (*Traité du Mariage*, partie iii, chap. 2, art. 5) prouve, par une foule de lois et de monuments ecclésiastiques, que ce n'est que vers le dixième siècle qu'on a commencé à croire que les vœux solennels de religion formaient un obstacle qui rendait le mariage absolument nul, et que cette opinion n'est devenue une règle générale de l'Église que depuis le second concile général de Latran, tenu en 1139, sous Innocent II. Les septième et huitième canons de ce concile portent : *Statuimus quatenus episcopi.... regulares canonici, et monachi, atque conversi, professi qui sanctum propositum, uxores sibi copulare præsumpserunt, separentur ; hujus namque copulationem quam contra ecclesiasticam regulam constat esse contractam, matrimonium non esse censemus..... id ipsum quoque de sanctimonialibus feminis si, quod absit, nubere attentaverint ; observari decernimus.* — Cette loi émanée de la puissance ecclésiastique a été reçue dans l'Etat, et est suivie dans nos tribunaux. Un arrêt du 17 juillet 1630, rapporté par Bardet, liv. iii, chap. 115, rendu sur les conclusions de M. l'avocat général Talon, a déclaré nul le mariage de Gilberte d'Anglot, qui, après avoir fait des vœux solennels de religion, avait embrassé le calvinisme et s'était mariée (1). — Il ne faut pas confondre les ordres religieux avec certaines congrégations, ou maisons ecclésiastiques, telles que celles de Saint-Lazare, de la Doctrine Chrétienne et de l'Oratoire. Les vœux que l'on y prononce ne sont que des vœux simples. *Voy* ci-après, EMPÊCHEMENTS PROHIBITIFS. — Au reste, depuis que les vœux solennels prononcés dans des ordres religieux ont formé un engagement irrévocable, ils ont dû devenir, par une conséquence nécessaire, un *empêchement* dirimant du mariage. L'incompatibilité des deux états l'exigeait, à moins que l'on n'eût établi que le mariage relèverait des vœux de religion ; ce qui eût été également contraire à la nature même de ces vœux, et à l'ordre public, dont l'intérêt a exigé que les religieux, en quittant le monde, fussent considérés comme morts civilement.

6° *L'engagement dans les ordres sacrés*.

(1) Cet empêchement n'est plus reconnu par notre droit civil.

Les ordres sacrés sont le sous-diaconat, le diaconat, la prêtrise, et à plus forte raison l'épiscopat. La continence est certainement une vertu digne d'être alliée au sacerdoce, mais elle ne lui est pas absolument essentielle: il ne répugne point à la nature des choses que le sacrement de mariage et celui de l'ordre soient réunis sur le même sujet. Les soins du ministère sacré et une espèce de décence ont introduit l'usage d'éloigner les ministres du mariage: mais ces motifs ne sont puisés ni dans le droit naturel, ni dans le droit divin. — Il n'est donc pas étonnant que les ordres sacrés n'aient pas toujours été un empêchement dirimant du mariage: l'Eglise n'a pas toujours déclaré nuls les mariages contractés par les clercs depuis leur promotion aux ordres sacrés. Sa discipline a varié à ce sujet. — Dans l'Eglise d'Orient, le mariage n'était point un obstacle à l'entrée dans la cléricature et à la réception des ordres sacrés; il y avait même un cas où l'on pouvait se marier, après y avoir été promu, sans encourir aucune peine: il suffisait pour cela de déclarer, au moment de l'ordination, que l'on ne se sentait pas la force de pratiquer la continence; si on n'avait point fait cette déclaration, et que l'on vînt ensuite à se marier, le mariage n'était pas nul, mais on était privé des fonctions de son ordre. C'est ce que porte expressément le dixième canon du concile d'Ancyre: *Quicunque diaconi constituti, in ipsa constitutione testificati sunt et dixerunt, oportere se uxores ducere, cum non possint se manere; ii si uxorem postea duxerint, sint in ministerio, eo quod hoc sit illis ab episcopo concessum. Si qui autem hoc silentio præterito, et in ordinatione, ut ita manerent suscepti sunt, postea autem ad matrimonium venerunt, ii a diaconatu cessent.* — L'usage de ces déclarations fut abrogé. Le concile *in Trullo*, tenu en 692, défend, sous peine de déposition, de se marier après la promotion aux ordres sacrés. Il ordonne aux sous-diacres, diacres et prêtres qui voudraient parvenir à ces ordres, et être mariés en même temps, de se marier avant leur ordination: *Decernimus ut deinceps nulli penitus hypodiacono, vel diacono, vel presbytero, post sui ordinationem, conjugium contrahere liceat. Si autem fuerit hoc ausus facere deponatur. Si quis autem eorum qui in clerum accedunt velit lege matrimonii mulieri conjungi, antequam hypodiaconus, vel diaconus, vel presbyter, ordinetur, hoc faciat* (Concil. *in Trullo*, can. 6). — Cette loi ne fut pas exactement observée; il fut permis aux clercs, dans les ordres sacrés, de contracter mariage pendant les deux premières années qui suivaient leur ordination; mais après ces deux premières années, ils étaient obligés à un célibat perpétuel. L'empereur Léon, surnommé le Philosophe, abolit cet usage, et rétablit l'ancienne discipline: *Consuetudo quæ in præsenti obtinet, iis quibus matrimonio conjungi in animo est, concedit ut, antequam uxorem duxerint, sacerdotes fieri possint; et deinde biennium ad perficiendam voluntatem jungi matrimonio præstituit. Id igitur, quia indecorum esse videmus, jubemus ut ad vetus Ecclesiæ et antiquitatis traditum præscriptum de hinc creationes procedant* (Constit. 3 imper. Leon.).

Aucune des lois anciennes ne prononce la nullité du mariage contracté par un clerc promu aux ordres sacrés: elles se contentent d'ordonner la déposition de l'ordre. C'est la disposition des novelles 6, chap. 5 et 22, chap. 42, et du concile de Néocésarée, can. 35: *Presbyter, si uxorem acceperit, ab ordine deponatur; si vero fornicatus fuerit, aut adulterium perpetraverit, amplius pelli debet, et sub pœnitentia cogi.* D'après ce concile, le mariage d'un prêtre est bien différent de la fornication et de l'adultère: ces deux derniers délits doivent être punis par la privation de communion, et par la pénitence publique, *amplius pelli debet et sub pœnitentia cogi*, et la déposition est la seule peine infligée au mariage qui subsistera dans son entier, *deponatur*.

L'Eglise d'Occident, jusqu'au XIIe siècle, considéra sous le même point de vue le mariage contracté depuis la promotion aux ordres sacrés. Le concile de Paris, tenu en 829, ordonna l'exécution du canon de celui de Néocésarée, que l'on vient de rapporter. Celui d'Augsbourg, de l'an 952, ne prononça non plus que la déposition des clercs qui se marieraient étant engagés dans les ordres sacrés: *Si quis episcoporum, presbyterorum, diaconorum, subdiaconorum uxorem acceperit, a sibi injuncto officio deponendus est, sicut in concilio Carthaginensi tenetur.* Ces dernières expressions prouvent que la même discipline était observée dans l'Eglise d'Afrique. — La collection des canons publiée par Burchard, évêque de Wormes, qui a occupé ce siège depuis l'an 1008 jusqu'en 1026, ni celle d'Yves de Chartres, qui est de la fin du XIe ou du commencement du XIIe siècle, ne renferment aucune loi qui ait fait des ordres sacrés un *empêchement dirimant* de mariage. Yves de Chartres, consulté par Galon, évêque de Paris, sur le mariage d'un de ses chanoines, lui répond que si pareille chose était arrivée dans son diocèse, il laisserait subsister le mariage, et se contenterait de faire descendre le coupable à un ordre inférieur. — Les choses changèrent dans le XIIe siècle. Le premier concile de Latran, et surtout le second, par le canon que nous avons rapporté en traitant du vœu solennel de religion, déclarèrent absolument nuls les mariages contractés par des clercs depuis leur promotion aux ordres sacrés; et dès lors les ordres devinrent un *empêchement dirimant*. Ce droit nouveau a été constamment suivi par les décrétales des papes qui se trouvent dans le corps du droit canonique. Le concile de Trente a confirmé ces différentes lois, et prononcé anathème contre ceux qui soutiendraient que les personnes engagées dans les ordres sacrés, peuvent contracte[r] des mariages valides. *Si quis dixerit clericos in sacris ordinibus constitutos, vel regulares castitatem solemniter professos posse matrimonium contrahere, contractumque validum esse nonobstante lege ecclesiastica vel voto.... anathema sit* (Sess. 24, can. 9 *de Reform. matrim.*). — Les lois de l'Eglise qui ont déclaré les ordres sacrés former un *empêchement dirimant*, ont été adoptées et confirmées en France par la puissance séculière, au moins tacitement, et elles sont suivies dans tous nos tribunaux.

De tout ce qui vient d'être dit à ce sujet, il résulte que l'esprit de l'Eglise a toujours été d'écarter ses principaux ministres de l'état du mariage, et cependant que les ordres sacrés ne sont un *empêchement dirimant* que depuis le XIIe siècle; et il en résulte encore que cet *empêchement* n'est que de discipline et de droit positif ecclésiastique.

Tels sont les six empêchements dirimants qui sont regardés parmi nous comme absolus. Il y en a quatre qui sont compris dans les vers latins rapportés ci-dessus : *Votum, ordo, ligamen, si forte coire nequibis.*

Empêchements dirimants relatifs. On appelle ainsi les *empêchements* qui rendent incapables deux personnes de se marier ensemble, quoiqu'elles puissent se marier à d'autres. On en compte ordinairement neuf, dont nous allons rendre compte successivement autant que la nature de cet ouvrage le permet.

1° *La parenté naturelle.* Cet *empêchement* tient plus à la politique et aux mœurs qu'à la nature. En considérant les hommes qui existent actuellement comme les descendants d'un même père, et les différentes familles qui peuplent la terre comme des branches et des ramifications d'une famille primitive, il paraît évident que la parenté naturelle n'a pas pu être dans tous les temps un *empêchement de mariage*. Pour mieux rendre notre idée, supposons un homme et une femme jetés dans une île déserte; ils peuvent devenir la tige d'une nation. Comment cela serait-il possible, si leurs enfants ne pouvaient s'unir entre eux légitimement? Cette union, bien loin d'être illicite, serait l'ouvrage de la pure nature. Quelle religion oserait la condamner ? Ce qui est licite, permis, nécessaire même à toute société dans son berceau, pourrait-il devenir une action prohibée par la nature, lorsque cette même société est parvenue à un degré considérable d'accroissement et de population (1)? Nous ne le pensons pas. — Nous sommes cependant bien éloignés de prétendre blâmer les lois qui ont défendu les mariages entre les parents à un certain degré. Nous reconnaissons qu'elles ont été dictées par la prudence et la sagesse, et qu'elles ont même été nécessaires pour prévenir une foule d'abus et d'inconvénients nuisibles au bonheur et à la tranquillité des grandes sociétés. Elles sont les fruits de cette politique précieuse qui veille sans cesse au plus grand bien des hommes, et que la religion a dû revêtir de toute son autorité. Notre but est donc uniquement ici d'établir que l'*empêchement* de parenté ne prend point son origine dans la nature même, mais dans un droit positif qui ne peut être trop respecté. — Quand nous disons que l'*empêchement* de parenté n'est pas puisé dans la nature, nous ne prétendons point parler de la parenté en ligne directe. Tous les peuples se sont toujours accordés à regarder comme incestueuse et abominable l'union charnelle entre des parents de cette ligne. Nous n'entreprendrons point de prouver combien ce crime est horrible : c'est une de ces vérités qui est plus de sentiment que de raisonnement.

On appelle *ligne de parenté*, la suite des personnes par lesquelles la parenté est formée entre deux parents : on en distingue deux, la directe et la collatérale. — La directe est la suite des personnes qui descendent de moi, ce qu'on appelle *ligne directe descendante*; et celle des personnes de qui je descends, ce qu'on nomme *ligne directe ascendante*. Dans la ligne directe descendante, sont le fils, le petit-fils, l'arrière-petit-fils, etc. Dans la ligne directe ascendante, sont le père, l'aïeul, le bisaïeul, etc. — La ligne collatérale est la suite des personnes par lesquelles l'un des parents est descendu de la souche commune dont son parent est descendu (1). — On appelle *degré de parenté*, la distance qui se trouve entre deux parents. Il n'y a qu'une seule manière de compter les degrés en ligne directe, on en compte autant qu'il y a de générations qui l'ont formée. Le père et le fils sont au premier degré, parce qu'il n'y a qu'une génération qui forme la parenté. L'aïeul et le petit-fils sont au second degré, le bisaïeul et l'arrière-petit-fils sont au troisième degré, et ainsi de suite. Il en est de même dans la ligne ascendante. — Quant aux degrés en ligne collatérale, il y a deux manières de les compter, l'une selon le droit canonique, et l'autre selon le droit civil. Cette différence, qui n'aurait jamais dû exister, ne consiste que dans les mots. Selon le droit civil, il faut prendre toutes les générations qu'il y a en montant depuis moi exclusivement jusqu'à la souche commune, et toutes celles qu'il y a en descendant depuis la souche commune jusqu'à mon parent inclusivement. Ainsi les frères sont au second degré, l'oncle et le neveu au troisième, les cousins-germains au quatrième, le grand-oncle et le petit-neveu au cinquième, les cousins issus de germain au sixième, etc. — Selon le droit canon, on ne compte, pour déterminer les degrés, que les générations de l'un des parents jusqu'à la souche commune. Ainsi les frères sont au premier degré, les cousins-germains au second, les cousins issus de germain au troisième, et les petits-cousins au quatrième. Dans ces exemples, la ligne de parenté est

---

(1) Etrange réflexion! Comme si ce qui tient aux mœurs n'était pas le vœu de la nature!

(1) *Voy.* le *Dict. de Théol. mor.*, art. PARENTÉ.

égale, c'est-à-dire, qu'il y a autant de générations de chaque côté pour remonter à la souche commune. Mais si la ligne est inégale, s'il y a plus de générations d'un côté que de l'autre, on compte les degrés par le nombre de générations dans le côté plus éloigné de la souche commune. Ainsi l'oncle et le neveu sont entre eux au second degré, le grand-oncle et le petit-neveu sont au troisième. C'est ce qui est exprimé par cette règle : *In linea collaterali inæquali, quoto gradu remotior persona distat a communi stipite, tot gradibus distant cognati inter se.* Nous avons pris la plupart de ces définitions dans Pothier (*Traité du Mariage*) ; nous n'avons pas cru pouvoir en donner de plus claire.

On ne sait pas précisément quand cette manière de compter les degrés de parenté a commencé dans l'Église, on croit communément que c'est du temps de saint Grégoire le Grand. Quoi qu'il en soit, elle a causé beaucoup de contestations : ceux qui refusèrent de l'adopter furent qualifiés d'hérétiques incestueux, et même excommuniés par le second concile romain, tenu en 1065 au palais de Saint-Jean-de-Latran, sous Alexandre II. On eût évité ces querelles, si on eût voulu seulement convenir des termes. Mais chacun tient à ses idées : la manière de compter les degrés de parenté, selon le droit civil, fut conservée pour régler l'ordre des successions collatérales et les autres affaires temporelles, et celle du droit canonique servit pour ce qui concerne les mariages. Tel il est encore aujourd'hui l'état des choses, si vous en exceptez la province de Normandie, dans laquelle les degrés se comptent, pour les successions, suivant le droit canonique ; car c'est ainsi qu'il faut entendre, d'après Basnage, l'art. 146 de la *Coutume*, et 41 des *Placités*.

La parenté en ligne directe, en quelque degré qu'elle soit, est toujours un *empêchement* dirimant. L'Église et les princes n'ont jamais été divisés sur ce point. Il en est de même du premier degré en ligne collatérale, c'est la disposition précise du Lévitique pour les Juifs. Les lois romaines défendaient aussi le mariage entre parents à ce degré ; ainsi le frère et la sœur ne pouvaient le contracter valablement. Il en était de même de l'oncle et de la nièce, ou de la tante et du neveu, quoiqu'ils ne fussent qu'au second degré en collatérale. Il est vrai que l'empereur Claude fit révoquer en partie cette loi, pour pouvoir épouser Agrippine, fille de son frère Germanicus. Un prince despote peut bien changer les lois, mais il ne peut rien sur les opinions : la loi de Claude, ni son exemple, ne firent point revenir les Romains sur leurs anciennes idées; ils ne suivirent ni l'une ni l'autre, *non repertis qui sequerentur exemplum,* dit Suétone. La loi de Claude fut abrogée par les empereurs Constance et Constant. — A l'égard des cousins germains, qui se trouvent parents au second degré en collatérale, le mariage leur fut permis jusqu'à Théodose le Grand, qui le défendit, sous peine du feu et de confiscation de biens. Jusqu'à cette époque on ne voit point que l'Église ait porté aucune loi à ce sujet : elle suivait celles de l'empire. Arcade et Honorius, fils et successeurs de Théodose, confirmèrent en 396 la loi de leur père, mais abrogèrent les peines qu'elle imposait. L'empire ayant été divisé, Arcade, qui régnait en Orient, rétablit l'ancien droit, et le mariage entre cousins germains fut de nouveau permis. Justinien l'approuva par la loi 19, *cod. de Nupt.* Honorius ayant laissé en Occident subsister la loi de Théodose, avec la modification qu'il y avait apportée, les mariages entre cousins germains continuèrent d'être défendus. Cet empereur se réserva cependant le droit de dispenser de cet *empêchement* ceux qu'il jugerait à propos. Les conquérants, ou pour mieux dire, les destructeurs de l'empire romain, laissèrent subsister la défense de se marier entre cousins germains, même après qu'ils eurent embrassé la religion chrétienne. Depuis, cette défense fut étendue aux cousins issus de germain, et par succession de temps jusqu'au sixième et au septième degré. Enfin il y eut quelques conciles qui prohibèrent les mariages entre parents d'une manière illimitée. Cependant il n'y eut point pendant longtemps de droit uniforme sur ce sujet important. On voit saint Grégoire le Grand permettre aux Anglais le mariage entre cousins germains. La discipline varia dans les différents royaumes. Le concile de Douzi, tenu sous Charles le Chauve en 814, établit en France la défense de se marier entre parents jusqu'au septième degré, *propinquitatis conjugia ultra septimum gradum differenda.*

La défense illimitée ou même bornée au septième degré, de se marier entre parents, entraînait après elle des inconvénients considérables. Si des raisons puisées dans la saine politique et dans les bonnes mœurs, avaient fait établir la parenté comme un *empêchement* dirimant du mariage, ces raisons ne subsistaient plus lorsque les rejetons des familles étaient parvenus à une distance considérable de leur tronc. On ne voyait que des mariages dissous, sous prétexte d'une parenté éloignée que l'on supposait quelquefois, et que souvent on avait ignorée pendant de longues années. Les papes eux-mêmes abusèrent de la trop grande étendue de cet *empêchement*, pour servir leur ambition, se venger des princes et leur imposer le joug (1). Notre histoire ne nous fournit que trop de preuves de cette triste vérité. — Cependant il faut l'avouer, c'est l'Église elle-même qui réforma ces abus. Les princes avaient été législateurs en cette partie, elle leur avait succédé. Innocent III, dans le concile général de Latran, tenu en 1215, borna la défense des

(1) Réflexion injurieuse à la papauté, qui n'est basée sur aucun fondement. La sévérité des papes au moyen âge était nécessaire pour rétablir les bonnes mœurs.

mariages entre parents au quatrième degré : *Prohibitio copulæ conjugalis, quartum consanguinitatis et affinitatis gradum, de cætero non excedat, quoniam in ulterioribus gradibus, jam non potest absque gravi dispendio generaliter observari.* Cette première raison d'établir la loi est très-puissante. En est-il de même de la seconde? On la rapportera, parce qu'elle sert à caractériser le goût et la manière de raisonner du XIIIe siècle : *Quaternarius vero numerus bene congruit prohibitioni conjugii corporalis, de quo dicit Apostolus, quod vir non habet potestatem sui corporis, sed mulier; nec mulier habet potestatem sui corporis, sed vir, quia quatuor sunt humores in corpore qui constant ex quatuor elementis.* — La décision du concile de Latran, qui a fixé au quatrième degré inclusivement la défense du mariage entre parents, a toujours été observée en France, et l'est aujourd'hui dans toute l'Église latine. Il en est de même de celle de Grégoire IX, selon laquelle le mariage est permis entre parents, dont l'un est au quatrième degré, et l'autre au cinquième. Elle est fondée sur le principe déjà rapporté, que, dans la ligne collatérale inégale, le degré de parenté doit être fixé et compté par le nombre de générations qu'il y a depuis leur souche commune jusqu'à celui des deux parents qui en est le plus éloigné. Ainsi un cousin au quatre, au trois et même au deuxième degré, peut épouser sa cousine au cinquième : *Potest quis ducere uxorem, proneptem consobrini sui.* — Ce principe doit-il être appliqué aux oncles et aux petites-nièces, aux tantes et aux petits-neveux ? Peut-on épouser une fille de la descendance de son frère, quoiqu'elle soit au cinquième degré de la souche commune, et *vice versa?* Covarruvias et l'auteur des *Conférences de Paris* sont pour l'affirmative. Pothier ne se rend pas à cet avis : son principal motif est de dire que ce n'est pas seulement le degré de parenté qu'il faut consulter, mais la relation qui existe entre les grands-oncles et les petites-nièces, les grandes-tantes et les petits-neveux, *loco parentum habentur;* et il semble attribuer à cette relation de paternité fictive en collatérale, les mêmes effets qu'à celle qui existe réellement en ligne directe. Nous n'oserons pas prendre sur nous de décider la question. Elle doit d'ailleurs se présenter rarement, et ces sortes de mariages en général ne sont guère favorables, surtout ceux des grandes tantes avec leurs petits-neveux.

Pour que la parenté produise un *empêchement* dirimant du mariage, il n'est pas nécessaire qu'elle provienne d'unions légitimes. On ne considère, à cet égard, que la proximité du sang ; et, dans cette occasion, la loi reconnaît dans les familles les bâtards qu'elle en rejette dans tant d'autres : *Nihil interest ex justis nuptiis cognatio descendat, an vero non : nam et vulgo quæsitam quis vetatur uxorem ducere* (L. 24, ff. *de Rit. nupt.*).

2° *La parenté civile*. On ne rappelle ici cet *empêchement* que pour ne rien omettre. Il n'a plus lieu depuis que l'usage de l'adoption a cessé ; c'était l'unique moyen de se créer une parenté civile.

3° *L'affinité naturelle*. On entend par affinité ce qu'on entend plus communément par alliance : c'est le rapport qu'il y a entre un des conjoints et les parents de l'autre conjoint. — Quoiqu'il n'y ait pas de souche commune entre les alliés pour distinguer les degrés de leur affinité, on ne laisse pas de la mettre dans la même ligne, et au même degré qu'est leur parenté avec l'autre conjoint. Ainsi, par imitation de la parenté, on distingue l'affinité en directe et en collatérale. — Le mariage est la source de l'affinité naturelle ; dans le droit civil, elle s'établit par la seule célébration ; dans le droit canonique elle ne devient un *empêchement* que par la consommation. — Il est peu de matières sur lesquelles l'esprit des théologiens et des canonistes se soit plus exercé, ils étaient venus à bout de créer trois espèces d'affinité naturelle qui donnaient lieu à une foule de questions qui sont inutiles aujourd'hui, et qui sont traitées fort au long dans Pothier sur le mariage.

L'affinité en ligne directe a toujours été un *empêchement* dirimant. Quiconque violait cette loi était puni de mort chez les Juifs : *Qui domierit cum noverca sua et revelaverit ignominiam patris sui, morte morietur . . . . . Si quis dormierit cum nuru sua uterque moriatur.* — Les lois romaines prohibaient également ces sortes de mariages. Mais elles n'avaient point défendu ceux entre les personnes qui ne se touchaient d'affinité que dans la ligne collatérale, jusqu'à l'empereur Constance, qui interdit, comme incestueux, le mariage avec la veuve de son frère, ou avec la sœur de sa défunte femme. L'Église n'avait pas attendu cette loi pour le considérer du même œil.

La discipline ecclésiastique a varié sur l'*empêchement* de l'affinité, comme sur celui de la parenté. On les a toujours fait marcher de front. Le concile de Latran ayant borné au quatrième degré la défense des mariages pour cause de parenté, l'a bornée au même degré pour cause d'affinité. C'est ce qui est aujourd'hui généralement observé. — On n'admet plus, depuis le concile de Latran, que l'affinité qui se trouve entre un des conjoints, et les parents de l'autre conjoint. L'affinité, comme autrefois, n'engendre point seule d'autre affinité. Ainsi la sœur de ma belle-sœur n'est pas mon alliée, son frère n'est pas non plus l'allié de ma sœur.

Outre l'affinité qui naît d'un mariage valablement contracté, il en est une autre qui résulte d'un commerce charnel illicite. On lui donnait autrefois la même étendue qu'à l'affinité conjugale. Mais le concile de Trente l'a restreinte au second degré inclusivement. Il y a sur cette seconde espèce d'affinité, une foule de questions qui concernent plutôt le fort intérieur et la théologie que la jurisprudence.

4° *L'affinité spirituelle*. Cet *empêchement* a

été établi par l'Eglise seule. L'affinité spirituelle est celle qui se forme par le sacrement de baptême, entre la personne baptisée, le parrain ou la marraine, et la personne qui a conféré le sacrement. Elle se contracte encore par la personne qui a baptisé, par le parrain et la marraine, avec le père et la mère de la personne baptisée. Cet *empêchement* n'est fondé que sur des raisons mystiques et spirituelles. La confirmation le produisait aussi dans le temps où l'on donnait un parrain et une marraine à la personne qui recevait ce sacrement. — Cet *empêchement* s'étendait autrefois fort loin, par exemple, aux enfants du parrain et de la marraine, ainsi qu'au parrain et à la marraine qui contractaient eux-mêmes une alliance spirituelle. Le concile de Trente a mis les choses dans l'état où elles sont aujourd'hui.

5° *L'honnêteté publique.* Cet *empêchement* prend sa source dans les fiançailles, ou promesses de se marier, et dans le mariage célébré. On a cru que la décence et l'honnêteté publique ne pouvaient permettre qu'on épousât les parents de la personne avec laquelle on avait été fiancé, ou avec laquelle le mariage avait été célébré, et non consommé. — Il y a cependant une différence entre l'*empêchement* qui résulte des fiançailles, et celui qui résulte du mariage non consommé. Le premier s'étend sur tous les parents en ligne directe de la personne fiancée. Ainsi, quoique les fiançailles n'aient point été suivies du mariage avec la veuve à laquelle je suis fiancé, je ne puis épouser ni sa fille, ni sa petite-fille, ni aucune autre fille descendant d'elle en ligne directe. Il en était de même autrefois en ligne collatérale, et la prohibition s'étendait aussi loin que celle pour cause d'affinité. Mais le concile de Trente l'a restreinte au premier degré.

L'*empêchement* produit par le mariage non consommé s'étend à tous les parents de la ligne directe ou collatérale jusqu'au quatrième degré, comme la parenté et l'affinité naturelle. Le concile de Trente n'a pas cru devoir, à ce sujet, changer l'ancienne discipline ainsi qu'il l'a fait pour les fiançailles. — Cet *empêchement*, de même que celui de l'affinité, se contracte entre l'une des parties et les parents de l'autre partie, sans considérer si leur parenté provient d'une union légitime ou non.

6° *Le rapt et la séduction.* Quiconque avait autrefois ravi une femme, devait perdre tout espoir de jamais l'épouser, soit qu'il l'eût rendue à elle-même, soit qu'il la gardât en sa puissance. C'est la disposition formelle des lois de Justinien, des Capitulaires de Charlemagne, et du concile de Paris tenu en 850. — Innocent III crut devoir tempérer la sévérité de ces lois. Il permit à la personne ravie d'épouser son ravisseur, pourvu qu'elle s'y déterminât librement. Pour qu'il ne pût rester aucun doute sur la liberté de ce consentement, le concile de Trente exige, comme un préalable indispensable, que la personne ravie ait cessé d'être au pouvoir du ravisseur. L'article 5 de l'ordonnance de 1639 a adopté cette disposition du concile : « Déclarons nuls les mariages faits avec ceux qui ont ravi des veuves ou des filles, de quelque âge ou condition qu'elles soient, sans que par le temps ou le consentement des personnes ravies, de leurs père, mère, tuteurs, ils puissent être confirmés, *tandis que les personnes ravies sont en la puissance du ravisseur.* » On sent que cet *empêchement* tient à l'ordre public, et a pour objet la sûreté et l'honneur des familles. — A l'égard de la simple séduction sans violence, elle forme, selon le droit français, un *empêchement* dirimant pour ceux qui sont en minorité, et qui se marient sans le consentement de leur père, mère, tuteur ou curateur ; dès lors cet *empêchement* a beaucoup de rapport avec celui qui naît du défaut de consentement de ceux desquels dépendent les parties contractantes, et dont nous parlerons dans un instant. — La séduction entre majeurs est, moralement parlant, un être de raison ; aussi ne la regarde-t-on pas comme un *empêchement* dirimant. Si elle était démontrée, l'*empêchement* qui en proviendrait prendrait sa source dans le défaut de liberté de celui des deux conjoints qui aurait été séduit.

7° *L'adultère.* Il a été mis par les lois canoniques comme par les lois romaines, au nombre des *empêchements* dirimants entre les deux personnes qui l'ont commis, soit qu'il soit secret, soit qu'il soit public. Il faut encore que l'adultère et la promesse de s'épouser concourent ensemble : les théologiens ajoutent beaucoup d'autres conditions qui ne peuvent guère être du ressort des lois, puisque la plupart tiennent à l'intention et aux vues particulières des deux coupables. Si l'adultère seul est si difficile à prouver légalement, comment se procurer toutes les preuves des conditions exigées, pour qu'il devienne un *empêchement* dirimant ? La conscience est l'unique tribunal qui puisse prononcer dans ces circonstances.

8° *Le meurtre.* Il n'est pas sans doute étonnant que l'on ait défendu le mariage entre celui qui a commis un meurtre et le conjoint qui survit à celui qui a été tué. Une pareille union répugne à la nature, et contrarie trop l'ordre public. Cependant il faut, dit-on, l'une des deux conditions suivantes, pour que le meurtre produise un *empêchement* dirimant : ou qu'il ait été fait avec la participation du conjoint survivant, avec intention d'épouser le meurtrier, ou que le meurtrier soit l'adultère de l'autre conjoint, quoiqu'il n'y ait pas promesse d'épouser. Il faut, ajoute-t-on, que, dans l'un ou dans l'autre cas, le meurtre ait été consommé.

9° *La diversité de religion.* Avant que le contrat civil et le sacrement eussent été réunis, et jugés nécessaires pour rendre l'union conjugale valable, même aux yeux de la société, la diversité de religion ne formait point un *empêchement* dirimant. Elle ne l'a pas même formé depuis. L'Eglise n'a cependant jamais approuvé les mariages des chrétiens avec les infidèles, surtout lorsque la foi du conjoint chrétien pouvait courir risque de faire naufrage. Mais, en les blâmant, elle n'a porté aucune loi dans les dix premiers siècles, qui les ait déclarés absolument nuls. Plusieurs conciles particuliers les ont jugés illicites, mais n'en ont point prononcé l'invalidité. Ils se sont bornés à y infliger des peines canoniques. Il faut ne pas perdre de vue que dans ces premiers temps on ne connaissait d'autres *empêchements* dirimants du mariage que ceux établis par les lois divines, ou par les lois des princes. — Cependant il parait que l'on distinguait les juifs des païens, et que les mariages des chrétiens avec les premiers, étaient traités plus sévèrement que ceux contractés avec les seconds. C'est ce qu'on peut conclure des lois des empereurs Valentinien, Théodose, et Arcade : mais Justinien ne les ayant point insérées dans son Code, son silence prouve qu'elles n'étaient point observées. — L'Eglise avait défendu d'une manière plus particulière le mariage des enfants de ses ministres avec les infidèles, et celui des chrétiens avec les prêtres des faux dieux, mais cette défense ne formait point un *empêchement* dirimant général.

Ce qu'on vient de dire sur les mariages contractés avec les infidèles doit s'appliquer à ceux des catholiques avec les hérétiques. La plus ancienne loi et même la seule qui ait prononcé la nullité des mariages des catholiques avec les hérétiques en général, et de quelque secte qu'ils fussent, c'est le 72e canon du concile tenu à Constantinople l'an 698, et appelé *in Trullo* ou *quini-sextum*; mais le concile n'ayant point été reçu dans l'Eglise latine, elle a conservé son ancienne discipline. On a seulement continué d'y regarder le mariage des fidèles avec les hérétiques comme dangereux, et en cela mauvais, même comme défendus : « Je ne connais, dit Pothier, aucune loi séculière en France, ni aucun canon, qui les ait déclarés nuls avant l'édit de Louis XIV, du mois de novembre 1680. » Celui portant révocation de l'édit de Nantes en a prononcé la nullité d'une manière encore plus formelle. Depuis ce temps on ne connaît plus en France qu'une seule religion, qui est la catholique. On n'y reconnaît d'autres mariages que ceux célébrés en face de l'Eglise; mais lorsqu'ils ont été revêtus de cette cérémonie sainte, on ne peut pas les attaquer sous prétexte que l'un des conjoints n'est pas réellement catholique. Un acte d'exercice de catholicisme aussi solennel que la bénédiction nuptiale, forme aux yeux de la loi une présomption que rien ne peut détruire. — Quant aux mariages des protestants, formés sans l'intervention de l'Eglise, quoique valables comme contrats naturels, ils ne le sont point comme contrats civils rendus parfaits par le sacrement. Nos lois ne supposent pas même qu'il puisse y en avoir de semblable : en cela il faut convenir que le droit est contradictoire avec le fait. Pour sauver cette contradiction, et éviter les inconvenients qui résulteraient de la nullité d'une foule de mariages contractés hors de l'Eglise, il s'est introduit une jurisprudence qui est la preuve bien évidente de la nécessité d'une réforme dans nos lois. Toutes les fois que le mariage de deux protestants est attaqué par des collatéraux après le décès d'un des conjoints, et qu'on conteste la légitimité et la faculté de succéder aux enfants qui en sont nés, nos tribunaux n'exigent point le rapport de l'acte de célébration du mariage, on le présume perdu. La possession d'états des deux conjoints le supplée. On suppose qu'ils ont été valablement mariés, puisqu'ils ont vécu ensemble, et publiquement comme tels, pendant de longues années, et l'on déclare les collatéraux non recevables dans leurs demandes (1).

Tels sont les neuf *empêchements relatifs* qui rendent les mariages nuls. Il en est quatre autres que les auteurs rangent dans la classe des *empêchements dirimants de formalités*; nous allons en parler autant que la nature et l'ordre de cet ouvrage le permettent.

Empêchements dirimants de formalités. Le premier est le défaut de consentement des parties contractantes; le second, le défaut de consentement de la part des personnes auxquelles les parties contractantes sont soumises; le troisième, le défaut de publication de bans; et le quatrième, le défaut de compétence dans le ministre de l'Eglise qui célèbre le mariage.

1° *Du consentement des parties contractantes.* Il est assez singulier que les auteurs aient mis parmi les *empêchements* du mariage qui, disent-ils, naissent du défaut de formalités, le défaut de consentement des parties contractantes. Peut-on regarder comme une formalité ce qui constitue dans le mariage l'engagement que les deux conjoints contractent ? — Quoi qu'il en soit, l'erreur, la contrainte et la séduction sont ce qu'il y a de plus opposé au consentement nécessaire pour la validité du mariage. — *Qui errat consentire non videtur.* Cependant il n'y a que l'erreur qui tombe sur la personne même qui puisse invalider le mariage. Celle qui n'a pour objet que l'état et les qualités personnelles ne le vicie point. L'erreur de la personne même est substantielle au mariage; celle de l'état et des qualités ne lui est qu'accidentelle : la première se couvre par un consentement tacite, donné lorsqu'elle a été reconnue, et le mariage se trouve réhabilité, sans qu'il soit besoin d'une nouvelle bénédiction; la seconde ne l'infirme dans aucun cas. L'erreur qui porterait sur le nom, ne serait d'aucune considération, lorsque la personne est d'ailleurs certaine : *Nil facit error nominis, cum de persona constat.* — Il y avait cependant une exception à la règle générale, que l'erreur sur l'état n'invalide point le mariage.

(1) Cette jurisprudence a cessé avec notre nouvelle législation.

Lorsqu'on avait épousé une personne esclave, la croyant libre, les lois romaines, comme les lois canoniques, déclaraient nuls ces sortes de mariages. Cet *empêchement* n'a plus dû avoir lieu parmi nous, depuis qu'on n'y connaît plus l'esclavage.

Il y a plus de difficulté à l'égard de l'erreur sur l'état civil d'une personne, comme si une femme épousait un homme qu'elle croyait jouir de son état civil, et qui cependant est mort civilement par un jugement qui l'a condamné au bannissement ou aux galères à perpétuité. Cette erreur présente beaucoup d'analogie avec l'erreur sur la condition de servitude. Mais il n'y a ni loi ni canon qui la mette au nombre des *empêchements* dirimants. On trouve des arrêts qui ont jugé valables des mariages contractés avec des personnes dont on ignorait le bannissement. L'auteur des *Conférences de Paris*, tome II, cite une sentence de l'official de Paris, qui déboute une femme de sa demande en cassation du mariage contracté par elle avec un condamné aux galères perpétuelles, qui s'en était sauvé et dont elle ignorait l'état. Un arrêt de 1700 déclara nul celui qu'elle s'était permis avec un autre du vivant du galérien.

Quant à la violence, il n'est pas étonnant qu'elle vicie le consentement que quelqu'un donne à son mariage, puisque ce consentement doit être libre. Mais toute espèce de violence ne produit pas cet effet : il faut que la crainte qui détermine dans ce cas, soit capable d'ébranler un esprit ferme : *Si talis metus inveniatur illatus qui potuit cadere in constantem virum.* Il faut que la violence soit *vis atrox et contra bonos mores*; elle n'est point *atrox* lorsqu'elle ne présente point un péril ou un mal considérable et imminent: ainsi la crainte de déplaire à son père ou à toute autre personne de qui l'on dépend n'empêche point un mariage d'être valablement contracté. Elle n'est point *contra bonos mores*, lorsqu'elle n'est point injuste, c'est-à-dire, lorsqu'on ne consent à épouser une personne que pour se soustraire à une peine justement méritée. Un décret de prise de corps obtenu par une fille qui aurait été séduite et abusée, ne serait point une raison de déclarer nul le mariage auquel le séducteur aurait consenti pour éviter les suites du décret. — Si la contrainte réunit ces deux caractères, si elle est tout à la fois *atrox et adversus bonos mores*, celui qui a éprouvé une pareille violence est admis à se pourvoir contre son mariage, quoiqu'il se soit écoulé un certain temps depuis qu'il a été contracté, et quoiqu'il y ait des enfants qui en soient nés. C'est l'espèce d'un arrêt rapporté par Sœfve et rendu en 1651. Le mariage existait depuis trois ans, il y avait des enfants. La femme prouva la contrainte atroce et injuste, et le mariage fut déclaré nul.

La séduction n'est pas moins contraire à la liberté que la violence. *Voy.* ce qu'on en dit ci-dessus.

2° *Du consentement de ceux dont dépendent les parties contractantes.* Le seul consentement des parties contractantes ne suffit pas parmi nous pour valider un mariage. On exige encore celui des personnes dont elles dépendent : ce sont ordinairement les pères et mères, les tuteurs ou curateurs. — Les esclaves étant sous la dépendance de leurs maîtres, ne peuvent se marier sans leur consentement. Les anciennes lois promulguées à ce sujet par les deux puissances, ne sont plus applicables qu'aux nègres de nos colonies. On peut consulter à ce sujet le code noir, et particulièrement l'édit du mois de mars 1685.

Suivant un ancien usage pratiqué dans le royaume, les princes du sang ne peuvent se marier sans le consentement du roi. L'assemblée du clergé de France tenue en 1635, déclara que le défaut de ce consentement rendait leur mariage nul. M. l'avocat général Bignon établit les mêmes principes, lorsqu'il interjeta appel comme d'abus, du mariage de Gaston, duc d'Orléans, frère de Louis XIII, avec la princesse Marguerite de Lorraine, auquel le roi n'avait point consenti. L'arrêt qui intervint sur les conclusions de ce magistrat déclara qu'il y avait abus dans le mariage. Le prince, après avoir obtenu la permission du roi, reçut de nouveau la bénédiction nuptiale à Meudon, au mois de mai 1647, des mains de M. l'archevêque de Paris (1).

3° *La publication du mariage.* Voyez BANS de mariage [Dict. de Théol. mor.].

4° *Défaut de compétence dans le ministre qui célèbre le mariage.* Voy. BÉNÉDICTION nuptiale et MARIAGE *clandestin*. On voit par les détails dans lesquels nous venons d'entrer, que l'on admet parmi nous des empêchements dirimants, qui ne sont pas renfermés dans l'énumération qu'en font les canonistes dans les vers latins ci-dessus rapportés.

Empêchements prohibitifs. Ce sont ceux qui, comme nous l'avons déjà dit, rendent le mariage illicite sans le rendre nul. Les canonistes et les théologiens les renferment dans les trois vers suivants :

Ecclesiæ vetitum, nec non tempus feriatum,
Atque catechismus, sponsalia, jungite votum,
Impediunt fieri, permittunt facta teneri.

Tous ces *empêchements* ont été établis par l'Eglise.

Ecclesiæ vetitum. C'est la défense d'un juge ecclésiastique de procéder à la célébration du mariage, jusqu'à l'exécution de certaines conditions jugées nécessaires pour le rendre licite : ces défenses sont rares; elles n'obligent que dans le for intérieur.

Tempus feriatum. C'est le temps que l'Eglise consacre plus particulièrement au jeûne et à la prière, et pendant lequel elle veut que les fidèles s'abstiennent de se marier. Ce temps est aujourd'hui, depuis le premier dimanche de l'Avent jusqu'au jour de l'Epiphanie, et depuis le mercredi des Cendres jusqu'au dimanche du *Quasimodo*, ou de l'octave de Pâques.

(1) Ce n'était qu'un empêchement civil.

Catechismus. On entend par là l'obligation où sont les fidèles d'être instruits des principes de la religion, et particulièrement des devoirs et des obligations du mariage.

Sponsalia. Voy. FIANÇAILLES [Dict. de Théol. mor.].

Votum. Il ne s'agit ici que du vœu simple, et non pas du vœu solennel dont nous avons parlé ci-dessus. *Voy.* VŒU.

Outre ces *empêchements* prohibitifs ecclésiastiques il en est de civils; il est difficile d'en déterminer le nombre et l'espèce. Ils consistent ordinairement dans des oppositions au mariage, signifiées à la requête des personnes qui ont intérêt à ce qu'il ne se contracte point.

Dispenses des empêchements de mariage. Une dispense de mariage est une permission qui détruit l'obstacle qui empêchait deux personnes de se marier ensemble. Nous verrons d'abord de quels *empêchements* on peut obtenir dispense, ensuite quels sont ceux qui peuvent les accorder.

1° *Quels sont les empêchements dont on peut obtenir dispense.* Il est évident qu'on ne peut être dispensé des *empêchements* qui ont leur fondement dans la nature même du mariage. Dans le droit naturel ou divin, ou dans l'honnêteté publique. — D'après ce principe incontestable, on ne peut obtenir dispense des quatre premiers *empêchements absolus*; savoir: le défaut de raison, le défaut de puberté, l'impuissance, et l'engagement d'un mariage subsistant. Quant aux deux autres de cette même classe, les ordres sacrés et la profession religieuse, ils ne sont que de droit positif. On n'accorde point ordinairement de dispense du premier, à moins que ce ne soit à des princes, et que le bien d'un royaume ou d'un État ne l'exige. Quelquefois des particuliers en obtiennent, lorsqu'ils n'ont été promus qu'au sous-diaconat, et surtout lorsqu'ils prouvent qu'ils ont été contraints. Dans ce dernier cas, c'est moins une dispense qu'une déclaration, que la promesse tacite de garder la continence renfermée dans la réception de cet ordre, est nulle. — Mais la dispense de l'*empêchement* de la profession religieuse ne s'accorde jamais; elle serait au-dessus de la puissance du pape (1), parce que le religieux étant mort civilement au monde, il ne dépend pas du pape de lui rendre l'état civil qu'il a perdu. Un jugement qui déclarerait ses vœux nuls, est seul capable de le réhabiliter à l'effet de pouvoir contracter un mariage valide.

Parmi les neuf *empêchements relatifs*, il en est pour lesquels on accorde des dispenses. Celui de la parenté en ligne directe étant de droit naturel et général, on ne peut lever l'obstacle qu'il oppose au mariage. En ligne collatérale, le premier degré est à peu près dans le même cas; on n'a encore vu personne qui ait tenté d'épouser sa sœur. Mais on dispense pour les autres degrés; plus ils sont éloignés, moins il y a de difficulté. Cependant le mariage de la tante avec le neveu est toujours prohibé: on ne considère pas de même celui de l'oncle avec la nièce (1). L'histoire nous offre plusieurs exemples de dispenses dans ce cas accordées à des princes. Nous en avons un récent sous les yeux, celui de la reine régnante de Portugal. Les particuliers ou simples bourgeois en obtiennent également. — L'affinité en ligne directe produit un *empêchement* dont on ne dispense pas plus que de celui de la parenté dans la même ligne. En collatérale au premier degré, la dispense s'accorde difficilement. On cite cependant Henri VIII, roi d'Angleterre, et Casimir, roi de Pologne, qui ont épousé les veuves de leurs frères. Quant aux autres degrés dans la même ligne, ils souffrent moins de difficulté. On connaît des dispenses accordées à un particulier pour épouser successivement les deux sœurs. Un arrêt du parlement de Toulouse de 1609 a confirmé le mariage d'un neveu avec la veuve de son oncle paternel, contracté en vertu d'une dispense. On en accorde facilement pour la parenté spirituelle. L'*empêchement* qui naît de l'honnêteté publique, c'est-à-dire, des fiançailles ou du mariage non consommé, subsiste toujours dans toute sa force en ligne directe. On ne peut jamais épouser la fille ou la mère de celle que l'on a fiancée (2), ou avec laquelle le mariage a été célébré, quoiqu'il n'ait pas été ensuite consommé. Il n'en est pas de même pour la ligne collatérale: l'honnêteté publique n'est alors que de droit arbitraire, et l'*empêchement* qui en naît est par conséquent susceptible de dispense. — Une dispense accordée à un ravisseur pour épouser la femme qu'il a enlevée, pendant qu'il la retient en sa puissance, autoriserait un crime; elle serait donc contre les bonnes mœurs; elle serait donc abusive et nulle. — L'*empêchement* provenant de l'adultère et du meurtre n'est pas plus susceptible de dispense. Si cependant les parties, malgré ces obstacles, avaient procédé au mariage, et vivaient ensemble comme époux, on ne leur refuserait point à Rome une dispense, qui s'expédierait à la Pénitencerie. La raison puissante d'éviter le scandale, et de ne point manifester un crime qui est resté inconnu, a déterminé l'Église à se conduire ainsi dans ces sortes d'occasions. — Quant à l'*empêchement* qui résulte en France de l'édit de 1680, et de la révocation de celui de Nantes, comme c'est le prince qui l'a seul établi, lui seul peut en accorder la dispense.

Pour les *empêchements* de formalités, voyez les articles que nous avons indiqués. S'il y a tant d'*empêchements* dirimants dont on peut dispenser, à plus forte raison, le peut-on de tous ceux qui ne sont que prohibitifs.

Ce que nous avons dit sur la dispense de l'*empêchement* du meurtre et de l'adultère prouve que l'Église met une grande diffé-

---

(1) Ce principe est erroné. Il tient à la malheureuse confusion établie autrefois entre l'autorité spirituelle et la temporelle.

(1) Cette législation est changée.

(2) *Voy.* l'art FIANÇAILLES, dans notre *Dict. de Théol. mor.*

rence entre celles qui s'accordent avant la célébration du mariage et celles qui ne sont demandées qu'après la célébration. Les premières sont plus difficiles à obtenir, parce qu'elles sont, à proprement parler, une permission d'enfreindre la loi. Les secondes le sont moins : elles tolèrent seulement une infraction déjà commise, parce qu'il résulterait de leur refus un plus grand mal ; ce serait la dissolution du mariage, qui entraîne toujours après elle et du scandale et des inconvénients graves.

2° *Quels sont ceux qui peuvent accorder les dispenses des empêchements de mariage*. Il est naturel que ceux qui ont établi les *empêchements* de mariage puissent en dispenser. De là il résulte que le prince et l'Église peuvent accorder des dispenses, puisque l'un et l'autre en ont établi. Il est certain que les princes ont usé de ce pouvoir sans aucune réclamation de la part du clergé. Nous voyons des lois des premiers empereurs chrétiens qui ordonnent de recourir à eux pour obtenir la permission de contracter des mariages qu'ils avaient défendus. D'un autre côté, on ne peut non plus refuser à l'Église le pouvoir de dispenser des *empêchements* qu'elle a établis. — Cependant l'Église est dans l'usage de dispenser seule de presque tous les *empêchements*, même de ceux établis primitivement par les princes. On s'est accoutumé a les regarder comme de discipline ecclésiastique. Les peuples conquérants des provinces de l'empire romain ne s'y sont soumis que parce qu'ils étaient devenus des lois de l'Église. Quoiqu'il n'y ait eu de la part des princes aucune réclamation sur cet usage, ils sont cependant les maîtres de faire revivre leurs droits quand ils le jugeront à propos, et peuvent ordonner qu'aucune dispense obtenue de la puissance ecclésiastique, ne soit valable qu'autant qu'elle serait approuvée par eux : la raison en est simple, c'est que les lois de l'Église sur les *empêchements* de mariage étant devenues des lois de l'État, du moment qu'elles ont été reçues, on ne peut plus y déroger que du consentement du chef suprême de l'État. Ainsi point de difficulté : le prince et l'Église peuvent, chacun dans ce qui les concerne, accorder des dispenses des *empêchements* de mariage, mais l'Église ne le peut pas seule, il faut au moins le consentement tacite du prince (1).

Quels sont les supérieurs ecclésiastiques auxquels il faut s'adresser pour obtenir les dispenses des empêchements de mariage. Le concile de Trente dit en termes généraux, qu'elles doivent être accordées par ceux à qui il appartient de les accorder : *A quibuscunque ad quos dispensatio pertinebit erit præstandum* : ce n'est rien décider. Dès le temps du concile, le pape était en possession de les accorder, même exclusivement aux évêques, et il s'y est conservé jusqu'à présent, à l'exception cependant des États héréditaires de la maison d'Autriche, pour lesquels l'empereur actuel vient de faire plusieurs réformes, dont quelques-unes portent sur les dispenses de mariage. — Nous avons en France des diocèses dans lesquels les évêques dispensent des *empêchements* de parenté d'affinité aux troisième et quatrième degrés : tels sont les diocèses de Paris, Châlons-sur-Marne, tous ceux des provinces de Guyenne et de Languedoc, et plusieurs autres. On peut dire que ces évêques réunissent en leur faveur le droit et la possession. — Quant au droit, il ne peut être contesté aux évêques ; chacun d'eux est, dans son diocèse, le juge naturel de l'étendue que doivent avoir les canons, et des cas dans lesquels ils peuvent souffrir des exceptions. C'est un droit de l'épiscopat qui dérive de sa source même, c'est-à-dire, du divin auteur de la religion ; droit par conséquent imprescriptible, et auquel rien n'a pu donner atteinte. On ne connaît aucun canon qui l'ait restreint ou lié ; et si les papes sont parvenus à en suspendre l'exercice dans la plupart des diocèses de la chrétienté, c'est une usurpation que le consentement tacite des évêques n'a pu légitimer (1). La longue possession alléguée par les partisans de la cour de Rome est insuffisante : elle pourrait tout au plus donner au pape le droit de concourir avec les évêques, mais non pas celui de les dépouiller de ce qui est essentiel au caractère épiscopal. Ce serait sans doute une révolution heureuse pour l'Église comme pour l'État, que l'ancien ordre fût rétabli : on ne serait pas obligé de s'adresser, à grands frais, à un supérieur étranger pour obtenir des dispenses d'où dépendent souvent l'honneur, la tranquillité et la conservation des familles. Les évêques étant plus à portée de juger des motifs exprimés dans les suppliques, les dispenses seraient moins sujettes à l'obreption et à la subreption ; elles ne seraient pas plus fréquentes, parce que les citoyens riches n'éprouvent aucun obstacle à Rome, et que les pauvres peuvent s'adresser à leur évêque. Cette dernière circonstance surtout fait naître une réflexion bien frappante. Pourquoi les évêques, pouvant accorder aux pauvres les dispenses dont ils ont besoin, ne peuvent-ils pas les accorder indifféremment à tous les fidèles ? Dira-t-on que la faveur des pauvres est la cause de l'exception à la règle ? Il faudrait commencer par établir sur quoi est fondée cette prétendue règle générale ; autrement c'est supposer ce qui est en question ; et quand on voit le concile de Trente ne pas le décider, dans la crainte de déplaire à la cour de Rome, n'est-on pas tenté de croire que les Italiens auraient laissé prononcer en faveur des évêques, si aucun de ceux qui se trouvent dans la nécessité de demander des dispenses, n'était en état de les

---

(1) Cette règle est fausse en principe. En pratique, du moins aujourd'hui en France, nous ne nous inquiétons nullement de l'autorité temporelle pour demander dispense en cour de Rome.

(1) Ces maximes seraient propres à détruire la hiérarchie. Il n'est pas un théologien tant soit peu instruit de la nature de la hiérarchie catholique qui n'en comprenne le faux.

acheter ? — Si la majeure partie des évêques n'accorde point de dispense des *empêchements* de mariage; s'il n'en est qu'un petit nombre qui en accorde pour certains *empêchements*, ce n'est en vertu d'aucune loi émanée de l'Église généralement assemblée ; la possession est le seul titre du pape (1) ; ce titre est bien faible, et ne pourrait résister aux justes réclamations du corps épiscopal soutenu par l'autorité du prince. Il ne nous appartient pas de prévoir à quelle époque cette réclamation sera unanime, et produira l'effet qu'on doit en attendre. Les lumières que la critique et le raisonnement ont répandues depuis plusieurs années sur cette matière importante, font espérer que cette révolution dans la discipline ecclésiastique n'est pas éloignée, surtout la saine politique étant ici d'accord avec les vrais principes trop longtemps oubliés.

Tout ce qui vient d'être dit sur la dispense des *empêchements* de mariage ne regarde que ceux qui sont dirimants. Quant aux prohibitifs, c'est aux évêques qu'il faut s'adresser pour faire lever les obstacles qu'ils opposent au lien conjugal, et qui ne tendent point à le rendre nul, mais seulement illicite.

Nous ne rapporterons point ici les causes et les motifs que l'on présente ordinairement au pape pour obtenir dispense des *empêchements* dirimants : on les trouvera dans ce Dictionnaire. — Sur les formalités à observer quand on veut faire usage des dispenses, nous renvoyons à l'article FULMINATION.

Les *empêchements* de mariage ayant un rapport officiel avec le mariage même, il y a beaucoup de choses qui n'ont pu trouver leur place dans cet article, pour ne point anticiper sur celui du *mariage*. La forme de cet ouvrage nous a imposé cette loi. *Voy.* MARIAGE. (*Article de M. l'abbé* Bertholio, *avocat au parlement.*) (Extrait du *Dictionnaire de Jurisprudence.*)

EMPEREURS. Au mot APOTHÉOSE, nous avons remarqué que l'usage des Romains de placer au rang des dieux des *empereurs* trèsvicieux, a été une injure faite à la Divinité, et une leçon très-pernicieuse pour les mœurs. De là même il résulte que les premiers chrétiens avaient raison de ne vouloir pas jurer *par le génie des empereurs ;* c'était un acte de polythéisme, et l'on avait tort d'en conclure que les chrétiens étaient des sujets rebelles. Tertullien a fait sur ce point leur apologie complète (*Apol.*, c. 33, 35). En effet, dans aucun des édits qui ont été portés contre eux par les *empereurs* païens, ils ne sont accusés de sédition, de rébellion, de résistance aux lois ; le seul crime qu'on leur reproche est de ne pas adorer les dieux de l'empire ; Celse et Julien n'ont point formé d'autre reproche contre eux. Si les incrédules modernes ont été moins retenus, cet excès de malignité ne leur fera jamais honneur. — D'autres n'ont pas été mieux fondés à soutenir que le christianisme a été

redevable de son établissement à la protection des *empereurs*, à la violence et à la persécution qu'ils ont exercée contre les païens. Les édits de Constantin n'établissaient que la tolérance et le libre exercice du christianisme : aucun ne portait des peines afflictives contre le paganisme, excepté contre les sacrifices accompagnés de magie et de maléfices, déjà défendus par les anciennes lois. Dans un *Mémoire de l'Académie des Inscriptions*, t. XV *in-4°*, p. 94, t. XXII *in-12*, p. 350, l'on a prouvé qu'il est faux que Constantin ait défendu l'exercice de l'idolâtrie, qu'il ait dépouillé et démoli les temples, qu'il ait interdit les cérémonies païennes. Quelques lois attribuées à ses enfants sont encore ou supposées ou mal entendues, ou n'ont point été exécutées à la rigueur. Aucun auteur ancien n'a pu citer un seul exemple d'un païen mis à mort pour cause de religion, sous Constantin ni sous le règne de ses successeurs. Déjà, au v° siècle, Théodoret a soutenu que la puissance des *empereurs* n'a contribué en rien aux progrès du christianisme. *Thérapeut.*, 9° *disc.*, p. 613 et suiv. — Pour nous en convaincre, il ne sera pas inutile de considérer en détail la conduite des *empereurs* païens à l'égard de notre religion, et de la comparer à celle des *empereurs* chrétiens qui leur ont succédé. On sait que Jésus-Christ est mort la dix-huitième année du règne de Tibère. Sous ce prince et sous Caligula, qui ne régna que quatre ans, le christianisme ne put être fort connu à Rome. Suétone dit que Claude en chassa les Juifs, qui excitaient du tumulte par l'instigation de Christ, qu'il nomme *Chrestus*. Les savants pensent que, sous le nom des Juifs, il comprend les chrétiens, à cause de leurs disputes avec les Juifs. En effet, Tacite, parlant de la persécution que Néron suscita contre eux, l'an 64, dit que cette superstition des chrétiens, *déjà réprimée auparavant*, reparaissait de nouveau ; il est à présumer qu'il veut parler de leur expulsion de Rome sous le règne de Claude. Il peint la cruauté des supplices que Néron mit en usage contre eux ; saint Pierre et saint Paul y souffrirent la mort. Nous voyons par les Épîtres de saint Paul (*Philip.* I, 12, et IV, 22), qu'il y avait déjà des chrétiens dans le palais de Néron. — Pendant les vingt-huit ans qui s'écoulèrent sous Galba, Othon, Vitellius, Vespasien, Tite, Domitien, nous ne voyons point de sang répandu pour cause de religion ; mais comme Flavius Clément et sa femme Domitilla, tous deux parents de Domitien, le consul Acilius Glabrio et d'autres romains illustres, paraissent avoir été chrétiens, Domitien sévit contre eux et fit la guerre au christianisme ; c'est la seconde persécution, pendant laquelle saint Jean fut relégué dans l'île de Patmos. Elle cessa sous Nerva, prince très-doux, mais qui ne régna que deux ans. Elle se renouvela sous Trajan, l'an 104 ; la lettre que Pline lui écrivit, et dans laquelle il déclare qu'en mettant les chrétiens à la torture, il n'a découvert aucun crime duquel

---

(1) Ces principes sont destructifs de la juridiction pontificale. *Voy. notre Dict. de Théol. mor.*

ils fussent coupables, ne lui fit point changer d'avis : il répondit qu'il ne fallait pas rechercher les chrétiens, mais que, quand ils seraient dénoncés et convaincus, il fallait les punir. On continua donc de tourmenter les chrétiens sous son règne et sous celui d'Adrien, pendant plus de vingt ans; ce fut par cette raison que Quadratus et Aristide présentèrent leurs apologies du christianisme, que nous n'avons plus. Elles firent impression, sans doute, puisque Eusèbe nous a conservé un rescrit de l'an 129, par lequel Adrien déclare à Minutius Fundanus, proconsul d'Asie, qu'il ne veut pas que l'on ait égard aux clameurs publiques ni aux calomnies intentées contre les chrétiens, à moins qu'on ne les prouve; qu'il faut même punir les calomniateurs. — Sous Marc-Antonin et Marc-Aurèle, princes d'ailleurs très-équitables, le désordre et la persécution ne laissèrent pas de continuer dans les provinces : Méliton, Apollinaire, Miltiade, présentèrent des apologies; elles sont malheureusement perdues : mais nous avons celles d'Athénagore et de saint Justin. Ils se plaignent avec raison de l'inexécution des ordres donnés par Adrien, et de ce que l'on met à mort des hommes que l'on ne peut convaincre d'aucun crime. Marc-Antonin sentit la justice de ces plaintes; vers l'an 152, il adressa aux magistrats de l'Asie une nouvelle ordonnance conforme à celle qu'avait donnée son père, et défendit de punir les chrétiens pour la seule cause de leur religion.

Plusieurs critiques ont révoqué en doute le miracle de la légion fulminante, arrivé sous Marc-Aurèle, et le rescrit que ce prince adressa au sénat et au peuple romain pour les en informer et leur défendre d'inquiéter les chrétiens au sujet de leur religion. Si ce fait était moins favorable au christianisme, on ne l'aurait pas attaqué. *Voy.* LÉGION FULMINANTE, et l'*Hist. de l'Acad. des Inscript.*, tome IX, *in-*12, page 370.

Les règnes de Commode, de Pertinax, de Didius Julianus, de Niger et d'Albin, furent un temps de désordres et de séditions, pendant lequel le peuple et les magistrats de province purent impunément donner carrière à leur haine contre les chrétiens. — Septime Sévère, si nous en croyons Tertullien (*Ad Scapul.*, c. 4), donna son estime et sa confiance à plusieurs chrétiens, et résista plus d'une fois à la fureur du peuple animé contre eux; mais il n'en défendit pas moins l'exercice du judaïsme et du christianisme, selon son historien (*Spartian., in Vita Severi*, c. 17). — On ne sait comment en agirent Caracalla, Géta, Macrin et Héliogabale; mais Alexandre Sévère, pendant un règne de treize ans, fut plus favorable à notre religion. Eusèbe et saint Jérôme disent que Mammée, sa mère, était chrétienne, et qu'elle eut une estime singulière pour Origène. Lampride prétend qu'Alexandre Sévère honorait Jésus-Christ en particulier, et qu'il voulut lui faire bâtir un temple; il est certain du moins qu'il ne persécuta point les chrétiens pendant tout son règne. —

L'an 235, Maximin, son successeur et son ennemi, fit éclore la septième persécution, qui fut sanglante, mais qui, heureusement, ne dura que deux ans. Pupien, Balbin et les trois Gordien n'eurent qu'un règne fort court; Philippe, qui les suivit, passe pour avoir été chrétien; mais il était trop vicieux pour professer sincèrement une religion aussi sainte qu'est la nôtre : l'an 249, il fut vaincu et tué par Dèce, l'un des plus ardents persécuteurs du christianisme. Valérien, qui parvint à l'empire en 257, ne fut pas plus humain : Gallien, moins injuste, fit rendre aux chrétiens, trois ou quatre ans après, les églises qu'on leur avait enlevées.

Mais la plus cruelle de toutes les persécutions est celle qu'ils souffrirent sous Dioclétien, Maximien et leurs collègues; elle commença, l'an 303, après un intervalle de paix de quarante ans; elle dura près de dix ans, et fut générale dans tout l'empire. On ne doit pas être étonné de la quantité de martyrs, dont les Actes se rapportent à cette époque. L'orage ne cessa qu'en 311 ou 313, lorsque Constantin et Licinius donnèrent un édit qui ordonnait la tolérance du christianisme. On peut juger, par la conduite de Licinius et par celle de Maximien, qu'ils portèrent cet édit malgré eux : la paix ne fut solidement rendue à l'Église que quand Constantin fut seul maître de l'empire, et professa notre religion.

Jusqu'à cette époque, la tolérance de quelques *empereurs* n'avait pu contribuer en rien au progrès du christianisme; il était toujours regardé comme une religion proscrite par les lois, contre laquelle le peuple et les magistrats se croyaient toujours en droit de sévir. Les rescrits des *empereurs*, qui défendaient de punir les chrétiens, à moins qu'ils ne fussent coupables de quelque crime, furent très-mal exécutés, puisque nos apologistes le leur représentent; les gouverneurs de provinces, pour se rendre agréables au peuple, lui laissaient exercer impunément sa fureur. — Constantin, converti, n'accorda que la tolérance et l'exercice libre du christianisme; il fit rendre aux chrétiens les églises et les biens confisqués, donna sa confiance aux évêques, et accorda des immunités aux clercs; il fit chômer le dimanche, et abolit le supplice de la croix. Il défendit aux païens les cérémonies magiques destinées à faire du mal, mais il n'interdit point celles par lesquelles on voulait faire du bien; il fit détruire quelques temples dans lesquels on commettait des abominations, il laissa subsister les autres. Loin de vouloir faire aucune violence aux païens pour leur faire embrasser le christianisme et détruire l'idolâtrie, il déclara formellement qu'il ne voulait forcer personne (Eusèbe, *Vie de Constantin*, liv. II, c. 56 et 60; *Orat. ad SS. Cœtum*, c. 11). On ne peut pas citer un seul exemple d'un païen mis à mort pour cause de religion, ni même puni par des peines afflictives. Près d'un siècle après lui, sous Théodose le Jeune, l'an 423, nous trouvons encore une loi qui défend de faire aucune injustice ni aucune violence aux Juifs ni aux païens, lorsqu'ils sont paisibles et soumis aux lois (*T.* VI, *Cod. Theod.*, page 295). — Quelle différence entre cette conduite et celle des *empereurs* précédents ! Julien, qui voulut rétablir le paganisme, fut-il aussi modéré? Aujourd'hui les incrédules osent soutenir que le christianisme est redevable de ses progrès à la protection des *empereurs* chrétiens et aux violences qu'ils ont exercées contre les païens pour l'établir. *Voy.* CHRISTIANISME, PERSÉCUTION.

Quelques censeurs de la doctrine des Pères ont blâmé Tertullien d'avoir dit dans son *Apologétique*, c. 21 : « Les césars auraient cru en Jésus-Christ, s'ils n'étaient pas nécessaires au siècle, ou si des chrétiens pouvaient être césars. » Nous soutenons que Tertullien n'a pas eu tort. En effet, le pouvoir des *empereurs* était despotique, absolu, affranchi de toute loi, oppressif et souvent cruel; Tertullien comprenait très-bien qu'un pareil gouvernement ne pouvait pas s'accorder avec les maximes du christianisme : que des souverains, persuadés qu'une autorité aussi excessive *était nécessaire au siècle*, ne se résoudraient jamais à la faire plier sous les lois de l'Evangile. Il comprenait aussi qu'un prince véritablement chrétien ne consentirait jamais à exercer sur ses semblables une autorité tyrannique semblable à celle des césars. Cette pensée de Tertullien fut confirmée par l'événement. Dès que Constantin eut embrassé le christianisme, il mit par ses propres lois des bornes à son autorité ; il eut le bon esprit de comprendre que le despotisme n'était plus nécessaire pour gouverner des sujets devenus chrétiens, disposés à obéir, non par la crainte, mais par devoir de conscience, et il ne se trompa point. *Voy.* CONSTANTIN.

EMPYRÉE, le plus haut des cieux, le lieu où les saints jouissent du bonheur éternel; il est ainsi nommé du grec ἐν, dans, et πῦρ, feu ou *lumière*, pour désigner la splendeur de ce séjour. Les conjectures des philosophes, des théologiens, et même de quelques Pères de l'Eglise, sur la création, la situation, la nature de cette heureuse demeure, ne nous apprennent rien; elle doit être l'objet de nos désirs et de nos espérances, et non de nos spéculations.

ENCÉNIES, rénovation. *Voy.* DÉDICACE.

ENCENS, ENCENSEMENT. L'usage des parfums est aussi ancien que le monde ; il était surtout nécessaire dans les premiers âges, dans les pays chauds, et chez tous les peuples qui n'ont pas connu l'usage du linge : c'est encore aujourd'hui un des objets du luxe des Orientaux. Pour faire honneur à une personne, on parfumait la chambre dans laquelle on la recevait (*Cant.* I, 11); on répandait de l'huile odoriférante sur sa tête; on parfumait les habits de cérémonie (*Gen.* XXVII, 27). Parmi les présents que Jacob envoya en Egypte à Joseph, il fit mettre des parfums, c. XLIII, 11; la reine de Saba fit présent à Salomon d'une quantité de parfums les plus exquis (*III Reg.* X, 2 et 19); le roi Ezéchias en gardait dans ses trésors (*Isaï.* XXIX, 2) : les femmes des Hébreux en faisaient grand usage, c'était une partie de leur luxe. Ruth se parfuma pour plaire à Booz, et Judith pour gagner les bonnes grâces d'Holopherne. S'abstenir des essences et des huiles odoriférantes, était une pratique de pénitence.

Les mages offrent à Jésus enfant de l'*encens*, comme une marque de respect. Jésus, invité à manger chez un pharisien, se plaint de ce qu'on ne lui a pas parfumé la tête, comme on le faisait aux personnes que l'on voulait honorer (*Luc.* VII, 46); Marie, sœur de Lazare, n'y manqua point dans une occasion semblable (*Joan.* XII, 3).

Dès que les odeurs agréables ont été un signe de respect et d'affection envers les hommes, on a conclu qu'elles devaient entrer aussi dans le culte de la Divinité. Dieu prescrit à Moïse la manière de composer le parfum qui doit être brûlé dans le tabernacle; il défend aux Israélites d'en faire de semblables pour leur usage (*Exod.* XXX, 34, 37). Une des fonctions des prêtres était de brûler l'encens sur l'autel des parfums. Isaïe prédit que les étrangers viendront rendre à Dieu leurs hommages dans son temple, y apporteront de l'or et de l'encens (*Isaï.* LX, 6). — De là une onction faite avec des huiles parfumées est devenue un symbole de consécration; les mots *Oint, Christ, Messie*, qui ont le même sens, ont désigné une personne respectable, consacrée, chère au Seigneur. *Voy.* ONCTION. — Les païens brûlaient aussi de l'encens dans leurs temples et aux pieds de leurs idoles ; c'était un signe de respect et d'adoration. Jeter deux ou trois grains d'*encens* dans le foyer d'un autel était un acte de religion : lorsqu'on pouvait engager un chrétien à le faire, on regardait cette action comme un signe d'apostasie. — Les apologistes du christianisme, Tertullien, Arnobe, Lactance, disent aux païens: *Nous ne brûlons point d'encens*; de là certains critiques ont conclu que les premiers chrétiens ne faisaient point d'*encensement* dans les cérémonies de religion. Cependant le livre de l'Apocalypse, qui fait le tableau des assemblées chrétiennes, parle d'un ange qui tient devant l'autel un encensoir d'or, dont la fumée est le symbole des prières des saints qui s'élèvent jusqu'au trône de Dieu (*Apoc.* VIII, 3 et 4). Les païens, au lieu de prier leurs dieux avec ferveur, se contentaient de jeter de l'encens dans le foyer de l'autel; les chrétiens, plus religieux, adressaient au ciel les désirs de leur cœur, et ne regardaient l'encens que comme un symbole. Tel est évidemment le sens de Tertullien (*Apol.*, c. 30 ; de Lactance, l. I, c. 20; l. IV, c. 3; l. V. c. 20; d'Arnobe, l. 2, etc.).

Dans les *Canons des apôtres*, dans les écrits de saint Ambroise, de saint Ephrem, dans les liturgies de saint Jacques, de saint Basile, de saint Jean Chrysostome, il est fait mention des *encensements*; cet usage est donc de la plus haute antiquité, il s'est conservé chez les différentes sectes de chrétiens orientaux, de même que dans l'Eglise romaine.

Quelques auteurs modernes ont cru que l'on n'avait introduit l'*encens* dans les assemblées religieuses que pour en écarter ou en corriger les mauvaises odeurs; ils se sont trompés. Si l'on n'avait point eu d'autre dessein, l'on se serait contenté de faire brûler du parfum dans des cassolettes sans aucune cérémonie. Mais c'est le célébrant qui *encense* l'autel et les dons sacrés, et qui prononce des prières relatives à l'action qu'il fait. Ces prières mêmes attestent que l'*encens* est non-seulement un hommage rendu à Dieu, mais un symbole de nos saints désirs, de nos prières, de la bonne odeur ou du bon exemple que nous devons donner par notre conduite. Telle est l'idée qu'en ont eue les anciens qui en ont parlé.

Comme l'*encensement* est une marque d'honneur, on *encense*, dans la liturgie, les ministres de l'autel, les rois, les grands, le peuple; et comme la vanité se glisse malheureusement partout, cet *encensement* est devenu un droit honorifique, une prétention, souvent un sujet de procès: mais cet abus ne prouve pas que l'usage de l'*encens* soit abusif en lui-même.

Dès que les parfums étaient une marque d'honneur pour les vivants, on s'en est aussi servi pour embaumer les morts, afin de préserver leurs corps de la corruption, et de les conserver plus longtemps. Le corps de Joseph fut embaumé à la manière des Egyptiens, et le corps du roi Asa fut exposé sur un lit de parade, avec beaucoup de parfums (*II Paral.* xvi, 14). *Voy.* FUNÉRAILLES.

ENCENSOIR, vase ou instrument propre à brûler de l'encens et à en répandre la fumée. La description d'un *encensoir* appartient à la partie des arts. Il nous suffit d'observer que, selon toutes les apparences, les *encensoirs* dont on se servait dans le temple de Jérusalem ne ressemblaient point aux nôtres; c'étaient plutôt de petits réchauds ou des cassolettes qu'on portait à la main, ou que l'on plaçait dans divers endroits du temple.

ENCHANTEMENT. L'on entend sous ce terme l'art d'opérer des prodiges par des chants ou des paroles; c'est la même chose que *charme*, dérivé de *carmen*, vers, poésie, chanson. Une des erreurs du paganisme était de croire qu'il y avait des paroles efficaces, des chansons magiques, par lesquelles on pouvait opérer des choses surnaturelles. Cette pratique était sévèrement interdite aux Juifs (*Deut.* xviii, 11). Mais d'où a pu venir cette opinion fausse? Est-ce la religion qui y a donné lieu, comme les incrédules voudraient le persuader?

Il est certain que l'on peut *enchanter* les serpents. Dans les Indes, il y a des hommes qui les prennent au son du flageolet, les apprivoisent, leur apprennent à se mouvoir en cadence (*Essais historiques sur l'Inde*, p. 136). En Egypte, plusieurs les saisissent avec intrépidité, les manient sans danger, et les mangent (*Recherches philosophiques sur les Egyptiens*, tom. I, sect. 3, p. 121). On prétend qu'autrefois ce secret était affecté à certaines familles d'Egyptiens, que l'on nommait *psylles*: il y a sur ce nom un discours dans les *Mém. de l'Académie des Inscriptions*, tom. x, in-12, pag. 431. — Dans le psaume LVII, 3, David compare le pécheur endurci à l'aspic qui se bouche les oreilles pour ne pas entendre la voix de l'*enchanteur*. Cette comparaison, comme l'on voit, n'est pas fondée sur une opinion fausse. Le Seigneur menace les Juifs de leur envoyer des serpents sur lesquels l'enchanteur n'aura aucun pouvoir (*Jerem.* viii, 17). Il y a aussi plusieurs espèces d'oiseaux et d'autres animaux que l'on peut attirer, endormir, ou apprivoiser par des sifflements et par les inflexions de la voix.

Quoique ces secrets soient très-naturels, ils ont dû paraître merveilleux aux ignorants. Le Beau raconte, dans ses *Voyages*, qu'ayant pris des oiseaux à la pipée, il fut regardé par les sauvages comme un *enchanteur*. Dans ces moments d'admiration, il n'a pas été difficile à des hommes rusés d'en imposer aux simples; de leur persuader que par des chants et des paroles magiques, on pouvait guérir les maladies, détourner les orages, rendre la terre fertile, etc., aussi aisément que l'on rendait les serpents et les autres animaux dociles. Il n'en a donc pas fallu davantage pour établir l'opinion du pouvoir surnaturel des *enchantements*. — Dans le livre de l'Exode, les pratiques des magiciens de Pharaon sont nommées par la Vulgate des *enchantements*; mais il n'est pas aisé de savoir si le mot hébreu peut signifier des chants ou des paroles; il désigne plutôt des *caractères*.

Il ne faut pas oublier que toutes les superstitions étaient une conséquence naturelle du polythéisme et de l'idolâtrie, que les philosophes païens en ont été infatués, aussi bien que le peuple. *Voy.* CHARME, MAGIE. — A l'époque de la prédication de l'Evangile, la magie et les prestiges de toute espèce étaient communs parmi les païens et chez les Juifs; les basilidiens et d'autres hérétiques en faisaient profession: il n'était donc pas aisé d'en désabuser les peuples. Constantin, devenu chrétien, ne défendit d'abord que la magie noire et malfaisante, les *enchantements* employés pour nuire à quelqu'un; il n'établit aucune peine contre les pratiques destinées à produire du bien. Mais les Pères de l'Eglise s'élevèrent fortement contre toute espèce de magie, de sortiléges, etc. Ils firent voir que non-seulement ces pratiques étaient vaines et absurdes, mais que, si elles produisaient quelque effet, ce ne pouvait être que par l'intervention du démon; qu'y avoir recours ou y mettre sa confiance, c'était un acte d'idolâtrie, une espèce d'apostasie du christianisme. Ils recommandèrent aux fidèles de ne point employer d'autres moyens pour obtenir les bienfaits de Dieu, que la prière, le signe de la croix, les bénédictions de l'Eglise. Plusieurs conciles confirmèrent par leurs décrets, les leçons des Pères, et prononcèrent l'excommunication contre tous ceux qui useraient de pratiques superstitieuses. *Voy.* Bingham, liv. xvi, c. 5, tome VII, page 235, etc.

Il y a de l'entêtement à soutenir que ces leçons et ces censures sont justement ce qui a donné plus d'importance à ces pratiques; que l'on en aurait désabusé plus efficacement les peuples, si l'on n'y avait attaché que du mépris; si l'on avait eu recours à l'étude de l'histoire naturelle et de la physique. Mais c'est cette étude même, mal dirigée, qui avait été la source du mal. Le polythéisme, qui avait peuplé l'univers d'esprits, de génies, de démons, les uns bons, les autres mauvais, était né de faux raisonnements et de fausses observations de la nature; le christianisme, en établissant la croyance d'un seul Dieu, sapait cette erreur par les fondements. Les superstitions auraient été plutôt détruites, si les Barbares du Nord, tous païens, ne les avaient pas fait renaître dans nos contrées. Quoi que l'on en puisse dire, la religion a plus contribué à déraciner les erreurs que l'étude de la physique; les peuples sont incapables de cette étude, mais tous sont très-capables de croire en un seul Dieu. Lorsqu'un *charme* ou un *enchantement* ont pour objet de causer du mal à quelqu'un, on les nomme *maléfices*. Voyez ce mot.

ENCOLPE. *Voy.* RELIQUES.

ENCRATITES, hérétiques du iie siècle, vers l'an 151. Ils eurent pour chef Tatien, disciple de saint Justin, martyr; homme éloquent et savant, qui, avant son hérésie, avait écrit en faveur du christianisme. Son *Discours contre les Grecs* se trouve à la suite des ouvrages de saint Justin. Après la mort de son maître, Tatien tomba dans les erreurs des valentiniens, de Marcion, de Saturnin et des gnostiques. Il soutint qu'Adam n'était pas sauvé, que le mariage est une débauche introduite par le démon; de là ses sectateurs furent nommés *encratites*, continents ou abstinents. Ils s'abstenaient non-seulement de la chair des animaux, mais du vin; ils ne s'en servaient pas même pour l'eucharistie, ce qui leur fit donner le nom d'*hydroparastes* et d'*aquariens*; on les appelait encore *apotactiques* ou renonçants, *saccophores* et *sévériens*. Le vin, selon eux, est une production du démon, témoin l'ivresse de Noé et ses suites. Ils n'admettaient qu'une petite partie de l'Ancien Testament, et ils l'expliquaient à leur manière. — Nous apprenons encore, par le témoignage des Pères, que Tatien admit les *éons* des valentiniens; qu'il distingua dans l'homme trois natures, l'esprit, l'âme et la matière; qu'il soutint que l'âme n'est pas immortelle de sa nature, mais qu'elle peut être préservée de la mort, ou ressusciter, et que l'âme qui a la connaissance de Dieu ne meurt pas. Il ne croyait pas que le Fils de Dieu fût véritablement né de la Vierge Marie et du sang de David; il avait composé une espèce d'harmonie ou concorde des quatre Evangiles, dans laquelle il avait retranché les généalogies du Sauveur, données par saint Matthieu et par saint Luc; il nommait cet ouvrage *Diatessaron*, c'est-à-dire *par les quatre*. On présume qu'il n'y enseignait pas positivement ses erreurs, puisque du temps de Théodoret, par conséquent au ve siècle, cet ouvrage était encore lu, non-seulement par les hérétiques, mais par les catholiques, et que saint Ephrem fit un commentaire sur ce même ouvrage. C'était par conséquent une concorde des quatre Evangiles. Il y en a une version arabe à la bibliothèque du Vatican, qui a été apportée de l'Orient par le savant Assémani; mais il dit que que c'est peut-être le *Monotessaron* d'Ammonius. On accuse enfin Tatien d'avoir changé plusieurs choses dans les Epîtres de saint Paul. Ses disciples se répandirent dans les provinces de l'Asie Mineure, dans la Syrie, en Italie même, et jusque dans les environs de Rome. *Voy.* la *Dissertation sur Tatien*, à la fin de son *Discours contre les Grecs*, édit. d'Oxford.

C'est une question de savoir si, dans ce discours, Tatien a été orthodoxe touchant la nature de Dieu, la génération du Verbe et la création du monde. Plusieurs protestants, en particulier Brucker, dans son *Histoire critique de la philosophie*, soutiennent que cet hérésiarque avait, sur ces points de doctrine, la même opinion que les Orientaux; qu'il admettait, non la création, mais les émanations des créatures : système qui ne s'accorde ni avec la simplicité de la nature divine, ni avec l'éternité du Verbe. Brucker blâme le savant Bullus d'avoir voulu expliquer, dans un sens orthodoxe, la doctrine de Tatien. Mosheim est de même avis (*Hist. Christ.*, sect. 2, § 61). — Nous convenons qu'en prenant à la rigueur, et dans le sens purement grammatical, tous les termes de cet auteur, on peut lui attribuer le système des émanations, et en tirer, par voie de conséquence, toutes les erreurs des philosophes orientaux; mais ce procédé est-il équitable ?

1° Lorsque les théologiens catholiques veulent en agir ainsi à l'égard des hérétiques, les protestants en font un crime et réclament contre cette rigueur; leur est-elle plus permise qu'aux catholiques? — 2° Le discours contre les gentils a été écrit avant que Tatien eût professé l'hérésie; on ne doit donc point en chercher le sens dans les erreurs qu'il enseigna dans la suite, ni dans celles de ses disciples. Prétendre qu'il avait dissimulé ses erreurs auparavant, c'est une autre injustice qu'un protestant ne nous pardonnerait pas. — 3° Tatien fait profession d'avoir appris les sciences des Grecs; il ne parle point de celles des Orientaux; ce qu'il nomme *philosophie des barbares* est évidemment celle des chrétiens et des Hébreux. Jamais les Grecs ne se sont avisés de nommer *barbares* les Chaldéens et les Egyptiens, desquels ils avaient reçu leurs premières leçons. — 4° Les Pères du iie et du iiie siècle attribuent les erreurs des valentiniens et des gnostiques, adoptées par Tatien, à la philosophie des Grecs, et non à celle des Orientaux; ils étaient plus à portée d'en découvrir la source que les critiques du dix-huitième siècle, qui, de leur propre aveu, manquent de monument pour prouver ce qu'ils avancent. Sur quoi fondés se flattent-ils d'avoir mieux rencontré que les Pères? — 5° Tatien enseigne, dans son discours, plusieurs choses qui ne s'accordent point avec le système des *émanations*. Il dit, n. 5 : « Au commencement Dieu était, et le Verbe était en Dieu. Le Verbe a été engendré par communication et non par séparation; il est le premier ouvrage du Père et le principe ou l'auteur du monde. Il a produit tout ce qui a été fait, et il s'est fait à lui-même sa matière........ La matière n'est donc point sans commencement comme Dieu, elle n'est ni co-éternelle ni égale en puissance à Dieu; mais elle a été faite, non par un autre, mais par le seul auteur de toutes choses, n. 7. Le Verbe divin, Esprit engendré du Père, a fait, par sa puissance intelligente, l'homme, image de l'immortalité, et il avait fait les anges avant les hommes. — Quiconque n'est pas aveuglé par la prévention voit dans ces paroles le dogme de la création, et non le système des *émanations*. Jamais aucun partisan de la philosophie orientale n'est convenu que la matière a eu un commencement, et qu'elle a été faite; aucun n'a imaginé que la matière est sortie de Dieu pur esprit, par *émanation*. Vainement Brucker observe que Tatien ne dit point que la matière a été créée, mais qu'elle a été *engendrée, poussée dehors* ou *produite*, que tel est le sens des termes grecs. Il a dû savoir que les Grecs, non plus que les autres peuples, n'ont point eu de terme sacré pour exprimer la création prise en rigueur, et qu'ils ont été forcés de se servir des termes usités dans leur langue. — Tatien dit qu'avant la naissance du monde, le Verbe était en Dieu, et qu'il était le commencement de toutes choses, donc il n'a point eu lui-même de commencement; c'est pour cela qu'il a été engendré par communication, et non par séparation. Il dit que tous les autres êtres n'étaient en Dieu et dans le Verbe que par sa puissance intelligente : donc ils n'y étaient pas en substance, comme le Verbe était en Dieu : donc ils n'ont pas pu sortir par *émanation* comme le Verbe est émané de Dieu. Suivant les paroles de Tatien, la production de ces êtres est un acte de puissance, la génération du Verbe est par nécessité de nature ; ces êtres ont eu un commencement, le Verbe n'en a point eu : donc leur commencement est une création, et non une *émanation*. Si dans la suite Tatien admit les *éons* des valentiniens, et leur *émanation*, il avait changé de doctrine. C'est bien assez de lui attribuer les erreurs dont les Pères l'ont chargé, sans lui en imputer encore d'autres que les anciens ne lui ont jamais reprochées. *Voy.* CRÉATION, PHILOSOPHIE, TATIEN, etc.

ENDURCISSEMENT. On peut citer un grand nombre de passages de l'Ecriture sainte dans lesquels il est dit que Dieu endurcit les pécheurs. *Exod.* x, 1, Dieu dit: *J'ai endurci le cœur de Pharaon et des Egyptiens, afin de faire des miracles sur eux, et d'apprendre aux Israélites que je suis le Seigneur.* Nous lisons dans Isaïe, c. xxxiii, v. 17 : *Vous avez endurci notre cœur, afin de nous ôter la crainte de vos châtiments.* Dans l'Evangile de saint Jean, c. xii, v. 40, il est dit que les Juifs ne pouvaient pas croire, parce que, selon la parole d'Isaïe, Dieu avait aveuglé leurs yeux et endurci leur cœur, afin qu'ils ne fussent pas convertis. Saint Paul conclut (*Rom.* ix, 18) que Dieu a pitié de qui il veut, et endurcit qui il lui plaît. — Fondé sur ces divers passages, saint Augustin soutient, contre les pélagiens, que l'*endurcissement* des pécheurs est un acte positif de la puissance de Dieu. Lorsque Julien lui répond que les pécheurs ont été abandonnés à eux-mêmes par la patience divine, et non poussés au péché par sa puissance, saint Augustin persiste à soutenir qu'il y a eu un acte de patience et un acte de puissance (*Contra Julian.*, l. v, c. 3. n. 13 ; c. 4, n. 15). S'il y a, disent les incrédules, un blasphème horrible, c'est d'enseigner que Dieu est la cause du péché ; telle est cependant la doctrine de Moïse, des prophètes, de l'Evangile, de saint Paul, des Pères de l'Eglise : il n'y manque rien pour être un article de foi du christianisme, comme l'a soutenu Calvin.

C'est à nous de démontrer le contraire : 1° dans plusieurs autres endroits, l'Ecriture enseigne que Dieu ne veut point le péché (*Ps.* iii, 5) ; qu'il le déteste (*Ps.* xliv, 8) ; qu'il est la justice même, et qu'il n'y a point en lui d'iniquité (*Ps.* xci, 16) ; qu'il n'a commandé à personne de mal faire, n'a donné lieu de pécher à personne, ne veut point augmenter le nombre de ses enfants impies et pervers (*Eccli.* xv, 21, etc). Le sens équivoque du mot *endurcir* peut-il obscurcir des passages aussi clairs ? — 2° Moïse répète plusieurs fois que Pharaon lui-même endurcit son propre cœur (*Exod.* vii, 23 ; viii, 15). Jérémie reproche le même crime aux Israélites (*Jerem.* v, 3 ; vii, 26, etc.). Moïse les exhorte à ne plus faire de même (*Deut.* xl, 16 ; xv, 7). David (*Ps.* xciv, 8) ; l'auteur des Paralipomènes (l. II, c. xxx, v. 8) ; saint Paul, (*Hebr.* iii, 8 et 15 ; iv, 7), font la même leçon à tous les pécheurs ; elle serait absurde, si Dieu lui-même était l'auteur de l'*endurcissement*. — 3° C'est le propre, non-seulement de l'hébreu, mais de toutes les langues, d'exprimer comme *cause* ce qui n'est qu'*occasion*. On dit d'un homme qui déplaît, qu'il donne de l'humeur, qu'il fait enrager ; d'un père trop indulgent, qu'il pervertit et perd ses enfants ; d'une femme aimable, qu'elle rend un homme fou, etc.; souvent c'est contre leur intention, ils n'en sont donc pas la cause, mais seulement l'occasion. De même, les miracles de Moïse et les plaies de l'Egypte étaient l'occasion et non la cause de l'*endurcissement* de Pharaon. La patience de Dieu produit souvent le même effet sur les pécheurs ; Dieu le prévoit, le prédit, le leur reproche; ce n'est donc pas lui qui en est la cause directe. Il pourrait l'empêcher, sans doute, mais l'excès de leur malice n'est pas un titre pour engager Dieu à leur donner des grâces plus fortes et plus abondantes. Il les laisse donc s'endurcir, il ne les en empêche point; c'est tout ce que signifie le terme *endurcir*. — Quand il est question de crimes, de fléaux, de malheurs, le peuple se console en disant : *Dieu l'a voulu;* cette façon de parler populaire signifie seulement que Dieu l'a permis, ne l'a pas empêché. — 4° Loin de réfuter cette réponse, saint Augustin l'a donnée et répétée dix fois. Il dit que Pharaon s'endurcit lui-même, et que la patience de Dieu en fut l'occasion (*Lib. de Grat. et lib. Arb.*, n. 45; *lib.* LXXXIII *quæst.* q. 18 et 24; *serm.* 57, n. 8, *in Ps.* CIV, n. 17). « Dieu, dit-il, *endurcit*, non en donnant de la malice au pécheur, mais en ne lui faisant pas miséricorde (*Epist.* 194 *ad Sixtum*, c. 3, n. 1). Ce n'est donc pas qu'il lui donne ce qui le rend plus méchant, mais c'est qu'il ne lui donne pas ce qui le rendrait meilleur (*Lib.* I *ad Simplic.*, q. 2, n. 15), c'est-à-dire une grâce aussi forte qu'il la faudrait pour vaincre son obstination dans le mal » (*Tract.* 53, *in Joan.*, n. 8 et suiv).—En cela même consiste l'*acte de puissance* que Dieu exerce pour lors; cette puissance ne brille nulle part avec plus d'éclat que dans la distribution qu'elle fait de ses grâces, en telle mesure qu'il lui plaît. « Pélage, dit-il, nous répondra peut-être que Dieu ne force personne au mal, mais qu'il abandonne seulement ceux qui le méritent, et il aura raison (*Lib. de Nat. et Grat.*, c. 23, n. 25). Cela est formel.

C'est par ces passages qu'il faut expliquer ce qui paraîtrait plus dur dans d'autres endroits des ouvrages de ce Père. Sous ses yeux même, les évêques d'Afrique ont décidé que Dieu *endurcit*, non parce qu'il pousse l'homme au péché, mais parce qu'il ne le tire pas du péché (*Ann.* 423, *Epist. synod.*, c. 11). Lorsqu'on objecte à saint Prosper, que, selon saint Augustin, Dieu pousse les hommes au péché, il répond que c'est une calomnie : « Ce ne sont pas là, dit-il, les œuvres de Dieu, mais du diable ; les pécheurs ne reçoivent pas de Dieu l'augmentation de leur iniquité, mais ils deviennent plus méchants par eux-mêmes » (*Ad Capit. Gallor.*, resp. 11 et sent. 11). — Longtemps auparavant, Origène avait expliqué, dans le même sens, les passages de l'Ecriture que nous objectent les incrédules; saint Basile et saint Grégoire de Nazianze recueillirent ce qu'il en avait dit (*Philocal.*, c. 24 et suiv.). Saint Jean Chrysostome confirma cette doctrine, en expliquant l'Epître de saint Paul aux Romains, et saint Jérôme la suivit dans son *Commentaire sur Isaïe*, c. LXIII, v. 17. Tous les Pères l'ont soutenu contre les marcionites et contre les manichéens; ils ont enseigné constamment que Dieu laisse endurcir le pécheur, non en lui refusant toute grâce, mais parce qu'il ne lui donne pas une grâce aussi forte et aussi efficace qu'il le faudrait pour vaincre son obstination dans le péché.(*Voy.* saint Irénée, *contra Hær.*, l. IV, c. 29; Tertull., *adv. Marcion.*, l: II, c. 14, etc.). — Si quelques théologiens modernes, qui se paraient du nom d'*augustiniens*, l'ont entendu autrement, leur entêtement ne prouve pas plus que celui de Calvin.

Par là nous voyons en quel sens il est dit, dans les livres saints et dans les écrits des Pères, que Dieu *abandonne* les pécheurs, qu'il délaisse les nations infidèles, qu'il livre les impies à leur sens réprouvé, etc. Cela ne signifie point que Dieu les prive absolument de toute grâce, mais qu'il ne leur en accorde pas autant qu'aux justes; qu'il ne leur donne pas autant de secours qu'il l'a fait autrefois, ou qu'il ne leur donne pas des grâces aussi fortes qu'il le faudrait pour vaincre leur obstination. — En effet, c'est un usage commun dans toutes les langues, d'exprimer en termes absolus ce qui n'est vrai que par comparaison; aussi lorsqu'un père ne veille plus avec autant de soin qu'il le faisait autrefois, et qu'il le faudrait, sur la conduite de son fils, on dit qu'il l'abandonne, qu'il le livre à lui-même; s'il témoigne à l'aîné plus d'affection qu'au cadet, on dit que celui-ci est délaissé, négligé, pris en aversion, etc. Ces façons de parler ne sont jamais absolument vraies, et personne n'y est trompé, parce que l'on y est accoutumé. — Une preuve que tel est le sens des écrivains sacrés, c'est que dans une infinité d'endroits ils nous disent que Dieu est bon à l'égard de tous, qu'il a pitié de tous, qu'il n'a de l'aversion pour aucune de ses créatures, que ses miséricordes se répandent sur tous ses ouvrages, etc. Les pécheurs les plus endurcis ne sont pas exceptés (*Eccli.* v, 3): « Ne dites pas, *Que pourais-je faire?* ou , *Qui m'humiliera à cause de mes actions?* Dieu vengera certainement le mal. » Chap. 15, v. 11 : « Ne dites pas, *Dieu me manque.... c'est lui qui m'a égaré*, il n'a pas besoin des impies....... Si vous voulez garder ses commandements, ils vous mettront en sûreté... Il ne donne lieu de pécher à personne.» *Dieu me manque*, signifie évidemment, *Dieu me laisse manquer de grâce* ou de force, et selon l'auteur sacré, c'est un blasphème : donc les pécheurs, même endurcis, ne peuvent pas le dire. Saint Augustin (*L. de Grat. et lib. Arb.*, c. 2, n. 3) se sert de ce passage pour réfuter ceux qui rejetaient sur Dieu la cause de leurs péchés; il n'a donc pas cru qu'aucun pécheur, même endurci, pût alléguer ce prétexte. *In Ps.* LIV, n. 4, il dit qu'il ne faut désespérer de la conversion de personne, si ce n'est du démon. Dans ses *Confessions*, l. VIII, c. 11, n. 27, il se dit à lui-même : « Jette-toi entre les bras de ton Dieu, ne crains rien, il ne se retirera pas, afin que tu tombes, etc.» Encore une fois, s'il est arrivé à saint Augustin de ne pas s'exprimer toujours avec autant d'exactitude que dans ces passages, cela ne prouve rien ; c'est à ceux-ci et à d'autres qu'il faut s'en tenir, puisqu'ils sont fondés sur l'Ecriture sainte, et dictés par le bon sens. — On doit raisonner de même sur ceux dans lesquels il est dit que Dieu *aveugle* les pécheurs, puisque l'Ecriture nous enseigne qu'ils sont aveuglés par leur propre malice (*Sap.* II, 21). « Dieu, dit encore saint Augustin, aveugle et endurcit les pécheurs en les abandonnant et en ne les secourant pas ». (*Tract.* 53 *in Joan.*, n. 6). Or, nous venons de voir en quel sens Dieu les abandonne et ne les secourt pas.

Mais il y a quelques-uns de ces passages qui méritent une attention particulière. Dans *Isaïe*, chap. VI, v. 9, Dieu dit au prophète : *Va, et dis à ce peuple: Ecoutez et n'entendez pas, voyez et gardez-vous de connaître. Aveugle le cœur de ce peuple, appesantis ses oreilles et ferme-lui les yeux de peur qu'il ne voie, n'entende, ne comprenne, ne se convertisse, et que je ne le guérisse. Jusques à quand, Seigneur? Jusqu'à ce que ses villes soient sans habitants, et sa terre sans culture.* Isaïe n'avait certainement pas le pouvoir de rendre les Juifs sourds et aveugles; mais Dieu lui ordonnait de leur reprocher leur stupidité, et de leur prédire ce qui arriverait. Ainsi, *aveugle ce peuple*, signifie simplement, *dis-lui et reproche-lui qu'il est aveugle*, etc. — L'Evangile fait plus d'une fois allusion à cette prophétie. Dans saint Matthieu, chap. XIII, v. 13, Jésus-Christ dit des Juifs : *Je leur parle en paraboles, parce qu'ils regardent et ne voient pas, ils écoutent et ils n'entendent pas, ne comprennent pas. Ainsi s'accomplit en eux la prophétie d'Isaïe, qui a dit : Vous écouterez et n'entendrez pas*, etc. *En effet, le cœur de ce peuple est appesanti, ils écoutent grossièrement, ils ferment les yeux, de peur de voir, d'entendre, de comprendre, de se convertir et d'être guéris.* Dans saint Marc, c. IV, v. 12, le Sauveur dit à ses disciples : *Il vous est donné de connaître les mystères du royaume de Dieu; mais pour ceux qui sont dehors, tout se passe en paraboles,* AFIN QUE *voyant ils ne voient pas, qu'écoutant ils n'entendent pas, qu'ils ne se convertissent pas, et que leurs péchés ne leur soient point remis.* Dans saint Jean, ch. XII, v. 39, il est dit des Juifs que, malgré la grandeur et la multitude des miracles de Jésus-Christ, *ils ne pouvaient pas croire, parce qu'Isaïe a dit : Il a aveuglé leurs yeux et endurci leur cœur, de peur qu'ils ne voient, n'entendent, ne se convertissent, et que je ne les guérisse.* Saint Paul applique encore aux Juifs cette prophétie (*Act.* XVIII, 25, et *Rom.* XI, 8). — Il suffit de comparer ces divers passages pour en prendre le vrai sens ; saint Matthieu s'est exprimé d'une manière qui ne fait aucune difficulté; mais comme le texte de saint Marc paraît plus obscur, les incrédules s'y sont attachés, et ils en concluent que, suivant cet évangéliste, Jésus-Christ parlait exprès en paraboles, *afin que les Juifs n'y entendissent rien*, et refusassent de se convertir.

1° Il est clair qu'au lieu de lire dans le texte, *afin que*, il faut traduire, *de manière que*: c'est la signification très-ordinaire du grec ἵνα, et du latin *ut*, et cette traduction fait déjà disparaître la plus grande difficulté :

« Pour ceux qui sont dehors, tout se passe en paraboles, *de manière qu'en voyant ils ne voient pas*, etc. » C'est précisément le même sens que dans saint Matthieu. — 2° Il n'est pas moins évident que des paraboles, c'est-à-dire des comparaisons sensibles, des apologues, des façons de parler populaires et proverbiales, étaient la manière d'instruire la plus à portée du peuple et la plus capable d'exciter son attention : non-seulement c'était le goût et la méthode des anciens, et surtout des Orientaux ; mais c'est encore aujourd'hui parmi nous le genre d'instruction que le peuple saisit le mieux ; ce serait donc une absurdité de supposer que Jésus-Christ s'en servait afin de n'être ni écouté ni entendu. — 3° Pourquoi était-il donné aux apôtres de connaître les mystères du royaume de Dieu, et pourquoi cela n'était-il pas accordé de même au commun des Juifs? Parce que les apôtres interrogeaient leur maître en particulier, afin d'apprendre de lui le vrai sens de ses paraboles ; l'Evangile leur rend ce témoignage. Les Juifs, au contraire, s'en tenaient à l'écorce du discours, et ne se souciaient pas d'en savoir davantage. Loin de chercher à se mieux instruire ; ils fermaient les yeux, ils se bouchaient les oreilles, etc., parce qu'ils n'avaient aucune envie de se convertir. *Tout se passait donc en paraboles* à leur égard ; ils se bornaient là, et n'allaient pas plus loin; *de manière qu'ils écoutaient sans rien comprendre*, etc. C'était donc un juste reproche que Jésus-Christ leur faisait, et non une tournure malicieuse dont il usait à leur égard. — Mais saint Jean dit qu'ils ne pouvaient pas se convertir; d'accord. « Si l'on me demande, dit à ce sujet saint Augustin, pourquoi ils ne le pouvaient pas, je réponds d'abord, parce qu'ils ne le voulaient pas » (*Tract.* 53 *in Joan.*, n. 6). En effet, lorsque nous parlons d'un homme qui a beaucoup de répugnance à faire une chose, nous disons *qu'il ne peut pas s'y résoudre*; cela ne signifie point qu'il n'en a pas le pouvoir. Ce serait encore une absurdité de prétendre que les Juifs ne pouvaient pas croire, parce qu'Isaïe avait prédit leur incrédulité ; en quoi cette résolution pouvait-elle influer sur leurs sentiments? — A la vérité, saint Jean semble attribuer cette incrédulité à Dieu lui-même : *Il a aveuglé leurs yeux et endurci leur cœur*, etc. Mais cet évangéliste savait que le passage d'Isaïe était très-connu, qu'il n'était pas nécessaire de copier servilement la lettre, pour en faire prendre le sens. Or, nous avons vu que dans ce prophète, *aveugle ce peuple*, signifie déclare-lui qu'il est aveugle, et reproche-lui son aveuglement. *Voy.* CAUSE FINALE, GRACE, § 3, PARABOLE, PÉCHE, etc.

ÉNERGIQUES ou ÉNERGISTES, nom donné, dans le XVIᵉ siècle, à quelques sacramentaires, disciples de Calvin et de Mélanchthon, qui soutenaient que l'eucharistie n'est que l'*énergie* ou la vertu de Jésus-Christ, et non son propre corps et son propre sang.

ÉNERGUMÈNE, homme possédé du dé

mon. Quelques auteurs, anciens et modernes, ont soutenu que ce terme, dans l'Ecriture sainte, signifie seulement des personnes qui contrefont les actions du démon, et opèrent des choses surprenantes qui paraissent surnaturelles. Nous prouverons le contraire aux mots POSSÉDÉ et POSSESSION. Le concile d'Orange exclut de la prêtrise les *énergumènes*, et les prive des fonctions de leur ordre, lorsque la possession est postérieure à leur ordination.—L'usage de l'Eglise primitive était de tenir les *énergumènes* dans la classe des pénitents, de faire pour eux des prières particulières et des exorcismes. Comme la plupart étaient des païens, lorsqu'ils étaient guéris, ils se faisaient instruire, et ordinairement ils recevaient le baptême. *Voy.* Bingham, liv. III, c. 4, § 6, tome II, p. 26.

ENFANCE, Filles de l'*Enfance* de Jésus-Christ. Congrégation, dont le but était l'instruction des jeunes filles et le secours des malades. On n'y recevait point de veuves, on n'épousait la maison qu'après deux ans d'essai, on ne renonçait point aux biens de famille en s'attachant à l'institut; il n'y avait que les nobles qui pussent être supérieures. Quant aux autres emplois, les roturières pouvaient y prétendre; plusieurs cependant étaient abaissées à la condition de suivantes, de femmes de chambre et de servantes.

Cette communauté bizarre commença à Toulouse en 1657. Ce fut un chanoine de cette ville qui lui donna, dans la suite, des règlements qui ne réparaient rien ; on y observa d'en bannir les mots *dortoir*, *chauffoir*, *réfectoire*, qui sentaient trop le monastère. Ces filles ne s'appelaient point *sœurs* : elles prenaient des laquais, des cochers ; mais il fallait que ceux-ci fussent mariés, et que les premiers n'eussent point servi de filles dans le monde : elles ne pouvaient choisir un régulier pour confesseur. — Le chanoine de Toulouse soutenant, contre toute remontrance, la sagesse profonde de ses règlements, et n'en voulant pas démordre, le roi Louis XIV cassa l'institut et renvoya les *filles de l'enfance* chez leurs parents : elles avaient alors cinq ou six établissements, tant en Provence qu'en Languedoc.

ENFANT. C'est aux philosophes moralistes de démontrer quels sont les devoirs réciproques des pères et des *enfants* selon la loi naturelle ; mais nous sommes chargés de faire voir que la religion révélée y a sagement pourvu dès le commencement du monde, et a prévu d'avance les erreurs dans lesquelles sont tombés à cet égard la plupart des peuples, et même les philosophes les plus célèbres.

La première mère du genre humain a montré à tous les parents l'idée qu'ils doivent avoir de leurs *enfants*, lorsqu'elle dit, à la naissance de son fils aîné : *Dieu m'accorde la possession d'un homme*, et qu'elle répéta en mettant Seth au monde : *Dieu me donne celui-ci pour remplacer Abel* (*Gen.* IV, 1 et 15). Deux époux qui reçoivent leurs en*fants* comme un bienfait que Dieu leur accorde, comme un dépôt duquel ils doivent lui rendre compte, ne seront pas tentés de les laisser périr, d'en négliger l'éducation, beaucoup moins de les exposer, de les détruire, de les vendre, comme on a fait chez des nations qui semblaient d'ailleurs instruites et policées.—De là même il s'ensuit que les devoirs des *enfants* ne sont pas seulement fondés sur la reconnaissance, mais sur l'ordre que Dieu a établi pour le bien commun du genre humain. Quand même les pères et mères manqueraient aux obligations que Dieu leur impose, les *enfants* ne seraient pas dispensés pour cela de l'obéissance, de l'attachement, des services qu'ils leur doivent. La loi que Dieu leur a prescrite est confirmée par les effets qu'il a voulu attacher à la bénédiction ou à la malédiction des pères ; nous en voyons l'exemple dans le sort de Cham, d'Esaü, des divers *enfants* de Jacob.

Nous n'avons pas besoin de réflexions profondes, pour réfuter les incrédules qui ont décidé que les *enfants* ne doivent plus rien à leurs pères et mères, dès qu'ils sont assez grands et assez forts pour se passer d'eux ; que l'autorité paternelle finit dès qu'un *enfant* est en état de se gouverner lui-même. Si cela était vrai, quels seraient les parents assez insensés pour prendre la peine d'élever des *enfants*? Quel motif pourrait les y engager ? En voulant favoriser la liberté des *enfants*, on met donc leur vie en danger. Si cette morale détestable avait été suivie dès l'origine, le genre humain aurait été étouffé dès le berceau. *Voy.* PÈRE. — Nous ne citerons point les lois que Dieu avait portées par Moïse pour rendre sacrés et inviolables les devoirs de la paternité et de la filiation ; nous nous contentons d'observer que la circoncision, par laquelle un *enfant* recevait le sceau des promesses faites à la postérité d'Abraham, l'offrande des premiers nés qui rappelait aux Israélites un miracle signalé fait en faveur de leurs *enfants*, le rachat qu'il fallait en faire, le sacrifice que les femmes devaient offrir après leurs couches, étaient autant de leçons qui devaient redoubler l'affection et l'attention des parents. Aussi ne voyons-nous point chez les Juifs le même désordre, la même barbarie qui régnaient chez les nations païennes, où l'on ne faisait pas plus de cas d'un *enfant* nouveau-né que du petit d'un animal.

Dans le christianisme, par le baptême, un *enfant* devient fils adoptif de Dieu, frère de Jésus-Christ, héritier du ciel, membre de l'Eglise, par conséquent doublement cher à ses parents. C'est un dépôt duquel ils sont responsables à Dieu, à l'Eglise, à la société. Par cette institution salutaire, Jésus-Christ a pourvu, non-seulement à la conservation et à la vie, mais à l'état civil et aux droits légitimes des *enfants*. Une charité ingénieuse et active a fait élever des asiles pour les orphelins, pour les *enfants* abandonnés, pour ceux des pauvres ; la religion, devenue leur mère, supplée à l'impuissance, ou répare la cruauté des parents. Elle seule a su nous apprendre ce que c'est qu'un homme, ce qu'il vaut, ce qu'il doit être un jour ; elle a aussi réfuté d'avance les rêveries philosophiques sur la dissolubilité du mariage, sur les bornes de l'autorité paternelle, sur les prétendus droits des *enfants*, etc.

Lorsque les païens eurent la malice de publier que les chrétiens égorgeaient un *enfant* dans leurs assemblées, nos apologistes réfutèrent cette calomnie, et firent retomber ce crime sur les accusateurs. Comment, disent-ils, ose-t-on nous charger d'un homicide, nous qui avons horreur, non-seulement d'ôter la vie à un *enfant*, mais de l'empêcher de naître, de l'exposer, de mettre sa vie en danger ? C'est parmi vous que ces désordres sont communs, vous les commettez sans honte et sans remords. — Saint Justin, *Apol.* 1, n. 27 ; Tertullien, *Apologet.*, c. 9 ; Lactance, *Divin. instit.*, lib. vi, c. 9 ; lib. vi c. 20, rendent témoignage de ce fait, et reprochent aux païens leur barbarie.

Le philosophe, qui a écrit de nos jours que chez les Romains il n'était pas nécessaire de fonder des maisons de charité pour les *enfants* trouvés, parce que personne n'exposait ses *enfants*, et que les maîtres prenaient soin de ceux de leurs esclaves, en a grossièrement imposé. Les Romains, sans doute, nourrissaient ordinairement les enfants de leurs esclaves, parce qu'ils les regardaient comme du bétail destiné à leur service ; pour leurs propres *enfants* nouveau-nés, ils ne faisaient aucun scrupule de les mettre à mort ou de les exposer. Il est constant que, chez les Grecs et chez les Romains, lorsqu'un *enfant* venait au monde, on le mettait aux pieds de son père ; s'il le relevait de terre, il était censé le reconnaître ; de là est née l'expression *tollere*, ou *suscipere liberos* ; s'il tournait le dos, l'*enfant* était mis à mort ou exposé. Un jurisconsulte du dernier siècle a fait un traité, *de Jure exponendi liberos*. Parmi ces *enfants* exposés, la plupart périssaient par le froid et par la faim ; s'ils étaient recueillis et élevés par quelqu'un, les garçons étaient destinés à l'esclavage, et les filles à la prostitution.

Constantin, devenu chrétien, porta deux lois qui sont encore dans le code théodosien : l'une ordonne de fournir des fonds du trésor public aux pères surchargés d'*enfants*, afin de leur ôter la tentation de les tuer, de les exposer ou de les vendre ; la seconde accorde tout droit de propriété, sur les enfants exposés, à ceux qui ont eu la charité de les recueillir et de les élever : triste monument de la barbarie qui régnait chez les païens. — La religion chrétienne rétablit les droits de l'humanité ; les canons des anciens conciles portent la peine d'excommunication contre ceux qui auraient la cruauté d'exposer les *enfants*, de leur ôter la vie, ou de les empêcher de naître. Bientôt la charité éleva des hôpitaux pour les recueillir ; ces maisons furent nommées *brephotrophia*, lieux destinés à nourrir les *enfants*. Il n'est donc pas nécessaire, chez les nations chrétiennes, que tous les *enfants* soient déclarés *enfants* de l'état, comme l'ont désiré certains philosophes ; tous sont *enfants* de la religion, leur sort est encore meilleur. Les états, les gouvernements, ont souvent méconnu le prix des hommes ; notre religion ne l'a jamais oublié. Sur la nécessité de baptiser les enfants, voy. BAPTÊME, § 3. — En assurant le sort des *enfants*, les lois ecclésiastiques confirmèrent aussi l'autorité légitime des pères ; elles ôtèrent aux *enfants* la liberté de disposer d'eux-mêmes, de contracter mariage, ou d'entrer dans l'état monastique sans le consentement de leurs parents. Voy. Bingham, l. xvi, c. 9 et 10, tom. VII, p. 380, 397, 405.

ENFANTS DE DIEU. A proprement parler, tous les hommes sont *enfants* de Dieu, puisqu'il est le créateur et père de tous ; mais parmi ceux qui ont vécu dans le premier âge du monde, l'Ecriture distingue les *enfants de Dieu* d'avec les *enfants* des hommes. Il paraît que par les premiers elle entend les adorateurs de Dieu, ceux qui se distinguaient par leur piété et par leur vertu, en particulier les descendants d'Enos. Les seconds sont ceux qui joignent à l'irréligion des mœurs très-corrompues. Les alliances qui se firent entre les uns et les autres rendirent cette corruption générale, et furent la cause du déluge universel (*Gen.* vi). — Dans les écrits de l'Ancien Testament, le nom d'*enfants de Dieu* est donné aux Israélites, parce que Dieu les avait adoptés pour son peuple (*Deut.* xiv, 1 ; *Isaï.* i, 2) ; et saint Paul le fait remarquer (*Rom.* ix, 4). Il est donné en particulier aux prêtres et aux lévites (*Ps.* xxviii, 1). Les juges du peuple sont appelés les *enfants* du Très-Haut (*Ps.* LXXXI, 6). Ce titre paraît désigner les anges (*Ps.* LXXXVIII, 7 ; *Dan.* iii, 92 ; *Job*, i, 6, etc.). — Dans le nouveau, il a une signification plus sublime ; il désigne une adoption plus étroite, et des bienfaits plus précieux que ceux que Dieu avait daigné accorder aux Juifs : saint Paul se sert de cette réflexion pour exciter les fidèles à la reconnaissance envers Dieu, et à la pureté de mœurs (*Rom.* viii, 14 et suiv. ; *Gal.* iv, 22, etc.).

ENFANTS PUNIS DU PÉCHÉ DE LEUR PÈRE. Plusieurs philosophes modernes ont décidé que, quand on met en question si Dieu peut, sans injustice, punir les *enfants* du péché de leur père, et en quel sens, on fait une demande honteuse et absurde ; ils en veulent le prouver par une maxime tirée de l'*Esprit des lois* : nous appelons de cette décision.

Un souverain, pour crime de rébellion, est en droit de dégrader un gentilhomme, de confisquer ses biens, de l'envoyer au supplice ; ses *enfants* nés et à naître se trouvent déchus de la noblesse, de l'héritage et de la fortune dont ils auraient joui sans le crime de leur père ; ils en portent donc la peine, il n'y a point là d'injustice. Il est du bien commun qu'un criminel puisse être puni, non-seulement dans sa personne, mais dans celle de ses *enfants*, qui doivent lui être chers ; c'est un frein de plus contre le crime. A plus forte raison Dieu peut-il agir de même. — A la vérité, ce serait une cruauté de mettre à mort des *enfants* à cause du crime de leur père; un tyran seul est capable de cette barbarie. Les souverains, les magistrats, n'ont droit de vie et de mort que pour un crime personnel; le bien de la société n'exige rien davantage; ils ne peuvent dédommager un *enfant* de la perte de sa vie; en la lui ôtant, ils priveraient peut-être la société d'un membre qui l'aurait utilement servie dans la suite. Dieu, au contraire, est le souverain maître de la vie et de la mort; indépendamment de tout crime, il peut dédommager dans l'autre vie ceux qu'il prive de la vie présente; lui seul sait pourvoir au bien général de la société, et en réparer les pertes. Il est donc faux que Dieu soit injuste dans aucun sens, lorsqu'il punit de mort les *enfants* à cause du crime de leur père. Il avait dit aux Juifs : *Je suis le Dieu fort et jaloux, qui recherche l'iniquité des pères sur les enfants jusqu'à la troisième et à la quatrième génération de ceux qui me haïssent* (*Exod.* xx, 5; *Deut.* v, 9). Il les avait menacés de les faire périr à cause de leurs péchés et de ceux de leurs pères (*Levit.* xxvi, 39) Cependant il semble dire le contraire par Ezéchiel; ce prophète emploie un chapitre entier à réfuter le proverbe des Juifs captifs à Babylone : *Nos pères ont mangé le raisin vert, et c'est nous qui en avons les dents agacées.* Il leur soutient, de la part de Dieu, que cela est faux; il leur oppose cette maxime absolue : *Celui qui péchera est celui qui mourra : je jugerai chacun selon ses œuvres* (*Ezech.* 18). Comment concilier ces divers passages?—Très-aisément : il y est question des adultes et non des *enfants* en bas âge; cela est clair par les termes dans lesquels ils sont conçus. Dieu menace de punir jusqu'à la quatrième génération *ceux qui le haïssent*, ceux qui imitent les péchés de leurs pères, et non ceux qui s'en corrigent : conséquemment Ezéchiel soutient aux Juifs captifs, qu'ils portent la peine, non des péchés de leurs pères, mais de leurs propres crimes; que s'ils se corrigent, Dieu cessera de les affliger. C'est la réfutation de la maxime des Juifs modernes, qui disent que, dans toutes leurs calamités, il entre toujours au moins une once de l'adoration du veau d'or.—Cela n'empêche pas que les *enfants* en bas âge ne se trouvent enveloppés dans un fléau général, tel que le déluge, la ruine de Sodome, une contagion, etc. Il faudrait un miracle pour que cela ne fût pas, et Dieu n'est certainement pas obligé de le faire.

ENFANTS DÉVORÉS PAR LES OURS. *Voy.* ELISÉE.

ENFANTS DANS LA FOURNAISE. Il est dit, dans le livre de Daniel, chap. iii, que Nabuchodonosor fit jeter dans une fournaise ardente trois jeunes Hébreux qui n'avaient pas voulu adorer la statue d'or, qu'il avait fait élever; qu'ils furent miraculeusement conservés dans les flammes, qu'ils en sortirent sains et saufs; que le roi, frappé de ce prodige, le fit publier par un édit adressé à tous ses sujets.—La prière et le cantique que ces trois jeunes hommes prononcèrent à cette occasion, et que l'Eglise répète encore, ne se trouvent plus dans le texte hébreu de Daniel; ils ont été tirés de la version de Théodotion et mis dans la Vulgate. Mais ils sont dans la traduction grecque de Daniel, faite par les Septante, qui a été imprimée à Rome en 1772, et qui a été copiée autrefois sur les Tétraples d'Origène. Ainsi, l'on ne peut plus douter que cette partie du chapitre 3 n'ait été dans l'original hébreu. Saint Athanase recommande aux vierges de dire ce cantique dès le matin; saint Jean Chrysostome atteste qu'il est chanté dans toute l'Eglise, et le quatrième concile de Tolède ordonne de le chanter tous les dimanches, et dans l'office des martyrs. Bingham, l. xiv, c. 2, § 6, tome VI, p. 47.

ENFANTS TROUVÉS. Le sort de ces malheureuses victimes de l'incontinence était autrefois abandonné aux seigneurs sur les fiefs desquels on les avait exposés : mais l'intérêt, qui prévaut presque toujours sur les sentiments d'humanité, fit négliger de pourvoir à leur conservation : la plupart auraient péri, si la religion n'était venue à leur secours. L'évêque et le chapitre de Paris donnèrent les premiers l'exemple de la charité à cet égard; ils destinèrent une maison placée près de l'église cathédrale pour recevoir ces *enfants* qui furent d'abord nommés *les pauvres enfants trouvés de Notre-Dame.* Charles VI rendit témoignage de cette bonne œuvre, et y appliqua un legs, dans son testament, l'an 1536; un arrêt du parlement, du 13 août 1552, condamna les seigneurs à y contribuer. — Par le zèle de saint Vincent de Paul, les sœurs de la charité qu'il venait d'instituer, se chargèrent d'en prendre soin. Après plusieurs translations, ces *enfants* ont été placés vis-à-vis de l'Hôtel-Dieu, et l'on a conservé, dans l'église de Notre-Dame, l'espèce de couche sur laquelle ils implorent les aumônes des fidèles. *Voy.* les *Recherches sur Paris*, par M. Jaillot, tom. I, p. 96 et suiv. — Dans plusieurs villes du royaume, il y a des hôpitaux semblables pour les recevoir, et des religieuses du Saint-Esprit qui se consacrent à élever ces *enfants;* c'est l'objet de leur institut.

Ce zèle n'a point d'exemple hors du christianisme, et il n'est que faiblement imité dans les communions séparées de l'Eglise romaine : preuve évidente que la politique et l'humanité ne feront jamais ce qu'inspire la religion. C'est elle qui fait sentir le prix d'une créature vivante consacrée à Dieu par le baptême, pendant qu'à la Chine on laisse périr, toutes les années, trente mille *enfants* exposés. — On objecte que ces asiles charitables fournissent aux pauvres un moyen et une tentation de se débarrasser de leurs *enfants*, et de se dispenser ainsi des devoirs de la nature. Cela peut être. Lorsque les mœurs sont dépravées à l'excès, que le libertinage est poussé au comble dans l'état de mariage, aussi bien que parmi les personnes libres, combien de milliers d'*en-*

fants périraient toutes les années, s'il n'y avait pas des hôpitaux pour les recevoir, et des mains charitables prêtes à les recueillir? Quand même sur mille il y en aurait cent de légitimes, abandonnés par des parents misérables ou dénaturés, c'est un moindre mal que si les neuf dixièmes étaient exposés à périr. Au point où nous sommes, il n'est plus question de choisir entre le bien et le mieux, mais de préférer le moindre mal. Si l'on veut des établissements desquels la malice humaine ne puisse pas abuser, l'on peut prédire hardiment qu'il ne s'en fera jamais.

ENFER (1), lieu de tourments, où les méchants subiront, après cette vie, la peine due à leurs crimes. L'*enfer* est donc l'opposé du ciel ou du paradis, dans lequel les justes recevront la récompense de leurs vertus. — L'hébreu *scheol*, le grec ταρτάρος et ᾅδης, le latin *infernus* et *orcus*, l'*enfer*, expriment dans l'origine un lieu bas et profond, et par analogie le tombeau, le séjour des morts. Les Juifs se sont encore servis du mot *gehenna* ou *gehinnon*, vallée près de Jérusalem, où il y avait une fournaise nommée *tophet*, dans laquelle les idolâtres fanatiques entretenaient du feu pour sacrifier ou initier leurs enfants à Moloch. De là vient que, dans le Nouveau Testament, l'*enfer* est souvent désigné par *gehenna ignis*, la vallée du feu.

On propose plusieurs questions sur l'*enfer*; on demande si les anciens Juifs en ont eu connaissance, où il est situé, et quelle est la nature du feu qui y brûle; si les peines que l'on y endure sont éternelles, en quel sens on doit entendre la descente de Jésus-Christ aux *enfers*.

I. La plupart des incrédules modernes ont soutenu que Moïse, ni les anciens Hébreux, n'avaient aucune idée d'un lieu de tourments après la mort; que, dans les siècles suivants, les Juifs ont reçu des Chaldéens cette idée pendant la captivité de Babylone. Qui avait donné cette notion aux Chaldéens? Voilà ce qu'ils ne nous ont pas appris. — Ils supposent encore que les patriarches ni leurs descendants n'avaient aucune connaissance de l'immortalité de l'âme et d'une vie future; on trouvera les preuves du contraire au mot AME. Or, dès que l'on admet une vie future, il est impossible de supposer que le sort des méchants y sera le même que celui des justes; ce n'a été là l'opinion ni des anciens Hébreux, ni d'aucune autre nation; elle est opposée aux idées naturelles de la justice. — Les anciens Égyptiens admettaient certainement des récompenses et des peines après la mort; il serait étonnant que les Hébreux n'eussent point adopté cette croyance pendant leur séjour en Égypte, et qu'ils eussent attendu pendant

---

(1) *Critérium de la foi concernant l'enfer*. — Il est de foi qu'il y a un enfer, que les damnés y seront punis pendant toute l'éternité. — La foi n'a rien décidé, ni sur le lieu, ni sur la nature des souffrances des damnés.

— Il paraît cependant certain, quoique cela n'appartienne pas à la foi, que les damnés sont tourmentés par un feu sensible et corporel.

près de mille ans les leçons des Chaldéens; mais sur ce dogme essentiel ils n'ont pas eu besoin d'autre instruction que de celle de leurs pères, qui venait de la révélation primitive. — Moïse (*Deut.* XXXVIII, 22) fait dire au Seigneur : *J'ai allumé un feu dans ma fureur, il brûlera jusqu'au fond de l'enfer* (scheol); *il dévorera la terre et toutes les plantes, et brûlera jusqu'aux fondements des montagnes*. C'était pour punir un peuple rebelle et ingrat. Si par l'*enfer* on entend ici le tombeau, une fosse profonde de trois ou quatre pieds, rien de si froid que cette expression. Job, c. XXVI, 6, dit que l'*enfer* (scheol) est découvert aux yeux de Dieu, et que le lieu de la perdition ne peut se cacher à sa lumière. Dans ces deux passages, les plus anciens traducteurs ont rendu *scheol* par l'*enfer*. Dans le chap. X, 21 et 22, Job peint le séjour des morts comme une terre couverte de ténèbres, où règnent un ennui et une tristesse éternelle : si les morts ne sentent rien, à quoi aboutit cette réflexion? — Le savant Michaëlis, dans ses *Notes sur Lowth*, a fait voir que le chap. XI, v. 16 et suiv. du livre de Job, et le chap. XXIV, v. 18-21, ne sont pas intelligibles, à moins que l'on n'attribue à ce patriarche et à ses amis la connaissance d'un séjour où les bons sont récompensés et les méchants punis après la mort. *Voy*. Lowth *de sacra Poesi Hebræor.*, t. I, p. 202, etc.

Dans le psaume XV, v. 9 et 10, David dit à Dieu : *Ma chair repose dans l'espérance que vous n'abandonnerez pas mon âme dans le séjour des morts* (scheol), *et que vous ne laisserez pas votre serviteur pourrir dans le tombeau*. Voilà deux séjours différents, l'un pour l'âme, l'autre pour le corps. Le prophète Isaïe, chap. XXIV, v. 9, suppose que les morts parlent au roi de Babylone lorsqu'il va les joindre, et lui reprochent son orgueil. Chap. LXVI, v. 44, il dit : *On verra les cadavres des pécheurs qui se sont révoltés contre moi; leur ver ne mourra point, leur feu ne s'éteindra point, et ils feront horreur à toute chair*; Jésus-Christ, dans l'Évangile, en parlant des réprouvés, leur applique ces paroles d'Isaïe : *Leur ver ne mourra point, et leur feu ne s'éteindra point* (Marc. VII, 43). Tous ces écrivains hébreux ont vécu avant la captivité de Babylone, et avant que les Grecs eussent publié leurs fables sur l'*enfer*.

Nous n'avons donc pas besoin de savoir ce qu'ont pensé les différentes sectes des Juifs après la captivité, les esséniens, les pharisiens, les sadducéens, Philon et d'autres. Ils ont mêlé une partie des idées de la philosophie grecque à l'ancienne croyance de leurs pères, et il ne s'ensuit rien. — Nous ne prenons pas plus d'intérêt aux fables des païens et aux visions des mahométans sur l'*enfer*; il nous suffit de savoir que la croyance d'une vie future, où les bons sont récompensés et les méchants punis, est aussi ancienne que le monde, et aussi étendue que la race des hommes. On l'a trouvée chez des Sauvages et chez des insulaires, qui montraient à peine quelques signes de religion. — Mais comme cette croyance était très-obscurcie chez les Juifs par le matérialisme des sadducéens, chez toutes les autres nations, par les fables du paganisme, et par les faux raisonnements des philosophes, il a été très nécessaire que Jésus-Christ vint la renouveler et la confirmer par ses leçons. Il a mis en lumière, dit saint Paul, la vie et l'immortalité par l'Evangile, mais surtout par le miracle de sa résurrection (*II Tim.* I, 10). Il a déclaré, en termes formels, que les méchants iront dans le feu éternel qui a été préparé au démon et à ses anges (*Matth.* xxv, 41). — Conséquemment, les théologiens distinguent dans les damnés deux peines différentes, *la peine du dam*, ou le regret d'avoir perdu le bonheur éternel, et *la peine du sens*, ou la douleur causée par les ardeurs d'un feu qui ne s'éteindra jamais. Ces deux espèces de tourments sont clairement distinguées dans les paroles du Sauveur : *le ver qui ne meurt point*, désigne la peine du dam, et *le feu qui ne s'éteint point*, est la peine du sens.

II. De savoir en quel lieu de l'univers est situé l'enfer, c'est une question tout au moins inutile ; la révélation ne nous l'apprend point ; les conjectures des philosophes et des théologiens sur ce sujet sont également frivoles. Les uns ont trouvé bon de placer l'enfer au centre de la terre, sans doute à cause du feu central ; les autres dans le soleil, qui est le centre du système planétaire : est-ce donc là *le feu allumé dans la colère du Seigneur ?* Quelques rêveurs ont cru que les comètes sont autant d'*enfers différents* ; quelques autres ont poussé la témérité jusqu'à donner les dimensions de cet affreux séjour. — Il nous parait mieux de nous en tenir à la sage réflexion de saint Augustin : « Lorsqu'on dispute sur une chose très-obscure, sans avoir des enseignements clairs et certains, tirés de l'Ecriture sainte, la présomption humaine doit s'arrêter et ne pencher pas plus d'un coté que d'un autre. » (*Lib.* II, *de Pecc. meritis et remiss.*, c. 36 ; *epist.* 190 *ad Optat.*, c. 5, n° 16.) — Le saint docteur a suivi lui-même cette règle touchant la question présente. Il avait dit, dans son ouvrage sur la *Genèse*, liv. XII, c. 33 et 34, que l'*enfer* n'est pas sous terre ; mais dans ses *Rétractations*, l. II, c. 24, il reconnaît qu'il aurait dû plutôt dire le contraire, sans néanmoins l'affirmer ; et dans la *Cité de Dieu*, liv. XX, ch. 16, il dit que personne n'en sait rien, à moins que l'Esprit de Dieu ne le lui ait révélé.

De même, touchant la nature du feu de l'*enfer*, il n'y a aucune raison de penser que ce n'est pas un feu matériel, et que dans les passages de l'Ecriture que nous avons cités, il faut prendre le *feu* dans un sens métaphorique, pour une peine spirituelle très-vive et insupportable. On cite, à la vérité, quelques Pères de l'Eglise qui ont été dans cette opinion, comme Origène, Lactance et saint Jean Damascène ; mais le plus grand nombre des saints docteurs ont pensé que l'on doit entendre les passages de l'Ecriture sainte à la lettre, et que le feu par lequel les âmes des damnés et les démons sont tourmentés, est un feu matériel. Pétau, *Dog. Théol.*, t. III, l. III, c. 5. (1).

Inutilement l'on demandera comment une âme spirituelle, comment un esprit tel que le démon, peuvent être tourmentés par un feu matériel. Il n'est certainement pas plus difficile à Dieu de faire éprouver de la douleur à une âme séparée du corps, qu'à une âme unie à un corps. Les affections du corps ne peuvent être que la cause occasionnelle des sentiments de l'âme ; Dieu, sans doute, peut suppléer comme il le veut à toutes les causes occasionnelles. Nous ne comprenons pas mieux comment notre âme peut ressentir de la douleur lorsque notre corps est blessé, que comment une âme unie au feu, en sera tourmentée. Il ne nous est pas plus aisé de concevoir comment les bienheureux, en corps et en âme, verront Dieu, pur esprit, que comment un esprit sans corps peut éprouver le supplice du feu. — Pour soulager l'imagination, quelques anciens ont pensé que Dieu, pour rendre les âmes et les démons susceptibles de ce supplice, les revêtait d'un corps quelconque ; mais cette supposition ne sert à rien, puisque l'union même d'un esprit à un corps est un mystère, dont nous ne sommes convaincus que par le sentiment intérieur et par la révélation.

III. Quant à la durée des peines de l'*enfer* (2).

(1) « L'opinion selon laquelle le feu de l'enfer n'est que métaphorique n'exclut pas les peines du sens, consistant dans une vive affliction du corps quoique non causée par le feu. Les Israélites, pendant leur servitude en Egypte, comparée à une fournaise ardente, n'enduraient pas le supplice du feu ; mais ils souffraient de grandes peines corporelles. Il est dans l'ordre de la justice que les corps qui ont coopéré avec les âmes des réprouvés aux crimes, en partageant avec elles le châtiment : *Vindicta carnis impii ignis, et vermis pœna sit carnis*, sur quoi saint Augustin fait cette remarque : *Potuit brevius dici, Vindicta impii ; cur ergo dictum est carnis impii, nisi quia utrumque, id est, et ignis et vermis, pœna sit carnis* (*De Civit.* lib. XXI, c. 9) ? La même écriture se sert souvent du mot *ignis*, pour signifier affliction, peine, soit de l'esprit, soit du corps, épreuve par tribulation. » Ainsi s'exprime M. de Pressy, évêque de Boulogne, *Instr. pastor.*, tome I, p. 474, édit. de 1786.

(2) Cette croyance est celle de tous les peuples. Chacun connaît ces vers énergiques de Virgile :
. . . . *Sedet, æternumque sedebit*
Infelix Theseus. (*Æneid.*, lib. VI, v. 617 — 618.)
Platon avait la même foi. « Ceux que les dieux et les hommes punissent, dit-il, afin que leur punition soit utile, sont les malheureux qui ont commis des péchés *guérissables* : la douleur et les tourments leur procurent un bien réel, car on ne peut être autrement délivré de l'injustice. Mais pour ceux qui, ayant atteint les limites du mal, sont *tout à fait incurables*, ils servent d'exemple aux autres sans qu'il leur en revienne aucune utilité, parce qu'ils ne sont pas *susceptibles* d'être guéris : ils souffriront des supplices épouvantables. . . . C'est pourquoi, méprisant les vains honneurs, et ne regardant que la vérité, je m'efforce de vivre et de mourir en homme de bien ; et je vous y exhorte, ainsi que tous les autres, autant que je puis. Je vous rappelle à la vertu, je vous anime à ce saint combat, le plus grand,

la croyance de l'Église catholique est que ces peines sont éternelles et ne finiront jamais; c'est un dogme de foi qu'un chrétien ne peut révoquer en doute. — Il est fondé sur les paroles de Jésus-Christ (*Matth.* xxv, 46). En parlant du jugement dernier, ce divin Maître nous assure que les méchants iront au supplice éternel, et les justes à la vie éternelle.

Vainement on objecte que dans l'Écriture sainte les mots *éternel*, *éternité*, désignent souvent une durée limitée, et non une durée qui n'aura jamais de fin. Personne ne disconvient que par *vie éternelle* Jésus-Christ n'entende une vie qui ne finira jamais; sur quoi fondé veut-on, dans le même passage, entendre le *supplice éternel* dans un sens différent? Sur un point aussi essentiel, Jésus-Christ a-t-il voulu laisser du doute, user d'équivoque, nous induire en erreur, en donnant un double sens au même terme? Aucun autre passage de l'Écriture ne peut en fournir un exemple. Dans tout le Nouveau Testament, la récompense des justes est nommée *vie éternelle*, et le supplice des méchants *feu éternel* (*Matth.* xviii, 8); *peine éternelle* (*Thess.* i, 9); *liens éternels* (*Judæ*, v. 6 et 7). Dans saint Marc, c. iii, v. 29, il est dit que celui qui a blasphémé contre le Saint-Esprit n'aura jamais de rémission, mais sera coupable d'un *crime éternel*. Nous ne voyons pas de quelle expression plus forte on peut se servir pour désigner l'éternité prise en rigueur. — Quand on aura dit, avec les incrédules, que le péché ne peut pas faire à Dieu une injure infinie; qu'une peine infinie serait aussi contraire à la justice de Dieu qu'à sa bonté; qu'il a pu proposer à la vertu une récompense éternelle, sans qu'il doive attacher

croyez-moi, que nous ayons à soutenir sur la terre. Combattez donc sans relâche, car vous ne pourrez plus vous être à vous-même d'aucun secours, lorsque présent devant le Juge, vous attendrez votre sentence tout tremblant, et saisi de terreur » (Plat., *Gorgias*). « Cette sentence rendue, le Juge ordonne aux justes de passer à la droite et de monter aux cieux; il commande aux méchants de passer à la gauche et de descendre aux enfers. » (Id., *de Republ.*)

On voit la même croyance consignée dans l'*Edda* des Islandais. Les Indiens l'admettent aussi. « C'est là que, plongés dans le feu, ils brûlent et brûleront toute l'éternité. Un peu au-dessus est une ville appelée *Chouzomeni*, où *Zomo*, roi des enfers, fait sa demeure, et d'où il ordonne et préside aux différents supplices qu'on fait subir à chacun des damnés. Voici un petit abrégé des tourments qu'on y souffre. On y sera plongé dans une éternelle nuit, pendant laquelle on n'entendra jamais que des gémissements et des cris. On y sera étroitement lié, on y ressentira tout ce que peut causer la douleur, l'instrument le plus aigre, dont on se sert pour percer et pour déchirer. Enfin, insectes, poisons, mauvaises odeurs, et tout ce qu'on imaginera de plus terrible, ne feront qu'une partie des supplices des damnés; ce qui y mettra le comble, et qui les jettera dans le désespoir, sera l'éternité d'un feu qui les brûlera sans les consumer. (*L'Ezour-Vedam*.)

Voyez l'*Essai sur l'indifférence*, où M. de Lamennais a rassemblé un grand nombre de preuves à l'appui de cette vérité.

pour cela un supplice éternel au crime; que s'en suivra-t-il? Il en résultera que nous connaissons très-mal les droits d'une justice infinie, la grièveté des offenses commises contre une majesté infinie, les peines que mérite un coupable qui a jusqu'à la mort abusé d'une bonté infinie, et résisté à une miséricorde infinie.

Cependant les incrédules ont prononcé d'un ton d'oracle la maxime suivante: *Si la souveraine puissance est unie dans un être à une infinie sagesse, elle ne punit point: elle perfectionne ou elle anéantit*. Cette vérité, disent-ils, est aussi évidente qu'un axiome de mathématique. Il nous paraît, au contraire, que c'est une fausseté très-évidente; cet axiome prétendu supposerait que Dieu ne peut jamais punir, même par un châtiment passager, puisqu'une puissance infinie jointe à une infinie sagesse peut perfectionner toute créature autrement que par des punitions. — D'autres ont dit: Dieu ne peut avoir droit de faire à ses créatures plus de mal qu'il ne leur a fait de bien: or, une éternité malheureuse est un plus grand mal que tous les biens dont une créature a été comblée; donc Dieu ne peut la condamner à un supplice éternel (1). Autre sophisme: il prouverait qu'aucune société ne peut jamais condamner à mort un coupable, quelque criminel qu'il soit, parce que la mort est un plus grand mal que tous les biens que la société peut faire à un particulier. A proprement parler, ce n'est pas Dieu, c'est l'homme qui se fait à lui-même le mal de la damnation; il ne l'encourt que pour avoir abusé de tous les moyens que Dieu lui a fournis pour s'en préserver.

Rien n'est donc plus faux que la tournure dont se servent les incrédules pour rendre odieux le dogme de la damnation des méchants. Dieu, disent-ils, crée un grand nombre d'âmes dans le dessein formel de les damner. C'est un vieux blasphème des manichéens contre le dogme du péché originel, répété ensuite par les pélagiens. *Voy.* saint Augustin, l. iv *de Anima et ejus orig.*, c. 11, n. 16; *Operis imperf. contra Jul.*, l. i, n. 125 et suiv. — L'Écriture sainte nous enseigne, au contraire, que Dieu n'a donné l'être à aucune créature par un motif de haine (*Sap.* ii, 25); que Dieu veut que tous les hommes soient sauvés et parviennent à la connaissance de la vérité (*I Tim.* ii, 4); qu'il est le Sauveur de tous les hommes, principalement des fidèles (*Ibid.* iv, 10). Le deuxième concile d'Orange a prononcé l'anathème contre ceux qui disent que Dieu a prédestiné quelqu'un au mal, canon 25; et le concile de Trente l'a répété, sess. 6, *de Justif.*, can. 17. — A la vérité, Dieu donne l'être à plusieurs âmes, en prévoyant qu'elles se damneront

(1) Quelques théologiens, trouvant une grande difficulté à concilier la bonté de Dieu avec l'éternité des peines, croient que les damnés blasphémeront continuellement le saint nom du Seigneur, et mériteront ainsi de recevoir constamment de nouvelles peines, ou au moins de prolonger pendant l'éternité leurs souffrances.

par leur faute et par leur résistance aux moyens de salut ; mais *prévoir* et *vouloir* ne sont pas la même chose ; une *prévoyance* et un dessein formel sont fort différents. Le dessein de Dieu, au contraire, est de les sauver ; ce dessein, cette volonté, sont prouvés par les grâces et les moyens suffisants de salut que Dieu donne à tous les hommes, et c'est lui-même qui nous en assure. *Voy.* SALUT. Le dessein, au contraire, que les incrédules attribuent à Dieu, n'est prouvé que par l'événement, et cet événement vient de l'homme et non de Dieu.

Il y a, contre les incrédules, une démonstration plus forte que tous leurs sophismes, et à laquelle ils ne répondront jamais ; leur doctrine n'est capable que d'enhardir tous les scélérats de l'univers, et de leur faire espérer l'impunité ; donc elle est fausse. Si la croyance d'un *enfer* éternel n'est pas capable de réprimer leur malice, le dogme d'une punition temporelle et passagère les arrêterait encore moins ; le monde ne serait plus habitable, si les méchants n'avaient rien à redouter après cette vie (1).

IV. Les théologiens sont divisés sur le sens de l'article du symbole des apôtres, où il est dit que Notre-Seigneur a été crucifié, qu'il est mort, qu'il a *été enseveli*, et qu'il est descendu *aux enfers*. (ᾄδης.) Quelques-uns entendent par là qu'il est descendu dans le *tombeau* ; mais le symbole distingue la sépulture d'avec la descente *aux enfers*.

Il y a eu autrefois des hérétiques qui ont nié que Jésus-Christ soit descendu *aux enfers* ; on les nomma *sépulcraux*. Le sentiment commun des théologiens orthodoxes et des Pères de l'Eglise est que, pendant que le corps de Jésus-Christ était renfermé dans le tombeau, son âme descendit dans le lieu où étaient renfermées les âmes des anciens justes, et leur annonça leur délivrance. — Ils fondent cette croyance sur ce que dit saint Pierre (*Epist. I*, III, 19 ; IV, 6) que Jésus-Christ est mort corporellement, mais qu'il a repris la vie par son esprit, par lequel il est allé prêcher aux esprits qui étaient détenus en prison, et que l'Evangile a été prêché aux morts. C'est ainsi que l'on entend communément ces paroles d'*Osée*, c. XIII, v. 14 : *O mort, je serai ta mort ; ô enfer, je serai ta morsure.* Et celle de saint Paul (*Eph.* IV, 8) : *Jésus-Christ, dans son ascension, a conduit les captifs sous sa captivité.* Petau, *De Incarnat.*, lib. XIII, c. 15.

C'est donc contre toute vérité que Le Clerc, d'accord avec les sociniens, a donné ce point de doctrine comme un nouveau dogme, duquel les apôtres n'ont pas parlé, et qui est venu de ce que l'on n'entendait pas l'hébreu. C'est mal à propos, dit-il, que l'on a traduit le mot *scheol*, le tombeau, le séjour des morts, par le grec ᾄδης, et par *infernus*, l'*enfer*, qui ont une signification toute différente, et qui désignent un séjour des âmes auquel les Hébreux n'ont jamais pensé. — Puisque nous avons prouvé que les Hébreux ont cru, de tout temps, l'immortalité de l'âme, ils n'ont pas pu supposer que l'âme, après la mort, demeure dans le tombeau avec le corps ; et puisque *scheol* a désigné en général le séjour des morts, il faut nécessairement qu'il ait signifié une demeure des âmes, aussi bien que le séjour des corps ; aucun peuple du monde n'a confondu ces deux choses. Si l'on dit que les Hébreux n'y pensaient pas, l'on suppose qu'ils étaient plus stupides que les sauvages. *Voy.* AME, § 2

ENNEMI. Un préjugé universellement répandu chez les anciens peuples, était de regarder tout étranger comme un *ennemi* ; il règne encore parmi les sauvages, et chez toutes les nations peu policées ; la différence de figure, d'habillement, de langage, de mœurs, inspire naturellement un commencement d'aversion. L'on connaît l'éloignement que les Egyptiens avaient pour les étrangers ; ils ne les admettaient point à leur table (*Gen.* XLIII, 32), quelques auteurs ont écrit qu'ils craignaient même d'en respirer l'haleine. Les Grecs ni les Romains n'ont pas été exempts de ce travers ; ils ne l'ont que trop témoigné par le mépris qu'ils avaient pour les autres peuples, et il n'y a pas loin du mépris à la haine. Les païens, dans les Indes, ne mangent point avec ceux d'une autre secte, comme nous avec ceux d'une autre religion ; il en est de même des Persans mahométans ; ils n'admettent à leur table ni *sunnites*, ni païens, ni Parsis, ni juifs, ni chrétiens. Niébuhr (*Descrip. de l'Arabie*, pag. 40). — Moïse, par ses lois, s'était appliqué à détruire ce funeste préjugé parmi les Juifs. *Exod.* XXII, 21 : *Vous ne contristerez point et vous ne vexerez point un étranger, parce que vous avez été vous-mêmes étrangers en Égypte.* Levit. XIX, 33 : *Si un étranger demeure avec vous, ne lui faites point de reproches ; qu'il soit parmi vous comme s'il était de votre nation ; vous l'aimerez comme vous-mêmes ; c'est moi, votre Dieu et votre souverain maître, qui vous l'ordonne.* Daut. XXIV, 19 : *Lorsque vous recueillerez les fruits de la terre, vous ne retournerez point chercher ce qui restera, mais vous le laisserez aux étrangers et aux pauvres, etc.* Les étrangers devaient aussi avoir part à toutes les fêtes juives. Si cette humanité diminua dans la suite chez les Juifs, on doit s'en prendre aux vexations et aux marques de mépris qu'ils essuyèrent continuellement de la part des nations dont ils étaient environnés.

Le dessein de Jésus-Christ a été de détruire, par son Evangile, le caractère invincible des peuples, de les accoutumer à vivre paisiblement ensemble, et à se regarder mutuellement comme frères ; c'est à quoi tendent les préceptes de charité universelle qu'il a si souvent répétés. Tel est aussi l'effet que le christianisme a produit partout où il s'est

---

(1) Quelques docteurs ont enseigné que les damnés pourront recevoir quelque soulagement dans leurs peines. Cette opinion est généralement rejetée. Si elle avait quelque fondement, nous aurions vu les fidèles adresser à Dieu des supplications pour adoucir les peines des damnés, et jamais une semblable pratique n'a existé dans l'Eglise.

établi. *Après le baptême*, dit saint Paul, *il n'y a plus ni juifs, ni gentils, ni circoncis, ni païens, ni Scythe, ni barbare; vous êtes tous un seul peuple en Jésus-Christ* (*Galat.* III, 28 ; *Coloss.* III, 11). Quoi qu'en disent les incrédules, c'est à la religion que les peuples de l'Europe sont redevables de la douceur de leurs mœurs, de la facilité qu'ils ont de commercer ensemble, de s'instruire mutuellement ; si le christianisme n'avait pas apprivoisé les conquérants farouches qui subjuguèrent cette belle partie du monde au v° siècle, elle serait encore aujourd'hui plongée dans la barbarie. — Mais Jésus-Christ ne s'est pas borné à combattre les haines, les préventions, les jalousies nationales ; il a voulu encore détruire les inimitiés personnelles, en nous ordonnant d'aimer nos ennemis. Cela est-il impossible, comme le soutiennent les censeurs de l'Evangile ? Si l'on entend qu'il n'est pas possible d'avoir, pour un homme qui nous a fait du mal, les mêmes sentiments d'affection et de bienveillance que nous avons pour un bienfaiteur ou pour un ami, cela est certain ; mais ce n'est pas là ce que Jésus-Christ nous commande. Lorsqu'il nous dit, aimez vos ennemis, il ajoute : *Faites du bien à ceux qui vous persécutent et vous calomnient* (*Matth.* III, 44). Soutiendra-t-on qu'il nous est impossible de faire du bien à ceux qui nous veulent ou nous ont fait du mal, de prier pour eux, de nous abstenir de toute vengeance et de tout mauvais procédé à leur égard ? Plus nous sentons de répugnance à remplir ce devoir, plus il y a de mérite à nous vaincre et à réprimer le ressentiment

La plupart des anciens philosophes ont jugé la vengeance légitime ; les Juifs étaient dans la même erreur, et Jésus-Christ voulait les détromper. Il leur dit : *Vous avez ouï dire qu'il est écrit : Vous aimerez votre prochain, ET VOUS HAÏREZ VOTRE ENNEMI.* Ces dernières paroles ne sont point dans la loi : c'était une fausse addition des docteurs de la Synagogue. De là les Juifs concluaient que, sous le nom de *prochain*, il ne fallait entendre que les hommes de leur nation, qu'il leur était très-permis de détester les étrangers, surtout les Samaritains. Le Sauveur, pour réformer leur idée, leur propose la parabole du Juif tombé entre les mains des voleurs, et secouru par un Samaritain (*Luc.* x, 30). Il décide qu'il faut imiter, à l'égard de tous les hommes sans exception, la bonté du Père céleste, qui fait du bien à tous (*Matth.* v, 45). — Jésus-Christ a souvent répété cette morale, parce qu'il voulait réunir tous les hommes dans une même société religieuse. Si ce projet ne venait pas du ciel, il serait le plus beau que l'on eût pu former sur la terre.

ÉNOCH. *Voy.* HÉNOCH.

ENSABATES, Vaudois hérétiques du XII° siècle. Ils furent ainsi appelés à cause d'une marque que les plus parfaits portaient sur leurs sandales, qu'ils appelaient *sabatas*. *Voy.* VAUDOIS.

*ENTENDEMENT DE JÉSUS-CHRIST. Jésus-Christ, ayant deux sortes de nature, a aussi deux espèces d'entendements, correspondants à ces deux natures : l'un est divin, et conséquemment infini ; l'autre est humain, et par conséquent fini. Mais, quoique finie, l'intelligence humaine du Christ a reçu, par suite de son union avec le Verbe, toute la science que comporte une intelligence humaine. Jésus a aussi joui de la vision intuitive pendant qu'il était sur la terre. *Voy.* SCIENCE DE JÉSUS-CHRIST; VISION BÉATIFIQUE DE JÉSUS-CHRIST.

ENTERREMENT. *Voy.* FUNÉRAILLES.

ENTHOUSIASME, inspiration divine. Les poëtes, dans l'accès de leur verve, se croyaient divinement inspirés ; il en était de même des devins ou prophètes du paganisme. Ce terme se prend en mauvaise part pour toute persuasion religieuse aveugle et mal fondée, ou pour le zèle de religion trop vif, qui vient de passion et d'ignorance. Les incrédules accusent d'*enthousiasme* tous ceux qui aiment la religion, comme s'ils n'avaient aucun motif raisonnable de l'aimer ; mais quand on voit la passion et la prévention qui dominent dans les écrits des incrédules, on se trouve très-bien fondé à leur attribuer la maladie qu'ils reprochent aux croyants. *Voy.* FANATISME.

ENTHOUSIASTES, sectaires qui furent aussi appelés *massaliens* et *euchites*. On leur avait donné ce nom, dit Théodoret, parce qu'étant agités du démon ils se croyaient inspirés. On nomme encore aujourd'hui *enthousiastes* les anabaptistes, les quakers ou trembleurs, qui se croient remplis de l'inspiration divine, et soutiennent que l'Ecriture sainte doit être expliquée par les lumières de cette inspiration.

ENTICHITES. On nomma ainsi, dans les premiers siècles, certains sectateurs de Simon le Magicien, qui célébraient des sacrifices abominables et que la pudeur défend de décrire

ENVIE, jalousie aveugle et malicieuse. Il n'est point de vice plus opposé à l'esprit du christianisme, qui ne prêche que la charité. Où règnent l'*envie* et la dissension, dit saint Jacques, là se trouvent la vie malheureuse et toutes sortes de crimes, c. III, v. 16. Saint Jean Chrysostome veut qu'un envieux soit banni de l'Eglise avec autant d'horreur qu'un fornicateur public (*Hom.* 41 *in Marc.*). Saint Cyprien a fait un Traité particulier contre ce vice, et le peint comme la source des plus grands maux de l'Eglise. C'est de là, selon lui, que viennent l'ambition, les brigues, la perfidie, la calomnie, les schismes, l'hérésie (*De Zelo et livore*). De tout temps, la jalousie contre le clergé a suscité des ennemis à la religion. *Voy.* JALOUSIE.

ÉNUMÉRATION. *Voy.* DÉNOMBREMENT.

ÉONIENS. Dans le XII° siècle, un certain Eon de l'Etoile, gentilhomme breton, abusant de la manière dont on prononçait ces paroles : *Per eum* (on prononçait *per éon*) *qui venturus est*, etc., prétendit qu'il était le Fils de Dieu, qui devait juger un jour les vivants et les morts. Ce qu'il y a de plus étonnant, c'est qu'il eut des sectateurs, que l'on appela *éoniens*, et qu'ils causèrent des troubles. Quelques uns se laissèrent brûler vifs plutôt que de renoncer à cette folie : tant il est vrai que tout homme qui se mêle de dogmatiser et d'ameuter le peuple est un personnage dangereux et punissable.

Au jugement de quelques ennemis de l'Église, cet événement prouve l'étonnante crédulité et l'ignorance stupide de la multitude durant ce siècle, et l'imbécillité des chefs qui gouvernaient alors l'Église, aussi bien que le peu de connaissance qu'ils avaient de la vraie religion. Dans la vérité, ce fait ne prouve ni l'un ni l'autre. 1° Pendant le XVI° et le XVII° siècle, qui n'étaient plus des temps d'ignorance, n'a-t-on pas vu des enthousiastes former les sectes des quakers, des anabaptistes, des anomiens, etc., qui n'étaient guère plus raisonnables que celle des *éoniens*? 2° *Eon de l'Etoile* et ses sectateurs pillaient les églises et les monastères, et trouvaient ainsi le moyen de vivre dans l'abondance ; il n'était pas besoin d'un autre appât pour gagner des prosélytes. Il fallait, dit-on, mettre *Eon de l'Etoile* entre les mains des médecins plutôt qu'au nombre des hérétiques, le faire traiter dans un hôpital plutôt que de le faire mourir dans une prison. Cela serait bon si cet insensé et ses adhérents s'étaient bornés à débiter des visions absurdes. Mais nos adversaires sont-ils en état de réfuter les auteurs contemporains, tels que Otton de Frisingue, Guillaume de Neubourg, etc., qui attestent que *Eon* et les *éoniens* étaient des brigands ?. Il est donc clair que l'on fit grâce à ce rêveur en ne le condamnant qu'à une prison perpétuelle, et que ceux de ses sectateurs qui furent suppliciés l'avaient mérité par leurs crimes. (*Histoire de l'Eglise gallicane*, t. IX, l. XXVI, an. 1148.)

ÉONS, ÉONES. *Voy.* VALENTINIENS.

ÉPHÈSE. Le concile général d'*Ephèse* fut tenu l'an 431. Nestorius et sa doctrine y furent condamnés, et le titre de *Mère de Dieu*, donné à la sainte Vierge, fut approuvé et confirmé. C'est le troisième concile œcuménique.

Comme les protestants ne peuvent souffrir le culte que l'Église rend à la sainte Vierge, et que le concile général d'*Ephèse* semble avoir authentiquement reconnu la juridiction du pontife de Rome sur toute l'Église, ils ont formé les reproches les plus graves contre ce concile et contre la conduite de saint Cyrille d'Alexandrie, qui y présida. Ils disent que saint Cyrille, jaloux des talents et de la réputation de Nestorius, patriarche de Constantinople, procéda contre lui par passion et avec précipitation ; qu'il refusa d'attendre l'arrivée de Jean d'Antioche et des évêques qui étaient à sa suite ; qu'il condamna Nestorius sans l'entendre et pour une pure question de mots ; que sa doctrine était pour le moins aussi condamnable que celle de son adversaire, etc. — Pour démontrer la fausseté de ces reproches, il suffit de rassembler quelques faits incontestables, tirés des actes mêmes du concile d'*Ephèse*, et dont on peut voir les preuves dans M. Fleury, *Histoire ecclés.*, liv. XXVII, n° 37 et suiv., où il fait une histoire très-détaillée de ce qui se passa dans cette assemblée.

1° Les lettres données par l'empereur, pour la convocation du concile, en fixaient l'ouverture au 7 juin de l'an 431, et la première session ne fut tenue que le 22. Jean d'Antioche pouvait, s'il l'avait voulu, arriver le 8 de ce mois, et il n'arriva que le 28, sept jours après la condamnation de Nestorius. Il avait envoyé deux évêques de sa suite, qui arrivèrent à *Ephèse* avant que le concile fût commencé, et qui déclarèrent à saint Cyrille, de sa part, que son intention n'était point que l'on différât l'ouverture du concile à cause de son absence. — Dans le fond, sa présence n'était point du tout nécessaire pour procéder juridiquement contre Nestorius ; il n'avait pas plus d'autorité à *Ephèse* que Juvénal, patriarche de Jérusalem, ni que saint Cyrille, patriarche d'Alexandrie ; ce dernier présidait au nom du pape saint Célestin. Jean d'Antioche, arrivé à *Ephèse*, ne voulut ni voir ni écouter les députés du concile, se fit environner par des soldats, tint chez lui un conciliabule dans lequel il prononça, avec quarante-trois évêques de son parti, l'absolution de Nestorius et la condamnation de saint Cyrille, pendant que plus de deux cents évêques avaient fait le contraire dans le concile, après un mûr examen ; les lettres qu'il écrivit à l'empereur, pour rendre compte de sa conduite, étaient remplies de faussetés et de calomnies. Il est donc évident que cet évêque était vendu à Nestorius, entiché de sa doctrine, et décidé d'avance à violer toutes les lois pour la faire adopter.

2° Il est faux que Nestorius ait été condamné sans connaissance de cause : il fut cité trois fois, et refusa de comparaître. Il se fit garder par des soldats, et ne voulut point voir les députés du concile. On lut exactement ses écrits, ceux de saint Cyrille, ceux du pape Célestin ; on les confronta avec ceux des Pères de l'Église. On écouta deux évêques, amis de Nestorius, qui auraient voulu pouvoir le justifier, mais qui avouèrent qu'il persistait dans ses erreurs. Les lettres artificieuses qu'il avait écrites au pape Célestin et à l'empereur démontraient sa mauvaise foi ; le pape le jugea condamnable. Lorsque les légats furent arrivés, ils souscrivirent à la condamnation de Nestorius et à tout ce qu'avait fait le concile ; le peuple même applaudit à l'anathème prononcé contre Nestorius, et il fut confirmé par le concile général de Chalcédoine, l'an 451. Jamais doctrine n'a été examinée avec plus de soin, ni condamnée avec une plus parfaite connaissance. — Il n'était pas question d'une simple dispute de mots, comme Nestorius affectait de le publier, mais de la substance même du mystère de l'incarnation. Nestorius ne voulait pas que l'on dît que le Fils de Dieu, ou le Verbe divin, né d'une vierge, a souffert, est mort, etc. Il disait : Jésus est mort, a souffert, et non le Verbe Il distinguait donc la personne de Jésus d'avec la personne du Verbe : c'est pour cela même qu'il ne voulait pas que l'on appelât Marie *Mère de Dieu*, mais *Mère du Christ*. Selon son système, il ne pouvait pas y avoir une union substantielle entre l'humanité de Jésus-Christ et la Divinité : d'où il résultait enfin que Jésus-Christ n'était pas *Dieu* dans la rigueur du terme. On peut se convaincre que telle était sa doctrine, en lisant les douze anathèmes qu'il avait dressés, et auxquels saint Cyrille en opposa douze contraires. *Voy.* Petau, *Dogm. Théol.*, t. IV, l. vi, c. 17.

3° Les partisans de Nestorius récriminaient vainement contre la doctrine de saint Cyrille, et l'accusaient lui-même d'erreur. Nous avons encore l'ouvrage que Théodoret écrivit contre les douze anathèmes de saint Cyrille : on voit que cet évêque, très-savant d'ailleurs, mais ami déclaré de Nestorius, donne un sens détourné aux expressions de saint Cyrille, pour y trouver des erreurs ; la passion perce de toutes parts dans cet ouvrage. Dans la suite, Théodoret le reconnut lui-même, se réconcilia avec saint Cyrille, avoua que son amitié pour Nestorius l'avait trompé ; Jean d'Antioche fit de même. Quel prétexte peut-on trouver encore pour renouveler les accusations contre l'orthodoxie de saint Cyrille, hautement reconnue par le concile général de Chalcédoine ?

On s'est récrié beaucoup sur les termes dans lesquels était conçue la sentence du concile ; elle portait en tête : *A Nestorius, nouveau Judas* : c'est une fausseté ; selon le témoignage d'Evagre, qui fait profession de la copier mot à mot, elle portait : *Comme le très-révérend Nestorius n'a pas voulu se rendre à notre invitation*, etc. (*Hist. ecclés.*, l. i, c. 4).

Enfin, malgré les amis puissants que Nestorius avait à la cour ; malgré les artifices dont on s'était servi pour prévenir l'empereur en sa faveur, ce prince reconnut la justice de sa condamnation, l'exila et le relégua dans un monastère. Une preuve que le concile d'*Ephèse* n'a pas eu tort de redouter les suites de l'hérésie de Nestorius, c'est qu'il y a persévéré jusqu'à la mort, malgré les souffrances d'un exil rigoureux, et malgré l'exemple de ses meilleurs amis, et que depuis treize cents ans sa secte subsiste encore dans l'Orient. *Voy.* NESTORIANISME.

ÉPHÉSIENS. On ne sait pas précisément en quelle année saint Paul écrivit sa lettre aux *Ephésiens* ; quelques-uns pensent que ce fut l'an 59, d'autres l'an 62 ou 63, lorsque l'Apôtre était à Rome dans les chaînes ; d'autres en renvoient la date à l'an 66, lorsque saint Paul fut de nouveau emprisonné à Rome, et peu de temps avant son martyre. Le premier sentiment paraît le mieux fondé. L'Apôtre s'attache à faire sentir aux *Ephésiens* l'étendue et le prix de la grâce de la rédemption opérée par Jésus-Christ, et de leur vocation à la foi ; il les exhorte à y correspondre par la pureté de leurs mœurs,

DICT. DE THÉOL. DOGMATIQUE. II.

et il entre dans le détail des devoirs particuliers des différents états de la vie.

Il est difficile d'approuver l'opinion du P. Hardouin, qui pense qu'alors les *Ephésiens* n'étaient que catéchumènes, et n'avaient pas encore reçu le baptême. Cette supposition ne paraît pas pouvoir s'accorder avec ce qui est dit des anciens de cette Eglise (*Act.* xx, 17) : *Veillez sur vous et sur le troupeau dont le Saint-Esprit vous a établis évêques ou surveillants, pour gouverner l'Eglise de Dieu*, etc. Il n'est pas probable que ces évêques aient demeuré si longtemps sans baptiser la plus grande partie de leur troupeau. Le père Hardouin reconnaît lui-même que saint Paul avait demeuré trois ans à *Ephèse* ; il avait donc eu assez de temps pour instruire ces nouveaux fidèles et les rendre capables de recevoir le baptême. Parmi les leçons que leur donne l'Apôtre, il n'y en a aucune qui nous oblige à penser qu'ils n'étaient encore que catéchumènes, et cette supposition ne paraît servir de rien pour l'intelligence de la lettre.

ÉPHOD, ornement sacerdotal, en usage chez les Juifs. Ce nom est dérivé de l'hébreu *aphad*, habiller. Celui du grand prêtre était une espèce de tunique ou de camail fort riche ; mais il y en avait de plus simples pour les ministres inférieurs.

Les commentateurs sont partagés sur la forme du premier. Voici ce qu'en dit Josèphe : « L'*éphod* était une espèce de tunique raccourcie, et il avait des manches ; il était tissu, teint de diverses couleurs et mélangé d'or ; il laissait sur l'estomac une ouverture de quatre doigts en carré, qui était couverte du rational. Deux sardoines enchâssées dans de l'or, et attachées sur les deux épaules, servaient comme d'agrafes pour fermer l'*éphod* ; les noms des douze fils de Jacob étaient gravés sur ces sardoines en lettres hébraïques ; savoir, sur celle de l'épaule droite, le nom des six plus âgés, et ceux des six puînés sur celle de l'épaule gauche. » Philon le compare à une cuirasse, et saint Jérôme dit que c'était une espèce de tunique semblable aux habits appelés *caracalle* ; d'autres prétendent qu'il n'avait point de manches, et que par derrière il descendait jusqu'aux talons. — L'*éphod* commun à tous ceux qui servaient au temple était seulement de lin ; il en est fait mention au premier livre des *Rois*, c. ii, v. 18. Celui du grand prêtre était fait d'or, d'hyacinthe, de pourpre, de cramoisi et de fin lin retors ; le pontife ne pouvait faire aucune des fonctions attachées à sa dignité sans être revêtu de cet ornement. Il est dit (*II Reg.* vi, 14) que David marchait devant l'arche revêtu d'un *éphod* de lin ; d'où quelques auteurs ont conclu que l'*éphod* était aussi un habillement des rois dans les cérémonies solennelles.

On voit dans le livre des *Juges*, c. viii, v. 26, 27, que Gédéon, des dépouilles des Madianites, fit faire un *éphod* magnifique, et le déposa à Ephra, lieu de sa résidence ; que les Israélites en abusèrent dans la suite, et là firent servir d'ornement aux prêtres des idoles ; que ce fut là la cause de la ruine de Gédéon et de toute sa maison. Sur ce fait, les uns pensent que Gédéon l'avait fait faire pour être toujours en état de consulter Dieu par l'organe du grand prêtre, ce qui n'était pas défendu par la loi ; d'autres prétendent que c'était seulement un habit de distinction, duquel Gédéon, juge et premier magistrat de la nation, voulait se servir dans les assemblées et dans les fonctions de sa charge, mais duquel ses descendants firent un mauvais usage. Les païens pouvaient aussi avoir des habits semblables ; il paraît, par Isaïe, que l'on revêtait les faux dieux d'un *éphod*, peut-être lorsqu'on voulait en obtenir des oracles.

Il y a, dans le premier livre des *Rois*, c. xxx, v. 7, un passage qui a exercé les commentateurs. Il est dit que David, voulant consulter le Seigneur pour savoir s'il devait poursuivre les Amalécites, dit au grand prêtre Abiathar, *Appliquez-moi l'éphod*, ce qui fut fait. On demande si David se revêtit lui-même de cet ornement pour interroger le Seigneur. Cela n'est pas probable, puisqu'il n'était permis qu'au grand prêtre de porter cet habit, qui était la marque de sa dignité. Ce passage signifie donc seulement, ou que David demanda au grand prêtre un *éphod* de lin ordinaire, afin d'être en habit décent pour consulter le Seigneur, ou qu'il pria ce pontife revêtu de son *éphod*, de s'approcher de lui, afin qu'il pût distinguer plus aisément la réponse de l'oracle.

EPHREM (saint), diacre d'Edesse en Mésopotamie, né d'une famille de martyrs, a été célèbre au iv° siècle, et très-estimé de saint Basile et de saint Grégoire de Nysse ; il a beaucoup écrit. Comme il n'avait pas l'usage du grec, quoiqu'il l'entendît aussi bien que l'hébreu, ses ouvrages sont en syriaque, mais une partie a été traduite en grec. L'édition la plus complète est celle qui a paru à Rome en 1732, et 1743, par les soins du cardinal Quérini et du savant Joseph Assémani, en 6 vol. *in-fol*. Elle renferme le texte syriaque et une traduction latine. — Les protestants mêmes ont donné les plus grands éloges à saint *Ephrem* et à ses ouvrages ; quelques-uns ont prétendu y trouver leurs sentiments touchant la grâce et l'eucharistie ; mais ils ont évidemment fait violence à ses paroles, et en ont tiré des conséquences forcées : le texte original réclame contre leurs interprétations.

EPIPHANE (saint), évêque de Salamine, dans l'île de Cypre, est un des Pères du iv° siècle. Le P. Petau a donné, en 1622, une édition de ses ouvrages en grec et en latin, en 2 vol. *in-fol*. Depuis ce temps-là, on a trouvé, dans les manuscrits de la bibliothèque du Vatican, le *Commentaire de saint Épiphane sur le Cantique*, et il a été imprimé à Rome en 1750. Ce Père avait appris l'hébreu, l'égyptien, le syriaque, le grec et le latin ; il avait beaucoup d'érudition, mais son style n'est pas élégant. Le détail qu'il a fait des hérésies dans son *Panarium*, démontre que la doctrine chrétienne s'est établie au milieu des combats, et qu'il n'a pas été possible de l'altérer sans que l'on s'en soit aperçu. — Les critiques protestants, surtout Beausobre et Mosheim, ont dit beaucoup de mal de cet ouvrage : suivant leur avis, il est rempli de négligences et d'erreurs, et l'on trouve presque à chaque page des preuves de la légèreté et de l'ignorance de son auteur. Mais ces censeurs téméraires prennent pour des erreurs les dogmes contraires à leurs opinions, et pour des traits d'ignorance, les faits qu'il leur plaît de nier ou de révoquer en doute. Les anciens, plus voisins que nous de l'origine des choses, ont rendu justice à l'érudition et aux connaissances très-étendues de saint *Epiphane* : une critique uniquement fondée sur l'intérêt de secte et de système, n'est pas capable de ternir une réputation de treize à quatorze cents ans. Dom Gervaise a écrit la vie et a fait l'apologie de ce savant Père de l'Église, en 1738, *in-4°*.

EPIPHANIE, fête de l'Eglise, dont le nom signifie *apparition*, parce que c'est le jour auquel Jésus-Christ a commencé de se faire connaître aux gentils ; les Grecs la nomment *Théophanie*, apparition de Dieu, pour la même raison ; on l'appelle encore *la fête des Rois*, à cause de la prévention dans laquelle on est que les mages qui ont adoré Jésus-Christ étaient rois. *Voy*. MAGES.

Dans les premiers siècles de l'Eglise, la fête de Noël et celle de l'*Epiphanie* se célébraient le même jour, savoir, le 6 de janvier, surtout dans l'Orient ; mais au commencement du v° siècle, l'Eglise d'Alexandrie sépara ces deux fêtes, et fixa celle de Noël au 25 de décembre. Dans le même temps, les Eglises de Syrie suivirent l'exemple des occidentaux, qui paraissent les avoir distinguées de tout temps. *Voy*. Bingham, liv. xx, chap. 4, § 2, tom. 9, p. 67.

Nous ne pouvons pas approuver les conjectures que Beausobre a faites sur les raisons qui déterminèrent l'Eglise chrétienne à solenniser la naissance du Sauveur le même jour que son baptême et son adoration par les mages. A la vérité, les ébionites disaient que Jésus-Christ était devenu Fils de Dieu par son baptême ; qu'ainsi il était né ce jour-là en qualité de Christ et de Fils de Dieu ; mais c'était une erreur que l'Eglise a toujours condamnée ; elle aurait paru l'autoriser en quelque manière, en réunissant la fête de sa naissance à celle de son baptême (*Hist. du Manich.*, t. II, p. 692).

Autrefois l'*Epiphanie* ne se célébrait qu'après une veille et un jeûne rigoureux ; on y a substitué, très-mal à propos, des réjouissances fort opposées à l'abstinence et à la mortification.

La conformité que l'on a trouvée entre la fête du *roi boit* et les saturnales a fait penser à quelques auteurs que la première est une imitation de la seconde. Les saturnales, disent-ils, commençaient en décembre, et duraient pendant les premiers jours de janvier, dans lesquels tombe la fête des rois. Les pères de famille, à l'entrée des saturnales, envoyaient des gâteaux et des fruits à leurs amis, et mangeaient avec eux ; l'usage des gâteaux subsiste encore. Dans ces repas on élisait un roi de la fête par le sort des dés : chez nous, on élit encore un *roi de la fève*. Le plaisir des anciens consistait, selon Lucien, à boire, à s'enivrer, à crier : c'est encore à peu près de même. Conséquemment Jean Deslions de Senlis, âgé de quatre-vingt-cinq ans, a fait, au commencement de ce siècle, un livre intitulé : *Discours ecclésiastique contre le paganisme du roi boit*.— Cependant toutes ces applications générales ne prouvent rien ; les hommes n'ont pas besoin de se copier les uns les autres pour faire des folies et pour inventer des amusements. Il est beaucoup plus probable que le souper de la veille des rois est une suite du jeûne que les chrétiens célébrèrent d'abord avec beaucoup de respect et de religion, mais qui dans la suite dégénéra en abus, que plusieurs conciles ont cru devoir réprimer par des lois.

EPISCOPAT. *Voy.* ÉVÊQUE.

EPISCOPAUX. *Voy.* ANGLICAN.

EPISTOLIER, livre d'église qui renferme toutes les épîtres que l'on doit dire à la messe pendant le cours de l'année, selon l'ordre du calendrier ; il est nommé par les Grecs *Apostolos*.

EPITRE, partie de la messe récitée par le prêtre ou chantée par le sous-diacre avant l'Evangile, et qui est tirée de l'Ecriture sainte. Cette leçon est quelquefois prise dans un des livres de l'Ancien Testament, mais plus souvent dans les *Epîtres* de saint Paul, ou des autres apôtres ; c'est ce qui lui a donné son nom.— Pour trouver l'origine de ces lectures, qui se font dans la liturgie chrétienne, il n'est pas nécessaire de remonter à l'usage de la synagogue. Les apôtres, sans doute, n'ont pas eu besoin de cet exemple pour exhorter les fidèles à lire les livres saints dans leurs assemblées. Saint Justin nous atteste que la célébration de l'eucharistie était toujours précédée par cette lecture ; mais il ajoute que le président de l'assemblée, ou l'évêque, y ajoutait une exhortation, par conséquent une explication de ce qui pouvait être difficile à entendre (*Apol.*, n. 67). On ne supposait donc pas que tout chrétien pouvait expliquer l'Ecriture sainte par lui-même, et y puiser sa croyance, sans avoir besoin d'aucun guide, comme le prétendent les protestants.— Pour faire ces lectures, on établit l'ordre des *lecteurs*, et l'on choisissait sans doute ceux dont l'organe était le plus propre à se faire entendre de toute l'assemblée. Quoique ce soit aujourd'hui le sous-diacre qui chante l'*Epître*, la fonction des *lecteurs* n'a pas absolument cessé. Ils sont encore destinés à chanter les leçons des matines, et les prophéties qui se lisent quelquefois à la messe avant l'*Epître*.

Bingham (*Orig. ecclés.*, l. XIV, c. 3, § 2 et 17) fait à ce sujet deux remarques dignes d'attention. 1° Il dit que dans toutes les Eglises l'usage était de lire à la messe une leçon tirée de l'Ancien Testament, et une autre tirée du Nouveau ; que l'Eglise romaine seule omettait ordinairement la première. Mais il faut se souvenir que dans l'Eglise romaine, comme partout ailleurs, les livres de l'Ancien Testament ont été lus constamment dans l'office de la nuit, et que cet usage dure encore. Il n'est donc pas étonnant que l'on ait spécialement réservé les *Epîtres* de saint Paul et les autres pour la messe. Une preuve que cet usage était général, c'est que l'on disait indifféremment l'*épître* et l'*apôtre*. — 2° Que l'*Epître* était lue en langue vulgaire, et que c'est pour cela que l'Ecriture sainte fut d'abord traduite dans toutes les langues. En premier lieu, ce fait, toujours supposé par les protestants, n'est pas prouvé : on ignore la date précise de la plupart des traductions de l'Ecriture sainte, il est certain que plusieurs Eglises, fondées par les apôtres, ont subsisté assez longtemps sans avoir une version de l'Ecriture en langue vulgaire, et il y a plusieurs langues dans lesquelles l'Ecriture n'a jamais été traduite. En second lieu, lorsque le grec, le syriaque, le cophte, ont cessé d'être langues vulgaires, les Eglises qui avaient coutume de s'en servir n'ont pas pour cela changé la lecture de l'Ecriture sainte dans l'office divin : elles ont continué de la lire dans l'ancienne langue, qui n'était plus entendue du peuple, tout comme l'Eglise romaine a continué de les lire en latin, quoique cette langue ait cessé d'être vulgaire. *Voy* LANGUE, LEÇON.

EPITRES DE SAINT PAUL. On compte quatorze lettres ou *Epîtres de saint Paul*, une aux Romains, deux aux Corinthiens, une aux Galates, une aux Ephésiens, une aux Philippiens, une aux Colossiens, deux aux Thessaloniciens, deux à Timothée, une à Tite, une à Philémon et une aux Hébreux ; nous parlerons de chacune sous son titre particulier. — Par la lecture de ces lettres, on voit qu'elles ont été écrites à l'occasion de quelque événement, de quelque question qu'il fallait éclaircir, de quelque abus que l'Apôtre voulait corriger, de quelques devoirs particuliers qu'il voulait détailler ; que son dessein n'a été dans aucune de donner aux fidèles un symbole ou une explication de tous les dogmes de la foi chrétienne ni de tous les devoirs de la morale ; qu'en écrivant à une Eglise, il n'a jamais ordonné que sa lettre fût communiquée à toutes les autres. Il y a donc de l'entêtement, de la part des protestants, de penser que quand saint Paul a enseigné de vive voix, il n'a jamais donné aux fidèles aucune autre instruction que celles qui étaient renfermées dans quelqu'une de ses lettres ; que toute vérité qui n'est pas écrite ne peut pas faire partie de la doctrine chrétienne.

Les incrédules anciens et modernes ont fait plusieurs reproches contre la manière d'enseigner de cet apôtre, contre certaines vérités qui semblent se contredire, contre les réprimandes sévères qu'il fait à quelques Églises; nous y répondrons au mot saint PAUL.

Quelques anciens ont cru que saint Paul avait écrit aux fidèles de Laodicée, et que cette lettre était perdue; mais cette opinion n'était fondée que sur un mot équivoque de la lettre aux Colossiens, c. IV, 16; saint Paul leur dit : *Lorsque vous aurez lu cette lettre, ayez soin de la faire lire à l'Église de Laodicée, et de lire vous-mêmes celle des Laodicéens*. Le grec porte, *celle qui est de Laodicée*; ce pouvait donc être une lettre des Laodicéens à saint Paul, et non au contraire. Tillemont, note 69 sur saint Paul. — Les Actes de sainte Thècle, les prétendues lettres de saint Paul à Sénèque, un Évangile et une Apocalypse, qui lui ont été attribués, sont des pièces fausses, et les trois dernières n'ont pas été connues avant le v° siècle. — Nous parlerons des *Épîtres* des autres apôtres sous leur nom particulier.

ÉPREUVE, c'est ce que l'Écriture sainte nomme *tentation*. Il est dit, dans plusieurs endroits, que Dieu met à l'*épreuve* la foi, la constance, l'obéissance des hommes; qu'il mit Abraham à l'*épreuve*, etc. Dieu n'a pas besoin de nous éprouver, il sait d'avance ce que nous ferons dans toutes les circonstances où il lui plaira de nous placer; mais nous avons besoin d'être éprouvés, pour savoir ce dont nous sommes capables avec la grâce, et combien nous sommes faibles par nous-mêmes. Si Dieu n'avait pas mis à de fortes *épreuves* Abraham, Joseph, Job, Tobie, etc., le monde aurait été privé des grands exemples de vertu qu'ils ont donnés, et ils n'auraient pas mérité la récompense qu'ils ont reçue. — Ce qui est à notre égard une *épreuve*, un moyen d'acquérir de nouvelles connaissances expérimentales, n'en est pas un à l'égard de Dieu; mais en parlant de cette majesté souveraine, nous sommes forcés de nous servir des mêmes expressions que quand nous parlons des hommes. *Voy.* TENTATION.

ÉPREUVES SUPERSTITIEUSES, nommées *ordalies* ou *ordéals*, et *jugement de Dieu*. Cet article appartient à l'histoire moderne : mais un théologien doit savoir ce que l'Église a toujours pensé de cet abus, introduit dans presque toute l'Europe par des barbares du Nord, et auquel la religion se trouva mêlée fort mal à propos.

Pour acquérir en justice la vérité d'un fait ou d'un droit douteux, on employa des *épreuves* de plusieurs espèces. 1° Le combat. Lorsqu'un homme était accusé d'un crime, et que les preuves pour ou contre n'étaient pas suffisantes, il était ordonné, par les lois des barbares, que l'accusateur et l'accusé décideraient la question par un duel. Ces peuples féroces s'étaient persuadés que la force et le courage faisaient preuve de toutes les vertus; que la lâcheté et la faiblesse étaient un effet du vice; que Dieu ne pouvait manquer de faire triompher l'innocence et de confondre l'imposture, comme si Dieu s'était obligé à faire intervenir sa puissance pour terminer toutes les contestations excitées par les passions des hommes. L'aveuglement fut poussé jusqu'à décider, par cette voie, des questions de jurisprudence et des droits litigieux. Lorsque les parties étaient incapables de se battre, comme les femmes, les malades, les ecclésiastiques, les vieillards, ils substituaient à leur place des champions, toujours prêts à soutenir toute espèce de cause par les armes. — 2° Les *épreuves* du feu. Un accusateur ou un accusé, pour prouver ce qu'il avançait, était condamné ou s'obligeait volontairement à marcher pieds nus sur un brasier ardent, entre deux bûchers allumés, ou sur plusieurs socs de charrue rougis au feu, ou à les relever de terre et à les tenir entre ses mains pendant quelques moments. Si nous en croyons l'histoire, plusieurs princesses accusées d'adultère furent réduites à se justifier ainsi, et y réussirent par le secours de Dieu. Un des exemples les plus célèbres que l'on cite en ce genre, est celui de *Pierre igné*, ou *Pierre du feu*, religieux de Valombreuse, de la famille des Aldobrandins. En 1063, suivant les relations, cet homme, revêtu des habits sacerdotaux, passa sain et sauf sur un brasier ardent, au milieu de deux bûchers allumés, et y retourna chercher son manipule qu'il avait laissé tomber. Il avait été député par les moines de son couvent pour prouver, par cette *épreuve*, que Pierre de Pavie, archevêque de Florence, était coupable de simonie ou d'hérésie. Ce fait est attesté, dit-on, par la lettre que le clergé et le peuple de Florence, témoins oculaires, en écrivirent au pape Alexandre II. Cependant il paraît que le pape n'y eut point d'égard, puisque l'archevêque conserva sa dignité. Lorsqu'il fallut décider en Espagne si l'on y conserverait la liturgie mozarabique, ou si l'on suivrait le rite romain, on résolut d'abord de terminer cette difficulté par un combat; ensuite on jugea qu'il était plus convenable de jeter au feu les deux liturgies, et de retenir celle que le feu ne consumerait pas ; ce prodige fut opéré, dit-on, en faveur de la liturgie mozarabique. — 3° Les *épreuves* de l'eau. On obligeait un accusé de plonger dans l'eau bouillante sa main jusqu'au poignet et quelquefois jusqu'au coude, et d'en tirer un anneau qui était au fond de la cuve. On lui enveloppait ensuite la main dans un sachet cacheté, et si au bout de trois jours elle n'avait aucune marque de brûlure, il était censé innocent. — L'*épreuve* de l'eau froide était principalement destinée à découvrir si une personne accusée de sorcellerie, de magie, ou de maléfice, en était réellement coupable. Après l'avoir dépouillée de ses habits, on lui attachait la main droite au pied gauche, et la main gauche au pied droit; dans cette posture on la jetait à l'eau : si elle enfonçait, elle était absoute ; si elle surnageait, elle était déclarée sorcière et punie de mort. Mais les naturalistes ont observé que les femmes attaquées de passions hystériques, et les personnes vaporeuses, n'enfoncent pas dans l'eau; d'où l'on conclut que la plupart de celles qui ont été réputées sorcières, étaient seulement sujettes aux vapeurs, maladie de laquelle on ne connaissait autrefois ni les symptômes, ni les effets. *Voy.* les *Mémoires de l'Académie des Inscriptions*, tom. LXIX, in-12, p. 57. — 4° Celles de la croix. On obligeait deux contendants ou à soutenir pendant longtemps sur leurs bras une croix fort pesante, ou à demeurer les bras étendus devant une croix; celui qui y tenait le plus longtemps remportait la victoire. — 5° Le pain conjuré. C'était un pain de farine d'orge, bénit, ou plutôt maudit par les imprécations d'un prêtre. Les Anglo-Saxons le faisaient manger à un criminel non convaincu, persuadés que, s'il était innocent, ce pain ne lui ferait point de mal; que, s'il était coupable, il ne pourrait l'avaler, ou que, s'il l'avalait, il étoufferait. Le prêtre qui faisait cette cérémonie demandait à Dieu, par une prière faite exprès, que les mâchoires du criminel restassent raides, que son gosier se rétrécît, qu'il ne pût avaler et qu'il rejetât le pain de sa bouche; c'était une profanation des prières de l'Eglise. Les prières ne sont instituées ni pour opérer des miracles, ni pour faire du mal à personne. La seule chose qu'il y eût de réel, c'est que, de toutes les espèces de pain, celui d'orge moulu un peu plus gros, est le plus difficile à avaler. Cette *épreuve* ressemblait en quelque chose à l'eau de jalousie; mais les Anglo-Saxons n'avaient aucune connaissance de cette eau, lorsqu'ils établirent l'*épreuve* du pain conjuré. Un incrédule de nos jours a écrit, sans aucun fondement, que l'usage de ce peuple était une imitation de la loi juive. *Voy.* JALOUSIE. — 6° L'*épreuve* par l'eucharistie se faisait en recevant la communion. Ainsi Lothaire, roi de Provence et de Lorraine, jura, en recevant la communion de la main du pape Adrien II, qu'il avait renvoyé Voldrade sa concubine, ce qui était faux. Comme Lothaire mourut un mois après, en 868, sa mort fut attribuée à ce parjure sacrilège. Cette *épreuve* fut défendue par le pape Alexandre II. — Toutes les autres, dont nous avons parlé, étaient accompagnées de cérémonies religieuses; on s'y préparait par le jeûne, par la prière, par la réception des sacrements. On bénissait les armes, le feu, l'eau, le fer, destinés à faire l'*épreuve*. Ce privilége était réservé à certaines églises, à quelques monastères, et on leur payait un droit pour cette cérémonie. *Histoire de l'Eglise gal.*, t. IV, *Disc. prélim.*

Ces usages absurdes sont plus anciens que les mœurs des barbares; il est fait mention de l'*épreuve* du fer chaud dans l'*Electre* de Sophocle, et les autres sont encore pratiquées chez les nègres. Il n'a donc pas été besoin qu'un peuple les empruntât d'un autre; les nations ignorantes et grossières se ressemblent partout, et sont sujettes aux mêmes folies. Jamais l'Eglise n'a autorisé ni approuvé ces superstitions; mais elle a été souvent forcée de les tolérer, parce qu'elles étaient ordonnées par les lois des barbares; les préjugés de ces peuples ont été plus forts que les défenses et les censures, puisque plusieurs se sont perpétués jusqu'à nous. — Dès le commencement du IX° siècle, Agobard, archevêque de Lyon, écrivit avec force contre la *damnable* opinion de ceux qui prétendent que Dieu fait connaître sa volonté et son jugement par les *épreuves* de l'eau, du feu et autres semblables. Il se récrie contre le nom de *jugement de Dieu* que l'on osait donner à ces pratiques, comme si Dieu les avait ordonnées, comme s'il devait se soumettre à nos préjugés et à nos sentiments particuliers, pour nous révéler tout ce que nous désirons de savoir. — Dans le XI° siècle, Yves de Chartres a parlé de même, et cite à ce sujet une lettre du pape Etienne V à Lambert, évêque de Mayence, qui est aussi rapportée dans le décret de Graffen. Les papes Célestin III, Innocent III, Honorius III, réitérèrent la défense d'user de ces *épreuves*. Quatre conciles provinciaux, assemblés en 829 par Louis le Débonnaire, et le quatrième concile général de Latran, les défendirent encore. Les théologiens scolastiques ont enseigné, après saint Thomas, que ces *épreuves* étaient injurieuses à Dieu et favorables au mensonge, parce que l'on y tentait Dieu, parce qu'il ne les a point ordonnées, parce qu'on voulait connaître par là des choses cachées qu'il appartient à Dieu seul de connaître. — Si, malgré des raisons aussi solides et des lois aussi formelles, on n'a pas laissé d'y recourir encore pendant longtemps, surtout dans les pays du Nord, c'est que l'opiniâtreté des ignorants est souvent plus forte que toutes les lois; par conséquent l'on a tort d'attribuer les abus à la négligence ou à l'intérêt des pasteurs de l'Eglise.

C'est une question de savoir s'il y a eu quelquefois du surnaturel dans le succès des *épreuves superstitieuses*, et si l'on doit ajouter foi à ce que les historiens des bas siècles en ont écrit. Il y a sur ce sujet une bonne dissertation dans les *Mémoires de l'Académie des Inscriptions*, tome XXIV, in-12, pag. 1; nous en extrairons quelques réflexions. — Il est d'abord évident qu'il n'y avait rien de surnaturel dans le succès des duels, ni dans celui des *épreuves* de la croix; qu'un homme soit plus fort et plus robuste qu'un autre, et soit vainqueur dans un combat, ce n'est pas un miracle. Mais rien n'empêche de croire que Dieu peut en avoir fait un en faveur des personnes vertueuses qui ne s'offraient point d'elles-mêmes aux *épreuves*, et qui étaient forcées de les subir par la loi et par l'injustice des accusateurs. Dieu a pu faire éclater leur innocence par un événement surnaturel, sans autoriser par là le préjugé dominant, ni la témérité de ceux qui exigeaient ces *épreuves*. Au reste, ce cas est assez rare, puisque l'on n'en trouve que deux ou trois exemples dans l'histoire.

Quant aux autres faits, plusieurs raisons nous autorisent à y donner très-peu de croyance. 1° Ces faits ne sont point rapportés par des témoins oculaires, mais sur des ouï-dire et des bruits populaires. Celui de Pierre *igné*, qui semble le mieux attesté, a été imité l'an 1103 par Luitprand, prêtre de Milan, qui accusa de simonie Grosulan, son archevêque, et qui eut le même succès. Il est impossible que deux faits aussi semblables dans toutes les circonstances soient tous deux vrais. Le pape n'eut pas plus d'égard à l'un qu'à l'autre; il y vit sans doute de l'exagération ou de l'imposture. Ce ne sont pas là les deux seuls cas où l'on a vu un peuple révolté contre son pasteur, forger des faits, des circonstances et des prétendus prodiges pour le perdre. Les papes et les conciles n'en ont pas moins proscrit les *épreuves* comme des pratiques pernicieuses, inventées par l'ignorance et souvent mises en usage par la fourberie et la malice. — 2° Plusieurs criminels justifiés et mis à couvert du châtiment par les *épreuves* ont ensuite avoué leur turpitude et l'indigne victoire qu'ils avaient remportée sur l'innocence, et par suite de l'aveuglement général, on ne se croyait plus en droit de les punir, ni même de leur reprocher le crime, parce qu'ils avaient satisfait à la loi. S'il y avait eu du surnaturel dans leur succès, on ne pourrait l'attribuer qu'au démon. Mais est-il croyable que Dieu ait permis à l'ennemi du salut d'exercer son pouvoir pour autoriser une superstition, souvent accompagnée de profanation et de sacrilège? On a déjà eu de la peine à concevoir que Dieu l'ait permis chez les païens, pour les punir de leur aveuglement; c'est pousser trop loin la crédulité, que de supposer que la même chose s'est faite au milieu du christianisme, pour aveugler des hommes qui avaient renoncé, par le baptême, au démon et à son culte. — On a donc eu raison de soutenir, dans tous les temps, que les *épreuves superstitieuses* étaient un crime. C'était tenter Dieu, mettre l'innocence en danger, donner lieu à l'imposture de triompher, et profaner les cérémonies religieuses dont ces absurdités étaient accompagnées.

L'incrédule dont nous avons déjà parlé n'a pas montré beaucoup de justesse d'esprit, lorsqu'il a comparé les *épreuves superstitieuses* aux miracles de la verge d'Aaron, qui fleurit dans le tabernacle, et aux punitions surnaturelles que Dieu a tirées de quelques rebelles, dans l'Ancien Testament; il n'y a aucune ressemblance entre ce qui s'est fait par l'ordre exprès de Dieu, et ce qui a été imaginé par le caprice des hommes. Il n'y en a pas davantage entre ces mêmes *épreuves* et les élections par le sort; celles-ci n'ont rien de répréhensible, puisque les apôtres mêmes y ont eu recours pour agréger saint Mathias au collège apostolique. S'il y a eu dans la suite de bonnes raisons pour ne plus en user de même, cela ne prouve rien contre l'innocence de cette pratique. *Voy.* SORT.

ÉQUIVOQUE, terme à double sens. Il n'est plus nécessaire de mettre en question si une *équivoque* de laquelle on se sert de propos délibéré, pour tromper celui à qui l'on parle, est un mensonge: aucun théologien n'est plus tenté d'en disconvenir. Cette manière d'en imposer au prochain ne peut pas s'accorder avec la sincérité, la candeur, la simplicité dans le discours, que Jésus-Christ nous commande; les vaines subtilités auxquelles on a quelquefois recours pour en excuser l'usage, ne prouvent rien.

Vainement quelques incrédules ont voulu soutenir que Jésus-Christ lui-même a usé quelquefois d'*équivoques* avec ses ennemis, et avec ceux dont il ne voulait pas satisfaire la curiosité; ils n'en ont cité aucun exemple démonstratif. Lorsqu'il dit aux Juifs (*Joan.* II, 19): *Détruisez ce temple, et je le rétablirai dans trois jours*, il parlait de son propre corps, et l'évangéliste nous le fait remarquer; il est donc à présumer qu'il le montrait par un geste qui ôtait l'*équivoque*, et ce fut malicieusement que les Juifs l'accusèrent d'avoir parlé du temple de Jérusalem. Lorsque ses parents l'exhortèrent à se montrer à la fête des Tabernacles, il leur répondit (*Joan.* VII, 8): *Allez vous-mêmes à cette fête, pour moi, je n'y vais point, parce que mon temps n'est pas encore arrivé*. Il ne leur dit pas, *je n'irai point; mais je n'y vais point encore*, parce que le moment auquel je veux y aller n'est pas encore venu. Il n'y avait point là d'*équivoque*. Les autres passages cités par les incrédules ne font pas plus de difficulté. — Mais nous soutenons, contre les protestants, que le Sauveur aurait usé d'une *équivoque* trompeuse, et qu'il aurait tendu un piège d'erreur à tous ses disciples, si, lorsqu'il leur dit: « Prenez et mangez, *ceci est mon corps*, etc., » il avait seulement voulu dire, ceci est la figure de mon corps. Nous convenons que, même avec la plus grande attention, il est impossible d'éviter toute espèce d'*équivoque* dans le discours, qu'aucun langage humain ne peut être assez clair pour ne donner lieu à aucune méprise; mais ici rien n'était plus aisé que de prévenir toute erreur et de parler très-clairement. D'où nous concluons que Jésus-Christ a voulu que ses paroles fussent prises à la lettre, et non dans un sens figuré. *Voy.* EUCHARISTIE. — Par cet exemple, et par une infinité d'autres, il est évident qu'il n'est aucune science dans laquelle les *équivoques* soient plus dangereuses et entraînent de plus funestes conséquences que dans la théologie. Les hérétiques et les incrédules n'ont presque jamais argumenté que sur des expressions et des termes susceptibles d'un double sens. Tous ceux qui ont nié la divinité de Jésus-Christ, se sont fondés sur ce que le mot *Dieu* est équivoque dans l'Écriture sainte, et ne signifie pas toujours l'Être suprême. Les ariens disputaient sur le double sens du mot *consubstantiel*; les hérésies de Nestorius et d'Eutychès n'ont été bâties que sur les divers sens des termes *nature, personnes, substance, hypostase*; les pélagiens jouaient sur le mot de *grâce*. Combien de sophismes les protestants n'ont-ils pas faits sur les mots *foi, mérite, sacrement, justice, justification*, etc.? Ils ne les ont jamais pris dans le même sens que les théologiens catholiques, et la plupart des reproches qu'ils font à l'Eglise romaine ne sont dans le fond que des difficultés de grammaire. — De là même nous concluons que si Jésus-Christ n'avait pas donné aux pasteurs de l'Eglise, chargés d'enseigner, l'autorité de fixer le sens du langage théologique, il aurait très-mal pourvu à l'intégrité et à la perpétuité de sa doctrine.

ÉRASTIENS, secte qui s'éleva en Angleterre, pendant les guerres civiles, en 1647; on l'appelait ainsi du nom de son chef Erastus. C'était un parti de séditieux, qui soutenaient que l'Eglise n'a point d'autorité quant à la discipline, qu'elle n'a aucun pouvoir de faire des lois ni des décrets, encore moins d'infliger des peines, de porter des censures et d'en absoudre, d'excommunier, etc.

ÉRIENS. *Voy*. AÉRIENS.

ERMITE, solitaire. Au mot ANACHORÈTE, nous avons fait l'apologie de la vie solitaire ou érémitique contre la folle censure des philosophes incrédules; nous avons fait voir que ce genre de vie n'est ni un effet de misanthropie, ni une violation des devoirs de société et d'humanité, ni un exemple inutile au monde, et nous avons réfuté les traits de satire lancés par les protestants contre les *ermites*. Aussi ces censeurs téméraires n'ont pu se satisfaire eux-mêmes, en recherchant les causes qui ont donné la naissance à la vie solitaire. Mosheim, après avoir donné carrière à ses conjectures sur ce point, a imaginé que saint Paul, premier *ermite*, put en puiser le goût dans les principes de la théologie mystique, qui apprenait aux hommes que, pour unir l'âme à Dieu, il faut l'éloigner de toute idée des choses sensibles et corporelles (*Hist. Christ.*, sæc. III, § 29). Il nous paraît plus naturel de penser que ce saint solitaire avait contracté ce goût dans l'Evangile, dans l'exemple de Jésus-Christ, qui se retirait dans des lieux déserts pour prier, qui y passait les nuits entières, et qui y demeura quarante jours avant de commencer à prêcher l'Evangile. Ce divin Sauveur a fait l'éloge de la vie solitaire et mortifiée de saint Jean-Baptiste, et saint Paul a loué celle des prophètes. En effet, nous voyons que Dieu retint pendant quarante jours Moïse sur le mont Sinaï, et qu'Elie passa une partie de sa vie dans les déserts. Voilà donc un des principes de la théologie mystique consacré dans l'Ecriture sainte.

Mais la vie érémitique n'a jamais produit des effets plus salutaires que dans le temps des malheurs de l'Europe, et après les ravages faits par les barbares. Lorsque les habitants de cette partie du monde furent partagés en deux classes, l'une de militaires oppresseurs et qui se faisaient honneur du brigandage, l'autre de serfs opprimés et misérables, plusieurs des premiers, honteux et repentants de leurs crimes, convaincus qu'ils ne pourraient pas y renoncer tant qu'ils vivraient parmi leurs semblables, se retirèrent dans des lieux écartés pour y faire pénitence, et pour s'éloigner de toutes les occasions de désordre. Leur courage inspira du respect; malgré la férocité des mœurs, on admira leur vertu. On alla chercher auprès d'eux de la consolation dans les peines, leur demander de sages conseils, implorer le secours de leurs prières. Nos vieux historiens, même nos romanciers, parlent des *ermites* avec vénération; l'on comprenait que si leur piété n'avait pas été sincère, ils n'auraient pas persévéré longtemps dans le genre de vie qu'ils avaient embrassé. — Quelques-uns peut-être l'ont choisi par amour de l'indépendance, d'autres, pour cacher leur libertinage sous le voile de la piété : mais ces abus n'ont jamais été communs; et c'est très-mal à propos que les incrédules en accusent les solitaires en général. Il n'a jamais été fort difficile de distinguer ceux dont la vertu n'était pas sincère; leur conduite ne s'est jamais soutenue longtemps; les yeux du peuple, toujours ouverts, principalement sur ceux qu'il regarde comme des serviteurs de Dieu, ont bientôt découvert ce qu'il peut y avoir de répréhensible dans leurs mœurs.

On a encore dit que la plupart étaient des fainéants qui affectaient un extérieur singulier pour s'attirer des aumônes, parce qu'ils savaient que le peuple imbécile ne manquerait pas de les leur prodiguer. C'est une nouvelle injustice. Les vrais *ermites* ont toujours été laborieux; et comme leur vie était très-frugale, leur travail leur a toujours fourni non-seulement leur subsistance, mais encore de quoi soulager les misérables. — Les protestants ont eu beau déclamer contre le goût de la vie monastique et érémitique, ils n'ont pas pu l'étouffer entièrement : il s'est formé parmi eux des sociétés qui, à l'exception du célibat, ont beaucoup de ressemblance avec la vie des anciens cénobites. *Voy*. HERNHUTES.

ERMITES DE SAINT-AUGUSTIN. *Voy*. AUGUSTIN.

ERMITES DE CAMALDOLI. *Voy*. CAMALDULES.

ERMITES DE SAINT-JÉRÔME. *Voy*. JÉRONIMITES.

ERMITES DE SAINT-JEAN-BAPTISTE DE LA PÉNITENCE, ordre religieux établi dans la Navarre, dont le principal couvent ou ermitage était à sept lieues de Pampelune. — Jusqu'à Grégoire XIII, ils avaient vécu sous l'obéissance de l'évêque de cette ville; mais le pape approuva leurs constitutions, confirma leur ordre et leur permit de faire des vœux solennels. Leur vie était très austère; ils marchaient pieds nus sans sandales, ne portaient point de linge, couchaient sur des planches, n'avaient qu'une pierre pour chevet, portaient jour et nuit une grande croix de bois sur la poitrine. Ils habitaient une espèce de laure qui ressemblait plus à une étable qu'à un couvent, et demeuraient seuls dans des cellules séparées au milieu d'une forêt. Ces austérités nous causent une espèce de frayeur; il y a cependant des ordres entiers de religieux qui ont ainsi persévéré pendant longtemps; quand leur ferveur n'aurait été que passagère, ç'a toujours été un grand spectacle pour ceux qui en ont été témoins, capable de confondre l'épicuréisme des philosophes et la mollesse des gens du monde : il est bon que ce phénomène se renouvelle de temps en temps.

ERMITES DE SAINT-PAUL, ordre religieux qui se forma dans le XIIIe siècle par la réunion de deux congrégations d'*ermites*, savoir, de ceux de Saint-Jacques de Patache, et de ceux de Pisilie près de Zante. Après cette réunion, ils choisirent pour patron Saint Paul, premier *ermite*, et en prirent le nom. Cet ordre s'étendit en Hongrie, en Allemagne, en Pologne et ailleurs ; il y en avait soixante et dix monastères dans le seul royaume de Hongrie ; mais les révolutions dont ce pays fut affligé firent tomber la plupart de ces couvents. — Il y a encore en Portugal une congrégation d'*ermites de Saint-Paul* ; il y en avait autrefois une en France. Ces religieux s'étaient principalement dévoués à secourir les malades et les mourants, et à donner la sépulture aux morts. On les appelait vulgairement les *frères de la mort* ; ils portaient sur leur scapulaire la figure d'une tête de mort. *Voy.* l'*Hist. des Ordres relig.*, tom. III, pag. 341 (1). Ils ont été remplacés dans plusieurs villes par les pénitents séculiers, confrères de la croix.

ERREURS. Nous n'avons à parler que des *erreurs* en fait de religion. Comme le système de la religion révélée est très bien lié et forme une chaîne indissoluble, il est impossible qu'une première *erreur* contre un de ses dogmes n'en entraîne bientôt plusieurs autres ; c'est un point démontré par l'histoire de toutes les hérésies. Ceux qui ont commencé à dogmatiser ne voyaient pas d'abord où les conduirait leur témérité ; mais, de conséquence en conséquence, ils sont tous allés plus loin qu'ils n'auraient voulu. Si Luther avait prévu les effets qui devaient résulter de ses sermons contre les indulgences, probablement il aurait reculé à la vue de l'abîme dans lequel il allait se plonger.— Pour détruire l'usage des indulgences, il fallut attaquer l'autorité de l'Église, par conséquent la tradition sur laquelle elle se fonde, ne plus admettre d'autre règle de foi que l'Écriture sainte, entendue selon le degré de capacité et de droiture de chaque particulier ; on sait où cette méthode conduisit bientôt les raisonneurs. — Si l'on ne doit faire aucun cas du témoignage des hommes en matière de dogmes, pourquoi serait-on plus obligé d'y déférer en matière de faits ? Un témoin est sans doute aussi croyable quand il dépose de ce qu'il a entendu, de ce qu'on lui a toujours enseigné, que quand il atteste ce qu'il a vu. Si les Pères de l'Église sont récusables sur le premier chef, ils ne sont pas moins suspects sur le second. Parmi ces témoins, plusieurs ont été disciples immédiats des apôtres : dès que par ignorance, ou autrement, ils ont été capables de changer la doctrine qui leur avait été confiée, et à laquelle les apôtres leur avaient défendu de rien ajouter et de rien retrancher, on ne voit plus pourquoi le même soupçon ne peut pas avoir lieu à l'égard des apôtres. Nous ne sommes pas surpris de ce que les incrédules ont formé contre ces derniers les mêmes accusations que les protestants avaient intentées contre les Pères de l'Église. — Cependant c'est à ces mêmes témoins que nous sommes obligés de nous fier pour savoir quels sont les livres authentiques de l'Écriture sainte, pour être certains que le texte n'a été ni changé ni interpolé. Quelle certitude peuvent nous donner des témoins dont on a commencé par suspecter l'intelligence, la critique, la bonne foi ? — Ce sont encore eux qui attestent les miracles par lesquels le christianisme s'est établi dans les premiers siècles. Dès que l'on a trouvé bon de rejeter tous les miracles opérés dans l'Église romaine, d'y soupçonner de la prévention et de la fourberie, de récuser tous les témoins, sur quoi fondés croirons-nous plutôt les anciens que les modernes ? Si les Pères ont pu nous en imposer sur les faits arrivés de leur temps, les déistes ont-ils tort de former le même soupçon, ou plutôt la même calomnie, contre les témoins des miracles de Jésus-Christ ?

Dès que l'on ne fait aucun cas de la tradition en matière de dogmes, on la rend caduque en matière de faits. De savoir si un dogme est révélé ou s'il ne l'est pas, c'est un fait ; si ce fait ne peut pas être certainement prouvé par des témoignages, aucun fait quelconque ne peut l'être. Dans le fond, l'Écriture sainte est-elle autre chose qu'un témoignage couché par écrit ? *Voy.* DOCTRINE CHRÉTIENNE.

Pour attaquer avec succès la doctrine de l'Église sur les indulgences, il a fallu nier la nécessité des satisfactions et des bonnes œuvres, les effets de l'absolution sacramentelle, l'efficacité des autres sacrements, le principe de la justification, la manière dont les mérites de Jésus-Christ nous sont appliqués, etc. Bientôt les sociniens ont attaqué les mérites et les satisfactions de Jésus-Christ même, l'essence de la rédemption ; et la rédemption réduite à rien a fait douter de la divinité du Rédempteur. Ainsi s'enchaînent les *erreurs*. — Nous ne sommes donc pas étonnés de ce que les principes des protestants ont fait naître le socinianisme ; celui-ci, à force de retrancher des dogmes, a dégénéré en déisme. Aujourd'hui les arguments des déistes contre la révélation ou contre la providence de Dieu dans l'ordre surnaturel, sont tournés, par les athées, contre cette même providence dans l'ordre naturel, par conséquent contre l'existence de Dieu : chaîne d'égarements, qui aboutit enfin au pyrrhonisme. [*Voy.* ÉGLISE, DÉISME, CALVINISME.]

Avant de mourir, Luther et Calvin ont

---

(1) Cette *Histoire des Ordres religieux*, à laquelle renvoie Bergier, est celle qu'a donnée le R. P. Hélyot, et que M. l'abbé Badiche a reproduite en forme de Dictionnaire, tom. XX à XXIII de l'*Encyclopédie* publiée par M. Migne.

vu les progrès de leurs *erreurs* chez les anabaptistes et chez les sociniens ; nous ignorons s'ils ont frémi des conséquences. Ils ont ouvert la porte à l'incrédulité qui règne de nos jours, la corruption des mœurs a fait le reste.

Lorsque nous objectons aux protestants les excès auxquels se sont portés plusieurs de leurs théologiens, ils nous en savent mauvais gré ; ils nous disent que les égarements d'un fanatique, ou d'un mauvais raisonneur, ne prouvent rien. Nous leur répondons : Puisque vous êtes si attentifs à relever les moindres écarts des théologiens catholiques, et à tirer de là des conséquences en faveur de votre parti, vous ne devez pas trouver mauvais que nous usions de représailles ; si cette manière de raisonner ne vaut rien, c'est vous qui nous en donnez l'exemple.

Il y a sans doute des *erreurs* involontaires, innocentes, qui ne viennent d'aucune passion déréglée, mais d'un défaut de connaissance et de lumière, et que l'on ne peut pas imputer à péché ; mais il ne s'ensuit pas que toutes sont de cette espèce, et qu'il est indifférent pour le salut de professer l'*erreur* ou la vérité. Si Dieu avait eu le dessein de sauver les hommes par l'ignorance, il n'aurait rien révélé, il n'aurait pas envoyé son Fils sur la terre pour être la lumière du monde, et ce divin Maître n'aurait pas commandé à ses apôtres d'enseigner toutes les nations. Un incrédule raisonne donc très-mal, lorsqu'il soutient que, s'il se trompe, c'est de bonne foi ; qu'un athée même est excusable de ne pas croire en Dieu, parce qu'il peut être trompé sans qu'il y ait de sa faute. Une *erreur* qui vient de négligence de s'instruire, d'indifférence, d'orgueil, d'opiniâtreté, ou de toute autre passion quelconque, n'est pas plus pardonnable que la passion qui l'a fait naître. C'est un mauvais prétexte de dire que nous ne connaissons pas l'intérieur des hommes, ni le motif de leur conduite, que ce jugement est réservé à Dieu seul ; si cette raison était solide, il ne serait jamais permis de blâmer ni de punir aucun crime, parce que nous ne connaissons pas les motifs qui l'ont fait commettre, et le degré d'ignorance qui peut le rendre excusable. — Cependant les critiques protestants ne cessent de s'élever contre les Pères de l'Eglise, parce que ces saints docteurs ont attribué les *erreurs* des hérétiques à un esprit inquiet, à un caractère léger, à l'amour de la nouveauté, à l'ambition d'être chef de parti ; et ils reprochent aux théologiens catholiques d'être en cela les serviles imitateurs des anciens. Ne reviendra-t-on jamais, disent-ils, de la maligne et téméraire habitude de chercher toujours dans les dérèglements du cœur l'origine des *erreurs* ? On peut la trouver d'une manière plus naturelle et plus innocente dans la faiblesse de l'esprit humain, et dans l'obscurité où il a plu à Dieu de laisser certaines vérités.

Voilà certainement un trait de charité exemplaire ; mais est-elle réglée par la prudence ? 1° Elle ne va pas à moins qu'à contredire l'Evangile. Jésus-Christ déclare que celui qui ne croira pas sera condamné ; saint Paul dit anathème à quiconque enseignera un autre Evangile que celui qu'il a prêché (*Gal.* I, 8). Il met au nombre des œuvres de la chair les disputes, les dissensions et les sectes (v, 19). Il attribue les *erreurs* des sectaires à l'hypocrisie et à une conscience cautérisée (*I Tim.* IV, 2), à l'orgueil aussi bien qu'à l'ignorance (VI, 4), aux pièges du démon, à la volonté duquel ils obéissent (*II Tim.* II, 26), à la corruption de l'esprit et à l'opiniâtreté (III, 8), à la prévention pour certains maîtres, et à l'amour de la nouveauté (IV, 3), à un vil intérêt (*Tit.* I, 11). Il déclare qu'un hérétique est condamné par son propre jugement (III, 10). Saint Pierre et saint Jean n'en jugent pas plus favorablement. Les Pères de l'Eglise ont-ils eu tort de suivre les leçons et les exemples des apôtres ? —2° Pourquoi les protestants, toujours si charitables envers les mécréants, sont-ils si prompts à condamner les Pères de l'Eglise, à relever les moindres méprises qu'ils croient trouver dans leurs écrits, à leur supposer des motifs odieux, pendant qu'ils ont pu en avoir de très-louables ? Ces Pères méritent-ils donc moins d'indulgence et de ménagement que les hérétiques de tous les siècles ? Nous ne disons rien des invectives sanglantes que les protestants lancent contre les pasteurs et les docteurs de l'Eglise catholique. Avant de censurer avec tant d'aigreur un défaut vrai ou prétendu, il ne faut pas commencer par s'en rendre coupable. *Voy.* HÉRÉTIQUE.

Il peut se faire que l'*erreur* d'un homme, élevé dans une fausse religion, soit moralement invincible, qu'un mahométan, par exemple, peu capable de réfléchir, croie fermement que l'Alcoran a été inspiré ; mais il ne s'ensuit rien. Nous ne savons que trop, par notre expérience, que l'*erreur* peut nous paraître revêtue de toutes les couleurs de la vérité. Il y aurait de l'injustice à penser que tous les philosophes qui ont écrit en faveur du paganisme n'y crussent pas, et qu'à leur place nous aurions mieux aperçu qu'eux l'absurdité du polythéisme et de l'idolâtrie. Il ne s'ensuit pas de là qu'il est indifférent pour le salut d'adorer plusieurs dieux, ou de n'en reconnaître qu'un seul, d'être déiste ou athée. Dieu seul peut juger jusqu'à quel point une *erreur* quelconque est innocente ou criminelle.

ERRONÉ. Lorsque l'Eglise condamne une proposition comme *erronée*, elle entend que cette proposition est contraire à une vérité enseignée par la révélation, qu'elle y est opposée, ou directement, ou par voie de conséquence. Lorsqu'elle la condamne comme *hérétique*, elle déclare que cette proposition est contraire à un dogme que l'Eglise a formellement décidé. Avant la décision, l'*erreur* peut être involontaire et pardonnable ; après la décision, elle ne l'est plus ; c'est opiniâtreté, et conséquemment *hérésie*.

ESAU. *Voy.* JACOB.

ESCLAVAGE, ESCLAVE. De savoir si tout *esclavage* est contraire au droit naturel, c'est une question qui regarde directement les philosophes moralistes. Mais comme les patriarches ont eu des *esclaves* et n'en sont point blâmés; que Moïse s'est borné à rendre plus douce la condition des *esclaves*, sans supprimer absolument la servitude; qu'elle a subsisté et subsiste encore sous le christianisme, les politiques incrédules de notre siècle ont déclamé à l'envi contre la religion, qui a permis ou toléré dans tous les temps cette infraction du droit naturel. Nous sommes donc forcés d'examiner si leurs plaintes sont fondées, et s'ils ont raisonné sur des principes solides.

I. Le premier besoin de l'homme est la vie et la subsistance. Si, pour se les procurer, il se trouve réduit à renoncer à sa liberté, nous ne croyons pas qu'il commette un crime. Si un maître ne peut sans nuire grièvement à ses propres intérêts lui assurer la vie, la subsistance, la protection, que sous condition d'un service perpétuel, nous ne voyons pas où est l'injustice de l'exiger, ni en quoi cette convention réciproque blesse le droit naturel. — Dans l'état des familles errantes et nomades, lorsqu'il n'y avait point encore de société civile établie, un serviteur ne pouvait changer de maître sans s'expatrier; un maître ne pouvait congédier ses *esclaves* sans ruiner sa famille. L'*esclavage* était donc une suite inévitable de la société domestique; mais il était adouci par les avantages de cette société. Un *esclave* pouvait être l'héritier de son maître qui n'avait pas d'enfants (*Gen.* xv, 2). La liberté civile n'est devenue *un bien* que depuis qu'elle a été protégée par les lois, et que les moyens de subsistance sont multipliés; avant cette époque, la liberté absolue était *un mal* pour tout homme qui n'avait pas une famille, des troupeaux, des serviteurs, des pâturages. Il serait absurde de soutenir que l'*esclavage* domestique était pour lors contraire au droit naturel. Nous ne blâmerons donc point Abraham, ni les autres patriarches, d'avoir eu des *esclaves*; et nous ne pouvons pas douter qu'ils ne les aient traités avec toute l'humanité possible. Job proteste qu'il n'a jamais refusé de rendre justice à ses serviteurs et à ses servantes, lorsqu'ils la lui demandaient, parce qu'il a toujours craint le jugement de Dieu, c. xxxi, v. 13.

II. Moïse donna des lois aux Hébreux pour réunir ce peuple en société civile et nationale. On sait quel était alors le droit des gens dans l'état de guerre; c'était de tout égorger. Lorsqu'on ôtait la liberté à un prisonnier, au lieu de lui ôter la vie, faisait-on un acte de cruauté? Si aujourd'hui nous étions en guerre avec une nation sauvage qui eût massacré tous nos prisonniers, nous croirions-nous obligés, par la loi naturelle à lui renvoyer les siens? Si, au lieu de les égorger par représailles, on les réduisait à l'*esclavage*, auraient-ils droit de se plaindre? Nous nous croirions obligés, sans doute, par les lois de l'humanité, à ne pas rendre leur condition insupportable, à l'adoucir autant que pourrait le comporter leur naturel farouche. Voilà ce que fit Moïse. Placé à la tête d'une nation qui devait conquérir les terres l'épée à la main, au milieu de peuples qui avaient des *esclaves*, dans un état de société où la liberté était nulle pour ceux qui n'avaient pas la propriété des terres, il ne pouvait supprimer absolument l'*esclavage*; mais il fit des lois très-sages pour l'adoucir (*Exod.* xxi, 1 et suiv.; *Levit.* xxv. 40, etc.). Nous soutenons que l'*esclavage* était moins dur chez les Juifs que chez toute autre nation connue; il serait aisé d'en faire la comparaison. Qu'auraient fait de mieux, en pareil cas, nos philosophes, vengeurs des droits de l'humanité?

Quand on veut disserter contre l'*esclavage*, il ne faut pas argumenter sur une idée de la liberté, telle que nous la connaissons aujourd'hui: elle n'a existé nulle part dans le monde avant la naissance du christianisme, et il est absurde de trouver mauvais que Moïse ne l'ait pas établie chez les Juifs, dans des siècles où l'état physique et moral du genre humain tout entier s'y opposait. Trouve-t-on, parmi les Juifs, aucun exemple de la barbarie avec laquelle les Grecs et les Romains, ces deux nations si éclairées et si polies, traitaient leurs *esclaves*? — A Athènes, les *esclaves* affranchis étaient encore appelés *citoyens bâtards*. Les Romains se seraient crus déshonorés s'ils avaient mangé avec un *esclave*; pour l'admettre à leur table, ils étaient obligés de l'affranchir.

III. Lorsque Jésus-Christ parut sur la terre, les droits de l'humanité n'étaient pas mieux connus qu'au siècle de Moïse. Les philosophes, au lieu de les éclaircir, les avaient rendus plus obscurs. Les Grecs avaient décidé que parmi les hommes, les uns naissent pour la liberté et les autres pour l'*esclavage*; que tout était permis contre les barbares, c'est-à-dire, contre tout homme qui n'était pas Grec. Dans la seule ville d'Athènes, il y avait quatre cent mille *esclaves* pour vingt mille citoyens. A Rome, la condition des *esclaves* n'était guère différente de celle des bêtes de somme: on frissonne en lisant la manière dont ces malheureux étaient traités. *Voy.* les *Mémoires de l'Acad. des Inscript.*, t. LXIII, in-12, p. 102. Tel était le droit commun de toutes les nations dans les siècles de la philosophie. Si Jésus-Christ, par ses lois, avait attaqué de front ce droit prétendu, il aurait autorisé la résistance des empereurs et des autres souverains à l'Evangile; aujourd'hui nos philosophes l'accuseraient d'avoir attenté au droit public de tous les peuples. — Le divin Législateur fit mieux: par ses maximes de charité, de douceur, de fraternité entre les hommes, il disposa les esprits à sentir que l'*esclavage*, tel qu'il était pour lors, blessait la loi naturelle. On voit, par la lettre de saint Paul à Philémon, ce que dictait la morale évangélique sur ce point essentiel, et combien est éloquent le langage de l'humanité dans la bouche de la charité chrétienne.

un *esclave* baptisé acquérait le droit de fraternité avec son maître. *Que chacun*, dit saint Paul, *demeure dans l'état dans lequel il a été appelé à la foi. Etiez-vous* ESCLAVE? *Ne vous en affligez pas; mais si vous pouvez devenir libre, profitez de l'occasion* (I *Cor.* VII, 20). *Après le baptême, il n'y a plus ni juif, ni gentil, ni maître ni* ESCLAVE : *vous êtes tous un seul corps en Jésus-Christ* (*Galat.* III, 27). ESCLAVES, *obéissez à vos maîtres temporels avec crainte et simplicité de cœur, comme servant Dieu et non les hommes..... Et vous, maîtres, traitez de même vos* ESCLAVES, *en vous souvenant que vous avez dans le ciel un Seigneur qui est votre maître et le leur, et qu'il n'y a de sa part aucune acception de personnes* (*Ephes.* VI, 5).

Cela n'a pas empêché un philosophe de nos jours d'écrire qu'il n'y a, dans l'Evangile, pas une seule parole qui rappelle le genre humain à la liberté primitive pour laquelle il semble né; qu'il n'est rien dit, dans le Nouveau Testament, de cet état d'opprobre et de peine auquel la moitié du genre humain était condamnée; que l'on ne trouve pas un mot, dans les écrits des apôtres et des Pères de l'Eglise, pour changer des bêtes de somme en citoyens, comme on commença de le faire parmi nous vers le XIIIe siècle. — Probablement ce philosophe n'avait jamais lu le Nouveau Testament, puisqu'il ignorait les paroles de saint Paul, que nous venons de citer, et le nom de *frère* que Jésus-Christ donne à tous les hommes. A la vérité, ce divin Maître n'a pas disserté sur le droit naturel comme les philosophes; mais il l'a fait sentir, en nous rendant tous enfants de Dieu par le baptême. Les belles maximes de Sénèque et des autres stoïciens sur l'humanité due aux *esclaves*, n'avaient rien opéré; Jésus-Christ, en apprenant aux hommes que Dieu est le père de tous, a changé les idées et les mœurs des maîtres du monde. En effet, Constantin, devenu chrétien, sentit la nécessité des affranchissements, pour repeupler un empire dévasté par des guerres continuelles, et il comprit en même temps que le don de la liberté serait plus précieux, lorsqu'il serait consacré par des motifs de religion : il autorisa les affranchissements faits à l'église en présence de l'évêque; mais cet usage subsistait déjà parmi les chrétiens, puisqu'il en est fait mention dans la lettre de saint Ignace à saint Polycarpe, n° 4 (*Voy.* la note de Cotelier sur cet endroit). Bientôt le baptême donna aux *esclaves* la liberté civile aussi bien que la liberté spirituelle des enfants de Dieu. Dès ce moment la législation fut occupée à modérer le pouvoir des maîtres sur les *esclaves*, et les Eglises devinrent un asile pour ceux d'entre ces malheureux qui étaient maltraités injustement par leurs maîtres (*Hist. de l'Acad. des Inscript.*, tom. XIX, in-12, pag. 212 et 217; *Mém.*, tom. LXIII, p. 120). Les affranchissements *per vindictam*, ou par la baguette du préteur, ne se firent plus dans les temples des faux dieux, mais à l'église, au pied des autels,

in sacrosanctis ecclesiis, et alors les affranchis et leur postérité étaient sous la protection de l'Eglise. (*Dictionnaire des Antiquités*, au mot *Affranchissement*.) — En recommandant l'humanité aux maîtres, l'Eglise respecta leurs droits; les anciens canons défendent d'élever un *esclave* à la cléricature, ou de le recevoir dans un monastère sans le consentement de son maître. (Bingham, *Orig. eccl.*, l. IV, c. 4, § 23; l. VII, c. 3, § 2).

Malgré ces sages ménagements, la politique de Constantin a été blâmée par nos philosophes : mais leur privilége est de ne jamais s'accorder avec eux-mêmes. Une des bonnes œuvres les plus communes parmi les chrétiens fut de tirer leurs frères de la servitude, et d'acheter leur liberté. Plusieurs poussèrent l'héroïsme de la charité jusqu'à se rendre eux-mêmes *esclaves* pour en délivrer d'autres; saint Clément de Rome nous l'apprend (*Epist. I ad Cor.*, n. 7). Saint Paulin de Nole en est un exemple. Les évêques crurent ne pouvoir faire un plus saint usage des richesses des églises, que de les consacrer au rachat des *esclaves*; saint Exupère de Toulouse vendit jusqu'aux vases sacrés pour satisfaire à ce devoir de charité. — L'histoire a conservé le souvenir des pieuses profusions que fit sainte Bathilde, reine de France, et régente du royaume, pour racheter des *esclaves*, et du zèle dont elle fut animée pour l'extinction de l'*esclavage*. Il était impossible que des exemples aussi frappants n'eussent pas des imitateurs. Cependant l'on ose écrire de nos jours que le christianisme n'a contribué en rien à l'extinction ni à l'adoucissement de l'*esclavage*.

Les effets de la charité chrétienne auraient été plus prompts et plus sensibles, si l'irruption des barbares n'avait changé tout à coup le droit public et les mœurs de l'Europe. Mais l'espèce de servitude qu'ils introduisirent était beaucoup plus supportable que l'*esclavage* domestique usité chez les Grecs et chez les Romains; c'est pour cela même qu'il a inspiré moins de compassion, qu'il a subsisté plus longtemps, et qu'il y en a encore des restes aujourd'hui.

Lorsque nos philosophes ont écrit que l'*esclavage* dure encore en Pologne et même en France, que les ecclésiastiques et les monastères ont des *esclaves* sous le nom de *main-mortables*, ils se sont joué des termes et de la crédulité de leurs lecteurs. Qu'est-ce que la *main-morte*? C'est un contrat par lequel un seigneur a cédé des fonds à un colon, sous condition : 1° d'un cens ou redevance annuelle en denrées, en argent, ou en travail; 2° le colon ne pourra vendre ni aliéner ces fonds sans le consentement du seigneur, et sans lui payer les droits de lods et de vente; 3° que si le colon vient à mourir sans héritiers communs en bien avec lui, sa succession appartiendra au seigneur. Où est l'iniquité et la dureté de ce contrat? Il gêne la liberté du colon, cela est incontestable : mais c'est une grande question de savoir si la liberté absolue est un bien pour ceux qui manquent d'intelligence, d'activité et de conduite : nos philosophes ne sont pas assez sages pour la décider sans appel. Il est bon de savoir qu'un colon *main-mortable* est toujours le maître de s'affranchir : en cédant au seigneur les fonds qu'il tient de lui, et le tiers des meubles, il a droit de se pourvoir par-devant le juge, et de se faire déclarer franc sujet du roi. Plusieurs seigneurs polonais ont offert la liberté à leurs serfs, et ceux-ci l'ont refusée. A quoi servent donc les diatribes de nos philosophes ?

Mais l'*esclavage*, pris en rigueur, subsiste encore dans les colonies... Ce n'est point ici le lieu de discuter cette question de morale et de politique ; nous pourrons l'examiner au mot NÈGRES. C'est assez pour nous d'avoir montré ce que le christianisme inspire et prescrit à ce sujet. Dès que le commerce apprend aux hommes à ne plus adorer d'autre Dieu que l'argent, et que le philosophisme vient encore renforcer cette disposition, nous pouvons prédire que la servitude ne recevra ni adoucissement, ni diminution. L'on sait que quelques-uns de nos philosophes, qui ont le plus déclamé contre la traite des nègres, ont fait eux-mêmes valoir leur argent par ce commerce, tant la philosophie inspire d'humanité. Un auteur anglais a fait sur ce sujet une réflexion très-sage. Il est étonnant, dit-il, qu'un peuple qui parle avec tant de chaleur de la liberté politique, ne se fasse aucun scrupule de réduire une partie des habitants de la terre à un état où ils sont non-seulement privés de toute propriété, mais encore de toute espèce de droits. Le hasard n'a peut-être jamais produit aucune combinaison plus propre à tourner en ridicule un système grave, noble, généreux, et à faire voir combien peu les hommes sont dirigés dans leur conduite par des principes philosophiques. (*Observat. sur les Comm. de la société*, par Millar.) *Voy.* SERVITUDE.

ESDRAS, auteur de deux livres de l'Ancien Testament, fut prêtre des Juifs quelque temps après leur retour de la captivité, et sous le règne d'Artaxerxès Longue-main. Il est appelé *docteur habile dans la loi de Moïse.* Selon les conjectures communes, ce fut lui qui recueillit tous les livres canoniques, en rendit le texte plus correct, les distribua en vingt-deux livres, selon le nombre des lettres de l'alphabet hébreu ; mais ce fait n'est pas incontestable. On croit encore que dans cette révision il changea quelques noms de lieux, et mit ceux qui étaient en usage de son temps à la place des anciens.

Les deux livres d'*Esdras* sont reconnus pour canoniques par la Synagogue et par l'Eglise. Le second est attribué à Néhémias. Le troisième, qui se trouve en latin dans les Bibles ordinaires, après la prière de Manassès, est reçu comme canonique chez les Grecs ; mais il est regardé comme apocryphe par les catholiques et par les anglicans. Ce troisième livre, dont on a le texte grec, n'est qu'une répétition des deux premiers ; il est cité par saint Athanase, saint Augustin, saint Ambroise : saint Cyprien même semble l'avoir connu. Le quatrième, qui ne subsiste qu'en latin, est rempli de visions, de songes, et contient des erreurs ; il est d'un autre auteur que le troisième, et probablement d'un Juif converti, mais mal instruit : les Grecs n'en font aucun cas, non plus que les Latins.

Nous ne doutons pas qu'*Esdras* n'ait beaucoup contribué à la collection ou au canon des livres de l'Ancien Testament, aussi bien qu'au rétablissement de la république juive ; mais on lui attribue tant de choses sur de simples présomptions, qu'il est difficile de ne pas douter de plusieurs. Rien n'est plus ingénieux et, si l'on veut, rien n'est plus probable que les conjectures que Prideaux a faites, dans son *Histoire des Juifs*, liv. v, sur les travaux d'*Esdras* ; mais de simples probabilités ne sont pas des preuves, et il en faudrait de très-positives dans une question aussi importante qu'est l'authenticité, l'intégrité et la divinité des livres de l'Ancien Testament. — Suivant ces conjectures, c'est *Esdras* qui réunit en un corps les livres sacrés, qui en donna une édition correcte, et qui les rangea à peu près dans le même ordre où ils sont aujourd'hui. Il en rassembla le plus grand nombre d'exemplaires qu'il put : il les confronta et il corrigea les fautes qui s'y étaient glissées par l'inattention des copistes ; il fut aidé dans ce travail par les docteurs de la grande synagogue. Cependant il ne put pas mettre dans ce canon ou catalogue, ni son propre livre, ni celui de Néhémie, ni celui de Malachie, qui paraissent avoir écrit après lui. Il ajouta, dans plusieurs endroits des livres sacrés, ce qui lui parut nécessaire pour les éclaircir, les lier et les achever, et en cela il eut l'assistance du même Esprit qui les avait dictés au commencement. Mais ces additions prétendues sont les passages que Spinosa et d'autres incrédules soutiennent n'avoir pas pu être écrits par Moïse, et l'on a solidement prouvé le contraire.

Esdras est encore l'auteur des deux livres des Paralipomènes, et peut-être de celui d'Esther ; cependant il y a dans le premier de ces livres, c. III, une généalogie des descendants de Zorobabel, qui s'étend plus bas que le temps d'*Esdras* : ce n'est donc pas lui qui l'a faite en entier : conséquemment ces ouvrages n'ont été placés dans le canon que plus tard. Il changea les noms anciens de plusieurs lieux, et y substitua les noms modernes, afin de les faire mieux connaître. Enfin, il écrivit tout en lettres chaldaïques, plus nettes et plus agréables que les anciens caractères hébreux ou samaritains. Quelques savants ont même douté s'il n'est pas l'auteur des points-voyelles du texte hébreu. — Tout cela n'est fondé que sur la tradition des Juifs : or, cette tradition, touchant la question même dont nous parlons, est mêlée de plusieurs fables auxquelles on n'ajoute aucune foi. Il s'agit donc de savoir quelle règle nous devons suivre pour distinguer dans cette tradition le vrai d'avec le faux.

Nous ne révoquons point en doute l'inspiration d'*Esdras*, puisque son livre fait partie des Livres saints ; mais nous ne savons que par la tradition juive qu'il a écrit les Paralipomènes, le livre d'Esther, et non celui de Tobie ; qu'il a mis dans le canon l'ouvrage de Jérémie, et non celui de Baruch, et qu'il a fait tout ce que les Juifs lui attribuent. Or, cette tradition des Juifs n'a été couchée par écrit qu'après la naissance du christianisme, environ cinq cents ans après la mort d'*Esdras*. Il faut encore s'y fier, pour savoir que les livres de ce prêtre, de Néhémie, de Malachie, d'Esther, des Paralipomènes, ont été placés dans le canon par la grande synagogue. La première chose de laquelle il faudrait être certain, est que cette synagogue a été inspirée de Dieu pour faire cette opération. Prideaux pense que la grande importance de l'ouvrage le demandait, et que cette preuve suffit. Sans doute elle suffit aux protestants en général, puisqu'ils n'en ont point d'autre. — Il est fort singulier que les protestants attribuent si libéralement l'inspiration de Dieu à la Synagogue juive, pendant qu'ils la refusent à l'Eglise chrétienne. Cependant cette inspiration n'était pas moins nécessaire à l'Eglise pour former le canon des livres du Nouveau Testament, qu'à la Synagogue pour dresser le catalogue des ouvrages de l'Ancien. Ils sont forcés de s'en tenir à la tradition orale des Juifs, qui a demeuré cinq cents ans sans être écrite, et ils refusent de s'en rapporter à la tradition vivante de l'Eglise catholique, à moins qu'on ne leur en fournisse des preuves par écrit dès le II° ou le III° siècle. Voilà une bizarrerie à laquelle nous ne concevons rien. — Pour nous, nous avons une règle plus simple, et qui n'est sujette à aucune inconséquence. Nous ne refusons point à la synagogue une assistance de Dieu pour discerner les Livres sacrés ; mais quand elle ne l'aurait pas eue, notre foi n'en serait pas moins certaine. C'est Jésus-Christ et ses apôtres qui ont appris à l'Eglise chrétienne quels sont les livres, soit pour l'Ancien Testament, soit pour le Nouveau ; et nous en sommes assurés, parce que l'Eglise a toujours fait profession de ne croire et de n'enseigner que ce qu'elle a reçu de Jésus-Christ et des apôtres. Nous n'avons pas besoin de remonter plus haut, cette autorité seule nous suffit. *Voy.* CANON.

Plusieurs incrédules ont assuré qu'*Esdras* est le véritable auteur du Pentateuque attribué à Moïse, et des autres livres de l'Ancien Testament ; un peu de réflexion suffit pour faire sentir l'absurdité de cette supposition. (*Voy.* PENTATEUQUE.) — 1° *Esdras* n'est venu de Babylone en Judée que soixante-treize ans après le premier retour de la captivité sous Cyrus, et sous la conduite de Zorobabel ; il n'était ni grand prêtre, ni juge souverain de la nation, mais simple sacrificateur. Les Juifs ont-ils été assez dociles pour recevoir de ce prêtre des livres, des dogmes, des lois, des mœurs dont ils n'avaient encore aucune connaissance ? Si les Juifs n'avaient pas été imbus de la croyance, des mœurs, des espérances qu'ils ont toujours attribuées aux livres de Moïse, on devrait les regarder comme des insensés, d'avoir quitté la Perse et l'Assyrie pour venir s'établir dans la Judée. Ce n'est pas *Esdras* qui leur avait inspiré cette démence soixante-treize ans auparavant. — 2° Il atteste dans son livre que, quand il arriva à Jérusalem, il trouva le temple rebâti, le culte rétabli, la police remise en vigueur, *selon la loi de Moïse*; que tous les règlements qu'il ajouta furent faits en vertu de cette même loi : donc elle était connue et révérée des Juifs avant qu'*Esdras* fût au monde. Comment la connaissaient-ils, sinon par les livres de Moïse ? — 3° Il est impossible qu'un seul homme ait pu posséder toutes les connaissances historiques, physiques, géographiques et politiques nécessaires pour composer non-seulement les cinq livres de Moïse, mais tous les autres qui composent l'Ancien Testament. Il est impossible qu'il ait assez pu varier son style, pour prendre le ton et la manière de douze ou quinze auteurs différents, et qui les distinguent. Il n'y a qu'à comparer le livre d'*Esdras* avec le Deutéronome, et voir s'ils sont du même auteur. Il n'a pas écrit en hébreu pur : il y a mêlé du chaldéen ; le seul ouvrage qu'on puisse lui attribuer, outre celui qui porte son nom, sont les deux livres des Paralipomènes, et il n'aurait pas pu les faire, si les livres précédents n'avaient pas existé. Aurait-il répété ce qui est dit dans les livres des Rois, s'il avait été l'auteur des uns et des autres ? Il n'aurait fait que reprendre l'histoire où les livres des Rois l'avaient laissée. — 4° Il faut supposer qu'*Esdras* a été inspiré pour faire les prophéties qui n'étaient pas encore accomplies de son temps : celles qui regardent le Messie et la conversion des nations, celles de Daniel, qui annoncent la succession des monarchies, etc. — 5° Si les livres de Moïse avaient été forgés par *Esdras*, les Cuthéens, établis à Samarie, ennemis mortels de prêtre et des Juifs qui le respectaient, n'auraient jamais reçu ces livres comme divins, comme la règle de leur croyance et de leur police : aucun peuple n'a pris de son gré un ennemi pour législateur. La constance de ces Samaritains à conserver les anciens caractères hébreux, pendant que les Juifs ont adopté les caractères chaldéens, prouve que l'un de ces peuples n'a jamais rien voulu avoir de commun avec l'autre. — 6° Si les Juifs n'avaient pas été bien convaincus qu'il y avait une loi de Moïse qui leur défendait d'épouser des étrangères, auraient-ils consenti à se séparer de celles qu'ils avaient prises pour épouses, de les renvoyer avec les enfants qu'ils en avaient eus, comme ils le firent lorsqu'*Esdras* l'exigea, c. XIII ? Quelques incrédules l'ont taxé de cruauté à ce sujet ; il n'aurait pas osé le proposer de sa propre autorité.

Nous ne connaissons aucun de ces critiques

qui se soit donné la peine de répondre à aucune de ces raisons. — Ceux qui ont imaginé qu'une partie des livres de l'Ancien Testament s'était perdue pendant la captivité de Babylone, et qu'*Esdras* les rétablit, retombent à peu près dans les mêmes inconvénients. Les livres de Tobie et d'Esther nous attestent que pendant la captivité les Juifs observaient leur religion, leurs lois, leurs mœurs nationales, autant qu'il leur était possible : donc ils étaient attachés à leurs livres. Une législation aussi compliquée et aussi minutieuse que celle des Juifs n'a pu se conserver par une simple tradition. Si tous les exemplaires de la Chronique de Froissart ou de l'histoire de Joinville étaient perdus, nous voudrions savoir qui serait parmi nous l'homme assez habile pour les refaire tels qu'ils sont.

Encore une fois, il n'est pas prouvé qu'*Esdras* ait eu autant de part qu'on le croit communément à la collection des Livres sacrés, au changement des caractères, à la correction du texte, etc. *Voyez* les dissertations sur ce sujet, *Bible d'Avignon*, tome XVII, pag. 3 et suiv.

L'auteur de la *Bible expliquée* a fait quelques objections frivoles contre le livre d'*Esdras*; son réfutateur y a solidement répondu : elles ne valent pas la peine d'être répétées.

* ESNÉ, ancienne ville d'Égypte. Pendant l'expédition de Bonaparte en Égypte, on trouva deux zodiaques dans les temples de cette ville. Les incrédules, se persuadant qu'ils représentaient l'état du ciel au moment où ils avaient été faits, en avaient conclu que le monde est beaucoup plus ancien que ne l'assure Moïse. Une inscription, qu'on est parvenu à déchiffrer, porte que l'un d'eux a été fait sous Antonin, 147 ans après Jésus-Christ. Il a été constaté que le second fut fait sous l'empereur Claude. *Voy.* ZODIAQUES, où nous donnons de plus amples développements sur cette question.

ESPAGNE, Église d'*Espagne*. La plupart des savants espagnols sont persuadés que l'Évangile a été prêché dans leur pays par saint Paul. Ils se fondent sur ce que l'Apôtre écrit aux Romains, c. xv, v. 24 : *Lorsque je partirai pour l'*ESPAGNE, *j'espère de vous voir en passant*. Et sur ce que dit saint Clément (*Epist. I*, c. v, que saint Paul est allé *jusqu'à l'extrémité de l'Occident*, expression qui semble désigner l'*Espagne*. Conséquemment saint Cyrille de Jérusalem, saint Athanase, saint Épiphane, saint Jean Chrysostome, saint Jérôme, Théodoret, saint Grégoire le Grand et d'autres, ont été persuadés que saint Paul avait effectivement prêché dans ce royaume. — Cependant le pape Gélase a été dans l'opinion que saint Paul n'a point exécuté ce voyage, quoiqu'il en eût formé le dessein; Innocent Ier dit, dans sa première épître, que saint Pierre est le seul apôtre qui ait prêché en Occident. On n'a trouvé en *Espagne* aucun vestige certain de la prédication de saint Paul, et Sulpice Sévère pense que la religion chrétienne a été reçue assez tard en deçà des Alpes (*Hist.*, l. ii). Les critiques modernes, qui sont de ce sentiment, disent que les anciens Pères n'ont point eu d'autre raison de croire le voyage de saint Paul en *Espagne*, que ce que nous lisons dans l'épître aux Romains; que l'expression de saint Clément peut seulement signifier l'Occident, et non l'extrémité de l'Occident. — Il en est de même d'une autre tradition des Églises d'*Espagne*, qui porte que saint Jacques le Majeur a prêché l'Évangile dans ce royaume : cette tradition est fondée sur le témoignage de saint Jérôme, de saint Isidore de Séville, sur l'ancien bréviaire de Tolède, sur les livres arabes d'Anastase, patriarche d'Antioche, touchant les martyrs. Ce fait important a été combattu par plusieurs critiques habiles, mais toujours défendu avec force par les savants espagnols. *Voy. Vies des Pères et des Martyrs*, tome VI, p. 516. — Quoi qu'il en soit, saint Irénée, mort l'an 203, cite la tradition des Églises d'*Espagne* et des Gaules; Tertullien, peu de temps après, parle aussi des Églises d'*Espagne*; mais ils ne disent rien d'où l'on puisse conclure que ces Églises étaient florissantes et en grand nombre. On ne connaît personne qui ait souffert le martyre en *Espagne* avant saint Fructueux, mis à mort l'an 259; et le premier concile tenu en *Espagne* est celui d'Elvire, que l'on place communément vers l'an 300. Fabricius pense qu'*Elvire* est la ville de Grenade; il est plus probable que la première a été détruite, et qu'elle était située à trois ou quatre lieues de Grenade.

L'opinion la plus suivie par les critiques est que le christianisme s'est établi en *Espagne* dans le cours du iie siècle, que les premiers prédicateurs y ont été envoyés de Rome ou des Gaules; mais on ne connaît positivement ni la date précise de leur mission, ni le détail de leurs travaux. Les révolutions arrivées dans ce royaume ont fait perdre la mémoire de ces anciens événements. — Le christianisme y était florissant au iiie siècle, puisque le concile d'Elvire porte les noms de dix-neuf évêques, et que la discipline qu'il établit est très-sévère. Sur la fin du ive, l'hérésie des priscillianistes, qui était une branche de celle des manichéens, y fit des ravages. — Vers l'an 470, les Visigoths, ou Goths occidentaux, qui s'étaient d'abord établis en Languedoc, passèrent les Pyrénées, et se rendirent maîtres de l'*Espagne*; ils y portèrent l'arianisme dont ils étaient infectés, mais ils n'y détruisirent pas la foi catholique. Vers l'an 590, la plupart furent convertis par saint Léandre, évêque de Séville, et par saint Isidore, son frère et son successeur. L'*Espagne* redevint ainsi entièrement catholique. — Au commencement du viiie siècle, en 711, selon le Père Pagi, les Maures s'emparèrent de l'*Espagne*, et y firent régner le mahométisme. Cependant un très grand nombre de chrétiens y conservèrent leur religion, soit dans les montagnes de Castille et de Léon, où plusieurs se retirèrent, soit dans quelques villes où ils obtinrent par capitulation l'exercice du christianisme. Ces chrétiens ont été nommés *mozarabes*, c'est-à-dire mêlés avec les Arabes. *Voy.* Mozarabes. L'an 1088, le roi Alphonse reprit la ville de Tolède sur les Maures, et y rétablit l'exercice de la religion chrétienne. Depuis ce temps-là, l'*Espagne* a été reconquise en détail, et la domination des Maures y fut détruite l'an 1491.

Ils n'en ont cependant été entièrement chassés que sous Philippe II en 1570, et sous Philippe III en 1610, après que l'on eut fait toutes les tentatives possibles pour les convertir. — Au XVIe siècle, quelques théologiens espagnols, qui avaient suivi Charles-Quint en Allemagne, y avaient pris une teinture des erreurs de Luther; ils la rapportèrent dans leur patrie, et ils y firent quelques prosélytes; mais les rigueurs de l'inquisition étouffèrent ces semences de l'hérésie, et aujourd'hui les Espagnols se félicitent d'avoir été exempts des convulsions dont l'Allemagne, la France et d'autres royaumes ont été agités à cette occasion. Il est aisé de voir quel est l'esprit qui a dicté aux protestants et aux incrédules les injures qu'ils se sont permis de vomir contre les Espagnols.

On voit, par ce court détail, que la religion chrétienne n'a couru nulle part de plus grands dangers qu'en *Espagne*, et qu'elle n'a pu s'y conserver que par une protection particulière de la Providence. Cette Église a eu de grands hommes et de grands saints, et la discipline ecclésiastique s'y est toujours maintenue avec plus de sévérité qu'ailleurs.

ESPÈCES ou ACCIDENTS EUCHARISTIQUES. *Voy.* Eucharistie et surtout Accidents.

ESPÉRANCE, vertu théologale et infuse, par laquelle nous attendons de Dieu, avec confiance, le secours de sa grâce en cette vie, et le bonheur éternel en l'autre. Les motifs de cette confiance sont la bonté de Dieu, sa fidélité à tenir ses promesses, et les mérites de Jésus-Christ.

On peut avoir la foi sans l'*espérance*, mais on ne peut avoir l'*espérance* sans la foi; comment espérerait-on ce qu'on ne croit pas? Aussi saint Paul dit que la foi est le fondement de l'*espérance*. (*Hebr.* XI, 1). Les théologiens appellent *espérance informe*, celle qui n'est pas accompagnée de la charité, et qui peut se trouver dans les pécheurs; *espérance formée*, celle qui est perfectionnée dans les justes par la charité.

L'effet de l'*espérance* chrétienne n'est pas de nous donner une certitude absolue de notre sanctification, de notre persévérance dans le bien, et de notre glorification dans le ciel, comme le veulent les calvinistes, selon la décision de leur synode de Dordrecht; mais de nous inspirer une ferme confiance en la bonté de Dieu, aux mérites de Jésus-Christ, au secours de la grâce; confiance qui ne déroge ni à l'humilité que Dieu nous commande, ni à la crainte de notre propre faiblesse.

Deux excès sont opposés à l'*espérance*; savoir, la présomption et le désespoir. Celui-ci a lieu lorsque nous nous persuadons que nos péchés sont trop grands pour que Dieu les pardonne, et que nous sommes trop faibles pour que la grâce nous soutienne. Nous tombons dans la présomption, lorsque nous comptons tellement sur nos vertus et sur nos forces, que nous ne craignons plus de perdre la grâce ni le bonheur éternel.

Selon les philosophes, l'*espérance* et la *crainte* sont incompatibles; mais les théologiens soutiennent que cela n'est vrai qu'à l'égard de la crainte excessive et absolument servile; que l'*espérance* même la plus ferme n'exclut point la crainte filiale qui nous éloigne du péché, parce qu'il déplaît à Dieu, qui nous fait éviter les occasions de le commettre, et nous fait prendre des précautions contre notre faiblesse. — Puisque Dieu nous commande d'espérer en lui, que la confiance aux mérites de Jésus-Christ est la base du christianisme, que ce sentiment fait toute notre consolation dans cette vie, on ne peut pas s'empêcher de savoir mauvais gré à ceux d'entre les théologiens qui affectent de suivre toujours les opinions les plus rigides et les plus propres à nous faire désespérer de notre salut. Pour un pécheur qui se perdra par présomption, il y en a vingt qui tomberont dans l'impénitence par désespoir. Pour ébranler notre confiance, ils répètent sans cesse que Dieu ne nous doit rien. Nous soutenons qu'il nous doit tout ce qu'il nous a promis. « Dieu, dit saint Augustin, est devenu notre débiteur, non en recevant quelque chose de nous, mais en nous promettant ce qu'il lui a plu (*Serm.* 158, n. 2). » *Dieu*, dit saint Paul, *est fidèle à ses promesses, il ne permettra pas que vous soyez tentés au-dessus de vos forces; mais il vous fera tirer avantage de la tentation même, afin que vous puissiez persévérer* (*I Cor.* X, 13). — Quand on se rappelle la conduite de Dieu à l'égard des pécheurs dans tous les siècles, la patience avec laquelle il les attend, les menaces qu'il leur fait, la répugnance qu'il a de les punir, les tendres invitations qu'il leur adresse, la facilité avec laquelle il pardonne au premier signe de repentir, la joie qu'il témoigne de leur retour, peut-on se persuader qu'il en délaissera un seul, qu'il lui refusera des grâces, qu'il l'endurcira pour avoir la triste satisfaction de le punir, qu'il abandonnera même les justes? Est-ce ainsi qu'il a traité les hommes antérieurs au déluge, les Sodomites, les Égyptiens, les Chananéens, les Ninivites, David, Achab, Nabuchodonosor, Manassès, la nation juive tout entière? — Jésus-Christ, parfaite image de son Père, en a représenté tous les traits; il a mis sous nos yeux, non le tableau de sa justice, mais celui de sa miséricorde. Ses maximes, ses exemples, sa vie tout entière, ne respirent que la douceur, l'indulgence, la compassion pour les pécheurs. Les paraboles de la brebis égarée, des fermiers de la vigne, de l'enfant prodigue, du publicain dans le temple; sa conduite à l'égard de Zachée, de la pécheresse de Naïm, de la femme adultère, de saint Pierre, des Juifs qui l'ont crucifié: quelles leçons! quels motifs de confiance!

Les pharisiens en ont murmuré, les incrédules s'en scandalisent. Convient-il de n'en pas parler pour ramener le pécheur?

Pour savoir lequel de ces deux motifs, l'*espérance* ou la crainte, est le plus efficace pour convertir les pécheurs et pour affermir les justes, il ne faut pas interroger les théologiens spéculateurs qui ne connaissent que leur cabinet; il faut consulter les ouvriers évangéliques, les hommes blanchis dans les travaux de l'apostolat, instruits, par une longue expérience, des penchants du cœur humain : tous ces derniers répondront que la crainte abat le courage, et que l'*espérance* le ranime. *Voy.* CONFIANCE EN DIEU.

ESPRIT, substance immatérielle et distinguée du corps (*Voy.* AME). Plusieurs philosophes de notre siècle ont poussé l'entêtement jusqu'à soutenir que les auteurs sacrés et les Pères de l'Eglise n'attachaient point au mot *esprit* le même sens que nous lui donnons; que sous ce terme ils entendaient seulement une matière très-subtile, une substance ignée ou aérienne, inaccessible à nos sens, et non une substance absolument immatérielle.

Sans entrer dans aucune discussion grammaticale, nous convenons qu'il n'y a, dans les langues connues, aucun terme propre et uniquement destiné à signifier un être immatériel. Comme l'imagination n'y a point de prise, il a fallu recourir à une métaphore pour le désigner; la plupart des noms qu'on lui a donnés signifient le souffle, la respiration, qui est le signe de la vie. — Mais tous les hommes, sans avoir aucune teinture de philosophie, ont distingué naturellement la substance vivante, active, principe de mouvement, d'avec la substance morte, passive, incapable de se mouvoir; ils ont nommé la première *esprit*, la seconde *corps* ou matière. Cette distinction est aussi ancienne que le monde, aussi étendue que la race des hommes. Tous ont été si persuadés de l'inertie de la matière, qu'ils ont supposé un esprit partout où ils ont vu du mouvement. *Voy.* PAGANISME. — La distinction de ces deux êtres entre dans notre intelligence, non-seulement par le canal de nos sens, mais par la conscience de nos propres opérations; un être qui se sent, qui se rend témoignage de ses pensées, de ses vouloirs, de ce qu'il a fait et de ce qu'il éprouve, ne fut jamais confondu avec l'être qui ne sent rien et qui est purement passif. Parce que tout homme se sent, il a dit : *Je suis une substance*; par analogie, il a supposé aussi une substance dans le corps ou dans la matière, sans pouvoir comprendre ce que c'est, sans avoir aucune idée claire d'une substance matérielle. L'idée de l'*esprit* est donc claire, naturelle, saisie par le sentiment intérieur; l'idée de la matière est une idée factice calquée sur la première.

Ainsi la question se trouve réduite à savoir si, lorsque les auteurs sacrés, les Pères de l'Eglise et les anciens philosophes ont nommé *Dieu*, les *anges*, les *âmes*, ils les ont conçus comme des êtres morts, passifs, immobiles, ou comme des êtres qui se sentent, qui pensent et qui agissent. Le pyrrhonien le plus intrépide oserait-il former du doute là-dessus? Pour n'avoir aucune idée de l'*esprit*, il faut n'avoir jamais réfléchi sur soi-même. Cette idée n'a commencé à paraître obscure que depuis que certains philosophes ont travaillé à l'embrouiller. Un disputeur peut mettre en question si le souffle ou le feu est un être qui se sent, qui pense, qui a la conscience de ses opérations; mais un homme sensé ne se le persuadera jamais; l'ignorant le plus grossier en ferait une dérision. — Voyons donc si les auteurs sacrés, les Pères de l'Eglise, ont admis la *création*; ils ont conçu que Dieu agit par le seul vouloir : *Dieu dit : Que la lumière soit, et la lumière fut.* Un être matériel peut-il être créateur? Aucun matérialiste a-t-il jamais cru la création possible? Ils disent, en parlant de la création de l'homme, que Dieu souffla sur *un corps*, et que l'homme devint *une âme* vivante; que l'homme est fait à l'image de Dieu. Voilà les deux substances clairement distinguées. L'homme qui ressemble à un Dieu pur *esprit*, qui se sent, qui se connaît, qui pense, qui veut, qui agit, n'est-il qu'une portion de matière? — Après deux mille cinq cents ans de disputes philosophiques, nous en sommes encore à ces deux premiers mots, et nous n'irons jamais plus loin. L'*esprit* est l'être qui se sent, se connaît, vit et agit; le *corps* est l'être qui ne sent rien, ne se remue point, s'il n'est poussé et mis en mouvement. On a su les distinguer depuis Adam jusqu'à nous, et en dépit du verbiage philosophique, on continuera de les distinguer jusqu'à la fin des siècles.

Peu importe de savoir si les anciens ont pensé ou non que tout *esprit* est toujours revêtu d'un *corps* subtil; il nous suffit que jamais l'on n'ait confondu ces deux êtres. — Il est dit (*Gen.* XLV, 27) que l'*esprit* de Jacob commença de revivre, lorsqu'il apprit des nouvelles de Joseph. *Num.* XXVII, 16, Moïse dit : *Que le Seigneur, Dieu des* ESPRITS *de toute chair, choisisse un homme capable de conduire toute cette multitude.* Isaïe, c. XXVI, v. 9, dit au Seigneur : *Mon âme vous désire pendant la nuit, et le matin mon* ESPRIT *s'éveille pour vous dans le fond de mon cœur.* L'*Ecclésiaste*, c. XII, 7, dit que *la poussière de l'homme rentrera dans la terre d'où elle a été tirée, et que l'* ESPRIT *retournera à Dieu qui l'a donné.* Tobie, c. III, v. 6, demande à Dieu que son *esprit* soit reçu en paix, etc. Dans tous ces passages, il n'est point question du souffle ni d'une substance matérielle, comme le prétendent les incrédules. — Dans plusieurs autres endroits, il est parlé d'*esprits* bons ou mauvais, qui vont où il leur plaît, qui parlent, qui agissent, qui se présentent devant le trône de Dieu, etc. Ce ne sont point là de simples métaphores; il ne serait pas possible de leur donner un sens raisonnable, et les auteurs sacrés leur attribuent des opérations qui ne peuvent convenir à des êtres matériels, quelque subtils qu'on les suppose. Lorsque Jésus-Christ a dit dans l'Evangile (*Joan.* IV, 24) : *Dieu est* ESPRIT, *on doit l'adorer en* ESPRIT *et en vérité*, il n'a certainement pas voulu dire que Dieu est un corps subtil.

Nous convenons cependant que le mot *esprit*, dans l'Ecriture sainte, ne signifie pas toujours une substance immatérielle. Comme le propre de l'*esprit* est d'agir, les anciens ont appelé *esprit* toute cause qui agit, comme le vent, les tempêtes (*Ps.* CXLVIII). L'*Ecclésiastique* (XXXIX, v. 33 et suivants) dit : *Il y a des* ESPRITS *qui ont été créés pour la vengeance.... le feu, la grêle, la famine, la mort, les bêtes farouches, les serpents, le glaive.* Le nom d'*esprit mauvais* est quelquefois donné aux maladies inconnues et regardées comme incurables ; dans ce sens Saül était agité par un *mauvais esprit* (*I Reg.* XVIII, 10). Il est parlé, dans l'Evangile, d'un jeune homme possédé d'un *esprit muet* qui le jetait par terre, le faisait écumer, grincer les dents, éprouver des convulsions : ce sont les symptômes de l'épilepsie; mais, dans d'autres passages, l'*esprit impur* est évidemment le démon, comme on le voit en saint Matthieu, chap. XLII, v. 43, etc. De là même il résulte que les anciens ont été plus enclins à spiritualiser les corps qu'à matérialiser les *esprits.*

Les incrédules nous en imposent, lorsqu'ils disent qu'*esprit* est un mot vide de sens, un terme purement négatif, qui signifie seulement *ce qui n'est pas corps.* Nous pourrions dire, avec autant de raison, que *corps* ou *matière* signifie seulement *ce qui n'est pas esprit.* S'il y a de mauvais philosophes qui décident que tout ce qui n'est pas corps n'est rien, on connaît aussi des idéalistes qui ont soutenu qu'il n'y a que des *esprits*, que les corps ne sont qu'une apparence et une illusion faite à nos sens ; les uns ne sont pas plus raisonnables que les autres. — Ils disent que, jusqu'à Descartes, les philosophes et les théologiens attribuaient de l'étendue aux *esprits.* Quand cela serait vrai, il ne s'ensuivrait rien, puisque, malgré Descartes, il y a encore aujourd'hui des philosophes qui, en admettant la distinction essentielle entre les corps et les *esprits*, soutiennent que ceux-ci ne sont pas absolument sans étendue. (Cudworth, *Syst. intell.*, c. v, sect. 3, § 52, tom. II, p. 496).

Si l'on nous demande comment nous prouvons l'existence des *esprits* ou des substances distinguées de la matière, tout homme sensé répondra : 1° Je sens moi, et non un autre; que si quelquefois je suis passif, d'autres fois je suis actif; que, quand j'agis avec réflexion, je le fais librement et par mon choix : voilà trois sentiments dont la matière est essentiellement incapable. D'ailleurs, il est impossible à tout philosophe d'expliquer par un mécanisme corporel les opérations de l'âme, la pensée, la réflexion, le vouloir, les sensations, le mouvement commencé et non communiqué ; les matérialistes sont forcés d'en convenir. — 2° L'ordre physique de l'univers ne peut être attribué au hasard, ni à une nécessité aveugle, le bon sens y répugne ; il faut donc que ce soit l'ouvrage d'une intelligence ou d'un *esprit.* Or, s'il y a un *esprit* auteur et conservateur du monde, qui empêche qu'il n'ait donné l'être à d'autres *esprits* d'un ordre inférieur? De même il faut un ordre moral pour fonder la société entre les hommes ; s'il n'y a pas un *esprit* législateur suprême, cet ordre ne porte sur rien. C'est une absurdité de supposer que rien n'est absolument bien ou mal dans l'ordre physique, et qu'il y a du bien ou du mal dans l'ordre moral. — 3° Le système de ceux qui nient l'existence des *esprits* n'est qu'un chaos de contradictions et de conséquences pernicieuses à la société ; il ne peut être embrassé que par des motifs odieux. Le genre humain tout entier réclame contre l'entêtement des matérialistes ; dans tous les temps ils ont excité le mépris et la haine publique; c'est un trait de démence de leur part, de vouloir lutter contre le sens commun.

Quand ces preuves ne seraient pas démonstratives pour les hommes de toutes les nations, elles le sont pour nous, qui les voyons confirmées par la révélation. C'est aux philosophes de les développer ; il nous suffit de les indiquer sommairement. Mais un théologien doit savoir sur quel fondement l'on accuse les auteurs sacrés et les Pères de l'Eglise, de n'avoir pas connu la nature des êtres spirituels, d'avoir cru que Dieu, les anges et les âmes humaines, sont des substances corporelles.

Beausobre, dans son *Histoire du manichéisme*, l. III, c. 2, § 8, a fait tous ses efforts pour disculper les manichéens, qui concevaient la nature divine comme une lumière étendue, par conséquent comme un corps ; il prétend que cette opinion ne nuit en rien à la foi ni à la piété. Voici ses raisons : 1° L'Ecriture sainte ne décide point le contraire ; le terme *incorporel* ne se trouve point dans la Bible ; Origène l'a remarqué. — 2° Ce Père dit que les docteurs chrétiens, qui croyaient Dieu corporel, alléguaient en preuve cette parole de Jésus-Christ (*Joan.* IV, v. 24) : *Dieu est esprit*, c'est-à-dire, *un souffle.* Ainsi les auteurs ecclésiastiques n'attachaient point au mot *esprit* le même sens que nous. — 3° Origène lui-même reconnaît que tout *esprit*, selon la notion propre et simple de ce terme, est un corps (*Tom.* XIII; *in Joan.*, n. 21). Novatien (*Lib. de Trinit.*, c. 7) dit : « Si vous prenez la substance de Dieu pour un *esprit*, vous en ferez une créature. » — 4° « Pouvez-vous, dit saint Grégoire de Nazianze, concevoir un *esprit* sans concevoir du mouvement et de la diffusion?... En disant que Dieu est incorporel ou immatériel, on dit ce que Dieu n'est pas, et non ce qu'il est.... Tous les termes que l'on emploie pour expliquer cette nature incompréhensible présentent toujours à notre *esprit* l'idée de quelque chose de sensible. » (*Orat.* 34). — 5° Ce même Père dit ailleurs qu'un ange est un feu ou un souffle intelligent ; l'auteur des *Clémentines* appelle les anges *des esprits ignés.* Suivant l'opinion de Méthodius, les âmes sont des corps intelligents : dans Photius (*Cod.* 234). Si nous en croyons Caïus, prêtre de Rome, l'*esprit* de l'homme a la même figure que le corps, et il est répandu dans toutes ses parties (Photius, cod. 48). — 6° Enfin saint Augustin, *Epist.* 28, reconnaît que, dans un certain sens, l'âme est un corps. Dans ses *Confessions*, liv. v. p. 14, il dit : « Si j'avais pu avoir une fois l'idée des substances spirituelles, j'aurais bientôt brisé toutes les machines du manichéisme. »

Les incrédules ne pouvaient pas manquer de copier Beausobre, et d'affirmer que les Pères de l'Eglise n'ont point eu la notion de la parfaite spiritualité; les Juifs pouvaient encore moins l'avoir, puisqu'elle ne se trouve pas dans la Bible. Cette objection est assez grave pour mériter un examen sérieux. — 1° Quand le terme d'*incorporel* se trouverait dans l'Ecriture sainte, nous n'en serions pas plus avancés, puisque, selon nos adversaires, les anciens entendaient seulement par ce mot un être qui n'est point un corps grossier et sensible, mais un corps subtil, tel que l'air ou le feu. Qu'importe le terme, dès que nous trouvons la chose dans les livres saints? Ils nous enseignent que Dieu est immense, infini, qu'il remplit le ciel et la terre, qu'il est présent à toutes les pensées des hommes (*Jerem.* XXIII, v. 24; *Baruch*, III, v. 25 ; *Ps.* CXXXVIII, v. 3, etc.). Cela peut-il s'entendre d'un corps? Très-souvent, dans l'Ecriture, l'*esprit* signifie la pensée, l'intelligence, les connaissances surnaturelles (*Exod.* XXXV, 31; *Num.* XI, 25, 29, etc.). Donc ce n'est ni le souffle, ni un corps subtil. — 2° Un auteur païen a rendu aux Juifs plus de justice que nos adversaires. « Les Juifs, dit Tacite, conçoivent un seul Dieu par la pensée seule, Être souverain, éternel, immuable, immortel. » *Judæi mente sola unumque numen intelligunt, summum illud et æternum, neque mutabile, neque interiturum.* Où les Juifs avaient-ils puisé cette notion sublime, sinon dans la Bible?

II. Nous n'aurons pas plus de peine à justifier la croyance des Pères de l'Eglise que celle des auteurs sacrés.

1° Origène (*De Princip.*, l. 1, c. 1) dit seulement : « Je sais que quelques-uns voudront soutenir que, selon nos Ecritures, Dieu est un corps, parce qu'il y est dit, *Dieu est un feu dévorant, Dieu est esprit ou souffle, Dieu est lumière.* » Comment Beausobre sait-il qu'Origène, par ce mot *quelques-uns*, a entendu les *docteurs chrétiens*, les *auteurs ecclésiastiques*, et non des philosophes et des hérétiques? Il était de la bonne foi d'avouer que, dans cet endroit même, Origène prouve la parfaite spiritualité de Dieu; il soutient que les paroles de l'Ecriture ne doivent point être prises dans le sens grammatical, mais dans un sens spirituel; les principes qu'il pose (*Ibid.*, n. 6 et 7) démontrent également la parfaite spiritualité des anges et des âmes humaines. Pourquoi Beausobre a-t-il supprimé ce fait essentiel? — Tome XIII, *in Joan.*, n. 21, Origène répète la même chose; il réfute ceux qui disaient que ces paroles, *Dieu est esprit*, signifiaient, *Dieu est un souffle.* Il avoue que, dans le sens gramma-tical, *esprit* signifie un corps; mais il prouve qu'on ne doit pas le prendre dans ce sens. Le texte cité de Novatien ne dit rien de plus.

2° Il faut savoir d'abord que, dans le disc. 34, cité par Beausobre, saint Grégoire de Nazianze prouve, *ex professo*, contre les manichéens, que Dieu ne peut pas être un corps; et Beausobre lui-même l'a remarqué ailleurs. Dans ce même discours, il va 38°, *carm.* 1, *de Virginit.*, etc., ce Père nomme les anges des intelligences pures, νόες, des êtres intelligibles et intelligents, des natures simples, que l'on ne saisit que par la pensée. L'aveu qu'il fait de la faiblesse de notre esprit pour concevoir les substances spirituelles, et de l'insuffisance du langage pour en exprimer la nature, prouve qu'il ne les prenait pas pour des corps; il n'est difficile ni de concevoir les corps subtils, ni d'en exprimer la nature. Il avoue encore qu'*incorporel* et *immatériel* sont des termes purement négatifs; mais il n'ajoute point que ces termes sont faux à l'égard de Dieu.

3° Nous sommes déjà convenus que, dans aucune langue, il n'y a un terme propre et sacré pour distinguer un *esprit*, qu'il faut absolument l'exprimer par une métaphore empruntée des corps : que prouvent donc celles dont saint Grégoire de Nazianze, Méthodius et d'autres se sont servis? Rien du tout. Quand ils ne se seraient expliqués qu'une seule fois d'une manière orthodoxe, c'en serait assez pour convaincre d'injustice leurs accusateurs. Les Pères ont attribué aux *esprits* le mouvement, c'est-à-dire l'action; ils appellent *diffusion* la présence à plusieurs parties de l'espace, et il ne s'ensuit rien. — Les mots *corps* et *matière* ne sont pas moins métaphoriques que le mot *esprit*. Ὕλη, la matière, dans l'origine signifie *du bois*; quelques auteurs l'ont rendu en latin par *sylva.* Si l'on soutenait qu'en disant que Dieu est *immatériel*, nous entendons seulement qu'il n'est pas *du bois*, on se couvrirait de ridicule. *Corps*, dans notre langue, comme dans toutes les autres, a au moins dix ou douze significations différentes : *un pauvre corps*, signifie souvent un *pauvre esprit*; savoir ce qu'un homme a dans le corps, c'est savoir ce qu'il pense; on peut dire, *le corps d'une pensée*, pour distinguer le principal d'avec les accessoires. Aussi les anciens ont souvent confondu *corps* avec *substance*; ils ont nommé *corps*, tout être borné et circonscrit par un lieu, tout être susceptible d'accidents et de modifications passagères : nous le ferons voir au mot TERTULLIEN. Dans ce sens, ils ont dit que Dieu seul est incorporel. La plus vicieuse de toutes les philosophies est de bâtir des hypothèses sur des termes équivoques. Beausobre s'est plaint vingt fois de ce que l'on a fait le procès aux hérétiques sur des mots; et il ne fait autre chose à l'égard des Pères de l'Eglise.

4° Puisque saint Augustin a dit que l'âme humaine est un corps *dans un certain sens*, il donne assez à entendre que ce n'est pas dans le sens propre. *Lib. contra Epist. fund.*, c. 16; et ailleurs, il réfute les manichéens, qui disaient que Dieu est une lumière, par conséquent un corps. Personne n'a professé avec plus d'énergie que ce Père, et n'a mieux prouvé la parfaite spiritualité de Dieu, des anges et des âmes humaines ; il serait inutile de copier ce qu'il en a dit.—C'est sans doute pour nous détromper de ces paradoxes, que Beausobre nous renvoie au P. Petau (*Dogm. Théol.*; tom. III, *de Angelis*, l. 1). En effet, ce théologien, après avoir allégué dans le chapitre 2 les passages des Pères qui semblent supposer les anges corporels, cite dans le 3e le très-grand nombre de ces saints docteurs qui ont soutenu la parfaite spiritualité des intelligences célestes, et il a réfuté d'avance la plupart des raisons de Beausobre. — Il est faux que l'hypothèse d'un Dieu corporel soit indifférente à la foi et à la piété ; cette erreur est incompatible avec le dogme essentiel de la création, et avec celui de la sainte Trinité. Si Dieu n'est pas créateur, il faut admettre le système des émanations avec toutes les absurdités qui s'ensuivent ; il faut concevoir Dieu comme l'âme du monde ; supposer, avec les stoïciens, la fatalité de toutes choses, avec les épicuriens, le matérialisme de l'âme humaine, par conséquent sa mortalité : erreurs qui sapent le fondement de la morale et de la religion. *Voy.* DIEU, ANGE, AME, EMANATION, etc.

5° Poussons à l'excès, s'il le faut, la complaisance pour nos adversaires. Mosheim, dans ses notes sur Cudworth (*Syst. intell.*, c. 5, sect. 3, § 21) dit que les anciens philosophes distinguaient dans l'homme deux âmes ; savoir : l'âme sensitive, qu'ils appelaient aussi l'*esprit*, et qu'ils concevaient comme un corps subtil ; et l'âme intelligente, incorporelle, indissoluble, immortelle. A la mort de l'homme, ces deux âmes se séparaient du corps, et demeuraient toujours unies, mais non confondues, de manière que l'une ne pouvait être absolument séparée de l'autre. Ce même critique prétend que les Pères de l'Eglise ont conservé dans le christianisme cette opinion philosophique. — Supposons, pour un moment, qu'il y ait quelques Pères de l'Eglise qui ont pensé en effet de cette manière ; il s'ensuit déjà que ces Pères, aussi bien que les anciens philosophes, ont eu une idée très-claire de la parfaite spiritualité, puisqu'ils l'ont attribuée à l'âme intelligente que l'on appelait νόος, *mens*, en tant qu'elle était distinguée de l'âme sensitive, ψυχή, *anima*, que l'on envisageait comme un corps très-subtil. Il s'ensuit encore que si les Pères ont cru que les anges sont toujours revêtus d'un corps subtil, ils ne les ont pas pour cela confondus avec le corps, et qu'ils les ont regardés comme des substances spirituelles par essence. Il s'ensuit enfin que Dieu est pur *esprit*, à plus forte raison, suivant la croyance des Pères qui est celle des auteurs sacrés ; qu'ainsi les accusateurs des Pères ont tort à tous égards.

III. Mais puisque l'on reproche aux anciens philosophes d'avoir méconnu la parfaite spiritualité, que pour faire retomber ce blâme sur les Pères de l'Eglise, nous sommes forcés d'examiner ce qui en est.

Mosheim, dans le même ouvrage, cap. 1, § 26, note (*y*), prouve par des passages très-forts de Cicéron et d'autres philosophes, que les anciens n'ont point attaché aux mots *esprits*, *âme*, *incorporel*, *être simple*, *être pur*, etc., le même sens que nous y attachons ; qu'ils ont appelé *spirituel* et *incorporel* tout corps subtil, igné ou aérien ; *être simple*, celui qui n'est point composé d'atomes de différente nature ou de matières de différentes espèces ; qu'ils ont pensé que, quand une substance est formée d'une matière homogène, ses parties sont inséparables, qu'elle est par conséquent indestructible et immortelle. Ce critique, si bien instruit des opinions de l'ancienne philosophie, ajoute cependant une restriction. « Je ne prétends pas assurer, dit-il, qu'aucun des anciens n'a eu l'idée de la parfaite spiritualité ; je veux seulement dire que, quand on lit leurs ouvrages, il ne faut pas croire que toutes les fois qu'ils emploient les mêmes termes que nous, ils y attachent aussi le même sens. — Nous lui savons gré de cette observation. Puisqu'il ne nie pas qu'il y ait eu des anciens philosophes qui ont eu l'idée de la parfaite spiritualité, il est de notre devoir d'examiner si les Pères de l'Eglise n'ont pas adopté cette notion plutôt que celle des autres philosophes.

1° L'on sait très-bien que Démocrite, les épicuriens et d'autres n'admettaient point l'idée de la parfaite spiritualité, puisqu'ils soutenaient que les *esprits* ou les âmes étaient composés d'atomes ; mais l'on sait aussi que Pythagore, Platon et leurs disciples ont combattu de toutes leurs forces l'opinion des épicuriens. Or, ces derniers n'ont jamais été assez insensés pour prétendre que les âmes étaient composées d'atomes grossiers, ou des parties les moins subtiles de la matière ; jamais ils n'ont dit que ces atomes étaient hétérogènes ou de différente espèce : donc les platoniciens, qui les ont attaqués, ont entendu que les âmes ne sont composées ni d'atomes subtiles, ni d'atomes homogènes. — 2° Les épicuriens, qui supposaient les atomes homogènes et de même espèce, n'en ont pas moins soutenu que les âmes qui en étaient composées étaient dissolubles, destructibles, mortelles, périssables : donc il est faux qu'ils aient pensé que les parties d'une substance composée de matière homogène étaient inséparables, et l'on ne prouvera jamais que leurs adversaires ont soutenu le contraire sur ce point. — 3° Les anciens philosophes n'ont point connu de matière plus pure ni plus subtile que le feu ou la lumière, l'air ou l'*éther* ; or, nous verrons que, suivant les platoniciens, les âmes ne sont formées d'aucun des quatre éléments, qu'elles sont d'une cinquième nature absolument différente ; à laquelle ils n'ont pas pu donner un nom : donc ils ont pensé que cette nature était purement spirituelle ou immatérielle. — Il est singulier que l'on suppose les philosophes, surtout les platoniciens, plus stupides que le peuple. A l'imitation du peuple, ils ont adoré les éléments comme des dieux : le feu, sous le nom de *Vulcain*, l'air le plus pur sous le nom de *Jupiter*, etc. Mais ils les supposaient animés par une intelligence, par un génie ou par une âme capable de voir, d'entendre, de connaître, ce qu'on faisait pour lui plaire ; Platon l'enseigne formellement dans le *Timée*, p. 527, *B*, et ailleurs. Les parsis, qui adorent encore aujourd'hui le feu, en ont la même idée. *Voyez* PARSIS. Les ignorants, non plus que les savants, qui ont supposé toute la nature animée par des intelligences, ne les ont jamais confondues avec les corps ou grossiers ou subtils dont ils les croyaient revêtues. — 4° Ce même fait est encore démontré par la distinction que les philosophes ont mise entre l'âme sensitive et l'âme intelligente, entre l'âme des brutes et celle des hommes ; jamais ils n'ont dit que l'âme sensitive et l'âme des brutes étaient des corps grossiers, ou des corps composés de matières hétérogènes ; quoiqu'ils regardassent celles-ci comme des corps homogènes et très-subtils, ils les ont crues mortelles et périssables : donc ils ont pensé différemment à l'égard de l'âme intelligente. Aussi Platon, dans le *Timée, ibid.*, dit que Dieu, en formant le monde, *mentem quidem, animæ animam vero corpori dedit*. — 5° Ce même philosophe, dans le *Phédon*, p. 391, *G*, soutient qu'une âme ne peut être plus grande ou plus petite qu'une autre âme ; pourquoi non, si c'est un corps subtil ? — 6° Personne n'a mieux connu que Cicéron les opinions des divers philosophes sur la nature de l'âme, puisqu'il les a rapportées toutes. Dans ses *Questions académiques*, l. IV, n° 223, *édit. Rob. Steph.*, p. 31, il propose celle-ci : « Si l'âme est un être simple ou composé ; dans le premier cas, si c'est du feu, de l'air, du sang, ou si c'est, comme le veut Xénocrate, l'intelligence sans aucun corps, *mens nullo corpore*; alors, dit-il, on a peine à comprendre quelle elle est. » Voilà du moins Xénocrate défenseur de la parfaite spiritualité. Bientôt Cicéron sera du même avis, et c'est celui de Platon, sous lequel Xénocrate avait étudié la philosophie. — Dans les *Tusculanes*, l. I, n° 64, p. 114, après avoir parlé des quatre éléments, Cicéron demande si l'âme est une cinquième nature, qu'il est plus difficile de nommer que de concevoir : *Quinta illa non nominata magis, quam non intellecta natura* : il aurait été facile de lui donner un nom, si on l'avait prise pour un corps subtil. — *Ibid.*, n° 80, p. 115. « Plusieurs, dit-il, soutiennent la mortalité de l'âme, parce qu'ils ne peuvent imaginer ni comprendre quelle elle est, lorsqu'elle n'a plus de corps ; comme s'il était plus aisé de concevoir quelle elle est dans le corps, sa forme, sa grandeur, son lieu. Si nous ne concevons pas ce que nous n'avons jamais vu, il n'est pas plus facile de concevoir Dieu que l'âme divine séparée du corps. » Nous ne voyons pas en quoi il est difficile de concevoir l'âme humaine comme un corps très-subtil. — N° 83. Il rapporte ce raisonnement, tiré du *Phédon* de Platon, p. 544, *D*. « Ce qui agit toujours est éternel ; s'il cessait d'agir, il ne serait plus. L'Etre seul qui se meut lui-même, ne cesse jamais de se mouvoir, parce qu'il ne peut cesser d'être ce qu'il est par essence, principe du mouvement. Ce principe ne peut venir d'un autre, il ne serait plus *principe*; il ne peut donc ni commencer ni cesser d'être. » On sait que chez les Grecs *mouvoir* et *agir*, *mouvement* et *action* sont synonymes. La question n'est pas de savoir si le raisonnement de Platon, pour prouver l'éternité de l'âme, est solide ou non ; mais aurait-il pu le faire s'il avait envisagé l'âme comme un corps subtil ? Nous soutenons que ce philosophe n'a jamais cru qu'un corps d'aucune espèce pût être un principe d'action ; et c'est ce que les matérialistes ne lui ont jamais pardonné. — N° 101. Cicéron ajoute : « S'il y a, comme le veut Aristote, une cinquième nature différente des quatre éléments, c'est celle des dieux et des *esprits*... Ceux-ci sont exempts de mélange et de composition ; ce ne sont point des êtres terrestres, humides, ignés ou aériens ; tous ces corps sont incapables de mémoire, de pensée, de réflexion, de souvenir du passé, de prévoyance de l'avenir, de sentiment du présent. Ces facultés sont vraiment divines ; l'homme n'a pu les recevoir que de Dieu.... En effet, Dieu lui-même ne peut être conçu que comme une intelligence, *mens*, dégagée de tout mélange terrestre et périssable, qui voit tout, qui meut tout, et dont l'action est éternelle. » — Il le répète, n° 110, p. 119. « La nature de l'esprit, *animi*, est une nature unique et singulière, propre à lui seul.... A moins d'être physiciens stupides, nous devons sentir que l'*esprit* n'est point un être mélangé, ni composé de parties, ni rassemblé, ni double. Il ne peut donc être coupé, divisé, décomposé, détruit, ou cesser d'être. » Nous avouons que cette traduction ne rend pas toute l'énergie des termes de Cicéron : *Nihil admixtum, nihil concretum, nihil copulatum, nihil coagmentatum, nihil duplex*. Un habile commentateur de ce philosophe demande avec raison de quels termes plus forts on peut se servir pour exprimer la parfaite spiritualité. — N° 124. « Lorsqu'il est question de l'éternité des âmes, cela s'entend de l'*esprit* pur, *de mente*, qui n'est sujet à aucun mouvement déréglé, et non de la partie qui est sujette au chagrin, à la colère et aux autres passions. Quant à l'âme des brutes, elle n'est point douée de raison. — *Tuscul.*, l. V, n° 55, p. 172 : « L'*esprit* de l'homme émané de l'*esprit* de Dieu, *decerptus e mente divina*, ne peut être comparé qu'à Dieu, si l'on peut ainsi parler. » On ne manquera pas d'argumenter sur le mot *decerptus*, et l'on conclure que, suivant l'opinion de Cicéron, l'esprit de Dieu est composé de parties séparables, puisque les âmes humaines en sont autant de portions détachées. Mais au mot EMANATION, nous avons fait voir que, suivant la manière de penser des philosophes, un *esprit* peut en produire un autre sans aucune diminution et sans aucune division de sa substance, comme un flambeau en allume un autre sans rien perdre de sa lumière ni de sa chaleur, et comme la pensée d'un homme se communique à un autre par la parole sans se séparer du premier. — On voit très-bien que ces comparaisons ne sont pas justes et ne prouvent rien ; mais enfin telle est l'ancienne philosophie, et il ne s'ensuit pas que ceux qui raisonnaient ainsi n'avaient aucune idée de la parfaite spiritualité.

Mosheim a-t-il trouvé dans Cicéron des passages capables de détruire ce que nous venons d'établir ? — Le premier est tiré des *Quæst. acad.*, lib. I, n. 35, page 6, où il dit que, suivant Platon et Aristote, « de même que la matière ne peut être unie s'il n'y a pas une force qui la retienne, ainsi *la force ne peut être sans quelque matière*, parce qu'il faut que tout ce qui existe soit dans un lieu. » Que voulaient ces philosophes ? Ils pensaient que Dieu, cause efficiente de tous les êtres, et principe de la force active, n'aurait pas pu exister ni agir, s'il n'y avait pas eu de la matière, parce qu'il n'y aurait point eu de lieu dans lequel il pût être ; c'est pour cela qu'ils supposaient la matière coéternelle à Dieu. Mais autre chose est de soutenir que cette force active n'a pas pu exister sans quelque matière, *hors d'elle*, qui fût le sujet et le lieu de son action, et autre chose de dire qu'elle n'a pas pu être sans qu'il y eût de la matière *en elle*, ou sans qu'elle fût matérielle. Mosheim s'est bouché exprès les yeux pour ne pas voir le sens. Ce passage même démontre que ces philosophes ont mis une différence essentielle entre la substance active, cause efficiente des êtres, et la substance inerte, passive, incapable de mouvement et d'action ; différence qui est la base de tout le système de Platon. — Le second passage est celui que nous avons cité, *Academ. Quæst.*, lib. IV, n. 223, page 31, où Cicéron suppose que le feu, l'air, le sang, sont des *êtres simples*, parce qu'ils sont composés de parties homogènes. Que s'ensuit-il ? Que quelquefois les mots *être simple*, *être pur*, *être incorporel*, ne signifient pas l'*esprit* pur ; mais ne le signifient-ils jamais ? Dans notre langue même, le mot *simple* a cinq ou six significations différentes : ce sont les accompagnements qui déterminent le vrai sens. Il ne fallait pas supprimer les termes de Xénocrate qui suivent : *Mens sine corpore*, ni la *cinquième nature* dont parle Aristote, et qui est celle de l'âme. Ces philosophes n'ont jamais dit que l'air, le feu, le sang, ne sont point composés de parties, et qu'ils ne peuvent être divisés ; au lieu qu'ils l'ont dit en parlant de l'âme. — Nous avons encore allégué le troisième passage, *Tuscul. Quæst.*, lib. 1, n. 80, pag. 115, où Cicéron demande si l'on comprend quelle est l'âme unie au corps, *sa forme*, *sa grandeur*, *son lieu*. Mais c'est un argument personnel que Cicéron fait aux épicuriens ; c'est comme s'il leur avait dit : Puisque, pour comprendre quelle est l'âme séparée du corps, vous voulez connaître sa forme, sa grandeur, son lieu, montrez-nous-les dans cette même âme unie au corps. Argumenter contre un adversaire par ses propres principes, ce n'est pas les adopter. — Mosheim en cite un quatrième de Chalcidius, qui est aussi de Platon et d'Aristote, où il est dit que l'âme est composée de trois choses, de mouvement ou d'action, de sentiment ou d'*incorporéité*, τῷ ἀσωμάτῳ. Ce dernier mot aurait dû lui faire comprendre qu'il est ici question de trois qualités, ou de trois facultés de l'âme, et non de trois parties. Nous pourrions encore aujourd'hui nous exprimer de même, sans nier pour cela que l'âme soit un *esprit* pur.

Que l'on dise, si l'on veut, que les anciens philosophes n'ont pas su exprimer aussi clairement, aussi exactement, aussi constamment que nous la parfaite spiritualité ; qu'ils n'en ont pas toujours aperçu toutes les conséquences, que souvent ils les ont méconnues, nous n'en disconviendrons pas. Mais que l'on soutienne, ou qu'ils n'en ont eu aucune notion, ou que ce fait est douteux, et qu'il n'y a rien dans leurs écrits qui puisse nous en convaincre : voilà ce que nous n'avouerons jamais, parce que cela est faux, du moins à l'égard de Platon et de ses disciples.

A présent nous demandons s'il est probable que les Pères de l'Eglise ont adopté plutôt les idées des autres philosophes que les siennes ? On ne cesse de nous répéter que les Pères ont été platoniciens, qu'ils ont introduit dans la théologie chrétienne toutes les notions de Platon, etc. Dira-t-on qu'ils les ont abandonnées touchant la nature des *esprits*, et qu'ils ont embrassé le système des atomes ? Si avant d'être chrétiens ils ont suivi Platon, depuis leur conversion ils ont eu un meilleur maître. A la lumière du flambeau de la foi, ils ont vu que Dieu est créateur : vérité essentielle que Platon n'admettait pas, vérité dont les conséquences sont infinies. Les Pères les ont très-bien aperçues, voilà pourquoi ils ont mieux raisonné et mieux parlé que ce philosophe. Si dans leurs disputes contre les hérétiques, il leur est encore échappé quelqu'une des expressions louches de l'ancienne philosophie, c'est que le langage humain, toujours très-imparfait dans les matières théologiques, n'a pas été porté, en peu de temps, au point d'exactitude où il est aujourd'hui. Mais c'est une injustice affectée, de la part des hétérodoxes, de prendre toujours ces expressions, dans le plus mauvais sens, au lieu de leur donner le sens orthodoxe dont elles sont évidemment susceptibles.

La discussion dans laquelle nous venons d'entrer est un peu longue ; mais elle nous a paru indispensable pour réfuter complètement des reproches que les protestants et les incrédules s'obstinent à répéter continuellement.

EsPRIT (Saint-), troisième Personne de la

sainte Trinité (1). Les macédoniens, au quatrième siècle, nièrent la divinité du *Saint-Esprit;* les ariens soutinrent qu'il n'est pas égal au Père : mais il ne paraît pas que les uns ni les autres aient nié que le *Saint-Esprit* soit une Personne. Les sociniens disent que c'est une métaphore pour désigner l'opération de Dieu. — Cependant l'Evangile parle du *Saint-Esprit* comme d'une Personne distinguée du Père et du Fils ; l'ange dit à Marie que le *Saint-Esprit* surviendra en elle, conséquemment que l'enfant qui naîtra d'elle sera le Fils de Dieu (*Luc.* I, 35). Jésus-Christ dit à ses apôtres, qu'il leur enverra le *Saint-Esprit*, l'*Esprit consolateur*, qui procède du Père ; que cet *Esprit* leur enseignera toute vérité; demeurera en eux, etc. (*Joan* XIV, 16 et 26 ; XV, 26). Il leur ordonne de baptiser toutes les nations au nom du Père, et du Fils, et du *Saint-Esprit* (*Matth.* XVIII, 19). Voilà les trois Personnes placées sur la même ligne; elles sont donc aussi réelles l'une que l'autre ; il n'y a rien ici de métaphorique. Le *Saint-Esprit* est une Personne, un être subsistant, aussi bien que le Père et le Fils. Sûrement, Jésus-Christ n'a pas ordonné de baptiser au nom d'une personne qui ne fût pas Dieu. — En effet, dans plusieurs endroits il est dit indifféremment que le *Saint Esprit* a inspiré les prophètes, et que *Dieu* les a inspirés. Saint Pierre reproche à Ananie qu'il a menti au *Saint-Esprit*, qu'il n'a pas menti aux hommes, mais à Dieu (*Act.* V, 3). Les dons du *Saint-Esprit* sont appelés des dons de Dieu (*I Cor.* XII, 4, etc.). Les sociniens ont donc tort d'affirmer que le *Saint-Esprit* n'est pas appelé *Dieu* dans l'Ecriture sainte. Les Pères se sont servis de ces passages pour prouver la divinité du *Saint-Esprit* aux ariens et aux macédoniens : c'est ce qui a fait condamner ces derniers dans le concile général de Constantinople, l'an 381.

Les sociniens et les déistes prétendent que la divinité du *Saint-Esprit* n'était ni professée, ni connue dans l'Eglise avant le concile de Constantinople. C'est une erreur. Déjà, l'an 325, le concile de Nicée avait enseigné ce dogme assez clairement, en disant dans son symbole : *Nous croyons en un seul Dieu, le Père tout-puissant,..... et en Jésus-Christ son Fils unique; nous croyons aussi au Saint-Esprit.* Il n'avait mis aucune différence entre ces trois Personnes divines; mais il y a des témoignages positifs qui prouvent que cet article de foi est aussi ancien que le christianisme. Au II° siècle, l'Eglise de Smyrne (*Epist.*, n. 14) écrivit à celle de Philadelphie, que saint Polycarpe, près de souffrir le martyre, rendit gloire à Dieu le Père, à Jésus-Christ son Fils, et au *Saint-Esprit*. Saint Justin, dans sa première *Apol.*, n. 6, dit : « Nous honorons et nous adorons le vrai Dieu, le Père, le Fils et l'*Esprit* prophétique. » Lucien, ou l'auteur du dialogue intitulé *Philopatris*, introduit un chrétien qui invite un catéchumène à jurer par le Dieu souverain, par le Fils du Père, par l'*Esprit* qui en procède, qui font un en trois, et trois en un : Voilà, dit-il, le vrai Dieu. Saint Irénée a professé la même croyance, comme l'a prouvé son éditeur (*Dissert.* 3, art. 5). Elle se trouve dans Athénagore (*Legat. pro Christ.*, n. 12 et 24). Saint Théophile d'Antioche (L. 2 *ad Autolic.*, n. 9) dit que les prophètes ont été inspirés par le *Saint-Esprit*, ou inspirés de Dieu. — Au III°, Clément d'Alexandrie finit son livre du *Pédagogue*, par une doxologie adressée aux trois Personnes divines. Tertullien, dans son livre *Contra Praxeas*, c. 2, 3 et 13, réfute les hérétiques qui accusaient les chrétiens d'adorer trois Dieux ; il enseigne que les trois Personnes de la sainte Trinité sont un seul Dieu. Origène professe la même doctrine (*In Epist. ad Rom.*, l. IV, n. 9 ; l. VII, n. 13 ; l. VIII, n. 5, etc. — Au IV°, saint Basile, *lib. de Spiritu Sancto*, c. 29, prouve ce dogme de la foi chrétienne par le témoignage des Pères qui ont vécu dans les trois siècles précédents, même par un passage de saint Clément le Romain, disciple immédiat des apôtres; il insiste sur la doxologie qui était en usage dans toute l'Eglise, et dont il avoue qu'il ne connaît pas l'origine : or, cette formule atteste l'égalité parfaite des trois Personnes divines, en rendant à toutes trois un honneur égal.

Cette même croyance était confirmée par d'autres pratiques du culte religieux, par les trois immersions et par la forme du baptême, par le *kyrie* répété trois fois pour chacune des Personnes, par le *trisagion* ou trois fois saint, chanté dans la liturgie, etc. Vainement les ariens avaient voulu le supprimer. Cette formule venait des apôtres, puisqu'elle se trouve dans l'*Apocalypse*, chap. IV, v. 8, où nous voyons le tableau de la liturgie chrétienne sous l'image de la gloire éternelle. Ainsi les usages religieux ont toujours été une attestation de l'antiquité de nos dogmes, et ont servi de commentaires à l'Ecriture sainte.

Le concile de Constantinople, dans le symbole qu'il dressa, et qui est le même que celui de Nicée, avec quelques additions, dit seulement que le *Saint-Esprit procède du Père;* il n'ajoute point *et du Fils*, parce que cela n'était pas mis en question. Mais dès l'an 447, les Eglises d'Espagne, ensuite celles des Gaules, et peu à peu toutes les Eglises latines, ajoutèrent au symbole ces deux mots, parce que c'est la doctrine formelle de l'Ecriture sainte. — En effet, Jésus-Christ dit dans l'Evangile : *Lorsque sera venu le consolateur que je vous enverrai de la part de mon Père, l'Esprit de vérité qui procède du Père, il rendra témoignage de moi* (Joan. XV, 26). Voilà la mission du *Saint-Esprit*, qui est représentée comme commune au Père et au Fils. Le Sauveur ajoute : *Il prendra de ce*

---

(1) *Criterium de la foi catholique sur le Saint-Esprit*. — Il est de foi : 1° qu'il y a en Dieu une troisième personne de la sainte Trinité, qui est le Saint-Esprit ; 2° elle est vraiment Dieu ; 3° elle est distincte du Père et du Fils ; 4° elle est consubstantielle au Père et au Fils; 5° elle procède du Père et du Fils; 6° elle doit être adorée conjointement avec le Père et le Fils.

qui est de moi si vous l'annoncera; tout ce qui est à mon Père est à moi (xvi, 14). La procession active du *Saint-Esprit*, que les théologiens nomment *spiration*, est donc commune au Père et au Fils.

Cependant c'est de l'addition de ces deux mots que Photius, en 866, et Michel Cérularius, en 1043, tous deux patriarches de Constantinople, ont pris occasion de diviser entièrement l'Eglise grecque d'avec l'Eglise latine. Toutes les fois qu'il a été question de les réunir, les Grecs ont soutenu que les Latins n'avaient pas pu légitimement faire une addition au symbole dressé par un concile général, sans y être autorisés par la décision d'un autre concile général. — On leur a répondu que l'Eglise était non-seulement dans le droit, mais dans l'obligation de professer sa croyance, et de l'exprimer dans les termes les plus propres à prévenir les erreurs; qu'il fallait donc se borner à examiner si l'addition faite au symbole est ou n'est pas conforme à la doctrine enseignée par l'Ecriture sainte et par la tradition touchant la procession du *Saint-Esprit*. Les Grecs, sans vouloir entrer dans le fond de la question, se sont obstinés dans le schisme, et y sont encore.

Il est assez étonnant que de savants protestants aient applaudi, en quelque manière, à l'entêtement des Grecs, en disant que les Latins ont *corrompu* le symbole de Constantinople par une *interpolation manifeste*. Une addition faite, non en secret, mais publiquement, non pour changer le sens d'une phrase, mais pour professer ce que l'on croit, n'est ni une corruption, ni une interpolation. Les protestants ont-ils corrompu ou interpolé leurs confessions de foi, lorsqu'ils y ont fait des changements ou des additions? Mosheim et son traducteur se sont donc très-mal exprimés sur ce sujet (*Hist. de l'Eglise*, VIIIᵉ siècle, IIᵉ partie, chap. 3, § 15; IXᵉ siècle, IIᵉ part., c. 3, § 18).

Cette dispute entre les Grecs et les Latins est ancienne, comme il paraît par le concile de Gentilly, tenu en 767. On en traita encore dans le concile d'Aix-la-Chapelle, sous Charlemagne, en 809, et elle a été renouvelée toutes les fois qu'il s'est agi de la réunion de l'Eglise grecque avec l'Eglise romaine, comme dans le quatrième concile de Latran, l'an 1215; dans le second de Lyon, en 1274; et enfin dans celui de Florence, en 1439. Dans ce dernier, les Grecs convinrent enfin de ce point de doctrine, et ils signèrent avec les Latins, la même profession de foi; mais bientôt après ils retombèrent dans leur erreur, ils renouvelèrent le schisme, et ils y persistent encore. C'est opiniâtreté pure de leur part, puisque la doctrine qu'ils combattent est fondée sur l'Ecriture sainte et sur la tradition, comme on le leur a prouvé plus d'une fois. D'ailleurs, si le *Saint-Esprit* ne procédait pas du Fils, il n'en serait pas distingué, puisque c'est l'opposition relative, fondée sur l'origine, qui fait la distinction des Personnes divines, comme l'enseignent la plupart des théologiens. Les Nestoriens sont dans la même erreur que les Grecs touchant la procession du *Saint-Esprit* (Assémani, *Biblioth. orient.*, tom. IV, c. 7, § 6).

Suivant le langage consacré dans l'Eglise, en parlant de l'origine des Personnes divines, le Fils vient du Père par *génération*, le *Saint-Esprit* vient de l'un et de l'autre par *procession*. Sur quoi il faut observer : 1° que l'une et l'autre sont éternelles, puisque le Fils et le *Saint-Esprit* sont coéternels au Père. 2° Elles sont nécessaires et non contingentes, puisque la nécessité d'être est l'apanage de la Divinité. 3° Elles ne produisent rien hors du Père, puisque le Fils et le *Saint-Esprit* demeurent inséparablement unis au Père, quoiqu'ils en soient réellement distingués. Elles n'ont par conséquent rien de commun avec la manière dont les philosophes concevaient les *émanations* des esprits; ceux-ci étaient non-seulement distingués, mais réellement séparés du Père et subsistaient hors de lui. *Voy.* EMANATION, TRINITÉ.

Quant à la descente du *Saint-Esprit* sur les apôtres, *voy.* PENTECÔTE. Souvent il est dit dans l'Ecriture sainte, que le *Saint-Esprit* nous a été donné, qu'il habite en nous, que nos corps sont le temple du *Saint-Esprit*, etc. Inutilement l'on entreprendrait d'expliquer en quel sens et comment cela se fait ; aucune comparaison, aucune idée tirée des choses naturelles et sensibles ne peut nous le faire concevoir.

Par les dons du *Saint-Esprit*, les théologiens entendent certaines qualités surnaturelles que Dieu donne, par infusion, à l'âme d'un chrétien dans le sacrement de confirmation, pour la rendre docile aux inspirations de la grâce. Ces dons sont au nombre de sept, et ils sont indiqués dans le chapitre II d'*Isaïe*, 2 et 3; savoir : le don de *sagesse*, qui nous fait juger sainement de toutes choses, relativement à notre fin dernière; le don d'*entendement* ou d'*intelligence*, qui nous fait comprendre les vérités révélées, autant qu'un esprit borné en est capable; le don de *science*, qui nous fait connaître les divers moyens de salut et nous en fait sentir l'importance ; le don de *conseil* ou de *prudence*, qui nous fait prendre en toutes choses le meilleur parti, pour notre sanctification ; le don de *force* ou de *courage*, de résister à tous les dangers et de vaincre toutes les tentations; le don de *piété*, ou l'amour de toutes les pratiques qui peuvent honorer Dieu; le don de *crainte de Dieu*, qui nous détourne du péché et de tout ce qui peut déplaire à notre souverain Maître. Saint Paul, dans ses Lettres, parle souvent de ces dons différents. — On entend encore par *dons du Saint-Esprit*, les pouvoirs miraculeux que Dieu accordait aux premiers fidèles, comme de parler diverses langues, de prophétiser, de guérir les maladies, de découvrir les plus secrètes pensées des cœurs, etc. Les apôtres reçurent la plénitude de ces dons, aussi bien que les précédents; mais Dieu distribuait les uns et les autres aux simples fidèles, autant qu'il était nécessaire au succès de la prédication de l'Evangile. Saint Paul, après en avoir fait l'énumération, dit que la charité, ou l'amour de Dieu et du prochain, est le plus excellent de tous les dons, et peut tenir lieu de tous les autres (*I Cor.* XII et XIII) (1).

ESPRIT (Saint-), ordre de religieux hospitaliers et de religieuses. Les religieux hospitaliers du *Saint-Esprit* furent fondés sur la fin du XIIe siècle, par Gui, fils de Guillaume, comte de Montpellier, pour le soulagement des pauvres, des infirmes et des enfants trouvés ou abandonnés. Gui se dévoua lui-même à cette œuvre de charité avec plusieurs coopérateurs, prit comme eux l'habit hospitalier, et leur donna une règle. Cet institut fut approuvé et confirmé en l'an 1198, par Innocent III, qui voulut avoir à Rome un hôpital semblable à celui de Montpellier, et le nomma *de Sainte-Marie en Saxe*. Lorsqu'il y en eut un certain nombre, la maison de Rome fut censée être le chef-lieu au delà des monts; mais celle de Montpellier demeura chef de l'ordre en deçà, et sans aucune dépendance de celle de Rome.

Les papes, successeurs d'Innocent III, accordèrent plusieurs priviléges aux hospitaliers du *Saint-Esprit*; Eugène IV leur donna la règle de saint Augustin, sans déroger à leur règle primitive. Aux trois vœux de religion, ils en ajoutaient un quatrième, de servir les pauvres, conçu en ces termes : « Je m'offre et me donne à Dieu, au Saint-Esprit, à la sainte Vierge, *et à nos seigneurs les pauvres*, pour être leur serviteur pendant toute ma vie, etc. » Nos rois les protégèrent; il s'en établit un assez grand nombre de maisons en France; peu à peu ils prirent le titre de chanoines réguliers. Ils portaient sur l'habit noir, au côté gauche de la poitrine, une croix blanche double et à douze pointes. Leur dernier général ou commandeur en France, a été le cardinal de Polignac. Après sa mort, on leur a ôté la liberté de prendre des novices, et de les admettre à la profession, ils ne subsistent plus dans le royaume.

Nous ignorons en quel temps ils s'associèrent des religieuses pour prendre soin des enfants en bas âge. Celles-ci font les mêmes vœux, portent la même marque sur leur habit, et continuent d'élever les enfants trouvés. Outre les maisons qu'elles ont en Provence, il y en a en Bourgogne, en Franche-Comté et en Lorraine. Dans plusieurs villes de ces provinces, il y avait aussi autrefois des confréries du *Saint-Esprit*, dont l'objet était de procurer des aumônes aux hôpitaux dont nous venons de parler.

ESPRIT FORT. *Voy.* INCRÉDULE.

ESPRIT PARTICULIER, terme devenu célèbre dans les disputes de religion des deux derniers siècles. [*Voy.* ECRITURE SAINTE.]

Pour avoir droit de refuser toute soumission à l'enseignement de l'Eglise, les prétendus réformateurs ont soutenu qu'il n'y a aucun juge infaillible du sens des Ecritures, ni aucun tribunal qui ait droit de terminer les contestations qui peuvent s'élever sur la manière de les entendre; que la seule règle de foi du simple fidèle est le texte de l'Ecriture, entendu selon l'*esprit particulier* de chaque fidèle, c'est-à-dire selon la mesure de capacité, d'intelligence et de lumière que Dieu lui a donnée. — Vainement on leur a représenté que cette méthode ne pouvait aboutir qu'à multiplier les opinions, les variations, les disputes en fait de doctrine, à former autant de religions différentes qu'il y a de têtes, et à introduire le fanatisme. C'est ce qui est arrivé. De ce principe fondamental de la réforme on a vu éclore très-rapidement et le luthéranisme et le calvinisme, la secte des anabaptistes et celle des sociniens, la religion anglicane, les quakers, les hernhutes, les arminiens, les gomaristes, etc. — Si Calvin lui-même avait été fidèle à ses propres principes, de quel droit faisait-il brûler à Genève Michel Servet, parce que ce prédicant entendait autrement que lui l'Ecriture sainte, touchant le mystère de la sainte Trinité? Pourquoi tenir des synodes, dresser des professions de foi, faire des décisions en matière de doctrine, condamner des opinions, comme ont fait les calvinistes dans le synode de Dordrecht, et ailleurs? Muncer et ses anabaptistes, Socin et ses partisans, Arminius et ses sectateurs, etc., armés d'une Bible, ont eu autant de droit de dogmatiser et de se faire une religion que Calvin lui-même. Voilà un argument personnel auquel les protestants n'ont jamais pu rien répondre de solide. — Si chaque particulier est en droit d'interpréter l'Ecriture sainte comme il lui plaît, elle n'a, dans le fond, pas plus d'autorité que tout autre livre. Si Jésus-Christ n'a établi aucun tribunal pour décider les contestations qui peuvent s'élever sur le sens de son Testament, il a été le plus imprudent de tous les législateurs. — Ce qu'il y a de singulier, c'est que les protestants nous accusent de soumettre la parole de Dieu à l'autorité des hommes, en soutenant que c'est à l'Eglise de fixer le véritable sens de l'Ecriture; comme si l'*esprit général* de l'Eglise était un juge moins infaillible que l'*esprit particulier* d'un protestant. — Dans le fond, que fait l'Eglise, en déterminant le vrai sens d'un passage quelconque, par exemple, de ces mots de l'Evangile : *Ceci est mon corps?* Elle dit : Selon la croyance que j'ai reçue des apôtres, tant de vive voix que par écrit, ces paroles de Jésus-Christ signifient : *Ceci n'est plus du pain, c'est mon corps réellement et substantiellement* : donc tout fidèle doit le croire ainsi. Un protestant dit : Quoique cette société ancienne et nombreuse prétende avoir appris des apôtres que ces paroles ont tel sens, je juge par mon *esprit particulier*, qu'elles signifient : *Ceci est la figure de mon corps*; et en cela je crois être éclairé par la grâce plutôt que cette société, qui se donne pour

---

(1) Les magnifiques promesses que Jésus-Christ a attachées à la venue du Saint-Esprit ont suscité bien des hérésies. Nous voyons de nos jours une nouvelle secte se former et annoncer la venue et le rè.ne du Saint-Esprit. Nous combattons cette secte nouvelle au mot MISÉRICORDE (*Œuvre de la*).

Église de Jésus-Christ. De quel côté est ici le respect le plus sincère, la soumission la plus entière à la parole de Dieu? *Voy.* ÉCRITURE SAINTE, § 4; FOI, § 1.

ESSENCE DE DIEU. Dès que Dieu est infini, il est incompréhensible à un esprit borné; il paraît donc d'abord que c'est une témérité de la part des théologiens de parler de l'*essence de Dieu* (1). Mais il ne faut pas s'effaroucher d'un terme, avant de savoir ce qu'il signifie. Parmi les divers attributs que nous apercevons en Dieu, s'il y en a un duquel on peut déduire tous les autres par des conséquences évidentes, rien n'empêche de faire consister l'*essence de Dieu* dans cet attribut. Or, tel est celui que les théologiens nomment *aséité*, c'est-à-dire existence de soi-même, existence nécessaire, ou nécessité d'être. En effet, dès que Dieu est existant de soi-même et nécessairement, il existe de toute éternité, il n'a point de cause distinguée de lui; il n'a donc pu être borné par aucune cause : conséquemment il est infini dans tous les sens, immense, indépendant, tout-puissant, immuable, etc. Toutes ces conséquences sont d'une évidence palpable, et aussi certaines que des axiomes de mathématique. — Il est démontré d'ailleurs qu'il y a un être existant de soi-même, et qui n'a jamais commencé; parce que si tout ce qui existe avait commencé, il faudrait que tout fût sorti du néant sans cause, ce qui est absurde. Ou il faut soutenir contre l'évidence, que tout est nécessaire, éternel, immuable; ou il faut avouer qu'il y a au moins un Être nécessaire qui a donné l'existence à tous les autres. *Voy.* DIEU.

ESSÉNIENS, secte célèbre parmi les Juifs vers le temps de Jésus-Christ.

L'historien Josèphe, parlant des différentes sectes du judaïsme, en compte trois principales, les pharisiens, les sadducéens et les *esséniens*, et il ajoute que ces derniers étaient originairement Juifs : ainsi saint Épiphane s'est trompé, lorsqu'il les a mis au nombre des sectes samaritaines. Leur manière de vivre approchait beaucoup de celle des philosophes pythagoriciens.

Serrarius, après Philon, distingue deux sortes d'*esséniens* : les uns qui vivaient en commun, et qu'on nommait *practici*, ouvriers; les autres, que l'on appelait *theoretici*, ou contemplateurs, vivaient dans la solitude. Ces derniers ont encore été nommés *thérapeutes*, et ils étaient en grand nombre en Égypte. Quelques auteurs ont pensé que les anachorètes et les cénobites chrétiens avaient réglé leur vie sur le modèle de celle des *esséniens*; ce n'est qu'une conjecture, il n'y avait plus d'*esséniens* lorsque les anachorètes ont commencé à paraître. Grotius prétend que les *esséniens* sont les mêmes que les *assidéens*; cela n'est pas certain. Leur nom a pu venir du syriaque *hassan*, continent ou patient.

De tous les Juifs, les *esséniens* passaient pour être les plus vertueux : les païens mêmes en ont parlé avec éloge, en particulier Porphyre, dans son *Traité de l'Abstinence*, l. IV, § 11 et suiv. — Ils fuyaient les grandes villes et habitaient les bourgades; ils s'occupaient à l'agriculture et aux métiers innocents, jamais au trafic ni à la navigation; ils n'avaient point d'esclaves, mais se servaient les uns les autres. Ils méprisaient les richesses, n'amassaient ni trésors ni de grandes possessions, se contentaient du nécessaire, et s'étudiaient à vivre de peu. Ils habitaient et mangeaient ensemble, prenaient à un même vestiaire leurs habits, qui étaient blancs, mettaient tout en commun, exerçaient l'hospitalité, surtout envers ceux de leur secte, avaient grand soin des malades. La plupart renonçaient au mariage, craignaient l'infidélité et les dissensions des femmes, élevaient les enfants des autres, et les accoutumaient à leurs mœurs dès le bas âge. On éprouvait les postulants pendant trois années; et s'ils le devenaient, ils mettaient leurs biens en commun. — Ils avaient un grand respect pour les vieillards, observaient la modestie dans leurs discours et dans leurs actions, évitaient la colère, le mensonge et les serments. Ils n'en faisaient qu'un seul en entrant dans l'ordre, qui était d'obéir aux supérieurs, de ne se distinguer en rien, s'ils le devenaient, de ne rien enseigner que ce qu'ils auraient appris, de ne rien cacher à ceux de leur secte, et de ne rien révéler aux étrangers. — Ils méprisaient la logique et la physique comme des sciences inutiles à la vertu; leur unique étude était la morale qu'ils apprenaient dans la loi; ils s'assemblaient les jours de sabbat pour la lire, et les anciens l'expliquaient. Avant le lever du soleil, ils évitaient de parler de choses profanes, ils employaient le temps à la prière. Ils allaient ensuite au travail jusque vers onze heures; ils se baignaient avec beaucoup de décence, sans se frotter d'huile, comme faisaient les Grecs et les Romains. Ils prenaient leurs repas assis, en silence, ne mangeaient que du pain et un seul mets, priaient avant de se mettre à table, et en sortant, retournaient au travail jusqu'au soir. Leur sobriété en faisait vivre plusieurs jusqu'à cent ans. On chassait rigoureusement de l'ordre celui qui était convaincu de quelque grande faute, et on lui refusait même la nourriture; plusieurs périssaient de misère, mais souvent on les reprenait par pitié. Tel est le tableau que Philon et Josèphe ont tracé de la vie des *esséniens*. — Il y en avait dans la Palestine un nombre de quatre mille tout au plus; ils disparurent à la prise de Jérusalem et de la Judée par les Romains : il n'en est plus question depuis cette époque.

Au reste, c'étaient des Juifs très-superstitieux. Peu contents des purifications ordi-

---

(1) Moins je conçois l'*essence de Dieu*, dit J.-J. Rousseau, plus je l'adore. Je m'humilie et lui dis : Être des êtres, je suis parce que tu es; c'est m'élever à ma source, que de te méditer sans cesse. Le plus digne usage de ma raison est de s'anéantir devant toi : c'est mon ravissement d'esprit, c'est le charme de ma faiblesse, de me sentir accablé de ta grandeur.

naires, ils en avaient de particulières; ils n'allaient point sacrifier au temple, mais ils y envoyaient leurs offrandes. Il y avait parmi eux des devins, qui prétendaient découvrir l'avenir par l'étude des livres saints faits avec certaines préparations; ils voulaient même y trouver la médecine, les propriétés des plantes et des métaux. Ils attribuaient tout au destin, rien au libre arbitre, méprisaient les tourments et la mort, ne voulaient obéir à aucun homme qu'à leurs anciens. — Ce mélange d'opinions sensées, de superstitions et d'erreurs, fait voir que, malgré l'austérité de la loi morale des *esséniens*, ils étaient fort au-dessous des premiers chrétiens. Cependant Eusèbe de Césarée et quelques autres ont prétendu que les *esséniens* d'Egypte, appelés *thérapeutes*, étaient des chrétiens convertis par saint Marc. Scaliger et d'autres soutiennent, avec plus de probabilité, que les *thérapeutes* étaient juifs et non chrétiens. M. de Valois, dans ses notes sur Eusèbe, juge que les *thérapeutes* étaient différents des *esséniens*: ceux-ci n'existaient que dans la Palestine; les *thérapeutes* étaient répandus dans l'Egypte et ailleurs. *Voy.* la *Dissertation sur les sectes des Juifs, Bible d'Avignon*, t. XIII, p. 218.

Il n'est pas aisé de savoir quelle est l'origine de cette secte juive, et en quel temps elle a commencé : sur ce sujet, les savants ont hasardé différentes conjectures; mais elles ne sont pas plus solides les unes que les autres. Il paraît seulement probable que, pendant les différentes calamités que les Juifs essuyèrent de la part des rois de Syrie, plusieurs, pour s'y soustraire, se retirèrent dans les lieux écartés, s'accoutumèrent à y vivre, et embrassèrent un régime particulier. Nous en voyons un exemple dans ceux qui suivirent Matathias et ses enfants dans le désert, pendant la persécution d'Antiochus (*I Machab.* II, 29). Ils se persuadèrent que, pour servir Dieu, il n'était pas nécessaire de lui rendre leur culte dans le temple de Jérusalem; que l'éloignement du tumulte, la méditation de la loi, une vie mortifiée, le détachement de toutes choses, étaient plus agréables à Dieu que des sacrifices et des cérémonies. En cela ils se trompaient déjà, puisque la loi de Moïse était encore dans toute sa force, et obligeait tous les Juifs sans distinction : la nécessité seule pouvait en dispenser. Ils auraient eu besoin de la même leçon que Jésus-Christ fit aux pharisiens (*Matth.* XXIII, 23); en parlant des œuvres de justice, de miséricorde, de fidélité, et du paiement des moindres dîmes, il dit qu'il fallait faire les unes et ne pas omettre les autres. Parmi les opinions que les *esséniens* adoptèrent, il en est encore d'autres que l'on ne peut pas excuser, puisqu'elles sont formellement contraires au texte des livres saints.

On comprend que la vie austère et monastique des *esséniens* a dû déplaire aux protestants; aussi en ont-ils parlé avec beaucoup d'humeur. Ces Juifs, disent-ils, étaient une secte fanatique qui mêlait à la croyance juive la doctrine et les mœurs des pythagoriciens, qui avaient emprunté des Egyptiens le goût des mortifications, qui se flattait de parvenir, par de vaines observances, à une plus haute perfection que le reste des hommes. Mais si l'on fait attention à ce que dit saint Paul de la vie des prophètes, qui se couvraient d'un vil manteau ou de la peau d'un animal, qui vivaient dans la pauvreté, dans les angoisses et dans les afflictions, qui étaient errants dans les déserts et sur les montagnes, qui habitaient dans les cavernes et dans le creux des rochers (*Hebr.* XI, 37), on comprendra que les *esséniens* n'avaient pas besoin de consulter Pythagore ni les Egyptiens, pour faire cas des mortifications; l'exemple des prophètes devait leur être aussi connu qu'à saint Paul. Il en était de même des thérapeutes d'Egypte. *Voy.* THÉRAPEUTES. — Ces critiques ont ajouté que la secte des *esséniens* rejetait la loi orale et les traditions des pharisiens, et s'en tenait à l'Ecriture seule; ils lui en savent gré, sans doute; mais puisque la doctrine et les mœurs de cette secte leur paraissent si absurdes, c'est une preuve que l'attachement exclusif à l'Ecriture n'est pas un préservatif fort assuré contre les erreurs.

Quelques incrédules de notre siècle ont avancé fort sérieusement que Jésus-Christ était de la secte des *esséniens*, qu'il avait été élevé parmi eux, et qu'il n'a fait, dans l'Evangile, que rectifier quelques articles de leur doctrine; l'un d'entre eux a fait un gros livre pour le prouver; on comprend bien comment il y a réussi. Mais le mépris que les savants ont fait de cet ouvrage, n'a pas empêché d'autres imprudents de répéter le même paradoxe; à peine mérite-t-il une réfutation.

Jésus-Christ a enseigné aux hommes des vérités et des pratiques dont les *esséniens* n'avaient aucune connaissance, la trinité des Personnes en Dieu, l'incarnation, la rédemption générale de tout le genre humain, la vocation des gentils à la grâce et au salut éternel, la résurrection future des corps, que les *esséniens* n'admettaient pas : il n'y a, dans l'Evangile aucun trait du destin ou de la prédestination rigide qu'ils soutenaient. Jamais ils n'ont eu la moindre idée des sacrements que Jésus-Christ a institués, ni de la charité générale pour tous les hommes qu'il a commandée; il a blâmé l'observation superstitieuse du sabbat, par laquelle les *esséniens* se distinguaient (*Matth.* XII, 5; *Luc.* XIII, 15, etc.). Le seul endroit où l'on peut supposer qu'il fait allusion à cette secte, est lorsqu'il dit qu'il y a des eunuques qui se sont privés du mariage pour le royaume des cieux (*Matth.* XIX, 12). Prideaux, *Hist. des Juifs*, l. XIII, § 5, t. II, p. 166; Mosheim, *Hist. ecclés.*, Ier siècle, Ire part., c 2, § 6; *Hist. christ.*, c. 2, § 13; Brucker, *Hist. Crit. Philos.*, t. II, p. 759; t. VI, p. 448.

ESTHER, fille juive, captive dans la Perse, que sa beauté éleva à la qualité d'épouse du roi Assuérus, et qui délivra les Juifs d'une proscription générale à laquelle ils étaient condamnés par Aman, ministre et favori de ce roi. L'histoire de cet événement est le sujet du livre d'*Esther*. Assuérus son époux est nommé *Artaxercès* par les Grecs.

On ne sait pas, avec une entière certitude, qui est l'auteur de ce livre. Saint Augustin, saint Épiphane, saint Isidore, l'attribuent à Esdras ; Eusèbe le croit d'un écrivain plus récent. Quelques-uns le donnent à Joachim, grand prêtre des Juifs, et petit-fils de Josédech ; d'autres, à la Synagogue, qui le composa sur les lettres de Mordechai ou Mardochée. — Mais la plupart des interprètes l'attribuent à Mardochée lui-même ; ils se fondent sur le chapitre IX, v. 20 de ce livre, où il est dit que Mardochée écrit ces choses, et envoie des lettres à tous les Juifs dispersés dans les provinces, etc. — Les Juifs l'ont mis dans leur ancien canon ; cependant il ne se trouve pas dans les premiers catalogues des chrétiens, mais il est dans celui du concile de Laodicée de l'an 366 ou 367. Il est cité comme Écriture sainte par saint Clément de Rome et par saint Clément d'Alexandrie, qui ont vécu longtemps avant le concile de Laodicée. Saint Jérôme a rejeté comme douteux les six derniers chapitres, parce qu'ils ne sont plus dans le texte hébreu, et il a été suivi par plusieurs auteurs catholiques jusqu'à Sixte de Sienne ; mais le concile de Trente a reconnu le livre tout entier pour canonique. Les protestants n'admettent, comme saint Jérôme, que les neuf premiers chapitres, et le dixième jusqu'au verset 3.

L'éditeur de la version de Daniel par les Septante, publiée à Rome en 1772, a rapporté, p. 434, un fragment considérable du livre d'*Esther* en chaldéen, tiré d'un manuscrit du Vatican, qui prouve que ce livre a été originairement écrit en chaldéen.

La vérité de l'histoire d'*Esther* est attestée par un monument non suspect, par une fête que les Juifs établirent en mémoire de leur délivrance, et qu'ils nommèrent *purim*, les sorts ou le jour des sorts, parce qu'Aman, leur ennemi, avait fait tirer au sort, par ses devins, le jour auquel tous les Juifs devaient être massacrés. Cette fête était déjà célébrée par les Juifs du temps de Judas Machabée (*II Machab.*, XV, 37). Josèphe en parle dans ses *Antiq. Jud.*, l. XI, c. 6, et l'empereur Théodose dans le Code de ses lois ; elle est encore marquée dans le calendrier des Juifs au quatrième jour du mois adar.

En réfutant l'auteur de la *Bible enfin expliquée*, M. l'abbé Clémence a solidement répondu à toutes ces objections ; il a fait voir qu'elles ne portent que sur des altérations du texte faites malicieusement, et sur une ignorance affectée des mœurs et des usages qui régnaient dans les cours de l'Orient. Il en est une qui a fait impression sur Prideaux : il est étonné de ce que le Juif Mardochée refusait de fléchir le genou devant Aman, premier ministre d'Assuérus ou d'Artaxercès : C'était, dit-il, une marque de respect purement civil, que rendaient aux rois de Perse tous ceux qui étaient admis en leur présence. Mais un habile critique nous fait remarquer que, dans le texte hébreu, l'inclination profonde que l'on faisait aux rois et aux grands, est appelée *mirtachavim*; au lieu que celle qui était ordonnée à l'égard d'Aman est nommée constamment *cerahim*, terme consacré à désigner le respect rendu à la Divinité : c'est la raison qu'allègue de son refus Mardochée lui-même (*Esther*, XIII).

— On peut encore trouver étrange que, dans le chapitre 16, qui n'est point dans l'hébreu, il soit dit qu'Aman était Macédonien d'origine et d'inclination, et qu'il avait résolu de faire passer l'empire des Perses aux Macédoniens, au lieu que, dans le chapitre III, v. 1, nous lisons qu'il était de la race d'Agag, par conséquent Amalécite. M. Clémence pense avec beaucoup de probabilité, que le traducteur grec, au lieu de lire dans le texte *Couthim*, les Cuthéens, a lu *Cethim*, les Macédoniens, par le changement d'une voyelle : or, il est constant que, quand les Amalécites furent détruits par Saül, les restes de ce peuple se retirèrent chez les Cuthéens et les Babyloniens, qu'ils s'unirent d'intérêt avec eux, que les uns et les autres supportaient très-impatiemment la domination des Perses. Il est donc naturel qu'Aman, ennemi des Juifs, en qualité d'Amalécite, ait formé le projet de faire repasser l'empire aux Cuthéens ou aux Babyloniens, qui l'avaient possédé autrefois. — Il est encore très-probable que ce fut par le crédit de la reine *Esther*, juive d'origine, qu'Esdras et Néhémie obtinrent d'Artaxercès la permission de rétablir la religion, les lois et la police des Juifs, et de rebâtir les murs de Jérusalem. Ainsi tout concourt à confirmer la vérité de cette histoire. (*Réfutation de la Bible expliquée*, l. II, c. 3.)

* **ÉTABLISSEMENT DU CHRISTIANISME.** — Il n'y a pas un seul fait dans les annales du monde comparable à celui-ci. Aussi, est-il l'une des preuves les plus puissantes en faveur du christianisme. Nous l'avons développé au mot CHRISTIANISME.

ÉTAT DE LA NATURE HUMAINE. Les théologiens distinguent différents *états* dans lesquels le genre humain a été ou a pu se trouver depuis la création, et il faut en avoir une notion pour entendre le langage théologique. Nous parlerons de chacun sous son titre particulier. Ainsi :

ÉTAT DE PURE NATURE. *Voy.* NATURE.

ÉTAT D'INNOCENCE. *Voy.* ADAM.

ÉTAT DE NATURE TOMBÉE. *Voy.* PÉCHÉ ORIGINEL.

ÉTAT DE NATURE RÉPARÉE. *Voy.* RÉDEMPTION.

De même, à l'égard de chaque particulier, et relativement au salut, l'on distingue l'*état* de grâce d'avec l'*état* du péché. *Voy.* GRACE, PÉCHÉ.

ÉTAT, condition, profession. Saint Paul (*I Cor.*, VII, 7) dit aux fidèles : *Que chacun demeure dans la vocation ou dans l'ÉTAT dans lequel il a été appelé, maître ou esclave ; dans l'ÉTAT de virginité, ou dans celui du mariage, qu'il y persévère selon Dieu*. Il est donc possible de faire son salut dans tous les *états* de la vie, à moins qu'ils ne soient criminels en eux-mêmes et une occasion prochaine de péché. Aussi lorsque les publicains et les soldats demandèrent à saint Jean-Baptiste ce qu'ils devaient faire, il ne leur ordonna point de quitter leur profession, mais de s'abstenir de toute injustice (*Luc.* III, 12). Jésus-Christ fit de même; il ne dédaigna point les publicains, pour lesquels les Juifs avaient le plus grand mépris; et, lorsqu'ils lui en firent le reproche, il répondit qu'il n'était point venu appeler les justes, mais les pécheurs à la pénitence. — Cette vérité est confirmée par l'histoire ecclésiastique, qui nous montre des saints, c'est-à-dire des personnages d'une éminente vertu dans tous les *états* de la société, parmi les pauvres et les ignorants, aussi bien que parmi les riches et les savants; dans les chaumières aussi bien que sur le trône et dans les palais des rois; dans les siècles même les plus corrompus et les moins favorables à la pratique des vertus. Tous se sont sanctifiés par l'accomplissement des devoirs de leur *état*, en y joignant une piété exemplaire. — Ce sont là deux moyens de salut qu'il ne faut pas séparer. De même qu'un chrétien serait dans l'illusion s'il pensait qu'il peut se sanctifier par la piété seule, sans remplir les devoirs de l'*état* dans lequel Dieu l'a placé, il ne se tromperait pas moins s'il se persuadait qu'il ne doit rien à Dieu dès qu'il ne manque point à ce qu'il doit aux hommes. Cette erreur n'est que trop commune dans tous les siècles où l'on fait peu de cas de la religion, et il se trouve une infinité de personnes intéressées à l'accréditer. Sous prétexte que les dévots ne sont pas toujours exacts à satisfaire aux devoirs de la société, on prétend que la fidélité à les accomplir tient lieu de toutes les vertus, et remplit toute justice. Mais, quand on y regarde de près, il est aisé de voir que cette morale n'est qu'une hypocrisie; que quiconque ne se fait aucun scrupule de secouer le joug de toutes les lois religieuses, ne s'en fait pas davantage d'enfreindre les devoirs de son *état*, lorsqu'il le peut faire impunément, et qu'il n'y est fidèle qu'autant que son honneur et sa fortune en dépendent.

L'Église chrétienne, qui n'a rebuté aucune profession innocente, a toujours proscrit avec sévérité toutes celles qui sont criminelles, qui ne servent qu'à exciter les passions et à fomenter les désordres publics : conséquemment, dès les premiers siècles, elle a refusé d'admettre au baptême les femmes perdues et ceux qui tenaient des lieux de débauche, les ouvriers qui fabriquaient des idoles, les acteurs de théâtre, les gladiateurs, les conducteurs des chars dans les combats du cirque, les astrologues, ceux même qui assistaient habituellement à ces spectacles. Ils étaient obligés d'y renoncer, s'ils voulaient être baptisés; et s'ils y retournaient après leur baptême, ils étaient excommuniés. (Bingham, *Orig. ecclés.*, l. XI, c. 5, § 6 et suiv.)

ÉTAT MONASTIQUE OU RELIGIEUX. *Voy.* MOINE.

ÉTERNELS, hérétiques des premiers siècles. Ils croyaient qu'après la résurrection générale, le monde durerait éternellement tel qu'il est, que ce grand événement n'apporterait aucun changement à l'état actuel des choses.

ÉTERNITÉ, attribut de Dieu, par lequel nous exprimons que son existence n'a point eu de commencement et n'aura jamais de fin. C'est une conséquence immédiate de la *nécessité d'être*, de l'*aséité*, ou de la perfection par laquelle Dieu *est de soi-même*; il n'a point de cause de son existence, il est lui-même la cause de l'existence de tous les êtres (1).

(1) Les philosophes et les théologiens disputent sur la nature de l'éternité de l'être nécessaire. La question n'est pas de pure spéculation, elle sert à résoudre un grand nombre de difficultés concernant la prescience divine : il importe beaucoup de la faire connaître. Le cardinal de la Luzerne l'a exposée avec une grande lucidité dans sa *Dissertation sur l'existence et les attributs de Dieu;* nous lui empruntons son exposition.

« Non-seulement les théologiens, dit-il, mais aussi les philosophes sont partagés sur ce sujet. Plusieurs tiennent que l'éternité est composée d'une multitude infinie de moments qui se succèdent; beaucoup d'autres pensent que dans l'éternité il n'y a point de succession : cette opinion était celle de Platon et de toute son école : *Idcirco imaginem œvi mobilem effingere decrevit : et, dum cœlum exornaret, fecit œternitatis in unitate manentis œternam quamdam in numero fluentem imaginem, quam nos tempus vocavimus. Dies porro, et noctes, et menses et annos, qui ante cœlum non erant, tunc nascente mundo nasci jussit, quœ omnia temporis partes sunt. Atqui erat, et erit, quœ nati temporis species sunt, non recte œternœ substantiœ assignamus. Dicimus enim de illa : Est, erat et erit. Sed illi revera solum esse competit; fuisse vero et fore deinceps ad generationem tempore procedentem referre debemus. Motus enim quidam duo illa sunt : œterna autem substantia, cum eadem semper et immobilis perseveret, neque senior se ipsa fit unquam, neque junior; neque fuit hactenus, neque erit in posterum; neque recipit eorum quidquam quibus res corporeœ mobilesque ex ipsa generationis conditione subjiciuntur. Nempe hœc omnia temporis imitantis œvum, seque numero resolventis, species sunt. Sœpe etiam dicimus quod factum est esse factum; quod fit in generatione esse ; quod fiet, esse faciendum; et quod non est non esse : quorum nihil recte et exacta ratione dicimus.* (*Timœus.*)

Plusieurs Pères de l'Église ont adopté cette opinion, et elle est suivie par le plus grand nombre des théologiens. *Quid mihi tempus dividitis, ait Tatien, aliud quidem prœteritum dicentes, aliud prœsens, aliud futurum? Quomodo enim futurum elabi possit, si prœsens adest? Sed quemadmodum naviganles, prœterlabente nave, putant, prœ imperitia, montes currere, ita et vos non perspicitis, vos quidem prœtercurrere, œvum autem stare.*(Contra Grœcos Orat., c. 26.)—Tertullien : *Non habet tempus œternitas. Omne enim tempus ipsa est... Caret œtate quod non licet nasci. Deus, si est vetus, non erit : si est novus, non fuit. Novitas initium testificatur, vetustas finem comminatur. Deus autem tam alienus ab initio et fine est, quam a tempore metitore initii et finis.* (*Adv. Marcionem*, lib. 1, cap. 8.)— Saint Grégoire de Nazianze : *Deus erat semper, et est, et erit : vel, ut rectius loquar, semper est. Nam erat et erit nostri temporis; fluxœque naturœ, figmenta sunt. Ille autem semper est, atque hoc modo seipsum nominat, cum in monte Moisi oraculum edit.*(Orat. 38,

Comme l'*éternité* est l'infini, notre esprit borné n'y conçoit rien ; cependant cet attribut de Dieu est démontré. Par une précision

Vid. *ibid.*, et *Orat.* 55.) — Saint Augustin : *Nec enim aliud anni Dei, et aliud i; se. Sed anni Dei æternitas Dei est : æternitas ipsa Dei substantia est quæ nihil habet mutabile. Ibi nihil est præteritum, quasi jam non sit; nihil est futurum, quod nondum sit. Non est ibi nisi est. Non est ibi nisi fuit, et erit. Quia et quod fuit jam non est, et quod erit nondum est.* (Enarr. in Ps. ci, serm. 2, n. 10, et alibi.) — Saint Grégoire le Grand : *Fuisse, vel futurum esse, æternitas non habet, cui nimirum nec præterita transeunt, nec quæ futura sunt eveniunt : cuncta per præsens videt.* (Moral., lib. IV, c. 29, n. 56, et alibi.)

« Ceux qui soutiennent ce système, reconnaissent un Dieu créateur de tous les autres êtres, distinguent son éternité de la durée des êtres créés. Lorsque ces êtres n'avaient pas encore été produits, et que Dieu existait seul, rien ne se succédait, à raison de son immutabilité. Toute succession suppose un changement, soit un être nouveau qui vienne à la place du précédent, soit dans le même être, une manière d'être substituée à une autre. Ce qui succède n'est pas le même que ce qui existait auparavant. Or, disent ces docteurs, dans Dieu, qui est nécessairement ce qu'il est, il ne peut donc y avoir aucun changement. Il ne peut donc y avoir en lui de succession. Ainsi, tant qu'il a été le seul Être, il n'y en a pas eu. Il a créé le monde, et a voulu qu'il se perpétuât par une continuité non interrompue de mouvements. Cette succession de changements dans les parties de l'univers est véritablement ce que nous appelons le temps. Le mot *temps* n'exprime autre chose que l'idée abstraite de la succession des diverses modifications des créatures ; succession de mouvements dans la matière ; succession de pensées dans les esprits. La succession régulière du mouvement des astres a donné l'idée de la mesure du temps et de sa division en jours, en mois et en années. De la mesure du temps est venue l'autre idée abstraite de la durée, qui en elle-même n'est autre chose qu'une révolution de vicissitudes, qu'une comparaison entre une mesure du temps et une autre. Ainsi, disent ces docteurs, le temps a commencé d'être avec le monde. Son origine date du premier mouvement, soit spirituel, soit matériel, auquel le Créateur a donné l'impulsion. Mais l'éternité n'a pas cessé d'être dans Dieu ce qu'elle était. En dévouant ses créatures aux changements et aux successions, il ne s'y est pas soumis. Toujours le même, il est incapable de recevoir aucune mutation, d'éprouver de la succession. Le temps est une manière d'être des créatures toujours changeantes ; l'éternité est un attribut du Créateur : elle n'est pas distincte de lui-même, elle est immuable comme lui. Toute l'éternité est donc essentiellement indivisible. On ne peut la considérer dans sa totalité que comme un seul instant. Pour en donner une idée imparfaite, on la compare au point central, autour duquel tournent les points sans nombre de la circonférence. Ainsi, tous les moments du temps correspondent au moment unique de l'éternité. De changements, en changements, le temps poursuit son cours devant l'éternité qui reste toujours fixe : ce qu'un de nos poètes a exprimé ainsi :

Le temps, cette image mobile
De l'immobile éternité.
J.-B. ROUSSEAU, *Ode au prince Eugène*.

« Si l'éternité consiste dans une succession de moments et de siècles, il faut dire que le nombre de ces moments et de ces siècles écoulés jusqu'à présent est infini. Mais comment peut-il l'être, puisqu'il s'accroît sans cesse ? Un infini qui reçoit de l'accroissement est une évidente contradiction.

« On objecte que cette notion de l'éternité est in-

subtile, on distingue l'*éternité antérieure* au moment où nous sommes, et l'*éternité postérieure* : celle-ci convient aux créatures que Dieu veut conserver pour toujours (1). La première appartient à Dieu seul. Les athées ne s'entendent pas eux-mêmes lorsqu'ils admettent une succession de générations d'une *éternité antérieure* ; ils la supposent infinie, et elle se trouve finie ou terminée au moment où nous sommes : c'est une contradiction. Rien de successif ne peut être *actuellement infini*.

ÉTHICOPROSCOPTES, nom par lequel saint Jean Damascène, dans son *Traité des hérésies*, a désigné des sectaires qui enseignaient des erreurs en matière de morale, qui blâmaient des actions bonnes et louables, en pratiquaient et en conseillaient de mauvaises. Ce nom convient moins à une secte particulière, qu'à tous ceux qui altèrent la morale chrétienne, soit par le relâchement, soit par le rigorisme.

ÉTHIOPIENS ou ABISSINS. La religion de ces peuples, placés dans l'intérieur de l'Afrique, mérite beaucoup d'attention ; c'est un christianisme mêlé de quelques erreurs, mais qui est fort ancien. Comme ces chrétiens sont séparés de l'Église romaine depuis douze cents ans, il est bon de savoir en quel état la religion s'est conservée parmi eux ; ç'a été un sujet de dispute entre les protestants et les théologiens catholiques. Le père Lebrun a rendu compte dans une dissertation particulière (*Explic. des cérém.*, tom. IV, p. 519) ; nous nous bornerons à en donner un extrait abrégé.

Il est dit dans les *Actes des Apôtres*, c. VIII, v. 27, qu'un eunuque de Candace, reine d'Éthiopie, fut baptisé par saint Philippe ; l'on présume que cet homme, qui était fort

intelligible et contraire à toutes les idées ordinaires. Mais une éternité successive se comprend-elle plus aisément ? Ne nous y trompons point : c'est l'éternité elle-même qui est incompréhensible ; quel que soit son mode, nous ne la comprenons pas ; mais nous la concevons, nous en avons l'idée. Et si on ne pouvait avoir aucune idée de l'éternité non-successive, comment serait-elle venue, même à des philosophes païens ? Quant à la contrariété de ce système avec les notions communes, elle n'est pas étonnante. Si on veut appliquer à l'Être nécessaire les notions que l'on a des êtres contingents, on se trouvera continuellement en défaut. Vivant dans le temps, entraîné par le temps, voyant dans tout ce qui nous entoure, et éprouvant sans cesse en nous-mêmes les vicissitudes du temps, il n'est pas étonnant que nos idées habituelles se rapportent au temps. Il faut élever sa pensée au-delà de l'ordre des choses dans lequel nous sommes, et dont nous faisons partie, pour la transporter dans l'éternité. Observons qu'il s'agit ici non-seulement d'un attribut divin, mais du mode de cet attribut. Nous ne pouvons nous élever à une idée quelconque des perfections divines ; mais une des causes par lesquelles cette connaissance sera toujours imparfaite est que, par notre raison, nous ne pourrons jamais connaître la manière dont cette perfection est dans Dieu. Par exemple, je ne puis douter qu'il ne possède la science ; mais comment sait-il ? je l'ignore. Il en est de même de son éternité. »

(1) Il est de foi qu'il y a une vie *éternelle*, heureuse pour les élus, malheureuse pour les réprouvés.

puissant auprès de sa souveraine, fit connaître Jésus-Christ à ses compatriotes. Mais comme plusieurs régions de l'Asie et de l'Afrique ont porté le nom d'*Ethiopie*, on ne peut pas savoir précisément dans laquelle de ces contrées ces premières semences de christianisme furent répandues. — Il passe pour certain que les habitants de la Nubie, qui est la partie de l'Ethiopie la plus voisine de l'Egypte, furent convertis à la foi par saint Matthieu; que le christianisme s'est conservé par eux jusques vers l'an 1500; que depuis ce temps-là ils sont devenus mahométans, faute de pasteurs pour les instruire. — Pour les peuples de la haute Ethiopie, que l'on nommait *Axumites*, et que l'on appelle actuellement *Abissins*, on sait qu'ils furent convertis au christianisme par saint Frumentius, qui leur fut donné pour évêque par saint Athanase, patriarche d'Alexandrie, vers l'an 319, et que l'arianisme ne fit aucun progrès chez eux. Toujours soumis au patriarcat d'Alexandrie, ils ont conservé la foi pure jusqu'au VI° siècle, temps auquel ils furent entraînés dans le schisme de Dioscore et dans les erreurs d'Eutychès, ou des jacobites. Ils y ont persévéré, parce qu'ils n'ont point eu d'autres évêques que celui qui leur a toujours été envoyé par les patriarches cophtes d'Alexandrie, successeurs de Dioscore. — Au commencement du XVI° siècle, les Portugais ayant pénétré dans l'Ethiopie, travaillèrent à réunir les chrétiens de cette partie de l'Afrique à l'Eglise romaine. On y envoya plusieurs missionnaires, qui eurent d'abord assez de succès; ils en auraient peut-être eu davantage, s'ils avaient eu moins d'empressement d'introduire dans ce pays-là les rites, la liturgie, la discipline, les usages de l'Eglise romaine : tout ce qui n'y était pas conforme parut hérétique à ces missionnaires, qui n'étaient pas assez instruits des anciens rites des Eglises orientales. Les *Ethiopiens*, attachés à ce qu'ils avaient pratiqué de tout temps, se révoltèrent contre un changement aussi entier et aussi absolu que celui qu'on exigeait d'eux; ils chassèrent et maltraitèrent les missionnaires, et depuis ce temps-là on a tenté vainement de pénétrer chez eux. Si l'on s'était borné d'abord à leur faire abjurer l'eutychianisme, on aurait pu, dans la suite, leur faire quitter peu à peu ceux de leurs usages qui pouvaient être une occasion d'erreur.

Ce mauvais succès des missions d'Ethiopie a été un sujet de triomphe pour les protestants. La Croze semble l'avoir écrit son *Hist. du Christianisme d'Éthiopie*, que pour faire remarquer les fautes vraies ou prétendues de l'évêque portugais Mendès, devenu patriarche ou seul évêque de ce pays-là. Mosheim a parlé sur le même ton (*Hist. ecclésiastiq.*, XVII° siècle, sect. 2, II° part., c. 1, § 17). Le principal objet de Ludolf, dans son *Histoire d'Éthiopie*, a été de persuader que la croyance de ce peuple est la même que celle des protestants; que s'il s'était fait catholique, sa religion serait devenue beaucoup plus mauvaise qu'elle n'est. — Mais ces deux écrivains ne se sont pas piqués d'une bonne foi fort scrupuleuse dans leur narration. Par la liturgie des *Éthiopiens*, par leurs professions de foi, par leurs livres ecclésiastiques, il est prouvé que sur tous les points controversés entre les protestants et nous, les chrétiens d'Ethiopie ou d'Abissinie sont dans les mêmes sentiments que l'Eglise romaine. C'est un fait que les protestants ne peuvent plus contester avec décence, parce que, dans les quatrième et cinquième tomes de la *Perpétuité de la foi*, l'abbé Renaudot en a donné des preuves irrécusables. Aussi Mosheim, plus circonspect que Ludolf et La Croze, s'est borné à copier ce qu'ils ont dit des missions; mais il a eu la prudence de ne rien dire de la croyance ni des pratiques religieuses suivies par les *Abissins*.

Ces peuples ont la Bible traduite dans leur langue. *Voy.* BIBLES ÉTHIOPIENNES. Ils admettent comme canoniques tous les livres que nous recevons pour tels, sans exception; mais il n'est pas vrai qu'ils regardent l'Ecriture sainte comme la seule règle de foi et de conduite. Ils ont beaucoup de respect pour les décisions des anciens conciles, pour les écrits des Pères, surtout de saint Cyrille d'Alexandrie, puisqu'ils n'ont rejeté le concile de Chalcédoine que parce qu'ils se sont persuadés faussement que saint Cyrille y a été condamné. Ils sont soumis aux anciens canons, que l'on nomme *canons arabiques du concile de Nicée:* c'est par attachement, non à la lettre de l'Ecriture sainte, mais à leurs anciennes traditions, qu'ils sont obstinés dans le schisme. — Ils ne sont dans aucune erreur sur le mystère de la sainte Trinité; ils croient fermement la divinité de Jésus-Christ; ils disent également anathème à Nestorius et à Eutychès, parce que, selon leurs idées, Eutychès a confondu les deux natures de Jésus-Christ; ils conviennent qu'il y a eu lui la nature divine et la nature humaine, *sans confusion*, et, par une contradiction grossière, ils soutiennent que ces deux natures sont devenues une seule et même nature par leur union. C'est l'erreur générale des jacobites ou monophysites. — On voit chez eux sept sacrements comme dans l'Eglise romaine; mais on leur reproche de renouveler leur baptême tous les ans, le jour de l'Epiphanie: quelques-uns d'entre eux, cependant, ont prétendu qu'ils ne regardaient pas ce baptême annuel comme un sacrement, mais comme une cérémonie destinée à honorer le baptême de Notre-Seigneur. — Leurs prêtres, comme ceux des autres communions orientales, donnent la confirmation; mais ils croient que l'évêque seul a le pouvoir de conférer les ordres. Quelques-uns de leurs patriarches ou métropolitains ont retranché la confession; il est néanmoins certain qu'ils l'ont pratiquée autrefois, et qu'ils suivaient sur ce point l'usage de l'Eglise d'Alexandrie. Dans leur liturgie, qui est la même que celle des cophtes d'Egypte, ils professent clairement la présence réelle de Jésus-Christ dans l'eucha ristie et la transsubstantiation, et ils adorent l'hostie consacrée avant la communion; ils ont le plus grand respect pour l'autel et pour le sanctuaire de leurs églises, et ils regardent l'eucharistie comme un sacrifice. L'abbé Renaudot et le père Lebrun reprochent avec raison à Ludolf d'avoir traduit les morceaux qu'il a cités de cette *liturgie*, avec beaucoup d'infidélité. — On y voit l'invocation des saints, surtout de la sainte Vierge, qu'ils honorent d'un culte particulier, la confiance en leur intercession, le *Memento* des morts, ou la prière pour eux. Les *Ethiopiens* ont des images et des tableaux de dévotion; ils pratiquent toutes les cérémonies rejetées par les protestants : les bénédictions, les encensements, le culte de la croix, l'usage des cierges et des lampes dans leurs églises. Ils ont conservé les jeûnes, les abstinences, les vœux monastiques; ils ont des religieux et des religieuses en très-grand nombre. Ce qu'il y a de singulier, c'est que Ludolf et ses copistes, qui reprochent à l'Eglise romaine toutes ces pratiques comme des superstitions et des abus, les excusent ou les approuvent chez les *Ethiopiens*, à cause de leur haine contre le catholicisme.

Ces peuples pratiquent aussi la circoncision : lorsqu'on leur en a demandé la raison, ils ont dit qu'ils ne la regardaient pas comme une observance religieuse, mais comme une tradition de leurs pères. Peut-être a-t-elle été introduite en Éthiopie par des raisons de santé ou de propreté, comme autrefois chez les Egyptiens. — Le divorce et la polygamie s'y sont établis, et c'est un désordre; mais il est difficile que, sous un climat aussi brûlant, les mœurs soient aussi pures que dans les régions tempérées : cependant le christianisme avait opéré autrefois ce prodige. Les *Ethiopiens* ont encore des prêtres et des diacres mariés, mais n'ont jamais permis que les uns ni les autres se mariassent après leur ordination. Leur évêque ou patriarche est ordinairement un moine, tiré de l'un des monastères cophtes d'Egypte : ils le nomment *Abbuna*, notre père, et ils ont pour lui le plus grand respect. — Il est bon de savoir encore que la langue éthiopienne, dans laquelle les Abissins célèbrent leur *liturgie*, n'est plus la langue vulgaire de ce pays-là; elle ressemble beaucoup à l'hébreu, et encore plus à l'arabe.

Quoique le christianisme des Abissins ou *Ethiopiens* ne soit pas pur, il est cependant évident que les dogmes catholiques qu'ils ont conservés étaient la doctrine universelle des Eglises chrétiennes, lorsqu'ils s'en sont séparés au vi° siècle. C'est donc très-mal à propos que les protestants ont reproché tous ces dogmes à l'Eglise romaine, comme des nouveautés qu'elle avait introduites dans les bas siècles, et qu'ils se sont servis de ce faux prétexte pour se séparer d'elle. Toutes les recherches qu'ils ont faites chez différentes sectes de chrétiens schismatiques et hérétiques n'ont tourné qu'à leur confusion, et à mettre dans un plus grand jour la té-

mérité des prétendus réformateurs du xvi° siècle.

Suivant les relations des voyageurs, les *Abissins* sont d'un bon naturel : leur inclination les porte à la piété et à la vertu; l'on trouve parmi eux beaucoup moins de vices que dans plusieurs contrées de l'Europe. Dans leurs conversations, ils respectent la décence et la pureté des mœurs. Rien n'est plus opposé à leur naturel que la cruauté : leurs querelles les plus animées, même dans l'ivresse, se terminent à quelques coups de poing ou de bâton; leurs contestations finissent par le jugement d'un arbitre. Ils sont dociles et capables d'apprendre : si les sciences ne sont pas plus cultivées parmi eux, c'est plutôt faute de moyens que de capacité naturelle. Ils sont tellement enfermés de tous côtés, qu'ils ne peuvent sortir de leur pays sans courir de grands dangers, ni y recevoir des étrangers par la même raison. Les femmes n'y sont point renfermées comme dans les autres pays chauds, et on ne dit point qu'ils aient des esclaves. (*Hist. universelle*, in-4°, tom. XXIV, l. xx, c. 5, pag. 400; *Mémoires géographiques, physiques et historiques sur l'Asie, l'Afrique et l'Amérique*, tom. III, pag. 309 et 343.) Voilà une preuve démonstrative des salutaires effets que produit le christianisme partout où il est établi, et il en résulte qu'aucun climat ne peut lui opposer des obstacles insurmontables. « C'est la religion chrétienne, dit Montesquieu, qui, malgré la grandeur de l'empire et le vice du climat, a empêché le despotisme de s'établir en Ethiopie, et a porté au milieu de l'Afrique les mœurs de l'Europe et ses lois. Le prince héritier d'Ethiopie jouit d'une principauté et donne aux autres sujets l'exemple de l'amour et de l'obéissance. Tout près de là on voit le mahométisme faire enfermer les enfants du roi de Sennar; à sa mort, le conseil les envoie égorger en faveur de celui qui monte sur le trône. » (*Esprit des Lois*, l. XXIV, c. 3.)

C'est donc un malheur, quoi qu'en disent les protestants, que les Abissins soient engagés dans le schisme et dans l'hérésie; la religion catholique, rétablie chez eux, y aurait introduit la culture des lettres et des sciences, et aurait rendu l'Ethiopie plus accessible aux étrangers.

* ETHNOGRAPHIE. La classification des peuples par l'étude comparée des langues paraît au premier abord étrangère à la théologie : elle a cependant servi, dans ces derniers temps, à résoudre les plus grands problèmes posés dans la Bible, tels que l'origine primitive des peuples d'une même famille et l'unité primitive du langage. En recomposant les langues, on est parvenu à suivre les traces des nations et à faire connaître le lieu d'où elles sont sorties primitivement. On n'attend pas de nous que nous en fassions ici l'exposé, il faudrait pour cela un très-grand ouvrage. Pour en avoir une idée, il faut lire l'admirable *Discours* de Mgr Wiseman sur *l'étude comparée des langues*. Il suit la marche adoptée par les savants, fait connaître les principales écoles de linguistiques, et tire les conséquences qui en découlent en faveur de la religion. Nous nous contentons de rapporter ses conséquences.

« Jetons, dit-il, un regard en arrière sur les résultats déjà obtenus, et nous pourrons pressentir par là des résultats encore plus intéressants. Nous avons donc vu le monde savant dans l'assoupissement, se contenter de l'hypothèse que le petit nombre de langues connues pouvait se ramener à une seule, et que cette langue unique était probablement l'hébreu. Éveillés par de nouvelles découvertes, qui déconcertaient cette facile justification de l'histoire mosaïque, les savants reconnurent la nécessité d'une science complètement neuve qui portât son attention sur la classification des langues. D'abord il leur sembla que la jeune science était impatiente du joug, et ses premiers progrès paraissaient directement opposés aux plus saines doctrines. Graduellement pourtant, les masses qui semblaient flotter dans l'incertitude se réunirent; et, comme les jardins flottants du lac de Mexico, formèrent, en se rapprochant, des territoires compacts et étendus susceptibles et dignes de la plus haute culture; en d'autres termes, les langues se groupèrent en différentes familles larges et étroitement liées, et réduisirent ainsi de beaucoup le nombre des idiomes primitifs qui avaient été la source des autres. Nous avons vu ensuite que chaque recherche successive, loin d'arrêter cette marche de simplification, est venue au contraire l'accélérer de plus en plus, tout en ramenant dans les limites des familles déjà établies de nouvelles familles dont des langues qui promettaient d'abord peu ou point d'affinité. Tels sont les deux premiers résultats de cette science.... »

Il constate ensuite qu'entre chaque grande famille il s'est établi des langues intermédiaires, d'où procède l'unité. « Maintenant, dit-il, voyons les recherches ultérieures auxquelles ces découvertes doivent conduire un esprit investigateur : comment, par exemple, de pareilles langues intermédiaires se sont-elles formées? Est-ce de l'un ou de l'autre de ces vastes groupes originairement unis? Et lorsqu'ils se séparèrent comme des masses fendues par quelque convulsion commune, de petits fragments détachés de l'un et de l'autre seraient-ils restés entre eux, conservant le grain particulier et les qualités de chacun, de manière à marquer les points de leur union primitive? Ou bien tous ces dialectes doivent-ils être considérés comme également dérivés d'une souche commune, et toutes leurs variétés ont-elles été produites par des circonstances maintenant inconnues, sous l'action de lois probablement abolies aujourd'hui? Prenez l'hypothèse que vous voudrez, ou plutôt supposez à ces découvertes et à leur extension ultérieure telle conséquence, tel résultat que vous voudrez, et vous arriverez nécessairement à l'union commune de ces grandes familles ou groupes, union qui se fera en partie par les points de contact qu'elles ont entre elles, et en partie, comme dans les constructions polygonales des anciens, par l'intermédiaire de fragments plus petits, que la nature ou la Providence ont laissés entre elles.

« Et ce qui est encore plus digne de remarque, c'est que l'école la plus sévère, celle qui semblait exiger une démonstration d'affinité trop rigoureuse pour être praticable hors des limites d'une famille, a, de fait, découvert cette affinité entre les familles elles-mêmes, de manière à ne plus permettre d'objections raisonnables contre ce point important. Et ceci doit clore tous les résultats à attendre de cette étude dans la sphère des principes; tout ce qui reste maintenant à désirer, c'est l'application ultérieure de ces principes et l'extension du même procédé aux autres groupes en apparence séparés du reste.

« Et ici jetons un regard en arrière et recherchons les rapports de notre étude avec les livres sacrés. D'après le simple historique que je vous ai tracé, on voit que le premier mouvement de cette science était plus propre à inspirer des alarmes que de la confiance, d'autant plus que la chaîne par laquelle on supposait anciennement toutes les langues liées ensemble se trouvait brisée; pendant quelque temps ce premier mouvement continua, divisant et démembrant de plus en plus, et, par conséquent, élargissant toujours en apparence la brèche entre la science et l'histoire sacrée. Par des progrès ultérieurs, on commença à découvrir de nouvelles affinités là où on les attendait le moins; puis, par degrés, plusieurs langues commencèrent à se grouper et à se classer en larges familles reconnues pour avoir une commune origine. Alors de nouvelles recherches diminuèrent graduellement le nombre des langues indépendantes, et étendirent par conséquent le domaine des plus grandes masses. Enfin, quand ce champ semblait presque épuisé, une nouvelle classe de recherches a réussi, aussi loin qu'on l'a essayée, à prouver des affinités extraordinaires entre ces familles; et ces affinités existent dans le caractère même et l'essence de chaque langue, tellement qu'aucune d'elles n'a jamais pu exister sans ces éléments qui constituent la ressemblance. Or, ceci exclut toute idée d'emprunts que ces langues se seraient faits entre elles; de plus ces caractères ne peuvent s'être produits dans chacune par un procédé indépendant; et les différences radicales qui divisent ces langues défendent de les considérer comme des dialectes ou des rejetons l'une de l'autre. Nous sommes donc amenés à ces conclusions : d'un côté, ces langues doivent avoir été originairement réunies dans une seule, de laquelle elles ont tiré ces éléments communs, essentiels à elles toutes; et d'un autre côté, la séparation qui a détruit entre elles d'autres éléments non moins importants de ressemblance, ne peut avoir été causée par un éloignement graduel ou un développement individuel, car nous avons depuis longtemps exclu ces deux explications; mais une force active, violente, extraordinaire, suffit seule pour concilier ces apparences opposées, et pour expliquer à la fois et les ressemblances et les différences. Il serait difficile, ce me semble, de dire ce que pourrait exiger encore le sceptique le plus opiniâtre ou le plus déraisonnable, pour mettre les résultats de cette science en accord intime avec le récit de l'Écriture. » (Wiseman, *loc. cit.*, dans les *Démonstrations évangéliques*, tom. XVII, édit. Migne.)

ETHNOPHRONES, hérétiques du viie siècle, qui voulaient concilier la profession du christianisme avec les superstitions du paganisme, telles que l'astrologie judiciaire, les sorts, les augures, les différentes espèces de divination. Ils pratiquaient les expiations des gentils, célébraient leurs fêtes, observaient comme eux les jours heureux ou malheureux, etc. De là leur vint le nom d'*ethnophrones*, composé d'ἔθνος, *gentil, païen*, et de φρονέω, *je pense, je suis d'avis*, parce qu'ils conservaient les sentiments des païens sous un masque de christianisme. (*Saint Jean Damasc., Hær.*, n. 96.) — Cet entêtement prouve qu'il n'a pas été facile de déraciner chez les nations entières les erreurs et les absurdités dont le polythéisme avait infecté les hommes; que si le christianisme venait à s'éteindre, cette maladie ne tarderait pas de renaître.

* **ÉTOILE MIRACULEUSE.** Les exégètes allemands disent que l'étoile miraculeuse qui apparut aux mages n'était qu'une lanterne portée par un esclave. Cette interprétation, contraire à l'Évangile, est aussi opposée à l'histoire profane : car, comme le dit Buffier, il y a plusieurs auteurs profanes qui attestent ce prodige; nous nommons seulement Chalcidius. *Voy.* les *Démonst. Evang.*, t. IX, col. 416, édit. Migne.

ÉTOLE. *Voy.* Habits sacrés ou sacerdotaux.

ÉTRANGER. *Voy.* Ennemi.

ÉTYMOLOGIE, connaissance de l'origine et du sens primitif des mots ; ce terme est formé du grec ἔτυμος, *vrai, juste*, et de λόγος, *discours*; c'est une science qui fait partie de la grammaire, mais qui n'est pas inutile à un théologien. Par la même raison, il a besoin de savoir les langues anciennes, parce que la plupart des termes théologiques en sont dérivés. Un grand nombre de disputes sont venues de ce que l'on ne s'entendait pas, et de ce que les deux partis n'attachaient pas le même sens aux termes dont ils se servaient ; en recourant à leur *étymologie*, on aurait pu découvrir lequel des deux les entendait le mieux. Quelquefois les écrivains sacrés et les Pères de l'Eglise ont attribué à certains mots une signification différente de celle que leur donnaient les philosophes et le commun des hommes ; d'autres fois un terme a changé de signification dans le cours d'une longue dispute, ou en passant d'une langue dans une autre : tout cela demande la plus grande attention.

À la naissance du christianisme, il ne fut pas possible de créer un langage nouveau ; l'on fut donc obligé, dans les questions théologiques, d'employer les mêmes expressions que les païens, mais il fallut en corriger le sens. Ainsi, dans la bouche d'un chrétien, le mot *Dieu* a une signification beaucoup plus auguste que dans celle des polythéistes: ceux-ci entendaient seulement par là un être intelligent supérieur à l'homme; chez nous il signifie l'Être éternel, créateur et seul souverain Seigneur de l'univers. En parlant de la nature divine, le nom de *Personne* ne signifie pas précisément la même chose qu'en parlant de la nature humaine, et le grec *hypostase*, substance, a quelquefois désigné la *nature*, et d'autres fois la *personne*: deux choses très-différentes, lorsqu'il s'agit du mystère de la sainte Trinité. — Il y a aussi des termes dont les Pères de l'Eglise se sont rarement servis dans les premiers temps, à cause de l'abus que l'on en pouvait faire, comme *temple, autel, sacrifice, culte, service*, en parlant des êtres inférieurs à Dieu, parce que les païens en auraient conclu que les chrétiens étaient polythéistes comme eux; mais ces mots sont devenus d'un usage commun, lorsque le danger a été passé. Il ne s'ensuit pas de là que la croyance et la doctrine ont changé aussi bien que le langage. — Ce n'est pas seulement dans la théologie que les disputes ont souvent roulé sur les mots; les philosophes, les jurisconsultes, les historiens, les politiques, éprouvent le même inconvénient. Si le langage humain était plus fécond et plus exact, s'il fournissait un terme propre et unique pour renfermer chacune de nos idées, la plupart des contestations qui divisent les hommes ne subsisteraient plus.

EUCHARISTIE (1), mystère ou sacrement de la loi nouvelle, ainsi nommé du grec

(1) Voici l'exposition du dogme catholique concernant l'eucharistie et son adoration, par le P. Véron.

« I. *De l'eucharistie.* — Notre profession de foi porte, après le concile de Trente, sess. 13 : *Je confesse au très-saint sacrement de l'autel être vraiment, réellement et substantiellement, le corps et le sang avec l'âme et la divinité de Notre-Seigneur Jésus-Christ; et que là est faite une mutation de toute la substance du pain au corps, et de toute la substance du vin au sang, laquelle mutation l'Eglise catholique appelle transsubstantiation.* Cela donc est article de foi catholique; mais l'entendant avec l'explication du même concile, là même, ch. 1, le synode professe que « Jésus-Christ, vrai Dieu et vrai homme, est contenu au saint sacrement de l'eucharistie après la consécration du pain et du vin, vraiment, réellement, substantiellement, sous l'espèce de ces choses sensibles. Car ces choses ne sont pas répugnantes entre elles, que le même Sauveur soit toujours assis à la droite du Père dans le ciel selon sa façon naturelle d'exister, et que toutefois sa substance soit présente sacramentalement en plusieurs autres lieux, selon cette façon d'exister, laquelle bien qu'à peine la puissions nous expliquer par paroles, nous pouvons toutefois concevoir, par pensée éclairée de la foi, être possible à Dieu, et devons croire très-constamment ; car, etc. » Et au ch. 2 : « *Notre Sauveur a voulu que ce sacrement fût reçu comme une viande spirituelle de nos âmes, par laquelle elles soient nourries et confortées, vivantes de la vie de celui qui a dit, Qui me mange vivra pour moi*, et comme un antidote par lequel nous soyons délivrés des fautes quotidiennes, et préservés des péchés mortels. Nous pouvons aussi dire que Jésus-Christ, selon sa façon d'être au sacrement, est comme Esprit, et qu'il y est spirituellement, c'est-à-dire à la manière d'un esprit: (*Les paroles que je vous dis sont esprit et vie*, Jean, vi, 63), sans y être vu, sans extension de ses parties, tout entier en chaque partie des symboles, ni gros ni grand, quant à l'occupation du lieu; car les esprits sont en cette façon aux lieux en leurs substances ; bref, que le corps de Jésus-Christ est ici spirituel, non sensible, puisque saint Paul (*I Cor.* xv, 44) dit le même de notre corps ressuscité : *Il est semé corps sensible, il ressuscitera corps spirituel*; à savoir (dit la Glose de Genève), quant à la qualité, qui sera tout autre, sans que la substance des corps s'anéantisse ; et peu après : *Le dernier Adam*, qui est Jésus-Christ, *a été fait en esprit vivifiant.* » Ajoutons, pour diminuer encore plus la controverse, que la confession de foi de nos frères séparés porte en son art. 36 : « Jésus-Christ nous repaît et nourrit vraiment de sa chair et de son sang ; nous croyons que, par la vertu secrète et incompréhensible de son Esprit, il nous nourrit et vivifie de la substance de son corps et de son sang. » Quelle difficulté reste-t-il, posé qu'ils croient la substance de ce corps être présente à leur âme pour la nourrir, à croire que cette même substance est présente sous les symboles du pain? Car ce qu'ils opposent, combat également la présence de cette substance à l'âme, qu'aux symboles, comme il est évident ; bref, étant unis avec les Luthériens, qui croient cette présence, pourquoi se sépareront-ils d'avec nous pour la même raison ?

« Partant, en premier lieu, il ne faut jamais débattre de cette proposition, 1° universellement; ni 2° indéfiniment ; ni 3° du seul corps de Christ, selon son existence naturelle, s'il peut ainsi, ou quelques autres corps, être en plusieurs lieux. Secondement, il ne faut pas même disputer si nul corps autre que le seul corps de Christ ne peut avoir d'existence sacramentelle, et ne peut être un sacrement, ou s'il faut pour cela que ce soit le corps de Dieu. La raison générale est que, ni la révélation divine n'enseigne,

Εὐχαριστία, *action de grâces*. Nous lisons dans les évangélistes que Jésus-Christ, après avoir fait la cène avec ses apôtres la veille de sa mort, prit du pain et du vin, *rendit grâces à son Père*, les bénit, rompit le pain, le distribua à ses apôtres, en leur disant :

ni l'Eglise universelle ne propose rien à croire de cela. Et il n'importe pas si quelqu'une de ces doctrines se peut recueillir de la révélation divine, ou de la proposition de l'Eglise; car ce qui suit de cette révélation, et ce qui suit de la proposition faite par l'Eglise, n'est pas cette révélation, ni cette proposition même, et partant n'est pas, selon l'opinion de plusieurs de nos docteurs, article de foi ; et de là aucun n'est obligé de le tenir pour article de foi catholique, de quoi seulement nous traitons. Pour la même raison, il se faut taire de toutes ces disputes de Vasquez et de nos autres docteurs scolastiques : *Si le même corps peut être en plusieurs lieux à la fois*, disp. 189 ; *si Christ est en ce sacrement comme en un lieu*, disp. 190 ; *si Christ selon qu'il est en ce sacrement, ne peut y être vu, ni pâtir, ni agir*, disp. 191, etc.

« Quant à la Transsubstantiation, et ce que nous croyons que le pain est changé, converti et transsubstantié au corps de Jésus-Christ, ce n'est pas, 1° comme remarque et prouve fort bien Vasquez, in III part., disp. 181, ch. 1, que la matière du pain commence d'être sous la forme du corps de Jésus-Christ, comme la viande se dit être convertie en la substance de ce qui est nourri d'elle, en ce que la matière commence d'être par cette conversion sous la forme de ce qui est nourri. (Loin telle conversion. Et toutefois les protestants s'imaginent, par la fraude de leurs ministres, que nous croyons la transsubstantiation en ce sens ; de quoi Dieu nous garde.) Car ainsi le corps de Jésus-Christ serait nourri du pain, et partant serait corruptible, croîtrait et diminuerait, ce qui est contre son immortalité. 2° Ce n'est pas aussi, comme prouve le même, ch. 3, qu'au corps de Christ se produise quelque qualité accidentelle, ou mode substantiel, qui ne puisse compatir avec la substance du pain et du vin, mais soit cause comme formelle opposée par laquelle le pain et le vin cesse d'être. Ni 3°, selon le même, ch. 5, 6, 7, 8, 9, que le corps de Jésus-Christ soit produit ou conservé en se sacrement en vertu des paroles. 4° Bref, dit le même, cette transsubstantiation n'est ni mutation, ni production de chose aucune. 5° Mais c'est une relation d'ordre entre la substance qui cesse d'être, savoir le pain et le vin, et celle en laquelle elle cesse et lui succède là, savoir, le corps et le sang de Jésus-Christ : ou plutôt, dit le même, l'Eglise n'arrête point sa définition, sinon que telle est la force et l'efficacité des paroles à raison de leur signification, qu'elles font le corps et le sang de Christ présent, et par cela détruisent la substance du pain et du vin ; ou (dit le même) telle est la signification des paroles de la consécration, Ceci est mon corps, etc., que par la vertu de la signification desdites paroles, non-seulement le corps et le sang de Christ est fait présent sous les espèces, mais aussi cesse la substance du pain et du vin ; car étant instituées de Christ, et proférées à son nom, elles doivent être vraies : or, elles ne peuvent être vraies, si elles ne rendent le corps et sang de Christ présents sous les espèces, et qu'elles ne détruisent le pain. Et l'incompossibilité (dit-il, ch. 12) du corps et du sang avec la substance du pain et du vin provient de la seule vérité des paroles, car ne se peut énoncer vraiment, *Ceci est mon corps*, et, *Ceci est mon sang*, sinon qu'en cela même qu'est affirmé et fait présent le corps et le sang, le pain et le vin soient détruits. Jusqu'ici Vasquez. Quelle difficulté y a-t-il à concevoir et recevoir notre vérité catholique ainsi expliquée, et telle conversion et transsubstantiation ainsi exposée, qui n'est semblable à aucune autre naturelle, c'est-à-dire, à croire que Jésus-Christ fait que ces paroles sont véritables ? La difficulté procède de ce qu'on s'imagine une conversion et transsubstantiation d'une autre sorte, semblable aux naturelles, et qu'on veut prendre ces mots, conversion et transsubstantiation, en un autre sens que l'Eglise ne les prend ; comme si nos différends de foi devaient être des mots. Loin aussi soient ces autres disputes scolastiques, mues et traitées par Vasquez et autres, *de l'essence de la transsubstantiation*, disp. 181 ; *si le corps de Christ peut être rendu présent au sacrement sans conversion*, disp. 182 ; *si chaque chose peut être convertie en toute autre*, disp. 184, etc.

« Le synode national des ministres, tenu à Charenton l'an 1631, et le sieur Daillé avec ses collègues, ont ouvert une voie belle, d'accord en ce sujet. « Les Luthériens posent, dit Daillé en son Apologie pour le décret du synode, chap. de leur union avec les Luthériens, que le corps du Seigneur est réellement présent dans le pain de l'eucharistie. Cette opinion n'a aucun venin, ne préjudicie pas à la piété, ni à leur salut. Pour cela les Eglises de ce royaume, en leur synode national tenu à Charenton l'an 1631, par acte exprès, les ont reçus à leur communion et à leur table, nonobstant cette opinion, qui leur est particulière et non commune avec nous. » Et le même, en sa lettre à M. de Monglat, p. 72 : « Il est à mon avis bien difficile de faire passer ni pour un bon chrétien, ni pour un supportable citoyen, ni même pour un homme bien sensé, celui qui, croyant pouvoir faire son salut en l'Eglise romaine, vit néanmoins hors de sa communion, ou ne croit pas ce qu'elle croit. Ils doivent donc croire que le corps du Seigneur est réellement présent dans le pain ou symbole de l'eucharistie, sous peine de n'être ni bons Chrétiens, ni supportables citoyens, ni hommes bien sensés. Et cela posé, ils doivent, sous les mêmes peines, croire la transsubstantiation si facilement expliquée : car elle n'ajoute rien au premier point de la présence, que l'absence du pain ; doctrine ou addition qui ne peut avoir aucun venin, ni préjudicier au salut, le principal point n'en ayant point, et n'y préjudiciant pas. » Qu'y a-t-il de plus évident ? Ne voilà-t-il pas une voie d'accord fort facile, bien ouverte ? Ils ne peuvent donc demeurer séparés qu'avec cette infâme note, selon Daillé, de n'être ni bons chrétiens, ni supportables citoyens, ni hommes bien sensés.

« II. *De l'adoration de l'eucharistie*. — Le concile de Trente porte en sa sess. 13, can. 6 : *Si quelqu'un dit que Jésus-Christ, Fils unique de Dieu, ne doit pas être adoré du culte de latrie, même extérieur, au saint sacrement de l'eucharistie, et que pour cela il ne doit pas être proposé au peuple publiquement pour être adoré, et que ses adorateurs sont idolâtres, qu'il soit anathème*. C'est donc un article de foi selon la règle si souvent par nous présentée ; car l'Eglise universelle nous le propose ainsi. Et il suffit, pour être catholique, croire en cette matière, en ce sens seul, et non autrement, que les fidèles rendent le culte de latrie, qui est dû au vrai Dieu, à ce très-saint sacrement, ce sont les termes du concile, ch. 5. Comme on honore une personne vêtue, sans requérir qu'elle se dépouille, du même honneur qu'on lui rendrait sans ces habits, aussi adorons-nous Jésus-Christ revêtu de ces symboles comme non revêtu ; et ce n'est qu'un même honneur, non deux sortes d'adoration, que nous nommons tantôt adoration de Jésus-Christ, tantôt adoration du saint sacrement. Car, par le saint sacrement, le concile de Trente, sess. 13, ch. 5, entend Jésus-Christ ainsi revêtu et sous ces symboles ; et par l'adoration du saint sacrement, l'adoration de Jésus-Christ ainsi revêtu. Cela est évident ; car il ajoute que le culte de latrie ou d'adoration, qui est dû au vrai Dieu,

Prenez et mangez, ceci est mon corps; qu'ensuite il leur présenta la coupe du vin, et leur dit : *Buvez-en tous, ceci est mon sang*, etc.;
qui est une latrie absolue, est rendu à ce très-saint sacrement. Or, qui ne sait que cette latrie ou adoration absolue n'est rendue qu'à Dieu seul, quoi qu'il en soit de l'adoration relative.

« Mais, par une raison contraire ce n'est point article de foi que le respect, le culte et la révérence, telle que nous rendons aux symboles de l'Eucharistie (comme, honorant quelque personne de qualité, on baise quelquefois par honneur le bord de sa robe) procède ou soit culte ou adoration de latrie, plutôt que de dulie ou autre, ni de quelle condition soit cette vénération : il suffit qu'on leur porte respect comme au vêtement d'une personne d'honneur qui est habillée. Mépriserait-on le manteau du roi? Non. Mais de quelle espèce est, ou comment doit-on appeler ce respect? c'est une question qui n'est jamais venue à l'esprit d'aucun courtisan. Nos séparés néanmoins nous pressent sur une question toute pareille en l'eucharistie, et argumentent là-dessus sans cesse. Ne doivent-ils pas être raillés d'une telle demande ? et encore plus de leur blâme? Répondons-leur néanmoins. Il n'y a aucun catholique (remarque fort bien Bellarmin, liv. IV de ce sujet, ch. 29) qui enseigne que les symboles extérieurs doivent être d'eux-mêmes et proprement adorés du culte de latrie, mais seulement révérés de quelque culte inférieur qui convient à tous les sacrements. Les ministres mêmes commandent en leur discipline, ch. 10, art. 2, qu'on se découvre durant la célébration des sacrements, et prennent avec respect le pain de leur cène. Il y a divers avis, dit Vasquez, III part., disp. 108, ch. 12, entre les scolastiques, en quelle façon les espèces du sacrement sont révérées ; car tous doivent discourir des espèces du sacrement comme des images. Quelques-uns disent que ces espèces peuvent être honorées selon elles-mêmes, par un propre culte, comme ils ont enseigné des images et du nom de Jésus. Mais je combats cette sentence, comme je l'ai combattue au sujet des images ; principalement parce que les espèces sacramentales sont choses inanimées, et d'elles-mêmes incapables d'honneur et de culte, sinon en tant que jointes avec le Christ qu'elles contiennent. Pourtant Cajetan dit fort bien qu'on n'adore pas en ce sacrement les accidents, mais le Christ contenu sous eux : or, il entend que l'esprit de servitude ne se rapporte pas aux accidents, comme eux-mêmes, mais en tant qu'ils contiennent en eux Jésus-Christ, et l'adoration qui tend à Jésus-Christ se termine par accident aux espèces, Ce sont questions scolastiques et problématiques. Nulle n'est article de foi, comme il parait au concile de Trente, qui n'en propose ni détermine aucune.

« D'où il paraît combien mal à propos les ministres proposent en leur Apologie, ch. 8 jusqu'à 19, pour l'union faite par leur synode national tenu à Charenton, l'an 1634, avec les luthériens, comme principale cause de leur séparation, l'adoration de l'eucharistie, crue et pratiquée en l'Eglise romaine. Je convaincs Daillé, auteur de cette Apologie, par Daillé même. Car « il y a bien à dire, dit-il en sa lettre à M. de Monglat, page 63, expliquant le ch. 9 de sa dite apolog e, entre ces deux adorations : la première, qu'il faille adorer le corps du Christ en l'eucharistie ; la seconde, qu'il faille adorer l'eucharistie même : la dernière s'adresse à un certain objet subsistant au lieu où elle se porte, savoir, à la substance voilée des accidents du pain et du vin : de façon que, présupposé que cette substance-là soit une créature, cette adoration qu'on lui rend sera de nécessité un service illicite et défendu de Dieu ; au lieu que la première adoration est seulement vaine et inutile, et tombe par manière de dire dans le néant, s'abusant non en ce qu'elle s'adresse à un objet qui n'est pas adorable, comme fait l'autre, mais en ceci seulement, que par erreur elle le cherche et pense l'embrasser là où il n'est point. » Jusqu'ici Daillé. Or, cette dernière adoration, principale cause, selon eux, de leur séparation plutôt que d'avec les luthériens, nous est faussement et par une noire calomnie imposée. Cela est évident. Mais l'importance de l'affaire, et par ce qu'ils réduisent là le fond de leur séparation, m'a fait adresser à messieurs de la Faculté de théologie de Paris, et rechercher et obtenir la réponse suivante, dressée par les soussignés en ces termes, de laquelle j'ai l'original.

« On supplie messieurs les docteurs de donner leur avis, si le fait contenu en la page 63 de la lettre du sieur Daillé à M. de Monglat, de l'an 1634, est véritable.

« Les soussignés docteurs en théologie de Paris
« répondent : Que le fait est faux, et imposé à l'E-
« glise catholique, laquelle, adorant la sainte eu-
« charistie, ne croit y adorer autre chose subsis-
« tante voilée des accidents du pain et du vin que
« Jésus-Christ : dit anathème à ceux qui y vou-
« draient adorer autre substance quelconque. Et il
« est faussement supposé par l'auteur qu'il y a plus
« de danger en l'adoration du catholique qu'en celle
« du luthérien, à cause que le catholique adresse
« son adoration à un objet qui n'est pas adorable,
« et ainsi que son culte est de nécessité illicite et
« défendu de Dieu, étant vrai que l'objet que le ca-
« tholique y adore est Jésus-Christ, adorable partout
« où il est, et ainsi en l'eucharistie, en laquelle
« l'Eglise catholique, après la consécration, ne
« connaît ni reconnaît autre substance que Jésus-
« Christ ; pourquoi elle n'y en adore ni ne peut ado-
« rer d'autre. Et quand, par considération ou au-
« trement, au lieu de l'eucharistie serait proposé un
« pain non consacré, le catholique n'entend et ne
« croit adorer, ni pouvoir adorer ledit pain, et ne
« le veut adorer ni autre substistant, que Jésus-
« Christ. Le 18 avril 1643. Signé en l'original : Jac-
« ques *Hennequin, Emmerez, Pererret, du Fresne de
« Mincé, Chapelas, M. Cantal, Brousse, Judas, A.
« de Machy.* »

« Bref, pour couper court, le concile de Trente ne nous oblige qu'à adorer Jésus-Christ en l'eucharistie, donc notre adoration ne leur est pas juste sujet, selon Daillé même, de séparation. *L'Eglise romaine* (en la dite Apologie, ch. 8, page 44) *commande à tous ceux qui sont en sa communion, de rendre cette souveraine espèce de culte qu'elle nomme latrie, et qu'elle confesse être due au vrai Dieu, elle commande qu'on la rende au pain de l'eucharistie* (oui, mais entendant par ce pain de l'eucharistie Jésus-Christ même, selon saint Jean, VI, 51, et rien autre); *elle veut que nous tenions pour notre grand Dieu ce sacrement.* Oui, mais entendant par ce sacrement Jésus-Christ même sous ces symboles, car il y est caché, et en mystère selon le grec, en sacrement selon le latin; comme Eph. ch. III, v. 5, 4, 9 ; et Col. I, 27 ; 1 Tim. III, 16 ; et spécialement Col. I, 27, Christ en soi même est appelé sacrement : aussi disons-nous le sacrement de l'incarnation pour le Christ incarné ; et de même le sacrement de l'eucharistie pour Jésus-Christ en l'eucharistie ; et en ce sens, et non autrement, adorons-nous, selon le concile, de latrie ou adoration due au vrai Dieu, qui est absolue, ce très-saint sacrement. Ce ne sont pas deux adorations, et il n'y a pas à dire, selon nous, comme feint Daillé, entre ces deux adorations. La première, qu'il faille adorer le corps du Christ en l'eucharistie, la seconde, qu'il faille adorer l'eucharistie même : ce ne sont pas deux

par Jésus-Christ, du bienfait de la rédemption.

On l'appelle encore la *cène du Seigneur*, à cause de la circonstance dans laquelle elle fut instituée ; *communion*, parce que c'est le lien d'unité des fidèles entre eux et avec Jésus-Christ ; *saint sacrement*, et chez les Grecs *saints mystères*, parce que c'est le plus auguste des signes établis par Jésus-Christ pour nous donner la grâce ; *viatique*, lorsqu'il est donné aux fidèles près de passer de cette vie à l'autre. Les Grecs nomment encore la célébration de ce mystère *synaxe* ou assemblée, et *eulogie*, bénédiction, pour les mêmes raisons ; les autres sectes orientales la nomment *anaphora*, obligation. — Selon la croyance de l'Eglise catholique, 1° l'*eucharistie*, sous les apparences du pain et du vin, contient réellement et substantiellement le corps et le sang de Jésus-Christ, par conséquent son âme et sa divinité ; 2° Jésus-Christ s'y trouve, non avec la substance du pain et du vin, mais par transsubstantia-

tion, de manière qu'il ne reste plus de ces deux aliments que les espèces ou apparences ; 3° il n'y est pas seulement dans l'usage, mais dans un état permanent ; 4° il doit y être adoré ; 5° il s'y offre en sacrifice à son Père par les mains des prêtres ; 6° l'*eucharistie* est un vrai sacrement, elle en a tous les caractères ; 7° il y a pour les chrétiens une obligation de le recevoir par la communion. Tous ces points de doctrine se tiennent et ont été décidés par le concile de Trente, session 13 ; mais il n'y en a aucun qui n'ait été contesté ou altéré par les protestants : tous exigent par conséquent une discussion.

I. *Présence réelle de Jésus-Christ dans l'eucharistie.* C'est ici le point capital de la doctrine chrétienne touchant ce mystère : lorsqu'il est une fois prouvé, tout le reste s'ensuit par des conséquences évidentes, et toutes les erreurs se trouvent réfutées.

Il n'est pas étonnant que ce dogme ait été attaqué dès les premiers siècles de l'Eglise ; il tient de si près au mystère de l'Incarnation, qu'il n'était pas possible de combattre celui-ci sans porter atteinte au premier. Ainsi les sectes de gnostiques, qui soutenaient que Jésus-Christ n'avait qu'une chair fantastique et apparente, ne pouvaient pas admettre que son corps fût réellement dans l'*eucharistie* (Saint Ignace, *Epist. ad Smyrn.*, n. 7). Au III° siècle, les manichéens pensaient sur ce point comme les gnostiques : par *eucharistie*, ils entendaient les paroles et la doctrine de Jésus-Christ. *Voy.* MANICHÉENS, § 2. Au VII°, les *pauliciens*, rejetons des manichéens, niaient le changement du pain et du vin au corps et au sang de Jésus-Christ (*Bibliot. Max. PP.*, tom. XVI, p. 756). Les albigeois, leurs successeurs, firent de même dans le XI° et dans le XII°. Au IX°, la présence réelle fut attaquée par Jean Scot, dit *Erigène*, ou l'Hibernois, qui avait été précepteur de Charles le Chauve. Cet écrivain, que les protestants ont voulu faire passer pour un grand génie, n'était, dans la vérité, qu'un scolastique très-plat et très-dur dans son style. Son ouvrage sur l'*eucharistie*, connu à peine de trois ou quatre de ses contemporains, serait demeuré dans un éternel oubli si les calvinistes ne l'en eussent tiré. Le moine Paschase Ratbert, qui le réfuta, en savait plus que lui et écrivait beaucoup moins mal. Bérenger, archidiacre d'Angers, fit un peu plus de bruit dans le XI° siècle : il nia ouvertement la présence réelle et la transsubstantiation. L'on tint en France et en Italie divers conciles où il fut cité : il y comparut, fut convaincu d'erreur et se rétracta ; mais l'on doute si ces rétractations furent sincères. *Voy.* BÉRENGARIENS. — Au XVI°, les prétendus réformateurs ont attaqué l'*eucharistie*, mais ils ne se sont pas accordés. Luther et ses sectateurs, en admettant la présence réelle, ont rejeté la transsubstantiation : ils ont d'abord soutenu que la substance du pain et du vin demeure avec le corps et le sang de Jésus-Christ ; mais il paraît que ce n'est plus à présent le sentiment des luthériens. — Zwingle, au

---

adorations, selon notre sens, mais une même signifiée par divers termes ; comme l'incarnation et le sacrement de l'incarnation ne sont pas deux choses, mais la même, sous divers termes. Parlant Daillé en fait donc mal à propos, et partant cite inutilement à la marge le concile de Trente, sess. 13, ch. 5. Et pag. 66 : « l'Eglise romaine veut que nous rendions à l'eucharistie une adoration, non médiate, mais immédiate ; non relative, mais absolue. » Il réitère les mêmes choses et son malentendu de notre doctrine, ch. 9, page 55, ch. 10, etc. Et le principal de son Apologie consiste à réfuter telle adoration, ou à combattre son malentendu. Certainement, outre que le concile ne nous parle point de telle adoration, nul de nos docteurs n'enseigne qu'on puisse adorer de la vie absolue autre chose que Jésus-Christ, non les espèces sacramentelles ; ce serait une idolâtrie, et plus indigne que celle des païens. Il combat donc son ombre ; et j'admets pour bonnes toutes ses preuves déduites au long en ces ch. 8, 9, 10, 11, 12, 13, 14, 15, 16, 17, 18, contre telle adoration, ou contre son malentendu qu'il nous impose.

« Quant à la qualité et façon du culte de ces espèces, relatif, secondaire, ou autre, nos docteurs sont de divers avis, comme j'ai déjà représenté ; partant ce ne sont que questions problématiques, hors l'étendue de la foi, que l'Eglise, comme j'ai dit, ne nous propose à croire ; ce ne peut donc être un juste sujet de séparation ; et Daillé même, en son Traité des images, pag. 340 et 376, dit : « Un degré de respect et d'honneur est dû à tous les instruments de la religion, comme aux calices, aux livres sacrés, que chacun appelle vénérables, à l'eau du baptême, au pain et au vin de la cène, etc. » Nous n'en disons pas davantage de l'honneur dû et rendu aux espèces du pain et du vin en l'eucharistie. Voilà donc Daillé tout nôtre en ce point. Et le même, en son Apologie, ch. 9, pag. 557 : « Si le sujet que l'on nomme sacrement de l'eucharistie est en sa substance le corps du Christ, comme ceux de l'Eglise romaine le tiennent, il est évident qu'on le peut et qu'on le doit adorer, attendu que le corps du Christ est un sujet adorable. » Donc le débat précédent n'étant pas juste sujet de division, à la façon que j'ai conclu ; celui-ci de l'adoration est décidé : tellement qu'ils doivent croire et pratiquer cette adoration, sous peine de n'être pas autrement ni bons Chrétiens, ni supportables citoyens, ni hommes bien sensés, selon Daillé au § précédent. Nous voilà donc d'accord. »

contraire, a enseigné que l'*eucharistie* n'est que la figure du corps et du sang de Jésus-Christ, à laquelle on donne le nom des choses qu'elle représente. — Calvin a prétendu que l'*eucharistie* renferme seulement la *vertu* du corps et du sang de Jésus-Christ; qu'on ne les reçoit, dans ce sacrement, que par la foi et d'une manière spirituelle. Les anglicans ont adopté cette doctrine, et l'on peut voir dans l'*Histoire des Variations*, par M. Bossuet, les divisions que ces divers sentiments ont causées parmi les protestants. — Selon Calvin, le dogme de la présence réelle et le culte de l'*eucharistie*, universellement établi dans l'Eglise romaine, est une véritable idolâtrie, un abus suffisant pour justifier le schisme des protestants : cependant, par une inconséquence évidente, Calvin et ses sectateurs ont consenti à fraterniser, en fait de religion, avec les luthériens qui croyaient la présence réelle. — D'un côté, Luther a soutenu de toutes ses forces que les paroles de Jésus-Christ, *Ceci est mon corps*, emportent évidemment une présence réelle; de l'autre, Calvin a répliqué qu'il est impossible d'admettre une présence réelle sans supposer aussi une *transsubstantiation*, sans autoriser le culte de l'*eucharistie*; l'Eglise catholique n'a donc pas eu tort de retenir ces trois points de croyance.

Jamais dispute n'a été agitée avec plus de chaleur de part et d'autre; jamais question n'a été embrouillée avec plus de subtilité de la part des novateurs, ni mieux discutée par les théologiens catholiques. Voici un précis des raisons alléguées par ces derniers. Ils prouvent la vérité de la présence réelle par deux voies, l'une qu'ils appellent *de discussion*, l'autre *de prescription*. L'on peut y en ajouter une troisième, qui est la voie des *conséquences*. La première consiste à prouver la présence réelle par les textes de l'Ecriture sainte, dont les uns renferment la promesse de l'*eucharistie*, les autres son institution, les troisièmes l'usage de ce sacrement.

1° Quant à la promesse, Jésus-Christ dit (*Joan.* VI, 52) : *Le pain que je donnerai pour la vie du monde est ma propre chair....... Ma chair est véritablement une nourriture, et mon sang un breuvage. Celui qui mange ma chair et boit mon sang demeure en moi et moi en lui*, etc. Les Juifs et les disciples de Jésus-Christ entendirent cette promesse à la lettre; ils en furent scandalisés, et plusieurs des premiers se retirèrent. S'il n'eût été question que d'une simple figure, il n'est pas à présumer que Jésus-Christ eût voulu les laisser dans l'erreur. — 2° Les paroles de l'institution sont encore plus claires. Le Sauveur dit à ses apôtres : *Prenez et mangez, ceci est mon corps donné ou livré pour vous;* selon saint Paul, *rompu ou brisé pour vous. Buvez de cette coupe, c'est mon sang versé pour vous* (*Matth.* XXVI, 26; *Marc.* XIV, 22; *Luc.* XXII, 19; *I Cor.* XI, 24 et 25). En quel sens du pain est-il livré pour nous? une coupe de vin est-elle répandue pour nous? Jésus-Christ substitue l'*eucharistie* à la pâque : s'il n'établissait qu'une figure de son corps et de son sang, l'agneau qu'il venait de manger l'aurait beaucoup mieux représenté. Il serait trop long de réfuter toutes les subtilités de grammaire par lesquelles les calvinistes ont cherché à obscurcir le sens de tous ces passages. — 3° En parlant de l'usage de ce sacrement, saint Paul dit (*I Cor.* X, 16) : *Le calice que nous bénissons n'est-il pas la communication du sang de Jésus-Christ? Le pain que nous rompons n'est-il pas la participation du corps du Seigneur?* Chap. XI, v. 27 : *Quiconque aura mangé ce pain ou bu le calice du Seigneur indignement, sera coupable de la profanation du corps et du sang du Seigneur.* Vers. 29 : *Il mange et boit sa condamnation, parce qu'il ne discerne pas le corps du Seigneur.* Saint Paul aurait-il pu dire la même chose de la pâque, qui était certainement la figure de Jésus-Christ immolé pour nous? — 4° Le sens des paroles de Jésus-Christ ne peut être mieux connu que par la pratique des premiers fidèles. Saint Jean, dans l'Apocalypse, chap. V, v. 6, fait le tableau de la liturgie des apôtres : il représente, au milieu d'une assemblée de prêtres, un autel et un agneau en état de victime, auquel on rend les honneurs de la divinité. Saint Justin, cinquante ans après, nous le peint de même (*Apol.* 1, n. 65 et suiv.). On a donc toujours cru que Jésus-Christ était réellement présent à la cérémonie : la prétendue idolâtrie de l'Eglise romaine date du temps des apôtres.

Les protestants ont si bien senti les conséquences de ce tableau, que, pour établir leur doctrine, il leur a fallu rejeter l'Apocalypse, supprimer l'autel, les prêtres, les prières et tout l'appareil du sacrifice. Ils disent que, souvent dans l'Ecriture sainte, le signe reçoit le nom de la chose signifiée : ainsi Joseph, expliquant à Pharaon le songe que ce roi avait eu, lui dit (*Gen.* XLVI, 2) : *Les sept vaches grasses et les sept épis pleins, sont sept années d'abondance.* Daniel, pour donner à Nabuchodonosor le sens de la vision qu'il avait eue, lui dit (XXII, 28) : *Vous êtes la tête d'or.* Jésus-Christ, expliquant la parabole de la semence (*Matth.* XIII, 37), dit : *Celui qui sème est le Fils de l'homme*, etc. Saint Paul, parlant du rocher duquel Moïse fit sortir de l'eau (*I Cor.* X, 4), dit : *Cette pierre était Jésus-Christ.* — Mais le Sauveur, en instituant l'*eucharistie*, n'expliquait ni un songe, ni une vision, ni une parabole, ni un type de l'ancienne loi; au contraire, il mettait une réalité à la place des figures. Il établissait un sacrement qui devait être souvent renouvelé, dont il était important d'expliquer clairement la nature, pour ne donner lieu à aucune erreur. Ce n'était donc pas là le cas de donner à un signe le nom de la chose signifiée. Si Jésus-Christ et les apôtres ont usé de cette équivoque, de laquelle ils prévoyaient certainement l'abus, ils ont tendu à l'Eglise chrétienne un piège inévitable. — D'ailleurs, dans tous les exemples cités par les protestants, il y a de la ressemblance et de l'analogie entre le signe et la chose signifiée; mais quelle ressemblance y a-t-il entre du pain et le corps de Jésus-Christ? Il n'y en a aucune. Mais si le Sauveur a fait du pain son propre corps, il est vrai, dès ce moment, que ce qui parait du pain est le signe du corps de Jésus-Christ, puisqu'alors ce corps ne paraît à nos yeux que sous les qualités sensibles du pain. Ainsi les passages des Pères qui ont appelé le pain consacré *le signe du corps de Jésus-Christ*, loin de prouver le sens figuré des paroles du Sauveur, prouvent tout le contraire, puisque ce pain ne peut être le signe du corps, à moins que le corps n'y soit véritablement. En disant *Ceci est mon corps*, Jésus-Christ n'a rien changé à l'extérieur du pain; le pain consacré ne ressemble pas plus au corps de Jésus-Christ que le pain non consacré; il ne peut donc pas être le signe de ce corps, si Jésus-Christ ne l'y met pas, et ne change pas la substance même du pain.

La voie de prescription consiste à dire aux protestants: Lorsque vous êtes venus au monde, toute l'Eglise chrétienne croyait la présence réelle du corps de Jésus-Christ dans l'*eucharistie*; donc elle l'a toujours cru de même depuis les apôtres jusqu'à nous. Il est impossible que sur un sacrement qui est d'un usage journalier, qui fait la principale partie du culte des chrétiens, la croyance commune ait pu changer, sans que ce changement ait fait du bruit, ait causé des disputes, ait donné lieu d'en parler dans les conciles tenus dans tous les siècles: or, il n'en est question nulle part. Il est impossible que, dans tout l'Orient et l'Occident, les pasteurs et les docteurs de l'Eglise aient conspiré tous d'un commun accord à faire ce changement, ou l'aient fait tous sans s'en apercevoir. Il est impossible qu'aucun des hérétiques condamnés par l'Eglise catholique, mécontents et furieux contre elle, ne lui ait reproché ce changement, s'il était réel, ou qu'aucun d'eux ne l'ait remarqué, etc. Cet argument a été traité avec beaucoup de force dans la *Perpétuité de la foi*, tom. I, l. IX, c. 11. L'auteur a mis en évidence l'absurdité de toutes les suppositions que les protestants ont été obligés de faire pour étayer l'imagination d'un prétendu changement survenu à ce sujet dans la foi de l'Eglise. — Une preuve positive que la croyance touchant l'*eucharistie* n'a jamais changé, c'est que le langage a toujours été le même. Dans tous les siècles, les Pères, les conciles, les liturgies, les confessions de foi, les auteurs ecclésiastiques, se servent des mêmes expressions, et présentent le même sens. — En effet, à commencer depuis saint Ignace, l'un des Pères apostoliques, et en suivant la chaîne des auteurs ecclésiastiques de siècle en siècle jusqu'à nous (1), il n'est presque

(1) Bergier n'avait pas jugé à propos de réunir les témoignages des Pères des premiers siècles de l'Eglise en faveur de la présence réelle: nous croyons qu'il est utile de les mettre sous les yeux du lecteur, pour avoir des armes invincibles contre les ennemis de ce dogme. Les citations que nous allons faire sont extraites de la *Discussion amicale sur l'Eglise an-*

pas un seul de ces écrivains qui ne fournisse des témoignages clairs et formels de la croyance de l'Eglise sur ce point essentiel:

glicane, et en général sur la Réforme, tom. II, lett. 10, appendice.

Saint Ignace d'Antioche, disciple des apôtres, parlant de certains hérétiques qui niaient la réalité du corps de Notre-Seigneur, dit: « Ils s'éloignent de l'eucharistie et de la prière, parce qu'ils ne confessent pas que l'eucharistie soit la chair de notre Sauveur Jésus-Christ, celle qui a souffert pour nos péchés, celle que par sa bonté le Père a ressuscitée (*Epist. ad Smyrn.*). » — Saint Irénée, au livre quatrième *contre les hérésies*, ch. 17, al. 32, parle ainsi: « Jésus-Christ ayant pris ce qui de sa nature était pain, le bénit, rendit grâces en disant: *Ceci est mon corps*. Et de même ayant pris le calice..... il confessa que c'était son sang: il enseigna la nouvelle oblation de son Testament: l'Eglise l'a reçue des apôtres, et l'offre à Dieu dans tout l'univers. » Au même livre, chap. 34, ce docteur réfute ainsi certains hérétiques qui niaient que Jésus-Christ fût Fils du Créateur: « Et comment donc assureront-ils que ce pain sur lequel les actions de grâces ont été faites, *est le corps de leur Seigneur, et le calice de son sang*, s'ils disent qu'il n'est point le Fils du Créateur du monde, c'est-à-dire le Verbe de celui par qui le bois de la vigne fructifie, les sources découlent, et la terre donne d'abord l'herbe, puis l'épi, puis le froment dans l'épi. » — Tertullien, dans son livre *de l'Idolâtrie*, c. 7, parlant de ceux qui s'approchent indignement de l'eucharistie, compare leur crime à celui des Juifs qui ont porté leurs mains sacrilèges sur le corps de Notre-Seigneur. Au livre *de la Résurrection du corps*, chapitre 8, il dit *que notre chair se nourrit du corps et du sang de Jésus-Christ, en sorte que notre âme s'engraisse de Dieu même*. « Notre-Seigneur, dit-il ailleurs, ayant pris du pain, il en fit son corps en disant: *Hoc est corpus meum* (Liv. IV *contre Marcion*., c. 40). » — Origène (*Hom.* 9 *sur le Lévitiq.*, n. 10) « Ne vous attachez point au sang des animaux; mais plutôt apprenez à connaître le sang du Verbe, et écoutez tout ce qu'il dit lui-même: *Ceci est mon sang*. Celui qui est imbu des mystères connaît la chair et le sang du Verbe-Dieu. N'insistons donc point sur des choses connues des initiés, et qui ne doivent point être de ceux qui ne le sont pas..... Lorsque vous recevez la sainte nourriture et ce mets incorruptible, lorsque vous goûtez le pain et la coupe de vie, *vous mangez et vous buvez le corps et le sang du Seigneur*: alors le Seigneur entre sous votre toit. Vous devez donc vous humilier, et, imitant le centurion, dire avec lui: *Seigneur, je ne suis pas digne que vous entriez dans ma maison*. » — Saint-Cyprien, aux approches d'une persécution, exhortait ainsi les fidèles: « Tenons-nous prêts à combattre; ne nous occupons que d'obtenir la gloire et la couronne d'une vie éternelle, en confessant le Seigneur..... Le combat qui s'approche sera plus cruel, plus féroce que jamais; c'est par une foi inébranlable que les soldats du Christ doivent s'y préparer, en songeant qu'ils boivent tous les jours *le calice de son sang*; afin d'en être mieux disposés à verser le leur pour le Christ (*Epist.* 56). » Relevant l'indécence d'un chrétien qui, au sortir de l'église, allait au théâtre: « A peine congédié du temple du Seigneur, dit-il, et ayant encore l'eucharistie sur son sein, l'infidèle s'acheminait vers le théâtre, emportant au spectacle avec lui *le corps sacré de Jésus-Christ*..... Il s'agit de nous revêtir de la cuirasse de justice, afin que notre cœur soit garanti contre les traits de l'ennemi..... Fortifions nos yeux, afin qu'ils ne fixent pas ces idoles détestables; fortifions la bouche, afin que notre langue victorieuse confesse le Seigneur son Christ; armons notre main du glaive spirituel, afin qu'elle repousse avec intrépidité ces funestes sacrifices; et qu'au souvenir de l'euchari-

toutes les liturgies, même celle que l'on attribue aux apôtres, celles de saint Basile, de saint Jean Chrysostome, l'ancienne liturgie gallicane, la liturgie mozarabique, les liturgies des nestoriens, celles des jacobites syriens, cophtes et éthiopiens, sont exactement inutiles efforts. Car l'air échappe à toute prise par sa rareté et sa ténuité ; et ces saints, ces vénérables, ces redoutables mystères outrepassent toutes les forces de mon génie. »

stie, cette main, qui a reçu *le corps du Seigneur*, embrasse son Dieu, et le serre, assurée de recevoir bientôt de lui le prix de la couronne céleste (*Liv. sur les spectacles*). » — Firmilien, évêque de Césarée, dans une *lettre à saint Cyprien :* « Quel délit, s'écrie-t-il, dans ceux qui admettent et ceux qui sont admis, lorsqu'assez téméraires pour usurper la communion, avant d'avoir exposé leurs péchés et lavé leurs souillures dans le bain de l'Église, ils touchent *le corps et le sang du Seigneur*, tandis qu'il est écrit : Quiconque mangera ce pain, ou boira indignement le calice du seigneur, sera coupable du corps et du sang du Seigneur. »

Les Pères du concile de Nicée, le premier œcuménique : « Derechef, il ne faut pas être bassement attentif au pain et au calice offerts sur cette table divine ; mais élevant notre esprit, comprenons par la foi cet agneau de Dieu gisant sur cette table sacrée, enlevant les péchés du monde, immolé par les prêtres d'une manière non sanglante ; *et, en prenant véritablement son corps précieux et son sang*, croyons qu'ils sont le gage de la vie éternelle et de la résurrection. » — Saint Hilaire : « Attachons-nous, dit-il, à ce qui est écrit, si nous voulons accomplir les devoirs d'une foi parfaite. Car il y a *de la folie et de l'impiété à dire ce que nous disons de la vérité naturelle de Jésus-Christ en nous, à moins que lui-même ne nous l'ait appris.* C'est lui qui nous dit : Ma chair est vraiment viande, et mon sang est vraiment un breuvage ; celui qui mange ma chair et boit mon sang demeure en moi et moi en lui. Il ne laisse *aucun lieu de douter de la vérité de sa chair et de son sang*, puisque la déclaration du Seigneur et notre foi portent que c'est vraiment de la chair et vraiment du sang, et que ces choses étant prises et avalées, font que nous sommes en Jésus-Christ, et que Jésus-Christ est en nous (*Liv. VIII de la Trinité*). » — Saint Ephrem, diacre d'Édesse, écrivant contre *la curiosité à sonder la nature*, s'exprime ainsi sur le mystère de l'eucharistie : « L'œil de la foi, lorsque, pareil à la lumière, il brille dans le cœur d'un chrétien, contemple à découvert l'agneau de Dieu, qui a été immolé pour nous, et qui nous a donné son corps saint et sans tache pour nous en nourrir continuellement..... Celui qui est doué de cet œil de la foi, aperçoit Dieu dans une clarté intuitive, et *d'une foi pleine et bien assurée*, il mange le corps sacré et boit le sang de l'agneau sans tache, sans se livrer, sur cette sainte et divine doctrine, à des recherches curieuses..... Pourquoi sondez-vous ce qui n'a point de fond ? Si vous sondez avec curiosité, vous ne méritez plus le nom de fidèle, mais celui de curieux. Soyez donc innocent et fidèle. Participez au corps immaculé et au sang du Seigneur avec une foi très-pleine, *assuré que vous mangez l'agneau même tout entier*. Car les mystères du Christ sont un feu immortel. Gardez-vous de les sonder avec témérité, de peur qu'en y participant vous n'en soyez consumé. Le patriarche Abraham servit autrefois des aliments terrestres à des anges célestes, qui en mangèrent. Ce fut, sans doute, un grand prodige de voir des êtres spirituels prendre sur terre une nourriture animale. Mais voici ce qui passe vraiment toute admiration, toute intelligence et tout prodige, c'est ce que le Fils unique Notre-Seigneur Jésus-Christ a fait pour nous. Car nous autres hommes charnels, il nous a fait manger et boire le feu et l'esprit même, c'est-à-dire *son corps* et *son sang*. Pour moi, mes frères, ne pouvant saisir par la pensée les sacrements du Christ, je n'ose m'avancer plus loin, ni essayer encore d'atteindre à la hauteur de ces mystères profonds et sacrés ; et si j'en voulais parler audacieusement, je ne les comprendrais pas davantage. Je ne serais qu'un téméraire, un insensé, battant l'air de mes vains et

Saint Optat, évêque de Milève, reproche aux donatistes leurs attentats en ces termes : « Est-il sacrilége pareil à celui de briser et renverser les autels de Dieu, sur lesquels vous avez vous-mêmes sacrifié autrefois ? Ces autels où ont été portés les vœux des peuples, et les membres de Jésus-Christ déposés ; où le Tout-Puissant a été invoqué et son Esprit saint est descendu ; ces autels où tant de fidèles ont reçu le gage de la vie éternelle, le bouclier de la foi, et l'espoir de la résurrection... Que vous avait donc fait le Christ, dont le corps et le sang ont habité par moment sur ces autels ?... Et pour redoubler encore cet exécrable forfait, vous avez brisé les calices qui contenaient le sang de Jésus-Christ : *Christi sanguinis portatores*. O crime abominable ! ô scélératesse inouïe ! vous avez imité les Juifs : ils percèrent le corps de Jésus-Christ sur la croix, et vous, vous l'avez frappé sur l'autel (*Liv. VI, cont. Parménien*). » — Saint Cyrille de Jérusalem (*Catech. Myst.* 4) : « La doctrine du bienheureux Paul suffit-elle seule pour vous rendre des témoignages certains de la vérité des divins mystères ? » (Il cite les passages de saint Paul aux Corinthiens, et continue ainsi :) « Puisque Jésus-Christ, en parlant du pain, a déclaré que c'était son corps, et puisque, en parlant du vin, il a si positivement assuré que c'était son sang, qui osera jamais révoquer en doute cette vérité ? Autrefois, en Cana de Galilée, il changea de l'eau en vin par sa seule volonté ; et nous estimerons qu'il n'est pas assez digne pour nous faire croire sur sa parole, qu'il ait changé du vin en son sang ! Si, ayant été invité à des noces humaines et terrestres, il y fit ce miracle, sans qu'on s'y attendît, ne devons-nous pas reconnaître encore plutôt qu'il a donné aux enfants de l'époux céleste son corps à manger et son sang à boire, alors que nous le recevions comme étant indubitablement son corps et son sang ? Car, sous l'espèce du pain, il nous donne son corps, et sous l'espèce du vin, il nous donne son sang ; afin qu'étant faits participants de ce corps et de ce sang, vous deveniez un même corps et un même sang avec lui... C'est pourquoi, je vous en conjure, mes frères, de ne plus les considérer comme un pain commun et comme un vin commun, puisqu'ils sont le corps et le sang de Jésus-Christ, selon sa parole. Car, encore que les sens nous rapportent que cela n'est pas, la foi doit vous persuader et vous assurer que cela est. Ne jugez donc pas de cette vérité par le goût ; mais que la foi vous fasse croire, avec une entière certitude, que vous avez été rendus dignes de participer au corps et au sang de Jésus-Christ... Que votre âme se réjouisse au Seigneur, étant persuadés comme d'une chose très-certaine que le pain qui paraît à nos yeux, n'est pas du pain, quoique le goût le juge tel, mais que c'est le corps de Jésus-Christ ; et que le vin qui paraît à nos yeux n'est pas du vin, quoique le sens du goût ne le prenne que pour du vin, mais que c'est le sang de Jésus-Christ. » — Saint Grégoire de Nazianze, dans son *Discours sur la Pâque*, s'adressant aux fidèles, leur dit : « *Ne chancelez pas* dans votre âme quand vous entendrez parler du sang, de la passion et de la mort de Dieu ; mais bien plutôt mangez *le corps* et buvez *le sang, sans hésitation aucune*, si vous soupirez après la vie. *Ne doutez jamais* de ce que vous entendrez dire sur sa chair ; ne vous scandalisez point de sa passion ; soyez constants, fermes et stables, sans vous laisser ébranler en rien par les discours de nos ad-

conformes à la messe romaine, telle qu'elle est en usage aujourd'hui dans toute l'Eglise catholique : toutes contiennent clairement et formellement la doctrine de la présence réelle et de la transsubstantiation. Ce fait a été mis en évidence dans la *Perpétuité de la*

versaires. » — Saint Grégoire de Nysse : « J'ai donc raison de croire que le pain sanctifié par la parole de Dieu, *est transformé*, *changé* au corps du Verbe-Dieu ; car ce pain est sanctifié, comme parle l'Apôtre, par la parole de Dieu et par la prière, non pas de telle sorte qu'en mangeant et en buvant il devienne le corps du Verbe, mais il est *changé* dans l'instant au corps par la parole, ainsi qu'il a été dit par le Verbe : *Ceci est mon corps.* » Il termine ce chapitre en observant que « c'est par la vertu de la bénédiction que *la nature des choses visibles* est changée en son corps : *Virtute benedictionis in illud transelementata eorum quæ apparent natura* (*Orat. catech.*, c. 37). »

Saint Ambroise, *Discours aux Néophytes*, chap. 9 : « Considérez, je vous prie, ô vous qui devez bientôt participer aux saints mystères, quel est le plus excellent, ou de cette nourriture que Dieu donnait aux Israélites dans le désert, appelée le pain des anges, ou de la chair de Jésus-Christ, laquelle est le *corps même* de celui qui est la vie : de la manne qui tombait du ciel, ou de celle qui est au-dessus du ciel... L'eau coula du sein d'une roche en faveur des Juifs ; mais pour nous *le sang coule de Jésus-Christ même...* Aussi cette nourriture et ce breuvage de l'ancienne loi n'étaient que des figures et des ombres ; mais cette nourriture et ce breuvage dont nous parlons est la vérité. Que si ce que vous admirez n'était qu'une ombre, combien grande doit être la chose dont l'ombre seule vous parait si admirable ? Or, la lumière est plus excellente que l'ombre, la vérité que la figure, et le corps du Créateur du ciel que la manne qui tombait du ciel. Mais vous me direz peut-être : Comment m'assurez-vous que c'est le corps de Jésus-Christ que je reçois, puisque je vois autre chose ? c'est ce qui nous reste ici à prouver. Or, nous trouvons une infinité d'exemples pour montrer que ce que l'on reçoit à l'autel n'est point ce qui a été formé par la nature, mais ce qui a été consacré par la bénédiction, et que cette bénédiction est beaucoup plus puissante que la nature, puisqu'elle *change* la nature même. Moïse tenait une verge à la main ; il la jeta à terre, et elle fut changée en serpent ; il saisit ensuite la queue du serpent, lequel reprit aussitôt sa première forme et sa première nature... que si la simple bénédiction d'un homme a eu assez de force pour *transformer la nature*, que dirons-nous de la propre consécration divine, dans laquelle les paroles mêmes du Sauveur opèrent tout ce qui s'y fait ? Car ce sacrement que vous recevez est formé par les paroles de Jésus-Christ. Que si la parole d'Elie a pu faire descendre le feu du ciel, la parole de Jésus-Christ ne pourra-t-elle pas changer la *nature* des choses créées ?... Vous avez lu dans l'histoire de la création du monde, que Dieu ayant parlé, toutes les choses ont été faites ; et qu'ayant commandé, elles ont été créées. Si donc la parole de Jésus-Christ a pu du néant faire ce qui n'était point encore, ne pourra-t-elle point *changer en d'autres natures celles* qui étaient déjà; puisqu'on ne saurait nier qu'il soit plus difficile de donner l'être aux choses qui ne l'ont point ; que de *changer* la nature de celles qui ont déjà reçu l'être. Mais pourquoi nous servons-nous de raison ? Servons-nous des exemples que Dieu nous fournit, et établissons la vérité de ce mystère de l'eucharistie par l'exemple de l'incarnation du Sauveur. La naissance que Jésus-Christ a prise de Marie a-t-elle suivi l'usage ordinaire de la nature ? Il est sans doute que cet ordre n'y a pas été observé, puisque l'homme n'a eu aucune part à cette naissance. Il est donc visible que ça a été contre l'ordre de la nature qu'une vierge est devenue mère. Or, ce corps que nous produisons dans ce sacrement, est le même corps qui est né de la vierge Marie. Pourquoi cherchez-vous l'ordre de la nature dans la production du corps de Jésus-Christ dans ce sacrement, puisque c'est aussi contre l'ordre de la nature que ce même Seigneur est né d'une vierge ? C'est la véritable chair de Jésus-Christ qui a été crucifiée et qui a été ensevelie. C'est donc aussi, selon la vérité, le sacrement de cette chair. Jésus-Christ dit lui-même : *Ceci est mon corps.* Avant la consécration, qui se fait avec les paroles célestes, on donne à cela un autre nom ; mais après la consécration, cela est nommé le corps de Jésus-Christ. Il dit aussi : *Ceci est mon sang.* Avant la consécration, ce qui est dans le calice s'appelle autrement ; après la consécration on le nomme sang de Jésus-Christ. Or, vous répondez *amen* quand on vous le donne, c'est-à-dire il est vrai. Croyez donc véritablement de cœur ce que vous confessez de bouche ; et que vos sentiments intérieurs soient conformes à vos paroles. Jésus-Christ nourrit son Eglise par ce sacrement, qui fortifie la substance de notre âme. C'est un mystère que vous devez conserver soigneusement en vous-mêmes... de peur de le communiquer à ceux qui n'en sont pas dignes, et d'en publier les secrets devant les infidèles par une trop grande légèreté de parler. Vous devez donc veiller avec grand soin, pour la conservation de votre foi, afin de garder toujours inviolablement la pureté de votre vie et la fidélité de votre secret. » — Saint Epiphane, dans son *Exposition de la foi* : « L'Eglise est le port tranquille de la paix, on respire dans son sein une suavité qui rappelle les parfums de la vigne de Chypre : on y cueille les fruits de bénédiction. Elle nous présente encore tous les jours ce breuvage si efficace pour dissiper nos afflictions, je veux dire *le sang pur et véritable* de Jésus-Christ. »

Saint Jean Chrysostome : « Les statues des souverains ont souvent servi d'asile aux hommes qui s'étaient réfugiés près d'elles, non parce qu'elles étaient faites d'airain, mais parce qu'elles représentaient la figure des princes. Ainsi le sang de l'agneau sauva les Israélites, non parce qu'il était sang, mais parce qu'il figurait le sang du Sauveur, et annonçait sa venue. Maintenant donc, si l'ennemi apercevait, non le sang de l'agneau figuratif empreint sur nos portes, mais le *sang de la vérité reluisant dans la bouche des fidèles*, il s'en éloignerait bien davantage. Car, si l'ange a passé à la vue de la figure, combien plus l'ennemi serait-il effrayé à l'aspect de la vérité.....? Considérez, ajoute-t-il ensuite, de quel aliment il nous nourrit et nous rassasie. *Lui-même* est pour nous la substance de cet aliment, *lui-même* est notre nourriture. Car comme une tendre mère, poussée par une affection naturelle, s'empresse de sustenter son enfant de toute l'abondance de son lait ; ainsi Jésus-Christ *alimente de son propre sang ceux* qu'il régénère (*Homélie aux néophytes ; Homélie sur saint Jean ; Homélie 67 au peuple d'Antioche*) » Ailleurs : « Obéissons donc à Dieu en toutes choses, ne le contredisons pas lors même que ce qu'il nous dit parait répugner à nos idées et à nos yeux. Que sa parole soit préférée à nos yeux et à nos pensées. Appliquons ce principe aux mystères. Ne regardons pas ce qui est exposé à nos yeux, mais sa parole, car elle est infaillible, et nos sens exposés à l'illusion. Puis donc que le Verbe dit : Ceci est mon corps, obéissons, croyons et voyons ce corps avec les yeux de l'âme, car Jésus-Christ ne nous a rien donné de sensible, mais *sous des choses sensibles*, des objets qui ne s'aperçoivent que par l'esprit..... Car si vous étiez sans corps, les dons qu'il vous a faits auraient été simples, ils n'auraient

foi, tomes IV et V, et par le P. Lebrun, *Explication des cérémonies de la Messe*, etc.

A cette chaîne de tradition, les protestants ont objecté qu'il n'est presque pas un des Pères, et des autres monuments, qui ne dépose en faveur du sens figuré, qui n'ait en rien de corporel ; mais parce que votre âme est unie à un corps, *sous des choses sensibles* il vous en présente qui ne le sont pas. Combien n'y en a-t-il pas qui disent à présent : Je voudrais bien voir sa forme, sa figure, ses vêtements, sa chaussure? Et voici que vous le voyez, que vous le touchez lui-même, que vous le mangez lui-même. Vous voudriez voir ses vêtements ; mais il se donne à vous lui-même, non seulement pour être vu, mais touché, mangé, reçu intérieurement..... Si vous ne pouvez envisager, sans une indignation extrême, la trahison de Judas et l'ingratitude de ceux qui le crucifièrent, prenez garde de vous rendre vous-même coupable de la profanation de son corps et de son sang. Ces malheureux firent souffrir la mort au très-saint corps du Seigneur, et vous, vous le recevez avec une âme impure et souillée, après en avoir reçu tant de biens? Car, non content de se faire homme, de souffrir les ignominies, il a voulu encore se mêler et s'unir à vous, de sorte que vous deveniez un même corps avec lui, *et non-seulement par la foi*, mais effectivement et dans la réalité même...... De quelle pureté ne devrait donc pas être celui qui est fait participant d'un tel sacrifice? Combien plus pure que les rayons du soleil ne devrait pas être la main qui distribue cette chair, la bouche qui se remplit de ce feu spirituel, la langue qui se teint de ce sang redoutable ? Songez à quel honneur vous êtes élevé, à quelle table vous êtes admis ! Celui que les anges tremblent d'apercevoir, et qu'ils n'osent contempler sans frayeur, à cause de l'éclat qui rejaillit de sa personne, descend à nous ; nous sommes nourris de sa substance, nous mêlons la nôtre à la sienne, et nous devenons avec lui un même corps, une même chair. Qui racontera les merveilles du Seigneur? qui fera dignement entendre ses louanges! quel pasteur a jamais nourri ses brebis de ses propres membres? Et que parlé-je de pasteur? Les mères elles-mêmes livrent quelquefois leurs enfants à des nourrices étrangères. Mais il ne souffre point que les siens soient traités ainsi. Lui-même il les nourrit de son propre sang, et se les attache entièrement..... Jésus-Christ, qui autrefois opéra ces merveilles dans la cène qu'il fit avec ses apôtres, est le même qui les opère aujourd'hui. Nous tenons ici la place des officiers et de ses ministres ; mais c'est lui qui sanctifie ces offrandes, et les change en son corps et en son sang..... Ce n'est pas seulement à vous qui participez aux mystères, mais à vous qui en êtes les dispensateurs, que j'adresse mon discours..... Et vous, laïques, lorsque vous vous approchez du corps sacré, croyez que vous le recevez de la main invisible de Jésus-Christ. Car celui qui a fait plus, c'est-à-dire qui s'est posé lui-même sur l'autel, ne dédaignera pas de vous présenter son corps. » Le grand évêque passe ensuite au devoir de la charité, qu'il relève magnifiquement comme la plus belle disposition aux mystères ; et faisant allusion à la cène de Jésus-Christ, il ajoute : « Elle n'était point d'argent cette table où il était assis ; il n'était point d'or ce calice duquel il versa *son propre sang* à ses apôtres : et pourtant que ce vase était précieux, qu'il était redoutable, par l'esprit dont il était plein..... ! (*Homélie 60 au peuple d'Antioche*) »

Saint Gaudence, évêque de Bresse, s'exprime ainsi : « Dans les ombres et les figures de l'ancienne pâque, on ne tuait pas un seul agneau, mais plusieurs, savoir : un dans chaque maison ; parce qu'un seul n'eût pas pu suffire à tout le peuple, et que ce mystère n'était que la figure et non pas la réalité de la passion du Seigneur. Car la figure d'une chose n'en est pas la réalité, mais en est seulement la représentation et l'image. Or, maintenant que dans la vérité de la loi nouvelle, un seul agneau est mort pour tous, il est certain qu'étant aussi immolé par toutes les maisons, c'est-à-dire *sur tous les autels des églises*, il nourrit sous les mystères du pain et du vin ceux qui l'immolent..... C'est là véritablement la chair de l'agneau, c'est là le sang de l'agneau. Car c'est ce même pain *vivant* descendu du ciel, qui a dit : Le pain que je donnerai est ma propre chair. Son sang est fort bien représenté sous l'espèce du vin, puisqu'en disant dans l'Évangile : Je suis la vraie vigne, il témoigne assez que le vin que l'on offre dans l'Église en figure et en mémoire de sa passion, *est son propre sang*..... C'est donc ce même Seigneur et souverain créateur de toutes choses, qui de la terre ayant formé du pain, *forme de nouveau de ce même pain son propre corps*; parce qu'il le peut faire, et qu'il l'a promis ; et c'est lui-même qui, ayant autrefois *changé l'eau en vin*, change maintenant le vin en son propre sang. L'Ecriture que l'on a lue, concluant par une fin excellente et mystérieuse ce qu'elle avait dit, ajoute : Car c'est la pâque du Seigneur. O sublimité des richesses de la sagesse et de la science de Dieu ! C'est la pâque du Seigneur, dit l'Ecriture, c'est-à-dire le passage du Seigneur, afin que vous ne preniez pas pour terrestre ce qui a été rendu tout céleste par l'opération de celui qui a voulu passer *lui-même dans le pain et le vin*, en les faisant devenir son corps et son sang. Car ce que nous avons ci-dessus exposé en termes généraux touchant la manière de manger la chair de l'agneau pascal, nous le devons particulièrement observer dans la manière de recevoir les mêmes mystères de la passion du Seigneur. Vous ne devez pas les rejeter, en considérant cette chair comme si elle était crue, et le sang comme s'il était tout cru, ainsi que firent les Juifs, ni dire avec eux : Comment peut-il nous donner sa chair à manger? Vous ne devez pas non plus concevoir en vous-mêmes ce sacrement comme une chose commune et terrestre, mais plutôt vous devez *croire avec fermeté* que, par le feu du Saint-Esprit, ce sacrement est en *effet devenu* ce que le Seigneur assure qu'il est. Car ce que vous recevez c'est le corps de celui qui est le *pain vivant et céleste*, et le sang de celui qui est la vigne sacrée. Et nous savons que, lorsqu'il présenta à ses disciples le pain et le vin consacrés, il leur dit : Ceci est mon corps, ceci est mon sang. Croyons donc, je vous prie, ce que vous avons déjà cru ; la vérité est incapable de mensonge. Comme donc il est ordonné dans l'ancienne loi de manger la tête de l'agneau pascal avec ses pieds, nous devons maintenant, dans la loi nouvelle, manger tout ensemble la tête de Jésus-Christ, qui est sa divinité, avec ses pieds qui sont son humanité, lesquels sont unis et cachés dans les sacrés et divins mystères, en croyant également toutes choses, ainsi qu'elles nous ont été laissées par *la tradition de l'Église*, et en nous gardant de briser ce qui est très-solide, c'est-à-dire cette vérité sortie de sa bouche : Ceci est mon corps, ceci est mon sang.... Que si après il reste quelque chose que vous n'ayez pas bien compris dans cette explication, il faut achever de le consumer entièrement par la chaleur de la foi. Car notre Dieu est un Dieu qui consume, qui purifie et qui éclaire nos esprits, pour nous faire concevoir les choses divines, afin que, découvrant les causes et les raisons mystérieuses du même sacrifice tout céleste institué par Jésus-Christ, nous puissions lui rendre d'éternelles actions de grâces d'un don si grand et si ineffable. Car c'est le véritable héritage de son nouveau Testament, qu'il nous laissa dans la nuit même de sa passion, comme le gage de sa

dit que l'*eucharistie*, même après la consécration, est *figure, signe, antitype, symbole, pain et vin*. En effet, tout cela est vrai, selon les apparences extérieures; mais cela n'exclut point la présence réelle de la chose signifiée. Les Pères, les liturgistes ont-ils dit présence. C'est le viatique dont nous nous sommes nourris et fortifiés dans le pèlerinage de cette vie, jusqu'à ce que nous arrivions dans le ciel, et que nous jouissions pleinement et à découvert de celui qui, étant sur la terre, nous a dit : Si vous ne mangez ma chair et ne buvez mon sang, vous n'aurez point la vie en vous. Il a voulu que nous jouissions toujours de ses grâces et de ses bienfaits ; il a voulu que son sang précieux sanctifiât continuellement nos âmes par l'image de sa passion. C'est pourquoi il commanda à ses fidèles disciples qu'il avait établis pour être les premiers pasteurs de son Eglise, de *célébrer sans cesse ces mystères* de la vie éternelle, jusqu'à ce que Jésus-Christ descende de nouveau du ciel ; afin que les pasteurs et tout le reste du peuple fidèle, ayant tous les jours devant les yeux l'image de la passion de Jésus-Christ, la portant en leurs mains, et même la recevant en leur bouche et dans leur estomac, le souvenir de notre rédemption ne s'effaçât jamais de notre mémoire, et ce sang eussions toujours un remède favorable et un préservatif assuré contre les poisons du diable. Recevez donc, aussi bien que nous, avec toute la sainte avidité de votre cœur, ce sacrifice de la pâque du Sauveur du monde, afin que nous soyons sanctifiés dans le fond de nos âmes et de nos entrailles, par Notre-Seigneur Jésus-Christ, lequel nous croyons être lui-même présent dans ses sacrements (Traité 2 *sur la nature des sacrements*.) »

Saint Jérôme, dans son *Commentaire sur saint Matthieu*, dit, « qu'après l'accomplissement de la pâque typique et la manducation de l'agneau pascal, Jésus-Christ passa au vrai sacrement de la pâque, en que comme Melchisédech avait offert en figure du pain et du vin, Jésus-Christ rendit présente la vérité de son corps et de son sang. » Et ailleurs : « Qu'il y a autant de différence entre les pains de proposition et le corps de Jésus-Christ, qu'entre l'ombre et le corps, l'image et la vérité, la figure des choses à venir, et ce qui étant représenté par ces figures (*Sur l'épître à Tite*). » — « Qui pourrait souffrir, dit-il dans sa *lettre 85 à Evagrius*, qu'un ministre des tables et des veuves s'élevât avec présomption au-dessus de ceux aux prières desquels le corps et le sang de Jésus-Christ sont formés ? » — « Pour nous, écrit-il dans sa *lettre à Hédibia*, comprenons que le pain que rompit le Seigneur, et qu'il donna à ses disciples, est le corps de Notre-Seigneur, puisqu'il dit lui-même, *Ceci est mon corps*. Moïse ne donna pas le pain véritable, mais bien le Seigneur Jésus, qui étant assis au festin, mange et se donne lui-même à manger. — A Dieu ne plaise que je dise quelque chose au désavantage de ceux qui, succédant au degré apostolique, *forment le corps de Jésus-Christ* par leur bouche sacrée (*Epître à Héliod*.). » Et ailleurs il appelle le prêtre un médiateur entre Dieu et les hommes, *qui produit le corps de Jésus-Christ par sa bouche sacrée*.

Saint Augustin, sermon 83, dit aux fidèles : « Vous devez savoir ce que vous avez reçu, ce que vous recevez, et ce que vous devez recevoir chaque jour ; ce pain que vous voyez sur l'autel, *étant consacré par la parole de Dieu, est le corps de Jésus-Christ* : ce calice, ou plutôt ce qui est dans le calice, ayant été sanctifié par la parole de Dieu, *est le sang de Jésus-Christ*. » Ailleurs : « Nous recevons avec un cœur et une bouche fidèle le médiateur de Dieu et des hommes, Jésus-Christ homme, qui nous donne son corps à manger et son sang à boire, quoiqu'il semble plus horrible de manger de la chair d'un homme que de le tuer, et de boire du sang humain que de le répandre (*Liv. cont. l'adv. de la loi et des prophètes*). »

Sur le psaume XXXIX : « Les sacrifices anciens ont été abolis, comme n'étant que de simples promesses, et on nous en a donné qui contiennent l'accomplissement. Qu'est-ce qu'on nous a donné pour accomplissement ? le corps que vous connaissez, mais que vous ne connaissez pas tous ; et plût à Dieu qu'aucun de ceux qui le connaissent, ne le connaisse à sa condamnation ! Vous n'avez point voulu, dit Jésus-Christ, de sacrifice et d'oblation. Quoi donc ! sommes-nous maintenant sans sacrifice ? à Dieu ne plaise ! Mais vous m'avez formé un corps. Vous avez rejeté ces sacrifices, afin de former ce corps ; et avant qu'il fût formé, vous vouliez bien qu'on vous les offrît. L'accomplissement des choses promises a fait cesser les promesses. Car, si ces promesses subsistaient, ce serait une marque qu'elles ne seraient pas accomplies. Ce corps était promis par quelques signes. Les signes qui marquaient la promesse ont été abolis, parce que la vérité promise a été donnée. Nous sommes dans ce corps ; nous en sommes participants. » — Au livre II, ch. 6, sur les *Questions de Januarius* : « Il paraît très-clairement que les disciples, la première fois qu'ils reçurent le corps et le sang du Seigneur, ne le reçurent point à jeun. Faudra-t-il pour cela calomnier l'Eglise universelle de ce que l'on ne *les reçoit* plus qu'à jeun ! Il a plu au Saint-Esprit, par honneur, pour un si grand sacrement, que *le corps du Seigneur entrât dans la bouche du chrétien avant toute autre nourriture*, et c'est pour cela que cette coutume prévaut dans l'univers entier. » — Et sur ces paroles du titre du psaume XXXIII : *Il était porté dans ses mains*, voici comme le saint docteur s'est exprimé : « Mais comment ceci peut-il arriver dans un homme ? Et qui pourrait le concevoir, mes frères ? Car quel est l'homme qui se porte véritablement dans ses mains ? Tout homme peut être porté dans les mains d'un autre : dans les siennes propres, personne. Nous ne voyons point comment cela peut à la lettre s'entendre de David, mais bien de Jésus-Christ. Car il était porté dans ses propres mains, lorsque recommandant son propre corps, il dit : *Ceci est mon corps* ; car alors il portait son corps dans ses mains. » Il est impossible à tout homme de faire ce que fit alors Jésus-Christ : or tout homme peut se porter lui-même en figure et en représentation : ce n'est donc pas ainsi que le savant évêque d'Hippone l'entendait de Jésus-Christ.

Saint Paulin, qui a écrit la Vie de saint Ambroise, raconte la manière dont il reçut la communion avant de mourir. Ce passage est curieux en ce qu'il montre la pratique ancienne de l'Eglise, de donner au mourant la communion sous une seule espèce. « Honorat, évêque de Verceil (celui qui l'assista à la mort), s'étant retiré au haut de la maison pour goûter quelque peu de sommeil et de repos, entendit une voix qui lui disait pour la troisième fois : Levez-vous, hâtez-vous, parce qu'il rendra bientôt l'esprit. Alors étant descendu, il présenta au saint le corps de Notre-Seigneur ; il le prit, et dès qu'il l'eut avalé (*quo accepto, ubi glutivit*), il rendit l'esprit, emportant avec lui un bon viatique, afin que son âme, fortifiée de cette viande, allât jouir de la compagnie des anges. — Saint Cyrille d'Alexandrie, dans un passage cité par Victor d'Antio, s'exprime comme il suit : « Ne doutez pas de cette vérité, puisque Jésus-Christ nous assure si manifestement que c'est son corps ; mais recevez plutôt avec foi les paroles du Sauveur ; car, étant la vérité, il ne peut mentir. » Le même patriarche enseigne encore que « celui qui a mangé figurativement l'Agneau en Egypte, s'immole volontairement lui-même en cette cène ; et qu'après avoir mangé la figure, parce que c'était à lui d'accomplir les figures légales, il en montra la vérité, en se présentant lui-même comme aliment de vie

que l'*eucharistie* n'est rien autre chose que *figure, signe,* etc.? Il le faudrait, pour donner gain de cause aux protestants. Tous les Pères exigent la foi et l'adoration pour participer à ce mystère; il n'est pas besoin de foi pour saisir le sens d'un signe, et il n'est pas permis de l'adorer.

Comme les calvinistes prétendent que la

(*Disc. sur la cène mystique*). » — « Ce mystère dont nous parlons est terrible : ce qui s'y passe est étonnant. L'agneau de Dieu, qui efface les péchés du monde, y est sacrifié. Le Père s'en réjouit, le Fils est volontairement immolé, non plus par ses ennemis, mais par lui-même, afin de faire connaître aux hommes que les tourments qu'il a endurés pour leur salut, ont été tout volontaires (*Ibid.*). » — « Si Jésus-Christ, dit-il dans le même endroit, n'est qu'un simple homme, comment peut-on dire qu'il donne la vie éternelle à ceux qui approchent de cette table? et comment pourra-t-il être divisé et ici et en tous lieux sans diminution...? prenons le corps de la vie elle-même, qui pour nous a déjà habité dans notre corps ; buvons le sang sanctifiant de la vie, croyant avec foi que le Christ reste à la fois le prêtre et la victime, celui qui offre et est offert, celui qui reçoit et est donné. » — Dans son *Commentaire sur saint Jean* : « Afin que nous soyons réduits en unité et avec Dieu et entre nous, quoique séparés d'âme et de corps, par la distinction qui se conçoit entre nous, le Fils unique de Dieu a trouvé un moyen, qui est une invention de sa sagesse et un conseil de son Père. Car unissant dans la communion mystique tous les fidèles par un seul corps, *qui est le sien propre,* il en fait un même corps et avec lui et entre eux. Ainsi qui pourrait diviser et séparer de l'union naturelle qu'ils ont entre eux, ceux qui sont liés en unité avec Jésus-Christ par ce corps unique? si nous participons donc tous à un même pain, nous ne faisons tous qu'un corps, parce que Jésus-Christ ne peut être divisé. C'est pour cela que l'Eglise est appelée le corps de Jésus-Christ, et que nous en sommes nommés les membres, selon saint Paul ; car nous sommes tous unis à Jésus-Christ par son saint corps, recevant dans nos propres corps ce corps unique et indivisible, ce qui fait que nos membres lui appartiennent plus qu'à nous. » Et au livre XII, expliquant cet endroit de l'Evangile où il est dit que les soldats divisèrent les habits de Jésus-Christ en quatre parties, mais qu'ils ne divisèrent pas la tunique, il dit : « Que les quatre parties du monde ont obtenu par sort, et qu'elles possèdent sans division le saint vêtement du Verbe, c'est-à-dire son corps ; parce que le Fils unique, quoique divisé dans tous les fidèles particuliers et sanctifiant l'âme et le corps de chacun par sa propre chair, est néanmoins entier et sans division en tous, étant un partout, puisque, comme dit saint Paul, il ne peut être divisé... Les Juifs se disputaient entre eux, en disant, *Comment celui-ci peut-il nous donner sa chair à manger?* Ce *comment* est tout à fait judaïque; et sera la cause du dernier supplice. Car ceux-là seront justement réputés coupables des crimes les plus graves, qui osent attaquer par leur incrédulité l'excellent et suprême Créateur de toutes choses, et qui, sur ce qu'il veut opérer, ont bien le front d'en chercher le *comment...* L'esprit brut et indocile, dès lors quelque chose le passe, le rejette comme une extravagance, parce qu'il surmonte sa portée : son ignorante témérité le porte à un orgueil extrême. Nous verrons que les Juifs donnèrent dans cet excès, si nous considérons la nature du cas. En effet, ils le devaient, sans hésiter, recevoir les paroles du Sauveur, dont ils avaient admiré plusieurs fois la vertu toute divine, et cette puissance invincible de la nature, qu'il avait signalée en plusieurs rencontres sous leurs yeux... Et les voilà qui profèrent encore sur Dieu cet insensé *comment,* comme s'ils ne sentaient pas tout ce que cette façon de parler enferme de blasphématoire, dès que dans Dieu réside le pouvoir de tout faire sans difficulté... Que si tu persistes, ô juif, à proférer ce *comment,* à mon tour je te demanderai, moi, comment les eaux furent-elles *changées* en sang........? il convenait donc plutôt d'en croire au Christ et d'ajouter foi à ses paroles ; il convenait de solliciter et d'apprendre le mode de l'eulogie, plutôt que de s'écrier si inconsidérément, si témérairement : Comment celui-ci peut-il nous donner sa chair à manger........? Pour nous, en recevant les divins mystères, ayons une foi exempte de toute curiosité : voilà ce qu'il faut, et non point faire entendre de *comment* aux paroles qui s'y disent. »

Les Pères du concile général d'Ephèse approuvèrent et adoptèrent la lettre que saint Cyrille avait écrite à Nestorius, et dans laquelle on lit ces paroles : « C'est aussi de même que nous approchons des choses mystiques et bénies, et que nous sommes sanctifiés, étant devenus participants au corps sacré et au précieux sang du Christ, rédempteur de nous tous; non pas en recevant une chair commune, ce qu'à Dieu ne plaise, ni même celle d'un homme sanctifié... mais *une chair devenue proprement celle du Verbe lui-même*. » Nestorius convenait avec les catholiques qu'on mangeait réellement par la bouche dans l'eucharistie la chair de Jésus-Christ, c'est-à-dire, suivant Nestorius, la chair d'un homme sanctifié, et suivant le concile et saint Cyrille, la chair *devenue celle du Verbe lui-même,* ou de l'Homme-Dieu. — Théodoret, *sur la première lettre aux Corinthiens* : « L'Apôtre fait ressouvenir les Corinthiens de cette très-sainte nuit dans laquelle le Seigneur mettant fin à la pâque typique, montra le vrai original de cette figure, ouvrit les portes du sacrement salutaire, et donna son précieux corps et son précieux sang, non-seulement aux onze apôtres, mais à Judas même. » Et encore sur ces paroles : *Quiconque mangera ce pain ou boira ce calice indignement, sera coupable du corps et du sang de Jésus-Christ.* « Ici l'Apôtre frappe sur les ambitieux ; il frappe aussi sur nous, qui, avec une conscience mauvaise, osons recevoir les divins sacrements. Cet arrêt : *sera coupable du corps et du sang,* signifie qu'ainsi que Judas le trahit, et les Juifs l'insultèrent, de même ceux-là le traitent avec ignominie qui reçoivent dans des mains impures son très-saint corps, et le font entrer dans une bouche immonde. » — On peut encore juger de la doctrine du même docteur, par le trait suivant, qu'il rapporte dans son *Histoire ecclésiastique,* liv. v, c. 17. « L'empereur Théodose étant venu à Milan, après le meurtre commis par son ordre dans la ville de Thessalonique, et voulant entrer dans l'église, comme il l'avait accoutumé, saint Ambroise en sortit pour l'en empêcher ; et l'ayant rencontré hors du grand portique, il lui défendit d'entrer, usant à peu près de ces paroles : Avec quels yeux, ô empereur ! pourriez-vous regarder le temple de celui qui est notre commun maître? avec quels pieds oseriez-vous marcher sur une terre sainte? comment oseriez-vous étendre vos mains vers Dieu ; lorsqu'elles sont encore toutes dégouttantes du sang injustement répandu ? comment oseriez-vous toucher le très-saint corps du Sauveur du monde, avec ces mêmes mains qui sont souillées du carnage de Thessalonique ? et comment oseriez-vous recevoir ce précieux sang dans votre bouche, après qu'elle a prononcé dans la fureur de votre colère les injustes et cruelles paroles, qui ont fait verser le sang de tant d'innocents ? Retirez-vous donc, et gardez-vous bien de vous efforcer d'ajouter un nouveau crime à ce premier crime? souffrez plutôt d'être lié en la manière que l'a ordonné dans le ciel le Dieu qui est le maître des rois et des peuples : et respectez ce sacré lien qui a la force de guérir votre âme de cette

croyance primitive de l'Eglise a changé sur ce point, ils n'ont pas été peu embarrassés, lorsqu'il a fallu assigner l'époque, la manière, les causes de ce changement. Blondel croit que l'opinion de la transsubstantiation n'a commencé qu'après Bérenger. Aubertin, La Roque, Basnage et d'autres, ont remonté au VII° siècle : c'est Anastase le Sinaïte, disent-ils, qui a enseigné le premier que nous recevons, dans l'*eucharistie*, non l'antitype, mais le corps de Jésus-Christ. — Malheureusement pour ce système, saint Ignace Martyr, saint Justin, tous les Pères grecs des six premiers siècles, les liturgies de saint Basile et de saint Jean Chrysostome, enseignent la présence réelle aussi clairement que le moine Anastase. Ce n'est donc pas lui qui a forgé ce dogme. — Quant à l'Occident, Aubertin prétend que Paschase Ratbert, moine et ensuite abbé de Corbie, dans un *Traité du corps et du sang du Seigneur*, composé vers l'an 831, et dédié à Charles le Chauve en 844, est le premier qui ait rejeté le sens figuré, et enseigné la présence réelle; que cette nouveauté s'établit aisément dans un siècle très peu éclairé, qu'elle gagna si rapidement les esprits, que, quand Bérenger voulut l'attaquer deux cents ans après, on lui objecta le consentement de toute l'Eglise, comme établi de temps immémorial en faveur du dogme de la réalité. — Mais non-seulement on lui objecta ce consentement immémorial, on le lui prouva, et Bérenger ne put jamais citer en sa faveur le suffrage de l'antiquité. En effet, les Pères latins, à commencer par Tertullien, au III° siècle jusqu'au IX°, ne parlent pas autrement que les Pères grecs; les liturgies romaine, gallicane, mozarabique, aussi anciennes que les Eglises d'Occident, sont exactement conformes, sur l'*eucharistie*, à celle des Orientaux. — Conçoit-on, d'ailleurs, qu'un moine ait réussi à fasciner tous les esprits de son siècle dans toutes les parties de l'Eglise? Dans tous les siècles, la moindre innovation en fait de dogme, a fait un bruit épouvantable; et l'on suppose que, sur un article aussi essentiel que l'*eucharistie*, la foi a changé sans qu'on s'en soit aperçu. Mais Ratramne et Jean Scot écrivirent contre Paschase Ratbert, et il leur opposa le suffrage de l'univers entier: *Quod totus orbis credit et confitetur*, ce sont ses termes.

Il n'est pas vrai, d'ailleurs, que le neuvième siècle ait été sans lumière; celle qu'avait rallumée Charlemagne n'était pas encore éteinte. On connaissait en France Hincmar, archevêque de Reims; Prudence, évêque de Troyes; Flore, diacre de Lyon; Loup, abbé de Ferrières; Christian Drutmar, moine de Corbie, dont les protestants ont voulu altérer les écrits; Walafride Strabon, moine de Fulde, très-instruit des antiquités ecclésiastiques; Etienne, évêque d'Autun; Fulbert, évêque de Chartres; saint Mayeul, saint Odon, saint Odilon, abbés de Cluni, etc. En Allemagne, saint Unny, archevêque d'Hambourg, apôtre du Danemark et de la Norwége; Adalbert, l'un de ses successeurs; Brunon, archevêque de Cologne; Wilelme ou Guillaume, archevêque de Mayence; Francon et Burchard, évêques de Worms; saint Udalrich, évêque d'Augsbourg; saint Adalbert, archevêque de Prague, qui porta la foi dans la Hongrie, la Prusse et la Livonie; saint Boniface et saint Brunon, qui la prêchèrent en Russie, étaient des hommes instruits et respectables. En Angleterre, saint Dunstan, évêque de Cantorbéry; Ethelwode, évêque de Wincester; Oswald, évêque de Worcester. En Italie, les papes Etienne VIII, Léon VII, Marin, Agapet II, et plusieurs évêques. En Espagne, Gennadius, évêque de Zamore; Atillan, évêque d'Astorga; Ruseninde, évêque de Compostelle, etc. Tous ces prélats n'étaient, à la vérité, ni des Augustin, ni des Chrysostome; mais c'étaient des pasteurs instruits et zélés pour la pureté de la foi. — C'est précisément au IX° siècle que se forma le schisme entre l'Eglise grecque et l'Eglise latine, le prétexte des Grecs ne fut jamais la doctrine des Latins sur l'*eucharistie*. Dans le XI°, peu de temps après que Léon IX eut condamné Bérenger, Michel Cérularius, patriarche de Constantinople, écrivit avec chaleur contre les Latins; il les attaqua vivement sur la question des azymes; il ne parla ni de la présence réelle, ni de la transsubstantiation. Il n'y eut aucune difficulté sur ce point au concile général de Lyon, l'an 1274, ni dans celui de Florence, en 1439, lorsqu'il fut question de la réunion des deux Eglises.

A la naissance de l'hérésie des sacramentaires, l'occasion était belle pour les Grecs de se déclarer. En 1570, les premiers s'efforcèrent vainement d'extorquer de Jérémie, patriarche de Constantinople, un témoignage favorable à leur erreur. Il leur répondit nettement : « La doctrine de la sainte Eglise est que dans la sacrée cène, après la consécration et bénédiction, le pain est changé et passé au corps même de Jésus-Christ, et le vin en son sang, par la vertu du Saint-Esprit..... Le propre et véritable corps de Jésus-Christ est contenu sous les espèces du pain levé. » — Ce que la bonne foi de Jérémie avait refusé aux luthériens fut accordé par l'avarice de Cyrille Lucar, l'un de ses successeurs, aux largesses d'un ambassadeur d'Angleterre ou de Hollande à la Porte. Ce patriarche osa publier une profession de foi conforme à celle des protestants, sur la

---

mortelle blessure, et de lui donner la santé. L'empereur, touché de ces paroles, retourna au palais impérial, en pleurant et en gémissant; et longtemps après, savoir au bout de huit mois, le divin Ambroise lui donna l'absolution de son péché. »

Saint Léon, *Discours sixième sur le jeûne du septième mois* : « Le Seigneur ayant dit : Si vous ne mangez la chair du Fils de l'homme et ne buvez son sang, vous n'aurez point la vie en vous; communiez donc à la table sacrée, de manière que vous n'ayez aucun doute quelconque sur la vérité du corps et du sang de Jésus-Christ : car on y prend par la bouche ce qui est cru par la foi, et c'est en vain qu'on répond *amen* (il est vrai), si l'on dispute contre ce qu'on y reçoit.

présence réelle; mais elle fut condamnée dans un synode tenu à Constantinople en 1638, par Cyrille de Bérée, successeur de Lucar, et dans un autre, en 1642, sous Parthénius, successeur de Cyrille de Bérée. Les Grecs s'expliquèrent encore de même dans un concile tenu à Jérusalem en 1668, et dans un autre assemblé à Bethléem en 1672. Les actes en sont déposés à la bibliothèque de Saint-Germain-des-Prés, et imprimés dans la *Perpétuité de la foi*, avec les témoignages des maronites, des Arméniens, des Syriens, des cophtes, des jacobites, des nestoriens et des Russes. L'accord de toutes ces communions grecques avec l'Eglise romaine sur l'*eucharistie* ne peut désormais donner lieu à aucun doute. Il n'est donc aucun dogme de foi sur lequel la prescription soit mieux établie.

Une troisième preuve de la présence réelle, ce sont les conséquences qui s'ensuivent de l'erreur des protestants. Nous soutenons qu'elle donne atteinte à la divinité de Jésus-Christ, et qu'elle a dû faire naître le socinianisme, comme cela est arrivé en effet.

1° Il n'est aucun des miracles du Sauveur qui n'ait pu être opéré par un pur homme envoyé de Dieu; mais que Jésus-Christ se rende présent en corps et en âme dans toutes les hosties consacrées, c'est un prodige qui ne peut être opéré que par un Dieu. S'il ne l'a pas fait, il a eu tort de dire à ses apôtres: *Toute puissance m'a été donnée dans le ciel et sur la terre* (*Matth.* xxviii, 18). Saint Irénée remarquait déjà la connexion qu'il y a entre la présence réelle et la divinité du Verbe (*Adv. hær.*, l. iv, c. 18, n. 4). — 2° Ce divin Maître n'a pas pu ignorer les suites terribles que produirait parmi les chrétiens la manière dont il avait parlé de l'*eucharistie*, ni l'erreur énorme dans laquelle ils allaient tomber immédiatement après la mort des apôtres, dans la supposition que la croyance catholique est une erreur. S'il l'a prévue, et n'a pas voulu la prévenir, il a manqué aux promesses qu'il a faites à son Eglise d'être avec elle jusqu'à la consommation des siècles (*Matth.* xxviii, 19). S'il ne l'a pas prévue, il n'est pas Dieu. — 3° Selon la croyance des protestants, le christianisme, dès le commencement du ii° siècle, est devenu la religion la plus fausse qu'il y ait sur la terre; tous les reproches d'idolâtrie, de superstition, de paganisme, qu'ils ont faits à l'Eglise romaine, sont exactement vrais. Un Dieu est-il donc venu sur la terre pour y établir une religion aussi monstrueuse? Il n'y a point d'autre parti à prendre que de professer le déisme. — 4° Les apôtres ont prévenu les fidèles contre les erreurs qui allaient bientôt éclore dans l'Eglise; ils les ont avertis que de faux docteurs nieraient la réalité de la chair de Jésus-Christ, et sa divinité; que d'autres condamneraient le mariage, nieraient la résurrection future, etc. Il aurait été bien plus nécessaire de les mettre en garde contre l'erreur de la présence réelle, qui allait bientôt naître, et qui changerait la face du christianisme; ils ne l'ont pas fait. — Nous verrons ci-après d'autres conséquences qui se sont ensuivies de l'hérésie des protestants touchant l'*eucharistie*.

Si dans les premiers siècles on avait eu de l'*eucharistie* la même idée que les protestants, aurait-on caché avec tant de soin aux païens nos saints mystères, en aurait-on interdit la connaissance aux catéchumènes avant le baptême? Rien de si simple que le repas de la cène, que de prendre du pain et du vin en mémoire de ce que fit Jésus-Christ avec ses apôtres. Quelle nécessité y avait-il de faire de tout cela un mystère? Mais les premiers chrétiens ne pensaient pas comme les protestants (1):

II. *De la transsubstantiation*. Le concile de Trente a décidé que dans l'*eucharistie* il se fait un changement de toute la substance du pain au corps, et de toute la substance du vin au sang de Jésus-Christ, et qu'il ne reste que les apparences du pain et du vin: changement que l'Eglise catholique appelle très-proprement *transsubstantiation*. La même chose avait été décidée au concile de Constance contre Wiclef, et au quatrième concile de Latran, l'an 1215.

Nous avons déjà observé que Luther, frappé de l'énergie des paroles de Jésus-Christ, ne put se résoudre à renoncer au dogme de la présence réelle, mais il nia la *transsubstantiation*; il soutint que le corps et le sang de Jésus-Christ sont dans l'*eucharistie*, sans que la substance du pain et du vin soit détruite; conséquemment il dit que le corps de Jésus-Christ est dans le pain, sous le pain, avec le pain, *in*, *sub*, *cum*; cette manière d'expliquer la présence de Jésus-Christ fut nommée *impanation* et *consubstantiation*; quelques disciples de Luther ont dit ensuite que Jésus-Christ est dans l'*eucharistie* par *ubiquité*. *Voy.* ces mots. — Aujourd'hui les plus habiles luthériens rejettent toutes ces manières d'entendre la présence réelle; ils disent que le corps de Jésus-Christ est dans l'*eucharistie* par concomitance, c'est-à-dire qu'en recevant le pain on reçoit réellement le corps de Jésus-Christ; qu'ainsi il n'est présent que par l'usage et dans l'usage, ou dans la communion; que c'est dans l'usage que consiste l'essence du sacrement, en quoi ils se sont rapprochés des sacramentaires. *Voy.* le P. Le Brun, *Explic. des cérém. de la messe*, t. VII, p. 24 et suiv. — Mais Calvin et ses sectateurs objectèrent à Luther, qu'en soutenant le sens littéral des paroles du Sauveur, il leur faisait cependant violence. En effet, Jésus-Christ n'a pas dit: *Mon corps est avec ceci*, ou *dans ce que je tiens*; il n'a pas dit: *Ce pain est mon corps*, mais *ceci*, ce que je vous donne *est mon corps*. Donc ce que Jésus-Christ donnait à ses disciples n'était plus du pain, mais son corps. De là Calvin concluait

---

(1) On a cherché à démontrer l'impossibilité du mystère de la présence réelle. Mais comme c'est une vérité qui est au-dessus de notre intelligence, vouloir raisonner contre ce mystère, c'est être plus déraisonnable qu'un aveugle de naissance qui prétend discuter savamment sur les couleurs.

qu'il fallait ou admettre le sens figuré, ou admettre, comme les catholiques, un changement de substance, une *transsubstantiation*. — Luther observait, de son côté, que Jésus-Christ n'a pas dit : *Ceci est la figure de mon corps*, ni *ceci renferme la vertu et l'efficacité de mon corps*: mais *Ceci est mon corps*; donc son corps était réellement et substantiellement présent, donc il ne parlait pas dans un sens figuré. Ainsi les ennemis de l'Eglise, en se réfutant l'un l'autre, prouvaient, sans le vouloir, la vérité de sa doctrine ; et, malgré leurs arguments mutuels, chaque parti est demeuré dans son opinion. Tel a été le succès d'une dispute où l'on ne voulait, de part et d'autre, point d'autre règle de croyance que l'Ecriture sainte.

Pour savoir comment on doit l'entendre, l'Eglise a encore recours à la voie de prescription, à la tradition de tous les siècles depuis les apôtres jusqu'à nous. Les plus instruits d'entre les protestants conviennent que les anciens Pères, considérant qu'en recevant le pain consacré on recevait le corps de Jésus-Christ, ont dit que ce pain n'était plus du pain, mais le corps de Jésus-Christ. De là les Grecs, parlant de ce qui se fait dans l'*eucharistie*, l'ont appelé μεταβολὴ, *changement*, μετаποίησις *l'action de faire ce qui n'était pas*, μετασ οιχείωσις, *transmutation des éléments*. (Brucker, *Hist. philos.*, t. VI, p. 621.) Quelle différence y a-t-il entre ces termes et celui de *transsubstantiation* ? — Au milieu du II° siècle, saint Justin a comparé l'action par laquelle se fait l'*eucharistie*, à l'action par laquelle le Verbe de Dieu s'est fait homme, a pris un corps et une âme (*Apol.* 1, n. 66). Saint Irénée la compare à l'action par laquelle le Verbe de Dieu ressuscitera nos corps (*Adv. hær.*, lib. v, c. 2, n° 3). Il dit que l'*eucharistie* est composée de deux choses, l'une terrestre, l'autre céleste, lib. IV, c. 18, n. 5. Auraient-ils ainsi parlé, s'ils avaient cru que l'*eucharistie* est encore du pain ? Les Pères des siècles suivants n'ont fait que répéter ce langage.

Comment les protestants ont-ils pu soutenir qu'avant le IV° concile de Latran, tenu l'an 1215, l'on ne croyait pas le dogme de la transsubstantiation ; que les prêtres l'ont forcé par intérêt et par vanité, pour persuader au peuple qu'ils font un miracle en consacrant l'*eucharistie* ? Accuserons-nous de ce crime des saints, martyrs tels que saint Justin et saint Irénée, et tous ceux qui ont professé la même doctrine après eux ?

On a fait voir aux protestants, par les professions de foi et par les liturgies des nestoriens, des jacobites syriens et cophtes, des Arméniens, des Grecs schismatiques, que toutes ces sectes, dont quelques-unes sont séparées de l'Eglise romaine depuis le v° siècle, croient aussi bien que nous la *transsubstantiation*. — Toutes ces liturgies renferment une prière, nommée l'*invocation du Saint-Esprit*, par laquelle le prêtre prie Dieu d'envoyer son Saint-Esprit sur les dons eucharistiques, afin qu'il fasse le pain le corps de Jésus-Christ, et le vin son sang. Quelques-unes ajoutent, *les changeant par votre Esprit-Saint*. Dès ce moment les Orientaux croient que la consécration est achevée, et ils adorent Jésus-Christ présent (*Perpét. de la foi*, tom. IV, liv. II, c. 9). Le savant maronite Assémani a donné de nouvelles preuves de la foi des Orientaux, en faisant l'extrait des ouvrages des écrivains nestoriens et des jacobites, dans sa *Bibliothèque orientale*.

Il est donc certain que, plus de six cents ans avant le concile de Latran, ce dogme était universellement cru et professé dans toute l'Eglise chrétienne. Les schismatiques orientaux ne l'ont pas emprunté de l'Eglise latine de laquelle ils se sont séparés ; dans les disputes que l'on a eues avec eux, ils ne nous ont jamais reproché ce dogme comme une erreur.

Vainement les controversistes protestants ont voulu soutenir que le miracle de la transsubstantiation est impossible ; de quel droit ces grands philosophes prétendent-ils mettre des bornes à la toute-puissance de Dieu ? A la vérité, nous ne concevons point comment peuvent subsister les qualités sensibles du pain et du vin, lorsque leur substance n'est plus, ni comment le corps de Jésus-Christ peut être dans l'*eucharistie* sans avoir aucune de ses qualités sensibles ; nous ne savons pas seulement ce que c'est que la substance des corps distinguée de toute qualité sensible. Il s'ensuit de là que l'*eucharistie* est un mystère, et que les philosophes ont tort de vouloir en raisonner. — Mais en rejetant le mystère et le miracle que nous admettons, les protestants sont-ils venus à bout d'ôter de l'*eucharistie* tout miracle et tout mystère ? de nous faire concevoir leur croyance ? Les luthériens disent que le corps de Jésus-Christ est véritablement présent dans l'*eucharistie*, avec la substance ou sous la substance du pain, du moins quand on le reçoit ; cependant il n'y est revêtu d'aucune de ses qualités sensibles : il faut donc qu'ils nous expliquent comment deux substances corporelles peuvent subsister ensemble sous les qualités sensibles d'une seule, ce que c'est que le corps de Jésus-Christ séparé de toutes les qualités sensibles qui lui sont propres. S'ils disent que le corps de Jésus-Christ ne s'y trouve que quand on mange le pain, c'est donc l'action de manger, et non la consécration, qui produit le corps de Jésus-Christ. L'un est-il plus concevable que l'autre ? — Selon les calvinistes, le corps de Jésus-Christ n'y est pas ; mais en mangeant le pain on reçoit le corps de Jésus-Christ spirituellement par la foi. Or, manger un corps spirituellement, nous paraît une chose aussi incompréhensible que de manger un esprit corporellement. Si cela signifie seulement que l'action de manger du pain produit en nous le même effet que produirait le corps de Jésus-Christ, si nous le recevions réellement, cela s'entend ; mais alors nous demandons pourquoi un calviniste, plein de foi, ne reçoit pas le corps de Jésus-Christ toutes les fois que dans ses repas il use de pain et de vin. Lorsque Jésus a dit : *Celui qui mange ma chair et boit mon sang demeure en moi et moi en lui* (*Joan.*, VI, 57), s'il n'a rien voulu dire que ce qu'entendent les calvinistes, la métaphore est un peu forte ; il ne lui en aurait guère coûté de l'exprimer ainsi aux Capharnaïtes et à ses disciples, qui en furent scandalisés. Il est sans doute plus difficile de croire que Jésus-Christ, les apôtres et les évangélistes ont tendu un piège à la simplicité des fidèles, que d'admettre le miracle et le mystère de la transsubtantiation.

La plus forte objection qu'ils aient faite contre ce dogme est celle de Tillotson, que Bayle, Abadie, La Placette, D. Hume, etc., ont répétée, et qu'ils ont toujours regardée comme invincible. Ils disent : Quand ce dogme serait clairement révélé dans l'Ecriture, nous ne pourrions avoir de sa vérité qu'une certitude morale, semblable à celle que nous avons de la vérité de la religion chrétienne en général : or, nos sens nous donnent une certitude physique que la substance du pain se trouve partout où nous en sentons les accidents ; donc cette certitude doit prévaloir à la première et déterminer notre croyance. — Il est étonnant que des hommes, très-clairvoyants et instruits d'ailleurs, se soient laissé éblouir par ce sophisme. 1° Il attaque aussi directement la présence réelle que la transsubstantiation, et les luthériens sont aussi obligés d'y répondre que nous. En effet, nous sommes physiquement certains qu'un corps n'est point dans un lieu où il n'y a aucune de ses qualités sensibles, puisque nous ne sommes instruits de l'existence des corps que par ces qualités. Or, dans l'*eucharistie*, le corps de Jésus-Christ n'a aucune de ses qualités sensibles ; donc nous sommes physiquement certains qu'il n'y est pas. Aucune preuve morale, tirée de la révélation, ne peut prévaloir à celle-là. — 2° Ce même argument devait faire douter de l'incarnation tous ceux qui voyaient Jésus-Christ et conversaient avec lui, car enfin, nous sommes physiquement certains qu'il y a une personne humaine partout où nous voyons les propriétés sensibles de l'humanité. Or, on voyait toutes ces propriétés réunies dans Jésus-Christ : donc l'on devait croire que c'était une personne humaine, et non une personne divine ; là certitude morale, tirée de sa parole et de ses miracles, ne pouvait l'emporter sur une certitude physique. — 3° Ce raisonnement nous défend d'ajouter foi à aucun miracle, à moins que nous ne l'ayons vérifié par le témoignage de nos sens, et que nous n'en ayons ainsi acquis une certitude physique. Aussi D. Hume s'en est servi pour attaquer la certitude morale à l'égard de tous les miracles. Les preuves morales, dit-il, ne peuvent jamais prévaloir à la certitude physique dans laquelle nous sommes que le cours de la nature ne change point : or, il faudrait qu'il changeât pour qu'il se fît un miracle. — 4° De cette prétendue démonstration, il s'ensuivrait encore qu'un aveugle-né est un insensé, lorsqu'il croit à la parole des hommes qui lui attestent une chose contraire au témoignage de ses sens. Il est physiquement certain, par le tact, qu'une superficie plate ne produit point une sensation de profondeur ; il ne doit donc pas croire à ce qu'on lui dit d'un miroir ou d'une perspective. — 5° Il s'ensuivrait enfin qu'un homme qui voit de loin une tour carrée, qui lui paraît ronde, est bien fondé à soutenir qu'elle est ronde en effet, malgré le témoignage de tous ceux qui lui attestent le contraire.

Tous ces exemples démontrent que le principe sur lequel est fondé l'argument de Tillotson est absolument faux ; savoir : que la certitude morale, poussée au plus haut degré, ne doit pas prévaloir à une prétendue certitude physique qui n'est, dans le fond, qu'une ignorance ou un défaut de connaissance, puisque cette certitude ne tombe que sur les apparences, et non sur la réalité ou la substance des choses. — Quelle certitude avons-nous à l'égard des corps, dont déposent nos sens ? Que les qualités sensibles des corps sont partout où nous les sentons ; qu'ainsi les accidents, les apparences, les qualités sensibles du pain et du vin sont dans l'*eucharistie*, puisque nous les y sentons ; et elles y sont en effet. Mais nos sens attestent-ils que la substance du pain est partout où sont ces qualités sensibles ? Nous ne savons seulement pas ce que c'est que la substance des corps, dépouillés de ces mêmes qualités. Cette substance ne tombe donc pas sous nos sens ; ils ne peuvent rien en attester. — Il est vrai que de la présence des qualités sensibles, nous concluons que le corps auquel elles appartiennent ordinairement, existe ; mais cette conséquence n'est pas essentielle ; D. Hume et d'autres l'ont démontré : nous ne devons donc pas la déduire, lorsqu'une autorité suffisante nous avertit que nous nous tromperions.

Il n'est donc pas vrai que nos sens nous trompent à l'égard de l'*eucharistie*, ni que la croyance de ce mystère puisse ébranler la certitude physique, nous jeter dans le pyrrhonisme, etc. Dès que Dieu nous avertit par la révélation que ce n'est plus du pain, mais le corps de Jésus-Christ, en nous fiant à sa parole, nous sommes à l'abri de toute erreur. *Voy.* CERTITUDE. — En décidant que la substance du pain n'est plus dans l'*eucharistie*, mais que c'est le corps de Jésus-Christ qui est sous les apparences du pain, l'Église n'a pas expliqué la manière dont ce corps y est, s'il y est à la manière des esprits ou autrement, si les parties de son corps sont pénétrées ou impénétrables ; s'il y est avec son étendue ou sans étendue, etc. ; elle a seulement enseigné que Jésus-Christ est tout entier sous chacune des espèces, et tout entier sous chaque partie lorsque la division en est faite (*Concil. Trid.*, sess. 13, can. 3). Elle n'a pas défendu aux théologiens de chercher à concilier ce mystère avec les systèmes des philosophes ; mais nous sommes persuadés qu'ils n'y réussiront jamais. La manière dont

Jésus-Christ se trouve dans l'*eucharistie*, ne ressemble à aucune autre, elle est incomparable, par conséquent incompréhensible et inexplicable. Rien d'ailleurs n'est plus incertain que les systèmes philosophiques touchant l'essence ou la substance des corps ; les philosophes ne se sont jamais accordés, ils ne s'accorderont jamais, et ils changent d'opinions de siècle en siècle.

III. *De la présence habituelle et permanente de Jésus-Christ dans l'eucharistie.* Les protestants conviennent, comme nous, que pour célébrer l'*eucharistie*, il faut répéter les paroles que Jésus-Christ prononça dans la dernière cène, que sans cela il n'y aurait ni mystère ni sacrement. Cependant, selon les calvinistes, ces paroles n'opèrent rien, c'est la foi avec laquelle le fidèle reçoit le pain et le vin, qui lui fait recevoir la vertu du corps de Jésus-Christ ; c'est donc la foi qui produit tout le miracle, les paroles de Jésus-Christ ne peuvent être nécessaires que pour exciter la foi. Si les luthériens pensent comme nous, que ces paroles, *Ceci est mon corps*, opèrent ce qu'elles signifient, ils devraient croire, aussi bien que nous, que dès ce moment Jésus-Christ est présent sous les symboles, ou avec les symboles, et qu'il y demeure tant que subsistent les qualités sensibles du pain et du vin. Néanmoins ils soutiennent que le corps de Jésus-Christ ne se trouve présent que dans l'usage et par l'usage, et que l'essence du sacrement consiste dans la communion. C'est pour cela qu'ils ont affecté de changer le mot *eucharistie* en celui de *cène* ou *repas*, afin de donner à entendre que l'essence de la cérémonie consiste dans l'action de ceux qui mangent, et non dans celle du ministre qui consacre. Mais osera-t-on soutenir que l'action de Jésus-Christ, consacrant l'*eucharistie* après sa dernière cène, était moins importante que celle des apôtres qui la reçurent ?

Il n'est pas trop aisé de savoir en quoi le sentiment des luthériens est différent de celui des calvinistes : ceux-ci disent que l'on reçoit le corps de Jésus-Christ *spirituellement* ; les luthériens disent qu'on le reçoit *sacramentellement* ; c'est à eux de nous dire en quoi ils sont opposés. — Le concile de Trente a décidé le contraire : il enseigne que le corps et le sang de Jésus-Christ sont présents dans l'*eucharistie*, non-seulement dans l'usage et quand on les reçoit, mais avant et après la communion ; que les parties consacrées qui restent après que l'on a communié sont encore le vrai corps et le vrai sang de Jésus-Christ. Sess. 13, can. 4. Cette décision est fondée sur le sens littéral et naturel des paroles du Sauveur. — En effet, Jésus-Christ dit à ses disciples : *Prenez et mangez ; ceci est mon corps livré pour vous*, et selon le grec, *brisé pour vous*. Jésus-Christ tenait donc véritablement son propre corps entre ses mains, et le corps était brisé avant qu'il fût reçu et mangé par les disciples : autrement, les paroles de Jésus-Christ n'auraient pas été exactement vraies. Nous convenons que le Sauveur rendait son corps présent, afin qu'il fût mangé ; mais le sacrement et la fin pour laquelle il est opéré ne sont pas la même chose ; l'acte sacramentel était donc l'action de Jésus-Christ qui parlait, et non celle des disciples qui reçurent son corps. Il est absurde de confondre l'action du Sauveur, qui faisait un miracle, avec celle des apôtres, pour lesquels il était opéré : l'effet de la première était la présence réelle du corps de Jésus-Christ ; l'effet de la seconde était la grâce produite dans l'âme des apôtres. Donc la présence réelle est l'effet de la consécration et non de la communion ; elle subsisterait quand même, par accident, il n'y aurait point de communion ; elle est habituelle et permanente, indépendamment de la communion. — En second lieu, les passages des Pères, le texte des liturgies qui prouvent la présence réelle, attribuent ce prodige non à la communion, mais à la consécration, c'est-à-dire à l'action de prononcer les paroles de Jésus-Christ : ils supposent donc que cette présence précède la communion, et qu'elle en est absolument indépendante. Aucune Église, aucune secte chrétienne, n'a donné la communion aux fidèles immédiatement après la consécration ; ces deux actions ont toujours été séparées par des prières et par des cérémonies. Les protestants ont été obligés de les rapprocher et de changer l'ordre de toutes les liturgies, parce que c'était une preuve qui déposait contre eux. — En troisième lieu, la croyance constante de l'Église chrétienne est attestée par l'usage ancien et universel de conserver l'*eucharistie*, soit pour la donner aux malades, soit pour la consolation des fidèles exposés au martyre, soit pour servir à la messe des présanctifiés, dans laquelle on se servait des espèces consacrées la veille, comme nous faisons encore le vendredi saint. Nous voyons par le 49ᵉ canon du concile de Laodicée, tenu l'an 364, que l'ancien usage des Grecs était de ne consacrer, pendant le carême, que le samedi et le dimanche, et de réserver l'*eucharistie* pour les autres jours ; c'est ce que les Grecs observent encore. Ce concile défend, can. 14, d'envoyer à Pâques, dans les autres paroisses, la sainte *eucharistie* en signe de communion. *Voy.* Thiers, *Exposition du saint sacrement*, liv. 1, c. 2. Tous ces usages, et d'autres que l'Église a sagement supprimés, attestent que l'on ne croyait pas la présence réelle de Jésus-Christ attachée à la seule action de communier. — Enfin, toutes les preuves tirées de l'Écriture sainte ou d'ailleurs, qui démontrent que Jésus-Christ doit être adoré dans l'*eucharistie*, qu'il y est offert en sacrifice, que l'action sacramentelle est la consécration et non la communion, prouvent aussi que Jésus-Christ y est présent, indépendamment de l'usage. Toutes ces vérités se soutiennent mutuellement et forment une chaîne indissoluble : on le verra dans les paragraphes suivants.

IV. *De l'adoration de Jésus-Christ dans l'eucharistie* (1). Ce divin Sauveur est sans

---

(1) *Voy.* ci-dessus, la note de la col. 620, § 2.

doute adorable partout où il est; vrai Dieu et vrai homme, il ne mérite pas moins le culte suprême sur les autels que dans le ciel.

Les protestants, qui ont écrit qu'il n'y a dans l'Ecriture aucun vestige de cette adoration, se sont trompés. Le tableau de la liturgie des apôtres, tracé dans l'Apocalypse, c. v, vers. 6, nous montre un agneau en état de victime, au milieu d'une troupe de vieillards ou de prêtres qui se prosternent et qui lui présentent les prières des saints; un chœur d'anges dit à haute voix : *L'agneau qui a été immolé est digne de recevoir les honneurs de la Divinité, les louanges, la gloire, les bénédictions.* Les prêtres répètent ces paroles, et l'adorent. Ce tableau trop énergique est une des principales raisons pour lesquelles les calvinistes ne veulent pas mettre l'Apocalypse au nombre des livres saints. — Ils se trompent encore quand ils disent que cette adoration n'est en usage que dans l'Eglise romaine, et depuis quelques siècles seulement. Lorsqu'en assistant aux saints mystères, dit Origène, vous recevez le corps du Seigneur, vous le gardez avec toute la précaution et la *vénération* possible (*Homil.* 13 *in Exod.*, n. 3). Saint Ambroise, saint Jean Chrysostome, saint Augustin, se servent du terme même d'*adoration*. Elle est pratiquée chez les sectes des chrétiens orientaux, séparés de l'Eglise romaine depuis douze cents ans; ce fait est prouvé par leurs liturgies, par leurs professions de foi, par leurs rituels (*Perpétuité de la foi*, tome IV, l. III, c. 3; *Lebrun*, tome II, page 462). Ce qui a trompé les protestants, c'est que les Orientaux ne sont point, comme nous, dans l'usage d'élever l'hostie et le calice immédiatement après la consécration; mais avant la communion, le prêtre se tourne vers le peuple en tenant l'*eucharistie* sur la patène; alors le diacre dit : *Sancta sanctis*, les choses saintes sont pour les saints; le peuple s'incline ou se prosterne, et adore Jésus-Christ sous les symboles sacrés. *Voy*. ELÉVATION. — Ils disent, et cela est vrai, que l'adoration de l'*eucharistie* est une suite du dogme de la transsubstantiation : or, nous avons vu que ce dogme a toujours été cru.

Daillé et d'autres ont fait grand bruit de ce que, dans les trois premiers siècles, les fidèles, pour communier, recevaient l'*eucharistie* dans leurs mains et l'emportaient dans leurs maisons, afin de pouvoir la prendre en viatique lorsqu'ils étaient en danger d'être saisis et conduits au martyre. Aurait-on reçu l'*eucharistie* avec si peu d'appareil, si l'on avait cru que c'était réellement et substantiellement le corps de Jésus-Christ? — Pourquoi non? Nicodème, Joseph d'Arimathie, les saintes femmes, ont donné la sépulture au corps de Jésus-Christ comme à celui d'un homme : il ne s'ensuit pas qu'ils aient douté de sa divinité. Le respect avec lequel les chrétiens, disposés au martyre, recevaient les symboles sacrés, les enveloppaient dans un linge, les renfermaient, dans la crainte qu'ils ne fussent profanés, les prenaient en viatique, nous paraît un signe assez évident de leur foi. Dans les pays protestants où le catholicisme n'est pas toléré, les prêtres, pour administrer les catholiques malades, sont obligés de porter la sainte *eucharistie* dans leur poche, comme ils porteraient une chose profane. En ont-ils pour cela moins de foi en la présence réelle de Jésus-Christ?

Les vingt-huit arguments que Daillé a rassemblés contre le culte rendu à Jésus-Christ dans l'*eucharistie* se réduisent à un seul, savoir : que pendant les trois premiers siècles de l'Eglise on ne voit aucune preuve, aucun vestige d'adoration de ce sacrement. Mais, 1° il ne fallait pas supprimer le texte que nous avons cité de l'Apocalypse; il est clair et formel ; et quand ce livre ne serait pas d'un auteur sacré, ce serait toujours une preuve du moins historique. 2° Par le titre de son livre, Daillé veut persuader que ce culte n'est en usage que dans l'Eglise latine (*Adversus cult. relig. Latinorum*); c'est une supposition fausse et une imposture. 3° Quand les trois premiers siècles ne nous montreraient aucun vestige de ce culte, ne serait-ce pas assez de le voir universellement établi au IV°? On faisait alors profession de croire qu'il n'était pas permis de changer ce que les apôtres avaient établi : les pratiques de ce temps-là datent donc de plus haut. 4° Quoique les liturgies n'aient été écrites qu'au IV° siècle, les Eglises s'en servaient auparavant et depuis leur origine : or, ces liturgies nous attestent l'adoration. — Mosheim, luthérien zélé, convient qu'au II° siècle on croyait déjà l'*eucharistie* nécessaire au salut; qu'on la portait aux absents et aux malades; et il pense qu'on la donnait aux enfants (*Hist. ecclés.*, sect. 2, II° part., c. 4, § 12). Il avoue qu'au III° on y mit plus de pompe et de cérémonies (sect. 3, II° part., c. 4, § 3) ; qu'au IV° on voit naître l'élévation des symboles eucharistiques, et une espèce de culte qui leur est rendu; qu'on refusait l'*eucharistie* aux catéchumènes, aux pécheurs réduits à la pénitence publique et aux démoniaques. Il n'a pas fait attention que, selon l'Apocalypse, le culte rendu à Jésus-Christ présent dans l'*eucharistie* était déjà très-pompeux, du temps même des apôtres. Lorsque l'Eglise, devenue plus libre d'exercer son culte, a mis de la pompe dans la célébration de l'*eucharistie*, elle n'a fait que suivre l'exemple des apôtres : les signes les plus éclatants qu'elle a donnés de sa foi à ce mystère ne prouvent donc pas que cette foi ait changé.

Comme, selon l'opinion des calvinistes, l'*eucharistie* n'est que du pain, ils croient agir conséquemment en ne lui rendant aucun culte ; mais, indépendamment de la fausseté de leur opinion, ils sont encore très-mal d'accord avec eux-mêmes. Quand on leur a demandé : Si Jésus-Christ n'est pas réellement dans l'*eucharistie*, pourquoi saint Paul a-t-il regardé comme un crime la profanation de ce mystère? ils ont répondu : C'est parce que l'outrage fait à la figure est censé retomber sur l'original. Donc, répliquons-nous, le culte rendu à la figure s'adresse aussi à l'original. Ainsi, quand l'eu-

charistie ne serait qu'une figure du corps de Jésus-Christ, il serait encore faux que le culte qui lui est rendu soit une superstition et une idolâtrie ; les protestants ont fait injure à ce divin Sauveur en abolissant tous les signes par lesquels l'Eglise tâche d'inspirer aux fidèles un profond respect pour son sacré corps. — Il s'ensuit donc, au contraire, que c'est une pratique très-louable de placer l'*eucharistie* sur les autels, et de lui rendre nos adorations, puisque ce culte a pour objet Jésus-Christ lui-même ; de la renfermer dans les tabernacles, afin de pouvoir, en cas de besoin, l'administrer aux malades ; de la porter en procession, d'en donner la bénédiction au peuple, etc. Saint Justin et Tertullien sont témoins qu'au IIe et au IIIe siècle les diacres la portaient aux absents. De quel droit les protestants ont-ils supprimé cet usage apostolique ?

Afin de rendre odieuse la doctrine catholique, Daillé et d'autres ont dit que nous adorons l'*eucharistie*, ou les symboles du corps de Jésus-Christ, que nous adorons le *sacrement*. C'est une calomnie absurde. Le concile de Trente décide, sess. 13, can. 6, que l'on doit adorer dans l'*eucharistie* Jésus-Christ, Fils unique de Dieu ; qu'il est louable de le porter en procession, etc. Jamais personne n'a rêvé que ce culte s'adressait aux symboles ou au sacrement, et n'allait pas plus loin. Quand nous disons *adorer le saint sacrement*, nous entendons adorer Jésus-Christ présent dans l'*eucharistie*, et rien autre chose.

Thiers a fait un Traité exprès pour prouver que l'intention de l'Eglise n'est point que le saint sacrement soit fréquemment exposé à découvert sur les autels pour y recevoir les adorations des fidèles, et il le prouve en effet par des monuments authentiques. On ne peut pas nier que cet usage, devenu trop fréquent, ne soit sujet à des inconvénients : il diminue l'empressement que les fidèles doivent avoir d'adorer Jésus-Christ à la sainte messe et dans les tabernacles où il est renfermé ; plusieurs prennent l'habitude de ne fréquenter les églises que quand il y a exposition et bénédiction du saint sacrement. Thiers fait voir que c'est un très-grand abus de porter ce sacrement adorable dans les incendies, pour les éteindre par ce moyen.

V. *Du sacrifice de l'eucharistie.* Si Jésus-Christ n'était pas réellement présent dans l'*eucharistie*, si toute la cérémonie consistait dans l'action de prendre du pain et du vin en mémoire de la dernière cène du Sauveur, nous convenons qu'il ne serait pas possible de la regarder comme un sacrifice. Mais si, au contraire, Jésus-Christ s'y trouve en état de mort et de victime ; s'il s'y offre à son Père, comme il a fait sur la croix, pour le salut des hommes ; s'il y exerce, par les mains des prêtres, un véritable sacerdoce, à quel titre peut-on rejeter la notion que nous en donne l'Eglise catholique ? En général, et selon la force du terme, le *sacrifice* est une action sainte et religieuse ; mais tout acte de religion n'est pas un sacrifice proprement dit : aussi l'Ecriture sainte en distingue de deux espèces. Dans le psaume XLIX, v. 14, le roi-prophète nous exhorte à présenter à Dieu un sacrifice de louanges ; psaume L, v. 19, il dit qu'un cœur contrit et humilié est le vrai sacrifice agréable à Dieu. De même saint Paul dit aux fidèles (*Hebr.* XIII, 15) : *Offrons continuellement à Dieu, par Jésus-Christ, un sacrifice de louanges ; ne négligez point la charité, et de faire part de vos biens aux autres : c'est par de semblables victimes que l'on se rend Dieu favorable* ; et aux Romains, chap. 12, v. 2 : *Je vous conjure de présenter à Dieu vos corps comme une hostie vivante, sainte et agréable à Dieu.* Mais lorsque Jésus-Christ dit : *Je veux la miséricorde, et non le sacrifice* (*Matth.* IX, 13), il nous fait comprendre que les œuvres de miséricorde et de charité ne sont pas des sacrifices proprement dits. — Pour ceux-ci, il faut, 1° l'offrande d'une chose sensible faite à Dieu : de là, saint Paul dit que tout pontife est établi pour offrir à Dieu des dons et des sacrifices pour les péchés (*Hebr.* V, 1 ; IX, 27, etc.) ; 2° une espèce de destruction de la chose que l'on offre. Ainsi, répandre le sang d'un animal vivant, en consumer les chairs par le feu, brûler des fruits ou des parfums, etc., est une circonstance essentielle au sacrifice : saint Paul le témoigne encore (*Hebr.* IX, 22, etc.).

Si l'on excepte les sociniens, nos adversaires croient, aussi bien que nous, que la mort de Jésus-Christ a été un sacrifice dans toute la rigueur du terme ; que sur la croix ce divin Sauveur s'est offert à son Père, et a répandu son sang pour la rédemption du genre humain : c'est la doctrine expresse de saint Paul. Or, Jésus-Christ présent dans l'*eucharistie* y est en état de mort comme sur la croix, par conséquent dans la même intention ; son sang y paraît séparé de son corps, il ne semble y exercer aucune des fonctions de la vie. Selon l'apôtre, répéter ce que Jésus-Christ a fait dans la dernière cène, c'est annoncer ou publier sa mort (*I Cor.* XI, 26). Donc l'action d'instituer l'*eucharistie* fut un vrai sacrifice, et lorsqu'on la répète, c'en est un de même. — En eff. t, que fit alors le Sauveur ? Selon le texte grec de saint Luc, c. XXII, v. 19, il dit à ses disciples : *Ceci est mon corps, donné* ou *livré pour vous ; ceci est le calice de mon sang, versé* ou *répandu pour vous.* Selon le texte de saint Paul : *Ceci est mon corps, rompu* ou *brisé pour vous* (*I Cor.* XI, 24). Jésus-Christ ne parle point de ce qu'il devait faire le lendemain, mais de ce qu'il faisait pour lors. Donc, à ce moment même, son corps fut donné et brisé, son sang fut répandu pour la rémission des péchés ; donc ce fut un sacrifice proprement dit ; et en disant aux apôtres : *Faites ceci en mémoire de moi*, Jésus-Christ les fit prêtres et leur donna un vrai sacerdoce, comme l'a décidé le concile de Trente, sess. 22, c. 1, can. 2. — Déjà il leur en avait donné tous les pouvoirs. Il leur avait dit : *Comme mon Père m'a envoyé, je vous envoie.* Il les avait chargés de prêcher l'Evangile, de baptiser, de remettre les péchés, de donner le Saint-Esprit; ici il leur ordonne de faire la même chose que lui. Que manquait-il à leur sacerdoce? Saint Paul dit : *Que l'homme nous regarde comme les ministres de Jésus-Christ et les dispensateurs des mystères de Dieu* (*I Cor.* III, 9; IV, 1). Ils étaient donc prêtres dans toute la rigueur du terme : or, selon le même apôtre, tout prêtre ou tout pontife est établi pour offrir à Dieu des dons et des sacrifices pour les péchés.

En second lieu, Jésus-Christ substituait une nouvelle pâque à l'ancienne; il dit à ses apôtres : *Je ne mangerai plus cette pâque avec vous, jusqu'à ce qu'*ELLE S'ACCOMPLISSE *dans le royaume de Dieu* (*Luc.* XXII, 16). Or, l'ancienne pâque était un sacrifice ; donc il en est de même de la nouvelle. Aussi saint Paul (*I Cor.* X; 16) compare la communion des fidèles, ou l'action de recevoir l'*eucharistie*, à celle des Israélites, qui mangeaient la chair des victimes, et à celle des païens, qui mangeaient les viandes immolées aux idoles; de là il conclut que les fidèles ne peuvent participer tout à la fois à la table du Seigneur et à la table des démons. Or, l'action des Israélites et celle des païens n'était censée être une *communion* que parce qu'elle était précédée par un sacrifice ; donc l'action du fidèle n'est de même une *communion* avec Jésus-Christ, que parce qu'elle est la suite du sacrifice.

Cudworth, savant anglais, avait fait une dissertation pour prouver que la sainte cène n'est pas un sacrifice, mais un repas fait à la suite d'un sacrifice. Mosheim l'a réfuté, et a fait voir que ce sentiment est favorable et non contraire à celui des catholiques; que si la cène ou le repas des communiants suppose un sacrifice, il faut que l'oblation et la consécration faite par le prêtre avant la communion, soit un vrai sacrifice (*Syst. intellect.*, t. II, p. 811). Mais les arguments de Mosheim ne prouvent rien contre les catholiques, au contraire. — De là saint Paul dit, (*Hebr.*, XIII, 10) : *Nous avons un autel, auquel n'ont pas droit de participer ceux qui servent au tabernacle*, c'est-à-dire les prêtres et les lévites de l'ancienne loi : y a-t-il un autel lorsqu'il n'y a point de sacrifice? *Act.* XIII, 2, il est dit que les apôtres faisaient l'office divin, et jeûnaient lorsque le Saint-Esprit leur parla ; *ministrantibus illis Domino;* le grec porte λειτουργούντων : or, dans huit ou dix passages du Nouveau Testament, *liturgie* signifie la fonction propre et principale des prêtres, qui était d'offrir des sacrifices.

En troisième lieu, le prophète Malachie, c. I, v. 4, prédit qu'il y aura des sacrifices sous la loi nouvelle : *Depuis l'Orient jusqu'à l'Occident*, dit le Seigneur, *mon nom est grand parmi les nations; l'on m'offre dans tout lieu des sacrifices et une victime pure*. — Nos adversaires disent qu'il est seulement question là de sacrifices improprement dits, des prières, des louanges, des mortifications, des bonnes œuvres offertes à Dieu par tous les fidèles. Mais, 1° nous ne concevons pas comment les protestants peuvent appeler *offran-*

des pures des bonnes œuvres qu'ils soutiennent être des péchés, plutôt que des actions méritoires. 2° Ces sacrifices improprement dits étaient déjà commandés, et avaient lieu sous l'ancienne loi; il n'y aurait donc rien de nouveau sous l'Evangile. 3° Le prophète ajoute que Dieu purifiera les enfants de Lévi, et qu'alors ils offriront au Seigneur des sacrifices dans la justice; il n'est donc pas ici question des sacrifices des simples fidèles, mais de ceux des prêtres, qui sont les lévites de la loi nouvelle.

Une quatrième preuve du sacrifice eucharistique est la pratique et la tradition constante de l'Eglise chrétienne depuis les apôtres jusqu'à nous. Nous sommes dispensés d'en citer les témoins. Grabe, savant anglais, convient, dans ses *Notes sur saint Irénée*, liv. IV, chap. 17 (alias 32), que tous les Pères de l'Eglise, tant ceux qui ont vécu du temps des apôtres, que ceux qui leur ont succédé, ont regardé l'*eucharistie* comme le sacrifice de la loi nouvelle. Il cite saint Clément de Rome (*Epist.* I *ad Cor.*, n. 40 et 44); saint Ignace (*Epist. ad Smyrn.*, n. 8); saint Justin (*Dial. cum Tryph.*, 41); saint Irénée, Tertullien et saint Cyprien. Il reconnaît que cette doctrine n'a pas été l'opinion d'une Eglise particulière, ou de quelques docteurs, mais la croyance et la pratique de toute l'Eglise ; il en donne pour preuve les anciennes liturgies que Luther et Calvin ont, dit-il, proscrites très-mal à propos; et, à l'exemple de plusieurs théologiens anglicans, il souhaiterait que l'usage en fût rétabli pour la gloire de Dieu. Mosheim (*Hist. ecclés.*, sect 2, II° part., chap. 4, n° 4), avoue que dès le II° siècle on s'accoutuma à regarder l'*eucharistie* comme un sacrifice. — Mais comment admettre les anciennes liturgies, sans réprouver toute la doctrine des protestants touchant l'*eucharistie?* Les Pères, qui l'ont regardée comme un vrai sacrifice, n'ont pas imaginé que l'on offrait à Dieu du pain et du vin, ils disent que l'on offre le Verbe incarné, le corps et le sang de Jésus-Christ. Les anciennes liturgies contiennent l'invocation du Saint-Esprit, par laquelle on demande à Dieu que le pain et le vin soient changés et deviennent le corps et le sang de Jésus-Christ. Voilà donc la présence réelle et la transsubstantiation établies par les mêmes monuments que le sacrifice ; on ne peut pas admettre l'un de ces dogmes sans l'autre. Si les théologiens anglicans ne l'ont pas vu, ils étaient aveugles; s'ils l'ont compris, ils devaient embrasser toute la doctrine catholique, et avouer l'erreur de leur Eglise. Les luthériens raisonnent aussi mal, en avouant la présence réelle, sans vouloir admettre le sacrifice.

Cependant les protestants font de grandes objections contre cette doctrine. 1° Selon saint Paul (*Hebr.* VII, 23), il y a eu sous l'ancienne loi plusieurs prêtres qui se succédaient, parce qu'ils étaient mortels; au lieu que, sous la loi nouvelle, il n'y a qu'un seul prêtre, qui est Jésus-Christ, dont la vie et le sacerdoce sont éternels. Les premiers, faibles et pécheurs, étaient obligés d'offrir tous les jours des sacrifices pour leurs propres péchés, ensuite pour ceux du peuple; Jésus-Christ, au contraire, pontife saint, innocent et sans tache, n'a eu besoin de s'offrir qu'une seule fois pour les péchés du monde, vers. 26; il n'est entré qu'une seule fois dans le sanctuaire, avec son propre sang, et en se donnant lui-même pour victime, c. ix, v. 26. S'il fallait renouveler son sacrifice tous les jours, il faudrait donc qu'il fût mis à mort autant de fois : or, l'apôtre nous fait observer que Jésus-Christ a opéré la rédemption pour toujours; que par une seule oblation il a consommé la sanctification des hommes pour l'éternité, c. x, vers. 14. Donc l'Apôtre exclut de la loi nouvelle tout autre sacerdoce que celui de Jésus-Christ, tout autre sacrifice que celui de la croix; il ne peut plus y avoir que des sacrifices spirituels et un sacerdoce improprement dit, qui consiste à offrir à Dieu des prières, des louanges, des actions de grâces, comme saint Paul le dit, c. xiii, v. 15, et comme saint Pierre l'explique dans sa première lettre, c. ii, v. 5. — Telle est la méthode des protestants; ils accumulent les passages de l'Ecriture sainte qui semblent leur être favorables, et ils laissent de côté ceux qui les condamnent; ils pressent le sens littéral et rigoureux lorsqu'ils y trouvent de l'avantage, ils l'abandonnent dès qu'il les incommode.

Nous avons prouvé que les apôtres ont été prêtres, que Jésus-Christ les a chargés de faire autre chose que d'offrir des prières; ce n'est donc pas en cela que consistait leur sacerdoce. Dans l'*Apocalypse*, c. v, vers. 6 et suiv., les vieillards prosternés devant l'agneau qui est en état de mort, lui disent: *Vous nous avez faits rois et prêtres de notre Dieu*. Ce n'est point là le sacerdoce improprement dit qu'exercent les simples fidèles.

Si Jésus-Christ, par une seule oblation, a opéré la rédemption pour toujours, s'il a *consommé la sanctification* pour l'éternité, pourquoi faut-il qu'il intercède encore pour nous auprès de son Père (*Hebr.* vii, 25)? Pourquoi donner à ses apôtres le pouvoir de remettre les péchés? Qu'est-il besoin de sacrifices et de victimes spirituelles, de participation à l'*eucharistie*, etc.? Saint Paul a tort d'exhorter les fidèles à achever leur sanctification (*II Cor.* vii, 1): tout a été fait et consommé sur la croix. — Nos adversaires diront sans doute que tout cela est nécessaire pour nous appliquer les mérites et les effets du sacrifice de la croix. Voilà précisément ce que nous disons à l'égard du sacrifice de l'*eucharistie*; c'est le renouvellement du sacrifice de la croix: ce renouvellement est nécessaire pour nous en appliquer les effets et les mérites de Jésus-Christ. Point de *communion*, à moins qu'un sacrifice n'ait précédé, et il est absurde de dire que l'action de prendre du pain et du vin est une participation au sacrifice de la croix.

Cette vérité une fois posée, le passage de saint Paul ne fait plus de difficulté. Il est exactement vrai que Jésus-Christ est le seul souverain pontife de la loi nouvelle, qu'il a seul, comme le grand prêtre de l'ancienne loi, le privilège d'entrer dans le sanctuaire de la Divinité, non dans un sanctuaire fait de la main des hommes, mais dans le ciel (*Hebr.* ix, 24). Il est le seul dont le sacerdoce soit éternel; il en fera donc éternellement les fonctions. Il n'a pas besoin de renouveler tous les jours, d'une manière sanglante, le sacrifice qu'il a offert sur la croix; mais de même qu'il intercède continuellement pour nous auprès de son Père, il lui fait aussi toujours l'offrande de son sang et de ses mérites pour le salut des hommes. Ainsi, de même qu'il est l'agneau immolé depuis le commencement du monde (*Apoc.* xiii, 8), il le sera aussi dans le même sens jusqu'à la fin des siècles, non-seulement dans le ciel, mais sur la terre. En cela consiste l'éternité de son sacerdoce; il l'exerce dans le ciel par lui-même, et sur la terre par la main des prêtres.

Il n'est donc pas vrai que le sacrifice de l'*eucharistie* déroge à la dignité et au mérite du sacrifice de la croix, puisque c'en est l'application; il n'y déroge pas plus que les prières de Jésus-Christ, que nos propres prières, que les sacrements et les sacrifices spirituels dont les protestants reconnaissent la nécessité. Cette seule réponse satisfait à toutes leurs objections.

2° Ils disent que, suivant saint Paul, lorsque le péché est remis, il ne peut plus d'oblation pour le péché (*Hebr.* x, 18). Cependant, selon leur propre aveu, il faut encore l'oblation des victimes spirituelles; Dieu n'en dispense pas les pécheurs absous; au contraire, ils y sont plus obligés que les justes. Saint Paul ajoute que, quand nous péchons volontairement, après avoir reçu la connaissance de la vérité, il ne nous reste plus de victime pour le péché (*Ibid.*, 26); mais par la suite de ce passage, et par le chapitre vi, v. 4 et suivants, il est évident que l'apôtre parle des apostats, qui, en abjurant le christianisme, ont renoncé à tout moyen d'expiation du péché.

3° Si le sacrifice de l'*eucharistie* effaçait les péchés, il s'ensuivrait, disent nos adversaires, que par cette action nous opérons notre propre rédemption, et celle des autres en l'offrant pour eux: cette conséquence n'est-elle pas injurieuse à Jésus-Christ?. — Pas plus que la nécessité de prier pour nous et pour les autres, ou que la nécessité du baptême et de la communion reconnue par les protestants. L'oblation du saint sacrifice, l'administration du baptême, ne produisent leur effet qu'autant qu'elles sont l'action de Jésus-Christ même; c'est lui aussi qui s'offre à son Père par les mains des prêtres. L'homme n'a pas plus de part à l'effet de l'une de ces actions qu'à celui de l'autre : l'efficacité du sacrement et celle du sacrifice ne dépendent, en aucune manière, de la sainteté du ministre. — Les protestants ont trompé les ignorants, lorsqu'ils ont accusé l'Église catholique d'enseigner que le saint sacrifice et les sacrements produisent leur effet par la vertu de l'action de l'homme, et indépendamment des dispositions de ceux auxquels ces remèdes sont appliqués. C'est une double imposture ; jamais les théologiens catholiques n'ont enseigné ces erreurs : au contraire, ils ont toujours soutenu que l'action du ministre ne produit aucun effet qu'autant qu'elle est l'action de Jésus-Christ même, que les mauvaises dispositions de ceux qui reçoivent un sacrement en empêchent l'efficacité, que le saint sacrifice offert pour les pécheurs ne peut leur profiter que comme la prière, en obtenant pour eux des grâces de conversion. *Voy.* SACREMENT, § 4.

Les autres objections des protestants portent toujours sur la même fausseté, et ne méritent aucune réponse. Quant à l'usage d'offrir le saint sacrifice pour les morts et à l'honneur des saints, *Voy.* MESSE.

VI. *Du sacrement de l'eucharistie.* Suivant la décision formelle du concile de Trente, sess. 13, can. 1 et suiv., et selon la foi de l'Eglise catholique, l'*eucharistie* est un sacrement qui, sous les apparences du pain et du vin, contient réellement et substantiellement le corps et le sang de Jésus-Christ, unis à son âme et à sa divinité ; de manière qu'ils s'y trouvent non-seulement dans l'usage ou dans la communion, mais avant et après, ou indépendamment de l'usage. Cette précision dans les termes était nécessaire pour proscrire les différentes erreurs des protestants. Ils n'ont pas nié que l'*eucharistie* ne soit un sacrement ; mais par la manière dont ils l'ont conçu, ils ont détruit d'une main ce qu'ils établissaient de l'autre. — Calvin, qui a soutenu que l'*eucharistie* est seulement une figure du corps et du sang de Jésus-Christ, a cependant senti que cette figure devait opérer quelque chose dans l'âme de ceux qui la reçoivent, puisque Jésus-Christ a dit (*Joan.* VI, 52) : *Le pain que je donnerai pour la vie du monde est ma chair ; si quelqu'un mange de ce pain, il vivra éternellement,* etc. Conséquemment il a enseigné que l'*eucharistie* contient la vertu du corps de Jésus-Christ, et que le fidèle participe à cette vertu par la foi avec laquelle il reçoit le pain et le vin. Selon ce système, toute l'action sacramentelle consiste dans la communion ; l'action du ministre qui profère les paroles de Jésus-Christ et fait la cérémonie, ne sert tout au plus qu'à exciter la foi du chrétien ; si celui-ci manque de foi en communiant, il ne reçoit ni le corps de Jésus-Christ, ni sa vertu. — Suivant l'opinion de Luther, le chrétien qui communie sans la foi reçoit cependant le corps et le sang de Jésus-Christ, mais pour sa condamnation ; ainsi l'enseigne saint Paul (*I Cor.* XI, 27). Ce n'est donc pas en vertu de la foi, mais par la force des paroles de la consécration, que le corps et le sang de Jésus-Christ se trouvent présents dans la communion. A la vérité, si les paroles de la consécration, *Ceci est mon corps,* opèrent ce qu'elles signifient, nous ne voyons pas pourquoi Jésus-Christ n'est pas présent sous les symboles eucharistiques avant la communion, et dans ce qui en reste après la communion, ni pourquoi le sacrement n'est pas indépendant de la communion ; mais ce n'est pas là le seul mystère qui se trouve dans la doctrine des luthériens.

L'Eglise catholique, mieux d'accord avec elle-même, enseigne que le corps et le sang de Jésus-Christ sont dans le sacrement de l'*eucharistie, après la consécration* (*Concil. Trid.,* ibid., can. 4) ; qu'ainsi l'*eucharistie* est déjà un sacrement avant la communion : d'où il s'ensuit que l'action sacramentelle n'est point la communion du fidèle, mais la consécration faite par le prêtre ; qu'ainsi Jésus-Christ est sous les symboles eucharistiques dans un état permanent, et indépendamment de l'usage ou de la communion. C'est de là qu'elle conclut que Jésus-Christ doit y être adoré et offert à Dieu en sacrifice. Toutes ces vérités sont établies par les mêmes preuves, comme nous l'avons déjà observé. — Cependant les protestants prétendent prouver leur doctrine par saint Paul. Suivant cet apôtre (*I Cor.* XI, 24), Jésus-Christ dit à ses disciples : *Prenez et mangez, ceci est mon corps ; faites-le en mémoire de moi. De même à l'égard du calice de son sang, il dit : Toutes les fois que vous le boirez, faites-le en mémoire de moi.* Jésus-Christ, disent nos adversaires, ne commande rien autre chose que de manger son corps et de boire son sang ; il ne parle de consécration ni d'oblation : donc tout le sacrement consiste dans l'action de communier. C'est à nous de prouver le contraire.

1° L'action sacramentelle ne peut pas consister à faire ce qu'ont fait les disciples de la dernière cène, mais à faire ce que Jésus-Christ a fait lui-même. Or, selon l'Evangile, il prit du pain, le bénit, et le leur donna, en disant, *Ceci est mon corps,* etc. Ils n'ont eu le pouvoir de renouveler cette action que parce qu'il leur dit, *Faites ceci en mémoire de moi.* Ces paroles s'adressaient à eux, et non aux fidèles en général : donc ce sont eux, et non les fidèles, qui ont été établis ministres et dispensateurs de ce sacrement. — 2° Dans cette même Epître aux Corinthiens, chap. X, 16, saint Paul dit : *Le calice que nous bénissons n'est-il pas la communication du sang de Jésus-Christ, et le pain que nous rompons n'est-il pas la participation au corps du Seigneur ?* Voilà l'action de rompre le pain et de bénir le calice très-distinguée de ce que fait le fidèle ; et selon l'Apôtre, c'est cette action qui communique le sang de Jésus-Christ, et qui fait participer à son corps : donc ce n'est pas la communion du fidèle, mais la bénédiction du ministre qui est l'action principale et sacramentelle. — 3° Nous avons déjà remarqué que, dans cet endroit, saint Paul compare l'action du fidèle qui communie à celle des Israélites qui mangeaient la chair des victimes, et à celle des païens qui mangeaient les viandes immolées aux idoles. Il dit que ce qui est offert aux idoles par les païens, est

immolé aux démons, et non à Dieu ; il en conclut qu'un chrétien ne peut participer à la table du Seigneur et à la table des démons, boire le calice du Seigneur et celui des démons. Or, l'action des Israélites, qui participaient à la chair des victimes, n'était un acte de religion que parce que le sacrifice avait précédé et avait été offert à Dieu par les prêtres. Au contraire, le repas des païens n'était un crime que parce que les viandes avaient été présentées et immolées aux démons. Donc la communion du chrétien n'est une action sainte et salutaire, que parce que l'*eucharistie* a été offerte et consacrée à Dieu: donc l'oblation et la consécration faite par le prêtre est l'essence même du sacrement.
— 4° Puisque les protestants n'admettent que deux sacrements, savoir, le baptême et la cène, ils devraient au moins supposer de l'analogie entre l'un et l'autre; or, dans le baptême, ce n'est point le fidèle baptisé qui produit le sacrement, mais le ministre qui verse l'eau et prononce les paroles de Jésus-Christ : donc il en est de même dans l'*eucharistie*. Aussi voyons-nous par saint Ignace, par saint Justin, par tous les Pères et par toutes les liturgies, que l'*eucharistie* a toujours été consacrée par un prêtre ou par un évêque, au lieu que, selon l'opinion des protestants, un simple fidèle peut faire toute la cérémonie, et se communier lui-même. Il est singulier qu'après quinze cents ans ils se soient flattés de mieux entendre l'Ecriture sainte que l'Eglise universelle formée par les apôtres.

Dans l'*eucharistie*, comme dans tout autre sacrement, les théologiens distinguent la matière et la forme : la matière est le pain et le vin ; la forme, ce sont les paroles que Jésus-Christ prononça en donnant l'un et l'autre à ses disciples. — Il y a une grande dispute entre les Grecs et les Latins, pour savoir si la consécration de l'*eucharistie* doit se faire avec du pain levé, comme font tous les Orientaux, ou avec du pain sans levain, selon l'usage de l'Eglise romaine. Celle-ci se fonde sur ce que Jésus-Christ institua l'*eucharistie* immédiatement après avoir mangé la pâque; or, il était ordonné aux Juifs de la manger avec du pain azyme ou sans levain (*Exod.* xii, 15, etc.). Les Orientaux s'appuient sur l'usage constant et immémorial de leur Eglise. *Voy.* Azyme. De toutes les communions chrétiennes, les Arméniens sont les seuls qui ne mettent point d'eau dans le vin destiné à la consécration, usage qui fut condamné dans le concile *in Trullo*, l'an 692. *Voy.* Eau dans le calice. — Il y a aussi une contestation entre les Grecs et les Latins, pour savoir si la consécration se fait par les paroles de Jésus-Christ : *Ceci est mon corps, ceci est mon sang ;* ou si elle n'est censée faite qu'après la prière qui suit ces paroles, et que les Orientaux nomment l'*invocation du Saint-Esprit*. *Voy.* Consécration, Invocation.

Les protestants ne peuvent tirer aucun avantage de l'une ni de l'autre de ces disputes ; les Orientaux et les Latins croient unanimement que l'*eucharistie* est validement consacrée, soit avec du pain azyme, soit avec du pain levé; qu'après la récitation des paroles de Jésus-Christ et l'invocation faite, soit avant, soit après ces paroles, la substance du pain et du vin n'est plus; que le corps et le sang de Jésus-Christ se trouvent réellement et substantiellement sous les apparences de ces deux aliments. Les théologiens les plus sensés conviennent cependant que, pour opérer ce miracle, ce n'est pas assez de prononcer les paroles sacramentelles sur du pain et du vin, qu'il faut de plus faire les prières et observer les cérémonies prescrites par l'Eglise, qui déterminent le sens de ces paroles, et les rendent efficaces; autrement ces mêmes paroles n'auraient qu'un sens historique, et ne produiraient aucun effet. Comme les protestants ont supprimé ces prières et ces cérémonies, les Grecs et les Latins sont également persuadés que la cène des protestants ne signifie rien et ne produit rien ; c'est tout au plus un repas commémoratif destiné à exciter la foi. *Voy.* Cène (1).

VII. *De la communion eucharistique.* On conçoit d'abord que la manière différente d'envisager l'*eucharistie* doit mettre une grande différence entre la communion des catholiques et celle des protestants. Ceux-ci, persuadés que l'*eucharistie* n'est que la figure du corps et du sang de Jésus-Christ, croient aussi que la communion ne produit aucun autre effet que d'exciter la foi, qui, selon leur système, opère la rémission des péchés et la justification; qu'ainsi cette action n'exige point d'autre disposition de la part du chrétien, qu'une foi ferme et vive. Un catholique, au contraire, convaincu que par la communion il reçoit réellement la substance du corps et du sang de Jésus-Christ, en conclut que, pour y participer, il doit être en état de grâce; que, s'il était coupable de péché mortel, il mangerait et boirait sa condamnation, selon l'expression de saint Paul (*I. Cor.* xi, 29); mais qu'en recevant cette nourriture divine avec des sentiments de foi, d'humilité, de pénitence, de confiance et de reconnaissance envers Jésus-Christ, elle produira en lui une augmentation de grâce, et sera pour lui un gage de la résurrection future et d'une immortalité glorieuse. — C'est ce qu'a promis Jésus-Christ, lorsqu'il a dit : *Celui qui mange ma chair et boit mon sang demeure en moi et moi en lui; il a la vie éternelle, et je le ressusciterai au dernier jour* (*Joan.* vi, 55 et 57). Conséquemment le concile de Trente a prononcé l'anathème contre quiconque enseigne que le fruit principal de l'*eucharistie* est la rémission des péchés, et qu'elle ne produit point d'autre effet; que la seule disposition nécessaire pour la recevoir est la foi (Sess. 13, can. 5 et 11). — Dans ce même

---

(1) Toutes les questions qui concernent la matière, la forme, le ministre et le sujet de l'eucharistie, ont été résolues dans notre *Dictionnaire de Théologie morale*, art. *Eucharistie*.

chapitre, Jésus-Christ ajoute, vers. 54 : *Si vous ne mangez la chair du Fils de l'homme et ne buvez son sang, vous n'aurez pas la vie en vous.* On ne peut pas douter que par ces paroles le Sauveur n'ait imposé aux chrétiens l'obligation de recevoir l'*eucharistie*; et c'est pour cela que le concile a décidé que tout fidèle parvenu à l'âge de discrétion est obligé de communier au moins une fois l'an, et surtout à Pâques, comme l'avait déjà ordonné le concile général de Latran, l'an 1215. — Mais s'il était vrai que tout l'effet de l'*eucharistie* consiste à exciter la foi, on ne voit pas pourquoi il serait nécessaire de la recevoir. La lecture de l'Ecriture sainte, un tableau historique de la passion du Sauveur, un discours pathétique sur ce sujet, etc., sont pour le moins aussi capables de réveiller la foi que la communion, qui chez les protestants n'est pas fort différente d'un repas ordinaire, et n'exige pas beaucoup de préparation. Elle peut être tout au plus un symbole de fraternité et d'union mutuelle entre les chrétiens; mais selon la doctrine de saint Paul, c'est une union avec Jésus-Christ, et il le déclare lui-même, puisque par la communion il demeure en nous et nous en lui; ce terme a donc chez nous une toute autre énergie que chez les protestants.

Pour réfuter l'idée que nous en avons, Daillé observe que, si les premiers chrétiens avaient eu la même croyance que nous, il serait fort étonnant que les païens, qui ont écrit contre le christianisme pendant les trois premiers siècles, n'eussent pas reproché aux chrétiens, comme font aujourd'hui les mahométans et les infidèles, qu'ils mangeaient leur Dieu. Cette accusation, selon lui, était plus naturelle, et devait plutôt venir à l'esprit des païens, que tant d'autres qu'ils ont faites contre notre religion. Claude a insisté aussi sur cette objection. — 1° Ces auteurs ne se sont pas souvenus que Julien fit son ouvrage contre le christianisme au milieu du quatrième siècle; cependant on n'y trouve pas le reproche que Daillé juge si naturel, et sur lequel le silence des païens lui paraît si étonnant. Osera-t-il soutenir qu'à cette époque on n'enseignait pas encore la présence réelle de Jésus-Christ dans l'*eucharistie*, et la réception réelle de son corps et de son sang dans la communion, ou que Julien, élevé dans le christianisme, n'avait aucune connaissance de ce dogme? Au 1ᵉʳ siècle, saint Ignace; au 11ᵉ saint Justin et saint Irénée; au 111ᵉ Tertullien, Origène, saint Cyprien, l'avaient enseigné assez clairement, pour qu'aucun chrétien, médiocrement instruit, ne pût l'ignorer. Le silence des autres ennemis du christianisme ne prouve donc pas plus que celui de Julien. — 2° L'on a prouvé, contre Claude, que pendant les premiers siècles l'on a caché soigneusement aux païens nos saints mystères, et qu'en général les païens, même ceux qui ont écrit contre le christianisme, en étaient très-mal instruits (*Perpétuité de la Foi*, tom. III, l. VII, c. 2). — 3° Il est très-probable que c'est une connaissance confuse du mystère de l'*eucharistie*, qui donna lieu aux païens de publier que les chrétiens égorgeaient et mangeaient un enfant dans leurs assemblées; et c'est pour réfuter cette calomnie, que saint Justin exposa clairement notre croyance sur ce point dans sa première apologie. — 4° Si l'on n'avait pas cru pour lors la présence réelle, saint Justin aurait dissipé bien plus aisément le soupçon des païens, en disant que l'*eucharistie* était une simple figure du corps et du sang de Jésus-Christ; au contraire, il déclare que c'est véritablement ce corps et ce sang même.

En insistant sur ce reproche, en exagérant la démence des catholiques, qui adorent ce qu'ils mangent, et qui digèrent ce qu'ils adorent, Daillé a montré plus de malice et d'impiété que les philosophes païens; c'est lui qui a fourni aux incrédules les blasphèmes qu'ils ont vomis contre l'*eucharistie*; ils n'ont fait que répéter ses invectives. — Nous convenons que si la foi des catholiques était plus vive, et leur conduite mieux d'accord avec leur foi, la participation à la sainte *eucharistie* produirait pour eux de plus grands effets. Mais les protestants oseraient-ils soutenir que sur ce point ils sont moins coupables que nous, et que leur prétendue réforme a sanctifié leurs mœurs? Ils seraient contredits par les fondateurs mêmes de leur secte.

Cet article est déjà trop long pour y ajouter ce qui regarde la communion sous les deux espèces, la communion fréquente, la communion pascale, la communion spirituelle; on la trouvera sous le mot COMMUNION.

VIII. Il nous paraît nécessaire de répondre à une objection que nous n'avons encore vue résolue par aucun théologien, du moins sous la tournure que lui a donnée Beausobre; il l'a regardée comme invincible, sans doute, puisqu'il l'a répétée dans trois ou quatre endroits de son *Histoire du manichéisme*, t. I, p. 381; tom. II, p. 538, 545, etc. Basnage en a aussi fait usage, mais avec moins d'adresse (*Histoire de l'Eglise*, livre XIII, chap. 3, § 4 et 5). Beausobre prétend que notre croyance touchant la présence réelle de Jésus-Christ dans l'*eucharistie* et la transsubstantiation, autorise l'erreur des anciens hérétiques nommés *docètes* ou *phantasiastes*, qui soutenaient que le Fils de Dieu n'a eu qu'une chair apparente, erreur renouvelée dans la suite par les manichéens. Il soutient que ces sectaires alléguaient en leur faveur les mêmes preuves sur lesquelles nous nous fondons; que si ces preuves sont solides, les Pères, qui ont réfuté ces hérétiques, ont très-mal raisonné. Cela mérite une discussion.

C'est des docètes que parlait saint Ignace, martyr vers l'an 107, dans sa *Lettre aux Smyrniens*, n. 7, lorsqu'il dit : « Ils s'abstiennent de l'*eucharistie* et de la prière, parce qu'ils ne reconnaissent pas que l'*eucharistie* est la chair de Notre-Seigneur Jésus-Christ, qui a souffert pour nos péchés, et que Dieu le Père a ressuscité par sa bonté; ceux donc qui rejettent ce don de Dieu, se privent de la vie par leur résistance. » — On sait que ce passage donne beaucoup d'humeur aux protestants; Beausobre a cherché un moyen d'en éluder la force. — Les docètes, dit-il, pour prouver que le Fils de Dieu n'avait qu'un corps apparent, se prévalaient de ce qu'avant son incarnation il était apparu déjà aux patriarches; c'était l'opinion des anciens Pères. Ils ajoutaient que Jésus-Christ n'avait eu aucune propriété des corps, puisqu'il marcha sur les eaux; il passa au milieu de ceux qui voulaient le précipiter; il disparut aux yeux des deux disciples d'Emmaüs; il entra dans la chambre où étaient ses disciples, les portes étant fermées; il n'avait donc que les apparences d'un corps. Dans la suite, les catholiques se sont servis de ces mêmes faits pour prouver que le corps de Jésus-Christ peut être dans l'*eucharistie* sans avoir aucune des propriétés corporelles; ils ont donc raisonné comme les docètes. Qu'opposaient les Pères à ces hérétiques? Un de leurs arguments est que, si Jésus-Christ n'avait pas eu un corps réel et véritable, nous ne recevrions pas dans l'*eucharistie* son corps et son sang. A quoi pensaient les Pères? Ils confirmaient l'objection des docètes au lieu de la résoudre; ils prouvaient un mystère par un autre plus révoltant; l'on peut dire qu'ils se jetaient dans le feu pour éviter la fumée. La seule manière dont on puisse les excuser est de réduire leur argument à celui-ci: Si Jésus-Christ n'avait pas eu un véritable corps, nous ne pourrions en recevoir la figure ou l'image dans l'*eucharistie*, parce qu'il ne peut y avoir une figure ou une image de ce qui n'est pas réel. C'est ainsi que l'ont entendu Tertullien, livre IV, *contra Marcion.*, c. 40, et l'auteur des *Dialogues contre les marcionites*, sect. 4, dans Origène, t. I, pag. 853. C'est donc encore ainsi qu'il faut entendre le passage de saint Ignace.

Réponse. N'est-ce pas plutôt Beausobre qui se jette dans le feu pour éviter la fumée, et qui fournit des armes contre lui? 1° Il ne croit pas sans doute, comme les docètes, que Jésus-Christ n'a eu qu'une chair apparente; il est donc obligé de répondre, aussi bien que nous, aux passages de l'Ecriture dont ces hérétiques se prévalaient et à l'argument qu'ils en tiraient. S'il avait daigné y donner une réponse, elle nous aurait servi à résoudre le même argument tourné contre la réalité de la chair de Jésus-Christ dans l'*eucharistie*. Il aurait dit, sans doute, qu'un corps ne cesse pas d'être réel, quoiqu'il ne conserve pas toutes ses propriétés sensibles, parce que l'essence du corps et ses propriétés sensibles ne sont pas la même chose; qu'ainsi, dans les cas dont l'Evangile fait mention, Jésus-Christ avait un vrai corps, quoique, par miracle, il le dépouillât des propriétés corporelles. Beausobre devait prouver que Jésus-Christ ne peut pas faire la même chose dans l'*eucharistie*. Les Pères n'avaient pas plus à redouter son argument que celui des docètes. — 2° Si ces saints docteurs n'ont pas cru la présence réelle de Jésus-Christ dans l'*eucharistie*, il faut qu'en raisonnant contre les docètes ils aient été à peu près stupides, puisqu'ils n'ont vu aucune des conséquences que l'on pouvait tirer contre eux. A la vérité, ils ont prouvé un mystère et un miracle par un autre; mais nous ne comprenons pas en quoi ils sont blâmables. Basnage, de son côté, se prévant de ce que les Pères n'ont pas prouvé, contre les ariens, la divinité de Jésus-Christ par le dogme de la présence réelle, et de ce qu'ils n'ont pas fondé un mystère sur un autre (*Hist. de l'Eglise*, l. XIV, c. 1, § 6). — 3° Beausobre leur fait une nouvelle injure, en supposant qu'ils ont pensé que l'on ne peut pas faire une figure ou une image de ce qui a paru à tous les sens. Quand Jésus-Christ n'aurait eu qu'un corps apparent, qui l'empêchait d'instituer une représentation mystique de ce corps que l'on avait vu et touché, qui était sensible et palpable? Beausobre lui-même observe qu'il y avait des docètes ou phantasiastes qui célébraient une eucharistie; sans doute ils n'y admettaient pas un corps de Jésus-Christ réel et véritable, puisqu'ils n'en reconnaissaient point de tel: donc ils pensaient comme les protestants, que c'était une simple figure; mais les Pères n'étaient pas de ce sentiment, et nous allons voir qu'ils raisonnaient mieux. — 4° Notre censeur des Pères abuse du style brusque et souvent irrégulier de Tertullien: ce Père dit, liv. IV *contra Marcion.*, c. 40 : « Jésus-Christ témoigna un grand désir de faire la pâque, qui était la sienne. Il prit le pain, il le distribua à ses disciples, il en fit son propre corps, en disant, *Ceci est mon corps*, c'est-à-dire la figure de mon corps. Or, ce n'aurait pas été une figure, s'il n'avait pas eu un vrai corps; une chose sans consistance, un fantôme, n'est point susceptible de figure; ou, s'il a fait du pain son corps, sans avoir un vrai corps, il a dû livrer ce pain pour nous; il fallait, pour rendre vrai ce que dit Marcion, que le pain fût crucifié. » Là-dessus les protestants triomphent et soutiennent que Tertullien a pensé comme eux.

Nous ne citerons pas les autres passages dans lesquels ce Père professe ouvertement le dogme de la présence réelle; nous nous bornons à celui-ci. Nous soutenons qu'il doit être ainsi traduit : « Jésus-Christ fit du pain son propre corps, en disant : *Ceci*, c'est-à-dire la figure de mon corps, *est mon corps*. » — En voici les preuves : 1° Cette transposition de mots est familière à Tertullien; dans ce même livre, c. II, il dit : *J'ouvrirai en parabole ma bouche*, c'est-à-dire similitude; le sens est : *J'ouvrirai en parabole, c'est-à-dire en similitude, ma bouche*. Lib. contra Prax., c. 29 : *Le Christ est mort, c'est-à-dire oint*; il est évident qu'il faut lire : *Le Christ, c'est-à-dire l'oint, est mort*. 2° De quelque manière qu'on l'entende, il faut toujours admettre une transposition; selon le sens même des protestants, Tertullien devait dire:

Jésus-Christ prit le pain, il en fit son propre corps, c'est-à-dire la figure de son corps, en disant, *ceci est mon corps*. Comment en aurait-il fait son propre corps, en disant, *ceci est la figure de mon corps?* 3° Dans ce même sens, Tertullien déraisonnerait encore en disant que le pain a dû être livré et crucifié pour nous ; car enfin c'est le corps réel de Jésus-Christ, et non sa figure, qui a dû être crucifié pour nous. 4° Il n'est pas vrai que, par les paroles de Jésus-Christ, le pain soit devenu la figure de son corps plus qu'il ne l'était auparavant, puisque ces paroles n'ont rien changé dans la configuration extérieure du pain. Après la prononciation de ces paroles, le pain n'a pas eu plus de ressemblance avec le corps de Jésus-Christ qu'auparavant. Mais si Jésus-Christ a mis son corps au lieu de la substance du pain, dès ce moment ce qui paraît du pain est devenu le signe du corps de Jésus-Christ, comme notre corps est le signe de notre âme, lorsqu'elle y est. Alors on peut dire avec Tertullien et les autres Pères, que Jésus-Christ a fait du pain *son propre corps*, et qu'il en a fait aussi le signe ou *la figure de son corps*. 5° L'on doit aussi soutenir comme eux, que si Jésus-Christ n'a pas un vrai corps, l'*eucharistie* ne peut pas en être la figure, puisqu'en effet le pain ne peut représenter le corps de Jésus-Christ qu'autant que ce corps y est réellement et substantiellement. Les protestants se trompent lorsqu'ils soutiennent que si le corps de Jésus-Christ est présent, l'*eucharistie* ne peut plus en être la figure. C'est tout le contraire.

Ce ne sont donc pas les Pères qui raisonnent mal, c'est Beausobre et ceux qui pensent comme lui. Mais ce critique fait encore d'autres objections. — Pour prouver, dit-il, que Dieu n'est pas corporel, saint Grégoire de Nazianze (*Orat.* 34), et saint Augustin (*L. contra Epist. fund.*, c. 6) soutiennent qu'un corps ne peut pas pénétrer un autre corps ; que deux parties ne peuvent être à la fois dans un même lieu, qui n'a que l'étendue d'une seule. Il faut cependant que cela se fasse, si Jésus-Christ est réellement dans l'*eucharistie*. De même saint Augustin (*Lib.* xx *contra Faust.*, c. 11) soutient que Jésus-Christ, *selon la présence corporelle*, ne peut pas être tout à la fois sur la croix, dans le soleil et dans la lune, comme le voulaient les manichéens. Or, suivant la croyance des catholiques, Jésus-Christ, *selon la présence corporelle*, est tout à la fois dans une infinité de lieux. Les Pères ont prouvé, contre tous les phantasiastes, que si Jésus-Christ en a imposé aux sens, il a usé de magie ; que si nous ne pouvions pas nous fier à nos sens, toute la religion chrétienne serait renversée (*S. Aug., contra Faust.*, l. xxix, n. 2, etc.). C'est encore l'argument que les protestants font aux transsubstantiateurs, qui croient que la substance du pain n'est plus dans l'*eucharistie*, quoique tous nos sens nous attestent qu'elle y est.

Réponse. Commençons par remarquer les contradictions bizarres de Beausobre, qui tantôt accuse les Pères de n'être jamais d'accord avec eux-mêmes, et tantôt suppose qu'ils ont toujours raisonné conséquemment ; qui se récrie lorsque l'on attribue des erreurs aux hérétiques par voie de conséquence, et qui ne cesse d'en attribuer aux Pères par la même voie ; qui a même voulu persuader que saint Grégoire de Nazianze et saint Augustin ont favorisé l'erreur de ceux qui admettaient un Dieu corporel. *Voy.* Esprit. — Mais il est aisé de les justifier sur tous les chefs. 1° Il n'est pas vrai que dans l'*eucharistie* le corps de Jésus-Christ pénètre un autre corps, qu'il pénètre le pain, puisque le pain n'y est plus ; cette objection n'est bonne que contre les impanateurs et les ubiquitaires. D'ailleurs les Pères ont pensé, d'après l'Évangile, que le corps de Jésus-Christ ressuscité pénétra la pierre de son tombeau, et les portes de la chambre dans laquelle ses disciples étaient rassemblés ; ils ont cru qu'en naissant il était sorti du sein de la sainte Vierge, sans blesser sa virginité, et Beausobre le leur a reproché comme une absurdité. Ils ne sont cependant pas tombés en contradiction, lorsqu'ils ont soutenu qu'un corps ne peut pas *naturellement* pénétrer un autre corps, puisque, dans les cas dont nous venons de parler, c'était un miracle. Mais si un Dieu, corporel de sa nature, pénétrait tous les autres corps, comme l'entendaient les manichéens, ce ne serait plus un miracle, ce serait l'état constant de la nature. — 2° De même les manichéens ne prétendaient pas que Jésus-Christ avait été tout à la fois sur la croix, dans le soleil et dans la lune *par miracle*, mais par la nature même des choses ; au lieu que sa présence en plusieurs lieux par l'*eucharistie* est un miracle, et jamais les Pères n'en ont révoqué en doute la possibilité. — 3° Ils ont dit avec raison que si Jésus-Christ en a imposé aux sens, en faisant paraître un corps qu'il n'avait pas, il a usé d'une espèce de magie, et a trompé tous ceux qui l'ont vu, puisqu'il ne les en a jamais avertis. Mais quant à sa présence dans l'*eucharistie*, il nous a suffisamment prévenus contre le témoignage des sens pour ce seul cas particulier, en nous assurant que le pain consacré est son propre corps. D'ailleurs nos sens ne peuvent nous attester dans l'*eucharistie* que la présence des qualités sensibles du pain et du vin, et elles y sont véritablement.

Les phantasiastes ne pouvaient alléguer la même réponse, parce que Jésus-Christ, loin de prémunir les hommes contre les apparences de sa chair, a dit au contraire à ses disciples après sa résurrection : *Touchez, et voyez qu'un esprit n'a pas de la chair et des os, comme vous voyez que j'en ai* (*Luc.* xxiv, 39).

EUCHER (saint), évêque de Lyon, mort vers l'an 450, fut lié d'amitié avec les plus saints personnages de son temps, et respecté pour ses talents aussi bien que pour ses vertus. Il défendit avec zèle la doctrine de saint Augustin contre les semi-pélagiens. On n'a conservé de lui qu'un livre *de la vie so-*

litnire, un traité *du mépris du monde*, des explications de quelques endroits de l'Ecriture, des *Institutions*, en deux livres, sur le même sujet, et les *Actes des martyrs de la légion thébéenne*. Il avait composé plusieurs autres ouvrages ; ceux qui restent ont été mis dans la bibliothèque des Pères.

EUCHITES, anciens hérétiques, ainsi nommés du grec εὐχή, *prière*, parce qu'ils soutenaient que la prière seule suffisait pour être sauvé. Ils abusaient de ces paroles de saint Paul (*I Thess.* v, 17) : *Priez sans relâche.* Ils bâtissaient dans les places publiques des oratoires, qu'ils nommaient *adoratoires*; rejetaient, comme inutiles, les sacrements de baptême, d'ordre et de mariage. — Ces sectaires furent aussi nommés *massaliens*, mot tiré du syriaque, qui signifie la même chose que *euchites* et *enthousiastes*, à cause de leurs visions et de leurs folles imaginations. Ils furent condamnés au concile d'Ephèse, en 431.

Saint Cyrille d'Alexandrie, dans une de ses lettres, reprend vivement certains moines d'Egypte, qui, sous prétexte de prier continuellement, menaient une vie oisive, et négligeaient le travail. Les Orientaux estiment encore beaucoup aujourd'hui ces hommes d'oraison, et les élèvent souvent aux emplois les plus importants. *Voy*. MASSALIENS.

EUCOLOGE, livre de prières. Les Grecs nomment ainsi le livre qui renferme les prières, les bénédictions, les cérémonies, dont ils se servent dans l'administration des sacrements et dans la liturgie ; c'est proprement leur rituel et leur pontifical. — Sous Urbain VIII, cet *eucologe* fut examiné à Rome par une congrégation de théologiens. Plusieurs, trop attachés aux opinions scolastiques, voulaient le condamner ; ils y trouvaient des erreurs et des choses qui leur semblaient rendre nuls les sacrements. Luc Holsténius, Léon Allatius, le P. Morin, mieux instruits, représentèrent que ces rites étaient plus anciens dans l'Eglise grecque que le schisme de Photius ; qu'on ne pouvait les condamner sans envelopper dans la censure l'ancienne Eglise orientale. Leur avis prévalut. Cet *eucologe* a été imprimé plusieurs fois à Venise, en grec, et il y en a des exemplaires manuscrits dans les bibliothèques. La meilleure édition est celle qu'en a donnée le P. Goar, en grec et en latin, à Paris, avec des augmentations et d'excellentes notes.

EUDISTES, congrégation de prêtres destinés à diriger les séminaires, et à faire des missions : elle a eu pour instituteur Jean Eudes, prêtre de l'Oratoire, en 1643 ; leur principal établissement est à Paris.

EUDOXIENS, secte d'ariens, qui avait pour chef Eudoxe, patriarche d'Antioche, ensuite de Constantinople, où il soutint de tout son pouvoir cette hérésie, sous les règnes de Constance et de Valens. Les *eudoxiens* enseignaient, comme les *aétiens* et les *eunomiens*, que le Fils de Dieu avait été créé de rien, qu'il avait une volonté différente de celle de son Père.

EULOGIE. *Voy*. PAIN BÉNIT.

EUNOMIENS, branche des ariens, dont le chef était *Eunome*, évêque de Cysique. Sacré vers l'an 360, il fut chassé de son siège pour ses erreurs ; les ariens tentèrent de le placer sur celui de Samosate ; il fut rétabli dans le sien par l'empereur Valens. Après la mort de celui-ci, *Eunome* fut exilé de nouveau, et mourut en Cappadoce. — Il soutenait qu'il connaissait Dieu aussi parfaitement que Dieu se connaît lui-même ; que le Fils de Dieu n'était pas véritablement Dieu, et ne s'était uni à l'humanité que par sa vertu et ses opérations ; que la foi seule peut sauver, malgré les plus grands crimes et même l'impénitence. Il rebaptisait tous ceux qui avaient été baptisés au nom de la sainte Trinité ; il rejetait la triple immersion du baptême, le culte des martyrs et l'honneur rendu aux reliques des saints. Les *eunomiens* furent aussi appelés *troglodytes*. *Voy*. ARIENS.

EUNOMIO-EUPSYCHIENS, branche des eunomiens, qui se séparèrent de leurs confrères au sujet de la connaissance ou de la science de Jésus-Christ. Ils soutinrent que ce divin Sauveur connaissait le jour et l'heure du jugement dernier : vérité que les eunomiens ne voulaient pas admettre. Sozomène, liv. vii, ch. 17, appelle leur chef *Eutyche* et non pas *Eusyche*, comme fait Nicéphore, liv. xii, ch. 30.

EUNUQUE. Les différentes significations de ce terme ont donné lieu à de fausses critiques de quelques passages de l'Ecriture sainte. Favorin, qui a fait un Dictionnaire grec au iie siècle de notre ère, observe que le mot εὐνοῦχος est formé de εὐνὴν ἔχειν, *garder le lit*, ou l'intérieur d'un appartement. C'était, dans l'origine, le titre de tous les officiers de la chambre du roi. Dans la suite des temps, la corruption des mœurs qui se glissa chez les Orientaux, la pluralité des femmes, et la jalousie des maris, poussèrent les grands à faire mutiler des hommes pour le service intérieur de leur palais ; alors le terme d'*eunuque* changea de signification. Nous voyons dans le livre de la Genèse que le maître de la milice, le panetier et l'échanson du roi d'Egypte sont nommés *eunuques* ou *saris* de Pharaon ; cependant le premier était marié, preuve qu'il n'était point question là des *eunuques* de la seconde espèce. De même, lorsqu'il est parlé dans l'Ecriture des *eunuques* des rois de Juda (*I Reg.* viii, 15, etc.), on ne peut pas prouver que c'étaient des hommes mutilés. Moïse avait noté d'infamie ces derniers (*Deut.* xxiii, 1) ; il ne les nomme point *saris* mais *phtsouah* ; et, comme les Juifs en avaient une espèce d'horreur, il n'est pas probable qu'ils aient jamais eu la cruauté d'en faire. — On ne sait pas même si les *eunuques* de la cour d'Assyrie, dont il est fait mention dans le livre d'Esther et ailleurs, étaient des hommes privés de la virilité. La première fois qu'il est parlé des *saris* dans ce dernier sens, est dans Isaïe, c. lv v. 3 et 4. On ne sait pas non plus si l'*eunuque* de la reine Candace, qui fut baptisé par saint Philippe (*Act.* VIII, 27) était de ce nombre.

Jésus-Christ a pris le terme d'*eunuque* dans un sens beaucoup plus favorable, lorsqu'il a dit qu'il y a des *eunuques* qui ont renoncé au mariage pour le royaume des cieux. *Voy.* CÉLIBAT.

EUNUQUES, hérétiques malfaiteurs, qui non-seulement se mutilaient eux-mêmes et ceux qui embrassaient leurs sentiments, mais encore tous ceux qui tombaient entre leurs mains. *Voy.* VALÉSIENS.

EUSÈBE, évêque de Césarée en Palestine, mort l'an 338, était partisan secret de l'arianisme; mais il a utilement servi l'Eglise par des ouvrages immortels. L'un est la *Préparation et la Démonstration évangéliques*, en deux volumes *in-folio*; le second est l'*Histoire ecclésiastique*, depuis Jésus-Christ jusqu'à l'an 324, auquel Constantin se trouva seul maître de l'empire; le troisième est son livre *Contre Hiéroclès*.

Dans les quinze livres de la *Préparation évangélique*, Eusèbe s'attache à prouver l'absurdité du paganisme, la fausseté des opinions des philosophes, la vérité des dogmes enseignés dans l'Ecriture sainte; il rassemble les passages des auteurs profanes, qui ont rapport à ce livre divin, et qui peuvent servir à en confirmer l'histoire et la doctrine. — Des vingt livres de la *Démonstration évangélique*, il n'en reste que dix. *Eusèbe* y prouve la vérité et la divinité du christianisme par les prophéties de l'Ancien Testament. — Son *Histoire ecclésiastique* est d'autant plus précieuse, qu'il avait lu les auteurs originaux, les ouvrages des anciens Pères qui n'existent plus; il les cite avec exactitude, il en conserve les propres termes. L'édition qu'en avait donnée M. de Valois, en grec et en latin, avec des notes savantes, a été imprimée à Cambridge en 1720, avec de nouvelles notes de divers auteurs. Cette Histoire, jointe à celles de Socrate, de Sozomène, de Théodoret, d'Evagre, de Philostorge, de Théodore le Lecteur, forment un recueil de trois volumes *in-folio*. — Eusèbe est encore auteur d'une *Vie de Constantin*, d'une *Chronique*, d'un *Commentaire sur les psaumes et sur Isaïe*, et de quelques autres ouvrages qui ne subsistent plus.

Cave, dans son *Histoire des écrivains ecclésiastiques*, et dans une dissertation ajoutée à la fin; Henri de Valois, dans la notice qu'il a donnée de la vie et des écrits d'*Eusèbe*, placée à la tête de son *Histoire ecclésiastique*, ont fait ce qu'ils ont pu pour justifier ce savant évêque contre l'accusation d'arianisme. Le Clerc, au contraire, a travaillé à la confirmer, dans une lettre que l'on a placée à la suite de son *Art critique*, t. III. Le P. Alexandre a été de même avis (*Hist. eccl.*, Nov. Test., sæc. IV, dissert. 17). D. de Montfaucon, dans l'édition du Commentaire d'*Eusèbe* sur les psaumes, et d'un ouvrage de Photius, n'en a pas jugé plus favorablement. D'autre part, Mosheim, dans son *Hist. eccl.* IVᵉ siècle, IIᵉ partie, c. 2, § 9, réclame contre leur jugement. Tout ce que ces auteurs prouvent, dit-il, est qu'*Eusèbe* soutenait qu'il y avait une certaine disparité et une subordination entre les trois Personnes divines. Quand même ç'aurait été son opinion, il ne s'ensuivrait pas qu'il fût arien, à moins que l'on prenne ce mot dans un sens impropre et trop étendu. D. Ceillier, dans son *Histoire des auteurs ecclésiastiques*, penche aussi à justifier *Eusèbe*, sinon de toute erreur, du moins de celle d'Arius. — En effet, l'on trouve dans ses écrits plusieurs passages qui prouvent la divinité du Fils de Dieu et sa consubstantialité avec le Père; s'il y en a aussi d'autres qui paraissent établir le contraire, il faut en conclure qu'*Eusèbe* a voulu tenir une espèce de milieu entre l'hérésie d'Arius et le dogme de la consubstantialité décidé dans le concile de Nicée, et qu'il était probablement dans la même opinion que les semi-ariens mitigés. *Voy.* SEMI-ARIENS.

Il y a eu deux autres évêques de même nom, qu'il ne faut pas confondre avec celui-ci: *Eusèbe* de Nicomédie, chef de l'une des factions de l'arianisme, dont nous allons parler; et *Eusèbe* de Samosate, zélé défenseur de l'orthodoxie contre les ariens.

EUSÉBIENS. C'est un des noms que l'on donna aux ariens, à cause d'Eusèbe de Nicomédie, l'un de leurs principaux chefs. Cet évêque, contre la défense des canons, passa successivement du siége de Béryte à celui de Nicomédie, et ensuite à celui de Constantinople. De tout temps il avait été lié d'amitié et de sentiments avec Arius, et il y a lieu de penser que celui-ci était plutôt son disciple que son maître. Aussi Eusèbe n'omit rien pour justifier Arius, pour le faire recevoir à la communion des autres évêques, pour faire adopter sa doctrine, et il prit hautement sa défense dans le concile de Nicée. Forcé de souscrire à la condamnation de l'hérésie, par la crainte d'être déposé, il n'y demeura pas moins attaché: il se déclara si hautement protecteur des ariens, que Constantin le relégua dans les Gaules, et fit mettre un autre évêque à sa place; mais trois ans après il le rappela, le rétablit dans son siége, et lui rendit sa confiance. — Eusèbe eut assez de crédit pour faire recevoir Arius à la communion de l'Eglise dans un concile de Jérusalem; il fut le persécuteur de saint Athanase et de tous les évêques orthodoxes; il conserva son ascendant sur l'esprit de Constantin, qui, dans ses derniers moments, reçut le baptême de sa main. Sous le règne de Constance, qui se laissa séduire par les ariens, Eusèbe devint encore plus puissant, et trouva le moyen de se placer sur le siége de Constantinople, en faisant déposer dans un conciliabule le saint homme Paul, qui en était le possesseur légitime. Enfin, après avoir cabalé dans plusieurs conciles, après avoir dressé trois ou quatre confessions de foi aussi captieuses les unes que les autres, il mourut, et laissa sa mémoire en exécration à toute l'Eglise. (Tillemont tome VI, *Hist. de l'arianisme*.)

EUSTATHIENS, catholiques d'Antioche, attachés à saint Eustathe, leur évêque légitime, dépossédé par les ariens, et qui refusèrent d'en recevoir un autre ; ils tinrent même des assemblées particulières, et ne voulurent pas communiquer avec Paulin, que la faction arienne avait substitué à saint Eustathe, vers l'an 330. — Vingt ans après, Léontius de Phrygie, surnommé l'*eunuque*, aussi arien et successeur de Paulin, souhaita que les *eustathiens* fissent le service dans son Église ; ils y consentirent. Ils intitulèrent à cette occasion la psalmodie à deux chœurs, et la doxologie *Gloire au Père, au Fils et au Saint-Esprit*, etc., à la fin des psaumes, comme une profession de foi contre l'arianisme. — Cependant plusieurs catholiques furent scandalisés de cette conduite, se séparèrent, tinrent des assemblées particulières, et formèrent ainsi le schisme d'Antioche ; mais ils se réunirent sous saint Flavien l'an 381, et sous Alexandre, l'un de ses successeurs, en 482. Théodoret a rapporté les circonstances de cette réunion.

EUSTATHIENS, hérétiques du IV° siècle, sectateurs d'un moine nommé *Eustathe*, follement entêté de son état, et qui condamnait tous les autres états de la vie. Socrate, Sozomène et M. de Fleury le confondent avec Eustathe, évêque de Sébaste ; mais il n'est pas certain que ce soit le même.

Dans le concile de Gangres en Paphlagonie, tenu entre l'an 325 et l'an 341, Eustathe et ses sectateurs sont accusés : 1° de condamner le mariage et de séparer les femmes d'avec leurs maris ; 2° de quitter les assemblées publiques de l'Église pour en tenir de particulières ; 3° de se réserver à eux seuls les oblations ; 4° de séparer les serviteurs d'avec leurs maîtres, et les enfants d'avec leurs parents, sous prétexte de leur faire mener une vie plus austère ; 5° de permettre aux femmes de s'habiller en hommes ; 6° de mépriser les jeûnes de l'Église et d'en pratiquer d'autres à leur fantaisie, même le jour de dimanche ; 7° de défendre en tout temps l'usage de la viande ; 8° de rejeter les oblations des prêtres mariés ; 9° de blâmer les chapelles bâties à l'honneur des martyrs, leurs tombeaux, les assemblées pieuses qu'y tenaient les fidèles ; 10° de soutenir qu'on ne peut être sauvé sans renoncer à tous ses biens. Le concile fit, contre toutes ces erreurs et tous ces abus, vingt canons qui ont été insérés dans le recueil des canons de l'Église universelle. (*Dupin*, IV° siècle, t. IX, pag. 83, etc. ; *Fleury*, t. IV, l. XVII, tit. 35.)

EUTHANASIE, mort heureuse de ceux qui passent sans douleur, sans crainte et sans regret, de cette vie à l'autre, ou qui meurent en état de grâce.

EUTYCHIENS, hérétiques du V° siècle, sectateurs d'*Eutychès*, abbé d'un monastère de Constantinople, qui n'admettait qu'une seule nature en Jésus-Christ. L'aversion de ce moine pour le nestorianisme le précipita dans l'excès opposé : dans la crainte d'admettre deux personnes en Jésus-Christ, il ne voulut y admettre qu'une seule nature composée de la divinité et de l'humanité. On croit qu'il tomba dans cette erreur en prenant de travers quelques passages de saint Cyrille d'Alexandrie. — Il soutint d'abord que le Verbe, en descendant du ciel, était revêtu d'un corps qui n'avait fait que passer par celui de la sainte Vierge comme par un canal : erreur qui approchait de celle d'Apollinaire. Eutychès la rétracta dans un synode de Constantinople ; mais il ne voulut pas convenir que le corps de Jésus-Christ fût de même substance que les nôtres ; il n'attribuait par conséquent au Fils de Dieu qu'un corps fantastique, comme les valentiniens et les marcionites. Il fut condamné, l'an 448, par le patriarche Flavien. Très-inconstant dans ses opinions, il semble quelquefois admettre en Jésus-Christ deux natures, même avant l'incarnation, et supposer que l'âme de Jésus-Christ avait été unie à la Divinité avant de s'incarner ; mais il refusa toujours d'y reconnaître deux natures après l'incarnation ; il prétendit que la nature humaine avait été comme absorbée par la Divinité, de même qu'une goutte de miel, tombée dans la mer, ne périrait pas, mais serait engloutie. C'est ce qui a fait donner à ses partisans le nom de *monophysites*, défenseurs d'une seule nature. — Malgré sa condamnation, Eutychès trouva des défenseurs. Soutenu du crédit de Chrysaphe, premier eunuque du palais impérial, de Dioscore, patriarche d'Alexandrie, son ami, d'un archimandrite syrien, nommé Barsumas, il fit convoquer en 449 un concile à Éphèse, qui n'est connu dans l'histoire que sous le nom de *brigandage*, à cause des violences et du désordre qui y régnèrent. Eutychès y fut absous : le patriarche Flavien, qui l'avait condamné à Constantinople, y fut tellement maltraité, que peu de temps après il mourut de ses blessures. Mais la doctrine d'Eutychès fut examinée et condamnée de nouveau l'an 451, au concile de Chalcédoine, composé de cinq à six cents évêques. Les légats du pape saint Léon y soutinrent que ce n'était pas assez de définir qu'il y a deux natures en Jésus-Christ ; ils firent ajouter, *sans être changées, confondues ni divisées* (1).

(1) Voici le décret de ce concile : « Nous déclarons tout d'une voix que l'on doit confesser un seul et même Jésus-Christ Notre Seigneur, le même parfait dans la divinité et parfait dans l'humanité, vraiment Dieu et vraiment homme ; le même composé d'une âme raisonnable et d'un corps, consubstantiel au Père selon la divinité, consubstantiel à nous selon l'humanité ; en tout semblable à nous, hormis le péché, engendré du Père avant les siècles, selon la divinité ; et dans les derniers temps, né de la Vierge Marie, Mère de Dieu selon l'humanité, pour nous et pour notre salut ; un seul et même Jésus-Christ, Fils unique, Seigneur en deux natures, sans confusion, sans changement, sans division, sans séparation, sans que l'union ôte la différence des natures : au contraire, la propriété de chacune est conservée et concourt en une seule personne et en une seule hypostase ; en sorte qu'il n'est pas divisé ou séparé en deux personnes, mais que c'est un seul et même Fils unique Dieu, Verbe, Notre-Seigneur Jésus-Christ. »

— Cette décision solennelle n'arrêta pas les progrès de l'eutychianisme. Quelques évêques égyptiens, qui y avaient assisté, publièrent à leur retour que saint Cyrille y avait été condamné et Nestorius absous ; il en résulta du désordre. Plusieurs, par attachement à la doctrine de saint Cyrille, refusèrent de se soumettre aux décrets du concile de Chalcédoine, faussement persuadés que ces décrets y étaient opposés. — Les moines de la Palestine, attachés à Eutychès, leur confrère, soutinrent que sa doctrine était orthodoxe, rendirent odieux, par des impostures, le concile de Chalcédoine. Dioscore, homme ambitieux et violent, souleva toute l'Egypte ; le peuple d'Alexandrie, toujours séditieux, se révolta ; il fallut des troupes pour faire cesser le désordre. Parmi les empereurs, qui se succédèrent rapidement, les uns furent favorables aux *eutychiens*, les autres s'attachèrent à les réprimer, et soutinrent les orthodoxes ; l'empire fut en proie aux disputes, aux animosités, aux violences réciproques. Nous en verrons ci-après les suites ; mais il faut examiner auparavant l'*eutychianisme* en lui-même.

La Croze, Basnage et d'autres protestants, toujours portés à justifier tous les hérétiques, à condamner les Pères et les conciles, se sont efforcés de persuader que le nestorianisme et l'eutychianisme, si opposés en apparence, n'étaient des hérésies que de nom ; que les partisans de l'une et de l'autre, non plus que les orthodoxes, ne s'entendaient pas, que le concile de Chalcédoine et ses adhérents avaient troublé l'univers pour une dispute de mots. Ce reproche est-il bien fondé ?

1° S'il était vrai, comme le voulait Nestorius, qu'il faut admettre deux personnes en Jésus-Christ, il n'y a plus d'union substantielle entre la nature divine et la nature humaine, on ne peut plus dire avec saint Jean, que le Verbe s'est fait chair, que Jésus-Christ est vrai Dieu, que le Fils de Dieu a souffert pour nous, est mort, nous a rachetés, etc. *Voy.* NESTORIANISME. — Si, au contraire, il n'y a qu'une seule nature en Jésus-Christ, comme le soutenait Eutychès, si la nature humaine est absorbée en lui par la Divinité et ne subsiste plus, Jésus-Christ n'est pas vrai homme, il a eu tort de se nommer *Fils de l'homme* ; la divinité seule subsistante en lui n'a pu ni souffrir, ni mourir, ni satisfaire pour nous, tout cela ne s'est fait qu'en apparence, comme le prétendaient les hérétiques du iie siècle. — Ces deux hérésies anéantissent donc, chacune à sa manière, le mystère de l'incarnation et de la rédemption du monde. Les Pères et le concile de Chalcédoine ont donc eu raison de dire anathème à Nestorius et à Eutychès, de décider qu'il y a dans Jésus-Christ une seule personne, qui est le Verbe, et deux natures, sans être changées, confondues, ni divisées.— Si les critiques dont nous parlons avaient été bons théologiens et non simples littérateurs, s'ils avaient pris la peine de lire les Pères qui ont réfuté Nestorius et Eutychès, ils auraient senti que ce n'était point là une dispute de mots, mais une erreur grossière de part et d'autre, dont chacune entraînait les conséquences les plus contraires à la foi, et qu'il était absolument nécessaire de proscrire

2° Que les partisans d'Eutychès ne se soient pas entendus, cela n'est que trop prouvé par les divisions et les schismes qui se sont formés parmi eux. De quel droit se sont-ils donc élevés contre la décision du concile de Chalcédoine, qui était la voix de l'Eglise universelle, de l'Orient et de l'Occident réunis ? Furieux au seul nom de Nestorius, ils n'ont jamais voulu comprendre qu'il y avait un milieu entre sa doctrine et celle d'Eutychès ; que le concile avait saisi ce milieu en condamnant l'une et l'autre, et en décidant qu'il y a en Jésus-Christ deux natures et une seule personne.— Quand ils auraient eu raison pour le fond, l'on ne pourrait encore excuser ni les fureurs de Dioscore, ni le brigandage d'Ephèse, ni la sédition des moines de la Palestine, ni le soulèvement de l'Egypte. On blâme aujourd'hui les empereurs d'avoir employé la violence pour les réprimer, mais ils y étaient forcés, ils ne s'obstinaient à faire recevoir le concile de Chalcédoine, que pour arrêter les progrès du fanatisme des *eutychiens*.

3° Les *eutychiens* prétendaient soutenir la doctrine de saint Cyrille d'Alexandrie, approuvée et adoptée par le concile général d'Ephèse en 431 ; et, si nous en croyons les critiques protestants, saint Cyrille avait parlé à peu près comme Eutychès. Ils se trompent. Autre chose était de dire comme saint Cyrille, saint Athanase et d'autres, qu'il y a en Jésus-Christ une nature du Verbe incarnée, *una natura Verbi incarnata*, et autre chose de soutenir, comme Eutychès, qu'il y a une seule nature du Verbe incarné, *una tantum natura Verbi incarnati*. Dans la première de ces propositions, le mot *nature* est évidemment pris pour la personne du Verbe, puisqu'enfin ce n'est point la nature divine abstraite de la personne qui s'est incarnée, mais la nature subsistante par la personne. Dans la seconde, le mot *nature* est pris dans le sens abstrait, elle exprime que le Verbe incarné n'a plus qu'une seule nature, qui est la nature divine, parce que la nature humaine en Jésus-Christ est absorbée par la Divinité. Le sens de l'une de ces propositions est donc très-différent de l'autre : si les *eutychiens* ne l'ont pas senti, ils ont mal raisonné ; s'ils l'ont compris, ils devaient se soumettre à la décision du concile de Chalcédoine.— 4° Une simple dispute de mots n'aurait pas fait tant de bruit ; de part et d'autre il se serait trouvé quelqu'un qui aurait démêlé les équivoques ; un simple malentendu n'aurait pas causé un schisme de douze cents ans, et qui subsiste encore. Nous verrons que les jacobites, qui y persévèrent aujourd'hui, n'hésitent point de dire anathème à Eutychès, et de convenir qu'il a confondu les deux natures en Jésus-Christ.

Il est clair que la principale cause de tout le mal fut le caractère ambitieux, hautain, fougueux de Dioscore : furieux d'avoir été condamné et déposé dans le concile de Chalcédoine, il osa prononcer un anathème contre ce concile et contre le pape saint Léon, dont la doctrine y avait été suivie comme règle de foi. Les protestants, qui affectent de comparer Dioscore à saint Cyrille, son prédécesseur, qui disent que le premier ne fit qu'imiter, contre saint Flavien, la conduite que saint Cyrille avait tenue contre Nestorius vingt ans auparavant, sont évidemment injustes. Dans le concile général d'Ephèse, en 431, l'autorité impériale, la force, les soldats, tenaient pour Nestorius; dans le conciliabule de 449, la violence fut du côté de Dioscore et de son parti. Il n'avait que trop mérité sa déposition et l'exil dans lequel il mourut en 458.

L'empereur Zénon s'étant laissé séduire par les *eutychiens*, les trois principaux sièges de l'Orient se trouvèrent occupés, en 482, par trois partisans de cette secte : celui d'Alexandrie par Pierre Mongus; celui d'Antioche, par Pierre le Foulon; et celui de Constantinople, par Acace. Aucun de ces trois hommes ne suivait exactement l'opinion d'Eutychès, du moins ils ne s'exprimaient pas comme lui. Ils ne soutenaient pas qu'en Jésus-Christ la nature divine avait absorbé la nature humaine, ni que ces deux natures étaient confondues; ils disaient qu'en lui la nature divine et la nature humaine étaient si intimement unies, qu'elles ne formaient qu'une nature, et cela sans changement, sans confusion et sans mélange des deux; qu'ainsi il n'y avait en lui qu'une nature, mais qu'elle était double et composée : doctrine inintelligible et contradictoire, qui a cependant été adoptée par la foule des *eutychiens*. Dès lors ils prirent le nom de *monophysites*, firent également profession de rejeter la doctrine d'Eutychès et celle du concile de Chalcédoine.

Pierre le Foulon, pour répandre l'erreur dans tout le patriarcat d'Antioche, fit changer le *trisagion* qui se chantait dans toutes les églises. A ces mots : *Dieu saint, Dieu fort, Dieu immortel*, il fit ajouter, *qui avez souffert pour nous*, ayez pitié de nous. Comme cette formule semblait enseigner que les trois Personnes divines ont souffert pour nous, elle fut constamment rejetée par les Occidentaux, et l'on appela ceux qui l'adoptèrent *théoposchites*, gens qui croient que la divinité a souffert.

Dans cette même année 482, l'empereur Zénon, sollicité par Acace, patriarche de Constantinople, et sous prétexte de concilier tous les partis, publia un décret d'union, nommé *énotique*, ἑνωτικόν, adressé aux évêques, aux clercs, aux moines, et aux peuples de l'Egypte et de la Libye. Il y faisait profession de recevoir le symbole de foi dressé à Nicée, et renouvelé à Constantinople, et rejetait tout autre symbole; il souscrivait à la condamnation de Nestorius, à celle d'Eutychès, et aux douze articles de la doctrine de saint Cyrille. Après avoir exposé ce que l'on doit croire touchant le Fils de Dieu incarné, sans parler d'une ni de deux natures, il ajoutait : « Nous disons anathème à quiconque pense ou a pensé autrement, soit à présent, soit autrefois, soit à *Chalcédoine*, soit dans quelque autre concile que ce soit. » Ce décret fut accepté par Pierre Mongus et par Pierre le Foulon : mais comme il donnait à entendre que le concile de Chalcédoine était digne d'anathème, ce même décret fut rejeté par tous les catholiques, et condamné par le pape Félix III, en 483.

Mosheim a blâmé cette fermeté avec aigreur; il dit que ce décret fut approuvé par tous ceux qui se piquaient de candeur et de modération, mais que des fanatiques fougueux et opiniâtres s'opposèrent à ces mesures pacifiques (*His. ecclés.*, v° siècle, ii° part., c. 5, § 19). Mais ce n'est pas en taisant la vérité que l'on étouffe l'erreur. Plusieurs monophysites même désapprouvèrent la conduite de Pierre Mongus, et se séparèrent de sa communion; ils furent nommés *acéphales*, ou sans chef; bientôt ils eurent pour protecteur l'empereur Anastase, qui pensait comme eux, et qui plaça sur le siège d'Antioche un moine nommé Sévérus, duquel ils prirent le nom de *sévériens*. Justin, successeur d'Anastase, en 518, fut catholique; il fit son possible pour éteindre toute la secte des monophysites, mais ce parti reprit de nouvelles forces quelques années après. — Un petit nombre d'évêques qui y étaient encore attachés mirent sur le siège d'Edesse un moine nommé Jacob ou Jacques, et surnommé Baradæus ou Zanzale, homme ignorant, mais actif et zélé pour sa secte. Il parcourut l'Orient, il réunit les diverses factions d'eutychianisme, et ranima leur courage; il établit partout des évêques et des prêtres : de sorte que, sur la fin du vi° siècle, cette hérésie se trouva rétablie dans la Syrie, dans la Mésopotamie, l'Arménie, l'Egypte, la Nubie et l'Ethiopie. Un certain Théodose, évêque d'Alexandrie, y avait travaillé de son côté. Depuis cette époque, les monophysites ont regardé Jacques Zanzale comme leur second fondateur, et c'est de lui qu'ils ont pris le nom de *jacobites*. Protégés d'abord par les Perses, ennemis des empereurs de Constantinople, ensuite par les Mahométans, ils se remirent en possession des Eglises, et ils s'y sont conservés jusques aujourd'hui. Nous verrons quel est leur état actuel, au mot JACOBITES.

Avant cette espèce de renaissance, ils avaient été divisés en dix ou douze factions. Vers l'an 520, Julien, évêque d'Halicarnasse, et Caïanus, évêque d'Alexandrie, enseignèrent qu'au moment de la conception du Fils de Dieu dans le sein de la Vierge Marie, la nature divine s'insinua tellement dans le corps de Jésus-Christ, qu'il changea de nature, devint incorruptible; les partisans de cette opinion furent nommés *caïanistes, incorrupticoles, aphtartodocètes, phantasiastes*, etc. Sévère d'Antioche et Damianus prétendirent que le corps de Jésus-Christ, avant sa résurrection, était corruptible; ils eurent aussi des sectateurs que l'on nomma *sévériens*, *damianites*, *phartolâtres*, *corrupticoles*. Quelques-uns de ceux-ci enseignèrent que toutes choses étaient connues à la nature divine de Jésus-Christ, mais que plusieurs choses étaient cachées à sa nature humaine; ils furent appelés *agnoètes*.

C'est encore parmi les monophysites que se forma la secte des *trithéistes*. Jean Acusnage, philosophe syrien, et Jean Philoponus, autre philosophe et grammairien d'Alexandrie, imaginèrent dans la divinité trois substances ou Personnes parfaitement égales, mais qui n'avaient pas une essence commune: c'était admettre trois dieux. Les *philoponistes* furent en dispute avec les *cononistes*, disciples de Conon, évêque de Tarse, touchant la nature des corps après la résurrection future, etc. On ne connaît aucune hérésie qui ait formé autant de divisions que celle d'Eutychès. — Le savant Assémani, dans sa *Bibliothèque orientale*, tom. II, en a donné une histoire plus exacte que tous ceux qui l'avaient précédé, et un catalogue raisonné des auteurs jacobites ou monophysites.

Mosheim, toujours protecteur des hérétiques, nous fait remarquer que le zèle imprudent et la violence avec laquelle les Grecs défendirent la vérité, ont fait triompher les monophysites, et leur ont procuré un établissement solide (*Hist. eccl.*, vi° siècle, ii° partie, c. 5, § 7). Fallait-il donc laisser anéantir la foi du mystère de l'incarnation, qui est la base du christianisme, de peur d'augmenter l'opiniâtreté des monophysites? Les empereurs grecs ne pouvaient pas les empêcher de s'établir dans la Perse, ni dans l'Éthiopie, où ils n'avaient aucune autorité. D'ailleurs, qu'ont gagné ces sectaires à préférer la domination des mahométans à celle des empereurs grecs? Ils sont tombés dans une espèce d'esclavage, dans une ignorance grossière, dans un état de mépris et d'opprobre; et cette secte, autrefois si étendue, diminue tous les jours, au grand regret des protestants, par les travaux des missionnaires catholiques. *Voy.* JACOBITES.

EUTYCHIENS, est encore le nom d'une autre secte d'hérétiques, qui étaient une branche des ariens eunomiens, et de laquelle nous avons parlé sous le nom d'EUNOMIO-EUPSYCHIENS.

ÉVANGÉLISTE, nom donné aux quatre disciples que Dieu a choisis et inspirés pour écrire l'Évangile, ou l'histoire de Notre-Seigneur Jésus-Christ: ce sont saint Matthieu, saint Marc, saint Luc et saint Jean.

Saint Matthieu et saint Jean étaient apôtres, saint Marc et saint Luc étaient disciples. On ne sait pas positivement si ces deux derniers ont été du nombre des soixante-douze disciples qui suivaient Jésus-Christ, et s'ils l'ont entendu prêcher lui-même, ou s'ils ont été seulement instruits par les apôtres. — Dans l'Église primitive, on donnait aussi le nom d'*évangélistes* à ceux qui allaient prêcher l'Évangile de côté et d'autre, sans être attachés à aucune Église particulière. Quelques interprètes pensent que c'est dans ce sens que le diacre saint Philippe est appelé *évangéliste* (*Act.* xxi, 8), et que saint Paul recommande à Timothée de remplir les fonctions d'*évangéliste* (*I Tim.* iv, 5). Le même apôtre, dans son Épître aux Éphésiens, c. iv, v. 21, met les *évangélistes* après les apôtres et les prophètes.

Plusieurs incrédules ont fait tous leurs efforts pour prouver que les *évangélistes* ne s'accordent point dans l'histoire qu'ils font des actions de Jésus-Christ; que, sur plusieurs faits ou plusieurs circonstances, ils sont en contradiction. Pour y réussir, ces critiques ont fait usage d'une méthode que l'on rougirait d'employer pour attaquer une histoire profane. Lorsque saint Matthieu, par exemple, rapporte un fait ou une circonstance de laquelle les autres *évangélistes* ne parlent pas, on dit qu'ils sont en contradiction avec lui. Mais en quel sens un auteur qui se tait contredit-il celui qui parle? L'omission d'un fait en prouve-t-elle la fausseté? Si cela était, de toutes les histoires qui ont été faites par divers auteurs, il n'y en aurait pas une seule qui ne fût remplie de contradictions. Quand on veut prendre la peine de consulter une *concorde* ou *harmonie* des Évangiles, on voit que les quatre textes rapprochés s'éclaircissent l'un l'autre, forment une histoire exacte et suivie. — Si l'on comparait ce que Suétone, Florus, Plutarque, Dion-Cassius, ont écrit sur le règne d'Auguste, on y trouverait bien plus de différence et de contradictions apparentes qu'il n'y en a entre nos quatre *évangélistes*.

Il paraît que chacun des *évangélistes* a eu un dessein particulier et analogue aux circonstances dans lesquelles il se trouvait. Celui de saint Matthieu était de prouver aux Juifs que Jésus-Christ est véritablement le Messie: conséquemment il le montre, par sa généalogie, qu'il est né du sang de David et d'Abraham. Il cite aux Juifs les prophéties selon le sens qu'y donnaient leurs docteurs, et en tire ainsi un argument personnel. Saint Marc semble n'avoir eu d'autre intention que de faire une histoire abrégée des actions et des discours de Jésus-Christ, pour en instruire, du moins en gros, les fidèles. Saint Luc s'est proposé de rendre cette histoire plus détaillée, de rassembler tout ce qu'il avait appris des témoins oculaires, de suppléer à tout ce qui avait été omis dans les deux Évangiles précédents. Saint Jean a eu principalement en vue de réfuter les hérésies qui commençaient à éclore sur la divinité de Jésus-Christ, et sur la réalité de sa chair: c'est encore le sujet de ses lettres. Conséquemment il rapporte plus exactement que les autres les discours dans lesquels Jésus-Christ parle de sa personne et de son union avec son Père. Mais aucun des quatre n'a eu le dessein de tout rapporter, et de rien omettre. Saint Jean témoigne assez le contraire à la fin de son Évangile. — Ainsi, sans qu'il y ait eu entre eux un concert prémédité, chacun d'eux dirige son ton et sa manière au but qu'il se propose;

en les confrontant, l'on aperçoit pourquoi l'un omet une chose que l'autre rapporte; on voit surtout qu'aucun des quatre n'a eu peur d'être contredit sur les faits qu'il raconte, parce qu'ils étaient fondés sur la notoriété publique.

Dans les articles suivants, nous verrons en quel temps chacun des *évangélistes* a écrit, et nous ferons quelques observations sur leur caractère personnel.

ÉVANGILE, du grec εὐαγγέλιον, *heureuse nouvelle* : c'est le nom que l'on donne, dans le sens propre, à l'histoire des actions et de la prédication de Jésus-Christ ; et dans un sens plus étendu à tous les livres du Nouveau Testament, parce que ces livres nous annoncent l'*heureuse nouvelle* du salut des hommes, et de leur rédemption par Jésus-Christ. L'*Evangile* peut être considéré comme un livre dont il faut savoir l'origine, comme une histoire dont il est bon d'examiner la vérité, comme une doctrine dont on doit peser les conséquences : nous allons le considérer sous ces trois rapports.

ÉVANGILE, livre. Les sociétés chrétiennes, quoique divisées sur plusieurs points de croyance, reçoivent quatre *Evangiles* comme authentiques et canoniques, savoir : ceux de saint Matthieu, de saint Marc, de saint Luc et de saint Jean. — Celui de saint Matthieu fut écrit l'an 36 (d'autres disent 41) de l'ère chrétienne, par conséquent trois ans ou huit ans après l'ascension de Jésus-Christ ; dans un temps où la mémoire des faits était toute récente ; il fut composé dans la Palestine, peut-être à Jérusalem, en hébreu ou syriaque, langue vulgaire du pays, par conséquent pour les Juifs ; soit pour confirmer dans la foi ceux qui étaient déjà convertis, soit pour y amener ceux qui ne l'étaient pas encore. Le texte original fut traduit en grec de très-bonne heure, et la version latine n'est guère moins ancienne : on ignore qui furent les auteurs de l'une et de l'autre. L'hébreu subsistait encore du temps de saint Épiphane et de saint Jérôme ; quelques auteurs ont cru qu'il avait été conservé par les Syriens ; mais en comparant le syriaque qui existe aujourd'hui avec le grec, on voit que le premier n'est qu'une traduction du second, comme Mill l'a prouvé (*Proleg.*, p. 1237 et suiv.). — Plusieurs critiques ont pensé que saint Marc avait écrit son *Evangile* en latin, parce qu'il le fit à Rome, sous les yeux et selon les instructions de saint Pierre, vers l'an 44 ou 45 de Jésus-Christ. Mais il est plus probable qu'il l'écrivit en grec, langue alors très-familière aux Romains : c'est le sentiment de saint Jérôme et de saint Augustin. La dispute serait terminée, si les cahiers de cet *Evangile*, que l'on conserve à Prague, et ce même *Evangile* entier, que l'on garde à Venise, en latin, étaient l'original même écrit de la main de saint Marc. Mais ce n'est qu'en 1355 que l'empereur Charles IV, ayant trouvé dans les archives d'Aquilée un prétendu *autographe* de saint Marc, en sept cahiers, en détacha deux qu'il envoya à Prague. Celui de Venise n'y est conservé que depuis l'an 1420. — Saint Luc, né à Antioche, et converti par saint Paul, écrivait en grec, langue aussi commune dans cette ville que le syriaque ; ce fut vers l'an 53 ou 55 de l'ère chrétienne. Son style est plus pur que celui des autres évangélistes ; mais il a encore conservé des tours de phrases qui tiennent du syriaque. Comme il fut attaché à saint Paul, et le suivit dans ses voyages, quelques auteurs ont cru que saint Paul lui-même avait fait cet *Evangile*; d'autres ont pensé que saint Pierre y avait présidé : ce sont des simples conjectures. — On pense communément que saint Jean composa son *Evangile* après son retour de l'île de Pathmos, vers l'an 96 ou 98 de Jésus-Christ, la première année de Trajan, 65 ans après l'ascension du Sauveur, saint Jean étant alors âgé d'environ 95 ans : il le fit pour l'opposer aux hérésies naissantes de Cérinthe, d'Ebion et d'autres, dont les uns niaient la divinité de Jésus-Christ, les autres la réalité de sa chair. L'original grec, ou l'*autographe* de saint Jean, était encore conservé à Ephèse au septième siècle, ou du moins au quatrième, selon le récit de Pierre d'Alexandrie. Il fut traduit en syriaque, et la version latine remonte à la plus haute antiquité.

Ces quatre *Evangiles* sont authentiques : ils ont été véritablement écrits par les quatre auteurs dont ils portent les noms. Nous le prouvons : 1° par la comparaison de ces ouvrages entre eux, et avec les autres écrits du Nouveau Testament. L'auteur des Actes des apôtres a été certainement compagnon des voyages de saint Paul ; il se donne pour tel, et on le voit par l'exactitude avec laquelle il les raconte ; saint Paul, dans ses lettres, lui donne le nom de *Luc*. Or, en commençant les Actes, saint Luc dit qu'il a déjà écrit l'histoire de ce que Jésus-Christ a fait et enseigné ; et en commençant son *Evangile*, il dit que d'autres ont écrit avant lui. Il est donc certain que les trois premiers *Evangiles*, aussi bien que les Actes, ont été écrits avant la mort des apôtres, et avant la ruine de Jérusalem, l'an 70. Les dates, les faits, les circonstances, les personnages, tout se tient et se confirme. L'*autographe* de saint Jean, conservé au moins pendant trois cents ans dans l'Eglise qu'il avait fondée, et dans laquelle il est mort, n'a pu laisser aucun doute sur son authenticité. — 2° Par le ton, la manière, le style de ces quatre histoires ; il n'y a que des témoins oculaires, ou des hommes immédiatement instruits par ces témoins, qui aient pu écrire dans un aussi grand détail les actions et les discours du Sauveur, rendre sa doctrine d'une manière aussi fidèle et aussi conforme à ce qui est rapporté dans les lettres de saint Pierre, de saint Paul et de saint Jean. Ce sont évidemment quatre écrivains juifs. L'uniformité des faits, malgré la variété de la narration, prouve qu'ils ont été instruits à la source. — 3° Par l'usage constant dans lequel ont été les sociétés chrétiennes, dès l'origine, de lire dans leurs assemblées les

Evangiles. Saint Justin, qui a écrit cinquante ou soixante ans après saint Jean, atteste cet usage (*Apol.* 1, nos 66 et 67). Saint Ignace, plus ancien, en parle, *ad Philad.*, n° 5, et il subsiste encore dans l'Eglise. Ces sociétés différentes ont-elles pu conspirer à recevoir, comme écrits des apôtres, des livres qui n'en étaient pas? — 4° Au IIIe siècle, Tertullien dépose de la fidélité des Eglises, fondées par les apôtres, à conserver les écrits qu'elles en avaient reçus; c'est par leur témoignage qu'il prouve l'authenticité de tous les livres du Nouveau Testament (*Contra Marc.*, l. IV, c. 5). Avant lui, saint Irénée avait fait la même chose (*Contra Hær.*, l. III, c. 8). Aussi Eusèbe atteste (*Hist. ecclés.*, l. III, c. 25) que jamais l'on n'a douté de l'authenticité de nos quatre *Evangiles*. — 5° Les Pères apostoliques, qui ont vécu avec les apôtres ou immédiatement après ; saint Barnabé, saint Clément de Rome, saint Ignace, saint Polycarpe, Hermas, auteur du *Pasteur*, ont cité dans leurs écrits près de quarante passages tirés de nos *Evangiles*. C'est sur ces citations, jointes au témoignage des Eglises, que Origène, Eusèbe, saint Jérôme, les conciles de Nicée, de Carthage, de Laodicée, se sont fondés pour discerner les livres authentiques d'avec les pièces apocryphes. — 6° Les hérétiques du Ier et du IIe siècle, Cérinthe, Carpocrate, Valentin, Marcion, les ébionites, les gnostiques, assez téméraires pour contredire la doctrine des *Evangiles*, n'ont cependant pas osé en attaquer l'authenticité, nier que ces écrits fussent des apôtres mêmes : ainsi l'attestent saint Irénée, l. III, c. 11, n° 7, saint Clément d'Alexandrie, Tertullien, Eusèbe, etc. Il fallait donc que cette authenticité fût invinciblement établie et hors de tout soupçon. — L'on comprend que ce n'est pas ici le lieu de donner à toutes ces preuves le développement nécessaire.

Aucun des incrédules modernes, qui ont écrit contre l'authenticité des *Evangiles*, ne paraît les avoir connues, du moins aucun ne s'est donné la peine de les réfuter. Quelques-uns ont écrit au hasard que ces livres n'ont paru qu'après la ruine de Jérusalem, lorsqu'il n'y avait plus de témoins oculaires de la vérité ou de la fausseté des faits, et que l'on ne pouvait plus les vérifier; tantôt ils ont dit que les *Evangiles* n'ont été connus que sous Trajan, tantôt qu'ils n'ont vu le jour que sous Dioclétien.

Outre les preuves que nous venons déjà de donner du contraire, il y a d'autres remarques à faire. 1° Suivant le témoignage de toute l'antiquité, saint Matthieu a écrit en hébreu: or, après la ruine de Jérusalem, les Juifs, bannis de la Palestine et dispersés, ont été forcés d'apprendre le grec; il n'aurait plus servi à rien d'écrire un *Evangile* en hébreu : c'est pour cela même que celui dont nous parlons fut promptement traduit. 2° Les mêmes témoignages attestent que saint Marc a écrit sous les yeux de saint Pierre : or cet apôtre a été mis à mort trois

DICT. DE THÉOL. DOGMATIQUE. II.

ans avant la ruine de Jérusalem. 3° Saint Luc a certainement composé les *Actes des apôtres* avant cette époque, puisqu'il finit son histoire à la seconde année de l'emprisonnement de saint Paul à Rome; il ne fait aucune mention, ni du martyre de saint Pierre et de saint Paul, ni de la ruine de Jérusalem. Or, nous venons de remarquer qu'en commençant les Actes, saint Luc déclare qu'il a déjà écrit son *Evangile*. Il faut d'ailleurs qu'il ait été témoin oculaire des actions de saint Paul, pour les décrire dans un aussi grand détail. 4° Saint Jean est évidemment le seul qui ait écrit postérieurement au sac de la Judée; c'est pour cela qu'il n'a pas fait mention de la prédiction que Jésus-Christ en avait faite; il ne voulait pas qu'on l'accusât d'avoir supposé une prédiction après l'événement. 5° Les Juifs, chassés de la Judée, se retirèrent les uns en Egypte, les autres en Syrie, dans la Grèce et en Italie; ils virent les Eglises d'Alexandrie, d'Antioche, d'Ephèse, de Corinthe, de Rome, etc., déjà établies, et l'on y publiait hautement les faits évangéliques. Voilà autant de témoins qui pouvaient les convaincre, s'ils avaient été faux. 6° Eusèbe (*Hist.*, l. III, c. 24), nous apprend que, suivant la tradition établie parmi les fidèles, saint Jean, avant d'écrire son *Evangile*, avait vu ceux de saint Matthieu, de saint Marc et de saint Luc, et qu'il en avait confirmé la vérité par son témoignage. Lib. IV, c. 3, il cite Quadratus, qui vivait au commencement du IIe siècle, et qui attestait que plusieurs de ceux qui non-seulement avaient vu Jésus-Christ, mais qui avaient été guéris ou ressuscités par lui, avaient vécu jusqu'à son temps. Etait-ce là des témoins suspects? Ce fait n'est pas incroyable, puisque la fille du chef de la synagogue de Capharnaüm et le fils de la veuve de Naïm étaient jeunes, lorsque Jésus-Christ les ressuscita; s'ils ont vécu quatre-vingts ans ou davantage, ils ont vu les commencements du IIe siècle. Il est probable d'ailleurs que Jésus-Christ en avait encore ressuscité d'autres, desquels les évangélistes n'ont pas parlé (1).

(1) Le christianisme repose principalement sur les Evangiles : il est nécessaire de démontrer d'une manière toute spéciale l'authenticité et l'intégrité du Nouveau Testament. Duvoisin, évêque de Nantes, en a établi l'autorité contre les incrédules. Nous lui empruntons sa démonstration, qui met sous les yeux du lecteur tous les caractères de véracité des Evangiles.

« La foi publique de l'Eglise chrétienne, l'autorité des écrivains ecclésiastiques des premiers siècles, les témoignages exprès ou les aveux des anciens hérétiques et des païens, l'inspection seule des livres du Nouveau Testament, tout concourt à démontrer l'authenticité de ces titres primitifs du christianisme.

« I. Toutes les sectes chrétiennes, quoique divisées sur d'autres points, sont également professé n de croire que les livres du Nouveau Testament sont les ouvrages des apôtres et des disciples dont ils portent les noms. Or, pourquoi, et sur quel principe de critique rejetterais-je un témoignage aussi unanime et aussi éclairé? un témoignage, dont l'objet n'est susceptible ni d'erreur, ni d'illusion? un témoignage qui tombe sur un fait souverainement important, sur un fait domestique de la vérité ou de la fausseté duquel

ÉVANGILES APOCRYPHES. On a ainsi nommé quelques histoires composées à l'imitation de nos *Évangiles*, ou par des chrétiens mal instruits, ou par des hérétiques qui voulaient en imposer à leurs sectateurs; et ce nom signifie que l'on ignorait l'origine et les auteurs.

il était si facile de s'assurer? Me persuaderais-je que les premiers chrétiens ont été assez imprudents, assez stupides, pour admettre des écrits qui contenaient la règle de leur croyance et de leur conduite; des écrits qu'ils révéraient comme inspirés, et auxquels ils en appelaient dans toutes leurs controverses, sans prendre la peine de s'informer, sans examiner s'ils étaient l'ouvrage des apôtres, de qui seuls ils pouvaient emprunter ce caractère sacré qu'on leur attribuait?

« Dans une question de cette nature, la tradition constante, la foi publique de l'Église chrétienne est décisive. C'est par l'opinion publique de l'antiquité que nous savons certainement que Homère, Thucydide, Xénophon, Tite-Live, sont les véritables auteurs des chefs-d'œuvre qui ont rendu leurs noms immortels. Nous admettons l'authenticité des écrits de Confucius et celle de l'Alcoran sur le témoignage des Chinois et des Mahométans. En général, l'auteur d'un livre ancien, sacré ou profane, ne peut être connu que par la voie de la tradition; et l'autorité de cette tradition croît à proportion de l'importance du livre et de l'intérêt qu'il excite. Or, jamais on ne vit, en faveur de quelque livre que ce fût, une opinion aussi ferme, aussi unanime, aussi répandue que celle des chrétiens à l'égard des livres du Nouveau Testament: jamais non plus, il n'y eut de livre capable d'exciter un pareil intérêt. Tel était le respect, j'ai presque dit le culte des chrétiens, pour ces titres primitifs de leur foi qu'ils s'exposaient au martyre, plutôt que de les livrer aux idolâtres.

« La foi actuelle de l'Église ne peut avoir commencé qu'avec l'Église elle-même; et je ne puis lui supposer une autre origine que l'opinion des premiers chrétiens, qu'il était impossible de tromper sur un fait de cette nature. En quel siècle, en effet, en quelle contrée placerez-vous la supposition du Nouveau Testament? A quel faussaire attribuerez-vous ce grand nombre d'écrits d'un caractère et d'un style si différents? Quelle Église les aura reçus la première? Comment ont-ils passé des Grecs aux Latins, des catholiques aux hérétiques? Comment une fourberie si grossière aurait-elle échappé aux Juifs et aux païens? Par quel prestige les chrétiens, qui jusque-là n'avaient entendu parler d'aucun écrit historique ou dogmatique des apôtres, se sont-ils accordés tout à coup à recevoir, sous leurs noms, des Évangiles et des Épîtres fabriqués par un imposteur? En vain l'on essaierait de répondre à ces questions et à cent autres semblables. Quelques suppositions que l'on se permette, il sera toujours impossible d'expliquer comment les livres du Nouveau Testament sont devenus la loi suprême de l'Église, s'ils ne lui ont pas été légués par les apôtres eux-mêmes, à l'époque de sa naissance.

« Dans les premiers âges du christianisme, la supposition de pareils écrits n'était pas moins impossible qu'elle ne le serait de nos jours. Chaque Église particulière était gouvernée par un évêque qui tenait son titre et sa doctrine d'un premier évêque établi par les apôtres ou par les disciples. Ainsi, la perpétuité de l'enseignement se trouvait garantie par la succession des pasteurs, qui tous veillaient les uns sur les autres et qui, à la moindre innovation, eussent été confondus par les anathèmes de leurs collègues et par la réclamation unanime des simples fidèles. Cette considération, que les anciens Pères, saint Irénée surtout (Liv. III, chap. 2) et Tertullien ont fait valoir avec tant d'avantage contre les hérétiques de leur temps, s'applique particulièrement à la question présente. Car, de toutes les innovations, la plus révoltante eût été l'apparition subite d'un livre produit sous le nom d'un apôtre, et présenté à toutes les Églises à la fois, comme le fondement et la règle de leur foi et de leur discipline.

« II. En remontant de siècle en siècle, jusqu'au temps des apôtres, je trouve un nombre infini d'écrivains qui citent, traduisent, expliquent, commentent les livres du Nouveau Testament. Je ne parle pas des écrivains postérieurs au IIIᵉ siècle de l'ère chrétienne; car il n'est point d'incrédule qui ne convienne que depuis cette époque, l'authenticité du Nouveau Testament n'a souffert aucune contradiction; mais dès le commencement du IIIᵉ siècle, je vois Origène qui nomme les *quatre Évangiles*, lesquels, dit-il, sont révérés de toute l'Église qui est sous le ciel. Quelques années auparavant, Tertullien en appelle aux *lettres authentiques* que l'apôtre saint Paul avait adressées aux Églises de Rome, de Corinthe, de Philippes, d'Éphèse et de Thessalonique (a). Il accuse l'hérétique Marcion d'avoir altéré l'Évangile de saint Luc, et pour l'en convaincre, il produit les exemplaires reçus dans toutes les Églises apostoliques et reconnus par Marcion lui-même, avant qu'il eût commencé à dogmatiser.

« Vers le milieu du IIᵉ siècle, je vois saint Justin qui, dans un écrit présenté à l'empereur Antonin, parle de l'usage établi parmi les chrétiens de lire dans leurs assemblées religieuses les écrits des prophètes et des apôtres. Or quels sont ces *écrits des apôtres*, dont la lecture publique faisait partie du culte chrétien, dès le temps de saint Justin? il ne faut pas le demander. On voit bien que ce sont les mêmes qui se lisaient du temps de saint Irénée, de Tertullien et d'Origène; les mêmes par conséquent qui se lisent encore aujourd'hui, et qui sont la base de notre liturgie; d'ailleurs, tous les passages, cités en grand nombre dans les divers écrits de saint Justin, se retrouvent dans nos Évangiles; mais ces lectures avaient commencé avant le temps de Justin, puisqu'il en parle comme d'un usage reçu dans toutes les Églises. Ce n'est pas trop de trente à cinquante ans, pour qu'une coutume semblable s'introduise dans une multitude d'Églises disséminées, en Italie, en Grèce, dans l'Asie Mineure, dans les Gaules, dans toutes les régions du monde connu. Or, trente à cinquante ans avant Justin, nous touchons au siècle des apôtres, et nous recevons ces écrits des mains de leurs disciples immédiats.

« Saint Irénée, disciple de saint Polycarpe et martyrisé à Lyon en 203, rapporte comme un fait constant, que les quatre Évangiles ont été écrits successivement par saint Matthieu, par saint Marc, disciple de saint Pierre, par saint Luc, disciple de saint Paul, et enfin par saint Jean. Il assure qu'il n'y a ni plus ni moins de quatre Évangiles, et il en donne une raison mystique tirée des quatre parties du monde, dans lesquelles l'Église est disséminée. Dans les lettres qui nous restent de saint Polycarpe, évêque de Smyrne, martyrisé l'an 166; de saint Ignace, évêque d'Antioche, martyrisé l'an 114; du pape saint Clément, qui gouvernait l'Église de Rome en 70, et avait vécu longtemps avant saint Pierre, on trouve plusieurs passages des Évangiles et des Épîtres du Nouveau Testament, cités comme appartenant à l'Écriture Sainte: ce qui prouve deux choses: l'une que les livres du Nouveau Testament existaient dès lors, l'autre qu'ils étaient révérés des premiers fidèles comme l'ouvrage des apôtres. Enfin, Eusèbe, dans son Histoire ecclésiastique, rapporte que Papias, instruit par un disciple de Jésus-Christ, que la confor-

(a) Age, percurre Ecclesias apostolicas, apud quas ipsæ adhuc cathedræ apostolorum suis locis præsident, apud quas ipsæ authenticæ litteræ eorum recitantur, sonantes vocem, et repræsentantes faciem uniuscujusque.

leurs de ces écrits. Quelques-uns sont parvenus jusqu'à nous, du moins en partie, d'autres ont entièrement péri ; l'on n'en connaît que le titre, et il n'y a pas lieu de les regretter.

On met de ce nombre, 1° l'*Evangile* selon mité du nom a fait confondre avec l'apôtre saint Jean, avait nommé les Evangiles de saint Matthieu et de saint Marc. Il dit aussi que Panthène, fondateur de l'école d'Alexandrie, au II° siècle, avait trouvé chez un peuple de l'Inde la foi chrétienne et l'Evangile de saint Matthieu.

« Il n'y a donc point de lacune dans la chaîne des témoins qui déposent en faveur de l'antiquité des livres du Nouveau Testament. Une succession connue, une tradition écrite d'âge en âge, nous conduit au siècle des apôtres. Et voilà ce qui distingue les monuments primitifs du christianisme, de tant de pièces apocryphes qui en ont imposé longtemps à la faveur des noms les plus révérés. Ces productions du faux zèle ou de l'imposture, accueillies par l'ignorance, n'ont pu soutenir les regards de la critique ; mais plus la critique s'est exercée sur nos livres sacrés, plus elle a découvert de preuves incontestables de leur antiquité.

« III. Dans ce grand nombre d'hérétiques qui se sont montrés presque aussitôt après la mort des apôtres, les uns admettaient, les autres rejetaient l'autorité du Nouveau Testament ; et tous, même ceux de la dernière classe, en reconnaissaient l'authenticité. Tatien, disciple de saint Justin, et depuis devenu chef de la secte des encratites, ou *abstinents*, composa une espèce de concordance des quatre Evangiles, qu'il intitula *dia-Tessaron* (selon les quatre), d'où il retrancha tout ce qui était contraire à son hérésie, notamment les généalogies de Jésus-Christ. Héracléon, Ptolémée, Valentin, établissaient leurs systèmes philosophiques et religieux sur des passages du Nouveau Testament qu'ils interprétaient à leur manière. Ils prétendaient que leur doctrine était celle des apôtres, et ne disputaient avec l'Eglise catholique que sur le sens de leurs écrits. Les ébionites avaient un Evangile qu'ils appelaient l'*Evangile selon les Hébreux*, lequel, au rapport de saint Jérôme qui l'avait vu, n'était autre chose que l'Evangile de saint Matthieu, légèrement altéré. C'étaient les Juifs opiniâtrément attachés aux observances mosaïques. Saint Paul, qui avait enseigné l'inutilité de ces observances, n'était à leurs yeux qu'un déserteur de la foi ; ils rejetaient ses Epîtres, non comme supposées ou douteuses, mais comme hétérodoxes. Au contraire, les marcionites, qui regardaient la loi de Moïse comme l'ouvrage du mauvais principe, admettaient expressément quelques Epîtres de saint Paul, et l'Evangile de saint Luc, mais avec de prétendues corrections qui, selon la remarque judicieuse de Tertullien, étaient une preuve évidente de l'antiquité des exemplaires catholiques, et de la nouveauté de l'exemplaire de Marcion (a).

« Les différentes sectes connues sous le nom de gnostiques ne contestaient nullement l'authenticité des écrits apostoliques. Ces hérétiques étaient moins des chrétiens que des philosophes qui, frappés de l'éclat du christianisme, en adoptaient tout ce qu'ils croyaient pouvoir se lier à leurs systèmes ; et comme il n'y avait presque rien de commun entre leurs dogmes et la foi que professaient les Eglises apostoliques, ils ne craignaient pas de dire que les apôtres n'avaient pas compris le vrai sens de la doctrine de Jésus-Christ. Ils rejetaient donc l'autorité des livres du Nouveau Testament ; mais en même temps ils rendaient un témoignage exprès et non suspect à leur authenticité. Accuser les apôtres d'avoir mêlé dans leurs Evangiles des erreurs à la doctrine de Jésus-Christ, c'était les reconnaître expressément pour auteurs de ces Evangiles.

« C'est d'ailleurs un fait constant, qu'à l'exception de l'Evangile de saint Jean et de l'Apocalypse, tous les livres du Nouveau Testament sont plus anciens que les premières hérésies. L'Eglise catholique, formée par l'union de toutes les Eglises que les apôtres avaient fondées, ne cessait de les opposer à cette multitude de sectes qu'enfantait chaque jour le mélange de la philosophie avec le christianisme. Dès son berceau, l'Eglise se prévalait de l'antiquité de sa doctrine : elle en montrait la source dans l'enseignement et dans les écrits des apôtres ; et armée de ces titres authentiques, elle convainquait de schisme et de nouveauté tous ceux qui s'élevaient contre sa croyance. Voyez les *Prescriptions* de Tertullien, où cet argument est présenté avec une force irrésistible ; mais si les livres du Nouveau Testament ont précédé la naissance des premières hérésies, il faut les reconnaître pour l'ouvrage des apôtres, puisque, selon Eusèbe et tous les écrivains de l'antiquité ecclésiastique, les apôtres avaient à peine disparu, que les hérétiques commencèrent à se montrer.

« De tous les anciens hérétiques, je ne vois que les manichéens du IV° siècle qui aient osé disputer contre l'authenticité des Evangiles ; mais outre que cette réclamation tardive ne pouvait rien contre la foi constante et universelle des trois siècles précédents, il suffit de lire leurs objections rapportées par saint Augustin, dans son livre contre Fauste le manichéen, pour voir qu'ils ne s'appuient sur aucun principe de critique, qu'ils ne citent aucun témoignage de l'antiquité, et qu'ils ne produisent d'autre preuve que l'opposition de leur doctrine avec celle des Evangiles.

« Telle est donc, puis-je dire avec saint Irénée, la certitude de notre croyance touchant l'Evangile, qu'elle se trouve confirmée par le témoignage des hérétiques ; et que chacun d'eux, en sortant de l'Eglise, y cherche la preuve de sa doctrine (a).

« IV. Aux témoignages exprès, aux aveux forcés des anciens hérétiques, nous pouvons joindre l'opinion des païens et des Juifs, qui n'ont jamais laissé entrevoir le moindre soupçon sur l'authenticité de l'histoire de Jésus-Christ, quelque intérêt qu'ils eussent de lui disputer ce caractère. D'abord il est certain que les Juifs n'ont jamais contesté l'authenticité des Evangiles. On ne voit rien, ni dans les rabbins, ni dans les deux Talmuds, ni dans le dialogue de saint Justin avec le Juif Tryphon, qui donne lieu de le croire. Le silence en pareil cas vaut un aveu ; mais ce qui prouve positivement que les livres du Nouveau Testament étaient connus des Juifs à la naissance du christianisme et avant la ruine de Jérusalem, c'est que les ébionites, qui appartenaient plus à la Synagogue qu'à l'Eglise, admettaient, comme on l'a déjà dit, l'Evangile de saint Matthieu. Pour ce qui est des païens, on sait que les philosophes combattaient le christianisme dans leurs livres, tandis que les empereurs le proscrivaient par des édits. Il nous reste divers fragments de Celse, d'Hiéroclès, de Porphyre et de l'empereur Julien ; et nous avons les ouvrages d'Origène, d'Eusèbe de Césarée, de saint Jérôme et de saint Cyrille d'Alexandrie, qui les ont réfutés. Les objections des philosophes et les réponses des Pères nous apprennent quels étaient

(a) Itaque, dum emendat, utrumque confirmat et nostrum anterius, id emendans quod invenit, et id posterius quod de nostri emendatione constituens, suum et novum fecit.

(a) Tanta est circa Evangelium firmitas, ut et ipsi hæretici testimonium reddant ei, et ex ipsis egrediens unusquisque eorum conetur suam confirmare doctrinam.... Quando ergo hi qui contradicunt nobis testimonium perhibent, et utuntur his, firma et vera est nostra de illis ostensio.

les Hébreux; 2° selon les Nazaréens; 3° celui des douze apôtres; 4° celui de saint Pierre. On conjecture que ces quatre *Evan-giles* sont le même sous différents noms, c'est-à-dire celui de saint Matthieu, corrompu par les hérétiques nazaréens et par les points contestés; mais l'authenticité des Evangiles n'entre pour rien dans cette controverse : ni les philosophes ne l'attaquent, ni les apologistes ne la défendent. Ce n'est pas que les philosophes n'eussent connaissance de nos Evangiles. Celse, qui écrivait environ cent ans après Jésus-Christ, en rapporte plusieurs traits. Loin de prétendre que les Evangiles fussent des ouvrages supposés, il reproche aux chrétiens d'en avoir altéré le texte primitif : accusation dénuée de preuves, mais qui du moins suppose qu'il reconnaissait un texte primitif ou authentique de nos livres saints.

« Le témoignage de Julien est encore plus exprès. Il attribue formellement les livres du Nouveau Testament aux auteurs dont ils portent les noms, et il combat la divinité de Jésus-Christ, en disant que ni Paul, ni Matthieu, ni Luc, ni Marc n'en ont parlé, et que Jean est le premier qui ait osé l'enseigner. Dans un édit par lequel il défendait aux chrétiens d'enseigner les belles-lettres, et de lire les livres des écoles publiques : *Qu'ils aillent*, disait-il, *dans les conventicules des Galiléens, et que là ils expliquent Luc et Matthieu*. Julien ne se doutait pas que Luc et Matthieu ne fussent pour les chrétiens des historiens originaux. S'il les eût crus supposés, il n'eût pas manqué de le dire pour affaiblir leur autorité; et s'il y avait eu quelques raisons de les croire supposés, elles n'auraient pas échappé aux recherches et à la malignité de ce prince apostat. Non-seulement au temps de Julien, mais dans le siècle précédent, les païens étaient convaincus de l'authenticité des Evangiles. Je n'en veux pas d'autres preuves que cet édit de Dioclétien, qui ordonnait aux chrétiens, sous peine de mort, de livrer leurs Ecritures. On s'efforça d'anéantir les monuments du christianisme, parce qu'il était impossible de les réfuter : on eut recours à la violence, parce que l'on ne pouvait rien attendre de la critique et du raisonnement.

« Voilà donc les hérétiques, les Juifs et les païens qui déposent en faveur des livres du Nouveau Testament. De quel droit, et sur quelles nouvelles preuves les sophistes du dix-huitième siècle viennent-ils ressusciter un procès jugé, il y a si longtemps, avec connaissance de cause, en présence et avec l'acquiescement des légitimes contradicteurs ?

« V. Enfin une dernière preuve, et peut-être la plus persuasive de l'authenticité du Nouveau Testament, c'est le Nouveau Testament lui-même. Il est plus difficile qu'il ne le paraît d'abord de supposer un livre, et à plus forte raison un grand nombre de livres, où l'on reconnaît évidemment plusieurs mains, sans laisser quelques traces du temps où l'on écrit; mille impostures de ce genre, qui avaient trompé les siècles d'ignorance, ont été démasquées après la renaissance des lettres et de la critique. Mais personne, jusqu'à présent, n'a rien découvert dans les livres du Nouveau Testament qui ne convienne parfaitement à l'histoire, aux mœurs, aux usages des temps apostoliques; rien qui ne retrace les idées, les sentiments, la personne des premiers disciples de Jésus-Christ : *sonantes vocem*, comme dit énergiquement Tertullien, *et repræsentantes faciem uniuscujusque*. On y voit la religion et le gouvernement des Juifs, tels qu'ils étaient alors sous la domination des Romains, et qu'ils sont dépeints dans Josèphe, auteur juif et contemporain. On y trouve l'histoire originale de la naissance et des progrès du christianisme, telle qu'on doit l'attendre du caractère de cette religion, et des dispositions connues ou raisonnablement présumées de ceux à qui elle est annoncée. La simplicité des récits, les détails dans les circonstances, l'indication d'un grand nombre de lieux et de personnes connues, touchante ingénuité des écrivains, le peu d'art, je pourrais dire le désordre qui règne dans la composition, tout annonce clairement des mémoires contemporains, et des lettres rédigées à la hâte et sans précaution, comme sans défiance (a). « Pour peu que l'on soit versé dans l'étude de la critique, on sentira toute la force de cette preuve négative ; mais d'ailleurs, combien de traits caractéristiques décèlent le siècle de Jésus Christ et la main des apôtres ! On ne peut douter que la plupart des livres du Nouveau Testament n'aient été écrits avant la guerre des Romains contre les Juifs. Dans les Evangiles de saint Matthieu, de saint Marc et de saint Luc, nous lisons une prédiction de Jésus-Christ, relative à la prochaine destruction de Jérusalem et de son temple ; mais cette prédiction est entremêlée de circonstances étrangères qui semblent en affaiblir l'éclat, et que les évangélistes n'auraient pas manqué d'en écarter s'ils n'eussent écrit qu'après l'événement. Saint Jean est le seul qui ne rapporte pas cette prophétie, sans doute parce que son Evangile étant postérieur au siège de Jérusalem, elle n'aurait pas eu la même poids dans sa bouche, que dans celle des autres évangélistes. L'auteur des Actes des apôtres, qui écrit non-seulement l'histoire de son temps, mais encore sa propre histoire, nous montre les apôtres au milieu de Jérusalem, enseignant dans le temple, cités devant les prêtres et les magistrats, saint Paul interrogé par les tribuns et par les gouverneurs romains, parlant en présence du roi Agrippa, envoyé à Rome pour y être jugé par Néron. Le temple subsistait donc, les Juifs conservaient encore leur ville, leur religion, leurs magistrats, lorsque saint Luc écrivait les Actes des apôtres. Or, saint Luc nous apprend lui-même qu'il n'a écrit cette histoire qu'après l'Evangile qui porte son nom, et l'Evangile de saint Luc est certainement postérieur aux Evangiles de saint Matthieu et de saint Marc. La contestation qui s'éleva dans l'Eglise de Jérusalem, touchant les observances mosaïques, n'était pas encore terminée lorsque saint Paul écrivait ses Epîtres, et particulièrement celle aux Galates, où il s'attache à prouver que la loi de Moïse est abrogée par celle de Jésus-Christ. Or, il est évident que la destruction du temple, et l'abolition des sacrifices et des cérémonies légales auraient décidé la question, ou que du moins elle aurait fourni à l'Apôtre une preuve de fait encore plus concluante que ses raisonnements. L'Epître aux Galates est donc antérieure à la prise de Jérusalem. On doit dire la même chose de l'Epi-

(a) On a cité en preuve de la supposition des Evangiles, ce passage de saint Matthieu, chap. XXIII, où Jésus-Christ déclare aux Juifs qu'ils porteront la peine de tout le sang innocent répandu depuis le juste Abel jusqu'à Zacharie, fils de Barachie, immolé entre le temple et l'autel. Or, selon Josèphe, Zacharie fut tué dans le temple, pendant le dernier siège de Jérusalem. L'auteur de l'Evangile a donc mis un anachronisme dans la bouche de Jésus-Christ, et de plus, il est évident que cet Evangile, qu'on prétend le plus ancien des quatre, n'a été composé qu'après la ruine de Jérusalem. — Pour lever la difficulté, il suffirait de dire, avec la plupart des commentateurs, que Jésus-Christ parle en prophète de la mort de Zacharie, comme il a fait de plusieurs autres événements. Mais je croirais plutôt qu'il ne s'agit pas ici du Zacharie de Josèphe, personnage d'ailleurs peu important, mais du prêtre Zacharie, massacré au pied de l'autel, sous le roi Joas, ainsi qu'il est rapporté au second livre des Paralipomènes, chap. XXII, et qui, en expirant, demande vengeance en termes auxquels Jésus-Christ paraît évidemment faire allusion. Il est vrai qu'au livre des Paralipomènes, ce Zacharie est dit fils de Joiada ; mais outre qu'en hébreu les noms de Joiada et de Barachie ont à peu près la même signification, saint Jérôme nous apprend qu'on lisait *Zacharie, fils de Joiada*, dans l'Evangile selon les Hébreux, lequel, dans l'origine, était le même que celui de saint Matthieu. C'est peut être l'ancienne et véritable leçon.

les ébionites. C'est ce qui fit abandonner le texte hébreu ou syriaque de saint Matthieu, et conserver la version grecque, moins sustre aux Hébreux, où il est parlé du temple, du sanctuaire et de tout le service lévitique, comme de choses actuellement existantes.

« Mais voici quelque chose de plus fort, et que je ne crains pas de présenter comme une démonstration rigoureuse. Parcourons les Epîtres du Nouveau Testament et en particulier celles de saint Paul, qui forment la plus grande partie de cette collection. Ce n'étaient pas des écrits obscurs et clandestins qui pussent demeurer longtemps inconnus : c'étaient des lettres adressées à des sociétés nombreuses, des instructions destinées à être lues dans les assemblées publiques. Un faussaire qui eût osé prendre le nom de Paul, en aurait-il imposé aux fidèles de Rome, de Corinthe, d'Ephèse, de Thessalonique; aux disciples de l'Apôtre, à Tite, à Timothée, à Philémon? Aurait-il eu l'impudence de rappeler à ces Eglises qu'il les a visitées, de leur annoncer qu'il compte les revoir incessamment, ou qu'il leur envoie un de ses disciples? Toutes ces Epîtres d'ailleurs sont pleines de particularités et de traits originaux où l'on reconnaît manifestement le docteur et le fondateur des Eglises apostoliques. On y voit les réponses à diverses questions que les premiers fidèles avaient proposées à saint Paul sur le mariage et la virginité, sur la célébration de l'Eucharistie, sur les viandes offertes aux idoles, et sur d'autres points de la morale et de la discipline chrétienne. Comment un autre que saint Paul aurait-il eu connaissance de ces questions? Comment y aurait-il répondu de manière à persuader aux fidèles que c'était l'Apôtre lui-même qui leur répondait? Pour nier l'authenticité des Epîtres du Nouveau Testament, il faut soutenir, ou qu'il n'y a jamais eu d'Eglises apostoliques, ou que les apôtres qui les ont fondées ne leur ont jamais écrit, ou que les véritables Epîtres des apôtres ont disparu, et qu'il ne nous en reste que de supposées. Dire qu'il n'y a pas eu d'Eglises apostoliques, c'est dire que le christianisme n'a pas eu un commencement. Vouloir que les apôtres n'aient pas adressé des instructions aux Eglises qu'ils avaient fondées, c'est nier, sans preuve, un fait infiniment vraisemblable en lui-même et certifié par le témoignage unanime de tous les contemporains. Prétendre que les Eglises apostoliques ont, de concert, brûlé les lettres authentiques des hommes inspirés de qui elles avaient reçu l'Evangile, pour mettre à la place des pièces fabriquées par des inconnus, c'est une de ces extravagances qu'on ne réfute qu'en les exposant.

« Conclusion. — Ou les livres du Nouveau Testament sont authentiques, ou il n'est aucun monument un peu ancien, dont l'authenticité ne puisse être contestée. Prenons pour exemple, je ne dis pas les poésies d'Homère, les harangues de Démosthène, ou quelque autre écrit de cette nature : il est évident que l'ouvrage d'un poète, d'un orateur, d'un historien, quelque célébrité qu'il ait eue, ne peut soutenir le parallèle avec des livres qu'une société immense a constamment révérés comme le code de sa foi, de sa morale et de sa discipline. Plaçons à côté des Evangiles les Pandectes de Justinien, ou la Bulle de Charles IV, qui sert de base à la constitution germanique, et supposons que vous ayez à combattre un sceptique qui en conteste l'authenticité : où chercherez-vous des preuves pour confondre ce critique téméraire? Dans la tradition universelle et constante des peuples, dans les témoignages exprès des auteurs contemporains ou subséquents, dans le caractère même des pièces contestées, dans les absurdités innombrables qu'entraîne le paradoxe insensé de votre adversaire. Eh bien! toutes les preuves que vous aurez accumulées pour défendre la bulle d'or et les ceptible de falsification. 5° L'*Evangile* selon les Egyptiens; 6° celui de la naissance de la sainte Vierge : on l'a en latin; 7° le *Prot*-Pandectes, je puis m'en emparer et les tourner contre l'incrédule qui ose me disputer l'authenticité des Evangiles; bien assuré qu'elles auront toutes, en faveur de ma thèse, autant ou plus de force qu'en faveur de la vôtre.

« VI. S'il est constant que les livres du Nouveau Testament sont l'ouvrage des apôtres et des disciples de Jésus-Christ, il ne l'est pas moins qu'ils nous ont été transmis dans toute leur pureté, et sans avoir souffert aucune altération essentielle. Cette seconde proposition peut se prouver par tous les raisonnements qui ont démontré la première.

« La vénération des chrétiens pour ce dépôt sacré de notre foi, nous répond de leur zèle pour son intégrité. Pendant la persécution de Dioclétien, les fidèles se croyaient obligés d'exposer leur vie pour dérober les Ecritures aux recherches des païens. C'était une apostasie de les livrer; et ceux à qui la crainte ou les tourments avaient arraché cet acte de faiblesse, ne furent réconciliés à l'Eglise qu'après une longue et sévère pénitence. Le schisme des donatistes naquit de l'horreur qu'on avait conçue pour les *traditeurs*. Dans toutes les religions, les livres sacrés sont défendus de toute atteinte, et par le respect qu'ils inspirent, et par leur publicité. Or, jamais on ne vit de livres plus respectés et plus généralement répandus que les écrits apostoliques. Les exemplaires en étaient prodigieusement multipliés : ils étaient traduits dans toutes les langues : on les lisait publiquement dans les assemblées religieuses : ils servaient de texte à toutes les instructions. Les pasteurs et les simples fidèles, les orthodoxes et les hérétiques, tous avaient un égal intérêt, tous veillaient avec le même soin à la conservation de ces précieux monuments. La plus légère interpolation dans des livres si connus, si importants, si révérés, aurait produit un soulèvement universel. Sozomène rapporte qu'un évêque excita un grand scandale dans son Eglise, pour avoir substitué à un mot de l'Evangile, qui lui semblait bas et trivial, un terme synonyme, mais plus élégant. Saint Jérôme, sur le point d'entreprendre une nouvelle traduction de l'Ecriture, prévoit les clameurs qui vont s'élever de toutes parts, s'il lui arrive de s'écarter le moins du monde du texte original ou des anciennes versions. M'arrêterai-je à vous prouver combien il serait absurde de supposer que les écrits des apôtres eussent jamais subi une altération essentielle, soit dans l'histoire, soit dans la doctrine? La chose est trop facile, et pour peu que vous y réfléchissiez, vous aurez bientôt compris que l'on ne peut assigner, avec quelque lueur de vraisemblance, ni le motif, ni l'objet, ni l'époque, ni l'auteur de cette prétendue falsification. — Mais si l'incrédule ne peut m'opposer que des hypothèses, qui se détruisent d'elles-mêmes, je puis l'accabler par une preuve de fait et qui est encore sous ses yeux. Parcourez, lui dirai-je, les écrits innombrables des Pères de l'Eglise, qui, dans leurs commentaires, dans leurs traités dogmatiques, dans leurs homélies, ont transcrit en quelque sorte le Nouveau Testament tout entier, vous y retrouverez le sens et presque toujours les paroles mêmes de nos livres saints, en sorte que si, par impossible, ces livres venaient à disparaître tout à coup, il serait aisé de les refaire, en rassemblant les citations éparses dans les auteurs ecclésiastiques : preuve démonstrative de l'intégrité constante des livres du Nouveau Testament, puisqu'il en résulte que nos exemplaires actuels sont parfaitement conformes à ceux de la plus haute antiquité (a).

(a) On objecte trois passages des exemplaires modernes du Nouveau Testament, que l'on prétend avoir été ajoutés après coup : 1° le dernier chapitre de saint Marc, conte-

Évangile de saint Jacques, qui est en grec et en latin ; 8° l'*Evangile* de l'enfance, en grec et en arabe ; 9° celui de saint Thomas est le même ; 10° l'*Evangile* de Nicodème, en latin ; 11° l'*Evangile* éternel ; 12° celui de saint André ; 13° de saint Barthélemi ; 14° d'Apellès ; 15° de Basilides ; 16° de Cérinthe ; 17° des ébionites, peut-être le même que celui des Hébreux ; 18° des encratites ou de Tatien ; 19° d'Eve ; 20° des gnostiques ; 21° de Marcion ; 22° de saint Paul, le même que le précédent ; 23° les petites et les grandes interrogations de Marie ; 24° le livre de la naissance de Jésus, le même que le Protévangile de saint Jacques ; 25° celui de saint Jean ou du trépas de la sainte Vierge ; 26° de saint Mathias ; 27° de la perfection ; 28° des simoniens ; 29° selon les Syriens ; 30° selon Tatien, le même que celui des encra'ites ; 31° l'*Evangile* de Thadée ou de saint Jude ; 32° de Valentin ; 33° de vie ou du Dieu vivant ; 34° de saint Philippe ; 35° de saint Barnabé ; 36° de saint Jacques le Majeur ; 37° de Judas Iscariote ; 38° de la vérité, le même que celui de Valentin ; 39° ceux de Leucius, de Séleucus, de Lucianus, d'Hésychius. *Voy.* Fabricius, *Cod. Apocryph. Novi Testam.* Il est clair que plusieurs de ces prétendus *Evangiles* ont porté plusieurs noms différents, et que l'on pourrait peut-être les réduire à douze ou quinze tout au plus ; mais comme il n'en reste que les noms, l'on ne peut assurer certainement ni leur identité, ni leur différence. Il paraît que la plupart étaient plutôt des catéchismes ou des professions de foi des hérétiques, que des histoires, des actions et des discours de Jésus-Christ. Le plus grand nombre n'a paru qu'au iv° ou au v° siècle, et les plus anciens ne remontent qu'à la fin du ii°, puisque saint Justin n'en a connu aucun. *Voy.* la *Dissertation* de Dom Calmet sur ce sujet, *Bible d'Avignon*, t. XIII, p. 528. — Les incrédules qui ont prétendu tirer avantage de ces écrits supposés, pour faire douter de l'authenticité de nos *Evangiles*, ont commencé par en donner une idée odieuse qui n'est pas applicable à tous ; ils ont dit que c'étaient des fraudes pieuses, qui prouvent que la plupart des premiers chrétiens étaient des faussaires. Il n'en est rien. En effet, rien n'était plus naturel à un chrétien, bien ou mal instruit des actions du Sauveur, que de mettre par écrit ce qu'il en savait, soit pour en conserver la mémoire, soit pour les faire connaître à d'autres ; celui qui avait été instruit par un disciple de saint Pierre nommait l'*Evangile* qu'il composait l'*Evangile de saint Pierre* ; celui qui avait eu pour maître un disciple de saint Thomas faisait de même, sans avoir aucun dessein d'en imposer à personne. Quelques-uns peut-être, qui se nommaient Pierre ou Thomas, n'y avaient mis que leur propre nom, et des ignorants se sont imaginé faussement dans la suite que c'était l'ouvrage de l'un ou de l'autre de ces apôtres. Combien n'y a-t-il pas eu d'erreurs semblables touchant les ouvrages profanes? Il n'est pas difficile de concevoir que la plupart de ces histoires étaient très-mal digérées, et qu'il s'y est aisément glissé des fables fondées sur de simples bruits populaires ; il en résulte seulement que ceux qui les ont faites étaient des ignorants crédules, et on le voit assez par le style grossier dans lequel ils ont écrit. Loin d'être étonnés du grand nombre de ces narrations, l'on doit être plutôt surpris de ce qu'il n'y en a pas eu davantage, puisque l'on a eu tout le temps de les multiplier dans les divers pays du monde pendant deux

« Les écrits du Nouveau Testament sont l'ouvrage des apôtres ou des disciples immédiats de Jésus-Christ, et ils sont parvenus jusqu'à nous dans leur intégrité primitive. Nous avons donc une histoire originale et contemporaine des miracles qui ont servi de fondement à la foi chrétienne. Nous pouvons nous transporter au temps et sur le lieu des événements. Les témoins sont en notre présence : il nous est donné de les interroger, de les confronter, de peser toutes les circonstances de leur déposition. » (Duvoisin, chap. 2, *Authenticité de l'Evangile*, dans les *Démonstrations évangéliques*, édit. Migne, tom. XIV.)

nant le récit de la résurrection de Jésus-Christ, lequel, au rapport de saint Grégoire de Nice, de saint Jérôme et d'Euthymius, ne se trouvait pas dans les anciens exemplaires ; 2° au chapitre viii de l'Evangile de saint Jean, l'histoire de la femme adultère, qui manque dans un grand nombre de manuscrits grecs et latins ; 3° ce verset de la première Epître de saint Jean, chap. v, *Tres sunt qui testimonium dant in cœlo*, etc, ne se lit ni dans la version syriaque, ni dans l'ancienne italique, ni dans plusieurs manuscrits grecs. Or ces trois additions, la première surtout, et la troisième, intéressent essentiellement le dogme, puisque dans l'une il s'agit du miracle fondamental de la résurrection de Jésus-Christ, et dans l'autre de la f.i de la Trinité. — Ce n'est pas ici le lieu de prouver que les trois passages objectés doivent être regardés comme authentiques. Cette discussion nous jetterait dans des détails qui ne conviennent pas à notre plan. Nous trancherons la difficulté par une réponse générale. En soutenant l'intégrité des écrits apostoliques, nous n'avons pas prétendu qu'il ne se fût glissé aucune faute dans les éditions modernes ; nous disons seulement que ces écrits n'ont souffert aucune altération qui compromette l'histoire, le dogme ou la morale. Sur ce triple objet, tous les exemplaires manuscrits ou imprimés, toutes les versions sont parfaitement d'accord. Les diversités ne tombent que sur des minuties, comme il est aisé de s'en convaincre par l'examen des variantes recueillies dans l'édition du docteur Mill. Il en était de même au temps de saint Augustin, qui alléguait avec confiance l'unanimité de tous les exemplaires. *Nihil mihi videtur impudentius dici, vel, ut melius loquar, incuriosius et imbecillius, quam Scripturas divinas esse corruptas, cum id nullis in tam recenti memoria exstantibus possint convincere* (*De utilit. cred ndi*, cap. 5). Saint Jérôme, Eusèbe, Origène attestent la même chose, et le fait est rigoureusement démontré par les citations innombrables semées dans les écrits des saints Pères. — Que faut-il donc penser des trois passages en question? Premièrement, les meilleurs critiques ne doutent pas qu'ils n'appartiennent au texte sacré. Secondement, quand on les regarderait comme douteux, ou comme supposés, il ne s'ensuivrait pas que les livres saints eussent essuyé une interpolation essentielle. Le fait de la femme adultère n'emporte aucune conséquence, ni pour le dogme, ni pour la morale. C'est un trait de bonté et de commisération dans le caractère de Jésus-Christ, qui en offre tant d'autres. Retranchez de l'Evangile de saint Marc le dernier chapitre, la résurrection de Jésus-Christ est certifiée par le témoignage unanime des autres écrivains du Nouveau Testament ; par le témoignage de tous les apôtres, qui l'ont prêchée de vive voix ; par le témoignage de saint Marc lui-même, qu'on sait avoir partagé les travaux apostoliques de saint Pierre. Enfin, le passage de l'Epître de saint Jean n'est ni le seul, ni le principal fondement du dogme de la Trinité. Ce n'est qu'une répétition de ce que saint Jean avait fait dire à Jésus-Christ dans son Evangile : *Ego et Pater unum sumus*. Que ces trois passages soient authentiques ou supposés, il n'en résulte aucune conséquence, soit pour l'histoire, soit pour la doctrine du Nouveau Testament.

ou trois cents ans. La vérité est cependant qu'il y en a eu beaucoup moins que l'on ne pense, puisque le même *Evangile* apocryphe a souvent porté sept ou huit noms différents : bonne preuve que l'on n'en connaissait ni l'origine, ni le véritable auteur. *Voy.* Beausobre, *Histoire du manichéisme*, tom. I, pag. 453.

Nous ne prétendons pas disculper par là les sectaires qui ont forgé, de dessein prémédité, de faux *Evangiles*, pour en imposer aux ignorants : tel a été un certain *Leuce*, ou *Lucius Carinus*, hérétique de la secte des docètes, auquel on attribue trois ou quatre faux *Evangiles* et d'autres écrits de même espèce, dans lesquels il n'avait pas manqué de mettre ses erreurs. Sûrement il n'a pas été le seul faussaire qui ait vécu au II° siècle, puisque dans cet intervalle il est né au moins neuf ou dix hérésies qui ont eu toutes des sectateurs, et que les chefs de ces divers partis appelaient *Evangiles* les livres dans lesquels ils exposaient leur doctrine, et la même méthode a encore régné au III° siècle. Mais supposons pour un moment que tous les *Evangiles apocryphes* ont été de même espèce, et tous forgés dans le dessein de tromper : peut-on en tirer quelque préjugé contre l'authenticité et la vérité de nos quatre *Evangiles*, comme les incrédules le prétendent? Aucun. — 1° Les *Evangiles apocryphes* n'ont été cités par aucun des Pères apostoliques ; les efforts qu'ont faits les incrédules pour persuader le contraire, n'ont abouti à rien. Saint Justin, mort l'an 167, n'a cité que les nôtres ; saint Clément d'Alexandrie, qui écrivait au commencement du III° siècle, est le premier qui en ait parlé ; mais il a soin de les distinguer des nôtres, et de montrer qu'il ne leur attribue aucune autorité. Origène, Tertullien, saint Irénée et les Pères postérieurs, ont fait de même. Ainsi les mêmes témoignages qui établissent l'authenticité de nos *Evangiles* prouvent la supposition et la fausseté des *Evangiles apocryphes*.

A la vérité, plusieurs critiques modernes ont pensé que saint Clément, pape, dans sa deuxième lettre, n° 12, avait cité un passage de l'*Evangile* des Egyptiens ; mais en confrontant ce passage avec celui que saint Clément d'Alexandrie a tiré de ce même *Evangile, Strom.*, livre III, n° 13, pag. 552, on voit une interpolation ou addition faite par l'auteur de cet *Evangile*, pour favoriser l'erreur des gnostiques-docètes, erreur contraire à la doctrine de saint Clément, pape. Preuve certaine que l'auteur de l'*Evangile* des Egyptiens est un hérétique postérieur à ce saint pontife, et qui en a falsifié le passage. C'est donc très-mal à propos que, sur une supposition aussi hasardée, l'on a conclu que l'*Evangile* des Egyptiens est très-ancien, qu'il paraît être antérieur à celui de saint Luc, que cet évangéliste semble y avoir fait allusion, etc. Il n'y a aucune preuve que cet *Evangile* ait été connu avant le commencement du III° siècle. *Voy.* ÉGYPTIENS. — 2° Nous ne fondons pas l'authenticité de nos *Evangiles* sur le simple témoignage des Pères, mais sur celui des Eglises apostoliques, qui nous paraît encore plus fort, puisqu'elles n'ont jamais cessé de lire les *Evangiles* dans leur liturgie ; or ces mêmes sociétés qui attestent l'authenticité de nos *Evangiles*, ont rejeté les autres comme apocryphes : Tertullien l'a observé. — 3° Les hérétiques ont été forcés d'admettre nos *Evangiles* comme authentiques, malgré l'intérêt qu'ils avaient de les suspecter : mais aucun catholique n'a voulu avouer l'authenticité des *Evangiles apocryphes*; tous les Pères qui en ont parlé, ont témoigné le peu de cas qu'ils en faisaient. — 4° Par le peu qui nous reste, l'on voit que ces ouvrages n'étaient qu'une copie informe et maladroite de nos vrais *Evangiles*, ou que nos *Evangiles* mêmes tronqués et interpolés : tel est le jugement qu'en ont porté les Pères qui les ont vus. Quel préjugé peut-on donc en tirer contre les titres originaux de notre foi?

L'on voit déjà, par ces réflexions, ce que l'on doit penser de la candeur des incrédules modernes, qui ont osé affirmer et répéter qu'avant saint Justin les Pères n'ont allégué que les faux *Evangiles*, que jusqu'au règne de Trajan l'on ne trouve que des apocryphes cités, que le christianisme n'est fondé que sur de faux *Evangiles*. Ici le fait et les conséquences sont également contraires à l'évidence. Le christianisme est fondé sur la certitude des faits qui sont rapportés tout à la fois dans les vrais et dans les faux *Evangiles*. Si ces faits n'avaient pas été vrais et universellement connus, il serait impossible que tant de différents auteurs se fussent avisés de les mettre par écrit, les uns dans la Judée ou en Egypte, les autres dans la Grèce ou en Italie ; les uns avec une pleine connaissance, les autres avec des notions peu exactes ; les uns dans des vues innocentes, les autres dans le dessein de travestir la doctrine de Jésus-Christ. Car enfin a-t-on connu quelque faux *Evangile*, dans lequel il ne soit pas dit ou supposé que Jésus-Christ a paru dans la Judée sous le règne de Tibère, qu'il y a prêché, qu'il y a fait des miracles, qu'il y est mort et ressuscité, qu'il y a envoyé ses apôtres prêcher sa doctrine? Dès que ces faits capitaux sont incontestables, que nous importe qu'ils aient été bien ou mal écrits par cinquante auteurs bons ou mauvais, dès qu'il y en a quatre qui les ont rendus avec toute la bonne foi, toute l'exactitude, toute l'uniformité que l'on peut désirer? — Encore une fois, les apocryphes ne sont pas nommés faux *Evangiles*, parce que tout y est faux et fabuleux, mais parce qu'ils portent faussement le nom d'un apôtre ou d'un disciple du Sauveur, parce qu'il y a des faits faux ou incertains, mêlés avec les faits vrais et incontestables, et parce que la plupart renfermaient une doctrine fausse. De même qu'ils ne sont pas plus anciens que la secte pour laquelle ils ont été faits, aussi ne lui ont-ils pas survécu. Toutes ces fausses pièces sont tombées dans le mépris, pendant que les vrais *Evangiles* ont continué à être respectés comme des ouvrages partis de la main des apôtres.

ÉVANGILE, HISTOIRE ÉVANGÉLIQUE. La divinité du christianisme est fondée sur la vérité des faits rapportés dans cette histoire; nous sommes donc obligés d'alléguer les motifs pour lesquels nous y ajoutons foi. — 1° Le caractère des historiens. Deux d'entre eux, saint Matthieu et saint Jean, se donnent pour témoins oculaires de ce qu'ils rapportent; les deux autres en paraissent également instruits. Aucun motif n'a pu les engager à écrire que la vérité des faits qu'ils rapportent; ces faits n'ont jamais pu paraître indifférents à personne. On n'aurait pas pu les inventer impunément; il fallait même du courage pour les publier, quoique certains et incontestables, puisque les Juifs et ensuite les païens ont persécuté, dès l'origine, les disciples de Jésus-Christ. Ces historiens, loin de donner aucun signe de fourberie, de malignité, d'ambition, de ressentiment, d'enthousiasme ou de démence, montrent, au contraire, la candeur, la simplicité, la droiture, le respect pour Dieu, la charité pour leurs semblables. Quel motif de récusation peut-on fournir contre eux? — 2° La nature des faits. Ce sont des événements sensibles, publics, éclatants, sur lesquels les évangélistes n'ont pu se tromper ni tromper les autres. Ils les ont publiés sur le lieu sur lequel ces faits se sont passés, dans le temps même où on les suppose arrivés, à des hommes qui étaient à portée d'en découvrir certainement la vérité ou la fausseté, et qui, loin d'avoir aucun intérêt de les croire, étaient au contraire intéressés à les contester. — 3° L'effet qu'ils ont opéré. Dès le moment que les faits de l'*Évangile* ont été annoncés, il s'est formé dans les villes de Jérusalem, d'Antioche et d'Alexandrie, des Églises chrétiennes qui en ont fait l'objet de leur foi, et les ont insérés dans leur symbole de croyance. Les Juifs détestaient les païens, et en étaient méprisés : comment les uns et les autres ont-ils pu consentir à fraterniser, à former une même société religieuse, s'ils n'y ont pas été engagés par l'évidence des preuves du christianisme? Une heureuse révolution s'est faite dans leurs mœurs; Dieu s'est-il servi de fables et d'impostures pour sanctifier les hommes? — 4° En publiant les faits évangéliques, les apôtres en établissent des monuments : le dimanche, les fêtes, la liturgie, les sacrements, le signe de la croix, etc., nous rappellent les miracles, les souffrances, la mort, la résurrection de Jésus-Christ; la lecture de l'*Évangile* qui les rapporte fait partie du culte divin. Des hommes placés sur le lieu où ces faits sont arrivés, à portée de les vérifier, ont-ils pu se résoudre à mentir continuellement à eux-mêmes sans aucun motif? — 5° Plusieurs faits de l'histoire évangélique sont rapportés par des auteurs juifs ou païens, ennemis du christianisme; le dénombrement de la Judée, par Josèphe et par Julien; le massacre des innocents, par Macrobe; l'adoration des mages, par Chalcidius, philosophe platonicien; la fuite de Jésus en Égypte, par Celse; la prédication, les vertus, la mort de saint Jean-Baptiste, par Josèphe; les miracles de Jésus-Christ, par les Juifs, par Celse, par Julien, par Porphyre, par Hiéroclès; sa mort et la propagation rapide du christianisme, par Tacite; sa résurrection, par Josèphe et par les Juifs; le courage des martyrs, par Celse, par Julien, par Libanius; l'innocence des mœurs des chrétiens, par Pline, par Lucien, par Julien, etc. Tous ces faits se tiennent et sont l'abrégé de l'histoire évangélique. — 6° Les plus anciens hérétiques, Simon le Magicien, Cérinthe, Ébion, Ménandre, Saturnin, Basilide, les valentiniens, cinq ou six sectes de gnostiques, Cerdon, Marcion, etc., intéressés par système à nier les faits rapportés par les évangélistes, n'ont cependant pas osé les contester directement; ils ont avoué que tout cela s'était passé en apparence, mais non en réalité; parce que, selon leur opinion, le Fils de Dieu n'a pu avoir que les apparences de l'humanité, n'a n'a pu naître, souffrir, mourir, ressusciter, monter au ciel, qu'en apparence. Ils ne nient point que les apôtres et les disciples de Jésus-Christ n'aient vu tous ces faits, et n'en déposent sur le témoignage de leurs yeux. — 7° Il y a eu des apostats dès le commencement du christianisme; les apôtres s'en plaignent, Pline en est témoin. Aucun de ces transfuges n'a révélé aux Juifs ni aux païens l'imposture de l'histoire évangélique. Ils avaient quitté notre religion par faiblesse, ils lui rendaient encore justice après leur désertion. — Si l'histoire de Jésus-Christ est vraie, la révolution qu'elle a causée dans le monde n'a rien d'étonnant, c'est l'effet qui a dû s'ensuivre. Si elle est fausse, un esprit de vertige a saisi tout à coup une bonne partie du genre humain, et cet accès de démence dure encore depuis dix-sept siècles, malgré les soins que se sont donnés pour le guérir les incrédules de tous les âges.

Il est bon d'observer qu'aucune de ces preuves n'est applicable aux faits sur lesquels se fondent les fausses religions : celle de Zoroastre, celle de Mahomet, celle des Indiens. Quant aux différentes sectes d'hérésies, elles s'appuient sur des raisonnements et non sur des faits. — Quelques déistes ont objecté qu'il faut être bien crédule pour ajouter foi à l'histoire d'une religion, d'une secte ou d'un parti, lorsqu'on ne peut pas la confronter avec d'autres histoires Si le temps, disent-ils, nous avait conservé les preuves pour et contre le christianisme, nous serions sans doute fort embarrassés pour savoir auquel de ces monuments contradictoires il faut s'en rapporter. — Mais ces critiques soupçonneux affectent ici une ignorance qui ne leur fait pas honneur. Il est faux que les faits évangéliques ne soient attestés ou avoués que par des témoins d'un seul parti. Nous venons de faire voir que les faits principaux et décisifs, qui prouvent invinciblement la divinité de notre religion, sont avoués par les Juifs et par les païens. Leurs aveux sont consignés, ou dans ceux de leurs ouvrages qui subsistent encore, ou dans les écrits des Pères qui les ont réfutés. Celse, en écrivant contre le christianisme, avait sous les yeux nos *Evangiles*, il en suit la narration, et la manière dont il en attaque les faits, démontre qu'il n'y avait aucun monument à leur opposer. Ces mêmes faits sont rapportés ou supposés dans les *Evangiles* des hérétiques, qui étaient engagés par intérêt de système à les contester et à les nier. Nous avons donc, pour en établir la certitude, toutes les espèces de monuments que l'on peut exiger. Au IIIe siècle, les manichéens ont osé soutenir que les *Evangiles* avaient été écrits par des faussaires. S'il y avait eu des monuments positifs pour le prouver, sans doute ces hérétiques les auraient cités : cependant ils n'allèguent que des raisonnements et des impossibilités prétendues. *Voy.* les livres de saint Augustin *contre Fauste*.

Les écrivains de l'Eglise romaine, dit un déiste anglais, se sont attachés à montrer que le texte des livres saints ne suffit pas pour établir notre foi, et il est à craindre qu'ils n'y aient réussi. Ceux de la religion réformée ont prouvé de leur côté l'insuffisance et la caducité de la tradition ; ils ont donc porté de concert la cognée à la racine du christianisme ; il ne reste plus rien à quoi l'on puisse se fier. Donc, de deux choses l'une : ou cette religion dans son origine n'a pas été instituée de Dieu, ou Dieu a très-mal pourvu aux moyens de la conserver.

Sophisme grossier. 1° Peut-on raisonner ainsi ? l'Ecriture seule, ou la tradition seule, ne suffit pas pour rendre notre croyance certaine, donc l'Ecriture et la tradition réunies, éclaircies et fortifiées l'une par l'autre, ne suffisent pas non plus. 2° Autre chose est de prouver un corps de doctrine, et autre chose de constater des faits. Jamais les catholiques n'ont été assez insensés pour soutenir que l'histoire écrite ne suffit pas pour certifier des faits, et nous ne connaissons aucun protestant qui ait prétendu que la tradition ne sert à rien pour en établir la croyance. Or, c'est sur des faits que porte la divinité du christianisme, et ces faits sont prouvés tout à la fois par l'histoire écrite et par la tradition, par les divers écrits des apôtres et par la prédication publique, uniforme, constante de ceux qui leur ont succédé, par le culte extérieur de l'Eglise, qui rappelle continuellement ces faits, et en perpétue le souvenir. Pour prouver la vérité de l'*histoire évangélique*, Lardner, savant anglais, a rassemblé dans un ouvrage le témoignage qu'ont rendu à l'*Evangile* les Pères de l'Eglise et les écrivains ecclésiastiques depuis les apôtres jusqu'au XIVe siècle, au nombre de 150, et même les hérétiques qui ont fait profession de ne respecter aucune autorité. Y a-t-il sous le ciel un autre livre de religion en faveur duquel on puisse citer une semblable multitude de garants aussi éclairés et aussi instruits ?

On objectera peut-être le nombre de ceux qui ont écrit en faveur du judaïsme et du mahométisme ; mais faisons attention aux différences qui les distinguent. 1° Ces derniers étaient nés dans la religion qu'ils défendaient ; au contraire, les plus anciens sectateurs de l'*Evangile* avaient été élevés dans le judaïsme ou dans le paganisme, et ils avaient été convertis par l'évidence des faits que rapporte l'*histoire évangélique*. 2° Peut-on comparer le degré de capacité et d'érudition des écrivains juifs ou mahométans, avec celle des Pères de l'Eglise ? A peine les premiers ont-ils eu quelque teinture d'histoire et de philosophie ; les seconds étaient les hommes les plus savants de leur siècle, ils connaissaient très-bien les autres religions, ils étaient en état de les comparer au christianisme. 3° Les docteurs juifs et les musulmans n'ont jamais eu à lutter contre des adversaires aussi aguerris que les hérétiques contre lesquels les Pères de l'Eglise ont été obligés de combattre. Lorsque les premiers ont été attaqués par des auteurs chrétiens, ils se sont fort mal tirés de la dispute. 4° Les rabbins n'ont jamais fait beaucoup de prosélytes, les mahométans n'en ont fait que par la violence : c'est par l'instruction et par la persuasion que les docteurs chrétiens ont étendu et perpétué notre religion. 5° Nous ne connaissons point d'auteurs juifs ni musulmans qui aient répandu leur sang pour attester la vérité de leur croyance, au lieu que dans les trois premiers siècles de l'Eglise, plusieurs Pères ont souffert la mort pour l'*Evangile*.

On répliquera sans doute que les lumières, les talents, le mérite personnel de ceux qui professent une religion ne prouvent rien en sa faveur, puisque de très-grands hommes ont suivi des religions absurdes. Ce principe en général est faux, et nous avons prouvé le contraire au mot CHRISTIANISME.

ÉVANGILE, doctrine de Jésus-Christ. Quand on dit que les apôtres ont prêché l'*Evangile*, qu'ils l'ont établi aux dépens de leur vie, que les peuples ont embrassé l'*Evangile*, etc., on entend non-seulement les faits consignés dans l'*Evangile*, mais la doctrine de Jésus-Christ, les dogmes et la morale qu'il a ordonné aux apôtres d'enseigner. Nous avons envisagé cette doctrine en elle-même, aux mots DOGMES, MYSTÈRE, MORALE. — Mais il y a une réflexion essentielle à faire. Quelque sainte, quelque sublime qu'ait pu être cette doctrine, jamais les apôtres ne seraient venus à bout de la persuader et de l'établir, si les faits rapportés dans l'*Evangile* n'avaient pas été d'une certitude et d'une notoriété incontestable. Ce n'est point par des raisonnements que les apôtres ont prouvé la doctrine qu'ils prêchaient, mais par des faits ; saint Paul le déclare (*1 Cor.*, II) : ces faits mêmes faisaient partie de la doctrine, ils sont articulés dans le symbole. Pour être chrétien, il fallait commencer par en être convaincu. Ce n'est donc pas la doctrine qui a fait croire les faits ; ce sont au contraire les faits qui ont prouvé et persuadé la doctrine : voilà ce que les incrédules ne veulent pas entendre. On peut goûter et adopter des opinions et des systèmes par prévention par singularité de caractère, par affection pour celui qui les propose, par antipathie contre ceux qui les combattent, par intérêt, par vanité, etc. Un esprit préoccupé d'une doctrine quelconque admet aisément tous les faits qui la favorisent; nous le voyons même chez les incrédules. Mais quel motif a pu disposer des Juifs et des païens à croire d'abord des faits contraires à toutes leurs idées, qui les forçaient de changer de croyance et de mœurs, qui les exposaient aux persécutions et à la mort? Voilà le caractère singulier du christianisme, auquel les incrédules n'ont jamais voulu faire attention. — Au mot DOCTRINE CHRÉTIENNE, nous avons fait voir la manière dont il faut s'y prendre pour en connaître la vérité et la divinité, et en quoi consiste l'examen que l'on doit en faire.

ÉVANGILE de la messe. Ce sont plusieurs versets tirés du livre des *Evangiles*, et relatifs à l'office du jour, que le prêtre lit, et que le diacre chante dans les messes hautes, souvent sur l'ambon ou le jubé, afin que le peuple l'entende. Dans les messes solennelles, le diacre porte le livre des *Evangiles* en cérémonie, accompagné de l'encens et de cierges allumés, le chœur se lève par respect; le diacre encense le livre avant de lire l'*évangile* du jour, etc. Et ces cérémonies sont à peu près les mêmes dans les différentes Eglises orientales. L'usage de l'Eglise catholique est que l'on se tienne debout pendant ce temps-là, que l'on fasse le signe de la croix sur le front, sur la bouche, sur le cœur, lorsque l'*évangile* commence, que l'on récite ou que l'on chante ensuite le *Credo* ou la profession de foi. On prétend qu'autrefois l'empereur ôtait son diadème par respect lorsqu'on lisait l'*évangile*, et l'Ordre romain voulait que les clercs ôtassent les couronnes qu'ils portaient pendant le saint sacrifice. Après l'*évangile*, le célébrant baise le livre par respect. Dans plusieurs églises, aux jours solennels, le diacre porte ce livre à baiser à tout le clergé, en disant: *Ce sont les paroles saintes*, et chacun répond: *Je le crois de cœur et le confesse de bouche.*

Par ces différentes cérémonies, dont le sens est aisé à saisir, l'Eglise fait profession de croire que l'*Evangile* est la parole de Dieu et la règle de sa foi. En vain les protestants lui reprochent-ils de ne pas respecter ce saint livre, et de lui préférer l'autorité des hommes. Jamais un catholique n'a cru qu'il fût permis à personne de s'écarter de la doctrine que ce livre enseigne, ni de l'entendre comme il lui plaît. En soutenant que le sens du texte doit être déterminé par la tradition constante et universelle, l'Eglise témoigne un respect plus sincère pour la parole de Dieu, que les protestants qui la livrent à l'interprétation arbitraire des particuliers les plus ignorants. — Au mot EPITRE, nous avons remarqué que dans les sectes de chrétiens séparés de l'Eglise romaine depuis plus de douze cents ans, l'on ne lit point l'*évangile* en langue vulgaire, comme le veulent les protestants, mais en grec, en syriaque ou en cophte, tout comme nous le lisons en latin. Ainsi c'est mal à propos que les hétérodoxes nous reprochent cet usage comme un abus. L'instruction des pasteurs, qui se fait dans les paroisses après l'*évangile*, est destinée à expliquer au peuple ce qu'il ne comprendrait pas s'il lisait lui-même l'*évangile*.

EVE. *Voy.* ADAM.

ÉVÊCHÉ, siège d'un évêque, étendue de sa juridiction. Il paraît que l'intention des apôtres n'était pas que les *évêchés* fussent trop étendus. Saint Paul écrit à Tite: *Je vous ai laissé en Crète, afin que vous établissiez des prêtres dans les villes* (I, 5). On sait que, dans l'origine, le nom de *prêtre* a souvent désigné les évêques. En effet, dès les premiers siècles, on voit des évêques placés dans toutes les villes qui renfermaient, soit dans leur enceinte, soit dans leur dépendance, un assez grand nombre de peuple pour former une Eglise et occuper un clergé. Il fut décidé, par plusieurs conciles, que l'on n'en mettrait point dans les petites villes ni dans les villages, afin de ne pas avilir leur dignité; et qu'il n'y en aurait pas deux dans une même ville, quelque peuplée qu'elle fût. Cependant l'on fut quelquefois obligé de se départir de cette sage discipline, pour des raisons particulières. — Si l'on veut savoir le nom de tous les *évêchés* du monde chrétien, il faut consulter Fabricius, *Salutaris lux Evangelii*, etc. *Voy.* Bingham, liv. II, c. 12, tome 1er, p. 172 (1).

ÉVÊQUE, pasteur d'une Eglise chrétienne. Ce nom vient du grec ἐπίσκοπος, *surveillant, inspecteur*. Saint Pierre a donné ce titre à Jésus-Christ; il le nomme le pasteur et l'*évêque* de nos âmes (*I Petri*, II, 25). La fonction d'apôtre est désignée sous le nom d'*épiscopat*, dans les Actes (I, 20). C'est dans ce sens que saint Paul dit à Timothée, que celui qui aspire à l'épiscopat désire un grand travail: conséquemment il exige de lui les plus grandes vertus (*I Tim.* III, 1). Il dit aux anciens des Eglises d'Ephèse et de Milet: *Veillez sur vous-mêmes et sur tout le troupeau duquel le Saint-Esprit vous a établis évêques ou surveillants, pour gouverner l'Eglise de Dieu, qu'il s'est acquise par son sang* (*Act.* XX, 28). Il écrit à Tite: *Je vous ai laissé en Crète pour réformer ce qui est encore défectueux, et établir des prêtres ou des anciens dans les villes, comme je vous l'ai prescrit* (*Tit.* I, 5) (2). — Dès l'origine, ils ont

(1) *Criterium de la foi catholique concernant l'épiscopat.* — Il est de foi que l'épiscopat est d'institution divine comme formant un degré de la hiérarchie. — Il est de foi que les évêques sont au-dessus du prêtre par leur dignité et leur autorité; et qu'ils sont les ministres de l'ordre et de la confirmation (*Concil. Trid.*, Sess., 23, can. 6 et can. 8).

(2) L'épiscopat est la base fondamentale de l'Eglise. C'est aux évêques, comme successeurs des apôtres, qu'il est donné de la gouverner. *Voy.* APOSTOLICITÉ. On doit distinguer deux choses dans l'épiscopat, l'ordre et la juridiction. Le pouvoir conféré par l'ordre est surtout l'objet de l'article de Bergier. Le pouvoir juridictionnel se confère par l'institution. C'est un pouvoir souverain, qui donne le droit véri-

été appelés *apôtres*, successeurs des apôtres, princes du peuple, présidents, princes des prêtres, pontifes, grands prêtres, papes ou pères, patriarches, vicaires de Jésus-Christ, anges de l'Eglise, etc. (1). De ces passages il résulte que, par l'institution de Jésus-Christ, les *évêques* sont les successeurs des apôtres, les premiers pasteurs de l'Eglise; qu'ils ont hérité des pouvoirs, des fonctions, des priviléges du corps apostolique; qu'ils possèdent la plénitude du sacerdoce; que, de droit divin, ils ont un degré de prééminence et d'autorité sur les simples prêtres. Ainsi l'a décidé le concile de Trente, sess. 23, can. 6 et 7. — Ce point de dogme et de discipline a été savamment traité, soit par les théologiens catholiques, soit par les anglicans, contre les prétentions des calvinistes, surtout par Bévéridge, par Péarson et par Bingham. Ils ont prouvé, par les lettres de saint Ignace, par les canons apostoliques, rédigés sur la fin du II° siècle, par les Pères de ce même siècle et des suivants, que dès le temps des apôtres, les *évêques* ont été distingués des simples prêtres, revêtus d'une

autorité supérieure et d'un caractère particulier; que cette institution de Jésus-Christ a été constamment observée, et n'a souffert aucune interruption. Voy. les *Observations* de Bévéridge, *sur les canons apostoliques*. *Vindiciæ Ignat.*, de Péarson. *PP. Apost.*, tom. II; Bingham, *Orig. ecclés.*, liv. II, c. 1, etc. Ce dernier a fait voir que, dès l'origine, les prêtres étaient subordonnés aux *évêques* dans l'administration des sacrements et dans la prédication de l'Evangile; que le pouvoir de conférer les ordres était réservé aux *évêques* seuls, que les prêtres étaient assujettis à leur rendre compte de leur conduite et des fonctions de leur ministère. *Voy.* aussi Drouin, *de Re sacram.*, tome VIII, p. 692 (1). — Cette supériorité des *évêques* était

table de faire des lois et de gouverner une partie du troupeau de Jésus-Christ; il n'est point absolu puisqu'il est soumis à une autorité supérieure qui peut le limiter et en contrôler l'exercice. Nous nous contentons de ce simple exposé, parce que le pouvoir juridictionnel des évêques est traité dans divers articles de ce Dictionnaire. *Voy.* ARCHEVÊQUE, INSTITUTION DES ÉVÊQUES, JURIDICTION, PAPE, et surtout notre *Dict. de Théol. mor.*, art. JURIDICTION.

(1) Un incrédule ayant osé avancer, dans un ouvrage intitulé : *Epître aux Romains*, qu'il n'y a pas eu d'évêques avant le II° siècle de l'Eglise, s'est attiré cette réponse de Bullet :

« Il faut donc que cet auteur n'ait jamais lu les deux Epîtres de saint Paul à Timothée, car il y aurait vu que cet apôtre avait établi ce cher disciple évêque d'Ephèse. Il y aurait lu, parmi les règles de conduite qu'il lui prescrit, la défense qu'il lui fait de recevoir d'accusation contre un prêtre, que sur le témoignage de deux ou trois personnes : paroles qui montrent évidemment qu'un évêque n'était point seulement le premier en rang parmi les prêtres, comme l'ont voulu quelques protestants, mais qu'il avait autorité et juridiction sur eux. Il y avait donc, dans l'Eglise chrétienne, dès le 1er siècle, des évêques, et des évêques établis par les apôtres. — Saint Irénée, disciple de saint Polycarpe, lequel l'avait été de saint Jean ; saint Irénée, bien instruit par conséquent de l'ordre et de la police que les apôtres avaient établis dans l'Eglise, prouve la tradition par la succession des évêques depuis les apôtres jusqu'à son temps, et pour preuve de cette succession il donne la liste des évêques dans l'église de Rome — Tertullien, qui se sert des mêmes armes pour combattre les novateurs, dit *De Præs.* c. 32 : « Si quelques hérétiques se disent du temps des apôtres, afin de paraître par là avoir reçu d'eux leur doctrine, voici ce que nous leur répondons : Qu'ils montrent les origines de leurs Eglises, l'ordre et la succession de leurs évêques, en sorte qu'elle remonte à un apôtre ou à quelqu'un des hommes apostoliques qui ait persévéré avec eux jusqu'à la fin. Ainsi l'Eglise de Smyrne rapporte que Polycarpe y fut établi par Jean : ainsi l'Eglise romaine montre Clément ordonné par Pierre ; de même les autres Eglises font preuve de ceux que les apôtres leur ont donnés pour évêques ; et c'est par leur canal qu'ils ont reçu la semence de la doctrine apostolique. »

(1) Dans tous les gouvernements, les inférieurs veulent s'élever contre les supérieurs. L'Eglise, par sa constitution divine, semblait avoir mis l'autorité des pasteurs à l'abri de tout conteste. Mais l'ambition des ecclésiastiques les a fréquemment soulevés contre l'autorité des évêques. Le mal n'est pas encore guéri, il existera jusqu'à la fin des siècles, parce que dans tous les temps il y aura des passions. Il importe donc d'exposer sur quels fondements repose l'autorité des évêques... L'abbé Pey, dans son livre de *l'Autorité des deux puissances*, assure qu'il est presque de foi que la souveraine puissance du gouvernement spirituel appartient aux évêques à l'exclusion des prêtres. Voici ses preuves :

« La souveraine puissance, dans l'ordre du gouvernement spirituel, ne réside en ceux qui sont chargés de gouverner l'Eglise et de juger les autres ministres de la religion. Or, Notre-Seigneur a chargé les apôtres et les évêques, leurs successeurs, de gouverner l'Eglise, de juger les simples prêtres. Saint Paul écrit à Tite qu'il l'a laissé en Crète, pour y établir l'ordre nécessaire (*Tit.* 1, v. 5). Il avertit Timothée de ne recevoir d'accusation contre un prêtre, que sur la déposition de deux ou trois témoins. *Adversus presbyterum accusationem noli accipere, nisi sub duobus aut tribus testibus* (*Tim.* v. 19). C'est par ces paroles que saint Epiphane prouve contre Aérius la supériorité des évêques sur les prêtres. « Les premiers, dit-il, donnent des enfants à l'Eglise par l'imposition des mains; les autres ne lui donnent que des enfants par le baptême. Et comment l'Apôtre aurait-il recommandé à un évêque de ne point reprendre un prêtre avec dureté, et de ne pas recevoir légèrement des accusations contre lui, si l'évêque n'était supérieur aux prêtres ? Prenez garde à vous, et au troupeau sur lequel le Saint Esprit vous a établis évêques, pour gouverner l'Eglise de Dieu, disait encore saint Paul aux prêtres pasteurs qu'il avait convoqués à Milet. *Attendite vobis et universo gregi in quo vos Spiritus sanctus posuit episcopos regere Ecclesiam Dei* (*Act.* xx, 28). Lucifer de Cagliari rappelle ces paroles à Constance, pour le faire souvenir que les évêques étant proposés par Jésus-Christ au gouvernement de l'Eglise, ils doivent en écarter les loups. Les papes saint Célestin et saint Martin appliquent aux évêques les termes de l'Apôtre : *Respiciamus illa nostri verba doctoris, quibus proprie apud episcopos utitur ista prædicens : Attendite, inquit, vobis et universo gregi*, etc. (Tom. III. *Concil.* Labb., col. 615). *Et maxime præceptum habentes apostolicum, attendere nos ipsos et gregi in quo nos Spiritus sanctus posuit episcopos*, etc. (Ibid. tom. VI, *concil. Lateran.*, ann. 649, col. 94)....»

— Les Pères de l'Eglise recommandent aux prêtres le respect et l'obéissance à l'égard des premiers pasteurs. Obéir à l'évêque avec sincérité, dit saint Ignace, c'est rendre gloire à Dieu qui l'ordonne ;

d'ailleurs suffisamment attestée par la forme de la liturgie; c'était toujours l'*évêque* qui, environné de son clergé, présidait à la cérémonie, et qui en était le ministre principal; il était assis sur un trône, pendant que les prêtres occupaient des sièges plus bas, et ce

tromper l'évêque visible, c'est insulter à l'évêque qui est invisible. Ce Père défend de rien faire de ce qui concerne l'Eglise sans le consentement de l'évêque. *Sine episcopo nemo quidpiam faciat eorum quæ ad Ecclesiam spectant.* (S. Ignat., *epist. ad Magnes.*, n. 8). Selon Tertullien, les prêtres et les diacres ne doivent conférer le baptême qu'avec la permission de l'évêque : *Non tamen sine episcopi auctoritate propter Ecclesiæ honorem.* (*De Baptismo*, c. 17). Les canons apostoliques prescrivent la même règle, et la raison qu'ils en donnent, c'est que « l'évêque, étant chargé du soin des âmes, est comptable à Dieu de leur salut. *Presbyteri et diaconi sine sententia episcopi nihil perficiant. Ipse enim cujus fidei populus est creditus, et a quo pro animabus ratio exigetur* (*Can.* 38). — Saint Cyprien nous apprend que l'Evangile a soumis les prêtres à l'évêque dans le gouvernement ecclésiastique. Il se plaint de ceux qui communiquent avec les pécheurs publics, avant qu'ils ne aient réconciliés. Il fait souvenir les diacres que les évêques sont les successeurs des apôtres préposés par le Seigneur au gouvernement de l'Eglise. — Le concile d'Antioche, tenu en 341, enseigne que « tout ce qui regarde l'Eglise, doit être administré selon le jugement et par la puissance de l'évêque, chargé du salut de tout son peuple. — Selon le concile de Sardique, en 347, les ministres inférieurs doivent à l'évêque une obéissance sincère, comme ceux-ci lui doivent un véritable amour. Manquer à cette obéissance, c'est tomber dans l'orgueil, dit saint Ambroise, c'est abandonner la vérité. — Selon saint Cyrille d'Alexandrie, les prêtres doivent être soumis à leur évêque, *comme des enfants à leur père*, et, selon saint Célestin, ils doivent lui être soumis *comme des disciples à leur maître*. Innocent III recommande au clergé de Constantinople *de rendre à leur patriarche l'honneur et l'obéissance canonique, comme à leur père et à leur évêque*. Le concile de Chalcédoine porte expressément que les clercs proposés aux hôpitaux, et ceux qui sont ordonnés pour les monastères et les basiliques des martyrs, seront subordonnés à l'évêque du lieu, conformément à la tradition des Pères, et il décerne des peines canoniques contre les infracteurs de cette règle. Le concile de Coignac et le premier de Latran défendent aux prêtres d'administrer les choses saintes sans la permission de l'évêque. Les capitulaires de nos rois rappellent les mêmes maximes. Le concile de Trente suppose évidemment cette loi, lorsqu'il enseigne que les évêques sont les successeurs des apôtres, qu'ils ont été institués par l'Esprit saint pour gouverner l'Eglise, et qu'ils sont au-dessus des prêtres. Enfin, les Pères de l'Eglise ne distinguent point la juridiction spirituelle de la juridiction épiscopale. *Dans les affaires qui concernent la foi ou l'ordre ecclésiastique*, c'est à l'évêque à juger, dit saint Ambroise (*Lib.* II, *epist.* 15. *alias* 52). Léonce reproche à Constance de vouloir régler les matières qui ne compétent qu'aux évêques. C'est aux pontifes, disent les papes Nicolas I et Symmaque, que Dieu a commis l'administration des choses saintes (*Nicol., ad Michael. imp.*).

« Ajoutons que cette supériorité des évêques est nécessaire au gouvernement ecclésiastique. Car il faut un chef dans chaque église particulière, avec l'autorité du commandement, pour réunir tout le clergé, et pour le diriger selon les mêmes vues. Qu'on rompe cette unité, il n'y a plus d'ordre. Saint Cyprien et saint Jérôme nous annoncent dès lors le schisme et la confusion, parce qu'il n'y a plus de subordination. A peine la réforme a-t-elle secoué le joug de l'épiscopat, que la division s'introduit parmi les nouveaux sectaires avec l'indépendance. L'esprit humain n'a plus de frein dès que les évêques n'ont plus de juridiction. Mélanchthon en gémit. (*Lib.* I, *Ép.* 17). Dans l'un des douze articles qu'il présente à François 1er, il reconnaît que les ministres de l'Eglise sont subordonnés aux évêques ; que ceux-ci *doivent veiller sur leur doctrine et sur leur conduite; et qu'il faudrait les instituer, s'ils ne l'étaient déjà.* Il est vrai qu'il n'attribue leur institution qu'au droit ecclésiastique ; mais dès qu'on reconnaît la nécessité d'une supériorité de juridiction, dit M. Bossuet, *Hist. des Variat.*, l. v, n. 27, peut-on nier qu'elle vienne de Dieu même? Jésus-Christ, en fondant son Eglise, pourrait-il avoir négligé d'y établir l'ordre nécessaire à son gouvernement?....

« Le droit de prononcer sur la doctrine par un jugement légal, n'appartient qu'aux premiers pasteurs. Les prêtres reçoivent, par leur ordination, le pouvoir de remettre les péchés, d'offrir le saint sacrifice, de bénir, de présider au service divin, de prêcher, de baptiser; et les évêques reçoivent le droit de juger, d'interpréter, de consacrer. *Episcopum oportet judicare, interpretari, consecrare* (Pont. Rom. in-fol., p. 50, édit. 1615; et p. 89, édit. 1663, *in-*12). Jamais les Pères de l'Eglise n'ont opposé d'autre tribunal à l'erreur que celui de l'épiscopat. Le vénérable Sérapion produit contre les cataphrygiens une lettre signée d'un grand nombre d'évêques. Euseb. (*Hist.*, l. v, c. 18, édit. 1612). Saint Alexandre, Théodoret (l. I, cap. 4, *in fine*), saint Athanase (*Epist. ad Afros*, n. 1, 2), saint Basile (*Epist.* 75), saint Augustin (*passim contra Donat. et pelagian.*, l. III; *contra Crescon.*, c. 473, n. 3 ; *contra Julian.*, cap. 1, n. 5, etc.), saint Léon (*Epist.* 15, édit. 1661), et le pape Simplicius (Tom. IV Concil. Labb., col. 1040) en usent de même contre les hérétiques de leur temps.

« Croyez, disent les Pères d'un concile d'Alexandrie, dans une lettre adressée à Nestorius, croyez et enseignez ce que croient tous les évêques du monde, dispersés dans l'Orient et l'Occident ; car ce sont eux qui sont les maîtres et les conducteurs du peuple. » Les Pères du concile d'Ephèse fondent l'autorité de leur assemblée sur les suffrages de l'épiscopat. Le VIIe concile général donne pour preuve de l'illégitimité du concile des iconoclastes, qu'il a été réprouvé par le corps épiscopal (Hard., *Concil.*, tom. VII, col. 395). Le pape Vigile reproche à Théodore de Cappadoce, d'avoir porté l'empereur à condamner les *Trois Chapitres*, contre le droit des évêques, à qui seuls il appartenait, dit-il, de prononcer sur ces matières. *Bona desideria nostra... ita animus tuus quietis impatiens dissipavit, ut illa quæ fraterna collatione et tranquilla, episcoporum fuerant reservanda jud cio, subito, contra ecclesiasticum morem et contra paternas traditiones, contraque omnem auctoritatem evangelicæ apostolicæque doctrinæ, edictis propositis, secundum tuum damnarent arbitrium* (Hard., *Concil.*, tom. III, col. 9). C'est à vous, disait l'abbé Eustase (il vivait au VIIe siècle) dans un concile, s'adressant aux évêques, au sujet de la règle de saint Colomban, c'est à vous à juger si les articles qu'on attaque sont contraires aux saintes Ecritures. Saint Bernard déclare que ce n'est point aux prêtres, mais aux évêques à prononcer sur le dogme. Grégoire III écrit à Léon Isaurien dans les mêmes principes. *Non sunt imperatorum dogmata, sed pontificum* (Tom. IV *Concil.* Hard., col. 10 et 15). Point de partage parmi les catholiques sur cette doctrine. Je la retrouve dans le clergé de France, dans Bossuet, dans Fleury, dans Tillemont, dans Gerson même et dans les auteurs les moins soupçonnés de prévention en faveur de l'épiscopat. — Le droit de faire des canons de discipline n'est pas moins incontestable. Parmi cette multitude de règlements qui

plan du culte divin est tracé dans l'Apocalypse, ch. iv et suiv. *Voy.* LITURGIE. Dans les premiers siècles, l'eucharistie n'était jamais consacrée que par un prêtre, lorsque l'évêque était présent.

Le Clerc, dans son *Hist. ecclés.*, an. 68

composent le code ecclésiastique, pas un seul qui n'ait été formé ou adopté par l'autorité épiscopale. Rien de mieux constaté que la pratique de l'Eglise. Nous avons, dans les premiers siècles, la lettre canonique de saint Grégoire Thaumaturge ; celle que saint Denis d'Alexandrie adressa à d'autres évêques, pour la faire observer dans leurs diocèses ; celle de saint Basile, et plusieurs autres règlements du même Père sur le mariage, sur les ordinations et sur la discipline ecclésiastique. Nous avons, au quatrième siècle, les règlements de Pierre d'Alexandrie. Les évêques ont fait des canons de discipline, soit dans les conciles œcuméniques de Nicée, de Constantinople, d'Éphèse, de Chalcédoine ; soit dans les conciles particuliers d'Asie, d'Afrique, des Gaules, d'Espagne, d'Italie, etc. Nous avons les constitutions qu'ont faites Théodule d'Orléans, Ricuife de Soissons, Hincmar de Reims, dans les siècles postérieurs. Toujours les évêques se sont maintenus dans le droit de faire des ordonnances et des statuts synodaux pour la discipline de leurs diocèses. Le concile de Trente, qui est le dernier concile œcuménique, et les conciles particuliers qu'on a tenus ensuite, surtout en France, ont fait des canons sur le même sujet, sans que jamais on ait osé attaquer la validité de ces décrets par le défaut de consentement des prêtres. Or, un pouvoir constamment exercé depuis la naissance de l'Eglise, par les seuls évêques, et sans aucune contradiction, si ce n'est de la part des hérétiques, ne peut avoir d'autre source que l'institution divine. — Par une suite de cette même puissance législative, les évêques ont toujours été seuls en possession d'interpréter les lois canoniques, à l'effet de juger les causes spirituelles, et de décerner les peines portées par ces canons : aucun ministre inférieur n'a jamais exercé ce pouvoir qu'en vertu d'une mission reçue des évêques, ou par l'institution canonique, ou par délégation.

« Dira-t-on que les prêtres ont concouru dans les conciles, avec les évêques, à la sanction des décrets de doctrine et de discipline ? Mais les premiers conciles n'ont été composés que d'évêques. On commença pour la première fois à voir des prêtres dans le concile qu'assembla Démétrius, évêque d'Alexandrie, pour juger Origène, Phot., *Cord.*, 118. Les actes du concile de Carthage ne font mention que d'évêques et de diacres (Hard. *Concil.*, t. I, col. 951, 963). Il ne paraît nulle part, dans les pièces insérées au code de l'Eglise d'Afrique, que les prêtres aient eu séance dans ces assemblées. Ce rang ne fut accordé à deux d'entre eux, au concile tenu à Carthage en 419, que parce qu'ils y assistaient en qualité de députés du saint-siége. Les huit premiers conciles généraux, le ii° concile de Séville, celui d'Elvire, le ii° et le iii° de Brague, n'ont été souscrits que par les évêques, quoiqu'il y eût des prêtres présents (Hard., *Concil.*, tom. IV, col. 250). Dans les conciles où ceux-ci souscrivirent, ils le font souvent en des termes différents. Dans un concile tenu à Constantinople pour la déposition d'Eutychès, les évêques se servent de ces expressions : *Ego judicans subscripsi* ; et les prêtres y souscrivent en ces termes : *Subscripsi in depositione Eutycheti*. Dans le concile d'Ephèse, les évêques d'Egypte demandent qu'on fasse sortir ceux qui n'ont pas le caractère épiscopal, alléguant pour motif que le concile est une assemblée d'évêques, non d'ecclésiastiques, *Petimus superfluos forus mittite. Synodus episcoporum est., non clericorum* (Concil. Labb. tom. IV, col. 111). Cette maxime n'est point contredite, malgré l'intérêt des ministres inférieurs qui assistaient à ce concile. La lettre de saint Avit, évêque de Vienne, pour la convocation aux conciles d'Epaone en 517, porte expressément que les ecclésiastiques s'y rendront autant qu'il sera expédient ; que les laïques pourront s'y trouver aussi, mais que rien n'y sera réglé que par les évêques. *Ubi clericos, prout expedit, compellimus : laicos permittimus interesse, ut ea quæ a solis pontificibus ordinata sunt, et populus possit agnoscere* (Hard. *Concil.*, tom. II, col. 1016). Celui de Lyon, tenu en 1174, exclut de l'assemblée tous les procureurs des chapitres, les abbés, les prieurs et les autres prélats inférieurs, à l'exception de ceux qui ont été expressément appelés ; et de pareils règlements n'ont point infirmé les actes de ces deux conciles. Point de concile où il y ait eu un plus grand nombre de docteurs et de prêtres que celui de Trente. Aucun pourtant n'y eut droit de suffrage que par privilége. Or, si les prêtres avaient eu juridiction, et surtout une juridiction égale à celle des évêques, ou pour juger de la doctrine, ou pour faire des règlements, tous ces conciles, qui remontent jusqu'à l'origine de la tradition, eussent donc ignoré les droits des prêtres ; ils eussent commis une vexation manifeste, en les privant du droit de suffrage qu'ils avaient dans ces assemblées respectables.

« Dira-t-on que les prêtres ont consenti, au moins tacitement, à leur exclusion, en adhérant à ces conciles ? — Mais premièrement, ces conciles auraient donc prévariqué, en privant les ministres inférieurs de leurs droits. Ces ministres auraient donc prévariqué aussi, en se laissant dépouiller d'une puissance dont ils devaient faire usage, surtout dans les conciles où ils voyaient prévaloir l'erreur et la brigue, et cependant leur exclusion n'est jamais alléguée comme un moyen de nullité. — En second lieu, pour supposer un consentement tacite à la privation du droit acquis, il faut au moins un titre qui établisse ce droit ; il faut quelque exemple où il paraisse clairement qu'on l'a exercé comme un droit propre ; autrement la pratique la plus constante et la plus ancienne des siècles mêmes où la discipline était dans sa première vigueur, ne prouverait plus rien. — En troisième lieu, cette supposition serait contraire aux faits. On voit des prêtres assister aux conciles ; on les y voit en grand nombre, et aucun n'y a droit de suffrage que par privilége. Or, il serait contre la règle, contre la justice, et contre la sagesse, contre l'usage établi dans tous les tribunaux, contre la décence, contre le respect dû au caractère sacerdotal et à la personne des ministres, la plupart si respectables par leurs lumières et leurs vertus, qu'ayant par leur institution la qualité de juges, qu'assistant à un tribunal où ils avaient juridiction, et où ils donnaient leurs avis, on les eût exclus du droit de suffrage. — En quatrième lieu, cette supposition serait contraire à la nature des choses. Car peut-on supposer en effet que les prêtres qui, au moins dans les siècles postérieurs, ont toujours été en beaucoup plus grand nombre que les évêques, se fussent laissé dépouiller, par une affectation si marquée et si tenue, de l'exercice d'un pouvoir que Jésus-Christ leur aurait donné ? Peut-on supposer que, pendant cette suite de siècles, ils eussent été aussi peu jaloux de la conservation de leurs droits ? Si les hommes oublient quelquefois leurs devoirs, ils n'oublient jamais constamment leurs intérêts. Enfin, cette supposition serait contraire à la doctrine de ces mêmes conciles, qui déclarent expressément les prêtres exclus du droit de suffrage, comme dans les conciles d'Ephèse, de Lyon et de Trente.

« Les Pères et les historiens s'accordent avec la pratique constante des conciles. Ils ne considèrent, dans ces assemblées saintes, que le nombre et l'au-

n. 6, 7, 8, avoue que, dès le commencement du 11ᵉ siècle, il y a eu un *évêque* préposé à chaque Église; mais nous ne savons pas, dit-il, en quoi consistait son autorité. Il n'en est rien dit dans les écrits du Nouveau Testament; Jésus-Christ n'y a prescrit aucune forme de gouvernement, à laquelle on fût obligé de se conformer sous peine de damnation. Ce critique a sans doute fermé les yeux sur ce que saint Paul prescrit à Tite et à Timothée, et sur le degré d'autorité qu'il leur attribue; cet apôtre a-t-il mal suivi les intentions de Jésus-Christ? Lorsque Le Clerc ajoute que dans la suite on fut obligé, à cause du nombre des Églises et de la multitude des fidèles, d'établir, pour le bon ordre, une discipline *qu'il ne faut pas mépriser*, il fait évidemment le procès aux prétendus réformateurs. Non-seulement ils ont méprisé cette ancienne discipline, mais ils l'ont renversée partout où ils ont été les maîtres.

Des divers passages que nous citons dans cet article, nous concluons, 1° que les paroles adressées par Jésus-Christ à ses apôtres : *Enseignez toutes les nations.... Je suis avec vous jusqu'à la consommation des siècles*, regardent de même les *évêques* successeurs des apôtres. Si la mission divine de ceux-ci n'avait pas dû passer à leurs successeurs, il aurait été impossible que la doctrine de Jésus-Christ se perpétuât dans tous les siècles; elle aurait été continuellement en danger de périr par la témérité des hérétiques, qui ont fait les plus grands efforts pour y substituer la leur, et souvent ont réussi à pervertir un grand nombre de fidèles. — 2° Que la fonction d'enseigner dont les *évêques* sont revêtus, consiste, comme celle des apôtres, *à rendre témoignage* de ce qui a toujours été cru et enseigné dans la société des fidèles confiés à leurs soins; qu'ils ne sont point les arbitres, mais les gardiens du dépôt de la foi; que c'est à eux de juger si telle ou telle doctrine est conforme ou contraire

---

torité des évêques. — Le pape saint Célestin enseigne expressément, en parlant des évêques, que personne ne doit s'ériger *en maître de la doctrine*, *que ceux qui en sont les docteurs*, c'est-à-dire les évêques. Les papes Clément VII, Paul IV, Grégoire XIII, déclarent que le droit de suffrage n'appartient qu'aux évêques. Les conciles de Cambrai en 1565, de Bordeaux en 1583, un autre de Bordeaux en 1624, rappellent la même doctrine. C'est la maxime des cardinaux Bellarmin et d'Aguirre, de M. Hallier, de M. de Marca, du père Thomassin, de Juénin. On peut y ajouter les témoignages des cardinaux Torquemada (*Sum na Theol.*, l. III, c. 14), et d'Osius (*L. de Confess. Polon.*, c. 24); de Stapleton (*Controv.* 6, *de med. jud. Eccles: in causa fidei*, q. 3, art. 3), de Sanderus (*Hist. schism. Angl., regn. Elisabeth*, n. 5), de Suárès (*Dispen.* II *de Concil*, sect. 1), de Duval (*Part.* IV, quaest. 5, *de Compet. summ. Pontif.*), etc. Le clergé de France a déclaré expressément que les évêques ont toujours en seuls le droit de suffrage pour la doctrine dans les conciles, et que les prêtres n'en ont joui que par privilège. Par cette même raison, il fut délibéré, dans l'assemblée de 1700, que les députés du second ordre n'auraient que voix consultative en matière de doctrine. »

à l'enseignement par lequel ils ont été eux-mêmes instruits, et qu'ils sont chargés de perpétuer. Lorsqu'ils rendent ce témoignage uniforme, soit dans un concile où ils se trouvent rassemblés, soit chacun dans son diocèse, il est impossible, même humainement parlant, qu'ils se trompent, puisqu'ils déposent d'un fait public, sensible, éclatant, sur lequel il y a autant de témoins qu'il y a de fidèles dans le monde chrétien. — Mais lorsque nous faisons attention que leur mission et leur caractère viennent de Jésus-Christ, que ce divin Maître leur a promis son assistance, pour leur aider à remplir cette fonction d'enseigner, nous sentons qu'il se joint à l'infaillibilité humaine de leur témoignage une infaillibilité divine, et que Jésus-Christ remplit la promesse qu'il leur a faite. — Outre ce témoignage, c'est aux *évêques* qu'il appartient de censurer les erreurs contraires à la doctrine chrétienne : censure par laquelle ils exercent leur fonction de juges, de pasteurs et de docteurs des fidèles. — 3° Nous soutenons que la doctrine, ainsi attestée et fixée par les pasteurs de l'Église, est véritablement *catholique* ou universelle, la même dans toute l'Église de Dieu; qu'elle est *une*, par conséquent immuable; qu'elle est certainement *apostolique*, ou telle que les apôtres l'ont enseignée, puisque aucun *évêque* ne peut se croire autorisé à en enseigner une *nouvelle*. Nous ajoutons que le simple fidèle, dirigé par cet enseignement, a une certitude invincible de la vérité et de la divinité de sa croyance. Il est impossible qu'une doctrine ainsi gardée et confrontée par des milliers de surveillants, tous également obligés, par serment et par état, de la conserver pure, soit changée ou altérée. — 4° Nous concluons enfin que cette méthode de l'Église catholique, et qui n'est suivie que par elle seule, de prendre pour règle de sa foi le témoignage constant et uniforme des pasteurs de l'Église, soit rassemblés, soit dispersés, est la seule méthode qui puisse donner au simple fidèle une certitude infaillible de la divinité de sa croyance. Il est étonnant que les théologiens anglais, qui ont soutenu avec tant de force et de succès l'institution divine des *évêques*, la prééminence de leur caractère, la sainteté de leur mission et de leurs fonctions, n'en aient pas tiré les conséquences qui s'ensuivent naturellement en faveur de la certitude de l'enseignement *catholique* : conséquences qui nous paraissent former une démonstration complète.

Une autre erreur des protestants est de soutenir que, dans l'origine, les *évêques* n'avaient aucune autorité sur leur troupeau, qu'ils ne pouvaient rien décider, rien ordonner dans le gouvernement de l'Église, sans prendre l'avis des anciens et le suffrage du peuple; qu'eux-mêmes se regardaient comme de simples députés, représentants ou mandataires des fidèles. — Ce n'est certainement pas ainsi qu'ils sont désignés dans les passages de l'Écriture sainte que nous avons cités, et ce n'est point là l'idée que sain

Ignace, disciple des apôtres, avait du caractère épiscopal. Jésus-Christ avait dit à ses apôtres (*Matth.*, xix, 28) : *Au temps de la régénération ou du renouvellement de toutes choses, lorsque le Fils de l'homme sera placé sur le trône de sa majesté, vous serez assis vous-mêmes sur douze siéges, pour juger les douze tribus d'Israël.* Or, si cette autorité de juges était nécessaire aux apôtres pour gouverner l'Eglise, elle ne l'était pas moins aux pasteurs qui devaient leur succéder; les apôtres l'avaient reçue, non des fidèles, mais de Jésus-Christ : donc leurs successeurs la tiennent de la même main. Aussi saint Paul (*Ephes.* iv, 11) dit que c'est Dieu qui a établi dans l'Eglise les apôtres, les *pasteurs* et les *docteurs* : ils n'ont donc pas été établis par les fidèles. Il dit à Timothée : *Enseignez, commandez, reprenez, conjurez, réprimez, ne recevez point d'accusation que sur la déposition de deux ou trois témoins*, etc. Voilà une autorité très-marquée. Il dit à Tite (i, 5; ii, 15) : *Je vous ai laissé en Crète, afin que vous réformiez ce qui est défectueux, et que vous établissiez des prêtres dans les villes. Enseignez, exhortez et reprenez avec* TOUTE AUTORITÉ, *et que personne ne vous méprise.* De quel front les protestants osent-ils traiter d'usurpation et de tyrannie l'autorité que les *évêques* se sont attribuée sur leur troupeau? Les anglicans soutiennent, aussi bien que nous, qu'il y a eu des *évêques* établis par les apôtres; les presbytériens ou calvinistes prétendent que l'épiscopat n'a commencé que dans le siècle suivant. Mosheim reproche aux luthériens d'adopter trop aveuglément les opinions et les préjugés de ces derniers; il prouve, par les Epîtres de saint Paul et par l'Apocalypse, qu'il y a certainement eu des *évêques* du temps même des apôtres, mais que dans l'origine, ils n'avaient ni les droits ni les pouvoirs qu'ils se sont arrogés dans la suite; enfin il est forcé de convenir que, quand même les apôtres ne les auraient pas établis, on aurait été obligé d'en venir là lorsque les Eglises sont devenues nombreuses, et ont formé une société très-étendue (*Inst. hist. christ.*, ii° part., c. 2, § 13 et 14). Que s'ensuit-il de là? Que nos divers adversaires ne voient jamais dans l'Ecriture sainte que ce qui favorise les intérêts de leur secte. — C'est principalement à saint Cyprien que Mosheim attribue l'augmentation du pouvoir des *évêques* (*Hist. christ.*, sæc. iii, § 24). A l'article de ce saint *évêque*, nous réfutons cette accusation. Quelle influence pouvait avoir, dans l'Eglise orientale, l'exemple d'un *évêque* de Carthage qui y était à peine connu? La bizarrerie de ces censeurs se montre ici comme partout ailleurs : pour prouver que le souverain pontife n'a aucune juridiction sur les autres *évêques*, ils prétendent que, dans les premiers siècles, aucun *évêque* n'était soumis à la juridiction d'aucun de ses collègues; que chacun d'eux avait l'autorité d'établir, pour son Eglise, telle forme de culte et telle discipline qu'il jugeait à propos. Ainsi, pour priver le pape de toute autorité, ils attribuent aux *évêques* une entière indépendance : hors de là, ils les remettent sous la tutelle du peuple. Est-ce ainsi que se sont conduits les patriarches de la réforme? Luther à Wirtemberg, et Calvin à Genève, s'attribuèrent, non-seulement plus d'autorité que n'en eut jamais aucun *évêque*, mais plus que les papes n'en ont jamais exercé. Sans doute ils étaient poussés par l'Esprit de Dieu, au lieu que les successeurs des apôtres n'ont agi que par ambition. C'est ce que Basnage, Mosheim et d'autres voudraient nous persuader.

Parmi les théologiens catholiques, on convient généralement qu'en vertu du caractère épiscopal, tous les *évêques* ont une égale puissance d'ordre. C'est dans ce sens que saint Cyprien a dit (*Lib. de Uni ate Eccles.*), qu'il n'y a qu'un épiscopat, et qu'il est solidairement possédé par chacun des *évêques* en particulier. — Mais les scolastiques disputent sur la question de savoir si l'ordination épiscopale est un sacrement distingué du simple sacerdoce, ou si c'est une cérémonie destinée seulement à étendre les pouvoirs du sacerdoce. Le premier de ces sentiments est le plus probable et le plus suivi. En effet, saint Paul enseigne que l'imposition des mains donne la grâce, et tout le monde convient que ce rit, dans l'ordination d'un *évêque*, lui donne des pouvoirs qu'il n'avait pas en qualité de simple prêtre. Or, une cérémonie qui ne serait pas un sacrement, ne pourrait avoir cette vertu.

Une autre question, sur laquelle on dispute encore, est de savoir quelle est précisément la matière et la forme de l'ordination épiscopale. Comme dans le sacre des *évêques* il se fait plusieurs cérémonies, savoir, l'imposition des mains, une onction sur la tête et sur les mains, l'imposition du livre des Evangiles sur le cou et sur les épaules de l'élu, l'action de lui donner ce livre, la crosse et l'anneau; l'on demande si toutes ces cérémonies sont la matière essentielle de cette ordination. Le sentiment commun est que l'imposition des mains est le seul rit essentiel, parce que l'Ecriture en parle comme du signe sensible qui confère la grâce ; et c'est ainsi que l'ont toujours envisagée les Pères, les conciles, les théologiens des Eglises grecque et latine. Conséquemment, la forme de ce sacrement consiste dans ces paroles : *Recevez le Saint-Esprit*, qui accompagnent l'imposition des mains. — Il est prouvé, d'une manière incontestable, que les sociétés de chrétiens orientaux, séparés de l'Eglise romaine depuis plus de deux cents ans, ont conservé le rit essentiel de l'ordination des *évêques*, et leur succession depuis l'époque de leur schisme. Aucune de ces sectes hétérodoxes n'a jamais cru que l'on pût former une Eglise sans *évêque*, ou qu'un homme pût exercer les fonctions de pasteur, sans avoir reçu l'ordination, ou qu'il pût être ordonné *évêque* par de simples prêtres, encore moins par des laïques. Sur tous ces points, les protestants se sont écartés de la croyance et de la pratique de toutes les Eglises chrétiennes (*Perpét. de la Foi*, tom. V, l. v, c. 10, pag. 387). — Suivant les anciens canons, il fallait au moins trois *évêques* pour en ordonner un ; plusieurs conciles l'avaient ainsi réglé ; cependant l'on voit dans l'histoire ecclésiastique plusieurs exemples d'*évêques* qui n'avaient été ordonnés que par un seul, et dont l'ordination ne fut pas regardée comme nulle, mais seulement comme illégitime (Bingham, *Orig. ecclés.*, l. II, c. 11, § 4 et 5). — On demande, en troisième lieu, si un laïque, ou un clerc qui n'est pas prêtre, peut être ordonné *évêque*, et si cette ordination serait valide. Tous les théologiens conviennent qu'elle serait illégitime et contraire aux canons, qui ont ordonné qu'un clerc ne pût monter à l'épiscopat que par degrés, et en recevant les ordres inférieurs ; ainsi l'a réglé le concile de Sardique, l'an 347, can. 10. D'ailleurs il appartient aux seuls *évêques* d'ordonner des prêtres, de leur conférer le pouvoir de consacrer l'eucharistie, et de remettre les péchés ; comment communiqueraient-ils ce double pouvoir, s'ils ne l'avaient pas reçu formellement eux-mêmes ? Or, l'ordination épiscopale ne fait aucune mention de ce double pouvoir. A la vérité, Bingham (*Ibid.*, liv. II, c. 10, § 5 et suiv.) rapporte plusieurs exemples d'*évêques*, et même de saints personnages, qui paraissent n'avoir été que diacres ou simples laïques, lorsqu'ils furent élevés à l'épiscopat ; mais si l'on ne peut pas prouver que tous reçurent l'ordination sacerdotale avant d'être sacrés *évêques*, on ne peut pas prouver non plus qu'ils ne l'ont pas reçue. Ce n'est donc ici qu'une preuve négative qui ne peut prévaloir à des titres et à des monuments positifs. Or, il y en a du contraire. — Le concile de Sardique, dans sa lettre synodale, déclara nulle l'ordination épiscopale d'un certain Ischyras, parce qu'il n'était pas prêtre (Théodoret, *Hist. ecclés.*, liv. II, c. 8). Saint Athanase (*Apol.* 2) parle d'une décision semblable, faite dans un concile de Jérusalem. Le concile de Chalcédoine regarda comme nulle l'ordination de Timothée Élure, faux patriarche d'Alexandrie, et le pape saint Léon approuva la lettre que les évêques d'Egypte adressèrent à ce sujet à l'empereur Léon. Aussi, en 1617, la faculté de théologie de Paris condamna l'opinion contraire, enseignée par Marc-Antoine de Dominis. — Souvent l'on n'a pas pris le vrai sens de ce qui s'est appelé *ordinatio per saltum* : ce n'est point l'omission d'un ordre inférieur, mais le passage rapide et sans interstice d'un ordre à un autre. Ainsi, le pape Nicolas Ier a dit de Photius, qu'il fut fait *évêque per saltum*, parce qu'il reçut, en six jours successivement, les ordres inférieurs à l'épiscopat. Quoique les historiens disent de plusieurs cardinaux diacres, qu'ils ont été élevés à la dignité de souverain pontife, sans faire mention de leur ordination sacerdotale, il ne s'ensuit pas de là qu'ils ne l'aient pas reçue. Quand on compare l'ordination des prêtres avec celle des *évêques*, on voit que la première est un préliminaire absolument nécessaire à la seconde. Si l'on ne peut pas taxer d'erreur le sentiment contraire, parce que l'Église n'a point décidé formellement la question, il doit du moins être regardé comme téméraire. Mais Bingham et les autres anglicans ont eu intérêt à le soutenir, parce que, depuis leur schisme avec l'Eglise romaine, il paraît que l'on n'a fait aucun scrupule, parmi eux, d'élever à l'épiscopat de simples laïques.

Les ennemis du clergé ont souvent déclamé contre l'autorité civile dont les *évêques* ont été revêtus ; s'ils s'étaient donné la peine de remonter à l'origine, ils auraient été forcés de reconnaître qu'elle n'avait rien d'odieux ni d'illégitime. Déjà, sous le règne des empereurs romains dans les Gaules, les *évêques* avaient beaucoup d'autorité dans les affaires civiles, non comme pasteurs, mais comme principaux citoyens, et ils furent censés tels, dès qu'ils possédèrent de grands domaines. Par la même raison, ils furent investis du titre de *défenseurs des cités*, chargés de soutenir les intérêts du peuple auprès des magistrats, des grands et du souverain. Lorsque les élections avaient lieu, le peuple préférait pour l'épiscopat ceux qui, par leur naissance, leurs talents, leur crédit, étaient le plus en état de défendre ses droits et d'appuyer ses demandes. Lorsque les souverains disposèrent des évêchés, ils donnèrent aussi la préférence aux grands et aux nobles pour remplir ces places importantes. Il était donc impossible que, malgré toutes les révolutions, les *évêques* ne fussent pas toujours des personnages importants dans l'ordre civil. — A l'époque de l'irruption des Barbares dans les Gaules, les peuples furent obligés d'obéir à de nouveaux maîtres ; il fallut choisir entre la domination d'un prince idolâtre, et celle des Goths ou des Bourguignons, qui étaient ariens : les *évêques*, qui espéraient plus de douceur sous la première que sous les autres, favorisèrent les conquêtes de Clovis. Celui-ci était trop bon politique pour ne pas conserver aux *évêques* une autorité qui tournait à son avantage, et qui lui était nécessaire pour affermir sa domination. Ce motif, joint au respect qu'inspire toujours la vertu, maintint le crédit des *évêques* ; leur influence dans les affaires augmenta plutôt que de diminuer sous la première race de nos rois. Sous la seconde, lorsque le gouvernement féodal prit naissance, les *évêques*, comme les autres grands vassaux de la couronne, possédèrent leurs domaines à titre de fief, et jouirent de tous les droits de la féodalité : or, l'un de ces droits était de rendre la justice aux vassaux qui en dépendaient. Charlemagne ne trouva rien de vicieux dans cet ordre de choses, puisqu'il n'y changea rien. Il vivait encore l'an 813, lorsque le VIe concile d'Arles fut tenu ; on y lit, can. 17 : « Que les *évêques* se souviennent qu'ils sont chargés du soin des peuples et des pauvres, pour les protéger et les défendre. Si donc ils voient les magistrats et les grands opprimer les misérables, qu'ils les avertissent charitablement ; et si ces avis sont méprisés, qu'ils en portent des plaintes au roi, afin qu'il réprime, par l'autorité souveraine, ceux qui n'ont point eu d'égards aux remontrances de leur pasteur. » Dans la même année, un concile de Tours et un de Châlons-sur-Saône ont tenu le même langage. — A la décadence de la maison carlovingienne, les grands du royaume se rendirent indépendants; les *évêques* firent de même: si ce fut un crime, il leur fut commun avec les nobles. Mais lorsque nos rois ont commencé à recouvrer leur autorité, les *évêques* y ont contribué beaucoup, en armant les communes, et en les faisant combattre sous les drapeaux du roi. De là le nouveau degré de considération qu'ils se sont acquis, et qu'ils ont conservé jusqu'à nos jours. Dans quelque époque qu'on l'envisage, nous ne voyons pas en quoi il a pu être désavantageux aux peuples.

On sait quels sont les moyens dont s'est servie la Providence divine, pour former, au IV° siècle, la multitude de grands *évêques* dont les talents, les vertus, les travaux, les ouvrages, ont fait tant d'honneur à l'Église. Le christianisme venait d'essuyer la persécution des empereurs, les assauts des hérétiques, les attaques des philosophes. De même, l'Église gallicane n'a jamais jeté un plus grand éclat, par le mérite de ses pasteurs, que dans le siècle passé, immédiatement après les ravages du calvinisme. Le danger réveille les sentinelles d'Israël; c'est dans les combats que se forment les héros. Il est donc à présumer que la guerre déclarée à la religion par les incrédules modernes, produira le même effet que dans les siècles précédents, fera sentir aux premiers pasteurs ce qu'ils peuvent et ce qu'ils doivent.

ÉVIDENCE. Ce terme est propre à la métaphysique; mais l'abus continuel qu'en font les incrédules, oblige un théologien à fixer clairement l'idée que l'on doit y attacher.

Dans le sens rigoureux et philosophique, l'*évidence* est la liaison de deux ou de plusieurs idées clairement aperçues; il est évident, par exemple, que le tout est plus grand que la partie: dès que nous concevons les idées de *tout*, de *partie* et de *grandeur*, il nous est impossible de ne pas acquiescer à la proposition énoncée. Cette *évidence*, que l'on nomme *intrinsèque*, n'a lieu que dans les axiomes de mathématiques, et dans un petit nombre de principes métaphysiques: ces principes ou axiomes sont d'une vérité éternelle et nécessaire, le contraire renferme contradiction; mais s'ils sont fort utiles dans les sciences, ils ne sont pas d'un grand usage dans la vie (1). — Dans un sens moins rigoureux et plus ordinaire, l'*évidence* se prend pour toute espèce de certitude absolue, qui ne laisse aucun lieu à un doute raisonnable. Ainsi, nous disons qu'il nous est évident que nous sommes actifs et libres; parce que nous le sentons, et qu'il nous est impossible de résister à l'attestation du sentiment intérieur. Nous disons qu'il y a évidemment des corps, parce que nous ne pouvons, sans absurdité, contredire le témoignage de nos sens, qui en déposent. Nous n'hésitons pas d'affirmer que l'existence de Rome est un fait évident, parce que nous n'avons aucun motif raisonnable de révoquer en doute un fait aussi universellement attesté. Dans tous ces cas, la certitude est entière, mais l'*évidence* est seulement *extrinsèque*. Ces trois propositions, *l'homme est libre, les corps existent, il y a une ville de Rome*, ne sont point composées de termes ou d'idées dont la liaison soit nécessaire et évidente par elle-même: cette liaison n'est que contingente. Dans le premier cas, elle nous est connue par le sentiment intérieur ou par la conscience; dans le second, par la déposition de nos sens; dans le troisième, par le témoignage des hommes. — Nous nous servons même du terme d'*évidence*, pour exprimer les vérités dictées par le sens commun: ainsi, lorsqu'un incrédule pose pour principe qu'un philosophe ne doit croire que ce qui lui est évidemment démontré, nous lui répondons que le contraire est évident, puisque le sens commun détermine tous les hommes à croire sans hésiter tout ce qui leur est attesté par le sentiment intérieur, par la déposition de leurs sens, ou par des témoignages irrécusables. On appelle *évidence*, ou *certitude métaphysique*, celle qui vient du sentiment intérieur, tout comme celle qui se tire de la liaison de nos idées; *évidence physique*, celle qui résulte de l'expérience ou de la déposition constante de nos sens; *évidence morale*, celle qui porte sur le témoignage de nos semblables. — Les dogmes de foi ou *mystères* ne peuvent avoir une *évidence intrinsèque*, puisqu'ils passent notre intelligence; nous les croyons cependant, parce que Dieu les a révélés, et parce que le fait de cette révélation est poussé à un degré de *certitude morale*, qui doit prévaloir à toutes les difficultés que la raison humaine peut y opposer. Celles-ci ne viennent que de notre ignorance, et des comparaisons fausses que nous faisons entre ces mystères et les idées que nous avons des choses naturelles.

Un incrédule affirme que le mystère de la sainte Trinité est évidemment faux, parce qu'il compare la nature et les Personnes divines avec la nature et la personne humaine, les seules dont il ait connaissance; il en conclut que trois Personnes divines sont nécessairement trois natures, comme trois hommes sont trois natures humaines. Mais cette comparaison est-elle juste? Par la même raison, un aveugle-né doit juger que les phénomènes des couleurs et de la lumière, un miroir, une perspective, un tableau, sont des choses impossibles, parce qu'il n'en peut juger que par les idées qui lui viennent par le tact: comparaison qui doit nécessairement le jeter dans l'erreur. — Si les dogmes de foi étaient d'une *évidence intrinsèque*, il n'y aurait

---

(1) Nous avons exposé aux mots CERTITUDE, DESCARTE, ce qu'un théologien doit penser de l'évidence. Nous nous contentons d'observer ici qu'il ne faut pas se laisser dominer par les doctrines exclusives de Lamennais.

plus aucun mérite à les croire. *Voy.* MYSTÈRES.

ÉVOCATION, formule de prière ou de conjuration, par laquelle les païens invitaient les dieux protecteurs d'une nation ou d'une ville ennemie à l'abandonner, à venir habiter parmi eux, en promettant de leur ériger des temples et des autels. Cette cérémonie païenne appartient plutôt à l'histoire ancienne qu'à la théologie; aussi n'en parlons-nous que pour faire une ou deux remarques. — 1° Elle démontre que la religion païenne n'était qu'un commerce mercenaire entre les dieux prétendus et les hommes, qui dégradait absolument la Divinité. De même que les païens n'honoraient leurs dieux que par intérêt, pour en obtenir des bienfaits temporels, et non des vertus, ils supposaient aussi que ces dieux faisaient du bien aux hommes, non par estime de leurs vertus morales, mais pour payer l'encens et les hommages qu'on leur offrait; comme si le culte qui leur était rendu avait pu contribuer à leur bonheur. La vraie religion donne aux hommes de meilleures leçons : elle leur apprend que Dieu souverainement heureux et puissant, n'a besoin ni de nos adorations, ni de nos sacrifices; que s'il exige notre culte, ce n'est pas par besoin, mais afin de nous rendre meilleurs, et d'avoir lieu de récompenser nos vertus par un bonheur éternel. Elle nous enseigne que l'encens, les prières, les victimes, tous les actes extérieurs de la religion, ne peuvent plaire à Dieu qu'autant qu'ils partent d'un cœur pur, exempt de tout désir criminel; que la prière qui est la plus agréable à ses yeux est de lui demander qu'il nous rende vertueux et saints par sa grâce. Telles sont les vérités que les anciens justes ont comprises, que les prophètes ont souvent répétées aux Juifs, que Jésus-Christ et les apôtres nous ont enseignées encore plus clairement. — 2° L'*évocation* des dieux tutélaires d'une ville, et les promesses dont on l'accompagnait, prouvent encore que, suivant la croyance des païens, les dieux habitaient réellement et en personne dans les temples et dans les simulacres qu'on leur avait érigés; c'est encore aujourd'hui l'opinion des peuples idolâtres. Nos philosophes modernes se sont donc trompés, ou plutôt ils ont voulu en imposer, lorsqu'ils ont soutenu que le culte ou le respect rendu par les païens à une idole ne s'adressait point à la statue, mais au dieu qu'elle représentait; que le dieu était censé résider dans le ciel et non dans l'idole. Il est évident que le culte était adressé au prétendu dieu comme présent dans l'idole, et à l'idole, comme demeure du dieu, ou comme gage de sa présence. Suivant la doctrine d'Homère, Jupiter se transportait en Éthiopie pour recevoir les offrandes, les respects et l'encens des Éthiopiens; et, si nous en croyons Virgile, Junon se plaisait à Carthage plus que partout ailleurs.

C'est donc malicieusement que l'on a comparé le culte que nous rendons aux images de Jésus-Christ et des saints à celui que les païens rendaient aux statues de leurs dieux. Jamais un catholique doué de bon sens n'a rêvé que Jésus-Christ ou les saints venaient résider dans leurs images; jamais il n'a voulu adresser ses prières à la statue, comme si elle était animée, ou comme si un saint y était renfermé; jamais, en bénissant les images, on n'a demandé aux saints de venir y résider. Les protestants, qui ont trouvé bon de nous attribuer les mêmes idées qu'avaient les païens, nous ont supposés trop stupides. *Voy.* PAGANISME.

ÉVOCATION DES MANES OU DES AMES DES MORTS. *Voy.* NÉCROMANCIE.

EXALTATION DE LA SAINTE CROIX. *Voy.* CROIX.

EXAMEN DE LA RELIGION. Les incrédules ont souvent insisté sur la nécessité d'examiner les preuves de la religion; ils ont reproché à ses sectateurs de croire, sans *examen*, tout ce qui la favorise, ou de ne l'examiner qu'avec un esprit fasciné des préjugés de l'enfance et de l'éducation. Nous pourrions les accuser, à plus juste titre, de n'avoir examiné la religion que dans les écrits de ceux qui l'attaquent, et jamais dans les ouvrages de ceux qui la défendent; de croire aveuglément, et sur parole, tous les faits et tous les raisonnements qui paraissent lui être contraires; d'apporter à leur *examen* prétendu un désir ardent de la trouver fausse, parce que l'incrédulité leur paraît plus commode que la religion. Souhaiter que la religion soit vraie, parce que l'on sent le besoin d'un motif qui nous porte à la vertu, d'un frein qui réprime les passions et nous détourne du vice, d'un motif de consolation dans les peines de cette vie, c'est assurément une disposition louable. Désirer que la religion soit fausse, afin d'être délivré de plusieurs devoirs incommodes, de jouir de la funeste liberté de satisfaire ses passions sans remords, de se donner un vain relief de philosophie et de force d'esprit, est-ce la preuve d'une tête bien faite et d'un cœur ami de la vertu? Laquelle de ces deux dispositions est la meilleure pour discerner sûrement la vérité? — Loin de nous interdire l'*examen* de ses preuves, la religion nous y invite. Saint Pierre veut que les fidèles soient toujours prêts à rendre raison de leur espérance à ceux qui la demanderont; mais il exige pour ce sujet la modestie, la défiance de soi-même, et une conscience pure (*I Petri* III, 15, 16). Saint Paul les exhorte à être enfants de lumière, à ne faire aucun choix imprudent, à éprouver quelle est la volonté de Dieu (*Ephes.* V, 8, 17). Les Juifs, avant de se convertir, examinaient avec soin les Écritures, pour voir si ce que les apôtres prêchaient était conforme à la vérité (*Act.* XVII, 11). Jésus-Christ même les y avait invités (*Joan.* V, 39). Il dit que s'il n'avait pas prouvé sa mission par des miracles, les Juifs n'auraient pas été coupables d'être incrédules, chap. XV, vers. 24. La question est donc uniquement de savoir comment l'on doit procéder dans cet *examen*.

Selon les incrédules, il faut examiner et comparer toutes les religions et tous les systèmes, pour savoir quel est le plus vrai. L'ont-ils fait? La plupart en sont incapables. Ce conseil est aussi insensé que celui d'un médecin qui exhorterait un homme à essayer de tous les régimes et de tous les aliments possibles, sains ou malsains, pour savoir quel est le meilleur. Le plus fort tempérament pourrait bien succomber à cette épreuve. Si, avant de croire en Dieu, il faut avoir discuté toutes les objections des athées, il faut aussi, avant de croire au témoignage de nos sens, avoir résolu tous les arguments des pyrrhoniens. — Une fois convaincus qu'il y a un Dieu, comment saurons-nous quel culte nous devons lui rendre, quelle religion il faut embrasser? Si Dieu en a révélé une, sans doute il faut la suivre; ce n'est point à nous de lui disputer le droit de prescrire aux hommes une religion. Toute la question est donc réduite à examiner le fait de la révélation. Si ce fait est prouvé, entreprendrons-nous d'indiquer à Dieu ce qu'il a dû ou n'a pas dû révéler? Voilà cependant ce que prétendent les incrédules. Ils soutiennent que tout homme doit commencer par voir si tel dogme est vrai ou faux en lui-même, pour juger si Dieu l'a ou ne l'a pas révélé. Nous soutenons que ce procédé est encore absurde, puisque Dieu a droit de nous révéler des dogmes incompréhensibles; desquels nous ne sommes pas en état d'apercevoir par nous-mêmes la vérité ou la fausseté. En soutenant le contraire, les déistes ont fait triompher les athées, qui prétendent que nous ne devons pas admettre l'existence d'un Dieu, duquel nous ne pouvons ni concevoir, ni concilier ensemble les divers attributs. *Voy.* MYSTÈRES. — Le seul *examen* possible au commun des hommes est de voir si tel dogme est révélé ou non révélé : il est révélé si le christianisme nous l'enseigne, et si cette religion est elle-même l'ouvrage de Dieu. Il y a de l'entêtement à soutenir que les hommes peu instruits ne sont pas plus capables de vérifier le fait de la révélation du christianisme, que de discuter des dogmes. *Voy.* FAIT. Les preuves de la divinité de cette religion, que nous appelons *motifs de crédibilité*, sont tellement sensibles, que le fidèle le plus ignorant peut en avoir autant de certitude que le docteur le mieux instruit. *Voy.* CRÉDIBILITÉ.

Cette réflexion, qui renverse le déisme par le fondement, nous fait rejeter de même la méthode d'*examen* toujours proposée par les hérétiques. Pour savoir si un dogme est révélé ou non révélé, ils veulent qu'un fidèle voie par lui-même s'il est enseigné ou non dans l'Écriture sainte. Nous soutenons que les fidèles du commun en sont incapables. Non-seulement plusieurs ne savent pas lire, mais tous sont hors d'état de consulter les originaux, de décider si tel livre est authentique ou apocryphe, si le texte est entier ou altéré, si la version est exacte ou fautive, si tel passage est ou n'est pas susceptible d'un autre sens. Le seul *examen* qui soit à leur portée est de voir s'ils doivent ou ne doivent pas écouter l'Église catholique, s'en rapporter à l'enseignement unanime des sociétés particulières qui la composent, à la profession solennelle qu'elle fait de ne pouvoir et ne vouloir pas s'écarter de ce qui a été constamment cru, enseigné et pratiqué depuis les apôtres jusqu'à nous. Quand un ignorant n'aurait point d'autre motif de s'en tenir là que l'impuissance dans laquelle il se sent de faire autrement, nous soutenons que sa foi serait sage, prudente, certaine, solide, telle que Dieu l'exige de lui; plus sage et plus raisonnable que l'entêtement d'un hérétique ou d'un incrédule. *Voy.* ANALYSE DE LA FOI. Il y a quinze cents ans que Tertullien nous a prévenus contre leur langage. Ils disaient de son temps, comme aujourd'hui, qu'il faut chercher la vérité, examiner, voir entre les différentes doctrines quelle est la meilleure. « Cela est faux, reprend Tertullien : celui qui cherche la vérité ne la tient pas encore, ou il l'a déjà perdue; quiconque cherche le christianisme n'est pas chrétien; qui cherche la foi est encore infidèle. Nous n'avons plus besoin de curiosité après Jésus-Christ, ni de recherche après l'Évangile; le premier article de notre foi est de croire qu'il n'y a rien à trouver au delà. S'il faut discuter toutes les erreurs de l'univers, nous chercherons toujours et ne croirons jamais. Cherchons, à la bonne heure, non chez les hérétiques, ce n'est point là que Dieu a placé la vérité, mais dans l'Église fondée par Jésus-Christ. Ceux qui nous conseillent les recherches veulent nous attirer chez eux, nous faire lire leurs ouvrages, nous donner des doutes et des scrupules; dès qu'ils nous tiennent, ils érigent en dogmes et prescrivent avec hauteur ce qu'ils avaient feint d'abord de soumettre à notre *examen*. (*De Præscript.*, c. 8 et suiv.).

L'*examen*, tel que le prescrivent les hérétiques, conduit au déisme; celui dont se vantent les déistes engendre l'athéisme, et celui qu'exigent les athées enfante le pyrrhonisme. *Voy.* ERREURS.

EXAMEN DE CONSCIENCE, revue que fait un pécheur de sa vie passée, afin d'en connaître les fautes et de s'en confesser.

Les Pères de l'Église, les théologiens, les auteurs ascétiques qui traitent du sacrement de pénitence, montrent la nécessité et prescrivent la manière de faire cet *examen*, comme un moyen d'inspirer au pécheur le repentir de ses fautes et la volonté de s'en corriger. Ils le réduisent à cinq points : 1° à se mettre en la présence de Dieu et à le remercier de ses bienfaits; 2° à lui demander les lumières et les grâces nécessaires pour connaître et distinguer nos fautes; 3° à nous rappeler en mémoire nos pensées, nos paroles, nos actions, nos occupations, nos devoirs, pour voir en quoi nous avons offensé Dieu; 4° à lui demander pardon et à concevoir un regret sincère d'avoir péché; 5° à former une résolution sincère de ne plus l'offenser à l'avenir, de prendre toutes les précautions nécessaires pour nous en préserver, et d'en fuir les occasions. — Outre cet *examen général*, nécessaire pour nous préparer au sacrement de pénitence, ils conseillent encore à ceux qui veulent avancer dans la vertu, de faire tous les jours un *examen particulier* sur chacun des devoirs du christianisme et de l'état de vie dans lequel on est engagé, sur une vertu ou sur un vice, sur une pratique de piété, etc., pour voir en quoi l'on peut avoir besoin de se corriger.

EXCOMMUNICATION, censure ou sentence d'un supérieur ecclésiastique, par laquelle un fidèle est retranché du nombre des membres de l'Eglise.

Une société quelconque ne peut subsister sans lois ; ces lois n'auraient aucune force, si ceux qui les violent n'encouraient aucune peine ; la peine la plus simple qu'une société puisse infliger à ses membres réfractaires, est de les priver des biens qu'elle procure à ses enfants dociles. Ces notions, dictées par le bon sens, suffiraient déjà pour faire présumer que Jésus-Christ, en établissant son Eglise, lui a donné le pouvoir de rejeter hors de son sein les membres qui refuseraient d'obéir à ses lois. Mais l'Evangile ne laisse aucun doute sur ce point ; il nous apprend que Jésus-Christ a donné aux pasteurs de son Eglise l'autorité législative et le pouvoir d'imposer des peines. Il dit à ses apôtres : *Au temps de la régénération, ou du renouvellement de toutes choses, lorsque le Fils de l'Homme sera placé sur le trône de sa majesté, vous serez assis vous-mêmes sur douze sièges pour juger les douze tribus d'Israel* (*Matth.* xix, 28). Dans le style ordinaire des livres saints, le pouvoir de juger emporte celui de faire des lois, le nom de *juge* est synonyme à celui de *législateur ;* l'autorité de ce dernier serait nulle, s'il n'avait pas le pouvoir de punir. — En prescrivant la manière de corriger les pécheurs, Jésus-Christ ordonne d'employer d'abord les remontrances secrètes ; ensuite la correction publique, enfin l'*excommunication. Si votre frère a péché, reprenez-le en secret ; s'il ne vous écoute pas, dites-le à l'Eglise ; s'il n'écoute pas l'Eglise, regardez-le comme un païen et un publicain. Je vous assure que tout ce que vous lierez ou délierez sur la terre sera lié ou délié dans le ciel* (*Matth.*, xviii, 17). Saint Paul, informé d'un scandale qui régnait dans l'Eglise de Corinthe, où l'on souffrait un incestueux public, écrit aux Corinthiens : *Quoique absent, j'ai jugé cet homme comme si j'étais présent ; j'ai résolu que dans votre assemblée, où je suis en esprit, au nom et par le pouvoir de Notre-Seigneur Jésus-Christ, le coupable soit livré à Satan, pour faire mourir en lui la chair, et sauver son âme* (*I Cor.* v, 4).

Nous ne savons pas sur quoi Mosheim s'est fondé pour soutenir que le pouvoir d'excommunier appartenait au corps des fidèles, de manière qu'ils étaient les maîtres de déférer ou de résister au jugement de l'évêque qui avait désigné ceux qui lui paraissaient dignes d'*excommunication*. Le jugement que prononce saint Paul, et la réprimande qu'il fait aux Corinthiens, nous paraissent prouver le contraire. Ce n'est donc pas sans raison que l'on a censuré la proposition dans laquelle il est dit que le pouvoir d'excommunier doit être exercé par des pasteurs, *du consentement au moins présumé de tout le corps des fidèles*. L'Eglise, instruite par ses leçons, a usé de son droit dans tous les siècles ; elle a séparé de sa communion, non-seulement les hérétiques qui s'élevaient contre sa doctrine et voulaient la changer ; les réfractaires qui refusaient de se soumettre à un point de discipline générale, telle que la célébration de la pâque ; mais encore les pécheurs scandaleux, dont l'exemple pouvait infecter les mœurs et troubler l'ordre public. Vainement quelques opiniâtres lui ont disputé son autorité ; elle a tenu ferme, et les a regardés comme des membres retranchés de son corps. Ce pouvoir était reconnu et autorisé par les empereurs. Le 1er concile d'Arles, convoqué par Constantin qui en confirma les décrets, ordonna, can. 7, aux gouverneurs des provinces, de prendre des lettres de communion, aux évêques de veiller sur leur conduite, et de les retrancher de la communion des fidèles s'ils violaient la discipline de l'Eglise. Synésius, évêque de Ptolémaïde en Egypte, usa de ce pouvoir à l'égard d'Andronicus, gouverneur de cette province. (Synes., *epist.* 58, *ad episcopos.*) On peut en citer d'autres exemples. *Voy.* Bingham, *Origin. ecclés.*, liv. ii, c. 4, § 3, tom. I.

Selon la croyance de l'Eglise, l'effet de l'*excommunication* est de priver un chrétien de la participation aux sacrements, aux prières publiques, aux bonnes œuvres, aux honneurs qu'elle rend aux fidèles après leur mort : avantages spirituels dont Jésus-Christ lui a confié la dispensation. — De nos jours, quelques écrivains ont prétendu que, comme l'*excommunication* emporte une note d'infamie, et peut dépouiller un citoyen de ses droits civils, c'est à la puissance civile de juger de la validité ou de l'invalidité d'une *excommunication*. Ceux qui ont avancé cette doctrine, en faisant semblant d'accorder à l'Eglise le pouvoir d'excommunier, le lui ôtaient réellement, et rendaient ses censures illusoires ; ils donnaient à tous les coupables une sauvegarde contre l'autorité dont Jésus-Christ a revêtu son Eglise. — Saint Paul n'ignorait pas les suites de l'*excommunication*, lorsqu'il disait (*I Cor.*, v, 4) : *Je vous ai déjà écrit de n'avoir point de commerce avec celui de vos frères qui serait impudique, avide du bien d'autrui, idolâtre, calomniateur, ivrogne ou ravisseur, et même de ne pas manger avec lui. Si quelqu'un n'a point d'égard à ce que je vous écris, notez-le, et n'ayez point de commerce avec lui, afin qu'il rougisse de sa conduite* (*II Thess.* iii, 14). *Je vous prie, mes frères, de vous garder de ceux qui excitent des disputes et des scandales contre la doctrine que vous avez apprise, et de vous séparer d'eux* (*Rom.* xvi, 17). Saint Jean impose la même obligation aux fidèles. *Si quelqu'un*, leur dit-il, *vient à vous avec une autre doctrine que celle-ci, ne le recevez point chez vous, ne le saluez même* pas, *afin de n'avoir point de part à sa malice* (*Joan.* v, 10). Les anciens conciles se sont fondés sur ces leçons des apôtres, en menaçant de l'*excommunication* ceux qui entretiendraient commerce avec les excommuniés. *Voy.* Bingham, l, xvi, c. 2, n. 11.

Les protestants, qui cherchent à rendre odieux tous les articles de la discipline ecclésiastique, ont attribué la crainte que l'on avait des *excommunications* dans le viii° siècle, à l'ignorance et au préjugé des Barbares qui avaient embrassé la foi. Ces nouveaux prosélytes, dit-on, confondirent l'*excommunication* qui était en usage chez les chrétiens, avec celle qu'avaient employée sous le paganisme les druides et les prêtres de leurs dieux. Ces critiques ont ignoré, sans doute, qu'encore aujourd'hui les Grecs redoutent cette censure autant qu'on la craignait autrefois, et ils ont oublié la rigueur avec laquelle les anabaptistes l'ont souvent employée parmi eux. Il suffit d'avoir lu les passages de l'Ecriture que nous avons cités, pour comprendre que, dans tous les temps, l'*excommunication* a dû inspirer la crainte à tous ceux qui avaient de la religion. Nous convenons que, dans les siècles de ténèbres et de trouble, les pasteurs de l'Eglise ont quelquefois abusé de l'*excommunication*, qu'ils l'ont lancée pour des sujets qui n'avaient aucun rapport à la religion, et contre des personnes dont il aurait fallu respecter la dignité. Mais, si l'on y veut faire attention, l'on verra que dans ces temps de désordres, de scandale, d'anarchie et de brigandage, les censures étaient le seul épouvantail capable de contenir des princes très-licencieux et très-déréglés; que cet abus même a prévenu plus de maux qu'il n'en a causé (1).

Aujourd'hui, que ces anciens abus ont été sagement retranchés, ce n'est plus le temps de vouloir encore répandre des nuages sur une matière suffisamment éclaircie. — Dans les premiers siècles de l'Eglise, les chrétiens rougissaient du crime, et non de la peine par laquelle il fallait l'expier. On a vu des dames romaines du plus haut rang, prendre, de leur plein gré, l'habit de la pénitence publique, et en subir toutes les humiliations, pour des fautes pour lesquelles les chrétiens d'aujourd'hui ne voudraient pas seulement s'imposer la moindre privation. Ce courage ne déshonorait point, il édifiait tout le monde, il faisait respecter davantage ceux qui en étaient capables. Parmi nous, ce n'est plus le crime qui donne de la honte, c'est la peine, quelque modérée qu'elle soit. Si les censeurs de la discipline ecclésiastique étaient les maîtres, ils dépouilleraient absolument les pasteurs de l'Eglise du pouvoir que Jésus-Christ leur a donné de retrancher de la société des fidèles les pécheurs publics, scandaleux, opiniâtres; ils ôteraient aux malfaiteurs toutes les espèces de frein que la religion veut opposer à leur perversité.

Ce qui regarde les différentes espèces d'*excommunication*, les sujets pour lesquels l'Eglise peut porter cette censure, la manière dont on peut l'encourir ou être absous, etc., tient de plus près au droit canonique qu'à la théologie.

EXCOMMUNICATION (1) [*Droit Canon*]. L'*excommunication* en général est une peine spirituelle fondée en raison, et qui opère les mêmes effets, dans la société religieuse, que les châtiments infligés par les lois pénales produisent dans la société civile. Ici les législateurs ont senti qu'il fallait opposer au crime un frein puissant; que la violence et l'injustice ne pouvaient être réprimées que par de fortes barrières, et que, dès qu'un citoyen troublait plus ou moins l'ordre public, il était de l'intérêt et de la sûreté de la société, qu'on privât le perturbateur d'une partie des avantages, ou même de tous les avantages dont il jouissait à l'abri des conventions qui font le fondement de cette société : de là les peines pécuniaires ou corporelles, la privation de la liberté ou de la vie, selon l'exigence des forfaits. De même dans une société religieuse, dès qu'un membre en viole les lois en matière grave, et qu'à cette infraction il ajoute l'opiniâtreté, les dépositaires de l'autorité sacrée sont en droit de le priver, proportionnellement au crime qu'il a commis, de quelques-uns ou de tous les biens spirituels auxquels il participait antérieurement. C'est sur ce principe, également fondé sur le droit naturel et sur le droit positif, que l'*excommunication*, restreinte à ce qui regarde la religion, a eu lieu parmi les païens et chez les Hébreux, et qu'elle l'a encore parmi les juifs et les chrétiens.

L'*excommunication* était en usage chez les Grecs, les Romains et les Gaulois; mais plus cette punition était terrible, plus les lois exigeaient de prudence pour l'infliger; au moins Platon, dans ses Lois (*Liv.* vii), la recommande-t-il aux prêtres et aux prêtresses. — Parmi les anciens Juifs, on séparait de la communion pour deux causes, l'impureté légale et le crime. L'une et l'autre *excommunication* était décrétée par les prêtres, qui déclaraient l'homme souillé d'une impureté légale, ou coupable d'un crime. L'*excommunication* pour cause d'impureté cessait lorsque cette cause ne subsistait plus, et que le prêtre déclarait qu'elle n'avait plus lieu. L'*excommunication* pour cause de crime ne finissait que quand le coupable reconnaissait sa faute, se soumettait aux peines qui lui étaient imposées par les prêtres ou par le sanhédrin. Tout ce que nous allons dire roulera sur cette dernière sorte d'*excommunication*.

On trouve des traces de l'*excommunication* dans Esdras, liv. 1, chap. 10, vers. 8; un Caraïte, cité par Selden, liv. 1, chap. 7, *De*

---

(1) Bergier accorde beaucoup dans cette phrase aux ennemis de l'Eglise. Il a pu y avoir quelques abus dans l'usage de l'excommunication. Les études sérieuses qu'on a faites dans notre siècle des mœurs du moyen âge ont prouvé jusqu'à l'évidence que l'excommunication servit infiniment la cause de l'ordre et des mœurs. Ce que nous appelons excès aujourd'hui était une nécessité de la situation.

(1) Reproduit d'après l'édition de Liége.

Sinedriis, assure que l'*excommunication* commença à n'être mise en usage chez les Hébreux que lorsque la nation eut perdu le droit de vie et de mort sous la domination des princes infidèles. Basnage (*Histoire des Juifs*, liv. v, chap. 18, art. 2) croit que le sanhédrin, ayant été établi sous les Machabées, s'attribua la connaissance des causes ecclésiastiques et la punition des coupables; que ce fut alors que le mélange des Juifs avec les nations infidèles rendit l'exercice de ce pouvoir plus fréquent, afin d'empêcher le commerce avec les païens, et l'abandon du judaïsme. Mais le plus grand nombre des interprètes présume, avec fondement, que les anciens Hébreux ont exercé le même pouvoir et infligé les mêmes peines qu'Esdras, puisque les mêmes lois subsistaient, qu'il y avait de temps en temps des transgresseurs, et par conséquent des punitions établies. D'ailleurs ces paroles si fréquentes dans les livres saints écrits avant Esdras, *Anima quæ fuerit rebellis adversus Dominum, peribit, delebitur*, et selon l'hébreu, *exscindetur de populo suo*, ne s'entendent pas toujours de la mort naturelle, mais de la séparation du commerce ou de la communication *in sacris*. On voit l'*excommunication* constamment établie chez les Juifs au temps de Jésus-Christ, puisqu'en saint Jean (ix, 22; xii, 42, xvi, 2), et dans saint Luc (vi, 22), il avertit ses apôtres qu'on les chassera des synagogues. Cette peine était en usage parmi les esséniens. Josèphe, parlant d'eux dans son *Histoire de la guerre des Juifs*, liv. ii, chap. 12, dit « qu'aussitôt qu'ils ont surpris quelqu'un d'entre eux dans une faute considérable, ils le chassent de leur corps; et que celui qui est ainsi chassé, fait souvent une fin tragique : car, comme il est lié par des serments et des vœux qui l'empêchent de recevoir la nourriture des étrangers, et qu'il ne peut plus avoir de commerce avec ceux dont il est séparé, il se voit contraint de se nourrir d'herbage, comme une bête, jusqu'à ce que son corps se corrompe, et que ses membres tombent et se détachent. Il arrive quelquefois, ajoute cet historien, que les esséniens, voyant ces excommuniés près de périr de misère, se laissent toucher de compassion, les retirent et les reçoivent dans leur société, croyant que c'est pour eux une pénitence assez sévère que d'avoir été réduits à cette extrémité pour la punition de leurs fautes. »

Selon les rabbins, l'*excommunication* consiste dans la privation de quelque droit dont on jouissait auparavant dans la communion ou dans la société dont on est membre. Cette peine renferme ou la privation des choses saintes, ou celle des choses communes, ou celle des unes et des autres tout à la fois; elle est imposée par une sentence humaine, ou par quelque faute ou réelle ou apparente, avec espérance néanmoins pour le coupable, de rentrer dans l'usage des choses dont cette sentence l'a privé. *Voyez* Selden, liv. i, chap. 7, *De Sinedriis*.

Les Hébreux avaient deux sortes d'*excommunication*, l'*excommunication majeure* et l'*excommunication mineure*. La première éloignait l'excommunié de la société de tous les hommes qui composaient l'Eglise; la seconde le séparait seulement d'une partie de cette société, c'est-à-dire de tous ceux de la synagogue : en sorte que personne ne pouvait s'asseoir auprès de lui plus près qu'à la distance de quatre coudées, excepté sa femme et ses enfants. Il ne pouvait être pris pour composer le nombre de dix personnes nécessaires pour terminer certaines affaires. L'excommunié n'était compté pour rien, et ne pouvait ni boire ni manger avec les autres. Il paraît pourtant par le Talmud, que l'*excommunication* n'excluait pas les excommuniés de la célébration des fêtes, ni de l'entrée du temple, ni des autres cérémonies de religion. Les repas qui se faisaient dans le temple, aux fêtes solennelles, n'étaient pas du nombre de ceux dont les excommuniés étaient exclus; le Talmud ne met entre eux et les autres que cette distinction, que les excommuniés n'entraient au temple que par le côté gauche, et sortaient par le côté droit, au lieu que les autres entraient par le côté droit, et sortaient par le côté gauche : mais peut-être cette distinction ne tombait-elle que sur ceux qui étaient frappés de l'*excommunication mineure*. Quoi qu'il en soit, les docteurs juifs comptent jusqu'à vingt-quatre causes d'*excommunication*, dont quelques-unes paraissent très légères, et d'autres ridicules : telles que de garder chez soi une chose nuisible, telle qu'un chien qui mord les passants, sacrifier sans avoir éprouvé son couteau en présence d'un sage ou d'un maire en Israël, etc. L'*excommunication* encourue par ces causes est précédée par la censure qui se fait d'abord en secret; mais si celle-ci n'opère rien, et que le coupable ne se corrige pas, la Maison du jugement, c'est-à-dire, l'assemblée des Juges, lui dénonce avec menaces qu'il ait à se corriger; on rend ensuite la censure publique dans quatre sabbats, où l'on proclame le nom du coupable et la nature de sa faute; et s'il demeure incorrigible, on l'excommunie par une sentence rendue en ces termes : *Qu'un tel soit dans la séparation ou dans l'excommunication, ou qu'un tel soit séparé*. — On subissait la sentence d'*excommunication*, ou durant la veille ou dans le sommeil. Les juges, ou l'assemblée, ou même les particuliers, avaient droit d'excommunier, pourvu qu'il y eût une des vingt-quatre causes dont nous avons parlé, et qu'on eût préalablement averti celui qu'on excommuniait qu'il eût à se corriger; mais dans la règle ordinaire, c'était la Maison du jugement ou la cour de justice qui portait la sentence d'*excommunication* solennelle. Un particulier pouvait en excommunier un autre; il pouvait également s'excommunier lui-même, comme, par exemple, ceux dont il est parlé dans les Actes, chap. xxvii, vers. 12; et dans le second livre d'Esdras, chap. x, vers. 29, qui s'engagent eux-mêmes, sous peine d'*excommunication*, les uns à observer la loi de Dieu, les autres à se saisir de Paul mort ou vif. Les Juifs lançaient quelquefois l'*excommunication* contre les bêtes, et les rabbins enseignent qu'elle fait son effet jusque sur les chiens. — L'*excommunication* qui arrivait pendant le sommeil était lorsqu'un homme voyait en songe les juges, qui, par une sentence juridique, l'excommuniaient, ou même un particulier qui l'excommuniait; alors il se tenait pour véritablement excommunié, parce que, selon les docteurs, il se pouvait faire que Dieu, ou par sa volonté, ou par quelqu'un de ses ministres, l'eût fait excommunier. Les effets de cette *excommunication* sont tous les mêmes que ceux de l'*excommunication* juridique, qui se fait pendant la veille. Si l'excommunié frappé d'une *excommunication* mineure n'obtenait pas son absolution dans un mois après l'avoir encourue, on la renouvelait encore pour l'espace d'un mois; et si, après ce terme expiré, il ne cherchait point à se faire absoudre, on le soumettait à l'*excommunication* majeure, et alors tout commerce lui était interdit avec les autres; il ne pouvait ni étudier ni enseigner, ni donner ni prendre à louage, il était réduit à peu près dans l'état de ceux auxquels les anciens Romains interdisaient l'eau et le feu. Il pouvait seulement recevoir sa nourriture d'un petit nombre de personnes; et ceux qui avaient quelque commerce avec lui, durant le temps de son *excommunication* étaient soumis aux mêmes peines ou à la même *excommunication*, selon la sentence des juges. Quelquefois même les biens de l'excommunié étaient confisqués et employés à des usages sacrés, par une sorte d'*excommunication* nommée *cherem*, dont nous allons dire un mot. Si quelqu'un mourait dans l'*excommunication*, on ne faisait point de deuil pour lui, et l'on marquait, par ordre de la justice, le lieu de sa sépulture, ou d'une grosse pierre, ou d'un amas de pierres, comme pour signifier qu'il avait mérité d'être lapidé.

Quelques critiques ont distingué chez les Juifs trois sortes d'*excommunication*, exprimées par ces trois termes : *nidui*, *cherem* et *schammata*. Le premier marque l'*excommunication* mineure; le second, la majeure, et le troisième signifie une *excommunication au-dessus de la majeure*, à laquelle on veut qu'ait été attachée la peine de mort, et dont personne ne pouvait absoudre. L'*excommunication nidui* dure trente jours. Le *cherem* est une espèce de réaggravation de la première; il chasse l'homme de la synagogue et le prive de tout commerce civil. Enfin, le *schammata* se publie au son de quatre cents trompettes, et ôte toute espèce de retour à la synagogue. On croit que le maranatha, dont parle saint Paul, est la même chose que le schammata; mais Selden prétend que ces trois termes sont souvent synonymes, et, qu'à proprement parler, les Hébreux n'ont jamais eu que deux sortes d'*excommunication*, la mineure et la majeure.

Les rabbins tirent la manière et le droit de leurs *excommunications* de la manière dont Debora et Barac maudissent Meroz, homme qui, selon ces docteurs, n'assista pas les Israélites. Voici ce qu'on en dit dans le livre des Juges, chap. x, vers. 23 : *Maudissez Meroz*, dit l'Ange du Seigneur, *maudissez ceux qui s'assiéront auprès de lui, parce qu'ils ne sont pas venus au secours du Seigneur avec les forts.* Les rabbins voient évidemment, à ce qu'ils prétendent, dans ce passage : 1° les malédictions que l'on prononce contre les excommuniés; 2° celles qui tombent sur les personnes qui s'asseient auprès d'eux, plus près que la distance de quatre coudées; 3° la déclaration publique du crime de l'excommunié, comme on dit dans le texte cité, que Meroz n'est pas venu à la guerre du Seigneur; 4° enfin la publication de la sentence à son de trompe, comme Barac excommunia, dit-on, Meroz au son de quatre cents trompettes; mais toutes ces cérémonies sont récentes. Ils croient encore que le patriarche Henoc est l'auteur de la forme de la grande *excommunication*, dont ils se servent encore à présent, et qu'elle leur a été transmise par une tradition non interrompue depuis Hénoc jusqu'aujourd'hui. Selden, liv. IV, chap. 7, *De jure natur. et gent.*, nous a conservé cette formule d'*excommunication*, qui est fort longue, et porte avec elle des caractères évidents de supposition. Il y est parlé de Moïse, de Josué, d'Elisée, de Giézi, de Barac, de Meroz, de la grande synagogue, des anges qui président à chaque mois de l'année, des livres de la loi, des trois cent quatre-vingt-dix préceptes qui y sont contenus; toutes choses qui prouvent que si Henoc en est le premier auteur, ceux qui sont venus après lui ont fait beaucoup d'additions.

Quant à l'absolution de l'*excommunication*, elle pouvait être donnée par celui qui avait prononcé l'*excommunication*, pourvu que l'excommunié fût touché de repentir, et qu'il en donnât des marques sincères. On ne pouvait absoudre que présent celui qui avait été excommunié présent. Celui qui avait été excommunié par un particulier, pouvait être absous par trois hommes à son choix, ou par un seul juge public. Celui qui s'était excommunié soi-même, ne pouvait s'absoudre soi-même, à moins qu'il ne fût éminent en science ou disciple du sage; hors de ce cas, il ne pouvait recevoir son absolution que de dix personnes choisies du milieu du peuple. Celui qui avait été excommunié en songe, devait encore employer plus de cérémonies : il fallait dix personnes savantes dans la loi et dans la science du Talmud; s'il ne s'en trouvait autant dans le lieu de sa demeure, il devait en chercher dans l'étendue de quatre mille pas; s'il ne s'y en rencontrait point assez, il pouvait prendre dix hommes qui sussent lire dans le Pentateuque, ou à leur défaut, dix hommes, ou tout au moins trois. Dans l'*excommunication* encourue pour cause d'offense, le coupable ne pouvait être absous que la partie lésée ne fût satisfaite : si par hasard elle était morte, l'excommunié devait se faire absoudre par trois hommes choisis, ou par le prince du sanhédrin. Enfin, c'est à ce dernier qu'il appartient d'absoudre de l'*excommunication* prononcée par un inconnu. Sur l'*excommunication* des Juifs, on peut consulter l'ouvrage de Selden, *De Sinedriis*; Drusius, *De novem sect., lib.* III, c. 11; Buxtorf, *Epist. hebr.*; le P. Morin, *De Pœnit.*; la continuation de l'Histoire des Juifs, par M. Basnage; la Dissertation de dom Calmet sur les supplices des Juifs; et son Dictionnaire de la Bible [Édit. Migne], au mot EXCOMMUNICATION.

Les chrétiens, dont la société doit être, suivant l'institution de Jésus-Christ, très-pure dans la foi et dans les mœurs, ont toujours eu grand soin de séparer de leur communion les hérétiques et les personnes coupables de crimes. Relativement à ces deux objets, on distinguait, dans la primitive Église, l'*excommunication* médicinale de l'*excommunication* mortelle. On usait de la première envers les pénitents, que l'on séparait de la communion jusqu'à ce qu'ils eussent satisfait à la pénitence qui leur était imposée. La seconde était portée contre les hérétiques et les pécheurs impénitents et rebelles à l'Église. C'est à cette dernière sorte d'*excommunication* que se rapportera tout ce qui nous reste à dire dans cet article; quant à l'*excommunication* médicinale, *voy.* PÉNITENCE et PÉNITENT.

L'*excommunication* mortelle, en général, est une censure ecclésiastique qui prive un fidèle, en tout ou en partie, du droit qu'il a sur les biens communs de l'Église, pour le punir d'avoir désobéi à l'Église dans une matière grave. Depuis les Décrétales, on a distingué deux espèces d'*excommunication*, l'une majeure, l'autre mineure. La majeure est proprement celle dont on vient de voir la définition, par laquelle un fidèle est retranché du corps de l'Église, jusqu'à ce qu'il ait mérité, par sa pénitence, d'y rentrer. L'*excommunication* mineure est celle qui s'encourt par la communication avec un excommunié d'une *excommunication* majeure qui a été légitimement dénoncée. L'effet de cette dernière *excommunication* ne prive celui qui l'a encourue que du droit de recevoir les sacrements, et de pouvoir être pourvu d'un bénéfice. — Le pouvoir d'excommunier a été donné à l'Église dans la personne des premiers pasteurs; il fait partie du pouvoir des clefs, que Jésus-Christ même conféra aux apôtres immédiatement, et, dans leur personne, aux évêques, qui sont les successeurs des apôtres. Jésus-Christ, en saint Matthieu, chap. XVIII, vers. 17 et 18, a ordonné de regarder comme un païen et un publicain celui qui n'écouterait pas l'Église. Saint Paul usa de ce pouvoir, quand il excommunia l'incestueux de Corinthe; et tous les apôtres ont eu recours à ce dernier remède, quand ils ont anathématisé ceux qui enseignaient une mauvaise doctrine. L'Église a, dans la suite, employé les mêmes armes; mais en mêlant beaucoup de prudence et de précautions dans l'usage qu'elle en faisait; il y avait même différents degrés d'*excommunication*, suivant la nature du crime et de la désobéissance. Il y avait des fautes pour lesquelles on privait les fidèles de la participation au corps et au sang de Jésus-Christ, sans les priver de la communion des prières. L'évêque qui avait manqué d'assister au concile de la province ne devait avoir avec ses confrères aucune marque extérieure de communion jusqu'au concile suivant, sans être cependant séparé de la communion extérieure des fidèles de son diocèse, ni retranché du corps de l'Église. Ces peines canoniques étaient, comme on voit, plutôt médicinales que mortelles. Dans la suite, l'*excommunication* ne s'entendit que de l'anathème, c'est-à-dire du retranchement de la société des fidèles; et les supérieurs ecclésiastiques n'usèrent plus avec autant de modération des foudres que l'Église leur avait mis entre les mains. Vers le IX° siècle on commença à employer les *excommunications* pour repousser la violence des petits seigneurs, qui, chacun dans leurs cantons, s'étaient érigés en autant de tyrans, puis pour défendre le temporel des ecclésiastiques, et enfin, pour toutes sortes d'affaires. Les *excommunications* encourues de plein droit, et prononcées par la loi sans procédures et sans jugement, s'introduisirent après la compilation de Gratien, et s'augmentèrent pendant un certain temps d'année en année. Les effets de l'*excommunication* furent plus terribles qu'ils ne l'avaient été auparavant : on déclara excommuniés tous ceux qui avaient quelque communication avec les excommuniés. Grégoire VII et quelques-uns de ses successeurs poussèrent l'effet de l'*excommunication* jusqu'à prétendre qu'un roi excommunié était privé de ses États, et que ses sujets n'étaient plus obligés de lui obéir.

Ce n'est pas une question si un souverain peut et doit même être excommunié en certains cas graves, où l'Église est en droit d'infliger des peines spirituelles à ses enfants rebelles, de quelque qualité ou condition qu'ils soient; mais aussi, comme ces peines sont purement spirituelles, c'est en connaître mal la nature et abuser du pouvoir qui les inflige, que de prétendre qu'elles s'étendent jusqu'au temporel, et qu'elles renversent ces droits essentiels et primitifs qui lient les sujets à leur souverain (1). Écoutons sur cette matière un écrivain extrêmement judicieux, et qui nous fera sentir vivement les conséquences affreuses de l'abus du pouvoir d'excommunier les souverains, en prétendant soutenir les peines spirituelles. C'est M. l'abbé Fleury, qui, dans son *Discours sur l'Histoire ecclésiastique*, depuis l'an 600 jusqu'à l'an 1200, s'exprime ainsi : « J'ai remarqué que les évêques employaient le bras séculier pour forcer les pécheurs à la péni-

---

(1) Il est constant que le pouvoir que les papes s'arrogeaient pour déposer les rois, était plus fondé sur le droit public alors en vigueur que sur les principes religieux. *Voy.* Voigt, *Vie de Grégoire VII.*

tence, et que les papes avaient commencé, plus de deux cents ans auparavant, à vouloir par autorité régler les droits des couronnes; Grégoire VII suivit ces nouvelles maximes et les poussa encore plus loin, prétendant ouvertement que, comme pape, il était en droit de déposer les souverains rebelles à l'Eglise. Il fonda cette prétention principalement sur l'*excommunication*. On doit éviter les excommuniés, n'avoir aucun commerce avec eux, ne pas leur parler, ne pas même leur dire bonjour, suivant l'apôtre saint Jean (*Ep. II,* 1) : donc un prince excommunié doit être abandonné de tout le monde; il n'est plus permis de lui obéir, de recevoir ses ordres, de l'approcher; il est exclu de toute société avec les chrétiens. Il est vrai que Grégoire VII n'a jamais fait aucune décision sur ce point; Dieu ne l'a pas permis : il n'a prononcé formellement dans aucun concile, ni par aucune décrétale, que le pape ait droit de déposer les rois ; mais il l'a supposé pour constant, comme d'autres maximes aussi peu fondées qu'il croyait certaines. Il a commencé par les faits et par l'exécution.

« Il faut avouer, continue cet auteur, qu'on était alors tellement prévenu de ces maximes, que les défenseurs de Henri IV, roi d'Allemagne, se retranchaient à dire qu'un souverain ne pouvait être excommunié. Mais il était facile à Grégoire VII de montrer que la puissance de lier et de délier a été donnée aux apôtres généralement, sans distinction de personne, et comprend les princes comme les autres. Le mal est qu'il ajoutait des propositions excessives ; que l'Eglise ayant droit de juger des choses spirituelles, elle avait, à plus forte raison, droit de juger des temporelles ; que le moindre exorciste est au-dessus des empereurs, puisqu'il commande aux démons ; que la royauté est l'ouvrage du démon, fondé sur l'orgueil humain, au lieu que le sacerdoce est l'ouvrage de Dieu ; enfin, que le moindre chrétien vertueux est plus véritablement roi qu'un roi criminel, parce que ce prince n'est plus un roi, mais un tyran : maxime que Nicolas Ier avancée avant Grégoire VII, et qui semble avoir été tirée du livre apocryphe des Constitutions apostoliques, où elle se trouve expressément. On peut lui donner un bon sens, la prenant pour une expression hyperbolique, comme quand on dit qu'un méchant homme n'est pas un homme : mais de telles hyperboles ne doivent pas être réduites en pratique. C'est autrefois sur ces fondements que Grégoire VII prétendait en général, que, suivant le bon ordre, c'était l'Eglise qui devait distribuer les couronnes et juger les souverains, et en particulier il prétendait que tous les princes chrétiens étaient vassaux de l'Eglise romaine, lui devaient prêter serment de fidélité et payer tribut. — Voyons maintenant les conséquences de ces principes. Il se trouve un prince indigne et chargé de crimes, comme Henri IV, roi d'Allemagne ; car je ne prétends point le justifier : il est cité à Rome pour rendre compte de sa conduite ; il ne comparaît point. Après plusieurs citations, le pape l'excommunie : il méprise la censure. Le pape le déclare déchu de la royauté, absout ses sujets du serment de fidélité, leur défend de lui obéir, leur permet ou leur ordonne d'élire un autre roi. Qu'en arrivera-t-il? Des séditions, des guerres civiles dans l'Etat, des schismes dans l'Eglise. Allons plus loin : un roi déposé n'est plus un roi ; donc, s'il continue à se porter pour roi, c'est un tyran, c'est-à-dire un ennemi public, à qui tout homme doit courir sus. Qu'il se trouve un fanatique qui, ayant lu dans Plutarque la Vie de Timoléon ou de Brutus, se persuade que rien n'est plus glorieux que de délivrer sa patrie ; ou qui, prenant de travers les exemples de l'Ecriture, se croie suscité, comme Aod ou comme Judith, pour affranchir le peuple de Dieu : voilà la vie de ce prétendu tyran exposée au caprice de ce visionnaire, qui croira faire une action héroïque, et gagner la couronne du martyre. Il n'y en a, par malheur, que trop d'exemples dans l'histoire des derniers siècles, et Dieu a permis ces suites affreuses des opinions sur l'*excommunication*, pour en désabuser au moins par l'expérience. Revenons donc aux maximes de la sage antiquité. Un souverain peut être excommunié comme un particulier ; je le veux ; mais la prudence ne permet presque jamais d'user de ce droit. Supposé le cas, très-rare, ce serait à l'évêque aussi bien qu'au pape, et les effets n'en seraient que spirituels, c'est-à-dire, qu'il ne serait plus permis au prince excommunié de participer aux sacrements, d'entrer dans l'église, de prier avec les fidèles, ni aux fidèles d'exercer avec lui aucun acte de religion : mais les sujets ne seraient pas moins obligés de lui obéir en tout ce qui ne serait point contraire à la loi de Dieu. On n'a jamais prétendu, au moins dans les siècles de l'Eglise les plus éclairés, qu'un particulier excommunié perdit la propriété de ses biens ou de ses esclaves, ou la puissance paternelle sur ses enfants. Jésus-Christ, en établissant son Evangile, n'a rien fait par force, mais tout par persuasion, suivant la remarque de saint Augustin ; il a dit que son royaume n'était pas de ce monde, et n'a pas voulu se donner seulement l'autorité d'arbitre entre deux frères ; il a ordonné de rendre à César ce qui était à César, quoique ce César fût Tibère, non-seulement païen, mais le plus méchant de tous les hommes ; en un mot, il est venu pour réformer le monde en convertissant les cœurs, sans rien changer dans l'ordre extérieur des choses humaines. Ses apôtres et leurs successeurs ont suivi le même plan, et ont toujours prêché aux particuliers d'obéir aux magistrats et aux princes, et aux esclaves d'être soumis à leurs maîtres, bons ou mauvais, chrétiens ou infidèles. »

 Plus ces principes sont incontestables, et plus on a senti, surtout en France, que, par rapport à l'*excommunication* il fallait se rapprocher de la discipline des premiers siècles, ne permettre d'excommunier que pour des crimes graves et bien prouvés, diminuer le nombre des *excommunications* prononcées de plein droit, réduire à une *excommunication* mineure la peine encourue par ceux qui communiquent sans nécessité avec les excommuniés dénoncés, et enfin soutenir que l'*excommunication* étant une peine purement spirituelle, elle ne dispense point les sujets des souverains excommuniés de l'obéissance due à leur prince, qui tient son autorité de Dieu même; et c'est ce qu'ont constamment reconnu non-seulement les parlements, mais même le clergé de France, dans les *excommunications* de Boniface VIII contre Philippe le Bel; de Jules II contre Louis XII; de Sixte V contre Henri III; de Grégoire XIII contre Henri IV, et dans la fameuse assemblée du clergé de 1682. — En effet, les canonistes nouveaux, qui semblent avoir donné tant d'étendue aux effets de l'*excommunication*, et qui les ont renfermés dans ce vers technique :

Os, orare, vale, communio, mensa negatur,

c'est-à-dire, qu'on doit refuser aux excommuniés la conversation, la prière, le salut, la communion, la table; choses pour la plupart, purement civiles et temporelles : ces mêmes canonistes se sont relâchés de cette sévérité par cet autre axiome, aussi exprimé en forme de vers :

Utile, lex, humile, res ignorata, necesse,

qui signifie que la défense n'a point de lieu entre le mari et la femme, entre les parents, entre les sujets et le prince, et qu'on peut communiquer avec un excommunié si l'on ignore qu'il le soit, ou qu'il y ait lieu d'espérer qu'en conversant avec lui, on pourra le convertir; ou enfin, quand les devoirs de la vie civile ou la nécessité l'exigent. C'est ainsi que François I*er* communiqua toujours avec Henri VIII pendant plus de dix ans, quoique ce dernier souverain eût été solennellement excommunié par Clément VII. — De là, le concile de Paris, en 829, confirme une ordonnance de Justinien, qui défend d'excommunier quelqu'un avant de prouver qu'il est dans le cas où, selon les canons, on est en droit de procéder contre lui par *excommunication*. Les III*e* et IV*e* conciles de Latran et le I*er* concile de Lyon, en 1245, renouvellent et étendent ces règlements. Selon le concile de Trente (*sess.* 25, *c.* 3, *de Reform.*), l'*excommunication* ne peut être mise en usage qu'avec beaucoup de circonspection, lorsque la qualité du délit l'exige, et après deux monitions. Les conciles de Bourges, en 1584; de Bordeaux, en 1583; d'Aix, en 1585; de Toulouse, en 1590, et de Narbonne, en 1609, confirment et renouvellent le décret du concile de Trente, et ajoutent qu'il ne faut avoir recours aux censures qu'après avoir tenté inutilement tous les autres moyens. Enfin, la chambre ecclésiastique des Etats de 1614 défend aux évêques ou à leurs officiaux d'octroyer monitions ou *excommunications*, sinon en matière grave et de conséquence (*Mém. du Clergé*, tom. VII, pag. 929 et suiv., 1107 et suiv.).

Le cas de l'*excommunication* contre le prince pourrait avoir lieu dans le fait, et jamais dans le droit; car, par la jurisprudence reçue dans le royaume, et même par le clergé, les *excommunications* que les papes décernent contre les rois et les souverains, ainsi que les bulles qui les prononcent, sont rejetées en France comme nulles (*Mém. du Clergé*, tom. VI, pag. 998 et 1005).

Elles n'auraient par conséquent nul effet, quant au temporel. C'est la doctrine du clergé de France, assemblé en 1682, qui, dans le premier de ces quatre fameux articles, déclara que les princes et les rois ne peuvent être, par le pouvoir des clefs, directement ou indirectement déposés, ni leurs sujets déliés du serment de fidélité : doctrine adoptée par tout le clergé de France et par la Faculté de théologie de Paris (*Libert. de l'Eglise Gallic.*, art. 15).

« On ne peut excommunier les officiers du roi(1), dit M. d'Héricourt (*Lois eccl. de France*, part. I, chap. 22, art. 27), pour tout ce qui regarde les fonctions de leurs charges. Si les juges ecclésiastiques contreviennent à cette loi, on procède contre eux par saisie de leur temporel. Le seul moyen qu'ils puissent prendre, s'ils se trouvent lésés par les juges royaux inférieurs, c'est de se pourvoir au parlement; si c'est le parlement dont les ecclésiastiques croient avoir quelque sujet de se plaindre, ils doivent s'adresser au roi : ce qui n'aurait point de lieu, si un juge royal entreprenait de connaître des choses de la foi, ou des matières purement spirituelles, dont la connaissance est réservée en France aux tribunaux ecclésiastiques : car, dans ce cas, les juges d'Eglise sont les vengeurs de leur juridiction, et peuvent se servir des armes que l'Eglise leur met entre les mains. »

Comme nous ne nous proposons pas de donner ici un traité complet de l'*excommunication*, nous nous contenterons de rapporter les principes les plus généraux, les plus sûrs et les plus conformes aux usages du royaume sur cette matière. — Lorsque, dans une loi ou dans un jugement ecclésiastique, on prononce la peine de l'*excommunication*, la loi ou le jugement doivent s'entendre de l'*excommunication* majeure qui retranche de la communion des fidèles. — L'*excommunication* est prononcée, ou par la loi qui déclare que quiconque contreviendra à ses dispositions, encourra de plein droit la peine de l'*excommunication*, sans qu'il soit besoin qu'elle soit prononcée par le juge, ou elle est prononcée par une sentence du juge. Les canonistes appellent la première *excommunication*, *latæ sententiæ*, et la seconde *excommunication*, *ferendæ sententiæ*. Il faut néanmoins observer que, comme on doit toujours restreindre les lois pénales, l'*excommunication* n'est point encourue de plein droit, à moins que la loi ou

(1) L'autorité spirituelle, en se renfermant dans les limites de son pouvoir, a évidemment autant d'autorité sur les officiers royaux que sur un simple citoyen. Il y a seulement des usages qu'il est bon d'observer.

le canon ne s'exprime sur ce sujet d'une manière si précise, que l'on ne puisse douter que l'intention du législateur n'ait été de soumettre par le seul fait à l'*excommunication* ceux qui contreviendraient à la loi. — Les *excommunications* prononcées par la loi n'exigent point de monitions préalables ou monitoires, mais les *excommunications* à prononcer par le juge en exigent trois, faites dans des intervalles convenables. *Voy.* MONITOIRE. — On peut attaquer une *excommunication*, ou comme injuste, ou comme nulle : comme injuste, quand elle est prononcée pour un crime dont on est innocent, ou pour un sujet si léger, qu'il ne mérite pas une peine si grave; comme nulle, quand elle a été prononcée par un juge incompétent, pour des affaires dont il ne devait pas prendre connaissance, et quand on a manqué à observer les formalités prescrites par les canons et les ordonnances. Néanmoins l'*excommunication*, même injuste, est toujours à craindre; et dans le for extérieur, l'excommunié doit se conduire comme si l'*excommunication* était légitime. — Le premier effet de l'*excommunication* est que l'excommunié est séparé du corps de l'Église, et qu'il n'a plus de part à la communion des fidèles. Les suites de cette séparation sont que l'excommunié ne peut ni recevoir ni administrer les sacrements, ni même recevoir, après sa mort, la sépulture ecclésiastique, être pourvu de bénéfices pendant sa vie ou en conférer, ni être élu pour les dignités, ni exercer la juridiction ecclésiastique. On ne peut même prier pour lui dans les prières publiques de l'Église; et de là vient qu'autrefois on retranchait des dyptiques les noms des excommuniés. *Voy.* DYPTIQUES. Il est même défendu aux fidèles d'avoir aucun commerce avec les excommuniés; mais, comme le grand nombre des *excommunications* encourues par le seul fait avaient rendu très-difficile l'exécution des canons qui défendent de communiquer avec des excommuniés, le pape Martin V fit, dans le concile de Constance, une constitution qui porte qu'on ne sera obligé d'éviter ceux qui sont excommuniés par le droit ou par une sentence du juge, qu'après que l'*excommunication* aura été dénoncée nommément. On n'excepte de cette règle que ceux qui sont tombés dans l'*excommunication* pour avoir frappé un clerc, quand le fait est si notoire, qu'on ne peut le dissimuler ni le pallier par aucune excuse, quelle qu'elle puisse être. La dénonciation des excommuniés nommément doit se faire à la messe paroissiale pendant plusieurs dimanches consécutifs; et les sentences d'*excommunication* doivent être affichées aux portes des églises, afin que ceux qui ont encouru cette peine soient connus de tout le monde. Depuis la bulle de Martin V, le concile de Bâle renouvela ce décret, avec cette différence que, suivant la bulle de Martin V, on n'excepte de la loi, pour la dénonciation des excommuniés, que ceux qui ont frappé notoirement un clerc, qu'on est obligé d'éviter dès qu'on sait qu'ils ont commis ce crime; au lieu que le concile de Bâle veut qu'on évite tous ceux qui sont excommuniés notoires, quoiqu'ils n'aient pas été dénoncés. Cet article du concile de Bâle a été inséré dans la Pragmatique sans aucune modification, et répété mot pour mot dans le Concordat. Cependant on a toujours observé, en France, de n'obliger d'éviter les excommuniés que quand ils ont été nommément dénoncés, même par rapport à ceux dont l'*excommunication* est connue de tout le monde, comme celle des personnes qui font profession d'hérésie. — Avant que de dénoncer excommunié celui qui a encouru une *excommunication*, *latæ sententiæ*, il faut le citer devant le juge ecclésiastique, afin d'examiner le crime qui a donné lieu à l'*excommunication*, et d'examiner s'il n'y aurait pas quelque moyen légitime de défense à proposer. Au reste, ceux qui communiquent avec un excommunié dénoncé, soit pour le spirituel, soit pour le temporel, n'encourent qu'une *excommunication* mineure. — Dès qu'un excommunié dénoncé entre dans l'église, on doit faire cesser l'office divin, en cas que l'excommunié ne veuille pas sortir; le prêtre doit même abandonner l'autel : cependant s'il avait commencé le canon, il devrait continuer le sacrifice jusqu'à la communion inclusivement, après laquelle il doit se retirer à la sacristie pour y réciter le reste des prières de la messe. Tous les canonistes conviennent qu'on doit en user ainsi.

Dans la primitive Église, la forme d'*excommunication* était fort simple : les évêques dénonçaient aux fidèles les noms des excommuniés, et leur interdisaient tout commerce avec eux. Vers le IXe siècle, on accompagna la fulmination de l'*excommunication* d'un appareil propre à inspirer la terreur. Douze prêtres tenaient chacun une lampe à la main, qu'ils jetaient à terre et foulaient aux pieds; après que l'évêque avait prononcé l'*excommunication*, on sonnait une cloche, et l'évêque et les prêtres proféraient des anathèmes et des malédictions. Ces cérémonies ne sont plus guère en usage qu'à Rome, où tous les ans, le jeudi saint, dans la publication de la bulle *In cœna Domini* (*Voy.* BULLE), l'on éteint et l'on brise un cierge : mais l'*excommunication* en soi n'est pas moins terrible et n'a pas moins d'effet, soit qu'on observe ou qu'on omette ces formalités. — L'absolution de l'*excommunication* était anciennement réservée aux évêques : maintenant il y a des *excommunications* dont les prêtres peuvent réserver; il y en a de réservées aux évêques, d'autres au pape. L'absolution du moins solennelle de l'*excommunication* est aussi accompagnée de cérémonies. Lorsqu'on s'est assuré des dispositions du pénitent, l'évêque, à la porte de l'église, accompagné de douze prêtres en surplis, six à sa droite et six à sa gauche, lui demande s'il veut subir la pénitence ordonnée par les canons, pour les crimes qu'il a commis; il demande pardon, confesse sa faute, implore la pénitence, et promet de ne plus tomber dans le désordre ; ensuite l'évêque, assis et couvert de sa mitre, récite les sept psaumes avec les prêtres, et donne de temps en temps des coups de verge ou de baguette à l'excommunié, puis il prononce la formule d'absolution, qui a été déprécative jusqu'au xiii° siècle, et qui, depuis ce temps-là, est impérative ou conçue en forme de sentence; enfin il prononce deux oraisons particulières, qui tendent à rétablir le pénitent dans la possession des biens spirituels dont il avait été privé par l'*excommunication*. A l'égard des coups de verge sur le pénitent, le pontifical qui prescrit cette cérémonie, comme d'usage à Rome, avertit qu'elle n'est pas reçue partout, et ce fait est justifié par plusieurs Rituels des Eglises de France, tels que celui de Troyes en 1660, et celui de Toul en 1700. — Lorsqu'un excommunié a donné avant la mort des signes sincères de repentir, on peut lui donner après sa mort l'absolution des censures qu'il avait encourues. — Comme un excommunié ne peut ester en jugement, on lui accorde une absolution judiciaire ou *absolutio ad cautelam*, pour qu'il puisse librement poursuivre une affaire en justice: cette exception n'est pourtant pas reçue en France dans les tribunaux séculiers. C'est à celui qui a prononcé l'*excommunication*, ou à son successeur, qu'il appartient d'en donner l'absolution. Sur toute cette matière de l'*excommunication*, on peut consulter le P. Morin (*De pœnit.*), Eveillon (*Traité des censures*), M. Dupin (*De antiq. Eccles. Discipl.*, *dissert. de Excomm.*); l'excellent ouvrage de M. Gibert, intitulé : *Usage de l'Eglise gallicane, contenant les censures*; les *Lois ecclésiast. de France*, par M. d'Héricourt, 1re part., ch. 12, et le *Nouvel abrégé des Mémoires du clergé*, au mot CENSURES. (G.).

Lisez aussi le *Traité des Excommunications*, par Collet, Dijon, 1689, in-12, et qui a été réimprimé depuis à Paris. Cette matière est digne de l'attention des souverains, des sages et des citoyens. On ne peut trop réfléchir sur les effets qu'ont produits les foudres de l'*excommunication*, quand elles ont trouvé dans un Etat des matières combustibles, quand les raisons politiques les ont mises en œuvre, et quand la superstition des temps les a soufferies. Grégoire V, en 998, excommunia le roi Robert, pour avoir épousé sa parente au quatrième degré; mariage en soi légitime et de plus nécessaire au bien de l'Etat (1). Tous les évêques qui eurent part à ce mariage allèrent à Rome faire satisfaction au pape; les peuples, les courtisans mêmes se séparèrent du roi, et les personnes qui furent obligées de le servir purifièrent par le feu toutes les choses qu'il avait touchées. — Peu d'années après, en 1092, Urbain II excommunia Philippe, petit-fils de Robert, pour avoir quitté sa parente. Ce dernier prononça sa sentence d'*excommuni-*

---

(1) Cette réflexion est plus que légère. Il est évident qu'un pape devait user de son autorité pour faire cesser, une union criminelle, puisque le mariage était notoirement nul.

cation dans les propres Etats du roi, à Clermont en Auvergne, où Sa Sainteté venait chercher un asile, dans ce même concile où elle prêcha la croisade, et où, pour la première fois, le nom de pape fut donné au chef de l'Eglise, à l'exclusion des évêques qui le prenaient auparavant. Tant d'autres monuments historiques, que fournissent les siècles passés sur les *excommunications* et les interdits du royaume, ne seraient cependant qu'une connaissance bien stérile, si on n'en chargeait que sa mémoire. Mais il faut envisager de pareils faits d'un œil philosophique, comme des principes qui doivent nous éclairer, et, pour me servir des termes de M. d'Alembert, comme des recueils d'expériences morales faites sur le genre humain. C'est de ce côté-là que l'Histoire devient une science utile et précieuse. D. J. (Extrait du *Dictionn. de Jurisprudence*.)

* EXÉGÈSE NOUVELLE, EXÉGÈTES ALLEMANDS. L'interprétation d'un livre ou d'un passage est la détermination du sens que l'auteur s'est proposé, et qu'il a voulu transmettre à ses lecteurs. Le recueil des règles que l'on doit suivre pour l'interprétation se nomme, dans le langage scientifique, *herméneutique* ou *exégèse*. Cette science si importante pour l'étude de la théologie, l'est encore devenue davantage, puisqu'un grand nombre d'écrivains téméraires ont adopté des systèmes d'interprétation subversifs du christianisme et de toute révélation. Au mot HERMÉNEUTIQUE SACRÉE, nous exposerons les règles d'une sage interprétation. Nous nous proposons uniquement ici d'étudier la nouvelle exégèse née en Allemagne. Nous en ferons l'histoire dans un premier paragraphe, nous apprécierons ensuite la doctrine en elle-même.

I. *Histoire de la nouvelle exégèse ou des exégètes allemands.*

Un peu avant le milieu du xviii° siècle, quelques naturalistes allemands assurèrent que la Genèse était fabuleuse. Les partisans de cette nouvelle doctrine se divisèrent en deux classes. « L'une, dit Deluc, rejeta dès lors toute révélation ou manifestation directe de Dieu aux hommes; ce qu'elle insinua d'abord d'une manière couverte, mais qu'elle manifesta de plus en plus ouvertement. On connaît assez l'histoire de cette classe; ainsi je me contenterai de dire que ce fut elle qui parla d'abord de religion naturelle, pour endormir les hommes sur ce qu'ils deviendraient, lorsque, suivant son plan, toute religion positive serait effacée ; mais une grande partie de ceux de cette classe qui cachaient leur athéisme, l'ont enfin manifesté publiquement. L'autre classe, dès ce temps-là, se partagea entre deux systèmes. Je ne parlerai ici que des théologiens, parce que, parmi ceux qui conservent, ou croient conserver une religion, ce sont eux qui ont le plus d'influence. Les uns crurent d'abord pouvoir séparer l'histoire du genre humain de celle de la terre elle-même, et rester ainsi au même point où l'on était avant ces prétendues nouvelles découvertes sur la dernière. Ils retenaient donc l'histoire d'Adam, de Noé, d'Abraham, et la théocratie des Hébreux : chaîne d'événements absolument nécessaire à la foi chrétienne. Mais il n'échappa pas à d'autres, que si Moïse n'était pas un historien fidèle de la création de l'univers et de la terre en particulier, si le déluge, dans toutes ses circonstances, n'était pas un événement réel, Adam et Noé devenaient des personnages chimériques. Alors, ne sachant plus où placer, dans l'Ancien Testament, une première époque où commençât la vérité; ils l'abandonnèrent comme n'étant qu'une histoire du peuple hébreu, mêlée de faux prodiges; et ils se persuadèrent que l'Évangile n'avait pas besoin de cet appui pour être considéré comme divin.

« On n'agita pas d'abord publiquement ces questions; beaucoup de théologiens même les écartèrent, ou les couvrirent du voile du silence. Mais l'effet se produisait dans les esprits, et il vint inévitablement affecter le christianisme lui même. La création de l'homme et sa chute n'étant plus considérées que comme une fable allégorique sur quelque chose d'ignoré, furent livrées à des interprétations arbitraires : la rédemption des hommes par Jésus-Christ, intimement liée, tant à cette circonstance qu'à tout ce que la Bible renferme sur la nature divine, ne parut plus qu'une idée née et arrangée successivement par des hommes qui avaient voulu, pour le bien de l'humanité, établir une religion positive; de sorte que ceux qui avaient ainsi abandonné la foi crurent devoir contribuer à soutenir cette religion, mais en insistant peu sur les dogmes, excepté auprès du peuple, chez qui on les regardait comme nécessaires pour appui de la morale. Quant à ceux d'entre les théologiens qui demeurèrent fidèles à la religion révélée, commençant ainsi à se faire distinguer des autres, ce fut sur eux que portèrent d'abord les attaques des infidèles déclarés. — A mesure que la défense devint plus faible dans le corps des théologiens, par la défection d'une partie d'entre eux, les attaques de la secte qui voulait détruire le christianisme devinrent plus vives; car dès qu'on ne se croyait plus en état de soutenir la Genèse, toute l'histoire de la Bible devenait monstrueuse. Que dire, en effet, des miracles et des prophéties qui en forment le lien dès le premier de ses livres, si celui-ci n'était qu'une fable? Les sarcasmes, d'abord couverts, puis formels, tombèrent sur toute cette histoire; ils furent répandus sous mille formes, et portés avec un acharnement croissant jusque parmi le peuple. — Ceux d'entre les théologiens qui avaient vraiment à cœur la religion, voyant que tout ce changement dans les idées était parti de l'opinion répandue par quelques naturalistes sur la Genèse, se sont donné la peine, comme c'était pour eux un devoir, d'étudier leurs ouvrages; et, par la seule considération de la légèreté de leurs assertions et des contradictions qui régnent entre eux, ils ont vu clairement qu'il n'y avait rien de solide dans leur prétendue science, rien qui dût ébranler une foi si solidement établie depuis bien des siècles, et si essentielle au bonheur des hommes. Mais d'autres, fuyant la peine de l'examen, amoureux de la distinction et de la nouveauté, et décorant du titre de la raison ce qui n'était que le produit de leur fantaisie, ont arrangé un système de religion, qu'ils prétendent néanmoins tirer de la Bible; et, en le publiant, ils ont osé taxer d'obstinés, de bigots, quelquefois même d'hypocrites, ceux d'entre les théologiens qui demeurèrent fidèles au sens immédiat de ce livre divin. — C'est de là qu'est résulté le succès des ennemis déclarés de toute religion révélée : ils ont osé soutenir publiquement que les religions positives n'avaient jamais été que l'invention des prêtres, pour tenir les hommes dans la servitude, et qu'il n'y avait d'autre religion que celle qui existait dans le cœur de chaque homme. C'est cette idée que l'éditeur de la traduction française des ouvrages de Bacon a osé attribuer à ce philosophe, pour en faire un appui à la secte des mécréants, c'est le but d'un autre ouvrage allemand : *Opinions libres sur la Bible et sa valeur comme livre de religion et de morale pour tous les temps*; ouvrage qu'on n'est pas peu surpris de voir imprimé à Berlin en 1799, après avoir lu, entre autres, les passages suivants : *Il eût été heureux que nous n'eussions jamais entendu parler d'un tel ouvrage que la Bible.* — *Il est évident que les amis de la jeunesse auraient mieux réussi à l'éclairer et à la corri-*

ger, si elle n'avait pas sucé tant de poison dans la Bible. »

Tel était l'état de l'exégèse en Allemagne lorsque le XIX° siècle commença; une foule de commentateurs se lancèrent dans la carrière qui était ouverte. « En 1790, dit l'éditeur de Lefort, Eichorn n'admet comme emblématique que le premier chapitre de la Genèse. Il se contente d'établir la dualité des Elohim et de Jéhovah, et de montrer dans le Dieu de Moïse une sorte de Janus hébraïque au double visage; quelques années à peine sont passées, on voit paraître, en 1803, *la Mythologie de la Bible*, par Bauer. D'ailleurs, cette méthode de résoudre les faits en idées nouvelles, d'abord contenue dans les bornes de l'Ancien Testament, franchit bientôt ces limites, et; comme il était naturel, s'attacha au Nouveau. — En 1806, le conseiller ecclésiastique Daub disait, dans ses *Théorèmes de Théologie* : Si vous exceptez tout ce qui se rapporte aux anges, aux démons, aux miracles, il n'y a presque point de mythologie dans l'Evangile. En ce temps-là, les récits de l'enfance de Jésus-Christ étaient presque seuls atteints par le système des symboles. Un peu après, les trente premières années de la vie de Jésus sont également converties en paraboles. La naissance et l'ascension, c'est-à-dire le commencement et la fin, furent seules conservées dans le sens littéral; tout le reste du corps de la tradition avait plus ou moins été sacrifié. Encore ces derniers débris de l'histoire sainte ne tardèrent-ils pas eux-mêmes à être travestis en fables.

« Au reste, chacun apportait dans cette métamorphose le caractère de son esprit. Selon l'école à laquelle on appartenait, on substituait à la lettre des Evangélistes une mythologie métaphysique ou morale, ou juridique, ou seulement étymologique : les intelligences les plus abstraites ne voyaient guère sur la croix que l'infini suspendu dans le fini, ou l'idéal crucifié dans le réel. Ceux qui s'étaient attachés surtout à la contemplation du beau dans la religion, après avoir, avec une certaine éloquence, affirmé, répété, que le christianisme est, par excellence, le poème de l'humanité, finirent par ne plus reconnaître, dans les livres saints, qu'une suite de fragments ou de rapsodies de l'éternelle épopée : tel fut Herder vers la fin de sa vie. C'est dans ses derniers ouvrages (car les premiers ont un caractère tout différent) que l'on peut voir à nu comment, soit la poésie, soit la philosophie, dénaturent insensiblement les vérités religieuses; comment, sans changer le nom des choses, on leur donne des acceptions nouvelles, si bien qu'à la fin, le fidèle, qui croit posséder un dogme, ne possède plus, en réalité, qu'un dithyrambe, une idylle, une tirade morale ou une abstraction scolastique, de quelque beau mot qu'on le pare. L'influence de Spinosa se retrouve encore ici. Il avait dit : « J'accepte, selon la lettre, la passion, la mort, la sépulture du Christ, mais sa résurrection comme une allégorie » (*Eph.* 25). Cette idée ayant été promptement relevée, il ne resta plus un seul moment de la vie de Jésus-Christ qui n'eût été métamorphosé en symbole, en emblème, en figure, en mythe, par quelque théologien. Néander lui-même, le plus croyant de tous, étendit ce genre d'interprétation à la vision de saint Paul dans les Actes des apôtres.

« On se faisait d'autant moins de scrupule d'en user ainsi, que chacun pensait que le point dont il s'occupait était le seul qui eût part à ce genre de critique; et d'ailleurs si l'on conservait quelque inquiétude à cet égard, elle s'effaçait par cette unique considération qu'après tout on ne sacrifiait que les parties mortelles et, pour ainsi dire, le corps du christianisme, mais qu'au moyen de l'explication figurée on en sauvait le sens, c'est-à-dire l'âme et la partie éternelle. C'est là ce que Hegel appelait : *analyser le Fils.*

« Ainsi les défenseurs naturels du dogme travaillaient, de toute part, au changement de la croyance établie ; car il faut remarquer que cette œuvre n'était pas accompagnée, comme elle l'avait été en France, par les gens du monde et par les philosophes de profession, au contraire, cette révolution s'achevait presque entièrement par le concours des théologiens, qui, tout en effaçant chaque jour un mot de la Bible, ne semblaient pas moins tranquilles sur l'avenir de leur croyance. Tel était leur aveuglement, qu'on eût dit qu'ils vivaient paisiblement dans le scepticisme comme dans leur condition naturelle.

« Il en est un pourtant qui a eu le pressentiment et, comme il le dit lui-même, la certitude d'une crise imminente. C'est Schleiermacher, qui s'épuisa en efforts pour concilier la croyance ancienne avec la science nouvelle, et qui se vit, dans ce but, entraîné à des concessions incroyables. D'abord, il renonça à la tradition et à l'appui de l'Ancien Testament : c'est ce qu'il appelait *rompre avec l'ancienne alliance*. Pour satisfaire l'esprit cosmopolite, il plaçait, à quelques égards, le Mosaïsme au-dessous du Mahométisme. Plus tard, s'étant fait un Ancien Testament sans prophéties, il se fit un Évangile sans miracles. Encore arrivait-il à ce débris de révélation, non plus par les Écritures, mais par une espèce de ravissement de conscience, ou plutôt par un miracle de la parole intérieure. Pourtant, même dans ce christianisme ainsi dépouillé, la philosophie ne le laissa guère en repos; en sorte que, toujours pressé par elle et ne voulant renoncer ni à la croyance, ni au doute, il ne lui restait qu'à se métamorphoser sans cesse, et à s'ensevelir, pour en finir, les yeux fermés, dans le spinosisme. Ce n'est plus, dans Schleiermacher, la raillerie subtile du xviii° siècle ; il veut moins détruire que savoir, et l'on reconnaît à ses paroles l'inextinguible curiosité de l'esprit de l'homme penché au bord du vide : l'abîme, en murmurant, l'attire à soi. — A l'esprit de système qui substituait le sens allégorique au sens littéral s'étaient jointes les habitudes de critique que l'on avait puisées dans l'étude de l'antiquité profane. On avait tant de fois exalté la sagesse du paganisme que, pour couronnement, il ne restait qu'à la confondre avec celle de l'Évangile. Si la mythologie des anciens est un christianisme commencé, il faut conclure que le christianisme est une mythologie perfectionnée. D'autre part, les idées que Wolf avait appliquées à l'Iliade, Niebuhr, à l'histoire romaine, ne pouvaient manquer d'être transportées plus tard dans la critique des saintes Écritures : c'est ce qui arriva bientôt, en effet, et le même genre de recherches et d'esprit, qui avait conduit à nier la personne d'Homère, conduisit à diminuer celle de Moïse. De Wette entra le premier dans ce système. Les cinq premiers livres de la Bible sont, à ses yeux, l'épopée de la théocratie hébraïque, ils ne renferment pas, selon lui, plus de vérité que l'épopée des Grecs. De la même manière que l'Iliade et l'Odyssée sont l'ouvrage héréditaire des rapsodes, ainsi le Pentateuque est, à l'exception du Décalogue, l'œuvre continuée et anonyme du sacerdoce. Abraham et Isaac valent, pour la fable, Ulysse et Agamemnon, rois des hommes. Quant aux voyages de Jacob, aux fiançailles de Rebecca, « un Homère de Chanaan, dit le téméraire théologien, n'eût rien inventé de mieux. » Le départ d'Égypte, les quarante années de désert, les soixante-six vieillards sur les trônes des tribus, les plaintes d'Aaron, enfin la législation même du Sinaï, ne sont qu'une série incohérente de poëmes libres et de mythes. Le caractère seul de ces fictions change avec chaque livre : poétiques dans la Genèse, juridiques dans l'Exode, sacerdotales dans le Lévitique, politiques dans les Nombres, étymologiques, diplomatiques, généalogiques, mais presque jamais historiques dans le Deutéronome. De Wette ne déguise jamais les coups de son marteau démolisseur sous des leurres métaphysiques : un disciple du xviii° siècle n'écrirait pas avec une précision plus vive le pressent que sa critique doit finir par être appliquée au Nouveau Testament ; mais, loin de s'émouvoir de cette idée : « Heureux, dit-il après avoir lacéré page à page l'ancienne loi, heureux nos ancêtres qui, encore inexpérimentés dans l'art de l'exégèse, croyaient simplement, loyalement tout ce qu'ils enseignaient ! L'histoire y perdait, la religion y gagnait. Je n'ai point inventé la critique ; mais, puisqu'elle a commencé son œuvre, il convient qu'elle l'achève. Il n'y a de bien que ce qui est conduit au terme. »

« Il semblait que De Wette avait épuisé le doute, au moins à l'égard de l'Ancien Testament : les professeurs de théologie de Vatke, de Bohlen et Lengerke ont bien montré le contraire. — Suivant l'esprit de cette théologie nouvelle, Moïse n'est plus un fondateur d'empire. Ce législateur n'a point inventé de loi. On lui conteste non-seulement le Décalogue, mais l'idée même de l'unité de Dieu. Encore, cela admis, que d'opinions divergentes sur l'origine du grand corps de tradition auquel il a laissé son nom ! De Bohlen, dont nous transcrivons les expressions littérales, trouve *une grande pauvreté d'invention* dans les premiers chapitres de la Genèse, qui, du reste, n'a été composée que depuis le retour de la captivité. Selon ce théologien, l'histoire de Joseph et de ses frères n'a été inventée qu'après Salomon par un membre de la dixième tribu. D'autres placent le Deutéronome à l'époque de Jérémie, ou même le lui attribuent. D'ailleurs, le Dieu même de Moïse décroît dans l'opinion de la critique en même temps que le législateur. Après avoir mis Jacob au-dessous d'Ulysse, comment se défendre de la comparaison de Jupiter avec Jéhovah ? la pente ne pouvait plus être évitée. Le professeur de Vatke, précurseur immédiat du docteur Strauss, énonce, dans sa *Théologie biblique*, que Jéhovah, longtemps confondu avec Baal dans l'esprit du peuple, après avoir langui obscurément, et peut-être sans nom, dans une longue enfance, n'aurait achevé de se développer qu'à Babylone ; là il serait devenu nous ne savons quel mélange de l'Hercule de Tyr, du Chronos des Syriens et du culte du Soleil, en sorte que sa grandeur lui serait venue dans l'exil : son nom même ne serait entré dans les rites religieux que vers le temps de David ; l'un le fait sortir de Chaldée, l'autre d'Égypte. Sur le même principe, on prétend reconnaître les autres parties de la tradition que le Mosaïsme a, dit-on, empruntées des nations étrangères. Le peuple juif, vers le temps de sa captivité, aurait pris aux Babyloniens les fictions de la tour de Babel, des patriarches, du débrouillement du chaos par Elohim ; à la religion des Persans les images de Satan, du paradis, de la résurrection des morts, du jugement dernier ; et les Hébreux auraient ainsi dérobé une seconde fois les vases sacrés de leurs hôtes. Moï et Jéhovah détruits, il était naturel que Samuel et David fussent dépouillés à leur tour. « Cette seconde opération, dit un théologien de Berlin, s'appuie sur la première. » Ni l'un ni l'autre ne sont plus les réformateurs de la théocratie, laquelle ne s'est formée que longtemps après eux. Le génie religieux manquait surtout à David. Son culte grossier et presque sauvage n'était pas fort éloigné du fétichisme. En effet, le tabernacle n'est plus qu'une simple caisse d'acacia, et, au lieu du Saint des saints, il renfermait une pierre. Comment, dites-vous, accorder l'inspiration des Psaumes avec une aussi grossière idolâtrie ? L'accord se fait en niant qu'aucun des Psaumes, sous leur forme actuelle, soit l'œuvre de David. Le prophète-roi ne conserverait plus ainsi que la triste gloire d'avoir été le fondateur d'un despotisme privé du concours du sacerdoce; car les promesses faites à sa maison, dans le livre de Samuel et ailleurs, n'auraient été forgées que d'après l'événement, *ex eventu*. Dans cette même école, le livre de Josué n'est plus qu'un recueil de fragments, composé après l'exil, selon l'esprit de la mythologie des Lévites ; celui des Rois, un poëme didactique ; celui d'Esther, une fiction romanesque, un conte imaginé sous les Séleucides. A l'égard des prophètes, la seconde partie d'Isaïe, depuis le chapitre XL, serait apocryphe, selon Gesenius lui-même. D'après De Wette, Ézéchiel, descendu de la poésie du passé à une prose lâche et traînante, aurait perdu le sens des symboles qu'il emploie : dans ses prophéties, il ne faudrait voir que des amplifications littéraires. Le plus controversé de tous, Daniel, est définitivement relégué, par Lengerke, dans l'époque des Machabées. Il y avait longtemps que l'on avait disputé à Salomon le livre des Proverbes et de l'Ecclésiaste ; par compensation, quelques-uns lui attribuent le livre de Job, que presque tous rejettent dans la dernière époque de la poésie hébraïque.

« Ce court tableau suffit pour montrer comment chacun travaille isolément à détruire dans la tradition la partie qui le touche de plus près, sans s'apercevoir que toutes ces ruines se répondent. Au milieu même de cette universelle négation, l'on se donne le plaisir de se contredire mutuellement. Tel conseiller ecclésiastique qui nie l'authenticité de la Genèse est réfuté par tel autre qui nie l'authenticité des prophètes. D'ailleurs, toute hypothèse se donne fièrement pour une vérité acquise à la science, jusqu'à ce que l'hypothèse du lendemain renverse avec éclat celle de la veille. On dirait que, pour gage d'impartialité, chaque théologien se croit obligé, pour sa part, de jeter dans le gouffre une feuille des Écritures.

« Les chefs d'école qu'on a vus se succéder depuis cinquante ans en Allemagne furent les précurseurs de Strauss, et il était impossible qu'un système tant de fois prophétisé n'achevât pas de se montrer. Toute la théologie et toute la philosophie allemande se résument dans l'ouvrage intitulé : *Les Mythes de la vie de Jésus*, livre qui est la ruine du christianisme et la négation de son histoire. Il n'a produit une sensation si profonde, ni par sa méthode, ni par des découvertes nouvelles et inespérées, ni par des efforts de critique ou d'éloquence ; mais parce que, réunissant les négations, les allégories, les interprétations naturelles, l'exégèse universelle des rationalistes, raisonneurs, logiciens, penseurs, orientalistes et archéologues allemands dont la prétendue réforme s'enorgueillit si fort, il a montré que toute cette science et toute cette force de tête n'ont abouti qu'à nier absolument l'Ancien et le Nouveau Testament, à faire de l'auteur de notre foi, de ce Jésus, dont on se flattait de ressusciter la pure doctrine, un *être mythologique*. Oui, c'est là qu'en sont arrivés nos frères séparés, eux qui si longtemps nous ont contesté le titre de vrai disciple de Jésus ; eux qui ont accusé notre Église d'être la prostituée de l'Apocalypse et non l'Épouse immaculée de Jésus ! Voilà maintenant que leurs docteurs et leurs prophètes se glorifient d'avoir trouvé que l'Ancien et le Nouveau Testament n'ont rien de réel et d'authentique, que Jésus lui-même et son histoire ne sont que des allégories plus ou moins morales ! Tel est l'état où se trouve en ce moment l'église protestante ; car il faut ajouter que la réforme ne s'est pas soulevée d'indignation, comme jadis l'Église catholique, quand on l'accusa d'être arienne. L'autorité temporelle voulait interdire l'ouvrage ; mais il eût fallu interdire tous ceux qui, partiellement, soutenaient la même doctrine ; il eût fallu frapper d'ostracisme Kant, Goëthe, Lessing, Eichorn, Bauer, Herder, Néander, Schleiermacher, etc., et l'on a reculé. La théologie allemande, par la bouche de Néander, a répondu que « la discussion devait être seule juge de la vérité et de l'erreur. » Or, comme c'est après trois cents ans de discussions que la réforme est venue au fond de cet abîme, il est facile de prévoir ce qu'on peut attendre de ce juge. Bien plus, une réponse tout autrement catégorique a été faite par la vénérable réunion des fidèles de la paroisse où demeurait le docteur Strauss : ces fidèles chrétiens ont choisi pour leur pasteur celui même qui venait de renier Jésus et son Testament ! »

II. *Valeur de la nouvelle exégèse.*

Il est facile de juger la nouvelle exégèse par l'histoire que nous venons d'en faire, elle est de nature à détruire toute certitude historique, bien plus à rendre inintelligible le langage humain.

« 1° Le simple énoncé des horribles maximes de la nouvelle exégèse, dit M. Glaire, suffit pour la faire rejeter par tous ceux qui ont conservé quelque sentiment de religion : car peut-on regarder comme une méthode légitime d'interpréter les livres saints, celle qui détruit toute révélation, qui anéantit les prophéties, les miracles, les mystères, les dogmes et la morale, qui fait passer Jésus-Christ pour un enthousiaste ou un imposteur, les apôtres pour des fourbes ou les plus insensés de tous les hommes, toutes les Églises du monde, depuis leur origine jusqu'à nos jours, pour les esclaves de l'ignorance et du fanatisme ? — 2° On ne doit point interpréter l'Écriture comme personne n'oserait jamais interpréter aucun livre profane : or, qui serait assez éhonté pour oser interpréter les historiens d'Athènes et de Rome comme on ose expliquer les histoires si claires et si simples du Nouveau Testament ? Quand on rencontre dans Tite-Live ou dans Suétone des faits miraculeux, on dit simplement que ces auteurs se sont trompés en nous les rapportant ; mais on ne s'avise point de violenter leurs expressions pour y trouver des faits auxquels ils n'ont jamais pensé. Les livres du Nouveau Testament, étant authentiques, comme n'osent le nier les modernes exégètes, doivent être pris dans leur sens propre et naturel ; et on ne peut, sans violer toutes les lois du discours, supposer des tropes aussi insolites et aussi extraordinaires que ceux qu'ils supposent pour éliminer les mystères et les miracles ; et, si on admettait de pareils tropes dans les autres livres, il n'y a point de loi si claire qu'on ne pût obscurcir ; il n'y a point de doctrine si constante qu'on ne parvînt à altérer. — 3° Le Nouveau Testament, qui se trouvait dès les premiers temps entre les mains des chrétiens et qui a servi de règle à leur foi et à leurs mœurs, a dû être nécessairement compris quant à ces points essentiels, et cette intelligence du sens de ce livre divin a dû se conserver et se perpétuer dans l'Église. Or, on a toujours cru que Jésus-Christ était Dieu, qu'il s'était incarné, qu'il était mort pour nous, qu'il était ressuscité, qu'il était monté au ciel pour nous y préparer une place, qu'il avait réellement opéré tous les miracles rapportés dans les Évangiles. Tel est donc le sens légitime et vrai du Nouveau Testament, et tous les efforts des nouveaux exégètes ne sauraient l'altérer. Ce consentement unanime des Églises primitives par rapport aux points de doctrine du Nouveau Testament et aux faits substantiels de la religion est comme un rocher contre lequel viendront se briser toutes les nouvelles interprétations des protestants, des sociniens et des rationalistes. — 4° On ne doit jamais supposer, surtout dans les histoires écrites dans le style le plus simple, des tropes insolites et extraordinaires ; on ne doit pas non plus admettre des ellipses ou des réticences que le contexte n'exige pas : la profondeur des choses exprimées, leur incompatibilité apparente avec nos idées, n'est pas une raison de le faire ; autrement il n'y aurait rien de fixe dans le langage humain. L'usage commun du discours, le contexte, le but de l'auteur et les autres circonstances sont les seuls moyens qui doivent servir à déterminer le sens des paroles d'un livre quelconque. Et, de ce qu'un mot peut avoir quelquefois certaine signification étrange dans les auteurs orientaux, chez les Grecs ou les Latins, il est contre toutes les règles du bon sens de l'attribuer aux écrivains sacrés, uniquement parce qu'il est nécessaire pour faire disparaître un miracle ou un mystère, surtout quand toute l'antiquité lui a donné la signification propre et ordinaire. Or, voilà néanmoins ce que font les nouveaux exégètes : ils violent donc les lois d'une saine herméneutique.

« Mais développons un peu et prouvons ces reproches que nous faisons aux protestants, aux sociniens et aux partisans de la nouvelle exégèse. D'abord, les protestants n'ont-ils pas, contre l'usage du discours et l'autorité de toute l'antiquité, introduit un trope dans les paroles de l'institution de l'eucharistie? Les sociniens, qui, par des tropes et des métaphores dont ils ne peuvent justifier l'usage, anéantissent les dogmes les plus importants du christianisme, tels que la trinité, la divinité de Jésus-Christ, le mérite de la satisfaction, crus de tout temps dans l'Eglise, ne violent-ils pas toutes les lois du discours et ne pèchent-ils pas contre le bon sens, en prétendant mieux entendre la doctrine des apôtres que leurs propres disciples et que les Eglises qu'ils ont fondées? Enfin, les rationalistes allemands, qui ne voient rien que de naturel dans les miracles les plus éclatants de l'Evangile, sont obligés de dire que les écrivains sacrés se sont grossièrement trompés en prenant pour des miracles les événements les plus simples et les plus communs, ou qu'ils se sont expliqués dans un langage si bizarre et si extraordinaire que tous les chrétiens s'y sont trompés et qu'il n'y a que les lumières de la nouvelle exégèse qui aient pu donner le véritable sens de leurs paroles. Or, la première proposition détruit toute l'autorité du témoignage des apôtres, et la seconde est une absurdité palpable : car comment oser prétendre que l'on comprend mieux le sens d'une histoire, après plus de dix-huit siècles, que ceux qui en étaient presque contemporains? Si dans un livre il était permis d'introduire des ellipses que n'exige pas le contexte, de donner aux mots des significations rares et qui ne sont pas prouvées par l'usage du temps où vivait l'écrivain, il n'y a point d'histoire si claire qu'on ne pût obscurcir. »

EXODE, livre canonique de l'Ancien Testament, le second des cinq livres de Moïse. Il a été nommé Έξοδος, sortie ou voyage, parce qu'il contient l'histoire de la sortie miraculeuse des Israélites hors de l'Egypte, et de leur arrivée dans le désert; c'est la narration de ce qui leur est arrivé depuis la mort de Joseph jusqu'à la construction du tabernacle, pendant un espace de 145 ans. Il a été écrit en manière de journal, et à mesure que les événements sont arrivés. Les Hébreux le nomment *Veelle Schemoth, ce sont ici les noms,* etc., parce que ce sont les premiers mots de ce livre; et c'est ainsi qu'ils désignent les divers livres du Pentateuque.

Pour peu d'attention que l'on apporte à la lecture de l'*Exode,* on sent évidemment qu'il n'a pas pu être écrit dans un temps postérieur à Moïse, ni par un autre auteur que lui : non-seulement il fallait être témoin oculaire de ce qui s'était passé en Egypte, pour pouvoir le décrire dans un aussi grand détail, avoir parcouru le désert, pour tracer aussi exactement la marche des Israélites; mais savoir parfaitement l'histoire d'Abraham, de Jacob et de Joseph, pour mettre une liaison aussi étroite entre la Genèse et l'*Exode.* La narration de la mission de Moïse, tracée dans le chap. III, est tout à la fois d'un sublime et d'une naïveté que tout autre écrivain n'aurait jamais pu mettre dans son style. — Il en est de même de l'institution de la pâque, du passage de la mer Rouge, de la publication de la loi sur le mont Sinaï, etc. Quiconque est assez stupide pour ne pas reconnaître dans ces divers morceaux le caractère original du législateur des Juifs, ne mérite pas d'être sérieusement réfuté. *Voy.* PENTATEUQUE.

EXOMOLOGÈSE, confession. Ce terme grec paraît employé en différents sens dans les écrits des anciens Pères; quelquefois il se prend pour toute la pénitence publique, pour les exercices et les épreuves par lesquels on faisait passer les pénitents, jusqu'à la réconciliation que leur accordait l'Eglise; il est pris dans ce sens par Tertullien (*Lib. de Pœnit.,* c. 9). Les Grecs ont souvent fait de même. — Les Occidentaux l'ont restreint ordinairement à la partie de la pénitence que l'on nomme *confession.* Saint Cyprien, dans une lettre aux prêtres et aux diacres, se plaint de ce que l'on reçoit trop facilement ceux qui sont tombés dans la persécution, et que sans pénitence, ni *exomologèse,* ni imposition des mains, on leur donne l'eucharistie. On ne sait pas si cette *confession,* qu'exige saint Cyprien, devait être secrète ou publique, quoique la faute des *tombés* fût très-publique; mais il est constant que l'Eglise n'a jamais exigé une confession publique pour des fautes secrètes. *Voy.* CONFESSION.

EXORCISME, conjuration, prière à Dieu, et commandement fait au démon de sortir du corps des personnes possédées; souvent il est seulement destiné à les préserver du danger. Ordinairement on regarde *exorcisme* et *conjuration* comme synonymes; cependant la conjuration n'est que la formule par laquelle on commande au démon de s'éloigner; l'*exorcisme* est la cérémonie entière.

On ne peut pas disconvenir que les *exorcismes* n'aient été en usage dans les fausses religions aussi bien que dans la vraie. Chez toutes les nations polythéistes, non-seulement le peuple, mais les philosophes, ont cru que l'univers était peuplé d'esprits, de génies ou de démons, les uns bons, les autres mauvais; que tout le bien ou le mal qui arrivait à l'homme était leur ouvrage. Conséquemment on a regardé les maladies, surtout les plus cruelles, et dont on ne connaissait pas la cause, comme un effet de la colère ou de la malice des génies malfaisants. On a encore imaginé que l'on pouvait les mettre en fuite par des odeurs, par des fumigations, par des noms et des paroles qui leur déplaisaient ou les épouvantaient, par la musique, par des enchantements, par des amulettes. L'on a donc employé des conjurations et des *exorcismes* pour se délivrer de leurs poursuites, pour guérir les maladies pour lesquelles on ne connaissait point de remèdes naturels.

Les philosophes orientaux, les disciples

de Pythagore et de Platon, n'étaient pas moins persuadés que les vices, les mauvaises inclinations, les mœurs corrompues de la plupart des hommes leur étaient inspirés par de mauvais démons. On trouve les preuves de toutes ces opinions dans les écrits de ces anciens, dans ceux de Celse, de Porphyre, de Jamblique, de Plotin, etc. (*Notes de Mosheim sur Cudworth*, tom. I, c. 4, § 34; tom. II, c. 5, § 82 et 83). — Les Juifs étaient dans la même croyance, du moins dans les temps voisins de la venue de notre Sauveur : l'avaient-ils empruntée des Chaldéens, pendant leur captivité à Babylone, ou des Egyptiens attachés à la doctrine des Orientaux ? De savants critiques le prétendent, mais sans preuve; ils disent que la manière dont il est parlé du démon dans le livre de Tobie est analogue aux opinions des Chaldéens : qu'importe ? Job, l'auteur du quatrième livre des Rois, Le Psalmiste, les prophètes, qui ont écrit avant la captivité, parlent des opérations du démon tout aussi clairement que Tobie. *Voy.* DÉMON, DÉMONIAQUE. Les Juifs n'ont donc pas eu besoin de puiser leur croyance chez les Chaldéens ni chez les philosophes égyptiens. Josèphe nous apprend qu'il y avait des exorcistes chez les Juifs, et que l'on attribuait à Salomon les formules d'*exorcismes* dont ils se servaient; l'Evangile (*Matth.* XII, 27) suppose qu'ils chassaient véritablement les démons. Sans doute, ils le faisaient au nom de Dieu, puisque Jésus-Christ ne blâme point leur conduite. — Loin de corriger l'opinion des Juifs, qui attribuent au démon certaines maladies, ce divin Maître l'a confirmée; il dit qu'une femme, courbée depuis dix-huit ans, avait été liée par Satan (*Luc.* XIII, 16), qu'un maniaque était possédé d'une légion de démons, et il permit à ces malins esprits d'entrer dans les corps d'une troupe de pourceaux, (VIII, 30), etc. De même il attribue au démon la stérilité de la parole de Dieu dans le cœur des pécheurs (*Ibid.*, 12), l'incrédulité des Juifs (*Joan.* VIII, 14) ; la trahison de Judas, etc. Non-seulement il chassait les démons du corps des possédés, mais il donna le pouvoir à ses disciples de les chasser en son nom. Souvent ils en ont fait usage, et nos plus anciens apologistes ont prouvé aux païens la divinité du christianisme, par la puissance que les chrétiens exerçaient sur les démons : c'est donc à l'exemple de Jésus-Christ et des apôtres que l'usage des *exorcismes* s'est introduit et a persévéré dans l'Eglise. — Quelquefois, sans doute, il y a eu de l'illusion dans cette pratique, et l'on a employé les *exorcismes* contre des maladies purement naturelles, que l'on aurait pu guérir par des remèdes. Mais a-t-on droit d'en conclure qu'il en a toujours été de même, et que la pratique des *exorcismes* n'est fondée que sur une erreur? Leibnitz, quoique protestant, est convenu que les *exorcismes* ont toujours été pratiqués dans l'Eglise, et qu'ils peuvent souffrir un très-bon sens (*Esprit de Leibnitz*, tom. II, pag. 32). Mosheim dans son *Hist. ecclés. du* XVI*e siècle*, sect. 3, II*e* par-

tie, chap. 1, § 43, nous apprend que chez les luthériens, les *exorcismes* du baptême furent supprimés par quelques-uns qui étaient calvinistes dans le cœur, mais qu'ils furent rétablis dans la suite.

Parmi les *exorcismes* dont l'Eglise catholique fait usage, il y en a d'ordinaires, comme ceux que l'on fait avant d'administrer le baptême et dans la bénédiction de l'eau; et d'extraordinaires, dont l'on use pour délivrer les possédés, pour écarter les orages, pour faire périr les animaux nuisibles, etc. Nous prétendons qu'il n'y a rien de faux, de superstitieux ni d'abusif dans les uns ni dans les autres.

1° Il est certain que, dans l'origine, les *exorcismes* du baptême furent institués pour les adultes qui avaient vécu dans le paganisme, qui avaient été souillés par des consécrations, des invocations, des sacrifices offerts aux démons. On les conserva néanmoins pour les enfants, parce que ce rit était un témoignage de la croyance du péché originel, et parce qu'il avait pour objet non-seulement de chasser le démon, mais de lui ôter tout pouvoir sur les baptisés. C'est pour cela qu'on les fait encore sur les enfants qui ont été ondoyés ou baptisés sans cérémonies dans le cas de nécessité. C'est d'ailleurs une leçon qui apprend aux chrétiens qu'ils doivent avoir horreur de tout commerce, de tout pacte direct ou indirect avec le démon; qu'ils ne doivent donner aucune confiance aux impostures et aux vaines promesses des prétendus sorciers, devins ou magiciens ; et cette précaution n'a été que trop nécessaire dans tous les temps. Si Le Clerc avait fait ces réflexions, il n'aurait pas blâmé avec tant d'aigreur les *exorcismes* du baptême (*Histoire ecclés.*, an 65, § 8, n. 6 et 7). — Pour les mêmes raisons, l'on bénit, par des prières et des *exorcismes*, les eaux du baptême, et cet usage est très-ancien. Tertullien (*Lib. de Bapt.*, c. 4) dit que ces eaux sont sanctifiées par l'invocation de Dieu. Saint Cyprien (*Epist.* 70) veut que l'eau soit purifiée et sanctifiée par le prêtre. Saint Ambroise et saint Augustin parlent des *exorcismes*, de l'invocation du Saint-Esprit, du signe de la croix, en traitant du baptême. Saint Basile regarde ces rites comme une tradition apostolique (*Lib. de Spiritu sancto*, c. 27). Saint Cyrille de Jérusalem et saint Grégoire de Nysse en relèvent l'efficacité et la vertu. Lebrun (*Explic. des cérém.*, tom. I, p. 74). Que peut-il donc y avoir de superstitieux dans des cérémonies qui ont pour but d'inculquer aux fidèles les effets du baptême, le prix de cette grâce, les obligations qu'elle impose? Saint Augustin s'en est servi avec avantage contre les pélagiens, pour leur prouver que tous les enfants d'Adam naissent souillés du péché originel et sous la puissance du démon. C'est ainsi que l'Eglise a toujours professé sa croyance par les cérémonies qu'elle observe.

La sagesse de cette conduite ne l'a pas mise à l'abri des reproches des protestants; ils disent que les *exorcismes* n'ont été ajoutés dans le troisième siècle aux cérémonies du baptême, qu'après que les chrétiens eurent adopté la philosophie de Platon : en effet, saint Justin, dans sa seconde *Apologie*, et Tertullien, dans son livre *de Corona*, rapportent les cérémonies que l'on observait dans le baptême au second siècle, sans faire aucune mention des *exorcismes*. Donc c'est des platoniciens que les chrétiens empruntèrent l'opinion dans laquelle ils étaient, que les mauvais penchants et les vices des hommes leur étaient inspirés par des esprits malins qui les obsédaient. Mosheim, *ubi supra. Hist. eccles.*, troisième siècle, IIe partie, c. 4, § 4. Dissert. de turbat*e* per recent. Platon. *Ecclesia*, § 50. — Il est fort singulier que les chrétiens aient été obligés de prendre dans la philosophie de Platon une doctrine qui leur est enseignée formellement dans l'Évangile par Jésus-Christ et par les apôtres; il l'est bien davantage que les protestants osent taxer de superstition un rit duquel Jésus-Christ et les apôtres se sont servis. Et sur quel fondement ? Sur le silence supposé de deux Pères de l'Eglise, preuve négative et qui ne conclut rien. Ils ont oublié, sans doute, que les *exorcismes* ne faisaient pas partie des cérémonies du baptême, mais que c'était un préparatif pour y disposer les catéchumènes; le baptême était administré par l'évêque ou par un prêtre, et les *exorcismes* étaient faits auparavant par les exorcistes, qui n'étaient que des clercs inférieurs.

Nous ne concevons pas comment ces savants critiques ont eu l'imprudence de citer saint Justin et Tertullien; personne n'a enseigné plus formellement que ces deux Pères la doctrine sur laquelle sont fondés les *exorcismes*. Saint Justin (*Apol.* 2, n. 62), parlant du baptême, dit que, pour le contrefaire d'avance, les démons ont suggéré à leurs adorateurs les aspersions et les lustrations d'eau avant d'entrer dans les temples. Il attribue aux instigations du démon la haine que les païens avaient pour les chrétiens, les calomnies qu'ils forgeaient contre eux, la cruauté des persécuteurs, etc. Tertullien, *l. de Anima*, ch. 57, dit qu'il n'y a presque aucun homme qui ne soit obsédé par un démon, mais que par les *exorcismes* toutes ses fraudes sont découvertes. *L. de Bapt.*, c. 4, il dit que, par l'invocation de Dieu, le Saint-Esprit descend dans les eaux, les sanctifie et leur donne la vertu de sanctifier; c. 9, il ajoute que les nations sont sauvées par l'eau, et laissent étouffer dans l'eau le démon, leur ancien dominateur. Aucun des Pères du troisième siècle a-t-il dit quelque chose de plus fort pour faire établir les *exorcismes?* Mais ceux dont nous parlons se fondent sur l'Ecriture sainte, et non sur la philosophie de Platon.

Il est ridicule, disent nos adversaires, d'exorciser l'eau et le sel que l'on y mêle, comme si le démon en était en possession, et comme si ces êtres inanimés entendaient les paroles qu'on leur adresse. Cela peut paraître ridicule, quand on ignore ce que pensaient les païens ; ils préposaient des esprits ou des démons à tous les corps; ils prétendaient que toutes les choses usuelles étaient des dons et des bienfaits de ces intelligences imaginaires ; ils croyaient être en société avec elles par l'usage qu'ils faisaient de leurs dons : c'est ce que Celse soutient de toutes ses forces dans son ouvrage contre le christianisme; les *exorcismes* sont une profession de foi du contraire.

2° Thiers, dans son *Traité des superstitions*, rapporte différentes formules d'*exorcismes;* il pense avec raison que l'on peut s'en servir encore aujourd'hui contre les orages et les animaux nuisibles, pourvu qu'on le fasse avec les précautions que l'Eglise prescrit et selon la forme qu'elle autorise, et qu'alors ce n'est ni un abus, ni une superstition.— Néanmoins, dans plusieurs ouvrages modernes, on a blâmé les curés de campagne, qui, par un excès de complaisance pour les idées superstitieuses de leurs paroissiens, font des adjurations et des *exorcismes* contre les orages, contre les insectes destructeurs et les autres animaux nuisibles; c'est, dit-on, un abus ou une extravagance dangereuse, qui ne devrait plus avoir lieu dans un siècle de lumière tel que le nôtre; il faut apprendre au peuple que ces sortes de fléaux sont un effet nécessaire des causes physiques. Cette censure n'est rien moins que sage. — 1° Elle suppose que les superstitions populaires sont un effet de la négligence des pasteurs, et non de l'opiniâtreté des peuples. Comme nous sommes convaincus du contraire par expérience, nous soutenons que cela est faux. En général, les ignorants sont opiniâtres; ils prêtent difficilement l'oreille aux vérités qui attaquent leurs préjugés; s'ils sont forcés de les entendre, ils n'y croient pas, au lieu qu'ils ajoutent foi aux contes d'une vieille, parce que ces fables sont analogues à leurs idées. Plusieurs fois les curés ont essuyé des avanies, pour n'avoir pas voulu déférer aux visions de leurs paroissiens. — 2° Il vaut mieux que le peuple ait confiance aux prières et aux cérémonies de l'Eglise, qu'à la prétendue science des devins, des sorciers, des magiciens: or, cette alternative est à peu près inévitable. Chez les protestants de la Suisse et du pays de Vaud, il n'est plus question d'*exorcismes;* mais la divination, les sortilèges, la magie, y sont très-communs, et les catholiques du voisinage ont souvent la tentation de les aller consulter. Un déiste célèbre est convenu que les peuples du pays de Vaud sont très-superstitieux. — 3° Il serait très-bon de donner au peuple des leçons de physique, s'il était capable de les comprendre et incapable d'en abuser : or, il n'est ni l'un ni l'autre. Quand il saura que tous les phénomènes de la nature sont l'effet nécessaire des causes physiques, il en conclura, comme les incrédules, que le monde s'est fait et se gouverne tout seul, qu'il n'y a ni Dieu, ni providence : y aura-t-il beaucoup à gagner pour lui? Si les censeurs des curés connaissaient mieux le peuple, ils seraient moins prompts à les condamner. *Voy.* SUPERSTITIONS.

EXORCISTE, clerc tonsuré, qui a reçu celui des ordres mineurs auquel on donne ce nom : il est aussi donné à l'évêque ou au prêtre délégué par l'évêque, qui exorcise un possédé.

Il paraît que les Grecs ne regardaient pas la fonction d'*exorciste* comme un ordre, mais comme un simple ministère, et que saint Jérôme a pensé de même. Cependant le père Goar, dans ses notes sur l'Eucologe des Grecs, prouve, par des passages de saint Denis et de saint Ignace, martyrs, que c'était un ordre. Dans l'Eglise latine, c'est le second des ordres mineurs. La cérémonie de leur ordination est marquée dans le iv° concile de Carthage et dans les anciens rituels. Ils reçoivent le livre des exorcismes de la main de l'évêque, qui leur dit : « Recevez et apprenez ce livre, et ayez le pouvoir d'imposer les mains aux énergumènes, soit baptisés, soit catéchumènes. » — Dans l'Eglise catholique, il n'y a plus que les prêtres qui fassent les fonctions d'*exorciste*, encore n'est-ce que par une commission particulière de l'évêque. Cela vient, dit M. Fleury, de ce qu'il est rare qu'il y ait des possédés, et qu'il se commet quelquefois des impostures sous prétexte de possession : ainsi il est nécessaire de les examiner avec beaucoup de prudence. Dans les premiers temps, les possessions étaient fréquentes surtout parmi les païens : pour témoigner un plus grand mépris du pouvoir des démons, on employa, pour les chasser, un des ministres inférieurs de l'Eglise. C'étaient eux aussi qui exorcisaient les catéchumènes. Selon le pontifical, leurs fonctions étaient d'avertir ceux qui ne communiaient point de faire place aux autres, de verser l'eau pour le ministère, d'imposer les mains sur les possédés et sur les malades. *Voy.* DÉMONIAQUE.

EXPÉRIENCE, connaissance acquise par le sentiment intérieur ou par le témoignage de nos sens. Les incrédules ont abusé de ce terme pour attaquer la certitude des miracles opérés en faveur de la religion. Nous n'avons point, disent-ils, de connaissances plus certaines que celles que nous avons acquises par *expérience* : or, celle-ci nous convainc que le cours de la nature ne change point, qu'il demeure constamment le même ; donc aucune attestation ne nous oblige à croire un miracle, qui est une interruption du cours de la nature, ou une dérogation à ses lois ; l'*expérience* d'autrui ne peut prévaloir à la mienne.

Mais il est faux que notre *expérience* nous convainque de l'immutabilité du cours de la nature ; elle nous assure seulement que nous ne l'avons jamais vu changer. Or, d'autres peuvent avoir vu des phénomènes desquels nous n'avons pas été témoins ; par là ils ont acquis une *expérience* positive de l'interruption du cours de la nature, au lieu que notre *expérience* n'est que négative ; c'est un défaut de connaissance, une pure ignorance : et il est absurde de vouloir que notre ignorance l'emporte sur la connaissance positive d'autrui.

Je n'ai jamais éprouvé en moi une guérison miraculeuse ; mais, si je tombais malade, et qu'un thaumaturge me rendît subitement la santé : ne pourrais-je pas ajouter foi au sentiment intérieur de ma guérison, parce que, jusqu'alors, je n'aurais encore rien senti de semblable ? Si je voyais ce miracle opéré dans un autre en ma présence, ne devrais-je pas me fier au témoignage de mes yeux ? Or, en fait de miracle, mon *expérience* négative ne prouve pas plus contre l'attestation de témoins dignes de foi, qu'elle ne prouverait dans les deux cas supposés contre mon sentiment intérieur ou contre le témoignage de mes yeux. — Lorsqu'un homme, attaqué de la goutte ou de la gravelle, se plaint de sentir des douleurs horribles, si un philosophe venait lui dire gravement : Je n'ai jamais éprouvé ce que vous dites, mon *expérience* me défend d'ajouter foi à vos plaintes, on le regarderait comme un insensé. On ne traiterait pas mieux un nègre nouvellement arrivé dans nos climats, qui dirait : J'ai vu constamment l'eau toujours liquide, donc il est impossible qu'elle se durcisse par le froid. En raisonnant sur le même principe, un aveugle-né prouverait doctement qu'une perspective est impossible, parce qu'il a toujours vérifié, par le tact, qu'une superficie plate ne produit point une sensation de profondeur : — L'*expérience* positive que nous avons faite d'un phénomène est une preuve solide du fait, surtout lorsqu'elle a été répétée plus d'une fois, elle nous rend capables d'en rendre témoignage ; mais le défaut de cette *expérience* ne prouve rien que notre ignorance, et il est absurde de nommer *expérience* le défaut même d'*expérience*. *Voy.* CERTITUDE, MIRACLE.

EXPIATION, action de souffrir la peine décernée contre le crime, ou de satisfaire pour une faute que l'on a commise : ainsi, un crime est censé *expié* par le supplice du coupable. Jésus-Christ a *expié* les péchés des hommes, en souffrant la peine qui leur était due : en vertu de ses mérites, les souffrances et la mort, qui sont la peine du péché, en sont aussi l'*expiation*. Selon la croyance catholique, les âmes de ceux qui meurent sans avoir entièrement satisfait à la justice divine, *expient* dans le purgatoire, après la mort, le reste de leurs péchés.

EXPIATION, se dit aussi des cérémonies que Dieu a instituées pour purifier les hommes de leurs péchés, comme sont les sacrifices, les sacrements, les œuvres de pénitence. Dans l'ancien Testament, *expiation* signifie ordinairement *purification*.

Chez les Juifs, il y avait une *expiation* générale pour toute la nation, et des *expiations* particulières. La première se faisait le dixième jour du mois *Tisri*, qui répondait à une partie de nos mois de septembre et d'octobre ; les cérémonies de cette *expiation* sont prescrites en détail dans le livre du Lévitique, ch. xvi. La plus remarquable était de tirer au sort deux boucs, dont l'un était destiné à être immolé au Seigneur ; l'autre, sur lequel le grand prêtre priait Dieu de décharger les péchés du peuple, était conduit hors du camp, et mis en liberté ou, selon quelques-uns, précipité. C'est ce que l'on nommait le *bouc émissaire*. *Voyez* ce mot. C'était le seul jour auquel il fût permis au grand prêtre d'entrer dans le *Saint des saints*, où était l'arche d'alliance ; on l'appelle encore *Fête du pardon*. — Les *expiations* particulières pour les péchés d'ignorance, pour les meurtres involontaires, pour les impuretés légales, se f.isaient par des sacrifices, par des ablutions, par des aspersions, etc. — Au sujet des unes et des autres, saint Paul observe que le sang des boucs et des autres animaux n'était pas capable d'effacer le péché : qu'ainsi ces cérémonies n'étaient que la figure de l'*expiation* des péchés, qui a été faite par le sang de Jésus-Christ (*Hebr.* ix *et* x). — Conséquemment, dans le christianisme, toute *expiation* du péché se fait par l'application des mérites de ce divin Sauveur ; les sacrements, le saint sacrifice de la messe, les bonnes œuvres, sont les moyens que Dieu a institués pour nous faire cette application. Les autres cérémonies, comme les aspersions d'eau bénite, les absoutes, etc., ne sont qu'un symbole et un signe de la purification que la grâce de Dieu opère dans nos âmes : signes établis pour nous avertir de demander à Dieu cette grâce. — Quant aux *expiations* qui étaient en usage chez les païens, elles ne nous regardent pas (1).

Les incrédules modernes ont souvent déclamé contre les *expiations* en général ; ce sont, selon leur avis, des cérémonies absurdes et pernicieuses, des moyens commodes de contracter des dettes et de les acquitter aisément, des ressources pour calmer les remords du crime et pour y endurcir les malfaiteurs. Nous soutenons le contraire. 1° Il n'est point inutile qu'après avoir péché, l'homme atteste par un rit extérieur, qu'il se reconnaît coupable, qu'il a besoin de pardon et de la miséricorde de Dieu. Serait-il mieux qu'il perdit le souvenir de sa faute, et en étouffât les remords sans cérémonie ? Le regret d'avoir péché est un préservatif contre la rechute ; une cérémonie qui excite l'homme au repentir n'est donc ni absurde, ni superflue. Elle est plus touchante lorsqu'elle se fait au pied des autels ; par tout un peuple rassemblé ; en avouant qu'il a besoin de pardon, l'homme est averti qu'il doit aussi pardonner à ses semblables. C'est la leçon que lui fait Jésus-Christ même. — 2° Si un malfaiteur se persuade que la rémission d'un péché passé lui donne le droit d'en commettre impunément de nouveaux ; si les païens ont imaginé qu'un meurtre pouvait être effacé par une simple ablution, la grossièreté de ces erreurs ne prouve rien contre la nécessité des *expiations*. Parce qu'un remède peut être tourné en poison par un insensé ou par un furieux, il ne s'ensuit pas que ce remède soit pernicieux en lui-même. — 3° L'homme naturellement inconstant et faible, sujet à passer fréquemment de la vertu au vice et du vice à la vertu, a besoin de moyens pour se relever de ses chutes, et de préservatifs contre le désespoir. Où en serait la société, si celui qui a une fois péché n'avait plus de ressources pour obtenir le pardon ? Il conclurait que vingt crimes de plus ne rendront son sort ni plus triste ni plus incurable. — 4° Nos censeurs mêmes citent avec éloge Montesquieu, qui dit qu'une religion telle que le christianisme ne doit pas avoir de crimes inexpiables, puisqu'elle est fondée sur la croyance d'un Dieu qui pardonne : elle doit donc fournir des moyens pour expier tous les crimes. — 5° Par les *expiations* de l'ancienne loi, l'homme était averti qu'il avait besoin d'un Rédempteur dont le sang pût effacer les péchés du monde ; c'est ce que saint Paul nous fait remarquer. Les leçons des prophètes prévenaient l'abus que les Juifs pouvaient en faire ; ils ont enseigné aussi clairement que saint Paul, que le sacrifice des animaux, les offrandes, etc., n'étaient pas capables d'effacer les péchés, ni d'apaiser la justice divine. Isaïe chap. LIII. a prédit très-distinctement que la principale fonction du Messie serait d'effacer le péché, en disant que Dieu a mis sur lui l'iniquité de nous tous ; que s'il donne sa vie pour le péché, il verra une nombreuse postérité.

Il n'a même jamais été inutile d'expier les fautes d'ignorance et d'inadvertance, les meurtres involontaires, les délits imprévus : c'était un moyen d'exciter la vigilance et d'augmenter l'horreur du crime. Pour la même raison, lorsqu'il est prouvé qu'un meurtre a été involontaire, on oblige encore, selon nos lois, celui qui l'a commis à demander et à obtenir des lettres de grâce.

EXPLICITE, clair, formel, distinct, développé. On distingue la foi *explicite*, par laquelle nous croyons en Jésus-Christ avec une connaissance claire de ce qu'il est et de ce qu'il a fait, d'avec la foi *implicite* ou obscure qu'ont pu avoir les patriarches et les Juifs, auxquels Dieu avait simplement révélé qu'un jour l'homme serait racheté, sans leur en apprendre la manière.

Comme le degré de clarté de la foi est né-

---

(1) Si nous n'avons pas besoin d'en exposer les rites, nous devons en constater l'importance relativement à la nécessité des expiations. Elles ont été pratiquées chez tous les peuples.

« De tant de religions différentes, dit Voltaire, il n'en est aucune qui n'ait pour but les expiations. Or, quel en est le fondement, la raison ? C'est que l'homme, consulte le même philosophe, a toujours senti qu'il avait besoin de clémence. » (*Essai sur l'Hist. génér. et sur les mœurs et l'esprit des nations*, chap. 120.) « Si l'on a répandu le sang, et trop souvent même le sang humain, c'est, dit M. de Lamennais, qu'on a toujours été persuadé que l'homme devait à Dieu une grande satisfaction, qu'il était pour lui un sujet de colère. A quoi bon tant d'expiations, s'il n'avait rien à expier, et tant d'hosties, s'il n'existait point de coupables ? La conscience, éveillée en tous lieux par la tradition, tâchait par ces moyens d'apaiser le ciel irrité, de suspendre des châtiments dont elle sentait la justice. » (*Essai sur l'indifférence*, etc., tome III, chap. 27.) *Voy.* Purgatoire.

cessairement relatif au degré de clarté de la révélation, les théologiens pensent communément qu'une foi implicite et obscure en Jésus Christ a suffi pour le salut à ceux auxquels Dieu n'a pas accordé une connaissance claire et distincte du mystère de l'incarnation et de la rédemption. Le concile de Trente, sess. 6, can. 2, dit qu'avant la loi et sous la loi, Jésus-Christ, Fils de Dieu, a été révélé et promis à *plusieurs saints Pères*, il ne dit pas *à tous*. De savoir en quoi consistaient précisément la connaissance obscure et la foi implicite en Jésus-Christ, nécessaire à tous, c'est ce qu'il est impossible de déterminer. Par la même raison, l'on peut distinguer une volonté de Dieu *explicite* et clairement énoncée dans sa parole, d'avec une volonté *implicite* que nous en déduisons par voie de conséquence. Dieu a formellement déclaré qu'il veut sauver tous les hommes; donc il a implicitement révélé qu'il veut donner à tous des moyens de salut, et qu'il leur en donne effectivement. La volonté de donner des moyens est implicitement renfermée dans la volonté de sauver; autrement celle-ci ne serait pas sincère.

Selon la doctrine des théologiens catholiques, un simple fidèle, sincèrement soumis à l'enseignement de l'Église, croit par là même implicitement tout ce qu'elle enseigne. Il ne s'ensuit pas de là que cette docilité soit suffisante pour le salut; il y a plusieurs vérités sans la connaissance desquelles un homme ne peut pas être censé chrétien. — Il n'en est pas de même de la prétendue foi implicite d'un protestant qui se croit dans la voie du salut, parce qu'il croit en général tout ce qui est révélé dans l'Écriture sainte. Cette foi ne le gêne en rien, puisqu'il se réserve le droit d'entendre l'Écriture comme il lui plaira. Un fidèle catholique, au contraire, ne se croit point le maître d'entendre comme il voudra la doctrine de l'Église. C'est elle qui explique sa doctrine et qui apprend aux fidèles la manière dont ils doivent l'entendre.

EXTASE, ravissement de l'esprit, situation dans laquelle un homme est comme transporté hors de lui-même, de manière que les fonctions de ses sens sont suspendues: le ravissement de saint Paul au troisième ciel était une extase. L'histoire ecclésiastique fait foi que plusieurs saints ont été ravis en *extase* pendant des journées entières. C'est un état réel, trop bien attesté pour que l'on puisse douter de son existence.

Mais le mensonge et l'imposture peuvent copier la réalité, et abuser de choses d'ailleurs innocentes; de faux mystiques, des enthousiastes, des fanatiques, ont supposé des *extases* pour autoriser leurs rêveries. Le faux prophète Mahomet persuada aux Arabes ignorants que les accès d'épilepsie auxquels il était sujet étaient des *extases* dans lesquelles il recevait des révélations divines. On ne doit donc pas ajouter foi, sans précaution, aux *extases* de personnes qui paraissent d'ailleurs pieuses et vertueuses; il s'en est trouvé chez lesquelles c'était une maladie naturelle: les femmes y sont plus sujettes que les hommes. C'est le cas de pratiquer à la lettre l'avis que donne saint Jean: *Mettez les esprits à l'épreuve pour savoir s'ils sont de Dieu* (I Joan., IV, 1).

* EXTASE. Les médecins donnent le nom d'*extase* à une affection du cerveau dans laquelle l'exaltation de certaines idées absorbe à un tel point l'attention, que les sensations sont momentanément suspendues, les mouvements volontaires arrêtés et l'action vitale même souvent ralentie. On la distingue de la *catalepsie* en ce que dans cette maladie, il y a suspension complète des facultés intellectuelles avec aptitude du corps à conserver les positions qu'on lui fait prendre. Il est à remarquer que le délire et les hallucinations qui accompagnent quelquefois l'extase offrent pour l'ordinaire un caractère religieux et s'observent chez des personnes d'une haute piété.

Les théologiens, de leur côté, considèrent quelquefois l'extase comme un état surnaturel dans lequel l'âme est si absorbée dans la contemplation des perfections divines et si éprise de leur beauté, qu'elle ne sent et n'aperçoit plus ce qui se passe au dedans ni au dehors du corps.

Le savant Emery confond l'extase et le ravissement dans une même définition. Mais M. Boucher dit que dans ce dernier état, l'opération divine est encore plus forte que dans le premier, puisqu'on y a vu quelquefois le corps s'élever de terre, et demeurer ainsi élevé pendant quelque temps. Puis il ajoute que « le Seigneur, par l'extase, donne une idée de la contemplation à laquelle l'âme sera élevée dans le ciel, et que par le ravissement, il donne une idée de l'agilité dont les corps seront doués dans le séjour de la gloire. » Ceci posé, comment distinguer l'extase médicale de l'extase théologique, ou, si on l'aime mieux, à quels signes reconnaîtra-t-on qu'une extase est simplement une maladie ou bien une faveur céleste? Voici, d'après le travail de Benoît XIV sur la *Canonisation des saints*, les marques certaines auxquelles on pourra reconnaître le doigt de Dieu: « L'extase n'est pas un état maladif, mais un état surnaturel et une faveur divine, lorsqu'une personne la craint et s'en défie; lorsqu'elle tâche de s'y soustraire ou d'en diminuer la fréquence; lorsqu'elle dérobe aux regards de peur qu'on ne la surprenne dans cet état, ou qu'elle éprouve de la confusion si on l'y surprend; quand elle y entre au milieu d'une oraison ou à la suite d'une communion faite avec ferveur: quand elle s'y comporte selon les règles de la plus parfaite modestie, et que son extérieur n'offre qu'un spectacle édifiant; quand elle en sort avec la paix dans l'âme et la sérénité sur le front; lorsqu'ensuite elle s'affermit dans l'humilité, la mortification et la fidélité à ses devoirs; lorsqu'elle ne perd pas entièrement le souvenir de ce qui s'est passé en elle; lorsque son corps acquiert de la vigueur après l'opération, quoiqu'il ait eu de la fatigue pendant l'opération même; lorsque enfin cette personne soumet tout ce qu'elle a éprouvé aux lumières de ses guides spirituels, et qu'elle est disposée à le désavouer s'ils le jugent à propos. »

Tels sont les signes dont l'Église exige la réunion pour admettre qu'une extase est une faveur du ciel; lorsqu'ils ne se rencontrent pas tous, elle croit prudemment devoir s'abstenir de se prononcer.

EXTRÊME-ONCTION (1), sacrement de l'Église catholique, institué pour le soulage-

(1) *Criterium de la foi catholique relativement à l'extrême-onction.* — Il est de foi que l'extrême-onction est un sacrement de la loi nouvelle qui a été institué par Notre-Seigneur Jésus-Christ, et promulgué par saint Jacques. Il est de foi que ce sacrement consiste

ment spirituel et corporel des malades. On le leur donne en leur faisant différentes onctions d'huile bénite par l'évêque, accompagnées de prières qui expriment le but et la fin de ces onctions. C'est dans les écrits des apôtres que l'Église a puisé ce qu'elle croit et ce qu'elle pratique à l'égard de ce sacrement. Nous lisons dans l'épître de saint Jacques (v, 14) : *Quelqu'un d'entre vous est-il malade; qu'il fasse venir les prêtres de l'Eglise, et qu'ils prient sur lui, en lui faisant des onctions d'huile au nom du Seigneur; la prière, jointe à la foi, sauvera le malade, le Seigneur le soulagera, et s'il a des péchés, ils lui seront remis; confessez donc vos péchés les uns aux autres.* Conformément à cette doctrine, le concile de Trente (sess. 14, c. 1 et suiv.) a décidé que *l'extrême-onction* est un sacrement, puisqu'il en produit les effets ; il y a lieu de penser que Jésus-Christ l'a institué et l'a prescrit, puisque les apôtres n'ont rien fait que par ses ordres et par l'inspiration de son Esprit. Il n'est pas moins évident que les onctions d'huile sont la matière de ce sacrement, et que les prières relatives à cette action en sont la forme; l'effet qu'il opère est la rémission des péchés et le soulagement du malade. Saint Jacques en désigne clairement les ministres, qui sont les prêtres, et fait comprendre qu'il ne doit être administré qu'aux malades.

Malgré la profession que font les protestants de s'en tenir à l'Ecriture sainte, ils ne laissent pas de rejeter ce sacrement; ils disent que l'épître de saint Jacques n'a pas toujours été comprise dans le canon des Ecritures; que l'on a douté de son authenticité dans les premiers siècles ; que l'onction, pratiquée sur les malades par les apôtres, avait uniquement pour but de leur rendre la santé; qu'ainsi ce rite ne doit plus avoir lieu depuis que les guérisons miraculeuses ont cessé dans l'Église. Au mot saint JACQUES, nous ferons voir que son épître est véritablement canonique, et que les protestants ont tort de contester sur ce point. C'est une dérision de prendre pour règle de foi l'Ecriture sainte, en se réservant le droit d'en retrancher ce que l'on juge à propos. Quand l'auteur de cette lettre ne serait pas l'un des apôtres, ce serait du moins un de leurs disciples, puisque c'est un écrivain du 1er siècle, très-instruit de la doctrine chrétienne. Personne n'est donc plus en état que lui de nous apprendre quelle était l'intention et le motif des apôtres quand ils oignaient les malades : or, il nous atteste que ce n'était pas seulement pour leur rendre la santé, mais pour leur remettre les péchés; sans cela, pour quelle raison saint Jacques leur ordonnerait-il de confesser leurs péchés ?

N'importe, disent encore les protestants ; dans le style du Nouveau Testament, *remettre les péchés* ne signifie souvent rien autre chose que guérir une maladie; c'est dans ce sens que Jésus Christ dit au paralytique (*Matth.* IX, 2) : *Ayez confiance, mon fils, vos péchés vous sont remis.* Mais la fausseté de cette explication est évidente, puisque, suivant le récit de l'évangéliste, Jésus-Christ opéra la guérison du paralytique afin de convaincre les Juifs qu'il avait le pouvoir de remettre les péchés; ce pouvoir n'était donc pas le même que celui de guérir, puisque l'un servait de preuve à l'autre. Les paroles par lesquelles Jésus-Christ donna aux apôtres le pouvoir de guérir les maladies, ne sont pas les mêmes que celles par lesquelles il leur donna la puissance de remettre les péchés (*Matth.* x, 1; *Joan.* xx, 23).

Mosheim dit que saint Jacques ordonne aux malades de confesser leurs péchés, parce que l'on était persuadé que la plupart des maladies étaient une punition des péchés. Si c'était là le vrai motif, toutes les fois que les apôtres ont voulu guérir des malades, ils leur auraient ordonné de même la confession : il n'y a aucune preuve qu'ils l'aient fait. Il observe que saint Jacques attribue la guérison du malade à la prière faite avec foi, et non à l'onction; d'où il conclut que l'on a tort d'attribuer à cette cérémonie une vertu sanctifiante. Mais si l'onction ne contribuait en rien à l'effet qui devait s'ensuivre, elle était inutile : saint Jacques ne devait pas la recommander. Voilà comme les protestants tournent et retournent à leur gré l'Ecriture sainte (*Instit. Hist. christ.*, sæc. I, 11e part., c. 4, § 16).

Comme le sacrement de l'*extrême-onction* est le dernier que reçoit un chrétien, on ne le donne qu'à ceux qui sont à l'extrémité, ou du moins dangereusement malades. Avant le XIIIe siècle, on le nommait l'*onction des malades*, et on le donnait avant le viatique, usage que l'on a conservé ou rétabli dans quelques églises, comme dans celle de Paris. Il fut changé au XIIIe siècle, selon le P. Mabillon, parce qu'il s'éleva pour lors plusieurs opinions erronées qui furent condamnées dans quelques conciles d'Angleterre. On se persuada que ceux qui avaient une fois reçu ce sacrement, s'ils recouvraient la santé, ne devaient plus avoir commerce avec leurs femmes, ni prendre de nourriture, ni marcher nu-pieds. Quoique toutes ces idées fussent fausses et ridicules, on aima mieux, pour ne pas scandaliser les simples, attendre à l'extrémité pour conférer ce sacrement, et cet usage prévalut. *Voy.* les *conciles de Worcester et d'Exester*, en 1287; celui de *Winchester*, en 1308; Mabillon, *Act. S. Bened.*, sæc. I-1, p. 1. — Autrefois la forme de l'*extrême-onction* était indicative et absolue, comme il paraît par celle du rit ambrosien citée par saint Thomas, saint Bonaventure,

---

dans l'onction faite avec de l'huile et dans les prières qui l'accompagnent. Il n'est pas de foi que la forme spéciale et déterminée de ce sacrement ait été instituée par Notre-Seigneur Jésus-Christ. Il n'est pas de foi qu'une forme déprécative, appartienne à l'essence de l'extrême-onction; la foi se tait sur le nombre des onctions. — Il est de foi que le mot *presbyteros*, dont se sert l'apôtre saint Jacques ne désigne pas les anciens, mais bien ceux-là seuls qui sont revêtus du caractère sacerdotal : ils sont les ministres essentiels de l'extrême-onction.

Richard de Saint-Victor, etc.; actuellement elle est déprécative, depuis plus de six cents ans. On la trouve ainsi dans un ancien rituel manuscrit de Jumiége, qui a au moins cette antiquité : *Per istam unctionem et suam piissimam misericordiam, indulgeat tibi Dominus quidquid peccasti per visum*, etc. Elle est la même dans tous les rituels.

Ce sacrement est en usage dans toute l'Eglise grecque, sous le nom d'*huile sainte*, avec quelques rites différents de ceux de l'Eglise latine. Les Grecs n'attendent pas que les malades soient en danger : ceux-ci vont eux-mêmes à l'église recevoir l'onction toutes les fois qu'ils sont indisposés. C'est ce que leur reproche Arcadius, liv. v, *de Extrem. Unct.*; c. ult. Mais le P. Dandini, dans son *Voyage au mont Liban*, distingue deux sortes d'onctions chez les maronites : l'une se fait avec l'huile de la lampe bénite par le prêtre, elle se donne même à ceux qui ne sont pas malades, et ce n'est pas même un sacrement; l'autre, qui n'est que pour les malades, se fait avec de l'huile que l'évêque seul consacre le jeudi saint, et c'est, à ce qu'il paraît, leur onction sacramentelle.

Il n'est pas besoin de réflexions profondes pour comprendre qu'il est convenable de procurer à un chrétien mourant toutes les consolations possibles, de ranimer sa foi, son espérance, son courage, sa patience : tel est le but de l'*extrême onction*. C'est en même temps pour un pasteur une occasion favorable pour procurer de l'assistance et des secours temporels aux pauvres. Ceux qui ont ôté ce sacrement du rituel ne paraissent pas avoir été animés par des sentiments fort charitables. *Voy.* AGONIE, AGONISANTS.

ÉZÉCHIEL, *qui voit Dieu*; nom de l'un des grands prophètes; il était fils de Bus et de race sacerdotale. Il fut transféré à Babylone, par Nabuchodonosor, avec le roi Jéchonias, l'an du monde 3405. Pendant sa captivité, Dieu lui accorda le don de prophétie pour consoler ses frères. Il était âgé de trente ans, et il continua ce ministère pendant vingt ans. Ses prophéties sont fort obscures, surtout au commencement et à la fin. Après avoir décrit sa vocation, il peint la prise de Jérusalem avec toutes les circonstances horribles qui l'accompagnèrent, la captivité des dix tribus, celle de Juda et toutes les rigueurs de la vengeance que le Seigneur devait exercer contre son peuple. Dieu lui fit voir ensuite des objets plus consolants : le retour de la captivité, le rétablissement de Jérusalem, du temple, de la ré-

publique juive, figure du règne du Messie, de la vocation des gentils, de l'établissement de l'Eglise.

Les incrédules se sont récriés sur plusieurs expressions qui se trouvent dans ce prophète. Chapitre XVI et XXIII il peint l'idolâtrie de Jérusalem et de Samarie sous l'image de deux prostituées, dont la lubricité scandaleuse est représentée avec des expressions que nos mœurs ne peuvent supporter. On a fait observer à ceux qui ont affecté d'en relever l'indécence, qu'il ne faut pas juger des mœurs anciennes par les nôtres. Chez un peuple dont les mœurs sont simples et pures, le langage est moins châtié que chez les autres. Lorsqu'il y a peu de communication entre les deux sexes, les hommes parlent entre eux plus librement qu'ailleurs. Les enfants et les personnes innocentes parlent de tout sans rougir : elles ne pensent pas que l'on puisse en tirer de mauvaises conséquences. C'est le désir coupable de faire entendre des obscénités qui engage les impudiques à se servir d'expressions détournées, afin de révolter moins; ainsi, plus les mœurs sont dépravées, plus le langage devient mesuré et chaste en apparence. Celui des Hébreux, qui est très-naïf et très-libre, loin de prouver la corruption de leurs mœurs, démontre précisément le contraire. Dans la suite des siècles, les Juifs comprirent que les tableaux tracés par *Ezéchiel* pouvaient être dangereux pour la jeunesse; ils ne permettaient à personne de lire ce prophète avant l'âge de trente ans.

Les mêmes critiques, par pure malignité, ont soutenu que, dans le chap. IV, Dieu avait commandé à *Ezéchiel* de manger des excréments humains. C'est une imposture. Pour représenter d'une manière frappante la misère à laquelle les Hébreux seraient réduits pendant leur captivité dans l'Assyrie, Dieu ordonne au prophète de faire cuire du pain sous la cendre de fiente des animaux, et prédit que les Juifs seront forcés à manger du pain cuit de cette manière. — On sait que dans plusieurs contrées de l'Orient, où le bois est très-rare, les pauvres sont obligés de cuire leurs aliments avec la fiente des animaux séchée au soleil, et que cette manière de les apprêter leur donne un fort mauvais goût. Pour persuader et pour émouvoir un peuple aussi intraitable que les Juifs, il fallait mettre les objets sous leurs yeux; c'est ce que fait *Ezéchiel* : il n'y a dans sa conduite rien d'indécent ni d'incroyable.

FABLES DU PAGANISME. Il s'est trouvé de nos jours des incrédules assez téméraires pour assurer que les faits sur lesquels le christianisme est fondé ne sont ni mieux prouvés, ni plus respectables que les *fables du paganisme*. Les païens, disent-ils, avaient, aussi bien que nous, une tradition immémoriale des histoires et des monuments, qui attestaient que les dieux avaient vécu parmi les hommes, et avaient fait toutes les actions que les poëtes leur attribuaient. Platon était d'avis que, sur ces faits, il fallait s'en rapporter aux anciens, qui s'étaient donnés pour enfants des dieux, et qui devaient connaître leurs parents. Quoique leur témoignage, ajoutait-il, ne soit appuyé d'aucune raison évidente ni probable, on ne doit pas cependant la rejeter ; puisqu'ils en ont parlé comme d'une chose évidente et connue, il faut nous en tenir aux lois qui confirment leur témoignage. C'est encore ainsi que raisonnent aujourd'hui les théologiens. A la vérité, plusieurs *fables* étaient indécentes et scandaleuses, elles attribuaient aux dieux des crimes énormes ; mais avec le secours des allégories on parvenait à leur donner un sens raisonnable : ne sommes-nous pas obligés de recourir au même expédient, soit pour expliquer la manière dont nos Ecritures nous parlent de Dieu, soit pour excuser la conduite de plusieurs personnages que nous sommes accoutumés à regarder comme des saints ? Lorsque les Pères de l'Eglise objectaient aux païens les humiliations et les souffrances de leurs dieux, ils ne voyaient pas que l'on pouvait rétorquer l'argument contre eux ; aucun des dieux du paganisme n'a souffert plus d'ignominies, ni un supplice aussi cruel que Jésus-Christ, auquel cependant nous attribuons la divinité : Il est donc très-probable que le christianisme n'a fait, parmi les païens, des progrès si rapides, que parce qu'ils y ont trouvé à peu près le même fond de *fables*, de mystères, de miracles, de rites et de cérémonies que dans le paganisme.

L'examen de ce parallèle pourrait nous mener fort loin ; mais quelques réflexions suffiront pour en faire voir l'absurdité. 1° Il est aujourd'hui à peu près démontré que les dieux du paganisme étaient des personnages imaginaires, des génies, et non des hommes qui aient jamais vécu sur la terre ; le polythéisme et l'idolâtrie ont commencé par l'adoration des astres, des éléments et des êtres physiques que l'on a supposés vivants et animés. Apollon est le soleil, Diane est la lune, Jupiter est le maître du tonnerre, Junon l'intelligence qui excite les orages, Minerve l'industrie qui a inventé les arts, Mars le génie qui inspire du courage aux guerriers, Vénus est l'inclination qui porte l'homme à la volupté, etc. Cela est prouvé non-seulement par l'Ecriture sainte, mais par les auteurs profanes, par le tissu des *fables*, par la contradiction des narrations poétiques, etc. *Voy.* POLYTHÉISME et IDOLATRIE (1). Il est donc impossible qu'aucune histoire, aucun monument, aucun témoignage, aucune tradition, ait jamais pu constater l'existence de ces dieux fantastiques. Les prétendus *enfants des dieux* sont les premiers habitants d'un pays, desquels on ne connaissait pas la première origine, et que l'on appelait, pour cette même raison, *les enfants de la terre*. A-t-on les mêmes preuves pour faire voir que les personnages dont les livres saints nous font l'histoire, ne sont pas plus réels ? — Nous convenons que plusieurs des Pères de l'Eglise ont raisonné contre les païens sur la supposition contraire ; ils ont supposé que les dieux du paganisme avaient été des hommes, parce que les païens eux-mêmes le prétendaient ainsi, et que c'était alors l'opinion dominante : mais ceux d'entre les Pères qui ont examiné les *fables* de près, ont très-bien vu qu'il n'en était rien, que ces prétendus dieux étaient des intelligences ou des esprits, enfants de l'imagination du peuple et des poëtes. Nous pourrions citer à ce sujet saint Clément d'Alexandrie, Athénagore, Tertullien, etc. — 2° Les Grecs ont constamment distingué *les temps fabuleux* d'avec les temps historiques ; ils ont donc été très-persuadés que l'histoire prétendue de leurs dieux était mensongère et forgée par les poëtes ; une preuve évidente est la contradiction de ces derniers, ils ne s'accordent point entre eux ; ils ont attribué à leurs personnages la généalogie, le caractère, les aventures qui leur ont plu davantage ; les uns en ont placé la scène dans la Thessalie, les autres dans l'île de Crète, plusieurs en Egypte, quelques-uns dans l'Orient : peut-on montrer la même opposition entre les auteurs de l'Histoire sainte ? Aucun des monuments que l'on allègue chez les païens, tels que les tombeaux, les statues, les temples, les fêtes, les cérémonies, ne remonte à la date des événements auxquels on veut qu'ils servent d'attestation ; l'on peut s'en convaincre par la lecture de Pausanias. Les différentes

(1) On savait, par l'ancienne tradition, qu'il existait des esprits supérieurs à l'homme, ministres du grand roi dans le gouvernement du monde. Ce furent ces esprits dont on anima l'univers : on en plaça partout, dans le ciel, dans les astres, dans l'air, dans les montagnes, dans les eaux, dans les forêts, et même dans les entrailles de la terre ; et l'on honora ces nouveaux dieux selon l'étendue et l'importance du domaine qu'on leur avait attribué. Subordonnés les uns aux autres, on leur faisait reconnaître pour supérieur un génie du premier ordre, que des nations plaçaient dans le soleil, et d'autres au-dessus de cet astre, selon que le caprice le dictait. Ce système conduisit insensiblement au culte des morts. Les héros, les bons princes, les inventeurs des arts, les pères de famille distingués, n'étaient pas regardés comme des hommes ordinaires. On s'imagina que des esprits bienfaisants s'étaient rendus visibles en se revêtant d'un corps humain, ou bien que les grands hommes s'étant élevés au-dessus du commun par une vertu plus qu'humaine, leur âme avait mérité d'être placée au rang de ces génies divins qui gouvernaient l'univers. On les honora donc après leur mort, comme protecteurs de ceux auxquels ils avaient fait tant de bien pendant leur vie. Mais comme les hommes aiment ce qui frappe les sens, et que les esprits des morts ne jugeaient pas à propos de se communiquer souvent, ni à beaucoup de personnes par des apparitions, on crut les forcer en quelque sorte à se rendre présents à la multitude par le moyen des statues qu'on leur érigea, et dans lesquelles on supposa que les génies venaient volontiers habiter pour y recevoir les respects qui leur étaient dus. C'est ainsi que, par degrés, on tomba dans les plus grands excès. L'idolâtrie fut diversifiée selon le caractère particulier de chaque peuple, selon sa situation, ses aventures, son commerce avec d'autres nations. On conçoit aisément que les circonstances ont dû répandre une variété infinie sur les objets et la forme du culte public. (*Traité historique de la relig. des Perses*, par M. l'abbé Foucher ; *Mém. de l'acad. des Inscrip.*, tom. XLII, pag. 177-179.)

villes se disputaient l'authenticité de ces monuments, chacune avait sa tradition différente des autres, et revendiquait les mêmes *fables*. Lorsque nous citons des monuments pour appuyer les faits de l'Histoire sainte, nous montrons que ces monuments remontent à l'époque des événements, et ont été établis sous les yeux des témoins qui les ont vus. Aucun des anciens mythologues n'a été assez téméraire pour affirmer qu'il avait vu les merveilles qu'il raconte ; tous se fondent sur une tradition populaire dont l'origine est inconnue. *Voy.* HISTOIRE SAINTE. — 3° A la vérité, les auteurs sacrés ont attribué à Dieu des qualités, des actions, des affections humaines, comme la vue, l'ouïe, la parole, l'amour, la haine, la colère, etc. ; mais ils nous avertissent d'ailleurs, et nous font comprendre que Dieu est un pur esprit. Pour donner une idée des opérations et des attributs de Dieu, il est impossible de faire autrement, à moins de forger un nouveau langage qui ne serait entendu de personne ; nous ne pouvons comparer Dieu qu'aux créatures intelligentes. La nécessité des métaphores ou des allégories vient donc des bornes de notre esprit et de l'imperfection du langage ; le philosophe le plus habile y est forcé aussi bien que l'homme le plus ignorant. Voilà ce qu'Origène, saint Cyrille d'Alexandrie, Tertullien et nos autres apologistes, ont répondu aux païens et aux anciens hérétiques, qui reprochaient aux chrétiens le style métaphorique de nos livres saints. Mais les écrivains sacrés n'ont jamais attribué à Dieu des crimes abominables, tels que les impudicités de Jupiter et de Vénus, la cruauté de Mars, les vols de Mercure, etc. On n'a eu recours que fort tard aux allégories pour en pallier la turpitude, et chaque mythologue les a expliquées différemment ; c'est un expédient imaginé par les philosophes pour répondre aux Pères de l'Eglise, qui montraient l'absurdité des *fables* et en faisaient voir les pernicieuses conséquences. Jusqu'alors, loin d'imaginer que l'on pût déplaire aux dieux en imitant leurs crimes, on les avait regardés comme une partie du culte religieux. Térence, Ovide, Juvénal, conviennent de ce fait essentiel, et les Pères n'ont cessé de le reprocher aux païens. Si plusieurs personnages de l'Ancien Testament ont commis des crimes, ils ont en cela payé le tribut à l'humanité, et l'histoire qui les rapporte ne nous les propose point pour modèles : souvent elle les blâme sans ménagement, et montre la punition. Plusieurs ne paraissent criminels que parce que l'on ne fait pas attention aux circonstances, aux anciennes mœurs, au droit des particuliers et des nations, tel qu'il était établi pour lors. Mais de prétendus dieux ont-ils jamais dû être sujets aux passions déréglées et aux vices de l'humanité? *Voy.* SAINTS. — 4° Les souffrances et les humiliations de Jésus-Christ ont été volontaires de sa part ; il les a subies pour racheter les hommes, pour leur donner une leçon et des exemples dont ils avaient très-grand besoin : une preuve démonstrative de leur efficacité, ce sont les vertus que Jésus-Christ a fait éclore parmi ses sectateurs, et dont le paganisme n'a jamais fourni le modèle. Mais le traitement que Saturne avait essuyé de la part de Jupiter à cause de ses cruautés, la guerre que les Titans firent à Jupiter lui-même pour rabattre son orgueil, l'ignominie dont Mars et Vénus furent couverts à cause de leur impudicité, etc., n'étaient pas volontaires. Non-seulement on ne pouvait en tirer aucune leçon utile pour corriger les mœurs, mais c'étaient des scènes les plus capables de les corrompre. C'est ce que nos anciens apologistes ont répondu à Celse et à Julien, lorsqu'ils ont voulu comparer les souffrances des dieux à celles de Jésus-Christ. — 5° Pour nous persuader que les païens ont trouvé quelque ressemblance entre notre religion et la leur, il faudrait nous faire oublier la haine qu'ils ont jurée au christianisme, dès qu'ils ont commencé à le connaître, le sang qu'ils ont versé pendant trois cents ans pour le détruire, les calomnies et les invectives que leurs philosophes ont vomies contre lui, les tournures artificieuses qu'ils ont employées pour le rendre odieux. Après quinze cents ans, il est aisé à nos adversaires de forger des conjectures et des probabilités ; mais ils ne parviendront jamais à les concilier avec les monuments de l'histoire. *Voy.* CHRISTIANISME.

FACULTÉ DE THÉOLOGIE. *Voy.* THÉOLOGIE.

*** FACULTÉS DE THÉOLOGIE.** Les facultés de théologie ont toujours joui d'une haute considération dans l'Eglise qui s'est plu à environner leurs professeurs de distinctions et de privilèges (*Voy.* Dictionnaire de Théologie morale, art. PROFESSEUR). Nous avons encore en France des facultés de théologie, mais elles ont beaucoup perdu de leur autorité.

Nous allons examiner ici l'état actuel des facultés de théologie, leur origine, leur constitution et les causes de leur impuissance.

Les facultés de théologie peuvent être considérées sous trois points de vue : elles peuvent être ou purement ecclésiastiques, ou purement civiles, ou mixtes. Dans la première forme, le pouvoir ecclésiastique seul institue les facultés, nomme les professeurs, établit les règlements d'études. Si l'on considère la nature des choses, cette forme est la seule logique. L'enseignement de la théologie, qui a pour but de former les ministres des autels et de perpétuer les doctrines sacerdotales, est un droit inhérent à l'Eglise, au corps des pasteurs, à l'épiscopat, et qui n'appartient qu'à lui. On ne concevra jamais que l'Etat ait par lui-même aucun droit sur le dépôt traditionnel des vertus chrétiennes. Il n'est pas le gardien de ce dépôt. Il n'en est pas l'interprète ; il n'est pas chargé d'enseigner l'Evangile aux peuples. Représentant les facultés humaines, il peut, s'il le veut, et à ses risques et périls, enseigner au nom de la seule raison ; jamais il ne peut se poser comme l'organe des divines révélations. Quelque philosophe qu'on soit, il faut bien reconnaître que l'Eglise se croit et se donne comme dépositaire unique d'une doctrine communiquée au monde par une voie distincte des facultés naturelles de l'homme, et qu'elle prétend avoir seule le droit de perpétuer et d'enseigner cette doctrine. Cette prétention, quelque inadmissible qu'elle paraisse au rationaliste, doit être acceptée par l'homme d'Etat, ou, dès ce moment, il se met en lutte avec l'Eglise et ouvre la voie des persécutions. L'incompétence de l'État, qui se retrouve dans tous les régimes sociaux, sous toutes les formes de gouvernement, devient plus absolue encore dans la situation actuelle de la société et de nos institutions. L'État, laissant et garantissant à chacun la liberté de conscience et de culte, ne peut intervenir à titre de souverain dans les choses religieuses ; il ne peut les administrer ni les gouverner.

Si le principe que nous venons de poser est évident et incontestable, l'injustice et l'abus d'une constitution purement civile des facultés de théologie sont démontrés. Des facultés purement civiles seraient celles où le pouvoir civil seul posséderait le droit d'institution, d'administration, de nomination, où il irait même jusqu'à prescrire les doctrines qu'il faudrait enseigner. L'État se ferait véritablement théologien, se substituerait au ministère des pasteurs ; rien ne serait plus criminel, puisque ce serait le renversement total de toute l'économie de la révélation. Entre la constitution purement civile et la constitution purement ecclésiastique, il y a la constitution mixte, c'est-à-dire celle dans laquelle les deux puissances concourent à une même œuvre par des concessions mutuelles, et qui laissent intacts leurs droits inaliénables. Le régime mixte convient seul à l'état présent de notre société ; il est seul en harmonie avec les rapports actuellement existants entre l'Église et l'État. C'est un précieux avantage pour l'Église et pour l'État qu'il y ait à côté de l'enseignement supérieur et légal des sciences humaines un enseignement supérieur et légal de la science divine. Il est avantageux pour l'Église d'avoir des facultés reconnues et dotées par l'État ; il est avantageux pour l'État de jouir du droit de nommer aux chaires de ces facultés. Le lien mutuel que les facultés de théologie établissent entre l'Église et l'Université est honorable et profitable à l'une et à l'autre. Le régime mixte est donc le seul qui convienne à l'état des choses, le seul même possible aujourd'hui. Il s'agit maintenant d'examiner si la constitution actuelle des facultés de théologie appartient véritablement à ce régime mixte, le seul réalisable, le seul possible aujourd'hui. Nous avons la douleur d'affirmer que la constitution actuelle est plutôt une constitution civile qu'une constitution mixte, et que là est la source de l'humiliation, de l'impuissance, de la stérilité des facultés de théologie en France. Et d'abord le décret impérial du 17 mars 1808 créa les facultés de théologie au même titre que les autres (Décret du 17 mars 1808, art. 6). Aux termes de ce décret, le grand maître institue les professeurs (Art. 52), ratifie les réceptions (Art. 58), délivre les diplômes des grades théologiques au nom du roi (Art. 59 ; et ordonnance du 17 février 1815, art. 31). Ce même décret fixe les bases de l'enseignement en général (Art. 9). D'après l'ordonnance du 17 février 1815, le conseil royal fait les règlements des études et de la discipline. Avant de commencer l'année scolaire, les professeurs de théologie doivent soumettre leurs programmes au recteur de l'Académie (Déclaration du conseil royal du 23 octobre 1838). Subordonnés ainsi dans leur enseignement à l'autorité universitaire, les professeurs peuvent être transférés, suspendus et révoqués par le grand maître. Selon le décret du 17 mars 1808 (Art. 7), les nominations des professeurs doivent se faire au concours, et le concours a lieu entre trois sujets présentés par l'évêque diocésain. Une ordonnance du 24 août 1838 suspend l'effet de ce décret jusqu'au 1er janvier 1850, et maintient la nomination ministérielle sur la présentation épiscopale.

Telle est la seule intervention du pouvoir ecclésiastique dans la constitution des facultés de théologie. Nous l'apprécierons bientôt. L'institution des professeurs, la désignation des objets de l'enseignement, les règlements d'étude et de discipline, la direction, la surveillance, les peines et les récompenses, tout émane du pouvoir civil, et du pouvoir civil seul ; on ne voit partout que l'action du pouvoir civil. Pesons ici la force de ce mot : Institution. Dans le langage ordinaire, l'institution est le droit et la mission d'enseigner. Le grand maître donne donc le droit et la mission d'enseigner la doctrine chrétienne. Il donne donc un droit qu'il n'a pas, une mission qu'il n'a pas reçue. Aux termes des décrets et ordonnances, le conseil royal doit diriger et surveiller l'enseignement catholique. Il ne peut exercer cette faculté sans se constituer juge de l'orthodoxie, de l'hétérodoxie. En a-t-il le droit ? Enseigner la doctrine révélée, instituer les précepteurs du sacerdoce, diriger et surveiller l'enseignement théologique, ne sont-ce pas là tout autant de droits essentiels à l'Église, tout autant de droits dont elle ne peut se dépouiller sans abdiquer sa divine autorité ?

Lorsque le pouvoir civil exerce une pareille puissance, il faudrait au moins qu'il pût montrer quelque acte authentique par lequel l'Église lui aurait concédé cette portion de son autorité. Où sont ces concessions, ces actes ? On ne peut en rapporter aucun. Il est au contraire de notoriété publique que les facultés de théologie ont été établies et organisées sans aucun concours de la puissance spirituelle. La présentation des sujets par l'évêque à la nomination et au concours n'est pas l'institution ; car, s'il en était ainsi, la présentation épiscopale créerait en effet le professeur, et par le seul fait de cette présentation, le professeur entrerait dans l'exercice de ses droits. Or, c'est ce que l'État et l'Université n'admettront jamais. La présentation épiscopale n'est donc pas à leurs yeux la véritable institution ; elle n'est qu'une simple condition. Cette présentation qui, pour le prêtre fidèle à ses devoirs et dans le for de sa conscience, est la source véritable de sa mission et de la légitimité de son enseignement, n'a donc aucune valeur légale et authentique d'institution. Ici se révèle le véritable caractère des facultés de théologie. Loin d'être des facultés canoniques, elles ne sont pas même des facultés épiscopales et diocésaines, puisque légalement elles ne reçoivent pas leur mission de l'évêque diocésain et sont entièrement soustraites à son autorité. La puissance de l'évêque sur ces facultés est tellement illusoire qu'un professeur, interdit à cause de ses mauvaises doctrines, pourrait être maintenu dans sa chaire et son droit d'enseigner, si l'État le voulait.

Des facultés ainsi instituées ne jouissent d'aucun des privilèges que l'Église accorde aux facultés établies par elle ou avec son concours. Par conséquent, leurs grades théologiques n'ont aucune valeur canonique. Ainsi dénaturées et affranchies de l'autorité qui devait les gouverner, les facultés pourraient devenir un instrument dangereux dans les mains d'un gouvernement moins éclairé, moins sage, plus accessible aux passions antichrétiennes que celui que nous possédons. Tel est le véritable état des choses, la vraie situation des facultés de théologie. Qu'on ne cherche pas ailleurs que dans ce vice d'origine et de constitution les causes de la profonde nullité des facultés de théologie. Environnées de méfiances, elles sont vues de l'épiscopat avec défaveur et même avec une certaine crainte. Ces sentiments se seraient fait jour d'une manière énergique, si des choix moins honorables et offrant moins de garanties avaient été faits pour les chaires. Cependant, malgré leur modération, plusieurs prélats ont manifesté leur opposition hautement. M. l'archevêque de Toulouse s'abstient de présenter aux chaires vacantes de la faculté de sa ville épiscopale. M. l'évêque de Langres, dans son dernier écrit, des Empiétements, p. 67), a eu des paroles sévères sur ces facultés. On peut dire que l'opinion de tout l'épiscopat est conforme à celle des deux prélats que nous venons de nommer. Dans cet état de l'opinion, les jeunes gens, loin d'être excités à suivre le cours et à prendre des grades, d'ailleurs parfaitement inutiles, en sont et seront toujours détournés.

Remède à cet état de choses.

Quand la nature du mal est connue, le remède est facile à découvrir. Essentiellement ecclésiastiques, les facultés de théologie ont été créées et organisées sans le concours de l'autorité ecclésiastique. De là leur impuissance radicale, leur stérilité nécessaire. Instruit par une expérience d'un demi-siècle, que le pouvoir civil apprenne qu'il ne peut pas seul animer et féconder des institutions spirituelles. Qu'il sache qu'il faut recourir à l'autorité même établie par Jésus-Christ, et dépositaire de sa puissance et de sa doctrine, si l'on veut donner une vie nouvelle à ces institutions languissantes; si l'on veut les revêtir de la vraie mission qui leur manque.

1° Cette puissance, lorsqu'il s'agit d'une institution générale, n'est pas l'évêque dont la juridiction ne s'étend pas hors des limites diocésaines. Cette puissance n'est et ne peut être que celle du chef suprême de l'Église, du souverain pontife. Il faut donc demander au saint-siége l'institution canonique des facultés de théologie; par cette institution, le vice de leur origine sera corrigé.

2° Le conseil de l'Université, les divers ministres ont fait des règlements pour les facultés de théologie. Dans ces règlements, la puissance civile est sortie de son domaine et de ses limites. En effet, pour faire légitimement des règlements d'études théologiques, il faut avoir le droit d'enseigner la théologie; il faut connaître cette science; il faut apprécier les besoins de l'Église, l'état des esprits, les erreurs dominantes, les controverses vivantes. Or ces attributions n'appartiennent qu'à l'autorité spirituelle. Les règlements universitaires des facultés de théologie, bons en eux-mêmes, et possédant une autorité légale que nous ne contestons pas, n'ont donc pas de valeur rationnelle. Si donc on veut les investir de l'autorité qu'ils devraient avoir, il faut les faire confirmer par le saint-siége.

3° Mais de nouveaux règlements peuvent devenir nécessaires : d'ailleurs les facultés ont toujours besoin d'être dirigées et surveillées. Pour ces fonctions spirituelles le conseil de l'instruction publique est rationnellement incompétent; nous venons de le voir. On est donc naturellement et logiquement conduit à l'idée d'une commission d'évêques pour diriger et surveiller les facultés de théologie. Au siège de chaque faculté, il y aurait un conseil composé de trois membres, l'archevêque diocésain, président, et deux évêques du ressort de la faculté nommés par le chef de l'État, sur la présentation du ministre de l'instruction publique. Ce conseil, qui se réunirait à de rares intervalles, et sur la convocation du président ou du ministre, ferait tous les règlements nécessaires. De plus il jugerait canoniquement le professeur convaincu d'enseigner des doctrines hétérodoxes. Le ministre de l'instruction, par son homologation, donnerait force légale aux règlements de ce conseil, et prononcerait la destitution du professeur jugé et condamné. Il faut bien remarquer que les évêques, membres de ce conseil, étant appelés à exercer une juridiction hors des limites de leur territoire, auraient besoin d'être revêtus de l'autorité du saint-siége. La création de ce conseil devrait donc être approuvée par le souverain pontife.

En proposant ces vues ne nous croyons pas sortir de la logique, ni des vraies notions du droit ecclésiastique. Tant que l'Université voudra régler les facultés de théologie comme elle règle les autres, c'est-à-dire souverainement et sans appel, elle introduira de déplorables confusions, et excitera d'éternelles réclamations de la part des évêques. S'il est vrai que la constitution des facultés de théologie doive être mixte, il faut bien admettre dans la création et l'organisation de ces facultés le concours efficace de l'autorité spirituelle; et il ne faut pas sacrifier les plus grands intérêts de la religion et de la société à une stérile unité d'administration. Par ces arrangements qui ne blessent aucun de ses droits, l'État permet aux facultés de théologie de se régénérer, de prendre une vie, une activité nouvelles. Il est facile de calculer l'impulsion que l'institution canonique et une constitution régulière donneraient aux facultés. Leur droit incontestable, la valeur des grades qu'elles conféreraient, les garanties qu'elles offriraient à l'orthodoxie la plus craintive, le concours des hommes les plus distingués qui s'honoreraient alors d'occuper ses chaires, tout serait pour elles élément de succès. Quel mouvement vers les études et la science! le clergé serait bientôt à la hauteur de la mission difficile qu'il doit remplir, et l'État recueillerait les fruits heureux de cette rénovation scientifique. Il se serait montré intelligent, juste, prévoyant de l'avenir; des actes d'intelligence, de justice, de prévoyance obtiennent toujours leur récompense.

En dehors des conditions que nous venons de poser, les facultés languiront toujours, et n'exerceront aucune action sur le clergé. Par quel autre moyen pourrait-on leur donner l'activité, la vie qui leur manquent? Serait-ce, par exemple, en mettant à exécution l'ordonnance de 1839 qui prescrit les grades pour les plus éminentes charges ecclésiastiques? Mais tant que les grades seront purement civils, l'épiscopat verra avec raison, dans l'exécution de cette ordonnance, un attentat à ses droits les plus sacrés; et l'on peut s'attendre à une indomptable résistance. Serait-ce en obligeant les élèves des séminaires à suivre les cours des facultés? Encore ici on rencontrera l'opposition épiscopale, tant que les facultés conserveront leur constitution actuelle. Les réformes nécessaires ne trouveraient pas de grands obstacles, ni du côté du saint-siége, qui seconderait avec empressement la rénovation des études théologiques en France; ni du côté des chambres, qu'il ne serait pas nécessaire de faire intervenir; ni enfin du côté de l'opinion, qu'il serait si facile d'éclairer, à laquelle on pourrait si facilement démontrer l'évidence du droit de l'Église. L'Université seule pourrait élever ces réclamations; mais on lui opposerait sa propre expérience. La plupart des ordonnances qui ont été faites touchant les facultés de théologie n'ont pu recevoir leur exécution. Le conseil de l'Université a le droit légal de faire des règlements d'études théologiques. Eh bien! il n'exerce pas ce droit, ou il ne l'exerce que dans une mesure très-restreinte; et l'exercice de ce droit dans toute son étendue légale serait la clôture même des facultés de théologie. Une ordonnance royale prescrit les grades pour certaines charges ecclésiastiques : y a-t-il un seul lévite qui ait suivi les cours par les motifs de cette ordonnance? Qu'est-ce donc qu'un droit qui ne peut se réaliser sans provoquer sur-le-champ les plus énergiques oppositions? Qu'est-ce qu'un droit qui est obligé de se renier lui-même? En réalité donc, l'Université ne perd rien, ne se dépouille de rien. L'abbé MANET.
(*France religieuse.*)

FAILLE. Les sœurs *de la Faille* sont des hospitalières ainsi nommées à cause de leurs grands manteaux, dont le nom paraît dérivé de *palla* ou *pallium*. Un chaperon, attaché à ce manteau, leur couvrait le visage et les empêchait d'être vues; elles étaient vêtues de gris, et servaient les malades, soit dans les hôpitaux, soit dans les maisons particulières. C'était une colonie du tiers ordre de Saint-François, établie principalement en Flandre. Nous ignorons si elles subsistent encore. Hélyot, *Histoire des Ordres monas-*

tiques, tom. VII, p. 301. [Tom. XX à XXII de l'Encyclopédie, édit. Migne.]

FAIT. Une grande question entre les défenseurs de la religion et les incrédules, est de savoir s'il est convenable à la nature de l'homme que la religion soit fondée sur des preuves de *fait* plutôt que sur des raisonnements abstraits. Nous le soutenons ainsi.

1° Cette question est décidée par la conduite que Dieu a suivie dans tous les siècles. Dès la création, Dieu n'a point attendu que nos premiers pères apprissent, par leurs raisonnements, à le connaître et à l'adorer; il les a instruits lui-même par une révélation immédiate : ainsi l'attestent nos livres saints. Cette révélation est un *fait* qui ne peut être prouvé que comme tous les autres, par des monuments. Dieu a renouvelé aux Juifs cette révélation par Moïse, à toutes les nations par Jésus-Christ; il est absurde d'exiger que ces trois *faits* soient prouvés par des raisonnements spéculatifs, et d'y opposer des arguments de cette espèce. Les déistes, qui rejettent la révélation et les *faits* qui la prouvent, qui veulent faire de la religion un système philosophique sous le nom de *religion naturelle*, veulent opérer un prodige qui n'a jamais existé depuis le commencement du monde. Qu'ils nous citent un peuple qui soit parvenu, par leur méthode, à se faire une religion vraie et raisonnable. *Voy.* RÉVÉLATION. — 2° Nos devoirs de société, nos droits et nos intérêts les plus chers ne portent que sur la certitude morale, sur des preuves de *fait*. Il ne nous est pas démontré que notre naissance est légitime, que tel homme est notre père, que tel autre est notre souverain, que tel héritage nous appartient, etc. Nous ne sommes cependant pas tentés d'en douter; notre conduite, fondée sur la certitude morale, est prudente et sage. Sur ce point, le philosophe n'est pas plus privilégié que le commun des ignorants. Or, il est nécessaire que nous apprenions la religion comme nous apprenons nos devoirs de société, par l'éducation et dès l'enfance; donc ces deux espèces de devoirs doivent être fondés sur les mêmes preuves. — 3° La religion est faite pour les ignorants aussi bien que pour les savants, pour le peuple comme pour les philosophes; le peuple, peu accoutumé aux raisonnements spéculatifs, n'est certainement pas capable de suivre une chaîne de démonstrations métaphysiques, de se faire un système philosophique de religion. Mais l'homme le plus ignorant peut, sans effort, se convaincre d'un *fait* quelconque, en avoir la plus ferme persuasion, même en porter un témoignage irrécusable. C'est donc par des *faits* qu'il doit être convaincu de la vérité de sa religion. — 4° Les preuves de *fait* produisent une persuasion plus inébranlable, sont sujettes à moins de doutes et de disputes que les raisonnements abstraits. Où sont les vérités démontrées qui n'aient pas été attaquées par des philosophes ? Une maxime dictée par le bon sens est qu'il y a de l'absurdité à disputer contre les *faits*, à les attaquer par des arguments spéculatifs. Les démonstrations prétendues, par lesquelles les philosophes prouvaient l'impossibilité des antipodes, ont-elles pu tenir contre le *fait* de leur existence ? Vingt erreurs semblables, fondées sur des raisonnements, ont été détruites par un seul *fait* bien constaté. Puisque la foi doit exclure le doute et l'incertitude, elle doit être appuyée sur des *faits* (1). — 5° Dieu, ses attributs, ses desseins, sa conduite, sont nécessairement incompréhensibles; si Dieu nous en révèle quelque chose, il est impossible que ce ne soient pas des mystères. Comment les prouverions-nous par le raisonnement, dès que nous ne les concevons pas ? Un philosophe qui voudrait prouver à un aveugle-né, par des raisonnements métaphysiques, l'existence des couleurs, d'un miroir, d'une perspective, se couvrirait de ridicule; cet aveugle lui-même serait insensé, s'il ne croyait pas la réalité de ces phénomènes sur le témoignage de ceux qui ont des yeux. — 6° L'on sait par expérience à quoi ont abouti les raisonnements des philosophes de tous les siècles en matière de religion : les uns ont professé l'athéisme, les autres ont confondu Dieu avec l'âme du monde; ceux-ci ont méconnu son unité et ont confirmé le polythéisme; ceux-là ont approuvé toutes les superstitions de l'idolâtrie, ont regardé comme des athées ceux qui ne voulaient admettre qu'un Dieu. Remettre les hommes dans la même voie, c'est vouloir évidemment les reconduire aux mêmes égarements (2). Si aujourd'hui les philosophes modernes raisonnent mieux que les anciens sur ces grandes questions, à qui en sont-ils redevables, sinon à la révélation, dont le flambeau les a éclairés dès l'enfance (3) ?

(1) Les éditions de Besançon veulent déduire de cette phrase, que notre savant auteur n'admettait d'autre motif de certitude que l'autorité. Nous croyons l'induction fort illégitime, puisqu'il parle ici des matières de foi qui ne sont pas du domaine de la raison.

(2) Les éditions de Besançon veulent encore nous ramener ici à leur doctrine philosophique. Nous croyons que leur induction porte à faux, car Bergier veut qu'on maintienne la religion dans les termes de la révélation. Abandonner les vérités révélées ce serait nous rejeter dans la multitude des systèmes qui se reproduisent sans d'autre fondement que l'imagination égarée de ceux qui les enfantent.

(3) Sans entrer dans des spéculations et des recherches trop subtiles sur la force naturelle de la raison humaine, indépendamment de la révélation, la voie la plus courte et la plus sûre pour l'apprécier, dit un auteur anglais, est de recourir au fait et à l'expérience. Il s'agit donc, pour décider ce point, de rechercher ce que la raison humaine a fait à cet égard, lorsqu'elle a été abandonnée à elle-même, et destituée de tout secours extraordinaire; ce dont on ne peut pas bien juger par aucun système formé par des savants qui ont vécu dans des siècles et dans des pays éclairés des lumières de la révélation divine, et où ses dogmes, ses préceptes, sa morale, ont été reçus et autorisés : car en ce cas, on peut raisonnablement supposer que c'est la révélation qui les a instruits de toutes ces vérités, plutôt que la raison, quoiqu'ils n'en veuillent pas convenir, ou que peut-être ils ne le sentent pas eux-mêmes. Ainsi les sys-

Il est à remarquer que la révélation de chacun des dogmes du christianisme en particulier est aussi un *fait*; qu'ainsi nous pouvons nous en convaincre par la même voie par laquelle nous sommes informés du *fait* général de la révélation. Les apôtres instruits et envoyés par Jésus-Christ ont-ils enseigné ou non le dogme de la présence réelle, par exemple? Voilà certainement un *fait* duquel peuvent déposer tous ceux qui ont entendu prêcher les apôtres. Or, il y a sept apôtres desquels nous n'avons aucun écrit; cependant ils ont fondé des églises, et y ont établi des pasteurs pour enseigner aux fidèles la doctrine de Jésus-Christ. Le témoignage de ces pasteurs n'a-t-il pas été aussi digne de foi que celui des disciples formés par saint Paul, ou par tel autre apôtre qui a écrit? Si donc les églises fondées par les apôtres, sans Ecriture, ont déposé que leur fondateur leur avait enseigné clairement et formellement le dogme de la présence réelle, ce dogme n'est-il pas aussi certainement révélé, que s'il était couché en termes clairs et précis dans les écrits de saint Paul? Nous ne voyons pas que les églises fondées par saint Thomas, par saint André, par saint Philippe, etc., se soient crues obligées d'aller consulter les autres, et de leur demander les écrits de leurs fondateurs.

Les protestants, qui refusent de déférer à l'autorité de la tradition, retombent donc dans le système des déistes; toutes les objections qu'ils font contre le témoignage des docteurs de l'Eglise peuvent se tourner, et ont été tournées, en effet, par les déistes, contre l'attestation des témoins qui déposent du *fait* général de la révélation. *Voy.* TRADITION.

Une autre question est de savoir si les *faits* surnaturels ou les miracles sont susceptibles de la même certitude que les *faits* naturels, et peuvent être constatés par les mêmes preuves. C'est demander en d'autres termes si un homme qui voit opérer un miracle est moins sûr de ses yeux que celui qui voit arriver un phénomène ordinaire, ou s'il est moins capable de rendre témoignage de l'un que de l'autre. Il est singulier que l'entêtement des incrédules soit poussé au point de former sérieusement cette question. 1° Il est évident qu'un homme qui a éprouvé en lui-même un miracle, qui, se sentant malade et souffrant, s'est senti guéri subitement à la parole d'un thaumaturge, est aussi certain de sa maladie et de sa guérison subite qu'il l'est de sa propre existence. Il y aurait de la folie à soutenir que cet homme a pu être trompé par le sentiment intérieur, ou qu'il n'est pas admissible à rendre témoignage de ce qui s'est passé en lui.—2° Ceux qui ont vu et porté eux-mêmes un paralytique incapable de se mouvoir depuis trente-huit ans, et qui, à la parole de Jésus-Christ, l'ont vu emporter son grabat et retourner chez lui, n'ont certainement pas pu être trompés par le témoignage de leurs yeux. Il en est de même de ceux qui ont vu Jésus-Christ et saint Pierre marcher sur les eaux, cinq mille hommes rassasiés par cinq pains, une tempête apaisée par un mot, etc. A plus forte raison ceux qui avaient enseveli Lazare, qui avaient respiré l'odeur de son cadavre, et qui l'ont vu sortir du tombeau quatre jours après, n'ont-ils pu être trompés par la déposition de leurs sens.

Dans ces cas et autres semblables, si les témoins sont en grand nombre, s'ils n'ont pu avoir aucun intérêt commun d'en imposer à personne, s'ils étaient même intéressés par divers motifs à douter des *faits*, et si cependant ils en ont rendu un témoignage uniforme, il y aurait autant d'absurdité à le rejeter que s'ils avaient attesté des évé-

tèmes de nos philosophes, admirateurs et sectateurs de la religion naturelle dans le sein du christianisme, ne peuvent servir à prouver la force de la raison en matière de religion. On doit en dire autant de la morale des philosophes païens qui ont écrit depuis l'ère chrétienne, parce qu'ils ont pu la puiser dans l'Evangile. — Il faut remarquer de plus que les systèmes des anciens philosophes et moralistes qui ont vécu avant le christianisme, ne montrent l'excellence et la force de la raison humaine qu'autant que l'on peut assurer que ces sages n'ont puisé leurs dogmes religieux et leurs préceptes de morale que dans leur propre fonds, par les seules lumières de leur raison, sans aucune information, instruction ou tradition quelconque que l'on puisse faire remonter à une révélation divine. Il est aisé de faire voir, par les témoignages des anciens les plus célèbres, que tout ce qu'ils ont dit, ils ne l'avaient pas tiré de leur propre fonds, et qu'ils ne prétendaient pas aussi le l'attribuer à eux seuls. C'est un fait très-connu, que les plus grands philosophes de la Grèce se croyaient si peu en état d'acquérir par eux-mêmes toutes les connaissances nécessaires, qu'ils voyagèrent en Egypte et dans diverses contrées de l'Orient pour s'instruire par la conversation des sages de ces pays; et ceux-ci ne se flattaient pas non plus d'avoir acquis toute leur science par les seules forces de leur raison, mais par les documents et la tradition de leurs ancêtres, et cette tradition remontait de génération en génération jusqu'à une source divine. En effet, en supposant que les premiers hommes avaient reçu une révélation, on a tout lieu de croire que les traces s'en étaient conservées dans l'Orient, surtout dans les contrées les plus voisines de la demeure des premiers hommes, et que c'est de là que le reste du monde a tiré ses premières connaissances en fait de religion et de morale. Ces considérations nous mènent à conclure que la science et la sagesse des anciens philosophes n'est point un argument suffisant pour prouver que la connaissance de ce qu'on appelle ordinairement religion naturelle, dans sa juste étendue, soit entièrement et originairement due à la seule force de la raison humaine, exclusivement à toute révélation divine. Il serait peut-être fort difficile de nommer une seule nation qui ait des notions pures en fait de religion, qu'elle ne tienne pas, de quelque manière que ce soit, d'une révélation divine; une nation chez qui les principes religieux et les règles de morale soient le produit de la seule raison naturelle, sans aucun secours supérieur. On remarquera aisément chez de tels peuples des restes d'une ancienne tradition universelle, d'une religion primitive qui remonte à la plus haute antiquité, et qui a sa source dans une révélation divine, quoique le laps de temps y ait apporté bien des changements et des altérations. (Leland, *Démonstration évangélique*, Discours préliminaire.)

nements naturels. De savoir si ce sont là des miracles ou des phénomènes naturels, ce ne sont point les témoins qui en décident, mais le sens commun de ceux auxquels ils sont ainsi attestés.

On nous objecte qu'en *fait* de miracles tout témoignage quelconque est suspect; que l'amour du merveilleux, la vanité d'avoir vu et de raconter un prodige, l'intérêt de la religion à laquelle on est attaché, le zèle toujours accompagné de fanatisme, etc., sont capables d'altérer le bon sens et la probité de tous les témoins. Mais nos adversaires oublient les circonstances des *faits* et le caractère des témoins dont nous venons de parler. Ceux qui ont vu les miracles de Jésus-Christ étaient Juifs, et ces miracles n'ont pas été *faits* pour favoriser le judaïsme; plusieurs de ces témoins étaient prévenus contre Jésus-Christ, contre sa doctrine, contre sa conduite. Ceux qui ont vu les miracles des apôtres n'étaient pas chrétiens, mais Juifs ou païens; ce sont ces miracles mêmes qui ont vaincu leurs préjugés, leur zèle de religion, leur incrédulité. Quel intérêt, quel motif de vanité, de zèle ou de fanatisme, a pu les aveugler, étouffer en eux le bon sens ou la probité? C'est comme si l'on disait que l'amour du merveilleux, le zèle de la religion, le fanatisme, disposent un calviniste en faveur des miracles d'un thaumaturge catholique.

Les déistes posent encore pour principe qu'en *fait* de miracles, aucun témoignage ne peut contre-balancer le poids de l'*expérience*, qui nous convainc que l'ordre de la nature ne change point. Ils veulent nous en imposer par un mot. L'*expérience* est sans doute la déposition constante et uniforme de nos sens. Que nous apprend-elle? Que nous n'avons jamais vu de miracles; que jamais, par exemple, nous n'avons été témoins de la résurrection d'un mort. Mais si, à ce moment, elle arrivait sous nos yeux, serions-nous fondés à juger que nos sens nous trompent, parce que jusqu'à présent ils ne nous avaient rien attesté de semblable? La prétendue *expérience* du passé n'est dans le fond qu'une ignorance, un défaut de preuves et d'expérience, plutôt qu'une expérience positive. Elle devient nulle toutes les fois que nous voyons un phénomène que nous n'avions jamais vu. *Voy.* EXPÉRIENCE. Il en est de même du témoignage de ceux qui nous affirment qu'ils ont vu un *fait* duquel nous n'avons jamais été témoins nous-mêmes. Soutenir que nous n'en devons rien croire, c'est prétendre que notre ignorance doit l'emporter sur les connaissances et sur les expériences des autres; que le témoignage d'un aveugle-né, en *fait* de couleur, est plus fort que l'attestation de ceux qui ont des yeux. Quand on fait l'analyse des raisonnements des incrédules, on est étonné de leur absurdité. *Voy.* MIRACLE.

FAIT DOGMATIQUE. *Voy.* DOGMATIQUE.

* FALASHAS. — Lorsque la nation juive fut menée en servitude, une de ses colonies alla s'établir au milieu de l'Abyssinie. Ce peuple était entièrement inconnu avant la découverte qu'en firent les Portugais: cette découverte expliqua un fait de l'Écriture qui paraissait fort singulier. On voyait un eunuque de la reine de Candace venir à Jérusalem et être baptisé par saint Philippe. Mais lorsqu'on voit dans l'Abyssinie une peuplade juive, ayant son gouvernement, demeurant profondément attachée à la religion de ses pères, on n'est plus surpris de voir un fidèle israélite accomplir la loi du Deutéronome, chap. XVI, vers. 2. qui prescrivait de venir à Jérusalem pour adorer Dieu dans le temple.

Les savants ont encore puisé dans leurs livres sacrés des preuves en faveur de nos livres saints. « Ils ont leur Bible, dit l'édition de Lefort, et, dans leurs synagogues, ils chantent les psaumes en hébreu. Ce qui est très-remarquable, c'est que le caractère de cet hébreu est le *samaritain*, et que l'*alphabet amharique*, seul d'usage en Éthiopie, n'a de rapport qu'avec le samaritain ; d'où résulte une preuve insigne en faveur des traditions *abyssiniennes*, parce qu'à l'époque où cet empire (selon la *Chronique d'Axum*), embrassa le judaïsme, c'était le caractère dont se servaient les Juifs, qui n'ont adopté le chaldaïque qu'après la captivité. »

FAMILISTES, secte de fanatiques qui eut pour auteur, en 1555, un nommé Henri Nicolas, disciple et compagnon de David George, chef de la secte des *davidiques; voyez* ce mot. Nicolas trouva des sectateurs en Hollande et en Angleterre, et les nomma la *famille d'amour* ou de charité. Il était, disait-il, envoyé de Dieu pour apprendre aux hommes que l'essence de la religion consiste à être épris de l'amour divin ; que toute autre doctrine touchant la foi et le culte est très-peu importante; qu'il est indifférent que les chrétiens pensent de Dieu tout ce qu'ils voudront, pourvu que leur cœur soit enflammé du feu sacré de la piété et de l'amour.

On l'accuse d'avoir parlé avec très-peu de respect de Moïse, des prophètes, de Jésus-Christ même; d'avoir prétendu que le culte qu'ils ont prêché est incapable de conduire les hommes au bonheur éternel, que ce privilège était réservé à sa doctrine. Toutes ces erreurs sont en effet des conséquences assez claires du principe qu'il établissait ; et il n'est pas étonnant qu'au milieu du libertinage de croyance introduit par la prétendue réforme des protestants, il ait fait des prosélytes. George Fox, fondateur de la secte des quakers, s'éleva fortement contre cette prétendue *famille d'amour*; il l'appelait une secte de fanatiques, parce qu'ils prêtaient serment, dansaient, chantaient et se divertissaient : c'était un fanatique qui en attaquait d'autres. Mosheim, *Hist. ecclés.*, XVIe siècle, part. 3, IIe part., c. 3, § 25.

FAMINE. *Voy.* TERRE PROMISE.

FANATISME. — On a nommé d'abord *fanatique* les prétendus devins, qui se croyaient inspirés par les dieux pour découvrir les choses cachées et pour prédire l'avenir, et qui se donnaient pour tels. Il est probable qu'on leur donnait ce nom, parce qu'ils rendaient ordinairement leurs oracles dans les temples des dieux appelés *fana*. Aujourd'hui l'on entend par *fanatique* un homme qui se croit inspiré de Dieu dans tout ce qu'il fait par zèle de religion, et par *fanatisme*, le zèle aveugle pour la religion, ou une passion capable de faire commettre des crimes par motif de religion. C'est l'épouvantail dont se servent les incrédules pour faire peur à tous ceux qui sont tentés de croire en Dieu. Selon leur avis, il est impossible d'avoir une religion sans être fanatique, et le *fanatisme* a été la source de tous les malheurs de l'univers. On ne doit pas s'en prendre à nous, si nous sommes forcés de faire un article fort long pour réfuter les sophismes, les impostures, les calomnies qu'ils ont accumulées et qu'ils ont répétées dans tous leurs ouvrages, sur les effets, sur les causes, sur les remèdes du *fanatisme*.

I. Ils disent que le *fanatisme* est l'effet d'une fausse conscience qui abuse de la religion et l'asservit au dérèglement des passions. Soit. Par cette définition même, il est clair que ce sont les *passions* qui produisent la fausse conscience, l'abus de la religion, le *fanatisme* et les maux qu'il produit. C'est déjà un trait de malignité et de mauvaise foi de confondre la religion avec l'abus que l'on en fait, d'attribuer à la religion les effets des passions, et d'appeler *fanatisme* toute espèce de zèle pour la religion. Voilà donc chez nos adversaires mêmes une fausse conscience qui abuse de la philosophie, et l'asservit au dérèglement de leurs passions ; c'est le *fanatisme* philosophique qui veut guérir le *fanatisme* religieux. Un médecin, attaqué de la maladie qu'il entreprend de traiter, ne peut pas inspirer beaucoup de confiance. Il ne nous sera pas fort difficile de démontrer que les passions sont les mêmes et produisent les mêmes effets dans ceux qui ont une religion et dans ceux qui n'en ont point.

C'est l'orgueil sans doute, qui persuade à un esprit ardent qu'il entend mieux qu'un autre les dogmes et la morale de la religion, qui lui inspire de la haine contre ceux qui le contredisent, qui lui fait croire que ses excès et ses fureurs sont un service essentiel qu'il rend à la religion, qu'il travaille pour elle, pendant qu'il ne cherche qu'à se satisfaire lui-même. Mais c'est aussi l'orgueil qui persuade à un incrédule qu'il entend mieux que personne les vrais intérêts de l'humanité, qui lui inspire une haine aveugle contre tous ceux qui prêchent et soutiennent la religion, qui lui fait croire qu'en travaillant à détruire celle-ci, il rend le service le plus essentiel au genre humain, qu'il se voue au bien public, pendant qu'il ne cherche qu'à satisfaire sa vanité, et à jouir de l'indépendance. L'ambition de dominer et de faire la loi met dans l'esprit d'une secte ou d'un parti que la religion est en péril, si la faction contraire fait des progrès ; elle lui peint, sous de noires couleurs, les desseins, les intrigues, les moyens dont cette faction se sert pour gagner des prosélytes : un fanatique ne manque pas de conclure que tout est perdu, si l'on ne vient pas à bout d'écraser cette faction ; que tous moyens sont bons et légitimes pour y parvenir. Mais n'avons-nous pas vu l'ambition des incrédules paraître avec les mêmes symptômes, annoncer les mêmes projets de destruction, employer sans scrupule le mensonge, la fourberie, la calomnie, les libelles diffamatoires, le crédit auprès des grands, etc., pour écraser, s'ils l'avaient pu, le clergé et les théologiens ? On dit que c'est l'intérêt personnel de quelques imposteurs qui a fait éclore la superstition et les fausses religions sur la terre. Il n'en est rien. A l'article SUPERSTITION, nous ferons voir que c'est l'intérêt mal entendu des hommes grossiers et ignorants. Mais supposons pour un moment ce que veulent nos adversaires. Dès qu'un nombre de philosophes imposteurs mettent leur intérêt à être seuls écoutés, et seuls en droit d'endoctriner les nations, l'athéisme qu'ils feront éclore causera-t-il moins de maux que les fausses religions ? Celles-ci opposent du moins un frein aux passions, l'athéisme leur lâche la bride. Des rois, des conquérants, des despotes athées, seraient-ils meilleurs que ceux qui ont une religion ? Dieu nous préserve d'en faire l'épreuve. L'intérêt politique fait comprendre aux chefs des nations que les ennemis de la religion dominante ne pardonnent point à ceux qui la protègent, que les sectaires sont des ennemis de l'État. Ils le sont en effet, dès qu'ils veulent employer la violence pour s'établir. On est donc forcé de recourir aussi à la violence pour les réprimer. Mais, parce que ces sectaires sont fanatiques, il ne s'ensuit pas que le gouvernement qui les réprime le soit aussi ; parce qu'il y a eu des persécutions injustes, il ne s'ensuit pas que toutes le soient. Il reste à savoir de quels excès serait capable un gouvernement imbu des maximes établies par nos plus célèbres incrédules, que toute religion est une peste publique ; que, pour rendre les peuples heureux et sages, il faut bannir de l'univers la notion funeste d'un Dieu. Comme depuis la création aucun gouvernement n'est tombé dans un pareil accès de démence, il faut espérer qu'aucun n'y tombera jamais.

Il y a un *fanatisme* politique, un *fanatisme* littéraire, un *fanatisme* guerrier, un *fanatisme* philosophique, aussi bien qu'un *fanatisme* religieux. Dès que les passions sont exaltées, la frénésie s'ensuit. Qu'en résulte-t-il contre une religion qui condamne, qui réprouve, qui tend à réprimer toutes les passions ?

Nos peintres infidèles du *fanatisme* disent que la terreur a élevé les premiers temples du paganisme. Erreur. Nous soutenons que c'est l'intérêt sordide ; l'homme a voulu avoir un Dieu particulier, chargé de satisfaire à chacun de ses besoins, et attentif à remplir chacun de ses désirs. Avant l'érection des temples, les peuples avaient adoré le soleil et la lune : quelle terreur pouvaient leur inspirer ces deux astres ? Ils prétendent que l'exemple d'Abraham a autorisé les sacrifices de sang humain. Pure imagination. L'histoire d'Abraham n'a pas été écrite avant Moïse, et déjà les Chananéens immolaient des enfants. Les Chinois, les Scythes, les Péruviens, qui ont sacrifié des hommes, connaissaient-ils Abraham? Ce patriarche n'immola point son fils. Dieu, qui le lui avait commandé pour mettre son obéissance à l'épreuve, était bien résolu à l'en empêcher. La frénésie des sacrifices de victimes humaines est née d'abord des fureurs de la vengeance; l'homme vindicatif s'est persuadé que ses propres ennemis étaient aussi les ennemis de son dieu. Ces mêmes censeurs regardent comme un trait de *fanatisme* le rachat des premiers-nés chez les Juifs, et l'usage qui a subsisté dans l'Occident de vouer les enfants au célibat monastique. Double méprise. Le rachat des premiers-nés attestait que Dieu avait conservé par miracle en Égypte les premiers-nés des Hébreux, lorsque les aînés des Égyptiens périrent. Cette cérémonie faisait souvenir les Juifs que ces enfants étaient un don de Dieu, un dépôt confié à leurs parents, qu'il ne leur était pas permis de les vendre, de les exposer, de les tuer, de les immoler à de fausses divinités, comme faisaient les nations idolâtres. Où est le *fanatisme*? On nous persuadera peut-être que c'en est un de baptiser les enfants pour les consacrer à Dieu. Dans les temps d'anarchie, de brigandage, de désordre universel dans tout l'Occident, les parents envisageaient la vie du cloître comme la plus pure, la plus douce, la plus heureuse qu'il y eût pour lors. Ils pouvaient donc y vouer leurs enfants par tendresse; mais on n'a jamais forcé les enfants d'accomplir le vœu de leurs parents. Aujourd'hui encore les parents chargés de famille, peu favorisés par la fortune, accablés d'inquiétudes et de besoins, se félicitent lorsqu'un de leurs enfants entre dans le clergé ou dans le cloître. Ont-ils tort? Ils se promettent qu'il sera plus heureux qu'eux.

On dit que le *fanatisme* a consacré la guerre. Cette maxime trop générale est fausse. Qu'un peuple injuste, ambitieux, usurpateur, cruel ou perfide, ait voulu intéresser la Divinité à ses rapines, voilà le *fanatisme*. Mais qu'un peuple paisible, attaqué impunément, ait conjuré Dieu de le défendre et de le protéger contre la violence des agresseurs, c'est un sentiment de religion très-raisonnable. L'on ajoute que, pendant les persécutions du christianisme, on vit régner le *fanatisme* du martyre. Calomnie. Le nombre de ceux qui s'y offrirent eux-mêmes fut très-borné; l'Église n'approuva point ce zèle excessif, parce que Jésus-Christ a dit: « Lorsqu'on vous persécutera dans une ville, fuyez dans une autre. » *Matth.*, cap. x, v. 23. Le dessein de ceux qui allaient se déclarer chrétiens n'était pas de souffrir et de perdre la vie, mais de convaincre les persécuteurs de l'inutilité de leur fureur; ils voulaient, non la provoquer, mais la faire cesser, et quelques-uns y ont réussi. Leur charité était donc aussi pure que celle des citoyens qui se sont dévoués à la mort pour sauver leur patrie. Mais, encore une fois, ils ne furent pas approuvés. *Voy.* la *Lettre de l'Église de Smyrne, au sujet du martyre de saint Polycarpe*, n° 4; saint Clément d'Alexandrie, *Strom.*, l. IV, chap. 4 et 10; le concile d'Elvire de l'an 300, can. 9.

Selon nos savants dissertateurs, c'est le *fanatisme* qui a imputé aux premières sectes hérétiques les désordres honteux dont des païens accusaient les chrétiens. On sait que ces hérétiques étaient des païens mal convertis; est-il certain qu'aucune de ces sectes n'a cherché à introduire dans le christianisme les abominations dont elle avait contracté l'habitude dans le paganisme? Dans les derniers siècles, les begghards, les dormants, les dulcinistes, les libres ou libertins, les disciples de Molinos, etc., ont voulu renouveler les mêmes désordres et les justifier: est-ce encore le *fanatisme* qui leur a inspiré cette impudence? C'est leur tempérament voluptueux. Par des réflexions profondes, ils ont découvert que Mahomet fut d'abord fanatique et ensuite imposteur. Cela est impossible. Mahomet n'a pu commencer par se croire inspiré; il aurait plutôt conçu cette idée lorsqu'il fut étonné de ses propres succès, et c'est par là qu'il aurait fini. Son premier motif fut l'ambition de procurer à sa famille l'autorité civile et religieuse sur les autres tribus arabes, prétention fondée sur une ancienne possession, à ce que disent ses panégyristes mêmes. Pour la soutenir, il employa l'imposture de ses prétendues révélations, et ensuite la voie des armes, lorsqu'il fut assez fort. Il n'y a rien là d'étonnant.

C'est le *fanatisme*, disent-ils, qui a dévasté l'Amérique et dépeuplé l'Europe; on faisait les Américains esclaves sous prétexte du baptême. Double imposture. C'est la soif de l'or et la cruauté des brigands espagnols qui ont produit tous leurs crimes. Le *fanatisme* ne pouvait pas les porter à s'égorger les uns les autres, comme ils ont fait. Ils s'opposaient à ce que les missionnaires baptisassent les Américains; ils réduisaient ces malheureux à l'esclavage pour les faire travailler aux mines. Voilà ce que nous apprennent les historiens même protestants. Si l'Europe était dépeuplée, les guerres qui se sont faites depuis deux cents ans y auraient plus contribué que le *fanatisme*; mais où nos philosophes ont-ils appris que l'Europe est dépeuplée?

Ils disent que pendant dix siècles deux empires ont été divisés pour un seul mot. Sans doute ils veulent parler du mot *consubstantiel*; mais il fallait décider par ce mot si Jésus-Christ est Dieu ou s'il ne l'est pas, si le culte suprême que nous lui rendons est légitime ou superstitieux, par conséquent si le christianisme est une religion vraie ou fausse. Déjà depuis plus d'un siècle nos philosophes disputent aussi pour savoir s'il faut être déiste ou athée, et lequel est le meilleur; il n'y a pas d'apparence qu'ils viennent sitôt à bout de s'accorder. Ils affirment que les peuples du Nord ont été convertis par force. Quand cela serait vrai, nous aurions encore à nous féliciter de cette heureuse violence, qui a délivré l'Europe entière de leurs incursions, et qui les a tirés eux-mêmes de la barbarie. Mais le fait est faux: nous prouverons le contraire au mot MISSIONS.

Il est encore faux que les ordres militaires aient été fondés pour convertir les infidèles à coups d'épée; ils l'ont été pour repousser les infidèles qui attaquaient le christianisme à coups d'épée; on a été forcé de se défendre de même.

Ses adversaires s'enveloppent d'un verbiage obscur pour nous apprendre que la révélation a été plus funeste au genre humain que les penchants naturels de l'homme. Mais nous avons fait voir que ce sont les penchants naturels de l'homme, exaltés et devenus *passions*, qui ont causé tous les abus que l'on a faits de la révélation. Osera-t-on soutenir que ces penchants n'ont pas produit plus de mal chez les nations infidèles que chez les peuples éclairés par la révélation? Il faut être tombé en démence pour vouloir nous persuader que nous avons à regretter de n'être pas païens, mahométans ou sauvages.

Cent fois ils ont répété que la persécution augmente le nombre des partisans de la secte persécutée, et en favorise les progrès. Nous prouverons la fausseté de cette maxime à l'article PERSÉCUTION.

Ils ont rêvé que c'est le *fanatisme* qui a fait des esclaves aux papes. En attendant qu'ils aient expliqué ce qu'ils entendent par *esclaves*, nous répondons que dans l'état de désordres et de barbarie dans lequel l'Europe a été plongée pendant plusieurs siècles, il a été nécessaire que l'autorité pontificale fût très-étendue, et fût un frein pour des princes et des grands qui n'avaient ni mœurs ni principes; que cet inconvénient passager a prévenu de plus grands maux que ceux qu'il a causés. Mais nos adversaires, aveuglés par le *fanatisme* anti-religieux, n'ont égard ni aux temps, ni aux mœurs, ni aux circonstances dans lesquelles les nations se sont trouvées. Selon leur jugement, le plus grand de tous les abus est de punir de mort tous les hérétiques. Lorsqu'ils sont paisibles, soumis au gouvernement, et ne cherchent à séduire personne: d'accord. Lorsqu'ils sont turbulents et séditieux, nous soutenons qu'il est juste de les réprimer par des peines afflictives. On calomnie quand on soutient que leurs révoltes sont toujours venues de ce que l'on a violé les serments qu'on leur avait faits. L'on n'avait point fait de serments aux albigeois, aux vaudois, aux protestants, lorsqu'ils se sont révoltés et ont pris les armes.

II. Des philosophes qui raisonnent si mal sur les effets du *fanatisme*, seraient-ils plus habiles pour en découvrir les causes? Ces causes, disent-ils, sont l'obscurité des dogmes, l'atrocité de la morale, la confusion des devoirs, l'usage des peines diffamantes, l'intolérance et la persécution.

Déjà nous avons fait voir que les vraies causes du *fanatisme* sont les passions humaines, et qu'il n'y en a point d'autres; n'importe, il faut suivre les visions de nos adversaires jusqu'à la fin.

Comme il y a eu des fanatiques dans le christianisme même, il faut que leur maladie soit venue de l'obscurité des dogmes, de l'*atrocité* de la morale évangélique, de ce que l'Évangile a confondu les devoirs, etc. Cependant ces censeurs ont avoué, dans des moments de calme, qu'il ne faut pas rejeter sur la religion les abus qui viennent de l'ignorance des hommes; que le christianisme est la meilleure école d'humanité; qu'il ordonne d'aimer tous les hommes, sans excepter même les ennemis, etc. Sont-ce là les dogmes obscurs, la morale atroce, la confusion des devoirs, qui engendrent le *fanatisme?*

Pour avoir droit de diffamer le christianisme, après un aveu aussi clair, il faudrait nous apprendre quel est le système d'incrédulité qui ne renferme point de dogmes obscurs. Nous sommes en état de prouver que le déisme, l'athéisme, le matérialisme, contiennent plus d'obscurités, de mystères, de choses incompréhensibles, que le symbole de notre foi. Où faudra-t-il nous réfugier pour ne plus trouver de principe de *fanatisme?* Il faudrait montrer en quoi la morale chrétienne est atroce, quels sont les devoirs qu'elle a confondus, pourquoi il n'est pas permis d'infliger des peines infamantes aux apostats, et des peines afflictives aux séditieux. Il faudrait faire voir que jamais les hérétiques n'ont été fanatiques avant d'être persécutés. Luther n'avait pas été tourmenté, lorsqu'il alluma le feu dans toute l'Allemagne; les anabaptistes ne l'étaient pas, lorsqu'ils mirent en pratique les maximes de Luther; les zwingliens ne l'étaient point en Suisse, lorsqu'ils firent main-basse sur les catholiques; personne n'avait été persécuté en France, lorsque les émissaires de Luther et de Calvin y vinrent briser les images, afficher des placards séditieux aux portes du Louvre, prêcher contre le pape et contre la messe dans les places publiques, etc., etc. Ce sont ces excès mêmes qui attirèrent les édits que l'on porta contre eux. Ils ne devinrent donc pas fanatiques parce qu'ils étaient persécutés, mais ils furent poursuivis parce qu'ils étaient fanatiques.

Nos profonds méditatifs observent que les lois de la plupart des législateurs n'étaient faites que pour une *société choisie;* que ces lois étendues par le zèle à tout un peuple, et transportées par l'ambition d'un climat à un autre, devaient changer et s'accommoder aux circonstances des lieux et des personnes. Comme le législateur des chrétiens n'est pas excepté, nous devons conclure que Jésus-Christ n'avait d'abord fait ses lois que pour *une société choisie,* qu'il a eu *des vues trop étroites,* lorsqu'il a dit à ses apôtres: *Prêchez l'Évangile à toutes les nations;* que par un zèle ambitieux les apôtres ont transporté l'Évangile d'un climat à un autre. Tel est l'avis de nos judicieux adversaires. Il s'ensuit encore que les empereurs romains et les autres souverains ont été de très-mauvais politiques, lorsqu'ils ont cru que le christianisme convenait à leurs sujets pour tous les lieux et pour tous les temps.

Autrefois on croyait que les mœurs, les usages, les préjugés des nations devaient plier sous la loi de Dieu et s'y conformer. C'est tout le contraire, selon nos sages philosophes : la loi divine doit changer selon les temps, s'accommoder aux mœurs, aux usages, aux idées des peuples selon les circonstances : bien entendu que ce sont les philosophes incrédules qui présideront à cette sage réforme. A la vérité ils ne sont pas encore d'accord pour savoir ce qu'ils ôteront de l'Évangile et ce qu'ils en conserveront ; mais ils s'accorderont sans doute dès qu'ils auront reçu de pleins pouvoirs pour commencer l'ouvrage. Déjà ils nous donnent le recueil de la morale des païens pour nous servir désormais de catéchisme ; sûrement cette morale vaudra mieux que celle de Jésus-Christ, elle aura une tout autre efficacité dans la bouche d'un païen ou d'un athée que dans celle du Fils de Dieu.

Nos sublimes réformateurs nous font toucher au doigt l'inconvénient qu'il y a de faire entrer le christianisme pour quelque chose dans les principes du gouvernement. « Alors, disent-ils, le zèle, quand il est mal entendu, peut quelquefois diviser les citoyens par des guerres intestines. L'opposition qui se trouve entre les mœurs de la nation et les dogmes de la religion, entre certains usages du monde et les pratiques du culte, entre les lois civiles et les préceptes, fomente ce germe de trouble. Il doit arriver alors qu'un peuple, ne pouvant allier le devoir de citoyen avec celui de croyant, ébranle tour à tour l'autorité du prince et celle de l'Église.... jusqu'à ce que, mutiné par ses prêtres contre ses magistrats, il prenne le fer en main pour la gloire de Dieu. » Nous voudrions savoir en quelle occasion nos lois civiles se sont trouvées opposées aux préceptes divins, en quel temps le peuple, mutiné par les prêtres, a pris le fer en main contre ses magistrats. Si cela n'est pas encore arrivé depuis dix-sept cents ans que le christianisme est établi, il est à présumer que cela n'arrivera jamais. Lorsque le peuple s'est mutiné contre les magistrats, il n'était pas excité par les prêtres, mais par des prédicants d'un caractère semblable à celui des incrédules d'aujourd'hui.

III. Mais apprenons à connaître les remèdes qu'ils ont trouvés contre le *fanatisme*. Le premier est de rendre le monarque indépendant de tout pouvoir ecclésiastique, et de dépouiller le clergé de toute autorité. Cette sublime politique est établie en Angleterre, et depuis cette époque le *fanatisme* n'y a jamais été si commun ; l'on n'a pas oublié les torrents de sang qu'il y a fait répandre. Il n'est aucun peuple du monde qui soit plus disposé à se mutiner contre ses magistrats pour cause de religion. Nous en avons vu un exemple à l'occasion de l'abolition du *serment du test* ; et sans la guerre qui était allumée pour lors, ce feu aurait bien pu causer un incendie. — Le second est de nourrir l'esprit philosophique, *ce grand pacificateur des États*, qui a toujours fait tant de bien à l'humanité, qui a rendu si heureux les peuples chez lesquels il a régné. Cependant l'histoire nous apprend que cet esprit, après avoir fait éclore l'irréligion chez les Grecs et chez les Romains, y étouffa le patriotisme et les vertus civiles, prépara de loin la chute de ces républiques, ouvrit la porte au despotisme des empereurs, relâcha tous les liens de la société. Mais c'est un malheur qu'il faut oublier pour l'honneur de l'esprit philosophique. Sans doute il n'est pas à craindre chez nous, parce que nos philosophes ont beaucoup plus d'esprit, de bon sens et de sagesse que ceux qui ont brillé dans la Grèce et à Rome. — Le troisième remède est de ne point punir les incrédules. Cela va de suite ; nous avons dû prévoir qu'en veillant aux intérêts du genre humain, ces profonds politiques n'oublieraient pas les leurs, et prétendraient du moins à l'impunité ; c'est même un trait de modestie de leur part de ne pas exiger des récompenses. Mais ils ajoutent une restriction fâcheuse : « Punissez, disent-ils, les libertins qui ne secouent le joug de la religion que parce qu'ils sont révoltés contre toute espèce de joug, qui attaquent les mœurs et les lois en secret et en public.... Mais plaignez ceux qui regrettent de n'être pas persuadés. » Et comment les distinguerons-nous? Parmi nos incrédules les plus célèbres, en est-il quelqu'un qui n'ait jamais attaqué ni les mœurs ni les lois, soit en secret, soit en public? Des ouvrages aussi fougueux que les leurs ne sont guère propres à nous convaincre qu'en insultant à la religion, ils regrettent cependant de n'être pas persuadés. La colère, la haine, les impostures, les calomnies, l'opiniâtreté à répéter les mêmes clameurs, le refus obstiné d'écouter les raisons qu'on leur oppose, démontrent que, loin de désirer la foi, ils la redoutent et se félicitent de leur incrédulité. — Le quatrième est de ne punir les *fanatiques* que par le mépris et par le ridicule. Pour cette fois, nous sommes de leur avis ; nous pensons que le ridicule et le mépris dont les philosophes incrédules commencent d'être couverts est le remède le plus efficace pour guérir leur *fanatisme* anti-religieux, que bientôt ils seront réduits à rougir de leurs emportements et de l'indécence de leurs écrits. Quand ils n'auraient jamais fait autre chose que leurs diatribes contre le *fanatisme*, c'en serait assez pour les noter d'un ridicule ineffaçable.

Quis tulerit Gracchos de seditione querentes?

Ils disent que le *fanatisme* a fait beaucoup plus de mal dans le monde que l'impiété. Quand cela serait, il ne s'ensuivrait rien. Les incrédules impies, presque toujours détestés, ont rarement eu assez de crédit et de force pour bouleverser les Etats, mais ce n'est pas faute de volonté. Les invectives que la plupart ont vomies contre les souverains, contre les lois, contre les magistrats, démontrent qu'il n'a pas tenu à eux de faire naître, chez une nation très-paisible, la sédition et la révolte. Le fait qu'ils avancent est faux d'ailleurs : « Si l'athéisme, dit un auteur très-connu (Rousseau), ne fait pas verser le sang des hommes, c'est moins par amour pour la paix, que par indifférence pour le bien : comme que tout aille, peu importe au prétendu sage, pourvu qu'il reste en repos dans son cabinet. Ses principes ne font pas tuer les hommes, mais ils les empêchent de naître, en détruisant les mœurs qui les multiplient, en les détachant de leur espèce, en réduisant toutes leurs affections à un secret égoïsme aussi funeste à la population qu'à la vertu. L'indifférence philosophique ressemble à la tranquillité de l'Etat sous le despotisme ; c'est la tranquillité de la mort : elle est plus destructive que la guerre même. » *Voy.* ATHÉISME.

Le mal est encore plus grand, lorsque de prétendus philosophes joignent à l'incrédulité absolue le *fanatisme* le mieux caractérisé, prêchent le suicide, autorisent les enfants à se révolter contre leurs pères, attaquent la sainteté du mariage, blâment la compassion envers les pauvres, veulent tout détruire sous prétexte de tout réformer ; s'ils étaient les maîtres, ils remettraient le genre humain au moment du déluge universel.

Dans les articles TOLÉRANCE, INTOLÉRANCE, GUERRES DE RELIGION, etc., nous serons obligés de répondre de nouveau à leurs clameurs et à leurs faux raisonnements. [Cf. les divers Dictionnaires de l'Encyclopédie, aux mots FANATISME, TOLÉRANCE, etc., édit. Migne.]

FARCINISTES. — Il y a eu peu d'hérésies plus vivaces que celle de Jansénius. Elle ne voulait pas comme les autres sectes se séparer de l'Eglise, elle voulait ainsi en infecter tout le corps. Deux prêtres chargés de la direction de la paroisse de Farcins, dans le diocèse de Lyon, dogmatisèrent hautement ; et, pour donner plus de poids à leur prédication, ils se firent thaumaturges. M. de Montazet, archevêque de Lyon, ordonna une enquête sur leurs prétendus prodiges. Ces prêtres furent éloignés de Farcins. Mais, en 1789, ils reparurent dans leur ancienne paroisse, où ils retrouvèrent leurs fidèles. Bientôt les bruits les plus étranges se répandirent sur les habitudes religieuses de la nouvelle secte. Ils prolongeaient bien loin dans la nuit leurs exercices religieux. On voyait dans la paroisse de prétendus obsédés qui faisaient les actes les plus étranges : une fille fut crucifiée, assure-t-on. Il fallait faire cesser ces abus et ces crimes : Napoléon exila les chefs en Suisse. Le calme se rétablit peu à peu, et aujourd'hui il reste à peine quelques vestiges du farcinisme.

FATALISME, FATALITÉ. Le *fatalisme* consiste à soutenir que tout est nécessaire, que rien ne peut être autrement qu'il est ; conséquemment que l'homme n'est pas libre dans ses actions, que le sentiment intérieur qui nous atteste notre liberté est faux et trompeur. C'est aux philosophes de réfuter ce système absurde ; mais il est si diamétralement opposé à la religion, et il a été soutenu de nos jours avec tant d'opiniâtreté, que nous ne pouvons nous dispenser de faire à ce sujet quelques réflexions.

1° Les défenseurs de la *fatalité* n'ont aucune preuve positive pour l'établir ; ils n'argumentent que sur des équivoques, sur l'abus des termes *cause*, *motif*, *nécessité*, *liberté*, etc., sur une fausse comparaison qu'ils font de l'être intelligent et actif avec les êtres matériels et purement passifs. Ce sont des sophismes dont le plus faible logicien est capable de voir l'illusion, et qui ne tendent qu'à établir un matérialisme grossier. — 2° Il suffit d'avoir l'idée d'un Dieu pour comprendre que, dans l'hypothèse de la *fatalité*, la Providence ne peut avoir lieu ; l'homme, conduit comme une machine, ou du moins comme une brute, n'est plus capable de bien ni de mal moral, de vice ni de vertu, de châtiment ni de récompense. Plusieurs *fatalistes* ont été d'assez bonne foi pour convenir qu'un Dieu juste ne peut ni récompenser ni punir des actions nécessaires. En cela ils ont été plus sensés que les théologiens [jansénistes] qui ont soutenu que, pour mériter ou démériter, il n'est pas besoin d'être exempt de nécessité, mais seulement de coaction. — 3° Ici la révélation confirme les notions du bon sens. Elle nous dit que Dieu a fait l'homme à son image : où serait la ressemblance si l'homme n'était pas maître de ses actions ? Elle nous apprend que Dieu a donné des lois à l'homme, et qu'il n'en a point donné aux brutes. Il a dit au premier malfaiteur : *Si tu fais bien, n'en recevras-tu pas le salaire ? Si tu fais mal, ton péché s'élèvera contre toi.* Il lui a donc donné sa conscience pour juge. Le témoignage de la conscience serait nul, si nos actions venaient d'une *fatalité* à laquelle nous ne fussions pas libres de résister. Dieu seul serait la cause de nos actions bonnes ou mauvaises, c'est à lui seul qu'elles seraient imputables. Or, l'Ecriture nous défend d'attribuer à Dieu nos crimes, parce qu'il a laissé à l'homme le pouvoir de se conduire et d'entre le bien et le mal. *Eccli.*, chap. XV, vers. 11. Peut-il y avoir un choix où il n'y a pas de liberté ? Moïse, en donnant aux Israélites des lois de la part de Dieu, leur déclare qu'ils sont les maîtres de choisir le bien ou le mal, la vie ou la mort. *Deut.*, chap. XXX, vers. 19, etc. — 4° Le sentiment intérieur, qui est le souverain degré de l'évidence, réclame hautement contre les sophismes des *fatalistes*. Nous sentons très-bien la différence qu'il y a entre nos actions nécessaires et indélibérées, qui viennent de la disposition physique de nos organes, et dont nous ne sommes pas les maîtres, et les actions que nous faisons par un motif réfléchi, par choix, avec une pleine liberté. Nous n'avons jamais pensé que les premières fussent moralement bonnes ou mauvaises, dignes de louange ou de blâme, de récompense ou de châtiment. Quand le genre humain tout entier nous condamnerait pour une action qu'il n'a pas dépendu de nous d'éviter, notre conscience nous absoudrait, prendrait Dieu à témoin de notre innocence, ne nous donnerait aucun remords. Le malfaiteur le plus endurci ne s'est jamais avisé de rejeter ses crimes sur une prétendue *fatalité*, et aucun juge n'a été assez insensé pour l'excuser par ce motif. Opposer à ce sentiment intime, universel et irrécusable, des raisonnements abstraits, des subtilités métaphysiques, c'est le délire de la raison et de la philosophie. — 5° Depuis plus de deux mille ans que les stoïciens et leur copistes argumentent sur la *fatalité*, ont-ils étouffé parmi les hommes le sentiment et la croyance de la liberté ? Eux-mêmes contredisent par leur conduite la doctrine qu'ils établissent dans leurs écrits ; comme tous les autres hommes, ils distinguent les actions libres d'avec les actions nécessaires, un crime d'avec un malheur. Si leurs principes n'étaient qu'absurdes, on pourrait les excuser ; mais ils tendent à étouffer les remords du crime, à confirmer les scélérats dans leur perversité, à ôter tout mérite à la vertu, à désespérer les gens de bien. C'est un attentat contre les lois et contre l'intérêt général de la société : on est en droit de le punir.

L'absurdité des réponses que les *fatalistes* donnent aux démonstrations qu'on leur oppose, en font encore mieux sentir la solidité. Ils disent : Tout a une cause, chacune de nos actions en a donc une ; et il y a une liaison nécessaire entre toute cause et son effet. Pure équivoque. La cause physique de nos vouloirs est la faculté active qui les produit ; l'âme humaine, principe actif, se détermine elle-même, et si elle était mue par une autre cause, elle serait purement passive, et il faudrait remonter de cause en cause jusqu'à l'infini. La cause morale de nos actions est le motif pour lequel nous agissons ; mais il est faux qu'entre une cause morale et son effet, entre un motif et notre action, il y ait une liaison nécessaire ; aucun motif n'est invincible, ne nous ôte le pouvoir de délibérer et de nous déterminer. Si l'on dit qu'un motif nous meut, nous pousse, nous détermine, nous fait agir, etc., c'est un abus des termes qui ne prouve rien ; en parlant des esprits, nous sommes forcés de nous servir d'expressions qui ne conviennent rigoureusement qu'à des corps.

Selon les *fatalistes*, pour qu'une action soit moralement bonne ou mauvaise, il suffit qu'elle cause du bien ou du mal à nous ou à nos semblables ; toute action, soit libre, soit nécessaire, qui est nuisible, doit donc causer du remords, ou être digne de blâme ou de châtiment. Principe faux à tous égards. C'est l'intention, et non l'effet, qui rend une action moralement bonne ou mauvaise. Un meurtre involontaire, imprévu, indélibéré, est un cas fortuit, un malheur, et non un crime ; il peut causer du regret et de l'affliction, comme tout autre malheur ; mais il ne peut produire un remords, il ne mérite ni blâme ni châtiment. Ainsi en jugent tous les hommes. Cependant les *fatalistes* persistent à soutenir que, sans avoir égard à la liberté ou à la *fatalité*, l'on doit punir tous les malfaiteurs, soit pour en délivrer la société, comme on le fait à l'égard des enragés et des pestiférés, soit pour qu'ils servent d'exemple. Or l'exemple, disent-ils, peut influer sur les hommes, quoiqu'ils agissent nécessairement ; lorsque le crime a été fortuit et involontaire, l'exemple de la punition ne servirait à rien ; mais on enveloppe quelquefois les enfants, quoique innocents, dans la punition de leur père, afin de rendre l'exemple plus frappant.

Il n'est pas aisé de compter toutes les conséquences absurdes de cette doctrine. Il s'ensuit, 1° que quand on expose un pestiféré à la mort, afin d'éviter la contagion, c'est une punition ; 2° que si la punition d'un crime involontaire pouvait servir d'exemple, elle serait juste ; 3° que celui qui a fait du mal, en voulant et en croyant faire du bien, est aussi coupable que le malfaiteur volontaire, parce qu'il a porté un préjudice égal à la société ; 4° que toute peine de mort est injuste, puisqu'on peut mettre la société à couvert de danger en enchaînant les criminels ; l'exemple en serait plus continuel et plus frappant ; 5° que Dieu ne peut pas punir les méchants dans l'autre vie, parce que leur supplice ne peut plus servir à purger la société, ni à donner l'exemple, puisque l'on ne voit pas leurs tourments ; que Dieu ne peut pas même les punir en cette vie, à moins qu'il ne nous déclare que leurs souffrances sont la peine de leurs crimes, et non l'épreuve de leur vertu ; 6° enfin, chez quels peuples, sinon chez les barbares, punit-on des enfants innocents ? Partout ils souffrent de la peine infligée à leur père ; mais c'est un malheur inévitable et non une punition.

Au sentiment intérieur de notre liberté, les *fatalistes* répondent que nous nous croyons libres, parce que nous ignorons les causes de nos déterminations, les motifs secrets de nos vouloirs. Mais, si les causes de nos actions sont imperceptibles et inconnues, qui les a révélées aux *fatalistes* ? Nous distinguons très-bien les causes physiques de nos désirs involontaires, comme de la faim, de la soif, d'un mouvement convulsif, etc., d'avec la cause morale de nos actions libres et réfléchies. A l'égard des premières, nous n'agissons pas, nous souffrons ; dans les secondes, nous sommes actifs, nous nous déterminons, et nous sentons très-bien que nous sommes les maîtres de céder ou de résister au motif par lequel nous agissons. Sur ce point, le plus profond métaphysicien n'en sait pas plus que l'ignorant le plus grossier.

Lorsque nous représentons aux *fatalistes* que les lois, les menaces, les éloges, les récompenses, l'exemple, seraient inutiles aux hommes, s'ils étaient déterminés nécessairement dans toutes leurs actions ; tout au contraire, répliquent-ils : à des agents nécessaires, il faut des causes nécessaires, et si elles ne les déterminaient pas nécessairement, elles seraient inutiles ; on châtie avec succès les animaux, les enfants, les imbéciles, les furieux, quoiqu'ils ne soient pas libres. Il nous paraît qu'un *agent nécessaire* est une contradiction. Dans nos actions nécessaires, à proprement parler, nous ne sommes point actifs, mais passifs; la volonté n'a point de part aux actions ou aux mouvements qui nous arrivent dans le sommeil, dans le délire, dans une agitation convulsive; ce ne sont point là des actions humaines. Il est faux qu'un motif soit inutile dès qu'il ne nous détermine pas nécessairement; il est même impossible de voir aucune connexion nécessaire entre un motif, qui n'est qu'une idée, et un vouloir. Nous délibérons sur nos motifs, donc ils ne nous entraînent pas nécessairement. L'exemple des animaux ne prouve rien, puisque le ressort secret de leurs actions nous est inconnu. Mais nous avons le sentiment intérieur des motifs par lesquels nous agissons, et du pouvoir que nous avons d'y acquiescer ou d'y résister. Quant aux enfants, aux imbéciles, aux furieux, ou ils ont une liberté imparfaite, ou ils n'en ont point du tout : dans le premier cas, les menaces, les punitions, etc., sont encore à leur égard un motif ou une cause morale; dans le second, le châtiment seul peut agir physiquement sur leur machine, et les déterminer nécessairement; mais nous soutenons que, dans ce cas, ils n'ont point le sentiment intérieur de leur liberté tel que nous l'avons.

Loin de convenir des pernicieux effets de leur doctrine, les *fatalistes* soutiennent qu'elle inspire au philosophe la modestie et la défiance de ses vertus, l'indulgence et la tolérance pour les vices des autres. Malheureusement le ton de leurs écrits ne montre ni modestie, ni tolérance. Mais laissons de côté cette inconséquence. Si le *fatalisme* nous empêche de nous prévaloir de nos vertus, il nous défend aussi de rougir ou de nous repentir de nos crimes; il nous dispense d'estimer les hommes vertueux, d'avoir de la reconnaissance pour nos bienfaiteurs; nous pouvons plaindre les malfaiteurs comme des hommes disgraciés de la nature, mais il ne nous est pas permis de les détester ni de les blâmer, encore moins de les punir. Morale détestable, destructive de la société, et qui doit couvrir d'opprobre les philosophes de notre siècle. Eux-mêmes ont fourni des armes pour les attaquer; leurs propres aveux suffisent pour les confondre. Les uns sont convenus que, dans le système de la *fatalité*, il y aurait contradiction que les choses arrivassent autrement qu'elles n'arrivent; les autres, que, malgré tous les raisonnements philosophiques, les hommes agiront toujours comme s'ils étaient libres, et en demeureront persuadés. Ceux-ci ont avoué que l'opinion de la *fatalité* est dangereuse à proposer à ceux qui ont de mauvaises inclinations, qu'elle n'est bonne à prêcher qu'aux honnêtes gens; ceux-là que, sans la liberté, le mérite et le démérite ne peuvent pas avoir lieu. Quelques-uns sont tombés d'accord qu'en niant la liberté on fait Dieu auteur du péché et de la turpitude morale des actions humaines; plusieurs ont soutenu qu'un Dieu juste ne peut punir des actions nécessaires : les hommes en ont-ils donc plus de droit que Dieu?

Si le dogme de la liberté humaine était moins important, les philosophes se seraient moins acharnés à le détruire; mais il entraîne une suite de conséquences fatales à l'incrédulité. Il sape le matérialisme par la racine; dès qu'il est démontré, toute la chaîne des vérités fondamentales de la religion se trouve établie. En effet, puisque l'homme est libre, son âme est un esprit, la matière est essentiellement incapable de spontanéité et de liberté; si l'âme est immatérielle, elle est naturellement immortelle; une âme spirituelle, libre, immortelle, n'a pu avoir que Dieu pour auteur, elle n'a pu commencer d'exister que par création. L'homme né libre est un agent moral, capable de vice et de vertu; il lui faut des lois pour le conduire, une conscience pour le guider, une religion pour le consoler, des peines et des récompenses futures pour le réprimer et pour l'encourager; une autre vie est donc réservée à l'âme vertueuse, souvent affligée et souffrante sur la terre. Ce n'est donc pas en vain que nous supposons en Dieu une providence, la sagesse, la sainteté, la bonté, la justice; sur ces augustes attributs porte la destinée de notre âme. Le plan de religion tracé dans nos livres saints est le seul vrai, le seul d'accord avec lui-même, avec la nature de Dieu et avec celle de l'homme; là philosophie, qui ose l'attaquer, ne mérite que de l'horreur et du mépris.

Plusieurs critiques protestants ont voulu persuader que les anciens philosophes et les hérétiques qui ont admis la *fatalité* ou la nécessité de toutes choses, ne l'ont pas poussée aussi loin qu'on le croit communément, et que l'on prend mal le sens de leurs expressions. Probablement leur motif a été d'excuser Luther, Calvin et les autres prédestinateurs rigides qui ont ressuscité le dogme de la *fatalité*. Quoi qu'il en soit, il est bon d'examiner leurs raisons.

Suivant le traducteur de l'*Histoire ecclésiastique de Mosheim*, tome I, note, pag. 35, par le *destin* les stoïciens entendaient seulement le plan de gouvernement que l'Être suprême a d'abord formé, et duquel il ne peut jamais s'écarter, moralement parlant; quand ils disent que Jupiter est assujetti à l'immuable destinée, ils ne veulent dire autre chose, sinon qu'il est soumis à la sagesse de ses conseils, et qu'il agit toujours d'une manière conforme à ses perfections divines. La preuve en est dans un passage célèbre de Sénèque, *l. de Provid.*, c. 5, où ce philosophe dit : « Jupiter lui-même, formateur et gouverneur de l'univers, a écrit les destinées, mais il les suit; il a commandé une fois, il ne fait plus qu'obéir. »

Mais un savant académicien, qui a fait une étude particulière de l'ancienne philosophie, a montré que ce langage pompeux des stoïciens n'est qu'un abus des termes, et qu'ils l'ont affecté pour en imposer au vulgaire. Suivant les principes du stoïcisme,

Jupiter, ou l'âme du monde, en a écrit les lois, mais sous la dictée du destin, c'est-à-dire d'une cause dont il n'est pas le maître, et qui l'entraîne lui-même dans ses résolutions. *Mém. de l'Acad. des Inscript.*, t. LVII, in-12, pag. 206. En les écrivant, il obéissait plutôt qu'il ne commandait, puisque, suivant les stoïciens, cette nécessité universelle assujettit les dieux aussi bien que les hommes. Dans cette hypothèse, si Jupiter est formateur du monde, il n'a pas été le maître de l'arranger autrement qu'il n'est. On ne conçoit pas en quel sens il le gouverne, étant gouverné lui-même par la loi irrévocable du destin, ni en quoi consiste la prétendue *sagesse de ses conseils*. Où la nécessité règne, il ne peut y avoir ni sagesse, ni folie, puisqu'il n'y a ni choix ni délibération. C'est donc une absurdité d'attribuer des *perfections divines* à un être dont la nature n'est pas meilleure que si elle n'avait ni intelligence, ni volonté. Aussi les épicuriens et les académiciens, qui ont disputé contre les stoïciens, n'ont pas été dupes de leur verbiage.

D'autre côté, Beausobre prétend qu'aucun des anciens philosophes, ni même aucune secte d'hérétiques, n'a supposé que les volontés humaines étaient soumises à une puissance étrangère. *Hist. du Manich.*, t. II, l. VII, c. 1, § 7. S'il entend qu'aucune secte n'a osé l'affirmer positivement, il peut avoir raison; s'il veut dire qu'aucune n'a posé des principes desquels cette erreur s'ensuivrait évidemment, il se trompe, ou il veut nous en imposer. En effet, suivant la remarque du savant que nous avons cité, le très-grand nombre de ceux qui soutenaient la *fatalité* croyaient que tous les défauts et les maux de ce monde, et le destin lui-même, venaient de la nature éternelle de la matière, de laquelle Dieu n'avait pas pu corriger les imperfections. De même la plupart des hérétiques attribuaient les vices et les fautes de l'homme aux inclinations vicieuses du corps, ou de la portion de matière à laquelle l'âme est unie. Or, si Dieu même n'a pas pu corriger les défauts de la matière, comment l'âme pourrait-elle réformer les penchants vicieux du corps, ou y résister? Dans cette hypothèse, il est évident que les actions mauvaises de l'homme ne sont pas libres; conséquemment il y aurait de l'injustice à l'en punir. Ce n'est pas ici le lieu de réfuter les fausses notions de la liberté que Beausobre a données, ni d'expliquer en quoi consiste la nécessité imposée par la concupiscence, de laquelle saint Paul a parlé, ni de montrer la différence essentielle qu'il y a entre le sentiment de saint Augustin et celui des manichéens. Nous le ferons au mot LIBERTÉ.

FÉLICITÉ, bonheur. Lorsque nous attribuons à Dieu la *félicité* suprême, nous entendons que Dieu se connaît et s'aime lui-même, qu'il sait que son être est le meilleur et le plus parfait, qu'il ne peut rien perdre ni rien acquérir, par conséquent que son *bonheur* ne peut jamais changer; mais il nous est aussi impossible de concevoir ce *bonheur* que la nature même de Dieu.

Quant à la *félicité* des créatures, celle des saints dans le ciel consiste, selon saint Augustin, à voir Dieu, à l'aimer, à le louer pendant toute l'éternité : *Videbimus, amabimus, laudabimus*. Lorsque Dieu daignera se montrer à nous, dit saint Jean, *nous lui serons semblables, parce que nous le verrons tel qu'il est; quiconque tient de lui cet espérance se sanctifie, comme il est saint lui-même* (I Joan., III, 2). Mais saint Paul nous avertit que l'œil n'a point vu, que l'oreille n'a point entendu, que le cœur de l'homme n'a point compris les biens que Dieu prépare à ceux qui l'aiment. *I Cor.*, chap. II, vers. 9. Cette *félicité* doit donc être l'objet de nos désirs et non de nos dissertations. Quand nous aurions disputé pour savoir si la béatitude formelle consiste dans la lumière de gloire, dans la vision de Dieu, dans l'amour qui s'ensuit, ou dans la joie de l'âme parvenue à cet heureux état, nous n'en serions pas plus avancés. La *félicité* des justes sur la terre est de connaître Dieu, de l'aimer, de sentir ses bienfaits, d'être soumis à sa volonté, de travailler à lui plaire, d'espérer la récompense qu'il promet à la vertu. Les incrédules traitent ce *bonheur* de chimère, d'illusion, de fanatisme : à la vérité, il n'est pas fait pour eux, ils sont incapables de le connaître et de le sentir; mais celui qu'ils désirent, et après lequel ils courent continuellement, est-il plus réel et plus solide? Nous n'avons pas besoin de leur aveu. Il nous suffit de comparer le calme, la sérénité, la paix qui règne ordinairement dans l'âme d'un saint, avec l'agitation qu'éprouvent continuellement ceux qui cherchent le *bonheur* en ce monde, avec le regret qu'ils ont de ne pas le trouver, avec les murmures qui leur échappent contre la Providence, parce qu'elle n'a pas trouvé bon de le leur procurer.

L'ancienne dispute entre les stoïciens et les épicuriens sur la nature et sur les causes de la *félicité* ou du *bonheur*, était, dans le fond, assez frivole : ou ces philosophes ne s'entendaient pas, ou ils se faisaient mutuellement illusion. Les premiers plaçaient le bonheur dans la vertu : c'est une belle idée; mais puisqu'ils n'avaient aucune certitude, ni aucune espérance d'une *félicité* future dans une autre vie, tout le *bonheur* du sage ne pouvait consister que dans le témoignage de la conscience, et dans la satisfaction d'être estimé des hommes, faible ressource contre la douleur et contre les afflictions, auxquelles un homme vertueux est exposé comme les autres. Ils avaient beau dire que le sage, même en souffrant, est encore heureux, que la douleur n'est pas un mal pour lui : on leur soutenait qu'ils mentaient par vanité. Les épicuriens, qui faisaient consister le *bonheur* dans le sentiment du plaisir, ne satisfaisaient pas à la question : il s'agissait de savoir si des plaisirs aussi fragiles que ceux de ce monde, toujours troublés par la crainte de les perdre, et souvent par les remords, peuvent rendre l'homme véritablement heureux; et le sens commun décide que ce n'est point là un vrai *bonheur*. Jésus-Christ a terminé la contestation, en nous apprenant que la *félicité* parfaite n'est pas de ce monde, mais qu'elle est réservée à la vertu dans une autre vie : il nomme heureux les pauvres, les affligés, ceux qui souffrent persécution pour la justice, parce que leur récompense est grande dans le ciel. *Matth.*, chap. v, vers. 12.

FELIX D'URGEL. *Voy.* ADOPTIENS.

FEMME. Chez les nations peu civilisées, les *femmes* sont dégradées et à peu près réduites à l'esclavage : c'est un abus contraire à l'intention du Créateur, et aux leçons qu'il a données à nos premiers parents. Dieu tire de sa substance même d'Adam l'épouse qu'il lui donne, afin qu'il la chérisse comme une portion de lui-même. Dieu la lui donne pour compagne et pour aide, et non pour esclave. A son aspect, Adam s'écrie : *Voilà la chair de ma chair, et les os de mes os. L'homme quittera son père et sa mère pour s'attacher à son épouse, et ils seront deux dans une seule chair* (Gen. II, 23). Après leur désobéissance, Dieu adressa cette sentence à Eve : *Je multiplierai les peines de tes grossesses; tu enfanteras avec douleur, tu seras assujettie à ton mari, et il sera ton maître* (Gen. III, 16). Quelques incrédules prétendent que l'effet de cette condamnation est nul. Les langueurs de la grossesse, les douleurs de l'enfantement, la sujétion à l'égard du mâle, sont, disent-ils, à peu près les mêmes dans les femelles des animaux et dans celle de l'homme : c'est donc un effet naturel de la faiblesse du sexe et de sa constitution, plutôt qu'une peine du péché. Une *femme* qui a de l'esprit et du caractère prend aisément l'ascendant sur son mari.

La question est de savoir si, avant le péché, Dieu n'avait pas rendu la condition de la *femme* meilleure qu'elle n'est à présent : or, la révélation nous apprend que cela était ainsi, et les incrédules ne sont pas en état de prouver le contraire. Quand donc l'état actuel des choses nous paraîtrait naturel, il ne s'ensuivrait pas de là que ce n'est point un effet du péché ; la privation d'un avantage surnaturel est certainement une punition. D'ailleurs, il n'est pas question d'examiner l'état des *femmes* dans un certain nombre d'individus, ni selon les mœurs de quelques nations, mais dans la totalité de l'espèce : or, il est incontestable que le très-grand nombre des *femmes* éprouvent, dans leur grossesse, un état beaucoup plus fâcheux que les femelles des animaux, souffrent davantage dans l'enfantement, et sont beaucoup plus dépendantes à l'égard de l'homme.

Ces mêmes critiques ont insisté sur la version Vulgate, qui porte : Je multiplierai les peines *et les grossesses*. Dans le premier âge du monde, disent-ils, les grossesses fréquentes et le grand nombre d'enfants étaient une bénédiction de Dieu et non un malheur. Cela est vrai à l'égard des enfants, lorsqu'ils avaient grandi et qu'ils pouvaient rendre des services ; mais la peine de les porter, de les mettre au monde, de les élever, n'était pas moins qu'aujourd'hui une charge très-pesante pour les mères : le texte original signifie évidemment, Je multiplierai *les peines de tes grossesses*.

Moïse, par ses lois, rendit la condition des *femmes* juives plus douce qu'elle n'était partout ailleurs, et fixa leurs droits. Elles n'étaient ni esclaves, ni renfermées, ni livrées à la merci de leurs maris, comme elles le sont dans presque tout l'Orient ; les filles n'étaient point privées du droit de succession, comme chez la plupart des peuples polygames. Un mari qui aurait calomnié son épouse, était condamné à la bastonnade, à payer cent sicles d'argent à son beau-père, et privé de la liberté de faire divorce. *Deut.*, chap. XXII, vers. 13. Mais, en cas d'infidélité prouvée, le mari était le maître ou d'user du divorce, ou de faire punir de mort son épouse.

Sous le christianisme, l'esprit de charité rend les deux sexes à peu près égaux dans l'état du mariage : *En Jésus-Christ*, dit saint Paul, *il n'y a plus de distinction entre le maître et l'esclave, entre l'homme et la femme ; vous êtes tous un seul corps en Jésus-Christ* (Galat. III, 28). Il recommande aux maris la douceur et la plus tendre affection envers leurs épouses ; mais il n'oublie jamais d'ordonner à celles-ci la soumission envers leurs maris. *Coloss.*, chap. III, vers. 18, etc. La condition des *femmes* n'est, nulle part, aussi douce que chez les nations chrétiennes.

Quelques censeurs, peu instruits des mœurs anciennes, ont été scandalisés de ce qu'aux noces de Cana Jésus-Christ dit à sa sainte mère : *Femme, qu'y a-t-il entre vous et moi?* Ils ne savent pas que chez les Hébreux, chez les Grecs, même dans quelques-unes de nos provinces, parmi le peuple, le nom de *femme* n'a rien de brusque ni de méprisant. Jésus-Christ, sur la croix, parle de même, en recommandant sa mère à saint Jean. Après sa résurrection, il dit à Madeleine : *Femme, que pleurez-vous?* Il n'avait pas dessein de la mortifier. Dans la *Cyropédie* de Xénophon, liv. V, un officier de Cyrus dit à la reine de Suze : *Femme, ayez bon courage*. Cette expression ne serait pas supportable chez nous.

D'autres ont osé accuser le Sauveur d'avoir eu du faible pour les *femmes*, surtout pour celles dont la conduite avait été scandaleuse ; ils citent son indulgence à l'égard de la pécheresse de Naïm, de la *femme* adultère, de la Samaritaine, etc. Mais s'il y avait eu quelque chose de suspect dans la conduite de Jésus-Christ, les Juifs lui en auraient fait un crime : nous ne voyons aucun soupçon de leur part. D'autre côté, si Jésus-Christ avait usé de sévérité envers les pécheresses, nos censeurs modernes lui feraient des reproches encore plus amers. Quelques-uns l'ont accusé d'avoir eu un extérieur rebutant et des mœurs trop austères : l'une de ces accusations détruit l'autre. Lorsque les pharisiens lui objectèrent l'excès de sa charité envers les publicains et les pécheurs, il répondit : *Ce ne sont point les hommes sains, mais les malades, qui ont besoin de médecin ; je ne suis point venu appeler les justes, mais les pécheurs, à la pénitence* (*Luc.* v, 31).

Plusieurs des anciens hérétiques, aussi bien que les philosophes, auraient voulu établir la communauté des *femmes*, et, pour l'honneur de notre siècle, on y a loué cette belle police : quelques-uns de nos philosophes législateurs ont écrit qu'il serait à souhaiter que le mariage fût supprimé, et que tous les enfants qui naissent fussent déclarés enfants de l'État. Mais, si toutes les mères étaient autorisées à méconnaître leurs enfants, où trouverait-on des nourrices pour les allaiter ? Abolir l'honnêteté des mœurs et les devoirs de la paternité, c'est réduire les deux sexes à la condition des brutes, rompre les plus tendres liens de la société. Aucun peuple n'a poussé à ce point la brutalité ; les Sauvages même chérissent les noms de *père* et d'*époux*. Quand la nouvelle philosophie n'aurait que cette turpitude à se reprocher, c'en serait assez pour la couvrir d'opprobre.

Saint Paul dit qu'une *femme* fera son salut en mettant des enfants au monde, si elle persévère à être fidèle et attachée à son mari, avec sobriété et pureté de mœurs. *I Tim.*, chap. ii, vers. 15. Cette morale vaut mieux que celle des philosophes.

On a reproché à saint Jérôme d'avoir justifié les *femmes* qui se sont donné la mort plutôt que de laisser violer leur chasteté par les persécuteurs, et on a taxé de *superstition* le culte rendu à une sainte Pélagie, à laquelle on attribue ce trait de courage.—Quoi qu'en disent nos moralistes philosophes, ce cas n'est pas aussi aisé à décider par la loi naturelle qu'ils le prétendent. La crainte de consentir au crime a pu persuader à ces *femmes* vertueuses que la défense générale de se donner la mort n'avait pas lieu pour elles dans cette triste circonstance. La maxime de Jésus-Christ, *Celui qui perdra la vie pour moi la retrouvera* (*Matth.* x, 39), leur a paru tenir lieu de loi. Cette estime héroïque de la chasteté a dû démontrer aux persécuteurs l'innocence des mœurs des chrétiens, que l'on ne cessait de calomnier, et leur imprimer du respect. Il y a donc ici une espèce de *dévouement* qui n'est rien moins qu'un *suicide*. *Voyez* ce mot. Nous ne croyons pas qu'il soit nécessaire de recourir à une inspiration particulière de Dieu pour justifier sainte Pélagie.

FEMME ADULTÈRE. *Voyez* ADULTÈRE.

* FEMMES (COMMUNAUTÉ DES). L'unité du mariage est un des principes fondamentaux du christianisme. Il suffirait d'en appeler à l'histoire pour constater combien l'unité d'épouse a causé de tranquillité à la famille, augmenté la population ; nous avons fait comprendre tous ces avantages au mot BIGAMIE (Dictionnaire de Théologie morale). Cependant la polygamie est bien loin de la communauté des femmes, idée qui commence à naître aujourd'hui. Quelques auteurs, même bien pensants, croient que la communauté des femmes a existé chez certains peuples, tels que les Germains, les Scythes, les Bretons. Ce fait admis comme certain par M. de Courson, savant si recommandable et si religieux, a besoin d'être examiné avec soin. D'abord il est certain par l'Écriture sainte qu'à l'origine la communauté des femmes était rigoureusement interdite.

Ainsi donc, il est faux que, dans l'enfance des sociétés, les *femmes* fussent *communes*. Mais n'a-t-il pas pu arriver que quelques tribus, quelque portion de la grande famille humaine, détachées de la souche commune, ayant perdu la tradition, aient regardé les femmes comme communes ? Ceci est une autre question qui n'infirme en rien la première ; ce serait une anomalie, un oubli, un égarement, un abrutissement, et non *un établissement primitif*. Mais encore examinons si cette dégradation est réelle. M. de Courson nous parle des *Scythes*, des *Bretons*, des *Germains*, et puis renvoie en note à *Hérodote*, à *Diodore de Sicile*, à *Pomponius Mela*, pour prouver que *les mêmes faits*, c'est-à-dire la communauté des *femmes*, se retrouve au même degré de culture morale, *dans l'histoire de tous les autres peuples*. Or, nous allons voir, en citant les paroles mêmes qu'invoque M. de Courson, qu'on ne peut en conclure rien de semblable.

Et d'abord, il est assez étrange que l'on vienne citer les Germains dans un travail visant à prouver *la communauté des femmes*, tandis que l'histoire est là pour montrer que chez aucune autre nation ne s'était mieux conservé ce précepte primitif et traditionnel de la *monogamie*, ou de l'union unique d'un seul homme à une seule femme. Bien plus, la tradition de cette union unique et absolue allait plus loin qu'elle n'avait été posée par Dieu même et puis après par le Christ, puisqu'elle défendait même les secondes noces. Ces notions sont dans le souvenir de tous ceux qui ont lu Tacite. Nous allons cependant les rappeler : « Les mariages des Germains sont entourés de gravité, et il n'est rien que l'on ait plus à louer dans leurs mœurs ; car, presque seuls de tous les barbares, ils se contentent chacun d'une épouse, à l'exception de quelques chefs qui, non par passion, mais par honneur, sont recherchés par plusieurs familles... Les femmes y vivent défendues par leur pudeur, sans être jamais corrompues par les attraits des spectacles ou par les tentations des festins ; les hommes et les femmes ignorent les secrets de la corruption au moyen des lettres : aussi il n'y a que très peu d'adultères dans une nation si nombreuse. La punition en est immédiate et livrée au mari... Aucun pardon n'est à espérer pour une virginité perdue ; ni beauté, ni jeunesse, ni richesse, ne lui feraient trouver un mari : car personne chez eux ne plaisante du vice, et corrompre ou être corrompu ne se met pas sur le compte du siècle. Il y a encore des villes qui font mieux, car chez elles les vierges seules se marient ; et on ne pense jamais qu'une fois à l'espérance ni au désir d'une épouse. Les jeunes filles y reçoivent un mari, comme elles ont reçu un corps et une vie ; aucune pensée au delà, aucune passion plus longue ; elles doivent aimer, non un mari, mais un mariage. » (Tacite, *De moribus Germanorum*, n. 18 et 19.)

Arrivons maintenant aux autres preuves de la thèse de M. de Courson, à savoir, que, dans *l'enfance des sociétés, les femmes étaient soumises au dégradant régime de la communauté*. Comme nous l'avons dit, M. de Courson apporte pour preuve les témoignages de Nicolas de Damas, d'Hérodote, de Diodore de Sicile et de Pomponius Méla. Citons les paroles de ces écrivains. Voici ce que dit Nicolas de Damas : « Les *Galactophages* (mangeur de lait), nation scythe, sont sans maisons, comme la plupart des Scythes ; pour nourriture ils n'ont que le lait de leurs cavales, qu'ils boivent, et mangent après en avoir fait du fromage, et ils sont à cause de cela d'excellents combattants.

— Ils sont très-amateurs de la justice, ayant en commun les biens et les femmes, de telle manière qu'ils donnent aux vieillards, le nom de pères, aux jeunes gens celui du fils, et à tous celui de frères. C'est de cette nation qu'était Anacharsis, l'un des sept Sages, lequel vint dans la Grèce, pour y apprendre les lois des Grecs. Homère en parle dans ce vers (*Iliad.*, xiii, 6i) : « Jupiter arrête ses yeux
« sur la terre des *Thraces*, dompteurs de chevaux,
« sur les *Mysiens* combattant de près, et sur les cé-
« lèbres *Hippemolges* (trayant les cavales), vivant
« de lait, sans arc, et les plus justes des hommes. »
(Il les appelle ἀβίους, ou à cause qu'ils cultivent peu la terre, ou parce qu'ils ne bâtissent pas de maisons, ou parce qu'ils ne se servent pas d'arcs, parce que l'arc se dit aussi βιός. — Note de Nicolas). On dit qu'il n'y a chez eux ni envies, ni haines, à cause de leur justice et de leur vie commune. — Les femmes ne sont pas moins valeureuses que les hommes ; elles combattent avec eux quand il le faut, et à cause de cela on dit qu'elles sont descendues des Amazones, lorsqu'elles vinrent jusqu'à *Athènes* et en *Cilicie*, parce qu'elles habitèrent près du *Palus-Méotides*. » (Nicolas de Damas, *Prodr. Bibl.*, p. 271, 272.)

Écoutons maintenant Hérodote : « Les *Machlyes* et les *Auséens* habitent autour du marais de *Tritonis*, de telle manière qu'ils sont divisés par le *Triton* qui coule au milieu d'eux.... Ils n'habitent point avec les femmes, mais ils les voient à la manière des bêtes. Dès qu'une femme a mis au monde un enfant robuste, on le suppose fils de celui des hommes auxquels il ressemble le plus ; et les hommes s'assemblent tous les trois mois pour cela. Ce sont les *Libyens* nomades du bord de la mer. » (Hérodote, l. iv, n. 180.) Voilà ce que dit Hérodote. Le troisième écrivain est Pomponius Mela, qui s'exprime en ces termes : « Les *Garamantes* ont des troupeaux.....; mais ils n'ont point d'épouse déterminée ; les enfants qui naissent de ces rapprochements incertains et confus sont reconnus par leurs pères à la ressemblance (*De situ orbis*, 1, c. 8). » Enfin, Diodore de Sicile parle fort au long de cet *empire des Amazones*, où les hommes remplissaient les devoirs du ménage, et où les femmes occupaient tous les emplois civils et militaires.

Voilà sur quels fondements le *Correspondant* veut persuader à ses lecteurs catholiques que les *terres et les femmes étaient communes au commencement des sociétés*, ou, comme il le dit lui-même en termes un peu crus, qu'il a existé une *promiscuité des femmes entre tous les mâles qui habitaient sous le même toit*. Or, comme nous l'avons dit pour la communauté des terres, supposé même que les peuplades dont il est ici parlé eussent eu ces funestes coutumes, rien n'autorise à assurer : 1° que ces coutumes existassent dès le commencement chez ces peuples ; 2° que les autres peuples beaucoup plus nombreux eussent de semblables mœurs. — Mais il s'en faut de beaucoup que l'existence de ces mœurs et de ces peuplades soit certaine ; tout, au contraire, porte à croire que l'existence même de ces peuples est fabuleuse. Tout ce que nous en disent Hérodote, Nicolas de Damas, Pomponius Mela, Diodore, est entouré de circonstances évidemment fabuleuses, et appartiennent à des temps fabuleux. Voici, par exemple, comment Pline complète les détails que donne Hérodote sur les *Machlyes* : « Calliphane nous assure qu'au-dessus des Nasamones et leurs voisins sont les *Machlyes*, lesquels sont *androgynes*, c'est-à-dire qu'ils ont les deux sexes et qu'ils remplissent entre eux, chacun à leur tour, les fonctions d'hommes et de femmes. Aristote ajoute qu'ils ont la mamelle droite comme celle des hommes et la gauche comme celle des femmes. (Supra Nasamonas confinesque illis Machlyas, Androgynos esse, utriusque naturæ, inter se vicibus coeuntes, Calliphanes tradit Aristoteles adjicit dextram mammam iis virilem ; lævam muliebrem esse. » (*Hist. nat.*, l. vii, 2, 7.) — Quant aux *Garamantes* de Pomponius Mela, on aurait dû noter que, quelques lignes plus haut, le même auteur nous cite les *Troglodytes*, qui, dit-il, ne *parlent pas*, mais *qui sifflent* comme les oiseaux ; et, quelques lignes plus bas, il nous assure que les *Blemmys* sont un peuple qui n'a *point de tête*, mais qui *porte le visage au milieu de la poitrine*. (Troglodytæ, nullarum opum domini, strident magis quam loquuntur... Blemmys capita absunt ; vultus in pectore est. (*De situ orbis*, 1, c. 8.)

Quant à ce que raconte Diodore de Sicile, nous prions M. de Courson et le *Correspondant* de lire avec attention ce que dit un des critiques les plus judicieux, le célèbre *Heyne*, sur cette histoire des Amazones. « Les choses que Diodore a racontées jusqu'ici sont d'une grande autorité, mais celles qui vont suivre sont très peu certaines ; car il nous y raconte sur les *Amazones de Libye* tous les *mensonges* des écrivains grecs qui nous ont donné les *fables anciennes* sous la forme d'histoires : aussi découvre-t-on leur *fausseté* au premier coup d'œil. Comme l'Asie, aux environs du Pont-Euxin, était le siège ordinaire des *fables* concernant les Amazones, il se trouva un homme, qui avait entendu parler de femmes velues habitant la partie occidentale de l'Afrique, ou avait trouvé tout cela dans quelques vieux poètes, ou, comme c'était dans ces mêmes lieux que les poètes avaient placé, outre la religion de *Neptune* et la naissance de *Pallas* au marais *Tritonis*, les *Gorgones*, les expéditions de *Persée* et d'*Hercule*, il se servit de toutes ces choses pour y placer les événements concernant les Amazones, et en faire un tout avec ces mêmes *fables*. Aussi Diodore n'a-t-il pas voulu prendre la responsabilité de toutes ces fables ; il prévient en conséquence qu'il les a tirées de *Denys de Milet*, dit le *Cyclique*, parce qu'il avait composé un cycle partie *mythique* et partie *historique*, dans lequel il avait fait entrer les *Origines des histoires*, c'est-à-dire les *fables*, de telle manière qu'il les avait fait précéder la *véritable histoire* : — pensée et travail vraiment *blâmables*, en ce qu'il s'efforce de donner aux *fables* la forme de l'histoire, de les revêtir de l'apparence des choses qui s'étaient réellement passées, et qu'il traite les *mythes* à la façon d'un écrivain pratique, de telle manière qu'il plie à la *vraisemblance* et aux lois de la *probabilité* historique, les choses qui avaient été racontées par les poètes et les écrivains antiques. Or, rien ne pouvait être plus *inepte* qu'un pareil dessein, rien de plus pernicieux pour les *véritables histoires*. » (Heyne, *De fontibus historiæ Diodori*, dans le vol. 1, p. 67 de l'édition des Deux-Ponts, 1793.)

Voilà pourtant les peuples que le *Correspondant* veut nous offrir comme le type, non-seulement des peuples barbares, mais encore de tous les autres peuples ? Non, il n'y a rien de vrai, rien de certain dans cette origine honteuse qu'on veut donner à la race humaine. La pauvre famille humaine a été bien dégradée, mais elle n'est jamais descendue à ce triste *état de nature*. Et pourtant cet état a été adopté par les Grecs et les Romains, ignorants et crédules, comme l'*état primitif des sociétés* ; il a été adopté par cette foule d'écrivains chrétiens, qui sont allés ressusciter les doctrines de la philosophie païenne, et l'ont introduite dans les écoles chrétiennes ; il est adopté en ce moment par tous ceux qui mettent l'origine de la civilisation hors de la *parole révélée*, *extérieure et traditionnelle* Il est temps que les vrais catholiques et les vrais philosophes sortent de cette voie de mensonge et d'ignorance, et qu'ils établissent de nouveau le fondement de la philosophie, de la civilisation, de la société, de la religion sur la base réelle et vraie de l'histoire et de la tradition. Nous ne suivrons pas plus au long la théorie de M. de Courson sur la propriété et sur le mariage, bien que nous puissions trouver encore des propositions hasardées, comme celle-ci : « La *propriété* a amené après elle, comme conséquence, la *stabilité de la famille d'abord*, et, par suite, celle de l'État. » (*Correspondant*, ibid., p. 99.) Non, la *stabilité* de la famille n'est pas la suite de la *propriété*; cette stabilité, c'est-à-dire la famille proprement dite, a été établie le jour même où une femme a mis au monde un enfant. Ce jour là l'histoire réelle nous dit que la femme s'écria : « Je possède, j'ai acquis un homme, par la grâce de Dieu (Adam vero cognovit uxorem suam, Hevam, quae concepit et peperit Cain, dicens : *Possedi hominem per Deum. Genes.* IV, 1). » Voilà comment la famille a été fondée, a acquis de la stabilité, et ce fondement, cette stabilité ne se sont jamais perdus, n'ont jamais cessé parmi les hommes. Pourquoi fermer les yeux sur la grande histoire de l'humanité et aller chercher son origine dans quelque autre obscur de bête immonde? Non, cela ne doit plus être toléré chez les chrétiens.

FÉRIE, dans l'origine, signifiait un jour férié ou fêté. Constantin ayant ordonné de fêter toute la semaine de Pâques, le dimanche se trouva être la première *férie*, le lundi la seconde, le mardi la troisième, etc. Ces noms, dans la suite, furent adaptés aux autres semaines. Leur sens changea : *férie*, en termes de rubriques, signifie un jour non fêté et non occupé par l'office d'un saint. — Il y a des *féries majeures*, comme le jour des Cendres et les trois derniers jours de la semaine sainte, dont l'office prévaut à tout autre ; des *féries mineures*, qui n'excluent point l'office d'un saint, mais desquelles il faut faire mémoire ; les simples *féries* n'excluent rien : tout autre office prévaut à celui de la *férie*.

FERMENTAIRES, nom que les catholiques d'Occident ont quelquefois donné aux Grecs, dans les disputes au sujet de l'eucharistie, parce que les Grecs se servent de pain levé ou *fermenté* pour la consécration. C'était pour répondre au nom d'*azymites*, que les Grecs donnent aux Latins par dérision. *Voy.* AZYME.

FÉRULE. *Voy.* HABITS PONTIFICAUX.

FÉSOLI ou FIÉSOLI, congrégation de religieux, nommés aussi *Frères mendiants de Saint-Jérôme*. Elle eut pour fondateur le B. Charles, fils du comte de Montgranello, qui se retira dans une solitude des montagnes voisines de Fiésoli, en Toscane ; il y fut suivi de quelques autres hommes qui étaient aussi bien que lui du tiers ordre de Saint-François, et qui donnèrent ainsi naissance à cette congrégation. Innocent VII l'approuva ; Onuphre en place la naissance sous son pontificat ; mais elle avait commencé dans le temps du schisme d'Avignon, vers l'an 1386. Grégoire XII et Eugène IV la confirmèrent sous la règle de saint Augustin ; elle fut supprimée par Clément IX, en 1668.

FÊTE, dans l'origine, est un jour d'assemblée ; *mohadim*, fêtes, en hébreu, exprime les jours auxquels les hommes s'assemblaient pour louer Dieu. Dans ce sens, les *fêtes* sont aussi nécessaires que les assemblées de religion. Jamais un peuple n'a eu de culte public, sans que les *fêtes* n'en aient fait partie. Nous n'avons à parler que de celles des adorateurs du vrai Dieu. La première *fête* que Dieu ait instituée est le *sabbat*, le septième jour auquel l'ouvrage de la création fut achevé. Il est dit que Dieu bénit ce jour et le *sanctifia*, voulut qu'il fût consacré à son culte. *Gen.*, chap. II, vers. 3. Quoique l'histoire sainte ne nous atteste pas expressément que les patriarches ont chômé le sabbat, ce passage de la Genèse suffit pour le faire présumer. Il est dit, *Ps.* CIII, vers. 19, que Dieu a créé la lune pour marquer les jours d'assemblée : *Fecit lunam in mohadim*. L'on sait d'ailleurs par l'histoire profane, que la coutume de s'assembler aux *néoménies* ou nouvelles lunes, a été commune presqu'à tous les peuples. Ainsi les *néoménies*, établies par Moïse, ne paraissent pas avoir été une nouvelle institution, non plus que le sabbat. Dans la Genèse, chap. XXXV, Jacob célèbre une espèce de *fête*, à l'occasion d'une faveur qu'il avait reçue de Dieu. Il assemble sa maison, il ordonne à ses gens de changer d'habit, de se purifier, de lui apporter les idoles et tous les signes de culte des dieux étrangers ; il les enfouit sous un arbre, et va ériger un autel au Seigneur dans un lieu qu'il avait nommé *Béthel*, ou *la maison de Dieu*. Comme les sacrifices étaient toujours suivis d'un repas commun, le jour marqué pour un sacrifice solennel était pour les patriarches un jour de *fête* ; et chez plusieurs nations *fête* est synonyme de *festin*, régal, repas de cérémonie.

C'est à peu près tout ce que nous pouvons savoir des *fêtes* de la religion primitive ; Moïse en a peu parlé, parce qu'il a conservé le cérémonial des patriarches dans celui qu'il a prescrit aux Juifs.

Un auteur moderne s'est imaginé que les *fêtes*, ou les assemblées religieuses des premiers hommes, étaient consacrées à la tristesse, à déplorer les fléaux de la nature, surtout le déluge universel. Il n'a pas fait attention que les repas, le chant, la danse, ont fait partie du culte de la Divinité chez toutes les nations. L'homme affligé veut être seul, se retire à l'écart pour pleurer ; ce n'est point le deuil qui rassemble les hommes, c'est la joie. Chez les Latins, *festus*, *festivus*, désignaient ce qui est heureux et agréable ; *infestus*, ce qui est fâcheux et pernicieux ; ἑορτή, avait le même sens chez les Grecs, selon Hésychius. Moïse, parlant des *fêtes* juives, dit aux Israélites : *Vous vous réjouirez devant le Seigneur votre Dieu* (*Levit.* XXIII, 40 ; *Deut.* XII, 7 et 18). La seule de ces fêtes qui ait été consacrée au deuil et à la tristesse, est le jour de l'Expiation (*Levit.*, chap. XXIII, vers. 27).

Dans le christianisme même, les plus saints personnages ont été d'avis que le jeûne et les mortifications ne doivent pas avoir lieu les jours de *fêtes*, qu'il convient au contraire de faire un *festin*, c'est-à-dire un repas plus somptueux qu'à l'ordinaire.

Les anciennes *fêtes* ont été consacrées à régler et sanctifier les travaux de l'agriculture, à remercier le Créateur de ses dons ; les patriarches offrent des sacrifices à l'occasion des bienfaits qu'ils ont reçus de Dieu, et non pour témoigner leur affliction. Noé sauvé du déluge, Abraham comblé des bénédictions et des promesses de Dieu, Isaac assuré de la même protection, Jacob heureusement revenu de la Mésopotamie et mis à couvert de la colère de son frère, élèvent des autels et bénissent le Seigneur. *Gen.* chap. vii, vers. 20; xii, 7; xxvi, 25; xxxiii, 29. C'est dans les livres saints, et non dans les frivoles conjectures des philosophes, qu'il faut chercher le vrai génie, les idées et les mœurs de l'antiquité. *Voy.* l'*Hist. du Calendrier*, *Monde primitif*, t. IV.

L'objet général de toutes les *fêtes*, a été de rassembler les hommes, de les accoutumer à fraterniser, de les mettre à portée de s'instruire les uns les autres et de s'entr'aider; toutes les cérémonies du culte divin concouraient à ce but essentiel. Le peuple amoncelé dans les grandes villes ne sent plus cette utilité; mais elle subsiste encore dans les campagnes, surtout dans les pays de montagnes, de landes et de forêts. Les familles dispersées dans ces solitudes ne peuvent se rassembler, se voir, se fréquenter que les jours de *fêtes*; c'est presque le seul lien de société qu'elles puissent avoir; les *fêtes* ont par conséquent toujours été nécessaires.

FÊTES DES JUIFS. Moïse, dans l'établissement des *fêtes* juives, suivit l'esprit des patriarches, qui est celui de l'institution divine. Outre le sabbat et les néoménies, il établit trois grandes *fêtes*, qui avaient rapport non-seulement à l'agriculture, mais à trois grands bienfaits du Seigneur dont il fallait conserver le souvenir: la *fête de Pâques*, dans le mois des *nouveaux fruits*, *Exod.*, c. xiii, v. 4, en mémoire de la sortie d'Egypte, et de la délivrance des premiers-nés des Hébreux; la *Pentecôte*, ou la *fête des semaines*, pour servir de monument de la publication de la loi sur le mont Sinaï; elle se célébrait au moment de commencer la moisson, et l'on y offrait la première gerbe; la *fête des Tabernacles* après les vendanges, en mémoire de la demeure des Israélites dans le désert. Ils devaient les célébrer, non-seulement avec leur famille, mais y admettre les pauvres et les étrangers. *Levit.*, chap. xxiii; *Deut.*, chap. xii, etc. La *fête des Trompettes* et celle des *Expiations* tombaient dans la lune de septembre, aussi bien que celle des *Tabernacles*. *Voy.* les noms de ces *fêtes* chacun à leur place (1).

(1) Le peuple de Dieu, comme toutes les nations du monde, eut des jours spécialement consacrés au Très-Haut. Voulant décrire les temps sacrés fixés par la loi de Moïse, le but et l'objet des solennités des Israélites, nous parlerons d'abord des fêtes ordinaires des Hébreux, ensuite des fêtes annuelles, enfin de celles qui ne se célébraient qu'après une certaine révolution d'années.

I. *Des fêtes ordinaires des Hébreux.* Au premier rang, nous trouvons le sabbat pratiqué dès l'origine du monde, et dont Moïse ne fit que renouveler le précepte. C'était le septième jour de la semaine. Tous les travaux cessaient en ce jour, en mémoire de ce

La sagesse et l'utilité de ces *fêtes* sont palpables; indépendamment des leçons de morale qu'elles donnaient aux Juifs, c'étaient des monuments irrécusables des faits que Dieu ayant créé le monde en six jours, se reposa le septième. Il n'était pas même permis d'allumer du feu. La veille on faisait cuire les aliments. Quiconque travaillait le jour du sabbat devait être puni de mort. On y offrait en holocauste deux agneaux, outre l'holocauste du soir et du matin de tous les jours. Dans la suite on établit des assemblées qui se réunissaient dans des lieux appelés synagogues, où l'on expliquait la loi au peuple. Au premier abord, la sévérité avec laquelle devait se passer le jour du sabbat nous jette dans l'étonnement; mais cet étonnement cesse quand on considère que la célébration de ce grand jour était une énergique profession de foi du dogme d'un seul Dieu créateur, et un puissant préservatif contre le polythéisme. L'institution du sabbat avait un but secondaire, c'était de procurer aux hommes et aux animaux compagnons de leurs travaux, la facilité de réparer les forces épuisées pendant six jours. Enfin le jour du sabbat était encore un moyen de rappeler aux Israélites le bienfait dont ils avaient été favorisés lorsque Dieu les affranchit du joug de l'esclavage. *Exod.* i, 23; xxiii, 12; xxxv, 2, 3; *Deut.* v, 14; *Num.* xxviii, 9.

Le premier de chaque mois, appelé néoménie ou nouvelle lune, était particulièrement consacré à Dieu, quoique le travail n'y fût pas défendu par la loi. Cette fête se célébrait à la première apparition des phases de la lune. Moïse les regarda comme une preuve sensible du soin que la Providence apporte au gouvernement de l'univers. Il ordonna que ce jour fût célébré avec une dévotion spéciale. Mais pour éloigner les superstitions par lesquelles les gentils le profanaient, il avait eu la précaution d'en tracer le cérémonial avec précision et d'une manière détaillée. Enfin il avait défendu rigoureusement tout culte rendu aux astres. *Deut.* v, 14; *Nomb.* xxviii, 11; xv, 10.

II. *Fêtes annuelles des Hébreux.* Moïse avait prescrit plusieurs fêtes annuelles. La plus solennelle de toutes était la Pâque. Elle avait pour but de rappeler aux Israélites le passage de l'ange exterminateur, qui tua dans une nuit tous les premiers-nés des Egyptiens et épargna ceux des Hébreux, dont les portes étaient teintes du sang de l'agneau: miracle qui fut suivi du passage de la mer Rouge. Le quatorzième jour du premier mois, entre trois heures après midi et six heures du soir, on immolait pour chaque famille un agneau, dont la chair rôtie devait être mangée cette nuit même avec du pain sans levain et des laitues sauvages. On ne pouvait immoler et manger la pâque indifféremment en tous lieux, mais seulement dans celui que le Seigneur avait choisi pour y établir son nom. La fête durait sept jours pendant lesquels il n'était pas permis aux Israélites de manger d'autre pain que du pain azyme. Il leur était expressément défendu d'avoir du pain levé dans leurs maisons depuis l'heure de l'immolation de l'agneau jusqu'à ce que la fête fût passée. C'est à cette pratique qu'elle doit le nom de solennité des Azymes. Tous étaient obligés de manger la pâque. Ceux qui, pour cause légitime, n'avaient pu la faire le quatorzième jour du premier mois, la faisaient le second mois à pareil jour. Mais quiconque, sans aucun empêchement légitime, négligeait de remplir ce devoir, était exterminé du milieu du peuple. Le premier jour et le septième étaient les plus solennels. Tout travail y était défendu. Après que les Israélites furent entrés dans la terre promise, ils offraient à Dieu, le second jour de la fête, une gerbe de grain nouveau avec un agneau. Cette gerbe était les prémices de la moisson. Jusqu'alors il ne leur était pas permis de manger des grains de l'année.

sur lesquels était fondée la religion juive, monuments qui en ont perpétué le souvenir et la certitude dans tous les siècles.

Du jour de l'oblation de la gerbe, on comptait sept semaines pleines, qui font quarante-neuf jours, et le cinquantième était la fête de la Pentecôte, autrement la fête des semaines, en mémoire de ce que Dieu, cinquante jours après la pâque, avait publié la loi sur la montagne de Sinaï, et fait alliance avec le peuple de Dieu. On offrait ce jour-là deux pains qui étaient les prémices de la moisson nouvelle, sept agneaux, un veau et deux béliers en holocauste, un bouc en sacrifice pour les péchés, et deux agneaux en sacrifices pacifiques. Le premier jour du septième mois, d'où les Juifs dataient le commencement de leur année civile, était plus solennel que les autres. Il se nommait néoménie de la nouvelle année. On l'annonçait au son des trompettes, mais avec plus d'éclat que les autres fêtes. C'est ce qui l'a fait appeler fête des Trompettes. Toute œuvre servile y était défendue. On y offrait en holocauste un veau, un bélier, sept agneaux et un bouc pour les péchés. Neuf jours après, c'est-à-dire le dixième jour du septième mois, on célébrait la fête des expiations par un jeûne général dont personne n'était dispensé. C'était le seul jour dans l'année où le grand-prêtre entrait dans le sanctuaire pour y faire l'expiation des péchés de tout le peuple. Il déployait une pompe imposante. Vêtu de sa tunique de lin, la tête couverte de la tiare pontificale, après avoir purifié son corps dans une eau pure, il offrait un bélier en holocauste, et un veau pour ses péchés et pour ceux de sa famille. Il remplissait ensuite l'encensoir de charbons ardents pris sur l'autel des holocaustes, et, entrant dans le sanctuaire l'encensoir à la main, il mettait les parfums sur le feu, afin que les nuages de fumée qui s'élevaient lui dérobassent la vue de l'arche sainte, et qu'il ne fût point frappé de mort. Il prenait aussi du sang du veau qu'il avait immolé; y ayant trempé son doigt, il faisait sept aspersions vers le propitiatoire qui couvrait l'arche. Or, quand le pontife entrait dans le sanctuaire, il était défendu sous peine de mort aux prêtres même d'être dans le tabernacle, jusqu'à ce qu'il en fût sorti. Ensuite il immolait, pour les péchés du peuple, l'un des deux boucs qui lui avaient été présentés. L'autre, désigné par le sort, devait être envoyé libre dans le désert. Prenant du sang du bouc qui avait été mis à mort, le grand-prêtre rentrait dans le sanctuaire, faisait avec ce sang sept aspersions vers le saint des saints, dans tout le tabernacle, sur l'autel des parfums, pour purifier le lieu saint de toutes les impuretés des enfants d'Israël. Ces divers rites exécutés, il présentait à Dieu le bouc vivant, lui mettant les deux mains sur la tête. Il confessait les péchés du peuple, dont il chargeait symboliquement et avec imprécation la tête de ce bouc. Après quoi il le faisait emmener hors de l'enceinte de la ville ou du camp, et chasser dans le désert par un homme destiné à cette fonction. C'est pour cela que le bouc s'appelait émissaire. Enfin le pontife, après s'être dépouillé de ses vêtements blancs, et s'être lavé de nouveau dans le lieu saint, revêtait les habits pontificaux les plus précieux, offrait son holocauste ainsi que celui du peuple, et faisait un autre sacrifice pour le péché. Telle était la cérémonie de l'expiation. Le quinzième jour du même mois, après la récolte de tous les fruits de l'année, se solennisait la fête des Tabernacles. Elle durait huit jours, pendant lesquels les Juifs habitaient sous des tentes ou sous des berceaux de feuillages. C'était afin qu'ils se souvinssent que leurs pères, avant d'entrer dans la terre promise, avaient longtemps demeuré sous des tentes dans le désert. Il leur était interdit de manger, de boire, de dormir ailleurs que sous ces

Pour en esquiver les conséquences, les incrédules disent qu'une *fête* n'est pas toujours la preuve certaine de la réalité d'un

tentes. Le premier jour, les Juifs devaient porter dans leurs mains du fruit du plus bel arbre, que l'on suppose avoir été le citronnier, et des rameaux de saules, de myrte ou de tout autre arbre touffu. Avec ces branches ils formaient un faisceau qu'ils liaient au moyen de cordons d'or et d'argent, ou avec des rubans. Ils les portaient pendant le premier jour, et les gardaient dans le temple. Les autres jours ils se tenaient seulement autour de l'autel, en chantant l'hosanna d'allégresse, tandis que le son des trompettes retentissait de toutes parts. Le septième jour ils faisaient sept fois le tour de l'autel, et cette cérémonie se nommait le grand hosanna. Chaque jour on offrait un certain nombre de victimes et un bouc en sacrifice expiatoire. Les Juifs faisaient pendant cette fête des festins de réjouissance avec leurs femmes et leurs enfants, où ils admettaient les lévites, les étrangers, les veuves et les orphelins. La fête se terminait par une nouvelle solennité qu'on célébrait le huitième jour, où tout travail était interdit comme au premier. Ce dernier jour est appelé par l'auteur de la Vulgate *Dies cœtus et collecta*; d'où les uns concluent qu'on y recueillait des aumônes pour le soulagement des pauvres, et d'autres que ces collectes servaient aux dépenses du culte divin.

Il y avait encore d'autres fêtes que les Hébreux célébraient annuellement, mais parce qu'elles ont été établies après Moïse nous les passerons sous silence. Du reste, de toutes celles que nous venons de nommer, la Pâque, la Pentecôte et la fête des Tabernacles étaient les plus solennelles. Dans ces trois fêtes, tous les Juifs adultes étaient obligés de paraître devant le Seigneur, c'est-à-dire d'aller au tabernacle et au temple de Jérusalem après sa construction, et ils ne devaient pas y paraître les mains vides. Il leur était prescrit d'offrir à Dieu des dons et des sacrifices d'action de grâces, chacun en proportion des biens qu'il avait reçus de la libéralité divine.

III. *Fêtes qui ne se célébraient qu'après une certaine révolution d'années.* Nous comptons parmi ces dernières fêtes l'année sabbatique et l'année jubilaire. 1° L'année sabbatique revenait tous les sept ans, comme le sabbat tous les sept jours. C'était une espèce de fête continuelle qui commençait le premier jour du septième mois, lequel correspondait à notre mois de septembre ou d'octobre. Durant le cours de cette année la terre demeurait sans culture; ses produits spontanés étaient abandonnés aux pauvres, aux étrangers, aux animaux sauvages. La liberté était rendue aux esclaves hébreux d'origine, et tout débiteur juif recevait la remise des dettes ayant pour cause soit une vente, soit un prêt. Il était prescrit aux prêtres de lire la loi du Deutéronome au peuple assemblé pendant la fête des Tabernacles. Les loisirs de cette année devaient être employés à coordonner la chronologie des Hébreux. Rappeler au souvenir des Juifs, par une époque solennelle, la création de cet univers et le culte du Créateur, tel était le but principal de l'année sabbatique. Nous ne relèverons pas les vues secondaires que s'était proposées Moïse en instituant ce sabbat: le repos des terres, le soulagement des indigents, les habitudes d'économie et de prévoyance, résultat de la nécessité où se trouvaient les Juifs de réserver chaque année une partie de leurs récoltes, afin de pouvoir vivre la septième année, étaient des raisons économiques et éminemment morales. — 2° Sept années sabbatiques étaient suivies de l'année jubilaire, qui tombait la cinquantième année, et non la quarante-neuvième, comme quelques-uns l'ont pensé. Cette année commencée, toutes les dettes étaient

événement; que nous trouvons chez les Grecs et chez les Romains des *fêtes* établies en mémoire de plusieurs faits absolument fabuleux. Mais les *fêtes* des païens ne remontaient point, comme celle des Juifs, à la date même des événements; elles n'avaient point été établies ni observées par les témoins oculaires des faits dont elles rappelaient le souvenir. Nous défions les incrédules de citer une seule *fête* du paganisme qui ait ce caractère essentiel : dans l'origine, toutes faisaient allusion aux travaux de l'agriculture et à l'astronomie; les fables ne vinrent que quand on en eut oublié la signification. C'est un fait démontré dans l'*Histoire du Calendrier* par M. de Gébelin. Si la Pâque et l'offrande des premiers-nés n'avaient été établies qu'après la mort de Moïse et de tous ceux qui étaient sortis d'Egypte, on pourrait dire que ces cérémonies ne prouvent rien; mais c'est en Egypte, la nuit même du départ des Hébreux, que la première Pâque est célébrée : lorsque Moïse en renouvelle la loi dans le Lévitique, il parle aux Juifs comme à autant de témoins oculaires de l'événement; ce sont eux-mêmes qui dès ce moment font l'offrande de leurs premiers-nés dans le tabernacle. Ce sont donc les témoins oculaires des faits, qui les attestent par les cérémonies qu'ils observent. A leur entrée dans la terre promise, la Pâque est célébrée par les Juifs sexagénaires, qui avaient vingt ans lorsqu'arriva la délivrance miraculeuse des premiers-nés. Les Juifs ont-ils consenti à mentir continuellement par des rites imposteurs, à tromper leurs enfants, à contredire leur conscience, pour plaire à un législateur qui n'existait plus? On ne connaît chez aucun peuple des exemples d'une pareille démence.

Dira-t-on que le 17 de juillet, marqué de noir dans le calendrier des Romains, n'était pas un monument certain de leur défaite par les Gaulois auprès de l'Allia; ou que la procession qui se fait le 22 mars aux Grands-Augustins à Paris ne peut pas prouver la réduction de cette ville à l'obéissance de Henri IV, en 1594?

annulées, comme pendant l'année sabbatique. Les esclaves, même ceux qui avaient été retenus pour une cause légitime, étaient mis en liberté. Toutes les terres qui avaient été vendues ou engagées retournaient aux héritiers de ceux qui les avaient aliénées, sans aucun prix ni compensation. De là vient que l'année jubilaire était appelée l'année de la remise. Rien n'était plus sage que cette loi. Elle conservait l'ancien partage des tribus, elle arrêtait l'avidité des riches à acquérir; elle empêchait les pauvres de tomber dans la misère, et était la cause que les terres se cultivaient avec plus de soin.

Telles étaient les principales fêtes ou solennités des Hébreux. D'après ce tableau, il est facile de voir que les fêtes des Juifs ne se ressentaient en rien de la licence et des désordres qui régnaient dans celles des païens. Tout y portait à Dieu, tout y rappelait ses bienfaits, tout y tendait à rendre son culte aimable, à inspirer au peuple l'amour de la vertu, cette charité mutuelle qui les unissait les uns aux autres, à ne faire de toutes les familles qu'une seule et grande famille placée sous la protection immédiate du Tout-Puissant.

Chez les Juifs, l'objet des *fêtes* était de les rassembler au pied des autels du Seigneur, de cimenter entre eux la paix et la fraternité, de leur rappeler le souvenir des faits sur lesquels était fondée leur religion, et qui étaient autant de bienfaits de Dieu; par conséquent de les rendre reconnaissants envers le Seigneur, humains et charitables envers leurs frères, même envers les esclaves et les étrangers. En effet, Dieu avait ordonné que les lévites, les étrangers, les veuves et les orphelins fussent admis aux festins de réjouissance que faisaient les Juifs dans les jours de *fêtes*, afin qu'ils se souvinssent que les bienfaits de Dieu et les fruits de la terre ne leur étaient pas accordés pour eux seuls, et qu'ils devaient en faire part à ceux qui n'en avaient point. *Deut.*, chap. XII, XIV, etc. Les solennités juives ne se sentaient donc en rien de la licence et des désordres qui régnaient dans les fêtes des païens; celles-ci, loin de contribuer à la pureté des mœurs, semblaient avoir été instituées exprès pour les corrompre. Mais les beaux esprits de Rome, aussi mal instruits de l'origine des anciennes institutions que nos incrédules modernes, trouvaient les *fêtes* du paganisme charmantes, et celles des Juifs dégoûtantes et absurdes. Tacite, *Hist.*, l. v, c. 5. Jéroboam, dont la politique n'était que trop clairvoyante, sentit combien les *fêtes* que l'on célébrait à Jérusalem étaient capables d'y attirer ses sujets. Pour consommer la séparation entre son royaume et celui de Juda, il plaça des idoles à Dan et à Béthel; il y établit des prêtres, des sacrifices et des *fêtes*, afin de retenir sous son obéissance les tribus qui s'étaient données à lui. *III Reg.*, chap. XII, vers. 26.

Nous retrouvons dans les *fêtes* du christianisme le même esprit, le même objet, la même utilité; mais nos philosophes incrédules n'y ont rien vu; ils en ont raisonné encore plus mal que des *fêtes* juives. Sur le temps et la manière de célébrer celles-ci, l'on peut consulter Leland, *Antiq. veterum Hebræor.*, quatrième partie; le père Lamy, *Introd. à l'étude de l'Ecriture sainte*, chap. 12, etc.

FÊTES CHRÉTIENNES. Non-seulement les apôtres ont institué des *fêtes*, puisque les premiers fidèles en ont célébré, mais ils les ont rendues plus augustes que les anciennes, en les fondant sur des motifs plus sublimes. Dans la religion primitive, le principal objet des *fêtes* était d'inculquer aux hommes l'idée d'un seul Dieu créateur et gouverneur du monde, père et bienfaiteur de ses créatures; dans la religion juive, elles étaient destinées à réveiller le souvenir d'un seul Dieu législateur, souverain maître et protecteur spécial de son peuple; dans le christianisme, elles nous montrent un Dieu sauveur et sanctificateur des hommes, duquel tous les desseins tendent à notre salut éternel. Rien ne sert mieux que les *fêtes* à nous marquer l'objet direct du culte religieux sous les trois époques successives de la révélation.

Après l'extinction du paganisme et de l'idolâtrie, il n'a plus été nécessaire de continuer à célébrer le sabbat ou le repos du septième jour en mémoire de la création ; la croyance d'un seul Dieu créateur ne pouvait plus se perdre : mais il a été très-important de consacrer par un monument éternel le souvenir d'un miracle qui a fondé le christianisme, de la résurrection de Jésus-Christ. Ce grand événement est un article de notre loi, il est renfermé dans le symbole ; on n'a jamais pu être chrétien sans le croire. Aussi, dès l'origine du christianisme, le dimanche a été célébré par les apôtres, et nommé *le jour du Seigneur*. *Voy.* DIMANCHE. Ici ce sont les témoins mêmes de l'événement qui établissent la *fête*, et qui la font célébrer sur le lieu même où il est arrivé, par des milliers d'hommes qui ont pu vérifier par eux-mêmes la vérité ou la fausseté du fait, et en prendre toutes les informations possibles : à moins que tous n'aient été saisis d'un accès de démence, ils n'ont pas pu se résoudre à rendre, par une cérémonie publique, témoignage d'un fait duquel ils n'auraient pas été bien convaincus. Il en est de même de la *fête* de la Pentecôte, en mémoire de la descente du Saint-Esprit sur les apôtres. Celles de la naissance de Jésus-Christ, de l'Epiphanie, de l'Ascension, n'ont pas tardé d'être établies par le même motif.

On a commencé aussi, dès l'origine, de célébrer la *fête* des martyrs. Selon la manière de penser des premiers fidèles, la mort d'un martyr était pour lui une victoire, et pour la religion un triomphe ; le sang de ce témoin cimentait l'édifice de l'Eglise ; on solennisait le jour de sa mort, l'on s'assemblait à son tombeau, l'on y célébrait les saints mystères, les fidèles ranimaient leur foi et leur courage par son exemple. Dès le commencement du II° siècle, nous le voyons par les Actes du martyre de saint Ignace et de saint Polycarpe ; et nous ne pouvons pas douter que l'on n'ait fait la même chose à Rome, immédiatement après le martyre de saint Pierre et de saint Paul. En effet, le témoignage des apôtres et de leurs disciples, scellé de leur sang, était trop précieux pour ne pas le remettre continuellement sous les yeux des fidèles. Il semble que l'on ait prévu dès lors que dans la suite des siècles les incrédules pousseraient l'audace jusqu'à en contester les conséquences.

Plusieurs savants protestants, quoique intéressés à révoquer en doute l'antiquité de cet usage, en sont cependant convenus. Bingham, *Orig. ecclés.*, l. xx, c. 7, reconnaît que dès le second siècle on célébrait le jour de la mort d'un martyr, et qu'on l'appelait son *jour natal*, parce que sa mort avait été pour lui le commencement d'une vie éternelle. Mosheim, encore plus sincère, dit qu'il est probable que cela s'est fait dès le premier siècle. *Histoire ecclés.*, premier siècle, 2° partie, chap. 4, § 4. Beausobre, qui a trouvé bon que les manichéens aient solennisé le jour de la mort de Manès, n'a pas osé blâmer les chrétiens d'avoir rendu le même honneur aux martyrs ; mais il dit que les manichéens désapprouvaient avec raison, non-seulement la multitude de jours consacrés à la mémoire des morts, et depuis à leur culte, mais encore cette distinction de jours qui s'était introduite, et que saint Paul a réprouvée dans son épître aux Galates, c. IV ; que ces hérétiques gardaient les *fêtes chrétiennes* établies dès le commencement, mais sans attribuer aucune sainteté aux jours mêmes, ne les regardant que comme des signes établis pour rappeler la mémoire des événements. *Hist. du Manich.*, t. II, l. IX, c. 6, § 13.

Voilà donc, suivant le jugement de Beausobre, trois choses dignes de censure dans les *fêtes chrétiennes* : 1° le trop grand nombre de *fêtes* des martyrs ; 2° l'usage de les regarder comme une marque de culte, au lieu que dans l'origine c'était un simple signe commémoratif ; 3° la distinction entre les jours de *fêtes* et les autres, et le préjugé qui attachait aux premières une idée de sainteté. Quant au premier chef, nous demandons si ç'a été un malheur pour le christianisme qu'il se soit trouvé un grand nombre de fidèles assez courageux pour souffrir la mort plutôt que de renoncer à leur foi, et s'il eût mieux valu que le nombre des apostats fût plus considérable. C'est à la cruauté des persécuteurs, et non à la piété des chrétiens, qu'il faut attribuer la multitude de martyrs qui ont souffert dans les trois premiers siècles ; mais ceux qui ont versé leur sang dans les siècles suivants n'ont pas été moins dignes de vénération que les plus anciens. Nous cherchons vainement en quoi les chrétiens ont péché, en honorant par des *fêtes* un très-grand nombre de martyrs. — Le second reproche de Beausobre n'est fondé que sur un abus de termes affecté et ridicule. Lorsque les peuples ont consacré la mémoire de leurs héros par des tombeaux, par des inscriptions, par des cérémonies annuelles, c'était certainement pour leur faire honneur. Tant que l'on n'a voulu honorer dans ces personnages que des qualités et des vertus humaines, ou des services temporels rendus à la société, ç'a été un honneur ou un culte purement civil ; car enfin *honneur, respect, culte, vénération*, signifient la même chose. Dès que l'on a prétendu leur attribuer un mérite et un rang supérieur à l'humanité, le titre de dieu ou de demi-dieu, le pouvoir de protéger après leur mort ceux qui les honoraient et de leur faire du bien ou du mal, ç'a été un culte religieux, mais illégitime et injurieux à la Divinité. Or, l'intention des fidèles, en consacrant la mémoire des martyrs, n'a certainement pas été d'honorer en eux des qualités purement humaines, un mérite naturel, ou des services temporels rendus aux hommes, mais un courage plus qu'humain inspiré par la grâce divine, un mérite que Dieu a couronné d'une gloire éternelle, un pouvoir d'intercession qu'il a daigné leur accorder dans le ciel : donc la célébration de leur *fête* a été dès l'origine un signe de culte, et de culte religieux, quel que soit le terme dont on s'est servi pour l'exprimer. *Voy.* CULTE, MARTYR, SAINT, etc. — Le troisième reproche est encore plus injuste, puisque c'est une censure du langage de l'Ecriture sainte. Dieu, en ordonnant des *fêtes* aux Juifs, leur dit : « Voilà les fériés du Sei- « gneur que vous nommerez *saintes* Ce jour « sera pour vous très-solennel et très-saint. » *Levit.*, chap. xxv, vers. 2, 4, 7, etc. Dans le Nouveau Testament, Jérusalem est appelée la *cité sainte*, et le temple *le lieu saint*. Ce mot signifie consacré au Seigneur et destiné à son culte; rien de plus : où est l'inconvé- nient d'envisager ainsi un jour aussi bien qu'un lieu? Dans l'histoire même de la créa- tion, il est dit que Dieu bénit le septième jour *et le sanctifia*.

Saint Paul, *Galat.*, chap. iv, vers. 10, re- prend les chrétiens de ce qu'ils gardaient les cérémonies juives, de ce qu'ils obser- vaient, comme les Juifs, les jours, les mois, les saisons, les années; s'ensuit-il de là qu'il a défendu aux chrétiens d'avoir un ca- lendrier ? Lui-même, deux ans avant sa mort, voulut célébrer à Jérusalem la *fête* de la Pentecôte. *Act.*, chap. xx, vers. 16.

Mais, disent les protestants, l'Eglise a-t-elle eu le droit d'établir des *fêtes* par une loi, et d'imposer aux fidèles l'obligation de les ob- server? Pourquoi non? Il serait singulier que l'Eglise chrétienne n'eût pas la même autorité que l'Eglise juive pour régler son culte et sa discipline. Outre les *fêtes* ex- pressément commandées par Moïse, les Juifs avaient établi la *fête* des Sorts, en mémoire du danger dont ils avaient été sauvés par Esther, et la *fête* de la Dédicace du temple, ou de sa purification faite par Judas Machabée ; et Jésus-Christ ne dédai- gna pas d'honorer cette *fête* par sa pré- sence, *Joan.*, chap. x, vers 22 : il ne la dés- approuvait donc pas. Beausobre lui-même dit qu'il n'y a qu'un esprit de révolte et de schisme qui puisse soulever des chrétiens contre des ordonnances ecclésiastiques qui n'ont rien de mauvais. *Hist. du Munich.*, t. II, liv. ix, c. 6, § 8. Par là il condamne les fondateurs de la réforme et se réfute lui- même.

L'Eglise a donc usé d'une autorité très- légitime lorsqu'elle a fixé le temps de la *fête* de Pâques, qu'elle a défendu de la célébrer avec les Juifs, *Can. Apost.* 5 ; de prendre aucune part à leurs autres solennités, *Can.* 82 ; de pratiquer le jeûne ou l'abstinence les jours de fêtes, *Can.* 82, 86, etc. Cette disci- pline, qui est du second ou du troisième siècle, puisqu'elle est établie par les décrets que l'on nomme *Canons des Apôtres*, est en- core observée par les sectes de chrétiens orientaux qui se sont séparées de l'Eglise romaine depuis douze cents ans. Il en est de même du can. 51 du concile de Laodicée, qui défend de célébrer les *fêtes* des martyrs pendant le carême, et de celui du concile de Carthage, qui excommunie ceux qui vont aux spectacles les jours de *fêtes*, au lieu d'assister à l'Eglise, *Can.* 88. Le concile de Trente n'a fait que confirmer l'ancien usage, lorsqu'il a décidé que les *fêtes* ordonnées par un évêque dans son diocèse doivent être gardées par tout le monde, même par les exempts, sess. 25, c. 12. En 1790, le clergé de France a condamné avec raison ceux qui enseignaient que le précepte d'observer les *fêtes* n'oblige point sous peine de péché mortel, lorsqu'on le viole sans scandale et sans aucun mépris.

Les mêmes motifs qui ont fait établir les *fêtes* des martyrs ont porté les peuples, dans la suite des siècles, à honorer la mémoire des *confesseurs*, c'est-à-dire des saints qui, sans avoir souffert le martyre, ont édifié l'Eglise par leurs vertus. Leur exemple n'est pas, à la vérité, en faveur du christianisme, une preuve aussi forte que le témoignage des martyrs ; mais il démontre du moins que la morale de l'Evangile n'est pas impra- ticable, puisque, avec le secours de la grâce, les saints l'ont suivie et observée à la lettre.

Il est naturel que le peuple ait honoré par préférence les saints qui ont vécu dans les lieux qu'il habite, dont les actions lui sont mieux connues, dont les cendres sont sous ses yeux, dont il peut visiter aisément le tombeau. Saint Martin est le premier confesseur dont on ait fait la *fête* dans l'Eglise d'Occident : toutes les Gaules retentissaient du bruit de ses vertus et de ses miracles. Les *fêtes*, qui étaient locales dans leur origine, se sont étendues peu à peu dans la suite, et sont devenues générales. C'est la voix du peuple et sa dévotion qui ont canonisé les personnages dont il admirait les vertus : nous ne voyons pas qu'il y ait lieu de gémir de ce que, pendant dix-sept siècles, il y a eu un nombre infini de saints dans tous les états de la vie, dans tous les lieux, dans les temps les plus malheureux et les plus bar- bares ; nous sommes bien fondés à espérer que Dieu en suscitera de nouveaux jusqu'à la fin du monde.

Pour prouver que les *fêtes* sont un abus, nos philosophes incrédules les ont principa- lement envisagées sous un aspect politique : ils ont soutenu que le nombre en est exces- sif, que le peuple n'a plus assez de temps pour gagner sa vie, que non-seulement il faut les supprimer, mais qu'il faut lui per- mettre de travailler pendant l'après-midi des dimanches. Au mot DIMANCHE, nous avons déjà réfuté leurs faux raisonnements, leurs faux calculs, leurs fausses spécula- tions ; mais il nous reste quelques réflexions à faire.

I. En général les *fêtes* sont nécessaires. Il faut que le peuple ait une religion : donc il lui faut des *fêtes*. Quel doit en être le nom- bre ? C'est un besoin local et relatif ; il n'est pas le même partout. Dans les cantons peu peuplés où les habitants sont épars, ils ne peuvent se rassembler, s'instruire, faire profession publique du christianisme que les jours de *fêtes* ; si on les leur retranchait, l'on parviendrait bientôt à les abrutir. Or, dans un état policé, la religion et les vertus sociales ne sont pas moins nécessaires que la subsistance, l'argent, le travail, le commerce, etc. : il faut des hommes, et non des brutes ou des automates. C'est une absurdité de calculer les forces des ouvriers comme celles des bêtes de somme ; l'homme, quelque robuste qu'il soit, a besoin de repos : tous les peuples l'ont senti, et tous ont établi des *fêtes*. Le sabbat ou le repos du septième jour était non-seulement permis, mais ordonné aux Juifs, non-seulement par motif de religion, mais par un principe d'humanité : *Vous ne ferez*, dit la loi, *aucun travail ce jour-là, ni vous, ni vos enfants, ni vos serviteurs, ni vos servantes, ni votre bétail, ni l'étranger qui se trouve parmi vous, afin qu'ils se reposent aussi bien que vous. Souvenez-vous que vous avez servi vous-mêmes en Egypte, et que Dieu vous en a tirés par sa puissance; c'est pour cela qu'il vous ordonne le jour du repos* (*Deut.*, v, 14). Donner du pain aux ouvriers, ce n'est pas remplir toute justice, si on ne leur procure aussi les moyens de le manger avec joie; il faut adoucir assez leur condition pour qu'ils ne soient pas tentés d'en changer. Ils ont besoin de se voir, de se fréquenter, de parler de leurs affaires communes et particulières, de cultiver des liaisons d'amitié et de parenté : encore une fois ils ne peuvent le faire que les jours de *fêtes*.

Une autre ineptie est de vouloir régler les besoins d'un royaume entier sur ceux de la capitale. Dans les grandes villes, la subsistance du peuple est précaire; il vit au jour la journée, il n'a de quoi manger que quand il travaille. Les habitants de la campagne, les cultivateurs, les pasteurs de bétail, ne sont point dans le même cas; leur travail n'est pas continuel; il ne peut avoir lieu pendant tout le temps de l'hiver, et c'est précisément dans ce temps-là que l'on a placé le plus grand nombre de *fêtes*. Dans les pays de montagnes, où la terre est couverte de neige pendant six mois de l'année, le peuple a tout le temps de s'occuper du service de Dieu et de vaquer aux exercices de la religion ; et c'est aussi dans ces contrées qu'il y a le plus de mœurs et de piété. On dit que le peuple des villes se dérange et se débauche les jours de *fêtes*; mais c'est qu'on le veut : on lui tend des piéges de corruption, il y succombe. Pendant que nos philosophes dissertaient contre les *fêtes*, on a multiplié dans toutes les villes les salles de spectacles, les théâtres de baladins, les écoles du vice, les lieux de débauche de toute espèce; une fausse politique, un intérêt sordide, un fond d'irréligion, persuadent que ces établissements pestilentiels sont devenus nécessaires; ils ne l'étaient pas lorsque le peuple passait dans les temples du Seigneur la plus grande partie des jours de *fêtes*. C'est une occasion d'oisiveté et de libertinage pour tous les jours de la semaine. Les bons citoyens, les artisans honnêtes s'en plaignent, ils ne peuvent plus retenir dans les ateliers les apprentis ni les garçons: ce train de déréglement une fois établi ne peut pas manquer de faire chaque jour de nouveaux progrès. Il n'est pas vrai que les *fêtes* nuisent à la culture des terres; les évêques et les autres pasteurs sont très-attentifs à permettre les travaux de l'agriculture toutes les fois que la nécessité peut l'exiger, et nous avons vu souvent le peuple refuser de se servir de cette permission.

L'on nous a bercés d'une fable, lorsqu'on nous a dit qu'à la Chine le culte public est l'amour du travail; que de tous les travaux, le plus religieusement honoré est l'agriculture, et qu'il n'y a point de pays au monde où elle soit plus florissante. Pour nous la persuader, nos philosophes ont fait étalage d'une *fête* politique dans laquelle l'empereur de la Chine, en cérémonie et à la tête des grands de l'empire, tient lui-même la charrue et sème un champ, afin d'encourager ses sujets au plus nécessaire de tous les arts. Ils ont conclu qu'une *fête* de cette espèce devrait être substituée, dans nos climats, à tant de *fêtes* religieuses qui semblent inventées par la fainéantise pour la stérilité des campagnes. Nous savons à présent, sur des témoignages dignes de foi, que la *fête* chinoise n'est qu'un vain appareil de magnificence de la part de l'empereur, qui ne sert à rien du tout; que dans cet empire, aussi bien qu'ailleurs, l'agriculture est regardée comme une occupation très ignoble; que les lettrés chinois ont grand soin de se laisser croître les ongles, afin de démontrer qu'ils ne sont ni laboureurs ni artisans. Aussi n'y a-t-il aucun pays dans le monde où les stérilités et les famines soient plus fréquentes, malgré la fertilité naturelle du sol.

II. L'on imagine que ce sont les pasteurs de l'Eglise qui ont ordonné et multiplié les *fêtes* de dessein prémédité; il n'en est rien. Le nombre s'en est augmenté non-seulement par la piété locale des peuples, comme nous l'avons déjà dit, mais encore par le besoin de repos. Dans les temps malheureux de la servitude féodale, le peuple ne travaillait pas pour lui, mais pour ses maîtres; il n'est donc pas étonnant qu'il ait cherché à multiplier les jours de repos. C'étaient autant de moments dérobés à la dureté et au brigandage des nobles, aux dévastations d'une guerre intestine et continuelle ; les hostilités étaient suspendues les jours de *fêtes* : c'est pour la même raison que l'on établit *la trêve de Dieu*. *Voyez* ce mot.

A la réserve des *fêtes* de nos mystères, qui sont les plus anciennes et en très-petit nombre, toutes les autres ont été célébrées d'abord par le peuple, sans qu'il y fût excité par le clergé. Elles se sont communiquées de proche en proche d'un lieu à un autre. Lorsqu'elles ont été établies pour l'usage, les pasteurs ont fait des lois pour en régler la sanctification et pour en bannir les abus. Le projet de mettre partout l'uniformité dans le nombre et dans la solennité des *fêtes* est impraticable : le peuple des divers royaumes de la chrétienté ne renoncera pas à honorer ses patrons pour plaire aux philosophes. C'est aux évêques de consulter les besoins et les habitudes de leurs diocésains et de voir ce qui leur convient le mieux; mais ils sont souvent forcés de tolérer des abus, parce que les peuples ne se gouvernent point comme un troupeau d'esclaves.

Leibnitz, quoique protestant, blâme un auteur qui opinait à la suppression des *fêtes*, à cause des abus. Qu'on ôte les abus, dit-il, et qu'on laisse subsister les choses, voilà la grande règle. *Esprit de Leibnitz*, t. II, p. 32.

III. Loin de s'obstiner à conserver toutes les *fêtes*, les pasteurs ont souvent fait des tentatives pour en diminuer le nombre. Le père Thomassin, dans son *Traité des Fêtes*, le père Richard, dans son *Analyse des Conciles*, ont cité à ce sujet les conciles provinciaux de Sens en 1524, de Bourges en 1528, de Bordeaux en 1583. Le pape Benoît XIV, en 1746, a donné deux bulles sur la représentation de plusieurs évêques, pour supprimer un certain nombre de *fêtes*. Clément XIV en a donné une semblable pour les Etats de Bavière en 1772, et une autre pour les Etats de Venise. Dans la même année, l'évêque de Posnanie en Pologne voulut faire cette réforme dans son diocèse; les peuples se mutinèrent et affectèrent de célébrer les *fêtes* avec plus de pompe et d'éclat. Plusieurs évêques de France ont trouvé les mêmes obstacles chez eux; ils ont été croisés ou par les officiers municipaux, ou par les receveurs du fisc, intéressés à se procurer le concours du peuple dans les villes, et ils ont été obligés de se faire autoriser par des arrêts du conseil. On a récemment retranché treize *fêtes* dans le diocèse de Paris. Nos philosophes ne manqueront pas de croire qu'ils ont contribué à cette réforme et de s'en vanter : la vérité est que, sans leurs clameurs indécentes, elle aurait été faite plus tôt; ce ne sont pas eux qui ont dicté, il y a deux cents ans, les décrets des conciles dont nous venons de parler.

IV. *De la sanctification des fêtes*. Pour savoir la manière dont on doit sanctifier les *fêtes*, il suffit de se rappeler les motifs pour lesquels Dieu les a instituées. Nous avons vu que c'est une profession publique de la croyance que l'on tient, de la religion que l'on suit et du culte que l'on rend à Dieu; c'est un lien de société destiné à rassembler les hommes au pied des autels, à leur inspirer des sentiments de charité mutuelle et de fraternité. Ces jours doivent donc être employés à lire, à écouter, à méditer la loi de Dieu et sa parole, à honorer les mystères que l'on célèbre, à assister aux exercices publics de religion, à pratiquer des œuvres d'humanité, de charité, de bonté et d'affection pour nos semblables. C'est ainsi que les Israélites pieux et fidèles à la loi de Dieu célébraient leurs solennités par la lecture des livres saints, par des prières, par des sacrifices d'actions de grâces, qui étaient toujours suivis d'un festin, auquel les parents, les amis, les voisins, étaient invités, et auquel les plus aisés devaient admettre non-seulement toute leur famille, mais encore les pauvres, les prêtres, les esclaves et les étrangers; et la participation à ces repas solennels et religieux était chez les païens même un titre d'hospitalité. La loi portait : « Vous célébrerez la *fête* des semaines en « l'honneur du Seigneur votre Dieu; vous « lui ferez l'oblation volontaire des fruits « du travail de vos mains, selon l'abondance « que vous avez reçue de lui; vous ferez « des festins de réjouissance, vous et vos « enfants, vos serviteurs et servantes, le lé-« vite qui est dans l'enceinte de vos murs, « l'étranger, l'orphelin et la veuve qui de-« meurent avec vous. » *Deut.*, c. x, xi, xiv, etc. C'est ainsi que le saint homme Tobie passait les jours de *fêtes*, même pendant la captivité des Israélites à Babylone; mais il gémissait de ce que ces jours de réjouissance étaient changés pour eux en jours de deuil et d'affliction. *Tobie*, chap. ii, vers. 1. Judith, qui, dans son veuvage, s'était condamnée à une vie retirée et austère, interrompait son jeûne et sa solitude, et paraissait en public les jours de *fêtes*. *Judith*, chap. viii, vers. 6; chap. xvi, vers. 27.

Cette coutume de joindre une honnête récréation aux pratiques de religion et aux bonnes œuvres, les jours de *fêtes*, n'a point changé dans le christianisme. Nous voyons par saint Paul, *I. Cor.*, chap. xi, vers. 20, que, chez les premiers fidèles, la participation à la sainte eucharistie était accompagnée d'un repas de société et de charité, qui fut nommé *agape*. Voyez ce mot. Saint Justin nous apprend que les assemblées chrétiennes avaient lieu le dimanche, *Apol.* i, n. 67; et Pline, dans sa lettre à Trajan, atteste la même chose. Nous apprenons encore, par l'histoire ecclésiastique, que ces *agapes*, ou repas de charité, furent bientôt célébrées aux tombeaux des martyrs, lorsqu'on célébrait leur *fête*. Bingham, *Orig. ecclés.*, l. xx, chap. 7, § 10. Saint Grégoire Thaumaturge, évêque de Néocésarée, l'an 253, permit aux fidèles récemment convertis de l'idolâtrie, de célébrer les *fêtes* des martyrs avec des festins et des réjouissances; il en a été loué par saint Grégoire de Nysse, qui a écrit sa vie. Sur la fin du vi^e siècle, saint Grégoire le Grand permit la même chose aux Bretons nouvellement convertis. Les protestants, qui ne veulent ni cérémonies, ni gaîté, ni pompe dans le culte religieux, ont blâmé hautement cet usage de l'Église; mais leur censure n'est ni juste ni sage. En effet les Pères, en conseillant et en approuvant les récréations honnêtes, lorsque les fidèles ont satisfait aux devoirs de religion, ont sévèrement défendu toute espèce d'excès dans les repas, les spectacles du théâtre, les jeux publics et les autres plaisirs criminels ou dangereux. Les conciles ont fait de même, surtout lorsque la licence et la grossièreté des mœurs des Barbares se furent introduites chez les nations de l'Europe. Bingham, *ibid.* En ceci, comme en toute autre chose, il faut retrancher les abus et conserver les usages louables et utiles. Aujourd'hui l'orgueil, le faste, la mollesse, l'irréligion des grands et le libertinage du peuple dans les grandes villes ont tout perverti. Les premiers dédaignent le culte public et conservent à peine quelques pratiques de christianisme dans leurs palais ; le peuple a changé les *fêtes* en jours de débauche ; l'ancien esprit de religion ne subsiste plus que parmi quelques peuplades isolées aux extrémités du royaume : c'est là seulement que l'on peut reconnaître l'utilité des *fêtes*.

FÊTE-DIEU, jour solennel institué pour rendre un culte particulier à Jésus-Christ dans la sainte eucharistie. L'Église a toujours célébré l'anniversaire de l'institution de ce sacrement le jeudi de la semaine sainte ; mais comme les offices et les cérémonies lugubres de cette semaine ne permettent pas d'honorer ce mystère avec toute la solennité convenable, on a jugé à propos d'en établir une *fête* particulière, fixée au jeudi après le dimanche de la Trinité.

Ce fut le pape Urbain IV, Français de nation, né dans le diocèse de Troyes, qui, l'an 1264, institua cette solennité pour toute l'Église. Elle était déjà établie dans celle de Liège, dont Urbain avait été archidiacre, avant d'être élevé au souverain pontificat. Il engagea saint Thomas d'Aquin à composer pour cette *fête* un office très-beau et très-pieux. Le dessein de ce pape n'eut pas d'abord tout le succès qu'il espérait, parce que l'Italie était alors agitée par les factions des Guelphes et des Gibelins ; mais au concile général de Vienne, tenu en 1311, sous Clément V, en présence des rois de France, d'Angleterre et d'Aragon, la bulle d'Urbain IV fut confirmée, et l'on en ordonna l'exécution dans toute l'Église. L'an 1316, le pape Jean XXII ajouta à cette *fête* une octave, avec ordre de porter publiquement le saint sacrement en procession. C'est ce que l'on exécute avec toute la pompe et la décence possibles ; les erreurs des calvinistes ont engagé les catholiques à augmenter encore l'éclat de cette solennité. Ce jour-là, les rues sont tapissées et jonchées de fleur, tout le clergé marche en ordre, revêtu des plus riches ornements ; le saint sacrement est porté sous un dais ; d'espace en espace il y a des chapelles ou reposoirs très-ornés, où l'on fait une station qui se termine par la bénédiction du saint sacrement. On la donne aussi tous les jours à la grand'messe, et le soir au salut pendant l'octave. Dans les villes de guerre la garnison, sous les armes, borde les rues ; le saint sacrement est précédé par la musique ecclésiastique et militaire, et salué par les décharges de l'artillerie. A Versailles, le roi assiste à la procession avec toute sa cour. Dans la plupart des villes, il y a, pendant cette octave, des prédications destinées à confirmer la foi des fidèles sur le mystère de l'eucharistie. A Angers, cette procession, que l'on appelle le *sacre*, se fait avec beaucoup de magnificence, attire un grand concours de peuple des environs, et d'étrangers. On croit qu'elle y fut instituée dès l'an 1019, pour faire amende honorable à Jésus-Christ des erreurs de Bérenger, archidiacre de cette ville, et précurseur des sacramentaires.

FÊTES MOBILES. On distingue dans le calendrier des *fêtes mobiles* qui ne tombent pas toujours au même quantième du mois, telles sont Pâques, l'Ascension, la Pentecôte, la Trinité, la Fête-Dieu ; c'est le jour auquel on célèbre la *fête* de Pâques, qui décide de toutes ces autres *fêtes*. Les *fêtes non mobiles* reviennent toujours au même quantième du mois ; ainsi la Circoncision de Notre-Seigneur arrive toujours le 1er janvier, l'Epiphanie, le 6, etc. [Cf. les divers Dictionnaires de l'Encyclopédie, édit. Migne, au mot FÊTES.]

FÊTES DES O. *Voy.* ANNONCIATION.

FÊTES DE L'ANE, DES FOUS, DES INNOCENTS. Ce sont des *fêtes* ou des cérémonies absurdes et indécentes, qui se faisaient dans plusieurs églises dans les siècles d'ignorance, et qui étaient des profanations plutôt que des actes de religion. Les évêques ont usé de leur autorité pour les supprimer, et ont interdit de même certaines processions d'une pareille espèce, qui se faisaient dans plusieurs villes. On ne doit ni justifier ni excuser ces abus ; mais il n'est pas inutile d'en rechercher l'origine. Lorsque les peuples de l'Europe, asservis au gouvernement féodal, réduits à l'esclavage, traités à peu près comme des brutes, n'avaient de relâche que les jours de *fête*, ils ne connaissaient point d'autres spectacles que ceux de la religion, et n'avaient point d'autre distraction de leurs maux que les assemblées chrétiennes. Il leur fut pardonnable d'y mêler un peu de gaîté, et de suspendre, pendant quelques moments, le sentiment de leur misère. Les ecclésiastiques s'y prêtèrent par condescendance et par commisération, mais leur charité ne fut pas assez prudente ; ils devaient prévoir qu'il en naîtrait bientôt des indécences et des abus. La même raison fit imaginer la représentation des mystères, mélange grossier de piété et de ridicule, qu'il a fallu bannir dans la suite, aussi bien que les *fêtes* dont nous parlons.

Vainement l'on a voulu chercher l'origine de ces absurdités dans les saturnales du paganisme, nos ancêtres ne les connaissaient pas ; les hommes n'ont pas besoin de modèle pour imaginer des folies. La même cause qui avait fait instituer celles du paganisme dans des temps très-grossiers, avait suggéré au peuple celles qui s'introduisirent dans le christianisme. Pour concevoir jusqu'où va son avidité dans ce genre, il suffit de voir la multitude de spectacles grossiers et absurdes qui sont établis et fréquentés chez nous. [*Voy.* le mot ANE au Dictionnaire des Religions, tom. XXIV de l'Encyclopédie, édit. Migne.]

* FÊTES RÉPUBLICAINES. Les assemblées révolutionnaires de 1789 précipitaient les événements vers la dissolution de tous les principes. Au catholicisme avait été substituée l'Église conventionnelle, fantôme de religion qui n'en avait que le nom. C'était encore trop aux yeux de cette philosophie du XVIIIe siècle qui n'avait cessé de proclamer la nécessité d'écraser l'infâme. La Convention ferma enfin tous les temples, abolit toute espèce de culte. Mais qu'est-ce qu'un peuple sans fêtes ? que fait une population jeune et ardente aux jours de repos, si elle n'a une

pensée morale pour l'occuper? Elle se livre à la débauche, voit germer dans son cœur toutes les passions mauvaises, qui finissent par déborder sur la société. Robespierre eut à peine fait un court essai de l'absence de tout signe religieux qu'il comprit la nécessité des fêtes religieuses pour les décades. Il ouvrit les livres des philosophes, et il vit que les uns avaient consacré des pages brillantes à la Nature, au Genre humain, à la Liberté, à l'Egalité; que les autres avaient composé des hymnes en l'honneur de la Vérité, de la Justice, de la Pudeur, de la Gloire, de l'Immortalité, de l'Union conjugale, de l'Amour paternel, etc. Il n'oublia non plus les pages écrites par les démagogues pour glorifier la république, la haine qu'ils avaient vouée aux tyrans et aux traîtres, il en fit des fêtes publiques et obligatoires pour toute la nation, qui furent admises sans opposition. Ces fêtes succombèrent bientôt sous le poids du dédain public. Il y en a deux auxquelles nous devons consacrer un article particulier.

Fête de la Raison. Les nations païennes avaient des emblèmes pour rappeler les idées les plus simples et les plus spirituelles; la république voulut aussi avoir les siens pour ses fêtes. Voici ce qu'on osa mettre à la place de la Divinité; nous oserions à peine le croire, si les témoignages n'étaient récents et authentiques. Alors on vit se réaliser à la lettre un mot célèbre échappé à la plume du sombre Tacite : *Eas altaria receperunt quas lupanar ejecerat*: celles que les mauvais lieux avaient chassées à cause de leur excès de dégradation. La déesse Raison, sous les traits d'une créature flétrie, vint s'asseoir audacieusement sur les mêmes autels devant lesquels, depuis quinze cents ans, s'agenouillaient nos pères. Le 10 novembre 1793, une actrice fut portée en triomphe, comme un emblème de la nouvelle divinité. On avait bien vu dans l'histoire des peuples assez malheureux pour encourager la prostitution, il était réservé à une nation chrétienne de l'adorer. Sans doute la Providence avait condamné la France à ce degré d'humiliation pour la punir de la tentative sacrilège dont elle s'était rendue coupable, et prouver aux siècles futurs que jamais on ne se joue impunément ni de Dieu ni de ses lois, et que là où il cesse de régner, il faut que le crime commande. A dater de ce jour, tous les liens sociaux furent brisés; la famille elle-même disparut. A la déesse Raison succéda bientôt une divinité plus formidable; la Mort régna seule sur notre patrie, et si le Dieu qui protège la France ne l'avait prise en pitié, si des jours plus heureux ne s'étaient levés sur elle, c'en était fait de la France; elle cessait de compter parmi les nations.

Fête de l'Etre suprême. Lorsque Robespierre eut fait rendre un décret qui faisait reconnaître légalement l'immortalité de l'âme et l'Etre suprême, il songea à en organiser la fête. Comme il n'y a pas de plus beau temple que le ciel, ce fut au milieu de la place publique qu'elle fut célébrée. Auprès du jardin des Tuileries s'éleva un échafaudage immense, surmonté de trois statues en osier, représentant le Fanatisme, la Royauté et la Discorde. La Convention, musique en tête, vint prendre place sur les degrés de cet échafaudage. Robespierre fit l'office de grand prêtre. Il avait pour costume un habit dessiné par David; il tenait à la main un bouquet de fleurs. Il mit le feu aux mannequins. Bientôt on vit tout l'édifice couronné de la statue de Minerve. Robespierre prit alors la parole et fit un sermon républicain. Toutes les villes célébrèrent cette fête. La guillotine se reposa pour recommencer le lendemain avec plus d'activité son horrible travail. Mon Dieu! quand une fois on s'est éloigné de vous, il n'y a ni crime ni folie dont on ne soit capable!

FÉTICHISME. C'est le culte répandu parmi la race nègre de la côte de Guinée. Des oiseaux, des poissons, des pierres et plusieurs autres êtres que la nature offre à leurs yeux, sont les dieux que ces peuples se sont forgés et auxquels ils donnent le nom de Fétiches. Nous n'entrerons pas dans le détail du culte rendu aux fétiches; cela est du domaine du Dictionnaire des Cultes.

FEU. Le nom et le symbole du *feu* sont employés, dans l'Ecriture sainte, pour signifier différentes choses. 1° Ce qui est dit, *Ps.* CIII, vers. 4, que les vents sont les messagers de Dieu, que le *feu* et la foudre sont ses ministres, est entendu des anges par saint Paul, *Hebr.*, chap. I, vers. 7; c'est le symbole de la célérité et de la force avec laquelle les anges exécutent les ordres de Dieu. 2° Jésus-Christ, dans l'Evangile, *Luc.*, chap. XII, vers. 49, compare sa doctrine à un *feu* qu'il est venu allumer sur la terre, parce qu'elle éclaire les esprits et embrase les cœurs; de là quelques incrédules ont conclu que Jésus-Christ est venu allumer, parmi les hommes, le *feu* de la guerre; c'est une conséquence ridicule. Isaïe, au contraire, compare les erreurs des Juifs à un *feu* follet qui trompe ceux qui le suivent, chap. L, vers. 11. 3° Le *feu* de la colère de Dieu signifie les fléaux qu'il envoie, et il n'en est point de plus terrible que le *feu* du tonnerre; dans ce sens, Dieu est appelé un *feu* dévorant, *Deut.*, chap. IV, vers. 24. 4° Les souffrances, en général, sont aussi appelées un *feu*, parce qu'elles purifient l'âme de ses taches. Ainsi dans saint Marc, chap. IX, vers. 49, il est dit que tout homme *sera salé par ce feu*, c'est-à-dire que par les souffrances il éprouvera le même effet que le sel produit sur la chair des victimes. 5° Dans le prophète *Habacuc*, chap. II, vers. 13, *travailler pour le feu*, c'est travailler en vain, etc. Dieu s'est montré plusieurs fois aux hommes sous la figure du *feu* : c'est ainsi qu'il apparut à Moïse dans le buisson ardent, et aux Israélites sur le sommet du mont Sinaï; souvent il leur parlait dans la colonne de *feu* qui brillait pendant la nuit sur le tabernacle. Le Saint-Esprit descendit sur les apôtres en forme de langues de *feu* : cet Esprit divin est appelé dans les Ecritures un *feu*, parce qu'il éclaire les âmes et les embrase de l'amour divin. Par la même raison, l'on dit *le feu de la charité*, et on représente cette vertu sous le symbole d'un cœur embrasé. On croit communément qu'à la fin des siècles, et avant le jugement dernier, ce monde visible sera consumé par le *feu*.

FEU DE L'ENFER. *Voy.* ENFER.

FEU DU PURGATOIRE. *Voy.* PURGATOIRE.

FEU SACRÉ. Presque toutes les nations qui ont eu des temples et des autels, y ont conservé avec respect le *feu* qui servait à y entretenir la lumière, à brûler des parfums, à consumer les victimes. On ne l'a point confondu avec celui dont on se servait pour les besoins ordinaires de la vie, parce que l'on a cru que tout ce qui était employé au culte divin devait être réputé *sacré*. Conséquemment il y avait, dans la plupart des temples, un *pyrée*, un foyer, ou un brasier, dans lequel il y avait toujours du *feu*. Il n'est pas nécessaire d'aller chercher l'origine de cet usage chez les Indiens ni chez les Perses; on sait que les Grecs adoraient le *feu* sous le nom d'ἥφαιστος, et les Latins sous le nom de *Vesta*; que les païens croyaient *se lustrer* ou se purifier, en sautant par-dessus un *feu* allumé à l'honneur de quelque divinité; que cette pratique était défendue aux Juifs par les lois de Moïse.

Lorsque Dieu eut ordonné la manière dont il voulait qu'on lui offrît des sacrifices, et que Aaron remplit, pour la première fois, les fonctions de grand prêtre, Dieu fit descendre un *feu* miraculeux qui consuma l'holocauste, *Levit.*, chap. IX, vers. 24, et *ce feu* dut être entretenu soigneusement dans le foyer de l'autel, pour servir au même usage. Nadab et Abiu, fils d'Aaron, eurent la témérité de prendre du *feu* commun pour brûler de l'encens; ils furent frappés de mort, *Levit.*, chap. X, vers. 2. Par ce trait de sévérité, Dieu voulut inspirer aux ministres de ses autels la vigilance, et aux peuples le respect pour tout ce qui a rapport au culte divin.

Dans l'Église catholique, le samedi saint, l'on tire d'un caillou et l'on bénit le *feu* dont on allume le cierge pascal, le luminaire et les encensoirs; cet usage est ancien, puisqu'il en est parlé dans le poëte Prudence, auteur chrétien du IVᵉ siècle, *Cathemerin*, hym. 5. C'est encore une pieuse coutume, lorsqu'on bénit une maison nouvellement bâtie, d'y allumer du *feu* et de bénir le foyer. Ces cérémonies étaient surtout nécessaires lorsque le paganisme subsistait encore; c'était une espèce d'abjuration du culte que les païens rendaient à Vulcain, à Vesta, aux dieux Lares, ou dieux protecteurs du foyer. D'ailleurs, la crainte des incendies engage les peuples qui ont de la religion à demander à Dieu, par les prières de l'Église, d'être préservés de ce fléau.

On peut mettre en question si le culte rendu au *feu*, par les Parsis ou Guèbres, est un acte de polythéisme et d'idolâtrie. M. Anquetil en a jugé avec beaucoup d'indulgence; il dit que les Parsis honorent seulement le *feu* comme le symbole d'Ormuzd, qui est le bon principe ou le créateur; qu'ainsi ce culte est subordonné, relatif, et se rapporte à Ormuzd lui-même. *Zend-Avesta*, tom. II, pag. 526. Cependant il est certain qu'un Parsis regarde le *feu* comme un être animé, intelligent, sensible au culte qu'on lui rend; il lui adresse ses vœux directement; il croit qu'en récompense des aliments qu'il fournit au *feu*, et des prières qu'il lui fait, le *feu* lui procurera tous les biens du corps et de l'âme, pour ce monde et pour l'autre. *Ibid.*, tom. I, 1ʳᵉ part., pag. 235, etc. Il l'invoque dans les mêmes termes qu'Ormuzd lui-même: voilà tous les caractères d'un culte direct, absolu et non relatif. D'ailleurs, Ormuzd lui-même n'est qu'une créature, qu'une production de l'Éternel, ou *du temps sans bornes*, tom. II, pag. 343. Or, les Parsis n'adressent aucun culte à l'Éternel, mais seulement à Ormuzd et aux autres créatures: comment les absoudre de polythéisme?

Un savant académicien a parlé de la coutume de porter du *feu* devant les empereurs et devant les magistrats romains, *Hist. de l'Acad. des Inscript.*, tom. XV, in-12, p. 203; mais il ne nous en a pas montré l'origine. Il paraît probable que ce *feu* était destiné à brûler des parfums à l'honneur de ceux devant lesquels on le portait. [*Voy.* les Dictionnaires de la Bible, des Sciences occultes, des Religions, etc., au mot FEU.]

FEUILLANTS, ordre de religieux qui vivent sous l'étroite observance de la règle de saint Bernard. C'est une réforme de l'ordre de Cîteaux, qui fut faite dans l'abbaye de Feuillants, à six lieux de Toulouse, par le bienheureux Jean de la Barrière, qui en était abbé commendataire. Il prit l'habit des Bernardins, et rétablit la règle dans sa rigueur primitive, en 1577, non sans avoir essuyé de fortes oppositions de la part des religieux de cet ordre. Sixte V approuva cette réforme l'an 1588; Clément VIII et Paul V lui accordèrent des supérieurs particuliers. Dans l'origine, elle était aussi austère que celle de la Trappe; mais les papes Clément VIII et Clément XI y ont apporté des adoucissements. Le roi Henri III fonda un couvent de cet ordre au faubourg Saint-Honoré, à Paris, l'an 1587. Jean de la Barrière vint lui-même s'y établir avec soixante de ses religieux; il mourut à Rome en 1600, après avoir gardé une fidélité inviolable envers le roi son bienfaiteur, pendant que la plupart de ses religieux se laissèrent entraîner dans les fureurs de la ligue. Dom Bernard de Montgaillard, surnommé *le Petit-Feuillant*, qui s'était distingué parmi les séditieux, alla faire pénitence dans l'abbaye d'Orval, au pays de Luxembourg, où il établit la réforme.

Les *feuillants* ont vingt-quatre maisons en France, et un plus grand nombre en Italie. Urbain VIII, pour leur utilité commune, les sépara en deux congrégations, l'an 1630; ils se nomment en Italie *réformés de Saint-Bernard*. Il y a eu parmi eux des hommes célèbres par leurs talents et par leurs vertus, en particulier le cardinal Bona, dont le mérite et les ouvrages sont connus. [*Voy.* le Dictionnaire des Ordres religieux, t. XXI de l'Encyclopédie, édit. Migne.]

FEUILLANTINES, religieuses qui suivent la même réforme que les feuillants. Leur premier couvent fut établi près de Toulouse, en 1590, et fut ensuite transféré au faubourg Saint-Cyprien de cette ville. Il y en a une maison dans la rue du faubourg Saint-Jacques, à Paris: on ne les accuse point de s'être relâchées de l'austérité de leur règle.

* FIALINISTES. — Fialin, prêtre fanatisé par le jansénisme, tomba dans un illuminisme étrange. Il annonça que Élie allait reparaître, appela la multitude pour marcher à sa rencontre. Il fut bientôt suivi de quelques centaines de personnes de Marcilly, sa paroisse, et des environs. Il s'enfonça dans les bois des environs de Saint-Étienne. Élie ne parut point: ses disciples revinrent tout honteux. Fialin se sauva près de Paris et se maria pendant la révolution. Nous citons de semblables folies afin de faire comprendre jusqu'où peut aller le fanatisme.

FIANÇAILLES, promesses réciproques de mariage futur; c'est une cérémonie religieuse, destinée à faire comprendre aux fidèles les obligations et la sainteté de l'état du mariage, et à leur obtenir les bénédictions de Dieu. Nous ne considérons cette cérémonie que chez les patriarches, chez les Juifs et chez les chrétiens.

L'Ecriture rapporte, *Gen.*, chap. XXIV, vers. 50, que *Laban et Bathuel, ayant consenti au mariage de Rébecca avec Isaac, le serviteur d'Abraham se prosterna et adora le Seigneur, fit présent à Rébecca de vases d'or et d'argent, et de riches vêtements; il fit aussi des présents à ses frères et à sa mère, et ils firent un festin à cette occasion.* Voilà des fiançailles. Le mariage ne fut accompli que chez Abraham. Au sujet du mariage du jeune Tobie, il est dit que *Raguel prit la main droite de sa fille, la mit dans celle de Tobie et leur dit : Que le Dieu d'Abraham, d'Isaac et de Jacob soit avec vous, que lui-même vous unisse et accomplisse en vous sa bénédiction; et ayant pris du papier, ils dressèrent le contrat de mariage, et firent un festin, en bénissant Dieu.* Ainsi se célébraient les mariages chez les Juifs. Nous ne savons pas s'ils étaient ordinairement précédés par des *fiançailles.* Nous voyons, par les écrits des Pères et par les canons des conciles, que l'Eglise chrétienne ne changea rien à la coutume établie chez les Romains de faire précéder le mariage par des *fiançailles*; les futurs époux s'embrassaient, se prenaient la main; l'époux mettait un anneau au doigt de son épouse. Nous ne connaissons point de loi ecclésiastique ancienne qui ait ordonné que la cérémonie se ferait à l'Eglise, avec la bénédiction du prêtre; mais le fréquent usage des bénédictions, établi dès les premiers siècles, suffit pour faire présumer que l'on s'y est astreint de bonne heure. *Voy.* Bingham, *Orig. ecclés.*, t. IX, p. 314. Au reste, on n'a jamais cru que les *fiançailles* fussent nécessaires pour la validité du mariage.

Les Egl'ses grecque et latine ont eu des sentiments différents sur la nature des *fiançailles*, et sur l'obligation qui en résulte. L'empereur Alexis Comnène donna par une loi, aux *fiançailles*, la même force qu'au mariage effectif; fondé sur ce principe, que les Pères du sixième concile, tenu *in Trullo* l'an 680, avaient déclaré que celui qui épouserait une fille fiancée à un autre, serait puni comme adultère, si le fiancé vivait dans le temps du mariage. L'Eglise latine n'a point adopté cette décision, elle a toujours regardé les *fiançailles* comme de simples promesses; quoiqu'elles aient été bénies par un prêtre, elles ne sont point censées indissolubles, elles ne rendent point nul le mariage contracté avec une autre personne, mais seulement illégitime, lorsqu'il n'y a pas de raison suffisante de rompre les promesses.

FIDÈLE. Ce terme, parmi les chrétiens, signifie, en général, un homme qui a la foi en Jésus-Christ, par opposition à ceux qui professent de fausses religions, et que l'on nomme *infidèles.* Dans la primitive Eglise, le nom de *fidèle* distinguait les laïques baptisés d'avec les catéchumènes qui n'avaient pas encore reçu ce sacrement, et d'avec les clercs engagés dans les ordres, ou qui étaient attachés, par quelque fonction, au service de l'Eglise. Les priviléges des *fidèles* étaient de participer à l'eucharistie, d'assister au saint sacrifice et à toutes les prières, de réciter l'oraison dominicale, nommée, pour cette raison, *la prière des fidèles*, d'entendre les discours où l'on traitait le plus à fond des mystères : autant de choses qui n'étaient point accordées aux catéchumènes. Mais lorsque l'Eglise chrétienne fut partagée en différentes sectes, on ne compta, sous le nom de *fidèles*, que les catholiques qui professaient la vraie foi; et ceux-ci n'accordaient pas seulement le nom de *chrétiens* aux hérétiques. Bingham. t. I, p. 33.

Dans plusieurs passages de l'Evangile, Jésus-Christ fait consister le caractère du *fidèle* à croire son pouvoir, sa mission, sa divinité; après sa résurrection, il dit à saint Thomas qui en doutait encore : Ne soyez pas incrédule, mais *fidèle.* Joan., chap. XX, vers. 27. Il ne faut pas conclure de là, comme ont fait quelques déistes, que tout homme qui croit en Jésus-Christ est assez *fidèle* pour être sauvé, et qu'il est dispensé de s'informer s'il y a d'autres vérités révélées. Lorsque le Sauveur a dit à ses apôtres : *Préchez l'Evangile à toute créature...*; celui qui ne croira pas sera condamné, il a ordonné de croire à tout l'Evangile sans exception, par conséquent à tout ce qui est enseigné de sa part avec une mission légitime : quiconque refuse de croire à un seul article n'est plus *fidèle*, mais incrédule. Dans un sens plus étroit, *fidèle* signifie un homme de bien qui remplit exactement tous ses devoirs et toutes les promesses qu'il a faites à Dieu ; c'est ainsi que l'Ecriture parle d'un prêtre, d'un prophète, d'un serviteur, d'un ami, d'un témoin *fidèle.* Souvent il est dit que Dieu lui-même est *fidèle* à sa parole et à ses promesses, qu'il ne manque point de les accomplir. Une *bouche fidèle* est un homme qui dit constamment la vérité; un *fruit fidèle* est un fruit qui ne manque point, sur lequel on peut compter. Dans Isaïe, chap. LV, vers. 3, *misericordias David fideles*, signifie les grâces que Dieu avait promises à David, et qu'il lui a fidèlement accordées; ces paroles sont rendues dans les *Actes*, chap. XIII, vers. 34, par *sancta David fidelia*, c'est le même sens. Dans le style de saint Paul, *fidelis sermo* est une parole digne de foi, à laquelle on peut se fier : ainsi il dit, *I Tim.*, chap. I, vers. 15 : *C'est une parole digne de foi et de toute confiance, que Jésus-Christ est venu en ce monde sauver les pécheurs.* Il le répète, chap. IV, vers. 9, etc.

On accuse les Pères de l'Eglise, en particulier saint Irénée et saint Augustin, d'avoir enseigné que tout appartient aux *fidèles* ou aux justes, et que les infidèles possèdent injustement tous leurs biens. On n'a pas manqué d'insister sur les *conséquences abominables* qui s'ensuivraient de cette maxime. Barbeyrac, *Traité de la Morale des Pères*, c. 3, § 9; c. 16, § 13 et suiv. Saint Irénée voulait justifier l'enlèvement des vases précieux des Egyptiens, fait par les Israélites, enlèvement que les marcionites taxaient de *vol*, comme font encore les incrédules modernes. Il dit, 1° que les marcionites ne voient pas qu'ils s'exposent à une récrimination, puisqu'eux-mêmes, comme tous les *fidèles*, possèdent beaucoup de choses qui leur viennent des païens, et que ceux-ci avaient acquises injustement; s'ensuit-il de là que, selon saint Irénée, *toutes les acquisitions* faites par les païens sont injustes? 2° Il ajoute que les vases d'or et d'argent, enlevés par les Israélites, étaient la juste compensation des services qu'ils avaient rendus, pendant leur esclavage, aux Egyptiens, et des travaux auxquels on les avait condamnés. Philon, *de Vita Mosis*, p. 624, avait déjà donné cette réponse, et Tertullien la répète, *contra Marcion.*, l. II, c. 20, et l. IV. Il y a de la mauvaise foi à insister sur la première réponse, comme si c'était la principale; saint Irénée la donne moins de son chef, que comme la citation de ce que disait un ancien ou un prêtre. *Contra Hær.*, l. IV, c. 30, n. 1. Le censeur de ce Père avait-il quelque chose à opposer à la seconde? Saint Augustin pose pour principe, que tout ce que l'on possède mal est à autrui, et que l'on possède mal tout ce dont on use mal; il en conclut que tout appartient *de droit* aux *fidèles* et aux pieux. *Epist.*, 153, n. 26. Là-dessus Barbeyrac, escorté de la troupe des incrédules, déclame sans ménagement.

Nous les prions de remarquer, 1° qu'il n'est point ici question des croyants ni des incrédules, comme Barbeyrac le prétend, chap. 16, n. 21, mais des chrétiens mêmes, dont les uns sont *fidèles* et pieux, les autres méchants ou infidèles à leur religion. 2° Malgré ce *droit divin*, qui donne tout au juste, saint Augustin reconnaît un *droit civil* et temporel, et *des lois* en vertu desquelles on doit rendre ce qui est à autrui. 3° Saint Augustin réserve pour l'autre vie, pour la cité sainte, pour l'éternité, ce droit divin; en vertu duquel personne ne possédera que ce qui lui appartiendra véritablement; son texte est formel. Où sont donc les *conséquences abominables* que l'on en peut tirer pour cette vie? Que l'on dise, si l'on veut, que saint Augustin prend ici le terme de *droit* dans un sens abusif, puisqu'il entend par là *l'ordre parfait*, qui ne peut avoir lieu en ce monde, mais seulement dans l'autre : à la bonne heure ; mais y a-t-il là de quoi s'emporter contre ce saint docteur? Ses auditeurs n'ont pas pu s'y tromper. Il répète la même chose contre les donatistes, *Epist.* 93, n. 50; mais il ajoute : « Nous n'approuvons pas enfin tous ceux que l'avarice, et non la justice, porte à vous enlever les biens mêmes des pauvres, ou les temples de vos assemblées, que vous ne possédiez que sous le nom de l'Eglise; n'y ayant que la vraie Eglise de Jésus-Christ qui ait un véritable droit à ces choses-là. » Il n'admet donc pas et n'autorise point les conséquences qu'on lui impute ; et, loin de les avoir suivies dans la pratique, il fut le premier à vouloir que l'on conservât les évêchés aux évêques donatistes qui se réunissaient à l'Eglise.

FIGUIER. La malédiction que Jésus-Christ donna à un *figuier* stérile a exercé les interprètes. Il est dit qu'il s'approcha d'un *figuier*, pour voir s'il y trouverait des fruits, mais qu'il n'y trouva que des feuilles ; car, dit l'évangéliste, *ce n'était pas la saison des figues*; Jésus maudit le *figuier*, qui dès lors aussitôt. *Marc.*, chap. XI, vers. 13. Ce fait arriva quatre ou cinq jours avant la Pâque, ou avant le quatorzième de la lune de mars, temps où les *figues* ne sont pas encore mûres dans la Palestine. On demande pourquoi Jésus-Christ allait chercher du fruit dans cette saison, et pourquoi il maudit l'arbre qui n'en avait point, comme si ç'avait été sa faute? Hammond, R. Simon, Le Clerc, et d'autres, traduisent : *Car ce n'était point une année de figues*; mais ils font violence au texte, et ne satisfont point à la difficulté; la stérilité de cette année n'était point une raison de maudire le *figuier* : Heinsius, Gataker, et quelques autres, prétendent qu'il faut lire, *car où il était c'était le temps des figues* ; on leur objecte qu'ils changent la ponctuation et les accents du texte sans nécessité et contre la vérité du fait, puisqu'il est constant qu'avant le 14 de la lune de mars les *figues* ne sont point mûres dans la Palestine ; elles ne le sont qu'aux mois d'août et de septembre.

Théophraste, *Histoire des plantes*, liv. IV, c. 2; Pline, l. XIII, c. 8 ; l. XIV, c. 18, et les voyageurs modernes, parlent d'une sorte de *figuiers* toujours verts et toujours chargés de fruits, les uns mûrs, les autres moins avancés, les autres en boutons, et il y en avait de cette espèce dans la Judée. Jésus-Christ voulut voir si le *figuier* chargé de feuilles, qui se trouva sur le chemin, avait des fruits précoces ; c'est ce que saint Marc fait entendre, en disant, *Ce n'était pas alors le temps des figues*, c'est-à-dire des *figues* ordinaires. D'ailleurs, longtemps avant la saison de la maturité des fruits, un *figuier* devait avoir des fruits naissants, puisqu'il les pousse au commencement du printemps; Jésus-Christ n'en trouva point sur l'arbre qu'il visita : il conclut que c'était un arbre stérile ; il le fit sécher, non pour le punir, mais pour tirer de là l'instruction qu'il fit le lendemain à ses apôtres sur ce sujet, *Marc.*, chap. XI, vers. 22. Il n'y a donc rien à reprendre ni dans la narration de l'évangéliste, ni dans le miracle opéré par Jésus-Christ. Il n'est pas besoin de recourir à un type, à une figure, pour le justifier.

FIGURE, FIGURISME, FIGURISTES. Une *figure* est un objet, une action ou une expression, qui représentent autre chose que ce qu'elles offrent d'abord à l'esprit. Chez les théologiens et les commentateurs, ce mot a deux sens différents ; il signifie quelquefois une métaphore ou une allégorie, d'autres fois l'image d'une chose future. Lorsque le psalmiste dit que les yeux du Seigneur sont ouverts sur les justes, c'est une *figure*, c'est-à-dire une métaphore ; Dieu n'a ni corps, ni organes corporels. Isaac, sur le bûcher, prêt à être immolé, était une figure de Jésus-Christ sur la croix, c'est-à-dire qu'il le représentait d'avance. Dans le même sens, la manne du désert était une *figure*, un type, un emblème de l'eucharistie, et la mort d'Abel une image de celle de Jésus-Christ, etc. Il y a des théologiens et des commentateurs qui prétendent que toutes les actions, les histoires, les cérémonies de l'Ancien Testament étaient des *figures* et des prophéties de ce qui devait arriver dans le Nouveau ; on les a nommés *figuristes*, et leur système *figurisme*. Ce système est évidemment outré, et entraîne beaucoup d'abus dans l'explication de l'Ecriture sainte. Au mot ECRITURE SAINTE, § 3, nous en avons déjà montré le peu de solidité et les dangers ; il est bon d'en rechercher les causes, et d'en faire voir les inconvénients plus en détail, de donner les règles que quelques auteurs ont établies pour les prévenir. M. Fleury a traité ce sujet dans son 5ᵉ *Disc. sur l'Hist. ecclés.*, § 11.

La première cause qui a fait naître le *figurisme*, a été l'exemple des écrivains sacrés du Nouveau Testament, qui nous ont montré, dans l'Ancien, des *figures* que nous n'y aurions pas aperçues. Mais ce que le Saint-Esprit leur a révélé ne fait pas règle pour ceux qui ne sont pas éclairés de même ; il ne faut donc pas pousser les *figures* plus loin que n'ont fait les apôtres et les évangélistes. La seconde a été la coutume des Juifs, qui donnaient à toute l'Ecriture sainte des explications mystiques et spirituelles, et ce goût a duré chez eux jusqu'au VIIIᵉ siècle. Mais l'exemple des Juifs est dangereux à imiter, puisque leur entêtement les a jetés dans les rêveries absurdes de la cabale. La troisième est l'exemple des Pères de l'Eglise les plus anciens et les plus respectables, à commencer par les Pères apostoliques. Comme ils citaient presque toujours l'Ecriture sainte, pour en tirer des leçons de morale, ils ont souvent fait violence au texte pour y en trouver. Si cette méthode était au goût de leur siècle et de leurs auditeurs, elle ne peut pas être aujourd'hui de la même utilité. La quatrième cause, dit M. Fleury, a été le mauvais goût des Orientaux, qui leur faisait mépriser tout ce qui était simple et naturel, et la difficulté de saisir le sens littéral de l'Ecriture sainte, faute de savoir le grec et l'hébreu, de connaître l'histoire naturelle et civile, les mœurs et les usages de l'antiquité ; c'était plus tôt fait de donner un sens mystique à ce que l'on n'entendait pas. Saint Jérôme, qui avait étudié les langues, s'attache rarement à ces sortes d'explications ; saint Augustin, qui n'avait pas le même avantage, fut obligé de recourir aux allégories pour expliquer la Genèse ; mais la nécessité de répondre aux manichéens le força, dans la suite, de justifier le sens littéral, et de faire son ouvrage *de Genesi ad litteram*. Malgré cette expérience, il a encore souvent cherché du mystère où il n'y en avait point. La cinquième cause a été l'opinion de l'inspiration de tous les mots et de toutes les syllabes de l'Ecriture sainte ; on a conclu que chaque expression, chaque circonstance des faits renfermait un sens mystérieux et sublime ; mais la conséquence n'est pas mieux fondée que le principe.

De cette prévention des *figuristes*, il est résulté plusieurs inconvénients. 1° Suivant la remarque de M. Fleury, l'on a voulu fonder des dogmes sur un sens figuré et arbitraire ; ainsi l'on s'est servi de l'allégorie des deux glaives, pour attribuer aux successeurs de saint Pierre une autorité sur le temporel des rois. Cette explication était tellement établie dans le XIᵉ siècle, que les défenseurs de l'empereur Henri IV, contre Grégoire VII, ne s'avisèrent pas de dire que cette *figure* ne prouvait rien. Si Dieu n'eût veillé sur son Eglise, cette prodigieuse quantité de sens allégoriques et d'explications forcées aurait peut-être pénétré dans le corps de la doctrine chrétienne, comme la cabale dans la théologie des Juifs. — 2° La liberté de tordre ainsi le sens de l'Ecriture sainte, a rendu méprisable ce livre sacré aux gens d'esprit mal instruits de la religion ; ils l'ont regardé comme une énigme inintelligible, qui ne signifiait rien par elle-même, et qui était le jouet des interprètes. Les sociniens en ont pris occasion de soutenir que nous entendons mal les expressions du texte sacré qui regardent nos mystères ; mais, dans la vérité, ce sont eux qui y donnent un sens arbitraire et qui n'est pas naturel. — 3° L'affectation d'imiter sur ce point les Pères de l'Eglise, a fait dire aux protestants, que nous adorons, dans les Pères, jusqu'à leurs défauts, que notre respect pour eux n'est qu'un entêtement de système. Mais ils doivent se souvenir qu'un certain Coccéius a fait naître parmi eux une secte de *figuristes*, qui ont poussé les choses beaucoup plus loin que n'ont jamais fait les Pères de l'Eglise. Suivant les principes de la réforme, tout particulier a droit d'entendre et d'expliquer l'Ecriture sainte comme il lui plaît : or, les coccéiens ne manquent pas de passages de l'Ecriture, qui prouvent que leur manière de l'entendre est la meilleure. *Voy.* COCCÉIENS. — 4° Ce même goût pour les *figures* a donné lieu aux incrédules de soutenir que le christianisme n'a point d'autre fondement qu'une explication allégorique et mystique des prophéties ; que pour les adapter à Jésus-Christ, il faut laisser de côté le sens littéral, leur donner un sens arbitraire et forcé. Nous prouverons le contraire au mot PROPHÉTIE. Un incrédule anglais est parti du *figurisme* pour soutenir que les miracles de Jésus-Christ n'étaient pas réels, que ce qu'en ont dit les évangélistes sont des paraboles ou des emblèmes, pour désigner les effets spirituels que l'Evangile produit dans les âmes. — 5° Ceux qui veulent prouver un dogme ou une vérité de morale par un passage pris dans un sens figuré, mettent leur propre autorité à la place de celle de Dieu, et prêtent au Saint-Esprit leurs propres imaginations. Il est difficile de croire que cette témérité puisse jamais produire de bons effets, soit à l'égard de la foi, soit à l'égard des mœurs.

Pour réprimer tous ces abus, quelques auteurs modernes, comme La Chambre, *Traité de la Religion*, tom. IV, p. 270, ont donné les règles suivantes :

1re Règle. On doit donner à l'Ecriture un sens figuré et métaphorique lorsque le sens littéral attribuerait à Dieu une imperfection ou une impiété. — 2e L'on doit faire de même lorsque le sens littéral n'a aucun rapport avec les objets dont l'auteur sacré veut tracer l'image. — 3e Lorsque les expressions du texte sont trop pompeuses et trop magnifiques pour le sujet qu'elles semblent regarder, ce n'est pas une preuve infaillible qu'elles désignent un autre objet plus auguste, et qu'elles aient un sens figuré. — 4e Il ne faut attribuer aux auteurs inspirés que les *figures* et les allégories qui sont appuyées sur l'autorité de Jésus-Christ, sur celle des apôtres ou sur la tradition constante des Pères de l'Eglise. — 5e Il faut voir Jésus-Christ et les mystères du Nouveau Testament dans l'Ancien, partout où les apôtres les ont vus; mais il ne faut les y voir que de la manière dont ils les y ont vus. — 6e Lorsqu'un passage des livres saints a un sens littéral et un sens figuré, il faut appliquer le passage entier à la *figure*, aussi bien qu'à l'objet figuré, et conserver, autant qu'il est possible, le sens littéral dans tout le texte; on ne doit pas supposer que la *figure* disparaît quelquefois entièrement pour faire place à la chose figurée.

A ces règles, La Chambre ajoute une remarque importante : c'est que l'on ne doit pas prendre pour des *figures* de la nouvelle alliance les actions répréhensibles et criminelles des patriarches; ce serait une mauvaise manière de les excuser. Saint Augustin, qui s'en est quelquefois servi, reconnaît que le caractère de type ou de *figure* ne change pas la nature d'une action. « L'action de Loth et de ses filles, dit-il, est une prophétie dans l'Ecriture, qui la raconte; mais dans la vie des personnes qui l'ont commise, c'est un crime. » *L.* II *contra Faust.*, c. 42. C'est donc une injustice, de la part des incrédules, de dire que, pour justifier les crimes des patriarches, les Pères ont recours aux allégories; ils l'ont fait quelquefois, mais ils n'ont pas prétendu que ce fût une justification. Plusieurs autres Pères en ont parlé comme saint Augustin. Saint Irénée, *adv. Hær.*, l. IV, c. 31; Origène, *ho* . 44 *in Genes.*, c. 4 et 5; Théodoret, *Quest. sur la Genèse*, etc. Ils ont excusé Loth et ses filles, mais indépendamment de toute allégorie.

Dans le fond, le *figurisme* n'est appuyé que sur trois ou quatre passages de saint Paul, mal entendus, ou desquels on pousse les conséquences trop loin. En parlant de l'ingratitude, des murmures, des révoltes des Israélites, l'Apôtre dit, *I Cor.*, chap. x, vers. 6 et 11 : *Tout cela est arrivé en* FIGURE *pour nous...... Toutes ces choses leur sont arrivées en* FIGURE, *et ont été écrites pour notre correction*. Il est clair que, dans ces passages, *figure* signifie exemple, modèle duquel nous devons profiter pour nous corriger. Saint Paul répète la même leçon, *Hebr.*, chap. III et IV. Il dit, *Galat.*, chap. IV, vers. 22 et 24, et *Rom.*, chap. IX, vers. 9 et 10, que les deux mariages d'Abraham, l'un avec Sara, l'autre avec Agar, sont la *figure* des deux alliances; que d'un côté Isaac et Ismaël, de l'autre Jacob et Esaü, représentent deux peuples, dont l'un a été choisi de Dieu par préférence à l'autre. Il nous apprend, *Hebr.*, chap. VIII, vers. 5; IX, 9 et 23; X, 1, que le sanctuaire du tabernacle, dans lequel le grand prêtre n'entrait qu'une fois l'année, était la *figure* du ciel et l'ombre des biens futurs. Il nous enseigne, *I Cor.*, chap. IX, vers. 9, et *I Tim.*, chap. V, vers. 18, que la loi de ne point emmuseler le bœuf qui foule le grain ne regarde point les bœufs, mais les ouvriers évangéliques. Peut-on conclure de ces exemples que tout est *figure* dans l'ancienne loi? Quelques Pères de l'Eglise ont fait fort peu de cas des explications figurées et allégoriques de l'Ecriture sainte. Saint Grégoire de Nysse, *l. de Vita Mosis*, p. 223, après en avoir donné plusieurs, dit : « Ce que nous venons de proposer se réduit à des conjectures; nous les abandonnons au jugement des lecteurs. S'ils les rejettent, nous ne réclamerons point; s'ils les approuvent, nous n'en serons pas plus contents de nous-mêmes. » Saint Jérôme convient que les paraboles et le sens douteux des allégories, que chacun imagine à son gré, ne peuvent point servir à établir des dogmes. Saint Augustin pense de même, *Epist. ad Vincent.*

Nous ne parlons pas d'une secte moderne de *figuristes*, qui voulaient trouver une signification mystique et prophétique dans les contorsions et les rêveries des convulsionnaires; c'est une absurdité qu'il faut oublier.

FILIAL, crainte filiale. *Voy.* CRAINTE.

FILLES-DIEU. *Voy.* FONTÉVRAUD.

FILLEUL, FILLEULE, nom tiré de *filiolus* et *filiola*, que donnent les parrains et marraines aux enfants qu'ils ont tenus sur les fonts de baptême. *Voy.* PARRAIN.

FILS, FILLE. Dans le st. le de l'Ecriture sainte, comme dans le langage ordinaire, on distingue aisément plusieurs espèces de filiation : celle du sang, celle d'alliance ou d'adoption établie par les lois, et celle d'affection. Par la nature du sujet dont il est question, l'on voit dans lequel de ces trois sens il faut prendre les mots *fils, fille, enfant*. Mais la manière dont ils sont souvent employés dans nos versions doit paraître fort étrange à ceux qui n'entendent pas le texte original. On est étonné de voir les méchants ou les impies appelés *fils* ou enfants de méchanceté, d'iniquité, d'impiété, de colère, de malédiction, de mort, de perdition, de damnation; les hommes courageux, *enfants de force*; les hommes éclairés, *enfants de lumière*; les ignorants, *fils de la nuit* ou *des ténèbres*; les pacifiques, *enfants de la paix*; un otage, *fils de promesse* ou *de caution*. Il est aisé de concevoir que les *enfants* de l'Orient, de Tyr, de l'Egypte, de Sion, du royaume, sont les Orientaux, les Tyriens, les Égyptiens, les habitants de Jérusalem, les régnicoles; mais que les Hébreux aient appelé un sol fertile *fils de l'huile* ou *de la graisse*; une flèche, *fille du carquois*; la prunelle, *fille de l'œil*; les oreilles, *filles du chant ou de l'harmonie*; un oracle, *fils de la voix*; un navire, *fils de la mer*; la porte d'une ville, *fille de la multitude*; les étoiles du nord, *filles de l'étoile polaire*, cela paraît fort bizarre. Il ne l'est pas moins qu'un vieillard centenaire soit nommé *enfant de cent ans*; un roi qui a régné deux ans, *fils de deux ans de règne*, et que les rabbins appellent *fils de quatre lettres* le nom *Jéhovah*, composé de quatre caractères. Ce sont des hébraïsmes, disent les plus savants critiques, c'est-à-dire des manières de parler propres et particulières à la langue hébraïque. *Glassii Philolog. sacra*, col. 659 et suiv. Si cela est vrai, ce langage ne ressemblait à celui d'aucun autre peuple. Mais si nous remontions au sens primitif et original des termes, peut-être trouverions-nous que la plupart de ces expressions sont françaises, et ne sont pas plus des hébraïsmes que des gallicismes. Il est certain que les mots *ben*, *bar*, *bath*, syllabes radicales et primitives, ont en hébreu un sens plus étendu et plus général que *fils*, *fille*, *enfant*, en français. Ceux-ci ne se disent guère que des hommes; en hébreu, ils se disent non-seulement des animaux, mais de toute production quelconque. Ainsi ils signifient né, natif, élève, nourrisson, ce qui sort, ce qui provient, produit, résultat, rejeton. Ils désignent ce qui tient à la souche de laquelle il est sorti, à la famille dans laquelle il est né, au maître par lequel il a été élevé : par conséquent, disciple, imitateur, sectateur, partisan, dévoué, etc. Et le nom de *père* a autant de sens relatifs à ceux-là. *Voy.* PÈRE. Cela supposé, il n'y a aucune bizarrerie à dire qu'un sol fertile est *nourri* par la graisse de la terre, que les étoiles du Nord *tiennent* à l'étoile polaire comme des filles à leur mère. On dit sans métaphore que les méchants et les impies sont *élèves*, *partisans*, *imitateurs* de l'iniquité et de l'impiété; qu'ils sont *dévoués* et destinés à la malédiction, à la perdition, à la mort; qu'ils sont *nés* pour la damnation, etc. Dans le même sens, nous appelons *enfant gâté* un homme mal élevé ou trop favorisé par la fortune; *enfant perdu*, ceux qui commencent une bataille. Nous disons qu'un tel est *fils* de son père lorsqu'il lui ressemble, qu'une jeune personne est *fille* de sa mère lorsqu'elle a le même caractère. Les enfants de la lumière ou des ténèbres sont donc ceux qui sont *nés* et ont été *élevés* dans la lumière ou dans les ténèbres, comme chez nous *enfant de la balle* est celui qui a été instruit dès l'enfance dans le métier de son père; *enfant de chœur*, celui qui chante au chœur. Nous disons encore *enfant* pour natif, *enfant de Paris*, *enfant de l'hôtel*, *enfant de famille*, comme les Hébreux disaient *enfants* de l'Orient, de Tyr, de l'Egypte; et nous appelons nos princes *enfants* de France.

Puisque *ben* en hébreu signifie, en général, ce qui vient, ce qui sort, on a pu dire très-naturellement que Abraham, presque centenaire, était *sortant* de sa quatre-vingt-dix-neuvième année; que Saül était *sortant* de la seconde année de son règne; que la porte d'une ville est la *sortie* de la multitude; qu'un oracle est la *production* d'une voix; qu'un otage *provient* d'une promesse ou d'un traité; qu'un navire semble *sortir* de la mer, comme s'il y était né; que *Jého vah* est le *produit* de quatre lettres. Tous ces termes sont plus généraux que ceux de *fils* ou d'*enfant*. Par un simple changement de ponctuation, *ben* ou *bin* est une préposition qui signifie *en* ou *entre*; lorsqu'elle devient un nom, elle désigne le dedans, l'intérieur, l'entrée. Ainsi, pour traduire exactement, il faut appeler la prunelle, non la *fille*, mais l'intérieur de l'œil; l'oreille, l'entrée ou le canal du chant ou de l'harmonie; il n'est point question là de filiation. Les bizarreries de la ponctuation des massorettes, le défaut de termes qui répondent exactement dans les autres langues aux mots hébreux, défaut qui a été remarqué par le traducteur grec de l'Ecclésiaste, ne prouvent rien contre la justesse des expressions d'un auteur sacré.

Ces réflexions nous paraissent importantes, soit pour faciliter l'étude de l'hébreu, soit pour réfuter les incrédules, qui veulent persuader que cette langue ne ressemble à aucune autre et qu'on lui fait dire tout ce que l'on veut, soit pour démontrer que la science étymologique n'est ni frivole, ni inutile, quand on l'assujettit à des principes certains et à une méthode régulière. *Voy.* HÉBRAÏSME.

FILS DE DIEU, expression fréquente dans l'Ecriture sainte, de laquelle il est essentiel de distinguer les divers sens. 1° Elle désigne souvent les adorateurs du vrai Dieu, ceux qui le servent, le respectent et l'aiment comme leur père, ceux que Dieu adopte et chérit comme ses enfants; ceux qu'il comble de ses bienfaits, ceux qu'il a revêtus d'un caractère particulier, et qui sont spécialement consacrés à son culte. Dans ce sens, les anges, les saints et les justes de l'Ancien Testament, les juges, les prêtres, les chrétiens en général, sont appelés *fils de Dieu* ou *enfants de Dieu*. — 2° Adam est nommé *fils de Dieu*, *qui fuit Dei*, parce qu'il avait reçu immédiatement de Dieu l'existence et la vie, et que par sa puissance Dieu avait suppléé aux voies ordinaires de la génération. Quelques hérétiques, et en particulier un certain Théodote, dont Tertullien a parlé, *l. de Præscript.*, *sub fin.*, ont prétendu que Jésus-Christ n'était *Fils de Dieu* que dans ce même sens. — 3° D'autres, comme les sociniens et leurs partisans, disent que, dans le style des auteurs sacrés, *Fils de Dieu* signifie simplement *Messie* ou envoyé de Dieu, et que tel est le sens dans lequel ce nom a été donné à Jésus-Christ dans le Nouveau Testament. Nous réfuterons cette erreur, et nous ferons voir que les Juifs, aussi bien que les apôtres et les évangélistes, ont non-seulement appelé le Messie *Fils de Dieu*, mais qu'ils l'ont nommé *Dieu* dans toute la rigueur du terme. — 4° [*Criterium de la foi catholique.* — Nous confessons qu'il y a en Dieu une seconde personne, vrai et seul Fils de Dieu, qui est né du Père avant tous les siècles; Dieu de Dieu, lumière de lumière, vrai Dieu du vrai Dieu; qui n'a pas été fait, mais engendré; consubstantiel au Père, et par qui tout a été fait (1). *Voy.* INCARNATION.] Suivant la foi catholique, le Verbe, seconde Personne de la sainte Trinité, est *Fils de Dieu*, Fils du Père, qui est la première Personne, par la voie d'une génération éternelle. C'est ce qu'enseigne *saint Jean*, chap. I, vers. 1, lorsqu'il dit : *Au commencement était le Verbe; il était en Dieu et il était Dieu.* *Voy.* TRINITÉ. — 5° Suivant cette même foi, Jésus-Christ, qui est le Verbe incarné ou fait homme, est *Fils de Dieu*, par l'union de la nature humaine avec la nature divine, dans la seconde Personne de la sainte Trinité. C'est ce que nous apprend encore saint Jean, en disant que « le Verbe s'est fait chair, et qu'il est le Fils unique du Père; » et saint Paul, qui l'appelle la splendeur de la gloire et la figure de la substance du Père, *Hebr.*, chap. I, vers. 3, etc. — 6° Selon le P. Berruyer, souvent, dans le Nouveau Testament, *Fils de Dieu* signifie directement l'humanité sainte de Jésus-Christ, unie à une Personne divine, sans désigner si c'est la seconde ou la première, parce que les Juifs, dit-il, ni les apôtres, avant la descente du Saint-Esprit, n'avaient aucune connaissance du mystère de la sainte Trinité. Ce sens lui paraissait commode pour expliquer plusieurs passages de l'Ecriture dont les sociniens abusent, dans la vue de n'attribuer à Jésus-Christ qu'une filiation adoptive. Mais la faculté de théologie de Paris a censuré cette opinion du P. Berruyer : il n'est donc plus permis d'y avoir recours. Le nom de *Fils de Dieu* peut donc être pris dans le sens propre, naturel et rigoureux, ou dans un sens impropre et métaphorique; la question est de savoir dans lequel de ces deux sens il est donné à Jésus-Christ par les auteurs sacrés.

Suivant l'opinion des ariens et des sociniens, Jésus-Christ est appelé *Fils de Dieu* parce qu'il est le Messie et l'envoyé de Dieu, parce que Dieu l'a formé dans le sein d'une vierge sans le concours d'aucun homme, parce qu'il l'a comblé de ses dons et l'a élevé en dignité par-dessus toutes les créatures, etc. Quelques-uns, qui ont senti que toutes ces raisons ne suffisaient pas pour remplir l'énergie du titre de *Fils unique de Dieu*, ont imaginé que Dieu a créé l'âme de Jésus-Christ avant toutes les autres créatures, et s'est servi de ce pur esprit pour créer le monde. Ils se sont flattés de satisfaire, par cette supposition, à tous les passages de l'Ecriture sainte, qui attribuent à Jésus-Christ l'existence avant toutes choses, le

(1) Symboles de Nicée et de Constantinople.

pouvoir créateur, et à tous les titres qui lui sont donnés par les auteurs sacrés. Cette opinion a été soutenue publiquement à Genève en 1777; c'est le socinianisme moderne. *Dissert. de Christi Deitate.* Mais ceux qui l'ont embrassé ont-ils bien saisi la notion du pouvoir créateur ? S'il y a un attribut de Dieu qui soit incommunicable, c'est certainement celui-là : Dieu, qui opère toutes choses par le seul vouloir, a-t-il donc eu besoin d'un agent ou d'un instrument pour créer le monde, c'est-à-dire pour vouloir que le monde existât ? Il est absurde qu'un être quelconque veuille, à la place de Dieu, ou que Dieu s'en serve pour vouloir : dès qu'il veut immédiatement lui-même, l'effet suit seul son vouloir. Ici l'action d'un autre personnage est non-seulement superflue, mais impossible. Puisque l'Ecriture sainte attribue au *Fils de Dieu* la création du monde, il est Dieu lui-même, égal, coéternel et consubstantiel au Père, et non un être créé. Si un esprit créé a donné l'être à l'univers par son seul vouloir, Dieu le Père n'a point eu de part à cette création. Aussi les sociniens ne goûtent pas beaucoup le dogme de la création. D'ailleurs, cette supposition absurde ne peut se concilier avec ce que l'Ecriture sainte nous enseigne touchant le *Fils de Dieu*, auquel elle attribue constamment la divinité dans toute la rigueur du terme. Cette question est une des plus importantes de toute la théologie; nous devons faire tous nos efforts pour la traiter exactement.

1° Les écrivains de l'Ancien Testament, aussi bien que ceux du Nouveau, attribuent au Messie le nom et les caractères de la Divinité. Isaïe le nomme *Emmanuel*, Dieu avec nous, *le Dieu fort*, le père du siècle futur, chap. VII, vers. 14 ; chap. XI, vers. 6 : Le Psalmiste, *ps.* XLIV, vers. 7 et 8, le nomme simplement *Dieu* : *Votre trône, ô* DIEU, *est de toute éternité... C'est pour cela, ô* DIEU, *que votre Dieu vous a donné l'onction qui vous distingue*, etc. Il lui attribue la création, ps. XXXIII, vers. 6 : *Les cieux ont été affermis par la parole ou le Verbe du Seigneur, et toute l'armée des cieux par le souffle de sa bouche.* Ce ne sont pas seulement les écrivains du Nouveau Testament et les Pères de l'Eglise qui ont appliqué ces paroles au *Fils de Dieu*, au Messie, mais ce sont les docteurs juifs les plus anciens, les auteurs des Paraphrases chaldaïques, les compilateurs du Talmud, et les rabbins les plus célèbres. Galatin a cité leurs passages, *de Arcan. cathol. verit.*, l. III, c. 1 et suiv. A quels titres les ariens et les sociniens prétendent-ils mieux entendre l'Ecriture sainte que tous les docteurs juifs et chrétiens ?

Quelques-uns d'entre eux ont avancé que dans le texte sacré le nom de *Jéhovah*, qui exprime l'existence éternelle, nécessaire, indépendante, est donné à Dieu le Père seul, et non au Fils ou au Verbe. C'est une fausseté ; saint Jean nous enseigne le contraire. Dans son Evangile, chap. XII, vers. 41, après avoir cité un passage d'Isaïe, il ajoute : *Le prophète a dit ces paroles, lorsqu'il a vu* sa *gloire* (de Jésus-Christ) *et qu'il a parlé de lui*. Or, ce passage est tiré du ch. vi, d'Isaïe, vers. 9 et 10 qui porte vers. 1 : *J'ai vu le Seigneur assis sur un trône... Des séraphins criaient l'un à l'autre : Saint, saint, saint est le Seigneur.* (Jéhovah) *des armées; toute la terre est remplie de sa gloire.* Ainsi, selon la pensée de saint Jean, Jéhovah, dont Isaïe a vu la gloire, est Jésus-Christ lui-même, et c'est de Jésus-Christ que le prophète a parlé. Le même évangéliste, chap. xix, vers. 37, applique à Jésus-Christ ces paroles de Zacharie, chap. xii, vers. 10 : *Ils tourneront leurs regards vers moi qu'ils ont percé.* Or, le personnage qui parle dans Zacharie est *Jéhovah* lui-même. Jérémie ch. xxiii, vers. 6, et xxxiii, 16, promet aux Juifs un roi de la race de David, qui sera nommé *Jéhovah, notre justice.* Non-seulement les Pères de l'Eglise, mais le paraphraste chaldéen entendent que ce sera le Messie. Les rabbins modernes appliquent cette prédiction à Zorobabel; mais Galatin a fait voir qu'ils s'écartent du sentiment de leurs anciens docteurs, I, iii, c. 9. Saint Paul a fait allusion à ce passage, lorsqu'il a dit que Dieu a fait Jésus-Christ notre sagesse, *notre justice*, notre sanctification et notre rédemption. *I Cor.*, chap. i, vers. 30. Suivant l'opinion commune des anciens Juifs, et suivant le sentiment unanime des premiers Pères de l'Eglise, c'est le *Fils de Dieu* ou le Verbe apparu et qui a parlé aux patriarches, à Moïse, aux prophètes. Galatin, *ibid.*, chap. 12 et 13. C'est donc lui qui a dit à Moïse : *Je suis Jéhovah.* Toute l'énergie de ce nom est attribuée à Jésus-Christ dans l'Apocalypse, chap. i, vers. 4, où il est appelé celui qui est, qui était, qui sera ou qui viendra. Le fait avancé par les sociniens est donc absolument faux.

2° Quand la divinité du *Fils de Dieu*, ou du Messie, ne serait pas révélée aussi clairement qu'elle l'est dans l'Ancien Testament, il suffit qu'elle le soit positivement dans le Nouveau. Or, Jésus-Christ, depuis le commencement de sa prédication jusqu'à la fin, s'est nommé constamment le *Fils de Dieu*, et s'est fait appeler ainsi par ses disciples. S'il ne l'était que dans le sens impropre et métaphorique, imaginé par les sociniens, il a dû le dire; il s'est nommé *la vérité*, Joan., chap. xiv, vers. 6. Il a promis à ses apôtres que le Saint-Esprit leur enseignerait toute vérité, vers. 29, et chap. xiv, vers. 13. Cependant il n'a jamais expliqué cette énigme, ni à ses disciples ni aux Juifs; jamais le sens imaginé par les sociniens ne leur est venu à l'esprit, et il n'y en a aucun vestige dans leurs écrits. Le démon lui-même n'a pas pu le deviner. Quand il dit à Jésus-Christ : *Si vous êtes le* Fils de Dieu, *dites que ces pierres deviennent du pain* (*Matth.* iv, 3), il ne pouvait pas ignorer que ce grand personnage était l'envoyé de Dieu, que sa naissance avait été annoncée par les anges, qu'il avait été adoré par les mages, qu'il avait été reconnu pour le Messie par Siméon, que le temps de l'accomplissement des prophéties était arrivé, etc. Un socinien qui a l'âme honnête ne croit pas pouvoir se dispenser de déclarer en quel sens il entend le titre de *Fils de Dieu*, lorsqu'il le donne à Jésus-Christ, et il attribue à ce divin Sauveur une dissimulation que lui-même ne se croit pas permise.

3° Lorsque saint Pierre eut fait cette confession célèbre : *Vous êtes le Christ, Fils du Dieu vivant, Jésus-Christ* lui dit : *Vous êtes heureux, Simon, fils de Jean, parce que ce n'est ni la chair ni le sang qui vous a révélé cette vérité, mais c'est mon Père qui est dans le ciel.* Ensuite il lui promet les clefs du royaume des cieux, etc. *Matth.*, chap. xvi, vers. 16. Si saint Pierre a seulement voulu dire : *Vous êtes le Messie* ou l'envoyé de Dieu, cette confession n'avait rien de merveilleux; les autres disciples l'avaient faite avant lui. *Matth.*, chap. xiv, vers. 33. Saint Jean-Baptiste leur en avait donné l'exemple, *Joan.* c. i, vers. 34; l'aveugle-né et Marthe la répétèrent, chap. ix, vers. 35; chap. xi, vers. 27. Le centurion même, témoin de la mort de Jésus, s'écria : *Cet homme était véritablement le* Fils de Dieu (*Matth.* xxvii, 54). Si saint Pierre a eu besoin d'une révélation expresse, il a donc eu de Jésus-Christ une idée plus sublime. Lui est-il venu à l'esprit, comme aux sociniens, que l'âme de Jésus-Christ avait été créée avant toute choses, qu'elle avait créé le monde, etc.? S'il n'y a pas pensé, son maître aurait dû l'instruire, et l'apôtre nous aurait parlé plus correctement; il n'aurait pas appelé Jésus-Christ *notre Dieu et notre Sauveur* (*II Petr.* i, 1). Il nous aurait appris le vrai sens des paroles qu'il avait entendues à la transfiguration : *Voilà mon Fils bien-aimé dans lequel j'ai mis mes complaisances; écoutez-le* (*Vers.* 17).

4° Plus d'une fois les Juifs ont voulu mettre Jésus à mort, parce qu'il nommait Dieu *mon Père*, et qu'il se faisait égal à Dieu, Joan., chap. v, vers. 18. Lorsqu'il eut dit : *Mon Père et moi sommes une seule chose*, ils voulurent le lapider, parce qu'il se faisait Dieu, chap. x, vers. 30 et 33. S'il n'était ni Dieu dans le sens propre, ni égal à Dieu, c'était le cas de leur apprendre en quoi consistaient cette paternité et cette filiation, afin de dissiper le scandale et de les tirer d'erreur. En leur parlant de Dieu, Jésus leur disait, *votre Père céleste*; il leur avait appris à nommer Dieu *notre Père*; les prophètes avaient dit à Dieu : *Vous êtes notre Père*, Isaïe, chap. lxiii, vers. 16; lxiv, 8. Cela ne scandalisait personne. Il faut donc que les Juifs aient compris que Jésus appelait Dieu *mon Père* dans un sens différent; il était absolument nécessaire de le leur expliquer, afin de leur faire comprendre que le titre de *Fils de Dieu* n'emportait pas l'égalité avec Dieu. Jésus-Christ l'a fait, répondent les sociniens, lorsque les Juifs lui dirent : *Ce n'est pas pour une bonne œuvre que nous voulons vous lapider, mais pour un blasphème, et parce qu'étant homme, vous vous faites Dieu.* Jésus leur répliqua : *N'est-il pas écrit dans* votre loi : *Je vous ai dit : Vous êtes des dieux ?* Si elle appelle dieu ceux auxquels cette parole de Dieu est adressée, comment dites-vous à moi, que le Père a sanctifié et envoyé dans le monde : *Tu blasphèmes, parce que j'ai dit : Je suis le Fils de Dieu ?* (*Joan.* vi, 33.) Jésus-Christ leur donne clairement à entendre qu'il ne prend le nom de *Fils de Dieu,* que parce que le Père l'a sanctifié et envoyé dans le monde. Mais la question est de savoir en quoi consiste cette sanctification : nous soutenons qu'à l'égard de Jésus-Christ, c'était la communication de la sainteté de Dieu, en vertu de l'union substantielle du Verbe avec la nature humaine; et nous le prouvons par les paroles qui suivent : *Si vous ne voulez pas me croire, croyez à mes œuvres, afin que vous connaissiez et que vous sachiez que mon Père est en moi, et que je suis dans mon Père* (*Vers.* 38). Cela ne serait pas vrai, s'il était question d'une sanctification telle qu'une créature peut la recevoir. Les Juifs le comprirent encore, puisqu'ils voulurent se saisir de Jésus, et qu'il se tira de leurs mains. Il y a plus : le grand prêtre, devant lequel Jésus fut conduit pour être jugé, lui dit : *Je vous adjure, au nom du Dieu vivant, de nous dire si vous êtes le Christ, Fils de Dieu.* Jésus lui répond : *Vous l'avez dit.* Sur cette confession, il est condamné à mort comme blasphémateur, *Matth.*, chap. xxvi, vers. 63. Dans cette circonstance, Jésus-Christ était obligé de s'expliquer clairement, pour ne pas être complice du crime que les Juifs allaient commettre. Ils prenaient le mot de *Fils de Dieu* dans toute la rigueur, puisqu'ils le regardaient comme un blasphème; ce n'en aurait pas été un, s'il n'avait eu que le sens qui lui est attribué par les sociniens, s'il avait signifié seulement, je suis l'envoyé de Dieu, le Messie, un homme plus favorisé de Dieu que les autres, etc. Une équivoque, une restriction mentale, une réponse ambiguë, dans cette circonstance, eût été un crime. Alors même Jésus se nomme non-seulement *Fils de Dieu,* mais *Fils de l'homme,* vers. 64. Or ce dernier terme signifiait *véritablement homme,* donc le premier signifiait *véritablement Dieu ;* ou il faut dire que Jésus-Christ a voulu être victime d'un mot obscur qu'il ne lui a pas plu d'expliquer.

5° Jésus-Christ ordonne à ses apôtres de baptiser toutes les nations au nom du Père, du Fils, et du Saint-Esprit, *Matth.*, chap. xxviii, vers. 19. Voilà trois Personnes placées sur la même ligne, et auxquelles on rend par le baptême un honneur égal. Que le seconde soit Jésus-Christ, nous ne pouvons en douter, puisqu'il est parlé dans les Actes des apôtres du baptême *au nom de Jésus-Christ,* chap. xix, vers. 3, etc. Si le Fils et le Saint-Esprit ne sont pas égaux au Père, et un seul Dieu avec le Père, le sacrement une profanation et une impiété. C'en est une de mettre des créatures de niveau avec Dieu, de leur consacrer les âmes, de leur rendre le même honneur qu'à Dieu. Les sociniens soutiennent, comme les protestants, que le culte religieux rendu a d'autres êtres qu'à Dieu est un crime, quand même ce culte ne serait pas égal : par ce principe, ils taxent d'idolâtrie le culte que nous rendons aux anges et aux saints ; comment peuvent-ils approuver le culte suprême rendu à Jésus-Christ, si ce divin personnage n'est qu'une créature plus parfaite que les autres? Aussi plusieurs ont blâmé l'adoration rendue à Jésus-Christ. Cependant il s'est attribué formellement ce culte ; il dit que le Père a laissé au Fils le jugement de tous, afin que tous honorent le Fils comme ils honorent le Père, *Joan.,* chap. v, vers. 22. Mais Dieu l'a défendu ; il a dit : *Je suis le Seigneur* (Jéhovah). *C'est mon nom, je ne donnerai pas ma gloire à un autre* (*Isai.* xlii, 8). Or Jésus-Christ, qui, suivant les sociniens, est un être créé et très-inférieur à Dieu, a usurpé le nom de *Seigneur* et la gloire qui y est attachée; il a trouvé bon qu'un de ses disciples le nommât *mon Seigneur et mon Dieu* (*Joan.* xx, 28). Si le sentiment des sociniens est vrai, les Juifs n'ont pas tort lorsqu'ils refusent de reconnaître Jésus-Christ pour le Messie; leur principale raison est qu'il s'est attribué les honneurs de la divinité : or, la loi, disent-ils, nous a défendu d'adorer des dieux étrangers, par conséquent d'adorer comme Dieu un personnage qui n'est pas Dieu. *Conférence du juif Orobio avec Limborch,* pag. 183, 186.

6° Personne ne peut mieux nous rendre le sens des paroles et de la doctrine de Jésus-Christ que les apôtres ; or saint Jean nous apprend en quel sens il est le *Fils de Dieu.* Il dit : *Au commencement était le Verbe, il était en Dieu et il était Dieu. Tout a été fait par lui, et rien n'a été fait sans lui... Ce Verbe s'est fait chair et a demeuré parmi nous, et nous avons vu sa gloire, telle qu'elle appartient au Fils unique du Père.* Le Verbe créateur de toutes choses était donc déjà Dieu avant la création ; s'il avait été créé, il n'aurait pas été en Dieu, mais hors de Dieu, et il ne serait pas vrai que tout a été fait par lui, puisqu'il serait lui-même l'ouvrage de Dieu. Si c'est une âme que Dieu a unie à un corps, il faudra dire que toute formation d'un homme est une incarnation, que toute âme est descendue du ciel pour venir en ce monde, que tout homme est *fils de Dieu* dans le même sens que Jésus-Christ ; il ne sera pas vrai que Jésus-Christ est le *Fils unique* de Dieu.

Sans argumenter sur les termes, il faut juger du sens de saint Jean par le dessein qu'il s'est proposé. Suivant le témoignage des anciens, il a écrit son Evangile pour réfuter les erreurs de Cérinthe : or, Cérinthe enseignait que le monde n'a pas été créé par le Dieu suprême, mais par une puissance distinguée de lui et très-inférieure à lui. C'est encore ce que veulent les sociniens ; à cet égard, ils sont fidèles disciples de Cérinthe, donc ils sont réfutés aussi bien que lui par l'Evangile de saint Jean. Jugeons par là s'il est vrai, comme ils le prétendent, que les Pères des trois premiers siècles n'ont pas cru le Verbe égal et co-éternel au Père, pendant qu'ils attestent que Cérinthe, pour avoir enseigné le contraire, a été condamné et réfuté par saint Jean.

Cérinthe distinguait encore Jésus d'avec le Christ; selon lui, Jésus était un pur homme, fils de Joseph et de Marie; le Christ était descendu sur lui au moment de son baptême, mais il s'en était séparé au moment de la passion, parce que le Christ était incapable de souffrir. *S. Iræn.*, l. 1, c. 26; *Tertull.*, l. *de Carne Christi*; saint Épiphane, *Hær.* 28. Pour réfuter cette erreur, saint Jean déclare que Jésus est le Verbe de Dieu incarné ou fait homme, et qu'il est Dieu dans le sens que Cérinthe ne voulait pas admettre. Or, cet hérétique aurait certainement admis sans répugnance que l'âme de Jésus avait été créée avant toutes choses, qu'elle était le Verbe de Dieu ou l'instrument de sa puissance, qu'elle était Dieu dans un sens impropre et métaphorique. Cet apôtre tient le même langage et enseigne les mêmes vérités dans ses lettres. Il dit que *Jésus est le Christ*, Epist. I, cap. I, vers. 22 : ce ne sont donc pas deux personnages différents; que *Dieu a donné sa vie pour nous*, cap. III, vers. 16; qu'il est le *Fils unique de Dieu*, cap. IV, vers. 9; qu'il est non-seulement *le Fils de Dieu*, mais *le vrai Dieu et la vie éternelle*, cap. V, vers, 20. Enfin il dit qu'il y en a trois qui rendent témoignage dans le ciel, le Père, le Verbe, le Saint-Esprit, et que ces trois sont une seule chose. *Ibid.*, vers. 7. Au mot TRINITÉ, nous prouverons l'authenticité de ce passage contesté par les sociniens. Mais ils ont beau faire; dans leur système le langage de saint Jean n'est pas supportable : à force de gloses et de commentaires, de ponctuations nouvelles et de transpositions de mots, ils ne viendront jamais à bout d'y donner un sens naturel et raisonnable.

7° Saint Paul n'a pas parlé autrement que saint Jean. Il dit, *Hebr.*, chap. I, que Dieu a établi son Fils héritier ou possesseur de toutes choses : qu'il a fait par lui les siècles ou les révolutions du monde; que ce Fils porte tout par sa puissance, qu'il est la splendeur de la gloire et la figure de la substance de Dieu, qu'il est infiniment au-dessus des anges, et que Dieu a commandé aux anges de l'adorer. Il lui adresse les paroles du Psalmiste que nous avons citées : *Votre trône, ô Dieu, est éternel.... Vous avez fait le ciel et la terre.* Il dit que toutes choses sont par ce Fils et pour lui, chap. II, vers. 10; qu'il n'a pas pris la nature des anges, mais celle des hommes, vers. 16 : que celui qui a tout créé est Dieu, chap. III, vers. 4, etc.

Encore une fois, l'on aura beau supposer que Jésus-Christ est la plus parfaite de toutes les créatures, quelque parfait qu'il soit, il est borné; il y a une distance infinie entre lui et Dieu, et l'on ne peut pas supposer que Dieu a épuisé sa puissance pour le former, puisque cette puissance est infinie. Le pouvoir créateur est le caractère propre de la Divinité, et ce pouvoir est infini; il ne peut être communiqué à aucune créature. Celle-ci ne peut jamais être une *figure de la substance* de Dieu, ni porter ou conserver toutes choses par sa propre puissance, à moins que cette puissance ne soit égale à celle de Dieu. Il est de la majesté divine d'être seule adorée d'un culte suprême; ce culte ne peut être rendu à aucune créature sans profanation. Quand un être créé aurait fait toutes choses, il ne serait pas encore vrai que toutes choses sont pour lui : tout est pour Dieu, lui seul est la fin dernière de tout. A moins que Jésus-Christ ne soit un seul Dieu avec le Père, la doctrine de saint Paul est fausse dans tous les points.

8° Les sociniens ont beaucoup subtilisé sur un passage de cet apôtre dans sa lettre aux Philippiens, chap. II, vers. 5, où il dit : *Ayez les mêmes sentiments que Jésus-Christ, qui, étant dans la forme de Dieu, n'a point regardé comme une usurpation d'être égal à Dieu; mais il s'est anéanti en prenant la forme d'un esclave, et a paru à l'extérieur comme un homme*, etc. Quelques interprètes catholiques traduisent ainsi : *Ayez les mêmes sentiments que Jésus-Christ, qui, ayant tout ce qui constitue la Divinité, n'a point regardé son égalité avec Dieu comme un titre pour envahir les biens et les honneurs de ce monde; mais qui s'est dépouillé de tout, a servi les autres, comme un esclave, a ressemblé aux autres hommes, et a vécu comme eux.* Mais les sociniens et leurs partisans soutiennent qu'il faut traduire : « *Ayez les mêmes sentiments que Jésus-Christ, qui, étant dans la forme de Dieu, n'a point fait sa proie de s'égaler à Dieu, ou ne s'est point attribué l'égalité avec Dieu, mais qui s'est anéanti*, etc. » Cette tradition est évidemment fausse. 1° La *forme de Dieu* n'est point la ressemblance extérieure avec Dieu; Jésus-Christ n'a jamais eu cette ressemblance; il faut donc que *la forme de Dieu* soit la nature Divine. 2° Cette forme est ici opposée à *la forme d'un esclave*; or, celle-ci est non-seulement une ressemblance, mais la nature même de l'homme. 3° Nous avons vu que Jésus-Christ s'est véritablement égalé à Dieu; il a dit : *Mon Père et moi sommes une seule chose. Tout ce qu'a mon père est à moi. Que tous honorent le Fils comme ils honorent le Père.* Il a souffert qu'on lui dît : *Mon Seigneur et mon Dieu*, etc. 4° Si Jésus-Christ n'est pas Dieu, où est l'humilité de ne pas s'égaler à Dieu? Ce serait un crime d'en avoir seulement la pensée; la leçon que saint Paul fait aux fidèles serait absurde. 5° Peut-on dire qu'une âme créée, qui a pris un corps, s'est *anéantie*? En nous reprochant de forcer le sens des paroles de saint Paul, les sociniens y en donnent un qui est encore moins naturel, et qui, tout ridicule qu'il est, prouve évidemment contre eux.

Nous avons vu ci-devant que saint Pierre s'est exprimé comme saint Paul et saint Jean.

9° L'on a fait voir aux sociniens qu'ils ont faussement accusé les Pères de l'Église des trois premiers siècles de ne pas avoir cru la divinité de Jésus-Christ, comme on l'a professé depuis le concile de Nicée; les Pères au contraire l'ont défendue contre les cérinthiens et contre d'autres sectes d'hérétiques. Bullus, dans sa *Défense de la foi de Nicée*, M. Bossuet, dans son *Sixième avertissement aux protestants*, ont solidement répondu aux objections que l'on tirait de quelques expressions de ces anciens docteurs de l'Eglise. Au concile de Nicée, en 425, la doctrine d'Arius fut condamnée, non-seulement comme fausse et contraire à l'Ecriture sainte, mais comme nouvelle et inouïe dans l'Eglise. On prouvait le dogme catholique, non-seulement par le témoignage des Pères, à remonter jusqu'aux apôtres, mais encore par le culte extérieur du christianisme dont le modèle se trouve dans l'Apocalypse, chap. iv et v. Nous y voyons le *Trisagion* ou trois fois saint, que l'Eglise chante encore dans sa liturgie à l'honneur des trois Personnes divines. Nous y remarquons le même honneur, les mêmes expressions de respect, les mêmes adorations adressées à Dieu qui a créé toutes choses, et à l'Agneau qui nous a rachetés par son sang. On insistait sur la forme du baptême administré par l'invocation expresse des trois Personnes et par une triple immersion, sur la *doxologie* ou glorification qui leur est adressée à la fin des psaumes, etc. Eusèbe lui-même, quoique disposé à favoriser les ariens, convient que les cantiques chantés par les fidèles *dès le commencement*, attribuaient la divinité à Jésus-Christ. *Hist. Eccl.*, l. v, ch. 28. Les chrétiens, que Pline avait interrogés, lui avaient avoué qu'ils s'assemblaient le dimanche pour chanter des hymnes à Jésus-Christ comme à un Dieu, *Plin*, l. x, *epist*. 97. Aujourd'hui les incrédules, endoctrinés par les sociniens, prétendent que la divinité de Jésus-Christ est un dogme nouveau, né au iv° siècle pour le plus tôt; que ç'a été un effet de l'ambition du clergé et du despotisme de Constantin, etc.

10° Si l'on avait professé une doctrine contraire avant le concile de Nicée, pourquoi les ariens ne purent-ils jamais s'accorder? Arius, Eunomius, Acace, et leurs partisans, disaient sans détour que le *Fils de Dieu* est une pure créature; les semi-ariens disaient qu'il est semblable au Père en substance et en toutes choses, mais non en une seule et unique substance avec lui; ils ne refusaient pas de l'appeler *Dieu*. D'autres protestaient qu'ils avaient la même croyance que les catholiques; ils ne rejetaient que le terme de *consubstantiel*. Ils dressèrent dix ou douze formules de foi, sans pouvoir jamais se satisfaire ni réunir toutes les opinions; ils ne cessèrent de se condamner les uns les autres.

On a vu les mêmes scènes se renouveler à la naissance du socinianisme; il y avait au moins vingt ans que les unitaires disputaient entre eux, lorsque Fauste Socin vint à bout de les concilier jusqu'à un certain point. Il n'en est peut-être pas un seul aujourd'hui qui voulût soutenir tous les sentiments de ce patriarche de la secte: il disait sans détour que Jésus-Christ n'avait pas existé avant sa mère; à présent les unitaires conviennent qu'il a existé avant la création du monde.

Pour montrer de quelle manière et à quel excès ils abusent de l'Ecriture sainte, il est bon de rapporter l'explication que Socin a donnée des premiers versets de l'Evangile de saint Jean. *Au commencement*, c'est-à-dire lorsque l'Evangile commença d'être prêché par saint Jean-Baptiste, *était le Verbe*; Jésus-Christ, Fils de Dieu, était déjà par excellence le Verbe, ou la parole, parce qu'il était destiné à annoncer aux hommes la parole de Dieu, et à leur faire connaître ses volontés. *Ce Verbe était en Dieu*, puisqu'il n'était encore connu que de Dieu; c'est Jean-Baptiste qui a commencé à le faire connaître: *Et il était Dieu*, non en substance ni en personne, mais par les lumières, l'autorité, la puissance et les autres qualités divines dont il était doué. *Toutes choses ont été faites par lui*, c'est-à-dire tout ce qui concerne le monde spirituel, et la nouvelle économie de salut que Dieu a établie par l'Evangile. *Et rien*, de ce qui a rapport à cette nouvelle création, *n'a été fait sans lui*.... *Ce Verbe a été fait chair*; ce personnage si élevé en dignité, qui est nommé *Dieu* et *Fils de Dieu*, a cependant été faible, mortel, sujet à souffrir comme les autres hommes, etc. *Histoire du socinian.*, ii° part., c. 23. — L'absurdité de ce commentaire saute aux yeux. 1° Si Jésus-Christ est appelé le *Verbe*, parce qu'il a prêché la parole de Dieu, ses apôtres méritent ce nom, pour le moins autant que lui. 2° Il est faux que saint Jean-Baptiste soit le premier qui a fait connaître Jésus-Christ; à la naissance même de Jean-Baptiste, Zacharie, son père, déclara qu'il serait le précurseur du Seigneur; lorsque Jésus vint au monde, les anges l'annoncèrent comme Sauveur, comme Christ ou Messie; il fut adoré comme tel par les pasteurs et par les mages, reconnu pour tel par Anne et par Siméon. 3° Il est ridicule de dire que le Verbe était dans le *monde spirituel*, et que ce monde ne l'a pas connu; la première chose nécessaire, pour appartenir au monde spirituel, est de connaître Jésus-Christ. 4° Socin falsifie le texte, en traduisant: *Et le Verbe fut chair*, au lieu que saint Jean dit: *Et le Verbe s'est fait chair*, il n'est point question ici des faiblesses de l'humanité, puisque l'évangéliste ajoute: *Il a demeuré parmi nous, et nous avons vu sa gloire telle qu'elle appartient au Fils unique du Père*. La manière dont les sociniens expliquent les mots *Sauveur*, *Rédempteur*, *grâce*, *justification*, *Saint-Esprit*, etc., n'est pas moins révoltante.

11° Quand nous n'aurions plus ni l'Ecriture, ni la tradition, ni l'absurdité de leurs commentaires à leur opposer, il est un argument auquel ils ne répondront jamais. Si Jésus-Christ n'est pas Dieu et *Fils de Dieu*, dans le sens propre et rigoureux, le christianisme est une religion aussi fausse et aussi injurieuse à la majesté divine que le paganisme. Dieu a bouleversé le monde et a multiplié les prodiges, pour établir une nouvelle idolâtrie à la place de l'ancienne, un polythéisme plus subtil, mais non moins absurde que celui des Grecs et des Romains. Pour éviter de blasphémer contre Dieu, nous n'avons point d'autre parti à prendre que d'embrasser le judaïsme, le mahométisme, ou le déisme.

Les sociniens, qui nient la divinité de Jésus-Christ, ont été forcés de lui refuser aussi la connaissance de l'avenir; ils ne l'accordent pas même à Dieu. En effet, si Jésus-Christ avait prévu que bientôt les chrétiens l'adoreraient comme Dieu, et l'égaleraient à Dieu, il aurait dû faire tous ses efforts pour prévenir cette erreur, et s'expliquer aussi nettement que le font les sociniens; autrement il se serait rendu complice du crime d'idolâtrie, dont nos adversaires nous accusent. Si Dieu lui-même l'avait prévu, ou il n'aurait pas envoyé Jésus-Christ pour établir une religion qui devait bientôt dégénérer en polythéisme, ou sa providence aurait veillé à ce que ce malheur n'arrivât pas. Si Dieu n'a pas la connaissance de l'avenir, il n'a pas pu le dévoiler aux prophètes; les prophéties de l'Ancien Testament ne sont pas plus respectables que les prédictions des sibylles. Aussi Fauste Socin ne faisait presque aucun cas de l'Ancien Testament.

12° La divinité de Jésus-Christ est tellement la base de toute la doctrine chrétienne, qu'après avoir une fois supprimé cet article, les sociniens ont successivement attaqué et détruit tous les autres. Il n'est plus question chez eux de la Trinité, de l'Incarnation, ni de la Rédemption du monde, si ce n'est dans un sens métaphorique. Suivant leur système, Jésus-Christ a racheté le monde dans ce sens, qu'il a délivré les hommes de leurs erreurs et de leurs vices, et qu'il est mort pour confirmer la sainteté de sa doctrine et la vérité de ses promesses. Le genre humain n'avait pas besoin, disent-ils, d'une autre rédemption, puisque le péché d'Adam, ni la peine, n'ont point passé à sa postérité. Conséquemment, suivant eux, le baptême n'est pas nécessaire pour effacer le péché originel; c'est seulement un signe extérieur de foi en Jésus-Christ, qui ne produit rien dans les enfants, et qui ne doit être administré qu'aux adultes. L'eucharistie n'est, de même, qu'une commémoration de la dernière cène de Jésus-Christ, un symbole d'union et de fraternité entre les fidèles. Comment Jésus-Christ pourrait-il y être réellement présent, dès qu'il n'est pas Dieu? Sa mort même sur la croix n'a été, selon l'idée des sociniens, un sacrifice que dans un sens abusif. Conséquemment aucun sacrement n'a la vertu d'effacer les péchés, de nous donner la grâce sanctifiante, de nous appliquer les mérites de Jésus-Christ; à proprement parler, ses mérites ne nous sont pas applicables, ils ont été pour lui et non pour nous; il peut, tout au plus, demander grâce pour les pécheurs. Dans ce même système, l'homme, qui est tel que Dieu l'a créé, et dont le libre arbitre est aussi sain que celui d'Adam, n'a aucun besoin de grâce actuelle pour faire le bien; ses forces lui suffisent pour accomplir la loi de Dieu et faire son salut. Le péché n'est donc ni une résistance formelle à la grâce, ni un abus du sang et des mérites de Jésus-Christ; c'est un effet de la faiblesse naturelle de l'homme; aussi les sociniens ne croient point que Dieu punisse le péché par un supplice éternel.

En joignant ainsi les erreurs des ariens et celles des pélagiens à celles des calvinistes, le socinianisme s'est réduit à un pur déisme, et c'est abuser du terme que de l'appeler un christianisme. Mais les protestants ne doivent jamais oublier que ce système d'impiété, né parmi eux, n'est qu'une extension de leurs principes, une conséquence directe de l'axiome fondamental de la réforme; savoir, que l'Écriture sainte est la seule règle de notre foi, que la lumière naturelle suffit pour l'entendre autant qu'il en est besoin; que chaque particulier qui la consulte de bonne foi, qui croit et qui professe ce qu'elle lui enseigne, ou semble lui enseigner, est dans la voie du salut. Aussi, toutes les fois que les protestants ont été aux prises avec les sociniens, et ont voulu argumenter par l'Écriture sainte, ceux-ci leur ont fait voir qu'ils ne redoutaient pas cette arme, et qu'ils savaient s'en servir avec avantage; ils ont expliqué à leur manière tous les passages qu'on leur objectait, et ils ont opposé à leurs adversaires tous ceux dont les ariens se sont servis autrefois pour appuyer leurs erreurs. Lorsque les protestants ont voulu recourir à la tradition, à la croyance des premiers siècles, aux explications données par les Pères, les sociniens les ont tournés en dérision, et leur ont demandé s'ils étaient redevenus papistes. Socin lui-même est convenu de bonne foi que, s'il fallait consulter la tradition, la victoire entière serait pour les catholiques. *Epist. ad Radecium.* Nous n'avons donc à redouter ni les attaques des protestants ni celles des sociniens; plus il y a de liaison entre les erreurs de ces derniers, mieux elles démontrent que la croyance catholique est bien d'accord dans toutes ses parties, que l'on ne peut rompre un des anneaux de la chaîne sans la détruire tout entière. C'est pour cela même que nous voyons les plus habiles d'entre les protestants pencher tous au socinianisme; et sans la crainte qu'ils ont de donner trop de prise aux théologiens catholiques, il y a longtemps que la révolution, commencée pendant la vie même des premiers réformateurs, serait entièrement consommée. *Voy.* TRINITÉ, VERBE.

FILS DE L'HOMME, terme usité dans l'Écriture sainte pour désigner l'homme. Tantôt il exprime simplement la nature humaine; dans ce sens, Ézéchiel et Daniel sont souvent nommés *fils de l'homme*, dans leurs prophéties; tantôt il désigne la corruption, les faiblesses, les vices de l'humanité: *Enfants des hommes*, dit le Psalmiste, *jusqu'à quand aimerez-vous la vanité et le mensonge?* (*Ps.* IV.) Dans la *Genèse*, ch. VI, vers. 2, les adorateurs du vrai Dieu sont appelés *fils de Dieu*, par opposition aux *filles des hommes*, aux filles de ceux dont le mœurs étaient corrompues. Lorsque Jésus-Christ se nomme *fils de l'homme*, ce n'est pas pour donner à entendre qu'il a un homme pour père, puisqu'il était né par l'opération du Saint-Esprit; mais c'est pour témoigner qu'il est aussi véritablement homme que s'il était né à la manière des autres hommes. Aussi les Pères de l'Eglise se sont servis de cette expression pour prouver aux hérétiques que le Fils de Dieu, en se faisant homme, avait pris une chair réelle, et non une chair fantastique et apparente; qu'il était véritablement né, mort et ressuscité, et qu'il avait souffert non-seulement en apparence, mais en réalité. Pour la même raison, saint Jean écrit aux fidèles : *Nous vous annonçons et nous vous attestons ce que nous avons vu, ce que nous avons considéré attentivement, ce que nous avons touché à l'égard du Verbe vivant* (I Joan. I, 1). Ce témoignage des sens réunis ne pouvait être sujet à aucune illusion. Saint Paul dit qu'*il a fallu que le Fils de Dieu fût semblable à ses frères* EN TOUTES CHOSES, *afin qu'il fût miséricordieux, fidèle, pontife auprès de Dieu, et victime de propitiation pour les péchés du peuple. Parce qu'il a souffert, et a été éprouvé lui-même, il a le pouvoir de secourir ceux qui subissent les mêmes épreuves* (Hebr. II, 16). Ce passage est tout à la fois sublime et consolant. Les incrédules, qui nous reprochent sans cesse d'adorer non-seulement un Dieu homme, ou un Homme-Dieu, mais un homme crucifié, n'ont, sans doute, jamais éprouvé les sentiments de reconnaissance, d'amour, de confiance, qu'excite, dans un cœur bien fait, la vue d'un Dieu crucifié par amour pour les hommes.

FIN. Ce terme, dans notre langue et dans la plupart des autres, a deux significations très-différentes qu'il est essentiel de remarquer, parce que, si l'on vient à les confondre, plusieurs passages de l'Ecriture sainte se trouveront très-obscurs. Souvent la *fin* désigne simplement l'événement, l'issue, le succès, bon ou mauvais, d'une entreprise ou d'une affaire, comme quand on demande, *qu'est-il arrivé en fin de cause?* Souvent aussi il signifie le dessein, l'intention, le motif, le but de celui qui agit; ainsi un ouvrier travaille *afin* de gagner sa vie. Or, dans toutes les langues, il est assez ordinaire de confondre ces deux sens, d'exprimer l'issue d'une affaire ou d'une action, comme si c'avait été l'intention de celui qui agissait, quoique souvent il ait eu une intention toute contraire. Conséquemment ἵνα en grec, *ut* en latin, que l'on exprime par *afin de* ou *afin que*, seraient mieux rendus par *de manière que, tellement que.* Ainsi, lorsque les évangélistes disent que telle chose est arrivée *ut adimpleretur*, afin que telle prophétie fût accomplie, cela ne signifie point toujours que l'intention de celui qui agissait était d'accomplir telle prophétie, puisque quelquefois il ne la connaissait pas; mais on doit entendre seulement que la chose est arrivée *de manière que la prophétie s'est trouvée accomplie*. Saint Paul, parlant de l'ancienne loi, dit qu'elle est survenue *ut abundaret delictum*, afin que le péché fût abondant; certainement l'intention de Dieu, en donnant la loi, n'a pas été d'augmenter le nombre ni la grièveté des péchés, au contraire; il faut donc traduire, la loi est survenue *de manière que le péché a augmenté*; c'est la remarque de saint Jean Chrysostome. On pourrait citer un grand nombre d'exemples de cette façon de parler.

La même équivoque a lieu dans notre langue, par les divers usages de la préposition *pour*. Quand nous disons : *C'était bien la peine de tant travailler, pour réussir aussi mal*, nous ne prétendons pas que c'était là l'intention de celui qui travaillait. Dans ces phrases : *Il est bien ignorant pour avoir étudié si longtemps; il raisonne bien mal pour un philosophe; pour* ne désigne ni la cause, ni l'effet, mais seulement une chose qui est arrivée à la suite d'une autre, ou qui aurait dû être autrement. *Voy.* CAUSE FINALE.

FINS DERNIÈRES. On entend par là les derniers états que l'homme doit éprouver, et auxquels il doit s'attendre; savoir, la mort, le jugement de Dieu, le paradis pour les justes, l'enfer pour les méchants; c'est ce que l'Ecriture sainte appelle *novissima hominis. Dans toutes vos actions*, dit l'Ecclésiastique, chap. VII, vers. 40, *souvenez-vous de vos* DERNIÈRES FINS, *et vous ne pécherez jamais*. Le Psalmiste, étonné de la prospérité des méchants en ce monde, dit que, pour comprendre ce mystère, il faut entrer dans le secret de Dieu, et considérer la *dernière fin* des pécheurs. *Ps.* LXXII, vers. 17.

FIN DU MONDE. *Voy.* MONDE.
FIRMAMENT. *Voy.* CIEL.

* FIRMAMENT. Rien ne donne une plus haute idée de la Divinité que la contemplation du firmament. Pour en avoir une idée vraiment grande, il faudrait lire le bel ouvrage de M. de Humboldt, intitulé *Cosmos*. M. Jéhan résume ainsi ses grandes idées :

« Sans nous arrêter à une brillante introduction que l'illustre voyageur a écrite lui-même dans notre langue, élançons-nous tout de suite dans la sphère des cieux, et abordons dans les profondeurs de l'espace ces nébuleuses si extraodinaires, matière cosmique répartie dans le ciel sous les formes les plus variées et dans tous les états possibles d'agrégation. On en connaît aujourd'hui 2,500 que les plus puissants télescopes n'ont pu résoudre en étoiles. On en admet de deux sortes : les *nébuleuses planétaires*, qui émettent de tous les points de leurs disques une lumière douce parfaitement uniforme; et les *étoiles nébuleuses*, dont la matière phosphorescente forme un tout avec l'étoile qu'elle environne; mais d'après des considérations nouvelles extrêmement ingénieuses, on est fondé à croire que les nébuleuses planétaires sont probablement des étoiles nébuleuses pour lesquelles toute différence d'éclat entre l'étoile centrale et l'atmosphère environnante aurait disparu même pour l'œil armé des plus puissants télescopes. Ces nébuleuses, dont les dimensions sont prodigieuses, sont-elles des mondes nouveaux en voie de formation par condensation progressive de la matière qui les compose? question jusqu'ici insoluble.

« Outre ces nuages lumineux à formes déterminées, des observations exactes s'accordent à établir l'existence d'une matière infiniment ténue, l'éther, flottant dans l'espace, comme animé de mouvement, probablement soumis aux lois de la gravitation et plus condensé par conséquent aux environs de l'énorme masse du soleil.

« Arrivons à la partie solide de cet univers, c'est-à-dire à la matière agglomérée en globes auxquels appartiennent exclusivement les désignations d'astres ou de mondes stellaires. Lorsque, dans une nuit sereine et sans lune, vous contemplez d'un lieu élevé la vaste étendue des cieux tout éclatants de constellations radieuses, vous remarquez cet amas d'étoiles disposé longitudinalement du nord au midi et vulgairement connu sous le nom de *voie lactée*. Notre système planétaire fait partie de ce groupe immense qui n'est pourtant qu'un point dans l'univers. Si notre système planétaire se trouvait situé à une grande distance de cet amas d'étoiles, la voie lactée nous offrirait l'apparence d'un anneau : à une plus grande distance encore elle apparaîtrait, dans un télescope, comme une nébuleuse irréductible, terminée par un contour circulaire. Voulez-vous savoir quel est le grand axe de cette nébuleuse dans laquelle notre système solaire tout entier n'est qu'un atome? Cet axe est égal à environ huit cents fois la distance de Sirius à la terre : or, la lumière, mue avec une vitesse de 110 millions de myriamètres par heure, emploierait trois années à parcourir la distance qui nous sépare de Sirius; trouvez le nombre de millions de myriamètres qui nous séparent de cet astre, et multipliez-le par 800! Quand vous vous serez fait ainsi une idée de l'immensité de notre nébuleuse, petite île dans l'océan des mondes, vous aurez à calculer l'espace occupé par des milliers d'autres nébuleuses.... L'imagination épouvantée se refuse à poursuivre son vol dans l'incommensurable étendue qui s'ouvre devant elle, et perdue dans ces profondeurs des cieux qui *n'ont pour confins*, suivant une belle expression du Dante, *que lumière et amour*, succombant sous le poids de l'infini qui la presse de toutes parts, elle se replie sur elle-même et redescend dans son néant.

« Parmi ces astres réputés fixes, mais à tort, qui scintillent et qui se meuvent à tous les degrés de l'espace, notre soleil est le seul que les observations réelles nous permettent de reconnaître comme centre des mouvements d'un système secondaire composé de planètes, de comètes et d'astéroïdes. Mais il y a lieu de croire que ces innombrables étoiles sont autant de soleils qui entraînent des cortèges de planètes et de lunes dont nos télescopes ne peuvent nous révéler l'existence.

« Nous ne pouvons suivre notre auteur dans l'exposé de toutes les belles lois qu'il apprécie en passant en revue notre système planétaire. Nous rappellerons seulement ce mot de Képler en parlant de l'innombrable essaim des comètes : « Il y a plus de comètes dans le ciel que de poissons dans la mer. » On n'évalue toutefois qu'à six ou sept cents le nombre des comètes dont l'apparition et la course à travers des constellations connues, se trouvent constatées par des documents plus ou moins authentiques. Le cône de matières gazéiformes qu'elles projettent au loin, s'est trouvé quelquefois, comme en 1680 et 1811, d'une longueur égale à celle d'une ligne menée de la terre au soleil ou de plus de 38 millions de lieues. Il est des comètes, comme celle de 1680, qui s'éloignent du soleil jusqu'à 13,000 millions de myriamètres; la force attractive du soleil s'exerce donc encore à ces énormes distances? Qu'est cette distance pourtant comparée à celle des étoiles? L'étoile la plus proche de la terre, la 61° de la constellation du cygne, par exemple, est au moins à 25,560,000 millions de lieues.

« Que faut-il penser des catastrophes dont nous serions menacés par le monde des comètes? La certitude qu'il existe, au sein même de notre monde planétaire, des comètes qui reviennent à de courts intervalles parcourir les régions où la terre exécute ses mouvements, les perturbations considérables que Jupiter et Saturne produisent dans leurs orbites, perturbations dont le résultat peut être de transformer un astre indifférent en un astre redoutable; la comète de Biela, qui traverse l'orbite de la terre; cet éther cosmique dont la résistance tend à rétrécir toutes les orbites; tels sont actuellement les motifs de nos appréhensions, et ils remplacent pour leur nombre les vagues terreurs qu'ont inspirées aux siècles plus reculés ces *épées enflammées*, ces *étoiles chevelues* qui menaçaient le monde d'un embrasement universel.

« Mais une autre série de phénomènes plus mystérieux encore réclame notre attention, nous voulons parler des étoiles filantes, bolides, astéroïdes, aérolithes ou pierres météoriques. Tout porte à croire que ce sont de petits corps qui se meuvent par myriades autour du soleil, en obéissant de tout point, comme les planètes, aux lois générales de la gravitation. Quand ces corps viennent à rencontrer la terre, ils deviennent lumineux aux limites de notre atmosphère, et souvent alors ils se divisent en fragments recouverts d'une couche noirâtre et brillante, qui tombent dans un état de caléfaction plus ou moins marqué. Sont-ils tous d'une seule et même nature? Question jusqu'ici sans réponse.

« Quelles sont les actions ou physiques ou chimiques qui sont en jeu dans ces phénomènes? Les molécules dont se composent ces pierres météoriques si compactes, étaient-elles originairement dans l'état gazeux et se sont-elles condensées dans l'intérieur du météore au moment où elles commencèrent à briller à nos yeux? D'où vient que toutes ces masses météoriques ont une forme fragmentaire? Il en est ici comme dans la sphère de la vie organique, tout ce qui se rattache aux périodes de formation est entouré d'obscurité.

« La hauteur des étoiles filantes oscille entre 5 et 26 myriamètres, et leur vitesse relative est de 4 1/2 à 9 milles par seconde. Elles tombent tantôt rares et isolées, c'est-à-dire *sporadiques*, tantôt en essaims et par milliers. Au mois de novembre, en 1833, on en compta en Amérique plus de 240,000 pendant seulement neuf heures d'observation. D'ingénieuses recherches ont conduit à signaler deux époques de l'année où il se manifeste une coïncidence frappante entre l'obscurcissement momentané du soleil et le passage devant son disque d'astéroïdes innombrables.

« Terminons ces aperçus rapides par quelques observations d'un nouvel intérêt. Parmi tous les phénomènes célestes qui viennent de passer sous nos yeux, en est-il un plus étonnant que celui de la translation dans l'espace de notre soleil et de tout notre système planétaire, emporté avec une vitesse de 619,000 myriamètres par jour? Et vers quel point du ciel se dirigent-ils? Il a été prouvé par la combinaison des mouvements propres de 537 étoiles, que c'est vers la constellation d'Hercule, dont vous trouverez approximativement la situation dans la direction du nord-ouest, à quelques mètres du point correspondant dans le ciel au sommet de votre tête ou du zénith.

« Une autre belle et solide conquête de l'astronomie est celle du mouvement des étoiles doubles, d'après les lois de la gravitation, donnant ainsi l'irrécusable preuve que ces lois ne sont pas spéciales à notre système solaire, mais qu'elles règnent jusque dans les régions les plus éloignées de la création. Le nombre de ces systèmes binaires ou multiples dépassait 2,800 en 1857.

« On a dit avec vérité que, grâce à nos puissants télescopes, il nous est donné de pénétrer à la fois dans l'espace et dans le temps. Nous mesurons en effet l'un et l'autre : une seconde de chemin, c'est pour la lumière 30,800 myriamètres à parcourir

Or, Herschell estimait que la lumière émise par les dernières nébuleuses encore visibles dans son télescope de 40 pieds, devait employer près de deux millions d'années pour venir jusqu'à nous! Ainsi, bien des phénomènes ont disparu longtemps avant d'être perçus par nos yeux, bien des changements que nous ne voyons pas encore se sont depuis longtemps effectués. Les phénomènes célestes ne sont simultanés qu'en apparence. C'est ainsi que la science conduit l'esprit humain des plus simples prémisses aux plus hautes conceptions, et lui ouvre ces champs sillonnés par la lumière où germent des myriades de mondes comme l'herbe d'une nuit. »

FLAGELLANTS, pénitents fanatiques et atrabilaires, qui se fouettaient en public, et qui attribuaient à la flagellation plus de vertu qu'aux sacrements, pour effacer les péchés.

Quoique Jésus-Christ, ses apôtres et les martyrs aient enduré avec patience les flagellations que des juges persécuteurs leur ont fait subir, il ne s'ensuit pas qu'ils aient voulu introduire les flagellations volontaires; et il n'y a aucune preuve que les premiers solitaires, quoique très-mortifiés d'ailleurs, et très-austères, en aient fait usage. M. Fleury nous apprend néanmoins que Théodoret en a cité plusieurs exemples dans son histoire religieuse, écrite au v° siècle, *Mœurs des chrétiens*, n° 63. La règle de saint Colomban, qui vivait sur la fin du vi°, punit la plupart des fautes des moines par un certain nombre de coups de fouet; mais nous ne voyons pas qu'elle ait recommandé les flagellations volontaires comme une pratique ordinaire de pénitence. Il en est de même de la règle de saint Césaire d'Arles, écrite l'an 508, qui ordonne la flagellation comme une peine contre les religieuses indociles. — Suivant l'opinion commune, il n'y a pas d'exemples de flagellations volontaires avant le xi° siècle; les premiers qui se sont distingués par là, sont saint Gui ou saint Guyon, abbé de Pompose, et saint Popon, abbé de Stavelle, mort en 1048. Les moines du Mont-Cassin avaient adopté cette pratique, avec le jeûne du vendredi, à l'imitation du bienheureux Pierre Damien; leur exemple mit en crédit cette dévotion. Elle trouva néanmoins des opposants; Pierre Damien écrivit pour la justifier. Fleury, dans son *Histoire ecclésiastique*, liv. LX, n. 63, a donné l'extrait de l'ouvrage de ce pieux auteur; on ne voit pas beaucoup de justesse ni de solidité dans ses raisonnements.

Celui qui s'est rendu le plus célèbre par les flagellations volontaires, est saint Dominique l'Encuirassé, ainsi nommé d'une chemise de mailles qu'il portait toujours, et qu'il n'ôtait que pour se flageller. Sa peau était devenue semblable à celle d'un nègre; non-seulement il voulait expier par là ses propres péchés, mais effacer ceux des autres; Pierre Damien était son directeur. On croyait alors que vingt psautiers récités en se donnant la discipline, acquittaient cent ans de pénitence. Cette opinion, comme l'a remarqué M. Fleury, était assez mal fondée, et elle a contribué au relâchement des mœurs. Il y a cependant lieu de croire, dit-il, que Dieu inspira ces mortifications extraordinaires aux saints personnages qui en usèrent, et qu'elles étaient relatives aux besoins de leur siècle. Ils avaient affaire à une génération d'hommes si perverse et si rebelle, qu'il était nécessaire de les frapper par des objets sensibles. Les raisonnements et les exhortations étaient faibles sur des hommes ignorants et brutaux, accoutumés au sang et au pillage. Ils n'auraient compté pour rien des austérités médiocres, eux qui étaient nourris dans les fatigues de la guerre, et qui portaient toujours le harnais; pour les étonner, il fallait des mortifications qui parussent supérieures aux forces de la nature; et cet aspect a servi à convertir plusieurs grands pécheurs. *Mœurs des chrétiens*, n. 63. Ajoutons que dans ces temps malheureux, la misère, devenue commune et habituelle, endurcissait les corps, et donnait une espèce d'atrocité à tous les caractères.

Quoi qu'il en soit, l'on abusa des flagellations volontaires. Vers l'an 1260, lorsque l'Italie était déchirée par les factions des Guelphes et des Gibelins, et en proie à toutes sortes de désordres, un certain Reinier, dominicain, s'avisa de prêcher les flagellations publiques comme un moyen de désarmer la colère de Dieu. Il persuada beaucoup de personnes, non-seulement parmi le peuple, mais dans tous les états: bientôt l'on vit à Pérouse, à Rome, et dans toute l'Italie, des processions de *flagellants*, de tout âge et de tout sexe, qui se frappaient cruellement, en poussant des cris affreux, et en regardant le ciel avec un air féroce et égaré, dans la vue d'obtenir miséricorde pour eux et pour les autres. Les premiers étaient sans doute des personnes innocentes et de bonnes mœurs; mais il se mêla bientôt parmi eux des gens de la lie du peuple, dont plusieurs étaient infectés d'opinions absurdes et impies. Pour arrêter cette frénésie religieuse, les papes condamnèrent ces flagellations publiques comme indécentes, contraires à la loi de Dieu et aux bonnes mœurs. — Dans le siècle suivant, vers l'an 1348, lorsque la peste noire et d'autres calamités eurent désolé l'Europe entière, la fureur des flagellations recommença en Allemagne. Ceux qui en furent saisis s'attroupaient, quittaient leur demeure, parcouraient les bourgs et les villages, exhortaient tout le monde à se flageller, et en donnaient l'exemple. Ils enseignaient que la flagellation avait la même vertu que le baptême et les autres sacrements; que l'on obtenait par elle la rémission de ses péchés, sans le secours des mérites de Jésus-Christ; que la loi qu'il avait donnée devait être bientôt abolie et faire place à une nouvelle, qui enjoindrait le baptême de sang, sans lequel aucun chrétien ne pouvait être sauvé. Ils causèrent enfin des séditions, des meurtres, du pillage. Clément VII condamna cette secte; les inquisiteurs livrèrent au supplice quelques-uns de ces fanatiques; les princes d'Allemagne se joignirent aux évêques pour les exterminer; Gerson écrivit contre eux, et le roi Philippe de Valois empêcha qu'ils ne pénétrassent en France. — Au commencement du xv° siècle, vers l'an 1414, on vit renaître en Misnie, dans la Thuringe et la basse Saxe, des *flagellants* entêtés des mêmes erreurs que les précédents. Ils rejetaient non-seulement les sacrements, mais encore toutes les pratiques du culte extérieur; ils fondaient toutes les espérances de leur salut sur la foi et la flagellation; ils disaient que, pour être sauvé, c'est assez de croire ce qui est contenu dans le symbole des apôtres, de réciter souvent l'oraison dominicale et la salutation angélique, et de se fustiger de temps en temps, pour expier les péchés que l'on a commis. Mosheim, *Histoire ecclésiastique* du xv° siècle, ii° part., c. 5, § 5. L'inquisition en fit arrêter un grand nombre; on en fit brûler près d'une centaine pour intimider ceux qui seraient tentés de les imiter et de renouveler les anciens désordres.

En Italie, en Espagne, en Allemagne, il y a encore des confréries de pénitents qui usent de la flagellation; mais ils n'ont rien de commun avec les *flagellants* fanatiques dont nous venons de parler. Lorsque cette pratique de pénitence est inspirée par un regret sincère d'avoir péché, et par le désir d'apaiser la justice divine, elle est louable, sans doute; mais lorsqu'elle se fait en public, il est dangereux qu'elle ne dégénère en un pur spectacle, et qu'elle ne contribue en rien à la correction des mœurs. Comme il y a d'autres moyens de se mortifier, comme l'abstinence, le jeûne, la privation des plaisirs, les veilles, le travail, le silence, le cilice, ils paraissent préférables aux flagellations.

Le P. Gretser, jésuite, en avait pris la défense dans un livre intitulé *De spontanea disciplinarum seu flagellorum cruce*, imprimé à Cologne en 1660. En 1700, l'abbé Boileau, docteur de Sorbonne et chanoine de la Sainte-Chapelle de Paris, les attaqua; mais son *Histoire des flagellants* scandalisa le public par des récits et des réflexions indécentes. M. Thiers fit la critique de cette histoire avec peu de succès; sa réfutation est faible et ennuyeuse. *Voy.* MORTIFICATION.

FLATTERIE, fausse louange donnée à quelqu'un dans le dessein de capter sa bienveillance. C'est le piège auquel les grands du monde sont le plus exposés, et qui est pour eux le plus grand obstacle à la sagesse et à la vertu. Accoutumés à être flattés, dès l'enfance, par tous ceux qui les environnent, ils ne connaissent presque jamais leurs propres défauts, et deviennent incapables de s'en corriger.

La *flatterie* est un mensonge pernicieux; elle vient toujours d'une secrète passion, de l'intérêt, de la vanité, de l'ambition, de la crainte, quelquefois de la malignité; lorsqu'elle va jusqu'à excuser les vices et louer de mauvaises actions, c'est une fourberie détestable. Il vaut mieux, dit l'Ecclésiaste, être blâmé par un sage, que d'être trompé par les *flatteries* des insensés; chap. vii, vers. 8. Puisque l'Evangile nous commande la candeur et la sincérité, qu'il nous défend le mensonge et l'imposture, par là même il nous interdit la *flatterie*. Vous savez, dit saint Paul aux fidèles, *que nous n'avons pas cherché à vous persuader par des discours flatteurs, ni par un motif d'intérêt; Dieu est témoin que nous désirons de plaire à lui seul, et non aux hommes; que nous n'attendons, ni de vous, ni des autres, aucune gloire humaine* (*I Thess.* ii, 4). Cette leçon doit préserver les ministres de l'Evangile de toute tentation d'affaiblir les vérités de la foi ou de la morale, dans la vue de ménager la faiblesse et les préjugés de ceux qui les écoutent. On dit que les louanges que l'on donne aux jeunes gens, aux grands, aux hommes constitués en dignité, sont des leçons qui leur apprennent ce qu'ils doivent être: malheureusement elles ne leur servent souvent qu'à leur déguiser ce qu'ils sont.

FLORENCE (concile de). Ce concile, tenu l'an 1436, sous le pape Eugène IV, est compté, par les théologiens d'Italie, pour le seizième général. Cette assemblée fut tenue en vertu d'une bulle du pape, qui transférait d'abord à Ferrare, et ensuite à *Florence*, le concile qui se tenait pour lors à Bâle. Or, le concile de Bâle, dans sa seconde et troisième session, avait déclaré que le pape n'avait point le droit de dissoudre, ni de le transférer à son gré, et le pape lui-même avait adhéré à ce décret dans la seizième session. Nous regardons en France le concile de Bâle comme œcuménique jusqu'à la session 26°; celui de *Florence*, tenu contre les décrets du concile de Bâle, ne peut pas être censé général; les évêques de France n'y étaient pas, le roi leur avait défendu d'y assister, et on ne peut pas dire qu'ils y aient été canoniquement appelés.

Cependant plusieurs théologiens français ont soutenu que ce concile a été véritablement œcuménique (1). *Histoire de l'Eglise gallic.*, l. xlviii, an. 1441, t. XVI.

(1) Voici comment s'exprime à ce sujet le P. Berthier : « Quelques-uns ont cru que ce concile n'avait jamais été véritablement et proprement œcuménique. Tel fut autrefois le sentiment du cardinal de Lorraine, qui s'en expliqua d'une manière assez vive au temps même du concile de Trente. » « Mais, reprend sur cela le Père Alexandre, *Dissert. X in Hist. eccles., sæc.* xv et xvi, l'opinion de ce grand prélat n'oblige pas les théologiens français de retrancher le concile de Florence de la liste des conciles généraux : car jamais l'Eglise gallicane ne s'est récriée contre ce concile ; jamais elle n'a mis d'opposition à l'union des Grecs, ni à la définition de foi publiée à Florence ; au contraire, elle a toujours fait profession de la respecter. A la vérité, les évêques de la domination du roi n'eurent pas permission d'aller à Ferrare ni à Florence, mais ils furent présents d'esprit et de volonté ; ils entrèrent dans les intérêts de cette union tant désirée entre les deux Eglises...., sans compter que plusieurs prélats de l'Eglise gallicane, mais établis dans les provinces qui n'étaient pas encore réunies à la couronne, assistèrent en personne à ce concile. Ainsi les actes font mention des évêques de Térouanne, de Nevers de Digne, de Bayeux, d'Angers, etc. » Le Père

Le principal objet de ce concile était la réunion des Grecs avec l'Eglise romaine ; elle fut en effet conclue dans cette assemblée ; les Grecs et les Latins signèrent la même profession de foi ; mais cette réconciliation ne fut pas de longue durée; les Grecs, qui n'avaient agi que par des intérêts politiques, ne furent pas plutôt arrivés chez eux, qu'ils désavouèrent et rétractèrent ce qu'ils avaient fait à *Florence*. Après le départ des Grecs, le pape ne laissa pas de continuer le concile : il y fit un décret pour la réunion des Arméniens à l'Eglise romaine, et un autre pour la réunion des jacobites. Mais plusieurs de ceux qui tiennent le concile de *Florence* pour œcuménique, ne le regardent comme tel que jusqu'au départ des Grecs ; ils disent que le décret d'Eugène IV, *ad Armenos*, et ce qui s'est ensuivi, est l'ouvrage du pape seul, plutôt que celui du concile ; d'autres prétendent que cette exception est mal fondée. (1).

Le P. Alexandre entre ensuite dans de longs détails pour prouver que l'assemblée de Florence a tous les caractères d'un concile œcuménique ; il en examine la convocation, la célébration, la représentation de l'Eglise universelle ; il prouve jusqu'à l'évidence que ce concile à toutes les conditions exigées, même par les théologiens les plus sévères, pour l'œcuménicité. Cette opinion était celle de M. de Marca : *de Concord.*, de Bossuet *Def. Cler. Gall.*, de la faculté de théologie de Paris. Les rois de France, qui se mêlaient aussi de juger les conciles, n'osèrent pas ôter celui-ci du catalogue ; ils ont seulement soin d'ajouter quelques restrictions pour sauvegarder leur pouvoir absolu. Sans toutefois, disait Louis XV en 1748, que, *sous prétexte de soutenir l'autorité du concile de Florence, il soit permis d'en expliquer les termes dans un sens qui puisse préjudicier directement, ni indirectement aux maximes du royaume.*

C'est qu'en effet les trois derniers articles de la déclaration de 1682 ne peuvent guère s'allier avec la doctrine de Florence. Voici le décret de ce concile : « Definimus sanctam apostolicam sedem et Romanum pontificem in universum orbem tenere primatum, et ipsum pontificem Romanum successorem esse sancti Petri principis apostolorum et verum Christi vicarium, totiusque Ecclesiæ caput et omnium Christianorum patrem et doctorem existere ; ipsi in beato Petro pascendi, regendi et gubernandi universalem Ecclesiam a Domino nostro Christo Jesu plenam potestatem traditam esse, quemadmodum etiam in gestis œcumenicorum conciliorum et in sacris canonibus continetur. » On conçoit que ce décret ne soit pas du goût des gallicans outrés.

Cependant les doctrines des conciles de Bâle et de Constance, qu'ils préconisent tant, ne sont guère plus favorables à la déclaration du clergé. Voici leurs décrets, qui sont en opposition directe avec le premier article de la fameuse déclaration : « Quicumque, cujuscumque status aut conditionis existat, etiamsi regalis, cardinalatus, patriarchalis, archiepiscopalis, episcopalis, ducatus, principatus, comitatus, marchionatus, seu alterius cujuscumque dignitatis, seu status ecclesiastici vel sæcularis existat, qui serenissimum et christianissimum principem dominum Sigismundum Romanorum et Hungariæ, etc., regem, vel alios cum eodem ad conveniendum cum domino rege Aragonum, pro pace Ecclesiæ, ad extirpationem præsentis schismatis, per hoc sacrum concilium ordinatos, ad dictam conventionem euntes vel redeuntes impediverit.... sententiam excommunicationis, auctoritate hujus sacri concilii generalis, ipso facto incurrat.... et ulterius omni honore et dignitate, officio, beneficio ecclesiastico vel sæculari, sit ipso facto privatus. *Conc. Const.*, sess. 17. Omnibus et singulis Christi fidelibus inhibet, sub pœna fautoriæ hæresis et schismatis, atque privationis omnium beneficiorum, dignitatum et honorum ecclesiasticorum et mundanorum, et aliis pœnis juris, etiamsi episcopalis et patriarchalis, cardinalatus, regalis sit dignitatis aut imperialis, quibus, si contra hanc inhibitionem scierint, sint auctoritate hujus decreti ac sententiæ ipso facto privati, et alias juris incurrant pœnas, ne eidem Petro de Luna schismatico et hæretico incorrigibili, notorio, declarato et deposito, tanquam papæ obediant, pareant vel nutriant, aut eum quovis modo contra præmissa sustineant, vel receptent, sibique præstent auxilium vel favorem. Sess. 37. » Les mêmes peines furent renouvelées par le concile de Bâle contre ceux qui auraient maltraité les légats du siége apostolique qui devaient venir à cette assemblée.—*Conc. Basil. in Salvocond. dato in congreg. gen. die 18 jul.*

an. 1432, *legatis pontificiis* : « Exhortatur omnes et singulos Christi fideles cujuscumque dignitatis, status, gradus aut præeminentiæ existant spiritualis et temporalis, etiamsi regali, ducali, archiepiscopali, vel alia quavis præfulgeant dignitate, universitates, et communitates, cæterosque quibus præsentes litteræ exhibitæ fuerint, eisque in virtute sanctæ obedientiæ mandat, ut si per eorum dominia, terras, territoria, civitates, oppida, castra, status, villas, castella, aut alia loca, vos et quemlibet vestrum transire contingat, sub pœnis, sententiis et censuris, tam in Constantiensi et Senensi, quam hujus sanctæ synodi sacris decretis contentis et fulminatis, districte injungendo, quatenus vos et vestrum quemlibet cum comitiva hujusmodi securos, liberos et tutos, cum rebus et bonis vestris, ire, stare et redire sine molestia et impedimento permittant, de securitate et conductis a nobis requisiti, quoties opus fuerit, favorabiliter providendo. »

(1) Nous allons citer en confirmation un passage de l'*Histoire de l'Eglise gallicane* : « On dispute si cette assemblée représentait véritablement l'Eglise universelle quand les Grecs furent partis, et en particulier quand on publia le décret célèbre pour l'union des Arméniens, c'est en France plus qu'ailleurs qu'on a traité cette question, qui entre dans la controverse des sacrements. Or il semble que le départ des Grecs n'empêchait pas l'œcuménicité du concile au temps de la réunion des Arméniens, puisque, durant son séjour à Florence, l'empereur Jean Paléologue avec son conseil y avait donné un plein consentement ; puisqu'il y avait encore alors en cette villes des célèbres prélats de l'Eglise grecque, savoir Isidore de Russie et Bessarion de Nicée, qui pouvait bien être censés représenter les suffrages des autres évêques d'Orient puisqu'au concile de Trente le cardinal Dumont, qui en était un des présidents, assura que le concile de Florence avait duré près de trois mois encore après le départ des Grecs. Et ce cardinal, apportant cette raison afin d'autoriser les définitions contenues dans les décrets donnés pour les Jacobites et les Arméniens, montrait suffisamment par là qu'il regardait le concile de Florence, dans sa continuation depuis le départ des Grecs, comme un concile œcuménique. Enfin le pape Eugène et tous les Pères qui étaient à Florence se donnèrent aux Arméniens comme formant encore l'assemblée de l'Eglise universelle ; le décret même en fait foi : apparemment qu'ils ne prétendirent pas tromper les députés de cette nation, et apparemment aussi que leur autorité peu bien l'emporter sur celle de quelques théologiens français, fort modernes, qui ont voulu douter de ce point. Nous disons *fort modernes*, car les anciens, comme le cardinal du Perron, Isambert, Gamaches, Hallier, et

Au reste, il n'est pas fort important de savoir si le concile de *Florence* a été ou n'a pas été général. En fait de dogmes, il n'a prononcé que sur ceux qui étaient contestés entre les Grecs et les Latins, et qui avaient déjà été décidés dans le concile général de Lyon, l'an 1274; et aucun catholique n'est tenté d'attaquer ou de rejeter cette doctrine. Nous pouvons cependant ajouter que les décrets faits par le concile de Bâle, avant la 26ᵉ session, sont d'une tout autre importance que ce qui fut conclu à *Florence*, et qui ne produisit aucun effet. *Voy.* Bâle.

Ces réflexions ne justifient en aucune manière la prévention avec laquelle les protestants ont écrit contre le concile de *Florence*. Ils disent que l'on employa la fraude, les artifices, les menaces, pour amener les Grecs à signer une profession de foi commune avec les Latins; ils prétendent le prouver par l'histoire de cette réunion, écrite par Sylvestre Scyropulus, grec schismatique. Il est clair, disent-ils, par cette narration, 1° que, pour engager les Grecs à venir au concile, assemblé d'abord à Ferrare, et ensuite à *Florence*, et pour les détourner de se rendre au concile de Bâle, qui tenait encore, le pape fit employer à Constantinople les promesses d'un puissant secours contre les Turcs, et des distributions d'argent; qu'à Ferrare et à *Florence* il se servit des mêmes moyens pour vaincre la résistance des Grecs; 2° que Bessarion, archevêque de Nicée, séduit par l'appât d'un chapeau de cardinal, fut l'instrument que l'on mit en usage pour leur faire signer le décret d'union; que dans ce décret l'on passa sous silence plusieurs erreurs que les Latins reprochaient aux Grecs, et qu'ainsi l'on consentit à les tolérer. Basnage, *Histoire de l'Eglise*, l. xxvii, c. 12, § 6; Mosheim, xvᵉ siècle, iiᵉ part., c. 2, § 13.

Pour juger de la justice de ces reproches, il faut se rappeler des faits incontestables, et contre lesquels Scyropulus lui-même n'a pas osé s'inscrire en faux.

1° C'est l'empereur Jean Paléologue qui, le premier, proposa au pape la réunion des deux Eglises, dans l'espérance d'obtenir des souverains catholiques du secours contre les Turcs. Le pape ne put lui rien promettre autre chose que d'employer ses bons offices pour y engager les souverains. S'il n'a pas pu y réussir, peut-on l'accuser d'avoir trompé les Grecs? D'autre part, s'il s'était refusé aux propositions de l'empereur, on l'accuserait aujourd'hui d'avoir manqué, par hauteur, par avarice ou par opiniâtreté, l'occasion d'éteindre le schisme. — 2° Les Grecs étaient trop pauvres pour faire, à leurs frais, le voyage d'Italie, et l'empereur, réduit aux plus fâcheuses extrémités, était hors d'état de les défrayer; il était donc juste que le pape en fît la dépense. Assurer que l'argent qui fut donné aux Grecs, à ce sujet, fut un appât pour les engager à trahir leur conscience et les intérêts de leur Eglise, c'est calomnier sans preuve et par pure malignité. — 3° Bessarion était incontestablement l'homme le plus savant et le plus modéré qu'il y eût alors parmi les Grecs: il avait désiré l'extinction du schisme avant qu'il eût pu être tenté par aucune promesse. Il parla au concile de *Florence* avec une érudition, une solidité, une netteté, qui le firent admirer même des Latins, et les Grecs n'eurent rien à répliquer. Que prouve la haine qu'ils conçurent contre lui? Leur opiniâtreté, et rien de plus. Si le pape n'avait pas récompensé le mérite de Bessarion et ses services, on lui reprocherait une noire ingratitude. Non-seulement ce grand homme méritait la pourpre dont il fut revêtu, mais peu s'en fallut qu'il ne fût placé sur le trône pontifical après la mort d'Eugène IV. — 4° Il suffit de l'histoire de Scyropulus, pour voir jusqu'où allait l'entêtement stupide des Grecs. Ils voulaient, avant d'entrer dans la question de la procession du Saint-Esprit, que l'on commençât par effacer, dans le symbole, qu'il procède du Père *et du Fils*. On leur prouva ce dogme, non-seulement par l'Ecriture sainte, mais par les écrits des Pères grecs, de manière qu'ils n'eurent rien à répondre; il en fut de même des autres articles qu'ils contestaient. Si donc ils ne les ont pas signés volontairement et de bonne foi; si, de retour chez eux, ils ont révoqué leur signature, ce sont eux qui ont trompé, et non les Latins. — 5° Les Grecs étaient les accusateurs sur quatre chefs, sur la procession du Saint-Esprit, sur l'état des âmes après la mort, sur l'usage du pain azyme dans la consécration de l'eucharistie, sur la primauté du pape et sa juridiction sur toute l'Eglise. On dut se borner à les satisfaire, à leur prouver la vérité de la croyance catholique sur tous ces points, à exiger qu'ils en fissent profession. Si on les avait attaqués sur d'autres questions de dogme ou de discipline, les protestants diraient qu'on les a poussés à bout mal à propos, et qu'on les a confirmés dans le schisme. Si les Grecs avaient voulu s'unir aux protestants, en 1638, ceux-ci, qui le désiraient, auraient poussé plus loin la complaisance pour les Grecs, qu'on ne le fit au concile de *Florence*. Lorsque nous leur demandons en quoi les Grecs se trouvent mieux de persévérer dans leur schisme, ils ne répondent rien, et ils se gardent bien de parler des démarches qu'ils ont faites pour les attirer dans leur parti. *Voy.* Grecs.

FLORINIENS, disciples d'un prêtre de l'Eglise romaine nommé *Florin*, qui, au second siècle, fut déposé du sacerdoce, pour avoir enseigné des erreurs. Il avait été disciple de saint Polycarpe avec saint Irénée; mais il ne fut pas fidèle à garder la doctrine de son maître. Saint Irénée lui écrivit pour le faire revenir de ses erreurs: Eusèbe nous

une infinité d'autres, parlent toujours du décret pour les Arméniens comme d'une définition émanée du concile de Florence, qu'ils tenaient sans doute pour œcuménique. Ils égalent partout l'autorité de cette définition à celle des décrets du concile de Trente.»

a conservé un fragment de cette lettre, *Hist. ecclés.*, liv. v, c. 20. *Florin* soutenait que Dieu est l'auteur du mal. Quelques écrivains l'ont encore accusé d'avoir enseigné que les choses défendues par la loi de Dieu ne sont point mauvaises en elles-mêmes, mais seulement à cause de la défense. Enfin, il embrassa quelques autres opinions des valentiniens et des carpocratiens. Saint Irénée écrivit contre lui ses livres de la *Monarchie* et de l'*Odloade*, que nous n'avons plus. II° *Dissert. de dom Massuet sur saint Irénée*, art. 3, pag. 104; Fleury, *Hist. ecclés.*, liv. IV, § 17.

FLORILÉGE. *Voy.* ANTHOLOGE.

FOI, persuasion, croyance, confiance, tel est le sens du mot latin *fides*, et du grec πιστις. Croire quelqu'un, c'est se fier à lui; croire à sa parole, lorsqu'il affirme quelque chose, c'est persuasion; croire à ses promesses, c'est confiance; croire qu'il faut faire ce qu'il commande, et le faire en effet, c'est obéissance. Puisque Dieu, qui est la vérité même, ne peut ni se tromper, ni nous induire en erreur, ni manquer à ce qu'il a promis, ni nous imposer une loi injuste, il est clair que notre *foi* a pour motif la souveraine véracité de Dieu, et que nous lui devons cet hommage, lorsqu'il daigne nous révéler ce que nous devons croire, espérer et pratiquer (1).

(1) *Criterium de la foi catholique; règle générale de la foi catholique*. — La règle totale et générale de la foi catholique, dit Véron, c'est à-dire à laquelle tous sont obligés sous peine d'hérésie et de séparation de l'Eglise catholique, est la révélation divine faite aux prophètes et apôtres, et proposée par l'Eglise universelle en ses conciles généraux, ou par sa pratique universelle. Tout ce qui est de cette nature est article de foi ou doctrine de foi catholique. Nulle autre doctrine n'est article de foi catholique, soit que la première condition lui manque, savoir, la révélation divine; soit la seconde, qui est la proposition faite par l'Eglise universelle : telle doctrine est une doctrine inférieure, certaine ou problématique, vraie ou fausse, abus ou superstition, selon les conditions de chacune. Selon cette règle générale, qui n'a aucune exception, tout ce qui est défini et proposé à croire comme doctrine révélée de Dieu, par les conciles universels, ou par la pratique même de l'Eglise, est article de foi catholique : tel, par exemple, est tout ce qui est dans la formule de notre foi catholique extraite du concile de Trente, par le pape Pie IV, qui présida par ses légats, ou dans un autre concile universel.

Pour défaut de l'un et de l'autre, ou de ces deux conditions, ne sont point articles de foi catholique :

I. Nulles révélations faites à aucun saint depuis le temps des apôtres, contenues et écrites dans les vies de ces saints, et nuls miracles rapportés dans ces vies, ne doivent être crus pour article de foi catholique, bien que tous ces miracles, vies, faits et révélations, soient écrits par de saints personnages, comme saint Jérôme, saint Athanase, saint Augustin, saint Grégoire le Grand, ou par d'autres auteurs très-graves, ou rapportés et approuvés aux conciles même généraux, comme au concile de Nicée, acte 4, etc.; en celui de Bâle, les révélations de sainte Brigitte; ou dans les bulles des canonisations des saints. La raison est que les deux conditions susdites manquent, ou une. 1° Les révélations ne sont pas faites aux prophètes ou apôtres, et tels miracles ne

Quoique l'on distingue ces trois choses, pour mettre plus d'exactitude dans le langage théologique, le mot *foi*, dans l'Ecriture sont pas d'eux ; 2° ce n'est pas, pour la plupart, l'Eglise universelle qui les propose, mais quelques particuliers. Que si ces auteurs sont graves, leurs récits, comme d'historiens, sont recevables, mais seulement par foi humaine, comme les autres historiens, plus ou moins dignes de foi humaine, selon leurs qualités différentes. Quelques-uns de ces historiens, comme Jacques de Voragine en ses Légendes dorées, Siméon Métaphraste en ses Vies des saints, Christophe, George, Ursule, Marguerite, plusieurs actes des martyrs, contiennent plusieurs choses fausses, jamais advenues, et contraires à l'honneur des saints, remarquées et corrigées pour cela par le docte annaliste de notre siècle, Baronius, en son Martyrologe, 23 d'avril, 24 octobre, etc.; et Ribadeneira a corrigé, selon Baronius, les Vies des Saints, où toujours peuvent demeurer quelques narrations douteuses, incertaines ou fausses. Chaque narration particulière est plus ou moins recevable, selon la qualité de l'historien, mais seulement de foi ou de doctrine humaine. Les miracles rapportés, même par saint Augustin et autres, faits en confirmation de foi, bien qu'ils la confirment, n'en sont point le fondement.

II. Nulle doctrine fondée en l'Ecriture sainte, diversement exposée par les saints Pères ou par nos docteurs, n'est article de foi; car telle doctrine, bien qu'elle peut être révélée, n'est pas assurée, ni certaine, ni proposée par l'Eglise, car je ne parle qu'en ce cas.

III. Nulle des doctrines que nous appelons proprement théologie scolastique, qui est argumentative, n'est article de foi catholique, ou nulle doctrine qui ne se prouve que par conséquences tirées des révélations faites aux prophètes et apôtres, proposées par l'Eglise, n'est article de foi catholique, bien que telles conséquences fussent certaines et évidentes, et tirées même de deux propositions de l'Ecriture ; bien moins ce qui advient communément lorsqu'une seule des deux propositions est relevée. Telles doctrines néanmoins sont certaines, lorsque les prémisses sont assurées; et problématiques seulement, quand les deux principes, ou l'un d'eux est problématique ; ce qui arrive en la plupart des questions agitées aux écoles de théologie. Combien donc sont éloignées telles doctrines d'être articles de foi catholique ? Encore moins le peuvent être les doctrines des ministres, ni aucune d'elles aux points controversés, qu'ils ne prouvent que par conséquences qu'ils prétendent être évidentes et nécessaires ; car, posé même que ces conséquences fussent telles, elles n'arriveraient pas à faire des articles de foi.

IV. Quant au décret de Gratian et à ses gloses, non-seulement rien de ce qui y est n'est article de foi, en vertu qu'il y est contenu; mais l'auteur, qui n'est qu'un docteur particulier, a fait beaucoup de fautes, même en la citation des auteurs, attribuant aux saints des livres qui n'en sont pas. Il produit, dès le commencement, Isidore dans les livres de ses *Etymologies* ; il définit qu'est-ce que le droit civil, le droit militaire, les lois des tribuns, etc. Qui ne voit que Gratian même ne prétend pas produire cela pour article de foi ? Les gloses dudit décret ont encore moins de poids; plusieurs sont ineptes et ridicules.

V. Quant aux décrétales des papes contenues au corps du droit canon, ou faites et publiées depuis ledit corps, nulle ne constitue aucun article de foi catholique. Certainement presque toutes les décrétales contenues au corps susdit ne sont que des règlements de police; et pour l'officialité, regardant la collation des bénéfices, selon lesquels les officiaux des évêques doivent juger les procès, ce ne sont aussi communément que réponses particulières faites

sainte, renferme souvent toutes ses trois, et c'est dans ce sens seul que la *foi* nous justifie, nous rend saints et agréables à Dieu.

par quelques papes à quelques demandes de quelques évêques particuliers. Comment donc ces décrétales seraient-elles articles de foi ? Bellarmin, qui écrit aux pieds du pape, comme parle du Moulin, ne fait pas difficulté de reconnaître en quelques-unes des erreurs. En la controverse du pontife romain, livre IV, ch. 12, où il s'était objecté le canon de Gratian, *Quod proposuisti*, 32, q. 7, extrait du pape Grégoire III, où il est dit, que si la femme, par maladie, ne peut pas rendre le devoir à son mari, celui-ci, s'il ne se peut contenir, plutôt se marie, repart : Qu'on peut répondre que le pape a failli par ignorance, ce que nous ne nions pas pouvoir arriver aux papes, lorsqu'ils ne définissent pas quelque chose comme de foi, mais qu'ils déclarent seulement aux auteurs leurs opinions, comme Grégoire semble avoir fait en ce lieu. Cette réponse de ce cardinal fait que souvent on ne peut être pressé fortement par l'autorité d'une décrétale, répondant : Que le pape dans celle-ci déclare seulement son opinion, sans rien définir de ce qui est de foi.

VI. N'est aussi article de foi catholique ce qui est défini dans les conciles provinciaux, même lorsque le pape y préside par lui ou par ses légats. La raison générale de tout ce que dessus est qu'au moins la seconde condition, et souvent aussi la première, manquent à toutes ces doctrines ; savoir, que l'Eglise universelle n'en propose aucune. Bellarmin même, traitant de ce sujet en la controverse du pontife romain, livre IX, chap. 2, rapporte trois opinions entre les catholiques : la première, que le pape même, comme pape, peut être hérétique, et enseigner hérésie, s'il définit sans le concile général. Quelques Parisiens ont été de cette opinion, comme Gerson et Almain, en leurs livres de la Puissance de l'Eglise ; Alphonse de Castro, liv. I, chap. 2, contre les hérésies ; et Adrian, pape, en la question de la confirmation ; qui tous remettent l'infaillibilité du jugement des choses de la foi, non au pape, mais seulement à l'Eglise ou au concile général. L'autre opinion est que le pape, soit qu'il puisse être hérétique ou non, ne peut aucunement définir quelque chose qui soit hérétique pour être crue de toute l'église : c'est l'opinion très-commune. La troisième opinion est que le pape ne peut en aucune façon être hérétique, ni enseigner publiquement hérésie, encore qu'il définisse quelque chose lui seul.

VII. La pratique de l'Eglise en ses lois et ordonnances ne constitue pas des articles de foi, parce que la foi a pour objet la vérité. Souvent l'Eglise procède selon les opinions probables, et cette probabilité suffit pour exempter ses actions d'erreur : par exemple, Vasquez, in III p., disp. 228, chap. 3, enseigne qu'elle priait anciennement à la messe pour les infidèles vivants et pour les catéchumènes trépassés, et qu'elle offrait le sacrifice de la messe pour eux ; et il tient néanmoins que ce n'est qu'une opinion probable que cela se puisse faire. La même enseigne que de droit divin le sacrifice ne doit être que pour les fidèles baptisés, vivants et trépassés : d'après quoi la même Eglise, selon cette seconde opinion probable, n'offre plus le même sacrifice pour les susdits. Il faut répondre, dit Vasquez, que l'Eglise, suivant quelque temps en sa pratique une opinion non du tout certaine, mais probable, a fait quelque chose, bien qu'elle ne l'eût pas déclarée comme un dogme certain de foi, et pour cela pour lors elle offrait la messe pour les catéchumènes, par l'ordre romain : et maintenant elle ne l'offre pas.

VIII. L'Eglise (remarque fort bien Vasquez, in III p., disp. 183, chap. 9) confirme quelquefois sa définition par des témoignages entre lesquels quelques-uns ne la prouvent pas efficacement : toutefois

Lorsque saint Paul dit qu'Abraham crut en Dieu, et que sa *foi* lui fut réputée à justice, cette *foi* ne fut pas seulement une simple quand les Pères disent aux conciles que l'Eglise a recueilli et recueille cette vérité ou cette autre, de ce lieu ou de cet autre, qui oserait dire que ce fondement est infirme et incertain ? Bellarmin, t. I, liv. I, de Clericis, ch. 28, s'étant objecté ces paroles de Boniface VIII, pape, ch. *Quamquam, de censibus, in sexto*, que les clercs sont exempts des exactions par droit divin, le contraire de quoi enseigne ledit Bellarmin, il répond que Boniface était de l'opinion des canonistes, et a dit son avis, mais n'a rien défini ; car il ne parle pas là à la façon de celui qui définit quelque chose de controversé, mais a assuré cela simplement et en passant. De même pouvons-nous dire de ce que les conciles, même universels, disent de quelque chose simplement et en passant, et non par la façon de définition : Telle doctrine n'est pas article de foi. Il faut, selon le même, liv. XI des Conciles, ch. 17, que le concile ait défini ce dont il est question, proprement, comme un décret qui doit être tenu de foi catholique.

IX. Il faut aussi, selon le même Bellarmin, au même livre, chap. 19, que la chose soit définie *conciliairement* : pour former une définition, il faut examen, liberté, unanimité, c'est-à-dire, à la façon des conciles, la chose ayant été examinée diligemment.

X. Selon quoi le dispositif des chapitres, canons, ou définitions, n'est pas de foi ; car il n'est pas proprement défini, mais les seuls canons ou définitions. Et aussi, dit le même, III p., disp. 207, ch. 3, tout ce qui est enseigné aux chapitres avant les canons par le concile, appartenant à la doctrine, est de foi catholique, et le contraire une erreur, lequel quiconque suivra, sera hérétique.

XI. L'objet défini doit être un objet propre pour être défini de la foi. Tel qui n'est pas, par exemple, si l'usage peut être séparé du domaine aux choses qui se consument par l'usage, comme quant au pain, selon le même, liv. IV, du Pape, chap. 14, ou autre question propre des lois et de la philosophie.

XII. Ce doit être un décret d'une chose universelle proposée à toute l'Eglise : car selon le même Bellarmin, même chap. 25, il n'est pas absurde de dire que le concile général erre dans les préceptes et jugements particuliers ; et chap. 14, s'étant objecté que le pape Innocent VIII avait permis à ceux de Norwège de célébrer la messe sans vin, ce qui est une erreur, il reprend : Mais on peut facilement répondre ; car il n'a pas fait un décret par lequel il déclarât à toute l'Eglise qu'il est licite d'offrir le sacrifice sans vin ; partant, s'il a erré, il a erré de fait, non en dogme. Le même est des conciles géraux.

XIII. Le même s'étant objecté au ch. 12, que le pape Etienne avait commandé de réordonner ceux qui avaient été ordonnés par le pape Formose, et, partant, jugé que tels ordres n'étaient pas valables, ce qui est une erreur manifeste, car il était au moins évêque, il répond qu'il ne fit aucun décret par lequel il définît que ceux qui ont été ordonnés par un évêque dégradé doivent être de rechef ordonnés, mais que seulement il commanda de fait qu'ils fussent derechef ordonnés, lequel commandement procédait de haine contre Formose, non d'ignorance ou hérésie. Le même peut être dit des conciles, si tel cas arrivait.

XIV. Selon le même, chap. 5, ce n'est pas une erreur de dire que le concile peut errer dans les lois ; qu'il fait des choses non nécessaires au salut, ou des choses qui ne sont pas d'elles-mêmes bonnes ou mauvaises, comme faisant quelque loi superflue, ou moins discrète, ou sous peine trop grièvе.

XV. Selon le même, chapitre 2, le concile géné-

persuasion, mais encore une confiance entière aux promesses de Dieu, et une obéissance parfaite à ses ordres ; et c'est aussi dans ce même sens que l'Apôtre fait l'éloge de la *foi* des justes de l'ancienne loi. *Hebr.* chap. xxi. Souvent, par la *foi*, l'Apôtre entend l'objet de notre croyance, les vérités qu'il faut croire. Ainsi il dit *évangéliser* ou *prêcher la foi*, obéir à la *foi*, renier la *foi*, etc., c'est-à-dire la doctrine de Jésus-Christ. Dans le même sens, nous appelons *profession de foi* la profession des vérités que nous croyons, nous disons que tel article tient à la *foi*, etc. Enfin, *Rom.*, chap. xiv, vers. 23, saint Paul a nommé *foi* le *dictamen* de la conscience, le jugement que nous portons de la bonté ou de la méchanceté d'une action : il dit que *tout ce qui ne vient point de la foi, ou qui n'est pas conforme à ce jugement, est un péché*. Ceux qui ont conclu de là que toutes les actions des infidèles sont des péchés, ont grossièrement abusé de ce passage.

La *foi* est donc un devoir, puisque Dieu la commande ; et dès qu'il daigne nous instruire, il ne peut pas nous dispenser de croire. C'est une grâce et un don de Dieu, puisqu'il se révèle à qui il lui plaît, et que lui seul peut nous inspirer la docilité à sa parole. C'est aussi une vertu : il y a du mérite à croire, et nous le prouverons ci-après. Les théologiens la définissent une vertu

ral peut errer dans les controverses particulières de fait, qui dépendent principalement des informations et témoignages des hommes ; selon quoi il dit, au ch. 11, que le concile général a condamné d'hérésie le pape Honorius par fausses informations, et n'ayant pas bien entendu les épîtres d'Honorius, et qu'ainsi il a erré en ce jugement ; car un concile général légitime peut errer dans les questions de fait.

XVI. J'ajoute ceci de Suarez, tom. IV, disp. 56, des Indulgences, sect. 3. Encore que le pape, en l'octroi de quelque indulgence, déclare expressément qu'il est mû par une telle cause, laquelle il réþute être suffisante pour donner une si grande indulgence, il ne serait pas infidèle celui qui nierait, ou que la cause soit telle, ou, ce qui s'ensuit, que toute l'indulgence soit valable ; car une telle déclaration du pape n'est pas de doctrine appartenante à la foi, mais de quelque fait particulier qui regarde la prudence, en laquelle le pape n'a pas une infaillible assistance du Saint-Esprit, mais seulement aux choses qui appartiennent à la doctrine de foi et de mœurs, selon le texte de saint Luc, xxii, 23 : « J'ai prié pour toi, Pierre, afin que ta foi ne défaille. » Bonne règle de Suarez, selon laquelle il est bien éloigné d'être de la foi qu'une telle excommunication soit valable, telle ou telle disposition de quelque royaume, faite par quelque pape, sur telle ou telle occasion, soit bonne, etc.

C'est assez des règles générales pour séparer les articles de la foi catholique de toute autre doctrine. Faisons cette séparation en nos controverses, par l'application de ces règles, que nous confirmerons en chaque matière par autorité de nos docteurs catholiques, à ce qu'on ne puisse douter de l'application particulière que nous ferons de nos règles. On verra par là que les articles de foi controversés sont en bien plus petit nombre qu'on estime communément, et ainsi sera facilitée la voie d'accord et adhésion de la part de nos frères séparés à nos articles de foi catholique.

théologale, par laquelle nous croyons tout ce que Dieu nous a révélé, parce qu'il est la vérité même. Ils la nomment *vertu théologale*, parce qu'elle a Dieu pour objet immédiat, et l'une de ses divines perfections pour motif.

Les théologiens distinguent différentes espèces de *foi*. 1° La *foi actuelle* et la *foi habituelle*. Lorsqu'un chrétien fait un acte de foi, récite le symbole, fait profession de sa croyance, il a la *foi* actuelle : lors même qu'il n'y pense point, il ne cesse pas d'être dans la disposition de croire et de renouveler au besoin les actes de *foi*; il a donc la foi habituelle, ou l'habitude de la *foi*, et il la conserve tant qu'il n'a pas fait un acte positif d'infidélité ou d'incrédulité. — 2° L'on enseigne communément que par le baptême Dieu donne à un enfant la *foi* habituelle, et ce don est appelé *foi habituelle infuse*. Quand nous ne pourrions pas expliquer très-clairement ce que c'est, il ne s'ensuivrait pas encore que c'est une qualité occulte, une chimère, un enthousiasme, comme le prétendent les incrédules. Les théologiens disent que c'est une disposition de l'âme à croire toutes les vérités révélées. Un adulte qui a souvent répété les actes de *foi* acquiert une nouvelle facilité à croire, et cette disposition est nommée *foi habituelle acquise*. — 3° L'on appelle *foi implicite* la croyance des conséquences d'un article de *foi*, quoiqu'on ne les aperçoive pas distinctement : ainsi, un fidèle qui croit que Jésus-Christ est Dieu et homme, croit *implicitement* qu'il a deux natures et deux volontés, parce que cette seconde vérité est renfermée dans la première. Le simple fidèle, qui croit à l'autorité infaillible de l'Église, et qui est dans la disposition de croire toutes les vérités qu'elle lui enseignera, croit *implicitement* toutes ces vérités ; il les croira *explicitement*, lorsqu'il les connaîtra distinctement et qu'il les professera en termes formels. C'est un sentiment général chez les catholiques, qu'il y a un certain nombre de vérités que tout fidèle est obligé de connaître et de croire explicitement, sous peine de damnation, et on les nomme articles ou dogmes *fondamentaux*. *Voyez* ce mot. — 4° Saint Paul appelle *foi vive* celle qui s'opère par la charité, et qui se prouve par l'exactitude du fidèle à observer la loi de Dieu ; saint Jacques nomme *foi morte* celle qui n'opère rien, et qui ne se fait pas connaître par les œuvres. — 5° Les théologiens scolastiques appellent *foi formée* celle qui est accompagnée de la grâce sanctifiante, et *foi informe* celle du chrétien qui est en état de péché.

Après avoir ainsi exposé les divers sens du mot *foi*, et les différentes espèces de *foi*, nous sommes obligés de parler, 1° de la révélation présupposée à la foi, et des moyens que nous avons de la connaître, par conséquent de la règle et de l'analyse de la *foi*; 2° de son objet, ou des vérités qu'il faut croire de *foi divine*; 3° du motif de la *foi*, et de la certitude qu'il nous donne ; 4° de la grâce de la *foi*; 5° de la *foi* comme vertu, et du mérite qui y est attaché; 6° de la nécessité de la *foi*.

I. *De la révélation présupposée à la foi.* Puisque l'on doit croire de foi divine tout ce que Dieu a révélé, avant d'ajouter foi à la révélation, il faut déjà être persuadé qu'il y a un Dieu, qu'il prend soin de nous par sa providence, qu'il exige de nous la soumission à sa parole, qu'il veut nous récompenser ou nous punir selon nos mérites. Ces vérités, que la raison nous démontre, sont un préliminaire sans lequel la *foi* ne peut avoir lieu. Saint Paul l'a remarqué (1).

(1) Dans leur note sur ce passage, les divers éditeurs de Besançon ont cherché à soutenir leur funeste système sur la certitude. Le passage extrait de M. de Lamennais donne une belle idée de la foi. Nous le rapportons sous toute réserve de nos principes sur la CERTITUDE. (*Voy.* ce mot.)

« L'autorité, dit M. de Lamennais, est l'unique fondement de la vérité, comme elle est l'unique moyen d'ordre ou de bonheur. L'obéissance de l'esprit à l'autorité s'appelle foi, l'obéissance de la volonté, vertu : toute société est dans ces deux choses. Ainsi le genre humain, comme l'enfant et plus que l'enfant, a sa foi, qui est toute sa raison; et il a sa conscience, ou le sentiment, l'amour des vérités sociales qu'il connaît par la foi; et la foi au témoignage du genre humain est la plus haute certitude de l'homme, comme la foi au témoignage de Dieu est la certitude du genre humain. Hors de là il n'existe qu'un doute universel et tellement destructif de la raison, que quiconque rejetterait de son esprit les vérités incompréhensibles que la foi seule y conserve, et qui lui ont été révélées par la parole, serait contraint de renoncer à la parole même, qu'il ne connaît que par le témoignage, et dont il ne peut user que par la foi; contraint par conséquent de renoncer à toutes ses idées, à toutes ses croyances. Et qu'est-ce que cela, sinon la mort complète de l'homme? Car, point de vérité, point d'amour, point d'action; donc la mort : voilà pourquoi les anges de ténèbres mêmes, forcés de rentrer par le châtiment dans l'ordre qu'ils troublèrent par leur crime, croient, parce qu'il faut qu'ils vivent, *credunt et contremiscunt* (*Jac.* II, 19).

« Cependant il se rencontrera, je ne sais dans quelle basse région de l'intelligence et comme sur les confins du néant, quelques misérables esprits, tristement fiers d'errer au hasard dans ces solitudes désolées, et à qui un stupide orgueil persuadera que, faits pour régner sur Dieu même, ils ne doivent entrer qu'en conquérants dans le royaume de la vérité. Nous ne croirons, disent-ils, que ce que notre raison comprendra : insensés, qui ne comprennent même pas que le premier acte de la raison est nécessairement un acte de foi, et qu'aucun être créé, s'il ne commençait par dire *je crois*, ne pourrait jamais dire *je suis*.

« Est-il donc si difficile de l'entendre? Otez la foi, tout meurt; elle est l'âme de la société, et le fonds de la vie humaine. Si le laboureur cultive et ensemence la terre, si le navigateur traverse l'Océan, c'est qu'ils croient, et ce n'est qu'en vertu d'une croyance semblable que nous participons aux connaissances transmises, que nous usons de la parole, des aliments même. On dit à l'enfant : Mangez, et il mange ; qu'arriverait-il s'il exigeait qu'auparavant on lui prouvât qu'il mourra, s'il ne mange point? On dit à l'homme : Vous voulez aller en tel lieu, suivez cette route : s'il refusait de croire au témoignage, l'éternité entière s'écoulerait auparavant qu'il eût acquis seulement la certitude rationnelle de l'existence du lieu où il désire se rendre. Comment savons-nous qu'il existe entre nous et les autres hommes une société de raison, que nous leur communiquons nos pensées, qu'ils nous communiquent les leurs, que nous les entendons, qu'ils nous entendent. Nous le croyons, et voilà tout. Qui voudrait ne croire ces choses que sur une démonstration rigoureuse, renoncerait à jamais au commerce de ses semblables, renoncerait à la vie. La pratique des arts et des métiers, les méthodes d'enseignement reposent sur la même base. La science est d'abord pour nous une espèce de dogme obscur, que nous ne parvenons ensuite à concevoir plus ou moins que parce que nous l'avons premièrement admis sans le comprendre, que parce que nous avons eu là la foi. Qu'elle vienne à défaillir un instant, le monde social s'arrêtera soudain : plus de gouvernement, plus de lois, plus de transactions, plus de commerce, plus de propriétés, plus de justice ; car tout cela ne subsiste que par l'autorité, qu'à l'abri de la confiance que l'homme a dans l'homme, confiance si naturelle, foi si puissante, que nul ne parvient jamais à l'étouffer entièrement ; et celui-là même qui refuse de croire en Dieu sur le témoignage du genre humain, n'hésitera point à envoyer son semblable à la mort sur le témoignage de deux hommes. Ainsi nous croyons, et l'ordre se maintient dans la société ; nous croyons, et nos facultés se développent, notre raison s'éclaire et se fortifie, notre corps même se conserve ; nous croyons, et nous vivons ; et forcés de croire pour vivre un jour, nous nous étonnerons qu'il faille croire aussi pour vivre éternellement ! Lorsque notre esprit paraît le plus indépendant, lorsqu'il examine, juge, raisonne, il obéit encore à la loi de l'autorité, et il n'est même actif que par la foi ; car pour agir, il faut vouloir, et point de volonté sans croyance. Comment la raison pourrait-elle opérer avant d'être ? Et qu'est-ce que la raison, si ce n'est la vérité connue ? Une intelligence qui ne connaîtrait rien, que serait-elle ? Cherchez dans cette nuit un objet que la pensée puisse saisir. Vous ne trouvez, vous ne voyez que des ombres, parce que la vérité, la lumière n'y est pas. Dieu la retient en lui-même : et ces organes si parfaits, ce corps plein de grâce et de majesté que sa main vient de former avec complaisance, ce n'est pas l'homme encore ; mais tout à coup la parole l'anime : Que l'intelligence soit ! et l'homme fut. Dès lors, sans pouvoir s'en défendre, et par une invincible nécessité d'être, il croit à la vérité que le témoignage lui révèle, et prend par la foi possession de l'existence.

« Tel est l'ordre établi par le Créateur ; nous ne pouvons l'altérer ; il est au-dessus de nos atteintes. Cependant la vérité reçue dans notre intelligence n'y demeure pas stérile ; cultivée par la réflexion, elle se développe, elle fructifie ; de nouvelles idées paraissent, et nous les jugeons vraies ou fausses, selon la nature des rapports que nous apercevons entre elles et les vérités primitives. Juger n'est autre chose que comparer des idées nouvelles à des idées déjà existantes en nous, et qui n'ont pu elles-mêmes être jugées, puisqu'elles n'ont pu être comparées à rien d'antérieur. Ainsi, pour nous, la vérité, ce sont nos idées premières, et l'erreur, tout ce qui n'est pas compatible avec ces idées ; et la logique, qui nous apprend à faire avec méthode ce discernement, n'est que la théorie de la foi.

« Rappelée à son origine, la raison humaine s'affermit inébranlablement. On la voit, si je l'ose bien dire, étendre ses fortes racines jusque dans le sein de Dieu. C'est là qu'elle puise la vie. Nous naissons à l'intelligence par la révélation de la vérité, et les vérités premières reposant sur le témoignage de Dieu, ou sur une autorité infinie, ont une certitude infinie. Elles constituent notre raison, qui ne peut

parle encore. Ceux qui nous instruisent de de sa part ont-ils caractère et mission divine pour le faire? Jésus-Christ a-t-il été envoyé pour instruire les hommes? a-t-il envoyé ses apôtres pour continuer ce grand ouvrage? ceux-ci ont-ils envoyé les pasteurs qui se donnent pour leurs successeurs? Voilà des connaissances historiques qui doivent encore précéder la foi.

être conçue sans elles ; et, révélées originairement par la parole, elles se transmettent également par la parole ; donc dans la société, et seulement dans la société, parce que la vérité, qui est le bien commun des intelligences, doit être possédée en commun par elles ; et aucune intelligence ne pouvant exister qu'à l'aide de certaines vérités nécessaires, on doit retrouver ces vérités dans toutes les intelligences, et le témoignage par lequel elles se manifestent n'a pas moins de certitude que le témoignage de Dieu, parce qu'au fond il n'en diffère pas. De même notre raison, en tant qu'active, ayant été créée de Dieu pour une fin qui est la connaissance de la vérité, la raison générale ne saurait errer, ou ne pas atteindre sa fin ; donc le témoignage universel est infaillible. Il est visible d'ailleurs que si la raison générale, ou la raison humaine proprement dite, pouvait errer sur un seul point, elle pourrait errer sur tous les points, et dès lors il n'existerait plus de certitude pour l'homme. L'unique motif qu'ait la raison humaine d'admettre une chose comme vraie, c'est qu'elle lui paraît vraie ; si ce motif pouvait être trompeur, ses croyances n'auraient plus de base, et Dieu, en donnant à l'homme le désir invincible de connaître la vérité, lui aurait refusé le moyen d'arriver à aucune vérité certaine, ce qui est contradictoire : donc la raison générale est infaillible. Il n'en est pas de même de la raison individuelle, et l'on voit pourquoi : l'infaillibilité ne lui est pas nécessaire, parce qu'elle peut toujours, lorsqu'elle se méprend, rectifier ses erreurs en consultant la raison générale.

« Ainsi la vie intellectuelle, comme la vie physique, dépend de la société, qui a tout reçu et conserve tout par ces deux grands moyens, l'autorité et la foi, conditions nécessaires de l'existence. Premièrement, société avec Dieu, principe de la vérité, source éternelle de l'être ; secondement, société des intelligences créées, que Dieu a unies entre elles, comme il les a unies à lui-même, et par les mêmes lois. Nous n'avons de vie, de mouvement, d'être, enfin, qu'en lui (*Act.* xvii, 28). Noble émanation de sa substance, notre raison n'est que sa raison, comme notre parole n'est que sa parole. Oui nous sommes quelque chose de grand, et je commence à le comprendre, ce mot : *Faisons l'homme à notre image et à notre ressemblance* (*Gen.* 1, 26). *Faisons* : il y a ici délibération, conseil, quelque haute et secrète société, dont la parole encore est le lien ; et je me demande, que serait donc l'homme seul, l'homme séparé de ses semblables et séparé de Dieu ? Je vois son être qui le fait de toutes parts ; plus de certitude, plus de vérité, plus de pensées, plus de parole : fantôme muet...; Non ! *il n'est pas besoin que l'homme soit seul.* (*Gen.* II, 1.) Et quand nous parlons de l'homme, il faut entendre que les mêmes lois régissent toutes les intelligences. Aucun être fini n'a en soi la lumière qui doit l'éclairer, et le plus élevé des esprits célestes n'existant non plus que parce qu'il croit, n'est pas moins passif que l'homme en recevant les premières vérités, et pour lui comme pour nous, la certitude n'est qu'une pleine foi dans une autorité infaillible. Ne rougissons donc point de nous soumettre à cette sublime autorité, sous laquelle ploient les anges mêmes, qui y règne encore plus haut. L'univers matériel lui obéit, et ne la connaît pas. Une voix a parlé aux cieux, et les astres dociles redisent incessamment, dans tous les points de l'espace, cette grande parole qu'ils n'ont point entendue. Pour eux, l'autorité n'est que la puissance ; mais, pour les êtres intelligents qui vivent de vérité et doivent concourir librement à l'ordre, elle *est la raison générale manifestée par le témoignage ou par la parole.* Le premier homme reçoit les premières vérités, sur

Mais, dira un de nos censeurs, l'on ne commence pas par toutes ces discussions, avant d'apprendre à un enfant à faire des actes de *foi*. Non, et cela n'est pas nécessaire. De même qu'il faut l'accoutumer à obéir aux lois, à se conformer aux mœurs, avant que l'on puisse lui en faire comprendre les raisons, il faut aussi lui apprendre ce qu'il doit croire, et lui en faire faire profession en attendant que l'on puisse lui exposer les preuves de la révélation. Dieu qui, par le baptême, a donné la *foi* infuse à cet enfant, supplée, par sa grâce, à l'imperfection de l'acte qu'il peut faire. En général, tout signe par lequel Dieu nous fait connaître sa volonté est une révélation. Ceux qui virent Jésus-Christ opérer des miracles, pour prouver qu'il était Fils de Dieu, pouvaient et devaient croire certainement sur ce signe qu'il l'était véritablement. De même ceux qui ont été témoins oculaires, ou bien informés des miracles des apôtres, ont pu avoir une *foi* divine de leur mission, et croire de *foi* divine ce qu'ils enseignaient. Donc de même, pour croire de *foi* divine, comme révélés, les dogmes que les pasteurs de l'Église nous enseignent, il suffit d'être bien assuré qu'ils ont succédé à la mission des apôtres. Or, de

témoignage de Dieu, raison suprême, et elles se conservent parmi les hommes, perpétuellement manifestées par le témoignage universel, expression de la raison générale. La société ne subsiste que par sa foi dans ces vérités, transmises de générations en générations comme la vie, qui s'éteindrait sans elles ; transmises comme la pensée, puisqu'elles ne sont que la pensée même reçue primitivement et perpétuée par la parole. Se roidir contre cette grande loi, c'est lutter contre l'existence ; il faut, pour s'en affranchir, reculer jusqu'au néant. Créatures superbes qui dites, Nous ne croirons pas, descendez donc. Et nous, guidés par la lumière que repousse votre orgueil, nous nous élèverons jusque dans le sein du souverain Être, et là encore nous retrouverons une image de la loi qui nous humilie ; car la certitude n'est en Dieu même que l'intelligence infinie, la raison essentielle, par laquelle le Père conçoit et engendre éternellement son Fils, son Verbe, *la parole par laquelle un Dieu éternel et parfait se dit lui-même à lui-même tout ce qu'il est;* témoignage toujours subsistant, *qui est cette pensée même et cette parole intérieure conçue dans l'Esprit de Dieu, qui le comprend tout entier, et embrasse en elle-même toute la vérité qui est en lui,* et la religion qui nous unit à Dieu en nous faisant participer à sa vérité et à son amour, n'est encore, dans ses dogmes, que ce témoignage traduit en notre langue par le Verbe lui-même, ou la manifestation sensible de la raison universelle dans ce qu'elle a de plus haut, de plus inaccessible à notre propre raison abandonnée à ses forces ; en sorte que, si nous voulons y être attentifs, nous comprendrons que Dieu, avec sa toute-puissance, ne nous pouvait donner une plus grande certitude des vérités que son Fils est venu nous annoncer, puisque son témoignage enferme en soi toute la certitude divine. » (*Essai sur l'indifférence*, t. II, ch. 15.)

quoi aurait servi la mission divine des apôtres, si Dieu ne l'avait pas rendue perpétuelle et transmissible à leurs successeurs? Nous sommes donc assurés de la mission divine de ces derniers, par tous les motifs de crédibilité qui démontrent la divinité du christianisme, ou l'établissement divin de l'Eglise de Jésus-Christ. *Voy.* CHRISTIANISME, MISSION, PASTEURS, RÉVÉLATION, etc. En effet, que la parole de Dieu soit articulée ou non, écrite ou non écrite, il nous suffit que ce soit un signe infaillible de la volonté et des desseins de Dieu, pour la nommer une révélation divine. Toute vérité, fondée sur cette base, peut donc et doit être crue de *foi* divine. Dans l'Eglise catholique, sans Ecriture et sans livres, un fidèle croit, avec une entière certitude, que l'Eglise, par laquelle il est enseigné, est l'organe infaillible des vérités révélées.

Or, l'Eglise nous instruit, 1° par la voix de ses premiers pasteurs, assemblés dans un *concile* pour décider un point de doctrine attaqué par des hérétiques; 2° par la voix de son chef, lorsqu'il adresse à tous les fidèles une instruction en matière de dogme, et qu'elle est reçue, soit par l'acceptation formelle de la très-grande partie des évêques, soit par leur silence; 3° par l'enseignement commun de ces mêmes pasteurs dispersés: c'est pour cela que le sentiment commun des Pères est censé avoir été la doctrine de l'Eglise de leur temps; 4° par les prières publiques, par la liturgie, par les cérémonies dont le sens est toujours relatif aux prières; 5° par l'enseignement uniforme des théologiens dans les écoles, des prédicateurs dans la chaire, des écrivains dans leurs livres, lorsque leur doctrine n'est ni censurée, ni désavouée par les pasteurs. *Voy.* LIEUX THÉOLOGIQUES. Par la nature même de ce témoignage, et des moyens par lesquels il nous est connu, il est évident que la *foi* de l'Eglise ne peut recevoir aucun changement. Il est impossible que, dans les divers lieux du monde où il y a des chrétiens, les évêques, les pasteurs inférieurs, les théologiens, les prédicateurs et les écrivains, aient conspiré entre eux et avec le chef de l'Eglise, pour changer en quelque chose la doctrine reçue des apôtres, sans que le commun des fidèles s'en soit aperçu, et sans qu'il ait réclamé. Il aurait fallu que pendant que le changement s'opérait en Occident et dans toute l'Eglise latine, il se fit aussi dans l'Eglise grecque et dans l'Eglise syrienne, chez les Egyptiens, chez les Ethiopiens, chez les Perses et chez les Indiens. *Voyez* la *Perpétuité de la Foi*, t. IV, l. x, c. 1 et suiv. Ces principes une fois posés, il n'est plus difficile de résoudre la grande question qui divise les protestants d'avec les catholiques, savoir quelle est la règle de la *foi*: est-ce la parole de Dieu écrite et expliquée suivant le degré de capacité de chaque particulier, ou est-ce la parole de Dieu énoncée par l'Eglise? La réponse à cette question sert à en résoudre une autre, savoir quelle est l'analyse de la *foi*.

Suivant les protestants, c'est par l'Ecriture sainte seule, qui est la parole de Dieu écrite, que le simple fidèle doit apprendre ce que Dieu a révélé, par conséquent ce qui doit être cru de *foi* divine; tout autre moyen est suspect, incertain et fautif. Nous soutenons avec l'Eglise catholique que cette méthode des protestants est impraticable au commun des hommes, une source d'erreur et de fanatisme, et que, dans le fait, les protestants eux-mêmes ne la suivent pas. En effet, pour qu'un particulier puisse fonder sa *foi* sur l'Ecriture sainte, il faut qu'il soit certain, 1° que tel livre est l'ouvrage d'un auteur inspiré de Dieu; 2° que le texte de ce livre a été conservé dans son entier, et tel qu'il est sorti de la plume de l'auteur; 3° qu'il a été fidèlement traduit, puisque les livres saints ont été écrits dans des langues qui ne sont plus vivantes; 4° que les passages tirés de ce livre doivent être entendus dans tel sens. Nous prétendons qu'un simple fidèle ne peut par lui-même avoir aucune certitude de ces quatre points, à moins qu'il ne s'en rapporte au témoignage et au sentiment de l'Eglise. Nous l'avons fait voir au mot ECRITURE SAINTE, et nous avons montré que dans le fait un protestant ne se conduit pas autrement qu'un catholique; que sans le savoir et sans le vouloir, il est subjugué de même par l'autorité et par la croyance commune de la société dans laquelle il est né; et s'il y résistait, sous prétexte qu'en fait de dogmes il ne doit plier sous aucune autorité humaine, il serait regardé comme un mécréant. *Voyez* les *Protestants convaincus de schisme*, par Nicole, 1re part., c. 5.

D'autre part, au mot EGLISE, nous avons prouvé qu'un simple fidèle catholique n'a besoin ni d'érudition, ni de livres, ni de discussion savante, pour être convaincu que les pasteurs de l'Eglise, qui lui attestent les quatre points dont nous venons de parler, ont été établis de Dieu pour l'instruire, qu'il peut s'en rapporter à leur enseignement sans aucun danger d'erreur, qu'en les écoutant il écoute la vraie parole de Dieu. Par là même, il est évident que les protestants nous calomnient lorsqu'ils disent que nous prenons pour règle de *foi*, non l'Ecriture sainte, mais la tradition et l'enseignement des pasteurs de l'Eglise; non la parole de Dieu, mais la parole des hommes, et que nous attribuons plus d'autorité à celle-ci qu'à la parole de Dieu. Nous prenons aussi bien qu'eux l'Ecriture sainte pour règle de notre *foi*, mais non l'Ecriture seule; nous voulons que l'Ecriture nous soit garantie et expliquée par l'Eglise, parce que sans cela nous ne serions sûrs ni de l'authenticité du texte, ni de son intégrité, ni de son vrai sens. Nous soutenons qu'il y a des vérités de *foi* qui ne sont pas clairement, expressément et formellement révélées dans l'Ecriture, mais qui ont été enseignées de vive voix par les apôtres, et qui nous ont été fidèlement transmises par l'enseignement traditionnel de l'Eglise, et que ces vérités sont la parole de Dieu tout comme celles qui ont été écrites. Nous ajoutons que quand l'Ecriture est susceptible de différents sens, et qu'il y a contestation pour savoir quel est le vrai, c'est à l'Eglise et non à chaque particulier de le déterminer, parce qu'enfin le sens que chaque particulier donne à l'Ecriture n'est plus la parole de Dieu, mais la parole de celui qui l'interprète, à moins qu'il n'ait reçu de Dieu mission, caractère et autorité pour l'interpréter. Aussi à l'art. ÉCRITURE SAINTE, § 4, nous avons fait voir qu'il est faux que les protestants s'en tiennent à l'Ecriture sainte comme à la *seule règle* de leur *foi*. Le code de nos lois civiles serait-il la seule règle de notre conduite, si chaque particulier était le maître d'en expliquer le texte comme il lui plaît, s'il n'y avait pas des tribunaux chargés d'en expliquer le sens et de l'appliquer aux cas particuliers.

Nos adversaires en imposent encore, quand ils disent que nous croyons comme vérités de *foi* des dogmes contraires à l'Ecriture sainte et à la parole de Dieu. S'ils entendent contraires à l'Ecriture, expliquée à leur manière, nous en convenons; mais il leur reste à prouver que leur explication est la parole de Dieu.

Dans nos principes, l'analyse de la *foi* est simple et naturelle, chaque particulier peut la faire aisément. Si on lui demande pourquoi il croit tel dogme, par exemple, la présence réelle de Jésus-Christ dans l'eucharistie, il répondra sans hésiter : 1° Je le crois, parce que l'Eglise catholique me l'enseigne et me le montre dans les livres qu'elle regarde comme l'Ecriture sainte. 2° Je crois que son enseignement est la parole de Dieu, parce que la mission de ses pasteurs vient de Dieu. 3° Je le crois ainsi, parce que cette mission leur vient des apôtres par succession, et que celle des apôtres était certainement divine. 4° Je suis convaincu qu'elle l'était, parce qu'elle a été prouvée par leurs miracles et par les autres preuves de la divinité du christianisme. 5° Enfin je crois que toute l'Ecriture sainte est la parole de Dieu, parce que l'Eglise m'en assure, et je regarde comme Ecriture sainte tous les livres que l'Eglise reçoit comme tels. Nous soutenons que la *foi* du fidèle ainsi formée, est sage, raisonnable, certaine et solide, inaccessible au doute et à l'erreur, quand même il ne serait pas en état d'en faire ainsi l'analyse; nous en avons prouvé toutes les parties aux mots ECRITURE, EGLISE, MISSION, SUCCESSION, etc.

II. *De l'objet de la foi, ou des vérités que l'on peut et que l'on doit croire de foi divine.* Puisque Dieu est la vérité même, et que nous devons croire lorsqu'il daigne nous parler, toute vérité révélée de Dieu peut et doit être l'objet de notre *foi*, dès que nous avons connaissance de la révélation.

Cependant les déistes soutiennent qu'il est impossible de croire sincèrement un dogme obscur et que nous ne comprenons point. Pour acquiescer, disent-ils, à une proposition quelconque, il faut voir la liaison qu'il y a entre le sujet et l'attribut; sans cela, nous ne pouvons sentir si elle est vraie ou fausse; nous ne pouvons donc ni l'admettre ni la rejeter. Tout ce que nous en disons est un pur jargon de mots qui ne signifient rien. Supposer que Dieu nous a révélé des mystères ou des dogmes incompréhensibles, c'est prétendre qu'il nous a parlé une langue étrangère et inintelligible, qu'il a parlé pour ne pas être entendu ; la *foi*, ou la persuasion que nous croyons en avoir, n'est qu'un enthousiasme et une folie.

Si ce raisonnement était vrai, il prouverait que la *foi* humaine est impossible, aussi bien que la *foi* divine : lorsque, sur le témoignage de ceux qui ont des yeux, un aveugle-né croit qu'il y a des couleurs, des perspectives, des miroirs, des tableaux, est-il enthousiaste ou insensé? Cependant il ne conçoit pas plus ces divers objets que nous ne concevons les mystères que Dieu nous a révélés. Il ne s'ensuit pas de là que ce qu'on lui en dit est pour lui un pur jargon de mots ou une langue étrangère, qu'on lui en parle pour ne pas être entendu, etc. Pour acquiescer à une proposition, il n'est donc pas nécessaire de voir la liaison des termes directement et en elle-même ; il suffit de la voir indirectement dans la certitude du témoignage de ceux qui nous l'attestent.

Comme il y a des dogmes qui sont obscurs pour les ignorants, et qui sont démontrés aux philosophes, ils peuvent être un objet de *foi* pour les premiers, parce qu'ils sont révélés, et un objet de connaissance évidente pour les seconds. Ainsi la spiritualité et l'immortalité de notre âme, etc., sont des vérités évidentes aux yeux des hommes instruits et qui savent raisonner; mais le très-grand nombre des ignorants ne les croit que parce que l'Eglise le lui enseigne; il n'a peut-être jamais réfléchi aux démonstrations qui prouvent ces mêmes vérités. Cependant les philosophes mêmes peuvent oublier pour quelques moments les démonstrations qu'ils en ont, et les croire, parce que Dieu les a confirmées par la révélation. L'on peut donc, sous cet aspect, croire de *foi* divine des vérités qui sont démontrées d'ailleurs.

Cette observation n'est point contraire à ce qu'a dit saint Paul, *Hebr.*, chap. XI, vers. 1, que la *foi* est l'assurance des choses que nous espérons, et la conviction des vérités que nous ne voyons pas; parce qu'en effet le plus grand nombre des dogmes que nous croyons par la *foi* ne sont pas susceptibles de démonstration. D'ailleurs, avant que Dieu n'eût confirmé les autres par la révélation, les philosophes même n'en avaient ni une pleine assurance, ni une entière conviction; ils ne les ont acquises qu'à la lumière du flambeau de la *foi*.

On demande si la conséquence qui suit évidemment d'une proposition révélée, peut être crue de *foi* divine, comme cette proposition même. Pourquoi non? Dieu, en révélant l'une, est censé avoir aussi révélé l'autre : ainsi il est expressément révélé que Jésus-Christ est Dieu et homme ; il est donc aussi révélé conséquemment qu'il a la nature divine et à nature humaine, et toutes les propriétés de l'une et de l'autre. Puisqu'il est d'ailleurs évident que la volonté est un apanage de toute nature intelligente, il ne l'est pas moins qu'il y a dans Jésus-Christ deux volontés, savoir, la volonté divine et la volonté humaine, mais que celle-ci est parfaitement soumise à la première. Si cette conséquence n'était pas censée révélée aussi bien que la proposition d'où elle s'ensuit, l'Eglise n'aurait pas pu la décider contre les monothélites : par ses décisions, l'Eglise déclare que tel dogme est révélé ; mais ce n'est pas elle qui le révèle. Ainsi, même avant la décision, tout homme capable de tirer cette conséquence et d'en sentir la liaison avec la proposition révélée, était obligé de croire l'une et l'autre.

De même, il est expressément révélé que l'eucharistie est le corps et le sang de Jésus-Christ ; par conséquent, il est aussi révélé que ce n'est plus du pain ni du vin, que par les paroles sacramentelles il se fait une transsubstantiation, comme l'Eglise l'a décidé. Mais avant cette décision, quiconque sentait la liaison nécessaire de ces deux dogmes, croyait déjà l'un et l'autre de foi divine ; et s'il avait nié la transsubstantiation, il aurait contredit ces paroles de Jésus-Christ, *Ceci est mon corps:* quiconque croyait sincèrement la présence réelle, croyait implicitement la transsubstantiation. A la vérité, avant la décision, un théologien pouvait ne pas apercevoir distinctement cette liaison ; il pouvait donc innocemment révoquer en doute ou nier la transsubstantiation, sans être taxé d'hérésie : mais depuis la décision, l'on ne peut plus présumer dans un catholique ni l'ignorance ni la bonne foi; quiconque nierait la transsubstantiation serait opiniâtre, rebelle à l'Eglise et hérétique. Les théologiens qui ont traité des articles de foi nécessaires et non nécessaires, ne nous paraissent pas avoir fait assez clairement cette distinction. Holden, *de Resol. Fidei.*, l. II, c. 1. Ceux qui prétendent qu'une proposition clairement et formellement révélée dans l'Ecriture sainte n'est cependant pas de foi, à moins que l'Eglise ne l'ait ainsi décidé, ne se trompent-ils pas? Un homme peut en douter innocemment, parce qu'il craint de ne pas prendre le vrai sens de l'Ecriture sainte; mais un théologien, à qui ce sens paraît évident, peut certainement croire de foi divine cette proposition ; et s'il ne la croyait pas, il pécherait contre la *foi*.

Comme Dieu ne fait plus de révélation générale à son Eglise, il est évident que le nombre des articles de *foi* ne peut pas augmenter ; ceux de nos incrédules qui ont accusé saint Thomas d'avoir enseigné le contraire, en ont imposé. « Les articles de *foi*, dit ce saint docteur, se sont multipliés avec le temps, *non quant à la substance,* mais quant à leur explication et à la profession plus expresse que l'on en a faite; car tout ce que nous croyons aujourd'hui a été cru de même par nos pères implicitement et sous un moindre nombre d'articles. » 2ª 2ªᵉ, q. 1, art. 7. « Que la religion, dit Vincent de Lérins, imite dans les âmes ce qui se passe dans les corps ; quoique par la succession des années ils grandissent et se développent, ils demeurent cependant toujours les mêmes..... Que les anciens dogmes de notre *foi* soient exposés avec plus de clarté, de netteté et de précision qu'autrefois, cela est permis : mais il faut qu'ils conservent leur intégrité, leur substance et leur pureté..... L'Eglise de Jésus-Christ, exacte et sévère gardienne du dépôt des dogmes qui lui sont confiés, n'y change rien, n'en retranche rien, n'y ajoute rien, etc. » (*Commonit.*, c. 23.) Mais comme la *foi* d'un particulier est toujours proportionnée au degré de connaissance qu'il peut avoir de la révélation, il est clair que cette *foi* peut être plus ou moins étendue; il en était de même au commencement de la prédication du Sauveur. Lorsque les malades lui demandaient leur guérison, il exigeait d'eux la *foi*, c'est-à-dire qu'ils reconnussent sa qualité de Messie, d'envoyé de Dieu, et le pouvoir qu'il avait de faire des miracles. Ce fut aussi le premier degré de la *foi* des apôtres. Lorsque ceux-ci furent plus instruits, ils crurent non-seulement que leur maître était le Messie ou le Christ, mais qu'il était le Fils de Dieu vivant et Dieu comme son Père. C'est le sens de la confession de saint Pierre, *Matth.*, chap. xvi, vers. 16, et de celle de saint Thomas, *Joan.*, chap. xx, vers. 28. Enfin, lorsque Jésus-Christ leur eut exposé toute sa doctrine, il leur dit : *Vous êtes mes amis, puisque je vous ai fait connaître tout ce que j'ai reçu de mon Père* (*Joan.* xv, 15).

Locke s'est donc trompé lorsqu'il a voulu prouver, dans son *Christianisme raisonnable*, que la *foi* en Jésus-Christ consiste simplement à croire qu'il est le Messie. Cela pouvait suffire, dans les commencements de l'Evangile, à ceux qui n'étaient pas en état d'en savoir davantage ; mais cela ne suffisait plus à ceux qui étaient à portée de se mieux instruire. Lorsque Jésus-Christ a dit à ses apôtres : *Prêchez l'Evangile à toute créature..... Quiconque ne croira pas, sera condamné* (*Marc.* xvi, 15), il ne leur a pas seulement ordonné d'annoncer qu'il est le Messie, mais d'enseigner toute sa doctrine; il n'est permis à personne d'en négliger ou d'en rejeter un seul article. Croire d'un côté que Jésus-Christ est le Messie envoyé de Dieu pour nous instruire, de l'autre refuser de croire un dogme qu'il a enseigné, c'est une contradiction. Nous verrons ci-après qu'il y a d'autres vérités, sans la croyance desquelles un homme ne peut être dans la voie du salut.

III. *Du motif de la* FOI *et de la certitude qu'il nous donne.* Nous avons déjà dit que le motif qui nous fait croire les vérités révélées est la souveraine véracité de Dieu, qui ne peut ni se tromper lui-même, ni nous induire en erreur : d'où nous concluons que la persuasion dans laquelle nous sommes de la vérité de nos dogmes est de la plus grande certitude et qu'elle ne peut donner lieu à aucun doute raisonnable. D'un côté, il est démontré que Dieu est incapable de se tromper et de nous en imposer; de l'autre, le fait de la révélation est poussé à un degré de certitude morale qui équivaut à la certitude métaphysique produite par une démonstration.

Vainement les déistes soutiennent que la certitude morale ne peut jamais être équivalente à la certitude physique qui vient du témoignage de nos sens, encore moins à la certitude métaphysique qui résulte d'un raisonnement évident. Nous sentons le contraire par une expérience continuelle: nous ne sommes pas plus tentés de douter de l'existence de la ville de Rome, qui est un fait, que de l'existence du soleil que nous voyons, et nous ne sommes pas moins convaincus de la vérité de ce qui nous est attesté par nos sens, que d'une proposition métaphysiquement prouvée. Il y a même des cas où les preuves morales doivent l'emporter sur de prétendues démonstrations qui ne sont qu'apparentes. Un aveugle-né, partant d'après les notions que ses sensations peuvent lui donner, se démontrerait à lui-même qu'une perspective ou un miroir est une chose impossible. Cependant le bon sens lui fait comprendre qu'il doit plutôt se fier au témoignage de ceux qui ont des yeux, qu'à l'évidence apparente de son raisonnement. Or, à l'égard de Dieu, nous sommes dans le même cas que les aveugles-nés à l'égard de ceux qui voient. *Voyez* ÉVIDENCE, MYSTÈRE.

Il ne faut cependant pas confondre le degré de certitude que nous avons d'une vérité, avec le degré d'attachement que nous devons avoir pour elle. On ne trouverait sûrement pas beaucoup de philosophes disposés à donner leur vie pour attester les vérités métaphysiques dont ils sont le mieux persuadés, au lieu que des milliers de chrétiens ont versé leur sang pour rendre témoignage à la vérité des dogmes enseignés par Jésus-Christ. Dieu, qui connaît mieux que les philosophes ce qui est le plus utile à l'humanité, n'a revêtu d'une évidence métaphysique que des vérités assez peu importantes à notre bonheur; mais il a fondé sur la certitude morale toutes les vérités qui décident de notre sort pour ce monde et pour l'autre, et les philosophes les plus incrédules sont subjugués par là dans le commerce ordinaire de la vie, comme le vulgaire le plus ignorant.

Comment donc certains hérétiques, et après eux les incrédules, ont-ils osé accuser Jésus-Christ d'injustice et de cruauté, parce qu'il a ordonné à ses disciples de confesser leur *foi*, même aux dépens de leur vie? *Si quelqu'un*, dit-il, *me renie devant les hommes, je le renierai devant mon Père..... Quiconque n'est pas pour moi, est contre moi.* (*Matth.* x, 33; *Luc.* xi, 33). Lui-même nous a donné l'exemple de cette constance; il a promis des grâces surnaturelles à ceux qui se trouveraient dans ce cas: le nombre infini de martyrs qui l'ont imité prouve qu'il leur a tenu parole, et sans cela le christianisme aurait été étouffé dès sa naissance. Celse, l'un des plus violents ennemis de notre religion, n'a pas osé blâmer le courage de ces généreux confesseurs. *Voy.* MARTYRE.

Mais il y a une objection qui a été souvent répétée par les protestants, et à laquelle il faut satisfaire. Ils demandent quel est le motif de la *foi* d'un enfant au moment qu'il reçoit l'usage de la raison, ou d'un catholique simple et ignorant? Si nous répondons qu'il croit tel dogme parce que l'Église le lui enseigne, ils veulent savoir par quel motif ces deux ignorants croient que cette Église est la véritable, et que, lorsqu'elle enseigne, c'est Dieu qui parle. Il est évident, disent nos adversaires, qu'un ignorant croit parce que son père et son curé lui disent qu'il faut croire; qu'il n'y a aucune différence entre la *foi* d'un catholique, celle d'un grec schismatique, d'un protestant ou de tout autre sectaire: tous croient sur parole et sans pouvoir rendre raison de leur *foi*.

Nous soutenons qu'un catholique a des motifs certains, raisonnables et solides, et que les autres n'en ont point. 1° Il sait que la mission de son curé est divine; les autres n'ont point de certitude à l'égard de leurs pasteurs. *Voy.* la fin du § 1er ci-devant. 2° Il sait que l'enseignement de son curé est le même que celui de son évêque, puisque c'est son évêque qui a dressé le catéchisme. 3° Il sait que son évêque est en communion de *foi* avec ses collègues et avec le souverain pontife, qu'il regarde et qu'il représente comme le chef de l'Église. Il est donc certain que la doctrine de son curé est celle de toute l'Église. 4° Dès qu'il est en état de savoir l'article du symbole, *je crois la sainte Église catholique*, on lui fait comprendre que cette Église est celle qui prend pour règle de sa *foi* le consentement universel des églises particulières qui la composent. A ce caractère seul, il est bien fondé à juger que c'est la véritable Église de Jésus-Christ, puisqu'elle conduit ses enfants en véritable mère, en leur donnant pour motif de confiance un fait éclatant duquel ils ne peuvent pas douter. La *catholicité* de l'Église est donc pour lui un signe certain de la divinité de son enseignement. *Voy.* CATHOLICITÉ, CATHOLIQUE.

Un Grec schismatique croit, à la vérité, aussi bien qu'un catholique, qu'il y a une véritable Église de Jésus-Christ, que quand elle enseigne, c'est Dieu qui parle, et qu'il faut y croire. Mais sur quel fondement juge-t-il que cette Église est l'Église grecque schismatique et non l'Église latine? La *catholicité* ne convient, en aucune manière, à une société schismatique.

Un protestant est persuadé qu'il ne faut croire ni à l'Église, ni à ses pasteurs, mais seulement à la parole de Dieu: mais comment sait-il que sa Bible est la parole de Dieu; que c'est une traduction fidèle de l'original; qu'en la lisant il en prend le vrai sens, et s'il ne sait pas lire, qu'on ne le trompe point en la lui lisant? *Confér. de Bossuet avec Claude,* p. 162. *Controv. pacif. de M. l'évêque du Puy,* etc. Un catholique ignorant a donc des motifs de *foi* raisonnables, solides, mis à sa portée; motifs qu'un hérétique et un schismatique ne peuvent pas avoir.

Mais, nous l'avons déjà observé, pour que la *foi* d'un catholique soit réellement fondée sur la chaîne des faits et des motifs que nous venons d'exposer, il n'est pas nécessaire qu'il soit en état de les ranger ainsi par ordre et d'en faire l'analyse. Un ignorant n'est pas plus en état de rendre raison de sa *foi* humaine que de sa *foi* divine; il ne s'ensuit pas néanmoins que sa *foi* humaine n'est ni certaine ni raisonnable. « Il faut de nécessité, dit à ce sujet un protestant très-sensé, ou bien refuser aux simples toute assurance raisonnable des vérités qu'ils croient, tout discernement de ce qui est certain d'avec ce qui ne l'est pas, ou reconnaître avec moi que souvent l'esprit est solidement convaincu par un amas de raisons qu'il lui est impossible de démêler ni d'arranger d'une manière distincte, pour démontrer aux autres sa propre persuasion. Ces principes, qui frappent à la fois vivement, quoique confusément, l'esprit, établissent une croyance solide dans ceux-là même qui, faute d'en pouvoir faire l'analyse quand on leur dira, *Prouvez-nous ce dont vous êtes si bien persuadés,* sont réduits au silence. » Boulier, *Traité de la Certitude morale,* c. 8, n. 20, t. I, p. 271.

IV. *De la grâce de la foi.* L'homme est très-capable de résister à l'évidence même, lorsqu'elle peut gêner ses passions; cela n'est que trop prouvé par l'expérience, il a donc besoin d'une grâce intérieure qui l'éclaire et le rende docile à la voix de la révélation. Ainsi la *foi* est une grâce, non-seulement parce que Dieu se révèle à qui il lui plaît, mais encore parce que le bienfait extérieur de la révélation serait inutile si Dieu n'éclairait intérieurement l'esprit et ne touchait le cœur de ceux auxquels il daigne adresser sa parole.

Les semi-pélagiens s'étaient persuadés que l'homme, naturellement docile et curieux de connaître la vérité, pouvait avoir lui-même des dispositions à la *foi*, désirer la lumière, la demander à Dieu; qu'en récompense de cette bonne volonté naturelle, Dieu lui accordait le don de la *foi.* Ce n'est point là la doctrine de l'Ecriture sainte : elle nous apprend que le désir même d'être éclairé vient de Dieu, et que c'est déjà un commencement de grâce, de même que la docilité à la parole de Dieu. Il est dit, *Act.*, chap. XVI, vers. 14, que Dieu ouvrit le cœur de Lydie, femme vertueuse, pour la rendre attentive à la prédication de saint Paul. Cet apôtre lui-même, parlant du don de la *foi*, *Rom.*, chap. IX, vers. 16, dit qu'il ne dépend point de celui qui le veut et qui y court, mais de Dieu qui fait miséricorde. Il le prouve par l'exemple des Juifs et des gentils : quoique l'Evangile fût également prêché aux uns et aux autres, les premiers se convertissaient plus difficilement et en plus petit nombre que les seconds. Saint Paul en conclut, non que les uns avaient de meilleures dispositions naturelles que les autres, mais que Dieu fait miséricorde à qui il veut, et laisse endurcir qui il lui plaît. *Ibid.*, vers. 18. En parlant des prédicateurs de l'Evangile, il dit que celui qui plante et celui qui arrose ne sont rien, mais que c'est Dieu qui donne l'accroissement. *I Cor.*, chap. III, vers. 7.

Aussi saint Augustin écrivit avec force contre l'opinion des semi-pélagiens; il leur prouva, par les passages de l'Ecriture sainte que nous venons de citer et par plusieurs autres, aussi bien que par la tradition, que la bonne volonté, les désirs d'être éclairé, la docilité, sont des dons surnaturels et l'effet d'une grâce prévenante; qu'ainsi la *foi* est un bienfait de Dieu purement gratuit, et non la récompense d'aucun mérite naturel; que l'on doit attribuer le commencement du salut, non à l'homme, mais à Dieu. Ainsi l'a décidé l'Eglise contre les semi-pélagiens, dans le deuxième concile d'Orange, l'an 529, et ç'a été la croyance de tous les siècles. A la vérité, l'Ecriture sainte semble attribuer souvent à l'homme les premières dispositions à la vertu et au salut. *II Paral.*, chap. XIX, vers. 3, il est dit que le roi Josaphat avait préparé son cœur pour rechercher le Seigneur; mais il n'est pas dit qu'il avait fait cette préparation sans un secours particulier de Dieu. *Prov.*, chap. XVI, vers. 1, le Sage dit que c'est à l'homme de préparer son âme, et à Dieu de gouverner la langue; mais il ajoute : *Découvrez à Dieu vos actions, et il dirigera vos pensées.* Nous lisons dans l'*Ecclésiastique*, chap. II, vers. 20 : *Ceux qui craignent le Seigneur prépareront leur cœur, et ils sanctifieront leurs âmes en sa présence.* Cette préparation n'est pas plus l'ouvrage de la nature seule, que la sanctification des âmes. Aussi David dit à Dieu, *Ps.* L, vers. 12 : *Créez en moi un cœur pur et un esprit droit.* Et Salomon : *Donnez à votre serviteur un cœur docile (III Reg.* III, 9). Un autre auteur sacré demande à Dieu la sagesse, et dit : *Qui pourra penser ce que Dieu veut? (Sap.* IX, 10-13.) Il n'est donc pas vrai que dans l'ordre du salut la *foi* est la première grâce, comme l'ont enseigné quelques théologiens justement condamnés; Nous prouverons, § 4, que Dieu a fait aux païens des grâces qui auraient pu directement ou indirectement les conduire à la *foi*, et qui n'ont pas produit cet effet par la faute de ceux qui les ont reçues. Au mot INFIDÈLE, nous ferons voir que Dieu, par sa grâce, a été l'auteur de plusieurs bonnes œuvres faites par des païens qui n'ont jamais eu la *foi*.

Lorsque Celse, Julien, Porphyre, les marcionites, objectaient aux chrétiens le petit nombre de ceux auxquels Jésus-Christ s'est fait connaître, les anciens Pères de l'Eglise ont répondu que Dieu avait fait révéler son Fils partout où il savait qu'il y avait des hommes préparés à croire. *Orig. contre Celse*, l. VI, n. 78; *saint Cyrille contre Julien*, l. III, p. 108; *Tertul. contre Marcion*, l. II, c. 23. Ces Pères ont-ils donc pensé que le don de la *foi* était une récompense des bonnes dispositions naturelles de ceux qui ont cru? Non, sans doute; ils ont seulement voulu dire que Dieu a éclairé tous ceux qui n'ont pas mis volontairement obstacle aux lumières de la grâce. L'homme ne peut, sans une grâce prévenante, se disposer positivement à recevoir la *foi*; mais il peut, par sa perversité naturelle, résister à cette grâce lorsqu'elle le prévient, et se rendre ainsi indigne d'être éclairé. Nous ne croyons point devoir suivre l'exemple des théologiens qui ont jugé que les semi-pélagiens avaient emprunté leur erreur d'anciens Pères de l'Église; et quoique de très-savants hommes l'aient attribuée à Origène, il ne serait peut-être pas plus difficile de l'en absoudre, que d'en justifier les auteurs sacrés dont il a imité le langage.

Saint Augustin lui-même, répondant à Porphyre, avait dit que Jésus-Christ a voulu se faire connaître et faire prêcher sa doctrine partout où il savait qu'il y aurait des hommes dociles, et qui croiraient; qu'ainsi le salut attaché à la seule vraie religion n'a jamais été refusé à ceux qui en étaient dignes, mais seulement à ceux qui en étaient indignes. *Epist.* 102, *quæst.* 2, n. 14. Lorsque les semi-pélagiens voulurent se prévaloir de ces paroles, saint Augustin leur répondit, *L. de Præd. sanct.*, c. 9, n. 17, 19 : « Quand j'ai parlé de la prescience de Jésus-Christ, ç'a été *sans préjudice des desseins cachés de Dieu* et des autres causes; cela m'a paru suffire pour réfuter l'objection des païens... Je n'ai pas cru qu'il fût nécessaire pour lors d'examiner si, lorsque Jésus-Christ est annoncé à un peuple, ceux qui croient en lui se donnent eux-mêmes la *foi*, ou s'ils la reçoivent par un don de Dieu; et si à la prescience il faut ajouter la prédestination.... Par conséquent si l'on demande d'où vient que l'un est digne, plutôt que l'autre, de recevoir la *foi*, nous dirons que cela vient de la grâce et de la prédestination divine. » En faisant sa propre apologie, saint Augustin n'a-t-il pas fait aussi celle des Pères dont il avait emprunté le langage? Nous en laissons le jugement à tout lecteur sensé.

Cette réponse du saint docteur est très-bonne pour réfuter les semi-pélagiens, mais elle ne suffit plus pour satisfaire à la plainte des païens; car enfin, demander pourquoi Dieu a daigné accorder la grâce de la *foi* à si peu de personnes, ou pourquoi il en a prédestiné peu à être dignes de la recevoir, c'est précisément la même chose. Il faut donc en revenir à dire comme saint Paul; 1° que c'est un mystère incompréhensible; 2° que ceux qui n'ont point reçu cette grâce y ont mis volontairement obstacle. En effet, saint Paul, après avoir prouvé que la *foi* est un don de la pure miséricorde de Dieu, ajoute cependant que les Juifs sont demeurés incrédules, parce qu'au lieu de placer la justice dans la *foi*, ils ont voulu qu'elle vînt de leur loi; que c'est ce qui les a fait tomber. *Rom.*, chap. IX, vers. 31 et 32; il suppose donc que les Juifs ont mis volontairement obstacle à la grâce. Convenons néanmoins que l'opinion même des semi-pélagiens, quand elle ne serait pas erronée, ne satisferait pas encore pleinement à l'objection des païens. Car enfin, quand on leur dirait que Dieu a fait prêcher la *foi* à tous ceux qui se sont trouvés dignes de la recevoir par leurs bonnes dispositions naturelles, un païen, un marcionite, un manichéen, demanderaient encore pourquoi Dieu, auteur de la nature, n'a pas donné ces bonnes dispositions naturelles à un plus grand nombre de personnes, et la difficulté serait toujours la même. Le seul moyen de la résoudre est de dire avec saint Paul, *I Tim.*, chap. II, vers. 4 : *Dieu notre Sauveur veut que tous les hommes soient sauvés et parviennent à la connaissance de la vérité, parce qu'il est le Dieu de tous; que Jésus-Christ est le médiateur de tous, et qu'il s'est livré pour la rédemption de tous.* Conséquemment il donne à tous des grâces ou des secours plus ou moins directs, prochains, puissants et abondants, par le moyen desquels ils parviendraient de près ou de loin à la connaissance de la vérité, s'ils étaient fidèles à y correspondre. A la vérité, nous ne voyons pas comment cette volonté et cette providence de Dieu s'accomplit et produit son effet, mais nous n'avons pas besoin de le savoir; la parole de Dieu doit nous suffire. *Voy.* SALUT, SAUVEUR.

V. *Du mérite de la foi.* Il s'ensuit des réflexions précédentes que la *foi* est une vertu, qu'elle est méritoire, que l'incrédulité est un crime. Il y a certainement du mérite à vaincre la répugnance que nous avons naturellement à croire des vérités qui passent notre intelligence, et qui sont opposées à nos passions comme sont la plupart de celles que Dieu nous a révélées. L'exemple des incrédules qui refusent de s'y rendre en est une bonne preuve. Ils disent qu'il ne dépend pas d'eux d'être convaincus; c'est une fausseté. Nous sentons très-bien qu'il dépend de nous d'être dociles à la parole de Dieu et à la grâce qui nous y excite, ou d'être opiniâtrés, et de résister à l'une et à l'autre. Rien n'est plus commun dans le monde que des hommes qui ferment volontairement les yeux à la lumière. Un incrédule même a dit que si les hommes y avaient intérêt, ils douteraient des éléments d'Euclide.

Ne soyons pas surpris de ce que saint Paul a fait de si grands éloges de la *foi*, de ce qu'il enseigne que nous sommes justifiés par la *foi*, etc. Nous avons déjà observé que par la *foi* il entend non-seulement la croyance des dogmes spéculatifs que Dieu a révélés, mais encore la confiance en ses promesses, et l'obéissance à ses ordres. C'est dans ces trois dispositions qu'il fait consister la *foi* d'Abraham et des patriarches; il prouve leur *foi* par leur conduite, *Hebr.*, chap. XI et XII.

D'un côté, saint Paul nous assure que l'homme est justifié par la *foi*, et non par les œuvres de la loi ; qu'Abraham lui-même n'a pas été justifié par les œuvres. *Rom.*, chap. III, vers. 28 ; IV, 2 ; *Galat.*, cap. II, vers. 16 ; III, 6, etc. De l'autre, saint Jacques dit formellement qu'Abraham a été justifié par les œuvres, que l'homme est justifié par les œuvres, et non par la foi seulement. *Jac.*, chap. II, vers. 21 et 24. Voilà, dit-on, entre ces deux apôtres une contradiction formelle ; mais elle n'est qu'apparente. En effet, lorsque saint Paul exclut les *œuvres de la loi*, il entend les œuvres de la loi cérémonielle de Moïse, dans lesquelles les Juifs faisaient principalement consister la justice et la sainteté de l'homme. *Rom.*, chap. IV, etc. Mais exclut-il ce que nous appelons *les bonnes œuvres morales*, les actes de charité, d'équité, d'humanité, de mortification, de religion, etc. ? Non, sans doute, puisqu'il dit, chap. III, vers. 31 : *Détruisons-nous donc la loi par la* FOI ? *A Dieu ne plaise ; nous l'établissons au contraire*, en la réduisant à ce qu'elle a d'essentiel, savoir, les préceptes moraux qui commandent, non des cérémonies, mais des vertus. D'ailleurs c'est par les œuvres mêmes des patriarches qu'il prouve leur *foi*. Il n'y a rien là d'opposé à ce que dit saint Jacques, que l'homme n'est pas justifié par la *foi* spéculative seulement, mais par les œuvres morales qui prouvent que l'on a la *foi*.

C'est donc très-mal à propos que les protestants ont fondé sur l'équivoque des mots *foi*, *œuvre*, dans saint Paul, un nouveau système touchant la justification auquel l'Apôtre n'a jamais pensé. Ils prétendent que la *foi justifiante* consiste à croire fermement que les mérites de Jésus-Christ nous sont imputés, et que nos péchés nous sont pardonnés ; ils ajoutent que les bonnes œuvres ne sont aucun sens la cause de notre justification, mais seulement des effets et des signes de la *foi justifiante*, qu'ainsi l'on ne doit pas dire que nos bonnes œuvres ont du mérite. Plusieurs d'entre eux n'ont point voulu admettre comme canonique l'Epître de saint Jacques, parce que leur système y est condamné trop clairement ; nous le réfuterons au mot JUSTIFICATION.

Les incrédules ne sont pas mieux fondés à dire que la *foi* est un bonheur et non un mérite ; qu'attribuer le salut à la *foi*, c'est le supposer un effet du hasard, qui a fait naître tel homme dans le sein du christianisme, et tel autre chez les infidèles ; que nous faisons de la religion et du salut une affaire de géographie, etc. Tous ces reproches sont évidemment absurdes. Jamais personne n'a enseigné qu'être né dans le sein du christianisme, et y croire, c'est assez pour être sauvé, et qu'être né parmi les infidèles, c'est assez pour être damné. Notre religion nous enseigne que, pour être sauvé, il faut conformer notre conduite à notre *foi*, éviter le mal et faire le bien ; que ceux qui contredisent leur croyance par leurs mœurs sont de vrais incrédules et des ré-

prouvés. *Tit.*, c. 1, v. 16. Un point de doctrine généralement enseigné dans le christianisme, est qu'un païen ne sera pas damné pour n'avoir pas reçu la foi, mais pour avoir péché contre la loi naturelle commune à tous les hommes, et pour avoir résisté aux grâces que Dieu lui a données, et qui, de près ou de loin, l'auraient conduit à la *foi*, s'il avait été fidèle à y correspondre. Le hasard n'entre donc pour rien dans le salut des uns ni dans la réprobation des autres. *Voy.* PRÉDESTINATION.

VI. *Nécessité de la foi*. On ne peut pas douter que la *foi* en Dieu ne soit absolument nécessaire à tout homme doué de raison. Saint Paul, *Hébr.*, chap. XI, vers. 6, dit formellement : *Sans la* FOI, *il est impossible de plaire à Dieu ; car il faut que celui qui s'approche de Dieu croie que Dieu est, et qu'il récompense ceux qui le cherchent*. Il est encore incontestable que tout homme auquel l'Evangile a été prêché, est obligé d'y croire sous peine de damnation ; Jésus-Christ lui-même l'a ainsi décidé. *Marc.*, chap. XVI, vers. 15, il dit à ses apôtres : *Prêchez l'Evangile à toute créature ; celui qui croira et sera baptisé sera sauvé ; quiconque ne croira pas sera condamné*. Conséquemment le concile de Trente a déclaré que les gentils par les forces de la nature, ni les Juifs par la lettre de la loi de Moïse, n'ont pu se délivrer du péché ; que la *foi* est le fondement et la racine de toute justification, et que sans elle il est impossible de plaire à Dieu, sess. 6, de *Justific.*, can. 1. 8, et can. 1. Le clergé de France est allé plus loin : en 1700, il a condamné comme hérétiques les propositions qui affirmaient que la *foi* nécessaire à la justification se borne à la *foi* en Dieu : en 1720, il a décidé, comme une vérité fondamentale du christianisme, que depuis la chute d'Adam nous ne pouvons être justifiés, ni obtenir le salut que par la *foi* en Jésus-Christ rédempteur. Conformément à cette doctrine, la faculté de Paris a condamné le Père Berruyer, pour avoir admis une justification imparfaite, une adoption imparfaite à la qualité d'enfant de Dieu, en vertu de la seule *foi* en Dieu.

Le sentiment des théologiens est donc que la *foi* en Dieu et en Jésus-Christ est nécessaire au salut, non-seulement *de nécessité de précepte*, puisqu'elle est commandée à tous ceux qui peuvent connaître Jésus-Christ, mais *de nécessité de moyen*, parce que c'est le moyen indispensable auquel est attachée la justification et la rémission du péché ; d'où l'on conclut que les infidèles qui n'ont jamais entendu parler de Jésus-Christ ni de son Evangile sont exclus du salut, non parce que leur infidélité négative et involontaire est un péché, mais parce qu'ils manquent du moyen auquel est attachée la rémission des péchés.

On demandera sans doute comment cette doctrine peut s'accorder avec les autres dogmes que nous professons ; savoir, que Dieu veut sauver tous les hommes ; que Jésus-Christ est mort pour tous ; qu'il est le Sauveur et le Rédempteur de tous. Mais, pour que Dieu soit censé vouloir les sauver tous, il n'est pas nécessaire qu'il accorde à tous le moyen prochain et immédiat auquel le salut est attaché; il suffit que Dieu donne à tous des moyens, du moins éloignés, des grâces pour faire le bien, et qui les conduiraient directement ou indirectement à la foi, s'ils étaient fidèles à y correspondre. Parmi ceux mêmes qui ont la foi, Dieu ne distribue pas à tous des moyens également abondants, puissants et efficaces. De même, pour que Jésus-Christ soit censé Sauveur de tous, il suffit que, par les mérites de sa mort, il y ait des grâces plus ou moins directes et prochaines accordées à tous (1). Dès lors, quiconque meurt dans l'infidélité n'est plus réprouvé parce qu'il a manqué de moyens, mais parce qu'il a résisté à ceux que Dieu

---

(1) Pour ne pas scinder la grande question de la foi, nous l'avons traitée complétement dans notre Dictionnaire de Théologie morale; nous croyons devoir ne porter ici les témoignages des plus grands docteurs qui prouvent que, lorsqu'on n'a pu acquérir la connaissance de quelque vérité, on n'en est pas responsable devant Dieu. « Dès le commencement du genre humain, tous ceux qui ont cru en lui, *qui l'ont connu autant qu'ils pouvaient*, et qui ont vécu selon ses préceptes dans la piété et dans la justice, en quelque temps et en quelque lieu qu'ils aient vécu, ont été, sans aucun doute, sauvés par lui. Car, de même que nous croyons en lui et demeurant en son Père et venu en la chair, les anciens croyaient en lui et demeurant en son Père et devant venir en la chair. Et parce que, selon la variété des temps, on annonce aujourd'hui l'accomplissement de ce qu'on annonçait alors devoir s'accomplir, la foi elle-même n'a pas varié, et le salut n'est point différent. A cause qu'une seule et même chose est ou prêchée, ou prédite par divers rites sacrés, on ne doit pas s'imaginer que ce soient des choses diverses et des saluts divers..... Ainsi autrefois par certains noms et par certains signes, maintenant par d'autres signes plus nombreux, d'abord plus obscurément, aujourd'hui avec plus de clarté, une seule et même Religion vraie est signifiée et pratiquée. » (S. Aug., *Sex quæst. contra. pagan. expositæ*, et alibi.)

Voici ce que dit saint Thomas : « Si quelques hommes ont été sauvés sans avoir connu la révélation du Médiateur, ils n'ont pas été sauvés néanmoins sans la foi du Médiateur, parce que, bien qu'ils n'eussent pas la foi explicite, ils avaient cependant une foi implicite dans la divine Providence, croyant que Dieu était le libérateur des hommes, les sauvant par les moyens qu'il lui avait plu de choisir, et selon que son esprit l'avait révélé à ceux qui connaissaient la vérité. » (2-2, art. 8.)

Saint Clément d'Alexandrie : « A moins d'avoir l'esprit aliéné, qui pensera jamais que les âmes des justes et des pécheurs soient enveloppées dans une même condamnation, outrageant ainsi la justice de Dieu....? Il était digne de ses conseils, que ceux qui ont vécu dans la justice, ou qui, après s'être égarés, se sont repentis de leurs fautes, que ceux-là, dis-je, quoique dans un autre lieu, étant néanmoins incontestablement du nombre de ceux qui appartiennent au Dieu tout-puissant, fussent sauvés par la connaissance que chacun d'eux possédait... Le juste ne diffère point du juste, qu'il soit Grec, ou qu'il ait vécu sous la loi, car Dieu est le Seigneur non-seulement des Juifs, mais de tous les hommes, quoiqu'il soit plus près, comme père, de ceux qui l'ont connu davantage. Si c'est vivre selon la loi que de bien vivre, ceux qui, avant la loi, ont bien vécu, sont réputés enfants de la foi, et reconnus pour justes. » (*Strom*., l. vi.)

Saint Justin tient le même langage : « Sous prétexte, dit-il, que Jésus-Christ, né sous Quirinus, n'a commencé que sous Ponce-Pilate à enseigner sa doctrine, on prétendra peut-être justifier tous les hommes qui ont vécu dans les temps antérieurs. Mais la religion nous apprend que Jésus-Christ est le Fils unique, le premier-né de Dieu, et, comme nous l'avons déjà dit, la souveraine raison, dont tout le genre humain participe. Tous ceux donc qui ont vécu conformément à cette raison sont chrétiens, quoiqu'on les accusât d'être athées. Tels étaient, chez les Grecs, Socrate, Héraclite et ceux qui leur ressemblaient; et, parmi les barbares, Abraham, Ananias, Azarias, Mizaël, Élie, et beaucoup d'autres dont il serait trop long de rapporter les noms et les actions. Au contraire, ceux d'entre les anciens qui n'ont pas réglé leur vie sur les enseignements du Verbe et de la raison éternelle étaient ennemis de Jésus-Christ, et meurtriers de ceux qui vivaient selon la raison. Mais tous les hommes qui ont vécu ou qui vivent selon la raison, sont véritablement chrétiens et à l'abri de toute crainte. » (*Apolog*. II, p. 83, édit. de Paris, 1516.)

Saint Jean Chrysostome ne s'exprime pas avec moins de force. Après avoir parlé de la nécessité de confesser Jésus-Christ : « Quoi donc! ajoute-t-il, Dieu est-il injuste envers ceux qui ont vécu avant son avénement? Non, sans doute : car ils pouvaient être sauvés sans confesser Jésus-Christ. On n'exigeait pas d'eux cette confession, mais la connaissance du vrai Dieu, et de ne pas rendre de culte aux idoles, parce qu'il est écrit : *Le Seigneur ton Dieu est l'unique Seigneur...* (*Deut*., c. vi). Alors donc, comme je viens de le dire, il suffisait pour le salut de connaître seulement Dieu; maintenant ce n'est pas assez : il faut connaître encore Jésus-Christ... Il en est ainsi pour ce qui regarde la conduite de la vie. Alors le meurtre perdait l'homicide; aujourd'hui la colère même est défendue. Alors l'adultère attirait le supplice, aujourd'hui les regards impudiques produisent le même effet. Enfin, conclut saint Chrysostome, ceux qui, sans avoir connu Jésus-Christ avant son incarnation, se sont abstenus du culte des idoles, ont adoré le seul vrai Dieu et mené une vie sainte, jouissent du souverain bien, selon ce que dit l'Apôtre : *Gloire, honneur et paix à tous ceux qui ont fait le bien, soit Juifs, soit gentils.* » (*Homil*. xxxvi, al. xxxvii *in Matth*.)

M. Frayssinous a réduit la question à ses plus simples termes.

« Nous disons que, parmi les infidèles, il n'en est pas un seul qui soit étranger au bienfait de la Rédemption, aux grâces surnaturelles, fruit du sacrifice offert sur la croix pour le salut du monde ; que, si l'infidèle était docile à ces premières impressions de grâce toute gratuite, il en recevrait de nouvelles, et que de lumière en lumière il pourrait arriver enfin à la connaissance de la vérité ; que Dieu pourrait l'y conduire, soit par la voie ordinaire de la prédication, soit par une révélation spéciale, comme celle qui a été faite aux prophètes et aux apôtres, soit par des impressions intérieures dont il toucherait son âme avant sa mort, soit par d'autres moyens pris dans les trésors infinis de sa puissance et de sa sagesse. Connaissons-nous toutes les opérations secrètes de Dieu dans les âmes, toutes les manières dont il peut les éclairer? J'aime à croire qu'au grand jour de la manifestation nous verrons éclater à ce sujet des prodiges de miséricorde qui maintenant nous sont cachés, et qui raviront d'admiration les anges et les hommes.

« La doctrine que je viens d'exposer était bien certainement celle de Bossuet, quand il disait (Justification des réflexions sur le Nouveau Testament,

lui avait donnés. Au mot INFIDÈLE nous prouverons que, dans tous les temps, Dieu a départi aux païens des grâces de salut; et à l'article GRACE, § 2, nous avons fait voir qu'il en accorde à tous les hommes.

Parmi les théologiens, quelques-uns ont poussé la rigueur jusqu'à prétendre que, pour obtenir le salut, il est absolument nécessaire d'avoir une foi claire, distincte, explicite en Jésus-Christ. Le très-grand nombre pense, avec plus de raison, qu'une foi obscure ou implicite suffit; mais il n'est pas aisé de dire en quoi cette foi implicite doit consister.

On connaît le *Traité de la nécessité de la foi en Jésus-Christ*, composé par un théologien célèbre; il n'est point d'ouvrage dans lequel l'auteur ait mieux réussi à mêler le poison de l'erreur avec des vérités incontestables. Il a très-bien prouvé que la connaissance de Dieu, telle que les païens ont pu l'avoir, ne peut pas être appelée une foi implicite en Jésus-Christ; qu'elle n'a pas suffi pour les rendre justes et leur donner droit au salut. Les passages des Pères, rassemblés dans sa préface, prouvent aussi, 1° que la plupart des anciens justes ont eu la connaissance de Jésus-Christ, et que leur

§ 17) : « En ôtant aux infidèles, qui n'ont jamais ouï parler de l'Evangile, la grâce immédiatement nécessaire à croire, rien n'empêche qu'on ne leur accorde celle qui mettrait dans leur cœur des préparations plus éloignées, dont, s'ils usaient comme ils doivent, Dieu leur trouverait dans les trésors de sa science et de sa bonté des moyens capables de les amener de proche en proche à la connaissance de la vérité. »

« Cette même doctrine, je la trouve textuellement consignée dans la *Censure de l'Emile*, censure de la prop. 35e et de la 24e à la fin, et dans saint François de Sales. Cet homme, d'une piété aussi éclairée qu'elle était tendre et persuasive, rapporte et approuve une réponse faite aux Japonais par saint François-Xavier, *Traité de l'Amour de Dieu*, l. IV, c. 5, réponse fondée sur les éclaircissements que je viens de donner. Je la trouve encore, cette doctrine, dans saint Thomas qui, pour l'étendue et la pénétration d'esprit, peut être placé entre saint Augustin et Bossuet. On a souvent cité de lui cette parole mémorable: que Dieu dans sa bonté enverrait plutôt un ange à celui qui, aidé de sa grâce, le cherche dans la simplicité de son cœur, que de le laisser dans les ténèbres... Je rencontre Jean-Jacques se moquant de ce moyen de salut. « La belle machine, dit-il, que cet ange! Non contents de nous asservir à leurs machines, ils mettent Dieu dans la nécessité de les employer » .... C'est là une raillerie dans laquelle il entre autant d'ignorance que de malice. Les théologiens ne disent pas que Dieu soit obligé d'envoyer un ange, comme s'il n'avait pas d'autres moyens en sa puissance; cela serait ridicule. Mais qu'y a-t-il de ridicule à prétendre que Dieu est si bon envers les cœurs droits, qu'il ferait un miracle, et se servirait, s'il le fallait, du ministère d'un ange, pour ne pas laisser périr celui qui, fidèle aux inspirations de sa grâce, chercherait la vérité dans toute la sincérité de son âme, ainsi qu'il en usa à l'égard du centurion Corneille, à qui il fut dit, *Act. Apost.*, x, 4 : « Vos prières et vos aumônes sont montées vers Dieu, et il s'est souvenu de vous. » Par cette manière de penser, les théologiens, loin de dégrader la Divinité, ne font que donner une excellente idée de la grandeur de sa miséricorde. » *Vay. EGLSE.*

foi a été le principe de leur justification; ainsi l'a enseigné le concile de Trente, lorsqu'il a dit qu'avant la loi, et sous la loi, Jésus-Christ a été révélé à plusieurs saints Pères, sess. 6, *de Justific.*, c. 2; il ne dit pas *à tous*; 2° que tous ceux à qui cette connaissance a été possible ont été obligés de croire en Jésus-Christ, sous peine de damnation; 3° que sans cette foi, du moins implicite, personne ne peut être justifié, avoir la grâce sanctifiante, ni le droit à la béatitude éternelle. Aucun catholique n'est tenté de douter de ces vérités. Mais il ne fallait pas partir de là pour enseigner des erreurs proscrites par l'Eglise. L'auteur, après avoir feint d'abord de n'exiger pour le salut des païens qu'une foi obscure et implicite en Jésus-Christ, demande dans tout son ouvrage une foi aussi claire et aussi formelle que celle d'un chrétien bien instruit; il veut, pour la pénitence des païens, les mêmes conditions et les mêmes caractères que le concile de Trente exige pour la justification des fidèles; il enseigne expressément que la grâce actuelle n'est pas donnée à tous les hommes; que sans la foi on ne reçoit point de grâce intérieure; qu'ainsi la foi est la première grâce et la source de toutes les autres; que toutes les œuvres de ceux qui n'ont pas la foi sont des péchés; qu'ils sont justement damnés, etc.; d'où il s'ensuit, en dernière analyse, que le salut est absolument impossible pour le moins aux trois quarts des hommes. Il fait tous ses efforts pour mettre cette doctrine sur le compte des Pères de l'Eglise, surtout de saint Augustin; il tronque, falsifie, ou passe sous silence les passages qui ne lui sont pas favorables, ou il en change le sens par des gloses arbitraires, pour les adapter à son opinion.

Selon lui, nier la nécessité de la foi en Jésus-Christ comme il l'entend, c'est tomber dans l'hérésie des pélagiens. L'erreur de ces hérétiques, dit-il, consistait à soutenir qu'avant l'incarnation l'on pouvait être sauvé sans la foi en Jésus-Christ; c'était le point de la dispute entre eux et l'Eglise. *Traité de la nécess. de la foi en Jésus-Christ*, t. I, 1re part., c. 6.

Imposture. Le point de la dispute était de savoir si on pouvait être sauvé *sans la grâce* de Jésus-Christ. La grâce et la foi ne sont pas la même chose. Les pélagiens n'admettaient point d'autre grâce que les leçons, les exemples de Jésus-Christ et la rémission des péchés. Saint Aug., *l. de Grat. Christi*, c. 35, n. 38 et suiv. *Op. imperf.*, l. III, n° 114. Conséquemment ils disaient que les anciens justes avaient été justifiés, *sans la grâce de Jésus-Christ*, puisqu'ils n'avaient pas eu ses exemples, *ibid.*, l. 2, n. 146; qu'ils avaient été justifiés par leurs bonnes œuvres naturelles; saint Prosper, *Carm. de ingrat.*, chap. 29, vers. 498; chap. 32, vers. 554. Ils disaient que, dans les chrétiens *seuls*, le libre arbitre est aidé par la grâce, c'est-à-dire par les leçons et les exemples de Jésus-Christ, *Epist. Pelagii ad Innoc. I*. Ils supposaient donc, comme notre auteur, qu'il n'y a point de grâce sans la connaissance de Jésus-Christ et sans la foi en ce divin Sauveur : ce théologien attribue à l'Eglise sa propre erreur, qui est celle de Pélage.

Il dit que, nier la nécessité de la foi en Jésus-Christ, comme il la soutient, c'est ruiner la rédemption. Au contraire, on ne peut pas la ruiner plus malicieusement qu'en la bornant au petit nombre, soit des prédestinés, soit de ceux qui croient en Jésus-Christ. En quel sens est-il le Sauveur de tous les autres hommes, s'ils n'ont point de part à sa grâce? Les pélagiens ruinaient la rédemption, parce qu'ils en niaient la nécessité, en soutenant qu'il n'y a point de péché originel dans les enfants d'Adam; qu'ils n'ont pas besoin de la grâce de Jésus-Christ pour faire le bien et parvenir au salut. L'auteur et ses partisans la ruinent, en excluant de ce bienfait les trois quarts et demi du genre humain.

Il prétend que l'opinion qu'il combat vient d'une estime indiscrète pour les païens, d'une compassion charnelle, des illusions d'un raisonnement humain, de l'aversion qu'a la nature corrompue pour les vérités de la grâce, de l'esprit d'orgueil, etc., t. I, nº part., c. 9. Mais ceux qui pensent que Dieu fait des grâces aux païens, et que le salut ne leur est pas impossible, ne peuvent-ils pas avoir des motifs plus purs? La confiance en la bonté de Dieu et aux mérites infinis de Jésus-Christ, la crainte de borner témérairement les effets de la rédemption, la charité universelle dont le Sauveur a donné les leçons et l'exemple, le respect pour les passages de l'Ecriture et des Pères, la nécessité de réfuter les incrédules, etc., ne sont pas des motifs charnels. Qu'aurait dit cet auteur, si on lui avait reproché que son entêtement venait d'un orgueil exclusif et pharisaïque, d'une aversion charnelle pour tout ce qui n'est pas chrétien, d'un caractère dur et inhumain, d'un dessein formel de favoriser le déisme, etc. ?

Pour déprimer les bonnes actions des païens, louées dans l'Ecriture, il peint l'orgueil et les travers des philosophes, surtout des stoïciens, tom. I, IIᵉ part., c. 11 et suiv. Mais tous les païens n'étaient pas philosophes : il y avait parmi eux de bonnes gens, des caractères simples et droits, des âmes douces et compatissantes, qui faisaient le bien sans orgueil et sans prétention. Nous pensons qu'elles ne le faisaient pas sans le secours de la grâce; que Dieu le leur accordait, non pour les damner, mais pour les sauver, et c'est le sentiment de saint Augustin. *Voy.* INFIDÈLE.

Dans le langage des Pères, dit-il, *croire*, à proprement parler, c'est croire en Jésus-Christ, tom. I, IIᵉ part., c. 6, § 4. Cette assertion trop générale est fausse. Les Pères ont souvent pris la foi dans le même sens que saint Paul, *Hébr.*, chap. XI, pour la foi en Dieu créateur et rémunérateur. « L'homme, dit saint Augustin, commence à recevoir la grâce dès qu'il commence *à croire à Dieu*... Mais dans quelques-uns la grâce de la foi

n'est pas encore assez grande pour qu'elle suffise à leur obtenir le royaume des cieux, comme dans les catéchumènes, comme dans Corneille, avant qu'il fût incorporé à l'Eglise par la participation aux sacrements. » L. I, *ad Simplic.*, p. 2. Ce païen, avant son baptême, était-il *sous la tyrannie du diable et du péché*, comme l'auteur le dit de tout gentil qui ne connaît pas Jésus-Christ? t. I, Iʳᵉ part., c. 9.

Il traduit les paroles de saint Paul : *Lex subintravit ut abundaret delictum* : « La loi est survenue pour donner lieu à l'abondance et à la multiplication du péché, » et il attribue cette fausse interprétation à saint Thomas, t. I, Iʳᵉ part., c. 8, pag. 77. Le sens est évidemment : « La loi est survenue *de manière que* le péché s'est augmenté. » Ainsi l'ont expliqué les Pères grecs et saint Augustin lui-même, *L. de util. cred.*, c. 3, n. 9; *l.* I *ad Simplic.*, p. 1, n. 17 ; *Contra advers. legis et proph.*, l. II, c. 11, n. 27 et 36.

Saint Augustin dit : « La grâce n'était pas dans l'Ancien Testament, parce que la loi menaçait et ne secourait pas, » *Tract.* III, *in Joan.*, n. 14. Le sens est clair : la grâce ne consistait pas dans la lettre de la loi, comme les pélagiens l'entendaient ; elle était attachée à la promesse de Dieu, comme l'enseigne saint Paul; d'où le concile de Trente a conclu que, par la lettre de la loi, les Juifs n'ont pu se délivrer du péché, sess. 6, *de Justif.*, c. 1. Notre auteur a traduit : « Il n'y avait point de grâce dans l'Ancien Testament, » afin de donner à entendre que la grâce n'était accordée qu'à la foi en Jésus-Christ. Sous l'Evangile même, la grâce n'est point attachée à la lettre du livre, mais aux mérites et aux promesses de Jésus-Christ.

Saint Clément d'Alexandrie dit et prouve que « la philosophie n'est point pernicieuse aux mœurs, quoique quelques-uns l'aient calomniée faussement, comme si elle n'enfantait que des erreurs et des crimes, au lieu que c'est une connaissance claire de la vérité, un don que Dieu avait fait aux Grecs. Il ajoute que ce n'est point un prestige qui nous trompe et nous détourne de la foi, mais plutôt un secours qui nous survient, un moyen par lequel la foi reçoit un nouveau degré de lumière. » *Strom.*, l. I, c. 2, 4, 5, 7 ; édit. *de Potter*, pag. 327, 331, 335, 337. Notre auteur lui fait dire tout le contraire; il prétend que saint Clément réprouve la philosophie comme un art trompeur, et il part de là pour tordre le sens des autres passages de ce Père.

Saint Jean Chrysostome, *Hom.* 37 *in Matth.*, dit qu'avant la venue de Jésus-Christ, les hommes pouvaient être sauvés sans l'avoir confessé; mais qu'à présent la connaissance de Jésus-Christ est nécessaire au salut. Selon notre critique, saint Jean Chrysostome entend seulement que Dieu n'exigeait pas des anciens une connaissance claire, expresse et développée de Jésus-Christ, tom. II, add. p. 371, 375. Cette explication est évidemment fausse ; à présent même une connaissance obscure et une *foi* implicite suffisent à celui qui n'a pas la capacité ou les moyens d'avoir une connaissance plus claire : il n'y aurait donc aucune différence entre les anciens et nous.

Au jugement de Théodoret, *in Epist. ad Rom.*, chap. II, vers. 9, ce ne sont pas les Juifs seuls qui ont eu part au salut, mais aussi les gentils qui ont embrassé le culte de Dieu et la piété. L'auteur prétend qu'il faut entendre le culte de Dieu et la piété fondée sur la *foi* en Jésus-Christ, tom II, ad l. pag. 578. Mais Théodoret parle des gentils qui ont vécu avant l'incarnation : qui leur avait révélé Jésus-Christ? Saint Paul dit que dans les siècles passés ce mystère est demeuré caché en Dieu. *Rom.* chap. XVII, vers. 25; *Ephes.*, chap. III, vers. 4 et suiv.; *Coloss.*, chap. I, vers. 26; *I Cor.*, chap. II, vers. 7 et 8.

Saint Justin, *Dial. cum Tryph.*, n. 45; Saint Irénée, *adv. Hær.*, l. II, c. 5; l. III, c. 12; l. IV, c. 27 et 47, etc.; Tertullien, *l. de Bapt.*, c. 13; saint Clément d'Alexandrie, *Cohort. ad Gent.*, c. 20, p. 79, et *Strom.*, l. VI, c. 6, p. 765; Origène, *Comment. in Epist. ad Rom.*, l. II, n. 4; saint Athanase, *L. de salut. adventu Jesu Christi*, pag. 500, et d'autres Pères, ont parlé comme saint Jean Chrysostome et comme Théodoret. L'auteur du *Traité de la foi en Jésus-Christ* a trouvé bon de n'en faire aucune mention.

Dans un endroit, il dit qu'il ne veut ni examiner ni rejeter le système d'une grâce surnaturelle donnée à tous les hommes, que c'est un sentiment des scolastiques; un peu plus loin, il appelle cette grâce un vain fantôme, t. 2, 4e part., c. 10, pag. 185 et 193. Cependant nous avons prouvé au mot GRACE, § 2, que ce sentiment est fondé sur des passages clairs et formels de l'Ecriture sainte, des Pères de l'Eglise, et en particulier de saint Augustin. Pour prouver que ce saint docteur n'a point admis de grâce générale, l'auteur tronque un passage; le voici en entier : « Pélage dit qu'on ne doit pas l'accuser de défendre le libre arbitre en excluant la grâce de Dieu, puisqu'il enseigne que le pouvoir de vouloir et d'agir nous a été donné par le Créateur, de manière que, selon ce docteur, il faut entendre une grâce qui soit commune aux chrétiens et aux païens, aux hommes pieux et aux impies, aux fidèles et aux infidèles. » *Epis.* 106, *ad Paulin.* Notre théologien ne rapporte pas la fin du passage, afin de persuader que saint Augustin rejette toute grâce commune aux chrétiens et aux païens; il supprime le commencement, qui démontre que la prétendue grâce de Pélage n'était autre chose que le pouvoir naturel de vouloir et d'agir. Entre Pélage et lui, lequel des deux a été de meilleure foi ?

Dans un autre ouvrage, il soutient que quand l'auteur des deux livres *de la Vocation des gentils* admet une grâce générale, il l'entend, ou des secours naturels, ou des secours extérieurs, et qu'il a pris le nom de *grâce* dans un sens impropre et abusif, *Apol. pour les saints Pères*, l. IV, c. 2 : fausseté manifeste. Cet auteur, qui est probablement saint Léon, parle de la même grâce, *qui arrose à présent le monde entier*, d'une grâce *qui suffisait pour en guérir quelques-uns*, l. II, c. 4, 14, 15, 17, etc. Cela peut-il s'entendre d'un secours naturel ou purement extérieur?

Il traite fort mal Tostat, évêque d'Avila, parce qu'il a cru qu'avant Jésus-Christ quelques païens ont pu être sauvés sans avoir eu la *foi* au Médiateur, et sans connaître le Dieu des Hébreux autrement que comme le Dieu des autres peuples; tom. I, IIe part., c. 9, pag. 366. Quoique ce sentiment soit contraire à la décision du clergé de France de 1700 et de 1720, il n'a cependant pas été condamné par l'Eglise.

« Je ne puis qu'être affligé, dit Soto, de voir jusqu'à quels excès certains auteurs ont dégradé la nature humaine, lorsqu'ils ont affirmé que le libre arbitre, aidé d'une grâce générale, ne peut produire aucune bonne action morale, et que tout ce qui vient des forces naturelles de l'homme est un péché. » L'auteur n'a pas osé condamner Soto, *ibid.*, c. 10, pag. 183.

Si la doctrine enseignée dans le *Traité de la nécessité de la foi en Jésus-Christ*, était vraie et conforme à celle de l'Eglise, il n'aurait pas été nécessaire d'employer tant de supercheries pour la soutenir. En général, il faut se défier de toute doctrine qui donnerait lieu aux incrédules de conclure que, depuis la venue de Jésus-Christ, le salut est plus difficile aux païens qu'il ne l'était auparavant, et que son arrivée sur la terre a été pour eux un malheur : or, telle est la conséquence évidente du système de l'auteur que nous réfutons. *Voy.* l'art. FOI, Dictionnaire de Théologie morale (édit. Migne].

FOLIE. Saint Paul dit aux fidèles : *Comme le monde n'avait point connu la sagesse divine par la philosophie, il a plu à Dieu de sauver les croyants par la* FOLIE *de la prédication* (*I.Cor.*, 1, 21). De ce passage et de quelques autres semblables, les incrédules anciens et modernes ont pris occasion de dire que saint Paul a condamné la sagesse et la raison pour canoniser l'enthousiasme et la *folie*. Ce raisonnement, de leur part, est un chef-d'œuvre de la prétendue sagesse que saint Paul réprouve, et il n'en faut pas davantage pour nous convaincre qu'elle ressemble beaucoup à la démence.

Les philosophes païens, avec toutes leurs lumières, n'avaient pas su voir, dans la structure et la marche de l'univers, un Dieu créateur, un maître intelligent et prévoyant, attentif à gouverner son ouvrage, et à régler le cours de tous les événements. Les uns avaient attribué tout au hasard, les autres au destin, et avaient cru que Dieu est l'âme du monde; tous en avaient divinisé les parties, les supposaient animées par des intelligences, et jugeaient que le culte religieux devait leur être adressé. Non-seulement ils autorisèrent ainsi le polythéisme, l'idolâtrie et tous les abus dont elle était accompagnée, mais ils s'opposèrent de toutes leurs forces à la prédication de l'Evangile, qui annonçait un seul Dieu. Leur prétendue sagesse n'avait donc servi qu'à les égarer, et à rendre incurable l'erreur de tous les peuples : saint Paul devait-il lui donner des éloges ?

Dieu, pour confondre ces faux sages, fait annoncer le mystère d'un Dieu fait homme et crucifié pour la rédemption du monde : cette doctrine leur parut une *folie*; mais cette prétendue *folie* a éclairé et converti le monde, elle en a banni les erreurs du polythéisme et les crimes de l'idolâtrie; plusieurs philosophes ont enfin consenti à l'embrasser, et en sont devenus les défenseurs. De là saint Paul conclut que ce qui vient de Dieu, et qui paraît d'abord une *folie*, est, dans le fond, plus sage que tous les raisonnements des hommes. La justesse de cette conséquence devient tous les jours plus sensible, par l'excès des égarements de nos philosophes modernes.

FONDAMENTAL. Articles fondamentaux. Les théologiens catholiques et les hétérodoxes n'attachent point le même sens à cette expression. Les premiers entendent, par *articles fondamentaux*, les dogmes de foi que tout chrétien est obligé de connaître, de croire et de professer, sous peine de damnation; tellement, que s'il les ignore ou s'il en doute, il n'est plus chrétien ni en état de faire son salut. Par opposition, ils disent que les *articles non fondamentaux* sont ceux qu'un chrétien peut ignorer sans risquer son salut, pourvu que son ignorance ne soit pas affectée. Dès que l'ignorance est involontaire, un fidèle soumis à l'Eglise est censé croire implicitement les vérités même qu'il ignore, puisqu'il est disposé à les croire si elles lui étaient proposées par l'Eglise.

Dans un sens très-différent, les protestants appellent *articles fondamentaux* les dogmes dont la croyance et la profession sont nécessaires au salut, et non *fondamentaux* ceux que l'on peut nier et rejeter impunément, quoiqu'ils soient regardés comme appartenant à la foi par quelques sociétés chrétiennes, même par l'Eglise catholique. A la vérité, disent-ils, l'Ecriture sainte est la règle de notre foi ; nous sommes obligés de croire tout ce qui nous paraît clairement révélé dans ce livre divin; mais toutes les vérités qu'il renferme ne sont pas également importantes, et il y en a plusieurs qui n'y sont pas enseignées assez clairement, pour qu'un chrétien soit coupable lorsqu'il en doute.

Nous nous inscrivons en faux contre cette distinction d'articles de foi ; nous soutenons qu'il n'est jamais permis de nier ou de rejeter aucun des articles de foi décidés par l'Eglise, dès qu'on les connaît ; qu'en affectant de les nier ou d'en douter, l'on se met hors de la voie du salut; que, dans ce sens, tous ces articles sont importants et *fondamentaux*. En effet, il ne faut pas confondre les articles qu'un fidèle peut ignorer sans danger, lorsqu'il n'est pas à portée de les connaître, avec les articles qu'il peut nier ou affecter d'ignorer, quoiqu'il ait la facilité de s'en instruire. L'ignorance moralement invincible n'est pas un crime ; mais l'ignorance affectée et la résistance à l'instruction sont un mépris formel de la parole de Dieu.

C'est néanmoins dans ce sens faux et abusif que les théologiens syncrétistes ou conciliateurs, qui ont écrit parmi les protestants, comme Erasme, Cassander, George Calixte, Locke, dans son *Christianisme raisonnable*, etc., ont pris la distinction des *articles fondamentaux et non fondamentaux*; ils se flattaient de pouvoir rapprocher ainsi les différentes communions chrétiennes, en les engageant à tolérer, les unes chez les autres, toutes les erreurs qui ne paraîtraient pas *fondamentales*. Jurieu s'est aussi servi de cette distinction pour établir son système de l'unité de l'Eglise ; il prétend que les différentes sociétés protestantes de France, d'Angleterre, d'Allemagne, de Suède, etc., ne sont qu'une seule et même Eglise, quoique divisées entre elles sur plusieurs articles de doctrine, parce qu'elles conviennent, dans une même profession de foi générale des *articles fondamentaux*. Nous verrons, dans un moment, si les règles qu'il a données, pour discerner ce qui est *fondamental* d'avec ce qui ne l'est pas, sont solides.

Mais les théologiens catholiques ont prouvé contre lui, que l'unité de l'Eglise consiste principalement dans l'unité de la foi entre les sociétés particulières qui la composent, que telle est l'idée qu'en ont eue tous les docteurs chrétiens, depuis l'origine du christianisme jusqu'à nous. Dès qu'un seul particulier, ou plusieurs, ont nié ou révoqué en doute quelqu'un des dogmes que l'Eglise regarde comme articles de foi, elle n'a pas examiné si ce dogme était *fondamental* ou non ; elle a dit anathème à ces novateurs, et les a retranchés de son sein. En cela, elle n'a fait que suivre les leçons et l'exemple des apôtres. Saint Paul, *Galat.*, chap. I, vers. 8, dit anathème à quiconque prêchera un autre Evangile que lui. Ch. v, vers. 2, il déclare aux Galates que, s'ils reçoivent la circoncision, Jésus-Christ ne leur servira de rien ; il regardait donc l'erreur des judaïsants comme *fondamentale*. Il souhaite, v. 12, que ceux qui troublent les Galates soient *retranchés*. *I Tim.*, chap. I, vers. 19, il dit qu'il a livré à Satan Hyménée et Alexandre, qui ont fait naufrage dans la foi ; il ne nous apprend point si leur erreur était *fondamentale* ou non. Ch. VI, v. 20, il dit que tous les novateurs, en se flattant d'une fausse science, sont déchus de la foi. *II Tim.*, chap. II, vers. 19, il avertit Timothée qu'Hyménée et Philète ont renversé la foi de quelques-uns, en enseignant que la résurrection est déjà faite ; et il lui ordonne de les éviter. Il donne le même avis à Tite, chap. III, vers. 10, à l'égard de tout hérétique. Saint Jean, *Epist.* II, vers. 10, ne veut pas même qu'on le salue. Saint Pierre nomme les hérésies, en général, *des sectes de perdition*, et regarde ceux qui les introduisent comme des blasphémateurs, *II Petri* II, 1, 10. Loin de vouloir qu'il y eût quelque espèce d'unité ou d'union entre les hérétiques et les fidèles, ils ont ordonné au contraire à ceux-ci de s'en séparer absolument. Il est absurde, d'ailleurs, de supposer qu'il y ait de l'unité entre des sectes dont les unes croient comme article de foi ce que les autres rejettent comme une erreur, qui se condamnent et se détestent mutuellement comme hérétiques.

Lorsque Jésus-Christ a ordonné à ses apôtres de prêcher l'Evangile à toute créature, il a dit que celui qui ne croira pas sera condamné, *Marc.*, chap. XVI, vers. 15. Or, l'Evangile ne renferme pas seulement les *articles fondamentaux*, mais toutes les vérités que Jésus-Christ a révélées ; ce n'est point à nous d'absoudre, d'excuser, de supposer dans la voie du salut ceux que Jésus-Christ a condamnés.

Suivant le grand principe des protestants, toute vérité doit être prouvée par l'Ecriture ; où est le passage qui prouve que la nécessité de croire se borne aux *articles fondamentaux*, et que l'on peut, sans préjudice du salut, laisser à l'écart tout ce qui n'est pas *fondamental* ?

Il reste enfin la grande question de savoir quelles sont les règles par lesquelles on peut juger si un article est *fondamental* ou non. Jurieu a voulu les assigner ; y a-t-il réussi ?

1° Il prétend que les *articles fondamentaux* sont ceux qui sont clairement révélés dans l'Ecriture sainte, au lieu que les autres n'y sont pas enseignés aussi clairement. Si cette règle est sûre, comment se peut-il faire que, depuis deux cents ans, les différentes sectes protestantes n'aient pas encore pu convenir unanimement que tel article est *fondamental*, et que tel autre ne l'est pas ? Elles ont lu cependant l'Ecriture sainte, et toutes se flattent d'en prendre le vrai sens. Les sociniens, de leur côté, soutiennent que la Trinité, l'Incarnation, la satisfaction de Jésus-Christ, ne sont pas révélées assez clairement dans l'Ecriture, pour que l'on ait droit d'en faire des *articles fondamentaux* ; que s'il y a des passages qui semblent enseigner ces dogmes, il y en a aussi d'autres qui ne peuvent se concilier avec les premiers. Pendant que certains docteurs protestants ont accusé l'Eglise romaine d'errer contre des *articles fondamentaux*, d'autres, plus indulgents, nous ont fait la grâce de supposer que nos erreurs ne sont pas *fondamentales*. Un simple particulier protestant, qui doute s'il peut fraterniser dans le culte avec les sociniens ou avec les catholiques, est-il plus en état d'en juger, par l'Ecriture, que tous les théologiens de sa secte ?

Une seconde règle, selon Jurieu, est l'importance de tel article, et la liaison qu'il a avec le fondement du christianisme. Nouvel embarras. Il s'agit de savoir d'abord quel est le fondement du christianisme. Un socinien prétend qu'il n'est d'aucune importance pour un chrétien de croire trois personnes en Dieu, qu'il est au contraire très-important de n'en reconnaître qu'une seule, dans la crainte d'adorer trois dieux ; que l'unité de Dieu est le fondement de toute la doctrine chrétienne. Il soutient que l'on peut être aussi vertueux en niant la Trinité qu'en l'admettant ; que quiconque croit un Dieu, une Providence, la mission de Jésus-Christ, des peines et des récompenses après cette vie, est très-bon chrétien. Nous ne voyons pas que, jusqu'à présent, les protestants soient venus à bout de prouver le contraire par des passages clairs et formels de l'Ecriture sainte, auxquels les sociniens n'aient eu rien à répliquer.

Une troisième règle, dit Jurieu, est le goût et le sentiment ; un fidèle peut juger aussi aisément que tel article est ou n'est pas *fondamental*, qu'il peut sentir si tel objet est froid ou chaud, doux ou amer, etc. Malheureusement, jusqu'à ce jour, les goûts des protestants se sont trouvés fort différents en fait de dogmes, puisqu'ils ne sont pas encore d'accord sur ceux que le symbole doit absolument renfermer. Suivant cette règle, c'est le goût de chaque particulier qui doit décider de la croyance et de la religion qu'il doit suivre, et nous convenons qu'il en est ainsi parmi les protestants ; mais pourquoi un quaker, un socinien, un juif, un turc, n'ont-ils pas autant de droit de suivre leur goût, en fait de dogmes, qu'un calviniste ?

Ceux qui ont dit que Dieu donne sa grâce à tout fidèle, pour juger de ce qui est *fondamental* ou non, ne sont pas plus avancés. La question est de savoir si un protestant est mieux fondé qu'un des sectaires dont nous venons de parler, à présumer qu'il est éclairé par la grâce, pour discerner sûrement la croyance qu'il doit embrasser. Voilà toujours la foi de chaque particulier réduite à un enthousiasme pur.

Mais, si l'on peut faire son salut dans toute communion qui ne professe aucune erreur contre les *articles fondamentaux*, et s'il n'y a aucune règle certaine pour décider que telle communion professe une erreur *fondamentale*, qu'est devenu le prétexte sur lequel les protestants ont fait schisme avec l'Eglise romaine ? Ils s'en sont séparés, disaient-ils, parce qu'ils ne pouvaient pas y faire leur salut. Aujourd'hui, suivant leurs propres principes, cela est, du moins, incertain ; ils se sont donc séparés, sans être assurés de la justice de cette séparation, et simplement parce qu'ils avaient du goût pour une autre religion. N'est-ce pas une contradiction grossière de dire : Tels et tels articles de croyance des catholiques ne sont pas des erreurs *fondamentales* ; cependant je ne puis demeurer en société avec eux sans risquer mon salut. Y a-t-il donc une chose plus *fondamentale* que celle de laquelle notre salut dépend ? Il est encore plus absurde de soutenir que nous composons une même Eglise avec des gens dont la société mettrait notre salut en danger.

Nous avons vu en quels sens les théologiens catholiques admettent des *articles fondamentaux* ; ils regardent comme tels tous ceux qui sont renfermés dans le symbole des apôtres ; par conséquent ils sont persuadés que les protestants, qui entendent très-mal ce qui est dit dans ce symbole touchant l'Eglise catholique, sont dans une erreur *fondamentale*, et hors de la voie du salut. D'autre part, le très-grand nombre des protestants ne regardent plus comme *fondamentaux* que les trois articles admis par les sociniens, savoir, l'unité et la providence de Dieu, la mission de Jésus-Christ, les peines et les récompenses à venir ; mais il n'en est pas un des trois que les sociniens ne prennent dans un sens erroné. Enfin, selon la multitude des incrédules, il n'y a, en fait de religion, qu'un seul dogme *fondamental*, qui est la nécessité de la tolérance. Ainsi, par la vertu d'une seule erreur, on peut être absous de toutes les autres. Bossuet, 6⁰ *Avertissement aux protestants*; Nicole, *Traité de l'unité de l'Église* ; Wallembour, *de Controv.*, tract. 3.

FONDATEURS, FONDATIONS. Il est d'usage, dans notre siècle, de déclamer contre les fondations pieuses qui ont été faites depuis quatre ou cinq cents ans. On serait moins étonné de leur multitude, si l'on faisait attention aux causes et aux circonstances qui les ont fait naître.

Sous l'anarchie et le désordre du gouvernement féodal, les possessions des particuliers étaient incertaines, les successions souvent usurpées, les peuples esclaves, et en général très-malheureux ; il n'y avait point de ressource pour ceux que les églises et les monastères ; c'étaient les seuls dépôts des aumônes. Les particuliers riches, et qui n'avaient point d'héritiers de leur sang, aimaient mieux placer dans ces asiles une partie de leurs biens, que de les laisser tomber entre les mains d'un seigneur qui les avait tyrannisés. Ceux qui avaient des doutes sur la légitimité de leurs possessions, ne voyaient point d'autres moyens de mettre leur conscience en repos. Les seigneurs eux-mêmes, devenus riches à force d'extorsions, et tourmentés par de justes remords, firent la seule espèce de restitution qui leur parut praticable : ils mirent dans le dépôt des aumônes, et consacrèrent à l'utilité publique des biens dont l'acquisition pouvait être illégitime ; souvent les enfants firent, après la mort de leur père, ce qu'il aurait dû exécuter lui-même pendant sa vie. La clause *pro remedio animæ meæ*, si commune dans les anciennes chartes, est très-intelligible, quand on connaît les mœurs de ces temps-là. Il n'est donc pas nécessaire de recourir à l'opinion qui a régné dans le XII⁰ et le XIII⁰ siècle, que la fin du monde était prochaine ; dans tous les temps de calamités et de souffrances, les peuples ont cru que le monde allait bientôt finir ; ils le croiraient encore, s'ils venaient à éprouver quelque fléau extraordinaire. On ne pouvait alors fonder des hôpitaux pour les invalides, les incurables, les orphelins, les enfants abandonnés, des maisons d'éducation et de travail, des manufactures, ni des académies ; on n'en avait pas l'idée, et le gouvernement était trop faible pour protéger ces établissements. Avant de juger que l'on a mal fait, il faudrait montrer que l'on pouvait faire mieux, et qu'il était possible de prévenir tous les inconvénients.

Une sagesse supérieure a révélé aux philosophes de nos jours que toute *fondation* est abusive et pernicieuse : ils se sont efforcés de dégoûter pour jamais ceux qui seraient tentés d'en faire, de détruire *un reste de respect superstitieux* que l'on conserve encore pour les anciennes. Comme c'est la religion et la charité qui les ont inspirées, on nous permettra d'en prendre la défense contre les anges exterminateurs qui veulent tout détruire. Ils disent :

1° Les *fondateurs* ont eu ordinairement pour motif la vanité ; quand leurs vues auraient été plus pures, ils n'avaient pas assez de sagesse pour prévoir les inconvénients qui naîtraient, dans la société, des établissements qu'ils formaient. Mais la manière la plus odieuse de décrier une bonne œuvre, est de fouiller dans le cœur de celui qui l'a faite, de lui prêter sans preuve des motifs vicieux, pendant qu'il peut en avoir eu de louables. Il y a de la vanité, sans doute, chez les peuples qui ne sont pas chrétiens ; pourquoi n'y fait-elle pas éclore les mêmes actes de charité que dans le christianisme ? On a fait de nos jours des *fondations* en faveur des *rosières* ; si la vanité y est entrée pour quelque chose, faut-il les détruire ? Là question n'est pas de savoir si les *fondateurs*, en général, ont eu des vues plus ou moins étendues sur l'avenir, mais si leurs *fondations* sont réellement utiles. Si elles le sont, donc ils ont pensé juste. Nous devons juger de leur sagesse par les effets, et non autrement ; c'est la règle que prescrit l'Évangile pour discerner les vrais d'avec les faux sages : *A fructibus eorum cognoscetis eos.*

2° Les établissements de charité, les hôpitaux, les distributions journalières d'aumônes, invitent le peuple à la fainéantise ; ces ressources ne sont nulle part plus multipliées qu'en Espagne et en Italie, et la misère y est plus générale qu'ailleurs. Mais cette misère n'a-t-elle commencé que depuis la *fondation* des hôpitaux ? Il nous paraît que c'est elle qui a fait sentir la nécessité d'en établir. Des observateurs, mieux instruits que nos écrivains, ont pensé qu'en Espagne et en Italie, la température du climat et la fertilité naturelle du sol sont les vraies causes de l'oisiveté du peuple, parce que l'homme ne travaille qu'autant qu'il y est forcé. Dans nos provinces méridionales, on travaille moins que dans celles du Nord, par la même raison. Ce n'est donc pas l'aumône qui produit cette différence. Assister les mendiants valides, c'est un abus ; mais, dans la crainte de les favoriser, faut-il laisser périr les impotents ? Calculons si le retranchement des aumônes ne tuerait pas plus de pauvres infirmes, que leur distribution ne nourrit de fainéants coupables ; les philosophes n'ont pas fait cette supputation. Ils condamnent à mourir de faim tout homme qui ne travaille pas selon toute l'étendue de ses forces; cette sentence nous paraît un peu dure dans la bouche de juges qui ne font rien.

3° Quand une *fondation* serait utile et sage, il est impossible d'en maintenir longtemps l'exécution : rien n'est stable sous le soleil; la charité ne se soutient pas toujours, non plus que la piété; tout dégénère en abus. On s'endurcit en gouvernant les hôpitaux, il s'y commet des crimes, à la longue les revenus diminuent, le luxe des édifices et des superfluités absorbe les secours destinés aux malades et aux pauvres. Cependant nous voyons encore subsister des *fondations* très-anciennes, et qui produisent les mêmes effets que dans leur institution. Parce que nous ne pouvons pas travailler pour l'éternité, il n'est pas défendu de faire du bien pour plusieurs siècles. Si la crainte des abus à venir doit nous arrêter, il ne faut faire aucune espèce de bien; est-ce là que veulent en venir nos sages réformateurs? Nous ne doutons pas qu'il n'y ait de très-grands désordres dans les hôpitaux régis par entreprise, dont les administrateurs sont des fermiers ou des gagistes; ils trafiquent de la santé et de la maladie, de la vie et de la mort. Cela n'est point dans les hôpitaux administrés par charité. On peut s'en convaincre par les procès-verbaux de visites faites par ordre du gouvernement. Nous en concluons que l'intérêt, la politique, la philosophie du siècle, ne suppléeront jamais à la religion. Le luxe des bâtiments et des superfluités n'est point venu des *fondateurs*, mais des administrateurs; c'est le vice de notre siècle, fomenté par la philosophie, et non celui des *fondateurs*. Il n'est point d'abus que l'on ne pût corriger, si l'on était animé du même esprit que les *fondateurs*.

4° Tout homme, disent nos censeurs, doit se procurer sa subsistance par son travail. Oui, quand il le peut; mais un ouvrier surchargé de famille, qui gagne peu et mange beaucoup; un vieillard, un infirme habituel, un homme ruiné par un accident ou par une perte imprévue, ne le peuvent plus. Tant que l'Evangile subsistera, il nous prescrira de les nourrir et de les aider.

Un autre principe est, que tout père doit pourvoir à l'éducation de ses enfants; donc les collèges et les bourses sont inutiles, il faut proposer des prix d'éducation. Mais lorsqu'un père est incapable d'instruire ses enfants par lui-même, lorsque son travail, son commerce, ses fonctions publiques, ne lui en laissent pas le temps, lorsque sa fortune est trop modique pour payer des instituteurs, à quoi serviront des prix d'éducation? Nous voudrions savoir si nos philosophes, qui sont si savants, ont été endoctrinés par leurs pères, et s'ils se donnent eux-mêmes la peine d'enseigner leurs enfants, lorsqu'ils en ont. Quand on détruira les collèges, nous demanderons grâce, du moins, pour les ignorantins.

5° La philosophie veut qu'un État soit si bien administré qu'il n'y ait plus de pauvres; telle est la pierre philosophale du siècle. En attendant ce prodige, qui n'a jamais existé, qui n'existera jamais, qui n'est qu'un rêve absurde, nous supplions nos alchimistes politiques de ne pas faire ôter la subsistance aux pauvres. Ils banniront de l'univers, nous n'en doutons pas, la vieillesse, les maladies, la stérilité, les contagions, les fléaux dont l'humanité est affligée depuis la création; mais puisqu'ils subsistent encore, il faut les soulager par provision.

Tous les besoins, disent-ils, sont passagers; il faut y pourvoir par des associations libres de citoyens, qui veilleront sur leur propre ouvrage, en écarteront les abus, comme cela se fait en Angleterre.

Il est faux, d'abord, que tous les besoins soient passagers, la plupart sont très-permanents; les vieillards, les pauvres, les malades, passent; mais la vieillesse, la pauvreté, les maladies, restent, se communiquent des pères aux enfants; la malédiction portée contre Adam, s'exécute aussi ponctuellement aujourd'hui que dans le premier âge du monde. Nous applaudirons volontiers aux associations libres, tout moyen nous semblera bon, dès qu'il fera du bien; mais nous prions les philosophes de ne pas oublier leur principe, *rien n'est stable sous le soleil, tout dégénère en abus*; nous sommes en peine de savoir si cela n'est pas vrai à l'égard des associations libres, si la vanité n'y entrera pour rien, si la jalousie ne les troublera pas, si le zèle des pères passera aux enfants, si la génération future sera possédée de l'anglomanie comme la génération présente, si les associations des villes fourniront aux besoins des campagnes, si, dans un accident subit, les secours seront assez prompts, etc., si, en un mot, la philosophie politique aura un plus long règne, et fera plus de bien que n'en ont fait la religion et la charité chrétienne.

Peut-on ignorer que, dans toutes les villes du royaume, il y a des associations libres? Les confréries de pénitents, ou de la croix, les assemblées des dames de la charité, les administrations municipales des hôpitaux et des maisons de charité, etc., sont-elles autre chose? Nous n'avons pas eu besoin des Anglais pour les former. Mais chez nous c'est la religion et la charité chrétienne qui y président; en Angleterre, c'est la politique: nos philosophes anti-chrétiens ne voient plus le bien, ils n'en veulent plus dès que la religion y entre de près ou de loin.

6° Leur intention, disent-ils, n'est point de rendre l'homme insensible aux maux de ses semblables. Nous le croyons pieusement; mais leurs dissertations, leurs principes, leurs raisonnements, sont très-capables de produire cet effet. Dès que l'on veut calculer le profit et la dépense, argumenter sur les inconvénients présents et futurs d'une bonne œuvre, prévenir tous les abus possibles avant de la faire, il est bien décidé que l'on n'en fera aucune.

Un autre défaut est de vouloir régler le fond des provinces sur le modèle des grandes villes, les bourgs et les villages sur ce qui se fait dans les capitales. Nos oracles politiques ne connaissent que Paris, n'ont rien vu ailleurs, rien administré, rien examiné dans le détail; et ils ont l'orgueil de se croire plus éclairés que les citoyens les plus sages, les magistrats les plus expérimentés, les hommes dont la prudence brille encore dans les règlements qu'ils ont laissés.

Les mêmes absurdités philosophiques reviendront à propos des *hôpitaux;* nous serons forcés d'y répondre encore, et d'ajouter de nouvelles réflexions.

FONT-EVRAUD, abbaye célèbre dans l'Anjou, chef d'un ordre religieux et de religieuses, fondé par le B. Robert d'Arbrissel, mort l'an 1117. Cet ordre a été approuvé par le pape Pascal II, l'an 1106, et confirmé l'an 1113, sous la règle de saint Benoît.

Robert d'Arbrissel consacra ses travaux à la conversion des filles débauchées; il en rassembla un grand nombre dans l'abbaye de *Font-Evraud,* et il leur inspira le dessein de se consacrer à Dieu. Il s'était associé des coopérateurs, qu'il réunit de même par les vœux monastiques. Ce qui a paru de plus singulier dans cet institut, c'est que, pour honorer la sainte Vierge et l'autorité que Jésus-Christ lui avait donnée sur saint Jean, lorsqu'il dit à ce disciple bien-aimé: *Voilà votre mère;* le fondateur de *Font-Evraud* a voulu que les religieux fussent soumis à l'abbesse aussi bien que les religieuses, et que cette fille fut le général de l'ordre. Les souverains pontifes ont approuvé cette disposition, qui subsiste toujours, et ils ont accordé à cet ordre de grands priviléges. Il y a près de soixante maisons ou prieurés en France, qui sont divisées en quatre provinces, et il y en avait deux en Angleterre avant le schisme de l'Eglise anglicane. Parmi les trente-six abbesses qui ont gouverné cet ordre, il y a eu plusieurs princesses de la maison de Bourbon.

Les *Filles-Dieu* de la rue Saint-Denis, à Paris, qui sont religieuses de *Font-Evraud,* ont tiré leur nom de ce qu'elles ont succédé, dans la maison qu'elles occupent, à une communauté de filles et de femmes pénitentes, que l'on nommait *Filles-Dieu,* et qui ont été supprimées.

On n'a pas manqué de censurer les pieuses intentions de Robert-d'Arbrissel, on a voulu même jeter des soupçons sur la pureté de ses mœurs; pendant sa vie, quelques auteurs, trompés par de faux bruits, l'accusèrent de vivre dans une trop grande familiarité avec ses religieuses. Bayle, dans son *Dictionnaire critique,* article FONT-EVRAUD, a rapporté avec affectation tout ce qui a été écrit à ce sujet; mais il est forcé d'avouer que ces accusations ne sont pas prouvées, et que l'apologie de Robert d'Arbrissel, faite par un religieux de son ordre, est solide et sans réplique. Il en a paru une autre, imprimée à Anvers en 1701, dans laquelle il est justifié contre les railleries malignes de Bayle.

FONTS BAPTISMAUX. Vaisseau de pierre, de marbre ou de bronze, placé dans les églises paroissiales et succursales, dans lequel on conserve l'eau bénite dont on se sert pour baptiser. Autrefois ces *fonts* étaient placés dans un bâtiment séparé, que l'on nommait le *baptistère;* à présent on les met dans l'intérieur de l'église, près de la porte ou dans une chapelle. *Voy.* BAPTISTÈRE. Lorsque le baptême était administré par immersion, les *fonts* étaient en forme de bain; depuis qu'il s'administre par infusion, il n'est plus besoin de vaisseau de grande capacité.

Dans les premiers siècles, si l'on en croit les historiens, il était assez ordinaire que les *fonts* se remplissent d'eau miraculeusement à Pâques, qui était le temps où l'on baptisait les catéchumènes. Baron., an. 417, 534, 555; Tillemont, tom. X, p. 678; Grég. de Tours, p. 320, 516, etc. Dans l'Eglise romaine, on fait solennellement, deux fois l'année, la bénédiction des *fonts;* savoir, la veille de Pâques et la veille de la Pentecôte; les cérémonies et les oraisons que l'on y emploie sont relatives à l'ancien usage de baptiser principalement ces jours-là, et c'est une profession de foi très-éloquente des effets du baptême et des obligations qu'il impose à ceux qui l'ont reçu. — En effet, l'Eglise demande à Dieu de faire descendre sur l'eau baptismale la vertu du Saint-Esprit, de lui donner le pouvoir de régénérer les âmes, d'en effacer les taches, de leur rendre l'innocence primitive, etc. On mêle à cette eau du saint-chrême, qui est le symbole de l'onction de la grâce; on y ajoute de l'huile des catéchumènes, pour marquer la force dont le baptisé doit être animé; on y plonge le cierge pascal, qui représente par sa lumière l'éclat des bonnes œuvres et des vertus que le chrétien doit pratiquer, etc. Cette bénédiction des *fonts* est de la plus haute antiquité. Saint Cyprien nous apprend qu'elle était en usage au IIIe siècle, *Epist.* 70 *ad Januar.,* et saint Basile, au IVe, la regardait comme une tradition apostolique. *L. de Spir. sancto,* cap. 27.

Si les protestants en avaient mieux compris le sens et l'utilité, ils l'auraient peut-être conservée. Lorsque les anabaptistes et les sociniens se sont avisés d'enseigner que le baptême ne devait être donné qu'aux adultes qui sont capables d'avoir la foi, on a pu leur répondre que le baptême, toujours administré publiquement, et la bénédiction des *fonts* faite solennellement sous les yeux des adultes, sont des leçons continuelles pour réveiller leur foi, pour exciter leur reconnaissance envers Dieu, pour les faire souvenir des promesses qu'ils ont faites et des obligations qu'ils ont contractées dans leur baptême, que les mêmes cérémonies, souvent répétées, doivent faire plus d'impression sur l'esprit des fidèles, que n'aurait pu le faire le baptême reçu une seule fois dans la première jeunesse, et au moment où ils ont commencé à être capables de faire un acte de foi.

Dans les articles EAU BÉNITE et EXORCISME, nous avons fait voir qu'il n'y a ni superstition, ni absurdité à bénir et exorciser les eaux; que cet usage n'a aucune relation aux idées fausses des platoniciens; mais que ça été un remède et un préservatif contre les erreurs et les superstitions des païens. Ménard, *Notes sur le Sacram. de saint Grégoire*, page 95 et 205.

FORCE. Suivant les moralistes, la *force* est une des vertus cardinales ou principales; ils la définissent une disposition réfléchie de l'âme, qui lui fait supporter avec joie les contradictions et les épreuves. Le nom même de *vertu* ne signifie rien autre chose que la *force de l'âme*; ainsi l'on peut dire avec vérité qu'une âme faible est incapable de vertu.

Par la *force*, les anciens entendaient principalement le courage de supporter les revers et les afflictions de la vie, et d'entreprendre de grandes choses pour se faire estimer des hommes; souvent l'ambition et la vaine gloire en étaient l'unique ressort; souvent aussi elle dégénérait en témérité et en opiniâtreté. La *force* chrétienne est plus sage, elle garde un juste milieu; inspirée par le seul motif de plaire à Dieu, elle modère en nous la crainte et la présomption; elle ne nous empêche point d'éviter les dangers et la mort, lorsqu'il n'y a aucune nécessité de nous y exposer; mais elle nous les fait braver lorsque le devoir l'ordonne. « *Dieu*, dit saint Paul, *II Tim.* VII, v. 7, *ne nous a pas donné un esprit de crainte, mais de* FORCE, *de charité et de modération*. » Cette vertu a singulièrement brillé dans les martyrs, et c'est pour la donner à tous les fidèles que Jésus-Christ a institué le sacrement de confirmation. Elle ne cessera jamais de leur être nécessaire pour surmonter tous les obstacles qui s'opposent à leur persévérance dans le bien; ils en ont besoin surtout lorsque l'excès de la corruption des mœurs publiques a rendu la vertu odieuse et ridicule. *Voy.* CONFIRMATION, ZÈLE.

FORME SACRAMENTELLE. *Voy.* SACREMENT.

FORMÉES (lettres.) *Voy.* LETTRES.

FORMULAIRE. *Voy.* JANSÉNISME.

FORNICATION, commerce illégitime de deux personnes libres. Ce désordre, qui était toléré chez les païens et que les anciens philosophes ont excusé, est condamné sans ménagement par la morale chrétienne. Saint Paul le défend aux fidèles; et, pour leur en inspirer l'horreur, il leur représente que leurs corps sont les membres de Jésus-Christ et les temples du Saint-Esprit, *I Cor.*, chap. 6, vers. 13 et suiv. Quand on n'envisagerait que l'intérêt de la société, il est évident que ce désordre est très-pernicieux; il détourne du mariage, il bannit la décence des mœurs, il nuit à la population, il surcharge l'État d'enfants sans ressource, il les condamne à l'ignominie, il fait méconnaître aux hommes les devoirs de la paternité, et aux femmes les obligations les plus essentielles à leur sexe. Pour comprendre que la *fornication* est un désordre contraire à la loi naturelle, il suffit d'observer que l'homme qui satisfait ainsi sa passion s'expose à mettre au monde un enfant qui n'aura

ni un état honnête, ni une éducation convenable, ni aucun droit assuré, et à charger une femme de tous les devoirs de la maternité sans aide et sans ressource. On aurait droit de lui reprocher de la cruauté s'il commettait ce crime avec réflexion. Ainsi, pour en concevoir la griéveté, il suffit de connaître les raisons qui établissent la sainteté du mariage. *Voy.* ce mot.

Ceux d'entre nos philosophes modernes qui ont osé enseigner, après quelques anciens, que le mariage devrait être aboli, qu'il faudrait rendre les femmes communes, et déclarer enfants de l'État tous ceux qui viendraient au monde, voulaient, non-seulement mettre toutes les femmes au rang des prostituées, mais dégrader et abrutir l'espèce humaine tout entière; ce serait le véritable moyen de l'anéantir.

Lorsque le concile de Jérusalem, tenu par les apôtres, *Act.*, chap. XVII, vers. 20 et 29, défendit aux fidèles l'usage du sang, des viandes suffoquées, et la *fornication*, il ne prétendit pas mettre ce dernier crime sur la même ligne que les deux usages précédents; ceux-ci ne furent interdits qu'à cause des circonstances, au lieu que la *fornication* est mauvaise en elle-même et contraire à la loi naturelle. Mais le concile parlait selon le préjugé des païens nouveaux convertis, qui, avant leur conversion, étaient accoutumés à regarder la *fornication* comme une chose assez indifférente, ou du moins comme une faute très-légère. Dans l'Ancien Testament, l'idolâtrie est souvent exprimée par le terme de *fornication*, parce que c'était une espèce de commerce criminel avec les fausses divinités, presque toujours accompagné de l'impudicité, et quelques commentateurs ont cru que le concile de Jérusalem, sous le nom de *fornication*, entendait l'idolâtrie. Quoi qu'il en soit, ce désordre ne fut jamais excusé ni toléré chez les Juifs; il est sévèrement puni dans les deux sexes par les lois de Moïse. *Deut.*, chap. XXII.

FORTUIT, FORTUNE. Cet article appartient à la métaphysique plutôt qu'à la théologie; mais les matérialistes modernes ont tellement abusé de tous les termes, pour pallier les absurdités de leur système, que nous ne pouvons nous dispenser d'en donner la vraie notion.

Il est d'abord évident que, dans la croyance d'une Providence divine, attentive à tous les événements, qui les a prévus de toute éternité, et qui en règle le cours, rien ne peut être censé *fortuit* à l'égard de Dieu. Si quelquefois il l'on trouve ce terme dans l'Ecriture sainte, on doit concevoir qu'il ne marque de l'ignorance et de l'incertitude qu'à l'égard des hommes; les adorateurs du vrai Dieu n'ont jamais manqué d'attribuer à sa providence les événements heureux ou malheureux qui leur sont arrivés.

Sous le nom de *fortune*, les païens entendaient un pouvoir inconnu et aveugle, une espèce de divinité bizarre qui distribuait aux hommes le bien et le mal, sans discernement, sans raison, par pur caprice. Ils la peignaient sous la figure d'une femme qui avait un bandeau sur les yeux, un pied appuyé sur un globe tournant et l'autre en l'air, ou sur une roue qui tournait sans cesse. Aucun dieu n'eut à Rome un plus grand nombre de temples que la *fortune*; les Romains, échappés d'un grand danger par le pouvoir qu'avait eu Véturie, dame romaine, sur son fils Coriolan, élevèrent un temple à la *fortune* des dames, *fortunæ muliebri*, ou bon génie qui avait inspiré cette femme. Les plus grands hommes parmi eux comptaient sur leur propre *fortune* et sur celle de Rome, sur une divinité inconnue qui les protégeait eux et leur patrie, et cette confiance leur inspira souvent des entreprises téméraires et injustes. Pour se déguiser à eux-mêmes leur imprudence et leur injustice, ils attribuaient le succès à une divinité quelconque. Juvénal se moque avec raison de ce préjugé, *Sat.* 10. « Avec de la prudence, dit-il, tous les dieux nous sont favorables; mais nous avons trouvé bon de faire une divinité de la *fortune* et de la placer dans le ciel. » Cicéron s'exprime à peu près de même dans le second livre *de la Divination*.

On a remarqué plus d'une fois que le poëte Lucrèce est tombé en contradiction, lorsque, dans un ouvrage destiné à établir l'athéisme, il a parlé d'un pouvoir inconnu, *vis abdita quædam*, qui se plaît à déconcerter les projets des hommes, et à faire tourner les choses tout autrement qu'ils ne pensent, d'une *fortune* qui décide de tout, *fortuna gubernans*. Au lieu d'admettre le pouvoir suprême d'une intelligence qui gouverne tout avec sagesse, il aimait mieux supposer un pouvoir aveugle et bizarre, qui disposait de tout, sans réflexion et par caprice, sans doute afin de ne pas être obligé de lui rendre des hommages. En effet, c'était une absurdité de la part des païens de rendre un culte à une prétendue divinité qu'ils supposaient privée de raison et de sagesse, inconstante et capricieuse, incapable par conséquent de tenir compte à quelqu'un des respects et des vœux qu'il lui adresse. Mais dès qu'une fois les hommes ont supposé un être quelconque, aveugle ou intelligent, juste ou injuste, bon ou mauvais, qui distribue les biens et les maux, ils n'ont jamais manqué de l'honorer par intérêt. A cet égard, l'athéisme n'a jamais pu avoir lieu parmi eux.

Aujourd'hui les matérialistes veulent nous en imposer en déraisonnant d'une autre manière. Ils disent que rien ne se fait par hasard, puisque tout est nécessaire. Ce n'est que l'abus d'un terme. Qu'une cause quelconque soit contingente ou nécessaire, cela ne fait rien; dès qu'elle est aveugle et qu'elle ne sait ce qu'elle fait, c'est le hasard et la *fortune*, et rien de plus. Telle est l'idée qu'en ont tous les philosophes. « Non-seulement la *fortune* est aveugle, dit Cicéron, mais elle rend aveugles ceux qu'elle favorise. » *De Amicit.*, n. 54. Il définit le hasard : *Ce qui arrive sans dessein dans les choses mêmes que l'on fait à dessein*, l. II, *de Divin.*, n. 43. Nous agissons au hasard; lorsque nous ne connaissons pas l'effet qui résultera de notre action; le hasard ou la *fortune* est donc l'opposé, non de la nécessité, mais de l'intelligence, de la connaissance et de la réflexion.

Ceux d'entre les philosophes qui ont défini la *fortune* ou le hasard *l'effet d'une cause inconnue*, se sont trompés; ils devaient dire que c'est l'effet d'une cause privée d'intelligence, et qui ne sait ce qu'elle fait. Lorsque le vent a fait tomber sur moi une tuile ou une ardoise, c'est par hasard, quoique j'en connaisse très-bien la cause; mais cette cause n'a pas agi par réflexion, et je ne prévoyais pas moi-même qu'elle agirait à ce moment. S'il n'y a pas un Dieu qui gouverne l'univers, tout est l'effet du hasard. Mais aussi rien n'est hasard pour ceux qui reconnaissent un Dieu souverainement intelligent, puissant, sage et bon; dans leur bouche, la *fortune* ne signifie rien que bonheur ou malheur. Lorsque Zelpha, servante de Jacob, eut mis au monde un fils, Lia, sa maîtresse, le nomma *Gad*, bonheur, bonne *fortune*, *Gen.*, chap. xxx, vers.11; mais elle n'attachait pas à ce nom la même idée que les païens, puisque toutes les fois qu'elle avait eu elle-même ce bonheur, elle l'avait attribué à Dieu, chap. xxix et xxx. Lorsque les Juifs furent tombés dans l'idolâtrie, ils adoptèrent les notions des polythéistes; Isaïe leur reproche d'avoir dressé des tables à *Gad* et à *Méni*, chap. LXV, vers. 11. La Vulgate et le syriaque ont entendu, par le premier de ces termes, la *fortune*; les Septante ont traduit *Gad* par le démon ou le génie; et *Méni* par la *fortune*; les rabbins ont rêvé que *Gad* est Jupiter. Il est probable que *Méni* est la lune, comme μήνη, en grec; on sait assez combien les païens attribuaient de pouvoir à la lune.

Il est certainement plus consolant pour l'homme d'attribuer le bien et le mal qui lui arrivent à Dieu, que d'en faire honneur à une *fortune* capricieuse ou à un destin aveugle. Le culte rendu à la première, loin de rendre l'homme meilleur, ne pouvait aboutir qu'à lui persuader l'inutilité de la prévoyance, de la précaution et de la prudence. Le dogme de la Providence doit produire l'effet contraire, puisqu'il nous apprend que Dieu récompense tôt ou tard notre confiance, notre patience et notre soumission à ses décrets.

FOSSAIRE, FOSSOYEUR. *Voy.* FUNÉRAILLES.

FOSSILES, *Voy* COSMOGONIE.

* FOURIÉRISME. — Charles Fourier, né à Besançon, le 7 avril 1772, est mort à Paris en 1837. Il vécut ignoré et assez malheureux. Il laissa de nombreux ouvrages qui ont fait sa réputation, et qui ont créé une école célèbre qui prétend régénérer le monde. Nous allons évoquer l'âme du grand patriarche des phalanstériens, pour constater la méthode qui a conduit son esprit aux incontestables rêveries que lui et ses débonnaires disciples ont prises sérieusement pour de sublimes découvertes.

Voyez-vous ce jeune homme qui s'isole et s'enferme dans la solitude de sa pensée pour méditer? C'est le fils d'un marchand de drap de Besançon, dont la jeunesse a été soustraite aux études régulières des sciences. Fouetté par son père pour avoir révélé naïvement une industrie de vendeur, il a juré, dès l'âge de 7 ans, une haine implacable au commerce; et le sort des sociétés modernes, malgré leur civilisation, lui semble si digne de pitié, que son âme bienveillante et généreuse se dévoue à la recherche des moyens d'une transformation salutaire pour tout le genre humain. Quelque chose de ce que ne manquent jamais d'éprouver les têtes exaltées lui fait pressentir qu'il va être pour le monde un nouveau messie, un nouveau rédempteur. Taisez-vous, systèmes philosophiques et théories socialistes de toutes les écoles et de tous les âges : Fourier ne veut pas de votre intervention dans son travail; souffrez que, par le *doute absolu* sur toutes vos assertions et l'*écart absolu* de toutes vos méthodes, il vous ferme la porte et vous mette hors du sanctuaire de son intelligence; le peu qu'il a pu entrevoir de vous dans quelques méchants livres pendant qu'il vendait du drap, il veut l'oublier et ne consulter que les lueurs de son génie, dont quelques étincelles viennent de lui révéler la puissance transcendantale.

Une fois en chrysalide dans sa propre méditation, le grand homme va être imperturbable, et la promenade des guillotines de 93 ne le distraira pas. C'est l'époque de son invention de l'agence commerciale par la couronne; à plus forte raison ne sera-t-il pas dérangé ni découragé par les contradictions et les risées que rencontrent dès leur éclosion ses premières théories. De tels mépris n'arrivent pas, comme dirait M. Guizot, à la hauteur de son dédain : il n'attend pas autre chose des pauvres civilisés, il se contente de leur dire de temps en temps, avec douceur, qu'ils ont une *cataracte* sur les yeux et un *voile d'airain* devant la face.

Fourier se livre donc au travail de ses découvertes, muni de trois agents : une imagination très-féconde en combinaisons et en hypothèses; la méthode de déduction par analogie, seule forme de raisonnement dont il fasse usage dans tous ses écrits, et un enthousiasme d'illuminé, qui lui fait adopter, comme révélation de la vérité pure, tout ce qui flamboie dans son cerveau. Lui vient-il en idée que la nature se compose de trois principes éternels et indépendants, Dieu, la matière et les mathématiques. N'allez pas croire qu'il va, comme le commun des esprits, regarder ce point de départ comme une simple hypothèse tant que les preuves à l'appui n'auront pas été trouvées. Fourier n'y regarde pas de si près : il franchit d'un bond tous ces scrupules de la logique des civilisés. L'idée du triple principe primordial lui est ainsi venue, cela doit suffire, elle est certaine; — mais les raisonnements qu'on a coutume d'alléguer pour démontrer l'impossibilité d'une matière éternelle? — Est-ce qu'il daigne s'en occuper? — Mais le bon sens criant que les mathématiques ou la justice ne peuvent pas être une substance particulière séparée de Dieu? — Est-ce qu'il peut entendre des réclamations? Ne voyez-vous pas que sitôt son triple principe éternel imaginé, il s'y est mis à cheval et a pris le galop?

Ainsi en est-il de l'autre grand pivot de ses théories, les douze passions. Prouve-t-il l'exactitude de cette énumération? Montre-t-il que le *papillonne* ou le besoin de changer de plaisir est une passion à part, et qu'elle n'est pas plutôt, comme on l'a toujours pensé, l'effet de chaque passion qui ne trouve plus son objet comme elle le souhaite? A-t-il seulement entrevu ce phénomène d'un élan irréfléchi mais invincible de tout être intelligent vers un bien qui rassasie, condition que ne remplit aucun des biens accessibles à nos passions? Fourier ne s'est pas même avancé jusqu'au vestibule d'une théorie sérieuse sur la nature et le nombre des passions. La combinaison du nombre 12 concordant avec la gamme a frappé son imagination, cela lui suffit pour affirmer son système passionnel avec un entêtement que l'univers entier ne ferait pas fléchir. Les choses suggé-

rées d'une certaine manière par l'imagination et admises par le seul fait de cette apparition mentale, et, si l'on peut s'exprimer ainsi, de ce rêve, telle est la source primordiale des découvertes soi-disant sublimes de Fourier.

Mais comment de quelques idées premières ainsi rêvées et adoptées malgré leur folie, a-t-il pu tirer un système et des séries de systèmes d'une fécondité de ramifications qui étonne, quand elle ne fait point rire? C'est l'autre partie du secret de la science transcendante de Fourier. Il n'a, il est vrai, qu'une corde à son arc, qu'une seule méthode de déduction, le raisonnement *ex analogia*; mais il l'exploite de manière à lui faire enfanter des mondes de merveilles; et voici comment : quand il lui vient en pensée qu'il y a analogie entre deux ordres de choses, cette analogie est pour lui un fait certain dont il ne songe pas même à rechercher la preuve, et parmi les divers degrés d'analogie possibles, la détermination particulière qu'il a imaginée est, bien entendu, celle qu'il affirme sans hésiter. Or, sur ce fondement des analogies imaginées et non prouvées, Fourier construit en se délectant des châteaux de merveilles et des panoramas d'éblouissantes découvertes, aussi sérieuses pour le moins que les contes des fées.

Voulez-vous savoir, par exemple, de combien les bornes de la science ont tout à coup reculé par la pensée d'une analogie entre l'homme et la planète qu'il habite? A peine l'idée lumineuse de cette analogie est-elle éclose dans le cerveau du grand homme, que son imagination se met en campagne et annonce la découverte de tous les secrets de la vie des planètes. L'homme ayant une âme, la planète doit en avoir une aussi. Le corps de l'homme sort de celui de la planète, par analogie l'âme humaine sera tirée de l'âme planétaire. L'homme a une enfance, un âge mûr, une vieillesse et une mort : la planète subira les mêmes phases. Galopant ainsi d'analogie en analogie, Fourier a découvert que la terre a vécu cinq mille ans, qu'elle en doit vivre encore soixante-quinze mille, qu'elle a deux sexes, qu'elle a eu à l'époque du déluge une fièvre putride; enfin, il a découvert ce que vingt volumes ne pourraient contenir.

Autre exemple : 12 passions et 12 sons dans la gamme; c'est plus qu'il n'en faut pour faire admettre à Fourier une parfaite analogie entre le développement des passions et celui des sons musicaux. Dès lors tout le mouvement social est découvert, toutes les merveilles de l'attraction passionnelle et de la société harmonieuse ont apparu, ce qui lui donne droit, il nous en avertit lui-même, de ne les exposer qu'avec les termes de la langue musicale.

« Les passions, dit-il, étant distribuées par 12 comme les sons musicaux, et ayant dans leurs développements une parfaite analogie avec les claviers, octaves et sons musicaux, je ne puis emprunter, pour décrire ces effets, de termes plus techniques, plus précis, que ceux déjà admis en théorie musicale. En conséquence, les mots gamme, octave, clavier et autres de la langue musicale, seront adaptés au système distributif des passions et des caractères; et nous dirons : une *modulation en tonique d'amitié majeure* ou *d'amour mineur*, comme une *modulation en ut majeur* ou *en ré mineur*. »

Encore une application de cette naïve logique des analogies. Une fois en possession de sa découverte sur les *attractions passionnelles*, c'est-à-dire sur les lois d'après lesquelles Dieu nous a distribué les passions, Fourier pénètre sans difficulté tous les mystères de la nature. Dieu étant obligé d'agir conformément *aux mathématiques*, l'un des trois principes éternels dont se compose la nature, tout dans le règne minéral, végétal et animal, ainsi que dans les destinées des planètes et des univers, doit correspondre exactement aux lois du mouvement social : en sorte que, quand on a la connaissance des attractions passionnelles, rien n'empêche plus de lire dans les destins. Écoutons Fourier nous exposer lui-même la valeur de cette formule magique du *mouvement passionnel, pivot, type et hiéroglyphe de tous les autres*. Vous allez voir comment à l'aide de cette baguette tous les voiles mystérieux de la nature vont tomber, et laisser à découvert devant son œil perçant le grand livre des destinées universelles.

« Nos passions, tant ravalées par les philosophes, remplissent après Dieu le premier rôle dans le mouvement de l'univers ; elles sont ce qu'il y a de plus noble après lui, puisqu'il a voulu que tout l'univers fût disposé à l'image des effets qu'elles produisent dans le mouvement social. Il suit de là que, si un globe parvient à connaître les lois du mouvement social, il découvre en même temps les lois des autres mouvements, puisqu'ils sont en tout point hiéroglyphes du premier. Si nous ne connaissions pas encore les lois du mouvement matériel déterminées par les géomètres modernes, on les découvrirait aujourd'hui par analogie à celles du mouvement social, que j'ai pénétrées et qui donnent la clef de tout le système des trois autres. » (*Théorie des Quatre Mouvements*, pag. 32.) « Vous voulez donc nous apprendre, me dira-t-on, ce qui se passe dans les autres mondes, dans le Soleil, la Lune, Jupiter, Sirius, les Lactées et tous les astres ? » Oui, certes, et vous apprendrez en outre ce qui s'y est passé et ce qui s'y passera pendant les siècles ; car on ne peut pas lire partiellement dans les Destins ; on ne peut pas déterminer ceux d'un monde sans posséder le calcul qui dévoile les destinées de tous les mondes. Vous connaîtrez donc les mécanismes sociaux régnants dans les divers astres, les révolutions heureuses ou malheureuses auxquelles leurs habitants sont sujets. Vous apprendrez que notre petit globe est depuis cinq à six mille ans dans l'état le plus malheureux où un monde puisse se trouver. Mais le calcul qui vous révélera le bonheur dont on jouit dans d'autres astres vous donnera en même temps les moyens d'introduire sur votre globe un bien-être fort voisin de celui des mondes les plus fortunés. » (*Ibidem*, page 55.)

Qu'on cesse donc de supposer dans Fourier une véritable portée philosophique et le génie proprement dit des découvertes. L'imagination sans bride courant dans le monde des analogies fantastiques, voilà le mérite distinctif de cet écrivain : et si l'on veut le caractériser par la manie, ou, si l'on veut, la qualité prédominante de son esprit, on l'appellera le *visionnaire d'analogies*.

Mais ce visionnaire adorait ses visions avec l'enthousiasme d'un illuminé. Toutes ses pages sont empreintes de cette exhorbitante confiance en lui-même. Écoutez, entre mille exemples, comment il traite de si haut nos ignorants cosmogones, pour n'avoir pas connu le procédé de la *trempe en secousse*, au moyen duquel, en *pinçant une planète par les deux pôles*, on y fait des montagnes et des vallons qui la rendent habitable :

« Un débat s'éleva, il y a peu de temps, entre les cosmogones de Paris et d'Édimbourg, au sujet de la formation des vallées. Chacun prouva à ses adversaires qu'ils étaient loin de la solution, et personne ne donna le mot de l'énigme, *la trempe en secousse*, opération sans laquelle une comète inplanée et concentrée se refroidissant par degrés, serait lisse en surface comme une bulle de savon, puis l'abaissement des eaux vaporisées y formerait une mer générale. Pour éviter cet inconvénient qui rendrait les planètes inhabitables à l'homme, *on pince l'astre aux deux pôles* par cordons aromaux serrant un axe aromal, et lui donnant des secousses réitérées pour agiter la lave en fusion. Au moment où les vagues sont bien disposées, le soleil, par une colonne d'arome réfrigérant enveloppe subitement l'astre, condense les vagues de lave et les fixe en montagnes et abîmes, après quoi les vapeurs s'abaissent, occupent les cavités et forment les mers. » (Tom. II, pag. 36.)

Ô grand homme, vous nous rappelez involontairement le célèbre ornement que vous faites espérer à l'humanité perfectionnée par le phalanstère, *la queue de neuf pieds de long avec quelque chose au bout comme un œil*, qui doit nous pousser quand nous serons en harmonie. Cet utile et gracieux complément, qui mettra peut-être un peu en défaut l'habileté des tailleurs, a échappé à nos regards pendant la lecture des œuvres de Fourier. Mais, hélas ! nous avions entre les mains l'édition où les disciples du grand homme se sont permis d'opérer quelques lacunes pour bannir les endroits scandaleux. La pauvre queue aurait-elle été coupée comme peu édifiante ? MM. les rédacteurs de la *Démocratie pacifique* voudront bien nous transmettre ce renseignement.

Voilà Fourier du côté du génie. Est-il nécessaire de dire sa valeur, quant à la moralité ? Que signifient ces honteuses lacunes dans l'édition de 1846, publiée par ses plus enthousiastes disciples ? Pourquoi ont-ils rougi de ces excès de cynisme ? pourquoi ont-ils supprimé le tableau des mœurs phanérogames, et plusieurs autres ? n'est-ce pas parce qu'ils ont bien compris que l'indignation en serait soulevée ? En résumé, dans le régime phalanstérien, chaque femme est libre de se livrer à trente-six hommes, et chaque homme à trente-six femmes. Une citation, et hâtons-nous de tirer le rideau. « On établit divers grades dans les unions amoureuses ; les trois principaux sont : les trois Favoris et Favorites en titre ; les géniteurs et génitrices ; les époux et épouses. Les derniers doivent au moins deux enfants l'un de l'autre ; les seconds n'en ont qu'un ; les premiers n'en ont pas. Ces titres donnent aux conjoints des droits progressifs sur une portion de l'héritage respectif. Une femme peut avoir à la fois : 1° un époux dont elle n'a qu'un enfant ; 2° un favori qui a vécu avec elle et conservé le titre ; plus, de simples possesseurs, qui ne sont rien devant la loi. Cette gradation de titres établit une grande courtoisie et une grande fidélité aux engagements. » (*Théorie des quatre mouvements*, page 125.)

Au sujet du vol, Proudhon n'est qu'un écho, Fourier l'avait devancé ; et si la formule du disciple : *la propriété est le vol*, est énergique, celle du maître : *le vol est un droit*, est d'une allure morale bien plus dégagée. « Dieu, dit Fourier, donna aux nations sauvages *un droit* d'industrie négative, qui est le *vol extérieur*. » En conséquence, il reconnaît au pauvre le droit de réclamer de « la subsistance en compensation du droit de vol que lui a donné la simple nature. » (T. II, page 199.)

Voilà l'homme à l'égard duquel l'admiration s'est accrue jusqu'à la vénération religieuse, jusqu'au culte d'un pèlerinage sur sa tombe, jusqu'à la juxtaposition de son œuvre rédemptrice avec celle de Jésus-Christ. Et quoique, à l'exception de l'idée assez ingénieuse par laquelle il débuta d'une *banque commerciale de la commune*, tous ses ouvrages puissent être définis une série de rêves extravagants, des hommes de science et de talent font de ces rêves l'objet de leur foi, et comme Mélanchthon, tout en gémissant des emportements et des écarts de Luther, se laissait mener par lui comme une somnambule par son magnétiseur, ainsi voyons-nous M. Considérant, malgré son esprit étincelant et son âme passionnée, s'incliner comme somnambuliquement devant la plus haute personnification de l'extravagance et de l'orgueil. Quel est ce prestige ? Et pourquoi voyons-nous cette puissance ténébreuse de fascination accompagner la lutte des grands contradicteurs qui s'élèvent de distance en distance le long des siècles contre la vérité, c'est-à-dire contre le Christ et son Église ?

Phalanstériens, regardez où vous êtes : vous avez beau vous distraire, avec des généreux élans de vos âmes, vous ne pourrez pas y tenir : la vérité et l'amélioration sociale sont ici dans le catholicisme, faites un pas, venez.

FOURNAISE. *Voy.* ENFANTS DANS LA FOURNAISE.

FRACTION DE L'HOSTIE. *Voy.* MESSE.

FRANCISCAINS, FRANCISCAINES, religieux et religieuses institués par saint François d'Assise au commencement du XIII° siècle. La règle qu'il leur donna fut approuvée par Innocent III, et confirmée ensuite par Honorius ou Honoré III, l'an 1223. Un des principaux articles de cette règle est la pauvreté absolue, ou le vœu de ne rien posséder, ni en propre., ni en commun, mais de vivre d'aumônes. Cet ordre avait déjà fait des progrès considérables, lorsque son saint fondateur mourut en 1226. Il se multiplia tellement, que neuf ans après sa fondation, il se trouva dans un chapître général, tenu près d'Assise, cinq mille députés de ses couvents; probablement il y en avait plusieurs de chaque maison. Aujourd'hui encore, quoique les protestants en aient détruit un très-grand-nombre en Angleterre, en Allemagne et dans les autres pays du Nord, on prétend que cet ordre possède sept mille maisons d'hommes sous des noms différents, et plus de neuf cents couvents de filles. Par leurs derniers chapitres, on a compté plus de quinze mille religieux et plus de vingt-huit mille religieuses. Il n'a pas tardé de se diviser en différentes branches : les principales sont les cordeliers, distingués eux-mêmes en conventuels et en observantins, les capucins, les récollets, les tiercelins ou religieux pénitents du tiers ordre, et nommés en France de *Picpus*; mais il s'est fait plusieurs autres réformes de *franciscains* en Italie, en Espagne et ailleurs. Nous parlerons de ces divers instituts ou congrégations sous leurs noms particuliers. Quelques-unes sont de religieux hospitaliers qui ont embrassé la règle de saint François, comme les frères infirmiers-minimes ou abrégons, les bons-fieux, etc., et ce ne sont pas les moins respectables.

Si les vertus de saint François n'avaient pas été aussi solides et aussi authentiquement reconnues que le témoignent les auteurs contemporains, cette multiplication si rapide et si étendue de son ordre serait un prodige inconcevable ; mais le saint forma des disciples qui lui ressemblaient : l'ascendant de leurs vertus gagna des milliers de prosélytes. Ce phénomène, qui a paru constamment dans tous les siècles plus ou moins, se renouvellera jusqu'à la fin du monde, parce que la vertu, sous quelque forme qu'elle paraisse, a des droits imprescriptibles sur le cœur des hommes.

Cependant les protestants n'ont rien omis pour persuader que la naissance de l'ordre des *franciscains* a été une plaie et un malheur pour l'Église. Mais ceux qui en parlent ainsi fournissent eux-mêmes des faits qui démontrent le contraire, et qui prouvent qu'aucun ordre n'a rendu de plus grands services; ils en ont calomnié le fondateur, et il n'est besoin que de leurs écrits pour faire complètement son apologie. Ils disent que saint François fut, à la vérité, un homme pieux et bien intentionné, mais qui joignait à la plus grossière ignorance un esprit affaibli par une maladie dont il avait été guéri; qu'il donna dans une espèce de dévotion extravagante, qui approchait plus de la folie que de la piété ; ainsi en a parlé Mosheim, *Hist. eccles.*, XIII° siècle, II° part., c. 2, § 25. Ce tableau est-il ressemblant ? Le même écrivain nous fait remarquer qu'au XII° siècle et au commencement du XIII°, l'Église était infestée par une multitude de sectes hérétiques; les cathares albigeois ou bagnolais, les disciples de Pierre de Bruis, de Tanchelin et d'Arnaud de Bresse, les Vaudois, les *capuciati*, les apostoliques, dogmatisaient chacun de leur côté. Tous se réunissaient à exalter le mérite de la pauvreté évangélique ; ils faisaient un crime aux moines, aux ecclésiastiques, aux évêques, de ce qu'ils ne menaient pas la vie pauvre, laborieuse, mortifiée des apôtres, sans laquelle, disaient-ils, on ne peut parvenir au salut ; ils forçaient leurs propres docteurs à la pratiquer; par cet artifice, ils séduisaient le peuple. Mosheim prétend qu'en effet le clergé manquait de lumières et de zèle, que les ordres monastiques étaient entièrement corrompus, que les uns et les autres laissaient triompher impunément l'hérésie. « Dans ces circonstances, dit-il, on sentit la nécessité d'introduire dans l'Église une classe d'hommes qui pussent, par l'austérité de leurs mœurs, par le mépris des richesses, par la gravité de leur extérieur, par la sainteté de leur conduite et de leurs maximes, ressembler aux docteurs qui avaient acquis tant de réputation aux sectes hérétiques. » *Ibid.*, § 21.

Or, voilà précisément ce que pensa saint François, ce prétendu ignorant imbécile; il vit le mal, il en aperçut le remède, il eut le courage de le mettre en usage, et Mosheim est forcé de convenir qu'il y réussit parfaitement. Qu'aurait pu faire de mieux un habile et profond politique?

En effet, notre censeur avoue que ces religieux, menant une vie plus régulière et plus édifiante que les autres, acquirent en peu de temps une réputation extraordinaire, et que le peuple conçut pour eux une estime et une vénération singulières. L'attachement pour eux, dit-il, fut porté à l'excès; le peuple ne voulut plus recevoir les sacrements que de leurs mains; leurs églises étaient sans cesse remplies de monde; c'était là que l'on faisait ses dévotions et que l'on voulait être inhumé. On les employa, non-seulement dans les fonctions spirituelles, mais encore dans les affaires temporelles et politiques. On les vit terminer les différends qui survenaient entre les princes, conclure des traités de paix, ménager des alliances, présider aux conseils des rois, gouverner les cours. En considération de leurs services, les papes les comblèrent de grâces, d'honneurs, de distinctions, de priviléges, d'immunités, d'indulgences à distribuer, etc. *Ibid.*, § 23 et 26. Jusqu'à présent nous ne voyons pas en quoi saint François a péché, ni en quel sens la fondation de son ordre a été un malheur pour l'Eglise.

C'est, dit Mosheim, que le crédit excessif des religieux mendiants les rendit intéressés, ambitieux, intrigants, rivaux, et à la fin ennemis déclarés du clergé séculier. Ils ne voulurent plus reconnaître la juridiction des évêques, ni dépendre d'eux en aucune manière; ils occupèrent les prélatures et les places de l'Eglise les plus importantes; ils voulurent remplir les chaires dans les universités; ils soutinrent à ce sujet les disputes les plus indécentes; les papes, par leur imprudence à les autoriser dans la plupart de leurs prétentions, se jetèrent dans une infinité d'embarras. Une partie des *franciscains* finit par se révolter contre les papes mêmes, lorsqu'ils voulurent les accorder au sujet du vœu de pauvreté. Malgré les bulles de plusieurs papes, ceux que l'on nomma *fratricelles, tertiaires, spirituels, beggards* et *béguins*, firent schisme avec leurs confrères, furent condamnés comme hérétiques, et plusieurs furent livrés au supplice par les inquisiteurs.

Supposons tous ces faits, et voyons ce qui en résultera. 1° Il y aurait de l'injustice à vouloir rendre saint François responsable de ce qui est arrivé plus d'un siècle après sa mort, il n'était certainement pas obligé de le prévoir, et sa règle, loin de donner aucun lieu à l'ambition de ses religieux, semblait composée exprès pour la prévenir et pour l'étouffer; 2° il faudrait examiner si tous ces inconvéniens que l'on exagère ont porté réellement plus de préjudice à l'Eglise, que les travaux des *franciscains* n'ont pu produire de bien: or, nous soutenons que le bien l'emporte de beaucoup sur le mal. Ils ont détruit peu à peu la plupart des sectes qui troublaient l'Eglise; ils ont ranimé parmi le peuple la piété qui était à peu près éteinte, leurs disputes mêmes ont contribué à tirer le clergé séculier de l'inertie dans laquelle il était plongé, et ont fait éclore un germe d'émulation; ils ont composé de très-bons ouvrages dans un temps où il n'était pas aisé de former de bons écrivains; un grand nombre se sont livrés aux missions étrangères et y travaillent encore, etc. Lorsque nous reprochons aux protestans l'ambition, l'esprit de révolte, les disputes violentes, les fureurs auxquelles se sont abandonnés leurs premiers prédicans, ils nous répondent que ces défauts de l'humanité doivent leur être pardonnés en faveur du bien qui en est résulté. Nous voudrions savoir pourquoi cette excuse ne doit pas avoir lieu à l'égard des *franciscains* et des autres mendiants, comme à l'égard des apôtres de la réforme.

Mosheim sait bon gré aux fraticelles et aux autres *franciscains* révoltés, de ce que, par leurs écrits fougueux et séditieux, ils ont contribué à indisposer les peuples contre l'autorité des papes, et de ce qu'ils ont ainsi préparé les voies à la réformation. Pour nous, nous avons un plus juste sujet d'applaudir au zèle avec lequel les *franciscains*, en général, comme les autres religieux, se sont opposés aux progrès de cette réforme prétendue, et ont travaillé à préserver les peuples de la contagion de l'hérésie. Plusieurs ont généreusement sacrifié leur vie pour la défense de la foi catholique; et si Mosheim avait voulu se souvenir de la multitude des victimes que les protestans ont immolées à leur fureur, il aurait peut-être moins insisté sur le nombre des fanatiques qui se sont fait condamner par l'inquisition. Il n'a pas manqué de renouveler le souvenir des fables que des écrivains ignorans ont placées dans les Vies qu'ils ont faites de saint François, l'histoire de ses stigmates, le livre des *conformités de saint François avec Jésus-Christ*, les ouvrages qui ont été faits pour et contre, etc. Il prétend que saint François s'était imprimé lui-même ces stigmates dans un accès de dévotion pendant sa retraite sur le mont Alverne; qu'il y a dans les histoires de ce siècle plusieurs exemples de ces *fanatiques stigmatisés*, qui avaient mal entendu les paroles de saint Paul, *Galat*., chap. vi, vers. 17: *Auresta, que personne ne me fasse de la peine; car je porte sur mon corps les cicatrices de Jésus-Christ.* Ce n'est point ici le lieu de discuter ce fait; on peut voir ce qu'on a dit le judicieux auteur des *Vies des Pères et des martyrs*, t. ix, p. 392. Quand le fait serait tel que le prétend Mosheim, il s'ensuivrait encore que saint François n'a eu aucune part à l'opinion qui s'é.ablit après sa mort, savoir, que ces stigmates lui avaient été imprimés par miracle, puisqu'aucun témoin n'a déposé que saint François le lui avait ainsi affirmé; au contraire, il cachait ses plaies avec beaucoup de soin. Que parmi ses religieux il y ait eu des écrivains ignorans, animés d'un faux zèle pour la gloire de leurs fondateurs, crédules et avides de merveilleux, cela n'est pas étonnant; puisque, pendant le xiii° et le xiv° siècle, il s'en est trouvé dans tous les états. L'on est à présent guéri de cette maladie, et les protestans ont mauvaise grâce de supposer qu'elle subsiste toujours parmi les catholiques.

A la vérité, tous les protestans ne sont pas également prévenus contre les *franciscains*; nous savons avec une entière certitude que les capucins qui se trouvent placés dans le voisinage des luthériens, en reçoivent autant d'aumônes que des catholiques; que souvent ceux-là demandent le secours des prières de ces bons religieux dans leurs besoins, et leur donnent des rétributions de messes. Cela nous paraît prouver ce que nous avons déjà dit: que la vertu se fait respecter partout où elle se trouve, que souvent même elle triomphe des préjugés de religion. C'est encore une preuve qu'il ne tient qu'aux *franciscains* et aux autres religieux de recupérer l'estime, la considération, le crédit dont ils ont joui autrefois. Que sans éclat, sans dispute, sans révolte contre l'autorité, ils en reviennent à l'observation stricte et sévère de leur règle, le peuple les chérira, le clergé séculier leur applaudira, le gouvernement les protégera, leurs ennemis mêmes seront forcés de les respecter. *Voy.* MENDIANTS. *Hist. des Ordres monast.*, t. VII, etc.

FRANCISCAINES, religieuses qui suivent la règle que leur donna saint François, l'an 1224. Elles sont nommées autrement *clarisses*, parce que sainte Claire en fut la première fondatrice. Cette vertueuse fille avait déjà embrassé la vie religieuse sous la direction de saint François, l'an 1212, à l'âge de dix-huit ans, et déjà elle avait formé des monastères non-seulement dans plusieurs villes de l'Italie, mais encore en France et en Espagne, dont les religieuses suivaient la règle de saint Benoît, et des constitutions particulières qu'elles avaient reçues du cardinal Hugolin. Celles du monastère d'Assise s'attachèrent particulièrement à imiter la pauvreté et les austérités qui étaient pratiquées par les disciples de saint François. Ce saint fondateur les ayant placées dans une maison qui était contiguë à l'église de saint Damien, il composa pour elles une règle sur le modèle de celle qu'il avait faite pour ses religieux, et bientôt elle fut adoptée par d'autres monastères de filles.

Dans la suite, cette règle ayant paru trop austère pour des personnes délicates, le pape Urbain IV la mitigea, l'an 1253, et permit aux clarisses de posséder des rentes; mais celles de saint Damien, et quelques autres, ne voulurent point de ces adoucissements, et persévérèrent dans l'étroite observation de la règle de saint François. De là se forma la distinction entre les *urbanistes* et les *damianites* ou *pauvres clarisses*. Parmi les urbanistes mêmes ou clarisses mitigées, plusieurs maisons sont revenues dans la suite à l'étroite observance de la règle, principalement par la réforme qu'y introduisit au XVe siècle sainte Colette, nommée dans le monde Nicole Boilet, née à Corbie en Picardie, et morte l'an 1447. A chaque fois qu'il s'est fait des réformes chez les *franciscains*, il s'est trouvé des clarisses qui ont embrassé une manière de vivre analogue et aussi austère. Ainsi, outre les urbanistes, l'on distingue les cordelières ou clarisses réformées, que l'on nomme à Paris, filles de l'*Ave-Maria*, les capucines, les récollettes, les tiercelines ou pénitentes du tiers ordre, connues à Paris sous le nom de filles de sainte Elisabeth, etc. A l'imitation des religieux, il y a eu des *franciscaines* hospitalières, comme les sœurs grises, les sœurs de la Faille, les sœurs de la Celle, etc. C'est sur le modèle des sœurs grises que saint Vincent de Paul a institué les sœurs de la charité.

* FRANCS-MAÇONS. De toutes les associations il n'en est guère qui ait eu une influence plus pernicieuse sur la société que celle des francs-maçons. Tout est mystérieux en elle, son origine, ses doctrines, son but. Les savants discutent beaucoup sur l'origine des francs-maçons. Sont-ils les successeurs des Templiers? Est-ce une secte de gnostiques qui a pris sa source en Orient? C'est ce qui est fort controversé parmi les savants. Il n'est point notre sujet de résoudre ce point d'histoire. — Quoique les doctrines maçonniques ne soient formulées dans aucun livre approuvé par la société, il est constant qu'elles sont anti-religieuses. Une vague religiosité qui se change tantôt en déisme, tantôt en panthéisme, pour devenir matérialisme, puis illuminisme : voilà la série d'erreurs par laquelle a passé la société maçonnique et par laquelle doit passer toute association sans symbole. Un vague illuminisme a toujours dominé dans cette société parmi un grand nombre de ses membres. Les insignes qu'ils revêtent, certaines maximes qu'ils répètent, la fraternité complète qu'ils prétendent établir, en sont une preuve. — La société n'a pas eu moins à souffrir que la religion. Quoique nous ne croyions pas tout ce qu'on a écrit de la haine des maçons contre les rois, cependant l'esprit d'indépendance qui s'est manifesté parmi eux, l'espèce d'amour de l'égalité complète qui les a égarés, les a rendus les pères de toutes les associations qui travaillent à la destruction de la société. — On voit donc que la maçonnerie a un but bien déterminé en fait de religion: détruire le catholicisme. En matière politique, sans être positivement hostiles à la royauté, ses doctrines conduisent en fait à sa destruction.

Les loges maçonniques sont divisées. Les unes sont du *rite ancien*, les autres du *rite moderne* ou *écossais*, d'autres du *rite Miorahim*, enfin les *templiers* ou *joannites* dont Fabre Palaprat fut grand maître. Il eut même l'idée de ressusciter aux yeux du public l'ordre dont il se disait le chef. Il célébra la messe l'épée à la main. Cette tentative échoua comme celles qui n'ont aucun fondement réel. Les loges maçonniques sont animées l'une contre l'autre de rivalités qui nuisent à leur puissance de destruction.

D'après l'exposé que nous venons de faire, il est facile de comprendre que la maçonnerie méritait d'être réprouvée et qu'elle a été légitimement condamnée par Clément XII en 1738, et Benoît XIV en 1751.

FRATRICELLES, petits frères. Ce nom fut donné, sur la fin du XIIIe siècle, à des quêteurs vagabonds de différente espèce. Les uns étaient des *franciscains* qui se séparèrent de leurs confrères, dans le dessein ou sous le prétexte de pratiquer, dans toute la rigueur, la pauvreté et les austérités commandées par la règle de leur fondateur : ils étaient couverts de haillons; ils quêtaient leur subsistance de porte en porte; ils disaient que Jésus-Christ et les apôtres n'avaient rien possédé ni en propre ni en commun; ils se donnaient pour les seuls vrais enfants de saint François. Les autres étaient non des religieux, mais des associés du tiers ordre que saint François avait institué pour les laïques. Parmi ces *tertiaires*, il y en eut qui voulurent imiter la pauvreté des religieux et demander l'aumône comme eux. On les nommait en Italie *bizochi* et *bocasoti*, ou *besaciers*; comme ils se répandirent bientôt hors de l'Italie, on les nomma en France *béguins*, et en Allemagne *beggards*. Il ne faut pas néanmoins les confondre avec les *béguins* flamands et les *béguines*, dont l'origine et la conduite sont très-louables. *Voy.* BEGGARDS.

Pour avoir une juste opinion des *fratricelles*, il faut savoir que très-peu de temps après la mort de saint François, un grand nombre de franciscains, trouvant leur règle trop austère, se relâchèrent en plusieurs points, en particulier sur le vœu de pauvreté absolue, et ils obtinrent de Grégoire IX, en 1231, une bulle qui les y autorisait. En 1245, Innocent IV la confirma; il permit aux franciscains de posséder des fonds, sous condition qu'ils n'en auraient que l'usage, et que la propriété en appartiendrait à l'Eglise romaine. Plusieurs autres papes approuvèrent ce règlement dans la suite. Mais il déplut à ceux d'entre ces religieux qui étaient les plus attachés à leur règle; ils voulurent continuer à l'observer dans toute la rigueur; on les nomma *les spirituels*; mais tous ne furent pas également modérés. Les uns, sans blâmer les papes, sans se révolter contre les bulles, demandèrent la permission de pratiquer la règle, et surtout la pauvreté, dans toute la rigueur; plusieurs papes y consentirent, et leur laissèrent la liberté de former des communautés particulières. D'autres, moins dociles et d'un caractère fanatique, déclamèrent non-seulement contre le relâchement de leurs confrères, mais contre les papes, contre l'Eglise romaine et contre les évêques : ils adoptèrent les rêveries qu'un certain abbé Joachim avait publiées dans un livre intitulé *l'Evangile éternel*, où il prédisait que l'Eglise allait être incessamment réformée, que le Saint-Esprit allait établir un nouveau règne p'us parfait que celui du Fils ou de Jésus-Christ. Les franciscains révoltés s'appliquèrent cette prédiction, et prétendirent que saint François et ses fidèles disciples étaient les instruments dont Dieu voulait se servir pour opérer cette grande révolution. Ce sont ces insensés que l'on nomma *fratricelles*. La plupart, très-ignorants, faisaient consister toute la perfection chrétienne dans la pauvreté cynique et dans la mendicité dont ils faisaient profession ; à cette erreur, ils en ajoutèrent encore d'autres, et l'on prétend que quelques-uns en vinrent jusqu'à nier l'utilité des sacrements. Il est constant qu'un grand nombre étaient des sujets vicieux, dégoûtés de leur état, qui préféraient la vie vagabonde à la gêne et à la régularité d'une vie commune; aussi plusieurs donnèrent dans les plus grands désordres, et finirent par apostasier. Malheureusement, par la mauvaise politique qui régnait pour lors dans l'Europe entière, cette race libertine se perpétua, causa du trouble dans l'Eglise, et donna de l'inquiétude aux souverains pontifes pendant plus de deux siècles. On fut obligé de poursuivre à la rigueur les *fratricelles* à cause de leurs crimes, et d'en faire périr un grand nombre par les supplices.

Ce qu'il y a de plus étonnant, c'est que les protestants n'ont pas rougi de faire envisager ces libertins fanatiques comme les précurseurs des prétendus réformateurs du seizième siècle, et d'alléguer les déclamations fougueuses de ces insensés comme une preuve de la corruption de l'Eglise romaine. Il n'est que trop vrai que la plupart des apôtres de la réforme ont été des moines apostats, des libertins dégoûtés du cloître comme les *fratricelles*, et qui se sont faits protestants pour satisfaire en liberté des passions mal réprimées. Mais la plupart étaient trop ignorants pour devenir tout à coup des oracles en fait de doctrine, et trop vicieux pour réformer les mœurs; et c'est sur la foi de ces transfuges que les ennemis de l'Eglise romaine se sont reposés pour la calomnier. Mosheim, tout judicieux qu'il est d'ailleurs, se plaint fort sérieusement de ce que l'histoire des *fratricelles* n'a pas été faite exactement par les écrivains du temps; mais on méprisait trop ces bandits pour rechercher avec beaucoup de soin leur origine. Il déplore amèrement la cruauté avec laquelle on les a traités; mais des vagabonds qui vivaient aux dépens du public, et qui troublaient le repos de la société, méritaient-ils d'être épargnés? Il veut persuader qu'au quatorzième siècle l'on condamnait au feu les *fratricelles* pour leur opinion seule, et parce qu'ils soutenaient que Jésus-Christ ni les apôtres n'avaient rien possédé en propre; c'est une imposture : on les punissait de leur conduite séditieuse. L'empereur Louis de Bavière ne se fut pas plutôt brouillé avec le pape Jean XXII, que les chefs des *fratricelles* se réfugièrent auprès de lui, et continuèrent à outrager ce pape par des libelles violents. L'an 1328, ils se rangèrent du parti de Pierre de Corbière, franciscain, que l'empereur avait fait élire antipape, pour l'opposer à Jean XXII. Si donc ce pape les poursuivit à outrance, ce ne fut pas pour de simples opinions. Mosheim passe ces faits sous silence; cela n'est pas de bonne foi.

Quelques beaux esprits incrédules ont voulu jeter du ridicule sur le fond de la contestation; ils ont dit qu'elle consistait à savoir si ce que les franciscains mangeaient leur appartenait en propre ou non, et quelle devait être la forme de leur capuchon. C'est une plaisanterie déplacée. Il s'agissait de savoir si ces religieux pouvaient, sans violer la règle qu'ils avaient fait vœu d'observer, posséder quelque chose en propre ou en commun, et s'ils étaient obligés de conserver l'habit des pauvres, tel que saint François l'avait porté. Cette question n'aurait eu rien de ridicule, si elle avait été traitée de part et d'autre avec plus de décence et de modération. En effet, l'habit des franciscains, qui nous paraît aujourd'hui si bizarre, était dans l'origine celui des pauvres ouvriers de la Calabre : une simple tunique de gros drap qui descendait jusqu'au-dessous du genou, et qui était liée sur les reins par une corde; un capuchon attaché à cette tunique, pour se parer la tête du soleil et de la pluie : il n'était pas possible d'être vêtu plus pauvrement. On sait que dans les pays chauds le peuple marche pieds nus, et il en est de même dans nos campagnes pendant les chaleurs de l'été. Sur les côtes de l'Afrique, tout le vêtement d'un jeune homme du peuple consiste dans un morceau de toile carré, lié autour de son corps par une corde; l'habit du peuple de Tunis ressemble exactement, pour la forme, à celui des capucins. Dans la Judée, les jeunes gens étaient vêtus comme les jeunes Africains, *Marc*., chap. xiv, vers. 51 ; *Joan.*, chap. xxi, vers. 7. En Egypte ils n'usent d'aucun vêtement avant l'âge de dix-huit ans, et les solitaires de la Thébaïde ne couvraient que la nudité. Il en est de même dans les Indes, et c'est pour cela que les sages de ce pays-là ont été appelés *gymnosophistes*, philosophes sans habits. Il n'y avait donc rien d'affecté, rien de bizarre dans celui de saint François. Les franciscains mitigés voulurent en avoir un plus propre, plus commode, un peu plus mondain ; les *spirituels* ou rigides voulaient conserver celui de leur fondateur. *Voy.* HABIT RELIGIEUX.

Mais, dira-t-on peut-être, les disputes de ces religieux touchant la lettre et l'esprit de leur règle sont venues de la faute des papes. Ou cette règle était praticable dans toute la rigueur, ou elle ne l'était pas ; si elle ne l'était pas, Innocent III et Honoré III n'auraient pas dû l'approuver ; si elle l'était, les papes suivants ne devaient pas y déroger. Nous répondons que ce qui paraît praticable et utile dans un temps, peut paraître moins utile et moins possible dans un autre. Innocent et Honoré ont vu le bien qui résulterait de l'observation de la règle de saint François, et ils ne se sont pas trompés ; ils n'ont pas pu prévoir les inconvénients qui s'ensuivraient, parce qu'ils sont venus des circonstances. Cette règle est praticable, puisque toutes les réformes qui se sont faites chez les franciscains ont toujours eu pour objet d'en reprendre la pratique exacte ; elle n'est pas plus impraticable que celle de la Trappe, qui est exactement suivie depuis 1662. Mais des raisons d'utilité que l'on n'avait pas prévues, ou des inconvénients survenus dans certains lieux, ont pu faire juger aux papes qu'il était à propos de tolérer ou de permettre quelques adoucissements à la règle. La nature des choses humaines est de changer, et ce n'est pas une raison de rejeter ce qui peut produire de bons effets.

FRAUDE PIEUSE, mensonge, imposture, tromperie commise par motif de religion, et dans le dessein de la servir. C'est un péché que la pureté du motif ne peut pas excuser, et que la religion même condamne. *Dieu*, disait Job à ses amis, *n'a pas besoin de vos mensonges, ni de discours imposteurs pour justifier sa conduite* (Job. XIII, 7). Jésus-Christ ordonne à ses disciples de joindre la simplicité de la colombe à la prudence du serpent. *Matth.*, chap. x, vers. 7. Il réprouve toute espèce de mensonge, quel qu'en soit le motif, et dit que c'est l'ouvrage du démon, *Joan.*, chap. viii, vers. 44. Saint Paul ne voulait pas que l'on pût seulement l'en soupçonner. *Rom.*, chap. III, vers 7. *Si par mon mensonge*, dit-il, *la vérité de Dieu a éclaté davantage pour sa gloire, pourquoi me condamne-t-on encore comme pécheur, et pourquoi ne ferons-nous pas le mal, afin qu'il en arrive du bien ? (Selon que quelques-uns publient que nous le disons par une calomnie qu'ils nous imputent.)*

Cependant l'on accuse les Pères de l'Eglise, même les plus anciens, de n'avoir pas suivi cette morale, d'avoir pensé, au contraire, qu'il était permis d'en imposer et de tromper par motif de religion, et d'avoir souvent mis cette maxime en pratique. Daillé leur a fait ce reproche ; Beausobre, Mosheim, Le Clerc, se sont appliqués à le prouver ; Brucker l'a répété sur la parole de Mosheim ; c'est l'opinion commune des protestants, et les incrédules ont été fidèles à la suivre. Barbeyrac, malgré son penchant à déprimer les Pères, n'a point insisté là-dessus, parce qu'il fait profession de croire que le mensonge officieux est permis ; il a même trouvé fort mauvais que saint Augustin et d'autres l'aient absolument condamné. Il s'en faut donc beaucoup que les censeurs des Pères soient de même avis. Mais si leur accusation se trouvait fausse, si elle ne portait que sur des conjectures hasardées, sur des faits déguisés, sur des passages mal interprétés, serait-ce de leur part, une *fraude pieuse* ou malicieuse ? Ce sera au lecteur d'en juger.

Beausobre, fâché de ce que l'on a reproché aux manichéens d'avoir forgé de faux livres, pour soutenir leurs erreurs, prétend qu'il n'en est rien, que ce sont les catholiques qui ont été coupables de ce crime, qui ont supposé des livres apocryphes en très-grand nombre ; et il nous fait remarquer que les Pères n'ont pas fait scrupule de les citer et de s'en servir. *Hist. du manich.*, t. II, l. IX, c. 9, § 8, n. 6. Le Clerc a parlé de même. *Hist. eccl.*, an. 122, § 1. Au mot APOCRYPHE, nous avons fait voir l'injustice de cette accusation ; nous avons observé que les livres apocryphes ne sont ni en aussi grand nombre, ni aussi anciens qu'on le suppose communément ; que plusieurs ont été écrits de bonne foi, sans aucun dessein de tromper, mais par des écrivains mal instruits ; que dans la suite ils ont été attribués à des auteurs respectables, par erreur de nom, sur de fausses indications, non malicieusement, mais par défaut de critique. Les Pères ont donc pu les citer innocemment sous le nom qu'ils portaient, sur la foi de l'opinion commune, sans qu'il y ait eu de la *fraude* de leur part. Nous avons ajouté que le très-grand nombre des ouvrages supposés l'ont été par les hérétiques, et non par les catholiques ; les Pères l'affirment ainsi, et ces écrits renferment en effet des erreurs. Beausobre, qui s'élève contre cette imputation, a pris la peine de la confirmer lui-même. Un des plus fameux faussaires qu'il ait cités est un certain *Leuce* ou *Leucius Carinus*, qui, de son aveu, était hérétique de la secte des docètes. Ceux qui ont supposé les écrits de saint Clément le Romain et de saint Denis l'Aréopagite, desquels on fait tant de bruit, n'étaient rien moins qu'orthodoxes ou catholiques. Quoi qu'il en soit, Beausobre n'a prouvé ni qu'aucun Père de l'Eglise ait été auteur d'un faux livre, ni qu'il en ait cité quelqu'un à bon escient, et bien convaincu que ce livre était faux ou apocryphe. *Hist. du manich.*, t. I, l. II, c. 2, § 2, etc. Il dit que l'on a tenté d'effacer ou de changer dans l'Évangile quelques mots dont les hérétiques pouvaient abuser. Mais, 1° ces faits ne sont pas suffisamment prouvés; ceux qui les avancent ne sont pas d'une autorité fort respectable, et ils n'étaient pas en état de faire voir que la suppression ou le changement de quelques mots ou de quelques phrases était en effet de la malice plutôt que de la négligence et de l'inattention des copistes; 2° on ne nomme point les auteurs de ces prétendues *fraudes*, et personne n'en a soupçonné aucun Père de l'Église; 3° l'Église catholique, loin d'y prendre part, ou de vouloir en profiter, les a corrigées, dès qu'elle s'en est aperçue. Beausobre en convient. L'on n'ignore pas les travaux immenses qu'Origène, Hésychius et saint Jérôme ont entrepris pour rétablir le texte des livres saints dans toute sa pureté. Ce n'est pas là montrer de l'inclination pour les *fraudes*.

Il n'est pas fort honorable à Beausobre d'avoir cité une prétendue lettre tombée du ciel au vi° siècle, une autre au viii°; enfin une troisième publiée par Pierre l'Ermite, l'an 1096, pour engager les peuples à une croisade. Ces bruits populaires, reçus, accrédités, répandus et propagés par l'ignorance et l'imbécillité, dans des temps auxquels les malheurs et les calamités publiques émoussaient tous les esprits; bruits auxquels les premiers pasteurs de l'Église n'ont jamais donné aucune sanction, mais auxquels ils n'ont pas toujours osé s'opposer avec une certaine fermeté, ne sont pas propres à prouver que les docteurs chrétiens ont été amis de la *fraude*, et toujours disposés à en profiter.

Il ne convient pas non plus à un auteur grave de vouloir tirer avantage de la légèreté avec laquelle certains critiques trop hardis ont accusé des particuliers, ou même des sociétés entières, d'avoir corrompu les ouvrages des anciens, sous prétexte de les corriger. Il est dit dans la Vie de Lanfranc, archevêque de Cantorbéry, qu'ayant trouvé les livres de l'Écriture beaucoup corrompus par ceux qui les avaient copiés, il s'était appliqué à les corriger, aussi bien que les livres des saints Pères, *selon la foi orthodoxe*. De là Beausobre conclut que les éditeurs des Pères en ont *réformé les exemplaires, pour les accommoder à la foi de l'Église*. Par la même raison, il faut présumer encore comme les incrédules, qu'Origène, Hésychius, Lucien et saint Jérôme ont corrompu le texte sacré, sous prétexte de le corriger, afin de l'accommoder à la foi de l'Église. Lorsque entre les variantes qui se trouvent dans les manuscrits, il y en a quelqu'une contraire à la foi orthodoxe, est-ce celle-là qu'il faut choisir de préférence pour rétablir le texte? Quand il y a des variantes dans un passage que nous objectons aux protestants ou aux sociniens, ils ont grand soin de préférer la leçon qui leur est la plus favorable, et d'en rendre le sens dans leurs versions: les voilà donc coupables de *fraude pieuse*, aussi bien que les éditeurs des Pères.

Beausobre a poussé plus loin la témérité de ses calomnies, tom. II, liv. ix, chap. 9, § 8, n° 6. Il rejette la preuve des crimes dont les manichéens étaient accusés, tirée de la confession de ceux qui s'en avouèrent coupables, et qui est alléguée par saint Léon. « De tout temps, dit-il (je n'en excepte que les temps apostoliques), les évêques se sont crus autorisés à user de *fraudes pieuses*, qui tendent au salut des hommes. Léon, voulant décrier à Rome les manichéens, se servit de certaines personnes qui, sûres de leur grâce, s'avouèrent coupables des crimes imputés à leur secte. Rien n'était plus aisé que de trouver dans Rome les personnages propres à jouer cette comédie. » Mais les temps apostoliques ne sont ici exceptés que par bienséance; s'il est permis de hasarder de pareils soupçons, les apôtres ni leurs disciples n'en sont pas exempts. En effet, suivant l'opinion de Beausobre, les Pères ont commis une *fraude pieuse*, lorsqu'ils ont cité des livres apocryphes. Or, si nous en croyons les critiques, saint Clément de Rome, disciple immédial des apôtres, a cité deux passages de l'Évangile selon les Égyptiens; et, suivant saint Jérôme, saint Ignace en a cité un de l'Évangile selon les Hébreux; ce sont deux évangiles apocryphes. Quand saint Jude ne serait pas un apôtre, ce serait du moins un auteur apostolique; il a cité dans sa Lettre, vers. 14, la prophétie d'Énoch, et cette prophétie n'est moins que d'authentique. Pourquoi n'accuserions-nous pas saint Paul lui-même d'avoir commis une petite *fraude pieuse*, en citant aux Athéniens leur inscription, *ignoto Deo*, pendant qu'au jugement des savants, il y avait *Diis ignotis et peregrinis*. Cette inscription n'avait donc aucun rapport au vrai Dieu. Cet apôtre a fait bien pis, lorsque, pour se tirer des mains des Juifs, il dit qu'il était pharisien, pendant qu'il avait renoncé au judaïsme et qu'il était chrétien; et lorsqu'il fit circoncire son disciple Timothée, quoiqu'il n'eût plus aucune foi à la circoncision. Les incrédules ont fait cette objection contre saint Paul, et en cela ils ont profité des leçons de Beausobre et de ses pareils.

En suivant cette belle méthode, que devons-nous penser des fondateurs et des apôtres de *la sainte réformation*, des histoires scandaleuses, des impostures, des calomnies dont ils ont chargé les prêtres, les moines, les papes et les évêques, souvent sur le témoignage de quelques apostats? Ils les ont publiées et commentées avec une hardiesse incroyable. C'étaient donc tous des fourbes, qui jouaient une comédie semblable à celle de saint Léon.

La raison pour laquelle Beausobre s'est cru en droit de suspecter la bonne foi de saint Léon est curieuse. Il cite une lettre de saint Grégoire le Grand à l'impératrice Constantine, dans laquelle, pour s'excuser d'envoyer à cette princesse la tête de saint

Paul qu'elle demandait, ce pape allègue plusieurs miracles que Dieu avait opérés contre ceux qui voulaient déterrer des reliques; entre autres faits de cette espèce, saint Grégoire dit que saint Léon, pour convaincre des Grecs qui lui demandaient des reliques, coupa avec des ciseaux, en leur présence, un linge qui avait touché des corps saints, et qu'il en sortit du sang. Beausobre prétend que saint Grégoire mentait dans toute cette lettre, et il emploie ce témoignage, faux et mensonger selon lui, pour prouver que saint Léon a commis une imposture, afin de faire croire au monde un faux miracle. En vérité, ce trait d'aveuglement tient du prodige. Si saint Grégoire mentait, que prouve son témoignage? Tout ce qui résulte de cette lettre, est que saint Grégoire était trop crédule, qu'il fit usage de tous les bruits qui couraient à Rome, et de tous les prétendus miracles que les Romains avaient forgés, pour ne pas se dessaisir de leur reliques; il en résulte que plusieurs esprits faibles, qui avaient voulu y toucher, furent pénétrés tout à coup d'une frayeur religieuse, qu'ils eurent des visions, ou qu'ils crurent en avoir; et ces imaginations ne furent pas des miracles. Mais il s'était écoulé pour lors cent quarante ans depuis la mort de saint Léon; ce saint pape n'était pas responsable des histoires que l'on forgea pendant cet intervalle.

Mosheim s'y est pris plus habilement, pour accuser de *fraudes pieuses* les Pères de l'Eglise; il prétend les en convaincre par leurs propres écrits. Dans une savante dissertation sur les troubles que les nouveaux platoniciens ont causés dans l'Eglise, § 45 et suivants, il observe qu'une maxime constante des philosophes était qu'il était permis d'user de dissimulation et de mensonge, soit pour faire goûter la vérité au peuple, soit pour confondre ceux qui l'attaquent; que les Juifs d'Alexandrie avaient adopté cette opinion, et que ceux d'entre les philosophes qui embrassèrent le christianisme l'introduisirent dans l'Eglise. Il a répété dix fois la même chose dans son *Histoire ecclésiastique*; mais il juge que cette fausse politique n'eut lieu que sur la fin du second siècle. *Hist. ecclés.*, II° siècle, I° part., c. 3, § 8 et 15. Il insiste encore sur ce reproche dans ses *Notes sur le Syst. intell. de Cudworth*, c. 4, § 16, tom. I, p. 411, et dans ses autres ouvrages sur l'histoire ecclésiastique, *Syntagm. Dissert.*, diss. 3, § 11, etc. Nous n'avons aucun intérêt à défendre les philosophes païens ni les juifs; nous nous bornons à examiner les griefs allégués contre l'Eglise.

1° Mosheim n'aurait pas dû oublier ce qu'il a prouvé lui-même, que les premiers livres apocryphes, faussement supposés, l'ont été par les hérétiques du I° et du II° siècle, par les gnostiques et leurs descendants; les Pères de l'Eglise leur ont reproché cette *fraude*, ils ne l'approuvaient donc pas, *Instit. Hist. Christ.* II° part., c. 5, pag. 367. Les Pères ont été les ennemis constants des juifs et des philosophes; ils n'ont donc pas été fort tentés de les imiter.

2° Il ne sert à rien de dire que les écrits attribués à saint Clément pape et à saint Denis l'Aréopagite, sont des livres supposés, à moins qu'on ne prouve qu'ils l'ont été par les Pères, et non par des particuliers sans autorité ou par des hérétiques, ou que les Pères les ont cités, quoiqu'ils sussent très-bien que ces ouvrages n'étaient pas authentiques: or, Mosheim n'a prouvé ni l'un ni l'autre. *Dissert.*, § 45. *Voy.* SAINT CLÉMENT et SAINT DENIS.

3° Il nous avertit que Rufin a falsifié les écrits d'Origène, et qu'il a cité, sous le nom du pape saint Sixte, les *Sentences de Sixte*, philosophe pythagoricien. Mais, outre que Rufin n'est point un Père de l'Eglise, et que la liberté qu'il s'est donnée a été universellement blâmée, il a, dans la préface même de sa traduction des livres d'Origène touchant *les Principes*, prévenu ses lecteurs de l'inexactitude de sa version; il n'a donc voulu tromper personne. Que la liberté qu'il a prise soit condamnée, à la bonne heure; mais nous ne voyons pas en quel sens on peut l'appeler une *fraude pieuse*. Quant à la confusion qu'il a faite d'un philosophe avec un pape, il a pu être trompé par la ressemblance du nom et par l'orthodoxie de la doctrine; il a manqué de critique et non de bonne foi.

4° L'on ne peut pas douter, dit Mosheim, qu'Origène ne soit coupable du vice dont nous parlons; saint Jérôme l'a reproché à lui et aux origénistes, dans sa première apologie contre Rufin, et Origène lui-même en a fait profession dans la préface de ses livres contre Celse. Il est vrai que saint Jérôme cite un passage tiré des *Stromates* d'Origène, ouvrage qui ne subsiste plus, dans lequel Origène paraît approuver le sentiment de Platon touchant le mensonge. Or, Platon parlait des mensonges politiques, et soutenait qu'ils étaient permis aux chefs de la société, et Origène semble aussi les excuser dans un maître à l'égard de ses disciples. C'est du moins ce que prétend saint Jérôme; mais il faudrait avoir l'ouvrage même d'Origène pour être plus certain de ce qu'il a voulu dire, et Mosheim convient que ses paroles ne signifient pas tout à fait ce que veut dire saint Jérôme. Dans ses *Commentaires sur l'Epître aux Romains*, chap. III, vers. 7, Origène a insisté sur les paroles que nous avons citées de saint Paul: *Si, par mon mensonge, la vérité de Dieu a éclaté pour sa gloire*, etc., et il ne cherche point à en énerver le sens; est-il probable qu'il ait préféré la morale de Platon à celle de saint Paul? Nous penchons à croire qu'Origène a entendu par *mensonge*, la réticence de la vérité, dans des circonstances où il n'est ni nécessaire ni utile au prochain de la lui dire: et ce pourrait bien être aussi le sens de Platon. De même qu'en fait de gouvernement, toute vérité n'est pas faite pour devenir publique, ainsi, en fait d'enseignement, il n'est pas à propos de la dire à des auditeurs qui ne sont pas encore en état de la comprendre ni de la supporter ; saint Paul avertit les Corinthiens qu'il en a ainsi agi à leur égard. *I Cor.*, III. 1. Ne serait-ce pas ici d'ailleurs un des endroits des ouvrages d'Origène que Rufin soutenait avoir été corrompus par des hérétiques ennemis de ce grand homme ? Si nous nous trompons, le pis aller sera de dire que c'est une des erreurs qui lui ont été justement reprochées, et une preuve que ce n'était pas le sentiment commun des Pères. Mais il est faux qu'Origène le soutienne dans la préface de ses livres contre Celse ; il cite, n° 5, ce que dit saint Paul aux Colossiens : « *Ne vous laissez pas séduire par la philosophie ou par une vaine tromperie*, etc. L'Apôtre, continue Origène, appelle *vaine tromperie* ce que les philosophes ont de captieux et de séduisant, pour le distinguer peut-être d'une *tromperie* qui n'est pas *vaine*, et de laquelle Jérémie a parlé, lorsqu'il a osé dire à Dieu : *Vous m'avez séduit, Seigneur, et j'ai été trompé.* » Or, ce que les philosophes ont de captieux et de séduisant, ce n'est pas toujours des *fraudes* et des mensonges, mais des sophismes, de faux raisonnements, une éloquence artificieuse, etc. En quoi consistait la tromperie que Dieu avait faite à Jérémie ? Le prophète s'était flatté que l'ordre qu'il avait reçu de Dieu d'annoncer aux Juifs ce qui allait leur arriver, lui attirerait du respect de leur part, et il se plaint de leur être devenu un objet de haine et d'opprobre, chap. xx. vers. 7 et suivants. S'ensuit-il de là que Dieu l'avait séduit par des mensonges ? Comment conclura-t-on de ce passage qu'Origène approuve les *fraudes pieuses* qui ne sont pas *vaines* ou qui peuvent produire un bien ? Parce que Mosheim a tiré cette conséquence fort mal à propos, nous ne l'accusons pas pour cela d'une *fraude pieuse*, mais de préoccupation.

5° Il la montre encore en accusant saint Jérôme d'avoir été lui-même dans le sentiment qu'il a reproché à Origène avec tant d'aigreur. Il apporte en preuve de ce fait la célèbre passage de saint Jérôme, tiré de sa lettre 30 à Pammachius, où ce Père fait l'apologie de ses livres contre Jovinien, passage cent fois répété par les protestants et par les incrédules. « Je réponds, dit saint Jérôme, *Op.* tom. IV, II° partie, col. 235 et 236, qu'il y a plusieurs genres de discours : qu'autre chose est d'écrire pour disputer, et autre chose de le faire pour enseigner. Dans le premier cas, la méthode est vague : celui qui répond à un adversaire lui propose tantôt une chose et tantôt une autre ; il argumente à son gré ; il avance une chose et il en prouve une autre ; il montre, comme l'on dit, un pain, et il tient une pierre. Dans le second cas, il faut se montrer à découvert et parler avec toute la candeur possible. Autre chose est de chercher le vrai, et autre chose de décider : dans le premier cas, il s'agit de combattre ; dans le second, d'instruire. Au milieu de la mêlée, et lorsque ma vie est en danger, vous venez me dire magistralement : *Ne frappez point de biais et du côté auquel on ne s'attend point, portez vos coups de front ; il n'est pas honorable de vaincre par la ruse plutôt que par la force.* Comme si le grand art des combattants n'était pas de menacer d'un côté et de frapper de l'autre. Lisez Démosthène et Cicéron, ou si vous ne goûtez pas l'art des rhéteurs, qui vise au vraisemblable plutôt qu'au vrai, lisez Platon, Théophraste, Xénophon, Aristote, et les autres qui, ayant puisé à la fontaine de Socrate, en ont tiré divers ruisseaux ; où sont chez eux la candeur et la simplicité ? Autant de mots, autant de sens, et autant de moyens de vaincre. Origène, Méthodius, Eusèbe, Apollinaire, ont écrit des volumes contre Celse et Porphyre ; voyez par combien d'arguments, par combien de problèmes captieux ils renversent leurs artifices diaboliques, et comme ils sont quelquefois obligés de dire non ce qu'ils pensent, mais ce qui est le plus à propos ; ils préfèrent ce qui est le plus opposé à ce que disent les gentils. Je passe sous silence les auteurs latins, Tertullien, Cyprien, Minutius, Victorin, Lactance, Hilaire, de peur que je ne paraisse moins chercher à me défendre qu'à accuser les autres. » Saint Jérôme ajoute que saint Paul lui-même n'en agit pas autrement dans ses lettres.

Il faut avoir les yeux de nos adversaires, pour voir dans ce passage que dans la dispute il est permis de mentir, de forger des impostures, d'assurer ce que l'on sait être faux, d'user de *fraudes pieuses.* Nous y voyons seulement qu'un écrivain polémique n'est pas obligé de dire d'abord tout ce qu'il pense, de laisser apercevoir les conséquences qu'il veut tirer d'une proposition, d'éviter tout ce qui peut être douteux ou contesté ; qu'il peut légitimement accorder ou supposer des choses qui ne sont pas absolument certaines, tirer habilement parti des aveux de son adversaire, soit vrais, soit faux, esquiver quelquefois par un détour une conséquence fâcheuse, attaquer en se défendant, etc. Jamais les censeurs des Pères ne se sont fait scrupule d'user eux-mêmes de tous ces tours de souplesse ; il nous en donnent de très-bonnes leçons, et nous ne leur en ferions pas un crime, s'ils se bornaient à ces petites ruses de l'art : encore une fois ce ne sont pas là des *fraudes pieuses.* Aussi, dans cet endroit même, saint Jérôme proteste qu'il a été franc et sincère dans toute sa dispute contre Jovinien, qu'il a été simple commentateur de l'Écriture sainte, et il défie ses adversaires d'alléguer un seul passage qu'il n'ait pas rendu fidèlement.

Mosheim a donc violé toute bienséance, lorsqu'il a reproché à saint Jérôme une espèce d'*impudence*, pour avoir osé attribuer à saint Paul sa manière de disputer. Il aurait dû s'accuser lui-même, au lieu d'ajouter que les théologiens catholiques font encore aujourd'hui comme les Pères dont ils vantent l'autorité. *Dissert. Syntag.*, discours 3, § 11. Nous serions bien fâchés qu'aucun docteur catholique eût imité l'exemple des protestants.

6° Réussira-t-on mieux à nous montrer des leçons d'imposture dans saint Jean Chrysostome? Il a formellement condamné toute espèce de mensonge, *in Joan., Homil.* 18, 59, etc. Il a insisté sur le passage de saint Paul dont nous avons parlé, *in Epist. ad Rom., Homil.* 6, n. 5 et 6. A-t-il contredit cette morale ailleurs? Mosheim nous assure que, dans le premier livre du *Sacerdoce*, § 9, ce saint docteur s'est appliqué à prouver que la *fraude* est permise, lorsqu'elle est utile à celui qui en use et à celui qui en est l'objet. Il en cite plusieurs passages qui, détachés du reste du discours, semblent prouver que tel était en effet le sentiment de saint Jean Chrysostome. Mais il n'y a qu'à voir de quoi il s'agissait. Son ami Basile, menacé aussi bien que lui d'être élevé à l'épiscopat, lui demanda ce qu'il ferait dans ce cas. Chrysostome, dans la crainte de priver l'Eglise des services d'un excellent sujet, ne lui déclara pas son dessein; il se contenta de lui dire que rien ne les pressait de prendre actuellement leur résolution: il laissa ainsi son ami persuadé qu'elle serait unanime. Lorsque l'on vint, quelque temps après, pour les ordonner, Chrysostome se cacha; pour vaincre plus aisément la répugnance de Basile, on lui dit que son ami avait déjà cédé et avait subi le joug: ce qui était faux. Basile, détrompé ensuite, s'en plaignit amèrement. Chrysostome, pour se justifier, fait un grand lieu commun pour prouver que toute espèce de *fraude* ou de tromperie n'est pas défendue, et il en allègue plusieurs exemples tirés de l'Ecriture sainte; mais ces exemples ne prouvent pas plus que le sien, savoir, que l'on n'est pas toujours obligé de dire tout ce que l'on a dans l'âme, tout ce que l'on veut faire et tout ce que l'on fera; en un mot, que toute réticence n'est pas un crime, quoique ce soit une dissimulation. Il y a donc de l'injustice à vouloir appliquer, en général, à toute espèce de tromperie ce qui n'est vrai qu'à l'égard d'une seule espèce, et d'argumenter sur des passages isolés, lorsque la suite du discours en explique le vrai sens.

Le septième exemple allégué par Mosheim, est celui de Synésius. Cet évêque de Ptolémaïde, dans sa lettre 105, enseigne formellement qu'un esprit imbu de la philosophie cède quelquefois à la nécessité de mentir, et que le mensonge est souvent utile au peuple. Mosheim, dans sa *Dissertation*, § 47, en était resté là, et avait tiré de ces paroles de Synésius telles conséquences qu'il lui avait plu. Mais comme Cudworth avait aussi cité ce passage, et en avait tiré la même conclusion, Mosheim a produit le passage entier, *Syst. intell.*, c. 4, § 34, tome I, page 813. « Pour moi, dit Synésius, si on m'appelle à l'épiscopat, je ne veux point dissimuler mes sentiments; j'en prends Dieu et les hommes à témoin. La vérité nous approche de Dieu, devant lequel je désire être exempt de tout crime..... Je ne cacherai donc pas ce que je pense; mon cœur et ma langue seront toujours d'accord. »

Mosheim prouve ensuite contre Toland qu'il n'est pas vrai que Synésius ait manqué à sa parole. Nous lui en savons gré; mais fallait-il donc que Cudworth et Toland fussent injustes, pour forcer Mosheim à être de bonne foi? En déplorant dans sa dissertation, d'une manière pathétique, le mal qu'a produit dans l'Eglise la prétendue maxime des platoniciens et des Pères, il ne fallait pas commettre une *fraude*, en tronquant le passage de Synésius.

On a plaisanté beaucoup sur le mot d'Economie, par lequel saint Jean Chrysostome et d'autres Pères ont désigné les ruses innocentes dont ils ont fait l'apologie. Le traducteur de Mosheim a observé avec raison que la *méthode économique* de disputer consistait à s'accomoder, autant qu'il était possible, au goût et aux préjugés de ceux que l'on voulait convaincre. Saint Paul lui-même, *I Cor.* chap. IX, vers. 20, dit qu'il en avait agi de cette manière; qu'il s'était fait Juif avec les Juifs, etc.: les incrédules lui en ont fait un crime. Mais on dit que les docteurs chrétiens ont abusé de cet exemple, qu'ils ont péché contre la pureté et la simplicité de la doctrine chrétienne: heureusement on ne l'a pas prouvé.

De toute cette discussion, il résulte qu'en supposant partout des *fraudes pieuses*, les protestants ne font que tourner dans un cercle vicieux. Ils prouvent que les Pères se les permettaient par la multitude des ouvrages apocryphes supposés dans les premiers siècles. Et comment savent-ils que ce sont les Pères qui ont supposé frauduleusement ces ouvrages? C'est qu'ils croyaient que les *fraudes pieuses* étaient permises. Nos adversaires ne sortent pas de ce circuit ridicule: ils veulent prouver deux faussetés l'une par l'autre. Il y a eu, dit-on, de prétendus saints faussement supposés, de faux miracles, de fausses révélations, de fausses légendes, de fausses reliques, de fausses indulgences, etc. Comment le sait-on? Par la censure même et la condamnation que l'Eglise en a faite. Elle a donc toujours été bien éloignée d'approuver des *fraudes*. Nous sommes obligés de répéter encore que le très-grand nombre des erreurs n'ont pas été des *fraudes*, mais des traits d'ignorance et de crédulité, des défauts d'examen et de précaution; qu'elles sont venues, non des docteurs ou des pasteurs de l'Eglise, mais de simples particuliers sans autorité. A la vérité, Le Clerc a osé accuser saint Ambroise et saint Augustin de *fraude pieuse*, l'un à l'égard des reliques de saint Gervais et de saint Portais, l'autre à l'égard des reliques de saint Etienne; mais cette conjecture téméraire et maligne ne porte sur rien; elle démontre seulement que Le Clerc, ni ses pareils, ne croient à la probité ni à la vertu de personne.

Mais les calomniateurs obstinés sont-ils eux-mêmes à couvert de tout reproche d'imposture? Il s'en faut beaucoup. Un Anglais, nommé Thomas James, a fait plusieurs ouvrages contre l'Eglise romaine : l'un est intitulé : *Traité des corruptions de l'Ecriture, des conciles et des Pères, faites par les prélats, les pasteurs et les défenseurs de l'Eglise de Rome, pour soutenir le papisme.* Londres, 1612, in-4°, et 1689, in-8°. Cet auteur, dont le titre seul annonce le fanatisme, raconte qu'il a ouï dire à un gentilhomme anglais que le pape entretient à Rome un nombre d'écrivains habiles à contrefaire les caractères de tous les siècles, et qui sont chargés de copier les actes des conciles et les ouvrages des Pères, de manière à faire prendre ces copies pour d'anciens originaux. Qu'un aventurier anglais ait forgé ce conte, et qu'un docteur l'ait publié sur sa parole, ce n'est pas une merveille. Ce qui nous étonne, c'est de voir un savant tel que Psaff, le répéter gravement dans son *Introduction de l'Hist. littéraire de la théologie*, imprimée en 1724, proleg., § 2, p. 7. Cela donne, dit-il, de violents soupçons d'imposture, surtout lorsque l'on considère les *indices expurgatoires* dans lesquels on a effacé arbitrairement des ouvrages des Pères tout ce qui n'était pas au goût de l'Eglise romaine.

Cave, dans les prolégomènes de son *Histoire littéraire des écrivains ecclésiastiques*, sect. 5, § 1, s'était déjà exprimé de même: « Il est prouvé, dit-il, par mille exemples, qu'on a indignement corrompu les ouvrages des Pères; que l'on a supprimé, tant que l'on a pu, les éditions qui avaient paru avant la réformation; que l'on a tronqué et interpolé les éditions suivantes ; que l'on a souvent osé nier qu'il y en ait eu de plus anciennes. » § 5. Il cite plusieurs corrections que les inquisiteurs d'Espagne ont ordonné de faire dans les ouvrages des Pères, et il renvoie à l'ouvrage de Thomas James. La plupart des exemples d'altération qu'ils ont allégués l'un et l'autre sont tirés de Daillé. Celui-ci, dans son *Traité de l'usage des Pères*, l. 1, c. 4, avait promis d'abord de ne parler que des falsifications qui ont été commises exprès et à dessein dans les ouvrages des Pères; et il était convenu que plusieurs n'ont pas été faites à mauvaise intention; mais cette modération ne fut pas observée dans le cours de son livre. On y trouve une longue liste d'altérations, de retranchements, d'interpolations commises à dessein, selon lui, dans les collections des canons, dans les liturgies, dans les actes des conciles, dans les légendes et les Vies des saints, dans les écrits des Pères, dans le martyrologe romain, etc., dont l'intention n'a pu être louable. Il rapporte les plaintes qu'Erasme avait faites dans la préface de son édition de saint Jérôme, sur le peu de soin que l'on a eu de conserver les monuments de l'antiquité, sur les fautes énormes qui s'y trouvent ; ce critique en attribuait la principale cause à l'ignorance et à la barbarie des scolastiques.

Remarquons d'abord les progrès de la calomnie. Erasme et les écrivains catholiques attribuaient à la négligence et à l'ignorance des siècles barbares l'état déplorable des monuments ecclésiastiques ; ils ne soupçonnaient pas que la *fraude* y eût aucune part : les protestants ont trouvé bon de l'imputer à un dessein formé d'en imposer à l'univers entier. Daillé, oubliant les autres causes, s'en prenait à la prévention des copistes et des éditeurs en faveur de certains dogmes, qu'ils voulaient favoriser; les critiques qui ont marché à sa suite ont accusé principalement les papes et les pasteurs de tout le mal qui est arrivé.

Si la maladie qu'ils reprochent aux autres ne les avait pas aveuglés eux-mêmes, ils auraient vu, 1° qu'avant l'invention de l'imprimerie, les variantes et les fautes des manuscrits sont venues de trois causes : de l'ignorance des copistes, qui n'entendaient pas le sens de ce qu'ils copiaient ou de ce qu'on leur dictait, et qui ont écrit de travers ; de l'inadvertance et de la distraction, desquelles les plus habiles même ne sont pas à couvert; enfin de la prévention. Un écrivain peu instruit rencontrait chez un ancien des expressions qui ne lui semblaient pas orthodoxes; il les prenait pour des fautes de copiste, et croyait bien faire en les corrigeant. C'était une témérité, sans doute, mais ce n'était ni *fraude*, ni une falsification préméditée. Il est aisé de concevoir la quantité énorme de variantes que ces trois causes ont dû produire. Plus il y avait de copies d'un même ouvrage, plus le nombre des altérations s'est augmenté. Un faux noble qui veut se former une généalogie, un homme avide qui veut usurper de nouveaux droits, un vindicatif résolu de perdre son ennemi, etc., peuvent altérer des écrits par l'intérêt qui les domine : voilà le crime des faussaires. Mais quel intérêt pouvait engager un moine ou un clerc, dont toute l'habileté consistait à savoir écrire, à falsifier un passage de saint Jérôme ou de saint Augustin, que souvent il n'entendait pas ? Sur des soupçons semblables, les Juifs ont été accusés d'avoir falsifié le texte hébreu des livres saints ; des protestants mêmes les ont défendus : les catholiques sont donc les seuls envers lesquels ils ne se résoudront jamais à être équitables. — 2° Ils devaient faire attention que les ouvrages des auteurs profanes n'ont pas été moins maltraités que les monuments ecclésiastiques : il a fallu un travail égal de la part des critiques, pour mettre les uns et les autres dans l'état de correction où ils sont aujourd'hui ; personne cependant n'a rêvé que les premiers avaient été falsifiés malicieusement. — 3° Un faussaire, quelque puissant qu'il fût, n'a pas pu altérer tous les manuscrits d'un même ouvrage qui étaient épars dans les bibliothèques d'Allemagne, d'Angleterre, des Gaules, d'Espagne, d'Italie, de la Grèce et de tout l'Orient où ils ont été trouvés. Il a encore été moins possible aux papes d'avoir des copistes à leurs gages dans ces différentes parties du monde. Le compilateur des fausses décrétales n'était pas soudoyé par les papes, et ceux-ci n'ont pas montré beaucoup d'empressement à canoniser d'abord sa collection. — 4° Pouvaient-ils falsifier plus aisément les actes des conciles ? Les huit premiers généraux ont été tenus en Orient, les actes originaux n'en ont pas été apportés à Rome, et depuis le schisme des Grecs, arrivé au IX° siècle, les papes n'ont plus eu d'autorité dans cette partie de la chrétienté. Les actes du concile de Constance n'ont pas été mis en leur pouvoir, et ceux du concile de Bâle sont conservés dans les archives de cette ville. Ce ne sont pas les papes qui ont fait brûler les bibliothèques de Constantinople et d'Alexandrie, ni qui ont excité les barbares à détruire celles de l'Occident. On doit leur savoir gré, au contraire, des efforts et des dépenses qu'ils ont faits pour nous procurer des livres et des manuscrits orientaux que nous ne connaissions pas. — 5° Lorsque Cave prétend que les éditions des Pères, faites avant la naissance de la réformation, sont les plus précieuses, il montre plus de prévention que de jugement. Ce ne sont pas toujours des savants très-habiles qui les ont données, et ils n'ont pas pu comparer autant de manuscrits que l'on en a confronté depuis. Il n'est pas étonnant que ces éditions soient devenues très-rares. On n'en avait pas tiré un grand nombre d'exemplaires, et elles ont été négligées depuis que l'on en a eu de meilleures et de plus complètes ; il n'a donc pas été nécessaire de les supprimer par malice. Ce qui restait en France des vieilles éditions des Pères a été transporté en Amérique, parce qu'il a été acquis à bas prix ; il ne reste aux protestants qu'à dire que ces vieux livres ont été enlevés pour les soustraire aux yeux des savants européens. Cave lui-même a été forcé de rendre hommage aux belles éditions des Pères qui ont été données en France par les bénédictins. — 6° Les inquisiteurs d'Espagne, en disant dans leurs Indices expurgatoires qu'il faut effacer tel passage dans tel Père de l'Eglise, attestent par là même que ce passage s'y trouve ; où est donc ici la *fraude* ? Qu'on les accuse de prévention, lorsqu'ils supposent que ce passage a été corrompu ou interpolé par les hérétiques, à la bonne heure ; mais qu'on les taxe d'imposture ou de falsification, lorsqu'ils fournissent le texte tel qu'il est, cela est trop fort. Ces Indices n'ont été dressés que depuis la naissance de la prétendue réforme ; de quel front les protestants peuvent-ils nous les objecter, pendant que ce sont eux qui y ont donné lieu par leurs divers attentats ? — 7° Avant d'accuser personne, ils devraient se souvenir des excès commis par leurs Pères ; ils ont brûlé les bibliothèques des monastères, en Angleterre, en France et ailleurs : sur ce point, ils n'ont rien à reprocher aux mahométans ni aux barbares. Ils ont falsifié l'Ecriture sainte dans la plupart de leurs versions ; la preuve en est consignée dans les frères Walembourg. Ils ont forgé mille histoires scandaleuses contre le clergé catholique, et ils les répètent encore. Vingt fois, dans le cours de notre ouvrage, nous les avons convaincus de citer à faux, de pervertir le sens des passages qu'ils allèguent, d'affecter encore du doute sur les faits les mieux prouvés. Daillé, en particulier, s'est obstiné à nier l'authenticité des lettres de saint Ignace et des canons apostoliques ; Péarson et Bévéridge ont eu beau réfuter toutes ses objections et multiplier les preuves, ils n'ont pas converti les protestants. — 8° Ils peuvent croire et répéter, tant qu'il leur plaira, la fable des écrivains entretenus à Rome pour falsifier les manuscrits ; l'ineptie de ce conte est assez démontrée par ce que nous venons de dire. A quoi servirait l'altération des ouvrages manuscrits qui ont été imprimés ? Peut-on en citer un nommément qui se trouve dans la seule bibliothèque du Vatican, et que les papes aient eu intérêt de supprimer ou de falsifier ? Les plus rares ont été visités par les curieux de l'Europe, soit catholiques, soit protestants ; aucun n'a osé dire qu'il y avait aperçu des marques de falsification. Mais en fait de fables désavangeuses aux papes, aux pasteurs, aux théologiens catholiques, la crédulité du commun des protestants n'a point de bornes ; les imposteurs, parmi eux, sont toujours sûrs de trouver des dupes.

Il nous paraît que tous ces griefs valent pour le moins les *fraudes pieuses* qu'ils osent imputer aux personnages les plus respectables, anciens ou modernes.

FRÈRE. Ce nom, dans l'Ecriture sainte, ne se donne pas seulement à ceux qui sont nés d'un même père ou d'une même mère, mais aux proches parents. Dans ce sens, Abraham dit à Loth, son neveu : Nous sommes *frères*, Gen., chap. XIII, vers. 8 et 11. Il en est de même du nom de *sœur*. Dans l'Evangile, *Matth.*, chap. XII, vers. 47, les *frères* de Jésus-Christ sont ses cousins germains. C'est mal à propos que certains hérétiques ont conclu de là que la sainte Vierge avait eu d'autres enfants que notre Sauveur. L'ancienne loi ordonnait aux Juifs de se regarder tous comme *frères*, parce que tous descendaient d'Abraham et de Jacob. Ce dernier donne, par politesse et par amitié, le nom de *frères* à des étrangers, Gen., chap. XXIX, vers. 4. Moïse, *Num.*, chap. XX, vers. 14, dit que les Israélites sont *frères* des Iduméens, parce que ceux-ci descendaient d'Esaü, *frère* de Jacob. Nous apprenons dans l'Evangile à regarder tous les hommes comme nos *frères* ; mais les premiers chrétiens se sont donné mutuellement ce nom dans un sens plus étroit, parce que tous sont enfants adoptifs de Dieu, *frères* de Jésus-Christ, appelés à un même héritage éternel, et obligés, par leur divin Maître, à s'aimer les uns les autres. Les religieux se sont nommés *frères* parce qu'ils vivent en commun, et qu'ils ne forment qu'une même famille, en obéissant à un même supérieur qu'ils nomment leur *père*. Dans la suite, ce nom est demeuré à ceux d'entre eux qui ne peuvent parvenir à la cléricature, que l'on nomme pour ce sujet *frères lais*. Voy. ce mot.

FRÈRES-BLANCS. Les historiens ont parlé

de deux sectes d'enthousiastes qui ont porté ce nom. Les premiers parurent, dit on, dans la Prusse au commencement du XIV° siècle ; ils portaient des manteaux blancs, marqués d'une croix de Saint-André, de couleur verte, et ils se répandirent dans l'Allemagne. Ils se vantaient d'avoir des révélations pour aller délivrer la terre sainte de la domination des infidèles. On découvrit bientôt leur imposture, et la secte se dissipa d'elle-même. Harsfnoch, *Dissert.* 4, *de Orig. relig. christ. in Prussia.*

Les autres *frères blancs* firent plus de bruit. Au commencement du XV° siècle, un prêtre dont on ignore le nom descendit des Alpes, vêtu de blanc et suivi d'une foule de peuple habillé de même ; ils parcoururent ainsi, en procession, plusieurs provinces, précédés d'une croix qui leur servait d'étendard, et avec un grand extérieur de dévotion. Ce prêtre prêchait la pénitence, pratiquait lui-même des austérités, et il exhortait les nations européennes à faire une croisade contre les Turcs ; il se prétendait inspiré de Dieu pour annoncer que telle était la volonté divine. Après avoir parcouru les provinces de France, il alla en Italie ; par son extérieur composé et modeste, il séduisit de même un très-grand nombre de personnes de toutes les conditions. Sigonius et Platina prétendent qu'il y avait des prêtres et des cardinaux parmi ses sectateurs. Ils prenaient le nom de *pénitents* ; ils étaient vêtus d'une espèce de soutane de toile blanche qui leur descendait jusqu'aux talons, et ils avaient la tête couverte d'un capuchon qui leur cachait le visage, à l'exception des yeux. Ils allaient de ville en ville en grandes troupes de dix, de vingt, de trente et de quarante mille, implorant la miséricorde divine et chantant des hymnes. Pendant cette espèce de pèlerinage, qui durait ordinairement neuf ou dix jours, ils ne vivaient que de pain et d'eau. Leur chef s'étant arrêté à Viterbe, Boniface IX lui soupçonna des vues ambitieuses et le dessein de parvenir à la papauté ; il le fit saisir et condamner au feu. Après la mort de cet enthousiaste, ses partisans se dispersèrent. Quelques auteurs ont dit qu'il était innocent, d'autres soutiennent qu'il était coupable de plusieurs crimes. Mosheim, *Hist. ecclés.*, XV° siècle, I° part., c. 5, § 3.

FRÈRES BOHÉMIENS OU FRÈRES DE BOHÊME ; c'est une branche des hussites, qui, en 1467, se séparèrent des calixtins. *Voy.* HUSSITES.

FRÈRES ET SOEURS DE LA CHARITÉ. *Voy.* CHARITÉ.

FRÈRES LAIS OU FRÈRES CONVERS. Ce sont, dans les couvents, des religieux subalternes qui ont fait les vœux monastiques, mais qui ne peuvent parvenir à la cléricature ni aux ordres, et qui servent de domestiques à ceux que l'on appelle *religieux du chœur* ou *pères.*

Selon M. Fleury, saint Jean Gualbert fut le premier qui reçut des *frères lais* dans son monastère de Valombreuse, en 1040 ; jusqu'alors les moines se servaient eux-mêmes. Comme les lais n'entendaient pas le latin, ne pouvaient apprendre les psaumes par cœur, ni profiter des lectures latines qui se faisaient dans l'office divin, on les regarda comme inférieurs aux autres moines qui étaient clercs ou destinés à le devenir ; pendant que ceux-ci priaient à l'Eglise, les *frères lais* étaient chargés du soin de la maison et des affaires du dehors. On a distingué de même, chez les religieuses, les sœurs converses d'avec les religieuses du chœur. Le même auteur observe que cette distinction a été, pour les religieux, une source de relâchement et de division. D'un côté, les moines du chœur ont traité les *frères* avec mépris, comme des ignorants et des valets ; ils se sont distingués d'eux en prenant le titre de *dom*, qui, avant le XI° siècle, ne se donnait qu'aux seigneurs. De l'autre, les *frères* se sentant nécessaires pour le temporel, ont voulu se révolter, dominer, se mêler même du spirituel ; c'est ce qui a obligé les religieux à tenir les *frères* fort bas. Mais l'humilité chrétienne et religieuse s'accorde mal avec cette affectation de supériorité, chez des hommes qui ont renoncé au monde. Fleury, *huitième discours sur l'Hist. ecclés.*, c. 5.

FRÈRES DE MORAVIE, OU HUTTÉRITES. *Voy.* ANABAPTISTES.

FRÈRES MORAVES. *Voy.* HERNHUTES.

FRÈRES PICARDS OU TURLUPINS. *Voy.* BÉGARDS.

FRÈRES POLONAIS. *Voy.* SOCINIENS.

FRÈRES PRÊCHEURS. *Voy.* DOMINICAINS.

FRÈRES et CLERCS DE LA VIE COMMUNE, société ou congrégation d'hommes qui se dévouèrent à l'instruction de la jeunesse, sur la fin du XIV° siècle. Mosheim, qui en a recherché l'origine, et qui en a suivi les progrès, en a fait grand cas. Voici ce qu'il en dit :

Cette société, fondée dans le XIV° siècle par Gérard de Groote de Deventer, personnage distingué par son savoir et par sa piété, n'acquit de la consistance qu'au XV°. Ayant obtenu l'approbation du concile de Constance, elle devint florissante en Hollande, dans la basse Allemagne et dans les provinces voisines. Elle était divisée en deux classes, l'une de *frères lettrés*, ou *clercs,* l'autre de *frères non lettrés* ; ces derniers vivaient séparément, mais dans une étroite union avec les premiers. Les lettrés s'appliquaient à l'étude, à instruire la jeunesse, à composer des ouvrages de science ou de littérature, à fonder partout des écoles ; les autres exerçaient les arts mécaniques. Les uns ni les autres ne faisaient aucun vœu, quoiqu'ils eussent adopté la règle de saint Augustin ; la communauté de biens était le principal lien de leur union. Les sœurs de cette société religieuse vivaient de même, employaient leur temps à la prière, à la lecture, aux divers ouvrages de leur sexe, et à l'éducation des jeunes filles. Les écoles fondées par ces *clercs* acquirent beaucoup de réputation ; il en sortit des hommes habiles, tels qu'Érasme et d'autres, qui contribuèrent à la renaissance des lettres et des sciences. Par l'établissement de la société des jésuites, ces écoles perdirent leur crédit, et tombèrent peu à peu.

On donna souvent aux *frères de la vie commune* les noms de *beggards* et de *lollards*; et ces noms, qui désignaient deux sortes d'hérétiques, les exposèrent plus d'une fois à des insultes de la part du clergé et des moines, qui ne faisaient aucun cas de l'érudition. Il se peut faire aussi que quelques-uns de ces *clercs* aient donné dans les erreurs des beggards et des lollards, et que ce malheur ait contribué à leur décadence. L'on sait combien le goût pour les nouvelles opinions régnait déjà au xv° siècle. Mosheim, *Histoire ecclés.*, xv° siècle, II° part., c. 2, § 22.

FRÈRES ET SOEURS DE L'ESPRIT LIBRE. *Voy.* BEGGARDS.

FUITE DES OCCASIONS DU PÉCHÉ. Une des précautions que les auteurs ascétiques et les directeurs des consciences recommandent le plus aux pénitents, est de fuir les occasions qui leur ont été funestes, les lieux, les personnes, les objets, les plaisirs pour lesquels ils ont eu une affection déréglée. Ce n'est point là un simple conseil, mais un devoir indispensable, sans lequel un pécheur ne peut pas se flatter d'être converti. Le cœur n'est point détaché du péché, lorsqu'il tient encore aux causes de ses chutes; et, s'il ne dépend pas absolument de lui de ne plus les aimer, il est du moins le maître de ne plus les rechercher et de s'en éloigner. Un chrétien, qui a fait l'expérience de sa propre faiblesse, doit craindre jusqu'au moindre danger; des choses qui peuvent être innocentes pour d'autres, ne le sont plus pour lui. L'Ecclésiastique nous avertit que celui qui aime le danger y périra, chap. III, vers. 27. Jésus-Christ nous ordonne d'arracher l'œil et de couper la main qui nous scandalise, c'est-à-dire qui nous porte au péché. *Matth.*, chap. v, vers. 29.

FUITE PENDANT LA PERSÉCUTION. Tertullien, tombé dans les erreurs des montanistes, qui poussaient à l'excès le rigorisme de la morale, a fait un traité exprès pour prouver qu'il n'est pas permis de fuir pour éviter la persécution, ni de s'en rédimer par argent. L'on comprend que ses preuves ne peuvent pas être solides, et que, dans cette occasion, il a trop suivi l'ardeur de son génie, toujours porté aux extrêmes. Il a même contredit formellement Jésus-Christ, qui dit à ses apôtres : *Lorsqu'on vous persécutera dans une ville, fuyez dans une autre* (*Matth.* x, 32). Et Tertullien n'oppose à cette leçon du Sauveur que de mauvaises raisons; son sentiment, d'ailleurs, n'était pas celui de l'Eglise.

Il faut avouer néanmoins que ce Père parle principalement des ministres de l'Eglise ou des pasteurs, lorsqu'il soutient qu'il n'est pas permis de fuir ; et les pasteurs seraient en effet répréhensibles, s'ils fuyaient uniquement pour se soustraire au danger, en y laissant leur troupeau : c'est ici le cas dans lequel Jésus-Christ dit que le bon pasteur donne sa vie pour ses brebis, au lieu que le mercenaire ou le faux pasteur fuit à la vue du loup, et laisse dévorer son troupeau. *Jean*, chap. x, vers. 12. Mais il peut y avoir, même pour les pasteurs, des raisons légitimes de fuir. C'est à eux principalement que les persécuteurs en voulaient, et lorsqu'ils avaient disparu, souvent on laissait en paix les simples fidèles. Ainsi saint Polycarpe, à la sollicitation de ses ouailles, se déroba pendant quelque temps aux recherches des persécuteurs ; nous le voyons par les actes de son martyre. Pendant la persécution de Dèce, saint Grégoire Thaumaturge se retira dans le désert, afin de continuer à consoler et encourager son troupeau; il n'en fut pas blâmé, mais loué par les autres évêques. Saint Cyprien, saint Athanase et d'autres, ont fait de même.

Saint Clément d'Alexandrie décide, au contraire, que celui qui ne fuit point la persécution, mais qui s'y expose par une hardiesse téméraire, ou qui va de lui-même se présenter aux juges, se rend complice du crime de celui qui le condamne à la mort; que, s'il cherche à l'irriter, il est cause du mal qui en arrive, comme s'il avait agacé un animal féroce. *Strom.*, l. IV, c. 40. Mais ce Père n'a pas échappé à la censure de Barbeyrac; en condamnant le rigorisme de Tertullien, il reproche à saint Clément d'avoir fondé la décision contraire sur une mauvaise raison, ou du moins, de n'avoir allégué qu'une raison indirecte et accessoire, au lieu de la principale, savoir, que nous sommes obligés de nous conserver, d'éviter la mort et la douleur, à moins que nous ne soyons appelés à souffrir par une autre obligation plus forte et plus claire. *Traité de la Morale des Pères*, chap. 5, § 42 et suiv.

N'est-ce pas plutôt ce censeur des Pères qui raisonne mal ? La question est de savoir si, dans un temps de persécution déclarée, l'obligation de nous conserver ne doit pas céder à l'obligation que Jésus-Christ nous impose de confesser son saint nom au préjudice de notre vie. Non-seulement il nous défend de le renier, *Matth.*, chap. x, vers. 33, mais il dit : *Si quelqu'un rougit de moi devant les hommes, je rougirai de lui devant mon Père. Luc*, chap. IX, vers. 26. *Ne craignez point ceux qui tuent le corps, et qui ne peuvent pas tuer l'âme. Matth.*, chap. x, vers. 28. *Bienheureux ceux qui souffrent persécution pour la justice*, etc. Pour savoir laquelle de ces deux obligations doit l'emporter, saint Clément d'Alexandrie n'a pas tort d'alléguer une raison indirecte, savoir la crainte de donner occasion aux persécuteurs de commettre un crime de plus.

Dans le II° et le III° siècle, on donna dans deux excès opposés à l'égard du martyre. Plusieurs sectes de gnostiques soutenaient que c'était une folie de mourir pour Jésus-Christ, qu'il était permis de le renier pour éviter les supplices : Tertullien écrivit contre eux son traité intitulé *Scorpiace*. Les montanistes et lui prétendirent, au contraire, que c'était un crime de fuir pour se dérober au martyre. Les Pères ont tenu le milieu; ils ont dit qu'il ne faut pas aller s'exposer témérairement au martyre, mais qu'il faut le souffrir plutôt que de renoncer à la foi lorsque l'on est traduit devant les juges; et telle est la croyance de l'Église.

Quoi que l'on en dise aujourd'hui dans le sein de la paix, il n'était pas aussi aisé, pendant le feu de la guerre, de voir quel était le parti le meilleur et le plus digne d'un chrétien. Il y avait, dans certaines circonstances, de fortes raisons de ne pas fuir, comme la crainte de scandaliser les faibles et de faire douter de sa foi, le désir de soutenir des parents ou des amis qui pourraient en avoir besoin, la résolution de se consacrer au service des confesseurs, l'espérance d'en imposer aux persécuteurs par un air de fermeté et de courage, etc. Quand même, dans ces circonstances, les uns auraient été un peu trop timides, les autres un peu trop hardis, il n'y aurait pas lieu de les condamner avec rigueur, ni de blâmer les Pères de l'Église, parce qu'ils n'ont pas su donner des règles fixes et générales pour décider tous les cas; tout moraliste zélé pour sa religion pouvait s'y trouver embarrassé : mais quand on s'est fait un système de censurer les Pères au hasard, on n'y regarde pas de si près.

FULBERT, évêque de Chartres, mort l'an 1029, a été célèbre dans son siècle par la pureté de ses mœurs et par son zèle pour la discipline ecclésiastique. On a conservé de lui des lettres qui sont utiles pour l'histoire de ces temps-là, des sermons et des hymnes qui ont été imprimés à Paris en 1608.

FULGENCE (saint), évêque de Ruspe en Afrique, mort l'an 533, a écrit plusieurs ouvrages pour la défense de la foi catholique contre les ariens, les nestoriens, les eutychiens et les semi-pélagiens; il eut même le mérite de souffrir pour elle, puisqu'il fut exilé en Sardaigne par Trasimond, roi des Vandales, fort attaché à l'arianisme. Ce respectable évêque fut toujours très-attaché à la doctrine de saint Augustin, appliqué à l'éclaircir et à la défendre. La plus complète des éditions de ses œuvres est celle de Paris, en 1684, in-4°.

FUNÉRAILLES, derniers devoirs rendus aux morts. La manière dont les peuples barbares, les païens, les Turcs, etc., ont fait et font encore les *funérailles* des morts, ne nous regarde point; c'est aux historiens d'en rendre compte : nous devons nous borner à exposer les usages que la religion et l'espérance d'une résurrection future ont inspirés aux adorateurs du vrai Dieu.

Il est certain, d'abord, que les honneurs funèbres rendus aux morts sont également fondés sur les leçons de la raison, sur les motifs de religion et sur les intérêts de la société. Il ne conviendrait pas que le corps d'un homme, après sa mort, fût traité comme le cadavre d'un animal; le mépris avec lequel les Romains en agissaient à l'égard du peuple qui ne laissait pas de quoi payer ses *funérailles*, et surtout à l'égard des esclaves, est une preuve de leur barbarie et de leur sot orgueil. Quand on use de cruauté à l'égard des morts, l'on n'est pas disposé à montrer beaucoup d'humanité envers les vivants. L'épicurien Celse, pour tourner en ridicule le dogme d'une résurrection future, citait un passage d'Héraclite, qui disait que les cadavres sont moins que de la boue. Origène lui répond très-bien qu'un corps humain, qui a été le séjour d'une âme spirituelle et créée à l'image de Dieu, n'a rien de méprisable; que les honneurs funèbres ont été ordonnés par les lois les plus sages, afin de mettre une différence entre le corps de l'homme et celui des animaux, et que ces honneurs sont censés rendus à l'âme elle-même. *Contra Cels.*, l. v, n. 14 et 24. En effet, c'est une attestation de la croyance de l'immortalité de l'âme, d'une résurrection et d'une vie future. De ce dogme était né le soin qu'avaient les Égyptiens d'embaumer les corps, de les conserver dans les cercueils, de les regarder comme un dépôt précieux; et l'on prétend que les rois d'Égypte avaient fait bâtir les pyramides pour leur servir de tombeau. Ils poussaient peut-être trop loin leur attention à cet égard; mais les Romains donnaient dans un autre excès, en brûlant les corps des morts, et en conservant seulement leurs cendres. Cette manière d'anéantir les restes d'un homme dont la mémoire méritait d'être conservée, a quelque chose d'inhumain. Il est beaucoup mieux de les enterrer, et de vérifier ainsi la prédiction que Dieu a faite à l'homme pécheur, qu'après sa mort il serait rendu à la terre de laquelle il avait été tiré. *Gen.*, chap. III, vers. 19. Il est bon, d'ailleurs, que les morts ne soient pas sitôt oubliés, que l'on puisse aller encore de temps en temps s'attendrir et s'instruire sur leur tombeau. *Il vaut mieux*, dit l'Ecclésiaste, chap. VII, vers. 3, *aller dans une maison où règne le deuil, que dans celle où l'on prépare un festin; dans celle-là l'homme est averti de sa fin dernière, et quoique plein de vie, il pense à ce qui lui arrivera un jour.* Les *funérailles*, le deuil, les services anniversaires, les cérémonies qui rassemblent les enfants sur la sépulture de leur père, leur inspirent non-seulement des réflexions salutaires, mais du respect pour les volontés, pour les instructions, pour les exemples du mort. L'affliction réunit les cœurs plus efficacement que la joie et le plaisir. L'on s'en aperçoit à l'égard du peuple, parce qu'il est fidèle à garder les anciens usages : pour les philosophes, épicuriens, ils voudraient abolir et retrancher tout cet appareil lugubre, parce qu'il trouble leurs plaisirs.

La société est intéressée à ce que la mort d'un citoyen soit un événement public, et soit constatée avec toute l'authenticité possible, non-seulement à cause des suites qu'elle entraîne dans l'ordre civil, mais pour la sûreté de la vie. Les meurtres seraient beaucoup plus aisés à commettre, ils seraient plus souvent ignorés et impunis, sans les précautions que l'on prend pour que la mort d'un homme soit publiquement connue ; elle ne peut l'être mieux que par l'éclat de la cérémonie des *funérailles* ; sur ce point, la religion est exactement d'accord avec la politique. L'on ne doit pas être surpris de ce que les pompes funèbres ont toujours été et sont encore en usage chez toutes les nations policées ; elles ne sont pas même inconnues aux peuples sauvages. A la vérité, chez presque toutes les nations privées des lumières que donne la vraie religion, les *funérailles* ont été accompagnées d'usages ridicules et absurdes, de pratiques superstitieuses, de circonstances cruelles et sanglantes ; on a peine à concevoir jusqu'où la démence a été portée, à cet égard, dans les différentes parties du monde. *Voy.* l'*Esprit des usages et des coutumes des différents peuples*, t. III, l. 18. Mais ces abus ne prouvent rien contre les raisons solides qui ont fait établir partout les pompes funèbres. Aussi n'ont-ils pas eu lieu parmi les adorateurs du vrai Dieu, éclairés par les leçons de la révélation. Rien de plus grave ni de plus décent que la manière dont les patriarches ont enterré les morts. Abraham acheta une caverne double pour qu'elle servît de tombeau à Sara son épouse, à lui-même et à sa famille. *Gen.*, chap. XXIII, vers. 19; XXV, 9. Isaac y fut enterré avec Rébecca son épouse, et Jacob voulut y être transporté. *Gen.*, chap. XLIX, vers. 29. Ainsi ces anciens justes voulaient *être réunis à leur famille, et dormir avec leurs pères* ; ainsi ils attestaient leur foi à l'immortalité. Les incrédules, qui ont consulté l'histoire de tous les peuples, pour savoir où ils découvriraient les premiers vestiges du dogme de l'immortalité de l'âme, auraient pu s'épargner ce travail ; la croyance de la vie future était gravée en caractères ineffaçables sur la sépulture commune des patriarches avec leur famille. Mais dans ce que l'histoire sainte dit de leurs *funérailles*, nous ne voyons aucun des usages ridicules dont celles des païens ont été accompagnées dans la suite. Le corps de Jacob et celui de Joseph furent embaumés en Egypte ; ce n'était point une précaution superflue, puisqu'il fallait transporter Jacob dans la Palestine, et que les os de Joseph devaient être gardés en Egypte pendant près de deux siècles, pour servir aux Israélites de gage de l'accomplissement futur des promesses du Seigneur. *Gen.*, chap. L, vers. 23. Moïse ne fit pas une loi expresse aux Hébreux d'ensevelir les morts ; cet usage leur était sacré par l'exemple de leurs pères ; il leur défendit seulement de pratiquer, dans cette cérémonie, les coutumes superstitieuses des Chananéens. *Levit.*, chap. XIX, vers. 27 ; *Deut.*, chap. XIV, vers. 1, etc. Nous voyons, par l'exemple de Tobie, que les Juifs regardaient les *funérailles* comme un devoir de charité, puisque ce saint homme, malgré la défense du roi d'Assyrie, donnait la sépulture aux malheureux que ce roi cruel faisait mettre à mort. C'était aussi chez eux un opprobre d'être privé de la sépulture. Jérémie, chap. VIII, vers. 1, menace les grands,

les prêtres et les faux prophètes qui ont adoré les idoles, de faire jeter leurs os hors de leur tombeau, comme le fumier que l'on jette sur la terre. Le même prophète, chap. XXII, vers. 19, prédit que Joakim, roi de Juda, en punition de ses crimes, sera jeté à la voirie.

Puisque c'était un acte de charité d'ensevelir les morts, on sera peut-être étonné de ce que la loi de Moïse déclarait impurs ceux qui avaient fait cette bonne œuvre, et qui avaient touché un cadavre, *Num.*, chap. XIX, vers. 11, etc. Mais cette impureté légale ne diminuait en rien le mérite de cet office charitable ; c'était seulement une précaution contre toute espèce de corruption et de contagion. Quand on sait combien ce danger est grand dans les pays chauds, l'on n'est plus étonné de l'excès auquel il semble que Moïse a porté les attentions à cet égard. Cette même loi pouvait encore être destinée à préserver les Israélites de la tentation d'interroger les morts. *Voy.* NÉCROMANCIE.

Les Juifs n'avaient point de lieu déterminé pour la sépulture des morts ; ils plaçaient quelquefois les tombeaux dans les villes, mais plus communément à la campagne, sur les grands chemins, dans les cavernes, dans les jardins. Les tombeaux des rois de Juda étaient creusés sous la montagne du temple ; Ezéchiel l'insinue, lorsqu'il dit, chap. XLIII, vers. 7, qu'à l'avenir la montagne sainte ne sera plus souillée par les cadavres des rois. Le tombeau que Joseph d'Arimathie avait préparé pour lui-même, et dans lequel il mit le corps du Sauveur, était dans son jardin, et creusé dans le roc. Saül fut enterré sous un arbre ; Moïse, Aaron, Eléazar, Josué, le furent dans les montagnes.

Dans l'origine, la précaution d'embaumer les corps avait encore pour but d'éviter tout danger d'infection dans la cérémonie des *funérailles* ; elle n'était pas dispendieuse dans la Palestine ; les aromates y étaient communs, puisque les Chananéens en vendaient aux Egyptiens. Du temps de Jésus-Christ, pour embaumer un corps, on l'enduisait d'aromates et de drogues desséchantes, on les serrait autour du corps et de chacun des membres avec des bandes de toile, et l'on plaçait ainsi le cadavre dans une grotte ou dans un caveau, sans le mettre dans un cercueil. Cela paraît, 1° par l'histoire de la sépulture et de la résurrection de Jésus-Christ ; il n'y est fait aucune mention de cercueil. 2° La même chose est à remarquer dans l'histoire de la résurrection de Lazare. 3° Dans celle de la résurrection du fils de la veuve de Naïm, Jésus s'approche du mort, et lui dit : *Jeune homme, levez-vous;* il n'aurait pas pu se lever, s'il avait été dans un cercueil. Dès que l'on réfléchit sur la manière dont se faisait cet embaumement, l'on conçoit qu'il était impossible qu'un homme vivant pût être embaumé, sans être étouffé dans l'espace de quelques heures. En effet, pour embaumer le corps de Jésus-Christ *selon la coutume des Juifs*, Nicodème, accompagné de Joseph d'Arimathie, apporta environ cent livres de myrrhe et d'aloès. *Jean*, chap. xix, vers 39 et 40. Ils le lièrent de bandelettes, pour appliquer ces aromates sur toutes les parties du corps, et lui mirent un suaire sur le visage, chap. xx, vers. 6 et 7; par conséquent le visage et toute la tête étaient couverts de drogues aussi bien que le reste des membres. Lazare avait été embaumé de même, chap. xi, vers 44. Il est donc impossible que Lazare ait pu demeurer ainsi dans son tombeau pendant quatre jours, sans être véritablement mort, et que Jésus-Christ ait pu y demeurer de même pendant trente-six heures. Si l'un et l'autre ont reparu vivants, l'on est forcé de convenir qu'ils sont ressuscités.

Aussitôt que quelqu'un, chez les Juifs, était mort, ses parents et ses amis, pour marquer leur douleur, déchiraient leurs habits, se frappaient la poitrine, et se couvraient la tête de cendres; la pompe funèbre était accompagnée de joueurs de flûte et de femmes gagées pour pleurer. *Matth*., chap. ix, vers. 23.

On peut lire, *Bible d'Avignon*, t. VIII, p. 713, une dissertation sur les *funérailles* et les sépultures des Hébreux. Il serait à souhaiter que l'auteur eût distingué avec soin les usages certains des anciens Juifs d'avec ceux des modernes, et le témoignage des auteurs sacrés d'avec les rêveries des rabbins. Nous ne pensons point, comme lui, que les Hébreux aient jamais brûlé les corps de leurs rois, pour leur faire plus d'honneur : les textes qu'il a cités nous paraissent prouver seulement que l'on brûlait des parfums sur eux et autour d'eux, puisqu'il y est dit que l'on enterra leurs os, *ibid*. p. 730.

Venons aux *funérailles* des chrétiens. « Les chrétiens de l'Eglise primitive, dit l'abbé Fleury, pour témoigner leur foi à la résurrection, avaient grand soin des sépultures, et ils y faisaient de la dépense à proportion de leur manière de vivre. Ils ne brûlaient point les corps comme les Grecs et les Romains, ils n'approuvaient pas la curiosité superstitieuse des Egyptiens, qui les gardaient embaumés et exposés à la vue sur des lits dans leurs maisons; mais ils les enterraient selon la coutume des Juifs. Après les avoir lavés, ils les embaumaient et employaient plus de parfums, dit Tertullien, que les païens dans leurs sacrifices. Ils les enveloppaient de linges fins et d'étoffes de soie; quelquefois ils les revêtaient d'habits précieux; ils les exposaient pendant trois jours, les gardaient et veillaient auprès d'eux en prières, ensuite ils les portaient au tombeau. Ils accompagnaient le corps avec des cierges et des flambeaux, en chantant des psaumes et des hymnes, pour louer Dieu et pour exprimer l'espérance de la résurrection. On priait pour eux, on offrait le saint sacrifice, on donnait aux pauvres le festin nommé *agape*, et d'autres aumônes ; on en renouvelait la mémoire au bout de l'an, et l'on continuait d'année en année, outre la commémoraison que l'on en faisait tous les jours au saint sacrifice... Souvent on enterrait avec les corps différentes choses pour honorer les défunts et en conserver la mémoire, les marques de leur dignité, les instruments de leur martyre, des fioles ou des éponges pleines de leur sang, les actes de leur martyre, leur épitaphe, ou, du moins, leur nom, des médailles, des feuilles de laurier ou de quelque autre arbre toujours verts, des croix, l'Evangile. On observait de poser le corps sur le dos, le visage tourné vers l'Orient. » *Mœurs des Chrétiens*, n. 31.

Les protestants, intéressés à contester l'antiquité de l'usage de prier Dieu pour les morts, et de rendre un culte religieux aux reliques des martyrs, soutiennent qu'il n'a commencé qu'au ive siècle; nous prouverons le contraire ailleurs. *Voy*. MORTS (Prières pour les). MARTYRS. RELIQUES, etc.

Comme l'usage d'embaumer les corps et de les conserver en momies avait été pratiqué de tout temps en Egypte, les chrétiens égyptiens n'y renoncèrent pas d'abord. Il est dit dans la Vie de saint Antoine, qu'il s'éleva contre cette pratique; les évêques représentèrent qu'il était mieux d'enterrer les morts comme l'on faisait partout ailleurs, et peu à peu les Egyptiens cessèrent de faire des momies. Bingham, *Orig. ecclés*., l. xxiii, c. 4, § 8, t. X, p. 93. Mais l'usage d'embaumer avant l'enterrement fut conservé. Saint Ephrem dit, dans son testament : « Accompagnez-moi de vos prières, et réservez les aromates pour les offrir à Dieu. » L'encensement, qui se fait encore dans les obsèques des morts, paraît être un reste de l'ancienne coutume.

Il est juste et naturel de respecter la dépouille mortelle d'une âme sanctifiée par le baptême et par les autres sacrements, d'un corps qui, selon l'expression de saint Paul, a été le temple du Saint-Esprit, et qui doit un jour sortir de la poussière, pour se réunir à une âme bienheureuse. De là les différentes cérémonies religieuses et civiles usitées dans les *funérailles* des fidèles. Pour conserver la mémoire des morts, les païens leur élevaient des tombeaux magnifiques sur les grands chemins ou dans la campagne; les chrétiens eurent moins de faste. Pendant les persécutions, ils furent obligés d'enterrer leurs morts dans des caveaux souterrains, que l'on nommait *tombes et catacombes*; et souvent ils s'y assemblèrent pour célébrer plus secrètement les saints mystères. L'on nomma *cimetières*, c'est-à-dire *dortoirs*, les lieux de la sépulture des fidèles, pour attester la foi à la résurrection. On les appela aussi *conciles des martyrs*, à cause qu'il y en avait plusieurs de rassemblés; *arènes*, parce que les catacombes étaient creusées dans le sable. En Afrique, les cimetières se nommaient des *aires*, *areæ*, et il était sévèrement défendu aux chrétiens de s'y assembler. Lorsque la paix fut accordée à l'Eglise, on jugea que ces lieux devaient être distingués des lieux profanes, et consacrés par des bénédictions et par des prières. *Voy*. CATACOMBES. Les chrétiens ne bornèrent pas leur charité à donner la sépulture à leurs frères; ils se chargèrent encore de celle des païens qui étaient pauvres et délaissés. Pendant une peste cruelle qui ravagea l'Egypte, les chrétiens bravèrent les dangers de la contagion pour soulager les malades et pour enterrer les morts, et la plupart furent victimes de leur charité. Eusèbe, *Hist. ecclés.*, l. vII, c. 22. L'empereur Julien, quoique ennemi du christianisme, était frappé du zèle religieux des chrétiens pour cette bonne œuvre; il avoue, *Lettre* 49 *à Arsace*, que la charité envers les pauvres, le soin d'enterrer les morts, et la pureté des mœurs, sont les trois causes qui ont le plus contribué à l'établissement et aux progrès de notre religion.

Dès le IV° siècle, l'Eglise grecque établit un ordre de clercs inférieurs pour avoir soin des enterrements; ils furent nommés *copiates* ou travailleurs, du grec κόπος, *travail*; *fossaires* ou fossoyeurs; *lecticaires*, parce qu'ils portaient les morts sur une espèce de brancard nommé *lectica*; *decani* et *collegiati*, à cause qu'ils faisaient un corps séparé du reste du clergé. Ciaconius rapporte que Constantin en créa neuf cent cinquante, tirés des différents corps de métiers, qu'il les exempta d'impôts et de charges publiques. Le P. Goar, dans ses notes sur l'*Eucologe des Grecs*, insinue que les *copiates* ou *fossaires* étaient établis dès les temps des apôtres, que les jeunes hommes qui enterrèrent les corps d'Ananie et de Saphire, et ceux qui prirent soin de la sépulture de saint Étienne, *Act.*, chap. v, vers. 6; vIII, 2, étaient des fossaires en titre; cela prouverait qu'il y en avait déjà chez les Juifs. Saint Jérôme, ou plutôt l'auteur du traité *De septem Ordinib. Ecclesiæ*, les met au rang des clercs. L'an 357, l'empereur Constance les exempta par une loi de la contribution lustrale que payaient les marchands. Bingham dit que l'on en comptait jusqu'à onze cents dans l'église de Constantinople. On ne voit pas qu'ils aient tiré aucune rétribution de leurs fonctions, surtout des enterrements des pauvres; l'Eglise les entretenait sur ses revenus, ou ils faisaient quelque commerce pour subsister; et, en considération des services qu'ils rendaient dans les *funérailles*, Constance les exempta du tribut que payaient les autres commerçants. Bingham, *Orig. ecclésiast.*, t. II, liv. III, c. 8; Tillemont, *Hist. des empereurs*, t. IV, p. 235.

Quelques dissertateurs mal instruits ont fait l'éloge de la charité des quakers, parce qu'ils enterrent eux-mêmes leurs morts, et qu'ils ne laissent point ce soin à des hommes à gages. Mais dans les villages de nos provinces où il n'y a ni fossoyeurs, ni enterreurs en titre, ce sont les parents et les amis du défunt qui lui rendent ce dernier devoir, et ils croient faire un acte de religion. Dans les grandes villes, où il y a beaucoup d'inégalité entre les conditions, l'on n'a pas cru qu'il convînt à un magistrat ou à un officier du prince, de faire lui-même la fosse de son père ou de son épouse, et de porter leur cadavre au tombeau. Dans la plupart des villes du royaume, il y a des confréries de pénitents, qui rendent par charité ce devoir aux pauvres, aux prisonniers, même aux criminels punis du dernier supplice. L'ancien esprit du christianisme n'est donc pas éteint parmi nous, dans tous les lieux ni dans toutes les conditions.

Le même motif qui faisait désirer aux patriarches que leurs cendres fussent réunies à celles de leurs pères, fit bientôt souhaiter aux fidèles d'être inhumés auprès des martyrs; c'était une suite de la confiance que l'on avait en leur intercession, et l'on jugea qu'il était utile qu'en entrant dans les églises, la vue des tombeaux fît souvenir les vivants de prier pour les morts. Ainsi s'établit l'usage de placer les cimetières près des églises, et insensiblement l'on accorda à quelques personnes le privilége d'être inhumées dans l'intérieur même de l'église; mais ce dernier changement à l'ancienne discipline ne date que du X° siècle. En effet, l'on sait que, par une loi des douze tables, il était défendu d'enterrer les morts dans l'enceinte des villes, et cette loi fut observée dans les Gaules jusqu'après l'établissement des Francs. Un concile de Brague, de l'an 563, défendit, par son 18° canon, d'enterrer quelqu'un dans l'intérieur des églises, et il rappela la loi des douze tables; mais il permit d'enterrer au dehors et autour des murs. Comme les martyrs même avaient été inhumés à la manière des autres fidèles, lorsqu'il fut permis de bâtir des chapelles et des églises sur leurs tombeaux, elles se trouvèrent placées hors de l'enceinte des villes: les chrétiens, en souhaitant d'y être enterrés, ne violaient donc pas la loi des douze tables. On nomma *basiliques* ces nouveaux édifices bâtis à l'honneur des martyrs, pour les distinguer des cathédrales, que l'on appelait simplement *églises*. C'est tout au plus au X° siècle, qu'il a été permis d'enterrer dans ces dernières. Pour les basiliques, dès le IV° siècle, nous voyons que le corps de Constantin fut placé à l'entrée de celle des saints apôtres, qu'il avait fait bâtir, et fut ensuite transféré dans une autre. Tillemont, *Mém.*, t. VI, p. 402. Grégoire de Tours parle aussi de quelques saints évêques qui, dans ce même siècle, furent enterrés dans des basiliques placées hors des villes, l. X, c. 31; mais lorsque les villes se sont agrandies, les basiliques et les cimetières qui les accompagnaient se sont trouvés renfermés dans la nouvelle enceinte. *Histoire de l'Acad. des Inscrip.*, tom. XIII, in-12, p. 309. Ainsi s'est introduit un nouvel usage très-innocemment, et sans que l'on pût en prévoir les suites. Il n'est devenu dangereux que dans les grandes villes, qui sont les gouffres de l'espèce humaine. Nous n'avons garde de blâmer les mesures que prennent aujourd'hui les premiers pasteurs et les magistrats pour rétablir l'ancienne coutume de placer les cimetières hors des villes, et pour empêcher que le voisinage des morts n'infecte les vivants; mais dans les paroisses de la campagne, où l'air joue librement, et où il n'y a aucun danger, il ne faut rien changer à la coutume établie. Il est très à propos qu'avant d'entrer dans le temple du Seigneur, les fidèles aient sous les yeux un objet capable de leur rappeler l'idée de la brièveté de la vie, les espérances d'un avenir plus heureux, un tendre souvenir de leurs proches et de leurs amis. Que gagnerons-nous d'ailleurs, si, en retranchant des abus, nous induisons et fomentons des vices? Il est difficile de supposer une affection bien tendre à des enfants qui voudraient que leur père fût porté au tombeau avec aussi peu d'appareil qu'un inconnu, qui consentiraient que ses restes fussent confondus avec ceux des animaux, qui écarteraient tout ce qui peut leur en rappeler le souvenir, qui abrégeraient le temps du deuil, etc. Cette sagesse philosophique ressemble un peu trop à la barbarie.

Encore une fois, il est très-bon d'écarter des villes tous les principes de contagion; mais on y laisse subsister des lieux de débauche cent fois plus meurtriers que la sépulture des morts. Parmi ceux qui blâment avec tant d'aigreur l'ancien usage, combien, peut-être, qui ne cherchent à éloigner toutes les idées funèbres, qu'afin de goûter les plaisirs sans mélange d'amertume et sans remords, et qui veulent pallier cet épicuréisme par des prétextes de bien public? On veut mettre de l'épargne dans toutes les cérémonies de religion, pendant que rien ne coûte quand il s'agit de satisfaire un goût effréné pour les plaisirs, etc. Nous ne prétendons pas non plus autoriser par là le luxe et le faste dans les pompes funèbres, la magnificence des tombeaux, la vanité des épitaphes. Rien n'est plus absurde que de vouloir satisfaire l'orgueil humain dans une circonstance destinée à l'humilier et à l'anéantir. Mais, quand on les blâme, il ne faut pas supposer que les pasteurs ont autorisé cet abus par intérêt; il régnait déjà avant que les droits casuels fussent établis, et les protestants, du moins les luthériens, après avoir retranché d'abord tout l'appareil des *funérailles*, y sont revenus sans s'en apercevoir. Saint Augustin le censurait déjà, dans un temps où il n'y avait rien à gagner pour le clergé. *Enarr. in Ps.* XLVIII; *Serm.* 1, n° 13. Cette vaine magnificence, dit-il, peut consoler un peu les vivants; mais elle ne sert à rien pour soulager les morts. *Serm.* 172, n. 2.

On a tourné en ridicule la piété de ceux qui voulaient être enterrés dans un habit religieux, avec la robe d'un minime ou d'un franciscain; est-on bien sûr que la dévotion seule en était le motif? Il est très-probable que plusieurs hommes sensés ont pris cette occasion, pour prévenir dans leur pompe funèbre les effets de la sotte vanité de leurs héritiers. Mais rien ne peut être un remède efficace contre cette maladie du genre humain. *Voy.* TOMBEAU.

FUTUR. *Voy.* PRESCIENCE DE DIEU.

G

GABAA. *Voy.* JUGES.
GABAONITES. *Voy.* JOSUÉ.
GABRIÉLITES. *Voy.* ANABAPTISTES.
GADANAITES. *Voy.* BARSANIENS.
GADARÉNIENS ou GÉRASÉNIENS. *Voy.* DÉMONIAQUE.
GAIANITES. *Voy.* EUTYCHIENS.

GALATES. L'Épitre de saint Paul aux *Galates* a occupé les critiques aussi bien que les commentateurs. Parmi les différentes opinions des premiers sur la date de cette lettre, la mieux fondée paraît être celle qui la rapporte à l'an 55, lorsque l'Apôtre était à Éphèse. Il s'y propose de détromper les fidèles de la Galatie, auxquels certains Juifs mal convertis avaient persuadé que la foi en Jésus-Christ ne suffisait pas pour les conduire au salut, à moins qu'ils n'y ajoutassent la circoncision et les cérémonies de la loi de Moïse. Le contraire avait été décidé par les apôtres, quatre ans auparavant, au concile de Jérusalem. Ainsi saint Paul réfuta avec beaucoup de force l'erreur de ces chrétiens judaïsants; il montre l'excellence de la foi en Jésus-Christ et de la grâce de ce divin Sauveur; il prouve que ce sont les seuls principes de notre justification. Conséquemment, l'Apôtre parle assez désavantageusement de la loi: il dit que l'homme n'est point justifié par les œuvres de la loi, chap. II, vers. 16; que si la loi pouvait donner la justice, Jésus-Christ serait mort en vain, vers. 21; que ceux qui tiennent pour les œuvres de la loi sont sous la malédiction, chap. III, vers. 10; que la loi ne commande point la foi (mais les œuvres), puisqu'elle dit: *Celui qui les observera y trouvera la vie*, vers. 12; qu'elle a été établie à cause des transgressions, vers. 19; que la loi a tout renfermé sous le péché, vers. 22, etc. Voilà des expressions bien étranges, et desquelles on peut abuser fort aisément. Mais il faut se souvenir que saint Paul parle uniquement de la loi cérémonielle et non de la loi morale, contenue dans le Décalogue. En parlant de celle-ci dans l'Épitre aux Romains, chap. II, vers. 13, il dit formellement que ceux qui l'accomplissent *seront justifiés*; que les gentils même la lisent au fond de leur cœur, etc. L'on aurait donc tort de conclure qu'un Juif qui accomplissait la loi morale renfermée dans le Décalogue n'était pas juste; mais il ne pouvait l'accomplir qu'avec la grâce que Jésus-Christ a méritée et obtenue pour tous les hommes, grâce que Dieu a répandue sur tous, plus ou moins, depuis le commencement du monde. *Voy.* GRACE, § 3.

Ainsi, de ce qu'un Juif pouvait être juste en observant la loi morale, il ne s'ensuivait pas que Jésus-Christ est mort en vain; ce n'est pas la loi qui lui donnait la justice, mais c'était la grâce de Jésus-Christ qui lui donnait la force d'observer la loi. Les deux premiers passages de saint Paul, que nous venons de citer, ne font donc aucune difficulté.

En quel sens a-t-il dit que ceux qui tiennent pour les œuvres de la loi, ou qui se croient encore obligés de les accomplir, *sont sous la malédiction*? L'Apôtre l'explique luimême; c'est parce qu'il est écrit : *Malédiction sur tous ceux qui n'observent pas tout ce qui est prescrit dans le livre de la loi* (*Deut.* XXVII, 26). Ainsi, se remettre sous le joug de la loi cérémonielle, c'est s'exposer à encourir cette malédiction. Mais lorsqu'il est dit que celui qui en observera les préceptes y *trouvera la vie* (*Levit.* XVIII, 5), il n'est point question de la vie de l'âme, autrement ce serait une contradiction avec ce que soutient saint Paul; mais il s'agit de la vie du corps, parce que celui qui observait la loi était à couvert de la peine de mort prononcée dans plusieurs articles contre les transgresseurs.

Il y a encore de l'obscurité dans ces paroles : *La loi a été établie à cause des transgressions.* Ceux qui entendent qu'elle a été établie afin de donner lieu aux transgressions, attribuent à Dieu une conduite opposée à sa sainteté infinie. Convient-il au souverain Législateur, qui défend et punit le péché, de tendre un piège aux hommes pour les y faire tomber, sous prétexte que cela est nécessaire pour les convaincre de leur faiblesse et du besoin qu'ils ont du secours de la grâce? L'Ecclésiastique nous défend de dire : *Dieu m'a égaré,* parce qu'il n'a pas besoin des impies, chap. XV, vers. 12. Saint Paul ne veut pas que l'on dise : *Faisons le mal, afin qu'il en arrive du bien* (*Rom.* III, 8); à plus forte raison Dieu ne peut pas le faire. Saint Jacques soutient que Dieu ne tente personne, chap. I, vers. 13. Suivant d'autres commentateurs, cela signifie que la loi a été établie *afin de faire connaître les transgressions.* Mais s'il n'y avait point de loi, il n'y aurait point de transgressions; la loi morale les faisait connaître aussi bien que la loi cérémonielle. Ezéchiel nous montre mieux le sens de saint Paul : ce prophète nous fait remarquer, chap. XX, vers. 11, que Dieu, après avoir tiré de l'Egypte les Israélites, leur imposa d'abord des préceptes *qui donnent la vie à ceux qui les observent* : c'est le Décalogue, qui fut publié immédiatement après le passage de la mer Rouge; mais qu'ils les violèrent et qu'ils se rendirent coupables d'idolâtrie. Dieu ajoute que, pour les punir, il leur imposa des préceptes *qui ne sont pas bons et qui ne donnent point la vie,* vers. 24 et 25 : c'est la loi cérémonielle, qui fut établie et publiée peu à peu, pendant les quarante ans du séjour des Israélites dans le désert. Il est donc évident que cette loi fut portée *pour punir les transgressions* des Israélites, et pour les empêcher d'y retomber. Saint Paul, sans doute, ne doit pas être entendu autrement.

Au lieu de dire, comme cet apôtre, chap. III, vers. 22, que la loi *a renfermé toutes choses sous le péché,* la Bible d'Avignon lui fait dire qu'elle y a renfermé *tous les hommes.* Cela ne peut pas être, puisque la loi de Moïse n'avait pas été imposée à tous les hommes, mais seulement à la postérité d'Abraham ; d'ailleurs, *omnia* ne signifie point *tous les hommes.* De meilleurs interprètes entendent que la loi écrite a renfermé tous ses préceptes, tout ce qu'elle commande ou défend, sous la peine du péché; qu'ainsi tous ceux qui l'ont violée ont été coupables de péché. Il suffit de lire attentivement ce passage pour voir que c'est le sens le plus naturel. *Voy.* LOI CÉRÉMONIELLE.

GALILÉE, célèbre mathématicien et astronome du dernier siècle. Les protestants et les incrédules se sont obstinés à soutenir que ce savant fut persécuté et emprisonné par l'Inquisition, pour avoir enseigné, avec Copernic, que la terre tourne autour du soleil. C'est une calomnie que nous réfuterons sans réplique au mot SCIENCE.

GALILÉENS, nom d'une secte de Juifs. Elle eut pour chef Juda de Galilée, qui prétendait que c'était une indignité pour les Juifs, de payer des tributs à un prince étranger. Il souleva ses compatriotes contre l'édit de l'empereur Aurélien, qui ordonnait de faire le dénombrement de tous les sujets de l'empire, afin de leur imposer un cens. *Act.*, chap. V, vers. 37. Le prétexte de ces séditieux était que Dieu seul devait être reconnu pour maître et appelé du nom de *Seigneur*; pour tout le reste, les *galiléens* avaient les mêmes dogmes que les pharisiens; mais comme ils ne voulaient pas prier pour les princes infidèles, ils se séparaient des autres Juifs pour offrir leurs sacrifices. Ils auraient dû se souvenir que Jérémie avait recommandé aux Juifs de prier pour les rois de Babylone, lorsqu'ils y furent conduits en captivité : *Jerem.*, chap. XXIX, vers. 7 ; *Baruch,* chap. I, vers. 10. Comme Jésus-Christ et ses apôtres étaient de Galilée, on les soupçonna d'être de la secte des *galiléens.* Les pharisiens tendirent un piège au Sauveur, en lui demandant s'il était permis de payer le tribut à César, afin d'avoir occasion de l'accuser. Il les rendit confus en leur répondant qu'il faut rendre à César ce qui est à César, et à Dieu ce qui est à Dieu, *Matth.*, chap. XXII, vers. 21. Il avait d'avance confirmé sa réponse par son exemple, en faisant payer le cens pour lui et pour saint Pierre, chap. XVII, vers. 26. Josèphe a parlé des *galiléens, Antiq. Jud.,* l. XVIII, c. 2, et il est fait mention de Judas leur chef, *Act.*, chap. V, vers. 37.

L'empereur Julien donnait aux chrétiens, par dérision, le nom de *galiléens,* afin de faire retomber sur eux le mépris que l'on avait eu pour la secte juive dont nous venons de parler; mais il a été forcé plus d'une fois de faire l'apologie de leurs mœurs. Il avoue leur constance à souffrir le martyre et leur amour pour la solitude, *Op. fragm.*, pag. 288, leur charité envers les pauvres, *Misopogon;* p. 363. Il convient que le christianisme s'est établi par la charité envers les étrangers, par le soin d'ensevelir les morts, par la sainteté des mœurs que les chrétiens savent affecter; qu'ils nourrissent non-seulement leurs pauvres, mais encore ceux des païens, *Lettre* 49 *à Arsace*, p. 419, 420. Il dit que les chrétiens meurent volontiers pour leur religion; qu'ils souffrent plutôt la faim et l'indigence que de manger des viandes impures; qu'ils adorent le Dieu souverain de l'univers; que toute leur erreur consiste à rejeter le culte des autres dieux, *Lettre* 63 *à Théodore*, p. 463. Ce témoignage, de la part d'un ennemi déclaré, nous paraît mériter plus d'attention que tous les reproches des incrédules anciens et modernes.

GALLICAN. On appelle *Eglise gallicane* l'Eglise des Gaules, aujourd'hui l'Eglise de France. Nous en avons dit peu de chose au mot EGLISE; mais ce sujet est trop intéressant pour ne pas lui donner plus d'étendue. Si l'on veut avoir une notice des auteurs qui ont agité la question de savoir en quel temps le christianisme a été établi dans les Gaules, on la trouvera dans Fabricius, *Salutaris lux Evang.*, etc., chap. 17, pag. 384.

Les historiens de l'*Eglise gallicane* nous paraissent avoir prouvé solidement que la foi a été prêchée dans les Gaules dès le temps des apôtres, mais qu'elle y fit peu de progrès avant l'an 177, époque de la mission de saint Pothin et de ses compagnons, *Hist. de l'Egl. gallic.*, tom. I, *Dissert. prélim.* En 1752, M. Bullet, professeur de théologie à l'université de Besançon, fit imprimer une dissertation sous ce titre : *De apostolica Ecclesiæ gallicanæ origine dissert., in qua probatur apostolos, et nominatim sanctum Philippum, Evangelium in Galliis prædicasse*.

Sans entrer dans aucune dispute, et sans vouloir contester la tradition de nos anciennes Eglises, nous remarquons seulement que, par les Actes de saint Pothin et des autres martyrs de la ville de Lyon, tirés de la lettre authentique des Eglises de Lyon et de Vienne aux fidèles de l'Asie et de la Phrygie, on voit que dès l'an 177 il y avait dans ces deux villes un grand nombre de chrétiens. Saint Irénée, que l'on croit auteur de cette lettre, et qui versa lui-même son sang pour la foi, l'an 202 ou 203, oppose aux hérétiques la tradition des Eglises des Gaules, l. 1, c. 10. Tertullien, mort l'an 245, dit, *Adv. Jud.*, c. 7, que la foi était florissante chez les différents peuples gaulois. Saint Cyprien, décapité l'an 258, *Épist.* 67 et 77, parle des évêques des Gaules ses collègues. Il est donc certain qu'avant l'an 250, époque de la mission de sept évêques, dont l'un était saint Denys de Paris, l'Evangile avait assez fait de progrès dans nos climats pour que l'on en fût informé en Afrique. Mais, l'an 360, il restait encore des païens dans nos provinces les plus occidentales et dans celles du Nord, puisque saint Martin fut occupé à leur conversion et fut regardé comme un des principaux apôtres des Gaules. C'est encore à lui que l'on doit attribuer l'institution de la vie monastique dans ces contrées. En 360, il fonda le monastère de Ligugé, près de Poitiers, et en 372, celui de Marmoutier; celui de Lérins ne fut élevé par saint Honorat que l'an 390. *Voy.* Tillemont, tome IV, p. 439; *Vies des Pères et des martyrs* tom. V, p. 36 et 564; tom. IX, p. 514, etc.

Dès l'an 314, l'empereur Constantin avait fait assembler à Arles un concile des évêques de l'Occident, qui ratifia l'ordination de Cécilien, évêque de Carthage, et condamna les donatistes qui la rejetaient; mais on ne sait pas s'il s'y trouva un grand nombre d'évêques gaulois. On ne parle que d'un seul qui ait assisté au concile général de Nicée, en 325. Cependant, l'hérésie des ariens ne fit pas chez nos aïeux, au IVe siècle, des progrès considérables. Quoique l'empereur Constance, qui la soutenait, eût fait condamner saint Athanase dans un second concile d'Arles, en 353, saint Hilaire de Poitiers, par ses écrits et par son courage intrépide, vint à bout de retenir ses collègues dans la foi de Nicée. Le seul Saturnin, évêque d'Arles, persista opiniâtrément dans l'arianisme. Les conciles de Béziers en 356, de Paris en 360, d'autres tenus en même temps, dirent anathème aux ariens, et rompirent toute communion avec eux. De même l'hérésie des priscillianistes, qui faisait du bruit en Espagne, fut condamnée l'an 384, par un concile de Bordeaux.

L'inondation des peuples du Nord, qui arriva au commencement du Ve siècle, répandit la désolation dans les Gaules; les églises ni le clergé ne furent point à couvert de la fureur des barbares. Pour comble de malheur, les Goths, les Bourguignons, les Vandales, infectés de l'arianisme, devinrent ennemis de la foi catholique, et la persécutèrent plus cruellement que quand ils étaient encore païens; ils l'auraient anéantie sur leur passage, si les Francs et leurs rois, fondateurs de notre monarchie, n'avaient pas été plus fidèles à Dieu.

Pendant que les erreurs de Nestorius et d'Eutychès troublaient l'Orient, que celles de Pélage alarmaient l'Afrique et régnaient en Angleterre, les évêques des Gaules n'oublièrent point ce qu'ils devaient à la religion : un concile de Troyes, de l'an 429, députa saint Loup, évêque de cette ville, et saint Germain d'Auxerre, pour aller combattre le pélagianisme chez les Anglais; et, dans un concile d'Arles de l'an 451, la lettre de saint Léon à Flavien, qui condamnait la doctrine de Nestorius et d'Eutychès, fut approuvée avec les plus grands éloges.

Quelque temps auparavant, la doctrine de saint Augustin sur la grâce et la prédestination avait paru trop dure à quelques théologiens gaulois; quelques prêtres de Marseille, Cassien, moine de Lérins, Fauste, évêque de Riez, et d'autres, en voulant l'adoucir, enfantèrent le semi-pélagianisme. Un laïque nommé Hilaire, et saint Prosper, engagèrent saint Augustin à combattre cette erreur, et répandirent les deux ouvrages qu'il fit à ce sujet; mais le semi-pélagianisme ne fut condamné qu'en 529 et 530, par le second concile d'Orange et par le troisième de

Valence en Dauphiné. S'il est vrai que Vincent, autre moine de Lérins, ait embrassé cette doctrine, comme quelques-uns l'en accusent, il a fourni lui-même le remède, en donnant dans son *Commonitoire* des règles certaines pour distinguer les vérités catholiques d'avec les erreurs; mais l'accusation formée contre lui n'est rien moins que solidement prouvée. D'autres, en s'écartant du semi-pélagianisme, donnèrent dans l'excès opposé, et devinrent *prédestinatiens*. Malgré les doutes de quelques théologiens modernes, on ne peut guère contester la réalité des erreurs du prêtre Lucidus, et de la censure portée contre lui par les conciles d'Arles et de Lyon, tenus en 475. Le cardinal Noris, qui a tâché de justifier ce prêtre, nous paraît y avoir mal réussi. *Hist. du Pélag.*, pag. 182 et 183. *Voy.* PRÉDESTINATIENS.

Pendant le VI° et le VII° siècle, les évêques de France multiplièrent leurs assemblées, et firent tous leurs efforts pour remédier aux abus et aux désordres causés par l'ignorance et par la licence des mœurs que les barbares avaient introduites. Au VIII°, Charlemagne répara une partie de ces maux en faisant renaître l'étude des lettres. Les erreurs de Félix d'Urgel et d'Elipand, au sujet du titre de *Fils de Dieu* donné à Jésus-Christ, furent condamnées et ne firent point de progrès en France. *Voy.* ADOPTIENS. Les conciles de Francfort et de Paris, en 794 et 825, se trompèrent sur le sens des décrets du second concile général de Nicée, touchant le culte des images; mais ces deux conciles, non plus que les auteurs des livres carolins, n'adoptèrent point les erreurs des iconoclastes: ils ne rejetèrent, à l'égard des images, que le culte excessif et superstitieux. Au IX°, Gotescalc et Jean Scot Érigène renouvelèrent les disputes sur la grâce et la prédestination. Les plus célèbres évêques de France prirent part à cette querelle théologique; mais il paraît que les combattants ne s'entendaient pas, et prenaient assez mal, de part et d'autre, le sens des écrits de saint Augustin: heureusement le bas clergé et le peuple n'y entendaient rien et ne s'en mêlèrent pas. Les conciles de France, du X° et du XI° siècle, ne furent occupés qu'à réprimer le brigandage des seigneurs toujours armés, l'usurpation des biens ecclésiastiques, la simonie, l'incontinence des clercs; à établir la trêve de Dieu ou la paix du Seigneur, et à modérer ainsi les ravages de la guerre: temps de ténèbres et de désordres, où il ne restait que l'écorce du christianisme, mais pendant lequel on voit cependant briller plusieurs saints personnages. Ce fut l'an 1047 que Bérenger publia ses erreurs sur l'eucharistie, et enseigna que Jésus-Christ n'y est pas réellement présent. Il fut condamné, non-seulement dans deux conciles de Rome, mais dans cinq ou six autres qui furent tenus en France. Lanfranc, Guitmond, Alger, scolastique de Liége, et plusieurs évêques, le réfutèrent avec plus de solidité et d'érudition que ce siècle ne semblait en comporter; ils alléguèrent les mêmes preuves du dogme catholique qui ont été opposées aux sacramentaires du XVI° siècle. *Voy.* BÉRENGARIENS. Comme il avait déjà paru en France quelques manichéens au commencement de ce siècle, ils peuvent avoir répandu les premières semences des erreurs de Bérenger: c'étaient les prémices des albigeois, qui causèrent tant de troubles au XIII° siècle. Roscelin, qui faisait trois dieux des trois Personnes de la sainte Trinité, fut obligé d'abjurer cette hérésie au concile de Soissons, l'an 1092. Pierre de Bruys, Henri, son disciple, Tanchelin, Arnaud de Bresse, Pierre Valdo, chef des vaudois, Abailard, Gilbert de la Porrée, occupèrent pendant le XII° siècle le zèle de saint Bernard, de Pierre le Vénérable, de Hildebert, évêque du Mans, etc., et encoururent les anathèmes de plusieurs conciles. Pierre Lombard, évêque de Paris, par son livre des *Sentences*, jeta les fondements de la théologie scolastique. Au XIII°, les albigeois, les vaudois, Amauri et ses disciples, remplirent le royaume de troubles et de séditions. Les services que rendirent, dans cette occasion, les bernardins, les dominicains et les franciscains, leur valurent le grand nombre d'établissements qu'ils formèrent en France. Albert le Grand et saint Thomas rendirent célèbres les écoles de théologie de Paris. En 1274, le second concile de Lyon, XIV° général, fut remarquable par la présence du pape Grégoire X, par le grand nombre des évêques, et par la réunion des Grecs à l'Église romaine, qui cependant ne produisit aucun effet. On ne fut presque occupé, dans le XIV° siècle, que des démêlés de nos rois avec les papes, des règlements à faire pour la réforme du clergé, de la suppression de l'ordre des templiers; cette affaire se termina au concile général de Vienne en Dauphiné, en 1311, auquel présidait Clément V. La mort de Grégoire XI, arrivée l'an 1378, donna lieu au grand schisme d'Occident. Au concile général de Constance, assemblé l'an 1414 pour faire cesser ce schisme, les évêques de France se distinguèrent par leur fermeté et par leur zèle à rappeler l'ancienne discipline de l'Église; ils continuèrent de même au concile de Bâle, en 1441. Il est fâcheux que la division qui éclata entre ce concile et le pape Eugène IV ait empêché les heureux effets des décrets qui y furent publiés d'abord. Une des plus tristes époques de l'histoire de l'*Église gallicane* est la naissance des hérésies de Luther et de Calvin, au commencement du XVI° siècle: les ravages qu'elles y ont causés sont écrits en caractères de sang. Les premières assemblées des évêques dans ce siècle eurent pour objet de proscrire cette fausse doctrine, et préparèrent la condamnation solennelle qui en fut faite au concile de Trente, depuis 1545 jusqu'en 1563. Dans les assemblées postérieures, les évêques travaillèrent à en faire recevoir les décrets et à en procurer l'exécution, tant sur le dogme que sur la discipline. Les disputes sur la grâce, qui se sont renouvelées parmi nous au XVII° siècle, n'ont été qu'une conséquence du calvinisme et un effet du levain que cette hérésie avait laissé dans les esprits. Celles du quiétisme furent promptement assoupies. Sans la guerre nouvelle que les incrédules de ce siècle ont déclarée à la religion, il y avait lieu d'espérer une paix profonde.

Ce détail très-abrégé des orages que l'Eglise de France a essuyés dans tous les siècles, démontre que Dieu y a veillé singulièrement, et n'y a conservé la vraie foi que par un prodige. Aucune partie de l'Eglise universelle n'a éprouvé des secousses plus terribles ; mais aucune n'a trouvé des ressources plus puissantes dans les lumières et les vertus de ses pasteurs, et dans la sagesse de ses souverains : c'est à juste titre que nos rois prennent la qualité de *rois très-chrétiens*.

Tout le monde connaît l'*Histoire de l'Eglise gallicane*, publiée par le P. de Longueval, jésuite, et continuée par les Pères de Fontenay, Brumoy et Berthier. Mosheim, tout protestant qu'il est, convient que ces auteurs ont écrit avec beaucoup d'art et d'éloquence ; mais il les accuse d'avoir caché pour l'ordinaire les vices et les crimes des papes, parce qu'ils ont réfuté la plupart des calomnies que les protestants ont forgées contre les pontifes de l'Eglise romaine et contre le clergé en général. La lecture de cette histoire est un très-bon préservatif contre le poison que Mosheim et les autres protestants ont répandu dans les leurs.

On a nommé chant, rit, office *gallican*, messe *gallicane*, la messe, l'office, le rit, le chant qui étaient en usage dans les églises des Gaules, avant les règnes de Charlemagne et de Pepin son père. Par déférence pour les papes, ces deux princes introduisirent dans leurs Etats l'office, le rit, le chant grégorien, qui étaient suivis à Rome, et le missel romain retouché par saint Grégoire. Avant cette époque, l'*église gallicane* avait une liturgie propre, qu'elle avait reçue de la main de ses premiers apôtres ; mais il n'y a pas encore longtemps que l'on en a une connaissance certaine.

Suivant l'*Histoire de l'Eglise gallicane*, tom. IV, liv. XII, c'est l'an 758 que le roi Pepin reçut du pape Paul les livres liturgiques de l'Eglise romaine, et voulut qu'ils fussent suivis en France.

En 1557, Matthias Flaccus Illyricus, célèbre luthérien, fit imprimer à Strasbourg une messe latine, tirée d'un manuscrit fort ancien, et il l'annonça comme l'ancienne liturgie des Gaules et de l'Allemagne, telle qu'on la suivait avant l'an 700. Comme les luthériens se vantaient d'y trouver leur doctrine touchant l'eucharistie, le culte des saints, la prière pour les morts, etc., le roi d'Espagne Philippe II défendit la lecture de cette liturgie dans ses Etats, et le pape Sixte V la mit au nombre des livres prohibés. Après l'avoir mieux examinée, l'on vit au contraire que cette messe fournissait de nouvelles armes aux catholiques contre les opinions des novateurs : ces derniers, confus, firent ce qu'ils purent pour en supprimer les exemplaires.

Le cardinal Bona, *Rer. liturgic.*, liv. II, chap. 12, a fait voir qu'Illyricus s'était encore trompé en prenant cette messe latine pour l'ancienne messe *gallicane* ; que c'est au contraire la messe romaine ou grégorienne, à laquelle on avait ajouté beaucoup de prières ; et pour preuve, il la fit réimprimer à la fin de son ouvrage. Ce fait devint encore plus incontestable, lorsque dom Mabillon mit au jour, en 1685, la vraie liturgie *gallicane*, tirée de trois missels publiés par Thomasius, et d'un manuscrit fait avant l'an 560. Il en fit la comparaison avec un vieux lectionnaire qu'il avait trouvé dans l'abbaye de Luxeuil. Dom Mabillon prouve, contre le cardinal Bona, que la messe gallicane avait beaucoup plus de ressemblance avec la messe mozarabique qu'avec la messe latine publiée par Flaccus Illyricus. Le P. Leslée, jésuite, qui a fait réimprimer à Rome le missel mozarabique en 1775, prouve la même chose dans sa préface, c. 17 ; le P. Lebrun, dans son *Explication des cérémonies de la messe*, tome III, p. 228, en a fait encore la comparaison ; il juge que la messe trouvée par Illyricus est au plus tôt de la fin du IXe siècle, p. 344.

Au jugement du P. Leslée, la messe mozarabique est plus ancienne que la messe *gallicane* Dom Mabillon soutient le contraire ; mais cette contestation n'est pas fort importante, puisque tous deux conviennent que l'une et l'autre sont aussi anciennes que le christianisme dans les Gaules et en Espagne, et l'on n'a point de notion d'aucune liturgie qui les ait précédées. Il paraît encore probable que cette ancienne liturgie, commune à ces deux églises, était aussi celle des églises d'Afrique pendant les premiers siècles. Dom Mabillon, *De liturgia gallicana*, etc.

La messe *gallicane* est un monument d'autant plus précieux, qu'il atteste une conformité parfaite entre la croyance des églises d'Occident depuis leur fondation, et celle que nous professons aujourd'hui. Il y a quelques variétés dans le rit et dans les formules des prières, mais il n'y en a point dans la doctrine. A Rome, en Espagne, dans les Gaules, en Angleterre, même langage touchant la présence réelle de Jésus-Christ dans l'eucharistie, touchant la notion du sacrifice et l'adoration du sacrement. On y trouve l'invocation de la sainte Vierge et des saints, la prière pour les morts, la même profession de foi sur l'efficacité des sacrements, sur la plénitude et l'universalité de la rédemption du monde par Jésus-Christ, etc. Il paraît certain que la liturgie *gallicane* fut aussi celle d'Angleterre, puisque les Bretons reçurent la foi par les mêmes missionnaires qui l'avaient établie dans les Gaules. En 431, le pape saint Célestin écrivait aux évêques gaulois, qu'il faut consulter les prières sacerdotales qui viennent des apôtres par tradition, qui sont les mêmes dans toute l'Eglise catholique et dans tout le monde chrétien, afin de voir ce que l'on doit croire par la manière dont on doit prier, *ut legem credendi lex statuat supplicandi*. L'on était donc très-persuadé, au v° siècle, que les liturgies n'étaient pas des prières de nouvelle institution. *Voy.* LITURGIE.

Ce que l'on nomme *les libertés de l'église gallicane* n'est point une indépendance absolue de cette Eglise à l'égard du saint-siége, soit dans la foi, soit dans la discipline, comme quelques incrédules auraient voulu le persuader. Au contraire, aucune Eglise n'a été plus zélée, dans tous les temps, que celle de France, pour conserver l'unité de foi et de doctrine avec le siége apostolique : aucune n'a soutenu avec plus de force l'autorité et la juridiction du souverain pontife sur toutes les églises du monde ; mais elle a toujours cru, comme elle le croit encore, que cette autorité n'est ni despotique ni absolue, qu'elle est réglée et limitée par les anciens canons, et qu'elle doit se contenir dans les bornes qui lui ont été sagement prescrites. Nos libertés sont donc l'usage dans lequel nous sommes de suivre la discipline établie par les canons des cinq ou six premiers siècles de l'Eglise, (1) préférablement à celle qui a été introduite postérieurement en vertu des vraies ou des fausses décrétales des papes, par lesquelles leur autorité sur les églises d'Occident était poussée beaucoup plus loin que dans les siècles précédents.

Cependant, s'il nous est permis de le remarquer, il y a une espèce de contradiction entre cet usage respectable et la chaleur avec laquelle certaines églises ou certains corps ecclésiastiques soutiennent leur exemption de la juridiction des évêques ; privilége qui leur a été accordé par les papes, contre la disposition des anciens canons.

On peut encore entendre, sous le nom de *nos libertés*, l'usage dans lequel nous sommes de ne point attribuer au souverain pontife l'infaillibilité personnelle, même dans les décrets dogmatiques adressés à toute l'Eglise, ni aucun pouvoir, même indirect, sur le temporel des rois. Le clergé de France a fait hautement profession de cette liberté dans la célèbre assemblée de 1682, (2) et M. Bossuet en a prouvé la sagesse dans la défense des décrets de cette assemblée. Il ne faut cependant pas croire que la doctrine contraire, communément soutenue par les théologiens d'Italie, est celle de tout le reste de l'Eglise catholique. La plupart des théologiens allemands, hongrois, polonais, espagnols et portugais, pensent à peu près comme ceux de France. (1) Un savant jurisconsulte napolitain, qui vient de donner ses leçons au public, ne paraît point être dans les sentiments des ultramontains. *Juris ecclesiastici prælectiones, a Vincentio Lupoli*, 4 vol. *in-8°*, Neapoli, 1778.

GAON, au pluriel GUEONIM ; nom hébreu d'une secte, ou plutôt d'un ordre de docteurs juifs qui parurent en Orient, après la compilation du Talmud. *Gaon* signifie excellent, sublime ; c'est un titre d'honneur que les juifs ajoutent au nom de quelques-uns de leurs rabbins : ils disent, par exemple, R. Saadias *Gaon*. Ces docteurs succédèrent aux *sébunéens*, ou opinants, vers le commencement du vi° siècle de notre ère, et ils eurent pour chef Chanam Mérichka. Il rétablit l'académie de Punbédita, qui avait été fermée pendant trente ans. Vers l'an 763, Judas l'aveugle, qui était de cet ordre, enseignait avec réputation ; les juifs le surnommaient *plein de lumière*, et ils estiment beaucoup les leçons qu'ils lui attribuent. Schérira, autre rabbin du même ordre, parut avec éclat sur la fin du x° siècle ; il se démit de sa charge pour la céder à son fils Haï, qui fut le dernier des *gaons*. Celui-ci vivait au commencement du xi° siècle, et il enseigna jusqu'à sa mort, qui arriva l'an 1037. L'ordre des *gaons* finit alors, après avoir duré 280 ans selon les uns, 350 ou même 448 ans selon les autres. On a de ces docteurs un recueil de demandes et de réponses, au nombre d'environ quatre cents. Ce livre a été imprimé à Prague en 1575, et à Mantoue, en 1597. Ceux qui ont été à portée de le voir, jugent que les auteurs n'ont pas beaucoup mérité le titre de *sublime*, qui leur est prodigué par les juifs. Volf, *Bibliot. hebr.*

GARDIEN (ange). Nous sommes convaincus, par plusieurs passages de l'Ecriture sainte, que Dieu daigne employer ses anges à la garde des hommes. Lorsque Abraham envoya son économe chercher une épouse à Isaac, il lui dit : *Le Seigneur enverra son ange pour vous conduire et faire réussir votre voyage* (*Gen.*, XXIV, 7.). Jacob dit, en bénissant ses petits-fils : *Que l'ange du Seigneur, qui m'a délivré de tout danger, bénisse ces enfans.* (*Gen.* XLVIII, 16). Judith atteste aux habitants de Béthulie, que l'ange du Seigneur l'a préservée de tout danger de péché. *Judith.*, chap. XIII, vers. 20. Le Psalmiste dit à un juste : *Le Seigneur a ordonné à ses anges de vous garder et de vous protéger.* (*Ps.* XC, 11). Jésus-Christ lui-

---

(1) Nous nous proposons de consacrer un article particulier aux libertés gallicanes, nous y traiterons de tout ce qui a rapport à cette question. Nous devons seulement faire observer ici, que vouloir enchaîner l'Eglise de France dans les canons des conciles des premiers siècles, c'est vouloir la rendre stationnaire au milieu des progrès dont les Français se vantent d'être les zélateurs.

(2) Cette célèbre déclaration a eu assez de retentissement pour mériter un article particulier. Au mot DÉCLARATION *du Clergé de France*, nous avons traité la question aussi complétement qu'on peut le faire dans un dictionnaire.

(1) Il y a ici une grande erreur de fait de la part de Bergier, ou peut-être une grande préoccupation d'esprit, car les peuples qu'il invoque comme favorables à la célèbre déclaration l'ont expressément condamnée. L'Eglise d'Espagne la frappa de censures le 10 juillet 1683. Un concile national de Hongrie la déclara absurde et détestable, et en défendit la lecture, le 24 octobre 1682. L'université de Douai réclama auprès du roi. Celle de Louvain répondit par une déclaration en faveur de l'infaillibilité du pape. La Sorbonne elle-même refusa d'enregistrer la déclaration. Le parlement se fit apporter les registres de cette docte assemblée et y fit transcrire les quatre articles.

même, parlant des enfants, dit : *Leurs anges sont toujours en présence de mon Père qui est dans le ciel.* (*Matth.* xviii, 10). Lorsque saint Pierre, délivré miraculeusement de prison, se présenta à la porte de la maison dans laquelle les autres disciples étaient assemblés, ils crurent que c'était son ange. *Act.*, chap. xii, vers. 15.

Ce n'est donc pas sans raison que l'Eglise catholique rend un culte aux anges *gardiens*, et célèbre leur fête le second jour d'octobre. Au iii° siècle, saint Grégoire Thaumaturge remerciait son ange *gardien* de lui avoir fait connaître Origène, et de l'avoir mis sous la conduite de ce grand homme. Les autres Pères de l'Eglise invitent les fidèles à se souvenir de la présence de leur ange *gardien*, afin que cette pensée serve à les détourner du péché.

GÉANTS. Nous lisons dans la Genèse, chap. vi, vers. 1, que, lorsque les hommes furent déjà multipliés, les enfants de Dieu furent épris de la beauté des filles des hommes, les prirent pour épouses; qu'elles mirent au monde des *géants*, ou une race d'hommes robustes, puissants et vicieux. Pour punir leurs crimes, Dieu envoya le déluge universel. Comme les poëtes païens ont aussi parlé d'une race de *géants* qui ont vécu dans les premiers âges du monde, les incrédules en ont conclu que le récit de Moïse et celui des poëtes sont également fabuleux.

Dans une dissertation qui se trouve *Bible d'Avignon*, tome I. page 372, on a rassemblé une multitude de passages des historiens et des voyageurs, qui prouvent qu'il y a eu des *géants*. Sans vouloir contester le fait ni les preuves, nous pensons qu'il n'est pas nécessaire d'y recourir pour justifier le récit de Moïse. En effet, il est très-naturel d'entendre, par *les enfants de Dieu*, les descendants de Seth et d'Hénoch, qui s'étaient distingués par leur fidélité au culte du Seigneur, et sous le nom de *filles des hommes*, les filles de la race de Caïn. Le mot *nephilim*, que l'on traduit par *géants*, peut signifier simplement des hommes forts, violents et ambitieux. Moïse indique assez ce sens, en ajoutant : *Tels ont été les hommes fameux qui se sont rendus puissants sur la terre.* Il n'est donc pas nécessaire de nous informer s'il y a eu, dans les premiers âges du monde, des hommes d'une stature supérieure à celle des hommes d'aujourd'hui.

Josèphe l'historien, Philon, Origène, Théodoret, saint Jean Chrysostome, saint Cyrille d'Alexandrie, et d'autres Pères, ont pensé, comme nous, que les *géants* dont parle Moïse étaient plutôt des hommes forts et d'un caractère farouche, que des hommes d'une taille plus grande que celle des autres. Il ne s'ensuit rien contre l'existence de plusieurs hommes d'une stature extraordinaire, dont les auteurs sacrés font mention, comme Og, roi de Basan, Goliath, etc. *Hist. de l'Académie des Inscript.*, t. I, in-12, pag. 158; tom. II, pag. 262.

D'habiles commentateurs modernes ont ainsi rendu à la lettre le passage de la Genèse, dont il est question : *Les fils des grands voyant qu'il y avait de belles filles parmi les hommes du commun, enlevèrent et ravirent celles qui leur plaisaient le plus. De ce commerce naquirent des brigands, qui se sont rendus célèbres par leurs exploits.* Cette explication s'accorde très-bien avec la suite du texte. Le mot hébreu *élohim*, qui signifie quelquefois *Dieu*, signifie aussi les grands; et *les filles des hommes* peuvent très-bien être les filles du commun et de la plus basse extraction.

Plusieurs Pères de l'Eglise, trompés par la version des Septante, qui au lieu des *enfants de Dieu*, a mis *les anges de Dieu*, ont cru qu'une partie des anges avait eu commerce avec les filles des hommes, et avaient été pères des *géants*. Plusieurs critiques protestants, charmés de trouver une occasion de déprimer les Pères de l'Eglise, ont triomphé de cette idée singulière; ils ont conclu que ces Pères avaient cru les anges corporels et sujets aux mêmes passions que les hommes : ils disent qu'après une méprise aussi grossière, nous avons bonne grâce de citer le consentement des Pères comme une marque sûre de la tradition dont ils étaient dépositaires. Barbeyrac, *Traité de la morale des Pères*, c. 2, § 3, etc.

1° En quoi consiste, sur cette question, *le consentement des Pères ?* Ils parlent des anges prévaricateurs, et non des bons anges. Ils pensent, non pas que les anges sont corporels, mais qu'ils peuvent se revêtir d'un corps et se montrer aux hommes; c'est un fait prouvé par vingt exemples cités dans l'Ecriture sainte. Saint Irénée dit que les anges prévaricateurs se sont mêlés parmi les hommes avant le déluge; mais il ne dit point qu'ils aient eu commerce avec les femmes, l. iv, c. 16, n. 2; c. 36, n. 4; l. v, c. 29, n. 2; et il enseigne ailleurs formellement que les anges n'ont point de chair, l. iii, c. 20. Tertullien, *L. de Carne Christi*, c. 6, juge que les anges n'ont point une chair qui leur soit propre, parce que ce sont des substances d'une nature spirituelle, mais qu'ils peuvent se revêtir de chair pour un temps. Saint Cyprien ne parle pas non plus de leur prétendu commerce avec les femmes, *Lib. de habitu et cura virginum*. Origène, qui a été accusé trop légèrement d'avoir cru les anges corporels, est justifié par les savants éditeurs de ses ouvrages, *Origenian.*, pag. 159, note; et, dans son liv. vii *contre Celse*, n. 32, il enseigne formellement la spiritualité des anges. Saint Clément d'Alexandrie dit que les anges qui ont préféré la beauté passagère à la beauté de Dieu, sont tombés sur la terre, que leur chute est venue d'intempérance et de cupidité; mais il n'ajoute point qu'ils ont eu commerce avec les femmes, *Pædag.*, l. ii, c. 2; *Strom.*, l. iii, c. 7, pag. 538. Saint Justin même, qui le suppose, *Apol.* i, n. 5, et *Apol.* ii, n. 5, nous paraît penser, comme Tertullien, que ces anges n'avaient qu'un corps emprunté, puisqu'il dit qu'ils ont porté les femmes à l'impudicité, *lorsqu'ils se* sont rendus présents, ou ont rendu leur présence sensible. On sait, d'ailleurs, qu'excepté Lactance, les Pères du IV° siècle ne sont plus dans cette opinion ; que plusieurs mêmes l'ont réfutée, en particulier Eusèbe, *Præpar. évang.*, l. VII. c. 15 et 16. C'est très-mal à propos que certains critiques la lui ont attribuée.

2° A quelle erreur dangereuse pour la foi ou pour les mœurs cette opinion des anciens a-t-elle pu donner lieu ? Depuis que les philosophes modernes ont creusé la nature des esprits, et nous ont fait connaître, à ce qu'ils prétendent, la parfaite spiritualité, nous voudrions savoir quel article de foi nouveau l'on a mis dans le symbole, et quelle vertu nouvelle on a vu éclore parmi nous.

GÉDÉON, l'un des juges du peuple de Dieu, qui délivra sa nation de la servitude des Madianites. Il est dit, *Judic.* VII, que, pour les vaincre, Dieu ordonna à *Gédéon* de prendre seulement trois cents hommes, de leur donner à chacun une trompette et une lampe, ou un flambeau renfermé dans un vase de terre ; que, vers le minuit, ils s'approchèrent ainsi de trois côtés du camp des Madianites, brisèrent les vases, firent briller leurs flambeaux, sonnèrent de la trompette, répandirent ainsi la terreur dans cette armée, la mirent en fuite et en désordre ; de manière qu'il y eut cent vingt mille hommes tués par les Israélites qui se mirent à leur poursuite.

Un incrédule moderne, qui s'est appliqué à jeter du ridicule sur l'histoire juive, prétend que ce prodige est absurde. « Les lampes, dit-il, que *Gédéon* donna à ses gens, ne pouvaient servir qu'à faire discerner leur petit nombre ; celui qui tient une lampe est vu plutôt qu'il ne voit. Si cette victoire est un miracle, ce n'est pas du moins un bon stratagème de guerre. »

Il nous paraît que tout stratagème est bon, dès qu'il produit son effet. Pour juger celui-ci absurde, il faut n'avoir jamais lu dans l'histoire les effets qu'ont souvent produits les terreurs paniques sur des armées entières, surtout pendant la nuit, et dans les siècles où l'ordre des camps était fort différent de ce qu'il est aujourd'hui. Nous soutenons que le fracas des vases brisés, le bruit des trompettes qui sonnaient la charge de trois côtés, les cris de guerre et l'éclat des torches, étaient capables de jeter le trouble et l'effroi parmi des soldats endormis et réveillés en sursaut à minuit. D'ailleurs, quand il est question de faire des miracles, nous ne voyons pas que Dieu soit obligé de suivre les règles de la prudence humaine, et l'ordre commun des événements.

Ce même critique observe que Dieu, qui parlait si souvent aux Juifs, soit pour les favoriser, soit pour les châtier, apparaissait toujours en homme ; et il demande comment on pouvait le reconnaître. On le reconnaissait par les signes miraculeux dont ces apparitions étaient accompagnées ; ainsi *Gédéon*, pour être certain que c'était véritablement Dieu ou un ange de Dieu qui lui parlait, exigea deux miracles, et il les obtint. *Jud.*, chap. VI, vers. 21, 37.

L'historien sacré ajoute qu'immédiatement après la mort de *Gédéon*, les Israélites oublièrent le Seigneur, et retombèrent dans l'idolâtrie. Comment se peut-il faire, disent les incrédules, que les Juifs, qui voyaient si souvent des miracles, aient été si fréquemment infidèles et idolâtres ? *Judic.*, chap. VIII, vers. 33.

Cela ne nous surprend pas plus que de voir aujourd'hui un si grand nombre d'incrédules, malgré la multitude et l'éclat des preuves de la religion ; et nous sommes persuadés que des miracles journaliers ne feraient pas plus d'effet sur eux que sur les Juifs : tel a été dans tous les siècles l'excès de la perversité humaine. C'est une preuve que, si Dieu protégeait spécialement les Juifs, ce n'était pas à cause de leurs bonnes qualités ; aussi leur a-t-il souvent déclaré, par Moïse et par les prophètes, que s'il opérait des prodiges en leur faveur, ce n'était pas pour eux seuls, mais pour montrer à tous les peuples qu'il est le Seigneur. *Deut.*, chap. IX, vers. 5 et 28 ; *Ezech.*, chap. XX, vers. 9, 22 ; chap. XXVIII, vers. 25, 26, etc. Cet exemple est très-nécessaire pour nous empêcher de perdre confiance en la miséricorde de Dieu, malgré nos infidélités.

GÉHENNE, terme de l'Écriture, qui vient de l'hébreu *Géhinnon*, c'est-à-dire vallée de *Hinnon*. Cette vallée était dans le voisinage de Jérusalem, et il y avait un lieu appelé *Tophet*, où certains Juifs idolâtres allaient sacrifier à Moloch, et faisaient passer leurs enfants par le feu. Pour jeter de l'horreur sur ce lieu et sur cette abomination, le roi Josias en fit un cloaque où l'on portait les immondices de la ville et les cadavres auxquels on n'accordait point de sépulture ; et pour consumer l'amas de ces matières infectes, on y entretenait un feu continuel. Ainsi, en rassemblant toutes ces idées sous le nom de *Géhenne*, il signifie un lieu profond, rempli de matières impures consumées par un feu qui ne s'éteint point ; et par une métaphore assez naturelle, on l'a employé à désigner l'enfer, ou le lieu dans lequel les damnés sont détenus et tourmentés ; il se trouve en ce sens dans plusieurs passages du Nouveau Testament. *Matth.*, chap. V, vers. 22 et 29 ; X, 28, etc.

Quelques interprètes ont pensé que *Géhinnon* signifiait la vallée des gémissements et des cris de douleur, à cause des sacrifices impies que l'on y faisait, et des cris des enfants que l'on y faisait passer par le feu ; ils ont ajouté que *Tophet* signifie tambour, parce que les Juifs idolâtres battaient du tambour, afin de ne pas entendre les cris de ces malheureuses victimes ; mais ces étymologies ne sont pas fort certaines.

GÉMARE. *Voy.* TALMUD.

GÉMATRIE. *Voy.* CABALE.

GÉNÉALOGIE DE JÉSUS-CHRIST. Saint Matthieu et saint Luc nous ont donné cette *généalogie.* Comme il y a quelque différence dans le récit de ces deux évangélistes, les censeurs de nos livres saints ont cru y trouver matière à de grandes objections. Selon saint Matthieu, Joseph, époux de Marie, avait pour père Jacob, fils de Mathan. Suivant saint Luc, Joseph, qui passait pour Père de Jésus, était fils d'Héli, et petit-fils de Mathat. L'un et l'autre font remonter la liste des aïeux de Jésus jusqu'à Zorobabel, mais par deux lignes de personnages tout différents; il en est de même depuis Zorobabel pour remonter jusqu'à David. D'ailleurs la *généalogie* de Joseph n'est point celle de Jésus, puisque Jésus était fils de Marie, et non de Joseph. Il y a même lieu de penser que Marie n'était point de la tribu de Juda, comme Joseph son époux, mais de celle de Lévi, puisqu'elle était cousine d'Elisabeth, femme du prêtre Zacharie : or, selon la loi, les prêtres devaient prendre des épouses dans leur propre tribu. Ces difficultés, proposées autrefois par les manichéens, ont été répétées par les rabbins et par plusieurs incrédules modernes. Saint Augustin, *contra Faust.*, liv. III, ch. 12; liv. XXIII, ch. 3, liv. XXVIII, ch. 1, etc.

Avant d'y répondre, il est bon d'observer que, par la constitution de leur république, les Juifs étaient obligés de constater et de conserver soigneusement leurs *généalogies*, non-seulement parce que les biens et les droits d'une famille ne devaient pas passer à une autre, mais parce qu'il fallait qu'il fût authentiquement prouvé que le Messie descendait de David. Ainsi, à l'occasion du dénombrement de la Judée, Joseph fut obligé de se faire inscrire sur les registres de Bethléem, parce que c'était le lieu de la naissance de David, et que Joseph descendait de ce roi; et Dieu voulait que Jésus naquît à Bethléem pour la même raison. Il était donc impossible que la *généalogie* de Joseph et de Marie fût inconnue aux Juifs, et que l'on voulût en imposer sur ce sujet. Or, les Juifs n'ont jamais nié que Jésus fût né du sang de David; ils l'ont même avoué dans le Talmud; on peut le voir dans la réfutation du *Munimen fidei*, par Goussel, 1re part., c. 1, n. 3. Cérinthe, les carpocratiens, les ébionites, qui niaient que Jésus-Christ fût né d'une Vierge, ne lui contestaient point la qualité de descendant de David. Les malades qu'il guérissait, le peuple de Jérusalem qui le suivait, le nommaient publiquement *fils de David*. Luc., chap. XVIII, vers. 38; Matth., chap. XXI, vers. IX, etc. Celse et Julien ne lui disputent point ce titre. Quelques parents de Jésus, environ soixante ans après sa mort, furent dénoncés à Domitien, comme descendants de David; mais comme ils étaient pauvres, cet empereur n'en conçut aucun ombrage. Eusèbe, *Histoire ecclésiastique*, liv. III, chap. 19, 20, 32. Les deux évangélistes n'ont donc pu ni se tromper, ni se contredire, ni en imposer dans les deux listes qu'ils ont données des ancêtres de Jésus. Aussi soutenons-nous qu'il n'y a entre elles aucune opposition : la *généalogie* tracée par saint Matthieu est celle de Joseph, saint Luc a fait celle de Marie. Joseph était censé père de Jésus selon la loi et selon la maxime : *Pater est quem nuptiæ demonstrant.* Saint Matthieu montre qu'il descendait de David par Salomon, et par la branche des aînés; saint Luc, qui écrivit ensuite, voulut faire voir que Marie descendait aussi de David par Nathan, et par la branche des puînés. Conséquemment les deux branches se sont trouvées réunies dans Zorobabel, aussi bien que dans Jésus-Christ, parce que le père de Zorobabel avait épousé sa parente aussi bien que saint Joseph.

Selon l'expression de saint Matthieu, *Jacob engendra Joseph*, voilà une filiation du sang; selon celle de saint Luc, *Joseph était fils d'Héli* : or, le nom de *fils* peut se donner à un gendre; c'est la filiation par alliance. Saint Luc dit encore que Salathiel était fils de Néry; il était seulement son gendre; et qu'*Adam était fils de Dieu*, ce qui ne signifie point une filiation proprement dite. Il était essentiel de prouver que Jésus-Christ était fils et héritier de David, soit par le sang ou par sa sainte mère, soit selon la loi, par Joseph, époux de Marie; les évangélistes l'ont fait, et personne n'a osé le contester dans les premiers siècles, lorsque les registres publics subsistaient encore.

Il est vrai que les prêtres devaient prendre des épouses dans la tribu de Lévi, lorsqu'ils le pouvaient; mais il ne leur était pas défendu d'en prendre dans celle de Juda, surtout depuis le retour de la captivité, temps auquel les familles des autres tribus y furent incorporées, et prirent toutes le nom de *Juda* ou de *Juifs*. Rien n'a donc empêché le prêtre Zacharie de prendre pour épouse, dans la tribu de Juda, une parente de Marie. *Dissert.* de D. Calmet, *Bible d'Avignon*, t. XIII, p. 139.

Les autres difficultés que l'on peut faire sur ce sujet sont minutieuses et méritent peu d'attention; dès qu'il y a un moyen naturel et facile de concilier parfaitement saint Matthieu et saint Luc, à quoi sert-il de contester aujourd'hui sur un fait public qui ne pouvait être ignoré ni méconnu dans le temps que ces deux évangélistes ont écrit?

Il est beaucoup mieux de reconnaître ici une attention singulière et marquée de la Providence. Par la dévastation de la Judée et par la dispersion des Juifs, Dieu a tellement confondu et effacé leur *généalogie*, qu'il est impossible aujourd'hui à un juif de prouver incontestablement qu'il est de la tribu de Juda, et non de celle de Lévi ou de Benjamin, encore moins qu'il descend de David. Quand le Messie, attendu par les Juifs, arriverait sur la terre, il lui serait impossible de constater qu'il est né du sang de David : ce sang mêlé et confondu avec celui de toute la nation ne peut plus être distingué ni reconnu par aucun signe. Mais les registres authentiques des *généalogies* étaient encore conservés avec le plus grand soin lorsque Jésus est venu au monde; sa descendance de David reçut un nouveau degré de certitude par le dénombrement qu'Auguste fit faire de la Judée. Dès que ce fait essentiel a été établi d'une manière incontestable, Dieu a mis tout Juif dans l'impossibilité de faire la même preuve. Il y a tout lieu de penser que la postérité de David a fini dans Jésus-Christ, parce qu'en lui ont été accomplies toutes les promesses que Dieu avait faites à ce roi célèbre.

Les docteurs Juifs nous répondent que quand le Messie viendra, il saura bien prouver sa *généalogie* et sa descendance de David; que, s'il faut pour cela des miracles, Dieu ne les épargnera pas. Mais Dieu ne fera pas des miracles absurdes pour se conformer à l'entêtement des Juifs; sa toute-puissance même ne peut pas faire qu'un sang mêlé et altéré soit un sang pur, que des mariages qui ont été contractés soient non avenus, qu'une chaîne de générations, une fois interrompue, se renoue. Dieu, suivant ses promesses, a conservé la race de David jusqu'à la venue du Messie; depuis cette époque essentielle elle a disparu, parce que sa conservation n'était plus nécessaire.

Saint Luc ne se contente point de conduire la *généalogie de Jésus-Christ* jusqu'à David et jusqu'à Abraham; il la fait remonter jusqu'à Adam, pour faire voir qu'en Jésus-Christ était accomplie la promesse de la rédemption que Dieu fit à notre premier père après son péché, en disant au tentateur : *La race de la femme t'écrasera la tête.*

De cette ligne ascendante par les aînés des familles patriarcales, quelques auteurs ont conclu qu'en Jésus-Christ la qualité de *fils de l'homme* signifie fils et héritier du premier homme, chargé d'en acquitter la dette et de l'effacer pour tout le genre humain. Cette observation est ingénieuse, mais elle ne nous paraît pas assez solide. Jésus-Christ s'est chargé de la dette d'Adam, non parce qu'il y était obligé par succession, mais parce qu'il l'a voulu; ç'a été, de sa part, un trait de charité et non de justice.

Les Juifs et les incrédules ont cherché à ternir la pureté de la naissance de Jésus-Christ; nous réfuterons leurs calomnies à l'article MARIE.

GÉNÉRATION. Ce terme a différents sens. Dans l'Ecriture sainte, saint Matthieu appelle la généalogie de Jésus-Christ, *liber generationis Jesu Christi*; ensuite il dit qu'il y a quatorze *générations* depuis Abraham jusqu'à David, et cela signifie quatorze degrés d'ascendants et de descendants; enfin il appelle *génération* la manière dont Jésus est né : *Christi autem generatio sic erat*. Chez les écrivains de l'Ancien Testament, ce terme signifie aussi quelquefois la création. Nous lisons dans le deuxième chapitre de la Genèse : *Istæ sunt generationes cœli et terræ*. D'autres fois il désigne la vie, la conduite, la suite des actions d'un homme: ainsi il est dit de Noé qu'il fut juste et parfait *dans ses générations*. Dans le même sens, les rabbins ont intitulé les Vies absurdes qu'ils ont données de Jésus-Christ, *Liber generationum Jesu*. D'autres fois il signifie race et nation. Dieu dit dans le psaume XCIV, vers. 10 : J'ai été irrité pendant quarante ans contre cette *génération*, c'est-à-dire contre toute la nation juive; et Jésus-Christ la nomme encore *génération incrédule*. Dans le chapitre XXIV de saint Matthieu, vers. 34, il est dit : *Cette* GÉNÉRATION *ne passera point avant que tout cela s'accomplisse.* Et cela signifie les hommes qui vivaient pour lors. Le mot *de génération en génération* exprime quelquefois un temps indéterminé, d'autres fois toute la durée du monde, et même l'éternité.

Génération, en théologie, se dit de l'action par laquelle Dieu le Père produit son Verbe ou son Fils, et en vertu de laquelle le Fils est co-éternel et consubstantiel au Père; au lieu que la manière dont le Saint-Esprit émane du Père et du Fils est nommée *procession*. Dieu, disent les théologiens après les Pères de l'Eglise, n'a jamais été sans se connaître; en se connaissant, il a produit un acte de son entendement égal à lui-même, par conséquent une Personne divine; ces deux Personnes n'ont pas pu être sans s'aimer : par cet acte de la volonté du Père et du Fils a été produit le Saint-Esprit, égal et co-éternel aux deux autres Personnes. Cette *génération* du Fils était appelée par les Pères grecs προβολὴ, *prolatio*, *productio*; ce terme fut rejeté d'abord par quelques-uns, parce que les valentiniens s'en servaient pour exprimer les prétendues émanations de leurs éons; mais comme l'on ne pouvait en forger un plus propre, on fit réflexion qu'en écartant toute idée d'imperfection qu'emporte le terme de *génération* appliqué aux hommes, il n'y avait aucun inconvénient de s'en servir en parlant de Dieu. Mais il ne faut pas oublier la leçon que saint Irénée donnait aux raisonneurs de son temps, *contra Hær.*, l. II, c. 28, n. 6 : « Si quelqu'un nous demande, comment le Fils est-il né du père? Nous lui répondons que cette *naissance* ou *génération*, ou *prolation*, ou *production*, ou *émanation*, ou tout autre terme dont on voudra se servir, n'est connu de personne, parce qu'elle est inexplicable..... Personne ne la connaît que le Père seul qui a engendré, et le Fils qui est né de lui. Quiconque ose entreprendre de la concevoir ou de l'expliquer, ne s'entend pas lui-même, en voulant dévoiler un mystère ineffable. Nous produisons un Verbe par la pensée et par le sentiment; tout le monde le comprend : mais il est absurde d'appliquer cet exemple au Verbe unique de Dieu, comme font quelques-uns, qui semblent avoir présidé à sa naissance. »

Les théologiens scolastiques disent encore que la manière dont le Saint-Esprit procède du Père et du Fils ne peut pas être appelée *génération*, parce que la volonté n'est point une faculté *assimilative* comme l'entendement. Il serait peut-être mieux de ne pas vouloir donner des raisons d'un mystère inexplicable. Saint Augustin avoue qu'il ignore comment on doit distinguer la *génération* du Fils d'avec la procession du Saint-Esprit, et que sa pénétration succombe sous cette difficulté. *L.* II, *contra Max.*, c. 14, n. 1. L'on doit donc se borner à dire que ces deux termes étant appliqués dans l'Ecriture sainte, l'un au Fils, et l'autre au Saint-Esprit, nous ne pouvons mieux faire que de respecter et de conserver ce langage.

Beausobre, qui ne laisse échapper aucune occasion d'accuser les Pères de l'Eglise, assure que les anciens ont cru *généralement* que Dieu le Père n'engendra le Verbe qu'immédiatement avant de créer le monde Auparavant, le Verbe était dans le Père, mais il n'était point encore hypostase ou personne, puisqu'il n'était point encore engendré; Dieu n'était Père qu'en puissance, et non actuellement. Ainsi ont pensé, dit-il, Justin martyr, Théophile d'Antioche, Tatien, Hyppolyte, Tertullien, Lactance et d'autres : &c. fait est avoué par le P. Petau, *de Trin.*, J. 1. c. 3, 4 et 5; par M. Huet, *Origenian.*, l. ii, p. 2; par Dupin, *Biblioth. ecclés.*, t. I, p. 114. Cette erreur est venue d'une autre qui a été opiniâtrément soutenue par les ariens, dans la suite; savoir, que la *génération* du Fils a été un acte libre de la volonté du Père. *Hist. du Manich.*, l. iii, c. 5, § 4 et 5.

Mais ce critique n'a pas pu ignorer que le savant Bullus, dans sa *Défense de la foi de Nicée*, sect. iii, a pleinement vengé les Pères de l'accusation que l'on avait intentée contre eux. Il a fait voir que ces anciens ont admis deux espèces de *générations* du Verbe: l'une, proprement dite, éternelle, non libre, mais aussi nécessaire que la nature et l'existance du Père, sans laquelle il n'a jamais pu être; l'autre, improprement dite et volontaire, par laquelle le Verbe, auparavant caché dans le sein du Père, est devenu visible par la création, et s'est montré aux créatures. Mais il est faux qu'avant ce moment le Verbe n'ait pas été déjà hypostase ou personne subsistante; aucun des Pères n'a rêvé qu'il a été un temps ni un instant où Dieu le Père était sans son Verbe, sans sa propre sagesse, sans se connaître, etc.; tous, au contraire, rejettent cette proposition comme une impiété. M. Bossuet, dans son *sixième Avertissement aux protestants*, a renouvelé les preuves de ce fait. Plus récemment encore, dom Prudent Marand, dans son *Traité de la Divinité de Jésus-Christ*, c. 4, a mis cette vérité dans un plus grand jour, et les savants éditeurs d'Origène ont opposé ses réflexions aux reproches que M. Huet avait faits à ce Père de l'Eglise. *Origenian.*, l. ii, §q. 2. Il n'y a pas de bonne foi à renouveler une accusation que l'on sait avoir été victorieusement réfutée. Mais Beausobre, qui ne savait comment justifier les manichéens, auxquels on a reproché de nier l'éternité du Verbe, a trouvé bon de récriminer contre les Pères de l'Eglise, et ce n'est pas là le seul cas dans lequel il a eu recours à cet odieux moyen. *Voy.* Emanations.

*GÉNÉRATIONS SPONTANÉES. Tous les animaux naissent d'un œuf, sans exception aucune, et la gemmiparité que l'on rencontre dans certaines espèces inférieures n'exclut pas l'ovipaité; l'animal jouit alors de deux modes de génération, dont le second seulement est général et essentiel. Tout œuf est le produit d'un *parent* parfaitement semblable à l'animal, amené à l'état parfait par le développement du germe qui s'y trouve contenu, après la fécondation. Il suit de là qu'il n'y a point de générations spontanées.

Cette conséquence est de la plus haute importance : car, s'il était constant qu'il peut exister des êtres sans parents, il ne serait plus besoin de chercher s'il y a jamais eu un premier père, s'il y a eu une création; il suffirait de croire que tout est dans tout; que l'univers, l'ensemble des choses, la somme des phénomènes, est la réalité phénomalisée; enfin que la réalité agissante, l'existence absolue, la force infinie, la véritable cause de l'univers, ce qu'on appelle *natura naturans*, l'âme du monde, est Dieu. » (Burdach, *Traité de physiologie*, t. I, p. 2.) D'où il faudrait conclure que le panthéisme est la plus rationnelle de toutes les doctrines relatives à la constitution et à la conservation de l'univers.

Les partisans du système des générations spontanées invoquent trois ordres de faits : 1° La formation des infusoires; 2° celle des entozoaires, qui ont été trouvés dans les plus petites espèces comme dans les plus grandes; 3° celle des animaux qui apparaissent tout à coup en nombre prodigieux dans des lieux où il n'en existait pas auparavant. Or, voici sur ces trois ordres de faits l'état actuel de la science.

I. *Animaux infusoires.* En étudiant les conditions essentielles de ces sortes de formations on a trouvé qu'elles ne se produisent jamais sans l'intervention d'un corps solide, de l'eau et de l'air. 1° Il faut un corps solide, mais d'après les meilleurs expérimentateurs ce doit être un corps organisé quelconque, provenant soit d'un végétal, soit d'un animal. Il faut de plus que ce corps soit facilement décomposable par l'air et par l'eau, et ait éprouvé un commencement de décomposition. 2° Il faut l'intervention de l'eau ou bouillie ou distillée, puisque toute autre eau contient ou des infusoires ou des germes. 3° Il faut la présence de l'air atmosphérique ou d'un autre fluide élastique, tel que de l'hydrogène et de l'azote; car l'eau destinée à l'expérience est recouverte d'une couche d'huile continue, il ne s'y développe aucun animalcule.

Nous commençons d'abord par faire observer que nos expérimentateurs ont oublié la chaleur, indispensable à tout développement, puisqu'au-dessous d'une certaine température rien ne peut se reproduire. Ensuite, on a tort de supposer que les œufs des infusoires, qui sont d'une extrême petitesse et doivent être encore plus transparents que les animalcules auxquels ils doivent naissance, ne puissent pas être renfermés soit dans le corps organisé, soit dans l'eau, soit dans l'air. Mais les germes qu'ils renferment ne peuvent se développer ou s'accroître que dans des circonstances favorables : hors de là, ils sont comme s'ils n'étaient pas. Ici, l'expérimentation directe est suffisamment suppléée par la plus puissante de toutes les analogies, l'analogie qui se tire de ce qui a lieu dans la nature entière : partout où l'on voit un être organisé, on est sûr de se rencontrer un élément de multiplication de cet être. Qu'est-ce qui autoriserait à croire que cet élément de multiplication manque là où l'imperfection de nos sens et de nos instruments nous empêche de l'apercevoir? Les précautions prises par les partisans de l'hétérogénie dans leurs expériences, ne peuvent les assurer que les matières sur lesquelles ils ont opéré étaient dépourvues d'animalcules et de germes; d'autant plus que, comme l'a démontré Spallanzani, l'ébullition même ne détruit pas toujours les uns et les autres, et que d'ailleurs l'air peut contenir des germes sans que l'observateur le plus habile puisse s'en apercevoir. (Exp. sur ac. sulfur.)

II. *Entozoaires.* Ce sont des animaux qui se développent et vivent dans la substance d'autres animaux. Leur développement est toujours la conséquence d'un état de faiblesse, d'asthénie, de débilité générale qui fait prédominer l'élément muqueux, aliment par excellence des entozoaires. Ceci explique leur fréquence chez les enfants, qui ne sont presque que mucosités, et chez les femmes, dont la constitution se rapproche jusqu'à un certain point de celle des enfants. Ils se trouvent généralement dans les intestins, et non-seulement dans les animaux parfaits, mais encore dans les embryons, dans les œufs et dans l'embryon renfermé dans l'œuf. Ils sucent les humeurs que leur support fabrique pour sa propre nutrition, et voilà pourquoi ils périssent quand la mort vient interrompre en lui tout travail digestif ou de nutrition.

En somme, leur apparition est toujours la conséquence d'un état pathologique. S'il s'agit de vers intestinaux, le lieu de leur habitation est parfaitement accessible à leurs germes ; s'il est question d'hydatides, qui se forment dans l'épaisseur des parenchymes organiques, nous dirons qu'il n'y a pas un seul endroit du corps qui soit parfaitement clos, puisque la nutrition s'opère dans l'intimité des parties, et qu'il y a continuellement importation et exportation dans la profondeur de tous les tissus. Or, les germes importés se développent ou non selon l'état particulier des organes. Nous n'admettons cependant pas que le premier homme ait porté en lui-même une collection complète de douze espèces et plus d'entozoaires qui ne peuvent vivre que chez l'espèce humaine ; car il devait réunir toutes les conditions de vitalité compatibles avec son organisation parfaite. Mais son corps une fois lancé dans la carrière de l'existence est devenu susceptible de toutes les modifications produites par les choses extérieures ; et rien n'empêche de croire que, parmi ces modifications, quelques-unes ont contribué à l'introduction des germes tantôt de l'une, tantôt de l'autre espèce d'entozoaires. Si nous voyons aujourd'hui entozoaires particuliers à chaque espèce animale, nous ne sommes pas en droit d'en conclure que ces animaux ne peuvent ou n'ont pu vivre en dehors du milieu où l'on a l'habitude de les rencontrer.

III. *Parasites et poissons.* On voit souvent apparaitre en peu de temps et en quantité prodigieuse, des insectes parasites qui sont différents selon les espèces d'animaux chez lesquelles ils vivent. La malpropreté contribue efficacement à la propagation des poux ; mais tout porte à croire dans les faits observés qu'il y avait eu transport de germes ou lentes, dans les lieux où se sont développés les insectes. Quant aux poissons qui ont été produits tout à coup en Afrique dans des mares qui avaient été longtemps à sec, dans les lacs et les ruisseaux formés momentanément dans les Alpes et les Pyrénées, ainsi que dans plusieurs autres localités, ce sont des faits en dehors de tout contrôle qu'il faudrait voir plusieurs fois pour y croire et en chercher l'explication.

Il n'y a rien de spontané dans le monde. Chaque événement a ses causes, chaque fait a son principe, comme il a ses conséquences pour lesquelles il est principe lui-même. Une seule cause a été et sera toujours ; c'est la cause première, la cause universelle, la raison souveraine qui domine toutes les raisons, l'intelligence suprême qui régit la naissance de la plus simple monade aussi bien que l'organisation plus compliquée de l'individu humain. C'est à cette seule cause qu'il faut attribuer la spontanéité ; car la spontanéité est son essence. Elle est, parce qu'elle est : *Ego sum qui sum* (*Exod.* III, 14). Les autres causes, au contraire, ne sont que secondaires ; l'esprit humain fait sa science de les découvrir, de les démontrer, de les prouver, de les expliquer. (Réfut de Cross par Turpin).

Cuvier ne pensait pas autrement sur la cause première de l'organisation. « La vie en général, disait-il, suppose l'organisation en général, et la vie propre de chaque être suppose l'organisation propre de cet être, comme la marche d'une horloge suppose l'horloge ; aussi ne voyons-nous la vie que dans des êtres tout organisés et faits pour en jouir, et tous les efforts des physiciens n'ont pu encore nous montrer la matière s'organisant, soit d'elle-même, soit par une cause extérieure quelconque. En effet, la vie exerçant sur les éléments qui font à chaque instant partie du corps vivant, et sur ceux qu'elle y attire, une action contraire à ce que produiraient les affinités chimiques ordinaires, il répugne qu'elle puisse être elle-même produite par ces affinités, et cependant on ne connaît dans la nature aucune autre force capable de réunir des molécules auparavant séparées. La naissance des êtres organisés est donc le plus grand mystère de l'économie organique et de toute la nature ; jusqu'à présent nous les voyons se développer, mais jamais se former ; il y a plus : tous ceux à l'origine desquels on a pu remonter ont tenu d'abord à un corps de la même forme qu'eux, mais développé avant eux ; en un mot, à un parent. Tout que le petit n'a point de vie propre, mais participe à celle de son parent, il s'appelle un germe. Le lieu où le germe est attaché, la cause occasionnelle qui le détache et lui donne une vie isolée, varient ; *mais cette adhérence à un être semblable est une règle sans exception.* » (Cuvier, *Règne animal*, Introduction.)

GENÈSE, premier des livres de Moïse et de l'Écriture sainte, dans lequel la création du monde et l'histoire des patriarches, depuis Adam jusqu'à Jacob et Joseph, sont rapportées. Quelques critiques ont cru que Moïse avait écrit ce livre avant la sortie des Israélites de l'Egypte ; mais il est plus vraisemblable qu'il l'a composé dans le désert, après la promulgation de la loi. On y voit l'histoire de 2369 ans ou environ, depuis le commencement du monde jusqu'à la mort de Joseph, selon le calcul du texte hébreu. Chez les Juifs, il est défendu de lire les premiers chapitres de la *Genèse* et ceux d'Ézéchiel avant l'âge de trente ans. Ce sont aussi ces premiers chapitres qui ont le plus occupé les interprètes, et qui ont fourni le plus grand nombre d'objections aux incrédules.

Avant d'en examiner aucune, il est bon de proposer plusieurs réflexions essentielles que les incrédules n'ont jamais voulu faire, mais qui auraient pu leur dessiller les yeux, s'ils avaient daigné y faire attention.

1° Sans l'histoire de la création du monde et de la succession des patriarches, celle que Moïse a faite de sa législation manquerait de la preuve principale qui démontre la vérité et la divinité de sa mission. C'est la liaison des événements arrivés sous Moïse, avec ceux qui avaient précédé, qui développe les desseins de la Providence, qui nous montre les progrès de la révélation relatifs à ceux de la nature. De même que les prodiges opérés en faveur des Israélites sont l'accomplissement des promesses faites à Abraham et à sa postérité, la législation juive a préparé de loin le nouvel ordre de choses qui devait éclore sous Jésus-Christ ; de même que la révélation faite aux Hébreux n'a été qu'une extention et une suite de celle que Dieu avait accordée à notre premier père et à ses descendants : ainsi notre religion tient à l'une et à l'autre par toute la chaîne des prophéties et par l'uniformité du plan dont nous trouvons les premiers traits dans le livre de la *Genèse*. A l'article

H STOIRE SAINTE, nous ferons voir que Moïse s'est trouvé placé précisément au point où il fallait être pour lier les deux premières époques l'une à l'autre, et qu'un historien qui aurait vécu plus tôt ou plus tard, n'aurait pas été en état de le faire. Circonstance qui démontre, non-seulement que le livre de la *Genèse* n'est point supposé sous le nom de Moïse, mais qu'il n'a pas pu l'être, et qu'il suffit de le lire avec attention, pour être convaincu de l'authenticité de ce monument.

2° Dans ce livre original, l'histoire de deux mille ans, à commencer depuis la création jusqu'à la naissance d'Abraham, est renfermée dans onze chapitres, pendant que celle des cinq cents ans qui suivent occupent les trente-neuf chapitres qui restent. Un écrivain mal instruit, un imposteur ou un faussaire, aurait-il ainsi proportionné le détail des événements au degré de connaissance qu'il a pu en avoir (1)? Il ne tenait qu'à Moïse d'inventer des faits à son gré, pour amuser la curiosité de ses lecteurs; il n'y avait plus de témoins capables de le démen-

---

(1) « Moïse marque précisément le temps de la création du monde, dit Jaquelot, *Diss. sur l'exist. de Dieu*, tom. 1, pag. 35. Il nous apprend le nom du premier homme. Il traverse les siècles depuis ce premier moment, jusqu'au temps où il écrivait, passant de génération en génération, et marquant le temps de la naissance et de la mort des hommes qui servent à sa chronologie. Si l'on prouve que le monde ait existé avant le temps marqué dans cette chronologie, on a raison de rejeter cette histoire. Mais si l'on n'a point d'argument pour attribuer au monde une existence plus ancienne, c'est agir contre le bon sens de ne pas la recevoir. Il y aurait trop de crédulité à croire ce que chaque nation dit de son antiquité : la ressemblance d'un nom, une étymologie, suffit souvent pour faire une généalogie fabuleuse. C'est assez de trouver dans l'histoire un *Francus*, fils de Priam, pour en faire le premier roi des Français. Ces sortes de larcins se commettent sans peine dans les ténèbres d'une antiquité inconnue, et ce serait encore un plus grand travail de les réfuter, parce que le fait, quelque chimérique qu'il soit, n'est pas impossible. Mais la supposition de Moïse donne prise sur elle de tous les côtés, si elle est fausse. Il prétend que le monde n'était pas avant le temps qu'il a marqué dans son histoire. Parlant du monde, il renferme tout; il n'y avait rien auparavant, rien que Dieu. La thèse est de trop grande étendue pour ne pouvoir être facilement convaincue de faux, si elle n'est pas véritable. Quand on fait réflexion que Moïse ne donne au monde qu'environ deux mille quatre cent dix ans, selon l'hébreu, ou trois mille neuf cent quarante-trois ans, selon le grec, à compter du temps où il écrivait, il y a sujet de s'étonner qu'il ait si peu étendu la durée du monde, s'il n'eût été persuadé de cette vérité. Moïse, quel qu'il ait été, était un homme de bon sens; ses écrits ne permettent pas qu'on en doute. Pourquoi donc n'aurait-il pas donné au monde des millions de siècles, afin de poser à coup sûr une époque qu'on ne pût réfuter? La première pensée d'un imposteur serait là. Car enfin on peut bien connaître l'histoire de sa nation et de ses voisins, et s'assurer de leur origine. Mais parler de l'univers entier, et soutenir qu'il n'y avait rien du tout, à remonter au-delà de trois ou quatre mille ans, cette supposition me paraît si hardie et si téméraire, qu'elle ne tombera jamais dans l'esprit d'un homme sensé, à moins qu'il ne soit convaincu de sa vérité. Après tout, que faisait cette hypothèse d'un monde si nouveau pour l'honneur de Moïse, de son histoire, ou de sa nation? Si l'on remonte plus haut qu'Abraham, on ne trouve dans cette histoire rien de particulier ni de distingué pour le peuple Juif. Les premiers rois et les premiers empires se voient chez les Egyptiens et chez les Assyriens.

« Enfin les philosophes ont presque tous cru que le monde était beaucoup plus ancien que ne le fait l'histoire de la *Genèse*. Comment donc Moïse ne lui donne-t-il que trois ou quatre mille ans? S'il a dit faux, ne sera-t-il pas facile de l'en convaincre? Mais il ne s'est pas arrêté là. Il s'est retranché plus de la moitié de son calcul par l'histoire du déluge. Car depuis cette inondation universelle, qui fit périr tout le genre humain, excepté huit personnes qui composaient la famille de Noé, jusqu'au temps de Moïse, il n'y a, selon le compte des Hébreux, que sept cent cinquante-quatre ans, ou, selon le calcul des Grecs, seize cent quatre-vingt sept ans. C'est bien peu, en vérité, pour la durée du monde! Il y a aujourd'hui des familles qui ont des preuves certaines et des titres incontestables d'une plus grande antiquité. Mais à quoi bon Moïse se serait-il précipité lui-même, sans aucune nécessité, dans des détroits, dans des entraves d'où il était impossible de sortir que par la force et par l'évidence de la vérité? Rien ne l'obligeait à nous faire l'histoire d'un déluge universel. Elle ne fait rien à son plan ni à son dessein. Un imposteur cherche du moins la vraisemblance autant qu'il peut; et rien ne paraît moins vraisemblable que ce déluge. C'est une renaissance du monde, qui rappelle le genre humain à Noé, comme à une seconde souche. Si l'on prouve qu'il y ait au monde un homme au monde, qui tire son origine d'une autre source que de Noé, son histoire est fausse. Il faut, pour soutenir ce système, voir au temps de Moïse la terre peuplée d'une seule famille de l'Asie, qui n'était composée que de huit personnes; il y a sept cents ans, ou seize siècles tout au plus. Il me semble que la question était facile à détruire, si elle eût été fausse; et je ne comprends pas qu'un imposteur ait voulu s'exposer de la sorte, quand il aurait eu d'esprit et de bon sens. Ce n'est pas encore tout. Moïse nous marque un temps, dans son histoire, auquel tous les hommes parlaient un même langage. Si avant ce temps-là on trouve dans le monde des nations, des inscriptions de différentes langues, la supposition de Moïse tombe d'elle-même. Depuis Moïse, en remontant à la confusion des langages, il n'y a dans l'hébreu que six siècles ou environ, et onze selon les Grecs. Ce ne doit plus être une antiquité absolument inconnue. Il ne s'agit plus que de savoir si, en traversant douze siècles tout au plus, on peut trouver en quelque lieu de la terre, un langage, entre les hommes, différent de la langue primitive usitée, à ce qu'on prétend, parmi les habitants de l'Asie.

« Il faut faire ici une remarque très-considérable. Moïse avait demeuré avec les Egyptiens. Il le dit, et toutes les histoires profanes le confirment. Il était de plus leur voisin, et n'était pas aussi fort éloigné des Chaldéens et des Assyriens; ces nations passent, sans aucun contredit, pour les plus anciennes du monde. Moïse n'était pas loin de la ville de Joppé; Pline et Solin après lui assurent qu'elle fut bâtie avant le déluge. On peut donc dire de Moïse et des Israélites, qu'ils étaient environnés des antiquités du monde. Il faut encore remarquer que Moïse n'ignorait pas que le langage des Syriens et des Egyptiens était fort différent de celui des Hébreux. Cette colonne que Laban et Jacob élevèrent, pour témoignage de leur réconciliation, est nommée par Jacob *Galhed*, et par Laban *Jegar Sahadutha*. Le roi d'Egypte ordonna, quand il voulut honorer Joseph, qu'on eût à crier devant lui *abrec*; il le nomma

tir. Mais non, tout ce qu'il raconte des premiers âges du monde a pu demeurer aisément gravé dans la mémoire de tous ceux qui avaient écouté les leçons de leurs aïeux. Ce n'est point ainsi que sont tissues les histoires fabuleuses des autres religions.

3° Mais par quelle voie Moïse a-t-il pu remonter à la création du monde, époque qui lui est antérieure de deux mille cinq cents ans, suivant le calcul le plus borné? Pour résoudre cette difficulté, quelques auteurs ont soutenu que Moïse avait eu des mémoires dressés par les patriarches ses ancêtres, qui avaient écrit les événements arrivés de leur temps. Ils se sont attachés à prouver que l'art d'écrire a été beaucoup plus ancien que Moïse; il est donc très-probable qu'il y a eu des mémoires historiques avant les siens. Cette opinion a été soutenue avec beaucoup d'esprit et de sagacité, dans un ouvrage intitulé : *Conjecture sur les mémoires originaux dont il paraît que Moïse s'est servi pour composer le livre de la Genèse*, imprimé à Bruxelles en 1753. Par cette hypothèse, l'auteur se flatte de répondre à plusieurs difficultés que l'on peut faire sur les répétitions, les anticipations, les antichronismes, etc., que l'on trouve dans la narration de Moïse.

Quoique cette supposition ne paraisse déroger en rien à l'authenticité ni à l'autorité divine du livre de la *Genèse*, nous ne croyons pas qu'il soit nécessaire d'y avoir recours. Nous soutenons que Moïse a pu apprendre l'histoire de la création et des événements postérieurs par la tradition des patriarches, dont il a soin de montrer la chaîne, de fixer l'âge et les synchronismes, chaîne qui se trouve très-abrégée par rapport à lui, et réduite à un petit nombre de têtes. En effet, suivant son calcul, Lamech, père de Noé, avait vu Adam ; Noé avait vécu six cents ans avec Mathusalem, son aïeul, qui avait trois cent quarante trois ans lorsque Adam mourut ; les enfants de Noé avaient donc été instruits de même par Mathusalem. Abraham a vécu cent cinquante ans avec Sem, fils de Noé; Isaac même a pu converser avec lui, avec Salé et avec Héber, qui avaient vu Noé. A la mort d'Abraham, Jacob était encore fort jeune ; mais il fut instruit par Isaac, son père, qui vivait encore lorsque Jacob revint de la Mésopotamie avec toute sa famille. Or, Moïse a vécu avec Caath, son aïeul, qui avait vu Jacob en Égypte. Ainsi, entre Moïse et Adam, il n'y a que cinq têtes, savoir : Mathusalem, Sem, Abraham, Jacob et Caath. Trouvera-t-on sous le ciel une tradition qui ait pu se conserver aussi aisément (1)?

4° Il faut faire attention que ces patriar-

(1) « Cette tradition des patriarches, dit Duguet, *Explic. du livre de la Genèse*, t. 1, p. 22, était encore toute récente au temps de Moïse. Les premières années de cet historien étaient peu éloignées des dernières d'Abraham, dont la naissance concourait avec la mort de Noé, qui avait vécu pendant plusieurs siècles avec Mathusalem et Lamech, tous deux contemporains d'Adam. De si longues vies et un si petit nombre de générations rapprochaient presqu'autant l'origine du monde du temps de Moïse, que si la chose s'était passée depuis deux ou trois siècles, entre des personnes d'une vie ordinaire. Car, entre la mort de Noé, qui touchait de si près Adam, arrivée 350 ans après le déluge, et la naissance de Moïse en 777, il n'y a guère plus de quatre générations, dont celle d'Abraham est la première, étant né deux ans après la mort de Noé, et par conséquent en 352; et Joseph, mort en 713, est la dernière.

« Si Moïse avait eu d'autre vue que celle de fixer dans une histoire écrite ce qui était connu de presque tous les peuples, qui faisait l'une des plus essentielles parties des monuments et de la religion de la famille d'Abraham, il n'aurait pas fait vivre si longtemps des témoins qui auraient déposé contre lui, et qui auraient rendu sensibles toutes les erreurs de ses dates, et fait douter, par conséquent, de tous les événements qu'il y avait attachés. Il se serait mis en sûreté, en éloignant l'origine du monde, et en multipliant les générations, s'il n'avait dit ce qu'on savait déjà, en remontant d'âge en âge. Et il est visible que ses annales étaient les annales publiques, avant qu'il les écrivit, puisqu'il ne prend aucune précaution pour être cru, et qu'il multiplie tout ce qui peut servir de preuve contre lui, s'il n'est pas fidèle. Cela suffirait pour une histoire ordinaire ; mais ce n'est pas assez pour une histoire qui sert de fondement à la religion, et qui est le commencement de la révélation divine. Si Moïse nous mettait en main les Écritures, sans prouver sa mission, nous pourrions le croire bien instruit et fidèle; mais son autorité n'aurait pas droit de soumettre tous les esprits ; et notre foi, n'ayant qu'un appui humain, ne serait au plus que le bon usage de la raison. Il faut, pour nous rassurer pleinement, que Dieu lui-même rende témoignage à Moïse, comme à son prophète ; qu'il l'envoie pour délivrer son peuple ; qu'il fasse pour lui une infinité de prodiges en Égypte, au passage de la mer, à la montagne de Sinaï et dans le désert; que ces prodiges aient pour témoins toutes les tribus d'Israël ; que l'indocilité d'un peuple porté à la révolte et au murmure soit contrainte de céder à leur évidence; que son culte public et que ses principales solennités aient pour fondement ces prodiges ; que les livres où ils sont écrits lui soient donnés par Moïse même; que ces livres soient révérés comme divins, quoique pleins de reproches contre le peuple qui les révère, et qu'ils marquent en détail ses désobéissances et ses crimes ; que la terre s'ouvre sous les pieds de ceux qui osent révoquer en doute que Dieu parle par Moïse, et qu'il ne soit autre chose que son ministre et son prophète. *Vous reconnaîtrez à ceci que c'est le Seigneur qui m'a envoyé, pour faire tout ce que vous voyez, et que ce n'est point moi qui l'ai inventé de ma tête* (Num. xvi, 28) ; en un mot, que Dieu lui parle si clairement, si publiquement, si fréquemment, et d'une manière si privilégiée, qu'il le traite plutôt comme un ami à qui il se découvre sans énigme, et pour qui il n'a rien de caché, que comme un prophète ordinaire. A de telles preuves, je n'aurai qu'à l'écouter et qu'à me soumettre. Ce sera Dieu même qui m'instruira, et ce sera à sa révélation que je sacrifierai, non-seulement mes conjectures et mes doutes, mais aussi

Tsaphenath-Pahaneah, ayant égard apparemment à la déclaration qu'il lui avait donnée de son songe. Ce langage est fort éloigné de l'hébreu, et je ne sais s'il est resté chez les Cophtes d'aujourd'hui assez de vestiges de cette langue antique pour en deviner la signification. Quoi qu'il en soit, Moïse, qui n'ignorait rien de ces choses, soutient pourtant que les hommes ne se servaient, onze siècles auparavant, que d'un seul langage. Si cela n'était pas véritable, Moïse a voulu entreprendre de prouver qu'il était nuit en plein midi. »

ches, tous fort âgés, étaient autant d'histoires vivantes; et tous sentaient la nécessité d'instruire leurs descendants. Les grands événements dont parle Moïse étaient leur histoire domestique; tout s'était passé entre Dieu et leurs pères. La famille de Seth, substituée à celle de Caïn, celle de Sem, préférée à la postérité de Cham et de Japhet, les descendants d'Isaac et de Jacob mis à la place de ceux d'Ismaël et d'Esaü, avaient des espérances et des intérêts tout différents de ceux des autres familles; il était très-important pour eux de transmettre à leurs enfants la connaissance des promesses du Seigneur, et des événements par lesquels elles avaient été confirmées. La reconnaissance envers Dieu, l'amour-propre, l'intérêt, la nécessité d'étouffer les jalousies, se réunissaient pour ne pas laisser altérer une tradition aussi précieuse.

Moïse fait plus dans la *Genèse*; il cite des monuments : le septième jour, consacré en mémoire de la création, le lieu où l'arche de Noé s'était arrêtée, la tour de Babel, le partage de la terre fait aux enfants de Noé, le chêne de Mambré, les puits creusés par Abraham et par Isaac, la montagne de Moriah, la circoncision, la double caverne qui servait de tombeau à toute cette famille, etc. Il désigne le lieu dans lequel se sont passés les principaux événements : les uns sont arrivés dans la Mésopotamie, les autres dans la Palestine, les autres en Égypte. Le dixième chapitre de la *Genèse*, qui raconte le partage de la terre aux enfants de Noé, est le plus précieux morceau de géographie qu'il y ait au monde. Moïse fait suffisamment connaître la suite chronologique des faits par la succession et par l'âge des patriarches; une plus grande précision dans les dates n'était pas nécessaire. Cet historien fait profession de parler à des hommes aussi instruits que lui, intéressés à contester plusieurs faits, mais sans montrer aucune crainte d'être contredit. En assignant aux douze tribus des Israélites leur partage dans la Terre promise, il prétend accomplir le testament de Jacob; pour preuve de désintéressement, il montre sa propre tribu exclue de la liste des ancêtres du Messie et de toute possession dans la Palestine. Il savait cependant que les familles de cette tribu étaient pour le moins aussi disposées que les autres à se mutiner et à se révolter. Après sa mort même, tout s'exécute sans bruit et sans résistance, comme il l'avait ordonné (1).

mon intelligence et ma raison. C'est après cette foule de témoignages que j'ouvre les livres de Moïse, et je n'ai garde de lui demander des preuves tirées des monuments anciens, pour ajouter foi à une histoire qui précède nécessairement tous les monuments qui peuvent rester parmi les hommes. Aussi la commence-t-il comme si Dieu même parlait, sans préface, sans exorde, sans inviter les hommes à la croire, sans douter qu'il ne soit cru. La lumière qui l'éclaire et l'autorité qui l'envoie sont également ses garants. La majesté divine éclate seule, et son ministre disparaît.

« Mais supposons pour un moment que, par condescendance pour notre faiblesse, Moïse eût voulu nous donner des preuves humaines de la vérité de son histoire, d'où les aurait-il pu tirer? Que restait-il de l'ancien monde après le déluge, que la famille de Noé, seule dépositaire des premières traditions dont celle de la création était la principale? Mais quand on aurait consulté tous les hommes, avant qu'ils eussent été submergés, que nous auraient-ils pu apprendre de la première origine du monde? Quel homme a précédé le premier? Ce premier même, que savait-il de la création du ciel et de la terre, à laquelle il n'avait pas assisté? *Où étiez-vous, lorsque j'établissais la terre sur ses fondements*, dit Dieu à Job? Qu'eût-il connu de l'ouvrage des six jours, si Dieu ne le lui eût appris? Qui ne voit que c'est demander une chose impossible et contraire à la raison, que de demander des preuves historiques d'un événement que la seule révélation divine a pu nous apprendre? Et qui de nous est assez reconnaissant pour rendre à la divine Providence de dignes actions de grâces de ce qu'elle a réuni dans Moïse tout ce qui était capable de le faire respecter comme un homme inspiré, qui ne disait aux hommes que ce que Dieu voulait lui-même leur révéler sur le passé et sur l'avenir? »

(1) Il est bon de rapprocher le narré de Moïse de la croyance de tous les peuples : on trouve une identité complète. « Ainsi, nous dit M. Frayssinous, toutes les traditions nous parlent de ce qu'on appelle le chaos, état de choses encore informe et ténébreux, d'où fut tiré l'univers avec ses merveilles. Toutes nous font remonter à une époque de bonheur et de paix où la terre était pour l'homme un séjour de délices : les poëtes l'ont célébré sous le nom d'*âge d'or*. Toutes supposent la très-longue durée de la vie humaine dans les premiers temps; et le célèbre historien Josèphe cite à ce sujet plusieurs historiens des anciens peuples de la terre. *Antiq. Jud.* l. I, c. 3. Toutes enfin ont conservé la croyance des bons et des mauvais génies. La fable des titans, escaladant les cieux et foudroyés par Jupiter, ne rappelle-t-elle pas l'audace et le châtiment des anges rebelles? Suivant la fable, les maux qui désolent la terre sont sortis de la boîte de *Pandore*, et sont présentés ainsi comme la suite de la curiosité d'une femme; le serpent a été dépeint comme l'ennemi des dieux : or, tout cela n'a-t-il pas un rapport singulier avec ce que les Livres saints disent de l'homme et de sa chute? Vous savez ce qu'ont écrit sur ces matières Hésiode dans son poëme sur *les Travaux et les Jours*, et surtout Ovide, ce savant interprète des traditions mythologiques. Enfin, une chose singulièrement frappante, c'est la division du temps en semaines de sept jours. Dans son *histoire de l'astronomie ancienne*, Bailli a dit, *Éclaircissements* sur le l. VII, §. 8, p, 455: « Chez les orientaux, l'usage de compter par semaines partagées en sept jours était de temps immémorial. » N'est-il pas naturel de voir dans cette division du temps un souvenir de la semaine même de la création? Ce sont là, je le sais, comme des fils épars dans l'obscurité des temps : mais quand on voit ainsi les traditions sacrées des autres peuples venir à l'appui de celle des Hébreux, il est impossible de ne pas être étonné de cet accord. Le récit de Moïse sur la création est suffisamment vengé; il ne reste à examiner son récit sur le déluge....

« De tous les événements anciens, il n'en est pas un seul qui ait laissé des traces plus profondes dans le souvenir de tous les peuples de la terre. Égyptiens, Babyloniens, Grecs, Indiens, tous ici sont d'accord; toutes les traditions des temps antiques supposent que le genre humain, en punition de ses crimes, fut noyé dans les eaux, à l'exception d'un petit nombre de personnes. Bérose qui avait recueilli les annales des babyloniens; Lucien qui rappelle les traditions grecques, ont laissé à ce sujet des récits qui sont

5° M. de Luc, savant physicien de Genève, et l'un de ceux qui ont observé la face du globe avec le plus d'attention, s'est attaché à prouver que le livre de la *Genèse* est la véritable histoire naturelle du monde; qu'aucun des phénomènes cités par les philosophes, pour contredire la narration de Moïse, ne prouve rien contre elle, mais sert plutôt à la confirmer; qu'aucun des systèmes de cosmogonie qu'ils ont forgés, ne peut se soutenir. Il fait remarquer qu'un auteur juif n'a pu avoir assez de connaissance de la physique et de l'histoire naturelle, pour composer un récit de la création et du déluge aussi bien d'accord avec les phénomènes que celui de Moïse. Il faut donc que cet auteur ait été instruit, ou par une révélation immédiate, ou par une tradition très-certaine, qui, par la chaîne des patriarches, remontait jusqu'à la création. *Lettres sur l'Histoire de la terre et de l'homme*, tome V, etc. (1).

parvenus jusqu'à nous, et qui présentent un accord frappant avec celui de la Genèse. *Leçons de l'histoire*, lettre 5 tout entière, t. I. Cette universalité, cette uniformité de traditions sur le déluge est avouée de l'incrédulité elle-même. L'auteur incrédule, du moins pour un temps, de l'*Antiquité, dévoilée*, a dit : « Il faut prendre un fait dans la tradition des hommes dont la vérité soit universellement reconnue : quel est-il ? Je n'en vois pas dont les monuments soient plus généralement attestés que ceux qui nous ont transmis cette révolution physique qui a, dit-on, changé autrefois la face de notre globe, et qui a donné lieu à un renouvellement total de la société humaine ; en un mot, le déluge me paraît être la véritable époque de l'histoire des nations. » Or, d'où a pu venir cette croyance universelle du genre humain sur le déluge ? Il ne s'agit pas d'une de ces erreurs qui ont leur source dans l'orgueil ou dans la corruption humaine : quel intérêt ont les passions à ce que le genre humain ait été détruit par le déluge ? Ici, l'accord unanime des peuples, dont la langue, la religion, les lois n'ont rien de commun, ne peut avoir pour base que la vérité même du fait. Aussi tous les efforts de la science la plus ennemie des Livres saints n'a pu découvrir un seul monument qui remonte d'une manière certaine à une époque plus reculée que le déluge. Et l'histoire de l'esprit humain, des sciences, des lettres et des arts, ne vient-elle pas à l'appui de Moïse sur la renaissance de ce monde nouveau ? On voit, en effet, naître les sociétés, les populations s'étendre, la législation se développer, l'homme soumettre successivement à son empire les diverses contrées de la terre. Tout ce qu'il y a de plus versé dans les antiquités, de plus habile à éclaircir les ténèbres qui couvrent le berceau des anciens peuples, fait remonter leur origine aux enfants de Noé et à leurs premiers descendants ; ils ont même trouvé que les noms de Sem, Cham et Japhet, ceux de leurs premiers fils, se sont conservés, quoique défigurés, dans les noms des nations diverses dont ils ont été les pères et les fondateurs. Combien le nom de Japhet, qui a peuplé la plus grande partie de l'occident, n'y est-il pas demeuré célèbre sous le nom de Japet ? Je sais qu'avec des chronologies sans faits, sans événements qui les soutiennent, qui en montrent la suite et qui en lient les différentes parties ; avec des listes interminables de simples noms de rois et de dynasties, et des séries d'années qui n'étaient peut-être que des années d'une semaine, d'un jour, ou même d'une heure : avec des calculs astronomiques qu'on enfle suivant ses caprices; avec des zodiaques (voyez ce mot) d'une origine équivoque et sujets à des explications arbitraires, on peut faire beaucoup de bruit et s'agiter avec une apparence de succès contre Moïse et son histoire. Mais aussi le bon sens veut que l'on s'attache à démêler les choses, et que l'on ne cherche pas à se prévaloir du fabuleux, ni même de l'incertain ; et alors qu'arrive-t-il ? C'est que, devant le flambeau de la saine critique toutes ces antiquités disparaissent. Un savant qui n'est pas suspect aux incrédules, c'est Fréret, a dit (*Suite du Traité de la chronologie-chinoise*, dans les *Mém. de l'acad. des inscriptions*, t. XIII in-4°, p. 294) : «Je me suis attaché à discuter, à éclaircir l'ancienne chronologie des nations profanes : j'ai reconnu, par cette étude, qu'en séparant les traditions véritablement historiques, anciennes, suivies et liées les unes aux autres, et attestées ou même fondées sur des monuments reçus comme authentiques ; qu'en les séparant, dis-je, de toutes celles qui sont manifestement fausses, fabuleuses, ou même nouvelles, le commencement de toutes les nations, même de celles dont on fait remonter plus haut l'origine, se trouvera toujours d'un temps où la vraie chronologie de l'Écriture montre que la terre était peuplée depuis plusieurs siècles. »

« ... Dans des temps très-rapprochés de nous, il s'est établi au Bengale une société de savants anglais, connue sous le nom d'*Académie de Calcutta*. Après l'étude de la langue originale des Indiens, de leurs livres, de leurs monuments et de leurs traditions, ils ont publié des discours et des mémoires sous le titre de *Recherches asiatiques*. Où les ont conduits leurs grands travaux ? à reconnaître que l'histoire de Moïse sur les temps primitifs, sur le déluge, sur Noé et ses trois enfants devenus la tige de nouveaux peuples, se trouve confirmée par les monuments indiens, et que les chronologies asiatiques, qui se perdent dans les siècles sans fin, une fois dépouillées de leurs enveloppes symboliques, se réduisent à celle de nos Livres saints. Il n'est donc pas un seul peuple de la terre, qui puisse se parer d'une antiquité plus reculée que celle du déluge mosaïque. »

(1) « Le récit de Moïse (sur le déluge), si merveilleusement confirmé par l'histoire de toutes les nations, dit encore M. Frayssinous, serait-il contredit par l'histoire de la nature ? Non ; il est difficile, impossible même de comprendre et de décrire les suites de cette effroyable catastrophe. On sent bien que les eaux, par leur chute, par leur débordement, leur violente agitation, durent bouleverser les continents, les pénétrer à une grande profondeur, aplanir des montagnes, creuser des vallées, rouler des masses énormes de rochers, transporter les productions d'un climat dans un autre, entasser des matières diverses mêlées et confondues ensemble, et laisser ainsi des monuments de leur ravage. L'état actuel du globe ne présente-t-il pas, en effet l'image d'un bouleversement ? Dans les diverses contrées de la terre, ne trouve-t-on pas de vastes entassements de corps irréguliers mêlés ensemble, de sable, de cailloux roulés, de corps marins, de poissons et de coquillages confondus avec des dépouilles d'animaux et de végétaux ? Et cette espèce de chaos n'est-il pas la suite de quelque étrange révolution ? Aussi le savant auteur d'un ouvrage tout récent qui a pour titre : *Recherches sur les ossements fossiles des quadrupèdes* (Cuvier, *Discours préliminaire*. p. 110) a-t-il dit en propres termes que « S'il y a quelque chose de constaté en géologie, c'est que la surface de notre globe a été victime d'une grande et subite révolution. » Que si l'histoire de tous les peuples, d'accord avec celle de Moïse, nous montre la cause de cette révolution dans cette inondation effroyable, universelle, appelée le déluge, pourquoi la rejeter ! L'observation a forcé des savants naturalistes à la reconnaître enfin : sans adopter les explications physiques qu'ils en ont imaginées, nous profiterons de l'aveu qu'ils font de

6° Dans l'*Histoire de l'Acad. des Inscriptions*, tom. IX, *in*-12, p. 1, il y a l'extrait d'un mémoire où l'on fait voir l'utilité que les belles-lettres peuvent tirer de l'Ecriture sainte, et en particulier du livre de la *Genèse :* l'auteur soutient que c'est là qu'il faut chercher l'origine des arts, des sciences et des lois; et M. Goguet l'a prouvé en détail, dans l'ouvrage qu'il a composé sur ce sujet, *Origine des Lois*, etc. «Quoique nous soyons bien éloignés, dit le savant académicien, d'adopter le système de ceux qui prétendent retrouver les héros de la fable dans les patriarches dont parle l'Ecriture, nous ne pouvons méconnaître en quelques-unes des fictions de la mythologie, et certains traits conservés dans la *Genèse*, un rapport assez sensible. Le siècle d'or, les îles enchantées, toutes les allégories sous lesquelles on nous représente la félicité du premier âge et les charmes de la nature dans son printemps, toutes celles où l'on prétendit expliquer l'introduction du mal moral et du mal physique sur la terre, ne sont peut-être que des copies défigurées du tableau que les premiers chapitres de la *Genèse* offrent à nos regards. Toutes les sectes du paganisme ne sont, à le bien prendre, que des hérésies de la religion primitive, puisque, supposant toutes l'existence d'un ou de plusieurs êtres supérieurs à l'homme, auteurs ou conservateurs de l'univers, admettant toutes des peines et des récompenses après la mort, elles prouvent au moins que les hommes connaissaient les vérités dont elles sont des abus... La religion naturelle étant du ressort de la raison, et l'étude s'en trouvant liée nécessairement avec celle de l'histoire,.... c'est dans les livres de Moïse qu'il faut commencer cette étude; c'est là que nous trouvons le vrai système présenté sans mélange, que nous découvrons les premières traces de la mythologie et de la philosophie ancienne.... Moïse n'est pas seulement le plus éclairé des philosophes, il est encore le premier des historiens et le plus sage des législateurs. Sans le secours que nous tirons de ces livres sacrés, il n'y aurait point de chronologie... Les écrits de Moïse ouvrent les sources de l'histoire. Ils présentent le spectacle intéressant de la dispersion des hommes, de la naissance des sociétés, de l'établissement des lois, de l'invention et du progrès des arts; en éclaircissant l'origine de tous les peuples, ils détruisent les prétentions de ceux dont l'histoire va se perdre dans l'abîme des siècles. En vain l'incrédulité prétendrait faire revivre ces obscures chimères enfantées par l'orgueil et l'ignorance. Tous les fragments des annales du monde, réunis avec soin, et discutés de bonne foi, concourent à faire regarder la *Genèse* comme le plus authentique des anciens monuments, etc. »

Quand on voit l'estime et le respect que les savants les plus distingués ont eu de tout temps, et conservent encore pour nos livres saints, on est indigné du ton de mépris et de dégoût avec lequel certains incrédules de nos jours ont osé en parler. Comme la *Genèse* est la pierre fondamentale de l'histoire sainte, c'est principalement contre ce livre qu'ils ont cherché des objections. Nous n'en résoudrons ici qu'un petit nombre, les autres trouveront leur place ailleurs. *Voy.* CRÉATION, DÉLUGE, EAUX, JOUR, etc. — 1° Il y a dans la *Genèse*, disent nos censeurs, plusieurs termes chaldéens : donc ce livre n'a été écrit qu'après la captivité de Babylone, lorsque les Juifs eurent connaissance de la langue de ce pays. Mais il ne faut pas oublier qu'Abraham, première tige des Hébreux, était Chaldéen ; que Jacob, son petit-fils, demeura au moins vingt ans dans la Chaldée, que ses enfants y vinrent au monde. Alors la langue des Hébreux et celle des Chaldéens étaient très-semblables, puisque ces deux peuples s'entendaient sans interprète. Aujourd'hui encore on voit que l'hébreu, le syriaque et le chaldéen sont trois dialectes d'une même langue. Les termes communs au chaldéen et à l'hébreu, qui se trouvent dans la *Genèse* et dans les autres livres de Moïse, loin de déroger à la vérité de son histoire, la confirment pleinement. — 2° *Genes.*, chap. XIV, vers. 14, il est écrit qu'Abraham poursuivit les rois qui avaient pillé Sodome *jusqu'à Dan ;* or, cette ville ne fut ainsi nommée que sous les juges ; son premier nom était Laïs ; l'auteur de ce livre n'a donc vécu que dans un temps postérieur. La première question est de savoir si, du temps d'Abraham et de Moïse, *Dan* était une ville et non une montagne, une vallée ou un ruisseau. En second lieu, quand un copiste aurait mis le nom moderne de ce lieu en place du nom ancien, il ne s'ensuivrait rien contre l'authenticité du livre ni contre la fidélité de l'histoire. — 3° Chap. XXII, vers. 14, la montagne de *Moriah*, sur laquelle Abraham voulut immoler son fils, est appelée *la montagne de Dieu;* elle ne fut cependant ainsi nommée que sous Salomon, lorsque le temple y fut bâti. Fausse érudition. « Abraham, dit le texte hébreu, nomma ce lieu, *Dieu y pourvoira ;* c'est pourquoi on l'appelle encore *la montagne où Dieu pourvoira.* » Le temple fut bâti sur le mont de Sion, et non sur la montagne de Moriah. — 4° Chap. XXXV, vers. 31, l'historien fait l'énumération des princes qui ont régné dans l'Idumée, *avant que les Israélites eussent un*

---

la réalité de ce grand événement. C'est ainsi que Pallas (un des naturalistes et des voyageurs les plus illustres de ces derniers temps, académicien de Saint-Pétersbourg) ayant trouvé, dans les climats glacés de la Sibérie, des ossements d'éléphants et d'autres animaux monstrueux, mais en très-grand nombre, mêlés même avec des os de poissons et autres fossiles, fut vivement frappé des monuments qu'il croyait avoir sous les yeux de cette terrible inondation, comme on le voit par les paroles suivantes de son ouvrage (*Observations sur la formation des montagnes et les changements arrivés à notre globe*, imprimées en 1782, p. 85) : « Ce serait donc là ce déluge dont presque tous les anciens peuples de l'Asie, les Chaldéens, les Perses, les Indiens, les Thibétains, les Chinois, ont conservé la mémoire, et fixent à peu d'années près l'époque au temps du déluge mosaïque. »

roi; ce passage démontre qu'il écrivait après l'établissement des rois, par conséquent plus de quatre cents ans après Moïse. Mais on doit savoir que, dans le style de ces temps-là, *roi* ne signifiait qu'un chef de nation ou de peuplade; puisque, *Deut.*, chap. xxiii, vers. 5, il est dit que Moïse fut un *roi juste* à la tête des chefs et des tribus d'Israël. Le passage objecté signifie donc seulement que les Iduméens avaient eu déjà huit chefs, avant que les Israélites en eussent un à leur tête, et fussent réunis en corps de nation. Si cette remarque eût été écrite du temps des rois, elle n'eût servi à rien; sous la plume de Moïse, elle était pleine de sens et placée à propos. Il avait dit, chap. xxv et xxvii, que, suivant la promesse de Dieu, les descendants d'Esaü seraient assujettis à ceux de Jacob; chap. xxxvi, il fait remarquer qu'il n'y avait pour lors aucune apparence que cela dût arriver, puisque les Iduméens, descendants d'Esaü, étaient déjà puissants longtemps avant que ceux de Jacob fissent aucune figure dans le monde.

Ce sage historien avait fait la même remarque au sujet d'une autre promesse. Dieu avait promis à Abraham de donner à sa postérité la terre de Chanaan, *Gen.*, chap. xii, vers. 6 et 7. Mais dans cet endroit même, Moïse observe que, quand Abraham y arriva, les Chananéens en étaient déjà en possession; et, chap. 13, vers. 7, il ajoute qu'il y avait aussi des Phérécéens : ce n'était donc pas une terre déserte, et de laquelle il fût aisé de s'emparer. Mais cette remarque aurait été absolument hors de propos, si elle avait été faite après que les Israélites eurent chassé les Chananéens. Comme dans la conquête de la Terre promise, ils ne devaient point toucher aux possessions des Ismaélites, des Iduméens, des Ammonites, ni des Moabites, il était nécessaire que Moïse fît la généalogie de ces peuples, assignât les limites de leurs habitations, montrât les raisons de la conduite de Dieu. Ces listes de peuplades, ces topographies qu'il trace, ces traits d'histoire qu'il y entremêle, se trouvent fondés en raison : l'on sent l'utilité de ces détails. Si tout cela n'eût été écrit qu'après la conquête, sous les rois ou plus tard, il ne servirait à rien. Alors plusieurs de ces peuplades avaient disparu, s'étaient transplantées, avaient changé de nom, ou s'étaient enlevé une partie de leur territoire. On n'a qu'à confronter le onzième chapitre du livre des Juges avec le vingt-unième du livre des Nombres, on verra que, trois cents ans après Moïse, les Israélites soutenaient la légitimité de leurs possessions, par le récit des faits articulés dans l'histoire de Moïse. Il n'est presque pas un seul des livres de l'Ancien Testament, dans lequel l'auteur ne rappelle des faits, des expressions, des promesses, des prédictions contenues dans la *Genèse*. Ainsi les objections même que les incrédules ont rassemblées contre l'authenticité de ce livre la démontrent au contraire à des yeux non prévenus; elles font sentir que Moïse seul a pu l'écrire, qu'il était bien

DICT. DE THÉOL. DOGMATIQUE. II.

instruit, qu'il n'a voulu en imposer à personne, et qu'il n'a rien dit sans raison. —

5° Si le livre de la *Genèse* est authentique, du moins l'histoire de la création est fausse. Moïse suppose que Dieu a fait, successivement et en plusieurs jours, les divers globes qui roulent dans l'étendue des cieux : or, Newton a démontré que cela ne se peut pas, que les mouvements de ces grands corps sont tellement engrenés et dépendants les uns des autres, que l'on n'a pas pu commencer sans l'autre; qu'il faut que le tout ait été fait, arrangé et mû au même instant.

Réponse. Le jugement de Newton prouve seulement que nous ne concevons pas comment Dieu a fait ou a pu faire les choses telles qu'elles sont; mais Dieu, doué du pouvoir créateur, a-t-il trouvé des obstacles à sa volonté et à son action? Newton ne concevait pas la cause de l'attraction; il l'a cependant supposée pour expliquer les phénomènes. Ce philosophe, plus modeste que ceux d'aujourd'hui, avouait son ignorance; mais il n'a pas été assez téméraire pour décider de ce que Dieu a pu ou n'a pas pu faire.

On peut voir d'autres objections contre la *Genèse*, résolues dans la réfutation de la *Bible enfin expliquée*, t. vi, c. 7. *Traité historique et dogmat. de la vraie religion*, tom. V, pag. 194, etc. *Voy.* MOÏSE, PENTATEUQUE, HISTOIRE SAINTE, etc.

GÉNIE. Ce mot, dérivé du grec, a signifié chez les Latins, non-seulement la trempe d'esprit et de caractère que nous apportons en naissant, les goûts, les inclinations, les penchants naturels, mais encore un esprit, une intelligence, un Dieu ou un démon qui a présidé à notre naissance, qui nous a faits tels que nous sommes, qui a décidé de notre sort pour toute la vie. Cette notion, fondée sur le polythéisme, faisait partie de la croyance des païens; un chrétien ne pouvait s'y conformer, sans paraître abjurer sa foi. Lorsque la flatterie eut divinisé les empereurs, on jura par leur *génie* par leur fortune; on érigea des autels à ce dieu prétendu, on lui offrit des sacrifices : c'était une manière de faire sa cour; et les plus mauvais princes étaient ordinairement ceux qui exigeaient le plus impérieusement cette marque d'adulation. Les chrétiens, que l'on voulait faire apostasier, refusèrent constamment de jurer *par le génie de César*, parce que c'était un acte d'idolâtrie. « Nous jurons, dit Tertullien, non par le *génie* des Césars, mais par leur vie, qui est plus respectable que tous les *génies*. Vous ne savez pas que les *génies* sont des démons.... Nous avons coutume de les exorciser pour les chasser du corps des hommes; et non de jurer par eux, pour leur attribuer les honneurs de la Divinité. » *Apolog.*, c. 32. Suétone dit que Caligula fit mourir, sur de légers prétextes, ceux qui n'avaient jamais juré par son *génie*, *in Calig.*, c. 27. Probablement c'étaient des chrétiens.

Quelques incrédules ont justifié la conduite des païens, et ont blâmé celle des chrétiens. Le refus, disent-ils, que faisaient ces derniers, donnait lieu de penser qu'ils étaient mauvais sujets, peu affectionnés au souverain, et fournissaient un motif de les punir du dernier supplice. Quoi donc! parce qu'il avait plu aux païens d'imaginer une formule de jurement qui était absurde et impie, il fallait que les chrétiens commissent le même crime? Leur fidélité au gouvernement était mieux prouvée par leur conduite que par des paroles. On ne pouvait les accuser d'aucun acte de révolte ou de sédition; ils payaient fidèlement les tributs, respectaient l'ordre public, servaient même dans les armées. Tertullien le représente aux persécuteurs, et les défie de citer aucun fait contraire : ils étaient donc inexcusables. Si l'on forçait les incrédules à témoigner par serment qu'ils sont chrétiens d'esprit et de cœur, ils s'en plaindraient comme d'un acte de tyrannie. Aussi Jésus-Christ avait défendu à ses disciples de prononcer aucun jurement, *Matth.*, chap. v, vers. 34, parce que la plupart des jurements des païens étaient des impiétés. *Voy.* JUREMENT.

GÉNITE, nom qui signifie *engendré* ou né d'un tel sang. Les Hébreux nommaient ainsi ceux qui descendaient d'Abraham sans aucun mélange de sang étranger, dont, par conséquent, tous les ancêtres paternels et maternels étaient Israélites, et qui pouvaient prouver leur descendance en remontant jusqu'à Abraham. Parmi les Juifs hellénistes, on distinguait aussi par ce nom ceux qui étaient nés de parents qui n'avaient point contracté d'alliance avec les gentils pendant la captivité de Babylone.

Quelques censeurs opiniâtres de la religion juive ont taxé de cruauté Esdras et Néhémie, parce qu'après le retour de la captivité, ils forcèrent ceux d'entre les Juifs qui avaient épousé des étrangères, à renvoyer ces femmes et les enfants qui en étaient nés. On ne peut, disent-ils, pousser plus loin le fanatisme de l'intolérance : c'est à juste titre que les Juifs étaient détestés des autres nations.

Nous soutenons que la loi par laquelle Dieu avait défendu aux Juifs ces sortes de mariages était juste et sage ; ceux qui l'avaient violée étaient donc des prévaricateurs scandaleux : pour rétablir les lois juives dans toute leur vigueur après la captivité, il fallait absolument bannir et réprimer cet abus. Une expérience constante de près de mille ans avait prouvé que ces alliances avaient toujours été fatales aux Juifs ; que, conformément à la prédiction de Moïse, les femmes étrangères n'avaient jamais manqué d'entraîner dans l'idolâtrie leurs époux et leurs familles : c'était un des désordres que Dieu avait voulu punir par la captivité de Babylone ; Esdras et Néhémie ne pouvaient donc se dispenser de le bannir absolument de la république juive, puisque sa prospérité dépendait de sa fidélité à observer la loi de Dieu. *Voy.* JUIFS.

GÉNOVEFAINS, chanoines réguliers de Sainte Geneviève, dont le chef-lieu est à Paris : ils sont aussi nommés chanoines réguliers de la congrégation de France. Pour connaître l'origine de l'abbaye de Sainte-Geneviève et ses différentes révolutions, il faut lire les *Recherches sur Paris*, par M. Jaillot : il nous paraît avoir solidement prouvé que, dès la fondation faite par sainte Clotilde, au commencement du vi⁰ siècle, l'église de Sainte-Geneviève a toujours été desservie par des chanoines réguliers. L'an 1148, douze chanoines de Saint-Victor y furent appelés, et y mirent la réforme en vertu d'une bulle du pape Eugène III. Elle y fut introduite de nouveau par le cardinal de la Rochefoucauld, abbé commendataire de cette abbaye, l'an 1625 ; elle fut confirmée par des lettres-patentes en 1626, et par une bulle d'Urbain VIII en 1634. Le vénérable P. Faure, chanoine régulier de Saint-Vincent de Senlis, après avoir rétabli la régularité dans sa maison et dans quelques autres, eut aussi la plus grande part dans la réforme de celle de Sainte-Geneviève, qui en est devenue le chef-lieu. Cette congrégation est répandue dans plusieurs des provinces du royaume ; ses membres, suivant l'ancien esprit de leur institut, rendent les mêmes services à l'Eglise que le clergé séculier. L'abbé régulier de Sainte-Geneviève en est le supérieur général ; plusieurs de ces chanoines, surtout depuis la dernière réforme, se sont distingués par leurs talents, par leurs ouvrages et par leurs vertus.

GENTIL. Les Hébreux nommaient *gojim*, nations, tous les peuples de la terre, tout ce qui n'était pas Israélite. Dans l'origine, ce terme n'avait rien de désobligeant ; mais dans la suite les Juifs y attachèrent une idée désavantageuse, à cause de l'idolâtrie et des vices dont toutes les nations étaient infectées. Lorsqu'ils furent convertis à l'Evangile, ils continuèrent à nommer *gentes*, nations, les peuples qui n'étaient encore ni juifs, ni chrétiens. Saint Paul est appelé l'apôtre des *gentils* ou des nations, parce qu'il s'attacha principalement à instruire et à convertir les païens. Plusieurs Juifs, entêtés des privilèges de leur nation, des promesses que Dieu lui avait faites, de la loi qu'il lui avait donnée, furent révoltés de ce que les *gentils* étaient admis à la foi, sans être assujettis aux cérémonies du judaïsme. Il fallut un décret des apôtres assemblés à Jérusalem, pour décider qu'il suffisait de croire en Jésus-Christ pour être sauvé, *Act.*, chap. xv, vers. 5 et suiv. Mais, malgré cette décision, plusieurs persévérèrent dans leur sentiment, et furent nommés Juifs ébionites : c'est contre eux principalement que saint Paul écrivit son Epître aux Galates.

Les prophètes qui avaient annoncé la conversion et le salut futur des *gentils*, n'avaient donné à entendre, en aucune manière, qu'ils seraient assujettis au judaïsme ; au contraire, ils avaient prédit qu'à la venue du Messie il y aurait une nouvelle alliance, *Jerem.*, chap. xxxi ; une nouvelle loi, *Isaï.*, chap. xlii, vers. 4 ; un nouveau sacerdoce, chap. lxvi, vers. 21 ; de nouveaux sacrifices, *Malach.*, chap. 1, vers. 10 ; que ceux du temple de Jérusalem cesseraient absolument, *Dan*., chap. ix, vers. 27, etc. C'était donc de la part des Juifs un entêtement très-mal fondé, de prétendre que la loi de Moïse avait été donnée pour tous les peuples et pour toujours, qu'il ne pouvait y avoir de salut pour les *gentils*, sans l'observation des cérémonies légales. Les Juifs d'aujourd'hui qui persèvèrent dans ce préjugé, sont encore plus inexcusables que leurs pères : dix-sept siècles, pendant lesquels Dieu a rendu leur loi impraticable, devraient enfin les détromper.

Quand on connaît l'antipathie qui régnait entre les Juifs et les *gentils*, on comprend combien il a été difficile de les accoutumer à fraterniser ensemble : c'est cependant le prodige que le christianisme a opéré.

Les censeurs anciens et modernes du judaïsme ont beaucoup insisté sur le caractère insociable des Juifs, sur le mépris et l'aversion qu'ils avaient pour les étrangers : ils ont conclu que ce travers venait des principes mêmes de la religion juive. C'est un faux préjugé qu'il est aisé de dissiper. — 1° L'aversion des Juifs pour les païens n'éclata qu'après la dévastation de la Judée par les rois d'Assyrie, après la persécution que les Juifs essuyèrent de la part des Antiochus, à cause de leur religion. Il est naturel de regarder de mauvais œil des ennemis qui nous ont fait beaucoup de mal. La haine augmenta par les avanies et les vexations que les Juifs éprouvèrent de la part des gouverneurs et des soldats romains. Tacite convient que c'est ce qui excita les Juifs à la révolte ; mais il n'en avait pas été de même autrefois. Les Israélites laissèrent subsister dans la Palestine un très-grand nombre de Chananéens ; David, malgré ses victoires, ne leur déclara point la guerre ; Salomon se contenta de leur imposer un tribut, *II Reg.*, ix, 21. Sous son règne, on comptait dans la Judée plus de cent cinquante mille étrangers prosélytes, *II Paralip.*, ii, 17. Alors cependant les Juifs y étaient les maîtres ; ils étaient dans un commerce habituel avec les Tyriens, les Egyptiens, les Iduméens, etc. — 2° Moïse leur avait ordonné de traiter les étrangers avec beaucoup d'humanité, parce qu'eux-mêmes avaient été étrangers en Egypte, *Exod.*, chap. xxii, vers. 21 ; *Lévit.*, chap. xix, vers. 33 ; *Deut.*, chap. x, vers. 19, etc. Les prophètes leur répètent la même leçon, *Jerem.*, chap. vii, vers. 6, etc. David félicite Jérusalem de ce que les Chaldéens, les Tyriens, les Ethiopiens, s'y sont rassemblés, et ont appris à connaître le Seigneur, *Ps.* lxxxvi. Salomon prie Dieu d'exaucer les vœux des étrangers qui viendront le prier dans son temple, *III Reg.*, chap. viii, vers. 41, etc. Il n'est donc pas vrai que les Juifs aient puisé dans leur religion et dans leurs lois l'aversion qu'ils avaient pour les *gentils*. Ils haïssaient encore davantage les Samaritains, quoique ces derniers fissent, jusqu'à un certain point, profession du judaïsme.

D'autres raisonneurs, très-mal instruits, se sont persuadés que, selon les principes du judaïsme et du christianisme, Dieu, occupé des seuls Juifs, abandonnait absolument les païens ou les *gentils*, ne leur accordait aucune grâce, les laissait dans l'impossibilité de faire leur salut. C'est une erreur que nous réfuterons au mot INFIDÈLE.

GENTIL-DONNES, dames nobles, religieuses de l'ordre de Saint-Benoît. Elles ont à Venise trois maisons composées de filles des sénateurs et des premières familles de la république. Le premier de ces couvents fut fondé par les doges de Venise, Ange et Justinien Partiapace, en 819.

GÉNUFLEXION, action de fléchir les genoux : c'est une manière de s'humilier ou de s'abaisser en présence de quelqu'un pour l'honorer. De tout temps ce signe d'humilité a été d'usage dans la prière. A la consécration du temple de Jérusalem, Salomon fit sa prière à deux genoux et les mains étendues vers le ciel, *III Reg.*, chap. viii, vers. 54. Dans une cérémonie semblable, Ezéchias et les lévites se mirent à genoux pour louer et adorer Dieu, *II Paralip.*, chap. xxix, v. 30. Un officier d'Achab se mit à genoux devant le prophète Elie, *IV Reg.*, chap. i, vers. 13. Jésus-Christ fit sa prière à genoux dans le jardin des Olives, *Luc.*, chap. xxii, vers. 41. Saint Paul dit qu'il fléchit les genoux devant le Père de Notre-Seigneur Jésus-Christ, *Ephes.*, chap. iii, vers. 14, etc. Il n'est donc pas étonnant que cette manière de prier ait été en usage dans l'Eglise chrétienne dès l'origine.

Saint Irénée, Tertullien, et d'autres Pères nous apprennent que le dimanche, et depuis Pâques jusqu'à la Pentecôte, on s'abstenait de fléchir les genoux ; on priait debout en mémoire de la résurrection de Jésus-Christ ; quelques auteurs prétendent que cela fut ainsi ordonné par le concile de Nicée. Mais, pendant le reste de l'année, il est certain que le peuple et le clergé se mettaient à genoux pendant une partie du service divin. C'est donc mal à propos que les Ethiopiens ou Abyssins évitent de fléchir les genoux pendant la liturgie, et prétendent conserver en cela l'ancien usage. Les Russes regardent comme une indécence de prier Dieu à genoux, et les Juifs font toutes leurs prières debout. Au viii° siècle, il y eut une secte d'agonyclites qui soutenaient que c'était une superstition de se mettre à genoux pour prier. Ils se trompaient évidemment, puisque le contraire est prouvé par l'Ecriture sainte. La *génuflexion* n'est pas essentielle à la prière ; mais il ne faut ni la blâmer, ni affecter une posture différente, pour contredire l'usage de l'Eglise.

Baronius remarque que les saints avaient porté si loin l'usage de la *génuflexion*, que quelques-uns avaient usé le plancher à l'endroit où ils se mettaient. Saint Jérôme et Eusèbe disent de saint Jacques le mineur, évêque de Jérusalem, que ses genoux s'étaient endurcis comme ceux d'un chameau.

En général, les signes extérieurs sont indifférents par eux-mêmes : c'est l'opinion coutume et l'usage qui en déterminent la signification. De ce que nous employons, pour honorer les créatures, les mêmes signes que pour honorer Dieu, il ne s'ensuit pas que nous leur rendions le même culte qu'à Dieu ; l'officier d'Achab, qui se mit à genoux devant le prophète Elie, n'avait certainement pas intention de lui rendre un culte divin. Nous fléchissons le genou devant les images des saints ; un religieux reçoit à genoux les réprimandes de son supérieur ; on sert à genoux les rois d'Espagne et d'Angleterre ; chez les Anglais, les enfants demandent à genoux la bénédiction de leurs père et mère : il est évident que ces marques de respect changent de signification selon les circonstances. Il ne faut pas imiter l'entêtement des quakers, qui se feraient scrupule d'ôter leur chapeau pour saluer quelqu'un. Les protestants ne sont pas moins ridicules, lorsqu'ils nous accusent d'idolâtrie parce que nous nous mettons à genoux devant une image.

GÉOGRAPHIE SACRÉE. Dans l'article GENÈSE, nous avons observé que l'une des preuves de l'authenticité et de la vérité de l'histoire sainte, écrite par Moïse, ce sont les détails géographiques dans lesquels il est entré et l'attention qu'il a eue d'y placer la scène des événements qu'il raconte : précaution sage que n'ont pas prise les auteurs de différentes nations qui ont entrepris de donner les origines du monde. Dans le *Chou-King* des Chinois, dans les *Védams* ou *Bédangs* des Indiens, dans les livres de Zoroastre, on a voulu remonter jusqu'à la création ; mais on ne dit point en quels lieux de la Chine, des Indes ou de la Perse, ont vécu les personnages dont il y est parlé, ni où sont arrivés les faits qui y sont rapportés. Preuve assez certaine que les auteurs de ces livres écrivaient au hasard et de pure imagination ; il en est de même des fables de la mythologie grecque.

Moïse, mieux instruit et qui n'inventait rien, a placé dans l'Asie le berceau du genre humain, non aux extrémités orientales de l'Asie, comme ont fait de nos jours quelques philosophes systématiques, mais dans la Mésopotamie, sur les bords du Tigre et de l'Euphrate. Cependant Moïse était né en Egypte, fort loin de la Mésopotamie ; mais il n'a rien donné au goût ni au préjugé national ; il a suivi fidèlement la tradition de ses ancêtres, témoins bien informés et non suspects. Il place encore au même lieu la naissance et la propagation de la race humaine après le déluge, et c'est de là qu'il fait partir les descendants de Noé pour aller peupler les différentes contrées de la terre. Sur ce point, qui intéresse toutes les nations, le témoignage de Moïse est confirmé par les monuments de l'histoire profane. A notre égard, tout est venu de l'Orient : lettres, arts, sciences, lois, commerce, civilisation, fruits de la terre les plus exquis, etc. Nos ancêtres, Gaulois ou Celtes, encore barbares, furent policés par les Romains ; ceux-ci l'avaient été par les Grecs ; les Grecs, suivant leurs propres traditions, avaient reçu des Egyptiens et des Phéniciens leurs premières connaissances, et les Phéniciens touchaient aux contrées dans lesquelles Moïse place les premières habitations et les premières sociétés politiques. Lorsque les sciences et les arts ont été étouffés parmi nous, sous la barbarie des conquérants du Nord, il a fallu encore retourner en Orient, par les Croisades, pour retrouver une partie de ce que nous avions perdu.

Mais Moïse ne s'est pas borné à faire partir des plaines de Sennaar les différentes peuplades ; il les suit encore dans leurs migrations et dans leurs diverses branches. Il distingue, par leurs noms, celles qui se sont répandues au Midi, dans la Syrie, la Palestine, l'Egypte, et sur les côtes de l'Afrique; celles qui se sont avancées à l'Orient, vers l'Arabie, la Perse et les Indes ; celles qui ont tourné au Nord, entre la mer Caspienne et la mer Noire, pour aller braver les neiges et les frimas de la zône glaciale ; celles enfin qui, de proche en proche, ont occupé l'Asie Mineure, la Grèce et les îles de la Méditerranée, pour venir bientôt s'établir sur les bords de l'Océan. Malgré l'envie qu'ont eue plusieurs critiques de découvrir des erreurs dans ses détails, on n'a pas pu encore le trouver en défaut ; et ceux qui ont affecté de s'écarter des plans qu'il a tracés, n'ont enfanté que des visions et des fables.

Enfin, Moïse n'est pas moins exact à montrer l'origine et la situation des divers descendants d'Abraham, de Loth, d'Ismaël et d'Esaü ; à placer les Iduméens, les Madianites, les Ammonites, les Moabites, les étrangers même, tels que les Philistins et les Amalécites, chacun sur le sol qu'ils ont occupé. Dans le testament de Jacob, il donne une topographie de la Palestine, en assignant à chacun des enfants de ce patriarche la portion que sa tribu devait y posséder. Après avoir marqué la route et les stations des Hébreux sortant de l'Egypte, il trace leurs marches et leurs divers campements dans le désert ; il les fait arriver à la vue de la Palestine et du Jourdain ; et, avant de mourir, il place déjà deux tribus sur la rive orientale de ce fleuve. Il n'était pas possible de pousser l'exactitude plus loin. Aussi plusieurs savants se sont appliqués à éclaircir la *géographie* de l'Ecriture sainte, afin de répandre par là un nouveau jour sur l'histoire. Les recherches de Bochart sur cette partie seraient plus satisfaisantes s'il s'était moins livré aux conjectures et au désir d'expliquer, par l'histoire sainte, les fables de la mythologie grecque. Mais tous ceux qui ont travaillé sur le même sujet, dans la suite, n'ont pas laissé de profiter beaucoup de ses lumières ; il avertit lui-même que les révolutions terribles arrivées dans l'Orient, les migrations des peuples, le changement des langues et des noms, ont jeté de l'obscurité sur une infinité de choses. Cependant, à force de comparer ensemble les géographes et les voyageurs des différents âges, on est parvenu à dissiper une grande partie des ténèbres que le laps des temps y avait répandues.

Il y a dans la *Bible d'Avignon* plusieurs dissertations sur des points de *géographie sacrée*, sur la situation du paradis terrestre, sur le partage de la terre aux enfants de Noé, sur le passage de la mer Rouge, sur les marches et les campements des Israélites dans le désert, etc. On y indique aussi une *géographie sacrée et historique*, par M. Robert, 2 vol. *in*-12, Paris, 1747.

*GÉOLOGIE. Au mot COSMOGONIE nous avons démontré que les découvertes des sciences modernes sur la géologie, qui avaient d'abord paru effrayer les théologiens et favoriser l'impiété, ont fini par déposer en faveur de la cosmogonie mosaïque. Il y a analogie complète entre la narration mosaïque et les découvertes de la science. « Ici, dit M. Bouhée, se présente une considération dont il serait difficile de ne pas être frappé. Puisqu'un livre écrit à une époque où les sciences naturelles étaient si peu éclairées, renferme cependant, en quelques lignes, le sommaire des conséquences les plus remarquables auxquelles il ne pouvait être possible d'arriver qu'après les immenses progrès amenés par le XVIIIe et le XIXe siècle ; puisque ces conclusions se trouvent en rapport avec des faits qui n'étaient ni connus ni même soupçonnés à cette époque ; qui ne l'avaient jamais été jusqu'à nos jours, et que les philosophes de tous les temps ont toujours considérés contradictoirement et sous des points de vue toujours erronés ; puisqu'enfin ce livre, si supérieur à son siècle sous le rapport de la science, lui est également supérieur sous le rapport de la morale et de la philosophie naturelle, on est obligé d'admettre qu'il y a dans ce livre *quelque chose de supérieur à l'homme*, et quelque chose qu'il ne voit pas, qu'il ne conçoit pas, mais qui le presse irrésistiblement !!! »

GEORGE D'ALGA (SAINT-). Ordre de chanoines réguliers fondé à Venise par Barthélemi Colonna, l'an 1396, et approuvé par le pape Boniface IX, en 1404. Ces chanoines portent une soutane blanche et une chape bleue par-dessus, avec un capuchon sur les épaules. En 1570, Pie V les obligea de faire la profession religieuse et leur accorda la préséance sur les autres religieux.

GERBE. L'offrande de la *gerbe*, ou des prémices de la moisson, chez les Hébreux, était une cérémonie annuelle que Dieu leur avait ordonnée. *Levit.*, chap. XXIII, vers. 10. Il leur était défendu de manger du grain nouveau avant d'en avoir offert les prémices au Seigneur. Cette offrande devait se faire le second jour de la huitaine de Pâques, par conséquent le quinzième du mois de nisan, ou de la lune de mars. A cette époque l'orge était déjà mûre et prête à couper dans la Palestine. Cette offrande était destinée à faire souvenir les Israélites que la fertilité de la terre et les fruits qu'elle nous prodigue, sont un don de Dieu, qu'il faut en user avec reconnaissance et modération et en faire part aux pauvres. Elle leur rappelait encore un miracle que Dieu avait fait en Egypte en leur faveur et à la même époque, lorsque la moisson d'orge des Egyptiens fut saccagée par la grêle et que la leur fut préservée. *Exod.*, chap. IX, vers. 31. Dans la suite, les Juifs ajoutèrent de leur chef, à cette cérémonie, plusieurs circonstances puériles et superstitieuses, comme de couper la *gerbe* dans trois champs différents, avec trois faucilles, de mettre les épis dans trois cassettes pour les apporter au temple, etc. Il fallait que cette *gerbe* produisît un *gomor* ou environ trois pintes de grain après l'avoir vanné, rôti et concassé ; l'on répandait par-dessus un demi-setier d'huile et une poignée d'encens, et c'est ainsi que le prêtre l'offrait au Seigneur.

A s'en tenir à la lettre du texte, rien de tout cela n'était commandé ; et il paraît que, dans l'origine, la cérémonie était beaucoup plus simple. Il paraît aussi que l'hébreu *gomer* ou *gomor*, au pluriel *gamarin*, signifie plutôt une javelle qu'une gerbe ; c'est ce qu'un homme peut tenir dans ses deux mains, et c'est ainsi que le prêtre prenait la javelle et l'offrait au Seigneur. Par la même raison, un *gomor* de grain était ce qu'un homme pouvait en tenir dans ses deux mains jointes. *Gomor* paraît être formé de la particule copulative *go*, et de *mar*, la main ; c'est le grec μαρη. Voy. le *Dictionnaire étymolog.* de M. de Gébelin. Aussi est-il rendu en grec par δραγμα, et en latin par *manipulus*, une poignée. Mais, dans les derniers siècles, les Juifs, par leur prétendue loi orale et leurs traditions rabbiniques, avaient défiguré toute leur religion.

GERSON, théologien célèbre dans son siècle, chanoine et chancelier de la ville de Paris, mort l'an 1429, était né dans le village de Gerson en Champagne, diocèse de Reims ; son vrai nom était Jean Charlier. Il soutint, avec beaucoup de zèle, la doctrine de l'Eglise gallicane au concile de Constance (1) ; et dans le dessein de dissiper l'ignorance, il ne dédaigna pas de prendre le soin des petites écoles et d'y enseigner les enfants. En 1706 Dupin a fait imprimer en Hollande les ouvrages de *Gerson*, en 5 vol. *in-fol.* Les uns sont dogmatiques, les autres concernent la discipline, plusieurs traitent de morale et de piété.

GILBERT DE LA PORRÉE. Voy. PORRÉTAINS.

GILBERTINS, ordre de religieux anglais, ainsi nommés de leur fondateur Gilbert de Sempringland, ou Sempringham, dans la province de Lincoln, qui établit cet institut l'an 1148 pour l'un et l'autre sexe. On y recevait non-seulement des célibataires, mais encore ceux qui avaient été mariés ; les hommes suivaient la règle de saint Augustin, c'étaient des espèces de chanoines. Les femmes observaient celle de saint Benoît. Le fondateur ne bâtit qu'un monastère double, ou plutôt deux monastères contigus, l'un pour les hommes, l'autre pour les femmes, mais séparés par de hautes murailles. Il s'en éleva plusieurs de semblables dans la

(1) Il faut observer que Gerson écrivait dans un temps où l'Eglise était tourmentée par un schisme. Ses idées prirent beaucoup dans les circonstances où il vivait. Nous avons cependant cité, dans l'art. DÉCLARATION *du clergé de France*, un passage de Gerson qui favorise l'autorité des papes

suite, où l'on compta jusqu'à sept cents religieux et autant de religieuses. Cet ordre fut aboli, avec tous les autres, sous le règne d'Henri VIII.

GILGUL, ou plutôt GHILCUL, terme d'hébreu moderne qui se trouve dans les livres des rabbins : il signifie *roulement, circulation*. Suivant Léon de Modène, c'est ainsi que la métempsycose ou la transmigration des âmes est nommée par quelques juifs qui ont adopté le système de Pythagore. Par un abus énorme, ils prétendent fonder cette opinion sur quelques passages de l'Ecriture sainte : c'est une des folles visions dont leurs livres sont remplis.

GIROVAGUES. *Voy.* MOINES.

GLADIATEUR, homme qui fait profession de combattre en public, à coups d'épée ou de sabre, pour amuser les spectateurs. L'Eglise chrétienne, qui a toujours eu en horreur l'effusion du sang, n'admettait point au baptême les *gladiateurs*, à moins qu'ils ne renonçassent à leur profession ; et s'ils y retournaient après avoir été baptisés, elle les excommuniait et les regardait comme des apostats. *Voyez* Bingham, *Orig. ecclés.*, liv. XI, chap. 5, § 7; et liv. XVI, chap. 4, § 10. Indépendamment du crime attaché au meurtre volontaire, les combats de *gladiateurs* faisaient partie des jeux et des spectacles que l'on donnait à l'honneur des dieux du paganisme ; c'était donc, tout à la fois, un acte de cruauté et une profession d'idolâtrie. Rien ne prouve mieux à quel excès de dépravation étaient portées les mœurs des Romains, que le goût effréné de ce peuple pour les combats de *gladiateurs*. Saint Cyprien a peint cette espèce de frénésie avec toute l'énergie possible, *Epist.* 1 ad *Donat*. « On prépare, dit-il, un jeu de *gladiateurs*, afin de récréer, par un spectacle sanglant, des yeux accoutumés au carnage. On engraisse un corps déjà robuste, en lui prodiguant d'excellents aliments ; on veut qu'il ait de l'embonpoint, afin que sa mort coûte plus cher. Un homme est tué pour le plaisir de son semblable ! C'est un art, un talent, une adresse, de savoir tuer ; on ne commet pas seulement ce crime, mais on l'enseigne. Qu'y a-t-il de plus horrible qu'un homme se fasse gloire d'ôter la vie à un autre ? Que pensez-vous, je vous prie, en voyant des insensés se livrer aux bêtes sans y avoir été condamnés, mais à la fleur de l'âge, pleins de santé, sous un habit magnifique ? On pare ces victimes pour une mort volontaire, et les malheureux en tirent vanité. Ils combattent contre les bêtes, non comme criminels, mais par fureur. Les pères contemplent ainsi leurs enfants, une sœur regarde son frère ; et afin que le spectacle soit plus pompeux, une mère... quelle horreur ! une mère contribue à la dépense pour se préparer des larmes ! »

Les Romains ne se bornèrent pas à entretenir chez eux cette frénésie, ils la communiquèrent aux Grecs, malgré les réclamations de quelques philosophes ; mais ils en portèrent la peine. Plusieurs auteurs ont remarqué que les divertissements barbares de l'amphithéâtre avaient accoutumé les empereurs à répandre le sang : ils exercèrent, contre leurs propres sujets, la cruauté à laquelle on les avait habitués d'avance. Tite-Live et Ammien-Marcellin disent que l'on craignait de voir Drusus et le césar Gallus sur le trône, parce qu'ils montraient du goût pour les spectacles sanglants. Sénèque a déclamé plus d'une fois contre ce désordre ; mais, avec toute son éloquence, il n'a pas fait fermer les théâtres ; Jésus-Christ, avec deux mots, les a fait démolir. Par l'institution du baptême, il a rendu sacrée la vie de l'homme ; et, quand il n'aurait rendu au genre humain que ce seul service, il mériterait déjà d'en être appelé le *Sauveur*.

GLAIVE. Jésus-Christ a dit à ses disciples : *Je ne suis pas venu apporter sur la terre la paix, mais le* GLAIVE, *séparer le fils d'avec son père, la fille d'avec sa mère, etc.; les ennemis de l'homme seront dans sa maison. Je suis venu apporter un feu sur la terre ; que veux-je, sinon qu'il s'allume?* (*Matth.* X, 34; *Luc.* XII, 49 et 51.) De là les ennemis du christianisme ont conclu que Jésus-Christ est donc venu pour allumer entre les hommes le feu des disputes, de la haine, de la guerre. Aussi Luther et quelques autres fanatiques ont soutenu que l'Evangile doit être prêché l'épée à la main, et qu'il faut exterminer tous ceux qui font résistance.

Nous convenons que, quand un fils embrasse la vraie religion, pendant que son père veut persévérer dans une religion fausse, il est difficile que cette diversité de croyance ne cause une espèce de guerre domestique. Mais à qui faut-il en attribuer la faute ? Les amis de la vérité sont-ils responsables du crime que commettent les partisans de l'erreur ? Il suffit de lire l'Evangile, pour voir que rien n'est plus opposé à la violence. Jésus-Christ dit à ses disciples : *Je vous envoie comme des brebis au milieu des loups ; vous serez haïs, persécutés, mis à mort à cause de moi ; par la patience, vous posséderez vos âmes en paix. Je vous dis de ne point résister au mal que l'on vous fera ; si quelqu'un vous frappe sur une joue, tendez-lui l'autre ; quand on vous persécutera dans une ville, fuyez dans une autre ; ceux qui frappent à coups d'épée périront par l'épée*. Il réprimanda ses disciples, qui voulaient faire tomber le feu du ciel sur les Samaritains, etc. Pouvait-il prêcher plus hautement la douceur et la patience ? Les incrédules ont encore trouvé à redire à ces leçons : par là, suivant eux, Jésus-Christ a interdit la juste défense. Ce sont deux reproches contradictoires. Le Sauveur a prédit non ce qu'il avait dessein de faire, mais ce qui ne pouvait manquer d'arriver, et ce qui est arrivé en effet. Ce n'est point sa doctrine qui divise les hommes, puisqu'elle ne leur prêche que la paix ; ce sont leurs passions, l'orgueil, la jalousie, l'esprit d'indépendance, l'attachement à des erreurs qui flattent, l'aversion pour des vérités qui gênent et qui humilient. Avant que l'Evangile fût prêché, ils étaient encore moins disposés à s'aimer qu'après. Déjà la religion des Indiens avait établi entre les différentes castes une haine irréconciliable; Zoroastre avait fait couler des fleuves de sang pour établir sa doctrine; les Perses avaient insulté aux objets de la vénération des Egyptiens et avaient brûlé les temples des Grecs; ceux-ci, à leur tour, poursuivirent les mages à feu et à sang; Mahomet, dans la suite, a prêché avec l'Alcoran dans une main et l'épée dans l'autre: le christianisme n'a rien fait de semblable.

Donc, répliquent les incrédules, Jésus-Christ ne devait pas publier sa doctrine, puisqu'il prévoyait le bruit qu'elle allait causer dans le monde. Suivant ce principe, lorsqu'une fois les hommes sont plongés dans l'erreur et dans le vice, il faut les y laisser; il n'est plus permis de leur prêcher la vérité ni la vertu, de peur que cela ne les divise, et n'excite entr'eux de la haine et des disputes. Mais les incrédules observent mal leur propre morale. L'athéisme et l'irréligion qu'ils prêchent ne peuvent manquer de mettre aux prises ceux qui ont une religion avec ceux qui ne veulent point en avoir. Leur ton et leur style ne sont ni aussi doux ni aussi charitables que ceux des apôtres, et nous ne voyons pas qu'ils soient fort disposés à se laisser persécuter, tourmenter et mettre à mort. Est-il plus louable de diviser les hommes par l'erreur que par la vérité? Une preuve que les maximes de Jésus-Christ n'autorisent personne à user de violence, sous prétexte de religion, c'est que jamais ses apôtres ni ses disciples ne l'ont employée à l'égard de personne; ils ont donné les mêmes leçons et les mêmes exemples de patience que leur maître; les ennemis du christianisme, soit anciens, soit modernes, sont dans l'impossibilité de citer un seul fait, une seule circonstance dans laquelle les premiers prédicateurs de l'Evangile aient contredit, par leur conduite, les maximes de paix, de charité, de patience, qu'ils enseignaient aux autres.

S'il y a dans l'Evangile, disent nos adversaires, beaucoup de maximes qui recommandent la douceur et la patience aux ministres de la religion, il y en a aussi un assez grand nombre desquelles on a toujours conclu la nécessité de l'intolérance et de la persécution. Jésus-Christ réprouve ceux qui ne veulent pas écouter et suivre sa doctrine; il exige pour elle une préférence exclusive, il dit: *Celui qui n'est pas pour moi est contre moi* (Matth. xii, 30). *Si quelqu'un vient à moi, et ne hait pas son père, sa mère, son épouse, ses enfants, ses frères et ses sœurs, et même sa propre vie, il ne peut être mon disciple* (Luc, xiv, 26). Ces dernières maximes ont toujours fait beaucoup plus d'impression sur les esprits que les préceptes de charité; elles ont été les seules suivies dans la pratique: de là les guerres de religion, les croisades contre les infidèles et contre les hérétiques, les ordres militaires institués pour convertir les païens l'épée à la main. En général, le prosélytisme, commandé par la religion chrétienne, est incompatible avec la tolérance.

Nous ne devons laisser sans réponse aucun de ces reproches. 1° *Réprouver* les incrédules pour la vie à venir, ce n'est pas déclarer qu'il faut leur faire la guerre en ce monde. Jésus-Christ dit qu'il méconnaîtra et reniera devant son Père ceux qui l'auront méconnu et renié devant les hommes, *Matth.*, chap. x, vers. 33. Mais loin de témoigner contre eux aucun sentiment de haine ou de vengeance, il a demandé pour eux grâce et miséricorde en mourant sur la croix. Nos adversaires soutiendront-ils que l'incrédulité volontaire, la haine et la fureur contre ceux qui annoncent la vérité de la part de Dieu, ne soient pas des crimes damnables? — 2° Jésus-Christ exige que l'on préfère à toutes choses la vérité une fois connue; a-t-il tort? Y résister par opiniâtreté, comme faisaient les Juifs, c'est se révolter contre Dieu; un de leurs docteurs les en fit convenir, *Act.*, chap. v, ver. 39. Les incrédules eux-mêmes répètent sans cesse que la vérité ne peut jamais nuire, que l'erreur ne peut jamais être utile aux hommes; ils se croient en droit de braver les lois et l'autorité publique, pour prêcher ce qu'ils appellent *la vérité*: ils pensent donc, comme Jésus-Christ, que l'amour de la vérité doit l'emporter sur toute considération humaine, et sur tous les inconvénients qui peuvent en résulter. — 3° Ils adoptent eux-mêmes la maxime du Sauveur, *Quiconque n'est pas pour moi est contre moi*, puisqu'ils peignent tous ceux qui ne sont pas de leur avis, ou comme des âmes viles qui n'ont pas le courage de secouer le joug des préjugés, ou comme des hommes exécrables qui prêchent l'erreur et la maintiennent pour leur intérêt. Ils sont donc persuadés que, quand il est question de vérités qui doivent décider de notre sort pour ce monde et pour l'autre, ce n'est pas le cas d'affecter l'indifférence, et de vouloir garder une espèce de neutralité. Si la maxime qu'ils veulent rendre odieuse est par elle-même un signal de guerre, de dissension, d'inimitié entre les hommes, ils sont plus responsables que personne de tous les maux qui peuvent en arriver. — 4° *Haïr son père, sa mère*, etc., ne signifie sans doute rien de plus que *haïr sa propre vie*. Jésus-Christ veut qu'un homme ait le courage de sacrifier sa vie, s'il le faut, plutôt que d'abjurer sa religion, de la vérité et de la divinité de laquelle il est intimement persuadé; de la prêcher aux dépens de sa propre vie, lorsque Dieu le lui commande et lui donne mission pour le faire. A plus forte raison doit-il abandonner ses proches et sa famille, lorsque Dieu l'envoie prêcher ailleurs, ou lorsque ses proches se réunissent pour l'en détourner ou pour le faire apostasier. Aucun incrédule ne peut blâmer cette maxime ni cette conduite, sans se condamner lui-même. Où est le professeur d'incrédulité qui n'applaudisse à ceux de ses disciples qui ont l'audace de braver le ressentiment de leurs parents et la haine du public, pour embras-

ser et prêcher l'athéisme? Ils ont érigé en martyrs de la vérité tous les impies anciens et modernes, qui ont été punis du dernier supplice; ils ont nommé bourreaux, tigres, anthropophages, etc., les magistrats qui les ont jugés et condamnés. Ils ont ainsi mis le sceau de leur approbation à la maxime de l'Evangile contre laquelle ils déclament.—
5° Si le prosélytisme est incompatible avec la tolérance, il faut que les incrédules soient les plus intolérants de tous les hommes. Qui a pu leur dicter la multitude énorme de livres dont ils ont inondé l'Europe entière, sinon la fureur du prosélytisme? Mais il y a une différence entre leur zèle et celui qu'inspire la religion. Faire des prosélytes par des leçons et des exemples de toutes les vertus, par la sincérité et la force des preuves, par une patience invincible dans les persécutions, par le seul motif d'éclairer et de sanctifier les hommes: voilà ce que le christianisme commande, et ce qu'il a exécuté. Séduire des disciples par des sophismes, par le mensonge, la calomnie, les invectives, par des leçons de libertinage et d'indépendance, dans le dessein formel de rendre les hommes encore plus vicieux et plus méchants qu'ils ne sont: voilà ce que veut et ce qu'opère l'incrédulité.

Quand donc il serait vrai que l'Evangile renferme des maximes dont on peut abuser, les incrédules ne pourraient encore les attaquer sans se couvrir de ridicule et d'opprobre. Mais leur exemple démontre que, quand on veut abuser des maximes les plus sages et les plus sensées, ce n'est pas dans l'Evangile que l'on cherche les motifs de cet abus: est-ce dans ce livre divin que nos adversaires ont puisé leur prosélytisme, leur intolérance, leurs sophismes et leur fureur?

A l'article GUERRES DE RELIGION, nous ferons voir que l'Evangile n'en a suggéré ni l'idée ni le motif, qu'elles ont été l'ouvrage de la nécessité dans laquelle on se trouvait de repousser la force par la force, et d'opposer une juste défense à des attaques injustes et cruelles. Jésus-Christ a commandé aux ministres de l'Evangile de souffrir patiemment les persécutions; mais il n'a ordonné à aucune nation de se laisser subjuguer ou exterminer par les infidèles; s'il l'avait fait on aurait raison de l'accuser d'avoir interdit la juste défense. Aucune croisade n'a eu pour objet d'étendre le christianisme et de convertir un peuple, mais de repousser les attaques des mahométans, des païens, ou des hérétiques armés, et de les mettre hors d'état de troubler le repos de l'Europe. Si des missionnaires ont quelquefois marché à la suite des guerriers, ils n'avaient pas dessein, pour cela, de convertir les peuples par la force, mais de profiter d'un moment de sécurité pour instruire et pour persuader. On ne prouvera jamais qu'aucun d'entre eux ait entrepris d'employer la terreur pour extorquer des conversions. Les ordres militaires n'ont pris naissance qu'à la suite des croisades, et ils avaient le même objet; plusieurs, dans leur origine, étaient hospitaliers, et ne sont devenus militaires que par nécessité, tels que l'ordre de Malte et celui des Templiers. Fabricius, auteur protestant et non suspect dans cette matière, convient que ceux qui subsistent aujourd'hui ont été institués pour honorer le mérite militaire, et non pour propager le christianisme. *Salut. lux Evangelii*, etc., chap. XXXI, pag. 549.

Mais enfin, disent nos adversaires, il ne tenait qu'à Dieu de rendre les hommes plus dociles et plus paisibles, de donner à la vérité des preuves plus fortes, à la religion des attraits plus puissants, à la mission de son Fils des caractères plus invincibles; le mal qui est arrivé n'aurait pas eu lieu.

Dieu a tort, sans doute, parce que plus les hommes sont vicieux, méchants, opiniâtres, obstinés malicieusement à s'aveugler, plus Dieu est obligé de multiplier les lumières, les grâces, les preuves pour les changer, malgré qu'ils en aient. Il n'est pas possible de blasphémer d'une manière plus absurde. Mais s'il y a eu des incrédules dans tous les siècles, il y a eu aussi des croyants, et même en plus grand nombre; ils ont donc eu des motifs et des preuves suffisantes pour persuader les esprits droits, sincères et dociles. Si ces motifs n'ont pas suffi pour vaincre l'obstination des insensés et des hommes vicieux, c'est la faute de ces derniers, et non celle de Dieu ou de la religion.

GLOIRE. Ce terme se dit à l'égard de Dieu et à l'égard des hommes; mais, dans ces deux cas, il ne signifie pas précisément la même chose. La *gloire*, dit Cicéron, est l'estime des gens de bien, et le témoignage qu'ils rendent à un mérite éminent; la *gloire de Dieu* est quelque chose de plus. Souvent il est dit dans l'Ecriture que Dieu agit pour sa *gloire*, que l'homme doit glorifier Dieu: l'Etre suprême, souverainement heureux et parfait, peut-il agir afin d'être estimé et loué par les hommes? C'est une absurdité, disent les incrédules, de supposer que Dieu est un être orgueilleux et vain; qu'un être aussi vil que l'homme peut procurer à Dieu quelque espèce de contentement et de satisfaction; que Dieu exige de lui une prétendue *gloire* dont il n'a pas besoin, et de laquelle il ne pourrait être flatté sans témoigner de la faiblesse.

Deux mots d'explication suffisent pour dissiper un scandale uniquement fondé sur l'équivoque d'un terme. Il est de la nature d'un être intelligent et libre, tel que Dieu, d'agir par un motif et pour une fin quelconque; agir autrement est le propre des animaux privés de raison. Dieu ne peut avoir un motif ni une fin plus dignes de lui que d'exercer ses perfections, sa puissance, sa sagesse, et surtout sa bonté. C'est par ce motif qu'il a créé des êtres sensibles, intelligents et libres, capables d'affection, d'estime, de reconnaissance et de soumission; il a voulu, dit saint Augustin, avoir des êtres auxquels il pût faire du bien. Par le même motif, il a établi dans le monde un ordre physique et moral; et le bonheur des êtres sensibles consiste à être soumis à l'un et à l'autre. En faisant éclater ainsi sa puissance, sa sagesse, sa sainteté, sa bonté, nous disons que Dieu a procuré sa *gloire;* que quand les hommes reconnaissent et adorent ces perfections divines, ils rendent *gloire* à Dieu; et nous soutenons que dans ce langage il n'y a rien d'absurde, d'indécent, d'injurieux à la majesté divine. De même que la solide *gloire* de l'homme consiste à être agréable à Dieu et estimable aux yeux de ses semblables par la vertu, ainsi la *gloire* de Dieu consiste à agir toujours d'une manière convenable à ses divines perfections, et propre à les faire connaître. Ce n'est en Dieu ni besoin, ni vanité, ni faiblesse, puisque c'est au contraire la nécessité d'une nature souverainement parfaite. Or, nous soutenons encore qu'il est de la sagesse, de la sainteté et de la bonté divine que l'homme trouve son bonheur dans la vertu, et non dans le vice; dans sa soumission à l'ordre physique et moral établi de Dieu, et non dans sa résistance à cet ordre divin. Lorsque l'homme s'y soumet, il glorifie Dieu, puisqu'il rend hommage aux perfections divines. Il n'y a donc aucun inconvénient à dire que la *gloire* de Dieu consiste en ce que toutes les créatures lui soient soumises, et que la *gloire* des créatures raisonnables consiste à être parfaitement soumises à Dieu. Ce souverain Maître, infiniment heureux en lui-même, n'avait pas besoin de leur donner l'être, il pouvait les laisser dans le néant; mais dès qu'il les en a tirées, il n'a pas pu se dispenser de leur prescrire un ordre conforme à leur nature, et d'exiger qu'elles y fussent soumises. Lorsqu'elles le sont, tout est bien, tout est comme il doit être. Voilà ce qu'entend l'Ecriture sainte, lorsqu'elle dit que Dieu a tout fait *pour lui-même*, Prov., chap. XVI, vers. 4. Cela ne signifie point qu'il a tout fait pour son utilité, pour son bonheur ou pour son besoin; mais qu'il a tout fait de la manière dont l'exigeaient ses divines perfections, et de la manière la plus propre à les faire éclater aux yeux des hommes; et c'est encore là une partie de la *gloire* de Dieu, de ne point agir pour ses propres besoins, puisqu'il n'en a point, mais pour le besoin et l'utilité des créatures.

Lorsque nos adversaires nous reprochent de faire Dieu à notre image, de le supposer orgueilleux, avide de louanges et d'encens comme nous, ils tombent eux-mêmes dans ce défaut sans s'en apercevoir, puisqu'ils argumentent sur une comparaison qu'ils font entre Dieu et l'homme. Ils disent: Si l'homme recherche la *gloire*, c'est qu'il en a besoin, et qu'il est faible; donc, si Dieu agit pour sa propre *gloire*, c'est aussi par faiblesse et par besoin. Sophisme grossier. L'homme est faible et indigent, parce qu'il est borné; Dieu se suffit à lui-même, parce qu'il est souverainement heureux et parfait: c'est en vertu de cette perfection même qu'il agit pour sa propre *gloire*, parce qu'il ne peut pas se proposer une fin plus sublime.

Il ne sert à rien de dire que la *gloire* prétendue qui vient de l'homme est inutile à Dieu, qu'il ne peut donc pas en être touché, que c'est comme si des fourmis ou des insectes croyaient travailler pour la *gloire* d'un grand roi. Cette comparaison est absurde. Il était inutile à Dieu de créer l'homme, de le gouverner, de lui donner des lois, de lui proposer des peines et des récompenses; cependant il l'a fait; un roi ne peut rien faire de semblable à l'égard des insectes. Il n'a pas été indigne de Dieu de donner l'être à des créatures raisonnables; il ne se dégrade pas davantage en prenant soin d'elles, en s'intéressant à leurs actions: l'un ne lui coûte pas plus que l'autre; tout se fait par un seul acte de volonté. Les philosophes ont beau dégrader l'homme afin de le rendre indépendant, un sentiment intérieur plus fort que tous leurs sophismes le convaincra toujours qu'il est l'enfant de Dieu, que la grandeur de l'Être suprême ne consiste point dans l'orgueil philosophique et dans une indifférence absolue, mais dans le pouvoir et la volonté de faire du bien à toutes les créatures: or, c'est un bienfait de sa part de nous faire trouver le bonheur pour ce monde et pour l'autre, en travaillant pour sa *gloire*. Saint Paul dit aux fidèles, *I Cor.*, chap. x, vers. 31: *Soit que vous mangiez, soit que vous buviez, ou que vous fassiez quelqu'autre chose, faites tout pour la gloire de Dieu.* On demande, qu'importe à Dieu ce que nous mangeons et ce que nous buvons. Mais il faut faire attention que l'Apôtre venait de parler des viandes immolées aux idoles. Les païens voulaient que leurs viandes fussent consacrées à leurs faux dieux; ils les invoquaient, ils leur adressaient des actions de grâces au commencement et à la fin du repas, ils en plaçaient les images sur la table, ils leurs faisaient des libations, etc. Au lieu de toutes ces superstitions, saint Paul veut que les chrétiens n'adressent leurs louanges et leurs actions de grâces qu'au vrai Dieu, et qu'ils reconnaissent tenir de sa bonté tous les biens de ce monde. *I Tim.*, chap. IV, vers. 3.

GLOIRE ÉTERNELLE. C'est l'état des bienheureux dans le ciel. De même que la gloire de l'homme sur la terre, est d'être soumis à Dieu et de lui plaire, sa gloire dans le ciel sera de lui être éternellement agréable, et de trouver en lui le parfait bonheur. Il n'y a donc de vraie *gloire* pour ce monde ni pour l'autre que dans la vertu. Celle que nous recherchons ici-bas consiste dans l'estime de nos semblables: elle ne serait jamais fausse ni dangereuse, si les hommes étaient assez sages pour ne rien estimer que la vertu; mais il ne leur arrive que trop souvent d'honorer le vice, lorsque leur intérêt les y engage. C'est pour cela que Jésus-Christ nous ordonne de pratiquer la vertu, non pour plaire aux hommes, mais afin de plaire à Dieu.

On peut trouver, au premier aspect, de l'opposition entre les leçons qu'il nous fait à ce sujet. Il dit: *Faites briller votre lumière aux yeux des hommes, afin qu'ils voient vos bonnes œuvres, et qu'ils glorifient votre Père qui est dans le ciel (Matth., v, 16). Ensuite : Gardez-vous de faire vos bonnes œuvres devant les hommes, afin qu'ils vous voient ; autrement vous n'aurez point de récompense à espérer de votre Père qui est dans le ciel. Faites vos aumônes, vos prières, vos jeûnes en secret, de manière que Dieu seul en soit témoin*, etc. (*Cap.* vi, 1, *seq.*). L'opposition n'est qu'apparente. Jésus-Christ ne veut pas que le motif de nos bonnes œuvres soit le désir d'être vus des hommes, d'en être loués et estimés ; ce serait une hypocrisie et une affectation ; mais il veut que nous en fassions pour édifier nos semblables, pour les porter à la vertu par nos exemples, afin qu'ils en rendent *gloire* à Dieu et non à nous. Ces deux intentions sont très-différentes ; la première est vicieuse, la seconde est très-louable. Il faut donc cacher nos bonnes œuvres, lorsqu'elles ne sont pas nécessaires pour l'édification publique ; mais il faut les faire au grand jour, lorsque cet exemple peut être utile. *Notre* GLOIRE, dit saint Paul, *est le témoignage de notre conscience, qui nous atteste que nous sommes conduits en ce monde, non par les motifs d'une sagesse humaine, mais avec simplicité de cœur, avec la sincérité que Dieu commande, et par le secours de sa grâce* (*I Cor.* i, 12).

Souvent dans les écrits de saint Paul, on a pris le mot *gloire* dans un sens différent de celui que l'apôtre y attachait. En parlant de la vocation des Juifs et des gentils à la foi, *Rom.*, chap. ix, vers. 22, il dit, *Que Dieu voulant témoigner sa colère et montrer sa puissance a souffert avec beaucoup de patience des vases de colère dignes d'être détruits, afin de montrer les richesses de sa* GLOIRE *dans les vases de miséricorde qu'il a préparés pour la* GLOIRE. Nous ne pensons pas qu'il soit ici question de la *gloire éternelle*, mais de la gloire de Dieu ici-bas et de la *gloire* de son Eglise ; Dieu en a effectivement montré les richesses par les vertus de ceux qui ont été appelés à la foi. Saint Paul dit dans le même sens, *I Cor.*, chap. ii, vers. 9, que Dieu a prédestiné avant les siècles le mystère de sa sagesse *pour notre gloire* ; et *Ephes.*, chap. i, vers. 5, qu'il nous a prédestinés à être ses enfants adoptifs *pour la gloire de sa grâce*. Ainsi l'a expliqué saint Augustin, *Enarr. in Ps.* xviii, n. 3, et *in Ps.* xxxix, n. 4.

GLORIA IN EXCELSIS, GLORIA PATRI. Voy. DOXOLOGIE.

GNOSIMAQUES. Certains hérétiques qui blâmaient les connaissances recherchées des mystiques, la contemplation, les exercices de la vie spirituelle, furent nommés κνωσιμαχοί, ennemis des connaissances. Ils voulaient que l'on se contentât de faire des bonnes œuvres, que l'on bannît l'étude, la méditation et toute recherche profonde sur la doctrine et les mystères du christianisme ; sous prétexte d'éviter les excès des faux mystiques, ils donnaient dans un autre excès. Cela ne manque jamais d'arriver à tous les censeurs qui blâment par humeur et sans réflexion.

Aujourd'hui les incrédules accusent les chrétiens en général d'être *gnosimaques*, ennemis des lettres, des sciences, de la philosophie ; selon eux, le christianisme a retardé le progrès des connaissances humaines ; il ne tend pas à moins qu'à les anéantir, et à nous plonger dans les ténèbres de la barbarie. Cependant, de toutes les nations de l'univers, il n'en est aucune qui ait fait autant de progrès dans les sciences que les nations chrétiennes ; celles qui ont abandonné le christianisme après l'avoir connu, sont retombées dans l'ignorance : sans le christianisme, les Barbares du Nord, qui inondèrent l'Europe au cinquième siècle, auraient détruit jusqu'au dernier germe des connaissances humaines ; et sans les efforts que les princes chrétiens ont faits pour arrêter les conquêtes des mahométans, nous serions actuellement plongés dans la même barbarie qui règne chez eux. Voilà quatre faits essentiels que nous défions les incrédules d'oser contester ; au mot SCIENCE, nous en fournirons les preuves : écoutons les leurs.

Dans l'Evangile, Jésus-Christ rend grâces à son Père d'avoir caché la vérité aux sages pour la révéler aux enfants et aux ignorants ; il appelle heureux ceux qui croient sans voir, *Matth.*, chap. xii, vers. 25 ; *Joan.*, chap. xx, vers. 29. Saint Paul ne cesse de déclamer contre la philosophie, contre la science et la sagesse des Grecs ; on exige d'un chrétien qu'il croie aveuglément à la doctrine qu'on lui prêche, sans savoir si elle est vraie ou fausse. Depuis l'origine du christianisme, ses sectateurs n'ont été occupés qu'à de frivoles disputes sur des matières inintelligibles ; ils ont négligé l'étude de la nature, de la morale, de la législation, de la politique, seules capables de contribuer au bien de l'humanité. Les Pères de l'Eglise ont éteint le flambeau de la critique, ont fait tous leurs efforts pour supprimer les ouvrages des païens, ont blâmé l'étude des sciences profanes ; il n'a pas tenu à eux que nous ne fussions réduits à la seule lecture de la Bible, comme les mahométans à celle de l'Alcoran. Voilà de grands reproches ; il faut examiner en détail et de sang-froid : aucun ne détruit les quatre faits que nous avons établis.

1° Nous demandons si les ignorants qui ont cru en Jésus-Christ, à la vue de ses miracles et de ses vertus, n'ont pas été plus sages et plus raisonnables que les docteurs juifs qui ont refusé d'y croire malgré l'évidence des preuves, et si les incrédules prétendent justifier le fanatisme opiniâtre des Juifs. A moins qu'ils ne prennent ce parti, ils seront forcés d'avouer que Jésus-Christ n'a pas eu tort de bénir son Père d'avoir inspiré plus de docilité, de bon sens et de sagesse aux premiers qu'aux seconds. Nous soutenons de même qu'un ignorant qui croit en Dieu et en Jésus-Christ, raisonne mieux qu'un philosophe qui abuse de ses lumières, en embrassant et en prêchant l'athéisme, et il ne s'ensuit rien contre l'utilité de la vraie philosophie. Le Sauveur dit à un apôtre qui n'avait pas voulu croire au témoignage unanime de ses collègues, qu'il eût été mieux pour lui de croire sans avoir vu : l'indocilité de cet apôtre était-elle louable? Pas plus que celle des incrédules d'aujourd'hui. — 2° On sait à quoi avaient abouti la science et la prétendue sagesse des philosophes grecs : à méconnaître Dieu dans ses ouvrages, à ne lui rendre aucun culte, à maintenir l'idolâtrie et toutes ses superstitions, à être aussi vicieux que le peuple qu'ils auraient dû éclairer et réformer : voilà ce que saint Paul leur reproche, *Rom.*, c. 1, v. 18 et suiv. Il avait raison; et tant que les partisans de la philosophie s'obstineront à en faire le même abus, nous soutiendrons, comme l'apôtre, que leur prétendue sagesse n'est qu'une folie capable de pervertir les nations et d'en consommer la ruine, comme elle a fait à l'égard des Grecs et des Romains. Ce n'est donc pas le christianisme, mais la fausse philosophie, qui décrédite la vraie sagesse et la rend odieuse; les incrédules veulent nous charger du crime dont ils sont les seuls coupables. Saint Paul d'ailleurs prévoyait le désordre qui allait bientôt arriver et qui commençait déjà de son temps; il savait que des philosophes entêtés et mal convertis apporteraient dans le christianisme leur génie orgueilleux, disputeur, pointilleux, téméraire, et enfanteraient les premières hérésies; il prévient les fidèles contre ce scandale, *Coloss.*, chap. II, vers. 8. Sa prédiction n'a été que trop bien vérifiée. Aujourd'hui nos philosophes viennent nous reprocher les disputes du christianisme dont leurs prédécesseurs ont été les premiers auteurs; eux-mêmes les renouvellent encore en rajeunissant tous les sophismes surannés des anciens. — 3° Il n'est pas vrai que l'on exige du chrétien une *foi aveugle*, qu'il soit obligé à croire une doctrine sans savoir si elle est vraie ou fausse. Un chrétien est convaincu que sa doctrine est vraie, parce qu'elle est révélée de Dieu, et il est assuré de la révélation par des faits dont tout l'univers dépose par des motifs de crédibilité invincibles. Il est absurde d'exiger d'autres preuves, des preuves intrinsèques, des raisonnements philosophiques sur le fond même des dogmes; autrement un ignorant serait autorisé à ne pas seulement croire un Dieu. Ne sont-ce pas plutôt les incrédules qui exigent une foi aveugle à leurs systèmes? Plusieurs ont avoué que la plupart de leurs disciples *croient sur parole*, embrassent l'athéisme, le matérialisme, ou le déisme, sans être en état d'en comprendre le fond ni les conséquences, d'en comparer les prétendues preuves avec les difficultés; qu'ils sont incrédules par libertinage et non par conviction. Nous voyons d'ailleurs par leurs ouvrages que ceux qui parlent le plus haut sont ceux qui en savent le moins. — 4° Avant la naissance du christianisme, les Grecs, nation ingénieuse s'il en fut jamais, avaient étudié la nature, la morale, la législation, la politique, pendant plus de cinq cents ans; y avaient-ils fait de grands progrès? Il n'y a pas encore quatre cents ans que nous nous sommes réveillés d'un profond sommeil, et déjà l'on prétend que nous sommes beaucoup plus avancés qu'eux. La nature, le climat, les causes physiques, nous ont-elles mieux servis? Nous n'en croyons rien. Il faut donc qu'une cause morale y ait contribué; peut-il y en avoir une autre que la religion? Sans les monuments qu'elle nous a conservés, sans les connaissances qu'elle nous a données, nous serions encore au premier pas. Depuis que nos philosophes ont secoué le joug de toute religion, leur esprit sublime n'est plus retenu par les entraves du christianisme; si l'on excepte quelques découvertes de pure curiosité, que nous ont-ils appris en fait de morale et de législation? Ou des erreurs grossières, ou des choses que l'on savait avant eux. Ils se croient créateurs, parce qu'ils ignorent ce qui a été écrit dans les siècles passés. — 5° C'est par un effet de cette ignorance qu'ils accusent les Pères de l'Eglise d'avoir éteint le flambeau de la critique. Qui l'avait allumé avant les Pères, pour que ceux-ci aient pu l'éteindre? C'est Origène et saint Jérôme qui, les premiers, en ont suivi les règles pour procurer à l'Eglise des copies correctes et des versions exactes des Livres saints. Dans ces derniers siècles, on n'a fait que réduire en art et en méthode la marche qu'ils avaient suivie dans leurs travaux.

Mais nous ne sommes que trop bien fondés à reprocher aux incrédules que ce sont eux qui éteignent le flambeau de la critique. Quelque authentique que soit un ancien monument, c'est assez qu'il les incommode, pour qu'ils le jugent suspect; dès qu'un passage leur est contraire, ils accusent les chrétiens de l'avoir altéré ou interpolé : aucun auteur ne leur paraît digne de foi, s'il n'a pas été païen ou incrédule; ils dépriment les écrivains les plus respectables, pour élever jusqu'aux nues les imposteurs les plus décriés : ils exigent pour vaincre leur pyrrhonisme historique un degré d'évidence et de notoriété que jamais aucun critique ne s'est avisé de demander. — 6° On calomnie les Pères sans aucune preuve, quand on les accuse d'avoir supprimé ou fait périr les ouvrages des païens ou des ennemis du christianisme. Il a péri presque autant d'ouvrages des auteurs ecclésiastiques les plus estimés que des auteurs profanes. Ce ne sont pas les Pères qui ont brûlé les bibliothèques d'Alexandrie, de Césarée, de Constantinople, d'Hippone et de Rome; ce sont eux au contraire qui nous ont conservé les écrits de Celse et de Julien contre le christianisme. Il a fallu faire les recherches les plus exactes et les plus difficiles pour avoir connaissance des livres des rabbins, et ce sont des théologiens qui les ont publiés; plusieurs productions des incrédules n'auraient pas été connues, sans la réfutation que nos apologistes en ont faite. Saint Grégoire, pape, est celui d'entre les Pères qui a été le plus accusé d'avoir fait brûler des livres; nous le vengerons à son article. Mais nous pouvons affirmer hardiment que, si nos adversaires en étaient les maîtres, ils ne laisseraient pas subsister un seul livre favorable au christianisme.

GNOSTIQUES, hérétiques du Ier et du IIe siècle de l'Eglise, qui ont paru principalement dans l'Orient. Leur nom grec γνωστικὸς signifie *éclairé, illuminé*, doué de connaissance, et ils se l'attribuèrent, parce qu'ils prétendaient être plus éclairés et plus intelligents que le commun des fidèles, même que les apôtres. Ils regardaient ces derniers comme des gens simples, qui n'avaient pas la vraie connaissance du christianisme, et qui expliquaient l'Ecriture sainte dans un sens trop littéral et trop grossier. Dans l'origine, ce furent des philosophes mal convertis qui voulurent accommoder la théologie chrétienne au système de philosophie dont ils étaient prévenus; mais comme chacun d'eux avait ses idées particulières, ils formèrent un grand nombre de sectes qui portèrent le nom de leurs chefs : *simoniens, nicolaïtes, valentiniens, basilidiens, carpocratiens, ophites, séthiens*, etc. Tous prirent le nom général de *gnostiques* ou d'illuminés, et se firent chacun une croyance à part, mais qui était la même en certains points. Il paraît que ce désordre commença dès le temps des apôtres, et que saint Paul y fait allusion dans plusieurs endroits de ses lettres; *I Tim.*, chap. VI, vers. 20, il avertit Timothée *d'éviter les nouveautés profanes, et tout ce qu'oppose une science faussement appelée* GNOSE, *dont quelques-uns faisant profession, se sont égarés dans la foi; de ne pas s'amuser à des fables et à des* GÉNÉALOGIES SANS FIN, *qui servent plutôt à exciter des disputes qu'à établir par la foi le véritable édifice de Dieu*. Plusieurs savants ont reconnu les *gnostiques* à ce tableau.

On sait que l'écueil de la philosophie et du raisonnement humain fut toujours d'expliquer l'origine du mal; de concilier avec la bonté, la sagesse et la puissance de Dieu, les imperfections et les désordres des créatures, la conduite de la Providence, l'opposition apparente qui se trouve entre l'Ancien Testament et le Nouveau, etc. Pour y satisfaire, les *gnostiques* imaginèrent que le monde n'avait pas été créé par le Dieu suprême, Etre souverainement puissant et bon, mais par des esprits inférieurs qu'il avait formés, ou plutôt qui étaient sortis de lui par *émanation*. Conséquemment, outre la Divinité suprême que les valentiniens nommaient *Pleroma*, plénitude ou perfection, ils admirent une génération nombreuse d'esprits ou de génies qu'ils appelaient *éons*, c'est-à-dire être vivants et intelligents, personnages par l'opération desquels ils se flattèrent de tout expliquer. Mosheim, critique très-instruit, a fait une assez longue dissertation pour savoir ce que signifie le mot *éon*, qui est le grec αἰών, et il ne sait qu'en penser. *Inst. hist. Christ.*, IIe part., chap. 1, § 2. Son embarras n'aurait pas eu lieu, s'il avait fait attention que ce nom vient des Orientaux, que dans leurs langues *haiah, hajah, havah*, signifie la vie, et les êtres vivants. Pendant que les Grecs prononçaient αἰών, les Latins ont dit *ævum*, la vie ou la durée; nous disons l'*âge*, qui est l'hébreu *hajah*. Comme l'on a toujours uni ensemble la vie et l'intelligence, les *éons* sont des êtres vivants et intelligents, que nous appelons des *esprits*; les Grecs les nommaient *démons*, qui a le même sens. Ces *éons* prétendus étaient ou les attributs de Dieu personnifiés, ou des noms hébreux tirés de l'Ecriture, ou des mots barbares forgés à discrétion. Ainsi de *Pleroma* ou de la Divinité, sortaient *noûs* l'intelligence, *sophia* la sagesse, *sigé* le silence, *logos* le verbe ou la parole, *sabaoth* les armées, *achamoth* les sagesses, etc. L'un avait formé le monde, l'autre avait gouverné les Juifs et fabriqué leur loi; un troisième avait paru parmi les hommes sous le nom de *Fils de Dieu*, ou de *Jésus-Christ*, etc. Il n'en coûtait rien pour les multiplier; les uns étaient mâles et les autres femelles; de leur mariage il était sorti une nombreuse famille; de là ces *généalogies sans fin* desquelles parle saint Paul.

Mosheim, qui a examiné de près le système de ces sectaires, dit que tous, quoique divisés en plusieurs choses, admettaient les dogmes suivants : la matière est éternelle et incréée, essentiellement mauvaise, et le principe de tout mal; elle est gouvernée par un esprit ou génie naturellement méchant, qui tient les âmes nées de Dieu attachées à la matière, afin de les avoir sous son empire; c'est lui qui a fait le monde. Dieu est bon et puissant, mais son pouvoir n'est pas assez grand pour vaincre celui du fabricateur du monde; c'est celui-ci ou un autre mauvais génie qui a fait la loi des Juifs. Un autre, bon de sa nature, et ami des hommes, est descendu du ciel pour les délivrer de l'empire du prince de la matière; mais comme la chair, ouvrage de ce dernier, est essentiellement mauvaise, le bon génie, que nous nommons le *Sauveur*, n'a pas pu s'en revêtir; il n'en a pris que les apparences, il a paru naître, souffrir, mourir et ressusciter, quoique rien de tout cela ne se soit fait réellement.

Ainsi les *gnostiques* n'admettaient ni le péché originel, ni la rédemption des hommes dans le sens propre; elle consistait seulement en ce que Jésus-Christ avait donné aux hommes des leçons et des exemples de sagesse et de vertu. *Saint Irén.*, liv. I, chap. 21. Pour opérer une rédemption de cette espèce, il n'était pas nécessaire que Jésus-Christ fût un Dieu incarné, ni un homme en corps et en âme; il suffisait que ce Verbe divin se montrât sous l'extérieur d'un homme. Sa naissance, ses souffrances, sa mort, paraissaient aux *gnostiques* non-seulement inutiles, mais indécentes. Le Verbe, disaient-ils, après avoir rempli l'objet de sa mission, est remonté vers la Divinité tel qu'il était descendu. Conséquemment la plupart furent nommés *docètes*, opinants ou imaginants, parce que, suivant leur opinion, l'humanité de Jésus-Christ avait été seulement imaginaire ou apparente. *Voy.* DOCÈTES. — Leurs idées sur la nature de l'homme n'étaient pas moins absurdes. Selon leur système, il y avait des hommes de trois espèces : les uns, purement matériels, n'étaient susceptibles que des affections ou plutôt des qualités passives de la matière ; les autres, vrais animaux, quoique doués de la faculté de raisonner, étaient incapables de s'élever au-dessus des affections et des goûts sensuels ; les troisièmes, nés spirituels, s'occupaient de leur destination et de la dignité de leur nature, et triomphaient des passions qui tyrannisent les autres hommes. *Saint Irén., liv.* I, chap. 6, n. 1, etc.

Il est évident que ce chaos d'erreurs, loin de satisfaire l'esprit et de résoudre les difficultés, les multiplie. Il suppose que Dieu n'est pas libre ; ce n'est point avec liberté qu'il a produit les *éons*; ils sont sortis de lui par émanation et par nécessité de nature. Ce sont donc des êtres coéternels et consubstantiels à Dieu. *Voy.* ÉMANATION. C'est une absurdité de dire que Dieu, Être incréé, existant de soi-même, n'a qu'un pouvoir borné, et que d'un Être essentiellement bon il est sorti des génies essentiellement mauvais ; que la matière, autre substance éternelle et nécessairement existante, est mauvaise de sa nature : si elle est telle, elle est immuable ; comment des esprits subalternes ont-ils eu le pouvoir d'en changer la disposition et de l'arranger ? Ils sont plus puissants que Dieu, puisqu'ils ont soustrait à son empire les âmes nées de lui, en les enchaînant à la matière. Les hommes ne sont pas libres non plus, puisqu'ils sont nés matériels, animaux, ou spirituels, sans que leur volonté y ait contribué en rien, et il ne dépend pas d'eux de changer leur nature. Tout est donc nécessaire et immuable ; autant valait enseigner le pur matérialisme.

Dans la suite, les marcionites et les manichéens simplifièrent ce système, en admettant seulement deux principes de toutes choses, l'un bon, l'autre mauvais ; mais le résultat et les inconvénients étaient toujours les mêmes. Tels sont les égarements de la philosophie de tous les siècles, lorsqu'elle ferme les yeux aux lumières de la foi.

Jusqu'à présent, pour connaître les opinions des *gnostiques*, l'on avait consulté saint Irénée, qui les a réfutées, Clément d'Alexandrie, Origène, Tertullien et saint Épiphane, qui avaient lu leurs ouvrages. Aujourd'hui les critiques protestants soutiennent que ces Pères sont de mauvais guides, parce que les *gnostiques* avaient puisé leurs erreurs dans la philosophie orientale, de laquelle les Pères n'avaient aucune connaissance. Par *philosophie orientale*, ils entendent celle des Chaldéens, des Perses, des Syriens, des Égyptiens ; ils pouvaient ajouter, des Indiens. Cette philosophie, disent-ils, fut désignée de tout temps sous le nom de *gnose* ou de connaissance, et ceux qui la suivaient se nommaient *gnostiques*; mais les livres qui la renfermaient étaient écrits dans des langues que les Pères grecs et latins n'entendaient pas. Conséquemment ils ont rapporté mal à propos à la philosophie de Platon les opinions des *gnostiques*, qui cependant y ressemblaient très-peu ; ils les ont donc mal conçues, mal exposées et mal réfutées ; plusieurs même en ont adopté des erreurs sans le savoir, et les ont introduites dans la théologie chrétienne. C'est le sentiment de Beausobre, de Mosheim, de Brucker, etc. Mosheim l'a développé avec beaucoup d'érudition et de sagacité. *Inst. Hist. Christ.*, II° part., c. 1, § 6 et suiv. ; c. 5, § 2 et suiv. ; *Hist. Christ.*, sæc. 1, § 62. Brucker l'a suivi dans son *Histoire crit. de la philos.*; il regarde cette découverte de Mosheim comme la clef de toutes les anciennes disputes. Si cette prétention n'avait pour objet que de réfuter les écrivains modernes qui ont regardé les premières hérésies comme des rejetons du platonisme, elle nous intéresserait fort peu ; mais comme elle attaque directement les Pères de l'Église, il est important d'examiner si elle est bien ou mal fondée.

Il est vrai que Tertullien, *de Præscript.*, c. 7, *de Anima*, c. 13, a regardé Platon comme le père de toutes les anciennes hérésies, et que dom Massuet, dans ses *Dissert. sur saint Irénée*, s'est attaché à montrer la conformité des opinions des *gnostiques* avec celles de Platon ; et puisque Mosheim convient qu'il y avait en effet beaucoup de ressemblance entre les unes et les autres, nous ne voyons pas en quoi ont péché ceux qui ne se sont pas attachés à en rechercher jusqu'aux plus légères différences. Saint Irénée du moins a remarqué celle qui est la principale, au jugement même de Mosheim ; il dit, *Adv. Hær.*, l. III, c. 25, n. 5, que Platon a été plus religieux que les *gnostiques*, qu'il a reconnu un Dieu bon, juste, tout-puissant, qui a fait l'univers par bonté ; au lieu que les *gnostiques* attribuaient la formation du monde à un être inférieur à Dieu, méchant par nature, ennemi de Dieu et des hommes. Ce Père a donc su distinguer le platonisme d'avec le système des *gnostiques*; mais nous verrons ci-après que la profession de foi de Platon n'a pas été fort constante.

Pour contester la généalogie des opinions des *gnostiques*, nous ne demanderons pas de quelle nation étaient leurs principaux chefs, Valentin, Cerdon, Basilide, Ménandre, Carpocrate, etc. ; s'ils entendaient mieux les langues orientales que les Pères. Il passe pour constant que la plupart avaient appris la philosophie dans l'école célèbre d'Alexandrie, et que plusieurs étaient Égyptiens. Clément et Origène y avaient non-seulement étudié, mais ils y avaient enseigné. Il aurait été à propos de nous apprendre par quelle voie les hérésiarques dont nous parlons, ont acquis dans la philosophie orientale des connaissances et des lumières dont ces deux docteurs de l'Église ont été privés.

En second lieu, les *gnostiques*, dit Mosheim, déclaraient hautement qu'ils avaient puisé leur doctrine, non dans Platon, ni chez les Grecs, mais dans les écrits de Zoroastre, de Zostrien, de Nicoshée, de Mésus et des autres philosophes orientaux. *Inst. hist.*

christ. maj., sec. 1, II° part., § 5, notes, pag. 341. Or, si ces hérétiques le publiaient ainsi, les Pères qui les réfutaient ne pouvaient donc pas l'ignorer; si cependant malgré cette assertion les Pères n'ont pas moins persisté à dire que les *gnostiques* avaient emprunté leurs erreurs de Platon, ils ont donc jugé que ces sectaires en imposaient. Et à qui devons-nous plutôt croire, aux *gnostiques* reconnus par Mosheim pour des faussaires, ou aux Pères de l'Eglise que l'on ne peut pas convaincre d'imposture? Le fait certain est que les livres de Zoroastre ne renferment plus aujourd'hui la doctrine des *gnostiques*, au lieu qu'on la retrouve dans ceux de Platon; les Pères sont donc plus croyables que ces hérétiques.

En troisième lieu, Mosheim a blâmé lui-même sa méthode de juger: « Je ne puis approuver, dit-il, la conduite de ceux qui recherchent avec trop de subtilité l'origine des erreurs; dès qu'ils trouvent la moindre ressemblance entre deux opinions, ils ne manquent pas de dire : Celle-ci vient de Platon, celle-là d'Aristote, cette autre de Hobbes ou de Descartes. N'y a-t-il donc pas assez de corruption et de démence dans l'esprit humain pour forger des erreurs, en raisonnant de travers, sans avoir besoin de maître ni de modèle? » Notes sur Cudworth, c. 4, § 36, n. 876, u. (h). Si donc les Pères avaient eu tort d'attribuer à Platon l'invention des systèmes des *gnostiques*, Mosheim en aurait encore plus de l'attribuer aux Orientaux, dont nous n'avons plus les ouvrages, ni aucun monument authentique de leur doctrine.

Quoi qu'il en soit, Mosheim convient, *Instit.*, p. 347 et 348, que les Pères ont fidèlement rapporté les sentiments des *gnostiques*; il fait voir que Plotin a reproché à ses sectaires les mêmes erreurs que saint Irénée leur attribue. Voilà le point essentiel. Dès que les Pères ont bien conçu les opinions de ces hérétiques, ils ont été en état de les réfuter solidement, et ils l'ont fait. Puisque d'ailleurs ils avaient entre les mains les écrits de Platon, il leur a été facile de voir ce qu'il y avait de ressemblant ou de différent entre l'une et l'autre doctrine.

Nous pourrions nous arrêter là, et c'en serait assez pour mettre les Pères à couvert de reproche; mais il est encore bon de savoir si les opinions des philosophes orientaux, embrassées par les *gnostiques*, ont été aussi différentes de celle de Platon que Mosheim le prétend. Les Orientaux, dit-il, *Ibid.*, c. 1, § 8, p. 139, embarrassés de savoir d'où viennent les maux qui sont dans le monde, se sont accordés assez généralement à enseigner, 1° qu'il y a un principe éternel de toutes choses, ou un Dieu exempt de vices et de défauts, mais duquel nous ne pouvons pas comprendre la nature; 2° qu'il y a aussi une matière éternelle, incréée, grossière, ténébreuse, sans ordre et sans arrangement; 3° qu'il est sorti de Dieu, on ne sait comment, des êtres intelligents, imparfaits, bornés dans leur pouvoir, que l'on appelle *éons*; que ce sont eux, ou l'un d'entre eux, qui ont formé le monde et la race des hommes, avec tous leurs vices et leurs défauts; 4° que Dieu a fait tout son possible pour y remédier, qu'il a répandu partout des marques de sa bonté et de sa providence, mais qu'il n'a pas pu remédier entièrement au mal qu'avaient produit des architectes impuissants, maladroits et malicieux; qui s'opposent à ses desseins; 5° qu'il y a dans l'homme deux âmes, l'une sensitive qu'il a reçue des *éons*, l'autre intelligente et raisonnable que Dieu lui a donnée; 6° que le devoir du sage est de rendre, autant qu'il est possible, cette seconde âme indépendante du corps, des sens, et de l'empire des *éons*, pour l'élever et l'unir à Dieu seul; qu'il peut en venir à bout par la contemplation, et en réprimant les appétits du corps; qu'alors l'âme, dégagée des vices et des souillures de ce monde, est assurée de jouir d'une parfaite béatitude après la mort.

Il reste à savoir en quoi ce système est différent de celui de Platon; Mosheim s'est attaché à le faire voir, *Hist. Christ.*, sæc. 1, § 62, p. 183. Platon, dit-il, enseigne dans le *Timée* que Dieu a opéré de toute éternité. Les *gnostiques* supposaient que Dieu était oisif et dans un parfait repos; ceux-ci concevaient Dieu comme environné de lumière, Platon le croyait purement spirituel. En second lieu, le monde de Platon est un bel ouvrage, digne de Dieu; celui des *gnostiques* est un chaos de désordres, que Dieu travaille à détruire. En troisième lieu, suivant Platon, Dieu gouverne le monde et ses habitants, ou par lui-même, ou par des génies inférieurs. Suivant les *gnostiques*, l'artisan et le gouverneur du monde est un tyran orgueilleux, jaloux de sa domination, qui dérobe aux mortels, autant qu'il peut, la connaissance de Dieu.

Il y a, sur cette savante théorie de Mosheim, une infinité d'observations à faire. 1° Il n'est pas sûr que toutes les sectes de *gnostiques* aient tenu toutes les opinions que Mosheim leur prête. Nous voyons, par le récit des Pères, qu'il n'y avait rien de constant ni d'uniforme parmi ces hérétiques. 2° Au lieu d'enseigner que Dieu a opéré de toute éternité, Platon semble supposer le contraire; il dit dans le *Timée*, pag. 527, B, et 529, D, que la matière était dans un mouvement déréglé avant que Dieu l'eût arrangée, et qu'il l'a mise en ordre, parce qu'il jugea que c'était le mieux. Il ajoute que Dieu a fait le temps avec le monde, qu'une nature qui a commencé d'être ne peut pas être éternelle. Aussi les platoniciens ont-ils été partagés sur cette question. 3° Plusieurs pensent que ce philosophe a confondu Dieu avec l'âme du monde : or, celle-ci est environnée de matière aussi bien que le Dieu des *gnostiques*. Il est impossible de concevoir Dieu comme un être purement spirituel, quand on n'admet pas la création, or, Platon ne l'a pas admise; il a supposé, comme les *gnostiques*, l'éternité de la matière. 4° Pour prouver que le monde est un ouvrage digne de Dieu, Platon se fonde sur le même principe que les *gnostiques*, savoir, qu'un être très-bon ne peut faire que ce qui est le meilleur. *Timée*, p. 527, A, B. Il suppose que Dieu a fabriqué le monde le mieux qu'il a pu; il ne lui attribue donc, non plus que les *gnostiques*, qu'un pouvoir très-borné. 5° Ces hérétiques insistaient moins sur les défauts physiques de la machine du monde, que sur les désordres et les imperfections des hommes : or, Platon pensait aussi bien qu'eux, que ce n'est pas Dieu qui a fait les hommes ni les animaux; suivant son opinion, Dieu en a donné la commission aux dieux inférieurs, aux génies ou démons que les païens adoraient, *Timée*, pag. 530, H; et il le répète plusieurs fois. Peu importe qu'il ait nommé ces génies des *dieux* ou des *éons*; il n'en donne pas une idée plus avantageuse que celles que les *gnostiques* en avaient; le gouvernement des uns ne valait pas mieux que celui des autres. 6° Suivant les *gnostiques*, les *éons* sont sortis de Dieu par émanation; Platon semble avoir pensé que Dieu a tiré de lui-même l'âme du monde, qu'il en a détaché des parties pour animer les astres et les autres parties de la nature. Il appelle *dieux célestes* le monde, le ciel, les astres, la terre : de ceux-ci, dit-il, sont nés les *dieux les plus jeunes*, les génies ou démons, et ces derniers ont formé les hommes et les animaux; pour animer ces nouveaux êtres, Dieu a pris des portions de l'âme des astres. *Timée*, p. 555, G. Cette généalogie des âmes est pour le moins aussi ridicule que celle des *éons*. 7° Pour résoudre la grande question de l'origine du mal, peu importe de savoir s'il est venu de l'impuissance et de la malice des *éons*, comme les *gnostiques* le prétendaient, ou si c'est une conséquence des défauts irréformables de la matière, comme Platon paraît l'avoir supposé : l'une de ces hypothèses ne satisfait pas mieux que l'autre à la difficulté. *Voy.* MAL et MANICHÉISME.

Tout le monde convient que le système de Platon est un chaos ténébreux, que ce philosophe sembla avoir affecté de se rendre obscur dans ce qu'il a dit de Dieu et du monde; les platoniciens anciens et modernes se sont disputés pour savoir quels étaient ses véritables sentiments. Quand les Pères n'y auraient pas vu plus clair que les uns et les autres, il n'y aurait pas lieu de les accuser d'avoir manqué de lumières ni de réflexion. C'est donc mal à propos qu'on leur reproche d'avoir confondu les opinions de Platon avec celles des *gnostiques*, et de n'avoir pas vu que celles-ci venaient des philosophes orientaux.

Il reste toujours une grande question à résoudre. Quand les Pères de l'Église auraient aperçu, aussi distinctement que Mosheim, Brucker, etc., la différence qu'il y avait entre la doctrine des *gnostiques* et celle de Platon, auraient-ils été obligés de raisonner autrement qu'ils n'ont fait en réfutant ces hérétiques? Voilà ce que ces grands critiques n'ont pas pris la peine de démontrer. Nous soutenons que les raisonnements des Pères sont solides, et nous défions leurs détracteurs de prouver le contraire.

Les *gnostiques* débitaient des rêveries sur le pouvoir, les inclinations, les fonctions des *éons*, des esprits bons ou mauvais; sur la manière de les subjuguer par des enchantements, par des paroles magiques, par des cérémonies absurdes; sur l'art d'opérer, par leur entremise, des guérisons et d'autres merveilles. Aussi pratiquèrent-ils la magie; Platon le leur reproche, aussi bien que les Pères de l'Église. Mais puisque Platon a distingué des esprits ou des démons, les uns bons, les autres mauvais, qui avaient du pouvoir sur l'homme, il a été aisé d'en conclure que l'on pouvait gagner leur affection par des respects, par des offrandes, par des formules d'invocation, etc. Il n'est donc pas étonnant que les platoniciens du III° et du IV° siècle de l'Église aient été entêtés de théurgie, qui était une vraie magie; et ils n'ont pas eu besoin d'emprunter cette absurdité des Orientaux.

Cependant Mosheim persiste à soutenir que l'école d'Alexandrie avait mêlé la philosophie orientale avec celle de Platon, et que de là elle passa aux *gnostiques*. Ceux-ci, dit-il, adoptèrent les opinions de Zoroastre et des Orientaux, puisqu'ils en citaient les livres, et non ceux de Platon, desquels ils ne faisaient aucun cas, *Instit. Hist. Christ.*, pag. 344. Mais, d'autre part, les platoniciens sortis de l'école d'Alexandrie, citaient les livres de Platon, vantaient sa doctrine, et non celle de Zoroastre ni des autres Orientaux : l'un de ces faits ne prouve pas plus que l'autre. On sait d'ailleurs que les *gnostiques* forgeaient de faux livres, faisaient de fausses citations, altéraient le sens des auteurs : Porphyre le leur a reproché. Nous voyons aujourd'hui par les livres de Zoroastre, que son système n'était pas le même que celui des *gnostiques*. Ainsi toutes les conjectures de Mosheim n'aboutissent à rien.

C'est encore sans fondement qu'il rapporte à la philosophie orientale les visions des cabalistes juifs : ceux-ci ont eu quelques opinions semblables à celles des Orientaux; mais ces rêveries se trouvent à peu près les mêmes chez tous les peuples du monde. Mosheim, *Instit.*, c. 1, § 14, pag. 149, convient que depuis le siècle d'Alexandre, les Juifs avaient acquis une assez grande connaissance de la philosophie des Grecs, et qu'ils en avaient transporté plusieurs choses dans leur religion; il n'est donc pas aisé de distinguer ce qu'ils avaient pris chez les Orientaux d'avec ce qu'ils avaient emprunté des Grecs. En fait de folies, les peuples ni les philosophes n'ont jamais eu grand besoin de faire des emprunts; les mêmes idées sont naturellement venues à l'esprit de ceux qui raisonnent et de ceux qui ne raisonnent pas. Les Sauvages de l'Amérique, les Lapons, les Nègres, ne sont certainement pas allés puiser chez les Orientaux leur croyance touchant les manitous, les esprits, les fétiches, la magie, etc.

D'un système aussi monstrueux que celui des *gnostiques*, l'on pouvait tirer aisément une morale détestable; aussi plusieurs prétendaient que, pour combattre les passions avec avantage, il faut les connaître; que, pour les connaître, il faut s'y livrer et en observer les mouvements; ils concluaient que l'on ne peut s'en débarrasser qu'en les satisfaisant, et même en prévenant leurs désirs; que le crime et l'avilissement de l'homme ne consistent point à contenter les passions, mais à les regarder comme le parfait bonheur, et comme la dernière fin de l'homme. « J'imite, disait un de leurs docteurs, les transfuges qui passent dans le camp des ennemis, sous prétexte de leur rendre service, mais en effet pour les perdre. Un *gnostique*, un savant doit connaître tout; car quel mérite y a-t-il à s'abstenir d'une chose que l'on ne connaît pas? Le mérite ne consiste point à s'abstenir des plaisirs, mais à en user en maître, à captiver la volupté sous notre empire, lors même qu'elle nous tient entre ses bras; pour moi, c'est ainsi que j'en use, et je ne l'embrasse que pour l'étouffer. » C'était déjà le sophisme des philosophes cyrénaïques, comme l'observe Clément d'Alexandrie, *Strom.*, l. II, c. 20, p. 490. A la vérité, le principe des *gnostiques*, savoir que *la chair est mauvaise en soi*, peut aussi donner lieu à des conséquences morales très-sévères. Le même Clément reconnaît que plusieurs d'entre eux tiraient en effet ces conséquences et les suivaient dans la pratique; qu'ils s'abstenaient de la viande et du vin, qu'ils mortifiaient leur corps, qu'ils gardaient la continence, qu'ils condamnaient le mariage et la procréation des enfants, par haine contre la chair et contre le prétendu génie qui y présidait. C'était éviter un excès par un autre : les Pères les ont également réprouvés; mais les protestants ont étrangement abusé de leur doctrine. *Voy.* CÉLIBAT, MORTIFICATION, etc. Mosheim convient de bonne foi que les critiques modernes qui ont voulu justifier ou exténuer les erreurs des *gnostiques*, seraient plutôt venus à bout de blanchir un nègre.; il soutient qu'il n'est pas vrai que les Pères de l'Eglise aient exagéré ces erreurs, ni qu'ils les aient imputées faussement à ces sectaires. *Hist. Christ.*, sæc. I, §62, pag. 184. Cependant Le Clerc n'a voulu ajouter aucune foi à ce que saint Epiphane a dit de la morale détestable et des mœurs dépravées des *gnostiques. Hist. ecclés.*, année 76, § 10.

Le comble de la démence des *gnostiques* fut de vouloir fonder leurs visions et leur morale corrompue sur des passages de l'Ecriture sainte, par des explications mystiques, ou cabalistiques, à la manière des Juifs, et de s'applaudir de cet abus comme d'un talent supérieur auquel le commun des chrétiens était incapable de s'élever. Plusieurs faisaient profession d'admettre l'Ancien et le Nouveau Testament; mais ils en retranchaient tout ce qui ne s'accordait pas avec leurs idées. Ils attribuaient à l'esprit de vérité ce qui semblait les favoriser, et à l'esprit de mensonge ce qui condamnait leurs opinions

Mosheim prétend que les Pères devaient être fort embarrassés à réfuter ces explications allégoriques des *gnostiques*, puisqu'eux-mêmes suivaient cette méthode. Il se trompe : 1° Les explications allégoriques de l'Ecriture sainte, données par les Pères, n'ont jamais été aussi absurdes que celles que forgeaient les *gnostiques*, et desquelles Mosheim a cité quelques exemples. 2° Les Pères les employaient, non pour prouver des dogmes, mais pour en tirer des leçons de morale; cela est fort différent : les *gnostiques* faisaient le contraire. 3° Les Pères n'ont jamais renoncé absolument au sens littéral; ils fondaient les dogmes sur la tradition de l'Eglise aussi bien que sur ce sens. Les *gnostiques* rejetaient l'un et l'autre; ils ne voulaient pas même déférer à l'autorité des apôtres. C'est là-dessus que saint Irénée a le plus insisté en écrivant contre les *gnostiques*, et c'est ce qui prouve, contre les protestants, la nécessité de la tradition.

Ces anciens sectaires avaient aussi plusieurs livres apocryphes qu'ils avaient forgés, un poëme intitulé l'*Evangile de la Perfection*, l'*Evangile d'Eve*, les *Livres de Seth*, un ouvrage de Noria, prétendue femme de Noé, les *Révélations d'Adam*, les *Interrogations de Marie*, la *Prophétie de Bahuba*, l'*Evangile de Philippe*, etc. Mais ces fausses productions ne furent probablement mises au jour que sur la fin du second siècle. Saint Irénée n'en a cité qu'un ou deux. Les protestants, copiés par les incrédules, abusent de la bonne foi des ignorants, lorsqu'ils accusent les chrétiens en général d'avoir supposé ces livres apocryphes. A proprement parler les *gnostiques* n'étaient pas chrétiens, puisqu'ils ne faisaient aucun cas des martyrs et qu'ils ne se croyaient pas obligés à souffrir la mort pour Jésus-Christ.

Comme le nom de *gnostique*, ou d'homme éclairé, est un éloge, Clément d'Alexandrie entend par *un vrai gnostique* un chrétien très-instruit, et il l'oppose aux hérétiques qui usurpaient ce nom : Le premier, dit-il, a vieilli dans l'étude de l'Ecriture sainte, il garde la doctrine orthodoxe des apôtres et de l'Eglise; les autres, au contraire, abandonnent les traditions apostoliques, et se croient plus habiles que les apôtres. *Strom.*, l. VII, c. 1, 17, etc.

L'histoire des *gnostiques*, la marche qu'ils ont suivie, les erreurs dans lesquelles ils sont tombés, donnent lieu à plusieurs réflexions importantes. 1° Dès l'origine du christianisme, nous voyons chez les philosophes le même caractère que dans ceux d'aujourd'hui, une vanité insupportable, un profond mépris pour tous ceux qui ne pensent pas comme eux, la fureur de substituer leurs rêveries aux vérités que Dieu a révélées, l'opiniâtreté à soutenir des absurdités révoltantes, une morale corrompue et des mœurs qui y répondent, point de scrupule d'employer l'imposture et le mensonge pour établir leurs opinions et pour séduire des prosélytes. Ceux d'entre les philosophes qui embrassèrent sincèrement le christianisme, comme saint Justin, Athénagore, Clément d'Alexandrie, Origène, etc., changèrent, pour ainsi dire, de nature en devenant chrétiens, puisqu'ils devinrent humbles, dociles, soumis au joug de la foi. Ils furent les apologistes et les défenseurs de notre religion; ils édifièrent l'Eglise par leurs vertus autant que par leurs talents; plusieurs scellèrent de leur sang les vérités qu'ils enseignaient. Jamais peut-être la puissance de la grâce n'a éclaté davantage que dans la conversion de ces grands hommes. — 2° Les premiers *gnostiques* étaient engagés par système à contredire le témoignage des apôtres, à nier les faits que ces historiens avaient publiés, la naissance, les miracles, les souffrances, la mort et la résurrection de Jésus-Christ, puisqu'ils soutenaient que le Verbe divin n'avait pas pu se faire homme; ils n'ont cependant pas osé nier ces faits, ils ont été forcés d'avouer que tout cela s'était effectué, du moins en apparence; que Dieu avait fait illusion aux témoins oculaires et avait trompé leurs sens. S'il y avait eu quelque moyen de convaincre de faux les apôtres, quelques témoignages à opposer au leur, des contradictions ou des choses hasardées dans leur narration, etc., les *gnostiques* n'en auraient-ils pas fait usage plutôt que de recourir à un subterfuge aussi grossier? Avouer les apparences des faits, c'était en confesser la réalité, puisqu'il était indigne de Dieu de tromper les hommes et de les induire en erreur par miracle. — 3° Par la même raison, s'il avait été possible aux *gnostiques* de révoquer en doute l'authenticité de nos Evangiles, ils ne s'y seraient pas épargnés. Saint Irénée nous atteste qu'ils ne l'ont pas fait, qu'ils ont même emprunté l'autorité des Evangiles pour confirmer leur doctrine. Les ébionites recevaient celui de saint Matthieu, les marcionites celui de saint Luc, à la réserve des deux premiers chapitres; les basilidiens celui de saint Marc, les valentiniens celui de saint Jean, etc. Dans la suite ils en forgèrent de nouveaux, mais on ne les accuse point d'avoir nié que les nôtres eussent été écrits par les auteurs dont ils portent les noms; il fallait donc que ce fait fût incontestable et porté au plus haut point de notoriété. — 4° Pour réfuter ces hérétiques et leurs fausses interprétations de l'Ecriture, saint Irénée et Clément d'Alexandrie recourent à la tradition, à l'enseignement commun des différentes parties du monde. Cette méthode de prendre le vrai sens de l'Ecriture et de discerner la vraie doctrine des apôtres est donc aussi ancienne que le christianisme; c'est mal à propos que les hétérodoxes d'aujourd'hui en font un reproche à l'Eglise catholique. — 5° Il est évident que les disputes sur la nécessité de la grâce, sur la prédestination, sur l'efficacité de la rédemption, etc., ont commencé avec les premières hérésies; déjà nous voyons chez les *gnostiques* les semences du pélagianisme. Il n'est donc pas vrai que les Pères des quatre premiers siècles n'aient pas été obligés d'examiner cette question, qu'il ait fallu attendre les erreurs de Pélage au cinquième siècle, et leur réfutation, pour savoir ce que l'Eglise pensait là-dessus. La tradition sur ce point serait nulle et sans autorité, si elle ne remontait pas aux apôtres; toute opinion qui n'est point conforme à l'enseignement des Pères des quatre premiers siècles ne peut appartenir à la foi chrétienne. — 6° Il est également faux que les Pères des trois premiers siècles aient conservé les opinions de Platon, de Pythagore ou des Egyptiens, sur les émanations et sur la personne du Verbe. Ils avaient vu et avaient combattu les erreurs des *gnostiques*, nées de cette philosophie ténébreuse; ils avaient soutenu que le Verbe n'est point une créature, ou un être inférieur émané de la Divinité dans le temps, mais une personne engendrée du Père de toute éternité; ils avaient donc tracé la route aux Pères du concile de Nicée et du quatrième siècle; ils avaient prouvé, comme ces derniers, la divinité du Verbe, par l'étendue, l'efficacité, la plénitude, l'universalité de la rédemption. Ce n'est point dans un mot ou dans une phrase détachée qu'il faut chercher le sentiment des Pères, mais dans le fond même des questions qu'ils ont eues à traiter. Voilà ce que les théologiens hétérodoxes, toujours attachés à déprimer les Pères, n'ont jamais voulu observer; mais nous ne devons laisser échapper aucune occasion de le leur représenter. *Voy.* EMANATION.

GOG et MAGOG. Sous ces noms, le prophète Ezéchiel a désigné des nations ennemies du peuple de Dieu, et il prédit qu'elles seront vaincues et massacrées sur les montagnes d'Israël, c. XXXVIII et XXXIX. Sur cette prophétie, les interprètes ont donné carrière à leur imagination : ils ont vu dans *Gog* et *Magog*, les uns des peuples futurs, les autres des peuples subsistants, les ancêtres des Russes ou Moscovites, les Scythes ou Tartares, les Turcs, etc. Le savant Assémani, *Bibl. orient.*, tom. IV, ch. 9, § 5, juge que *Gog* et *Magog* sont les Tartares placés à l'orient de la mer Caspienne, qui ont été aussi appelés *Mogols*, desquels sont sortis les Turcs. Plusieurs rabbins entendent sous ce nom les chrétiens et les mahométans; ils se promettent qu'à la venue du Messie, qu'ils attendent, ils feront dans la Palestine une sanglante boucherie des uns et des autres, et se vengeront amplement des mauvais traitements qu'ils en ont essuyés.

Le sentiment le plus probable est que, sous le nom de *Gog* et de *Magog*, Ezéchiel a entendu les peuples des provinces septentrionales de l'Asie Mineure, qui se trouvaient en grand nombre dans les armées des rois de Syrie, et sur lesquels les Juifs remportèrent plusieurs victoires sous les Machabées. Le prophète prédit en style très-pompeux ces victoires et la défaite des ennemis des Juifs; mais il ne faut pas prendre toutes ses expressions dans la plus grande rigueur, comme font les rabbins. Comme les exploits des Machabées ne leur paraissent pas assez magnifiques pour remplir toute l'énergie des termes de la prophétie, ils s'en promettent l'accomplissement sous leur Messie futur; mais il n'est pas question du Messie dans cette prédiction d'Ezéchiel. *Voyez* la dissert. sur ce sujet, *Bible d'Avignon*, t. X, pag. 519. Il est aussi parlé de *Gog* et de *Magog* dans l'*Apoc.*, chap. xx, vers. 7; il serait fort difficile de découvrir ce que ces noms désignent dans ce passage.

GOLGOTHA. *Voy.* CALVAIRE.

GOMARISTES, secte de théologiens parmi les calvinistes, opposée à celle des arminiens. Les premiers ont tiré leur nom de *Gomar*, professeur dans l'université de Leyde, et ensuite dans celle de Groningue; on les appelle aussi *contre-remontrants*, par opposition aux arminiens, connus sous le nom de *remontrants*. On peut connaître la doctrine des *gomaristes* par l'exposé que nous avons fait des sentiments des remontrants, à l'article ARMINIANISME; la théologie des uns est diamétralement opposée à celle des autres au sujet de la grâce, de la prédestination, de la persévérance, etc. On peut consulter encore l'*Histoire des Variations* par Bossuet, l. xiv, n. 17 et suiv., où la dispute est exposée avec beaucoup d'étendue et de clarté.

Certains littérateurs très-mal instruits se sont fort mal expliqués, lorsqu'ils ont dit que les *gomaristes* sont aux arminiens ce que les thomistes et les augustiniens sont aux molinistes; la différence est sensible à tout homme qui sait un peu de théologie. Les thomistes ni les augustiniens ne s'avisent pas d'enseigner, comme les *gomaristes*, que Dieu réprouve les pécheurs par un décret absolu et immuable, indépendamment de leur impénitence prévue; que Dieu ne veut pas sincèrement le salut de tous les hommes; que Jésus-Christ est mort pour les seuls prédestinés; que la justice ou l'état de grâce est inamissible pour eux, et que la grâce est irrésistible. Tels sont les dogmes des *gomaristes*, consacrés par le synode de Dordrecht, et autant d'erreurs condamnées par tous les théologiens catholiques.

D'autre côté, ceux que l'on appelle *molinistes* n'ont jamais nié la nécessité de la grâce prévenante pour faire de bonnes œuvres, même pour désirer la grâce, la foi, le salut; ils admettent la prédestination gratuite à la foi, à la justification, à la persévérance : s'ils ne l'admettent point à l'égard de la gloire éternelle, c'est parce que cette gloire est une récompense, et non un don purement gratuit. Quand ils disent que Dieu y prédestine les élus conséquemment à la prévision de *leurs mérites*, ils l'entendent des mérites acquis par la grâce, et non par les forces naturelles du libre arbitre, comme le voulaient les pélagiens. Voilà des points essentiels sur lesquels les arminiens ne se sont jamais clairement expliqués. Il n'y a donc aucune comparaison à faire entre les divers sentiments des écoles catholiques et ceux des protestants, soit arminien, soit *gomaristes*. La dispute de ceux-ci causa les plus grands troubles en Hollande, parce qu'elle y devint une affaire de politique entre deux partis, qui tous deux voulaient s'emparer de l'autorité.

Luther, en reprochant à l'Eglise romaine qu'elle était tombée dans le pélagianisme, fit ce que l'on a presque toujours fait en pareil cas; il se jeta dans l'extrémité opposée : il établit sur la grâce et la prédestination une doctrine rigide, de laquelle il s'ensuivait évidemment que l'homme ne peut pas être responsable du péché, et que c'est Dieu qui en est l'auteur. Mélanchton, esprit plus modéré, l'engagea à se relâcher un peu de ses premières opinions. Dès lors les théologiens de la confession d'Augsbourg marchèrent sur les traces de Mélanchton, et embrassèrent ses sentiments sur ce sujet. Ces adoucissements déplurent à Calvin; ce réformateur, et Théodore de Bèze son disciple, soutinrent le prédestinatianisme le plus rigoureux; ils y ajoutèrent les dogmes de la certitude du salut et de l'inamissibilité de la justice pour les prédestinés. Cette doctrine était presque universellement reçue en Hollande, lorque Arminius, professeur dans l'université de Leyde, se déclara pour le sentiment opposé, et se rapprocha de la croyance catholique. Il eut bientôt un parti nombreux; mais il trouva un adversaire dans la personne de Gomar, qui tenait pour le rigorisme de Calvin. Les disputes se multiplièrent, pénétrèrent dans les colléges des autres villes, ensuite dans les consistoires et dans les églises. Une première conférence tenue à la Haye, entre les arminiens et les *gomaristes*, en 1608; une seconde en 1610, une troisième à Delft en 1612, une quatrième à Rotterdam en 1615, ne purent les accorder. Trois ordonnances des Etats de Hollande et de West-Frise, qui prescrivaient le silence et la paix, n'eurent pas plus de succès. Comme la dernière était favorable aux arminiens, les *gomaristes* la firent casser par l'autorité du prince Maurice et des états généraux. Les troubles augmentèrent, on en vint aux mains dans plusieurs villes. Les états généraux, pour calmer le désordre, arrêtèrent, au commencement de 1618, que le prince Maurice marcherait avec des troupes pour déposer les magistrats arminiens, dissiper les soldats qu'ils avaient levés, et chasser leurs ministres. Après avoir fait cette expédition dans les provinces de Gueldres, d'Over-Yssel et d'Utrecht, il fit arrêter le grand-pensionnaire Barneveldt, Googerbets et Grotius, principaux soutiens du parti des arminiens; il parcourut les provinces de Hollande et de West-Frise, déposa dans toutes les villes les magistrats arminiens, bannit les principaux ministres et les théologiens de cette secte, et leur ôta les églises pour les donner aux *gomaristes*. Ceux-ci demandaient depuis longtemps un synode national où ils espéraient d'être les maîtres : les arminiens auraient voulu l'éviter, mais lorsqu'ils furent abattus on pensa à le convoquer. Ce synode devait représenter toute l'église belgique, on y invita aussi des docteurs et des ministres de toutes les églises réformées de l'Europe, afin de fermer la bouche aux arminiens ou remontrants; qui disaient que, si un synode provincial ne suffisait pas pour terminer les contestations, un synode national serait également insuffisant, et qu'il en fallait un qui fût œcuménique. Au reste, on pouvait déjà prévoir qu'un synode, soit national, soit œcuménique, ne serait pas favorable aux remontrants; c'était le parti faible : les députés que l'on nomma dans des synodes particuliers avaient presque tous été pris parmi les *gomaristes*; c'est ce qui engagea les remontrants à protester d'avance contre tout ce qui se ferait.

Le synode général était convoqué à Dordrecht; l'ouverture s'en fit le 13 novembre 1618 : les arminiens y furent condamnés unanimement; on y déclara leurs opinions contraires à l'Ecriture sainte et à la doctrine des premiers réformateurs. On ajouta une censure personnelle contre les arminiens cités au synode; elle les déclarait atteints et convaincus d'avoir corrompu la religion et déchiré l'unité de l'Eglise; pour ces causes, elle leur interdisait toutes charges ecclésiastiques, les déposait de leurs vocations, et les jugeait indignes des fonctions académiques. Elle portait que tout le monde serait obligé de renoncer aux cinq propositions des arminiens, que les noms de *remontrants* et *contre-remontrants* seraient abolis et oubliés. Il ne tint pas aux *gomaristes* que les peines prononcées contre leurs adversaires ne fussent plus rigoureuses. Ils avaient fait les plus grands efforts pour faire condamner les arminiens comme ennemis de la patrie et perturbateurs du repos public; mais les théologiens étrangers refusèrent absolument d'approuver, sur ce point, la sentence du synode. Pour satisfaire l'animosité des *gomaristes*, les états généraux donnèrent un édit, le 2 juillet de l'année suivante, pour approuver et faire exécuter les décrets et la sentence du synode. On proscrivit les arminiens, on bannit les uns, on emprisonna les autres, on confisqua les biens de plusieurs. Telle fut la douceur et la charité d'une Eglise prétendue réformée, dont les fondateurs se bornaient à demander humblement la liberté de conscience, et dont les ministres ne cessent encore de déclamer contre l'intolérance et la tyrannie de l'Eglise romaine.

Le supplice du célèbre Barneveldt, grand-pensionnaire de Hollande, suivit de près la conclusion du synode; le prince d'Orange fit prononcer contre lui une sentence de mort, dans laquelle, parmi d'autres griefs en matière civile, on l'accusait d'avoir conseillé la tolérance de l'arminianisme, d'avoir troublé la religion et contristé l'Eglise de Dieu. A présent, tout le monde est convaincu que cet homme célèbre fut le martyr des lois et de la liberté de son pays, plutôt que des opinions des arminiens, quoiqu'il les adoptât.

Le prince d'Orange, Maurice, qui avait l'ambition de se rendre souverain des Pays-Bas, était traversé dans ses desseins par les magistrats des villes et par les états particuliers des provinces, surtout de celles de Hollande et de West-Frise, à la tête desquels se trouvaient Barneveldt et Grotius. Il se servit habilement des querelles de religion pour abattre ces républicains, et pour opprimer entièrement la liberté de la Hollande, sous prétexte d'en extirper l'arminianisme. Si les *gomaristes* n'ont pas pénétré ses desseins, ils étaient stupides; s'ils les ont connus, et se sont néanmoins obstinés à les favoriser, ils ont été traitres à leur patrie.

Mais sous le stathoudérat de Guillaume II, fils du prince Henri, la tolérance ecclésiastique et civile s'établit peu à peu en Hollande; il était forcé d'en venir là, à cause de la multitude des sectes qui s'y étaient réfugiées. On permit donc aux arminiens d'avoir des églises dans quelques villes des Provinces-Unies; la doctrine qui avait été proscrite avec tant de rigueur au synode de Dordrecht ne parut plus si abominable aux yeux des Hollandais. L'Eglise arminienne d'Amsterdam a eu pour pasteurs plusieurs hommes célèbres, Episcopius, de Courcelles, de Limborch, le savant Le Cerc et d'autres. Presque tous se sont rendus suspects de socinianisme, et il est difficile de ne pas les en accuser, quand on a lu leurs écrits. Tous témoignent beaucoup d'aversion pour les sentiments de saint Augustin, qu'ils confondent très-mal à propos avec ceux de Calvin; et sur les matières de la grâce et de la prédestination, ils ont embrassé le pélagianisme. Cependant les *gomaristes* sont toujours dans la secte calviniste le parti dominant, les arminiens y sont regardés comme une espèce de schismatiques, du moins quant à la police extérieure de la religion. Dans les chaires et dans les écoles, l'on professe encore les dogmes rigides des premiers réformateurs; on les exprime dans toutes les formules de foi, et l'on est obligé de s'y conformer pour parvenir aux emplois ecclésiastiques. Pendant un temps il en a été de même en Angleterre, où les épiscopaux, aussi bien que les presbytériens, tenaient les opinions de Calvin sur les matières de la prédestination et de la grâce. Mais aujourd'hui, dans les différentes communions protestantes, une grande partie des ministres et des théologiens s'est rapprochée des sentiments des arminiens, par conséquent des pélagiens. Bossuet, *ibid.*, § 84 et suiv. D'où il est aisé de conclure que chez les protestants, en général, les dogmes et la croyance changent suivant que les circonstances et l'intérêt politique l'exigent; à proprement parler, il n'y a rien de fixe chez eux que la haine contre l'Eglise romaine. Quoi qu'il en soit, la dispute entre les arminiens et les *gomaristes* ne cause plus aucun trouble en Hollande; la tolérance a réparé, dit-on, les maux qu'avait faits la persécution. Soit : mais aussi cette conduite a démontré l'inconséquence et l'instabilité des principes des protestants. Ils avaient jugé solennellement que l'arminianisme était intolérable, puisqu'ils avaient exclu des charges, du ministère et des chaires de théologie, les arminiens ; ensuite, par politique, ils ont trouvé bon de les tolérer, de leur accorder des églises et un exercice public de religion : preuve qu'ils n'ont jamais eu de règle invariable, qu'ils sont tolérants ou intolérants, selon les circonstances et selon l'intérêt du moment.

Aux yeux des catholiques, le synode de Dordrecht a couvert les calvinistes d'un ridicule ineffaçable. Les arminiens n'ont cessé d'opposer au jugement de cette assemblée les mêmes griefs que les protestants avaient allégués contre le concile de Trente et contre les condamnations prononcées contre eux. Ils ont dit que les juges qui les condamnaient étaient leurs parties, et n'avaient pas plus d'autorité qu'eux en fait de religion ; que les disputes, en ce genre, devaient être terminées par l'Écriture sainte, et non par une prétendue tradition, ou à la pluralité des suffrages, encore moins par des sentences de proscription ; que c'était soumettre la parole de Dieu au jugement des hommes, usurper l'autorité divine, etc. Les *gomaristes*, appuyés du bras séculier, ont trouvé bon de n'y avoir aucun égard, et de faire céder à leur intérêt le principe fondamental de la réforme.

Il ne faut pas oublier que le synode de Dordrecht était composé non-seulement des calvinistes de Hollande, mais des députés des églises protestantes d'Allemagne, de Suisse et d'Angleterre ; que les décrets de Dordrecht furent adoptés par les calvinistes de France dans un synode de Charenton. C'est donc la société entière des calvinistes qui s'est arrogé le droit de censurer la doctrine, de dresser des confessions de foi, de procéder contre les hérétiques ; droit qu'elle a toujours contesté à l'Église catholique, et qu'elle lui dispute encore. Quel triomphe pour les protestants, s'ils avaient pu reprocher la même contradiction à l'Église romaine !

GONFALON, GONFANON, grande bannière d'étoffe de couleur, découpée par le bas en plusieurs pièces pendantes, dont chacune se nomme *fanon*. L'on donnait ce nom principalement aux bannières des églises, que l'on arborait lorsqu'il fallait lever des troupes et convoquer les vassaux pour la défense des églises et des biens ecclésiastiques. La couleur en était différente, selon la qualité du saint patron de l'église, rouge pour un martyr, verte pour un évêque, etc. En France, ces bannières étaient portées par les *avoués* ou défenseurs des abbayes ; ailleurs par des seigneurs distingués, que l'on nommait *gonfaloniers*. Quelques écrivains prétendent que de là est venu l'usage des bannières dont on se sert aujourd'hui dans les processions. Dans les auteurs de la basse latinité, ces bannières sont nommées *vortiforium*. Voy. BANNIÈRE.

GOTESCALC, moine bénédictin de l'abbaye d'Orbais, diocèse de Soissons, qui troubla la paix de l'Église, dans le IX° siècle, par ses erreurs sur la grâce et la prédestination. Il fut condamné par Raban-Maur, archevêque de Mayence, dans un concile tenu l'an 848, et, l'année suivante, dans un autre convoqué à Quierzy-sur-Oise par Hincmar, archevêque de Reims.

Gotescalc enseignait, 1° que Dieu, de toute éternité, a prédestiné les uns à la vie éternelle, les autres à l'enfer ; que ce double décret est absolu, indépendant de la prévision des mérites ou des démérites futurs des hommes ; 2° que ceux que Dieu a prédestinés à la mort éternelle ne peuvent être sauvés, que ceux qu'il a prédestinés à la vie éternelle ne peuvent pas périr ; 3° que Dieu ne veut pas sauver tous les hommes, mais seulement les élus ; 4° que Jésus-Christ n'est mort que pour ces derniers ; 5° que depuis la chute du premier homme, nous ne sommes plus libres pour faire le bien, mais seulement pour faire le mal. — Il n'est pas nécessaire d'être théologien pour sentir l'impiété et l'absurdité de cette doctrine. Voy. PRÉDESTINATIANISME, PRÉDESTINATIENS.

Cependant la condamnation de *Gotescalc* et les décrets de Quierzy firent du bruit ; l'on écrivit pour et contre. En 853, Hincmar tint un second concile à Quierzy, et dressa quatre articles de doctrine, qui furent nommés *Capitula Carisiaca*. Comme sur cette matière il est très-difficile de s'expliquer avec assez de précision pour prévenir toutes les fausses conséquences, plusieurs théologiens furent mécontents. Ratramne, moine de Corbie ; Loup, abbé de Ferrières ; Amolon, archevêque de Lyon, et saint Remi, son successeur, attaquèrent Hincmar et les articles de Quierzy ; saint Remi les fit même condamner, en 855, dans un concile de Valence auquel il présidait ; saint Prudence, évêque de Troyes, qui avait souscrit à ces articles, écrivit en vain pour accorder deux partis qui ne s'entendaient pas. Un certain Jean Scot, surnommé Érigène, s'avisa d'attaquer la doctrine de *Gotescalc*, enseigna le semi-pélagianisme ; et augmenta la confusion ; saint Prudence et Florus, diacre de Lyon, le réfutèrent. Tous prétendaient suivre la doctrine de saint Augustin ; mais il ne leur était pas aisé de comparer ensemble dix volumes *in-folio*, pour saisir les vrais sentiments de ce saint docteur ; et le IX° siècle n'était pas un temps fort propre à tenter cette entreprise. Aussi la contestation ne finit que par la lassitude ou par la mort des combattants. Il aurait été mieux de garder le silence sur une question qui n'a jamais produit que du bruit, des erreurs et des scandales, et sur laquelle il est presque toujours arrivé aux deux partis de donner dans l'un ou dans l'autre excès. Après douze siècles de disputes, nous sommes obligés de nous en tenir précisément à ce que l'Église a décidé, et à laisser le reste de côté ; ceux qui veulent aller plus loin ne font que répéter de vieux arguments auxquels on a donné cent fois la même réponse.

On trouve dans l'*Histoire de l'Eglise gallicane*, t. VI, l. xvi, an. 848, une notice exacte des sentiments de Gotescalc, et des ouvrages qui ont été faits pour ou contre; elle nous paraît plus fidèle que celle qu'en ont donnée les auteurs de l'*Histoire littéraire de la France*, t. IV, p. 262 et suiv. Ces derniers semblent avoir voulu justifier Gotescalc aux dépens d'Hincmar, son archevêque, auquel ils n'ont pas rendu assez de justice.

GOTHS, GOTHIQUE. On peut voir ce qu'il y a de plus certain sur l'origine des *Goths*, sur leurs premières migrations, sur leur conversion au christianisme, dans les *Vies des Pères et des Martyrs*, t. III, p. 324. On y apprendra que ce peuple reçut les premiers rayons de la foi vers le milieu du iii° siècle, dans le temps qu'il occupait les pays situés au midi du Danube, la Thrace et la Macédoine. Quelques prêtres, et d'autres chrétiens que les *Goths* avaient faits prisonniers, leur donnèrent la connaissance de l'Evangile. Ils y furent d'abord très-attachés, et il y eut parmi eux plusieurs martyrs. Un de leurs évêques, nommé Théophile, assista au concile de Nicée, et en souscrivit les actes. Ulphilas, son successeur, fut encore attaché pendant quelque temps à la foi catholique; il fit un alphabet pour les *Goths*, leur apprit à écrire et traduisit pour eux la Bible en langue *gothique*; ce qui en reste est encore appelé version *gothique* de la Bible. Voy. BIBLE. Mais en 376, Ulphilas, pour faire sa cour à l'empereur Valens, protecteur des ariens, se laissa séduire, embrassa l'arianisme et l'introduisit chez les *Goths*, sous le règne d'Alaric I°', leur roi. Ce changement ne se fit pas tout à coup; plusieurs catholiques persévérèrent dans la foi de Nicée, et souffrirent pour elle. Ceux qui ont cru que les *Goths*, en embrassant le christianisme, avaient été d'abord infectés de l'hérésie des ariens, se sont évidemment trompés. Lorsque les *Goths* firent une irruption en Italie, passèrent les Alpes, s'établirent en 411 dans la Gaule narbonnaise et en Espagne, ils y portèrent l'arianisme et le génie persécuteur qui caractérisait les ariens.

Alors ce peuple avait sûrement une liturgie; il est probable que c'était celle de l'Eglise de Constantinople, à cause des liaisons que les *Goths* avaient toujours conservées avec cette Eglise; et l'on présume qu'ils continuèrent à la suivre, soit dans la Gaule narbonnaise, soit en Espagne, jusque vers l'an 589, temps auquel ils renoncèrent à l'arianisme, et rentrèrent dans le sein de l'Église catholique, par les soins de leur roi Récarède, et de saint Léandre, évêque de Séville. Ce fut postérieurement à cette époque que saint Léandre et saint Isidore, son frère et son successeur, travaillèrent à mettre en ordre le missel et le bréviaire des Eglises d'Espagne. L'an 633, un concile de Tolède ordonna que l'un et l'autre seraient uniformément suivis en Espagne et dans la Gaule narbonnaise. Dans le viii° siècle, ce missel et ce bréviaire *gothiques* ont été nommés *Mozarabiques*. Voy. MOZARABES.

Le père Lebrun a observé que le missel *gothique gallican*, publié par Thomassius et par le père Mabillon, était à l'usage des *Goths* de la Gaule narbonnaise, et non de ceux d'Espagne; par conséquent il était en usage avant la tenue du concile de Tolède. Aussi croit-on qu'il est au moins de la fin du vii° siècle. *Explication des cérémonies de la Messe*, tom. III, pag. 235 et 274.

GOURMANDISE. Ce vice est sévèrement proscrit dans l'Evangile; les apôtres le représentent comme inséparable de l'impudicité; comme un désordre dont les païens ne rougissaient pas, mais dont les chrétiens doivent avoir horreur. *Rom.* xiii, 13; xiv, 17; *I Cor.* vi, 13; *Galat.* v, 21; *Ephes.* v, 18; *I Petri* iv, 3. Le prophète Ezéchiel attribue les abominations de Sodome aux excès de la *gourmandise*, chap. xvi, vers. 49. Saint Paul peint ceux qui y sont livrés comme les ennemis de la croix de Jésus-Christ, comme des hommes qui n'ont point d'autre Dieu que leur ventre, et qui font gloire d'un vice qui doit les couvrir de confusion. *Philipp.*, chap. iii, vers. 18 et 19.

Plusieurs anciens philosophes, surtout les stoïciens, ont enseigné, touchant la tempérance et la sobriété, une morale aussi austère que celle de l'Evangile; on prétend même que quelques épicuriens ont été des modèles de cette vertu, et ils en fondaient les préceptes sur les principes mêmes de leur philosophie, qui plaçait le souverain bien dans la volupté ou dans le plaisir. Les nouveaux platoniciens du iii° et du iv° siècle de l'Eglise remirent en honneur les anciennes maximes de Pythagore et des stoïciens sur la sobriété: quand on lit le traité *de l'Abstinence* de Porphyre, on est presque tenté de croire qu'il a été écrit par un solitaire de la Thébaïde ou par un religieux de la Trappe. Il y a lieu de présumer que ces anciens n'auraient pas déclamé avec autant de zèle que nos philosophes modernes contre les lois ecclésiastiques touchant l'abstinence et le jeûne.

GOUVERNEMENT. A l'article AUTORITÉ CIVILE ET POLITIQUE, nous avons prouvé que le *gouvernement*, ou le pouvoir que les chefs de la société exercent sur les particuliers, n'est point fondé sur un contrat libre, révocable ou irrévocable, mais sur la même loi par laquelle Dieu, en créant l'homme, l'a destiné à la société, puisqu'il est impossible qu'une société subsiste sans subordination. Conséquemment, saint Paul a posé pour principe que *toute puissance vient de Dieu*, sans distinguer si elle est juste ou injuste, oppressive ou modérée, acquise par justice ou par force, parce que, quelque dur que puisse être un *gouvernement*, c'est encore un moindre mal que l'anarchie. Les philosophes, qui font à notre religion un crime de cette morale, sont des aveugles qui ne voient pas les conséquences affreuses du principe contraire, ni les absurdités de leur système. Mais l'excès même de leurs égarements doit convaincre les chefs de la société que la tranquillité et la sécurité des *gouvernements* ne peut être fondée sur une meilleure base que sur les maximes de l'Évangile.

Une des réflexions les plus capables de nous convaincre de la divinité du christianisme est de considérer la révolution qu'il a produite dans le *gouvernement* de tous les peuples chez lesquels il s'est établi, et de comparer à cet égard les nations infidèles avec celles qui sont éclairées des lumières de la foi. Lorsque l'Évangile fut prêché, l'autorité des souverains était despotique chez tous les peuples connus; celle des empereurs était devenue absolument militaire : ils créaient, changeaient, abrogeaient les lois, selon leur bon plaisir et sans consulter personne; il n'y avait dans l'empire aucun tribunal établi pour les vérifier, pour faire au besoin des remontrances sur les inconvénients qui pouvaient en résulter. Une des premières réformes que fit Constantin, dès qu'il eut embrassé le christianisme, fut de mettre des bornes à son autorité ; il ordonna aux magistrats de suivre le texte des lois établies, sans avoir égard aux rescrits particuliers des empereurs, que les hommes puissants obtenaient par faveur. C'est depuis cette époque seulement que la législation romaine acquit de la stabilité, et que les peuples eurent une sauve-garde contre la tyrannie des grands. Le code théodosien, et celui de Justinien, qui est encore aujourd'hui la loi de l'Europe entière, n'ont pas été rédigés par des princes païens ni par des souverains philosophes, mais par des empereurs très-attachés au christianisme.

Hors des limites de l'empire romain, les *gouvernements* étaient encore plus mauvais. Nous ne connaissons aucun peuple qui eût alors un code de lois fixes, auxquelles les sujets pussent appeler contre les volontés momentanées du souverain. Si les Perses étaient alors conduits par les lois de Zoroastre, telles que nous les connaissons, ils n'avaient pas lieu de se féliciter de leur bonheur. Vainement, en remontant plus haut, voudrait-on nous faire regretter le *gouvernement* des Égyptiens, ou celui des anciennes républiques de la Grèce : malgré les merveilles que quelques historiens trop crédules nous ont racontées de la législation de l'Égypte, il est constant qu'après la conquête de ce royaume par Alexandre, le *gouvernement* des Ptolémées fut aussi orageux et aussi déréglé que celui des autres successeurs de ce héros. Quand on examine de près celui des Spartiates, des Athéniens et des autres états confédérés de la Grèce, on trouve beaucoup à rabattre sur les éloges qui en ont été faits par les anciens. N'y eût-il que l'énorme disproportion qui se trouvait entre les citoyens et les esclaves, c'en serait assez pour nous faire déplorer l'aveuglement des anciens législateurs. Parlerons-nous du *gouvernement* des peuples du Nord avant leur conversion au christianisme? Il était à peu près semblable à celui des Sauvages. Ces hommes farouches et toujours armés ne connurent et ne respectèrent des lois que quand ils eurent subi le joug de l'Évangile. Nous ne faisons point mention de celui des Juifs ; leurs lois étaient l'ouvrage de Dieu, et non des hommes, mais elles ne convenaient qu'à un peuple isolé et au climat sous lequel elles avaient été établies : elles ne pouvaient plus avoir lieu depuis la venue du Messie.

On dira, sans doute, que la révolution que nous attribuons au christianisme est venue des progrès naturels qu'a faits l'esprit humain dans la science du *gouvernement*. Mais pourquoi l'esprit humain n'a-t-il pas fait ailleurs les mêmes progrès que chez les nations chrétiennes? Depuis environ deux mille cinq cents ans, si l'histoire de la Chine est vraie, le *gouvernement* de cet empire n'a pas changé. Il n'y a point encore d'autres lois que les édits des empereurs, et ces édits n'ont de force que pendant la vie du prince qui les a faits; quelques auteurs même prétendent qu'ils ne subsistent qu'autant qu'ils demeurent affichés, et qu'on les viole impunément dès que l'on ne peut plus les lire. Le *gouvernement* des Arabes bédouins est encore le même qu'il était il y a quatre mille ans ; la législation des Indiens n'est pas devenue meilleure, et si l'on peut juger de l'avenir par une expérience de onze siècles, la politique des mahométans ne changera pas plus que le texte de l'Alcoran.

Rien n'est donc plus absurde que les dissertations, les plaintes, les murmures de nos philosophes politiques contre tous les *gouvernements* modernes. Qu'ils comparent l'état actuel des peuples de l'Europe avec ce qu'il était autrefois, et avec le sort des nations infidèles, ils seront forcés d'avouer, avec Montesquieu, « que nous devons au christianisme, et dans le *gouvernement* un certain droit politique, et dans la guerre un certain droit des gens, que la nature humaine ne saurait assez reconnaître. » Ceux qui sont mécontents du *gouvernement* sous lequel ils vivent ne seraient satisfaits d'aucun autre ; ils haïssent l'autorité, parce qu'ils n'en jouissent pas ; et, s'ils étaient les maîtres, malheur à quiconque serait forcé de vivre sous leurs lois. « La domination d'un peuple libre, dit un auteur anglais, est encore plus dure que celle d'un despote ; l'esprit de tyrannie semble si naturel à l'homme, que ceux mêmes qui se révoltent contre le joug que l'on voudrait leur imposer ne rougissent pas d'en charger les autres. Les Anglais, si jaloux de leur liberté, auraient voulu asservir les Américains ; leur compagnie des Indes exerce dans le Bengale, où elle est devenue souveraine, un despotisme plus tyrannique et plus cruel qu'il n'y en ait dans aucun lieu du monde. » Connaît-on, dans l'histoire ancienne ou moderne, des républicains conquérants qui aient traité avec douceur le peuple conquis? Fions-nous encore aux prédicateurs de la liberté.

S'ils s'étaient bornés à des plaintes, on les pardonnerait à l'inquiétude naturelle des

Européens, mais peut-on lire sans horreur les maximes abominables qu'ils ont écrites? « Une société, disent-ils, dont les chefs et les lois ne procurent aucun bien à ses membres, perd évidemment ses droits sur eux ; les chefs qui nuisent à la société perdent le droit de lui commander..... Tout homme qui n'a rien à craindre devient bientôt méchant ; la crainte est donc le seul obstacle que la société puisse opposer aux passions de ses chefs..... Nous ne voyons sur la face de ce globe que des souverains injustes, incapables, amollis par le luxe, corrompus par la flatterie, dépravés par la licence et par l'impunité, dépourvus de talents, de mœurs et de vertus, des fourbes, des brigands, des furieux, etc..... C'est à la religion et aux lâches flatteries de ses ministres que sont dus le despotisme, la tyrannie, la corruption et la licence des princes, et l'aveuglement des peuples, etc. » *Système de la nature*, 1ʳᵉ part., c. 6, 13, 14, 16 ; 11ᵉ part., c. 8, 9, etc. Nous n'oserions copier le conseil abominable qu'un de ces fougueux philosophes a donné aux nations mécontentes de leur souverain.

On demande jusqu'où s'étend l'autorité du *gouvernement* par rapport à la religion ; c'est dans les lumières de l'équité naturelle, et non dans les écrits de nos politiques irréligieux que nous devons chercher les principes nécessaires pour résoudre cette question. 1° Lorsqu'une religion porte des marques évidentes de vérité et de sainteté, lorsque ses prédicateurs prouvent leur mission divine par des signes indubitables, le *gouvernement* n'a pas droit de les empêcher de la prêcher et de l'établir ; il serait absurde de lui attribuer le droit de résister à Dieu, comme a fait l'auteur des *Pensées philosophiques*, n° 42. « Lorsqu'on annonce, dit-il, au peuple un dogme qui contredit la religion dominante, ou quelque fait contraire à la tranquillité publique, justifiât-on sa mission par des miracles, le *gouvernement* a droit de sévir, et le peuple de crier : *Crucifige*. » Suivant cette maxime insensée, les païens ont eu droit de sévir contre ceux qui ont prêché l'unité de Dieu, parce que ce dogme contredisait le polythéisme qui était la religion dominante, et parce que les faits par lesquels ils prouvaient leur mission faisaient du bruit, partageaient les esprits, excitaient même la fureur du peuple. Cette décision pourrait être vraie, si les prédicateurs d'une religion sainte et divine employaient, pour l'établir, des moyens illégitimes, comme les séditions, la violence, les voies de fait, les armes et la guerre. Dieu n'a jamais commandé et n'a jamais positivement permis ces moyens contraires au droit naturel, pour établir la vraie religion ; il les a même positivement défendus. — 2° Lorsqu'une religion quelconque s'est établie par ces voies odieuses, et que le *gouvernement* s'est trouvé forcé d'en permettre l'exercice, il est toujours en droit de révoquer cette permission, lorsqu'il aura récupéré assez de force pour contraindre les sujets à l'obéissance ; à plus forte raison, lorsqu'il voit que l'esprit d'indépendance et de révolte persévère constamment parmi les sectateurs de cette religion. En effet, c'en est assez pour démontrer qu'elle n'est ni vraie ni approuvée de Dieu, et qu'elle est nuisible au bien public. Si les avocats des protestants y avaient fait plus de réflexion, ils n'auraient pas déclamé si indécemment contre la révocation de l'édit de Nantes. 3° Aucun *gouvernement* n'a le droit de forcer par les supplices ses sujets à embrasser et à pratiquer une religion laquelle ils ne croient pas. Cet exercice forcé ne peut plaire à Dieu et ne peut être d'aucune utilité ni pour ce monde ni pour l'autre. C'est ce que nos anciens apologistes n'ont cessé de représenter aux persécuteurs, qui voulaient forcer les chrétiens à renier Jésus-Christ et à faire par les actes d'idolâtrie. Mais il peut interdire l'exercice public d'une religion, lorsqu'elle lui paraît fausse et pernicieuse au bien de la société. — 4° Lorsqu'une religion est établie depuis longtemps et incorporée à la législation d'un peuple ; lorsqu'il est prouvé, par une longue expérience, qu'elle contribue à la pureté des mœurs, au bon ordre, à la tranquillité civile et à la soumission des sujets, le *gouvernement* est obligé et il a le droit de réprimer la licence des écrivains qui l'outragent, qui la calomnient, qui travaillent à prévenir les esprits et à les détacher de cette religion. Cette témérité ne peut être utile à personne ; elle ne peut avoir que des suites funestes pour le *gouvernement* ; nous en voyons la preuve dans les maximes que nous avons citées. — 5° A plus forte raison doit-il sévir contre ceux qui professent l'athéisme et le matérialisme, ou d'autres systèmes destructifs de toute religion (1). Une expérience aussi ancienne que le monde a démontré que sans religion il est impossible de former une société civile, une législation qui soit respectée, un *gouvernement* qui soit obéi ; par conséquent les systèmes dont on parle ne sont pas moins contraires à la saine politique qu'à la religion. Quant aux prétendus droits de la conscience erronée, ils sont ici absolument nuls ; autrement il faudrait établir pour maxime que les malfaiteurs de toute espèce doivent être tolérés, dès qu'ils se persuadent qu'ils font bien, et que ce sont les lois et les *gouvernements* qui ont tort.

Nous ne craignons pas que l'on oppose à nos principes des réflexions plus solides et d'une vérité plus palpable.

GOUVERNEMENT ECCLÉSIASTIQUE. Nous avons prouvé ailleurs qu'il n'est pas vrai que, dans l'origine du christianisme, le *gouvernement* de l'Église ait été purement démocratique, que les pasteurs n'aient rien pu

---

(1) Nous avons déjà observé plusieurs fois que le catholicisme ne veut dominer que par une liberté sage. La persécution contre des doctrines, une fois émise en principe, peut aussi bien s'attaquer à la vérité qu'au mensonge. La vérité triomphera toujours, si on lui donne la liberté de se produire. Le devoir d'un sage gouvernement est de protéger cette liberté et de condamner l'oppression.

ni rien osé décider sans le suffrage du peuple, comme quelques protestants ont voulu le soutenir. Le Clerc, qui sur ce point a été de meilleure foi que les autres, convient que dès le commencement du second siècle il y a eu dans chaque Eglise un évêque chargé du *gouvernement*, mais que, par le défaut d'anciens monuments, nous ne savons ni le temps précis, ni les raisons de cet établissement. *Hist. ecclés.*, an. 52, § 7; 68, § 6 et 8. Mais, par les lettres de saint Paul à Tite et à Timothée, nous voyons évidemment que cette discipline a été établie par les apôtres mêmes, et qu'elle n'était pas moins nécessaire au premier siècle qu'au second. *Voyez* AUTORITÉ RELIGIEUSE et ECCLÉSIASTIQUE, ÉVÊQUE, HIÉRARCHIE, PASTEUR, etc.

* GOUVERNEMENT DE L'EGLISE. L'Eglise, comme toute autre société, doit avoir son gouvernement. Pour en bien déterminer la nature, nous devons donner une notion des différentes espèces de gouvernements. Nous n'en connaissons que de trois sortes, le démocratique, l'aristocratique et le monarchique. Le gouvernement est démocratique quand la souveraineté est remise entre les mains de tout le peuple et qu'il l'exerce par lui-même ou par délégation. Tel est aujourd'hui le gouvernement français. Le gouvernement aristocratique est celui où la souveraineté est remise entre les mains d'un certain nombre d'individus. Le gouvernement monarchique est celui où la souveraineté est remise entre les mains d'un seul. On a modifié ces trois espèces de gouvernements dans nos constitutions modernes. On a institué des monarchies tempérées par des chambres, des aristocraties tempérées par la monarchie. Mais, en examinant le fond de ces différentes espèces de gouvernements, on arrive nécessairement à l'une des formes primitives. Ainsi dans les monarchies constitutionnelles, à qui appartient le souverain pouvoir? Il est évident que c'est aux pouvoirs constitutionnels; que le roi n'est réellement pas souverain; qu'il est seulement une partie du gouvernement de plusieurs, ou aristocratique.

On a essayé d'appliquer à l'Eglise ces différentes formes de gouvernements. Marsile de Padoue et Edmond Richer ont essayé d'établir que le gouvernement de l'Eglise est démocratique. Leur doctrine a été hautement réprouvée par toute l'Eglise, qui répète après Bossuet : « L'Eglise catholique parle ainsi au peuple chrétien : Vous êtes un peuple et un Etat, et une société; mais Jésus-Christ, qui est votre roi, ne tient rien de vo s, et son autorité vient de plus haut : vous n'avez naturellement non plus de droit de lui donner des ministres que de l'instituer lui-même votre prince; ainsi ses ministres, qui sont vos pasteurs, viennent de plus haut comme lui-même, et il faut qu'ils viennent par un ordre qu'il ait établi. Le royaume de Jésus-Christ n'est pas de ce monde, et la comparaison que vous pouvez faire entre ce royaume et ceux de la terre est caduque : en un mot, la nature ne vous donne rien qui ait rapport avec Jésus-Christ et son royaume; et vous n'avez aucun droit que ceux que vous trouverez dans les lois ou dans les coutumes immémoriales de votre société : or, ces coutumes immémoriales, à commencer par les temps apostoliques, sont que les pasteurs déjà établis établissent les autres. *Elisez*, disent les apôtres, *et nous établirons*. »

Il est donc constant que le peuple chrétien n'a aucune part au gouvernement de l'Eglise. Il y a au-dessus du peuple le curé, qui jouit d'une véritable juridiction ordinaire; participe-t-il à la souveraineté comme partie de l'aristocratie chrétienne? Nous réfutons ce système au mot PRESBYTÉRIANISME.

Il est très-certain que le gouvernement de l'Eglise n'est pas *purement* aristocratique dans le corps des évêques; car nous démontrons, au mot PRIMAUTÉ, que le pape, de droit divin, a sur l'Eglise une véritable primauté d'honneur et de juridiction. Il a donc des pouvoirs indépendants de ceux de l'épiscopat. Aussi les meilleurs esprits reconnaissent que le gouvernement de l'Eglise est une monarchie pure.

« Quand (les novateurs) disent que le gouvernement de l'Eglise est une monarchie tempérée par l'aristocratie, d'abord on ne peut comprendre comment ils peuvent appeler tempérées l'une par l'autre deux puissances dont l'une dépend en tout de l'autre (comme ils voudraient que le pape dépendît de l'Eglise), sans que celle-ci dépende en rien de celle-là. Ensuite, quand même on pourrait concevoir un tel tempérament, ce ne serait pas encore une *monarchie tempérée par l'aristocratie*, mais bien une *aristocratie tempérée par la monarchie*; car lorsqu'on dit qu'une forme de gouvernement est tempérée par une autre, l'on entend que la première domine et qu'il s'y mêle quelque chose de la seconde, mais dans une moindre proportion, et non au même degré. Par exemple, nous disons que nous tempérons le vin par l'eau, lorsqu'à une plus grande quantité de vin nous mêlons une plus petite quantité d'eau; au lieu que si l'eau surpassait le vin, ce ne serait plus le vin tempéré par l'eau, mais l'eau tempérée par le vin. Par conséquent, tant que l'on donnera au concile une puissance supérieure à celle du pape, de quelque manière qu'on les considère tempérés l'un par l'autre, l'avantage que le concile, c'est-à-dire l'aristocratie, aura sur le pape, et la position inférieure de la monarchie du pape feront qu'il n'y aura jamais une monarchie tempérée par l'aristocratie. Et cependant les partisans de cette opinion avouent qu'il est de foi que l'Eglise est un état monarchique, et qu'on ne peut l'appeler une *aristocratie tempérée par la monarchie*; ce qui est contradictoire avec leur système; ils sont catholiques dans leur croyance, et inconséquents dans leurs raisonnements. En effet ce Gerson, que nos adversaires exaltent tant, a reconnu dans l'Eglise le gouvernement monarchique : Status papalis, dit-il, institutus est a Christo supernaturaliter et immediate, tanquam primatum habens monarchicum et regalem in ecclesiastica hierarchia, secundum quem statum unicum et supremum Ecclesia militans dicitur una sub Christo. Quem primatum quisquis impugnare vel diminuere, vel alicui ecclesiastico statui peculiari, coæquare, præsumit, si hoc pertinaciter faciat, hæreticus est, schismaticus, impius atque sacrilegus (*De Statu sum. pont.*, consid. 1). L'Eglise de France l'a aussi reconnu, en condamnant le système de Richer : Hierarchiæ ecclesiasticæ potestas divino jure monarchica est, eaque papalis, cui quilibet fidelium subesse dignoscitur.

Nous ne devons pas confondre le despotisme avec la monarchie chrétienne. Les raisons sur lesquelles repose la monarchie du pape l'assujettissent à un grand nombre de lois. En effet, voici celles qu'on en donne : 1° Dieu l'a chargé d'arrêter et de corriger les abus, et en même temps de punir les prévarications de ses coopérateurs dans l'épiscopat; il lui a donné le pouvoir de déposer les contumaces, ainsi que saint Bernard l'atteste dans sa lettre à Eugène : « Ne pouvez-vous pas, s'il y a lieu, fermer le cul à un évêque, le déposer même de l'épiscopat et le livrer à Satan (*a*). Natalis Alexander nous rapporte que cela arriva à Antime, évêque de Constantinople, que saint Agapet déposa et remplaça par Menna : « Le pontife romain ne pouvait exercer sa primauté avec plus d'éclat qu'en dépouillant de toute autorité l'hérétique patriarche de Constantinople, et en créant un autre évêque à sa place, et cela

(*a*) Nonne, si causa exstiterit, tu episcopo cœlum claudere, tu ipsum ab episcopatu deponere etiam et tradere Satanæ potes? *L. b.* II, *de Consid.*, c. 8, n. 16.

sans convoquer un concile (a). » 2° Jésus-Christ l'a établi le protecteur universel et légitime des droits des autres, ainsi que saint Athanase le rappelait au pape Félix : « Dieu ne vous a élevé, vous et vos prédécesseurs, à la dignité la plus éminente, que pour que vous veniez à notre secours (b). » 3° Il est le chef et le père de tous les évêques même réunis en concile : ce sont les noms que lui donne le concile de Chalcédoine dans sa lettre à saint Léon : *Summitas tua filiis quod deest adimpleat*. 4° Il a le droit de proposer, d'établir et d'autoriser la règle de la vraie croyance ; c'est-à-dire, comme le dit saint Thomas, « c'est à lui qu'appartient de publier le Symbole : *ad ipsum pertinet editio Symboli*; » il est le seul avec qui il faut recueillir, sous peine de dissiper ; avec qui il faut être d'accord, si l'on ne veut se mettre ouvertement à la suite de l'Antechrist, selon les paroles de saint Jérôme écrivant à saint Damase : *Quicunque tecum non colligit, spargit ; qui tecum non est, Antichristi est*. 5° Enfin le pape porte le titre et le caractère d'un vrai monarque, parce que le soin de tout le troupeau de Jésus-Christ lui est confié. Or tous ces titres, qui nous montrent dans le chef de l'Eglise un monarque, renferment autant de devoirs qui lui sont imposés. Ils prouvent clairement que le pape est fait pour l'Eglise, et non l'Eglise pour le pape : et de là résultent pour lui d'innombrables obligations auxquelles le pape ne peut se soustraire ; obligations aussi multipliées que les besoins immenses de l'Eglise, au bien de laquelle il doit veiller sans cesse, comme les souverains y sont tenus envers les sociétés civiles.

« Si c'est trop de se trouver chargé d'une seule famille, *dit La Bruyère*, si c'est assez d'avoir à répondre de soi seul, quel poids, quel accablement que celui que donne tout un royaume ?..... Quand vous voyez quelquefois un nombreux troupeau, qui, répandu sur une colline vers le déclin d'un beau jour, pait tranquillement le thym et le serpolet, ou qui broute dans une prairie une herbe tendre et menue qui a échappé à la faux du moissonneur, le berger soigneux et attentif est debout auprès de ses brebis ; il ne les perd pas de vue, il les suit, il les conduit, il les change de pâturage ; si elles se dispersent, si un loup avide paraît, il lâche son chien, qui le met en fuite : il les nourrit, il les défend. L'aurore le trouve déjà en pleine campagne, d'où il ne se retire qu'avec le soleil. Quels soins ! quelle vigilance ! quelle servitude ! quelle condition vous paraît la plus délicieuse et la plus libre, ou du berger ou des brebis ? Le troupeau est-il fait pour le berger, ou le berger pour le troupeau ? Image naïve des peuples et du prince qui les gouverne, s'il est bon prince. » (*Caractères de La Bruyère, c.* 10.) Telle est l'idée que se forment de la monarchie du pape ses sages défenseurs ; telle est l'idée qu'ont d'eux-mêmes les papes, qui pour cela se sont appelés les *serviteurs des serviteurs de Dieu, servi servorum Dei*. Qu'on lise la belle et victorieuse réfutation qu'un illustre anonyme (le cardinal Gerdil) a fait de deux libelles écrits contre le bref *Super Soliditate*, où Eybel est condamné ; l'on y verra présentée dans son vrai jour la monarchie que Jésus-Christ a établie. Il montre bien que ce n'est pas une autorité arbitraire et despotique, et que le pape, quoique monarque, a lui-même des lois fondamentales ; lois qui découlent du plan de l'institution divine, que l'Eglise a tracées et que ses prédécesseurs ont sanctionnées par leur consentement.

Cependant nos nouveaux Jérémies versent des larmes inconsolables sur les *usurpations* ; ils les regardent comme des conséquences et des effets inséparables de la puissance monarchique, et ils imaginent un système qui, à leur avis, aurait l'avantage de détruire le *despotisme* et de représenter fidèlement l'institution divine. Le pape dépose un évêque injustement, il restreint trop les lois de l'épiscopat, appelle à lui plusieurs causes qui devraient être jugées et décidées par l'ordinaire ; c'est une source de désordres ; c'est un abus funeste à l'Eglise : il faut donc refuser au pape cette autorité. Telle est à peu près leur manière de raisonner. Ecoutons ce que Ballerini leur répond : « Si ces abus étaient une raison de contester une autorité légitime, qui ne voit qu'il faudrait à la fois nier et l'autorité du pape, et l'autorité des évêques, et l'autorité ordinaire, et l'autorité déléguée ? toutes ces diverses sortes d'autorités étant, par la faiblesse ou par la malice des hommes, sujettes à beaucoup d'abus (a). » Cette autorité souveraine des papes, chargés de veiller sur la conduite des fidèles et des évêques eux-mêmes, qui, sans cela, seraient libres de toute crainte, compense bien, par les avantages qu'elle procure à l'Eglise, les abus qu'elle en souffre ; et c'est pourquoi on ne peut que condamner l'intolérance des novateurs, qui, sous le prétexte de parer à ces inconvénients, l'exposeraient à une ruine irréparable, en arrachant à son chef les armes destinées à la défendre et à la soutenir. *Quomodo sterilitatem*, dit Tacite, *aut nimios imbres et cætera naturæ mala, ita luxum vel avaritiam dominantium tolerate. Vitia erunt donec homines, sed neque hæc continua, et meliorum interventu pensantur* (Hist., lib. IV, c. 74, n. 4). J'ai dit, à une *ruine irréparable* : car l'Eglise n'est pas toujours réunie pour examiner et juger les causes des évêques, pour étendre ou restreindre leurs droits, etc. ; et d'ailleurs, s'il faut en croire nos adversaires, il est bien des circonstances diverses où l'Eglise même assemblée, se laissant dominer par des considérations politiques, ne montre pas un zèle assez actif pour employer les remèdes convenables et opérer les réformes nécessaires ; ils citent même, quoique à tort, l'exemple du concile de Trente pour l'extension du pouvoir des papes. Et véritablement quand on reconnaît aux souverains, comme font les novateurs (*Rifless. di un Fiorent. canonis. in occasione dell' Assemblea di Firenze*), le droit de revoir, d'approuver ou de repousser les décrets d'un concile même œcuménique, par rapport à la discipline, à la réforme, et généralement pour toute la police extérieure de l'Eglise, la seule protection d'une cour pourra bien suffire pour empêcher de condamner un évêque ou tout autre fidèle, et pour les soustraire aux peines canoniques ; elle pourra de même affranchir les évêques de tout un royaume des règles auxquelles le concile aurait voulu les assujétir dans l'exercice de leur autorité. Mais si les dispositions disciplinaires des conciles œcuméniques eux-mêmes peuvent rencontrer de pareils obstacles, combien ne se multiplieront-ils pas pour les conciles provinciaux et pour tout autre concile particulier !

Les évêques ne seront donc que de simples vicaires, des lieutenants du pape, ce que sont les gouverneurs des villes d'un royaume par rapport au roi ? Non, messieurs ; ce n'est pas là la conséquence de la monarchie du pape, mais le produit de votre imagination. « Si vous répugnez, *dirai-je avec Spedalieri*, à ne voir dans les évêques que des lieutenants du pape, peu importe au fond, pourvu qu'on convienne que, d'après l'institution divine, tout évêque, dans l'exercice de sa part de juridiction, est soumis à l'évêque de Rome en vertu de sa primauté,

---

(a) *Primatum gloriosius exercere non potuit romanus pontifex, quam CP. patriarcham hæreticum exauctorando et in ejus locum alium ordinando, idque nulla synodo convocata. Hist. Eccles. sæcul.* VI, *c.* 2, *art.* 7.

(b) *Ob id vos prædecessoresque vestros in summitatis arcem constituit Deus, ut nobis succurratis.*

(a) *Si ob hosce abusus neganda esset potestas ut legitima, quis non videat negandam esse potestatem tum pontificiam, tum episcopalem, tum ordinariam, tum delegatam, quæ ex hominum sive fragilitate sive malitia multis incumbantur abusibus? Vindiciæ auctoritatis Pont. cont. Febron.* c. 4 n. 9

et que cette subordination est essentielle à la forme de gouvernement établie par Jésus-Christ ; car, sans cela, il ne saurait y avoir de véritable unité, et l'on ne pourrait échapper aux inconvénients déjà indiqués » (*Dir. dell' uomo, lib.* vi, *c.* 5, § 12.) Qui a pu s'imaginer que la monarchie ecclésiastique exclue l'institution et la juridiction divine des évêques ? C'est là une erreur manifeste, car l'autorité du pape et celle des évêques ont l'une et l'autre la même fin : le bon ordre de toute l'Église. Ballerini, que j'ai déjà cité, nous donnera une juste idée de cette direction commune, et nous fera comprendre comment il est nécessaire que le pape commande et que les évêques obéissent : *Potest omnia summus pontifex in Ecclesiæ regimine, sed ea conditione, ut hujus potestatis usus in ædificationem Ecclesiæ sit, et non in destructionem. In ædificationem Ecclesiæ erecti episcopatus, et in his constituti fuerunt episcopi, ut quisque vigilantius et facilius suo gregi prospiceret; nam nec unus potuisset ex æquo omnibus Ecclesiis curam præstare; nec plures æquali potestate omnibus consulere absque periculo dissensionum et scissurarum, quæ unitatem et pacem Ecclesiæ maxime necessariam turbassent. Ne autem inter episcopos æquali potestate Ecclesiis præfectos, si nemini fuissent subordinati, orirentur dissidia, aut in usu facultatum episcopalium quispiam committeret, vel omitteret, quod bono Ecclesiæ unitatiqui præjudicio esset ; uni, qui omnibus summa auctoritate præesset, ita erant subjiciendi ut omnes in officio et unitate continerer, scissurasque impediret : hæcque subordinatio in ædificationem Ecclesiæ necessaria exigebat, ut hic præpositus omnibus jure primatus posset supra eosdem episcopos omnia quæ in ædificationem Ecclesiæ conferrent* (a). Or il arrive quelquefois que le bien de l'Église demande que les droits des évêques soient étendus, limités ou restreints ; le pontife romain pourra donc, en de telles circonstances, opérer ces diverses modifications sans préjudicier à la divine institution et à l'autorité des évêques, et même en se conformant au plan divin du gouvernement ecclésiastique.

GRABATAIRES. *Voy.* CLINIQUES.

GRACE (1), en général, est un don que Dieu accorde aux hommes par pure libéralité et sans qu'ils aient rien fait pour le mériter, soit que ce don regarde la vie présente, soit qu'il ait rapport à la vie future (2). De là

(1) *Criterium de la foi catholique sur la grâce.* — Toute grâce de Dieu est entièrement gratuite, l'homme ne peut la mériter (*Conc. Arausic.* II, can. 3). — La perfection, le commencement et même tout mouvement d'une foi utile au salut, est un don de la grâce surnaturelle (*Ibid.*, can. 5). La grâce est nécessaire pour toute espèce d'œuvre utile au salut (*Ibid.*, can. ult.). — La grâce requise pour rendre les œuvres utiles au salut n'est pas purement extérieure, comme le libre arbitre, la loi ou la doctrine de Jésus-Christ ; elle est intérieure et affecte notre âme (*Conc. Trid.*, sess. VI, can. 3). — Personne ne peut avoir le don de la persévérance finale, sans une grâce spéciale (*Ibid.*, sess. VI, can. 22). — Aucun juste ne peut sans une grâce spéciale éviter tous les péchés véniels (*Ibid.*, sess. VI, can. 23). — Il est de foi qu'il y a une grâce efficace qui obtient certainement son effet (*Ibid.*, sess. IV, can. 1, 2, 3). — La grâce efficace ne blesse ni ne détruit la liberté humaine (*Ibid.*, sess. VI). — Il y a une grâce suffisante à laquelle l'homme résiste par sa malice. — La grâce suffisante ne manque pas aux justes qui veulent réellement accomplir les commandements de Dieu (*Conc. Arausic.* II).

(2) La créature, ne se suffisant pas à elle-même, doit puiser au dehors d'elle de quoi se soutenir et s'alimenter. L'homme, composé d'un corps et d'une

(a) *Loc. cit., cap.* 3, *n.* 10

les théologiens distinguent d'abord les *grâces* dans l'ordre naturel d'avec celles qui concernent le salut. Par les premières, on

âme, a une double vie, toutes deux sont sous la dépendance des êtres du dehors. Mais le secours le plus puissant que l'homme puisse attendre, c'est celui qu'il peut espérer de la Divinité. Car de l'action de Dieu naissent les faits les plus importants de la vie, qui produisent dans l'âme les mouvements les plus énergiques et les plus sublimes. L'homme qui ne comprend pas l'action céleste ignore le côté le plus magnifique de l'humanité, il ne voit que la vie superficielle, et ce qu'il y a de plus intime lui échappe.

Avant de caractériser les différentes actions de Dieu sur l'homme, constatons-en d'abord l'existence. Ici nous avons la plus puissante autorité de la terre, le témoignage du monde entier. Interrogeons toutes les langues, consultons toutes les croyances, étudions les institutions de toutes les nations et de tous les peuples, partout nous rencontrerons un culte, des offrandes, la prière, l'adoration, qui impliquent la chose correspondante, c'est-à-dire que l'homme peut communiquer avec Dieu, au moins pour en obtenir les secours et la protection dont il a besoin.

Cette action de Dieu sur l'homme est prochaine ou éloignée, médiate ou immédiate, suivant l'état, le degré, la disposition de l'âme humaine. Elle est sentie ou non sentie par l'homme, mais elle existe en lui et le pénètre, comme elle pénètre toutes les créatures sans les détruire et sans les absorber, car toutes ont leur raison d'être ou la cause de leur existence dans cette action incessante de Dieu sur elles. Dans l'homme l'action divine prend des formes spéciales accommodées à ses facultés, elle n'opère pas sur l'âme, comme sur les êtres intelligents, par la seule force de la causalité. L'âme est capable de connaître et d'aimer, Dieu veut être connu et aimé d'elle ; c'est pourquoi il cherche à s'introduire dans l'esprit et dans le cœur, pour y faire vivre la connaissance et l'amour.

Mais, quelque forme que prenne l'action de Dieu sur la créature, cette action est toute d'amour, car Dieu se suffisant à lui-même, rien ne lui étant nécessaire que de se regarder et de se posséder, il n'a pas besoin de l'être pour qu'il tire de son commerce et enrichit de ses dons. La création, qui est la première manifestation de Dieu *extra se*, est toute volontaire ; il en est de même de la conservation des créatures par le renouvellement incessant de l'acte qui les a posées, et l'effusion continue de l'amour auquel elles doivent l'être et la vie. C'est pourquoi on peut appeler grâce toute action divine relative à la créature, parce que tout est gratuit de la part de Dieu et que rien n'est nécessaire pour lui par un mérite quelconque de la créature. Pour que l'action divine produise son effet, il faut qu'elle soit reçue, ou, pour nous servir du terme de l'école, il faut qu'il y ait coopération. La coopération est instinctive et involontaire dans la partie physique de notre existence, comme chez les êtres inanimés ou purement organiques ; mais elle doit être voulue et exercée avec conscience pour qu'elle devienne vraiment humaine, c'est-à-dire pour établir entre Dieu et nous un rapport de connaissance et d'amour.

Étudier la nécessité, l'efficacité, la puissance, de l'action ou de la grâce divine sur l'homme, doit être une des plus importantes occupations du sage. La solution de ce grand et difficile problème dépend elle-même d'un autre non moins difficile, savoir, la fin de l'homme ; car, connaissant une fois la fin de l'homme, nous pourrons connaître la carrière qu'il est obligé de fournir, calculer la force qui lui est nécessaire pour l'atteindre. Comparant ce qu'il a avec ce qu'il doit avoir, nous pourrons apprécier ce qui lui manque et combien il doit demander à Dieu.

Or tous les théologiens distinguent deux fins dans l'homme, l'une naturelle et l'autre surnaturelle. Tou-

entend tout ce qui nous vient du Créateur, la vie, la conservation, les bonnes qualités de l'âme et du corps, comme un esprit juste, un goût naturel pour la vertu, des passions calmes, un fond d'équité et de droiture, etc. Mais ce ne sont point là des tes deux reposent sur les deux ordres correspondants, la première sur l'ordre naturel, la seconde sur l'ordre surnaturel. C'est donc ces deux ordres que nous devons faire connaître. Cette connaissance est tellement essentielle au théologien, qu'il ne peut faire ni pas sans les comprendre. Les vertus, les mérites, les grâces, reposent sur l'un ou sur l'autre de ces ordres, suivant la fin qu'ils doivent atteindre.

Ces courtes observations suffisent pour faire comprendre l'absolue nécessité de déterminer la différence qui existe entre l'ordre surnaturel et l'ordre naturel. Ce travail, qui nous est imposé par notre programme, n'est pas sans difficulté. Quelques auteurs, après de longues et de pénibles recherches, se sont trouvés dans l'impossibilité de caractériser le surnaturel. Ils ont conclu de leurs investigations que ce qu'il y a de mieux à faire, c'est d'admettre l'ordre surnaturel sans vouloir en pénétrer la nature ; parce que le surnaturel est une de ces choses que Dieu a bien voulu nous révéler, qu'il faut admettre sur sa parole sainte, mais qu'il est toujours périlleux de sonder. Respectons, ont-ils dit, le voile dont Dieu a voulu couvrir le surnaturel.

Cette opinion, qui n'est peut-être pas la moins sage, ne pouvait satisfaire la foule curieuse des théologiens. Ils ont tenté d'expliquer le surnaturel, et pour cela ils se sont jetés dans une foule de systèmes, presque tous inintelligibles. Nous ne dirons pas que nous regrettons que le temps ne nous permette point de les développer. Voulant nous mettre en dehors de tous ces systèmes, nous nous sommes demandé s'il est possible, en se basant sur des principes certains, de donner de l'ordre naturel et de l'ordre surnaturel une idée qui satisfasse aux besoins de la science théologique. Un examen sérieux de la question nous a convaincu que cela est possible. Nous nous contenterons donc de statuer ce qui nous paraît incontestable.

Afin de saisir plus aisément la différence, nous allons ranger sous trois chefs principaux tout ce qui a rapport au surnaturel. Le premier concernera la fin de l'homme ; le deuxième, ses connaissances ; le troisième, ses forces morales et physiques.

1° La fin de l'homme. — L'âme de l'homme est immortelle, c'est une conséquence de sa nature. Mais quelle est la somme de bonheur qui lui est réservée par droit légitime, ressortant de son être, comprise par la raison ? Nulle intelligence ne peut l'assurer. La foi nous apprend que la béatitude céleste, la vision béatifique est réservée au fidèle qui meurt en état de grâce. Il est certain que cette fin de l'homme est surnaturelle, qu'elle ne découle pas nécessairement de son être, soit parce que Dieu aurait pu d'abord destiner l'homme à un bonheur moins parfait, soit parce que nous étions déchus par le péché d'Adam, et que le pouvoir, les moyens et l'espérance d'y parvenir nous ont été rendus par la rédemption.

— 2° Les connaissances de l'homme. — Il y a des connaissances de vérités que les hommes peuvent acquérir par le travail de leur intelligence ; elles sont de l'ordre naturel. Il y a des connaissances de vérités mystérieuses auxquelles les hommes ne sauraient jamais parvenir par leurs réflexions ; le moyen de les acquérir est la révélation. Ce moyen est surnaturel, ainsi que toutes les connaissances qui en découlent. — 3° Les forces morales. — Il est certain qu'il y a une action divine sur notre volonté, qui nous rend les forces perdues par le péché, supérieures au libre arbitre, que ce secours ne nous est point dû en vertu de la création, qu'il est le prix des mérites de J. C. Ce secours est surnaturel : au contraire l'action de la Providence, qui veille sur l'homme comme sur les autres créatures, est de l'ordre naturel. — Les forces physiques. — Il y a des actes que l'homme peut faire, secondé par ses forces physiques ou par celles des êtres créés ; ces actes appartiennent à l'ordre naturel. Il y en a qu'il ne peut faire sans l'intervention de la Divinité. Ils constituent le miracle, qui est de l'ordre surnaturel.

D'après ces principes on peut juger tout ce qui, dans les connaissances et les opérations de l'homme, appartient à l'ordre surnaturel.

— Le secours de la grâce actuelle, que Dieu nous donne pour opérer des bonnes œuvres, est surnaturel, dans ces trois sens : c'est une lumière dans l'entendement que nous n'aurions pas de nous-mêmes, qui nous montre des motifs que la raison ne nous suggère pas ; c'est une force dans la volonté, supérieure au libre arbitre ; enfin elle nous fait agir pour obtenir le bonheur éternel. Les actions faites à l'aide de ce secours sont surnaturelles. Il en est de même de la grâce sanctifiante, des vertus infuses, des dons du Saint-Esprit. Toutes ces faveurs sont l'effet de la grâce, toutes font envisager la béatitude éternelle, à laquelle nous devons aspirer.

Ces considérations nous paraissent établir suffisamment la distinction qui existe entre l'ordre naturel et l'ordre surnaturel.

L'existence de l'ordre surnaturel a rencontré de nombreux adversaires. Nous les avons entendus, dans le traité de la Religion, contestant la possibilité et l'existence de la révélation et des miracles. Nous ne voulons pas en rappeler toutes les preuves qui ont été développées alors, nous en rappellerons une seule, à cause de l'éclat qu'elle jette, et de la preuve incontestable qu'elle nous fournit de la supernaturalité de la doctrine catholique.

Quand l'intelligence de Dieu tombe dans l'intelligence de l'homme, elle doit nécessairement y jeter quelque chose qui ne peut être créé, ni démontré par la raison. Or tel est le caractère de la doctrine catholique. Que nous enseigne-t-elle, en effet ? Un Dieu en trois personnes, un Dieu qui a fait le monde de rien, un homme qui a perdu toute sa race par une faute personnelle, un Dieu qui s'est fait homme, qui a été crucifié pour les fautes dont il n'avait pas la responsabilité, un Dieu présent sous les apparences du pain et du vin. Quels dogmes ! Et c'est là pourtant toute l'architecture de la doctrine catholique. Il est trop évident que la raison n'a créé aucun de ces dogmes et ne saura par ses propres forces en démontrer aucun. Les sages du monde appellent cette doctrine une extravagance ; c'est aussi le nom que lui a donné saint Paul : *Si quelqu'un de vous paraît sage à ce siècle, qu'il se fasse fou pour se faire sage.*

Eh bien, nous croyons cette folie ! Tandis que les savants et les philosophes ne croient point aux inventions de leur esprit, que le doute les mine sans cesse par une sourde infiltration, les prêtres de Jésus-Christ, les fidèles de l'Eglise catholique croient sincèrement ces dogmes, que notre raison n'a pas faits et qu'elle ne se démontre pas. Les chrétiens les ont crus depuis dix-huit siècles, jusqu'à donner leur sang pour eux. C'est assurément une grande merveille, le doute de la raison à l'égard de ses propres œuvres, la foi de la raison envers des œuvres qui ne sont pas les siennes. Mais il y a plus : non-seulement le chrétien croit ces dogmes, mais il les propose, il les fait croire à des hommes de raison, à des hommes d'orgueil, à des hommes indignés de l'extravagance de la foi. Un jour ou l'autre ils y viennent, un jour ou l'autre ils apportent à genoux l'adoration volontaire de ce qu'ils ont haï et détesté. Et ce phénomène inimaginable de la conversion de la raison à l'extravagance, il ne se passe pas obscurément dans quelques âmes per-

grâces proprement dites, quoique ce soient des bienfaits qui méritent notre reconnaissance. Les pélagiens faisaient cette équi-

dues, il se passe chaque jour, à la face du soleil, dans une multitude d'esprits, et cela depuis 1800 ans!

L'Église catholique a non-seulement la prétention de nous faire croire ses dogmes, mais aussi d'en rendre compte à la raison, tout supérieurs qu'ils lui soient. La doctrine catholique n'a pas créé ses dogmes; elle ne les démontre pas, et cependant elle les présente à la raison, une fois acceptée d'elle, comme la science suprême de la nature et de l'humanité, comme le nœud de tous les mystères, comme la clef de toute explication, le lien de toute coordination de la pensée, le chef-d'œuvre de l'entendement, en dehors de quoi la lumière même luit dans les ténèbres, selon l'expression de l'apôtre saint Jean. Comme l'astre du jour illumine tout sans être illuminé par rien, ainsi la doctrine catholique, flambeau premier du monde, répand, sur quiconque ne ferme pas les yeux, une irradiation qui le ravit, et lui découvre, avec l'horizon de l'éternité, l'horizon non moins mystérieux du temps. Il faut donc que la doctrine catholique jouisse d'une efficacité surhumaine de raison : elle est donc surnaturelle.

Dans le traité de l'Homme, nous établirons que la vision béatifique est notre fin dernière. Comme cette question est extrêmement importante, la seule analyse que nous pourrions apporter ici en faveur de cette fin surnaturelle affaiblirait une thèse qui demande à être fortement établie. Nous pensons qu'il est sage de nous abstenir aujourd'hui. L'existence d'un secours surnaturel pour donner à l'homme la force de faire le bien a été contestée par les pélagiens; nous les combattrons à la troisième conférence. Comme les théologiens se contentent ordinairement d'appuyer la doctrine sur ce point d'arguments purement théologiques, nous croyons pouvoir présenter ici quelques considérations philosophiques.

Il est facile de démontrer que la doctrine catholique jouit d'une efficacité surhumaine de mœurs, en vertu même du commerce qu'elle entretient de l'homme à Dieu. Car si Dieu se fait une vie, une habitation dans le cœur de l'homme, il est impossible au moins que, dans certaines âmes plus ardentes, la présence d'un élément aussi prodigieux ne déborde pas, et ne produise quelques-uns de ses effets extraordinaires. Oui, il y a eu des prodiges d'humilité, de chasteté, de charité et de fraternité. Or, en vertu de quoi la doctrine catholique opère-t-elle cette transformation surhumaine de l'âme; est-ce directement? est-ce simplement parce qu'elle nous a dit : Soyez humbles, soyez chastes, soyez apôtres, soyez frères? Mais tout le monde nous le dit aussi plus ou moins vivement. Il n'est pas d'homme enivré d'orgueil qui n'ait appelé l'humilité des autres; pas d'homme abruti dans la volupté qui n'ait appelé la pureté de ses victimes; pas d'homme qui n'ait appelé l'apostolat pour propager ses pensées, et la fraternité pour fonder son empire. Mais l'oreille demeure fermée à ces invitations de l'égoïsme et à ces rêves de la raison; elle les écoute sans entendre, elle les entend sans obéir. La doctrine catholique n'eût pas fait davantage, si elle n'eût parlé à l'homme que de l'homme, pour le rendre humble, chaste, apôtre, frère; elle a pris son point d'appui en dehors de lui-même; elle l'a pris en Dieu. C'est au nom de Dieu, par la force des rapports qu'elle a créés entre lui et nous, par l'efficacité de ses dogmes, de son culte, de ses sacrements, qu'elle change en nous ce cadavre rebelle à la vertu, qu'elle le ranime, le ressuscite, le purifie, le transforme, le revêt de la gloire du Thabor, et que l'ayant ainsi armé de pied en cap,

voque, en appelant *grâces* les dons naturels.

On entend par *grâces*, dans l'ordre du salut, tous les secours et les moyens qui peuvent nous conduire à la vie éternelle; et c'est principalement de celles-ci que parlent les théologiens, lorsqu'ils traitent de la *grâce*. Dans ce sens, ils la définissent en général un don surnaturel que Dieu accorde gratuitement, et en vue des mérites de Jésus-Christ, aux créatures intelligentes, pour les conduire au salut éternel. Cette définition deviendra plus claire par la distinction des différentes espèces de *grâces*, et par les réflexions que nous ferons ci-après.

On les divise, 1° en *grâces* extérieures et en *grâces* intérieures. La première espèce comprend tous les secours extérieurs qui peuvent porter l'homme à faire le bien, comme la loi de Dieu, les leçons de Jésus-Christ, la prédication de l'Évangile, les exhortations, les exemples des saints, etc. Les pélagiens ne reconnaissaient que cette espèce de *grâces*, outre les dons naturels dont nous avons parlé. La *grâce* intérieure est celle qui touche intérieurement l'homme, qui lui inspire de bonnes pensées, de saints désirs, de pieuses résolutions, etc. Lorsqu'il est dit dans l'Écriture sainte que Dieu tourne les esprits et les cœurs, qu'il les change, qu'il les ouvre, qu'il donne la volonté, etc., cela ne peut pas s'entendre d'une opération purement extérieure. Nous sentons d'ailleurs, par notre propre expérience, que Dieu nous inspire des pensées et des désirs qui ne viennent point de nous-mêmes. — 2° Parmi les dons surnaturels, il en est qui sont accordés directement pour l'utilité et la sanctification de celui qui les reçoit : tels sont les secours dont nous venons de donner la notion. Il en est aussi qui sont accordés principa-

elle le jette comme un homme nouveau dans la mêlée du monde, faible encore par sa nature, mais fortifié par Dieu, vers qui monte son incessante aspiration. C'est ainsi que s'accomplit, dans la doctrine catholique, le miracle de notre transfiguration : toutes les vertus du chrétien sont l'effet d'une vertu plus haute donnant le branle à tout. Sans ce commerce de l'âme avec Dieu, tout l'édifice chrétien périt, et par conséquent ce commerce est surhumainement efficace, puisqu'il porte l'homme plus haut que l'humanité.

Nous pouvons donc conclure fermement qu'il y a une Église qui jouit d'une efficacité surhumaine de mœurs et de doctrine; que sa foi est plus haute que l'humanité. Il y a donc un ordre surnaturel.

Pour nous résumer, nous disons : qu'il y a une action constante de Dieu sur l'homme; que cette action a surtout pour but de conduire l'homme à sa fin; que l'homme ayant une double fin, l'une naturelle et l'autre surnaturelle, il faut aussi reconnaître sur lui une double action de Dieu, l'une dans l'ordre naturel et l'autre dans l'ordre surnaturel; que, quelle que soit cette action de Dieu, elle est toujours une grâce. Cependant cette expression prise dans son acception la plus rigoureuse exprime principalement l'action de Dieu dans l'ordre surnaturel, dont nous avons dû prouver l'existence. L'action divine sur l'homme ou la grâce, ainsi entendue, peut donc se définir : un don surnaturel que Dieu accorde gratuitement à l'homme comme un moyen pour parvenir à la vie éternelle.

lement pour l'utilité d'autrui, comme le don des langues, l'esprit prophétique, le pouvoir de faire des miracles. Par eux-mêmes, ces dons ne contribuent en rien à la sainteté de celui qui en est doué; mais ils le rendent plus capable de travailler utilement au salut des autres. Les théologiens nomment ces sortes de faveur *gratia gratis data*, au lieu qu'ils appellent les premières *gratia gratum faciens*, parce que tout bienfait qui peut nous rendre meilleurs tend aussi à nous rendre plus agréables à Dieu. — 3° L'on distingue la *grâce habituelle* d'avec la *grâce actuelle*. La première, que l'on nomme aussi grâce justifiante et sanctifiante, se conçoit comme une qualité qui réside dans notre âme, qui nous rend agréables à Dieu et dignes du bonheur éternel; elle renferme les vertus infuses et les dons du Saint-Esprit; elle est inséparable de la charité parfaite, et elle demeure en nous jusqu'à ce que le péché mortel nous en dépouille. Par *grâce actuelle*, on entend une inspiration passagère qui nous porte au bien, une opération de Dieu, par laquelle il éclaire notre esprit et meut notre volonté, pour nous faire faire une bonne œuvre, pour nous faire accomplir un précepte, ou nous faire surmonter une tentation. C'est principalement de celle-ci qu'il est question dans les disputes qui divisent les théologiens sur la doctrine de la *grâce*. — 4° Comme depuis le péché d'Adam l'entendement de l'homme est obscurci par l'ignorance, et sa volonté affaiblie par la concupiscence, on soutient que, pour faire le bien surnaturel, il a besoin non-seulement que Dieu éclaire son esprit par une illumination soudaine, mais encore que Dieu excite sa volonté par une motion indélibérée. C'est dans ces deux choses que l'on fait consister la *grâce actuelle*. Quelques théologiens pensent qu'Adam, avant son péché, n'avait besoin que de la première, et ils la nomment *grâce de santé*, ils appellent *grâce médicinale* celle qui réunit les deux secours dont l'homme a besoin dans son état actuel. C'est surtout de cette dernière que saint Augustin a soutenu la nécessité contre les pélagiens. — 5° Quand on considère la manière dont elle agit en nous, comme elle nous prévient, on la nomme *grâce prévenante* ou *opérante*; parce qu'elle agit avec nous, on la nomme *coopérante* ou *subséquente*. — 6° La *grâce actuelle opérante* se divise en *grâce efficace* et en *grâce suffisante*. La première est celle qui opère certainement et infailliblement le consentement de la volonté, à laquelle par conséquent l'homme ne résiste jamais, quoiqu'il ait un pouvoir très-réel de lui résister. La seconde est celle qui donne à la volonté assez de force pour faire le bien, mais à laquelle l'homme résiste et qu'il rend *inefficace* par sa résistance même.

Comme la nature de la *grâce*, son opération, son accord avec la liberté de l'homme, ne peuvent être exactement comparés à rien, ce sont des mystères; il n'est donc pas étonnant qu'en voulant les expliquer, les théologiens aient embrassé des systèmes opposés, et que plusieurs soient tombés dans des erreurs grossières. D'un côté, les pélagiens, les semi-pélagiens, les arméniens, les sociniens, sous prétexte de défendre le libre arbitre de l'homme, ont nié la nécessité et l'influence de la *grâce*. De l'autre, les prédestinatiens, les wicléfites, les luthériens, les calvinistes rigides ou gomaristes, Baïus, Jansénius et leurs disciples, en voulant exalter l'opération toute puissante de la *grâce*, ont détruit la liberté de l'homme. Parmi les théologiens catholiques, ceux que l'on appelle molinistes et congruistes sont accusés de favoriser les erreurs des pélagiens; à leur tour, ils reprochent aux augustiniens et aux thomistes de se rapprocher trop près des sentiments de Calvin. Il s'agit de prendre le vrai sens d'un grand nombre de passages de l'Ecriture sainte, et de concilier ceux qui paraissent opposés; cela n'est pas aisé.

Les pélagiens, qui niaient que le péché d'Adam ait passé à ses descendants, soutenaient qu'en ceux-ci le libre arbitre est aussi sain et aussi capable de se porter lui-même au bien, qu'il l'était dans leur père; conséquemment ils disaient que l'homme n'a pas besoin de *grâce* pour le faire. Comme ils faisaient consister ce libre arbitre dans une égale facilité de choisir le bien ou le mal, dans une espèce d'équilibre entre l'un et l'autre, ils prétendaient qu'une grâce qui inclinerait la volonté vers le bien détruirait le libre arbitre. Saint August., *Op. imperf.*, l. III, n. 109 et 117. Pour tordre le sens des passages de l'Ecriture, qui prouvent la nécessité de la *grâce*, ils appelaient *grâces* les forces naturelles que Dieu a données à l'homme, et les moyens extérieurs de salut que Dieu daigne y ajouter. Jamais ils n'ont voulu reconnaître la nécessité de la *grâce actuelle intérieure*. Saint Augustin le leur a encore reproché dans son dernier ouvrage. *Ibid.*, l. I, c. 94 et 95; l. III, c. 114; l. v, c. 48, etc. M. Bossuet, très-instruit du système de ces hérétiques, a reconnu ce fait important. *Défense de la Trad. et des saints Pères*, l. v, c. 4, p. 339. Il est nécessaire de s'en souvenir pour saisir le vrai sens de la doctrine de saint Augustin et des conciles qui ont condamné les pélagiens. Lorsque ces hérétiques disaient que *Dieu ne refuse point la grâce à quiconque fait ce qu'il peut*, ils entendaient que Dieu accorde la connaissance de Jésus-Christ et de l'Evangile, le baptême et la rémission des péchés, à quiconque s'en rend digne par le bon usage naturel de son libre arbitre.

Les semi-pélagiens avaient du libre arbitre à peu près la même idée que les pélagiens. *Lettre de saint Prosper à saint Augustin*, n. 4. Ils ne niaient point cependant la nécessité de la *grâce* pour faire de bonnes œuvres; mais ils soutenaient qu'elle n'est pas nécessaire pour le commencement du salut, pour désirer d'avoir la foi; ils disaient que Dieu donne la *grâce* à tous ceux qui se disposent à la recevoir. Ainsi, selon eux, la *grâce* n'était point prévenante, mais prévenue et méritée par les bonnes dispositions de l'homme. Ils prétendaient même que celui-ci n'a pas besoin d'un secours particulier pour persévérer jusqu'à la mort dans la grâce habituelle, lorsqu'il l'a une fois reçue. *Voy.* la même lettre.

Dans ces deux systèmes, le mystère de la prédestination était absolument nul. Dieu prédestine à la foi, au baptême, à la justification, à la persévérance, ceux qu'il prévoit qui s'en rendront dignes par leur bonne volonté et leurs dispositions naturelles ; il réprouve ceux dont il prévoit la mauvaise volonté et les dispositions vicieuses.

Saint Augustin attaqua toutes ces erreurs avec un égal succès, et l'Église a confirmé par ses décrets la doctrine de ce Père. Elle a décidé, 1° que la *grâce actuelle intérieure* est nécessaire à l'homme non-seulement pour faire une bonne œuvre méritoire, mais même pour désirer de la faire ; que le simple désir de la *grâce* est déjà une *grâce:* 2° conséquemment que toute *grâce* est gratuite, c'est-à-dire qu'elle n'est jamais le salaire et la récompense de nos dispositions ou de nos efforts *naturels :* il ne faut pas oublier ce terme ; 3° que, pour persévérer constamment dans le bien jusqu'à la mort, l'homme a besoin d'un secours spécial de Dieu, que l'on appelle le don de la persévérance finale, d'où il s'en suit que Dieu prédestine à la *grâce*, à la foi, à la justification, à la persévérance, non ceux dont il prévoit les bonnes dispositions, mais ceux auxquels il juge à propos d'accorder ces dons gratuitement.

C'est la difficulté de prendre le vrai sens de toute cette doctrine, et d'en saisir les conséquences, qui a donné lieu aux différentes erreurs qui sont nées dans la suite, et aux divers systèmes des théologiens catholiques. Pour éclaircir cette matière autant qu'il est possible, nous avons à prouver, 1° que la *grâce* actuelle intérieure est nécessaire, 2° qu'elle est toujours gratuite ; 3° que Dieu la donne à tous plus ou moins ; 4° que souvent l'homme y résiste ; 5° nous exposerons les divers systèmes imaginés pour concilier l'efficacité de la *grâce* avec la liberté de l'homme. Nous parlerons ailleurs de la *grâce* habituelle ou de la *justification*, de la *persévérance* et de la *prédestination*. *Voy.* ces mots.

Nous n'entrons point dans la question de savoir si l'homme peut ou ne peut pas, sans le secours de la *grâce*, faire une action moralement bonne et louable. Il nous suffit de prouver que sans ce secours il n'en peut faire aucune qui soit méritoire et utile au salut.

I. *Nécessité de la grâce.* Les sociniens et les arméniens prétendent, comme les pélagiens, que la nécessité de la *grâce* intérieure et prévenante n'est point prouvée par l'Écriture sainte. Ils se trompent. Le Psalmiste dit à Dieu : *Créez en moi un cœur pur (Ps.* L, 12.) *Que votre lumière brille sur nous, conduisez et dirigez toutes nos actions (Ps.* LXXXIX, 17). Il ne demande pas seulement à Dieu la connaissance de sa loi, mais la force et l'inclination pour l'accomplir. *Tournez mon cœur vers vos commandements, conduisez-moi dans la voie de vos préceptes, secourez-moi, donnez-moi la vie, inspirez-moi votre crainte afin que je garde votre loi,* etc. C'est le langage continuel du psaume CXVIII. Le pape Innocent Ier, dans une lettre contre les pélagiens, dit avec raison que les psaumes de David sont une invocation continuelle de la *grâce* divine. Dieu dit aux Juifs : *Convertissez-vous à moi, et je me tournerai vers vous (Malach.,* chap. III, vers. 7) ; mais aussi ils disent : *Convertissez-nous, Seigneur, et nous retournerons à vous (Thren.* v, 21). Dieu dit : *Je leur donnerai un esprit nouveau et un même cœur ; je leur ôterai leur cœur de pierre, et je leur donnerai un cœur de chair, afin qu'ils marchent selon mes commandements et qu'ils les accomplissent (Ezech.* v, 19). Lorsqu'un homme, même un païen, a fait une bonne action, les écrivains sacrés disent que Dieu a tourné le cœur de cet homme, qu'il l'a changé, qu'il l'a ouvert, qu'il a mis ce dessein dans son cœur. *Esth.*, chap. XIV, vers 13 ; xv, 11 ; *Esdr.*, VI et 7, etc.

Saint Augustin le fait remarquer, en réfutant les pélagiens : « Qu'ils reconnaissent, dit-il, que Dieu produit dans les hommes non-seulement de vraies lumières, mais encore de bonnes volontés. » *Lib. de Grat. Christi,* c. 24, n. 25 ; *Op. imperf.,* l. III, n. 114, 163, etc. On a beau dire que ce sont là des métaphores, des expressions figurées, cela serait vrai à l'égard d'un homme qui ne peut agir sur un autre homme qu'à l'extérieur, par la persuasion, par des conseils, par des exhortations ; mais à l'égard de Dieu, qui l'empêche d'éclairer intérieurement notre esprit et d'émouvoir notre cœur ? Même langage dans le Nouveau Testament. Il est dit, *Act.*, chap. XVI, vers 14, que Dieu ouvrit le cœur de Lydie, pour la rendre attentive à la prédication de saint Paul. Il remarque lui-même que celui qui plante et celui qui arrose ne sont rien, mais que c'est Dieu qui donne l'accroissement. *I Cor.* III, 8. Il pense donc que la *grâce* extérieure ne sert à rien sans la *grâce* intérieure. En parlant de ses propres travaux il dit : *Ce n'est pas moi qui ait fait tout cela, mais la* GRACE *de Dieu qui est avec moi.* Il écrit aux Philippiens : *Celui qui a commencé en vous la bonne œuvre l'achèvera,* (I, 6). *Il vous a été donné non-seulement de croire en Jésus-Christ, mais encore de souffrir pour lui. (Vers.* 29). *C'est Dieu qui opère en vous le vouloir et l'action, par la bonne volonté qu'il a pour vous* (II, 13). Aux Thessaloniciens (*II*, II, 16) : *Que Dieu excite vos cœurs et les affermisse dans les bonnes œuvres ;* (III, 5) *qu'il conduise vos cœurs dans l'amour de Dieu et dans la patience de Jésus-Christ.* Aux Hébreux (VIII, 10), il cite ces paroles d'un prophète : *Je mettrai mes lois dans leur esprit, et je les écrirai dans leur cœur ; Que Dieu vous rende capables de tout bien, afin que vous fassiez sa volonté, et qu'il opère en vous par Jésus-*

Christ, ce qui peut lui plaire (XIII, 21). » L'Apôtre termine ordinairement ses lettres par cette salutation : *Que la grâce de Dieu soit en vous, avec vous, avec votre esprit, dans vos cœurs*, etc. Il appelle cette *grâce* le don de l'opération du Saint-Esprit. Que signifient toutes ces expressions, sinon l'opération intérieure de la *grâce* ?

Saint Augustin a répété cent fois tous ces passages ; il soutient aux pélagiens que la nécessité de la prière, dont Jésus-Christ nous a fait une loi est fondée sur le besoin continuel que nous avons de la *grâce*. Pour en esquiver les conséquences, comme font les sociniens et les arminiens, il faut faire violence à tous les termes, et supposer que saint Paul a tendu aux fidèles un piège continuel d'erreur.

Ils disent que toutes ces phrases de l'Ecriture sainte ne sont ni plus énergiques ni plus fortes que celles dans lesquelles il est dit que Dieu endurcit les cœurs, qu'il envoie aux hommes un esprit de vertige, un esprit d'erreur, une opération de mensonge, etc ; il ne s'en suit pas cependant que Dieu agisse immédiatement et intérieurement sur eux pour produire ces mauvais effets. Pour exprimer l'empire que l'homme a sur un autre, on dit qu'il lui fait faire tout ce qu'il veut, qu'il le tourne comme il lui plaît, qu'il lui *inspire* le bien ou le mal qu'il fait, etc. Ces manières de parler ne doivent point être prises à la rigueur.

Mais il y a ici une différence infinie. 1° Il est absurde d'imaginer que Dieu est aussi positivement l'auteur du mal que du bien, qu'il inspire aussi réellement un crime qu'un acte de vertu ; l'Ecriture sainte nous enseigne formellement le contraire ; elle nous avertit que Dieu n'est ni l'auteur ni la cause du péché ; qu'au contraire il le défend, le punit, nous en détourne, etc. On ne peut donc le lui attribuer en aucune manière ; par là nous voyons évidemment le sens des passages qui semblent dire le contraire. Mais quelle raison y a-t-il de ne pas prendre à la lettre les textes qui nous assurent que Dieu produit en nous et avec nous un acte de vertu ? Notre propre expérience, c'est-à-dire le sentiment intérieur, nous en convainc. 2° Il est clair qu'un homme ne peut pas agir sur l'esprit ni sur la volonté d'un autre ; il ne peut donc avoir sur ses actions qu'une influence morale et extérieure : les manières de parler, qui semblent exprimer quelque chose de plus, s'expliquent d'elles-mêmes. Il n'en est pas ainsi à l'égard de Dieu : scrutateur des esprits et des cœurs, il est sans doute assez puissant pour nous inspirer de saintes pensées et de bons désirs, que nous n'aurions pas sans lui. Pourquoi n'entendrions-nous pas dans le sens le plus rigoureux les passages des auteurs sacrés qui le disent et le répètent continuellement ?

On sait d'ailleurs pourquoi les pélagiens et leurs successeurs ne veulent avouer ni la nécessité de la *grâce* intérieure, ni son influence sur nos bonnes actions ; c'est qu'ils refusent de reconnaître le péché originel dans tous les hommes, et ses effets, savoir, l'affaiblissement de la lumière naturelle, et l'inclination plus violente au mal qu'au bien. Or, l'existence du péché originel dans tous les hommes est un dogme de la loi chrétienne : sans cela, la rédemption du genre humain par Jésus-Christ n'aurait pas été nécessaire. Ainsi la nécessité de la *grâce* intérieure et prévenante est intimement liée avec la croyance du péché originel et de la rédemption, qui sont deux vérités fondamentales du christianisme. Les pélagiens n'ont pas pu nier l'une sans détruire les deux autres ; les sociniens font de même. L'Eglise, fidèle à conserver son dépôt, ne souffre point que l'on donne atteinte à aucune des trois.

Comme les pélagiens entendaient, par *libre arbitre*, un pouvoir égal de choisir le bien ou le mal, un parfait équilibre entre l'un et l'autre (saint Augustin, *Op. imperfect.*, l. III, n. 10 et 117,) ils soutenaient que la nécessité de la *grâce* intérieure, pour incliner l'homme au bien, détruirait leur libre arbitre (saint Jérome, *Dial. 3 contra Pelag.*). Saint Augustin leur prouva qu'ils avaient une fausse notion du libre arbitre ; que, depuis le péché d'Adam, l'homme est plus porté au mal qu'au bien, qu'il a par conséquent besoin de la *grâce* pour rétablir l'équilibre et se porter au bien. Cette conséquence est incontestable.

II. *Gratuité de la grâce.* Quand on dit que la *grâce* est toujours *gratuite*, ce terme peut avoir divers sens qu'il est essentiel de distinguer. 1° L'on ne prétend pas qu'une *grâce* ne soit jamais la récompense du bon usage que l'homme a fait d'une *grâce* précédente ; l'Evangile nous enseigne que Dieu récompense notre fidélité à profiter de ses dons. Le père de famille dit au bon serviteur : *Parce que vous avez été fidèle en peu de choses, je vous en confierai de plus grandes.... On donnera beaucoup à celui qui a déjà, et il sera dans l'abondance* (Matth. XXV, 21, 29). Saint Augustin reconnaît que la *grâce* mérite d'être augmentée. *Epist.* 186 *ad Paulin.*, c. 3, n. 10. Lorsque les pélagiens posèrent pour maxime que *Dieu aide le bon propos de chacun* : « Cela serait catholique, répondit le saint docteur, s'ils avouaient que ce bon propos est un effet de la *grâce*. » L. IV, *contra duas Epist. Pelag*, c. 6, n. 13. Lorsqu'ils ajoutèrent que *Dieu ne refuse point la grâce à celui qui fait ce qu'il peut*, ce Père observa de même que cela est vrai, si l'on entend que Dieu ne refuse point une seconde *grâce* à celui qui a bien usé des forces qu'une première *grâce* lui a données ; mais que cela est faux, si l'on veut parler de celui *qui fait ce qu'il peut* par les forces naturelles de son libre arbitre. Il établit enfin pour principe que Dieu n'abandonne point l'homme, à moins que celui-ci ne l'abandonne lui-même le premier ; et le concile de Trente a confirmé cette doctrine ; sess, *de Justif.*, cap. 13. Il ne faut pas en conclure que Dieu doit donc, par justice, une seconde *grâce* efficace à celui qui a bien usé d'une première *grâce*. Dès qu'une

fois l'homme aurait commencé à correspondre à la *grâce*, il s'ensuivrait une connexion et une suite de *grâces* efficaces qui conduiraient infailliblement un juste à la persévérance finale : or, celle-ci est un don de Dieu, qui ne peut être mérité en rigueur, un don spécial et de pure miséricorde, comme l'enseigne le même concile après saint Augustin, *ibid.* et can. 22. Ainsi, lorsque nous disons que par la fidélité à la *grâce* l'homme *mérite* d'autres *grâces*, il n'est pas question d'un mérite rigoureux ou de *condignité*, mais d'un mérite de *congruité*, fondé sur la bonté de Dieu, et non sur sa justice. *Voy.* MÉRITE.
— 2° La *grâce* est purement *gratuite*, c'est-à-dire qu'elle n'est point le salaire ni la récompense des bonnes dispositions naturelles de l'homme, ou des efforts qu'il a faits de lui-même pour la mériter, comme le prétendaient les pélagiens. C'est la doctrine expresse de saint Paul, qui, parlant de la vocation à la foi, cite ces paroles du Seigneur, *Exod.* XXXIII, 19 : *J'aurai pitié de qui je voudrai, et je ferai miséricorde à qui il me plaira*; donc, conclut l'Apôtre, *cela ne dépend point de celui qui veut ni de celui qui court, mais de la miséricorde de Dieu.* (*Rom.* IX, 16). *Si c'est une* GRÂCE, *elle ne vient point de nos œuvres; autrement cette* GRÂCE *ne serait plus une* GRÂCE (XI, 6). *Tous ont péché*, dit-il, *et ont besoin de la gloire de Dieu; ils sont justifiés gratuitement par sa* GRÂCE, *en vertu de la rédemption faite par Jésus-Christ* (III, 23). Or, la justification ne serait pas *gratuite*, si le premier mouvement de la *grâce* que Dieu a donné avait été le salaire des bonnes dispositions naturelles de l'homme ou de ses efforts naturels. Ainsi a raisonné saint Augustin contre les pélagiens.

Ce raisonnement, disent leurs partisans modernes, n'est pas solide. Quand la *grâce* serait la récompense ou l'effet des bonnes dispositions naturelles de l'homme, il ne s'ensuivrait pas encore qu'elle n'est plus gratuite, car enfin les dons naturels mêmes ne sont-ils pas purement gratuits? C'est sans aucun doute de la part de l'homme que Dieu fait naître l'un avec l'esprit plus droit et plus docile, avec un cœur plus sensible et mieux placé qu'un autre : le bon usage des dons naturels doit donc être autant attribué à Dieu que l'usage d'une *grâce* surnaturelle; l'homme n'a pas plus de droit de s'enorgueillir de l'un que de l'autre, ou d'être ingrat envers Dieu.

Ces raisonneurs ne voient pas qu'ils attaquent saint Paul lui-même. Selon le sentiment de Pélage, la *grâce*, méritée par le bon usage des dons naturels, ne serait plus censée le fruit de la rédemption et des mérites de Jésus-Christ, comme le veut l'Apôtre : alors *Jésus-Christ serait mort en vain* (*Galat.* II, 21); car enfin les dons naturels ne nous sont pas accordés en vertu des mérites du Sauveur. Or, le point capital de la doctrine chrétienne est que le salut, soit dans sa source soit dans ses moyens, est le fruit de la mort de Jésus-Christ et de la *grâce* de la rédemption.

Personne n'était plus en état que saint Paul de sentir et de faire comprendre aux autres que la *grâce* de la vocation ne vient point des bonnes dispositions naturelles de l'homme; il avait été converti lui-même dans un moment où il n'y avait en lui d'autres dispositions que la haine et la fureur contre les disciples de Jésus-Christ. *Act.*, chap. IX, vers. 1. D'ailleurs, si l'on veut lire avec attention les passages de l'Ecriture sainte par lesquels nous avons prouvé la nécessité de la *grâce*, on y verra que Dieu ne la donne point pour seconder les dispositions du cœur de l'homme, surtout des pécheurs; mais pour les changer, pour les tourner du mal au bien : c'est ce que signifie *convertir*. *La miséricorde du Seigneur me préviendra*, dit le psalmiste, *Ps.* LVIII, vers 11. Si c'est elle qui nous prévient, elle n'est donc pas prévenue par nos bonnes dispositions naturelles, par nos désirs, par nos efforts pour la mériter : tel est encore le raisonnement de saint Augustin.

Pourquoi les pélagiens avaient-ils eu recours à la supposition contraire? C'était pour répondre à une objection souvent répétée par les anciens hérétiques et par les philosophes. Ceux-ci disaient : Si la connaissance de Jésus-Christ est nécessaire au salut de l'homme, comment Dieu a-t-il attendu quatre mille ans avant de l'envoyer au monde? Pourquoi l'a-t-il fait naître dans un coin de l'univers, au lieu de le montrer à tous les peuples? Pélage répondait que cela n'était pas nécessaire, puisque les païens mêmes pouvaient être sauvés par le bon usage de leurs forces naturelles. Saint Augustin, pour résoudre la même objection, avait dit, *Epist.* 102, q. 2, n. 14, que Jésus-Christ avait voulu se montrer et faire prêcher sa doctrine dans le temps et dans les lieux où il savait qu'il y aurait des hommes qui croiraient en lui. Le saint docteur avait conclu que la connaissance de la vraie religion, qui conduit seule au salut, n'avait manqué à aucun de ceux qui étaient dignes de la recevoir. Lorsque les semi-pélagiens voulurent se prévaloir de cette réponse, saint Augustin s'expliqua plus correctement; il dit que cette connaissance avait été accordée à tous ceux que Dieu y avait prédestinés de toute éternité. *Lib. de Prædest. sanct.*, c. 9 et 10, n. 17 et suiv. Mais il nous paraît qu'aucune de ces réponses ne résout pleinement la difficulté. Les philosophes pouvaient insister et dire : Pourquoi Dieu a-t-il prédestiné si peu de monde à cette connaissance, puisqu'elle est absolument nécessaire? Ils pouvaient même répliquer aux pélagiens : Pourquoi Dieu a-t-il fait naître le très-grand nombre des hommes avec de si mauvaises dispositions, que l'on doit présumer plutôt leur damnation que leur salut? Il faut donc toujours en revenir à la solution que donne saint Paul : « *Hommes, qui êtes-vous, pour demander compte à Dieu de la distribution de ses dons, soit naturels, soit surnaturels?* A l'égard des uns comme des « autres, *le vase n'a aucun droit de demander* au potier : *Pourquoi m'avez-vous fait ainsi?* » Et saint Augustin l'a reconnu. *L. de Dono persev.*, c. 11, n. 25; *L. de Corrept. et Grat.*, c. 8, n. 19. — La *grâce* est toujours gratuite, dans ce sens, que Dieu n'est point déterminé à la donner par le bon usage qu'il prévoit que l'homme en fera. Cette vérité, méconnue par les semi-pélagiens, se tire évidemment de ce que dit Jésus-Christ dans l'Evangile, que les Tyriens et les Sidoniens auraient fait pénitence, si lui-même avait fait chez eux les mêmes prodiges qu'il avait opérés chez les Juifs. *Matth.*, chap. XI, vers 21; *Luc*, chap. X, vers 13. Dieu, qui prévoyait le bon usage que les Tyriens feraient de cette *grâce*, ne daigna cependant pas la leur accorder, au lieu qu'il en gratifia les Juifs, desquels il prévoyait la résistance et l'incrédulité. Saint Aug., *ibid*. S'il en est ainsi à l'égard des *grâces* extérieures, à plus forte raison à l'égard de la *grâce* intérieure, sans laquelle les premières seraient inutiles. Puisque le bon usage de la *grâce* intérieure doit être un effet de la *grâce* même, comment pourrait-il être un motif qui détermine Dieu à la donner? Pour peu que l'on veuille y réfléchir, on sentira que cela est impossible. En effet, il n'est aucune circonstance imaginable dans laquelle Dieu ne voie que, s'il accordait telle *grâce* au pécheur, celui-ci se convertirait. Dieu serait donc obligé de donner des *grâces* efficaces à tous les hommes, dans toutes les circonstances de leur vie. C'est la réflexion de M. Bossuet. Qu'en donnant une seconde *grâce*, Dieu se propose de récompenser le bon usage que l'homme a fait d'une *grâce* précédente, cela se conçoit; quoique Dieu n'y soit pas obligé; mais qu'avant de la donner il veuille récompenser un bon usage qui n'existe pas encore, c'est une absurdité. Cependant les augustiniens et les thomistes la reprochent souvent aux congruistes, afin de les agréger aux semi-pélagiens; cela nous paraît injuste, et nous ne connaissons aucun congruiste qui y ait donné lieu.

III. *Distribution de la grâce* (1). Confesser avec l'Eglise universelle que la *grâce* intérieure et prévenante est nécessaire à tous les hommes, pour toute bonne œuvre, même pour former de bons désirs, et prétendre néanmoins que Dieu ne la donne pas à tous, c'est bâtir d'une main et détruire de l'autre. De là il s'ensuivrait que la rédemption des hommes par Jésus-Christ a été très-imparfaite, que ce divin Sauveur n'est pas mort pour tous, et que Dieu ne veut pas les sauver tous : erreurs qui détruisent l'espérance chrétienne, et attaquent l'article le plus fondamental du christianisme. Dans les articles INFIDÈLES et JUDAÏSME, nous ferons voir que Dieu leur a toujours donné des *grâces*; au mot ENDURCISSEMENT, nous avons prouvé que Dieu ne refuse point toute *grâce* aux pécheurs endurcis; nous devons montrer ici

(1) Au mot SURNATUREL, nous avons rapporté une magnifique conférence du P. Ravignan qui résume bien la question.

qu'il en accorde à tous les hommes sans exception, quoique avec beaucoup d'inégalité. l'Ecriture sainte, les Pères, la tradition, seront nos guides; ceux qui osent encore aujourd'hui combattre cette vérité, ne les ont certainement pas consultés.

Pour commencer par l'Ancien Testament, nous lisons, *Ps.* CXLIV, vers. 8 : *Le Seigneur est miséricordieux, indulgent, patient, rempli de bonté, bienfaisant* A L'ÉGARD DE TOUS *; ses miséricordes sont répandues* SUR TOUS SES OUVRAGES. *Sap.*, chap. XI, vers. 27 : *Seigneur vous pardonnez à tous, parce que tous sont à vous et que vous aimez les âmes.* Chap. XII, vers. 1 : *Que votre esprit, Seigneur, est bon et doux à l'égard* DE TOUS ! *Vous corrigez ceux qui s'égarent, vous les avertissez et leur montrez en quoi ils pêchent, afin qu'ils renoncent à leur perversité, et qu'ils croient en vous.* Vers. 13 : *Vous avez soin* DE TOUS*, pour démontrer que vous jugez avec justice.* Si dans ces passages il n'est question que de *grâces* temporelles, ou de *grâces* extérieures de salut, voilà un langage bien captieux. Dieu jugera-t-il avec justice, s'il ne nous donne pas la force de faire ce qu'il commande? *Ne nous dites point :* DIEU ME MANQUE ; *ne faites point ce qu'il défend... Il a mis devant l'homme la vie et la mort, le bien et le mal : ce qu'il choisira lui sera donné... Le Seigneur n'a commandé et ne donne lieu à personne de mal faire* (*Eccli.* XV, 11). Dieu me manque, *per Deum abest*, signifie évidemment, Dieu me laisse manquer de *grâce* et de force, et, selon l'auteur sacré, c'est un blasphème. Saint Augustin a réfuté par ce passage ceux qui rejettent sur Dieu la cause de leurs péchés. *L. de Grat. et lib. Arb.*, c. 2, n. 3.

Dans le Nouveau Testament, saint Jean, chap. I vers. 9, appelle le Verbe divin, *la vraie lumière qui éclaire tout homme venant en ce monde.* Par cette lumière, tous les Pères sans exception entendent *la grâce*. Ils appliquent au Verbe divin ce que le psalmiste dit du soleil, que personne n'est privé de sa chaleur, *Ps.* XVIII, vers. 7. C'est ce qu'a fait en particulier saint Augustin, non-seulement en expliquant ce psaume, et dans ses traités sur saint Jean, *Tract*. 1, n. 8; *Tract*. 2, n. 7; mais dans neuf ou dix autres de ses ouvrages. *L.* XXII *contra Faustum*, c. 13; *de Genesi contra Manich.*, l. I, c. 3, n. 6; *Retract.*, l. I, c. 10; *Epist.* 140, n. 6 et 8; *Epist.* 102, q. 2; *In Ps.* XCIII, n. 4; *Serm.* 4, 78, 183, etc. Il ne faudra pas l'oublier. Suivant saint Paul, Dieu n'a jamais cessé de se rendre témoignage à lui-même par les bienfaits de la nature; il a donné à tous ce qu'il fallait pour le chercher et le connaître. *Act.*, chap. XIV, vers. 16; chap. XVII, vers. 25 et 27. Or, *ce qu'il fallait* est principalement la *grâce*

Nos adversaires conviennent aisément que les Pères des quatre premiers siècles ont admis la *grâce* universelle; sans cela ces saints docteurs n'auraient pas pu réfuter solidement Celse, Julien, Porphyre, les marcionites et les manichéens. Lorsque Celse objecte que Dieu devait envoyer son Fils et son Esprit à tous les hommes, au lieu de le faire naître dans un coin de l'univers, Origène lui répond, l. vi, n. 78, « que Dieu n'a jamais cessé de pourvoir au salut du genre humain; que jamais il ne s'est rien fait de bien parmi les hommes, qu'autant que le Verbe divin est venu dans les âmes de ceux qui étaient capables, du moins pour un temps, de recevoir ses opérations.» L. iv, n. 28, il avait prouvé la distribution générale de la *grâce* par les passages de l'Ecriture que nous avons cités. Saint Cyrille a donné la même réponse à Julien, qui renouvelait la même objection, l. iii, p. 108, 110 et suiv. Tertullien n'en avait point allégué d'autres aux marcionites. *Adv. Marcion.*, l. ii, c. 27. A son tour, saint Augustin l'employa contre les manichéens; mais des théologiens entêtés prétendent qu'il a changé d'avis en écrivant contre les pélagiens. Rien n'est plus faux.

Il avait dit aux manichéens, *L.* iii, *de lib. Arb.*, c. 19, n° 53 : « Dieu présent partout se sert de ses créatures pour ramener celui qui s'égare, pour enseigner celui qui croit, et consoler celui qui espère, pour exciter les désirs, animer les efforts, exaucer les prières, etc. » Les pélagiens voulurent se prévaloir de ces paroles ; saint Augustin les répéta : « J'ai exhorté, dit-il, l'homme à la vertu, mais je n'ai point méconnu la grâce de Dieu. » *L. de Nat. et Grat.*, c. 67, n. 81; *Retract.*, l. i, c. 9 ; en effet, le secours extérieur des créatures n'exclut point l'opération intérieure de la *grâce* divine. Il avait dit, *L.* i *de Genesi, contra Manich.*, c. 3 , n. 5 : « La lumière céleste est pour les cœurs purs de ceux qui croient en Dieu et s'appliquent à garder ses commandements ; *tous le peuvent, s'ils le veulent;* parce que cette lumière éclaire tout homme qui vient en ce monde. » Dans ses *Rétractations*, l. i, c. 10, il répète: « *Tous le peuvent, s'ils le veulent* ; mais Dieu prépare la volonté des hommes et l'anime du feu de la charité, afin qu'ils le puissent.» Si tous le peuvent, donc Dieu prépare la volonté de tous. Même doctrine , *Serm.* 4, n. 6 et 7 ; *Serm.* 183 , n. 5; *L. de pec. Meritis et Remiss.*, c. 25, n. 37. « Dieu aide par sa grâce la volonté de l'homme, afin de ne pas lui commander en vain. » *L. de Grat. et lib. Arb.*, c. 4, n. 9. Or, Dieu commande à tous, donc il aide la volonté de tous ; et s'il y avait une circonstance dans laquelle il ne leur accordât aucune *grâce*, il leur commanderait en vain.

Le concile de Trente, *Sess.* vi, c. 11, a consacré cette maxime du saint docteur : « *Dieu ne commande pas l'impossible ;* mais en commandant, il vous avertit de faire ce que vous pouvez, de demander ce que vous ne pouvez pas, et il vous aide afin que vous le puissiez.» *L. de Nat. et Grat.*, c. 43, n. 50.

Les Pères de l'Eglise postérieurs à saint Augustin l'ont copié, et lui-même à fait profession de suivre ceux qui l'avaient précédé. Aujourd'hui certains théologiens osent encore écrire que la *grâce* générale, accordée à tous les hommes, est une imagination des scolastiques. D'autres ont poussé l'audace plus loin; ils ont dit que cette *grâce* prétendue est une erreur des pélagiens, que saint Augustin l'a combattue de toutes ses forces, *Epist.* 186, *ad Paulin.* Les semi-pélagiens l'avaient adoptée, et Fauste de Riez voulait la prouver par les passages de l'Ecriture sainte que nous avons allégués ci-dessus. *Epist. ad Vital.*, 217, n. 16 , saint Augustin enseigne, comme un dogme catholique, que *la grâce n'est pas donnée à tous ;* et le iie concile d'Orange l'a ainsi décidé contre les semi-pélagiens.

Pour réfuter ce tissu d'impostures, rappelons-nous ce que nous avons dit plus haut du système des pélagiens, et l'enchaînement de leurs erreurs. Pélage soutenait que le péché d'Adam n'avait nui qu'à lui seul et non à la postérité : qu'ainsi les forces naturelles de l'homme n'ont été ni détruites ni affaiblies par ce péché. Conséquemment ils faisaient consister le libre arbitre dans un pouvoir égal de choisir le bien ou le mal, dans un équilibre parfait de la volonté entre l'un et l'autre. S. Aug., *Op. imperfect. contra Jul.*, lib. i, n. 94. Tel avait été en effet le libre arbitre de l'homme innocent. De là ils concluaient qu'une *grâce* actuelle intérieure, qui pousserait la volonté au bien, détruirait le libre arbitre ou l'équilibre prétendu de la volonté, *ibid.*, l. iii, n. 109 et 117 ; S. Jérôme, *Dial.* iii, *contra Pelagian.* Conséquemment ils ne voulaient point admettre d'autre *grâce* actuelle que la loi, la doctrine, les exemples de Jésus-Christ, la rémission des péchés par le baptême, la *grâce* d'adoption. C'est pour cela qu'ils disaient : *Tous les hommes ont le libre arbitre ; mais dans les chrétiens seuls il est aidé par la grâce*, parce qu'en effet les chrétiens seuls connaissent la loi, la doctrine, les exemples de Jésus-Christ. *L. de Gratia Christi*, c. 31, n. 33 ; *Epist. Pelag. ad Innocent. I.* Saint Augustin, dans le dernier de ses ouvrages, proteste qu'il n'a jamais aperçu d'autre *grâce* dans les écrits des pélagiens, que celle dont nous venons de parler, la loi, la doctrine, les menaces, les promesses, etc. *Op. imperf. contra Julian.*, l. i, n° 94; l. ii, n. 227; l. iii, n. 106 et 114; l. v, n. 48, etc. Encore une fois, M. Bossuet a reconnu ce fait essentiel, directement opposé à l'une des cinq propositions de Jansénius, *Défense de la tradition et des SS. Pères*, l. v, c. 4. On voit que toutes ces erreurs des pélagiens se tiennent, se suivent, et font partie essentielle de leur système.

Cela posé, comment ces hérétiques auraient-ils pu admettre une *grâce* générale, intérieure, donnée à tous les hommes, et comment saint Augustin aurait-il pu se trouver dans le cas de la réfuter ? Suivant les pélagiens, cette *grâce* n'était donnée à personne, parce qu'elle n'était pas nécessaire, et qu'elle aurait détruit le libre arbitre. N'importe : pour prouver le contraire, un théologien célèbre a tronqué un passage de saint Augustin. *Epist.* 186, *ad Paulin.*, n. 1. Le voici en entier. « Pélage dit qu'on ne doit pas l'accuser d'exclure la *grâce* de Dieu en défendant le libre arbitre, puisqu'il enseigne que le pouvoir de vouloir et d'agir nous a été donné par le Créateur, de manière que, selon ce docteur, « il faut entendre une *grâce* qui soit commune aux chrétiens et aux païens, aux hommes pieux et aux impies, aux fidèles et aux infidèles. » En supprimant la première partie de ce passage, le théologien dont nous parlons soutient que saint Augustin rejette toute *grâce* commune aux chrétiens et aux païens, etc. *Traité de la nécessité de la foi en Jésus-Christ*, tom. II, ivᵉ part., ch. 10, p. 196. Lequel des deux a été de plus mauvaise foi, ou Pélage qui abusait du mot *grâce*, pour désigner le pouvoir naturel de vouloir et d'agir, ou le théologien qui a fait semblant de l'ignorer, afin de déguiser le sentiment de saint Augustin.

Les semi-pélagiens prenaient un autre tour, pour enseigner la même chose que Pélage. Fauste de Riez admettait des *grâces naturelles* accordées à tous les hommes en vertu de la création seule, et indépendamment des mérites de Jésus-Christ ; il l'enseigne ainsi dans son traité *de Grat. et lib. Arb.*, lib. II, c. 10, et il voulait le prouver par les passages de l'Ecriture sainte que nous avons cités. Saint Prosper le réfute avec raison, *Resp. ad cap. 8 Gallor.*, et le concile d'Orange l'a justement condamné. Mais, parce que Fauste abusait de ces passages, s'ensuit-il qu'ils ne prouvent rien ? Nous n'admettons point d'autre *grâce* que celle de Jésus-Christ.

Vital de Carthage enseignait, comme Pélage, que croire en Dieu et acquiescer à l'Evangile, ce n'est point un don de Dieu ni l'effet d'une opération intérieure de Dieu, mais que cela vient de nous et de notre propre volonté ; que quand saint Paul dit : *Dieu opère en nous le vouloir et l'action*, cela signifie qu'il nous fait vouloir par sa loi et par ses Ecritures, mais qu'il dépend de nous d'obéir ou de résister à cette opération de Dieu. Saint Augustin, *Epist.* 217, *ad Vital.*, c. 1, n. 1, prouve contre lui que croire est l'effet d'une *grâce* intérieure ; que cette grâce est nécessaire aux adultes pour toute bonne action ; que la *grâce* de croire n'est pas accordée à tous ceux auxquels l'Evangile est prêché ; que quand Dieu l'accorde, c'est gratuitement et non selon les mérites de celui qui la reçoit, *ibid.*, cap. 5, n. 16. Tout cela est incontestable ; la question est de prouver que ceux qui ne croient pas, n'ont reçu aucune *grâce* intérieure qui les excitât à croire, et à laquelle ils ont résisté, et que saint Augustin l'a pensé ainsi : c'est ce qu'on ne prouvera jamais.

Les pélagiens et les semi-pélagiens se réunissaient à dire que la connaissance de Jésus-Christ et de l'Evangile, la foi, l'adoption divine, sont accordées à tous ceux qui s'y disposent d'eux-mêmes, ou qui n'y mettent pas obstacle. Saint Augustin et le concile d'Orange proscrivent encore cette erreur : ils décident que la *grâce*, prise dans ce sens, *n'est pas accordée à tous*, puisque le baptême est refusé à un grand nombre d'enfants qui n'y mettent aucun obstacle, *ibid.*, c. 6, n. 18. S'ensuit-il de là que la *grâce* actuelle et passagère, nécessaire pour toute bonne action, n'est pas donnée à tous ? C'eût été de la part de saint Augustin une absurdité de le soutenir contre Vital et contre les pélagiens, puisque encore une fois ces derniers prétendaient que cette *grâce* n'était donnée à personne, qu'elle n'était pas nécessaire, et qu'elle détruirait le libre arbitre ; que la seule grâce dont l'homme avait besoin était la connaissance de la loi et de la doctrine, *ibid.*, c. 4, n. 13.

Si dans la lettre à Vital on ne veut pas distinguer les différentes espèces de *grâce* dont parle saint Augustin, on le fera tomber dans des contradictions grossières, et raisonner hors de propos.

Les mêmes hérétiques, dont nous parlons, étayaient leur opinion sur la maxime de saint Paul, que *Dieu veut sauver tous les hommes*. Par là ils entendaient que Dieu veut les sauver tous également et indifféremment, sans avoir plus d'affection pour les uns que pour les autres, sans aucune distinction à mettre entre les élus et les réprouvés. *Epist.* 225, *sancti Prosperi ad Aug.*, n. 3 et 4. Ils en concluaient que Dieu offre donc également sa *grâce* à tous, qu'il la donne en effet à tous ceux qui s'y disposent d'eux-mêmes ou qui n'y mettent pas obstacle. *Ibid.* et *ad Vital.*, chap. 6, n. 19 ; et nous venons de voir ce qu'ils appelaient la *grâce*. Saint Augustin rejette encore, avec raison, cette indifférence prétendue ; il soutient qu'il y a des hommes pour lesquels Dieu a une prédilection marquée, et il donne au passage de saint Paul un sens tout différent. De même, dans ses deux livres de la *Prédestination des saints et du Don de la persévérance*, il prouve que Dieu a prédestiné à certains hommes des grâces plus abondantes, plus prochaines, plus efficaces qu'aux autres, et qu'il les leur accorde, non en récompense de leurs bonnes dispositions naturelles, mais par un décret purement gratuit, et selon son bon plaisir. Saint Prosper réfute aussi cette volonté indifférente de Dieu, que soutenaient les semi-pélagiens, *Resp. ad. cap.* 8 *Gallor*.

Mais la volonté générale de donner des *grâces* actuelles à tous les hommes, plus ou moins, selon son bon plaisir, n'est pas la même chose qu'une volonté indifférente et égale à l'égard de tous ; la distribution générale de *grâces* inégales ne déroge en rien à la distribution spéciale de *grâces* de choix que Dieu fait aux prédestinés. Confondre exprès ces deux choses, c'est tout brouiller, et défigurer malicieusement la doctrine de saint Augustin. Il y a des hommes, sans doute, et en très-grand nombre, auxquels Dieu n'accorde point ces *grâces* spéciales ; mais il n'en est aucun Dieu n'ait accordé suffisamment de *grâces* pour parvenir au salut ; s'il avait été fidèle à y correspondre. Voilà ce que saint Augustin n'a jamais nié. Cependant il semble avoir méconnu les *grâces* générales dans une occasion remarquable. On lui objectait que, suivant son système, il était inutile et injuste de réprimander les pécheurs; car enfin, s'ils pèchent, c'est qu'ils n'ont pas la *grâce*: il faut donc se borner à prier pour eux. Pour réponse, saint Augustin fit son livre de *Correptione et Grat.*; s'il avait admis une *grâce* générale, il aurait dit que tous les pécheurs sont dignes de réprimande, parce que Dieu donne à tous des *grâces* pour ne pas pécher. Mais non, il dit qu'un pécheur non régénéré est digne de blâme, parce que *Dieu a fait l'homme droit*, et qu'il est déchu de cette certitude *par sa mauvaise volonté*; qu'un pécheur qui a été régénéré est encore plus répréhensible, parce qu'il a perdu par son libre arbitre la *grâce* qu'il avait reçue, c. 6, n. 9. Saint Augustin ne reconnaît donc point de *grâce* accordée aux pécheurs non régénérés. Il avait déjà enseigné la même chose, *Epist.* 194, *ad Sixtum*, c. 6. n. 22. On ne nous persuadera jamais qu'un aussi grand génie ait pu raisonner aussi mal. Si on a droit de réprimander un pécheur, parce qu'il est déchu de la justice originelle par sa naissance, on peut aussi le blâmer et le punir de ce qu'il est né borgne ou bossu, parce que Dieu avait créé l'homme avec un corps bien conformé. Un pécheur n'a pas perdu la rectitude originelle *par sa mauvaise volonté*, mais par celle d'Adam: ce ne peut donc être là le sens de saint Augustin. Selon lui et selon la vérité, un homme non baptisé ou non régénéré est blâmable quand il a péché, parce que, malgré le péché originel, il reste encore en lui un fonds de rectitude que Dieu lui a donné en le créant, et qu'il en déchoit *par sa mauvaise volonté* toutes les fois qu'il pèche. En effet, le saint docteur soutient aux pélagiens que quand les païens font le bien, la loi de Dieu, qui n'est pas encore entièrement effacée par l'injustice, est gravée de nouveau en eux *par la grâce*. *L. de Spir. et Litt.*, c. 28, n. 48. Donc, suivant saint Augustin, Dieu donne aux païens la *grâce* pour faire le bien; donc, lorsqu'ils pèchent, ils résistent à la *grâce*. Une preuve que c'est là le sens de ce Père, c'est que, dans le livre même de *Correptione et Gratiâ*, c. 8, n. 19, il soutient que l'inégalité des dons de la *grâce* ne doit pas plus nous étonner que l'inégalité des dons de la nature; que Dieu est également maître des uns et des autres, qu'ils sont tous également gratuits. C'est ce que nous répondons encore aux déistes, lorsqu'ils soutiennent que toute inégalité dans la distribution des *grâces* est une partialité, et une injustice de la part de Dieu. Or, quelque inégalité que Dieu ait mise dans les dons naturels qu'il accorde aux hommes, il n'est cependant aucun homme qui en soit absolument privé. Donc saint Augustin a pensé qu'il en était de même à l'égard des dons de la *grâce*. S'il avait enseigné ou supposé le contraire, il serait tombé en contradiction. Une autre preuve, c'est que le saint docteur dit qu'il faut toujours réprimander les pécheurs, parce qu'on ne sait pas si Dieu ne se servira point de la réprimande même pour les toucher et les convertir. Mais, dans le cas où Dieu ne donnerait pas la *grâce*, la réprimande serait injuste et absurde, puisque ce serait reprocher aux pécheurs qu'ils ne font pas ce qu'il leur est impossible de faire. Devons-nous risquer de faire une injustice et une absurdité? Dieu n'attache point ses *grâces* à de pareils moyens.

Un auteur très-zélé pour la doctrine de ce savant Père de l'Eglise, reconnaît que l'on a tort d'accuser de pélagianisme ou de semi-pélagianisme ceux qui pensent que Dieu donne des *grâces* plus ou moins à tous les hommes, puisque l'Evangile, saint Paul et saint Augustin l'enseignent assez clairement: il pouvait dire que c'est le sentiment constant de tous les Pères. Cela est utile, dit-il, pour nous faire adorer la bonté de Dieu, pour démontrer l'ingratitude et la dureté du cœur humain, pour exciter la confiance des pécheurs et les faire recourir à Dieu; ajoutons que cela est nécessaire pour comprendre l'étendue du bienfait de la rédemption et de la charité de Jésus-Christ. Nous ne voyons pas quel effet salutaire peut produire le sentiment opposé. *Voy.* SALUT, SAUVEUR.

IV. *Résistance à la grâce.* Peut-on résister à la grâce intérieure, et y résiste-t-on souvent en effet? Pour résoudre cette question, il devrait suffire de nous interroger nous-mêmes, et de consulter notre propre conscience. Qui de nous ne s'est pas senti plus d'une fois inspiré de faire une bonne œuvre qu'il a négligée, ou de résister à une tentation à laquelle il a succombé? Toutes les fois que cela nous est arrivé, la conscience nous l'a reproché comme une faute; nous avons senti que ce n'était pas la *grâce* qui nous avait manqué, mais que nous avions résisté à la *grâce* avec une pleine liberté. A qui n'est-il pas arrivé de résister quelquefois aux remords de sa conscience? Ces remords sont certainement une *grâce*, et une *grâce* très-intérieure. Rien n'est donc plus faux que la proposition de Jansénius: *On ne résiste jamais à la grâce intérieure dans l'état de nature tombée.*

Ce fait n'est pas moins certain par l'Ecriture sainte. La Sagesse éternelle dit aux pécheurs: Je vous ai appelés et vous avez résisté, *Prov.*, chap. I, vers. 24. Le Psalmiste les compare à l'aspic, qui se bouche les oreilles pour ne pas entendre la voix de l'enchanteur, *Ps.* LVII, vers. 5 et 6. Il suppose donc que Dieu leur parle. Selon Job, ils ont dit à Dieu: Retirez-vous, nous ne voulons point connaître vos voies, chap. XXI, vers. 14. Dieu avait promis par Jérémie, chap. XXXI, vers. 33, d'écrire sa loi dans l'esprit et dans le cœur des fidèles; saint Paul les en fait souvenir, *Hebr.*, chap. VIII, vers. 20, et chap. X, vers. 16. Cela ne peut se faire que par la *grâce* intérieure. Cependant les fidèles mêmes violent encore la loi de Dieu; donc ils résistent à la *grâce*. Jésus-Christ dit à Jérusalem: *J'ai voulu rassem-*

bler les enfants, et tu n'as pas voulu, Matth., chap. XXIII, vers. 37. Saint Etienne fait aux Juifs le même reproche. Act., chap. VII, vers. 51 : *Vous résistez toujours au Saint-Esprit, comme ont fait vos pères.* Saint Paul cite les paroles d'Isaïe, chap. LXV, vers. 2 : *J'ai étendu tout le jour les bras vers un peuple incrédule et rebelle.* Rom., chap. X, vers. 21. Il dit, *II Cor.*, chap. VI, vers. 1 : *Nous vous exhortons à ne pas recevoir la grâce de Dieu en vain.* Saint Augustin conclut de ce passage que l'homme, en recevant la grâce, ne perd pas pour cela *sa volonté*, c'est-à-dire *sa liberté ;* suivant son style, ce qui se fait nécessairement se fait par *nature* et non par *volonté*. *L. de duab. Animab.*, c. 12, n: 17 ; *Epist.* 166, § 5, etc., Saint Paul répète les paroles du Psalmiste : *Si vous entendez aujourd'hui la voix de Dieu, n'endurcissez pas vos cœurs, Hébr.*, chap. III, vers. 7. *La terre qui reçoit la rosée du ciel... et qui ne produit que des ronces et des épines, est réprouvée et prête à être maudite ; mais nous avons de vous de meilleures espérances,* chap. VI, vers. 7. L'Apôtre suppose donc que l'on peut recevoir la rosée de la *grâce*, et cependant ne produire aucun fruit, résister à la voix de Dieu et s'endurcir contre elle. Si, dans ces divers passages, il n'était question que de *grâces* extérieures, pourrait-on blâmer les pécheurs de n'avoir pas obéi, c'est-à-dire de n'avoir pas fait ce qu'il leur était impossible de faire sans la *grâce* intérieure ? Résister au Saint-Esprit, ou résister à la *grâce* intérieure, n'est-ce pas la même chose ? Saint Paul lui-même n'en avait que trop fait l'expérience ; lorsque Jésus-Christ lui reprocha son esprit persécuteur, il lui dit : *Il vous est dur de regimber contre l'éperon* (Act. IX, 5.) Par là, disent les interprètes, Jésus-Christ lui reprochait d'étouffer les remords de sa conscience, et de résister aux mouvements de la *grâce* qui le détournaient de persécuter les chrétiens. Saint Augustin a répété plus d'une fois qu'obéir ou résister à la vocation de Dieu, est le fait de notre propre volonté, *de Spir. et Litt.*, c. 33 et 34 ; *Enchir., ad Laur.*, c. 100. Lorsque les infidèles ne croient pas, dit-il, ils résistent à la volonté de Dieu ; mais ils n'en sont pas vainqueurs, puisqu'ils en seront punis. *Ibid.* Il en conclut que rien ne se fait, à moins que le Tout-Puissant ne le veuille, soit en le faisant lui-même, soit en le permettant, *Enchir.*, c. 95. Mais il y a bien de la différence entre vouloir positivement et *permettre*.

Les prétendus défenseurs de la *grâce* objectent qu'elle est l'opération de la toute-puissance divine, qu'il est donc absurde qu'une créature y résiste. Saint Paul lui-même compare cette opération a celle d'un potier qui fait ce qu'il lui plaît d'une masse d'argile, *Rom.*, chap. IX, vers. 21. Et selon saint Augustin, Dieu est plus maître de nos volontés que nous-mêmes. Mais il faut se souvenir que c'est aussi par la volonté toute-puissante de Dieu que l'homme a reçu le pouvoir de résister à la *grâce*. Dieu a voulu qu'il fût libre, afin qu'il fût capable de mériter. Saint Paul veut prouver qu'il dépend autant de Dieu de donner à un homme la foi, ou de le laisser dans l'infidélité, qu'il dépend d'un potier de faire un vase d'ornement, ou un vase de vil prix ; cela est certain : mais il ne s'ensuit pas qu'un homme soit aussi incapable d'action qu'une masse d'argile. Dieu est maître absolu de nos volontés, mais il n'use point de ce pouvoir absolu, parce qu'il veut que notre obéissance soit méritoire.

La *grâce* donnée à notre premier père n'était-elle pas aussi l'opération toute-puissante de Dieu ? Adam néanmoins y a résisté. Il est absurde de croire que Dieu fait un plus grand effort de puissance, lorsqu'il nous donne la *grâce*, que quand il l'a donnée au premier homme. Toutes les grandes maximes dont se servent certains théologiens pour exagérer la puissance de la *grâce*, et sa prétendue force irrésistible, se trouvent fausses lorsqu'on les applique à la grâce donnée aux anges et à l'homme innocent. Lorsque nous avons suivi le mouvement de la *grâce*, en faisant une bonne œuvre, il est vrai de dire, comme saint Paul, que Dieu a opéré en nous *le vouloir et l'action*, puisque la *grâce* en a été la cause première et principale ; il ne s'ensuit pas que toute *grâce* opère de même, et soit toujours efficace. suivant l'observation de saint Augustin, le secours du Saint Esprit est exprimé de manière qu'il est dit *faire en nous* ce qu'il nous fait faire. *Epist.* 194, n. 16 ; *In Ps.* XXXII, n. 6 ; *De Grat. Christi*, n. 26 ; *De Pecc. meritis et remiss.*, l. I, n. 7 ; *De Grat. et lib. Arb.*, n. 31.

On a beaucoup insisté sur la différence que met saint Augustin entre la *grâce* donnée à l'homme innocent et celle que Dieu donne à l'homme affaibli par le péché : par celle-ci, selon lui, Dieu subvient à la faiblesse de l'homme en le déterminant *invinciblement* au bien : conséquemment le saint docteur nomme cette *grâce* un secours *par lequel* nous persévérons, *adjutorium quo*. *L. de Corrept. et Grat.*, c. 10, 11 et 12. Il suffit de lire l'endroit cité pour voir que saint Augustin parle du don de la persévérance finale qui emporte la mort en état de *grâce*. Ce don est *invincible*, sans doute ; l'homme ne peut plus résister à la *grâce* après sa mort. Il a fallu un entêtement systématique bien étrange, pour appliquer à toute *grâce* actuelle ce que saint Augustin dit de la persévérance finale, et pour vanter cette belle découverte comme la *clef* du système de saint Augustin. Bossuet, *Défense de la Trad. et des saints Pères*, l. XII, c. 7.

Mais, dit-on encore, saint Augustin pose pour principe que nous agissons nécessairement selon ce qui nous plaît davantage : *Quod magis nos delectat, secundum id operemur necesse est ;* il envisage la *grâce* comme une délectation supérieure à la concupiscence, qui la surmonte, à laquelle par conséquent nous ne pouvons pas résister. Si cela est, il faut commencer par concilier saint Augustin avec lui-même. Il soutient que la *grâce* ne détruit pas le libre arbitre, mais le rétablit. *L. de Spir. et Litt.*, c. 30, n. 52, etc. Les pélagiens entendaient par *libre arbitre* une égale facilité à faire le bien et le mal, une espèce d'équilibre de la volonté entre l'un et l'autre. *Op. imperf.*, l. III. n. 100, 110, 117. *Lettre de saint Prosper à saint Augustin*, n. 4. Saint Augustin prétend avec raison que nous avons perdu cette grande et heureuse *liberté* par le péché d'Adam ; qu'il faut le secours de la *grâce* pour la rétablir. *L. de Corrept et Grat.*, c. 12, n. 37. Si la *grâce* rétablit l'équilibre, comment peut-il y avoir nécessité de lui céder ? Il est donc clair que dans le principe posé par saint Augustin les termes de *plaisir*, *délectation*, *nécessité*, sont pris dans un sens très-impropre. Lorsque la *grâce* nous porte efficacement à faire une action pour laquelle nous avons beaucoup de répugnance, à surmonter une tentation violente qui nous porte au péché, ce n'est certainement pas alors un plaisir ou une délectation qui nous entraîne, et le sentiment intérieur nous convainc que nous sommes encore maîtres de résister à la *grâce*. Dieu trompe-t-il en nous le sentiment intérieur ? Ce n'est pas sur des termes abusifs qu'il faut bâtir un système théologique.

V. *Efficacité de la grâce.* On demande en quoi consiste cette efficacité, et quelle différence il y a entre une *grâce* efficace et celle qui ne l'est pas. Avant d'exposer les divers systèmes sur cette question, il est bon de remonter à la source de l'obscurité qui en est inséparable. Il s'agit de savoir d'abord en quel sens la *grâce* divine est *cause* de nos actions. A l'article Cause, nous avons observé qu'il faut distinguer entre une cause physique et une cause morale. Nous appelons *cause physique* un être quelconque, à la présence duquel il arrive toujours tel événement qui n'arrive jamais dans son absence : ainsi le feu est censé cause physique de la lumière, de la chaleur, de la brûlure, parce que ces phénomènes se font toujours sentir lorsque le feu est présent, et jamais lorsqu'il est absent. Il en est de même de la chaleur à l'égard de la végétation : la coexistence constante de ces phénomènes nous fait conclure que l'un est la cause physique de l'autre, qu'il y a une *connexion nécessaire* entre l'un et l'autre ; et nous n'avons point d'autre raison d'en juger ainsi. Conséquemment celui qui a mis le feu quelque part est censé la cause physique de l'incendie. Une *cause morale* se connaît par le signe contraire ; la même cause ne produit pas toujours le même effet, et un même effet peut être produit par diverses causes : ainsi les idées que nous avons dans l'esprit, les motifs qui nous déterminent à agir, sont appelés *cause* de nos actions, mais *cause morale* seulement ; un même motif peut nous faire faire plusieurs actions différentes, et une même action peut être faite par divers motifs ; il n'y a donc entre nos motifs et nos actions qu'une *liaison contingente*. Cependant celui qui suggère des motifs, qui commande, conseille, excite à faire une action, est censé en être la cause morale ; elle lui est imputée aussi bien qu'à celui qui en est la cause efficiente et physique ; le nom de *cause efficiente* est également donné à l'un et à l'autre.

Il était nécessaire de répéter ici ces notions, puisqu'il s'agit de savoir à laquelle de ces deux espèces de *causalité* l'on doit rapporter l'opération de la *grâce* divine ; comme celle-ci ne ressemble exactement et en tout point à aucune des deux précédentes, il n'est pas étonnant que les sentiments soient partagés.

Un très-grand nombre de théologiens pensent qu'il y a beaucoup d'inconvénients à n'envisager la *grâce* que comme cause morale de nos actions. C'est, disent-ils, comparer l'action de Dieu qui opère en nous, à l'action d'un homme qui agit hors de nous : celui-ci ne peut être que cause occasionnelle des idées de notre esprit et des mouvements de notre cœur ; Dieu, au contraire, par sa *grâce*, en est la cause efficiente ; c'est lui qui les opère et les produit immédiatement en nous : tel est le langage de l'Ecriture sainte, des Pères, de la tradition. Dans les actions naturelles, nous agissons par nos propres forces : pour les actes surnaturels, notre pouvoir est nul ; nous agissons par les forces de la *grâce* : la doctrine contraire est l'erreur des pélagiens. Conséquemment plusieurs nomment prémotion ou prédétermination *physique* l'opération de la *grâce*; quelques-uns l'ont comparée à l'influence d'un poids sur une balance. [C'est un système destructif du libre arbitre.] D'autres ont de la répugnance à nommer la *grâce cause physique* de nos actions ; car enfin, un effet physique a une liaison nécessaire avec sa cause : c'est le langage de tous les philosophes. Si entre la *grâce* et nos actions il n'y a pas simplement une connexion contingente, l'action faite sous l'influence de la *grâce* n'est plus libre ni méritoire. Les affections qui nous viennent d'une cause physique, comme la faim, la soif, la lassitude, le sommeil, ne sont pas libres, mais nécessaires ; elles ne nous sont imputables ni en bien ni en mal ; il en serait donc de même de nos actions surnaturelles, si elles étaient physiquement produites par la *grâce*.

Selon ces mêmes théologiens, les passages de l'Ecriture sainte, qui disent que Dieu agit en nous et produit nos bonnes actions, ne doivent point être pris à la rigueur ; autrement nous serions purement passifs. Dans toutes les langues il est d'usage d'attribuer les actions libres à la cause morale, autant et plus qu'à la cause physique, à celui qui a commandé, conseillé, exhorté, etc., aussi bien qu'à celui qui a fait l'action, et il n'est pas vrai que le premier en soit seulement *cause occasionnelle*, lorsqu'il a eu intention de produire l'effet qui est arrivé. Saint Augustin lui-même a reconnu que le secours du Saint-Esprit est exprimé dans l'Ecriture, de manière qu'il est dit *faire en nous* ce qu'il nous fait faire. Ce saint docteur a donc senti que ces expressions ne désignent pas une causalité physique, *Epist.* 194, *ad Sixtum*, c. 4, n. 16, etc. Il y a plus : d'autres passages disent que Dieu aveugle, endurcit, égare les pécheurs ; il ne s'ensuit pas qu'il est la cause physique et efficiente de l'aveuglement, etc. ; il n'en est que la cause occasionnelle. *Voy.* ENDURCISSEMENT.

Quand on dit que pour les actes surnaturels notre pouvoir est nul, on joue sur un équivoque ; ce pouvoir n'est pas substantiellement différent de celui par lequel nous faisons des actions naturelles, puisque c'est la même faculté de vouloir et d'agir ; mais, comme ce pouvoir est affaibli, dégradé, vicié par le péché, il a besoin de recevoir par la *grâce* une force qu'il n'a pas sans elle : voilà ce que niaient les pélagiens. Mais, sous l'impulsion de la *grâce*, nous agissons aussi réellement et aussi physiquement que sous l'impulsion des motifs qui déterminent nos actions naturelles ; le sentiment intérieur nous atteste que dans l'un et l'autre cas nous sommes actifs et non purement passifs. Contredire ce sentiment intérieur, c'est donner lieu à tous les sophismes des fatalistes.

Il est inutile, ajoutent ces mêmes théologiens, de prêcher la toute-puissance de Dieu, son souverain domaine sur les cœurs, la dépendance de la créature à l'égard de Dieu, la nécessité de rabaisser l'homme, de réprimer son orgueil, etc. ; ces lieux communs ne signifient rien, parce qu'ils prouvent trop. Dieu ne fait point consister son pouvoir ni sa grandeur à changer la nature des êtres raisonnables, mais à les faire agir selon leur nature, *librement* par conséquent, puisqu'il les a faits libres, capables de mériter et de démériter : on ne concevra jamais qu'il y ait mérite ni démérite, lorsqu'il y a *nécessité*. Dès qu'il est décidé que nous ne pouvons faire aucune bonne œuvre sans la *grâce*, pas même former un bon désir, où est le sujet de nous enorgueillir ? On ne s'aperçoit pas que les défenseurs de la causalité physique soient plus humbles que les partisans de la causalité morale.

C'est de ces divers principes que sont partis les théologiens pour former leurs systèmes sur l'efficacité de la *grâce*. Tous sont obligés de les concilier avec deux vérités catholiques : la première, qu'il y a des *grâces* efficaces, par lesquelles Dieu sait triompher de la résistance du cœur humain, ou plutôt prévenir cette résistance, sans nuire à la liberté ; la deuxième, qu'il y a des *grâces* suffisantes ou inefficaces, auxquelles l'homme résiste.

Mais d'où vient l'efficacité de la *grâce*? Est-ce du consentement de la volonté, ou est-elle efficace par elle-même ? On réduit ordinairement à ces deux opinions la multitude de celles qui partagent les théologiens. Ceux qui suivent la première n'envisagent la *grâce* que comme cause morale de nos actions ; les autres prétendent qu'elle en est la cause physique. Les principaux systèmes catholiques sur ce sujet sont ceux des thomistes, des augustiniens, des congruistes, des molinistes, du père Thomassin ; après les avoir exposés, nous parlerons des systèmes hérétiques.

Selon les thomistes, l'efficacité de la *grâce* se tire de la toute-puissance de Dieu et de son souverain domaine sur les volontés des hommes ; ils pensent que la *grâce*, par sa nature même, opère le libre consentement de la volonté, en appliquant *physiquement* la volonté à l'acte, sans gêner ni détruire sa liberté. Ils ajoutent que cette *grâce* est absolument nécessaire à l'homme pour agir, dans quelque état qu'on le considère ; avant le péché d'Adam, à titre de dépendance ; après le péché, pour la même raison, et encore à cause de la faiblesse que la volonté de l'homme a contractée par ce péché : aussi appellent-ils la *grâce*, *prémotion* ou *prédétermination physique*. Nous avons vu ci-dessus les inconvénients que leurs adversaires leur reprochent. *Voy.* THOMISTES. Les augustiniens prétendent que l'efficacité de la *grâce* consiste dans la force absolue d'une délectation que Dieu nous donne pour le bien, et qui, par sa nature, emporte le consentement de la volonté : ainsi, suivant cette opinion, la *grâce* est efficace par elle-même. Mais on ne sait pas trop s'ils la regardent comme la cause physique de nos actions, ou seulement comme la cause morale. Les uns disent que pour tout acte surnaturel il faut une *grâce* efficace par elle-même ; d'autres, comme le cardinal Noris, pensent qu'elle est seulement nécessaire pour les actions difficiles ; que, pour les actions qui ne demandent pas un grand effort, c'est assez d'une *grâce* suffisante. Mais lorsque celle-ci produit son effet, devient-elle efficace par elle-même, ou seulement par le consentement de la volonté ? C'est dont on ne nous instruit point. Nous avons vu dans le paragraphe précédent que le fondement de ce système n'est pas des plus solides. *Voy.* AUGUSTINIANISME. L'opinion des congruistes est que l'efficacité de la *grâce* consiste dans le rapport de convenance qui se trouve entre la *grâce* et les dispositions de la volonté dans la circonstance où celle-ci se trouve. Dieu, disent-ils, voit en quelles dispositions se trouvera la volonté de l'homme dans telle ou telle circonstance, quelle est l'espèce de *grâce* qui obtiendra le consentement de la volonté ; et, par un trait de bonté, il accorde la *grâce* telle qu'il la faut, et à laquelle il prévoit que la volonté consentira. Selon ce système, la *grâce* efficace et la *grâce* suffisante ne sont point essentiellement différentes, mais, eu égard aux circonstances, la première est un plus grand bienfait que la seconde ; elle est non la cause physique, mais la cause morale de la bonne action qui s'ensuit. Cependant, en bonne logique, il nous paraît faux que la *grâce* efficace et la *grâce* suffisante ne soient pas essentiellement différentes. *Voy.* CONGRUITÉ. S'il y a encore des molinistes ou des théologiens qui suivent l'opinion de Molina, ils pensent que l'efficacité de la *grâce* vient de la volonté de l'homme qui la reçoit. Selon eux, Dieu, en donnant à tous indifféremment la même *grâce* (1), laisse à la volonté humaine le pouvoir de la rendre efficace par son consentement, ou inefficace par sa résistance; ils ne reconnaissent point de *grâce efficace par elle-même*. Le premier inconvénient de ce système est qu'il semble que ce soit la volonté qui détermine la *grâce*, et non la *grâce* qui détermine la volonté; le second, c'est qu'on n'y voit pas en quoi une *grâce* efficace est un plus grand bienfait qu'une *grâce* inefficace. Tels sont sans doute les motifs qui ont déterminé Suarès et d'autres théologiens à corriger l'opinion de Molina, et à faire consister l'efficacité de la *grâce* dans sa *congruité*. Ainsi l'on a tort de donner aux congruistes le nom de molinistes, puisque leur sentiment n'est plus celui de Molina. *Voy.* CONGRUISME, MOLINISME. Le P. Thomassin, dans ses *Dogmes théologiques*, t. III, tract. 4, c. 18, fait consister l'efficacité de la *grâce* dans la réunion de plusieurs secours surnaturels, tant intérieurs qu'extérieurs, qui pressent tellement la volonté, qu'ils obtiennent infailliblement son consentement; chacun de ces secours, dit-il, pris séparément, peut être privé de son effet, souvent même il en est privé par la résistance de la volonté: mais collectivement pris, ils la meuvent avec tant de force, qu'ils en demeurent victorieux, en la prédéterminant non physiquement, mais moralement. Il n'est pas aisé de voir en quoi ce système est différent de celui des congruistes. Dès que l'on n'attribue à la *grâce* qu'une causalité morale, il n'est guère possible de la supposer efficace par elle-même.

Nous ne voyons pas qu'il y ait aucune nécessité pour un théologien d'embrasser l'un de ces systèmes. Comme il est impossible de faire une comparaison parfaitement juste entre l'influence de la *grâce* sur nous, et celle de toute autre cause, soit physique, soit morale, cette influence est un mystère; nous ne pouvons la concevoir clairement, ni l'exprimer exactement par les termes applicables aux autres causes; ainsi la dispute qui règne à ce sujet entre les théologiens catholiques durera probablement jusqu'à la fin des siècles: et quand il serait possible de les rapprocher, en convenant du sens des termes, jusqu'à présent ils n'en ont témoigné aucune envie.

Les erreurs sur ce sujet condamnées par l'Église, sont celles de Luther, de Calvin et de Jansénius. Luther soutenait que la *grâce* agit avec tant d'empire sur la volonté de l'homme, qu'elle ne lui laisse pas le pouvoir de résister. Calvin, dans son *Institution*, liv. III, chap. 23, s'attache à prouver que la volonté de Dieu met dans toutes choses, même dans nos volontés, une nécessité iné-

(1) Bergier ne s'explique pas assez clairement ici sur l'erreur des molinistes. Ils ne disent pas que Dieu donne à chacun une égale grâce. Bergier le reconnait dans son art. MOLINISME.

vitable. Selon ces deux docteurs, cette nécessité n'est point physique, totale, immuable, essentielle, mais relative, variable et passagère. Calv. *Instit.*, liv. III, chap. 2, n. 11 et 12; Luther, *de servo Arbit.*, fol. 434. Nous ne savons pas quel sens ils attachaient à ces expressions. M. Bossuet a prouvé que jamais les stoïciens n'avaient fait la fatalité plus raide et plus inflexible, *Hist. des variat.*, liv. XIV, n. 1 et suiv. Les arminiens et plusieurs branches des luthériens ont adouci cette dureté de la doctrine de leurs maîtres; on les a nommés *synergistes*, et plusieurs sont pélagiens. Dans les commencements, les arminiens admettaient, comme les catholiques, la nécessité de la *grâce* efficace: ils ajoutaient que cette *grâce* ne manque jamais aux justes que par leur propre faute; que dans le besoin ils ont toujours des *grâces* intérieures plus ou moins fortes, mais vraiment suffisantes pour attirer la *grâce* efficace, et qu'elles l'attirent infailliblement quand on ne les rejette pas; qu'au contraire elles demeurent souvent sans effet, parce qu'au lieu d'y consentir, comme on le pourrait, on y résiste. Aujourd'hui la plupart des arminiens, devenus pélagiens, ne reconnaissent plus la nécessité de la *grâce* intérieure. Le Clerc, dans ses notes sur les ouvrages de saint Augustin, prétend que le saint docteur n'a pas prouvé cette nécessité; nous avons fait voir le contraire ci-dessus, § 1. Jansénius et ses disciples disent que l'efficacité de la *grâce* vient d'une délectation céleste indélibérée, qui l'emporte en degrés de force sur les degrés de la concupiscence qui lui est opposée; s'ils raisonnent conséquemment, ils sont forcés d'avouer que l'acte de la volonté qui cède à la *grâce*, est aussi nécessaire que le mouvement du bassin d'une balance, lorsqu'il est chargé d'un poids supérieur à celui du côté opposé.

Toutes les opinions se réduisent donc, en quelque manière, à deux systèmes diamétralement contraires, dont l'un tend à ménager et à sauver le libre arbitre de l'homme, l'autre à relever la puissance de Dieu et la force de son action sur la volonté de l'homme. Dans chacune de ces deux classes, les opinions, dans ce qui en constitue la substance, ne sont souvent séparées que par des nuances qu'il est bien difficile de saisir. En effet, le sentiment de Molina, le congruisme de Suarès, l'opinion du P. Thomassin, semblent supposer qu'en dernier ressort c'est le consentement ou la résistance de la volonté qui rend la *grâce* efficace ou inefficace. D'autre part, toutes les opinions qui prêtent à la *grâce* une efficacité indépendante du consentement, rentrent les unes dans les autres: les noms sont indifférents. Que l'on appelle la *grâce* une *délectation* ou une *prémotion*, etc., cela ne fait rien à la question principale, qui est de savoir si le consentement de la volonté, sous l'impulsion de la *grâce*, est libre ou nécessaire, si entre la *grâce* et le consentement de la volonté il y a la même connexion qu'entre une cause physique et son effet, ou seulement la même connexion qu'entre une cause morale et l'action qui s'ensuit. C'est dans le fond la même contestation que celle qui règne entre les fatalistes et les défenseurs de la liberté, pour savoir si les motifs qui nous déterminent dans nos actions naturelles en sont la cause physique ou seulement la cause morale. [« Pour nous, dit Mgr Gousset, en attendant que le saint-siège se prononce, s'il doit jamais se prononcer, nous préférons celui des systèmes qui, n'admettant point que la grâce soit efficace de sa nature, fait dépendre l'efficacité de la grâce du consentement de la volonté qui étant, prévenue de la la grâce et toujours aidée de la grâce, opère avec la grâce. Ce sentiment, qu'on peut certainement concilier avec le dogme catholique, concilie plus facilement l'efficacité de la grâce avec le libre arbitre. Il offre des difficultés, mais à notre avis il en offre moins et de bien moins grandes que les systèmes qui veulent que la grâce soit intrinsèquement efficace, ou efficace de sa nature. »]

L'Église se met peu en peine des questions abstraites sur la nature de la grâce; mais, attentive à conserver les vérités révélées, surtout le dogme de la liberté, sans lequel il n'y a ni religion ni morale, elle condamne les expressions qui peuvent y donner atteinte. Il est difficile de croire qu'aucun théologien, sans excepter Luther ni Calvin, ait voulu faire de l'homme un être absolument passif, aussi incapable d'agir, de mériter et de démériter qu'un automate, un pur jouet de la puissance de Dieu, qui en fait à son gré un saint ou un scélérat, un élu ou un réprouvé; mais les expressions abusives dont plusieurs se servaient, les conséquences erronées qui s'ensuivaient, étaient condamnables; l'Église a eu raison de les condamner. Tant qu'elle n'a pas réprouvé un système, il y a de la témérité à le taxer d'erreur.

Les partisans de la grâce efficace par elle-même ont affecté de supposer que les semi-pélagiens admettaient une grâce versatile ou soumise au gré de la volonté de l'homme, et que saint Augustin l'a combattue de toutes ses forces. La vérité est qu'il n'a jamais été question de cette dispute entre les semi-pélagiens et saint Augustin : on peut s'en convaincre en comparant les lettres dans lesquelles saint Prosper et saint Hilaire d'Arles exposent à ce saint docteur les opinions des semi-pélagiens, et la réponse qu'il y a faite dans ses livres *de la Prédestination des saints* et *du Don de la persévérance*. *Voy.* SEMI-PÉLAGIENS. Jansénius a poussé la témérité encore plus loin, en affirmant que les semi-pélagiens admettaient la nécessité de la grâce intérieure pour faire de bonnes œuvres, même pour le commencement de la foi ; mais qu'ils étaient hérétiques, en ce qu'ils prétendaient que l'homme pouvait y consentir ou y résister à son gré. Nous avons prouvé le contraire par saint Augustin lui-même, ci-dessus, § 2.

On a encore reproché aux congruistes d'enseigner, comme les semi-pélagiens, que le consentement de la volonté prévue de Dieu est la cause qui détermine à donner la *grâce* congrue plutôt qu'une *grâce* incongrue ; qu'ainsi la première n'est pas gratuite, mais la récompense du consentement prévu. Les congruistes prétendent que cela est non-seulement faux, mais absurde, et le prouvent fort aisément. *Voy.* CONGRUISTES. De leur côté, ils n'ont pas manqué de soutenir que le sentiment des thomistes et des augustiniens n'est pas différent dans le fond de celui de Jansénius, de Luther et de Calvin ; que, puisqu'ils raisonnent sur les mêmes principes, ils ont tort d'en nier les conséquences ; qu'ils ne sont catholiques que parce qu'ils sont mauvais logiciens. On comprend bien que ce reproche n'est pas demeuré sans réponse. De part et d'autre, il eût été beaucoup mieux de supprimer ces sortes d'imputations.

On a donné à saint Augustin le nom de *docteur de la grâce*, parce qu'il a répandu beaucoup de lumière sur les questions qui y ont rapport ; mais il est convenu lui-même de l'obscurité qui en est inséparable, et de la difficulté qu'il y a d'établir la nécessité de la *grâce* sans paraître donner atteinte à la liberté de l'homme. *L. de Grat. Christi*, c. 47, n. 52, etc. Il a prouvé invinciblement contre les pélagiens que la *grâce* est nécessaire pour toute bonne action ; contre les semi-pélagiens, qu'elle est nécessaire même pour former de bons désirs, conséquemment pour le commencement de la foi et du salut ; contre les uns et les autres, qu'elle est purement gratuite, toujours prévenante et non prévenue par nos désirs ou par nos bonnes dispositions naturelles. Ces deux dogmes, dont l'un est la conséquence de l'autre, ont été adoptés et confirmés par l'Eglise ; on ne peut s'en écarter sans tomber dans l'hérésie.

Le saint docteur dit, *L. de Prædest. Sanct.*, c. 4, que la seconde de ces vérités lui a été révélée de Dieu, lorsqu'il écrivait ses livres à Simplicien. Il ne faut pas en conclure qu'elle ait été ignorée par les Pères qui l'avaient précédé, ni que tout ce qu'il a dit au sujet de la *grâce* lui a été inspiré ou suggéré par révélation, comme certains théologiens ont voulu le persuader. Il ne s'ensuit pas non plus qu'en confirmant les deux dogmes dont nous parlons, l'Eglise ait adopté de même toutes les preuves dont saint Augustin s'est servi, tous les raisonnements qu'il a faits, toutes les explications qu'il a données de plusieurs passages de l'Ecriture sainte : c'est une équivoque par laquelle on trompe les personnes peu instruites, quand on dit que l'Eglise a solennellement approuvé *la doctrine* de saint Augustin.

Ceux d'entre les théologiens qui soutiennent opiniâtrement que la *grâce* victorieuse, prédéterminante, efficace par elle-même, la prédestination gratuite à la gloire, etc., est *la doctrine* de saint Augustin, ont donné lieu aux incrédules et aux sociniens d'affirmer que l'Eglise, en condamnant Luther, Calvin, Baïus, Jansénius, etc., a condamné saint Augustin lui-même, ce qui est absolument faux. *Voy.* Augustiniens, Congruisme, Jansénisme, Thomistes, etc.

GRADE, GRADUÉ. *Voy.* Degré

GRADUEL, psaume, ou partie d'un psaume qui se chante à la messe entre l'épître et l'évangile. Après avoir écouté la lecture de l'épître, qui est une instruction, il est naturel que les fidèles en témoignent à Dieu leur reconnaissance, lui demandent par une prière la grâce de profiter de cette leçon, exprimant par le chant les affections qu'elle a dû leur inspirer. Par la même raison, après l'évangile, on chante le symbole ou la profession de foi. On a nommé ce psaume ou ces versets *graduel*, parce que le chantre se plaçait sur les degrés de l'ambon : s'il les chantait seul et tout d'un trait, cette partie était appelée *le trait ;* lorsque le chœur lui répondait et en chantait une autre partie, elle se nommait *le répons;* ces noms subsistent encore. On a aussi donné le nom de *graduel* au livre qui renferme tout ce qui se chante par le chœur à la messe, et on appelle *antiphonier* celui qui contient ce que l'on chante à vêpres. Enfin les quinze psaumes que les Hébreux chantaient sur les degrés du temple se nomment *psaumes graduels.* Quelques écrivains liturgistes pensent que ce nom leur est venu de ce que l'on élevait la voix par degrés en les chantant ; mais ce sentiment ne parait guère probable.

GRANDMONT, abbaye, chef de l'ordre des religieux de ce nom, située dans le diocèse de Limoges. Cet ordre fut fondé par saint Etienne de Thiers, environ l'an 1076, approuvé par Urbain III l'an 1188, et par onze papes postérieurs. Il fut d'abord gouverné par des prieurs jusqu'à l'an 1318, que Guillaume Ballicéri en fut nommé abbé, et en reçut les marques par les mains de Nicolas, cardinal d'Ostie.

La règle qui avait été écrite par saint Etienne lui-même, et qui était très-austère, fut mitigée d'abord par Innocent IV en 1247, et par Clément V en 1309 ; elle a été imprimée à Rouen l'an 1672. L'ordre de Grandmont a été supprimé en France par lettres patentes du 24 février 1769

GRECS ; Eglise grecque. Il ne faut pas confondre l'Eglise *grecque* moderne avec les églises de la *Grèce* fondées par les apôtres, soit dans la partie d'Europe, comme Corinthe, Philippes, Thessalonique, etc., soit dans la partie d'Asie, telles que Smyrne, Ephèse, etc. Dans les unes et les autres, le *grec* était le langage vulgaire pour la société et pour la religion ; au lieu que c'était le syriaque à Antioche et dans toute la Syrie, et le cophte en Egypte. Pendant les premiers siècles, rien n'était plus respectable que la tradition des églises de la *Grèce ;* la plupart avaient eu pour premiers pasteurs les apôtres. Tertullien cite aux hérétiques de son temps cette tradition comme un argument invincible ; mais par les hérésies d'Arius, de Nestorius et d'Eutychès, cette lumière perdit beaucoup de son éclat. Le schisme que les *Grecs* ont fait avec l'Eglise romaine a augmenté la confusion, et les conquêtes des mahométans ont presque détruit le christianisme dans ces contrées, où il fut autrefois si florissant. *L'Eglise grecque* est donc aujourd'hui composée de chrétiens schismatiques, soumis pour le spirituel au patriarche de Constantinople, et pour le temporel à la domination du grand-seigneur. Ils sont répandus dans la Grèce proprement dite, et dans les îles de l'Archipel, dans l'Asie Mineure et dans les contrées plus orientales, où ils ont l'exercice libre de leur religion. Il y en a aussi plusieurs Eglises en Pologne, et la religion *grecque* est dominante en Russie. Mais en Pologne et ailleurs il y a aussi des *Grecs* réunis à l'Eglise romaine, et qui ne sont différents des Latins que par le langage.

On ne doit pas se fier à l'histoire du schisme des *Grecs*, placée dans l'ancienne *Encyclopédie* ; elle a été copiée d'après un célèbre incrédule qui jamais n'a su respecter la vérité, et n'a laissé échapper aucune occasion de calomnier l'Eglise catholique.

Pour découvrir l'origne de cette funeste division, qui dure depuis sept cents ans, il faut remonter plus haut et jusqu'au IV° siècle. Avant que Constantin eût fait de Constantinople la capitale de l'empire d'Orient, le siége épiscopal de cette ville n'était pas considérable ; il dépendait du métropolitain d'Héraclée : mais depuis que le siége de l'empire y eut été transporté, les évêques de ce siége profitèrent de leur faveur à la cour, pour se rendre importants; et bientôt ils formèrent le projet de s'attribuer sur tout l'Orient la même juridiction que les papes et le siége de Rome exerçaient sur l'Occident. Ils parvinrent peu à peu à dominer sur les patriarches d'Antioche et d'Alexandrie, et prirent le titre d'*évêque universel*. Ainsi, la vanité des *Grecs*, leur jalousie, et le mépris qu'ils faisaient des Latins en général, furent les premières semences de division. L'animosité mutuelle augmenta pendant le VII° siècle, au milieu des disputes qui s'élevèrent touchant le culte des images : les Latins accusèrent les *Grecs* de tomber dans l'idolâtrie ; les *Grecs* récriminèrent, en reprochant aux Latins d'enseigner une hérésie touchant la procession du Saint-Esprit, et d'avoir interpolé le symbole de Nicée, renouvelé à Constantinople. Si nous en croyons quelques historiens ecclésiastiques, déjà plusieurs *Grecs* soutenaient pour lors que le Saint-Esprit procède du Père et non du Fils. La question fut agitée de nouveau dans le concile de Gentilly, près de Paris, l'an 766 ou 767, et la même plainte des *Grecs*, touchant l'addition *Filioque* faite au symbole, eut encore lieu sous Charlemagne, en 809. L'an 857, l'empereur Michel III, surnommé le *buveur* ou *l'ivrogne*, prince très-vicieux, mécontent des réprimandes que lui faisait le saint patriarche Ignace, exila ce prélat ver tueux, le força de donner sa démission du patriarcat, et mit à sa place Photius, homme de génie et très-savant, mais ambitieux et hypocrite. Les évêques appelés pour l'ordonner le firent passer par tous les ordres en six jours. Le premier jour, on le fit moine, ensuite lecteur, sous-diacre, diacre, prêtre, évêque et patriarche, et Photius se fit reconnaître pour légitimement ordonné, dans un concile de Constantinople, l'an 861. Ignace, injustement dépossédé, se plaignit au pape Nicolas Ier. Celui-ci prit son parti, et excommunia Photius l'an 862, dans un concile de Rome. Il lui reprochait non-seulement l'irrégularité de son ordination, mais le crime de son intrusion. Vainement Photius voulut se justifier, en alléguant l'exemple de saint Ambroise, qui, de simple laïque, avait été subitement fait évêque. Le siége de Milan était vacant pour lors, et celui de Constantinople ne l'était pas; le peuple de Milan demandait saint Ambroise pour évêque, au lieu que le peuple de Constantinople voyait avec douleur son pasteur légitime dépouillé par un intrus.

Les ennemis du saint-siége n'ont pas laissé de calomnier Nicolas Ier; ils ont dit que les vrais motifs qui le firent agir furent l'ambition et l'intérêt; qu'il aurait vu d'un œil indifférent les souffrances injustes d'Ignace, s'il n'avait pas été mécontent de ce que Photius, appuyé par l'empereur, avait soustrait à la juridiction de Rome les provinces d'Illyrie, de Macédoine, d'Epire, d'Achaïe, de Thessalie et de Sicile. Mosheim, *Hist. ecclés.*, VIe siècle, IIe part., c. 3, § 28. Quand ce soupçon téméraire serait prouvé, les papes devaient-ils renoncer à leur juridiction pour favoriser l'ambition d'un intrus? Nous demandons de quel côté l'on doit le plutôt supposer des motifs odieux, si c'est de la part du possesseur légitime, et non de l'usurpateur? Les efforts de Photius, pour se justifier auprès du pape Nicolas, démontrent qu'il ne niait pas la juridiction de ce pontife sur l'*Eglise grecque*.

Photius, résolu de ne pas céder, excommunia le pape à son tour, le déclara déposé, dans un second conciliabule tenu à Constantinople, en 866. Il prit le titre fastueux de *patriarche œcuménique* ou universel, et il accusa d'hérésie les évêques d'Occident de la communion du pape. Il leur reprocha, 1° de jeûner le samedi; 2° de permettre l'usage du lait et du fromage dans la première semaine de carême; 3° d'empêcher les prêtres de se marier; 4° de réserver aux seuls évêques l'onction du chrême qui se fait dans le baptême; 5° d'avoir ajouté au symbole de Constantinople le mot *Filioque*, et d'exprimer ainsi que le Saint-Esprit procède du Père *et du Fils*. Les autres reproches de Photius sont ridicules et indignes d'attention. A la prière du pape Nicolas Ier, l'an 867, Enée, évêque de Paris, Odon, évêque de Beauvais, Adon, évêque de Vienne, et d'autres répondirent avec force à ces accusations, et réfutèrent Photius. Celui-ci fit une action louable, en imitant la fermeté de saint Ambroise. Lorsque Basile le Macédonien, qui s'était frayé le chemin au trône impérial par le meurtre de son prédécesseur, se présenta pour entrer dans l'église de Sainte-Sophie, Photius l'arrêta, et lui reprocha son crime. Basile indigné fit une chose juste par vengeance, et pour contenter le peuple, il rétablit Ignace dans le siége patriarcal, et fit enfermer Photius dans un monastère. Le pape Adrien II profita de cette circonstance pour faire assembler à Constantinople, l'an 869, le VIIIe concile œcuménique, composé de trois cents évêques; ses légats y présidèrent: Photius y fut universellement condamné comme intrus, et fut soumis à la pénitence publique. Mais il n'y fut question ni de ses sentiments, ni des prétendues hérésies qu'il avait reprochées aux Occidentaux, preuve convaincante qu'alors les *Grecs* n'avaient aucune croyance différente de celle de l'Eglise romaine.

Environ dix ans après, le vrai patriarche Ignace étant mort, Photius eut l'adresse de se faire rétablir par l'empereur Basile. Le pape Jean VIII, qui tenait alors le siége de Rome, et qui savait de quoi Basile et Photius étaient capables, crut qu'il fallait céder au temps, et il consentit au rétablissement de Photius. L'an 879, on assembla un nouveau concile à Constantinople, dans lequel ce dernier fut reconnu pour patriarche légitime. Mais il n'est pas vrai que ce concile ait cassé les actes du huitième concile œcuménique tenu en 869, ni qu'il ait absous Photius de la condamnation portée contre lui. Ce personnage avait été condamné comme *intrus*, et non comme hérétique; il n'était plus intrus, puisque Ignace était mort. Il ne s'avisa plus, dans cette assemblée, d'attaquer le dogme de la procession du Saint-Esprit, de censurer l'addition faite au symbole, de réprouver les usages de l'Eglise latine; il ne fut question que de son rétablissement sur le siége patriarcal. A la vérité, les légats de Jean VIII présidèrent à ce concile; le pape écrivit à Photius, pour le reconnaître patriarche, et le reçut à sa communion; mais il est faux qu'il lui ait dit dans cette lettre : « Nous rangeons avec Judas ceux qui ont ajouté au symbole que le Saint-Esprit procède du Père *et du Fils*. » C'est une falsification qui a été faite après coup dans la lettre de Jean VIII. Il est encore plus faux que l'Eglise *grecque* et latine ait pensé alors autrement qu'aujourd'hui sur la procession du Saint-Esprit. Toutes ces impostures ont été forgées par l'auteur des *Essais sur l'Histoire générale*.

C'est encore un trait d'injustice et de malignité, d'empoisonner les motifs de la conduite de Jean VIII. Cet auteur satirique dit que Bogoris, roi des Bulgares, s'étant converti, il s'agissait de savoir de quel patriarcat dépendait cette nouvelle province, et que la décision en dépendait de l'empereur Basile. La vérité est que le roi des Bulgares s'était converti l'an 864, sous Nicolas Ier; il avait envoyé à ce pape son fils et plusieurs seigneurs, pour lui demander des évêques, et le pape lui en avait envoyé. Malgré cet acte authentique et très-légitime de juridiction, il avait été décidé, en 869, immédiatement après la clôture du huitième concile œcuménique, que cette province demeurerait soumise au patriarcat de Constantinople. Ce n'était donc plus une décision à faire, puisqu'elle était faite depuis dix ans; et le motif que l'on prête à Jean VIII ne pouvait plus avoir lieu.

Photius rétabli renouvela ses prétentions ambitieuses. Pour être *patriarche œcuménique*, il fallait rompre avec Rome; il sut profiter habilement de l'antipathie des *Grecs* à l'égard des Latins; il réussit à se faire des partisans, et il ne fut pas délicat sur le choix des moyens. Il renouvela les griefs qu'il avait allégués en 866 contre l'Eglise latine, il forgea les actes d'un prétendu concile de Constantinople, tenu en 867, dans lequel Nicolas Ier avait été anathématisé avec toute l'Eglise latine, et il accompagna ces actes d'environ mille signatures fausses. Il falsifia la lettre de Jean VIII, en la traduisant en *grec*, et y fit parler ce pape comme un hérétique touchant la procession du Saint-Esprit. C'est ainsi qu'il entraîna l'Eglise *grecque* dans le schisme. Mais son triomphe ne fut pas long; environ six ans après, l'empereur Léon le Philosophe, fils et successeur de Basile, le déposa, et le relégua dans un monastère de l'Arménie, où il mourut l'an 891, méprisé et malheureux. Après sa mort, les patriarches de Constantinople persistèrent dans leur prétention au titre de *patriarche œcuménique* et à l'indépendance entière à l'égard des papes. Ceux-ci néanmoins ne rompirent pas toute liaison avec l'*Eglise grecque*. Cet état de choses dura l'espace de cent cinquante ans. L'an 1043, sous le règne de Constantin Monomaque, et le pontificat de Léon IX, Michel Cérularius, élu patriarche de Constantinople, pour se rendre plus absolu, voulut consommer le schisme. Dans une lettre qu'il envoya en Italie, il établit quatre griefs contre l'Eglise latine: 1° l'usage du pain azyme pour consacrer l'eucharistie; 2° l'usage du laitage en carême, et la coutume de manger des viandes suffoquées; 3° le jeûne du samedi; 4° de ne point chanter *alleluia* pendant le carême. Il n'ajouta point d'autre accusation. Léon IX répondit à cette lettre, et envoya des légats à Constantinople; mais Cérularius ne voulut point les voir; les légats l'excommunièrent, et il prononça contre eux la même sentence. Devenu redoutable aux empereurs par le crédit qu'il avait sur l'esprit du peuple, il fut déposé et envoyé en exil par Isaac Comnène, et il y mourut de chagrin l'an 1059, après seize ans de patriarcat.

A la fin de ce même siècle commencèrent les Croisades, qui augmentèrent la haine des *Grecs* contre les Latins. Lorsque ceux-ci se furent rendus maîtres de Constantinople, en 1264, ils placèrent des Latins sur le siége de cette ville; mais les *Grecs* élurent aussi des patriarches de leur nation, qui résidaient à Nicée. En 1222, quelques missionnaires latins, envoyés en Orient par Honoré III, eurent des conférences avec Germain, patriarche *grec*; mais elles n'aboutirent qu'à des reproches mutuels entre celui-ci et le pape.

L'empereur Michel Paléologue, ayant repris Constantinople sur les Latins en 1260, chercha à rétablir l'union avec l'Eglise romaine. Il envoya des ambassadeurs au deuxième concile général de Lyon, qui fut tenu l'an 1274; ils y présentèrent une profession de foi telle que le pape l'avait exigée, et une lettre de vingt-six métropolitains de l'Asie, qui déclaraient qu'ils recevaient les articles qui jusqu'alors avaient divisé les deux Eglises; mais les efforts de l'empereur ne purent subjuguer le clergé *grec* ni les moines; ils tinrent plusieurs assemblées dans lesquelles ils excommunièrent le pape et l'empereur. On prétend qu'il y eut de la faute d'Innocent IV; il voulut exiger que les *Grecs* ajoutassent à leur symbole le mot *Filioque*, chose que le concile de Lyon n'avait pas ordonnée. Paléologue même le refusa; le pape prononça contre lui une excommunication foudroyante, et le schisme continua. Pendant cet intervalle, les Turcs s'emparèrent de l'Asie Mineure, et ruinèrent peu à peu l'empire des *Grecs*; déjà ils menaçaient Constantinople, lorsque l'empereur Jean Paléologue, dans le dessein d'obtenir du secours de la part des Latins, vint en Italie avec le patriarche Joseph et plusieurs évêques *grecs*. Ils assistèrent au concile général de Florence, sous Eugène IV, l'an 1439, et ils y signèrent une même profession de foi avec les Latins; mais comme cette réunion n'avait été faite que par des intérêts politiques, elle ne produisit aucun effet. Le reste du clergé, les moines, le peuple, se soulevèrent de concert contre ce qui avait été fait à Florence, et la plupart des évêques qui y avaient signé se rétractèrent. Les *Grecs* ont mieux aimé subir le joug des Turcs que de se réunir aux Latins. En 1453, Mahomet II se rendit maître de Constantinople et détruisit l'empire des *Grecs*. Les Turcs leur ont laissé la liberté d'exercer leur religion et d'élire un patriarche; mais celui-ci ni les autres évêques ne peuvent entrer en fonction sans avoir obtenu une commission expresse du grand-seigneur, et elle ne s'obtient que par argent; les ministres de la Porte déposent et chassent un patriarche, dès qu'on leur offre de l'argent pour en placer un autre. L'état des *Grecs*, sous la domination des Turcs, est un véritable esclavage; mais l'ignorance et la misère à laquelle leur clergé est réduit semble avoir augmenté en eux la haine et l'antipathie contre l'Eglise romaine.

Rien n'est plus injuste de la part des protestants que leur affectation de vouloir persuader que ce sont les prétentions injustes, l'ambition, la hauteur, la dureté dont les papes ont usé envers les *Grecs*, qui ont été la cause de leur schisme et de l'opiniâtreté avec laquelle ils y persévèrent. Le simple exposé des faits démontre que la première cause a été l'ambition déréglée des patriarches de Constantinople, et que les révolutions politiques arrivées dans les deux parties de l'empire romain y ont contribué beaucoup. Il y a peut-être eu des circonstances dans lesquelles les papes auraient dû être moins sensibles aux insultes qu'ils recevaient de la part des *Grecs*; mais les protestants ont mauvaise grâce, en faisant l'histoire du schisme, de dissimuler la plupart des crimes et des avanies par lesquels Photius et Cérularius sont parvenus à le consommer. *Voy.* Mosheim, *Hist. ecclés.*, IX° siècle, II° part., c. 3, § 27.

Quoi qu'il en soit, un théologien doit savoir quels sont les dogmes, les rites et la discipline des *Grecs* schismatiques, en quoi ils sont différents de ceux des Latins. 1° L'on a eu beau leur prouver cent fois que, suivant l'Ecriture sainte et suivant la doctrine des Pères *grecs*, le Saint-Esprit procède du Père *et du Fils*, ils soutiennent le contraire, et ils ne cessent de reprocher à l'Eglise latine l'addition *Filioque* qu'elle a faite au symbole de Nicée et de Constantinople, pour exprimer sa croyance. Ils croient cependant la divinité du Saint-Esprit, et ils administrent comme nous le baptême au nom des trois personnes divines; mais ils ont institué des cérémonies pour exprimer leur erreur touchant la procession du Saint-Esprit. *Mém. du baron de Tott*, t. 1, p. 99. — 2° Ils refusent de reconnaître la primauté du pape et sa juridiction sur toute l'Eglise (1). Mais loin

(1) Tous les anciens docteurs de l'Eglise d'Orient, dit Feller, les Clément d'Alexandrie, les Athanase, les Basile, les Cyrille, les Chrisostome, etc., ont reconnu la primatie de Rome, n'ont fait qu'un esprit et qu'un corps avec l'Eglise de Rome : autant de témoins contre les prétentions des Grecs modernes. Les Grecs modernes ont eux-mêmes reconnu solennellement, aux conciles de Lyon et de Florence, la nécessité de renoncer à leur schisme, et de s'attacher au centre de l'unité, qui est le siége de Pierre. L'empereur en personne, dans le concile de Florence, s'est soumis au chef de l'Eglise universelle. Voltaire parle de cet événement comme du triomphe le plus complet de l'Eglise de Rome (*Annal. de l'emp.*, tom. II, p. 87; *Ibid.*, t. I, p. 178). Le même auteur observe qu'en 1705, Démétrius, chassé du trône de Russie, *en appela au pape comme au juge de tous les chrétiens*. Le duc Basile a reconnu la même qualité dans le pape durant la légation du père Possevin. Le père Papebroch (*Act. sanct. maii*, tom. I, *Ephem. græc. et mosc.*, n. 11) montre que les Russes n'on suivi que fort tard le schisme des Grecs. En Pologne, Transylvanie, Syrie, Grèce, Perse, etc., un grand nombre de Grecs adhèrent encore aujourd'hui à cette Eglise, comme à la mère et à la reine de toutes les églises. Le ressort de cette église schismatique, en y comprenant même les Russes, n'est pas comparable à celui de l'Eglise romaine, qui tient dans sa dépendance les régions les plus peuplées de l'Europe, la plus grande partie de l'Amérique, des fidèles sans nombre dans l'empire ottoman, et, comme nous avons dit ailleurs, dans toutes les régions du monde. La pauvre Eglise grecque, dont on peut dire avec saint Paul, qu'elle est servante, et qu'elle est en esclavage avec ses enfants (*Galat.*, IV,) depuis sa séparation ne s'est point étendue, et a paru absolument dépouillée du principe de fécondité que Jésus-Christ a laissé à ses apôtres. Les nouvelles conversions faites dans l'Amérique, à la Chine, au Japon, dans les Indes, etc., sont les fruits de l'E-

d'attaquer, comme les protestants, l'autorité ecclésiastique et la hiérarchie, ils attribuent au patriarche de Constantinople autant d'autorité, pour le moins, que nous en attribuons au pontife de Rome. Ils respectent, comme nous, les anciens canons des conciles touchant la discipline, et ils redoutent infiniment l'excommunication de la part de leurs évêques, parce qu'elle les prive des droits civils et de toute marque d'affection, même de la part de leurs proches. — 3° Ils prétendent que l'on ne doit pas consacrer l'eucharistie avec du pain azyme, mais avec du pain levé; ils ne nient pas cependant que la consécration du pain azyme ne soit valide. Ils croient, comme nous, la présence réelle de Jésus-Christ dans ce sacrement et la transsubstantiation. — 4° Quoiqu'ils prient pour les morts, et disent des messes pour eux, ils n'ont pas exactement la même idée que nous du purgatoire; plusieurs pensent que le sort des morts ne sera entièrement décidé qu'au jugement dernier; ils croient néanmoins qu'en attendant on peut fléchir la miséricorde de Dieu envers les défunts. Il y en a même qui sont persuadés que les peines des chrétiens en enfer ne seront pas éternelles; ç'a été le sentiment de quelques anciens docteurs *grecs*. Sur tous les autres articles de la doctrine chrétienne, il n'y a aucune différence entre leur croyance et la nôtre. Nous en verrons les preuves ci-après. — 5° Dans les églises des *Grecs*, on ne célèbre qu'une seule messe par jour, et deux seulement les fêtes et dimanches; leurs habits sacerdotaux et pontificaux sont différents des nôtres; ils ne se servent point de surplis, de bonnets carrés, ni de chasubles, mais d'aubes, d'étoles et de chapes. Celle avec laquelle on dit la messe n'est point ouverte par devant, mais se relève sur le bras, selon l'ancien usage. Le patriarche porte une dalmatique en broderie, avec des manches de même, et sur la tête une couronne royale au lieu de mitre. Les évêques ont une toque à oreilles, semblable à un chapeau sans rebords, et pour crosse une béquille d'ébène, ornée d'ivoire ou de nacre de perles. Ils font le signe de la croix en portant la main de la droite à la gauche, et ils regardent comme hérétiques ceux qui le font autrement, parce que, disent-ils, le Sauveur, pour être attaché à la croix, donna sa main droite la première. Ils n'ont point d'images

glise de Rome. L'ignorance prodigieuse, la stupide superstition où sont réduits les peuples et les ministres de cette Eglise isolée, entraînent nécessairement les grands abus et les désordres énormes qu'on lui reproche en matière de religion ; depuis un grand nombre de siècles, elle n'a plus eu de docteur célèbre, ni de concile qui ait mérité quelque attention. Les derniers Grecs savants, tels que Bessarion, Allatius, Arcudius, etc., ont été attachés à l'Eglise romaine. « Si l'on fait le parallèle du clergé grec avec le clergé latin, dit Montesquieu (*Grandeur et décad. des Romains*, c. 22), si l'on compare la conduite des papes avec celle des patriarches de Constantinople, l'on verra des gens aussi sages que les autres étaient peu sensés. » — *Catéchisme philosophique* de Feller, tom. II.

en bosse ni en relief, mais seulement en peinture et en gravure; c'est peut-être par ménagement pour les mahométans, qui détestent les statues. Leur liturgie et leurs prières sont beaucoup plus longues que les nôtres; leurs jeûnes plus rigoureux et plus fréquents. Ils ont quatre carêmes : le premier est celui de l'Avent, qui commence quarante jours avant Noël; le second, celui qui précède la fête de Pâques, le troisième, celui des apôtres, qui se termine à la fête de saint Pierre; le quatrième est de quinze jours avant l'Assomption. Ils regardent le jeûne comme un des devoirs les plus essentiels du christianisme. Le patriarche et les évêques sont tous religieux de l'ordre de Saint-Basile ou de Saint-Jean-Chrysostome, conséquemment obligés par vœu à un célibat perpétuel; le peuple a pour eux un très-grand respect, mais fort peu pour les *papas* ou prêtres mariés. Les métropolitains décident souverainement de toutes les contestations; la crainte de l'excommunication, de laquelle ils font très-souvent usage, agit puissamment sur l'esprit du peuple; non-seulement elle les prive de toute assistance de la part des vivants, mais ils croient que cette sentence produit encore un effet terrible sur les morts. *Voy.* BROUCOLACAS. C'est ce qui les empêche de renoncer à leur schisme et de se laisser instruire, parce que leur conversion leur attirerait un anathème de la part de leurs évêques. — 6° Les voyageurs les mieux instruits, et qui ont vécu le plus longtemps parmi les *Grecs*, conviennent que la plupart des gens du peuple savent à peine les premières vérités du christianisme: l'appareil des fêtes et des cérémonies, les églises, les autels, les monastères, les prières publiques et les jeûnes font à peu près toute la religion du peuple : il ne voit rien au-delà. Ordinairement les évêques ni le patriarche lui-même n'en savent guère davantage. En 1755 ou 1756, un certain Kirlo, patriarche, s'avisa de soutenir la nécessité du baptême par immersion, d'excommunier le pape, le roi de France et tous les princes catholiques, et d'engager ses ouailles à se faire rebaptiser. *Mém. du baron de Tott*, 1ʳᵉ partie, p. 93. Les seuls ecclésiastiques qui soient instruits sont ceux qui sont venus faire leurs études en Italie; mais loin d'y laisser leurs préventions, ils y contractent un nouveau degré de haine contre l'Eglise romaine. On leur reproche d'avoir encore conservé la plupart des anciennes superstitions de leurs ancêtres, et c'est une des suites naturelles de l'ignorance. Ainsi, ils ont un respect infini pour certaines fontaines, aux eaux desquelles ils attribuent une vertu miraculeuse; ils ont confiance aux songes, aux présages, aux pronostics, à la divination, aux jours heureux ou malheureux, aux moyens de fasciner les enfants, aux talismans ou préservatifs, etc. *Voyage littéraire de la Grèce*, onzième lettre.

Les protestants ont affecté de tourner en ridicule le zèle qu'ont toujours eu les papes pour réconcilier les *Grecs* à l'Eglise catholique, les missions établies pour ce sujet dans l'Orient, les succès même qu'ont eus de temps en temps les missionnaires; mais eux-mêmes n'auraient pas été fâchés de former une confédération religieuse avec les *Grecs*, et de se trouver d'accord avec eux dans la doctrine. Quelques-uns de leurs théologiens du siècle passé osèrent affirmer que, sur les divers articles de croyance qui divisent les protestants d'avec nous, les *Grecs* étaient dans les mêmes sentiments qu'eux; ils produisirent en preuve la confession de foi de Cyrille Lucar, patriarche de Constantinople, dans laquelle ce *Grec* professait les erreurs de Calvin. Cette pièce parut en Hollande en 1645, et les protestants en firent grand bruit. Comme le fait valait la peine d'être éclairci, l'on a composé, pour ce sujet, l'ouvrage intitulé : *Perpétuité de la foi de l'Eglise catholique touchant l'eucharistie*, en 5 vol. *in-4°*, dans lequel on a rassemblé les divers monuments de la foi de l'Eglise *grecque*, savoir, en premier lieu, le témoignage des divers auteurs *grecs* qui ont écrit depuis le ıx° siècle, première époque du schisme; en second lieu, les professions de foi de plusieurs évêques, métropolitains et patriarches, la déclaration de deux ou trois conciles qu'ils ont tenus à ce sujet, et les témoignages de quelques évêques de Russie; en troisième lieu, les liturgies, les eucologes, et les autres livres ecclésiastiques des *Grecs*. Par toutes ces pièces, il est prouvé que de tout temps, comme aujourd'hui, les *Grecs* ont admis sept sacrements, et leur ont attribué, comme nous, la vertu de produire la grâce; qu'ils croient la présence réelle de Jésus-Christ dans l'eucharistie, la transsubstantiation et le sacrifice de la messe; qu'ils pratiquent l'invocation des saints, qu'ils honorent les reliques et les images, qu'ils approuvent la prière pour les morts, les vœux de religion, etc. Dans ce même ouvrage, l'on a démontré que Cyrille Lucar n'avait point exposé dans sa profession de foi les vrais sentiments de son Eglise, mais ses opinions particulières, et les erreurs qu'il avait contractées en conversant avec les protestants, pendant son séjour en Allemagne et en Hollande. Ce fait était déjà suffisamment prouvé par la manière dont Cyrille Lucar s'exprimait dans sa profession de foi, puisqu'il proposait sa doctrine, non comme la croyance communément suivie et enseignée parmi les *Grecs*, mais comme une croyance qu'il voulait introduire chez eux. En effet, dès que l'on sut à Constantinople ce qu'il avait fait, il fut déposé, mis en prison et étranglé. Cyrille de Bérée, son successeur, assembla un concile dans lequel se trouvèrent les patriarches de Jérusalem et d'Alexandrie, avec vingt-trois évêques; tous dirent anathème à Cyrille Lucar et à sa doctrine. Parthénius, successeur de Cyrille de Bérée, fit la même chose dans un concile de vingt-cinq évêques, auquel assista le métropolitain de la Russie. Enfin, Dosithée, patriarche de Jérusalem, tint à Bethléem, en 1672, un troisième concile qui désavoua et condamna la doctrine de Cyrille Lucar et des protestants.

Des faits aussi notoires auraient dû fermer la bouche à ces derniers ; mais aucune preuve n'est assez forte pour convaincre des entêtés. Ils ont dit, 1° que les déclarations de foi et les attestations données par les *Grecs* avaient été mendiées et obtenues par argent, puisque les ambassadeurs des princes protestants ont aussi obtenu de quelques ecclésiastiques grecs des certificats contraires. Covell, auteur anglais, a fait, en 1722, un livre exprès, pour prouver que l'on n'a obtenu que par fraude les témoignages qui prouvent la conformité de croyance entre l'Eglise grecque et l'Eglise romaine touchant l'eucharistie. Mosheim a tiré de là un argument, pour faire voir que les controversistes catholiques ne se font point de scrupule d'user d'imposture dans les disputes théologiques. *Dissert.* 3, *de Theologo non contentioso*, § 11. 2° Ils ont dit que Cyrille de Bérée avait été séduit par les émissaires du pape, et qu'il est mort dans la communion romaine; 3° que les missionnaires ont eu assez d'adresse et de crédit pour un peu latiniser les *Grecs*; que si, dans les écrits de ces derniers, il y a quelques expressions semblables à celles des catholiques, elles n'avaient pas autrefois le même sens que l'on y donne aujourd'hui. Telles sont les objections que Mosheim a faites contre les preuves alléguées dans la *Perpétuité de la foi*, et son traducteur ajoute que cet *ouvrage insidieux* a été réfuté, de la manière la plus convaincante, par le ministre Claude. *Hist. de l'Eglise*, XVII° siècle, sect. 2, 1ʳᵉ part., c. 2.

Il n'était guère possible de se défendre plus mal. 1° Si tous les certificats donnés par les *Grecs*, touchant leur croyance ont été extorqués par argent, il en est de même de ceux qui ont été sollicités par les ambassadeurs des princes protestants; aussi n'a-t-on pas osé publier ces derniers, ni les mettre en parallèle avec ceux que les auteurs de la *Perpétuité de la foi* ont fait imprimer et déposer en original à la bibliothèque du roi. S'il y avait réellement des certificats contradictoires, nous demanderions auxquels on doit plutôt ajouter foi, à ceux qui se trouvent contraires aux autres monuments, où à ceux qui y sont conformes. Du moins les certificats donnés par les évêques de Russie, et le suffrage du métropolitain de ce pays-là, porté dans le concile tenu sous Parthénius, ne sont pas suspects. — 2° Quand il serait vrai que Cyrille Bérée avait été séduit par des émissaires du pape, il faudrait encore prouver qu'il en a été de même du patriarche de Jérusalem, de celui d'Alexandrie, et des vingt-trois évêques rassemblés à Constantinople. Du moins on ne le dira pas à l'égard de Parthénius ni de Dosithée, que l'on avoue avoir été tous deux très-grands ennemis des Latins, qui cependant, à la tête de leurs conciles, ont dit anathème à la doctrine des protestants. — 3° Pour supposer que tous ces *Grecs* ont été latinisés, il faut affecter d'oublier l'antipathie, la haine, la jalousie, qui ont toujours régné et qui règnent encore aussi fort que jamais entre les *Grecs* et les Latins. Quand on confronte le langage et les expressions des *Grecs* modernes avec celles des anciens Pères de l'Eglise grecque, avec les liturgies de saint Basile et de saint Jean Chrysostome, avec d'autres livres ecclésiastiques déjà fort anciens, et que tous parlent de même, sur quel fondement peut-on supposer que dans tous ces monuments les mêmes termes n'ont pas la même signification ? Dans ce cas, il est désormais inutile de citer des livres, et d'alléguer des preuves par écrit. — Le traducteur de Mosheim affecte de confondre les faits et les époques. La réponse du ministre Claude à la *Perpétuité de la foi* fut imprimée en 1670 : pour lors il n'avait encore paru que le premier volume de cet ouvrage ; le second tome fut publié en 1672, et le troisième en 1674 : Claude n'a rien répliqué à ces deux derniers ; le quatrième et le cinquième n'ont été faits par l'abbé Renaudot qu'en 1711 et 1713 : Claude était mort à la Haye en 1687. Comment peut-on dire qu'il a réfuté, d'une manière convaincante, un ouvrage qui a cinq volumes in-4°, pendant qu'il n'a écrit que contre le premier ? Dans les quatre suivants, l'on a détruit toute sa prétendue réfutation. C'est dans le troisième que se trouvent les attestations des *Grecs* les plus authentiques et les plus nombreuses, et l'histoire de Cyrille Lucar est pleinement discutée dans le quatrième, livre VIII. — 4° Dans les deux derniers volumes on ne s'est pas borné à prouver la conformité de croyance entre l'Eglise grecque et l'Eglise romaine, mais on a confronté leur doctrine avec celle des nestoriens, séparés de l'Eglise romaine depuis le V° siècle, et avec celle des eutychiens ou jacobites, qui ont fait schisme dans le VI°. On a donc exposé au grand jour la croyance, la liturgie, les usages et la discipline des Ethiopiens, des cophtes d'Egypte, des Syriens jacobites et des maronites, des arméniens, des nestoriens répandus dans la Perse et dans les Indes. Ainsi nous sommes redevables à l'incrédulité des protestants de la connaissance que nous avons acquise de toutes ces sectes, auxquelles les théologiens ne faisaient depuis longtemps aucune attention ; il en est résulté qu'elles ne sont pas mieux d'accord que nous avec les protestants. Ce fait a reçu encore un nouveau degré de certitude depuis que le savant Assémani a mis au jour sa *Bibliothèque orientale*, en 4 vol. in-folio, imprimée à Rome en 1719.

Voilà des faits que n'ignorait pas le célèbre Mosheim ; et en 1733 il a encore osé citer quelques littérateurs anglais, pour prouver que les professions de foi et les certificats des *Grecs* ont été extorqués par argent, par fourberie, par tous les moyens les plus odieux. En vérité c'était insulter à l'Europe entière. *Dissert.* 3, *de Theologo non contentioso*, § 11.

Quoique les *Grecs* aient conservé un patriarche d'Alexandrie, il ne faut pas le confondre avec celui des cophtes ; ces deux personnages n'ont rien de commun que d'être schismatiques l'un et l'autre. Le premier est là pasteur des *Grecs*, unis de croyance et de communion avec le patriarche de Constantinople ; le second gouverne les jacobites ou eutychiens, et il étend sa juridiction sur les Éthiopiens. De même, si les *Grecs* ont encore un patriarche d'Antioche, il est différent du patriarche des jacobites syriens, et du patriarche catholique des maronites réunis à l'Eglise romaine. *Voy.* ORIENTAUX.

Nous ne voyons pas à quel dessein, ni par quel motif les protestants triomphent de l'opiniâtreté avec laquelle les *Grecs* persévèrent dans leur schisme et dans leur haine contre l'Eglise romaine ; ce sont des témoins qui déposent contre eux : par là il est démontré que les dogmes sur lesquels les protestants sont en dispute avec nous, ne sont point, comme ils le prétendent, de nouvelles doctrines inventées dans les derniers siècles, puisque ces dogmes sont crus et professés par les *Grecs*, nos ennemis déclarés, et qui, certainement, ne les ont pas reçus de l'Eglise latine, depuis qu'ils se sont séparés d'elle. Il n'a pas été plus possible à nos missionnaires de les latiniser, que de les faire renoncer à leur schisme et que de rapprocher de nous les nestoriens et les jacobites. Ces trois sectes, autant ennemies les unes des autres qu'elles le sont de l'Eglise catholique, ne se sont jamais raccordées sur rien, et n'ont rien voulu emprunter les unes des autres. Leur unanimité à condamner la doctrine des protestants démontre que la croyance qui se trouve encore semblable chez elles et chez nous, était la foi générale de l'Eglise universelle il y a douze cents ans.

[Il résulte évidemment de cet exposé que l'Eglise grecque n'a aucun des caractères de la véritable Eglise de Jésus-Christ. Elle n'a l'unité ni de doctrine ni de corps, puisqu'elle a varié en quelques points de sa croyance, et que chaque Eglise grecque, indépendante l'une de l'autre, n'a aucun centre d'unité. Elle n'est pas sainte : on ne peut trouver en elle aucun des caractères de sainteté que nous avons assignés à cette note de l'Eglise. Elle n'est point catholique, puisqu'elle est renfermée dans la Grèce et dans l'Asie Mineure. Elle n'est point apostolique, puisqu'elle a rompu la chaîne qui l'unissait à la chaire de Pierre, centre d'unité et source de la succession légitime des pasteurs. *Voy.* APOSTOLICITÉ, CATHOLICITÉ, SAINTETÉ, UNITÉ.]

GRECQUES (Liturgies). *Voy.* LITURGIE.

GRECQUES (Versions) DE L'ANCIEN TESTAMENT. L'on en distingue quatre, savoir, celle des Septante, d'Aquila, de Théodotion, et de Symmaque. Pour la première, qui est la plus ancienne et la meilleure, *voy.* SEPTANTE. Origène en découvrit encore deux autres, qui furent nommées la cinquième et la sixième ; nous en parlerons au mot HEXAPLES.

Les juifs, fâchés de ce que les chrétiens se servaient contre eux, avec avantage, de la version des Septante, pensèrent à en faire une nouvelle qui leur fût plus favorable. Ils en chargèrent Aquila, juif prosélyte, né à Sinope, ville du Pont. Il avait été élevé dans le paganisme, et entêté des chimères de l'astrologie et de la magie. Frappé des miracles opérés par les chrétiens, il embrassa le christianisme, comme Simon le Magicien, dans l'espérance de faire aussi des prodiges. Voyant qu'il n'y réussissait pas, il reprit ses premières études de la magie et de l'astrologie. Les pasteurs de l'Eglise lui remontrèrent sa faute ; comme il ne voulut pas se corriger, on l'excommunia. Par dépit il renonça au christianisme, se fit juif et fut circoncis ; il alla étudier sous le rabbin Akiba, célèbre docteur juif de ce temps-là. Bientôt il fit assez de progrès dans la langue hébraïque et dans la connaissance des livres sacrés, pour qu'on le crût capable d'en faire une version ; il l'entreprit et en donna deux éditions. La première parut dans la douzième année de l'empire d'Adrien, 128ᵉ de Jésus-Christ ; il rendit la seconde plus correcte ; elle fut reçue par les juifs hellénistes, et ils s'en servirent par préférence à celle des Septante ; de là vient que dans le Talmud il est souvent parlé de la version d'Aquila, et jamais de celle des Septante. Dans la suite, les juifs se mirent dans la tête que, dans leurs synagogues, ils ne devaient plus lire l'Ecriture qu'en hébreu, comme autrefois, et l'explication en chaldéen ; mais les juifs hellénistes qui n'entendaient ni l'une ni l'autre de ces deux langues, refusèrent de le faire. Cette dispute éclata au point que Justinien se crut obligé de s'en mêler ; il permit aux juifs, par une ordonnance expresse, de lire l'Ecriture dans leurs synagogues, en quelque langue et dans quelque version qu'il leur plairait, et selon l'usage du pays où ils se trouvaient. Mais les docteurs juifs n'y eurent aucun égard ; ils vinrent à bout de régler que dans leurs assemblées on ne lirait plus que l'hébreu et le chaldéen.

Peu de temps après Aquila, il parut deux autres versions grecques de l'Ancien Testament, l'une par Théodotion, sous l'empereur Commode ; la seconde par Symmaque, sous Sévère, vers l'an 200. Le premier était ou de Sinope dans le Pont, ou d'Ephèse ; Symmaque était Samaritain de naissance et de religion ; il se fit chrétien de la secte des ébionites, aussi bien que Théodotion ; c'est ce qui a fait dire qu'ils étaient prosélytes juifs, parce que les ébionites joignaient à la foi en Jésus-Christ les rites et les observances judaïques. Tous deux, de même qu'Aquila, eurent en vue d'accommoder leurs versions aux intérêts de leur secte. Il paraît que celle de Théodotion parut avant celle de Symmaque ; en effet, saint Irénée cite Aquila et Théodotion, et ne dit rien de Symmaque.

Aquila s'était attaché servilement à la lettre, et l'avait rendue mot pour mot, autant qu'il l'avait pu. Aussi saint Jérôme a regardé sa version plutôt comme un dictionnaire de l'hébreu, que comme une traduction fidèle. Symmaque donna dans l'excès opposé ; il fit plutôt une paraphrase qu'une version exacte. Théodotion prit le milieu ; il tâcha de faire répondre les expressions *grecques* aux termes hébreux, autant que le génie des deux langues pouvait le permettre : c'est ce qui a fait estimer sa version de tout le monde, excepté des juifs, qui lui ont toujours préféré Aquila par intérêt de système. Aussi, dès que l'on eut reconnu, parmi les chrétiens, que la version de Daniel par les Septante était trop fautive pour être lue dans l'Eglise, on lui préféra la version de Théodotion pour ce livre, et elle y est toujours demeurée. Par la même raison, lorsque Origène, dans ses *Hexaples*, est obligé de suppléer à ce qui manque aux Septante, et se trouve dans le texte hébreu, il le prend ordinairement de la version de Théodotion ; déjà il l'avait mise dans ses *Tétraples* avec celle d'Aquila, de Symmaque et des Septante. Prideaux, *Histoire des Juifs*, l. IX, § 11 ; Walton, *Proleg.* 9, n. 19.

GRÉGOIRE (saint), évêque de Néocésarée, surnommé *Thaumaturge*, à cause de la multitude des miracles qu'il a faits, est mort vers l'an 270. Les protestants même font cas de ses ouvrages, parce qu'ils sont du troisième siècle. Il n'en reste qu'un panégyrique à la louange d'Origène, qui avait été son maître, un symbole ou profession de foi très-orthodoxe sur le mystère de la sainte Trinité, une épître canonique concernant les règles de la pénitence, et une paraphrase de l'Ecclésiaste. La meilleure édition que l'on en ait est celle de Paris, en 1622. Pour les sermons qui lui ont été attribués, on croit qu'ils sont de saint Proclus, disciple et successeur de saint Jean Chrysostome, mort l'an 447.

Que peuvent opposer les sociniens à une profession de foi dressée plus de soixante ans avant le concile de Nicée, dans laquelle le Verbe divin est appelé la sagesse subsistante d'une puissance et d'un caractère éternel, Seigneur unique, *Dieu d'un Seul*, *Dieu de Dieu, Eternel de l'Eternel?* Il y est dit que dans la sainte Trinité la gloire et l'éternité sont indivisibles ; qu'il n'y a rien de créé, ni qui ait commencé d'être ; que le Père n'a jamais été sans le Fils, ni le Fils sans le Saint-Esprit. Bullus, *Defensio fid. Nicæn.*, sect. 2, c. 12. On sait d'ailleurs que, l'an 264, *saint Grégoire Thaumaturge* assista au concile d'Antioche, dans lequel Paul de Samosate, précurseur d'Arius, fut condamné.

Mais aussi que peuvent dire les protestants, quand on leur fait voir que ce même saint, dans le *Panégyrique d'Origène*, n. 4 et 5, prie son ange gardien, et lui rend grâces de lui avoir fait connaître ce grand homme ? Il se sert des paroles de Jacob, *Gen.*, cap. XLVIII, vers. 15 : *Le saint ange de Dieu qui me conduit dès mon enfance*, etc.

GRÉGOIRE DE NAZIANZE (saint), docteur de l'Eglise, mort l'an 389 ou 391. Parmi les auteurs ecclésiastiques, ce grand évêque est connu sous le nom de *saint Grégoire le Théologien*, à cause de la profonde connaissance qu'il avait de la religion, et à cause de l'énergie singulière avec laquelle il exprime les vérités, soit du dogme, soit de la morale. Il fut ami intime de saint Basile. Ses ouvra-

DICT. DE THÉOL. DOGMATIQUE. II.

ges, en deux volumes *in-folio*, renferment, 1° cinquante discours ou sermons sur divers sujets ; 2° deux cent trente-sept lettres ; 3° des poëmes. L'ancienne édition de Paris, donnée par l'abbé de Billy, sera effacée par la nouvelle qu'a préparée D. Prudent Marent, et que donnent actuellement ses doctes associés. Le premier volume est déjà imprimé.

Les protestants, pour attaquer l'ancienne discipline touchant le célibat des évêques, ont soutenu que *saint Grégoire de Nazianze* était né depuis l'épiscopat de son père ; ils ont cité en preuve les paroles que son père lui adresse : *Nondum tantam emensus es vitam, quantum effluxit mihi sacrificiorum tempus.* S. Greg. Naz., *de Vita sua*, poem. 1, p. 281. Mais on leur soutient que dans ce passage, θυσιῶν, *sacrificiorum*, ne signifie pas les fonctions d'évêque, mais les sacrifices de l'idolâtrie, dans laquelle le père de *saint Grégoire de Nazianze* avait été élevé ; le saint docteur le dit, *Orat.* 2 : *Illum ex paternorum deorum servitute fuga elapsum ;* ainsi le premier passage signifie simplement : *Vous n'étiez pas encore né lorsque je sacrifiais aux idoles.* Dans un *Traité historique et dogmatique sur les formes des sacrements*, imprimé en 1745, le père Merlin, jésuite, a prouvé que *saint Grégoire de Nazianze* était né sept ans avant le baptême, et dix ans avant l'épiscopat de son père. Le père Stilting, l'un des Bollandistes, a fait de même, t. III, septemb.

Quelques censeurs imprudents ont dit que l'ardente passion de ce saint pour la solitude le rendit d'une humeur triste et chagrine, et qu'il a poussé au delà des justes bornes son zèle contre les hérétiques. Mais avait-il tort de préférer le repos de la solitude aux troubles que les ariens avaient excités dans toutes les villes épiscopales, et aux orages qu'ils formaient contre tous les évêques orthodoxes ? Il avait été en butte à leurs persécutions, ils attentèrent plus d'une fois à sa vie ; le saint évêque n'employa contre eux que la douceur et la patience ; jamais il ne voulut implorer contre eux le bras séculier, et il ordonnait à ses ouailles de leur rendre le bien pour le mal, *Orat.* 24 et 32. Il consentit à sortir de la solitude toutes les fois que le bien de l'Eglise l'exigea ; mais il aima mieux quitter le siège de Constantinople que de contester avec ses collègues. Où trouvera-t-on une vertu plus pure, plus douce et plus désintéressée ? Il s'éleva contre la hardiesse avec laquelle les ariens et les macédoniens formaient des assemblées schismatiques, et s'emparaient des églises ; Barbeyrac lui en fait un crime, et disserte longuement contre l'intolérance, *Traité de la morale des Pères*, c. 12, § 3 et suiv. Mais on sait de quelle manière les ariens se comportaient à l'égard des catholiques : ils leur enlevaient les églises par violence, sous les règnes de Constance et de Valens qui les protégeaient. Quand Théodose, instruit de leur conduite séditieuse, leur aurait ôté ce qu'ils auraient pris par force, et que *saint Grégoire* l'aurait trouvé bon, où serait le crime? Mais les procédés des ariens ont été si semblables à ceux des protestants, que l'on ne peut pas justifier les uns sans absoudre les autres.

Saint Grégoire de Nazianze a protesté qu'il ne voulait plus assister à aucun concile ; qu'il a vu régner dans ces assemblées les disputes, l'esprit de domination, les querelles et la fureur. Saint Ambroise en a parlé à peu près de même : de là nos adversaires demandent quel cas l'on doit faire des décisions de pareils tribunaux. Il faut faire attention que notre saint docteur parlait ainsi l'an 377, sous le règne de Valens, protecteur déclaré des ariens. Que depuis l'an 323 jusqu'en 368, il y avait eu quinze conciles convoqués en leur faveur, et dans lesquels ils avaient été les maîtres; qu'ils avaient porté dans toutes ces assemblées leur caractère violent et furieux ; l'on ne sera plus étonné de l'aversion que *saint Grégoire* et saint Ambroise ont témoignée contre ces synodes tumultueux. Mais les ariens n'ont pas dominé dans tous les conciles ; il n'y avait eu ni indécence, ni violence dans celui de Nicée, dans lequel ils avaient été condamnés, et auquel Constantin avait assisté. Il n'y en a pas eu davantage au concile de Trente, qui a prononcé l'anathème contre les protestants.

Un autre grief dont se plaint Barbeyrac, est que *saint Grégoire* a supposé *un prétendu conseil évangélique* de renoncer aux biens de ce monde, lorsqu'aucun devoir ne nous y oblige. Rien de plus chimérique, selon ce censeur des Pères, que tous ces conseils.

Nous avons fait voir ailleurs que l'Evangile nous donne réellement des *conseils;* nous ajoutons que *saint Grégoire de Nazianze* avait fait lui-même ce qu'il conseillait aux autres, et qu'il s'en trouvait bien; et il n'est pas le seul qui ait fait la même expérience. Qui est le plus en état de nous donner le vrai sens de l'Evangile, celui qui le pratique à la lettre, ou celui qui n'en a pas le courage?

GRÉGOIRE (saint), évêque de Nysse, était frère de saint Basile; il vécut jusque vers l'an 400. Ses ouvrages, renfermés en trois volumes *in-folio*, et imprimés à Paris en 1615, sont très-variés : les uns sont des commentaires sur l'Ecriture sainte, d'autres des traités théologiques contre les apollinaristes, les eunomiens et les manichéens. Il y a des lettres, des sermons, des traités de morale, des panégyriques, et on en a toujours fait beaucoup de cas dans l'Eglise. Daillé et d'autres critiques protestants disent que l'on y trouve trop d'allégories, un style affecté, des raisonnements abstraits, des opinions singulières ; défauts qui viennent sans doute de l'attachement de ce Père aux livres et aux sentiments d'Origène. Mais c'est une injustice de reprocher aux Pères de l'Eglise des défauts qui leur étaient communs avec tous les écrivains de leur temps, et que l'on regardait alors comme des perfections ; c'en est une autre d'exiger d'eux des raisonnements toujours clairs, lorsqu'ils traitent des mystères très-profonds et nécessairement obscurs ; c'en est une enfin de les blâmer d'avoir plutôt cherché à inspirer la vertu à leurs auditeurs, qu'à augmenter leurs connaissances. *Saint Grégoire de Nysse* n'est tombé dans aucune des erreurs que l'on a censurées dans Origène ; ses opinions, qui paraissent singulières, sont dans le fond très-sages, ce sont plutôt des doutes que des dogmes, et si les critiques protestants avaient imité sa modération, tout le monde leur en saurait gré.

GRÉGOIRE Ier (saint), pape, surnommé *le Grand*, docteur de l'Église, a occupé le siége pontifical depuis l'an 590 jusqu'en 604. Ses ouvrages, recueillis par Denis de Sainte-Marthe, ont été imprimés à Paris l'an 1705, en 4 vol. *in-folio*. On les a réimprimés à Vérone et à Augsbourg en 1758. Ils renferment des homélies et des commentaires sur l'Ecriture sainte, des traités de morale, et un grand nombre de lettres. Nous parlerons du travail de *saint Grégoire* sur la liturgie, au mot GRÉGORIENS.

Plusieurs incrédules modernes ont accusé ce saint pape d'avoir solécisé par principe de religion, d'avoir interdit aux ecclésiastiques l'étude des belles-lettres et de sciences profanes, d'avoir fait détruire les monuments de la magnificence romaine, d'avoir fait brûler les livres de la bibliothèque du Mont-Palatin. Ce sont là autant de calomnies. Bayle et Barbeyrac, très-peu disposés à ménager les Pères, ont eu cependant la bonne foi de convenir que la dernière de ces actions, qui est la plus grave, n'est ni prouvée ni probable. Brucker, moins judicieux, a trouvé bon de la soutenir. *Hist. crit. de la Philos.*, t. III, p. II, l. II, c. 3.

L'auteur de l'*Histoire critique de l'éclectisme* a solidement réfuté Brucker ; il a fait voir, 1° que cette imposture n'est appuyée que sur le récit de Jean de Sarisbéry, auteur du douzième siècle, dénué de toute critique, et qui ne cite rien pour preuve qu'une prétendue tradition. D'où est-elle venue ? Comment a-t-elle pu se conserver pendant cinq cents ans de barbarie pour parvenir jusqu'à lui ? 2° Avant le pontificat de *saint Grégoire*, Rome avait été saccagée trois fois par les barbares ; il est impossible que de son temps la bibliothèque du Mont-Palatin ait encore subsisté. 3° Le seul fait vrai est que ce pape écrivit à Didier, archevêque de Vienne, pour le blâmer de ce qu'il enseignait la grammaire à quelques personnes, et s'occupait de la lecture des auteurs profanes ; un évêque a des devoirs plus pressants et plus sacrés que ceux-là ; et cela ne suffit pas pour prouver que *saint Grégoire* condamnait cette étude en général : dans un autre ouvrage, il reconnaît qu'elle est utile à l'intelligence des saintes Ecritures, *L.* v, *in I Reg.* III. 4° Parce qu'il a fait profession de ne point rechercher les ornements du langage, qu'il a parlé comme les ignorants, afin de se mettre à leur portée, il ne s'ensuit point qu'il ait solécisé par principe de religion. Il y a un plus juste sujet de déclamer contre Julien l'Apostat, qui remerciait les dieux de ce que la plupart des livres des épicuriens et des pyrrhoniens étaient perdus, et qui aurait voulu que ceux des galiléens, c'est-à-dire des chrétiens, fussent détruits. *Frag. epist.*, pag. 301, *Epist.* 9 ad *Ecdicium*.

Brucker, mécontent de cette apologie, a fait une énorme dissertation de trente pages in-4° pour y répondre. Il représente que Jean de Sarisbéry a cité le témoignage des anciens, *traditum a majoribus*; mais il ne nomme personne, et il ne dit point que cette tradition soit écrite nulle part. Brucker ajoute ridiculement que les papistes, qui se fondent sur les traditions, ont tort de rejeter celle-là : comme si les catholiques appelaient *traditions* de simples ouï-dire qui ne sont écrits par aucun auteur. Nous disons à notre tour qu'un protestant, qui rejette les traditions même écrites, a mauvaise grâce d'en admettre une qui ne l'est pas. Il prétend que, malgré les trois sacs de Rome, la bibliothèque du Mont-Palatin a pu être conservée; mais la simple possibilité du fait ne suffit pas pour le rendre probable. Il relève les talents et les vertus de Jean de Sarisbéry, qui, pour son mérite, fut promu à l'évêché de Chartres; cependant Brucker a répété vingt fois que les vertus épiscopales ne suppléent point au défaut de critique et de discernement. Si Jean de Sarisbéry avait affirmé un fait contraire aux prétentions des protestants, ils auraient témoigné pour lui le plus grand mépris. Nous savons que cet auteur n'avait pas intention de blâmer *saint Grégoire*, mais plutôt de le louer. Qu'importe cette pureté d'intention à la vérité du fait? D'ailleurs, Jean de Sarisbéry parle de *livres de mathématiques* : or, dans les bas siècles, on entendait principalement par là des livres d'astrologie judiciaire; en effet, il dit que ces livres semblaient révéler aux hommes les desseins et les oracles des puissances célestes. Quand *saint Grégoire* aurait fait brûler de pareilles absurdités, plus pernicieuses encore dans les siècles d'ignorance que dans tout autre temps, il n'aurait fait qu'imiter saint Paul, *Act.*, chap. XIX, vers. 19. Serait-ce assez pour l'accuser d'avoir augmenté l'ignorance et d'avoir rendu le genre incurable? Ce pontife avait si peu le *génie* destructeur, qu'il ne voulut pas que l'on abattit les temples du paganisme, mais qu'on les purifiât par des bénédictions, pour en faire des églises, et il en donna l'exemple. *Epist.* 71, l. IX.

D'autres ont dit que le zèle que ce pape montra contre l'ambition du patriarche de Constantinople, était mal réglé. Cela est faux. Jean le Jeûneur, placé sur ce siége, s'était avisé de prendre le titre de *patriarche œcuménique* ou universel; c'était donner à entendre que tous les autres étaient ses inférieurs : en avait-il le droit? Cette orgueilleuse prétention a été le premier germe du schisme que les Grecs ont fait deux cents ans après. *Saint Grégoire* avait donc raison de s'y opposer, et il ne pouvait mieux condamner la vanité de Jean le Jeûneur qu'en prenant, comme il le fit, le titre modeste de *serviteur des serviteurs de Dieu*. Il ne voulut jamais que l'on employât la violence pour amener les Juifs à la foi; mais il est faux qu'il ait tenu une conduite différente à l'égard des hérétiques, comme on l'en accuse, le contraire est prouvé par ses lettres. *L.* I, *epist.* 35; *L.* VII, *epist.* 5; *L.* XII, *epist.* 30, etc. Pour achever de détruire la secte des donatistes en Afrique, il n'employa que les voies de la douceur. On lui a reproché de la dureté, parce qu'il ordonna qu'une religieuse séduite et son séducteur fussent punis par Cyprien, diacre et recteur de Sicile. *L.* IV, *epist.* 6. Il ne détermina point le châtiment, et il remplissait le devoir d'un chef de l'Église, en donnant ses soins à faire observer les canons et à réprimer les scandales.

L'empereur Maurice, prince avare et dur, ayant révolté ses soldats, ils mirent à leur tête un officier nommé Phocas; celui-ci fit égorger en sa présence Maurice et ses enfants. *Saint Grégoire* le regarda comme un monstre qu'il fallait adoucir; il lui écrivit pour le féliciter de son avénement au trône, et pour l'exhorter à ne pas imiter les vices de son prédécesseur. Nos censeurs disent que ce trait de faiblesse ternit l'éclat de toutes ses vertus. Il n'en est rien. Si ce pape avait irrité Phocas, il aurait attiré un orage sur l'Italie, et on lui reprocherait ce trait de zèle mal entendu. Il en est de même des lettres qu'il a écrites à la reine Brunehaut : il loue le bien qu'elle faisait, il ne dit rien des crimes qu'on lui reproche, mais ses crimes ne sont rien moins que certains, et cette reine a trouvé de nos jours des apologistes zélés. *Hist. de France*, par l'abbé Velly, t. I, etc. C'est donc très-injustement que l'on nous représente la conduite de *saint Grégoire* comme un exemple de la servitude dans laquelle on tombe pour vouloir se soutenir dans les grands postes. Brunehaut n'avait pas le pouvoir de chasser ce pape de son siége, et Phocas n'aurait pu le faire sans envoyer une armée en Italie.

Un des traits les plus glorieux de la vie de *saint Grégoire* est d'avoir envoyé le moine Augustin, avec une troupe de missionnaires, pour travailler à la conversion des Anglais et des autres peuples du Nord; et c'est par là même qu'il a déplu davantage aux protestants. Ils n'ont rien négligé pour décrier le succès de ces missions; ils disent que la conversion de ces peuples ne fut qu'apparente, qu'ils ne firent que changer les anciennes superstitions du paganisme contre celles qui s'étaient introduites dans l'Église romaine, qu'ils conservèrent la plus grande partie de leurs erreurs et de leurs vices. *Grégoire*, ajoutent ces calomniateurs intrépides, permit aux Anglo-Saxons de sacrifier aux saints, les jours de leurs fêtes, les victimes qu'ils offraient anciennement à leurs dieux. Mosheim, *Hist. ecclés.*, VI° siècle, I° part., c. 1, § 2, note (i).

C'est pousser trop loin la malignité et

l'imposture. Voici mot pour mot ce qu'écrit *saint Grégoire*. Après avoir dit qu'il ne faut pas détruire les temples des païens, mais les purifier et les changer en églises, il ajoute : « Comme ils ont coutume d'offrir des bœufs en sacrifice aux démons, il faut aussi changer en cela quelques-unes de leurs solennités, de manière que le jour de la dédicace ou de la fête des saints martyrs, dont il y a là des reliques, ils se construisent des tentes de verdure autour de ces temples changés en églises, et qu'ils célèbrent la fête par des festins religieux, qu'ils tuent même des bœufs, non pour les immoler au démon, mais pour les manger en l'honneur de Dieu, et qu'ils rendent grâce de leur nourriture au distributeur de tous les biens. » *L.* II, *Epist.* 76. Est-ce là permettre d'offrir aux saints des animaux en sacrifice?

Beausobre accuse *saint Grégoire* d'avoir forgé des histoires fabuleuses, pour en imposer à l'impératrice Constantine, qui lui demandait pour relique la tête de saint Paul. *Hist. du manich.*, l. IX, c. 9, t. II, p. 756. Mais d'où sait-il que c'est ce pape qui a forgé ces histoires? Il ne les affirme pas ; il les rapporte telles qu'il les avait entendu raconter aux anciens, *ut a majoribus accepimus*. S'il a été trop crédule, ce n'est pas une preuve de mauvaise foi.

* GRÉGOIRE VII. Le pape Grégoire VII est un des pontifes qui ont été le plus vivement attaqués. Nous ne pouvons discuter chacun des griefs qu'on élève contre lui. Nous nous contenterons de rapporter l'opinion de quelques hommes instruits intéressés à le flétrir. « Le pape Grégoire VII, dit Jean Voigt, vécut conformément à cette dignité sublime : sa conduite fut celle d'un pape ; elle fut toujours magnanime et digne d'admiration. On ne jugera jamais ses actions d'une manière équitable, si on ne les considère comme les actions d'un pape agissant pour la papauté et dans l'ordre de la papauté. Sans doute l'Allemand, en tant qu'Allemand, sent bouillonner l'indignation dans ses veines quand il voit l'humiliation profonde de son empereur aux portes de Canossa, et il parle du pape comme d'un tyran cruel, implacable et plein d'orgueil ; le Français, en tant que Français, se répand en imprécations contre ce même pape, au souvenir des blessures qu'il fit à la France et à son roi. Mais l'historien s'efforce de considérer toute la vie de Grégoire sous un point de vue historique et universel ; et de ce terrain bien plus élevé que celui où se placent l'Allemand et le Français, il approuve ce qu'ils censurent. » Dans un autre endroit il écrit encore : « On me dira peut-être : Est-il bien sûr que l'on trouve en lui cette sincérité, cette intime conviction de la justice de sa cause, de la vérité de ses motifs et de ses prétentions ? Ne s'est-il point épuisé en mensonges et en fourberies ? N'a-t-il pas essayé d'établir la grande monarchie sur des faits inventés, sur de fausses conséquences, sur de fausses interprétations de la sainte Écriture ? Pour flétrir l'opinion qu'il soutint comme une certitude, que le pouvoir qu'il exigeait résidait dans la personne du pape, ne faudrait-il point l'appeler l'hérésie d'Hildebrand ? N'est-ce pas en effet un hérétique, un hypocrite, un fourbe ? — A tout ceci nous répondons : ou Grégoire est l'homme le plus abominable, le plus infâme scélérat qu'on ait jamais vu sous le soleil, ou il est tel que nous le peignent ses paroles et ses actions. Ses lettres nous fournissent en abondance des preuves de la plus vive ardeur, du plus intime amour pour sa religion, dont il crut la divinité avec la foi la plus inébranlable : elles nous attestent la plus exacte fidélité dans l'exercice de sa charge, la plus sainte, la plus ferme confiance dans la justice de ses actes et dans la vérité de ses décisions ; il suffit de les parcourir pour voir percer la conviction qu'il avait que les actions des hommes seront un jour récompensées ou punies. On remarque surtout qu'elles respirent le sentiment de la sainteté, de la dignité, de la divinité même, de ce qui attirait ses soins : on y trouve partout le langage transparent d'une conscience pieuse, et une sainte disposition à se sacrifier à ses nobles desseins. » Puis le même auteur ajoute en terminant : « Si Grégoire avait maladroitement choisi ses moyens pour atteindre les fins qu'il se proposait ; s'il n'avait ni pesé les circonstances, ni tenu compte des temps ; en un mot, s'il s'était laissé emporter en quelque chose au delà du terme, on pourrait se plaindre de sa prudence et lui refuser le talent ; mais la pureté de son cœur serait toujours hors d'atteinte. Or c'est uniquement cette pureté de cœur qu'on lui conteste, car tout le reste, on le lui accorde. Son génie embrassait tout le monde chrétien, et il devait l'embrasser, parce que, comme il le concevait, la liberté de l'Église était universelle. Ses actions devaient nécessairement être arbitraires, eu égard au siècle où il lui fallut agir : sa foi, ses convictions étaient nécessairement telles qu'il les manifesta ; il ne pouvait en manifester d'autres, parce que le cours naturel de la vie les avait produites et créées en lui (*a*). »

Luden ne parle pas autrement des desseins et du caractère de notre pontife. « Quoiqu'il en soit, dit-il, la pensée d'Hildebrand paraît être sortie des plus nobles sentiments qui aient jamais animé l'esprit humain. On le voit, c'est le résultat d'une immense commisération des afflictions qui désolaient les hommes, et du brûlant désir d'en détruire la cause : non, cette pensée magnifique ne pouvait être nourrie que par un génie vigoureux, il n'était rien moins que la mise en œuvre d'une résolution de rendre l'homme meilleur, de l'ennoblir en l'enveloppant du manteau vivifiant de la religion chrétienne. C'est une injustice de ne pas avouer qu'il aima les hommes, d'élever des doutes sur sa piété : il est bien plus probable qu'il puisa son projet dans la religion et dans l'amour. Quelle passion, quelle puissance humaine auraient jamais pu l'élever à de si grandes pensées ? L'appétit des plaisirs des sens ? mais, déjà plein de jours, Grégoire y avait renoncé ; il ne désirait plus les voluptés de la chair ; et d'ailleurs l'œuvre dont il s'était imposé l'exécution ne lui promettait aucun plaisir, aucune jouissance, mais des travaux sans fin, des fatigues infinies, la haine et les persécutions. L'ambition, la vaine gloire, furent donc les mobiles de cet homme ? mais pouvait-il jamais avoir la certitude de se voir un jour assis sur le trône, maître de la puissance suprême ; et, quand même la promesse infaillible lui en eût été faite, il lui fallait rester solitaire ici-bas : c'était un tronc sans rameaux ; il n'avait pas l'espérance de pouvoir fonder une dynastie ; ses jours étaient comptés. Il s'était élevé assez haut, ses œuvres étaient assez éclatantes pour lui assurer un renom fameux dans les annales de l'humanité (*b*). »

Le même historien avait déjà fait, dans un précédent ouvrage, l'éloge suivant de notre héros : « Il paraissait toujours dans la gloire de sa dignité sublime, comme sous une auréole, exempt à la fois des illusions de l'orgueil et des vertiges que nous inspirent trop souvent nos propres mérites. Du reste, il fut toujours d'une vie simple et de mœurs irréprocha-

---

(*a*) Hildebrand und sein Zeitalter.
(*b*) Hildebrand, p. 171 et suiv.

bles (a). » On peut, ce me semble, placer ici fort à propos l'observation que fit sur cet éloge le *Journal littéraire de Halle* (novembre 1822). Après avoir fait observer que l'opinion du professeur Luden ne recevrait pas une approbation générale, le critique ajoute : « Luden aurait tort de s'inquiéter d'une semblable mésaventure. Certes nous espérons bien que, quand les véritables historiens entreront dans l'arène pour faire disparaître les *amateurs* du champ de l'histoire, l'étude des sources originales, dont l'amour commence à naître de nos jours, dissipera une multitude de ces préjugés téméraires auxquels le vulgaire a une foi si opiniâtre, et dévoilera, à l'aide de l'investigation allemande et de la véritable philosophie de l'histoire, l'absurdité de tant d'opinions qui paraissent aujourd'hui si profondément enracinées dans les esprits. »

Voici le portrait que le professeur Eichhorn, dans son *Histoire d'Allemagne*, nous retrace de Grégoire VII : « Soutenu par la plus profonde et la plus religieuse persuasion de la nécessité où étaient le pape et l'Eglise d'être indépendants de tout pouvoir temporel, et convaincu que la mission du vicaire de Jésus-Christ l'obligeait de s'opposer à l'orgueil et à l'injustice des princes, il déploya la prudence la plus pénétrante et un indomptable courage. Il choisit heureusement ses moyens d'action, et put réaliser une réforme dans l'Eglise, réforme qui avait déjà été tentée sans avoir jamais pu réussir. »

M. Léo, professeur à l'université de Halle, parle ainsi qu'il suit (dans son *Introduction à l'histoire du moyen âge*, 1830) de l'humiliation qu'eut à subir l'empereur Henri IV à Canossa : « Quand on se représente le spectacle donné à Canossa, il faut que l'intérêt national se taise en présence de l'intérêt intellectuel. Cet événement est un triomphe obtenu par cette énergique puissance de l'âme, qui crée les forces extérieures lorsqu'elles n'existent pas encore ; c'est une victoire sur un tyran efféminé, qui sut cependant revêtir la force matérielle dont il était armé. »

Le philosophe Henri Steffens ne porte pas d'autre jugement sur Grégoire. Dans son livre intitulé : *Le siècle actuel* (Berlin 1817), il écrit en effet : « Il ne nous est certainement pas permis de douter de la droiture de ses intentions, ni de son gigantesque pouvoir. Le moine de Clugny, qui osa poursuivre un pape élu par l'empereur, mais qui avait méconnu la divinité des droits de l'Eglise en recevant de la main des laïques ce que l'Eglise seule pouvait conférer ; le puissant conseiller des souverains pontifes qui dédaigna si longtemps l'éclat extérieur de la papauté ; le pape qui humilia l'empereur sans jamais recourir à d'autres armes qu'aux armes spirituelles ; le pape qui trahi de la fortune, qui banni de sa patrie, demeura ferme, inébranlable dans ses principes, et se sacrifia à cette grande idée qui avait encouragé sa noble constance pendant tout le cours de sa vie ; l'homme enfin auquel il fut donné, à la veille de mourir, de voir que ses projets reposaient sur la vérité, et que bien d'esprits avaient compris, ne fut-il pas un grand homme ? ne fut-il pas la conscience, l'âme même du siècle où il vécut ? » (*Démonstr. Evang.*, tome XVI.)

GRÉGOIRE (saint), évêque de Tours, né l'an 544 et mort l'an 595, a été l'honneur de l'Église gallicane pendant le VI° siècle. Son principal ouvrage est intitulé : *Historia ecclesiastica Francorum*, dans lequel il a mêlé l'histoire civile avec l'histoire ecclésiastique des Gaules. Il a fait un traité *de la Gloire des Martyrs* et un *de la Gloire des Confesseurs*, dans lesquels il rapporte leurs miracles et une histoire des miracles de saint Martin en particulier. On lui reproche trop de crédulité, un style négligé et grossier, et beaucoup de confusion ; ces derniers défauts étaient ceux de son siècle. Cela n'empêche pas que ses ouvrages ne soient très-précieux, et qu'il ne soit regardé comme le père de notre histoire. Dom Ruinart, bénédictin, en a donné une très-bonne édition, l'an 1699, en un vol. in-folio. Voy. *Hist. litt. de la France*, t. III; p. 372 ; *Hist. de l'Eglise gallicane*, t. III, l. VIII, an. 594.

GRÉGORIEN, se dit des rites, des usages, des institutions que l'on attribue au pape saint Grégoire ; ainsi l'on dit *rite grégorien*, *chant grégorien*, *liturgie grégorienne*.

Le *rite grégorien*, ce sont les cérémonies que ce pontife fit observer dans l'Eglise romaine, soit pour la liturgie, soit pour l'administration des sacrements, soit pour les bénédictions, et qui sont contenues dans le livre nommé *sacramentaire de saint Grégoire*: il se trouve dans la collection de ses ouvrages. Mais ce pape n'en est pas pour cela l'instituteur, puisqu'il n'a fait que mettre dans un meilleur ordre le sacramentaire du pape Gélase, dressé avant l'an 496, et que l'on suivait déjà depuis un siècle. On peut s'en convaincre en comparant l'un à l'autre, par le moyen de l'ouvrage intitulé : *Codices sacramentorum*, publié à Rome en 1680, par Thomasius. Gélase lui-même n'est pas le premier auteur des prières ni des rites principaux de la liturgie latine : de tout temps on en a rapporté l'origine aux apôtres. Saint Grégoire ne se contenta pas de mettre en ordre les prières que l'on devait chanter, il en régla aussi le chant, que, par cette raison, l'on appelle *chant grégorien*. Pour en conserver l'usage, il établit à Rome une école de chantres, qui subsistait encore trois cents ans après, du temps de Jean, diacre, et il ne dédaigna pas d'y présider lui-même. Le moine Augustin, en partant pour l'Angleterre, emmena des chantres de l'école romaine, qui instruisirent aussi les Gaulois. *Voy.* CHANT.

A l'égard de la liturgie, les changements qu'y fit saint Grégoire ne sont pas considérables. Ce que nous appelons le *canon de la messe*, qui en est la partie principale, est plus ancien que les papes saint Grégoire et Gélase. Quoiqu'il n'ait été mis par écrit qu'au V° siècle, suivant l'opinion commune, on a toujours cru qu'il venait des apôtres, et il n'a jamais été essentiellement changé. L'an 426, le pape Innocent I*er*, *Epist. ad Decent.*, parle de ce fond de la liturgie comme d'une tradition venue de saint Pierre. En 431, saint Célestin I*er* écrivit aux évêques des Gaules qu'il faut consulter les prières sacerdotales *reçues des apôtres* par tradition, afin d'y voir ce que l'on doit croire. Saint Léon, mort l'an 461, ajouta seulement au canon ces quatre mots : *Sanctum sacrificium, immaculatam hostiam* ; et ce léger changement a été remarqué. Gélase, qui tint le siège de Rome depuis l'an 492 jusqu'en 496, plaça le canon à la tête de son sacramentaire, sans y rien changer. En 538, le

(a) Histoire universelle des peuples et des Etats. Iéna, 1821.

pape Vigile en l'envoyant à un évêque d'Espagne, lui dit qu'il l'a reçu de tradition apostolique. Saint Grégoire, élevé au pontificat l'an 590, ne fit au canon que deux légers changements; il y ajouta la phrase *Diesque nostros in tua pace disponas*, et il plaça la récitation du *Pater* avant la fraction de l'hostie, au lieu que dans les autres liturgies on ne le récite qu'après. Ce changement, quoique très-léger, ne laissa pas de faire du bruit. Depuis saint Grégoire, ou depuis l'an 600, l'on n'y a pas touché; l'on a seulement ajouté le mot *amen* à la fin de plusieurs oraisons. C'est donc uniquement aux prières qui précèdent ou qui suivent le canon, que plusieurs papes ont travaillé; ils ont choisi des épîtres et des évangiles; ils ont fait des collectes, des secrètes, des préfaces, des post-communions propres aux mystères ou aux saints dont ils établissaient l'office. Saint Léon en avait fait plusieurs, Gélase en augmenta le nombre, saint Grégoire abrégea le travail de Gélase, et y ajouta ou changea peu de chose : c'est ce que nous apprend Jean le diacre, dans la *Vie de saint Grégoire*, liv. II, c. 17, et on le voit par la comparaison des deux sacramentaires. Aussi la *messe grégorienne* est la plus courte de toutes les liturgies.

Toutes les Eglises n'adoptèrent pas d'abord le sacramentaire *grégorien*. La constance de plusieurs à conserver leur ancien rite démontre qu'il n'a jamais été fort aisé d'introduire du changement dans la croyance, dans le culte, dans les usages religieux des nations. L'Eglise de Milan retint le sacramentaire *ambrosien* et le suit encore; celles d'Espagne demeurèrent attachées à la liturgie retouchée par saint Isidore de Séville, qui a été ensuite nommée *mozarabique;* celle des Gaules gardèrent l'ancien office gallican jusqu'au règne de Charlemagne. Les protestants, qui ont imaginé que les papes ont été les créateurs d'une religion nouvelle dans l'Eglise latine, sont bien mal instruits de l'antiquité.

Lorsqu'il fallut faire des messes pour de nouveaux saints, l'on prit les prières du sacramentaire gélasien qui n'avaient pas été employées par saint Grégoire; souvent l'on emprunta les matériaux de l'un et de l'autre : par là s'est fait le mélange des deux sacramentaires, et de là est venue la variété des missels. On fait encore de même aujourd'hui quand on fait de nouveaux offices, ou que l'on retranche les anciens. Lebrun, *Explicat. des cérém. de la messe*, t. III, pag. 137. *Voy.* Liturgie.

GUÈBRES. *Voy.* Parsis.

GUÉONIM ou GHÉONIM. *Voy.* Gaon.

GUÉRISON. Nous mettons à bon droit au nombre des miracles de Jésus-Christ la multitude des maladies de toute espèce qu'il a guéries, et nous soutenons que ces *guérisons* étaient évidemment surnaturelles. Ainsi en ont jugé non-seulement les témoins oculaires qui ont cru en lui, mais encore les Juifs, malgré leur incrédulité et malgré la haine qu'ils avaient conçue contre lui.

Pour persuader le contraire, les incrédules ont eu recours à divers expédients. Les uns ont dit que ces maladies n'étaient pas réelles, mais simulées; que les prétendus malades étaient des fourbes que Jésus-Christ avait apostés; les autres, que si les maladies étaient véritables, les *guérisons* n'étaient qu'apparentes. Plusieurs ont prétendu qu'elles étaient naturelles et un effet de l'art, mais que les Juifs, très-ignorants, les prirent pour des prodiges. Les Juifs d'un côté les attribuaient au démon; ensuite leurs docteurs ont écrit que Jésus les avait opérées par la prononciation du nom ineffable de Dieu. Ces variations mêmes démontrent l'embarras des incrédules, et prouvent qu'aucun de leurs subterfuges ne peut satisfaire un homme sensé. S'il avait été possible d'accuser de faux la narration des évangélistes, on n'aurait pas eu besoin de recourir à tant d'expédients pour en éluder les conséquences.

Jésus, loin d'avoir jamais donné aucun signe d'imposture, a réuni dans sa personne tous les caractères d'un envoyé de Dieu; il a sévèrement défendu à ses disciples toute espèce de mensonge, de fraude, de fourberie; les Juifs n'ont jamais osé lui en reprocher aucune, et il les en a défiés publiquement, *Joan.*, chap. VIII, vers. 46. Il ne lui a pas été possible de soudoyer la multitude de malades qu'il a guéris dans les divers cantons de la Judée, il ne possédait rien : sa pauvreté est incontestable. Les malades apostés auraient couru un très-grand danger d'être punis par les Juifs : quelques-uns seraient allés dévoiler l'imposture, et en auraient été récompensés. La nature des maladies était telle que la feinte ne pouvait pas y avoir lieu : une main desséchée, des paralytiques, dont l'un était connu pour tel depuis trente-huit ans, des aveugles-nés; des maniaques redoutés pour leurs violences, etc. Ce ne sont point là des maladies que l'on puisse feindre, et dont la *guérison* puisse être simulée au point de tromper le public. Jésus n'y mettait ni préparatif, ni appareil; partout où il rencontrait des malades, dans les villes, dans les campagnes, en plein jour, au milieu de la foule ou à l'écart, il leur rendait la santé. Il n'employait ni remèdes, ni mouvements violents, ni cérémonies capables de frapper l'imagination : une parole, un simple attouchement suffisait; souvent il a guéri des malades absents, sans les voir, sans en approcher; il accordait cette grâce à ceux qui la lui demandaient pour leurs parents ou pour leurs serviteurs. Ces *guérisons* étaient subites, opérées dans un instant, sous les yeux d'ennemis jaloux qui l'observaient; les malades recouvraient toutes leurs forces, sans avoir besoin de passer par la convalescence. Cette manière de guérir n'est ni naturelle ni suspecte : il n'est pas besoin d'être médecin ni physicien pour en juger. D'habiles médecins se sont donné la peine de prouver que la plupart de ces maladies, telles qu'elles sont rapportées par les évangélistes, étaient na turellement incurables. En rendant justice au mérite de leur travail, nous pensons qu'il n'était pas fort nécessaire. Recourir, comme les Juifs, à l'opération de Dieu ou à l'intervention du démon, c'est avouer qu'il y a du surnaturel, et Dieu n'a pas pu permettre qu'il y en eût au point de rendre l'erreur inévitable. Les Juifs pensaient, à la vérité, qu'un faux prophète pouvait faire des miracles; mais c'était une erreur et une inconséquence, puisqu'ils croient encore aujourd'hui, sur la foi des prophéties, que le Messie qu'ils attendent doit faire des miracles pour prouver sa mission. Galatin, *de Arcanis catholicæ veritatis*, liv. VIII, c. 5 et suiv. La *guérison* des possédés a fourni d'autres objections aux incrédules. Nous y répondons ailleurs. *Voy.* DÉMONIAQUE.

Thiers, dans son *Traité des Superstitions*, 1re part., l. VI, c. 2 et 3, a rapporté les passages des Pères, les décrets des conciles, les statuts synodaux des évêques, les jugements des théologiens, qui défendent absolument de guérir les maladies, et de se faire guérir par des exorcismes, par des conjurations, par des formules de prières; il fait voir que cette manière de guérir est un vrai *charme* et une superstition. Puisque des paroles n'ont point par elles-mêmes la vertu de guérir des maladies, elles ne peuvent l'avoir surnaturellement. Or, Dieu n'a certainement attaché cette vertu à aucune parole; si donc une formule quelconque produisait quelque effet, il faudrait l'attribuer au démon. Mais on doit se défier beaucoup de ce qui est rapporté à ce sujet par des auteurs trop crédules, qui avaient peu de jugement, et qui n'ont rien vu par eux-mêmes; si jamais il y a eu des malades guéris par cette voie, ils l'ont été plutôt par la force de leur imagination que par aucune autre vertu.

GUERRE. Aux yeux d'un philosophe la *guerre* est un des plus grands malheurs de l'humanité; suivant les leçons de la théologie et de la révélation, c'est un fléau de Dieu dont il menace les peuples dans sa colère. *Levit.*, chap. XXVI, vers. 24; *Deut.*, chap. XXVIII, vers. 49; *Jerem.*, chap. V, vers. 15, etc. Si les réflexions des philosophes étaient capables de guérir les nations de cette manie, et pouvaient la rendre moins commune, on ne pourrait assez bénir leur zèle, mais il n'y a pas lieu de l'espérer. Le peuple qui de nos jours passe pour le plus philosophe, est le moins disposé de tous à conserver la paix avec ses voisins; cela ne nous donne pas beaucoup de confiance en la philosophie. Elle ne guérit, ni l'orgueil national, ni l'ambition, ni la jalousie, trois causes qui depuis le commencement du monde n'ont cessé d'armer les peuples les uns contre les autres. Cependant nos philosophes politiques ont souvent reproché aux prédicateurs de ne pas tonner contre la *guerre*; aux ministres de la religion, de chanter des cantiques d'action de grâces, lorsqu'il y a eu beaucoup de sang répandu, de bénir des drapeaux qui sont les enseignes du carnage. Mais comme il est décidé que ces censeurs chagrins ne s'accorderont jamais mieux que les peuples, d'autres ont reproché au christianisme d'interdire à ses sectateurs la profession des armes. Nous présumons que si les prédicateurs assistaient aux conseils des rois, ils opineraient toujours pour la paix; mais ils parlent au peuple, et ce n'est pas le peuple qui ordonne la *guerre*. Un orateur chrétien qui déclamerait contre ce fléau lorsque l'Europe est en paix serait regardé comme un insensé; s'il le faisait lorsqu'il y a des armées en campagne, on le traiterait comme un séditieux. Il doit donc se borner à développer les maximes d'équité, de justice, de modération, de charité, de douceur, qu'enseigne l'Evangile; et lorsque tout le monde en sera bien pénétré, aucune nation ne pensera plus à troubler le repos des autres. Quand on remercie Dieu pour une victoire, ce n'est pas pour le bénir du sang qui a été répandu; mais puisque la *guerre* ne peut être terminée que par des batailles, il est naturel de souhaiter que l'avantage soit de notre côté plutôt que de celui des ennemis, et de regarder la victoire comme un bienfait de Dieu qui peut nous acheminer à la paix. Jamais l'Eglise n'a chanté un *Te Deum* en pareil cas, sans y joindre des prières pour la paix. Ce n'est donc pas un crime non plus de demander à Dieu que la victoire suive plutôt nos drapeaux que ceux des ennemis. Au mot ARMES, nous avons fait voir qu'il n'est pas vrai que le christianisme en ait interdit la profession.

Mais, quoique cette religion sainte n'ait pas empêché toutes les *guerres*, on ne peut pas nier qu'elle n'ait contribué beaucoup à les rendre moins fréquentes, moins atroces et moins destructives. Quiconque a lu l'histoire, sait que l'ancien droit de la *guerre* était de tout mettre à feu et à sang, et de n'épargner personne; c'est encore ainsi qu'en agissent la plupart des nations infidèles, qui ne connurent jamais ce que nous appelons le *droit des gens*. On frissonne encore quand on se rappelle les sièges de Carthage et de Numance, les expéditions des Romains en Epire, les ravages des barbares du Nord dans nos contrées, etc. Ce n'est point ainsi que la *guerre* se fait entre les nations chrétiennes; les conquérants même les plus ambitieux et les plus farouches ont senti qu'il était de leur intérêt de conserver ceux qui ne portent point les armes, afin d'en faire des sujets. Il est exactement vrai, comme l'a dit Montesquieu, que nous devons au christianisme dans la paix un certain droit politique, et dans la *guerre* un certain droit des gens que la nature humaine ne saurait assez reconnaître.

GUERRE DES JUIFS. Les censeurs anciens et modernes de l'histoire sainte ont souvent répété que les Juifs ont fait la *guerre* avec une cruauté sans exemple; qu'il y a de l'impiété à supposer que Dieu leur avait ordonné d'exterminer les Chananéens, et de mettre leur pays à feu à sang. Mais il est faux que les Juifs aient fait la guerre avec plus de cruauté que les autres peuples: il n'en est aucun qui ait eu sur ce sujet des lois plus modérées et plus sages. Diodore de Sicile leur a rendu cette justice. *Traduct. de Terrasson*, t. VII, p. 147. La loi de Moïse leur défend d'attaquer l'ennemi, ni d'assiéger aucune ville, sans avoir offert la paix. Si elle est acceptée, la loi veut que l'on se contente d'imposer un tribut, sans tuer personne. Si l'ennemi se défend, et qu'une ville soit emportée d'assaut, la loi permet de faire main-basse sur tous ceux qui ont les armes à la main, mais non sur les femmes, sur les enfants, ni même sur les animaux. Elle défend de faire des dégâts inutiles, de couper les arbres fruitiers ni les autres, qu'autant qu'il en est besoin pour faire un siége. Si un Juif conçoit de l'inclination pour une captive, il lui est ordonné de la laisser dans le deuil pendant un mois, avant d'en faire son épouse, et s'il s'en dégoûte dans la suite, il doit la renvoyer libre. *Deut.*, chap. xx et xxi. On ne peut citer, après la conquête de la Palestine, aucune *guerre* dans laquelle les Juifs aient été agresseurs. Trouve-t-on des lois semblables chez les autres nations anciennes? Sans parler de celles qui avoisinaient les Juifs, les Grecs dans le sac de Troie et dans les *guerres* du Péloponèse, les Assyriens dans la prise de Tyr et de Jérusalem, Alexandre dans celle de Thèbes, de Tyr et de Gaza, les Perses dans les irruptions qu'ils firent dans la Grèce, les Romains dans l'Épire, dans les sièges de Corinthe, de Numance, de Carthage, de Jérusalem, etc., n'ont pas été plus humains que les Juifs. Julien même, cet empereur philosophe, marchant contre les Perses, traita les villes de Diacires et de Majoza-Malcha comme Josué avait traité Jéricho et Haï. Les Grecs, dit Platon, ne détruiront point les Grecs; ils ne les réduiront point en esclavage; ils ne ravageront point leurs campagnes, ils ne brûleront point leurs maisons, *mais ils feront* tout cela aux barbares. *De Republ.*, l. v, p. 465. Tel était, selon les philosophes mêmes, le droit de la *guerre* connu pour lors.

A la vérité, il était ordonné aux Juifs de traiter les Chananéens sans quartier; les lois militaires dont nous avons parlé ne le regardaient pas ce peuple proscrit; mais l'Ecriture en donne la raison : Dieu voulait punir les Chananéens de leurs crimes; l'histoire sainte en fait l'énumération; ils se traitaient d'ailleurs les uns les autres comme ils furent traités par les Israélites. On a beau dire que Dieu ne peut commander la férocité ni le carnage; qu'il pouvait punir les Chananéens autrement, sans ordonner aux Juifs de violer le droit naturel, et sans envelopper les innocents dans la perte des coupables. Ces maximes, si sages en apparence, sont absurdes dans le fond. Si Dieu avait exterminé les Chananéens par le feu du ciel, comme les Sodomites, par des volcans, par une contagion, par une inondation, etc., les enfants sans doute n'auraient pas été exceptés; mais qui aurait osé aller habiter la Palestine après un pareil désastre?

Il est faux que les Juifs aient violé le droit naturel, tel qu'il était connu pour lors; si nous le connaissons mieux aujourd'hui, c'est à l'Évangile que nous en sommes redevables.

On suppose encore faussement que les Juifs commencèrent par tout détruire. Ils épargnèrent les Gabaonites, ils ne firent qu'imposer un tribut à plusieurs autres; quelques-uns se maintinrent par la force, et Dieu déclara qu'il les conserverait pour châtier son peuple, lorsqu'il serait rebelle. *Jos.*, cap. xvii, vers. 13; *Judic.*, chap. i et iii. Sous le règne de Salomon, il y avait dans la Judée cent cinquante-trois mille six cent étrangers ou prosélytes. *II Paral.*, chap. ii, vers. 17. Les Juifs n'étaient donc pas un peuple insociable. Les Chananéens auraient été traités avec moins de rigueur, s'ils n'avaient pas pris les armes les premiers. *Voy.* Chananéens.

Guerres de religion. Un des reproches que nous trouvons le plus souvent dans les livres des incrédules, est que le christianisme est la seule religion qui ait armé les hommes les uns contre les autres, et qu'il a fait répandre lui seul plus de sang que toutes les autres religions ensemble. Pour détruire une calomnie aussi grossière, nous avons à prouver, 1° que presque tous les peuples connus ont eu des *guerres de religion*; 2° qu'il y en a eu beaucoup moins parmi nous que les incrédules ne le supposent; 3° que le principal motif de ces *guerres* n'était pas la religion. Il suffit de consulter l'histoire pour nous convaincre de ces faits.

En premier lieu, nous voyons un roi de Babylone qui ordonne d'abattre les statues et les idoles de l'Égypte. *Ezech.*, chap. xxx, vers. 12. Un autre veut que l'on extermine tous les dieux des nations, et que l'on brûle leurs temples. *Judith.* chap. iii, vers. 13; iv, 7. Cambyse et Darius Ochus suivirent à la lettre cette conduite en Égypte. Les Perses ont fait plus d'une fois la même chose dans la Grèce; les Grecs laissèrent subsister les ruines de leurs temples, afin d'exciter chez leurs descendants le ressentiment et la haine contre les Perses. Alexandre ne l'avait pas oublié lorsqu'il détruisit à son tour les temples du feu dans la Perse, et qu'il persécuta les mages. Prideaux, *Hist. des Juifs*, l. iv et vii, pag. 150 et 294. Zoroastre, à la tête d'une armée, parcourut la Perse et l'Inde, et répandit des torrents de sang, pour établir sa religion, et il inspira ce fanatisme sanguinaire à ses sectateurs. Choroës, roi de Perse, jura qu'il poursuivrait les Romains jusqu'à ce qu'il les eût forcés de renoncer à Jésus-Christ et d'adorer le soleil. La *guerre sacrée* chez les Grecs dura dix ans entiers, et causa tous les désordres des *guerres* civiles. Les Antiochus ont exterminé des milliers de Juifs pour les forcer à changer de religion. Les Romains ont persécuté et détruit le druidisme dans les Gaules; ils ont employé le fer et le feu pour abolir le christianisme; les rois de Perse se sont exposés à dépeupler leurs provinces par le même motif; c'est leur religion et non la nôtre qui leur inspirait ces fureurs. Tacite rapporte que deux peuples de Germanie se firent une *guerre* cruelle pour cause de religion. Les irruptions de ces peuples dans les Gaules avaient un motif religieux; ils s'y croyaient obligés pour l'expiation de leurs crimes. Grégoire de Tours, l. 1, n. 30. Les anciens Gaulois prétendaient avoir des droits sur tous les peuples qui avaient abandonné le culte primitif; leurs émigrations étaient une institution religieuse, et ils les faisaient toujours les armes à la main. On pourrait montrer encore le même esprit chez les Tartares. Lorsque les mahométans ont parcouru l'Asie et l'Afrique, l'épée d'une main et l'Alcoran de l'autre, ils étaient conduits par le fanatisme de religion aussi bien que par l'ambition; et si nous étions mieux instruits de leurs exploits, nous serions étonnés de l'excès de leurs ravages. Les incrédules ont-ils comparé la quantité du sang qui a été ainsi répandu pendant quinze ou dix-huit cents ans, avec celui dont ils veulent rendre le christianisme responsable? Non, ils n'ont rien lu, rien examiné, rien comparé, et ils s'imaginent que nous sommes encore plus ignorants qu'eux.

En second lieu, si l'on excepte les Croisades, nous défions les incrédules de citer aucune expédition militaire entreprise par des nations chrétiennes pour aller établir le christianisme sur les ruines d'une autre religion; et encore les Croisades furent-elles animées par des motifs d'une politique très-sage, puisqu'il s'agissait d'affaiblir la puissance des mahométans prête à envahir l'Europe entière. *Voy.* CROISADES.

Parmi les anciennes hérésies, nous n'en connaissons aucune qu'il ait fallu combattre le fer à la main. Les tumultes excités par les ariens avaient pour objet de s'emparer des églises des catholiques, et les empereurs orthodoxes ne mirent contre ces séditieux aucune armée en campagne, et ne les firent point punir par des supplices. Les Bourguignons et les Goths, engagés dans les erreurs de l'arianisme, suivirent l'amour du pillage et du carnage qui les avait fait sortir de leurs forêts; ils furent persécuteurs et non persécutés. Au IV° et au V° siècle, on fut obligé d'envoyer des troupes en Afrique pour arrêter le brigandage des donatistes, et non pour leur faire abjurer leur erreur. Ceux qui poursuivirent les priscillianistes en Espagne, avaient l'ambition de s'emparer de leurs biens, et ils furent excommuniés par plusieurs évêques. On a dit qu'au VIII° siècle, Charlemagne avait fait la *guerre* aux Saxons pour les forcer à se faire chrétiens; c'est une imposture que nous réfuterons au mot NORD. Les philosophes eux-mêmes ont écrit que la vraie cause de la croisade faite contre les albigeois au XII° siècle était l'envie d'avoir la dépouille de Raimond, comte de Toulouse; la vérité est que l'on fut obligé de poursuivre ces hérétiques à cause des perfidies, des voies de fait et des violences dont ils étaient coupables. *Voy.* ALBIGEOIS. Nous présumons que personne ne sera tenté de soutenir que la religion a été la vraie cause des guerres par lesquelles les hussites ont ravagé la Bohême pendant le XV° siècle.

En troisième lieu, il est question de savoir si les *guerres* civiles, auxquelles les hérésies de Luther et de Calvin ont donné lieu en Allemagne, en France, en Angleterre, ont eu la religion pour motif unique ou principal. Elle serait bientôt terminée, si nous nous en tenions à l'avis de plusieurs écrivains non suspects. Bayle, dans son *Avis aux Réfugiés*; David Hume, dans son *Histoire de la Maison de Tudor*; l'auteur d'Emile, dans sa *Lettre à M. de Beaumont*; l'auteur des *Questions sur l'Encyclopédie*, article RELIGION, et ailleurs; celui des *Annales politiques*, tome III, n. 18, etc., conviennent et prouvent que la religion n'était que le prétexte des troubles, mais que les vrais mobiles qui faisaient agir les réformateurs et leurs prosélytes étaient le désir de l'indépendance, l'esprit républicain, la jalousie qui régnait entre les grands, l'ambition de s'emparer de l'autorité ecclésiastique et civile; et cela est démontré par la conduite que les huguenots ont tenue dans tous les lieux où ils se sont rendus les maîtres. Donc, sans aucun motif de religion, les gouvernements ont été très-bien fondés à réprimer par la force et à intimider par les supplices un parti redoutable dès son origine, et qui a changé en effet le gouvernement partout où il est parvenu à dominer. Nous avouons que, dans l'esprit du peuple, ces *guerres* étaient des *guerres de religion*, le peuple calviniste prenait les armes non-seulement pour avoir l'exercice libre de sa religion, mais pour bannir l'exercice de la religion catholique, qu'on lui peignait comme une idolâtrie dont la destruction était un devoir de conscience pour tout bon chrétien. De son côté, le peuple catholique craignait pour sa religion, de laquelle les huguenots avaient juré la perte, et se croyait dans l'obligation de la défendre; le souverain et les grands craignaient avec raison pour leur autorité, parce que le parti huguenot était bien résolu à la leur ôter et à s'en emparer. Mais nous soutenons que si ces hérétiques avaient été paisibles, s'ils n'avaient ni calomnié, ni insulté, ni vexé les catholiques, le gouvernement n'aurait jamais pensé à les inquiéter. Nous avouons encore que toutes les fois qu'il s'est agi de justifier les révoltes des calvinistes contre nos rois, leurs docteurs ont toujours mis en avant les motifs de religion, et ont soutenu qu'il était permis de prendre les armes contre le souverain pour en obtenir la liberté de conscience; qu'ainsi ils ont toujours envisagé les *guerres* qu'ils ont faites au gouvernement comme des *guerres de religion*; et c'est ce que leur a soutenu avec raison M. Bossuet, dans son 5° *Avertissement aux protestants*, § 9. Mais ils n'ont pas été peu embarrassés lorsqu'il a fallu en faire l'apologie. Dans les commencements de la réforme, les prédicants faisaient profession de la plus parfaite soumission au gouvernement. Rien de plus respectueux que les protestations de fidélité que Calvin adressait à François Ier, à la tête de son *Instruction chrétienne*; c'est qu'alors ce parti était faible. A mesure qu'il eut acquis des forces, il changea de langage, ses docteurs soutinrent qu'il était permis aux calvinistes de se défendre, c'est-à-dire d'exiger et d'obtenir par la rebellion et par la force la liberté de suivre et d'exercer publiquement leur religion; et cela fut ainsi décidé solennellement dans plusieurs de leurs synodes.

M. Bossuet leur a prouvé le contraire par les leçons et par l'exemple de Jésus-Christ, par la doctrine et par la conduite des apôtres, par le témoignage de tous nos anciens apologistes, par la patience et la soumission constante des premiers chrétiens au milieu des persécutions les plus sanglantes, et dans un temps où par leur nombre ils étaient en état de faire trembler l'empire. Vainement Jurieu a fait tous ses efforts pour défendre son parti contre ces preuves accablantes, M. Bossuet a détruit tous ses arguments et réfuté pleinement toutes ses réflexions, *ibid.*, § 12 et suiv. Et nous ne connaissons aucun auteur protestant qui ait entrepris de répondre à cet ouvrage de M. Bossuet, dans lequel il a confirmé et justifié tout ce qu'il avait dit dans son *Histoire des Variations*, liv. x. Ce que Basnage y avait opposé, *Histoire de l'Eglise*, liv. xxv, c. 6, mérite à peine une réfutation. Il allègue d'abord les disputes qui ont eu lieu entre les papes et les souverains au sujet de leur autorité et de leurs droits respectifs; la révolte des enfants de Louis le Débonnaire contre cet empereur, soutenue et approuvée par les évêques; les tumultes populaires qu'excita plus d'une fois la dispute touchant le culte des images, et celle qui arriva à Constantinople lorsque les eutychiens voulurent altérer le *Trisagion*. Il est clair que dans les deux premiers cas il n'était point question de religion, mais des droits temporels; que dans les deux derniers il y a bien de la différence entre les émeutes populaires, effets d'une fougue momentanée, et qui se calme au moment même qu'on l'a vue éclore, et des *guerres* continuées pendant plus d'un siècle après des délibérations formelles, et après avoir déjà obtenu plus d'une fois des traités très-favorables.

Basnage a osé soutenir que ce furent des chrétiens qui portèrent Julien sur le trône impérial; par une révolte contre Constance; qu'ensuite ils injurièrent cet empereur pendant sa vie et après sa mort, et qu'il est fort incertain si ce n'est pas un chrétien qui l'a tué en combattant contre les Perses.

Il n'y a d'abord aucune preuve que les soldats chrétiens aient plus contribué que les soldats païens à faire prendre à Julien, déjà César, le titre d'*Auguste;* et quand il y en aurait, il ne s'ensuivrait rien, puisque le motif de religion n'entra pour rien dans cet événement. Mais il y a bien de la différence entre les plaintes que les chrétiens ont faites contre ce prince apostat, soit pendant sa vie, soit après sa mort, et les batailles que les calvinistes ont livrées à leurs souverains. Le simple soupçon de quelques historiens touchant l'auteur de la mort de Julien ne fait pas preuve: quand ce serait un chrétien qui l'aurait tué, ce crime ne conclurait rien contre les autres, et il faudrait encore savoir quel en a été le motif.

Basnage prétend encore que les Arméniens et leurs voisins se révoltèrent contre Chosroës, roi de Perse, parce qu'il les vexait au sujet de leur religion: il cite Photius, *Cod.* 64, pag. 80. Nous répondons que deux mots d'un historien, conservés par Photius, ne suffisent pas pour nous instruire des motifs qui portèrent les Arméniens et les peuples voisins à se révolter contre les Perses; il est même incertain si tous ces peuples étaient chrétiens. On sait que la Mésopotamie et les contrées voisines étaient un sujet continuel de *guerres* entre les Perses et les Romains, que tantôt elles appartenaient aux uns et tantôt aux autres, qu'elles n'étaient jamais assurées d'avoir longtemps le même souverain; elles ne pouvaient donc être affectionnées à aucun. Il n'en était pas de même des souverains contre lesquels les calvinistes ont souvent levé l'étendard de la rébellion, sans avoir lieu de se plaindre d'aucune vexation.

Enfin Basnage allègue la révolte des chrétiens du Japon contre leur empereur, et les fureurs de la ligue contre Henri IV. Nous vengerons les chrétiens japonais, au mot JAPON, par le témoignage même d'un protestant. Quant aux excès de la ligue, nous n'entreprendrons pas de les justifier, ni même de les excuser. Nous observerons seulement que dans la *guerre* séditieuse dont nous venons malheureusement d'être témoins, la cruauté et les excès de toute espèce ont été poussés pour le moins aussi loin que dans les fureurs de la ligue; la religion cependant n'y est entrée pour rien. On a dit que dans la guerre contre Henri IV, il y avait trois mille moines et pas un philosophe; mais dans celle de 178) il y a plus de vingt mille philosophes et pas un moine.

Il est bien singulier que pour faire leur apologie, les protestants soient réduits à compiler dans toutes les histoires des exemples des vertiges qui ont saisi les peuples, et de tous les crimes qui ont été commis par des révoltés. S'ils se font un honneur de se ranger parmi les séditieux dont on a connaissance depuis dix-sept cents ans, nous ne leur disputerons point ce privilège. Mais que prouvent tous ces exemples contre les leçons formelles de Jésus-Christ et des apôtres, contre la déclaration expresse de tous nos apologistes, contre la patience invincible dans laquelle les premiers chrétiens ont persévéré pendant trois cents ans? Des hommes qui se donnaient pour réformateurs du christianisme, pour restaurateurs de la doctrine évangélique, ont bien mal imité ceux qui l'ont reçue des apôtres. C'est une tache de laquelle cette prétendue réforme ne se lavera jamais.

GUILLELMITES, congrégation d'ermites ou de religieux, fondée par saint Guillaume, ermite de Maleval en Toscane, et non par saint Guillaume, dernier duc de Guyenne, comme le prétendent ces religieux. Ils ne suivent point la règle de saint Augustin, et ils s'opposèrent à l'union que le pape avait faite de leur ordre à celui des ermites de saint Augustin. Alexandre IV, par une bulle de l'an 1256, leur permit de conserver leur habit particulier, qui ressemble à celui des Bernardins, et de suivre la règle de saint Benoît avec les instructions de saint Guillaume, leur fondateur.

Il n'en reste que quatorze maisons en Flandre : ils en ont eu autrefois en France; le roi Philippe le Bel leur donna celle que les Servites, nommés *Blancs-Manteaux*, avaient à Paris, et ils l'occupèrent depuis l'an 1299 jusqu'en 1630. Alors les Bénédictins de la congrégation de Saint-Vannes prirent leur place, et ceux-ci l'ont cédée à la congrégation de Saint-Maur. Outre saint Guillaume de Maleval, il y a eu deux ou trois saints religieux ou ermites de même nom. *Vies des Pères et des Martyrs*, tom. II, pag. 200. Voir le *Dict. des Ordres religieux*, du P. Hélyot [édit. MIGNE.]

H

HABACUC, l'un des douze petits prophètes de l'Ancien Testament, est nommé *Ambakoum* par les traducteurs grecs; son nom hébreu paraît signifier *lutteur*. On ne sait pas précisément en quel temps il a vécu; mais, comme il a prédit la ruine des Juifs par les Chaldéens, l'on conjecture qu'il prophétisait avant le règne de Sédécias, ou vers celui de Manassès. Sa prophétie ne contient que trois chapitres; le troisième, qui est un cantique adressé à Dieu, est du style le plus sublime. Dans le livre de Daniel, chap. XIV, vers. 32, il est parlé d'un autre *Habacuc*; saint Jérôme a cru que c'était le même; mais il est difficile qu'un homme ait pu vivre depuis le règne de Sédécias jusqu'au temps de Daniel : il faudrait donc supposer que le prophète *Habacuc* a paru plus tard qu'on ne croit communément. Saint Paul, *Act.*, chap. XIII, vers. 40, adresse aux Juifs la prédiction que ce prophète avait faite à leurs pères, en leur annonçant leur prochaine ruine, chap. I, vers. 5; et l'Apôtre leur dit : *Prenez garde que la même chose ne vous arrive.* Il les avertissait ainsi des calamités qu'ils allaient bientôt éprouver de la part des Romains. Dans l'Épître aux Hébreux, chap. X, vers. 37, il applique aux fidèles souffrants la promesse que ce même prophète faisait aux Juifs de leur délivrance, chap. II, vers. 3 : *Encore un peu de temps*, dit saint Paul, *et celui qui doit venir arrivera : il ne tardera pas*. Nous ne voyons pas sur quel fondement quelques figuristes appliquent ces paroles au dernier avènement de Jésus-Christ à la fin des siècles : c'est ce qui a donné lieu aux incrédules de dire que les apôtres annonçaient la fin du monde comme prochaine, et cela est faux. *Voy.* MONDE.

HABIT DES CHRÉTIENS. La modestie et la mortification commandées dans l'Évangile, ne permettaient pas aux premiers chrétiens d'affecter le luxe et la somptuosité dans les *habits*. Jésus-Christ dit que ceux qui sont mollement vêtus, sont dans les palais des rois, *Matth.*, chap. XI, vers. 8; *Luc.*, chap. VIII, vers. 25. Saint Pierre, *Epist. I*, chap. III, vers. 3, et saint Paul, *I Tim.*, chap. I, vers. 9, condamnent l'affectation des parures, même dans les femmes. Il faut, disent les Pères de l'Église, laisser les *habits* couverts de fleurs à ceux qui sont initiés aux mystères de Bacchus, et les broderies d'or et d'argent aux acteurs de théâtre. Suivant saint Clément d'Alexandrie, *Pædag.*, liv. II, chap. 11, il est permis à une femme de porter un plus bel *habit* que les hommes; mais il ne faut pas qu'il blesse la pudeur, ni qu'il sente la mollesse. Tertullien et saint Cyprien ont condamné avec la plus grande rigueur les femmes qui portaient, dans les églises ou ailleurs, un faste indécent et une parure immodeste. Mais les leçons de l'Évangile et celles des Pères sont une faible barrière contre la vanité et contre l'habitude du luxe; celui-ci s'introduit chez les nations d'une manière insensible, et par des progrès imperceptibles, il est bientôt poussé jusqu'aux plus grands excès; ce qui est d'un usage commun ne paraît plus être un luxe, et l'on n'est plus scandalisé de voir aujourd'hui les simples particuliers vêtus plus magnifiquement que ne l'étaient autrefois nos rois.

Quant au changement d'*habits* que l'on appelle *mascarade*, Dieu avait déjà défendu, dans l'ancienne loi, à l'un des sexes de prendre les *habits* de l'autre. Les anciens canons des conciles ont fait la même chose, et les Pères ont représenté les désordres auxquels cette licence ne manque jamais de donner lieu. Bingham, *Orig. ecclés.*, liv. XVI, chap. 11, § 16. L'usage dans lequel sont les gens de la campagne et le bas peuple de se vêtir plus proprement les jours de fête, pour assister au service divin, est très-louable; il ne conviendrait pas de porter dans les temples du Seigneur les *habits* avec lesquels on s'occupe aux travaux les plus vils, et que l'on n'oserait porter dans une maison respectable. Cette propreté extérieure ne donne pas la pureté de l'âme, mais elle avertit les fidèles de la demander à Dieu, et de travailler à l'acquérir. Les grands n'ont déjà que trop de répugnance à se mêler avec le peuple dans les assemblées chrétiennes, et ils en auraient encore davantage, s'il y régnait une malpropreté dégoûtante. Jacob, prêt à offrir un sacrifice, ordonne à ses gens de changer d'*habits*. *Gen.*, chap. XXXV, vers. 2. Lorsque Dieu fut sur le point de donner sa loi aux Hébreux, il leur commanda de laver leurs vêtements, *Exod.*, chap. xix, vers. 10. Cette attention a donc été prescrite dans tous les temps. David, à la fin d'un deuil, se baigna, se parfuma, changea d'*habits* pour entrer dans le temple du Seigneur, *II Reg.*, chap. xii, vers. 20. Si quelquefois la vanité peut avoir part à cette marque de respect, ce n'est pas moins dans le fond un signe de piété.

HABIT CLÉRICAL OU ECCLÉSIASTIQUE. Il est certain que dans les premiers siècles de l'Eglise, les clercs portaient le même *habit* que les laïques, sans aucune distinction; il était de leur intérêt de se cacher, parce que c'était à eux principalement qu'en voulaient les persécuteurs du christianisme; ils avaient donc l'attention de ne pas se faire connaître par un *habit* particulier. Aussi n'est-il pas aisé de découvrir la première époque de la défense faite aux ecclésiastiques de s'habiller comme les laïques. Saint Jérôme, dans sa lettre à Népotien, lui recommande seulement de n'affecter dans ses *habits* ni les couleurs sombres, ni les couleurs éclatantes; il ne dit rien d'où l'on puisse conclure que les clercs se distinguaient déjà, au commencement du v° siècle, par un *habit* particulier.

Mais dans ce temps-là même arriva l'inondation des barbares, dont l'*habit* court et militaire était l'unique vêtement: par là ils se distinguaient des Romains, aussi bien que par leur longue chevelure. Il est probable que quelques ecclésiastiques eurent la faiblesse de vouloir s'habiller de même, puisqu'un concile d'Agde, tenu l'an 506, défendit aux clercs de porter des *habits* qui ne convenaient point à leur état. Il faut que malgré cette défense, la licence des ecclésiastiques ait augmenté, puisque l'an 589 le concile de Narbonne fut obligé de leur défendre de porter des *habits* rouges, et plusieurs conciles suivants statuèrent une peine contre les infracteurs de ces lois. En Occident l'on ordonna que ceux qui y contreviendraient seraient mis en prison au pain et à l'eau pendant trente jours; en Orient, le concile *in Trullo*, tenu l'an 692, can. 27, prononça la suspense pendant une semaine contre ceux qui ne porteraient pas l'*habit* clérical. Nous apprenons même de Socrate, qu'Eustathe, évêque de Sébaste en Arménie, fut déposé parce qu'il avait porté un *habit* peu convenable à un prêtre. Le concile de Trente, se conformant aux anciens canons, s'est expliqué suffisamment sur ce sujet, et a fait sentir combien il est nécessaire de maintenir cette discipline respectable. Suivant l'analyse des conciles donnée par le P. Richard, t. IV, pag. 78, on compte jusqu'à treize conciles généraux, dix-huit papes, cent cinquante conciles provinciaux, et plus de trois cents synodes, tant de France que des autres royaumes, qui ont ordonné aux clercs de porter l'*habit* long.

Il est assez probable que le blanc a été, pendant plusieurs siècles, la couleur ordinaire de l'*habit* ecclésiastique; c'est encore aujourd'hui la couleur affectée au souverain pontife; plusieurs chanoines réguliers et quelques ordres religieux l'ont conservé. Le cardinal Baronius prétend que c'était le brun et le violet: cette discussion n'est pas fort nécessaire; il suffit de savoir que depuis longtemps le noir est la seule couleur que l'on souffre pour l'*habit* ecclésiastique; quant à la forme, il doit être long et descendre jusque sur les souliers, puisque dans les canons la soutane est nommée *vestis talaris*.

Vainement un docteur de Sorbonne, dans un traité imprimé à Amsterdam, en 1704, sous le titre *De re vestiaria hominis sacri*, a voulu prouver que l'*habit ecclésiastique* consiste plutôt dans la simplicité que dans la longueur et dans la couleur: outre que sous le nom de *simplicité* l'on peut entendre tout ce qu'on veut, les spéculations ne prouvent rien contre des lois formelles et positives. On ne peut pas nier que, suivant nos mœurs, l'*habit* long n'ait plus de décence et plus de dignité que l'*habit* court; chez les Romains, *toga*, la robe longue, désignait les fonctions de la vie civile, par opposition à *sagum*, l'*habit* court et militaire. C'est pour cela que les magistrats ont conservé l'*habit* long dans l'exercice de leurs fonctions; et lorsque nos rois habitaient leur capitale, aucun ecclésiastique n'aurait osé se présenter devant eux en *habit* court. Quelques-uns se contentent d'une soutanelle ou demi-soutane, qui descend seulement jusqu'au-dessous du genou; c'est une tolérance de la part des évêques, qui pourraient défendre ce retranchement de l'*habit* ecclésiastique. Un prêtre, qui se tient honoré de son état, ne dédaignera jamais d'en porter l'*habit*; ceux qui s'en dispensent ne le font pas ordinairement par un motif louable. Chez les païens, les prêtres des faux dieux se faisaient un honneur de porter les marques distinctives de leur sacerdoce et de la divinité qu'ils servaient.

HABIT RELIGIEUX, vêtement uniforme que portent les religieux et les religieuses, et qui marque l'ordre dans lequel ils ont fait profession. Les fondateurs des ordres monastiques, qui ont d'abord habité les déserts, ont donné à leurs religieux le vêtement qu'ils portaient eux-mêmes, et qui était ordinairement celui des pauvres. Saint Athanase, parlant des *habits* de saint Antoine, dit qu'ils consistaient dans un cilice de peau de brebis, et dans un simple manteau. Saint Jérôme écrit que saint Hilarion n'avait qu'un cilice, une saie de paysan et un manteau de peau; c'était alors l'habit commun des bergers et des montagnards, et celui de saint Jean-Baptiste était à peu près semblable. On sait que le cilice était un tissu grossier de poil de chèvre. Aujourd'hui encore, en Egypte et sur les côtes de l'Afrique, les jeunes gens de l'un et de l'autre sexe se passent de tout vêtement jusqu'à la puberté, et le premier *habit* qu'ils portent n'est qu'un carré de toile dont ils s'enveloppent le corps, et qu'ils lient avec une corde.

Saint Benoît prit, pour ses religieux, l'habit ordinaire des ouvriers et des hommes du commun ; la robe longue qu'ils mettaient par-dessus était l'*habit* de chœur. Saint François et la plupart des ermites se sont bornés de même à l'*habit* que portaient de leur temps les gens de la campagne les moins aisés, habit toujours simple et grossier. Les ordres religieux qui se sont établis plus récemment et dans les villes, ont retenu communément l'*habit* que portaient les ecclésiastiques de leur temps, et les religieuses ont pris l'*habit* de deuil des veuves. Si dans la suite il s'y est trouvé de la différence, c'est que les religieux n'ont pas voulu suivre les modes nouvelles que le temps a fait naître. Ainsi saint Dominique fit porter à ses disciples l'*habit* de chanoine régulier, qu'il avait porté lui-même; les Jésuites, les Barnabites, les Théatins, les Oratoriens, etc., se sont habillés à la manière des prêtres espagnols, italiens ou français, selon le pays dans lequel ils ont été établis. Dans l'origine, les différents *habits religieux* n'avaient donc rien de bizarre ni d'extraordinaire : ils ne paraissent tels aux beaux esprits d'aujourd'hui que parce que l'*habit* des laïques a changé continuellement, et parce que l'*habit religieux* a été transplanté d'un pays dans un autre.

On a fait beaucoup de railleries au sujet de la dispute qui a régné fort longtemps entre les Cordeliers, touchant la forme de leur capuchon; il y a peut-être eu du ridicule dans la manière dont la question a été agitée. Quant au fond, les religieux n'ont pas tort de vouloir conserver fidèlement l'*habit* pauvre et simple qui leur a été donné par leurs fondateurs. Quelque changement que l'on y fasse, il n'y a jamais rien à gagner pour la régularité; jamais les religieux n'ont cherché à se rapprocher des modes séculières, qu'après avoir perdu l'esprit de leur état.

Nous ne pouvons nous abstenir de copier à ce sujet les observations de l'abbé Fleury, *Mœurs des Chrét.*, n. 54. « Si les moines, dira-t-on, ne prétendaient que de vivre en bons chrétiens, pourquoi ont-ils affecté un extérieur si éloigné de celui des autres hommes? A quoi bon se tant distinguer dans des choses indifférentes? Pourquoi cet *habit*, cette figure, ces singularités dans la nourriture, dans les heures du sommeil, dans le logement? En un mot, à quoi sert tout ce qui les fait paraître des nations différentes répandues entre les nations chrétiennes ? pourquoi encore tant de diversité entre les divers ordres de religieux, en toutes ces choses qui ne sont ni commandées ni défendues par la loi de Dieu? Ne semble-t-il pas qu'ils aient voulu frapper les yeux du peuple pour s'attirer du respect et des bienfaits ? Voilà ce que plusieurs pensent, et ce que quelques-uns disent, jugeant témérairement, faute de connaître l'antiquité. Car si l'on veut se donner la peine d'examiner cet intérieur des moines et des religieux, on verra que ce sont seulement les restes des mœurs antiques qu'ils ont conservés fidèlement durant plusieurs siècles, tandis que le reste du monde a prodigieusement changé. Pour commencer par l'*habit*, saint Benoît dit que les moines doivent se contenter d'une tunique avec une cuculle, et un scapulaire pour le travail. La tunique sans manteau a été longtemps l'*habit* des petites gens, et la cuculle était un capot que portaient les paysans et les pauvres. Cet habillement de tête devint commun à tout le monde dans les siècles suivants, et comme il était commode pour le froid, il a duré dans notre Europe environ jusqu'à deux cents ans d'ici. Non-seulement les clercs et les gens de lettres, mais les nobles mêmes et les courtisans portaient des capuches et des chaperons de diverses sortes. La cuculle marquée par la règle de saint Benoît servait de manteau, c'est la colle ou coule des moines de Cîteaux ; le nom même en vient, et le froc des Bénédictins vient de la même origine. Le scapulaire était destiné à couvrir les épaules pendant le travail et en portant des fardeaux... Saint Benoît n'avait donc donné à ses religieux que les *habits* communs des pauvres de son pays, et ils n'étaient guère distingués que par l'uniformité entière, qui était nécessaire afin que les mêmes *habits* pussent servir indifféremment à tous les moines du même couvent. Or, on ne doit pas s'étonner si depuis près de douze cents ans il s'est introduit quelques diversités pour la couleur et pour la forme des *habits* entre les moines qui suivent la règle de saint Benoît, selon les pays et les diverses réformes; et quant aux ordres religieux qui se sont établis depuis cinq cents ans, ils ont conservé les *habits* qu'ils ont trouvé en usage. Ne point porter de linge paraît aujourd'hui une grande austérité, mais l'usage du linge, n'est devenu commun que longtemps après saint Benoît; on n'en porte point encore en Pologne; et parmi toute la Turquie, on couche sans draps, à demi vêtu. Toutefois même avant l'usage des draps de linge, il était ordinaire de coucher nu, comme on fait encore en Italie, et c'est pour cela que la règle ordonne aux moines de dormir vêtus, sans ôter même leur ceinture. De même, à l'égard de la nourriture, des heures des repas et du sommeil, des abstinences et du jeûne, de la manière de se loger, etc., les saints qui ont donné des règles aux moines, n'ont point cherché à introduire de nouveaux usages ni à se distinguer par une vie singulière. Ce qui fait paraître aujourd'hui celle des moines fort extraordinaire, c'est le changement qui s'est fait dans les mœurs des autres hommes. Ainsi les chrétiens doivent remarquer exactement ce qui se pratique dans les monastères les plus réguliers, pour voir des exemples vivants de la morale chrétienne. »

HABITS SACRÉS, vêtements et ornements que portent les ecclésiastiques dans les fonctions du service divin. On appelle *habits pontificaux* ceux qui sont propres aux évêques, et *habits sacerdotaux* ceux qui sont à l'usage des prêtres.

La coutume de prendre des vêtements particuliers pour célébrer la liturgie nous paraît aussi ancienne que le christianisme. Ou saint Jean dans l'Apocalypse a représenté la gloire éternelle sous l'image des assemblées chrétiennes, ou les premiers chrétiens ont formé leurs assemblées sur le modèle tracé par saint Jean. Il dit, chap. I, vers. 10 : *Je fus ravi en esprit un jour de dimanche;* vers. 13 : *Je vis au milieu de sept chandeliers d'or un personnage vénérable vêtu d'une longue robe et ceint sous les bras d'une ceinture d'or.* Chap. IV, vers. 2 : *Je vis un trône placé dans le ciel, celui qui l'occupait était d'un aspect éblouissant; autour de ce trône étaient assis vingt-quatre vieillards (ou prêtres), vêtus de blanc, avec des couronnes d'or sur la tête,* etc. Voilà des *habits sacerdotaux,* des robes blanches, des ceintures, des couronnes. Dans l'ancienne loi, Dieu avait prescrit la forme des *habits* du grand prêtre et de ceux des lévites, et ils sont appelés des *vêtements saints* ou sacrés, *Exod.,* chap. XXVIII. vers. 4. C'était afin d'inspirer au peuple du respect pour les cérémonies du culte divin, et aux prêtres eux-mêmes la gravité et la piété dans leurs fonctions. Ce motif est le même pour tous les temps, il doit avoir lieu dans la loi nouvelle aussi bien que dans l'ancienne; quand nous n'aurions pas des preuves positives pour nous convaincre que les apôtres y ont eu égard, nous devrions encore le présumer. A la vérité, il peut se faire que dans les temps de persécution, lorsqu'il fallait se cacher dans des souterrains et dans les ténèbres pour célébrer le saint sacrifice, on n'ait pas toujours eu des *habits sacrés* ou sacerdotaux. Mais dès que l'Eglise put en sûreté montrer son culte au grand jour, elle y mit la pompe et la décence convenables. Constantin fit présent à l'évêque de Jérusalem d'une robe tissue d'or, pour administrer le baptême, Théodoret, *Hist. ecclés.,* liv. II, c. 27. Il envoya des ornements aux églises, Optat. Milev., liv. II, c. 2. Eusèbe, dans le discours qu'il fit à la dédicace de l'église de Tyr, adresse la parole aux évêques revêtus de la *sainte tunique. Hist. ecclés.,* l. X, c. 4.

On peut voir dans Bingham, *Orig. ecclés* , liv. XIII, c. 8, § 1 et 2, plusieurs autres preuves tirées des auteurs du IV° siècle; mais il observe mal à propos qu'il n'y en a point de vestiges dans les trois siècles précédents. Outre le texte de l'Apocalypse que nous avons cité, l'on n'a fait au IV° siècle que suivre les usages et la pratique des trois siècles précédents; déjà au III° le pape saint Etienne disait aux évêques d'Afrique : *N'innovons rien, tenons-nous en à ce que nous avons reçu par tradition.* Dans le II°, saint Irénée parlait de même, et c'est là-dessus que se fondaient les évêques d'Asie pour célébrer la pâque le quatorzième jour de la lune de mars. Il y a donc de l'entêtement à croire qu'au IV° l'on a commencé tout à coup, dans des églises situées à cinq cents lieues les unes des autres, à observer de concert un rite que l'on ne connaissait pas auparavant.

Dès les premiers temps de l'Eglise, dit M. Fleury, « l'évêque était revêtu d'une robe éclatante, aussi bien que les prêtres et les autres ministres, et dès lors on avait des *habits* particuliers pour l'office..... Ce n'est pas que ces *habits* fussent d'une figure extraordinaire : la chasuble était l'*habit* vulgaire du temps de saint Augustin ; la dalmatique était en usage dès le temps de l'empereur Valérien ; l'étole était un manteau commun, même aux femmes ; enfin le manipule, en latin *mappula*, n'était qu'un linge que les ministres de l'autel portaient à la main pour servir à la sainte table. L'aube même, c'est-à-dire la robe blanche de laine ou de lin, n'était pas du commencement un *habit* particulier aux clercs, puisque l'empereur Aurélien fit au peuple romain les largesses de ces sortes de tuniques. *Vopisc. in Aurel.* Mais depuis que les clercs se furent accoutumés à porter l'aube continuellement, on recommanda aux prêtres d'en avoir qui ne servissent qu'à l'autel , afin qu'elles fussent blanches. Ainsi il est à croire que du temps qu'ils portaient toujours la chasuble ou la dalmatique ils en avaient aussi de particulières pour l'autel, de même figure que les communes, mais d'étoffes plus riches et de couleurs plus éclatantes. » *Mœurs des chrét.,* n. 41. Souvent elles étaient ornées d'or, de broderie ou de pierres précieuses, afin de frapper le peuple par un appareil majestueux.

Plusieurs auteurs ont donné des explications mystiques de la forme et de la couleur des *habits* sacrés. Saint Grégoire de Nazianze nous représente le clergé vêtu de blanc, imitant les anges par son éclat. Saint Jean Chrysostome compare l'étole de fin lin que les diacres portaient sur l'épaule gauche aux ailes des anges. Saint Germain, patriarche de Constantinople au VIII° siècle, s'est beaucoup étendu sur ces allusions. L'étole, selon lui, représente l'humanité de Jésus-Christ teinte de son propre sang ; la tunique blanche marque l'innocence de la vie que doivent mener les ecclésiastiques; les cordons de la tunique figurent les liens dont Jésus-Christ fut chargé ; la chasuble fait souvenir de la robe de pourpre de laquelle il fut revêtu dans sa passion, etc.

On ne se sert des *habits* sacerdotaux pour célébrer les saints mystères qu'après les avoir bénis, et cette bénédiction est réservée aux évêques. Il y a aussi des prières particulières que le prêtre doit réciter en prenant chacun de ces ornements, et qui le font souvenir des dispositions saintes dans lesquelles il doit faire ses fonctions; l'on voit par les anciens pontificaux et sacramentaires que cette coutume est universellement observée, au moins depuis huit cents ans. *Bona, Rer. liturg.,* l. I, c. 24 ; *Ancien Sacram.,* par Grandcolas, première part., p. 131, etc. ; Le Brun, *Explic. des Cérém.,* t. I, p. 37 et suiv. Les divers *habits sacerdotaux* sont si connus, qu'il n'est pas besoin d'en donner une description en détail ; mais si l'on veut en savoir l'origine, les changements qui y sont survenus, la manière dont les anciens en ont parlé, etc., on pourra consulter le père Le Brun.

Par un effet de leur génie destructeur, les protestants ont banni les ornements sacerdotaux, sous prétexte que ce sont des *habits* singuliers et ridicules, auxquels la vanité des prêtres a donné des sens mystiques et arbitraires, afin de se rendre plus importants. Cependant leurs ministres, dans plusieurs endroits, ont conservé des *habits* que les ignorants pourraient aussi trouver ridicules, des robes de docteurs, des fraises à l'antique, un manteau par-dessus leur *habit;* le clergé anglican et celui de Suède se servent du surplis avec une toque à l'écossaise, etc.; et ces ornements sont un objet d'horreur pour les calvinistes : suivant ces derniers, c'est le caractère de la bête de l'Apocalypse ou de l'idolâtrie romaine, un reste de papisme, etc. Mais faut-il que, pour célébrer les saints mystères dans les différentes parties du monde, les prêtres s'assujettissent à la bizarrerie des modes et des *habits* qui y sont en usage ? Les calvinistes sentent bien que l'appareil extérieur que l'on a mis de tout temps dans cette action sainte, prouve que l'on a toujours eu une idée très-différente de celle qu'ils en ont.

HAGIOGRAPHIE, nom que l'on a donné à une partie des auteurs sacrés ; il est dérivé d'ἅγιος, *saint*, et de γραφεύς, *écrivain*. Il convient par conséquent à tous les écrivains de l'Ancien et du Nouveau Testament ; mais les juifs ne le donnent pas à tous. Ils divisent les saintes Ecritures en trois parties, savoir: *la loi*, qui comprend les cinq livres de Moïse; *les prophètes*, qui sont Josué et les livres suivants, y compris Isaïe et les autres. Ils nomment *hagiographes* les Psaumes, les Proverbes, Job, Daniel, Esdras, les Chroniques ou Paralipomènes, le Cantique des cantiques, Ruth, les Lamentations de Jérémie, l'Ecclésiaste et le livre d'Esther ; mais ils ne leur attribuent pas moins d'autorité qu'aux précédents. Ils distinguent les *hagiographes* des prophètes, parce que, suivant leur opinion, les premiers n'ont point reçu comme les seconds la matière de leurs livres par la voie qu'ils appellent prophétie, laquelle consiste en songes, visions, paroles entendues, extases, etc., mais simplement par l'inspiration et la direction du Saint-Esprit : distinction qui est assez mal fondée. David, Salomon, Daniel, ont eu des songes, des visions, des extases, aussi bien que Samuel, Isaïe, etc. Et l'on ne peut montrer aucune différence dans la manière dont Dieu les a inspirés.

On appelle encore *hagiographe*, en général, tout auteur qui a écrit les vies et les actions des saints ; dans ce sens, les Bollandistes sont les plus savants et les plus volumineux *hagiographes* que nous ayons. *Voy.* BOLLANDISTES.

Souvent une critique trop hardie a formé contre tous ces écrivains des reproches que tous ne méritent point, et que l'on ne devrait appliquer qu'à deux ou trois tout au plus. L'on accuse surtout les moines d'avoir forgé des saints imaginaires et qui n'ont jamais existé; d'en avoir créé les Vies, falsifié ou interpolé les actes afin de les rendre plus merveilleux, etc. Mais depuis que l'on a examiné cette matière avec une critique plus sage et plus éclairée, on a reconnu que la plupart des fautes commises en ce genre sont venues plutôt d'ignorance ou d'inadvertance que de malice; que ç'a été l'effet d'une crédulité excessive plutôt que d'un dessein formel de tromper. L'on a donc tort d'appeler ces méprises des fraudes pieuses: il ne faut pas confondre l'erreur innocente avec la fraude. *Voy.* LÉGENDE.

HAGIOSIDÈRE. Les Grecs qui sont sous la domination des Turcs, ne pouvant point avoir de cloches, se servent d'un fer au bruit duquel ils s'assemblent dans leurs églises. Ce fer s'appelle *hagiosidère*, mot composé d'ἅγιος, *saint*, et de σίδηρος, *fer*. Magius, qui a vu cet instrument, dit que c'est une lame de fer, large de quatre doigts et longue de seize, attachée par le milieu à une corde qui la tient suspendue à la porte de l'église, et que l'on frappe dessus avec un marteau. Lorsque l'on porte le viatique aux malades, celui qui marche devant le prêtre porte un *hagiosidère* sur lequel il frappe de temps en temps, comme on sonne chez nous une clochette pour avertir les passants d'adorer le saint sacrement : cet usage des Grecs témoigne hautement leur croyance touchant l'eucharistie.

HAINE, HAÏR. Ces termes, souvent répétés dans l'Ecriture sainte, donnent lieu à quelques difficultés. Nous lisons dans le *livre de la Sagesse*, chap. xiv, vers. 9, que Dieu *haït* l'impie et non son impiété ; et chap. xi, vers. 25, l'auteur dit à Dieu : *Vous ne* HAISSEZ, *Seigneur, aucune de vos créatures, ce n'est pas par* HAINE *que vous leur avez donné l'être*. Il n'y a là cependant aucune contradiction. *Haine*, de la part de Dieu, signifie souvent punition, châtiment, et rien de plus: or, Dieu défend l'impiété et punit l'impie, ou en ce monde ou en l'autre. Mais quand il punit, ce n'est ni par haine ni par vengeance; c'est ou pour corriger le pécheur, ou pour inspirer aux autres, par cet exemple de sévérité, la crainte de pécher. Le même auteur sacré nous le fait remarquer, chap. xii, vers. 1 et suiv. Il a donc raison de conclure que Dieu n'a de *haine* ou d'aversion pour aucune de ses créatures ; qui l'empêcherait en effet de les anéantir ? La *haine*, qui dans l'homme est une passion déréglée, et qui dans le fond vient de son impuissance, ne peut pas se trouver en Dieu.

L'Ecclésiaste, cap. ix, vers. 1, dit : *L'homme ne sait pas s'il est digne d'amour ou de* HAINE. Puisque *haine* signifie très-souvent punition, cela veut dire que quand l'homme éprouve des afflictions, il ne sait pas si c'est une punition de ses fautes ou si c'est une épreuve pour sa vertu, puisque les afflictions arrivent de même au juste et à l'impie. *Ibid.* Il ne s'ensuit pas que l'homme ne puisse se fier au témoignage de sa conscience comme faisait le saint homme Job, duquel Dieu approuva la conduite. Dans le prophète Malachie, chap. i, vers. 2, le Seigneur dit : *J'ai aimé Jacob et j'ai* HAÏ *Esau.* La suite du passage démontre que cela signifie : J'ai moins aimé la postérité d'Esaü que celle de Jacob ; je ne lui ai pas accordé les mêmes bienfaits. En effet, Dieu déclare dans cet endroit même qu'il ne rétablira pas les Iduméens, descendants d'Esaü, dans leur pays natal, comme il a rétabli les Juifs dans la terre promise après la captivité de Babylone. Saint Paul, *Rom.*, chap. IX, vers. 13, se sert de ce passage pour prouver que Dieu est le maître de mettre de l'inégalité dans la distribution de ses grâces surnaturelles, comme dans celle des bienfaits temporels ; qu'il dépend de lui seul de laisser, s'il le veut, les Juifs dans l'infidélité, pendant qu'il appelle les gentils à la grâce de la foi. Cette comparaison est juste et sans réplique. Mais si l'on veut prouver par là que Dieu prédestine gratuitement les uns au bonheur éternel, pendant qu'il réprouve les autres et les destine au malheur éternel, sans avoir égard à leurs mérites, l'application est très-fausse ; il n'y a point de ressemblance entre la réprobation éternelle et le refus d'un bienfait temporel : ce refus même est souvent une grâce et une faveur que Dieu fait relativement au salut. Dans l'Evangile, *Luc.*, chap. XIV, vers. 26, Jésus-Christ dit : *Si quelqu'un vient à moi et ne* HAIT *pas son père et sa mère, son épouse, ses enfants, ses frères et ses sœurs, même sa propre vie, il ne peut être mon disciple.* Les censeurs de la morale chrétienne se sont récriés contre la cruauté de cette maxime. Mais déjà nous avons remarqué que *haïr* une chose signifie souvent l'aimer moins qu'une autre, y être moins attaché, et ce sens est évidemment celui du passage cité. *Haïr sa propre vie*, c'est être prêt à la sacrifier, lorsque cela est nécessaire, pour rendre témoignage à Jésus-Christ : donc *haïr son père, sa mère,* etc., c'est être prêt à les quitter quand il le faut, et que Dieu nous appelle à la prédication de l'Evangile. Jésus-Christ l'a exigé des apôtres, et ils l'ont fait ; mais voyons la récompense, *ibid.* XVIII, 26 : *Il n'est*, dit le Sauveur, *aucun de ceux qui ont quitté leur maison, leurs parents, leurs frères, leurs épouses, leurs enfants, pour le royaume de Dieu, qui ne reçoive beaucoup plus en ce monde et la vie éternelle en l'autre.* Comment les apôtres pouvaient-ils recevoir *beaucoup plus en ce monde*, sinon par les bienfaits que Jésus-Christ promettait de répandre sur leur famille ? La quitter pour Jésus-Christ, ce n'était donc pas la *haïr*, mais la mettre sous la protection du meilleur et du plus puissant de tous les maîtres.

Si l'on imagine que cette équivoque du mot *haïr* n'a lieu qu'en hébreu ou en langue hellénistique, au mot HÉBRAÏSME, n. 5, nous ferons voir qu'elle est la même en français.

HARMONIE. *Voy.* CONCORDE.

HARPOCRATIENS, hérétiques dont le philosophe Celse fait mention, et qui probablement sont les *carpocratiens*. *Voy.* ce mot.

HASARD. *Voy.* FORTUNE.

HASIDÉENS. *Voy.* ASSIDÉENS.

HATTÉMISTES. Mosheim, dans son *Hist. ecclés.*, XVII° siècle, sec. 2, part. II, c. 2, § 36, nous parle des *verschoristes* et des *hattémistes*, deux sectes fanatiques de Hollande. La première, dit-il, tire son nom de Jacob Verschoor, natif de Flessingue, qui l'an 1680, par un mélange pervers des principes de Coccéius et de Spinosa, forma une nouvelle religion, aussi remarquable par son extravagance que par son impiété. On nomma ses sectateurs *hébreux*, à cause de l'assiduité avec laquelle tous, sans distinction, étudiaient le texte hébreu de l'Ecriture sainte. Les *hattémistes* furent ainsi appelés de Pontien Van-Hattem, ministre dans la province de Zélande, qui était également attaché aux sentiments de Spinosa, et qui, pour cette raison, fut dégradé. Ces deux sectes diffèrent en quelques points de doctrine ; aussi Van-Hattem ne put obtenir de Verschoor qu'ils fissent une même société ensemble, quoique l'un et l'autre fissent toujours profession d'être attachés à la religion réformée.

Entêtés de la doctrine de cette religion touchant les décrets absolus de Dieu, ils en déduisirent le système d'une nécessité fatale et insurmontable, et ils tombèrent ainsi dans l'athéisme. Ils nièrent la différence entre le bien et le mal, et la corruption de la nature humaine. Ils conclurent de là que les hommes ne sont point obligés de se faire violence pour corriger leurs mauvaises inclinations et pour obéir à la loi de Dieu ; que la religion ne consiste point à agir, mais à souffrir ; que toute la morale de Jésus-Christ se réduit à supporter patiemment tout ce qui nous arrive, sans perdre jamais la tranquillité de notre âme. Les *hattémistes* prétendaient encore que Jésus-Christ n'a point satisfait à la justice divine, ni expié les péchés des hommes par ses souffrances ; mais que, par sa médiation, il a seulement voulu nous faire entendre qu'aucune de nos actions ne peut offenser la Divinité. C'est ainsi, disaient-ils, que Jésus-Christ justifie ses serviteurs et les présente purs au tribunal de Dieu. On voit que ces opinions ne tendent pas à moins qu'à éteindre tout sentiment vertueux et à détruire toute obligation morale. Ces deux novateurs enseignaient que Dieu ne punit point les hommes pour leurs péchés, mais par leurs péchés. Ce qui paraît signifier que, par une nécessité inévitable et non par un décret de Dieu, le péché doit faire le malheur de l'homme, soit en ce monde, soit en l'autre. Mais nous ne savons pas en quoi ils faisaient consister ce malheur.

Mosheim ajoute que ces deux sectes subsistent encore, mais qu'elles ne portent plus les noms de leurs fondateurs. Il est étonnant que la multitude des sectes folles et impies que les principes du protestantisme ont fait naître, n'ait pas encore pu faire ouvrir les yeux à ses sectateurs.

HAUDRIETTES, religieuses de l'ordre de Saint-Augustin, sous le titre de l'Assomption de la sainte Vierge, fondées à Paris par la femme d'Etienne Haudry, l'un des secrétaires de saint Louis. Cette femme ayant fait vœu de chasteté pendant la longue absence de son mari, le pape ne l'en releva qu'à condition que la maison dans laquelle elle s'était retirée serait laissée à douze pauvres femmes, avec des fonds pour leur subsistance. Cet établissement fut confirmé dans la suite par les souverains pontifes et par nos rois. Le grand aumônier de France est leur supérieur-né, et ce fut en cette qualité que le cardinal de la Rochefoucault les réforma. Ce ne sont plus des veuves, mais des filles, qui font les vœux ordinaires des religieuses. Elles ont été agrégées à l'ordre de saint Augustin et transférées dans la maison de l'Assomption, rue Saint-Honoré, où elles sont encore. Ces religieuses sont habillées de noir, avec de grandes manches et une ceinture de laine ; elles portent un crucifix sur le côté gauche. On ne connaît point d'autre maison de cet ordre. *Histoire des Ordres religieux*, tome V, page 194 ; *Histoire de l'Eglise gallicane*, t. XII, l. LXXXIV, année 1272.

HAUTS-LIEUX, collines ou montagnes sur lesquelles les idolâtres offraient des sacrifices. Les adorateurs des astres se persuadèrent que le culte rendu à ces dieux célestes sur les hauteurs leur était le plus agréable, parce que l'on y était plus près d'eux, et que l'on y découvrait mieux l'étendue du ciel ; de là vint l'usage de sacrifier sur les montagnes ou sur les lieux élevés. Dieu ne désapprouvait point cette manière d'offrir des sacrifices, lorsqu'ils étaient adressés à lui seul : il ordonna au patriarche Abraham d'immoler Isaac sur une montagne. *Gen.*, chap. XXII, vers. 2 ; et il dit à Moïse, au pied de la montagne d'Horeb, *Exod.*, chap. I, vers. 12 : *Vous m'offrirez un sacrifice sur cette montagne*. On préférait les montagnes couvertes d'arbres, à cause de la commodité de leur ombrage, et parce que le silence des forêts inspire une espèce de frayeur religieuse. Dieu défendit néanmoins cette coutume aux Hébreux, parce que les polythéistes en abusaient, et que les Hébreux n'étaient que trop portés à les imiter. Il ne veut ni des autels fort élevés ni des arbres plantés autour, *Exod.*, chap. XX, vers. 24 ; *Deut.*, chap. XVI, vers. 21. Il ordonne de détruire les autels et les bois sacrés placés sur les montagnes, où les idolâtres adorent leurs dieux, *Deut.*, chap. XII, vers. 2, parce que tous ces *hauts-lieux* étaient devenus les asiles du libertinage et de l'impiété. Lorsque les rois pieux voulaient détruire efficacement l'idolâtrie chez les Israélites, ils commençaient par faire démolir les *hauts-lieux*, et couper les arbres dont ils étaient couverts ; et toutes les fois que l'on ne prenait pas cette précaution, le désordre ne tardait pas de renaître.

HÉBREUX, nation qui, dans la suite, a été nommée les *Israélites* et le *peuple juif*. Selon l'histoire sainte, les *Hébreux* sont la postérité d'Abraham qui sortit de la Chaldée, où il était né, pour venir habiter la Palestine, et qui fut nommé *Hébreu*, *Heber*, c'est-à-dire voyageur ou étranger, par les Chananéens.

L'ambition de contredire en toutes choses l'histoire sainte a porté quelques incrédules modernes à révoquer en doute cette origine, à soutenir que les *Hébreux* étaient ou une colonie d'Egyptiens, ou une horde d'Arabes Bédouins ; et ils ont prétendu le prouver par le témoignage de plusieurs historiens profanes. Y a-t-il quelque vraisemblance dans cette prétention ?

Tacite avait consulté les différentes traditions des historiens sur l'origine des Juifs ; il les rapporte toutes. *Hist.*, l. V, c. 1. « Les uns, dit-il, pensent que les Juifs sont venus de l'île de Crète et des environs du mont *Ida* ; d'autres disent qu'ils sont sortis d'Egypte, sous la conduite de Jérosolymus et de Juda. Plusieurs les regardent comme une peuplade d'Ethiopiens. Quelques-uns prétendent qu'une multitude d'Assyriens, qui n'avaient point de terres à cultiver, s'emparèrent d'une partie de l'Egypte, et s'établirent ensuite dans la Syrie ou le pays des *Hébreux*. D'autres jugent que les Solyme, dont Homère a parlé, ont bâti Jérusalem et lui ont donné leur nom. La plupart se réunissent à dire que, dans une contagion qui survint en Egypte, le roi Bocchoris bannit les malades comme ennemis des dieux. Ces malheureux, abandonnés dans un désert et livrés au désespoir, prirent pour chef Moïse, et après six jours de marche, ils chassèrent les habitants de la contrée dans laquelle ils ont bâti leur ville et leur temple. » En effet, nous apprenons de Josèphe que Manéthon, Chérémon et Lysimaque, historiens égyptiens, prétendent que les Juifs sont une troupe de lépreux chassés de l'Egypte. *Contre Appion*, l. I, c. 9 et suiv. Diodore de Sicile et Trogue-Pompée, dans Justin, disent la même chose. Strabon, *Géographie*, l. XVI, dit au contraire que les Juifs étaient une colonie d'Egyptiens qui ne purent souffrir les superstitions de leurs concitoyens, et auxquels Moïse donna une religion plus raisonnable. Selon Diogène-Laërce, quelques auteurs anciens croient les Juifs descendus des mages de Perse. L. I, c. 1. Aristote leur donnait pour ancêtres les gymnosophistes des Indes.

De toutes ces traditions contradictoires il résulte déjà que les historiens profanes ont très-mal connu l'origine, les mœurs, la croyance des Juifs, parce qu'ils n'avaient pas lu leurs livres, et parce que les plus anciens sont postérieurs à Moïse au moins de huit cents ans. Ils n'ont connu les Juifs quo sur la fin de leur république, et après les persécutions qu'ils avaient essuyées de la part des rois de Syrie. Cette seule réflexion suffirait déjà pour nous faire sentir que Moïse, historien et législateur des *Hébreux*, est beaucoup plus croyable que tous ces écrivains étrangers, trop modernes et prévenus contre les Juifs. Il nous apprend que ses ancêtres étaient originaires de la Chaldée ; la ressemblance entre l'hébreu et le chaldéen en est une preuve. Il dit qu'Abraham sortit de la Chaldée pour venir habiter la Palestine; on y voyait en effet son tombeau et celui d'Isaac son fils; on montrait encore les lieux qu'ils avaient habités et les puits qu'ils avaient fait creuser. Il ajoute que Jacob, petit-fils d'Abraham, fut obligé, par la famine, d'aller en Egypte avec sa famille; que sa postérité s'y multiplia pendant deux cents ans, fut réduite en esclavage par les Egyptiens et mise en liberté par une suite de prodiges. Moïse n'a point inventé ces faits pour flatter la vanité de sa nation; il ne lui attribue ni une haute antiquité, ni des conquêtes, ni des connaissances supérieures, ni une prospérité constante. La langue hébraïque, plus ressemblante à celle des Chaldéens qu'à toute autre, le nom d'*Hébreux* ou de voyageurs donné à la postérité d'Abraham, les monuments répandus dans la Palestine, les noms des enfants de Jacob donnés aux douze tribus, une fête solennelle instituée pour célébrer leur sortie de l'Egypte, servent d'attestation aux faits qu'il raconte. Le testament de Jacob, ses os et ceux de Joseph rapportés dans la Palestine, prouvent que les *Hébreux* se sont toujours regardés comme étrangers en Egypte; la différence entre le langage, les mœurs et la religion de ces deux peuples le fait encore mieux sentir. Un historien qui marche avec autant de précaution, de désintéressement, de preuves, ne peut pas être suspect. La différence entre l'hébreu des livres saints et la langue des Egyptiens, est certaine d'ailleurs. Joseph, devenu premier ministre en Egypte, parlait à ses frères par un interprète. *Gen.*, chap. XLIII, vers. 23. Isaïe prédit qu'il y aura dans l'Egypte cinq villes qui parleront la langue de Chanaan, et jureront par le nom du Seigneur, chap. XIX, vers. 18. A la vérité, il est dit dans le *ps.* LXXX que le peuple de Dieu, *sortant de l'Egypte*, entendit parler une langue qui lui était inconnue; mais cette version est fautive. Dans le texte hébreu et dans la paraphrase chaldaïque, il est dit au contraire que Joseph, *en entrant en Egypte*, entendit parler une langue qu'il ne connaissait pas. En effet, ce qui reste d'ancien égyptien n'est point la même chose que l'hébreu. La croyance, les mœurs, les usages, les lois des *Hébreux*, étaient très-différentes de celles des Egyptiens; Diodore, Strabon et Tacite le reconnaissent : c'est mal à propos que certains auteurs modernes ont affirmé que Moïse avait tout emprunté des Egyptiens et les avait copiés. Les usages civils et religieux que Moïse leur attribue étaient encore les mêmes du temps d'Hérodote, de Diodore et de Strabon; ils ne ressemblent pas à ceux des Juifs. Moïse ordonne à ces derniers de traiter avec humanité les étrangers et les esclaves, parce qu'ils ont été eux-mêmes esclaves et étrangers en Egypte, *Deut.*, chap. XXIV, vers. 18, 22, etc. Si ce fait n'était pas vrai, les Juifs n'auraient pas souffert des lois fondées sur un pareil motif, et il aurait fallu que le législateur fût insensé pour le leur proposer.

Les *Hébreux* ont-ils été chassés de l'Egypte par violence, ou en sont-ils sortis de leur plein gré? C'est encore par les monuments qu'il faut en juger. Moïse leur défend de conserver de la haine contre les Egyptiens, parce qu'ils ont été reçus comme étrangers en Egypte; il veut qu'après trois générations les Egyptiens prosélytes appartiennent au peuple du Seigneur, *Deut.*, chap. XXIII, vers. 7. Nous voyons dans le *Lévitique* une Israélite qui avait des enfants d'un mari égyptien, chap. XXIV, vers. 10. Au contraire, il exclut pour jamais de l'assemblée d'Israël les nations ennemies, les Amalécites et les Madianites; il défend toute alliance avec eux, parce qu'ils ont refusé aux *Hébreux* le passage sur leurs terres. Ceux-ci auraient-ils jamais pardonné aux Egyptiens, si, par une expulsion forcée et cruelle, ils s'étaient trouvés exposés à périr? Dans la suite, les rois des Juifs ont conquis l'Idumée, mais ils n'ont jamais formé de prétentions sur l'Egypte; Moïse l'avait défendu, *Deut.*, chap. XVII, vers. 16.

Ceux qui s'obstinent à soutenir que les *Hébreux* étaient une troupe de lépreux chassés de l'Egypte, devraient nous apprendre comment cette armée de malades a pu traverser le désert, conquérir la Palestine, exterminer les Chananéens, fonder une république qui a subsisté pendant quinze cents ans. On sait que la lèpre était une maladie du climat, dans le temps que l'on n'avait pas l'usage du linge; les armées de croisés, qui revinrent de l'Orient et de l'Egypte, rapportèrent cette maladie en Europe; mais Moïse, par les précautions qu'il ordonna, sut en préserver sa nation, puisque, selon le témoignage de Tacite, les Juifs étaient naturellement sains, robustes, capables de supporter le travail : *Corpora hominum salubria et ferentia laborum*.

A-t-on mieux réussi à prouver que les *Hébreux* étaient une horde d'Arabes Bédouins, un peuple voleur et brigand de profession? Leur langue n'était point l'arabe, leurs mœurs étaient très-différentes. Celles des Arabes du désert n'ont point changé; ils habitent encore, comme autrefois, sous des tentes; ils furent toujours ennemis de tous leurs voisins et tels que Moïse les a peints. Les Juifs étaient agriculteurs et sédentaires dans la Palestine; ils n'ont eu de guerres offensives que contre les Chananéens.

Pour soutenir que c'étaient des voleurs arabes, un de nos philosophes dit qu'Abraham vola le roi d'Egypte et le roi de Gérare, en extorquant d'eux des présents; que Isaac vola le même roi de Gérare par la même fraude; Jacob vola le droit d'aînesse à son frère Esaü; Laban vola Jacob son gendre, lequel vola son beau-père; Rachel vola à Laban, son père, jusqu'à ses dieux; les enfants de Jacob volèrent les Sichémites après les avoir égorgés; leurs descendants volèrent les Egyptiens, et allèrent ensuite voler les Chananéens. Mais l'auteur a aussi volé cette tirade aux déistes anglais, qui l'avaient volée aux manichéens. Saint Augustin, *Contra Faustum*, liv. XXII, chap. 5; *Contra Adimant.*, chap. 17. Ce brigandage est devenu très-honorable depuis qu'il est glorieusement exercé par les philosophes incrédules. A leur tour, les Juifs ont été volés par les Egyptiens sous Roboam, par les Assyriens sous leurs derniers rois, par les Grecs et par les Syriens sous Antiochus, par les Romains qui ont dévasté la Judée. Ceux-ci, après avoir volé tous les peuples connus, ont été volés par les Goths, les Huns, les Bourguignons, les Vandales et les Francs. Nous avons l'honneur d'être issus des uns ou des autres, il ne s'ensuit pas de là cependant que nous soyons des Arabes Bédouins; aucune nation n'a une origine plus noble ni plus honnête que la nôtre.

Sans prétendre justifier tous les vols particuliers, nous soutenons que les *Hébreux* n'ont point volé les Egyptiens; avant de partir de l'Egypte, ils leur demandèrent des vases d'or et d'argent, et les Egyptiens les donnèrent, dans la crainte de périr comme leurs premiers-nés, *Exod.*, chap. xii, vers. 35. C'était une juste compensation et un salaire légitime, pour les travaux forcés et pour les services que les Egyptiens avaient injustement exigés des *Hébreux*. Si ces derniers avaient envisagé ces présents comme un vol et une rapine, ils n'en auraient pas parlé dans leurs livres. C'est la réponse que saint Irénée donnait déjà aux marcionites, il y a plus de quinze cents ans, *Adv. Hær.*, l. iv, c. 30, n. 2. S'il est vrai qu'aujourd'hui les Juifs enseignent que les biens des gentils sont comme le désert, que le premier qui s'en saisit en est le légitime possesseur, Barbeyrac, *Traité de la morale des Pères*, c. 16, § 26, il ne faut pas attribuer cette morale à leurs ancêtres, elle n'est point dans leurs livres, et ne s'accorde point avec les lois de Moïse.

On soutient que la multiplication des descendants de Jacob en Egypte est incroyable; lorsqu'ils y entrèrent, ils n'étaient qu'au nombre de soixante-dix, sans compter les femmes, et au bout de deux cent quinze ans, ils prétendent en être sortis au nombre de six cent mille combattants; ce qui suppose au moins deux millions d'hommes pour la totalité. Cela est impossible, surtout après l'édit que Pharaon avait porté de noyer tous leurs enfants mâles; la terre de Gessen, qui ne contenait peut-être pas six lieues carrées, n'aurait pas pu renfermer toute cette population. Non-seulement l'énumération que fait Moïse est confirmée par les autres dénombrements qui furent faits dans le désert, et que l'on trouve dans le livre des Nombres; mais il y a un fait moderne que l'on ne peut pas contester. L'Anglais Pinès, jeté avec quatre femmes dans une île déserte à laquelle il a donné son nom, a produit, dans l'espace de soixante ans, une population de sept mille quatre-vingt-dix-neuf personnes; et dix-sept ans après, elle se montait à près de douze mille. *Voy.* les Dictionnaires géographiques de Corneille et de la Martinière, au mot Pinès; *Mém. de Trévoux*, mai 1743; l'abbé Prévot, *Aventures et faits singuliers*, t. I, pag. 311, etc. Cette population est plus forte, à proportion, que celle des Israélites. Il est donc clair que l'édit donné par Pharaon ne fut pas exécuté à la rigueur; on le voit par le récit que firent au roi les sages-femmes, *Exod.*, chap. i. Et il est prouvé, par la suite de l'histoire, que les *Hébreux* n'étaient pas renfermés dans le seul pays de Gessen, mais dans toute l'Egypte, chap. xi, xii, xiii, etc. Moïse dit formellement qu'ils remplirent toute la terre, ou toute l'Egypte, chap. i, vers. 7. Dans les articles Miracles, Moïse, Plaies d'Egypte, nous prouverons que la délivrance des *Hébreux* ne fut point naturelle, mais opérée par des prodiges.

Les incrédules objectent encore que, malgré les promesses pompeuses que Dieu leur avait faites, ce peuple fut toujours esclave et malheureux; Celse et Julien ont fait autrefois le même reproche. Mais l'histoire sainte nous atteste que, quand les *Hébreux* ont été vaincus et opprimés par les autres nations, ç'a toujours été en punition de leurs infidélités : Dieu le leur avait annoncé par Moïse, et le leur a souvent répété par ses prophètes; c'était donc leur faute, et le châtiment était juste. Mais la même histoire nous assure que toutes les fois qu'ils sont revenus sincèrement au Seigneur, il leur a rendu la prospérité, et souvent il a opéré pour eux des prodiges. Il ne faut pas nous en laisser imposer par les noms d'*esclave* et de *servitude*; si l'on excepte les dernières années de leur séjour en Egypte, ils n'ont jamais été réduits à l'esclavage domestique, tel que celui des ilotes, ou des esclaves grecs et romains. Ils appelaient leur état *servitude*, toutes les fois que leurs voisins leur imposaient un tribut, faisaient des excursions chez eux, ravageaient leur territoire, etc. A Babylone même, ils possédaient et cultivaient des terres, exerçaient les arts et le commerce; plusieurs d'entre eux furent élevés aux premières charges sous les rois mèdes et perses. Si l'on comparait les différentes révolutions qu'ils ont essuyées avec celles de toute autre nation quelconque, on n'y trouverait pas autant de différence que l'on croit d'abord. A compter depuis la conquête des Gaules par César, jusqu'au seizième siècle, nos pères ont-ils été beaucoup plus heureux que les *Hébreux?* Le tableau raccourci de tout ce qu'ont souffert les premiers ferait frémir.

On dit enfin que les *Hébreux* ont été haïs, détestés, méprisés de toutes les autres nations. Nous convenons que les philosophes, les historiens et les poëtes romains ont témoigné pour eux beaucoup de mépris; mais ils les connaissaient si peu, qu'ils leur attribuent des usages et une croyance formellement contraires à ce qu'enseignent les livres des Juifs. On sait d'ailleurs que les Romains méprisaient tous les autres peuples, pour acquérir le droit de les tyranniser. Les Grecs ont été plus équitables envers les Juifs; nous pourrions citer des témoignages par lesquels il est prouvé que Pythagore, Numénius, Aristote, Théophraste et Cléarque, ses disciples ; Hécatée d'Abdère, Mégasthène, Porphyre même, ont parlé très-avantageusement des Juifs. Il y a dans Strabon, Diodore de Sicile, Trogue-Pompée, Dion-Cassius, Varron et Tacite, plusieurs remarques qui leur sont honorables. Il ne nous paraît pas que l'ambition qu'ont eue successivement les rois d'Assyrie et de Perse, Alexandre, les rois de Syrie et d'Egypte, les Romains, de subjuguer les Juifs, soit une marque de mépris. Plusieurs de ces souverains leur ont accordé le droit de bourgeoisie et la liberté de suivre leurs lois et leur religion.

Les Juifs n'ont été connus des Grecs et des Romains qu'après la captivité de Babylone ; tranquilles d'abord dans leur pays, en paix avec leurs voisins, appliqués à l'agriculture, attachés à leurs lois et à leur religion, jaloux de leur liberté, ils étaient, aux yeux de la raison et de la philosophie, un peuple heureux et estimable. Tourmentés successivement par les Assyriens, par les Antiochus, par les Romains, ils se répandirent de toutes parts ; ces Juifs dispersés dans l'Egypte, dans la Grèce, dans l'Italie, s'abâtardirent sans doute. Toute la nation, livrée à l'esprit de vertige après la mort de Jésus-Christ, ne fut plus connue que par son opiniâtreté stupide ; elle prêta le flanc au ridicule et au mépris. On ne doit pas être étonné de l'aversion que tous les peuples conçurent contre elle : cette destinée lui avait été prédite. Nous abandonnons volontiers aux sarcasmes des incrédules ces juifs dégradés. Mais ce n'est point là leur état primitif ; ceux qui n'en connaissent point d'autre confondent les époques, brouillent l'histoire ; ne savent à qui ils en veulent, en imposent aux lecteurs peu instruits, déraisonnent sous un faux air d'érudition. Aux articles JUIFS et JUDAÏSME, nous parlerons de leur croyance, de leurs mœurs, de leurs lois, etc.

HÉBREUX. De toutes les Epîtres de saint Paul, il n'en est aucune qui ait donné lieu à un plus grand nombre de contestations que celle qui est écrite aux *Hébreux*. Parmi les anciens, aussi bien que parmi les modernes, on a douté de l'authenticité de cette Lettre et de l'inspiration de son auteur. Quelques-uns l'ont attribuée à saint Clément, d'autres à saint Luc ou à saint Barnabé. On a disputé pour savoir si elle a été écrite en grec ou en hébreu, en quel temps, en quel lieu elle a été faite, et à quelles personnes elle était adressée. Quant au premier article, il semble que c'est celui qui aurait dû être le moins sujet à contestation. Quel autre qu'un apôtre, inspiré de Dieu, aurait été capable de rassembler les sublimes vérités dont cette lettre est remplie, de les exprimer avec autant de force et d'énergie ? Il fallait être saint Paul pour peindre Jésus-Christ sous des traits aussi augustes, sa divinité, sa qualité de Médiateur et de Rédempteur, son sacerdoce éternel, la supériorité de la nouvelle alliance au-dessus de l'ancienne, le rapport intime de l'une et de l'autre, etc. La conformité de la doctrine enseignée dans cette Lettre, avec celle que saint Paul avait expliquée dans ses Epîtres aux Romains et aux Galates, devait faire juger que toutes étaient parties de la même main, et prévaloir à l'argument que l'on a voulu tirer d'une prétendue différence de style entre les unes et les autres.

Quoi qu'il en soit, l'Eglise grecque a toujours reçu l'*Epître aux Hébreux* comme canonique ; les ariens furent les premiers qui osèrent en contester l'autorité, parce que la divinité du Verbe y est enseignée trop clairement. En cela ils étaient plus sincères que les sociniens, qui cherchent à détourner le sens des passages que cette épître fournit contre eux. Mais la croyance de l'Eglise latine n'a pas été formée sitôt ni d'une manière aussi constante, touchant l'authenticité et la canonicité de cette lettre. Basnage, intéressé comme protestant à nier l'autorité de l'Eglise touchant le canon des Ecritures, soutient que, pendant les trois premiers siècles, les Eglises latines ne la mettaient point au nombre des livres canoniques, *Histoire de l'Eglise*, l. VIII, c. 6 ; que le doute sur ce point de critique sacrée a duré jusqu'au cinquième et même jusqu'au sixième siècle de l'Eglise. D'où il conclut que les différentes sociétés chrétiennes ont joui d'une pleine liberté de former, chacune à son gré, le canon des Livres saints. La question est de savoir s'il y a de bonnes preuves du fait. Déjà il convient que Marcion fut le premier qui rejeta l'*Epître aux Hébreux*, et qui fut imité par Tatien. Or, l'autorité de deux hérétiques a-t-elle été assez puissante pour entraîner les Eglises latines ? Saint Clément de Rome, qui a vécu sur la fin du Ier et au commencement du IIe siècle, a cité l'*Epître aux Hébreux* comme Ecriture divine ; saint Irénée, qui a écrit sur la fin, en a cité aussi deux passages. Voilà, pour le IIe siècle, deux témoins plus respectables que Marcion et Tatien. Au commencement du IIIe, Caïus, prêtre de Rome, eut une conférence avec Proclus, chef des montanistes, dans laquelle il n'attribua que treize épîtres à saint Paul, sans y comprendre l'*Epître aux Hébreux* ; c'est saint Jérôme qui nous l'apprend. Basnage conjecture que l'on exceptait cette dernière, parce que les montanistes et les novatiens abusaient d'un passage de cette lettre pour autoriser leur erreur. Cela peut être. Mais il est singulier que Basnage suppose que le sentiment de Caïus, simple prêtre, décidait de celui de l'Eglise romaine, et que l'opinion de celle-ci entraînait toutes les Eglises latines, dans un siècle où il prétend que l'Eglise de Rome n'avait aucune autorité sur les autres Eglises. Toute la preuve qu'il allègue, c'est que saint Hippolyte de Porto, suivant Photius, *Cod*, 21, n'a point mis l'*Epître aux Hébreux* au nombre des écrits de saint Paul. Il reste à prouver que saint Hippolyte a écrit dans l'Eglise latine ; plusieurs savants pensent qu'il était évêque, non de Porto en Italie, mais d'Aden en Arabie, ville que les anciens nommaient *Portus romanus*.

Il ne sert à rien d'observer qu'aucun des Pères latins du III° siècle n'a cité l'*Epître aux Hébreux* comme Ecriture sainte : les Pères latins de ce siècle se réduisent à Tertullien et à saint Cyprien : or, Tertullien, *L. de Pudicit.*, c. 20, attribue, à la vérité, l'*Epître aux Hébreux* à saint Barnabé ; mais il la cite avec autant de confiance que les autres Ecritures canoniques. Cela ne suffit pas pour prouver, comme le veut Basnage, que, pendant le III° siècle, l'opinion de Caïus prévalait dans tout l'Occident, pendant que toute l'Eglise grecque pensait autrement. Il est encore moins vrai que la même incertitude ait duré pendant tout le IV° et le V° siècle, puisque, l'an 397, le concile de Carthage, et l'an 494 le concile de Rome, sous le pape Gélase, mirent l'*Epître aux Hébreux* au nombre des livres canoniques ; saint Hilaire et saint Ambroise l'ont citée comme telle. A la vérité, au IV° siècle, Eusèbe, *Histoire ecclésiastique*, l. III, c. 3, observe que quelques-uns rejetaient cette épître, parce qu'ils disaient que l'Eglise romaine faisait de même. *Ils le disaient*, mais cela n'était pas fort certain. Au V°, saint Jérôme a écrit que les Latins ne mettaient point cette lettre dans le canon : il ignorait probablement le décret du concile de Carthage, et ce qu'en avaient pensé saint Hilaire et saint Ambroise.

Que prouve, dans le fond, la prétendue liberté que l'Eglise romaine s'est donnée de ne pas penser comme l'Eglise grecque, touchant cet écrit de saint Paul ? Elle démontre que l'Eglise ne s'est jamais pressée de faire des décisions ; qu'avant de placer un livre dans le canon, elle a voulu laisser dissiper tous les doutes, prendre le temps de comparer les témoignages et les monuments, attendre que les suffrages fussent réunis. En différant de canoniser un livre, elle n'a pas condamné les Grecs, ni ceux d'entre les Latins qui le regardaient comme divin. Conclure de là qu'elle a eu tort de décider la question, lorsqu'il n'y avait plus lieu de douter ; que, malgré sa décision, l'on peut encore en penser ce que l'on voudra, c'est mépriser l'autorité, par la raison même pour laquelle elle mérite nos respects et notre soumission. Supposons, pour un moment, que, pendant les six premiers siècles de l'Eglise, la canonicité de l'*Epître aux Hébreux* ait été absolument douteuse, nous demandons aux protestans sur quel fondement ils l'admettent aujourd'hui, pendant que leurs fondateurs, Luther, Calvin, Bèze, Caméron, et d'autres, ont cru que cette lettre n'est point l'ouvrage de saint Paul. Suivant eux, l'ancienne Eglise était divisée, et ils ne font aucun cas du jugement de l'Eglise moderne : où sont donc les motifs, les monuments, les raisons qui les déterminent ? S'ils se croient inspirés de Dieu, les sociniens, leurs amis, contestent cette inspiration ; mais ils leur savent bon gré d'avoir travaillé à diminuer l'autorité de l'*Epître aux Hébreux*, parce qu'elle renferme les passages les plus exprès touchant la divinité de Jésus-Christ. Il y a bien de l'apparence que c'est le même motif qui a déterminé Le Clerc, Episcopius et d'autres arminiens qui penchaient au socinianisme, à juger comme Luther et Calvin. Quoi qu'il en soit, les raisons sur lesquelles ils fondent leur doute ne sont pas assez solides pour contre-balancer l'autorité de l'Eglise, qui, depuis quatorze cents ans au moins, a décidé que la Lettre de saint Paul aux *Hébreux* est véritablement de cet apôtre. Le Clerc, *Hist. ecclés.*, an. 69, § 5. *Voy.* CANON.

HÉBREU, langue hébraïque. C'est la langue que parlait Abraham, qu'il a communiquée à ses descendants, et dans laquelle ont été écrits les livres de l'Ancien Testament. Ce qui regarde l'origine, l'antiquité, le génie et le caractère, la composition et le mécanisme de cette langue, est un objet de pure littérature : mais un théologien doit en avoir quelque connaissance. De nos jours, cette matière a été savamment traitée, et la comparaison des langues a été poussée plus loin qu'autrefois, surtout par M. Court de Gébelin. Nous ferons grand usage de ses principes : nous les avons déjà suivis dans l'ouvrage intitulé : *Les Elémens primitifs des langues*, imprimé en 1769.

I. Touchant l'origine et l'antiquité de la langue hébraïque, on sait que Abraham sortit de la Chaldée par ordre de Dieu, pour venir habiter la Palestine, et c'est pour cela qu'il fut appelé *Hébreu*, voyageur ou étranger, par les Chananéens. Il paraît qu'à cette époque son langage n'était pas différent de celui de ces peuples, puisqu'ils se parlaient et s'entendaient sans interprète. Mais, environ deux cents ans après, lorsque Jacob, petit-fils d'Abraham, et Laban, se quittèrent, l'Ecriture nous fait remarquer qu'il y avait déjà de la différence entre leur langage, *Genes.*, c. XXXI, vers. 47. De même Abraham, obligé d'aller en Egypte, ne paraît pas avoir eu besoin d'interprète pour parler aux Egyptiens ; mais après deux siècles écoulés, Joseph, avant de se faire connaître à ses frères, leur parle par interprète, et il est dit dans le texte *hébreu* du *psaume* LXXX, vers. 6, que Israël ou Jacob, en entrant en Egypte, entendit parler un langage qu'il ne comprenait pas. Pour remonter plus haut, il n'y a, dit-on, aucun lieu de douter que la langue des Chaldéens n'ait été celle de Noé ; et, puisque Noé a vécu longtemps avec des hommes qui avaient conversé avec Adam, il paraît certain que, jusqu'au déluge, la langue que Dieu avait enseignée à notre premier père n'avait encore reçu aucun changement considérable ; d'ailleurs, un peuple conserve naturellement le même langage, tant qu'il demeure sédentaire sur le même sol, et puisque la postérité de Sem a continué d'habiter la Mésopotamie, après la confusion des langues et la dispersion des familles, il est à présumer que la langue primitive s'y est conservée pure et sans aucun mélange. Mais était-elle encore absolument la même que dans la bouche d'Adam ? C'est une autre question.

En comparant les langues des différents peuples du monde, on a remarqué que presque tous les termes monosyllabes y conservent une signification semblable, ou du moins analogue ; qu'en particulier la langue chinoise n'est composée que de trois cent vingt-six monosyllabes différemment combinés et variés sur différents tons. De là l'on a conclu, 1° que la langue primitive que Dieu avait donnée à Adam n'était composée que de monosyllabes, puisque cette langue se retrouve dans toutes les autres. Mais il est impossible que dans l'espace de plus de deux mille ans, qui se sont écoulés depuis la création jusqu'à la confusion des langues, les hommes n'aient pas appris à combiner les tons monosyllabes pour en composer des mots, et n'en aient pas varié la prononciation, pour désigner les nouveaux objets dont ils ont successivement acquis la connaissance ; ainsi, à cet égard, la langue de Noé et de ses enfants n'était probablement plus la même que celle d'Adam ; elle devait être moins simple et plus abondante. 2° L'on a conclu que le changement que produisit dans les langues la confusion qui se fit à Babel, ne fut qu'une prononciation et une combinaison différentes des mêmes éléments monosyllabes, puisque, malgré cette confusion, ils sont encore actuellement reconnaissables dans les divers langages. Ce simple changement suffisait pour que les ouvriers de Babel ne pussent plus s'entendre, puisque encore aujourd'hui les peuples de nos différentes provinces ne s'entendent plus, quoique leurs divers patois soient dans le fond la même langue. Mais supposons que la prononciation et la combinaison des éléments primitifs du langage n'aient pas changé à Babel parmi les descendants de Sem, qui continuèrent à demeurer dans la Mésopotamie, et qui ont été les ancêtres d'Abraham ; avant d'affirmer que la langue d'Abraham était celle de Noé, il faut supposer que, pendant les trois cents ans qui se sont écoulés depuis la confusion des langues jusqu'à la vocation d'Abraham, il n'est encore survenu dans le chaldéen aucun changement de combinaison et de prononciation : supposition très-gratuite, pour ne pas dire impossible, et contraire au procédé naturel de tous les peuples ; supposition contredite par le changement qui y est arrivé depuis Abraham jusqu'à Jacob, suivant le témoignage de l'histoire. N'importe, admettons-la. Puisque, suivant cette même histoire, Abraham, transplanté parmi les Chananéens et parmi les Égyptiens, s'est encore entendu avec eux, il s'ensuit que la langue primitive ne s'était pas plus altérée chez les descendants de Cham que parmi ceux de Sem, qu'ainsi l'égyptien et le chananéen étaient pour lors autant la langue primitive que le chaldéen ou l'*hébreu* d'Abraham. Puisque Noé a été aussi réellement le père des Égyptiens, des Chananéens, des Syriens, qu'il l'a été des Hébreux, il s'ensuit aussi que la langue de Noé a été aussi réellement et aussi directement la mère du langage de l'Égypte, de la Palestine, de la Syrie, etc., qu'elle l'a été de l'*hébreu*, et que la langue d'Abraham n'a aucun titre de noblesse de plus que ses sœurs.

Si on voulait en raisonner par analogie, la présomption ne serait pas en faveur de l'*hébreu*. En effet, un peuple qui habite constamment le même sol conserve plus aisément la pureté de son langage que celui qui est transplanté en différentes contrées. Or, les Chaldéens ont constamment demeuré dans la Mésopotamie, pendant que Abraham et ses descendants ont voyagé dans la Palestine, en Égypte, dans les déserts de l'Arabie, et sont revenus habiter à côté des Phéniciens. Comment prouvera-t-on qu'ils n'ont rien emprunté du langage de ces différents peuples, pendant qu'ils étaient si enclins à en imiter les mœurs ? Mais nous ne donnons rien aux conjectures ; nous ne raisonnons que d'après les livres saints. Moïse, quoique né en Égypte, et âgé de quatre-vingts ans, converse avec Jéthro, chef d'une tribu de Madianites. Josué, quarante ans après, envoie des espions dans la Palestine, et ils sont entendus par Rahab, femme du peuple de Jéricho ; il en est de même des Gabaonites : sous les rois, les Hébreux conversent encore avec les Philistins et avec les Tyriens ou Phéniciens ; d'où nous devons conclure, ou que les langues de ces peuples sont demeurées les mêmes, ou que l'*hébreu* a subi les mêmes variations. Le seul avantage que nous pouvons accorder à cette dernière langue, c'est qu'elle a été écrite avant toutes les autres, et qu'à cet égard nous sommes certains de sa conservation depuis plus de trois mille ans ; circonstance que nous ne pouvons affirmer d'aucune autre langue.

Quant à la question de savoir si l'*hébreu* est la langue primitive, la langue dans laquelle Dieu a daigné converser avec Adam, avec Noé, avec Abraham, nous ne voyons pas sur quel fondement l'on peut le soutenir. Encore une fois, toutes les langues, considérées dans leurs racines ou dans leurs éléments, sont la langue primitive, puisque ces éléments se retrouvent même dans les jargons les plus grossiers, mais avec des combinaisons, des additions, des prononciations différentes ; et à moins que Dieu n'ait fait un miracle continuel pendant deux mille cinq cents ans, il est impossible que ces éléments n'aient pas reçu, dans la bouche des descendants de Sem, les mêmes variations que dans celle des autres descendants de Noé. La seule chose certaine est que l'*hébreu* est la langue dans laquelle Dieu a daigné parler à Moïse, à Josué, à Samuel, aux prophètes, et qu'elle s'est conservée dans nos livres saints telle que Moïse la parlait. C'est bien assez pour la rendre respectable.

II. Une seconde question est de savoir quel est le génie de la langue hébraïque, ou le caractère particulier qui la distingue des autres. Est-ce un langage poli ou grossier, riche ou pauvre, clair ou obscur, agréable ou rude à l'oreille, en comparaison des autres ? Les savants ne sont pas mieux d'accord sur ce point que sur le précédent. Une espèce de prévention religieuse a fait croire à plusieurs que c'est une langue divine, qui a Dieu même pour auteur; que ce fut la langue de nos premiers parents dans le paradis terrestre, aussi bien que celle des prophètes. D'autres, surtout les Orientaux, en jugent différemment : ils croient que le syriaque fut le langage des premiers hommes; que si l'Ancien Testament a été écrit en *hébreu*, ce n'est pas à cause de l'excellence de cette langue, qui dans le fond est très-pauvre et altérée par le mélange de plusieurs langues étrangères, mais parce que le peuple à qui Dieu voulait confier les Ecritures n'en entendait point d'autre. Cependant, selon le jugement d'un grand nombre, ni l'*hébreu* ni le syriaque ne sauraient être mis en comparaison avec l'arabe, qui l'emporte infiniment, tant pour l'abondance et la richesse que pour la beauté de l'expression (Beausobre, *Hist. du Manich.*, l. 1, c. 2, § 1).

D'autre part, les incrédules, sans y rien entendre, et uniquement pour déprimer le texte de l'Ecriture sainte, ont décidé que l'*hébreu* est un jargon très-grossier et très-pauvre, d'une obscurité impénétrable, digne d'un peuple ignorant et barbare, tel qu'étaient les Juifs, etc. Quel parti prendre entre ces étonnantes contradictions? Un sage milieu, s'il est possible. Comme les Hébreux n'ont pas cultivé les arts, les sciences, la littérature, avec autant de soin que les Grecs et les Romains, il est impossible que l'*hébreu* ait été aussi travaillé et aussi régulier que le latin et le grec : la nature seule a servi de guide dans sa construction. D'autre part, comme cette langue n'a été parlée que par un seul peuple, n'a régné que dans un espace de pays très-borné, et n'a pas eu un grand nombre d'écrivains, elle n'a pas pu acquérir autant d'abondance que celles qui ont été à l'usage de plusieurs peuples et d'un grand nombre d'auteurs qui ont écrit en différentes contrées, avec plus ou moins de talents naturels et acquis. Quant à l'agrément ou à la rudesse, c'est une affaire de goût et d'habitude; aucun peuple n'avouera jamais que sa langue maternelle soit moins belle et moins agréable que celle de ses voisins. Il faut néanmoins se souvenir que Moïse, principal écrivain des Hébreux, avait été instruit dans toutes les sciences connues des Egyptiens; qu'il était certainement le plus savant homme de son siècle, et que ses écrits supposent des connaissances prodigieuses pour ce temps-là. Il n'est pas moins vrai que les livres de l'Ancien Testament traitent des matières de toute espèce : il y a non-seulement une théologie profonde, mais de l'histoire, de la jurisprudence, de la morale, de l'éloquence, de la poésie, de l'histoire naturelle, etc. C'est donc très-mal à propos que nos beaux-esprits regardent les Hébreux comme un peuple absolument ignorant et barbare; et puisque leur langue leur a fourni des termes et des expressions sur tous ces sujets, c'est à tort qu'on l'accuse d'être très-pauvre et très-stérile. Nous serions beaucoup plus en état d'en juger si nous avions tous les livres qui ont été écrits en cette langue, surtout ceux que Salomon avait composés sur l'histoire naturelle; mais l'Ecriture sainte fait mention de vingt ouvrages, au moins, faits par des écrivains hébreux, et qui ne subsistent plus. Lorsque, pour prouver la pauvreté de l'*hébreu*, l'on dit que le même mot a sept ou huit significations différentes, on raisonne fort mal : il ne nous serait pas difficile de montrer qu'il en est de même en français, qui est devenu cependant une langue très-abondante.

L'on n'est pas mieux fondé à dire que c'est une langue très-obscure et qui ne ressemble à aucune autre. Au mot HÉBRAÏSME, nous ferons voir que cette obscurité prétendue vient uniquement de ce que l'on a comparé l'*hébreu* avec des langues savantes et cultivées, en particulier avec le grec et le latin, dont la construction est fort différente; mais qu'en le comparant avec le français, l'on fait disparaître la plupart des idiotismes, des expressions singulières et des irrégularités qu'on lui reproche; qu'en un mot, le très-grand nombre de ce que l'on appelle des *hébraïsmes* sont de vrais *gallicismes*; qu'ainsi un Français a beaucoup moins de peine à apprendre l'*hébreu* que ne devait en avoir autrefois un Grec ou un Latin.

III. C'est une question célèbre, entre les critiques hébraïsants, de savoir si les anciens Hébreux n'écrivaient que les consonnes et les aspirations, sans y ajouter aucun signe pour marquer les voyelles, ou s'il y avait dans leur alphabet des lettres qui fussent voyelles au besoin. Quelques-uns ont pensé que les caractères א, ה, ח, י, ע, ו, que l'on prend pour des aspirations, étaient nos lettres A, É, Ê, I, O, U : c'est le sentiment de M. Gébelin, *Origine du langage et de l'écriture*, page 438. Il l'a prouvé, non-seulement par l'autorité de plusieurs savants, mais par des raisons qui nous paraissent très-fortes. D'autre part, M. de Guignes, *Mém. de l'Acad. des Inscrip.*, tome LXV, in-12, page 226, et M. Dupuy, tome LXVI, p. 1, ont soutenu le contraire. Le premier prouve que l'usage de tous les peuples orientaux, dans les premiers temps, a été de n'écrire que les consonnes et les aspirations, sans marquer les voyelles; qu'en cela les alphabets des Chaldéens, des Syriens, des Phéniciens, des Arabes, des Egyptiens, des Ethiopiens, des Indiens, sont conformes à celui des Hébreux; que cette manière d'écrire est une suite incontestable de l'écriture hiéroglyphique, par laquelle on a commencé. Le second s'est attaché à faire voir que les six caractères ci-dessus n'ont jamais fait, dans l'écriture hébraïque, la fonction de voyelles proprement dites; mais ce second fait ne nous semble pas aussi bien prouvé que le premier.

Ne pourrait-on pas prendre un milieu, en disant que א et ה étaient tantôt de simples aspirations et tantôt des voyelles, mais que la prononciation en variait, comme elle varie encore aujourd'hui chez les différents peuples, et même chez nous, dans les différents mots? Les diphthongues, surtout, ne se prononcent presque nulle part uniformément. De même, ו et י étaient, comme en latin et en français, tantôt voyelles et tantôt consonnes. Nous en changeons la figure, suivant l'emploi que nous en faisons ; mais les Latins, non plus que les anciens écrivains, n'ont pas toujours eu cette attention : cela n'empêchait pas que l'on n'en discernât la valeur par l'habitude. De même encore, ה et ע étaient ou aspirations, ou consonnes, selon la place qu'elles tenaient dans les mots, parce que, dans toutes les langues, les aspirations fortes se changent aisément en consonnes sifflantes, comme l'ont remarqué tous les observateurs du langage. Dans cette hypothèse, on conçoit aisément comment les Grecs, en plaçant ces six caractères dans leur alphabet, en ont fait de simples voyelles, et ont suppléé aux aspirations par l'esprit doux et par l'esprit rude ; pourquoi saint Jérôme a nommé ces lettres tantôt *voyelles* et tantôt *consonnes*; pourquoi les grammairiens appellent souvent ces lettres *dormantes, quiescentes*. On n'a point inventé de lettres pour être dormantes, mais on a cessé de les prononcer toutes les fois qu'elles auraient produit un bâillement ou une cacophonie ; rien de plus ordinaire que cette élision dans toutes les langues Cette conjecture sera confirmée ci-après par d'autres observations. Quoi qu'il en soit, tous les savants conviennent que les points-voyelles de l'hébreu sont une invention récente. Les uns l'attribuent aux massorettes, qui ont travaillé au VIᵉ siècle ; d'autres, au rabbin *Ben-Ascher*, qui n'a vécu que dans le XIᵉ. Quelques Juifs ont voulu la faire remonter jusqu'à Esdras, d'autres jusqu'à Moïse : c'est une pure imagination. 1° Avant Esdras, et même plus tard, les Juifs ont écrit le texte *hébreu* en lettres samaritaines : or, ces caractères anciens n'ont jamais été accompagnés d'aucun signe de voyelles ; l'on n'en voit point sur les médailles samaritaines frappées sous les Machabées, ni dans les inscriptions phéniciennes. Si les points-voyelles avaient été un ancien usage, les Juifs, qui depuis Esdras ont poussé jusqu'au scrupule l'attachement et le respect pour leur écriture, les auraient certainement conservés : ils ne l'ont pas fait. — 2° En effet, les paraphrastes chaldéens, les Septante, Aquila, Symmaque, Théodotion, les auteurs des versions syriaque et arabe, n'ont point connu les points-voyelles, puisqu'ils ont souvent traduit les mots *hébreux* dans un sens différent de celui qui est marqué par la ponctuation. Dire que cela est venu de ce qu'ils avaient des exemplaires ponctués différemment, c'est supposer ce qui est en question. Au IIIᵉ siècle, Origène, écrivant le texte *hébreu* en caractères grecs, n'a point suivi la prononciation prescrite par les ponctuateurs. Au Vᵉ, saint Jérôme, *Epist.* 126 *ad Evagr.*, dit que de son temps le même mot *hébreu* était prononcé différemment, suivant la diversité des pays et suivant le goût des lecteurs ; il en donne des exemples dans son *Commentaire* sur les chap. XXVI et XXIX d'Isaïe, sur le chap. III d'Osée, sur le chap. III d'Habacuc, etc. Au VIᵉ, les compilateurs juifs du Talmud de Babylone n'étaient point dirigés par la ponctuation, puisque souvent ils dissertent sur des mots qui ont différents sens, suivant la manière de les prononcer. Cela paraît encore par les *kéri* et *kétib*, ou par les variantes que les massorettes ont mises à la marge des Bibles ; elles ne regardent point les voyelles, mais les consonnes. Les anciens cabalistes ne tirent aucun de leurs mystères des points, mais seulement des lettres du texte : si elles avaient été accompagnées de points, il leur aurait été aussi aisé de subtiliser sur les uns que sur les autres. Aussi les exemplaires de la Bible que les Juifs lisent dans leurs synagogues, et qu'ils renferment dans leur coffre sacré, sont sans points, et la plupart des rabbins écrivent de même. Prideaux, *Histoire des Juifs*, l. V, § 6.

Les deux académiciens que nous avons cités sont d'un avis différent sur un autre chef. M. Dupuy s'est persuadé qu'il était impossible d'entendre l'*hébreu* sans voyelles ; qu'il y a toujours eu quelques signes pour les marquer ; que c'était probablement à quoi servaient les accents, desquels saint Jérôme a parlé plus d'une fois. Prideaux pense de même, et c'est aussi l'opinion de l'auteur qui a fait l'article LANGUE HÉBRAÏQUE, de l'*Encyclopédie*. M. de Guignes, au contraire, soutient et prouve que non-seulement cela n'était pas impossible, mais que cela était beaucoup moins difficile qu'on ne se le persuade ; et cette discussion est devenue importante, à cause des conséquences. 1° Il observe très-bien que dans les diverses méthodes d'écrire, c'est l'habitude qui fait toute la différence entre la facilité et la difficulté. Depuis qu'à force d'inventions nouvelles on nous a diminué et abrégé toutes les espèces de travail, nous sommes devenus paresseux et beaucoup moins courageux que nos pères : nous ne comprenons plus comment ils pouvaient se passer de mille choses que l'habitude nous a rendues nécessaires. 2° Les Orientaux sont infiniment plus attachés que nous à leurs anciens usages ; quelle que soit la commodité que procure une invention nouvelle, ils ont toujours beaucoup de répugnance à l'embrasser : témoin l'attachement opiniâtre des Chinois à l'écriture hiéroglyphique. Il est cent fois plus difficile d'apprendre à lire et à écrire en chinois que d'entendre les langues orientales écrites sans points ou sans voyelles ; cependant l'on a vu M. de Fourmont composer une grammaire et un dictionnaire chinois, sans avoir jamais entendu parler les Chinois. 3° Dans les langues de l'Orient, la régularité de la marche d'une racine et de ses dérivés guide l'esprit et la prononciation ; elle instruit le lecteur des voyelles qu'exige tel assemblage de consonnes. Ainsi, dès que l'on connaît le sens d'une racine, on voit de quelle manière il faut varier les voyelles pour former les dérivés. 4° L'*hébreu* sans points est certainement moins difficile à lire et à entendre que ne l'était autrefois l'écriture en notes ou en abréviations. L'on sait que cet art avait été poussé au point d'écrire aussi vite que l'on parlait; plus d'une fois les savants ont regretté la perte de ce talent. Les inscriptions latines, composées seulement des lettres initiales de la plupart des mots, n'ont jamais passé pour des énigmes indéchiffrables. 5° Une preuve sans réplique du fait que nous soutenons, c'est que plusieurs savants ont appris l'*hébreu* sans points en assez peu de temps, et le lisent ainsi : c'est peut-être la meilleure de toutes les méthodes. On pourrait même l'apprendre très-bien par la simple comparaison des racines monosyllabes de l'*hébreu* avec celles des autres langues, en se souvenant toujours que les voyelles sont indifférentes. 6° Le peu d'importance des voyelles dans l'écriture est un autre fait démontré. Dans les divers jargons de nos provinces, le nom *Dieu* se prononce *Dé*, *Dei*, *Di*, *Dû*, *Diou*, et autrefois *Diex*. Ajoutons-y les inflexions du latin, *Deus*, *Dei*, *Dii ou Di*; voilà dix ou douze prononciations différentes, sans que la signification change. Quand ce monosyllabe serait uniquement écrit par un D, où serait l'obscurité?

Rien n'est donc plus mal fondé que le principe sur lequel a raisonné l'auteur de l'article LANGUE HÉBRAÏQUE, de l'*Encyclopédie*, article que l'on a copié dans le *Dictionnaire de grammaire et de littérature*, avec de très-légers correctifs. L'auteur soutient qu'une écriture sans voyelles est inintelligible; que c'est une énigme à laquelle on donne tel sens que l'on veut, un nez de cire que l'on tourne à son gré. De ce principe faux il a tiré des conséquences encore plus fausses, et il s'est livré aux conjectures les plus téméraires.

L'écriture, dit-il, est le tableau du langage. Or, il ne peut point y avoir de langage sans voyelles : donc, les premiers inventeurs de l'écriture n'ont pas pu s'aviser de la laisser sans voyelles. Pourquoi nous est-il parvenu des livres sans ponctuation? C'est que les sages de la haute antiquité ont eu pour principe que la science n'était point faite pour le vulgaire; que les avenues en devaient être fermées au peuple, aux profanes, aux étrangers. Ce principe avait déjà présidé en partie à l'invention des hiéroglyphes sacrés, qui ont devancé l'écriture : par conséquent, il a dirigé aussi les inventeurs des caractères alphabétiques, qui ne sont que des hiéroglyphes plus simples et plus abrégés que les anciens. Les signes des consonnes ont donc été montrés au vulgaire; mais les signes des voyelles ont été mis en réserve, comme une clef et un secret qui ne pouvaient être confiés qu'aux seuls gardiens de l'arbre de la science, afin que le peuple fût toujours obligé d'avoir recours à leurs leçons. Une autre source des livres non ponctués est le déréglement de l'imagination des rabbins et des cabalistes; ils ont supprimé dans la Bible les anciens signes des voyelles, afin d'y trouver plus aisément leurs rêveries mystérieuses. On ne peut pas douter, continue l'auteur, que Moïse, élevé dans les arts et les sciences de l'Egypte, ne se soit servi de l'écriture ponctuée pour faire connaître sa loi. Il ne pouvait pas ignorer le danger des lettres sans voyelles : sans doute il l'a prévenu. Il avait ordonné à chaque Israélite de la transcrire au moins une fois dans sa vie; mais il y a toute apparence que les Hébreux ont été aussi peu fidèles à l'observation de ce précepte qu'à celle des autres, qu'ils ont violés toutes les fois qu'ils sont tombés dans l'idolâtrie. Pendant dix siècles, ce peuple stupide posséda un livre précieux qu'il négligea toujours, et une loi sainte qu'il oublia au point que, sous Josias, ce fut une merveille de trouver un livre de Moïse. Ces écrits étaient délaissés dans le sanctuaire du temple, et confiés à la garde des prêtres; mais ceux-ci, qui ne participèrent que trop souvent aux désordres de leur nation, prirent sans doute aussi l'esprit mystérieux des prêtres idolâtres. Peut-être n'en laissèrent-ils paraître que des exemplaires sans voyelles, afin de se rendre les maîtres et les arbitres de la foi des peuples; peut-être s'en servirent-ils dès lors pour la recherche des choses occultes, comme leurs descendants le font encore. Mais, outre la rareté des livres de Moïse, outre la facilité d'abuser de l'écriture non ponctuée, celle même qui porte des points-voyelles peut être si aisément altérée par la ponctuation, qu'il a dû y avoir un grand nombre de raisons essentielles pour l'ôter de la main de la multitude et de la main de l'étranger. Quand on demande à notre critique comment Dieu, qui a donné une loi à son peuple, qui lui en a ordonné si sévèrement l'observation, qui a prodigué les miracles pour l'y engager, a pu permettre que l'écriture en fût obscure et la lecture si difficile, il répond qu'il ne tenait qu'aux prêtres de mieux remplir leur devoir; que d'ailleurs il ne nous appartient pas de sonder les vues de la Providence, de lui demander pourquoi elle avait donné aux Juifs *des yeux afin qu'ils ne vissent point, et des oreilles afin qu'ils n'entendissent point*, etc. Cette divine Providence, dit-il, a opéré un assez grand prodige en conservant chez les Juifs la clef de leurs annales, par le moyen de quelques livres ponctués, qui ont échappé aux diverses désolations de leur patrie, et en faisant parvenir jusqu'à nous les livres de Moïse parmi tant de hasards. Mais enfin, depuis la captivité de Babylone, les Juifs, corrigés par leurs malheurs, ont été plus fidèles à leur loi; ils ont conservé le texte de l'Ecriture avec une exactitude scrupuleuse : ils ont porté sur ce point le respect jusqu'à la superstition. Sûrement, ce texte a été rétabli par Esdras sur des exemplaires antiques et ponctués, sans lesquels il aurait été impossible d'en recouvrer le sens. Pour les savants modernes, qui prennent du goût pour les Bibles non ponctuées, ils donnent peut-être dans l'excès opposé à celui des Juifs : ils semblent vouloir faire revivre la mythologie.

Il nous a paru nécessaire de rapprocher toutes ces réflexions, afin de mieux faire apercevoir l'intention malicieuse de celui qui les a faites. Mais il s'est réfuté lui-même, suivant la coutume de tous nos philosophes modernes.

Déjà nous avons prouvé qu'il est faux que l'écriture sans voyelles soit inintelligible, ou signifie tout ce que l'on veut; non-seulement l'auteur ne détruit point nos preuves, mais il les confirme. Nous convenons que l'écriture est le tableau du langage, mais ce tableau peut être plus ou moins ressemblant et parfait; ce serait une absurdité d'imaginer qu'à sa naissance il a été porté à la perfection ; l'auteur lui-même a jugé le contraire. « Ce que l'on peut penser, dit-il, de plus raisonnable sur les alphabets, c'est qu'étant dépourvus de voyelles, ils paraissent avoir été un des premiers degrés par où il a fallu que passât l'esprit humain pour arriver à la perfection. » Puisque tel est le sentiment le plus raisonnable, pourquoi en embrasser un autre? Il a reconnu, comme tous les savants, que la première tentative que l'on a faite pour peindre la pensée, a été d'écrire en hiéroglyphes; que les caractères, même alphabétiques, n'étaient dans leur origine que des hiéroglyphes. M. de Gébelin l'a très-bien prouvé; et l'auteur des *Lettres à M. Bailly, sur les premiers siècles de l'histoire grecque*, a poussé ce fait jusqu'à la démonstration. Donc l'art d'écrire n'a pas été d'abord aussi parfait qu'il l'est aujourd'hui : donc l'esprit mystérieux n'a eu aucune part ni à l'invention de cet art ni à ses progrès; c'est plutôt l'esprit contraire. L'auteur lui-même est convenu de l'indifférence des voyelles dans l'écriture, en observant que ces sons varient dans toutes les langues, et nous l'avons fait voir. Donc si l'on a voulu faire un alphabet commun à plusieurs peuples qui prononçaient différemment, il a fallu nécessairement en retrancher les voyelles. Enfin ce même critique a dit que nous n'avons aucun sujet de nous défier de la fidélité des premiers traducteurs de l'Écriture sainte, parce qu'ils étaient aidés par la tradition; nous le pensons de même : mais si ce secours a été suffisant pour conserver le vrai sens du texte, pourquoi ne l'aurait-il pas été pour conserver aussi la manière de lire et de prononcer sans voyelles écrites ?

Dès que l'auteur a ainsi détruit son propre principe, toutes les conséquences qu'il en a tirées tombent d'elles-mêmes. Ainsi, 1° il est faux que les alphabets sans voyelles soient venus de ce que les sages de la haute antiquité voulaient cacher leurs connaissances au vulgaire; ils sont venus de ce qu'il a fallu commencer l'art d'écrire, comme tous les autres arts, par de faibles essais, avant de le conduire au point de perfection où il est parvenu dans la suite. Si les anciens sages avaient voulu dérober leurs connaissances au vulgaire, ils ne se seraient pas donné la peine d'inventer les hiéroglyphes, encore moins de perfectionner l'écriture par l'usage des caractères alphabétiques ; ou ils se seraient bornés à instruire de vive voix leurs élèves, ou ils n'auraient rien enseigné du tout. Dans tous les temps, les savants, loin de cacher leurs connaissances, ont plutôt cherché à en faire parade ; mais ils ont rarement trouvé des disciples avides de science; ils ne sont devenus mystérieux et ils n'ont eu une double doctrine, que quand les peuples, aveuglés par une fausse religion, n'ont plus voulu entendre la vérité, et qu'il y a eu du danger à la leur dire. Est-ce par la mauvaise volonté des savants que les Chinois s'obstinent à écrire en hiéroglyphes, que la plupart des nations de l'Asie n'ont point voulu de voyelles dans leur alphabet, que nos anciens livres sont écrits de suite, sans séparation des mots, sans points et sans virgules? La vraie cause est l'attachement aux anciennes routines. On a de même accusé le clergé des bas siècles d'avoir entretenu les peuples dans l'ignorance, pendant qu'il a fait tous ses efforts pour vaincre le préjugé absurde des nobles, qui regardaient la *clergie* ou les sciences comme une marque de roture.

2° C'est une contradiction de supposer que les sages de la haute antiquité ont affecté le mystère dans leurs leçons, que cependant Moïse et les inventeurs de l'écriture ont écrit d'abord avec des voyelles, afin de communiquer la science au peuple; qu'ensuite des savants, jaloux de dominer sur les esprits, ou des cabalistes insensés, ont supprimé les voyelles, afin de se réserver la clef des sciences. En quel siècle ces derniers ont-ils commis cette prévarication? Les rêveries de la cabale sont une folie récente; elle n'a commencé qu'après la compilation du Talmud. Les cabalistes pouvaient tirer aussi aisément leurs visions mystiques de l'arrangement des points-voyelles que de celui des consonnes. Était-il nécessaire de cacher le sens de l'écriture hébraïque aux étrangers qui n'entendaient pas l'*hébreu*? Ici l'auteur imite le génie rêveur des rabbins et des cabalistes : il cherche du mystère où il n'y en a point. Si Moïse a écrit ses lois en caractères ponctués, s'il prévoyait le danger des lettres sans points, s'il a voulu prévenir l'abus que l'on en pouvait faire, pourquoi n'en a-t-il rien dit dans ses livres? Il a menacé les Juifs des châtiments qui leur arriveraient, lorsqu'ils oublieraient la loi du Seigneur; mais, loin de les prémunir contre l'infidélité des prêtres auxquels il confiait ses livres, il a ordonné au peuple de recourir à leurs leçons. Si cette confiance était dangereuse, Moïse est responsable des malheurs qui se sont ensuivis.

Une autre bizarrerie de l'auteur est d'insister sur la nécessité des points-voyelles pour prévenir l'abus que l'on pouvait faire de l'écriture, et d'exagérer ensuite la facilité qu'il y a eu de corrompre les livres même ponctués. Comment une précaution peut-elle être nécessaire, si elle ne peut remédier à rien?

3° L'auteur suppose qu'il n'y avait point

d'autre écriture chez les Hébreux que les livres saints, gardés par les prêtres; c'est une fausseté. Leur histoire nous apprend qu'ils avaient des archives civiles, des traités, des contrats, des généalogies; les rois avaient des secrétaires, ils recevaient des lettres et y répondaient; les divorces se faisaient par un billet. Les députés envoyés par Josué pour examiner la Palestine, en firent la description dans un livre, *Jos.*, chap. XVIII, vers 4 et 9. Il y avait une ville nommée *Cariat-Sepher*, la ville des lettres ou des archives. Ou tout cela s'écrivait par des consonnes seules, ou avec des signes de voyelles: dans le premier cas, il est faux que l'écriture sans voyelles fût inintelligible et inusitée; dans le second, il ne tenait qu'aux particuliers d'employer la même méthode en transcrivant les livres de Moïse. Ces livres ne contiennent pas seulement les dogmes et les lois religieuses des Hébreux, ils renferment aussi les lois civiles et politiques, les partages des tribus et leurs généalogies; tout cela fut suivi à la lettre par Josué. Toutes les familles étaient donc forcées de consulter ces livres et de les lire. Dans le royaume même d'Israël, livré à l'idolâtrie, Achab, tout impie qu'il était, n'osa dépouiller Naboth de sa vigne contre la défense de la loi; il fallut que Jézabel, son épouse, fît mettre à mort Naboth pour s'emparer de son bien. Enfin, quand il aurait été possible aux prêtres de toucher au texte sacré, nous sommes certains qu'ils ne l'ont pas fait, puisque les prophètes, qui leur reprochent toutes leurs prévarications, ne les accusent point de celle-là. Jésus-Christ, qui est encore un meilleur garant de l'intégrité des livres saints, nous les a donnés comme la pure parole de Dieu.

L'étonnement dans lequel fut Josias, lorsqu'on lui lut le livre de Moïse trouvé dans le temple, ne prouve pas que les copies en fussent rares. Ce roi était monté sur le trône à l'âge de huit ans, il était fort mal instruit dans son enfance par ses parents idolâtres, et il est probable que ceux qui gouvernèrent sous son nom, avant sa majorité, n'étaient pas des hommes fort pieux; mais il sut remédier à ce désordre et à la négligence de ses prédécesseurs. Tobie, Raguel, Gabélus, emmenés en captivité par Salmanasar, n'étaient pas du royaume de Juda, mais de celui d'Israël; s'ils n'avaient pas lu les livres de Moïse, ils n'auraient pas été aussi instruits ni aussi fidèles observateurs de ses lois. Tobie cite à son fils non-seulement les paroles de la loi, mais les prédictions des prophètes touchant la ruine de Ninive et le rétablissement de Jérusalem, *Tob.*, chap. XIV, vers. 6. Lorsque les sujets du royaume de Juda furent emmenés à leur tour en captivité, Jérémie leur donna le livre de la loi, afin qu'ils n'oubliassent pas les préceptes du Seigneur, *II Mach.* II, 2. Pendant leur séjour à Babylone, les prophètes Ezéchiel et Daniel lisaient ce livre, et le citaient au peuple. Après le retour, Aggée, Zacharie et Malachie faisaient de même. Les livres de Moïse n'ont donc jamais été perdus, et n'ont jamais cessé d'être lus. Ainsi, les conjectures de l'auteur sur ce que Esdras fut obligé de faire pour rétablir le texte, sur le miracle de la Providence qu'il a fallu pour le transmettre jusqu'à nous, sont de vaines imaginations, réfutées par la suite de l'histoire. La Providence y a veillé, sans doute, et y a pourvu, mais par un moyen très-naturel, par l'intérêt essentiel qu'avaient les Juifs de consulter, de lire, de conserver précieusement leurs livres.

Quant à ce qu'il dit, que Dieu avait donné aux Juifs *des yeux pour ne pas voir*, etc., c'est une fausse interprétation d'un passage d'Isaïe cité dans l'Évangile: nous la réfutons ailleurs. *Voy.* ENDURCISSEMENT. Nous pourrions lui dire, dans le même sens, que Dieu lui avait donné beaucoup d'esprit pour enfanter que des visions et des erreurs.

4° Il achève de détruire son système, en remarquant l'usage que les paraphrastes chaldéens ont fait des lettres, א, ה, ו, etc. « Ils n'ont point employé, dit-il, de ponctuation dans les *Targums* ou paraphrases; mais ils se sont servis de ces consonnes muettes peu usitées dans le texte sacré, où elles n'ont point de valeur par elles-mêmes; mais qui sont si essentielles dans le chaldéen, qu'elles sont appelées *matres lectionis*, parce qu'elles fixent le son et la valeur des mots, comme dans les livres des autres langues. Les juifs et les rabbins en font le même usage dans leurs écrits. » Or, elles ne sont les *mères de la lecture* que parce qu'elles sont censées voyelles: donc elles ont pu avoir le même usage en hébreu, comme le soutiennent plusieurs savants. Alors ce ne sont plus ni de simples aspirations, ni des *consonnes muettes*, mais de véritables voyelles, qui ont une valeur par elles-mêmes. Il est faux qu'elles soient peu usitées dans le texte sacré; elles y sont aussi fréquentes que dans le chaldéen; c'est assez d'ouvrir une Bible hébraïque pour s'en convaincre.

5° Il n'y a aucune preuve que les Septante, saint Jérôme, ni les massorettes aient eu des textes ponctués; ils ne font aucune mention des points; ils parlent de la variété de la prononciation des mots, et non de celle de la ponctuation. La différence qui se trouve entre leurs versions est donc venue de la première de ces causes plutôt que la seconde; leur uniformité dans l'essentiel ne prouve donc point qu'ils ont eu un secours commun sous les yeux, pour marquer les voyelles, mais qu'ils ont eu une méthode commune de lire conservée par tradition. L'auteur est convenu que ces premiers traducteurs ont eu ce guide pour découvrir le vrai sens des mots; il n'en fallait pas davantage pour traduire de même. Nous n'examinerons pas ce qu'il a dit sur la durée de *l'hébreu*, comme langue vivante, sur le secours que l'on peut en tirer pour découvrir les étymologies, sur la manière dont il faut y procéder. Comme il n'a pas pris pour racines des monosyllabes, mais des mots composés, sa méthode est fautive, et il a fait beaucoup d'autres remarques qui ne sont pas plus vraies que celles dont nous venons de prouver la fausseté.

On n'accusera pas le savant Fréret d'avoir eu un respect excessif pour les livres saints; cependant il a parlé de l'écriture *hébraïque* plus sensément que notre auteur, *Mém. de l'Acad. des Inscrip.*, t. VI, in-4°, p. 612, et tom. IX, in-12, pag. 334 : « Les inventeurs des écritures, dit-il, eurent en général les mêmes vues, qui furent d'exprimer aux yeux les sons de la parole; mais ils prirent différentes voies pour y parvenir. Les uns voulant exprimer les sons d'une langue dans laquelle la prononciation des voyelles n'était point fixée, mais où elle variait suivant la différence des dialectes, et dans laquelle les seules consonnes étaient déterminées d'une manière invariable ; ils crurent ne devoir point exprimer les voyelles, mais seulement les consonnes. Tels furent, selon toutes les apparences, les inventeurs de l'écriture phénicienne, chaldéenne, *hébraïque*, etc. ; ils songèrent à rendre leurs caractères également propres aux différents peuples de Syrie, de Phénicie, d'Assyrie, de Chaldée, et peut-être même d'Arabie. Les langues de ce pays conviennent encore assez aujourd'hui pour pouvoir être regardées comme les dialectes d'une même langue. Presque tous les mots qu'elles emploient sont composés des mêmes radicales, et ne diffèrent que par les affixes et les voyelles jointes aux consonnes. Ainsi ces différents peuples pouvaient lire les livres les uns des autres, parce qu'en n'exprimant que les consonnes, sur lesquelles ils étaient d'accord, chacun d'eux suppléait les voyelles que le dialecte dans lequel ils parlaient joignait à ces consonnes. Je ne donne cela que comme une conjecture; mais elle justifie l'intention de ces inventeurs, et je crois qu'il serait difficile d'expliquer autrement pourquoi ils n'ont pas exprimé, dans l'origine de l'écriture, les voyelles, sans lesquelles on ne saurait articuler. Ceux des inventeurs de l'écriture qui travaillèrent pour des langues dans lesquelles la prononciation des voyelles était fixe et déterminée comme celle des consonnes, ou qui n'eurent en vue qu'une seule nation, cherchèrent à exprimer également les consonnes et les voyelles. »

Michaëlis, l'un des plus habiles hébraïsants d'Allemagne, dans une *dissertation* faite en 1762, a prouvé, par un passage de saint Ephrem, qu'au IV° siècle de l'Eglise, les Syriens n'avaient encore que trois points-voyelles, non plus que les Arabes, qui ont reçu leurs lettres des Syriens ; que le premier de ces points désignait tantôt A et tantôt E ; et que le second servait pour E et I ; le troisième pour O et U. Ce fut seulement au huitième siècle, comme on le voit dans la *Bibliothèque orientale* d'Assémani, que Théophile d'Edesse, voulant traduire Homère, emprunta les voyelles des Grecs pour servir de points, afin de conserver la vraie prononciation des noms propres grecs. Comme elles parurent commodes, les autres écrivains syriens les adoptèrent. Michaëlis ajoute qu'encore aujourd'hui les Mandaïtes, qui demeurent à l'orient du Tigre, n'ont que trois signes des voyelles, et il conjecture qu'il en était de même des *Hébreux* ; mais qu'ils ne marquaient pas ces points sur les monnaies ni dans les inscriptions.

Quelques raisonneurs, bien moins instruits que les savants dont nous venons de parler, ont dit que les Juifs, en abandonnant l'usage des caractères samaritains pour y substituer les lettres chaldaïques, qui sont plus commodes, ont probablement altéré le texte de leurs livres. C'est comme si l'on disait que, quand nous avons changé les lettres gothiques pour leur substituer des caractères plus agréables, nous avons altéré tous les anciens livres. Jamais les Juifs n'ont conçu le dessein de corrompre un texte qu'ils ont toujours regardé comme sacré et comme parole de Dieu ; s'ils l'avaient fait, ils n'y auraient pas laissé tant de choses contraires à leurs préjugés et à leur intérêt.

Il y a un troisième phénomène qui fournit encore une objection aux incrédules. Le style ou le langage des derniers écrivains juifs est trop semblable, disent-ils, à celui de Moïse, pour qu'ils aient écrit, comme on le suppose, mille ans après ce législateur. Il est impossible que, pendant cet immense intervalle, et après toutes les révolutions auxquelles les Juifs ont été sujets, la langue *hébraïque* soit demeurée la même. Puisque les Juifs l'ont à peu près oubliée pendant la captivité de Babylone, et se sont servis du chaldéen depuis cette époque, il est impossible que le commerce que les Juifs ont eu sous leurs rois avec les Philistins, les Iduméens, les Moabites, les Ammonites, les Phéniciens et les Syriens n'ait pas apporté quelque changement dans leur langage. Donc, il ne se peut pas faire que les prophètes Aggée, Zacharie et Malachie aient écrit en *hébreu* pur après la captivité ; l'uniformité du langage qui règne dans tous les livres *hébreux* prouve que tous ont été forgés dans un même siècle, ou par un seul écrivain, ou par plusieurs qui parlaient de même, et qui ont travaillé de concert.

Réponse. Si cette réflexion était solide, nous prierions nos adversaires d'assigner, du moins à peu près, l'époque ou le siècle dans lequel ils pensent que tous les livres *hébreux* ont pu être forgés par un seul écrivain, ou par plusieurs ; et, quelque hypothèse qu'ils pussent imaginer, nous ne serions pas en peine d'en démontrer la fausseté. Mais rien n'est moins impossible que le fait qui les étonne. Pour en concevoir la possibilité, il faut se souvenir que Moïse avait écrit en *hébreu* pur l'histoire, la croyance, le rituel, les lois civiles et politiques de sa nation ; que, par conséquent, les Juifs étaient obligés de lire continuellement ces livres, puisqu'ils y trouvaient non-seulement la règle de tous leurs devoirs, mais encore les titres de leur généalogie, de leurs droits et de leurs possessions. Ainsi les prêtres, les juges, les magistrats et tous les Juifs lettrés ont dû s'entretenir constamment dans l'habitude du langage de Moïse. Si l'Eglise latine avait été obligée de faire des ouvrages de Cicéron et de Virgile une lecture aussi habituelle que les Juifs faisaient des livres de Moïse, ou si la Vulgate latine avait été écrite dans le langage du siècle d'Auguste, nous soutenons que, dans tous les siècles, les écrivains ecclésiastiques auraient conservé sans miracle une latinité très-pure, et qu'au XII° ou au XV°, ils auraient encore écrit comme au premier, malgré tous les changements arrivés dans les divers langages de l'Europe : n'a-t-on pas vu, dans le siècle passé et dans celui-ci, des hommes qui, à force de se familiariser avec les bons auteurs latins, sont parvenus à en imiter parfaitement le style et à écrire comme eux? Ces écrivains avaient cependant un grand obstacle à vaincre de plus que les Juifs ; savoir, la différence immense qu'il y avait entre leur langue maternelle et le latin, au lieu que, jusqu'à la captivité de Babylone, les Juifs n'ont point connu d'autre langue que l'*hébreu*.

Une remarque essentielle que ne font pas nos adversaires, c'est que, malgré la conformité du langage de tous les écrivains *hébreux*, il n'est aucun lecteur judicieux qui ne distingue dans leurs ouvrages un caractère original, personnel à chacun, qu'il aurait été impossible à un seul homme ou à plusieurs de contrefaire, si tous ces livres avaient été forgés dans un même siècle et à peu près à la même époque. Il faudrait être stupide pour ne pas sentir la différence qu'il y a entre le ton d'Esdras et celui de Moïse, entre le style d'Amos et celui d'Isaïe, etc. Nous trouvons donc entre ces auteurs conformité de langage et diversité de génie : le premier de ces caractères démontre que les livres de Moïse n'ont jamais été oubliés ni inconnus, comme on voudrait le persuader, mais lus et consultés assidûment par les Juifs ; le second prouve que l'Ancien Testament n'est point l'ouvrage d'un seul homme, ni de plusieurs qui aient écrit en même temps et de concert, mais de plusieurs qui se sont succédé, et dont chacun a écrit suivant son talent particulier. L'inspiration qu'ils ont reçue n'a point changé en eux la nature, mais elle l'a dirigée afin de la préserver de l'erreur.

IV. Il nous reste à examiner un reproche que les protestants ont souvent fait contre les Pères de l'Eglise. A la réserve, disent-ils, d'Origène chez les Grecs, et de saint Jérôme chez les Latins, les Pères ne se sont pas donné la peine d'apprendre l'*hébreu* ; ils n'ont pas su profiter des secours qu'ils avaient pour lors. Le syriaque et l'arabe, que l'on parlait dans le voisinage de la Palestine et de l'Egypte; la langue punique, qui subsistait encore sur les côtes de l'Afrique, pouvaient contribuer infiniment à l'intelligence du texte *hébreu*. Les Syriens eux-mêmes et les Arabes chrétiens auraient pu aisément recevoir des Juifs des leçons de grammaire *hébraïque*. Les Pères ne l'ont pas compris. Ils ont mieux aimé diviniser la version des Septante, toute fautive qu'elle est, s'amuser à des explications allégoriques de l'Ecriture, que d'en étudier le texte selon les règles de la grammaire, et de la critique; de là vient qu'ils en ont très-mal pris le sens, et qu'ils nous ont transmis avec peu de fidélité les dogmes révélés. C'est seulement depuis la naissance du protestantisme que l'on a commencé à étudier le texte *hébreu* par règles et par principes; et que l'on a pu en acquérir l'intelligence. Le Clerc, dans son *Art critique*, t. III, lett. 4 ; Mosheim, dans son *Histoire ecclésiastique*, et d'autres, ont insisté beaucoup sur cette ignorance de l'*hébreu* dans laquelle ont été les Pères, et ils en ont conclu que ces saints docteurs, pour lesquels les catholiques ont tant de respect, ont été de mauvais interprètes de l'Ecriture sainte, et de mauvais théologiens.

1° Il est bien ridicule de vouloir que les Pères aient eu besoin de savoir l'*hébreu* dans un temps que les Juifs eux-mêmes parlaient grec, et se servaient communément de la version des Septante; il l'est encore davantage quand, sans la connaissance de l'*hébreu*, les Pères étaient incapables d'entendre l'Ecriture sainte, pendant que l'on soutient, d'autre part, que les simples fidèles, par le secours d'une version, sont capables de fonder leur foi sur ce livre divin. — 2° Il est faux que saint Jérôme et Origène soient les seuls qui ont entendu l'*hébreu* : au III° siècle, Jules Africain d'Emmaüs, ami d'Origène; au IV°, saint Ephrem, Syrien de nation, et saint Epiphane, avaient certainement cette connaissance : ces deux derniers, outre le syriaque, qui était leur langue maternelle, savaient l'*hébreu*, le grec et l'égyptien, et ils ont fait des commentaires sur l'Ecriture sainte. Il est impossible que les auteurs ecclésiastiques chaldéens, syriens et arabes n'aient rien entendu au texte *hébreu*, puisque leurs langues avaient avec l'*hébreu* une très-grande affinité ; il en a été de même des écrivains nestoriens ou eutychiens, dont les ouvrages subsistent encore. Les uns ni les autres n'ont pas divinisé la version des Septante, puisqu'ils ne s'en servaient pas, et les nestoriens ont toujours rejeté les explications allégoriques de l'Ecriture sainte. Cependant, en l'expliquant, ils n'ont pas fait plus d'usage de la critique et de la grammaire *hébraïque* que les Pères grecs et latins. Voilà bien des coupables, au jugement des protestants. — 3° Pour démontrer le ridicule de ces grands critiques, nous pourrions nous borner à leur demander en quoi l'érudition *hébraïque* des protestants a contribué à la perfection du christianisme; quelle vérité salutaire, auparavant inconnue, l'on a découverte dans le texte *hébreu*; quel nouveau moyen de sanctification l'on y a trouvé ? Nous savons les prodiges qu'elle a opérés : elle a fait naître le socinianisme et vingt sectes fanatiques; c'est à force de sciences *hébraïques* que Le Clerc lui-même est devenu socinien, et qu'il a vu que dans l'Ancien Testament la divinité du Fils de Dieu n'est pas révélée assez clairement ; c'est à l'aide de subtilités de grammaire et de critique que les sociniens viennent à bout d'éluder et de tordre le sens de tous les passages de l'Ecriture sainte qu'on leur oppose. En voici un exemple que donne Le Clerc. Dans le psaume cx, ou plutôt cix, vers. 3, le texte *hébreu* porte, selon lui, *ex utero auroræ tibi ros geniturœ tuæ;* mais les Pères ont lu, comme les Septante, *ex utero ante luciferum genui te,* et ils ont entendu ce passage de la génération éternelle du Verbe. Sans prétendre disputer d'érudition *hébraïque* avec Le Clerc, nous soutenons que sa version est fausse, que *uterus auroræ*, et *ros geniturœ*, sont deux métaphores outrées et inusitées en *hébreu*. Il y a littéralement : *ex utero, ex diluculi rore tibi genitura tua,* et nous demandons en quoi ce sens est différent de celui des Septante. Si Le Clerc avait voulu se souvenir que saint Paul applique au Fils de Dieu le premier et le quatrième verset de ce psaume, *I Cor.*, chap. xv, vers. 25 ; *Hebr.*, chap. i, vers. 13 ; chap. v, vers. 6, etc., il aurait compris que les Pères n'ont pas eu tort de lui appliquer aussi le troisième, et de l'entendre comme les Septante. Le syriaque et l'arabe ont traduit de même, parce qu'il est absurde de s'arrêter au sens purement grammatical, et d'entendre que le Fils de Dieu a été engendré avant l'aurore, ou aussitôt que l'aurore. Les juifs, encore plus stupides, appliquent ce psaume à Salomon, et disent que le vers. 3 signifie que ce prince est né de grand matin ; mais leurs anciens docteurs jugeaient, comme nous, que ces paroles désignent la naissance éternelle du Messie. *Voy.* Galatin, l. iii, c. 17.

Les Pères de l'Eglise ont eu, pour expliquer l'Ecriture sainte et la théologie, un meilleur guide que les règles de grammaire ; savoir, la tradition reçue des apôtres, et toujours vivante ; l'analogie de la foi, le souvenir de ce que les apôtres avaient enseigné. Le Clerc n'en tient aucun compte, et tourne en ridicule cette tradition. Nous prouverons ailleurs l'absurdité de cet entêtement des protestants. Quand ils auraient prouvé qu'ils entendent mieux l'*hébreu* que les Septante, les paraphrastes chaldéens, Aquila, Théodotion, Symmaque, les auteurs de la cinquième et de la sixième version des traductions syriaque et arabe, etc., nous soutiendrions encore que leurs dissertations grammaticales ne peuvent pas prévaloir au suffrage réuni de tous ces traducteurs, et que cette traduction purement humaine est plus sûre que les conjectures de tous les sociniens et de tous les protestants du monde.

C'est encore, de leur part, un trait de vanité très-mal fondé que de prétendre que leurs docteurs ont créé ou rétabli dans l'Eglise l'étude de la langue *hébraïque;* jamais cette étude n'y a été interrompue ; dans les siècles même qui passent pour les plus ténébreux, il y a eu des hommes habiles dans les langues orientales : nous ferons l'énumération des principaux dans l'article suivant, et il ne faut pas oublier que les premiers protestants qui savaient l'*hébreu*, l'avaient appris sous l'habit de moine qu'ils portaient avant d'être apostats. Fleury, *neuvième Discours sur l'Histoire ecclésiastique*, n. 6.

HÉBRAÏSANT, homme qui a fait une étude particulière de la langue hébraïque, qui s'y est rendu habile, ou qui a composé quelque ouvrage à ce sujet. Dans l'article précédent, § 4, nous avons relevé l'erreur des protestants, qui reprochent aux docteurs de l'Eglise de ne s'être pas appliqués à éclaircir le texte hébreu de l'Ecriture sainte, et qui veulent réserver cet honneur aux fondateurs de la réforme. Pour achever de détruire cette prétention, nous ferons une courte énumération de ceux qui ont cultivé cette étude dans les différents siècles.

Dans le iie, et immédiatement après la naissance du christianisme, outre la version grecque d'Aquila, juif de religion, et celles de Théodotion et de Symmaque, ébionites, il en parut deux autres, qui furent nommées la cinquième et la sixième, et qu'Origène avait placées dans ses *Octaples*; on ne dit point que ces deux versions aient été faites par des hérétiques ni par des juifs. On prétend que la version syriaque est pour le moins aussi ancienne, et que la version arabe ne l'est guère moins ; l'une et l'autre ont été faites sur le texte hébreu ; l'étude de cette langue était donc cultivée. Au troisième, non-seulement Origène, mais le martyr Pamphile, Eusèbe, Lucien, Hésychius ; au ive, saint Jérôme, saint Ephrem, saint Epiphane, ont su l'*hébreu*. Au ve, saint Eucher; au vi^e, Procope de Gaze et Cassiodore; au viie et viiie, Bède et Alcuin s'y sont appliqués. Fabricy, *des Titres primitifs*, etc., tome II, p. 125. Il faut y ajouter plusieurs savants syriens, soit nestoriens, soit jacobites, desquels Assémani a cité les ouvrages dans sa *Bibliothèque orientale*. On peut citer au ixe Raban Maur, Agobard et Amolon de Lyon; Druthmar et Angelôme, moines bénédictins, Paschase Radbert, et Harmote, abbé de Saint-Gal. Au xe, Remi d'Auxerre, l'auteur anonyme de deux lettres à Vicfride, évêque de Verdun ; dans le xie, Samuel de Maroc, juif converti ; l'école de Limoges sous l'évêque Alduin ; Sigon, abbé de Saint-Florent; Sigebert de Gemblours ; Thiofride, abbé d'Epternach ; les moines de Cîteaux ; Odon, évêque de Cambrai. Au xiie, Pierre Alphonse, juif espagnol, et Herman, juif de Cologne, tous deux convertis ; les Dominicains sous saint Louis ; Abailard ; les auteurs des *Correctoria biblica;* Hugues d'Amiens, archevêque de Rouen ; et un anonyme qui a écrit contre les juifs. Au xiiie, Roger Bacon, Robert Capito, Raimond des Martins et le P. Paul, dominicains ; un P. Nicolas, juif converti ; Porchet, chartreux ; Arnaud de Villeneuve. Au xive, le concile général de Vienne ordonna qu'à Rome, à Paris, à Oxford, à Boulogne, à Salamanque, il y eût des professeurs pour enseigner l'hébreu, l'arabe et le chaldéen, et il s'en trouva. Nicolas de Lyra, né de parents juifs, entendait très-bien l'hébreu. Au xve, Jérôme de Sainte-Foi, juif converti, aussi bien que

Paul de Burgos, Wesselus de Groningue, Jean Pic de la Mirandole, Julien de Trotereau d'Angers, le cardinal Ximénès, Reuchlin, Alphonse Spina, juif espagnol converti, Jean Trithème, et un jeune Espagnol dont il a vanté l'érudition dans les langues orientales. Au commencement du XVIe, et avant la naissance de la prétendue réforme, Jean de Janly, Bourguignon; François Tissard, de Paris; les savants qui travaillèrent à la polyglotte d'Alcala; Augustin Justiniani, dominicain, évêque de Nébio; Mathurin de Pédran, évêque de Dol; Augustin Grimaldi, évêque de Grasse, savaient l'hébreu et en avaient donné des preuves. Conrad Pellican et Sébastien Munster, deux disciples de Luther, l'avaient appris lorsqu'ils étaient franciscains. Paul de Canosse et Agathio Guida Cério, qui le professèrent les premiers dans le collège royal à Paris, n'étaient pas luthériens. Les autres *hébraïsants*, qui persévérèrent dans le catholicisme, ne furent pas redevables de leur érudition hébraïque aux novateurs. Tels furent Pierre Picheret, qui assista au colloque de Poissy; Folingio, religieux bénédictin; Vatable, Clénard, Isidore Clarius, autre bénédictin; Titelman, capucin, etc., etc. *Réponse crit. aux object. des incréd.*, t. II, p. 262.

De quel front les protestants osent-ils donc se vanter d'avoir rétabli dans l'Eglise chrétienne l'étude des langues orientales, d'avoir les premiers consulté la critique et la grammaire hébraïque, et employé la comparaison des langues pour expliquer le texte de l'Ancien Testament? Les prétendus réformateurs, enfants ingrats de l'Eglise catholique, élevés dans son sein et nourris de son lait, n'ont pas rougi d'insulter à leur mère, et d'employer contre elle les armes qu'elle leur avait mises à la main. Nous n'aurions pas de peine à prouver, s'il le fallait, que ce ne sont pas des protestants qui nous ont procuré les meilleurs secours pour apprendre l'hébreu, les grammaires, les concordances, les dictionnaires les plus estimés; et il y avait des Bibles polyglottes avant qu'ils fussent au monde. Fleury, *ibid*.

HÉBRAISME, expression ou manière de parler propre à la langue hébraïque; c'est ce que l'on nomme encore *idiotisme*. Si l'on voulait juger du caractère de cette langue par la multitude des ouvrages composés pour en expliquer la construction, pour en faire remarquer les expressions propres et singulières, pour montrer les différences qui se trouvent entre l'hébreu et les autres langues, on serait tenté de croire que les Hébreux ne ressemblaient pas aux autres hommes, qu'ils en étaient aussi différents par le langage que par les mœurs et par la religion. Ce préjugé n'est pas propre à inspirer le goût d'apprendre l'hébreu. Il est encore moins propre à prouver que le texte de l'Ecriture sainte est fort clair, qu'il doit seul fixer notre croyance; et que les disputes théologiques doivent se décider par des discussions de grammaire. Nous soutenons, au contraire, que c'est le moyen le plus sûr de les rendre interminables, et de fournir des armes aux mécréants les plus visionnaires.

Dans l'ouvrage intitulé, *les Eléments primitifs des langues*, imprimé en 1769, nous nous sommes attachés à prouver que les trois quarts au moins des prétendus *hébraïsmes* sont venus, 1° de ce que l'on a comparé l'hébreu au latin, langue avec laquelle il n'a aucune ressemblance; 2° de ce que l'on n'a pas compris le vrai sens de plusieurs termes, et de ce que l'on en a donné de fausses étymologies; 3° de ce que l'on a pris pour règle la ponctuation des massorettes ou des rabbins, c'est-à-dire une prononciation et une orthographe très-arbitraires; 4° de ce qu'au lieu de rechercher les racines-monosyllabes des termes, on les a rapportés à des mots composés, qui jamais ne furent des racines. Nous croyons en avoir donné suffisamment de preuves. Mais il serait long d'entrer ici dans ce détail. Un moyen plus simple est de montrer que la plupart des tours de phrase, et des expressions que l'on croyait propres à l'hébreu, se retrouvent en français; que ce sont des *gallicismes*, aussi bien que des *hébraïsmes*, surtout si on les compare avec le vieux français et avec le style populaire. Et nous sommes persuadés que chaque peuple de l'Europe, qui voudra faire la comparaison de l'hébreu avec sa propre langue, y trouvera la même ressemblance. Actuellement un savant qui a fait une étude particulière des langues travaille à faire voir qu'il y a une conformité étonnante entre l'hébreu et l'ancien celte ou le bas-breton.

Walton, dans ses *Prolégomènes de la Polyglotte d'Angleterre*, page 45, a porté au nombre de soixante les idiotismes de l'Ecriture sainte, parce que, suivant l'usage, il a comparé le langage des écrivains sacrés au grec et au latin, deux langues riches, très-cultivées, à la construction desquelles l'art a eu beaucoup de part. Voyons si, en rapprochant du français ces prétendus *hébraïsmes*, nous n'en ferons pas disparaître au moins les trois quarts. 1° Plusieurs livres de l'Ecriture sainte commencent par *et* ou par une autre conjonction, qui suppose que quelque chose a précédé. Cela vient de ce que dans l'origine l'Ecriture sainte n'était pas partagée en livres et en chapitres; l'auteur qui commençait à écrire liait sa narration avec ce qui avait précédé. Ce n'est donc pas là un *hébraïsme*. La plupart de nos vieux romanciers commençaient leurs livres par la conjonction *or*. 2° Les auteurs des versions mettent souvent un cas pour l'autre. C'est qu'en hébreu, non plus qu'en français, il n'y a ni cas, ni déclinaisons de noms; les rapports des noms, ou des noms aux verbes, se marquent comme chez nous, par des articles, par des prépositions ou par des conjonctions; et parmi les particules ou liaisons hébraïques, il n'y en a point qui désigne un cas plutôt qu'un autre. 3° De même, dans les verbes, un temps se met pour l'autre. Cela n'est pas étonnant, quand on sait qu'en hébreu il n'y a ni verbes ni conjugaisons semblables à celles des Grecs et des

Latins, mais seulement des noms verbaux et des participes indéterminés; et il en est ainsi dans la plupart des langues de l'Occident, où les verbes ne se conjuguent que par des auxiliaires. De même qu'en français le verbe passif, dans tous ses temps, n'est que le participe joint au verbe substantif toujours exprimé; ainsi en hébreu le verbe actif est le participe joint au verbe substantif sous-entendu. De là vient que le même nom verbal signifie tantôt le présent, tantôt le passé et tantôt le futur, comme l'ont remarqué deux savants *hébraïsants*, Loweth et Michaëlis, *de sacra* Poesi *Hebræor.*, *Prælect.* 15, n. 182. 4° Les Hébreux mettent le positif au lieu du comparatif; ils disent : *il est bon*, au lieu de dire, *il est mieux* de mettre sa confiance en Dieu qu'en l'homme. Mais si le *que* hébreu signifie *plutôt que*, l'irrégularité disparaît : *il est bon de se confier à Dieu plutôt qu'à l'homme.* 5° La préférence s'exprime souvent par une négation. *Je veux la miséricorde et non le sacrifice*, signifie, je veux la miséricorde plutôt que le sacrifice. De même si un homme nous disait : *J'aime l'or et non l'argent*, nous entendrions très-bien qu'il veut dire : J'aime mieux l'or que l'argent. C'est le sens de la phrase, *J'ai aimé Jacob, et j'ai haï Esaü;* et nous pourrions dire sans équivoque, J'aime l'or, et je hais l'argent, parce qu'il est moins commode. 6° *Tout* exprime souvent le superlatif. *L'homme est tout vanité*, ps. xxviii. C'est là tout l'homme, Eccl., chap. xii, vers. 13, c'est-à-dire l'homme parfait. Nous disons aussi : *Cela est de toute beauté, tout aimable, tout nouveau*, etc. — 7° Souvent un terme faible a un sens très-fort. *I Reg.*, chap. xi, vers. 21 : Ne courez pas après des choses vaines, qui ne vous serviront de rien, c'est-à-dire qui vous seront pernicieuses. *I Mach.*, chap. ii, vers. 21 : Il ne nous est pas bon d'abandonner notre loi, etc. On dit aussi en français : *Cela n'est pas bien*, au lieu de dire *cela est très-mal; je ne vous en sais pas bon gré*, c'est-à-dire je vous en sais très-mauvais gré. Dans ces phrases l'expression diminutive a la force d'une négation; dans d'autres, la négation absolue n'a qu'une signification diminutive. Ainsi quand on dit à un jeune homme : *Vous ne travaillez pas*, ou *vous ne travaillez plus*, l'on entend seulement qu'il ne travaille pas autant qu'il pourrait et qu'il devrait le faire, ou qu'il ne travaille plus autant qu'il le faisait autrefois. Ces manières de parler ne sont pas absolument vraies, mais seulement par comparaison, et il en est de même chez tous les peuples. 8° Dans le seul verset 31 du psaume lxvii, le mot *comme* est supprimé trois fois. *Résistez à ceux qui sont* (comme) *des bêtes féroces au milieu des joncs, et* (comme) *des taureaux dans un troupeau; qui éloignez ceux qui sont purs* (comme) *l'argent.* Nous faisons de même quand nous disons : *Cet homme est un tigre, un lion, une bête féroce :* nous entendons par là qu'il leur ressemble. 9° *Porter l'iniquité*, ou le crime, signifie quelquefois en obtenir le pardon ; plus souvent il signifie en porter la peine,

en être puni ; *porter*, dans notre langue, a aussi la même signification active et passive, et un grand nombre de sens différents. Il ne faut donc pas regarder les verbes, les prépositions, les conjonctions équivoques, comme des *hébraïsmes*, puisque c'est un inconvénient commun à toutes les langues. 10° Il en est de même des métaphores, des allusions à des objets connus, des transpositions de mots, des ellipses ou des mots sous-entendus, des constructions qui semblent irrégulières, etc.; aucune langue n'est exempte de ces imperfections, et souvent on les regarde comme des beautés. 11° Ce n'est pas non plus en hébreu seulement qu'il y a des termes que l'on ne doit pas toujours prendre à la rigueur : dans nos discours ordinaires, aussi bien que dans le style des écrivains sacrés, les mots *jamais, toujours, éternellement, pour l'éternité*, etc., ne signifient souvent qu'une durée indéterminée; il ne s'ensuit pas néanmoins qu'il ne faille quelquefois les entendre à la lettre et dans le sens le plus rigoureux. 12° Lorsque les incrédules reprochent aux Hébreux d'avoir attribué à Dieu des mains, des pieds, des yeux, un entendement, des actions et des passions humaines, ils ne font pas attention que cet inconvénient est inévitable dans toutes les langues, puisque aucune ne peut avoir des termes propres et uniquement consacrés à exprimer les attributs et les opérations de Dieu; nous ne pouvons les concevoir que par analogie aux qualités et aux actions des êtres intelligents. *Voy.* Anthropologie, Anthropopathie. Nous ne pouvons même exprimer les opérations de l'esprit que par des métaphores empruntées des corps : *voir, entendre, toucher au doigt, sentir*, signifient souvent concevoir et comprendre. 13° Les noms propres hébreux sont significatifs, et dans les versions ils sont quelquefois rendus par la chose même qu'ils signifient. Ainsi dans le prophète Osée, chap. i, vers. 8, il est dit que son épouse *sevra celle qui était sans miséricorde*, c'est-à-dire l'enfant dont le nom signifiait *sans miséricorde*. C'est un défaut d'exactitude dans la traduction, mais ce n'est pas un idiotisme. Chez nous, les noms propres ont aussi une signification, et si nous avions conservé la connaissance du celte ou de l'ancien gaulois, nous verrions que ces noms ne sont ni bizarres ni vides de sens, que dans l'origine ils désignaient quelque qualité personnelle de ceux auxquels ils ont été donnés. 14° Les noms des patriarches sont mis pour désigner leur postérité : *Jacob* ou *Israël* signifie les Israélites; *Esaü* ou *Edom*, les Iduméens; *Ephraïm*, la tribu de ce nom, etc. Nous faisons à peu près de même, en disant les *Bourbons*, les *Guises*, les *Montmorency;* la *France*, pour les Français, l'*Angleterre*, pour les Anglais. Ottoman, qui désigne les Turcs, était, dans l'origine, le nom d'un homme. 15° Au lieu de dire *les lois de Dieu*, les écrivains sacrés disent les *justices*, les *justifications*, les *commandements*, les *témoignages*, les *paroles*, les *voies* de Dieu. Chez nous, *loi, édit, dé-*

claration, *lettre, ordonnance* du roi, sont à peu près synonymes : on dit *faire droit, faire justice,* pour *rendre un arrêt.* 16° *Père,* en hébreu, signifie non-seulement la paternité proprement dite, mais aïeul, ancien, maître, auteur, docteur, possesseur. Aussi disons-nous en français *nos aïeux* ou *nos pères,* les *docteurs,* ou les *Pères* de l'Eglise; le peuple appelle un homme riche, *le père aux écus,* et un procès qui en produira d'autres, *un père qui aura des enfants.* Il en est de même du nom de *mère.* D'autre part, *fils* ou *fille,* en hébreu, n'exprime pas seulement les enfants et la postérité, mais ce qui sort, ce qui vient d'un lieu ou d'une chose, ce qui y tient ou qui en fait partie. Ainsi *les enfants du Nord* ou *du Midi* sont les peuples de ces contrées; les *filles du carquois* sont les flèches, les *filles du cantique* sont les oreilles flattées par la musique, la *fille de Sion* ou *de Jérusalem* est la ville de ce nom. Dans le même sens, nous appelons *enfants de France,* la famille de nos rois; *enfant de Paris,* un homme né à Paris; *enfant du régiment,* le fils d'un soldat; *enfant de la balle,* celui qui exerce la profession de son père. 17° En français, aussi bien qu'en hébreu, *tête* se met pour homme, *femme* pour efféminé, *enfant* pour esprit faible et borné; les *aigles,* les *lions,* les *tigres,* sont des peuples féroces et avides de butin. *Verge, cordeau,* expriment une possession, un héritage, comme chez nous *perche, verge, toise,* désignent une portion de terre de telle mesure. 18° *Dabár* ou *Deber* en hébreu, ρῆμα en grec, *res* en latin, qui vient du grec ῥέω, *parler; chose,* en français, qui est le latin *causa,* et le grec καῦσαι, *jaser, causer,* sont le terme le plus générique, parce que toutes les affaires se font et se terminent par des paroles : l'allusion est la même dans les quatre langues. 19° Lorsqu'il est dit que Jésus-Christ est notre justice, notre sanctification, notre rédemption, notre paix, notre salut, nous entendons qu'il en est l'auteur; nous sommes accoutumés à dire de même *la commission* pour les commissaires, *le conseil* pour les conseillers, *le parlement* pour les magistrats, *le gouvernement* pour ceux qui gouvernent, *la prétendue réforme* pour ceux qui voulaient la faire. Si ces derniers avaient été meilleurs grammairiens, ils ne se seraient peut-être pas avisés de fonder sur cette équivoque le dogme de la justice imputative. 20° Les verbes hébreux n'ont, comme les nôtres, que la seconde personne de l'impératif; on est donc forcé de se servir du futur : ainsi pour traduire le latin *ritus patrios colunto,* nous dirons *les rites nationaux seront observés.* De là l'impératif ou l'optatif hébreu n'exprime souvent que le futur. Lorsque les incrédules lisent dans le prophète Osée, chap. xiv, vers. 1 : *Périsse Samarie, parce qu'elle a irrité la colère du Seigneur; que ses habitants périssent par l'épée, que ses petits enfants soient écrasés, que ses femmes grosses soient éventrées,* ils prennent pour une imprécation ce qui n'est qu'une prédiction, et celle-ci fut vérifiée peu de temps après. *IV Reg.,* chap. xv,

vers. 16. Puisque le prophète invite les Samaritains à se convertir au Seigneur, il ne souhaitait pas leur destruction. Il en est de même des malédictions qui se trouvent dans les Psaumes et ailleurs; elles sont dans les versions, et non dans le texte. Lorsqu'un père irrité dit à son fils : *Va, malheureux, va te faire pendre,* il ne le désire certainement pas, mais il le prédit. *Voy.* Imprécation. 21° Nous ne devons donc pas être surpris de voir exprimer en termes de commandement ce qui est une simple permission : ce style est de toutes les langues, et le terme même de *permission* est équivoque. *Voy.* ce mot. 22° Les grammairiens nous disent qu'en hébreu c'est une élégance de mettre un adverbe au lieu d'un adjectif, de dire *sanguis immerito,* pour *sanguis innoxius;* mais si ce qu'ils prennent pour un adverbe est véritablement un adjectif, à quoi sert cette remarque ? Ils disent qu'un adverbe s'exprime quelquefois par un verbe; qu'au lieu de dire, *il prit ensuite une autre femme,* les Hébreux disent, *il ajouta de prendre une femme,* ou *il ajouta et il prit une femme.* Mais si le mot que l'on prend pour un verbe, et que l'on traduit par *il ajouta,* est un adverbe ou un gérondif, s'il signifie *derechef, de plus, par surcroît,* etc., cet hébraïsme prétendu se trouve encore nul. 23° Dans l'Ecriture sainte, *faire une chose* signifie assez souvent commander qu'elle se fasse, la laisser faire, prédire qu'elle se fera, la représenter comme faite. C'est aussi notre usage de dire qu'un seigneur bâtit un hôtel, qu'un magistrat fait le mal qu'il n'empêche pas, qu'un orateur fait parler un personnage, qu'un astrologue fait pleuvoir au mois de décembre. Il est dit dans le Lévitique que le prêtre, après avoir examiné un lépreux, *le souillera,* c'est-à-dire qu'il le déclarera souillé. Ezéchiel, chap. xiii, parle des faux prophètes, et dit qu'ils affectaient *de vivifier des âmes* qui ne vivent point, c'est-à-dire de leur persuader faussement qu'elles sont vivantes. De même, dans notre langue, *noircir un homme,* c'est le faire paraître coupable; le *justifier* ou l'*innocenter,* c'est le déclarer juste et innocent. 24° Dans les articles Cause et Cause finale, Grace, § 3, Endurcissement, etc., nous avons fait voir que souvent l'Ecriture sainte exprime comme cause efficiente d'un événement ce qui n'en est que l'occasion, et, comme cause finale ou intention ce qui arrive contre l'intention même de celui qui agit; mais nous avons montré en même temps que ce tour de phrase n'est point particulier à la langue hébraïque, et que la même équivoque à lieu dans nos façons de parler les plus ordinaires. 25° Enfin, la source la plus féconde des prétendus *hébraïsmes* est le sens trop limité que l'on a donné à la plupart des particules hébraïques; on les a comparées à nos prépositions et à nos conjonctions, dont le sens est beaucoup plus restreint, et l'on n'en a pas senti toute l'énergie. Quand on s'est convaincu que les particules en hébreu ne sont que des liaisons ou des monosyllabes, qui indiquent un rapport sans le caractériser ni le modifier, on n'est plus étonné de leur trouver dix ou douze sens différents. Nous avons en français des prépositions qui n'en ont guère moins. Nous ne parlerons pas des prétendus *hébraïsmes* qui viennent uniquement d'une ponctuation fautive; on en est quitte en n'y faisant aucune attention. *Voy.* la *Grammaire hébraïque* de M. Lavocat.

Il serait inutile de pousser plus loin ce détail : il deviendrait minutieux. Nous ne prétendons pas soutenir qu'il n'y a point absolument d'idiotisme en hébreu, puisqu'il y en a dans toutes les langues; mais ils y sont en très-petit nombre. Quelques-uns semblent avoir été forgés à dessein, et pour soutenir des sentiments singuliers ou des erreurs. On dit, par exemple, que les Hébreux expriment souvent une action, pour signifier seulement la volonté de la faire; dans ce sens, Jésus-Christ est l'Agneau de Dieu qui efface les péchés du monde; il a porté tous nos iniquités; il a pacifié le ciel et la terre; il éclaire tout homme qui vient en ce monde, etc., parce qu'il a eu la volonté de le faire, quoique l'effet n'y réponde pas toujours. Fausse interprétation, injurieuse à Dieu et à Jésus-Christ, digne de Calvin et de ses sectateurs. Avec de pareils subterfuges, aucun passage de l'Ecriture sainte ne serait capable de rien prouver. Les sociniens surtout ont supposé des *hébraïsmes* dans les façons de parler les plus simples, afin de pervertir à leur gré le sens de tous les passages qu'on leur oppose.

C'est mal à propos que les incrédules ont argumenté sur la multitude des *hébraïsmes*, pour persuader que l'hébreu est une langue inintelligible, à laquelle on fait signifier tout ce qu'on veut, une pomme de discorde, un piège continuel d'erreur, etc., puisque le très-grand nombre de ces prétendus *hébraïsmes* sont imaginaires. C'est comme si l'on soutenait que le français est un langage indéchiffrable pour les étrangers, à cause de la multitude de gallicismes et de façons de parler qui ne se trouvent point dans leur langue naturelle. Nous ne craignons pas d'avancer que si l'on comptait les idiotismes de notre langue, ils se trouveraient pour le moins en aussi grand nombre que ceux que l'on remarque dans le style des livres saints.

Pour entendre l'hébreu, nous avons des règles certaines et des secours abondants. 1° Lorsque le sens littéral ne renferme ni absurdité ni erreur, on doit s'y tenir, et ne pas y supposer gratuitement un sens figuré ou métaphorique ; c'est la règle prescrite par saint Augustin. 2° Lorsque le sens d'un mot paraît douteux, il faut comparer les divers passages dans lesquels il est employé, examiner ce qui précède et ce qui suit, voir ce qu'il signifie dans les langues analogues à l'hébreu, telles que le chaldéen, le syriaque et l'arabe; ce travail est tout fait dans les concordances hébraïques. 3° En considérant quel a été le dessein de l'écrivain sacré, le sujet qu'il traite, les personnes auxquelles il parle, les circonstances dans lesquelles il se trouvait, il est peu de passages desquels on ne découvre le vrai sens. 4° Lorsque les anciennes versions s'accordent à y donner le même sens, il y a de la témérité à juger que tous les traducteurs se sont trompés. 5° En matière de foi et de mœurs, le guide le plus sûr est la tradition de l'Eglise, le sentiment des Pères et des interprètes ; l'on doit plutôt s'y fier qu'aux subtilités de critique et de grammaire. Cette règle, prescrite par le sixième concile général, et renouvelée par le concile de Trente, est dictée par le bon sens. Peut-on se persuader que, depuis dix-sept cents ans, l'Eglise n'a pas entendu les livres que Jésus-Christ et les apôtres lui ont laissés pour diriger sa croyance ? 6° Dans les matières indifférentes et de pure curiosité, il est permis à chacun de proposer de nouvelles explications, pourvu qu'il le fasse avec la retenue et la modestie convenables.

HÉGÉSIPPE, auteur ecclésiastique du II° siècle, avait écrit une histoire de l'Eglise depuis la mort de Jésus-Christ jusqu'à l'an 133, temps auquel il vivait. Il ne nous en reste que des fragments conservés par Eusèbe, mais qui sont précieux, puisque l'auteur a vécu avec les disciples immédiats des apôtres. Il montrait dans cette histoire la suite de la tradition, et il faisait voir que, malgré le grand nombre d'hérésies que l'on avait déjà vues éclore, aucune église particulière n'avait encore embrassé l'erreur, mais que toutes conservaient soigneusement ce qui avait été enseigné par Jésus-Christ et par les apôtres. Dans le dessein de s'en convaincre, il avait parcouru les principales églises de l'Orient, et il avait demeuré près de vingt ans à Rome. Saint Jérôme a remarqué que cet auteur avait écrit d'un style fort simple, afin d'imiter, par sa manière, ceux dont il rapportait les mœurs et les actions.

Le Clerc, *Hist. ecclés.*, an. 62, § 3, note 2, et ailleurs, a voulu persuader que c'est un historien tout à fait indigne de foi; qu'il a été ou crédule à l'excès, ou capable d'inventer des fables : il le cite, avec Papias, comme deux exemples du caractère des auteurs du II° siècle. Ce critique aura sans doute fait adopter son jugement à tous ceux qui ont intérêt, comme lui, de mépriser la tradition des premiers siècles de l'Eglise. Mais nous croyons devoir nous en fier plutôt à Eusèbe qu'à Le Clerc et à ses pareils. Eusèbe n'a été ni un ignorant, ni un imbécile : or, il a fait cas de l'histoire d'*Hégésippe;* il la cite avec une entière confiance: donc il l'a jugée digne de foi. Au IV° siècle, on avait encore d'autres monuments historiques dont nous sommes actuellement privés, et par lesquels on pouvait vérifier si ce qu'*Hégésippe*, avait écrit était vrai ou faux. Il ne faut pas le confondre avec un autre *Hégésippe*, qui, d'après l'historien Josèphe, a fait cinq livres *sur la ruine de Jérusalem ;* ce dernier n'a vécu qu'au IV° siècle, et n'a écrit qu'après le règne de Constantin.

* HÉGÉLIANISME. Hégel, fameux philosophe allemand, avait établi en principe : *que la méthode est tout en philosophie*. Il établit un système philosophico-théologique qui a eu une très-funeste influence

sur la religion en Allemagne. Voici l'exposé de ce système. « Selon Hégel, tout part d'un principe et y revient. Ce principe est l'*idée*; l'idée, c'est Dieu. L'idée *en soi*, c'est Dieu avant la création, n'ayant point conscience de lui-même, ne se connaissant pas, et ainsi n'existant point encore tout entier. L'idée sort d'elle-même pour se contempler; elle devient *idée pour soi* : c'est Dieu s'objectivant lui-même et se faisant par la connaissance qu'il acquiert de lui. Puis l'idée manifestée dans le monde et par l'histoire revient à elle, à *l'idée en soi*, mais avec l'expérience et la connaissance d'elle-même, et c'est la consommation des choses ou l'achèvement de Dieu.

« Donc trois termes dans le développement de l'univers : la *thèse*, l'*antithèse* et la *synthèse*. Or l'idée et la réalité étant identiques, puisque celle-ci est l'exposition de celle-là, la science unique est celle de l'idée et de son développement, ou la *logique*, qui est la seule religion vraie et pure; car seule elle rattache ou relie à l'*idée*, qui est Dieu.

« Voilà comment la philosophie est au-dessus de la religion et lui tend la main pour l'aider à s'élever; car le vrai ou l'idée pure est au-dessus du *saint*, qui en est une forme, une expression; et ainsi tous les dogmes du christianisme sont des symboles de la vérité en soi, et les récits bibliques des allégories ou des mythes. Ainsi, la *Trinité*, c'est la thèse ou l'idée en soi, le Père qui ne se connaît pas encore; l'antithèse ou l'idée pour soi, le Fils dans lequel le Père se manifeste et se contemple; la synthèse, l'idée pour soi, retournant à l'idée en soi, est le Saint-Esprit, qui lie le Père au Fils par l'amour, ou le lien logique qui unit le principe à la conséquence, l'idéal au réel, l'infini au fini, l'incréé au créé, Dieu au monde. Donc, comme on l'a enseigné et imprimé en France, Dieu, dans sa triplicité, est l'infini, le fini et le rapport de l'infini au fini, donc la création est nécessaire, non-seulement pour que Dieu s'objective ou se conçoive, mais aussi pour qu'il se fasse ou devienne.

« Le *péché originel*, et le mal qui en sort, est l'état naturel de l'homme, résultat de la création et non d'une transmission. C'est d'un côté la limitation nécessaire de la créature, son impuissance naturelle ou son néant, quand on la considère séparément de l'idée ou de son principe, et de l'autre, c'est l'espèce d'opposition où chaque homme se place nécessairement vis-à-vis de l'absolu, quand, acquérant la conscience de lui-même, il se pose par la réflexion en personnalité propre, et rompt par là, autant qu'il est en lui, son identité essentielle avec l'*idée* dont il est sorti et à laquelle il doit revenir.

« L'*incarnation du Verbe* en Jésus-Christ est le moment où l'identité de Dieu et de l'humanité s'est manifestée à la conscience humaine. C'est en Jésus-Christ, l'homme parfait, que la Divinité est arrivée à la conscience d'elle-même, et s'est dit pour la première fois : *Je suis moi*. Le sacrifice de Jésus-Christ par sa mort n'est point le moyen de la résurrection de l'humanité en Dieu, mais c'est l'acte par lequel l'idée, après s'être manifestée dans le fini, revient à elle-même et fait dire à l'homme, rentrant par sa volonté dans le grand tout, se perdant dans l'identité absolue : *Ce n'est plus moi* (ego jam non vivo).

« La *justification* est une identification définitive de l'esprit humain avec l'esprit divin, qui est le but et la perfection de la science. C'est donc la science qui sauve; par elle seulement s'acquiert la vraie piété, qui consiste à s'abstraire de soi-même, à se dépouiller de soi pour retourner à l'absolu, car la personnalité ou le moi est ce qui nous sépare de Dieu. Le moi est la racine du péché, et le péché ne peut être détruit que par l'absorption du moi fini dans le moi infini, du phénomène dans l'idée de l'homme en Dieu (1). »

(a) Édition Lefort, art. Hégélianisme.

Les idées d'Hégel, ce mélange informe de rationalisme et de christianisme, ont pénétré en France, se sont introduites dans toutes nos écoles; c'est de là qu'est né ce christianisme démagogique que nos publicistes nouveaux, nos Proudhon, Pierre Leroux, Cabet, etc., proclament avec emphase. Espérons que cette confusion disparaîtra bientôt, et laissera place au véritable christianisme, qui a pour base la parole de Dieu, pour objet la foi, et l'Église catholique pour interprète.

HÉGUMÈNE, supérieur de religieux. Dans les monastères des Grecs, des Russes et des nestoriens, outre la dignité d'archimandrite, qui répond à celle des abbés réguliers, on distingue des *hégumènes*, qui paraissent leur être subordonnés, et qui ont un chef nommé *exarque*, dont les fonctions sont analogues à celles des provinciaux d'ordre. Il est parlé des *hégumènes* dans le règlement que Pierre le Grand fit publier pour l'Église de Russie en 1718, et l'on trouve dans le pontifical de l'Église grecque la formule de leur bénédiction, aussi bien que celle de l'exarque.

HÉLICITES, fanatiques du VI° siècle, qui menaient une vie solitaire. Ils faisaient principalement consister le service de Dieu à chanter des cantiques, et à danser avec les religieuses, pour imiter, disaient-ils, l'exemple de Moïse et de Marie. Cette folie ressemblait beaucoup à celle des montanistes, que l'on nommait *ascites* ou *ascodrutes*; mais leur secte avait disparu avant le VI° siècle. Les *hélicites* paraissent donc avoir été seulement des moines relâchés, qui avaient pris un goût ridicule pour la danse; leur nom peut être dérivé du grec ἑλικά, *ce qui tourne*, et on le leur avait probablement donné à cause de leurs danses en rond.

HÉLIOGNOSTIQUES, secte juive, ainsi nommée du grec ἥλιος, *le soleil*, et γινώσκω, *je connais*, parce que ces Juifs adoraient le soleil à l'exemple des Perses. C'est une des plus anciennes idolâtries; Dieu l'avait défendue, Deut., chap. XVII. Le livre de Job fait aussi mention de ceux qui adoraient le soleil et la lune. Les noms de la plupart des divinités païennes désignaient ces deux astres; et c'est par ce culte que l'idolâtrie a commencé. *Voy.* Astres.

HELLÉNISME, manière de parler particulière à la langue grecque. Le latin du Nouveau Testament est rempli d'*hellénismes*, mais il en est de ceux-ci à peu près comme des hébraïsmes; la plupart nous paraîtraient simples et naturels, si, au lieu de les comparer au latin, on les rendait mot pour mot en français. L'empereur Julien et quelques autres ont nommé la religion païenne, l'*hellénisme*, parce que c'était la religion des Grecs.

HELLÉNISTES, du grec ἑλληνισταί, ce terme ne se trouve que dans les Actes des apôtres, et il paraît employé dans trois sens différents. Chap. VI, vers. 1, il est dit qu'il s'éleva un murmure parmi les fidèles, parce que les veuves des *hellénistes* n'étaient pas assistées avec autant de soin que celles des Hébreux. Ces *hellénistes* étaient donc des juifs qui parlaient grec, et qui étaient convertis. Chap. IX, vers. 29, nous lisons que saint Paul disputait contre les *hellénistes*, par conséquent contre les juifs grecs non convertis. Chap. xi, vers. 20, il est parlé de disciples qui ne prêchaient qu'aux juifs, pendant que d'autres annonçaient aussi Jésus-Christ aux *hellénistes*, c'est-à-dire aux Grecs gentils ou païens. Il serait inutile de rapporter les divers sentiments des critiques sur ce sujet; ils semblent avoir cherché de la difficulté où il n'y en a point.

HELLÉNISTIQUE. On a ainsi nommé la langue que parlaient les Juifs hors de la Judée, et qui n'était pas un grec pur; elle était mêlée d'hébraïsmes et de syriacismes. C'est la langue dans laquelle la version des Septante et les livres du Nouveau Testament ont été écrits. Richard Simon l'appelle *langue de synagogue*. De même aujourd'hui en Espagne les juifs parlent un espagnol mélangé, que l'on peut appeler *espagnol de synagogue*. Saumaise a eu une autre idée de la langue *hellénistique*, on ne sait pas sur quel fondement.

Blackwall, savant anglais, a fait un livre pour réfuter les critiques qui ont accusé les écrivains du Nouveau Testament d'avoir parlé un grec barbare, rempli de solécismes et de mauvaises expressions: il prouve le contraire par des exemples tirés des auteurs grecs les plus estimés; il soutient non-seulement qu'ils se sont exprimés avec une éloquence naturelle et sublime, mais qu'en plusieurs choses ils ont surpassé les meilleurs écrivains de la Grèce et de Rome. Il y a peut-être un peu d'enthousiasme dans cette dernière prétention; mais quant à la pureté du langage, il nous paraît avoir pleinement justifié les auteurs sacrés. Il ne nie point que l'on y trouve des hébraïsmes; mais il fait voir que ces façons de parler, que l'on a crues propres et particulières aux Hébreux, n'étaient pas inusitées chez les Grecs. En effet, puisque nous les retrouvons presque toutes en français, ce ne serait pas une merveille de les rencontrer aussi dans les autres langues, surtout dans les divers dialectes du grec, qui ont varié à l'infini.

HELVIDIENS. *Voy.* ANTIDICOMARIANITES.

HÉMATITES, hérétiques desquels saint Clément d'Alexandrie a parlé dans son livre vii des *Stromates;* leur nom vient de αἷμα, *sang.* Peut-être était-ce une branche des cataphryges ou montanistes, qui, selon Philastrius, employaient à la fête de Pâques le sang d'un enfant dans leurs sacrifices. Saint Clément d'Alexandrie dit seulement qu'ils avaient des dogmes qui leur étaient propres, sans nous apprendre quels étaient ces dogmes. Quelques auteurs ont cru que ces sectaires étaient ainsi appelés, parce qu'ils mangeaient du sang et des chairs suffoquées, malgré la défense du concile de Jérusalem.

HÉMÉROBAPTISTES, secte de juifs, ainsi nommés, parce qu'ils se lavaient et se baignaient tous les jours par motif de religion. Saint Epiphane, parlant d'eux, dit que sur les autres points de religion, ils pensaient à peu près comme les pharisiens, mais qu'ils niaient la résurrection des morts, comme les sadducéens, et qu'ils avaient encore emprunté de ceux-ci d'autres erreurs.

D'Herbelot, dans sa *Bibliothèque orientale*, a cru que ces sectaires subsistaient encore sur les bords du golfe Persique, sous le nom de *Mendaï-Jahia*, ou chrétiens de saint Jean; cette conjecture a été embrassée et soutenue par plusieurs autres savants, en particulier par Mosheim, *Hist. Ecclés.*, xvi° siècle, sect. 3, 1re part., chap. 2, § 17, et *Hist. Christ. Proleg.*, chap. 2, § 9, note 3. Nous en parlerons plus au long au mot MANDAÏTES.

HÉNOCH, l'un des patriarches qui ont vécu avant le déluge. Saint Jude, dans son Epitre, fait le portrait de plusieurs chrétiens mal convertis, et dont les mœurs étaient déréglées; il ajoute, vers. 14: *C'est d'eux que* HÉNOCH, *qui a été le septième depuis Adam, a prophétisé en ces termes: Voilà le Seigneur qui va venir, avec la multitude de ses saints, pour exercer son jugement sur tous les hommes, et pour convaincre tous les impies.* Ces paroles de saint Jude ont donné lieu de forger, dans le ii° siècle de l'Eglise, un prétendu livre d'*Hénoch*, rempli de visions et de fables, touchant la chute des anges, etc. L'auteur paraît avoir été un juif mal instruit et mal converti, qui a rassemblé de fausses traditions judaïques, dans l'intention d'amener les juifs au christianisme: faux zèle et conduite très-blâmable. Plusieurs Pères de l'Eglise ont eu du respect pour ce livre, parce qu'ils ont cru que saint Jude l'avait cité. Mais cet apôtre cite, non un livre, mais une prophétie qui pouvait avoir été conservée par tradition; cela ne prouve donc rien en faveur du prétendu livre d'*Hénoch*. On dit que les abyssins, ou chrétiens d'Ethiopie, le respectent encore et y ont une grande confiance, et qu'il y en a un exemplaire à la bibliothèque du roi. On ne nous apprend pas si la prophétie alléguée par saint Jacques s'y trouve ou non; et il n'est pas certain que ce soit le même ouvrage duquel ont parlé Origène et Tertullien. Au reste, ce livre n'a jamais été reçu dans l'Eglise comme canonique, et il n'a aucune autorité. Il y a sur ce sujet une dissertation dans la *Bible d'Avignon*, tom. XVI, p. 521.

HÉNOTIQUE, édit de l'empereur Zénon, favorable aux eutychiens. *Voy.* EUTYCHIANISME.

HENRICIENS, hérétiques qui parurent en France dans le xii° siècle, et qui eurent pour chef un certain Henri, moine ou ermite, né en Italie. Ce novateur dogmatisa successivement à Lausanne, au Mans, à Poitiers, à Bordeaux, à Toulouse, où il fut attaqué et réfuté par saint Bernard. Obligé de fuir, il fut arrêté et conduit devant le pape Eugène III, qui présidait alors au concile de Reims; accusé et convaincu de plusieurs erreurs, il fut mis en prison, où il mourut l'an 1148. Il rejetait le baptême des enfants, il déclamait hautement contre le clergé, il méprisait les fêtes et les cérémonies de l'Eglise, et il tenait des assemblées secrètes pour répandre sa doctrine. Comme sur plu sieurs points il avait les mêmes sentiments que Pierre de Bruys, la plupart des auteurs ont cru qu'il avait été son disciple, et ils l'ont nommé Henri de Bruys. Mais Mosheim a observé que cette conjecture est sans fondement: Pierre de Bruys ne pouvait souffrir les croix, il les détruisait partout où il en trouvait. Henri au contraire entrait dans les villes une croix à la main, pour s'attirer la vénération du peuple. *Hist. ecclés.*, xii° siècle, ii° part., c. 5, § 8. Il est donc probable que, sans s'être endoctrinés l'un l'autre, ils avaient sucé les principes des albigeois, et les avaient arrangés chacun à sa manière.

Les protestants, pour se donner des ancêtres, ont cité Pierre de Bruys et Henri; ils ont dit que ces deux sectaires enseignaient la même doctrine que les réformateurs du xvi° siècle, ils les ont donnés pour martyrs de la vérité. Basnage, *Histoire de l'Eglise*, l. xxiv, c. 8, n. 1 et 2. Quand cela serait vrai, cette succession ne serait pas encore fort honorable, puisque ces deux prétendus martyrs étaient fort ignorants et de vrais fanatiques. Mais les protestants croient valide et légitime le baptême des enfants; ils ont même condamné l'erreur contraire, soutenue par les anabaptistes et par les sociniens, aussi bien que par Pierre de Bruys et par Henri. Ces deux sectaires ne sont donc rien moins que des martyrs de la vérité. Il est prouvé d'ailleurs que Henri fut convaincu d'adultère et d'autres crimes, qu'il se faisait suivre par des femmes débauchées, auxquelles il prêchait une morale abominable. *Acta episcop. Cenoman., in Vita Hildeberti.* Mosheim, qui cite ces Actes, ne répond rien à cette accusation. *Voy.* PÉTROBRUSIENS.

HEPTATEUQUE. C'est ainsi que l'on a nommé autrefois la première partie de la Bible, qui renfermait, outre le Pentateuque ou les cinq livres de Moïse, les deux suivants de Josué et des Juges. Yves de Chartres, *Epist.* 38, nous apprend que l'on avait coutume de les joindre ensemble, et de les citer par le nom d'*Heptateuque*, c'est-à-dire ouvrage en sept livres.

HÉRACLÉONITES, hérétiques du ii° siècle et de la secte des valentiniens; ils furent ainsi appelés de leur chef Héracléon, qui parut vers l'an 140, et qui répandit ses erreurs principalement dans la Sicile. Saint Epiphane a parlé de cette secte: *Hær.* 36, il dit qu'aux rêveries de Valentin, Héracléon avait ajouté ses propres visions, et avait voulu réformer en quelque chose la théologie de son maître. Il soutenait que le Verbe divin n'était point le créateur du monde, mais que c'était l'ouvrage de l'un des *éons*. Il distinguait deux mondes, l'un corporel et visible, l'autre spirituel et invisible, et il n'attribuait au Verbe divin que la formation de ce dernier. Pour étayer cette opinion, il altérait les paroles de l'Évangile de saint Jean: *Toutes choses ont été faites par lui, et rien n'a été fait sans lui*; il y ajoutait de son chef ces autres mots: *des choses qui sont dans le monde*. Il déprimait beaucoup la loi ancienne, et rejetait les prophéties; c'étaient, selon lui, des sons en l'air qui ne signifiaient rien. Il avait fait un commentaire sur l'Evangile de saint Luc, duquel saint Clément d'Alexandrie a cité quelques fragments, et un autre sur l'Evangile de saint Jean, duquel Origène a rapporté plusieurs morceaux dans son propre commentaire sur ce même Evangile, et c'est ordinairement pour les contredire et les réfuter. Le goût d'Héracléon était d'expliquer l'Ecriture sainte d'une manière allégorique, de chercher un sens mystérieux dans les choses les plus simples: et il abusait tellement de cette méthode, que Origène, quoique grand allégoriste lui-même, n'a pas pu s'empêcher de le lui reprocher. Grabe, *Spicil. du ii° siècle*, p. 80; D. Massuet, *Première dissert. sur saint Irénée*, art. 2, n. 93.

L'on n'accuse point les *hieracléonites* d'avoir attaqué l'authenticité ni la vérité de nos Evangiles, mais seulement d'en avoir détourné le sens par des interprétations mystiques: cette authenticité était donc alors regardée comme incontestable. On ne dit point qu'ils aient nié ou révoqué en doute aucun des faits publiés par les apôtres, et rapportés dans les Evangiles: ces faits étaient donc d'une certitude à laquelle on ne pouvait rien opposer. Les différentes sectes de valentiniens n'étaient point subjuguées par l'autorité des apôtres, puisque la plupart de leurs docteurs se croyaient plus éclairés que les apôtres, et prenaient, par orgueil, le titre de *gnostiques*, hommes intelligents. Cependant, au commencement du second siècle, la date des faits était assez récente pour que l'on pût savoir s'ils étaient vrais ou faux, certains ou douteux, publics ou apocryphes: comment des hommes qui disputaient sur tout, ont-ils pu convenir tous des mêmes faits, s'il y avait lieu de les contester? Nous répétons souvent cette observation, parce qu'elle est décisive contre les incrédules.

HÉRÉSIARQUE, premier auteur d'une hérésie, ou chef d'une secte hérétique. Il est constant que les plus anciens *hérésiarques*, jusqu'à Manès inclusivement, ont été ou des Juifs qui voulaient assujettir les chrétiens à la loi de Moïse, ou des païens mal convertis qui voulaient soumettre la doctrine chrétienne aux opinions de la philosophie. Tertullien l'a fait voir dans son livre *des Prescriptions*, c. 7, et il a démontré en détail que toutes les erreurs qui avaient troublé le christianisme jusqu'alors, venaient de quelqu'une des écoles de philosophie. Saint Jérôme a pensé de même, *In Nahum*, c. 3, col. 1588. Suivant la remarque d'un savant académicien, les philosophes ne virent pas sans jalousie un peuple qu'ils méprisaient, devenu sans étude infiniment plus éclairé qu'eux sur les questions les plus intéressantes au genre humain, sur la nature de Dieu et de l'homme, sur l'origine de toutes choses, sur la Providence qui gouverne le monde, sur la règle des mœurs ; ils cherchèrent à s'approprier une partie de ces richesses, pour faire croire qu'on les devait à la philosophie plutôt qu'à l'Évangile. *Mém. de l'Acad. des Inscriptions*, tom. L, in-12, p. 287. Ce motif n'était pas assez pur pour former des chrétiens fidèles et dociles.

Une religion révélée de Dieu, qui propose des mystères à croire, qui ne laisse la liberté ni de disputer, ni d'argumenter contre la parole de Dieu, ne sera jamais goûtée par des hommes vains et opiniâtres, qui se flattent de découvrir toute vérité par la force de leur esprit. Soumettre la raison et la curiosité au joug de la foi, enchaîner les passions par la morale sévère de l'Évangile, c'est un double sacrifice pénible à la nature ; il n'est pas étonnant que, dans tous les siècles, il se soit trouvé des hommes peu disposés à le faire, ou qui, après l'avoir fait d'abord, sont retournés en arrière. Les chefs des hérésies n'ont fait autre chose que porter dans la Religion l'esprit contentieux, inquiet, jaloux, qui a toujours régné dans les écoles de philosophie.

Mosheim conjecture avec beaucoup de probabilité que les Juifs, entêtés de la sainteté et de la perpétuité de la loi de Moïse, ne voulaient pas reconnaître la divinité de Jésus-Christ, ni avouer qu'il était le Fils de Dieu, de peur d'être obligés de convenir qu'en cette qualité il avait pu abolir la loi de Moïse ; que les hérétiques nommés *gnostiques* suivaient plutôt les dogmes de la philosophie orientale que ceux de Platon et des autres philosophes grecs. Mais cette seconde opinion n'est ni aussi certaine, ni aussi importante que Mosheim le prétend. *Voy.* GNOSTIQUES, PHILOSOPHIE ORIENTALE. Il fait mention d'une troisième espèce d'hérétiques ; c'étaient des libertins qui prétendaient que la grâce de l'Évangile affranchissait les hommes de toute loi religieuse ou civile, et qui menaient une vie conforme à cette maxime. Il serait difficile de prouver que ces gens-là ont composé une secte particulière.

Dès le premier siècle, les apôtres ont mis au rang des hérétiques Hyménée, Philète, Hermogène, Phygellus, Démas, Alexandre, Diotrèphe, Simon le magicien, les nicolaïtes et les nazaréens. Il paraît que saint Jean l'Évangéliste n'était pas encore mort lorsque Dosithée, Ménandre, Ebion, Cérinthe et quelques autres ont fait du bruit. Au second siècle, plus de quarante sectaires ont fait parler d'eux, et ont eu des partisans. Fabricius, *Salut. lux Evangelii*, etc., c. 8, § 4 et 5. Alors le christianisme, qui ne faisait que de naître, occupait tous les esprits, était l'objet de toutes les contestations, divisait toutes les écoles ; mais Hégésippe attestait que jusqu'à son temps, c'est-à-dire jusqu'à l'an 133 de Jésus-Christ, l'Église de Jérusalem ne s'était pas encore laissé corrompre par les hérétiques ; le zèle et la vigilance de ses évêques l'avaient mise à l'abri de la séduction.

Il y a une remarque essentielle à faire sur ce sujet : c'est que les *hérésiarques* les plus anciens et les plus à portée de vérifier les faits rapportés dans l'Évangile, n'en ont jamais contesté la vérité. Quoique intéressés à décréditer le témoignage des apôtres, ils n'en ont point nié la sincérité. Nous avons répété cette observation en parlant de chacune des anciennes sectes, parce qu'elle est décisive contre les incrédules, qui ont osé dire que les faits évangéliques n'ont été crus et avoués que par des hommes de notre parti.

Bayle définit un *hérésiarque*, un homme qui, pour se faire chef de parti, sème la discorde dans l'Église et en rompt l'unité, non par zèle pour la vérité, mais par ambition, par jalousie, ou par quelque autre passion injuste. Il est rare, dit-il, que les auteurs des schismes agissent de bonne foi. Voilà pourquoi saint Paul met les sectes ou les hérésies au nombre des œuvres de la chair qui damnent ceux qui les commettent, *Galat.*, chap. v, vers. 20 ; c'est pourquoi il dit qu'un hérétique est un homme pervers, condamné par son propre jugement, *Tit.* chap. III, vers. 10. Conséquemment Bayle convient qu'il n'y a point de forfait plus énorme que de déchirer le corps mystique de Jésus-Christ, de calomnier l'Église, son épouse, de faire révolter les enfants contre leur mère ; que c'est un crime de lèse-majesté divine au premier chef. *Suppl. du Comment. philos.*, préf. et c. 8. Sans doute les apologistes des *hérésiarques* n'accuseront pas Bayle d'être un casuiste trop sévère. En effet, quand un docteur quelconque serait intimement persuadé que l'Église universelle est dans l'erreur, et qu'il est en état de le prouver invinciblement, qui lui a donné mission pour prêcher contre elle ? Il ne peut d'abord, sans un excès de présomption, se flatter de mieux entendre la doctrine de Jésus-Christ qu'elle n'a été entendue, depuis les apôtres jusqu'à nous, par les docteurs les plus habiles. Il ne peut, sans une témérité insupportable, supposer que Jésus-Christ a manqué à la parole qu'il a donnée à son Église de veiller sur elle, et de la défendre contre les assauts de l'enfer jusqu'à la consommation des siècles. Quand par hasard il aurait découvert une erreur dans la croyance de l'Église, le bien qu'il pourra faire en la publiant et en la réfutant, égalera-t-il jamais le mal qu'ont causé dans tous les temps ceux qui ont eu la fureur de dogmatiser ? Si un *hérésiarque* pouvait prévoir le sort de sa doctrine, jamais il n'aurait le courage de la mettre au jour. Il n'en est pas un seul dont les sentiments aient été fidèlement suivis par ses prosélytes, qui ait causé des guerres intestines dans sa propre secte, qui n'ait été réfuté et contredit en plusieurs points par ceux mêmes qu'il avait séduits. La doctrine de Manès ne fut conservée en entier ni chez les pauliciens, ni chez les Bulgares, ni chez les albigeois ; celle d'Arius fut attaquée par les semi-ariens aussi bien que par les catholiques. Les nestoriens font profession de ne pas suivre Nestorius, et les ja cobites disent anathème à Eutychès : les uns et les autres rougissent du nom de leurs fondateurs. Les luthériens ne suivent plus les sentiments de Luther, ni les calvinistes ceux de Calvin. Il est impossible que ces deux *hérésiarques* ne se soient pas repentis à la vue des contradictions qu'ils essuyaient, des ennemis qu'ils se faisaient, des guerres qu'ils excitaient, des crimes dont ils étaient la première cause.

Au IIIe siècle, Tertullien a peint d'avance les *hérésiarques* de tous les siècles dans son livre *des Prescriptions*. Ils rejettent, dit-il, les livres de l'Ecriture qui les incommodent; ils interprètent les autres à leur manière; ils ne se font pas scrupule d'en changer le sens dans leurs versions. Pour gagner un prosélyte, ils lui prêchent la nécessité de tout examiner, de chercher la vérité par soi-même; quand ils le tiennent, ils ne souffrent plus qu'il les contredise. Ils flattent les femmes et les ignorants, en leur faisant croire que bientôt ils en sauront plus que tous les docteurs, ils déclament contre la corruption de l'Eglise et du clergé; leurs discours sont vains, arrogants, pleins de fiel, marqués au coin de toutes les passions humaines, etc. Quand Tertullien aurait vécu au XVIe siècle, il n'aurait pu mieux peindre les prétendus réformateurs. Erasme en faisait un portrait parfaitement semblable. *Voy.* les deux articles suivants.

HÉRÉSIE. Ce mot, qui ne se prend à présent qu'en mauvaise part, et qui signifie une erreur opiniâtre contre la foi, ne désignait dans l'origine qu'un choix, un parti, une secte bonne ou mauvaise; c'est le sens du grec αἵρεσις, dérivé d'αἱρέμαι *je prends, je choisis, j'embrasse*. On disait *hérésie péripatéticienne*, *hérésie stoïcienne*, pour désigner les sectes d'Aristote et de Zénon ; et les philosophes appelaient *hérésie chrétienne* la religion enseignée par Jésus-Christ. Saint Paul déclare que dans le judaïsme il avait suivi l'*hérésie pharisienne*, la plus estimable qu'il y eût parmi les Juifs. *Act.* chap. XXIV, vers. 14. Si *hérésie* avait signifié pour lors une erreur, ce nom aurait mieux convenu à la secte des sadducéens qu'à celle des pharisiens.

On définit l'*hérésie* une erreur volontaire et opiniâtre contre quelque dogme de foi. Ceux qui veulent excuser ce crime, demandent comment on peut juger si une erreur est volontaire ou involontaire, criminelle ou innocente, vient d'une passion vicieuse plutôt que d'un défaut de lumière. Nous répondons, 1° que, comme la doctrine chrétienne est révélée de Dieu, c'est déjà un crime de vouloir la connaître par nous-mêmes, et non par l'organe de ceux que Dieu a établis pour l'enseigner; que vouloir choisir une opinion pour l'ériger en dogme, c'est déjà se révolter contre l'autorité de Dieu; 2° puisque Dieu a établi l'Eglise ou le corps des pasteurs, pour enseigner les fidèles, lorsque l'Eglise a parlé, c'est, de notre part, un orgueil opiniâtre de résister à sa décision, et de préférer nos lumières aux siennes, 3° la passion qui a conduit les chefs de secte et leurs partisans s'est montrée par leur conduite et par les moyens qu'ils ont employés pour établir leurs opinions. Nous avons vu que Bayle, en définissant un *hérésiarque*, suppose que l'on peut embrasser une opinion fausse par orgueil, par ambition d'être chef de parti, par jalousie et par haine contre un antagoniste, etc., et il l'a prouvé par les paroles de saint Paul. Une erreur soutenue par de tels motifs est certainement volontaire et criminelle.

Quelques protestants ont dit qu'il n'est pas aisé de savoir ce que c'est qu'une *hérésie*, et qu'il y a toujours de la témérité à traiter un homme d'*hérétique*. Mais, puisque saint Paul ordonne à Tite d'éviter un hérétique, après l'avoir repris une ou deux fois, chap. III, vers. 10, il suppose que l'on peut connaître si un homme est hérétique ou s'il ne l'est pas, si son erreur est innocente ou volontaire, pardonnable ou digne de censure.

Ceux qui ont prétendu que l'on ne doit regarder comme *hérésies* que les erreurs contraires aux articles fondamentaux du christianisme, n'ont rien gagné, puisqu'il n'y a aucune règle certaine pour juger si un article est ou n'est pas fondamental. Un homme peut se tromper d'abord de bonne foi; mais dès qu'il résiste à la censure de l'Eglise, qu'il cherche à faire des prosélytes, à former un parti, à cabaler, à faire du bruit; ce n'est plus la bonne foi qui le fait agir, c'est l'orgueil et l'ambition. Celui qui a eu le malheur de naître et d'être élevé dans le sein de l'*hérésie*, de sucer l'erreur dès l'enfance, est sans doute beaucoup moins coupable; mais on ne peut pas en conclure qu'il est absolument innocent, surtout lorsqu'il est à portée de connaître l'Eglise catholique, et les caractères qui la distinguent d'avec les différentes sectes hérétiques.

Vainement l'on dira qu'il ne connaît point la prétendue nécessité de se soumettre au jugement ou à l'enseignement de l'Eglise, qu'il lui suffit d'être soumis à la parole de Dieu. Cette soumission est absolument illusoire; 1° Il ne peut savoir avec certitude quel livre est la parole de Dieu, que par le témoignage de l'Eglise; 2° dans quelque secte que ce soit, il n'y a que le quart des membres qui soient en état de voir par eux-mêmes si ce qu'on leur prêche est conforme ou contraire à la parole de Dieu; 3° tous commencent par se soumettre à l'autorité de leur secte, par former leur croyance d'après le catéchisme et d'après les instructions publiques de leurs ministres, avant de savoir si cette doctrine est conforme ou contraire à la parole de Dieu; 4° c'est, de leur part, un trait d'orgueil insupportable de croire qu'ils sont éclairés du Saint-Esprit pour entendre l'Ecriture sainte, plutôt que l'Eglise catholique qui l'entend autrement qu'eux. Excuser tous les hérétiques, c'est condamner les apôtres, qui les ont peints comme *des hommes pervers*.

Nous ne prétendons pas soutenir qu'il n'y ait un bon nombre d'hommes nés dans l'*hérésie*, qui, à raison de leur peu de lumière, sont dans une ignorance invincible, par conséquent excusables devant Dieu : or, de l'aveu de tous les théologiens sensés, ces ignorants ne doivent point être mis au rang des hérétiques. C'est la doctrine formelle de saint Augustin, *Epist.* 43, *ad Glorium et alios*, n. 4. Saint Paul a dit : « *Evitez un hérétique, après l'avoir repris une ou deux fois; sachant qu'un tel homme est pervers, qu'il pèche et qu'il est condamné, par son propre jugement.* Quant à ceux qui défendent un sentiment faux et mauvais, sans aucune opiniâtreté, surtout s'ils ne l'ont pas inventé par une audacieuse présomption, mais s'ils l'ont reçu de leurs parents séduits et tombés dans *l'erreur*, et s'ils cherchent la vérité avec soin, et prêts à se corriger lorsqu'ils l'auront trouvée, on ne doit pas les ranger parmi les hérétiques. » *L.* I, *de Bapt. contra Donat.*, c. 4, n. 5. « Ceux qui tombent chez les hérétiques sans le savoir, et en croyant que c'est là l'Eglise de Jésus-Christ, sont dans un cas différent de ceux qui savent que l'Eglise catholique est celle qui est répandue par tout le monde. » L. IV, c. 1, n. 1 « L'Eglise de Jésus-Christ, par la puissance de son époux, peut avoir des enfants de ses servantes : s'ils ne s'enorgueillissent point, ils auront part à l'héritage; s'ils sont orgueilleux, ils demeureront dehors. » *Ibid.*, c. 16, n. 23. « Supposons qu'un homme soit dans l'opinion de Photin touchant Jésus-Christ, croyant que c'est la foi catholique, je ne l'appelle point encore *hérétique*, à moins qu'après avoir été instruit, il n'ait mieux aimé résister à la foi catholique, que de renoncer à l'opinion qu'il avait embrassée. » *L. de Unit. Eccles.*, c. 25, n. 73, il dit de plusieurs évêques, clercs et laïques donatistes convertis : « Renonçant à leur parti ils sont revenus à la paix catholique, et, avant de le faire, ils étaient déjà partie du bon grain; pour lors ils combattaient, non contre l'Eglise de Dieu, qui produit du fruit partout, mais contre des hommes desquels on leur avait donné mauvaise opinion. » Saint Fulgence, *L. de Fide ad Petrum*, c. 39 : « Les bonnes œuvres, le martyre même, ne servent de rien pour le salut à celui qui n'est pas dans l'unité de l'Eglise, *tant que la malice du schisme et de l'hérésie persévère en lui.* »

Salvien, *de Gubern. Dei*, l. v, c. 2, parlant des barbares qui étaient ariens : « Ils sont hérétiques, dit-il, mais ils l'ignorent.... Ils sont dans l'erreur, mais de bonne foi, non par haine, mais par amour pour Dieu, en croyant l'honorer et l'aimer ; quoiqu'ils n'aient pas une foi pure, ils croient avoir une charité parfaite. Comment seront-ils punis au jour du jugement pour leur erreur? Personne ne peut le savoir que le souverain juge. » Nicole, *Traité de l'unité de l'Eglise*, l. II, c. 3 : « Tous ceux qui n'ont point participé, par leur volonté et avec connaissance de cause, au schisme et à l'hérésie, font partie de la véritable Eglise. »

Aussi les théologiens distinguent entre *l'hérésie* matérielle et *l'hérésie* formelle. La première consiste à soutenir une proposition contraire à la foi, sans savoir qu'elle y est contraire, par conséquent sans opiniâtreté, et dans la disposition sincère de se soumettre au jugement de l'Eglise. La seconde a tous les caractères opposés, et c'est toujours un crime qui suffit pour exclure un homme du salut. Tel est le sens de la maxime *hors de l'Eglise point de salut. Voy.* EGLISE, § 5.

Dieu a permis qu'il y eût des *hérésies* dès le commencement du christianisme et du vivant même des apôtres, afin de nous convaincre que l'Evangile ne s'est point établi dans les ténèbres, mais au grand jour; que les apôtres n'ont pas toujours eu des auditeurs dociles, mais que souvent ils en ont trouvé qui étaient tout prêts à les contredire; que s'ils avaient publié des faits faux, douteux, ou sujets à contestation, l'on n'aurait pas manqué de les réfuter et de les convaincre d'imposture. Les apôtres eux-mêmes s'en plaignent; ils nous apprennent en quoi ils étaient contredits par les hérétiques, c'était sur les dogmes, et non sur les faits. *Il faut,* dit saint Paul, *qu'il y ait des* HÉRÉSIES, *afin que l'on connaisse ceux dont la foi est à l'épreuve* (*I Cor.* XI, 19). De même que les persécutions servirent à distinguer les chrétiens véritablement attachés à leur religion, d'avec les âmes faibles et d'une vertu chancelante, ainsi les *hérésies* mettent une séparation entre les esprits légers, et ceux qui sont constants dans leur foi. C'est la réflexion de Tertullien. Il fallait d'ailleurs que l'Eglise fût agitée, pour que l'on vît la sagesse et la solidité du plan que Jésus-Christ avait établi pour perpétuer sa doctrine. Il était bon que les pasteurs, chargés de l'enseignement, fussent obligés de fixer toujours leurs regards sur l'antiquité, de consulter les monuments, de renouer sans cesse la chaîne de la tradition, de veiller de près sur le dépôt de la foi ; ils y ont été forcés par les assauts continuels des hérétiques. Sans les disputes des deux derniers siècles, nous serions peut-être encore plongés dans le même sommeil que nos pères. C'est après l'agitation des guerres civiles que l'Eglise a coutume de faire des conquêtes.

Lorsque les incrédules ont voulu faire un sujet de scandale, de la multitude des *hérésies* dont l'histoire ecclésiastique fait mention, ils n'ont pas vu, 1° que la même *hérésie* s'est ordinairement divisée en plusieurs sectes, et a porté quelquefois dix ou douze noms différents ; il en a été ainsi des gnostiques, des manichéens, des ariens, des eutychiens et des protestants ; 2° que les *hérésies* des derniers siècles n'ont été que la répétition des anciennes erreurs, de même que les nouveaux systèmes de philosophie ne sont que les visions des anciens philosophes ; 3° que les incrédules eux-mêmes sont divisés en divers partis, et ne font que copier les objections des anciens ennemis du christianisme.

Il est nécessaire à un théologien de connaître les différentes *hérésies*, leurs variations, les opinions de chacune des sectes qu'elles ont fait éclore; sans cela on ne réussit point à prendre le vrai sens des Pères qui les ont réfutées, et l'on s'expose à leur prêter des sentiments qu'ils n'ont jamais eus. C'est ce qui est arrivé à la plupart de ceux qui ont voulu déprimer les ouvrages de ces saints docteurs. Pour en acquérir une connaissance plus détaillée que celle que nous pouvons en donner, il faut consulter le *Dictionnaire des hérésies*, fait par M. l'abbé Pluquet [Tom. XI de l'Encyclopédie, édit. Migne,]; on y trouve non-seulement l'histoire, les progrès, les opinions de chacune des sectes, mais encore la réfutation de leurs principes.

Les protestants ont souvent accusé les auteurs ecclésiastiques qui ont fait le catalogue des *hérésies*, tels que Théodoret, saint Épiphane, saint Augustin, Philastre, etc., de les avoir multipliées mal à propos, d'avoir mis au rang des erreurs des opinions orthodoxes ou innocentes. Mais, parce qu'il a plu aux protestants de renouveler les sentiments de la plupart des anciennes sectes *hérétiques*, il ne s'ensuit pas que ce sont des vérités, et que les Pères ont eu tort de les taxer d'erreur : il s'ensuit seulement que les ennemis de l'Église catholique sont mauvais juges en fait de doctrine. Ils ne veulent pas que l'on attribue aux *hérétiques*, par voie de conséquence, les erreurs qui s'ensuivent de leurs opinions, surtout lorsque ces *hérétiques* les désavouent et les rejettent : mais ces mêmes protestants n'ont jamais manqué d'attribuer aux Pères de l'Église et aux théologiens catholiques toutes les conséquences que l'on peut tirer de leur doctrine, même par de faux raisonnements; et c'est principalement par là qu'ils ont réussi à rendre la foi catholique odieuse. *Voy*. ERREURS. On doit encore moins leur pardonner la prévention par laquelle ils se persuadent que les Pères de l'Église ont mal exposé les sentiments des *hérétiques* qu'ils ont réfutés, soit par ignorance et par défaut de pénétration, soit par haine et par ressentiment, soit par un faux zèle, et afin de détourner plus aisément les fidèles de l'erreur. Cette calomnie a été suggérée aux protestants par les passions mêmes qu'ils osent attribuer aux Pères de l'Église; nous les réfuterons ailleurs, en parlant des différentes sectes *hérétiques*, et au mot PÈRES DE L'ÉGLISE. Souvent, disent-ils, les Pères attribuent à la même *hérésie* des sentiments contradictoires. Cela ne peut étonner que ceux qui affectent d'oublier que les hérétiques n'ont jamais été d'accord, ni entre eux, ni avec eux-mêmes, et que jamais les disciples ne se sont fait une loi de suivre exactement les opinions de leurs maîtres. Un piétiste fanatique, nommé *Arnold*, mort en 17 4, a poussé la démence jusqu'à soutenir que les anciens hérétiques étaient des piétistes, plus sages et meilleurs chrétiens que les Pères qui les ont réfutés.

HÉRÉTICITÉ, note d'hérésie imprimée à une proposition par la censure de l'Église. Démontrer l'*hétéricité* d'une opinion, c'est faire voir qu'elle est formellement contraire à un dogme de foi décidé et professé par l'Église catholique. *Hétéricité* est l'opposé de *catholicité*, ou d'*orthodoxie*.

HÉRÉTIQUE, sectateur ou défenseur d'une opinion contraire à la croyance de l'Église catholique. Sous ce nom l'on comprend non-seulement ceux qui ont inventé une erreur, ou qui l'ont embrassée par leur propre choix, mais encore ceux qui ont eu le malheur d'en être imbus dès l'enfance, et parce qu'ils sont nés de parents *hérétiques*. Un *hérétique*, dit M. Bossuet, est celui qui a une opinion à lui, qui suit sa propre pensée et son sentiment particulier : un catholique, au contraire, suit sans hésiter le sentiment de l'Église universelle. A ce sujet nous avons à résoudre trois questions : la première, s'il est juste de punir les *hérétiques* par des peines afflictives, ou, si, au contraire, il faut les tolérer; la seconde, s'il est décidé dans l'Église romaine, que l'on ne doit pas garder la foi jurée aux *hérétiques*; la troisième, si l'on fait mal de défendre aux fidèles la lecture des livres des *hérétiques*.

I. A la première, nous répondons d'abord que les premiers auteurs d'une hérésie, qui entreprennent de la répandre, de gagner les prosélytes, de se faire un parti, sont punissables comme perturbateurs du repos public. Une expérience de dix-sept siècles a convaincu tous les peuples qu'une secte nouvelle ne s'est jamais établie sans causer du tumulte, des séditions, des révoltes contre les lois, des violences, et sans qu'il y eût, tôt ou tard, du sang répandu. L'on aura beau dire que, suivant ce principe, les juifs et les païens ont bien fait de mettre à mort les apôtres et les premiers chrétiens ; il n'en est rien. Les apôtres ont prouvé qu'ils avaient une mission divine ; jamais un hérésiarque n'a prouvé la sienne : les apôtres ont prêché constamment la paix, la patience, la soumission aux puissances séculières; les hérésiarques ont fait le contraire. Les apôtres et les premiers chrétiens n'ont causé ni sédition, ni tumulte, ni guerre sanglante ; on a donc versé leur sang injustement, et jamais ils n'ont pris les armes pour se défendre. Dans l'empire romain et dans la Perse, chez les nations policées et chez les barbares, ils ont suivi la même conduite.

En second lieu, nous répondons que, quand les membres d'une secte *hérétique*, déjà établie, sont paisibles, soumis aux lois, fidèles observateurs des conditions qui leur ont été prescrites, lorsque d'ailleurs leur doctrine n'est contraire ni à la pureté des mœurs, ni à la tranquillité publique, il est juste de les tolérer; alors on ne doit employer que la douceur et l'instruction pour les ramener dans le sein de l'Église. Dans les deux cas contraires, le gouvernement est en droit de les réprimer et de les punir ; et s'il ne le fait pas, il aura bientôt lieu de s'en repentir. Prétendre, en général, que l'on doit tolérer tous les sectaires, sans avoir égard à leurs opinions, à leur conduite, au mal qui peut en résulter; que toute rigueur, toute violence exercée à leur égard est injuste et contraire au droit naturel, c'est une doctrine absurde qui choque le bon sens et la saine politique; les incrédules de notre siècle qui ont osé la soutenir, se sont couverts d'ignominie. *Voy.* TOLÉRANCE.

Le Clerc, malgré son penchant à excuser tous les sectaires, est cependant convenu que, dès l'origine de l'Eglise, et du temps mêmes des apôtres, il y a eu des *hérétiques* de ces deux espèces : que les uns semblaient errer de bonne foi sur des questions de peu de conséquence, sans causer aucune sédition, ni aucun désordre; que d'autres agissaient par ambition et avec des desseins séditieux; que leurs erreurs attaquaient essentiellement le christianisme. En soutenant que les premiers devaient être tolérés, il avoue que les seconds méritaient l'anathème que l'on a prononcé contre eux. *Hist. ecclés.*, an. 83, § 4 et 5.

Leibnitz, quoique protestant, après avoir observé que l'erreur n'est pas un crime, si elle est involontaire, avoue que la négligence volontaire de ce qui est nécessaire pour découvrir la vérité dans les choses que nous devons savoir, est cependant un péché, et même un péché grief, suivant l'importance de la matière. Au reste, dit-il, une erreur dangereuse, fût-elle totalement involontaire et exempte de tout crime, peut être pourtant très-légitimement réprimée, dans la crainte qu'elle ne nuise, par la même raison que l'on enchaîne un furieux, quoiqu'il ne soit pas coupable. *Esprit de Leibnitz*, t. II, p. 64.

L'Eglise chrétienne, depuis son origine, s'est conduite à l'égard des *hérétiques*, suivant la règle que nous venons d'établir; elle n'a jamais imploré contre eux le bras séculier, que quand ils ont été séditieux, turbulents, insociables, ou que leur doctrine tendait évidemment à la destruction des mœurs, des liens de la société et de l'ordre public. Souvent, au contraire, elle a intercédé auprès des souverains et des magistrats pour obtenir la rémission ou l'adoucissement des peines que les *hérétiques* avaient encourues. Ce fait est prouvé jusqu'à la démonstration dans le *Traité de l'unité de l'Eglise*, par le père Thomassin; mais, comme nos adversaires affectent continuellement de le méconnaître, il faut le vérifier, du moins par un coup d'œil rapide jeté sur les lois portées par les princes chrétiens contre les *hérétiques*.

Les premières lois, sur ce sujet, ont été faites par Constantin, l'an 331. Il défendit par un édit les assemblées des *hérétiques*; il ordonna que leurs temples fussent rendus à l'Eglise catholique, ou adjugés au fisc. Il nomme les novatiens, les paulianistes, les valentiniens, les marcionites et les cataphryges ou montanistes; mais il y déclare que c'est à cause des *crimes et des forfaits* dont ces sectes étaient coupables, et qu'il n'était plus possible de tolérer. Eusèbe, *vie de Constantin*, l. III, c. 64, 65, 66. D'ailleurs, aucune de ces sectes ne jouissait de la tolérance en vertu d'une loi. Constantin n'y comprend pas les ariens, parce qu'il n'y avait encore aucune violence à leur reprocher. Mais,

dans la suite, lorsque les ariens, protégés par les empereurs Constance et Valens, se furent permis des voies de fait contre les catholiques, Gratien et Valentinien II, Théodose et ses enfants sentirent la nécessité de les réprimer. De là sont venues des lois du code théodosien qui défendent les assemblées des *hérétiques*, qui leur ordonnent de rendre aux catholiques les églises qu'ils leur avaient enlevées, qui leur enjoignent de *demeurer tranquilles*, sous peine d'être punis, *comme il plaira aux empereurs*. Il n'est pas vrai que ces lois portent la peine de mort, comme quelques incrédules l'ont avancé; cependant plusieurs ariens l'avaient méritée, et cela fut prouvé au concile de Sardique, l'an 347. Déjà Valentinien Ier, prince très-tolérant, loué de sa douceur par les païens mêmes, avait proscrit les manichéens, à cause des abominations qu'ils pratiquaient. *Cod. Théod.* l. XVI, tit. 5, n. 3. Théodose et ses successeurs firent de même. L'opinion de ces *hérétiques*, touchant le mariage, était directement contraire au bien de la société. Honorius, son fils, usa de la même rigueur envers les donatistes, à la prière des évêques d'Afrique; mais on sait à quelles fureurs et à quel brigandage les circoncellions des donatistes s'étaient livrés. Saint Augustin atteste que tels furent les motifs des lois portées contre eux; et c'est pour cette raison seule qu'il en soutint la justice et la nécessité, *L. contra Epist. Parmen.* Mais il fut un des premiers à intercéder pour que les plus coupables, même des donatistes, ne fussent pas punis de mort. Ceux qui se convertirent gardèrent les églises dont ils s'étaient emparés, et les évêques demeurèrent en possession de leurs sièges. Les protestants n'ont pas laissé de déclamer contre l'intolérance de saint Augustin. *Voy.* DONATISTES. Arcadius et Honorius publièrent encore des lois contre les phrygiens ou montanistes, contre les manichéens et les priscillianistes d'Espagne; ils les condamnèrent à la perte de leurs biens. On en voit le motif dans la doctrine même de ces *hérétiques*, et dans leur conduite. Les cérémonies des montanistes sont appelées *des mystères exécrables*, et les lieux de leurs assemblées de *antres meurtriers*. Les priscillianistes soutenaient, comme les manichéens, que l'homme n'est pas libre dans ses actions, mais dominé par l'influence des astres; que le mariage et la procréation des enfants sont l'ouvrage du démon; ils pratiquaient la magie et des turpitudes dans leurs assemblées. Saint Léon, *Epist.* 15 *ad Turib.* Tous ces désordres peuvent-ils être tolérés dans un état policé?

Mosheim nous paraît avoir mal rendu le sens d'une loi de ces deux empereurs, de l'an 415 : elle porte, dit-il, qu'il faut regarder et punir comme *hérétiques* tous ceux qui s'écartent du jugement et de la croyance de la religion catholique, même en matière légère, *vel levi argumento. Syntagm.* dissert. 3, § 2. Il nous paraît que *levi argumento* signifie plutôt *sur de légers prétextes, pour des rai-*

sons *frivoles*, comme avaient fait les donatistes ; aucune des sectes connues pour lors n'errait *en matière légère*. Lorsque Pélage et Nestorius eurent été condamnés par le concile d'Éphèse, les empereurs proscrivirent leurs erreurs, et ils en empêchèrent la propagation ; ils savaient, par expérience, ce que font les sectaires dès qu'ils se sentent des forces. Aussi les pélagiens ne réussirent point à former des assemblées séparées, et les nestoriens ne s'établirent que dans la partie de l'Orient qui n'était plus soumise aux empereurs. Assémani, *Biblioth. orientale*, t. IV, c. 4, § 1 et 2. Après la condamnation d'Eutychès au concile de Chalcédoine, Théodose le Jeune et Marcien, dans l'Orient, et Majorien, dans l'Occident, défendirent de prêcher l'eutychianisme dans l'empire ; la loi de Majorien porte la peine de mort, à cause des meurtres que les eutychiens avaient causés à Constantinople, dans la Palestine et en Égypte. C'est par la révolte que cette secte s'établit ; ses partisans, dans la suite favorisèrent les mahométans dans la conquête de l'Égypte, afin de ne plus être soumis aux empereurs de Constantinople. Depuis le milieu du Ve siècle, il n'est plus question de lois impériales en Occident contre les *hérétiques* : les rois des peuples barbares qui s'y étaient établis, et dont la plupart embrassèrent l'arianisme, exercèrent souvent des violences contre les catholiques ; mais les princes soumis à l'Église n'usèrent point de représailles. Récarède, pour convertir les Goths en Espagne ; Agilulphe, pour rendre catholiques les Lombards ; saint Sigismond, pour ramener les Bourguignons dans le sein de l'Église, n'employèrent que l'instruction et la douceur. Depuis la conversion de Clovis, nos rois n'ont point porté de lois sanglantes contre les *hérétiques*. Au IXe siècle, les empereurs iconoclastes employèrent la cruauté pour abolir le culte des images ; les catholiques ne pensèrent point à s'en venger. Photius, pour entraîner les Grecs dans le schisme, usa plus d'une fois de violence ; il n'en fut pas puni aussi rigoureusement qu'il l'aurait mérité. Dans le XIe siècle et les trois suivants, plusieurs fanatiques furent suppliciés, mais pour leurs crimes et leur turpitude, et non pour leurs erreurs. On ne peut citer aucune secte qui ait été poursuivie pour ses opinions qui ne tenaient en rien à l'ordre public. On a fait grand bruit de la proscription des Albigeois, de la croisade publiée contre eux, de la guerre qu'on leur fit ; mais les albigeois avaient les mêmes sentiments et la même conduite que les manichéens d'Orient, les priscillianistes d'Espagne, les pauliciens d'Arménie, et les Bulgares des bords du Danube ; leurs principes et leur morale étaient destructifs de toute société, et ils avaient pris les armes lorsqu'on les poursuivit à feu et à sang. *Voy.* ALBIGEOIS. Pendant plus de deux cents ans, les vaudois furent tranquilles, on ne leur envoya que des prédicateurs ; en 1375, ils tuèrent deux inquisiteurs, on commença

de sévir contre eux. En 1545, ils s'étaient unis aux calvinistes, et ils en imitèrent les procédés ; ils s'étaient attroupés et révoltés, lorsque François Ier les fit exterminer. *Voy.* VAUDOIS. En Angleterre, l'an 1381, Jean Balle, ou Vallée, disciple de Wiclef, avait, par ses sermons séditieux, excité une révolte de deux cent mille paysans ; six ans après, un autre moine, entiché des mêmes erreurs et soutenu par les gentilshommes chaperonnés, causa une nouvelle sédition ; en 1413, les wiclefites, qui avaient à leur tête Jean Oldcastel, se soulevèrent encore ; ceux qui furent suppliciés dans ces différentes occasions, ne le furent certainement pas pour des dogmes. Jean Hus et Jérôme de Prague, héritiers de la doctrine de Wiclef, avaient mis en feu toute la Bohême lorsqu'ils furent condamnés au concile de Constance ; c'est l'empereur Sigismond qui les jugea dignes de mort : il croyait arrêter les troubles par leur supplice, il ne fit que rendre l'incendie plus terrible. *Voy.* HUSSITES.

Les écrivains protestants ont répété cent fois que les révoltes et les cruautés dont leurs pères se sont rendus coupables, n'étaient que la représaille des persécutions que les catholiques avaient exercées contre eux. C'est une imposture contredite par des faits incontestables. L'an 1520, Luther publia son livre *de la Liberté chrétienne*, dans lequel il excitait les peuples à la révolte : le premier édit de Charles-Quint, contre lui, ne fut porté que l'année suivante. Dès qu'il se sentit appuyé par les princes, il déclara que l'Évangile, c'est-à-dire sa doctrine, ne pouvait être établie qu'à main armée et en répandant du sang : en effet, l'an 1525, elle causa la guerre de Muncer et des anabaptistes. En 1526, Zwingle fit proscrire à Zurich l'exercice de la religion catholique ; il était donc le vrai persécuteur : on vit paraître le traité de Luther touchant le fisc commun, dans lequel il excitait les peuples à piller les biens ecclésiastiques ; morale qui fut exactement suivie. En 1527, les luthériens de l'armée de Charles-Quint saccagèrent Rome, et y commirent des cruautés inouïes. En 1528, le catholicisme fut aboli à Berne ; Zwingle fit punir de mort les anabaptistes ; une statue de la Vierge fut mutilée à Paris : c'est à cette occasion que parut le premier édit de François Ier contre les novateurs ; on savait que déjà ils avaient mis la Suisse et l'Allemagne en feu. En 1529, la messe fut abolie à Strasbourg et à Bâle ; en 1530, la guerre civile s'alluma en Suisse entre les zwingliens et les catholiques ; Zwingle y fut tué. En 1533, même dissension à Genève, dont la suite fut la destruction du catholicisme : Calvin, dans plusieurs de ses lettres, prêcha la même morale que Luther, et ses émissaires vinrent la pratiquer en France, dès qu'ils y virent le gouvernement divisé et affaibli. En 1534, quelques luthériens affichèrent à Paris des placards séditieux, et travaillèrent à former une conspiration ; six d'entre eux furent condamnés au feu, et François Ier donna le second édit contre eux. Les voies de fait de ces sectaires n'étaient certainement pas des représailles.

On sait sur quel ton les calvinistes ont prêché en France, dès qu'ils se sont sentis protégés par quelques-uns des grands du royaume : leur dessein ne fut jamais de se borner à faire des prosélytes par la séduction, mais de détruire le catholicisme, et d'employer pour cela les moyens les plus violents : on défie leurs apologistes de citer une seule ville dans laquelle ils aient souffert aucun exercice de la religion catholique. En quel sens donc, à quelle occasion, peut-on soutenir que les catholiques ont été les agresseurs?

Quand on leur objecte aujourd'hui l'intolérance brutale de leurs premiers chefs, ils répondent froidement que c'était un reste de papisme. Nouvelle calomnie. Jamais le papisme n'apprit à ses sectateurs à prêcher l'Evangile l'épée à la main. Lorsqu'ils ont mis à mort des catholiques, c'était pour leur faire abjurer leur religion; lorsque l'on a supplicié des *hérétiques*, c'était pour les punir de leurs forfaits : aussi ne leur a-t-on jamais promis l'impunité, s'ils voulaient renoncer à l'erreur. Il est donc prouvé jusqu'à l'évidence que les principes et la conduite de l'Eglise catholique ont été constamment les mêmes dans tous les siècles, n'employer que les instructions et la persuasion pour ramener les *hérétiques*, lorsqu'ils sont paisibles; implorer contre eux le bras séculier lorsqu'ils sont brutaux, violents, séditieux.

Mosheim a calomnié l'Eglise, lorsqu'il a dit qu'au IV° siècle on adopta généralement la maxime *que toute erreur en matière de religion, dans laquelle on persistait après avoir été dûment averti, était punissable et méritait les peines civiles, même des tourments corporels. Hist. ecclés.*, IV° siècle, II° part., c. 3, § 16. On n'a jamais regardé comme punissables que les erreurs qui intéressaient l'ordre public.

Nous ne disconvenons pas de l'horreur que les Pères ont témoignée pour le schisme et pour l'hérésie, ni de la note d'infamie que les décrets des conciles ont imprimée aux *hérétiques*. Saint Cyprien, dans son livre de *l'Unité de l'Eglise*, prouve que leur crime est plus grief que celui des apostats qui ont succombé à la crainte des supplices. Tertullien, saint Athanase, saint Hilaire, saint Jérôme, Lactance, ne veulent point que les *hérétiques* soient mis au nombre des chrétiens; le concile de Sardique, que l'on peut presque regarder comme œcuménique, leur refuse ce titre. Une fatale expérience a prouvé que ces enfants rebelles à l'Eglise sont capables de lui faire plus de mal que les juifs et les païens. Mais il est faux que les Pères aient calomnié les *hérétiques*, en leur imputant souvent des turpitudes abominables. Il est certain que toutes les sectes qui ont condamné le mariage, ont donné à peu près dans les mêmes désordres; et cela est encore arrivé à celles des derniers siècles. Il est singulier que Beausobre et d'au-

tres protestants aient mieux aimé accuser les Pères de mauvaise foi, que les *hérétiques* de mauvaises mœurs. Leur inconséquence est palpable; ils ont fait des philosophes païens, en général, un portrait odieux, et ils n'ont pas osé contredire celui que saint Paul en a tracé : or, il est certain que les *hérétiques* des premiers siècles étaient des philosophes qui avaient apporté dans le christianisme le caractère vain, disputeur, opiniâtre, brouillon, vicieux, qu'ils avaient contracté dans leurs écoles : pourquoi donc les protestants prennent-ils le parti des uns plutôt que des autres? Le Clerc, *Hist. ecclés.*, sect. 2, c. 3 : Mosheim, *Hist. christ.*, proleg., c. 1, § 23 et suiv.

Mosheim, surtout, a poussé la prévention au dernier excès, lorsqu'il a prétendu que les Pères, particulièrement saint Jérôme, ont usé de dissimulation, de duplicité, de fraudes pieuses, en disputant contre les *hérétiques* pour les vaincre plus aisément. *Dissert. syntagm.*, dissert., 3, § 11. Nous avons réfuté cette calomnie au mot FRAUDE PIEUSE.

II. Plusieurs ont encore écrit que, suivant la doctrine de l'Eglise romaine, on n'est pas obligé de garder la foi jurée aux *hérétiques*, que le concile de Constance l'a ainsi décidé, qu'il s'est du moins conduit suivant cette maxime à l'égard de Jean Hus; les incrédules l'ont ainsi affirmé. Mais c'est encore une calomnie du ministre Jurieu, et Bayle l'a réfutée : il soutient, avec raison, qu'aucun concile, ni aucun théologien de marque n'a enseigné cette doctrine; et le prétendu décret, que l'on attribue au concile de Constance, ne se trouve point dans les actes de ce concile. Que résulte-t-il de sa conduite à l'égard de Jean Hus? Que le sauf-conduit accordé par un souverain à un hérétique n'ôte point à la juridiction ecclésiastique le pouvoir de lui faire son procès, de le condamner et de le livrer au bras séculier, s'il ne rétracte pas ses erreurs. C'est sur ce principe que l'on a procédé contre Jean Hus. Celui-ci, excommunié par le pape, en avait appelé au concile; il avait solennellement protesté que si on pouvait le convaincre de quelque erreur, il ne refusait pas d'encourir les peines portées contre les hérétiques. Sur cette déclaration, l'empereur Sigismond lui accorda un sauf-conduit, pour qu'il pût traverser l'Allemagne en sûreté et se présenter au concile, mais non pour le mettre à couvert de la sentence du concile. Lorsque Jean Hus, convaincu par le concile et en présence de l'empereur même, d'avoir enseigné une doctrine hérétique et séditieuse, refusa de se rétracter, et prouva ainsi qu'il était l'auteur des désordres de la Bohême, ce prince jugea qu'il méritait d'être condamné au feu. C'est en vertu de cette sentence et du refus de rétractation, que cet hérétique fut livré au supplice. Tous ces faits sont consignés dans l'histoire du concile de Constance, composée par le ministre Lenfant, apologiste décidé de Jean Hus.

Nous soutenons que la conduite de l'empereur et du concile est irrépréhensible, qu'un fanatique séditieux tel que Jean Hus méritait le supplice qu'il a subi, que le sauf-conduit qui lui avait été accordé n'a point été violé, que lui-même avait dicté son arrêt d'avance en se soumettant au jugement du concile. *Voy.* HUSSITES.

III. D'autres ennemis de l'Eglise ont prétendu qu'elle a tort de défendre aux fidèles la lecture des livres des *hérétiques*, à moins qu'elle n'interdise aussi de lire ceux des orthodoxes qui les réfutent. Si ceux-ci, disent-ils, rapportent fidèlement, comme ils le doivent, les arguments des *hérétiques*, autant vaut laisser lire les ouvrages des *hérétiques* mêmes. Faux raisonnement. Les orthodoxes, en rapportant fidèlement les objections des *hérétiques*, en montrent la fausseté, et prouvent le contraire; les simples fidèles qui liraient ces ouvrages, ne sont pas toujours assez instruits pour trouver eux-mêmes la réponse, et pour sentir le faible de l'objection. Il en est de même des livres des incrédules.

Puisque les apôtres ont défendu aux simples fidèles d'écouter les discours des *hérétiques*, de les fréquenter, et d'avoir aucune société avec eux, *II Tim.*, chap. II, vers. 16; III, 5; *II Joan.*, vers. 10, etc.; à plus forte raison auraient-ils condamné la témérité de ceux qui auraient lu leurs livres. Que peut-on gagner par cette curiosité frivole? Des doutes, des inquiétudes, une teinture d'incrédulité, souvent la perte entière de la foi. Mais l'Eglise ne refuse point cette permission aux théologiens, qui sont capables de réfuter les erreurs des *hérétiques*, et de prémunir les fidèles contre la séduction.

Dès la naissance de l'Eglise, les *hérétiques* ne se sont pas contentés de faire des livres pour répandre et pour soutenir leurs erreurs, ils en ont encore forgé et supposé sous le nom des personnages les plus respectables de l'Ancien et du Nouveau Testament. Mosheim est forcé d'en convenir à l'égard des gnostiques, qui ont paru immédiatement après les apôtres, *Instit.*, *Hist. christ.*, II° partie, c. 5, p. 367. C'est donc très-injustement que les *hérétiques* modernes attribuent ces fraudes aux chrétiens en général, et même aux Pères de l'Eglise, et qu'ils en concluent que la plupart ne se sont fait aucun scrupule de mentir et d'en imposer pour les intérêts de la religion. Y a-t-il rien de commun entre les vrais fidèles et les ennemis de l'Eglise? C'est pousser trop loin la malignité, que d'attribuer aux Pères les crimes de leurs ennemis.

HÉRÉTIQUES NÉGATIFS. Dans le langage de l'inquisition, ce sont ceux qui, étant convaincus d'hérésie par des preuves incontestables, se tiennent cependant toujours sur la négative, déclarent qu'ils ont horreur de la doctrine dont on les accuse, et font profession de croire les vérités opposées

* HÉRÉTIQUE (Proposition). *Voy.* QUALIFICATION DE PROPOSITIONS.

HERMAS, auteur du livre intitulé *le Pasteur*. Plusieurs écrivains anciens ont cru, comme Origène, que cet *Hermas* était celui duquel saint Paul a parlé dans son *Epître aux Romains*, chap. XVI, vers. 14, où il dit, *saluez Hermas;* conséquemment que ce personnage a vécu à Rome sous le pontificat de saint Clément, vers l'an de Jésus-Christ 92, et avant la mort de saint Jean. C'est dans cette persuasion qu'il a été placé parmi les Pères apostoliques. D'autres pensent qu'il n'a été écrit que vers l'an 142, qu'il était frère du pape saint Pie I", qui fut placé dans cette année même sur le saint-siège. Mosheim dit que cela est prouvé avec la dernière évidence par le fragment d'un petit livre ancien, au sujet du canon des divines Ecritures, que le savant Louis-Antoine Muratori a publié d'après un manuscrit de la bibliothèque de Milan, et qui se trouve *Antiq. Italic. medii ævi*, tom. III, dissert. 43, pag. 853. Le livre *du Pasteur* a été cité avec respect par saint Irénée, par saint Clément d'Alexandrie, par Origène, par Tertullien, par saint Athanase, par Eusèbe, etc.; plusieurs semblent lui attribuer autant d'autorité qu'aux écrits des apôtres, sans doute à cause de la simplicité du style et de la pureté de la morale que l'on y trouve. D'autres, comme saint Jérôme et saint Prosper, en ont fait peu de cas. Un concile de Rome sous le pape Gélase, l'an 496, l'a mis au rang des livres apocryphes, c'est-à-dire des livres qui ne sont point canoniques, ni censés faire partie des Ecritures saintes; il n'est pas pour cela réprouvé comme mauvais ou comme indigne de croyance. Mais les critiques protestants l'ont censuré avec plus de rigueur. Brucher, *Hist. crit. phil.*, tom. III, p. 272, soutient que *le Pasteur* est l'ouvrage d'un auteur visionnaire et fanatique, entêté des opinions de la philosophie orientale, égyptienne et platonique; il en donne pour preuve ce qui y est dit, *L. 1, Mand.* 6, que chaque homme est obsédé et gouverné par deux génies, l'un bon, l'autre mauvais, dont le premier lui suggère le bien, l'autre lui fait faire le mal; dogme, dit Brucker, qui vient évidemment des philosophes grecs et des Orientaux. Que répondrait ce critique, si on lui soutenait que Luther, son patriarche, a pris chez les Orientaux ce qu'il a dit, que la volonté de l'homme est comme une monture; que si elle porte Dieu, elle va où Dieu veut; que si elle porte Satan, elle marche et se conduit comme il plaît à Satan? Cotelier et le P. Le Nourry ont fait voir que le passage d'*Hermas* n'est qu'une allégorie, et que le fond de sa pensée peut avoir été tiré des Livres saints. Nous ferons voir ailleurs quel est l'intérêt de système qui a porté les protestants à décrier tant qu'ils ont pu les auteurs ecclésiastiques les plus anciens, et celui-ci en particulier.

Nous nous bornons à soutenir que le livre d'*Hermas* est exempt d'erreur, qu'il est respectable par la pureté de la morale qu'il enseigne, que c'est un monument de la sainteté des mœurs de l'Eglise primitive. On le trouve dans le premier tome des *Pères apostoliques*, édition de Cotelier; M. Fleury, dans son *Hist. ecclésiast.*, tom. I, l. II, n. 44 en a donné un extrait fort étendu

Mosheim, *Hist. christ.*, p. 166, ne se contente pas de traiter cet auteur comme superstitieux et insensé, il l'accuse encore d'imposture et de fraude pieuse. Il s'est donné, dit-il, pour inspiré, pour avoir été instruit par un ange sous la forme d'un berger; il voulait que son livre fût lu dans l'église comme les saintes Ecritures. Les Romains ont participé à cette fraude, puisqu'ils ont trouvé bon que ce livre fût lu par les fidèles, quoiqu'ils ne l'aient pas fait lire dans l'église. Déjà, dans le II° siècle, on se permettait les fraudes pieuses sans scrupule.

Mais plût à Dieu que les protestants ne se fussent jamais permis des superchéries plus odieuses que celles que l'on attribue aux chrétiens du II° siècle! Moshéim abuse ici de la liberté de calomnier. *Hermas* a pu, sans imposture, se persuader que le berger qui lui avait parlé était un ange; il a pu aussi se croire instruit par un ange, sans se donner pour inspiré, et il a pu désirer que son livre fût lu dans l'église, sans le mettre de pair avec les saintes Ecritures, puisque, suivant le témoignage des anciens, l'on y lisait la première lettre de saint Clément. Quand même les Romains n'auraient pas approuvé la tournure qu'*Hermas* avait prise pour faire goûter sa morale, n'ont-ils pas pu en conseiller la lecture, parce qu'ils la jugeaient utile? Toutes les conséquences que Moshéim tire de ces faits sont fausses, et ne prouvent que sa malignité. *Voy.* FRAUDE PIEUSE. Le Clerc a jugé cet auteur avec beaucoup plus de modération; il l'a même disculpé de plusieurs erreurs que l'on croyait y voir. *Hist. ecclés.*, an 69, § 7.

* HERMÉNEUTIQUE SACRÉE. — L'expression *herméneutique* désigne l'art d'interpréter un livre. Lorsqu'on y joint le mot *sacrée*, c'est l'art d'interpréter nos livres saints. Aux mots EXÉGÈTES, HERMÉSIANISME, ÉCRITURE, nous avons déjà donné les règles d'interprétation. Nous croyons devoir les résumer ici en quelques mots. L'Écriture sainte ayant été inspirée dans toutes ses parties, devient le dépôt de ce que nous devons croire et pratiquer. Elle est la règle de notre foi et de nos mœurs. Mais il ne suffit point de posséder le texte de la loi, il faut encore la comprendre; autrement on s'expose à tomber dans les plus graves erreurs. Il est donc bien important de connaître si le sens de nos livres saints est accessible à toutes les intelligences, ou si Dieu a établi une autorité chargée de décider infailliblement les controverses qui peuvent s'élever sur ce point.

Le protestant dit à tous sans exception : Prenez les Ecritures ; lisez, discernez, examinez. C'est ainsi qu'il constitue chaque particulier juge de la parole de Dieu. Un peu de réflexion nous convaincra que ce système est faux, impraticable, et qu'il ouvre la porte à toutes les erreurs. 1° Il est faux. Il suppose qu'avec les secours ordinaires de la grâce, toute personne peut découvrir le véritable sens de l'Écriture. Et cependant les plus saints et les plus savants personnages ont été effrayés des difficultés qu'elle présente. Les passages les plus clairs ont reçu une multitude d'interprétations diverses. Bossuet, dans sa savante Histoire des Variations, en fournit un grand nombre d'exemples. Et c'est ce livre qu'on présente à l'ignorant en lui disant : Prends, lis et forme ta foi! Disons-le donc avec assurance, ce système est 2° impraticable. Si l'on ne peut former sa foi que par l'examen des saintes Ecritures, que deviendra cette immense multitude de chrétiens, incapables bien souvent, je ne dis pas de les examiner, mais même de les lire? Et quand ils pourraient les lire, sont-ils capables de les comprendre? Peuvent-ils juger des versions dont ils se servent? Sans instruction, d'un esprit borné, distraits par les travaux et les nécessités de la vie, peuvent-ils étudier, saisir par eux-mêmes le sens de l'Écriture? — Ce qui achève la condamnation de ce système impraticable, c'est que, 3° il ouvre la porte à toutes les erreurs. Nous pourrions citer les passions, les intérêts auxquels la législation humaine oppose la barrière des tribunaux. Nous nous contenterons de citer un fait certain, connu de tout le monde, c'est la variation que présente le symbole protestant. Le christianisme n'a-t-il pas été mis en pièce parmi eux? Ne sont-ils pas tombés dans l'anarchie des opinions? Est-ce le Saint-Esprit qui inspire les interprétations opposées? Ils ont senti eux-mêmes l'absurdité de leur système : dans la pratique, ils l'ont condamné. De là leurs synodes, l'autorité des pasteurs, la foi formée sur l'enseignement des ministres, et non par la lecture de l'Ecriture sainte. — Disons-le, ce système est une des plus grandes aberrations de l'esprit humain. C'est donc à l'autorité qu'il faut recourir pour juger les difficultés qui peuvent se présenter sur le sens des livres saints. Mais quelle est cette autorité? Les paroles de Jésus-Christ, la conduite des apôtres et de l'Église de tous les temps ne nous permettent point de la méconnaître. C'est au corps des premiers pasteurs que Jésus-Christ adressait ces paroles : *Euntes ergo docete omnes gentes... ecce ego vobiscum sum omnibus diebus usque ad consummationem sæculi.* Il s'élève une contestation sur les lois cérémonielles, les apôtres convoquent l'Église à Jérusalem. Et depuis ce moment jusqu'aujourd'hui, les difficultés ont été résolues par le corps des premiers pasteurs. (Comme ce n'est pas ici le lieu de traiter complètement la grande question de l'infaillibilité de l'Église, nous n'en dirons pas davantage.)

Du principe que nous venons d'établir, il suit : 1° que l'autorité de l'Église est la plus sûre d'interprétation de l'Écriture ; 2° qu'on ne peut craindre de se tromper en suivant, en matière de foi et de morale, l'interprétation des Pères, lorsqu'ils ont été unanimes sur un point. Ils représentaient l'Église de leur temps. — Mais l'Église ne s'étant pas expliquée sur tous les points, les Pères étant partagés sur le sens de plusieurs passages, nous avons besoin de donner des règles qui dirigent dans l'étude de l'Écriture sainte. On distingue le sens littéral, le sens spirituel et le sens accommodatice. Nous allons exposer les règles qui les concernent.

I. *Du sens littéral.* Le sens littéral est celui que présente un passage expliqué d'après les règles du langage. Quoi qu'en ait dit Origène, Duguet, etc., tous les passages de l'Écriture ont un sens littéral. Les auteurs sacrés ont voulu être compris. Comment le seraient-ils si on ne pouvait interpréter leurs paroles d'après les lois qui régissent le langage? De même quelques auteurs profanes ont quelquefois un double sens littéral, il paraît assez bien démontré que quelques endroits des prophètes le possèdent. Ces passages à double sens littéral sont très-rares et ne persévèrent pas toujours avec une parfaite harmonie. Notre assertion trouvera sa preuve et son développement lorsque l'on interprétera les passages qui ont le double sens. Le psaume LXXI en offre un exemple frappant.

Le sens littéral de l'Écriture est propre ou figuré. Il est constant que lorsque, dans l'Évangile, Jésus-Christ est appelé l'Agneau de Dieu, cette expression est prise dans un sens métaphorique. Elle désigne la douceur du Sauveur. On reconnaît qu'il faut prendre une expression dans un sens métaphorique lorsque le sens propre n'est point d'accord avec le contexte, ou qu'il est contraire à quelque vérité certaine. La raison nous donne cette règle. S'il était permis d'appliquer le sens métaphorique à son gré, la certitude historique serait détruite. Une conséquence de cette règle, c'est qu'on ne doit point abandonner le sens propre pour recourir au sens métaphorique, lorsque le texte sacré contient un mystère. (Ce corollaire est contre les naturalistes d'Allemagne. *Voy.* EXÉGÈSE ALLEMANDE.)

Celui qui étudie l'Ecriture sainte pourra en connaître le véritable sens littéral s'il a ces règles devant les yeux et s'il emploie les moyens proposés aux interprètes d'un livre. Ces moyens sont : 1° d'approfondir avec soin le texte et le contexte ; 2° de déterminer le but d'un livre et de toutes ses parties ; 3° de peser les circonstances particulières à l'auteur, au temps, au lieu, à l'occasion d'un ouvrage ; 4° de rapprocher d'un passage obscur ou douteux les passages qui présentent quelque analogie ; 5° d'expliquer l'un par l'autre les passages qui sont contradictoires ; 6° de consulter les bons commentaires ; 7° de recourir aux éditions qui passent pour exactes, si l'on doute de l'exactitude du texte. — L'emploi de ces moyens facilitera l'étude de l'Ecriture sainte.

II. *Du sens spirituel.* Les principaux faits de l'Ancien Testament étaient la figure de ceux du Nouveau. C'est ce qu'on appelle sens spirituel ou mystique. Comme on le comprend, il repose plus sur le fait que sur les paroles. Le sens spirituel est moral, allégorique ou anagogique, suivant les choses qu'il signifie : *Quid credas, allegoria ; moralis, quid agas ; quo tendas, anagogia.* Le sens spirituel a rencontré des ennemis implacables dans les protestants. Les jansénistes les ont vigoureusement combattus, et sont tombés dans un excès contraire. Entraînés par un mysticisme outré, ils voyent le sens spirituel dans tous les faits du Vieux Testament. L'homme éclairé évite les deux écueils. Les paroles de Jésus-Christ, Matth. chap. xii, vers. 40 ; celles de saint Paul parlant aux païens, I Cor. x ; Gal. iv, 9, et des Pères, qui se sont attiré le nom d'allégoristes, ne lui permettent point de douter de l'existence du sens spirituel. Mais aussi il pense avec saint Jérôme, saint Augustin, saint Epiphane, et tous les commentateurs réfléchis, qu'il serait ridicule de vouloir trouver dans le Nouveau Testament le pendant de tous les faits de l'Ancien. Les figuristes, par leurs interprétations, nous ont dispensé de donner des preuves de notre assertion. Le sens spirituel qui n'est point appuyé sur l'autorité de Jésus-Christ, des apôtres, de l'Eglise ou du commun des docteurs, peut être fort ingénieux, mais il ne sera jamais une preuve.

III. *Du sens accommodatice.* Séparées du contexte, les paroles d'un livre peuvent recevoir une signification différente de celle qu'elles ont dans le livre. Ce sens se nomme accommodatice. On fait quelquefois usage de l'Ecriture sainte dans ce sens. On tolère cet usage pourvu que le sens accommodatice ne soit point tel, 1° qu'il tende à fausser le sens propre ; 2° qu'on ne le préfère pas au sens propre ; 3° qu'on n'en fasse pas un usage profane. Voici comment s'exprime à cet égard le concile de Trente : *Temeritatem reprimere volens* (concilium) *qua ad profana quæque convertuntur et torquentur verba et sententiæ sacræ Scripturæ, ad scurrilia scilicet, fabulosa, vanas adulationes, detractiones, superstitiones impias et diabolicas incantationes, divinationes, sortes, libellos etiam famosos, mandat et præcipit, ad tollendam hujusmodi irreverentiam et contemptum, de cætero quisquam quomodolibet verba Scripturæ sacræ, ad hæc aut similia audeat usurpare* (Conc. Trid., sess. 4).

Joignons à la connaissance des règles que nous venons d'établir, 1° une étude sérieuse des Pères qui ont traité d'une manière spéciale de l'Ecriture sainte ; 2° l'amour des livres saints ; 3° l'éloignement de tout esprit d'innovation et de tout engouement pour ce qui est ancien ; 4° l'humilité d'esprit ; 5° la pureté de conscience, nous rappelant ces paroles de l'Apôtre : *Animalis homo non percipit ea quæ sunt Spiritus Dei* (I Cor. ii, 14).

* HERMÉSIANISME. Toutes les fois qu'on veut s'appuyer sur le rationalisme pour fonder les vérités chrétiennes on échoue toujours contre de nombreux écueils. George Hermès en est un exemple bien frappant. Il se proposait pour but de ses investigations, non de saper les fondements de la religion, mais de la consolider : la philosophie de Kant et d'Hégel avait fait une profonde impression en Allemagne. Le rationalisme y semblait poussé jusque dans ses dernières limites. La religion avait reçu de rudes atteintes. Hermès résolut de profiter des nouveaux systèmes de philosophie et de les appliquer à la religion chrétienne en général et au catholicisme en particulier. Il espérait ainsi former un système théologique lumineux par la clarté de ses principes et de ses conclusions, solide par l'enchaînement serré et bien coordonné de ses parties, en un mot tel qu'il pût forcer les ennemis eux-mêmes de la foi à en reconnaître la vérité et la beauté. Pour bien juger ce système, nous croyons devoir apprécier : 1° Le fondement de son système, 2° l'application qu'il en fait à la vérité en général ; 3° en particulier à la vérité catholique.

I. Convaincu de la vérité du catholicisme et de la liaison nécessaire entre les dogmes catholiques et toute vérité naturelle ; persuadé qu'on ne peut nier une vérité de notre religion sans être contraint de rejeter toute vérité, Hermès voulut démontrer cette grande et belle pensée. Il posa pour fondement de son système, le *doute absolu, universel, perpétuel et positif.* Ce n'était pas assez à ses yeux de recourir au doute *méthodique*, au doute *négatif*, qui admet toutes les vérités, mais qui en fait une démonstration comme si elles étaient réellement méconnues. Hermès veut que chaque individu et tous sans exception fassent table rase de toutes leurs connaissances pour reconstituer toutes les vérités. Il pense que c'est le moyen de se dépouiller de tous les préjugés et de dégager le vrai du faux alliage. De ce premier principe découlent quatre énormes conséquences : 1° que tout individu doit tomber dans l'infidélité, car le doute universel de toute vérité est la violation de la foi qui nous défend de douter un seul moment des dogmes chrétiens ; 2° on doit vivre sans loi morale jusqu'à ce qu'on l'ait établie invinciblement ; 3° on doit admettre toutes les mauvaises conséquences qu'on aura déduites de son principe ; 4° l'immense majorité des hommes doit rester sans croyance et sans loi morale, car la multitude une fois jetée dans un pareil doute ne pourrait en sortir. Il faudrait donc traiter les masses comme des troupeaux de moutons, ou comme des êtres sans raison dont on se servirait comme de pures machines. Ces conséquences sont effrayantes pour la société, elles ressortent essentiellement du principe d'Hermès qui ne tend à rien moins qu'à bouleverser tous les rapports intellectuels et moraux.

II. Pour faire sortir l'homme de son doute, Hermès distingue deux espèces de raisons, l'une spéculative et l'autre pratique. La première ressort de la nécessité de croire, et la seconde de l'obligation de pratiquer. Avant d'entrer dans l'examen de ces deux sortes de sources de la vérité, observons qu'Hermès commence par admettre comme certain quelque chose qui n'est pas démontré. Ainsi son premier pas viole sa règle fondamentale. Mais pardonnons-lui cette inconséquence pour considérer ses principes en eux-mêmes.

La raison spéculative n'a d'autre domaine que les

vérités métaphysiques. Elle fait l'application de cette grande maxime : l'effet a nécessairement une cause capable de le produire. En admettant l'effet, nous sommes invinciblement forcés de remonter à la cause. Mais Hermès a soin d'avertir que la vérité n'est pas essentiellement attachée à la nécessité de la croyance ; il s'exprime ainsi : « Quand je dis tenir quelque chose pour vrai, je ne puis nier certainement *la possibilité que la chose soit en elle-même autre que ce que je la tiens*..... La chose est et elle doit rester pour moi telle que je dois la tenir, de sorte que je doive la tenir pour telle, *quoi qu'il en puisse être de la chose en elle-même*..... Cette conviction nécessaire peut bien être en soi un *pur phénomène, une illusion* ; quant à nous nous ne pouvons connaître ni démontrer le contraire » (*Introd. philos.*, p. 191, 192). D'après cet aveu, la raison spéculative ne peut donc conduire à une certitude complète.

La raison spéculative n'a d'autre objet que les vérités métaphysiques. Il fallait donc chercher un autre moyen d'arriver à la connaissance des faits. Ce moyen est la raison pratique. « Cette raison pratique, dit le P. Perrone, pour l'école de Kant, comme pour Hermès est *autonome* et *législatrice souveraine*. Par l'impératif catégorique absolu et ordonnant, elle commande à l'homme en son propre nom : *Représente-toi simplement en toi et dans les autres, et conserve la dignité de l'homme* ; ensuite elle lui impose comme un devoir absolu d'user de tous les moyens nécessaires pour arriver à cette fin. Or supposons, d'après Hermès, que cette raison impose quelque devoir ou envers Dieu, ou envers soi, ou envers les autres hommes, devoir auquel il ne peut satisfaire s'il n'admet comme *vrai* et *réel* ce dont il pourra douter d'après la raison spéculative, dont la base est le doute, voilà donc devenu nécessaire le devoir moral d'admettre la vérité et la réalité objective de la cause, malgré la répugnance de la raison *spéculative*, et cela pour ne pas manquer à un acte obligatoire et moral qu'il doit faire, pour ne pas dégrader la dignité de la nature humaine, et pour ne pas se rendre coupable de lèse-humanité. Choisissons un exemple très-clair, qui nous fera bientôt connaître le fondement solide sur lequel repose la certitude historique d'après Hermès. La raison *spéculative*, dit-il, ne pourrait jamais arriver par elle-même à acquérir une telle certitude d'un fait *historique* quelconque ; elle pourra obtenir une vraisemblance plus ou moins grande, mais la certitude jamais, parce qu'elle pourra toujours spéculativement douter de la vérité de ce fait. Mais d'un autre côté la raison *pratique* faisant à l'homme un devoir de *représenter simplement en soi et dans les autres la dignité de l'homme*, il suit de là que parmi les moyens nécessaires pour arriver à cette fin on peut donner celui de devoir recourir à l'expérience des autres. Car si l'homme n'a pas en lui-même toutes les connaissances requises pour bien agir moralement, comment pourra-t-il remplir cette obligation, s'il ne les recherche pas chez les autres ? Or, là où suffit l'expérience de ceux qui vivent, ses contemporains, il n'est pas nécessaire de passer outre ; mais bien souvent on exige, pour s'acquitter de cette obligation morale, que l'on consulte l'expérience des anciens, des siècles passés, et cette expérience n'est-elle pas déposée tout entière dans les souvenirs de l'histoire ? Donc, si dans ce cas-là quelqu'un ne croyait pas à la véracité de l'histoire, il serait privé de cette condition qui lui est indispensablement nécessaire pour accomplir ce devoir moral. Donc celui-ci, par l'impératif de la raison pratique, sera tenu d'admettre pour vraie et réelle l'histoire, quoiqu'il puisse et doive spéculativement douter de sa vérité et de sa réalité. » (*Démonst. évang.*, édit. Migne, tom. XIV, col. 952.)

Il est clair qu'Hermès ne pouvait reconnaître une véritable certitude des faits historiques ; que leur vérité dépendait des besoins de l'homme. Aussi on est effrayé quand on voit Hermès recourir à de misérables subterfuges pour établir la vérité du miracle de la résurrection. Il y a un devoir moral d'ensevelir les morts, afin que l'air ne soit pas infecté. Ce devoir suppose que l'homme ne peut revenir à la vie par des causes naturelles, car dans ce cas, il n'y aurait pas obligation d'enterrer les morts ; on devrait au contraire les laisser, afin de donner à la cause naturelle de la reviviscence le temps d'opérer son action avec fruit. C'est par de semblables procédés qu'Hermès démontre la vérité des faits sur lesquels repose la divinité du catholicisme. Nous demandons à tout homme de bonne foi, si quelqu'un pourrait, avec une semblable méthode, parvenir à une certitude suffisante des vérités révélées pour faire sur elles un acte de foi ? nous ne le pensons pas. Point de certitude, et surtout point de certitude en matière dogmatique chrétienne. Voilà la conséquence nécessaire du système d'Hermès.

III. Hermès a fait l'application de son critérium aux principaux dogmes du catholicisme. Les limites d'un article de dictionnaire ne nous permettent pas d'entrer dans l'examen de sa *dogmatique*. Le P. Perrone l'a fait avec la justesse et l'élévation qui le distinguent ; il démontre qu'Hermès est tombé dans les plus graves erreurs sur l'essence de Dieu, sa sainteté, sa liberté ; sur la nature et l'objet de la foi, sur la grâce, sur la justification, sur l'état de nos premiers parents, etc. etc. « Si nous nous demandons à nous-mêmes, dit Perrone, d'où sont provenues toutes ces aberrations sur des points de doctrine d'une importance vitale pour la foi orthodoxe et la théologie catholique, où pouvons-nous en trouver la raison, si ce n'est principalement dans cette méthode tortueuse et perfide qu'il a suivie dans les disputes théologiques ? Rigide observateur de deux lois qu'il s'était imposées : l'une d'un doute universel et perpétuel, doute contraire à la saine philosophie, mais beaucoup plus encore à la nature divine de la foi et de la science théologique ; l'autre de n'admettre rien comme vrai tout qu'il n'y était pas contraint par sa *double* raison individuelle, il fit passer, pour ainsi dire par cette filière, tous les dogmes catholiques, et voulut les éprouver et les épurer dans ce creuset. Aussi, quoiqu'il puisât au besoin aux deux véritables sources de la science théologique, les livres saints et la tradition, il le fit toutefois de manière que souvent, au lieu de soumettre respectueusement la raison à *l'objectivité* révélée, à la doctrine vraiment catholique, il voulut que celle-ci se pliât et s'accommodât à la règle suprême qu'il avait choisie pour son guide unique dans sa méthode théologique, c'est-à-dire à sa *raison individuelle* ; ce qui fit dire à quelques-uns, non sans fondement, qu'Hermès avait institué une *théologie a priori*. Par cette méthode, j'admets qu'il la fit sans en prévoir les suites funestes, il introduisit un rationalisme subtil dans le camp catholique, évidemment au détriment de la foi et de la véritable doctrine théologique, qui peuvent seules donner aux élèves du sanctuaire, et pour eux et pour les autres, la chaleur et la vie. Ainsi Georges Hermès, de nos jours, renouvela sous plusieurs rapports les erreurs théologiques d'Abailard, et laissa une grande leçon aux siècles présents et futurs, nous apprenant par ses aberrations comment, surtout dans la théologie catholique, l'esprit doit être contenu dans de justes bornes, modérer la hardiesse de ses spéculations, marcher avec respect sur les traces toujours sûres de la vénérable antiquité, et écouter l'enseignement unanime des écoles catholiques. Ainsi un grand fleuve, retenu naturellement par ses bords, coule majestueux et paisible, et enrichit les contrées qu'il arrose, portant l'abondance dans les champs et l'aisance dans les cités commerçantes ; mais si la fu reur de ses ondes brise et franchit les digues qui le retiennent captif, il se précipite çà et là comme un torrent aux eaux noirâtres et vagabondes, et n'apporte aux campagnes qu'il traverse et aux pays d'alentours que la désolation la terreur et les ruines!» (*Démonst. Evang.* édit. Migne, tom. IV, col. 1022.)

Un décret pontifical du 25 septembre 1835 condamna les divers écrits d'Hermès et en prohiba la lecture. Le professeur de Bonn n'existait plus alors, il était mort le 26 mai 1831. Sa doctrine ne mourut pas avec lui. Elle trouva dans nosseigneurs Droste de Wischering, archevêque de Cologne, de Geissel, son successeur, et Arnoldi de Trèves, de redoutables adversaires qui l'ont vivement combattue. L'hermésianisme a perdu beaucoup de son importance ; espérons qu'il disparaîtra totalement.

HERMIAS, philosophe chrétien du II° ou du III° siècle de l'Eglise, a fait une satire contre les philosophes païens, dans laquelle il tourne en ridicule leurs disputes et leurs contradictions touchant les questions mêmes qui nous intéressent de plus près. Il fait voir que ces prétendus sages ne sont d'accord ni sur le premier principe des choses, ni sur le gouvernement du monde, ni sur la nature de l'homme, ni sur sa destinée. On a placé ce petit ouvrage à la suite de ceux de saint Justin, dans l'édition des Bénédictins. Du moins les critiques protestants n'accuseront pas cet auteur d'avoir été endoctriné par les philosophes orientaux, égyptiens, pythagoriciens, platoniciens ou autres ; il fait profession de les mépriser tous également.

HERMIATITES ou HERMIENS, hérétiques du II° siècle, disciples d'un certain Hermias, diffèrent de celui dont nous venons de parler. Celui-ci était dans les sentiments d'Hermogène ; il enseignait que la matière est éternelle ; que Dieu est l'âme du monde, qu'il est par conséquent revêtu d'un corps ; c'était l'opinion des stoïciens. Il prétendait que Jésus-Christ, en montant au ciel après sa résurrection, n'y avait pas porté son corps, mais qu'il l'avait laissé dans le soleil, où il l'avait pris ; que l'âme de l'homme est composée de feu et d'air subtil ; que la naissance des enfants est la résurrection, et que ce monde est l'enfer. C'est ainsi qu'il altérait les dogmes du christianisme, pour les accommoder au système des stoïciens. Mais si cette religion n'avait été qu'un tissu d'impostures, et ses partisans une troupe d'ignorants, comme les incrédules modernes osent les peindre, les philosophes du II° siècle ne se seraient certainement pas donné la peine de la concilier avec leur système de philosophie. Philastre, *de Hær.*, c. 55 et 56; Tillemont, tome III, p. 67, etc. *Voy.* HERMOGÉNIENS.

HERMOGÉNIENS, hérétiques sectateurs des opinions d'Hermogène, philosophe stoïcien, qui vivait sur la fin du II° siècle. Il eut pour principaux disciples Hermias et Séleucus ; de là les *Hermogéniens* furent nommés hermiens, hermiatistes ou hermiotistes, séleuciens, matériaires, etc. Ils se multiplièrent surtout dans la Galatie.

L'erreur principale d'*Hermogène* était de supposer, comme les stoïciens, la matière éternelle et incréée, et ce système avait été imaginé pour expliquer l'origine du mal dans le monde. Dieu, disait Hermogène, a tiré le mal ou de lui-même, ou du néant, ou d'une matière préexistante ; il n'a pas pu le tirer de lui-même, puisqu'il est indivisible, et que le mal n'a jamais pu faire partie d'un être souverainement parfait : il n'a pas pu le tirer du néant, alors il aurait été le maître de ne pas le produire, et il aurait dérogé à sa bonté en le produisant ; donc le mal est venu d'une matière préexistante, coéternelle à Dieu, et de laquelle Dieu n'a pas pu corriger les défauts. Ce raisonnement pèche par le principe ; il suppose que le mal est une substance, un être absolu, ce qui est faux. Rien n'est mal que par comparaison à un plus grand bien ; aucun être n'est absolument mauvais ; le bien absolu est l'infini ; tout être créé est nécessairement borné, par conséquent privé de quelque degré de bien ou de perfection. Supposer que parce que Dieu est infiniment puissant, il peut produire des êtres infinis ou égaux à lui-même, c'est une absurdité.

Pour étayer son système, Hermogène traduisait ainsi le premier verset de la Genèse : *Du principe*, ou *dans le principe, Dieu fit le ciel et la terre ;* on a renouvelé de nos jours cette traduction ridicule, afin de persuader que Moïse avait enseigné, comme les stoïciens, l'éternité de la matière.

Tertullien écrivit un livre contre *Hermogène*, et réfuta son raisonnement. Si la matière, dit-il, est éternelle et incréée, elle est égale à Dieu, nécessaire comme Dieu, et indépendante de Dieu. Il n'est lui-même souverainement parfait, que parce qu'il est l'Être nécessaire, éternel, existant de soi-même ; et c'est encore pour cela qu'il est immuable. Donc, 1° il est absurde de supposer une matière éternelle, et cependant pétrie de mal, une matière nécessaire, et cependant imparfaite ou bornée ; autant vaudrait dire que Dieu lui-même, quoique nécessaire et existant de soi-même, est un être imparfait, impuissant et borné. 2° Une nouvelle absurdité est de supposer que la matière est éternelle et nécessaire, et qu'elle n'est pas immuable, que ses qualités ne sont pas nécessaires comme elle, que Dieu a pu en changer l'état, et lui donner un arrangement qu'elle n'avait pas. L'éternité ou l'existence nécessaire n'admet de changement ni en bien ni en mal. Tel est le raisonnement dont Clarke s'est servi pour démontrer que la matière n'est point éternelle, par conséquent la nécessité d'admettre la création ; mais c'est mal à propos que l'on a voulu lui en attribuer l'invention. Tertullien l'a employé quinze cents ans avant lui. Il démontre ensuite que l'hypothèse de l'éternité de la matière ne résout point la difficulté de l'origine du mal. Si Dieu, dit-il, a vu qu'il ne pouvait pas corriger les défauts de la matière, il a dû plutôt s'abstenir de former des êtres qui devaient nécessairement participer à ces défauts. Car enfin lequel vaut mieux, dire que Dieu n'a pas pu corriger les défauts d'une matière éternelle, ou dire que Dieu n'a pas pu créer une matière exempte de défauts, ni des êtres aussi parfaits que lui? Dans le premier cas, on suppose que la puissance de Dieu est gênée ou bornée par un obstacle qui est hors de lui; c'est une absurdité. Dans le second, il s'ensuit seulement que Dieu ne peut pas faire ce qui renferme contradiction; et cela est évident. Tertullien tourne et retourne cet argument de différentes manières; mais le fond est toujours le même, et c'est une démonstration sans réplique. Il réfute l'explication que donnait Hermogène aux paroles de Moïse; il observe que Moïse n'a pas dit *du commencement* ni *dans le commencement*, comme s'il s'agissait là d'une substance; mais il a dit *au commencement*; or, le commencement des êtres a été la création même. Si Dieu, dit-il encore, a eu besoin de quelque chose pour opérer la création, c'est de sa sagesse éternelle comme lui, de son Fils qui est le Verbe, et le *Dieu-Verbe*, puisque le Père et le Fils sont un: Hermogène dira que cette sagesse n'est pas aussi ancienne que la matière? Celle-ci est donc supérieure à la sagesse, au Verbe, au Fils de Dieu; ce n'est plus lui qui est égal au Père, c'est la matière: absurdité et impiété que Hermogène n'a pas osé prononcer. Enfin Tertullien fait voir que Hermogène n'est point constant dans ses principes ni dans ses assertions, qu'il admet une matière tantôt corporelle et tantôt incorporelle, tantôt bonne et tantôt mauvaise; qu'il la suppose infinie et cependant soumise à Dieu; or, la matière est évidemment bornée, puisqu'elle est renfermée dans l'espace; il faut donc qu'elle ait une cause, puisque rien n'est borné sans cause.

Sur cet exposé simple, nous demandons de quel front les sociniens et leurs partisans osent avancer que le dogme de la création est une hypothèse philosophique assez moderne, que les anciens Pères ne l'ont pas connue, qu'ils n'ont jamais pensé qu'on pût la prouver par le texte de la Genèse, et que l'hypothèse de deux principes coéternels semble plus propre que celle de la création à expliquer l'origine du mal. Il ne nous serait pas difficile de montrer le germe des raisonnements de Tertullien dans saint Justin, qui a écrit au moins trente ans plus tôt, *Cohort. ad Græcos*, n. 23.

Si les incrédules modernes connaissaient mieux l'antiquité, ils n'auraient pas si souvent la vanité de se croire inventeurs; loin de nous faire connaître de nouvelles vérités, ils n'ont pas seulement su forger de nouvelles erreurs. *Voy.* CRÉATION.

Mosheim, appliqué à trouver dans les Pères quelque chose à blâmer, a exercé sa censure sur le livre de Tertullien contre Hermogène. Il dit que cet hérétique encourut la haine de Tertullien, non par ses erreurs, mais par son opposition aux opinions de Montan, que Tertullien avait embrassées. Hermogène, dit-il, ne niait pas la possibilité physique de la création de la matière, mais la possibilité morale, parce qu'il lui semblait indigne de la bonté de Dieu de créer un être essentiellement mauvais, tel que la matière: si donc Tertullien lui avait fait voir ailleurs l'origine du mal, il l'aurait attaqué par le principe, au lieu qu'il n'a combattu qu'un accessoire du système. D'ailleurs Hermogène ne niait pas que Dieu n'eût toujours été le maître de la matière. *Hist. christ.*, sæc. I, § 70.

Cette censure nous paraît injuste à tous égards. 1° De quel droit Mosheim prétend-il juger des intentions de Tertullien, et nous obliger de lui attribuer à lui-même des motifs plus purs que ceux qu'il prête à ce Père? 2° Si la matière était essentiellement mauvaise, comme le soutenait Hermogène, il ne serait ni physiquement ni moralement possible à Dieu de la créer. 3° Tertullien lui démontre qu'un être éternel et incréé, tel qu'il suppose la matière, ne peut être essentiellement mauvais; donc, dans l'hypothèse de l'éternité de la matière, elle ne pourrait être l'origine du mal. 4° Il lui fait voir encore que c'est une absurdité de la supposer éternelle, et d'ajouter que Dieu en a toujours été le maître: un être éternel est essentiellement immuable; donc Dieu ne pourrait le changer. 5° Dans cette même supposition, Dieu serait toujours responsable du mal qu'il y aurait dans le monde; donc Tertullien a solidement réfuté Hermogène, tant dans le principe que dans les conséquences. En parlant de ce même ouvrage, Le Clerc en a porté un jugement plus sensé que Mosheim, *Hist. ecclés.*, an. 68, § 11 et suiv.

HERNHUTES, ou HERNHUTERS, secte d'enthousiastes introduite de nos jours en Moravie, en Vétéravie, en Hollande et en Angleterre. Ses partisans sont encore connus sous le nom de *frères moraves*; mais il ne faut pas les confondre avec les *frères de Moravie*, ou les *huttérites*, qui étaient une branche d'*anabaptistes*. Quoique ces deux sectes aient quelque ressemblance, il paraît que la plus récente, de laquelle nous parlons, n'est point née de la première. Les *hernhutes* sont aussi nommés *zinzendorfiens* par quelques auteurs. En effet, le *hernhutisme* doit son origine et ses progrès au comte Nicolas-Louis de Zinzendorf, né en 1700, et élevé à Hall dans les principes du quiétisme. Sorti de cette université en 1721, il s'appliqua à l'exécution du projet qu'il avait conçu de former une société dans laquelle il pût vivre uniquement occupé d'exercices de dévotion dirigés à sa manière. Il s'associa quelques personnes qui étaient dans ses idées, et il établit sa résidence à Bertholsdorf, dans la haute Lusace, terre dont il fit l'acquisition. Un charpentier de Moravie, nommé *Christian David*, qui avait été autrefois dans ce pays-là, engagea deux ou trois de ses associés à se retirer avec leurs familles à Bertholsdorf. Ils y furent accueillis avec empressement; ils y bâtirent une maison dans une forêt, à une demi-lieue de ce village. Plusieurs particuliers de Moravie, attirés par la protection du comte de Zinzendorf, vinrent augmenter cet établissement, et le comte y vint demeurer lui-même. En 1728, il y avait déjà trente-quatre maisons, et en 1732 le nombre des habitants se montait à six cents. La montagne de Hutberg leur donna lieu d'appeler leur habitation *Hut-Der-Hern*, et dans la suite *Hernhut*, nom qui peut signifier *la garde* ou *la protection du Seigneur* : c'est de là que toute la secte a pris le sien.

Les *hernhutes* établirent bientôt entre eux la discipline qui y règne encore, qui les attache étroitement les uns aux autres, qui les partage en différentes classes, qui les met dans une entière dépendance de leurs supérieurs, qui les assujettit à des pratiques de dévotion et à des menues règles semblables à celles d'un institut monastique. La différence d'âge, de sexe, d'état, relativement au mariage, a formé parmi eux les différentes classes, savoir : celles des maris, des femmes mariées, des veufs, des veuves, des filles, des garçons, des enfants. Chaque classe a ses directeurs choisis parmi ses membres. Les mêmes emplois qu'exercent les hommes entre eux sont remplis entre les femmes par des personnes de leur sexe. Il y a de fréquentes assemblées des différentes classes en particulier, et de toute la société ensemble. On y veille à l'instruction de la jeunesse avec une attention particulière ; le zèle du comte de Zinzendorf l'a quelquefois porté à prendre chez lui jusqu'à une vingtaine d'enfants, dont neuf ou dix couchaient dans sa chambre. Après les avoir mis dans la voie du salut, telle qu'il la concevait, il les renvoyait à leurs parents.

Une grande partie du culte des *hernhutes* consiste dans le chant, et ils y attachent la plus grande importance ; c'est surtout par le chant, disent-ils, que les enfants s'instruisent de la religion. Les chantres de la société doivent avoir reçu de Dieu un talent particulier ; lorsqu'ils entonnent à la tête de l'assemblée, il faut que ce qu'ils chantent soit toujours une répétition exacte et suivie de ce qui vient d'être prêché. A toutes les heures du jour et de la nuit, il y a dans le village d'*Hernhut* des personnes de l'un et de l'autre sexe chargées par tour de prier pour la société. Sans montre, sans horloge ni réveil, ils prétendent être avertis par un sentiment intérieur de l'heure à laquelle ils doivent s'acquitter de ce devoir. S'ils s'aperçoivent que le relâchement se glisse dans leur société, ils raniment leur zèle en célébrant des agapes ou des repas de charité. La voie du sort est fort en usage parmi eux : ils s'en servent souvent pour connaître la volonté du Seigneur. Ce sont les anciens qui font les mariages : nulle promesse d'épouser n'est valide sans leur consentement ; les filles se dévouent au Sauveur, non pour ne jamais se marier, mais pour n'épouser qu'un homme à l'égard duquel Dieu leur aura fait connaître avec certitude qu'il est régénéré, instruit de l'importance de l'état conjugal, et amené par la direction divine à entrer dans cet état.

En 1748, le comte de Zinzendorf fit recevoir à ses frères moraves la confession d'Augsbourg et la croyance des luthériens, témoignant néanmoins une inclination à peu près égale pour toutes les communions chrétiennes ; il déclare même que l'on n'a pas besoin de changer de religion pour entrer dans la société des *hernhutes*. Leur morale est celle de l'Évangile ; mais en fait d'opinions dogmatiques, ils ont le caractère distinctif du fanatisme, qui est de rejeter la raison et le raisonnement, d'exiger que la foi soit produite dans le cœur par le Saint-Esprit seul. Suivant leur opinion, la régénération naît d'elle-même, sans qu'il soit besoin de rien faire pour y coopérer ; dès que l'on est régénéré, l'on devient un être libre : c'est cependant le Sauveur du monde qui agit toujours dans le régénéré, et qui le guide dans toutes ses actions. C'est aussi en Jésus-Christ que toute la divinité est concentrée, il est l'objet principal ou plutôt unique du culte des *hernhutes* ; ils lui donnent les noms les plus tendres, et ils révèrent avec la plus grande dévotion la plaie qu'il reçut dans son côté sur la croix. Jésus-Christ est censé l'époux de toutes les sœurs, et les maris ne sont, à proprement parler, que ses procureurs. D'un autre côté, les sœurs *hernhutes* sont conduites à Jésus par le ministère de leurs maris, et l'on peut regarder ceux-ci comme les sauveurs de leurs épouses en ce monde. Quand il se fait un mariage, c'est qu'il y avait une sœur qui devait être amenée au véritable époux par le ministère d'un tel procureur.

Ce détail de la croyance des *hernhutes* est tiré du livre d'Isaac Lelong, écrit en hollandais, sous le titre de *Merveilles de Dieu envers son Église*, Amst., 1735 *in*-8°. Il ne le publia qu'après l'avoir communiqué au comte de Zinzendorf. L'auteur de l'ouvrage intitulé *Londres*, qui avait conféré avec quelques-uns des principaux *hernhutes* d'Angleterre, ajoute, tom. II, pag. 196, qu'ils regardent l'Ancien Testament comme une histoire allégorique ; qu'ils croient la nécessité du baptême ; qu'ils célèbrent la cène à la manière des luthériens, sans expliquer quelle est leur foi touchant ce mystère. Après avoir reçu l'eucharistie, ils prétendent être ravis en Dieu et transportés hors d'eux-mêmes. Ils vivent en commun comme les premiers fidèles de Jérusalem ; ils rapportent à la masse tout ce qu'ils gagnent, et n'en tirent que le plus étroit nécessaire : les gens riches y mettent des aumônes considérables. Cette caisse commune, qu'ils appellent la *caisse du Sauveur*, est principalement destinée à subvenir aux frais des missions. Le comte de Zinzendorf, qui les regardait comme la partie principale de son apostolat, a envoyé de ses compagnons d'œuvre presque par tout le monde ; lui-même a couru toute l'Europe, et il a été deux fois en Amérique. Dès 1733, les missionnaires du *hernhutisme* avaient déjà passé la ligne pour aller catéchiser les nègres, et ils ont pénétré jusqu'aux Indes. Suivant les écrits du fondateur de la secte, en 1749, elle entretenait jusqu'à mille ouvriers évangéliques répandus par tout le monde : ces missionnaires avaient déjà fait plus de deux cents voyages par mer. Vingt-quatre nations avaient été réveillées de leur assoupissement spirituel : on prêchait le *hernhutisme*, en vertu d'une vocation légitime, en quatorze langues, à vingt mille âmes au moins; enfin la société avait déjà quatre-vingt-dix-huit établissements, entre lesquels se trouvaient des châteaux les plus vastes et les plus magnifiques. Il y a sans doute de l'hyperbole dans ce détail, comme il y avait du fanatisme dans les prétendus miracles par lesquels ce même comte soutenait que Dieu avait protégé les travaux de ses missionnaires.

Cette société possède, à ce que l'on dit, Bethléem en Pensylvanie, et elle a un établissement chez les Hottentots, sur les côtes méridionales de l'Afrique. Dans la Vétéravie, elle domine à Marienborn et à Hernhang; en Hollande, elle est florissante à Isselstein et à Zeist ; ses sectateurs se sont multipliés dans ce pays-là, surtout parmi les mennonites ou anabaptistes. Il y en a un assez grand nombre en Angleterre; mais les Anglais n'en font pas grand cas ; ils les regardent comme des fanatiques dupés par l'ambition et par l'astuce de leurs chefs. Cependant nous avons vu en France, depuis peu, le patriarche des frères moraves, chargé d'une négociation importante par le gouvernement d'Angleterre.

Dans leur troisième synode général, tenu à Gotha en 1740, le comte de Zinzendorf se démit de l'espèce d'épiscopat auquel il s'était cru appelé en 1737 ; mais il conserva la charge de président de sa société. Il renonça encore à cet emploi en 1743, pour prendre le titre plus honorable de plénipotentiaire et d'économe général de la société avec le droit de se nommer un successeur. On conçoit que les *hernhutes* conservent la plus profonde vénération pour sa mémoire. En 1778, l'auteur des *Lettres sur l'histoire de la terre et de l'homme*, a vu une société de frères moraves à Neu-Wied en Westphalie; ils lui ont paru conserver la simplicité de mœurs et le caractère pacifique de cette secte ; mais il reconnaît que cet esprit de douceur et de charité ne peut pas subsister longtemps dans une grande société, 98ᵉ lettre, tom. 4, pag. 262. Suivant le tableau qu'il en fait, on peut appeler le *hernhutisme* le monachisme des protestants. Mais il s'en faut beaucoup que tous en aient la même idée. Mosheim s'était contenté de dire que si les *hernhutes* ont la même croyance que les luthériens, il est difficile de deviner pourquoi ils ne vivent point dans la même communion, et pourquoi ils s'en séparèrent à cause de quelques rites ou institutions indifférentes. Son traducteur anglais lui a reproché cette molle indulgence; il soutient que les principes de cette secte ouvrent la porte aux excès les plus licencieux du fanatisme. Il dit que le comte de Zinzendorf a formellement enseigné « que la loi, pour le vrai croyant, n'est point une règle de conduite ; que la loi morale est pour les Juifs seuls; qu'un régénéré ne peut plus pécher contre la lumière. » Mais cette doctrine n'est pas fort différente de celle de Calvin. Il cite, d'après ce même sectaire, des maximes touchant la vie conjugale, et des expressions que la pudeur ne nous permet pas de copier. L'évêque de Glocester accuse de même les *hernhutes* de plusieurs abominations ; il prétend qu'ils ne méritent pas plus d'être mis au nombre des sectes chrétiennes, que les turlupins ou *frères du libre esprit* du XIIIᵉ siècle, secte également impie et libertine. *Hist. ecclés. de Mosheim*, trad., tom. VI, pag. 23, note.

Ceux qui veulent disculper les frères moraves, répondent que toutes les accusations dictées par l'esprit de parti et par la haine théologique, ne prouvent rien; qu'on les a faites non-seulement contre les anciennes sectes hérétiques, mais encore contre les juifs et contre les chrétiens. Cette réponse ne nous paraît pas solide : les juifs et les premiers chrétiens n'ont jamais enseigné une morale aussi scandaleuse que les frères moraves et les autres sectes accusées de libertinage; et cela fait une grande différence. Quoi qu'il en soit, la secte fanatique des *hernhutes*, formée dans le sein du luthéranisme, ne lui fera jamais beaucoup d'honneur.

HÉRODIENS, secte de juifs, de laquelle il est parlé dans l'Évangile, *Matt.* chap. XXII, vers. 16; *Marc*, chap. III, vers. 6 ; chap XII, vers. 15. Avant de rechercher ce que c'était, il est bon de remarquer qu'il est question, dans le Nouveau Testament, de trois princes différents nommés *Hérode*. Le premier fut Hérode l'Ascalonite, surnommé le Grand, Iduméen de nation, et qui se rendit célèbre par sa cruauté. C'est lui qui fit rebâtir le temple de Jérusalem, et qui, averti de la naissance du Sauveur à Bethléem, ordonna le massacre des innocents. Il mourut rongé des vers, un an après la naissance de Jésus-Christ, suivant quelques historiens, deux ou trois ans plus tard, selon les autres. Le second fut Hérode Antipas, fils du précédent : c'est lui qui fit trancher la tête à saint Jean-Baptiste, et c'est à lui que Jésus-Christ, pendant sa passion, fut envoyé par Pilate. Il fut relégué à Lyon avec Hérodiade par l'empereur Caligula, et mourut dans la misère vers l'an 37. Le troisième fut Hérode Agrippa, fils d'Aristobule, et petit-fils d'Hérode le Grand. Par complaisance pour les Juifs, il fit mettre à mort saint Jacques le Majeur, frère de saint Jean, et il fit emprisonner saint Pierre qui fut mis en liberté par miracle, *Act.*, c. 12. Il fut frappé de Dieu à Césarée, pour avoir agréé les flatteries impies des Juifs, et mourut d'une maladie pédiculaire l'an 42 de Jésus-Christ. Il eut pour successeur son fils Agrippa II; c'est devant celui-ci que saint Paul parut à Césarée, et plaida sa cause, *Act.*, chap. XXV, vers. 13. Il fut le dernier roi des Juifs, et il fut témoin de la prise de Jérusalem par Tite.

Les commentateurs de l'Ecriture ne sont pas d'accord au sujet des *hérodiens*. Tertullien, saint Jérôme, et d'autres Pères, ont cru que c'était une secte de Juifs qui reconnaissaient Hérode le Grand pour le Messie. Casaubon, Scaliger, et d'autres, ont imaginé que c'était une confrérie érigée en l'honneur d'Hérode, comme on en vit à Rome à l'honneur d'Auguste, d'Adrien et d'Antonin. Ces deux opinions ne paraissent pas solides à d'autres critiques : Jésus-Christ, disent-ils appela le système de ces sectaires *le levain d'Hérode*; il faut donc que ce prince soit l'auteur de quelque opinion dangereuse qui caractérisait ses partisans : quelle pouvait être cette opinion ?

Il y a deux articles par lesquels Hérode déplaisait beaucoup aux Juifs : le premier est parce qu'il assujettit sa nation à l'empire des Romains; le second, parce que, pour plaire à ses maîtres impérieux, il introduisit dans la Judée plusieurs usages des païens. Jésus-Christ, loin de blâmer l'obéissance aux Romains, en donna lui-même les leçons et l'exemple; il faut donc que le levain d'Hérode soit le second article, l'opinion dans laquelle étaient Hérode et ses partisans, que, quand une force majeure l'ordonne, on peut faire des actes d'idolâtrie. Hérode suivait cette maxime. En effet, Josèphe nous apprend que, pour faire sa cour à Auguste, il fit bâtir un temple à son honneur, et qu'il en édifia encore d'autres à l'usage des païens; qu'ensuite il s'excusa envers sa nation, par le prétexte qu'il était forcé de céder à la nécessité des temps. *Antiq. Jud.*, l. XIV, c. 13. Or, les princes les moins religieux sont toujours sûrs d'avoir des partisans.

Les sadducéens, qui ne croyaient point à la vie future, adoptèrent probablement l'*hérodianisme*, puisque les mêmes hommes qui sont appelés hérodiens dans *saint Matthieu*, chap XVI, sont nommés sadducéens dans *saint Marc*, chap. VIII, vers. 15. Cette secte disparut après la mort du Sauveur, et perdit son nom lorsque les états d'Hérode furent partagés. *Dissert. sur les sectes juives, Bible d'Avignon*, t. XIII. p. 218.

HESHUSIENS, sectateurs de Tilman Heshusius, ministre protestant qui professa l'arianisme dans le seizième siècle, et y ajouta d'autres erreurs : sa secte est une des branches du socinianisme.

HÉSITANTS. Sur la fin du V⁰ siècle, on donna ce nom à ceux des eutychiens acéphales qui ne savaient s'ils devaient recevoir ou rejeter le concile de Chalcédoine, qui n'étaient attachés ni à Jean d'Antioche, fauteur de Nestorius, ni à saint Cyrille, qui l'avait condamné. Ils appelèrent *synodolins* ceux qui se soumirent à ce concile. *Voy.* EUTYCHIENS.

HÉSICHASTES, nom tiré du grec ἡσυχάστης, *tranquille, oisif*. On appela ainsi des moines grecs contemplatifs, qui, à force de méditations, se troublèrent l'esprit, et donnèrent dans le fanatisme. Pour se procurer des extases, ils fixaient les yeux sur leur nombril, en retenant leur haleine; alors ils croyaient voir une lumière éclatante; ils se persuadèrent que c'était une émanation de la substance divine, une lumière incréée, la même que les apôtres avaient vue sur le Thabor à la transfiguration du Sauveur. Cette démence, qui avait commencé dans le XIᵉ siècle, se renouvela dans le XIVᵉ, surtout à Constantinople; elle y causa des disputes, et donna lieu à des assemblées d'évêques, à des censures, à des livres qui furent écrits pour et contre. Les *hésychastes* eurent d'abord pour adversaire l'abbé Barlaam, né dans la Calabre, moine de saint Basile, et depuis évêque de Giéraci. En visitant les monastères du mont Athos, il condamna cette folie des moines, les traita de fanatiques, il les nomma *massaliens*, *euchytes*, *ombilicaires*. Mais Grégoire Palmas, autre moine et archevêque de Thessalonique, prit leur défense, et fit condamner Barlaam dans un concile de Constantinople, l'an 1341.

Palamas soutenait que Dieu habite dans une lumière éternelle distinguée de son essence; que les apôtres virent cette lumière sur le Thabor, et qu'une créature pouvait en recevoir une portion. Il trouva un antagoniste dans Grégoire Acyndinus, autre moine, qui prétendait que les attributs, les propriétés, les opérations de la Divinité n'étant point distinguées de son essence, une créature ne pouvait en recevoir une portion sans participer à l'essence divine; mais celui-ci fut condamné, aussi bien que Barlaam, dans un nouveau concile tenu à Constantinople l'an 1351.

De cette dispute absurde, les protestants ont pris occasion de déclamer contre les mystiques en général, et contre la vie contemplative; mais un accès de démence survenu aux moines du mont Athos ne prouve que la faiblesse de leur cerveau. L'on peut avoir l'habitude de la méditation sans perdre l'esprit pour cela, et l'on peut être fou sans avoir jamais été contemplatif.

HÉTÉRODOXE, se dit des personnes et des dogmes, comme son opposé *orthodoxe* : c'est un nom formé du grec ἕτερος, *autre*, et δόξα, *sentiment*, *opinion*. Un écrivain *hétérodoxe* est celui qui tient et qui enseigne un sentiment différent des vérités que Dieu a révélées. Dans une religion de laquelle Dieu lui-même est l'auteur, on ne peut s'écarter de la révélation sans tomber dans l'erreur.

Mais la révélation ne vient point à nous par elle-même, et sans quelque moyen extérieur; Dieu ne nous révèle pas actuellement et immédiatement par lui-même ce qu'il veut que nous croyions : la question est donc de savoir quel est le moyen par lequel nous pouvons connaître certainement que Dieu a révélé telle ou telle doctrine, et c'est la principale question qui divise les catholiques d'avec les protestants. Ceux-ci prétendent que le moyen destiné de Dieu à nous instruire de la révélation est l'Ecriture sainte, qui est la parole de Dieu; que tout homme qui croit à cette Ecriture, croit par là même tout ce que Dieu a révélé, qu'il ne peut pas par conséquent être coupable d'erreur ni d'*hétérodoxie*. Les catholiques, au contraire, soutiennent que l'Ecriture sainte ne peut pas être l'organe de la révélation pour tous les hommes. En effet, ce livre divin ne va pas chercher les infidèles qui n'en ont aucune connaissance; il ne dit rien et n'apprend rien à ceux qui ne savent pas lire; il n'instruit pas mieux ceux dont l'intelligence est trop bornée pour en prendre le vrai sens; il peut être même pour eux une occasion d'erreur. Quand un infidèle rencontrerait par hasard une Bible traduite dans sa propre langue, comment pourrait-il être convaincu que c'est la parole de Dieu, que tout ce que contient ce livre est vrai, et qu'il est obligé d'y croire? S'il le pense, parce qu'un missionnaire le lui assure, il croit sur la parole du missionnaire, et non sur la parole écrite. Depuis les apôtres jusqu'à nous, on ne peut pas citer un seul exemple d'un infidèle amené à la foi par la seule lecture de l'Ecriture sainte ; aussi saint Paul n'a pas dit que la foi vient de la lecture, mais qu'elle vient de l'ouïe : *Fides ex auditu*. De là les catholiques concluent que le moyen établi de Dieu pour nous faire connaître ce qu'il a révélé, est la voix de l'Eglise, ou l'enseignement constant et uniforme des pasteurs revêtus d'une mission divine, authentique et incontestable. Tel est, en effet, le moyen par lequel Dieu a éclairé et converti les nations infidèles qui ont embrassé le christianisme. D'où l'on conclut encore que tout dogme contraire à ce que l'Eglise croit et enseigne est un sentiment *hétérodoxe* et une erreur; que tout homme qui le croit et le soutient est coupable et hors de la voie du salut. *Voy.* ECRITURE SAINTE, EGLISE, RÈGLE DE LOI, etc.

HÉTÉROUSIENS, secte d'ariens, disciples d'Aëtius, et appelés de son nom aëtiens, qui soutenaient que le Fils de Dieu est *d'une autre substance* que celle du Père : c'est ce que signifie *hétérousiens*. Ils nommaient les catholiques *homoousiens*. *Voy.* ARIENS.

HEURE. Il y a une apparence de contradiction entre les évangélistes, touchant l'*heure* à laquelle Jésus-Christ fut attaché à la croix. Saint Marc, chap. XIX, vers. 25, dit que ce fut à la troisième *heure*, et saint Jean dit que ce fut à la sixième, chap. XIX, vers. 14. Comment concilier ces deux narrations? Les incrédules en ont fait grand bruit.

Il est certain d'abord que les Juifs partageaient le jour en douze *heures* et qu'ils les comptaient depuis le lever du soleil jusqu'à son coucher. *Joan.*, chap. XI, vers. 9. Jésus-Christ dit qu'il y a douze *heures* du jour. *Matth.*, chap. XX; il est fait mention des ouvriers que le père de famille envoie travailler à sa vigne, de grand matin, à la troisième, à la sixième, à la neuvième et vers la onzième *heure*. Ces *heures* étaient donc plus longues ou plus courtes, suivant que le soleil était plus ou moins longtemps sur l'horizon. Mais comme Jésus-Christ mourut immédiatement après l'équinoxe du printemps, les *heures* étaient à peu près égales à ce qu'elles sont, suivant notre manière de les compter, et alors le jour commençait à six heures du matin. Les Juifs divisaient d'ailleurs le jour en quatre parties, dont la première était nommée *la troisième heure*; la seconde, *la sixième heure*; la troisième, *la neuvième heure*; et la dernière, *la douzième*; et chacune de ces parties était marquée par la prière et par un sacrifice offert dans le temple. Or, en comparant le récit des quatre évangélistes, on voit qu'à la troisième *heure*, ou à neuf *heures* du matin, Jésus fut livré aux Juifs pour être crucifié. C'est ce qu'a entendu saint Marc lorsqu'il a dit qu'*il était la troisième heure, et qu'ils le crucifièrent*, c'est-à-dire qu'ils se préparèrent à le crucifier. Saint Jean n'a pas dit qu'il était *la sixième heure* lorsque Pilate livra Jésus aux Juifs, mais qu'il était *environ la sixième heure*, parce qu'elle allait commencer. Les trois autres évangélistes s'accordent à supposer que Jésus fut attaché à la croix à la sixième *heure*, ou à midi ; ils disent que la Judée fut couverte de ténèbres *depuis la sixième heure jusqu'à la neuvième*, ou jusqu'à trois *heures* après midi, et qu'alors Jésus, après avoir jeté un grand cri, expira.

De là il résulte seulement que les Juifs ne s'exprimaient pas avec autant de précision que nous, et que les évangélistes ne se sont pas piqués d'une exactitude minutieuse.

HEURES CANONIALES, prières que l'on fait dans l'Eglise catholique à certaines *heures*, soit du jour, soit de la nuit, et qui ont été réglées et prescrites par les anciens canons; elles sont au nombre de sept; savoir, matines et laudes, prime, tierce, sexte, none, vêpres et complies. Cette suite de prières se nommait autrefois le cours, *cursus*. Le père Mabillon a fait une dissertation sur la manière dont on s'en acquittait dans les églises des Gaules ; il l'a intitulée : *de Cursu gallicano;* elle se trouve à la suite de son ouvrage *de Liturgia gallicana*. Il observe que, dans les premiers siècles, l'office divin n'a pas été absolument uniforme dans les différentes églises des Gaules, mais que peu à peu l'on est parvenu à l'arranger de même partout; que cet usage de prier et de louer Dieu plusieurs fois pendant le jour et pendant la nuit, a toujours été regardé comme un devoir essentiel des clercs et des moines.

En effet, saint Cyprien, *L. de Orat. domin.*; vers la fin, observe que les anciens adorateurs de Dieu avaient déjà coutume de prier à l'heure de tierce, de sexte et de none; et il est certain d'ailleurs que les Juifs distinguaient les quatre parties du jour par la prière et par des sacrifices. Saint Cyprien ajoute : « Mais outre ces *heures*, observées de toute antiquité, la durée et les mystères de la prière ont augmenté chez les chrétiens....... Il faut prier Dieu dès le matin, le soir et pendant la nuit. » Tertullien avait déjà parlé de ces différentes *heures*, *de Jejun.*, c. 10, etc.; Origène *de Orat.*, n. 12; saint Clément d'Alexandrie, *Strom.*, l. VII, c. 7.

Suivant l'observation de plusieurs auteurs, le premier décret que l'on connaisse, concernant l'obligation des *heures canoniales*, est le vingt-quatrième article d'un capitulaire dressé au IXe siècle par Heyton ou Aiton, évêque de Bâle, pour les ecclésiastiques de son diocèse. Il porte que les prêtres ne manqueront jamais aux *heures canoniales* du jour ni de la nuit. Mais cela ne prouve point que l'évêque de Bâle faisait une nouvelle institution ; il avertissait seulement les prêtres et surtout les curés, que leurs autres fonctions ne les dispensaient pas des *heures canoniales*, non plus que les autres clercs. Bingham, qui en a recherché l'origine, prétend que l'usage en a commencé dans les monastères de l'Orient, et qu'il s'est introduit peu à peu dans les autres églises. Il paraît bien plus probable que cet usage a commencé dans les grandes églises, où il y avait un clergé nombreux, et qu'il a été imité par les moines ; du moins l'on ne peut pas prouver positivement le contraire. Bingham convient que saint Jérôme, dans ses *Lettres à Læta et à Démétriade*, et l'auteur des *Constitutions apostoliques*, ont parlé de cet usage ; il était donc établi sur la fin du IVe siècle.

Mais il prétend que cela s'est fait plus tard dans les églises des Gaules, que l'on n'y en voit aucun vestige avant le VIe siècle, et que dans celles d'Espagne cet usage est encore plus récent. Cependant Cassien, qui vivait dans les Gaules au commencement du Ve siècle, a fait un traité du chant et des prières nocturnes ; il dit que dans les monastères des Gaules on partageait l'office du jour en quatre *heures* ; savoir, prime, tierce, sexte et none, et il fait mention de l'office de la nuit la veille des dimanches. *Voy.* OFFICE DIVIN.

Les différentes *heures canoniales* sont composées de psaumes, de cantiques, d'hymnes, de leçons, de versets, de répons, etc. Comme tous ces offices se font en public, personne n'ignore la méthode que l'on y observe, ni la variété qui s'y trouve, suivant la différence des temps, des jours et des fêtes. Dans les églises cathédrales et collégiales, et dans la plupart des monastères de l'un et de l'autre sexe, ces *heures* se chantent tous les jours ; dans les autres, on ne les chante que les jours de fête, et on les récite les jours ouvriers ; tous les ecclésiastiques qui sont dans les ordres sacrés, ou qui possèdent un bénéfice, tous les religieux, excepté les frères lais, sont obligés de les réciter en particulier, lorsqu'ils ne le font pas au chœur. Les *matines*, qui sont la première partie de l'office canonial, se chantent ou se récitent, ou la veille, ou à minuit, ou le matin, de là on les a nommées *vigiliæ*, *officium nocturnum*, et ensuite *horæ matutinæ*. Pendant les premiers siècles de l'Eglise, tant que durèrent les persécutions, les chrétiens furent obligés de tenir leurs assemblées et de célébrer la liturgie pendant la nuit et dans le plus grand secret. Cette coutume continua dans la suite, surtout la veille des grandes fêtes, et on l'observe encore à présent partout dans la nuit de Noël. Plusieurs ordres religieux, et quelques chapitres d'églises cathédrales, comme celui de Paris, commencent tous les jours *matines* à minuit.

Dans les *Constitutions apostoliques*, l. VIII, c. 34, il y a une exhortation générale faite à tous les fidèles de prier le matin aux *heures* de tierce, de sexte, de none, le soir et au chant du coq. Un concile de Carthage, de l'an 398, can. 49, ordonne qu'un clerc qui s'absente des vigiles, hors le cas de maladie, soit privé de ses honoraires. Saint Jean Chrysostome, saint Basile, saint Epiphane, et plusieurs autres Pères grecs du IVe siècle, font mention de l'office de la nuit qui se célébrait dans l'Orient ; plusieurs ont cité l'exemple de David, qui dit dans le *Ps*. CXVIII : *Je me levais au milieu de la nuit pour vous adresser mes louanges... Je vous ai loué sept fois pendant le jour*, etc. Cassien, *de Cant. noct.*, dit que les moines d'Egypte récitaient douze psaumes pendant la nuit, et y ajoutaient deux leçons tirées du Nouveau Testament. On prétend que cette partie de la prière publique fut introduite en Occident par saint Ambroise, pendant la persécution que lui suscita l'impératrice Justine, protectrice des ariens ; mais les passages que nous avons cités de Tertullien et de saint Cyprien, nous semblent prouver que cet usage était déjà établi en Afrique avant saint Ambroise, et il n'est pas probable qu'on l'ait négligé dans l'Eglise de Rome. Saint Isidore de Séville, dans son *Livre des offices Ecclésiastiques*, appelle celui de la nuit *vigiles* et *nocturnes*, et il appelle *matines* celui que nous nommons à présent *laudes*.

Il résulte de ces observations que l'ordre et la distribution de l'office de la nuit n'ont pas toujours été absolument tels qu'ils sont aujourd'hui ; aussi la manière de le célébrer n'est pas entièrement la même chez les Grecs que chez les Latins. On commença d'abord par réciter ou chanter des psaumes ; ensuite on y ajouta des leçons ou lectures tirées de l'Ancien ou du Nouveau Testament, une hymne, un cantique, des antiennes, des répons, etc. On voit néanmoins dans la règle de saint Benoît, dressée au commencement du VIe siècle, qu'il y avait déjà beaucoup de ressemblance entre la manière dont se faisait pour lors l'office de la nuit, et celle que l'on suit aujourd'hui.

Dans l'office des dimanches et des fêtes, les matines sont ordinairement divisées en trois nocturnes, composés chacun de trois psaumes, de trois antiennes, de trois leçons, précédées d'une bénédiction et suivies d'un répons. Mais pendant le temps pascal et les jours de férie, on ne dit qu'un seul nocturne ; après le dernier répons, l'on chante ou l'on récite l'hymne ou cantique *Te Deum*, et l'on commence les *laudes*, autre partie de l'office de la nuit, que l'on ne sépare jamais de la précédente sans nécessité. Celle-ci est composée de cinq psaumes, dont le quatrième est un cantique tiré de l'Ecriture sainte, d'un capitule, qui est une courte leçon ; d'une hymne, du cantique de Zacharie, et d'une ou de plusieurs oraisons.

Les incrédules, censeurs nés de toutes les

pratiques religieuses, demandent à quoi sert de se relever la nuit, de sonner des cloches, de chanter et de prier, pendant que tout le monde dort ou doit dormir. Cela sert à faire souvenir les hommes que Dieu doit être adoré dans tous les temps; à montrer que l'Eglise ne perd jamais de vue les besoins de ses enfants; que, comme une mère tendre, elle est occupée d'eux, même pendant leur sommeil; qu'elle demande pardon à Dieu des désordres qui règnent pendant la nuit aussi bien que de ceux qui se commettent pendant le jour. Nos épicuriens modernes ne craignent pas de troubler le sommeil des malheureux par le tumulte des plaisirs bruyants auxquels ils se livrent pendant une partie de la nuit. L'*heure* de *prime* est la première de l'office du jour; on en rapporte l'institution aux moines de Bethléem, et Cassien en fait mention dans ses *Institutions de la vie monastique*, liv. 3, c. 4. Il appelle cet office *matutina solemnitas*, parce qu'on le disait au point du jour, ou après le lever du soleil; c'est ce que nous apprend l'hymne attribuée à saint Ambroise, *Jam lucis orto sidere*, etc. Cassien l'appelle aussi *novella solemnitas*, parce que c'était une pratique encore récente, et il ajoute qu'elle passa bientôt des monastères d'Orient dans ceux des Gaules.

Cette partie de l'office divin est la plus variée dans les bréviaires des divers diocèses; on y dit trois psaumes après une hymne, assez souvent le symbole de saint Athanase, un capitule, un répons, des prières, une oraison; on y fait la lecture du Martyrologe et du Nécrologe, suivie d'un *de profundis* et d'une oraison pour les morts; on y ajoute plusieurs versets tirés de l'Ecriture sainte, et la lecture d'un canon tiré des conciles ou des Pères de l'Eglise; mais tout cela n'est pas observé dans tous les lieux ni tous les jours. Bingham, *Orig. ecclés.*, t. V, l. XII, c. 9, § 10.

Quant aux *heures* de tierce, de sexte et de none, que l'on nomme les *petites heures*, elles paraissent être d'une institution plus ancienne; les Pères qui en ont parlé disent qu'elles sont relatives aux divers mystères qui ont été accomplis dans ces différentes parties du jour, surtout aux circonstances de la passion du Sauveur. Elles sont composées uniformément d'une hymne, de trois psaumes, d'un capitule, d'un répons et d'une oraison.

L'*heure* de *vêpres* ou du soir est appelée *duodecima* dans quelques auteurs ecclésiastiques, parce qu'on la récitait au coucher du soleil, par conséquent à six heures du soir, au temps des équinoxes. Dans les *Constitutions apostoliques*, l. II, c. 59, il est ordonné de réciter à vêpres le Ps. CXL, *Domine, clamavi ad te, exaudi me*, etc.; et l. VIII, c. 35, ce psaume est appelé *lucernalis*, parce que souvent on le disait à la lueur des lampes. Cassien dit que les moines d'Egypte y récitaient douze psaumes, que l'on y joignait deux leçons, l'une de l'Ancien, l'autre du Nouveau Testament, et il paraît, par plusieurs monuments, que l'on faisait de même dans les églises de France. A présent l'on y dit seulement cinq psaumes, un capitule, une hymne, le cantique *Magnificat*, des antiennes et une ou plusieurs oraisons

On ignore le temps auquel on a institué les *complies*. Le cardinal Bona, *de divina Psalmodia*, c. 11, prouve, contre Bellarmin, que cette partie de l'office n'avait pas lieu dans l'Eglise primitive, et qu'il n'y en a nul vestige dans les anciens. L'auteur des *Constitutions apostoliques* parle de l'hymne du soir, et Cassien de l'office du soir en usage chez les moines d'Egypte; mais cela peut s'entendre des vêpres. Quant à ce que dit saint Basile, *Regul. fusius tract.* q. 37, il nous semble indiquer assez clairement les sept *heures canoniales*; ainsi l'on n'en peut rien conclure contre l'antiquité des *complies*. Les Grecs nomment cet office *apodipne*, parce qu'ils le récitent après le repas du soir; ils distinguent le petit apodipne, qui se dit tous les jours, et le grand apodipne, qui est pour le carême. Dans l'Eglise latine, l'office de complies est composé de trois psaumes, d'une antienne, d'une hymne, d'un capitule, d'un répons, du cantique de Siméon et d'une oraison; les jours ordinaires on y ajoute des prières semblables à celles que l'on dit à prime, et dans la plupart des églises on finit par une antienne et une oraison à la sainte Vierge.

Les auteurs ascétiques ont été persuadés que les sept *heures canoniales* font allusion aux sept principales circonstances de la passion et de la mort du Sauveur; et on l'a exprimé dans les vers suivants:

Matutina ligat Christum qui crimina solvit,
Prima replet sputis, causam dat Tertia mortis.
Sexta cruci nectit, latus ejus Nona bipertit,
Vespera deponit, tumulo completa reponit.

Par tout ce détail, il est clair que l'office divin, à la réserve des hymnes, des leçons tirées des écrits des Pères et des légendes des saints, est entièrement composé de prières et de morceaux tirés de l'Ecriture sainte; qu'ainsi ce livre divin est très-familier à un ecclésiastique fidèle à réciter son bréviaire avec intention et avec dévotion: pour peu qu'il ait d'intelligence, ce ne peut pas être un ignorant. *Voy.* OFFICE DIVIN.

HEXAMÉRON, six jours. On a ainsi nommé les ouvrages des Pères sur les six jours de la création; c'est l'explication des premiers chapitres de la Genèse. Saint Basile, saint Ambroise, Philoponus, etc., ont fait des *hexamérons*. Ces livres ont le même objet que celui de Lactance, *de Opificio Dei*, et celui de Théodoret sur la Providence. Ces Pères se sont appliqués à résoudre les objections que faisaient les marcionites et les manichéens sur les défauts et les misères des créatures, et à démontrer la sagesse et la bonté que Dieu a montrée dans la structure et dans la marche de l'univers. Aujourd'hui les athées et les matérialistes renouvellent les mêmes difficultés, et nous y donnons encore les mêmes réponses que les Pères. En lisant les écrits de ces auteurs vénérables, nous voyons qu'en fait de physique et d'histoire naturelle, ils avaient des connaissances plus étendues qu'on ne le croit communément; ils avaient lu les anciens philosophes, et ils y ajoutaient leurs propres observations; mais ils ne cherchaient pas à en faire parade, et ils n'ont pas donné dans la manie des systèmes : deux défauts que l'on a lieu de reprocher aux philosophes anciens et modernes.

HEXAPLES, six plis ou six colonnes; ouvrage d'Origène, dans lequel ce laborieux écrivain avait placé sur six colonnes parallèles le texte hébreu de l'Ancien Testament, écrit en lettres hébraïques; ce même texte écrit en caractères grecs, et les quatre versions grecques de ce même texte qui existaient pour lors; savoir, celle d'Aquila, celle de Symmaque, celle des Septante et celle de Théodotion. Dans la suite, l'on en trouva encore deux autres, l'une à Jéricho, l'an 217 de Jésus-Christ; l'autre à Nicopolis, sur le cap d'Actium en Epire, vers l'an 228; Origène les ajouta encore sur deux colonnes aux *Hexaples*, et forma ainsi ses *Octaples* (1). Mais il continua de les appeler *Hexaples*, parce qu'il ne faisait attention qu'aux six versions qu'il comparait avec le texte.

Comme il avait eu souvent à disputer avec les juifs en Egypte et dans la Palestine, il avait vu qu'ils s'inscrivaient en faux contre les passages qu'on leur citait des Septante, et qu'ils en appelaient toujours au texte hébreu; il entreprit de rassembler toutes les versions, de les faire correspondre, phrase par phrase avec le texte, afin que l'on pût voir d'un coup d'œil ce qui étaient fidèles ou fautives. Tel a été le germe ou le premier modèle des Bibles polyglottes dont l'usage est si utile à l'intelligence de l'Ecriture sainte. La manière dont Origène exécuta ce travail, démontre qu'il n'eut pas besoin lui-même de règle ni de modèle pour exercer la critique la plus exacte et la plus judicieuse. Cet ouvrage si important et si célèbre, qui a couvert son auteur d'une gloire immortelle a malheureusement péri; mais quelques anciens auteurs nous en ont conservé des morceaux, surtout saint Jean Chrysostome, sur les *Psaumes*, et Philoponus, dans son *Hexaméron*. Quelques modernes ont aussi ramassé les fragments, comme Drusius et le Père de Montfaucon; ce dernier les a fait imprimer en deux volumes *in-folio*. Comme cette collection était trop considérable, et d'un prix trop excessif pour que les particuliers pussent se la procurer, Origène fit les *Tétraples*, dans lesquels il plaça seulement les quatre principales versions grecques, savoir Aquila, Symmaque, les Septante et Théodotion; sans y ajouter le texte hébreu. Il y a des savants qui prétendent que les *Tétraples* furent faits avant les *Hexaples*; mais cette discussion de critique n'est pas fort importante. Enfin, pour réduire encore son travail à un moindre volume, Origène publia la version des Septante, avec des suppléments pris dans celle de Théodotion, dans les endroits où les Septante n'avaient pas exactement rendu le texte hébreu, et il marqua ces suppléments par un *astérisque* ou étoile. Il désigna aussi, par un *obèle* ou une broche, les endroits dans lesquels les Septante avaient quelque chose qui n'était point dans l'original hébreu. Ainsi, l'on voyait d'un coup d'œil ce qu'il y avait de plus ou de moins dans les Septante que dans l'hébreu. Dans la suite les copistes négligèrent de marquer exactement les astérisques et les obèles; c'est ce qui fait que nous n'avons plus la version des Septante dans toute sa pureté primitive.

Il y a certainement lieu de regretter la perte de ce travail immense d'Origène, puisqu'elle a aussi entraîné la perte des anciennes versions grecques, desquelles il ne nous reste que celle des Septante; mais nous en sommes bien dédommagés par les Bibles polyglottes, dans lesquelles on rapproche du texte hébreu les Paraphrases chaldaïques, la version des Septante, les versions syriaques et arabe, etc. *Voy.* POLYGLOTTE, saint Épiphane, *de Ponderib. et Mensuris*, § 19; les *Notes du père Petau sur cet endroit*, p. 404; R. Simon, *Hist. crit. du Vieux Testament*; Dupin, *Biblioth. des Auteurs ecclés.*; Fleury, *Hist.*, l. VI, n. 11; Fabricy, *des Titres prim. de la révél.*, t. II, p. 7, etc.

HIÉRACITES, hérétiques du III° siècle, qui eurent pour chef Hiérax, ou Hiéracas, médecin de profession, né à Léontium ou Léontople, en Egypte. Saint Epiphane, qui rapporte et réfute les erreurs de ce sectaire, convient qu'il était d'une austérité de mœurs exemplaire, qu'il était versé dans les sciences des Grecs et des Egyptiens, qu'il avait travaillé beaucoup sur l'Ecriture sainte, qu'il était doué d'une éloquence douce et persuasive; il n'est pas étonnant qu'avec des talents aussi distingués il ait entraîné dans ses erreurs un grand nombre de moines égyptiens. Il vécut et fit des livres jusqu'à l'âge de quatre vingt-dix ans.

Beausobre prouve assez solidement que Hiérax était un de ces disciples de Manès, qui s'attachaient à expliquer ou à pallier ses erreurs, et qui abandonnaient celles qui leur paraissaient les plus grossières. *Hist. du Manich.*, liv. II, ch. 6, § 2. Mosheim pense, au contraire, que cet hérésiarque n'avait rien emprunté de Manès, parce qu'il enseignait plusieurs choses auxquelles Manès n'avait pas pensé. *Hist. ecclés.*, III° siècle, II° part.; ch. 5, § 11. *Hist. christ.*; sæc. III, § 56. Mais cette raison ne paraît pas assez forte pour détruire les témoignages des anciens cités par Beausobre; aucun hérétique ne s'est cru obligé de suivre exactement les opinions de son maître.

Quoi qu'il en soit, saint Epiphane, *Hær.* 67, nous apprend que Hiérax niait la résurrection de la chair, et n'admettait qu'une résurrection spirituelle des âmes, qu'il condamnait le mariage comme un état d'imper-

---

(1) Il y ajouta ensuite une neuvième version, ce qui forma les *Ennéaples*.

fection que Dieu avait permis sous l'Ancien Testament, mais que Jésus-Christ était venu réformer par l'Evangile; conséquemment il ne recevait dans sa société que les célibataires et les moines, et dans l'autre sexe les vierges et les veuves. Il prétendait que les enfants morts avant l'usage de la raison ne vont pas au ciel, parce qu'ils n'ont mérité le bonheur éternel par aucune bonne œuvre. Il confessait que le Fils de Dieu a été engendré du Père, que le Saint-Esprit procède du Père comme le Fils; mais il avait rêvé que Melchisédech était le Saint-Esprit revêtu d'un corps humain. Il se servait d'un livre apocryphe intitulé *l'Ascension d'Isaïe*, et il pervertissait le sens des Ecritures par des fictions et des allégories. On doit présumer qu'il s'abstenait du vin, de la viande et d'autres aliments, non-seulement par mortification, mais par une espèce d'horreur superstitieuse, puisque saint Epiphane le réfute en lui citant saint Paul, qui dit que toute créature de Dieu est bonne, qu'elle est sanctifiée par la parole de Dieu et par la prière.

Beausobre ajoute, sur le témoignage d'un ancien, que Hiérax ne croyait pas que Jésus-Christ ait eu un véritable corps humain, et qu'il admettait trois principes de toutes choses, Dieu, la matière et le mal. Saint Epiphane observe que cet hérétique avait composé des commentaires sur l'Ancien et sur le Nouveau Testament, et en particulier sur l'histoire de la création en six jours; mais que cet ouvrage était rempli de fables et de vaines allégories. Beausobre, pour le justifier, dit qu'il était sans doute dans le sentiment dans lequel ont été plusieurs Pères, savoir, que l'histoire de la création et de la tentation ne devait pas s'expliquer à la lettre. Nous voudrions savoir qui sont les Pères qui ont été dans ce sentiment; nous n'en connaissons aucun, si ce n'est Origène, qui a tourné en allégorie l'histoire du Paradis terrestre; mais il a été condamné en cela par les autres Pères. *Voy.* la *Préface des éditeurs d'Origène*, au commencement du second tome. A plus forte raison était-il permis de condamner Hiérax, qui avait poussé cette témérité plus loin que Origène. Ce même critique prétend que la vie austère de Hiérax suffit pour justifier Manès et ses sectateurs des profanations et des mystères abominables qu'on leur attribue. Point du tout. Les Pères qui ont accusé les manichéens de commettre des actions infâmes, n'ont pas affirmé que tous en étaient coupables: l'innocence d'un seul ne suffit donc pas pour prouver celle de tous les autres.

Basnage a eu soin d'observer que Hiérax ne fut pas condamné par son évêque, parce que l'on tolérait en Egypte les erreurs d'Origène. Mais quelle relation y avait-il entre les erreurs d'Origène et celles des manichéens que soutenaient les *hiéracites*? Il se peut faire que ces hérétiques aient dissimulé leurs sentiments, qu'ils n'aient formé entre eux qu'une société clandestine, qui ne faisait pas de bruit, et de laquelle l'évêque d'Alexandrie ne fut pas informé.

Plusieurs critiques ont imaginé que l'aversion pour le mariage, pour les richesses, pour les plaisirs de la société, l'estime pour la virginité et pour le célibat, par lesquelles les premières sectes du christianisme se sont distinguées, sont venues de la persuasion dans laquelle on était que le monde allait bientôt finir; d'autres ont prétendu que ces notions étaient empruntées de la philosophie des Orientaux, de celle de Pythagore et de Platon. Mais nous ne voyons ici aucun vestige de ces deux causes prétendues; saint Epiphane nous atteste que Hiérax fondait ses opinions sur des passages de l'Ecriture sainte desquels il abusait; ce Père allègue ces passages, et réfute le sens que Hiérax y donnait. Il n'y est question ni de la fin du monde, ni de préjugés philosophiques.

HIÉRARCHIE, terme formé de ἱερὸς, *sacré*, et ἄρχω, *principauté, prééminence, autorité*. Il se dit, 1° de la subordination qui est entre les divers chœurs des anges; saint Denis en distingue neuf, qu'il divise en trois *hiérarchies*; 2° de l'inégalité de pouvoirs qui est entre les pasteurs et les ministres de l'Eglise. Il est question de savoir si celle-ci est une institution purement humaine, comme le soutiennent les luthériens et les calvinistes; ou une institution divine, comme le prétendent les anglicans et les catholiques.

Voici les preuves de ce dernier sentiment. Saint Paul dit, *I Cor.*, chap. XII, vers 5 et 28; *Ephes.*, chap. IV. vers 11: *Il y a diversité de ministères.... Dieu a établi les uns pour être apôtres, les autres pour être prophètes; ceux-ci pour être évangélistes, ceux-là pour être pasteurs et docteurs*. Il dit à ces derniers, *Act.*, chap. XX, vers. XXVIII: *Veillez sur vous et sur le troupeau sur lequel le Saint-Esprit vous a établis évêques ou surveillants pour gouverner l'Eglise de Dieu*. En parlant des prêtres ou des anciens, il dit: *Les prêtres qui président comme il convient, sont dignes d'un double honneur* (*I Tim.*, v, 17). Il recommande à Tite d'établir des prêtres dans toutes les villes, *Tit.*, chap. I, vers 5. Il règle le ministère et les fonctions des diacres. En comparant ces divers passages, nous voyons une distinction marquée entre trois ordres de ministres: les évêques, comme successeurs des apôtres, gouvernent l'Eglise de Dieu et établissent des prêtres; ceux-ci ont une présidence, *qui bene præsunt;* les diacres leur sont subordonnés, leur nom même le témoigne, puisqu'il signifie ministre ou serviteur. S'il y avait du doute sur le vrai sens des paroles de saint Paul, il serait levé par l'usage établi dans l'Eglise depuis le temps des apôtres, de distinguer trois rangs dans la *hiérarchie*, usage attesté par les Pères qui ont succédé aux apôtres, par saint Clément de Rome, par saint Ignace, par saint Polycarpe, par Hermas, auteur du livre du *Pasteur*, par les canons des apôtres, dressés dans les conciles tenus sur la fin du second siècle et au commencement du troisième. Tous ces témoignages ont été recueillis par Béveridge, dans ses *Observations sur les canons de l'Eglise primitive*, l. II, c. 11, et par Péarson, *Vindic. Ignat.*, II° part., chap. 13, pour appuyer la croyance de l'Eglise anglicane touchant l'épiscopat.

Le Clerc même, quoique calviniste et arminien, convient que dès le commencement du II° siècle il y a eu dans chaque Eglise un évêque pour la gouverner, et sous lui des prêtres et des diacres ; que, quoique Jésus-Christ et les apôtres n'eussent prescrit aucune forme de gouvernement, l'on fut cependant obligé d'établir celui-ci pour conserver l'ordre, et qu'il ne convient pas de le mépriser ou de le blâmer, pourvu que l'on en retranche l'abus. *Hist. ecclés.*, an. 52, § 7 ; an. 68, § 6 et 8. Mais nous avons déjà prouvé plus d'une fois que le gouvernement épiscopal a été clairement établi par saint Paul, dans ses lettres à Tite et à Timothée. Mosheim, qui ne pouvait pas l'ignorer, n'a pas laissé de soutenir, après Daillé, Blondel, Basnage, etc., que dans le premier siècle de l'Eglise, et du temps des apôtres, le gouvernement de l'Eglise était purement démocratique, que toute l'autorité était entre les mains du peuple, et qu'il n'y avait point alors d'évêque supérieur aux anciens ou aux prêtres. *Hist. ecclés.*, 1er siècle, II° part., c. 5, § 6. Il dit qu'au milieu du II° siècle, les conciles changèrent entièrement la face de l'Eglise, qu'ils diminuèrent les priviléges du peuple et augmentèrent l'autorité que s'arrogeaient déjà les évêques ; que ceux-ci s'attribuèrent le droit de faire des lois sans consulter le peuple. Les docteurs chrétiens, dit-il, eurent le bonheur de persuader au peuple que les ministres de l'Eglise chrétienne avaient succédé au caractère et aux priviléges des prêtres juifs, et ce fut pour eux une source d'honneurs et de profit. Cette notion, une fois introduite, produisit dans la suite les effets les plus précieux. *Ibid.*, II° siècle, II° part., c. 2, § 3 et 4. Suivant son opinion, ce désordre augmenta beaucoup dans le III° siècle. Les évêques, pour s'attribuer encore plus de pouvoir qu'ils n'en avaient eu auparavant, violèrent non-seulement les droits du peuple, mais empiétèrent encore sur les priviléges des anciens. Il regarde saint Cyprien comme l'un des principaux auteurs de ce changement dans le gouvernement de l'Eglise, changement qui fut bientôt suivi d'une foule de vices déshonorants pour le clergé. *Ibid.*, III° siècle, II° part., c. 2, § 3 et 4. Dans un autre ouvrage, il s'est rétracté en quelque manière. Après avoir exposé les différentes espèces de gouvernement ecclésiastique, il dit que Jésus-Christ et les apôtres n'ayant rien statué sur ce sujet, il y a de la témérité à soutenir que l'un est plutôt de droit divin que l'autre, qu'il doit être libre à toute société chrétienne de choisir celui qu'elle juge le plus convenable et le plus utile suivant les temps et les lieux. *Inst. Hist. Christ.*, 1re sect., II° part., c. 2, § 7 et suiv. De là il s'ensuit que l'Eglise catholique avait eu un droit légitime d'établir le gouvernement à peu près monarchique, et d'attribuer au souverain pontife une juridiction sur tous les fidèles ; qu'après quinze siècles de possession, des particuliers, tels que Luther, Calvin et leurs collègues, n'avaient aucun droit d'en établir un autre, que ç'a été de leur part un acte de schisme et de rébellion.

Avant de réfuter le roman que Daillé, Blondel, etc., ont forgé par intérêt de système, il y a des précautions à prendre. 1° Nous exigeons des preuves positives de tous les faits qu'il leur plaît de supposer ; ils n'en donnent aucune, parce qu'il n'y en a point. 2° Nous demandons comment Jésus-Christ, qui avait promis d'assister son Eglise jusqu'à la consommation des siècles, a pu l'abandonner si promptement, et la livrer à la discrétion d'une foule de pasteurs ambitieux et prévaricateurs, qui n'ont rien eu de plus pressé que d'oublier les leçons d'humilité et de désintéressement qu'il leur avait données, et que ses apôtres avaient confirmées par leurs exemples. 3° Comment des évêques, toujours exposés au martyre et toujours prêts à le subir, ont pu avoir de l'ambition, compter pour quelque chose les honneurs, les droits, les priviléges, l'autorité qu'ils étaient en danger de perdre à chaque instant. Les incrédules ont été plus hardis ; ils ont attribué aux apôtres mêmes le projet de domination et d'usurpation que les protestants ont prêté à leurs successeurs du second et du troisième siècle, et nous ne voyons pas en quoi nos divers adversaires ont été mieux informés les uns que les autres. 4° Nous voudrions savoir comment et par quels moyens les évêques de l'Asie, de la Syrie, de l'Egypte, des côtes de l'Afrique et de l'Italie ont pu conspirer ensemble, et former le même projet de changer le gouvernement établi par les apôtres, d'anéantir les droits du peuple, d'abolir le pouvoir des prêtres, afin de rendre le leur plus absolu ; comment les peuples, qui ont été si souvent mutins, ne se sont pas révoltés contre une nouvelle discipline qui leur était si désavantageuse ; comment les hérétiques et les schismatiques du III° siècle n'ont pas reproché aux évêques la prévarication de laquelle ils s'étaient rendus coupables, etc.

Mais nous ne nous bornons pas à objecter des difficultés contre le sentiment des protestants, nous alléguons des preuves formelles et positives du contraire. Saint Clément, saint Ignace, l'auteur du *Pasteur*, ont vécu avant le milieu du second siècle et avant la tenue des conciles que Mosheim accuse d'avoir changé le gouvernement apostolique ; il fallait donc commencer par réfuter leur témoignage, puisqu'ils parlent de la *hiérarchie* comme d'une discipline déjà établie. Les auteurs du IV° siècle ont nommé *Canons des apôtres*, les décrets des conciles du second et du troisième ; il y a bien de la témérité à supposer que ces conciles, loin de conserver la discipline établie par les apôtres, ont commencé à la changer. Il y a plus : dans la conférence d'Archélaüs, évêque de Charcar, en Mésopotamie, avec l'hérésiarque Manès, tenue l'an 277, cet évêque parle de la *hiérarchie*, composée de diacres, de prêtres et d'évêques, comme d'une institution faite par saint Paul. Certainement l'on devait mieux le savoir au IIIe siècle qu'au XVIe ou au XVIIIe. Quand ces anciens ne l'auraient pas cru et ne l'auraient pas dit, nous en serions convaincus par les Lettres mêmes de saint Paul : non-seulement il dit que c'est Dieu qui a donné les apôtres et les pasteurs, mais que c'est le Saint-Esprit qui a établi les évêques pour gouverner l'Eglise; il enjoint à Tite et à Timothée d'enseigner, de commander, de reprendre, de corriger ce qui est défectueux, de choisir et d'ordonner des prêtres et des diacres, de réprimander avec autorité, et il recommande aux fidèles d'obéir à leurs préposés. Ce n'est pas là un gouvernement populaire ni presbytérien, tel que le veulent les luthériens et surtout les calvinistes.

Ce point de discipline a été traité avec toute l'érudition possible par les deux auteurs anglicans que nous avons cités, et par plusieurs autres; mais l'Eglise catholique n'a pas attendu leur avis pour savoir à quoi s'en tenir. Le concile de Trente, sess. 23, *de Ordine*, can. 6, a dit : « Si quelqu'un nie qu'il y ait dans l'Eglise catholique une *hiérarchie* d'institution divine, et qui est composée d'évêques, de prêtres, et de diacres ou ministres, qu'il soit anathème. »

L'on se tromperait beaucoup, si l'on croyait que chez les calvinistes mêmes il n'y a pas une espèce d'*hiérarchie* et une autorité ecclésiastique très-absolue. Chez les presbytériens d'Ecosse, chaque ministre, à la tête du consistoire ou des anciens de chaque paroisse, a déjà un degré d'autorité. Vingt-quatre ministres rassemblés forment une *presbytérie* qui est une espèce de synode, à la tête duquel est un président. Celui-ci a droit de visiter les paroisses de sa dépendance, d'admettre les aspirants au ministère, de suspendre et de déposer les ministres, d'excommunier même, et de décider de toutes les affaires ecclésiastiques, sauf l'appel au synode prochain. Il en est à peu près de même des surintendants chez les luthériens.

A la vérité, cette autorité, suivant les protestants, ne vient pas de Jésus-Christ, mais du peuple ; et qu'importe à un simple particulier d'être forcé d'obéir à un commissaire du peuple, plutôt qu'à un envoyé de Jésus-Christ ? Sous un nom différent la sujétion est la même. Mais ce n'est pas là le seul cas dans lequel les prétendus réformateurs, après avoir bien déclamé contre le clergé catholique, ont fini par l'imiter. Ce ridicule leur a été reproché par les incrédules et avec raison. *Voy.* AUTORITÉ ECCLÉSIASTIQUE, ÉVÊQUE, PASTEUR, etc.

HIÉROGLYPHES, caractères sacrés. Avant l'invention de l'écriture alphabétique, les hommes, pour exprimer leurs pensées, ont été obligés de peindre, du moins grossièrement, les objets desquels ils voulaient donner l'idée et conserver la mémoire. Cette manière de parler aux yeux est encore en usage parmi les Sauvages ; les Chinois mêmes l'ont conservée ; leurs caractères n'expriment point des sons, mais représentent les objets. Les Egyptiens firent de même : leurs monuments et leurs momies sont chargés de caractères ou de peintures dont jusqu'à présent on n'a pas pu trouver la clef.

Comme chez presque tous les peuples les prêtres ont été les premiers écrivains, et se sont principalement appliqués à inculquer les leçons de la religion, les signes dont ils se sont servis ont été nommés *hiéroglyphes*, caractères sacrés. Plusieurs critiques peu circonspects en ont conclu très-mal à propos que les prêtres avaient employé exprès ces signes mystérieux, afin de cacher au peuple le sens des leçons qu'ils voulaient transmettre à leurs successeurs. Mais il est évident que cette méthode était suivie par nécessité et faute de pouvoir mieux faire, plutôt que par le dessein de tromper. Avant l'invention de l'art d'écrire, les *hiéroglyphes* n'avaient rien de mystérieux que l'obscurité essentiellement attachée à cette manière de peindre, et cette obscurité ne pouvait être diminuée que par l'habitude de s'en servir ; mais elle augmenta beaucoup, lorsque l'on fut accoutumé à l'écriture alphabétique, qui est infiniment plus claire et plus commode. Si, après cette nouvelle invention, les prêtres continuèrent encore de se servir d'*hiéroglyphes*, c'est que chez tous les peuples les usages religieux se conservent avec plus de soin que les usages civils : et il n'est aucun rit religieux qui ne devienne obscur par le laps des siècles, à moins que l'on n'en explique souvent le sens au peuple.

Aussi Mosheim, dans ses *Notes sur Cudworth*, c. 4, § 18, p. 474, a réfuté cet auteur et tous ceux qui ont pensé que les prêtres égyptiens se servaient des *hiéroglyphes* pour cacher au peuple leur théologie ; il aurait été bien plus simple, dit-il, de ne l'écrire en aucune manière.

Dans les premiers âges du monde, la stérilité et la pauvreté du langage ont forcé les hommes à joindre les actions et les gestes aux paroles pour se faire mieux entendre : c'est ce qui a donné naissance à l'art des pantomimes, langage muet, mais très-expressif, et qui a beaucoup de rapport à celui des *hiéroglyphes*.

Un philosophe moderne, toujours appliqué à chercher du ridicule où il n'y en a point, est cependant convenu de la vérité de nos réflexions. L'usage des Juifs, dit-il, et de tous les Orientaux, était non-seulement de parler par allégories, mais d'exprimer, par des actions singulières, les choses qu'ils voulaient signifier. Rien n'était plus naturel ; car les hommes n'ayant écrit longtemps leurs pensées qu'en *hiéroglyphes*, ils devaient prendre l'habitude de parler comme ils écrivaient. Ainsi les Scythes, si l'on en croit Hérodote, envoyèrent à Darius un oiseau, une souris, une grenouille et cinq flèches, pour lui faire comprendre que s'il ne s'enfuyait comme un oiseau, s'il ne se cachait comme une souris ou comme une grenouille, il périrait par les flèches. De là même il s'ensuit que plusieurs actions des prophètes, desquelles les critiques modernes sont choqués, parce qu'elles ne sont point, dans nos mœurs, n'ont rien d'indécent, mais qu'elles étaient très-expressives chez les anciens Orientaux. Isaïe, c. 20, marche comme les esclaves, sans habits et sans chaussure, pour donner à entendre que les Égyptiens et les Éthiopiens, ou plutôt les Chusites, seront réduits en esclavage par les Assyriens. Jérémie, c. 27, envoie un joug et des chaînes aux rois des Iduméens, des Moabites, des Ammonites, des Tyriens et des Sidoniens, pour leur annoncer le même sort. Dieu ordonne à Ezéchiel, c. 4, de faire cuire son pain sous la fiente des animaux, afin d'avertir les Juifs qu'ils seront réduits à faire de même dans la Chaldée, où le bois est fort rare. Dieu commande à Osée, c. 1, d'épouser une prostituée et de la tirer ainsi du désordre, pour signifier à la nation juive que, malgré ses infidélités, Dieu consent à la reprendre sous sa protection et à lui rendre ses bienfaits, etc. Toutes ces actions ne paraissent indécentes et ridicules à nos incrédules modernes, que parce qu'ils ne connaissent pas les anciennes mœurs, et qu'ils jugent de tout sans réflexion (1).

(1) Les signes hiéroglyphiques ont été un livre fermé jusque dans ces derniers temps. Les incrédules demandaient avec ardeur l'interprétation de ces signes qui devaient pulvériser la Bible, et démontrer évidemment la fausseté de ce livre. Les hiéroglyphes se lisent et se comprennent aujourd'hui, et nos livres saints, loin d'avoir à en souffrir, y ont trouvé un puissant appui. Nous allons parler de cette découverte et des avantages que la cause chrétienne peut en retirer. « L'illustre Sylvestre de Sacy, dit Mgr Wiseman, fut le premier qui fit d'intéressantes découvertes sur ce sujet. Il observa que les caractères ou les symboles employés pour exprimer les noms propres dans l'écriture démotique, étaient groupés ensemble de manière à offrir l'apparence de lettres ; et, en comparant différents mots, où les mêmes sons se rencontraient, il trouva qu'ils étaient représentés par les mêmes figures ; il parvint alors à en extraire les rudiments d'un alphabet démotique, qui fut encore expliqué et développé par Akerblad, à Rome, et le docteur Young, en Angleterre. Toutes ces et ces découvertes partielles furent faites dès 1814, et il s'en faut bien que l'histoire de la littérature démotique s'arrête là. Le docteur Young, qui mérite véritablement le nom de père de cette partie des études égyptiennes, les poussa presque jusqu'à la formation complète de l'alphabet courant, et il fut aidé dans ses recherches par des combinaisons de circonstances tout à fait extraordinaires. Ainsi, par exemple, une copie d'un manuscrit démotique, apporté en Europe par Casati, fut remise entre les mains par Champollion, en 1822, à Paris, par la raison que ce manuscrit semblait avoir une ressemblance très-grande avec le préambule de la pierre de Rosette. Champollion avait déjà déchiffré les noms qui avaient signé cette inscription, qui semblait être un contrat. Les choses s'arrangèrent de façon qu'après le retour du docteur Young en Angleterre, M. Grey mit à sa disposition un papyrus grec qu'il avait trouvé à Thèbes avec

HILAIRE (saint), évêque de Poitiers, docteur de l'Église, mort l'an 368, a principalement écrit contre l'arianisme ; il a fait

d'autres papyrus en caractères égyptiens. Le même jour notre docteur se mit à examiner son trésor ; et, pour nous servir de son expression, il put à peine se croire éveillé et dans son bon sens, quand il découvrit que ce n'était rien moins qu'une traduction du manuscrit qui lui avait été donné à Paris : il portait le titre de *Copie d'un écrit égyptien*. Je fus alors, dit-il, forcé de reconnaître que le hasard le plus extraordinaire m'avait mis en possession d'un document dont l'existence, d'abord, n'était aucunement vraisemblable, pas plus que sa conservation pendant près de deux mille ans pour parvenir jusqu'à nous dans toute son intégrité, et me fournir aujourd'hui de si précieux renseignements. Mais que cette traduction si extraordinaire ait été apportée intacte en Europe, en Angleterre, et soit arrivée ainsi jusqu'à nous, au moment même où il m'importait le plus d'en être en possession, comme une source de lumières pour l'explication d'un original que j'étudiais alors, sans aucun autre espoir fondé de pouvoir le comprendre entièrement : ce concours de circonstances, en d'autres temps, aurait été considéré comme une preuve des plus complètes que j'étais un sorcier égyptien (a).

« Mais j'ai suivi plus loin qu'il n'était nécessaire l'histoire de cette branche secondaire des découvertes faites sur l'Égypte, et qui est intéressante par l'influence qu'elle a eue sur le déchiffrement des légendes hiéroglyphiques. Ici encore le docteur Young fit incontestablement le premier pas, quelque imparfait qu'il puisse paraître. Il conjectura que les cadres qui se trouvaient dans l'inscription de Rosette renfermaient le nom de Ptolémée, et qu'un autre, où était dessiné un groupe avec ce qu'il regardait à juste titre comme le signe du féminin, contenait celui de Bérénice. Cette conjecture n'était pas trompeuse ; mais il faut avouer cependant que le principe qui lui servait de base ne pouvait guère être appelé un premier pas vers les découvertes de Champollion. Car, comme il le fait observer lui-même, le docteur Young regardait chaque hiéroglyphe comme formant une syllabe, représentant une consonne avec sa voyelle ; système qui devait tomber à la première tentative qui serait faite pour le vérifier. En effet, il lit des noms *Ptolemeas* et *Bireniken*, et non, selon la leçon qui depuis a été démontrée véritable, *Ptolmes* et *Brneks* (b). Ainsi donc le docteur Young ne paraît avoir droit à beaucoup autre chose qu'au mérite d'avoir travaillé efficacement à la découverte d'un alphabet hiéroglyphique ; tentative qui peut-être a excité Champollion à des efforts couronnés d'un plus grand succès.

« Si le mérite d'avoir fait le premier pas a été ainsi contesté, le second n'a pas moins été un objet de prétentions rivales. Voici de quelle manière ce second pas a été fait : dans l'île de Philæ, située dans la partie supérieure du Nil, on trouva un obélisque qui fut transporté ensuite en Angleterre. Il y avait sur cet obélisque deux cartouches ou cadres contenant des hiéroglyphes, et joints ensemble. Un

(a) *Compte rendu de quelques découvertes récentes dans la littérature hiéroglyphique.* Lond., 1823, p. 58. — Un écrivain qui a traité ce sujet ajoute encore à l'étrange concours de circonstances rapporté dans le texte, en disant que les deux documents étaient des copies d'une inscription en deux langues qui se trouve dans la collection de Drovetti, que, par un manque de courtoisie très-extraordinaire en Italie, il n'a pas été permis au docteur Young de reproduire. Voyez les *Dissertations du marquis Spineto sur les éléments des hiéroglyphes.* Lond., 1829, p. 63. Mais le docteur Young ne dit pas un mot de cette coïncidence, plus extraordinaire encore.

(b) *Précis du système hiéroglyphique des anciens Égyptiens.* Paris, 1824, p. 31.

aussi des commentaires sur les psaumes et sur l'Evangile de saint Matthieu. Saint Jérôme, qui faisait grand cas de ses ouvrages, appelait *le Rhône de l'éloquence latine*. D. Constant, bénédictin de Saint-Maur, a donné une belle édition de ce Père, *in-fol.*, en 1693;

de ces cadres présentait, sans aucune différence, le groupe déjà expliqué dans la pierre de Rosette par le nom de Ptolémée; l'autre contenait évidemment un nom composé en partie des mêmes lettres, suivies du genre féminin. Cet obélisque avait été primitivement placé sur une base portant une inscription grecque, qui se composait d'une pétition des prêtres d'Isis à Ptolémée et à Cléopâtre, et parlait d'un monument à élever en leur honneur (*a*). Il y avait donc tout lieu de supposer que l'obélisque portait ces deux noms conjointement; et l'observation prouva que les trois lettres qui leur étaient communes, P, T et L, étaient représentées dans le nom de la reine par les mêmes signes qui les représentaient dans celui du roi. Ainsi, il ne pouvait y avoir raisonnablement de doute par rapport à un second nom, qui mit les savants investigateurs en possession des autres lettres qui entrent dans sa composition. Champollion s'en attribua toute la gloire (*b*). M. Bankes, cependant, prétend avoir précédemment déchiffré le nom de Cléopâtre, et tâche de démontrer que Champollion ne devait pas ignorer cette découverte. En effet, il était parvenu, dit-on, à remarquer que, quand deux figures se trouvent ensemble dans un temple, elles sont partout ainsi reproduites. Or, sur le portique de Diospolis Parva est une inscription grecque qui s'adresse à Cléopâtre et à Ptolémée, seul exemple où le nom de la femme soit mis le premier, et ainsi en est-il dans tout le temple où elle est toujours placée avant l'effigie du roi. Sur cette effigie on remarque le même groupe hiéroglyphique que le docteur Young a fait rapporter au nom de Ptolémée dans la pierre de Rosette; et c'est ce qui faisait conjecturer avec toute apparence de raison, à M Bankes, que la légende qui se trouve sur l'autre exprimait le nom de la reine Cléopâtre. Il affirmait ensuite que sur l'obélisque, aussi bien que sur le temple de Philæ, qui, comme l'indique clairement l'inscription grecque, étaient dédiés l'un et l'autre à ces deux mêmes souverains, il se trouvait de semblables groupes hiéroglyphiques. Cela le conduisit à conclure positivement que si l'un désignait Ptolémée, l'autre devait nécessairement contenir le nom de la reine Cléopâtre. Comme donc ces circonstances étaient marquées par lui au crayon sur la gravure de son obélisque qu'il présentait à l'Institut; comme elles pouvaient seules tracer la voie aux conjectures de Champollion, et que ce savant renvoyait lui-même à cette gravure, M. Bankes et ses amis en concluent que ce pas important dans les recherches hiéroglyphiques doit lui être attribué (*c*).

« Après ces mesures préliminaires et plus laborieuses, la tâche devint facile en comparaison; et Champollion, qui avait d'abord pensé que son système ne pourrait s'appliquer qu'à la lecture des noms grecs ou latins exprimés en hiéroglyphes, vit bientôt que les noms plus anciens cédaient à ce procédé, et que les dynasties successives des pharaons et des monarques persans qui avaient gouverné l'Egypte, avaient aussi voulu transmettre à la postérité leurs noms, leurs titres et leurs exploits au moyen des mêmes caractères (*d*). Ce fut après que ses recherches eurent atteint ce point qu'on put dire qu'elles avaient une importance réelle pour

(*a*) Cette inscription a été expliquée par Letronne dans un savant essai sur cette matière, intitulé: *Eclaircissements sur une inscription grecque*, etc. Paris, 1822. L'inscription avait été copiée par le diligent et exact Caillaud.
(*b*) Lettre à M. Dacier. Paris, 1822, p. 6.
(*c*) Salt, *Essai sur le système phonétique des hiéroglyphes du docteur Young et de Champollion*. Londres, 1825, p. 7, note.
(*d*) *Précis du système*, etc., p. 2.

l'histoire, et pouvaient nous aider à débrouiller les difficultés compliquées des annales des temps primitifs de l'Egypte. Mais avant de retracer l'histoire des résultats qui ont suivi, il faut que je m'arrête pour expliquer le système auquel elles donnèrent naissance.

« Il existe dans les anciens écrivains, relativement aux écrits hiéroglyphiques des Egyptiens, un grand nombre de passages épars; mais il s'en trouvait un qui semblait traiter ce sujet d'une manière plus approfondie. Il est consigné dans ce vaste répertoire de science philosophique, les *Stromates* de Clément d'Alexandrie; mais il est tellement embarrassé de difficultés impénétrables, qu'il est plus vrai de dire qu'il a plutôt été expliqué par ces découvertes modernes qu'il n'en a frayé le chemin. Il leur a néanmoins rendu un service essentiel, en corroborant puissamment un fait qui doit être regardé comme la base essentielle et fondamentale de leurs résultats, savoir : que les Egyptiens faisaient usage de lettres alphabétiques. Quand, après la découverte de Champollion, on vint à examiner ce passage, on trouva qu'il établissait le point fondamental, qui n'avait pas même été soupçonné par les investigateurs qui avaient précédé; bien plus, qu'il expliquait le mélange varié d'écriture alphabétique et symbolique, en usage dans l'Egypte, d'une manière qui correspond exactement à ce que les monuments nous en disent. Ce qui résulte de ce passage, traduit et commenté par Letronne, c'est que les Egyptiens usaient de trois sortes d'écritures : l'*épistolographique*, ou écriture courante; l'*hiératique*, ou caractères employés par les prêtres; et l'*hiéroglyphique*, ou caractères monumentaux. Nous avons des exemples suffisants des deux premières : la première est l'écriture *démotique* ou *enchoriale*, dont j'ai déjà parlé; la seconde, une espèce de caractères hiéroglyphiques, réduits ou abrégés, dans lesquels une esquisse grossière représente les figures. Ce genre d'écriture se trouve sur les manuscrits qui accompagnent les momies. La troisième, qui est la plus importante, se compose, selon saint Clément, d'abord de mots alphabétiques, et ensuite d'expressions symboliques, qui sont elles-mêmes de trois espèces, savoir : ou la représentation des objets, ou l'expression des idées métaphoriques tirées de ces objets, comme quand on représente le courage par un lion; ou enfin de purs signes énigmatiques ou arbitraires (*a*). Or l'observation a pleinement confirmé toutes ces particularités ; car, même sur la pierre de Rosette, il a été remarqué que lorsqu'un objet était indiqué en grec, les hiéroglyphes en présentaient une peinture, soit que ce fût une statue, un temple ou un homme. En d'autres circonstances, les objets sont représentés par des emblèmes qu'on doit considérer comme entièrement arbitraires : ainsi Osiris, par un trône et un œil; et un fils, par un oiseau fort ressemblant à une oie.

« Qu'il suffise de dire que de nouvelles découvertes ont graduellement augmenté et presque complété peut-être l'alphabet égyptien; tellement que nous avons maintenant la clef pour lire tous les noms propres, et même, quoique non avec une égale certitude, d'autres textes hiéroglyphiques. Pour les noms propres, le procédé est si simple, qu'on peut dire que vous avez parfaitement à votre portée un moyen de vérifier ce système; car vous n'avez qu'à aller vous promener au Capitole ou au Vatican, avec

(*a*) *Précis*, etc., p. 330. — Voyez aussi ce passage dans l'*Essai du marquis de Fortia d'Urban*, *sur les trois systèmes d'écriture des Egyptiens* (nous conservons son orthographe). Paris, 1833, p. 10. Le passage de Clément d'Alex. se lit dans ses *Stromates*, lib. v, § 9, p. 245. Ed. Potter.

le marquis Scipion Maffei l'a fait réimprimer à Vérone en 1730, avec des additions.

l'alphabet de Champollion, et faire l'essai de votre habileté sur les noms propres contenus dans les diverses inscriptions égyptiennes. Cette brillante découverte eut le même sort que nous avons vu éprouver à la géologie et aux autres sciences. A peine fut-elle annoncée en Europe, que des esprits timides prirent l'alarme, et la réprouvèrent comme tendant à conduire les hommes à de dangereuses investigations. On craignait apparemment que l'histoire primitive de l'Égypte, ainsi mise en lumière, ne fût employée, comme l'avait été dans le dernier siècle celle des Chaldéens et des Assyriens, à combattre les annales de Moïse. Rosellini, qui fut le premier à faire connaître cette découverte en Italie, comme il a également contribué à la perfectionner, fit observer avec raison qu'il s'était de même élevé un cri de réprobation contre chaque découverte importante : « Ceux qui poussent ces cris, ajoute-t-il, rendent peu de service à la vérité en se montrant si timides à son égard. La vérité est fondée sur les bases éternelles; la malice des hommes ne peut la réfuter ni les siècles la détruire. Que si des hommes, éminents par leur piété et leur science, admettent le nouveau système, que peut-on avoir à craindre la révélation (a)? En effet, le saint pontife qui occupait alors la chaire de saint Pierre, exprima à Champollion la confiance qu'il avait que cette découverte rendrait à la religion un service important (b). Malgré ce haut témoignage d'approbation, l'opposition a continué depuis, et, je le dis à regret, avec une espèce de susceptibilité et d'animosité violente qui sont peu dignes d'un esprit droit, occupé d'études littéraires (c).

« L'attaque la mieux dirigée peut-être contre ce système, parce qu'en même temps qu'elle est exempte des sentiments qui se vues de blâmer elle est associée au désir d'y substituer quelque chose de meilleur, est celle qui est partie dernièrement de l'abbé comte de Robiano, qui signale ingénieusement les endroits faibles du système hiéroglyphique, surtout en ce qui concerne l'écriture *démotique*. Il entre, avec autant de succès que de patience, dans une analyse approfondie du texte démotique qui se lit sur la pierre de Rosette, en le comparant avec le grec, et conclut avec une grande apparence de raison, d'abord que l'un n'est pas une traduction verbale et très-rigoureuse de l'autre, et ensuite qu'on n'a rien fait et qu'il y a tout à parier qu'on ne fera rien pour prouver l'identité des phrases égyptiennes ainsi découvertes, avec les mots coptes correspondants (d). Cet abbé est persuadé que la langue égyptienne est d'origine sémitique; et, dans cette hypothèse, il essaie d'expliquer quelques inscriptions à l'aide de la langue hébraïque (e). Cette tentative, quoique ingénieuse et savante, ne me semble pas avoir eu de succès. Toutefois, je ne crois pas nécessaire de suivre les arguments de ce savant ecclésiastique, parce que je n'aperçois rien, dans aucune

(a) Dans son *Abrégé* en italien *des Lettres de Champollion au duc de Blacas.*
(b) *Bulletin universel*, 7ᵉ sect., tom. IV, p. 6. Paris, 1825.
(c) Je ne parlerai pas des divers Essais de Riccardi; mais le savant professeur Lanci s'est montré singulièrement zélé dans sa résistance. « Svanirà, dit-il, il timore che il nuovo geroglitico sistema possa mai adombrare in alcuna parte, quella storia che sola merita la universale venerazione. » *Illustrazione di un kilanoglifo, dans ses Osservazioni sul basso rilievo fenico Egizio.* Rome, 1825, p. 47.— Voyez la réponse de Champollion dans le *Memorie romane di Antichità*, 1825, Appendix, p. 10.
(d) *Etude sur l'écriture, les hiéroglyphes et la langue de l'Égypte.* Paris, 1831, in-4° avec atlas, p. 16-24, seqq.
(e) Pag. 43.

Barbeyrac, qui a cherché avec tant de soin les erreurs de morale dans les écrits des Pères, n'en reproche aucune à saint Hilaire des théories qu'il a avancées, qui affecte le moins du monde la seule partie du système qui intéresse le point qui nous occupe actuellement : le moyen qu'il offre pour déchiffrer les noms propres.

« Une des premières choses auxquelles M. Champollion essaya de faire l'application de sa découverte, fut de rétablir les séries des rois égyptiens. La table d'Abydos (a) lui avait donné une liste de prénoms, et l'examen des monuments lui présentait les noms des rois qui les avaient portés. Ces noms correspondaient assez exactement avec la dix-huitième dynastie, contenue dans les listes de rois citées, d'après le prêtre égyptien Manéthon, par Eusèbe, Syncelle et Africanus; et, combinant ensemble ces deux documents, il tâcha de recomposer l'ancienne histoire de l'Égypte. Comme le musée de Turin lui avait fourni la plus grande partie de ses monuments, il communiqua les résultats par lui obtenus, dans des lettres sur cette magnifique collection adressées à son illustre Mécène, le duc de Blacas (b). Son parent, M. Campollion-Figeac, déjà connu pour son charmant ouvrage sur les Lagides, ajouta, comme appendice à chacune de ces lettres, une dissertation chronologique, qui avait pour objet de concilier ensemble les différences qu'on remarque dans les citations tirées de Manéthon par les écrivains anciens. On devait s'attendre naturellement qu'il serait bientôt institué une comparaison entre la chronologie ainsi établie et celle de l'Écriture; et pour lors, ce furent non plus, comme précédemment, les ennemis, mais les amis de la révélation qui entreprirent cette tâche. Cet esprit de malveillance, qui, à la fin du siècle dernier, avait si souvent poussé des hommes habiles et instruits à faire servir toute la force de leur génie et de longues années de profondes recherches au renversement de l'histoire sacrée, avait alors disparu ou du moins changé son mode d'attaque. Le premier qui parut dans l'arène fut M. Charles Coquerel, membre du clergé protestant d'Amsterdam, qui, dans une brochure de quelques pages, en 1825, compara ces deux chronologies l'une avec l'autre, et signala les avantages que l'une tirait de l'autre (c). Je crois avoir eu la satisfaction d'y paraître le second. En instituant sa chronologie égyptienne, Champollion-Figeac jugea nécessaire, dans une occasion, de renoncer à ses guides ordinaires, et d'adopter le terme d'années attribuées à Horus par un seul document, la traduction arménienne de la Chronique d'Eusèbe. Je fus assez heureux pour découvrir, à la marge d'un manuscrit du Vatican, un fragment syriaque qui venait parfaitement à l'appui de ce sentiment; et en le publiant, j'eus l'occasion d'esquisser une comparaison entre la chronologie sacrée et la chronologie égyptienne (d). Il ne me fut cependant pas donné de voir la brochure de Coquerel, sinon plusieurs années après.

« En 1829, un savant et consciencieux travail sur ce sujet fut publié par M. Greppo, vicaire général du diocèse de Belley, portant pour titre : *Essai sur le système hiéroglyphique de M. Champollion le jeune, et sur les avantages qu'il offre à la critique sacrée.* Après une exposition claire et facile du système de Champollion, et quelques remarques sur certains rapports philologiques qu'il semble avoir avec la lit-

(a) *Précis du système*, etc., p. 241.
(b) *Lettres à M. le duc de Blacas, relatives au musée royal égyptien de Turin*, 1ʳᵉ lettre. Paris, 1824; 2ᵉ lettre, 1826.
(c) *Lettre à M. Charles Coquerel, sur le système hiéroglyphique de M. Champollion, considéré dans ses rapports avec l'Écriture sainte*, par A. L. Coquerel. Amst., 1825.
(d) Voy. t. XVI, *Horæ Syriacæ*, part. IV, col. 119, seqq.

laire; mais M. Huet, *Origenian.*, l. II, q. 6, n. 14, a placé ce saint docteur parmi les Pères qu'il accuse d'avoir cru que l'âme humaine est matérielle; il n'en donne pour preuve qu'un seul passage tiré du commentaire de saint Hilaire sur saint Matthieu, c. v, n. 8, col. 632 et 133. Le savant éditeur de ce Père l'a pleinement justifié, non-seulement dans une note sur cet endroit, mais dans la préface, § 9, pag. 75; et il cite plusieurs passages dans lesquels ce saint docteur a enseigné clairement et formellement l'immortalité de l'âme.

HILAIRE (saint), archevêque d'Arles, mourut l'an 449. Il avait été étroitement lié avec saint Augustin. En 427, il lui écrivit avec saint Prosper, pour lui exposer les erreurs des semi-pélagiens; saint Augustin leur adressa pour réponse ses livres *de la Prédestination des saints*, et *du Don de la Persévérance*. Il faut comparer exactement ces divers écrits, si l'on veut avoir une juste notion du semi-pélagianisme et de la doctrine de saint Augustin touchant la prédestination. *Voy.* SEMI-PÉLAGIANISME. La plupart des ouvrages de *saint Hilaire* d'Arles sont perdus; ce qui en reste a été publié en 1731 par Jean Salinas, chanoine régulier de Saint-Jean-de-Latran.

HINCMAR, archevêque de Reims, mort l'an 882, a laissé un assez grand nombre d'ouvrages sur différentes matières de dogmes et de discipline : ils ont été publiés par le père Sirmond, jésuite, à Paris, l'an 1645,

térature primitive des Hébreux, l'auteur passe à une analyse minutieuse de la chronologie biblique et de la chronologie égyptienne, cherchant à découvrir dans cette dernière chacun des Pharaons dont il est fait mention dans l'Ecriture. La même année, il parut en France un autre ouvrage sur le même sujet, intitulé : *Des Dynasties égyptiennes*, par Msr Bouvet, ancien archevêque de Toulouse. Le parallèle qu'il établit entre les deux chronologies est beaucoup plus détaillé que celui de M. Greppo; mais sur quelques points, par exemple dans les efforts qu'il fait pour retrouver les *Hyk-Shos*, ou Rois-Pasteurs, dans les Juifs, il ne me paraît pas aussi judicieux. Il semble avoir été fortement imbu de l'opinion introduite, avant la révolution, par Boulanger et Guérin du Rocher, qu'une grande partie de toutes les annales anciennes ne contient que l'histoire du peuple juif. Tous ces auteurs ont pris à tâche, les uns comme les autres, de démontrer quelle admirable confirmation l'histoire et la chronologie sacrées ont reçue des dernières découvertes faites dans la science hiéroglyphique de l'Égypte. Mais, en même temps, il a été fait un pas immense et important dans l'histoire des dynasties égyptiennes, par des hommes qui sont allés travailler sur les lieux mêmes. MM. Burton et Wilkinson (ce dernier n'est de retour que depuis quelques mois) sont restés en Égypte plusieurs années, occupés pendant tout ce temps à copier, graver et expliquer les anciens monuments. Les *Excerpta hieroglyphica* de Burton furent lithographiés au Caire; le *Materia hieroglyphica* de Wilkinson, contenant le Panthéon égyptien et la suite des Pharaons, fut publié à Malte en 1828; et par la raison que ces ouvrages ont paru dans des lieux si éloignés, je suis porté à croire qu'ils n'ont pas été aussi connus qu'ils le devraient être. Le livre de Burton est précieux pour nos études, quand ce ne serait que par l'exactitude des dessins qu'il renferme, et notamment celui de la table d'Abydos. Le Traité de Wilkinson contient plusieurs découvertes intéressantes qui peuvent servir à l'explication de l'Ecriture, et j'y aurai plus d'une fois recours. Cependant tous les ouvrages précédents ont été éclipsés par la magnifique et consciencieuse publication qui est actuellement sous la presse à Pise, sous la direction de Rosellini. Ce savant professeur fut le compagnon de Champollion dans l'expédition scientifique envoyée, à frais communs, par les gouvernements de France et de Toscane. La mort de Champollion a fait retomber sur Rosellini toute la tâche de la publication, et il s'en occupe d'une manière qui ne laisse rien à désirer. Les monuments des rois ont déjà été livrés au public; et deux volumes de texte en contiennent l'explication d'après les historiens et autres monuments. » (*Démonst. Evang.*, édit. Migne, t. XV).

Nous avons dit que la religion avait eu beaucoup à gagner dans l'explication des hiéroglyphes.

Voici comment M. Champollion-Figeac s'exprimait sur ce sujet dans une lettre écrite, le 25 mai 1827, au duc de Blacas :

« J'aurai l'honneur de vous adresser, sous peu de jours, une brochure contenant le résultat de mes découvertes historiques et chronologiques. C'est l'indication sommaire des dates certaines que portent tous les monuments existant en Égypte, et sur lesquels doit désormais se fonder la véritable chronologie égyptienne. MM. de San-Quintino et Lanci trouveront là une réponse péremptoire à leurs calomnies, puisque j'y démontrerai qu'aucun monument égyptien n'est réellement antérieur à l'an 2200 avant notre ère. C'est certainement une très-haute antiquité, mais elle n'offre rien de contraire aux traditions sacrées et j'ose dire même qu'elle les confirme

sur tous les points. C'est en effet en adoptant la chronologie et la succession des rois données par les monuments égyptiens, que l'histoire égyptienne concorde admirablement avec les livres saints. Ainsi, par exemple, Abraham arriva en Égypte vers 1900, c'est-à-dire sous les rois-pasteurs. Des rois de race égyptienne n'auraient point permis à un étranger d'entrer dans leur pays; c'est également sous un roi-pasteur que Joseph est ministre en Égypte, et y établit ses frères; ce qui n'eût pu y avoir lieu sous des rois de race égyptienne. Le chef de la dynastie des Diospolitains, dite la 18e, est le *rex novus qui ignorabat Joseph* de l'Ecriture sainte; lequel, étant de race égyptienne, ne devait point connaître Joseph, ministre des rois usurpateurs; c'est celui qui réduisit les Hébreux en esclavage. La captivité dura autant que la 18e dynastie; et ce fut sous Ramsès V, dit Aménophis, au commencement du xve siècle, que Moïse délivra les Hébreux. Ceci se passait dans l'adolescence de Sésostris, qui succéda immédiatement à son père, et fit ses conquêtes en Asie, pendant que Moïse et Israël erraient pendant quarante ans dans le désert. *C'est pour cela que les livres saints ne doivent pas parler de ce grand conquérant.* Tous les autres rois d'Égypte, nommés dans la Bible, se retrouvent sur les monuments égyptiens, dans le même ordre de succession, et aux époques précises où les livres saints les placent. J'ajouterai même que la Bible en écrit mieux les véritables noms que ne l'ont fait les historiens grecs. Je serais curieux de savoir ce qu'auront à répondre ceux qui malicieusement avancé que les études égyptiennes tendent à altérer la croyance dans les documents historiques fournis par les livres de Moïse. L'application de ma découverte vient, au contraire, invinciblement à leur appui.

« Je compose dans ce moment-ci le texte explicatif des *Obélisques de Rome*, que Sa Sainteté a daigné faire graver à ses frais. C'est un vrai service qu'elle rend à la science, et je serais heureux que vous voulussiez bien mettre à ses pieds l'hommage de ma reconnaissance profonde. » (*Ibid.*)

en 2 vol. *in-fol.* Le père Cellot en donna un troisième volume en 1658. Cet archevêque fut un des principaux adversaires du moine Gotescalc, qui renouvelait les erreurs des prédestinatiens.

HIPPOLYTE (saint), docteur de l'Eglise et martyr, vivait au commencement du IIIᵉ siècle, et il mourut au plus tard l'an 251. Les savants s'accordent assez aujourd'hui à penser qu'il fut évêque, non de Porto en Italie, comme plusieurs anciens l'ont cru, mais d'Aden en Arabie, ville autrefois nommée *Portus Romanus*. Il avait été disciple de saint Irénée et de saint Clément d'Alexandrie, et il fut l'un des maîtres d'Origène. Ses ouvrages, qui étaient en grand nombre, et dont les anciens faisaient beaucoup de cas, ont péri la plupart. Il reste cependant de lui une partie de ses écrits contre les noétiens, un cycle pascal, quelques fragments de ses commentaires sur l'Ecriture, une homélie sur la Théophanie ou l'Epiphanie, et son livre sur l'antechrist. Le savant Fabricius a donné du tout une bonne édition à Hambourg, l'an 1716, en 2 vol. petit *in-fol.*, avec des dissertations.

HIRME. *Voy.* TROPAIN.

HISTOIRE. Un des reproches que les incrédules modernes ont faits au christianisme, est que son établissement a contribué à éteindre le flambeau de la critique, et à diminuer la certitude de l'*histoire*. A la place des Xénophon, des Tite-Live, des Polybe, des Tacite, on ne voit, disent-ils, parmi les chrétiens, que des hommes de parti, qui ne racontent des faits que pour étayer des opinions ; les mémoires du IVᵉ siècle ne sont plus que d'insipides *factum*. Deux seuls auteurs estimables ont prévalu sur les efforts que l'on a faits pour anéantir leurs ouvrages, Zozime et Ammien Marcellin ; mais on les récuse, dès qu'ils disent du mal du christianisme, ou du bien des empereurs païens.

Nos adversaires ne pouvaient mieux s'y prendre pour démontrer l'excès de leur prévention. Zozime et Ammien Marcellin ne ressemblent guère à Xénophon, à Tite-Live, à Tacite; la manière dont ils ont écrit l'*histoire* n'est pas merveilleuse. Ce n'est pas le christianisme qui a étouffé leurs talents, puisqu'ils étaient païens; bientôt peut-être les incrédules voudront prouver que c'est la faute du christianisme, si depuis Virgile il n'a plus paru de poëte aussi parfait que lui. Il est absolument faux que les chrétiens aient fait aucun effort pour supprimer les *histoires* de Zozime et d'Ammien Marcellin ; loin d'y avoir aucun intérêt, nous y trouvons souvent des armes contre les incrédules, qui ont poussé beaucoup plus loin que ces deux auteurs païens la haine contre le christianisme, et nous regrettons sincèrement la perte des treize premiers livres d'Ammien. Mais il s'est perdu bien d'autres ouvrages des auteurs chrétiens, que l'on avait beaucoup d'intérêt de conserver. Ce sont les Pères de l'Eglise qui ont préservé du même sort les écrits de Celse et de Julien contre le christianisme ; les livres dans lesquels Tacite a parlé des juifs et des chrétiens, selon les préjugés du paganisme, ont été sauvés du naufrage, pendant que d'autres parties de son travail ont péri. L'on peut dire que sans le christianisme il ne resterait pas un seul des monuments de l'antiquité profane ; il ne s'en est conservé que chez les nations chrétiennes.

La seule raison pour laquelle les incrédules font cas de Zozime, c'est parce qu'il a dit beaucoup de mal de Constantin et des moines, quoique, sur le premier chef, il soit contredit par plusieurs auteurs païens. Mais ils n'ajoutent aucune foi au témoignage d'Ammien Marcellin, lorsqu'il rend témoignage des vices de Julien, ni lorsqu'il rapporte le miracle qui arriva à Jérusalem, lorsque cet empereur apostat voulut faire rebâtir le temple des Juifs, ni dans ce qu'il dit de favorable au christianisme.

Est-il vrai que l'opposition qui se trouve quelquefois entre les auteurs païens et les écrivains ecclésiastiques diminue la certitude de l'*histoire*? Nous soutenons qu'elle l'augmente, puisqu'ils ne se contredisent point sur le gros des faits, mais sur les circonstances, sur le caractère et sur les motifs des acteurs, sur le bien ou le mal qui est résulté de leur conduite, etc. La substance des faits demeure donc incontestable ; sur le reste, c'est le cas d'exercer une sage critique, et d'ajouter foi par préférence aux écrivains qui paraissent les mieux instruits et les plus judicieux. Si un auteur carthaginois avait fait l'*histoire* des guerres puniques, il y a lieu de croire qu'il ne s'accorderait guère avec Tite-Live, si ce n'est sur le gros des événements ; s'ensuit-il que le récit de cet historien romain est plus certain, parce qu'il ne s'est point trouvé d'écrivain carthaginois pour le contredire? Lorsque les auteurs chrétiens ne sont pas entièrement d'accord avec les païens sur un même fait, c'est un entêtement absurde de la part des incrédules de vouloir que les derniers soient plus croyables que les premiers. Ce sont donc eux qui travaillent à éteindre le flambeau de la critique et de l'*histoire*, puisqu'ils n'ont aucun égard et n'ajoutent aucune foi à tout ce qui choque leurs préjugés. Suivant leur opinion, tout ce qui a été écrit contre le christianisme est vrai, tout ce qui a été dit en sa faveur est faux ; les Pères de l'Eglise, les écrivains ecclésiastiques ont été tous des enthousiastes et des faussaires ; les païens, infatués d'idolâtrie, de théurgie, de magie, de divination, de sortilèges, de faux prodiges, sont des sages et des auteurs judicieux. Lorsqu'à leur tour nos critiques modernes attaquent le christianisme, toutes les espèces d'armes leur paraissent bonnes : fables, impostures, ouvrages forgés ou apocryphes, fausses citations, fausses traductions, calomnies, invectives et railleries grossières, blasphèmes, etc. Ils semblent persuadés que tout homme qui croit en Dieu et professe une religion, est tout à la fois vicieux et insensé ; s'ils ne peuvent reprendre ses actions; ils tâchent de noircir ses intentions et ses motifs; en récompense, tout mécréant, déiste, athée, matérialiste, pyrrhonien, est à leurs yeux un personnage respectable et sans reproche : et voilà ce qu'ils appellent la *philosophie de l'histoire*. Nous ne connaissons point de meilleur moyen que cette méthode pour détruire absolument toute connaissance historique.

HISTOIRE SAINTE, ou de l'ANCIEN TESTAMENT. Cette *histoire*, écrite par des auteurs juifs, commence à la création du monde, et finit à la naissance de Jésus-Christ; elle parcourt un espace de quatre mille ans, selon le calcul le plus borné. Malgré la multitude des critiques téméraires que les incrédules anciens et modernes en ont faites, et malgré le mépris avec lequel ils en ont parlé, nous soutenons qu'il n'est aucune *histoire* plus respectable à tous égards, plus sagement écrite, qui porte avec elle plus de marques d'authenticité et de vérité, et où l'on voie plus clairement la main de Dieu. 1° L'*histoire profane* n'est, à proprement parler, que le registre des malheurs, des crimes, des égarements du genre humain. Comme elle n'est intéressante que par les révolutions et les catastrophes, tant qu'un peuple croît et prospère dans le calme d'un sage et paisible gouvernement, elle n'en dit rien; elle ne commence à en parler que quand il se mêle des affaires de ses voisins, ou qu'il essuie quelque attaque de leur part; en général, les scélérats puissants ont fait plus de bruit dans le monde que les gens de bien. L'Ancien Testament, au contraire, est l'*histoire* de la religion et du gouvernement de la Providence; la durée des siècles y est partagée en trois grandes époques; savoir, l'état des familles isolées et nomades, uniquement régies par la loi de nature; l'état de ces peuplades, réunies en société nationale et politique, et soumises à une législation écrite; enfin, elle annonce de loin l'état des peuples policés et unis entre eux par une société religieuse universelle, elle nous montre la révélation toujours relative à ces trois états divers. *Voy.* RÉVÉLATION. Un plan aussi vaste et aussi sublime ne peut être l'ouvrage de l'intelligence humaine; Dieu seul a pu le concevoir et l'exécuter; rien de semblable ne se voit chez aucune nation de l'univers. — 2° Moïse, historien principal, se trouve précisément placé au point où il fallait être pour lier les faits de la première époque à ceux de la seconde. Un auteur plus ancien que lui aurait pu écrire la *Genèse*, s'il avait eu les mêmes instructions touchant la vie des patriarches; mais il n'aurait pas pu raconter les faits consignés dans l'*Exode*, puisqu'ils n'étaient pas encore arrivés. Un écrivain plus récent n'aurait pu faire ni l'un ni l'autre, il fallait avoir vu l'Egypte et avoir parcouru le désert. De tous les Hébreux sortis de l'Egypte à l'âge viril, aucun n'est entré dans la terre promise que Josué et Caleb; les autres sont morts dans le désert. *Num.*, chap. XIV, vers. 30; *Deut.*, chap. I, vers. 35 et 38. Ces deux hommes étaient trop jeunes pour avoir été instruits par les petits-fils de Jacob; Moïse seul a eu cet avantage. Josué, Samuel et les autres historiens suivants, ont été témoins oculaires ou presque contemporains des événements qu'ils rapportent. — 3° Les détails dans lesquels Moïse est entré, sont toujours relatifs au degré de connaissance qu'il a pu en avoir; plus les faits sont anciens et éloignés de lui, plus sa narration est abrégée et succincte. L'*histoire* des seize cents ans qui ont précédé le déluge, est renfermée en sept chapitres; les quatre suivants contiennent ce qui s'est passé pendant quatre siècles, jusqu'à la vocation d'Abraham. A cette époque, le récit commence à être plus détaillé, parce que Moïse touchait de près à ce patriarche, par Lévi son bisaïeul; onze chapitres contiennent les annales de deux mille ans, pendant que les trente-neuf chapitres suivants renferment seulement l'*histoire* de trois siècles. Nous ne trouvons point cette sagesse dans les *histoires* anciennes des Chinois, des Indiens, des Egyptiens, des Grecs et des Romains. Un romancier, en peignant les premiers siècles du monde, avait beau champ pour donner carrière à son imagination; Moïse n'invente rien, il ne dit que ce qu'il avait appris par une tradition certaine. Aussi a-t-il servi de modèle aux autres écrivains de sa nation : ceux-ci rappellent le souvenir de ses actions et de ses lois; ils le citent comme un législateur inspiré de Dieu; par la suite des événements, ils nous font voir la sagesse de ses vues et la vérité de ses prédictions. — 4° Il ne cherche point, comme les auteurs profanes, à se perdre dans les ténèbres d'une antiquité fabuleuse. Les critiques modernes jugent, mais très-mal à propos, qu'il n'a pas donné assez de durée au monde : deux ou trois mille ans de plus ne lui auraient rien coûté. Il resserre encore cette durée, en affirmant que le monde a été renouvelé par un déluge universel huit cent cinquante-cinq ans seulement avant lui. Si l'on avait pu citer un seul monument antérieur à cette époque, Moïse aurait été confondu; mais il n'en avait pas peur. Il appuie sa chronologie, non sur des périodes astronomiques ou sur des observations célestes que l'on peut forger après coup, mais sur le nombre des générations, et sur l'âge des patriarches qu'il a soin de fixer. Il peint les mœurs antiques des nations avec une telle exactitude, que l'on n'a pas encore pu le trouver en défaut sur un seul article; il ne laisse point de vide entre les événements; tous se tiennent et forment une suite continue. Ses successeurs ont suivi la même méthode; ils nous conduisent sans interruption depuis la mort de Moïse jusqu'aux siècles qui ont précédé immédiatement la venue de Jésus-Christ. Les uns ni les autres n'accordent rien à la simple curiosité; ils ne parlent des autres nations qu'autant que les faits sont nécessaires pour appuyer ou pour éclaircir l'*histoire juive*. — 5° Moïse fixe la scène des événements par des détails immenses de géographie : il place le berceau du genre humain sur les bords du Tigre et de l'Euphrate ; il fait partir des plaines de Sennaar toutes les familles pour se disperser ; il assigne à chacune leur demeure ; il indique les possessions et les limites de tous les peuples qui l'environnent. Pour plus grande sûreté, il indique les monuments, les faits qu'il décrit, la tour de Babel, le chêne de Mambré, la montagne de Moriah, Béthel, le tombeau d'Abraham, de Sara, de Jacob, les puits creusés par ces patriarches, etc. Il ne craignait pas que quand les Hébreux entreraient dans la Palestine, ils trouvassent les lieux autrement qu'il ne les décrivait. Les compilateurs des *histoires* des Chinois, des Indiens, des Perses, des Egyptiens, des Grecs, n'ont pas pris cette précaution ; souvent on ne sait si ce qu'ils racontent s'est passé dans le ciel ou sur la terre. La scène des événements de l'*histoire sainte* a été le centre de l'univers le plus connu pour lors ; par sa position, le peuple de Dieu s'est trouvé en relation avec les peuples qui faisaient le plus de figure dans le monde, avec les Égyptiens, les Phéniciens, les Arabes, les Chaldéens, les Assyriens ; et, sans l'*histoire sainte*, à peine aurions-nous quelques notions des mœurs, des lois, des usages, des opinions de ces anciens peuples. Aujourd'hui l'on retrouve encore, chez les Arabes Scénites, les mêmes mœurs qui régnaient dans les tentes d'Abraham et de Jacob. — 6° Moïse ne montre ni vanité, ni prédilection pour sa nation ; il ne la suppose ni fort ancienne, ni guerrière, ni plus industrieuse, ni plus puissante que les autres. Il raconte les fautes des patriarches avec autant de candeur que leurs vertus, et il fait l'aveu de ses propres torts ; il rapporte des traits ignominieux à plusieurs tribus, même à la sienne ; il ne dissimule aucun des vices ni des malheurs des Israélites ; il leur reproche qu'ils ont été dans tous les temps, et qu'ils seront toujours une nation ingrate et rebelle. Quelques incrédules en ont pris occasion de mépriser ce peuple et son *histoire* ; ce n'est pas là une preuve de leur bon sens : si les historiens des autres nations avaient été aussi sincères, nous verrions que chez elles plus de vices et de crimes que chez les Juifs. Nous retrouvons la même candeur dans les écrivains sacrés postérieurs à Moïse : ils nous montrent, d'un côté, Dieu toujours fidèle à ses promesses, qui ne cesse de veiller sur un peuple ingrat et intraitable, de l'autre, ce peuple toujours inconstant, infidèle, incapable d'être corrigé autrement que par des fléaux terribles. Ce qu'il a fait, dans tous les siècles, nous prépare d'avance à la conduite qu'il a tenue à l'égard de Jésus-Christ et de l'Evangile. — 7° Depuis la sortie de l'Egypte, Moïse a écrit son *histoire* en forme de journal : les lois qu'il publie, les fêtes et les cérémonies qu'il établit, servent de monument à la vérité des faits qu'il raconte ; ces faits, à leur tour, rendent raison de tout ce qu'il prescrit. Il ordonne aux Israélites d'en instruire soigneusement leurs enfants ; dans son dernier livre, il les prend à témoin de la vérité des choses dont il leur rappelle le souvenir. Ainsi les faits, les lois, les usages, les généalogies, les droits et les espérances de la nation, sont tellement liés les uns aux autres, que l'un ne peut subsister sans l'autre.

Autant nous sommes étonnés de voir naître, sous la main d'un seul homme, une législation complète et formée, pour ainsi dire, d'un seul coup, autant nous sommes surpris de voir que, pendant près de quinze cents ans, il n'a pas été nécessaire d'y toucher. Jamais les Juifs ne s'en sont écartés sans être punis, et toujours ils ont été forcés d'y revenir. Aujourd'hui encore, s'ils en étaient les maîtres, ils iraient la rétablir dans la Palestine, et la remettre en vigueur. Ce phénomène n'est point conforme à la marche ordinaire de la nature humaine ; on n'en voit point d'exemple chez aucun autre peuple. — 8° Il est donc certain qu'aucune nation n'a été plus intéressée ni plus attentive à conserver soigneusement son *histoire*. Non-seulement il lui a été impossible d'y toucher et de l'altérer, parce qu'elle n'aurait pu le faire que par une conspiration générale de toutes les tribus ; mais ses espérances, ses prétentions, ses préjugés, la préservaient de cet attentat ; toujours les Juifs ont regardé leur sort et la constitution de leur république comme l'ouvrage de Dieu. Leur dernier état dans la Palestine était essentiellement lié avec la chaîne des révolutions qui avaient précédé ; cette chaîne remonte jusqu'à Moïse et à son *histoire*, comme celle-ci remonte aux patriarches et à la création.

L'*histoire* des autres peuples ne peut intéresser que la curiosité ; l'*histoire sainte* nous met sous les yeux notre origine, nos droits, nos espérances pour ce monde et pour l'autre ; nous ne pouvons la lire avec réflexion, sans bénir Dieu de nous avoir fait naître sous la plus heureuse de toutes les époques, où nous jouissons de l'accomplissement des promesses divines, et de l'abondance des grâces répandues par Jésus-Christ ; l'exemple des Juifs, réprouvés de Dieu et châtiés depuis dix-sept siècles, nous fait comprendre combien il est dangereux d'abuser de ses bienfaits. Aussi voyons-nous que les écrivains les mieux instruits et les plus judicieux sont aussi ceux qui ont fait le plus de cas de l'*histoire sainte*. Pour ne parler que de ceux de notre nation, l'auteur de l'*Origine des lois, des sciences et des arts*, celui de l'*Histoire de l'ancienne Astronomie*, celui du *Monde primitif comparé avec le monde moderne*, ont pris l'*histoire sainte* pour base de leurs recherches, parce que, sans elle, il est impossible de percer dans les ténèbres de l'*histoire ancienne*. Quelle différence entre ces savants ouvrages et les dissertations frivoles des incrédules, qui n'ont lu l'*histoire sainte* que pour y trouver à reprendre, et qui en jugent avec toute la témérité d'une ignorance présomptueuse !

Après avoir tenté vainement de renverser cette *histoire* par la chronologie et par les traditions des différents peuples du monde, ils se sont flattés de l'attaquer victorieusement par des observations de physique et d'*histoire naturelle*. Folle espérance! Un physicien, plus habile qu'eux et qui a de meilleurs yeux, a prouvé que l'inspection du globe, en prenant depuis la cime des plus hautes montagnes jusqu'au centre des mines les plus profondes, loin de donner aucune atteinte à l'*histoire sainte*, la confirme au contraire dans tous ses points ; que les divers systèmes de cosmologie, formés de nos jours pour en ébranler la certitude, sont tous démontrés faux par les faits mêmes que leurs auteurs ont allégués. Ainsi la conformité du récit des auteurs sacrés avec l'état actuel du globe, est une des plus fortes preuves de la révélation. *Lettres sur l'Histoire de la terre et de l'homme*, 5 vol. in-8°, *Paris*, 1779.

Un autre écrivain, plus récent et bon observateur, a répété plus d'une fois que, si l'on veut connaître la nature telle qu'elle est, c'est principalement dans l'*histoire* que Moïse en a faite qu'il faut l'étudier. *Etudes de la nature*, 3 vol. in-12, *Paris*, 1784. [*Voy.* ECRITURE SAINTE, EVANGILE, MIRACLES, PENTATEUQUE.]

HISTOIRE ÉVANGÉLIQUE. *Voy.* EVANGILE (Histoire).

HISTOIRE ECCLÉSIASTIQUE. C'est l'*histoire* de l'établissement, des progrès, des révolutions du christianisme, depuis le commencement de la prédication de l'Evangile jusqu'à nos jours, pendant une période de près de dix-huit siècles. La connaissance de cette *histoire* est une partie essentielle de la théologie : en effet, celle-ci n'est point une science d'invention, mais de tradition ; elle consiste à savoir ce que Jésus-Christ a enseigné, soit par lui-même, soit par ses apôtres, comment cette doctrine a été attaquée et comment elle a été défendue. L'*histoire ecclésiastique* est donc la suite de l'*histoire sainte*, relative à la troisième époque de la révélation. De tout temps la doctrine chrétienne a eu des contradicteurs, elle en aura toujours ; les combats que l'Eglise a eus à soutenir dans les siècles passés, ont été le prélude de ceux que nous avons à essuyer aujourd'hui ; et la victoire qu'elle a remportée sur ses anciens ennemis nous répond d'avance de la défaite de ses adversaires modernes.

Les sources de l'*histoire ecclésiastique* sont les écrits des apôtres, des évangélistes, des Pères qui leur ont succédé, les actes des martyrs, ceux des conciles, les mémoires des historiens. Hégésippe, auteur du second siècle, avait écrit l'*histoire* de ce qui s'était passé dans l'Eglise depuis l'ascension de Jésus-Christ jusqu'à l'an 133. Eusèbe, qui a vécu au IV° siècle, avait cette *histoire* sous les yeux lorsqu'il écrivit la sienne, et il l'a conduite jusqu'à l'an 320 ou 323. Socrate, Sozomène, Théodoret, l'ont continuée jusque vers l'an 431, et Evagre jusqu'en 594. Philostorge, qui vivait sur la fin du IV° siècle, n'a écrit cette même *histoire* que pour favoriser l'arianisme, duquel il faisait profession. Aucun de ces derniers historiens, qui ont tous écrit dans l'Orient, n'a pu être informé exactement de ce qui se passait dans les autres parties du monde.

De tous les modernes qui ont couru la même carrière, l'abbé Fleury est celui qui a fait l'ouvrage le plus complet ; il finit au concile de Constance, en 1414 ; il s'en faut beaucoup que son continuateur, qui a poussé l'*histoire* jusqu'en 1595, ait eu autant de succès que lui. Les savants conviennent que dans Fleury même il y a plusieurs choses à rectifier ; depuis la publication de son *histoire*, d'autres ont travaillé à débrouiller certains faits, à éclaircir quelques monuments. Le cardinal Orsi a donné en italien une *histoire* des six premiers siècles de l'Eglise, en vingt volumes in-4° et in-8°, dans laquelle il a réfuté Fleury sur plusieurs chefs, et les bollandistes n'ont pas toujours été de son avis. Le P. Mamachi, savant dominicain, a fait aussi un ouvrage en cinq volumes in-4°, pour relever les erreurs des protestants en fait d'*histoire ecclésiastique*.

Pour peu que l'on y réfléchisse, on ne peut pas s'empêcher d'admirer la providence de Dieu dans la manière dont il a conduit son Eglise. Selon les faibles lumières de la prudence humaine, les persécutions des empereurs et des autres princes païens auraient dû étouffer le christianisme dans son berceau, et les hérésies par lesquelles il a été attaqué dans tous les siècles, étaient capables de le détruire. Après l'irruption des Barbares, l'ignorance parut prête à ensevelir dans le même tombeau la religion et les sciences. La corruption des mœurs, qui circule d'une nation à l'autre, indispose les esprits contre une doctrine qui la condamne, et il y a des temps auxquels elle semble établir une prescription contre l'Evangile ; mais Dieu, qui veille sur son ouvrage, se sert, pour le soutenir, des orages mêmes qui semblaient prêts à le renverser.

Le dogme, la morale, le culte extérieur, la discipline, sont les quatre principaux objets dont un théologien observe le cours en lisant l'*histoire ecclésiastique*. Les deux premiers ne peuvent jamais changer ; mais souvent ils paraissent obscurcis par des disputes, et il faut suivre le fil de ces contestations pour savoir enfin à quoi l'on doit se fixer, et prendre le vrai sens des décrets de l'Eglise qui ont décidé les questions. Le culte extérieur peut avoir plus ou moins d'éclat, et il faut observer la liaison et le rapport qu'il a toujours avec le dogme. La discipline varie selon les révolutions, les mœurs, les lois civiles et le génie des nations ; mais nous y voyons des points fixes et invariables desquels l'Eglise ne s'est jamais départie, et qu'elle ne changera jamais.

Quand on voit, dans l'*histoire ecclésiastique*, la multitude des hérésies et des décrets des conciles qui les ont condamnées, un lecteur peu instruit est tenté de croire que l'Eglise a inventé de nouveaux dogmes, et quelques incrédules copistes des hérétiques l'en ont accusée ; c'est injustement. Développer les conséquences d'un dogme, l'exprimer par des termes qui préviennent les fausses interprétations que l'on peut lui donner, ce n'est pas forger une nouvelle croyance ; l'Eglise n'a rien fait de plus. Le mystère de la sainte Trinité, par exemple, était assez clairement révélé par ces paroles de Jésus-Christ : *Baptisez toutes les nations au nom du Père, du Fils et du Saint-Esprit*, et par d'autres passages. On le croyait ainsi avant que les hérétiques l'eussent attaqué. Mais les uns prétendirent que le Fils était une créature, les autres que le Saint-Esprit n'était pas une Personne, mais un don de Dieu. Pour conserver dans son entier le dogme révélé, il fallut décider contre les premiers, que le Fils n'est point une créature, qu'il n'a pas été fait, mais engendré avant tous les siècles, et qu'il est consubstantiel au Père ; contre les seconds, que le Saint-Esprit est une Personne qui procède du Père et du Fils, et qui est un seul Dieu avec le Père et le Fils, parce que l'Evangile l'enseigne ainsi. Ces décisions n'établissent rien de nouveau ; elles développent et fixent le sens que l'on donnait déjà aux paroles de l'Ecriture sainte avant la naissance des hérésies. Il en est de même des autres articles de foi, et des préceptes de morale qui ont été attaqués ou mal interprétés par les hérétiques. Si l'on a introduit dans le culte extérieur quelque nouvelle cérémonie, ç'a toujours été pour professer d'une manière plus expresse les vérités de foi qui étaient contestées par quelques novateurs. Ainsi la triple immersion dans le baptême, le *trisagion*, ou trois fois saint, le *kyrie*, répété trois fois à chaque Personne divine, la *doxologie*, ou glorification adressée à toutes les trois, les signes de croix répétés trois fois, etc., servirent à exprimer, d'une manière sensible, la coégalité de ces trois Personnes. Quelques-uns de ces rites étaient tirés de l'Ecriture sainte, ou venaient des apôtres ; les autres furent ajoutés, dans la suite, pour rendre la profession de foi plus frappante aux yeux des simples fidèles. Dans le xi° siècle, lorsque Bérenger eut nié la présence réelle de Jésus-Christ dans l'eucharistie, l'usage s'établit d'élever l'hostie et le calice d'abord après la consécration, afin de faire adorer au peuple Jésus-Christ réellement présent. S'ensuit-il qu'avant ce temps-là on n'adorait pas Jésus-Christ sur l'autel ? mais les Pères du iv° siècle parlent de cette adoration. Selon les liturgies orientales, elle se fait immédiatement avant la communion ; et nous prouverons que les *liturgies* sont plus anciennes que le iv° siècle, quoiqu'elles n'aient été écrites que dans ce temps-là.

De même l'on n'a fait aucun changement dans la discipline sans nécessité. Les canons des apôtres, rédigés sur la fin du ii° siècle, ou, au plus tard, pendant le iii°, nous montrent déjà, pour le fond, la même forme de gouvernement qui a été observée dans les siècles suivants. Les conciles postérieurs n'ont fait de nouvelles lois que pour réprimer de nouveaux abus qui commençaient à s'introduire. En général, plus on lira l'*histoire ecclésiastique*, plus on y remarquera le respect que l'Eglise a toujours eu pour les rites, les lois, les usages établis dans les premiers siècles.

Quant à l'utilité que l'on peut tirer de cette lecture, nous copierons les termes de M. Fleury. « On y voit, dit-il, une Eglise subsistante sans interruption, par une suite continuelle de peuples fidèles, de pasteurs et de ministres, toujours visible à la face de toutes les nations, toujours distinguée, non-seulement des infidèles, par le nom de chrétienne, mais des sociétés hérétiques et schismatiques, par le nom de catholique ou universelle. Elle fait toujours profession de n'enseigner que ce qu'elle a reçu d'abord, et de rejeter toute nouvelle doctrine : que si quelquefois elle fait de nouvelles décisions et emploie de nouveaux termes, ce n'est pas pour former ou exprimer de nouveaux dogmes ; c'est seulement pour déclarer ce qu'elle a toujours cru, et appliquer des remèdes convenables aux nouvelles subtilités des hérétiques. Au reste, elle se croit infaillible en vertu des promesses de son fondateur, et ne permet pas aux particuliers d'examiner ce qu'elle a une fois décidé. La règle de sa foi est la révélation divine, comprise non-seulement dans l'Ecriture, mais dans la tradition, par laquelle elle connaît même l'Ecriture. Quant à la discipline, nous voyons, dans cette *histoire*, une politique toute spirituelle et toute céleste, un gouvernement fondé sur la charité, ayant uniquement pour but l'utilité publique, sans aucun intérêt de ceux qui gouvernent. Ils sont appelés d'en haut, la vocation divine se déclare par le choix des autres pasteurs et par le consentement des peuples. On les choisit pour leur seul mérite, et le plus souvent malgré eux ; la charité seule et l'obéissance leur font accepter le ministère, dont il ne leur revient que du travail et du péril, et ils ne comptent pas, entre les moindres périls, celui de tirer vanité de l'affection et de la vénération des peuples, qui les regardent comme tenant la place de Dieu même. Cet amour respectueux du troupeau fait toute leur autorité ; ils ne prétendent pas dominer comme les puissances du siècle, et se faire obéir par la contrainte extérieure ; leur force est dans la persuasion ; c'est la sainteté de leur vie, leur doctrine, la charité qu'ils témoignent à leur troupeau par toutes sortes de services et de bienfaits, qui les rendent maîtres des cœurs. Ils n'usent de cette autorité que pour le bien du troupeau même, pour convertir les pécheurs, réconcilier les ennemis, tenir tout âge, tout sexe, dans le devoir et dans la soumission à la loi de Dieu. Ils sont maîtres des biens comme des cœurs, et ne s'en servent que pour assister les pauvres, vivant pauvrement eux-mêmes, et souvent du travail de leurs mains. Plus ils ont d'autorité, moins ils s'en attribuent. Ils traitent de frères les prêtres et les diacres ; ils ne font rien d'important sans leur conseil, et sans la participation du peuple. Les évêques s'assemblent souvent pour délibérer en commun des plus grandes affaires, et se les communiquent encore plus souvent par lettres : en sorte que l'Église, répandue par toute la terre habitable, n'est qu'un seul corps parfaitement uni de croyance et de maximes. La politique humaine n'a aucune part à cette conduite. Les évêques ne cherchent à se soutenir par aucun avantage temporel, ni de richesses, ni de crédit, ni de faveur auprès des princes et des magistrats, même sous prétexte du bien de la religion. Sans prendre de parti dans les guerres civiles, si fréquentes dans un empire électif, ils reçoivent paisiblement les maîtres que la Providence leur donne par le secours ordinaire des choses humaines ; ils obéissent fidèlement aux princes païens et persécuteurs, et résistent courageusement aux princes chrétiens, quand ils veulent appuyer quelque erreur ou troubler la discipline. Mais leur résistance se termine à refuser ce qu'on leur demande contre les règles, à souffrir tout, et la mort même, plutôt que de l'accorder. Leur conduite est droite et simple, ferme et vigoureuse sans hauteur, prudente sans finesse ni déguisement. La sincérité est le caractère propre de cette politique céleste ; comme elle ne tend qu'à faire connaître la vérité et pratiquer la vertu, elle n'a besoin ni d'artifice, ni de secours étrangers ; elle se soutient par elle-même ; plus on remonte dans l'antiquité ecclésiastique, plus cette candeur et cette noble simplicité y éclatent ; en sorte qu'on ne peut douter que les apôtres ne l'aient inspirée à leurs plus fidèles disciples, en leur confiant le gouvernement des églises. S'ils avaient eu quelque autre secret, ils le leur auraient enseigné, et le temps l'aurait découvert. Que l'on ne s'imagine point que cette simplicité fût un effet du peu d'esprit ou de l'éducation grossière des apôtres et de leurs premiers disciples ; les écrits de saint Paul, à ne les regarder même que naturellement, ceux de saint Clément pape, de saint Ignace, de saint Polycarpe, ne donneront pas une idée médiocre de leur esprit ; et pendant les siècles suivants, on voit la même simplicité de conduite jointe à la plus grande subtilité d'esprit et à l'éloquence la plus puissante. Je sais que tous les évêques, même dans les meilleurs temps, n'ont pas également suivi ces saintes règles, et que la discipline de l'Église ne s'est pas conservée aussi pure et aussi invariable que la doctrine. Tout ce qui gît en pratique dépend en partie des hommes, et se sent de leurs défauts. Mais il est toujours constant que, dans les premiers siècles, la plupart des évêques étaient tels que nous les décrivons, et que ceux qui n'étaient pas tels étaient regardés comme indignes de leur ministère. Il est constant que, dans les siècles suivants, l'on s'est toujours proposé pour règle cette ancienne discipline ; on l'a conservée ou rappelée autant que l'ont permis les circonstances des lieux et des temps. On l'a du moins admirée et souhaitée ; les vœux de tous les gens de bien ont été pour en demander à Dieu le rétablissement, et nous voyons, depuis deux cents ans, un effet sensible de ces prières. C'en est assez pour nous exciter à connaître cette sainte antiquité et nous encourager à l'étudier de plus en plus. — Enfin, la dernière chose que le lecteur doit considérer dans cette *histoire*, et qui est plus universellement à l'usage de tous, c'est la pratique de la morale chrétienne. En lisant les livres de piété anciens et modernes, en lisant l'Évangile même, cette pensée vient quelquefois à l'esprit : voilà de belles maximes ; mais sont-elles praticables ? des hommes peuvent-ils arriver à une telle perfection ? En voici la démonstration : ce qui se fait réellement est possible, et des hommes peuvent pratiquer, avec la grâce de Dieu, ce qu'elle a fait pratiquer à tant de saints qui n'étaient que des hommes, et il ne doit rester aucun doute touchant la vérité du fait : on peut s'assurer que les faits de l'*histoire ecclésiastique* sont aussi certains et même mieux attestés que ceux d'aucune *histoire* que nous ayons. On y verra donc tout ce que les philosophes ont enseigné de plus excellent pour les mœurs pratiqué à la lettre, et par des ignorants, par des ouvriers, par de simples femmes ; on verra la loi de Moïse, bien au-dessus de la philosophie humaine, amenée à sa perfection par la grâce de Jésus-Christ ; et, pour entrer un peu dans le détail, on verra des gens véritablement humbles, méprisant les honneurs, la réputation, contents de passer leur vie dans l'obscurité et dans l'oubli des autres hommes ; des pauvres volontaires, renonçant aux voies légitimes de s'enrichir, ou même se dépouillant de leurs biens pour en revêtir les pauvres. On verra la douceur, le pardon des injures, l'amour des ennemis, la patience jusqu'à la mort et aux plus cruels tourments, plutôt que d'abandonner la vérité ; la viduité, la continence parfaite, la virginité même, inconnue jusqu'alors, conservée par des personnes de l'un et de l'autre sexe, quelquefois jusque dans le mariage ; la frugalité et la sobriété, les jeûnes fréquents et rigoureux, les veilles, les cilices, tous les moyens de châtier le corps et de le réduire en servitude ; toutes ces vertus pratiquées, non par quelques personnes distinguées, mais par une multitude infinie ; enfin des solitaires innombrables qui renoncent à tout pour vivre dans les déserts, non-seulement sans être à charge à personne, mais se rendant utiles, même sensiblement, par les aumônes et les guérisons miraculeuses, uniquement occupés à dompter leurs passions, à s'unir à Dieu, autant qu'il est possible à des hommes chargés d'un corps mortel. » 1ᵉʳ *Disc. sur l'Hist. ecclés.*, n. 10 et 11.

Il serait à souhaiter que l'abbé Fleury eût remarqué l'origine et l'énergie des rites du christianisme avec autant de soin que les mœurs et la discipline, et qu'il nous eût fait connaître les anciennes liturgies aussi exactement que les écrits des Pères, puisque les uns et les autres contribuent également à prouver la perpétuité de la doctrine chrétienne. Mais, lorsque cet habile homme entreprit son ouvrage, cette partie de l'*histoire ecclésiastique* n'avait pas encore été éclaircie comme elle l'a été depuis. On n'avait pas encore les savantes recherches que le cardinal Thomasius, D. Mabillon, l'abbé Renaudot, le père Le Brun, le père Leslée, Assémani, Muratori, etc., ont faites au sujet des liturgies. Ces connaissances sont devenues dès lors une partie essentielle de la science ecclésiastique.

Quand on ne lirait que pour amuser ou pour satisfaire la curiosité, où trouverait-on des événements plus variés, des scènes plus frappantes, des révolutions plus inattendues ? L'*histoire ecclésiastique* a tant de liaison avec l'*histoire civile de toutes les nations de l'Europe et de l'Asie*, que l'une ne peut pas être exactement connue sans l'autre. Il n'est point arrivé de révolution dans l'Eglise qui n'ait été la cause ou l'effet d'un changement dans l'état civil et politique des peuples. Sans les monuments ecclésiastiques, à peine aurions-nous quelque notion des origines, des exploits, des usages, de la législation de la plupart des nations.

Les protestants ont pu, par intérêt de système, s'obstiner à dire que ceux qui lisent l'*histoire ecclésiastique* n'y voient que les vices des évêques et surtout des papes. Nous convenons que la manière dont ils l'ont écrite n'est pas propre à édifier les lecteurs; ils en ont fait un recueil de scandales. Ils ont cherché, dans les annales de l'Eglise, non les talents et les vertus de ses pasteurs, mais leurs défauts et leurs vices; ils n'ont tenu compte que de ce qui pouvait servir à rendre odieux les ministres de la religion; ils leur ont même prêté des crimes dont ils ne furent jamais coupables, des fraudes pieuses, une conduite injuste envers les hérétiques et une ambition à laquelle ils sacrifiaient les intérêts de la religion, etc.; ils ont affecté de passer sous silence les causes qui ont introduit le relâchement dans le clergé et dans les monastères, comme les incursions et les ravages des Barbares, le brigandage des nobles après la chute de la maison de Charlemagne, la peste et les autres malheurs du quatorzième siècle : fléaux contre lesquels la prudence humaine ne pouvait trouver aucun remède. Le dessein de ces écrivains perfides était de persuader à leurs prosélytes que, depuis le commencement du christianisme, Dieu a ménagé le besoin d'une réformation qu'il n'a exécutée qu'au XVIᵉ siècle : cet ouvrage a-t-il donc été assez merveilleux pour être préparé pendant quinze siècles entiers ?

Si quelquefois ils sont forcés d'avouer le mérite personnel de quelque Père de l'Eglise, ces censeurs atrabilaires ne le font jamais qu'avec des restrictions malignes, faites sous un faux air de sincérité. S'ils n'osent pas dissimuler une action vertueuse, ils tâchent d'en empoisonner l'intention et le motif; si la conduite de quelques évêques a donné lieu à des événements fâcheux que la prudence humaine ne pouvait pas prévoir, ils les en rendent responsables, comme si ces pasteurs avaient dû avoir l'esprit prophétique. — S'agit-il de nos dogmes, on accuse les docteurs de l'Eglise d'en avoir altéré la simplicité par un mélange de philosophie orientale, ou par les opinions de Pythagore et de Platon. Est-il question de morale, on leur reproche de l'avoir très-mal enseignée, de l'avoir traitée sans ordre, sans méthode, sans principes, et d'en avoir donné des leçons fausses. Faut-il apprécier leur érudition, l'on dit qu'ils ont manqué de critique, qu'ils n'ont pas su les langues orientales, la physique, l'histoire naturelle : on pouvait ajouter encore l'algèbre et la géométrie. Quand on veut nous faire juger de leurs disputes avec les hérétiques, on soutient, ou qu'ils ne les ont pas entendus, ou qu'ils leur ont attribué des erreurs auxquelles ces novateurs ne pensaient pas, ou qu'ils les ont réfutées par de faux raisonnements. Lorsqu'il faut exposer le culte extérieur, on prétend qu'ils l'ont surchargé de pratiques superstitieuses, de cérémonies puériles, empruntées des Juifs ou des païens, afin de rendre leurs fonctions plus importantes et de flatter le goût du peuple; qu'ils ont accrédité tout cela par des fraudes pieuses, par de fausses traditions, par de faux miracles, etc.

Si la moitié seulement de ce tableau était ressemblant, il faudrait en conclure que Jésus-Christ, au lieu de tenir à l'Eglise son épouse les promesses qu'il lui avait faites, a commencé, cent ans tout au plus après son ascension, à la traiter en maître irrité, et lui a témoigné toute son aversion en ne lui donnant, pendant quatorze siècles, que des pasteurs capables de l'égarer et de la pervertir. Il faudrait conclure encore que, pendant toute cette longue durée, il a fallu, pour faire son salut, être non dans l'Eglise, mais hors de l'Eglise, et que saint Paul, en exhortant les fidèles à obéir à leurs pasteurs, leur a donné une leçon très-pernicieuse. Nous ne concevons pas comment des hommes, qui ont d'ailleurs beaucoup d'esprit, ont pu se prévenir d'idées aussi absurdes.

Telle est cependant la méthode suivant laquelle les centuriateurs de Magdebourg, Basnage, Fabricius, Le Clerc, Mosheim, Turretin et d'autres, ont traité l'*histoire ecclésiastique*; et c'est dans ces sources impures que nos philosophes modernes ont puisé le peu de connaissance qu'ils en ont; ils ont cherché exprès le poison pour s'en nourrir et pour en infecter leurs lecteurs. Les protestants, sans doute, ne s'attendaient pas à former de pareils prosélytes; ils n'ont pas senti qu'en défigurant l'Eglise catholique, ils noircissaient le christianisme aux yeux des incrédules. Mais, en récompense, lorsqu'ils ont écrit l'*histoire* de leur prétendue réformation, tous les objets ont changé de face, tous les prédicants ont été des savants du premier ordre, des sages, des héros; tous les moyens ont été légitimes, toutes les intentions droites et pures. Des ecclésiastiques ou des moines, qui, avant leur apostasie, étaient des hommes ignorants, vicieux, stupides, n'ont pas eu plutôt abjuré leur ancienne foi qu'ils sont devenus des apôtres.

Ce qu'il y a de plus singulier, c'est que ces mêmes historiens protestants, dans leurs savantes *préfaces*, ne manquent jamais de faire profession d'équité, de sincérité, d'impartialité, de haine contre tout esprit de secte et de parti ; ils se tracent à eux-mêmes les règles les plus belles et les plus parfaites. A peine ont-ils pris la plume qu'ils n'en observent plus aucune, et dans presque tous les articles de ce *Dictionnaire*, qui tiennent à l'*histoire ecclésiastique*, nous sommes forcés de leur reprocher leur prévention et de les réfuter.

Comment pouvons-nous leur ajouter foi, lorsque nous ne les voyons jamais d'accord entre eux ? Il n'est presque pas un seul fait, dans l'*histoire ecclésiastique* des trois premiers siècles, qui soit présenté de même par les écrivains des trois sectes protestantes. Les calvinistes rejettent tout, empoisonnent tout, ne voient les hommes et les événements qu'avec des yeux aveuglés par la haine. Les anglicans, moins fougueux, respectent l'antiquité, et se rapprochent beaucoup de la manière de voir des catholiques. Les luthériens cherchent à tâtons un milieu entre les deux autres sectes, mais veulent les ménager l'une et l'autre ; ils penchent tantôt vers l'une, tantôt vers l'autre. Après les avoir comparés tous, on est réduit ou à donner dans le pyrrhonisme, ou à ne consulter que le bon sens. Nous ne concevons pas de quel front ces divers écrivains osent nous accuser de préjugé, de prévention, d'aveuglement systématique, de stupidité, etc. Sans être fort habile, nous croyons avoir prouvé, dans la plupart des sujets que nous avons traités, qu'ils méritent mieux ces reproches que nous.

HODEGOS, mot grec qui signifie *guide* ; c'est le titre d'un ouvrage qu'Anastase de Sinaïse composa vers la fin du V° siècle ; il expose une méthode de controverse contre les hérétiques, particulièrement contre les eutychiens acéphales.

Toland, célèbre incrédule, a publié sous le même titre une dissertation touchant la colonne de nuée qui servait de guide aux Israélites dans le désert, qui dirigeait leurs marches et leurs campements, et qui était lumineuse pendant la nuit. Le dessein de cet écrivain a été de prouver que ce phénomène n'avait rien de miraculeux, que c'était un brasier porté au bout d'une perche. Au mot NUÉE, nous réfuterons cette vaine imagination.

HOFMANISTES, sectateurs de Daniel Hofmann, luthérien, professeur de théologie dans l'université d'Helmstadt. L'an 1598, ce théologien, fondé sur quelques opinions particulières de Luther, soutint que la philosophie est l'ennemie mortelle de la religion, que ce qui est vrai en philosophie est souvent faux en théologie. Bayle a renouvelé en quelque manière ce sentiment, lorsqu'il a prétendu que plusieurs dogmes du christianisme sont non-seulement supérieurs aux lumières de la raison, mais contraires à la raison, sujets à des difficultés insolubles, et qu'il faut renoncer aux lumières naturelles pour être véritablement croyant. L'opinion d'Hofmann excita des disputes et causa du trouble dans les écoles protestantes de l'Allemagne. Pour les assoupir, le duc de Brunswick, après avoir consulté l'université de Rostock, obligea Hofmann de se rétracter publiquement, et d'enseigner que la vraie philosophie n'est point opposée à la vraie théologie.—On accuse encore ce professeur ou ses disciples, d'avoir enseigné, comme les anciens gnostiques, que le Fils de Dieu s'est fait homme sans prendre naissance dans le sein d'une femme, et d'avoir imité les novatiens, qui soutenaient que ceux qui retombent dans le péché ne doivent point être pardonnés. C'est ici un des exemples du libertinage d'esprit auquel les protestants se sont livrés, après avoir secoué le joug de l'autorité de l'Eglise. Mosheim, *Histoire ecclés.*, XVI° siècle, sect. 3, II° part., c. 1, § 13.

HOLOCAUSTE, nom formé du grec ὅλος, tout, et καυστός, *brûlé* ; c'était un sacrifice dans lequel toute la victime était consumée par le feu. Il était distingué des autres sacrifices, dans lesquels la chair était mangée par les assistants. L'objet de l'*holocauste* était de reconnaître et d'attester le souverain domaine de Dieu sur tous les êtres vivants. Il ne s'ensuit pas que ceux qui l'offraient se soient persuadé que la Divinité était nourrie ou flattée par la fumée et par l'odeur des chairs brûlées. Cette erreur grossière des païens n'est jamais entrée dans l'esprit des adorateurs du vrai Dieu ; elle est formellement condamnée dans les Livres saints, *ps.* XLIX, vers. 13 ; *Isaïe*, chap. I, vers. 11, etc. Il y est souvent répété que Dieu ne fait attention qu'aux sentiments du cœur. Ainsi, lorsqu'il est dit que Dieu reçut comme une bonne odeur l'*holocauste* que Noé lui offrit après le déluge, *Gen.*, chap. VIII, vers. 21, c'est une métaphore qui signifie que Dieu agréa les sentiments de reconnaissance que Noé témoignait, par ce sacrifice, de ce que Dieu avait conservé la vie à lui, à sa famille et aux animaux. De même, lorsque Dieu dit aux Juifs, par ses prophètes, qu'il est dégoûté de leurs sacrifices et de leur encens, *Isaï.*, cap. I, vers. 12, *Jerem.*, chap. VI, vers. 20, etc., il leur fait entendre qu'un culte purement extérieur ne peut lui plaire lorsque ceux qui le lui offrent ont le cœur souillé de crimes. C'est pour cela que David pria le Seigneur de lui pardonner ses fautes, d'accorder ses bonnes grâces à son peuple, afin que les sacrifices qui lui seront offerts lui soient agréables. *Ps.* L, vers. 21.

Comme les sentiments intérieurs de religion ne peuvent se conserver longtemps dans le cœur des hommes, ni se communiquer à leurs enfants, à moins qu'ils ne les expriment souvent par des signes sensibles, le culte intérieur ne suffit pas seul; il faut des sacrifices, des offrandes, des cérémonies, pour nous faire souvenir que Dieu est le maître absolu des biens de ce monde, que nous devons être reconnaissants lorsqu'il nous les accorde, patients et soumis lorsqu'il nous en prive. Tel était le sens des *holocaustes*. Il paraît cependant que ce terme est pris quelquefois par les écrivains sacrés dans un sens plus étendu, et qu'il signifie toute espèce d'offrande et de culte. Ainsi, lorsque Naaman promet au prophète Élisée qu'il n'offrira plus d'*holocauste* ni de victime aux dieux étrangers, mais seulement au Seigneur, *IV Reg.*, chap. v, vers. 17, il donne à entendre qu'il ne rendra plus aucun culte aux faux dieux. Dans ce même sens le prophète Osée, chap. xiv, vers. 3, et saint Paul, *Hebr.*, chap. xiii, vers. 15, appellent les louanges et les actions de grâces que nous rendons à Dieu, *une victime*. *Voy.* Sacrifice.

HOMÉLIE. Dans l'origine, ce terme grec a signifié une assemblée; ensuite l'on a désigné par là les exhortations et les sermons que les pasteurs de l'Église faisaient aux fidèles dans les assemblées de religion.

Ce nom, dit M. Fleury, signifie un discours familier, comme le mot latin *sermo*, et l'on nommait ainsi les discours qui se faisaient dans l'église, pour montrer que ce n'étaient pas des harangues et des discours d'apparat, comme ceux des auteurs profanes, mais des entretiens, tels que ceux d'un maître avec ses disciples, ou d'un père avec ses enfants. — Presque toutes les *homélies* des Pères grecs et latins ont été faites par des évêques; nous n'en avons point de saint Clément d'Alexandrie ni de Tertullien, parce que, dans les premiers siècles, ce n'était pas l'usage de faire prêcher de simples prêtres; si on le permit à Origène, duquel nous avons les *homélies*, ce fut par un privilège et une distinction particulière. Au iv° siècle, saint Jean Chrysostome; au v°, saint Augustin, ont aussi prêché avant d'être élevés à l'épiscopat, à cause des talents supérieurs qu'on leur connaissait.

Photius distingue une *homélie* d'avec un sermon, en ce que la première se faisait familièrement par les pasteurs, qui interrogeaient le peuple et qui en étaient interrogés, comme dans une conférence, au lieu que les sermons se faisaient en chaire, à la manière des anciens orateurs.

En général, les protestants ont témoigné très-peu d'estime pour les *homélies* des Pères; ils disent que ce sont des discours faits sans ordre et sans méthode, des leçons de morale vagues et superficielles, dont aucune n'est approfondie, dont plusieurs sont outrées et fausses. Malheureusement les incrédules ont fait ces mêmes reproches contre les Évangiles et contre tous les écrits du Nouveau Testament. Les protestants auraient dû prévoir cette application et la prévenir. Lorsque leurs prédicateurs auront fait pratiquer plus de vertus et de bonnes œuvres que les Pères, nous leur pardonnerons de se croire meilleurs moralistes. *Voy.* Morale.

Mosheim, parlant des efforts que fit Charlemagne pour ranimer dans l'Occident l'étude de la religion, le blâme de deux choses, 1° d'avoir confirmé l'usage dans lequel on était déjà de ne lire au peuple que les morceaux détachés de l'Écriture sainte, que l'on nomme *les épîtres et les évangiles*; 2° d'avoir fait compiler les *homélies* des Pères, afin que les prêtres ignorants pussent les apprendre par cœur et les réciter au peuple, usage qui contribua, dit Mosheim, à entretenir l'ignorance et la paresse d'un *clergé* très-indigne de porter ce nom.

Cependant ce critique est forcé de convenir que, vu l'état des choses au viii° siècle, les soins de Charlemagne étaient aussi utiles que nécessaires, et que ce fut contre son intention, s'ils ne produisirent pas plus de fruit. *Hist. ecclés.*, viii° siècle, ii° part., c. 3°, § 5. En effet, que pouvait faire de mieux Charlemagne, pour tirer les esprits de la léthargie dans laquelle ils étaient plongés? Il est faux que les efforts de ce prince n'aient abouti qu'à augmenter l'ignorance et la paresse; le contraire est prouvé par le nombre d'hommes instruits qui parurent au ix° siècle, immédiatement après la mort de Charlemagne. Mosheim lui-même a cité Amalaire, évêque de Trèves; Raban-Maur, archevêque de Mayence; Agobard, archevêque de Lyon; Hilduin, abbé de Saint-Denis; Eginhard, abbé de Selingstad; Claude de Turin; Fréculphe, évêque de Lisieux; Servatus Lupus; Florus, diacre de Lyon; Christian Druthmard, Gotescalc, Paschase Radbert, Bertramne ou Ratramne, moine de Corbie; Haymon, évêque d'Halberstat; Walafride Strabon, Hincmar, archevêque de Reims; Jean Scot Érigène, Remi Bertaire, Adon, Aimon Héric, Réginon, abbé de Prum. On n'en avait pas vu autant au viii° siècle.

Il pouvait y ajouter saint Benoît, abbé d'Aniane en Languedoc; Amolon et Leidrade, archevêques de Lyon; Jessé, évêque d'Amiens; Dungale, moine de Saint-Denis; Jonas, évêque d'Orléans; Hatton ou Aiton, évêque de Bâle; Sédulius, Hibernois; Tégan, chorévêque de Trèves; Ansegise, abbé de Saint-Vandrille; Hilduin, abbé de Saint-Denis, Odom, abbé de Corbie et évêque de Beauvais; Énée, évêque de Paris; Angelone, moine de Luxeuil; Pierre de Sicile, Usuard et Abbon, moines de Saint-Germain des Prés, etc. Plusieurs des papes qui occupèrent le saint-siége pendant ce siècle, ont prouvé par leurs lettres qu'ils possédaient les sciences ecclésiastiques. Il n'est donc pas vrai que les moyens employés par Charlemagne pour ranimer l'étude des sciences aient été infructueux.

HOMME, nature humaine (1). C'est aux

---

(1) Les philosophes définissent l'homme un animal raisonnable, *animal rationale*. Saint Augustin en donne une plus haute idée par cette définition: *Intelligentia corpore terreno et mortali utens*.

philosophes de nous peindre l'*homme* tel qu'il peut se connaître lui-même par le sentiment intérieur et par la réflexion ; le devoir d'un théologien est de l'envisager selon les idées que nous en donne la révélation. Elle le représente, non-seulement comme le plus parfait des êtres animés, mais comme le roi de la nature, pour lequel toutes choses ont été faites (1).

Dieu avait tiré du néant le ciel et les astres, la terre, les plantes et les animaux, lorsqu'il dit : *Faisons l'*HOMME *à notre image et à notre ressemblance, pour qu'il préside à l'univers.* Après avoir donné l'être à un homme et à une femme, il les bénit et leur dit : *Croissez, multipliez, remplissez la terre de votre postérité, soumettez à vos lois tout ce qui respire, tout est fait pour vous,* (*Gen.* I, 26). Les autres écrivains sacrés ont tenu le même langage. Le Psalmiste, pénétré d'admiration et de reconnaissance envers le Créateur, s'écrie : *Qu'est-ce donc que l'*HOMME*, Seigneur, pour que vous vous occupiez de lui ? Un faible mortel peut-il être ainsi l'objet de vos soins ? Peu s'en faut que vous ne l'ayez fait égal aux anges ; vous l'avez élevé au plus haut degré de gloire et de dignité ; vous l'avez rendu maître de tous vos ouvrages ; tous les êtres vivants sont soumis à son empire et destinés à son usage* (*Ps.* VIII, 5). On dira peut-être que l'Ecriture sainte parle souvent de l'*homme* bien différemment ; le Psalmiste lui-même dit ailleurs que l'*homme* n'est qu'un peu de poussière, qu'il est aussi fragile et aussi passager qu'une fleur, que le souffle dont il est animé s'exhale et ne revient plus, *ps.* CII, v. 14. Les plaintes et les gémissements de Job, sur la malheureuse destinée de l'*homme*, ne sont guère propres à nous persuader que nous sommes dans la nature des êtres fort importants, *Job,* c. III, v. 3, etc.

Mais ce n'est pas le plus ou le moins de durée de l'*homme* sur la terre qui constitue la dignité de sa nature ; de quoi lui servirait de vivre ici-bas plus longtemps, puisque ce n'est pas sur la terre qu'il peut trouver le vrai bonheur ? Il lui en faut un plus parfait et plus durable : il est créé pour Dieu et pour l'éternité. C'est donc, comme le dit Pascal, la misère même de l'*homme* qui prouve sa grandeur ; il sent cette misère, il la connaît, il en espère la fin et une meilleure vie après celle-ci, il est le seul de tous les êtres qui soit instruit de sa destinée future. C'était aussi la consolation de Job ; il attendait son dernier jour comme le mercenaire attend le salaire de son travail, c. XIV, v. 6.

Faute d'avoir eu cette connaissance, les anciens philosophes ont dégradé l'*homme*,

(1) Il est de foi que l'homme est une créature composée d'un corps et d'une âme unique, libre, immortelle, qui ne préexiste pas avant la créature qu'elle doit animer. (*Conc. Later.* IV, v ; *Constantinopolitanum* II, IV ; *Tridentinum*, sess. VI, canon 4.) Chacune des propriétés de l'âme ayant un article particulier, nous ne nous étendons pas davantage.

et les modernes, qui ne croient plus en Dieu, n'en ont pas une idée plus favorable ; ils ne veulent avouer ni que l'*homme* est créé à l'image de Dieu, ni que les autres êtres sont faits pour lui, ni qu'il est d'une nature supérieure à celle des animaux ; quelques-uns ont poussé la misanthropie jusqu'à soutenir que ces derniers ont été mieux traités que lui par la nature.

Sur le premier chef, il faut que ces profonds raisonneurs n'aient jamais senti qu'ils ont une âme ; pour nous, qui le sentons, nous pensons différemment. En effet, le domaine qu'exerce notre âme sur la portion de matière qui lui est unie, nous peint, en quelque manière, l'action toute-puissante du moteur de l'univers. La multitude, la variété, la rapidité des idées de notre âme, la fidélité de sa mémoire, ses pressentiments de l'avenir, semblent la rapprocher de l'intelligence infinie qui embrasse d'un coup d'œil tous les temps, tous les lieux, toutes les révolutions des créatures. La force qu'a notre âme de régler ses volontés, de réprimer ses désirs, de calmer les mouvements tumultueux des passions, imite du moins faiblement l'empire que Dieu exerce sur tous les êtres. Les regards qu'elle jette continuellement sur l'avenir, l'étendue de ses espérances, le sentiment profond d'immortalité dont elle ne peut se dépouiller, sont les signes par lesquels Dieu l'avertit qu'elle doit participer par grâce à l'éternité qui appartient à lui seul par nature. L'Ecriture ne nous trompe donc point, lorsqu'elle nous dit que nous sommes créés à l'image de Dieu (1).

Parmi les païens, quelques-uns se sont élevés jusqu'à penser que l'*homme* était fait à l'image des *dieux* ; au lieu, disent-ils, que les animaux ont la tête courbée vers la terre, l'*homme* a le visage tourné vers le ciel : il semble regarder d'avance le séjour qui lui est destiné. Cette pensée était sublime, mais bien dégradée par l'idée que les païens avaient de leurs dieux ; ils n'avaient aucune certitude du sort futur de l'*homme*, ils n'ont pas su tirer de leur réflexion même les conséquences morales qui s'ensuivaient naturellement. La révélation seule a confirmé notre foi et en a développé les conséquences. Elle nous apprend, à la vérité, que l'image de Dieu a été défigurée en nous par le péché ; mais elle nous enseigne aussi que Dieu a daigné la rétablir et y ajouter de nouveaux traits. Par l'incarnation du Fils de Dieu, la nature humaine a été substantiellement unie à la Divinité ; l'*homme* racheté est devenu par grâce enfant de Dieu, plus parfaitement qu'il ne l'était en vertu de la création. *Voyez*, dit saint Jean, *quel amour nous a témoigné notre Père en nous donnant le nom et la qualité d'enfants de Dieu...... Nous sommes certains que quand*

(1) Il est établi au mot ADAM, que l'homme a été créé dans un état de justice. Au mot NATURE (état de) nous examinerons si l'homme aurait pu être créé dans cet état.

il se sera montré à nous, nous lui serons semblables, parce que nous le verrons tel qu'il est. Quiconque a cette espérance se sanctifie, comme il est saint lui-même. (I Joan. III, 1).

Aussi les Pères de l'Eglise se sont appliqués à l'envi à exalter la nouvelle dignité à laquelle Dieu a élevé l'homme par l'incarnation, et à lui inspirer un noble orgueil. « Reconnaissez, ô chrétien ! dit saint Léon, votre dignité ; et devenu participant de la nature divine, ne vous avilissez plus par des vices indignes de votre caractère, souvenez-vous de quel chef et de quel corps vous êtes membre. N'oubliez pas qu'affranchi de la puissance des ténèbres, vous êtes éclairé de la lumière de Dieu, et destiné à son royaume. Par le baptême, vous êtes devenu le temple du Saint-Esprit ; n'éloignez pas de vous, par le péché, un hôte aussi auguste, et ne vous remettez plus sous l'esclavage du démon. Le prix de votre rédemption est le sang de Jésus-Christ, il vous a racheté par sa miséricorde, il vous jugera dans sa justice. » Serm. 1, de Nat. Domini.

En second lieu, disent les incrédules, il est faux que Dieu ait destiné les autres créatures aux besoins de l'homme, puisque l'usage que l'homme en fait, est souvent arbitraire, superflu et déréglé. Dieu a-t-il créé les animaux pour satisfaire la voracité de l'homme, pendant qu'il peut se nourrir de végétaux ; ou les chevaux sont-ils faits pour lui servir de monture, parce qu'il ne veut pas aller à pied ? Les loups mangent les moutons aussi bien que l'homme; il ne s'ensuit pas cependant que Dieu a créé les moutons pour les loups. Les caprices et la sensualité de l'homme ne peuvent pas être une preuve de la sagesse ni de la bonté de Dieu. — Réponse. Nous convenons qu'il faut distinguer les besoins réels et indispensables de l'homme, d'avec ses besoins factices et ses goûts arbitraires. Puisque Dieu l'a créé avec un besoin absolu d'aliments, il serait absurde de penser qu'il ne lui en a destiné aucun, et puisqu'il lui a donné la faculté de se nourrir de différentes espèces d'aliments, il s'ensuit que Dieu les lui a destinés, à moins qu'il n'y ait mis une exception. Il y a des climats où la terre ne produit rien, où par conséquent l'on ne peut pas vivre de végétaux. Dieu n'a cependant pas défendu à l'homme d'aller habiter ces climats ; donc il ne lui a pas défendu non plus d'y vivre de la chair des animaux ou des poissons. Une preuve au contraire que Dieu a voulu que toutes les parties du globe fussent habitées par des hommes, c'est qu'il n'y en a aucune dans laquelle l'homme ne puisse trouver quelque espèce de nourriture. En produisant des animaux voraces qui ne peuvent pas vivre de végétaux, Dieu a voulu sans doute qu'ils subsistassent de la chair des autres espèces.

Comme l'homme est un être libre, susceptible de goûts arbitraires et de besoins factices, il peut, outre le nécessaire, se procurer des superfluités, abuser même des bienfaits de la nature. Cet abus, que Dieu a prévu, ne l'a point empêché de pourvoir abondamment à tous les besoins réels. Parce qu'il nous a donné plus que le nécessaire, il ne s'ensuit point que ce nécessaire ne nous est pas destiné. La libéralité de Dieu envers l'homme, excessive si l'on veut, n'est pas un motif de révoquer en doute sa sagesse et sa bonté. Il a suffisamment pourvu à l'ordre ; l'abus, quand il y en a, vient de l'homme seul. Ce n'est donc pas sans raison que le Psalmiste dit au Seigneur : Vous avez mis sous la puissance de l'HOMME les animaux domestiques et ceux des campagnes, les oiseaux du ciel et les poissons de la mer (Ps. VIII, 8).

Les incrédules ne veulent point encore en convenir, parce qu'il y a des animaux féroces et redoutables à l'homme. Nous avons répondu à cette objection au mot ANIMAUX.

Mais dans quels travers la philosophie n'a-t-elle pas donné ? Pline, qui ne croyait ni Dieu, ni providence, a entrepris de prouver que l'homme naissant est le plus faible, le plus stupide, le plus malheureux de tous les animaux ; le tableau qu'il a fait de nos misères est de main de maître. Mais quoi s'ensuit-il ? Quatre grandes vérités que cet habile naturaliste n'a pas su en conclure : 1° que l'homme n'est pas destiné à vivre seul, mais en société : il a besoin de tout apprendre ; mais ceux qui l'ont mis au monde sont disposés à lui tout enseigner : seul, il est très-faible ; mais aidé par ses semblables, il se rend maître de la nature : il souffre d'abord ; mais la pitié qu'il inspire aux autres lui assure leur secours : voilà trois liens de société. Rien de tout cela ne se voit chez les animaux. 2° Il s'ensuit que l'homme n'agit pas seulement par instinct comme les animaux, mais par raison, par réflexion, par expérience ; ses connaissances et son industrie peuvent augmenter sans cesse ; les leurs demeurent à peu près au même point où elles étaient lorsqu'ils sont nés. Perfectionner sa raison est un plaisir que l'homme seul peut goûter. 3° Que l'homme est libre ; c'est pour cela même qu'il peut abuser de ses facultés, les tourner à sa perte et à son malheur. Il est sujet à des passions ; mais puisqu'il est le maître de lui-même, il ne tient qu'à lui de les réprimer. Alors il goûte les consolations de la vertu, dont les animaux sont incapables. 4° Il s'ensuit que notre bonheur n'est pas en ce monde, et que nous devons espérer une autre vie ; ainsi ce que Pline appelle la superstition, la perspective du tombeau, le désir d'exister encore au delà, que ce philosophe nous reproche comme des travers attachés à la seule nature humaine, sont justement ce qui nous instruit de notre destinée future, et nous prouve que nous ne mourons point tout entiers comme les animaux.

Voilà comme la philosophie a déraisonné sur la nature de l'homme, lorsqu'elle n'a pas été éclairée par la révélation, et c'est ainsi que rêvent encore les philosophes modernes lorsqu'ils ferment les yeux à cette lumière, plus criminels en cela que les anciens qui ne la connaissaient pas. Aussi quel fruit en ont-ils tiré dans tous les temps? Une noire mélancolie, la misanthropie, un dégoût mortel de la vie, une stupide admiration du suicide. — Quand on leur demande : D'où l'*homme* est-il venu ? a-t-il toujours existé ? a-t-il été produit dans le temps ?, a-t-il changé et changera-t-il encore ? Ces grands génies sont forcés d'avouer qu'ils n'en savent rien, qu'il n'est pas donné à l'*homme* de connaître son origine, de pénétrer dans l'essence des choses, et de remonter aux premiers principes. Puisque la philosophie est aveugle et muette sur toutes ces questions si intéressantes pour nous, nous ne pouvons mieux faire que de nous en tenir à la révélation. [*Voy.* HUMAINE (unité de l'espèce.)]

HOMMES (BONS). *Voy.* BON.

HOMMES D'INTELLIGENCE, nom que prenaient certains hérétiques qui parurent en Flandre et surtout à Bruxelles, en 1411. Ils eurent pour chefs Guillaume de Hildernissen, carme allemand, et Gilles le Chantre, homme séculier et ignorant. Ces deux sectaires prétendaient être honorés de visions célestes et d'un secours particulier de Dieu pour entendre l'Ecriture sainte; ils annonçaient une nouvelle révélation plus complète et plus parfaite que celle de Jésus-Christ. La loi ancienne, disaient-ils, a été le règne du Père ; l'Evangile, le règne du Fils ; une nouvelle loi sera l'ouvrage et le règne du Saint-Esprit, sous lequel les *hommes* jouiront de la liberté. Ils soutenaient que la résurrection avait été accomplie dans la personne de Jésus, et qu'il n'y en avait point d'autre ; que l'*homme* intérieur n'était point souillé par ses actions extérieures, de quelque nature qu'elles fussent ; que les peines de l'enfer finiraient un jour, et que, non-seulement tous les hommes, mais encore les démons, seraient sauvés. On présume que cette secte était une branche de celle des béghards, qui avaient fait du bruit quelque temps auparavant.

Mosheim, qui en parle, *Hist. ecclésiast.*, xv° siècle, II° partie, c. 5, § 4, sait bon gré à ces *hommes* prétendus *intelligents* d'avoir enseigné, 1° qu'on ne peut obtenir la vie éternelle que par les mérites de Jésus-Christ, et que les bonnes œuvres toutes seules ne suffisent pas pour être sauvé ; 2° que Jésus-Christ seul, et non les prêtres, a le pouvoir d'absoudre des péchés ; 3° que les pénitences et les mortifications volontaires ne sont point nécessaires au salut. Il trouve fort étrange que Pierre d'Ailly, évêque de Cambrai, ait condamné ces propositions comme hérétiques.

Mais ce protestant, suivant la méthode de tous ses semblables, nous en impose par des équivoques. Jamais Pierre d'Ailly, ni aucun docteur catholique, n'a enseigné que les bonnes œuvres *seules* et indépendamment des mérites de Jésus-Christ suffisent pour nous sauver. Tous ont toujours enseigné, contre les pélagiens, qu'aucune bonne œuvre ne peut être méritoire pour le salut, qu'autant qu'elle est faite par la grâce, et que la grâce est le fruit des mérites de Jésus-Christ ; en second lieu, que le pouvoir d'absoudre des péchés est le pouvoir de Jésus-Christ, et que c'est lui-même qui l'exerce par le ministère des prêtres ; il est donc encore absurde de vouloir séparer le pouvoir des prêtres d'avec celui de Jésus-Christ. Quant au troisième chef condamné par Pierre d'Ailly, nous soutenons encore contre les protestants que c'est une hérésie formelle. *Voy.* PÉNITENCE, SATISFACTION.

Il suffit de comparer ces propositions touchant les pénitences volontaires et les bonnes œuvres, avec ce que disaient les prétendus *intelligents*, que l'*homme* intérieur n'est point souillé par les actions extérieures, de quelque nature qu'elles soient, pour comprendre à quel excès de dépravation cette morale pouvait porter ses sectateurs. Et puisqu'au xv° siècle il s'est trouvé des hommes assez corrompus pour l'enseigner, on ne doit pas trouver étrange qu'il y en ait eu aussi dans les premiers siècles, et que les Pères de l'Eglise aient reproché les mêmes maximes aux gnostiques. A la honte des protestants, une des sectes sorties de leur sein soutient encore cette pernicieuse doctrine. Mosheim, xvII° siècle, sect. 2, part. II, c. 2, § 23.

Le carme Guillaume fut obligé de se rétracter à Bruxelles, à Cambrai et à Saint-Quentin, où il avait semé ses erreurs, et sa secte se dissipa.

HOMME DE LA CINQUIÈME MONARCHIE. Sous le règne de Cromwel, en Angleterre, on vit paraître dans ce royaume une secte de fanatiques turbulents, qui prétendaient que Jésus-Christ allait descendre sur la terre pour y établir un nouveau royaume, et qui en conséquence de cette vision travaillaient à renverser le gouvernement et à mettre tout en confusion. Ils se fondaient sur la prophétie de Daniel, qui annonce qu'après la destruction des quatre monarchies, arrivera le royaume du Très-Haut et de ses saints, *Daniel*, c. VII. Ces insensés furent nommés pour cette raison, *Hommes de la cinquième monarchie*. Mosheim, xvII° siècle, sect. 2, II° part., c. 2, § 22.

HOMME (Vieil), expression fréquente dans les écrits de saint Paul. *Ephes.*, c. IV, v. 22 ; *Colos.*, c. III, v. 9 ; il exhorte les fidèles à se dépouiller du *vieil homme*, c'est-à-dire à renoncer aux erreurs et aux vices auxquels ils étaient sujets avant leur conversion, et à se revêtir de l'*homme nouveau*, ou des vertus dont Jésus-Christ nous a donné les préceptes et l'exemple. *Rom.*, c. VI, v. 6, il dit que notre *vieil homme* a été attaché à la croix avec Jésus-Christ, et il répète la même chose en d'autres termes, en disant que ceux qui sont à Jésus-Christ ont crucifié leur chair avec ses vices et ses convoitises. *Galat.*, c. v, v. 24.

HOMICIDE ou MEURTRE, crime de celui qui ôte la vie à son semblable, sans autorité légitime. Il est remarquable que le premier crime commis par un des enfants d'Adam, fut un *homicide*. Pour nous en faire sentir l'énormité, Dieu prononça contre

Caïn, meurtrier de son frère, cette sentence terrible : *La voix du sang de ton frère s'élève de la terre et crie vengeance contre toi.* Caïn lui-même sent qu'il a mérité la mort ; il tremble sur les suites de son forfait. *Genes.*, c. IV, v. 10. Après le déluge, Dieu parlant aux enfants de Noé, défend de nouveau l'*homicide*, parce que l'homme est fait à l'image de Dieu ; il déclare que le sang d'un meurtrier sera versé, pour expier celui qu'il aura répandu lui-même, c. IX, v. 6. Cette prédiction s'est accomplie dans tous les temps et dans tous les lieux ; un principe d'équité naturelle a fait comprendre à tous les peuples que la peine du talion est juste dans cette circonstance.

Mais s'il était vrai, comme le prétendent les matérialistes, que l'homme n'est qu'un peu de matière organisée, et qu'il ne tient à ses semblables que par le besoin, il n'y aurait point alors d'autre loi ni d'autre droit que celui du plus fort ; on ne voit pas pourquoi celui qui en tuerait un autre dans un moment de colère serait plus coupable que celui qui tue un animal. — Dieu défend encore l'*homicide* dans la loi qu'il donna aux Israélites par le ministère de Moïse. On comprend que par la même loi Dieu a interdit toute espèce de violence capable de blesser le prochain dans sa personne, de lui ôter la santé ou les forces, de lui causer de la douleur, et il s'en est clairement expliqué dans plusieurs autres lois qu'il fit ajouter au décalogue. Enfin Jésus-Christ ne s'est pas borné à renouveler la même loi, mais il a défendu la colère et la vengeance : c'était le seul moyen de prévenir la violence et le *meurtre* parmi les hommes. *Matth.*, c. V, v. 21. Aussi ce crime est infiniment plus commun parmi les peuples infidèles, que chez les nations chrétiennes. Jésus-Christ, en instituant le baptême, l'Église, en établissant les obsèques et les honneurs funèbres, ont travaillé plus efficacement à mettre en sûreté la vie des hommes, que les législateurs en prononçant des peines afflictives contre les meurtriers. La naissance d'un homme et sa mort sont deux événements dont la publicité ne peut être trop bien constatée : sur ce point essentiel la religion est d'accord avec la plus saine politique.

Pour nous faire méconnaître ce bienfait, les incrédules de notre siècle ont exagéré le nombre des *homicides* et des massacres commis par motif de religion, depuis le commencement du monde jusqu'à nous, surtout chez les juifs et chez les chrétiens, et ils ont osé avancer que cette frénésie n'avait pas eu lieu chez les autres peuples du monde.

Nous croyons avoir démontré dans un autre ouvrage la fausseté de cette objection dans toutes ses parties. *Traité hist. et dogmat. de la vraie Religion*, III⁰ part., c. 8, art. 4, § 17 et suiv. Nous y avons prouvé, 1° que le calcul des *meurtres* dressé par nos adversaires est faux, et qu'il est exagéré de plus de moitié ; 2° que dans la plupart des guerres, des tumultes, des violences auxquels les peuples se sont livrés, la religion n'est entrée que comme prétexte ; que les vraies causes ont été les passions humaines, la jalousie, l'ambition, les haines nationales, le ressentiment, l'esprit d'indépendance ; et plusieurs incrédules ont eu la bonne foi d'en convenir ; 3° qu'il n'est presque aucune nation sous le ciel à qui l'on ne puisse faire le même reproche ; et nous avons cité l'exemple des Assyriens, des Perses, des Syriens, des Grecs, des Romains, des Gaulois, des Germains, des Arabes mahométans ; l'on pourrait y ajouter les Tartares ; 4° qu'en accordant même pour quelques moments aux incrédules toutes leurs suppositions et leurs calculs, quelque faux qu'ils soient, il est encore évident que les motifs de religion, et la charité qu'elle inspire, ont conservé plus d'hommes que ne put jamais en détruire le faux zèle de religion. C'est une injustice absurde et malicieuse d'attribuer à la religion les crimes qu'elle défend, et de ne lui tenir aucun compte du bien qu'elle commande et fait pratiquer. Le détail des preuves que nous avons alléguées serait trop long pour être placé ici.

Chez la plupart des nations anciennes, même les mieux policées, l'avortement volontaire, le *meurtre* des enfants mal conformés, la liberté générale d'exposer tous les enfants, les combats de gladiateurs pour amuser le peuple, le *meurtre* des esclaves ou la cruauté de les laisser périr, n'étaient point regardés comme des crimes. Ce n'est point la philosophie, mais le christianisme qui a corrigé ces désordres destructeurs de l'humanité. Quand viendra-t-il à bout de déraciner la frénésie qui maintient parmi nous les combats particuliers malgré les lois ? Un faux point d'honneur peut-il donc effacer la note d'infamie attachée à l'*homicide* ? Un militaire est-il au moins obligé à être chrétien qu'à être homme d'honneur ? La religion sut adoucir autrefois la férocité des Barbares ; aujourd'hui elle ne vient pas à bout de rendre raisonnable une nation policée. Les incrédules reprochent à la religion son impuissance ; mais leur philosophie n'est pas plus efficace, et les lois civiles n'opèrent pas davantage. Pour que la religion réforme les hommes, il faut qu'ils commencent par y croire.

HOMINICOLES, nom que les apollinaristes ont donné autrefois aux orthodoxes. Comme ceux-ci soutenaient que Jésus-Christ est Homme-Dieu, au lieu que les sectateurs d'Apollinaire prétendaient que le Verbe divin n'a pas pris un corps et une âme semblables aux nôtres ; ceux-ci accusaient les premiers d'adorer un homme, et les appelaient *hominicoles*. *Voy.* APOLLINARISTES.

HOMOOUSIENS, HOMOOUSIASTES. Les ariens nommèrent ainsi par mépris les catholiques qui soutenaient que le Fils de Dieu est *homoousios*, ou consubstantiel à son Père. *Voy.* CONSUBSTANTIEL. Hunéric, roi des Vandales, qui était arien, adressa un rescrit à tous les évêques *homoousiens*, et quelques incrédules modernes ont affecté de répéter ce nom. Les ariens appelèrent encore les orthodoxes *homuncionates*, parce qu'ils admettaient deux natures en Jésus-Christ, savoir, la divinité et l'humanité. D'autre part, les sectateurs de Photin furent nommés *humuncionistes*, parce qu'ils disaient que Jésus-Christ était un pur homme. Enfin l'on donna le nom d'*homuncionistes* à des hérétiques qui soutenaient que Dieu, en créant l'homme, avait imprimé son image non à l'âme, mais au corps.

HONORAIRE DES MINISTRES DE L'ÉGLISE. Voy. Casuel.

* HONORIUS. On a fait peser une très-grave accusation sur le pape Honorius : on dit qu'il fut excommunié par le v° concile général pour avoir enseigné l'hérésie. Grégoire XVI répond ainsi à cette grave accusation. « Si les paroles du v° concile, loin d'être contraires, sont bien plutôt favorables à l'infaillibilité du pape, nos adversaires ne peuvent pas tirer plus d'avantage du fait d'Honorius, par lequel ils se flattent d'assurer leur triomphe. Je n'entreprendrai pas de le leur ravir, en disant avec Bellarmin et Baronius que les actes du sixième concile ont été falsifiés par Théodore de Constantinople, qui en aurait effacé son propre nom pour insérer à la place celui d'Honorius ; je ne dirai pas avec les mêmes savants et avec Tannier, Decan, Petau et plusieurs autres, que ce concile a pu se tromper sur le fait (a) ; enfin je ne dirai pas non plus qu'Honorius fut, à la vérité, condamné comme hérétique formel, mais seulement en sa qualité de docteur particulier (b). Je dirai uniquement qu'Honorius fut excommunié non comme hérétique formel, mais comme hérétique indirect, c'est-à-dire pour avoir, par le silence qu'il avait commandé, favorisé l'impie monothélisme. En expliquant ainsi ce trait de l'histoire ecclésiastique, je dois échapper au reproche et de ne faire que des distinctions chimériques et ridicules, comme Guadagnini en accuse Bolgeni, et de ne suivre que les auteurs d'un parti ; je n'invoquerai que des auteurs qui ne peuvent être suspects de partialité pour le saint-siége. Tel est Natalis Alexander, qui, après avoir émis et motivé cette opinion, continue ainsi : *Concludemus itaque Honorium a sancta synodo damnatum non fuisse ut hæret.cum, sed ut hæreseos et hæreticorum fautorem, utque reum negligentiæ in illis coercendis* (Sæc. VIII, dis. II; prop. 3). Tel est le Pseudo-Bossuet, qui réfute ainsi Bellarmin et Baronius : *Quid autem iniqui est in decreto synodali? Nempe inquiunt* (les deux cardinaux) *: Honorius non erat monothelita. Quid tum postea? quasi hæretici tantum, ac non etiam hæreticorum fautores defensoresque damnentur* (*Defensio*, etc., t. II, p. 3, l. VII, c. 26). Tel est l'Herminier, qui répond à ses adversaires avec la distinction suivante : *Concilii Patres Honorium damnaverunt ut hæreticum conniventia et patrocinio, concedo; dogmate et scientia, nego* (*De Incarn.*

(a) C'est à tort que les novateurs vont chercher dans Bellarmin et Baronius un appui à leurs maximes de la faillibilité de l'Eglise dans les faits doctrinaux : car ces théologiens et historiographes n'y voient que la suite d'une *fausse information*, et non le résultat d'un examen exact et juridique.

(b) Il est prouvé que les lettres d'Honorius n'étaient pas des lettres dogmatiques, 1° parce que dans ces lettres il ne décide rien d'une manière précise et directe ni contre l'hérésie, ni contre la foi ; il ne fait autre chose qu'imposer silence aux parties, ce qui est déclarer qu'il ne veut rien décider ; au lieu que dans les décisions dogmatiques et positives, on détermine spécialement le point à croire ; 2° parce qu'elles ne sont pas adressées à toute l'Eglise ; 3° parce qu'il ne les marqua pas véritablement du sceau de son autorité ; il n'y apposa pas sa signature, mais seulement à l'ecthèse ; 4° enfin parce que ce ne fut que quarante années après, c'est-à-dire au temps du concile, qu'on les vit sortir des archives de l'Eglise de Constantinople.

App. de Honorii sent.) ; il cite, à ce sujet, les témoignages des Pères et des écrivains contemporains, qui ne lui reprochent pas d'autre faute, et qui étaient bien mieux à portée de connaître la véritable pensée du concile. En effet, si Honorius eût été excommunié comme hérétique formel, Léon II, qui confirma ce concile, n'aurait pas motivé l'excommunication comme il suit : *Quia flammam hæretici dogmatis non, ut decuit apostolicam auctoritatem, incipientem exstinxit, sed negligendo confovit* (*Epist. ad episcopos Hisp.*). Remarquez encore ces mots, *apostolicam auctoritatem*, au lieu de *apostolicam sedem* ; il ne dit pas *sedem*, ce qui pourrait s'entendre de la doctrine, qui seule est l'objet de l'infaillibilité, mais *auctoritatem*, parce que, oubliant l'autorité absolue qu'il avait de réprimer les hérétiques, il se laissa lâchement et indignement intimider par eux et par les violences de l'empereur qui les protégeait, au point de leur accorder ce qu'ils désiraient, le silence sur la question d'une ou de deux opérations en Jésus-Christ. D'ailleurs, s'il n'en avait pas été ainsi, comment Léon aurait-il osé écrire à Constantin Pogonat, en présence même du concile et tout en le confirmant, qu'Honorius fut condamné uniquement, parce que *hanc apostolicam Ecclesiam non apostolicæ traditionis doctrina illustravit, sed profana prædicatione immaculatam maculari* PERMISIT ?

« Mais, dira-t-on, à quoi peuvent servir tous ces témoignages contre l'évidence des paroles du concile? Ils ne montrent que la pensée des autres, mais non celle de ce même concile. Honorius y est condamné de la même manière que les hérésiarques et sans distinction ; s'il y a identité de peine, il y a donc identité de délit. Il n'y a pas de distinction ? Voyons-le. Et d'abord observons qu'il y a des auteurs contemporains ou postérieurs de peu de temps, qui n'ont pu ignorer la véritable intention des Pères, et qui, sans être contredits par ceux-ci, attestent ou supposent qu'ils n'eurent pas réellement l'intention de déclarer ce Pape hérétique formel ; dans notre cas, il suffit donc que la formule de la condamnation n'exclue pas cette distinction ; nous aurons bien plus d'avantage encore, si elle semble l'exiger. Or, il en est ainsi. L'empereur lui-même, qui dans son édit placé à la suite de la huitième action, n'oppose rien à la lettre que Léon lui avait écrite, distingue Honorius des autres hérétiques : *Ad hæc et Honorium, horum hæreseos in omnibus fautorem, concursorem et confirmatorem.* Le concile fait la même distinction ; car, après avoir condamné les auteurs et les défenseurs formels de l'hérésie, il excommunie le pape en particulier et sans le confondre avec les autres : *Anathematizari præcipimus et Honorium, eo quod invenimus, per scripta quæ ab eo facta sunt ad Sergium, quia in omnibus ejus mentem secutus est, et impia dogmata confirmavit* (*Act.*, XIII). Ainsi l'empereur l'accuse d'avoir favorisé le monothélisme, d'y avoir coopéré, de l'avoir confirmé ; et le concile l'anathématise en particulier, en motivant l'excommunication sur ce que, dans sa lettre à Sergius, *in omnibus ejus mentem secutus est* ; ce qui veut dire, parce qu'il se prêta à ses avances, à ses vues, à ses intentions, quoiqu'il n'en sût pas le but, le mystère de l'hérésie ayant été couvert des apparences d'un zèle orthodoxe, et parce qu'il confirma ses doctrines impies par le silence qu'il avait imposé. Repoussera-t-on cette explication ? Et pourquoi donc le concile ajoute-t-il : *et impia dogmata confirmavit?* Si, en déclarant qu'il avait suivi en tout la pensée de Sergius, on avait voulu dire qu'il avait embrassé ses hérésies, il était inutile d'ajouter qu'il confirma ses dogmes impies. Celui qui embrasse l'hérésie, la confirme par le fait ; mais il peut arriver que, par une conduite imprudente, on la *confirme* indirectement, sans erreur dans l'esprit, et par conséquent sans l'embrasser. Par conséquent sur quel fondement prétendrait-on que le concile ait condamné ce pape comme hérétique formel? Les novateurs auraient besoin de l'expliquer ainsi, tout à la fois pour prouver que le concile était bien éloigné de croire le pape infaillible, et pour établir par cet exemple le système erroné de la faillibilité de l'Eglise dans les faits doctrinaux. Mais l'impossibilité d'y réussir est déjà démontrée, sans qu'il soit besoin de rappeler encore la profession de foi que les papes nouvellement élus faisaient en présence de l'Eglise, et où ils excommuniaient *auctores novi hæretici dogmatis*, etc., *una cum Honorio, qui pravis eorum assertionibus silentium impendit.* D'ailleurs si nos adversaires prétendent que le mot d'hérétique doive toujours se prendre dans un sens rigoureux et signifier celui qui est coupable d'une hérésie formelle, nous leur rappellerons Théognis et Eusèbe de Nicomédie dans le concile de Nicée, Théodoret et Jean, etc., dans celui de Chalcédoine, cités par Bolgeni; et ils devront reconnaître qu'on appelle généralement de ce nom ceux qui fomentent et ne combattent pas ouvertement l'hérésie (a). » (Grégoire XVI, *Triomphe du saint-siége et de l'Eglise.* Dans les *Démonstrations Evangéliques*, tom. XVI, édit. Migne.)

HOPITAL, maison destinée à recevoir les pauvres et les malades, et dans laquelle on leur fournit par charité les secours spirituels et temporels. On l'appelle aussi *Hôtel-Dieu* et *Maison-Dieu.* Comme ces établissements sont l'ouvrage de la charité et de la religion, il doit nous être permis d'en prendre la défense contre la censure très-peu réfléchie de nos philosophes politiques.

Dès les premiers siècles du christianisme,

(a) Ici je ne puis m'empêcher d'être surpris de la malice de Guadagnini. Le célèbre Bolgeni prouve que l'Eglise est dans l'usage d'appeler aussi hérétiques les fauteurs de l'hérésie et de les condamner à la même peine que les hérétiques formels: (*Fatti domm. c.* 4, *prop.* 6), et c'est ainsi qu'il explique la condamnation d'Honorius comme hérétique (n. 53). Il fut condamné, dit-il, « parce qu'en imposant comme il le fit le silence sur la question alors agitée, et en défendant d'enseigner un seul ou deux opérations, il favorisa beaucoup l'hérésie, » et il établit que telle fut exclusivement la pensée du concile. Or, qui ne voit que, dans cette hypothèse, l'infaillibilité du pape est à couvert, aussi bien que celle de l'Eglise dans les faits dogmatiques, et qu'on peut, sans attaquer le concile, soutenir que les lettres d'Honorius sont de la plus grande orthodoxie? Et cependant voici comment Guadagnini, soit qu'il ne comprenne pas la doctrine de cet auteur, soit qu'il l'altère à dessein pour la combattre, s'exprime à son sujet; il en rapporte d'abord les paroles suivantes : « C'est une chose claire et certaine qu'Honorius n'enseigna pas et n'approuva pas l'erreur des monothélites, et même que dans cette lettre il fait une profession très-claire du dogme catholique. » Guadagnini ajoute: « Veut-il (Bolgeni) se faire hérétique? qu'il cesse donc de vouloir convaincre d'hérésie celui qui ne croit pas l'Eglise infaillible sur le fait, et qui se contente de croire à son infaillibilité sur le droit. » Voilà donc son raisonnement: Bolgeni appelle hérétique celui qui ne condamne pas ou qui tient pour catholiques les écrits déclarés hérétiques par l'Eglise; or, il défend les écrits d'Honorius condamnés comme hérétiques par le sixième concile : donc il se déclare lui-même hérétique. Ne veut-il pas l'être? Qu'il confesse donc qu'il suffit de reconnaître l'infaillibilité de l'Eglise sur le dogme. Se peut-il une plus bizarre sottise? Déjà Bolgeni avait prévenu cet argument, en réduisant à ceci tout son raisonnement: Ceux-là sont hérétiques qui soutiennent des écrits condamnés comme formellement hérétiques, je l'accorde; comme indirectement hérétiques, je le nie; or les lettres d'Honorius furent condamnées comme *indirectement* hérétiques, je l'accorde; comme *formellement* hérétiques, je le nie: et voilà déjouée la monstrueuse attaque dirigée contre un écrivain qui a si bien mérité de l'Eglise. Cela montre de plus en plus quelle foi méritent nos adversaires dans les interprétations des Pères. Le concile doit nous venons de parler a dit une chose décisive contre eux : *Hæreticorum proprium esse, circumtruncatas Patrum voces deflorare.* En effet, ce sont tous de nouveaux Macaires.

dit l'abbé Fleury, une partie considérable des biens de l'Eglise fut appliquée à fonder et entretenir des *hôpitaux* pour les différentes espèces de misérables. La politique des Grecs et des Romains allait bien à bannir la fainéantise et les mendiants valides; mais on ne voit point chez eux d'ordre public pour prendre soin des misérables qui ne pouvaient rendre aucun service. On croyait qu'il valait mieux les laisser mourir de faim que de les entretenir inutiles et souffrants, et s'il leur restait un peu de courage, ils se tuaient bientôt eux-mêmes. Les chrétiens, ayant principalement en vue le salut des âmes, n'en négligeaient aucune, et les hommes les plus abandonnés étaient ceux qu'ils jugeaient les plus dignes de leurs soins. Ils nourrissaient non-seulement leurs pauvres, mais encore ceux des païens. Julien d'Apostat en était confus, il aurait voulu qu'à leur imitation l'on établît des *hôpitaux* et des contributions pour les pauvres; mais une charité uniquement fondée sur la politique n'a jamais produit de grands effets. — Aussitôt que l'Eglise fut libre, on bâtit différentes maisons de charité, et on leur donnait différents noms, suivant les différentes sortes de pauvres. La maison où l'on nourrissait les petits enfants à la mamelle, exposés ou autres, se nommait *brephotrophium*; celle des orphelins, *orphanotrophium. Nosocomium* était l'*hôpital* des malades, *xenodochium* le logement des étrangers; c'était là proprement l'hôpital ou la maison d'hospitalité. *Gerontocomium* était la retraite des vieillards, *ptochotrophium* était l'asile général pour toutes sortes de pauvres. Bientôt il y eut de ces maisons de charité dans toutes les grandes villes. « Les évêques, dit saint Epiphane, *Hæres.* 75, n° 1, par charité pour les étrangers, ont coutume d'établir ces sortes de maisons, dans lesquelles ils placent les estropiés et les malades, et leur fournissent la subsistance autant qu'ils le peuvent. » Ordinairement c'était un prêtre qui en avait l'intendance, comme à Alexandrie saint Isidore sous le patriarche Théophile, à Constantinople saint Zotique et ensuite saint Samson. Il y avait de riches particuliers qui entretenaient des *hôpitaux* à leurs dépens, et qui y servaient eux-mêmes les pauvres, comme saint Pammachius à Porto, et saint Gallican à Ostie. Les saints évêques n'épargnaient rien pour ces sortes de dépenses; ils avaient soin de faire donner la sépulture aux pauvres, et de racheter les captifs qui avaient été pris par les Barbares, comme il arrivait souvent dans la chute de l'empire romain. Ils vendaient jusqu'aux vases sacrés pour ces aumônes; ainsi en agirent saint Exupère de Toulouse, et saint Paulin de Nole. Ils rachetaient aussi des esclaves servant dans l'empire, surtout lorsqu'ils étaient chrétiens, et que leurs maîtres étaient juifs ou païens. *Mœurs des Chrét.*, § 51.

Si l'on ne voit point d'*hôpitaux* établis en France dans les commencements de la monarchie, c'est qu'alors les évêques prenaient le soin des pauvres et des malades. Il leur était ordonné par plusieurs conciles de visiter les prisonniers, les pauvres, les lépreux; de leur fournir des vivres et les moyens de subsister. Dès le commencement de l'Eglise, la maison épiscopale avait été l'asile des pauvres, des veuves, des orphelins, des malades, des pèlerins ou étrangers; le soin de les recevoir, de leur laver les pieds, de les servir à table, fut toujours une des principales occupations des ecclésiastiques, et à proprement parler, les monastères étaient ordinairement des *hôpitaux*, où tous les pauvres étaient accueillis et soulagés. Dans les temps malheureux qui suivirent la chute de la maison de Charlemagne, les pauvres furent à peu près abandonnés. Comment auraient-ils été secourus par les clercs, qui avaient eux-mêmes tant de peine à subsister? Où aurait-on trouvé des aumônes dans un temps où l'on voyait des famines si horribles, que l'on mangeait de la chair humaine? Le commerce n'était pas libre, pour suppléer à la disette d'un pays par l'abondance d'un autre. A peine les églises avaient-elles des vases sacrés; alors les conciles défendirent aux prêtres de se servir de calices de verre, de corne, de bois ou de cuivre, et ils permirent d'en avoir d'étain. Ce n'est pas qu'il ne restât de grands patrimoines aux églises; mais ils étaient la proie des princes et des seigneurs qui avaient toujours les armes à la main. Souvent ces petits tyrans s'emparaient des évêchés par la force, ou ils y établissaient à main armée un de leurs enfants en bas âge. Il a donc fallu attendre des temps plus heureux pour fonder de nouveaux *hôpitaux* et pour rétablir les anciens. Les maladies contagieuses qui ont régné pendant le XIII° et le XIV° siècle, rendirent ces asiles absolument nécessaires; aujourd'hui des raisonneurs gauches et sans réflexion jugent qu'ils sont devenus pernicieux. Si pendant la peste noire de l'an 1348, il n'y avait point eu d'Hôtel-Dieu à Paris, que seraient devenus les pauvres malades? il fallait en enterrer jusqu'à cinq cents par jour.

On pose pour principe qu'il serait plus utile de prévenir la misère et de diminuer le nombre des pauvres que de leur préparer des asiles. Cela serait plus utile, sans doute, si la chose était possible; les spéculateurs devraient donc commencer par indiquer les moyens d'opérer ce prodige. Un très-grand nombre d'hommes sont nés avec peu d'intelligence, d'activité, d'industrie; ils ne sont capables que de travaux très-peu lucratifs, parce qu'à la honte de nos mœurs les talents les plus frivoles sont les mieux récompensés. Quelles connaissances peuvent avoir des hommes livrés à eux-mêmes dès l'enfance, qui n'ont été occupés qu'à la garde des troupeaux et à la conduite des animaux? Dès que le travail journalier vient à leur manquer, dès qu'une maladie leur survient, ils sont réduits à la misère. D'autres, excédés de fatigue, vieillissent et sont infirmes avant d'être avancés en âge; plusieurs sont nés paresseux, sans courage et sans prévoyance. Ces derniers sont coupables, sans doute; mais enfin ce sont des hommes : ils ont été disgraciés par la nature; ils ne méritent pas pour cela d'être traités comme les forçats condamnés pour des crimes, ni comme les Romains traitaient leurs esclaves vieux et malades; ils les reléguaient dans une île du Tibre, et les y laissaient mourir de faim.

On dit que le travail et l'économie doivent procurer à l'homme des ressources pour l'avenir. Cela peut se faire lorsque son travail est assez lucratif pour lui fournir la subsistance et des épargnes; mais lorsqu'il lui procure à peine une nourriture grossière, qu'il a cependant une famille à élever, des parents vieux et infirmes à soulager, quelles ressources peut-il se ménager pour l'avenir? L'inaction forcée pendant quelques jours, un accident, une maladie, suffisent pour tout absorber. On ajoute qu'il faut punir les pauvres paresseux et vigoureux, les employer aux travaux publics. Cela est peut-être praticable dans les villes; mais dans les campagnes il n'y a ni travaux publics, ni officiers de police. Dans les villes même, les gages des surveillants nécessaires pour forcer les paresseux coûteront autant que la nourriture de ces infortunés; lorsqu'ils seront vieux ou malades, où les placera-t-on, s'il n'y a point d'*hôpitaux*? Que deviendrait la multitude d'ouvriers qui, du fond des provinces, viennent travailler à Paris, si, en cas d'accident, il n'y avait pas de maisons de charité prêtes à les recevoir?

Il est très à propos, sans doute, que les *hôpitaux* soient placés hors des villes, que les malades n'y soient pas entassés, qu'ils ne s'infectent point les uns les autres, que les vrais pauvres y soient les mieux traités. Mais lorsque les villes se sont agrandies, ce qui était dehors se trouve dedans, et l'on ne transporte pas un *hôpital* comme une voiture. Quand il survient une épidémie et une augmentation subite de malades, toutes les précautions se trouvent en défaut : c'est encore un moindre mal pour eux d'être mal soignés que d'être absolument abandonnés. Dans les villes fortifiées, on ne peut pas placer hors des murs les *hôpitaux* des soldats de la garnison.

Que l'on censure tant que l'on voudra les abus qui règnent dans l'administration de ces établissements, nous ne nous y opposerons pas; mais un fait qui demeurera toujours incontestable, c'est que les *hôpitaux* les moins riches et les moins nombreux sont toujours les mieux gouvernés; que quand ils sont tenus par des religieux ou par des religieuses, et administrés par charité, ils le sont mieux que par entreprise et par des régisseurs à gages : la police la plus vigilante ne fera jamais ce que fait la charité chrétienne. On vient d'en acquérir une preuve toute récente. Un savant de l'académie des sciences, envoyé par le gouvernement pour examiner les *hôpitaux* d'Angleterre, a dit à son retour : *Il règne une police très-exacte dans ces établissements; mais il y* manque deux choses, nos curés et nos hospitalières.

Quelques spéculateurs ont prétendu que tous les *hôpitaux* devraient ressortir à un bureau général, afin de pouvoir prendre le superflu des uns pour subvenir au nécessaire des autres : Le souverain, disent-ils, doit être le caissier général de ses sujets. Fausse politique. Le gouvernement est trop sage pour l'adopter. 1° Il faudrait savoir d'abord s'il y a quelques *hôpitaux* dans le royaume qui aient du superflu. 2° Il est absurde de vouloir surcharger un gouvernement déjà écrasé par les besoins, par l'inquiétude ambitieuse, par les passions folles de vingt-cinq millions d'hommes. 3° Ce plan est déjà suivi en partie pour les *hôpitaux* militaires, et il est constaté, par des visites authentiques, que ce ne sont pas les mieux administrés. 4° Où placera-t-on le bureau général? Dans la capitale, sans doute. Lorsqu'il surviendra un besoin pressant aux extrémités du royaume, avant que les commissaires soient avertis, qu'ils se soient assemblés, qu'ils aient délibéré et calculé, qu'ils aient fait parvenir des secours où ils sont nécessaires, les malades auront péri. 5° Le gouvernement a beau redoubler de vigilance, former des plans, prendre de sages mesures, il sera toujours trompé et déconcerté par les friponneries des subalternes. Donnez-nous de la religion et des mœurs, toutes les administrations seront pures. — On déclame contre le luxe des bâtiments et contre les dépenses superflues qui se font dans les *hôpitaux* : il peut y en avoir ; mais enfin, malgré tous les abus, les maisons de charité sont encore le sanctuaire de la vertu, l'honneur de la religion et de l'humanité. Dès que l'on supputera combien coûtent les bonnes œuvres, combien l'on gagnerait en les supprimant, tout est perdu. Supprimez les dépenses des spectacles, des plaisirs corrupteurs, des talents frivoles, vous aurez abondamment de quoi entretenir les *hôpitaux*. Mais cette économie n'est pas du goût de nos politiques antichrétiens.

Ce qu'il y a de singulier, c'est qu'en censurant la charité chrétienne, ils nous vantent celle des Turcs ; bientôt peut-être ils nous proposeront pour modèle celle des Indiens, qui ont des *hôpitaux* pour les animaux, et qui n'en ont point pour les hommes. Déjà ils nous citent l'exemple des Anglais, qui pourvoient aux besoins publics par des associations libres. Mais il ne fallait pas dissimuler qu'outre ces associations il y a une taxe très-forte pour les pauvres, que cette contribution est forcée, et qu'elle est devenue insupportable. D'après un état remis au gouvernement d'Angleterre, il est prouvé que la totalité des sommes levées pour le soulagement des pauvres de ce royaume, depuis vingt ans, monte, année commune, à deux millions cent soixante et treize mille livres sterling. La moitié de cette somme serait plus que suffisante pour nourrir tous les vrais pauvres, et le surplus pourrait être appliqué aux dépenses publiques.

Le gouvernement est occupé des moyens de délivrer la nation du fardeau de cette taxe, qui dans certaines paroisses est presque double de celle des terres. *Mercure de France*, 18 *février* 1786 ; *Journal politique*, pag. 122. Voilà ce que les Anglais ont gagné à changer en taxe forcée des aumônes volontaires, et qui pouvaient être de quelque mérite devant Dieu. Aussi ont-ils élevé à Londres un *hôpital* pour les invalides, surtout pour les matelots, et un pour les insensés, et ils en ont pris le modèle chez nous. Des Anglais sensés, qui ont vu celui des Enfants-Trouvés à Paris, ont regretté de n'en pas avoir un semblable.

Il est encore bon d'observer que la plupart des *hôpitaux* de Paris et du royaume ont été fondés, élevés et réglés par des magistrats célèbres par leurs lumières et par leur expérience ; ceux-ci étaient certainement plus en état d'en peser les avantages et les inconvénients, que des hommes qui n'ont rien vu, rien fait, rien gouverné, qui croient réformer l'univers dans leur cabinet, et qui voudraient tout détruire, parce qu'ils ne sont pas assez sages pour rien corriger. — *Si un de vos frères tombe dans la pauvreté*, dit le Seigneur aux Juifs, *vous n'endurcirez point vos cœurs ; mais vous lui tendrez la main et lui donnerez du secours.... Il y aura toujours des pauvres parmi vous ; c'est pourquoi je vous ordonne de les secourir et de les accueillir comme vos frères.* (*Deut.* xv, 7 et 11). *Mon fils, ne refusez point l'aumône au pauvre, ne détournez point de lui vos regards, ne méprisez point sa misère, ne lui rendez point par vos rebuts l'indigence plus amère, ne lui donnez point lieu de vous maudire ; car le Seigneur entendra ses plaintes, il exaucera les vœux que le pauvre formera contre vous* (*Eccli.* iv, 6). Jésus-Christ a renouvelé cette morale : *Faites du bien à ceux même qui ne le méritent pas, afin de ressembler à votre Père céleste, qui fait luire son soleil sur les bons et les méchants, et tomber la rosée sur les justes et les pécheurs* (*Matth.*, viii, 45). Ces leçons valent certainement mieux que les spéculations creuses des philosophes. *Voy.* Aumône.

De tous les *hôpitaux* de l'Europe, l'Hôtel-Dieu de Paris est le plus célèbre par son antiquité, par ses richesses, par son gouvernement, par le nombre des malades. Tout ce que les historiens les plus exacts ont pu recueillir, s'est borné à prouver que cette maison de charité existait avant Charlemagne, par conséquent avant l'an 814. Le huitième concile de Paris, tenu l'an 829, ordonna que la dîme de toutes les terres cédées aux chanoines de Paris par l'évêque Incade, serait donnée à l'*hôpital de Saint-Christophe*, dans lequel les chanoines exerçaient la charité envers les pauvres. L'an 1002, l'évêque de Paris céda aux chanoines tous ses droits sur cet *hôpital*, et cette cession fut confirmée par une bulle du pape Jean XVIII, en 1007. Conséquemment le chapitre de Paris est toujours demeuré en possession de l'administration spirituelle de l'Hôtel-Dieu, dont le gouvernement temporel a changé plusieurs fois.

Le père Hélyot nous apprend qu'en 1217 et 1223 il y avait dans cette maison trente-huit religieux et vingt-cinq religieuses pour la desservir. On ne sait pas précisément en quel temps les religieux ont été supprimés; il n'y a plus aujourd'hui que des religieuses, et cet *hôpital* est desservi *in divinis* par des prêtres, sous l'inspection du chapitre. L'an 1348, pendant la peste noire qui enleva près des deux tiers des habitants de l'Europe, ces vertueuses filles poussèrent la charité envers les malades jusqu'à l'héroïsme. La multitude de celles qui périrent en assistant les pestiférés ne rebuta point le courage des autres, il fallut renouveler plusieurs fois leur communauté; mais elles bravèrent la mort tant que dura la contagion. C'est en 1630 que ces religieuses ont été réformées, et mises dans l'état où elles sont aujourd'hui; elles sont habillées de blanc, avec un voile et un manteau noir; leur nombre est ordinairement de quatre-vingts. *Recherches sur Paris, par M. Jaillot; Histoire des Ordres religieux,* tome III.

Rien n'est certainement plus admirable que la charité et le courage avec lequel ces vertueuses filles soignent les malades les plus infects; dans cette maison, personne n'est refusé ni rebuté; c'est l'asile général de la pauvreté souffrante. On y voit souvent des personnes de la plus haute naissance, qui se cachent aux yeux du monde pour aller partager avec les religieuses les fonctions charitables de leur état. La religion seule peut inspirer cet héroïsme; il n'y en eut jamais d'exemple avant la publication de l'Évangile, ni hors du christianisme.

Pendant l'incendie qui arriva dans cette maison en 1772, l'on ne put voir, sans être édifié et attendri, M. l'archevêque de Paris, le clergé séculier et régulier, les premiers magistrats, accourir pour sauver les malades, et les faire transporter dans l'église cathédrale; le temple du Seigneur devint le refuge des fidèles souffrants, et les actions de grâces de ces malheureux échappés du danger se réunirent aux chants et aux louanges des ministres des autels. *Voy.* HOSPITALIERS, HOSPITALIÈRES.

C'est néanmoins de l'état actuel de cette maison célèbre que l'on part pour décrier les *hôpitaux* en général. On a peint, dans le style le plus énergique, le mal qui en résulte : les malades entassés au nombre de trois ou quatre mille, dont quatre se trouvent souvent réunis dans un même lit, le tourment, l'infection, la contagion, auxquels ils sont exposés, la mort qui entre, pour ainsi dire, en eux par tous les sens. La prétendue charité qui les traite ainsi n'est-elle pas, dit-on, une vraie cruauté? Ne vaudrait-il pas mieux que les malades fussent soignés dans leur famille par leurs parents, leurs amis, leurs voisins : qu'il y eût des bureaux et des dépôts dans toutes les paroisses, etc.?

Que l'on nous permette, à ce sujet, quelques réflexions. 1° Tous ces inconvénients, vrais ou exagérés, viennent évidemment de l'étendue énorme et de la population excessive de la ville de Paris; ils ne peuvent donc avoir lieu ailleurs; ils ne se trouvent point dans le grand *hôpital* de Lyon, quoique le plus nombreux de tous, après l'Hôtel-Dieu de Paris, encore moins dans les autres. Or, il est absurde de juger de tous les *hôpitaux* par les inconvénients d'un seul, et de calomnier la charité de nos pères, parce qu'ils n'ont pas prévu que Paris deviendrait un jour le gouffre de l'espèce humaine. 2° Un très-grand nombre des malades de l'Hôtel-Dieu sont des étrangers, des ouvriers arrivés des provinces, qui n'ont ni famille, ni habitation fixe. Dans la plupart même des petits ménages de Paris, l'homme et la femme gagnent leur vie séparément l'un de l'autre; si l'un tombe malade, l'autre est dans l'impossibilité de le soigner ou de payer une garde. Plusieurs ont à peine un mauvais lit, et des haillons pour se couvrir. S'il n'y a point d'*hôpital*, quelle sera leur ressource? Il en coûtera au moins le double pour les soigner ailleurs, et jamais une paroisse ne se chargera des malades d'une autre. 3° Que l'on multiplie tant qu'on pourra les hospices particuliers, les maisons de charité, les bureaux d'aumônes, etc., rien de mieux; ce sont autant de ressources à la décharge de l'Hôtel-Dieu; mais, quoi que l'on fasse, celui-ci sera toujours d'une nécessité aussi indispensable que les *hôpitaux* militaires dans les villes de garnison. Nous applaudissons sincèrement au projet dont le gouvernement est actuellement occupé, pour pourvoir au meilleur traitement des pauvres malades; mais nous ne faisons aucun cas des diatribes dans lesquelles on prétend démontrer que tous les *hôpitaux* en général sont une institution mal entendue, et que les fondateurs n'avaient pas le sens commun. Rien ne nous paraît plus pitoyable que l'enthousiasme des journalistes et des écrivains qui croient payer avec des phrases le tribu qu'ils doivent à l'humanité, et qui ne voudraient pas retrancher sur leurs plaisirs un écu pour soulager un malade.

* HOPKINSIANS ; l'une de ces mille sectes éphémères que l'anglicanisme a enfantées. Elle tire son nom d'Hopkins, mort en 1803. Cette secte unit l'amour de Dieu l'amour du prochain et l'amour de soi, pour en faire un faisceau qui soit le principe de nos œuvres. — Notre nature déchue nous est plus glorieuse et plus utile que l'état d'innocence, parce que nous avons ainsi obtenu que le Fils de Dieu descendît jusqu'à nous, pour nous élever jusqu'à lui. Quant à la justification, les hopkinsians admettent la Doctrine de Calvin, à l'exception de l'imputation, qu'ils rejettent.

HORLOGE. Il est parlé d'une *horloge* d'Achaz dans l'Écriture sainte. Nous lisons, *IV Reg.* xx, que Ézéchias étant attaqué d'une maladie mortelle, le prophète Isaïe vint lui dire de la part de Dieu : *Mettez ordre à vos affaires, parce que vous mourrez.* Ce prince ayant prié Dieu avec larmes, en lui demandant sa guérison, le prophète retourna incontinent lui dire : *Le Seigneur a exaucé* votre prière, vous guérirez, dans trois jours vous irez au temple. Quel signe en aurai-je? lui repartit le roi. Le voici, dit le prophète. Voulez-vous que l'ombre du soleil avance de dix lignes, ou qu'elle rétrograde d'autant? Faites, dit Ezéchias, qu'elle rétrograde. Alors, à la prière d'Isaïe, Dieu fit rétrograder de dix lignes l'ombre du soleil sur l'horloge d'Achaz. Le même fait est rapporté dans Isaïe, c. XXVIII, v. 1, et dans le II° livre des Paral., c. XXXII, v. 24 et 31.

On demande ce que c'était que cette horloge, ou ce cadran d'Achaz; de quelle manière s'exécuta la rétrogradation de l'ombre du soleil; si ce fut un miracle ou non. Il y a, sur ce sujet, une très-bonne dissertation dans la Bible de Chais, tom. VI, II° part., pag. 1. Il suffira d'en donner un court extrait.

1° Il est constant que les cadrans solaires n'ont été connus à Rome et en Occident que deux cent soixante-deux ans avant Jésus-Christ, par conséquent quatre cent cinquante-deux ans après la date de la maladie d'Ezéchias; que les Grecs n'ont commencé à en faire usage que deux cent quatre-vingt-cinq ans plus tôt, ou cent soixante-sept ans après ce même événement. Mais il n'est pas moins certain que les Babyloniens, appliqués de tout temps à l'astronomie, furent les inventeurs du cadran solaire, qu'ils en usèrent longtemps avant les Grecs, et que ceux-ci l'avaient emprunté d'eux. Hérodote l'assure positivement, l. II, c. 109. Rien n'empêche donc qu'Achaz, roi de Juda, qui était en relation très-étroite avec le roi de Babylone, qui s'était même rendu tributaire de ce monarque, n'ait pu en recevoir un cadran solaire. — 2° De quelle manière ce cadran était-il gradué? En combien de parties partageait-il le jour dans les différentes saisons? Combien valaient les dix degrés, ou les dix lignes sur lesquelles Isaïe fit rétrograder l'ombre? C'est sur quoi il serait difficile d'accorder les savants; on ne peut en raisonner que par conjecture. Celle qui paraît la plus probable est que, comme les Babyloniens avaient divisé le cercle en soixante parties ou soixante degrés, ils avaient partagé de même le cercle que le soleil parcourt en vingt-quatre heures selon notre manière de compter; qu'ainsi dix degrés sur le cadran d'Achaz pouvaient marquer un espace de quatre heures; mais on ne sait point si chacun de ces degrés n'était pas partagé en plusieurs sous-divisions, et alors dix lignes auraient pu marquer moins d'une heure. — Ce qui augmente la difficulté, c'est que les anciens ne divisaient pas, comme nous, le jour et la nuit en vingt-quatre parties égales; le mot heure ne signifiait pas chez eux la même chose que chez nous, et nous ignorons si les heures babyloniennes n'étaient pas inégales, suivant les différentes saisons, comme chez les autres peuples. Quoi qu'il en soit, il n'est pas nécessaire de supposer que les dix lignes du cadran d'Achaz, sur lesquelles l'ombre rétrograda, désignaient un long espace de temps; quand elles auraient marqué seulement un tiers, un quart de nos heures, ou quelque chose de moins, le miracle n'en aurait pas été moins sensible, ni moins frappant pour Ezéchias; et puisqu'il était opéré pour lui seul, il n'est pas certain que l'on s'en soit aperçu ailleurs. — 3° Les incrédules, qui ne veulent admettre aucun miracle, ont insisté beaucoup sur l'impossibilité de celui-ci. Il est impossible, disent-ils, que le soleil, ou la terre, ait pu avoir un mouvement rétrograde, sans déranger la marche des autres corps célestes, sans troubler la nature entière; toutes les nations auraient aperçu ce prodige, et en auraient fait mention dans leurs annales; aucune cependant n'en a parlé, il n'est connu que par l'histoire juive. Mais cette histoire ne dit point que le soleil ou la terre ont eu un mouvement rétrograde; elle dit que l'ombre a rétrogradé sur le cadran d'Achaz. Or, cette rétrogradation a pu se faire sans déranger en aucune manière le mouvement diurne de la terre; il a suffi de donner une inflexion aux rayons du soleil, qui tombaient sur l'aiguille du cadran, pour que l'ombre de cette aiguille se tournât du côté opposé. Dieu a certainement pu le faire, sans qu'il en résultât aucun inconvénient. Mais ce phénomène, offert par le prophète à Ezéchias, accepté par ce roi, et exécuté sur-le-champ, est un miracle incontestable. Quand il y aurait une cause naturelle capable de produire une réfraction considérable des rayons du soleil, cette cause n'a pu se trouver présente à point nommé pour agir à la volonté du roi et du prophète.

HORLOGE, HOROLOGION, livre ecclésiastique des Grecs, qui leur sert de bréviaire, et ainsi nommé, parce qu'il contient l'office des heures canoniales du jour et de la nuit. Comme il leur fallait plusieurs livres différents pour chanter leur office, sous le pape Clément VIII, Arcadius, prêtre grec de l'île de Corfou, qui avait étudié à Rome, recueillit de tous les livres un office complet dans un seul volume, afin qu'il pût leur servir de bréviaire; mais les Grecs l'ont rejeté; il a seulement été adopté par quelques moines grecs, qui ne sont pas éloignés de Rome et qui en dépendent.

HOSANNA. Les Juifs nomment ainsi une prière qu'ils récitent le quatrième jour de la fête des Tabernacles; ce mot hébreu signifie Sauvez-nous, conservez-nous. Le rabbin Elias dit que les Juifs donnent aussi le nom d'hosanna aux branches de saules qu'ils portent à la main pendant cette fête, parce qu'en les agitant de tous côtés ils chantent fréquemment hosanna.

Ceux d'entre les Juifs qui reconnurent Jésus-Christ pour le Messie, et qui le reçurent comme tel lorsqu'il entra à Jérusalem, huit jours avant la pâque, Matth., c. XXI, v. 9. criaient hosanna, conservez ou sauvez le Fils de David. Grotius, dans son commentaire sur ce chapitre, observe que la fête des tabernacles, chez les Juifs, n'était pas seulement destinée à rappeler la mémoire de leur sortie de l'Egypte, mais encore à témoigner l'attente du Messie; que même aujourd'hui, le jour qu'ils portent des rameaux, ils disent qu'ils souhaitent de célébrer cette fête à l'avénement du Messie qu'ils attendent : d'où il conclut que le peuple, en portant des rameaux devant Jésus-Christ, attestait qu'il était véritablement le Messie. R. Simon, *Supplément aux cérémonies des Juifs.*

HOSPITALIERS, nom général donné à tous les religieux qui se consacrent au service des pauvres, des malades, des pèlerins, etc. C'est aussi le nom particulier d'une congrégation établie pour ce sujet en Italie par le pape Innocent III : ces religieux sont habillés de noir comme les prêtres, et ils ont une croix blanche sur leur robe et sur leur manteau. Mais il y a un grand nombre d'autres ordres ou congrégations de ces hommes utiles, comme les frères de la charité, ou religieux de Saint-Jean-de-Dieu, les cellites, les clercs réguliers serviteurs des malades, les frères infirmiers minimes, ou obrégons, les bethléemites, etc. Nous parlerons de la plupart en particulier.

Plusieurs ordres religieux ont été *hospitaliers* dans leur origine, et ont cessé de l'être, comme les chanoines réguliers de Saint-Antoine de Viennois, et ceux du Saint-Esprit; deux instituts supprimés en France depuis peu. Les chevaliers de Malte, devenus un ordre militaire, étaient, dans leur origine, une congrégation d'*hospitaliers*; ils se nommaient *religieux hospitaliers de Saint-Jean-de-Jérusalem*; par conséquent les ordres mêmes qui n'ont pas été fondés pour cet objet pourraient, en cas de besoin, y être employés. En général, les religieux se servent l'un à l'autre d'infirmiers lorsqu'ils sont malades; l'intention de leurs fondateurs a été qu'ils se dévouassent au service du prochain, et la charité est la vertu qu'ils leur ont recommandée avec plus de soin. Dans les temps les plus malheureux, les monastères ont été des *hôpitaux*. La plupart des ordres *hospitaliers* ont été fondés à l'occasion de quelque besoin public urgent et imprévu, auquel les ressources ordinaires ne pouvaient pas suffire, comme une contagion, une maladie cruelle, telle que la peste noire, le feu Saint-Antoine, le mal des ardents, etc. Si, pendant l'espace d'un ou de deux siècles, ces ordres se sont multipliés, c'est qu'alors les temps étaient très-malheureux, et que l'on a reconnu l'importance des services que rendaient ces héros de la charité chrétienne.

Ne nous lassons point de le répéter, la politique, la philosophie, un prétendu zèle de l'humanité, n'ont jamais fait et ne feront jamais ce que la religion a fait faire dans tous les temps, dans les siècles que nous nommons *barbares*, encore plus que dans les âges prétendus éclairés. Les barbares,ques, les Sauvages même, admirent la charité des *hospitaliers*. Ceux de la Nouvelle-France, charmés des bons offices qu'ils avaient reçus des *hospitalières* de Québec et des missionnaires, formaient entre eux le projet d'enlever les robes noires et les filles blanches, et de les transplanter chez eux, meilleurs juges en cela que nos philosophes les plus vantés. Dans les siècles d'ignorance, on ne dissertait pas; on faisait le bien, et il subsiste encore; aujourd'hui on fait des spéculations et des projets, et le résultat est presque toujours de détruire : de quel œil notre siècle sera-t-il envisagé par la postérité?

HOSPITALIÈRES, religieuses qui se sont dévouées au service des malades, des pauvres, des enfants abandonnés, etc. Un philosophe de nos jours, dans un de ces moments de raison qui ne lui étaient pas ordinaires, a dit : « Peut-être n'y a-t-il rien de plus grand sur la terre que le sacrifice que fait un sexe délicat de la beauté, de la jeunesse, souvent de la haute naissance et de la fortune, pour soulager, dans les hôpitaux, ce ramas de toutes les misères humaines, dont la vue est si humiliante pour l'orgueil humain, et si révoltante pour notre délicatesse. Les peuples séparés de la communion romaine n'ont imité qu'imparfaitement une charité si généreuse. » *Essai sur l'Hist. générale*, t. IV, in-8, c. 135.

On est étonné quand on pense à la multitude d'*hospitalières* de toute espèce que renferme la seule ville de Paris. L'hôpital général, ou de la Salpêtrière, l'Hôtel-Dieu, les maisons de la Pitié, de la Miséricorde, de la Providence, les hôpitaux de la Roquette, de Saint-Julien, de Saint-Gervais, de Sainte-Catherine, de la Charité-Notre-Dame, de Saint-Louis, etc., sont soignés par des filles. Il faut y ajouter les services que rendent, dans les différents quartiers, les Sœurs grises ou Sœurs de la charité, les filles de Saint-Thomas de Villeneuve, les Miramionnes, etc. Dans les autres villes du royaume, il en est de même à proportion. L'on connaît les Filles-Dieu de Rouen, d'Orléans, de Cambrai, les *hospitalières* du Saint-Esprit, de la Charité-de-Notre-Dame, de Saint-Jean-de-Jérusalem, de la Merci, de Saint-Augustin, de Saint-Joseph, de Saint-Charles, de Sainte-Marthe, les Sœurs-noires, les sœurs de la Faille et de la Celle, etc. Nous voudrions pouvoir n'omettre aucun de ces instituts, parce que ce sont autant de trophées érigés à la gloire de la religion chrétienne et catholique. Nous n'avons pas besoin d'un autre signe pour distinguer les vrais disciples de Jésus-Christ d'avec ceux qui en prennent faussement le nom. *L'on connaîtra*, dit-il, *que vous êtes mes disciples, si vous vous aimez les uns les autres* (Joan. XIII, 35). Pour nous faire connaître en quoi consiste l'amour du prochain, il propose la parabole du Samaritain qui prend pitié d'un malheureux blessé, le soigne et lui procure du secours. *Luc.*, c. X, v. 33.

Parmi les *hospitalières*, les unes font des vœux solennels, les autres des vœux simples; plusieurs ne les font que pour un an, quelques-unes n'en font point. Sous divers habits, sous des règles différentes, avec des régimes très-variés, leurs services sont les mêmes. Les protestants, en condamnant très-imprudemment le célibat et les vœux monastiques, ont étouffé le zèle charitable des fidèles de l'un et de l'autre sexe qui se consacrent au service des malheureux. Les personnes mariées ont d'autres obligations à remplir. Elles sont occupées, dit saint Paul, des choses de ce monde et du soin de se plaire l'un à l'autre; les célibataires et les vierges sont occupées de Dieu et de leur sanctification, *I Cor.*, c. VII, v. 35; et ils savent qu'un des moyens les plus sûrs de se sanctifier est de se consacrer au service du prochain.

HOSPITALITÉ, usage de recevoir et de loger les étrangers par motif de charité. Quelques censeurs, peu instruits des mœurs des différents peuples, se sont plaints de ce que l'*hospitalité* n'est plus exercée aujourd'hui comme autrefois : Il est étonnant, disent-ils, que cette vertu ne subsiste plus dans le christianisme, qui commande si étroitement la charité ; ils ont élevé jusqu'aux nues la générosité des anciens à cet égard; et celle de quelques peuples que nous regardons mal à propos comme barbares, puisqu'ils ont plus d'humanité que nous. Quelques observations démontreront l'injustice de cette censure.

1° Les anciens étaient plus sédentaires que nous, ils voyageaient beaucoup moins ; alors les peuples vivaient isolés, presque toujours en inimitié et en guerre contre leurs voisins; ils ne connaissaient pas le commerce, il n'y avait ni routes habituellement fréquentées, ni auberges pour recevoir les voyageurs ; même sous l'empire romain, les voitures publiques n'étaient destinées qu'à ceux qui voyageaient par les ordres et pour le service du souverain. On n'était donc pas dans le cas de recevoir beaucoup de voyageurs, ni d'exercer très-fréquemment l'*hospitalité*. Si elle n'avait pas été pratiquée pour lors, tout étranger aurait été en danger de périr par la faim; c'était donc alors une bonne œuvre absolument nécessaire. Il n'en est pas de même aujourd'hui : pour peu qu'un homme ait de fortune, il peut être aussi commodément en voyage que chez lui. Les Arabes et les autres peuples nomades sont encore *hospitaliers* comme autrefois, parce que la même difficulté de voyager subsiste encore chez eux. Il est bon de leur en faire un mérite ; mais il ne faut pas s'en servir pour déprimer nos mœurs. — 2° L'on suppose mal à propos que l'*hospitalité* n'est plus pratiquée dans le christianisme; les apôtres l'ont recommandée aux ecclésiastiques et aux simples fidèles. *I Tim.*, c. III, v. 2; *Tit.*, c. I, v. 8; *Hebr.*, c. XIII, v. 2; *I Petri*, c. IV, v. 9, etc. Jamais ces leçons n'ont été absolument oubliées. Sans parler des hospices ou hôpitaux, fondés dans plusieurs villes pour recevoir les voyageurs pauvres ou surpris par des besoins imprévus, dans les lieux écartés des grandes routes, où il y a rarement des auberges, il n'est aucun curé de paroisse qui ne se fasse un devoir d'exercer l'*hospitalité* envers un étranger honnête. Elle est exercée dans les monastères éloignés des villes, plusieurs en ont été spécialement chargés par les fondateurs; il n'est aucun voyageur en état de se faire connaître et de répondre de ses actions qui ne trouve un accueil poli, des secours en cas de besoin, avec plus de facilité que chez les anciens peuples. Dans les provinces les plus pauvres, le simple peuple, malgré son indigence, exerce l'*hospitalité* autant qu'il le peut. Si l'on connaissait mieux les mœurs et le caractère des habitants de la campagne, on en aurait meilleure opinion que l'on n'en a communément; partout où il y a du christianisme, la charité règne plus ou moins. Mais les habitants des villes ne connaissent que leurs propres usages ; ils jugent des mœurs du reste de l'univers par celles de leurs concitoyens.

HOSTIE, victime, ce que l'on offre en sacrifice. Ce mot, dérivé de *hostis*, ennemi, nous rappelle en mémoire la barbarie des anciennes mœurs; il nous apprend que tout ennemi pris à la guerre était dévoué à la mort. Il en est encore ainsi parmi les sauvages.

A propos des sacrifices offerts pour apaiser la justice divine, des victimes de propitiation que l'on nommait *hostiæ piaculares*, quelques censeurs ont dit que ce moyen commode de se tranquilliser la conscience, s'est glissé sous toutes sortes de formes dans la plupart des religions. Il faut, du moins, en excepter le christianisme; il nous enseigne que le seul moyen d'obtenir le pardon du péché, et de se tranquilliser la conscience, est une pénitence sincère. Or, celle-ci renferme non-seulement le regret et l'aveu du péché, mais la réparation du tort que l'on a fait, s'il est réparable.

Sans nous informer de ce que les païens ont pensé, ni de ce qu'ils ont fait, nous assurons hardiment que les adorateurs du vrai Dieu, les patriarches, les Juifs, ne se sont jamais persuadé qu'une victime offerte à Dieu, sans regret d'avoir péché, sans avoir la volonté de réparer le mal et de se corriger, fût un moyen d'apaiser la justice divine et de se tranquilliser la conscience. Si jamais les Juifs ont été dans cette erreur, ce n'est pas faute d'avoir été avertis du contraire. Dieu leur déclare, par ses prophètes, qu'il n'agrée ni leurs victimes, ni leurs jeûnes, ni leurs hommages, parce qu'ils ont le cœur pervers. Il leur ordonne de purifier leur âme en renonçant au crime, d'exercer la justice et la charité envers les pauvres, les opprimés, les veuves et les enfants abandonnés, d'être plus humains envers leurs débiteurs et leurs esclaves, de soulager ceux qui souffrent, etc.; alors il promet de leur pardonner. *Isaïe*, c. I, v. 11 et suiv.; c. LVIII, v. 3 et suiv.; c. LIX, v. 2, etc. Il ne s'ensuit pas de là qu'une *hostie*, une victime, un sacrifice de propitiation, fussent inutiles. Celui qui les offrait était censé dire à Dieu : Seigneur, j'ai mérité la mort par mon péché, je l'atteste ainsi en mettant cette victime à ma place; daignez agréer cet aveu public de ma faute, et me pardonner. Ce n'est point là une vaine cérémonie.

Hostie, dans le christianisme, se dit de la personne du Verbe incarné, qui s'est offert lui-même en sacrifice à son Père sur la croix pour les péchés des hommes. Il ne faut pas conclure de là que le pécheur est dispensé de satisfaire lui-même à la justice divine; c'est au contraire de la rédemption même que les apôtres concluent la nécessité d'éviter le péché, et de faire de bonnes œuvres : *Jésus-Christ*, disent-ils aux fidèles, *a souffert pour vous, et vous a donné l'exemple afin que vous suiviez ses traces.....; il a porté sur son corps nos péchés sur la croix, afin que nous mourions au péché, et que nous vivions pour la vertu* (*I Petri*, II, 21 et 24; *Rom.* VI, 11, etc.). Mais nos satisfactions et nos bonnes œuvres ne peuvent avoir aucune valeur qu'en vertu des mérites de Jésus-Christ. Telle est la croyance chrétienne.

Hostie se dit encore du corps et du sang de Jésus-Christ, renfermés sous les apparences du pain et du vin dans l'eucharistie, parce qu'on les offre à Dieu comme une victime dans le saint sacrifice de la messe; ou plutôt, c'est Jésus-Christ lui-même qui continue de s'offrir à son Père par les mains des prêtres, et qui exerce ainsi sur les autels son sacerdoce éternel. Après la consécration, le prêtre élève *l'hostie* et le calice, pour faire adorer au peuple Jésus-Christ présent. *Voy.* Messe. De là on appelle *hostie* le pain destiné à être consacré. Les *hosties* qui servent pour la messe sont plus grandes que celles que l'on réserve pour la communion des fidèles.

Bingham, qui ne laisse échapper aucune occasion de blâmer l'Eglise romaine, dit que ces *hosties* ne sont pas du pain usuel, que l'usage en est très-récent; il pense, comme les Grecs, qu'il est mieux de se servir de pain levé que de pain azyme. *Orig. ecclés.*, t. VI, l. xv, c. 2, §5. Cependant il nous paraît que de la farine de froment, détrempée d'eau et cuite au feu, est véritablement du pain, et que la forme en est indifférente : que les pains soient longs ou ronds, plats ou en boule, épais ou déliés, c'est toujours du pain. *Voy.* Azyme.

Saint Paul a pris le nom d'*hostie* dans un sens figuré, lorsqu'il a dit, *Hebr.*, c. xiii, v. 15 : *Offrons à Dieu, par Jésus-Christ, une hostie continuelle de louanges...; souvenez-vous d'exercer la charité, et de faire part de vos biens aux autres; car c'est par de semblables hosties que l'on se rend Dieu favorable*. Il ne s'ensuit pas de là que quand Jésus-Christ, soit mourant sur la croix, soit offert sur les autels, est appelé *hostie* ou victime, ce soit encore dans un sens figuré, comme le prétendent les sociniens et les protestants. Selon saint Paul, Jésus-Christ a remplacé les *hosties* et les sacrifices de l'ancienne loi en s'offrant et en s'immolant lui-même; il est prêtre, pontife, sacrificateur, dans toute la rigueur du terme. *Hebr.*, c. vii, v. 9, 10. *Voy.* Sacrifice.

Hostie pacifique. On appelait ainsi, dans l'ancienne loi, les sacrifices qui étaient offerts pour remercier Dieu de quelque bienfait, ou pour lui demander de nouvelles grâces. La victime était divisée en trois parts, dont l'une était consumée par le feu sur l'autel, l'autre appartenait aux prêtres; la troisième était mangée par celui ou par ceux qui l'avaient offerte : au lieu que dans les sacrifices d'expiation tout était consumé ou par le feu ou par les prêtres, rien n'était réservé pour celui qui offrait. *Levit.*, c. iii, v. 7, etc. Moïse offrit des *hosties pacifiques*, après que Dieu eut donné la loi aux Israélites. *Exod.*, c. xxiv, v. 5. Mais ce peuple commit une énorme profanation en offrant le même sacrifice au veau d'or; c. xxxii, v. 6. Cette offrande était nommée *sacrifice eucharistique*, lorsqu'elle était destinée à rendre grâces à Dieu.

Comme en hébreu le même terme signifie la paix et la prospérité, plusieurs commentateurs ont appelé les *hosties pacifiques* sacrifices de prospérité.

HOTEL-DIEU. *Voy.* Hôpital.

HUGUES DE SAINT-VICTOR, chanoine régulier et prieur de l'abbaye de Saint-Victor à Paris, a été l'un des théologiens les plus célèbres du xiie siècle; il mourut l'an 1142. Ses ouvrages ont été recueillis et imprimés à Rouen l'an 1648, en 3 vol. in-fol. Le plus estimé est un traité des sacrements. Les auteurs de l'*Histoire de l'Eglise gallicane* ont fait un éloge complet des talents et des vertus de ce pieux chanoine, et ont donné la notice de ses ouvrages, tom. IX, l. xxv, an. 1142.

HUGUENOT. *Voy.* Protestant.

HUILE. Dans l'Ecriture sainte, ce nom est souvent pris dans un sens figuré. Comme l'*huile* sert de nourriture, entre dans les parfums, est employée comme un remède, se répand aisément, pénètre les corps solides, s'allume et donne de la lumière, ces différentes propriétés ont donné lieu à des métaphores. L'*huile* a été regardée comme un symbole de la grâce divine qui s'insinue doucement dans notre âme, la réjouit et la console, guérit ses infirmités, la fortifie, l'éclaire et la fait briller par la vertu.

1° L'*huile* a désigné la fertilité et l'abondance. Dans *Isaïe*, c. v, v. 1, *cornu filius olei* signifie un coin de terre grasse et fertile; au figuré, c'est l'abondance des dons de Dieu : *ps.* xxii, v. 5, vous avez engraissé ma tête d'huile, c'est-à-dire, vous m'avez comblé de vos bienfaits; *ps.* xliv, v. 8, *oleum lætitiæ* est l'abondance des grâces de Dieu et des dons surnaturels. Lorsque le psalmiste dit, *ps* cxl, v. 5, que l'*huile* du pécheur n'engraisse point ma tête, il entend qu'il ne veut avoir aucune part aux biens, à la prospérité, aux plaisirs des pécheurs.

2° Comme les Orientaux ont toujours fait grand usage des essences et des *huiles* odoriférantes, *exhilarare faciem in oleo* (*Ps.* ciii, v. 15,) c'est se parfumer le visage. Dans la joie et dans les autres fêtes, on se parfumait de la tête aux pieds; dans le deuil et dans la tristesse, on s'en abstenait ; de là Isaïe dit, c. LXI, v. 3, *oleum gaudii pro luctu*, pour exprimer la joie qui succède à la tristesse, joie que l'on témoignait toujours par le soin de se parfumer. Dans l'Ecclésiaste, c. IX, v. 8, il est dit : *Que vos habits soient toujours blancs, et que l'*HUILE *ou le parfum ne manque point à votre tête*. On conçoit que l'auteur n'a pas prétendu par là donner un précepte de propreté et de magnificence, mais que son dessein a été de recommander la pureté de l'âme et l'assiduité à donner bon exemple. — Répandre des parfums sur quelqu'un était une marque d'honneur et de respect; on en donnait aux convives que l'on recevait chez soi, on les prodiguait pour les grands; conséquemment une onction d'*huile* parfumée était censée rendre une personne sacrée. Cette action est donc devenue naturellement un symbole de consécration, même pour les choses inanimées. Jacob, pour consacrer une pierre et en faire un autel, y répand de l'*huile*. Gen. c. XXVIII, v. 18 ; c. XXXV, v. 14. Minutius-Félix, c. 3 ; Arnobe, l. I, nous apprennent que la même cérémonie se faisait par les païens; il ne s'ensuit pas de là que ces derniers avaient eu connaissance de l'action de Jacob, et qu'ils avaient intention de l'imiter : un symbole naturel, et qui vient de lui-même dans l'esprit des hommes, a pu avoir lieu chez toutes les nations, dans la vraie et dans les fausses religions, sans que les unes l'aient emprunté des autres. Aussi, dans le style de l'Ecriture sainte, une personne *ointe* est une personne *sacrée*; *huile* a signifié l'onction même et la personne qui l'avait reçue, un roi, un prêtre, un prophète. Isaïe, c. X, v. 27, dit que le joug d'Israël se brisera à l'aspect de l'*huile*, c'est-à-dire par la présence d'un personnage sacré. Le paraphraste chaldéen fait l'application de ces paroles au *Messie*, dont le nom signifie oint ou sacré. Dans *Zacharie*, c. IV, v. 14, *duo filii olei* sont deux prêtres ou deux prophètes.

3° De tout temps l'on s'est servi d'*huile* pour panser les blessures; le baume du Samaritain est connu : conséquemment *Isaïe*, parlant des vices des Israélites, c. I, v. 6, dit que la plaie d'Israël n'a pas été frottée d'*huile*, n'a point reçu de remède. Les disciples de Jésus-Christ oignaient d'*huile* les malades et les guérissaient, *Marc.*, c. VI, v. 13; alors ce n'était pas la vertu naturelle de l'*huile* qui produisait cet effet, mais le pouvoir divin que Jésus-Christ leur avait donné.

4° Le chandelier du tabernacle et du temple était orné de sept lampes dans lesquelles on brûlait de l'*huile*. *Exod.*, c. XXV, v. 6. Jésus-Christ, dans la parabole des dix vierges, désigne les vertus et les bonnes œuvres par l'*huile* d'une lampe. *Matth.*, c. XXV, v. 3 et 4. Dans l'*Apocalypse*, c. XI, v. 4, deux chandeliers, garnis d'*huile*, représentent deux personnages recommandables par l'éclat de leurs vertus.

5° La facilité avec laquelle l'*huile* s'étend et forme des taches, a donné lieu au psalmiste de dire d'un pécheur, que la malédiction pénétrera comme l'*huile* jusqu'à la moelle de ses os. *Ps.* CVIII, v. 18, etc.

Le sens de ces comparaisons et de ces métaphores était plus aisé à saisir chez les Orientaux que chez nous, parce qu'ils faisaient plus d'usage des différentes espèces d'*huile* que nous, qui avons trouvé le moyen d'y suppléer par le beurre, par la cire, par la graisse des animaux. Par la même raison, pour comprendre l'énergie de la plupart des cérémonies de religion, il faut connaître les anciennes mœurs et les coutumes de l'Orient. *Voy.* ONCTION, PARFUM.

HUILE D'ONCTION, parfum que Moïse avait composé pour sacrer les rois et les pontifes, et pour consacrer les vases et les instruments du culte divin, dont les Juifs se servirent dans le tabernacle et ensuite dans le temple. Il est dit dans l'Exode, c. XXX, vers. 23, que ce parfum était composé de myrrhe, de cinnamome, de *calamus aromaticus* et d'*huile* d'olive, le tout mélangé selon l'art des parfumeurs. Dieu ajoute que tout ce qui aura été oint de cette *huile* sera sacré, et que quiconque le touchera sera sanctifié. v. 29. Il fut ordonné aux Israélites de garder précieusement cette *huile* pour les siècles futurs, conséquemment elle fut déposée dans le sanctuaire; mais il était défendu à tout particulier, sous peine de mort, de faire un parfum semblable, et de l'employer à aucun usage profane. v. 32. — Tous les rois ne recevaient pas cette onction, mais seulement le premier d'une famille qui montait sur le trône, et il était ainsi sacré, tant pour lui, que pour tous les successeurs de sa race. Ceux-ci n'en étaient pas moins appelés les *oints du Seigneur*, parce que l'*onction* et la *royauté* étaient censées synonymes. Mais chaque souverain sacrificateur recevait l'onction avant d'entrer dans l'exercice de ses fonctions, et il en était de même du prêtre qui allait tenir sa place à la guerre.

Les vases et les instruments qui furent consacrés avec l'*huile d'onction* furent l'arche d'alliance, l'autel des parfums, la table des pains de proposition, le chandelier d'or, l'autel des holocaustes, le lavoir et les vases qui en dépendaient. Lorsque quelqu'un de ces instruments venait à être détruit, à s'user ou à se perdre, il put être réparé ou remplacé tant que cette *huile d'onction* subsista; mais elle périt dans la destruction du premier temple bâti par Salomon, et manqua dans le second édifié par Zorobabel.

Nous avons vu, dans l'article précédent, que de tout temps l'action de répandre sur quelque chose une *huile* odoriférante, était un symbole de consécration; que ce rite était déjà connu des patriarches : c'était un signe tout aussi naturel de guérison spirituelle, de la grâce divine et de ses opérations dans nos âmes. L'Eglise chrétienne a donc jugé très-sagement qu'il était à propos de conserver ce rit ancien, universel, énergique, auquel les peuples étaient accoutumés, et dont ils ne pouvaient méconnaître la signification : conséquemment elle s'en sert encore dans le baptême, dans la confirmation, dans l'extrême-onction, dans l'ordination, de même que dans plusieurs consécrations de choses inanimées.

HUILE DES CATÉCHUMÈNES, huile consacrée par l'évêque le jeudi saint, de laquelle on fait une onction sur la poitrine et sur les épaules de ceux qui reçoivent le baptême. Saint Cyrille de Jérusalem en parle, *Catéch. mystag.* 2, n. 3; il dit aux fidèles nouvellement baptisés : « Vous avez été oints, de la tête aux pieds, *d'huile exorcisée*, et vous avez participé aux fruits de l'olivier fécond, qui est Jésus-Christ.... Cette *huile* exorcisée est le symbole de la grâce de Jésus-Christ qui vous a été communiquée... Par la prière et par l'invocation de Dieu, cette *huile* acquiert la vertu de purifier les taches du péché, et de chasser les démons. » Saint Ambroise et saint Jean Chrysostome disent que cette onction est comme celle des athlètes qui se préparaient au combat.

Bingham et Daillé ont affecté de remarquer qu'il n'est parlé de cette onction que dans les écrits du IVe siècle, et ils concluent qu'elle n'était pas en usage dans les trois siècles précédents. Nous sommes mieux fondés à conclure le contraire. Les évêques du IVe siècle ne se sont point attribué l'autorité d'instituer sans nécessité de nouvelles cérémonies pour l'administration des sacrements, ils ont seulement pratiqué et enseigné aux fidèles ce qui avait été institué dans les temps apostoliques. Si l'onction des catéchumènes avait été, au IVe siècle, une institution nouvelle, se serait-elle trouvée en usage dans l'Eglise de Jérusalem, dans celle de Constantinople et dans celle de Milan? Aucune église particulière ne s'est arrogé le droit de changer sans raison, ou d'introduire un rite sacramentel; les autres églises ne l'auraient pas adopté. Aucun des Pères des trois premiers siècles ne s'est attaché à décrire les cérémonies chrétiennes; on les cachait au contraire soigneusement aux païens. Le silence des écrivains antérieurs au IVe siècle ne prouve donc rien.

Mais telle est la manie des critiques protestants : lorsqu'ils peuvent soupçonner que l'Eglise catholique a négligé ou changé quelqu'un des anciens rites, ils lui en font un crime, et supposent toujours qu'elle l'a fait sans raison; eux-mêmes ont supprimé, par humeur et sans aucune cause légitime, les rites les plus anciens et les plus respectables, parce qu'ils y voyaient la condamnation de leurs erreurs. Puisque les onctions du baptême sont un symbole de purification, de guérison, de grâce et de force, on n'a donc pas cru, dans les premiers siècles, que le seul effet du baptême fût d'exciter la foi et de nous mettre au nombre des fidèles, comme le prétendaient les sociniens, instruits par les protestants. *Voy.* ONCTION.

HUILE DES MALADES, huile consacrée par l'évêque pour administrer aux malades le sacrement de l'extrême-onction. Il est assez étonnant que Bingham, qui a recherché avec tant de soin dans les origines des rites ecclésiastiques, n'ait rien dit de l'onction des malades; il est à présumer que les paroles de l'apôtre saint Jacques, c. v, v. 14, l'auraient embarrassé. *Voy.* EXTRÊME-ONCTION.

* HUMAINE (UNITÉ DE L'ESPÈCE). La Genèse nous montre à nu l'arbre humanitaire. Elle nous fait voir tous les hommes sortant d'un seul homme. Y a-t-il une idée plus belle et plus propre à lier tous les mortels par les liens du plus tendre amour? Mais, quelque belle, quelque grande que soit une idée, il suffit à certains esprits qu'elle soit inscrite dans nos livres saints pour perdre, je ne dirai pas seulement son caractère de grandeur et de beauté, mais même toute apparence de vérité. Tel a été le sort du dogme de l'unité de l'espèce humaine. — Les différentes espèces d'hommes, les créatures intelligentes trouvées en Amérique lorsqu'on la découvrit, le verset 14 du chap. IV de la Genèse (dont l'auteur n'a pas même su échapper à la contradiction), sont autant de preuves pour les incrédules que l'assertion contenue dans les premières pages de la Genèse est mensongère. Pour combattre nos adversaires nous les suivrons sur le terrain qu'ils nous ont assigné. — Nous examinerons donc si l'unité primitive de l'espèce humaine est démentie, 1° par la diversité des races d'hommes qu'on observe sur le globe; 2° par l'impossibilité que les descendants de Noé aient peuplé l'Amérique; 3° par le verset 14 du chap. IV de la Genèse, où Caïn semble persuadé que les contrées de la terre, séparées du pays où il était alors, étaient habitées par des peuples qui n'appartenaient pas à la race d'Adam.

I. L'unité de l'espèce humaine est-elle démentie par la diversité des races d'hommes qu'on observe sur le globe?

Dieu avait formé l'univers, mais il lui fallait un maître capable d'en contempler la magnificence. Il réfléchit en lui-même, et il créa la plus belle des créatures. Formé sur le plus beau des modèles, l'homme devint l'image de la divinité. Aujourd'hui il n'a plus toute l'harmonie de ses proportions, toute la dignité de la stature, l'expression intelligente de ses traits, l'inspiration de son regard, la majesté de sa parole, en un mot toute la puissance de manifestation qui dut lui être concédée par le Créateur. A quoi faut-il attribuer cette dégradation? Au péché du premier homme. Les altérations intellectuelles et physiques nous sont venues de la première altération morale. Par elle la nature humaine fut déprimée; des penchants vicieux, source des mauvaises mœurs, remplacèrent cette heureuse inclination vers le bien que Adam reçut avec la vie. Par elle la terre changea de nature, elle se couvrit de ronces et d'épines, elle n'offrit à l'homme qu'une nourriture malsaine acquise à la sueur de son front. Par elle le printemps perpétuel fut remplacé par cette variété de température que nous éprouvons. Voilà les causes de la dégradation de l'homme; voilà ce qui explique les divers changements qu'il a éprouvés dans son intelligence et dans son corps.

§ Ier. *De l'influence des mœurs sur la nature de l'homme.* — Telle a été dans tous les temps la conviction de tous les peuples, que les mœurs perfectionnent ou vicient notre nature, suivant qu'elles sont bonnes ou mauvaises. Aussi, lorsque l'artiste veut représenter un esprit céleste, il cherche instinctivement à revêtir une créature aussi élevée dans l'ordre moral, des formes les plus pures et les plus gracieuses de notre ordre physique. Pour représenter l'ange tombé, il ne lui donne pas la forme de l'homme. Comment l'antiquité fabuleuse représente-t-elle les hommes de violence, de rapt et de meurtre? Elle leur donne des proportions monstrueuses et difformes. Ce sont des géants, des cyclopes et même des satyres. Appelons-en à l'expérience. D'où vient l'abâtardissement des plus belles races? N'est-il pas l'effet d'un raffinement de luxe, de mollesse et des vices? D'où vient que le peuple gangrené des capitales n'a que des produits dégénérés sous le triple rapport de la morale, de l'intelligence et de la matière, tandis que des provinces et surtout des montagnes viennent tant d'hommes remarquables de toute manière? C'est que la première dégradation a continué son œuvre; c'est que les mauvaises mœurs, filles du péché originel, dépriment encore notre nature déchue; c'est que souvent cette dégradation se transmet de père en fils. Ne voit-on pas souvent le père léguer à son fils l'infirmité dont il est atteint? Un auteur ose même dire que, s'il nous était donné de sonder tous les secrets, toutes les hontes du lit nuptial, on verrait bien souvent que les enfants ne sont qu'une révélation publique et bien inattendue des vices de leurs pères. — A cette cause si puissante de dégradation de l'espèce humaine, il faut ajouter une autre.

§ II. *Les changements que la terre a reçus par suite du péché originel, et les diverses habitudes que l'homme a été obligé de prendre.* — Pour nous convaincre de leur influence pernicieuse sur la nature humaine, il suffit de consulter l'expérience. A quoi peut-on attribuer la différence dans la forme des habitants de deux villages, dont l'un est placé sur la colline, et l'autre dans la plaine? Pourquoi les enfants des pauvres sont-ils ordinairement plus laids que ceux des riches? Celui qui veut méditer un peu, en trouvera la cause dans la différence de l'air, de la nourriture, des eaux. C'est ce qui est pleinement justifié par les observations que l'on a faites sur certains animaux. Les lièvres des plaines et des endroits aquatiques ont la chair bien plus blanche que ceux des montagnes et des terrains secs; et dans les mêmes lieux ceux qui habitent les prairies sont tout différents de ceux qui demeurent sur les collines. Qu'on transporte des chevaux arabes en France, ils ne se perpétueront pas dans leur espèce, bientôt ils dégénéreront parce qu'ils changeront et de sol et d'habitudes; car les habitudes opèrent aussi sur la forme. Il est des peuples qui recherchent toutes les aisances de la vie. Il en est d'autres dont la vie est, pour ainsi dire, animale. La pierre humide leur sert de chevets, souvent le ciel est le toit qui les couvre. Ils ont ainsi contracté des formes qu'ils n'avaient point. Après les avoir acquises, ils voulurent les retrouver dans leurs descendants. Voilà ce qui explique pourquoi certaines peuplades aplatissent le visage de leurs enfants. Trompés par les apparences, les voyageurs ont attribué à la nature ce qui était l'effet de l'art.

§ III. *Mais, de toutes les causes, celle qui agit le plus fortement sur l'homme, c'est le climat et la température.* — Pour juger sainement de l'effet qu'ils peuvent produire sur l'homme, il faut observer que les peuples, placés sous la même ligne, n'ont pas toujours la même température. La nature du sol, l'étendue des terres, leur plus ou moins grand éloignement des mers, le nombre, la hauteur, la disposition des montagnes la modifient considérablement. Si l'on a égard à cette observation, on reconnaîtra que les hommes, placés sous une température absolument identique, ont la même couleur et à peu près la même forme. C'est ce dont nous convaincra l'examen dans lequel nous allons entrer.

L'effet que le grand froid produit sur la nature végétale, il le produit aussi sur la nature humaine, et de même qu'il resserre, rapetisse et réduit à un moindre volume toutes les productions du sol, ainsi, les Lapons, qui sont exposés à la rigueur du plus grand froid, sont les plus petits de tous les hommes. Cette race lapone se trouve tout le long du cercle polaire, en Europe, en Amérique et en Asie, où elle se nomme Simoïede. Elle occupe une très-longue zone dont la largeur est bornée par l'étendue du climat extrêmement froid, et finit dès qu'on arrive dans un pays un peu plus tempéré. De même qu'on trouve auprès des Lapons d'Europe les Firmois qui sont assez beaux, assez grands, assez bien faits; on trouve auprès des Lapons d'Amérique une espèce d'hommes grands, bien faits, assez blancs, avec les traits du visage fort réguliers.

Le climat le plus tempéré est depuis le 46° degré jusqu'au 56°. C'est aussi sous cette zone que se trouvent les hommes les mieux faits. C'est sous cette zone qu'on doit prendre la vraie couleur naturelle de l'homme. C'est là qu'on doit prendre le modèle de l'unité à laquelle il faut rapporter toutes les autres nuances de couleur et de beauté.

Si nous avançons vers l'équateur, nous trouvons de grands changements : la chaleur excessive dessèche la peau, l'altère, lui donne une couleur basanée, qui peut aller jusqu'au noir foncé suivant le degré de chaleur. — Un fait semble contredire ce que nous avançons, c'est que les Américains placés sous la même ligne que les Africains sont bien moins noirs que ceux-ci; mais il fait bien moins chaud sous la zone torride en Amérique qu'en Afrique. Les vastes mers qui l'environnent, les grands fleuves qui la parcourent, les vastes forêts qui la couvrent, les hautes montagnes qui sont constamment couvertes de neige, rafraîchissent l'air. Au Pérou, le thermomètre ne monte jamais aussi haut qu'en France. Il ne dépasse jamais 25 degrés. Dans les Cordillières, il y a diversité de couleur du blanc au basané, suivant qu'on habite sur les collines ou dans la plaine.

La terre d'Afrique mérite à elle seule un examen particulier, parce qu'à elle seule elle présente une plus grande diversité de couleurs et de forme que dans aucune autre partie du monde, parce que nulle part on ne trouve dans la même zone une température plus variée. Tous les peuples qui sont tout le long de la côte de Barbarie, depuis l'Egypte jusqu'aux îles Canaries, sont plus ou moins basanés, selon que la chaleur est plus ou moins rafraîchie d'un côté par les eaux de la mer, et de l'autre par les neiges de l'Atlas. Au delà de cette montagne la chaleur devient plus grande, et les hommes sont très-bruns, mais ils ne sont pas encore noirs. Au 17° et au 18° degré de latitude nord, on trouve le Sénégal et la Nubie, dont les habitants sont tout à fait noirs. Aussi la chaleur est excessive, le thermomètre monte jusqu'au 40° degré. Du côté du sud la chaleur est considérablement diminuée, d'abord par la hauteur du sol, ensuite parce que l'Afrique va en se rétrécissant, et que par là elle se trouve moins éloignée des vastes mers qui l'environnent. Aussi de ce côté les hommes sont moins noirs. Rien ne me paraît prouver plus clairement que le climat est la principale cause de la variété de couleur dans l'espèce humaine.

On peut, il est vrai, nous objecter que, d'après notre système, les noirs transférés dans un pays froid devraient devenir blancs, de même que les blancs qui vivent au Sénégal devraient devenir noirs; ce qui n'est point confirmé par l'expérience. Nous dirons que pour changer ainsi la couleur du blanc au noir, il a fallu certainement un long espace de temps, peut-être plusieurs siècles. A-t-on fait des expériences semblables pour oser prononcer qu'il y a impossibilité? Un médecin a observé que les enfants des nègres naissent blancs; qu'au cinquième ou sixième jour ils contractent une maladie qui les rend noirs. Cette maladie peut être héréditaire. Si les blancs ne deviennent pas entièrement noirs, ils ne font pas s'en étonner, ils ne s'exposent pas constamment aux rayons du soleil comme les nègres.

Nous en appelons aux faits. « Les naturels de l'Abyssinie sont complètement noirs, et cependant ils appartiennent certainement par leur origine à la famille sémitique, et par conséquent à une race blanche. Leur langue n'est un dialecte de cette classe, et leur nom même indique qu'ils sont venus dans ce pays à travers la mer Rouge. C'est pour cela que dans l'Ecriture le mot *cush* s'applique également à eux et aux habitants de l'autre rive, et qu'ils n'ont ni dans les traits, ni dans la forme du crâne, la moindre ressemblance avec le nègre. Vous pouvez facilement reconnaître, soit par des portraits, soit par des individus vivants, que, excepté la couleur, leur visage est complétement européen. Ici donc un changement a eu lieu, quoique nous ne sachions pas comment.

« Un autre exemple encore plus frappant nous est fourni par l'exact et intelligent voyageur Burckhardt : la ville de Souakin, située sur la côte africaine de la mer Rouge, plus bas que la Mecque, contient une population mixte, formée premièrement de Bédouins et d'Arabes, y compris les descendants des anciens Turcs ; et secondement du peuple de la ville qui est composé soit d'Arabes de la côte opposée, soit de Turcs d'origine moderne (a). Voici la description qu'il fait de ces deux classes : « Les « Hadhérèbes, dit-il en parlant de la première ou Bé« douins de Souakin, ont exactement les mêmes « traits, la même langue, le même costume que les « Bédouins de la Nubie. En général, ils ont les traits « beaux, expressifs, la barbe rare et très-courte. « Leur couleur est du brun le plus foncé, appro« chant du noir : mais ils n'ont rien dans la physio« nomie du caractère nègre (b). » Les autres, qui sont tous descendus des colons venus de Masoul, de Hadramont, etc., et des Turcs envoyés là par Sélim lors de sa conquête de l'Egypte, ont subi le même changement. « La race actuelle a les traits et les « manières des Africains, et ne peut en rien être « distinguée des Hadhérèbes (c). » Nous avons donc ici deux nations distinctes, des Arabes et des Turcs, qui, dans l'espace de peu de siècles, sont devenues noires en Afrique, quoique blanches originairement. « Le capitaine Tuckey, parlant des naturels du Congo, dit qu'ils sont évidemment une nation mélangée, n'ayant point de physionomie nationale, et que plusieurs d'entre eux ressemblent complétement par leurs traits aux Européens méridionaux. On pourrait conjecturer naturellement que cela vient de mariages avec les Portugais, et cependant il y a très peu de mulâtres parmi eux (d). Cette dernière observation renverserait complétement la première conjecture, quand même elle serait admissible sous d'autres rapports, car la physionomie d'une nation entière n'aurait jamais été entièrement changée par un petit nombre de colons. Dans les observations générales sur le voyage du capitaine Tuckey, recueillies par les savants et les officiers qui l'accompagnèrent, nous trouvons que « les traits des Congos, « quoique très-rapprochés de ceux des tribus nè« gres, ne sont ni aussi fortement prononcés ni « aussi noirs que ceux des Africains en général. « Non seulement ils sont représentés comme plus « agréables, mais ils ont aussi un air d'innocence et « de grande simplicité (e). » (Mgr Wiseman, Discours sur l'histoire naturelle de la race humaine, dans les Démonstrations évangéliques, tome XV, édit. Migne.)

Tout concourt donc, dirons-nous avec Buffon, à prouver que le genre humain n'est pas composé d'espèces essentiellement différentes entre elles, qu'au contraire, il n'y a eu originairement qu'une seule espèce d'hommes qui, s'étant multipliée et répandue sur toute la surface du globe, a subi différents changements par l'influence du climat, par la différence de la nourriture, par celle de la manière de vivre,

(a) *Voyages en Nubie*, 2e édit., p. 291.
(b) Pag. 395.
(c) Pag. 391. — Comme les Hadhérèbes n'ont pas, d'après la première citation, la physionomie du nègre, je suppose que par les *traits* nous devons entendre seulement la couleur.
(d) *Narrative of an expedition to explore the river Zaire*. Lond , 1818, pag. 196
(e) Ib.d., pag 374.

par les maladies épidémiques et aussi par le mélange des individus plus ou moins ressemblants. Que d'abord les altérations n'étaient pas si marquées et ne produisaient que des variétés individuelles, qu'elles sont ensuite devenues variété de l'espèce, parce qu'elles sont devenues plus générales, plus sensibles, plus constantes par l'action continue de ces mêmes causes ; qu'elles se sont perpétuées et se perpétuent de générations en générations comme les difformités ou les maladies des pères et des mères passent à leurs enfants ; et enfin, que comme elles n'ont été produites originairement que par le concours de causes accidentelles et extérieures, qu'elles n'ont été rendues constantes et confirmées que par le temps et que par l'action de ces mêmes causes ; il est très-probable qu'elles disparaîtraient peu à peu, ou même qu'elles deviendraient différentes de ce qu'elles sont aujourd'hui, si ces mêmes causes n'existaient plus ou si elles venaient à varier dans d'autres circonstances et par d'autres combinaisons.

II. L'unité de l'espèce humaine est-elle démentie par l'impossibilité que l'Amérique eût été peuplée par les descendants de Noé ?

Au milieu d'une vaste mer où on ne croyait pas qu'il fût de la prudence de s'exposer, on découvrit, il y a ans un grand continent peuplé d'hommes et d'animaux, couvert de plantes. Comment les descendants de Noé et les animaux sortis de l'arche purent-ils pénétrer et se perpétuer sur cette nouvelle terre ? Telle est la première question qu'on se proposa. Les savants se mirent à l'œuvre pour la résoudre ; ils composèrent d'énormes volumes sur ce sujet. Chacun proposa son système. Chacun voulut décider comment et par qui l'Amérique a été peuplée. L'histoire ne fournissant rien de positif, on réalisa les conjectures les plus frivoles. Une simple convenance de nom, de caractère parurent des preuves ; et, sur ces fondements ruineux, on bâtit des systèmes, dont les plus ignorants purent reconnaître le faux. De l'incertitude de la manière dont l'ancien monde a été peuplé on porta l'extravagance jusqu'à se persuader que les Américains ne sont point issus du premier homme, comme si l'ignorance de la manière dont un fait est arrivé devait le faire juger impossible ! Non, il n'y a pas d'impossibilité pour tout homme qui veut examiner la question sans préjugés.

Lorsqu'on découvrit l'Amérique, tout portait à croire que le nouveau monde n'était pas peuplé depuis longtemps. On n'y voyait pas ces traces de haute antiquité et de civilisation élevée que les peuples anciens, qui sont retombés dans la barbarie, ont inscrites sur le sol et sur le papier. En petit nombre, sans monuments remarquables, pour ainsi dire sans histoire, les Américains, parurent des peuples nouveaux. Mais des découvertes récentes ont changé toutes les idées sur ce point. Des monuments, qui jadis dominaient les forêts, portent maintenant des forêts sur leurs combles écroulés. Les tombeaux en pierre ou en briques, les pyramides quadrangulaires, les statues, les sépultures souterraines, les monuments presque grecs de Milta, les monuments à demi-égyptiens de Palenqué, trouvés dans les forêts ; quelle main les a bâtis, creusés, sculptés, gravés ? Le peuple qui a pu élever de semblables ouvrages, a dû vivre à une époque si reculée que, lors de la conquête du Mexique, les peuples de Montézuma qui avaient déjà leur antiquité, avaient totalement perdu la tradition de cette cité (Palenqué) jadis si florissante, et que les nombreux historiens du nouveau monde, soit européens, soit mexicains, pendant près de trois cents ans, n'en soupçonnèrent pas même l'existence. Ces découvertes nouvelles qui sembleraient au premier abord fournir des preuves contre notre doctrine, sont pour l'homme observateur des motifs de croire que les habitants de l'Amérique sont sortis de l'ancien monde. Les monuments ont une analogie entière avec ceux du Gange. Ils ont entre eux un caractère commun et un air de famille.

Mais par quelle voie les descendants de Noé purent-ils pénétrer dans le nouveau monde? Observons que l'art de la navigation était très-avancé chez les anciens peuples. Strabon dit en plusieurs endroits de ses écrits que les habitants de Cadix avaient de grands vaisseaux. Pline se plaint que de son temps la navigation n'était pas aussi parfaite qu'elle l'avait été plusieurs siècles auparavant. Les Phéniciens et les Carthaginois ont eu pendant longtemps la réputation d'habiles et de hardis navigateurs. L'histoire constate que les Chinois ont eu de grandes flottes. On traversait dans l'antiquité des mers très-étendues. On n'a pas été étonné de voir des hommes au Japon et dans d'autres îles plus éloignées, pourquoi le serait-on d'en avoir trouvé en Amérique? Les groupes d'îles, si nombreux dans l'Océanie, formaient des ponts naturels ou des repos, pour arriver des rivages de l'Inde et de la Chine à ceux de l'Amérique. Y a-t-il plus de difficulté de passer des Canaries aux Açores, des Açores au Canada, ou des îles du cap Vert au Brésil que du continent au Japon?

Le nord de l'Europe et de l'Asie présente encore des passages plus faciles. En Asie, le détroit du Kamchatka n'est pas large. En Europe, l'Irlande qui est peuplée depuis très-longtemps est presque contiguë au Groënland, qui est uni à l'Amérique. Je sais qu'on oppose à la voie de la navigation les animaux qu'on trouva en Amérique au moment de sa découverte. Nous pourrions demander à nos adversaires pourquoi ils n'ont pas été étonnés d'en trouver au Japon? Il est un fait constant, c'est que les animaux du Nord font des voyages assez longs sur les mers glacées. Ils ont pu pénétrer par cette voie en Amérique. Il est des auteurs qui prétendent que les deux mondes étaient autrefois au nord de l'Asie. Une irruption de la mer les sépara. De ce que nous venons de dire il n'y a aucune témérité à conclure que tous les hommes sortent d'un seul homme. Si nous n'étions enchaînés par les limites d'un article de dictionnaire, nous comparerions les mœurs, coutumes, religion de quelques peuples de l'ancien monde, avec les mœurs et coutumes des peuples du nouveau. Cet examen jetterait beaucoup de jour sur la question.

III. L'unité de l'espèce est-elle démentie par le verset 14 du chap. iv de la Genèse?

Caïn, chassé de la terre qu'il avait abreuvée du sang de son frère, craint qu'en s'éloignant de sa famille il ne soit mis à mort par les humains. Il croyait donc qu'il existait des hommes qui n'étaient point issus d'Adam, puisque la fuite, loin de l'exposer, éloignait de lui tout danger. Ainsi raisonnent Bayle et ses copistes, après La Péreyre qui développa ce système au milieu du xviie siècle.

Toute la difficulté repose sur la supposition d'un bannissement. Le contexte prouve qu'il n'a jamais existé que dans l'imagination de Bayle. La Genèse nous dit que Caïn sera maudit sur la terre qui a reçu le sang de son frère, qu'elle lui refusera les fruits. Tout consterné, Caïn s'écrie : « Vous me chassez donc, Seigneur, de la face de la terre ; je serai errant et vagabond. Mais ce signe de réprobation n'engagera-t-il pas tous ceux qui me rencontreront à me mettre à mort. » Pour le rassurer Dieu écrivit sur son front qu'il était défendu de le mettre à mort. Mais s'il n'y avait pas de bannissement, de qui pouvait-il craindre les attaques? De qui? D'Adam, qui pourra être animé du désir de venger la mort de son fils chéri. De ses frères qui voyaient en lui le réprouvé. De ses enfants à qui, dit saint Ambroise, il avait enseigné qu'ils pouvaient commettre un parricide.

* HUMANITAIRES. Au lieu d'élever les idées de l'homme vers Dieu, notre siècle cherche à replier l'homme sur lui-même, il devient le centre de toutes les opérations de l'intelligence ; on en fait un dieu. En peut-il être autrement, dirons-nous avec les éditeurs Lefort, après M. Maret, puisque toutes les théories à la mode sur l'être et la vie, la pensée, les développements de l'humanité, le passé, le présent, l'avenir, sont empruntées à des philosophes panthéistes. Le caractère le plus général de cette science, c'est le désir de tout embrasser, de tout expliquer ; mais ces explications n'expliquent rien. Dans cette vaine prétention se trouve cependant le secret de la force apparente, comme la preuve de la faiblesse réelle du panthéisme. Chaque philosophe se croit donc obligé de nous présenter une théorie de l'État, de l'art de l'histoire, de la philosophie, de la religion. Ces grands objets sont envisagés sur la plus vaste échelle ; non plus seulement chez un homme, mais dans l'humanité entière. Ce sont les lois générales des développements de l'humanité que l'on cherche avant tout. De là, les Humanitaires, et le mot, un peu barbare peut-être, d'Humanitarisme (Voy. Progrès).

HUMANITÉ, nature humaine. Voy. Homme.
Humanité de Jésus-Christ ; c'est la nature humaine que le Fils de Dieu a prise en s'incarnant, et avec laquelle il s'est uni substantiellement : or, la nature humaine est un corps et une âme (1).

(1) L'humanité de Jésus-Christ, considérée comme partie de la personne du Verbe, peut devenir l'objet de l'adoration. Voici des propositions condamnées par la bulle *Auctorem fidei* concernant le culte de l'humanité et du cœur de Jésus ; savoir : Prima propositio quæ asserit, adorare directe humanitatem Christi, magis vero aliquam ejus partem, fore semper honorem divinum datum creaturæ : quatenus per hoc verbum directe intendat reprobare adorationis cultum quem fideles dirigunt ad humanitatem Christi, perinde ac si talis adoratio qua humanitas ipsaque caro, sed prout unita divinitati, foret honor divinus impertitus creaturæ, et non potius una eademque adoratio qua Verbum incarnatum cum propria ipsius carne adoraretur ; Censura : *Falsa, captiosa, pio ac debito cultui humanitati Christi a fidelibus præstito ac præstando detrahens et injuriosa.* — Propositio 2. *Doctrina quæ devotionem erga sacratissimum cor Jesu rejicit inter devotiones quas notat velut novas, erroneas aut saltem periculosas, intellecta de hac devotione qualis est ab apostolica sede probata ; Censura : Falsa, temeraria, perniciosa, piarum aurium offensiva, in apostolicam sedem injuriosa.* — Item tertia : *In eo quod cultores cordis Jesu, hoc etiam nomine arguit quod non advertant sanctissimam carnem Christi, aut ejus partem aliquam, aut etiam humanitatem totam cum separatione, aut præcisione a divinitate adorari non posse cultu latriæ : quasi fideles cor Jesu adorarent separatione, vel præcisione a divinitate dum illud adorant ut est cor Jesu, cor nempe personæ Verbi cui inseparabiliter junctum est, ad eum modum, quo exsangue corpus Christi in triduo mortis sine separatione aut præcisione a divinitate adorabile fuit in sepulcro ; Censura : Captiosa, in fideles cordis Christi cultores injuriosa.*

L'adoration du corps de Jésus-Christ dans l'Eucharistie avait été l'objet des attaques des protestants. Le concile de Trente a répondu par ces anathèmes : « Si quelqu'un dit que dans le saint sacrement de l'Eucharistie, Jésus-Christ, Fils unique de Dieu, ne doit pas être adoré d'un culte de latrie, même extérieur, et que, par conséquent, il ne faut pas le vénérer en l'honorant d'une fête particulière et solennelle, ni le porter avec pompe aux proces-

Nestorius ne pouvait souffrir que l'on attribuât au Verbe incarné les infirmités de la nature humaine, ni à Jésus-Christ homme les attributs de la Divinité; il ne voulait pas qu'en parlant de ce divin Sauveur, l'on dît que Dieu est né, a souffert, est mort, etc., qu'il fût appelé *Homme-Dieu* et *Dieu-Homme*, que l'on donnât à Marie le titre de *Mère de Dieu*. Conséquemment il soutint qu'entre le Verbe divin et la nature humaine de Jésus-Christ, il n'y a point d'union hypostatique ou substantielle, mais seulement une union morale; d'où il résultait que le Verbe divin et Jésus-Christ étaient deux personnes très-différentes, que Jésus-Christ n'était pas *Dieu* dans le sens propre et rigoureux. — En voulant combattre cette erreur, Eutychès donna dans l'excès opposé; pour maintenir l'unité de personne, il soutint l'unité de nature : il prétendit qu'en Jésus-Christ la divinité et l'*humanité* étaient tellement unies qu'il en résultait une seule nature individuelle, qui, à proprement parler, n'était plus ni la divinité, ni l'*humanité*, mais un mélange des deux.

L'Église catholique reprouve également ces deux erreurs; elle croit et enseigne que par l'incarnation le Verbe divin, seconde personne de la Sainte-Trinité, s'est uni substantiellement à l'*humanité*, a pris un corps et une âme semblables aux nôtres; qu'il y a donc en lui une seule personne qui est le Verbe, et deux natures, savoir, la divinité et l'*humanité*; conséquemment que Jésus-Christ est Homme-Dieu et Dieu-Homme, que l'on doit lui attribuer toutes les qualités de la divinité et toutes celles de l'*humanité*, à la réserve cependant de celles qui sont incompatibles avec la majesté et la sainteté divine, telles que le péché et ce qui peut y porter, l'ignorance, la concupiscence, les passions, etc.; qu'ainsi Marie est véritablement *Mère de Dieu*. Voy. INCARNATION, EUTYCHIANISME, NESTORIANISME, etc.

HUMANITÉ, amour des hommes. Saint Paul, *Tit.*, c. III, v. 4, dit que par l'incarnation Dieu a fait connaître sa bonté et son amour pour les hommes, φιλανθρωπία, terme que la version latine a rendu par *humanitas*.

L'*humanité*, considérée comme vertu, n'est autre chose dans le fond que la charité universelle étroitement commandée par Jésus-Christ. Lorsqu'il a dit : *Aimez votre prochain comme vous-même : faites aux autres ce que vous voulez qu'ils vous fassent, faites du bien à tous*, etc., il n'a ordonné autre chose que les devoirs de l'*humanité*; mais il les a mieux développés que les philosophes, il en a mieux fait sentir l'étendue, l'importance, les avantages, il a fondé ces devoirs sur des motifs plus sublimes et plus puissants que ceux qu'ils nous proposent : voilà pourquoi ses leçons ont été plus efficaces que les leurs. — S'il était vrai que l'homme n'est qu'un peu de matière organisée, et qu'il ne reste rien de lui après la mort, si l'on ne croyait pas que Dieu nous commande de nous aimer et de nous aider les uns les autres, sur quoi seraient fondés les devoirs d'*humanité*? Sur notre intérêt, répondent les philosophes. Mais combien n'y a-t-il pas d'hommes qui se croient peu intéressés à se faire aimer, qui font très-peu de cas de l'estime et de l'affection de leurs semblables? D'ailleurs celui qui agit contre ses propres intérêts, peut être censé imprudent, mais il n'est pas démontré qu'il soit coupable ou digne de punition.

Les ennemis du christianisme, jaloux des vertus qu'il inspire, suppriment dans leurs écrits le nom de *charité*, pour y substituer celui d'*humanité*; il est à craindre que ce changement ne soit une preuve de l'altération qui s'est faite dans les sentiments. Ce n'est point l'*humanité* philosophique, c'est la charité chrétienne qui a élevé au milieu de nous la multitude d'asiles et de ressources que nous avons pour les pauvres, pour les malades, pour les veuves et les orphelins, pour les enfants abandonnés, pour les vieillards, pour les captifs, pour les insensés, etc. L'*humanité* n'a encore engagé personne à se consacrer pour toute la vie au soulagement des malheureux, à traverser les mers, à braver la mort, pour voler au secours des hommes souffrants, au contraire, elle travaille de son mieux à détruire ce que la charité a édifié en exagérant les défauts et les inconvénients de tout ce qui a été fait. L'*humanité* de notre siècle cherche le grand jour, se fait annoncer dans les nouvelles publiques, élève jusqu'aux nues quelques traits de générosité qui n'ont pas dû coûter de grands efforts : la charité simple et modeste fuit l'éclat et les éloges, agit pour Dieu

---

sions, selon la coutume et le rite louable et universel de la sainte Église, ou qu'il ne faut pas l'exposer au public pour être adoré par le peuple, ou que ses adorateurs sont idolâtres; qu'il soit anathème. Ainsi donc il ne reste aucun lieu de douter que tous les fidèles, selon la coutume reçue de tout temps dans l'Église catholique, ne soient obligés d'honorer le très-saint sacrement du culte de latrie, qui est dû au vrai Dieu. On ne doit pas moins l'adorer pour avoir été institué par Notre-Seigneur Jésus-Christ comme nourriture spirituelle des fidèles, car nous y croyons présent le même Dieu duquel le Père éternel, en l'introduisant dans le monde, a dit : *et que tous les anges de Dieu l'adorent*; le même que les anges se prosternant à terre ont adoré; le même enfin que l'Écriture témoigne avoir été adoré par les apôtres à Galilée. Le saint concile déclare de plus que c'est une coutume très-saintement et très-précieusement introduite dans l'Église de destiner tous les ans un certain jour et une fête particulière pour rendre honneur à cet auguste sacrement, avec une vénération et une solennité particulière, et afin qu'il fût porté avec respect et avec pompe par les rues et sur les places publiques. Il est bien juste qu'il y ait quelques jours de fêtes établis pour que tous les chrétiens puissent, par quelque démonstration particulière, témoigner leur gratitude et leur reconnaissance à leur rédempteur et leur maître commun, pour le bienfait ineffable et tout divin, par lequel sont représentés la victoire et le triomphe de sa mort. Il était nécessaire aussi que la vérité victorieuse triomphât de cette manière du mensonge et de l'hérésie, afin qu'à la vue d'un si grand éclat et au milieu d'une si grande joie de l'Église universelle ses ennemis soient abattus et que, touchés de honte et de confusion, ils viennent enfin à se reconnaître. »
(*Conc. Trid.*, sess. XIII, can. 6, 7, chap. 5.)

seul, ne se vante de rien, craint de perdre par des retours d'amour-propre le mérite de ses bonnes œuvres. Il nous est très-permis de douter si la première nous dédommagerait de la perte de la seconde. Mais Dieu y veille, en dépit des spéculations philosophiques, la charité subsiste et vit encore, puisqu'il se fait encore aujourd'hui beaucoup de bonnes œuvres par pur motif de religion.

Nous n'avons garde de blâmer le bien que fait l'*humanité* ; nous exhortons au contraire ses panégyristes à surpasser, s'ils le peuvent, les œuvres de la charité, nous les supplierons ensuite de se proposer des motifs plus purs, afin que le bien qu'ils feront soit plus durable.

HUMILIÉS, ordre religieux fondé par quelques gentilshommes milanais, au retour de la prison dans laquelle les avait tenus l'empereur Conrad, ou, selon d'autres, Frédéric Ier, l'an 1162. Cet institut commença de s'affermir et de s'étendre dans ce siècle même, principalement dans le Milanais ; les *humiliés* acquirent de si grandes richesses, qu'ils avaient 90 monastères, et n'étaient qu'environ 170 religieux. Ils vivaient dans un extrême relâchement, et avec un tel scandale qu'ils donnèrent au pape Pie V de justes sujets de les supprimer.

Saint Charles Borromée, archevêque de Milan, ayant voulu réformer les *humiliés*, quatre d'entre eux conspirèrent contre sa vie, et l'un des quatre lui tira un coup d'arquebuse dans son palais, pendant qu'il faisait sa prière. Ce saint homme, qui ne fut que légèrement blessé, demanda lui-même au pape la grâce des coupables ; mais Pie V, justement indigné, punit leur attentat par le dernier supplice en 1570, et abolit l'ordre entier, dont il donna les maisons aux Dominicains et aux Cordeliers. Ces sortes d'exemples, assez communs depuis deux siècles, devraient inspirer une crainte salutaire à tous les religieux tentés de se relâcher de leur règle.

Comme il y avait aussi des *religieuses humiliées*, le père Hélyot dit qu'elles ne furent point comprises dans la bulle de suppression, et qu'il y en a encore des monastères en Italie. *Hist. des Ordres relig.*, tom. VI, p. 163.

HUMILITÉ, vertu souvent recommandée dans l'Evangile. *Apprenez de moi*, dit Jésus-Christ, *que je suis doux et humble de cœur, et vous trouverez le repos de vos âmes.* (*Matt.* XI, 29). Saint Paul écrit aux Philippiens : *Ne faites rien par esprit de dispute ni de vaine gloire, mais regardez par* HUMILITÉ *les autres comme supérieurs à vous, ne cherchez point votre intérêt, mais celui des autres* (*Cap.* II, vers. 3). Plusieurs philosophes ont soutenu que cette leçon est impraticable, que l'*humilité* ne peut servir qu'à dégrader l'homme, à étouffer en lui toute énergie et tout désir de se rendre utile à la société.

Une preuve démonstrative du contraire, c'est que les saints ont pratiqué cette morale, et c'est leur *humilité* même qui leur a inspiré le courage de se dévouer tout entiers à l'utilité spirituelle et temporelle de leurs frères ; ils se sont souvenus de ces paroles du Sauveur : *Si quelqu'un veut être le premier, il faut qu'il se rende le dernier et le serviteur de tous* (*Marc.* IX, 34). *Mais celui qui s'humilie ainsi sera élevé* (*Matth.* XXIV, 12). En effet, cette conduite, loin de les dégrader, leur a concilié le respect et l'admiration de tous les siècles. Pour un philosophe, il se croit un être trop important, et il fait trop peu de cas de ses semblables pour s'abaisser jusqu'à les servir. Après avoir pesé au poids son orgueil ce que peuvent valoir leur encens et leurs respects, il n'est pas disposé à sacrifier son repos et ses plaisirs à leurs intérêts. — Lors même qu'un homme se sent des talents et quelques vertus, il ne lui est pas impossible de juger que Dieu peut en avoir donné aux autres autant ou plus qu'à lui, quoiqu'il ne les connaisse pas. Combien de vertus obscures et de talents enfouis, auxquels il n'a manqué que de la culture et une occasion pour éclore ! Dès que les talents et les dons de Dieu, accordés pour l'utilité commune de la société, c'est un dépôt dont nous devons rendre compte, et qui nous impose des devoirs ; ce n'est donc pas un sujet de nous enorgueillir. Des vertus aussi imparfaites et aussi fragiles que les nôtres, desquelles nous pouvons déchoir à chaque instant, doivent encore moins nous donner de vanité. L'humilité est la gardienne des vertus, parce qu'elle nous inspire la vigilance et la défiance de nous-mêmes, qu'elle nous empêche de nous exposer témérairement au danger de pécher, et que Dieu a promis sa grâce aux humbles. *Jac.*, c. IV, v. 6, etc. Ainsi l'Evangile ne se borne point à nous commander l'*humilité* ; il nous en montre les motifs, les effets, la récompense, le modèle, qui est Jésus-Christ.

D'autres ont dit que l'*humilité* étouffe la reconnaissance, qu'elle nous fait méconnaître en nous les dons de Dieu, qu'elle est contraire à la sincérité chrétienne. C'est une erreur. La vertu dont nous parlons ne consiste point à ignorer ce que nous sommes et ce que Dieu nous a donné, mais à reconnaître que le bien ne vient pas de nous, et que nous pouvons en déchoir à tout moment. Jésus-Christ, qui s'est donné lui-même pour exemple de l'humilité, ne pouvait pas ignorer ses perfections divines, et il ne les cachait pas toujours ; il disait aux Juifs : *Qui de vous me convaincra de péché?* Mais il était vraiment humble, en reconnaissant qu'il avait tout reçu de son Père, en rapportant tout à sa gloire, en lui demeurant soumis, en supportant patiemment le mépris et les opprobres pour le salut des hommes.

Saint Paul, formé sur ce divin modèle, était sincèrement humble, sans méconnaître en lui les bienfaits de Dieu. Il se regarde comme le rebut du monde, il consent à être anathème pour ses frères, c'est-à-dire à être un objet d'horreur, pourvu que cela soit utile à leur salut ; mais il sait relever la dignité de son ministère, lorsqu'on veut le déprimer. Il dit : *Ne suis-je pas apôtre? N'ai-je pas vu Notre-Seigneur Jésus-Christ?* etc.

Il déclare qu'il a été ravi au troisième ciel, mais qu'il n'en tire aucun sujet d'orgueil, qu'il ne se glorifie que dans sa faiblesse et dans la croix de Jésus-Christ.

Voilà précisément ce qu'il recommande aux fidèles. Il ne leur ordonne point de se cacher à eux-mêmes ni aux autres les grâces que Dieu leur a faites, mais de lui en attribuer toute la gloire, de ne les faire connaître que quand cela peut édifier, de ne point se préférer aux autres, mais de présumer qu'il y a dans leurs frères des vertus et des grâces qui ne paraissent point. Il veut que chacun sente sa faiblesse, et craigne de s'aveugler sur ses défauts, qu'il consente à être méprisé, si cela est utile au salut des autres.

On pourrait objecter qu'il y a une contradiction, du moins apparente, entre quelques passages de l'Evangile touchant l'*humilité. Matth. c.* vi, v. 1, Jésus-Christ dit : *Gardez-vous de faire vos bonnes œuvres devant les hommes afin d'en être vus, autrement vous n'aurez point de récompense devant votre Père qui est dans le ciel*, etc. Et c. v, v. 16, il dit : *Que votre lumière brille devant les hommes, afin qu'ils voient vos bonnes œuvres, et qu'ils glorifient le Père céleste*. D'un côté, saint Paul exhorte les fidèles à rechercher les humiliations et à s'en réjouir ; de l'autre, il dit : *Gloire, honneur et paix à tout homme qui fait le bien, soit juif, soit gentil. Rom., c.* ii, v. 10. Comment concilier tout cela ? Fort aisément, par les exemples de Jésus-Christ et de saint Paul, que nous avons cités. Il ne faut point faire nos bonnes œuvres *afin d'être vus des hommes*, en recherchant leur estime et leurs éloges comme une récompense ; mais il faut les faire devant eux, sans en rougir, lorsque cela est nécessaire, pour leur donner bon exemple, et pour *les engager à glorifier Dieu*. Ces deux motifs sont très-différents : l'un est vicieux, l'autre est louable. Il ne faut jamais craindre l'humiliation que les hommes corrompus attachent souvent à la pratique de la vertu : il faut, dans cette circonstance, braver leur mépris, mais il n'est jamais permis de faire le mal afin d'en être humilié, parce que ce serait un scandale pour le prochain.

HUSSITES, sectateurs de Jean Hus et de Jérôme de Prague. Ces deux hérétiques furent brûlés vifs au concile de Constance, l'an 1415. Le premier, endoctriné par les livres de Wiclef, enseignait que l'Eglise est la société des justes et des prédestinés, de laquelle les réprouvés et les pécheurs ne font point partie. Il en concluait qu'un pape vicieux n'est plus le vicaire de Jésus-Christ, qu'un évêque et des prêtres qui vivent en état de péché ont perdu tous leurs pouvoirs. Il étendit même cette doctrine jusqu'aux princes et aux rois ; il décida que ceux qui sont vicieux et gouvernent mal sont déchus de leur autorité. Il se fit un grand nombre de disciples dans la Bohême et dans la Moravie. On voit aisément les conséquences de cette doctrine, et de quoi peut être capable un peuple infatué de pareils principes. Dès qu'il s'est établi juge de la conduite de ses supérieurs spirituels et temporels, et qu'elle lui paraît mauvaise, il ne lui reste qu'à se révolter et à prendre les armes pour les exterminer.

Jean Hus n'avait pas poussé d'abord ses erreurs jusqu'à cet excès ; mais comme tous les esprits ardents, après avoir attaqué des abus vrais ou apparents, il combattit ensuite les dogmes auxquels ces abus lui paraissaient attachés. Ainsi, sous prétexte de réprimer les excès auxquels l'autorité des papes, les indulgences, les excommunications donnaient lieu, il s'éleva contre le fond même de toute puissance ecclésiastique. Il enseigna que les fidèles n'étaient obligés d'obéir aux évêques qu'autant que les ordres de ceux-ci paraissaient justes ; que les pasteurs ne pouvaient retrancher un juste de la communion de l'Eglise ; que leur absolution n'était que déclaratoire ; qu'il faut consulter l'Ecriture sainte et s'en tenir là, pour savoir ce que nous devons croire ou rejeter. Dans la suite, il soutint la nécessité de la communion sous les deux espèces. Toute cette doctrine a été renouvelée par les protestants. — Excommunié par l'archevêque de Prague et par le pape, Jean Hus en appela au concile de Constance assemblé pour lors. Le roi de Bohême voulut qu'il s'y présentât en effet, pour rendre compte de sa doctrine ; il demanda un sauf-conduit à l'empereur Sigismond, pour que Jean Hus pût traverser l'Allemagne en sûreté et se rendre à Constance ; il l'obtint. Jean Hus, de son côté, publia que, si le concile pouvait le convaincre d'erreur, il ne refusait pas de subir la peine due aux hérétiques ; mais il fit voir par sa conduite que cette déclaration n'était pas sincère. Quoiqu'il fût excommunié, il ne laissa pas de dogmatiser sur sa route et de célébrer la messe ; il fit de même à Constance, et tenta de s'évader, on fut obligé de l'arrêter. Convaincu d'avoir enseigné les erreurs qu'on lui imputait, il y persista et refusa de se rétracter. Le concile prononça sa dégradation, et le livra au bras séculier. L'empereur présent le mit entre les mains du magistrat de Constance, qui le condamna à être brûlé vif, ce qui fut exécuté. Jérôme de Prague abjura d'abord les erreurs de son maître et fut relâché, mais honteux de son abjuration, il revint la désavouer, et fut brûlé à son tour. Les *hussites*, furieux du supplice de leurs chefs, prirent les armes au nombre de quarante mille, mirent la Bohême et les provinces voisines à feu et à sang : il fallut seize ans de guerre continuelle pour les réduire.

Tous ces faits sont tirés de l'histoire du concile de Constance, composée par le ministre Lenfant, apologiste décidé de Jean Hus.

Les protestants, copiés par les incrédules, soutiennent, 1° que l'empereur et le concile ont violé le sauf-conduit accordé à Jean Hus. Ce sauf-conduit, rapporté en propres termes par Lenfant, portait que Jean Hus pourrait se rendre à Constance en sûreté, sans être arrêté ni maltraité sur la route. Il aurait pu l'être par vengeance, parce qu'il avait fait révoquer les privilèges accordés aux Allemands dans l'université de Prague. L'empereur n'assurait rien de plus. C'est une absurdité de supposer que ce sauf-conduit mettait Jean Hus à couvert de la condamnation du concile, auquel il avait appelé lui-même, et par lequel le roi de Bohême voulait qu'il fût jugé; de prétendre que l'empereur n'avait pas droit de le punir des séditions dont il était l'auteur. Le roi de Bohême ne pensa point que ce fût un attentat contre son autorité. Jean Hus avait abusé de son sauf-conduit, en prêchant et en célébrant la messe sur sa route et à Constance; il n'allégua point son sauf-conduit pour se mettre à couvert de la sentence des magistrats; il ne soutint point leur incompétence ni celle du concile. — 2° Ses apologistes disent que le concile de Constance a décidé, par un décret formel et par sa conduite, que l'on n'est plus obligé de garder la foi aux hérétiques. Allégation fausse. Ce prétendu décret ne se trouve point dans les actes du concile; si l'on en a produit un, il a été forgé, ou dans ce temps-là, ou dans la suite. Quelle raison aurait pu engager le concile à faire ce décret, dès qu'il est prouvé que le concile n'a point violé la foi publique à l'égard de Jean Hus? Il s'est borné à juger de la doctrine, à dégrader un hérétique obstiné, à le livrer à la justice séculière : il n'a donc point passé les bornes de son autorité. — 3° Ils disent que Jean Hus a été condamné au feu par la sentence du concile. Troisième imposture. Le concile censura sa doctrine, condamna ses livres au feu, le dégrada du caractère ecclésiastique, et le remit à l'empereur pour disposer de sa personne; c'est l'empereur qui le livra au magistrat de Constance. Jean Hus fut exécuté, non parce que sa doctrine était hérétique, mais parce qu'elle était séditieuse, qu'elle avait déjà causé des troubles et des violences, que Jean Hus y persistait et voulait continuer à la prêcher. Enseigner qu'un souverain perd son autorité quand il est vicieux et gouverne mal, que l'on n'est plus obligé de lui obéir, qu'il est permis de lui résister, est une doctrine séditieuse et contraire à la tranquillité publique, aucun souverain ne doit la tolérer : l'empereur et le roi de Bohême étaient également intéressés à en punir l'auteur. — 4° L'on affecte de répéter que le carnage fait par les *hussites* fut la représaille de la cruauté des Pères de Constance. Nouvelle calomnie. Quand Jean Hus n'aurait pas été supplicié, ses disciples n'auraient pas été moins barbares; ils avaient commencé leurs déprédations et leurs violences avant la condamnation de leur maître. C'était un fanatique audacieux, turbulent, fier du nombre de ses prosélytes et incorrigible. S'il avait pu retourner en Bohême, il aurait recommencé à prêcher avec plus de véhémence que jamais, il aurait continué à soulever les peuples, il aurait encouragé leur brigandage : voilà ce que craignait l'empereur. La fureur des *hussites* ne prouve que la violence du fanatisme qu'ils avaient puisé dans les principes de leur docteur. Les chefs des anabaptistes n'avaient pas été suppliciés, lorsqu'au nombre de quarante mille ils renouvelèrent en Allemagne, dans le siècle suivant, les mêmes scènes que les *hussites* avaient données en Bohême.

Mais les ennemis de l'Eglise catholique n'ont égard ni à la vérité des faits, ni aux circonstances, ni à la certitude des monuments; malgré les preuves les plus évidentes, ils répéteront toujours que les Pères de Constance ont violé le sauf-conduit de l'empereur, qu'ils ont condamné au feu Jean Hus et Jérôme de Prague pour leurs erreurs, qu'ils ont été la cause des fureurs et du fanatisme des *hussites*.

C'est l'idée que Mosheim a voulu nous en donner, *Hist. ecclésiast.*, xv° siècle, II° part., c. 2, § 5 et suiv. Heureusement il fait plusieurs aveux qui suffisent pour détromper les lecteurs. 1° Il avoue que Jean Hus, l'an 1408, entreprit de soustraire l'université de Prague à la juridiction de Grégoire XII, et que ce projet irrita le clergé contre lui : de quel droit avait-il formé cette entreprise? 2° Il convient que ce docteur, opiniâtrement attaché au sentiment des réalistes, persécuta à toute outrance les nominaux, qui étaient en très-grand nombre dans l'université de Prague. 3° Qu'il souleva contre lui toute la nation allemande, en la faisant priver de deux des trois voix qu'elle avait eues jusqu'alors dans cette université, que, par cet exploit, il fit déserter le recteur avec plus de deux mille Allemands qui se retirèrent à Leipsick. 4° Qu'il soutint publiquement les opinions de Wiclef, et déclama violemment contre le clergé. 5° Qu'il témoigna le plus grand mépris de l'excommunication que le pape Jean XXII avait lancée contre lui. 6° Que son zèle fut peut-être trop fougueux, et qu'il manqua souvent de prudence. Cela n'a pas empêché Mosheim d'appeler ce fanatique turbulent, *un grand homme dont la piété était fervente et sincère*. Est-ce donc assez de déclamer contre le pape et contre l'Eglise, pour être grand homme aux yeux des protestants?

Mosheim, d'ailleurs, passe sous silence des faits incontestables. 1° Jean Hus avait appelé au concile de l'excommunication prononcée contre lui par le pape; il s'était soumis au jugement du concile. 2° Il avait déclaré publiquement que si on pouvait le convaincre d'hérésie, il ne refusait pas de subir la peine infligée aux hérétiques. 3° Il avait abusé de son sauf-conduit, en prêchant et en célébrant la messe malgré l'excommunication. 4° Dans les différentes disputes qu'il soutint à Constance contre les théologiens catholiques, il fut convaincu d'avoir enseigné les erreurs de Wiclef, déjà condamnées par l'Eglise, et l'on réfuta toutes ses raisons et ses objections. Il avait donc prononcé d'avance l'arrêt de sa condamnation.

Comment son apologiste peut-il prétendre

que Jean Hus fut la victime de la haine que les nominaux et les Allemands avaient conçue contre lui, que sa condamnation n'eut pas la moindre apparence d'équité, et que ce fut une violation de la foi publique? Cet hérétique lui-même n'en jugea pas ainsi, il ne récusa point l'autorité du concile, il ne réclama point son sauf-conduit; mais il déclara qu'il aimait mieux être brûlé vif que de rétracter ses opinions. Mosheim lui-même avoue que la profession que faisait Jean Hus, de ne pas reconnaître l'autorité infaillible de l'Église catholique, devait le faire déclarer hérétique, eu égard à la manière dont on pensait pour lors. La question est donc de savoir si l'Église catholique devait changer de croyance, afin de pouvoir absoudre un hérétique.

Mosheim convient encore *ibid.*, c. 3, § 3, que les *hussites* de Bohême se révoltèrent contre l'empereur Sigismond devenu leur souverain, et qu'ils prirent les armes, parce qu'on voulait qu'ils se soumissent aux décrets du concile de Constance. Quoiqu'ils avouassent que les hérétiques méritaient la mort, ils soutenaient que Jean Hus n'était pas hérétique, et qu'il avait été supplicié injustement. Était-ce à une armée d'ignorants de juger qu'une doctrine était orthodoxe ou hérétique?

Les *hussites* devenus plus nombreux ne s'accordèrent pas longtemps; ils se divisèrent en deux partis: les uns furent nommés *calixtins*, parce qu'ils voulaient que l'on accordât au peuple la communion du calice. Ils exigeaient encore que la parole de Dieu fût prêchée sans superstition, que le clergé imitât la conduite des apôtres, que les péchés mortels fussent punis d'une manière proportionnée à leur énormité. Parmi eux, un certain Jocabel voulait que la communion fût administrée sous les deux espèces, même aux enfants. Les autres furent appelés les *thaborites*, à cause d'une montagne voisine de Prague, sur laquelle ils s'étaient fortifiés, et qu'ils nommaient le *Thabor* : ils étaient plus fougueux que les *calixtins*, et ils poussaient plus loin leurs prétentions; ils voulaient que l'on réduisît le christianisme à sa simplicité primitive, que l'on abolît l'autorité des papes, que l'on changeât la forme du culte divin, qu'il n'y eût plus dans l'Église d'autre chef que Jésus-Christ. Ils furent assez insensés pour publier que Jésus-Christ viendrait en personne sur la terre, avec un flambeau dans une main et une épée dans l'autre, pour extirper les hérésies et purifier l'Église. C'est à cette seule classe de *hussites*, dit Mosheim, que l'on doit attribuer tous les actes de cruauté et de barbarie qui furent commis en Bohême pendant seize ans de guerre; mais il est difficile de décider lequel des deux partis, celui des *hussites* ou celui des catholiques, poussa les excès plus loin. Supposons-le pour un moment. Du moins les *hussites* étaient les agresseurs; ils n'avaient pas attendu le supplice de Jean Hus pour exercer des violences contre les catholiques; quand il y aurait eu des erreurs et des abus dans l'Église, ce n'était pas à une troupe de séditieux ignorants de les réformer. Comment pouvait-on s'accorder avec eux, tandis qu'ils ne s'accordaient pas eux-mêmes? Mosheim convient que leurs maximes étaient abominables; qu'ils voulaient que l'on employât le fer et le feu contre les ennemis de Jésus-Christ, c'est-à-dire contre leurs propres ennemis; que l'on ne pouvait attendre de pareils hommes que des actes d'injustice et de cruauté.

L'an 1433, les Pères du concile de Bâle parvinrent à réconcilier à l'Église les *calixtins*, en leur accordant l'usage de la coupe dans la communion; mais les *thaborites* demeurèrent intraitables. Alors seulement ils commencèrent à examiner leur religion, et à lui donner, dit Mosheim, un air raisonnable : il était temps, après seize ans de sang répandu. Ces *thaborites* réformés sont les mêmes que les *frères de Bohême*, nommés aussi *picards* ou plutôt *bégards*, qui se joignirent à Luther, au temps de la réformation.

Voilà donc le motif de la protection que les protestants ont daigné accorder aux *hussites* : ceux-ci ont été les précurseurs, et ensuite les disciples de Luther. Mais il ne nous paraît pas que cette succession fasse beaucoup d'honneur aux luthériens. 1° Il résulte des faits dont ils conviennent, que les *hussites* ont été conduits non par le zèle de religion, mais par une fureur aveugle, puisqu'ils n'ont commencé à dresser un plan de religion que seize ou dix-huit ans après la mort de Jean Hus. 2° Mosheim ne nous dit point en quoi consistait cette religion prétendue raisonnable, qui s'est alliée si aisément au protestantisme. C'est un prodige assez nouveau, qu'une religion raisonnable formée par des fanatiques insensés et furieux! 3° Il est évident que Luther avait puisé dans les écrits de Wiclef et de Jean Hus non-seulement les dogmes qu'il a prêchés, mais encore les maximes sanguinaires qui se trouvent dans ses ouvrages, et qui firent renouveler en Allemagne, par les anabaptistes, une partie des scènes sanglantes que les *hussites* avaient données en Bohême.

HYDROMITES, anciens officiers de l'Église grecque, qui étaient chargés de faire la bénédiction et l'aspersion de l'eau bénite; leur nom vient de ὕδωρ, *eau*. L'antiquité de cette fonction chez les Grecs prouve que l'usage de l'eau bénite n'est point une pratique inventée récemment dans l'Église latine, comme l'ont prétendu les protestants. *Voy.* EAU BÉNITE.

HYDROPARASTE. *Voy.* ENCRATITES.

* HYMÉNÉE, hérésiarque du 1er siècle de l'Église. Il soutenait que la résurrection de la chair n'aurait pas lieu. Il comptait très-peu de partisans.

HYMNE, petit poëme composé à la louange de Dieu ou des saints, et destiné à exposer les mystères de notre religion; l'usage en est ancien dans l'Église. Saint Paul exhorte les fidèles à s'instruire et à s'édifier les uns les autres par des psaumes, des *hymnes* et des cantiques spirituels. *Coloss.*, c. III.

v. 16 ; *Ephes.*, c. v, v. 19. Pline, dans sa lettre écrite à Trajan, touchant les chrétiens, dit qu'ils s'assemblent le jour du soleil où le dimanche, pour chanter des *hymnes* (*carmen*) à Jésus-Christ comme à un dieu. Les moines en chantaient dans leur solitude. Eusèbe nous apprend que les psaumes et les cantiques des frères, composés dès le commencement, nommaient Jésus-Christ *le Verbe de Dieu*, et lui attribuaient la divinité, et il en tire une preuve contre les erreurs des ariens. *Hist. ecclés.*, l. v, c. 28.

Cet usage devint un sujet de contestation dans la suite. Le concile de Brague en Portugal, de l'an 563, défendit, can. 12, de chanter aucune poésie dans l'office divin, mais seulement les psaumes et les cantiques tirés de l'Écriture sainte. Il est à présumer qu'il s'était glissé parmi les fidèles des *hymnes* composées par des auteurs hétérodoxes ou peu instruits, et que l'intention de ce concile était de les faire supprimer. Mais en 633, l'usage des *hymnes* fut permis par le quatrième concile de Tolède, à condition qu'elles seraient composées par des auteurs instruits et respectables. Ce concile se fonde sur l'exemple de Jésus-Christ, qui chanta ou récita une *hymne* après la dernière cène, *hymno dicto* ; et bientôt ces petits poëmes devinrent une partie de l'office divin. Il ne paraît pas que l'on en ait chanté à Rome avant le XIIe siècle ; les Églises de Lyon et de Vienne n'en chantent point encore aujourd'hui, si ce n'est à complies, et l'on fait de même ailleurs pendant les trois premiers jours de la semaine sainte et pendant la semaine de Pâques.

Les *hymnes* composées par saint Ambroise pour l'Église de Milan, au IVe siècle, et par le poëte Prudence, ne sont pas des chefs-d'œuvre de poésie ; mais elles sont respectables par leur antiquité, et elles servent à nous attester l'ancienne croyance de l'Église. Depuis la renaissance des lettres, on en a fait qui sont d'une grande beauté ; celles de Santeuil, chanoine régulier de Saint-Victor, sont célèbres. Au reste, les prières et les chants de l'Église ne sont point destinés à flatter les oreilles ni l'imagination, mais à inspirer des sentiments de piété.

HYPERDULIE, culte que l'on rend à la sainte Vierge dans l'Église catholique. Ce mot est composé du grec ὑπέρ, *au-dessus*, δουλία, *culte, service*. On appelle *dulie* le culte que l'on rend aux saints, et *hyperdulie*, ou culte supérieur, celui que l'on rend à la Mère de Dieu, parce que cette sainte Vierge étant la plus élevée en grâce et en gloire de toutes les créatures, il est juste de lui rendre des hommages et des respects plus profonds qu'aux autres saints. Mais il y a toujours une différence infinie entre l'honneur que nous leur rendons, et le culte que nous adressons à Dieu. Nous servons Dieu pour lui-même, et nous l'adorons comme notre souverain Maître, nous honorons les saints pour Dieu et comme ses amis, comme des personnages qu'il a daigné combler de ses grâces, et comme nos intercesseurs auprès de lui. Il y aurait donc un entêtement absurde à soutenir que le culte rendu aux saints déroge à celui que nous devons à Dieu. *Voy.* CULTE, SAINTS.

HYPOCRISIE, affectation d'une fausse piété. Un hypocrite est un faux dévot, qui affecte une piété qu'il n'a point. Jésus-Christ s'est élevé avec force contre ce vice ; il l'a souvent reproché aux pharisiens ; il leur applique le reproche que Dieu a fait aux Juifs en général par un prophète : *Ce peuple m'honore des lèvres ; mais son cœur est bien éloigné de moi* (*Matth.* XV, 8). Saint Paul recommande d'éviter ceux qui ont l'apparence de la piété, mais qui n'en ont ni l'esprit ni la vertu (*II Tim.*, c. III, v. 5). Ce vice est odieux, sans doute ; mais il l'est encore moins que l'affectation de braver les bienséances, de mépriser ouvertement la religion, et d'en violer les lois sans aucune retenue, sous prétexte de franchise et de sincérité. Le respect extérieur pour les lois de Dieu et de l'Église est toujours un hommage que leur rendent ceux même qui n'ont pas le courage de les suivre ; parce qu'un homme est vicieux par caractère, il n'est pas nécessaire qu'il soit encore scandaleux.

Il est des hypocrites en fait de probité, d'humanité, de zèle du bien public, aussi bien qu'en fait de dévotion, et les uns ne sont pas moins fourbes que les autres ; il y en a même en fait d'irréligion et d'incrédulité. Ceux-ci sont des hommes qui se donnent pour incrédules, sans être convaincus par aucune preuve, et qui redoutent intérieurement Dieu contre lequel ils blasphèment ; un déiste de nos jours les appelle les *fanfarons du parti*. Ce sont certainement les plus détestables de tous les hypocrites, quoiqu'ils affectent le caractère tout opposé.

En général, il y a de l'injustice et de la malignité à supposer que tous les dévots sont hypocrites et qu'aucun d'eux n'est sincèrement pieux. Parce qu'un homme n'est pas assez parfait pour pratiquer à la lettre tous les devoirs du christianisme et toutes les vertus, parce qu'il a sa part des vices et des défauts de l'humanité, il ne faut pas conclure que sa religion n'est qu'une *hypocrisie*, et qu'intérieurement il ne croit pas en Dieu. Un homme né avec de mauvais penchants, qui tantôt y résiste et tantôt y succombe, mais qui convient de ses fautes et qui se les reproche, est faible, sans doute ; il n'est pas pour cela de mauvaise foi. Il satisfait aux pratiques de religion, parce qu'elles sont ordonnées, parce que c'est une ressource contre sa faiblesse, et parce que la violation d'un devoir de morale ne donne pas droit d'en violer encore un autre. Il est donc plus sincère et moins coupable que celui qui cherche à calmer par l'irréligion les remords de ses crimes.

S'il nous arrivait de conclure qu'un philosophe ne croit pas à la vertu, parce qu'il a des vices, tous réclameraient contre cette injustice ; et tous s'en rendent coupables à l'égard de ceux qui croient à la religion.

HYPOSTASE, mot grec, qui dans l'origine signifie *substance* ou *essence*, et en théologie, *personne*. C'est un composé de ὑπό, *sous*, et ἵστημι, *je suis, j'existe;* de là sont venus les mots *substance* et *subsistance*. La foi de l'Eglise est qu'il y a en Dieu une seule nature, une seule essence, et trois *hypostases*, ou trois Personnes. Comme le grec ὑπόστασις, et le latin *persona* signifient, à la lettre, *face* ou *visage*, les Pères grecs trouvèrent ces deux termes trop faibles pour exprimer les trois Personnes de la sainte Trinité; ils se servirent du mot *hypostase*, substance ou être subsistant : conséquemment ils admirent en Dieu *trois hypostases*, et nommèrent *union selon l'hypostase*, l'union substantielle de la divinité et de l'humanité en Jésus-Christ.

« Les philosophes, dit saint Cyrille dans une lettre à Nestorius, ont reconnu trois *hypostases;* ils ont étendu la divinité à trois *hypostases*, et ils ont employé même quelquefois le terme de *trinité;* de sorte qu'il ne leur manquerait que d'admettre la consubstantialité des trois *hypostases*, pour faire entendre l'unité de la nature divine, à l'exclusion de toute triplicité par rapport à la distinction de nature, et de ne plus prétendre qu'il soit nécessaire de concevoir aucune infériorité respective des *hypostases*. »

Ce mot excita des disputes parmi les Grecs, et ensuite entre les Grecs et les Latins. Dans le langage de quelques-uns des Pères grecs, il semble que *hypostase* soit la même chose que *substance* ou *essence;* dans cette signification, c'était une hérésie de dire que Jésus-Christ est une autre *hypostase* que Dieu le Père; on aurait affirmé par là qu'il est d'une essence ou d'une nature différente; mais tous les Grecs ne l'ont pas entendu de même.

Pour réfuter Sabellius, qui confondait les trois Personnes divines, et qui soutenait que c'étaient seulement trois noms différents, ou trois manières d'envisager la nature divine, les Pères grecs crurent que ce n'était pas assez de dire τρία πρόσωπα, *tres personæ;* ils craignirent que l'on n'entendît, comme Sabellius, trois faces, trois visages, trois aspects de la Divinité : ils préférèrent de dire τρεῖς ὑποστάσεις, trois êtres subsistants. Comme les Latins, par *hypostase*, entendaient *substance* ou *essence*, ils furent scandalisés; ils crurent que les Grecs admettaient en Dieu trois substances ou trois natures, comme les trithéistes. La langue latine, moins abondante en théologie que la langue grecque, ne fournissait qu'un mot pour deux, *substantia* pour οὐσία et pour ὑπόστασις, et mettait les Latins hors d'état de distinguer l'*essence* d'avec l'*hypostase;* ils furent donc obligés de s'en tenir au mot *persona*, et de dire *trois Personnes* au lieu de *trois hypostases*.

Dans un synode d'Alexandrie, auquel saint Athanase présida vers l'an 362, l'on s'expliqua de part et d'autre, et l'on parvint à s'entendre; on vit que sous des termes différents l'on rendait précisément la même idée. Conséquemment les Grecs persistèrent à dire μία οὐσία, τρεῖς ὑποστάσεις, et les Latins *una essentia* ou *substantia, tres personæ;* comme nous disons encore aujourd'hui *une essence, une substance, une nature, et trois Personnes*.

Cependant tous les esprits ne furent pas calmés d'abord, puisque, vers l'an 376, saint Jérôme, se trouvant en Orient, et sollicité de professer, comme les Grecs, *trois hypostases* dans la sainte Trinité, consulta le pape Damase pour savoir ce qu'il devait faire, et de quelle manière il devait s'exprimer. *Voy.* Tillemont, t. XII, p. 43 et suiv.

En parlant d'un mystère incompréhensible, tel que celui de la sainte Trinité, il est toujours dangereux de tomber dans l'erreur, dès que l'on s'écarte du langage consacré par l'Eglise. Mais c'est une injustice, de la part des protestants et des sociniens, de prétendre que ceux d'entre les Pères grecs qui ont dit, avant le concile de Nicée, qu'il y a en Dieu *trois hypostases*, ont entendu par là non-seulement trois Personnes, mais trois substances ou trois natures inégales; cela est absolument faux; ces critiques ne le soutiennent qu'en attribuant très-mal à propos à ces Pères le système absurde des *émanations*. *Voy.* ce mot.

HYPOSTATIQUE. En parlant du mystère de l'Incarnation, l'on appelle en théologie *union hypostatique*, c'est-à-dire union substantielle ou personnelle, l'union de la nature divine et de la nature humaine dans la Personne du Verbe, afin de faire comprendre que ce n'est pas seulement une union morale, une simple habitation du Verbe dans l'humanité de Jésus-Christ, ou une correspondance de volontés et d'actions, comme l'entendaient les nestoriens, mais une union en vertu de laquelle Jésus-Christ est Dieu et Homme, ou Homme-Dieu. *Voy.* INCARNATION.

HYPSISTARIENS, hérétiques du quatrième siècle, qui faisaient profession d'adorer le *Très-Haut*, Ὕψιστος, comme les chrétiens; mais il paraît qu'ils entendaient par là le soleil, puisqu'ils révéraient aussi, comme les païens, le feu et les éclairs; ils observaient le sabbat, et la distinction des viandes, comme les Juifs. Ils avaient beaucoup de ressemblance avec les euchites ou massaliens, et les cœlicoles. Tillemont, t. XIII, p. 315. Saint Grégoire de Nazianze, *Orat.* 19, nous apprend que les *hypsistaires* ou *hypsistariens* étaient originairement des juifs qui, établis depuis longtemps dans la Perse, s'étaient laissé entraîner au culte du feu par les mages, mais qui avaient d'ailleurs en horreur les sacrifices des Grecs.

I

*IBAS, évêque d'Edesse dans le vᵉ siècle, fut d'abord nestorien et ensuite orthodoxe. Il écrivit, lorsqu'il était dans l'erreur, à un Persan, nommé Maris, une lettre, qui fut quelque temps après une source de disputes. Il blâmait, dans cette lettre, son prédécesseur, d'avoir condamné injustement Théodore de Mopsueste, auquel Rabulas prodiguait toutes sortes de louanges. Dans le sᵉ ecle suivant, Théodore, évêque de Césarée en Cappadoce, conseilla à Justinien, pour donner la paix à l'Église, de condamner les écrits de Théodore de Mopsueste, les Anathèmes de saint Cyrille et la lettre d'Ibas. C'est ce qu'on appela *l'affaire des Trois Chapitres*, qui divisa l'Église d'Orient pendant soixante ans environ. Ce principe les fit condamner dans le vᵉ concile général, tenu à Constantinople l'an 555 ; mais la personne et la foi d'Ibas n'y furent point flétries ; la condamnation de cette lettre éprouva même des difficultés, parce qu'on prétendit qu'elle avait été approuvée par les légats du pape dans le concile de Chalcédoine ; mais les légats ne s'étaient arrêtés qu'à la manière dont Ibas s'exprimait touchant son attachement à la foi et sa soumission aux décisions de l'Église, et n'avaient pas prétendu approuver tous les détails de cette lettre : *Lecta Ibæ epistola, novimus eum esse orthodoxum*. Le pape Virgile s'exprimait encore plus clairement en disant qu'Ibas corrige à la fin de sa lettre tout ce qu'elle peut avoir de défectueux : *Si quid erravit, id sub finem corrigit*. C'est donc l'orthodoxie personnelle de cet auteur, et point celle de sa lettre qui avait été reconnue au concile de Chalcédoine. *Voy.* VIRGILE, HONORIUS.

IBUM, second mariage d'une veuve qui épouse son beau-frère. Les rabbins ont donné ce nom hébreu au mariage d'un frère, qui selon la loi doit épouser sa belle-sœur, veuve de son frère mort sans enfants, afin de donner un héritier au défunt. Cette loi se trouve dans le c. xxv du Deutéronome ; mais elle est plus ancienne que Moïse. Nous voyons par l'histoire de Thamar, *Gen.*, c. xxxviii, qu'elle était déjà observée par les patriarches.

ICHTYS, acrostiche de la sibylle Erythrée, dont parlent Eusèbe et saint Augustin, dans laquelle les pemières lettres de chaque vers formaient les initiales de ces mots : Ἰησοῦς Χριστός, Θεοῦ Υἱός, Σωτήρ, c'est-à-dire, *Jésus-Christ, Fils de Dieu, Sauveur*. Comme les lettres initiales forment le mot grec ἰχθύς, qui signifie *un poisson*, Tertullien et Optat de Milève ont appelé les chrétiens *pisciculi*, parce qu'ils ont été régénérés par l'eau du baptême. *Voy.* Bingham, *Orig. ecclés.*, l. 1, c. 1, § 2.

ICONOCLASTES, hérétiques du viiᵉ siècle, qui s'élevèrent contre le culte que les catholiques rendaient aux images ; ce nom vient du grec εἰκών, *image*, et de κλάζω, *je brise*, parce que les *iconoclastes* brisaient les images partout où ils en trouvaient. Dans la suite, on a donné ce nom à tous ceux qui se sont déclarés contre le culte des images, aux prétendus réformés et à quelques sectes de l'Orient qui n'en souffrent point dans leurs églises.

Les anciens *iconoclastes* embrassèrent cette erreur, les uns pour plaire aux mahométans, qui ont horreur des statues, et qui les ont brisées partout, les autres pour prévenir les reproches des juifs qui accusaient les chrétiens d'idolâtrie. Soutenus d'abord par les califes sarrasins, et ensuite par quelques empereurs grecs, tels que Léon l'Isaurien et Constantin Copronyme, ils remplirent l'Orient de trouble et de carnage. En 726, ce dernier empereur fit assembler à Constantinople un concile de plus de trois cents évêques, dans lequel le culte des images fut absolument condamné, et l'on y allégua contre ce culte les mêmes objections qui ont été renouvelées par les protestants. Ce concile ne fut point reçu en Occident, et il ne fut suivi en Orient que par le moyen des violences que l'empereur mit en usage pour le faire exécuter.

Sous le règne de Constantin Porphyrogénète et d'Irène, sa mère, le culte des images fut rétabli. Cette princesse, de concert avec le pape Adrien, fit convoquer à Nicée, en 787, un concile, où les actes du concile de Constantinople et l'erreur des *iconoclastes* furent condamnés ; c'est le septième concile œcuménique. Lorsque le pape Adrien envoya les actes du concile de Nicée aux évêques des Gaules et de l'Allemagne, assemblés à Francfort, en 794, ces évêques les rejetèrent, parce qu'ils crurent que ce concile avait ordonné d'*adorer les images comme on adore la sainte Trinité* ; mais cette prévention se dissipa dans la suite. *Voy.* LIVRES CAROLINS.

Sous les empereurs grecs, Nicéphore, Léon l'Arménien, Michel le Bègue et Théophile, qui favorisèrent les *iconoclastes*, ce parti se releva ; ces princes commirent contre les catholiques des cruautés inouïes. On peut en voir le détail dans l'histoire que Maimbourg a faite de cette hérésie.

Parmi les nouveaux *iconoclastes*, on peut compter les pétrobrusiens, les albigeois, les vaudois, les wiclefites, les hussites, les zwingliens et les calvinistes. Pendant les guerres de religion, ces derniers se sont portés contre les images aux mêmes excès que les anciens *iconoclastes*. Les luthériens, plus modérés, ont conservé dans la plupart de leurs temples des peintures historiques et l'image du crucifix.

Au mot IMAGE, nous prouverons que le culte que nous leur rendons n'est point une idolâtrie, et n'a rien de vicieux ; que, s'il a été quelquefois regardé comme dangereux, c'était à cause des circonstances ; qu'enfin les protestants ont eu tort à tous égards d'en faire un sujet de schisme.

ICONODULE, ICONOLATRE, adorateur des images. C'est le nom que les différentes sectes d'*iconoclastes* ont donné aux catholiques pour persuader que le culte que ceux-ci rendent aux images est une *adoration*, un culte suprême et absolu, tel que celui que l'on rend à Dieu. Cette imposture n'a jamais manqué de faire illusion aux ignorants et à ceux qui ne réfléchissent point; mais elle ne fait pas honneur à ceux qui s'en servent. Dans les articles ADORATION et CULTE, nous avons démêlé les équivoques de ces termes. Le mot grec λατρεία, *culte, service, adoration*, duquel on a formé *iconolâtre*, n'est pas moins susceptible d'abus que les autres; mais lorsque l'Eglise catholique explique sa croyance d'une manière qui ne laisse aucune prise à l'erreur, il y a de la mauvaise foi à lui attribuer des sentiments qu'elle fait profession de rejeter.

ICONOMAQUE, qui combat contre les images, terme formé d'εἰκών, *image*, et μάχη, *combat*; il est à peu près synonyme d'*iconoclaste*. L'empereur Léon l'Isaurien fut appelé *iconomaque*, lorsqu'il eut rendu un édit qui ordonnait d'abattre les images. *Voy.* IMAGE.

IDIOMÈLE. C'est ainsi que les Grecs modernes nomment certains versets qui ne sont point tirés de l'Ecriture sainte, et qui se chantent sur un ton particulier. Ce nom est tiré d'ἴδιος, *propre*, et μέλος, *chant*.

* IDIOMES. *Voy.* COMMUNICATION DES IDIOMES.

IDIOTISME. *Voy.* HÉBRAÏSME.

IDOLE, IDOLATRE, IDOLATRIE. Le grec εἴδωλον est évidemment dérivé d'εἴδω, *je vois des yeux du corps ou de l'esprit*; conséquemment *idole* signifie en général image, figure, représentation. Dans un sens plus propre, c'est une statue ou une image qui représente un dieu, et *idolâtrie* est le culte rendu à cette figure. Dans le sens théologique et plus étendu, c'est le culte rendu à tout objet sensible, naturel ou factice, dans lequel on suppose un faux dieu. Ainsi les peuples grossiers, qui, avant l'invention de la peinture et de la sculpture, ont adoré les astres et les éléments en eux-mêmes, en les supposant animés par des esprits, des intelligences, des génies qu'ils prenaient pour des *dieux*, n'ont pas été moins *idolâtres* que ceux qui ont adoré les simulacres de ces mêmes divinités, faits par la main des hommes. Les Parsis ou les Guèbres, qui adorent le soleil et le feu, non-seulement comme symboles de la Divinité, mais comme des êtres vivants, animés, intelligents, doués de connaissance, de volonté et de puissance, sont *idolâtres* selon toute la force du terme. *Voy.* PARSIS. Il en est de même des nègres, qui adorent des fétiches, ou des êtres matériels, auxquels ils attribuent une intelligence, une volonté et un pouvoir surnaturel. — Comme l'*idolâtrie* suppose nécessairement le polythéisme ou la pluralité des dieux, et que l'une ne va jamais sans l'autre, il faut examiner, 1° ce que c'était que les dieux des païens ou des *idolâtres*; 2° comment le polythéisme et l'*idolâtrie* se sont introduits dans le monde; 3° en quoi consistait le crime de ceux qui s'y sont livrés; 4° à qui était adressé le culte rendu aux *idoles*; 5° quelle a été l'influence de l'*idolâtrie* sur les mœurs des nations; 6° si le culte que nous rendons aux saints, à leurs images, à leurs reliques, est une *idolâtrie*. Il n'est aucune de ces questions que les protestants et les incrédules n'aient tâché d'embrouiller, et sur laquelle ils n'aient posé des principes absolument faux; il est important d'en établir de plus vrais. Nous n'argumenterons pas comme eux sur des conjectures arbitraires, mais sur des faits et sur des monuments.

I. *Qu'était-ce que les dieux des polythéistes et des idolâtres?* — Il est certain, par l'Histoire sainte, que Dieu s'est fait connaître à nos premiers parents en les mettant au monde, qu'il a daigné converser avec Adam et avec ses enfants, et qu'il a honoré de la même faveur plusieurs des anciens patriarches, en particulier Noé et sa famille. Tant que les hommes ont voulu écouter ces respectables personnages, il était impossible que le polythéisme et l'*idolâtrie* pussent s'établir parmi eux. Adam a instruit sa postérité pendant 930 ans; plusieurs de ceux qui l'avaient vu et entendu ont vécu jusqu'au déluge, suivant le calcul du texte hébreu. *Mathusalah* ou *Méthusélah*, qui est mort dans l'année même du déluge, avait vécu 243 ans avec Adam. C'était une histoire toujours vivante de la création du monde, des vérités que Dieu avait révélées aux hommes, du culte qui lui avait été rendu constamment jusqu'alors. Aussi les savants, qui ont supposé que l'*idolâtrie* avait déjà régné avant le déluge, n'ont pu donner aucune preuve positive de ce fait important, et cette conjecture nous paraît contraire au récit des livres saints (1).

Mais après la confusion des langues, lorsque les familles furent obligées de se disperser, plusieurs, uniquement occupées de leur subsistance, oublièrent les leçons de leurs pères et la tradition primitive, tombèrent dans un état de barbarie et dans une ignorance aussi profonde que si jamais Dieu n'eût rien enseigné aux hommes (2). L'auteur de l'*Origine des lois, des arts et des sciences*, tome I, introd., p. 6, l. II, p. 151, a prouvé ce fait par le témoignage des anciens les mieux instruits. Dans cet état de l'enfance des nations, le polythéisme et l'*idolâtrie* ne pouvaient pas manquer de naître.

---

(1) On voit dans l'Ecriture que le Seigneur reprochait aux hommes leur corruption (Gen. VI, 12), mais il n'est nullement parlé d'idolâtrie.

(2) L'ignorance ne fut jamais aussi profonde que Bergier semble le dire. Saint Augustin reconnaît que les païens avaient conservé une idée du vrai Dieu : *Gentes non usque adeo ad falsos deos sunt delapsæ, ut opinionem amitterent unius veri Dei ex quo omnis qualiscunque creatura*. (Contra Faust. Manich., c. 20, n. 19.) Saint Paul reprochait aux gentils de ne pas avoir honoré Dieu comme ils le connaissaient, et leur déclarait qu'à cause de leurs connaissances ils n'étaient pas excusables : *Ita ut sint inexcusabiles, quia cum cognovissent Deum, non sicut Deum glorificaverunt aut gratias egerunt* (Rom. I, 20, 21).

On le comprendra dès que l'on voudra faire attention à l'instinct ou à l'inclination générale de tous les hommes, qui est de supposer un esprit, une intelligence, une âme, partout où ils voient du mouvement; jamais aucun n'a pu se persuader qu'un corps fût capable de se mouvoir, ni que la matière fût un principe de mouvement. Ainsi les enfants, les ignorants, les personnes timides, croient voir ou entendre une âme, un esprit, un lutin dans tous les corps qui se remuent, qui font du bruit, qui produisent des effets ou des phénomènes dont elles ne conçoivent pas la cause. Comme tout est en mouvement dans la nature, il a fallu placer des esprits ou des génies dans toutes ses parties, et il n'en coûtait rien pour les créer. Aussi les sauvages en mettent dans tout ce qui les étonne, et ils les appellent des *manitous*. On dit que les Caraïbes en placent jusque dans les chaudières dans lesquelles ils font cuire leurs aliments, parce qu'ils ne comprennent pas le mécanisme de l'ébullition et de la coction des viandes et des légumes. Lorsque les habitants des îles Mariannes virent du feu pour la première fois, et qu'ils se sentirent brûlés par son attouchement, ils le prirent pour un animal redoutable. Les Américains de Saint-Domingue se mettaient à genoux devant les chiens que les Espagnols lançaient contre eux pour les dévorer.

S'il y a dans l'univers des corps dans lesquels on ait dû imaginer d'abord des intelligences, des génies ou des dieux, c'est surtout dans les astres. La régularité de leurs mouvements, vrais ou apparents, l'éclat de leur lumière, l'influence de leur chaleur sur les productions de la terre, leurs différents aspects, les pronostics que l'on en tire, etc., sont étonnants, sans doute : comment concevoir tout cela, sans les supposer animés, conduits par des esprits intelligents et puissants, qui disposent de la fécondité ou de la stérilité de la terre, et de la disette ou de l'abondance? La première conséquence qui se présente à l'esprit des ignorants, est qu'il faut leur adresser des vœux, des prières, des hommages, leur rendre un culte et les adorer. Aussi est-il certain, par le témoignage des auteurs sacrés et profanes, que la plus ancienne de toutes les *idolâtries* est le culte des astres, surtout chez les Orientaux, auxquels le ciel offre pendant la nuit le spectacle le plus brillant et le plus magnifique. *Mém. de l'Acad. des inscrip.*, tome XLII, in-12, p. 173. *Voy.* ASTRES.

Le même préjugé qui a fait peupler le ciel d'esprits, de génies, ou de dieux prétendus (1), portait également les hommes à les multiplier de même sur la terre, puisque tout y est en mouvement aussi bien que dans le ciel, et que les divers éléments y exercent constamment leur empire. C'est sans doute, ont dit les raisonneurs, un génie puissant, logé dans les entrailles de la terre, qui lui donne sa fécondité, mais qui la rend stérile quand il lui plaît, qui tantôt fait prospérer les travaux du laboureur, et tantôt le prive du fruit de ses peines. C'en est un autre qui dispose à son gré des vents favorables qui rafraîchissent l'atmosphère, et des souffles brûlants qui dessèchent les campagnes. C'est un Dieu bienfaisant qui verse sur les plantes la rosée et la pluie qui les nourrissent. C'en est un plus terrible qui fait tomber la grêle, excite les orages, qui, par le bruit du tonnerre et par les éclats de la foudre, épouvante les mortels. Pendant que les divinités propices font jaillir du sein des rochers les fontaines qui nous désaltèrent et entretiennent le cours des fleuves, un Dieu redoutable soulève les flots de la mer et semble vouloir engloutir la terre. Si c'est un génie ami des hommes qui leur a donné le feu et leur en a enseigné l'usage, ce ne peut pas être le même qui en vomit des torrents par la bouche des volcans, et qui ébranle les montagnes.

Ainsi ont raisonné tous les peuples privés de la révélation, ou par leur faute, ou par celle de leurs pères, et nous verrons bientôt que les philosophes mêmes les ont confirmés dans cette erreur. Si nous pouvions parcourir tous les phénomènes de la nature, nous n'en trouverions pas un duquel il ne résulte du bien ou du mal, qui ne fournisse aux savants et aux ignorants des sujets d'admiration, de reconnaissance et de crainte : sentiments desquels est évidemment nés le polythéisme et l'*idolâtrie*; mais d'autres causes y ont contribué, nous les exposerons ci-après.

Rien n'est donc moins étonnant que la multitude des divinités de toute espèce dont il est fait mention dans la mythologie des Grecs et des Romains. Si nous connaissions aussi bien celle des autres peuples, nous verrions que ce sont partout les mêmes objets, partout des êtres physiques personnifiés et divinisés sous différents noms. Dès que l'on eut supposé des génies dans tous les êtres naturels, on en forgea de nouveaux pour présider aux talents, aux sciences, aux arts, à tous les besoins, à toutes les passions même de l'humanité. Comment l'imagination se serait-elle arrêtée dans une aussi libre carrière? Cérès fut la divinité des moissons ; Bacchus le dieu des vendanges et du vin ; Mercure et Laverne, les protecteurs des filous et des voleurs ; Minerve, la déesse de l'industrie, des arts et des sciences ; Mars et Bellone inspiraient le courage et la fureur guerrière ; Vénus, l'amour et la volupté, pendant qu'Esculape était invoqué pour la guérison des malades ; on dressait aussi des autels à la fièvre, à la peur, à la mort, etc.

Mais comment concevoir tous ces êtres imaginaires, sinon comme des hommes Conséquemment on supposa les uns mâles, les autres femelles ; on leur attribua des mariages, une postérité, une généalogie; on leur prêta les inclinations, les goûts, les besoins, les faiblesses, les passions, les vices

---

(1) Ce préjugé avait son fondement dans la révélation primitive qui avait fait connaître à nos premiers parents l'existence des anges bons et mauvais.

de l'humanité. Il fallut décerner à chacun d'eux un culte analogue à son caractère, et la superstition trouva dans ce travail un vaste champ pour s'exercer. L'on composa sur le même plan leur histoire, c'est-à-dire les fables, et les poëtes s'exercèrent à les orner des images les plus riantes de la nature. Tel est le fond et le tissu de la théogonie d'Hésiode, des poëmes d'Homère, de l'ouvrage d'Apollodore, etc. L'erreur pouvoit-elle manquer de gagner tous les hommes par d'aussi séduisants attraits?

Elle était établie déjà depuis longtemps chez les nations lettrées, lorsque les philosophes commencèrent à raisonner sur l'origine des choses. Sans une lumière surnaturelle, il n'était pas aisé de trouver la vérité dans le chaos des opinions populaires. En tâtonnant dans les ténèbres, les uns supposèrent l'éternité du monde, les autres attribuèrent tout au hasard ou à une nécessité aveugle; tous crurent l'éternité de la matière. Les plus sensés comprirent cependant qu'il avait été besoin d'une intelligence pour l'arranger et en composer cet univers: ils admirent donc un Dieu formateur du monde; c'était un grand pas fait vers la vérité. Mais comment concilier ce dogme d'un seul architecte suprême avec la multitude de dieux adorés par le peuple? Platon y employa toute la sagacité de son génie; voici le système qu'il enfanta.

Dans le *Timée*, il pose pour principe que l'âme ou l'esprit a dû exister avant les corps, puisque c'est lui qui les meut et qu'ils sont incapables de se mouvoir eux-mêmes, surtout de produire un mouvement régulier; dans le dixième livre des Lois, il n'emploie point d'autre argument pour prouver l'existence de Dieu. De là il conclut que c'est Dieu, esprit intelligent et puissant, qui a formé tous les corps en arrangeant la matière. Il prétend que l'univers entier est animé et mû par une grande âme répandue dans toute la masse; conséquemment il appelle le monde un *être animé*, *l'image de Dieu intelligent*, un *Dieu engendré*. Mais il ne dit point où Dieu a pris cette âme du monde, si c'est lui-même ou s'il l'a détachée de lui-même, ou s'il l'a tirée du sein de la matière. Il suppose, en second lieu, que Dieu a partagé cette grande âme, qu'il en a mis une portion dans chacun des corps célestes, même dans le globe de la terre; qu'ainsi ce sont autant d'êtres animés, vivants et intelligents: il appelle tous ces grands corps *les animaux divins*, *les dieux célestes*, *les dieux visibles*. Il dit, en troisième lieu, que ces dieux visibles en ont engendré d'autres qui sont invisibles, mais qui peuvent se faire voir quand il leur plaît. C'est la multitude des génies, des démons, ou des esprits que l'on supposait répandus dans toutes les parties de la nature, auteurs de ses divers phénomènes, et auxquels les peuples offraient leur encens. Selon lui, c'est à ces derniers que Dieu, père de l'univers, a donné la commission de former les hommes et les animaux, et pour les animer, Dieu a détaché des parcelles de l'âme des astres.

« Quoique nous ne puissions, dit-il, concevoir ni expliquer la naissance de ces dieux, et quoique ce qu'on en rapporte ne soit fondé sur aucune raison certaine ni probable, il faut cependant en croire les anciens qui se sont dits *enfants des dieux*, et qui devaient connaître leurs parents, et nous devons y ajouter foi selon les lois. » Ainsi, sans aucune raison et uniquement par respect pour les lois, Platon a donné la sanction à toutes les erreurs populaires et à toutes les fables de la mythologie. Voilà ce que la philosophie païenne a produit de mieux, pendant près de mille ans qu'elle a été cultivée par les plus beaux génies de la Grèce et de Rome.

Dans le second livre de Cicéron sur la nature des dieux, le stoïcien Balbus établit le même système que Platon: il dit que le monde, étant animé et intelligent, est dieu; qu'il en est de même du soleil, de la lune, de tous les astres, de l'air, de la terre et de la mer, parce que tous ces corps sont animés par le feu céleste, qui est la source de toute intelligence, etc. Cicéron lui-même conclut son ouvrage en disant que de tous les sentiments dont il vient de parler, celui des stoïciens lui paraît être le plus vraisemblable. Les philosophes postérieurs, Celse, Julien, Porphyre, Jamblique, toute l'école platonicienne d'Alexandrie, ont continué à soutenir cette pluralité des dieux gouverneurs du monde; aucun d'eux n'a renoncé à cette opinion, à moins qu'il n'ait embrassé le christianisme.

Dans les *Mém. de l'Acad. des Inscript.*, tome LXXI, in-12, p. 79, un savant a fait voir que le polythéisme des Phéniciens et celui des Égyptiens n'étaient pas différents, dans le fond, de celui des Grecs.

De tous ces témoignages, il résulte que les dieux du paganisme les plus anciens, les dieux principaux, et qui étaient en plus grand nombre, étaient les prétendus génies ou êtres intelligents qui animaient les différentes parties de la nature, soit dans le ciel, soit sur la terre (1). Dans la suite des siècles, lorsque les nations furent devenues nombreuses et puissantes, on vit paraître des hommes qui se distinguèrent par leurs talents, par leurs services, par leurs exploits; l'admiration, la reconnaissance, l'intérêt, qui avaient engagé les peuples à rendre un culte aux génies moteurs et gouverneurs de la nature, les portèrent aussi à diviniser après la mort les grands hommes que l'on avait regardés comme les *enfants des dieux*. Ainsi s'introduisit le culte des héros, qui se confondit bientôt avec celui des dieux.

Nous n'ignorons pas que plusieurs savants ont pensé et ont tâché de prouver que le polythéisme et l'*idolâtrie* ont commencé par le culte des morts; que les dieux de la

(1) Il est constaté par l'histoire que le genre humain commença d'abord à honorer les anges comme ministres de Dieu, qu'ensuite on voulut en faire des dieux. Ce fut ainsi que commença l'idolâtrie. Voy. *Essai sur l'indifférence*, tom. III.

mythologie ont été des personnages réels, de l'existence desquels on ne peut pas douter. Nous examinerons ailleurs les raisons sur lesquelles on a étayé ce système, et les motifs qui ont porté certains critiques à l'embrasser ; nous nous bornons ici à faire voir la conformité de notre théorie à ce que nous enseignent les livres saints, et nous préférons, sans hésiter, cette preuve à toutes les autres.

L'auteur du *livre de la Sagesse*, c. XIII, v. 1 et 2, déplore l'aveuglement des hommes *qui ne connaissent pas Dieu, qui, à la vue de ses bienfaits, n'ont pas su remonter* A CELUI QUI EST, *ni reconnaître l'ouvrier en considérant ses ouvrages, mais qui ont pris le feu, l'air, le vent, les astres, la mer, le soleil et la lune pour des dieux qui gouvernent le monde.* Vers. 9, il s'étonne de ce que les philosophes, qui ont cru connaître l'univers, n'ont pas su en apercevoir le Seigneur. Vers. 10, il juge encore plus coupables ceux qui ont appelé *des dieux* les ouvrages des hommes, l'or, l'argent, la pierre ou le bois artistement travaillé, des figures d'hommes ou d'animaux, qui leur bâtissent des temples, qui leur adressent des vœux et des prières. Chap. XIV, vers. 12, il dit que ce désordre a été la source de la corruption des mœurs. Vers. 15, il reproche aux païens d'avoir adoré de même l'image des personnes qui leur étaient chères, d'un fils dont ils pleuraient la mort, d'un prince dont ils éprouvaient les bienfaits, et d'en avoir aussi fait des dieux. Vers. 18, il observe que les lois des princes et l'industrie des artistes ont contribué à cet usage insensé. Vers. 23, il montre la multitude des crimes auxquels cet abus a donné lieu. Vers. 27, il conclut que le culte des *idoles* a été l'origine et le comble de tous les maux. Chap. XV, v. 17, il dit que l'homme vaut beaucoup mieux que les dieux qu'il adore, puisqu'il est vivant, quoique mortel, au lieu qu'eux n'ont jamais vécu. Enfin il reproche aux *idolâtres* d'adorer jusqu'aux animaux.

Ce passage nous paraît prouver clairement ce que nous soutenons : que la première et la plus ancienne *idolâtrie* a été le culte des astres et des éléments, parce qu'on les regardait comme des êtres animés [des esprits] intelligents et puissants, et comme les gouverneurs du monde ; qu'après l'invention des arts, on les a représentés sous des figures d'hommes ou d'animaux, auxquelles on a dressé des temples et des autels, mais qu'auparavant l'on avait adoré déjà les objets en eux-mêmes ; qu'enfin le culte des morts n'est que le dernier période de l'*idolâtrie*.

A la vérité, les protestants ne font aucun cas du livre de la Sagesse ; ils ne le mettent point au rang des Écritures saintes ; mais nous avons fait voir qu'ils ont tort. *Voy.* SAGESSE. Quand il aurait été écrit par un auteur profane, il n'y aurait encore aucun sujet de rejeter son témoignage. C'était certainement un Juif instruit ; il avait étudié les livres saints, puisque, dans le passage cité, il fait évidemment allusion au XLIVe chapitre d'Isaïe ; il connaissait la croyance et les traditions de sa nation ; il avait probablement lu d'anciens livres que nous n'avons plus. Ce qu'il dit est confirmé par la doctrine des philosophes. Les détracteurs de son ouvrage n'ont pu y montrer aucune erreur ; ils lui reprochent seulement d'avoir été imbu de la philosophie grecque, surtout de celle de Platon : ce n'était donc pas un ignorant. Il jugeait par ses propres yeux du véritable objet de l'*idolâtrie* : son opinion doit donc l'emporter à tous égards sur les conjectures systématiques des critiques modernes. — Il y a plus : nous les défions de citer, dans toute l'Écriture sainte, un seul passage qui prouve que les principaux dieux du paganisme étaient des morts déifiés. Aucun des mots hébreux dont se servent les écrivains sacrés pour désigner ces dieux ne peuvent signifier un mort. *Bahalim*, les maîtres ou les seigneurs ; *élilim*, des êtres imaginaires ; *schedim* ou *schoudim*, des êtres méchants et destructeurs ; *tsijjim*, *schahirim*, des animaux hideux et sauvages, n'ont jamais été des termes propres à désigner les mânes ou les âmes des morts, mais plutôt des démons ou des monstres enfantés par une imagination peureuse et déréglée. Il semble que ce soit pour confondre ces folles idées que Dieu s'est nommé *celui qui est*, par opposition aux dieux fantastiques, qui n'ont jamais existé. Lorsque Dieu dit aux Israélites, *Deut.*, c. XXXII, v. 39 : *Voyez que je suis seul, et qu'il n'y a point d'autre Dieu que moi*, sans doute il n'a pas voulu les détourner de croire l'existence des âmes des morts. Dans toutes les leçons que Moïse fait à ce peuple pour les préserver de l'*idolâtrie*, c. IV, v. 15 et 19, il n'y a pas un mot qui tende à l'empêcher d'adorer des morts ; il lui défend seulement de les consulter pour savoir l'avenir, chap. XVIII, v. 11. Si les Israélites avaient vu pratiquer en Égypte ou ailleurs le culte des morts, le silence de Moïse ne serait pas excusable. — Job, ch. XXXI, v. 26, ne fait mention d'aucune autre *idolâtrie* que l'adoration du soleil et de la lune. Isaïe, c. XLIV, v. 6 et suiv., démontre l'absurdité du culte des *idoles* ; mais il n'insinue point qu'elles représentaient des morts. Jérémie garde le même silence en écrivant aux Juifs captifs à Babylone, pour les empêcher d'adorer les dieux des Chaldéens. *Baruch*, cap. VI. Une raison très-forte aurait été de leur représenter que les personnages dont on adorait les simulacres n'étaient plus et n'avaient plus de pouvoir ; il n'en dit rien. Il dit que ces *idoles* sont semblables à des morts jetés dans les ténèbres, v. 70 ; mais il n'ajoute point qu'elles représentaient des morts. Dieu fait voir à Ézéchiel les différentes espèces d'*idolâtrie* dont les Juifs s'étaient rendus coupables ; c. VIII, v. 10, il lui montre des reptiles, des animaux, des *idoles* de toute espèce peintes sur un mur, et des vieillards qui leur brûlent de l'encens ; v. 14, des femmes qui pleurent Adonis ; v. 16, des hommes qui tournent le dos au temple, de

Jérusalem, et qui adorent le soleil levant. Nul vestige de culte rendu aux morts, non plus que dans les prophéties de Daniel, quoiqu'il y soit souvent parlé de l'*idolâtrie* des Chaldéens. Enfin David, dans le *Ps.* xcv, v. 5, déclare en général que les dieux des nations sont des riens, des êtres nuls, qui n'ont jamais existé, *élilim;* ce passage nous paraît décisif.

De là nous concluons que le premier des auteurs sacrés qui ait parlé du culte rendu aux morts est celui du livre de la Sagesse. Supposons qu'il ait conçu l'*idolâtrie* suivant le système de Platon, il ne pouvait prendre un meilleur guide, puisque Platon connaissait très-bien les sentiments de tous les philosophes qui avaient écrit avant lui, et que dans le fond il n'a fait que donner une base philosophique au système populaire, non plus que Zénon et les stoïciens. Si dans ses lectures ou dans ses voyages il avait découvert que les dieux de la mythologie avaient été des hommes, il aurait pu le dire sans danger, puisque le culte des héros n'était pas moins autorisé par les lois que celui des dieux.

Mais près de cinq cents ans avant lui, selon le calcul d'Hérodote, Hésiode, dans sa *Théogonie*, avait donné de ces personnages la même idée que lui. Suivant ce poëte, les premiers dieux ont été la terre, le ciel, la nuit, les eaux et les différentes parties de la nature; c'est de ceux-là que sont nés les prétendus immortels qui habitent l'Olympe. Il ne parle des héros que sur la fin de son poëme; il les suppose nés du commerce d'un dieu avec une mortelle, ou d'un homme avec une déesse, et ces héros n'ont enfanté que des hommes ordinaires. Ce poëme est, pour ainsi parler, le catéchisme des païens, auquel la croyance populaire était absolument conforme. Homère a bâti ses fables sur le même fondement. Après deux mille six cents ans, il est un peu tard pour soutenir qu'ils se sont trompés.

A ces témoignages nous pourrions ajouter celui des anciens Pères de l'Eglise, dont quelques-uns étaient nés dans le paganisme, celui des historiens et des mythologues; nous l'avons fait dans l'ouvrage intitulé *l'Origine des dieux du paganisme*, etc., réimprimé en 1774. Quoique ce soit une question de pure critique, il était essentiel de la discuter, pour savoir en quoi consistait précisément l'*idolâtrie*. Au mot PAGANISME, § 1, nous réfuterons les auteurs qui se sont obstinés à soutenir que non-seulement les premiers dieux des païens, mais tous les dieux en général, ont été des hommes.

II. *Comment le polythéisme et l'idolâtrie se sont-ils introduits dans le monde?* — Cela paraît d'abord difficile à concevoir, quand on fait attention que, suivant l'Écriture sainte, Dieu s'était révélé aux hommes dès le commencement du monde, et que les patriarches, instruits par ces divines leçons, avaient établi parmi leurs descendants la connaissance et le culte exclusif d'un seul Dieu. Sans doute la confusion des langues et la dispersion des familles n'effacèrent point dans les esprits les idées de religion dont ils avaient été imbus dès l'enfance. Comment se sont-elles altérées ou perdues au point de disparaître presque entièrement de l'univers, et de faire place à un chaos d'erreurs et de superstitions (1)?

Cela ne serait pas arrivé, sans doute, si chaque père de famille avait exactement rempli ses devoirs et avait transmis fidèlement à ses enfants les instructions qu'il avait reçues lui-même. Mais la paresse naturelle à tous, l'amour de la liberté, toujours gênée par le culte divin et par les préceptes de la morale, le mécontentement contre la Providence, qui ne leur accordait pas assez à leur gré les moyens de subsistance, un fonds de corruption et de perversité naturelles, firent négliger à la plupart le culte du Seigneur. De pères aussi peu raisonnables il ne put naître qu'une race d'enfants abrutis. Ainsi commença l'état de barbarie, dans lequel les anciens auteurs ont représenté la plupart des nations au berceau. Les hommes, devenus sauvages et stupides, se trouvèrent incapables de réfléchir sur le tableau de la nature, sur la marche générale de l'univers; ils ne virent plus que des génies, des esprits, des *manitous*, dans les objets dont ils étaient environnés.

A la vérité, il n'en a pas été de même chez toutes les nations. Il est impossible que dans la Chaldée et la Mésopotamie, contrées si voisines de la demeure de Noé, les descendants de Sem aient entièrement perdu la connaissance des arts et du culte divin pratiqués par ces deux patriarches : le polythéisme et l'*idolâtrie* n'ont donc pas pu naître chez eux d'ignorance et de stupidité. Cependant l'histoire nous apprend que le culte d'un seul Dieu ne s'y est conservé pur, que

(1) « Sentant, dit le docte Prideaux, leur néant et leur indignité, les hommes ne pouvaient comprendre qu'ils pussent d'eux-mêmes avoir accès près de l'Etre suprême. Ils le trouvaient trop pur et trop élevé pour des hommes vils et impurs, tels qu'ils se reconnaissaient. Ils en conclurent qu'il fallait qu'il y eût un médiateur, par l'intervention duquel ils pussent s'adresser à lui; mais, n'ayant point de claire révélation de la qualité du Médiateur que Dieu destinait au monde, ils se choisirent eux-mêmes des médiateurs, par le moyen desquels ils pussent s'adresser au Dieu suprême; et, comme ils croyaient, d'un côté, que le soleil, la lune et les étoiles étaient la demeure d'autant d'intelligences qui animaient ces corps célestes, et en réglaient les mouvements; de l'autre, que ces intelligences étaient des êtres mitoyens entre le Dieu suprême et les hommes, ils crurent aussi qu'il n'y en avait point de plus propres à servir de médiateurs entre Dieu et eux. ». (*Hist. des Juifs*, t. I.)

« Personne, dit Maïmonide, ne se livre à un culte étranger (ou idolâtrique), dans la pensée qu'il n'existe point d'autre divinité que celle qu'il sert. Il ne vient non plus dans l'esprit de personne qu'une statue de bois, de pierre ou de métal, est le créateur même et le gouverneur du ciel et de la terre; mais ceux qui rendent un culte à ces simulacres, les regardent comme l'image et le vêtement de quelque être intermédiaire entre eux et Dieu. » (Maïmonide, *More Nevoch.*, part. I, cap. 36.)

pendant 150 ou 200 ans, tout au plus, depuis la dispersion. Nous lisons dans le livre de Josué, c. XXIV, v. 2, et dans celui de Judith, c. V, v. 7, que le polythéisme s'était déjà introduit chez les ancêtres d'Abraham dans la Chaldée; mais nous n'y voyons les premiers vestiges d'*idolâtrie* que deux cents ans plus tard, à l'occasion des *théraphim* ou *idoles* de Laban. *Gen.*, c. XXXI, v. 19 et 30. Il faut que ce désordre soit provenu d'une autre cause que du défaut de lumières. — Nous pouvons raisonner de même à l'égard de l'Égypte. Les petits-enfants de Noé n'auraient jamais osé habiter ce pays, noyé pendant trois mois de chaque année sous les eaux du Nil, s'ils n'avaient connu et pratiqué les arts de premier besoin, à l'exemple de leur aïeul. Le nom de *mitsraim*, que l'Écriture leur donne, atteste qu'ils savaient creuser des canaux, faire des chaussées et des levées de terre, pour se mettre à couvert des eaux, et cet art en suppose d'autres. Le vrai Dieu était connu chez eux du temps d'Abraham, *Gen.*, c. XII, v. 17, et du temps de Joseph, c. XLI, v. 38 et 39. On ne l'avait pas encore entièrement oublié au temps de Moïse, *Exod.*, c. I, v. 17 et 31; mais les Égyptiens étaient déjà livrés pour lors à la superstition la plus grossière, puisqu'ils rendaient un culte aux animaux, c. VIII, v. 26. Ce n'étaient cependant pas des barbares : ils avaient un gouvernement et des lois. *Voy.* ÉGYPTIENS.

Par une bizarrerie encore plus singulière, chez toutes les nations connues, le polythéisme et l'*idolâtrie* une fois établis, loin de diminuer avec le temps, n'ont fait qu'augmenter. Plus ces nations ont été civilisées et polies, plus elles ont été superstitieuses : Dieu, sans doute, a voulu humilier et confondre la raison humaine, en laissant les peuples s'aveugler et se pervertir à mesure qu'ils faisaient des progrès dans les arts, dans les lettres et dans les sciences. Ce phénomène nous étonnerait davantage si nous ne voyions pas les Juifs, environnés des leçons, des bienfaits, des miracles du Seigneur, se livrer avec fureur à l'*idolâtrie* et y retomber sans cesse, et, dans le sein même du christianisme, des hommes, pénétrés de lumières de toutes parts, se plonger dans l'impiété et dans l'athéisme.

Disons donc hardiment que ce sont les passions humaines qui ont été la cause du polythéisme chez tous les peuples, comme elles ont été la source des erreurs et de l'irréligion dans tous les temps.

1° L'homme avide, intéressé, insatiable de biens temporels, a imaginé qu'un seul Dieu, trop occupé du gouvernement général du monde, ne pensait pas assez à lui, ne récompensait pas assez largement les hommages et le culte qu'il lui rendait, qu'il ne pourvoyait pas suffisamment à ses besoins et à ses désirs; il a voulu préposer un Dieu particulier à chaque objet de ses vœux. C'est la raison que donnaient les Juifs pour justifier leur *idolâtrie*. *Jerem.*, c. XLIV, v. 17. *Lorsque nous avons offert*, disaient-ils, *des sacrifices et des libations à la reine du ciel, ou à la lune, comme nos pères, nous avons eu les biens en abondance, rien ne nous manquait, nous étions heureux; depuis que nous avons cessé de le faire, nous avons été en proie à la faim, à la misère, à l'épée de nos ennemis.* Les philosophes mêmes ont raisonné comme les Juifs. Celse et Julien ont objecté vingt fois que Dieu avait beaucoup mieux traité les Grecs, les Romains et les autres nations *idolâtres*, que les Juifs ses adorateurs; que ceux-ci avaient donc tort de ne pas pratiquer le même culte que les premiers. Les incrédules modernes n'ont pas dédaigné de répéter ce raisonnement absurde, comme si la prospérité temporelle d'un peuple était la preuve de l'innocence de sa conduite et de la vérité de sa religion. — 2° La vanité ne manque jamais de se joindre à l'intérêt : l'homme s'est flatté que dès qu'il choisissait un Dieu tutélaire particulier, ce Dieu aurait plus d'affection pour lui que pour les autres hommes, et déploierait tout son pouvoir pour payer les adorations qu'il lui rendrait; l'esprit de propriété se glisse ainsi jusque dans la religion. Par orgueil, les riches et les grands voudraient n'avoir rien de commun avec le peuple, pas même les temples ni les autels. Nous en voyons l'exemple dans un Juif opulent nommé Michas : il fit faire des *idoles*, il voulut avoir un appareil complet de religion dans sa maison, et pour lui seul. Fier d'avoir un lévite à ses gages, il dit : *Dieu me fera du bien, à présent que j'ai pour prêtre un homme de la race de Lévi* (*Jud.* XVII, 13). Plus il se rendait coupable, plus il espérait que Dieu lui en saurait gré. A quel autre motif qu'à la vanité peut-on attribuer la multitude de divinités que les femmes romaines avaient forgées pour présider à leurs occupations? Cela leur donnait plus d'importance et de relief. Par le même motif, les poëtes prétendaient que leur verve était un accès de fureur divine, et qu'un dieu les inspirait dans ce moment :

Est Deus in nobis, afflante calescimus illo.

— 3° La jalousie est inséparable de l'orgueil : un homme, jaloux et envieux de la prospérité de son voisin, s'est imaginé que cet heureux mortel avait un dieu à ses ordres; il a voulu avoir le sien. Parmi le peuple des campagnes, il se trouve souvent des hommes rongés par la jalousie, qui attribuent à la magie, aux sortilèges, à un commerce avec l'esprit infernal, la prospérité de leurs rivaux. Il y en a un exemple célèbre dans l'histoire romaine, rapporté par Tite-Live, et que tout le monde connaît : les mêmes passions produisent les mêmes effets dans tous les temps. — 4° Vu les préventions, les rivalités, les haines qui ont toujours régné entre les différentes nations, l'on conçoit aisément qu'à la moindre rupture chacun a supposé que les dieux de ses ennemis ne pouvaient être les siens; toutes ont donc pris des génies tutélaires particuliers, des dieux indigètes et locaux; il n'y eut pas une ville qui n'eût le sien. L'on distingua les dieux des Grecs d'avec ceux des Troyens, les divinités de Rome d'avec celles de Carthage. Avant de commencer la guerre contre un peuple, les Romains en invoquaient gravement les dieux protecteurs, ils leur promettaient de leur bâtir à Rome des temples et des autels ; l'aveuglement patriotique leur persuadait qu'il n'était aucun dieu qui ne dût être flatté d'avoir dans cette ville célèbre droit de bourgeoisie. — 5° De même que l'on voit souvent des hommes, transportés par les fureurs de l'amour ou de la vengeance, invoquer les puissances infernales pour satisfaire leurs désirs déréglés, ainsi les païens créèrent exprès des dieux pour y présider ; ils prétendirent que ces passions insensées leur étaient inspirées par un pouvoir surnaturel et divin ; que le moyen de plaire à des dieux amis du vice était de s'y livrer. Ainsi s'élevèrent les autels et les temples de Vénus, de Mars, de Bacchus, etc. Cicéron, sous le nom de Balbus, en convient, *De Nat. deor.*, l. ii, n, 61. Les plus grands excès furent permis dans les fêtes célébrées à leur honneur : ainsi les hommes vicieux et aveugles trouvèrent le moyen de changer leurs crimes en autant d'actes de religion. Le prophète Baruch nous montre les exemples de cette démence dans le culte des Babyloniennes, et ce qu'il en dit est confirmé par les auteurs profanes ; elle subsiste encore chez les Indiens dans le culte infâme du lingam. Dans le sein même du christianisme, la vengeance poussée à l'excès a causé que trop souvent des profanations et des impiétés. *Mém. de l'Acad. des Inscriptions*, tom. XV, in-12, p. 246 et suiv. — 6° La licence des fêtes païennes contribua, plus que toute autre cause, à étendre le polythéisme ; chaque nouveau personnage divinisé donna lieu à des assemblées, à des jeux, à des spectacles ; il y en avait de prescrits dans le calendrier romain pour tous les temps de l'année. Tel fut le piège qui entraîna si souvent les Juifs dans l'*idolâtrie* de leurs voisins ; ils assistaient à leurs fêtes, ils y prenaient part, ils se faisaient initier à leurs mystères. C'est aussi ce qui servit le plus à maintenir le paganisme, lorsque l'Evangile fut prêché par les envoyés de Jésus-Christ. Nous verrons ailleurs les sophismes et les prétextes dont se servait un païen pour défendre sa religion contre les attaques des docteurs chrétiens. Le grave Tacite méprisait les fêtes des Juifs, parce qu'elles étaient moins gaies et moins licencieuses que celles de Bacchus, *Hist.*, l. v, c. 5.

Quelques philosophes incrédules ont prétendu que cet amas de fables, d'absurdités et de superstitions, avait été principalement l'ouvrage des prêtres qui y avaient intérêt, et qui rendaient par là leur ministère nécessaire et respectable. Quand cela serait vrai, les causes dont nous venons de parler n'y auraient pas moins influé ; mais c'est ici une fausse conjecture. 1° Le polythéisme et l'*idolâtrie* sont nés fréquemment chez des peuples barbares et sauvages qui n'avaient ni prêtres, ni faux docteurs, ni ministres de la religion, chez lesquels il ne pouvait y avoir d'autres chefs du culte que les pères de famille, comme cela s'était fait dans les premiers âges du monde. Nous ne voyons pas quel intérêt pouvait avoir un père de tromper ses enfants en fait de religion, à moins qu'il n'eût commencé par s'égarer lui-même. Jamais les ignorants stupides n'eurent besoin de prêtres pour enfanter des rêves, pour prendre des terreurs paniques, pour imaginer des esprits, des lutins, des revenants partout ; ils le font encore aujourd'hui, malgré les instructions des prêtres. 2° A la naissance des sociétés civiles, les rois présidèrent au culte public ; le sacerdoce fut ainsi réuni à la royauté, non pour rendre celle-ci plus absolue, puisque celle des pères de famille ne l'avait pas été moins, mais pour rendre la religion plus respectable. Les faux dieux, les fables, les superstitions, étaient plus anciennes qu'eux ; elles avaient été introduites par les hommes encore dispersés, ignorants et à demi sauvages. 3° Parmi les adorateurs du vrai Dieu, le sacerdoce n'était pas moins respecté que chez les *idolâtres* ; ils ne pouvaient donc avoir aucun intérêt à changer la croyance ou le culte. Lorsque les Juifs se livraient à l'*idolâtrie*, le ministère des prêtres devenait très-inutile, et leur subsistance très-précaire ; nous le voyons par l'exemple de ce lévite dont nous avons parlé, qui, manquant de ressources, se fit le prêtre domestique d'un Juif *idolâtre*. Toutes les fois qu'il est arrivé du changement dans la religion, les prêtres en ont toujours été les premières victimes. 4° Dans le paganisme même, les prêtres n'étaient pas obligés d'être plus éclairés et plus en garde contre la superstition que les philosophes : or, ceux-ci ont érigé en dogmes et en système raisonné les absurdités du polythéisme et de l'*idolâtrie* ; nous l'avons vu par la théorie de Platon et par celle du stoïcien Balbus, dans le second livre de Cicéron, touchant la nature des dieux. Un pontife, au contraire, réfute dans le troisième toutes les hypothèses philosophiques concernant la Divinité, et soutient que la religion n'est fondée que sur les lois et sur l'autorité des anciens.

De toutes les causes que nous venons d'assigner, qui ont contribué soit à la naissance du polythéisme, soit à sa conservation, il n'en est certainement aucune de louable : toutes, au contraire, méritent la censure la plus rigoureuse.

III. *En quoi a consisté le crime des polythéistes et des idolâtres ?* — Ce que nous avons dit jusqu'ici doit déjà le faire comprendre ; mais il est bon de l'exposer en détail.

1° Le culte des païens n'était adressé qu'à des êtres imaginaires, forgés à discrétion par des hommes peureux et stupides. Les prétendus démons ou génies, maîtres et gouverneurs de la nature, tels que Jupiter, Junon, Neptune, Apollon, etc., n'existaient que dans le cerveau des païens. Soit qu'on les crût tous égaux et indépendants, soit qu'on les supposât subordonnés à un être plus grand qu'eux ; c'était outrager sa providence, que d'imaginer qu'il n'avait pas seulement daigné créer le genre humain, et qu'il n'en prenait aucun soin; qu'il abandonnait le sort des hommes au caprice de plusieurs esprits bizarres et vicieux, souvent injustes et malfaisants, qui ne tenaient aucun compte de la vertu de leurs adorateurs, mais seulement des hommages extérieurs qu'on leur rendait. C'était un abus inexcusable d'établir pour eux un culte pompeux, pendant que le Créateur, souverain Maître de l'univers, n'était adoré dans aucun lieu. — 2° Il y avait de l'aveuglement à nommer des *dieux* ces êtres fantastiques, à les revêtir des attributs incommunicables de la Divinité, tels que la toute-puissance, la connaissance de toutes choses, la présence dans tous les lieux et dans tous les symboles consacrés à leur honneur; pendant qu'on leur attribuait d'ailleurs toutes les passions et tous les vices de l'humanité, qu'on les peignait comme protecteurs du crime, que l'on mettait sur leur compte les fables et les aventures les plus scandaleuses. Saint Augustin n'a pas eu tort de soutenir aux païens que si ce qu'ils racontaient de leurs dieux était vrai, Platon et Socrate méritaient beaucoup mieux les honneurs divins que Jupiter. — 3° Non-seulement les *idoles* étaient, pour la plupart, des nudités honteuses, mais elles représentaient des personnages infâmes, Bacchus, Vénus, Cupidon, Priape, Adonis, le dieu Crépitus, etc. Plusieurs étaient des monstres, tels que Anubis, Atergatis, les tritons, les furies, etc. Les autres montraient les dieux accompagnés des symboles du vice : Jupiter avec l'aigle qui avait enlevé Ganymède; Junon avec le paon, figure de l'orgueil; Vénus avec des colombes, animaux lubriques; Mercure avec une bourse d'argent volé, etc. — 4° C'était une opinion folle de croire qu'en vertu d'une prétendue consécration, ces démons ou génies venaient habiter dans les statues, comme l'assuraient gravement les philosophes; que, par le moyen de la théurgie, de la magie, des évocations, l'on pouvait animer un simulacre et y renfermer le dieu qu'il représentait. C'était néanmoins la croyance commune; nous le prouverons ci-après. — 5° Un nouveau trait de démence était de mêler encore, dans le culte de pareils objets, des cérémonies non-seulement absurdes, mais criminelles, infâmes, cruelles : l'ivrognerie, la prostitution, les actions contre la nature, l'effusion du sang humain. Voilà ce qu'ont reproché aux païens l'auteur du livre de la Sagesse dans l'endroit que nous avons cité, les Pères de l'Église, témoins oculaires de tous ces faits, les auteurs profanes les mieux instruits, et même les poètes.

On dira sans doute que, dans l'état de barbarie, d'ignorance, de stupidité, dans lequel la plupart des peuples étaient tombés, ils étaient incapables de sentir l'énormité des crimes qu'ils commettaient, ni l'injure qu'ils faisaient à Dieu, puisqu'ils ne le connaissaient pas; qu'à tout prendre, ils ont été plus dignes de pitié que de colère et de châtiment. Mais nous avons fait voir que c'est par leur faute qu'ils sont tombés dans l'état de barbarie, que Dieu les avait suffisamment instruits, non-seulement par les lumières de la raison et par le spectacle de la nature, mais par des leçons de vive voix, pendant un grand nombre de siècles. D'ailleurs nous ne savons pas jusqu'à quel point Dieu, par des grâces intérieures, a daigné suppléer aux secours naturels qui manquaient aux peuples barbares, ni jusqu'à quel point ils se sont rendus coupables en y résistant. Dieu seul peut en juger; et puisque les livres saints les condamnent, ce n'est point à nous de les absoudre. Quant à ceux qui ont connu d'abord le vrai Dieu, ou qui ont pu le connaître, et qui se sont livrés à l'*idolâtrie* par l'impulsion de leurs passions, leur crime est évidemment sans excuse.

Les plus coupables sont certainement les philosophes. Aussi saint Paul a décidé qu'ils sont inexcusables, parce qu'ayant connu Dieu, sa puissance éternelle et ses autres attributs invisibles, ils ne l'ont pas glorifié comme Dieu, mais se sont livrés à de vaines spéculations et à tous les dérèglements d'un cœur corrompu. *Rom.*, c. I, v. 19 et suiv. Un court examen du système de Platon, qui était aussi celui des stoïciens, suffira pour justifier cette sentence de l'Apôtre.

Ce philosophe a péché d'abord, comme tous les autres, en supposant la matière éternelle, et cependant capable de changement; il aurait dû comprendre qu'un Être éternel existe nécessairement tel qu'il est; qu'il est donc essentiellement immuable. Si Dieu n'a pas été la cause productive de la matière, il n'a pu avoir aucun pouvoir sur elle : la matière était aussi nécessaire et aussi immuable que Dieu. C'est l'argument que les Pères de l'Église ont fait contre les philosophes, et il est sans réplique.

Un second défaut a été de supposer Dieu éternel, et de ne lui attribuer qu'un pouvoir très-borné, puisqu'il s'est terminé à donner à la matière une forme et un mouvement réglé. Il devait sentir que rien n'est borné sans cause, qu'un être éternel et nécessaire n'a point de cause; qu'il ne peut donc être borné dans aucun de ses attributs. En Dieu la nécessité d'être est absolue, indépendante de toute supposition : or, une nécessité absolue et une nécessité bornée sont contradictoires. Par une suite de cette méprise, Platon a supposé que Dieu, assez puissant pour arranger la matière et lui imprimer un mouvement, ne l'a pas été assez pour la conserver; qu'il a fallu pour cela une grande âme répandue dans toute la masse, et des portions de cette âme distribuées dans tous les corps. D'où est venue cette âme? Platon n'en dit rien. Si c'est une portion de la substance de Dieu, ce philosophe n'a pas compris que l'esprit, être simple et principe du mouvement, est essentiellement indivisible; qu'ainsi cette âme, divisée en portions qui animent les astres, la terre, les hommes et les animaux, est une absurdité palpable. Ce système n'est autre que celui des stoïciens.

qui envisageaient Dieu comme *l'âme du monde*. *Voyez* ce mot. On ne conçoit pas comment ces grands génies ont pu imaginer que l'âme d'un chien ou d'une fourmi peut être une portion de la nature divine. Si cette âme était déjà dans la matière, elle était donc coéternelle à Dieu, aussi bien que la matière; et puisque, selon Platon, l'esprit est essentiellement le principe du mouvement, l'âme de la matière devait déjà la mouvoir avant que Dieu l'eût arrangée. Ce philosophe ne s'est pas entendu lui-même, lorsqu'il a dit que l'esprit a dû nécessairement exister avant les corps, puisque c'est lui qui les meut; comment l'esprit a-t-il pu exister avant une matière éternelle? Cependant Platon n'avait point d'autre démonstration métaphysique pour prouver l'existence de Dieu. *Voy*. le dixième livre des *Lois*.

Dans ce système, Dieu n'a point de providence, il ne se mêle ni de la conservation ni du gouvernement du monde. Fatigué, sans doute, d'avoir arrangé la matière et formé les corps célestes, il n'a pas seulement daigné s'occuper à faire éclore les dieux du second ordre, ni les hommes, ni les animaux. Les dieux vulgaires sont nés, on ne sait comment, des dieux célestes, et c'est à eux que le Père du monde a donné la commission de former les hommes et les animaux; il a seulement fourni les âmes nécessaires pour les rendre vivants, en détachant des parcelles de l'âme des astres : ainsi, l'homme n'est guère différent des animaux que par une organisation plus parfaite. Ce n'est donc point à l'Être éternel, Père du monde, que les hommes sont redevables de leur naissance ni de leur sort; c'est aux dieux populaires, dont il est, non le père, mais l'aïeul. Ceux-ci sont les seuls arbitres de la destinée des hommes, des biens et des maux qui leur arrivent.

Aussi, dans le dixième livre des *Lois*, Platon s'attache à prouver la providence, non du Dieu éternel, Père du monde, mais *des dieux*; jamais il ne s'est exprimé autrement, et il n'aurait pu le faire sans se contredire. Par conséquent Porphyre a raisonné en bon platonicien, lorsqu'il a décidé qu'on ne doit adresser, même intérieurement, aucun culte au Dieu suprême, mais seulement aux génies ou dieux inférieurs. *De Abstin*., lib. II, n. 34. Dans ce système, à proprement parler, le Père du monde n'est ni *Dieu* ni *Seigneur*, puisqu'il ne se mêle de rien. Celse n'a pas été sincère, lorsqu'il a dit que celui qui honore les génies honore le Dieu suprême dont ils sont les ministres. Dans Origène, l. VIII, n. 66. Comment les peuples auraient-ils honoré un être qu'ils ne connaissaient pas, et que les philosophes seuls avaient imaginé pour pallier l'absurdité du polythéisme? Julien en imposait encore plus grossièrement, lorsqu'il prétendait que les païens adoraient le même Dieu que les Juifs. Dans saint Cyrille, liv. x, pag. 354. Ceux-ci adoraient le Créateur du monde, des esprits et des hommes, seul souverain Seigneur de l'univers, qui n'avait besoin, pour le gouverner, ni de ministres ni de lieutenants.

Nous ne savons pas sur quoi fondés quelques savants modernes, zélés pour la gloire de Platon, ont dit que, suivant ce philosophe, Dieu, qui est la souveraine bonté, a produit le monde et tous les êtres inférieurs à lui, lesquels, par conséquent, sont tous créatures, et ne sont pas *dieux* dans la vraie acception du mot, puisqu'ils dépendent du Dieu souverain pour leur être et pour leur conservation. Il est certain, par le texte même de Platon, qu'à proprement parler Dieu n'a produit ni le corps ni l'âme des êtres inférieurs à lui; il n'a fait qu'arranger la matière dont ces corps sont composés, et l'on ne sait où il a pris les âmes qu'il y a mises. Il n'est point le Père des dieux populaires, ce sont les dieux célestes qui leur ont donné la naissance. Ils sont *créatures*, si l'on veut, dans ce sens qu'ils ont commencé d'être; mais ils sont aussi *dieux* dans la vraie acception du mot, tel que Platon l'entendait, puisqu'ils gouvernent le monde comme il leur plaît, sans être tenus d'en rendre compte à personne. Jamais Platon n'a prêté à l'esprit éternel, Père du monde, aucune inspection sur la conduite des dieux qui le gouvernent; jamais il n'a insinué qu'il fallût lui rendre aucun culte. Au contraire, il dit dans le *Timée* qu'il est difficile de découvrir l'ouvrier et le père de ce monde, et qu'il est impossible de le faire connaître au vulgaire. Les idées qu'on veut lui attribuer ont été évidemment empruntées du christianisme par les platoniciens postérieurs, pour défendre leur système contre les objections des docteurs chrétiens.

Lorsque nos philosophes incrédules entreprennent de disculper même le commun des païens, en disant que tous admettaient un Dieu suprême, que le culte rendu aux génies se rapportait à lui, que c'était un culte subordonné et relatif, etc., ils ne font que montrer ou leur ignorance, ou leur mauvaise foi. Nous ferons voir le contraire dans le paragraphe suivant. Lorsque Platon décide qu'il faut maintenir le culte des dieux, tel qu'il est établi par les lois, et qu'il faut punir sévèrement les athées et les impies, il n'allègue point les raisons forgées par nos philosophes modernes, mais la nécessité absolue d'une religion pour le bon ordre de la république. L'académicien Cotta veut de même que, malgré tous les raisonnements philosophiques, l'on s'en tienne aux lois et aux usages établis de tout temps. Cic., *de Nat. deor.*, l. I:I. C'est donc uniquement sur les lois et la coutume, et non sur des spéculations, que le paganisme était fondé. Sénèque le dit formellement dans saint August., *L.* VI, *de Civ. Dei*, cap. 10. Dans Minutius Félix, le païen Cécilius soutient, n. 5, que la question de savoir si le monde s'est formé par hasard, ou par une nécessité absolue, ou par l'opération d'un Dieu, n'a aucun rapport à la religion; que la nature suit sa marche éternelle, sans qu'un Dieu s'en mêle; n. 10, que son attention ne pourrait suffire au gouvernement général du monde et aux soins minutieux de chaque particulier; n. 5, que si le monde était gouverné par une sage Providence, les choses iraient sans doute autrement qu'elles ne vont. « Puisqu'il n'y a, dit-il, que doute et incertitude sur tout cela, nous ne pouvons mieux faire que de nous en tenir aux leçons de nos ancêtres et à la religion qu'ils nous ont transmise, d'adorer les dieux qu'ils nous ont fait connaître, et qui, à la naissance du monde, ont sans doute instruit et gouverné les hommes. » Il est étonnant que des critiques modernes prétendent mieux entendre le paganisme que ces anciens.

Par ce chaos d'erreurs universellement suivies, on voit l'importance et la nécessité du dogme de la création; sans ce trait de lumière, la nature de Dieu, l'essence des esprits, l'origine des choses, sont une énigme indéchiffrable; les plus grands génies de l'univers y ont échoué. Mais Dieu a dit: *Que la lumière soit, et la lumière fut.* Ce mot sacré, qui au commencement dissipa les ténèbres du monde, nous éclaire encore; il nous apprend à raisonner. Dieu a opéré par le seul vouloir: donc il est éternel, seul Être existant de soi-même, pur esprit, immortel, immuable, tout-puissant, libre, indépendant; point de nécessité en lui que la nécessité d'être. Les esprits et les corps, les hommes et les animaux, tout est l'ouvrage de sa volonté seule; la conservation et le gouvernement du monde ne lui coûtent pas plus que la création; il n'a besoin, ni d'une âme du monde, ni de lieutenants, ni de ministres subalternes: c'est outrager sa grandeur et sa puissance que d'oser imaginer ou nommer d'autres *dieux* que lui; il est seul, *et il ne donnera sa gloire à personne*. Isaïe, c. XLVIII, v. 11.

On comprend, en second lieu, l'énergie du nom que l'Écriture donne à Dieu, lorsqu'elle l'appelle le *Dieu du ciel*, le *Dieu des armées célestes*. Non-seulement c'est lui qui a créé ces globes lumineux qui roulent sur nos têtes, mais c'est lui qui, par sa volonté seule, et sans leur avoir donné des âmes, dirige leur cours *pour l'utilité de toutes les nations de la terre*. Deut., c. IV, v. 19. Les astres ne sont donc ni des dieux, ni les arbitres de nos destinées; ce sont des flambeaux destinés à nous éclairer, et rien de plus; il y aurait donc de la folie à les adorer.

On voit enfin la sagesse et la nécessité des lois par lesquelles Dieu avait défendu l'*idolâtrie* avec tant de sévérité. C'est que, cette erreur une fois admise, il était impossible d'arrêter le torrent d'erreurs et de désordres qu'elle traînait à sa suite. Elle avait tellement le pouvoir d'aveugler et d'abrutir les hommes, que les meilleurs génies de l'antiquité, qui avaient passé leur vie à réfléchir et à méditer, n'en ont pas senti l'absurdité, ou n'ont pas eu le courage de s'y opposer. Mais les conséquences en ont été encore plus pernicieuses aux mœurs qu'à la philosophie: nous le verrons ci-après.

IV. *A qui était adressé le culte rendu aux idoles?* — Il ne devrait pas être nécessaire de traiter cette question, après ce que nous avons dit jusqu'ici, et après avoir prouvé que le culte rendu aux *idoles* ne pouvait, en aucun sens, se rapporter au vrai Dieu; mais nous avons affaire à des adversaires qui ne se rendent point; à moins qu'il n'y soient forcés par des preuves démonstratives; or, nous en avons à leur opposer. Suivant leur opinion, les écrivains sacrés ont eu tort de reprocher aux païens qu'ils adoraient le bois, la pierre, les métaux. Ps. CXIII et CXXXIV; *Baruch*, c. VI; *Sap.*, c. XV, v. 15, etc. L'intention des païens, disent-ils, n'était pas d'adresser leur culte à l'*idole* devant laquelle ils se prosternaient, mais au Dieu qu'elle représentait; jamais ils n'ont cru qu'une statue fût une divinité. C'est à nous de prouver le contraire.

Tout le monde connaît la supercherie dont les prêtres chaldéens se servirent pour persuader au roi de Babylone que la statue de Bel était une divinité vivante, qui buvait et mangeait les provisions que l'on avait soin de lui offrir tous les jours; l'histoire en est rapportée dans le livre de Daniel, c. IV.

Diogène Laërce, dans la *Vie de Stilpon*, liv. II, nous apprend que ce philosophe fut chassé d'Athènes, pour avoir dit que la Minerve de Phidias n'était pas une divinité.

Nous lisons dans Tite-Live que Herdonius s'étant emparé du Capitole avec une troupe d'esclaves et d'exilés, le consul Publius Valérius représenta au peuple que Jupiter, Junon et les autres dieux et déesses, étaient assiégés dans leur demeure, l. III, c. 17.

Cicéron, dans ses *harangues contre Verrès*, dit que les Siciliens n'ont plus de dieux dans leurs villes auxquels ils puissent avoir recours, parce que Verrès a enlevé tous les simulacres de leurs temples. *Act. IV de Signis*. En plaidant pour Milon, et parlant de Clodius, il dit: « Et vous, Jupiter Latin, vengeur du crime, du haut de votre montagne vous avez enfin ouvert les yeux pour le punir. » Il était donc persuadé que Jupiter résidait au Capitole, dans le temple et dans la statue qui y étaient érigés.

Pausanias, l. III, c. 16, parlant de celle de Diane Taurique, auprès de laquelle les Spartiates fouettaient leurs enfants jusqu'au sang, dit qu'il est comme naturel à cette statue d'aimer le sang humain, tant l'habitude qu'elle en a contractée chez les barbares s'est enracinée en elle.

Porphyre enseigne que les dieux habitent dans leurs statues, et qu'ils y sont comme dans un lieu saint. Même doctrine dans les livres d'Hermès. *Voy.* Eusèbe, *Præp. evang.*, l. V, c. 5; S. Aug., *de Civ. Dei*, l. VIII, c. 23.

Jamblique avait fait un ouvrage pour prouver que les *idoles* étaient divines et remplies d'une substance divine. *Voy.* Photius, *Cod.* 216. Proclus dit formellement que les statues attirent à elles les démons ou génies, et en contiennent tout l'esprit en vertu de leur consécration. *L. de Sacrif. et Magia.*

Vous vous trompez, dit un païen dans Arnobe, l. vi, n. 27, nous ne croyons point que le bronze, l'argent, l'or et les autres matières dont on fait les simulacres, soient des dieux; mais nous honorons les dieux mêmes dans ces simulacres, parce que dès qu'on les a dédiés, ils y viennent habiter.

Conséquemment Martial dit, dans une de ses épigrammes, que l'ouvrier qui taille les statues n'est point celui qui fait les dieux, mais bien celui qui les adore et leur offre son encens; à plus forte raison celui qui les consacre par des cérémonies auxquelles il attribue la vertu d'attirer les dieux.

Maxime de Madaure, philosophe païen, écrit à saint Augustin. *Epist.* 16: « La place publique de notre ville est habitée par un grand nombre de divinités dont nous ressentons le secours et l'assistance. »

Suivant l'auteur des *Clémentines*, *Homil.* x, n. 21, les païens disaient, pour justifier leur culte: « Dans nos divinités, nous n'adorons point l'or, l'argent, le bois ni la pierre; nous savons que tout cela n'est qu'une matière insensible et l'ouvrage d'un homme; mais nous prenons pour dieu l'esprit qui y réside. »

Il est donc incontestable que, suivant la croyance générale des païens, soit ignorants, soit philosophes, les *idoles* étaient habitées et animées par le dieu prétendu qu'elles représentaient, et auquel elles étaient consacrées; donc le culte qu'on leur rendait leur était directement adressé, non comme à une masse de matière insensible, mais comme à un être vivant, sanctifié et divinisé par la présence d'un esprit, d'un génie ou d'un dieu. Si ce n'est pas là une *idolâtrie* dans toute la rigueur du terme, nous demandons à nos adversaires ce que l'on doit entendre sous ce nom.

Dans cette hypothèse, il est exactement vrai de dire que l'*idole* est un dieu, et que l'on adore l'*idole*. De là tant d'histoires de statues qui avaient parlé, qui avaient rendu des oracles, qui avaient donné des signes de la volonté des dieux; de là la folie des païens, qui croyaient faire aux dieux mêmes ce qu'ils faisaient à leurs simulacres. Lorsque Alexandre assiégea la ville de Tyr, les Tyriens lièrent la statue d'Hercule, leur dieu tutélaire, avec des chaînes d'or, afin de retenir par force ce dieu dans leur ville. Pour plaire à Vénus, les filles et les femmes romaines faisaient autour de sa statue toutes les fonctions d'une coiffeuse, d'une servante, d'atours, et avaient grand soin de tenir devant elle un miroir. Dans les grandes solennités, l'on couchait les *idoles* sur des oreillers, afin que les dieux reposassent plus mollement. Allez au Capitole, disait Sénèque dans son *Traité de la Superstition*, vous aurez honte de la folie publique et des vaines fonctions que la démence y remplit. L'un récite au dieu les noms de ceux qui arrivent, l'autre annonce les heures à Jupiter; celui-ci lui sert de valet de pied, celui-là de valet de chambre, et en fait tous les gestes. Quelques-uns invitent les dieux aux assignations qu'ils ont reçues, d'autres leur présentent des requêtes et les instruisent de leur cause... Vous y verrez des femmes assises qui se figurent qu'elles sont aimées de Jupiter, et qui ne redoutent point la colère jalouse de Junon, etc. Dans saint Augustin, *de Civit. Dei*, l. vi, c. 10. Mais lorsque l'on était mécontent des dieux, on les maltraitait et on leur prodiguait les outrages. Après la mort de Germanicus, le peuple romain furieux courut dans les temples, lapida les statues des dieux, était prêt à les mettre en pièces. Auguste, indigné d'avoir perdu sa flotte par une tempête, fit faire une procession solennelle, dans laquelle il ne voulut pas que l'on portât l'image de Neptune, et crut s'être vengé. De même un Chinois, fâché contre son dieu, en renverse l'*idole*, la foule aux pieds, la traîne dans la boue, l'accable de coups.

C'est donc contre toute vérité que des critiques téméraires entreprennent de soutenir que le culte des païens n'était pas une *idolâtrie*, puisqu'il s'adressait, non à une *idole*, mais au dieu qu'elle représentait; que ce culte était subordonné et relatif; qu'en dernière analyse il se rapportait au Dieu suprême, duquel les dieux inférieurs avaient reçu l'être avec tout le pouvoir dont ils étaient revêtus. Nous avons prouvé, au contraire, que les païens en général n'avaient aucune connaissance ni aucune idée d'un Dieu suprême, auteur du monde et des différents êtres qu'il renferme; que ce système de Platon n'était point admis par les autres philosophes, et que lui-même ne voulait pas que l'on révélât ce secret au vulgaire. Nous demandons d'ailleurs quel rapport pouvait avoir au Dieu suprême le culte d'un Jupiter incestueux et débauché, d'un Mars cruel et sanguinaire, d'une Vénus adultère et prostituée, d'un Bacchus, dieu de l'ivrognerie, d'un Mercure, célèbre par ses vols, etc., etc. Si les hommages qu'on leur rendait retournaient au Dieu suprême, il faudra convenir aussi que les insultes et les outrages dont on les chargeait quelquefois retombaient sur le Dieu suprême, et que c'étaient autant d'impiétés commises contre lui. Les païens en seront-ils mieux justifiés?

Convenons donc qu'en fait de religion les païens ne raisonnaient pas, qu'ils se conduisaient comme des enfants et comme de vrais insensés, que, suivant l'expression de saint Paul, *I Cor.*, c. xii, v. 2, le peuple allait à des *idoles* muettes, *comme on le menait*, par conséquent comme un troupeau de brutes. Les lois, la coutume, l'exemple de ses aïeux, l'usage de tous les peuples, voilà toutes ses raisons. Platon, Varron, Cotta, Sénèque, les plus zélés défenseurs du paganisme, n'ont pas pu en donner d'autres. Il y a de la démence à vouloir excuser ce que les plus sages d'entre eux n'ont pas hésité de condamner (1).

(1) La conclusion qu'offre l'histoire primitive, dit

V. *Funestes conséquences du polythéisme et de l'idolâtrie à l'égard des mœurs et de l'ordre de la société.* — Nous avons vu l'auteur du livre de la *Sagesse* assurer que le culte rendu aux *idoles* a été la source et le comble de tous les maux, et il le prouve en détail. *Sap.*, c. XIV, v. 23 et suiv. Il reproche aux païens le caractère trompeur, les infidélités, le parjure, les haines, la vengeance, le meurtre, la corruption des mariages, l'incertitude du sort des enfants, l'adultère, l'impudicité publique, les veilles nocturnes et licencieuses, les sacrifices offerts dans les ténèbres, les enfants immolés sur les autels, l'oubli et le mépris de toute divinité. Saint Paul a répété la même accusation. *Rom.*, c. I, v. 24. Il fait souvenir les fidèles des vices auxquels ils étaient sujets avant d'avoir embrassé la foi. *I Cor.*, c. VI, v. 11. Il faut que tous ces crimes aient été inséparables de l'*idolâtrie*, puisque Moïse en chargeait déjà les Chananéens. *Levit.*, c. XVIII, v. 27. Les prophètes à leur tour les ont imputés aux Juifs devenus *idolâtres*. *Isaï.*, c. I; *Jerem.*, c. VII et VIII, etc. Les Pères de l'Église, Tertullien dans son *Apologétique*, saint Cyprien dans la première de ses *Lettres*, Lactance dans ses *Institutions divines*, saint Augustin dans plusieurs de ses ouvrages, etc., ont fait des mœurs païennes un tableau qui fait horreur. S'ils avaient besoin de garants, les *Satires* de Perse, de Juvénal et de Lucien, le récit des historiens, les aveux des philosophes, serviraient à confirmer ce qu'ils ont dit. Aussi l'un des plus forts arguments dont les apologistes chrétiens se sont servis pour prouver la divinité de la religion chrétienne, est le changement qu'elle produisait dans les mœurs, et la comparaison que l'on pouvait faire entre la sainteté de la vie des fidèles et la conduite abominable des païens.

Vainement on dit que, malgré cette dépravation, le paganisme n'avait cependant pas anéanti la morale, et que les philosophes en donnaient de très-bonnes leçons. Sans avouer l'excellence prétendue de la morale des philosophes païens, que nous avons examinée à l'article MORALE, nous voudrions savoir quel effet elle pouvait produire, lorsque la religion, le culte, l'exemple, donnaient des leçons toutes contraires. Les hommes pouvaient-ils être coupables en imitant la conduite des dieux qu'ils adoraient? Les philosophes, d'ailleurs, n'enseignaient pas le peuple, et l'on savait que leur conduite était souvent très-peu conforme à leurs préceptes; ils n'avaient aucun caractère, aucune mission divine, aucune autorité capable d'en imposer au peuple, et ils disputaient entre eux sur la morale comme sur toutes les autres questions. Quand on se rappelle avec quelle licence la morale de Socrate fut jouée sur le théâtre d'Athènes, on peut juger si les philosophes étaient de puissants réformateurs. Cicéron, Sénèque, Lactance, saint Augustin, ont fait voir que la religion païenne n'avait aucun rapport à la morale, que ces deux choses étaient inconciliables. Bayle l'a prouvé à son tour; il a montré que les païens devaient commettre plusieurs crimes par motif de religion. *Contin. des pensées div.*, § 53, 54, 126 et suiv.

En effet, indépendamment des exemples que nous en fournit l'Écriture sainte, on sait ce qu'était la religion chez les Grecs et chez les Romains, et en quoi ils la faisaient consister : dans de pures cérémonies, la plupart absurdes ou criminelles. Dans les nécessités publiques, on vouait aux dieux des victimes et des sacrifices, jamais des actes de vertu. Pour apaiser les dieux, on célébrait les jeux du cirque; on ordonnait des combats de gladiateurs, on représentait dans des pièces dramatiques les aventures scandaleuses des dieux, on promettait à Vénus un certain nombre de courtisanes; les fêtes de cette divinité n'auraient pas été bien célébrées, si l'on ne s'y était pas livré à l'impudicité; ni celles de Bacchus, si l'on n'avait pas pris du vin avec excès. Celles de la déesse Flora étaient encore plus licencieuses. Mais la frénésie des *idolâtres* éclatait surtout dans les sacrifices où l'on immolait aux dieux les captifs pris à la guerre; presque jamais un général romain n'obtint l'honneur du triomphe, sans qu'il fût suivi du meurtre des vaincus qu'il avait traînés à son char. Des dieux pouvaient-ils donc être si avides de sang humain? N'eût-il pas été possible d'en imaginer de moins cruels? On sait combien de milliers de chrétiens furent victimes de cette religion sanguinaire; au milieu de l'ivresse des spectacles, les païens forcenés s'écriaient : Livrez les chrétiens aux bêtes, *Christianos ad leonem*. *Tertull.*.

Il était impossible qu'une pareille religion, si l'on ose encore la nommer ainsi,

M. Riambourg, d'après les livres sacrés des peuples, un seul excepté, ne résulte pas uniquement de l'altération insensible des traditions. L'abus des symboles y a grandement contribué. De plus, quelques traits d'histoire locale se sont introduits dans les traditions. L'imagination ayant mélangé ces éléments, la confusion a marché croissant : le nombre des dieux s'est accru sans mesure. Mais, plus on remonte dans l'antiquité, plus le dogme est pur, plus le culte est simple. Les traditions se dégagent d'abord de ce qui est local, les idoles ensuite disparaissent, les mythes se raréfient, le sabéisme se montre à nu. Si l'on remonte toujours, le feu, l'air, la terre, l'eau sont des divinités. Antérieurement, ce sont les génies qui président aux éléments. Au sommet enfin, un dieu suprême avec des intelligences supérieures pour ministres. Telle est aussi la tradition des Hébreux.

Cette idée de Dieu s'est soutenue longtemps, dominant les superstitions. La lutte a commencé vers le temps d'Abraham. Dès là, dégénération successive : culte, 1° des génies, 2° des astres, ou sabéisme, 3° des idoles. Race japhétique, adorant plus spécialement le génie; race sémitique, adonnée au sabéisme; race de Cham, plus particulièrement idolâtre.

Il y a contraste, à cet égard, entre l'Égypte et la Chine. Les Chinois s'étaient arrêtés sur le premier degré de la dégénération; l'Égypte avait roulé jusqu'au plus profond de l'abîme. Autre contraste : l'Égypte et la Judée étaient limitrophes; l'Égypte adorait tout, la Judée n'adorait que Dieu. Pour expliquer ce frappant phénomène, les raisons naturelles sont bien faibles!

contribuât au bonheur des hommes; elle ne pouvait servir qu'à les rendre malheureux; et il est vrai de dire avec saint Paul que les païens trouvaient en eux-mêmes le juste salaire de leurs erreurs et de leurs crimes. Dès que l'on supposait le monde peuplé de divinités bizarres, capricieuses, malignes, plus portées à faire du mal aux hommes que du bien, les esprits devaient être continuellement agités d'inquiétudes frivoles et de terreurs paniques. On ne parlait que d'apparitions de démons et de revenants, de gémissements des morts, de spectres et de fantômes, du pouvoir des magiciens, des enchantements des sorcières. *Voyez* le *Philopseudes* de Lucien. Toute maladie était censée envoyée par un dieu, tout événement extraordinaire était le présage de quelque malheur. Un phénomène dans l'air, une éclipse, une chute du tonnerre, la naissance d'un animal monstrueux, alarmaient les villes et les campagnes; le vol d'un oiseau, la vue d'une belette, le cri d'une souris, suffisaient pour déconcerter toute la gravité des sénateurs romains. Il fallait consulter les sorts, les oracles, les astrologues, les augures, les aruspices, avant de rien entreprendre; observer les jours heureux ou malheureux, expier les songes fâcheux et les rencontres fortuites, faire des offrandes à la peur, à la fièvre, à la mort, aux dieux lares, aux dieux préservateurs; la moindre faute commise dans le cérémonial suffisait pour irriter la divinité que l'on voulait se rendre propice. « Toutes ces folies, disait Cicéron, seraient méprisées, et l'on n'y ferait pas attention, si elles n'étaient pas autorisées par le suffrage des philosophes mêmes qui passent pour les plus éclairés et les plus sages. » *De Divinat.*, l. II, *in fine*. Mais tel était l'empire du préjugé, que les épicuriens mêmes, qui n'admettaient des dieux que pour la forme, n'osaient secouer entièrement le joug de la superstition. Un païen, après avoir passé sa vie dans les inquiétudes et les terreurs, ne pouvait encore en mourant se promettre un sort heureux dans l'autre monde; malgré l'audace et les railleries des incrédules contre l'existence des enfers, il ne pouvait pas savoir certainement ce qui en était.

Les Pères de l'Église n'ont donc pas eu tort de soutenir qu'une religion aussi folle, aussi contraire au bon sens et au bien-être de l'homme, ne pouvait avoir été introduite dans le monde que par l'esprit infernal.

Mais, dira-t-on peut-être, la plupart de ces absurdités se sont renouvelées dans le sein même du christianisme pendant les siècles d'ignorance. Soit : elles y avaient été rapportées par les barbares du Nord, *idolâtres*, grossiers et brutaux. Mais la religion réclamait toujours contre tous les abus; à force de vigilance et de zèle, les pasteurs en empêchaient la contagion. Jamais l'Église n'a cessé de proscrire par ses lois toute espèce de superstition, et enfin le mal a cessé avec l'ignorance : chez les Grecs et chez les Romains, il a fait des progrès à mesure que ces peuples ont avancé dans les sciences humaines; après deux mille ans de durée, il était aussi enraciné que jamais, et il est encore au même degré chez toutes les nations qui ne connaissent point l'Évangile. Aujourd'hui nos philosophes se vantent d'avoir dissipé l'ignorance et les préjugés; mais sans les lumières du christianisme, auraient-ils eu plus de pouvoir que les sages d'Athènes et de Rome? Les uns ni les autres n'ont su détruire la superstition qu'en professant l'athéisme : c'est un remède pire que le mal. Pour nous, nous sommes sûrs d'éviter toutes les erreurs et tous les excès, en nous tenant aux leçons de la religion.

VI. *Le culte que nous rendons aux saints, à leurs images, à leurs reliques, est-il une idolâtrie?* — C'est le reproche que nous font continuellement les protestants, et ç'a été là un des principaux motifs de leur schisme; a-t-il quelque apparence de vérité?

Il n'est parmi nous aucun ignorant assez stupide pour ne pas savoir le symbole des apôtres et l'oraison dominicale. Or, s'il est capable d'entendre ce qu'il dit, en récitant le premier article du symbole : *Je crois en Dieu le Père tout-puissant, créateur du ciel et de la terre*, il lui est impossible de devenir *idolâtre* ni polythéiste. Il fait profession de croire un seul Dieu, un seul Tout-Puissant, un seul Créateur, par conséquent un seul souverain Seigneur et gouverneur de l'univers. Lorsqu'il lui arrive du bien ou du mal, il ne peut être tenté de l'attribuer à aucun autre être qu'à Dieu et à sa providence. Si quelquefois il accuse le diable de lui avoir fait du mal, c'est un trait d'impatience passagère, qu'il désavoue lorsqu'il y fait réflexion. Dans ses besoins, il recourt à Dieu; il lui dit tous les jours : *Notre Père, qui êtes aux cieux, que votre volonté soit faite; donnez-nous notre pain pour chaque jour*, etc. Quelque confiance qu'il puisse avoir en un saint, il sait que ce ne peut être qu'un intercesseur auprès de Dieu; jamais il ne lui viendra dans l'esprit de le prendre pour un dieu, de lui attribuer la toute-puissance de Dieu, de le croire maître absolu ni distributeur souverain des biens dont Dieu est seul auteur. Avec ces notions une fois gravées dans l'esprit d'un ignorant dès l'enfance, nous ne concevons pas comment il pourrait devenir *idolâtre*.

Pour prouver que tout catholique est coupable de ce crime, les protestants ont établi des principes conformes à leurs prétentions. 1° Ils soutiennent que tout culte religieux rendu à un autre être qu'à Dieu est une *idolâtrie* : principe faux; nous avons prouvé le contraire au mot Culte. Nous avons fait voir qu'il y a non-seulement un culte religieux, suprême, absolu, qui se termine à l'objet auquel il est adressé, qui ne va pas plus loin, et qui n'est dû qu'à Dieu seul, mais qu'il faut nécessairement admettre un culte subordonné et relatif, qui n'est rendu à un personnage de Dieu qu'à un objet que par respect pour Dieu qui l'approuve et qui l'ordonne. Dieu, sans se contredire, n'a pu ordonner pour lui-même le culte suprême et absolu, sans commander aussi le respect, l'honneur, le culte, pour tout ce qui sert à l'honorer lui-même, et pour ceux qu'il a nommés ses *christs*, ses *saints*, ses *serviteurs*, ses *amis*. C'est pour cela qu'il a dit : *Tremblez devant mon sanctuaire; cette terre est sainte, ce jour sera saint, mes prêtres seront saints; l'huile de leur consécration, leurs vêtements sont saints; le grand prêtre portera sur son front ces paroles : Saint du Seigneur, ou consacré au Seigneur*, etc. Nous soutenons que le respect, l'honneur, la vénération, que Dieu ordonne d'avoir pour toutes ces choses, est un vrai culte, un culte religieux, et qu'il fait partie de la religion; les protestants ne peuvent soutenir le contraire, sans pervertir toutes les notions et abuser de tous les termes.

Or, nous avons fait voir que les païens n'avaient et ne pouvaient avoir aucune idée d'un culte subordonné et relatif. Ils ne reconnaissaient point un Dieu suprême, duquel les autres fussent seulement les lieutenants et les ministres ; jamais ils n'ont rêvé que Jupiter, ou tel autre dieu, avait pour supérieur l'Esprit éternel formateur du monde, qu'il lui devait compte de son administration, et qu'il n'avait auprès de lui qu'un simple pouvoir d'intercession. Cette idée même n'est venue dans l'esprit d'aucun philosophe antérieur au christianisme ; à plus forte raison n'a-t-elle pas pu entrer dans la tête du commun des païens, qui n'avaient aucune notion d'un Dieu suprême, que les philosophes n'ont jamais révélé ce dogme, qui regardaient tous les dieux comme à peu près égaux, qui s'adressaient à eux directement et uniquement dans leurs besoins, et qui attribuaient à eux seuls le pouvoir d'accorder les bienfaits qu'on leur demandait. Il y a donc de la part des protestants un entêtement impardonnable à comparer le culte que nous rendons aux saints avec celui que les païens rendaient à leurs dieux prétendus, à soutenir que Dieu a défendu ce culte par ces paroles : *Vous n'aurez point d'autre Dieu que moi*. De simples intercesseurs sont-ils donc des dieux ? La loi n'ajoute point : Vous ne rendrez à aucun autre personnage qu'à moi aucun espèce de respect, d'honneur ni de culte religieux, par considération pour moi. *Voy.* SAINTS.

Nous n'insisterons point sur la différence qu'il y a entre le caractère que nous attribuons aux saints et celui que les païens prêtaient à leurs dieux ; entre les pratiques par lesquelles nous honorons les premiers, et celles dont usaient les païens dans le culte de leurs *idoles*. Nous honorons dans les saints les dons et les grâces de Dieu, les vertus héroïques et surnaturelles, les services spirituels et temporels qu'ils ont rendus à la société, la gloire et le bonheur dont Dieu les a récompensés. Les païens respectaient et célébraient dans les dieux des vices, des crimes, des forfaits, des actions, dont les hommes doivent rougir : les adultères et les incestes de Jupiter, l'orgueil et les traits de jalousie de Junon, les impudicités de Vénus, les fureurs et les vengeances de Mars, les vols de Mercure, les friponneries de Laverne, l'humeur satirique de Momus, etc. Ils divinisaient des personnages qui auraient mérité d'expier sur la roue. Autant ce culte absurde et impie contribuait à pervertir les mœurs, autant celui que nous rendons aux saints doit servir à les purifier et à les rendre irréprochables.

Mais le principal reproche d'*idolâtrie* que nous font les protestants, tombe sur le culte que nous rendons aux images ; si on veut les en croire, Dieu a défendu purement et rigoureusement toute espèce de figure, de représentation ou de simulacre, et toute espèce d'honneur que l'on peut leur rendre, sous quelque prétexte ou considération que ce soit. Nous prouverons le contraire au mot IMAGE.

Enfin, au mot PAGANISME, nous réfuterons toutes les tournures, les subtilités, les suppositions et les conjectures fausses par lesquelles les protestants se sont étudiés à obscurcir les vérités que nous venons d'établir, toujours dans le dessein de calomnier l'Eglise catholique ; mais nous ferons voir que tous leurs efforts n'ont abouti à rien.

IDOLOTHYTES. C'est ainsi que saint Paul appelle les viandes qui avaient été offertes en sacrifice aux idoles. L'usage des païens était de manger ces viandes en cérémonie, la tête couronnée de fleurs, en faisant des libations aux dieux et en leur adressant des vœux. On croyait ainsi prendre part au sacrifice qui avait été offert ; c'était par conséquent un acte formel d'idolâtrie. Il y eut d'abord, parmi les chrétiens, du doute pour savoir s'il était permis d'en manger dans les repas ordinaires, lorsque ces viandes avaient été vendues au marché, sans vouloir prendre aucune part à la superstition des païens, et sans s'informer si elles avaient été offertes ou non en sacrifice. Dans le concile de Jérusalem, *Act.*, c. XV, v. 29, il fut ordonné aux fidèles de s'en abstenir, sans doute à cause de l'horreur qu'en avaient les juifs, qui n'auraient pas pardonné aux fidèles l'indifférence sur ce point, et à cause des conséquences que pouvaient tirer malicieusement les païens, s'ils avaient vu les chrétiens en user.

Cinq ans après, saint Paul, consulté sur cette question, répondit, *I Cor.*, c. VIII, v. 4, que l'on pouvait en manger, sans s'informer si ces viandes avaient été offertes aux idoles, pourvu que cela ne causât point de scandale aux faibles. Cependant l'usage de s'abstenir de ces viandes a subsisté parmi les chrétiens. Dans l'*Apocalypse*, c. II, v. 14, les fidèles de Pergame sont blâmés de ce qu'il y avait parmi eux des gens qui faisaient manger des viandes offertes aux idoles. Aussi cela fut défendu par plusieurs canons des conciles. Pour gêner les chrétiens et leur tendre un piège, l'empereur Julien fit offrir aux idoles toutes les viandes de la boucherie.

IDUMÉENS. Ce sont les descendants d'Ésaü, autrement Edom, frère de Jacob et fils d'Isaac. Leur première demeure fut à l'orient de la mer Morte, dans les montagnes de Seïr ; dans la suite, ils s'étendirent au midi de la Palestine et de la mer Morte, entre la Judée et l'Arabie. Ils eurent des chefs à leur tête, et furent réunis en corps de nation longtemps avant les Israélites. La haine qu'Esaü avait conçue contre son frère Jacob, parce que celui-ci avait obtenu, au préjudice de son aîné, la bénédiction d'Isaac leur père, passa à ses descendants, et augmenta de jour en jour. Lorsque les Hébreux voyageaient dans le désert, ils ne purent obtenir des *Iduméens* la permission de passer simplement par leur pays, en payant le pain et l'eau. *Num.*, c. xx, v. 14 et suiv. Cependant le Seigneur défendit aux Hébreux d'attaquer les *Iduméens* et d'envahir leur pays. *Deut.*, c. ii, v. 5. Mais déjà il avait fait prédire par Balaam qu'un descendant de Jacob serait un jour maître de l'Idumée. *Num.*, c. xxiv, v. 18. En effet, David en fit la conquête, *II Reg.*, c. viii, v. 14, et alors fut accomplie la prédiction que le Seigneur avait faite à Rébecca, que l'aîné des deux enfants qu'elle portait serait assujetti à son cadet. *Gen.*, c. xxv, v. 23. Et il n'est pas vrai, comme l'a prétendu un incrédule, que cette expédition de David ait été contraire à la défense que Moïse avait faite aux Juifs d'envahir le pays des descendants d'Esaü, puisque David ne les chassa pas de chez eux. Les *Iduméens* voulurent secouer le joug sur la fin du règne de Salomon, mais sans grand succès : ils furent obligés de le porter jusqu'au règne de Joram, fils de Josaphat. Dès ce moment, ils demeurèrent indépendants et encore plus ennemis des Juifs qu'auparavant.

Sous le règne d'Ozias, le prophète Amos leur fit, de la part de Dieu, des menaces terribles, parce qu'ils avaient tiré l'épée contre les Juifs, et parce qu'ils gardaient contre eux une haine implacable. C. i, v. 11. Ils recommencèrent les hostilités sous le règne d'Achaz. *II Paral.*, c. xxviii, v. 17. Mais bientôt ils furent punis par les ravages que firent les Assyriens dans l'Idumée. Pendant que Nabuchodonosor assiégeait Jérusalem, ils se joignirent à lui, et l'excitèrent à détruire cette ville de fond en comble. *Ps.* cxxxvi, v. 7. Mais déjà quelques années auparavant Jérémie les avait menacés de la colère du Seigneur, et avait présenté des chaînes aux ambassadeurs de leur roi, c. xxv, v. 21 ; c. xxvii. v. 3, pour leur annoncer que l'Idumée, comme les autres royaumes voisins, tomberait sous le joug de Nabuchodonosor, et c'est ce qui arriva. c. xlix, v. 7, etc.

Ils profitèrent de la captivité des Juifs à Babylone, pour s'emparer d'une partie de la Judée méridionale ; mais Dieu déclara qu'il renverserait bientôt cette prospérité passagère. *Malach.*, c. i et suiv. *Ils bâtiront, et je détruirai ; leur pays sera appelé un pays d'impiété, et leur peuple, un peuple contre lequel le Seigneur est fâché pour toujours.* En effet, nous ne les voyons plus gouvernés dès ce moment par un roi de leur nation ; Judas Machabée et Jean Hircan les domptèrent. Josèphe, *Antiq.*, l. xi, c. 11 ; l. xiii, c. 17. Ils demeurèrent assujettis aux Juifs jusqu'à la destruction de Jérusalem et à la dispersion de la nation juive. Depuis cette époque, il n'a plus été parlé d'eux. Ainsi l'on ne peut pas nier que les prophéties qui ont annoncé leur sort depuis Jacob jusqu'au dernier des prophètes, pendant un espace de treize siècles, n'aient été pleinement accomplies.

IGNACE (saint), évêque d'Antioche et martyr, mis à mort à Rome l'an 107, est un des Pères apostoliques. Nous avons de lui six lettres à différentes Eglises, une à saint Polycarpe, et les actes de son martyre écrits par des témoins oculaires. Comme saint *Ignace* a été disciple de saint Jean l'Evangéliste, et a souffert peu de temps après la mort de cet apôtre, ses écrits sont des monuments précieux de la doctrine et de la discipline de l'Eglise primitive ; ils sont rassemblés dans le second tome des *Pères apostoliques*, de l'édition de Cotelier.

Malheureusement pour les protestants, ils y ont trouvé la condamnation claire de plusieurs de leurs erreurs ; aussi leurs plus célèbres critiques, Saumaise, Blondel, Daillé, ont fait les plus grands efforts pour faire douter de l'authenticité des lettres de *saint Ignace*. Mais ils ont trouvé des adversaires redoutables parmi les théologiens anglais ; Péarson, évêque de Chester, en particulier, a non-seulement prouvé l'authenticité des lettres de *saint Ignace* par le témoignage des écrivains ecclésiastiques, mais il a solidement répondu à toutes les objections par lesquelles Daillé les avait attaquées : personne n'oserait plus aujourd'hui renouveler cette contestation ; Le Clerc lui-même convient que Daillé a eu tort. Il est donc fâcheux qu'en rendant compte d'un mémoire lu à l'académie des Inscriptions, en 1757, sur les ouvrages apocryphes supposés dans les premiers siècles de l'Eglise, on ait dit : « L'auteur n'entre point en discussion sur l'authenticité des épîtres de *saint Ignace* ; mais il remarque que celles mêmes qui sont reçues comme de ce Père, par le plus grand nombre des critiques, avaient été tellement altérées, il y a plusieurs siècles, que, les plus habiles ne pouvant plus discerner ce qui était véritablement de ce saint, elles étaient sans autorité. ». *Hist. de l'Acad. des Inscriptions*, t. XIII, in-12, pag. 165 et 166. La crainte d'induire en erreur les lecteurs peu instruits devait faire ajouter que les sept lettres de *saint Ignace*, reconnues à présent pour authentiques, n'ont plus rien de commun avec les lettres interpolées, et qu'il y a une différence infinie entre les unes et les autres. Autant l'on avait raison de refuser toute autorité aux secondes, autant il y aurait à présent de témérité à contester les premières, comme ont fait quelques incrédules.

Une des plus fortes objections que l'on avait faites contre ces lettres, c'est que *saint Ignace* y témoigne la plus grande ardeur pour le martyre, zèle qui a déplu aux protestants, et dont Barbeyrac a été fort scandalisé. *Traité de la Morale des Pères*, c. 8, § 39. Mais Péarson a prouvé par vingt exemples que plusieurs autres martyrs ont été dans les mêmes sentiments, et qu'ils en ont été généralement loués par les Pères de l'Église. *Vindic. Ignat.*, ıı° part., chap. 9, pag. 398. Nous prouverons contre Barbeyrac qu'en cela les Pères ne sont point répréhensibles et n'ont point enseigné une fausse morale. *Voy.* MARTYRE.

Mosheim, après avoir confronté toutes les pièces de la dispute touchant l'authenticité des sept lettres de *saint Ignace*, juge que la question n'est pas encore suffisamment résolue. *Hist. Christ.*, sæc. 1, § 52. Elle ne le sera jamais pour ceux qui ont intérêt à la renouveler : aucune raison ne peut les satisfaire.

Nous ne concevons pas quel sens peuvent donner les anglicans, qui ne croient point la présence réelle, à ce que *saint Ignace* dit de certains hérétiques, *ad Smyrn.*, c. 7 : « Ils s'abstiennent de l'eucharistie et de la prière, parce qu'ils ne confessent point que l'eucharistie soit la chair de notre Sauveur Jésus-Christ, laquelle a souffert pour nous, et que le Père a ressuscitée par sa bonté. » *Voy.* EUCHARISTIE.

Jusqu'à présent les actes du martyre de *saint Ignace* avaient été regardés comme authentiques par tous les savants; Le Clerc, critique très-scrupuleux et très-instruit, n'a formé là-dessus aucun doute. Un philosophe de nos jours s'est cependant proposé de les faire rejeter comme fabuleux : s'il avait pris la peine de lire ces actes avec plus d'attention et les notes de Le Clerc, il aurait senti la frivolité de ses conjectures. Il dit qu'il n'est pas possible que, sous un prince aussi clément et aussi juste que Trajan, la seule accusation du christianisme ait fait périr *saint Ignace*; qu'il y eut probablement quelque sédition à Antioche, de laquelle on voulut le rendre responsable. Mais il oublie la loi que Trajan, malgré sa justice et sa clémence, avait portée contre les chrétiens : *Il ne faut pas les rechercher; mais s'ils sont accusés et convaincus il faut les punir*; c'est ce qu'il écrivit à Pline. *Epist.* 98, l. 10. Il suffisait donc que *saint Ignace* eût été dénoncé à Trajan comme chrétien, et fût convaincu de l'être par son propre aveu, sans qu'il fût question de sédition. Selon lui, le rédacteur des actes dit que Trajan crut qu'il manquerait quelque chose à sa gloire, s'il ne soumettait à son empire *le Dieu des chrétiens*. Fausse citation. Il y est dit que Trajan, fier de ses victoires, pour que tout fût soumis, voulut que le corps ou la société des chrétiens lui obéît. Ce prince dit à *Ignace* : *Qui es-tu, esprit impur?* Fausse traduction. Il y a : *Qui es-tu, malheureux?* Κακοδαίμων signifie malheureux ou mal avisé, comme εὐδαίμων signifie heureux; c'est la remarque de Le Clerc.

Peut-on imaginer, dit notre censeur, que Trajan ait disserté avec *Ignace* sur le nom de *Théophore*, ou Porte-Dieu, sur Jésus-Christ, et qu'il ait nommé celui-ci le *Crucifié*?

Ce n'est point là le style des lois des empereurs ni de leurs arrêts. Nous répondons qu'il n'y a point ici de dissertation, mais une conversation très-courte et très-simple. Les empereurs despotes, tels que Trajan, n'avaient point de formule fixe pour leurs arrêts; ils condamnaient souvent sans forme de procès; et, quand l'auteur des actes n'aurait pas conservé les propres termes de Trajan, il ne s'ensuivrait rien.

Saint Ignace, conduit par des soldats, écrit cependant aux chrétiens de Rome et à d'autres Églises. Les chrétiens, dit notre philosophe, n'étaient donc pas recherchés; autrement *saint Ignace* aurait été leur délateur. Nous convenons que les chrétiens n'étaient pas *recherchés*, mais qu'ils étaient punis dès qu'ils étaient dénoncés et convaincus. *Saint Ignace* enchaîné ne pouvait échapper aux soldats; ils ne risquaient donc rien en lui laissant la liberté d'écrire : ses lettres étaient portées par des chrétiens affidés qui ne compromettaient personne. Les persécuteurs en voulaient principalement aux évêques, et, quand ceux-ci étaient pris ou condamnés, on ne refusait point aux chrétiens la liberté de les visiter.

Dans sa *lettre aux Romains*, *saint Ignace* les prie de ne faire aucune démarche pour le soustraire au supplice; ainsi, il supposait que, par sollicitations, par protection ou par argent, on pouvait le délivrer : il n'y a rien là de contraire à la vraisemblance. Il leur dit : « Flattez plutôt les bêtes, afin qu'elles deviennent mon tombeau, qu'elles ne laissent rien de mon corps, de peur qu'après ma mort je ne sois à charge à quelqu'un....... Je les flatterai moi-même, pour qu'elles me dévorent plus tôt, de peur quelles ne craignent de me toucher, comme cela est arrivé à d'autres; et, si elles ne veulent pas, je les y forcerai. Excusez-moi; je sais ce qui m'est utile. » C. 4 et 5. Voilà ce que nos critiques ont blâmé comme un excès de zèle; mais tel a été celui de la plupart des martyrs. *Voyez* les notes sur cette lettre, *PP. Apost.*, tom. II, p. 27 et 28. Nous ne voyons pas en quoi il est différent de celui de saint Paul, qui désirait de mourir pour être avec Jésus-Christ. *Philipp.*, c. ı, v. 23.

Le désir de *saint Ignace* fut accompli. Nous lisons dans les actes de son martyre, c. 6 et 7 : « Il ne restait de ses reliques que les parties les plus dures, qui ont été transportées à Antioche, enveloppées dans un linceul, et laissées à la sainte église, comme un trésor inestimable, en considération du saint martyr... Nous vous apprenons le jour et l'heure, afin que, rassemblés au temps de son martyre, nous attestions notre union avec ce généreux athlète de Jésus-Christ. » Barbeyrac dit qu'il n'y a dans ces paroles aucun vestige du culte religieux envers ce martyr, ni envers ses reliques. *Traité de la Morale des Pères*, ch. 13, § 25 et suiv. Quelle différence met-il donc entre le *culte religieux* et le respect inspiré par la religion? Quel autre motif que celui de la religion a pu engager les fidèles à conserver précieusement les reliques des martyrs, à s'assembler sur le tombeau, à y célébrer les saints mystères, à solenniser le jour de leur mort? Voilà ce que l'on a fait au ii° siècle, huit ou neuf ans après la mort de saint Jean. *Voy.* Culte, Relique.

Mosheim dit que ces actes ont peut-être été interpolés dans quelques endroits. *Hist. christ.*, sæc. ii, § 18. Ainsi, avec un *peut-être*, les protestants savent se débarrasser de tous les monuments qui les incommodent.

IGNORANCE. Tout le monde convient que l'*ignorance* volontaire et affectée de nos devoirs ne nous dispense point de les remplir, et ne peut servir d'excuse aux fautes qu'elle nous fait commettre, puisqu'un des principaux devoirs de l'homme est de s'instruire. Elle peut seulement, dans quelques circonstances, diminuer la grièveté du crime et la sévérité du châtiment; c'est pour cela qu'il est dit dans l'Évangile que le serviteur qui n'a pas connu la volonté de son maître, et a fait des actions dignes de châtiment, sera puni moins sévèrement que celui qui l'a connue. *Luc.*, c. xii, v. 47 et 48.

Mais, dans le siècle passé et dans celui-ci, on a mis en question si l'*ignorance*, même involontaire et invincible, excusait le péché et mettait le pécheur à couvert de la punition. Ce doute n'aurait jamais dû avoir lieu, puisqu'il est résolu dans l'Écriture sainte. Abimélech, qui avait enlevé Sara par ignorance, dit à Dieu: *Seigneur, punirez-vous un peuple qui a péché par* ignorance, *et qui n'est pas coupable? Je sais*, lui répond le Seigneur, *que vous avez agi avec simplicité de cœur; c'est pour cela que je vous ai préservé de pécher contre moi* (*Gen.* xx, 4). Dieu ne veut point que l'on punisse l'homicide commis par *ignorance*. Josué, c. xx, v. 5. Job, parlant des grands pécheurs, dit que Dieu ne les laissera pas impunis, parce qu'ils ont été rebelles à la lumière, et n'ont point voulu connaître les voies du Seigneur. *Job*, c. xxiv, v. 11. Jésus-Christ dit, en parlant des Juifs: *Si je n'étais pas venu leur parler, ils n'auraient point de péché; mais à présent ils n'ont point d'excuse de leur faute...... Si je n'avais pas fait parmi eux des œuvres qu'aucun autre n'a faites, ils seraient sans crime; mais à présent qu'ils me voient, ils me haïssent moi et mon Père* (*Joan.* xv, 22, 24). *Si vous étiez aveugles*, dit-il aux pharisiens, *vous n'auriez point de péché; mais vous dites*, Nous voyons; *votre péché demeure* (*Joan.* ix, 41).

Sur ces passages, saint Augustin dit qu'en effet, si Jésus-Christ n'était pas venu, les Juifs n'auraient pas été coupables du péché de ne pas croire en lui. *Tract.* 89, *in Joan.*, n. 1, 2, 3. Il dit ailleurs que Dieu a donné des préceptes, afin que l'homme ne pût s'excuser sur son ignorance. *L. de Grat. et lib. Arb.*, c. 2, n. 2.

Cependant quelques théologiens ont soutenu que, selon saint Augustin, toute *ignorance* est un péché formel et punissable, parce que toute *ignorance* est censée volontaire dans le péché originel; dont elle est un effet, péché commis par Adam avec une pleine connaissance et une entière liberté. Telle est la doctrine de Baïus, de laquelle il concluait que l'infidélité négative, ou l'*ignorance* des païens, qui n'ont jamais entendu parler de Jésus-Christ, est un péché. Est-il vrai que saint Augustin a été dans ce sentiment?

En disputant contre les manichéens, il avait dit : « Ce n'est point l'*ignorance* involontaire qui vous est imputée à péché, mais votre négligence à chercher ce que vous ignorez. Les mauvaises actions qu'un homme fait par *ignorance* ou par impuissance de mieux faire, sont nommées péchés, parce qu'elles viennent du premier péché librement commis. De même que nous appelons *langue* non-seulement le membre que nous avons dans la bouche, mais encore ses effets, le discours, le langage, ainsi nous nommons *péchés* les effets du péché, l'*ignorance* et la concupiscence. » *L.* iii, *de lib. Arb.*, c. 19, n. 53 et 54. Il est clair que, dans ce sens, *péché* signifie simplement *défaut, imperfection*, et non faute imputable et punissable. En écrivant contre les pélagiens, loin de rétracter le principe qu'il avait opposé aux manichéens, il le confirme. *L. de Nat. et Grat.*, c. 77, n. 81; *L.* i, *Retract.*; c. 9 et c. 15, n. 2; *L. de Perf. justitiæ hominis*, c. 21, n. 44; *Op. imperf.*, l. ii, n. 71, etc.

Mais les pélagiens soutenaient que l'*ignorance* et la concupiscence ne sont ni un vice, ni un défaut, ni un effet du péché. Célestius posait pour maxime que l'*ignorance* et l'oubli sont exempts du péché. *L. de gestis Pelagii*, c. 18, n. 42. Julien disait que l'ignorance par laquelle Abimélech enleva Sara, est appelée *justice*, ou pureté de cœur, *Gen.*, c. xx, v. 6. L'un et l'autre prétendaient que tout ce qui se fait selon la conscience, même erronée, n'est point péché. Saint Jérôme, *Dial.* 1, *contra Pelag., Op.,* t. IV, col. 504.

Saint Augustin réfute avec raison cette doctrine fausse. « Dans ceux, dit-il, qui n'ont pas voulu s'instruire, l'*ignorance* est certainement un péché; dans ceux qui ne l'ont pas pu, c'est la peine du péché: donc, dans les uns et les autres, ce n'est pas une juste excuse, mais une juste condamnation. » *Epist.* 194 *ad Sixtum*, c. 6, n. 27; *L. de Grat. et lib. Arb.*, c. 3, n. 5; *L. de Corrept. et Grat.*, c. 7, n. 11. En effet, la peine du péché, ou la suite de la condamnation, c'est la même chose. Si l'on entend que, selon saint Augustin, l'*ignorance* involontaire est un sujet ou une *cause de condamnation*, l'on fait évidemment violence à ses paroles, puisqu'il convient avec Julien qu'Abimélech, à cause de son ignorance, ne peut être accusé d'avoir voulu commettre un adultère. *L.* ii, *contra Jul.*, cap. 19, n. 36. Mais il lui soutient que l'ignorance est souvent un *péché* proprement dit, puisque David demande à Dieu pardon de ses *ignorances*, ps. xxiv, v. 7; que Jésus-Christ reproche aux pharisiens leur aveuglement, qu'il décide que le serviteur qui n'a pas connu la volonté de son maître sera moins puni que celui qui l'a connue, etc. Dans tous ces cas, l'*ignorance* n'était ni involontaire ni invincible.

Par une suite de leur erreur, les pélagiens soutenaient que les païens étaient *justifiés* par leur *ignorance* même, qu'ils ne péchaient point lorsqu'ils agissaient selon leur conscience, ou droite, ou erronée. Saint Augustin réfute encore cette fausse doctrine : Si elle était vraie, dit-il, les païens seraient justifiés et sauvés sans la foi en Jésus-Christ, et sans sa grâce ; ce divin Sauveur serait donc mort inutilement. Il conclut qu'un païen, même avec une *ignorance* invincible de Jésus-Christ, ne sera ni justifié ni sauvé, mais justement condamné, soit à cause du péché originel, qui n'a point été effacé en lui, soit à cause des péchés volontaires qu'il a commis d'ailleurs. *L. de Nat. et Grat.*, c. 2, n. 2 ; c. 4, n. 4. Mais il ne dit point que ce païen sera condamné à cause de son *ignorance* ou de son infidélité négative. Il le prouve encore parce que, selon saint Paul, ceux qui ont péché sans la loi (écrite) *périront sans elle*, *L. de Grat. et lib. Arb.*, c. 3, n. 5 ; non parce qu'ils ont péché contre une loi positive qu'ils ne connaissaient pas, mais parce qu'ils ont violé la loi naturelle, qui n'était pas entièrement effacée en eux ; conséquemment les bonnes œuvres qu'ils peuvent avoir faites serviront tout au plus à leur attirer un châtiment moins rigoureux ; *L. de Spir. et Litt.*, c. 28, n. 48. Or, si saint Augustin avait pensé que toutes les bonnes œuvres des païens étaient des péchés, ce ne serait pas pour eux une raison d'être punis moins rigoureusement.

Il est donc absolument faux que, selon ce saint docteur, l'*ignorance* involontaire et invincible, et tout ce qui en vient, soient des péchés imputables et punissables. Et, quand il semblerait l'avoir dit dans les passages que nous avons cités, il faudrait les rectifier par les autres où il a enseigné formellement le contraire.

IGNORANTINS. *Voy.* ECOLES CHRÉTIENNES.

ILLAPS, espèce d'extase contemplative dans laquelle certaines personnes tombent par degrés ; alors les fonctions des sens extérieurs sont suspendues, les organes intérieurs s'échauffent, s'agitent, et mettent l'âme dans un état de repos ou de quiétude qui lui paraît fort doux. Comme ce peut être un effet du tempérament dans quelques personnes, il faut user de beaucoup de prudence avant de décider que c'est un effet surnaturel de la grâce.

ILLATION. Dans les écrits des théologiens et des philosophes, ce terme signifie quelquefois conclusion d'un raisonnement, ou conséquence : connaître une vérité par *illation*, c'est la connaître par voie de conséquence.

Mais, dans le missel mozarabique et dans quelques autres anciennes liturgies, *illation* est ce que nous nommons la préface de la messe : on trouve encore les mots *contestation* et *immolation* employés pour signifier la même chose.

Dans quelques calendriers monastiques, l'*illation* de saint Benoît est la fête ou le jour auquel ses reliques furent rapportées de l'église de Saint-Agnan d'Orléans dans celle de Fleure.

ILLUMINÉ. On appelait ainsi autrefois les fidèles qui avaient reçu le baptême ; dans plusieurs Pères de l'Église, ce sacrement est nommé *illumination*, soit parce que l'on n'y admettait les catéchumènes qu'après les avoir instruits des vérités chrétiennes, soit parce que la grâce de ce sacrement consiste, en partie, à éclairer les esprits pour les rendre dociles aux vérités de la foi. Voilà pourquoi une des cérémonies du baptême est de mettre dans la main du néophyte un cierge allumé, symbole de la foi et de la grâce qu'il a reçue par ce sacrement. Saint Paul dit aux fidèles : *Vous étiez autrefois dans les ténèbres ; à présent vous êtes éclairés : marchez donc comme des enfants de lumière, montrez-en les fruits par des œuvres de bonté, de justice et de sincérité* (Ephes. v, 8).

ILLUMINÉS, nom d'une secte d'hérétiques qui parurent en Espagne vers l'an 1575, et que les Espagnols appelaient *alombrados*. Leurs chefs étaient Jean de Willalpando, originaire de Ténériffe, et une carmélite appelée Catherine de Jésus. Un grand nombre de leurs disciples furent mis à l'inquisition, et punis de mort à Cordoue ; les autres abjurèrent leurs erreurs. Les principales que l'on reproche à ces *illuminés* étaient que, par le moyen de l'oraison sublime à laquelle ils parvenaient, ils entraient dans un état si parfait, qu'ils n'avaient plus besoin de l'usage des sacrements ni des bonnes œuvres ; qu'ils pouvaient même se laisser aller aux actions les plus infâmes sans pécher. Molinos et ses disciples, quelque temps après, suivirent les mêmes principes.

Cette secte fut renouvelée en France en 1634, et les guérinets, disciples de Pierre Guérin, se joignirent à eux ; mais Louis XIII les fit poursuivre si vivement qu'ils furent détruits en peu de temps. Ils prétendaient que Dieu avait révélé à l'un d'entre eux, nommé *frère Antoine Bocquet*, une pratique de foi et de vie suréminente, inconnue jusqu'alors dans toute la chrétienté ; qu'avec cette méthode on pouvait parvenir en peu de temps au même degré de perfection que les saints et la bienheureuse Vierge, qui, selon eux, n'avaient eu qu'une vertu commune. Ils ajoutaient que, par cette voie, l'on arrivait à une telle union avec Dieu, que toutes les actions des hommes en étaient déifiées ; que quand on était parvenu à cette union, il fallait laisser agir Dieu seul en nous, sans produire aucun acte. Ils soutenaient que tous les docteurs de l'Église avaient ignoré ce que c'est que la dévotion ; que saint Pierre, homme simple, n'avait rien entendu à la spiritualité, non plus que saint Paul ; que toute l'Église était dans les ténèbres et dans l'ignorance sur la vraie pratique du Credo. Ils disaient qu'il nous est permis de faire tout ce que dicte la conscience, que Dieu n'aime rien que lui-même, qu'il fallait que dans dix ans leur doctrine fût reçue par tout le monde, et qu'alors on n'aurait plus besoin de prêtres, de religieux, de curés, d'évêques, ni d'autres supérieurs ecclésiastiques. Sponde, Vittorio Siri, etc.

* ILLUMINÉS AVIGNONNAIS. Des illuminés français et polonais habitant la Prusse, se sentirent poussés, vers 1787, à se rendre à Avignon pour y établir le véritable culte. Le bénédictin Pernety prétendait avoir des communications avec l'ange Gabriel. Il apprit dans ses visions que Marie était la quatrième personne de la Trinité. Il avait une extrême confiance dans les nombres. La secte compta bientôt plusieurs centaines d'individus ; elle tenait des assemblées secrètes : on l'accusa de désordres effroyables. Après la mort de Pernety, qui arriva en 1801, la société tomba d'elle-même. En 1804 il n'y avait plus que quatre illuminés à Avignon.

* ILLUMINISME. On a donné ce nom à une société secrète qui se forma en Allemagne sous la direction de Veishaupt, qui a été l'un des précurseurs du grand mouvement qui agite actuellement les provinces d'outre-Rhin. Voici le résumé de ses doctrines : « L'égalité et la liberté sont les droits essentiels que l'homme, dans sa perfection originaire et primitive, reçut de la nature : la première atteinte à cette égalité fut portée par la propriété ; la première atteinte à la liberté fut portée par les sociétés politiques ou les gouvernements ; les seuls appuis de la propriété et des gouvernements sont les lois religieuses et civiles : donc, pour rétablir l'homme dans ses droits primitifs d'égalité, de liberté, il faut commencer par détruire toute religion, toute société civile, et finir par l'abolition de toute propriété. » Vershaupt vit bientôt une foule d'Allemands se ranger sous les bannières du prétendu ordre qu'il fondait ; la franc-maçonnerie allemande fut en quelque sorte dissoute pour se fondre dans l'illuminisme : des prêtres, des évêques, des princes, entrèrent dans la nouvelle secte. L'illuminisme commença bientôt à travailler fortement les États allemands. La Bavière, menacée dans son existence, força Vershaupt à s'expatrier. Il fut reçu par les petits princes d'Allemagne qui facilitaient le travail intérieur qui bouleversa le monde, et dont ils seront probablement les victimes.

IMAGE, représentation faite en peinture ou en sculpture, d'un objet quelconque. Nous n'avons à parler que des *images* qui représentent les objets du culte religieux, comme les personnes de la sainte Trinité, Jésus-Christ, les saints, la croix, etc. (1).

(1) *Criterium de la foi catholique sur les images.* — « Voici, dit Véron, notre profession de foi : J'assure fermement que les images de Jésus-Christ et de la mère de Dieu, toujours vierge, et des autres saints, sont à garder et retenir ; et que l'honneur et vénération due leur est à rendre, et que leurs reliques sont à vénérer : paroles extraites du concile de Trente, ses. 25, qui porte plus distinctement : Non pas qu'on croie qu'il y ait en elles quelque divinité, ou vertu par laquelle elles doivent être honorées, ou qu'il faille demander quelque chose d'elles, ou qu'il faille mettre sa confiance aux images ; mais parce que l'honneur qui est rendu se rapporte aux prototypes ou objets qu'elles représentent, tellement que par les images que nous baisons, et devant lesquelles nous nous prosternons, nous adorions le Christ, et vénérions les saints desquels elles portent la ressemblance. Voilà ce qui est article de foi. Nous les vénérons donc comme les ministres or-

Il serait inutile de nous attacher à prouver l'utilité des *images*, et l'impression qu'elles produisent sur l'esprit de tous les hommes donnent en leur Discipline, ch. 10, article 2. Qu'on se découvre durant qu'on chante les psaumes, tant au commencement qu'à la fin du prêche, et même durant la célébration des sacrements, et comme ils vénèrent le pain de leur cène, qui, selon eux, est une figure, image, ou signe, comme aussi le baptême et les paroles des psaumes.

« I. Mais ce ne sont point articles de foi les doctrines suivantes, ni ces questions d'école problématiques. Quant aux prototypes ou objets des images, le concile ne parle que des images de Jésus-Christ, de la Vierge et des saints, et s'abstient de parler des images de la Trinité, et de Dieu selon sa nature divine. Quelques catholiques, rapporte Vasquez, 3e part., disp. 103, ch. 3, savoir, Henri, Abulense, Durand, Martin de Ayala, on dit qu'il n'est aucune manière licite de faire des images de la Trinité, mais seulement de Dieu en l'humanité qu'il a prise. L'autre opinion, bien qu'elle ne soit pas si certaine qu'il la faille embrasser comme un dogme de foi, me semble toutefois bien plus véritable, et ne peut être niée sans témérité, contre l'usage commun de l'Église, affirme généralement qu'il est de soi licite de peindre la Trinité. Ce qu'il prouve amplement, et se confirme, dit-il, par l'usage de l'Église très-fréquent, laquelle à Rome et autres lieux propose çà et là l'image de la Trinité, pour être révérée du peuple. Or, bien que le concile de Trente n'arrête rien et ne définisse rien au chapitre allégué, il commande toutefois que, s'il advient quelquefois qu'on représente les histoires de l'Écriture sacrée (il entend celles où Dieu aussi doit être dépeint, ce qu'il ni ne condamne ni n'approuve pas si sérieusement que les images du Christ et des saints), on explique au peuple que cela ne se fait pas, parce que la Divinité peut être vue des yeux du corps, mais afin que par-là nous venions à la connaissance de sa vertu incorporelle, à la façon humaine.

« II. Non-seulement ce n'est pas article de foi, mais ce n'est pas chose certaine que Dieu n'ait défendu aux Juifs tout usage des images. Plusieurs auteurs célèbres, dit Vasquez, disp. 104, ch. 2, et leur opinion m'a toujours semblé être la plus probable, veulent que tout usage des images et statues ait été défendu aux Juifs en l'Exode ch. xx, 4 ; Deut. ch. v, 8, et ch. iv, 15, par précepte de Dieu positif, et non-seulement cette adoration des Gentils, laquelle est défendue par la loi naturelle ; et quant aux chérubins de l'arche, ou ce fut une dispense de Dieu, ou n'étant mis que pour accompagner l'arche, ils n'étaient pas mis pour être objet du culte. Et de fait nul culte ne leur était déféré par les Juifs, selon quoi c'était un précepte cérémonial ; et le concile de Trente ne dit rien contre cela.

« Quant à l'honneur rendu aux images, il faut remarquer que ni notre profession, ni le concile, ne parlent point d'adorer les images de Jésus-Christ, bien moins des saints. Que cet honneur donc puisse être nommé adoration ou non, c'est une question d'école, et plutôt du nom que de la chose. Certainement le commun peuple, par adoration, entend communément le culte de latrie absolu ; or, tel culte ne se rend qu'à Dieu ; et ce serait blasphème d'adorer aucune image en ce sens. Et quand nous disons que nous adorons la croix, le sens est selon que j'ai rapporté du concile, que par elle et par les images qui représentent Jésus-Christ, lesquelles nous baisons, et devant lesquelles nous nous agenouillons, nous adorons Jésus-Christ.

« IV. C'est une question problématique, si l'honneur qu'on rend aux images des saints est religieux. Le docteur angélique tient que l'on n'honore que Dieu par la religion, et d'un culte religieux ; non

mes : elles sont plus puissantes que le discours ; elles font souvent comprendre des choses que l'on ne peut pas exprimer par des paroles ; l'on dit avec raison que c'est le catéchisme des ignorants. La peinture, dit saint Grégoire, est pour les ignorants ce que l'écriture est pour les savants. *L. IX, epist.* 9. Il n'est donc pas étonnant que la plupart des peuples en aient fait usage pour se représenter les objets du culte religieux, et que l'on en ait reconnu l'utilité dans le christianisme. Cependant plusieurs sectes donc les saints, et partant bien moins leurs images. [*Voy.* IDOLATRIE, § 6.]

« V. Ce n'est non plus qu'opinion problématique, ce qui est débattu entre les docteurs catholiques, de la qualité de cet honneur. Vasquez, 3° part., disp. 108, rapporte trois opinions de divers docteurs catholiques : La première, dit-il, ch. 1, 2, 3, est que, bien que les images soient honorées à cause de leurs objets, elles sont néanmoins honorées comme le terme prochain et entier, par un honneur qui leur est particulier, dans lequel l'objet n'est pas compris, et que cet honneur est inférieur et distinct de la vénération de l'objet; de même doivent-ils dire des reliques et des vaisseaux sacrés; la seconde opinion est que les images peuvent être honorées en deux manières : 1° en elles-mêmes, et qu'alors elles sont honorées comme la première opinion l'exposait ; 2° par accident, et que, lorsqu'elles sont honorées par accident, savoir, jointes avec leur objet du prototype, comme quelque chose de lui, elles sont honorées avec lui, par accident, de la même vénération. La commune et ancienne doctrine des théologiens, que j'estime être véritable; est que l'image séparée, même par pensée, de son objet ou prototype, n'est pas capable d'honneur; mais que qui honore l'image doit nécessairement en elle et par elle honorer l'objet, comme le terme et matière prochaine de son honneur. Il réfute cet honneur secondaire de l'image, soutenu par la première et deuxième opinion et prouve qu'on ne doit honorer que le prototype en elle et par elle, en ses ch. 4 jusqu'au 10, spécialement par les paroles rapportées du concile de Trente: Qu'il les faut vénérer, non pas qu'on croie qu'il y ait en elles quelque divinité ou vertu pour laquelle elles doivent être honorées ; mais par les images que nous baisons, et devant lesquelles nous nous agenouillons, nous adorons le Christ, et vénérons les saints dont elles portent la ressemblance. Par lesquelles paroles le concile constitue les images tellement terme de notre génuflexion et de notre baiser, que par elles et en elles nous honorions de cœur l'objet, et que le baiser rendu corporellement aux images soit donné aussi par notre esprit aux saints mêmes ou à Jésus-Christ. Pour seconde preuve il représente et démontre fort bien au ch. 9, que nulle chose inanimée ou non raisonnable n'est capable selon soi de révérence, culte et honneur ; or, l'image est chose inanimée et non raisonnable ; donc, etc. ; car elle n'est pas capable d'excellence à laquelle l'homme se puisse soumettre ; l'esprit de soumission est seulement vers celui que l'on conçoit son supérieur et avoir quelque excellence, car aucun ne se soumet à plus bas que soi, beaucoup moins à une créature irraisonnable et inanimée ; et qui lui rendrait quelque marque de soumission procédante de cette affection de vraie servitude envers elle, selon elle-même, ferait mal, et commettrait quelque genre de superstition ou d'idolâtrie, la reconnaîtrait comme sa supérieure, et se dirait serviteur de l'image ; ce qui est absurde. Tout le culte donc de l'affection intérieure va au prototype adoré, si c'est Dieu ; honoré d'un culte inférieur, si c'est un saint ou autre constitué en quelque dignité. L'acte d'honneur comprend deux choses, savoir, le signe extérieur, comme la génuflexion, et l'affection intérieure de montrer à celui à qui elque excellence, quelque marque et signe de notre soumission due à son excellence ; comme l'excellence, savoir qui nous soit supérieure, n'est qu'au prototype et nullement en l'image, car l'image ne peut recevoir aucune excellence qui nous soit supérieure, la volonté de donner cette marque de soumission n'est que de la donner à l'excellence du prototype ; mais cette marque ou signe, par exemple, de baiser, se donne à l'image, et parce que ce baiser est partie de culte, il s'appelle communément honneur et culte de ce qu'on touche (dit le même Vasquez en la disp. 109, ch. 4) corporellement, ou devant quoi se fait ce signe. Ce baiser se faisant corporellement à l'image, l'image est honorée ; mais tellement que cette honneur passe par elle au prototype. Elle n'est pas pour raison contraire, ni priée, ni louée, même par accident.

« Le même ajoute au ch. 2 : Que ce qu'il a expliqué de l'honneur des images doit être appliqué de la même manière, à l'honneur que nous rendons au nom de Jésus, au livre des Évangiles, à la croix, aux reliques des saints et aux vases sacrés.

« Cette doctrine, ainsi expliquée, est si aisée et si facile, que la seule lumière de nature convainc nos adversaires d'erreur et de renoncer à toute raison même humaine, s'ils refusent de rendre cet honneur ainsi exposé aux images. Certainement Daillé, en son Apologie et en son Traité des images, est très-catholique sur ce sujet. Il défère plus d'honneur aux images que ne fait Vasquez, jésuite et Espagnol, car Daillé avoue et cet honneur, et de plus cet autre secondaire et inférieur que Vasquez réfute. Écoutons Daillé tout catholique en ceci, en son Apologie, ch. 10, page 63. L'adoration de l'arche, au psaume XCVII, 5, Adorez l'escabeau de ses pieds, ou prosternez-vous devant son marchepied, car il est saint, était une espèce d'honneur moindre que l'adoration de latrie, qui n'est due qu'à Dieu seul. Et plus distinctement, en son Traité des images, page 311 : Nous voyons que quelques-uns du temps de saint Augustin peignaient le Seigneur et les saints apôtres sur les murailles de leurs maisons ; ce que quelques-uns des protestants ne laissent pas de faire aujourd'hui ; et page 329 : Entre les protestants mêmes s'en trouve qui ne font pas difficulté de recevoir quelques peintures dans leurs temples ; et quant à la vénération, page 573 : Un Juif converti, au rapport de Grégoire pape, liv. VII, ep. 5, s'était saisi par force de la synagogue de ceux de sa nation, et y avait mis une image de la sainte Vierge, et la vénérable croix (ce sont les propres mots de Grégoire). Grégoire ordonne de rendre la synagogue aux Juifs, en retirant, avec la vénération convenable, l'image et la croix : avec une action respectueuse qui témoigne que c'est un des objets appartenant à l'Église; et page 576 : Quand saint Grégoire aurait expressément dit qu'il faut user de quelque vénération à l'égard des images, toujours resterait-il à considérer de quelle vénération il l'entendrait ; si d'un culte ou service religieux, comme on le prétend à Rome (cela est faux, comme j'ai montré), ou de ce degré de respect et d'honneur qui est dû à tous les instruments de la religion (nous ne professons que cela), comme aux personnes et aux choses de l'Église, aux prêtres, aux calices, aux livres sacrés que chacun appelle vénérables. Voilà Daillé tout catholique. Pour cela j'ai publié sa profession de foi catholique sur les images. Drelincourt va plus loin ; car il ne fait pas de difficulté d'appeler ces services ou respects, religieux, comme je l'ai montré page 125. Il en dit donc plus qu'il ne faut pour être catholique. »

d'hérétiques ont soutenu que l'usage des *images* est une superstition, et que l'honneur qu'on leur rend est une idolâtrie. — Dans l'ancienne loi, Dieu avait défendu aux Juifs de faire aucune *image*, aucune figure, aucune statue, et de leur rendre aucune espèce de culte. *Exod.*, c. xx, v. 4; *Levit.*, c. xxvi, v. 1; *Deut.*, c. iv, v. 15; c. v, v. 8. Cette défense était juste et nécessaire, vu le penchant invincible qu'avaient les Juifs pour l'idolâtrie, les mauvais exemples dont ils étaient environnés, et parce que, dans ce temps-là, toute *image* était censée représenter une divinité. Cependant Moïse plaça deux chérubins sur l'arche d'alliance; Salomon en fit peindre sur les murs du temple et sur le voile du sanctuaire, preuve que la défense n'avait plus lieu, lorsqu'il n'y avait point de danger que ces figures fussent prises pour un objet d'adoration. — Dans les premiers temps du christianisme, lorsque l'idolâtrie subsistait encore, si l'on avait placé des *images* dans les églises, les païens n'auraient pas manqué de croire que les chrétiens leur rendaient le même culte qu'ils adressaient eux-mêmes à leurs idoles. Conséquemment l'on s'abstint de cet usage, et l'on en voit peu de vestiges dans les trois premiers siècles. Suivant le témoignage de saint Irénée, *adv. Hær.*, l. i, c. 25, les carpocratiens, hérétiques du ii° siècle, avaient des *images* de Jésus-Christ, de Pythagore et de Platon, auxquelles ils rendaient le même culte que les païens rendaient à leurs héros : nouvelle raison qui devait faire craindre d'honorer les *images*. Aussi nos apologistes, en écrivant contre les païens, disent que les chrétiens n'ont point d'*images* ni de simulacres dans leurs assemblées, parce qu'ils adorent un seul Dieu, pur esprit, qui ne peut être représenté par aucune figure.

Cependant Tertullien, qui a écrit au commencement du iii° siècle, nous apprend que Jésus-Christ, sous l'*image* du bon pasteur, était représenté sur les vases sacrés. *De Pudicit.*, c. 7. Eusèbe atteste qu'il a vu des *images* de Jésus-Christ, de saint Pierre et de saint Paul, qui avaient été faites de leur temps. *Hist. ecclés.*, l. vii, c. 18. Il est parlé d'un certain Leuce Carin, qui avait forgé un livre sous le titre de *Voyages des Apôtres*, dans lequel il enseignait l'erreur des docètes. On prétend que ce livre est cité par saint Clément d'Alexandrie sous le nom de *Traditions*; il est donc du ii° siècle. Or, selon Photius, qui en a donné un extrait, *Cod.* 114, Leuce Carin dogmatisait contre les *images* comme les iconomaques; l'aurait-il fait si personne pour lors ne leur avait rendu aucun culte? Il se fondait sur ce qu'un chrétien nommé Lycomède avait fait faire une *image* de saint Jean, qu'il *couronnait et honorait*, pratique de laquelle il avait été blâmé par saint Jean lui-même. Ce trait d'histoire est sans doute fabuleux; mais la censure de Leuce aurait été absurde si personne n'avait honoré les *images* de son temps, c'est-à-dire au ii° siècle. Beausobre, *Hist. du Manich.*, l. ii, c. 4, n. 4 et 5. Les protestants ont trop de confiance, lorsqu'ils assurent qu'il n'y a aucun vestige du culte rendu aux *images* avant la fin du iv° siècle. Mosheim, plus circonspect, n'a pas osé l'affirmer. *Hist. christ.*, sæc. i, § 22.

Saint Basile, mieux instruit qu'eux, dit, *Epist.* 360 *ad Julian.*, que ce culte est de tradition apostolique : on devait mieux le savoir au iv° siècle qu'au xvi°. Comme le danger d'idolâtrie avait cessé pour lors, le culte des saints et de leurs *images* devint plus commun et plus visible; mais il ne faut pas en conclure qu'il commença pour lors, puisque l'on faisait profession de ne rien croire et de ne rien pratiquer que ce que l'on avait appris par tradition. L'habitude des protestants est de dire : Avant telle époque, nous ne trouvons point de preuve positive de tel usage, donc il n'a commencé qu'alors; cette preuve n'est que négative, elle ne conclut rien; elle est combattue par une preuve positive générale qui la détruit, savoir, que dès les premiers siècles l'on a fait profession de ne point innover.

Mosheim, *Histoire ecclésiastique*, v° siècle, ii° part., c. 3, § 2, convient que pour lors, dans plusieurs endroits, l'on rendit un culte aux *images* : Plusieurs, dit-il, se figurèrent que ce culte procurait à ces *images* la présence propice des saints ou des esprits célestes. Cette imputation est téméraire, il n'y en a point de preuve. Au vii°, les mahométans se réunirent aux juifs, dans l'horreur qu'ils avaient des *images*, et se firent un point de religion de les détruire. Au commencement du viii°, Léon l'Isaurien, homme fort ignorant et qui de simple soldat était devenu empereur, rempli des mêmes préjugés, défendit par un édit le culte des *images* comme un acte d'idolâtrie, et ordonna de les abattre dans toutes les églises; depuis l'an 724 jusqu'en 741, il remplit l'empire grec de massacres et de traits de cruauté, pour forcer les peuples et les pasteurs à exécuter ses ordres, et ce projet fut continué par Constantin Copronyme, son fils. En 726, il fit assembler à Constantinople un concile de trois cents évêques, qui condamnèrent le culte des *images*. Ceux qui se conformèrent à cette décision furent nommés *iconomaques*, ennemis des *images*, et *iconoclastes*, briseurs d'*images*; de leur côté, ils appelèrent les orthodoxes *iconodules* et *iconolâtres*, serviteurs ou adorateurs des *images*. Saint Jean Damascène écrivit trois discours pour défendre ce culte et la pratique de l'Eglise.

Les protestants ont loué le zèle des empereurs iconoclastes, mais ils n'ont pas osé approuver les massacres et les cruautés auxquels ils se livrèrent; ils sont forcés de convenir que ces excès ne sont pas excusables. Ils disent que les prêtres et les moines soulevèrent le peuple, parce que le culte des *images* était pour eux une source de richesses. Pure calomnie. On ne peut pas prouver que, dans ce temps-là, le clergé ait tiré aucun profit de la dévotion du peuple envers les *images*; le peuple n'avait pas besoin d'être excité à la sédition pour se soulever contre des souverains frénétiques et altérés de sang humain, et qui prétendaient disposer à leur gré de la religion de leurs sujets. Ils appellent le culte des *images* une *nouvelle idolâtrie*; eux-mêmes sont forcés d'avouer que ce culte datait déjà au moins de trois cents ans, et nous soutenons qu'il était usité depuis six siècles.

Cette fureur des iconoclastes dura encore sous le règne de Léon IV, successeur de Constantin Copronyme; mais elle fut réprimée sous Constantin Porphyrogénète, par le zèle de l'impératrice Irène sa mère. Cette princesse, de concert avec le pape Adrien, fit tenir à Nicée l'an 787, un concile de trois cent soixante-dix-sept évêques, qui annulèrent le décret de celui de Constantinople, de l'an 726. Les Pères déclarèrent que le culte des *images* était permis et louable; une bonne partie de ceux qui avaient assisté au concile précédent, et qui avaient cédé à la force, se rétractèrent; ils ne se bornèrent pas à décider le dogme catholique, ils le prouvèrent par la tradition constante de l'Eglise, qui remontait jusqu'aux apôtres; ils expliquèrent en quoi consiste le culte que l'on doit rendre aux *images*; ils montrèrent la différence qu'il y a entre ce culte et celui que l'on rend à Dieu. Déjà, l'an 632, le pape Grégoire III avait fait la même chose dans un concile tenu à Rome.

Les protestants disent que les évêques assemblés à Nicée employèrent des pièces fausses et des faits apocryphes pour étayer leur opinion : cela est vrai. Mais ceux du concile de Constantinople, en 726, avaient fait de même, et n'avaient fondé leur décret que sur des sophismes, comme font encore aujourd'hui les protestants : dans les monuments cités par le concile de Nicée, tout n'est pas faux et apocryphe.

Vers l'an 797, Constantin Porphyrogénète s'étant soustrait à l'autorité de sa mère, défendit d'obéir au concile de Nicée. La fureur des iconoclastes se ralluma et dura sous les règnes de Nicéphore, de Léon V, de Michel le Bègue et de Théophile; mais, vers l'an 852, l'impératrice Théodora détruisit entièrement ce parti, qui avait duré pendant près de cent trente ans, et fit confirmer de nouveau le culte des *images* dans un concile de Constantinople. Dans le XII° siècle, l'empereur Alexis Comnène, pour piller les églises, comme avaient fait plusieurs de ses prédécesseurs, déclara de nouveau la guerre aux *images*; Léon, évêque de Chalcédoine, lui résista et fut exilé; sa conduite n'a pas trouvé grâce devant les protestants. Mosheim, *Hist. ecclés.*, XI° siècle, 2° part., c. 3, § 12, accuse cet évêque d'avoir enseigné qu'il y a dans les *images* de Jésus-Christ et des saints une sainteté inhérente, que l'adoration ne s'adresse pas seulement aux originaux, mais à elle; il dit que le contraire fut décidé dans un concile de Constantinople, dont les historiens n'ont pas fait mention.

Quand tout cela serait vrai, Alexis Comnène n'en serait pas moins coupable; mais on sait que les iconoclastes, comme tous les autres hérétiques, avaient grand soin de travestir les sentiments des orthodoxes pour les rendre odieux.

Pendant que l'hérésie, soutenue par le bras séculier, désolait l'Orient, l'Eglise latine était tranquille par la vigilance et la fermeté des papes; les décrets des empereurs iconoclastes ni les décisions des conciles de Constantinople contre le culte des *images*, ne furent jamais reçus en Italie ni dans les Gaules. Mais l'an 790, lorsque le pape Adrien envoya en France les décrets du concile de Nicée tenu trois ans auparavant, et qui confirmait le culte des *images*, Charlemagne les fit examiner par des évêques qui furent choqués du terme d'*adoration*, duquel le concile s'était servi pour exprimer ce culte. Ils ne firent pas attention que ce mot est aussi équivoque en grec qu'il l'est en latin; que le plus souvent il signifie simplement se mettre à genoux, se prosterner, ou donner quelqu'autre marque de respect. Conséquemment Charlemagne fit composer un ouvrage en quatre livres, qui ont été appelés les *Livres Carolins*, pour réfuter les actes du concile de Nicée. Par la lecture de cet ouvrage, on voit évidemment que ces actes sont très-mal traduits en latin. Livre II, ch. 17, l'auteur suppose que Constantin, évêque de Chypre, avait donné son suffrage au concile en ces termes : « Je reçois et j'embrasse par honneur les saintes et respectables *images*, et je leur rends le même service d'adoration qu'à la consubstantielle et vivifiante Trinité. » Au lieu qu'il y a dans l'original grec : *Je reçois et j'honore les saintes images, et je ne rends qu'à la seule Trinité suprême l'adoration de latrie.* C'est sur cette erreur de fait que raisonne, dans tout son ouvrage, l'auteur des Livres Carolins; les protestants n'ont pas laissé de le vanter comme un chef-d'œuvre de justesse et de sagacité. — En 794, les évêques assemblés à Francfort par l'ordre de Charlemagne tombèrent dans la même erreur. Ils disent dans les actes de ce synode, ch. 2 : « Il s'est élevé une question touchant le nouveau concile que les Grecs ont tenu pour faire adorer les *images*, et où il est écrit que ceux qui ne rendront pas aux *images* des saints le service et l'adoration comme à la divine Trinité, seront jugés anathèmes. Nos très-saints Pères ont absolument rejeté ce service et cette adoration et l'ont condamnée. » Voilà encore la même erreur de fait que dans les *Livres Carolins*. — En 825, Louis le Débonnaire, successeur de Charlemagne, à l'invitation de Michel, empereur de Constantinople, qui tenait pour le parti des iconoclastes, fit assembler à Paris les évêques du royaume pour examiner de nouveau la question. Ils jugent, dans le préambule de leur décision, que le concile de Nicée a condamné avec raison ceux qui détruisaient et voulaient bannir les *images*, mais qu'il a erré en décidant non-seulement qu'il faut les honorer, les adorer et les appeler saintes, mais que l'on reçoit la sainteté par elles. Conséquemment, dans les chap. 1 et 2, ils rapportent les passages des Pères qui sont contraires à l'erreur des iconoclastes, et dans le 3° les passages qui condamnent les adorateurs des *images*, ceux qui leur attribuent une sainteté et croient se la procurer par elles.

Nous ne voyons pas par quelle raison les protestants ont triomphé de toutes ces décisions ; elles condamnent leur conduite aussi bien que celle des iconoclastes ; elles réprouvent une erreur qui ne fut jamais celle des catholiques grecs et latins ; mais elles n'approuvent pas la fureur de ceux qui brisent, foulent aux pieds, les *images*, et les bannissent du lieu saint. Vers l'an 823, Claude de Turin brisa les *images* dans son diocèse et écrivit contre le culte qu'on leur rendait ; il fut réfuté par Théodemir, par Dungal, par Jonas d'Orléans et par Walafrid Strabon ; leur sentiment servit de règle au concile de Paris. *Hist. de l'Eglise gallic.*, t. V, l. xiii, an. 794 ; l. xiv, an. 825.

Insensiblement néanmoins, la prévention que l'on avait conçue contre les décrets du concile de Nicée se dissipa ; avant le x° siècle il fut universellement reconnu pour vii° concile général, et le culte des *images* se trouva établi dans tout l'Occident. Nous ne voyons pas qu'il ait été jamais attaqué en Espagne ni en Italie. Les protestants n'ont pas rougi d'appeler le retour des Français à la foi catholique, une *apostasie*.

Au xii° siècle, les vaudois, les albigeois, les pétrobrusiens, les henriciens et d'autres fanatiques, renouvelèrent l'erreur des iconoclastes ; après eux Wiclef, Calvin et d'autres prétendus réformateurs décidèrent que le culte des *images* était une idolâtrie. Dans les commencements, Luther ne voulait pas qu'on les abattît ; mais les apologistes de la confession d'Augsbourg accusèrent les catholiques d'enseigner qu'il y avait dans les *images* une certaine vertu, comme les magiciens nous font accroire qu'il y en a dans les *images* des constellations. *Hist. des variations*, l. ii, § 28 ; l. iii, § 58. C'est ainsi que l'on a séduit les peuples par des calomnies. Aussi ces grands génies ne se sont pas accordés. Les calvinistes, possédés de la même fureur que les anciens iconoclastes, ont brisé, brûlé, enlevé les *images* : ils avaient souvent le même motif, qui était de profiter de celles qui étaient faites de métaux précieux. Les luthériens ont blâmé cette conduite ; dans plusieurs de leurs temples, ils ont conservé le crucifix et des peintures historiques. Les anglicans ont banni les crucifix ; mais ils représentent la sainte Trinité par un triangle renfermé dans un cercle ; et un auteur anglais trouve cette figure plus ridicule et plus absurde que toutes les *images* catholiques. Stéele, *Epître au Pope*, p. 35.

Mais la question capitale est de savoir si les uns ou les autres sont fondés en raison, et si leur sentiment est mieux prouvé que celui des catholiques.

1° Ils nous opposent la loi générale et absolue du Décalogue, que nous avons citée et qui défend absolument toute espèce d'*image* et toute espèce de culte qui lui serait rendu ; ils nous demandent de quelle autorité nous voulons borner, interpréter, modifier cette loi. — Nous répondons par l'autorité de la droite raison et du bon sens, à laquelle les protestants eux-mêmes ont recours toutes les fois que la lettre des Ecritures les embarrasse ; nous soutenons que cette défense n'est point absolue, mais relative aux circonstances où se trouvaient les Juifs, 1° parce qu'il serait absurde de proscrire la peinture et la sculpture comme des arts pernicieux par eux-mêmes : or, il est impossible qu'un peuple cultive ces deux arts sans vouloir représenter les personnages dont il respecte et chérit la mémoire, et il est impossible de respecter et d'aimer un personnage quelconque, sans estimer et sans respecter la figure qui le représente ; 2° parce que Dieu, qui fait remarquer aux Juifs qu'il ne s'est montré à eux sous aucune figure à Horeb, *Deut.*, c. iv, v. 15, est apparu cependant depuis cette époque à plusieurs prophètes sous une figure sensible ; 3° parce que la seconde partie de la loi citée doit être expliquée par la première : or, la première est : *Vous n'aurez point d'autres dieux que moi* ; dans la seconde : *Vous ne ferez point d'idole ni de sculpture, vous ne les honorerez point*, signifie : *Vous ne ferez point d'images pour les honorer comme des dieux* ; 4° parce que la même loi qui défend les idoles et les statues, défend aussi d'ériger des colonnes et des pierres remarquables *pour les adorer*. Levit., c. xxvi, v. 1. Donc Dieu n'a défendu les premières, non plus que les secondes, que quand on les dresse pour les adorer. Les protestants donneront-ils dans le même travers que les Juifs, qui se persuadaient que toute figure quelconque était défendue par leur loi, que la peinture et la sculpture leur étaient interdites ? *Bible de Chais*, tome II, page 194.

En second lieu, ils nous reprochent *d'adorer en effet et de servir les images*, par conséquent de leur rendre le même culte que les païens rendaient à leurs idoles. — C'est une calomnie enveloppée sous des termes ambigus. *Adorer et servir* un objet, c'est lui rendre des honneurs pour lui-même, en les bornant à lui, sans les rapporter plus loin ; c'est ainsi que les païens honoraient leurs idoles. Ils étaient persuadés qu'en vertu de la consécration des statues, le dieu qu'elles représentaient y était renfermé, animait la statue, y recevait l'encens de ses adorateurs ; donc ils honoraient la statue comme un dieu, ou comme animée par un dieu. D'habiles protestants en conviennent, *Bible de Chais, ibid.*, pag. 260, et nous l'avons prouvé au mot IDOLATRIE. Osera-t-on nous attribuer la même erreur ? Lorsque nous disons aux protestants : Si l'eucharistie n'est que la figure du corps de Jésus-

Christ, comme vous le prétendez, pourquoi saint Paul dit-il que ceux qui la profanent se rendent coupables du corps et du sang de Jésus-Christ? ils nous répondent : C'est que l'outrage fait à la figure retombe sur l'original. Soit. Donc, répliquons-nous, l'honneur rendu à la figure retombe aussi sur l'original; donc c'est un culte relatif, et non absolu comme celui des païens : et, puisque nous avons prouvé que le culte adressé à l'original n'est pas une idolâtrie, il s'ensuit que le culte rendu à la figure n'en est pas une non plus.

En troisième lieu, l'entêtement de nos adversaires est poussé jusqu'à soutenir que l'usage des *images* est mauvais en lui-même, et indépendamment des abus qui peuvent en résulter. Nous les défions de le prouver, et leur prétention choque le bon sens. Nous ne pouvons honorer Dieu qu'en lui adressant les mêmes marques de respect que nous rendons aux hommes : or, une des plus grandes marques de respect et de vénération que nous puissions donner à un personnage, est d'avoir son portrait, de le chérir, de le baiser, etc. Pourquoi serait-ce un crime de donner cette marque de respect, d'amour, de reconnaissance, à Dieu, à Jésus-Christ, aux saints? C'est que Dieu l'a défendu, répondent les protestants; mais nous venons de prouver que cette défense ne peut être ni perpétuelle ni absolue. Tous ceux qui ont quelque sentiment de religion conviennent qu'il est nécessaire de multiplier autour de nous les symboles de la présence divine : or, il n'est point de symbole plus énergique ni plus frappant que l'*image* ou la figure sous laquelle Dieu a daigné se montrer aux hommes.

Enfin, disent nos censeurs, si cette pratique n'est point mauvaise en elle-même, elle est dangereuse pour le peuple; il n'a pas assez de pénétration pour savoir distinguer le culte relatif d'avec le culte absolu; il ne voit que l'*image*; son esprit ne va pas plus loin; il borne là, comme les païens, tous ses vœux et ses respects; c'est un abus duquel il est impossible de le préserver.—Pas plus impossible que de lui apprendre à distinguer l'*image* du roi d'avec le roi lui-même, qu'il n'a jamais vu. Lorsqu'un ignorant a salué la statue du roi, peut-on l'accuser d'avoir dirigé son intention à cette statue, et non au roi. Pourquoi le suppose-t-on plus stupide en fait de culte religieux que de culte civil?

Rien de plus sage que le décret porté à ce sujet par le concile de Trente. Il ordonne aux évêques et aux pasteurs d'enseigner « Qu'il faut garder et retenir, surtout dans les temples, les *images* de Jésus-Christ, de la sainte Vierge et des autres saints, et leur rendre l'honneur et la vénération qui leur sont dus : non que l'on croie qu'il y a en elles quelque divinité ou quelque vertu pour laquelle on doit les honorer, ou qu'il faut leur demander quelque chose, ou qu'il faut mettre sa confiance en elles, comme les païens la mettaient dans leurs idoles : mais parce que l'honneur que l'on rend aux *images* se rapporte aux originaux qu'elles représentent, de manière qu'en les baisant, en nous découvrant et nous prosternant devant elles, nous *adorons* Jésus-Christ et nous *honorons* les saints dont elles sont la figure. » Ensuite le concile entre dans le détail des abus qu'il faut y éviter, et il ordonne aux évêques d'y veiller. Que peuvent reprendre les protestants dans une décision aussi exacte et aussi bien motivée?

Le concile se fonde sur l'usage de l'Eglise catholique et apostolique, reçu depuis les premiers temps du christianisme, sur le sentiment unanime des Pères, sur les décrets des conciles, en particulier de celui de Nicée, sess. xxv, c. 2. C'est de la part des protestants une témérité très-condamnable, de supposer que, dès le iv° siècle du christianisme, Jésus-Christ a laissé tomber son Eglise dans l'idolâtrie la plus grossière, a laissé renaître dans son sein toutes les superstitions du paganisme, et les y a laissées croître et enraciner jusqu'à nos jours; qu'une poignée d'hérétiques, qui ont paru de siècle en siècle, ont mieux vu la vérité que la société entière des chrétiens de tous les temps et de tous les lieux. Les prédicants avaient d'abord publié que le culte des *images* était un usage nouveau et abusif, et introduit seulement dans l'Eglise pendant les siècles d'ignorance : mais il est prouvé que les sectes de chrétiens orientaux, les nestoriens, séparés de l'Eglise depuis le v° siècle, et les eutychiens depuis le vi°, ont gardé l'usage d'avoir et d'honorer les *images*. Cette pratique est donc plus ancienne que leur schisme, et nous avons prouvé qu'il y en a des vestiges depuis le ii° siècle. *Perpét. de la foi*, t. V, l. vii, p. 511.

IMMACULÉE. *Voy.* CONCEPTION.

IMMANENT, acte qui demeure dans la personne qui agit, et qui ne produit point d'effet au dehors. Les théologiens, aussi bien que les philosophes, ont été obligés, pour observer la plus grande précision, de distinguer les actes *immanents* d'avec les actes *transitoires* ou qui passent au dehors. Ils appellent action *immanente*, celle dont le terme est dans l'être même qui la produit. Ainsi Dieu le Père a engendré le Fils et produit le Saint-Esprit par des actions *immanentes*, puisque le Fils et le Saint-Esprit ne sont pas hors du Père. Au contraire, Dieu a créé le monde par une action *transitoire*, puisque le monde est hors de Dieu. Cette distinction n'est d'usage que dans le mystère de la sainte Trinité.

IMMATÉRIALISME, IMMATÉRIEL. *Voy.* AME, ESPRIT.

IMMENSITÉ, attribut par lequel Dieu est présent partout, non-seulement par sa connaissance et par sa puissance, mais par son essence. Il est évident que cette qualité ne peut appartenir qu'à un pur esprit, et c'est une conséquence de la nécessité d'être, nécessité qui ne peut être bornée par aucun lieu, puisqu'elle est absolue. L'*immensité* se conclut encore du pouvoir créateur; Dieu ne pouvait être borné par aucun espace avant la création, puisqu'alors l'espace n'existait pas encore.

Les écrivains sacrés nous enseignent l'*immensité* de Dieu, en disant que le Tout-Puissant est plus élevé que le ciel, plus profond que l'enfer, plus étendu que la terre et la mer, *Job*, c. xi, v. 8; qu'il est le Très-Haut et l'Etre *immense*, *Baruch*, c. iii, v. 25; qu'il est présent dans le ciel, dans les enfers, et au delà des mers, *ps.* cxxxviii, v. 8; *Amos*, c. ix, v. 2, etc. Suivant l'expression de saint Paul, c'est en Dieu que nous sommes, que nous vivons et que nous agissons, *Act.*, c. xvii, v. 28. Il serait difficile de trouver des termes plus énergiques pour nous faire concevoir que Dieu est présent partout, que sa présence même n'est pas bornée par cet univers, puisqu'il pourrait créer un nouvel espace et un monde nouveau.

Parmi les anciens hérétiques, les valentiniens, les marcionites, les manichéens, qui admettaient deux principes de toutes choses, l'un bon, l'autre mauvais, plaçaient le premier dans la région de la lumière, l'autre dans la région des ténèbres : conséquemment ils niaient l'*immensité* de la substance divine, et supposaient Dieu borné. Beausobre, qui avait entrepris de justifier ou de pallier toutes les erreurs des manichéens, ne s'est pas donné la peine de les disculper de celle-ci; il prétend néanmoins que nous aurions tort de la leur reprocher, puisque les Pères, dont un assez grand nombre ont cru Dieu corporel, n'ont pas pu admettre son *immensité* ou sa présence en tout lieu. *Hist. du Manich.*, l. iii, c. 1, § 8. Si ce critique avait été moins prévenu, il aurait compris que les Pères qui ont attribué à Dieu le pouvoir créateur, et qui ont soutenu que Dieu a créé en effet le monde dans le temps, n'ont pas pu supposer que Dieu avait été borné avant la création, puisqu'il n'y avait alors ni espace ni matière pour l'occuper, ou que Dieu avait eu un corps avant de créer les corps. Les hérétiques, au contraire, qui n'ont point admis la création non plus que les philosophes, et qui ont supposé l'éternité de la matière, n'ont pu, en raisonnant conséquemment, enseigner la parfaite spiritualité ni l'*immensité* de Dieu. Beausobre, qui ne veut pas que l'on attribue aux hérétiques aucune erreur par voie de conséquence et à moins qu'ils ne l'aient professée formellement, se couvre de ridicule en attribuant aux Pères de l'Eglise des absurdités que non-seulement ils n'ont pas enseignées expressément, mais qui sont évidemment incompatibles avec les dogmes qu'ils ont professés; il est encore plus injuste de les leur imputer sans autre preuve que quelques expressions peu exactes qui leur sont échappées. Nous les avons justifiés ailleurs contre les reproches de Beausobre.

Worstius, quelques autres calvinistes et les sociniens prétendent que Dieu n'est que dans le ciel, qu'il n'est présent ailleurs que par sa connaissance et par sa puissance, parce qu'il peut agir partout. Mais, il y a de l'absurdité à prétendre que Dieu, pur esprit, est plus dans un lieu que dans un autre, et qu'il peut passer d'un lieu à un autre. Si les écrivains sacrés semblent le supposer ainsi, c'est parce qu'ils sont forcés de s'accommoder à notre faible manière de concevoir, et que le langage humain ne fournit point d'expressions propres à nous faire comprendre les opérations de Dieu. Ils préviennent, d'ailleurs, toute erreur, par les passages que nous avons cités, et par ceux qui enseignent la parfaite spiritualité de Dieu. *Voy.* ATTRIBUTS. La manière dont notre âme sent et agit dans les différentes parties de notre corps, nous donne une faible idée de la manière dont Dieu est présent et agissant en tout lieu : mais la comparaison que nous en faisons n'est point exacte. L'*immensité* de Dieu est l'infini ; notre esprit borné ne peut rien concevoir d'infini.

IMMERSION, action de plonger dans l'eau un corps quelconque. Il est certain que, dans les premiers siècles de l'Eglise, l'usage a été d'administrer le baptême par *immersion*, c'est-à-dire en faisant plonger le baptisé dans l'eau, de la tête aux pieds. Il paraît que saint Jean baptisait ainsi les Juifs dans le Jourdain, que Jésus Christ donnait le baptême de la même manière, ou le faisait donner par ses disciples. *Joan.*, c. iv, v. 2. Ainsi, dans l'origine, *baptiser*, c'était plonger dans l'eau ou couvrir d'eau un homme tout entier. — Suivant les instructions des apôtres, le baptisé ainsi enseveli dans l'eau, et qui en sortait ensuite, représentait la sépulture et la résurrection de Jésus-Christ. Saint Paul dit aux Colossiens, c. ii, v. 12 : *Par le baptême, vous avez été ensevelis avec Jésus-Christ; et vous avez été ressuscités avec lui par la foi à la puissance de Dieu qui l'a tiré du tombeau.* Le néophyte, en quittant ses habits pour entrer dans le bain sacré, faisait profession de se dépouiller de ses habitudes vicieuses, et de renoncer au péché pour mener une vie nouvelle ; la robe blanche dont il était ensuite revêtu, était le symbole de la pureté de l'âme qu'il avait reçue par ce sacrement. C'est la leçon que saint Cyrille de Jérusalem et d'autres Pères font aux catéchumènes et aux nouveaux baptisés. *Catech.*, *myst.* ii, c. 2, etc.

Mais les pasteurs de l'Eglise avaient pris les plus grandes précautions pour que toute cette cérémonie se fît avec toute la décence possible et sans aucun danger pour la pudeur. On ne baptisait point les hommes dans le même temps ni dans le même bain que les femmes ; il y avait des diaconesses, dont une des principales fonctions était d'assister dans cette circonstance, les personnes de leur sexe, et pendant le baptême il y avait un voile tendu entre le bassin du baptistère et l'évêque qui prononçait les paroles sacramentelles. *Voy.* Bingham, *Orig. ecclés.*, l. xi, c. 11, § 3 et 4. C'est très mal à propos que quelques incrédules licencieux ont voulu inspirer des soupçons contre l'innocence et la pureté de cette cérémonie.

Le cinquantième canon des apôtres ordonne d'administrer le baptême par trois *immersions*; plusieurs Pères de l'Eglise ont regardé ce rite comme une tradition apostolique dont l'intention était de marquer la distinction des trois personnes de la sainte Trinité.

Il y avait cependant des cas dans lesquels le baptême par *immersion* était impraticable, comme lorsqu'il fallait baptiser des malades alités, ou lorsque l'on n'avait pas assez d'eau pour en faire un bain : alors on administrait le baptême par aspersion, ou, plutôt par infusion, en versant de l'eau trois fois sur la tête du baptisé, comme nous faisons encore aujourd'hui. Quelques personnes voulurent élever des doutes sur la validité de ce baptême; mais saint Cyprien, consulté à ce sujet, répondit et prouva qu'il était très-valide. *Epist.* 69 ou 77 *ad Magnum.*

En Espagne, au VII° siècle, quelques ariens affectèrent de faire les trois *immersions* du baptême, pour professer non-seulement la distinction, mais la différence et l'inégalité des trois personnes divines. Conséquemment la plupart des catholiques, pour ne pas donner lieu à cette erreur, prirent le parti de ne faire qu'une seule *immersion*. Saint Grégoire le Grand approuva cette conduite, et le quatrième concile de Tolède, tenu en 633, en fit une espèce de loi. Mais l'on jugea sagement, dans la suite, que l'affectation des hérétiques n'était pas une raison suffisante de changer l'ancien rite de l'Eglise, et l'on continua de baptiser par trois immersions. Bingham, *ibid.*, § 5 et 8.

L'usage fréquent du bain dans les pays chauds a fait conserver chez les Grecs et chez les autres Orientaux, cette manière d'administrer le baptême; mais comme dans nos climats septentrionaux le bain est impraticable pendant la plus grande partie de l'année, on y administre le baptême par trois infusions, et cet usage est devenu général, au moins depuis le XIII° siècle. *Voy.* BAPTÊME.

IMMOLATION. Ce terme qui, dans l'origine, signifiait l'action de répandre de la farine (*mola*) et du sel sur la tête de la victime que l'on allait sacrifier, a signifié, dans la suite, l'action entière du sacrifice. Nous disons que Jésus-Christ a été immolé sur la croix, qu'il s'immole encore sur nos autels, c'est-à-dire qu'il y renouvelle son sacrifice d'une manière non sanglante par les mains des prêtres, afin de nous appliquer les mérites de sa passion et de sa mort. Dans le même sens, saint Paul appelle *immolation*, l'offrande qu'il faisait à Dieu de sa vie pour la confirmation de l'Evangile. Il dit aux Philippiens, c. II, v. 17 : *S'il m'arrive d'être immolé en sacrifice et en oblation pour votre foi, je m'en réjouis d'avance et je m'en félicite : réjouissez vous-mêmes, et félicitez-moi.* Dans le sens figuré, le psalmiste dit, *ps.* XLIX, v. 4 : *Immolez à Dieu un sacrifice de louanges.*

IMMOLÉES (viandes). *Voy.* IDOLOTHYTES.

IMMORTALITÉ. *Voy.* AME, § 2.

IMMUNITÉ, exemption des charges personnelles ou réelles auxquelles le commun des sujets est assujetti envers le souverain. Les *immunités* accordées aux ecclésiastiques par les princes chrétiens, sont un point de discipline qui regarde de plus près les jurisconsultes que les théologiens, mais l'on a écrit de nos jours contre ce privilége avec tant de prévention et tant d'indécence, on l'a présenté sous un jour si odieux, que nous ne pouvons nous dispenser de faire à ce sujet quelque réflexion.

Jésus-Christ, dans l'Evangile, a décidé en général, en parlant des tributs, qu'il faut rendre à César ce qui est à César, et à Dieu ce qui appartient à Dieu. *Matth.*, c. XXII, v. 21. Il en avait donné lui-même l'exemple, en faisant payer le cens pour lui et pour saint Pierre, c. XVII, v. 26. Saint Paul dit à tous les fidèles en général et sans exception : *Rendez à chacun ce qui lui est dû, le tribut ou l'impôt à celui qui a droit de l'exiger*, etc. (*Rom.* XIII, v. 7). — On conçoit que, sous les empereurs païens, les ministres de la religion chrétienne ne jouiraient d'aucun privilége ni d'aucune exemption; ils étaient même intéressés à ne pas faire connaître leur caractère. Tertullien, dans son *Apologétique*, chap. XLII, représente aux magistrats que personne ne paie les tributs et ne satisfait aux charges publiques avec plus de fidélité que les chrétiens; qu'ils se font un point de conscience de ne commettre en ce genre aucune fraude. Lorsque Constantin, devenu seul possesseur de l'empire, eut embrassé la religion chrétienne, il jugea convenable de concilier beaucoup de respect à ses ministres, surtout aux évêques, et de leur accorder des priviléges. Il exempta les clercs de toutes les charges personnelles, de tous les emplois publics onéreux, dont les devoirs les auraient détournés de leurs fonctions. Non-seulement il accorda aux évêques la juridiction sur les ministres inférieurs, le pouvoir de les juger et de les punir selon les lois de l'Eglise, mais il trouva bon que les fidèles les prissent pour arbitres dans leurs contestations, et il leur confia l'inspection sur plusieurs objets d'utilité publique, tels que le soin des prisonniers, la protection des esclaves, la charité envers les enfants exposés et autres personnes misérables, le droit de réprimer plusieurs abus contraires à la police, parce que ces divers objets étaient trop négligés par les magistrats civils. Mais on ne voit pas que ce prince ni ses successeurs aient exempté de tributs ou d'impôts les biens possédés par les clercs. Sur la fin du IV° siècle, saint Ambroise disait : « Si l'empereur demande le tribut, nous ne le refusons point ; les terres de l'Eglise le payent, nous rendons à Dieu et à César ce qui leur appartient. » *Epist.* 32. Il y avait cependant plusieurs charges réelles dont les clercs étaient exempts. Bingham, *Orig. ecclés.*, l. V, c. 3, § 4 et suiv.

Après la conquête des Gaules par les Francs, Clovis, devenu chrétien, dota plusieurs églises, accorda aux clercs l'*immunité réelle et personnelle*; on le voit par le premier concile d'Orléans, tenu l'an 507, can. 5.

Dans les révolutions qui arrivèrent sous ses successeurs, l'état du clergé n'eut rien de fixe, il fut tantôt dépouillé et tantôt rétabli dans ses droits. Insensiblement nos rois, touchés des marques de fidélité que le clergé leur a données dans tous les temps, ont mis les choses sur le pied où elles sont aujourd'hui. La seule question que l'on puisse élever, est de savoir si les *immunités* du clergé sont contraires à la justice distributive et au bien de l'Etat : nous soutenons qu'elles ne le sont point.

1° Le clergé n'est pas le seul corps qui en jouisse, la noblesse et les magistrats ont les leurs. Cette distinction a lieu non-seulement en France, mais chez toutes les nations policées ; on l'a vue dans tous les temps comme aujourd'hui, dans les fausses religions comme dans la vraie. Les Romains, les Egyptiens, les Indiens, les Chinois, ont jugé que les ministres de la religion devaient être distingués de la classe commune des citoyens ; ne devaient point être détournés de leurs devoirs par des emplois civils, mais tenir un rang et jouir d'une considération qui les rendît respectables. Il est juste, sans doute, que des hommes consacrés par état au service de leurs semblables, n'aient point d'autre charge à supporter, qu'ils aient une subsistance honnête et assurée ; il n'y a pas plus de raison de prendre sur ce fonds de quoi subvenir à une autre charge, que de retrancher une partie de la solde des militaires, ou des honoraires des magistrats. —
2° Les ennemis du clergé affectent de supposer que ce corps, dont ils exagèrent les richesses, ne contribue en rien aux charges communes, ou n'en supporte qu'une très-légère partie. C'est une double erreur, réfutée par la notoriété publique. L'auteur du *Droit public de France* observe « qu'il n'est point de corps de l'Etat dans lequel le prince trouve plus de ressources que dans le clergé de France. Outre les charges communes à tous les sujets du roi, il est facile au clergé de justifier que depuis 1690 jusqu'en 1760, il a payé plus de 379 millions ; que, par conséquent, dans l'espace de soixante et dix ans, il a épuisé cinq fois ses revenus, qui, sans en déduire les charges, objet considérable, ne montent qu'à 60 millions ou environ. » *Droit public de France*, t. II, pag. 272. Depuis ce temps-là, les contributions du clergé, loin de diminuer, ont augmenté. Par les déclarations du roi, données à ce sujet en différents temps, l'on peut voir à quoi se monte la dette que le clergé a contractée pour fournir aux besoins de l'Etat. Il est prouvé que ses contributions annuelles sont à peu près le tiers de son revenu, puisque c'est cette proportion que l'on taxe les pensions sur les bénéfices.

Indépendamment de cette charge ordinaire, on vient de voir en 1782 avec quelle générosité le clergé, sans y être contraint, sait se prêter et faire des efforts pour subvenir aux besoins extraordinaires de l'Etat. Cet exemple, qui n'est pas le seul, démontre qu'il est d'une saine politique de ne pas charger indistinctement et en même proportion toutes les classes de citoyens, afin d'avoir une ressource assurée dans les cas pressants et extraordinaires. Peut-on citer une seule calamité publique, soit générale, soit particulière, dans laquelle les ministres de l'Eglise n'aient pas donné l'exemple d'une charité courageuse et attentive, et ne se soient dépouillés pour assister les malheureux ? Que les contributions du clergé se fassent sous le nom de *décimes*, de *don gratuit*, ou sous un autre, qu'importe, dès qu'elles ne tournent pas moins à la décharge des autres citoyens.

Nous pourrions démontrer encore l'absurdité des plaintes de nos déclamateurs modernes, par les différentes révolutions qui sont arrivées, soit en France, soit dans les autres Etats de l'Europe. Quelle utilité le peuple a-t-il retirée des vexations et du brigandage exercés en différents temps envers le clergé ? On se souviendra longtemps du mot de Charles-Quint, qui dit que Henri VIII, en dépouillant le clergé de son royaume, avait tué l'oie qui pondait tous les jours un œuf d'or. [Voy. le Dictionnaire de Théologie Morale, art. Immunités.]

IMMUTABILITÉ, attribut en vertu duquel Dieu n'éprouve aucun changement. Dieu est immuable quant à sa substance, puisqu'il est l'Etre nécessaire. Il l'est quant à ses idées ou à ses connaissances, puisqu'elles sont éternelles ; il l'est quant à ses volontés ou à ses desseins, puisqu'il a voulu de toute éternité ce qu'il fait dans le temps et tout ce qu'il fera jusqu'à la fin des siècles. L'Etre infini est, a été et sera toujours parfaitement simple et de l'unité la plus rigoureuse ; il ne peut rien perdre ni rien acquérir. — Il dit lui-même : *Je suis* CELUI QUI EST, *je ne change point* (*Malach.* III, 6). *Dieu ne ressemble point à un homme pour nous tromper, ni à un mortel pour changer ; peut-il ne pas faire ce qu'il a dit, ou ne pas accomplir ce qu'il a promis* (*Num.* XXIII, 19) ? *Vous avez créé, Seigneur, le ciel et la terre ; ils passeront, mais vous demeurerez ; vous les changerez comme on retourne un habit, mais vous êtes toujours le même, votre durée ne finira jamais* (*Ps.* CI, 26).

L'éternité proprement dite emporte essentiellement l'*immutabilité*. Dieu a voulu de toute éternité ce qu'il fait dans le temps, et tout ce qui sera jusqu'à la fin des siècles. Cette volonté éternelle s'exécute sans que Dieu fasse de nouveaux décrets ou forme de nouveaux desseins. De toute éternité il a prévu avec une certitude entière tout ce qui a été, tout ce qui est, tout ce qui sera : cette éternité correspond à tous les instants de la durée des êtres. A l'égard de Dieu, il n'y a ni passé ni futur ; tout est présent à son entendement divin ; il ne peut pas lui survenir un nouveau motif de vouloir. A la vérité, notre esprit borné ne conçoit point comment Dieu peut être tout à la fois libre de faire ce qu'il veut, et cependant immuable : nous ne pouvons avoir de la liberté de Dieu qu'une idée analogue à notre propre liberté, et celle-ci ne peut s'exercer sans qu'il nous survienne un changement. C'est pour cela même que l'Ecriture sainte nous parle des actions de Dieu comme de celles de l'homme, semble lui attribuer des affections humaines, de nouvelles connaissances, de nouvelles volontés, du repentir, etc. Dieu dit à Abraham : *A présent je connais que tu me crains, puisque pour m'obéir tu n'as pas épargné ton fils unique* (Gen., XXII, 12). Dieu, sans doute, savait d'avance ce que ferait Abraham. Jérémie dit aux Juifs : *Corrigez-vous, écoutez la voix du Seigneur votre Dieu, et il se repentira du mal dont il vous a menacés* (Jerem., XXVI, 13 et 19). Dieu épargne les Ninivites, après avoir déclaré qu'il allait les détruire, etc. Mais, de toute éternité, Dieu savait ce qui arriverait et ce qu'il ferait.

Ainsi, lorsque nous prions Dieu de nous pardonner, d'accorder telle grâce, de ne pas punir un pécheur vivant ou mort, etc., nous ne supposons point que Dieu changera de volonté ou de résolution ; mais nous supposons que Dieu, de toute éternité, a prévu la prière que nous faisons, et veut y avoir égard. De l'*immutabilité* de Dieu il s'ensuit qu'il accomplit toutes ses promesses ; mais il ne s'ensuit point qu'il exécute toutes ses menaces, parce qu'il peut pardonner sans déroger à sa justice. « Les menaces de Dieu, dit saint Jérôme, sont souvent un effet de sa clémence. » *Dialog.* 1 *contra Pelag.*, c. 9. Si Dieu voulait damner, dit saint Augustin, il ne menacerait pas, il se tairait. » *Serm.* 22, n. 3 (1).

(1) L'immutabilité paraît aux incrédules entièrement inconciliable avec la liberté divine, parce que le changement de vouloir amène nécessairement un changement dans la nature de l'être en qui la volonté se confondent. Voici la réponse que le cardinal de la Luzerne fait à cette objection « D'abord, quand nous serions dans l'impuissance de concilier la liberté et l'*immutabilité* de Dieu, ce ne serait pas une raison pour contester l'un ou l'autre de ses attributs.... Quand deux vérités sont démontrées, elles ne peuvent pas se contrarier, et... leur apparente opposition n'est autre chose que la faiblesse de notre esprit. L'objection proposée laisse subsister les preuves de ces deux dogmes ; elle ne prouve donc pas leur contrariété.

« Mais est-il vrai que nous n'ayons aucun moyen de concilier la liberté de Dieu avec son *immutabilité*? D'abord, dans l'opinion très-accréditée et très-fondée de l'éternité non-successive, il n'y a point d'opposition entre ces deux attributs. Dans cet instant indivisible qui compose toute son éternité, Dieu veut librement tout ce qui existe, et il ne peut plus changer, puisqu'il n'y a pas d'autre instant où le changement puisse s'opérer. L'acte de sa volonté est toujours le même : car dans le même moment, il ne peut pas avoir deux volitions opposées. Tout changement exige une succession ; et un vouloir, comme tout autre chose, ne peut pas être en même temps le même et différent. Cette réponse suffirait encore pour résoudre l'objection proposée. On n'est pas fondé à nous opposer une incompatibilité d'attributs, s'il y a un système raisonnable dans lequel ils soient compatibles. Mais je vais plus loin, et supposant même l'éternité successive, je dis que même dans ce système, il n'y a point d'opposition entre la liberté et l'*immutabilité*. L'objection est fondée sur

IMPANATEURS, IMPANATION. On a nommé *impanateurs* les luthériens, qui soutiennent qu'après la consécration le corps de Jésus-Christ se trouve dans l'eucharistie avec la substance du pain, que celle-ci n'est point détruite, et qui rejettent ainsi le dogme de la transsubstantiation ; et l'on appelle *impanation* la manière dont ils expliquent cette présence, lorsqu'ils disent que le corps de Jésus-Christ est avec le pain, dans le pain ou sous le pain, *in*, *sub*, *cum* : c'est ainsi qu'ils s'expriment. On pourrait aussi appeler *impanation* le sentiment de quelques auteurs jacobites, qui, en admettant la présence réelle de Jésus-Christ dans l'eucharistie, supposent une union hypostatique entre le Verbe divin et le pain et le vin. Assémani, *Bibl. orient.*, t. II, c. 32. — Cette opinion, qui avait déjà paru du temps de Bérenger, fut renouvelée par Osiander, l'un des principaux luthériens ; en parlant de l'eucha-

une fausse idée de la liberté divine. La question n'est pas de savoir si Dieu, ayant formé de toute éternité la détermination de créer le monde tel qu'il est, a pu depuis former une détermination différente. Il s'agit de savoir si cette résolution, prise par lui de toute éternité, l'a été librement, ou s'il y a été alors nécessité par sa nature. La liberté de Dieu, ne pouvant pas, comme nous l'avons observé, contrarier ses autres attributs, est et doit être différente de celle de l'homme. L'homme qui a formé une résolution, peut en changer, parce qu'il peut lui survenir de nouveaux motifs, de nouvelles connaissances, de nouveaux intérêts, de nouvelles passions. Mais rien de tout cela ne peut atteindre Dieu. Il ne peut donc pas avoir de raison pour changer. Primitivement, éternellement, Dieu a voulu par un seul acte de sa volonté tout ce qui est et tout ce qui sera à jamais. Cet acte originaire a-t-il été libre ? voilà ce dont il s'agit. Les incrédules ne prouvent certainement pas que Dieu a été nécessité à ce décret éternel, en disant que Dieu après l'avoir voulu, n'a pas pu le changer. Ils dénaturent l'état de la question, et ne prouvent que ce qui ne leur est pas contesté. Ainsi, même dans le système de l'éternité successive, se concilient pleinement les deux dogmes de la liberté et de l'*immutabilité* divine. Dieu a exercé sa liberté en formant le décret universel de la création de tous les êtres ; il manifeste son *immutabilité* par l'invariable permanence de ce décret. Il a voulu librement que le monde fût tel qu'il est ; il le veut immuablement.

Mais, dira-t-on, Dieu, dans cette explication, n'a été libre qu'au moment où il a formé la résolution de créer. Il ne l'est plus maintenant ; et toutes ses volitions sont nécessaires. — Dieu, ayant ordonné librement dans son éternité tous les êtres, tous les événements qui devaient à jamais avoir lieu, n'a plus eu d'emploi à faire de sa liberté. Il n'a pu rien ajouter à son décret ; puisqu'il avait tout décrété. Il n'a rien eu à y changer, puisqu'il avait tout réglé avec sagesse, et qu'il n'a pu lui survenir de motifs de changement. Il n'est plus libre, c'est-à-dire sa liberté n'a plus d'objet. Il en a fait tout l'usage qu'il voulait à jamais en faire. Ses volitions actuelles sont nécessaires : elles le sont d'une nécessité non-absolue, mais hypothétique ; elles sont les conséquences nécessaires de sa première volition librement formée. Elles sont, à proprement parler, non pas nécessaires, mais nécessitées par sa propre volonté. Cette nécessité ne nuit donc pas à la liberté de Dieu, puisqu'elle est l'effet de l'usage que Dieu a fait de sa liberté. » *Voy.* Dissertations sur l'existence et les attributs de Dieu.

ristie, il s'avança jusqu'à dire : *Ce pain est Dieu.* Une si étrange opinion, dit M. Bossuet, n'eut pas besoin d'être réfutée ; elle tomba d'elle-même par sa propre absurdité, et Luther ne l'approuva point. D'autres prétendent que la nature humaine de Jésus-Christ, en vertu de son union substantielle à la Divinité, participe à l'immensité divine, est présente partout, conséquemment se trouve dans le pain consacré ; et ils nomment *ubiquité*, cette immensité du corps de Jésus-Christ. *Voy.* Ubiquité.

Mais de quelque manière que les luthériens expliquent leur opinion, elle est évidemment contraire au sens littéral et naturel des paroles de Jésus-Christ. Lorsqu'il a donné son corps à ses disciples, il ne leur a pas dit : *Ici est mon corps*, ni *Ce pain est mon corps*, mais *Ceci est mon corps :* donc ce qu'il présentait à ses disciples était son corps, et non du pain. Aussi les calvinistes, qui n'admettent point la présence réelle, ont beaucoup écrit contre le sentiment des luthériens ; ils leur ont prouvé que si Jésus-Christ est réellement, corporellement et substantiellement présent dans l'eucharistie, il faut nécessairement avouer qu'il y est présent par transsubstantiation ; que deux substances ne peuvent être ensemble sous les mêmes accidents ; que s'il faut absolument admettre un miracle, il est plus naturel de s'en tenir à celui que soutiennent les catholiques, qu'à celui que supposent les luthériens. Or, Luther, de son côté, n'a cessé de soutenir que les paroles de Jésus-Christ emportent dans leur sens littéral une présence réelle, corporelle et substantielle. Ainsi le dogme catholique se trouve établi par ceux mêmes qui font profession de le rejeter.

L'impanation des luthériens se nomme aussi *consubstantiation*. Voyez *Hist. des Variat.*, l. II, n. 3, p. 31 et suiv.

IMPARFAIT, IMPERFECTION. Lorsque les manichéens soutenaient que des créatures aussi imparfaites que nous sommes ne peuvent être l'ouvrage d'un Dieu tout-puissant et bon, saint Augustin leur répondait qu'il n'y a rien dans la nature d'absolument *imparfait*, de même qu'il n'y a rien non plus d'absolument parfait, parce que toute créature est nécessairement bornée. La perfection et l'*imperfection* sont des notions purement relatives. Ainsi l'homme est un être *imparfait* en comparaison des anges ; mais il est plus parfait qu'un animal ou qu'une plante. Il en est de même des individus comparés les uns aux autres ; rien n'est donc absolument parfait que l'Être infini.

C'est précisément parce que Dieu est tout-puissant, qu'il a pu faire des créatures plus ou moins parfaites les unes que les autres à l'infini. Quelque degré de perfection que l'on suppose à une créature, il faut nécessairement convenir que Dieu pouvait lui en donner davantage, puisque sa puissance n'a point de bornes. Toute créature est donc toujours *imparfaite* en comparaison de ce qu'elle pourrait être. Si Dieu n'en pouvait point créer de telles, il ne pourrait rien faire du tout. — Chaque degré de perfection que telle créature a reçu de Dieu est un bienfait purement gratuit : Dieu ne lui devait rien, pas même l'existence ; ce qu'elle a reçu est donc un effet de la bonté de Dieu. Ainsi les divers degrés de perfection ou d'*imperfection* des créatures ne prouvent pas plus contre la bonté divine que contre la puissance infinie.

Les apologistes des manichéens et les athées ne s'entendent pas eux-mêmes, lorsqu'ils prétendent qu'un Dieu tout-puissant et bon n'a pas pu faire des créatures aussi *imparfaites* qu'elles le sont. Quand elles le seraient encore davantage, il ne s'ensuivrait rien ; et quand elles seraient plus parfaites, la même objection reviendrait toujours. *Voyez* saint Aug., *L. contra epist. fundam.*, cap. 30, n. 33 ; c. 37, n. 48 ; *L.* I, *contra advers. Legis et Prophet.*, cap. 5, n. 7 ; c. 6, n. 8 ; *Epist.* 186 *ad Paulin.*, c. 7, n. 22, etc. *Voy.* Bien et Mal, Bonheur et Malheur.

IMPASSIBLE. *Voy.* Passible.

IMPECCABILITÉ, état de celui qui ne peut pécher. C'est aussi la grâce qui nous met hors d'état de pécher. La félicité des bienheureux dans le ciel leur donne ce privilège. Les théologiens distinguent différentes espèces ou divers degrés d'*impeccabilité*. Celle de Dieu lui appartient par nature et en vertu de ses perfections infinies ; celle de Jésus-Christ, en tant qu'homme, lui convient à cause de l'union hypostatique ; celle des bienheureux est une conséquence de leur état ; celle des hommes vivants est l'effet d'une grâce qui les confirme dans le bien. Ainsi la croyance de l'Église est que la sainte Vierge a été exempte de tout péché par une grâce particulière ; mais ce privilège s'appelle plutôt *impeccance* qu'*impeccabilité*.

Il a nécessairement fallu distinguer ces deux choses dans les disputes excitées par les pélagiens, qui prétendaient que l'homme, par les seules forces de sa nature, peut s'élever à un tel degré de perfection, qu'il n'ait plus besoin de dire : *Seigneur, pardonnez-nous nos offenses.* Saint Augustin a soutenu contre eux, avec raison, que l'homme par sa nature n'est jamais impeccable, et que s'il est assez heureux pour ne jamais pécher, c'est l'effet d'une grâce surnaturelle et particulière. A la vérité, avec le secours des grâces ordinaires, il n'est aucun péché en particulier que l'homme ne puisse éviter ; mais il ne s'ensuit pas qu'il puisse les éviter tous en général, et passer le cours de sa vie sans en commettre un seul. Cette perfection n'est point compatible avec la faiblesse de l'humanité ; elle ne peut venir que d'une suite de grâces extraordinaires. On conçoit cependant que cette nécessité vague et indéterminée de pécher quelquefois, ne nuit à la liberté d'aucune action, prise en particulier.

IMPÉNITENCE, endurcissement de cœur, qui retient un pécheur dans le vice et l'empêche de se repentir. Les Pères et les commentateurs entendent assez communément de l'*impénitence* finale ce qui est dit dans l'Evangile du péché contre le Saint-Esprit, qui ne se pardonne ni en ce monde ni en l'autre.

Mais en quel sens cette application serait-elle juste, si le pécheur impénitent à la mort n'était assisté par aucune grâce, par aucun mouvement du Saint-Esprit, s'il était absolument et entièrement abandonné de Dieu? Lorsque saint Etienne disait aux Juifs : *Vous résistez toujours au Saint-Esprit, comme vos pères* (Act. VII, 51), il entendait sans doute : Vous résistez à la grâce qui vous excite à vous convertir. Si donc le pécheur qui meurt dans l'*impénitence* pèche contre le Saint-Esprit, il résiste aussi à la grâce qui le presse de se repentir. Ainsi, en traitant de l'*impénitence* finale, il faut éviter de faire entendre ou de supposer que c'est un effet de l'abandon de Dieu, et du refus qu'il fait alors de la grâce.

Dieu, sans doute, par un trait de sa justice, refuse alors quelquefois au pécheur ces grâces fortes sans lesquelles il ne vaincra pas son obstination ; mais l'excès de la malice du pécheur n'est pas un titre pour exiger ou pour attendre de Dieu une plus grande mesure de grâces : il est évident que, dans ce cas, la faute est tout entière de la part du pécheur, et qu'on ne peut pas l'attribuer au défaut de la grâce. Les passages de l'Ecriture par lesquels on a quelquefois voulu prouver le contraire, ne signifient rien de plus que ce que nous disons. *Voy.* ENDURCISSEMENT.

IMPIE, IMPIÉTÉ. L'usage ordinaire est de nommer *impiété* le mépris formel et affecté de la religion. Dans plusieurs livres modernes, on a dit qu'un *impie* est celui qui blasphème contre un Dieu qu'il croit et qu'il adore dans le fond de son cœur ; que c'est un auteur inconséquent et hérétique qui écrit contre une religion qu'il avoue. L'on ajoute qu'il ne faut pas confondre un *impie* avec un *incrédule*; que celui-ci est un homme qui a des doutes et qui les propose au public ; qu'il est à plaindre, et non à détester ou à punir.

Mais si un homme est très-coupable lorsqu'il blasphème contre une religion, de la vérité de laquelle il est intérieurement convaincu, peut-il être innocent, lorsque, dans le doute, il en parle avec autant de mépris que s'il était invinciblement persuadé de sa fausseté? Il sera, si on le veut, moins *impie* que dans le premier cas, mais il ne sera pas absolument exempt d'*impiété*. Le simple doute ne donne pas droit de parler sur le ton de la conviction, sur un sujet qui intéresse tous les hommes : c'est cependant ce que font tous les incrédules. Les plus célèbres d'entre eux ont avoué que la plupart de leurs disciples sont des libertins dissipés et sans mœurs, qui sont ennemis de la religion *par un fonds de perversité naturelle;* qu'ils la méprisent *sur parole*, sans en avoir examiné les preuves ; qu'ils la foulent aux pieds *en tremblant et avec remords*. Ce fait est confirmé par l'aveu et par la conduite de ceux qui se convertissent ; ils cessent d'être incrédules dès qu'ils ont renoncé au libertinage ; ils conviennent que, dans les plus violents accès de leur frénésie, ils n'étaient exempts ni de crainte ni de remords. Ainsi tous se reconnaissent coupables d'*impiété*.

Qu'un homme qui a des doutes sur la religion consulte en particulier et de bonne foi ceux qu'il croit capables de l'instruire, rien de mieux : mais quand il aura publié ses doutes et qu'il les aura communiqués à d'autres, quel avantage en reviendra-t-il, ou à lui, ou au public? Si ses doutes le tourmentent, c'est une cruauté de vouloir en infecter les autres ; s'il se félicite de les avoir, il ment lorsqu'il fait semblant de chercher à les dissiper.

Lorsqu'un homme a des doutes sur la justice d'une loi qui le gêne ou qui le condamne, et qu'il les communique à un jurisconsulte ou à un magistrat, il fait bien ; s'il écrit pour prouver l'injustice de la loi, pour rendre odieux le gouvernement qui la protège et les juges qui la suivent, c'est un séditieux, il travaille à soulever la société contre les lois. On ne blâme point un malade qui consulte les médecins pour se guérir ; mais s'il communiquait aux autres sa maladie, afin de voir s'ils y trouveront un remède, ce serait un forcené. Que devons-nous donc penser d'un écrivain qui, sous prétexte de proposer ses doutes, déclame avec fureur contre la religion, se permet les impostures, la calomnie, les insultes contre ceux qui l'enseignent ou qui la croient, témoigne non-seulement qu'il n'a aucune envie d'être détrompé, mais qu'il serait bien fâché de l'être? Avons-nous tort de le regarder comme un *impie*?

On nous représente qu'il faut être circonspect dans l'accusation d'*impiété* : nous en convenons ; mais il faudrait aussi que les incrédules fussent plus réservés à taxer d'hypocrisie, de fourberie, d'imposture ou de fanatisme, ceux qui ne pensent pas comme eux.

Epicure disait que les vrais *impies* sont ceux qui attribuent aux dieux des faiblesses, des passions, des vices ou des actions criminelles, comme faisaient les païens ; il n'avait pas tort. Mais lorsqu'il refusait à la Divinité toute espèce de providence et d'inspection sur les actions des hommes, qu'il ôtait à ceux-ci tout espoir de récompense pour la vertu, et toute crainte de châtiment pour le crime, était-il lui-même exempt d'*impiété*? Il sapait par le fondement la religion et la vertu ; le culte qu'il affectait de rendre aux dieux ne pouvait pas être fort sincère. L'usage a toujours été de nommer *pieux* un homme qui aime la religion et qui la pratique par affection ; donc tout homme qui la déteste et voudrait la détruire, est *impie* dans toute la rigueur du terme. *Voy.* INCRÉDULE.

* IMPIE (Proposition). C'est celle qui tend à diminuer le culte que nous devons à Dieu ou à affaiblir la piété. *Voy.* Qualification de propositions.

IMPLICITE, enveloppé. Une vérité est *implicitement* renfermée dans une autre, lorsqu'elle en découle par voie de conséquence. Qu'il y ait, par exemple, deux volontés en Jésus-Christ, la volonté divine et la volonté humaine, c'est un dogme *implicitement* renfermé dans cet autre dogme, qu'il y a en lui deux natures complètes et douées de toutes les facultés qui leur sont propres ; et il est prouvé qu'il y a en Jésus-Christ deux natures, parce qu'il est Dieu et homme. *Dieu veut que tous les hommes soient sauvés* (*I Tim.* II, 4). Cette proposition révélée en renferme implicitement une autre, savoir, que Dieu veut donner et donne en effet à tous les hommes des moyens de salut. Ainsi toute conclusion théologique doit être *implicitement* renfermée dans une proposition révélée.
— Quiconque croit à l'infaillibilité de l'Eglise et se soumet à son enseignement, a une foi *implicite* à toutes les vérités qu'elle enseigne, puisqu'il est disposé à les croire formellement dès qu'elles lui seront proposées. Mais cette foi *implicite* et générale ne suffit pas à un chrétien ; il y a des vérités qu'il est obligé de connaître en particulier et de croire d'une foi explicite. *Voy.* Fondamentaux.

« Les articles de foi, dit saint Thomas, se sont multipliés par la succession des temps, *non pas quant à la substance*, mais quant à leur explication et à la profession plus expresse que l'on en a faite ; car tout ce que nous croyons aujourd'hui a été cru de même par nos pères *implicitement*, et sous un moindre nombre d'articles. » 2, 2, *q.* 1, art. 7. Quelques incrédules ont conclu de là que, selon saint Thomas, nous croyons aujourd'hui comme articles de foi des dogmes que les premiers chrétiens ne croyaient pas, et dont ils n'avaient aucune connaissance. Le passage du saint docteur prouve précisément le contraire.

IMPOSITION DES MAINS, cérémonie ecclésiastique usitée dans plusieurs de nos sacrements et dans quelques autres circonstances ; elle consiste à étendre la main ou les mains sur la tête de celui qui est l'objet de la cérémonie. Les Grecs la nomment χειροτονία, de χείρ, *la main*, et τείνω *j'étends*; il en est parlé dans plusieurs endroits de l'Ecriture, surtout du Nouveau Testament : c'est un signe d'affection, d'adoption et de confiance. Lorsqu'un vieillard met la main sur la tête d'un enfant, c'est comme s'il disait : Voilà un enfant qui m'est cher ; je souhaite qu'il soit prospère. On amenait à Jésus-Christ des enfants, pour qu'il leur imposât ses mains divines, en signe d'affection et de protection, *Matth.*, c. xix, v. 13, etc. Un citoyen qui conduisait un enfant devant les magistrats, et lui mettait la main sur la tête, signifiait par là qu'il l'adoptait pour son fils : ainsi Jacob adopta les deux fils de Joseph, en mettant ses mains sur leur tête, *Gen.*, c. xlviii, v. 14. Un maître qui, en donnant une commission à son esclave, lui mettait la main sur la tête, lui disait par là : Je compte sur ta fidélité. Dans les assemblées du peuple, les chefs mettaient la main sur la tête de ceux qu'ils désignaient pour les élever à la magistrature.

Non-seulement Jésus-Christ touchait de sa main les malades qu'il voulait guérir, mais il dit que ceux qui croiront en lui guériront de même les malades en leur imposant les mains. *Marc*, c. xvi, v. 18. Nous voyons que les apôtres se servaient de *l'imposition des mains* pour donner le Saint-Esprit ou pour administrer aux fidèles le sacrement de confirmation. *Act.*, c. vi, v. 6, etc. Ils employaient la même cérémonie pour ordonner les ministres de l'Eglise, et les associer à leurs fonctions. *Act.*, c. xiii, v. 3 ; *I Tim.*, c. iv, v. 14, etc.

Dans la suite l'usage s'établit d'*imposer les mains* à ceux que l'on mettait au nombre des catéchumènes, pour témoigner que l'Eglise les regardait dès ce moment comme ses enfants : à ceux qui se présentaient pour subir la pénitence publique, ensuite pour leur donner l'absolution ; aux hérétiques pour les réconcilier à l'Eglise ; aux énergumènes pour les exorciser ; enfin les évêques employaient ce geste pour donner la bénédiction au peuple. *Voyez* Bingham, *Orig. ecclés.*, l. x, c. 1, § 2 ; l. xvii, c. 2, § 1 ; l. xix, c. 2, § 4, etc. — L'on a donc nommé *imposition des mains* non-seulement la confirmation et l'ordination, mais encore la pénitence et le baptême. Quelques auteurs ecclésiastiques ont désigné par ce terme même les paroles sacramentelles ; ils ont dit : *Manus impositiones sunt verba mystica.* La loi de réconcilier les hérétiques par l'*imposition des mains* signifie quelquefois la confirmation, et d'autres fois la pénitence ; il est dit indifféremment : *Manus eis imponantur in pœnitentiam et in Spiritum sanctum.* Le sacrement de pénitence est ainsi appelé, parce qu'il produit sur les âmes le même effet que l'*imposition des mains* de Jésus-Christ ou des apôtres produisait sur les malades. Enfin le baptême est nommé *imposition des mains* par le concile d'Elvire, *can.* 39, et par le premier concile d'Arles, *can.* 6. On s'exprimait ainsi, soit afin de garder le secret des mystères, soit parce que la même cérémonie a lieu dans les divers sacrements. *Traité sur la forme des sept Sacrements*, par le père Merlin, c. 18 et 23.

Tout le monde convient que dans plusieurs cas l'*imposition des mains* était une simple cérémonie et non un sacrement ; mais la question entre les protestants et les théologiens catholiques est de savoir si l'on doit penser de même de celle par laquelle les apôtres donnaient le Saint-Esprit et confirmaient les fidèles dans la foi, et de celle par laquelle ils ordonnaient les ministres de l'Eglise. Les derniers soutiennent que l'une et l'autre sont des sacrements qui donnent la grâce à celui qui les reçoit, lui impriment un caractère, et que la seconde donne des pouvoirs surnaturels que n'ont point les simples fidèles. En effet que manque-t-il à une cérémonie qui donne le Saint-Esprit, pour qu'elle soit un sacrement ? Elle a été instituée par Jésus-Christ, puisque les apôtres s'en sont servis; elle exprime la grâce qu'elle opère, par les paroles dont elle est accompagnée; elle est nécessaire, puisque la foi des fidèles est toujours exposée à des tentations. Les *impositions des mains*, qui étaient de simples cérémonies, ont cessé dans l'Eglise; mais la confirmation a toujours été pratiquée, elle y subsiste encore. *Voy.* CONFIRMATION.

De même saint Paul dit à Timothée : *Ne négligez point la grâce qui est en vous, qui vous a été donnée par la prière avec l'*IMPOSITION DES MAINS *des prêtres. Je vous avertis de ressusciter la grâce de Dieu qui est en vous par l'*IMPOSITION DES MAINS (*I Tim.* IV, 14; *II Tim.* I, 6). Voilà donc une grâce particulière donnée à Timothée par l'*imposition des mains*, pour lui faire remplir saintement les diverses fonctions du ministère ecclésiastique dont l'Apôtre le charge, et qu'il lui expose en détail. Depuis ce moment, l'Eglise chrétienne n'a jamais cessé d'ordonner et de consacrer ses ministres par la même cérémonie; elle a toujours regardée comme un sacrement. *Voy.* ORDRE, ORDINATION. [*Voy.* aussi le Dictionnaire de Théologie morale.]

Dans l'un ni dans l'autre de ces deux cas l'*imposition des mains* n'a jamais été faite par le peuple, mais par les évêques et par les prêtres : preuve évidente que les ministres de l'Eglise ne tiennent point du peuple leur mission ni leur pouvoir, mais de Jésus-Christ, qui la leur donne par l'ordination. Jamais les simples fidèles ne se sont persuadés que par l'*imposition de leurs mains* ils pouvaient donner la grâce, le Saint-Esprit et des pouvoirs surnaturels. Ce rite, aussi ancien que l'Eglise, et toujours pratiqué dans les mêmes circonstances, démontre l'erreur des hétérodoxes, qui ne veulent reconnaître dans les prêtres ni mission divine, ni caractère, ni pouvoirs surnaturels, mais une simple commission ou députation du peuple.

Nous convenons que, dans la deuxième *Epître aux Corinthiens*, c. VIII, v. 19, le mot *ordinatus*, χειροτονηθείς ne signifie qu'une simple députation des Eglises, donnée à un des disciples pour accompagner saint Paul; mais aussi l'Apôtre ne parle point là d'une grâce accordée à ce disciple, comme il fait à l'égard de Timothée. Parce que l'*imposition des mains* n'était pas toujours un sacrement, il ne s'ensuit pas qu'elle ne l'ait jamais été.

Les interprètes ne sont pas d'accord sur l'*imposition des mains* dont parle saint Paul, *Hebr.*, c. VI, v. 2. Les uns pensent que c'est celle qui précédait ou accompagnait le baptême, d'autres l'entendent de la confirmation, d'autres de la pénitence ou de l'ordination.

Quelques théologiens ont soutenu que l'*imposition des mains* était un rite essentiel à l'absolution, et que c'était la matière du sacrement de pénitence; mais ce sentiment n'est pas le plus suivi. Le plus grand nombre pensent que cette cérémonie, usitée dans l'Eglise primitive pour réconcilier les pénitents, n'a jamais été regardée comme faisant partie du sacrement.

Spanheim, Tribbechovius et Braunius ont fait des traités de l'*imposition des mains*.

IMPOSTEUR. En fait de religion, un *imposteur* est un homme qui enseigne aux autres une doctrine à laquelle il ne croit pas lui-même; qui se donne pour envoyé de Dieu, sans pouvoir en fournir aucune preuve; qui emploie le mensonge pour tromper les ignorants. On ne peut pas donner ce nom à celui qui se trompe lui-même de bonne foi, et qui induit les autres en erreur. Lorsque les incrédules taxent d'*imposture* tous ceux qui enseignent la religion ou qui la défendent, ils se rendent eux-mêmes coupables de ce crime; ils savent par expérience que l'on peut croire sincèrement à la religion, puisqu'ils ont été croyants avant d'être incrédules.

Plusieurs déistes ont soutenu d'un ton très-affirmatif que toutes les erreurs religieuses, toutes les superstitions et les abus dont le genre humain a été infecté, sont l'ouvrage de la fourberie des *imposteurs* ou des faux inspirés. Ils se trompent; s'ils y avaient réfléchi, ils auraient vu que le très-grand nombre des erreurs sont venues de faux raisonnements, et qu'il n'a pas été nécessaire d'employer le mensonge pour égarer les hommes. C'est un point de fait qu'il est important d'établir.

1° Il est clair que la plupart des erreurs et des superstitions sont des conséquences du polythéisme et de l'idolâtrie : or, le polythéisme a été fondé sur de faux raisonnements, et non sur de fausses révélations. En effet, un instinct naturel a persuadé à tous les hommes que la matière est par elle-même inerte et passible, incapable de se mouvoir; que tout corps qui a du mouvement est mû par un esprit. De ce principe incontestable Platon conclut que le mouvement régulier de l'univers suppose, ou qu'il y a dans le tout une seule âme qui le conduit, ou une âme particulière dans chacun des corps. *In Epinom.*, pag. 982. Le stoïcien Balbus soutient la même chose dans le second livre de Cicéron, sur la nature des dieux; il dit qu'il y a de la raison et du sentiment dans toutes les parties de la nature; d'où il conclut que les astres, les éléments et tous les corps qui paraissent animés, sont des dieux ou des parties de la Divinité. Mais le peuple, les ignorants, ont imaginé plus aisément que chaque partie qui se meut est un dieu particulier, qu'ils n'ont conçu la grande âme du monde supposée par les stoïciens. Celse, dans Origène, l. IV, n. 84 et suivants, soutient très-sérieusement que les bêtes sont douées d'une intelligence supérieure à celle de l'homme. Ainsi le monde entier s'est trouvé peuplé de divinités innombrables; le culte des animaux, la plus grossière de toutes les erreurs, a été fondé sur un raisonnement philosophique; on a supposé dans les brutes un esprit supérieur à celui qui anime le corps de l'homme. — Un autre préjugé populaire a été de supposer tous ces dieux semblables à l'homme, de leur attribuer les inclinations, les affections, les passions, les actions naturelles à l'humanité; de là les mariages, les généalogies, les aventures, les crimes des dieux, les rêveries des poètes et toutes les absurdités de la mythologie. Dès qu'une fois l'erreur fondamentale a été universellement établie, il n'a pas été nécessaire que des *imposteurs* prissent la peine de la propager; elle a passé des pères aux enfants, et a fait chaque jour de nouveaux progrès.

2° L'idolâtrie a dû s'ensuivre. Il est naturel à l'homme de vouloir avoir sous ses yeux les objets de son culte; dès qu'il a cru que les dieux s'intéressaient à lui, étaient sensibles à ses hommages, il s'est persuadé que ces dieux assisteraient aux pratiques de religion qu'il faisait pour eux, habiteraient dans les statues par lesquelles il les représentait, viendraient se repaître de la fumée des sacrifices. De là tout le cérémonial du paganisme copié sur le culte rendu au vrai Dieu par les premiers habitants du monde. Il n'a donc pas été nécessaire que les prêtres en fussent les premiers auteurs; dans l'origine, chaque particulier était le prêtre et le pontife de sa famille. — Comment honorer les dieux, sinon par les mêmes signes qui servent à honorer les hommes? Les présents ou les offrandes, les prières, les postures respectueuses, les parfums, les libations, les purifications, les attentions de propreté, etc., sont devenus des actes de religion. Quand même Dieu ne les aurait pas prescrits à nos premiers pères, les hommes n'auraient pas eu besoin du ministère des inspirés pour composer le rituel religieux. L'offrande la plus naturelle que l'on puisse faire à la Divinité est celle de la nourriture qu'elle nous accorde : les peuples agriculteurs lui ont présenté les fruits de la terre; les peuples chasseurs, pêcheurs ou pasteurs, ont sacrifié les animaux dont ils se nourrissaient. Vainement Porphyre et d'autres ont imaginé que les sacrifices sanglants n'étaient offerts qu'aux génies que l'on supposait malfaisants et amis de la destruction; dès que l'odeur de ces sacrifices excitait l'appétit des hommes, il a été naturel de supposer qu'elle plaisait aux dieux. [*Voy.* Dieu, Fable, Idolâtrie.]

Mais les sacrifices de sang humain, quel est l'*imposteur* ou plutôt le démon infernal qui les a suggérés aux idolâtres? le démon de la vengeance. Sans supposer qu'ils ont pu venir de la cruauté des peuples antropophages, ou sent qu'une famille ou une horde d'hommes féroces a regardé ses ennemis comme les ennemis de ses dieux, a prétendu plaire à ceux-ci, en leur immolant ceux que le sort de la guerre avait remis entre ses mains. On sait qu'encore aujourd'hui, chez la plupart des nations sauvages, tout étranger est regardé d'abord comme un ennemi.

3° L'homme persuadé que ses dieux lui savaient gré de son culte et s'intéressaient à son bonheur, s'est imaginé qu'ils lui révéleraient ce qu'il avait envie de savoir. La fureur de connaître l'avenir lui a fait espérer qu'il en viendrait à bout par leur secours. Il a regardé la plupart des phénomènes naturels comme des pronostics; pouvait-il manquer de regarder les rêves comme une inspiration des dieux? Les divers aspects des astres annoncent souvent d'avance les changements de la température de l'air, le beau temps ou la pluie; il a conclu : donc ce sont les dieux qui nous parlent; de là les illusions de l'astrologie judiciaire. Le vol, les cris, les différentes attitudes des oiseaux, présagent le vent, les orages ou le calme ; donc ils peuvent prédire les événements futurs; voilà les *auspices* établis. On voit par l'inspection des entrailles des animaux; si les eaux, l'air, les pâturages, le sol sur lequel ils vivent, sont favorables à l'établissement d'une colonie : donc l'on peut y lire aussi le succès bon ou mauvais de toute autre entreprise. Tel a été le raisonnement des *aruspices*. Nous pourrions découvrir, par la même analogie, le fondement de toutes les autres espèces de *divination*. Les stoïciens y donnaient leur suffrage; Cicéron s'en plaint amèrement dans le livre qu'il a fait sur ce sujet : croirons-nous que les stoïciens étaient tous des *imposteurs*? ils raisonnaient d'après les principes du polythéisme.

4° La magie, les enchantements, la confiance aux paroles efficaces, les sortilèges, etc., sont nés des premières tentatives de la médecine et des fausses observations des phénomènes de la nature. Tel événement est venu à la suite de tel autre; donc le premier est la cause de ce qui s'est ensuivi : c'est le raisonnement que font tous les ignorants sur les rencontres fortuites. Un écrivain moderne très-instruit observe que, dans l'origine, la superstition eut pour principe l'impatience de se délivrer d'un mal présent, qu'elle fut entée sur la médecine et non sur la religion. *Histoire de l'Amérique*, par Robertson, tom. II, p. 451. Le premier qui a été trompé par une observation fausse en a séduit vingt autres sans avoir l'intention de leur en imposer. Rendons assez de justice aux hommes, pour croire que le nombre des ignorants crédules est beaucoup plus grand que celui des *imposteurs* malicieux.

5° Nous ne voyons de même aucun vestige de la fourberie des *imposteurs* dans la pratique des austérités excessives, des mutilations, des pénitences destructives, des abstinences forcées, etc. Non-seulement les pythagoriciens, les orphiques, les stoïciens, les nouveaux platoniciens, prêchaient l'abstinence, mais plusieurs épicuriens la pratiquaient, sans avoir été trompés par aucune révélation. Les Orientaux poussent le jeûne à une austérité qui nous étonne ; les peuples errants et sauvages font souvent de même par nécessité. Si l'on veut se donner la peine de consulter l'*Esprit des usages et des coutumes des différents peuples*, t. II, p. 213 et suiv., l'on verra que plusieurs nations se tourmentent, se mutilent, se rendent difformes, sans aucun motif de religion. L'ignorance, la paresse, l'intérêt sordide, une fausse politique, la crainte de maux imaginaires et d'autres passions plus honteuses, suffisent, sans le ministère des *imposteurs*, pour suggérer aux hommes tous les travers et toutes les absurdités possibles.

Rien n'est donc plus mal fondé que la prévention des déistes, qui attribuent aux fausses révélations, aux prétendus inspirés, aux prêtres intéressés et fourbes, toutes les erreurs religieuses et tous les crimes de l'humanité. S'ils étaient meilleurs philosophes, ils verraient mieux les vraies causes du mal, et loin de s'en prendre à la révélation, ils n'en accuseraient que la faiblesse et les vues étroites de la raison subjuguée par les passions. La révélation primitive avait suffisamment prévenu toutes les erreurs ; si les hommes avaient été fidèles à en suivre les leçons, ils ne se seraient jamais égarés. Nous ne prétendons pas nier qu'il y ait eu des *imposteurs* au monde : la vanité, l'intérêt, l'ambition de gagner la confiance, ont suffi, sans doute, pour en susciter. Ils ont pu accréditer et confirmer les erreurs, mais ils n'en sont pas les premiers auteurs ; ils ont profité des préjugés déjà établis, mais ils ne les ont pas fait naître. La plupart ont été des législateurs qui voulaient fonder une police plutôt qu'établir une religion nouvelle. Les philosophes mêmes ont été plus coupables sur ce point que les autres hommes ; ce sont eux qui ont égaré les Indiens, ou du moins qui les ont confirmés dans l'erreur : nulle part ils n'ont eu le courage de l'attaquer et de la dissiper. Nous n'ignorons pas non plus que les auteurs sacrés, les Pères de l'Eglise et de grands théologiens ont regardé l'idolâtrie et ses suites comme un effet de la malice du démon, et nous n'avons aucun dessein de combattre cette vérité ; mais nos adversaires ne croient point aux opérations du démon, ils n'accusent que les hommes, et c'est à nous de démontrer leur injustice. Pour causer tout le mal, le démon n'a pas eu besoin d'inspirer des *imposteurs* ; il lui a suffi de mettre en jeu les passions des particuliers les plus ignorants.

Un paradoxe des déistes, encore plus insoutenable, est de supposer qu'un *imposteur* peut être dupe de ses propres fictions ; qu'après avoir commencé par la fourberie, il peut se persuader enfin qu'il est inspiré de Dieu et que ses desseins sont favorisés du ciel. A moins qu'un homme n'ait l'esprit entièrement aliéné, il n'imaginera jamais que Dieu approuve la fourberie et la fait réussir par des moyens surnaturels : un insensé, parvenu à ce degré de démence, ne pourrait séduire personne.

Lorsqu'un homme qui se donne pour envoyé de Dieu ne montre dans toute sa conduite aucun signe d'orgueil, d'ambition, d'intérêt, de dureté envers ses semblables ; lorsqu'il condamne et défend sans restriction toute espèce de mensonge et toute mauvaise action, même faite à bonne intention, qu'il pratique lui-même tout ce qu'il enseigne aux autres, qu'il se livre sans résistance à la mort pour confirmer la vérité de sa mission, l'accuser d'*imposture* est un blasphème absurde. Lorsque la religion qu'il établit porte d'ailleurs tous les caractères de la divinité, c'est un autre blasphème de supposer que Dieu s'est servi d'un *imposteur* pour l'établir. Un athée seul peut calomnier l'auteur de cette religion. Cependant de nos jours on a trouvé bon de publier un *Traité des trois Imposteurs*, et l'on a voulu désigner par là Moïse, Jésus-Christ et Mahomet. Nous ignorons pourquoi l'auteur a oublié Zoroastre : il mérite autant, pour le moins, d'être taxé d'*imposture* que le législateur des Arabes ; il pouvait même y joindre les philosophes indiens, auteurs ou protecteurs de l'idolâtrie de leurs compatriotes : mais il avait sans doute ses raisons pour n'en pas parler. Il commence par nier la Providence, et soutient qu'il n'y a point d'autre Dieu que l'univers : on ne doit pas être étonné qu'en parlant ainsi de l'athéisme, il juge que toute religion est absurde, et que tout fondateur de religion est un *imposteur*. Mais s'il fallait compter les *impostures* qu'il affirme lui-même à ses lecteurs, on ferait un volume entier.

Aux articles JÉSUS-CHRIST et MOÏSE, nous faisons voir que ces deux envoyés de Dieu ont porté un caractère tout différent de celui des *imposteurs*. Aux mots MAHOMÉTISME, PARSIS, ZOROASTRE, nous prouvons que le législateur des Perses et celui des Arabes ont montré en eux des signes d'*imposture* qu'il est impossible de méconnaître.

IMPRÉCATION, discours par lequel on souhaite du mal à quelqu'un.

Certains critiques, plus appliqués à blâmer les livres saints qu'à en acquérir l'intelligence, se sont récriés sur les *imprécations* qu'ils ont cru voir dans les psaumes et dans les prophètes ; ils n'ont pas compris que ce sont des prédictions, et rien de plus. Le psaume CVIII paraît être une *imprécation* continuelle que David fait contre ses ennemis ; mais on voit, par le vers. 18 et les suivants, que c'est une prédiction des châtiments que Dieu fera tomber sur eux, et non une prière que David fait à Dieu de les punir. Si on prenait ses paroles dans ce dernier sens, la plupart des souhaits qu'il semble former seraient non-seulement impies, mais absurdes. Un homme de bon sens peut-il demander à Dieu que la prière de ses ennemis soit un péché, que leurs fautes ne soient jamais oubliées, etc., pendant qu'il implore pour lui-même la miséricorde de Dieu ? Quand on veut faire paraître coupables les auteurs sacrés, il faut du moins ne pas supposer qu'ils ont eu l'esprit aliéné. Psaume CXXXVI, v. 9, il est dit, en parlant de Babylone : *Heureux celui qui prendra tes enfants et les brisera contre les pierres !* C'est une prophétie répétée mot pour mot dans Isaïe, c. XIII, v. 16; c. XIV, v. 21, lorsqu'il prédit la ruine de cette ville célèbre. Ainsi, ces paroles signifient seulement : Celui qui massacrera les enfants se croira heureux de pouvoir assouvir sa vengeance. — Dans le prophète Osée, c. XIV, v. 1, nous lisons : *Périsse Samarie, parce qu'elle a excité la colère du Seigneur ; que ses habitants périssent par l'épée, que ses petits enfants soient écrasés*, etc. Mais le prophète ajoute : *Convertissez-vous, Israël, au Seigneur votre Dieu*. Or, Samarie était la capitale du royaume d'Israël. Il serait absurde de prétendre qu'Osée fait des *imprécations* contre un peuple qu'il exhorte à se convertir, et auquel il promet les miséricordes de Dieu.

On prend aisément le vrai sens de ces passages, quand on sait qu'en hébreu les temps des verbes ne sont pas distingués par des signes aussi marqués que dans les autres langues, que l'impératif ou l'optatif ne désigne souvent que le futur. Dans notre langue, au contraire, le futur tient souvent lieu de l'impératif, parce que nous n'avons pas, comme les Latins, un futur de ce mode ; au lieu de *ritus patrios colunto*, nous disons, les rites nationaux *seront* observés.

Lorsque l'Eglise chrétienne répète dans ses prières les expressions des psaumes et des prophètes, elle applique, à ses ennemis ce que les auteurs sacrés disaient des ennemis du peuple de Dieu ; mais son intention n'est jamais de faire des *imprécations* contre eux : en prédisant leur châtiment, elle prie Dieu de les éclairer et de les convertir, afin qu'ils puissent éviter les maux dont ils sont menacés. *Voy.* MALÉDICTION.

Il y a dans l'*Histoire de l'Acad. des Inscript.*, t. III, in-12, pag. 31, et tom. VIII, pag. 64, les extraits de deux dissertations, l'une sur les *imprécations* des pères contre leurs enfants, l'autre sur celles que l'on prononçait en public contre un citoyen coupable, où l'on voit l'origine de cet usage, et l'idée qu'en avaient les anciens. Il est prouvé que c'est une conséquence des notions que tous les peuples ont eues de la justice divine.

IMPUDICITÉ. C'est l'amour des voluptés sensuelles contraires à la pudeur et à la chasteté. Il n'est point de religion qui condamne cette passion avec plus de sévérité que le christianisme, et l'on sent la nécessité de cette rigueur, lorsqu'on se rappelle à quels excès l'*impudicité* était portée chez les nations païennes. On avait poussé l'aveuglement jusqu'à la diviniser sous le nom de Vénus, et à s'y livrer, dans certaines occasions, par motif de religion. Le tableau que saint Paul a tracé des dérèglements auxquels se sont abandonnés même les philosophes, fait frémir. *Rom.*, c. I, v. 16. Il n'est que trop confirmé par le témoignage des auteurs profanes.

Quelques incrédules de nos jours, appliqués à contredire les auteurs sacrés, ont osé nier qu'aucun peuple se soit jamais livré à l'*impudicité* par motif de religion ; mais on leur a opposé tant de témoignages des écrivains profanes, qu'ils n'ont eu rien à répliquer.

Jésus-Christ, en condamnant, non-seulement les actions, mais les désirs et les pensées contraires à la pudeur, a porté le remède à la racine du mal. Un homme ne se livre à ces sortes de pensées que parce qu'il y cherche une partie du plaisir qu'il goûterait dans la consommation du crime, il ne lui manque que l'occasion pour s'en rendre coupable. C'est avec raison que ce divin maître a dit : *Celui qui regarde une femme dans le dessein d'exciter en lui de mauvais désirs, a déjà commis l'adultère dans son cœur* (*Matth.* v, 28). Mais il est étonnant qu'une morale aussi sainte et aussi austère ait pu s'établir chez des peuples et dans des climats où avaient régné les plus affreux dérèglements, que l'on ait élevé des sanctuaires à la virginité dans des lieux où l'*impudicité* avait eu des autels. Quand on suppose que cette révolution a pu se faire sans miracle, on connaît bien peu l'humanité.

Lorsque nos philosophes modernes ont osé faire l'apologie de cette même passion, enseigner dans leurs livres une morale aussi scandaleuse que celle des païens, ils ont achevé de démontrer le pouvoir surnaturel du christianisme. Ils ont fait voir de quoi la raison et la philosophie sont capables, lorsqu'elles ne sont plus éclairées et retenues par une religion descendue du ciel, et combien la sainteté des maximes de l'Evangile était nécessaire pour réformer tous les hommes. C'est par la même raison que les Pères de l'Eglise des quatre premiers siècles ont tant relevé le mérite de la virginité, et ont posé des maximes si austères sur la chasteté du mariage. Les critiques modernes qui se sont élevés contre cette morale, ont manqué de discernement et d'équité. *Voy.* CHASTETÉ. CONTINENCE, VIRGINITÉ, etc.

IMPURETÉ, action contraire à la chasteté. Toute espèce d'*impureté* est défendue par le sixième et par le neuvième commandement du Décalogue. Il est certain d'ailleurs que l'habitude de l'*impureté* est très-nuisible à la santé, énerve le corps et abrutit l'âme.

IMPURETÉ LÉGALE, souillure corporelle, pour laquelle il était défendu à un Juif de remplir les devoirs publics de religion, et de se tenir avec les autres hommes. En lisant les lois de Moïse, on est étonné de ce qu'il a déclaré *impures* tant de choses qui nous paraissent indifférentes ; qu'il ait regardé comme souillé celui qui aurait touché le cadavre d'un homme ou d'un animal, un reptile, un lépreux, une femme attaquée de ses maladies, etc. Il lui interdit l'entrée du tabernacle et tout exercice public du culte divin ; il lui ordonne de laver son corps et ses habits, de se tenir à l'écart le reste de la journée, etc.

Ces règlements étaient sages, soit comme religieux, soit comme politiques.

1° Les purifications religieuses ont été en usage chez tous les peuples du monde, et nous en voyons des exemples chez les patriarches. *Gen.*, c. XXXV, v. 2. C'est un symhole de la pureté de l'âme, et un témoignage du désir que nous avons de nous la procurer. Il est fondé sur la persuasion dans laquelle ont été tous les hommes, que, quand nous avons perdu la grâce de Dieu par le péché, nous pouvons la récupérer par la pénitence, et que Dieu pardonne au repentir. Sans cette croyance juste et vraie, l'homme, une fois coupable, persévérerait dans le crime par désespoir. — 2° Dans les climats plus chauds que le nôtre, la propreté est beaucoup plus nécessaire, parce que la fermentation des humeurs et de tous les corps infects est plus à craindre. C'est sur cette expérience qu'était fondée la sévérité du régime diététique des Egyptiens, dont une partie est encore observée dans les Indes. Depuis que ces précautions ont été négligées par les Mahométans, l'Egypte et l'Asie sont devenues le foyer de la peste. Le danger était le même, non-seulement dans le désert où étaient les Israélites, mais encore dans la Palestine : la lèpre, qui en fut rapportée par les croisés, ne le prouve que trop ; Moïse n'avait donc pas tort d'y veiller de très-près.

Il fallait faire de la propreté un point de religion, parce qu'un peuple qui n'est pas encore policé n'est pas capable d'agir par un autre motif. La conduite de Moïse est justifiée par le succès, puisque, selon l'aveu des auteurs profanes, les Juifs en général étaient sains, robustes, capables de supporter le travail : *Corpora hominum salubria et ferentia laborum.* Tacite.

Nous convenons que, dans la suite, les Juifs pervertis par la fréquentation de leurs voisins, attachèrent trop d'importance aux pratiques extérieures de leur loi, et en firent plus de cas que des vertus intérieures : les prophètes le leur ont souvent reproché ; mais il ne s'ensuit rien contre la sagesse du législateur. Nous avouons encore que les Grecs et les Romains, qui n'avaient pas besoin des mêmes précautions dans leur pays, jugèrent que tous les usages des Juifs étaient superstitieux et absurdes ; mais leur ignorance forme-t-elle un préjugé contre l'expérience de Moïse ? Nous ne sommes pas encore parfaitement guéris de cette prévention : souvent l'on a blâmé des coutumes des nations étrangères, parce que l'on n'en connaissait ni les motifs ni l'utilité. *Voy.* Lois cérémonielles, Purification, Sainteté.

IMPUTATION, terme dogmatique, dont l'usage est fréquent chez les théologiens ; il se dit du péché et de la justice. L'*imputation* du péché d'Adam est faite à sa postérité, puisque, par sa chute, tous ses descendants sont devenus criminels devant Dieu, et qu'ils portent tous la peine de ce premier crime. Ce n'est pas ici le lieu de prouver qu'il n'y a rien d'injuste dans cette conduite de Dieu à l'égard du genre humain. *Voy.* Péché originel.

Selon la doctrine des protestants, le pécheur est justifié par l'*imputation* qui lui est faite de la justice de Jésus-Christ, et cette *imputation* se fait par la foi par laquelle il croit fermement que les mérites de Jésus-Christ lui deviennent propres et personnels ; conséquemment les protestants n'admettent, dans le pécheur réconcilié avec Dieu, qu'une justice extrinsèque, qui ne le rend pas formellement et intérieurement juste, mais qui le fait réputer tel ; qui cache ses péchés, mais qui ne les efface pas. Ce qui nous justifie, disait Luther, ce qui nous rend agréables à Dieu, n'est rien en nous, n'opère aucun changement dans notre âme ; mais Dieu nous tient pour justes, lorsque par la foi nous nous approprions la justice et la sainteté de Jésus-Christ. Il ajoutait conséquemment, que l'homme est juste dès qu'il croit l'être avec une certitude entière. Il abusait des passages dans lesquels saint Paul dit que la foi d'Abraham *lui fut réputée à justice,* et qu'il en est de même de la foi de ceux qui croient en Jésus-Christ. *Rom.* c. IV, v. 3, 24, etc. De cette doctrine de Luther il s'ensuivait que le repentir de nos péchés, l'aveu que nous en faisons, la résolution de nous corriger et de satisfaire à la justice divine par de bonnes œuvres, ne sont pas nécessaires à la justification, n'y entrent pour rien, et que les sacrements n'y contribuent en rien.

Les catholiques soutiennent, au contraire, que la grâce justifiante, qui est l'application des mérites de Jésus-Christ, est intrinsèque et inhérente à notre âme ; que non-seulement elle couvre nos péchés, mais les efface ; qu'elle renouvelle et change véritablement l'intérieur de l'homme ; qu'alors il est non-seulement réputé juste, saint, innocent et sans tache devant Dieu, mais qu'il l'est en effet. Cette justice, sans doute, nous est donnée par les mérites de Jésus-Christ, en vertu de sa mort et de sa passion ; ainsi la justice de ce divin Sauveur est la cause méritoire de notre justification, mais elle n'en est pas la cause formelle.

Lorsque saint Paul parle de la foi d'Abraham, entend-il une foi par laquelle Abraham se persuadait que la justice de Dieu lui était imputée ? Rien moins. Il entend la *confiance* qu'Abraham eut aux promesses de Dieu, à sa bonté, à sa puissance : promesses qui ne pouvaient être accomplies que par des miracles, et auxquelles Dieu semblait déroger, en lui ordonnant d'immoler son fils unique. C'est ainsi que l'Apôtre lui-même explique la foi d'Abraham, *Hebr.*, c. XI. Donc, lorsqu'il parle de la foi de Jésus-Christ, il entend la confiance aux mérites, à la bonté, à la miséricorde de ce divin Sauveur ; confiance qui serait vaine, si elle n'était pas accompagnée du regret d'avoir offensé Dieu, de l'humble aveu de nos fautes, de la volonté de nous corriger et de satisfaire à la justice divine, puisque Dieu commande au pécheur toutes ces dispositions et les exige de lui. De même, ce n'est pas la désobéissance d'Adam qui nous rend formellement pécheurs, quoique ce soit elle qui est la cause première du péché et de la punition ; mais nous naissons pécheurs ou souillés du péché, parce que nous naissons privés de la grâce sanctifiante qui devrait être en nous, dépouillés du droit au bonheur éternel que nous devrions avoir, infectés par la concupiscence, qui ne serait pas dans l'homme innocent. Ainsi le péché est aussi réellement en nous qu'il était dans Adam après sa chute. Donc il en est de même de la justice, lorsque nous l'avons récupérée.

Les protestants disent que le péché du premier homme nous est *imputé*, puisque nous sommes regardés comme coupables et punis à cause du péché d'Adam. Les catholiques prétendent que ce n'est pas assez dire; que non-seulement nous sommes réputés coupables, mais que nous sommes coupables en effet par le péché originel, et justement punis par cette raison. Conséquemment ils soutiennent que la justice de Jésus-Christ nous est non-seulement *imputée*, mais réellement communiquée par l'opération du Saint-Esprit, en sorte que, par sa justification, nous ne sommes pas seulement réputés justes, mais rendus tels en effet par la grâce. C'est la doctrine du concile de Trente, sess. 6, *de Justif.*, can. 10 et suiv.

Il ne faut pas se persuader que cette dispute entre les catholiques et les protestants ne soit qu'une subtilité scolastique, ou une pure distinction métaphysique entre la cause efficiente et la cause formelle de la justification ; outre qu'il est absurde de dire : Je suis justifié et mes péchés me sont pardonnés, puisque je le crois fermement, il s'agit principalement des conséquences. De la doctrine des protestants il s'ensuit que la contrition, la confession, la satisfaction et les bonnes œuvres n'entrent pour rien dans la pénitence et dans la conversion ; que les sacrements n'opèrent aucun effet réel dans notre âme, que toute leur efficacité consiste à exciter la foi ; qu'ainsi le baptême ne produit rien à l'égard d'un enfant qui est incapable d'avoir la foi. Il s'ensuit que, malgré tous les crimes possibles, un pécheur ne cesse pas d'être réputé juste aux yeux de Dieu, dès qu'il se persuade que la justice de Jésus-Christ lui est imputée ; de là est né le dogme absurde et pernicieux de l'inamissibilité de la justice. *Voy.* INAMISSIBLE. Les protestants sont forcés d'admettre toutes ces erreurs, s'ils veulent raisonner conséquemment. *Voy.* l'*Hist. des Variat.*, tom. I, l. I, c. 10 et suivants. Grotius même leur a reproché que leur doctrine sur l'*imputation* de la justice a refroidi parmi eux le zèle des bonnes œuvres. *In Riveti Apol. Discuss.* Et le docteur Arnaud leur a prouvé, par l'aveu des réformateurs mêmes, qu'elle a corrompu les mœurs parmi eux. *Voy. Renversement de la morale*, etc., p. 43 et suiv., et l'article JUSTIFICATION.

INACTION, cessation d'agir. Les mystiques entendent par là une privation de mouvement, une espèce d'anéantissement de toutes les facultés de l'âme, par lequel on ferme la porte à tous les objets extérieurs, une extase dans laquelle Dieu parle immédiatement au cœur de ses serviteurs. Cet état d'*inaction* est, selon leurs idées, le plus propre à recevoir les lumières du Saint-Esprit. Dans ce repos et cet assoupissement de l'âme, Dieu, disent-ils, lui communique des grâces sublimes et ineffables. Quelques-uns cependant ne font pas consister l'*inaction* dans une indolence stupide ou dans une suspension générale de tout sentiment ; ils entendent seulement que l'âme ne se livre point à des méditations stériles ni aux vaines spéculations de la raison, mais qu'elle demande en général ce qui peut plaire à Dieu sans lui rien prescrire et sans former aucun désir particulier. Cette dernière doctrine est celle des anciens mystiques ; la première est celle des quiétistes.

En général, l'*inaction* ne paraît pas un fort bon moyen de plaire à Dieu et d'avancer dans la perfection ; ce sont les actes de vertus, les bonnes œuvres, la fidélité à remplir tous nos devoirs, qui nous attirent les faveurs divines : le plus grand dans le royaume des cieux est celui qui pratiquera et enseignera les commandements de Jésus-Christ. *Matth.*, c. v, v. 19. Il veut qu'avec sa grâce nous désirions et nous fassions le bien ; la prière qu'il nous a enseignée n'est pas une oraison de quiétude, mais une suite de demandes qui tendent à nous faire agir. Dieu, sans doute, peut inspirer à une âme un attrait particulier pour la méditation ; elle peut acquérir, par l'habitude, une grande facilité de suspendre toute sensation, et cet état de repos peut paraître fort doux. Mais puisque les extases peuvent venir du tempérament et de la chaleur de l'imagination, il faut y regarder de près avant de décider que c'est un don surnaturel ; et l'on doit toujours se défier de ce que l'on appelle *voies extraordinaires*. *Voy.* EXTASE.

INAMISSIBLE, ce qu'on ne peut pas perdre. Un point capital de la doctrine des calvinistes, est que la justice ou la sainteté du vrai chrétien est *inamissible* ; qu'un fidèle, une fois justifié par la foi en Jésus-Christ, c'est-à-dire qui croit fermement que la justice de Jésus-Christ lui est imputée, ne peut plus déchoir de cet état, lors même qu'il tombe dans des crimes griefs, tels que l'adultère, le vol, le meurtre, etc. Cela est ainsi décidé dans le synode de Dordrecht, auquel tous les ministres sont obligés de souscrire.

Il n'a pas été difficile aux théologiens catholiques de démontrer la fausseté, l'impiété, les pernicieuses conséquences de cette doctrine. Ils ont prouvé qu'elle est formellement contraire à plusieurs passages de l'Écriture sainte, par lesquels il est décidé qu'un juste peut pécher grièvement, perdre la grâce et être damné, que les plus justes doivent craindre ce malheur, que nous sommes obligés de conserver et d'affermir en nous la grâce par bonnes œuvres, etc. Par là même ils ont fait voir que la prétendue foi justifiante des calvinistes n'est qu'un enthousiasme et une illusion, qui anéantit dans le chrétien la crainte d'offenser Dieu, lui inspire la présomption et la témérité, le détourne des bonnes œuvres. *Voy. Histoire des Variat.*, l. xiv, n. 71 et suiv.

Le docteur Arnaud a fait sur ce sujet un ouvrage très-solide, intitulé : *Le renversement de la morale de Jésus-Christ par les erreurs des calvinistes touchant la justification.* 1° Il prouve non-seulement par les passages formels de Calvin et des principaux ministres, mais par la discussion des décrets du synode de Dordrecht, et par l'état de la dispute entre les arminiens et les gomaristes, que la doctrine des calvinistes est véritablement telle que l'on vient de l'exposer; qu'inutilement ils ont eu recours à divers palliatifs, pour la déguiser et la faire paraître moins odieuse. — 2° Il montre l'opposition de cette doctrine avec celle de l'Ecriture sainte, soit de l'Ancien, soit du Nouveau Testament. Il est dit formellement dans Ezéchiel, que si le juste se détourne de sa justice, il mourra dans son péché, et que Dieu ne se souviendra plus de ses bonnes œuvres; cette sentence est répétée trois fois, ch. iii, v. 20; c. xviii, v. 24; c. xxxiii, v. 12. Saint Paul déclare aux fidèles qu'ils sont le temple de Dieu; mais que si quelqu'un profane ce temple, Dieu le perdra. *I Cor.*, c. iii, v. 17. En les avertissant qu'ils ont été purifiés de leurs crimes, il ajoute que les fornicateurs, les idolâtres, les adultères, les voleurs, ne seront point héritiers du royaume de Dieu. *I Cor.*, c. vi, v. 9; *Galat.*, c. v. v. 21; *Ephes.*, c. v, v. 5. Il dit que, par la fornication, l'on fait des membres de Jésus-Christ ceux d'une prostituée. *I Cor.*, c. vi, v. 17. Il assure qu'il n'y a plus rien de damnable dans ceux qui sont en Jésus-Christ, et qui ne vivent point selon la chair; mais il ajoute : Si vous vivez selon la chair, vous mourrez, *Rom.*, c. viii, v. 1 et 13, etc. Il est absurde de supposer que, dans tous ces passages, saint Paul parle d'un cas impossible. La manière dont les calvinistes en abusent et en tordent le sens, démontre le ridicule de leur méthode, et l'illusion de la protestation qu'ils font de fonder uniquement leur doctrine sur l'Ecriture. — 3° Ils n'abusent pas moins de ceux qu'ils allèguent en preuve. Celui sur lequel ils insistent le plus est tiré de la *première Epître de saint Jean*, chap. v, v. 17 et 18. *Toute iniquité,* dit l'Apôtre, *est un péché, et c'est un péché à mort; nous savons que quiconque est né de Dieu ne pèche point, mais la naissance qu'il a reçue de Dieu le conserve, et l'esprit malin ne le touche point.* Peut-on supposer sans absurdité qu'un fidèle régénéré, qui commet un adultère ou un meurtre, ne pèche point mortellement, et que tel est le sens de l'Apôtre? Quand on dit : Un homme sage ne commet point telle action, cela ne signifie point qu'il ne peut pas absolument la commettre, et cesser ainsi d'être sage. Le fidèle qui pèche cesse dès lors d'être né de Dieu ou enfant de Dieu, puisqu'il renonce à la grâce sanctifiante qu'il a reçue de Dieu. — 4° Ce théologien développe la chaîne des erreurs qui se trouvent liées au dogme de l'*inamissibilité* de la justice. Pour le soutenir, les calvinistes sont forcés d'enseigner que leur prétendue foi justifiante est inséparable de la charité et de l'habitude de toutes les vertus; qu'ainsi la charité et l'habitude des vertus demeurent dans ceux même qui commettent les plus grands crimes; que Dieu n'impute point ces crimes au vrai fidèle, quand même il ne s'en repentirait pas; qu'il n'y a point de péché mortel que le péché contre le Saint-Esprit, ou l'impénitence finale. Ils sont forcés d'enseigner qu'il n'y a point de vrais justes que les prédestinés; que si un enfant qui vient d'être baptisé n'est pas prédestiné, il n'est pas véritablement justifié; qu'ainsi le baptême n'a produit en lui aucun effet. — 5° L'on voit, au premier coup d'œil, les pernicieuses conséquences qui, dans la pratique, doivent s'ensuivre du dogme des calvinistes. Lorsque l'Evangile nous dit que celui qui persévérera jusqu'à la fin sera sauvé, *Matth.*, c. x, v. 22, il nous fait assez entendre qu'il n'en sera pas de même de celui qui ne persévérera point; qu'ainsi nous devons nous abstenir du péché, si nous voulons être sauvés. Quel sens peut avoir cette doctrine dans la croyance des calvinistes? Vainement saint Paul dit aux fidèles : *Ne vous enorgueillissez pas, mais craignez; si Dieu n'a pas épargné son ancien peuple, il peut bien aussi ne pas vous épargner....; persévérez dans la sainteté, autrement vous serez retranché* (*Rom.* xi, 20). Un calviniste constant dans ses principes doit regarder toute crainte comme un péché contre la foi. Vainement saint Pierre nous avertit de rendre certaine, par de bonnes œuvres, notre vocation et le choix que Dieu a fait de nous, *II Petri*, c. i, v. 10 : la vocation d'un calviniste est si certaine pour lui, qu'il ne peut en déchoir, même par des crimes. Qu'a-t-il besoin de bonnes œuvres? — 6° Arnaud ne réfute pas avec moins de force les subtilités, les sophismes, les contradictions par lesquels les théologiens réformés ont tâché d'esquiver les conséquences de leurs principes, les passages de saint Augustin qu'ils ont voulu tirer à eux. Il fait voir que le saint docteur, en soutenant la certitude et l'infaillibilité de la prédestination, a constamment enseigné qu'aucun fidèle n'est assuré d'être prédestiné; que, selon lui, la persévérance finale est un don de Dieu purement gratuit, qu'aucun juste ne peut le mériter en rigueur, à plus forte raison ne peut se promettre certainement de l'obtenir.

Les calvinistes ont beau dire que le dogme de l'*inamissibilité* de la justice ne produit point chez eux les pernicieux effets que nous lui attribuons, qu'à tout prendre il y a autant de gens de bien parmi eux que parmi nous. Sans convenir du fait, nous répondons qu'il ne faut jamais établir une doctrine que l'on est forcé de contredire dans la pratique, surtout lorsqu'elle est évidemment contraire à l'Ecriture sainte et à la croyance de l'Eglise de tous les siècles.

INCARNATION, unica du Verbe divin avec la nature humaine, ou action divine par laquelle le Verbe éternel s'est fait homme afin d'opérer notre rédemption. Saint Jean l'Évangéliste a exprimé ce mystère par deux mots, en disant : *Le Verbe s'est fait chair*; par là il n'a pas entendu que le Verbe divin s'est changé en chair, mais qu'il s'est uni à l'humanité. En vertu de cette union, Jésus-Christ est vrai Dieu et vrai homme, réunit dans sa personne toutes les propriétés de la nature divine et de la nature humaine (1). Il serait à souhaiter, sans doute, que l'on n'eût jamais entrepris d'expliquer un mystère qui est essentiellement inexplicable, puisqu'il est incompréhensible; mais l'opiniâtreté avec laquelle les hérétiques l'ont attaqué, a forcé l'Église de proscrire et de réfuter leurs fausses explications et le sens erroné qu'ils donnaient aux paroles de l'Écriture, et de fixer le langage dont les théologiens doivent se servir en parlant de l'*incarnation*.

Dès l'origine du christianisme quelques juifs mal convertis se persuadèrent que Jésus-Christ était un pur homme, né, comme les autres, du commerce conjugal de Joseph et de Marie : ils ne reconnaissaient point sa divinité. Quelques philosophes qui se firent chrétiens, comme Cérinthe et ses disciples, en eurent la même idée. Mais cette hérésie fut renouvelée avec beaucoup plus d'éclat par Arius, au commencement du IVe siècle : il soutint que le Verbe divin était une créature; il forma une secte nombreuse et divisa l'Église. Sa condamnation au concile général de Nicée n'arrêta point le cours de l'erreur; il eut pour sectateurs un grand nombre d'évêques savants et respectables d'ailleurs; plusieurs empereurs protégèrent cette doctrine, et firent les plus grands efforts pour anéantir la foi de la divinité de Jésus-Christ : jamais l'Église n'a couru un plus grand danger. Heureusement la division qui se mit parmi les ariens les rendit moins puissants; insensiblement leur fureur se ralentit; l'on en revint à la doctrine du concile de Nicée, qui a décidé que le Fils unique de Dieu, né du Père avant tous les siècles, consubstantiel au Père, et vrai Dieu comme lui, est descendu du ciel, s'est incarné dans le sein de la vierge Marie, par l'opération du Saint-Esprit, et s'est fait homme. Dans ces derniers siècles, les sociniens ont ressuscité l'arianisme; ils font profession de croire que Jésus-Christ n'est appelé *Dieu* que dans un sens abusif et métaphorique. — D'autres hérétiques aussi anciens que les précédents, sans attaquer la divinité du Verbe, prétendirent qu'il ne s'était uni à l'humanité qu'en apparence; que Jésus-Christ n'avait qu'une chair fantastique, par conséquent n'était pas véritablement homme; qu'il n'était né, mort et ressuscité qu'en apparence. Ces sectaires furent désignés sous le nom général de gnostiques et de docètes, et se divisèrent en plusieurs branches. Le concile de Nicée a proscrit leur erreur aussi bien que celle des ariens, en décidant que le Fils de Dieu s'est fait homme, est né de la vierge Marie, a été crucifié, est ressuscité et monté au ciel.

En général, tous ceux qui ne professaient pas distinctement le mystère de la sainte Trinité, ne pouvaient admettre celui de l'*incarnation* dans un sens orthodoxe. Ainsi les sabelliens, qui réduisaient les trois personnes divines à une seule, furent obligés de soutenir que Dieu le Père s'était incarné, avait souffert, était mort, et de lui attribuer tout ce qui est dit de Jésus-Christ.

Au Ve siècle, Nestorius, patriarche de Constantinople, ennemi déclaré des ariens, et défenseur zélé de la divinité du Verbe, crut qu'en le supposant uni personnellement et substantiellement à l'humanité, on dégradait la Divinité; qu'il y avait de l'indécence à dire qu'un Dieu est né, a souffert, est mort; qu'une vierge est *Mère de Dieu*. Il ne voyait pas que c'était la doctrine formelle du concile de Nicée. Conséquemment, entre la divinité et l'humanité il ne voulut admettre qu'une union morale, un concert de volontés et d'opérations; d'où il résultait qu'il y avait en Jésus-Christ deux personnes, et que Jésus-Christ n'était pas personnellement Dieu. Il fut condamné au concile d'Éphèse, tenu l'an 431. Peu d'années après, Eutychès, abbé d'un monastère près de Constantinople, pour éviter le nestorianisme, donna dans l'excès opposé. Il prétendit qu'en vertu de l'*incarnation* la nature divine et la nature humaine étaient confondues en Jésus-Christ, et réduites à une seule; que l'humanité, en lui, était entièrement absorbée par la divinité. Cette erreur fut proscrite au concile général de Chalcédoine, en 451. Quelques-uns de ceux qui l'abjurèrent en retinrent cependant une conséquence : ils soutinrent que, si les deux natures subsistaient distinctement et sans confusion en Jésus-Christ, du moins elles n'avaient qu'une seule volonté, une seule opération. Ils furent nommés *monothélites*, et furent condamnés dans un concile général de Constantinople, l'an 680. La secte des nestoriens et celle des eutychiens subsistent encore dans l'Orient. *Voy.* EUTYCHIENS, NESTORIENS, etc.

Il est clair que toutes ces erreurs sont proscrites d'avance par les paroles de saint

---

(1) Voici ce qu'on lit dans le Symbole de saint Athanase. « Il est nécessaire, pour le salut éternel, de croire fidèlement à l'incarnation de Notre-Seigneur Jésus-Christ. Or, la vraie foi est que nous croyions et que nous confessions que Notre-Seigneur Jésus-Christ, Fils de Dieu, est Dieu et homme. Il est Dieu étant engendré de la substance de son Père avant les siècles; et il est homme étant né de la substance de sa mère dans le temps. Dieu parfait et homme parfait, ayant une âme raisonnable et un corps humain; égal au Père selon la divinité, et inférieur au Père selon l'humanité. Quoiqu'il soit Dieu et homme, il n'y a pas cependant deux Christs, mais un seul Christ. Un, non que la divinité ait été changée à l'humanité; mais parce que Dieu a pris l'humanité et l'a unie à sa divinité. Un, non par confusion de nature, mais par unité de personne. Car, comme l'âme raisonnable et le corps sont un seul homme, de même Dieu et l'homme ne sont qu'un seul Christ. Qui a souffert pour notre salut, est descendu aux enfers, est ressuscité le troisième jour d'entre les morts, est monté aux cieux, est assis à la droite de Dieu le Père tout-puissant d'où il viendra juger les vivants et les morts. »

Jean, qui dit qu'*au commencement le Verbe était Dieu*, et qu'*il s'est fait chair* ; le concile de Nicée n'a fait que les rendre à la lettre, lorsqu'il a décidé que le *Fils de Dieu, consubstantiel au Père, s'est fait homme*. Jésus-Christ lui-même s'est nommé *Fils de Dieu et Fils de l'homme*: il est donc véritablement et rigoureusement l'un et l'autre. De là il résulte que ce n'est point l'homme qui s'est uni à Dieu, mais Dieu qui s'est uni à l'homme: c'est donc la personne divine qui subsiste en Jésus-Christ, et non la personne humaine ; il n'y a pas en lui deux personnes, mais une seule. Ce n'est point Dieu le Père qui s'est incarné, mais Dieu le Fils, ou le Verbe; l'union des deux natures en Jésus-Christ n'est pas seulement morale, mais *hypostatique*, c'est-à-dire substantielle et personnelle : puisqu'il est Dieu et homme, ces deux natures subsistent en lui dans leur entier, avec toutes leurs propriétés et toutes leurs opérations, sans séparation et sans confusion. Puisque la nature humaine n'est pas seulement un corps, mais une âme unie à un corps, il y a certainement en Jésus-Christ un corps et une âme distingués de la divinité ; ce n'est point le Verbe qui tient lieu d'âme en Jésus-Christ, comme l'avaient rêvé quelques hérétiques ; il y a en lui deux entendements, deux volontés, deux opérations, et toutes ses actions sont *théandriques*, ou *dei-viriles*, c'est-à-dire divines et humaines.

Mais comme toutes les opérations d'un être intelligent et libre doivent être attribuées à la personne, on doit adapter à la personne de Jésus-Christ tout ce que l'on peut dire de l'humanité aussi bien que de la divinité, tous les attributs et les propriétés qui appartiennent à l'une et à l'autre, ce que les théologiens appellent *communication des idiomes* ou des propriétés. Ainsi, en Jésus-Christ, *Dieu est homme*, et *l'homme est Dieu*; Jésus-Christ, en tant que Dieu, est éternel, tout-puissant, doué d'une connaissance infinie, souverainement parfait: en tant qu'homme, il est faible, passible, mortel, sujet aux besoins de l'humanité. On ne doit lui refuser que les défauts de la nature humaine, qui renfermeraient une indécence et une espèce d'injure faite à la divinité, parce que le Fils de Dieu a daigné s'en revêtir par le motif d'une bonté infinie, pour opérer par ce moyen la rédemption et le salut de l'homme. Cette humiliation, que saint Paul n'hésite point de nommer *anéantissement*, loin de diminuer notre respect, l'augmente, nous inspire la reconnaissance et l'amour. C'est ce qu'auraient dû voir les hérétiques, qui craignaient d'avilir la divinité, en attribuant au Fils de Dieu fait homme les misères de l'humanité, et c'est ce qu'ont soutenu les Pères de l'Eglise qui les ont réfutés, saint Irénée et Tertullien contre les gnostiques; saint Athanase, saint Basile, saint Grégoire de Nazianze, saint Hilaire, contre les ariens; saint Cyrille d'Alexandrie contre les nestoriens, saint Léon contre les eutychiens, etc.

Comme Jésus-Christ Dieu est essentiellement impeccable, on demande en quoi consistait sa liberté, et comment il pouvait mériter ? Les théologiens répondent que cette liberté consistait à pouvoir choisir entre plusieurs bonnes actions différentes, et entre différents motifs tous agréables à Dieu.

Nous ne pouvons savoir de quelle manière l'*incarnation* a été opérée, qu'autant qu'il a plu à Dieu de le révéler. L'ange dit à Marie: *Le Saint-Esprit surviendra en vous, et la puissance du Très-Haut vous couvrira de son ombre ; c'est pourquoi le Saint qui naîtra de vous sera appelé* (ou plutôt *sera*) *le Fils de Dieu* (*Luc.* I, 35). Et il dit à Joseph : *Ce qui est né en elle est du Saint-Esprit* (*Matth.* 1, 20). C'est donc la puissance divine qui a formé dans le sein de Marie le corps et l'âme de Jésus-Christ, auxquels le Verbe divin s'est uni personnellement ; nous n'avons pas besoin d'en savoir davantage.

Vainement les sociniens concluent de ces paroles que Jésus-Christ est appelé *Fils de Dieu*, seulement parce que Dieu, sans le concours d'aucun homme, l'a formé dans le sein de la sainte Vierge ; cela ne suffirait pas pour que l'on pût dire que *le Verbe s'est fait chair*, et pour que les écrivains sacrés aient pu le nommer Dieu. Sur un objet aussi essentiel, nous ne devons pas supposer que ces auteurs inspirés ont abusé des termes d'une manière aussi grossière.

En effet, le mystère de l'*incarnation* est la base du christianisme : il tient à tous les autres mystères. Il suppose celui de la sainte Trinité, comme nous l'avons déjà remarqué; il suppose la nécessité d'une rédemption, par conséquent la chute et la dégradation de la nature humaine par le péché d'Adam. Les Pères de l'Eglise ont constamment soutenu contre les hérétiques, que pour racheter et sauver les hommes il fallait un Dieu; et les sociniens, qui nient la divinité de Jésus-Christ, ont été forcés de nier aussi la *rédemption* prise en rigueur, et la propagation du péché originel. Ajoutons que la foi de l'*incarnation* nous dispose à croire de même la présence réelle de Jésus-Christ dans l'eucharistie, qui est une espèce d'*incarnation* ; aussi ceux qui ont nié l'une n'ont pas persisté longtemps dans la croyance de l'autre. Pour être chrétien, ce n'est pas assez de croire en Jésus-Christ comme envoyé de Dieu, mais il faut croire en Jésus-Christ Dieu, Sauveur et Rédempteur du monde. Nous ne devons donc pas être surpris si, dès l'origine du christianisme, ce mystère a été professé clairement dans le symbole des apôtres, et si cette croyance a toujours été regardée comme un préliminaire indispensable à la réception du baptême.

Il ne sert à rien d'objecter que ce mystère est inconcevable, la seule question est de savoir si Dieu a véritablement opéré ce prodige et s'il l'a révélé. Or, nous prouvons ce fait, 1° par les prophéties qui, depuis le commencement du monde, ont annoncé aux hommes un Rédempteur, un Sauveur, un Messie qui serait Dieu, qui aurait néanmoins les faiblesses et supporterait les souffrances de l'humanité ; 2° par tous les passages de l'Evangile dans lesquels Jésus-Christ s'est appliqué ces prophéties, s'est nommé tout à la fois *Fils de Dieu* et *Fils de l'homme* ; si le premier de ces titres ne devait pas être pris dans un sens aussi propre et aussi littéral que le second, Jésus-Christ serait coupable d'imposture, il aurait usurpé les honneurs de la divinité, il aurait jeté son Eglise dans une erreur inévitable ; 3° par les leçons des apôtres, qui ont constamment attribué à Jésus-Christ la divinité, les honneurs et les titres qui ne conviennent qu'à Dieu, en avouant néanmoins qu'il a éprouvé et souffert tout ce que la nature humaine peut supporter, qui l'ont appelé Dieu manifesté en chair, revêtu de notre chair, vrai Dieu et vrai homme ; 4° par la croyance constante de l'Eglise chrétienne, depuis sa naissance jusqu'à nous, et par la rigueur avec laquelle elle a condamné tous les hérétiques qui ont attaqué directement ou indirectement le mystère de l'*incarnation* : si ce mystère n'était pas réel, le christianisme, qui paraît la plus sainte de toutes les religions, serait la plus fausse et la plus absurde. (*Voy.* Nestoriens, Eutychiens) ; 5° par l'excès des erreurs, des impiétés et des blasphèmes dans lesquels sont tombés les sociniens et les autres hérétiques qui se sont obstinés à nier l'*incarnation*. Nous indiquons ces preuves dans les articles Ariens, Fils de Dieu, Jésus-Christ, etc.

Nous nous abstenons d'examiner si Dieu avait révélé ce mystère aux patriarches, aux Juifs, ou du moins aux justes de l'ancienne loi, et jusqu'à quel point ils ont pu en avoir la connaissance. « Il vaut mieux, dit saint Augustin, douter de ce qui est inconnu, que disputer sur des choses incertaines. » *De Genesi ad litter.*, lib. viii, c. 5. « Lorsqu'on dispute sur une question très-obscure, sans être guidé par des passages clairs et formels de l'Ecriture sainte, la présomption humaine doit s'arrêter, et ne pencher ni d'un côté ni d'un autre. » *De Peccatis, meritis et remiss.*, l. ii, à la fin. Tertullien avait déjà dit que l'ignorance qui vient de Dieu et du défaut de révélation, est préférable à la science qui vient de l'homme et de sa présomption. Saint Paul, parlant de l'*incarnation*, dit que ce mystère a été caché en Dieu, inconnu aux siècles et aux générations précédentes. *Ephes.*, c. iii, v. 9; *Coloss.*, c. i, v. 26. Jusqu'à quel point a-t-il été caché ? On ne peut pas le définir (1).

(1) Une conséquence à tirer de là, c'est qu'on ne peut prouver le mystère de l'incarnation par la raison. Bossuet nous montre une magnifique analogie entre l'union de notre âme et de notre corps et celle qui existe entre la nature divine et la nature humaine dans le Verbe. « Notre âme, d'une nature spirituelle et incorruptible, a un corps corruptible qui lui est uni ; et, de l'union de l'un et de l'autre, résulte un tout qui est l'homme, esprit et corps tout ensemble, incorruptible et corruptible, intelligent et purement brute. Ces attributs conviennent au tout, par rapport à chacune de ses deux parties.

Il vaut donc mieux réfléchir sur la grandeur du bienfait de l'*incarnation*, et sur les conséquences morales que les Pères de l'Eglise ont su en tirer ; aucun n'en a parlé avec plus d'énergie que saint Léon. L'on nous permettra d'en copier quelques endroits, quoique un peu longs.

« Dieu, qui a eu pitié de nous, lorsque nous étions morts par le péché, nous a rendu la vie par Jésus-Christ, afin que nous fussions en lui de nouvelles créatures et un nouvel ouvrage de ses mains. Dépouillons-nous donc du vieil homme et de ses actions, et, associés à la naissance de Jésus-Christ, renonçons aux œuvres de la chair. Reconnaissez, ô chrétien, votre dignité, et devenu participant de la nature divine, ne retombez plus dans votre ancienne bassesse par une conduite indigne de votre caractère. Souve-

Ainsi le Verbe divin, dont la vertu soutient tout, s'unit d'une façon particulière, ou plutôt il devient lui-même, par une parfaite union, ce Jésus-Christ, fils de Marie ; ce qui fait qu'il est Dieu et homme tout ensemble, engendré dans l'éternité et engendré dans le temps, toujours vivant dans le sein du Père, et mort sur la croix pour nous sauver. Mais où Dieu se trouve mêlé, jamais les comparaisons tirées des choses humaines ne sont qu'imparfaites. Notre âme n'est pas devant notre corps, et quelque chose lui manque lorsqu'elle en est séparée. Le Verbe, parfait en lui-même dès l'éternité, ne s'unit à notre nature que pour l'honorer. Cette âme qui préside au corps, et y fait divers changements, elle-même en souffre à son tour. Si le corps est mû au commandement et selon la volonté de l'âme, l'âme troublée, l'âme est affligée et agitée en mille manières ou fâcheuses, ou agréables, suivant les dispositions du corps ; en sorte que, comme l'âme élève le corps à elle en le gouvernant, elle est abaissée au-dessous de lui par les choses qu'elle en souffre. Mais, en Jésus-Christ, le Verbe préside à tout, le Verbe tient tout sous sa main. Ainsi l'homme est élevé, et le Verbe ne se rabaisse par aucun endroit : immuable et inaltérable, il domine, en tout et partout, la nature qui lui est unie. De là vient qu'en Jésus-Christ, l'homme absolument soumis à la direction intime du Verbe qui l'élève à soi, n'a que des pensées et des mouvements divins. Tout ce qu'il pense, tout ce qu'il veut, tout ce qu'il dit, tout ce qu'il cache au dedans, tout ce qu'il montre au dehors, est animé par le Verbe, conduit par le Verbe, digne du Verbe, c'est-à-dire digne de la raison même, de la sagesse même, et de la Vérité même. C'est pourquoi tout est lumière en Jésus-Christ ; sa conduite est une règle, ses miracles sont des instructions, ses paroles sont esprit et vie. Il n'est pas donné à tous de bien entendre ces vérités, ni de voir parfaitement en nous-même cette merveilleuse image des choses divines que saint Augustin et les autres Pères ont crue si certaine. Les sens nous gouvernent trop, et notre imagination, qui veut se mêler dans toutes nos pensées, ne nous permet pas toujours de nous arrêter sur une lumière si pure. Nous ne nous connaissons pas nous-mêmes, nous ignorons les richesses que nous portons dans le fond de notre nature, et il n'y a que les yeux les plus épurés qui les puissent apercevoir. Mais, si peu que nous entrions dans ce secret, et que nous sachions remarquer en nous l'image des mystères de la Trinité et de l'Incarnation, qui sont le fondement de notre foi, c'en est assez pour nous élever au-dessus de tout, et rien de mortel ne nous pourra plus toucher. Aussi Jésus-Christ nous appelle-t-il à une gloire immortelle, et c'est le fruit de la foi que nous avons pour les mystères. »

nez-vous de quel chef et de quel corps vous êtes membre, pensez toujours que, tiré de la puissance des ténèbres, vous êtes placé dans la région de la lumière divine. Par le baptême, vous êtes devenu le temple du Saint-Esprit; gardez-vous de bannir de votre cœur, par des affections criminelles, un hôte aussi auguste, et de vous remettre sous l'esclavage du démon. Le prix de votre rédemption est le sang de Jésus-Christ, qui doit vous juger dans sa justice, après vous avoir racheté par sa miséricorde. » *Serm.* 1; *de Nat. Domini*, c. 2. — « Dieu infiniment puissant et bon, dont la nature est de faire du bien, dont la volonté peut tout, dont toutes les œuvres viennent de sa miséricorde, a, dès le commencement du monde, et au moment même que le démon nous a infectés du venin de sa jalousie, préparé et indiqué le remède qu'il destinait à réparer la nature humaine, en prédisant au serpent que le fils de la femme lui écraserait la tête. Par là il désignait Jésus-Christ, qui revêtu de notre chair, homme comme nous, et né d'une vierge, devait, par cette naissance pure et sans tache, confondre l'ennemi du genre humain... Par Jésus-Christ est anéantie l'espèce de contrat que l'homme trompé avait fait avec le tentateur; toute la dette est acquittée par un Rédempteur qui a droit d'exiger davantage. Le fort armé est garrotté par ses propres liens, et les artifices de sa malignité retombent sur sa tête; tout ce qu'il nous avait ravi nous est rendu; la nature humaine, purifiée de ses taches, récupère son ancienne dignité; la mort est détruite par la mort, la naissance est réparée par une naissance nouvelle. Puisque la rédemption nous tire de l'esclavage, la régénération change notre origine, et la foi justifie les pécheurs. » *Serm.* 2, c. 4 (1).

Mais, disent les incrédules, si l'*incarnation* était si nécessaire et devait être si utile au monde, pourquoi Dieu en a-t-il retardé l'exécution pendant quatre mille ans? Saint Léon leur répond avec la même éloquence : « Il fallait, pour nous réconcilier avec Dieu, une victime qui eût notre nature sans avoir nos taches, afin que le dessein que Dieu avait formé d'effacer le péché du monde par la naissance et par la passion de Jésus-Christ s'étendît à toutes les générations et à tous les siècles, que nous fussions rassurés et non troublés par des mystères dont l'aspect a varié suivant les temps, mais dont la foi a toujours été la même. Imposons donc silence aux impies qui osent murmurer contre la Providence divine, et se plaindre du retard de la naissance du Sauveur, comme si les siècles passés n'avaient eu aucune part au mystère accompli dans les derniers jours. L'*incarnation* du Verbe a produit les mêmes effets avant son accomplissement qu'après, et le plan du salut des hommes n'a été interrompu dans aucun temps. Les prophètes ont annoncé ce que les apôtres ont prêché, et ce qui a toujours été cru ne peut pas avoir été accompli trop tard. La sagesse et la bonté de Dieu, en retardant ainsi la perfection de son ouvrage, nous a rendus plus capables d'être appelés à le croire : ce qui avait été annoncé pendant tant de siècles, par tant de signes, de prophéties, de figures, ne pouvait plus paraître équivoque ou incertain, lorsque l'Evangile a été prêché. Une naissance qui devait être au-dessus de tous les miracles et de toute intelligence humaine, devait aussi trouver en nous une foi d'autant plus ferme, qu'elle avait été plus longtemps et plus souvent annoncée. Ce n'est donc ni par un nouveau dessein, ni par une miséricorde tardive, que Dieu a pourvu aux intérêts du genre humain; depuis la création, il a établi la même source de salut pour tous les hommes. La grâce de Dieu, par laquelle les saints de tous les siècles ont été justifiés, a augmenté et non commencé à la naissance du Sauveur. Ce grand mystère de la bonté divine, dont le monde est actuellement rempli, a été tellement puissant, même dans les figures qui le désignaient, que ceux qui ont cru aux promesses n'en ont pas moins ressenti de fruit que ceux qui l'ont vu accompli. » *Serm.* 3, c. 3 (1).

(1) Nous devons préciser davantage la nécessité de l'incarnation. On peut la considérer sous quatre points de vue principaux, 1° antérieurement à toute hypothèse ; 2° dans le cas de la création du monde; 3° après la chute de l'homme; 4° enfin en admettant que Dieu ait voulu relever l'homme tombé.

Quelques docteurs ont enseigné que Dieu était tenu par la perfection de sa nature, de faire une œuvre aussi parfaite que l'incarnation de son Fils. Cette nécessité serait une atteinte portée à la liberté divine. *Voy.* LIBERTÉ DE DIEU.

Les optimistes sont convaincus que lorsque Dieu agit, il est tenu au meilleur; or, l'incarnation est l'œuvre la plus parfaite que nous puissions imaginer, donc l'incarnation était nécessaire dans l'hypothèse de la création. Nous démontrons au mot LIBERTÉ DE DIEU, que le fondement sur lequel on veut faire reposer cette nécessité n'a aucune réalité. Dieu n'est point tenu au meilleur. L'incarnation n'est donc pas nécessaire dans le cas où Dieu aurait voulu agir *ad extra*. Aussi l'incarnation nous est représentée dans l'Ecriture et dans les ouvrages des Pères comme une œuvre de la miséricorde de Dieu. Serait-ce une œuvre de miséricorde si Dieu avait été nécessité à nous envoyer son Fils?

On a demandé si, dans le cas de la chute de l'homme, Dieu n'était pas tenu par sa bonté de réparer un si grand malheur par l'envoi de son Fils. Nous ne voyons pas sur quoi pourrait reposer une pareille nécessité. En se révoltant contre son créateur, l'homme avait perdu tous ses droits à sa tendresse et à son affection. Les anges se sont révoltés, et Dieu n'a pas été nécessité à incarner l'une des trois personnes pour les racheter. Aussi la rédemption nous est représentée comme une œuvre de miséricorde et complètement gratuite.

L'incarnation n'était pas même nécessaire dans le cas où Dieu aurait voulu relever l'homme de ses ruines, parce qu'il pouvait lui pardonner ou attacher le pardon à une œuvre satisfactoire quelconque.

(1) Pleine de ces grandes pensées, l'Eglise s'écrie : « O faute heureuse qui nous a mérité le bonheur d'avoir un tel et un aussi grand rédempteur ! » *O felix culpa, quæ, talem ac tantum meruit habere redemptorem!* (Miss. Rom.; benedictio cerei.)

Il était bien juste qu'un événement aussi intéressant pour le monde entier, et duquel toutes les nations ont pu avoir quelque connaissance, servît d'époque pour compter les années. Depuis plusieurs siècles, les chrétiens ont introduit l'usage de supputer les temps et de les dater de l'*incarnation*, ou plutôt de la naissance de Jésus-Christ : c'est ce que l'on nomme l'*ère chrétienne*.

Denis le Petit, abbé d'un monastère de Rome, personnage recommandable par son savoir et sa piété commença le premier à dater les années de la naissance de Jésus-Christ, dans son cycle pascal, vers l'an 541, et cette manière fut bientôt adoptée partout. Jusqu'alors on avait compté les années, ou par l'ère de Dioclétien, ou, comme les Romains, par les fastes consulaires. Lorsque l'on date de l'*incarnation*, l'on n'entend pas le moment auquel Jésus-Christ a été conçu dans le sein de sa mère, mais le jour auquel il est né, qui est le 25 de décembre.

Cependant plusieurs chronologistes pensent que Denis le Petit s'est trompé, quand il a placé la naissance de Jésus-Christ plus tard qu'il n'aurait dû le faire, savoir, à l'année 753 depuis la fondation de Rome, au lieu de la mettre à l'année 749 : conséquemment ils disent que le Sauveur, lorsqu'il mourut, était âgé de trente-six ans et trois mois. Ce n'est point ici le lieu de détailler les raisons sur lesquelles ils se fondent. Il nous suffit d'observer que l'ère chrétienne est très-commode à tous égards, qu'il est aussi aisé de fixer la date d'un événement de l'histoire ancienne à tant d'années avant la naissance de Jésus-Christ, que de rapporter un fait de l'histoire moderne à telle année depuis cette même naissance.

INCESTE, mariage, ou commerce illicite entre des personnes qui sont parentes ou alliées dans les degrés prohibés par les lois de Dieu ou de l'Eglise. Cette union n'a pas toujours été incestueuse ni criminelle. Au commencement du monde, les fils d'Adam et d'Eve n'ont pu épouser que leurs sœurs. Après le déluge, les petits-fils de Noé ne pouvaient prendre pour femmes que leurs cousines germaines. Au siècle d'Abraham, les mariages entre cousins germains, entre un oncle et une nièce, étaient encore permis. Il paraît que Sara, qui est nommée sœur d'Abraham, n'était que sa nièce. Jacob épousa les deux sœurs qui étaient ses cousines germaines, et nous ne savons pas si elles étaient nées de la même mère. On était encore alors dans les termes de la société purement domestique.

Lorsque la société civile a été établie, la décence et le bien commun exigeaient que les mariages entre proches parents fussent défendus, non-seulement afin de procurer des alliances entre les différentes familles,

Mais dans le cas où Dieu aurait eu le dessein d'exiger une satisfaction complète, l'incarnation était nécessaire, comme nous le démontrerons au mot SATISFACTION.

et de multiplier ainsi les liens de société, mais parce que la familiarité qui règne entre proches parents deviendrait dangereuse, s'ils pouvaient espérer de contracter mariage ensemble. Cette défense est donc fondée sur la loi naturelle, puisqu'elle est conforme à l'intérêt général.

Les historiens nous apprennent que chez les anciens Perses un frère pouvait épouser sa sœur, et il paraît que cet usage abusif y a duré long-temps ; mais les écrivains qui ont cru qu'il régnait encore chez les Guèbres, qui sont un reste des anciens Perses, paraissent s'être trompés. M. Anquetil, qui a fait le détail de leurs mœurs et de leurs coutumes, ne parle que du mariage entre cousins germains. *Zend-Avesta*, t. II, pag. 556 et 612. Nous ne sommes pas non plus de l'avis de quelques auteurs, qui ont écrit que les mariages entre frères et sœurs et autres proches parents ont été permis ou du moins tolérés jusqu'au temps de la loi de Moïse ; que ce législateur est le premier qui les ait défendus aux Hébreux. Depuis Adam l'Ecriture sainte ne nous montre point d'exemple de mariage entre frère et sœur. A mesure que les familles se sont multipliées et que les nations sont devenues plus nombreuses, il a été de la sagesse d'un législateur d'empêcher les mariages entre les proches parents. Ce qui pouvait être permis dans l'état de société purement domestique, ne convenait plus dans l'état de société civile. C'est ce qui prouve contre les philosophes que le droit naturel n'est pas absolument le même dans les divers états de la société, parce que l'intérêt et la liberté des particuliers doivent toujours être subordonnés à l'intérêt général.

Les mariages défendus par la loi de Moïse, sont, 1° entre le fils et sa mère, entre le père et sa fille, entre le fils et la belle-mère ; 2° entre les frères et sœurs, soit qu'ils soient frères de père et de mère, ou seulement de l'un des deux ; 3° entre l'aïeul ou l'aïeule, et leur petit-fils ou petite-fille ; 4° entre la fille de la femme du père et le fils du même père ; 5° entre la tante et le neveu : mais les rabbins prétendent qu'il était permis à l'oncle d'épouser sa nièce ; 6° entre le beau-père et la belle-mère ; 7° entre le beau-frère et la belle-sœur. Il y avait cependant une exception à cette loi, savoir, lorsqu'un homme était mort sans enfants, son frère, encore non marié, était obligé d'épouser la veuve, afin de susciter des héritiers au mari défunt. Cet usage était plus ancien que la loi de Moïse, puisqu'il y en a un exemple dans la famille de Jacob, *Gen.*, c. XXXVIII, v. 11. 8° Il était défendu au même homme d'épouser la mère et la fille, ni la fille du fils de sa propre femme, ni la fille de sa fille, ni la sœur de sa femme ; au lieu que chez les patriarches, Jacob n'est point blâmé dans l'Ecriture sainte d'avoir épousé les deux sœurs. *Voy.* JACOB.

Tous ces degrés de parenté dans lesquels il n'était pas permis de contracter mariage, sont exprimés dans ces quatre vers :

Nata, soror, neptis, matertera, fratris et uxor;
Et patrui conjux, mater, privigna, noverca,
Uxorisque soror, privigni nata, nurusque,
Atque soror patris conjungi lege vetantur.

Moïse défend tous ces mariages incestueux, sous peine de mort : *Quiconque*, dit-il, *aura commis quelqu'une de ces abominations, périra au milieu de son peuple*. La plupart des nations policées ont regardé les *incestes* comme des crimes détestables; plusieurs les ont punis de mort; il n'y a que des barbares qui les aient permis. Les auteurs même païens ont parlé avec horreur des mœurs des Perses, chez lesquels on tolérait ces sortes de mariages.

On appelle *inceste spirituel* le crime que commet un homme avec une religieuse, ou un confesseur avec sa pénitente. On donne encore le même nom au commerce impur entre les personnes qui ont contracté ensemble une affinité spirituelle. Cette affinité se contracte entre la personne baptisée et le parrain et la marraine qui l'ont tenue sur les fonts, de même qu'entre le parrain et la mère, la marraine et le père de l'enfant baptisé, entre celui qui baptise et le baptisé, de même qu'avec son père et sa mère. Cette alliance spirituelle rend nul le mariage célébré sans dispense, et donne lieu à une espèce d'*inceste* spirituel, mais qui n'est ni prohibé ni puni par les lois civiles.

INCESTUEUX, nom donné à quelques écrivains qui firent du bruit en Italie, vers l'an 1063. Les jurisconsultes de la ville de Ravenne, consultés par les Florentins sur les degrés de consanguinité qui empêchent le mariage, répondirent que la septième génération marquée par les canons devait se prendre des deux côtés joints ensemble, en sorte que l'on comptât quatre générations d'un côté seulement, et trois de l'autre. Ils prétendaient prouver cette opinion par un endroit du *Code justinien*, où il est dit que l'on peut épouser la petite-fille de son frère ou de sa sœur, quoiqu'elle soit au quatrième degré. De là ils concluaient : Si la petite-fille de mon frère est à mon égard au quatrième degré, elle est au cinquième pour mon fils, au sixième pour mon petit-fils, et au septième pour mon arrière-petit-fils. Mais c'était une erreur. Il est évident que la petite-fille de mon frère n'est à mon égard qu'au troisième degré. Le B. Pierre Damien écrivit contre l'erreur de ces jurisconsultes. Alexandre II la condamna dans un concile tenu à Rome l'an 1063, et lança l'excommunication contre ceux qui oseraient contracter mariage dans les degrés prohibés par les canons. *Dictionn. des Conciles.*

** **INCOMMUNICANTS**. On a donné ce nom aux prêtres schismatiques qui avaient refusé de reconnaître le Concordat et de communiquer avec ceux qui l'admettaient. *Voy.* ANTICONCORDATAIRES, BLANCHARDISME, ÉGLISE (Petite).

INCOMPRÉHENSIBLE, chose que l'on ne peut pas concevoir, et de laquelle on ne peut pas avoir une idée claire. Tout ce qui est *incomparable*, dit très-bien un philosophe de nos jours, est *incompréhensible*. Dieu l'est, parce qu'il ne peut être comparé à rien; les opérations de notre âme le sont, parce qu'elles ne ressemblent point à ce qui se passe dans les corps; plusieurs phénomènes de la matière sont aussi inconcevables, lorsque nous n'en connaissons point d'autres avec lesquels nous puissions les comparer. Si donc l'on ne devait croire que ce que l'on peut comprendre, plus un homme est ignorant et borné, plus il aurait droit d'être incrédule.

Les déistes, qui s'inscrivent en faux contre la révélation des mystères, se fondent par conséquent sur un principe évidemment faux. Les phénomènes de la vision, l'effet des couleurs, un tableau, une perspective, un miroir, sont autant de mystères *incompréhensibles* à un aveugle-né; soutiendra-t-on qu'il lui est impossible de les croire; que, s'il y ajoute foi, il renonce aux lumières de sa raison; que ce qu'on lui en dit ne signifie rien; que c'est un jargon de mots sans idées; que c'est comme si on lui parlait hébreu ou chinois, etc.? Toutes ces maximes que les incrédules nous répètent sans cesse, parce que nous croyons des mystères ou des choses *incompréhensibles*, sont évidemment contraires aux plus pures lumières du bon sens. Aussi les athées et les matérialistes ont reproché aux déistes qu'après avoir établi le principe que nous réfutons, ils se contredisent en admettant un Dieu dont tous les attributs sont *incompréhensibles*. Mais eux-mêmes se contredisent à leur tour, puisqu'en rejetant l'idée de Dieu, ils lui substituent une nature aveugle dont les opérations et les phénomènes sont aussi inconcevables que les attributs de Dieu. Après avoir fait tous leurs efforts pour expliquer, par un mécanisme, les opérations de notre âme, ils se trouvent réduits à confesser que tout cela est *incompréhensible*. D'où il est évident que le principe tant répété par les incrédules modernes, et qui est celui des anciens acataleptiques, conduit nécessairement au pyrrhonisme universel; et comme ce parti extrême est indigne d'un homme sage, il faut poser la maxime contraire, savoir, qu'il faut croire tout ce qui est suffisamment prouvé.

INCORPOREL. On nomme ainsi les purs esprits qui subsistent sans être revêtus d'un corps. Dieu, les anges, les âmes humaines, sont des substances *incorporelles*.

Plusieurs critiques protestants ont affecté de remarquer que chez les anciens, les mots *spirituel, immatériel, incorporel*, ne signifiaient point, comme chez nous, un être absolument privé de corps, mais seulement une substance non revêtue d'un corps grossier et dont les parties fussent séparables. Presque tous, disent-ils, ont conçu les substances actives comme des êtres formés d'une matière très-subtile, dont les parties étaient inséparables, qui par conséquent étaient impérissables. Quand cela serait vrai à l'égard des philosophes, nous n'aurions aucun intérêt à le contester; leur langage a été si variable, ils sont si sujets à se contredire que, on ne sait jamais avec une pleine certitude ce qu'ils ont pensé. *Notes de Mosheim sur Cudworth*, c. 1, § 26.

Mais comme ces mêmes critiques ont accusé les Pères de l'Eglise de n'avoir pas eu des idées plus justes de la parfaite spiritualité que les philosophes, un théologien doit savoir à quoi s'en tenir. Est-il vrai que les Pères ont conçu Dieu, les anges, les âmes humaines, comme des corps très-subtils, et non comme de purs esprits? Nous avons déjà fait voir ailleurs que cela n'est pas prouvé. 1° Dès que les Pères ont distingué deux espèces de corps ou de matière, l'une subtile, vivante, agissante, dont les parties sont inséparables, ou plutôt qui n'a point de parties; l'autre grossière, morte, passive, dont les parties sont distinguées et séparables, et qui peut périr par la dissolution, il s'ensuit que la première espèce n'est plus matière, mais pur esprit, puisque c'est un être simple, et que les Pères ont nommé *corps* ou *matière* ce que nous appelons *substance*. 2° Les Pères ont admis la création, et les philosophes ne l'ont pas admise; différence essentielle. Il est impossible de supposer Dieu créateur, sans le supposer pur esprit, puisqu'alors on ne peut pas admettre une matière éternelle et incréée, comme faisaient les philosophes. 3° Quoi qu'en disent nos critiques, les Pères de l'Eglise ont cru l'immensité de Dieu; donc ils ne l'ont pas cru corporel. *Voy.* IMMENSITÉ. Un pur esprit, doué du pouvoir créateur, n'a-t-il pas été assez puissant pour produire d'autres purs esprits? *Voy.* ESPRIT.

INCORRUPTIBLES, INCORRUPTICOLES, nom de secte: c'était un rejeton des eutychiens, qui soutenaient que dans l'incarnation la nature humaine de Jésus-Christ avait été absorbée par la nature divine, conséquemment que ces deux natures étaient confondues en une seule. *Voy.* EUTYCHIENS. Ceux dont nous parlons étaient nommés par les Grecs *aphthartodocètes*, du mot ἄφθαρτος, *incorruptible*, et δοκέω, *je crois, j'imagine*; ils parurent en 535.

En disant que le corps de Jésus-Christ était *incorruptible*, ils entendaient que, dès qu'il fut formé dans le sein de sa mère, il ne fut susceptible d'aucun changement ni d'aucune altération, pas même des passions naturelles et innocentes, comme la faim et la soif; de sorte qu'avant sa mort il mangeait sans aucun besoin, comme après sa résurrection. Il s'ensuivrait de leur erreur que le corps de Jésus-Christ était impassible ou incapable de douleur, et que ce divin Sauveur n'avait pas réellement souffert pour nous. Comme cette même conséquence s'ensuivait assez naturellement de l'opinion des eutychiens, ce n'est pas sans raison que le concile général de Chalcédoine l'a condamnée en 451.

INCRÉDULES, prétendus philosophes ou littérateurs, qui font profession de ne pas croire à la religion, qui l'attaquent par leurs discours et par leurs écrits, qui s'efforcent de communiquer à tout le monde les erreurs dont ils sont prévenus. Ils sont en grand nombre parmi nous, et ils se sont flattés d'abord de former un parti redoutable; mais il suffit de les connaître pour cesser de les craindre et de les estimer. Le portrait que nous en allons faire paraîtra peut-être trop chargé; mais tous les traits seront empruntés de leurs propres ouvrages, et la plupart seront copiés d'après eux-mêmes. Nous citerons fidèlement, afin de ne donner lieu à aucun reproche.

« Si nous remontons, dit l'un d'entre eux, à la source de la prétendue philosophie de ces mauvais raisonneurs, nous ne les trouverons point animés d'un amour sincère pour la vérité; ce n'est point des maux sans nombre que la superstition a faits à l'espèce humaine dont nous les verrons touchés, mais ils se trouvaient gênés par les entraves que la religion mettait à leurs déréglements. Ainsi c'est leur perversité naturelle qui les rend ennemis de la religion; ils n'y renoncent que lorsqu'elle est raisonnable; c'est la vertu qu'ils haïssent encore plus que l'erreur et l'absurdité. La superstition leur déplaît, non par sa fausseté, non par ses conséquences fâcheuses, mais par les obstacles qu'elle oppose à leurs passions, par les menaces dont elle se sert pour les effrayer, par les fantômes qu'elle emploie pour les forcer d'être vertueux... Des mortels emportés par le torrent de leurs passions, de leurs habitudes criminelles, de la dissipation, des plaisirs, sont-ils bien en état de chercher la vérité, de méditer la nature humaine, de découvrir le système des mœurs, de creuser les fondements de la vie sociale? La philosophie pourrait-elle se glorifier d'avoir pour adhérents, dans une nation dissolue, une foule de libertins dissipés et sans mœurs, qui méprisent *sur parole* une religion lugubre et fausse, sans connaître les devoirs qu'on doit lui substituer? Sera-t-elle donc bien flattée des hommages intéressés ou des applaudissements stupides d'une troupe de débauchés, de voleurs publics, d'intempérants, de voluptueux, qui, de l'oubli de leur Dieu et du mépris qu'ils ont pour son culte, concluent qu'ils ne se doivent rien à eux-mêmes ni à la société, et se croient des sages, parce que *souvent en tremblant et avec remords* ils foulent aux pieds des chimères qui les forçaient à respecter la décence et les mœurs. » *Essai sur les Préjugés*, chap. 8, p. 181 et suiv.

« Nous conviendrons, dit un autre, que souvent la corruption des mœurs, la débauche, la licence, et même la légèreté d'esprit, peuvent conduire à l'irréligion ou à l'incrédulité..... Bien des gens renoncent aux préjugés reçus, *par vanité et sur parole*; ces prétendus esprits forts n'ont rien examiné par eux-mêmes; ils s'en rapportent à d'autres qu'ils supposent avoir pesé les choses plus mûrement... Un voluptueux, un débauché enseveli dans la crapule, un ambitieux, un intrigant, un homme frivole et dissipé, une femme déréglée, un bel esprit à la mode, sont-ils donc des personnages bien capables de juger d'une religion qu'ils n'ont point approfondie, de sentir la force d'un argument, de saisir l'ensemble d'un système?.... Les hommes corrompus n'attaquent les dieux que lorsqu'ils les croient ennemis de leurs passions..... Il faut être désintéressé pour juger sainement des choses, il faut des lumières et de la suite dans l'esprit pour saisir un grand système. Il n'appartient qu'à l'homme de bien d'examiner les preuves de l'existence de Dieu et les principes de toute religion... L'homme honnête et vertueux est seul juge compétent dans une si grande affaire. » *Syst. de la Nat.*, t. II, c. 13, p. 360 et suiv.

Un troisième convient naïvement des motifs de son incrédulité. «J'aime mieux, dit-il, être anéanti une bonne fois, que de brûler toujours; le sort des bêtes me paraît plus désirable que le sort des damnés. L'opinion qui me débarrasse de craintes accablantes dans ce monde me paraît plus riante que l'incertitude où me laisse l'opinion d'un Dieu sur mon sort éternel...... On ne vit point heureux quand on tremble toujours. » *Le bon Sens*, § 108, 182, 188.

L'un des derniers qui aient écrit, convient de même qu'entre la religion et l'athéisme, c'est le cœur, le tempérament, et non la raison, qui décide du choix. *Aux mânes de Louis XV*, p. 191.

De ces divers aveux il s'ensuit déjà que les *incrédules* ne sont ni instruits, ni de bonne foi, ni fermes dans leurs opinions, ni heureux, ni bons citoyens, ni excusables ; mais il est à propos de le montrer plus en détail par des preuves positives. On imagine sans doute que les *incrédules* ont fouillé dans tous les monuments de l'antiquité, ont fait de nouvelles découvertes, ont trouvé des objections et des systèmes dont on n'avait jamais entendu parler : il n'en est rien. Ce sont de vils plagiaires, qui ne cessent de se copier les uns les autres, et de répéter la même chose. Les premiers de ce siècle n'ont été que les échos de Bayle et des Anglais; ceux-ci ont mis à contribution les mécréants de tous les siècles. Pour attaquer la religion en général et les premières vérités, ils ont ramené sur la scène les principes et les objections des épicuriens, des pyrrhoniens, des cyniques, des académiciens rigides et des cyrénaïques : c'est une doctrine renouvelée des Grecs; mais ils n'ont pas daigné examiner les raisons par lesquelles Platon, Socrate, Cicéron, Plutarque et d'autres anciens ont réfuté toutes ces visions. Contre l'Ancien Testament et la religion juive, ils ont rajeuni les difficultés des marcionites, des manichéens, de Celse, de Julien, de Porphyre, des philosophes du III° et du IV° siècle ; On les retrouve dans Origène, dans Tertullien, dans saint Cyrille, dans saint Augustin et dans les autres Pères de l'Eglise ; mais les *incrédules* ont laissé de côté les réponses de ces Pères, ils n'ont copié que les objections. Lorsqu'ils ont voulu combattre le christianisme, ils ont puisé dans les livres des juifs et dans ceux des mahométans. Les écrits d'Isaac Orobio, le *Munimen fidei* d'un autre rabbin Isaac, les ouvrages compilés par Wagenseil, sous le titre de *Tela ignea Satanæ*, sont hachés et cousus par lambeaux dans les livres des déistes modernes. Contre le catholicisme, ils ont extrait les reproches de tous les hérétiques, surtout des controversistes protestants et sociniens ; mais ils n'ont pas dit un mot des raisons et des preuves que leur ont opposées les théologiens catholiques. Non-seulement ils ont emprunté les armes de toutes les sectes, mais ils en ont imité le ton et la manière ; ils ont fait couler de leur plume tout le fiel que les rabbins ont vomi contre Jésus-Christ et contre l'Evangile, sans en adoucir l'amertume, et toute la bile des protestants contre l'Eglise romaine ; ils ont même affecté de rendre leurs invectives, leurs sarcasmes, leurs blasphèmes plus grossiers. Nous ne faisons ce reproche qu'après avoir exactement comparé les uns aux autres, et après avoir vérifié leurs plagiats. S'ils avaient été d'aussi bonne foi que nous, ils n'auraient rien dissimulé ; après avoir compilé les anciennes objections, ils auraient fidèlement extrait les réponses, ils se seraient attachés à montrer que celles-ci ne sont pas solides ou ne suffisent pas, qu'elles laissent les difficultés dans leur entier : c'est ce qu'ils n'ont jamais fait.

Ils nous accusent d'être crédules, dominés par le préjugé, asservis à l'autorité de nos maîtres et de nos aïeux; nous leur répondons et nous prouvons qu'ils sont plus *crédules* que nous. Déjà ils conviennent que la plupart d'entre eux renoncent à la religion par libertinage, par vanité et *sur parole*, sont très-peu en état d'approfondir une question, de sentir la force ou la faiblesse d'un argument. Ce n'est donc pas la raison, mais l'autorité qui les détermine. Qu'un *incrédule* quelconque ait avancé, il y a cinquante ans, un fait bien faux, une anecdote bien absurde, un passage tronqué, falsifié ou mal traduit, une calomnie cent fois réfutée, il n'en est pas moins copié par vingt auteurs qui se suivent à la file, sans qu'un seul ait daigné vérifier la chose ni remonter à la source. Le lecteur peu instruit, qui voit un essaim de philosophes affirmer le même fait, ne peut se persuader que c'est une fausseté ; il croit, et contribue à son tour à en tromper d'autres. Ainsi se forme leur tradition. Copier aveuglément Celse, Julien, les juifs, les sociniens, les déistes anglais, les controversistes de toutes les sectes, sans choix, sans critique, sans précaution ; compiler, répéter, extraire, affirmer ou nier au hasard, parce que d'autres ont fait de même, n'est-ce pas être crédule ? Lorsque le déisme était à la mode, tout philosophe était déiste sans savoir pourquoi ; le plus hardi a osé dire : *Il n'y a point de Dieu, tout est matière*, et a fait semblant de le prouver ; à l'instant la troupe docile a répété en grand chœur : *Tout est matière, il n'y a point de Dieu*, et a fait un acte de foi sur la parole de l'oracle. Dès ce moment, il a été décidé que le déisme est une absurdité. Les plus *incrédules* en fait de preuves sont toujours les plus crédules en fait d'objections.

S'ils étaient tous réunis dans le même système, ce concert serait capable de faire impression; mais il n'y en a pas deux qui pensent de même, pas un seul n'a été constant dans l'opinion qu'il avait embrassée d'abord; ils ne se réunissent que dans un seul point, dans une haine aveugle contre le christianisme. L'un tâche de soutenir les débris chancelants du déisme, l'autre professe le matérialisme sans détour; quelques-uns biaisent entre ces deux hypothèses, soutiennent tantôt l'une et tantôt l'autre, ne savent de quel principe partir, ni où ils doivent s'arrêter. Ce que l'un établit, l'autre le détruit; ordinairement tous se bornent à détruire sans rien établir. Si les déistes se joignent à nous pour combattre les athées, ceux-ci prennent nos armes pour attaquer les déistes; nous pourrions nous borner à être spectateurs du combat. Que l'on soit socinien ou déiste, juif ou musulman, guèbre ou païen, peu leur importe, pourvu que personne ne soit chrétien.

Ils accusent les prêtres de ne croire à la religion et de ne la défendre que par intérêt; mais eux-mêmes sont-ils fort désintéressés? Jamais les prêtres n'ont poussé aussi loin qu'eux les prétentions. Selon leur avis, tout écrivain de génie est *magistrat-né* de sa patrie, il doit l'éclairer, s'il le peut; son droit, c'est son talent. *Histoire des établiss. des Europ.*, tom. VII, c. 2, p. 59. Les gens de lettres sont les arbitres et les distributeurs de la gloire; il est donc juste qu'ils s'en réservent la meilleure part. L'un nous fait observer qu'à la Chine le mérite littéraire élève aux premières places; et, à son grand regret, il n'en est pas de même en France. 3e *Dial. sur l'âme*, p. 66. L'autre dit que les philosophes voudraient approcher des souverains, mais que par les intrigues et l'ambition des prêtres ils sont bannis des cours. *Essai sur les préjugés*, c. 14, p. 378. Celui-ci souhaite que les savants trouvent dans les cours d'honorables asiles, qu'ils y obtiennent la seule récompense, digne d'eux, celle de contribuer par leur crédit au bonheur des peuples auxquels ils auront enseigné la sagesse. Mais si l'on veut, dit-il, que rien ne soit au-dessus de leur génie, il faut que rien ne soit au-dessus de leurs espérances. *OEuvres de J.-J. Rousseau*, t. I, p. 45. Celui-là vante les progrès qu'auraient faits les sciences, si on avait accordé au génie les récompenses prodiguées aux prêtres. Il se plaint de ce que ceux-ci sont devenus les maîtres de l'éducation et des richesses, pendant que les travaux et les leçons des philosophes ne servent qu'à leur attirer l'indignation publique. *Syst. de la nat.*, t. II, c. 8 et 11. D'autres opinent qu'il faut dépouiller les prêtres pour enrichir les philosophes. *Christ. dévoilé*, préf., pag. 25. Si cette réforme se fait, peut-être que les philosophes croiront en Dieu.

Ils nomment *fanatiques* tous ceux qui aiment la religion; mais y eut-il jamais un *fanatisme* mieux caractérisé que la haine aveugle et furieuse qu'ils ont conçue contre elle? L'un d'entre eux a poussé la démence jusqu'à écrire que celui qui parviendrait à détruire la notion fatale d'un Dieu, ou du moins à diminuer ses terribles influences, serait à coup sûr l'ami du genre humain. *Syst. de la nat.*, tom. II, c. III, p. 88; c. 10, p. 317. Il prétend que Dieu, s'il existe, doit lui tenir compte des invectives qu'il a vomies contre les souverains et contre les prêtres; que si un athée est coupable, c'est Dieu qui en est la cause. *Ibid.*, t. II, c. x, p. 303. On croit entendre un énergumène ou un damné qui blasphème contre Dieu. Tous soutiennent que plus l'homme est insensé, opiniâtre, impie, révolté contre Dieu, plus Dieu est obligé de lui prodiguer les grâces et les bienfaits pour le rendre sage.

Ils demandent la tolérance : sont-ils eux-mêmes tolérants? Lorsqu'ils étaient déistes, ils jugeaient l'athéisme intolérable; ils décidaient qu'on doit le bannir de la société; depuis qu'ils sont devenus athées, ils disent qu'on ne doit pas souffrir le déisme, parce qu'il n'est pas moins intolérant que les religions révélées. Leur tolérance consiste à déclarer la guerre à toutes les opinions contraires à la leur. « Il est peu d'hommes, s'ils en avaient le pouvoir, qui n'employassent les tourments pour faire généralement adopter leurs opinions... Si l'on ne se porte ordinairement à certains excès que dans les disputes de religion, c'est que les autres disputes ne fournissent pas les mêmes prétextes ni les mêmes moyens d'être cruel. Ce n'est qu'à l'impuissance qu'on est en général redevable de sa modération. » *De l'Esprit*, IIe disc., c. 3, note, p. 103. Après cette déclaration de leur part, jugeons de ce qu'ils feraient s'ils étaient les maîtres.

Ils vantent le bonheur de ceux qui sont parvenus à se débarrasser de tous les préjugés de religion; mais leur exemple n'est pas propre à nous donner une haute idée de ce prétendu bonheur; tous leurs efforts n'aboutissent qu'à douter : Bayle lui-même et plusieurs autres en sont convenus. *Dict. crit.*, Bion. E. *Aux mânes de Louis XV*, t. I, p. 291, etc. Mais l'un d'eux avoue que le doute en fait de religion est un état plus cruel que d'expirer sur la roue. *Dialog. sur l'âme*, p. 139. Un autre juge que les athées décidés sont à plaindre, que toute consolation est morte pour eux. *Pensées philos.*, n. 22.

Dans leurs ouvrages, ils affectent de dégrader l'homme et de le réduire au niveau des brutes; ils prétendent qu'un animal aussi malheureux et aussi méchant ne peut être l'ouvrage d'un Dieu sage et bon; ils peignent la société comme une troupe de malfaiteurs condamnés à la chaîne; est-ce en pareille compagnie que se trouve le bonheur? Ils déclament contre la justice d'un Dieu vengeur, contre les maux que la religion produit dans le monde, contre les suites funestes de toutes les institutions sociales; ils ne sont contents de rien. Pour nous faire mieux comprendre combien leur vie est heureuse en ce monde, ils décident qu'il n'y a rien de si beau que de s'en délivrer promptement par le suicide.

Enfin, sont-ce de bons citoyens, des hommes utiles, aux travaux desquels on doive applaudir? Déjà leur condamnation est prononcée par eux-mêmes. « Ceux, dit D. Hume, qui s'efforcent de désabuser le genre humain des préjugés de religion, sont peut-être de bons raisonneurs; mais je ne saurais les reconnaître pour bons citoyens ni pour bons politiques, puisqu'ils affranchissent les hommes d'un des freins de leurs passions, et qu'ils rendent l'infraction des lois de l'équité et de la société plus aisée et plus sûre à cet égard. » *Onzième essai*, tom. III, p. 301. Bolingbroke pense que l'utilité de maintenir la religion, et le danger de la négliger, ont été visibles dans toute la durée de l'empire romain; que l'oubli et le mépris de la religion furent la principale cause des maux que Rome éprouva: il s'appuie du témoignage de Polybe, de Cicéron, de Plutarque et de Tite-Live. *OEuvres*, tom. IV, p. 428. Shaftesbury convient que l'athéisme tend à retrancher toute affection sociale. *Recherches sur le mérite et la vertu*, l. I, IIIe part., § 3. Dans les *Lettres philosophiques* de Toland, IIe lettre, § 13, p. 80; dans celle de *Trasybule à Leucippe*, pag. 169 et 282, nous lisons que l'opinion des récompenses et des peines futures est le plus ferme appui des sociétés; que c'est elle qui porte les hommes à la vertu et les détourne du crime. Bayle s'est exprimé à peu près de même. *Pensées sur la Comète*, § 108 et 131. *Dict. crit.*, Epicure, R. Brutus (*Marcus Junius*), C. D. C'est donc un attentat de la part des *incrédules* d'oser attaquer les principes de religion.

Cependant ils déclament contre les théologiens qui réfutent leur doctrine, contre les magistrats qui la proscrivent, contre les souverains qui protégent la religion; selon leur avis, la liberté de penser est de droit naturel; les punir, c'est violer les lois les plus sacrées de l'humanité: y a-t-il une ombre de sens commun dans leurs prétentions? 1° C'est un sophisme grossier de confondre la liberté de penser avec la liberté de parler, d'écrire, de professer l'incrédulité. Les pensées d'un homme, tant qu'il les tient secrètes, ne peuvent nuire à personne; ses écrits et ses discours sont capables d'allumer le feu du fanatisme et de la sédition. Lorsque des théologiens se sont écartés de leur devoir, ont enseigné une doctrine qui a paru pernicieuse, on les a punis, et les *incrédules* jugent que l'on a bien fait. De quel droit prétendent-ils seuls au privilége de l'impunité? Lorsqu'ils étaient déistes, ils ont prononcé eux-mêmes la sentence de proscription contre l'athéisme; et aujourd'hui qu'ils le professent, on n'exécutera pas contre eux leur propre arrêt! S'ils croient véritablement un Dieu, pourquoi aucun d'eux n'a-t-il entrepris de réfuter les livres des athées? 2° Tous les peuples civilisés ont porté des lois contre les ennemis de la religion publique et ont puni ceux qui l'attaquaient; les philosophes anciens ont applaudi à cette conduite. Jusqu'à présent les modernes n'ont pas démontré que tous se sont trompés, qu'eux-mêmes ont plus de bon sens et de sagesse que tous les législateurs et les politiques de l'univers. Ils chérissent l'incrédulité, ils la regardent comme une propriété et une liberté naturelle: nous, qui croyons à la religion, qui l'envisageons comme notre bien le plus précieux, avons-nous moins de droit de la maintenir qu'ils n'en ont de l'attaquer? 3° Les plus modérés d'entre eux sont convenus que l'incrédulité était un état fâcheux; ils disent que ceux qui y sont tombés sont plus à plaindre qu'à blâmer; ils avouent que la religion fournit du moins une consolation aux malheureux. C'est donc un trait de méchanceté que de travailler à la leur ôter, à leur inspirer des doutes et une inquiétude qui ne peuvent aboutir qu'à les tourmenter. C'est imiter le crime d'un homme qui a ruiné sa santé en prenant imprudemment du poison, et qui veut en donner aux autres pour voir s'ils s'en trouveront mieux que lui, ou si quelqu'un découvrira le secret d'en guérir. 4° Quand il serait permis de combattre les dogmes, il ne l'est jamais de détruire la morale, d'enseigner des maximes scandaleuses, d'établir des principes séditieux; les écarts en ce genre ne peuvent servir qu'à enhardir les malfaiteurs et à troubler la société. Les *incrédules* de nos jours oseront-ils soutenir qu'ils n'ont rien à se reprocher sur ce point? La morale que plusieurs ont enseignée est plus licencieuse que celle des païens; nous rougirions de rapporter les infamies par lesquelles ils ont souillé leur plume, et les invectives qu'ils ont lancées contre tous les gouvernements. 5° Chez aucune nation policée il n'a jamais été permis aux écrivains d'accuser, de calomnier, d'insulter aucun ordre de citoyens; cependant la plupart des livres de nos *incrédules* ne sont que des libelles diffamatoires. Ils ont également noirci les prêtres qui enseignent la religion, les magistrats qui la vengent, les souverains qui la protégent; ils n'ont respecté ni les vivants ni les morts. S'ils avaient envie d'être instruits, ils ne commenceraient pas par déprimer ceux qui sont chargés de leur donner des leçons. 6° Depuis plus de soixante ans qu'ils n'ont cessé d'écrire, qu'a produit leur déchaînement contre la religion? ils ont rendu commun parmi nous le suicide, que l'on ne connaissait pas autrefois; ils ont appris aux enfants à se révolter contre leurs pères, aux domestiques à trahir et à voler leurs maîtres, aux femmes débauchées à ne plus rougir, aux libertins à mourir impénitents. Grâces à leurs leçons, l'on n'a jamais vu plus d'infidélités dans les mariages, de banqueroutes frauduleuses, plus de fortunes renversées par un luxe effréné, plus de licence à déchirer la réputation de ceux auxquels on veut nuire. Qu'ils citent un seul désordre dont ils aient corrigé notre siècle.

Les anciens épicuriens furent bannis des

républiques de la Grèce, les acataleptiques chassés de Rome, les cyniques détestés dans toutes les villes, les cyrénaïques envoyés au gibet. Si, après avoir lassé la patience du gouvernement et des magistrats, nos prédicants *incrédules* étaient traités de même, auraient-ils sujet de se plaindre ? Mais nous ne pensons pas qu'il soit nécessaire d'en venir à des peines afflictives : le mépris est sans doute le châtiment le plus convenable pour punir les plus orgueilleux de tous les hommes. Encore une fois c'est assez de connaître leur caractère, leur conduite, leurs ouvrages, pour les mépriser et les détester. *Voy.* INTOLÉRANCE, PHILOSOPHES, § 4, etc.

INCRÉDULITÉ, profession de ne pas croire à la religion. Dans l'article précédent nous avons assez fait voir que ce travers d'esprit vient d'une ignorance orgueilleuse, des passions et du libertinage ; mais il nous reste encore plusieurs réflexions à faire : ce triste sujet peut en fournir à l'infini.

1° Pourquoi l'*incrédulité* ne manque-t-elle jamais d'éclore chez les nations perverties par le luxe et par l'amour effréné du plaisir ? Les sectes irréligieuses parurent dans la Grèce après les victoires d'Alexandre, et à mesure que les mœurs se dégradèrent ; l'athéisme infecta les Romains lorsqu'ils furent enrichis des dépouilles de l'Asie ; les Anglais ont vu naître chez eux le déisme au moment qu'ils touchaient au plus haut degré de prospérité. Nos philosophes politiques ont remarqué que les mêmes vaisseaux, qui ont voituré dans nos ports les trésors du nouveau monde ont dû nous apporter le germe de l'irréligion avec la maladie honteuse qui empoisonne les sources de la vie. Est-il étonnant qu'un peuple devenu commerçant, calculateur, avide et ambitieux, ne veuille plus avoir d'autre dieu que l'argent ?

Mais, selon leurs propres réflexions, l'âge de la philosophie annonce la vieillesse des empires, et s'efforce en vain de les soutenir. C'est elle qui forma le dernier siècle des républiques de la Grèce et de Rome ; Athènes n'eut des philosophes qu'à la veille de sa ruine ; Cicéron et Lucrèce n'écrivirent sur la nature des dieux et du monde qu'au bruit des guerres civiles qui creusèrent le tombeau de la liberté. *Hist. des établiss. europ. dans les Indes*, tome VII, c. 12. Que veut-on nous prédire, lorsqu'on nous fait remarquer que notre siècle est par excellence le siècle de la philosophie ?

2° Pour acquérir une parfaite connaissance de la religion et des preuves qui ont été opposées dans tous les temps aux sophismes de ses ennemis, ce n'est pas trop de quarante ans d'une étude assidue : il ne se trouve pas un grand nombre d'hommes dans chaque siècle qui aient le courage de s'y livrer. Pour être philosophe incrédule, il n'est besoin ni d'études, ni de travail ; quelques brochures suffisent pour endoctriner un jeune insensé, très-ignorant d'ailleurs ; plus ses connaissances sont bornées, plus il est hardi à dogmatiser et à décider toutes les questions. Pour croire quelque chose, il faut avoir des preuves ; pour ne rien croire du tout, il suffit d'être ignorant et opiniâtre. Si nos écrivains modernes étaient plus laborieux, plus féconds en recherches savantes que ceux du siècle passé, nous pourrions croire que la religion est aussi plus étudiée et mieux connue ; mais dans dix ans à peine voyons-nous éclore un ouvrage solide sur quelque science que ce soit, pendant que nous sommes inondés de brochures frivoles. Ce sont des littérateurs, des poètes, des physiciens, des naturalistes, qui traitent de la théologie ; c'est par des conjectures, par des sarcasmes, par des invectives, qu'ils attaquent la religion ; souvent nous avons ouï vanter les ouvrages les plus vides de bon sens, parce qu'ils renfermaient quelques phrases irréligieuses.

3° L'*incrédulité* gagne les grands plus aisément que le peuple, les villes avant les campagnes, les conditions opulentes plutôt que les états médiocres, et les vices se propagent avec la même proportion. Concluons hardiment que c'est toujours le cœur qui pervertit l'esprit ; que s'il n'y avait point d'hommes vicieux qui eussent besoin de s'étourdir, il n'y aurait jamais d'incrédules. Connaît-on un homme sensé qui, après une jeunesse innocente, après une vie régulière et irréprochable, après une étude constante et réfléchie de la religion, ait fini par ne rien croire ? Il est trop intéressé sans doute à ne pas perdre l'espérance d'être récompensé de sa vertu ; mais un cœur infecté par le vice trouve aussi un intérêt très-vif à calmer ses craintes et à étouffer ses remords par l'incrédulité. Il nous paraît juste de donner la préférence à l'intérêt sensé et raisonnable de la vertu, sur l'intérêt absurde et aveugle du vice.

4° Que des hommes, comblés des dons de la fortune, qui jouissent d'une santé vigoureuse et des agréments de la société, qui se trouvent à portée de satisfaire leurs goûts et leurs passions, regardent comme un bonheur d'être affranchis du joug de la religion et des terreurs d'une autre vie, on le conçoit. Mais le pauvre, condamné à gagner un pain grossier à la sueur de son front, et souvent en danger d'en manquer ; le malade habituel, dont la vie n'est qu'un tissu de souffrances ; le faible, exposé à l'injustice et aux vexations des hommes puissants ; un malheureux, en butte à la calomnie et aux persécutions d'un ennemi cruel, à des chagrins domestiques, à des revers de toute espèce ; pourraient-ils supporter leur existence, s'ils n'espéraient rien ni dans ce monde ni dans l'autre ? Et s'ils n'étaient pas retenus par la religion, qui pourrait les empêcher de se ruer sur les heureux philosophes qui insultent à leur crédulité ?

5° Ces derniers sont convenus cent fois que le peuple a besoin d'une religion, que l'athéisme n'est pas fait pour lui ; qu'il n'est pas en état de creuser les systèmes sublimes de morale que les incrédules veulent substituer à la morale chrétienne. Quand ils ne l'avoueraient pas, la chose est évidente par elle-même. Il faut donc être forcené, pour travailler à détruire la religion parmi le peuple, et mettre l'athéisme à sa portée, comme on l'a fait de nos jours. Nous allons plus loin, et nous soutenons que les motifs de religion, nécessaires au peuple, ne le sont pas moins à tous les hommes. Que l'on nous dise où est l'intérêt sensible, et le motif qui peut engager un dépositaire à rendre aux héritiers de son ami une somme considérable que celui-ci lui a confiée dans le plus grand secret ; un homme offensé, à épargner son ennemi dans un cas où il peut lui ôter la vie sans danger ; un riche, à soulager dans un pays étranger des pauvres qu'il ne reverra jamais ; des enfants mal à leur aise, à prolonger, par de tendres soins, la vie d'un père qui leur est à charge ; un citoyen, à mourir pour sa patrie, lorsqu'il paraît certain que cet acte héroïque ne sera pas connu, etc. L'intérêt, l'honneur, le désir d'être estimé, peuvent faire des hypocrites ; ils n'inspireront jamais des vertus pures et modestes.

6° C'est la religion qui a formé les sociétés ; donc l'incrédulité doit les détruire. Par la religion, les premiers législateurs ont soumis les peuples aux lois; leur conduite le prouve, et l'histoire en dépose ; par ce puissant mobile, ils ont fait naître et conservé l'amour de la patrie : tel est le langage des anciens monuments ; ils ont imprimé un caractère sacré à toutes les institutions sociales ; ils ont voulu que les promesses fussent confirmées par le serment, ils ont fait intervenir la Divinité dans les alliances. Lorsque ce lien primitif de société serait détruit, il est absurde de croire que ses effets subsisteraient toujours. Nous savons ce que ces grands hommes ont fait par la religion : nous cherchons vainement ce que les athées ont opéré par l'incrédulité; leur unique talent a été de corrompre et d'alarmer les sociétés dans lesquelles ils avaient reçu la naissance.

Les institutions utiles dont nous ressentons les effets, tous les établissements faits pour soulager et conserver les hommes, n'ont point été suggérés par la philosophie incrédule, mais par la religion. Ils ont été formés dans des siècles que l'on taxe d'ignorance, mais dans lesquels régnait la charité ; ils ne se trouvent point chez les nations infidèles. Un incrédule calculateur, qui ne connaît d'autre science que celle du produit net, commencerait par faire main basse sur tous ces établissements dispendieux qui exigent des soins, des attentions, des frais, des travaux, dont nos prétendus zélateurs de l'humanité ne se sont jamais chargés. On aurait beau lui représenter que ce sont autant de sanctuaires où la charité agit et se déploie, il jugerait que la dépense en efface l'utilité, et qu'à ce prix la vertu est trop chère. Nous ne finirions jamais, si nous voulions accumuler toutes les raisons qui aggravent le crime des prédicateurs de l'*incrédulité*. *Voy.* LIBERTÉ DE PENSER.

INCROYABLE. Rien n'est *incroyable* que ce qui ne peut pas être prouvé, et ce qui a été prouvé une fois l'est pour toujours et pour tout le monde. De quelque genre que soient les preuves d'un fait, dès qu'elles sont suffisantes pour produire une certitude entière, c'est un travers d'esprit que de ne vouloir pas y déférer, lorsque les conséquences qui en résultent sont opposées à notre système, à nos opinions, à notre intérêt bien ou mal entendu, et de rejeter des preuves, sous prétexte que Dieu pouvait en donner de plus fortes. En général, les ignorants sont toujours plus opiniâtres et plus difficiles à persuader que les esprits pénétrants et instruits ; ils refusent de croire tout ce qui passe leur faible conception, et leur résistance augmente lorsque les vérités ou les faits qu'il faut croire entraînent des conséquences qui les incommodent. *Voy.* FAIT.

Un orgueil pitoyable est de ne pas vouloir acquiescer, en matière de religion, aux preuves qui suffisent pour convaincre un esprit droit dans toute autre matière, et de regarder comme *incroyable* tout ce qui favorise la religion, pendant que l'on croit aveuglément tout ce qui paraît lui être contraire. Une autre absurdité est de poser pour principe que tout ce qui est incompréhensible est *incroyable*. Selon cette maxime, les aveugles-nés auraient tort de croire les phénomènes de la lumière, sur l'attestation de ceux qui ont des yeux ; les ignorants, qui ne comprennent rien, seraient autorisés à ne rien croire, et ceux qui veulent les instruire seraient des insensés. Il est prouvé que, quelque système d'*incrédulité* que l'on embrasse, l'on est forcé de croire plus de mystères ou de choses incompréhensibles que la religion ne nous en propose. *Voy.* INCOMPRÉHENSIBLE, MYSTÈRE.

* INDÉFECTIBILITÉ. Une chose est indéfectible quand elle ne peut faillir ni cesser d'être. L'Église, devant durer jusqu'à la fin des siècles et conserver intact le dépôt de la foi, est donc indéfectible. *Voy.* ÉGLISE, § V. La primauté du pape étant de l'essence de l'Église, il s'ensuit nécessairement que le saint-siége est indéfectible. C'est un puissant argument en faveur de l'infaillibilité du pape. Pour tourner la difficulté, les gallicans disent que le saint-siége est indéfectible, mais que le pape ne l'est pas. « Je remarque, dit Tamburini, que ce sont des idées très-différentes que celle de l'indéfectibilité et celle de l'infaillibilité ; et par conséquent c'est mal raisonner, que de conclure avec certains théologiens, de ce que les Pères ont attribué à l'*Église de Rome* (a) le privilége de ne jamais manquer dans la foi, de conclure, dis-je, que le pape ou le siége apostolique soit infaillible dans tous ses jugements..... Il y a entre l'*infaillibilité* et l'*indéfectibilité* une connexion nécessaire, quand il est question de l'Église universelle. Car si l'Église pouvait errer dans ses décisions de foi, il lui manquerait, ainsi qu'aux fidèles, une règle sûre pour distinguer l'erreur de la vérité... par conséquent elle ne serait pas *indéfectible*..... Au lieu que, dans la supposition même que l'Église romaine, ou le siége apostolique rendît une décision contraire à la foi, il resterait toujours dans la doc-

(a) Nous avons déjà prouvé que l'Église de Rome n'a d'avantage sur les autres Églises que les priviléges que le pape lui communique par rapport à la doctrine, et c'est pourquoi les Pères attribuent indistinctement le privilége de l'infaillibilité tantôt au pape, tantôt au siége.

trine de l'Eglise, et dans le jugement du concile œcuménique, une escorte sûre à la vérité et une règle dont l'Église de Rome devrait se servir pour se corriger et s'amender, comme elle s'en servira toujours, tant qu'elle conservera le siége du successeur de saint Pierre » (*Vera Idea*, p. 2, c. 4, § 14, 15). Il n'est pas rare de surprendre Tamburini en contradiction avec ses propres principes : c'est souvent inévitable pour celui qui suit la voie de l'erreur. Ici cette opposition avec lui-même est frappante ; car la raison par laquelle il prouve que l'*indéfectibilité* de l'Église est inséparable de son *infaillibilité*, milite également en faveur du siége apostolique. Pourquoi, dit-il, ce siége est-il indéfectible ? parce que, sans cela, il manquerait à l'église catholique une partie principale et essentielle (*Ibid.*). C'est donc, conclurai-je, parce que, sans le saint-siége, l'Église catholique ne pourrait subsister, c'est-à-dire parce que, sans lui, il n'y aurait plus de véritable Église. Il s'ensuit donc évidemment et nécessairement, que le saint-siége devra essentiellement porter son suffrage dans toutes les définitions de l'Église. Or, quand même *ses chutes ne seraient que passagères et non perpétuelles*, quand même il n'aurait erré qu'une fois, il ne formerait plus, en ce point de doctrine, un seul corps avec l'Église. Donc il est faux *qu'il restât encore, dans ce cas, la doctrine de l'Église catholique pour se corriger et s'amender*, puisque l'Église elle-même n'existerait plus, privée qu'elle serait de l'une de ses parties essentielles ; et par conséquent il est également faux que l'Église conservât encore un moyen infaillible pour se rappeler à la vérité. C'est précisément par cette raison que l'auteur établit que l'Église serait défectible, si elle était faillible ; alors, dit-il, *il n'y aurait plus de moyen de la rappeler à la vérité.* Or, la même chose arriverait au saint-siége, puisque, sans lui, il ne peut y avoir d'Église qui le ramène ; donc, par la même raison, s'il pouvait errer dans ses décisions, il ne serait plus indéfectible. De plus, notre théologien nous assure que *le siége apostolique sera toujours soutenu et dirigé par l'immobilité de l'Église universelle.* Comment donc pourra-t-il tomber ? Celui qui est soutenu ne tombe pas, car on ne le soutient que pour ne pas le laisser tomber ; autre chose est soutenir, autre chose est relever après la chute. Si donc le siége apostolique tombait dans ses décisions, même une seule fois, il ne serait plus vrai qu'il fût toujours *soutenu et maintenu par l'Église.* Enfin l'influence du saint-siége sur l'Église, et de l'Église sur le saint-siége, ne peut ne pas être continuelle, et par conséquent perpétuelle. En effet, cette influence ne peut être démontrée que par les promesses divines ou par la perpétuité de l'Église ; si l'on consulte les promesses divines, elles nous présentent Pierre comme le fondement, et l'Église comme l'édifice, et par conséquent elles supposent, entre l'un et l'autre, une connexion intime, constante, inaltérable. Si on en appelle à la perpétuité de l'Église, elle a besoin, pour subsister, de l'union perpétuelle et de l'action réciproque de ses parties essentielles. Si donc on ne peut se dispenser de convenir que l'influence réciproque de l'Église et du saint-siége doive être perpétuelle, il faudra aussi regarder comme nécessaire que le saint-siége soit constamment soutenu dans ses décisions par l'Église, et par conséquent comme impossible qu'il tombe jamais dans l'erreur. Que Tamburini cesse donc d'appeler le siége apostolique *une partie essentielle de l'Église*, et d'affirmer qu'il est toujours *soutenu et dirigé par elle*, ou qu'il accorde que l'*indéfectibilité* est, en lui, inséparable de l'*infaillibilité* : autrement il est convaincu de contradiction.

INDÉFECTIBILITÉ DE L'ÉGLISE. *Voy.* ÉGLISE, § 5.

INDÉLÉBILE, INEFFAÇABLE. *Voy.* CARACTÈRE.

INDÉPENDANTS. En Angleterre et en Hollande, on nomme *indépendants* quelques sectaires qui font profession de ne dépendre d'aucune autorité ecclésiastique. Dans les matières de foi et de doctrine, ils sont entièrement d'accord avec les calvinistes rigides : leur indépendance regarde plutôt la police et la discipline que le fond de la croyance. Ils prétendent que chaque Église, ou société religieuse particulière, a par elle-même tout ce qui est nécessaire pour sa conduite et son gouvernement ; qu'elle a sur ce point toute puissance ecclésiastique et toute juridiction ; qu'elle n'est point sujette à une ou à plusieurs Églises, ni à leurs députés, ni à leurs synodes, non plus qu'à aucun évêque. Ils conviennent qu'une ou plusieurs Églises peuvent en aider une autre par leurs conseils et leurs représentations, la reprendre lorsqu'elle pèche, l'exhorter à se mieux conduire, pourvu qu'elles ne s'attribuent sur elle aucune autorité, ni le pouvoir d'excommunier.

Pendant les guerres civiles d'Angleterre, les *indépendants* étant devenus le parti le plus puissant, presque toutes les sectes contraires à l'Église anglicane se joignirent à eux ; mais on les distingue en deux espèces. La première est une association de presbytériens, qui ne sont différents des autres qu'en matière de discipline ; la seconde, que Spanheim appelle *les faux indépendants*, sont un amas confus d'anabaptistes, de sociniens, d'antinomiens, de familistes, de libertins, etc., qui ne méritent guère d'être regardés comme chrétiens, et qui ne font pas grand cas de la religion.

L'*indépendantisme* ne subsiste qu'en Angleterre, dans les colonies anglaises et dans les Provinces-Unies. Un nommé Morel voulut l'introduire parmi les protestants de France, dans le XVIe siècle ; mais le synode de la Rochelle, auquel présidait Bèze, et celui de Charenton, tenu en 1644, condamnèrent cette erreur. De quel droit cependant pouvaient-ils la proscrire, si les *indépendants* prouvaient bien ou mal leurs opinions par l'Écriture sainte ? Ils ne manquaient pas de passages pour soutenir leur prétention ; et, dans le fond, ils n'ont fait que pousser le principe fondamental du protestantisme jusqu'où il peut et jusqu'où il doit aller.

Mosheim, qui l'a compris sans doute, a fait tous ses efforts pour disculper cette secte des séditions et des crimes qui lui ont été imputés par les auteurs anglais. On a confondu mal à propos, dit-il, les *indépendants* en fait de religion et de gouvernement ecclésiastique, avec les *indépendants* en fait de gouvernement civil ; c'est à ces derniers qu'il faut attribuer les troubles et les séditions qui ont agité l'Angleterre sous Charles Ier, et la mort tragique de ce prince. Or, ce parti de rebelles était composé non-seulement d'*indépendants* religieux, mais de puritains, de brownistes, et de tous les autres sectaires non conformistes, la plupart enthousiastes et fanatiques. Il tâche de justifier les premiers, en citant les déclarations publiques par lesquelles ils ont désavoué la haine qu'on leur attribuait contre le gouvernement monarchique, et ont protesté qu'ils n'ont sur ce sujet point d'autre croyance ni d'autres principes que ceux des Eglises réformées ou calvinistes. Selon lui, ce sont les premiers d'entre les protestants qui ont eu le zèle d'aller prêcher aux Américains le christianisme; il ne craint point de nommer l'un d'entre eux l'*apôtre des Indiens*, et de mettre ses travaux apostoliques fort au-dessus de ceux de tous les missionnaires de l'Eglise romaine. *Hist. ecclés.*, XVII° siècle, sect. 1, § 20; sect. 2, n° part., chap. 2, § 21.

Mais le traducteur anglais de cet ouvrage accuse l'auteur d'avoir pallié mal à propos les torts des *indépendants*. Il observe, 1° que leurs déclarations publiques ne prouvent pas grand'chose, parce qu'ils les ont faites dans un temps où ils étaient devenus très-odieux, et où ils craignaient les poursuites du gouvernement. Rien d'ailleurs n'est plus ordinaire à la plupart des sectaires que de contredire, par leur conduite, les protestations qu'ils font dans leurs écrits, lorsque cela est de leur intérêt. 2° Que l'*indépendance* affectée dans le gouvernement ecclésiastique conduit nécessairement, et sans qu'on s'en aperçoive, à l'indépendance dans le gouvernement civil; que dans tous les temps les sectaires dont nous parlons ont espéré plus de faveur sous une république que sous une monarchie. Cette réflexion est prouvée par la conduite des calvinistes en général; jamais ils n'ont manqué d'établir le gouvernement républicain lorsqu'ils en ont été les maîtres, et jamais ils n'ont été soumis aux rois, que quand la force les y a réduits. L'union des *indépendants* ont formée sous le roi Guillaume, en 1691, avec les presbytériens ou puritains d'Angleterre, les principes modérés qu'ils ont établis touchant le gouvernement ecclésiastique, dans leur acte d'association, l'affectation qu'ils ont eue de changer leur nom d'*indépendants* en celui de *frères-unis*, ne prouvent point que leurs prédécesseurs, sous Charles Ier, n'aient été des fanatiques et des furieux. Quant à leur prétendu zèle apostolique, il n'a rien eu de merveilleux. Mosheim a-t-il pu s'étonner de ce que des sectaires, qui gémissaient, dit-il, sous l'oppression des évêques, et sous la sévérité d'une cour qui l'autorisait, se soient réfugiés en Amérique en 1620 et 1629; qu'ils aient cherché à y former un établissement solide, en apprivoisant par la religion les naturels du pays? Le christianisme que prêchaient les *indépendants* n'était pas fort gênant pour la croyance ni pour les mœurs. Aussi a-t-on vu à quoi se sont terminés ces travaux apostoliques, appuyés néanmoins par le parlement d'Angleterre. *Voy.* Missions. Aux yeux de tout homme non prévenu, la naissance et la conduite de la secte des *indépendants* ne fera jamais honneur au protestantisme.

INDES, INDIENS. On ne peut guère douter que le christianisme n'ait été porté dans les *Indes* de très-bonne heure, même du temps des apôtres. C'est une ancienne tradition, parmi les écrivains ecclésiastiques, que saint Thomas et saint Barthélemi ont prêché l'Evangile aux *Indiens*. *Voy.* Saint Thomas. Au v° siècle, les nestoriens envoyèrent des missionnaires dans la partie occidentale des *Indes*, qui est la plus voisine de la Perse, et que l'on appelle *la Côte de Malabar*; ils firent adopter leurs erreurs aux chrétiens de cette contrée, qui se nommaient *chrétiens de saint Thomas*. Le mahométisme s'établit ensuite dans d'autres parties de l'*Inde*. Depuis le commencement du siècle passé, les missionnaires portugais et d'autres ont réussi à ramener dans l'Eglise romaine la plus grande partie des nestoriens du Malabar. *Voy.* Nestorianisme, § 4.

Quant à l'ancienne religion des *Indiens*, qui subsiste encore, l'on ne peut en avoir une connaissance exacte sans avoir quelques notions de leurs livres et de leurs docteurs. Ceux-ci, que l'on nomme aujourd'hui *brames* ou *bramines*, étaient appelés, par les anciens, *brachmanes* et *gymnosophistes*, philosophes sans habits. Ils prétendent que Brahma, leur législateur, personnage imaginaire, puisque c'est un des attributs de Dieu personnifiés, est l'auteur du livre original de leur religion, et qu'il a été rédigé il y a 4888 ans, par conséquent plus de six cents ans avant le déluge universel, suivant la supputation commune, ou six cents ans après, selon le calcul des Septante. Mais plusieurs brames conviennent que la doctrine de Brahma ne s'est conservée pure que pendant mille ans; qu'à cette époque, et dans l'espace de cinq cents ans, il s'en est fait divers commentaires dont les auteurs ont suivi chacun leurs idées particulières; que telle a été la source de l'idolâtrie qui règne chez les *Indiens*, et des schismes formés entre les différentes sectes de brames. Ces commentaires, connus sous les noms de *Bhades*, *Bédas*, *Bédangs*, *Védes*, *Védam*, *Schastah*, *Schaster*, *Chastrum*, *Pouranams*, etc., sont écrits en langue *sanscrète* ou *sanscrétane*, qui n'est plus vivante parmi les *Indiens*: les brames seuls l'étudient. Ils en refusent la connaissance aux autres hommes, et cachent soigneusement leurs livres. Malgré leur réserve mystérieuse, les Européens en ont eu communication. M. Lord, dans l'*Histoire universelle* faite par les Anglais, tome XIX, in-4°, l. XIII, c. 8, sect. 1, p. 95; M. Holwel, dans son ouvrage intitulé: *Evénements historiques du Bengale*; M. Dow, dans sa *Dissert. sur les mœurs, la religion et la philosophie des Indous*; M. Anquetil, dans la *Relation de son voyage aux Indes*; Zend-Avesta, t. Ier, et d'autres, ont distingué quatre *Védes* ou *Védams*, qui sont probablement les mêmes. Il y en a deux qui ont été traduits et publiés en français: l'un est l'*Ezour-Védam*, imprimé à Yverdun en 1778, en 2 vol. *in*-12; l'autre est le *Bagavadam*, qui a paru en 1788, à Paris, in-8°.

Les Anglais, souvent enthousiastes et quelquefois peu sincères, avaient vanté l'antiquité de ces livres et la pureté de la doctrine qu'ils renferment; mais la traduction a dissipé cette illusion. L'éditeur de l'*Ezour-Védam*, dans ses observations préliminaires, a prouvé que tous ces livres sont beaucoup plus modernes qu'on ne l'a prétendu; il nous apprend que les plus savants d'entre les brames ajoutent très-peu de foi à la chronologie fabuleuse de leur nation, et qu'elle n'est fondée que sur des périodes astronomiques. M. Bailly l'a fait voir dans son *Histoire de l'ancienne Astronomie*. M. de Guignes est persuadé qu'après les conquêtes d'Alexandre, les Grecs, qui se sont répandus partout, ont porté dans les *Indes* leur philosophie, et l'on y retrouve en effet les mêmes systèmes; ou que ce sont les Arabes qui l'y ont introduite à une époque encore plus récente. *Mémoires de l'Acad. des Inscript.*, t. LXV, in-12, p. 221. Cependant l'éditeur du *Bagavadam* a entrepris de prouver la haute antiquité de ce livre; il observe que les *Indiens* font remonter la durée du monde jusqu'à des millions d'années dans l'éternité. Ils partagent cette durée en quatre périodes, dont les trois premières sont purement mythologiques; la quatrième, dans laquelle nous sommes, et qu'ils appellent *calyougam*, a commencé 4888 ans avant nous, et c'est à cette époque que Brahma donna aux hommes le *Védam* ou les *Védams*, dans lesquels est renfermée sa doctrine. L'éditeur pense que ce dernier âge du monde est vraiment historique, et que le *Bagavadam* date en effet de cette antiquité. Il le prouve, 1° parce que cette fixation du temps est fondée sur des calculs astronomiques, sur des observations du ciel, qui supposent constamment la précession des équinoxes, suivant laquelle le ciel fait une révolution entière en 24,000 ans ou à peu près. Ce calcul, dit-il, n'a pu être le résultat que d'une bien longue expérience, et celle-ci suppose nécessairement une antique civilisation; 2° parce que, depuis le commencement de ces 4888 ans, l'astronomie, la chronologie, l'histoire civile et religieuse, chez les *Indiens*, ont marché d'un pas égal et sans se perdre de vue; 3° parce que la mythologie renfermée dans le *Bagavadam* est relative aux monuments du culte public, aux idoles, aux symboles représentés dans les temples, dans les pagodes, dans les cavernes creusées dans le roc par un travail immense, monuments dont les *Indiens* ignorent la date, et qu'ils n'ont pas été en état d'entreprendre depuis un grand nombre de siècles. *Bagavadam*, disc. prélim., pag. 52, etc.

Avant d'examiner la solidité de ces preuves, il y a quelques réflexions à faire. 1° Si les quatre *Védams* originaux, ou les quatre parties du *Védam* de Brahma, ont jamais existé, pourquoi ne subsistent-elles plus? La négligence des brames à les conserver ne s'accorde guère avec le profond respect qu'ils ont toujours eu pour leurs livres sacrés, respect que l'éditeur du *Bagavadam* nous fait remarquer. Si ces livres subsistent encore, pourquoi les savants qui veulent nous instruire des antiquités indiennes ne les ont-ils pas recherchés et fait traduire, au lieu de nous donner seulement des *Pouranams*, ou commentaires sur ce précieux *Védam*? Car enfin le *Bagavadam*, de l'aveu de son auteur même, liv. XII, p. 329 et 336, n'est qu'un des dix-huit *Pouranams* : or, suivant l'opinion de plusieurs brames, ses commentaires n'ont été faits que mille ou quinze cents ans après le *Védam* de Brahma. Il aurait fallu commencer par réfuter ces incrédules, au lieu de nous représenter ce *Bagavadam* comme un des livres les plus anciens et les plus authentiques des *Indiens*. Après de bonnes informations, nous sommes persuadés que le prétendu *Védam* de Brahma n'existe point, qu'il n'a jamais existé, et que personne n'a pu parvenir à le voir. — 2° l'*Ezour-Védam* est encore plus moderne que le *Bagavadam*; l'auteur, qui se nomme Chumontou, ne l'a entrepris que pour réfuter *Biache* ou *Viassan*, auquel on attribue le *Bagavadam*. Il lui reproche d'avoir enfanté un nombre prodigieux de *Pouranams* contraires au *Védam* et à la vérité, qui ont été le principe de l'idolâtrie, des erreurs et des disputes parmi les *Indiens*; il le blâme de leur avoir enseigné à prendre *Vichnou* pour leur Dieu et à l'adorer, d'avoir inventé ses différentes incarnations, d'avoir fait consister la vertu dans des pratiques extérieures, d'avoir fait oublier aux hommes jusqu'au nom même de Dieu; il l'accuse d'avoir établi des sacrifices sanglants et non sanglants, d'en avoir fait offrir à *Dourga* et d'en avoir offert lui-même, etc. *Ezour-Védam*, t. I, ch. 2. Voilà donc un docteur *indien* qui condamne le *Bagavadam* comme un recueil d'erreurs, de fables, d'impiétés, et qui était bien éloigné d'en reconnaître l'antiquité. A-t-on prouvé qu'il avait tort? Sa doctrine est, à plusieurs égards, beaucoup moins impure que celle de son adversaire; mais souvent elle en remplace les erreurs et les fables par d'autres qui ne valent pas mieux. — 3° Comme les brames sont divisés en six sectes différentes, les uns tiennent pour un de leurs livres, les autres pour un autre; ils disputent sur l'antiquité, sur l'authenticité, sur la doctrine de ces divers ouvrages. Quelques-uns ne reconnaissent ni l'autorité du *Védam*, ni celle des *Pouranams*; ils disent que ceux-ci n'ont pas qu'au commencement de la dynastie des Tartares Mogols, vers l'an 924 de notre ère. *Ezour-Vadam*, Observ. prélim., pag. 160. Les plus savants n'ajoutent aucune foi à leur chronologie. Les quatre âges du monde ne paraissent être autre chose que quatre révolutions périodiques du ciel, relatives à la précession des équinoxes. *Éclaircissem.*, tom. II, pag. 216, 217. Quoique l'auteur de l'*Ezour-Védam* les distingue, il dit que tout cela n'est qu'une pure illusion, qu'à la fin de chaque âge tout périt par un déluge, et que Dieu crée de nouveaux êtres. Tom. I, l. II, c. 4, p. 296. Comment ces êtres nouveaux pourraient-ils avoir connaissance de ce qui a précédé? Il est étonnant que des savants européens veuillent nous inspirer plus de confiance aux livres *indiens* que les brames n'en ont eux-mêmes. — 4° L'auteur du *Bagavadam* prophétise qu'à la fin de la présente période, Vichnou reparaîtra sur la terre, et qu'il exterminera la race des *Miletchers*. Liv. I, pag. 14; liv. XII, p. 323. Sous ce nom, il entend un peuple, des hommes grossiers, féroces, impurs, qui posséderont le pays de *Cassimiram* et de *Sindou*, qui mettront à mort les femmes, les enfants et les brames. Soit qu'il veuille désigner par là les Tartares, les Perses ou les mahométans, qui tour à tour ont fait des irruptions dans les *Indes*, en ont assujetti les peuples et ont été ennemis de leur religion, il est clair qu'aucune de ces conquêtes n'a pu avoir lieu 4888 ans avant nous, et que le *Bagavadam* a été fait postérieurement à l'un ou à l'autre de ces événements. L'éditeur ne nous paraît pas avoir suffisamment répondu à cette difficulté.

Mais nous sommes accoutumés à voir nos philosophes faire tous leurs efforts pour accréditer la chronologie des Egyptiens, des Chinois, des *Indiens*, les livres de Zoroastre, etc., pour nous faire douter de l'authenticité et de la vérité de notre histoire sainte. Le peu de succès qu'ils ont eu jusqu'à présent aurait dû les dégoûter de faire à ce sujet de nouvelles tentatives. Examinons cependant les preuves et les raisons de l'éditeur du *Bagavadam*.

1° La connaissance de la précession des équinoxes ne suppose ni une très-longue expérience, ni des observations célestes continuées pendant très-longtemps. Hipparque, astronome de Nicée, remarqua ce phénomène 130 ans avant notre ère; Ptolomée le vérifia en Egypte 270 ans après: ce n'est pas là un long intervalle. Par un simple calcul, on a découvert que la révolution du ciel, nécessaire pour replacer les équinoxes au même point, se fait en 24,000 ans, ou à peu près. Les astronomes *indiens* ont donc pu faire cette opération aussi bien que les Grecs; mais ils ont pu aussi emprunter cette connaissance des Egyptiens, des Chaldéens, des Grecs ou des Arabes, comme plusieurs savants le pensent avec assez de fondement. En effet, l'on suppose d'un côté que les *Indiens* ont des connaissances astronomiques depuis plus de 4000 ans; de l'autre, on avoue qu'ils n'y ont fait aucun progrès: de là, l'auteur de l'*Histoire de l'ancienne Astronomie* a conclu avec raison que les *Indiens* n'ont rien inventé, puisqu'ils n'ont rien perfectionné, et qu'ils ont reçu d'ailleurs tout ce qu'ils savent. A la vérité, ce savant académicien semble s'être rétracté dans son *Histoire de l'Astronomie indienne et orientale*, où il prétend que la période *calyougam*, qui a commencé trois mille cent deux ans avant le déluge, est authentique. Mais M. Anquetil, en nous donnant la *Description historique et géographique de l'Inde*, par Jean Bernouilli, en 1787, y a placé au commencement une dissertation, dans laquelle il prouve que les périodes prétendues historiques des *Indiens* sont purement astronomiques et imaginaires; que la dernière n'est pas plus réelle que les précédentes; que les *Indiens* n'en sont pas les

auteurs; qu'ils les ont reçues des astronomes arabes et persans, et que, pour les temps historiques, ces derniers ont suivi la chronologie des Septante. Dans le tome III de ce même ouvrage, II° partie, p. 74, il le prouve de nouveau par des passages tirés du *Bagavadam*, desquels il résulte que la prétendue période de 4888 ans, dans laquelle nous sommes, n'a commencé qu'au déluge universel, événement rapporté par l'auteur du *Bagavadam* en mêmes termes que dans l'Ecriture sainte. On peut encore reconnaître Adam et Noé parmi les personnages desquels cet auteur fait mention. M. Anquetil la confirme par le témoignage d'un savant missionnaire qui a consulté d'autres livres *indiens*. Après les preuves qu'il a données de tous ces faits, il y a lieu d'espérer que l'on n'entreprendra plus de nous persuader que la chronologie des *Indiens* est authentique et digne de croyance (1).

(1) « Les incrédules du dernier siècle, dit Mgr Wiseman, dotèrent d'une antiquité démesurée les livres sacrés où sont contenus les systèmes philosophiques et religieux des Indiens, et que l'on connaît sous le nom de Védas; ils leur attribuèrent en effet une antiquité si extravagante, que les écrits de Moïse n'étaient plus, en comparaison, que des ouvrages modernes. Il doit être assez intéressant de constater jusqu'à quel point cette opinion a été confirmée ou réfutée par les grands progrès que nous avons faits dans l'étude de la littérature sanscrite. La première considération qui doit nous frapper, c'est que les ouvrages de ce genre sont les plus faciles à revêtir d'une apparence d'ancienneté: une certaine simplicité de mœurs, un certain mysticisme de pensées, portent l'esprit à leur attribuer une antiquité qui ne peut être vérifiée, comme dans les autres branches de littérature ou de science, par des dates ou des observations scientifiques. Mais en même temps, nous pouvons remarquer que, lorsqu'il a été démontré, en dépit des prétentions les plus hautaines, que les autres parties de la littérature d'un peuple sont comparativement modernes, les parties qui partageaient l'honneur immérité d'une antiquité fabuleuse, peuvent avec grande apparence de justice, partager leur déchéance et descendre au même rang que leurs sœurs. Ainsi la philosophie morale des Hindous ayant été considérée comme une partie de l'antique littérature de l'Inde, pourra bien, du moins en partie, succomber devant les investigations qui ont dépouillé l'ensemble auquel elle appartient, de son antiquité imaginaire.

« Mais les recherches spéciales n'ont pas manqué, et elles présentent des résultats encore plus détaillés et plus frappants. Et d'abord, prenons les hypothèses extrêmes les plus favorables à nos adversaires. L'autorité de Colebrooke sera sans doute considérée comme parfaitement compétente pour décider les questions relatives à la littérature sanscrite; et assurément il ne s'est jamais montré disposé à diminuer son importance et sa valeur. Or, prenant pour base de ses calculs la science astronomique développée dans les Védas, d'après les données qu'elle lui fournit, il arrive à cette conclusion: que ces livres ne remontent pas plus haut que quatorze cents ans avant Jésus Christ (*Asiat. Researches*, t. VII, p. 284). C'est, direz-vous, une haute antiquité; mais, après tout, cela ne nous conduit qu'à deux siècles environ après le temps de Moïse, et à une époque où les arts avaient atteint leur maturité en Egypte.

« Il existe sur cette question des recherches plus récentes, qui me semblent encore plus remarquables dans leurs résultats, et qui méritent en outre le plus

2° Dès que la période de quatre mille huit cent quatre-vingt-huit ans a été une fois imaginée, il n'a pas été fort difficile aux *Indiens* d'y mettre après coup des époques chronologiques et d'y ajuster des événements historiques ; il n'y avait point de témoin en état de contredire le premier écrivain. La supposition d'autres périodes antérieures n'a pas coûté davantage à un visionnaire. L'éditeur même du *Bagavadam* observe à la fin de son livre que des têtes asiatiques exaltées ont cru pouvoir, par des progressions numérales, mesurer ce qui est incommensurable, et rendre sensible ce qui est ineffable ; que la grande base de presque tous les systèmes chronologiques anciens est une pétition de principe. Cela est évident, puisque l'on peut calculer le cours des astres pour le passé, aussi bien que pour l'avenir ; c'est par là que l'on a démontré l'illusion de la chronologie chinoise, fondée sur de prétendues observations d'éclipses. Ainsi, d'un trait de plume, cet éditeur détruit tout ce qu'il a dit pour confirmer la chronologie des *Indiens*. — Nous persuadera-t-on d'ailleurs que ces peuples ont, depuis plus de quatre mille ans, des observations célestes, une chronologie fixe, une histoire authentique et suivie, une civilisation et des lois desquelles les nations voisines n'ont jamais entendu parler ? On dit que les *Indiens* ne sortaient pas de chez eux ; mais des étrangers sont allés dans les *Indes*. Pythagore et d'autres curieux ont fait exprès

grand intérêt par le caractère de leur auteur. Cet auteur est le docteur Frédéric Windischmann, que je suis heureux d'appeler mon ami, non-seulement à cause de l'éclat de ses talents et de ses profondes connaissances dans la littérature sanscrite et dans la philologie, mais surtout à cause de ses qualités d'un ordre plus élevé, de son aimable caractère et de ses vertus, qui seront un jour l'ornement de l'état ecclésiastique auquel il a voué le reste de sa vie. Exempt du moindre désir d'exagérer ou de diminuer l'antiquité de ces livres qu'il a étudiés dans les plus grands détails, il a ingénieusement réuni toutes les données qu'ils fournissent pour déterminer leur âge véritable. Or, ce qui nous frappe surtout dans ses investigations, c'est de voir que tous les efforts des philologues indianistes se bornent maintenant à empêcher que leur littérature favorite ne soit trop dépréciée ; c'est de voir qu'au lieu de réclamer pour elle, comme les écrivains antérieurs, un nombre prodigieux de siècles, ils se contentent de la faire remonter à une époque raisonnable avant l'ère chrétienne. L'argumentation de mon jeune ami se réduit à ceci : Les Instituts de Menou semblent, par leur caractère intrinsèque, avoir été établies avant que l'habitude du suicide eût prévalu, du moins complétement, dans la presqu'île du Gange : comme nous apprenons par les écrivains grecs du temps d'Alexandre que cet usage était alors répandu, cet ouvrage doit avoir été composé antérieurement à cette époque. Or les Instituts supposent l'existence des Védas ; car ils les citent, et disent qu'ils ont été composés par Brahmah (*a*). En présentant de la sorte cette argumentation, j'ai le tort de ne pas faire ressortir les connaissances profondes déployées par le jeune savant dans la langue sanscrite, et le contenu de ces livres sacrés. Chaque proposition est appuyée d'un luxe d'érudition que bien peu d'hommes peuvent apprécier complétement. Il faut en dire autant du reste de ses arguments, qui consistent principalement à prouver, par des recherches philologiques intéressantes seulement pour les initiés, que le style des *Védas* est beaucoup plus ancien que celui d'aucun autre ouvrage écrit dans la même langue (*Ibid.*, p. 58). Toutefois les conclusions auxquelles il arrive n'ont rien de précis ; elles accordent aux Védas une haute antiquité, mais telle cependant que l'esprit le plus timide ne peut en être effrayé.

« Après avoir si faiblement rendu justice à ce savant auteur, je crains de parler encore moins convenablement des travaux de son père, dont la réputation comme philosophe est si grande en Europe, qu'elle me dispense de toute observation préliminaire ; je craindrais d'ailleurs de paraître entraîné par les sentiments d'admiration et de respect que m'inspire mon illustre ami. Dans l'ouvrage que j'ai déjà cité aujourd'hui, ce savant universel et profond a disposé de la manière la plus scientifique et la plus complète tout ce que nous connaissons de la philosophie indienne. Il la considère moins au point de vue chronologique que dans son développement intérieur et naturel ; il tâche de découvrir, et de suivre dans chaque partie des systèmes qui la composent, les principes qui l'ont animée et qui ont pénétré tous ses éléments. Or, dans ce genre d'investigation, qui exige à la fois une vaste accumulation de faits et une force intellectuelle capable de plonger dans leur chaos et de séparer la lumière des ténèbres, Windischmann a réussi bien mieux que tous les autres écrivains. Il examine les époques du système brahmanique d'après les doctrines et les principes qu'elles renferment ; et ses résultats sont tels que, tout en attribuant une grande antiquité aux livres indiens, il y trouve une confirmation évidente des faits décrits dans l'histoire sacrée. Car l'époque, ou la période la plus ancienne de la philosophie brahmanique offre, d'après lui, l'image fidèle de l'ère patriarcale, telle qu'elle est décrite dans le Pentateuque (*a*).

« Mais il est parmi les historiens de la philosophie un autre auteur d'une réputation méritée qui refuse complétement d'admettre les prétentions ou les arguments des orientalistes en faveur de cette haute antiquité. Ritter, professeur à l'université de Berlin, a examiné avec une grande pénétration tout ce qui a été avancé sur ce point ; il rejette les raisonnements, ou plutôt les conjectures astronomiques de Colebrooke, comme ne s'appuyant sur aucune donnée positive ou calculable ; et il incline à n'accorder guère plus de force aux arguments tirés de l'antiquité apparente des monuments indiens ou de la perfection de la langue sanscrite. En effet, observe-t-il, le goût des monuments gigantesques ne remonte pas nécessairement à une si grande antiquité, puisque plusieurs ont été élevés dans des temps comparativement modernes : et souvent une langue reçoit sa perfection caractéristique en fort peu de temps : en sorte qu'on ne peut y trouver un critérium certain d'antiquité, à moins de la considérer sous le rapport des époques diverses qu'elle présente (*b*). Tous les raisonnements de Ritter tendent plutôt à renverser l'antiquité supposée de la philosophie indienne qu'à construire une théorie nouvelle. Cependant sa conclusion est que le commencement de la philosophie vraiment systématique ne doit pas remonter plus haut que le règne de Vikramaditja, environ un siècle avant l'ère chrétienne. » (*Démonst. Evang*, édit. Migne.)

(*a*) *Die philosophie im Fortgang der Weltgeschichte* Zweiter Buch, p. 690.
(*b*) *Geschichte der philosophie*, I th. Hamburg, 18.9, p. 60, 62 ; 120, 124.

(*a*) *Frederici Henr. Hug. Windischmanni sancara, sive de Theologumenia Vedanticorum*. Bonnæ, 1833, p. 52.

ce voyage pour connaitre la doctrine, les mœurs, les systèmes des gymnosophistes ou anciens brames : ou ils n'y ont pas trouvé une ample moisson de connaissances à recueillir, ou ce sont des ingrats qui n'ont pas voulu en faire honneur à ceux qui les leur avaient communiquées.

3° La correspondance entre les fables racontées dans le *Bagavadam* et les monuments de la religion des *Indiens* ne prouve rien, puisque l'on ignore en quel temps ces monuments ont été construits. La plupart de ces figures sont des hiéroglyphes ; donc les *Indiens* ne connaissaient pas encore pour lors l'art d'écrire en lettres ; il est absurde de prétendre qu'ils ont fait des livres avant d'écrire en figures symboliques : le contraire est arrivé chez toutes les autres nations. Notre auteur, dans sa préface, page xxj, dit que tous les systèmes dénués de preuves hiéroglyphiques ne porteront que sur une base mouvante ; à la note de la page 24, il promet de nous donner la clef des hiéroglyphes ; s'il tient parole, nous verrons ce qui en résultera. Mais il nous permettra d'avance une incrédulité absolue touchant l'histoire mythologique des *Indiens* qu'il veut rendre probable, et touchant des événements arrivés plus de quatre mille huit cent quatre-vingt-huit ans avant nous. — Il est difficile de rien comprendre à l'observation qu'il a faite au commencement du XII° livre sur les prédictions de l'auteur du *Bagavadam*, desquelles il avoue la fausseté. « Ces prédictions, dit-il, *même par leur côté littéral et faible* (il devait dire , par leur côté absurde et faux), déposent en faveur de l'antiquité de ces livres saints ; elles semblent constater que celui-ci a été rédigé dans le premier siècle du *calyougam*, et avant que les événements dont il parle au hasard fussent arrivés. » Pour nous, elles ne paraissent rien prouver, sinon que le prophète était aussi ignorant en fait d'histoire que de toute autre science, puisqu'il n'a pas seulement eu l'esprit de tourner en prédictions les événements tels qu'ils étaient arrivés. Le respect religieux, qui a empêché les copistes de ces livres de corriger des bévues aussi grossières, ne prouve encore que leur ignorance profonde et leur aveugle stupidité. Aussi l'auteur de l'*Ezour-Védam* n'a pas plus épargné le prétendu *Biache* ou *Viassan* sur les erreurs historiques que sur les égarements en fait de dogme et de morale. Encore une fois, il nous fallait réfuter le premier d'un bout à l'autre, avant de nous vanter le *Bagavadam* comme un livre canonique.

Déjà il nous paraît certain que les brames des différentes sectes, en s'accusant les uns les autres d'avoir corrompu la vraie doctrine du *Védam* de Brahma, ne débitent que leurs propres rêveries ; et cela serait encore mieux prouvé, si nous avions un plus grand nombre de leurs livres. Après avoir fait voir combien ceux que nous connaissons déjà sont apocryphes, il faut en examiner la doctrine. Dans certains endroits, ils semblent nous donner une idée raisonnable de la création ; ils enseignent l'unité de Dieu, sa providence, l'immortalité de l'âme, les peines et les récompenses futures. Mais, en les suivant de près, on voit que leur système favori est le *panthéisme ;* que, comme les stoïciens, ils croient que Dieu est l'âme universelle du monde, de laquelle sont émanées les âmes des hommes et celles des animaux : opinion selon laquelle la providence divine, la liberté de l'homme et l'immortalité personnelle de l'âme sont des chimères. Les âmes des justes et des sages, après leur mort, vont se réunir et s'absorber dans la grande âme de l'univers, pour ne plus animer la chair. Celles qui ont besoin de purification passent successivement du corps d'un homme dans celui d'un animal, jusqu'à ce qu'elles aient entièrement expié leurs fautes. Tantôt ces brames artificieux semblent professer le pur déisme, tantôt le matérialisme, d'autres fois l'*idéalisme*, système qui consiste à soutenir que le spectacle de l'univers, et tout ce qu'il renferme, n'est qu'une illusion. Ils ne parlent de morale, de vertus, de peines et de récompenses après cette vie, que pour en imposer au peuple ; la plupart n'y croient pas. Après avoir parlé de Dieu comme d'un pur esprit, et de la création comme d'un acte de sa puissance, ils expriment leur doctrine en style allégorique ; ils personnifient les attributs de Dieu et les facultés de l'âme humaine. Ils appellent *Brahma*, *Brimha*, ou *Birmha*, le pouvoir créateur ; ils le peignent comme un personnage couleur de feu, avec quatre têtes et quatre bras ; ils disent qu'il est sorti du nombril de Dieu, etc. Ils nomment *Bishen*, *Bisnoo*, *Vichnou*, la puissance conservatrice ; ils désignent le pouvoir destructeur sous les noms de *Siba*, *Sieb*, *Chib*, *Chiven*, *Rudder*, *Rudra*, etc. Les uns disent qu'il faut adorer le premier comme Dieu principal, les autres tiennent pour le second, d'autres pour le troisième. De ces trois personnages sont sortis, par émanation, une infinité d'esprits, de dieux, de géants, etc., tous représentés sous des figures monstrueuses. Leur généalogie, leurs mariages, leurs aventures, forment un corps de mythologie plus absurde que les contes des fées, et souvent très-scandaleux ; le peuple des *Indes* croit à toutes ces rêveries comme à la parole de Dieu, et n'a point d'autre objet de culte que ces êtres imaginaires ; ceux qui les ont forgés n'ont pas pu abuser plus cruellement de l'ignorance et de la crédulité populaire. Il est donc évident que le polythéisme, l'idolâtrie, la superstition dans les *Indes*, sont moins l'effet de la grossièreté du peuple, que de la fourberie et de la malice des brames. Loin de s'attacher à prévenir ce désordre, ils se sont appliqués à l'entretenir pour leur intérêt, et ils refusent encore aujourd'hui aux ignorants les moyens de s'instruire et de se détromper. En mêlant des fables indiennes avec des idées philosophiques, ils ont augmenté la difficulté de les détruire. Les stoïciens et d'autres philosophes rendirent le même service au polythéisme des Grecs et des Romains : tels ont été de tout temps les bienfaits de la philosophie envers tous les peuples qui y ont eu confiance. Ceux qui ont voulu tourner en allégories et en leçons mystérieuses les fables indiennes ont été aussi ridicules que ceux qui l'ont essayé à l'égard de la mythologie grecque et romaine.

C'est très-mal excuser la conduite des brames que de dire qu'il a fallu multiplier les images de Dieu, pour se proportionner à l'intelligence grossière du peuple. Chez les nations chrétiennes, le peuple le plus grossier a l'idée d'un seul Dieu ; il ne confond point les images de Dieu avec la Divinité. Il en était de même chez les Juifs, et on le voit encore chez les *Indiens* qui consentent à quitter leur religion pour embrasser le christianisme. Vainement on ajoute que les *Indiens* ne sont pas idolâtres, puisqu'ils ne reconnaissent qu'un Dieu suprême. Cela est absolument faux à l'égard du peuple; il ne connaît point d'autre Dieu que les divers personnages dont les figures et les symboles sont représentés dans les temples, et jamais il ne lui est venu dans l'esprit d'adresser son culte au seul vrai Dieu. Cela n'est pas même vrai à l'égard de tous les brames, puisque les uns sont matérialistes, les autres panthéistes, les autres idéalistes, et qu'après avoir lu leurs livres prétendus sacrés, on ne sait plus ce qu'ils croient ou ne croient pas (1).

On a dit que ces livres enseignent une assez bonne morale ; ceux qui en ont fait l'analyse la réduisent à huit préceptes principaux. Le premier défend de tuer aucune créature vivante, parce que les animaux ont une âme aussi bien que l'homme, et que les âmes humaines, par la métempsycose, passent dans les corps des animaux. Le second interdit les regards dangereux, la médisance, l'usage du vin et de la chair, l'attouchement des choses impures. Le troisième prescrit le culte extérieur, les prières et les ablutions. Le quatrième condamne le mensonge et la fraude dans le commerce. Par le cinquième, il est ordonné de faire l'aumône, surtout aux brames. Le sixième défend les injures, la violence, l'oppression. Le septième commande des fêtes, des jeûnes, des veilles. Par le huitième, l'injustice et le vol sont interdits. Nous ne voyons pas qu'il y ait lieu d'exalter beaucoup ce code de morale ; outre qu'il est très-incomplet, la sanction n'en est fondée que sur les fables de la mythologie indienne. Un brame qui ne croit ni l'immortalité de l'âme, ni la métempsycose, ni l'enfer, dont parlent les *Vedams*, ne doit pas croire fort sincèrement à la morale. C'est encore un très-grand défaut de mêler des ordonnances absurdes aux préceptes les plus essentiels de la loi naturelle: telle est la défense de tuer des animaux, même nuisibles, les bêtes féroces et les insectes, sous prétexte qu'ils ont une âme. Ce préjugé ridicule donne lieu de conclure qu'il n'y a pas plus de mal à tuer un homme qu'à écraser une mouche. Défendre de toucher à des choses dont l'impureté est imaginaire, enseigner que l'eau du Gange purifie tous les crimes, qu'un homme est sûr de son salut quand il meurt en tenant la queue d'une vache, etc., sont de mauvaises leçons de morale ; aussi en est-il résulté parmi les *Indiens* des mœurs détestables.

M. Anquetil, dans le même ouvrage cité, p. 66 et suiv., fait voir, par des passages formels du *Bagavadam*, que l'auteur détruit absolument la distinction du juste et de l'injuste, du bien et du mal moral; que, selon sa doctrine, les scélérats seront éternellement récompensés tout comme les gens de bien ; qu'il est idéaliste, ne reconnaissant dans ce monde que des apparences et des illusions. Il est étonnant que l'éditeur du *Bagavadam* n'ait pas daigné faire cette observation; elle lui aurait peut-être fait comprendre que 4888 ans avant nous, il n'y avait point encore de philosophe assez insensé pour forger un pareil système.

Leur législation, dont les brames sont encore les auteurs, n'est pas meilleure. Suivant le jugement qu'en a porté le traducteur français du code des *Gentoux*, ce recueil de lois caractérise un peuple corrompu dès l'enfance, et des législateurs ignorants, cruels, dénués de tout zèle pour le bien de l'humanité. Ils ont divisé les hommes en quatre castes ou tribus absolument séparées, qui n'ont aucune société et ne forment aucune alliance les unes avec les autres. La première est celle des brames ; ils ont un grand soin de se faire regarder comme les plus nobles des hommes et les plus chers à la Divinité. *La seconde classe est celle des nairs ou chehtérées*, destinées à porter les armes et à gouverner. La troisième, celle des *bices* ou laboureurs, et des négociants. La quatrième, celle des *sooders*, *choutrers* ou *parias*; c'est la plus vile et la plus méprisée, toutes les autres en ont horreur. Ces malheureux sont destinés aux travaux les plus durs et les plus abjects, à voyager et à servir les autres castes ; on peut leur insulter et les maltraiter impunément. Cette distinction est également établie dans l'*Ezour-Védam* et dans le *Bagavadam* ; et quelques-uns de nos philosophes français ont trouvé bon de la justifier. Ainsi la religion, qui partout ailleurs tend à rapprocher les hommes et à les réunir, a eu pour objet, dans les *Indes*, de les diviser et de les rendre ennemis. Une institution aussi absurde ne peut être de la plus haute antiquité ; elle suppose évidemment le mélange de plusieurs peuples étrangers les uns aux autres, dont le plus puissant a écrasé les plus faibles.

Lorsqu'un *nair* va faire ses prières à une

---

(1) Les découvertes précieuses qui ont été faites dans les Indes, la Chine etc., ne nous permettent guère de douter que la plupart des divinités de ces pays étaient des hommes remarquables, que le peuple admirateur changea en dieux dans des temps plus reculés. Nous ne contestons cependant pas entièrement l'opinion de l'abbé Foucher qui semble donner une autre cause à la fable. Nous le croyons trop absolu. Nous avons rapporté son opinion dans la note placée au mot FABLE.

pagode, s'il rencontre un *paria*, et que celui-ci se trouve trop près de lui par mégarde ou autrement, le *naïr* a droit de le tuer. A plus forte raison un brame se croirait-il souillé, s'il avait touché un *paria*. S'il était arrivé à ce dernier d'oser lire un des livres sacrés, ou d'en avoir seulement entendu la lecture, la loi ordonne de lui verser de l'huile chaude dans la bouche et dans les oreilles, et de les lui boucher avec de la cire. Il n'oserait parler à un homme d'une caste supérieure, sans mettre sa main ou un voile devant sa bouche, de peur de le souiller par son haleine. Les femmes ne sont guère moins maltraitées par le code des *Indiens*; partout elles y sont représentées comme sujettes à tous les vices, surtout à une débauche insatiable, et comme incapables d'aucune vertu. « Il est convenable, disent ces lois, qu'une femme se brûle avec le cadavre de son mari : alors elle le suivra en paradis;... si elle ne veut pas se brûler, elle gardera une chasteté inviolable. » *Code des Gentoux*, c. 20, p. 287. Conséquemment les brames ont soin d'inculquer aux filles, dès l'enfance, que c'est un acte héroïque de vertu qui leur assure le bonheur éternel. Ils redoublent leurs exhortations aux femmes à la mort de leur mari. Celles qui ont le courage de se brûler comblent de gloire leur famille, et procurent à leurs enfants des établissements avantageux ; la tendresse maternelle se joint ainsi au point d'honneur et au fanatisme pour les y déterminer. Dès qu'elles s'y sont engagées, elles ne peuvent plus s'en dédire ; on les force de tenir parole.

Nos philosophes incrédules ont trouvé bon de mettre ce trait de cruauté sur le théâtre, afin d'en faire retomber tout l'odieux sur la religion; on pourrait, à plus juste titre, le faire retomber sur la philosophie, puisque c'est une conséquence de l'opinion philosophique de la transmigration des âmes. D'ailleurs les brames sont plutôt des philosophes que des prêtres ; Pythagore et Alexandre, qui les ont vus il y a deux mille ans, en ont jugé ainsi, puisqu'ils les ont nommés *gymnosophistes*, ou philosophes sans habit. Aujourd'hui encore, les brames qui font les fonctions de prêtres et qui desservent les pagodes sont les moins estimés ; on ne fait cas que de ceux qui mènent une vie solitaire dans les lieux écartés, qui s'exténuent par le jeûne, par l'étude, par les veilles, par une pénitence austère et continuelle : suivant leurs livres sacrés, cette manière de vivre est beaucoup plus méritoire que les fonctions du sacerdoce.

Une législation aussi absurde et une morale aussi mauvaise ne peuvent manquer de donner aux *Indiens* des mœurs très-dépravées. « Il n'y a pas au monde, dit M. Holwel, de peuple plus corrompu, plus méchant, plus superstitieux, plus chicaneur que les *Indiens*, sans en excepter le commun des bramines. Je puis assurer que, pendant près de cinq ans que j'ai présidé à la cour de Calcutta, il ne s'est jamais commis de crime ou d'assassinat auquel les brames n'aient eu part. Il faut en excepter ceux qui vivent retirés du monde, qui s'adonnent à l'étude de la philosophie et de la religion, et qui suivent strictement la doctrine de Brahma ; je puis dire avec justice que ce sont les hommes les plus parfaits et les plus pieux qui existent sur la surface du globe. » *Évén. hist. du Bengale*, c. 7, pag. 183. Lorsqu'on demande aux premiers pourquoi ils ont commis des crimes, ils disent, pour toute excuse, que nous sommes dans le *calyougam*, dans l'âge des désordres et des malheurs.

Que des hommes retirés du monde, appliqués à l'étude, éloignés de toute tentation, soient vertueux, ce n'est pas un prodige; on l'a vu chez les Juifs, chez les Grecs et chez les chrétiens dans tous les temps : mais M. Holwel, qui ne connaissait rien de tel en Angleterre, était émerveillé de trouver ce phénomène aux *Indes*. Cependant nos philosophes n'approuvent pas plus la manière de vivre des brames solitaires, que celle des moines chrétiens et des anachorètes.

M. Anquetil, bon observateur, ne nous donne pas une idée plus favorable du caractère des *Indiens* en général; *Zend-Avesta*, t. I, 1ʳᵉ part., p. 117 ; non plus que M. Sonnerat dans son *Voyage aux Indes et à la Chine*, t. I, l. 1, c. 6. L'auteur de l'*Essai sur l'Histoire du sabéisme* pense que les vagabonds répandus en Europe sous le nom de *Bohémiens*, et qui forment un peuple particulier, sont une troupe d'*Indiens* de la caste la plus vile, qui sortit de son pays et pénétra dans les contrées orientales de l'Europe il y a environ quatre cents ans ; il le prouve par la comparaison de la langue et des mœurs des Bohémiens avec celles des peuples de la côte de Malabar. Si cette conjecture est juste, elle ne peut servir qu'à augmenter l'horreur que méritent le caractère et la conduite de ces peuples.

Les *Indiens* ont des hôpitaux pour les animaux, où ils nourrissent par dévotion des mouches, des puces, des punaises, etc.; mais ils n'en ont point pour les hommes. *Zend-Avesta*, t. I, p. 562. Ils regardent comme une bonne œuvre de conserver la vie à des insectes nuisibles, mais ils laissent périr un *paria* plutôt que de lui tendre la main pour le tirer d'un précipice; ils craignent de se souiller en le touchant. Ils portent la polygamie à l'excès, aussi bien que les mahométans, et ne se font aucun scrupule du concubinage ; en récompense, chez les femmes, l'adultère est un crime irrémissible ; il est puni de mort. Le culte infâme du *lingam*, établi dans les pagodes, ne peut avoir d'autre effet que de corrompre les mœurs ; à la vérité, il est sévèrement blâmé dans l'*Ezour-Védam*, l. VI, c. 5; mais de quoi peut servir cette censure, s'il est consacré dans d'autres livres ?

On ne conçoit pas comment le traducteur anglais du *Code des Gentoux* a pu entreprendre de sang-froid l'apologie des lois qu'il renferme ; quelques sophismes, des comparaisons, des palliatifs, ne sont pas capables de diminuer l'horreur qu'elles inspirent; mais le philosophisme ne doute et ne rougit de rien. Il ose vanter l'humanité, le désintéressement, la charité, la tolérance des brames; où sont les preuves de cet éloge? Les priviléges qu'ils ont attribués à leur caste, l'orgueil qu'ils affectent, les préceptes qu'ils imposent, ne marquent pas beaucoup le désintéressement : suivant leurs livres, faire l'aumône à un brame est la plus sainte de toutes les œuvres; lui porter un préjudice, ou l'insulter, est un crime impardonnable et digne de l'enfer. Leur conduite envers les *parias* et envers les femmes n'est rien moins qu'une preuve d'humanité et de charité; les peines atroces, indécentes, contraires à l'honnêteté publique, infligées par leur code, cadrent mal avec leur prétendue douceur. Quant à leur tolérance, l'éditeur de l'*Ezour-Védam* en a indiqué le principe, tom. I, pag. 74; tom. II, pag. 254. « Les brames, dit-il, ne prêchent la tolérance que parce qu'ils gémissent sous le joug des mahométans; s'ils avaient la même autorité qu'autrefois, ils deviendraient bientôt oppresseurs; leur code démontre évidemment leur intolérance. » Cela est confirmé par ce qu'on lit dans le *Bagavadam*, touchant les *miletchers*, et dans l'*Ezour-Védam*, au sujet des *boudistes*, ou des sectateurs de *Budda*.

Un philosophe français, raisonnant au hasard, a prétendu que le dogme de la transmigration des âmes devait être fort utile à la morale, donner de l'horreur pour le meurtre, et inspirer une charité universelle; il en a conclu que les *Indiens* sont les plus doux des hommes, *Philos. de l'Hist.*, c. 17; mais les faits et les témoignages déposent contre cette spéculation. Le dogme de la transmigration produit au contraire les plus pernicieux effets; il fait envisager les maux de cette vie comme la punition des crimes commis dans une vie précédente; il laisse par conséquent les malheureux sans consolation, et n'inspire aucune pitié pour eux. Les *Indiens* ne détestent les *parias* que parce qu'ils supposent que ce sont des hommes qui, dans une vie précédente, ont commis des forfaits affreux. Mais n'est-il pas singulier que ces insensés croient qu'une âme est moins punie quand elle entre dans le corps d'un animal, que quand elle est dans celui d'un *paria*? Par un autre préjugé qui vient de la même source, les *Indiens* abhorrent les Européens, parce que ceux-ci tuent et mangent les animaux; et, par la même raison, ils doivent détester tous les autres peuples : telle est leur charité universelle.

Un autre prétend que le dogme de la transmigration donne aux *Indiens* une idée plus consolante du bonheur futur, que l'espérance des plaisirs spirituels et d'une béatitude céleste, telle que les chrétiens l'envisagent; celle-ci, dit-il, fatigue l'imagination sans la satisfaire. *Histoire des établissements des Européens dans les Indes*, t. I, liv. I, p. 36. Il se réfute lui-même, en disant que la transmigration a été imaginée par un dévot mélancolique et d'un caractère dur. En effet, l'état de transmigration, selon les *Indiens*, est un état de purification et non de béatitude; ils pensent que quand une âme vertueuse a suffisamment expié ses fautes, elle va se rejoindre à l'Être suprême, et se réunir à l'essence divine, de laquelle elle est émanée. Dans cet état, a-t-elle encore une existence individuelle, est-elle encore susceptible de plaisir et de bonheur? Si cela est, cette béatitude est-elle plus concevable et plus satisfaisante pour l'imagination, que la gloire céleste promise par la religion chrétienne?

L'*Inde*, dit M. Sonnerat, aujourd'hui déchirée par les nations de l'Europe qui se disputent ses trésors, pillée par une foule de petits tyrans, plongée dans l'ignorance et la barbarie, est encore riche et fertile; mais ses habitants sont esclaves, pauvres et misérables. Dans ces climats où la nature a tout fait pour le bonheur de l'humanité, un despotisme destructeur emploie toutes sortes de moyens pour l'opprimer; les peuples, énervés par la chaleur et par la mollesse, y semblent destinés à la servitude; une sobriété excessive, une inertie et une indolence stupide, leur tiennent lieu de tous les biens; un peu de riz et quelques herbes suffisent à leur nourriture; leur vêtement est un morceau de toile; un arbre leur sert de toit; ils ne sont libres qu'autant qu'ils ne possèdent rien; la pauvreté seule peut les mettre à l'abri des vexations des nababs. La superstition trouble encore chez les *Indiens*, par des craintes et des inquiétudes frivoles, la tranquillité que devrait leur assurer la pauvreté. Les dieux monstrueux qu'ils adorent sont plus cruels pour eux que leurs tyrans. Des pères et des mères, tenant leurs enfants dans leurs bras, se précipitent sous les roues du chariot qui traîne leurs idoles, et s'y font écraser par dévotion. Esclaves de leurs habitudes, les *Indiens* aiment mieux, dans la pratique des arts, s'en tenir à leurs procédés vicieux, aux machines imparfaites auxquelles ils sont accoutumés, que d'adopter les méthodes et les instruments des Européens, qui abrègent le temps et facilitent le travail.

On ne saurait trop le répéter, voilà ce qu'a produit la philosophie cultivée dans les *Indes* depuis deux ou trois mille ans. Une preuve qu'elle n'est pas moins malfaisante en Europe, c'est que les philosophes anglais, français et autres tournent en ridicule et tâchent de rendre suspect le zèle des missionnaires catholiques, qui travaillent à procurer aux *Indiens* malheureux une consolation dans leur triste sort en les faisant chrétiens. Non contents de voir leurs pareils avilir et abrutir l'humanité, ils ne veulent pas qu'une religion plus sainte et plus vraie répare le mal. Ils disent que les convertisseurs ne réussissent qu'à gagner quelques misérables de la caste la plus vile. Quand cela serait, devrait-on les blâmer de s'attacher principalement à l'espèce d'hommes qui est la plus à plaindre, qui a le plus besoin de soulagement et d'instruction?

De toutes ces réflexions il résulte que nos philosophes incrédules n'ont jamais déraisonné d'une manière plus choquante qu'en parlant des *Indes* et des *Indiens*.

INDIFFÉRENCE. On appelle *liberté d'indifférence* le pouvoir que nous avons d'acquiescer ou de résister à un motif qui nous excite à faire telle action, le pouvoir de choisir entre deux motifs, dont l'un nous porte à l'action et l'autre nous en détourne.

Les philosophes, qui soutiennent le fatalisme, traitent de chimère et d'absurdité cette *indifférence*. Si nous étions, disent-ils, indifférents aux motifs qui nous déterminent, ou nous n'agirions jamais, ou nous agirions sans motif, au hasard ; nos actions seraient des effets sans cause. Mais c'est une équivoque frauduleuse que de confondre l'*indifférence* avec l'*insensibilité*. Nous sommes sensibles, sans doute, à un motif, lorsqu'il nous détermine ; mais il s'agit de savoir s'il y a une liaison nécessaire entre tel motif et tel vouloir ; si, quand je veux par tel motif, il m'est impossible ou non de vouloir autre chose malgré le motif, ou de préférer un autre motif à celui par lequel je me détermine à agir. Dès que l'on suppose que j'agis par tel motif, on ne peut plus supposer que ce motif ne me détermine pas, ces deux suppositions seraient contradictoires ; mais on demande si, avant toute supposition, mon vouloir est tellement attaché aux motifs, que le *non vouloir* soit impossible. Dès que l'on sort de la question ainsi proposée, l'on ne s'entend plus.

Or, les défenseurs de la liberté soutiennent qu'entre tel motif et tel vouloir il n'y a point de connexion physique et nécessaire, mais seulement une connexion morale qui ne nous ôte point le pouvoir de résister ; que les motifs sont la cause morale et non la cause physique de nos actions. Parce que l'on dit qu'un motif *nous détermine*, il ne s'ensuit pas que ce soit lui qui agisse, et qu'alors nous sommes passifs ; il est absurde de supposer qu'une faculté active, telle que la volonté, devient passive sous l'influence d'un motif, que ce motif, qui n'est dans le fond qu'une idée ou une réflexion, nous meut et agit sur nous comme nous agissons sur un corps auquel nous imprimons le mouvement. — Cette question métaphysique se trouve liée à celle qui est agitée entre les théologiens, pour savoir de quelle manière la grâce agit sur nous et en quel sens elle est *cause* de nos actions. Ceux qui soutiennent qu'elle en est la *cause physique* doivent, s'ils raisonnent conséquemment, supposer entre la grâce et l'action qui s'ensuit, la même connexion qu'il y a entre une cause physique quelconque et son effet. Comme, selon tous les physiciens, cette connexion est nécessaire, on ne conçoit plus comment l'action produite par la grâce peut être libre. C'est ce qui détermine les autres théologiens à n'envisager la grâce que comme *cause morale* de nos actions, et à n'admettre entre cette cause et son effet qu'une connexion morale, telle qu'il faut l'admettre entre toute action libre et le motif par lequel elle se fait.

C'est Dieu, sans doute, qui agit en nous par la grâce ; mais il rend son opération si semblable à celle de la nature, que souvent nous sommes hors d'état de les distinguer. Lorsque nous faisons une bonne action par un motif surnaturel, nous nous sentons aussi agissants, aussi libres, aussi maîtres de notre action, que quand nous la faisons par un motif naturel, par tempérament ou par intérêt ; pourquoi nous persuaderions-nous que Dieu trompe en nous le sentiment intérieur, qu'il nous affecte comme s'il nous laissait libres, pendant qu'il n'en est rien ? Nous ne sommes pas moins convaincus, par ce même sentiment intérieur, que souvent nous résistons à la grâce avec autant de facilité que nous résistons à nos goûts et à nos penchants naturels. Rien ne manque donc à ce témoignage de la conscience, pour nous donner une certitude entière de notre liberté, sous l'influence de la grâce. Il ne faut jamais oublier le mot de saint Augustin, que la grâce nous est donnée, non pour détruire, mais pour rétablir en nous le libre arbitre.

Les pélagiens abusaient des termes, lorsqu'ils faisaient consister le libre arbitre dans l'*indifférence* entre le bien et le mal ; ils entendaient par là une égale inclination vers l'un et l'autre, une égale facilité de choisir l'un ou l'autre. Saint Augustin, *Op. imp.*, l. III, n. 109, 110, 117 ; *Lettre de saint Prosper*, n. 4. Ils concluaient de là que la grâce qui ôterait cette *indifférence* détruirait le libre arbitre. Saint Augustin soutint contre eux, avec raison, que par le péché d'Adam l'homme a perdu cette heureuse *indifférence*, ou cette *grande liberté* ; que, par la concupiscence, il est porté plus violemment au mal qu'au bien ; que, pour rétablir l'équilibre, il a besoin de la grâce. Ceux qui ont accusé saint Augustin d'avoir méconnu le libre arbitre, en soutenant la nécessité de la grâce, ont entendu sa doctrine aussi mal que les pélagiens. *Voy.* LIBERTÉ.

INDIFFÉRENCE DE RELIGION. Elle consiste à soutenir que toutes les religions sont également bonnes ; que l'une n'est ni plus vraie ni plus avantageuse aux hommes que les autres, que l'on doit laisser à chaque peuple et à chaque particulier la liberté de rendre à Dieu tel culte qu'il lui plaît ; ou même de ne lui en rendre aucun, s'il le juge à propos. C'est la prétention commune des déistes. Les athées, encore plus prévenus, soutiennent que toute religion quelconque est essentiellement mauvaise et pernicieuse aux hommes, qu'elle les rend insensés, intolérants, insociables. Ce n'est pas ici le lieu de réfuter cette impiété. Nous devons nous borner à faire voir que l'*indifférence* prêchée par les déistes ne vaut pas mieux.

1° Elle suppose ou que Dieu n'exige aucun culte, ou que s'il en veut un, il n'a pas daigné le prescrire ; qu'il approuve également le théisme et le polythéisme, les superstitions des idolâtres et le culte le plus raisonnable, les crimes par lesquels les nations aveugles ont prétendu l'honorer, et les vertus dans lesquelles les peuples mieux instruits font consister la religion. C'est blasphémer évidemment contre la providence, la sagesse et la sainteté de Dieu. Cette erreur est combattue d'ailleurs par le fait éclatant de la révélation. Il est prouvé que, depuis le commencement du monde, Dieu a prescrit aux hommes une religion, qu'il a veillé à sa conservation, qu'il en a renouvelé la publication par Moïse, et d'une manière encore plus authentique par Jésus-Christ. Les déistes ne sont pas encore venus à bout d'en détruire les preuves, et ils n'y parviendront jamais (1).

(1) Voici comment Pascal combat ces principes pernicieux et impies : « Cette négligence n'est pas supportable. Il ne s'agit pas ici de l'intérêt léger de quelque personne étrangère, il s'agit de nous-mêmes et de notre tout. L'immortalité de l'âme est une chose qui nous importe si fort et qui nous touche si profondément, qu'il faut avoir perdu tout sentiment pour être dans l'indifférence de savoir ce qui en est. Toutes nos actions et toutes nos pensées doivent prendre des routes si différentes, selon qu'il y aura des biens éternels à espérer ou non, qu'il est impossible de faire une démarche avec sens et jugement qu'en la réglant par la vue de ce point qui doit être notre premier objet. Ainsi notre premier intérêt et notre premier devoir est de nous éclaircir sur ce sujet d'où dépend notre conduite. Pour ceux qui passent leur vie sans penser à cette dernière fin de la vie et qui, par cette seule raison qu'ils ne trouvent pas en eux-mêmes des lumières qui les persuadent, négligent d'en chercher ailleurs et d'examiner à fond si cette opinion est de celles que le peuple reçoit par une simplicité crédule, ou de celles qui, quoique obscures d'elles-mêmes, ont néanmoins un fondement très-solide : cette négligence en une affaire où il s'agit d'eux-mêmes, de leur éternité, de leur tout, m'irrite plus qu'elle ne m'attendrit : elle m'étonne et m'épouvante, c'est un monstre pour moi. Je ne dis pas ceci par le zèle pieux d'une dévotion spirituelle, je prétends au contraire que l'amour propre, que l'intérêt humain, que la plus ample lumière de la raison doit nous donner ces sentiments : il ne faut voir pour cela, que ce que voient les personnes les moins éclairées.

« Il ne faut avoir l'âme fort élevée pour comprendre qu'il n'y a point ici de satisfaction véritable et solide ; que tous nos plaisirs ne sont que vanité, que nos maux sont infinis, et qu'enfin la mort qui nous menace à chaque instant doit nous mettre dans peu d'années, et peut-être en peu de jours, dans un état éternel de bonheur ou de malheur ou d'anéantissement. Entre nous et le ciel, l'enfer ou le néant, il n'y a donc que la vie, qui est la chose du monde la plus fragile ; et le ciel n'étant certainement pas pour ceux qui doutent si leur âme est immortelle, ils n'ont à attendre que l'enfer ou le néant. Il n'y a rien de plus réel que cela ni de plus terrible. Faisons tant que nous voudrons les braves, voilà la fin qui attend la plus belle vie du monde. C'est en vain qu'ils détournent leurs pensées de cette éternité qui les attend, comme s'ils pouvaient l'anéantir en n'y pensant point ; elle subsiste malgré eux, elle s'avance, et la mort qui doit l'ouvrir les mettra infailliblement en peu de temps dans l'horrible nécessité d'être éternellement ou anéantis ou malheureux. Voilà un doute d'une terrible conséquence, et c'est déjà assurément un très-grand mal

2° Ils prétendent qu'une religion pure et vraie ne contribue pas plus au bonheur des peuples ni au bon ordre de la société

d'être dans ce doute, et qui ne cherche à l'éclaircir est tout ensemble et bien injuste et bien malheureux. Que s'il est avec cela tranquille et satisfait, qu'il en fasse profession, et enfin qu'il en fasse vanité, et que ce soit de cet état même qu'il fasse le sujet de sa joie et de sa vanité, je n'ai point de termes pour qualifier une si extravagante créature ! Où peut-on prendre ces sentiments ? quel sujet de joie trouve-t-on à n'attendre plus que des misères sans ressource ? quel sujet de vanité de se voir dans les obscurités impénétrables ! quelle consolation de n'attendre jamais de consolateur !

« Ce repos dans cette ignorance est une chose monstrueuse et dont il faut montrer l'extravagance à ceux qui y passent leur vie, en leur présentant ce qui se passe en eux-mêmes, pour les confondre par la vue de leur folie. Car voici comment raisonnent les hommes quand ils choisissent de vivre dans cette ignorance de ce qu'ils sont, et sans en chercher l'éclaircissement : Je ne sais qui m'a mis au monde ni ce que c'est que le monde, ni que moi-même ; je suis dans une ignorance terrible de toutes choses : je ne sais ce que c'est que mon corps, que mes sens, que mon âme, et cette partie même de moi qui pense ce que je dis et qui fait réflexion sur tout et sur elle-même, ne se connaît non plus que le reste. Je vois ces effrayants espaces de l'univers qui m'enferment, et je me trouve attaché à un coin de cette vaste étendue sans savoir pourquoi je suis plutôt placé en ce lieu qu'en un autre, ni pourquoi ce peu que m'est donné à vivre m'est assigné à ce point plutôt qu'à un autre de toute l'éternité qui m'a précédé et de toute celle qui me suit. Je ne vois que des infinités de toutes parts qui m'engloutissent comme un atome et comme une ombre qui ne dure qu'un instant sans retour. Tout ce que je connais, c'est que je dois bientôt mourir, mais ce que j'ignore le plus, c'est cette mort même que je ne saurais éviter. Comme je ne sais d'où je viens, aussi ne sais-je où je vais, et je sais seulement qu'en sortant de ce monde je tombe pour jamais ou dans le néant ou dans les mains d'un Dieu irrité, sans savoir à laquelle de ces conditions je dois être éternellement en partage.

« Voilà mon état plein de misère, de faiblesse, d'obscurité ! Et de tout cela je conclus que je dois donc passer tous les jours de ma vie sans songer à ce qui doit m'arriver, et que je n'ai qu'à suivre mes inclinations sans réflexion et sans inquiétude, en faisant tout ce qu'il faut pour tomber dans le malheur éternel, au cas que ce qu'on a dit soit véritable. Peut-être que je pourrais trouver quelque éclaircissement dans mes doutes, mais je ne veux pas prendre de peine ni faire un pas pour le chercher, et en traitant avec mépris ceux qui se travailleraient de ce soin, je veux aller sans prévoyance et sans crainte tenter un si grand événement et me laisser mollement conduire à la mort, dans l'incertitude de l'éternité de ma condition. En vérité, il est glorieux à la religion d'avoir pour ennemis des hommes si déraisonnables.

« Qu'il se trouve des hommes indifférents à la perte de leur être et au péril d'une éternité de misère, cela n'est point naturel. Ils sont autres à l'égard de toutes les autres choses : ils craignent jusqu'aux plus petites, ils les prévoient, ils les sentent ; et ce même homme qui passe les jours et les nuits dans la rage et le désespoir pour la perte d'une charge ou de quelque offense imaginaire à son honneur, est celui-là même qui sait qu'il va tout perdre par la mort et qui demeure néanmoins sans inquiétude, sans trouble et sans émotion. Cette étrange insensibilité pour les choses les plus terribles, dans un cœur si sensible aux plus légères, est une chose

qu'une religion fausse; que l'une et l'autre produisent à peu près les mêmes effets. C'est comme si l'on soutenait qu'il n'importe à aucune nation d'avoir une législation sage plutôt que des lois vicieuses, puisque la religion fait essentiellement partie des lois. Les meilleures lois ne peuvent régler les mœurs, lorsque la religion est capable de les corrompre. Jamais l'on n'a trouvé de bonnes lois chez un peuple dont la religion était mauvaise. — La comparaison que l'on peut faire entre l'état des nations chrétiennes et le sort des peuples qui suivent de fausses religions, suffit pour démontrer combien la religion influe sur les lois, les mœurs, les usages, le gouvernement, la félicité des nations. Il en résulte que l'*indifférence* des déistes pour la religion provient de leur *indifférence* pour le bien général de l'humanité. Pourvu qu'ils soient affranchis du joug de la religion, peu leur importe que les hommes soient raisonnables ou insensés, vertueux ou vicieux, heureux ou malheureux. Pour pallier cette turpitude, ils se sont vainement efforcés de déguiser la stupidité, l'abrutissement, les désordres, l'oppression et l'avilissement des Chinois, des Indiens, des Guèbres ou Parsis, des Turcs, des sauvages. Il ont osé soutenir qu'à tout prendre l'état de ces peuples était aussi heureux que celui des nations chrétiennes. Toutes leurs impostures ont été réfutées par des preuves positives auxquelles ils n'ont rien à répliquer. —

monstrueuse : c'est un enchantement incompréhensible et un assoupissement surnaturel. Un homme dans un cachot, ne sachant si son arrêt est donné, n'ayant plus qu'une heure pour l'apprendre, et cette heure suffisant, s'il sait qu'il est donné, pour le faire révoquer, il est contre nature qu'il emploie cette heure non à s'informer si l'arrêt est donné, mais à jouer et à se divertir. C'est l'état où se trouvent ces personnes, avec cette différence que les maux dont ils sont menacés sont bien autres que la simple perte de la vie ou un supplice passager que ce prisonnier appréhenderait. Cependant ils courent sans souci dans le précipice, après avoir mis quelque chose devant leurs yeux pour s'empêcher de le voir, et ils se moquent de ceux qui les en avertissent. Il faut qu'il y ait un étrange renversement dans la nature de l'homme pour vivre dans cet état et encore plus pour en faire vanité, car quand ils auraient une certitude qu'ils n'auraient rien à craindre après la mort que de tomber dans le néant, ne serait-ce pas un sujet de désespoir plutôt que de vanité. N'est-ce donc pas une folie inconcevable, n'en étant pas assuré, de faire gloire de ce doute. Rien ne découvre davantage une étrange faiblesse d'esprit que de ne pas connaître quel est le malheur d'un homme sans Dieu; rien ne marque davantage une extrême bassesse de cœur que de ne pas souhaiter la vie des promesses éternelles; rien n'est plus lâche que de faire le brave contre Dieu : qu'ils laissent donc ces impiétés à ceux qui sont assez mal nés pour en être véritablement capables; qu'ils soient au moins honnêtes gens, s'ils ne peuvent encore être chrétiens, et qu'ils reconnaissent enfin qu'il n'y a que deux sortes de personnes qu'on puisse appeler raisonnables, ou ceux qui servent Dieu de tout leur cœur parce qu'ils le connaissent, ou ceux qui le cherchent de tout leur cœur parce qu'ils ne le connaissent pas encore. »

DICT. DE THÉOL. DOGMATIQUE. II.

D'autres on cru faire une heureuse découverte, en soutenant que la religion doit être relative au climat, au génie et au caractère particulier de chaque peuple; qu'ainsi la même religion ne peut pas convenir dans toutes les contrées de l'univers. On leur fait voir que depuis dix-sept cents ans le christianisme a les mêmes influences et produit les mêmes effets dans tous les climats et partout où il s'est établi : en Asie et en Afrique, aux Indes et à la Chine, en Europe et en Amérique, sous la zone torride et dans les glaces du Nord; qu'au contraire, les fausses religions ont causé de tous temps les mêmes désordres et la même barbarie partout où on les a suivies. *Voy.* CLIMAT.

3° Une expérience aussi ancienne que le monde prouve qu'un peuple sauvage ne peut être civilisé que par la religion; aucun législateur n'y a réussi autrement. Tous ont compris et démontré, par leur exemple, que c'est la religion qui donne la sanction et la force aux lois, qui inspire le patriotisme et les vertus sociales, qui attache un peuple à sa terre natale, à ses foyers, à ses concitoyens. Adorer les mêmes dieux, fréquenter les mêmes temples et les mêmes autels, participer aux mêmes sacrifices, être liés par les mêmes serments : telle est la base sur laquelle ont été fondées toutes les institutions civiles, tels sont les gages pour lesquels les nations ont résisté aux plus rudes épreuves, ont bravé tous les dangers, ont prodigué leurs biens et leur vie. Vous bâtirez plutôt une ville en l'air, dit Plutarque, que d'établir une société civile sans dieux et sans religion: *Contre Colotès*, c. 28. Quand on dit *une religion*, l'on entend tels dogmes, telle morale, telles cérémonies particulières : ne tenir à aucune, c'est n'avoir point de religion. L'on ne nous persuadera pas que les déistes sont plus éclairés et plus sages que les fondateurs des lois et des empires, personnages honorés avec raison comme les bienfaiteurs de l'humanité. Les déistes n'ont rien fait et ne feront jamais rien; ils ne savent que censurer et détruire.

4° Ils disent donner à une religion la préférence sur les autres, c'est fournir à ceux qui la professent un motif ou un prétexte de haïr tous ceux qui en suivent une autre; que de là sont nées les antipathies nationales, les guerres de religion, et tous les fléaux de l'humanité.

A cette belle spéculation nous répondons qu'il est aussi impossible à un peuple de ne pas donner à la religion qu'il professe la préférence sur les autres, que de ne pas préférer son langage, ses lois, ses mœurs, ses coutumes, à celles des autres nations. Le raisonnement des déistes, adopté par les athées, ne tend pas à moins qu'à bannir de l'univers toute religion quelconque et toute connaissance de la Divinité. Est-il démontré aux déistes qu'alors les hommes ne se haïraient plus et ne se feraient plus la guerre? Ils feraient cent fois pis. Indépendamment de la diversité des religions, la différence des climats, du langage, des mœurs, des

44

coutumes, la vanité et la jalousie, les intérêts de possession et du commerce, sont plus que suffisants pour mettre aux prises les nations et perpétuer entre elles les inimitiés. Les nations de l'Amérique septentrionale, qui n'ont ni possessions, ni troupeaux, ni établissements, ni temples, ni autels à conserver ou à défendre, vivent dans un état de guerre presque continuelle, sans qu'ils puissent en donner d'autre raison que le point d'honneur et le désir de continuer les querelles soutenues par leurs pères. Les guerres n'étaient pas moins fréquentes entre les nations de l'Europe, lorsque toutes professaient le catholicisme. Avant d'avoir changé de religion, les Anglais n'étaient pas plus nos amis qu'ils le sont aujourd'hui; et quand ils redeviendraient catholiques, ils n'en seraient pas mieux disposés à nous aimer. « Mon père sortirait du tombeau, disait un paysan espagnol, s'il prévoyait une guerre avec la France. » Il y a des antipathies héréditaires, non-seulement entre une nation et une autre, mais entre les habitants des provinces d'un même royaume, souvent entre les habitants des deux villages voisins. — « La guerre, dit Ferguson, n'est qu'une maladie de plus, par laquelle l'Auteur de la nature a voulu que la vie humaine pût être terminée. Si on parvenait une fois à étouffer dans une nation l'émulation que lui donnent ses voisins, il est vraisemblable que l'on verrait en même temps chez elle les liens de la société se relâcher ou se rompre, et tarir la source la plus féconde des occupations et des vertus nationales. » *Essai sur l'Histoire de la société civile*, 1re part., chap. 4.

5° Si l'on imagine que l'*indifférence de religion* rend les déistes plus paisibles, plus indulgents, plus tolérants que les croyants, l'on se trompe très-fort. Ils tiennent à leur *indifférence*, qui n'est, dans le fond, qu'un pyrrhonisme orgueilleux, avec plus d'opiniâtreté que les chrétiens les plus zélés ne tiennent à leur religion. On peut en juger par le caractère malin, satirique, hargneux, détracteur, hautain, qui perce dans tous leurs ouvrages. Tout leur pouvoir se borne à médire et à calomnier; ils en usent de leur mieux contre les vivants et les morts; s'ils pouvaient davantage, ils ne s'y épargneraient pas; ils emploieraient la violence pour établir l'*indifférence*; et par zèle pour la tolérance, ils seraient les plus intolérants de tous les hommes; les athées mêmes leur ont reproché cette contradiction.

6° La religion fournit aux hommes des raisons et des motifs de tolérance et de charité mutuelle plus solides et plus touchants que l'*indifférence* absurde des déistes. Elle dit aux hommes que, quelque divisés qu'ils soient de croyance et de mœurs, ils sont cependant créatures du même Dieu, enfants du même père, issus d'une même famille, rachetés tous par le sang de Jésus-Christ, destinés tous au même héritage; qu'en venant au monde, ce divin Sauveur a fait annoncer aux hommes *la paix* et non la guerre; qu'il est venu non les diviser, mais les réunir, détruire le mur de séparation qui les divisait, et dissiper leurs inimitiés dans sa propre chair. *Eph.*, c. II, v. 14. Elle dit au chrétien que le bonheur qu'il a de professer la vraie religion est une grâce que Dieu lui a faite et une faveur qui ne lui était pas due; que ce bienfait, loin de lui donner droit de haïr ou de mépriser ceux qui ne l'ont pas reçue, lui impose au contraire l'obligation de les plaindre, de prier pour eux, d'implorer en leur faveur la même miséricorde par laquelle il a été prévenu; que telle est la volonté de Dieu et de Jésus-Christ, Sauveur et Médiateur de tous les hommes, *I Tim.*, c. II, v. 2, etc. Elle nous montre, dans Jésus-Christ, le parfait modèle de la tolérance et de la charité universelle. Ce divin Sauveur n'a point approuvé l'antipathie qui régnait entre les Samaritains et les Juifs; il l'a condamnée au contraire par la parabole du Samaritain; il a réprimé et blâmé le faux zèle de ses disciples, lorsqu'ils voulurent faire descendre le feu du ciel sur les incrédules de Samarie; il n'a pas dédaigné d'instruire les habitants de cette contrée et d'y opérer des miracles; il en a même accordé plusieurs à des païens. En ordonnant à ses apôtres d'aller instruire et baptiser toutes les nations, il a témoigné hautement qu'en offrant son sang pour la rédemption du genre humain, il n'a excepté personne. Cette même religion nous dit que le meilleur moyen de convertir les mécréants n'est pas de leur témoigner de l'aversion ou du mépris, mais de les toucher et de les gagner par la douceur, par la patience et la persuasion; que la preuve la plus convaincante que nous puissions leur donner de la sainteté et de la divinité du christianisme, est de leur montrer la charité compatissante et le tendre zèle qu'il inspire. *I Petri*, c. III, v. 9, 15, etc. C'est par là que cette religion divine s'est établie; c'est donc aussi par ce moyen qu'elle doit se perpétuer et triompher de la résistance de ses ennemis.

Si les incrédules concluent de ces touchantes leçons qu'il leur est donc permis d'insulter, de calomnier, d'outrager les chrétiens, sans que l'on ait droit de les punir, ils se montrent par là même d'autant plus dignes de punition: les préceptes de charité évangélique ne vont point jusqu'à ôter à ceux qui gouvernent le pouvoir de châtier les insolents et les malfaiteurs. Au reste, les sophismes par lesquels les déistes veulent prouver la nécessité de l'*indifférence* en fait de religion ne sont qu'un réchauffé de ceux par lesquels les protestants, les sociniens, les indépendants, etc., ont tâché d'établir la tolérance universelle, qui est précisément la même chose sous un autre nom. *Voy.* LATITUDINAIRES.

* INDISSOLUBILITÉ DU MARIAGE. *Voy.* DIVORCE, et surtout le Dictionnaire de Théologie morale.

INDULGENCE (1), rémission de la peine temporelle due au péché. Cette notion de l'*indulgence* suppose que quand le pécheur a obtenu de Dieu, par le sacrement de pénitence, la rémission de la peine éternelle qu'il avait encourue, il est encore obligé de

(1) *Criterium de la foi catholique sur les indulgences.* — Voici comment s'exprime Véron : « Nous disons en notre profession de foi : Je crois que la puissance des indulgences a été donnée à l'Église par Jésus-Christ, et que l'usage des indulgences est fort salutaire au peuple chrétien. Et le concile de Trente, sess. 25, porte : Vu que la puissance de donner des indulgences a été conférée à l'Église par Jésus-Christ, et qu'elle a usé de cette puissance qui lui a été divinement laissée, même dès les temps très-anciens, le saint synode enseigne et commande l'usage des indulgences, très-salutaire au peuple chrétien et approuvée par l'autorité des sacrés conciles, devoir être retenu en l'Église, et condamne avec anathème ceux qui, ou assurent qu'elles sont inutiles, ou nient qu'il y ait en l'Église pouvoir de les donner. Toutefois il désire qu'en l'octroi de ces indulgences on apporte de la modération, selon la coutume ancienne et approuvée en l'Église, de peur que, par une trop grande facilité, la discipline ecclésiastique soit énervée. Cela est donc article de foi, puisqu'il nous est proposé par un concile général, selon notre règle.

« 1. Mais, pour raison contraire, nulle autre doctrine touchant les indulgences, telle qu'elle soit, n'est article de foi catholique : 1° parce qu'elle n'est point proposée par le concile; 2° les Pères de ce concile, au moins plusieurs, étant grands théologiens, et n'ignorant pas tant d'autres doctrines ou disputes vulgaires dans les écoles à ce sujet, par cela même qu'ils ont voulu ne proposer que ce que nous venons de dire, semblent nous avoir déclaré assez expressément que nous ne devons tenir aucune autre doctrine touchant les indulgences pour article de foi, ni même, comme j'ajouterai après, pour doctrine si bien assurée en l'Église.

« Partant, 1° ce n'est point article de foi catholique que l'Église ait pouvoir de donner des indulgences qui soient rémission de la peine due au péché remis au for de Dieu, et qui remettent les peines du purgatoire ; et encore moins est-ce article de foi que l'Église en l'octroi ait l'intention et volonté de remettre ces peines. Mais plutôt le pouvoir de l'Église n'est de foi que de donner, et son intention n'est que d'octroyer la rémission des peines canoniques, ordonnées anciennement en l'Église très-grièves. Je le montre 1° par notre règle ; car le concile ne dit point que l'Église ait ce pouvoir de remettre par ces indulgences, au for de Dieu, ces peines, ni celles du purgatoire, ni qu'en son octroi elle ait la volonté de le faire. Donc rien de cela n'est article de foi. 2° Je le prouve positivement. Car le concile ne nous oblige à reconnaître le pouvoir en l'Église, de donner des indulgences et l'octroi de ces indulgences sinon selon l'usage approuvé par l'autorité des sacrés conciles, et selon la coutume ancienne et approuvée en l'Église ; or Suarez, même, tome IV des indulgences, disp. 49, sect. 2, dit : Le concile de Trente disant que cet usage a été approuvé par l'autorité des conciles, on a coutume de citer pour cela le concile de Nicée, canon 11 ; le quatrième de Carthage, ch. 75 ; de Néocésarée, chap. 3 ; d'Agde, can. 60 ; de Laodicée, can. 1 et 2 ; mais nous lisons seulement dans ces conciles qu'il a été toujours licite aux évêques de remettre aux pécheurs et pénitents quelque chose des pénitences publiques canoniques qu'on avait coutume d'imposer pour divers crimes, si leur vie et leur conversation semblait le mériter. Et l'on ne recueille pas assez de ces conciles que cette rémission s'étendît jusqu'à ôter ou diminuer l'obligation de la peine envers Dieu ; et partant on ne peut tirer de ces conciles un argument efficace, mais au plus quelque conjecture ou raison probable.

Et plus bas, ayant rapporté au long des témoignages des saints Cyprien, Basile, Grégoire de Nysse et de divers conciles, l'usage des indulgences en la primitive Église, 1° jusqu'au temps de saint Cyprien ; 2° de là jusqu'à saint Grégoire le Grand, de la rémission des peines ordonnées tant pour la discipline de l'Église contre les péchés publics qu'au for sacramental de pénitence pour satisfaire à Dieu : L'on convainc bien, dit-il, par les témoignages allégués, que ç'a été une ancienne coutume en l'Église primitive de remettre quelquefois ces peines, ou les pardonnant après qu'elles avaient été imposées, ou même quelquefois pardonnant les péchés au for externe ecclésiastique, n'imposant aucune peine, ou plus légère ; mais il semble difficile d'expliquer qu'on puisse assez prouver par cette manière de rémission qu'il y ait eu alors usage ordinaire d'indulgences comme maintenant ; car cette rémission, ou pardon pris précisément, n'était rien de l'obligation de la peine envers Dieu pour tel péché, vu que le prélat de l'Église, recevant ce pécheur à la paix et unité de l'Église sans charge de telle peine, ne le délivrerait pas pour cela de la même peine au purgatoire ; mais il était nécessaire que ce pécheur satisfît à Dieu par autre façon ; ou bien on supposait, et on croyait que par la ferveur de sa conversion, ou par autre voie, il eût pleinement satisfait ; et, après quelques discours : Il me semble pas improbable, conclut-il, de dire qu'aux temps qui ont précédé Grégoire le Grand, par les indulgences étaient remises seulement les pénitences imposées par les ministres de l'Église, et non pas les peines mêmes dues au jugement de Dieu ; parce que par les choses que nous lisons de ces temps ne se prouve pas assez cet usage. Et quant à moi, tout ce que j'ai allégué me le persuade, car rien ne se présente qui satisfasse entièrement. Seulement donc peut-on de cet ancien usage tirer quelque conjecture. Jusqu'ici Suarez, de l'avis et preuve duquel touchant ma mineure, jointe à la majeure du concile, je déduis ma conclusion comme ci-dessus, et ma susdite exclusion. Ma troisième preuve de cela même est prise du rapport que fait le même Suarez de l'opinion de divers catholiques. Quelques catholiques, représente-t-il, là même, sect. 1, ont dit, que par les indulgences n'était pas remise l'obligation de la peine envers Dieu, mais que seulement était ôtée l'obligation d'accomplir les peines canoniques, ou enjointes par l'Église. Et plus bas, sect. 2 : Cajetan dit que par les indulgences qui sont en usage en l'Église sont remises seulement les pénitences imposées par les ministres de l'Église, mais non les peines mêmes dues au jugement de Dieu. Et en sa disp. 50, sect. 3, parlant non plus du pouvoir, mais de l'usage et de maintenant : Quelques-uns ont estimé que par les indulgences qui de fait se donnent n'est pas remise l'obligation de la peine envers Dieu, mais la seule obligation d'accomplir la pénitence sacramentelle. Laquelle opinion a été ancienne, car saint Thomas et Bonaventure la rapportent. Le fondement est parce que souvent au droit les indulgences sont dites être données, des pénitences *enjointes*, comme il résulte du chap. *Cum ex, eo*, de *Pœnit.*, etc., desquels lieux on peut recueillir que la forme générale d'octroyer les indulgences est des pénitences enjointes. Vu même que les papes accordent souvent des indulgences de sept ans, de quarante jours, etc., lequel dénombrement se fait clairement selon les canons pénitentiaux, taxant en cette façon les pénitences qui doivent être imposées aux péchés. Bref, peut être confirmée cette sentence de ce que nous avons dit de l'ancien usage de l'Église à donner des indulgences des pénitences, savoir

satisfaire à la justice divine, par une peine temporelle. Voyez-en les preuves au mot SATISFACTION.

qu'on ne peut recueillir de cet usage que par ces rémissions on eût coutume de remettre les peines même au for de Dieu. Mais l'usage des indulgences a été après étendu aux pénitences enjointes même au for sacramental, à la même façon, et a été introduit pour semblable effet, et c'est celui-là qui dure maintenant quand on donne des indulgences; donc encore maintenant rien autre n'est relâché par les indulgences, sinon les pénitences enjointes. Bellarmin, *De indulgentiis*, lib. 1, cap. 7, dit : Cette proposition, que les indulgences délivrent les hommes de l'obligation de la peine, non seulement devant l'Eglise, mais aussi devant Dieu, était anciennement niée de quelques-uns, rapportés et réfutés par d'anciens théologiens, saint Thomas et autres. Je la prouve contre les catholiques, qui en cela ont un *moins bon* sentiment, etc. Je conclus donc de tout ceci que ce n'est point article de foi catholique, que l'Eglise ait pouvoir de remettre par les indulgences les peines dues au for de Dieu, ou au purgatoire, bien moins que l'Eglise, même maintenant, octroyant des indulgences, ait intention de remettre ces peines et celles du purgatoire, ou qu'elle les remette; il suffit pour être catholique de reconnaître cet autre pouvoir et qu'elle l'exerce. Or, qui peut méconnaître ce pouvoir et cette pratique? Nos séparés donnent journellement des indulgences de cette façon.

« II. Moins est-ce article de foi catholique que l'Eglise ait pouvoir de donner des indulgences pour les trépassés, que par elles on puisse délivrer une âme du purgatoire, ou ces autels privilégiés, comme si lorsqu'on dit une messe sur ces autels on délivrait une âme du purgatoire. Je le montre de la même manière : 1° parce que le concile de Trente ne l'enseigne point; 2° parce que n'en disant mot, bien que les Pères n'ignorassent pas cette doctrine et pratique, il indique positivement que ce n'est pas article de foi; 3° je le montre par le rapport que fait le même Suarez, disp. 49, sect. 1 : Quelques catholiques ont dit que l'Eglise peut donner des indulgences aux vivants, mais non pas aux morts. Et disp. 53, sect. 1 : Entre les catholiques, Hostiensis, en sa Somme, nie simplement que les indulgences profitent aux morts. (Bellarmin, liv. 1, chap. 14 rapporte la même chose.) Gerson a parlé de même parce que les indulgences, dit Gerson, sont ordonnées pour ceux qui se soumettent à la cour de miséricorde, laquelle dure jusqu'à la mort : et cela se confirme de ce que l'octroi de l'indulgence est acte de juridiction sur le purgatoire. Le même, sect. 3, témoigne qu'entre ceux mêmes qui reçoivent ces indulgences, quelques-uns estiment que les suffrages privés, offerts pour les morts, n'ont pas si grande efficace qu'ils soient acceptés infailliblement. Mais quelques-uns pensent que le sacrifice même de la messe ne l'a pas, et ce n'est pas quelque œuvre, laquel puisse, *ex opere operato*, délivrer les âmes des morts de ces peines par une loi certaine et infaillible. Bref, nous n'avons de cela promesse divine, en laquelle seule puisse être fondée cette infaillibilité, savoir que telle indulgence pour les morts ait son effet infailliblement; et pour cela elles sont dites être données par façon de suffrage. Cajetan a enseigné cette opinion, et Cano l'a suivie; Corduba la prouve. Jusqu'ici Suarez, et Vasquez, déjà par moi allégué, III° partie, disp. 228, rapporte que Sotus, Cano, Corduba, estiment que la messe opère la rémission des peines pour les morts, non par la loi certaine toujours, mais seulement par façon de suffrage: ils appellent par façon de suffrage, tellement que, comme disent-ils, les prières des vivants profitent

Comme c'est aux pasteurs de l'Eglise que Jésus-Christ a donné le pouvoir de remettre les péchés, c'est à eux aussi d'imposer aux pécheurs des pénitences ou satisfactions proportionnées à leur besoin et à la grièveté de leurs fautes, et il ne peut y avoir des raisons de diminuer la rigueur et d'abréger la durée de ces peines; conséquemment c'est au souverain pontife et aux évêques qu'il appartient d'accorder des *indulgences*. On en voit un exemple dans la conduite de saint Paul, dans sa *première lettre aux Corinthiens*, ch. v. Il leur avait ordonné de retrancher de leur société un incestueux; dans la seconde il consent à user d'*indulgence* envers lui, de peur qu'un excès de tristesse ne devienne pour lui une tentation de désespoir, et d'apostasie, et il ajoute: *Ce que vous avez accordé, je l'accorde aussi, et, si j'use d'*INDULGENCE*, je le fais à cause de vous et dans la personne de Jésus-Christ, ou comme représentant Jésus-Christ (II Cor., II, 10).*

Au III° siècle les montanistes, au IV° les novatiens, s'élevèrent, par un faux zèle, contre la facilité avec laquelle les pasteurs de l'Eglise recevaient les pécheurs à pénitence, leur accordant l'absolution et la communion. Pour faire cesser leurs clameurs, on poussa fort loin la rigueur des pénitences que l'on imposait aux pécheurs avant de les réconcilier à l'Eglise : les canons pénitentiaux dressés pour lors sont très-austères. *Voy.* CANONS PÉNITENTIAUX. Mais les pasteurs, malgré l'entêtement des hérétiques, continuèrent à user d'*indulgence* envers les pénitents, en considération de la ferveur avec laquelle ils accomplissaient leur pénitence, et pour d'autres raisons. Ils y étaient autorisés par les canons des conciles de Nicée, d'Ancyre, de Lérida, etc. Saint Basile et saint Jean Chrysostome approuvent cette conduite. Pendant les persécutions, des martyrs ou des confesseurs, retenus dans les chaînes ou condamnés aux mines, demandaient souvent cette *indulgence* aux évêques en faveur de quelques pénitents. On la leur accorda, pour honorer leur constance à souffrir pour Jésus-Christ. Comme entre les membres de son Eglise tous les biens spirituels sont communs, l'on jugea que les mérites des martyrs pouvaient être légitimement appliqués aux pénitents pour lesquels ils daignaient s'intéresser. Mais nous voyons, par les lettres de saint Cyprien, que plusieurs pécheurs abusèrent de cette *indulgence* des martyrs pour se soustraire à la pénitence; que certains confesseurs de la foi accordèrent trop aisément des lettres de recommandation ou de communion à ceux qui leur en demandaient. Le saint évêque

aux morts seulement selon qu'il plaît à Dieu de les accepter, et qu'il n'a pas établi par loi certaine de remettre les peines des morts pour elles, qu'ainsi le sacrifice de la messe profite aux morts, et affirment le même des indulgences qui s'octroient pour les trépassés : mais de ce qu'ils estiment que l'effet des indulgences n'est pas si certain à l'égard des morts comme à l'égard des vivants, ils ont le même sentiment de l'effet du sacrifice. »

se plaignait de cet abus des *indulgences* et s'y opposa avec fermeté ; mais il n'en désapprouve point l'usage en lui-même. — Nous apprenons encore, par une lettre de saint Augustin, *ad Maced., epist.* 54, que comme les évêques intercédaient souvent auprès des magistrats pour obtenir un adoucissement à la peine prononcée contre les criminels, les magistrats, de leur côté, intercédaient aussi auprès des évêques pour obtenir une diminution de la pénitence de quelques pécheurs. Cette correspondance mutuelle de charité ne pouvait que faire honneur au christianisme. — Après la conversion des empereurs, il n'y eut plus de martyrs qui pussent intercéder pour les pénitents ; mais on ne crut point que la source des grâces de l'Eglise fût tarie ou diminuée pour cela. Les mérites surabondants de Jésus-Christ et des saints sont le trésor de cette sainte mère, et ce trésor est inépuisable ; elle peut donc toujours en faire l'application à ses enfants, lorsque cette *indulgence* peut tourner au bien général. C'est pour les saints vivants une raison de plus de multiplier leurs bonnes œuvres, pour les pécheurs un motif de confiance à la communion des saints, un engagement à éviter les crimes auxquels est attachée l'excommunication : ce n'est donc pas sans fondement que l'Eglise a continué l'usage des *indulgences*.

Bingham, qui applaudit à la pratique de l'Eglise primitive, qui en apporte même les preuves, blâme cependant la conduite de l'Eglise romaine. 1° Dans l'origine, dit-il, il était seulement question de remettre la peine canonique ou temporelle, et non les peines de l'autre vie ; 2° l'on ne pensait point à faire aux morts l'application de cette *indulgence*, comme on s'en est avisé dans les derniers siècles ; 3° sans aucun droit, les papes se sont réservé à eux seuls la dispensation des *indulgences*. *Orig. eccl.*, liv. XVIII, ch. 4, § 8 et suiv.

Mais ce savant anglais nous semble raisonner assez mal. En effet, l'établissement des peines canoniques prouve, contre les protestants, la croyance dans laquelle a toujours été l'Eglise, qu'après la rémission de la coulpe du péché et de la peine éternelle, le pécheur est cependant obligé de satisfaire à Dieu par une peine temporelle. S'il ne s'en acquitte point en ce monde, il faut donc qu'il y satisfasse en l'autre. Il est donc impossible de l'en exempter validement pour ce monde, sans que cette *indulgence* lui tienne aussi lieu pour l'autre vie. Dès que le pécheur, encore redevable à la justice divine, est sujet à souffrir dans l'autre vie et qu'il peut être soulagé par les prières ou les suffrages de l'Eglise, comme on l'a cru constamment dans tous les temps, pourquoi l'application qui lui est faite des mérites surabondants de Jésus-Christ et des saints ne peut-elle pas lui valoir *par manière de suffrage* ou *de prière* ? C'est une conséquence nécessaire de l'usage de prier pour les morts. *Voy.* PURGATOIRE.

Les papes n'ont point ôté aux évêques le pouvoir d'accorder des *indulgences*, mais l'Eglise a sagement réservé aux papes le soin d'accorder des *indulgences* plénières pour toute l'Eglise, parce qu'eux seuls ont juridiction sur toute l'Eglise. Il est des circonstances dans lesquelles il est à propos que les fidèles du monde entier fassent, par un concert unanime, des prières et des bonnes œuvres, pour obtenir de Dieu des grâces qui intéressent toute la société catholique. A qui convient-il mieux de les y engager, qu'au père et au pasteur de l'Eglise universelle ?

Nous convenons qu'il y a eu des abus dans les derniers siècles encore plus que dans les premiers, et nous adoptons volontiers sur ce point une partie des réflexions de M. l'abbé Fleury, 4° *Disc. sur l'Hist. ecclés.*, n. 16 : « Pendant longtemps, dit-il, la multitude des *indulgences* et la facilité de les gagner devint un obstacle au zèle des confesseurs éclairés. Il était difficile de persuader des jeûnes et des disciplines à un pécheur qui pouvait les racheter par une légère aumône ou par la visite d'une église ; car les évêques du XII° et du XIII° siècle accordaient des *indulgences* à toutes sortes d'œuvres pies, comme le bâtiment d'une église, l'entretien d'un hôpital, enfin de tout ouvrage public, tel qu'un pont, une chaussée, le pavé du grand chemin. Plusieurs *indulgences* jointes ensemble rachetaient la pénitence tout entière. Quoique le IV° concile de Latran, tenu dans le XIII° siècle, appelle ces sortes d'*indulgences* indiscrètes, superflues, capables de rendre méprisables les clefs de l'Eglise et d'énerver la pénitence ; cependant Guillaume de Paris, célèbre dans le même siècle, soutenait qu'il revient plus d'honneur à Dieu et d'utilité aux âmes de la construction d'une église que de tous les tourments et les œuvres pénales. Ces raisons, si elles étaient solides, auraient dû toucher les saints évêques des premiers siècles, qui avaient établi les pénitences canoniques ; mais ils portaient leurs vues plus loin. Ils comprenaient que Dieu est infiniment plus honoré par la pureté des mœurs que par la construction et la décoration des églises, par le chant et par les cérémonies, qui ne sont que l'écorce de la religion, au lieu que l'âme et l'essentiel du vrai culte est la vertu ; et comme la plupart des chrétiens ne sont pas assez heureux pour conserver leur innocence, ces sages pasteurs ne trouvèrent point de meilleur remède pour corriger les pécheurs que de les engager, non à des aumônes, à des pèlerinages, à des visites d'églises, à des cérémonies auxquelles le cœur n'a point de part, mais à se punir volontairement eux-mêmes par des jeûnes, par des veilles, par le silence, par le retranchement de tous les plaisirs. Aussi les chrétiens n'ont jamais été plus corrompus que quand les pénitences canoniques perdirent leur vigueur et que les *indulgences* prirent leur place.

« En vain l'Eglise, dit ailleurs M. Fleury, 6° *Disc.*, n. 2, laissait à la discrétion des évêques de remettre une partie de la pénitence canonique, suivant les circonstances et la ferveur du pénitent; les *indulgences* plus commodes sapèrent toute pénitence. On vit avec surprise sous le pontificat d'Urbain II, qu'en faveur d'une seule bonne œuvre le pécheur fut déchargé de toutes les peines temporelles dont il pouvait être redevable à la justice divine. Il ne fallait pas moins qu'un concile nombreux, présidé par ce pape en personne, pour autoriser cette nouveauté. Ce concile, tenu à Clermont l'an 1095, accorda une *indulgence plénière*, une rémission complète de tous les péchés, à ceux qui prendraient les armes pour le recouvrement de la terre sainte. Cette *indulgence* tenait lieu de solde aux croisés, et, quoiqu'elle ne donnât pas la nourriture corporelle, elle fut acceptée avec joie. Les nobles, qui se sentaient la plupart chargés de crimes, entres autres du pillage des églises et de l'oppression des pauvres, s'estimèrent heureux d'avoir rémission plénière de tous les péchés, et pour toute pénitence leur exercice ordinaire, qui était de faire la guerre. La noblesse entraîna non-seulement le petit peuple, dont la plus grande partie étaient des serfs attachés à la terre et entièrement dépendants de leurs seigneurs, mais des ecclésiastiques et des moines, des évêques et des abbés. Chacun se persuada qu'il n'y avait qu'à marcher vers la terre sainte pour assurer son salut, etc. » On sait quelle fut la conduite des croisés et le succès de leur entreprise.

Dans la suite, ces faveurs spirituelles furent distribuées à tous les guerriers qui se mirent en campagne pour poursuivre ceux que les papes déclarèrent hérétiques. Pendant le long schisme qui s'éleva sous Urbain VI, les pontifes rivaux accordèrent des *indulgences* les uns contre les autres. Alexandre VI s'en servit avec succès pour payer l'armée qu'il destinait à la conquête de la Romagne. Jules II, sous qui les beaux-arts commencèrent à prendre le plus grand accroissement, avait désiré que Rome eût un temple qui surpassât Sainte-Sophie de Constantinople et qui fût le plus beau de l'univers. Il eut le courage d'entreprendre ce qu'il ne pouvait jamais voir finir. Léon X suivit avec ardeur ce grand projet; il prétexta une guerre contre les Turcs, et fit publier dans toute la chrétienté des *indulgences* plénières pour ceux qui y contribueraient. Le malheur voulut que l'on donnât aux Dominicains le soin de prêcher ces *indulgences* en Allemagne. Les Augustins, qui avaient été longtemps possesseurs de cette fonction, en furent jaloux, et ce petit intérêt de moines, dans un coin de la Saxe, fit naître les hérésies de Luther et de Calvin.

Mais dans ces réflexions que vingt auteurs ont copiées, n'y a-t-il pas de l'excès? 1° L'on suppose que les anciens évêques jugèrent les pénitences canoniques nécessaires pour conserver la pureté des mœurs; il est cependant certain qu'elles durent principalement leur origine aux clameurs des montanistes et des novatiens. Quand on compare ce qu'a dit saint Cyprien de la pénitence publique, avec le tableau qu'il a fait des mœurs des chrétiens au troisième siècle, *de Lapsis*, pag. 182, on est réduit à douter si cette pénitence a contribué beaucoup à la sainteté des mœurs. Aujourd'hui les chrétiens orientaux sont encore aussi zélés partisans du jeûne et des macérations qu'autrefois; il ne paraît pas que leurs mœurs soient beaucoup plus pures que celles des Occidentaux. — 2° La difficulté et l'efficacité des œuvres satisfactoires est relative et non absolue. Il y a tel homme qui aimerait mieux jeûner pendant une semaine que de faire un pèlerinage de trois jours; tel autre consentirait à passer une nuit en prières plutôt qu'à donner aux pauvres un écu par aumône. Quelle mortification peut-on prescrire à des pêcheurs dont la vie ordinaire est dure, pénible, laborieuse, privée de tous les plaisirs? Aucune œuvre de pénitence n'est, par elle-même, un acte de vertu, un acte méritoire; mais seulement par l'intention et par le courage de celui qui la pratique: aucune n'est donc, par elle-même, capable de purifier les mœurs; aucune n'est, en elle-même, préférable à une autre. — 3° L'on dit que les chrétiens n'ont jamais été plus corrompus que quand les pénitences canoniques furent remplacées par les *indulgences*. Mais les *indulgences* excessives n'ont eu lieu qu'en Occident, et après le schisme des Grecs; elles n'ont donc pu remplacer la pénitence canonique ni en Occident où elle ne furent jamais en usage ordinaire, ni en Orient où les papes n'avaient plus d'autorité. La corruption des mœurs dans nos climats fut l'effet de l'inondation des barbares. Ces guerriers farouches, toujours armés, n'étaient guère disposés à se soumettre aux canons pénitentiaux. — 4° L'on ajoute que les *indulgences* sapèrent toute pénitence; c'est une fausseté. Jamais les *indulgences* n'ont autorisé un pécheur à refuser la pénitence que le confesseur lui imposait, à s'exempter d'une restitution ou d'une réparation qu'il pouvait faire. Jamais casuiste ne fut assez ignorant ou assez corrompu pour l'en dispenser. L'objet des *indulgences* fut toujours de suppléer à des pénitences omises, mal accomplies ou trop légères, eu égard à l'énormité des fautes; c'est plutôt une commutation de peine qu'une rémission absolue. Parmi nous encore, le peuple qui a le plus de foi aux *indulgences* est aussi le plus docile à se soumettre aux pénitences qu'on lui impose. Si, dans les bas siècles, les confesseurs ont adouci les pénitences, ç'a été par commisération. Dans ces temps malheureux, ils jugeaient que c'était une assez forte pénitence pour le peuple de supporter patiemment son esclavage et sa misère. — On ne nous persuadera jamais que c'était une partie de plaisir pour le peuple de quitter ses foyers pour combattre les infidèles au delà des mers. — 5° Il ne faut pas mettre sur le compte des papes les forfanteries des moines, les friponneries des quêteurs, l'esprit sordide que la mendicité a souvent introduit dans les pratiques les plus saintes de la religion. Pour réprimer les abus, il ne faut pas les attaquer par de mauvaises raisons ni par des observations fausses. C'est donc très-mal à propos que Luther et Calvin sont partis de l'abus des *indulgences* pour lever l'étendard du schisme contre l'Eglise romaine. Au défaut de ce prétexte, ils en auraient trouvé vingt autres. On avait prodigué les *indulgences*, il était aisé de les restreindre : mais l'origine en est louable ; il fallait donc les conserver. Les *indulgences* générales, comme celles du jubilé, qui engagent à recevoir les sacrements, à faire des aumônes, des jeûnes, des stations, sont très-utiles ; on en a été convaincu au dernier jubilé, même à Paris, centre de corruption de l'Europe entière : les incrédules en ont été confondus.

Rien de plus sage que le décret du concile de Trente au sujet des *indulgences*, sess. 25. « Comme le pouvoir d'accorder des *indulgences* a été donné par Jésus-Christ à son Eglise, et qu'elle a usé de ce pouvoir divin dès son origine, le saint concile déclare et décide que cet usage doit être conservé comme utile au peuple chrétien, et confirmé par les conciles précédents, et il dit anathème à tous ceux qui prétendent que les *indulgences* sont inutiles, ou que l'Eglise n'a pas le pouvoir de les accorder. Il veut cependant que l'on y observe de la modération, conformément à l'usage louable établi de tout temps dans l'Eglise, de peur qu'une trop grande facilité à les accorder n'affaiblisse la discipline ecclésiastique. Quant aux abus qui s'y sont glissés et qui ont donné lieu aux hérétiques de déclamer contre les *indulgences*, le saint concile, dans le dessein de les corriger, ordonne, par le présent décret, d'en écarter d'abord toute espèce de gain sordide ; il charge les évêques de noter tous les abus qu'ils trouveront dans leurs diocèses, d'en faire le rapport au concile provincial et ensuite au souverain pontife, etc. »

On appelle *indulgences de quarante jours* la rémission d'une peine équivalente à la pénitence de quarante jours prescrite par les anciens canons, et *indulgence plénière*, la rémission de toutes les peines que ces mêmes canons prescrivaient pour toute espèce de crime ; mais ce n'est pas l'exemption de toute pénitence quelconque.

INDUT, clerc revêtu d'une aube et d'une tunique, qui assiste et accompagne le diacre et le sous-diacre aux messes solennelles. Ce terme est d'usage dans l'Eglise de Paris.

INÉGALITÉ. Rien n'est plus sensible que l'*inégalité* qui est entre les hommes, 1° à l'égard des qualités naturelles, soit du corps, soit de l'esprit ; 2° quant à la mesure des plaisirs et des souffrances ; 3° quant au degré des inclinations bonnes ou mauvaises ; 4° l'état de société a fait naître une nouvelle source d'*inégalité* entre ceux qui commandent et ceux qui obéissent ; 5° la mesure des grâces et des secours surnaturels que Dieu accorde aux particuliers ou aux différentes nations n'est pas la même. De savoir si l'*inégalité* des conditions, qui résulte nécessairement de l'état de société entre les hommes, est conforme ou contraire au droit naturel, avantageuse ou pernicieuse à l'humanité en général, c'est une question qui appartient plutôt à la philosophie morale et à la politique qu'à la théologie, et que tout homme sensé peut aisément résoudre. L'essentiel pour un théologien est de prouver que l'*inégalité* des grâces ou des secours surnaturels que Dieu distribue aux hommes ne déroge en rien à sa justice ni à sa bonté souveraine.

Une des objections les plus communes que font les déistes contre la révélation est de soutenir que si Dieu accordait à un peuple quelconque des lumières, des grâces, des secours de salut qu'il refuse aux autres, ce serait une injustice, un trait de partialité et de malice. C'est à nous de leur démontrer le contraire.

1° Parmi les qualités naturelles à l'homme il y en a certainement plusieurs qui peuvent contribuer à le rendre plus vertueux et moins vicieux. Un esprit juste et droit, un fond d'équité naturelle, un cœur bon et compatissant, des passions calmes, sont certainement des dons très précieux de la nature ; les déistes sont forcés de convenir que c'est Dieu qui en est l'auteur. Un homme qui les a reçus en naissant a donc été plus favorisé par la Providence que celui qui est né avec les défauts contraires. Il n'est point de déiste qui ne se flatte d'avoir plus d'esprit, de raison, de connaissance, de sagacité et de droiture, qu'il n'en attribue aux sectateurs de la religion révélée. Si ces dons naturels ne peuvent pas contribuer directement au salut, ils y servent du moins indirectement, en écartant les obstacles. Il en est de même des secours extérieurs, tels qu'une éducation soignée, de bons exemples domestiques, la pureté des mœurs publiques, de bonnes habitudes contractées dès l'enfance, etc. Les déistes soutiendront-ils qu'un homme né et élevé dans le sein d'une nation chrétienne n'a pas plus de facilité pour connaître Dieu et pour apprendre les devoirs de la loi naturelle, qu'un sauvage né au fond des forêts et élevé parmi les ours ? De deux choses l'une : ou il faut qu'un déiste prétende, comme les athées, que cette *inégalité* de dons naturels ne peut être l'ouvrage d'un Dieu juste, sage et bon, que c'est l'effet du hasard, qu'ainsi l'existence et la providence de Dieu sont des chimères ; ou il est forcé de convenir que cette inégale distribution n'a rien de contraire à la justice, à la sagesse, à la bonté divine. Cela posé, nous demandons pourquoi la distribution des grâces et des secours surnaturels, faite avec la même *inégalité*, déroge à l'une ou à l'autre de ces perfections. Ou le principe des déistes est absolument faux, ou ils sont réduits à professer l'athéisme et à blasphémer contre la Providence.

Saint Augustin, *L. de Corrept. et Grat.*, c. 8, n. 19, soutient avec raison contre les pélagiens que les dons naturels, soit du corps soit de l'âme, et les dons surnaturels de la grâce, sont également gratuits, également dépendants de la bonté seule de Dieu.

Puisque Dieu, sans blesser en rien sa justice, sa sagesse ni sa bonté infinie, peut faire plus de bien à un particulier qu'à un autre, soit dans l'ordre naturel, soit dans l'ordre surnaturel, nous prions les déistes de nous dire pourquoi il ne peut et ne doit pas faire de même à l'égard de deux nations différentes : voilà un argument auquel ils n'ont jamais essayé de répondre. De là même il s'ensuit évidemment que la bonté de Dieu ne consiste point à faire du bien à toutes ses créatures également et au même degré, mais à leur en faire à toutes plus ou moins, selon la mesure qu'il juge à propos. Il n'est point de la sagesse divine de les conduire toutes par la même voie, par les mêmes moyens et de la même manière, mais de diversifier à l'infini les routes par lesquelles il les fait marcher vers le terme ; sa justice n'est point astreinte à leur départir à toutes des secours également puissants et abondants, mais à ne demander compte à chacune que de ce qu'il lui a donné.

Dans tout cela, il n'y a point d'aveugle prédilection, puisque Dieu sait ce qu'il fait et pourquoi il le fait, sans être obligé de nous en rendre compte ; point de partialité, puisque Dieu ne doit rien à personne, et que ses dons, soit naturels, soit surnaturels, sont également gratuits ; point de haine ni de malice, puisque Dieu fait du bien à tous, n'abandonne, n'oublie, ne délaisse absolument personne. Il est absurde de dire qu'un bienfait moindre qu'un autre est une preuve de haine.

2° Dans toutes leurs objections, les déistes raisonnent comme si les grâces que Dieu accorde à tel peuple diminuaient la portion qu'il destine à un autre et lui portaient préjudice. C'est une absurdité. La révélation, les connaissances, les secours que Dieu a daigné accorder aux Juifs, n'ont pas pu déroger à ce qu'il a voulu faire en faveur des Chinois ; les grâces départies à saint Pierre n'ont nui à celles que Dieu destinait à saint Paul. A la vérité, Dieu nous a fait connaître ce qu'il a opéré en faveur des Juifs, et il ne nous a pas révélé de même ce qu'il a donné ou refusé aux Indiens ou aux Chinois : qu'avons-nous besoin de le savoir ? l'Ecriture sainte se borne à nous assurer que Dieu a soin de tous les hommes, qu'il les gouverne et les conduit tous, que ses miséricordes sont répandues sur tous ses ouvrages, etc. C'en est assez pour nous tranquiliser. *Voy.* GRACE, § 2. De même Dieu fait connaître à chacun de nous, par le sentiment intérieur, les grâces particulières qu'il nous accorde ; mais il ne nous dévoile point en détail ce qu'il fait à l'égard des autres hommes, parce que cette connaissance ne nous est pas nécessaire. Autant il y aurait d'ingratitude à nous plaindre de ce que Dieu favorise peut-être plus que nous certaines âmes, autant il y a de démence à trouver mauvais qu'il n'ait pas traité les nègres ou les Lapons de la même manière qu'il a traité les Juifs et les chrétiens.

3° Selon la faible mesure de nos connaissances, il nous paraît impossible que Dieu accorde à tous les hommes une égalité parfaite de dons naturels. Si les forces, les talents, les ressources étaient égales dans les divers individus, sur quoi serait fondée la société ? Nos besoins inégaux et de différente espèce sont les plus forts liens qui nous unissent : si ces besoins mutuels étaient absolument les mêmes, comment un homme pourrait-il en secourir un autre ? Or, en y regardant de près, nous verrons que l'*inégalité* des dons naturels entraîne nécessairement celle des faveurs surnaturelles. Dieu compense souvent les uns par les autres ; il conduit l'ordre de la grâce comme il régit celui de la nature, et sa divine sagesse ne brille pas moins dans le premier que dans le second.

Comme la société naturelle et civile entre les hommes est fondée sur leurs besoins mutuels et sur les secours qu'ils peuvent se prêter réciproquement, ainsi la société religieuse est fondée sur les divers besoins surnaturels et sur l'*inégalité* des dons. L'un doit instruire, parce que les autres sont ignorants ; il doit prier pour tous, parce que tous ont besoin de grâces ; tous doivent donner bon exemple, parce que tous sont faibles, sujets à tomber, aisés à se laisser entraîner au torrent des mauvaises mœurs. Si les dons, les grâces, les lumières, étaient également répartis, où seraient les occasions de faire de bonnes œuvres ? Ainsi, dans l'ordre surnaturel comme dans la société civile, le précepte de saint Paul a lieu : *Que votre abondance supplée à l'indigence des autres.* Telle est la loi de la charité.

La principale grâce que Dieu ait faite aux Juifs a été de leur envoyer son Fils, de les rendre témoins de ses miracles, de ses vertus, de sa mort et de sa résurrection. Pour contenter les incrédules, dans combien de lieux du monde, et combien de fois aurait-il fallu que Jésus-Christ prêchât, mourût et ressuscitât ? Il n'y a pas moins d'absurdité à prétendre que Dieu ne peut pas accorder un moyen de salut à une nation, sans le donner de même à toutes les autres, qu'à soutenir qu'il ne peut pas faire une grâce personnelle à tel homme, sans la départir aussi à tous les autres hommes ; qu'il ne peut pas opérer dans un temps ce qu'il n'a pas fait dans un autre, nous gratifier aujourd'hui d'un bienfait dont il avait privé nos pères. Tel est cependant le principal fondement du déisme.

Vainement les incrédules disent que Dieu est le créateur, le père, le bienfaiteur de tous, que tous doivent lui être également chers, qu'il n'est pas moins le Dieu des Lapons ou des Caraïbes que celui des juifs et des chrétiens. Concluons-nous de là, comme les athées : Donc ce n'est pas Dieu qui a fait naître tel peuple avec de l'esprit et des talents, pendant que tel autre est stupide ; qui a placé l'un sous les feux de l'équateur, l'autre sur les glaces du pôle, d'autres dans des climats tempérés et plus heureux ; qui accorde une longue vie à quelques-uns, pendant que les autres meurent au sortir de l'enfance? Il est le père de tous ; mais, pour le bien de sa famille, il est nécessaire que tous ne soient pas traités de même : ce serait le moyen de les faire tous périr.

Le grand reproche des déistes est que la révélation et les autres grâces faites aux Juifs les ont rendus orgueilleux, leur ont inspiré du mépris et de la haine contre les autres peuples. Nous pourrions répondre que l'orgueil national est la maladie de tous les peuples anciens et modernes. Les Grecs méprisaient tous ceux qu'ils nommaient barbares. Julien soutient que les Romains ont été plus favorisés du ciel que les Juifs, et plusieurs incrédules sont du même avis. Les Chinois se regardent comme le premier peuple de l'univers, et la haute sagesse des déistes leur inspire beaucoup de mépris pour les croyants, et saint Paul demande à tous : *Qu'avez-vous que vous n'ayez reçu?*

Dieu avait pris assez de précautions pour prévenir et pour réprimer la vanité nationale des Juifs. Moïse leur déclare que Dieu ne les a point choisis à cause de leur mérite personnel, puisqu'il y a autour d'eux des nations plus puissantes qu'eux, ni à cause de leur bon caractère, puisqu'ils ont toujours été ingrats et rebelles. Il leur dit que les miracles opérés en leur faveur n'ont pas été faits pour eux seuls, mais pour apprendre aux nations voisines que Dieu est le seul Seigneur ; que si Dieu leur accorde ce qu'il leur a promis, malgré leur indignité, c'est afin de ne pas donner lieu à ces nations de blasphémer contre lui. Les prophètes n'ont cessé de le répéter. Jésus-Christ a souvent reproché aux Juifs que les païens avaient plus de foi et de docilité qu'eux, et saint Paul s'attache encore à rabaisser leur orgueil. Le langage constant de nos livres saints est que les bienfaits de Dieu sont pour nous un motif d'humilité et non de vanité.

Un déiste anglais soutient qu'il n'y a point de comparaison à faire entre la distribution des dons naturels et celle des grâces surnaturelles. L'*inégalité* des premiers dans les créatures, dit-il, contribue à l'ordre de l'univers et au bien du tout ; mais l'*inégalité* des grâces n'est bonne à rien qu'à faire manquer la fin générale pour laquelle Dieu a créé les hommes, qui est le bonheur éternel.

Cette observation est fausse à tous égards. 1° Nous avons vu que, parmi les dons naturels, il en est plusieurs qui peuvent contribuer, du moins indirectement, au salut ; leur *inégalité*, selon le principe de notre adversaire, ne serait donc bonne qu'à faire manquer le salut. 2° L'*inégalité* des grâces surnaturelles impose à ceux qui en ont reçu le plus l'obligation de travailler au salut de ceux qui en ont reçu le moins, par la prière, par les instructions, par le bon exemple ; elle contribue donc au bien de tous, comme l'*inégalité* des dons naturels. Aussi saint Paul compare l'union et la dépendance mutuelle qui doit régner entre les fidèles, à celle qui se trouve entre les membres de la société civile et entre les différentes parties du corps humain. *Ephes.*, c. IV, v. 16. 3° Il est faux que l'*inégalité* des grâces puisse faire manquer le salut à un seul homme, puisque Dieu ne demande compte à chacun que de ce qu'il lui a donné. Dieu accorde assez de grâces pour rendre le salut possible à tous. Aucun ne sera réprouvé pour avoir manqué de grâces ; c'est la doctrine formelle des livres saints. *Voy.* Grâce, § 2.

INFAILLIBLE. L'infaillibilité est le privilège de ne pouvoir se tromper soi-même ni tromper les autres en les enseignant.

§ Ier. Y a-t-il dans l'Eglise une autorité infaillible?

Dieu seul est *infaillible* par nature ; mais il a pu, par une pure grâce particulière, mettre à couvert de l'erreur ceux qu'il a envoyés pour enseigner les hommes. Nous sommes convaincus qu'après la descente du Saint-Esprit, les apôtres, remplis de ses lumières, étaient *infaillibles*, qu'ils ne pouvaient ni se tromper eux-mêmes ni enseigner l'erreur aux fidèles. Jésus-Christ leur avait dit : *Le Saint-Esprit consolateur, que mon Père enverra en mon nom, vous enseignera toutes choses, et vous fera souvenir de tout ce que je vous ai dit (Joan.* XIV, 26). *Lorsque cet Esprit de vérité sera venu, il vous enseignera toute vérité (Cap.* XVI, *vers.* 6).

Une grande dispute entre les catholiques et les sectes hétérodoxes est de savoir si le corps des pasteurs, successeurs des apôtres, est *infaillible* ; s'il peut se méprendre sur la vraie doctrine de Jésus-Christ, ou l'altérer de propos délibéré, et induire ainsi les fidèles en erreur. Les catholiques soutiennent que ce corps, soit dispersé, soit rassemblé, est *infaillible*, qu'une doctrine *catholique*, ou enseignée généralement par les pasteurs de l'Eglise, est la vraie doctrine de Jésus-Christ. En voici les preuves.

On doit appeler *infaillible* la certitude morale poussée à un tel degré qu'elle exclut toute espèce de doute raisonnable. Lorsqu'un fait sensible et éclatant est attesté uniformément par une multitude de témoins placés en différents lieux et en différents temps, qui n'ont pu avoir aucun intérêt commun ni aucun motif d'en imposer, ces témoignages ne peuvent être faux ; ils sont donc *infaillibles* : il serait absurde de ne pas vouloir y acquiescer. Or, les évêques successeurs des apôtres sont, comme eux, des témoins revêtus de caractère, chargés, par leur mission et leur ordination, d'annoncer aux fidèles ce que Jésus-Christ a enseigné. Ils font serment de n'y rien changer ; ils sont persuadés qu'ils ne peuvent l'altérer sans être prévaricateurs, sans s'exposer à être excommuniés et dépossédés. Lorsque cette multitude de témoins, dispersés dans les différentes parties du monde ou rassemblés dans un concile, attestent uniformément que tel dogme est généralement professé dans leurs Églises, nous soutenons, 1° qu'ils ne peuvent ni se tromper ni en imposer sur ce fait public et éclatant, qu'il est poussé pour lors au plus haut degré de certitude morale et de notoriété.

Nous soutenons 2° que, quand un dogme quelconque est ainsi généralement cru et professé dans toutes les Églises, ce ne peut pas être un dogme faux ni une opinion nouvelle ; que c'est incontestablement la vraie doctrine que Jésus-Christ et les apôtres ont prêchée, parce qu'il est impossible que tous ces pasteurs se soient accordés, ou par hasard ou par conspiration, à changer la doctrine qui était établie avant eux.

Ainsi, au IV° siècle, la divinité de Jésus-Christ était-elle crue et enseignée en Italie et dans les Gaules, en Espagne et en Afrique, en Égypte et en Syrie, dans la Grèce et dans l'Asie Mineure, etc. ? Voilà le fait qu'il fallait constater au concile de Nicée, l'an 325. Trois cent dix-huit évêques, rassemblés de ces différentes contrées, attestèrent que telle était la foi de leurs Églises. Ce témoignage ne pouvait pas être suspect. Il était impossible que cette multitude d'hommes de différentes nations, qui n'avaient ni un même langage, ni une même passion, ni un même intérêt, qui tous devaient se croire obligés à déposer de la vérité, aient pu, ou se tromper tous sur le fait, ou conspirer tous à l'attester faussement ; et quand, par une supposition impossible, tous auraient commis ce crime, les fidèles de toutes ces Églises dispersées n'auraient certainement pas consenti à recevoir une doctrine nouvelle, et qui jusqu'alors leur avait été inconnue. La divinité de Jésus-Christ ne pouvait pas être un dogme obscur, ou une question concentrée parmi les théologiens ; il s'agissait de savoir ce qu'entendaient les fidèles, lorsqu'en récitant le symbole ils disaient : *Je crois en Jésus-Christ, Fils unique de Dieu, Notre-Seigneur* ; et il fallait faire cette profession de foi pour être baptisé. Pour porter sur ce point un témoignage irrécusable, il n'était pas nécessaire que chaque évêque en particulier fût *infaillible*, impeccable, éclairé d'une lumière surnaturelle, ou même fort savant. L'*infaillibilité* de leur témoignage venait de l'uniformité ; sans miracle, il en résultait une certitude morale poussée au plus haut degré de notoriété. Nous verrons dans un moment comment cette *infaillibilité* humaine est en même temps une *infaillibilité* surnaturelle et divine.

Dès que le fait était invinciblement établi, a-t-il pu se faire qu'au IV° siècle la divinité de Jésus-Christ fût crue et professée dans tout le monde chrétien, si Jésus-Christ ne l'avait pas révélée, si les apôtres ne l'avaient pas enseignée, si c'était un dogme faux ou nouvellement inventé ? Dans ce cas, il faudrait supposer que, depuis le II° ou le III° siècle, Jésus-Christ avait abandonné son Église, l'avait laissée tomber dans l'erreur sur l'article le plus essentiel et le plus fondamental de sa doctrine, et que l'Église y est demeurée plongée depuis les apôtres jusqu'à nous. Les ariens et les sociniens ont trouvé bon de le soutenir ; mais il faut être étrangement aveuglé par l'orgueil pour se persuader que l'on entend mieux la doctrine de Jésus-Christ que l'Église universelle du IV° siècle. Aussi les Pères de Nicée ne disent point : Nous avons découvert par nos raisonnements, et nous décidons que Jésus-Christ est véritablement Dieu, et qu'on l'enseignera ainsi dans la suite ; mais ils disent : *Nous croyons,* parce que cette foi était établie et subsistait avant eux.

Il en a été de même de siècle en siècle à l'égard des divers points de doctrine contestés par les hérétiques ; les évêques, rassemblés en concile, ont rendu témoignage de ce qui était cru, professé et enseigné dans leurs Églises, et ont dit anathème à quiconque voulait altérer cette foi universelle. L'uniformité de leur témoignage ne laissait aucun doute sur la certitude du fait, et le fait une fois établi, entraîne nécessairement la conséquence : telle est la croyance de toute l'Église ; donc elle est la vraie doctrine de Jésus-Christ. Ainsi, au XVI° siècle, lorsque la présence réelle de Jésus-Christ dans l'eucharistie fut attaquée par les calvinistes, les évêques, rassemblés des différentes parties du monde au concile de Trente, attestèrent que la présence réelle était la foi des Églises de France et d'Allemagne, d'Espagne et d'Italie, de Hongrie, de Pologne, d'Irlande, etc. Ils parlaient sous les yeux des théologiens les plus habiles, des jurisconsultes les plus célèbres, des ambassadeurs de tous les princes chrétiens. Il s'agissait d'un dogme très-populaire, de savoir ce que font les prêtres lorsqu'ils consacrent l'eucharistie, et ce que reçoivent les fidèles quand ils communient. Ce témoignage, rendu par les évêques, ne pouvait donc donner lieu à aucun doute. Les protestants mêmes ont été forcés de convenir qu'avant Luther et Calvin la présence réelle était la croyance de l'Église universelle. La décision du concile de Trente n'éprouva aucune opposition, si ce n'est de leur part.

Le jugement que les docteurs protestants ont porté sur ce dogme n'est pas de même espèce ; ils ont décidé que ces paroles de Jésus-Christ, *Ceci est mon corps,* ne signifient pas une présence réelle de la chair de Jésus-Christ sous les apparences du pain, mais seulement une présence métaphorique, spirituelle, etc. Ce n'est point là un fait, mais une question spéculative, sur laquelle tout homme peut très-bien se tromper ; et une preuve que les protestants s'y trompent en effet, c'est qu'ils n'entendent point tous ces paroles de la même manière.

Si, au IV° siècle, il était impossible que la doctrine de Jésus-Christ eût été altérée sur le dogme important de sa divinité, était-il plus possible qu'au XVI° siècle elle le fût sur l'article de la présence réelle ? L'un de ses dogmes n'entraîne pas des conséquences moins terribles que l'autre, puisque les calvinistes nous accusent d'idolâtrie. Au XVI° siècle, l'Eglise chrétienne était plus étendue qu'au IVe, elle renfermait un plus grand nombre de nations. Pour altérer le dogme de l'eucharistie, il aurait fallu changer le sens des paroles de l'Évangile, des écrits des Pères, de la liturgie, des prières et des cérémonies de l'Eglise, même des catéchismes. Les schismes de Nestorius, d'Eutychès, de Photius, avaient séparé depuis longtemps de l'Eglise catholique les chrétiens de l'Egypte, de l'Ethiopie, de la Syrie, de la Perse, de l'Asie mineure, de la Grèce européenne et de la Russie. Toutes ces sociétés cependant professent encore aujourd'hui, comme l'Eglise romaine, la présence réelle de Jésus-Christ dans l'eucharistie; c'est un fait invinciblement prouvé. Donc ce dogme est non-seulement la croyance universelle, mais la foi constante et primitive de l'Eglise chrétienne.

Si la doctrine de Jésus-Christ pouvait être altérée dans toute l'Eglise, ce divin Législateur aurait très-mal pourvu au succès de sa mission. Les protestants mêmes, du moins les plus sensés, conviennent que l'Eglise est *infaillible*, dans ce sens qu'en vertu des promesses de Jésus-Christ il ne peut pas se faire que tout le corps de l'Eglise tombe dans l'erreur. Comment pourrait-il en être préservé, si le corps entier des pasteurs, que les fidèles sont obligés d'écouter, pouvait ou s'égarer lui-même, ou conspirer à pervertir le troupeau?

Pour que le témoignage des pasteurs ait toute sa force, il n'est pas nécessaire qu'il soit porté dans un concile par les évêques rassemblés. Dès qu'il est indubitable que tous enseignent chez eux la même chose sur un point quelconque de doctrine, cette croyance n'est pas moins *catholique* ou universelle, apostolique et divine, que s'ils avaient signé tous la même décision ou la même profession de foi dans un concile. L'uniformité de leur enseignement est suffisamment connue de toute l'Eglise, par la profession qu'ils font d'être en communion de foi et de doctrine avec le souverain pontife.

Nous avons dit que, quand on envisagerait l'attestation des évêques comme un témoignage purement humain, on serait déjà forcé de lui attribuer l'*infaillibilité*, ou la certitude morale poussée au plus haut degré, et qui ne laisse lieu à aucun doute : mais, dans l'Eglise catholique, cette *infaillibilité* du témoignage porte encore sur un fondement surnaturel et divin, sur la mission divine des pasteurs et sur les promesses de Jésus-Christ. En effet, la mission des évêques vient des apôtres par une succession constante et publiquement connue; celle des apôtres vient de Jésus-Christ, et il leur a promis son assistance pour toujours. Il leur a dit : *Comme mon Père m'a envoyé, je vous envoie* (Joan. xx, 21). *Je vous ai fait connaître tout ce que j'ai appris de mon Père* (Joan. xv, 15). *Allez enseigner toutes les nations;.... apprenez-leur à observer tout ce que je vous ai ordonné; je suis avec vous jusqu'à la consommation des siècles* (Matth. xxviii, 19). *Je prierai mon Père, et il vous donnera un autre consolateur, afin qu'il demeure avec vous pour toujours,* in æternum : *c'est l'esprit de vérité, vous le connaîtrez, parce qu'il demeurera parmi vous, et il sera en vous* (Joan. xiv, 16). *Celui qui vous écoute, m'écoute moi-même* (Luc. x, 16). Il ne pouvait exprimer d'une manière plus énergique la divinité et la perpétuité de la mission de ses envoyés. Les apôtres suivent les leçons et l'exemple de leur maître. Saint Paul dit à Timothée, en parlant de la doctrine chrétienne : *Gardez ce précieux dépôt par le Saint-Esprit qui habite en nous.... Ce que vous avez appris de moi devant plusieurs témoins, confiez-le à des hommes fidèles qui soient capables d'enseigner les autres* (II Tim. i, 14; ii, 2). Il avertit les évêques qu'ils sont établis par le Saint-Esprit pour gouverner l'Eglise de Dieu. *Act.*, c. xx, v. 28. *Voy.* Mission.

Telle est la base sur laquelle sont fondées la certitude de la tradition, la perpétuité et l'immutabilité de la doctrine de Jésus-Christ. Nous ne pouvons douter de la sagesse et de la solidité de ce plan divin, lorsque nous voyons depuis dix sept siècles l'Eglise chrétienne toujours attaquée et toujours ferme dans sa défense, également fidèle à professer et à transmettre sa croyance, à condamner les erreurs, à rejeter de son sein les novateurs opiniâtres. Dix ou douze hérésies principales, qui lui ont débauché une partie de ses enfants, ne l'ont pas fait reculer d'un pas. Elle ne s'est point attribué, elle n'a point usurpé le privilége de l'*infaillibilité*, comme ses ennemis l'en accusent; elle l'a reçu de Jésus-Christ; et, sans ce privilége, il y a longtemps qu'elle ne subsisterait plus. Si ce divin Fondateur n'avait pas accompli la promesse qu'il avait faite de fonder son Eglise sur la pierre ferme, vingt fois les portes de l'enfer auraient prévalu contre elle. *Matth.*, cap. xvi, v. 18. Une doctrine révélée, à laquelle le raisonnement humain n'a rien à voir; une morale austère, contre laquelle les passions ne cessent de lutter; un culte pur, que la superstition cherche à infecter, et que l'impiété voudrait détruire, ne pouvaient se conserver que par un miracle continuel.

Par ces principes nous démontrons aisément la fausseté des notions que les hérétiques et les incrédules se sont appliqués à donner de l'*infaillibilité* de l'Eglise. Ils ont dit que chaque évêque serait *infaillible*: c'est une imposture. L'*infaillibilité* est solidairement attachée au corps des pasteurs et non à aucun particulier; leur témoignage ne peut pas induire en erreur, lorsqu'il est unanime ou presque unanime, parce qu'il est impossible qu'un très-grand nombre de témoins revêtus de caractère, dispersés chez différentes nations, ou rassemblés de ces diverses contrées, qui déposent d'un fait éclatant et public, soient trompés ou conspirent à tromper, surtout lorsqu'ils font profession de croire que cela ne leur est pas permis, et qu'ils sont surveillés d'ailleurs par des sociétés nombreuses qui se croiraient en droit de les contredire. Il est aussi impossible que tous les évêques conspirent à en imposer à l'Eglise de Dieu, qu'il est impossible que tous les fidèles usent de connivence pour favoriser la perfidie de leurs pasteurs. A-t-on jamais vu un seul évêque s'écarter de l'enseignement commun de l'Eglise, sans que cet écart ait causé du scandale et des réclamations? Un évêque est sûr de ne jamais se tromper, et de ne jamais enseigner l'erreur, tant qu'il demeure uni de croyance et de doctrine avec le corps entier de ses collègues; s'il s'en écarte, ce n'est plus qu'un docteur particulier sans autorité.

Ils ont dit que les évêques ne peuvent pas être *infaillibles*, s'ils ne sont pas impeccables ; que tout homme est menteur, dominé par des passions, etc. C'est une absurdité. On rougirait de faire cette observation, pour attaquer la certitude morale et invincible qui résulte de la déposition d'un très-grand nombre de témoins, tels que nous venons de les représenter. Plus l'on supposera que chaque évêque en particulier est dominé par des passions, par des intérêts humains, par l'entêtement de système, par la vanité de dogmatiser et de faire prévaloir son opinion, etc., plus il en résultera que l'uniformité de leur témoignage ne peut venir que de la vérité du fait dont ils déposent. Les passions et les motifs humains divisent les hommes; la vérité seule peut les réunir. Nous persuadera-t-on que les évêques de France, d'Espagne, d'Allemagne et d'Italie ont tous la même trempe de caractère, la même passion le même intérêt, le même préjugé, et qu'ils ont réussi tous à l'inspirer à leur troupeau?

Ces mêmes censeurs ont imaginé qu'il fallait donc que chaque évêque fût inspiré par le Saint-Esprit. Pas plus que mille témoins qui déposent d'un même fait public. Nous ne prétendons certainement pas exclure les grâces d'état que Dieu accorde principalement à ceux qui s'en rendent dignes par leurs vertus et par la fidélité à remplir leurs devoirs; mais ces grâces personnelles n'influent en rien sur la certitude du témoignage unanime des pasteurs dispersés ou rassemblés. De même que la Providence divine veille à ce que la certitude morale, dans l'usage ordinaire de la vie, ne reçoive aucune atteinte, et dirige les hommes avec une pleine sécurité dans leur société, qui ne pourrait subsister autrement, ainsi le Saint-Esprit, par une assistance spéciale, veille sur l'Eglise dispersée ou rassemblée, pour empêcher que la certitude de la foi ne reçoive aucune atteinte, et demeure immobile au milieu des orages excités par les passions des hommes. Tel est le sens de la formule si souvent répétée par les Pères de Trente : *Le saint concile assemblé légitimement sous la direction du Saint-Esprit.* Des historiens satiriques ont vainement étalé les disputes, les rivalités, les intérêts de corps, l'esprit de système, qui ont souvent divisé les théologiens dans cette assemblée célèbre : Dieu se joue de tous ces faibles de l'humanité pour opérer son ouvrage; l'unanimité ne s'est pas moins formée dans les décisions.

Enfin l'on a envisagé l'*infaillibilité* que le corps des pasteurs s'attribue, comme un trait d'orgueil insupportable, comme un effet de leur ambition de dominer sur la loi des fidèles. Où est donc l'orgueil d'imposer aux fidèles un joug que les pasteurs sont obligés de subir les premiers? Il n'est pas plus permis à un évêque qu'à un simple fidèle de s'écarter de l'enseignement commun du corps dont il est membre; il serait hérétique, excommunié et déposé. Le corps des fidèles domine donc aussi impérieusement sur la foi des évêques, que ceux-ci dominent sur la foi de leurs ouailles; les uns et les autres se servent mutuellement de caution et de surveillants. La *catholicité*, l'uniformité et l'universalité de l'enseignement, voilà la règle qui domine également sur les pasteurs et sur le troupeau; et cette règle est établie par Jésus-Christ. *Voy.* CATHOLIQUE.

De ces divers principes nous concluons que l'Eglise, représentée par le corps de ses pasteurs, est *infaillible*, non-seulement dans ses décisions sur le dogme, mais encore dans ses décrets sur la morale et sur le culte, parce que ces trois points font également partie du dépôt de la doctrine de Jésus-Christ et des apôtres; conséquemment que l'on doit une soumission sincère aux jugements que porte l'Eglise sur l'orthodoxie ou l'héréticité d'un livre ou d'un écrit quelconque. En effet, l'Eglise n'enseigne pas seulement les fidèles par les leçons de vive voix, mais par les livres qu'elle leur met entre les mains. Si elle pouvait se tromper sur cet article important, elle pourrait donner à ses enfants du poison au lieu de nourriture saine, une doctrine fausse au lieu de la doctrine de Jésus-Christ. Lorsque l'Eglise a condamné un livre quelconque, c'est un trait d'opiniâtreté et de rébellion contre elle, de soutenir que ce livre est orthodoxe, qu'il ne renferme point d'erreur, que l'Eglise en a mal pris le sens, qu'elle a pu se tromper sur ce fait dogmatique, etc. Par cette exception, il n'est aucun hérésiarque qui n'ait été fondé à mettre ses écrits à couvert des censures de l'Eglise. *Voy.* DOGMATIQUE.

Lorsque la question de l'*infaillibilité* de l'Eglise est réduite à ses vrais termes, rien n'est plus simple : il s'agit de savoir si la tradition catholique ou universelle est ou n'est pas la règle de foi. Si elle l'est, pour que la foi soit certaine et sans aucun sujet de doute, il faut que la tradition soit infailliblement vraie, ne puisse être fausse dans aucun cas ; autrement l'Eglise, guidée par cette tradition, pourrait être universellement plongée dans l'erreur. Alors elle ne serait plus l'épouse fidèle de Jésus-Christ, son dépôt serait altéré, les portes de l'enfer prévaudraient contre elle, malgré la promesse de son époux: *Matth.,* c. XVI, v. 18. Or, la tradition ne peut parvenir aux fidèles que par l'organe de leurs pasteurs : si ces derniers pouvaient tous s'y tromper ou conspirer à la changer, où serait le dépôt ?

L'on a beau dire que le fondement de notre foi est la parole de Dieu et non la parole des hommes ; dès que Dieu ne nous parle pas immédiatement lui-même, il faut que sa parole nous parvienne par l'organe des hommes. Ceux qui l'ont écrite, les copistes, les traducteurs, les imprimeurs, les lecteurs pour ceux qui ne savent pas lire : voilà bien des mains par lesquelles cette parole doit passer. Si nous n'avons aucun garant de leur fidélité, sur quoi reposera notre foi ? Nous ne concevons pas sur quel fondement un hérétique peut faire un acte de cette vertu. *Voy.* AUTORITÉ, FOI, TRADITION, JUGE DES CONTROVERSES.

Pour savoir si le pape est *infaillible*, et en quel sens, *voyez* l'article suivant [et INFAILLIBILITÉ DU PAPE.]

§ II. Dépositaires de l'infaillibilité.

[Le privilége de l'infaillibilité est incontestablement le plus beau qui ait été donné à l'Église. Constamment battue par les orages, par elle toujours elle est sûrement arrivée au port. Cette haute prérogative pénètre-t-elle tout son corps, ou bien réside-t-elle seulement dans ses chefs? Tel est le grand problème que nous sommes appelés à résoudre. Pour le faire complétement nous rechercherons si l'autorité infaillible de l'Église réside dans le corps des évêques, — dans les simples prêtres, — dans la société des fidèles, — dans les princes temporels. Nous consacrons un article particulier à *l'infaillibilité du pape.*]

I. *L'autorité infaillible de l'Église réside-t-elle dans le corps des évêques ?* — L'épiscopat tient le premier rang dans l'Église ; c'est à lui à diriger et à conduire. C'est à lui que Jésus-Christ parlait en disant à ses apôtres : *Docete omnes gentes.... Ecce ego vobiscum sum omnibus diebus usque ad consummationem sæculi.* C'est à lui que parlait l'Apôtre lorsqu'il s'exprimait ainsi : *Attendite vobis et universo gregi in quo vos Spiritus sanctus posuit episcopos regere Ecclesiam Dei quam acquisivit sanguine suo.* Si les chefs d'une armée viennent à s'égarer, croit-on que les soldats qui marchent à leur suite ne se perdront pas avec eux ? Si les colonnes d'un temple viennent à s'écrouler, pense-t-on que la voûte demeurera suspendue dans les airs ? Si le maître donne des leçons erronées, se persuade-t-on que le disciple pourra se préserver de l'erreur ? Confessons-le, avec la constitution de l'Église il est impossible de la reconnaître infaillible, sans confesser que le corps des évêques jouit de ce glorieux privilége. Qu'on daigne parcourir les ouvrages des Pères et l'histoire ecclésiastique, on verra que lorsqu'il s'éleva de ces grandes hérésies qui ébranlèrent le christianisme jusque dans ses fondements, les évêques furent toujours établis juges pour les condamner. Qui étaient ceux qui siégeaient à Nicée, à Constantinople, à Ephèse, à Calcédoine, etc. lorsqu'il fallut condamner, Arius, Macédonius, Nestorius Eutychès....? C'étaient des évêques. — Tout prouve donc que le corps des évêques est infaillible. — Les simples prêtres partagent-ils ce privilége ?

II. *Le corps des prêtres est-il infaillible ?* — Immédiatement au-dessous des évêques se présente un ordre qui influe immensément sur la foi et sur les mœurs des fidèles ; dans l'état actuel des choses, c'est lui qui instruit et qui dirige les peuples. Cet ordre est celui des prêtres. Sa haute mission semble exiger qu'il jouisse aussi bien que le corps des évêques du don de l'infaillibilité. Nous avouerons qu'il n'est pas permis de supposer que la majeure partie des prêtres puisse abandonner la foi catholique. La société des fidèles qui puise ses enseignements dans le sein des prêtres serait évidemment exposée au danger de tomber dans l'erreur. Il faut donc reconnaître que le corps des pasteurs du second ordre jouit d'une espèce d'infaillibilité. Est-ce un privilége qu'il puisse exercer activement, en sorte qu'il ait le pouvoir de décider les controverses de la foi ? Ou bien n'est-il infaillible que parce qu'il puise les enseignements dans le corps épiscopal qui est chargé de diriger ses instructions ? Les jansénistes ont prétendu qu'il doit être appelé à décider les questions de foi ; mais pour reconnaître combien leurs prétentions sont mal fondées, il suffit de bien comprendre la mission du second ordre du clergé, et de consulter la tradition.

Que sont les prêtres? Ils sont les auxiliaires des évêques, chargés de diriger les fidèles sous leurs ordres ; ils doivent enseigner la doctrine qu'ils approuvent, se soumettre aux décisions qu'ils prononcent. S'il leur est permis d'appeler de ces jugements, ils sont obligés de comparaître par-devant d'autres évêques. — Peut-il y avoir une voix plus forte pour nous faire comprendre que l'enseignement des prêtres n'est que celui des évêques ; qu'ils ne sont pas juges en matière de foi ? Telle est la condition du prêtre aujourd'hui. Telle elle a été dès l'origine du christianisme. Dans tous les âges de l'Église, lorsqu'il fallut prononcer sur les hautes vérités que les hérétiques mettent en question, qui fut appelé à décider ? Les lettres de convocation des conciles généraux étaient adressées aux seuls évêques, qui y assistaient seuls comme juges. Des prêtres, il est vrai, ont apposé leurs signatures sur les actes des conciles. Loin d'établir leurs droits, elles serviraient à détruire leurs illusions s'ils pouvaient en conserver. *Ego judicans subscripsi*, écrivait l'évêque ; *Ego presbyter subscripsi*, écrivait le prêtre.

Après de telles preuves oserait-on dire que le pouvoir despotique des évêques a privé les prêtres de leurs droits ? Mais est-il croyable que les prêtres se seraient laissé dépouiller d'un tel droit ? qu'ils auraient subi une si grande humiliation sans réclamation aucune ? qu'ils auraient laissé condamner comme novateurs les rares défenseurs des prétendus droits des curés ? Ajouter foi à de pareilles assertions ce serait méconnaître la nature humaine ; chez le prêtre comme chez le simple fidèle elle ne se laisse pas, sans élever la voix, ravir un bien qui lui est cher. Ce serait méconnaître la pureté de la doctrine de l'Église, qui ne permettra jamais que, par des anathèmes, on dépouille un corps des droits qu'il tient de Dieu même.

III. *L'autorité infaillible de l'Église réside-t-elle dans la société des fidèles.* — Des novateurs, à la tête desquels nous pouvons placer Marc-Antoine de Dominis, Edmond Richer,... ont mis l'autorité de l'Église dans la société des fidèles. Jésus-Christ promet que les portes de l'enfer ne prévaudront pas contre l'Église, saint Paul l'appelle la colonne et le plus ferme appui de la vérité. C'est donc à l'Église que le privilége de l'infaillibilité est accordé. Or, qu'est-ce que l'Église ? C'est la société des fidèles : donc le peuple chrétien est le dépositaire de l'infaillibilité. S'il n'exerce pas son autorité par lui-même, il la délègue aux évêques qui sont les représentants de sa foi. C'était ainsi que les évêques comprenaient leurs droits dans les premiers temps. Lorsqu'ils s'assemblaient pour juger les causes de la foi, ils se contentaient de faire connaître quelle était la croyance de leurs Eglises. — Pour répondre à ces raisons nous prions seulement de tirer les conséquence de ce système. Il suit de la, 1° que le peuple est le juge de la foi des évêques ; 2° que ce n'est point au corps des pasteurs à instruire les fidèles, mais aux fidèles à former la foi des pasteurs. — Est-ce ainsi que Jésus-Christ et les apôtres ont compris l'Église? Pourquoi le divin Sauveur ordonne-t-il aux premiers pasteurs de paître ses agneaux et ses brebis? pourquoi commande-t-il aux fidèles d'écouter leur chef spirituel, leur déclarant qu'il parle par leur bouche, que le mépris qu'on a pour eux retombe sur lui-même? Quelle est donc la fonction des pasteurs et des docteurs selon le grand apôtre? Ne nous apprend-il pas qu'ils sont établis pour instruire les fidèles, pour les empêcher d'aller à tout vent de doctrine?

Pourquoi les saints Pères nous assurent-ils que ce n'est pas aux brebis à paître les pasteurs? que ce n'est pas aux sujets à donner des lois aux législateurs, que les laïques ne doivent point traiter les choses ecclésiastiques (*S. Greg. Naz., S. Basil.*)? Si nous ne craignions d'être trop long, nous montrerions que le système que nous combattons conduit au principe protestant; qu'il est la ruine de la foi et de la morale.

IV. *L'autorité infaillible de l'Eglise réside-t-elle dans les princes temporels?* — Depuis longtemps le pouvoir temporel a tenté de dominer l'Eglise. Dans ces derniers temps il a essayé d'absorber son autorité. La Russie, la Prusse, l'Angleterre..... nous offrent l'étrange spectacle de l'autorité religieuse réunie à la puissance terrestre qui gouverne ces contrées. Les édits des rois ont la prétention de régler non-seulement le culte extérieur, mais encore la foi et les mœurs. Nous demanderons sur quels fondements ils peuvent appuyer de pareilles prétentions? Nous voyons Jésus-Christ et les apôtres établir des pasteurs pour être la lumière de l'Eglise. Nous ne voyons nulle part qu'ils aient établi la puissance temporelle pour cette fin. Ils eussent été d'étranges défenseurs du christianisme les Néron, les Domitien, les Dioclétien.... qui faisaient couler à grands flots le sang des fidèles. Lorsque les maîtres du monde furent convertis à la foi ils ne se donnèrent pas comme les juges des vérités à croire. Ils prirent le titre d'évêques extérieurs; ils convoquèrent les conciles, y maintinrent la liberté des suffrages; ils se soumirent à la décision des évêques. Constance veut aller plus loin. Osius de Cordoue lui répond : Dieu vous a donné l'empire et à nous la direction des choses de l'Eglise. Valentinien le Jeune veut amener la cause de la foi devant les juges séculiers : Ambroise lui dit : C'est aux évêques à juger de la foi des empereurs chrétiens; mais les empereurs n'ont pas le droit de juger de celle des évêques. — Un langage si noble soutenait alors les plus chers intérêts de l'Eglise. Que deviendrait son unité, si les empereurs régleaient sa foi? Bientôt n'y aurait-il pas autant de symboles que d'empires?

Pour résumer toute cette grande question : l'Eglise honore et respecte les rois; elle écoute dans les peuples, elle instruit et dirige par le ministère des prêtres, mais elle ne décide et ne juge que dans les évêques.

Pour compléter notre étude nous aurions besoin de rechercher quel est l'objet de l'infaillibilité. Nous l'avons suffisamment fait connaître aux mots FAIT, MORALE, DISCIPLINE, CANONISATION DES SAINTS, FAITS DOGMATIQUES, CONDAMNATION DE PROPOSITION, etc.]

INFAILLIBILISTES. On a quelquefois donné ce nom à ceux qui soutiennent que le pape est infaillible, c'est-à-dire que quand il adresse à toute l'Eglise un jugement dogmatique, une décision sur un point de doctrine, il ne peut pas se faire que cette décision soit fausse ou sujette à l'erreur. C'est le sentiment commun des théologiens ultramontains; Bellarmin, Baronius et d'autres l'ont soutenu de toutes leurs forces; D. Matthieu Petit-Didier, bénédictin, a publié un traité sur ce sujet en 1724. Mais ce sentiment n'est pas reçu en France (1). L'as-

(1) Il y est reçu aujourd'hui *Voy.* INFAILLIBILITÉ DU PAPE.

semblée du clergé, en 1682, a posé pour maxime que, « dans les questions de foi, le souverain pontife a la principale part, et que ses décrets concernent toutes les Eglises; mais que son jugement n'est pas irréformable, jusqu'à ce qu'il soit confirmé par l'acquiescement de l'Eglise. »

M. Bossuet a soutenu et prouvé cette maxime avec toute l'érudition et la force dont il était capable. *Defensio Declarat. Cleri gallic.*, II° part., l. 12 et suiv. Il a fait voir, 1° Que tel a été le sentiment du concile général de Constance (1), lorsqu'il a été décidé, sess. 5, « qu'en qualité de concile œcuménique, il représentait l'Eglise catholique; qu'il tenait immédiatement de Jésus-Christ son autorité, à laquelle toute personne, même le pape, était obligée de se soumettre dans les choses qui regardent la foi, l'extirpation du schisme et la réforme de l'Eglise de Dieu, tant dans son chef que dans ses membres; » décret qui fut répété en mêmes termes, et confirmé par le concile de Bâle, sess. 2. M. Bossuet réfute les exceptions et les restrictions par lesquelles on a cherché à énerver le sens de cette décision; il montre qu'elle n'a été réformée ni contredite par les décrets d'aucun concile général postérieur. — 2° Par les actes des conciles généraux, à commencer par celui de Jérusalem (2) tenu par les apôtres, jusqu'à celui de Trente, qui est le dernier, il montre que la force des décisions était uniquement tirée du concert unanime ou de la pluralité des suffrages, et non de ce que le pape y présidait, ou par lui-même ou par ses légats, ni de ce qu'il en confirmait les décrets par son autorité (3); qu'il n'a point été question de cette confirmation pour les quatre premiers conciles généraux; que, dans les cas même où le pape avait déjà porté son jugement et fixé la doctrine, les évêques assemblés en concile ne se sont pas moins crus en droit de l'examiner de nouveau et d'en juger. — 3° Il soutient qu'il y a eu des décisions dogmatiques faites par les papes, qui ont été réformées et condamnées par des conciles généraux : telle est la constitution par laquelle le pape Vigile avait approuvé la lettre d'Ibas, évêque d'Edesse, lettre qui fut condamnée comme hérétique par le v° concile général : telles sont les lettres d'Honorius à Sergius de Constantinople, à Cyrus d'Alexandrie, à Sophrone de Jérusalem, par lesquelles ce pape favorisait l'erreur des monothélites, et qui furent condamnées dans le vi° concile général. M. Bossuet réfute les rai-

(1) *Voy.* l'art. DÉCLARATION DU CLERGÉ FRANÇAIS de 1682.

(2) *Voy.* INFAILLIBILITÉ DU PAPE, DÉCLARATION DU CLERGÉ DE 1682.

(3) Cependant les Pères du concile firent un décret pour demander au pape la confirmation de leurs décrets. « Omnium et singulorum quæ tam sub felice Paulo III et Julio III, quam sub sanctissimo domino nostro Pio IV, romanis pontificibus, in ea (synodo) decreta et definita sunt, confirmatio nomine sanctæ hujus synodi per apostolicæ sedis legatos et præsidentes a beatissimo romano pontifice petatur. » (*Conc. Trid., sess. ult.*)

sons par lesquelles on a voulu prouver que ces écrits n'étaient point des décisions dogmatiques, ou que les actes du VI⁰ concile avaient été falsifiés par les Grecs (1). — 4° Il prouve que, par *confirmer* la décision d'un concile, on entendait seulement que le pape joignait son suffrage à celui des Pères ; que l'on se servait du même terme en parlant du suffrage de tout autre évêque ; que dans les actes de quelques conciles particuliers il est dit qu'ils ont *confirmé* le sentiment ou le jugement du pape (2). — 5° Il répond aux passages des saints Pères, par lesquels on a voulu prouver que l'autorité du pape est supérieure à celle des conciles, et qu'il ne peut tomber dans aucune erreur. — 6° Le savant évêque fait voir que, dans plusieurs disputes survenues sur des matières de foi, l'on n'a pas cru que le jugement du pape fût suffisant pour terminer la question, mais qu'il a fallu la décision d'un concile général (3), que les papes mêmes ont été de cet avis et se sont défiés de leur propre jugement ; que plusieurs, en effet, ont enseigné des erreurs dans leurs lettres décrétales (4). — 7° Il explique les passages de l'Ecriture sainte par lesquels on a cru prouver l'*infaillibilité* des papes ; il soutient que l'indéfectibilité de la foi dans le saint-siége est fondée sur l'indéfectibilité de l'Eglise catholique, et non au contraire (5). Il discute les faits de l'histoire ecclésiastique dont les ultramontains ont voulu tirer avantage. — 8° Enfin il conclut que l'*infaillibilité* du pape n'est pas nécessaire pour mettre la foi catholique à couvert de tout danger ; que, quand il arriverait au souverain pontife de se tromper et de proposer une opinion fausse, l'Eglise, loin d'être induite en erreur par ce jugement, témoignerait hautement, par la réclamation du corps des pasteurs, qu'elle est dans une croyance contraire(6).

S'il nous est permis d'ajouter une réflexion à celles de ce théologien célèbre, nous dirons que la fonction essentielle des pasteurs de l'Eglise étant de rendre témoignage de la croyance universelle, le témoignage du souverain pontife considéré seul (1) ne peut opérer le même degré de certitude morale qui résulte d'un très-grand nombre de témoignages réunis. Comme chef de l'Eglise universelle, le souverain pontife est sans doute très-instruit de la croyance générale, il en est le témoin principal ; mais le témoignage qu'il en rend, joint à celui du très-grand nombre des évêques, a une toute autre force que quand il est seul. Comme l'*infaillibilité* surnaturelle et divine de l'Eglise porte sur l'*infaillibilité* ou la certitude morale du témoignage humain en matière de fait, ainsi que nous l'avons fait voir dans l'article précédent, il n'est pas possible d'asseoir sur la même base l'*infaillibilité* du souverain pontife.

Au reste, il ne faut pas oublier que M. Bossuet soutient hautement, comme tous les théologiens catholiques, que le jugement du souverain pontife, une fois confirmé par l'acquiescement exprès ou tacite du plus grand nombre des évêques, a la même *infaillibilité* que s'il avait été porté dans un concile général. Alors ce n'est plus la voix du chef seul, mais celle du corps entier des pasteurs, ou du chef réuni aux membres, par conséquent la voix de l'Eglise entière.

C'est donc un sophisme puéril de la part des hétérodoxes, lorsqu'ils disent que l'*infaillibilité* de l'Eglise est un point douteux et contesté, puisque les théologiens français disputent contre les ultramontains, pour savoir si cette *infaillibilité* réside dans le pape ou dans les conciles. Jamais un théologien catholique, de quelque nation qu'il fût, n'a douté si un concile général, qui représente toute l'Eglise, est infaillible ; aucun n'est disconvenu que le jugement du souverain pontife, confirmé par l'acquiescement du corps des pasteurs, même dispersés, n'eût la même autorité et la même *infaillibilité* qu'un concile général.

* INFAILLIBILITÉ DU PAPE. Depuis longtemps l'Eglise gallicane a cherché à resserrer dans des bornes plus étroites les prérogatives du saint-siège. Le chancelier Gerson émettait des principes qui devaient se développer en France. Une réaction en faveur des doctrines ultramontaines s'est déclarée au milieu de nous depuis quelques années. Nous avons même vu des hommes changer en dogme ce qui est une simple opinion. Nous avons vu, dans l'art. DÉCLARATION DU CLERGÉ FRANÇAIS EN 1682, que la cour romaine ne regarde pas l'infaillibilité comme un dogme, que les congrégations romaines permettent d'absoudre les gallicans. En examinant la valeur des quatre articles, nous avons déjà apporté des raisons en faveur de l'infaillibilité du pape. Au mot INDÉFECTIBILITÉ, nous avons montré le peu de fondement qu'un homme sérieux peut faire sur la distinction de l'indéfectibilité et de l'infaillibilité. Nous croyons devoir ajouter ici quelques considérations du cardinal Litta qui porteront, nous en sommes persuadé, la conviction dans tous les esprits : « Jé-

---

(1) *Voy.* HONORIUS et VIGILE.
(2) Il faut convenir que ce n'est pas le sens ordinaire de l'expression.
(3) Lorsqu'il consulte le concile général, n'est-ce pas le Saint-Esprit qui le détermine à prendre ce moyen pour porter son jugement infaillible ? « L'infaillibilité, dit le cardinal du Perron, qu'on présuppose être au pape Clément, comme au tribunal souverain de l'Eglise, n'est pas pour dire qu'il soit assisté de l'Esprit de Dieu pour avoir la lumière nécessaire à décider toutes les questions ; mais son infaillibilité consiste en ce que toutes les questions auxquelles il se sent assisté d'assez de lumières pour les juger, il les juge ; et les autres auxquelles il ne se sent pas assez de lumières pour les juger, il les remet au concile. »
(4) Nous aurions souhaité, puisqu'il y a des faits, qu'ils eussent été cités : tout le monde convient qu'il n'y en a pas un seul de bien constaté. *Voy.* HONORIUS, VIGILE.
(5) *Voy.* INDÉFECTIBILITÉ.
(6) *Voy.* INFAILLIBILITÉ DU PAPE.

(1) Il nous semble que Bergier rabaisse beaucoup l'autorité de l'Eglise en la faisant reposer sur la *certitude morale du témoignage humain en matière de fait*; c'est la mettre au niveau de l'autorité humaine. L'infaillibilité de l'Eglise vient de plus haut, elle a un fondement plus solide : elle repose sur l'autorité de Dieu.

sus-Christ dit à Pierre seul, en présence des apôtres : « *Simon, Simon, voilà que Satan a demandé de vous cribler,* » c'est-à-dire de cribler Pierre et les apôtres, *ut cribraret vos* : c'est un danger commun à tout le collége des apôtres. Et quel sera le secours que Jésus-Christ a préparé? Le voici : « Mais j'ai prié pour toi : *Ego autem rogavi pro te,* afin que ta foi ne manque jamais; et après ta conversion tu dois affermir tes frères : *Confirma fratres tuos.* » Cette promesse regarde l'enseignement de la foi. Une autre promesse, qui a le même objet, comme il est évident, et comme je le prouverai dans la suite, est contenue dans ces paroles : « Tu es Pierre, et sur cette pierre je bâtirai mon Eglise, et les portes de l'enfer ne prévaudront pas contre elle. » Enfin, une autre promesse sur le même objet est comprise dans le devoir qu'il a imposé à Pierre, en lui disant : « Sois le pasteur de mes agneaux, le pasteur de mes brebis : *Pasce agnos meos, pasce oves meas.* » Voilà les promesses faites à Pierre seul. Il y en a d'autres faites à tout le collége des apôtres, y compris Pierre qui en était le chef et le pasteur : *Allez, prêchez l'Evangile à tout l'univers, enseignez à toutes les nations à observer mes commandements. Je vous enverrai le Saint-Esprit, qui vous enseignera toute vérité. Voilà que je suis avec vous jusqu'à la consommation des siècles.* Dans les promesses faites au collége des apôtres, si je veux saisir tout l'ensemble du plan, il faut que je ne perde pas de vue deux observations : la première, que non-seulement elles sont communes à Pierre qui était dans ce collége, mais encore qu'elles sont faites à ce collége en tant qu'il est uni à Pierre, déjà nommé pour son chef et son pasteur ; la seconde, que les promesses ne doivent pas détruire les autres faites à Pierre seul, mais plutôt s'accorder avec elles. Enfin, il y a des promesses qui regardent l'unité et la perpétuité de l'Eglise. *Sur cette pierre je bâtirai mon Eglise, et les portes de l'enfer ne prévaudront pas contre elle ;* ce qui peut s'entendre qu'elles ne prévaudront pas contre la pierre sur laquelle est bâtie l'Eglise, ou contre l'Eglise : et cela revient au même, comme je vous le montrerai plus tard. *Voilà que je suis avec vous jusqu'à la consommation des siècles. Les brebis écoutent la voix du pasteur et le suivent, parce qu'elles connaissent sa voix. Mes brebis écouteront ma voix, et il n'y aura qu'un seul bercail et un seul pasteur.* On doit rapporter au même objet la prière de Jésus-Christ après la dernière cène, non-seulement pour ses apôtres, mais encore pour tous ceux qui devaient croire à l'Evangile...... « afin que tous soient une seule chose, comme vous, mon Père, en moi, et moi en vous ; qu'eux aussi soient une seule chose en nous. Qu'ils soient une seule chose comme nous : *Ut omnes unum sint sicut tu, Pater in me, et ego in te, ut et ipsi in nobis unum sint.... Ut sint unum sicut et nos unum sumus.* » Or, le principal objet de cette union est l'unité de la foi : *Unus Dominus, una fides, unum baptisma.*

« Réunissons toutes ces promesses, et tâchons d'en faire résulter le plan sur lequel est établi l'enseignement de la foi. Souvenons-nous que ce plan doit embrasser toutes les promesses, et être d'accord avec l'accomplissement de toutes et de chacune d'elles. Mais il se trouve déjà en ce plan tout fait par les paroles de Jésus-Christ. Il s'élève des questions sur la foi ; je cherche une autorité enseignante pour m'éclairer. Voilà que j'entends la voix de Pierre, qui prononce son jugement. Ici je demande : Puis-je craindre quelque erreur dans ce jugement ? Pour former un tel doute, il faudrait oublier que c'est en vain que Satan a demandé de cribler les apôtres ; car Jésus-Christ a prié pour Pierre, afin que sa foi ne manque pas. Je ne peux pas craindre non plus que Jésus-Christ ait manqué son but, lorsqu'il a choisi pour affermir ses frères, lorsqu'il l'a choisi pour la pierre sur laquelle il a bâti son Eglise ; il a promis que les portes de l'enfer ne prévaudraient pas contre elle, ce qui affermit également la pierre et l'édifice, puisque si la pierre venait à chanceler, l'édifice ne serait pas solide non plus ; enfin Jésus-Christ n'a pas manqué son but, en le choisissant pour pasteur des agneaux et des brebis. Si le pasteur s'égarait, irais-je demander aux brebis quel est le chemin du salut? J'entends la voix du collége des apôtres. Quand je dis la voix du collége des apôtres, la voix de Pierre y est aussi, et même c'est la voix de leur chef et de leur pasteur. Ici, demanderai-je encore : Puis-je craindre quelque erreur dans ce jugement ? Eh ! ne voyez-vous pas que j'ai pour me rassurer les mêmes promesses faites à Pierre, et de plus toutes celles qui ont été faites au collége des apôtres ?

« Mais ici vous pourriez me faire deux questions. La première est celle-ci : N'êtes-vous pas plus sûr dans le dernier cas, où vous avez pour garant les promesses faites à Pierre et de plus celles qui ont été faites aux apôtres, que dans le premier, où Pierre seul aurait parlé, et où vous n'auriez que les promesses qui lui ont été faites? Avant de vous répondre, permettez-moi de vous demander s'il peut y avoir une assurance plus grande que celle qui dérive d'une promesse de Dieu ? Vous me répondrez sans doute qu'une promesse de Dieu donne la plus grande assurance qu'on puisse imaginer : et moi j'ajoute qu'une seule promesse de Dieu ne me donne pas moins d'assurance que cent promesses de sa part. Je suis convaincu que quand Dieu daigna multiplier ses promesses à Abraham, il ne le fit que pour s'accommoder à la faiblesse des hommes. Car de la part de Dieu une seule promesse a tant de stabilité et de sûreté, qu'il ne peut y en avoir de plus grande. Ne croyez pas cependant que ces promesses faites au collége des apôtres soient inutiles, parce que non-seulement elles ont pour objet de raffermir notre faiblesse, mais encore elles ont un autre but particulier, que je vous montrerai dans la suite. Quant à la seconde question, je ne veux pas que ce soit vous qui me la fassiez, parce qu'elle est absurde. Je la fais moi-même, uniquement pour éclaircir nos recherches. Cette voix du collége des apôtres peut-elle être différente de la voix de Pierre ? Vous sentez tout de suite l'absurdité de la question, parce que la voix de Pierre ne peut pas se séparer de la voix de ce collége. On ne peut pas non plus supposer cette différence. Car alors il y aurait deux voix : l'une serait celle de Pierre, qui est le chef, et l'autre la voix des apôtres, qui sont les membres du collége ; cette voix ne pourrait donc pas s'appeler la voix du collége des apôtres.

« On pourrait peut-être faire plutôt une autre question, qui elle-même ne vaut pas grand'chose : Peut-il arriver que la voix de Pierre reste seule, isolée et différente de la voix de tous les apôtres ? Je réponds que cela n'est pas possible, et j'ai pour garant de ma réponse les promesses faites à Pierre, au collége des apôtres, et celles qui regardent l'unité et la perpétuité de l'Eglise. A Pierre, parce que dans cette supposition il cesserait d'être la pierre fondamentale, car une pierre isolée ne peut pas s'appeler le fondement ; il cesserait aussi d'être pasteur, car le pasteur suppose un troupeau. Au collége des apôtres, parce que cette supposition ne peut pas s'accorder avec les promesses. En effet, j'entends d'un côté une promesse à Pierre que sa foi ne manquera pas, de l'autre côté une promesse aux apôtres, y compris Pierre, que Jésus-Christ sera avec eux, jusqu'à la consommation des siècles, que le Saint-Esprit leur enseignera toute vérité. C'est Dieu qui a fait toutes ces promesses ; c'est Dieu qui assure la foi de Pierre ; c'est Dieu qui promet sa présence et l'assistance du Saint-Esprit aux apôtres. Mais Dieu ne peut pas être contraire à lui-même. Le Saint-Esprit est l'esprit de vérité : la vérité est une, un seul Dieu, une seule foi : *Unus Dominus, una fides.* Il ne peut donc pas y avoir ici deux voix différentes, mais une seule voix : la voix de la vérité et de la foi. Enfin, les promesses qui regardent l'unité et la perpétuité de l'Eglise, car dans cette supposition l'Eglise serait séparée de la pierre fondamentale, les portes de l'enfer prévaudraient. Jésus-Christ aurait abandonné son Eglise, les brebis ne suivraient plus, n'écouteraient plus le pasteur, et on ne trouverait plus cette unité pour laquelle Jésus-Christ a prié son Père éternel.

« De tout ceci je tire cette conséquence : l'enseignement de Pierre par rapport à la foi n'est jamais sujet à l'erreur, n'est jamais ni différent ni séparé de l'enseignement du collége des apôtres ; et ces deux enseignements n'en font qu'un.

« Tel est le plan de l'enseignement de la foi que Jésus-Christ a placé dans son Eglise. En lisant l'histoire ecclésiastique, et notamment ce qui concerne les conciles et les hérésies, vous aurez la satisfaction de voir ce plan s'exécuter à la lettre ; vous verrez quelquefois une quantité plus ou moins grande d'évêques opposés au jugement de Pierre et du corps épiscopal, qui ne font ensemble qu'un seul jugement et un seul enseignement, mais ce malheur qui peut arriver, et que Jésus-Christ a prédit, ne portera aucune atteinte ni aucun changement au plan et aux promesses de Jésus-Christ : car l'enseignement, le jugement de Pierre ne sera jamais seul et isolé, mais il aura toujours avec lui une partie des évêques. Cette partie, unie au successeur de Pierre, formera le véritable corps épiscopal de l'Eglise catholique, celui qui succède aux droits et aux promesses qui appartiennent au collége des apôtres. Les autres évêques qui sont dissidents, ou se soumettront à ce jugement, et alors ils feront partie du même corps ; ou s'ils refusent de se soumettre, ils n'y appartiendront plus. Mais dans tous les cas sera vérifié l'oracle de Jésus-Christ, qu'il n'y aura qu'un seul bercail et un seul pasteur : *Fiet unum ovile et unus pastor....*

« Ce qui a fait penser à quelques-uns que l'infaillibilité du pape n'était pas certaine, ce sont les ténèbres qu'on a répandues sur cette question. Eh certes ! tant qu'on embrouillera, on pourra disputer. Si ceux qui soutiennent l'infaillibilité du pape partent de la supposition que son jugement soit en opposition avec celui de l'Eglise, pour décider lequel des deux doit prévaloir, ils bâtissent sur une hypothèse qui se détruit d'elle-même, et qui d'ailleurs est entièrement contraire aux promesses de Jésus-Christ. Mais cela n'empêche pas que l'infaillibilité du pape ne soit très-certaine, et au point que ceux même qui la nient seront forcés d'en convenir, si on les oblige à s'expliquer.

« Je leur demanderai : Croyez-vous à l'infaillibilité de l'Eglise ? Ils me répondront tout de suite : Eh ! qui en peut douter ? dès que l'Eglise a parlé, il n'y a plus de doutes ni de questions. Eh bien ! ajouterai je, dans cette Eglise, comptez-vous la voix du pape ? S'ils sont catholiques, ils devront répondre que oui. Mais cette voix du pape, pouvez-vous la séparer de la voix de l'Eglise ? Répondez oui ou non. Si vous répondez oui, alors je vous dis que la voix qui reste n'est plus la voix de l'Eglise. De même que, séparant la voix de Pierre de celle du collége des apôtres, la voix qui reste est la voix des membres de ce collége, mais jamais la voix du collége ; ainsi, si vous séparez la voix du chef de l'Eglise de la voix de l'Eglise, la voix qui restera sera la voix des membres de l'Eglise, mais jamais la voix de l'Eglise. Si vous répondez non, alors je continue : Ou la voix du pape sera différente, ou elle sera la même que celle de l'Eglise. Si elle est différente, c'est comme si elle était séparée. Ce ne sera pas une seule voix, mais deux voix différentes, l'une sera la voix du chef de l'Eglise, et l'autre la voix des

membres de l'Eglise, mais jamais la voix de l'Eglise. Il faut donc que la voix de l'Eglise, pour être telle, soit la même que la voix du pape ; vous ne pouvez donc croire à l'infaillibilité de l'Eglise, sans croire à l'infaillibilité du pape.

« Mais, direz-vous, ce n'est pas ainsi que je l'entends. Je crois bien que la voix de l'Eglise et la voix du pape finiront par être une seule voix ; mais, en attendant, il peut arriver que le pape fasse une décision sur un point de foi, et que l'Eglise décide d'une autre manière. Comme l'Eglise est infaillible, parce qu'elle est dirigée par l'assistance du Saint-Esprit que Jésus-Christ lui a promise, vous verrez que le pape sera ramené à la décision de l'Eglise, et alors le jugement qui sera porté sera un seul et même jugement. — Je vous entends ; mais n'allez pas si vite dans vos conclusions, parce que je ne pourrais pas vous suivre. Vous faites donc la supposition que le pape a décidé une question de foi, que l'Eglise la décidera différemment. Avant de tirer la conclusion, examinons un peu. Je déclare d'avance que ce n'est que pour m'accommoder à votre raisonnement, que je me vois obligé de supposer que le jugement du pape soit seul, isolé et différent de celui de tous les évêques. Car vous sentez bien que si le pape avait dans son sentiment un nombre plus ou moins grand d'évêques, ce serait dans ce nombre d'évêques unis au pape que je trouverais l'Eglise et son jugement. Il faut donc supposer le pape avec sa décision d'un côté, et de l'autre tous les évêques avec une autre décision. Avant de tirer la conclusion, voyons un peu qui, des évêques ou du pape, aurait plus de droit de ramener les autres à son jugement. Si vous dites que ce sont les évêques qui ont ce droit, parce que l'Eglise est infaillible et que l'assistance du Saint-Esprit lui est promise, je vous prierai de faire attention que ces évêques ne sont pas l'Eglise, lorsqu'ils ne se trouvent unis au chef de l'Eglise, et que leur jugement n'est pas celui de l'Eglise, lorsqu'il n'est pas uni avec le jugement du pape ; que ces évêques n'ont plus aucun droit ni à l'infaillibilité ni à l'assistance du Saint-Esprit, puisque ces promesses de Jésus-Christ ont été faites au collége des apôtres unis à Pierre, et que ces promesses ne détruisent pas les autres faites à Pierre seul. Au contraire, dans la supposition dont vous avez parlé, je pourrais plutôt faire valoir les droits du pape, pour ramener les évêques à son jugement ; parce qu'il est bien dans l'ordre que le chef ramène les membres, et le pasteur les brebis, et parce que le pape aurait toujours en sa faveur les promesses faites à Pierre seul. Mais ne craignez rien ; je ne veux tirer aucun avantage du cas que vous supposez. Je dis même que ce cas est impossible, parce qu'il est contraire à toutes les promesses de Jésus-Christ. Je soutiens que le jugement du pape ne sera jamais seul et isolé, et qu'il aura toujours un nombre plus ou moins grand d'évêques avec lui. C'est dans le nombre uni au pape que je reconnais l'Eglise, l'assistance du Saint-Esprit, les droits et promesses accordés au collége des apôtres.

« Comment donc, me direz-vous, le jugement de l'Eglise ne cesse pas de l'être, parce qu'une quantité d'évêques seraient d'un avis opposé : et pourquoi cesserait-il d'être jugement de l'Eglise et d'en avoir l'autorité, parce que le jugement du pape serait différent ? — Je ne suis pas obligé de répondre à cette question qui roule toujours sur la supposition d'un cas qui ne peut pas arriver ; mais cependant je réponds. Pourquoi ? parce que Jésus-Christ a voulu donner un chef à son Eglise ; parce que les promesses ont été faites à une Eglise qui a un chef, parce que, si vous lui ôtez ce chef, je ne reconnais plus l'Eglise de Jésus-Christ. — Pourquoi ? parce que vous pouvez séparer du corps une partie de ses membres ; mais vous ne pourrez pas en séparer le chef. — Pourquoi ? parce que vous pouvez ôter d'un édifice les autres pierres, mais jamais la pierre fondamentale sur laquelle il est bâti. — Pourquoi? parce que vous pouvez séparer du troupeau quelques brebis, mais jamais le pasteur. — Voilà ma réponse. Mais je dis toujours que le cas que vous supposez est impossible. Le seul cas qui est possible et qui est arrivé, c'est de voir le pape avec un nombre d'évêques d'un côté, et un nombre d'évêques sans le pape de l'autre. Et alors où est l'Eglise? Saint Ambroise l'a dit en quatre mots : *Ubi Petrus, ibi Ecclesia*; où est Pierre, là est l'Eglise; et sans doute aussi, où est le successeur de Pierre, là est l'Eglise.

« Vous voyez qu'on ne peut pas séparer le jugement du pape de celui de l'Eglise, qu'il ne peut jamais y avoir deux jugements, l'un du pape, l'autre de l'Eglise, parce que le jugement du pape et celui de l'Eglise ne sont qu'un seul et même jugement. Alors je n'ai plus besoin de vous apporter les preuves de l'infaillibilité du pape : il me suffit que vous m'accordiez l'infaillibilité de l'Eglise, et voici mon argument. Le jugement du pape et celui de l'Eglise ne sont qu'un seul et même jugement : Or, le jugement de l'Eglise est infaillible, donc le jugement du pape l'est aussi. Cela posé, vous ne pouvez pas croire à l'infaillibilité de l'Eglise, sans croire en même temps à l'infaillibilité du pape. »

Nous n'avons pas rapporté les motifs de l'opinion gallicane. Bergier les développe dans son article intitulé avec une sorte de mépris ; INFAILLIBILISTES.

INFANTICIDE, meurtre d'un enfant. Ce crime est réprouvé par la loi de Dieu, qui défend en général toute espèce d'homicide : le précepte, *Tu ne tueras point*, ne distingue ni les sexes ni les âges. L'Ecriture sainte regarde comme *abominable* la malice d'un homme qui trompe l'intention de la nature dans l'usage du mariage; à plus forte raison condamne-t-elle la cruauté de celui qui ôte la vie à un enfant, soit avant soit après sa naissance. — Les lois grecques et romaines, qui accordaient au père un droit illimité de vie et de mort sur ses enfants, péchaient essentiellement contre la loi naturelle, qui ordonne à tout homme de conserver son semblable, et de respecter en lui l'ouvrage du Créateur. Lorsqu'un enfant venait de naître, on le mettait aux pieds de son père; si celui-ci le relevait de terre, il était sensé le reconnaître, le légitimer et se charger de l'élever : de là l'expression, *tollere liberos*; s'il tournait le dos, l'enfant était mis à mort ou exposé : rarement on prenait la peine d'élever ceux qui naissaient mal conformés. Le sort des enfants exposés était déplorable : les garçons étaient destinés à l'esclavage, et les filles à la prostitution. L'on a peine à concevoir comment une fausse politique avait pu étouffer jusqu'à ce point, dans les pères, les sentiments de la nature; il est peu d'animaux qui ne s'attachent à nourrir leurs petits. — On prétend qu'à la Chine il y a toutes les années plus de trente mille enfants qui périssent en naissant ; les parents les exposent dans les rues, où ils sont foulés aux pieds des animaux, et écrasés par les voitures ; d'autres les noient par superstition, ou les étouffent pour ne pas avoir la peine de les nourrir. On voit à peu près la même barbarie chez la plupart des nations infidèles; parmi les sauvages, lorsqu'une femme meurt après ses couches ou pendant qu'elle allaite, on enterre l'enfant avec elle, parce qu'aucune nourrice ne voudrait s'en charger. Cette cruauté n'eut jamais lieu chez les adorateurs du vrai Dieu ; la révélation primitive, en leur enseignant que l'homme est créé à l'image de Dieu, et que la fécondité est un effet de la bénédiction divine, leur avait fait comprendre que Dieu seul était le souverain maître de la vie, et qu'il n'est permis de l'ôter à personne, à moins qu'il ne l'ait mérité par un crime.

Mais Jésus-Christ a encore mieux pourvu à la conservation des enfants : par l'institution du baptême, il a instruit les chrétiens à regarder un nouveau-né comme un enfant que Dieu lui-même veut adopter, et dont le salut lui est cher, comme une âme rachetée par le sang du Fils de Dieu, comme un dépôt que la religion confie aux parents, et duquel ils doivent rendre compte à Dieu et à la société. Cette institution salutaire arrête souvent la main des malheureuses qui sont devenues mères par un crime : la honte les rendrait cruelles, si elles n'étaient pas chrétiennes. Le même motif de religion a fait bâtir des hôpitaux et des maisons de charité pour recueillir et élever les enfants abandonnés ; il inspire à des vierges chrétiennes le courage de remplir à leur égard les devoirs de la maternité. Lorsque les incrédules osent accuser le christianisme de nuire à la population, ils ne daignent pas faire attention que c'est celle de toutes les religions qui veille avec le plus de zèle à la conservation des hommes. *Voy.* ENFANT.

INFERNAUX. On nomma ainsi dans le XVIe siècle les partisans de Nicolas Gallus et de Jacques Smidelin, qui soutenaient que, pendant les trois jours de la sépulture de Jésus-Christ, son âme descendit dans le lieu où les damnés souffrent et y fut tourmentée avec ces malheureux. *Voy.* Gauthier, *Chron.*, *sæc.* XVI. On présume que ces insensés fondaient leur erreur sur un passage du livre des Actes, c. II, v. 24, où saint Pierre dit que Dieu a ressuscité Jésus-Christ, en le délivrant des douleurs de l'enfer, ou après l'avoir tiré des douleurs de l'enfer, dans lequel il était impossible qu'il fût retenu. De là les *infernaux* concluaient que Jésus-Christ avait donc éprouvé, du moins pendant quelques moments, les tourments des damnés. Mais il est évident que, dans le psaume XV que cite saint Pierre, il est question des *liens du tombeau* ou des *liens de la mort*, et non des douleurs des damnés; la même expression se retrouve dans le psaume XVII, vers. 5 et 6. C'est un exemple de l'abus énorme que faisaient de l'Ecriture sainte les prédicants du XVIe siècle.

INFIDÈLE, homme qui n'a pas la foi. On nomme ainsi ceux qui ne sont pas baptisés et qui ne croient point les vérités de la religion chrétienne; dans ce sens, les idolâtres et les mahométans sont *infidèles*. *Voy.* IDOLATRIE et PAGANISME.

Les théologiens en distinguent de deux espèces : ils nomment *infidèles négatifs* ceux qui n'ont jamais entendu ni refusé d'entendre la prédication de l'Evangile, et *infidèles positifs* ceux qui ont résisté à cette prédication et ont fermé les yeux à la lumière. *Voyez* l'article suivant. Un *hérétique* est différent d'un *infidèle*, en ce que le premier est baptisé, connaît les dogmes de la foi, les altère ou les combat, au lieu que le second ne les connaît pas, n'a pas pu ou n'a pas voulu les connaître.

Quelques théologiens ont soutenu que toutes les actions des *infidèles* étaient des péchés, et que toutes les vertus des philosophes étaient des vices. Si cela était vrai, plus un païen ferait de bonnes œuvres morales, plus il serait damnable. C'est une erreur justement condamnée par l'Eglise dans Baïus et dans ses partisans (1). Elle tenait à une autre opinion dans laquelle ils étaient, savoir, que Dieu n'accorde aucune grâce intérieure aux *infidèles* pour faire le bien, et que la foi est la première grâce : nouvelle erreur condamnée de même. Il est de notre devoir de réfuter l'une et l'autre.

Dans l'article GRACE, § 2, nous avons déjà prouvé que Dieu donne des grâces intérieures à tous les hommes, sans exception ; c'est une conséquence de ce que Dieu veut les sauver tous, et de ce que Jésus-Christ est mort pour tous : nous avons à prouver que Dieu en donne nommément aux païens, aux *infidèles*. 1° Il est dit dans plusieurs endroits de l'Ecriture sainte, que Dieu a opéré des miracles en faveur de son peuple sous les yeux des nations *infidèles*, afin que ces nations apprissent qu'il est le Seigneur, et de peur qu'elles ne fussent tentées de douter de sa puissance ou de sa bonté. *Exod.*, c. VII, v. 5 ; c. IX, v. 27 ; c. XIV, v. 4 et 18 ; *Ps.* LXXVIII, v. 6 ; CXIII, v. 1 ; *Ezech.*, c. XX, v. 9, 14, 22 ; c. XXXVI, v. 20 et suiv. ; *Tob.*, c. XIII, v. 4 ; *Eccli.*, c. XXXVI, v. 2, etc. Il est prouvé par l'histoire sainte que ces prodiges ont fait impression sur plusieurs *infidèles*, sur un nombre d'Egyptiens qui s'unirent aux Juifs, *Exod.*, c. XII, v. 38 ; sur Rahab, *Josué*, c. II, v. 9 et 11. Dieu a-t-il refusé des grâces à ceux pour lesquels il a opéré des miracles ? — 2° L'Ecriture nous atteste que Dieu a eu les mêmes desseins en punissant ces nations coupables ; que c'est pour cela qu'il n'a pas exterminé entièrement les Egyptiens et les Chananéens. L'auteur du livre de la Sagesse lui dit à ce sujet : *Vous les avez épargnés, parce que c'étaient des hommes faibles. En les punissant par degrés, vous leur donniez le temps de faire pénitence... Vous avez soin de tous pour démontrer la justice de vos jugements...; et parce que vous êtes le Seigneur de tous, vous pardonnez à tous*, etc. (*Sap.*, XI, 24 et suiv. ; XII, 8 et suiv.). De quoi pouvait servir cette miséricorde extérieure, si Dieu n'y ajoutait pas des grâces ? — 3° Dieu n'a pas rejeté le culte des païens, lorsqu'ils le lui ont adressé. Salomon dit que Dieu écoutera leurs prières, lorsqu'ils l'adoreront dans son temple. *III Reg.*, c. VIII, v. 41. David les y invite tous. *Psal.* XCV, v. 7. Il félicite Jérusalem de ce que les étrangers se sont rassemblés et ont appris à connaître le Seigneur. *Ps.* LXXXVI. Nous en voyons des exemples dans la reine de Saba et dans Naaman. Il y avait dans le temple un parvis destiné exprès pour les gentils. Ces *infidèles* adoraient-ils le Seigneur sans aucune grâce ? — 4° Dieu n'a point désapprouvé les prières que les Juifs lui ont adressées pour les rois de Babylone. *Jerem.*, c. XXIX, v. 7 ; *Baruch*, c. I, v. 10 et suiv. ; c. II, v. 13 et 15. Et par ces prières les Juifs demandaient à Dieu, non-seulement la prospérité de ces princes, mais que Dieu leur inspirât la douceur, la bonté, la justice. Il n'a point réprouvé les présents et les sacrifices que les rois de Syrie lui faisaient offrir à Jérusalem. *Mach.*, l. II, c. III, v. 2 et 3. Lorsque saint Paul recommande de prier pour les rois et pour les princes, il entend que l'on demande à Dieu non-seulement leur conversion, mais la grâce d'être justes et pacifiques, puisqu'il ajoute : *Afin que nous menions une vie paisible et tranquille, avec piété, et avec la plus grande pureté* (*I Tim.*, II, 2). — 5° Nous voyons en effet que Dieu a souvent inspiré aux *infidèles* des sentiments et des actions de piété, de justice, de bonté. Lorsque Esther parut devant Assuérus, il est dit que Dieu tourna l'esprit du roi à la douceur. *Esther*, c. XIV, v. 13 ; c. XV, v. 11. Il est dit ailleurs que Dieu mit dans l'esprit de Cyrus de publier l'édit par lequel il faisait à Dieu hommage de ses victoires, *Esdr.*, c. I, v. 1 ; que Dieu tourne le cœur de Darius à aider les Juifs pour la construction du temple, c. VI, v. 22 ; qu'il avait inspiré au roi Artaxerxès le dessein de contribuer à l'ornement de ce lieu saint, c. VII, n. 27. C'étaient donc des bonnes œuvres inspirées par la grâce. — Au sujet d'Assuérus, saint Augustin fait remarquer aux pélagiens le pouvoir de la grâce sur les cœurs : « Qu'ils avouent, dit-il, que Dieu produit dans les cœurs des hommes, non-seulement de vraies lumières, mais encore de bons vouloirs, » *L. de Grat. Christi*, c. 24, n. 25 ; et il nomme *charité* ce bon vouloir d'un païen, *Op. imperf.*, l. III, n. 114, 163. Il dit que le fruit du miracle des trois enfants sauvés de la fournaise fut la conversion de Nabuchodonosor, qu'il publia la puissance de Dieu dont il avait méprisé les ordres. *In Ps.* LXVIII, *Serm.* 2, n. 3. Le saint docteur cite les édits par lesquels ce roi et Darius ordonnèrent à leurs sujets d'honorer le Dieu de Daniel, et il regarde cet hommage comme très-louable. *Epist.* 83, *ad Vincent. Rogat.* n. 9. Il cite le passage qui regarde Artaxerxès, pour prouver que la grâce prévient la bonne volonté. *L.* IV, *contra duas Epist. Pelag.* c. 6, n. 13. Enfin, il attribue à l'*opération divine* le changement de vie du philosophe Polémon. *Epist.* 144, n. 2. — 6° Dieu a fait aux *infidèles* des grâces auxquelles ils ont résisté. Selon la pensée de

---

(1) « Infidelitas pure negativa in his in quibus Christus non est prædicatus, peccatum est. — Omnia opera infidelium sunt peccata ; et philosophorum virtutes sunt vitia. — Necesse est infidelem in omni opere peccare. »

Job, ils ont dit à Dieu : *Retirez-vous de nous, nous ne voulons pas connaître vos voies. Qui est le Tout-Puissant, pour que nous le servions? Ils ont été rebelles à la lumière*, etc. (*Job.* XXI, 14; XXIV, 13 et 23). Saint Paul entend dans le même sens ces paroles d'Isaïe : *J'ai été trouvé par ceux qui ne me cherchaient pas ; je me suis montré à ceux qui ne m'appelaient pas*, etc. (*Rom.* X, 20). — 7° Dieu a pardonné les péchés aux *infidèles* lorsqu'ils ont fait pénitence : à Nabuchodonosor, *Dan.*, c. IV, v. 24, 31, 33 ; aux Ninivites, *Jon.*, c. III, v. 10 ; aux rois Achab et Manassès, qui étaient plus criminels que les *infidèles*, *III Reg.*, cap. XXI, v. 29; *IV Reg.*, cap. XXI; *II Paral.*, c. XXXIII. Ont-ils été pénitents sans avoir été touchés de la grâce ? — 8° Dieu a récompensé les bonnes actions des païens et leur obéissance à ses ordres : témoin les sages-femmes d'Egypte, la courtisane Rahab, Achior, chef des Ammonites, Nabuchodonosor et son armée, Ruth, femme moabite, etc. Saint Augustin, parlant des rois païens et idolâtres, dit que plusieurs ont mérité de recevoir du ciel la prospérité, les victoires, un règne long et heureux ; que la prospérité des Romains a été une récompense de leurs vertus morales. *De Civit. Dei*, l. V, c. 19 et 24. Nous savons très-bien que ces récompenses temporelles ne servaient de rien pour le salut ; mais elles prouvent que les actions pour lesquelles Dieu les accordait n'étaient pas des péchés : Dieu est aussi incapable de récompenser un péché, que d'engager l'homme à le commettre. — 9° Selon saint Paul, *lorsque les gentils qui n'ont pas la loi* (écrite) *font* NATURELLEMENT *ce qu'elle prescrit, ils sont eux-mêmes leur propre loi, et lisent les préceptes de la loi gravés dans leur cœur* (*Rom.* II, 14) [1]. C'est-à-dire, selon l'explication de saint Augustin, que dans ces gens-là « la loi de Dieu, qui n'est pas entièrement effacée par le crime, est écrite de nouveau par la grâce. » *De Spir. et Litt.*, c. 28, n. 48. Saint Prosper l'entend de même. « La loi de Dieu, dit-il, est conforme à la nature, et lorsque les hommes l'accomplissent, ils le font *naturellement*, non parce que la nature a prévenu la grâce, mais parce qu'elle est réparée par la grâce. » *Sent.* 259. Origène avait déjà fait le même commentaire, *in Epist. ad Rom.*, l. II, n. 9 ; l. IV, n. 5 (2).

Si nous voulions rassembler toutes les réflexions que les Pères de l'Eglise ont faites sur les textes de l'Ecriture que nous avons cités, il faudrait faire un volume entier ; mais il suffit d'alléguer des faits incontestables. Lorsque les Juifs prétendirent que tous les bienfaits de Dieu avaient été réservés pour eux, que les païens n'y avaient eu aucune part, ils furent réfutés par saint Justin. *Dial. cum Tryph.*, n. 45; *Apol.* 1, n. 46. Les marcionites disaient de même que Dieu avait abandonné les païens : saint Irénée, saint Clément d'Alexandrie, Tertullien, s'élevèrent contre cette erreur. Elle fut renouvelée par le philosophe Celse ; Origène lui opposa les passages que nous avons cités, en particulier ceux du livre de la Sagesse. *Contra Cels.*, lib. IV, n. 28. Les manichéens y retombèrent ; ils furent foudroyés par saint Augustin. Les pélagiens soutinrent que les bonnes actions des païens venaient des seules forces de la nature ; le saint docteur prouva que c'était l'effet de la grâce. *L.* IV, *contra Julian.*, c. 3, n. 16, 17, 32, etc. L'empereur Julien objecta que, selon nos livres saints, Dieu n'avait eu soin que des Juifs, et avait délaissé les autres nations ; saint Cyrille répéta les passages de l'Ecriture et les faits qui prouvent le contraire. *L.* III, *contra Julian.*, pag. 106 et suiv. Il est trop tard, au XVIII° siècle, pour ramener parmi les chrétiens l'esprit judaïque, et pour faire revivre des erreurs écrasées cent fois par les Pères de l'Eglise.

On dira peut-être que l'intention de ces Pères a été seulement de prouver que Dieu n'a point refusé aux païens les secours naturels pour faire le bien, et non de démontrer que Dieu leur a donné des grâces intérieures surnaturelles. Outre que le contraire est évident, par les expressions mêmes de l'Ecriture et des Pères, il ne faut pas oublier le principe d'où sont partis les théologiens que nous réfutons. Ils disent que, depuis la dégradation de la nature humaine par le péché originel, l'homme ne possède plus rien de son propre fonds, n'a plus de forces naturelles, ne peut faire autre chose que pécher; lorsque Dieu lui accorde des secours pour éviter le mal et faire le bien, en quel sens ces secours sont-ils encore naturels? Selon l'Ecriture et les Pères, c'est le Verbe divin qui opère dans tous les hommes, non-seulement comme créateur de la nature, mais comme réparateur de son ouvrage dégradé par le péché; il est donc faux que cette opération puisse être appelée *naturelle* dans aucun sens : c'est une conséquence de la grâce générale de la rédemption.

Lorsque ces mêmes théologiens ont avancé que la supposition d'une grâce générale accordée à tous les hommes est une des erreurs de Pélage, ils en ont imposé grossièrement. Cet hérétique, pour faire illusion, appelait *grâces* les forces de la nature, parce qu'elles sont un don de Dieu. C'est en ce sens qu'il disait que cette grâce est générale. Saint Augustin, *Epist.* 106, *ad Paulin.*; *L. de Grat. Christi*, c. 35, n. 38 et suiv. Il n'admettait point d'autre grâce de Jésus-Christ que la doctrine, les leçons, les exemples de ce divin Maître. Saint Augustin. *L.* III, *Op. imperf.*, n. 114. Selon lui, il était absurde de penser que la justice de Jésus-Christ profite à ceux qui ne croient pas en lui. *L.* III, *de Pec. meritis et remiss.*, c. 2, n. 2. Conséquemment il disait que, dans les chrétiens *seuls*, le libre arbitre est aidé par la grâce. *Epist. ad In-*

---

(1) Voici une proposition condamnée : « Cum Pelagio sentiunt qui textum Apostoli ad Romanos, *Gentes quæ legem non habent naturaliter quæ legis sunt faciunt*, intelligunt de gentilibus fidei gratiam non habentibus. »

(2) *Voy.* LOI NATURELLE.

noc. Append. August., p. 270. Il pensait donc, comme Baïus et ses partisans, que la foi est la première grâce. Comment aurait-il admis qu'une grâce intérieure surnaturelle est donnée à tous les hommes, lui qui soutenait qu'elle n'est nécessaire à personne, qu'elle détruirait le libre arbitre, et que cette prétendue grâce est une vision? Ce n'est pas le seul article de la doctrine de Pélage que ces théologiens ont travesti.

INFIDÉLITÉ, défaut de foi. Ce défaut se trouve, soit dans ceux qui ont eu les moyens de connaître Jésus-Christ et sa doctrine, et qui n'ont pas voulu en profiter, alors c'est une *infidélité positive;* soit dans ceux qui n'en ont jamais entendu parler, et alors c'est une *infidélité négative*. La première est un péché très-grave, puisque c'est une résistance formelle à une grâce que Dieu veut faire; la seconde est un malheur et non un crime, parce que c'est l'effet d'une ignorance involontaire et invincible. Au mot IGNORANCE, nous avons fait voir que dans ce cas elle excuse de péché. — Il ne s'ensuit pas de là qu'un infidèle puisse être sauvé sans connaître Jésus-Christ et sans croire en lui. Le concile de Trente a décidé que ni les gentils, par les forces de la nature, ni les Juifs, par la lettre de la loi de Moïse, n'ont pu se délivrer du péché; que la foi est le fondement et la racine de toute justification, et que sans la foi il est impossible de plaire à Dieu. Sess. 6, *de Justif.*, c. 1, et can. 1, c. 8, etc. Conséquemment, en 1700, le clergé de France a condamné comme hérétiques les propositions qui affirmaient que la foi nécessaire à la justification se borne à la foi en Dieu; en 1720, il a décidé, comme une vérité fondamentale du christianisme, que, depuis la chute d'Adam, nous ne pouvons être justifiés ni obtenir le salut que par la foi en Jésus-Christ rédempteur (1). Mais il ne faut pas oublier la vérité essentielle que nous avons établie dans l'article précédent, que Dieu accorde à tous les hommes, même aux *infidèles*, des grâces de salut, qui par conséquent tendent directement ou indirectement à conduire ces infidèles à la connaissance de Jésus-Christ. S'ils étaient dociles à y correspondre, Dieu sans doute leur en accorderait de plus abondantes. Par conséquent, aucun infidèle n'est réprouvé à cause du défaut de foi en Jésus-Christ, mais pour avoir résisté à la grâce. *Voy.* FOI, § 6, et ÉGLISE.

INFINI, INFINITÉ. Il est démontré que Dieu, Être nécessaire existant de soi-même, n'est borné par aucune cause : c'est donc l'Être *infini*, duquel aucun attribut ne peut être borné. Il est encore démontré que l'*infini* est nécessairement un et indivisible : il ne peut donc y avoir aucune succession dans l'*infini*, ou de suite successive actuellement *infinie*. De là on doit conclure que la matière n'est point *infinie*, puisqu'elle est divisible; que c'est une absurdité d'admettre une succession de générations qui n'a point eu de commencement; il faudrait la supposer actuellement *infinie* et actuellement terminée : c'est une contradiction. Lorsque nous disons que chacun des attributs de Dieu est *infini*, nous ne prétendons point les séparer les uns des autres, ni admettre en Dieu plusieurs *infinis*, puisque Dieu est d'une unité et d'une simplicité parfaites; mais comme notre esprit borné ne peut concevoir l'*infini*, nous sommes forcés de le considérer, comme les autres objets, sous différentes faces et différents rapports.

Quelques apologistes de l'athéisme ont prétendu que l'on fait un sophisme quand on prouve l'existence d'un Être *infini* par ses ouvrages. Ceux-ci, disent-ils, sont nécessairement bornés, et l'on ne peut pas supposer dans la cause plus de perfection que dans les effets. Mais ils se trompent, en supposant que l'*infinité* de Dieu se tire de la notion des créatures : elle se tire de l'idée d'Être nécessaire, existant de soi-même, qu'aucune cause n'a pu borner, puisqu'il n'a point de cause de son existence. De même que tout être créé est nécessairement borné, l'Être incréé ne peut pas avoir de bornes. Conséquemment, quoique la quantité de bien qu'il y a dans le monde soit bornée et mélangée de mal, il ne s'ensuit rien contre la bonté *infinie* de Dieu : quelque degré de bien que Dieu ait produit, il peut toujours en faire davantage, puisqu'il est tout-puissant : il y aurait contradiction qu'une puissance *infinie* fût épuisée et ne pût rien faire de mieux que ce qu'elle a fait. Il s'ensuit encore que toute comparaison entre Dieu et les êtres bornés est nécessairement fausse. Un être borné n'est censé bon qu'autant qu'il fait tout le bien qu'il peut; et il y a contradiction que Dieu fasse tout le bien qu'il peut, puisqu'il en peut faire à l'*infini*. Telles sont les deux sources de tous les sophismes que l'on fait sur l'origine du mal et contre la providence de Dieu (1).

---

(1) Nous avons tracé dans notre Dictionnaire de Théologie morale ce que la foi nous oblige d'admettre sur ce point.

(1) Les panthéistes et autres rationalistes, pour pouvoir se passer de révélation positive, et paraître cependant être en droit d'admettre certaines vérités fondamentales qui ne sont point du domaine de la raison, ont fait de leur *absolu* imaginaire un être *infini*, à l'instar de l'infini révélé. Ils se sont donc retranchés derrière l'infini, dans lequel ils ont anéanti toutes les réalités concevables, et ils ont tenu ce poste avec d'autant plus de confiance qu'ils s'y croyaient à tout jamais inexpugnables. Les cartésiens étaient à leurs yeux les seuls adversaires qu'ils eussent à craindre, et les cartésiens s'imaginaient avoir trouvé l'*infini* dans la raison; la plupart même, prétendaient que le *fini* n'est qu'une pure négation de l'*infini*, et que par conséquent c'est un non être : « Ce qui, comme le fait judicieusement observer le P. Perrone (*Præl. theol.*, t. II, col. 1323), semblerait insinuer que le *fini* et le *conditionnel* n'existent même pas, et qu'il n'y a qu'une seule substance, qui est la *substance absolue*. » Assez et trop longtemps les rationalistes, les panthéistes surtout, se sont crus forts de l'imprévoyance, du défaut de logique de leurs adversaires, il est temps enfin qu'on les expulse à jamais du dernier poste où ils se sont retranchés, qu'on leur arrache enfin des mains leur *absolu*, leur *infini*. Il ne fallait qu'apprécier la valeur logique de cet *absolu*, en examinant

INFRALAPSAIRES. Parmi les sectaires qui soutiennent que Dieu a créé un certain nombre d'hommes pour les damner, et sans leur donner les secours nécessaires pour se sauver, on distingue les *supralapsaires* et les *infralapsaires*. Les premiers disent qu'antécédemment attentivement les attributs dont on le constitue, pour en reconnaître l'illusion et constater avec évidence qu'il est dépourvu de tout fondement scientifique. Si Weisse rapporté par Baltzer, cité lui-même par le P. Perrone (*loc. cit.*, col. 1320), avoue qu'avant Hégel, qui leva le masque, « le panthéisme pouvait en quelque sorte se cacher à la faveur, soit de l'*indétermination* de son idée fondamentale de l'absolu, *nondum scientifice superata*, soit de la difficulté particulière qu'il y avait à la concevoir, » c'est qu'on n'avait considéré cette idée qu'au point de vue du cartésianisme, et qu'il n'est guère facile de découvrir en d'autres des vices de raisonnement que l'on n'a pas évités soi-même. Quoique Hégel ait, selon le même auteur, « conduit le panthéisme à un point où il est nécessaire qu'il se manifeste tel qu'il est en effet, » il n'est pas plus facile d'en attaquer l'idée fondamentale avec les principes cartésiens. Le panthéiste allemand considère Dieu (l'absolu), non comme un être persévérant de toute éternité dans son identité absolue, mais comme se déroulant nécessairement par degrés, et constituant ainsi, par une succession continue, divers ordres d'êtres : il arrive ainsi à la *philosophie de la nature*. Mais comme il ne peut demeurer dans cet état *d'extériorité*, de multiplicité, il est nécessaire qu'il rentre dans l'unité de son être et qu'il devienne *esprit* : de là la *philosophie de l'esprit*. Enfin, l'être absolu acquiert la connaissance, la conscience de lui-même, et devient *personnalité infinie*. Telle est la *trinité logique continue* de Hégel. Il y a encore dans ce système un *absolu*, un *infini* qui absorbe tout ; il y a, comme toujours, négation du *fini*, anéantissement de celui-ci dans l'*infini*. Comment le cartésien, qui conçoit aussi un *infini a priori*, et qui prétend le démontrer *a posteriori*, comment surtout celui qui ne voit dans le *fini* que la négation de l'*infini*, pourrait-il attaquer un système quelconque de panthéisme ? Quelles armes lui opposerait-il ? Pour nous, hâtons-nous d'arracher à toute l'armée panthéistique sa dernière ressource, son *infini*, et nous aurons complètement triomphé, même de l'*absolu* des rationalistes qui ne sont point panthéistes.

Quelques auteurs distingués ont nié que nous ayons l'idée de l'*infini* : sans doute nous ne pouvons en avoir une idée adéquate ; nous savons plutôt ce qu'il n'est pas que ce qu'il est. Ce qu'il y a de certain, c'est qu'il faut avoir cette idée pour être *logiquement* en droit d'affirmer qu'on ne l'a pas ; comment en effet soutenir la non-existence dans d'autres esprits d'une idée que l'on ne saurait soi-même distinguer de toute autre ? Si l'on accorde, ce qu'il faut bien, que l'on puisse la distinguer de toute autre, il n'est plus possible d'en contester l'existence indistinctement dans tous les esprits. Ces quelques mots suffisent pour trancher une question de métaphysique sur laquelle on a tant écrit. Il ne s'agit donc pas ici de contester l'idée de l'*infini* à des philosophes élevés dans le sein de la société chrétienne, nous prétendons seulement démontrer qu'on ne peut s'élever à la conception de l'*infini* au moyen de l'observation et de l'induction, c'est-à-dire par les seules ressources de la raison. Lorsque l'on considère un individu ou un objet quelconque choisi dans la nature, comme un animal particulier, un végétal particulier ou un minéral particulier, on a immédiatement l'idée de l'*imitation*, qui est inséparable de l'observation des contours. Si l'on fait abstraction de toute limite, on aura la substance confuse et idéale des panthéistes, mais rien de plus ; loin donc de s'élever par ce procédé à l'idée de l'*infini*, comme l'ont prétendu beaucoup de métaphysiciens, on n'acquerra même pas celle de l'indéfini. Il en sera de même si l'on fait abstraction des limites d'un tout artificiel quelconque, comme d'un livre, d'une voiture, d'une maison, d'une ville, etc., ou même des limites des planètes et du soleil : on n'aura plus l'idée distincte de quoi que ce soit, mais aux idées distinctes et particulières de chaque objet, il ne succédera qu'une idée confuse qui ne représentera rien et fatiguera l'attention sans pouvoir la fixer. On commet donc un non-sens et l'on ne fait qu'un jeu de mots quand on dit : « Concevez le fini, faites abstraction des bornes, et vous aurez l'idée de l'infini, qui est sans bornes. »

Cependant si, au lieu d'observer des objets physiques, on considère seulement par abstraction quelqu'une de leurs propriétés, comme l'étendue, le nombre, la durée, et que, par une suite de nouvelles abstractions, on recule successivement les limites, on s'élèvera à la conception de l'*indéfini*, de l'*indéterminé*, de l'*inassignable*, c'est-à-dire d'une étendue, d'un nombre, d'une durée, auxquels il sera toujours possible d'ajouter pour la pensée. Or, ce n'est pas là l'idée de l'*infini*, que l'on conçoit sans bornes à la vérité, mais aussi que l'on conçoit simple et actuellement déterminé.

Enfin, on prétend atteindre à l'*infini* au moyen de l'idée de causalité, en partant de faits physiques qui induisent à l'existence d'un être doué d'une puissance et d'une intelligence qui surpassent toute conception humaine. On sait qu'en bonne logique la conclusion doit être contenue dans les prémisses : on conclut qu'il existe un être qui possède une puissance et une intelligence *infinies*, et qui par conséquent est lui-même *infini* ; voyons donc si une telle conclusion peut résulter de prémisses posées par l'observation. Dès qu'on examine avec attention un être organisé quelconque, mais surtout un animal assez élevé, on ne tarde pas à y découvrir une disposition d'organes pour un but déterminé, un mouvement régulier de molécules, s'effectuant en dépit des lois connues qui régissent la matière, enfin une transformation de certaines substances en d'autres, ayant lieu par le phénomène de l'assimilation, sous l'influence de la vie. Toutes ces merveilles manifestent l'action d'une puissance intelligente dont les opérations surpassent les forces et le génie de l'homme. Voilà tout ce que l'on peut induire rigoureusement des faits observés, quand même on ne serait élevé de la surface de la terre jusqu'aux dernières régions observables de notre système planétaire. Mais de quel droit conclurait-on d'une des opérations dont le secret nous est caché supposent un agent infini ? Pourquoi n'y aurait-il point de puissance, d'intelligence intermédiaire entre la puissance, l'intelligence humaine et une puissance, une intelligence infinie (a) ?

Pour qu'un phénomène surpasse la puissance, l'intelligence de l'homme, il n'est nullement nécessaire qu'il en soit distant d'une infinité de degrés, mais il suffit que sa réalisation exige un seul degré de force, et sa conception un seul degré de génie de plus qu'il n'y en a et qu'il ne peut en exister dans le règne de spontanéité, surtout avant qu'il soit par-

---

(a) On conçoit que des rationalistes incrédules, qui veulent à toute force trouver un *infini* dans la raison, pour fonder une religion sans révélation, tombent dans de telles inconséquences ; mais ce que l'on comprend difficilement, c'est que des philosophes catholiques aient sur ce point des prétentions aussi déraisonnables. Ils reconnaissent cependant, eux, qu'il existe des esprits tant bons que mauvais, dont l'intelligence et la puissance, pour être surhumaines, ne sont point pour cela infinies. Ils savent aussi combien il est difficile de distinguer les opérations des bons anges de celles des mauvais, et même de discerner les miracles des prestiges, si on les considère en eux-mêmes et indépendamment des circonstances.

à toute prévision de la chute du premier homme, *ante lapsum* ou *supra lapsum*, Dieu a résolu de faire éclater sa miséricorde et sa venu à son maximum de développement. Ne voyons-nous pas tous les jours que l'homme ou produit ou comprend des effets dont il n'avait d'abord aucune idée, ou qu'il regardait comme à jamais inexplicables? Pour ne parler que de choses communément connues, le retour du sang dans le cœur n'offrait-il pas aux hommes de la science des difficultés qui semblaient insurmontables, avant la découverte de l'anastomose des artères avec les veines dans leurs dernières ramifications? Aujourd'hui même, n'est-il point encore un phénomène mystérieux pour tous ceux qui sont étrangers aux effets de l'anastomose, c'est-à-dire pour plus des trois quarts des individus mêmes de la classe lettrée? On s'est servi longtemps de la poudre à canon comme d'un *secret dérobé à la nature*, comme d'une force dont l'homme était incapable soit de calculer l'intensité, soit de découvrir la cause immédiate. Cependant, n'a-t-on pas fait l'un et l'autre dans ces derniers temps? La force expansive des gaz, qui est la cause immédiate des effets de la poudre, n'a-t-elle pas été appliquée directement au fusil à vent? N'a-t-elle pas été soumise à la rigueur du calcul? Que n'aurions-nous point à dire du dédain avec lequel il fut d'abord accueilli par les savants la découverte de l'emploi de la vapeur comme force motrice? On sait que des peuplades non civilisées ont vu l'intervention d'une divinité soit dans la prédiction d'une éclipse, soit dans les effets ou d'un coup de fusil, ou de la réflexion de la lumière sur un miroir, etc. ; et que notre vulgaire prétend encore que *jamais l'homme ne saura ce que c'est que le tonnerre*, parce qu'il ignore l'action des deux électricités l'une sur l'autre, et qu'il sait encore moins que l'on a osé interroger le foudre elle-même au moyen de cerfs-volants. On sait aussi combien peu, même parmi les personnes de la classe instruite, sont en état de comprendre les déductions un peu éloignées des principes mathématiques, les plus élémentaires; ceux qui peuvent en saisir la rigueur sont-ils logiquement en droit de prétendre que de telles déductions ne peuvent être conçues que par une intelligence *infinie*? Quand l'homme serait certain d'être parvenu à son maximum de perfectibilité, pourrait-il légitimement conclure que tout ce qu'il ne comprend pas ne peut avoir été conçu que par une intelligence *infinie*? Ce serait limiter l'*infini*, qui pourrait être ainsi formulé sous le point de vue de l'intellection : tous les degrés de l'intelligence humaine $+1$; il y aurait donc contradiction évidente dans la conclusion. En moi, comme il peut y avoir bien des degrés au-dessus du pouvoir humain, soit physique, soit intellectuel, il faudrait que les partisans de l'*infini-raison* prissent la peine de caractériser positivement les degrés soit de puissance, soit d'intelligence qui doivent être rapportés à un être infini. Or, qui ne voit qu'il y a évidemment impossibilité à caractériser ce que l'on ne peut concevoir? Nous avons combattu principalement ici les prétentions des rationalistes, en démontrant que l'on ne peut déduire l'*infini* de prémisses quelconques posées par l'observation. D'un autre côté, nous avons fait voir que les autres caractères qu'eux et les panthéistes attribuent à leur *absolu* n'ont pas plus de fondement dans l'observation et l'induction ; nous leur avons donc enfin arraché des mains l'unique bouclier dont ils couvraient leur faiblesse depuis plus d'un demi-siècle. Nous offrons de les dédommager en les conduisant avec nous à la recherche de l'*infini-révélation* : nous les prévenons cependant qu'il sera moins accommodant que leur *infini-raison*, qu'il leur intimera ses volontés positives, au lieu de se conformer aux exigences de leurs caprices. Mais aussi, il leur donnera la force d'accomplir tout ce

justice : sa miséricorde, en créant un certain nombre d'hommes pour les rendre heureux pendant toute l'éternité; sa justice, en créant un certain nombre d'autres hommes pour les punir éternellement dans l'enfer : qu'en conséquence Dieu donne aux premiers des grâces pour se sauver, et les refuse aux seconds. Ces théologiens ne disent point en quoi consiste cette prétendue justice de Dieu, et nous ne concevons pas comment elle pourrait s'accorder avec la bonté divine.

Les autres prétendent que Dieu n'a formé ce dessein qu'en conséquence du péché originel, *infra lapsum*, et après avoir prévu de toute éternité qu'Adam commettrait ce péché. L'homme, disent-ils, ayant perdu par cette faute la justice originelle et la grâce, ne mérite plus que des châtiments; le genre humain tout entier n'est plus qu'une masse de corruption et de perdition, que Dieu peut punir et livrer aux supplices éternels, sans blesser sa justice. Cependant, pour faire éclater aussi sa miséricorde, il a résolu de tirer quelques-uns de cette masse, pour les sanctifier et les rendre éternellement heureux.

Il n'est pas possible de concilier ce plan de la providence avec la volonté de Dieu de sauver tous les hommes, volonté clairement révélée dans l'Ecriture sainte, *I Tim.*, c. II, v. 4, etc., et avec le décret que Dieu a formé au moment même de la chute d'Adam, de racheter le genre humain par Jésus-Christ. Nous ne comprenons pas en quel sens une masse rachetée par le sang du Fils de Dieu est encore une masse de perdition, de réprobation et de damnation. Dieu l'a-t-il ainsi envisagée lorsqu'il *a aimé le monde jusqu'à donner son Fils unique pour prix de sa rédemption?* *Joan.*, c. III, v. 16. *Voy.* PRÉDESTINATION, RÉDEMPTION.

Il est absurde de supposer en Dieu un autre motif de donner l'être à des créatures que la volonté de leur faire du bien ; et les *supralapsaires* prétendent qu'il en a produit un très-grand nombre dans le dessein de leur faire le plus grand de tous les maux, qui est la damnation éternelle; ce blasphème fait horreur. Il est dit dans le livre de la Sagesse que Dieu *ne sait rien de ce qu'il a fait*, et ces hérétiques supposent que Dieu a eu de l'aversion pour des créatures avant de les faire.

INHÉRENT, justice *inhérente*. *Voy.* JUSTICE, JUSTIFICATION.

INNOCENCE. On appelle état d'*innocence*, ou *innocence originelle*, l'état dans lequel Adam a été créé et a vécu avant son péché. En quoi consistaient les privilèges et les avantages de cet état? Nous ne pouvons le savoir que par la révélation. L'Ecriture nous apprend que Dieu avait créé l'homme droit, *Eccli.*, c. VII, v. 30; que Dieu l'avait fait à son image et immortel, mais que, par

qu'il leur prescrira; et ils auront l'espérance de le voir un jour tel qu'il est, s'ils croient et pratiquent tout ce qu'il a enjoint aux êtres intelligents et libres qui habitent notre planète.

la jalousie du démon, la mort est entrée dans le monde, *Sap.*, c. ii, v. 23 ; que Dieu avait donné à nos premiers parents les lumières de l'esprit, l'intelligence, la connaissance du bien et du mal, etc. *Eccli.*, c. xvii, v. 5.

D'ailleurs, par la manière dont l'Ecriture parle des effets, des suites du péché et de la réparation que Jésus-Christ en a faite, les Pères de l'Eglise et les théologiens ont conclu qu'Adam avait été créé de Dieu avec la grâce sanctifiante, avec le droit à une béatitude éternelle, avec un empire absolu sur les passions, et avec le don de l'immortalité. En effet, les auteurs sacrés, en parlant de la rédemption, disent que Jésus-Christ a ouvert la porte du ciel ; que par le baptême il nous rend la justice, la qualité d'enfants adoptifs de Dieu et d'héritiers du ciel ; qu'il nous assure, non l'exemption de la mort, mais une résurrection future : il ne nous accorde point un empire absolu sur nos passions, mais le secours d'une grâce intérieure pour les vaincre. Si la perte de tous ces avantages a été un effet du péché, il faut donc qu'Adam les ait possédés avant sa chute. L'Ecriture ne nous dit pas si Adam a demeuré longtemps dans l'état d'*innocence*, ou s'il a péché peu de temps après sa création.

Quelques théologiens ont prétendu que les priviléges de l'état d'*innocence* étaient des dons purement naturels ; que Dieu ne pouvait, sans déroger à sa bonté et à sa justice, créer l'homme dans un état différent et moins avantageux. Nous examinerons cette question à l'article ETAT DE NATURE.

Saint Augustin est le premier qui ait fait un tableau pompeux de l'état dans lequel le premier homme était avant sa chute, afin de faire comprendre, par la comparaison de cet état avec le nôtre, les terribles effets du péché originel. Mais cet argument est plutôt philosophique que théologique, puisqu'il n'est fondé, ni sur l'Ecriture sainte, ni sur la tradition. C'est la réflexion du P. Garnier dans sa dissert. 7e, *De Ortu et Increment. hæresis pelagian.* Append. August., p. 196. Il ne faut pas conclure de là, comme ont fait les déistes, que saint Augustin a forgé le dogme du péché originel, et qu'il n'était pas connu avant lui, puisque ce saint docteur l'a prouvé, non-seulement par l'Ecriture sainte, mais par le sentiment des Pères qui ont vécu avant lui.

INNOCENTS, enfants massacrés par ordre d'Hérode, roi de Judée, lorsqu'il fut averti de la naissance du Christ ou du Messie, annoncé sous le nom de roi des Juifs. Ce massacre, rapporté par saint Matthieu, c. ii, est contesté par plusieurs incrédules modernes. On ne conçoit pas, disent-ils, comment un roi soupçonneux, jaloux, troublé par la nouvelle de la naissance d'un nouveau roi des Juifs, a pu prendre si mal ses mesures, se fier à des étrangers, patienter pendant plusieurs jours, sans rien faire pour s'assurer du fait. Ou Hérode croyait aux prophéties, ou il n'y croyait pas : s'il y croyait, il devait aller rendre ses hommages au Christ ; s'il n'y croyait pas, il est absurde qu'il ait fait égorger des enfants en vertu des prophéties auxquelles il n'ajoutait aucune foi. Dieu ne peut avoir permis ce massacre ; il pouvait sauver son Fils par une autre voie. Hérode n'était point maître absolu dans la Judée ; les Romains n'auraient pas souffert cette barbarie. Les autres évangélistes n'en parlent point. Philon ni Josèphe n'en disent rien, quoique ce dernier raconte toutes les cruautés d'Hérode. Saint Matthieu n'a inventé cette histoire que pour y appliquer faussement une prophétie de Jérémie qui concerne la captivité de Babylone. Ce qu'il dit du voyage et du séjour de Jésus en Egypte ne s'accorde point avec les autres évangélistes. D'autres critiques ont dit que, malgré toutes les cruautés que l'on reproche à Hérode, il n'est pas probable qu'il ait commis cette barbarie.

Mais que prouvent des raisonnements et des conjectures contre des témoignages positifs ? Le massacre des *innocents* est rapporté non-seulement par saint Matthieu, mais par Macrobe, comme un fait qui fut divulgué à Rome dans le temps. « Auguste, dit-il, ayant appris que parmi les enfants âgés de deux ans et au-dessous, qu'Hérode, roi des Juifs, avait fait tuer dans la Syrie, son propre fils avait été enveloppé dans le massacre, dit : *Il vaut mieux être le pourceau d'Hérode que son fils.* » *Saturn.*, l. i, c. 4. Celse, qui avait lu ce fait dans saint Matthieu, et qui le met dans la bouche d'un juif, n'y oppose rien. Orig., *contre Celse*, l. i, n. 58. Pourquoi ne le conteste-t-il pas par la notoriété publique, si le fait était faux ? Saint Justin, né dans la Syrie, allègue encore le même événement au juif Tryphon, *Dial.*, n. 78 et 79, et ce juif ne le révoque point en doute. Le silence des autres évangélistes, de Philon, de Josèphe, de Nicolas de Damas, etc., ne détruit pas des témoignages aussi formels.

Il est très-croyable qu'un monstre de cruauté tel qu'Hérode, qui avait fait périr son épouse sur de simples soupçons, qui avait mis à mort deux fils qu'il avait eus de cette femme, qui fit encore ôter la vie à son troisième fils Antipater, peu de temps après le meurtre des *innocents*, qui, peu de jours avant sa mort, ordonna que les principaux Juifs fussent enfermés dans l'hippodrome, et massacrés le jour qu'il mourrait, afin que ce fût un jour de deuil pour tout son royaume, ait fait immoler à ses inquiétudes les enfants de Bethléem et des environs. C'était un insensé, sa conduite le prouve ; il n'est donc pas étonnant qu'il ait mal pris ses mesures. Dieu y veillait d'ailleurs. Pour qu'il fût alarmé et troublé, il n'est pas nécessaire qu'il ait cru aux prophéties, mais qu'il ait su que la nation juive y croyait, et qu'il était lui-même universellement détesté. Il fit massacrer les enfants, non en vertu des prophéties, mais en conséquence de l'avis qu'il reçut par les mages et de la réponse des docteurs de la loi. Dieu a permis ce massacre, comme il a souffert tous les autres crimes des hommes, et comme il souffre encore les blasphèmes des incrédules, en se réservant de les punir lorsqu'il lui plaira. Il pouvait sauver Jésus-Christ du danger par un autre moyen; mais y a-t-il quelque moyen contre lequel l'incrédulité n'ait pas formé des doutes et des reproches? Les Romains n'avaient pas empêché les autres forfaits d'Hérode, et il ne consulta pas les Romains pour commettre celui-ci. Quel intérêt d'ailleurs pouvait engager saint Matthieu à forger, contre la notoriété publique, l'histoire du meurtre des *innocents?* Ce fait ne pouvait tourner ni à la gloire de Jésus, ni à l'avantage de ses disciples, ni au succès de l'Evangile. L'application qu'il y fait d'une prophétie de Jérémie qui regardait la captivité de Babylone ne prouve ni pour ni contre la réalité de l'événement. — Quant à la prétendue contradiction qui se trouve entre les évangélistes, au sujet du voyage et du séjour de Jésus en Egypte, *voy.* MAGES.

La fête des *Innocents* se célèbre le 28 décembre; l'Eglise les honore comme martyrs; ils sont les premiers en faveur desquels Jésus-Christ a vérifié sa promesse : *Celui qui perdra la vie à cause de moi, la retrouvera* (*Matth.* x, 39). Cette fête est très-ancienne dans l'Eglise, puisque Origène et saint Cyprien en ont parlé au IIIe siècle. Dès le IIe, saint Irénée n'a pas hésité de donner à ces enfants le titre de martyrs. *Voy.* Bingham, *Orig. ecclés.*, l. xx, c. 7, § 12. Dans les bas siècles, la fête des *Innocents* a été profanée par des indécences : les enfants de chœur élisaient un évêque, le revêtaient d'habits pontificaux, imitaient ridiculement les cérémonies de l'Eglise, chantaient des cantiques absurdes, dansaient dans le chœur, etc. Cet abus fut défendu par un concile tenu à Cognac en 1260, mais il subsista encore longtemps; il n'a été absolument aboli en France qu'après l'an 1444, en suite d'une lettre très-forte que les docteurs de Sorbonne écrivirent à ce sujet à tous les évêques du royaume.

INQUISITEUR, officier du tribunal de l'inquisition. Il y a des *inquisiteurs généraux* et des *inquisiteurs particuliers.* Plusieurs auteurs ont écrit que saint Dominique avait été le premier *inquisiteur* général, qui avait été commis par Innocent III, et par Honoré III, pour procéder contre les hérétiques albigeois. C'est une erreur. Le P. Echard, le P. Touron et les Bollandistes prouvent que saint Dominique n'a fait aucun acte d'*inquisiteur*; qu'il n'opposa jamais aux hérétiques d'autres armes que l'instruction, la prière et la patience; qu'il n'eut aucune part à l'établissement de l'inquisition. Le premier *inquisiteur* fut le légat Pierre de Castelnau; cette commission fut donnée ensuite à des moines de Cîteaux. Ce ne fut qu'en 1233, que les Dominicains en furent chargés, et saint Dominique était mort en 1221. Voyez *Vies des Pères et des Martyrs*, t. VII, note, p. 117. C'est donc depuis 1233 seulement que les généraux de cet ordre ont été comme *inquisiteurs-nés* de toute la chrétienté. Le pape, qui nomme actuellement à cette commission, laisse toujours subsister à Rome la congrégation du Saint-Office dans le couvent de la Minerve des Dominicains : et ces religieux sont encore *inquisiteurs* dans trente-deux tribunaux de l'Italie, sans compter ceux d'Espagne et de Portugal. Les *inquisiteurs généraux* de la ville de Rome sont les cardinaux membres de la congrégation du Saint-Office; ils prennent le titre d'*inquisiteurs généraux* dans toute la chrétienté; mais ils n'ont point de juridiction en France ni en Allemagne, où l'inquisition n'est pas établie. Le grand *inquisiteur* d'Espagne est nommé par le roi, de même qu'en Portugal; après avoir été confirmé par le pape, il juge en dernier ressort, et sans appel à Rome. Le droit de confirmation suffit à Sa Sainteté pour prouver que l'inquisition relève d'elle immédiatement.

Il y a beaucoup d'esprit dans la remontrance que fait aux *inquisiteurs* d'Espagne et de Portugal l'auteur de l'*Esprit des Lois*, l. xxv, c. 13; malheureusement elle porte sur une fausseté. L'auteur suppose que l'inquisition punit de mort les juifs pour leur religion, et parce qu'ils ne sont pas chrétiens; il est cependant certain qu'elle ne punit que ceux qui ont professé ou fait semblant de professer le christianisme, parce qu'elle les envisage comme des apostats et des profanateurs de notre religion. La bonne foi semblait exiger que l'auteur le fît entendre. L'apologie qu'il fait de la constance et de l'attachement des juifs à leur religion ne prouve pas qu'ils aient raison de professer la nôtre à l'extérieur et par hypocrisie, pendant qu'ils demeurent juifs dans le cœur : l'exemple d'Eléazar, qui ne voulut pas feindre d'obéir aux ordres d'Antiochus, suffit pour les condamner. *II Mach.*, c. VI, v. 24.

INQUISITION ; juridiction ecclésiastique érigée par les souverains pontifes en Italie, en Espagne, en Portugal et aux Indes, pour extirper les juifs, les Maures, les infidèles et les hérétiques. Nous n'avons certainement aucune envie de faire l'éloge de ce tribunal, ni de sa manière de procéder; mais les hérétiques et les incrédules ont forgé à ce sujet tant d'impostures, qu'il est naturel de rechercher ce qu'il y a de vrai ou de faux.

Ce fut vers l'an 1200 que le pape Innocent III établit ce tribunal pour procéder contre les albigeois, hérétiques perfides qui dissimulaient leurs erreurs et profanaient les sacrements auxquels ils n'ajoutaient aucune foi. Mais le concile de Véronne, tenu en 1184, avait déjà ordonné aux évêques de Lombardie de rechercher les hérétiques avec soin, et de livrer au magistrat civil ceux qui seraient opiniâtres, afin qu'ils fussent punis corporellement. *Voy.* Fleury, *Hist. ecclés.*, l. LXXIII, n. 54. Ce tribunal fut adopté par le comte de Toulouse en 1229, et confié aux Dominicains par le pape Grégoire IX, en 1233. Innocent IV l'étendit dans toute l'Italie, excepté à Naples. L'Espagne y fut entièrement soumise en 1448, sous le règne de Ferdinand et d'Isabelle. Le Portugal l'adopta sous le roi Jean III, l'an 1557, selon la forme reçue en Espagne. Douze ans auparavant, en 1545, Paul III avait formé la congrégation de l'*inquisition* sous le nom de *Saint-Office*, et Sixte V la confirma en 1588. Lorsque les Espagnols passèrent en Amérique, ils portèrent l'*inquisition* avec eux. Les Portugais l'introduisirent dans les Indes orientales, immédiatement après qu'elle fut autorisée à Lisbonne.

Par ce détail, et par ce que nous dirons ci-après, il est déjà prouvé que l'*inquisition* n'a été établie dans aucun des royaumes de la chrétienté que du consentement et, quelquefois même, à la réquisition des souverains : fait essentiel, et toujours dissimulé par les déclamateurs qui écrivent contre ce tribunal ; ils affectent d'insinuer que cette juridiction a été établie par la simple autorité des papes, contre le droit des rois, pendant qu'il est avéré qu'elle n'a jamais fait aucun exercice que sous l'autorité des rois. — Les premiers *inquisiteurs* avaient le droit de citer tout hérétique, de l'excommunier, d'accorder des indulgences à tout prince qui exterminerait les condamnés, de réconcilier à l'Eglise, de taxer les pénitents et de recevoir d'eux une caution de leur repentir. — L'empereur Frédéric II, accusé par le pape de n'avoir point de religion, crut se laver de ce reproche en prenant sous sa protection les inquisiteurs : il donna même quatre édits à Pavie, en 1244, par lesquels il mandait aux juges séculiers de livrer aux flammes ceux que les inquisiteurs condamneraient comme hérétiques obstinés, et de laisser dans une prison perpétuelle ceux qui seraient déclarés repentants. — En 1255, le pape Alexandre III établit l'*inquisition* en France, du consentement de saint Louis. Le gardien des cordeliers de Paris, et le provincial des dominicains, étaient les grands inquisiteurs. Selon la bulle d'Alexandre III, ils devaient consulter les évêques ; mais ils n'en dépendaient pas. Cette juridiction nouvelle déplut également au clergé et aux magistrats, bientôt le soulèvement de tous les esprits ne laissa à ces moines qu'un titre inutile. Si, dans les autres états, les évêques avaient eu la même fermeté, leur propre juridiction n'aurait reçu aucune atteinte. — En Italie, les papes se servirent de l'*inquisition* contre les partisans des empereurs : c'était une suite de l'ancien abus et de l'opinion dans laquelle ils étaient qu'il leur était permis d'employer les censures ecclésiastiques pour soutenir les droits temporels de leur siège. En 1302, le pape Jean XXII fit procéder par des moines inquisiteurs contre Matthieu Visconti, seigneur de Milan, et contre d'autres, dont le crime était leur attachement à l'empereur Louis de Bavière. — L'an 1289, Venise avait déjà reçu l'*inquisition* ; mais, tandis qu'ailleurs elle était entièrement dépendante du pape, elle fut, dans l'Etat de Venise toute soumise au sénat. Dans le XVIe siècle, il fut ordonné que l'*inquisition* ne pourrait faire aucune procédure sans l'assistance de trois sénateurs.

Par ce reglement, l'autorité de ce tribunal fut anéantie à Venise à force d'être éludée. — Les souverains de Naples et de Sicile se croyaient en droit, par les concessions des papes, d'y jouir de la juridiction ecclésiastique. Le pontife romain et le roi se disputant toujours à qui nommerait les inquisiteurs, on n'en nomma point. Si, finalement, l'*inquisition* en Sicile fut autorisée en 1478, après l'avoir été en Espagne par Ferdinand et Isabelle, elle fut en Sicile, plus encore qu'en Castille, un privilège de la couronne, et non un tribunal romain (1).

(1) « Un fait éclate dans l'histoire, dit M. Plantier, c'est que dans la plupart des Etats où s'installa ce tribunal, il dut sa naissance aux calculs et aux avances du pouvoir temporel. A Venise, c'est par une décision solennelle du sénat qu'il fut inauguré : Frédéric II l'introduisit à Padoue ; en Portugal, il ne pénétra que par les ordres de Jean III. Son origine fut la même en Espagne. Il sortit pour elle et de l'époque et du règne qui l'enrichirent du nouveau monde, et la délivrèrent définitivement des infidèles : l'acte qui le fonda fut signé par les mains qui devaient un peu plus tard terrasser Boabdil, et fournir à Christophe Colomb les moyens d'accomplir ses glorieuses découvertes ; Ferdinand V et Isabelle, voilà ses véritables inaugurateurs ; tout ce qui se rattache à cette création sévère, ils le décrétèrent par eux-mêmes, ou du moins ils le provoquèrent par leurs instances ; et c'est être simplement juste que d'en faire remonter à leurs combinaisons et à leur puissance, la première et la plus grave responsabilité. L'esprit public la partage avec eux ; ce fut là une de ces pensées que les instincts des nations éveillent dans l'intelligence des rois ; le nuage se forma sur les hauteurs, mais les vapeurs qui le composaient étaient montées de l'abîme. On était alors généralement exalté dans la Péninsule contre une certaine branche de la population ; déjà plusieurs cortès avaient pris contre elle des mesures rigoureuses ; c'était une race impopulaire et maudite ; on n'avait d'autre vœu que celui de la voir comprimée, pour ne pas dire anéantie, et en érigeant, dans le but de la contenir ou de l'éteindre, une institution menaçante, Isabelle et Ferdinand ne firent que répondre au désir général et céder à l'entraînement des peuples. Comme on le dirait dans notre siècle, ils s'inspirèrent de l'opinion, cet oracle prétendu des princes, cette boussole des gouvernements, ce flot dont on proclame que les pouvoirs doivent prévenir les ravages, mais accepter le cours.

« La seconde époque de l'inquisition part de Philippe II, et s'en va jusqu'à l'avènement des Bourbons ; son but, pendant cette période, fut d'opposer une digue à l'invasion du protestantisme, non pas précisément comme erreur, mais comme principe de trouble. A ce moment, l'unité nationale n'était pas encore vigoureusement constituée dans la Péninsule ; l'Aragon, la Navarre et la Castille ne tenaient l'un à l'autre que par des nœuds flottants et mal serrés ; le sentiment de leur indépendance primitive, mal éteint dans leur âme, tendait à les désunir. A l'inconsistance du dedans se joignaient de graves embarras au dehors ; c'était, comme l'a dit un auteur moderne, c'était l'Europe, où l'on avait çà et là des armées ; c'était l'Amérique, dont la conquête n'avait rien d'affermi ; c'était l'Afrique, où les Maures et les Juifs, chassés par Ferdinand, rêvaient encore de passer le détroit, et de revenir s'abattre comme des vautours sur cette grande proie qu'on leur avait arrachée. Au milieu de ces oscillations et de ces dangers, Philippe crut devoir éloigner de ses Etats tout ce qui pourrait être un élément nouveau de discorde intestine, briser les liens qu'il cherchait à former,

Après la conquête de Grenade sur les Maures, l'*inquisition* déploya dans toute l'Espagne une force et une rigueur que n'avaient jamais eues les tribunaux ordinaires. Le cardinal Ximénès voulut convertir les Maures aussi vite que l'on avait pris Grenade. On les poursuivit, ils se soulevèrent; on les soumit, et on les força de se laisser instruire. Les Juifs, compris dans le traité fait avec les rois de Grenade, n'éprouvèrent pas plus d'indulgence que les Maures. Il y en avait beaucoup en Espagne; ils furent poursuivis comme les musulmans. Plusieurs milliers s'enfuirent; le reste feignit d'être chrétien, et leurs descendants le sont devenus de bonne foi.

Torquemada, dominicain, fait cardinal et grand inquisiteur, donna au tribunal de l'*inquisition* espagnole la forme juridique qu'elle conserve encore aujourd'hui. On prétend que pendant quatorze ans il fit le procès à plus de quatre-vingt mille hommes, et en fit supplicier au moins cinq ou six mille : c'est évidemment une exagération. Voici quelle est la forme de ces procédures. On ne confronte point les accusés aux délateurs, et il n'y a point de délateur qui ne soit écouté; un criminel flétri par la justice, un enfant, une courtisane, sont des accusateurs graves; le fils peut déposer contre son père, la femme contre son époux, le frère contre son frère; enfin l'accusé est obligé d'être lui-même son propre délateur, de deviner et d'avouer le délit qu'on lui suppose, et que souvent il ignore. Cette manière de procéder était sans doute inouïe et capable de faire trembler toute l'Espagne; mais il ne faut pas croire qu'elle soit suivie à la lettre. Toute accusation qui suffit pour donner des soupçons aux inquisiteurs ne suffit pas pour les autoriser à faire arrêter ou tourmenter quelqu'un. En Espagne, les nationaux et les étrangers qui ne pensent ni à dogmatiser ni à troubler l'ordre public vivent avec autant de sécurité et de liberté qu'ailleurs.

Nos dissertateurs ont grand soin de peindre sous les plus noires couleurs les supplices ordonnés par l'*inquisition*, et que l'on nomme *auto-da-fé*, actes de foi. C'est, disent-ils, un prêtre en surplis; c'est un moine, voué à la charité et à la douceur, qui fait, dans de vastes et profonds cachots, appliquer des hommes aux tortures. C'est ensuite un théâtre dressé dans une place publique, où l'on conduit au bûcher les condamnés, à la suite d'une procession de moines et de confréries. Les rois, dont la seule présence suffit pour donner grâce à un criminel, assistent à ce spectacle sur un siége moins élevé que celui de l'inquisiteur, et voient expirer leurs sujets dans les flammes, etc

Voilà du pathétique. Mais, 1° il y a de la mauvaise foi à insinuer que tous les criminels condamnés par l'*inquisition* périssent par le supplice du feu : elle n'y condamne que pour les crimes qui, chez les autres nations, sont expiés par la même peine, comme le sacrilége, la profanation, l'apostasie, la magie; pour les autres crimes moins odieux, la peine et la prison perpétuelle, la relégation dans un monastère, des disciplines, des pénitences. 2° Chez toutes les nations chrétiennes, les coupables condamnés au supplice sont assistés par un prêtre qui les exhorte à la patience, souvent accompagnés par les pénitents ou confrères de la Croix, qui prient Dieu pour le patient et donnent la sépulture à son cadavre. Est-ce un trait de cruauté de leur part? 3° Les exécutions à mort sont très-rares, soit en Espagne, soit en Portugal, et l'on n'en connaît aucun exemple à Rome; l'*inquisition* y fut toujours plus douce que partout ailleurs; elle n'a point adopté la forme des procédures du moine Torquemada. Si nos dissertateurs étaient sincères, ils ne supprimeraient point toutes ces réflexions. C'est encore une absurdité de leur part d'appeler les exécutions dont nous parlons *des sacrifices de sang humain*; on pourrait dire la même chose de tous les supplices infligés pour des crimes qui intéressent la religion. Ces graves auteurs persuaderont-ils aux nations chrétiennes que l'on ne doit punir de mort aucune de ces sortes de forfaits?

Quand on reproche aux Espagnols les rigueurs de l'*inquisition*, ils répondent que ce tribunal a fait verser beaucoup moins de

faire subsister et ces tiraillements qu'il voulait éteindre, et ces nuances, et ces oppositions qu'il aspirait à fondre, l'empêcher enfin, par un surcroît de complications, de suffire aux affaires intérieures et extérieures qui déjà lui pesaient sur les bras. Et, parce que la réforme lui parut devoir enfanter ce malheur, parce qu'il appréhendait que cette hérésie n'allumât, au cœur de son empire, les dissensions qu'elle avait fait éclater en Angleterre et en Allemagne, et dont il avait été lui-même témoin dans ses lointaines possessions des Pays-Bas, de là vint qu'il éleva contre elle une barrière formidable; il dressa des bûchers pour éviter des désastres. Ainsi, ce ne fut en Espagne qu'une œuvre dont la politique suggéra le vœu, et dont l'autorité civile se proposa, avant tout, de recueillir les fruits.

« Je ne dois pas le dissimuler; un pape fut mêlé à son inauguration; mais ce concours isolé de Sixte IV pour une mesure toute locale, ce n'est pas l'Église entière : ensuite il n's'agit que sur les sollicitations de Ferdinand et d'Isabelle, ce qui maintient à cette institution son origine et sa destination fondamentalement politiques; enfin son intervention fut toute spirituelle comme sa puissance apostolique, et clémente comme son caractère, qui fut la douceur même. Une juridiction ecclésiastique par son objet et modérée dans ses attributions, voilà ce qu'il avait le droit de fonder, pour le bien de la foi dont il était le tuteur, et il ne fit pas autre chose. Les procédures, les châtiments, le mécanisme et le jeu de l'inquisition, tels que les virent apparaître ensuite Séville et Saragosse, ce n'est pas lui qui les conçut et les détermina. On ne peut dire non plus qu'il les ait acceptés. Au moment où parut sa bulle, ce tribunal n'avait rien encore de régularisé; on n'avait point soumis ses plans au contrôle pontifical; son organisation se dessina seulement plus tard, et dans ce travail l'Espagne, et l'Espagne seule, fit tous les frais d'invention; Rome et le reste du monde catholique n'y contribuèrent pour rien par leurs conseils, et l'on ne pourrait le supposer leur ouvrage sans mentir à la justice autant qu'à la vérité. »

sang, dans les quatre parties du monde, que les guerres de religion n'en ont fait répandre dans le seul royaume de France; qu'elle les met à couvert du poison de l'incrédulité, qui infecte aujourd'hui l'Europe entière.

Vainement nos déclamateurs ont répliqué que les guerres finissent et sont passagères, au lieu que l'*inquisition*, une fois établie, semble devoir être éternelle. Les faits démontrent le contraire : non-seulement la France, l'Allemagne, l'État de Venise, l'ont supprimée après l'avoir laissé établir, mais le roi de Portugal vient de l'énerver dans ses États. Il a ordonné, 1° que le procureur général, accusateur, communiquerait à l'accusé les articles d'accusation et le nom des témoins; 2° que l'accusé aurait la liberté de choisir un avocat et de conférer avec lui; 3° il a défendu d'exécuter aucune sentence de l'*inquisition* qu'elle n'eût été confirmée par son conseil.

Un des faits que l'on a reprochés le plus souvent et avec le plus d'amertume à l'*inquisition* romaine, est l'emprisonnement et la condamnation du célèbre Galilée, pour avoir soutenu que la terre tourne autour du soleil. Nous prouverons la fausseté de cette imputation au mot SCIENCES HUMAINES.

Celui qui a invectivé avec le plus de véhémence contre ce tribunal avoue que, sans doute, on lui a souvent imputé des excès d'horreur qu'il n'a pas commis; il dit que c'est être maladroit que de s'élever contre l'*inquisition* par des faits douteux, et plus encore de chercher dans le mensonge de quoi la rendre odieuse. Il devait donc éviter lui-même cette maladresse, et rapporter les faits avec plus de bonne foi.

Nous félicitons volontiers les Français et les Allemands de n'avoir point ce tribunal chez eux; mais nous assurons hardiment que, si les philosophes incrédules étaient les maîtres, ils établiraient une *inquisition* aussi rigoureuse que celle d'Espagne, contre tous ceux qui conserveraient de l'attachement pour la religion.

* INSCRIPTIONS. L'étude des inscriptions de l'antiquité a servi la cause de la religion. « Le principal avantage, dit Mgr Wiseman, qu'on ait retiré de cette classe de restes de l'antiquité consiste dans des éclaircissements verbaux qu'elles ont souvent fournis touchant des passages obscurs de l'Écriture; mais si je voulais m'étendre sur cette espèce de confirmation ou d'explication philologique qu'en a reçue le texte sacré, il est évident que je vous entraînerais dans des détails minutieux et des recherches savantes qui sont peu du ressort de ces discours. Cependant tout ce qui jette une nouvelle lumière sur un passage de l'Écriture, tout ce qui est propre à justifier sa phraséologie de tout reproche d'inconséquence ou de barbarisme, tend également à nous en donner une intelligence plus claire et nous fournit de nouvelles preuves de son authenticité. Je me contenterai d'un seul exemple, pris dans la savante dissertation du docteur Frédéric Münter, intitulée : *Specimens d'observations religieuses d'après les marbres grecs*, et insérée, il y a quelques années, dans les Mélanges de Copenhague (a). En saint Jean,

(a) *Symbola ad interpret. N. T. ex marmoribus, nummis, lapidibusque cœlatis, maxime Græcis.* Dans les *Miscell.*

iv, 46, il est fait mention d'un τις βασιλικός, un certain seigneur, ou gouverneur, ou courtisan, car le mot grec peut être traduit de ces diverses manières. La version anglaise porte le premier sens dans le texte et les deux autres à la marge ; et à propos de cette interprétation, un commentateur moderne fait observer qu'elle suggère l'idée d'un certain rang et de certaines dignités, auxquelles on ne trouve rien qui correspondît, soit en Palestine ou même en Syrie (a). Il en est qui ont pensé que ce mot signifiait un prince du sang royal; d'autres, un soldat du roi; quelques-uns en ont fait un nom propre. L'explication la plus plausible de ce mot semble être celle de Krebs, qui pense qu'il signifiait un des ministres ou des serviteurs du roi (b). Les exemples cités par lui, empruntés à d'autres auteurs, ne satisfirent pas plusieurs commentateurs. Un nouvel exemple produit par Münter, d'après une inscription qui se trouve sur la statue de Memnon, écrite dans le même dialecte que le Nouveau-Testament, le dialecte hellénique, établit cette traduction sur une base plus solide. En effet, il y est fait mention d'Ἀρτεμιδώρος Πτολεμαίου βασιλικός (Artémidore *le courtisan*, ou serviteur de Ptolémée) : car l'addition du nom même du roi ne saurait admettre aucune autre traduction (c).

« Pour en venir maintenant à des faits d'une importance et d'un intérêt plus général, et passer des mots aux choses, je vous donnerai un exemple des avantages que les grandes preuves du christianisme peuvent retirer des inscriptions. Quiconque les a étudiées, même superficiellement, sent toute l'importance de la preuve tirée de l'empressement avec lequel les premiers chrétiens affrontaient la mort pour la défense de leur religion. Depuis les visions de l'Apocalypse jusqu'à la grande histoire ecclésiastique d'Eusèbe, les annales de l'Église nous présentent une nuée de témoins, une armée de martyrs, qui rendaient amour pour amour, vie pour vie, en scellant leur foi de leur sang, et fatigant la méchanceté et la cruauté de leurs implacables persécuteurs. Dans cette fermeté de conviction, dans cette constance de leur foi, dans cette intrépidité à la confesser et dans cet enthousiasme de l'amour, nous avons assurément une preuve de la puissance suprême que devaient exercer sur leurs esprits mille preuves qu'on lit aujourd'hui, mais qui alors étaient vues et senties; le courage qui les soutenait au mi-

Hafn. theologici et philol. argum. Tom. I, fascic. I, Copenhag., 1816.
(a) Campbell, *in loco*.
(b) *Observationes Flavianæ*, p. 144.—Six des manuscrits de Griesbach portent Βασιλίσκος, et il est évident que le traducteur de la Vulgate a lu ainsi, puisque cette version porte *quidam regulus*, ou, comme nous l'avons rendu, *un certain gouverneur*. Scleusner suppose que cette expression est venue de la Vulgate, mais le contraire est beaucoup plus probable. Il ne serait pas hors de propos de faire remarquer dans cette note que, quoique la Vulgate ait rendu ce terme par *un diminutif*, il n'a point du tout cette signification dans le grec hellénique. On le voit par une inscription de Silco, roi de Nubie, publiée d'abord d'après une copie moins parfaite de M. Gau, par Niebuhr, dans ses *Inscriptiones Nubienses*, Rome, 1820 ; et encore d'après une copie de M. Caillaud, publiée par M. Letronne, dans le *Journal des savants*, février 1825, p. 98, 99. Ce roi commence le magnifique récit de ses victoires par Ἐγὼ Σίλκω, Βασιλίσκος τῶν Νουβάδων καὶ ὅλων τῶν Αἰθιόπων. Quand même le judicieux axiome de M. Salverte dans son *Essai sur les noms propres* : « Jamais peuple ne s'est donné à lui-même un nom plus honorable, » ne pourrait pas s'appliquer aux monarques dans l'énumération de leurs titres, les expressions qui se lisent dans la dixième et la onzième ligne ne laisseraient aucun doute sur la véritable signification du mot en question. Car le monarque s'y exprime ainsi : ὅτι ἐγενόμην βασιλίσκος (loin d'être au-dessous des autres princes, je leur fus supérieur). M. Letronne explique plusieurs phrases de cette inscription d'après le grec des Septante et du Nouveau Testament.
(c) *Miscellanea*, p. 18.

lieu de toutes ces épreuves cruelles nous démontre l'existence d'un principe intérieur de force qui contrebalançait en eux la faiblesse de la nature; et l'inutilité de tous les efforts employés pour les vaincre ou les détruire entièrement nous révèle un bras protecteur et l'accomplissement de la promesse de celui qui peut rendre de nul effet toutes les armes forgées contre son ouvrage. Qui pourrait donc être surpris de l'habileté avec laquelle on a cherché à décréditer ce fait intéressant de l'histoire ecclésiastique, et s'étonner que Gibbon ait employé tout le faux brillant de son style, et emprunté toute l'érudition de ses devanciers, pour prouver que le christianisme n'a eu que peu de martyrs, et que s'ils ont souffert la mort, ç'a été plutôt par leur imprudence que par aucune espèce de méchanceté ou de haine de la part de leurs ennemis; que ce qui les a conduits à l'échafaud a été moins un motif saint et religieux qu'un esprit ambitieux et remuant? « Leurs personnes, conclut-il, étaient considérées comme saintes, leurs décisions étaient admises avec déférence; et, par l'esprit d'orgueil qui était en eux, et par leurs mœurs licencieuses, ils abusaient trop souvent de la prépondérance que leur avait acquise leur zèle et leur intrépidité. Des distinctions comme celles-là, tout en déployant la supériorité de leur mérite, trahirent le petit nombre de ceux qui souffrirent et qui moururent pour la profession du christianisme (a). » Le savant Dodwell, dans ses Dissertations sur saint Cyprien, avait préparé la voie à ce genre d'attaques contre les preuves historiques du christianisme, en soutenant que le nombre des martyrs n'était pas très-considérable, et qu'après le règne de Domitien, l'Église jouit d'une parfaite tranquillité (b). Sans nul doute, Ansaldi et autres se sont heureusement acquittés de la tâche de réfuter ces assertions par le témoignage même de l'histoire; mais les inscriptions monumentales nous fournissent le moyen le plus direct et le plus satisfaisant pour les détruire entièrement. Visconti a pris la peine de recueillir, dans les volumineux ouvrages de l'antiquité chrétienne, les inscriptions qui indiquent le nombre de ceux qui versèrent leur sang pour le Christ (c).

« La cruauté des persécutions païennes, même sous des empereurs dont les principes étaient doux et le gouvernement modéré, est suffisamment attestée par une inscription pathétique, publiée par Aringhi, et prise dans le cimetière de Calliste. « Alexandre n'est pas mort, mais il vit au-dessus des astres, et son corps repose dans cette tombe. Il termina sa vie sous le règne de l'empereur Antonin, qui, voyant qu'il lui était redevable de grands services, au lieu de le payer par des faveurs, le paye que par de la haine. Car, au moment où il fléchissait les genoux pour sacrifier au vrai Dieu, il est entraîné au supplice. O malheureux temps où; au milieu des prières et des sacrifices, nous ne pouvons trouver de salut, même au fond des cavernes! Quoi de plus misérable que la vie? Quoi de plus misérable que la mort, puisqu'on ne peut pas être enseveli par ses amis et par ses parents (d) ! » Cette lamentation pathétique expliquera les difficultés que durent éprouver les chrétiens pour conserver les noms de leurs martyrs, et pourquoi, si souvent, ils se virent obligés d'en

(a) Décadence et chute, ch. 16.
(b) Dissert. Cyprianicæ. diss. xi, p. 57, ad calc. Cypr. Oper. Oxon. 1682.
(c) Dans le Memorie romane di antichità, tom. I, Rome, 1825.
(d) « Alexander mortuus non est, sed vivit super astra, et corpus in hoc tumulo quiescit. Vitam explevit cum Antonino imp., qui, ubi multum beneficii antevenire prævideret, pro gratia odium reddit; genua enim flectens, vero Deo sacrificaturus ad supplicia ducitur. O tempora infausta, quibus, inter sacra et vota, ne in cavernis quidem salvari possimus! Quid miserius vita? Sed quid miserius in morte, cum ab amicis et parentibus sepeliri nequeant! » Aringhi, Rom. subterr., tom. II, p. 685.

donner seulement le nombre. C'est pour cela qu'on trouve dans les Catacombes les inscriptions suivantes (a):

MARCELLA ET CHRISTI MARTYRES CCCCCL.
(Marcella et 550 martyrs du Christ).

HIC REQUIESCIT MEDICUS CUM PLURIBUS.
(Ici repose Médicus avec plusieurs autres).

CL MARTYRES CHRISTI.
(150 martyrs du Christ).

Ces inscriptions sont une preuve claire de la cruauté des persécutions et du grand nombre des martyrs.

« L'usage de conserver ainsi, dans une courte inscription, le souvenir de tant de confesseurs de la foi du Christ nous conduit tout naturellement à conclure que, lorsqu'on trouve simplement un nombre inscrit sur une tombe, il doit se rapporter à la même circonstance. C'est ce que paraît avoir suffisamment démontré l'antiquaire que je viens de citer; car souvent on a supposé que ces nombres ne se rapportaient qu'à un certain ordre mis dans l'arrangement de ces inscriptions. Mais sans nous arrêter à dire qu'on ne saurait découvrir aucune série de ce genre, ni rien qui en approche, ces chiffres quelquefois se trouvent inscrits d'une manière qu'on ne pouvait guère adopter, s'ils n'eussent indiqué que des nombres progressifs. Par exemple, ils sont quelquefois entourés d'une guirlande soutenue par des colombes: dans un endroit, le mot triginta (trente) est écrit en entier, avec le monogramme du nom du Christ, avant et après; ce qui exclut toute idée qu'il n'ait simplement rapport qu'à une série progressive; dans un autre, le nombre xv est suivi de In pace (en paix). La conjecture que ces inscriptions, si simples, rappellent la mort d'autant de martyrs que le nombre en indique, passe à l'état de certitude absolue par la confirmation qu'elle reçoit d'un passage de Prudence, qui écrivait sur les Catacombes à une époque où les traditions qui les concernent étaient encore toutes fraîches. « Il y a, dit-il, plusieurs des marbres qui recouvrent les tombes qui n'indiquent simplement qu'un nombre; on sait ainsi le nombre de corps qui y gisent entassés, mais on n'y en lit pas les noms. Je me souviens d'y avoir appris que les restes de soixante corps étaient ensevelis dans la même tombe. »

Sunt et multa tamen tacitas claudentia tumbas
Marmora, quæ solum significant numerum.
Quanta virum jaceant congestis corpora acervis
Scire licet, quorum nomina nulla legas.
Sexaginta illic, defossa mole sub una,
Reliquias memini me didicisse hominum (b).

« Ces vers ne nous laissent rien à désirer: ils nous mettent en possession d'un grand nombre d'inscriptions qui, en ne rappelant que des nombres, prouvent cependant, de la manière la plus satisfaisante, que le nombre de ceux qui, dans ces premiers âges, rendirent témoignage au Seigneur Jésus, fut vraiment grand.

« Mais ici nous rencontrons une nouvelle difficulté chronologique. Burnet a avancé qu'il n'a été trouvé aucun monument d'après lequel on puisse prouver que les chrétiens aient possédé les Catacombes avant le IVe siècle (c). Il est toujours aisé de faire des assertions générales et négatives; il ne l'est pas autant, assurément, de les prouver; d'un autre côté cependant rien n'est plus facile que de les réfuter: un seul exemple du contraire suffit pour cela. Tel est le cas présent; une seule des inscriptions numériques déjà expliquées nous fournira toute la preuve que nous puissions désirer. Voici cette inscription:

N. XXX. SURRA ET SENEC. COSS.
(30. Sous le consulat de Surra et de Sénécio).

(a) Visconti, p. 112, 113.
(b) Carmina. Rome, 1788, tom. II, p. 1164.
(c) Quelques lettres d'Italie. Lond., 1721, p. 224.

Or, Surra et Sénécio furent consuls l'an de Jésus-Christ 107, l'année même de la persécution de Trajan. Mais il y a une autre inscription plus importante publiée par Marangoni, qui met cette question hors de doute : c'est celle de Gaudence, architecte, que ce savant antiquaire croit avoir été le directeur des travaux lors de la construction du Colysée. L'inscription, qui se trouve dans les Catacombes, dit qu'il souffrit la mort sous Vespasien. On ne peut supposer qu'elle ait été érigée plus tard en son honneur, car elle se distingue par une espèce particulière d'accents ou de signes placés sur quelques syllabes, qui, comme l'a démontré le savant Marini, n'ont été en usage que depuis Auguste jusqu'à Trajan (a) : conséquemment, l'inscription a dû être gravée avant le règne de cet empereur.

« Ces inscriptions sont une nouvelle et forte preuve du grand nombre de fidèles qui ont donné leur vie pour la défense de la foi; et c'est ainsi qu'elles servent de réfutation à une objection formidable contre une des plus belles et des plus intéressantes preuves du christianisme. » (*Démonst. Evang.* édit. Migne.)

INSPIRATION, selon la force du terme, signifie souffle intérieur. On nomme *inspiration* du ciel la grâce ou l'opération du Saint-Esprit dans nos âmes, qui leur donne des lumières et des mouvements surnaturels pour les porter au bien. Les prophètes parlaient par l'*inspiration* divine, et le pécheur se convertit lorsqu'il est docile aux *inspirations* de la grâce.

La croyance de tous les chrétiens est que les livres de l'Ecriture sainte ont été inspirés par le Saint-Esprit. Mais, pour savoir jusqu'à quel point ils l'ont été, il faut distinguer l'*inspiration* d'avec la *révélation* et l'*assistance* du Saint-Esprit. On croit 1° que Dieu a révélé aux auteurs sacrés les vérités qu'ils ne pouvaient pas connaître par la lumière naturelle; 2° que, par un mouvement surnaturel de la grâce, il les a excités à écrire, et qu'il leur a suggéré le choix des choses qu'ils devaient mettre par écrit; 3° que, par un secours nommé assistance, il les a préservés de tomber dans aucune erreur sur les faits historiques, sur les dogmes et sur la morale.

Mais, dans les livres saints, l'on distingue le fond des choses d'avec les termes ou le style. D'ailleurs, les choses sont ou des faits historiques, ou des prophéties, ou des matières de doctrine : celles-ci sont ou philosophiques, ou théologiques; enfin, la doctrine même théologique est ou spéculative, et fait partie du dogme, ou pratique, et tient à la morale. On demande si le Saint-Esprit a inspiré aux auteurs sacrés non-seulement toutes ces choses de différente espèce, mais encore les termes ou les expressions dont ils se sont servis pour les énoncer. Parmi les théologiens, quelques-uns ont soutenu que le Saint-Esprit avait dicté aux écrivains sacrés non-seulement toutes les choses dont ils ont parlé, mais encore les termes et le style; c'est le sentiment des facultés de théologie de Douai et de Louvain, dans leur censure de l'an 1588. Les autres, en beaucoup plus grand nombre, prétendent que les auteurs

(a) *Atti dei fratelli Arvali*, p. 760.

sacrés ont été livrés à eux-mêmes dans le choix des termes, mais que le Saint-Esprit a tellement dirigé leur esprit et leur plume, qu'il leur a été impossible de tomber dans aucune erreur. Lessius et d'autres ont soutenu ce sentiment, qui occasionna la censure dont on vient de parler ; R. Simon et la plupart des théologiens l'ont embrassé depuis. Holden, dans son ouvrage intitulé *Fidei divinæ Analysis*, soutient que les écrivains sacrés ont été inspirés par le Saint-Esprit dans tous les points de doctrine et dans tout ce qui a un rapport essentiel à la doctrine, mais qu'ils ont été abandonnés à leurs propres lumières dans les faits et dans toutes les matières étrangères à la religion.

Le Clerc est allé beaucoup plus loin. Il prétend 1° que Dieu a révélé immédiatement aux auteurs sacrés les prophéties qu'ils ont faites ; mais il nie que ce soit Dieu qui les ait portés à les mettre par écrit, et qu'il les ait conduits ou assistés dans le temps qu'ils les écrivaient. 2° Il soutient que Dieu ne leur a point révélé immédiatement les autres choses qui se trouvent dans leurs ouvrages ; qu'ils les ont écrites, ou sur ce qu'ils avaient vu de leurs yeux, ou sur le récit de personnes véridiques, ou sur des mémoires écrits avant eux, sans *inspiration* et sans aucune assistance particulière du Saint-Esprit. Conséquemment, il enseigne que les livres saints sont simplement l'ouvrage de personnes de probité qui n'ont pas été séduites et n'ont voulu tromper personne. *Sentim. de quelques théologiens de Hollande*, lettres 11 et 12.

Ce sentiment est évidemment erroné, et donne lieu à des conséquences pernicieuses. Lorsque saint Paul a dit que toute Ecriture divinement inspirée est utile pour instruire, pour enseigner la vertu, pour corriger, etc., II Tim., c. III, v. 16, il ne parlait certainement pas des prophéties, mais plutôt des livres sapientiaux. Si saint Pierre, dans sa seconde Epître, c. I, v. 21, semble restreindre l'*inspiration* du Saint-Esprit à la *prophétie*, il est clair que par *prophétie* il entend toute l'Ecriture sainte, puisque dans le chap. III, v. 2, il nomme *prophètes* ceux qui avaient instruit les fidèles. De même saint Paul nomme *prophéties* les prières de l'ordination de Timothée. *I Tim.*, c. I, v. 18, et c. IV, v. 14.

Jésus-Christ avait promis à ses apôtres que, lorsqu'ils seraient traduits devant les magistrats, ce serait l'Esprit de Dieu qui parlerait en eux. *Matth.*, c. X, v. 20. Cette *inspiration* ne leur était pas moins nécessaire pour instruire. Lorsqu'ils disaient aux fidèles : Il a semblé bon au Saint-Esprit et à nous, *Act.*, c. XV, v. 28, ils ne prophétisaient pas. Comment prouvera-t-on qu'en écrivant ils n'étaient pas aussi bien inspirés qu'en parlant ? Il est fort singulier qu'un protestant, qui soutient que l'Écriture sainte est la seule règle de notre foi, réduise ensuite cette règle à la seule autorité que peut avoir une personne de probité qui écrit de bonne foi.

Si, dans toute l'Ecriture sainte, il n'y avait rien d'inspiré que les prophéties, en quel sens cette Ecriture serait-elle *la parole de Dieu* et pourrait-elle régler notre croyance? Tout ce qui n'est pas prophétie serait la parole des hommes et n'aurait pas plus d'autorité que tout autre livre. Ce n'est point là l'idée qu'en a eue l'Eglise chrétienne dès son origine, et ce n'est point ainsi que les Pères en ont parlé. On peut voir la suite de leurs passages, depuis le 1er siècle jusqu'à nous, dans la *Dissert. sur l'inspir. des livres saints, Bible d'Avignon*, tom. I, p. 23 et suiv. On y trouvera aussi la réponse aux objections.

On doit donc tenir pour certain, 1° que Dieu a révélé immédiatement aux auteurs sacrés, non-seulement les prophéties qu'ils ont faites, mais toutes les vérités qu'ils ne pouvaient pas connaître par la seule lumière naturelle ou par des moyens humains ; 2° que, par une *inspiration* particulière de la grâce, il les a portés à écrire et les a dirigés dans le choix des choses qu'ils devaient mettre par écrit ; 3° que, par une assistance spéciale de l'Esprit-Saint, il a veillé sur eux et les a préservés de toute erreur, soit sur les faits essentiels, soit sur le dogme, soit sur la morale. Ces trois choses sont nécessaires, mais suffisantes, pour que l'Ecriture sainte puisse fonder notre foi sans aucun danger d'erreur : il n'est pas besoin que Dieu ait dicté à ces écrivains vénérables les termes et les expressions dont ils se sont servis (1).

(1) Pour compléter cette question nous croyons quelques développements nécessaires :

L'inspiration (a) est un secours surnaturel par lequel Dieu donne à un auteur la volonté d'écrire, en lui suggérant, au moins, le fond et la substance de ce qu'il doit dire. La simple assistance est un secours surnaturel qui, sans rien suggérer à l'auteur, le dirige néanmoins de telle sorte dans l'usage de ses facultés naturelles qu'il ne tombe dans aucune erreur. D'après ces définitions, on voit que l'inspiration renferme nécessairement la simple assistance, puisque l'inspiration suggérant à l'auteur le fond et la substance de ce qu'il doit dire, il est évident qu'il ne peut tomber dans l'erreur, puisque Dieu ne peut lui suggérer aucune fausseté ; mais l'assistance ne renferme pas l'inspiration puisqu'elle la borne à diriger l'auteur dans l'usage de ses facultés naturelles, sans rien suggérer, comme il arrive dans l'inspiration.

Outre l'inspiration et la simple assistance, les théologiens distinguent encore une autre espèce de secours que Dieu accorde aux écrivains sacrés, c'est la révélation. On la définit : la manifestation surnaturelle d'une vérité inconnue. Ce secours diffère de l'inspiration, parce que Dieu peut inspirer l'écrivain sacré pour dire des choses qui lui étaient déjà connues, comme, par exemple, pour écrire des faits historiques, tandis que la révélation a nécessairement pour objet d'enseigner des vérités auparavant inconnues.

Ces notions posées, les théologiens s'accordent unanimement à dire que la révélation a été accordée aux auteurs sacrés pour les vérités dont ils ne pouvaient avoir connaissance par des moyens naturels, par exemple, pour les prophéties, les mystères de la religion. On convient encore que la révélation n'a point été accordée pour les choses que les écrivains sacrés connaissaient déjà, par exemple, pour les

(a) Nous parlons ici d'une inspiration surnaturelle et non de cette inspiration naturelle des Allemands, qui n'est qu'une intuition naturelle selon l'ordre ordinaire de la nature.

INSTITUT. L'on donne souvent ce nom aux règles ou constitutions d'un ordre monastique, et l'on nomme *instituteur* de cet ordre

faits historiques dont ils avaient été témoins oculaires. La raison de tout ceci est évidente. On s'accorde encore à dire que l'inspiration, dans le sens de notre définition, a été accordée aux écrivains, au moins pour quelques parties de leurs ouvrages, et le P. Antoine traite d'impie et d'erroné le sentiment contraire.

Mais on dispute avec acharnement pour savoir si l'inspiration, au sens strict de notre définition, s'étendait à toutes les parties de l'Ecriture : nous ne nous proposons point d'entrer dans toutes ces disputes, il nous suffira de rapporter brièvement les sentiments qui ont fait le plus de bruit, et d'établir ensuite aussi brièvement l'opinion que nous adoptons.

1° Un grand nombre de théologiens ont soutenu et soutiennent encore maintenant que l'inspiration proprement dite ne s'étend point à toutes les parties de l'Ecriture, et qu'il y en a qui n'ont été écrites qu'avec le secours de la simple assistance, par exemple, les parties qui contiennent des événements que les écrivains sacrés connaissaient déjà. 2° D'autres sont allés plus loin et ont prétendu qu'il y avait dans l'Ecriture des parties pour la rédaction desquelles les écrivains sacrés n'avaient pas même eu le secours de la simple assistance, en sorte qu'ils ont pu tomber dans l'erreur, par exemple, les parties de l'Ecriture qui n'ont aucun rapport avec la foi et les mœurs, comme celles où il est question de physique, etc. Ce sentiment nous débarrasserait d'un seul coup de toutes les objections tirées de la physique, de l'astronomie etc. ; mais il a vieilli et il est maintenant presque tombé en désuétude. 3° D'autres ont prétendu qu'un livre purement humain, écrit sans inspiration ni assistance, pouvait devenir Ecriture sainte par l'approbation subséquente d'une autorité infaillible, comme celle de l'Eglise, et ils ont osé dire qu'il en était peut-être ainsi du second livre des Machabées. Ce sentiment, soutenu par Lessius et les jésuites de Flandre, a paru si singulier aux facultés de Louvain qu'elles le censurèrent en 1586. 4° Enfin, d'autres auteurs sont tombés dans un excès tout à fait opposé et ont prétendu que l'inspiration s'étendait non-seulement aux choses que les écrivains sacrés expriment, mais même aux mots qu'ils emploient. Ce sentiment est adopté par M. de Vence qui soutient l'inspiration verbale.

Tout le monde connaît les fameuses disputes qui s'élevèrent, sous le pontificat de Sixte V, (vers la fin du XVIe siècle), à l'occasion de ces sentiments.

Les jésuites de Flandre firent soutenir des thèses dans lesquelles ils établissaient la première et la troisième de ces opinions, et où ils rejetaient absolument l'inspiration verbale. Les docteurs de Louvain censurèrent ces thèses ; l'affaire fut portée à Rome où on se contenta, sans rien définir, de leur défendre de s'appeler réciproquement hérétiques comme ils le faisaient. Chacun est libre de prendre l'une ou l'autre de ces opinions. Nous établissons sur tout cela les assertions suivantes.

1. L'inspiration proprement dite s'étend à toutes les parties de l'Ecriture sans exception. Cette assertion se prouve :

1° Par l'Ecriture. L'apôtre saint Paul nous apprend que toute l'Ecriture du Vieux Testament a été écrite par inspiration : *Omnis scriptura divinitus inspirata*. Saint Pierre dit à peu près la même chose : *Non enim voluntate humana allata est prophetia ; sed Spiritu sancto inspirati locuti sunt sancti Dei homines.* Il suit de ces textes que l'inspiration accordée aux écrivains du Vieux Testament s'étend à toutes les parties de leurs livres, puisque ces textes sont tout à fait généraux : or, l'inspiration accordée aux écri-

celui qui en est le premier auteur. La plupart des incrédules modernes se sont emportés très-indécemment contre les ordres religieux, contre leurs fondateurs et contre leur *institut*. Nous réfuterons leurs calomnies à l'article ORDRES RELIGIEUX.

INSTITUTION. Les théologiens distinguent ce qui est d'*institution* divine d'avec ce qui vains du Nouveau Testament est évidemment de même nature que celle qu'avaient les écrivains de l'Ancien; donc l'inspiration s'étend à toutes les parties soit du Vieux, soit du Nouveau. De plus, saint Paul aux Romains (chap. III, v. 8) appelle toute l'Ecriture *eloquia Dei*; donc toute l'Ecriture est la parole de Dieu proprement dite; or, les écrivains qui n'auraient que la simple assistance sans inspiration n'écriraient point, à proprement parler, la parole de Dieu, puisque Dieu ne leur suggérerait rien; ils n'écriraient donc que la parole de l'homme. Le secours de la simple assistance les empêcherait à la vérité de tomber dans l'erreur, mais enfin ce secours ne leur suggérerait rien; ce qu'ils diraient serait la parole de l'homme; donc le secours de la simple assistance ne suffit pas pour justifier la qualité d'*eloquia Dei* que saint Paul donne à l'Ecriture: où il qualifie d'*eloquia Dei* tout le Vieux Testament, etc. Il est évident que cette dénomination doit aussi s'appliquer au Nouveau qui a été aussi écrit avec le même secours de Dieu. Donc toutes les parties, soit du Vieux soit du Nouveau Testament, sont écrites avec le secours de l'inspiration proprement dite, autrement elle ne serait point vraiment la parole de Dieu.

2° Par la tradition. On pourrait ici accumuler les textes des SS. PP.; mais nous nous bornerons aux deux suivants: Saint Irénée (*Contra haeret.*, lib. II, cap. 47) dit: *Scripturæ perfectæ sunt quippe a verbo Dei et Spiritu sancto dictatæ*. Saint Athanase (*In epist. ad Marell*): *omnis sive nova sive vetus Scriptura numinis afflatu prodiit*. Il est facile de tirer un argument de ces textes; on peut en voir un plus grand nombre dans la Bible de Vence (Diss. sur l'inspir. n° 14 et suivants), ou dans Dupin (liv. I, chap. 2, v. 5). Origène dit que l'Ecriture est inspirée *ad minimum usque ad apicem*.

3° Par une raison théologique. En effet en faisant voir que le sentiment des adversaires ruine la qualité de la parole de Dieu qu'ils donnent eux-mêmes à toute l'Ecriture, comme nous déjà fait voir.

Objection. Michaëlis et Le Clerc prétendent que nous ne pouvons rien conclure du texte de saint Paul, *omnis scriptura*, etc.; car, disent-ils, on peut traduire ce texte en ce sens: toute écriture divinement inspirée est utile, etc. *Omnis scriptura divinitus inspirata utilis est ad docendum* (IIe Epit. à Tim. ch. III, v. 16.); or, ce sens admis, il est évident que saint Paul ne dit pas que toute l'Ecriture est inspirée, mais seulement que toute écriture inspirée est utile, etc., ce qui est bien différent.

Réponse. Richard Simon a prouvé à Michaëlis et à Le Clerc que l'on doit suppléer l'article avant le mot *scriptura*, par conséquent traduire, toute l'Ecriture est divinement inspirée, et non pas toute écriture. Mais sans entrer dans cette discussion grammaticale, il nous suffira de montrer que le but que se propose l'Apôtre exige que l'on traduise ce texte comme nous l'avons fait. En effet, saint Paul veut dans ce passage détourner Timothée, son disciple, des études profanes, et l'engage à la lecture des livres saints; en lui proposant divers motifs de s'attacher à leur étude, il faut donc qu'il lui propose un motif qui puisse s'appliquer à toutes les parties de l'Ecriture sans exception, autrement l'apôtre n'atteindrait pas son but; or, si l'on suit la traduction de M. Le Clerc il est évident que l'apôtre ne propose pas un motif qui puisse s'appliquer à toutes les parties de l'Ecriture, puisque, d'après lui, saint Paul ne dit pas que toute l'Ecriture est inspirée, mais seulement que tout ce qui est inspiré dans l'Ecriture est utile, etc. Donc le sens qu'adoptent nos adversaires est contraire au but de l'Apôtre, puisque le motif qu'ils lui font proposer ne s'applique pas à toutes les parties de l'Ecriture.

Nous allons maintenant tirer quelques conséquences de l'assertion précédente.

1° Donc on ne peut dire que les écrivains sacrés, n'ayant été inspirés que pour les matières doctrinales, ont pu tomber dans l'erreur en matière de physique, de géographie, etc.; car il résulte de l'assertion précédente que toutes les parties de l'Ecriture sans exception sont inspirées, c'est-à-dire que Dieu en a suggéré le fond et la substance; or Dieu ne peut suggérer aucune fausseté, pas plus dans les matières étrangères à la foi et aux mœurs que dans les matières doctrinales. Au reste le sentiment contraire doit être regardé au moins comme téméraire, et Melchior Canus (*De Locis theol.*, l. IX, ch. 16, 17, 18) va même jusqu'à le traiter d'impie, ou au moins voisin de l'impiété. Les théologiens disent à la vérité que les auteurs sacrés parlent quelquefois en matière de physique selon les apparences: c'est ainsi qu'il est dit que Josué arrêta le soleil, etc., etc.; mais parler selon les apparences n'est point dire une fausseté. Dieu peut permettre qu'un auteur inspiré parle selon les apparences, parce qu'il ne l'inspire pas pour nous instruire sur ces sortes de choses, mais il ne peut permettre qu'il dise positivement une fausseté, parce que sa véracité l'empêche de rien suggérer de faux.

Objection. L'auteur du second livre des Machabées suppose assez clairement qu'il a pu tomber dans l'erreur car il implore l'indulgence des lecteurs pour les fautes qu'il a pu commettre: *Sin autem minus digne, mihi concedendum est* (IIe liv. Mach. ch. XV, n. 39); donc l'inspiration ne lui semblait pas pouvoir l'empêcher de tomber dans toute erreur.

Réponse. Nous répondons que rien n'empêche de supposer que cet auteur demande grâce pour les négligences du style et les fautes qui lui seraient échappées contre la grammaire. Cette hypothèse est d'autant plus plausible que nous n'admettons pas l'inspiration verbale. Ainsi le texte qu'on nous objecte ne prouve pas qu'il puisse y avoir des erreurs dans le fond et la substance des choses que disent les écrivains sacrés.

Donc, 2°, on ne peut dire qu'un livre purement humain, comme serait, par exemple l'Imitation de Jésus-Christ, peut devenir écriture sainte par l'approbation subséquente de l'Eglise; car il est évident qu'un pareil livre ne serait pas inspiré, et l'approbation subséquente de l'Eglise pourrait à la vérité, nous assurer qu'il ne contient aucune erreur en matière doctrinale, mais ne pourrait pas lui donner l'origine divine de l'inspiration dont il serait originairement dépourvu d'après l'hypothèse. En un mot, l'Eglise peut bien déclarer que tel ou tel livre vient de Dieu; mais il est évident qu'elle ne peut rendre inspiré un livre qui ne l'est pas. Ainsi c'est avec raison que le sentiment contraire des jésuites de Flandre a été censuré par les docteurs de Louvain, quoique ces docteurs lui aient peut-être donné des qualifications trop rigoureuses.

La raison que nous venons d'alléguer détruit d'avance une objection que nous font nos adversaires. Une ordonnance du roi, disent-ils, a la même autorité; soit qu'il l'ait dictée, soit que seulement il l'ait approuvée, sans en avoir rien suggéré. Donc *a pari*, un livre, par l'approbation subséquente du Saint-Esprit sera aussi bien Ecriture sainte que s'il était écrit avec le secours de l'inspiration proprement dite. Ce raisonnement, comme l'on voit, confond deux choses bien distinctes, l'autorité divine du livre et

est d'*institution* humaine ou ecclésiastique. Ce que les apôtres ont établi est censé d'*institution* divine, parce qu'ils n'ont rien fait son origine divine, par l'approbation subséquente du Saint-Esprit. Il pourra, il est vrai, avoir l'autorité divine, mais jamais l'origine divine; il pourra avoir l'autorité suffisante pour nous obliger, mais jamais on ne pourra dire qu'il soit la parole de Dieu, puisque, d'après l'hypothèse, Dieu n'en a rien suggéré,

Donc, 5°, on ne peut pas même dire qu'il y a dans l'Ecriture des parties qui n'aient été composées qu'avec le secours de la simple assistance sans inspiration proprement dite; en effet, l'Ecriture et la tradition nous disent, comme nous l'avons fait voir dans notre assertion, que l'inspiration proprement dite s'étend à toutes les parties des livres saints. Donc nous ne devons pas admettre une distinction de parties inspirées et d'autres qui ne le seraient pas. D'ailleurs ces parties que l'on supposerait écrites avec le seul secours de la simple assistance ne seraient point la parole de Dieu, comme nous l'avons fait voir, puisque Dieu n'en aurait rien suggéré; or, on ne peut dire que toute l'Ecriture ne soit pas la parole de Dieu, puisque saint Paul témoigne le contraire. Ainsi c'est encore avec raison que les docteurs de Louvain ont combattu le sentiment contraire des jésuites. Il faut néanmoins observer que, quoique toutes les parties soient inspirées à l'auteur sacré, cependant il est certain que tous les discours rapportés dans l'Ecriture n'étaient point inspirés à ceux qui les faisaient; c'est ainsi que les discours de l'auteur de la Sagesse (chap. II) mis dans la bouche des impies, le discours des amis de Job, etc., etc., n'étaient assurément pas inspirés aux impies, aux amis de Job; mais l'auteur sacré a été inspiré pour les rapporter. Ainsi notre assertion doit s'entendre en ce sens que Dieu a suggéré aux auteurs sacrés tout ce qui est dit dans les livres saints; mais non qu'il ait inspiré aux divers personnages dont les discours sont rapportés dans l'Ecriture, de dire tout ce qu'ils ont dit. C'est dans ce sens-là seul que l'on peut distinguer dans l'Ecriture la parole de Dieu et la parole de l'homme. Cette observation suffit pour résoudre les objections que l'on pourrait tirer de quelques textes des SS. PP. (*Voy.* la Bible de Vence, p. 22). Nous allons en résoudre brièvement quelques autres.

Objection 1re. Saint Paul (1re Epit. aux Cor., ch. VII, v. 12) insinue clairement qu'il y a dans ses Epîtres des choses inspirées et des choses qui ne le sont pas; car il dit : Ce n'est pas le Seigneur, c'est moi qui parle : *Ego dico, non Dominus*. Or, si saint Paul eût alors écrit par inspiration, il n'eût pu dire que ce n'était pas le Seigneur qui parlait, puisque le Saint-Esprit lui eût suggéré ce qu'il disait; donc, etc.

Réponse. Nos adversaires détournent le sens des textes qu'ils nous objectent. Saint Paul, en disant que ce n'est pas le Seigneur, mais lui qui commande, ne veut dire autre chose, sinon qu'il n'y avait point sur la matière dont il parlait de loi expresse sortie de la bouche de Jésus-Christ, *non Dominus*; mais le Saint-Esprit en établit une par son organe, puisque l'apôtre dit expressément, dans le même chapitre, qu'il est inspiré : *Puto quod et ego spiritum Dei habeam* (v. 40). Ainsi les paroles objectées signifient tout simplement que ce n'est pas Jésus-Christ lui-même qui a donné le précepte dont il s'agit; mais que l'apôtre l'établit en vertu de son inspiration et non de son autorité privée : *Puto quod spiritum*, etc.

Objection 2e. Dieu ne fait pas de miracles inutiles; or, il l'aurait fait, si les miracles s'étendaient à toutes les parties de l'Ecriture, car quel besoin les auteurs sacrés avaient-ils d'être inspirés pour rapporter des choses qu'ils connaissaient par des moyens naturels, comme, par exemple, les faits historiques dont ils que conformément aux ordres qu'ils avaient reçus de Jésus-Christ, et sous la direction immédiate du Saint-Esprit. Ainsi, tous les sa- avaient été les témoins oculaires. Etait-il nécessaire que saint Paul fût inspiré pour demander (*Epist. ad Rom.* IV, 13) qu'on lui apportât son manteau, et l'auteur des livres de Tobie, pour dire (cap. XI) que le chien de Tobie courut en remuant la queue annoncer l'arrivée de son maître?

Réponse. Il ne s'agit pas ici de savoir si ce miracle est utile, mais si réellement Dieu l'a fait; c'est mal attaquer un dogme que de raisonner d'après son inutilité. A quoi bon, dira un socinien, le miracle de l'Incarnation? A quoi bon celui de l'Eucharistie? dira un calviniste, etc. D'ailleurs, le miracle de l'inspiration totale et entière de l'Ecriture, même dans les plus petits détails, n'est pas inutile, puisqu'il sert à concilier une plus grande autorité aux livres sacrés et à les faire regarder avec beaucoup plus de respect.

II. Il paraît beaucoup plus probable que l'inspiration ne s'étend pas ordinairement jusqu'aux mots dont se sont servis les auteurs sacrés. Cette assertion se prouve :

1° Par les défauts du style qui se rencontrent quelquefois dans les écrivains sacrés.

Il est absurde d'attribuer à l'Esprit saint des barbarismes, des solécismes et des fautes grossières contre la grammaire. Or, les auteurs sacrés, surtout ceux du Nouveau Testament, tombent souvent dans ces sortes de fautes.

C'est ainsi que saint Paul parle un grec dur et à demi barbare, rempli d'hébraïsmes et de parenthèses longues et embarrassées. Il met souvent le futur pour le présent, et *vice versa*, ce qui dans la langue grecque est un solécisme assez grossier. On trouve dans les *Elementa theologica* de Dargentré, évêque de Tulle, une longue liste de ces barbarismes. Or, dans le sentiment de ceux qui soutiennent l'inspiration verbale, on est obligé d'attribuer toutes ces fautes à l'Esprit saint, puisqu'on prétend qu'il a inspiré les mots de l'Ecriture. Mais, dit l'abbé de Vence, nous ne connaissons peut-être pas assez la valeur des termes d'une langue morte pour pouvoir prononcer avec certitude que telle ou telle locution est vicieuse. Et effectivement certains auteurs ont fait des livres pour prouver que les écrivains du Nouveau Testament, et saint Paul lui-même, avaient fait passer dans leur style toutes les finesses du dialecte attique.

Nous répondons que nos adversaires voudront bien sans doute s'en rapporter au témoignage de saint Jean Chrysostome, de saint Basile, d'Origène, etc., qui devaient assurément connaître le génie de la langue dans laquelle ils ont composé tant d'excellents ouvrages; or, ces auteurs reconnaissaient, sans balancer, les fautes de langage dont nous parlons, puisqu'ils disent que le style du Nouveau Testament est très-souvent bas et trivial : *Trivialis et sordidus est.* Saint Jean Chrysostome se moque d'un chrétien qui, dans une dispute avec un païen, avait soutenu qu'il n'y avait point de fautes dans le langage de saint Paul (*Homil.* 3 in I *Epist. ad Cor.*). Saint Jérôme (*Epist. ad Algasiam*) va jusqu'à dire que saint Paul ignorait la langue et les règles de la grammaire, et il conclut de là que ce n'est pas par humilité, mais bien avec vérité que saint Paul s'était lui-même qualifié d'*imperitus sermone* (II Cor. XI, 6). Tous les textes que nous venons de citer sont dans l'histoire critique du Nouveau Testament (chap. XXVI, p. 505 et suiv.).

2° Par les différences que l'on trouve dans les auteurs sacrés, quand ils rapportent les mêmes discours. Les évangélistes rapportent d'une manière différente les discours de Jésus-Christ, par exemple, l'Oraison dominicale, les paroles qu'il prononça en

crements ont été institués par Jésus-Christ, quoique l'Ecriture ne parle pas aussi clairement et aussi distinctement de tous qu'elle

instituant l'eucharistie, qui sont différentes dans saint Matthieu (cap. xxvi, v. 26) et dans saint Luc (cap. xxii, v. 19).

Or, si Jésus-Christ avait dicté aux évangélistes les paroles expresses de Jésus-Christ, ces différences n'existeraient pas, et tous les discours seraient les mêmes dans tous les évangélistes; à moins qu'on ne suppose que le Saint-Esprit, qui pouvait facilement leur suggérer les propres paroles de Jésus-Christ, se soit amusé, contre toute raison, à leur en suggérer de différentes.

Donc le Saint-Esprit n'a pas suggéré aux auteurs sacrés les mots dont ils se sont servis. Le P. Billuart, dans son traité *de Regulis fidei* (tom. IX, p. 142), s'est évertué contre cet argument; mais tous ses raisonnements subtils sont loin d'être convaincants.

Nous avons dit, dans notre assertion, que l'inspiration ne s'étendait pas ordinairement jusqu'aux mots, etc.; car on convient généralement que certains ont été inspirés aux auteurs sacrés, tels sont, par exemple, certains qui renferment un sens si profond et si mystérieux, que la connaissance en a été moralement impossible aux écrivains comme, par exemple, *et Verbum caro factum est*, si propres à détruire les hérésies qui combattent l'incarnation; tels sont aussi les noms propres des hommes dont les prophètes annonçaient l'existence, par exemple, celui de Cyrus, dont Isaïe parle 200 ans avant sa naissance; celui de Josias, qui est prédit par les prophéties du IIIe livre des Rois (cap. xiii, v. 2); tels sont aussi certains mots qui renferment des allusions.

Objection I. M. de Bonald a prouvé qu'on ne pouvait avoir de pensées sans les mots; donc Dieu a dû aussi nécessairement inspirer les mots.

Réponse. 1° Le sentiment de M. de Bonald n'est encore qu'un pur système.

2° Quand même il serait vrai, il ne s'ensuivrait rien contre nous; en effet, rien n'empêche de croire que Dieu présentait en vision aux écrivains sacrés les images des choses dont il voulait qu'ils parlassent, en laissant à leur choix les expressions dont ils voudraient se servir pour décrire les choses qu'ils avaient vues.

Dans cette hypothèse, comme on le voit, les écrivains étaient libres d'employer les expressions qu'ils jugeaient les plus convenables, et par conséquent on ne peut conclure l'inspiration des mots du fait de l'inspiration des pensées.

3° Enfin, de ce que dans l'état où nous sommes, nous ne pouvons avoir les pensées sans les mots, il ne s'ensuit pas que Dieu n'ait pu, par sa toute-puissance, se servir de moyens différents du langage pour faire naître des pensées dans l'esprit des hommes.

Objection II. Saint Paul dit que toute écriture est inspirée; or, l'Ecriture n'est pas seulement composée de pensées, mais aussi de paroles: de p us, toute l'Ecriture est la parole de Dieu et non-seulement la pensée de Dieu; donc autant qu'elle est la parole de Dieu, elle doit avoir Dieu pour auteur, et Dieu ne peut être auteur qu'autant qu'il a inspiré cette parole.

Réponse. Ces arguments ne sont que des subtilités.

1° Il est évident que saint Paul a pu dire que toute l'Ecriture était inspirée, puisque, quoique les mots ne le soient pas, tous les sens qu'elle contient sont inspirés de Dieu, en sorte qu'il n'est pas un mot qui ne soit inspiré quant au sens.

2° Ce qu'il y a de principal dans les paroles étant les pensées qu'elles renferment, si Dieu est

parle du baptême et de l'eucharistie. Dès qu'il est certain que les autres ont été en usage du temps des apôtres pour donner la grâce, on doit présumer que Jésus-Christ l'avait ainsi ordonné; lui seul a eu le pouvoir divin d'attacher à un rite extérieur la vertu de produire la grâce dans nos âmes. *Voy.* SACREMENT. Mais il a laissé à son Eglise le pouvoir et l'autorité d'établir les cérémonies et les usages qu'elle jugerait les plus propres à instruire et à édifier les fidèles. C'a été un entêtement ridicule, de la part des hérétiques, de ne vouloir admettre que ce qui leur a paru établi par Jésus-Christ et par les apôtres; pendant que, sous prétexte de réforme, ils ont introduit dans leur propre société des usages analogues à leurs opinions. *Voy.* Los ECCLÉSIASTIQUES, DISCIPLINE, etc.

* INSTITUTION DES MINISTRES DE LA RELIGION. On donne ce nom à l'acte par lequel on confère le pouvoir juridictionnel de l'Eglise. Cet acte appartient exclusivement à l'Eglise.

« Comme dans le gouvernement temporel, dit Fleury, le premier acte de juridiction est l'institution des magistrats, des juges et des ministres de la justice; ainsi l'ordination des évêques et des clercs est le premier acte et le plus important du gouvernement de l'Eglise (*a*). »

« Vous êtes un peuple, dit Bossuet, un État, une société; mais Jésus-Christ, qui est votre roi, ne tient rien de vous, et son autorité vient de plus haut. Vous n'avez naturellement pas plus de droit de lui donner des ministres que de l'établir lui-même votre prince. Ainsi, ses ministres, qui sont vos pasteurs, viennent de plus haut comme lui-même, et il faut qu'ils viennent par un ordre qu'il ait établi. Le royaume de Jésus-Christ n'est pas de ce monde, et la comparaison que vous pouvez faire entre ce royaume et ceux de ce monde est caduque. En un mot, la nature ne vous donne rien qui ait rapport avec Jésus-Christ et son royaume, et vous n'avez aucun droit que ceux que vous trouverez dans les coutumes immémoriales de votre société. Or, ces coutumes immémoriales, à commencer par les temps apostoliques, sont que les pasteurs déjà établis établissent les autres (*b*). »

Ces principes sont reconnus par le saint concile de Trente. Il déclare que ceux qui ont été établis par la puissance séculière ne sont point de vrais pasteurs. Il frappe d'anathème tous ceux qui osent dire que ceux qui ne sont ni ordonnés suivant les règles, ni envoyés par la puissance ecclésiastique, conformément aux lois canoniques, sont des ministres légitimes de la parole divine et des sacrements; il frappe aussi d'anathème tous ceux qui refusent de reconnaître pour vrais et légitimes pasteurs les évêques qui ont été institués par les pontifes romains (*c*). Aussi Pie VII cassa la Constitution civile du clergé, qui avait voulu attribuer un pareil droit au pouvoir civil (*d*).

L'Eglise a pu varier le mode d'institution canonique. Celui qui est légitimement établi par l'autorité

l'auteur des pensées, on peut lui attribuer aussi ces paroles et dire que l'Ecriture est sa parole. Ainsi nous croyons que les docteurs de Louvain ont eu tort de censurer le sentiment des jésuites qui niaient l'inspiration verbale.

Nous avons maintenant terminé tout ce que nous avions à dire sur l'inspiration, et il nous semble que la plupart des autres questions qu'agitent les théologiens sur cette matière sont plus propres à grossir leurs livres qu'à instruire leurs lecteurs.

(*a*) viie discours sur l'Histoire ecclésiastique.
(*b*) Histoire des Variations, liv. xv, n° 129.
(*c*) Sess. xxiii, can. 7.
(*d*) Bref du 10 mars 1791.

compétente doit être religieusement observé. « Si la nomination des évêques, en France, dit Mgr Gousset, se fait par le chef de l'Etat, ce n'est qu'en vertu du concordat passé entre Pie VII et le gouvernement français. Le droit de nommer aux évêchés ne vient ni des assemblées législatives, ni de la constitution, ni de la nation ; c'est une concession de la part du chef de l'Eglise, concession qui, étant fondée sur le concordat de 1801, ne peut durer qu'autant que ce concordat. Mais il en est de cette concession comme de toutes celles qui dérogent au droit commun : on doit l'interpréter à la lettre, évitant de lui donner plus d'extension qu'elle n'en a. Ainsi, comme il ne s'agit dans le concordat, que de la nomination aux évêchés de France, la nomination d'un évêque *in partibus* n'appartient qu'au pape, et le pape peut donner ce titre à un ecclésiastique français sans le concours du gouvernement.

» Il est vrai que, selon le 17e article du Code civil, la qualité de Français se perd par l'acceptation, non autorisée par le chef de l'Etat, de fonctions publiques conférées par un *gouvernement étranger*; et qu'un décret de l'Empire, du 7 janvier 1808, porte que, *en exécution de cet article, un ecclésiastique français ne pourra poursuivre ou accepter* la collation d'un évêché IN PARTIBUS, faite par le pape, *s'il n'y a été préalablement autorisé* par le gouvernement sur le rapport du *ministre des cultes*, et qu'il ne pourra avoir la consécration avant que les bulles *aient été examinées en conseil d'Etat*, et qu'on en ait permis la publication. D'après ce décret, ceux de nos missionnaires de la Cochinchine, que le pape a nommés évêques *in partibus infidelium* auraient perdu la qualité de Français. Mais, de grâce, quel rapport y a-t-il entre la nomination et la consécration d'un évêque *in partibus* et les *fonctions publiques* qui sont l'objet du 17e article du Code civil? D'ailleurs, regarder l'exercice de la puissance spirituelle du chef de l'Eglise comme un *gouvernement étranger*, et soumettre les actes du vicaire de Jésus-Christ aux caprices du conseil d'Etat, n'est-ce pas évidemment renouveler les prétentions de Henri VIII ?

« On doit s'en tenir à la lettre du concordat; par conséquent, comme le concordat n'accorde au chef du gouvernement que le droit de nommer les évêques, la nomination des vicaires généraux, des chanoines, des curés, des desservants, appartient aux évêques, sauf, pour ce qui regarde les curés, la nécessité de faire agréer la nomination par le gouvernement, comme le porte le même concordat. C'est à l'évêque à nommer les vicaires, les chapelains ou aumôniers des collèges, des hospices civils ou militaires et des prisons. Les prétentions des *ministres de l'instruction publique*, de *l'intérieur* et de la *guerre*, à cet égard, ne sont fondées que sur des décrets de l'empire ou des ordonnances royales, qui ne pouvaient leur conférer un droit que le chef de l'Etat n'avait pas lui-même. Que penserait-on d'un rescrit du pape qui donnerait aux évêques de France le droit de nommer les magistrats et les officiers de l'armée ? Eh bien ! ce rescrit ne serait pas plus révoltant que les décrets qui donnent à un ministre quelconque du gouvernement le pouvoir de nommer des aumôniers ou chapelains dont les fonctions sont toutes spirituelles. Et remarquez qu'un ministre de l'instruction publique, fût-il évêque, n'aurait pas plus de droit, comme ministre du gouvernement, que s'il était protestant, luthérien, calviniste, anglican, juif ou arabe. D'après les institutions qui nous régissent, un ministre, quel que soit son département, fût-il même ministre des cultes, peut être tout ce qu'il voudra, déiste, rationaliste, panthéiste, matérialiste, athée.

« En vain se prévaudrait-on du silence des évêques et de la prescription : en supposant même le silence aussi général qu'on le prétend, ce ne serait qu'un acte de tolérance, qui ne peut fonder une prescription. D'ailleurs la puissance ecclésiastique et la puissance civile étant essentiellement distinctes, l'Etat ne peut pas plus prescrire contre l'Eglise, en matière de juridiction spirituelle, que l'Eglise ne peut prescrire contre l'Etat en matière de juridiction temporelle. Concluons donc que la nomination des aumôniers est de la compétence de l'Eglise, et qu'elle appartient ou au pape ou à l'évêque, à l'exclusion des magistrats et des ministres du gouvernement. »

* INTÉGRITÉ DES LIVRES SACRÉS. Il ne suffit pas que nos livres sacrés aient été inspirés pour mériter une entière confiance, il faut encore qu'ils n'aient pas été substantiellement altérés. Nos livres sacrés sont intègres dans ce sens. Il y a quelques variantes dans les copies, mais ces variantes n'ont rien d'essentiel. C'est en traitant des livres saints en particulier que nous devons en constater l'intégrité. (*Voy.* PENTATEUQUE, EVANGILES.)

INTELLIGENCE. On entend sous ce nom la faculté que possède un être de se sentir, de connaître, de vouloir, de choisir; et l'on nomme aussi un tel être *intelligence* ou esprit : dans ce sens, nous disons que Dieu, les anges, les âmes humaines, sont des *intelligences* ou des êtres intelligents.

Mais il n'en est pas de l'*intelligence* divine comme de l'*intelligence* humaine : celle-ci est très-bornée, sujette à l'erreur, susceptible de plus et de moins; celle de Dieu est infinie, rien ne lui est caché. Les connaissances de l'homme sont successives et accidentelles : ce sont des modifications qui lui surviennent. La connaissance de Dieu est éternelle, est inséparable de son essence, embrasse d'un coup d'œil le passé, le présent et l'avenir, ne peut augmenter ni diminuer. C'est ainsi que Dieu est représenté dans les livres saints, et il s'en faut beaucoup que les anciens philosophes aient eu de Dieu une idée aussi sublime.

Notre propre *intelligence* nous est connue par conscience ou par le sentiment intérieur ; mais nous en sentons aussi les bornes et l'imperfection, et nous comprenons que l'*intelligence* divine ne peut être sujette aux mêmes défauts. Ainsi les athées ont tort quand ils nous accusent d'humaniser la Divinité, de faire de Dieu un homme, de lui attribuer nos imperfections, en lui supposant une *intelligence* calquée sur le modèle de la nôtre. Pour sentir le faible de leurs sophismes, il faut se souvenir que l'*intelligence* est l'opposé du hasard. Un être agit avec *intelligence* lorsqu'il sait ce qu'il fait, qu'il a un dessein, qu'il voit et veut l'effet qui doit résulter de son action ; il agit au hasard lorsqu'il n'a ni la connaissance, ni le dessein, ni l'intention de faire ce qu'il fait. Les athées se jouent du langage, lorsqu'ils disent que dans l'univers il n'y a ni dessein ni hasard, ni ordre ni désordre, ni bien ni mal, parce que tout est nécessaire. Qu'un événement soit nécessaire ou contingent, n'importe : il vient du hasard s'il est produit par une cause qui n'avait aucun dessein de le produire ; il est l'effet de l'*intelligence* s'il a été produit à dessein. Telle est la notion que nous en ont donnée les anciens philosophes, meilleurs logiciens que les modernes.

Toute la question est donc réduite à savoir si, dans l'univers, les choses sont disposées et se font de la manière dont les causes intelligentes ont coutume d'agir, ou si tout y arrive comme s'il était produit par une cause aveugle et privée de connaissance. Il suffit d'ouvrir les yeux pour voir ce qu'il en est. *Voy.* CAUSES FINALES.

INTENTION, dessein réfléchi de faire telle action, ou de produire tel effet par cette action. Il est incontestable que c'est principalement par l'*intention* que l'on juge si une action est moralement bonne ou mauvaise, digne de louange ou de blâme, de récompense ou de châtiment. Les fatalistes, qui se sont obstinés à nier ce principe, ont choqué de front le sens commun. Ils ont décidé qu'une action utile à la société est toujours censée louable, et qu'une action qui lui porte du dommage est toujours réputée criminelle. Rien n'est plus faux; c'est l'*intention* ou le dessein qui décide du mérite d'une action, et non l'effet qu'elle produit.

Quand un homme aurait sauvé sa patrie du plus grand danger, s'il l'a fait sans en avoir l'*intention*, sans le prévoir et le vouloir, c'est un heureux hasard et non un mérite; il n'est digne ni d'éloge ni de récompense. S'il a fait avec une *intention* contraire et dans le dessein de nuire, malgré l'effet avantageux qui en a résulté, ce n'est qu'un crime affreux; l'auteur est digne de châtiment. Si un incendiaire, en mettant pendant la nuit le feu dans son quartier, a éveillé les citoyens, les a mis en état de repousser l'ennemi qui venait pour surprendre la ville, soutiendra-t-on qu'il a fait une action louable, vertueuse, digne d'éloge et de récompense?

Chez tous les peuples policés, on met une distinction entre le cas fortuit, imprévu, indélibéré, involontaire, et l'action libre faite avec *intention* et à dessein. Celle-ci est punie avec raison lorsqu'elle est contraire aux lois et au bien de la société; le cas involontaire est graciable, quel que soit le mal qui en a résulté : celui qui l'a commis n'est point censé coupable, mais infortuné; on le plaint, mais on ne lui en fait pas un crime; il inspire de la compassion, et non du ressentiment ou de la haine. Notre propre conscience confirme ce jugement dicté par le sens commun; elle nous reproche une mauvaise action commise de propos délibéré, elle ne nous donne aucun remords d'une action commise sans mauvaise *intention*. S'il m'était arrivé de tuer un homme sans le vouloir, cet événement funeste m'affligerait, me causerait un chagrin mortel pour toute ma vie; mais ma conscience ne me le reprocherait pas comme un crime, elle ne me condamnerait pas comme coupable, elle m'absoudrait au contraire; et quand tout l'univers conspirerait à me juger digne de punition, ma conscience appellerait de la sentence, me déclarerait innocent, et prendrait Dieu à témoin de l'injustice des hommes. De là même le genre humain conclut qu'il doit y avoir pour la vertu d'autres récompenses, et pour le crime d'autres punitions que celles de ce monde. Les hommes sont sujets à se tromper sur ce qui est crime ou vertu, parce qu'ils ne peuvent juger de l'*intention*. Dieu seul connaît le fond des cœurs, est assez éclairé et assez juste pour rendre à chacun selon ses œuvres. Cette croyance est nécessaire pour consoler la vertu, souvent méconnue et persécutée sur la terre, et pour faire trembler le crime applaudi et encensé par les hommes. Quelques ennemis des théologiens les ont accusés d'enseigner qu'il est permis de mentir et de tromper à bonne *intention*; c'est une calomnie. Saint Paul a décidé clairement le contraire, et a condamné la maxime : *Faisons le mal, afin qu'il en arrive du bien* (*Rom.* III, 8).

A l'article CAUSE, nous avons observé qu'il y a, dans l'Ecriture sainte, plusieurs façons de parler qui semblent attribuer à Dieu ou aux hommes les événements qui sont arrivés contre leur *intention*, mais que c'est une équivoque de laquelle toutes les langues fournissent des exemples, et qui est aussi commune en français qu'en hébreu.

L'Eglise a décidé que, pour la validité d'un sacrement, il faut que celui qui l'administre ait au moins l'*intention* de faire ce que fait l'Eglise. *Concile de Trente*, sess. 7, can. 11. Conséquemment, un prêtre incrédule qui ferait toute la cérémonie et prononcerait les paroles sacramentelles, dans le dessein de tourner en ridicule cette action et de tromper quelqu'un ne ferait point un sacrement et ne produirait aucun effet (1) ; mais une *intention* aussi détestable ne doit jamais être présumée, à moins qu'elle ne soit prouvée par des signes extérieurs indubitables. Les protestants ont fait grand bruit sur cette décision : ils ont dit que par là l'Eglise mettait le salut des fidèles à la discrétion des prêtres. On leur a représenté que cela est faux, puisqu'ils conviennent, aussi bien que nous, que le désir du baptême supplée au sacrement lorsqu'il n'est pas possible de le recevoir; il en est de même de l'eucharistie. Quelques anglicans ont eu la bonne foi d'avouer qu'ils tombent dans le même inconvénient, lorsqu'ils enseignent que le sacrement dépend de la validité de l'ordination de l'évêque ou du prêtre qui l'administre : fait duquel on ne peut avoir une certitude morale, non plus que de son *intention*.

Les théologiens scolastiques distinguent différentes espèces d'*intentions* : ils appellent l'une *actuelle*, l'autre *habituelle* ou *virtuelle*, ou *interprétative*; l'une *absolue*, l'autre *conditionnelle*, etc. ; mais ce détail

---

(1) Nous observerons qu'il n'est nullement décidé que l'intention du ministre doive être intérieure. Plusieurs docteurs pensent qu'une intention purement extérieure suffit, en sorte qu'un ministre qui agit extérieurement comme ministre, quelle que soit son intention intérieure, peut validement administrer ce sacrement. Dans cette opinion, l'objection des protestants demeure sans objet. *Voy.* le Dict. de Théolog. mor.

n'est pas fort nécessaire, et nous mènerait trop loin.

INTERCESSEUR, INTERVENTEUR. Dans l'Eglise d'Afrique, pendant le IV° et le V° siècle, ce nom fut donné aux évêques administrateurs d'un évêché vacant. C'était le primat qui les nommait pour gouverner le diocèse et pour procurer l'élection d'un nouvel évêque. Mais cette commission donna lieu à deux abus : le premier fut que ces *intercesseurs* profitaient de l'occasion pour gagner la faveur du peuple et du clergé, et pour se faire élire à l'évêché vacant, lorsqu'il était plus riche ou plus honorable que le leur : espèce de translation que l'ancienne Eglise n'approuva jamais; le second, qu'ils faisaient quelquefois durer longtemps la vacance, pour leur profit particulier.

Le cinquième concile de Carthage y remédia en ordonnant, 1° que l'office d'*intercesseur* ne pourrait être exercé pendant plus d'un an par le même évêque, et que l'on en nommerait un autre, si, dans l'année, il n'avait pas pourvu à l'élection d'un successeur; 2° que nul *intercesseur*, quand même il aurait pour lui les vœux du peuple, ne pourrait être placé sur le siége épiscopal dont l'administration lui aurait été confiée pendant la vacance. Bingham, *Origin. ecclés.*, t. I, l. II, c. 15.

INTERCESSION DES ANGES. *Voy.* ANGES.
INTERCESSION DES SAINTS. *Voy.* SAINTS.
INTÉRIEUR. Ce terme a différentes significations dans l'Ecriture sainte et dans le style théologique. Saint Paul dit, *Rom.*, c. VII, v. 32 : Je me plais à la loi de Dieu, selon l'homme *intérieur*. Il prie Dieu de fortifier par sa grâce les Ephésiens dans l'homme intérieur. *Ephes.*, c. III, v. 16. Ainsi l'apôtre distingue en nous deux hommes : l'un *intérieur* et spirituel, qui se porte au bien par le secours de la grâce; l'autre extérieur, charnel et sensuel, dont les appétits déréglés le portent au mal. Il dit que celui-ci se corrompt et dépérit, mais que l'autre se fortifie de jour en jour. *II. Cor.*, c. IV, v. 16.

Dans un autre sens, les auteurs ascétiques appellent *homme intérieur* un homme qui médite souvent sur lui-même et sur les grandes vérités de la religion; qui ne se laisse point détourner des pratiques de piété par les distractions, les plaisirs et les occupations frivoles de ce monde; et *vie intérieure*, la conduite d'un chrétien ainsi appliqué à se sanctifier.

Les mystiques donnent à cette expression un sens plus sublime. Ils disent que la *vie intérieure* est une espèce de commerce réciproque entre le Créateur et la créature, qui s'établit par les opérations de Dieu dans l'âme et par la coopération de l'âme avec Dieu. Ils distinguent trois différents degrés par lesquels passe une âme fidèle, ou trois sortes d'amours auxquels Dieu élève l'homme qui est fortement occupé par lui. Ils appellent le premier *amour de préférence* ou *vie purgative*; c'est l'état d'une âme que les mouvements de la grâce divine et les remords d'une conscience justement alarmée ont pénétrée des vérités de la religion, et qui, occupée de l'éternité, ne veut plus rien qui ne tende à ce terme. Dans cette situation, l'homme s'applique tout entier à mériter les récompenses que la religion promet, et à éviter les peines éternelles dont elle menace. Dans ce premier état, l'âme règle toute sa conduite sur ses devoirs, et donne à Dieu la préférence sur toutes choses. L'esprit de pénitence lui inspire du goût pour les mortifications qui domptent les passions et asservissent les sens; toutes ses pensées étant tournées vers Dieu, chaque action de l'âme n'a plus d'autre principe ni d'autre fin que lui seul, la prière devient habituelle. L'âme n'est plus interrompue par les travaux et les occupations extérieures; elle les embrasse cependant et y satisfait autant que les devoirs de son état et ceux de la charité l'y obligent. Mais l'esprit de recueillement les fait rentrer dans l'exercice même de la prière, par le souvenir continuel de la présence de Dieu. Néanmoins la méditation se fait encore par des actes méthodiques, l'âme s'occupe des paroles de l'Ecriture sainte et des actes dictés pour se tenir dans la présence de Dieu.

Dans l'ordre des choses spirituelles, continuent les mystiques, les grâces de Dieu augmentent à proportion de la fidélité de l'âme. De ce premier état elle passe bientôt à un degré plus élevé et plus parfait, appelé *vie illuminative*, ou *amour de complaisance*. Une âme qui a contracté l'heureuse habitude de la vertu, acquiert un nouveau degré de ferveur; elle goûte dans la pratique du bien une facilité et une satisfaction qui lui fait chérir les occasions de faire à Dieu des sacrifices; quoique des actes de son amour soient encore sentis et réfléchis, elle ne délibère plus entre l'intérêt temporel et le devoir : plaire à Dieu est alors son plus grand intérêt. Ce n'est plus assez pour elle de faire le bien, elle veut le plus grand bien; entre deux actes de vertu, elle choisit toujours le plus parfait; elle ne se regarde plus elle-même, du moins volontairement; mais la gloire et la plus grande gloire de Dieu. C'est ce degré d'amour qui fait chérir aux solitaires le silence, la mortification, la dépendance des cloîtres, si opposés à la nature, dans lesquels cependant ils goûtent des sentiments plus doux, des plaisirs plus purs, des transports plus réels, que dans tout ce que le monde peut offrir de plus séduisant. Ceux qui ne l'ont pas éprouvé ne peuvent ni ne doivent le comprendre, comme le dit le cardinal Bona; mais ce sont des vérités attestées par une suite constante d'expériences, depuis l'apôtre saint Paul jusqu'à saint François de Sales.

L'homme ne conçoit jamais mieux sa petitesse et son néant que quand il a une haute idée de la grandeur de Dieu : la disproportion infinie qu'il aperçoit entre l'Etre suprême et les créatures, lui apprend ce qu'elles sont, combien sont méprisables les vanités qui les distinguent et les frivolités qui les occupent. Ainsi les grâces que Dieu accordé aux humbles rendent encore leur humilité plus profonde. C'est la disposition dans laquelle doit être une âme fidèle pour arriver au troisième degré de la *vie intérieure*, que l'on appelle *vie unitive* ou *amour d'union*, l'on n'y parvient que par de longues épreuves. Les mystiques disent que c'est un état passif dans lequel il semble que Dieu agit seul, et que l'âme n'a fait qu'obéir à la force surnaturelle qui la porte vers lui. Mais cet état est rarement habituel, et il ne dispense point une âme de faire des actes des différentes vertus. Dieu n'élève ses saints sur la terre à ce degré que dans quelques intervalles passagers, qui sont comme un avant-goût des biens célestes. C'est l'habitude de la contemplation et l'amour d'union qui ont mérité à plusieurs saints, dont l'Église a canonisé les vertus, ces extases, ces ravissements, ces révélations que Dieu a daigné leur accorder; mais ce sont des faveurs miraculeuses que nous n'avons aucun droit de lui demander, auxquelles même il est dangereux d'aspirer.

L'ambition de quelques mystiques sur ce point les a souvent jetés dans l'illusion, et les a fait déchoir des vertus qu'ils avaient acquises d'ailleurs. Dieu n'accorde ces sortes de grâces qu'à ceux qui s'en croient vraiment indignes, et alors ces dons divins produisent en eux une foi plus vive, une charité plus ardente, une humilité plus profonde, un détachement plus parfait, une fidélité plus constante à pratiquer les vertus les plus héroïques. Un état prétendu surnaturel, qui n'a pas été précédé et qui n'est pas accompagné de ces signes, est certainement une pure illusion. Telle est l'erreur de ces femmes dévotes chez lesquelles la sensibilité du cœur, la vivacité des passions et la chaleur de l'imagination produisent des effets qu'elles prennent pour des grâces singulières, mais qui souvent ont des causes toutes naturelles, quelquefois même criminelles. Ces égarements ont donné lieu à des traits de démence et à des scandales dont l'opprobre n'a pas manqué de retomber, mais très-injustement, sur la dévotion même.

Il y a eu de faux mystiques dès le commencement de l'Église, depuis les gnostiques jusqu'aux quiétistes; les erreurs de ceux-ci, déjà condamnées précédemment dans le concile de Vienne, ont été prêtes à se renouveler dans le siècle passé. *Voy.* QUIÉTISME.

INTÉRIM, espèce de règlement provisionnel publié par ordre de Charles-Quint, l'an 1548, par lequel il décidait des articles de doctrine qu'il fallait enseigner en attendant qu'un concile général les eût plus amplement expliqués et déterminés.

Comme le concile de Trente avait été interrompu l'an 1548 et transféré à Bologne, l'empereur Charles-Quint, qui n'espérait pas de voir cette assemblée sitôt réunie, et qui voulait concilier les luthériens avec les catholiques, imagina l'expédient de faire dresser un formulaire de doctrine par des théologiens des deux partis, et de les envoyer, pour cet effet, à la diète qui se tenait alors à Augsbourg. Ceux-ci n'ayant pu convenir entre eux, l'empereur en chargea trois théologiens célèbres, qui rédigèrent vingt-six articles sur les points controversés entre les catholiques et les luthériens. Ces articles concernaient *l'état du premier homme avant et après sa chute; la rédemption des hommes par Jésus-Christ; la justification du pécheur; la charité et les bonnes œuvres; la confiance que l'on doit avoir que Dieu a pardonné les péchés; l'Église et ses vraies marques, sa puissance, son autorité, ses ministres, le pape et les évêques; les sacrements en général et en particulier; le sacrifice de la messe; la commémoration que l'on y fait des saints; leur intercession et leur invocation; la prière pour les morts et l'usage des sacrements.* On y tolérait le mariage des prêtres qui avaient renoncé au célibat, et la communion sous les deux espèces partout où elle s'était établie.

Quoique les théologiens qui avaient dressé cette profession de foi, assurassent l'empereur qu'elle était très-orthodoxe, le pape ne voulut jamais l'approuver, non-seulement parce que ce n'était point à l'empereur de prononcer sur les matières de foi, mais encore parce que la plupart des articles étaient énoncés en termes ambigus, aussi propres à favoriser l'erreur qu'à exprimer la vérité. Charles-Quint n'en persista pas moins à proposer l'*intérim*, et à le confirmer par une constitution impériale dans la diète d'Augsbourg, qui l'accepta. Mais plusieurs catholiques refusèrent de s'y soumettre, parce que ce règlement favorisait le luthéranisme; ils le comparèrent à l'*Hénotique* de Zénon, à l'*Ecthèse* d'Héraclius, et au *Type* de Constant. *Voy.* ces mots. D'autres catholiques l'adoptèrent, et écrivirent pour le défendre.

L'*intérim* ne fut guère mieux reçu par les protestants. Bucer, Musculus, Osiander et d'autres le rejetèrent sous prétexte qu'il *rétablissait la papauté*, que ces réformateurs croyaient avoir détruite; plusieurs écrivirent pour le réfuter. Mais comme l'empereur employait toute son autorité pour faire recevoir sa constitution, et qu'il mit au ban de l'empire les villes de Magdebourg et de Constance qui refusaient de s'y soumettre, les luthériens se divisèrent en *rigides* ou opposés à l'*intérim*, et en mitigés, qui prétendaient qu'il fallait se conformer aux volontés du souverain : on les nomma *intérimistes*; mais ceux-ci se réservaient le droit d'adopter ou de rejeter ce que bon leur semblait dans la constitution de l'empereur.

Ainsi l'*intérim* est une de ces pièces par lesquelles, en voulant ménager deux partis opposés, on parvient à les mécontenter tous deux, et souvent à les aigrir davantage. Tel fut le succès de celle dont nous parlons; elle ne remédia à rien, fit murmurer les catholiques et souleva les luthériens. C'est d'ailleurs une absurdité de vouloir apporter un tempérament et des palliatifs aux vérités qu'il a plu à Dieu de révéler, comme s'il dépendait de nous d'y ajouter ou d'en retrancher; on doit les professer, et les croire telles qu'elles nous ont été transmises par Jésus-Christ et par les apôtres.

INTERPRÉTATION, explication. Le concile de Trente, sess. 4, défend d'interpréter l'Ecriture sainte dans un sens contraire au sentiment unanime des saints Pères et à celui de l'Eglise, à laquelle il appartient de juger du vrai sens des livres saints. La même règle avait déjà été établie par le cinquième concile général, en 553. Elle est fondée sur ce qu'a dit saint Pierre, *Epist.* II, c. I, 20, qu'aucune prophétie de l'Ecriture ne doit être expliquée par une *interprétation* particulière. Une longue expérience a prouvé qu'il n'est aucun livre duquel il soit plus dangereux et plus aisé d'abuser. On sait à quelles visions se sont livrés les écrivains téméraires qui se sont crus assez habiles pour entendre l'Ecriture sainte sans avoir besoin de guide, et qui ont pris pour des inspirations divines les égarements de leur propre esprit.

Cependant les protestants veulent que la raison ou la lumière naturelle de chaque particulier soit le juge et l'*interprète* souverain de l'Ecriture sainte, et dans ce système nous ne voyons pas en quoi ce livre l'emporte sur tous les autres, et quel degré d'autorité on lui attribue. Plusieurs protestants, à la vérité, ont beaucoup d'égards aux décisions des synodes; mais qui a donné à ces synodes le privilège de mieux entendre l'Ecriture sainte que les pasteurs de l'Eglise catholique? D'autres, comme les anglicans, pensent que l'autorité de l'Eglise primitive a beaucoup de poids; et nous demandons à quelle époque précise l'Eglise a cessé d'être *primitive* et a perdu son autorité. Quelques-uns enfin disent que c'est le Saint-Esprit qui interprète l'Ecriture sainte à chaque fidèle au fond du cœur; il ne reste plus qu'à nous donner des signes certains pour distinguer l'inspiration du Saint-Esprit d'avec les visions d'un cerveau mal organisé. On voit d'abord à quel fanatisme ce système peut donner lieu.

Il est absurde de penser que des livres, dont plusieurs sont écrits depuis trois mille cinq cents ans, dans une langue morte depuis vingt siècles, dans un style très-différent de celui de nos langues modernes, pour des peuples qui avaient des mœurs très-peu analogues aux nôtres, sont à la portée des lecteurs les plus ignorants. Il l'est de prétendre que des écrits qui traitent souvent de matières très-supérieures à l'intelligence humaine, qui ont été, dans tous les siècles, une occasion de disputes et d'erreurs, peuvent être lus sans danger, et peuvent être entendus par les simples fidèles. Il l'est enfin de soutenir que des versions, faites par des docteurs qui avaient chacun leurs opinions particulières, sont pour le peuple un guide plus sûr et plus fidèle que l'enseignement public et uniforme de l'Eglise universelle. *Voy.* ECRITURE-SAINTE, § 4.

D'habiles critiques ont donné des règles pour faciliter l'intelligence des livres saints; mais quelque sages que soient ces règles, leur application peut toujours être fautive, elle ne peut nous donner le degré de certitude nécessaire pour fonder une croyance ferme, et telle qu'il la faut pour être un acte de foi divine. L'expérience prouve que les moyens les plus efficaces pour découvrir le vrai sens de l'Ecriture sainte sont l'habitude constante de lire ce livre divin, la prière, la défiance de nos propres lumières, une docilité parfaite à l'enseignement de l'Eglise. Si Jésus-Christ nous avait donné l'Ecriture pour règle de notre foi, sans le secours d'un interprète infaillible chargé de nous l'expliquer, il aurait été le plus imprudent de tous les législateurs. On dira que, malgré la précaution que nous supposons qu'il a prise, il n'y a pas moins eu de disputes, d'erreurs, d'hérésies dans tous les siècles. Mais ce désordre est venu de ce que l'on n'a pas voulu se soumettre à l'autorité qu'il avait établie, et suivre la marche qu'il avait prescrite. Lorsqu'un médecin a indiqué le remède spécifique pour prévenir une maladie, peut-on lui attribuer l'opiniâtreté de ceux qui ne veulent pas s'en servir (1)? *Voy.* EGLISE.

(1) Quoique nous ayons déjà étudié le système protestant concernant l'interprétation de l'Ecriture au mot HERMÉNEUTIQUE SACRÉE; et que nous y ayons donné des règles d'interprétation, nous croyons devoir exposer ici un peu plus longuement les systèmes des protestants.

Le 1er système est celui des enthousiastes. A leurs yeux, l'Ecriture est une lettre morte; elle ne s'anime que lorsque Dieu la met dans notre esprit. Une révélation individuelle fait connaître à chaque chrétien bien disposé, quels sont les divines Ecritures et leur véritable sens. Dieu, il est vrai, ne se communique pas également à tous, mais tous par la voie d'inspiration peuvent acquérir les connaissances nécessaires pour obtenir le salut.

La liste des illuminés serait trop longue pour la donner ici toute entière; il y en a eu dans tous les temps. — Les illuminés par principe se sont beaucoup multipliés depuis trois siècles. On a vu paraître les extatiques; livrés à des extases, ils reproduisaient les prodiges du temps des apôtres; le don de prophétie, le don des langues, etc., étaient des faveurs tout ordinaires. — Les indépendants : ils prétendent que Jésus-Christ nous a délivrés de toute espèce de lois divines et humaines. — Les indifférents : ils regardaient comme inutile tout culte extérieur. — Les trembleurs : emportés par l'esprit de Dieu, ils se livraient à des convulsions épouvantables, versaient des torrents de larmes, etc. — On peut ranger sous la même bannière les anabaptistes, les quakers, les méthodistes, etc. — Nous ne nous arrêterons pas à réfuter ce système; il suffit de l'avoir exposé pour en sentir le ridicule. Lorsqu'on n'a d'autre règle de conduite qu'une imagination exaltée, on doit donner dans des écarts épouvantables.

Le 2e système est celui des sociniens. Ce sont des déistes mitigés; ils ne diffèrent des déistes proprement dits, que parce qu'ils admettent la révélation; mais à l'aide de leurs règles d'interprétation, ils la rendent en quelque sorte inutile. Ils pensent qu'il faut entendre dans un sens métaphorique tout ce qui paraît en contradiction avec la raison. En un mot, le socinianisme n'est que le christianisme changé en rationalisme. Ce système compte aujourd'hui de nombreux partisans, même parmi les catholiques de nom. Nous l'avons combattu dans

INTERPRÈTE, celui qui fait entendre les sentiments, les paroles, les écrits d'un autre. On donne principalement ce nom à ceux qui expliquent l'Écriture sainte ou qui la traduisent dans une autre langue.

Au mot COMMENTATEURS, nous avons déjà fait quelques remarques sur la contradiction sensible qui règne entre les principes des protestants et leur conduite. D'un côté, ils soutiennent que tout fidèle est capable d'entendre assez clairement l'Écriture sainte pour fonder et diriger sa croyance; de l'autre, personne n'a insisté plus fortement qu'eux sur la nécessité de donner des règles, des méthodes, des facilités, pour parvenir à l'intelligence de ce livre divin; personne n'a mieux fait sentir le besoin d'une *interprétation*.

un grand nombre d'articles de ce *Dictionnaire*. *Voy.* HERMÉNEUTIQUE SACRÉE, RATIONALISME, etc.

Le 3ᵉ système est celui des luthériens et des calvinistes. Ils regardent l'Écriture comme la seule règle de notre foi et de nos mœurs. A l'aide des livres saints, sans le secours de l'autorité, chacun doit former sa croyance. La tâche est difficile pour les ignorants, mais il n'est pas une seule personne jouissant de ses facultés intellectuelles, qui ne puisse acquérir la connaissance de quelque textes de l'Écriture pour former sa foi. C'est ainsi qu'elle se formait chez les Israélites, puisque la Synagogue n'était pas infaillible. C'est ainsi que les premiers chrétiens en agissaient. Telle fut la conduite des habitants de Bérose, approuvée dans les actes. C'est celle que recommande l'apôtre dans sa 1ʳᵉ Épître aux Thessaloniciens, c. v. Saint Jean déclare qu'il ne faut pas recourir à l'enseignement pour formuler sa croyance (*I Joan.* II).

Avant de répondre à ces raisons qui, pour la plupart, ont été discutées (*Herméneutique sacrée*), pénétrons la nature intime du système. Un moment de réflexion nous le montrera faux, impraticable, ouvrant la porte à toutes les erreurs.

1° Ce système est faux. Il suppose qu'avec les secours ordinaires de la grâce, toute personne peut reconnaître quels sont les livres canoniques, découvrir le véritable sens de la parole de Dieu. Consultons l'expérience. Elle nous dit que les plus saints et les plus savants personnages ont été effrayés des difficultés de l'Écriture sainte; que les passages les plus clairs ont reçu une multitude d'interprétations. Bossuet, dans sa savante histoire des variations, en fournit un grand nombre d'exemples; et c'est ce livre qu'on présente à l'ignorant en lui disant: Prends, lis et forme ta foi!

2° Il est impraticable. Mais, pour croire un tel système praticable, fait-on attention qu'il exige que chaque fidèle se rende un compte raisonné de l'authenticité, de l'intégrité, de la véracité et de la divinité de nos livres saints ; qu'il juge des versions dont il veut se servir, qu'il saisisse le véritable sens des paroles divines. Comment des hommes sans instruction, d'un esprit borné, distraits par les travaux et par les nécessités de la vie, pourront-ils se livrer à l'étude qu'exigent des connaissances si difficiles à acquérir? Que deviendra cette immense multitude de chrétiens incapables, je ne dis pas seulement d'examiner nos livres saints, mais de les lire? Ainsi, dans ce système, impossibilité pour la plupart des chrétiens de faire un acte de foi sans lequel on ne peut plaire à Dieu. — Avançons plus loin; montrons les suites épouvantables de ce système.

3° Il ouvre la porte à toutes les erreurs. Quelle protection la loi offrirait-elle à la société si le législateur venait à déclarer qu'il abandonne l'interprétation de sa loi à la conscience de ses sujets? S'il n'y avait dans les sociétés civiles des tribunaux pour opposer une barrière aux passions des hommes, bientôt sa législation serait réduite à néant. Pour permettre ce qui serait dans un législateur humain le comble de la folie, croit-on que le respect pour la loi divine serait plus grand que pour la loi humaine? L'expérience nous apprend que non. La maxime a été mise en pratique chez les protestants. Qu'est devenu le symbole entre leurs mains? Il a été mis en pièce, l'anarchie des opinions a ruiné le christianisme parmi eux. A peine est-il un protestant instruit et fidèle à ses maximes, qui croie à la divinité de Jésus-Christ. Et encore si le christianisme conserve aujourd'hui parmi les protestants une existence extérieure, à quoi faut-il l'attribuer? c'est à la violation de leur principe. Qui est ce qui

Ils le prouvent savamment, parce qu'il y a dans la Bible beaucoup de choses qui paraissent inintelligibles au premier coup d'œil; parce que les mystères que Dieu nous y révèle exigent de la part de l'homme la plus profonde méditation; parce qu'il y est question du salut éternel, qui est la plus importante de toutes les affaires; parce que l'esprit de l'homme est naturellement très-négligent et peu pénétrant dans ces sortes de matières; parce que les hérétiques et les mécréants mettent un art infini à détourner et à corrompre le sens des livres sacrés, etc. Conséquemment ils font sentir la nécessité de savoir les langues, de posséder les règles de la grammaire et de la logique, de connaître les différentes parties de l'Écriture sainte, de consulter les dictionnaires et les concordances, de comparer les passages, afin d'expliquer ceux qui sont obscurs par ceux qui sont clairs, de faire attention aux temps, aux lieux, aux personnes, au sujet dont il s'agit, au but, aux motifs, à la manière de l'écrivain, etc. Si tout cela est possible au commun des fidèles, il faut qu'ils aient reçu, en naissant, la science infuse. La plus longue vie suffit à peine pour acquérir toutes ces connaissances. *Voy.* Glassius, *Philolog. sacra*, lib. II, Iᵉ part., p. 493 et suiv.

Mais enfin, dira-t-on, ces *interprètes* charitables ont pris sur eux tout le poids du travail, et les simples fidèles peuvent en recueillir le fruit sans peine et sans effort. Cela serait bon, si ces graves auteurs avaient imprimé à leurs commentaires le sceau de l'infaillibilité, si au moins tous s'accordaient; mais, avec les mêmes règles et en suivant la même méthode, un *interprète* luthérien donne tel sens à tel passage, pendant qu'un commentateur calviniste ou socinien y en trouve un autre.

Vainement on répliquera que leurs disputes ne regardent que des articles peu importants; elles concernent la divinité de Jésus-Christ, le péché originel, la rédemption, la présence de Jésus-Christ dans l'eucharistie, et ces dogmes tiennent de près

forme la foi extérieure des pasteurs? c'est l'autorité du synode. Qui est-ce qui forme la foi des fidèles? ce sont les ministres. Qu'ils mettent de côté les synodes et les ministres, nous verrons si leur christianisme résistera à l'épreuve.

ou de loin à tout l'édifice du christianisme.

Qui est d'ailleurs, chez les protestants, le simple fidèle qui a la capacité et le courage de lire ces volumes énormes de remarques et de discussions? On lui met à la main l'Ecriture sainte traduite dans sa langue, et il faut qu'il commence par faire un acte de foi sur la fidélité de la version et sur la probité du traducteur. Sur quoi peut donc appuyer sa foi l'ignorant qui ne sait pas lire? Cependant ces mêmes critiques ne cessent d'invectiver contre les catholiques, parce que ceux-ci soutiennent que l'Ecriture sainte ne suffit pas seule pour fixer notre croyance, qu'il faut au peuple une règle qui soit plus à sa portée, un *interprète* aux leçons duquel il puisse ajouter foi comme à la parole de Dieu même. En rejetant l'interprétation de l'Eglise, un protestant ne rougit point de mettre sa propre interprétation à la place. *Voy.* ECRITURE SAINTE, § 4, COMMENTATEURS, SENS DE L'ECRITURE, VERSION, etc.

On donnait aussi autrefois le nom d'*interprètes* à des clercs chargés de traduire en langue vulgaire les leçons de l'Ecriture sainte et les homélies ou sermons des évêques. Cela était nécessaire dans les Eglises où le peuple parlait plusieurs langues. Ainsi, dans celles de la Palestine, les uns parlaient grec, les autres syriaque. En Egypte, le grec et le cophte étaient en usage; en Afrique, on se servait du latin et de la langue punique. Bingham, qui a voulu conclure de là que l'Eglise romaine a tort de ne pas célébrer l'office divin en langue vulgaire, a oublié que dans les Eglises dont nous parlons la liturgie ne se célébrait que dans une seule langue, en syriaque dans les Eglises de Syrie, en grec dans toute l'Egypte, en latin dans toute l'Afrique : le peuple y était donc dans le même cas que chez nous. *Orig. eccles.*, l. III, c. 13, § 4. *Voy.* LANGUE, LITURGIE.

INTOLÉRANCE. Si à ce terme l'on ajoute celui de *persécution*, il n'en est aucun autre duquel on ait plus souvent abusé dans notre siècle, ou qui ait donné lieu à un plus grand nombre de sophismes et de contradictions.

La plupart de ceux qui ont déclamé contre l'*intolérance* disent que c'est une passion féroce qui porte à haïr et à persécuter ceux qui sont dans l'erreur, à exercer toutes sortes de violences contre ceux qui ont sur Dieu et sur son culte une façon de penser différente de la nôtre. Pour justifier cette définition, ils auraient dû citer au moins un exemple de gens persécutés précisément parce qu'ils avaient des sentiments particuliers sur Dieu et sur son culte, sans avoir péché d'ailleurs en aucune manière contre les lois. Nous en connaissons un, c'est celui des premiers chrétiens; ils furent poursuivis, tourmentés et mis à mort uniquement pour leur religion, parce qu'ils ne voulaient pas adorer les dieux païens, sans avoir commis d'ailleurs aucun crime. *Voy.* MARTYRS, PERSÉCUTEURS. On ne peut pas en alléguer d'autres. Plusieurs de ces dissertateurs avouent qu'aucune loi, aucune maxime du christianisme n'autorise à haïr ni à persécuter les mé-

créants; que Jésus-Christ a recommandé à ses disciples la patience et non la persécution, la douceur et non la haine, la voie d'instruction et de persuasion et non la violence. En effet, lorsqu'il donna la mission à ses apôtres et qu'il leur annonça ce qu'ils auraient à souffrir, il leur dit : *Lorsqu'on vous persécutera dans une ville, fuyez dans une autre* (Matth. x, 23). Les habitants d'une ville de Samarie lui refusèrent le couvert; ses disciples indignés voulurent faire tomber sur eux le feu du ciel : *Vous ne savez pas quel esprit vous anime*, leur répondit ce divin Maître; *le Fils de l'homme n'est point venu pour perdre les âmes, mais pour les sauver* (Luc. IX, 55). Jamais il n'a fait usage de son pouvoir pour punir ceux qui lui résistaient. En prédisant aux Juifs qu'ils persécuteront ses disciples, il les menace de la colère du ciel; il leur annonce le châtiment, mais il n'y contribue point (Matth. XXIII, 34 et 35).

Les apôtres ont exactement suivi ses leçons et ses exemples. Saint Paul avait été persécuteur avant sa conversion; pendant son apostolat il fut un modèle de patience : « Nous sommes, dit-il, persécutés, maudits, maltraités, et nous le souffrons (*I Cor.* IV, 11; *II Cor.* IV, 8). » Il bénit Dieu de la patience avec laquelle les fidèles souffrent persécution pour leur foi. *II Thess.*, c. I, v. 4. Il leur dit : « Si quelqu'un ne se conforme point à ce que nous écrivons, remarquez-le; ne vous associez point avec lui, afin qu'il rougisse de sa faute; ne le regardez point comme un ennemi, mais reprenez-le comme un frère (*Ibid.* III, 14). « Si quelqu'un vous prêche un autre Evangile que celui que vous avez reçu, fût-ce un ange du ciel, qu'il soit anathème, » c'est-à-dire retranché de la société des fidèles (*Galat.* I, 9). Mais l'apôtre, informé d'une conjuration que les Juifs avaient formée contre sa vie, se crut en droit d'en faire avertir un officier romain et d'en appeler à César, pour se mettre à couvert de leur fureur. *Act.*, cap. XXIII, v. 12; cap. XXV, v. 11.

De cette doctrine de l'Evangile peut-on conclure qu'il n'est pas permis aux princes de protéger la religion par des lois, d'en punir les infracteurs, surtout lorsqu'ils sont turbulents, séditieux, perturbateurs du repos public (1)?

Les apologistes du christianisme, les Pères de l'Eglise, se sont plaints de l'injustice des princes païens qui voulaient forcer les chrétiens d'adorer les dieux de l'empire; ils ont posé pour principe que c'est une impiété d'ôter aux hommes la liberté en matière de religion, que la religion doit être embrassée volontairement et non par force, etc. Mais ont-ils soutenu qu'il devait être permis aux chrétiens d'aller déclamer en public contre la religion dominante, de troubler les païens

(1) C'est une maxime admise aujourd'hui, que le devoir du prince est de laisser la liberté de conscience. Il doit réprimer l'oppression, de quelque côté qu'elle vienne. La religion ne demande qu'à être véritablement libre pour triompher.

dans leur culte, de les insulter et de les calomnier, de répandre des libelles diffamatoires contre les prêtres, etc.? Ils ont présenté aux empereurs et aux magistrats des requêtes et des apologies; ils ont prouvé la vérité du christianisme et la fausseté du paganisme, sans manquer au respect dû aux puissances légitimes, sans montrer de la passion ni de la haine contre leurs ennemis.

Plusieurs prédicateurs modernes de la tolérance ont rassemblé et cité les passages des Pères; mais ils prétendent que les Pères ont contredit leur propre doctrine dans la suite, en approuvant les lois que les empereurs chrétiens avaient portées contre les païens et contre les hérétiques. Barbeyrac, *Traité de la morale des Pères*, chap. 12, § 40, etc.

Où est donc la contradiction? Les lois des empereurs païens étaient portées contre des chrétiens paisibles, soumis, fidèles à toutes les institutions civiles, qui n'avaient d'autre crime que de s'abstenir de tout acte d'idolâtrie; les Pères en prouvèrent l'injustice. Celles des empereurs chrétiens statuaient des peines contre les sacrifices sanglants, contre la magie, contre les crimes inséparables de l'idolâtrie, contre les hérétiques séditieux et furieux qui s'emparaient des églises, dépouillaient, maltraitaient et souvent tuaient les évêques, voulaient se rendre maîtres du culte par violence : les Pères soutinrent qu'elles étaient justes; nous le soutenons comme eux.

Mais voilà le sophisme continuel de nos adversaires : il ne faut point forcer la croyance; donc il ne faut pas gêner la conduite : la liberté de penser est de droit naturel; donc elle emporte la liberté de dire, d'écrire et de faire ce qu'on veut.

Bingham a prouvé que les peines portées contre les hérétiques furent d'abord très-légères et se bornaient à des amendes; que, quand la fureur des donatistes eut forcé les empereurs à prononcer la peine de mort, les évêques, loin de l'approuver, intercédèrent encore auprès des magistrats, pour empêcher que l'on n'exécutât des coupables qui avaient commis des homicides et d'autres crimes. *Orig. ecclés.*, l. xvi, c. 2, § 3 et suiv.

Quelques-uns n'ont pas osé blâmer l'*intolérance* ecclésiastique. Elle consiste, disent-ils, à regarder comme fausses toutes les religions différentes de celles que l'on professe, à le démontrer publiquement, sans être arrêté par aucune terreur, par aucun respect humain, au hasard même de perdre la vie : ainsi en ont agi les martyrs. D'autres, plus hardis, ont censuré cette constance intrépide; selon leur opinion, les martyrs étaient des *intolérants* que l'on a bien fait de punir. Ils devaient se borner à croire ce qui leur paraissait vrai, sans avoir l'ambition de le persuader aux autres. Nous voudrions savoir pourquoi il est plus permis aux incrédules de prêcher la déisme et l'athéisme, qu'aux martyrs de prêcher la vraie religion? Tous prétendent qu'un souverain n'a aucun droit de gêner la religion de ses sujets. Quand cela serait vrai, il faudrait encore prouver qu'il n'a pas droit de réprimer l'athéisme et l'irréligion; et quand il serait démontré qu'il doit tolérer toute espèce de doctrine, il resterait encore à faire voir qu'il ne doit punir aucune action.

C'est une calomnie et une absurdité d'accuser de *persécution* et d'appeler *persécuteurs* les souverains qui ont fait des lois et qui ont statué des peines pour réprimer des sectes séditieuses et turbulentes, pour contenir des sujets révoltés, qui avaient fait trembler plus d'une fois le gouvernement, pour en imposer à des prédicants qui voulaient que leur religion s'établît par la force, pour punir des écrivains audacieux qui ne respectaient ni la religion, ni les mœurs, ni la décence, ni la police. Soutenir que cette conduite est une injuste tyrannie, que ceux qui l'approuvent sont des hommes de sang, qu'ils sont tout prêts à prendre le couteau du boucher, etc., c'est un vrai fanatisme, c'est prêcher la tolérance avec toute la fureur de l'*intolérance*. Les maximes établies par ces déclamateurs ne sont pas plus sensées que leurs raisonnements. Tout moyen, disent-ils, qui excite la haine, l'indignation, le mépris, est impie. Cela est faux. Souvent un moyen très-légitime en lui-même excite la haine, l'indignation et le mépris de ceux contre lesquels on l'emploie, parce que ce sont des fanatiques et des séditieux. Tout moyen qui relâche les liens naturels et éloigne les pères des enfants, les frères des frères, les sœurs des sœurs, est impie. Autre maxime fausse. Souvent un fils, un frère, un parent, est un insensé qui se cabre contre sa famille, parce qu'elle exige de lui une conduite raisonnable. Jésus-Christ a prédit que son Évangile diviserait quelquefois les familles, non par lui-même, mais par la malice et l'opiniâtreté des incrédules : c'est ce qui est arrivé; il ne s'ensuit pas pour cela que l'Évangile soit une impiété.

Les hommes qui se trompent de bonne foi sont à plaindre, jamais à punir; il ne faut tourmenter ni les hommes de bonne foi ni les hommes de mauvaise foi, mais en abandonner le jugement à Dieu. Telle est leur décision. Nous répondrons que si ces mécréants ne sont point séditieux ni prédicants, s'ils n'inquiètent, n'insultent, ne calomnient personne, il est juste de les laisser tranquilles; s'ils font le contraire, il faut les punir, sans s'embarrasser s'ils sont de bonne ou de mauvaise foi. Quant à ceux qui se plaignent de ce que l'on persécute *ceux même qui n'annoncent rien, ne proposent rien, ne prêchent rien*, ils ne méritent pas qu'on leur réponde.

Un de ceux qui ont écrit avec le plus de chaleur sur ce sujet est Barbeyrac, mais il n'a fait que répéter les sophismes de Bayle; en accusant les Pères de l'Église de s'être contredits, il est tombé lui-même en plusieurs contradictions. *Traité de la morale des Pères de l'Église*, c. 12. Il dit que la violence n'éclaire ni ne convertit personne, qu'elle rend plutôt opiniâtre et détourne de l'examen, qu'elle ne peut aboutir qu'à faire des hypocrites. Cette maxime est déjà fausse en général; le contraire est prouvé par l'exemple des donatistes, contre lesquels on fut obligé de sévir pour réprimer leur brigandage. Réduits à l'impuissance de le continuer, ils consentirent à se laisser instruire, et se réunirent à l'Eglise. Si la violence ne convertit pas les pères, elle peut agir sur les enfants, empêcher le schisme et l'erreur de se perpétuer. Quand la maxime serait vraie à tous égards, il s'ensuivrait seulement qu'il ne faut pas l'employer comme un moyen de persuasion; mais il ne s'ensuivrait point que l'on ne doit point s'en servir pour réprimer des sectes dangereuses et turbulentes. Qu'elles se convertissent ou non, la tranquillité publique exige qu'on leur ôte les moyens de la troubler.

Barbeyrac soutient qu'en matière de religion chacun doit être juge pour soi-même, que personne n'en peut juger pour les autres d'une manière infaillible, que l'opinion du grand nombre ne prouve rien. Selon lui, aucune société ne peut se croire à couvert d'erreur; elle n'a droit tout au plus que d'exclure de son sein les dissentants; la tradition est de nulle autorité, et l'infaillibilité prétendue de l'Eglise est une absurdité: Dieu seul est juge dans cette matière.

Il nous permettra donc d'appeler de sa décision au jugement de Dieu et du bon sens. Un protestant qui ne se croit point infaillible ne devrait pas prononcer des oracles théologiques d'un ton aussi absolu. Nous demandons d'abord comment un ignorant peut être juge de la religion qu'il doit suivre, quelle certitude il peut avoir de sa religion, s'il ne doit s'en rapporter au jugement de personne. Si Dieu voulait que chacun fût juge pour soi-même, il était fort inutile de donner aux hommes une révélation, de revêtir Jésus-Christ et les apôtres d'une mission divine pour nous instruire, de bouleverser l'univers pour établir le christianisme. De quoi sert l'Evangile, si chacun peut l'entendre comme il lui plaît, et si Dieu trouve bon que tout homme savant ou ignorant, éclairé ou stupide, se fasse une religion à son gré? Mais ce n'est pas ici la seule preuve du peu de cas que les docteurs protestants font de la révélation, de la rapidité avec laquelle leurs principes conduisent à l'irréligion : pourvu que la tolérance, c'est-à-dire le libertinage d'esprit, règne dans le monde, que leur importe ce que deviendra le christianisme! Aussi notre ridicule moraliste juge que les mystères sont révélés d'une manière fort obscure; il en conclut qu'il est dans l'ordre de la Providence qu'il y ait diversité de sentiments en matière de religion, puisque, selon saint Paul, *il faut qu'il y ait des hérésies*. Mais, fidèle à se contredire, Barbeyrac décide que la tolérance ecclésiastique ne doit pas être pour ceux qui nient les vérités fondamentales.

Mais, si personne n'a droit de juger pour les autres, qui décidera quelles sont les vérités fondamentales ou non fondamentales? Puisque les mystères sont révélés d'une manière fort obscure, il n'y a pas d'apparence que ce soient des dogmes fondamentaux; et s'ils ne le sont pas, de quels articles de foi sera donc composé le symbole du christianisme? Les sociniens ont trouvé bon de retrancher du leur tous les mystères. Barbeyrac, sans doute, ne s'attribuera pas le droit de les condamner. Si Dieu a jugé à propos qu'il y eût des sociniens dans le monde, nous ne voyons pas pourquoi il ne voudrait pas qu'il y eût aussi des déistes et des athées. L'impiété de ceux-ci est dans l'ordre de la Providence tout comme les autres erreurs et les autres crimes du genre humain; Dieu les permet; mais il y aurait de la folie à croire qu'il les approuve.

Saint Paul a dit : « Il faut qu'il y ait des hérésies, afin que l'on connaisse ceux dont la foi est à l'épreuve (*I Cor.* xi, 19). » En effet, l'on a vu par cette épreuve que la foi des protestants n'était pas fort solide, puisqu'après avoir fait schisme avec l'Eglise, dans le sein de laquelle ils étaient nés, ils ont vu bientôt éclore parmi eux vingt sectes différentes.

Cependant Barbeyrac soutient que le souverain n'a rien à voir au salut de ses sujets, qu'il n'a aucune autorité sur leur conscience; que les gêner, en fait de religion, c'est empiéter sur les droits de Dieu, et donner droit aux souverains infidèles de persécuter la vraie religion. Il convient néanmoins que le souverain peut rendre une religion dominante, et qu'il doit veiller à la tranquillité publique.

Il est difficile de comprendre comment le souverain peut rendre une religion dominante sans gêner les autres religions, et comment il peut maintenir la tranquillité publique sans avoir droit de réprimer ceux qui la troublent sous prétexte de religion. Lorsque les émissaires de Luther et de Calvin sont venus en France déclamer contre la religion dominante, soulever les fidèles contre leurs pasteurs, détruire les objets du culte public, ouvrir les cloîtres, s'emparer des biens ecclésiastiques, etc., le souverain était-il obligé en conscience de tolérer ces excès, parce qu'il n'a rien à voir au salut de ses sujets? La première obligation que lui impose sa religion est d'empêcher qu'on ne prêche contre elle; il ne peut la croire vraie, sans juger que toutes les autres sont fausses. Si un souverain, hérétique ou infidèle, part de ce principe pour persécuter la vraie religion, que s'ensuivra-t-il? Qu'il est aveugle et trompé par une fausse conscience; mais il ne s'ensuivra pas qu'il fait bien, qu'il est irréprochable. Il n'est pas vrai, comme le prétend Barbeyrac, que les droits de la conscience erronée soient les mêmes que ceux de la conscience droite, et que plus un homme est opiniâtre, plus il est excusable. *Voy.* CONSCIENCE.

Il convient que les principes du catholicisme et ceux du protestantisme sont inconciliables : c'est avouer à peu près que ces deux religions ne pourront jamais se tolérer mutuellement. Il convient que les protestants ont exercé l'*intolérance* ecclésiastique et civile; comment le nier en effet? Ils sont partis du principe que le catholicisme était une religion détestable, qu'il fallait le poursuivre à feu et à sang, l'exterminer à quelque prix que ce fût; et ils ont agi en conséquence. Mais en cela, dit-il, ils se sont conduits contre leurs propres principes; c'était chez eux un reste de papisme. Il faut que ce reste soit un vice ineffaçable, puisqu'il dure encore depuis plus de deux cents ans. Nous savons très-bien que le système et la conduite des protestants ne sont et n'ont jamais été qu'un chaos de contradictions. Encore faibles, ils demandèrent la tolérance, mais en faisant assez voir que, s'ils devenaient les maîtres, ils anéantiraient le catholicisme. Furieux ensuite d'éprouver de la résistance, ils prirent les armes et firent la guerre partout, en Allemagne, en Suisse, en France, en Angleterre, en Hollande. Enfin, las de répandre du sang, ils signèrent des traités de pacification, et ils les ont violés toutes les fois qu'ils l'ont pu. Leurs descendants, honteux de cette frénésie, viennent nous prêcher la tolérance; les incrédules, animés du même esprit, se joignent à eux, et soutiennent gravement que c'est le papisme qui a causé tout le mal. En vérité, c'est une dérision.

Mais ils ont un argument qu'ils croient invincible, l'intérêt politique. L'*intolérance*, dit Barbeyrac, dépeuple les États, au lieu que la tolérance les fait fleurir. Ce n'est point la diversité de religion qui cause des troubles, c'est l'*intolérance*; en les souffrant toutes, loin de les multiplier, on les réunit.

Cependant, depuis plus d'un siècle que la tolérance politique est établie en Angleterre et en Hollande, nous ne voyons pas que les catholiques et les protestants, les sociniens, les arminiens et les gomaristes, les anglicans et les presbytériens, les luthériens, les anabaptistes, les quakers, les hernhutes ou frères moraves, les juifs, etc., se soient fort empressés de se réunir; et il n'y a pas d'apparence que ce miracle de la tolérance puisse s'opérer sitôt. Plusieurs de ces religions sont nées depuis les édits de pacification, et c'est à l'ombre de la tolérance qu'elles se sont nourries; la même chose n'est pas arrivée dans le catholicisme. La spéculation de nos politiques est donc fausse à tous égards.

Nous convenons que la tolérance, établie tout à coup dans un état quelconque, pendant que l'*intolérance* règne chez les nations voisines, peut lui procurer une prospérité passagère, surtout lorsque les attraits d'un gouvernement républicain se joignent à l'appât de la tolérance. Alors les dissentants ou mécréants de toutes les sectes ne manquent pas d'y accourir. Mais il est question de savoir si ce germe de division, porté dans un gouvernement, en rendra la constitution fort solide; si ce qui peut être avantageux à une république convient également à une monarchie; si le génie républicain du protestantisme n'est pas un feu qui couve toujours sous la cendre, et qui est toujours prêt à se rallumer, etc.

On conviendra du moins que, malgré la tolérance et ses merveilleux effets, la Hollande et l'Angleterre ne sont plus aujourd'hui à ce haut degré de prospérité où elles se trouvaient il y a un siècle; et comme ce n'est point l'*intolérance* qui a fait perdre aux Anglais l'Amérique et qui menace leur domination dans les Indes, il y a aussi beaucoup d'apparence que ce n'est point la tolérance qui avait opéré le prodige éphémère de leur prospérité. On a beau répéter que l'*intolérance* a dépeuplé et ruiné la France, il est démontré par des calculs et des dénombrements incontestables que ce royaume est aujourd'hui plus peuplé, mieux cultivé, plus riche et plus florissant qu'il ne l'était à la révocation de l'édit de Nantes. Ainsi les spéculations de nos politiques protestants ou incrédules ne sont pas plus vraies que leurs raisonnements philosophiques et théologiques.

Lorsque les ministres de la religion prêchent le zèle et l'attachement à la religion, l'on ne manque pas de dire qu'ils parlent pour leur intérêt; mais lorsque les mécréants prêchent la tolérance et l'indifférence de religion, ils plaident aussi la cause de leur intérêt; nous ne voyons pas pourquoi ces derniers sont moins suspects que les premiers. Toute la question est de savoir lequel de ces deux intérêts est le plus sage et le mieux entendu. *Voy.* PERSÉCUTION, etc.

INTROIT ou INTROÏTE, terme formé du latin *introitus*, entrée. C'est une antienne qui se chante par le chœur, et se récite par le prêtre pour commencer la messe. Autrefois elle était suivie d'un psaume entier, que l'on chantait pendant que le peuple s'assemblait; à présent l'on ne chante qu'un verset, suivi du *Gloria Patri*, après lequel on répète l'antienne.

INTRONISATION. C'est la cérémonie de placer un évêque sur son trône ou son siège épiscopal, immédiatement après sa consécration. Dans les premiers siècles, l'usage était que le nouvel évêque, placé sur son siège, adressât au peuple une instruction, et ce premier sermon était nommé *discours enthronistique*. Il écrivait ensuite à ses comprovinciaux pour leur rendre compte de sa foi et entrer en communion avec eux, et ces lettres se nommaient encore *enthronistiques*. Bingham, *Orig. ecclés.*, l. II, c. 11, § 10. Enfin l'on a nommé de même une somme d'argent que les évêques ont payée pendant un certain temps, afin d'être installés.

INTUITIF, se dit de la vue ou de la connaissance claire et distincte d'un objet. Les théologiens pensent que les bienheureux dans le ciel jouissent de la *vision intuitive* de Dieu, et de la connaissance claire et distincte des mystères que nous croyons par la foi. Ils se fondent sur ce qu'a dit saint Jean:

« Lorsque Dieu paraîtra, nous lui serons semblables, parce que nous le verrons tel qu'il est (*I Joan.* III, 2) ; » et sur ce passage de saint Paul : « Nous ne le voyons à présent que dans un miroir et dans l'obscurité, mais alors nous le verrons face à face ; à présent je ne le connais qu'en partie, mais je le connaîtrai comme je suis connu moi-même (*I Cor.* XIII, 12). »

INVENTION DE LA SAINTE CROIX. *Voy.* CROIX.

INVISIBLES. On a donné ce nom à quelques luthériens rigides, sectateurs d'Osiander, de Flaccius Illyricus, et de Swenfeld, qui prétendaient qu'il n'y a point d'Eglise visible. Dans la confession d'Augsbourg et dans l'apologie, les luthériens avaient fait profession de croire que l'Eglise de Jésus-Christ est toujours visible ; la plupart des communions protestantes avaient enseigné la même doctrine ; mais leurs théologiens se trouvèrent embarrassés lorsque les catholiques leur demandèrent où était l'Eglise visible de Jésus-Christ avant la prétendue réforme. Si c'était l'Eglise romaine, elle professait donc alors la vraie doctrine de Jésus-Christ, puisque sans cela, de l'aveu même des protestants, elle ne pouvait pas être une véritable Eglise. Si elle la professait alors, elle ne l'a pas changée depuis ; elle enseigne encore aujourd'hui ce qu'elle enseignait pour lors : elle est donc encore, comme elle était, la véritable Eglise. Pourquoi s'en séparer ? Jamais il ne peut être permis de rompre avec la véritable Eglise de Jésus-Christ ; faire schisme avec elle, c'est se mettre hors de la voie du salut. Pour esquiver cette difficulté accablante, il fallut recourir à la chimère de l'Eglise *invisible*. *Hist. des Variat.*, l. XV, *Voy.* EGLISE, § 5.

INVITATOIRE. Verset que l'on chante ou que l'on récite au commencement des matines, avant le psaume *Venite, exultemus*, et il se répète, du moins en partie, après chaque verset. Il change suivant la qualité de l'office ou de la fête. Il n'y a point d'*invitatoire* le jour de l'Epiphanie, ni les trois derniers jours de la semaine sainte. On lui a donné ce nom, parce que c'est une invitation à louer Dieu.

INVOCATION, se dit d'une des prières du canon de la messe. *Voy.* CONSÉCRATION.

INVOCATION DES SAINTS. *Voy.* SAINTS.

INVOLONTAIRE. Ce terme semble signifier d'abord ce qui ne vient point de notre volonté, ce à quoi notre volonté n'a point de part : dans ce sens, ce qu'un homme plus fort que nous nous fait faire par violence, est *involontaire*. Mais dans la manière commune de parler, nous appelons ainsi : 1° ce que nous faisons par crainte et contre notre gré, sans éprouver cependant aucune violence : ainsi un négociant monté sur un vaisseau, et qui, pendant la tempête, jette ses marchandises dans la mer pour éviter le naufrage, fait ce sacrifice *involontairement* et contre son gré ; c'est la crainte qui le fait agir. — 2° Ce que nous faisons par ignorance, ou par défaut de prévoyance ; ainsi celui qui, roulant une pierre du haut d'une montagne, écrase dans la plaine un homme qu'il ne voyait pas, commet un meurtre *involontaire*. Un païen qui refuse le baptême, parce qu'il n'en connaît ni la nécessité ni les effets, est censé agir *involontairement*. — 3° Ce que nous éprouvons par une nécessité naturelle à laquelle nous ne pouvons pas résister. Dans ce sens, un homme pressé par la faim désire nécessairement de manger ; mais ce désir n'est pas censé volontaire, il n'est ni réfléchi, ni délibéré ; il vient d'une nécessité irrésistible. — Ainsi nous appelons communément *involontaire* ce qui n'est pas libre, quoique ce soit notre volonté qui agisse. *Voy.* LIBERTÉ.

Un des reproches des incrédules contre la religion est qu'elle nous peint Dieu comme un maître injuste qui punit des faiblesses *involontaires*, des fautes qui ne sont pas libres. C'est une fausseté. Dieu n'impute à péché ni ce qui se fait par ignorance invincible, ni les mouvements déréglés de la concupiscence, lorsqu'ils sont indélibérés et que l'on n'y consent pas. *Voy.* IGNORANCE, CONCUPISCENCE. Si Dieu nous fait porter la peine du péché de notre premier père, qui ne vient pas de notre propre volonté, cette peine, par la grâce de la rédemption, sert à expier nos propres péchés et à nous faire mériter une récompense plus abondante, *Voy.* PÉCHÉ ORIGINEL, RÉDEMPTION.

IRÉNÉE (saint), évêque de Lyon, docteur de l'Eglise, souffrit le martyre l'an 202 ; il a écrit par conséquent sur la fin du II° siècle. D. Massuet, bénédictin, a donné une très-belle édition de ce Père, à Paris, en 1710, *in-fol.* De ses ouvrages, tous précieux par leur antiquité, il ne nous reste que son *Traité contre les hérésies*. Il y combat principalement les valentiniens, les gnostiques divisés en plusieurs sectes, et les marcionites ; mais les preuves qu'il leur oppose, et qui sont tirées de l'Ecriture sainte et de la tradition, ne sont pas moins solides contre les autres hérétiques. Ce saint docteur est un témoin irrécusable de la doctrine professée dans l'Eglise au II° siècle ; il avait été instruit par des disciples immédiats des apôtres ; il les avait écoutés et consultés avec soin. Les Pères des siècles suivants ont fait le plus grand cas de son érudition et de sa doctrine.

Pour réfuter toutes les sectes et toutes les erreurs par une règle générale, il dit, *Adversus hæres.*, l. III, c. 4, n. 1 et 2, que, quand les apôtres ne nous auraient pas laissé des Ecritures, il faudrait encore apprendre la vérité et suivre la tradition de ceux auxquels ils avaient confié le gouvernement des Eglises ; que c'est par cette voie qu'ont été instruites plusieurs nations barbares, qui croient en Jésus-Christ sans livres et sans Ecritures, mais qui gardent fidèlement la tradition, et qui ne voudraient écouter aucun hérétique. Il ajoute, lib. IV, c. 26, n. 2, qu'il faut écouter les pasteurs de l'Eglise, qui tiennent leur succession des apôtres ; que ce sont les seuls qui gardent la vraie foi, et qui nous expliquent les Écritures sans aucun danger d'erreur. Cette doctrine ne pouvait pas être au goût des hétérodoxes ; aussi plusieurs critiques protestants se sont-ils appliqués à la contredire : Seulset, Barbeyrac, Mosheim, Brucker, etc., ont décrédité tant qu'ils ont pu les écrits de ce saint martyr. Ils l'accusent d'avoir souvent mal raisonné, d'avoir ajouté foi à de fausses traditions, d'avoir ignoré les règles de la logique et de la critique, d'avoir souvent fondé les vérités chrétiennes sur des allégories, sur des explications fausses de l'Ecriture et sur de mauvaises raisons. Comme l'on fait les mêmes reproches à tous les anciens docteurs chrétiens en général, nous y répondrons à l'article Pères de l'Église et au mot Tradition. A l'article Valentiniens, nous donnerons une courte analyse de l'ouvrage de ce Père contre les hérésies.

Mais il n'est aucun endroit des ouvrages de saint Irénée qui ait donné plus d'humeur aux protestants, que ce qu'il a dit de l'Eglise romaine. *Ibid.* l. III, c. 3. Après avoir cité contre les hérétiques la tradition des apôtres, conservée par leurs successeurs dans les différentes Eglises, il ajoute : « Mais, parce qu'il serait trop long de détailler dans un livre tel que celui-ci la succession de toutes les Eglises, nous nous bornons à citer la tradition et la foi prêchée à tous dans l'Eglise romaine, cette Eglise si grande, si ancienne, si connue de tous, que les glorieux apôtres saint Pierre et saint Paul ont fondée et établie ; tradition qui est venue jusqu'à nous par la succession des évêques. Nous confondons ainsi tous ceux qui, par goût, par vaine gloire, par aveuglement ou par malice, forment des assemblées illégitimes. Car il faut qu'à cette Eglise, à cause de son éminente supériorité, se conforme toute autre Eglise, c'est-à-dire les fidèles qui sont de toutes parts, parce que la tradition des apôtres y a toujours été observée par ceux qui y viennent de tous côtés. » Grabe, dans son édition de *saint Irénée*, n'a rien omis pour obscurcir le sens de ce passage ; D. Massuet, dans la sienne, a réfuté Grabe. Mosheim est revenu à la charge, *Hist. christ.*, II sæc., § 21, et Le Clerc, *Hist. eccl.*, an. 180, § 13 et 14 ; mais ils n'ont rien ajouté de solide au commentaire de Grabe, et ils n'ont pas répondu aux arguments de D. Massuet.

Mosheim compare d'abord le passage de saint Irénée à celui de Tertullien, *de Præscript.*, c. 36, où celui-ci oppose de même aux hérétiques la tradition des différentes Eglises apostoliques, sans donner à l'une plus de privilège qu'à l'autre : il se borne à exalter le bonheur qu'a eu l'Eglise romaine d'être instruite par saint Pierre, par saint Paul et par saint Jean. Si *saint Irénée* lui attribue quelque supériorité sur les autres, c'est par flatterie, parce qu'étant évêque d'une Eglise encore pauvre et peu considérable, il avait besoin des secours de celle de Rome ; au lieu que Tertullien était prêtre de l'Eglise d'Afrique, qui a toujours supporté très impatiemment la domination de celle de Rome. 2° Il dit que les expressions de *saint Irénée* sont très obscures ; on ne sait ce qu'il entend par *potiorem principalitatem*, ni par *convenire ad Ecclesiam romanam*. 3° Saint Irénée parlait de l'Église romaine du II° siècle, et non de celle des siècles suivants : si jusqu'alors elle avait fidèlement conservé la tradition des apôtres, il ne s'ensuit pas qu'elle l'a toujours gardée depuis. 4° Le sentiment de *saint Irénée* n'est, après tout, que l'opinion d'un particulier qui montre dans tout son livre peu d'esprit, de raison et de jugement : il est absurde de vouloir fonder sur une pareille décision le droit public et le plan de gouvernement de toute l'Eglise chrétienne. Y a-t-il dans tout cela plus d'esprit, de raison et de jugement que dans le livre de *saint Irénée* ?

En premier lieu, il faut féliciter Mosheim de son habileté à fouiller dans les intentions des Pères de l'Eglise, et à deviner les motifs qui les ont fait parler. Mais il nous semble qu'en exaltant le bonheur de l'Eglise de Rome, Tertullien lui attribue aussi une supériorité sur toutes les autres, puisque aucune autre n'avait l'avantage d'avoir été instruite et fondée par trois apôtres. Il n'y avait encore et pour lors aucun démêlé entre l'Eglise de Rome et celle d'Afrique ; et Tertullien ne pouvait pas prévoir ce qui n'est arrivé qu'après sa mort ; le motif que Mosheim lui prête est donc absolument imaginaire. Les protestants n'ont pas oublié non plus la résistance qu'opposa saint Irénée au sentiment du pape Victor, touchant la célébration de la pâque ; Mosheim lui-même l'a loué de sa fermeté et de sa prudence dans cette occasion, *Hist. ecclés.*, II° siècle, II° part., ch. 4, § 11 : ici, il le représente comme un adulateur de l'Eglise romaine. Toujours est-il certain que ce Père et Tertullien étaient également convaincus de la nécessité de consulter la tradition aussi bien que l'Ecriture sainte, pour confondre les hérétiques : c'est ce que ne veulent pas les protestants.

En second lieu, les expressions de *saint Irénée* ne sont obscures que pour ceux qui ne veulent pas les entendre. *Potior principalitas* signifie évidemment une *éminente supériorité*, et ce Père explique très clairement en quoi consiste celle de l'Eglise romaine : savoir, dans son antiquité et sa fondation par saint Pierre et saint Paul ; dans la succession de ses évêques, constante et connue de tous, en vertu de laquelle le pontife de Rome était le successeur légitime de saint Pierre ; dans sa fidélité à conserver la doctrine des apôtres ; dans sa célébrité, qui y faisait accourir les fidèles de toutes les nations, et à raison de laquelle on pouvait y voir mieux qu'ailleurs l'uniformité de croyance de toutes les Eglises. N'en était-ce pas assez pour la faire regarder, par préférence, comme le centre de l'unité catholique, et pour faire conclure par *saint Irénée* que toute autre Eglise devait la consulter en matière de foi, recevoir ses leçons, et s'y conformer : *Convenire ad Ecclesiam romanam* ?

On dira sans doute avec Mosheim que cette *supériorité* n'est pas une *autorité*, une *juridiction*, une *domination* sur les autres Eglises. Equivoque frauduleuse. Nous avons fait voir qu'en matière de foi, de doctrine, de tradition dogmatique, l'*autorité* consiste dans le témoignage irrécusable que rend une Eglise de ce qu'elle a toujours cru et professé. *Voy.* AUTORITÉ RELIGIEUSE, MISSION, TRADITION, etc. Donc plus ce témoignage est constant, public, connu de tout le monde, plus cette *autorité* est grande : or, tel a toujours été celui de l'Eglise romaine.

3° Nous soutenons qu'elle a conservé dans tous les siècles cette *supériorité* qu'elle avait au second. Malgré les désastres qu'elle a essuyés, elle n'a jamais cessé d'être la plus célèbre de toutes les Eglises, la plus souvent consultée, la plus fidèle à conserver la doctrine des apôtres, la plus remarquable par la succession constante et non interrompue de ses évêques, la plus féconde, puisqu'elle a été la mère de toutes les Eglises de l'Occident. Ou Jésus-Christ n'a rien promis à son Eglise, ou c'est ici l'exécution de sa promesse. Au mot TRADITION, nous ferons voir qu'en vertu du plan d'enseignement et de gouvernement établi par Jésus-Christ et par les apôtres, il n'a pas été possible d'altérer la tradition. Si elle perdait de son poids par le laps des siècles, Tertullien aurait déjà eu tort d'opposer aux hérétiques celle des Eglises apostoliques de son temps; ils lui auraient répondu qu'il s'était écoulé déjà plus d'un siècle depuis la mort du dernier des apôtres, que pendant cet intervalle la tradition avait pu changer; mais ce Père soutenait avec raison que les filles des Eglises apostoliques n'étaient pas moins apostoliques que leurs mères.

Pourquoi les anciens hérétiques étaient-ils si empressés de se rendre à Rome, afin d'y répandre et d'y faire approuver leur doctrine, sinon à cause de l'influence que cette Eglise avait sur toutes les autres? Au II° siècle, Valentin, Cerdon, Marcion, Praxéas, Théodore, Artémon, etc., s'y réfugièrent vainement; ils y furent condamnés et en furent chassés; la même chose est arrivée dans presque tous les siècles. Nous défions nos adversaires de citer une secte d'hérétiques qui ait trouvé le moyen de s'y établir impunément.

4° Il est faux que *saint Irénée* fût un simple particulier; il était évêque d'une Eglise déjà célèbre, et il eut la plus grande part aux affaires ecclésiastiques de son temps. Il est encore plus faux que ce fut un petit génie, un ignorant ou un mauvais raisonneur : pour en juger ainsi, il faut lire ses écrits avec des yeux fascinés, et contredire le témoignage de toute l'antiquité. Moshem lui-même en a parlé plus sensément ailleurs. *Hist. Christ.*, sæc. II, § 37, il reconnaît que Justin, martyr, Clément d'Alexandrie et *Irénée* sont trois hommes qui, au ton de leur siècle, étaient lettrés, éloquents et d'un génie estimable, *non contemnendo ingenio præditi*. Dans son *Hist. ecclés.*, II° siècle, II° part.,

c. 2, § 5, il dit que les livres de *saint Irénée* contre les hérésies sont regardés comme un des monuments les plus précieux de l'ancienne érudition. Son traducteur ajoute dans une note, qu'au travers de la barbarie de la version latine, il est encore aisé de distinguer l'éloquence et l'érudition de l'original. Mais nos adversaires ne parlent jamais que selon leur intérêt présent; lorsqu'un Père de l'Eglise semble les favoriser, ils vantent son mérite; lorsqu'il les condamne, ils le méprisent. On peut voir dans l'*Histoire littéraire de la France*, t. I, p. 324 et suiv., les éloges que les anciens ont donnés à *saint Irénée*, et le grand nombre de ses ouvrages que nous n'avons plus. — Ses détracteurs lui reprochent d'être tombé dans plusieurs erreurs, de ne s'être pas exprimé d'une manière orthodoxe sur la divinité du Verbe, sur la spiritualité des anges et de l'âme humaine, sur le libre arbitre et sur la nécessité de la grâce, sur l'état des âmes après la mort, etc. Dom Massuet, dans les dissertations qu'il a mises à la tête de son édition de *saint Irénée*, a justifié ce saint docteur; il a montré que la plupart de ces accusations sont fausses, et que les autres sont une censure trop sévère. Au mot VALENTINIENS, nous ferons voir que ce Père a mieux raisonné que tous les philosophes et tous les hérétiques.

Barbeyrac n'a pas été mieux fondé à vouloir rendre suspecte la morale de *saint Irénée*. Il lui reproche, et à saint Justin, d'avoir condamné *le serment*, parce que l'un et l'autre ont rapporté simplement et sans aucune restriction la défense que Jésus-Christ fait dans l'Evangile, *de jurer en aucune manière*, et d'avoir ainsi favorisé l'erreur des anabaptistes. *Traité de la Morale des Pères*, c. 2, § 5; c. 3, § 6. Selon cette décision, Jésus-Christ est donc aussi répréhensible de n'avoir pas distingué *le serment* fait en justice, d'avec les *jurements* prononcés en conversation, par légèreté, par mauvaise habitude, par colère, etc. Il s'ensuivra que *saint Irénée* a blâmé le supplice des criminels, parce qu'il rapporte sans restriction la défense générale que fait l'Evangile de tuer quelqu'un; qu'il condamne ceux qui font payer leurs débiteurs, parce qu'il cite ce que dit le Sauveur : Si quelqu'un veut vous enlever votre robe, abandonnez-lui encore votre manteau. *Saint Irénée*, l. II, c. 32. Aussi les incrédules n'ont pas manqué de suivre l'exemple de Barbeyrac, et de tourner en ridicule ces maximes de l'Evangile : ce censeur n'est pas mieux fondé qu'eux.

Les marcionites prétendaient que les Israélites, en sortant de l'Egypte, avaient volé les Egyptiens, en leur demandant des vases d'or et d'argent. *Saint Irénée*, l. IV, c. 30, soutient que c'était une juste compensation des services forcés que les Israélites leur avaient rendus. Mais comme les marcionites prétendaient encore que ces vases, qui venaient d'un peuple infidèle, n'auraient pas dû être employés à la construction du tabernacle, *saint Irénée* fait voir qu'il n'est pas défendu aux chrétiens d'employer à des usages légitimes et à de bonnes œuvres, es oiens qu'ils avaient acquis dans le paganisme, ou qu'ils ont reçus de parents païens ; qu'il est permis de recevoir des païens ce qu'ils nous doivent, ce qu'ils nous donnent, ce dont nous jouissons sous leur gouvernement, etc. Barbeyrac, confondant ces deux choses, accuse *saint Irénée* d'avoir enseigné que les païens possèdent injustement leurs propres biens ; que les fidèles seuls peuvent en acquérir légitimement et en faire usage ; qu'il a pensé, comme saint Augustin, que *tout appartient aux fidèles et aux justes.* C'est une calomnie également injuste à l'égard des Pères de l'Église. *Saint Irénée*, après avoir allégué le passage de l'Évangile, qui non-seulement nous défend d'enlever le bien d'autrui, mais nous ordonne en certains cas de céder le nôtre, a-t-il pu enseigner qu'il est permis de dépouiller les païens ? Dans un autre endroit, *saint Irénée* compare la permission du divorce accordée aux Israélites, à cause de la dureté de leur cœur, à ce que dit saint Paul aux personnes mariées, *de retourner ensemble*, de peur que Satan ne les tente. L. IV, c. 15. Barbeyrac en conclut que, selon le saint docteur, la cohabitation des époux est une action aussi mauvaise en elle-même que le divorce. Pour peu qu'on lise attentivement *saint Irénée*, on voit qu'il compare ces deux choses, non quant à la nature de l'action, mais quant au motif de la permission, qui est la faiblesse de l'inconstance humaine. Il s'ensuit seulement que la comparaison n'est pas exacte à tous égards ; mais elle suffisait pour prouver, contre les marcionites, que c'est le même Dieu et le même esprit qui a dicté l'Ancien et le Nouveau Testament. A l'article PÈRES DE L'ÉGLISE, nous verrons pourquoi les anciens ont fait tant de cas de la continence, et l'ont recommandée même aux personnes mariées.

Saint Irénée, continue Barbeyrac, pose une maxime qui a été suivie par plusieurs autres Pères, savoir, que quand l'Écriture sainte rapporte une mauvaise action des patriarches sans la blâmer, nous ne devons pas la condamner, mais y chercher un type : sur ce fondement il excuse l'inceste des filles de Lot et celui de Thamar. Mais ce censeur a supprimé la moitié du passage de *saint Irénée*. Ce Père cite un ancien disciple des apôtres, qui disait que quand l'Écriture blâme les patriarches et les prophètes d'une mauvaise action, il ne faut pas la leur reprocher, ni suivre l'exemple de Cham, qui fit une dérision de la nudité de son père ; mais qu'il faut rendre grâces à Dieu pour eux, parce que les péchés leur ont été remis à l'avénement de Jésus-Christ : que, quand l'Écriture raconte ces actions sans les blâmer, il ne faut pas nous rendre accusateurs, mais y chercher un type. Ensuite *saint Irénée* excuse Lot, non *sur ce fondement*, mais sur son ivresse, sur le défaut de connaissance et de liberté ; il excuse ses filles sur leur simplicité, et sur la fausse opinion dans laquelle elles étaient, que tout le genre humain avait péri. Lib. IV, c. 31. Il est faux que, dans ce chapitre ni ailleurs, *saint Irénée* ait excusé l'action de Thamar.

Quelle conséquence pernicieuse aux mœurs peut-on tirer de là ? Le saint docteur en veut aux marcionites, qui affectaient de relever les moindres fautes des patriarches, qui empoisonnaient toutes leurs actions, afin d'en conclure que ce n'était pas Dieu, mais un mauvais esprit, qui était l'auteur de l'Ancien Testament. Ils faisaient comme les incrédules d'aujourd'hui, et comme Barbeyrac en agit à l'égard des Pères ; ils exagéraient le mal quand il y en a, et ils en cherchaient où il n'y en a point : caractère détestable, qui ne peut inspirer que de l'indignation contre ceux qui en font gloire.

IRRÉGULIER, qui n'est pas conforme à la règle. Les casuistes et les jurisconsultes nomment *irrégulier* un homme qui est inhabile à recevoir les ordres sacrés, à en exercer les fonctions et à posséder un bénéfice. Ils distinguent l'*irrégularité* de droit divin, et celle qui est seulement de droit ecclésiastique. En vertu de la première, les femmes et les personnes qui ne sont pas baptisées sont inhabiles à recevoir les ordres sacrés, etc. ; par le droit ecclésiastique ou par les canons, les eunuques, les hommes privés de quelque membre, les bigames, les enfants illégitimes, etc., sont de même exclus des ordres sacrés, et sont déclarés incapables d'en remplir les fonctions. L'*irrégularité* n'est donc pas toujours un crime ni une peine, puisqu'elle peut venir d'un défaut naturel involontaire, comme est celui de la naissance, ou d'une action innocente, comme des secondes noces ; mais elle peut être aussi volontaire et provenir d'un crime, comme d'un homicide, de la réitération du baptême, du mépris d'une censure, etc. Tout ecclésiastique suspens ou interdit, qui exerce une fonction de ses ordres, est déclaré *irrégulier*.

IRRÉLIGION, aversion et mépris de toute religion quelconque. C'est le travers d'esprit, non-seulement des athées, qui n'admettent point de Dieu et regardent toute religion comme absurde, mais encore de ceux auxquels toute religion paraît indifférente, et qui jugent que l'une ne vaut pas mieux que l'autre. *Voy.* INDIFFÉRENCE DE RELIGION.

L'on peut croire à la religion et y être attaché, sans avoir des mœurs très-pures, parce que les passions l'emportent souvent dans l'homme sur les principes de la morale ; mais il est très-rare qu'un homme irréligieux ait des mœurs, parce que l'*irréligion* vient foncièrement d'un caractère révolté contre toute loi qui le gêne. L'orgueil de paraître plus habile que le commun des hommes, l'humeur noire qui nous porte à tout blâmer, la malignité qui aime à trouver des vices dans les hommes les plus religieux, l'esprit d'indépendance qui ne veut plier sous aucun joug, le plaisir de braver les lois et les bienséances, sont les causes ordinaires de l'*irréligion*. C'est ce qui porte les esprits curieux à lire les ouvrages écrits contre la religion, sans en avoir étudié les preuves, à mépriser et à rejeter tous ceux qui sont faits pour la défendre. Quiconque l'aime ne s'expose point à la perdre; il serait affligé de trouver contre sa croyance des objections insolubles; ceux qui les cherchent avec avidité détestaient la religion d'avance; ils n'attendaient qu'un prétexte pour y renoncer. Un cœur vertueux n'y trouve que de la consolation : qui serait tenté de s'y refuser, s'il n'en coûtait rien pour la suivre?

A-t-on jamais vu un homme instruit, fidèle à en pratiquer les devoirs, à qui la conscience ne reproche rien, obligé de devenir incrédule, parce qu'il a été vaincu par la force des objections, et qu'il n'a trouvé personne en état de les résoudre? Si l'on peut en citer un seul, nous passerons condamnation. Cent fois, au contraire, ceux qui avaient professé l'*irréligion* sont venus à résipiscence, lorsque les passions qui les entraînaient ont été plus calmes; tous ont avoué la vraie cause de leur égarement; ils sont convenus que jamais ils n'avaient été tranquilles ni parfaitement convaincus de la fausseté de la religion. Ces sortes de conversions sont peut-être plus rares aujourd'hui qu'autrefois, parce que la multitude de ceux qui affichent l'*irréligion* est une espèce d'encouragement pour y persévérer; ils s'enhardissent et s'animent les uns les autres; la honte de se dédire et de reculer suffit pour en endurcir un grand nombre.

La religion prescrit des privations, des devoirs incommodes, des attentions gênantes, des sacrifices douloureux : c'est ainsi du moins qu'en jugent les âmes vicieuses. Comment s'y assujettir, quand on est dominé par un amour effréné de la liberté, de l'indépendance, des plaisirs de toute espèce? Pour couvrir l'ignominie attachée à des prévarications continuelles, pour calmer des remords importuns, rien n'est plus aisé que de se donner pour incrédule. Quelques sophismes surannés, quelques sarcasmes cent fois répétés, et un peu d'effronterie, il n'en faut pas davantage. Avec ces armes, on peut se donner tout le relief d'un esprit fort et supérieur aux préjugés populaires. Lorsqu'on aura prouvé que les vertus sont devenues plus communes parmi nous, et les vices plus rares, depuis que l'*irréligion* y domine, il faudra convenir que la croyance n'influe en rien sur les mœurs, et que les mœurs ne réagissent point sur la croyance ; qu'il est très-indifférent à la société d'être composée d'athées ou d'hommes qui croient en Dieu.

Mais il est si évident que la société ne peut se passer de principes religieux, que ceux mêmes qui les foulent aux pieds conviennent qu'il faut les maintenir parmi le peuple. Or, se conserveront-ils parmi le peuple, lorsqu'il verra que tous ceux que l'on appelle *honnêtes gens* n'en ont plus aucun? En fait de désordres, les mauvais exemples font plus d'impression que les bons; la contagion se communique de proche en proche, et pénètre bientôt jusqu'au plus bas étage

DICT. DE THEOL. DOGMATIQUE. II.

de la société. Il est sans doute des hommes laborieux, paisibles, retirés, dont l'*irréligion* ne peut pas avoir beaucoup d'influence sur les mœurs publiques. Mais il est aussi un grand nombre d'hommes hardis, impétueux, clabaudeurs, qui ne peuvent ni demeurer en paix, ni y laisser les autres, ni réprimer leurs propres passions, ni craindre d'irriter celles de leurs semblables. Ce sont de vraies pestes publiques.

C'est dans les grandes villes, réceptacle commun des vices de toute une nation, que l'incrédulité prend naissance et se montre à découvert; elle fuit l'innocence et les vertus paisibles des campagnes; c'est toujours dans les siècles auxquels la prospérité, l'opulence, le luxe, le faste des nations, sont parvenus au plus haut degré : la vit-on jamais éclore chez un peuple pauvre, simple, frugal, laborieux, modéré dans ses désirs? Les effets qui en résultent ne concourent pas moins à nous en montrer l'origine : ils ont été remarqués de tout temps. Polybe, témoin oculaire de la décadence et de la ruine des républiques de la Grèce, en attribue la cause à l'épicuréisme qui dominait dans la plupart des villes : les Grecs ne craignaient plus les dieux; il ne se trouva plus parmi eux de grands hommes. Montesquieu observe que chez les Romains l'amour de la patrie était nourri et consacré par la religion; en perdant celle-ci, ils cessèrent de garder la foi de leurs serments; les ambitieux, qui se rendirent maîtres de la république, avaient renoncé à la croyance des divinités vengeresses du crime. *Consid. sur la grand. et la décad. des Romains*, c. 10. Quelques incrédules même de nos jours ont avoué que le règne de l'*irréligion* est l'avant-coureur de la chute des empires.

Nous ne devons donc pas être surpris de ce que toutes les nations policées ont fait des lois et ont statué des peines contre cette contagion publique, de ce qu'elles ont flétri, chassé, souvent mis à mort ceux qui travaillaient à l'introduire : le moindre sentiment de zèle pour le bien public suffisait pour faire comprendre la justice de cette sévérité. On méprisa toujours les clameurs et les maximes de tolérance des professeurs d'*irréligion*; on n'y fit pas plus d'attention qu'aux invectives des malfaiteurs contre la rigueur des lois.

Vainement ceux de nos jours répètent les mêmes sophismes pour nous persuader que l'*irréligion* n'est point un crime d'État ni un attentat contre la société; qu'il doit être libre à chaque particulier d'avoir une religion ou de n'en point avoir, de professer celle qu'il lui plaira de choisir, et même d'attaquer celle qui est établie. Cette morale va de pair avec celle des brigands, qui soutiennent que les biens de ce monde doivent être communs, que la propriété est un attentat contre le droit naturel de tous les hommes. Sans cesse ils nous parlent de morale, et se vantent d'en avoir établi les fondements sur des principes plus sûrs que ceux de la religion. Pure hypocrisie. Ceux d'entre eux qui ont

47

été sincères, sont convenus que dans le système de l'athéisme et de l'*irréligion*, il n'y a point d'autre morale que la loi du plus fort, et nous le prouverons nous-mêmes. *Voy.* MORALE.

Plus vainement encore exaltent-ils la pureté de mœurs et les vertus morales de quelques incrédules. Éviter les crimes qui conduisent à l'infamie et aux supplices, pratiquer par ostentation quelques actes d'humanité, être sobre et modéré par tempérament, préférer le repos de la vie privée aux inquiétudes de l'ambition, ce n'est pas un grand effort de vertu. Mais trouve-t-on parmi eux la charité indulgente qui excuse les défauts d'autrui et tâche de justifier une conduite équivoque par la pureté des intentions ; la charité industrieuse qui cherche à découvrir les souffrances des malheureux et les moyens de les soulager ; la charité généreuse qui retranche sur ses propres besoins pour avoir de quoi subvenir à la misère des pauvres ; la charité intrépide qui brave les dangers de la contagion et la mort pour assister les malades, etc.? Sans cette vertu, que le christianisme seul inspire, de quoi sert à la société le simulacre des autres vertus ? En général, c'est un moindre malheur d'avoir une religion fausse, que de n'en pas avoir du tout, parce que toute religion porte sur ce principe vrai et salutaire, qu'il y a une Divinité qui punit le crime et récompense la vertu : principe sans lequel il ne reste à l'homme aucun frein pour réprimer les passions.

Nous avons déjà fait la plupart de ces réflexions aux mots INCRÉDULE et INCRÉDULITÉ ; mais nous ne devons laisser échapper aucune occasion d'établir les mêmes vérités contre des adversaires qui ne se lassent point de répéter les mêmes erreurs.

IRRÉMISSIBLE. *Voy.* PÉCHÉ.

IRRÉVÉRENCE, défaut de respect envers les choses réputées saintes ou sacrées. En général il ne faut jamais parler avec *irrévérence* et sur un ton de mépris des cérémonies, du culte, de la croyance d'une nation chez laquelle on vit ; non-seulement c'est une indiscrétion dangereuse, mais c'est un mauvais moyen d'instruire et de détromper les sectateurs d'une religion que l'on croit fausse ; personne ne souffre patiemment le mépris, soit pour soi-même, soit pour des objets qu'il révère.

Comme les incrédules modernes sont toujours les premiers à se condamner, un d'entre eux a répété cette maxime : « En quelque lieu que vous soyez, respectez-en le souverain et le Dieu, au moins par le silence. » Si tous avaient observé cette règle, il n'y aurait parmi nous ni prédicants incrédules ni livres écrits contre la religion. Il ne faut pas conclure de là qu'il n'est pas permis à un missionnaire d'aller prêcher parmi les infidèles la vraie religion, lorsqu'il a reçu de Dieu la mission pour le faire. Un apôtre tel que saint Paul, interrogé sur sa doctrine par les philosophes d'Athènes, avait droit de leur dire : « Je viens vous annoncer le Dieu que vous adorez sans le connaître, le Dieu créateur et souverain Seigneur de toutes choses ; c'est une erreur de croire qu'on peut l'honorer par un culte grossier, que l'on peut représenter la Divinité par des idoles, etc. » *Act.*, c. XVII. Aucun homme n'a droit de prêcher sans mission ; mais Dieu est le maître de donner mission à qui il lui plaît.

ISAIE, est le premier des quatre grands prophètes. Ses prédictions regardent principalement le royaume de Juda ; il les a faites sous les règnes d'Osias, de Joathan, d'Achaz et d'Ezéchias, et il paraît qu'il a vécu jusque sous le règne de Manassès. On croit communément qu'il fut mis à mort par ordre de ce roi impie, et qu'il endura dans une extrême vieillesse le supplice de la scie.

Le principal objet de ses prophéties est de reprocher aux habitants du royaume de Juda et de Jérusalem leurs infidélités, de leur annoncer le châtiment que Dieu devait exercer sur eux, d'abord par les armes des Assyriens sous le règne de Sennachérib, ensuite par les Chaldéens sous Nabuchodonosor. Il leur annonce que ce roi les réduira en captivité, les transportera hors de leur pays, renversera Jérusalem et détruira le temple. Il leur prédit ensuite que, sous le règne de Cyrus, qu'il nomme expressément, ils seront renvoyés dans leur patrie ; que Jérusalem et le temple seront rebâtis ; qu'alors les deux maisons d'Israël et de Juda ne formeront plus qu'un seul peuple. Mais, parmi ces promesses, il y en a plusieurs qui ne peuvent s'appliquer aux événements qui sont arrivés au retour de la captivité, et qu'il faut nécessairement transporter à la venue de Jésus-Christ et à l'établissement de son Église. Aussi ce divin Sauveur s'est appliqué à lui-même plusieurs prophéties d'*Isaïe* ; les évangélistes et les apôtres ont fait de même ; il n'est point de prophète qui soit cité plus souvent dans le Nouveau Testament. La prédiction qui annonce que le Messie naîtra d'une Vierge, c. VII, est surtout remarquable (*Voy.* EMMANUEL) ; et le chapitre LIII, où sa passion est prédite, semble être une histoire plutôt qu'une prophétie. *Voy.* PASSION DE JÉSUS-CHRIST.

On n'a jamais douté parmi les juifs, ni dans l'Église chrétienne, que le recueil des prophéties d'*Isaïe* ne fût authentique. Celle du chapitre II, jusqu'au v. 6, est transcrite en entier dans le quatrième chapitre de Michée. Il est dit, *II Paral.*, c. XXXII, qu'une partie des actions d'Ezéchias est écrite dans la prophétie d'*Isaïe*, fils d'Amos ; on les trouve en effet dans les chapitres XXXVI, XXXVII, XXXVIII, XXXIX de ce prophète, et on lit la même narration dans le IV livre des Rois. L'auteur du livre de l'Ecclésiastique fait l'éloge d'*Isaïe* et de ses prophéties, c. XLVIII, v. 25 ; ainsi elles ont été constamment connues et citées par les auteurs sacrés postérieurs à ce prophète. Le sentiment le plus commun est qu'il les a écrites et rédigées lui-même ; mais on croit y reconnaître aujourd'hui que les cinq premiers chapitres ont été transposés ; que ce livre devrait commencer par le chapitre sixième, dans lequel Isaïe raconte la manière dont il reçut sa mission.

C'est incontestablement le plus éloquent des prophètes ; comme on croit qu'il était du sang royal, sa manière d'écrire semble répondre à la noblesse de sa naissance. Grotius le compare à Démosthène, tant pour la pureté du langage que pour la véhémence du style. Saint Jérôme ajoute qu'*Isaïe* parle de Jésus-Christ et de son Eglise en termes si clairs, qu'il semble plutôt écrire des choses passées que prédire des événements futurs, et remplir les fonctions d'évangéliste plutôt que le ministère de prophète. Il est dit, II Paralip., c. XXVI, v. 22, que les premières et les dernières actions d'Ozias avaient été écrites par le prophète *Isaïe*, fils d'Amos. Comme cette histoire ne se trouve point dans ses prophéties, on conclut que c'était un ouvrage séparé, et que nous n'avons plus. Quelques juifs lui ont attribué le livre des Proverbes, l'Ecclésiaste, le Cantique des cantiques et le livre de Job, mais sans aucun fondement. Origène cite plusieurs fois un prétendu livre d'*Isaïe*, intitulé le *Célèbre*. Saint Jérôme et saint Epiphane parlent de l'*Ascension d'Isaïe* : enfin, on en a publié un troisième à Venise, nommé *Vision d'Isaïe*; aucun de ces ouvrages apocryphes ne mérite attention.

ISIDORE (saint), de Péluse, ville que l'on croit être Damiette en Egypte, embrassa la vie monastique, et mourut en 440, ou, selon d'autres, en 450. Il fut en relation avec les plus grands et les plus saints personnages de son siècle, en particulier avec saint Jean Chrysostome et avec saint Cyrille d'Alexandrie. On ne peut pas douter de la pureté de sa foi, quand on voit qu'il a été également ennemi des erreurs de Nestorius et de celles d'Eutychès. Il reste de lui des lettres au nombre de plus de deux mille, qui sont d'un style élégant et pur, remplies de sagesse et de piété. Elles ont été imprimées en grec et en latin, à Paris, en 1638, *in-folio*. *Voy.* Tillemont, t. XV, p. 97 et suiv.

Plusieurs protestants, malgré leur préventions contre les Pères, ont fait l'éloge de la manière dont celui-ci a expliqué l'Ecriture sainte.

ISIDORE (saint), de Séville en Espagne, frère et successeur de saint Léandre, archevêque de cette ville, est mort en 636. Savant autant qu'on pouvait l'être dans son siècle, puisqu'il possédait les langues latine, grecque et hébraïque, il mérita le respect et la reconnaissance de tous ses collègues. Il fut l'âme des conciles qui se tinrent de son temps en Espagne, et il travailla avec succès à la conversion des Visigoths, qui étaient infectés de l'arianisme. On a de lui beaucoup d'ouvrages; les principaux sont : 1° vingt livres d'étymologie; 2° des commentaires historiques sur l'Ancien Testament, mais qui ne sont pas entiers; 3° un catalogue des écrivains ecclésiastiques; 4° un traité des origines ecclésiastiques; 5° une règle monastique; 6° une chronologie depuis la création jusqu'à l'an 626 de Jésus-Christ, qui est utile pour l'histoire des Goths, des Vandales et des Suèves, etc. Dom Dubreuil, bénédictin, les a fait imprimer à Paris en 1601, et ils ont été réimprimés à Cologne en 1618.

Plusieurs critiques protestants ont rendu justice au mérite de *saint Isidore*, et n'ont point désavoué l'éloge que lui a donné le huitième concile de Tolède, l'an 636. Les Pères de cette assemblée le nomment le grand docteur de leur siècle, le dernier ornement de l'Eglise catholique, digne d'être comparé pour la doctrine aux plus grands personnages des siècles précédents, et duquel on ne doit prononcer le nom qu'avec respect. *Voy.* Brucker, *Hist. philos.*, tom. III, pag. 369.

Il passe pour constant que c'est *saint Isidore* et saint Léandre son frère qui ont rédigé le missel et l'office mozarabique suivis en Espagne au VI° et VII° siècles ; mais il est certain que cette liturgie est plus ancienne qu'eux, et qu'ils n'ont fait tout au plus que la mettre en ordre et la corriger des fautes qui pouvaient s'y être glissées. *Voy.* MOZARABES.

Il ne faut pas confondre avec ce saint archevêque un autre *Isidore* surnommé *Mercator*, et par quelques-uns *Peccator*, ou le faux *Isidore*, qui a fait en Espagne, au VIII° siècle, une collection de prétendues lettres des papes et de canons des conciles, qui ont été nommés dans la suite les *fausses décrétales*. C'est mal à propos que l'on avait attribué d'abord cette compilation à *saint Isidore* de Séville.

*ISLANDE. Cette île est très-célèbre dans les chants religieux des antiques populations du Nord. Ne faisant pas ici l'histoire des religions, nous n'avons pas à nous en occuper. Les incrédules ont demandé comment cette île avait pu être habitée primitivement. Ils ont essayé de démontrer l'impossibilité que les premiers habitants de cette île soient sortis de la famille de Noé et d'Adam. La réponse à cette question peut très-aisément se déduire de ce que nous avons dit aux mots AMÉRICAINS, HUMAINE (Unité de l'espèce).

ISLÉBIENS. On donna ce nom à ceux qui suivirent les sentiments de Jean Agricola, théologien luthérien d'Islèbe en Saxe, disciple et compatriote de Luther. Ces deux prédicants ne s'accordèrent pas longtemps; ils se brouillèrent parce que Agricola, prenant trop à la lettre quelques passages de saint Paul touchant la loi judaïque, déclamait contre la loi et contre la nécessité des bonnes œuvres ; d'où ses disciples furent nommés antinomiens, ou ennemis de la loi. Il n'était cependant pas nécessaire d'être fort habile pour voir que saint Paul, quand il parle contre la nécessité de la loi, entend la loi cérémonielle et non la loi morale ; mais les prétendus réformateurs n'y regardaient pas de si près. Dans la suite, Luther vint à bout d'obliger Agricola à se rétracter, il laissa cependant des disciples qui suivirent ses sentiments avec chaleur. *Voy.* ANTINOMIENS.

ISOCHRISTES, nom d'une secte qui parut vers le milieu du VI° siècle. Après la mort de Nonnus, moine origéniste, ses sectateurs se divisèrent en protoctistes ou tétradites, et en *isochristes*. Ceux-ci disaient : Si les apôtres font à présent des miracles et sont en si grand honneur, quel avantage recevront-ils à la résurrection, s'ils ne sont pas rendus égaux par Jésus-Christ? Cette proposition fut condamnée au concile de Constantinople, l'an 553. *Isochriste* signifie *égal au Christ*. Origène n'avait donné aucun lieu à cette absurdité. *Voy.* ORIGÉNISTES.

ITHACIENS. Nom de ceux qui au IV° siècle s'unirent à Ithace, évêque de Sossèbe en Espagne, pour poursuivre à mort Priscillien et les priscillianistes. On sait que Maxime, qui régnait pour lors sur les Gaules et sur l'Espagne, était un usurpateur, un tyran souillé de crimes et détesté pour sa cruauté. La peine de mort qu'il avait prononcée contre les priscillianistes pouvait être juste, mais il ne convenait pas à des évêques d'en poursuivre l'exécution. Aussi Ithace et ses adhérents furent regardés avec horreur par les autres évêques et par tous les gens de bien : ils furent condamnés par saint Ambroise, par le pape Sirice et par un concile de Turin. *Voy.* PRISCILLIANISTES. L'empereur Maxime sollicita vainement saint Martin de communiquer avec les évêques ithaciens; il ne put l'obtenir. Dans la suite, le saint se relâcha pour sauver la vie à quelques personnes, et il s'en repentit. *Ithace* finit par être dépossédé et envoyé en exil.

IVES, évêque de Chartres, mort l'an 1115, est compté parmi les écrivains ecclésiastiques. Il a laissé une compilation de décrets ou de canons sur la discipline, des lettres, des sermons, un *Micrologue*, qui est l'explication des cérémonies de l'Eglise. Ce dernier ouvrage a été inséré dans la *Bibliothèque des Pères*, tom. XVIII; les autres ont été imprimés à Paris en 1647.

FIN DU TOME SECOND.

TABLE DES MATIÈRES.

NOTA. Les articles précédés d'un astérisque * sont nouveaux; ceux où il y a des intercalations ou des notes sont précédés de chiffres qui indiquent le nombre des intercalations ou des notes. Ceux qui sont précédés de (*a*) sont reproduits d'après l'édition de Liège.

D

Dagon,	col. 9
* Dalaï-Lama,	10
Dalmatique. *Voy.* Habits sacrés.	
Dam, Damnation. *Voy.* Enfer.	
Damascène (Saint Jean),	11
Damianistes,	13
Daniel,	14
(1) Danse,	20
* Darbysme,	21
David,	25
Davidiques,	27
* Décadi,	28
Décalogue,	28
Déclaration du clergé de France,	32
Décollation,	46
Décret de Dieu. *V.* Prédestination.	
Décret des conciles. *V.* Conciles.	
Décret, Décrétales,	46
(*a*) (6) Décrétales,	46
Dédicace,	70
Défaut. *V.* Imperfection.	
Défense de soi-même,	71
Défenseurs,	73
a) Définiteur,	75
Dégradation d'un ecclésiastique,	76
Degré,	79
Déicide,	80
(1) Déisme,	82
Déiviril. *V.* Incarnation.	
Délectation victorieuse,	93
(1) Déluge universel,	97
Démarcation,	116
Démérite,	131
Demi-ariens. *V.* Ariens.	
* Démocratie,	153
(2) Démon,	133
Denderah,	147
Denis (Saint),	147
Dénombrement,	149
Dépôt de la foi,	150
Déprécatif,	152
* Descartes,	152
Désert,	153
Désespoir,	154
(1) Despotisme,	156
Dessein. *V.* Intention.	
Destin, Destinée,	158
(1) Deutérocanoniques,	159
Deutéronome,	165
Devin, Divination,	168
Devoir,	172
Dévot, Dévotion,	175
Diaconat,	178
Diaconesse,	180
Diaconie,	182
Diaconique.	182
Diacre,	182
(4) Dieu,	186
Dieux des païens. *V.* Paganisme.	
(1) Dimanche,	210
Dîmesses,	213
Dimaérites. *V.* Apollinaristes.	
Diptyques,	214
(2) Diocèse,	214
Directeur de conscience,	216
Disciple,	216
(2) Discipline ecclésiastique,	217
Discipline,	222
Dispense,	222
(1) Dispersion des peuples,	225
Dispersion des apôtres,	225
Dispute, Dissension,	225
Disque. *V.* Patène.	
Dissentants, Opposants,	232
Dissidents,	233
Dithéisme. *V.* Manichéisme.	
Diurnal,	233
Divin,	233
Divination. *V.* Devin.	
Divinité,	233
Divinité de Jésus-Christ. *V.* Jésus-Christ, Fils de Dieu.	
(1) Divorce,	234
Docètes,	239
Docteur,	242
Docteur de l'Eglise. *V.* Père.	
Docteur en théologie,	243
Doctrinaires,	245
(1) Doctrine,	246
Dogmatique,	250
* Dogmatiques (Faits),	251
Dogmatiser,	253
Dogme,	254
Domination,	258
Dominations,	259
Dominicain,	259
Dominicaines,	262
Dominical,	262
Dominicale,	263
Donatistes,	265
Dons du Saint-Esprit,	278
Dordrecht (Synode de). *V.* Arminiens.	
Dosithéens,	279
(1) Doute,	280
Doxologie,	286
Drapeau,	288
Droit,	289
Droit naturel,	291
Droit des gens,	294
* Droit divin politique,	296
Droit ecclésiastique,	300
Dualisme. *V.* Manichéisme.	
(1) Duel,	303
Dulcinistes. *V.* Apostoliques.	
Du ie,	306
* Dunkers ou Tunkers,	308

E

Eau,	307
Eau changée en vin. *V.* Cana.	
Eau de jalousie. *V.* Jalousie.	
Eau,	309
Eau bénite,	309
Eau dans l'eucharistie,	313
Eau du baptême,	313
Ebionites,	314
Ecclésiarque,	316
Ecclésiaste,	316
Ecclésiastique,	316
(1) Eclectiques,	319
(*a*) Ecolâtre,	337
Ecole,	339
Ecoles chrétiennes,	341
Ecoles pies,	341
Ecoles de théologie,	342
Econome,	343
Economie,	344
(3) Ecriture sainte,	346
(1) Ecrivains sacrés,	381
Ecthèse,	382
* Edda,	382
Eden. *V.* Paradis.	
Edits des empereurs. *V.* Empereurs.	
Education,	383
Efficace. *V.* Grâce.	
Effrontés,	387
* Egalité naturelle,	389
(4) Eglise,	392
* Eglise triomphante,	457
* Eglise souffrante,	457
* Eglise militante,	457

TABLE DES MATIÈRES.

Eglise catholique française, 437
* Eglise (Petite), 438
* Eglise Evangélique, 438
Eglise (édifice), 440
(1) Egypte, 445
Elcètes, 461
(1) Election, 462
Elcésaïtes, 462
Elévation, 463
Elie, 466
Elipand. V. Adoptiens.
Elisabeth, reine d'Angleterre, 468
Elisée, 478
(1) Elu, 480
Emanation, 483
Embaumement. V. Funérailles, 490
Emmanuel, 490
(a) (13) Empêchements, 491
Empereurs, 519
Empyrée, 523
Encénies. V. Dédicace.
Encens, Encensements, 523
Encensoir, 525
Enchantement, 525
Encolpe. V. Reliques.
Encratites, 527
Endurcissement, 529
Energestes, 534
Energumènes, 534
Enfance, 535
Enfant, 534
Enfants de Dieu, 538
Enfants punis du péché de leur père, 538
Enfants dévorés par les ours, 539
Enfants dans la fournaise, 539
Enfants trouvés, 540
(1) Enfer, 545
Ennemi, 548
Enoch. V. Henoch.
Ensabates, 549
* Entendement de Jésus-Christ, 550
Enterrement. V. Funérailles.
Enthousiasme, 550
Enthousiastes, 550
Entichites, 550
Envie, 550
Enumération. V. Dénombrement
Eoniens, 550
Eons. V. Valentiniens.
Ephèse, 551
Ephésiens, 553
Ephod, 554
Epiphane (Saint), 555
Ephrem (Saint), 555
Epiphanie, 556
Episcopat. V. Evêque.
Episcopaux. V. Anglican.
Epistolier, 557
Epître, 557
Epîtres de saint Paul, 558
Epreuve, 559
Epreuves superstitieuses, 559
Erastiens, 565
Eriens. V. Aériens.
Ermite, 565
Ermites de Saint-Jean-Baptiste, 566
(1) Erreurs, 567
Erroné, 570
Esaü. V. Jacob.
Esclavage, 571
Esdras, 575
* Esné, 579
Espagne, 579
Espèces eucharistiques. V. Eucharistie.
Espérance, 581
Esprit, 583

(2) Esprit (Saint-), 594
Esprit fort. V. Incrédule.
Esprit particulier, 599
(1) Essence de Dieu, 601
Esséniens, 601
Etat monastique ou religieux. V. Moines.
Eternel, 608
(2) Eternité, 608
Ethicoproscoptes, 610
Ethiopiens ou Abyssins, 610
* Ethnographie, 614
Ethnopbrones, 616
* Etoile miraculeuse, 616
Etole. V. Habits sacerdotaux.
Etranger. V. Ennemi.
Etymologie, 617
(6) Eucharistie, 618
Eucher (Saint), 666
Euchistes, 667
Eucologe, 667
Eudistes, 667
Eudoxiens, 667
Eulogie. V. Pain bénit.
Eunomiens, 668
Eunomio-Eutychiens, 668
Eunuque, 668
Eunuques, 669
Eusèbe, 669
Eusébiens, 670
Eustathiens, 671
Euthanasie, 671
(1) Eutychiens, 671
Evangélistes, 677
(1) Evangile, 679
Evangiles apocryphes, 683
Evangile, Histoire évangélique, 693
Evangile de la messe, 699
Eve. V. Adam.
(1) Evêché, 700
(3) Evêque, 700
(1) Evidence, 715
Evocation, 715
Evocation des mânes ou des âmes des morts. V. Nécromancie.
Exaltation de la sainte croix. V. Croix.
Examen de la religion, 716
Examen de conscience, 718
(1) Excommunication, 719
(a) (3) Excommunication, 722
* Exégèse nouvelle, Exégètes allemands, 736
Exode, 743
Exomologèse, 744
Exorcisme, 744
Exorciste, 749
Expérience, 749
(1) Expiation (rite purificatoire), 751
Explicite, 752
Extase, 753
* Extase, 754
(1) Extrême-onction, 754
Ezéchiel, 757

F

(1) Fables du paganisme, 757
Faculté de théologie. V. Théologie.
* Facultés de théologie, 762
Faille (Sœurs de la), 766
(3) Fait, 767
Fait dogmatique. V. Dogmatique.
* Falashas, 774
Familistes, 772
Famine. V. Terre promise.
Fanatisme, 772
* Farcinistes, 781
Fatalisme, Fatalité, 781
Félicité, 787

Félix d'Urgel. V. Adoptiens.
Femme, 789
* Femmes (Communauté des), 791
Férie, 793
Fermentaires, 793
Férule. V. Habits pontificaux.
Fésoli ou Fiésoli, 795
Fête, 795
(1) Fêtes des Juifs, 797
Fêtes chrétiennes, 802
(1) Fêtes mobiles, 812
Fêtes des O. V. Annonciation.
Fêtes de l'Ane, des Fous, des Innocents, 813
Fêtes républicaines, 812
Feu, 814
Feu de l'enfer. V. Enfer.
Feu du Purgatoire. V. Purgatoire.
Feu sacré, 814
Feuillants, 816
Feuillantines, 816
* Flaminites, 816
Fiançailles, 816
Fidèle, 817
Figuier, 820
Figure, Figurisme, Figuristes, 820
Filial, crainte filiale. V. Crainte.
Filles-Dieu. V. Fontevraud.
Filleul, Filleule, 824
Fils, Fille, 824
Fils de Dieu, 826
Fils de l'homme, 838
Fin, 839
Fin du monde. V. Monde.
* Firmament, 840
Flagellants, 843
Flatterie, 845
(2) Florence, 846
Floriniens, 850
Florilège. V. Anthologe.
(3) Foi, 851
Folie, 882
Fondamental, 883
Fondateurs, Fondations, 887
Fontevraud, 891
Forme sacramentelle. V. Sacrement.
Formées (Lettres). V. Formées.
Formulaire. V. Jansénisme.
Fornication, 893
* Fortuit, Fortune, 894
Fossaire, Fossoyeur. V. Funérailles.
Fossiles. V. Cosmogonie.
* Fouriérisme, 896
Fournaise. V. Enfants dans la fournaise.
Fraction de l'hostie. V. Messe.
Franciscains, Franciscaines, 901
* Francs-Maçons, 905
Fratricelle, 906
Fraude pidaise, 909
Frère, 922
Frères blancs, 922
Frères bohémiens. V. Hussites.
Frères et Sœurs de la Charité. V. Charité.
Frères gris ou Frères convers, 923
Frères de Moravie ou Huttérites. V. Anabaptiste.
Frères Moraves. V. Hernutes.
Frères Picards ou Turlupins. V. Beggards.
Frères Polonais. V. Sociniens.

Frères Prêcheurs. V. Dominicains.
Frères et Clercs de la vie commune, 924
Frères et Sœurs de l'esprit libre. V. Beggards.
Fuite des occasions du péché, 925
Fuite pendant la persécution, 925
Fulbert, 927
Fulgence (Saint), 927
Funérailles, 927
Futur. V. Présence de Dieu.

G

Gabaa. V. Juges.
Gabaonites. V. Josué.
Gabrielites. V. Anabaptistes.
Gadanaïtes. V. Barsaniens.
Gadaréniens ou Géraséniens. V. Démoniaque.
Galanites. V. Eutychiens.
Galates, 933
Galilée, 938
Galiléens, 938
(3) Gallican, 939
Gaon, 946
Gardien (Ange), 946
Géant, 947
Gédéon, 949
Géhenne, 950
Gémare. V. Talmud.
Gématrie. V. Cabale.
Généalogie de Jésus-Christ, 950
Génération, 953
* Générations spontanées, 955
(4) Génèse, 958
Génie, 970
Génovéfains, 971
Gentil, 972
Gentil-Donnés, 974
Génuflexion, 974
Géographie sacrée, 975
* Géologie, 977
George d'Alga (Saint), 977
Gerbe, 977
(1) Gerson, 978
Gilbert de la Porrée. V. Porrétains, 978
Gilbertins, 978
Gilgul ou Ghileul, 979
Girovagues. V. Moines.
Gladiateur, 979
Glaive, 980
Gloire, 984
Gloire éternelle, 986
Gloria in excelsis, Gloria Patri. V. Doxologie.
Gnosimaques, 987
Gnostiques, 991
God et Magog, 1002
Golgotha. V. Calvaire.
Gomaristes, 1003
Gonfalon, Gonfanon, 1007
Gotescalc, 1007
Goths, Gothique, 1009
Gourmandise, 1010
(1) Gouvernement, 1010
Gouvernement ecclésiastique, 1014
* Gouvernement de l'Eglise, 1015
Grabataires. V. Cliniques.
(2) Grâce, 1019
Grade, Gradué. V. Degré.
Graduel, 1051
Grandmont, 1051
(1) Grecs, 1051
Grecques (Liturgies). V. Liturgie.
Gresques (Versions) de l'Ancien Testament, 1059
Grégoire (Saint), Thauma-

TABLE DES MATIÈRES.

turge, 1065
Grégoire de Nazianze (S.), 1065
Grégoire de Nysse (Saint), 1067
Grégoire le Grand (Saint), 1068
Grégoire VII, 1071
Grégoire de Tours (Saint), 1073
Grégorien, 1074
Guèbres. *V.* Parsis.
Guéonim, ou Ghéonim. *V.* Gaon.
Guérison, 1076
Guerre, 1077
Guerres de religion, 1080
Guillelmites, 1085

H

Habacuc, 1085
Habits des chrétiens, 1085
Habit clérical ou ecclésiastique, 1087
Habit religieux, 1088
Habits sacrés, 1090
Hagiographie, 1093
Hagiosidère, 1094
Haine, Haïr, 1094
Harmonie. *V.* Concorde.
Harpocratiens, 1095
Hasard. *V.* Fortune.
Hasidéens. *V.* Assidéens.
Hattémistes, 1095
Haudriettes, 1096
Hauts-Lieux, 1097
Hébreux, 1097
Hébreux (Epître aux), 1103
Hébreu, langue hébraïque, 1106
Hébraïsme, 1123
Hégésippe, 1132
Hégélianisme, 1132
Hégumène, 1134
Hélicites, 1134
Héliognostiques, 1134
Hellénisme, 1134
Helléniste, 1134
Hellénistique, 1135
Helvidiens. *V.* Antidicomarianites.
Hématites, 1135
Hémérobaptistes, 1135
Hénoch, 1136
Hénotique, 1136
Henriciens, 1136
Heptateuque, 1137
Héracléonites, 1137
Hérésiarque, 1137
Hérésie, 1141
Héréticité, 1143
Hérétique, 1146
Hérétiques négatifs, 1153
Hérétique (Proposition). *V.* Qualification de propositions.
Hermas, 1153
Herméneutique sacrée, 1153
Hermésianisme, 1158
Hermias, 1161
Hermiates ou Hermiens, 1161
Hermogéniens, 1161
Hernhutes ou Hernuters, 1164
Hérodiens, 1168

Heshusiens, 1169
Hésitants, 1169
Hésichastes, 1169
Hétérodoxe, 1170
Hétérousiens, 1171
Heure, 1171
Hexaméron, 1176
Hexaples, 1177
Hiéracites, 1178
Hiérarchie, 1180
(1) Hiéroglyphes, 1183
Hilaire de Poitiers (Saint), 1186
Hilaire d'Arles, 1192
Hincmar de Reims, 1192
Hippolyte (Saint), 1195
Hirme. *V.* Tropain.
Histoire, 1195
Histoire sainte, 1195
Histoire évangélique. *V.* Evangile (histoire).
Histoire ecclésiastique, 1199
Hodegos, 1207
Hofmanistes, 1207
Holocaustes, 1208
Homélie, 1209
(3) Homme, 1210
Hommes (Bons). *V.* Bon.
Homme d'intelligence, 1215
Homme de la cinquième monarchie, 1216
Homme (Vieil), 1216
Homicide ou meurtre, 1216
Hominicole, 1218
Homoousiens, Homoousiastes, 1218
Honoraire des ministres de l'Eglise. *V.* Casuel.
Honorius, 1219
Hôpital, 1221
Hopkinsians, 1228
Horloge, 1228
Horloge, Horologion (livre), 1230
Hosanna, 1230
Hospitaliers, 1231
Hospitières, 1232
Hospitalité, 1233
Hostie, 1234
Hostie (le Verbe incarné), 1235
Hostie (le corps et le sang de J.-C.), 1235
Hostie pacifique, 1236
Hôtel-Dieu. *V.* Hôpital.
Hugues de Saint-Victor, 1236
Huguenot. *V.* Protestant.
Huile, 1256
Huile d'onction, 1238
Huile des catéchumènes, 1239
Huile des malades, 1239
Humaine (Unité de l'espèce), 1240
Humanité, Nature humaine. *V.* Homme.
(1) Humanité de Jésus-Christ, 1246
Humanité, amour des hommes, 1248
Humiliés, 1249
Humilité, 1249
Hussites, 1251
Hydromites, 1256
Hydropaxiste. *V.* Encratites.

* Hyménée, 1256
Hymne, 1256
Hyperdulie, 1257
Hypocrisie, 1258
Hypostase, 1259
Hypostatique, 1260
Hypsistariens, 1260

I

* Ibas, 1261
Ibum, 1261
Ichtys, 1261
Iconoclastes, 1261
Iconodule, Iconolâtre, 1262
Iconomaque, 1263
Idiomèle, 1263
* Idiome. *V.* Communication des idiomes.
Idiotisme. *V.* Hébraïsme.
(b) Idole, Idolâtre, Idolâtrie, 1265
Idolothytes, 1290
Iduméens, 1290
Ignace, évêque d'Antioche, 1292
Ignorance, 1295
Ignorantins. *V.* Ecoles chrétiennes.
Illaps, 1297
Illation, 1297
Illuminé, 1298
Illuminés, 1298
* Illuminés avignonnais, 1299
* Illuminisme, 1299
(1) Image, 1299
Immaculée. *V.* Conception.
Immanent, 1310
Immatérialisme, immatériel. *V.* Ame, Esprit.
Immensité, 1310
Immersion, 1312
Immolation, 1313
Immolées (Viandes). *V.* Idolothytes.
Immortalité. *V.* Ame, § 2.
Immunité, 1313
(1) Immutabilité, 1316
Impanateurs, Impanation, 1318
Imparfait, imperfection, 1319
Impassible. *V.* Passible.
Impeccabilité, 1320
Impénitence, 1321
Impie, impiété, 1321
* Impie (Proposition), 1323
Implicite, 1323
Imposition des mains, 1323
Imposteur, 1324
Imprécation, 1330
Impudicité, 1331
Impureté, 1332
Impureté légale, 1332
Imputation, 1333
Inaction, 1335
Inamissible, 1336
(4) Incarnation, 1338
Inceste, 1338
Incestueux, 1339
* Incommunicants, 1340
Incompréhensibles, 1340
Incorporel, 1350
Incorruptibles, Incorrupticoles, 1351
Incrédules, 1351

Incrédulité, 1359
Incroyable, 1361
* Indéfectibilité, 1361
Indéfectibilité de l'Eglise. *V.* Eglise.
Indélébile, Ineffaçable. *V.* Caractère, 1564
Indépendants, 1364
(2) Indes, Indiens, 1365
(1) Indifférence, 1381
Indissolubilité du mariage. *V.* Divorce.
(1) Indulgence, 1389
Indult, 1397
Inégalité, 1317
Infaillible, 1402
* Infaillibilité (Dépositaires de l'), 1401
(10) Infaillibilistes, 1411
Infaillibilité du pape, 1414
Infanticide, 1419
Infernaux, 1420
(2) Infidèle, 1421
Infidélité, 1425
(1) Infini, Infinité, 1425
Infralapsaires, 1427
Inhérent, justice inhérente. *V.* Justice, Justification.
Innocence, 1430
Innocents (les saints), 1431
Inquisiteur, 1433
(1) Inquisition, 1434
* Inscriptions, 1439
(1) Inspiration, 1443
Institut, 1446
Institution, 1448
Institution des ministres de la religion, 1452
* Intégrité des livres sacrés, 1454
Intelligence, 1454
(1) Intention, 1455
Intercesseur, Intervenant, 1457
Intercession des anges. *V.* Anges.
Intercession des saints. *V.* Saints.
Intérieur, 1457
Intérim, 1459
(1) Interprétation, 1461
Interprète, 1463
(1) Intolérance, 1465
Introït, Introite, 1472
Intronisation, 1472
Intuitif, 1473
Invention de la sainte croix. *V.* Croix.
Invisibles, 1473
Invitatoire, 1475
Invocation, 1475
Invocation des saints. *V.* Saints.
Involontaire, 1473
Irénée (Saint), 1474
Irrégulier, 1480
Irréligion, 1480
Irrémissible. *V.* Péché.
Irrévérence, 1483
Isaïe, 1484
Isidore de Péluse (S.), 1485
Isidore de Séville (S.), 1485
* Islande, 1485
Islébiens, 1486
Isocristes, 1487
Ithaciens, 1487
Ives, 1488

FIN DE LA TABLE DES MATIÈRES.

Imprimerie MIGNE, au Petit-Montrouge